StichwortKommentar

Prof. Dr. Martin Ebers [Hrsg.]

Legal Tech

Recht | Geschäftsmodelle | Technik

Alphabetische Gesamtdarstellung

Zitiervorschlag: SWK Legal Tech/Bearbeiter [Stichwort] Rn. ...

Die Deutsche Nationalbibliothek verzeichnet diese Publikation in der Deutschen Nationalbibliografie; detaillierte bibliografische Daten sind im Internet über http://dnb.d-nb.de abrufbar.

ISBN 978-3-8487-7180-6

1. Auflage 2023
© Nomos Verlagsgesellschaft, Baden-Baden 2023. Gesamtverantwortung für Druck und Herstellung bei der Nomos Verlagsgesellschaft mbH & Co. KG. Alle Rechte, auch die des Nachdrucks von Auszügen, der fotomechanischen Wiedergabe und der Übersetzung, vorbehalten.

Vorwort

Legal Tech – verstanden als IT-basierte Optimierung rechtlicher Handlungsfelder – ist schon seit langem keine Zukunftsmusik mehr. Interne und externe Abläufe in Kanzleien, Rechtsabteilungen, Notariaten, in der Verwaltung sowie bei Gericht werden in zunehmendem Maße digitalisiert, durch Software unterstützt und teils sogar ersetzt.

Was bedeutet das aber nun konkret für die eigene Beratungs- und Entscheidungssituation? Wann kann oder muss ich welche Technik einsetzen? Welche Technologien sind am Markt, welche im Entstehen, wo werden sie für welchen Zweck eingesetzt? Welche Hürden gilt es zu überwinden, um neue Technologien effizient einzusetzen? Wie greifen E-Justice und E-Government in die unternehmerischen Prozesse und Kanzleiprozesse ein?

Der StichwortKommentar Legal Tech setzt genau hier an. Das Werk erläutert:

- in *rechtlicher* Hinsicht die entscheidenden rechtlichen Aspekte des Einsatzes von Legal Tech-Anwendungen unter Einbeziehung aller betroffenen Rechtsgebiete,
- in *technischer* Hinsicht wichtige Legal Tech-Tools sowie IT-Grundbegriffe,
- in *ökonomischer* Hinsicht die verschiedenen Geschäftsmodelle.

Das vom Nomos-Verlag entworfene Format eines StichwortKommentars eignet sich dabei hervorragend zur Durchdringung der Materie: Legal Tech ist derzeit weder in der Europäischen Union noch in Deutschland ein Rechtsbegriff oder gar spezialgesetzlich geregelt. Dafür ist das Phänomen „Legal Tech" letztlich – sowohl in technischer Hinsicht als auch mit Blick auf die vielfältigen Anwendungsmöglichkeiten sowie die zugrundeliegenden Geschäftsmodelle – zu divers.

Das Konzept eines StichwortKommentars trägt diesen Besonderheiten vorzüglich Rechnung. Die alphabetische Gesamtdarstellung des Themas ermöglicht eine umfassende und effiziente Erschließung der praxisrelevanten Probleme – sowohl in rechtlicher als auch in technischer sowie ökonomischer Hinsicht. Das Werk ist damit das ideale Arbeitsmittel für alle, die sich mit den praktischen, rechtlichen, wirtschaftlichen und technischen Aspekten von Legal Tech vertraut machen oder ihre Kenntnis vertiefen möchten.

Ein neuer Kommentar stellt in vielerlei Hinsicht eine Herausforderung dar. Sowohl Herausgeber als auch Autorinnen und Autoren sind daher auf eine kritische Begleitung und Unterstützung durch die Leserinnen und Leser des Printwerks sowie des digitalen Kommentarmoduls mit halbjähriger Online-Aktualisierung angewiesen und für jeden Hinweis zur Verbesserung dankbar.

Die Printfassung des Werkes ist auf dem Stand Juni 2022, zum Teil konnten aber auch neuere Entwicklungen bis Oktober 2022 berücksichtigt werden. Soweit aus Gründen der Kürze und besseren Lesbarkeit in den Kommentierungen das generische Maskulinum Verwendung findet, ist dies selbstverständlich nicht diskriminierend gemeint – es sind ausdrücklich alle Menschen angesprochen.

Dieses Werk wäre nicht möglich gewesen ohne die exzellente Expertise und das herausragende Engagement von insgesamt 70 Autorinnen und Autoren, die als erfahrene und ausgewiesene Kennerinnen und Kenner der Materie einen breiten, Wissenschaft und Praxis vereinenden Zugriff auf Legal Tech erst ermöglicht haben. Mein Dank geht daher an erster Stelle an alle Autorinnen und Autoren für die produktive Zusammenarbeit. Besonderen Dank schulde ich zudem meinem Lektor Dr. Marco Ganzhorn, der dieses Werk nicht nur im September 2020 angeregt hat, sondern auch mit kompetenter Hand und großer Geduld in die Finalisierung und den Druck begleitet hat.

Berlin/Tallinn, im Januar 2023 *Martin Ebers*

Inhaltsverzeichnis

Vorwort	5
Autorinnen und Autoren	11
Allgemeines Literaturverzeichnis	17
Abkürzungsverzeichnis	27
1. Algorithmischer Handel	33
2. Algorithmus	41
3. Alternative Streitbeilegung (ADR), allgemein	69
4. Alternative Streitbeilegung (ADR), in Verbrauchersachen	77
5. Alternative Streitbeilegung (ADR), Online Dispute Resolution (ODR)	83
6. Ausbildung	96
7. Automatisierung und Autonomie	112
8. B2C und B2B (Geschäftsmodelle)	128
9. Big Data	153
10. Blockchain	159
11. Büroorganisationssoftware	188
12. Cloud Computing, allgemein	193
13. Cloud Computing, Geheimnis- und Datenschutz	216
14. Cloud Computing, IT-Risiken	229
15. Compliance, Digital	244
16. Crowdfunding	262
17. Customer Relationship Management (CRM)	273
18. Cybersecurity	288
19. Datenethik	299
20. Datengovernance	313
21. Datenschutz, allgemein	323
22. Datenschutz, Compliance	340
23. Datenschutz, Rechte der betroffenen Personen	356
24. Datenschutzmanagement	370
25. Datenzugang	384
26. Dokumentenanalyse	395
27. Dokumentenautomatisierung	414
28. E-Government	428
29. E-Justice	445
30. Entscheidungsfindung, automatisierte	464
31. Expertensystem, juristisches	488
32. FinTech	498
33. Gewerblicher Rechtsschutz	505
34. GovTech	522
35. Haftung, allgemein	539
36. Haftung des Legal Tech-Unternehmens bei Inkassodienstleistungen	541
37. Haftung des Legal Tech-Unternehmens ggü. Kunden	549
38. Haftung des Rechtsanwalts ggü. Mandanten	568

39.	Haftung des Staates	583
40.	Hochschullehrer	594
41.	Inkassodienstleistungen	617
42.	InsurTech	630
43.	Intellectual Property Analytics	646
44.	Internet of Things	654
45.	Kollektiver Rechtsschutz	663
46.	Kollisionsrecht, allgemein	677
47.	Kollisionsrecht, Abtretungsmodell	679
48.	Kollisionsrecht, Durchsetzungsmodell	683
49.	Kollisionsrecht, Smart Contracts	708
50.	Konversion	712
51.	Kryptowährungen	736
52.	Künstliche Intelligenz (KI)	748
53.	Legal Chatbot	764
54.	Legal Design	773
55.	Legal Prediction	784
56.	Legal Tech, Begriff	798
57.	Mahnverfahren, automatisiertes	809
58.	Maschinelles Lernen	825
59.	Natural Language Processing (NLP)	840
60.	Notar	856
61.	PayTech	874
62.	Plattformen, allgemein	893
63.	Plattformen, Pflichten	896
64.	Plattformen, Sperrung von Inhalten	927
65.	Predictive Policing	947
66.	Privacy Tech	964
67.	Produkt- und Softwareentwicklung	982
68.	PropTech	998
69.	Prozessfinanzierung	1002
70.	Rechtsanwalt, Berufsrecht	1020
71.	Rechtsanwalt, Beteiligungsverhältnisse	1040
72.	Rechtsanwalt, Monopol	1048
73.	Rechtsanwalts- und Notarfachangestellte (ReNo)	1064
74.	Rechtsinformatik	1069
75.	Rechtspfleger	1078
76.	Rechtsschutzversicherung	1094
77.	RegTech	1105
78.	Regulierung (Deutschland)	1107
79.	Regulierung (EU), allgemein	1119
80.	Regulierung (EU), KI-Verordnung	1124
81.	Regulierung (EU), Rechtsdienstleistungsrecht	1127

82.	Regulierung (EU), Verbraucherrecht	1136
83.	Richter	1150
84.	Robo Advice	1166
85.	Smart Contracts	1191
86.	Staatsanwalt	1208
87.	Subsumtion	1223
88.	Transparenz und Erklärbarkeit	1235
89.	Verhandlung	1252
90.	Vertragsmanagement	1264
91.	Vertragsschluss	1282
92.	Wettbewerb, allgemein	1290
93.	Wettbewerb, Kartellrecht	1308
94.	Wettbewerb, unlauterer	1320
95.	Zugang zum Recht	1335
96.	Zuständigkeit, gerichtliche	1354

Stichwortverzeichnis 1373

Autorinnen und Autoren

Prof. Dr. Heribert M. Anzinger
Universitätsprofessor, Universität Ulm

Guido Aßhoff, LL.M.
Rechtsanwalt, Frechen

Prof. Dr. Michael Beurskens, LL.M., LL.M. (Chicago), Att. at Law (New York)
Universitätsprofessor, Universität Passau

Dr. Martin Braun
Rechtsanwalt, Frankfurt a.M.

Christina Breunig
Rechtsanwältin, Frankfurt a.M.

Dr. Micha-Manuel Bues, M.Jur. (Oxford)
Geschäftsführer BRYTER, Frankfurt a.M.

Prof. Dr. Peter Christ
Rechtsanwalt, Düsseldorf

Silvia Christopher, LL.M.
Rechtsanwältin, Berlin

Alan Dahi
Wien

Dr. Marcel Drehsen
Richter am Amtsgericht, Dozent an der Fachhochschule für Rechtspflege Nordrhein-Westfalen, Bad-Münstereifel

Dipl.-Wirt.-Ing. Sebastian Dworschak
Rechtsanwalt, Berlin

Prof. Dr. Martin Ebers
Berlin/Tallinn

PD Dr. Marc Engelhart
Rechtsanwalt, Freiburg

Ausbildung – Expertensystem, juristisches

Internet of Things (IoT)
PrivacyTech
(zus. mit *Struck*)

Wettbewerb, allgemein – Wettbewerb, Kartellrecht – Wettbewerb, unlauterer

Big Data

Haftung des Legal Tech-Unternehmens bei Inkassodienstleistungen – Haftung des Legal Tech-Unternehmens ggü. Kunden – Inkassodienstleistungen

Automatisierung und Autonomie – Produkt- und Softwareentwicklung
(alle zus. mit *Grupp*)

Vertragsschluss
(zus. mit *Stoppelmann*)

Notar
(zus. mit *Schmidt*)

Datenschutz, allgemein – Datenschutz, Compliance – Datenschutz, Rechte der betroffenen Personen
(alle zus. mit *Revolidis*)

Rechtspfleger

Gewerblicher Rechtsschutz
(zus. mit *Nordemann*)

RegTech – Regulierung (Deutschland) – Regulierung (EU), allgemein – Regulierung (EU), KI-Verordnung – Regulierung (EU), Rechtsdienstleistungsrecht – Regulierung (EU), Verbraucherrecht – Transparenz und Erklärbarkeit

Compliance, Digital – Staatsanwalt

Autorinnen und Autoren

Mike Fecke, LL.B.
Wiss. Mitarbeiter bei BRYTER, Wiesbaden

Cloud Computing, allgemein – Cloud Computing, IT-Risiken – Cloud Computing, Geheimnis- und Datenschutz
(alle zus. mit *Grupp*)

Anne Fischer, LL.M.
Rechtsanwältin, Düsseldorf

InsurTech

Prof. Matthias Grabmair, Ph.D., LL.M.
TU München

Dokumentenanalyse – Natural Language Processing (NLP)

Michael Grupp, Maître en droit
Rechtsanwalt, Geschäftsführer BRYTER, Frankfurt a.M.

Automatisierung und Autonomie
(zus. mit *Bues*)

Cloud Computing, allgemein – Cloud Computing, IT-Risiken – Cloud Computing, Geheimnis- und Datenschutz
(alle zus. mit *Fecke*)

Produkt- und Softwareentwicklung
(zus. mit *Bues*)

Dipl.-Jur. Marvin Gülker
Wissenschaftlicher Mitarbeiter, Universität Passau

Algorithmus

Markus Hartung
Rechtsanwalt und Mediator, Senior Fellow am Bucerius Center on the Legal Profession an der Bucerius Law School, Mitglied des Berufsrechtsausschusses des Deutschen Anwaltvereins, Berlin

B2C und B2B (Geschäftsmodelle)

Prof. Dr. Simon Johannes Heetkamp
TH Köln, Richter am Landgericht

Haftung, allgemein – Haftung des Rechtsanwalts ggü. Mandanten

Björn Heinrich
Rechtsanwalt, Berlin

PropTech

Prof. Dr. Maximilian Herberger
Universitätsprofessor, Universität des Saarlands, Saarbrücken

Legal Tech, Begriff – Rechtsinformatik

Dennis Hillemann
Rechtsanwalt, Hamburg

GovTech
(zus. mit *Kolain*)

Dr. Jakob Horn, LL.M. (Harvard)
Wissenschaftlicher Mitarbeiter, Humboldt-Universität, Berlin

Alternative Streitbeilegung (ADR), allgemein – Alternative Streitbeilegung (ADR), in Verbrauchersachen – Alternative Streitbeilegung (ADR), Online Dispute Resolution (ODR) – Verhandlung

Justus Kapischke
München

Intellectual Property Analytics
(zus. mit *Lamping*)

Dr. Tim Kerstges
Universität Passau

Prozessfinanzierung

Autorinnen und Autoren

Prof. Dr. Dennis-Kenji Kipker
Legal Advisor, VDE Verband der Elektrotechnik Elektronik Informationstechnik e.V., Offenbach am Main

Cybersecurity

Astrid Kohlmeier
Rechtsanwältin, Tutzing

Legal Design
(zus. mit *Krawietz*)

Michael Kolain
Deutsches Forschungsinstitut für öffentliche Verwaltung (FÖV), Speyer

E-Government
(zus. mit *Ruschemeier*)

GovTech
(zus. mit *Hillemann*)

Philipp I. Kratzer, M.A.
Rechtsanwalt, Frankfurt a.M.

Kyptowährungen

Lina Krawietz
Berlin

Legal Design
(zus. mit *Kohlmeier*)

Dr. Matthias Lamping
Max-Planck-Institut für Innovation und Wettbewerb, München

Intellectual Property Analytics
(zus. mit *Kapischke*)

Prof. Dr. Eva Lein
Université de Lausanne (UNIL)

Legal Prediction
(zus. mit *Raymond*)

Prof. Dr. Kai von Lewinski
Universitätsprofessor, Universität Passau

Hochschullehrer

Dr. Dimitrios Linardatos
Privatdozent an der Universität Mannheim und Vertretungsprofessor an der Universität Liechtenstein

Algorithmischer Handel – FinTech – Robo Advice

Peter Lotz, M.C.J. (NYU)
Rechtsanwalt, Frankfurt a.M.

Konversion

Johannes Maurer
Rechtsanwalt und Softwareentwickler, Heidelberg

Dokumentenautomatisierung

Prof. Dr. Caroline Meller-Hannich
Universitätsprofessorin, Universität Halle

Mahnverfahren, automatisiertes
(zus. mit *Timmermann*)

Ramak Molavi Vasse'i
Rechtsanwältin, Berlin

Zugang zum Recht

Dr. med. André T. Nemat
Arzt, Düsseldorf

Datenethik
(zus. mit *Panzer-Heemeier*)

Dr. David Nink
Syndikusrechtsanwalt, Montabaur

Entscheidungsfindung, automatisierte – Subsumtion

Prof. Dr. Jan Bernd Nordemann
Rechtsanwalt, Berlin

Gewerblicher Rechtsschutz
(zus. mit *Dworschak*)

Dr. Andrea Panzer-Heemeier
Rechtsanwältin, Düsseldorf

Datenethik
(zus. mit *Nemat*)

Prof. Dr. Christian Piroutek, LL.M. (Bristol), FCIArb
Professor für Wirtschaftsprivatrecht, Hochschule Stralsund

Zuständigkeit, gerichtliche

Autorinnen und Autoren

Dr. Benedikt Quarch Düsseldorf	Crowdfunding – Datenzugang
Prof. Anjanette Raymond Indiana University, Bloomington, USA	Legal Prediction (zus. mit *Lein*)
Dr. Carsten Reimann, LL.M. (Edinburgh), MLP-HSG Rechtsanwalt, Ronnenberg	Legal Chatbot
Dr. Frank Remmertz Rechtsanwalt, München	Rechtsanwalt, Berufsrecht – Rechtsanwalt, Monopol
Prof. Dr. Ioannis Revolidis L-Università ta' Malta	Datenschutz, allgemein – Datenschutz, Compliance – Datenschutz, Rechte der Betroffenen (alle zus. mit *Dahi*)
Prof. Dr. Volker Römermann Rechtsanwalt, Hannover	Rechtsanwalt, Beteiligungsverhältnisse
Dr. Christoph Rollberg Richter am Landgericht, Brüssel	E-Justice – Richter
Jun.-Prof. Dr. Hannah Ruschemeier FernUni Hagen	E-Government (zus. mit *Kolain*) Haftung des Staates – Predictive Policing – Kollektiver Rechtsschutz
Marthe Schaper, LL.M. Rechtsanwältin, Berlin	Plattformen, allgemein – Plattformen, Pflichten – Plattformen, Sperrung von Inhalten (alle zus. mit *Wolters*)
Dr. Christian R. Schmidt Rechtsanwalt und Notar, Berlin	Notar (zus. mit *Christopher*)
Viviane Schrader Rechtsfachwirtin, zert. Personalmanagerin (DAM), Achim	Büroorganisationssoftware – Rechtsanwalts- und Notarfachangestellte (ReNo) (alle zus. mit *Tietje*)
Prof. Dr. Ralph Schuhmann Ernst-Abbe-Hochschule Jena	Vertragsmanagement
Dr. Jyn Schultze-Melling, LL.M. Rechtsanwalt, Berlin	Datengovernance – Datenschutzmanagement
Dr. Anette Schunder-Hartung Rechtsanwältin, Frankfurt a.M.	Customer Relationship Management (CRM)
Yavor Stamenov Akademischer Mitarbeiter, Universität Potsdam	Blockchain – Smart Contracts (zus. mit *Steinrötter*)
Prof. Dr. Björn Steinrötter Juniorprofessor, Universität Potsdam	Blockchain – Smart Contracts (zus. mit *Stamenov*)
Prof. Dr. David Stoppelmann Rechtsanwalt, Düsseldorf	Vertragsschluss (zus. mit *Christ*)

Matthias Struck
Berater für Datenschutz, Frechen-Königsdorf

Jakub L. Szypulka
Rechtsanwalt, Heidelberg

Ronja Tietje
Rechts- und Notarfachwirtin, Achim

Dr. Daniel Timmermann
DFG-Forschungsprojekt, Universität Halle-Wittenberg

PD Dr. Christoph Wendelstein
Akad. Rat a.Z., Universität Konstanz

Prof. Dr. Domenik H. Wendt, LL.M.
Professor an der Frankfurt University of Applied Sciences; Direktor des ReLLaTe, Frankfurt a.M.

Olaf Wolters
Rechtsanwalt, Berlin

Tianyu Yuan
Rechtsanwalt, Heidelberg

Dr. Kai Zahrte
Ministerialrat, Berlin

PrivacyTech
(zus. mit *Aßhoff*)

Maschinelles Lernen
(zus. mit *Tianyu Yuan*)

Büroorganisationssoftware – Rechtsanwalts- und Notarfachangestellte (ReNo)
(alle zus. mit *Schrader*)

Mahnverfahren, automatisiertes
(zus. mit *Meller-Hannich*)

Kollisionsrecht, allgemein – Kollisionsrecht, Abtretungsmodell – Kollisionsrecht, Durchsetzungsmodell – Kollisionsrecht, Smart Contracts

Rechtsschutzversicherung

Plattformen, allgemein – Plattformen, Pflichten – Plattformen, Sperrung von Inhalten
(alle zus. mit *Schaper*)

Künstliche Intelligenz (KI)

Maschinelles Lernen
(zus. mit *Szypulka*)

PayTech

Allgemeines Literaturverzeichnis

65. DJT I/G-H	Prütting/Rottleuthner, Verhandlungen des 65. Deutschen Juristentages Bonn – 2004, Rechtsberatung zwischen Deregulierung und Verbraucherschutz, Monografie, Band I/G-H, 2004
Aggarwal/Eidenmüller/Enriques/Payne/van Zwieten Autonomous Systems	Aggarwal/Eidenmüller/Enriques/Payne/van Zwieten, Autonomous Systems and the Law, Handbuch, 2017
Ahrens Wettbewerbsprozess-HdB	Ahrens, Der Wettbewerbsprozess, Handbuch, 9. Aufl. 2021
AMRHG	Arnold/Meyer-Stolte/Rellermeyer/Hintzen/Georg, Rechtspflegergesetz: RPflG, Kommentar, 8. Aufl. 2015
Ashley Artificial Intelligence and Legal Analytics	Ashley, Artificial Intelligence and Legal Analytics: New Tools for Law Practice in the Digital Age, 2017
Assmann/Schneider/Mülbert	Assmann/Schneider/Mülbert, Wertpapierhandelsrecht, Kommentar, 7. Aufl. 2019
Assmann/Schütze/Buck-Heeb KapAnlR-HdB	Assmann/Schütze/Buck-Heeb, Handbuch des Kapitalanlagerechts, Handbuch, 5. Aufl. 2020
Auernhammer	Auernhammer, DS-GVO/BDSG – Datenschutz-Grundverordnung/Bundesdatenschutzgesetz und Nebengesetze, Kommentar, 7. Aufl. 2020
Auer-Reinsdorff/Conrad IT- und DatenschutzR-HdB	Auer-Reinsdorff/Conrad, Handbuch IT- und Datenschutzrecht, Handbuch, 3. Aufl. 2019
Bamberger/Roth/Hau/Poseck	Bamberger/Roth/Hau/Poseck, BGB, Kommentar, Bände 1–5, 4. Aufl. 2019
Bär/Grädler/Mayr Digitalisierung	Bär/Grädler/Mayr (Hrsg.), Digitalisierung im Spannungsfeld von Politik, Wirtschaft, 2. Band: Wissenschaft und Recht, 2018
Barfield Law of Algorithms	Barfield (Hrsg.), The Cambridge Handbook of the Law of Algorithms, 2020
Barfield/Pagallo Law of Artificial Intelligence	Barfield/Pagallo (Hrsg.), Research Handbook on the Law of Artificial Intelligence, 2018
Bartenbach/Volz ArbEG	Bartenbach/Volz, Arbeitnehmererfindungsgesetz ArbEG, Kommentar, 6. Aufl. 2019
Bassenge/Roth	Bassenge/Roth, FamFG/RPflG, Kommentar, 12. Aufl. 2009
Baumbach/Hueck AktG	Baumbach/Hueck, Aktiengesetz, Kommentar, 13. Aufl. 1968
Baumbach/Lauterbach/Albers/Hartmann	Baumbach/Lauterbach/Albers/Hartmann, Zivilprozessordnung: ZPO, Kommentar, 74. Aufl. 2015
BeckOGK	Gsell/Krüger/Lorenz/Reymann, beck-online.GROSSKOMMENTAR, Kommentar, Band BGB, Band AktG, 40. Aufl. 2022
BeckOK ArbR	Rolfs/Giesen/Meßling/Udsching, BeckOK Arbeitsrecht, Kommentar, 63. Aufl. 2022
BeckOK BeurkG	Bremkamp/Kindler/Winnen, BeckOK BeurkG, Kommentar, 6. Aufl. 2021
BeckOK BGB	Hau/Poseck, BeckOK BGB, Kommentar, 60. Aufl. 2021
BeckOK BNotO	Eschwey, BeckOK BNotO, Kommentar, 6. Aufl. 2022
BeckOK BORA	Römermann, BeckOK BORA, Kommentar, 34. Aufl. 2021
BeckOK BRAO	Römermann, BeckOK BRAO, Kommentar, 13. Aufl. 2021
BeckOK DatenschutzR	Brink/Wolff, BeckOK Datenschutzrecht, Kommentar, 38. Aufl. 2021

BeckOK FamFG	Hahne/Schlögel/Schlünder, BeckOK FamFG, Kommentar, 41. Aufl. 2022
BeckOK GeschGehG	Fuhlrott/Hiéramente, BeckOK GeschGehG, Kommentar, 10. Aufl. 2022
BeckOK GewO	Pielow, BeckOK GewO, Kommentar, 55. Aufl. 2021
BeckOK GG	Epping/Hillgruber, BeckOK Grundgesetz, Kommentar, 49. Aufl. 2021
BeckOK GmbHG	Ziemons/Jaeger/Pöschke, BeckOK GmbHG, Kommentar, 49. Aufl. 2021
BeckOK GVG	Graf, BeckOK GVG, Kommentar, 12. Aufl. 2021
BeckOK HGB	Häublein/Hoffmann-Theinert, BeckOK HGB, Kommentar, 34. Aufl. 2021
BeckOK InfoMedienR	Gersdorf/Paal, BeckOK Informations- und Medienrecht, Kommentar, 34. Aufl. 2021
BeckOK IT-Recht	Borges/Hilber, BeckOK IT-Recht, Kommentar, 4. Aufl. 2021
BeckOK KostR	Dörndorfer/Wendtland/Gerlach/Diehn, BeckOK Kostenrecht, Kommentar, 35. Aufl. 2021
BeckOK MarkenR	Kur/von Bomhard/Albrecht, BeckOK Markenrecht, Kommentar, 27. Aufl. 2021
BeckOK OWiG	Graf, BeckOK OWiG, Kommentar, 31. Aufl. 2021
BeckOK PolR Bayern	Möstl/Schwabenbauer, BeckOK Polizei- und Sicherheitsrecht Bayern, Kommentar, 17. Aufl. 2021
BeckOK PolR Hessen	Möstl/Bäuerle, BeckOK Polizei- und Ordnungsrecht Hessen, Kommentar, 23. Aufl. 2021
BeckOK RDG	Grunewald/Römermann, BeckOK RDG, Kommentar, 20. Aufl. 2022
BeckOK StGB	von Heintschel-Heinegg, BeckOK StGB, Kommentar, 51. Aufl. 2021
BeckOK StPO	Graf, BeckOK StPO mit RiStBV und MiStra, Kommentar, 40. Aufl. 2021
BeckOK StVR	Dötsch/Koehl/Krenberger/Türpe, BeckOK Straßenverkehrsrecht, Kommentar, 12. Aufl. 2021
BeckOK UrhR	Ahlberg/Götting/Lauber-Rönsberg, BeckOK Urheberrecht, Kommentar, 32. Aufl. 2021
BeckOK UWG	Fritzsche/Münker/Stollwerck, BeckOK UWG, Kommentar, 11. Aufl. 2021
BeckOK VAG	Erdmann/Diehl/Schradin, BeckOK VAG, Kommentar, 14. Aufl. 2021
BeckOK VwVfG	Bader/Ronellenfitsch, BeckOK VwVfG, Kommentar, 53. Aufl. 2021
BeckOK ZPO	Vorwerk/Wolf, BeckOK ZPO, Kommentar, 42. Aufl. 2021
BeckRA-HdB	Hamm, Beck'sches Rechtsanwalts-Handbuch, Handbuch, 12. Aufl. 2022
Benkard PatG	Benkard, Patentgesetz, Kommentar, 11. Aufl. 2015
Boemke/Kursawe	Boemke/Kursawe, Gesetz über Arbeitnehmererfindungen, Kommentar, 2015
Boos/Fischer/Schulte-Mattler	Boos/Fischer/Schulte-Mattler, KWG, CRR-VO (Kreditwesengesetz, VO (EU) Nr. 575/2013), Kommentar, 5. Aufl. 2016
Borges/Meents Cloud Computing	Borges/Meents, Cloud Computing, Handbuch, 2016

Allgemeines Literaturverzeichnis

Braegelmann/Kaulartz Smart Contracts-HdB	Braegelmann/Kaulartz, Rechtshandbuch Smart Contracts, Handbuch, 2019
Bräutigam IT-Outsourcing und Cloud-Computing	Bräutigam, IT-Outsourcing und Cloud-Computing, Monografie, 4. Aufl. 2019
Brechmann Legal Tech und Anwaltsmonopol	Brechmann, Legal Tech und das Anwaltsmonopol, 2021
Breidenbach/Glatz Legal Tech-HdB	Breidenbach/Glatz, Rechtshandbuch Legal Tech, Handbuch, 2. Aufl. 2021
Brinktrine/Schollendorf	Brinktrine/Schollendorf, Beamtenrecht Bund, Kommentar, 2021
Brox/Walker BGB AT	Brox/Walker, Allgemeiner Teil des BGB, Lehrbuch, 46. Aufl. 2022
Burckhardt Class action Deutschland	Burckhardt, Auf dem Weg zu einer class action in Deutschland?, Monografie, 2006
Busch	Busch, P2B-VO, Kommentar, 2022
Caldarola/Schrey Big Data	Caldarola/Schrey, Big Data and Law, Handbuch, 2020
Calliess/Ruffert	Calliess/Ruffert, EUV/AEUV, Kommentar, 6. Aufl. 2022
Calo/Fromkin/Kerr Robot Law	Calo/Froomkin/Kerr (Hrsg.), Robot Law, 2016
Casper/Terlau	Casper/Terlau, Zahlungsdiensteaufsichtsgesetz – ZAG, Kommentar, 2. Aufl. 2020
Chemnitz/Johnigk RBerG	Chemnitz/Johnigk, Rechtsberatungsgesetz, Kommentar, 11. Aufl. 2003
Chibanguza/Kuß/Steege KI-HdB	Chibanguza/Kuß/Steege, Künstliche Intelligenz, Handbuch, 2022
Corrales Compagnucci/Fenwick/Forgó Robotics	Corrales Compagnucci/Fenwick/Forgó (Hrsg.), Robotics, AI and the Future of Law, 2018
Deakin/Markou Is Law Computable	Deakin/Markou (Hrsg.), Is Law Computable? Critical Perspectives on Law and Artificial Intelligence, 2020
Deckenbrock/Henssler	Deckenbrock/Henssler, Rechtsdienstleistungsgesetz: RDG, Kommentar, 5. Aufl. 2021
Di Matteo/Cannarsa/Poncibò Smart Contracts	Di Matteo/Cannarsa/Poncibò (Hrsg.), The Cambridge Handbook of Smart Contracts, Blockchain Technology and Digital Platforms, 2019
Dörndorfer	Dörndorfer, Rechtspflegergesetz: RPflG, Kommentar, 3. Aufl. 2020
Dreier	Dreier, Grundgesetz-Kommentar, Kommentar, Bände 1–3, 3. Aufl. 2013
Dreier/Schulze	Dreier/Schulze, Urheberrechtsgesetz, Kommentar, 7. Aufl. 2022
Dreyer/Lamm/Müller RDG	Dreyer/Lamm/Müller, Berliner Kommentare RDG – Rechtsdienstleistungsgesetz mit Einführungsgesetz, Kommentar, 2009
Dürig/Herzog/Scholz	Dürig/Herzog/Scholz, Grundgesetz-Kommentar, Kommentar, 95. Aufl. 2021
Ebenroth/Boujong/Joost/Strohn	Ebenroth/Boujong/Joost/Strohn, Handelsgesetzbuch (HGB), Kommentar, Bände 1 und 2, 4. Aufl. 2020
Ebers Rechte, Rechtsbehelfe und Sanktionen im Unionsprivatrecht	Ebers, Rechte, Rechtsbehelfe und Sanktionen im Unionsprivatrecht, 2016.
Ebers/Cantero Algorithmic Governance	Ebers/Cantero (Hrsg.), Algorithmic Governance and Governance of Algorithms, 2020
Ebers/Heinze/Krügel/Steinrötter KI	Ebers/Heinze/Krügel/Steinrötter, Künstliche Intelligenz und Robotik, Handbuch, 2020

Ebers/Navas Algorithms and Law	Ebers/Navas (Hrsg.), Algorithms and Law, 2020
Ehlers/Fehling/Pünder BesVerwR	Ehlers/Fehling/Pünder, Besonderes Verwaltungsrecht, Handbuch, Bände 1–3, 4. Aufl. 2019
Ehmann/Selmayr	Ehmann/Selmayr, Datenschutz-Grundverordnung, Kommentar, 2. Aufl. 2018
Erman	Erman, BGB, Kommentar, 16. Aufl. 2020
Eyermann	Eyermann, Verwaltungsgerichtsordnung: VwGO, Kommentar, 15. Aufl. 2019
Fezer/Büscher/Obergfell	Fezer/Büscher/Obergfell, UWG, Kommentar, 3. Aufl. 2016
Fischer	Fischer, Strafgesetzbuch: StGB, Kommentar, 69. Aufl. 2021
FK-KartellR	Jaeger/Kokott/Pohlmann/Schroeder/Kulka, Frankfurter Kommentar zum Kartellrecht, Kommentar, 101. Aufl. 2022
Forgo/Haberler Legal Tech	Forgo/Haberler, Legal Tech: Rechtsgrundlagen Österreich & EU, 2018
Forgó/Helfrich/Schneider Betr. Datenschutz-HdB	Forgó/Helfrich/Schneider, Betrieblicher Datenschutz, Handbuch, 3. Aufl. 2019
Fries/Paal Smart Contracts	Fries/Paal (Hrsg.), Smart Contracts, 2019
Fritz Zulässigkeit automatisierter außergerichtlicher Rechtsdienstleistungen	Fritz, Zulässigkeit automatisierter außergerichtlicher Rechtsdienstleistungen, 2019
Fromm/Nordemann	Fromm/Nordemann, Urheberrecht, Kommentar, 12. Aufl. 2018
Fuchs	Fuchs, Wertpapierhandelsgesetz: WpHG, Kommentar, 2. Aufl. 2016
Gaier/Wolf/Göcken	Gaier/Wolf/Göcken, Anwaltliches Berufsrecht BORA BRAO EMRK EuRAG FAO GG RDG RDGEG Anwaltshaftung, Kommentar, 3. Aufl. 2019
Gaul/Schilken/Becker-Eberhard ZVR	Gaul/Schilken/Becker-Eberhard, Zwangsvollstreckungsrecht, Lehrbuch, 12. Aufl. 2010
Geimer/Schütze Int. Rechtsverkehr	Geimer/Schütze, Internationaler Rechtsverkehr in Zivil- und Handelssachen, Kommentar, 63. Aufl. 2021
Gloy/Loschelder/Danckwerts WettbR-HdB	Gloy/Loschelder/Danckwerts, Handbuch des Wettbewerbsrechts, Handbuch, 5. Aufl. 2019
Gola	Gola, DS-GVO, Kommentar, 2. Aufl. 2018
Goodman Robots in Law	Goodman, Robots in Law: How Artificial Intelligence is Transforming Legal Services, Ark, 2016.
Götting GewRS	Götting, Gewerblicher Rechtsschutz, Lehrbuch, 11. Aufl. 2020
Grabitz/Hilf/Nettesheim	Nettesheim, Das Recht der Europäischen Union, Kommentar, 76. EL 2022
Grüneberg	Grüneberg, Bürgerliches Gesetzbuch, Kommentar, 81. Aufl. 2022
Grunewald/Römermann	Grunewald/Römermann, Rechtsdienstleistungsgesetz, Kommentar, 2008
Harte-Bavendamm/Henning-Bodewig	Harte-Bavendamm/Henning-Bodewig/Goldmann/Tolkmitt, UWG, Kommentar, 5. Aufl. 2021
Harte-Bavendamm/Ohly/Kalbfus	Harte-Bavendamm/Ohly/Kalbfus, GeschGehG, Kommentar, 2020
Hartung/Bues/Halbleib Legal Tech	Hartung/Bues/Halbleib, Legal Tech, Handbuch, 2018
Hartung/Scharmer	Hartung/Scharmer, Berufs- und Fachanwaltsordnung, Kommentar, 8. Aufl. 2022

Henssler/Prütting	Henssler/Prütting, Bundesrechtsanwaltsordnung: BRAO, Kommentar, 5. Aufl. 2019
Heussen/Pischel Vertragsverhandlung-HdB	Heussen/Pischel, Handbuch Vertragsverhandlung und Vertragsmanagement, Handbuch, 4. Aufl. 2014
HK-BGB	Dörner/Ebert/Fries/Friesen/Himmen/Hoeren/Kemper/Saenger/Scheuch/Schreiber/Schulte-Nölke/Schulze/Staudinger/Wiese, Bürgerliches Gesetzbuch, Kommentar, 11. Aufl. 2021
HK-DS-GVO	Sydow, Europäische Datenschutzgrundverordnung, Kommentar, 2. Aufl. 2018
HK-GG	Hömig/Wolff, Grundgesetz für die Bundesrepublik Deutschland, Kommentar, 12. Aufl. 2018
HK-RDG	Krenzler, Rechtsdienstleistungsgesetz, Kommentar, 2. Aufl. 2017
HK-RVG	Mayer/Kroiß, Rechtsanwaltsvergütungsgesetz, Kommentar, 8. Aufl. 2021
HK-ZPO	Saenger, Zivilprozessordnung, Kommentar, 9. Aufl. 2021
HK-ZV	Kindl/Meller-Hannich, Gesamtes Recht der Zwangsvollstreckung, Kommentar, 4. Aufl. 2021
Hoeren/Sieber/Holznagel MMR-HdB	Hoeren/Sieber/Holznagel, Handbuch Multimedia-Recht, Handbuch, 57. Aufl. 2021
Hoffmann-Riem/Schmidt-Aßmann/Voßkuhle GVwR	Hoffmann-Riem/Schmidt-Aßmann/Voßkuhle, Grundlagen des Verwaltungsrechts, Personal, Finanzen, Kontrolle, Sanktionen, Staatliche Einstandspflichten, Handbuch, Bände I–III, 2. Aufl. 2012
Hopt	Hopt, Handelsgesetzbuch, Kommentar, 41. Aufl. 2022
Hopt/Binder/Böcking CG-HdB	Hopt/Binder/Böcking, Handbuch Corporate Governance von Banken und Versicherungen, Handbuch, 2. Aufl. 2020
Hullen Effizienzsteigerung	Hullen, Nils, Effizienzsteigerung in der Rechtsberatung durch Rechtsvisualisierungstools – Von der Rechtsinformatik zu Legal Tech, 2019
Immenga/Mestmäcker	Immenga/Mestmäcker, Wettbewerbsrecht, Kommentar, Bände 1–5, 6. Aufl. 2019
Isensee/Kirchhof StaatsR-HdB	Isensee/Kirchhof, Handbuch des Staatsrechts der Bundesrepublik Deutschland, Handbuch, Bände 1–12, 3. Aufl. 2003
Jacob/Schindler/Strathausen Liquid Legal 2017	Jacob/Schindler/Strathausen, Liquid Legal. Transforming Legal into a Business Savvy, Information Enabled and Performance Driven Industry, 2017
Jacob/Schindler/Strathausen Liquid Legal 2020	Jacob/Strathausen/Schindler, Liquid Legal. Towards a Common Legal Platform, 2020
Jarass/Pieroth	Jarass/Pieroth, Grundgesetz für die Bundesrepublik Deutschland: GG, Kommentar, 16. Aufl. 2020
Jauernig	Jauernig, Bürgerliches Gesetzbuch, Kommentar, 18. Aufl. 2021
jurisPK-BGB	Herberger/Martinek/Rüßmann/Weth/Würdinger, juris PraxisKommentar BGB, Kommentar, Bände 1–6, 9. Aufl. 2020
jurisPK-ERV	Ory/Weth, juris PraxisKommentar Elektronischer Rechtsverkehr, Kommentar, Bände 1–3, 2020
jurisPK-InternetR	Heckmann, juris PraxisKommentar Internetrecht, Kommentar, 7. Aufl. 2021
jurisPK-UWG	Ullmann, juris Praxiskommentar UWG, Kommentar, 5. Aufl. 2021

Kaulartz/Braegelmann AI und Machine Learning-HdB	Kaulartz/Braegelmann, Rechtshandbuch Artificial Intelligence und Machine Learning, Handbuch, 2020
Kilian/Koch AnwBerufsR	Kilian/Koch, Anwaltliches Berufsrecht, Lehrbuch, 2. Aufl. 2018
Kilian/Sabel/v. Stein Neues RechtsdienstleistungsR	Kilian/Sabel/vom Stein, Das neue Rechtsdienstleistungsrecht, Ratgeber, 2008
Kipker Cybersecurity-HdB	Kipker, Cybersecurity, Handbuch, 2020
Kirchhof/Seer	Kirchhof/Seer, EStG, Kommentar, 21. Aufl. 2022
Kissel/Mayer	Kissel/Mayer, GVG, Kommentar, 10. Aufl. 2021
KK-StPO	Hannich, Karlsruher Kommentar zur Strafprozessordnung: StPO, Kommentar, 8. Aufl. 2019
Klebeck/Dobrauz-Saldapenna Dig. Finanzdienstleistungen-HdB	Klebeck/Dobrauz-Saldapenna, Rechtshandbuch Digitale Finanzdienstleistungen, Handbuch, 2018
Kleine-Cosack	Kleine-Cosack, Bundesrechtsanwaltsordnung: BRAO, Kommentar, 8. Aufl. 2020
Kleine-Cosack RDG	Kleine-Cosack, Rechtsdienstleistungsgesetz, Kommentar, 3. Aufl. 2014
Klöhn	Klöhn, Marktmissbrauchsverordnung, Kommentar, 2018
Koch	Koch, Aktiengesetz, Kommentar, 16. Aufl. 2022
Köhler/Bornkamm/Feddersen	Köhler/Bornkamm/Feddersen, UWG, Kommentar, 40. Aufl. 2022
Koller/Kindler/Roth/Drüen	Koller/Kindler/Roth/Drüen, HGB, Kommentar, 9. Aufl. 2019
König RBerG	König, Rechtsberatungsgesetz, Monografie, 1993
Kopp/Ramsauer	Kopp/Ramsauer, Verwaltungsverfahrensgesetz, Kommentar, 22. Aufl. 2021
Kopp/Schenke	Kopp/Schenke, Verwaltungsgerichtsordnung: VwGO, Kommentar, 27. Aufl. 2021
Koslowski	Koslowski, Steuerberatungsgesetz, Kommentar, 7. Aufl. 2015
Kühling/Buchner	Kühling/Buchner, DS-GVO BDSG, Kommentar, 3. Aufl. 2020
Kuhls	Kuhls/Busse/Goez/Kleemann/Maxl/Riddermann/Ruppert/Willerscheid, Kommentar zum Steuerberatungsgesetz, Kommentar, 3. Aufl. 2011
Kümpel/Mülbert/Früh/Seyfried Bank-/KapMarktR	Kümpel/Mülbert/Früh/Seyfried, Bank- und Kapitalmarktrecht, Handbuch, 6. Aufl. 2021
Lackner/Kühl	Lackner/Kühl, StGB, Kommentar, 29. Aufl. 2018
Landmann/Rohmer GewO	Landmann/Rohmer, Gewerbeordnung, Kommentar, 86. Aufl. 2021
Langenbucher/Bliesener/Spindler	Langenbucher/Bliesener/Spindler, Bankrechts-Kommentar, Kommentar, 3. Aufl. 2020
Lechner/Zuck	Lechner/Zuck, Bundesverfassungsgerichtsgesetz: BVerfGG, Kommentar, 8. Aufl. 2019
Leeb Digitalisierung	Leeb, Digitalisierung, Legal Technology und Innovation, 2019
Lehmann Computerprogramme	Lehmann, Rechtsschutz und Verwertung von Computerprogrammen, Handbuch, 2. Aufl. 1993
Leupold/Wiebe/Glossner IT-R	Leupold/Wiebe/Glossner, IT-Recht, Handbuch, 4. Aufl. 2021
Linardatos Robo Advice-HdB	Linardatos, Rechtshandbuch Robo Advice, Handbuch, 2020
Loewenheim UrhR-HdB	Loewenheim, Handbuch des Urheberrechts, Handbuch, 3. Aufl. 2021

Loewenheim/Meessen/Riesenkampff/Kersting/Meyer-Lindemann	Loewenheim/Meessen/Riesenkampff/Kersting/Meyer-Lindemann, Kartellrecht, Kommentar, 4. Aufl. 2020
Looschelders/Pohlmann	Looschelders/Pohlmann, VVG, Kommentar, 3. Aufl. 2016
Löwe/Rosenberg	Löwe/Rosenberg, Die Strafprozessordnung und das Gerichtsverfassungsgesetz: StPO, Kommentar, Bände 1–12, 27. Aufl. 2017
Lüth Rechtsberatung	Lüth, Rechtsberatung durch den Rechtsschutzversicherer, Handbuch, 1997
Maume/Maute Kryptowerte-HdB	Maume/Maute, Rechtshandbuch Kryptowerte, Handbuch, 2020
Maume/Maute/Fromberger The Law of Crypto Assets	Maume/Maute/Fromberger (Hrsg.), The Law of Crypto Assets, 2022
Mes	Mes, Patentgesetz, Gebrauchsmustergesetz: PatG, GebrMG, Kommentar, 5. Aufl. 2020
Meyer-Goßner/Schmitt	Meyer-Goßner/Schmitt, Strafprozessordnung: StPO, Kommentar, 65. Aufl. 2022
MHdB GesR II	Gummert/Weipert, Münchener Handbuch des Gesellschaftsrechts, Band 2: Kommanditgesellschaft, GmbH & Co. KG, Publikums-KG, Stille Gesellschaft, Handbuch, 5. Aufl. 2019
Michalski/Heidinger/Leible/Schmidt	Michalski/Heidinger/Leible/Schmidt, Kommentar zum Gesetz betreffend die Gesellschaften mit beschränkter Haftung (GmbH-Gesetz), Kommentar, 3. Aufl. 2017
Möslein/Omlor FinTech-HdB	Möslein/Omlor, FinTech-Handbuch, Handbuch, 2. Aufl. 2021
MüKoBGB	Säcker/Rixecker/Oetker/Limperg, Münchener Kommentar zum Bürgerlichen Gesetzbuch, Kommentar, Bände 1–3 und 9, 9. Aufl. 2021
MüKoFamFG	Rauscher, Münchener Kommentar zum FamFG, Kommentar, Bände 1 und 2, 3. Aufl. 2018
MüKoGmbHG	Fleischer/Goette, Münchener Kommentar zum Gesetz betreffend die Gesellschaften mit beschränkter Haftung, Kommentar, Bände 1 und 3, 4. Aufl. 2022
MüKoHGB	Drescher/Fleischer/K. Schmidt, Münchener Kommentar zum Handelsgesetzbuch: HGB, Kommentar, Bände 1, 2 und 5, 5. Aufl. 2021
MüKoStGB	Erb/Schäfer, Münchener Kommentar zum Strafgesetzbuch, Kommentar, Bände 1–5, 7, 9, 4. Aufl. 2020
MüKoStPO	Knauer/Kudlich/Schneider, Münchener Kommentar zur Strafprozessordnung: StPO, Kommentar, Bände 1–3, 2014
MüKoUWG	Heermann/Schlingloff, Münchener Kommentar zum Lauterkeitsrecht, Kommentar, 3. Aufl. 2019
MüKoVVG	Langheid/Wandt, Münchener Kommentar zum Versicherungsvertragsgesetz, Kommentar, Band 1, 3. Aufl. 2022
MüKoWettbR	Bien/Meier-Beck/Montag/Säcker, Münchener Kommentar zum Wettbewerbsrecht, Kommentar, 4. Aufl. 2021
MüKoZPO	Krüger/Rauscher, Münchener Kommentar zur ZPO, Kommentar, Bände 1–3, 6. Aufl. 2020
Musielak/Voit	Musielak/Voit, ZPO, Kommentar, 19. Aufl. 2022
Nink Justiz und Algorithmen	Nink, Justiz und Algorithmen. Über die Schwächen menschlicher Entscheidungsfindung und die Möglichkeiten neuer Technologien in der Rechtsprechung, 2021

NK-BDSG	Simitis, Bundesdatenschutzgesetz, Kommentar, 8. Aufl. 2014
NK-BGB	Dauner-Lieb/Heidel/Ring/Dauner-Lieb/Langen, Bürgerliches Gesetzbuch: Schuldrecht Band 2, Kommentar, 4. Aufl. 2021
NK-DatenschutzR	Simitis/Hornung/Spiecker gen. Döhmann, Datenschutzrecht, Kommentar, 2019
NK-MedienR	Paschke/Berlit/Meyer/Kröner, Hamburger Kommentar Gesamtes Medienrecht, Kommentar, 4. Aufl. 2021
NK-StGB	Kindhäuser/Neumann/Paeffgen, Strafgesetzbuch, Kommentar, 5. Aufl. 2017
Nomos-BR/Schmid RPflG	Schmid, Rechtspflegergesetz, Kommentar, 2012
Nomos-BR/Staats DRiG	Staats, Deutsches Richtergesetz, Kommentar, 2012
Ohly/Sosnitza	Ohly/Sosnitza, Gesetz gegen den unlauteren Wettbewerb, Kommentar, 7. Aufl. 2016
Omlor/Link Kryptowährungen und Token	Omlor/Link (Hrsg.), Kryptowährungen und Token, 2021
Quarch/Engelhardt Legal Tech	Quarch/Engelhardt, Legal Tech – essentials, 2022
Paal/Pauly	Paal/Pauly, DS-GVO BDSG, Kommentar, 3. Aufl. 2021
Peifer	Peifer, UWG, Kommentar, 3. Aufl. 2021
Pfeiffer	Pfeiffer, Strafprozessordnung: StPO, Kommentar, 5. Aufl. 2005
PHdB-VersProz	Veith/Gräfe/Gebert, Der Versicherungsprozess, Handbuch, 4. Aufl. 2020
Prütting/Gehrlein	Prütting/Gehrlein, ZPO, Kommentar, 13. Aufl. 2021
Prütting/Wegen/Weinreich	Prütting/Wegen/Weinreich, BGB Kommentar, Kommentar, 16. Aufl. 2021
Rauscher EuZPR/EuIPR	Rauscher, Europäisches Zivilprozess- und Kollisionsrecht, Kommentar, Band 2, 5. Aufl. 2020
Redeker IT-R	Redeker, IT-Recht, Handbuch, 7. Aufl. 2020
Reich BeamtStG	Reich, Beamtenstatusgesetz, Kommentar, 3. Aufl. 2018
Remmertz Legal Tech-Strategien	Remmertz, Legal Tech-Strategien für Rechtsanwälte, Monografie, 2020
Rennen/Caliebe	Rennen/Caliebe, Rechtsberatungsgesetz: RBerG, Kommentar, 3. Aufl. 2001
Rollberg Algorithmen in der Justiz	Rollberg, Algorithmen in der Justiz. Rechtsfragen zum Einsatz von Legal Tech im Zivilprozess, 2020
Römermann PartGG	Römermann, PartGG – Kommentar zum Partnerschaftsgesellschaftsgesetz, Kommentar, 5. Aufl. 2017
Rosenberg/Schwab/Gottwald ZivilProzR	Rosenberg/Schwab/Gottwald, Zivilprozessrecht, Lehrbuch, 18. Aufl. 2018
Rücker Rechtsberatung	Rücker, Rechtsberatung, Monografie, 2007
Rüpke/v. Lewinski/Eckhardt DatenschutzR	Rüpke/von Lewinski/Eckhardt, Datenschutzrecht, Lehrbuch, 2. Aufl. 2022
Sachs	Sachs, Grundgesetz: GG, Kommentar, 9. Aufl. 2021
Sassenberg/Faber Industrie 4.0 und Internet-HdB	Sassenberg/Faber, Rechtshandbuch Industrie 4.0 und Internet of Things, Handbuch, 2. Aufl. 2020
Schäfer/Omlor/Mimberg	Schäfer/Omlor/Mimberg, ZAG, Kommentar, 2022

Schantz/Wolff Neues Datenschutz R	Schantz/Wolff, Das neue Datenschutzrecht, Handbuch, 2017
Schilasky Einschränkung freie Rechtsberatung	Schilasky, Einschränkung der freien Rechtsanwaltswahl in der Rechtsschutzversicherung, Monografie, 1998
Schoch/Schneider	Schoch/Schneider, Verwaltungsrecht, Kommentar, Band VwGO, 41. Aufl. 2021
Schönke/Schröder	Schönke/Schröder, Strafgesetzbuch, Kommentar, 30. Aufl. 2019
Schorn Rechtsberatung	Schorn, Die Rechtsberatung, Handbuch, 2. Aufl. 1967
Schricker/Loewenheim	Schricker/Loewenheim, Urheberrecht, Kommentar, 6. Aufl. 2020
Schulze/Janssen/Kadelbach EuropaR-HdB	Schulze/Janssen/Kadelbach, Europarecht, Handbuch, 4. Aufl. 2020
Schulze/Staudenmayer	Schulze/Staudenmayer, EU Digital Law, Kommentar, 2020
Schulze/Staudenmayer Digital Revolution	Schulze/Staudenmayer (Hrsg.), Digital Revolution: Challenges for Contract Law in Practice, 2015
Schwark/Zimmer	Schwark/Zimmer, Kapitalmarktrechts-Kommentar, Kommentar, 5. Aufl. 2020
Schwartmann/Jaspers/Thüsing/Kugelmann	Schwartmann/Jaspers/Thüsing/Kugelmann, Heidelberger Kommentar DS-GVO/BDSG, 2. Aufl. 2020
Schweighofer/Araskiewicz/Lachmayer/Pavcnik Formalisierung der Jurisprudenz	Schweighofer/Araskiewicz/Lachmayer/Pavcnik (Hrsg.), Formalisierung der Jurisprudenz: Festschrift für Hajime Yoshino, 2019
Schwennicke/Auerbach	Schwennicke/Auerbach, Kreditwesengesetz (KWG) mit Zahlungsdiensteaufsichtsgesetz (ZAG), Kommentar, 4. Aufl. 2021
Schwintowski BankR	Schwintowski, Bankrecht, Kommentar, 6. Aufl. 2021
Soergel	Soergel, Bürgerliches Gesetzbuch mit Einführungsgesetz und Nebengesetzen (BGB), Kommentar, Band 11, 32, 33, 14. Aufl. 2021
Solmecke/Arends-Paltzer/Schmitt Legal Tech	Solmecke/Arends-Paltzer/Schmitt, Legal Tech: Die digitale Transformation in der Anwaltskanzlei, 2018
Spindler/Schmitz	Spindler/Schmitz, TMG, Kommentar, 2. Aufl. 2018
Spindler/Schuster	Spindler/Schuster, Recht der elektronischen Medien, Kommentar, 4. Aufl. 2019
Staudinger	Staudinger, BGB – J. von Staudingers Kommentar zum Bürgerlichen Gesetzbuch mit Einführungsgesetz, Kommentar, 18. Aufl. 2017 ff.
Stein/Jonas	Stein/Jonas, Kommentar zur Zivilprozessordnung, Kommentar, Bände 1–11, 23. Aufl. 2014
Stelkens/Bonk/Sachs	Stelkens/Bonk/Sachs, VwVfG: Verwaltungsverfahrensgesetz, Kommentar, 9. Aufl. 2018
Stern StaatsR I	Stern, Das Staatsrecht der Bundesrepublik Deutschland, Bd. I, Handbuch, 2. Aufl. 1984
Stern StaatsR III/1	Stern, Das Staatsrecht der Bundesrepublik Deutschland, Bd. III/1, Handbuch, 1988
Ströbele/Hacker/Thiering	Ströbele/Hacker/Thiering, Markengesetz, Kommentar, 13. Aufl. 2020
Susskind Expert Systems	Susskind, Expert Systems in Law: A Jurisprudential Inquiry, 1987
Susskind Online Courts	Susskind, Online Courts and the Future of Justice, 2019
Susskind The End of Lawyers	Susskind, The End of Lawyers? (Revised), 2010

Susskind Tomorrow's Lawyers	Susskind, Tomorrow's Lawyers: An Introduction to Your Future, 2. Aufl. 2017
Susskind/Susskind The Future of The Professions	Susskind/Susskind, The Future of The Professions: How Technology will Transform the Work of Human Experts, 2015
Taeger/Gabel	Taeger/Gabel, DS-GVO – BDSG – TTDSG, Kommentar, 4. Aufl. 2022
Taeger/Pohle ComputerR-HdB	Taeger/Pohle, Computerrechts-Handbuch, Kommentar, 36. Aufl. 2021
Thomas/Putzo	Thomas/Putzo, ZPO, Kommentar, 43. Aufl. 2022
Timmermann Legal Tech-Anwendungen	Timmermann, Legal Tech-Anwendungen. Rechtswissenschaftliche Analyse und Entwicklung des Begriffs der algorithmischen Rechtsdienstleistung, 2020
Toussaint	Toussaint, Kostenrecht, Kommentar, 52. Aufl. 2022
v. Bar/Mankowski IPR II	von Bar/Mankowski, Internationales Privatrecht, Bd. 2: Besonderer Teil, Lehrbuch, 2. Aufl. 2019
v. Mangoldt/Klein/Starck	von Mangoldt/Klein/Starck, Grundgesetz, Kommentar, Bände 1–3, 7. Aufl. 2018
v. Münch/Kunig	von Münch/Kunig, Grundgesetz: GG, Kommentar, Bände 1 und 2, 7. Aufl. 2021
Wagner Legal Tech und Legal Robots	Wagner, Legal Tech und Legal Robots: Der Wandel im Rechtsmarkt durch neue Technologien und Künstliche Intelligenz, 2. Aufl. 2020
Wandtke/Bullinger	Wandtke/Bullinger, Urheberrecht, Kommentar, 5. Aufl. 2019
Weitnauer Venture Capital-HdB	Weitnauer, Handbuch Venture Capital, Handbuch, 6. Aufl. 2019
Weth/Herberger/Wächter/Sorge Arbeitnehmerdatenschutz-HdB	Weth/Herberger/Wächter/Sorge, Daten- und Persönlichkeitsschutz im Arbeitsverhältnis, Handbuch, 2. Aufl. 2019
Weyland	Weyland, Bundesrechtsanwaltsordnung: BRAO, Kommentar, 10. Aufl. 2019
Wieczorek/Schütze	Wieczorek/Schütze, ZPO: Zivilprozessordnung, Kommentar, Band 1, 11, 5. Aufl. 2019
Wiedemann KartellR-HdB	Wiedemann, Handbuch des Kartellrechts, Handbuch, 4. Aufl. 2020
Wischmeyer/Rademacher Regulating Artificial Intelligence	Wischmeyer/Rademacher (Hrsg.), Regulating Artificial Intelligence, 2020
Wolff/Bachof/Stober/Kluth VerwR I	Wolff/Bachof/Stober/Kluth, Verwaltungsrecht I, Lehrbuch, 13. Aufl. 2017
Ziekow VwVfG	Ziekow, Verwaltungsverfahrensgesetz, Kommentar, 4. Aufl. 2020
Zöller	Zöller, ZPO – Zivilprozessordnung, Kommentar, 34. Aufl. 2022

Abkürzungsverzeichnis

aA	andere Ansicht
aaO	am angegebenen Ort
Abb.	Abbildung
abl.	ablehnend
Abs.	Absatz
Abschn.	Abschnitt
abw.	abweichend
aE	am Ende
aF	alte Fassung
AG	Amtsgericht
AGB	allgemeine Geschäftsbedingungen
allg.	allgemein
allgA	allgemeine Ansicht
allgM	allgemeine Meinung
aM	anderer Meinung
Anh.	Anhang
Anm.	Anmerkung
ArbnErfG	Arbeitnehmererfindungsgesetz
Art.	Artikel
Aufl.	Auflage
ausdr.	ausdrücklich
ausf.	ausführlich
Az.	Aktenzeichen
B2B	Business-to-Business
B2C	Business-to-Consumer
BayHIG	Bayerisches Hochschulinnovationsgesetz
BayObLG	Oberstes Bayerisches Landgericht
BBG	Bundesbeamtengesetz
Bd.	Band
beA	besonderes elektronisches Anwaltspostfach
BDSG	Bundesdatenschutzgesetz
BeamtStG	Beamtenstatusgesetz
Begr.	Begründung
Bek.	Bekanntmachung
ber.	berichtigt
bes.	besonders
Beschl.	Beschluss
BGB	Bürgerliches Gesetzbuch
BGBl.	Bundesgesetzblatt
BGH	Bundesgerichtshof
BRAO	Bundesrechtsanwaltsordnung
bspw.	beispielsweise
BT-Drs.	Bundestagsdrucksache
BVerfG	Bundesverfassungsgericht
BVerfGE	Entscheidungen des Bundesverfassungsgerichts
BVerwG	Bundesverwaltungsgericht

Abkürzungsverzeichnis

bzgl.	bezüglich
bzw.	beziehungsweise
CLM	Contract Lifecycle Management
CM	Compliance Management
CRM	Customer Relationship Management
DA	Dokumentenanalyse
dh	das heißt
Dok.	Dokument
DRiG	Deutsches Richtergesetz
Drs.	Drucksache
DS-GVO	Datenschutzgrundverordnung
DSFA	Datenschutz-Folgenabschätzung
DSK	Datenschutzkonferenz
E	Entwurf
ebd.	ebenda
eBO	elektronisches Bürger- und Organisationspostfach
ECM	Enterprise Contract Management
EG	Europäische Gemeinschaft; Erwägungsgrund
EGMR	Europäischer Gerichtshof für Menschenrechte
Einf.	Einführung
eingetr.	eingetragen
Einl.	Einleitung
einschl.	einschließlich
einschr.	einschränkend
EL	Ergänzungslieferung
Entsch.	Entscheidung
entspr.	entsprechend
Erkl.	Erklärung
Erl.	Erlass; Erläuterung
ErwG	Erwägungsgrund
et al.	und andere
etc	et cetera
EU	Europäische Union
EuGH	Europäischer Gerichtshof
EUR	Euro (bei Geldbeträgen)
eur.	europäisch
eV	eingetragener Verein
evtl.	eventuell
EY	Ernst & Young
F&E	Forschung und Entwicklung
f., ff.	folgende
FamFG	Gesetz über das Verfahren in Familiensachen und in den Angelegenheiten der freiwilligen Gerichtsbarkeit
FGO	Finanzgerichtsordnung
Fn.	Fußnote
geänd.	geändert
gem.	gemäß

GG	Grundgesetz
ggf.	gegebenenfalls
ggü.	gegenüber
grds.	grundsätzlich
H(Sch)G; HochSchG	Hochschulgesetz (eines Bundeslandes)
hA	herrschende Auffassung
HdB	Handbuch
hL	herrschende Lehre
hM	herrschende Meinung
HRG	Hochschulrahmengesetz
Hrsg.	Herausgeber
Hs.	Halbsatz
iA	im Auftrag
idF	in der Fassung
idR	in der Regel
idS	in diesem Sinne
iE	im Ergebnis
IE	Informationsextraktion
ieS	im engeren Sinne
iHv	in Höhe von
inkl.	inklusive
insbes.	insbesondere
insg.	insgesamt
IR	Information Retrieval
iRd	im Rahmen des/der
iSd	im Sinne des/der
iSv	im Sinne von
IT	Informationstechnologie
iÜ	im Übrigen
iVm	in Verbindung mit
iwS	im weiteren Sinne
JAP(r)O	Justizausbildungs- und Prüfungsordnung (eines Bundeslandes)
JI-RL	JI-Richtlinie
Kap.	Kapitel
KI	Künstliche Intelligenz
KI VO-E/ KI-Verordnung-E	Entwurf der Verordnung des Europäischen Parlaments und des Rates zur Festlegung harmonisierter Vorschriften für Künstliche Intelligenz (Gesetz über Künstliche Intelligenz) und zur Änderung bestimmter Rechtsakte der Union
KMU	Kleine und mittlere Unternehmen
KPI	Key Performance Indicators
krit.	kritisch
LG	Landgericht
LGH	Landeshochschulgesetz
lit.	litera
Lit.	Literatur
Ls.	Leitsatz
M&A	Mergers & Acquisitions

Abkürzungsverzeichnis

mAnm	mit Anmerkung
mE	meines Erachtens
mind.	Mindestens
Mitt.	Mitteilung(en)
ML	Maschinelles Lernen
mN	mit Nachweisen
mwN	mit weiteren Nachweisen
mWv	mit Wirkung von
mzN	mit zahlreichen Nachweisen
Nachw.	Nachweise
nF	neue Fassung
NLP	Natural Language Processing
NN	Neuronales Netzwerk
Nov.	Novelle
Nr.	Nummer
nrkr	nicht rechtskräftig
nv	nicht veröffentlicht
o.	oben, oder
o. a.	oben angegeben, angeführt
oÄ	oder Ähnliches
OCR	Optical Character Recognition
ODR	Online Dispute Resolution
og	oben genannt
oJ	ohne Jahr
OLG	Oberlandesgericht
OWiG	Ordnungswidrigkeitengesetz
OZG	Onlinezugangsgesetz
RBerG	Rechtsberatungsgesetz
RdErl.	Runderlass
RDG	Rechtsdienstleistungsgesetz
resp.	respektive
RM	Risikomanagement
Rn.	Randnummer
ROI	Return On Investment
Rspr.	Rechtsprechung
RVG	Rechtsanwaltsvergütungsgesetz
RVM	Rechtliches Vertragsmanagement
S.	Seite(n), Satz
s.	siehe
s. a.	siehe auch
s. o.	siehe oben
s. u.	siehe unten
SGB X	Sozialgesetzbuch, 10. Buch
SGG	Sozialgerichtsgesetz
SLC	Smart Legal Contracts
Slg	Sammlung
sog.	sogenannt/so genannt

SRM	Supplier Relationship Management
StPO	Strafprozessordnung
TAR	Technology Assisted Review
TKG	Telekommunikationsgesetz
TMG	Telemediengesetz
TTDSG	Telekommunikation-Telemedien-Datenschutz-Gesetz
u.	und
ua	unter anderem
uä	und ähnlich
uÄ	und Ähnliches
uam	und anderes mehr
uE	unseres Erachtens
umstr.	umstritten
unpag.	unpaginiert
unstr.	unstreitig
UrhG	Urheberrechtsgesetz
Urt.	Urteil
USD	US-Dollar
usw	und so weiter
uU	unter Umständen
uVm	und Vieles mehr
v.	von/vom
v.a.	vor allem
VG	Verwaltungsgericht
vgl.	vergleiche
VM	Vertragsmanagement
VO	Verordnung
vorl.	vorläufig
VwGO	Verwaltungsgerichtsordnung
VwVfG	Verwaltungsverfahrensgesetz
wN	weitere Nachweise
zB	zum Beispiel
Ziff.	Ziffer
zit.	zitiert
ZPO	Zivilprozessordnung
zT	zum Teil
zust.	zustimmend
zutr.	zutreffend
zw.	zweifelhaft
zzgl.	zuzüglich

1. Algorithmischer Handel

Linardatos

I. Begriffsbestimmung	1	4. Organisatorische Anforderungen auf Seiten der Wertpapierhandelsunternehmen	13
II. Rechtliche Grundlagen	6	5. Auskunfts- und Kennzeichnungspflichten auf Seiten der Wertpapierhandelsunternehmen	21
1. Vorbemerkungen	6		
2. Anzeige- und Erlaubnispflichten	7		
3. Börsenseitige Vorkehrungen	9	6. Verbot bestimmter Handelsstrategien	23

Literatur: *Azzutti/Ringe/Stiehl*, Machine Learning, Market Manipulation and Collusion on Capital Markets: Why the „Black Box" matters, EBI Working Paper Series 2021 – no. 84, abrufbar unter https://papers.ssrn.com/sol3/papers.cfm?abstract_id=3788872 (zit.: Azzutti/Ringe/Stiehl Machine Learning on Capital Markets); *Baas/Kilic*, Probleme des algorithmischen Handels – Die regulatorische Einordnung der Iceberg-Order, BKR 2020, 394; *Gresser*, Hochfrequenzhandel, 2018; *Jaskulla*, Das deutsche Hochfrequenzhandelsgesetz – eine Herausforderung für Handelsteilnehmer, Börsen und Multilaterale Handelssysteme (MTF), BKR 2013, 221; *Kasiske*, Marktmissbräuchliche Strategien im Hochfrequenzhan, WM 2014, 1933; *Kobbach*, Regulierung des algorithmischen Handels durch das neue Hochfrequenzhandelsgesetz: Praktische Auswirkungen und offene rechtliche Fragen, BKR 2013, 233; *Kindermann/Coridaß*, Der rechtliche Rahmen des algorithmischen Handels inklusive des Hochfrequenzhandels, ZBB 2014, 178; *Kollmann*, Autonome und intelligente Wertpapierhandelssysteme, 2019 (zit.: Kollmann Wertpapierhandelssysteme); *Kurth*, in Ebers/Heinze/Krügel/Steinrötter (Hrsg.), Rechtshandbuch KI und Robotik, § 14; *Raschner*, Algorithm Governance am Kapitalmarkt, im Erscheinen 2022 (zit.: Raschner Algorithm Governance); *Raschner*, Algorithms put to test: Control of algorithms in securities trading through mandatory market simulations?, EBI Working Paper Series 2021 – no. 87, abrufbar unter https://ssrn.com/abstract=3807935 (zit.: Raschner Control of algorithms); *Schultheiß*, Die Neuerungen im Hochfrequenzhandel, WM 2013, 596; *Spindler*, Control of Algorithms in Financial Markets, in Ebers/Navas (Hrsg.), Algorithms and Law, 2020 (zit.: Spindler Control of Algorithms in Financial Markets); *Zlatanov/Weiss*, Regulatorische Aspekte des algorithmischen Handels, RdF 2019, 290.

I. Begriffsbestimmung

Der algorithmische Handel – auch Algorithmic Trading genannt – ist nicht mit Robo Advice-Diensten zu verwechseln. Legaldefiniert ist der algorithmische Handel in Art. 4 Abs. 1 Nr. 39 MiFID II iVm Art. 18 DelVO (EU) 2017/565. Er ist dadurch gekennzeichnet, dass **computerbasierte Orderaufträge** elektronisch an einem Handelsplatz eingegeben, geändert oder gelöscht werden; der Algorithmus (näher zur Definition → *Algorithmus* Rn. 2 ff.) determiniert also die Parameter einer Transaktion.[1] Im Gegensatz dazu müssen die (Beratungs-)Dienste eines Robo Advisor nicht zwangsläufig in einer Transaktionshandlung resultieren, welche jedoch erforderlich ist, um vom algorithmischen Handel iSd Art. 4 Abs. 1 Nr. 39 MiFID II sprechen zu können.[2] Freilich anders kann man dies für die automatisierte Vermögensverwaltung sehen, weil ein Rebalancing oder eine Reallocation (→ *Robo Advice* Rn. 5) in erster Linie durch das algorithmische System umgesetzt wird, wodurch eine algorithmengestützte Transaktion bejaht werden könnte.[3] Hiergegen lässt sich aber der Einwand erheben, für Art. 4 Abs. 1 Nr. 39 MiFID II müsse mit dem Rebalancing etc in einem Schritt gleichzeitig eine algorithmische Orderausführung an einem *Handelsplatz* verbunden sein, woran es in praxi häufig (noch) fehlt.[4]

1

---

1 ESMA, MiFID II Review Report on Algorithmic Trading, 28.9.2021, Ziff. 3.1.1.11, abrufbar unter https://www.esma.europa.eu/press-news/esma-news/esma-publishes-mifid-ii-review-report-algorithmic-trading.
2 Ebenso Maume Robo-advisors S. 5.
3 Vgl. Maume Robo-advisors S. 27, der jedoch richtigerweise auch Zweifel dahingehend äußert, ob das geringe Handelsvolumen der Robo Advisor von der teleologischen Warte aus betrachtet dem Regulierungsregime des algorithmischen Handels zuzuschlagen ist; insgesamt zurückhaltend auch Darányi in FinTech-HdB § 30 Rn. 77 f.
4 In diesem Sinne Raschner Algorithm Governance § 2. I. A. 4.

2 Die Transaktionshandlung wird beim algorithmischen Handel ohne oder mit minimalem diskretionärem Eingreifen eines Menschen angestoßen.[5] Der relevante Zeitpunkt, zu dem ein menschliches Eingreifen fehlt, ist in der Regel jener der Ordergenerierung, da ein **Algorithmus die Orderparameter** (Zeitpunkt, Preis, Quantität etc) **bestimmt**, und nicht erst der Moment der Orderplatzierung im Orderbuch oder jener der Orderübermittlung. Soll der Algorithmus einen Menschen nur auf eine bestimmte Situation aufmerksam machen (zB Chartsoftware mit akustischen Hinweisen auf ein Ereignis), dann liegt eine algorithmische Handelssoftware nicht vor,[6] es sei denn, das System entscheidet auch über die Einleitung, Erzeugung, Weiterleitung oder Ausführung von Aufträgen.

3 Werden computerbasierte Orders über eine latenzoptimierte Infrastruktur volumenstark im Millisekundenbereich abgegeben, so spricht man vom **Hochfrequenzhandel** (Art. 4 Abs. 1 Nr. 40 MiFID II iVm Art. 19 DelVO (EU) 2017/565 und § 1 Abs. 1a S. 2 Nr. 4 lit. b KWG), welcher ein **Unterfall des algorithmischen Handels** ist.[7] Eine hochfrequente algorithmische Handelstechnik ist gekennzeichnet durch (kumulative Voraussetzungen):[8]

(i) Infrastrukturen der Latenzoptimierung wie Kollokation, Proximity Hosting und Verwendung von Systemen mit hohen Bandbreiten (ab zehn Gigabit pro Sekunde);[9]
(ii) Entscheidungen des Systems über die Einleitung, Erzeugung, Weiterleitung oder Ausführung eines Auftrags ohne menschliche Intervention;
(iii) hohe untertägige Mittelungsaufkommen in Form von Aufträgen, Quotes oder Stornierungen.[10]

Beim Hochfrequenzhandel werden dafür geschwindigkeits- und latenzoptimiert Marktdaten der Börsen an die Systeme der Hochfrequenzhändler übermittelt[11] und basierend hierauf in die umgekehrte Richtung entsprechende Handelsaktivitäten ausgelöst.

4 Gegenstand der algorithmischen Transaktionen sind – anders als beim *Robo Advice* → Rn. 4 – in der Regel Einzelwerte wie Aktien, Anleihen, Derivate etc. Der algorithmische Handel dient mithin nicht der langfristigen Investition über standardisierte Portfolien. Er wird typischerweise von **professionellen Anlegern** genutzt,[12] die kurzfristige Preisschwankungen von Einzeltiteln ausnutzen wollen und die deswegen, anders als der typische Nutzer eines Robo Advisor, die Position im Tagesverlauf wieder schließen, oft nur nach Millisekunden. Ein Hochfrequenzhändler hat kein Interesse an dem fundamentalen Wert des Finanzinstruments und einen Gewinn erzielt er vornehmlich dann, wenn er gegenüber anderen Marktteilnehmern einen Geschwindigkeitsvorteil ausnutzen kann.[13] Vor diesem Hintergrund werden algorithmische Handelssysteme

---

5 Kindermann/Coridaß ZBB 2014, 178 (179); Sliskovic CB 2020, 145. Menschliche Intervention schließt mithin einen algorithmischen Handel nicht per se aus; vgl. BaFin, Q&A zum algorithmischen Handel und zum Hochfrequenzhandel, Stand 17.7.2019, Frage 24, abrufbar unter https://www.bafin.de/SharedDocs/Downloads/DE/FAQ/dl_faq_hft.html.
6 ESMA, MiFID II Review Report on Algorithmic Trading, 28.9.2021, Ziff. 3.1.1.13, abrufbar unter https://www.esma.europa.eu/press-news/esma-news/esma-publishes-mifid-ii-review-report-algorithmic-trading; BaFin, Q&A zum algorithmischen Handel und zum Hochfrequenzhandel, Stand 17.7.2019, Frage 4, 7, abrufbar unter https://www.bafin.de/SharedDocs/Downloads/DE/FAQ/dl_faq_hft.html.
7 ESMA, MiFID II Review Report on Algorithmic Trading, 28.9.2021, Ziff. 3.1.2.17, abrufbar unter https://www.esma.europa.eu/press-news/esma-news/esma-publishes-mifid-ii-review-report-algorithmic-trading; Kobbach BKR 2013, 233 (237); Sliskovic CB 2020, 145 (146); Kumpan in Schwark/Zimmer BörsG § 26a Rn. 4 und § 26d Rn. 3 m.N. zur Gegenansicht.
8 BaFin, Q&A zum algorithmischen Handel und zum Hochfrequenzhandel, Stand 17.7.2019, Frage 14, abrufbar unter https://www.bafin.de/SharedDocs/Downloads/DE/FAQ/dl_faq_hft.html. A.A. ein Teil des Schrifttums, das einen Typusbegriff annimmt; siehe zB Kollmann Wertpapierhandelssysteme S. 208 f. mwN; wie hier, mit zusätzlichen Argumenten für das Vorliegen kumulativer Merkmale, Raschner Algorithm Governance § 2. I. B. 2.
9 BaFin, Q&A zum algorithmischen Handel und zum Hochfrequenzhandel, Stand 17.7.2019, Frage 13, abrufbar unter https://www.bafin.de/SharedDocs/Downloads/DE/FAQ/dl_faq_hft.html.
10 Siehe näher dazu Art. 19 DelVO (EU) 2017/565 bzgl. der statistischen untertägigen Orderrate pro Sekunde.
11 Gresser Hochfrequenzhandel S. 5.
12 Angebote an private Anleger sind nur vereinzelt zu beobachten (vgl. etwa https://www.vlvt.ai/de/).
13 Kumpan in Schwark/Zimmer BörsG § 26d Rn. 2.

kritisch gesehen – nicht zuletzt mit Blick auf mögliche Börsencrashs verursacht durch einen raschen, fundamental nicht veranlassten Abverkauf im Zuge eines IT-Fehlers (sog. **Flash Crashes**). Sowohl der algorithmische Handel als auch der Hochfrequenzhandel bringen jedoch **auch positive Markteffekte** mit sich:[14] erhöhte Liquidität, engere Spreads, verminderte Volatilität etc.

Zu unterscheiden ist der algorithmische Handel von den sog. **Automated Order Routers** (AOR). Hierbei handelt es sich um Algorithmen, welche lediglich den späteren Handelsplatz bestimmen und keine weiteren Parameter der Order beeinflussen und folglich gemäß ErwG 22 DelVO (EU) 2017/565 vom algorithmischen Handel ausgenommen sind.[15]

II. Rechtliche Grundlagen

1. Vorbemerkungen

Wegen den verschiedenen Flash Crashes (→ Rn. 4) an mehreren internationalen Handelsbörsen hat der algorithmische Handel eine gesetzliche Regulierung auf nationaler und europäischer Ebene erfahren. Eine Rolle spielt zudem das hohe Handelsvolumen des algorithmischen und hochfrequenten Handels, das in den Mitgliedstaaten bisweilen 80 % des Gesamtvolumens erreicht.[16] In Deutschland werden bereits seit dem 15. Mai 2013 durch das Gesetz zur Vermeidung von Gefahren und Missbräuchen im Hochfrequenzhandel (**Hochfrequenzhandelsgesetz**)[17] Regeln für Handelsteilnehmer aufgestellt. Auf europäischer Ebene werden die Risiken des algorithmischen Handels durch die MiFID II, dort in den Artt. 4 Abs. 1 Nr. 39, 40, 17 Abs. 1 und 2, adressiert. Ergänzend dazu gelten die regulatorischen technischen Standards der DelVO (EU) 2017/589.[18] Die Vorgaben der MiFID II sind in Deutschland insbesondere in § 80 Abs. 2–5 WpHG umgesetzt worden.

2. Anzeige- und Erlaubnispflichten

Gemäß Art. 17 Abs. 2 UAbs. 1 MiFID II ist eine Wertpapierfirma, die algorithmischen Handel betreibt, verpflichtet, dies den zuständigen Behörden ihres Herkunftsmitgliedstaats und des Handelsplatzes **mitzuteilen**.[19] Diese bedeutet: Die Anzeige ist zum einen gegenüber der Behörde abzugeben, die für die Beaufsichtigung des betreffenden Wertpapierdienstleistungsunternehmen zuständig ist, und zum anderen an die Behörde zu übermitteln, die für die Aufsicht über den betroffenen Handelsplatz zuständig ist. Die Anzeige fungiert als Informationsgrundlage für die Überwachung der Aktivitäten.

Nach §§ 32 Abs. 1, 1 Abs. 1a S. 2 Nr. 4 lit. d KWG bedarf ein Händler, der **mittels einer hochfrequenten algorithmischen Handelstechnik** für eigene Rechnung unmittelbar oder mittelbar auf einem inländischen organisierten Markt oder multilateralen Handelssystem agiert (Sonderform des Eigenhandels), als Finanzdienstleistungsinstitut eine **Erlaubnis** der BaFin.[20] Vom hochfrequenten Handel gehen nämlich erhebliche Störpotentiale aus, deshalb bestehen spürbare Marktzugangskontrollen.[21]

---

14 Siehe etwa ErwG 62 MiFID II; vgl. auch ESMA, MiFID II Review Report on Algorithmic Trading, 28.2.2021, Ziff. 3.2.1.1.26, abrufbar unter https://www.esma.europa.eu/press-news/esma-news/esma-publishes-mifid-ii-review-report-algorithmic-trading; Sliskovic, CB 2020, 145. Im Überblick über die ökonomische Bedeutung des algorithmischen Handels Liebi in Klebeck/Dobrauz-Saldapenna Dig. Finanzdienstleistungen-HdB Kapitel 4 Rn. 7 ff. Ausführlich zu den positiven und negativen Implikationen zuletzt Kollmann Wertpapierhandelssysteme S. 129 ff.
15 Baas/Kilic BKR 2020, 394 (396); dazu auch Raschner Algorithm Governance § 2. I. A. 2.
16 ESMA, MiFID II Review Report on Algorithmic Trading, 28.9.2021, Ziff. 3.2.3.41 (Schaubild 6), abrufbar unter https://www.esma.europa.eu/press-news/esma-news/esma-publishes-mifid-ii-review-report-algorithmic-trading.
17 BGBl. I Nr. 23, S. 1162.
18 Delegierte Verordnung (EU) 2017/589 der Kommission vom 19. Juli 2016 zur Ergänzung der Richtlinie 2014/65/EU des Europäischen Parlaments und des Rates durch technische Regulierungsstandards zur Festlegung der organisatorischen Anforderungen an Wertpapierfirmen, die algorithmischen Handel betreiben, ABl. 31.3.2017, L 87/417.
19 Zum Inhalt der Anzeigepflicht im Rechtsvergleich siehe Raschner Algorithm Governance § 3. II. A.
20 Näher dazu Jaskulla BKR 2013, 221; Schwennicke in Schwennicke/Auerbach KWG § 1 Rn. 120 ff.; Zlatanov/Weiss RdF 2019, 290 (292).
21 Zlatanov/Weiss RdF 2019, 290 (292).

3. Börsenseitige Vorkehrungen

9 Gemäß § 26d Abs. 1 S. 1 BörsG müssen Börsen sicherstellen, dass algorithmische Handelssysteme nicht zu Beeinträchtigungen des ordnungsgemäßen Börsenhandels führen oder zu solchen Beeinträchtigungen beitragen. Börsen haben gemäß § 26d Abs. 1 S. 2 BörsG iVm Artt. 18 f. DelVO (EU) 2017/584[22] diesbzgl. geeignete Vorkehrungen zu treffen, die den von algorithmischen Handelssystemen ausgehenden **Gefahren** für den Börsenhandel **vorbeugen**. Dazu gehört es gemäß § 26d Abs. 1 S. 2 BörsG (Art. 48 Abs. 6 MiFID II iVm Art. 18 Abs. 5 DelVO (EU) 2017/584), eine Begrenzung des **Order-Transaktions-Verhältnisses** für den Fall vorzusehen, dass die Systemkapazität der Börse übermäßig in Anspruch genommen wird und das Erreichen der Kapazitätsgrenze droht. Begrenzt werden dadurch insbesondere handelsabsichtslose Orders, die ein wesentlicher Bestandteil von Hochfrequenzhandelsstrategien sind.[23] Das sichert die Erfüllung der Pflicht nach § 24 Abs. 2 BörsG, wonach gewährleistet sein muss, dass Börsenpreise (§ 2 Abs. 1 BörsG) ordnungsmäßig zustande kommen und der wirklichen Marktlage des Börsenhandels entsprechen.[24]

10 Gemäß Art. 48 Abs. 1 MiFID II müssen geregelte Märkte über **belastbare Systeme** und über **ausreichende Kapazitäten** für Spitzenvolumina an Aufträgen und Mitteilungen verfügen. Sie müssen auch in extremen Stressbedingungen auf den Märkten einen ordnungsgemäßen Handel gewährleisten können. Mit Blick auf die zunehmende Geschwindigkeit der Handelstransaktionen sind sog. **circuit breakers** von zentraler Bedeutung.[25] Das sind gemäß Art. 48 Abs. 5 MiFID II Notfallsicherungen mittels derer der Handel vorübergehend eingestellt oder eingeschränkt werden kann, wenn es kurzfristig zu einer erheblichen Preisbewegung bei einem Finanzinstrument auf diesem Markt oder einem benachbarten Markt kommt. Börsenseitig sind diesbzgl. statistisch typische Preiskorridore oder **Preisbänder** (Art. 20 Abs. 1 lit. a DelVO (EU) 2017/584) für die gehandelten Finanzinstrumente zu bestimmen; ein schneller Ausbruch aus diesem Korridor kann eine Aussetzung oder Einschränkung des Handels bedingen. In Ausnahmefällen besteht gemäß Art. 48 Abs. 5 MiFID II die Möglichkeit, jedes Geschäft zu stornieren, zu ändern oder zu berichtigen.

11 Nach Art. 18 Abs. 2 lit. c DelVO (EU) 2017/584 müssen Handelsplätze eine **Kill-Funktion** betreiben, mit der die noch nicht ausgeführte Orders storniert werden können. Über diese Kill-Funktion müssen gemäß Art. 18 Abs. 3 lit. c DelVO (EU) 2017/584 auch die Marktteilnehmer verfügen (→ Rn. 20).

12 Gemäß § 26d Abs. 2 S. 1 BörsG[26] sind die Handelsteilnehmer verpflichtet, ihre Algorithmen in einer Umgebung zu testen (siehe auch → Rn. 13),[27] die von der Börse zur Verfügung gestellt wird. Sichergestellt werden soll durch die **Tests**, dass die algorithmischen Handelssysteme **keine marktstörenden Handelsbedingungen** auf dem Markt schaffen oder zu solchen beitragen. Der Börsenbetreiber erhält die Möglichkeit, die Auswirkungen der Algorithmen zu untersuchen und ihre Vorkehrungen entsprechend anzupassen, notfalls auch ein gefährliches algorithmisches Handelsprogramm nicht zuzulassen. Die Testpflicht auf Marktteilnehmerseite korreliert mit der Pflicht der Börsenbetreiber nach Artt. 48 Abs. 6 MiFID II, 10 Abs. 2 DelVO (EU) 2017/584, ihren Mitgliedern den **Zugang zu einer Testumgebung** anzubieten. Handelsunternehmen können allerdings auch hauseigene Testumgebungen nutzen (→ Rn. 13). Anders gelagert ist die Situation nur bei der zweiten Testkategorie, den sog. **Konformitätstests**, die in Artt. 48 Abs. 6 MiFID II, 9 DelVO (EU) 2017/584 normiert werden. Börsen müssen diesbzgl. explizit die Verwendung ihrer Testsysteme vorschreiben (Art. 9 Abs. 6 DelVO (EU) 2017/584).

---

22 Delegierte Verordnung (EU) 2017/584 der Kommission vom 14. Juli 2016 zur Ergänzung der Richtlinie 2014/65/EU des Europäischen Parlaments und des Rates durch technische Regulierungsstandards zur Festlegung der organisatorischen Anforderungen an Handelsplätze, ABl. 31.3.2017, L 87/350.
23 Kumpan in Schwark/Zimmer BörsG § 26d Rn. 17, 19; siehe dazu auch Kollmann Wertpapierhandelssysteme S. 214 f. und S. 217.
24 Näher dazu Schultheiß WM 2013, 596 (598).
25 Dazu Zlatanov/Weiss RdF 2019, 290 (293); differenzierend Kollmann Wertpapierhandelssysteme S. 218 ff.
26 Siehe auch Art. 17 Abs. 1 MiFID II, wo auf Englisch von „tested" die Rede ist, während es in der deutschen Sprachfassung mit etwas verschobenem Bedeutungsgehalt „geprüft" heißt.
27 Ausführlich zum Testerfordernis: Raschner Control of algorithms.

4. Organisatorische Anforderungen auf Seiten der Wertpapierhandelsunternehmen

Der Vorstand hat in Gesamtverantwortung[28] bei Unternehmen, die sich algorithmischen Handelssystemen bedienen, durch geeignete organisatorische und technische Vorkehrungen zu verhindern, dass verwendete Handelstechniken zu Störungen auf den Märkten führen.[29] Die Belastbarkeit, Markt- und Rechtskonformität der Handelssysteme ist sicherzustellen, indem gemäß Art. 5 Abs. 1 DelVO (EU) 2017/589 vor der Einführung oder umfassenden Aktualisierung eines Handelsalgorithmus oder einer algorithmischen Handelsstrategie vom Unternehmen eine klare Methodologie für die Entwicklung und das Testen solcher Systeme bzw. Strategien festgelegt wird. Mit den methodologischen **Konformitätstests** (Art. 6 DelVO [EU] 2017/589) soll auf der einen Seite die Interaktion der Algorithmen mit dem Handelsplatzsystem getestet werden; mit **Verhaltenstests zur Vermeidung marktstörender Handelsbedingungen** (Art. 7 DelVO [EU] 2017/589) sollen auf der anderen Seite bereits im Ansatz außerplanmäßige Verhaltensweisen oder marktstörende Handelsbedingungen (→ Rn. 12) verhindert werden.[30] Bei den Konformitätstests sind zwingend die Testumgebungen der Handelsplätze zu verwenden (→ Rn. 12), während bei Verhaltenstests die Testumgebung bloß vom Produktionsumfeld[31] separiert sein muss und auch „in-house" getestet werden kann (siehe Art. 7 Abs. 2 DelVO [EU] 2017/589).

Vor dem Einsatz der algorithmischen Handelstechnologien werden von den Unternehmen verschiedene Obergrenzen definiert, die sich auf die Anzahl der gehandelten Instrumente, den Preis, den Wert und die Anzahl der Aufträge und Handelsplätze beziehen (Art. 8 DelVO [EU] 2017/589). Vor diesem Hintergrund kann eine außerplanmäßige Verhaltensweise anzunehmen sein, wenn das algorithmische System konträr zur vordefinierten Handelsstrategie agiert.[32] Die inhaltlich schwer fassbaren marktstörenden Handelsbedingungen sind demgegenüber qualitativ gänzlich anders gelagert und sie betreffen Situationen, in denen die Kapazitäten der Handelsplatzsysteme negativ betroffen sind oder immer wieder **Mistrades** verursacht werden etc.[33]

Wertpapierhandelsunternehmen müssen gemäß § 80 Abs. 2 S. 3 WpHG System- und Risikokontrollen etablieren, um stetig die Vereinbarkeit der algorithmischen oder hochfrequenten Handelsansätze mit dem regulatorischen Rahmen feststellen zu können.[34] Damit geht etwa die Pflicht einher, eine **Echtzeitüberwachung** des Systems vorzusehen, die einer Verhinderung von Marktstörungen und finanziellen Gefahren für das Wertpapierdienstleistungsunternehmen dient.[35] Weiterhin besteht die Pflicht, **Vorhandelskontrollen** bei der Ordereingabe vorzusehen (Art. 15 DelVO [EU] 2017/589), um Marktstörungen präventiv zu verhindern. Zudem ist auch eine **nachgängige algorithmische Kontrolle** der Handelsaktivitäten notwendig, welche in § 80 Abs. 2 WpHG zwar nur angedeutet, in Art. 13 DelVO (EU) 2017/589 aber näher konkretisiert wird.[36] Diese Kontrolle soll insbesondere etwaige Verstöße gegen das Verbot der Marktmanipulation aufdecken und auf diese Weise ein Abstellen des Verstoßes ermöglichen.

Mit Blick auf die Ausführungsgeschwindigkeit von algorithmisch veranlassten Transaktionen ist eine regulatorisch konforme Handelsaktivität durch rein „händische" Überwachung naturgemäß nicht zu gewährleisten. Deshalb haben die Handelsunternehmen automatisierte Überwachungssysteme zu etablieren, die jegliche Aufträge und Geschäfte wirksam kontrollieren und im Konfliktfall entsprechende **Warnmeldungen** erzeugen. Die Überwachungssysteme müssen gerade deswegen, wie erwähnt **in Echtzeit** funktionieren

---

28 Spindler Control of Algorithms in Financial Markets S. 213.
29 Sliskovic CB 2020, 145 (146); Schultheiß WM 2013, 596 (601).
30 Ausführlich Raschner Control of algorithms S. 5 ff.; im Abriss Sliskovic CB 2020, 145 (147).
31 Die Begriffswahl des Gesetzes ist unglücklich, da er suggeriert, es sei die Entwicklungsumgebung des Algorithmus gemeint, während es tatsächlich um das Börsenhandelssystem geht, bei dem die algorithmischen Teilnehmerhandelssysteme in der Folge eingesetzt werden (zB Xetra); die Erläuterung in Art. 7 Abs. 1 UAbs. 2 DelVO (EU) 2017/589.
32 Raschner Control of algorithms S. 6.
33 Näher dazu Raschner Control of algorithms S. 8 f. mit weiteren Beispielen.
34 Zum Ganzen siehe Raschner Algorithm Governance § 3.I.E.
35 Fett in Schwark/Zimmer WpHG § 80 Rn. 163 mit weitergehenden Erläuterungen.
36 Näher dazu Fett in Schwark/Zimmer WpHG § 80 Rn. 164 mwN.

(Art. 16 DelVO [EU] 2017/589) und im Verhältnis zur Komplexität sowie zu den Potentialen des Handelssystems stehen; diese **Angemessenheit** ist jährlich zu überprüfen[37] und anlassbezogen wieder herzustellen.

17 Gemäß Art. 1 DelVO (EU) 2017/589 ist ein unternehmensinternes Regelwerk mit klaren Zuständigkeiten und Rechenschaftspflichten notwendig in Bezug auf Genehmigung, Entwicklung, Einführung und Änderungen der Handelsalgorithmen sowie deren Überwachung.[38] Zu berücksichtigen ist dabei die Art, der Umfang und die Komplexität der konkreten Handelsaktivitäten.

18 Im Rahmen des **jährlichen Selbstbeurteilungs- und Validierungsprozesses** (Art. 9 DelVO [EU] 2017/589) haben die Wertpapierhandelsunternehmen gemäß Art. 10 DelVO (EU) 2017/589 einen **Stresstest** durchzuführen, mit dem sie überprüfen, ob ihre algorithmischen Handelssysteme und die in den Artt. 12 bis 18 DelVO (EU) 2017/589 erwähnten Verfahren und Kontrollen einem erhöhten Auftragseingang oder Marktbelastungen standhalten.

19 Weiterhin zu den **Wohlverhaltenspflichten** algorithmischer Händler zählt die Pflicht, Aufzeichnungen zu den gemäß § 80 Abs. 2 WpHG implementierten Maßnahmen und Parameter zu führen sowie nur beim Hochfrequenzhandel auch die Pflicht, algorithmisch generierte Handelsaufträge gemäß § 80 Abs. 3 WpHG für insgesamt fünf Jahre chronologisch aufzuzeichnen (**Taping**). Nähere Vorgaben zur Aufzeichnung beim Einsatz einer hochfrequenten Handelstechnik enthält Art. 28 DelVO (EU) 2017/589 iVm Anhang II; allgemeinere Regeln zur Aufbewahrung der Aufzeichnungen enthalten daneben die Artt. 72 ff. DelVO (EU) 2017/565. Weitere Aufzeichnungs- und **Dokumentationspflichten** sind verschiedentlich in den MiFID II-RTS normiert. Sie beziehen sich auf den Inhalt der zum Handel verwendeten Algorithmen, die Auslagerung und Beschaffung von IT-Dienstleistungen, interne Entscheidungen, verwendete Marktdaten, erzielte Ergebnisse im Stresstest etc. Von den Wertpapierhandelsunternehmen sind auch Änderungen der eingesetzten Algorithmen zu dokumentieren, denn dies stelle sicher – so der Gesetzgeber –, dass die BaFin mithilfe des Einblicks in frühere Versionen des Algorithmus etwaige Gesetzesverstöße oder marktmanipulierendes Verhalten besser nachvollziehen kann.[39]

20 Nach Art. 2 Abs. 1 S. 1 DelVO (EU) 2017/589 müssen Wertpapierhandelsunternehmen dafür Sorge tragen, dass ihre **Compliance-Mitarbeiter** die Funktionsweise der algorithmischen Handelssysteme und Handelsalgorithmen zumindest in Grundzügen verstehen.[40] Ihnen muss ein ständiger Kontakt zu den Mitarbeitern, die über genaue technische Kenntnisse der algorithmischen Handelssysteme oder Handelsalgorithmen verfügen, möglich sein (Art. 2 Abs. 1 S. 2 DelVO [EU] 2017/589). Auch muss ihnen gemäß Art. 2 Abs. 2 DelVO (EU) 2017/589 zu jeder Zeit ein unmittelbarer oder mittelbarer Zugang zu Notfallmaßnahmen (Kill-Funktionen) iSd Art. 12 MiFID II-RTS offenstehen.

5. Auskunfts- und Kennzeichnungspflichten auf Seiten der Wertpapierhandelsunternehmen

21 Die im algorithmischen Handel erzeugten Aufträge sind gemäß § 16 Abs. 2 Nr. 3 BörsG durch die Handelsteilnehmer kenntlich zu machen (**Flagging**); vgl. etwa § 74 FWB vom 28. Juni 2021. Diese Kennzeichnungspflicht umfasst (i) den verwendeten Handelsalgorithmus und (ii) die Personen, die den jeweiligen Auftrag initiiert haben. Auf unionaler Ebene hatte die ESMA auf eine solche Vorgabe verzichten wollen,[41] u.a. vor dem Hintergrund, dass Stakeholder geantwortet hatten, die Schreibgeschwindigkeit eines Computers beim Markieren einer Order decke sich nicht mit der Ausführungsgeschwindigkeit. Der deutsche Gesetzgeber sah hingegen das Flagging prinzipiell als unverzichtbar an mit der Begründung, andernfalls sei während der Überwachung des täglichen Handelsgeschehens an den Börsen nicht erkennbar,

---

37 Sliskovic CB 2020, 145 (147).
38 Vgl. auch Sliskovic CB 2020, 145 (146).
39 BT-Drs. 17/11631, 18 (re. Sp.). Zur (Un-)Verhältnismäßigkeit einer verpflichtenden Offenlegung des algorithmischen Codes siehe Raschner Algorithm Governance § 3. II. B. 2. b.
40 Näher zum geforderten Maßstab Raschner Algorithm Governance § 3. I. B. 2. a.
41 Siehe dazu auch die Einschätzung der ESMA im Konsultationspapier zur MiFID II/MiFIR; ESMA 2014/1570, 19.12.2014, S. 352 Rn. 29.

ob ein bestimmter Auftrag durch einen Algorithmus erzeugt wurde.[42] Ohne diese Kennzeichnung sei in der Folge eine spezifische Aufsicht nicht effektiv denkbar.[43] Dementsprechend sei es ohne Flagging nicht möglich, etwaige Untersagungsverfügungen effektiv umzusetzen oder fehlerhafte Algorithmen vom Handel auszuschließen.[44] Der europäische Richtliniengeber hat es, entgegen der ESMA, ähnlich wie der deutsche Gesetzgeber gesehen und Art. 48 Abs. 10 MiFID II regelt somit, dass „ein geregelter Markt in der Lage sein muss, mittels Kennzeichnung durch die Mitglieder oder Teilnehmer die durch algorithmischen Handel erzeugten Aufträge, die verschiedenen für die Auftragserstellung verwendeten Algorithmen sowie die Personen, die diese Aufträge initiiert haben, kenntlich zu machen."

Handelsteilnehmer müssen gemäß § 6 Abs 4 WpHG (Art. 17 Abs. 2 UAbs. 2 MiFID II) **laufende Auskunftspflichten** erfüllen. Dabei haben Händler der BaFin auf Anfrage jederzeit Informationen über den algorithmischen Handel und die für diesen Handel eingesetzten Systeme offenzulegen. Gemäß autonomer Gesetzesergänzung des deutschen Gesetzgebers muss dies Aufforderung allerdings „auf Grund von Anhaltspunkten für die Überwachung der Einhaltung eines Verbots oder Gebots dieses Gesetzes erforderlich" sein.

6. Verbot bestimmter Handelsstrategien

Insidergeschäfte und **Marktmanipulationen** sind auch beim elektronischen Handel **verboten**. Da sich Preise an den Börsen anhand der im Orderbuch elektronisch erfassten Kauf- und Verkaufsaufträge bilden und im algorithmischen Handel in Sekundenbruchteilen tausende Orders in das elektronische Handelssystem eingespeist werden können, besteht in einem erheblichen Maße ein Potential für Preisbildungsmanipulation.[45] Deshalb ist für den algorithmischen Handel insbesondere das Verbot der Marktmanipulation von enormer Bedeutung. In der Marktmissbrauchsverordnung (**MAR**)[46] wird dementsprechend für den algorithmischen Handel in Art. 12 Abs. 2 lit. c beispielhaft normiert, welche Praktiken die Marktintegrität beeinträchtigen und deshalb untersagt sind.[47] Nach Variante i) ist zB ein Verhalten verboten, welches die Funktionsintegrität des Handelssystems des Handelsplatzes tatsächlich oder wahrscheinlich stört oder verzögert. Gemeint sind hierbei großvolumige Handelsaktivitäten, die sich auf die technische Verarbeitung innerhalb des Handelssystems des jeweiligen Handelsplatzes auswirken können.[48] Von besonderer Relevanz ist auch die Untersagung der Aktivität iSd Variante iii): danach ist die tatsächliche oder wahrscheinliche Aussendung eines falschen oder irreführenden Signals hinsichtlich des Angebots eines Finanzinstruments oder der Nachfrage danach oder seines Preises zu unterlassen. Erfasst werden von diesem Tatbestand irreführende Praktiken wie das **spoofing**.[49] Weitere Konkretisierungen zu den untersagten Handelsaktivitäten folgen aus der DelVO (EU) 2016/522.[50] Die früher für den automatisierten Handel relevanten Leitlinien der

---

42 BT-Drs. 17/11631, 15 (re. Sp.); zustimmend Schultheiß WM 2013, 596 (597).
43 Schultheiß WM 2013, 596 (597).
44 BT-Drs. 17/11631, 15 (re. Sp.).
45 Kasiske WM 2014, 1933 (1934).
46 Verordnung (EU) Nr. 596/2014 des Europäischen Parlaments und des Rates vom 16. April 2014 über Marktmissbrauch (Marktmissbrauchsverordnung) und zur Aufhebung der Richtlinie 2003/6/EG des Europäischen Parlaments und des Rates und der Richtlinien 2003/124/EG, 2003/125/EG und 2004/72/EG der Kommission.
47 Näher dazu Schmolke in Klöhn Marktmissbrauchsverordnung Art. 12 Rn. 341 ff.
48 Zimmer/Bator in Schwark/Zimmer VO (EU) 596/2014 Art. 12 Rn. 124.
49 Hierbei werden Orders in sehr großem Umfang platziert, bei denen von vornherein feststeht, dass sie nicht ausgeführt werden sollen. Dem Markt wird durch diese Orders eine erhöhte Liquidität suggeriert, die tatsächlich wegen der geplanten Stornierung fehlt. Andere Marktteilnehmer werden durch die spoofing-Orders zu eigenen Handelsaktivität verleitet, von denen der algorithmische Händler profitieren kann.
50 Delegierte Verordnung (EU) 2016/522 der Kommission vom 17. Dezember 2015 zur Ergänzung der Verordnung (EU) Nr. 596/2014 des Europäischen Parlaments und des Rates im Hinblick auf eine Ausnahme für bestimmte öffentliche Stellen und Zentralbanken von Drittstaaten, die Indikatoren für Marktmanipulation, die Schwellenwerte für die Offenlegung, die zuständige Behörde, der ein Aufschub zu melden ist, die Erlaubnis zum Handel während eines geschlossenen Zeitraums und die Arten meldepflichtiger Eigengeschäfte von Führungskräften, ABl. 5.4.2016, L 88/1; vgl. auch Kasiske WM 2014, 1933 ff.

ESMA[51] wurden im September 2018 aufgrund der erfolgten Inkorporation in das MiFID II/MAR-Regime zurückgezogen.[52]

24 Besondere Herausforderungen bei der Erkennung und Unterbindung von missbräuchlichen Handelspraktiken und -strategien können beim Einsatz von Künstlicher Intelligenz entstehen.[53] Vor allem Handelssysteme mit „deep reinforcement learning"-Eigenschaften lassen es erwarten, dass auf den Börsenplätzen mittelfristig autonome Handelsagenten zu finden sein werden (**AI traders**),[54] denen mit traditionellen Governance-Anforderungen nicht beizukommen ist. Ein Problem sei dabei u.a. der Umstand, dass eine mittelbare Rückführbarkeit auf menschliches Verhalten, etwa aufgrund der Formulierung der Grundbedingungen, auf deren Basis der Algorithmus seine autonomen Entscheidungen findet, zunehmend fehlen werde.[55] Dadurch sei es schwierig, Verhaltensanreize richtig zu adressieren. Die Diskussion darüber, wie eine spezifisch auf AI traders zugeschnittene Gesetzgebung aussehen könnte, befindet sich noch im Fluss.

---

51 ESMA, Leitlinien, Systeme und Kontrollen für Handelsplattformen, Wertpapierfirmen und zuständige Behörden in einem automatisierten Handelsumfeld, 2012/122.
52 Entscheidung abrufbar unter https://www.esma.europa.eu/sites/default/files/library/esma70-154-803_bos_decision_notice_at_guidelines_withdrawal.pdf.
53 Vgl. dazu Azzutti/Ringe/Stiehl Machine Learning on Capital Markets.
54 Zusammenfassend Azzutti/Ringe/Stiehl Machine Learning on Capital Markets 40.
55 Zimmer/Bator in Schwark/Zimmer VO (EU) 596/2014 Art. 12 Rn. 122.

2. Algorithmus

Gülker

I. Einführung 1	1. Einordnung in das System des Immaterialgüterrechts 43
1. Begriff 2	a) Urheberrecht 43
2. Historisches 6	aa) Algorithmus 44
3. Weitere technische Aspekte 9	bb) Computerprogramm 46
4. Algorithmisierung 12	b) Patent- und Gebrauchsmusterrecht ... 48
II. Abgrenzungen 15	aa) Algorithmus 51
III. Datenschutz- und datensicherheitsrechtliche Probleme beim Einsatz von Legal Tech-Algorithmen 18	bb) Computerprogramm 53
	c) Schutz als Geschäftsgeheimnis 56
1. Anwendung des Datenschutzrechts auf algorithmenbasierte Verarbeitung 18	2. Ansprüche bei Verletzungen 60
	a) Unterlassungs- und Beseitigungsansprüche .. 61
a) Verarbeitung nicht personenbezogener, insbesondere anonymer Daten 20	b) Schadensersatzansprüche 63
	c) Nebenansprüche 65
b) Verarbeitung synthetischer Daten und Big Data 23	**V. Haftung für Algorithmen** 67
	1. Haftung für Diskriminierung durch Legal Tech-Algorithmen 67
c) Verarbeitung von Daten Verstorbener 24	a) Schadensersatz- und Schmerzensgeldansprüche aus § 15 Abs. 1 und 2 AGG 68
d) Andere Ausnahmen vom Anwendungsbereich 26	b) Ansprüche aus § 21 AGG 73
2. Automatisierte Entscheidungsfindung nach Art. 22 DS-GVO 28	2. Haftung nach Art. 82 DS-GVO 75
a) Erfasste Sachverhalte 28	3. Andere Haftungsgründe 76
b) Gestattungstatbestände 34	**VI. Straf- und Ordnungswidrigkeitenrecht** .. 79
3. Informationspflichten und „Right to Explanation" 37	1. Der Betreiber als Opfer 79
	2. Der Betreiber als Täter 81
4. Vorgaben an die Technikgestaltung ... 39	**VII. Ausblick** 83
IV. Schutzmöglichkeiten für Legal Tech-Algorithmen und -Computerprogramme 42	

Literatur: *Abbes/Khomh/Guéhéneuc/Antoniol*, An empirical study of the impact of two antipatterns, blob and spaghetti code, on program comprehension, in Mens/Kanellopoulos/Winter (Hrsg.), 15th European Conference on Software Maintenance and Reengineering, 2011, S. 181 (zit.: Mens/Kanellopoulos/Winter 15th European Conference on Software Maintenance and Reengineering/Abbes et al.); *Abelson/Sussman*, Struktur und Interpretation von Computerprogrammen, 4. Aufl. 2001 (zit.: Abelson/Sussman Struktur und Interpretation von Computerprogrammen); *Arens*, Postmortaler Datenschutz und die Datenschutz-Grundverordnung, RDV 2018, 127; *Armbrüster*, Kontrahierungszwang im Allgemeinen Gleichbehandlungsgesetz?, NJW 2007, 1494; *Artikel-29-Datenschutzgruppe*, Stellungnahme 5/2014 zu Anonymisierungstechniken, abrufbar unter https://ec.europa.eu/justice/article-29/documentation/opinion-recommendation/files/2014/wp216_de.pdf (zit.: Artikel-29-Datenschutzgruppe WP 216); *Asteroth/Baier*, Theoretische Informatik, 2002 (zit.: Asteroth/Baier Theoretische Informatik); *Barczak*, Algorithmus als Arkanum, DÖV 2020, 997; *Bieker/Hansen*, Normen des technischen Datenschutzes nach der europäischen Datenschutzreform, DuD 2017, 285; *Bodewig/Wandtke*, Die doppelte Lizenzgebühr als Berechnungsmethode im Lichte der Durchsetzungsrichtlinie, GRUR 2008, 220; *Boehme-Neßler*, Die Macht der Algorithmen und die Ohnmacht des Rechts, NJW 2017, 3031; *Borgelt/Klawonn/Kruse/Nauck*, Neuro-Fuzzy-Systeme, 3. Aufl. 2003 (zit.: Borgelt et al. Neuro-Fuzzy-Systeme); *Brandi-Dohrn*, Zur Reichweite und Durchsetzung des urheberrechtlichen Softwareschutzes, GRUR 1985, 179; *Buckley/Hayashi*, Neural Nets for Fuzzy Systems, Fuzzy Sets Syst. 1995, 265; *Bull*, Über die rechtliche Einbindung der Technik, STAAT 2019, 57; *Bundesbeauftragter für den Datenschutz und die Informationsfreiheit*, Positionspapier zur Anonymisierung unter der DS-GVO unter besonderer Berücksichtigung der TK-Branche, 2020, abrufbar unter https://www.bfdi.bund.de/SharedDocs/Downloads/DE/Konsultationsverfahren/1_Anonymisierung/Positionspapier-Anonymisierung.pdf?__blob=publicationFile&v=4 (zit.: BfDI Positionspapier Anonymisierung); *Chabert/Barbin/Borowczyk/Guillemot/Michel-Pajus*, A History of Algorithms, 1999 (zit.: Chabert et al. History of Algorithms); *Datenethikkommission*, Gutachten, 2019, abrufbar unter https://www.bmi.bund.de/SharedDocs/downloads/DE/publikationen/themen/it-digitalpolitik/gutachten-datenethikkommission.pdf?__blob=publicationFile&v=4 (zit.: Datenethikkommission Gutachten); *Dettling/Krüger*, Digitalisierung, Algorithmisierung und Künstliche Intelligenz im Pharmarecht, PharmR 2018, 513; *Deuster*, Automatisierte Entscheidungen nach der Datenschutz-Grundverordnung, PinG 2016, 75; *Djeffal*, Art. 22 DS-GVO als sozio-technische Gestaltungsnorm, DuD 2021, 529; *Dumas*, Computer Architecture, 2. Aufl. 2017 (zit.: Dumas Computer Architecture); *Dzida/Groh*, Diskriminierung nach dem AGG beim Einsatz von Algorithmen im Bewerbungsverfahren, NJW 2018, 1917; *Engel*, Über „Computerprogramme als solche", GRUR 1993, 194; *Euklid*, Die Elemente, hrsg. von Clemens Thaer, 1980 (zit.: Euklid Elemente); *Faust/Spittka/Wybitul*, Milliardenbußgelder nach der DS-GVO?, ZD 2016, 120; *Freyler*, Robo-Recruiting, Künstliche Intelligenz und das Antidiskriminierungsrecht, NZA 2020, 284; *Gamma/Helm/Johnson/Vlissides*, Design Patterns: Entwurfsmuster als Elemente wiederverwendbarer objektorientierter Software, 2015 (zit.: Gamma et al. Design Patterns); *Geiger*, Bots, Bespoke, Code and the Materialty of Software Platforms, Information, Communication & Society 17 (2014), 142; *Goodman/Flexman*, European Union Regulations on Algorithmic Decision Making and a „Right to Explanation", AI Magazine 3/2017, 50; *Götting*, Gewerblicher Rechtsschutz, 11. Aufl. 2020 (zit.: Götting GewRS); *Gülker*, Der patentrechtliche Schutz von Computerprogrammen, Der Jurist 2018, 143; *Gülker*, Der urheberrechtliche Schutz von Schnittstellen, insbesondere von APIs – Teil 1, InTeR 2021, 27; *Gülker*, Der urheberrechtliche Schutz von Schnittstellen, insbesondere von APIs – Teil 2, InTeR 2021, 90; *Gülker*, Umsetzung der DSM-Richtlinie: Umgehungsschutz für Kopierschutz bei Computerprogrammen? Warum die Selbsthilfe zulässig ist und nach dem UrhG-RefE auch bleibt, CR 2021, 66; *Gumm/Sommer*, Einführung in die Informatik, 10. Aufl. 2013 (zit.: Gumm/Sommer Einführung in die Informatik); *Hähnchen/Schrader/Weiler/Wischmeyer*, Legal Tech, JuS 2020, 625; *Hauck*, Geheimnisschutz im Zivilprozess – was bringt die neue EU-Richtlinie für das deutsche Recht?, NJW 2016, 2218; *v. Hellfeld*, Sind Algorithmen schutzfähig?, GRUR 1989, 471; *Hoffmann/Kevekordes*, Das Right to Explanation, DuD 2021, 609; *Hoffmann-Riem*, Verhaltenssteuerung durch Algorithmen – Eine Herausforderung für das Recht, AöR 2017, 1; *Höhne*, Nachvollziehbare Künstliche Intelligenz: Methoden, Chancen und Risiken, DuD 2021, 453; *Höpfner/Daum*, Der „Robo-Boss" – Künstliche Intelligenz im Arbeitsverhältnis, ZfA 2021, 467; *Hoppe/Oldekop*, Die Rechtsprechung zum Geschäftsgeheimnisschutz seit dem 26.04.2019, WRP 2022, 547; *Horns*, Anmerkungen zu begrifflichen Fragen des Softwareschutzes, GRUR 2001, 1; *Hornung/Wagner*, Anonymisierung als datenschutzrelevante Verarbeitung?, ZD 2020, 223; *Kitchin*, Thinking Critically About and Researching Algorithms, Information, Communication & Society 20 (2017), 14; *Knuth*, The Art of Computer Programming, Band 1, 3. Aufl. 1997 (zit.: Knuth Art of Computer Programming I); Kolleck/Orwat, Mögliche Diskriminierung durch algorithmische Entscheidungssysteme und maschinelles Lernen – ein Überblick, Büro für Technikfolgen-Abschätzung beim Deutschen Bundestag: TAB-Hintergrundpapier 24/2020, abrufbar unter https://publikationen.bibliothek.kit.edu/1000127166 (zit.: Kolleck/Orwat TAB-Hintergrundpapier 24/2020); *Krämer*, Symbolische Maschinen, 1988 (zit.: Krämer Symbolische Maschinen); *Kumkar/Roth-Isigkeit*, Erklärungspflichten bei automatisierten Datenverarbeitungen nach der DS-GVO, JZ 2020, 277; *Lamport*, If You're Not Writing a Program, Don't Use a Programming Language, EATCS Bulletin 2018, 96; *von Lewinski/de Barros Fritz*, Arbeitgeberhaftung nach dem AGG infolge des Einsatzes von Algorithmen bei Personalentscheidungen, NZA 2018, 620; *Maaßen*, „Angemessene Geheimhaltungsmaßnahmen" für Geschäftsgeheimnisse, GRUR 2019, 352; *Marly*, Der Schutzgegenstand des urheberrechtlichen Softwareschutzes, GRUR 2012, 773; *Martini*, Blackbox Algorithmus, 2019 (zit.: Martini Blackbox Algorithmus); *Martini/Ruschemeier/Hain*, Staatshaftung für automatisierte Verwaltungsentscheidungen – Künstliche Intelligenz als Herausforderung für das Recht der staatlichen Ersatzleistungen, VerwArch 2021, 1; *Martin*, Clean Code, 2009 (zit.: Martin Clean Code); *Melullis*, Zur Patentfähigkeit von Programmen für Datenverarbeitungsanlagen, GRUR 1998, 843; *v. Neumann*, First Draft of a Report on the EDVAC, IEEE Annals of the History of Computing 15(4) (1993), 27 (Nachdruck des Originals von 1945); *Ohly*, Das neue Geschäftsgeheimnisgesetz im Überblick, GRUR 2019, 441; *Ohst*, Computerprogramm und Datenbank, 2003 (zit.: Ohst Computerprogramm und Datenbank); *Pesch*, Patentfähigkeit computerimplementierter Erfindungen, MMR 2019, 14; Peters, Robo-Recruiting – Einsatz künstlicher Intelligenz bei der Personalauswahl, Büro für Technikfolgen-Abschätzung beim Deutschen Bundestag: Themenkurzprofil 40/2020, abrufbar unter https://publikationen.bibliothek.kit.edu/1000131777 (zit.: Peters TAB-Themenkurzprofil 40/2020); *Politowski/Khomh/Romano/Scanniello/Petrillo/Guéhéneuc/Maiga*, A Large Scale Empirical Study of the Impact of Spaghetti Code and Blob Anti-Patterns on Program Comprehension, Inf. Softw. Technol. 2020, 106278; *Pomberger/Dobler*, Algorithmen und Datenstrukturen, 2008 (zit.: Pomberger/Dobler Algorithmen und Datenstrukturen); *Porlezza*, Die Algorithmisierung öffentlicher Kommunikation, in Hubacher/Waldis (Hrsg.), Politische Bildung für die digitale Öffentlichkeit, 2021, S. 69 (zit.: Hubacher/Waldis Politische Bildung für die digitale Öffentlichkeit/Porlezza); *Raji*, Rechtliche Bewertung synthetischer Daten für KI-Systeme, DuD 2021, 303; *Roßnagel*, Technik, Recht und Macht, MMR 2020, 222; *Russel/Norvig*, Artificial Intelligence: A Modern Approach, 4. Aufl. 2021 (zit.: Russel/Norvig Artificial Intelligence); *Schaub*, Verantwortlichkeit für Algorithmen im Internet, in Taeger (Hrsg.), Rechtsfragen digitaler Transformationen, 2018, S. 439 (zit.: Taeger Rechtsfragen digitaler Transformationen/Schaub); *Scheja*, Schutz von Algorithmen in Big Data Anwendungen, CR 2018, 485; *Schölch*, Patentschutz für computergestützte Entwurfsmethoden – ein Kulturbruch?, GRUR 2006, 969; *Schuhmacher*, Schutz von Algorithmen für Computerprogramme, 2004 (zit.: Schuhmacher Schutz von Algorithmen); *Spilker*, Postmortaler Datenschutz, DÖV 2015, 54; *Spindler*, Grenzen des Softwareschutzes, CR 2012, 417;

Straker/Wehkamp, Individueller Quellcode, CR 2018, 699; *Tanenbaum/Austin*, Rechnerarchitektur, 6. Aufl. 2014 (zit.: Tanenbaum/Austin Rechnerarchitektur); *Teufel*, Patentschutz für Software – auch ein Jubilar, in Festschrift 50 Jahre VPP, 2005, S. 608; *Tilmann*, Endlich: Freie Bahn für das Einheitliche Patentgericht, GRUR 2021, 1138; *Tischbirek*, Ermessensdirigierende KI, ZfDR 2021, 307; *Turing*, On Computable Numbers, with an Application to the Entscheidungsproblem, Proceedings of the London Mathematical Society 42 (1937), 230; *Turing*, Computing Machinery and Intelligence, Mind 59 (1950), 433; *Veil*, Die Schutzgutmisere des Datenschutzrechts (Teil I), 6.2.2019, abrufbar unter https://www.cr-online.de/blog/2019/02/06/die-schutzgutmisere-des-datenschutzrechts-te il-i/; *Wachter/Mittelstadt/Floridi*, Why a Right to Explanation of Automated Decision-Making Does Not Exist in the General Data Protection Regulation, International Data Privacy Law 7 (2017), 76; *Wagner/Lopez/Cech/Grill/ Sekwenz*, Der AMS-Algorithmus, juridikum 2020, 191; *Wischmeyer*, Regulierung intelligenter Systeme, AöR 2018, 1; *Zech*, Künstliche Intelligenz und Haftungsfragen, ZfPW 2019, 198; *Zemanek*, Al-Khorezmi: His Background, His Personality, His Work and His Influence, Lecture Notes in Computer Science 122 (1981), 1; *Zimmermann*, Fuzzy Set Theory – and Its Applications, 4. Aufl. 2001 (zit.: Zimmermann Fuzzy Set Theory).

I. Einführung

Algorithmen sind zentraler Baustein verschiedenster Legal Tech-Anwendungen. Dabei weist der Begriff in der Jurisprudenz eine zunächst aufzuarbeitende Unschärfe auf; erst im Anschluss können Einzelheiten diskutiert werden.

1. Begriff

Algorithmen sind nicht auf die Durchführung durch einen Computer beschränkt. Das Konzept ist unabhängig von der konkreten Umsetzung, sei es durch einen Menschen, sei es durch einen Computer.[1] **Informatisch** definiert sich der Algorithmus als vollständige, präzise und in einer Notation oder Sprache mit exakter Definition abgefasste, endliche Beschreibung eines **schrittweisen Problemlösungsverfahrens** zur Ermittlung gesuchter Datenobjekte (ihrer Werte) aus gegebenen Werten von Datenobjekten, in dem jeder Schritt aus einer Anzahl ausführbarer, eindeutiger Aktionen und einer Angabe über den nächsten Schritt besteht.[2] Ein typisches Alltagsbeispiel ist das Abarbeiten eines Kochrezepts.[3] Algorithmen, die nicht endlich sind, also prinzipiell nie aufhören, nennt man **nichtterminierend**.[4] Die Beschreibung eines Algorithmus kann damit in beliebiger Sprache erfolgen, formal, informal, als mathematische Formel oder auch durch eine Programmiersprache – wichtig ist allein, dass die genutzte Notation keinen Interpretationsspielraum lässt. Damit ist die natürliche – wenn auch keineswegs einzige – Sprache zur Beschreibung des Algorithmus diejenige der Mathematik.[5] Den uns allen aus Schulzeiten bekannten Algorithmus zur Berechnung des arithmetischen Mittels $\bar{x}$ für eine Zahlenfolge x kann man demnach prosaisch beschreiben als „Summiere alle Zahlen und teile das Ergebnis durch die Anzahl der Zahlen", was hoffentlich eindeutig ist, oder bar jeden Zweifels als mathematische Formel (wobei n die Anzahl der Zahlen ist):[6]

$$\bar{x} = \frac{\sum_{i=1}^{n} x_i}{n}$$

Bisweilen trifft man in der rechtswissenschaftlichen Literatur auf die Aussage, in der Informatik bestehe über die Definition des Algorithmus keine Einigkeit.[7] Das ist so nicht korrekt; richtig ist, dass es

---

1 Anschaulich anhand der Berechnung von Wettervorhersagen Schölch GRUR 2006, 969 (973).
2 Pomberger/Dobler Algorithmen und Datenstrukturen S. 33; Gumm/Sommer Einführung in die Informatik S. 91; Knuth Art of Computer Programming I S. 4 ff., der auf S. 7 f. zusätzlich eine formale mathematische Definition liefert.
3 Knuth Art of Computer Programming I S. 6, dort allerdings auch zu den Grenzen der Analogie.
4 Pomberger/Dobler Algorithmen und Datenstrukturen S. 33.
5 Vgl. Lamport EATCS Bulletin 2018, 96 (96 ff.), der Programmierern empfiehlt, vom Code in die Mathematik zu abstrahieren.
6 Beispiel nach Pomberger/Dobler Algorithmen und Datenstrukturen S. 31.
7 Aus neuerer Zeit Martini Blackbox Algorithmus S. 18 Fn. 79; ältere Nachw. bei v. Hellfeld GRUR 1989, 471 (477).

verschiedene, aber *gleichwertige* Definitionen gibt **(Church'sche These)**.[8] Zu ihnen gehört die Turingmaschine ebenso wie die sog. μ-Rekursion oder die hier verwendete intuitive Definition des schrittweisen Problemlösungsverfahrens. Wohl nur noch in der älteren Rechtsprechung und Literatur vorfindliche, gänzlich unpräzise Definitionen der Art „Rechenregel" oder „Grundidee"[9] sind damit abzulehnen.[10] Mangels fachlicher Konturierung ebenfalls abzulehnen ist der offenbar auf Martini zurückgehende Begriff des **„Computeralgorithmus"**,[11] denn so wie er den Begriff beschreibt, handelt es sich in Wirklichkeit um Computerprogramme, nicht um Algorithmen (zum Unterschied zwischen Algorithmus und Computerprogramm → Rn. 15).[12]

4   Der gelegentlich anzutreffende Begriff des **„selbstlernenden Algorithmus"**[13] vermischt den klar definierten Begriff des Algorithmus mit den spezifischen Eigenarten der Künstlichen Intelligenz. Die Rede vom „selbstlernenden Algorithmus" suggeriert, es handle sich um eine Art Manifestation in Daten, was aber gerade mit der oben vorgestellten Definition des Algorithmus im informatischen Sinne kollidiert – Algorithmen sind abstrakte, schrittweise Problemlösungsverfahren, die als abstraktes Konzept sich nicht selbst weiterentwickeln können. Im Kontext Künstlicher Intelligenz führt das dazu, dass man als „selbstlernenden Algorithmus" etwa die angewandte Lerntechnik verstehen kann – das wäre immerhin im Sinne der informatischen Definition des Algorithmus – oder ein zB von einem Deep Learning-System (→ *Maschinelles Lernen* Rn. 20 ff.) erzeugtes neuronales Netz, was dann aber andere Techniken des maschinellen Lernens ausblendet. Ein neuronales Netz ist auch kein Algorithmus im Sinne der genannten informatischen Definition, sondern implementiert einen solchen (und ändert ihn und seine Implementation in der Lernphase). Denkbar ist auch, dass in Wahrheit ein Computerprogramm gemeint ist, das Techniken des maschinellen Lernens im Allgemeinen oder Deep Learning im Speziellen einsetzt.[14] Da speziell dieses letztere Verständnis die Unterscheidung zwischen Computerprogramm und Algorithmus ausblendet, ist es abzulehnen. Angesichts solcher Unklarheiten sollte **der Begriff des „selbstlernenden Algorithmus" vermieden werden**. Stattdessen soll für die Zwecke dieses Stichworteintrags mit Wischmeyer von **„intelligenten Systemen"**[15] die Rede sein, wenn es um die Kombination von Computerprogrammen mit Techniken der Künstlichen Intelligenz geht. Als **intelligent** wird hier im Einklang mit der fachlichen KI-Literatur ein System angesehen, das das Konzept des **rationalen Agenten** umsetzt, dh dass das Computerprogramm seine Aufgabe möglichst gut löst.[16] Intelligent können damit auch andere Systeme als solche des maschinellen Lernens sein. Diese Definition vermeidet es, Computersysteme ungewollt zu vermenschlichen.[17]

5   Auch einem anderen inkorrekten Sprachgebrauch ist entgegenzutreten. Es hat sich offenbar eingebürgert, selbstlernende Systeme von **„deterministischen Algorithmen"** abzugrenzen, dh selbstlernenden Systemen zu attestieren, sie setzten nichtdeterministische Algorithmen ein.[18] Diese Begriffe sind in der theoretischen Informatik bereits für ein gänzlich anderes Konzept belegt, nämlich für die Beschreibung der Komplexität von Algorithmen. Ein Algorithmus ist danach **nichtdeterministisch**, wenn an mindestens einem Punkt

---

8   Krämer Symbolische Maschinen S. 169; Gumm/Sommer Einführung in die Informatik S. 747 ff.; v. Hellfeld GRUR 1989, 471 (477); Schuhmacher Schutz von Algorithmen S. 21 f.
9   BGH Urt. v. 9.5.1985 – I ZR 52/83, GRUR 1985, 1041 (1047) – Inkasso-Programm; Brandi-Dohrn GRUR 1985, 179 (180).
10 Schuhmacher Schutz von Algorithmen S. 23 f.; v. Hellfeld GRUR 1989, 471 (477).
11 Martini Blackbox Algorithmus S. 18.
12 Deshalb völlig zu Recht kritisch gegenüber dem undifferenzierten Gebrauch des Algorithmusbegriffs in der Jurisprudenz Wischmeyer AöR 2018, 1 (4 Fn. 9).
13 Etwa bei v. Lewinski/de Barros Fritz NZA 2018, 620 (620).
14 So bei Stelkens/Bonk/Sachs/Stelkens VwVfG § 35a Rn. 47; Taeger Rechtsfragen digitaler Transformationen/Schaub S. 439 (440 f.); offenbar auch v. Lewinski/de Barros Fritz NZA 2018, 620 (620); deutlich Martini Blackbox Algorithmus S. 18.
15 Wischmeyer AöR 2018, 1 (3 f.); ähnlich (autonomes System) Hoffmann-Riem AöR 2017, 1 (3); Rollberg Algorithmen in der Justiz S. 28 ff.
16 Hierzu ausführlich Russel/Norvig Artificial Intelligence S. 36 ff.
17 Mit Recht kritisch zu solchen Tendenzen Bull STAAT 2019, 57 (68 f.).
18 So bei Martini Blackbox Algorithmus S. 19; Tischbirek ZfDR 2021, 307 (311); Stelkens/Bonk/Sachs/Stelkens VwVfG § 35a Rn. 47.

mehr als eine weitere Möglichkeit besteht, sonst ist er **deterministisch**.[19] Auch bei intelligenten Systemen liegt in der Anwendung auf ein einzelnes Problem der nächste Schritt stets fest, dh der Algorithmus ist deterministisch. Nichtdeterministische Algorithmen sind ein theoretisches Konzept und nicht real umsetzbar.[20] Da die Unterscheidung vor allem bezweckt, zur herkömmlichen, manuellen Erzeugung von Code durch den Programmierer abzugrenzen, sollte man besser von expliziter (= manueller) und impliziter (= durch maschinelles Lernen) Programmierung sprechen.[21] Das vermeidet auch den drohenden Konflikt mit der informatischen Definition des Algorithmus (→ Rn. 2).

2. Historisches

Der Begriff Algorithmus geht in seiner **Wortherkunft** zurück auf den Namen des frühen arabischen Mathematikers Muḥammad ibn Mūsā al-Khwārizmī, der um das Jahr 825 n. Chr. in der Gegend südlich des Aralsees lebte und Verfasser der ältesten bekannten Texte zur Algebra ist.[22] Al-Khwārizmī hat den Algorithmus jedoch nicht erfunden.[23] Tatsächlich setzt die Menschheit Algorithmen im heutigen sprachlichen Sinne **seit frühesten Zeiten** ein – insbesondere dokumentiert sind schrittweise Rechenregeln schon bei den Sumerern, den Babyloniern und den Ägyptern.[24] Aus Schulzeiten bekannt sein dürfte wohl fast noch jedem der von Euklid in den „Elementen" um 300 v. Chr. vorgestellte Algorithmus zur Berechnung des größten gemeinsamen Teilers einer Zahl,[25] der noch 1950 weitgehend synonym mit dem Begriff „des" Algorithmus überhaupt war.[26] Auf dem Gebiet der Mathematik wurden im Laufe der Zeit viele mehr oder minder bekannte Algorithmen entwickelt, die schon in der **Vor-Computer-Zeit** von Methoden zur Berechnung der Kreiszahl π über die Zerlegung von Zahlen in ihre Primfaktoren bis zur Lösung komplexer Differentialgleichungen und darüber hinaus reichten.[27] Ihre Darstellung würde den Rahmen eines auf juristische Aspekte fokussierten Werkes sprengen.

Alle diese Algorithmen sind noch ganz unabhängig von Computern und für die Ausführung durch den Menschen gedacht. Die Geschichte der automatisierten Abarbeitung beginnt Anfang des 20. Jahrhunderts mit den Arbeiten Hilberts. Hilbert meinte, dass sich alles Denken in Zeichen vollzieht und deshalb mithilfe dieser Zeichen formalisierbar sei (**Formalismus**).[28] Daraus folgerte er, dass es möglich sein müsste, eine Art universale Denkmaschine zu bauen, die jede beliebige in Zeichen formalisierte Aussage verifizieren könne. Das dafür erforderliche universale Verfahren fand er aber nicht und so erhielt dieses Problem den Namen „**Entscheidungsproblem**". Verschiedene Mathematiker, darunter insbesondere Gödel und Turing, wiesen nach, dass das Entscheidungsproblem nicht lösbar ist. Die dazu von Turing 1936 entworfene[29] und heute nach ihm benannte „**Turingmaschine**" empfindet den Prozess des menschlichen Berechnens nach. Die Turingmaschine bildet die Grundlage aller heutigen Computer und Programmiersprachen und gleichzeitig – wegen der nach heutigem Kenntnisstand bestehenden Unlösbarkeit des Entscheidungsproblems – auch die Grenze ihrer Fähigkeiten.[30] In Hardware umgesetzt wurde sie nach dem Ende des Zweiten Weltkriegs von John von Neumann. Dieser erkannte das Vereinfachungspotenzial durch Einführung eines nur auf 0 und 1 beruhenden Binärsystems – dessen Funktionsweise, die **boole'sche Algebra**, Boole 1847

---

19 Asteroth/Baier Theoretische Informatik S. 116; Gumm/Sommer Einführung in die Informatik S. 91; Pomberger/Dobler Algorithmen und Datenstrukturen S. 382 Fn. 1 und Fn. 2.
20 Asteroth/Baier Theoretische Informatik S. 116.
21 So der Vorschlag von Breidenbach/Glatz Legal Tech-HdB/v. Bünau Kap. 3 Rn. 12 ff.
22 Knuth Art of Computer Programming I S. 1; Chabert et al. History of Algorithms S. 2; ausführliche Darstellung zu Leben und Wirken al-Khwārizmīs bei Zemanek Lecture Notes in Computer Science 122 (1981), 1.
23 Zemanek Lecture Notes in Computer Science 122 (1981), 1 (2).
24 Chabert et al. History of Algorithms S. 7 ff.
25 Euklid Elemente Buch VII § 2.
26 Knuth Art of Computer Programming I S. 2.
27 Zu diesen und vielen anderen algorithmischen Meilensteinen Chabert et al. History of Algorithms.
28 Hierzu und zum folgenden Chabert et al. History of Algorithms S. 456 f.; Krämer Symbolische Maschinen S. 138 f.
29 Turing Proceedings of the London Mathematical Society 42 (1937), 230.
30 v. Hellfeld GRUR 1989, 471 (477); Gumm/Sommer Einführung in die Informatik S. 742 ff.; zur Funktionsweise der Turingmaschine Horns GRUR 2001, 1 (4 ff.).

anhand des Prozesses des menschlichen Schlussfolgerns mit den Begriffen „wahr" und „falsch" untersucht hatte[31] – und die Möglichkeit, Informationen und Ablaufprogramme auf diese Weise zu kodieren.[32] Die Funktionsweise praktisch aller heutigen Computer geht auf von Neumann zurück[33] und wird heute nach ihm als **Von-Neumann-Architektur** bezeichnet.[34] Mit der Erfindung des Transistors 1948 nahm dann die Verfeinerung bis zu den heute üblichen Geräten ihren Lauf.[35]

8 Den wohl ersten einflussreichen Artikel zum Thema **Künstliche Intelligenz** schrieb 1950 einmal mehr Turing, in dem er bereits anregte, kein Programm zu schreiben, das den Verstand eines Erwachsenen imitiert, sondern eines, das den eines Kindes und dessen Lernprozess in Form eines Algorithmus imitiert.[36] Der Artikel stellt auch den heute sog. „**Turing-Test**" vor, bei dem es weniger darum geht, ob eine Maschine wirklich „denken" kann, sondern darum, ob ein Mensch ihre Äußerungen für solche eines Menschen hält. Zur weiteren wechselhaften Geschichte der Entwicklung Künstlicher Intelligenz → *Künstliche Intelligenz* Rn. 2 ff.

3. Weitere technische Aspekte

9 Zur Definition als schrittweises Problemlösungsverfahren bereits → Rn. 2. Ein **Computer** stellt eine Maschine dar, die diese formalisierten Abläufe automatisiert abarbeiten kann. Dafür werden die erforderlichen Informationen als Daten mit den Werten 0 (Null) und 1 (Eins) dargestellt, die auf Ebene der Hardware üblicherweise durch verschiedene Spannungen signalisiert werden.[37] Die mit 0 und 1 möglichen Operationen fasst man unter dem Namen „**boole'sche Algebra**" zusammen.[38] In dieser Algebra kann alles nur 0 oder 1 sein. Die heute eingesetzten Computer bauen seit von Neumann auf dieser Logik auf (zur Geschichte → Rn. 7).[39] Es verdient dabei angesichts der für den informatischen Laien nicht sogleich offenbaren Bedeutung des Wortes „Computer" der ausdrücklichen Erwähnung der Tatsache, dass mit dem Ausdruck nicht nur Heim-PCs gemeint sind, sondern jegliche Hardware vom RFID-Chip über Smartphones und Spielkonsolen bis zum Cloud-Server.[40]

10 Im Bereich intelligenter Systeme kommen neben den Algorithmen des maschinellen Lernens auch andere Algorithmen zum Einsatz, etwa ausgefeilte **heuristische Algorithmen**. Dabei handelt es sich nicht etwa um nichtdeterministische Algorithmen (→ Rn. 5), denn der jeweils nächste Schritt des Vorgehens ist durchaus definiert. Vielmehr geht es darum, ein sinnvolles Vorgehen bei unklarer Datenlage zu ermöglichen. Notwendig sind derartige Algorithmen deshalb, weil es praktisch kaum möglich ist, alle für eine Entscheidung relevanten Faktoren formal abzubilden – muss ein selbstfahrendes Taxi einen möglichen Meteoriteneinschlag in die Fahrtroute mit einbeziehen?[41] In klassischer, **boole'scher Logik** kann jeder Entscheidungsfaktor nur wahr (1) oder falsch (0) sein, wohingegen die Heuristik eine Zuordnung von Wahrscheinlichkeiten zwischen 0,0 (ganz sicher falsch) und 1,0 (ganz sicher wahr) ermöglicht.[42] Zu beachten ist dabei, dass auch die Heuristik immer noch davon ausgeht, dass die zu beurteilende Aussage tatsächlich ganz wahr oder ganz falsch ist, der Agent aber nicht über genug „Wissen" zum Sachverhalt verfügt. Demgegenüber beschreibt die **Fuzzy-Logik** Aussagen, die auch beim optimalen „Wissen" schon an sich nicht ganz wahr oder falsch sein können.[43] Beispiele sind subjektiv geprägte Aussagen wie „Wien

---

31 Krämer Symbolische Maschinen S. 124 ff.; Gumm/Sommer Einführung in die Informatik S. 427 f.
32 Tanenbaum/Austin Rechnerarchitektur S. 36.
33 Genauer: auf die erstmals in v. Neumann IEEE Annals of the History of Computing 15(4) (1993), 27, vorgestellten Grundlagen.
34 Tanenbaum/Austin Rechnerarchitektur S. 36 f.; Dumas Computer Architecture S. 21.
35 Im Einzelnen ausführlich Tanenbaum/Austin Rechnerarchitektur S. 37 ff.
36 Turing Mind 59 (1950), 433 (456).
37 Tanenbaum/Austin Rechnerarchitektur S. 167 f.; Gumm/Sommer Einführung in die Informatik S. 33 ff.
38 Tanenbaum/Austin Rechnerarchitektur S. 169 ff. f.; Gumm/Sommer Einführung in die Informatik S. 428 ff.
39 Tanenbaum/Austin Rechnerarchitektur S. 166.
40 Dumas Computer Architecture S. 17 ff.; Tanenbaum/Austin Rechnerarchitektur S. 46 ff.
41 So ein plastisches Beispiel bei Russel/Norvig Artificial Intelligence S. 385 f.
42 Russel/Norvig Artificial Intelligence S. 386.
43 Zimmermann Fuzzy Set Theory S. 3.

ist eine große Stadt"[44] oder das Konzept Kreditwürdigkeit.[45] Der Unterschied zwischen herkömmlicher boole'scher Logik und Fuzzy-Logik sei am Beispiel der Negation illustriert: Während der Ausdruck $\neg A$ in der boole'schen Logik nur 0 oder 1 sein kann (ist $A = 0$, dann ist er 1; ist $A = 1$, dann ist er 0), gilt in der Fuzzy-Logik $\neg A = 1 - A$, dh wenn zB $A = 0{,}4$ ist, dann ist sein Negat $1 - 0{,}4 = 0{,}6$.[46] Auch die Fuzzy-Logik ist kein Fall des maschinellen Lernens, sondern lediglich eine Methode zur Beschreibung der Realität.

Fuzzy-Logik, die Wahrscheinlichkeitstheorie und der Einsatz neuronaler Netze sind prinzipiell **alternative Konzepte**, die je nach gestelltem Problem mit dem Ziel der Optimierung der Intelligenz des Systems gewählt werden sollten (→ *Entscheidungsfindung, automatisierte* Rn. 12 ff.). In der konkreten Anwendung ist es aber nicht unüblich, mehrere Ansätze zu kombinieren.[47] Das kann sich gerade auch für Legal Tech als nützlich erweisen,[48] allerdings mit Blick auf die ontologisch statt epistemisch anderen Annahmen von Fuzzy-Logik[49] weniger für unbestimmte Tatbestände – auch diese können nur ganz oder gar nicht verwirklicht werden – als mehr für von vornherein nicht auf strengen Wenn/Dann-Regeln aufbauendes Recht, das bisher eher selten ist. Diesbezüglich ist die Einführung von „unscharfem Recht" angeregt worden.[50]

4. Algorithmisierung

Obwohl gern genutzt, wird der Begriff der **Algorithmisierung** im Allgemeinen nicht definiert. Das erstaunt, wenn man liest, die Algorithmisierung sei ubiquitär.[51] Auf diese Weise haftet dem Begriff etwas Geheimnisvoll-Bedrohliches an, dessen Einzelheiten der Phantasie des Lesers überlassen werden. Wird der Begriff dann doch einmal definiert, ist das Ergebnis technisch gesehen erstaunlich profan: „Versteht man die Durchführung von Auswahlprozessen auf elektronischem Weg als ‚Algorithmisierung' [...]".[52] Seine Bedrohlichkeit erhält die Algorithmisierung also weniger über den technischen Prozess als über die sozialen Wirkungen. Wer über Algorithmisierung spricht, fragt nach den sozialen Auswirkungen. Regelmäßig erstgenanntes Beispiel in derartigen Auseinandersetzungen ist die Funktionsweise der sozialen Medien als neue Gatekeeper.[53] Im Bereich Legal Tech wird man aber davon ausgehen können, dass die Algorithmisierung Juristen nicht überflüssig machen wird.[54]

Algorithmisierung in diesem Sinne erfasst derzeit alle gesellschaftlichen Bereiche. Im Bereich **Legal Tech** geht es um → *E-Justice* Rn. 1 ff., → *Blockchain* Rn. 2, → *E-Government* Rn. 40 ff. und vieles andere mehr. Für Einzelheiten sei auf die einzelnen Stichworte verwiesen. Gemeinsam ist vielen dieser Gebiete, dass das Recht auf die neuen, umfassenden Herausforderungen bisher nur sporadisch reagiert. Damit bleibt es hinter seiner Rolle als Gestaltungsmacht zurück. Dennoch lohnt es sich nicht, einen Abgesang auf das konventionelle Recht im Angesicht der Algorithmisierung anzustimmen.[55] Es ist keineswegs so, dass das Recht keinen Einfluss nehmen könnte; derzeit hat es sich der neuen Herausforderungen nur noch nicht umfassend angenommen.[56] Dazu ist die Erkenntnis, dass Algorithmen nicht in einem hermetisch abgeschlossenen Raum, sondern im **Kontext ihrer Umgebung** entstehen, an diese angepasst sind und

---

44 Russel/Norvig Artificial Intelligence S. 255.
45 Zimmermann Fuzzy Set Theory S. 4.
46 Zimmermann Fuzzy Set Theory S. 151.
47 Siehe bspw. Buckley/Hayashi Fuzzy Sets Syst. 1995, 265, für den Einsatz kombinierter Methoden in Expertensystemen; Einzelheiten zu sog. „Neuro-Fuzzy-Systemen" bei Borgelt et al. Neuro-Fuzzy-Systeme S. 179 ff.
48 Breidenbach/Glatz Legal Tech-HdB/Krimphove/Niehaus Kap. 9.3 Rn. 22 ff.
49 Russel/Norvig Artificial Intelligence S. 255 f.
50 Boehme-Neßler NJW 2017, 3031 (3036 f.); scharf kritisch dazu Bull STAAT 2019, 57 (96).
51 Barczak DÖV 2020, 997 (998).
52 Dettling/Krüger PharmR 2018, 513 (514).
53 Vgl. Barczak DÖV 2020, 997 (998); Hoffmann-Riem AöR 2017, 1 (11 f.); Hubacher/Waldis Politische Bildung für die digitale Öffentlichkeit/Porlezza S. 69 (78).
54 Breidenbach/Glatz Legal Tech-HdB/Breidenbach Kap. 1.5 Rn. 13; Hähnchen et al. JuS 2020, 625 (630).
55 So Boehme-Neßler NJW 2017, 3031 (3035).
56 Eindrücklich Bull STAAT 2019, 57 (62 f. et pass.); vgl. auch Roßnagel MMR 2020, 222 (224); Vorschläge bei Barczak DÖV 2020, 997 (1001 ff.).

wiederum auf sie Einfluss nehmen, ein erster Schritt.[57] In diesem Sinne sind Algorithmen mindestens ebenso sehr ein soziales wie ein technisches Phänomen. Das Recht kann diese Umgebung beeinflussen und so Rahmenregeln für die Algorithmisierung schaffen.

14 **Konkrete Normen** solchen technikgestaltenden Rechts im Bereich Legal Tech gibt es derzeit kaum. Am ehesten kommt hierfür das Datenschutzrecht in Betracht, das zumindest in einigen wenigen Normen entsprechende Ansätze zeigt (→ Rn. 39 ff.). Abzuwarten bleibt hier insbesondere die geplante KI-Regulierung der EU (→ Rn. 83; weiterführend → *Regulierung (EU), KI-Verordnung* Rn. 1 ff.).

II. Abgrenzungen

15 Vom Algorithmus zu unterscheiden ist seine konkrete **Implementierung** in einer Programmiersprache, also seine konkrete Niederlegung im **Quelltext** eines **Computerprogramms**. Im Verhältnis zwischen Computerprogramm und Algorithmus stellt der Algorithmus sich als von der Notation der Programmiersprache abstrahiert dar.[58] Ein Computerprogramm ist deshalb kein Algorithmus.[59] Wenn ein Computerprogramm geschrieben wird, setzt also der Programmierer die abstrakte Algorithmenspezifikation in Quelltext in einer bestimmten Programmiersprache um, wobei es sich um eine schwierige und aufwendige Aufgabe handeln kann.[60] Dementsprechend sind über die „gute" Umsetzung von Algorithmen in Quelltext ganze Bücher geschrieben worden.[61] Zu den Problemen sogenannter **„Antipatterns"** in der Umsetzung, bei denen zwar die gestellte Aufgabe gelöst wird, der Quelltext aber nur schwer verständlich und deshalb schwer wartbar ist (zB sogenannter „Spaghetticode"), gibt es sogar wissenschaftliche Untersuchungen.[62] Richtig, sprich: verständlich und wartbar, zu programmieren, ist eine Kunst für sich, durchaus vergleichbar mit der Arbeit eines anspruchsvollen Handwerkers.

16 Keine Algorithmen sind ferner die in § 69a Abs. 2 S. 2 UrhG erwähnten **Schnittstellen** (engl. „Interfaces") einschließlich der Programmierschnittstellen, sog. Application Programming Interfaces (**APIs**). Sie dienen nicht der Lösung einer Aufgabe, sondern stellen gewissermaßen Steckverbindungen zwischen Software und/oder Hardware dar. Bei APIs in Quelltextform kann die Schutzunfähigkeit nur aus Gründen der Interoperabilität aus § 23 Abs. 1 S. 2 UrhG (§ 24 UrhG aF) folgen.[63] Auch keine Algorithmen sind **Programmiersprachen**. Als Grammatik für die Formulierung eines Computerprogramms stellen sie keine schrittweise Problemlösung dar. Ihre urheberrechtliche Schutzfähigkeit als Computerprogramm ist umstritten, richtigerweise aber zu verneinen.[64]

17 **Künstliche Intelligenz** setzt Algorithmen in Form von Computerprogrammen ein, insbesondere in der Form der Lernalgorithmen des maschinellen Lernens und der – im Falle von Deep Learning – erzeugten neuronalen Netze, die einen Algorithmus implementieren.

---

[57] Kitchin Information, Communication & Society 20 (2017), 14 (18 f.); konkretes Beispiel (Wikipedia) bei Geiger Information, Communication & Society 17 (2014), 142.
[58] Krämer Symbolische Maschinen S. 164; Pomberger/Dobler Algorithmen und Datenstrukturen S. 82.
[59] Wie hier Ohst Computerprogramm und Datenbank S. 39; aA Schuhmacher Schutz von Algorithmen S. 25 f.
[60] Gut verständlich Pomberger/Dobler Algorithmen und Datenstrukturen S. 82.
[61] ZB Martin Clean Code; Gamma et al. Design Patterns; vgl. auch die berühmte Aussage zur Leserlichkeit von Quelltext in Abelson/Sussman Struktur und Interpretation von Computerprogrammen S. xvii.
[62] ZB Mens/Kanellopoulos/Winter 15th European Conference on Software Maintenance and Reengineering/Abbes et al. S. 181; Politowski et al. Inf. Softw. Technol. 2020, 106278.
[63] Zum Ganzen Gülker InTeR 2021, 27; Gülker InTeR 2021, 90 (insbes. 93 f.).
[64] Schricker/Loewenheim/Spindler UrhG § 69a Rn. 12d; Spindler CR 2012, 417 (418); Fromm/Nordemann/Czychowski UrhG § 69a Rn. 31; vgl. auch Lehmann Computerprogramme/Lehmann Kap I.A Rn. 6; aA Wandtke/Bullinger/Grützmacher UrhG § 69a Rn. 31.

III. Datenschutz- und datensicherheitsrechtliche Probleme beim Einsatz von Legal Tech-Algorithmen

1. Anwendung des Datenschutzrechts auf algorithmenbasierte Verarbeitung

Das für Legal Tech-Algorithmen relevante Datenschutzrecht regelt europaweit einheitlich die gem. Art. 288 AEUV unmittelbar in jedem Mitgliedstaat geltende Datenschutz-Grundverordnung (DS-GVO)[65]. Soweit das nationale Recht insbesondere in Form des Bundesdatenschutzgesetzes (BDSG) Abweichungen hiervon vorsieht, müssen diese aufgrund des Anwendungsvorrangs des Europarechts auf Öffnungsklauseln in der DS-GVO zurückführbar sein. **Adressat** des Datenschutzrechts ist dabei weder der Algorithmus selbst noch das ihn umsetzende Computerprogramm noch dessen Hersteller.[66] Die Pflichten der DS-GVO stellen allein den **Verantwortlichen** in den Mittelpunkt, dh diejenige natürliche oder juristische Person, Behörde, Einrichtung oder andere Stelle, die allein oder gemeinsam mit anderen über die Zwecke und Mittel der Verarbeitung von personenbezogenen Daten entscheidet (Art. 4 Nr. 7 DS-GVO). Praktisch wird dies im Falle von auf Legal Tech-Algorithmen beruhenden Systemen derjenige sein, der das System praktisch einsetzt. Ist der Anwendungsbereich einmal eröffnet, ist insbesondere das grundsätzliche Verbot der Verarbeitung personenbezogener Daten aus Art. 6 Abs. 1 DS-GVO zu beachten.

▶ Praxishinweis: Speziell Art. 25 DS-GVO verpflichtet nach allgemeiner Meinung nur den Verantwortlichen, nicht aber Hersteller. Bußgelder nach Art. 83 DS-GVO können nur gegen den Verantwortlichen verhängt werden. Es sollte deshalb nur solche Legal Tech-Software beschafft werden, deren Hersteller Wert auf die Beachtung der Designvorgaben des Art. 25 DS-GVO gelegt haben. ◀

Eine abstrakte Vorgehensweise (→ Rn. 2) kann keine Daten verarbeiten. Wenn in der juristischen Literatur die Rede von Verarbeitung von Daten durch Algorithmen ist, ist damit die Verarbeitung von Daten durch Computerprogramme gemeint, die solche Vorgehensweisen umsetzen.[67]

a) Verarbeitung nicht personenbezogener, insbesondere anonymer Daten

Die DS-GVO ist nur dann anwendbar, wenn **personenbezogene Daten** vorliegen (Art. 2 Abs. 1 DS-GVO). Den Begriff der personenbezogenen Daten definiert Art. 4 Abs. 1 DS-GVO dahin gehend, dass es sich um Informationen handeln muss, die sich auf eine identifizierte oder identifizierbare natürliche Person beziehen, wobei direkte oder indirekte Identifizierbarkeit genügt. Über den erforderlichen Grad der Identifizierbarkeit herrscht seit Langem Streit, den auch der EuGH in seinem Urteil in der Rechtssache Breyer nicht vollständig beendet hat, nach dem „vernünftigerweise" (vgl. Erwägungsgrund 26 der alten Datenschutz-Richtlinie und den ähnlich formulierten Erwägungsgrund 26 DS-GVO) zur Bestimmung verfügbare Mittel keine sind, die verboten oder praktisch unwirtschaftlich sind.[68] In der Folge urteilte der BGH, dass die Informationszusammenführung im Strafverfahren **für dynamisch vergebene IP-Adressen** zur Personenbeziehbarkeit führt.[69] Immerhin ist damit klar, dass ein sog. **absoluter Beziehbarkeitsbegriff abzulehnen ist**. Weil schon allein aus Gründen der IT-Sicherheit online verfügbare Legal Tech-Systeme oftmals die IP-Adressen der Nutzer wenigstens temporär protokollieren werden, ist bei ihnen mit diesen Urteilen in aller Regel vom Vorliegen personenbezogener Daten auszugehen. Auch ein Vertragsgenerator, der keinerlei andere personenbezogene Daten des Nutzers speichert, verarbeitet zumindest dessen IP-Adresse.

Daten, die nicht personenbezogen sind, bezeichnet man als **anonyme Daten**, dh es handelt sich um einen Gegenbegriff. Dies ergibt sich zwar nicht direkt aus dem Normtext der DS-GVO, der den Begriff der Anonymität nicht benutzt, aber aus einem Vergleich mit anderen unionalen Rechtsakten in der Zusammen-

---

[65] Verordnung (EU) 2016/679 des Europäischen Parlaments und des Rates v. 27.4.2016 zum Schutz natürlicher Personen bei der Verarbeitung personenbezogener Daten, zum freien Datenverkehr und zur Aufhebung der Richtlinie 95/46/EG (ABl. L 119, 1).
[66] Rüpke/v. Lewinski/Eckhardt DatenschutzR § 20 Rn. 11; Bieker/Hansen DuD 2017, 285 (286).
[67] Vgl. Martini Blackbox Algorithmus S. 18.
[68] EuGH Urt. v. 19.10.2016 – C-582/14, ZD 2017, 24 Rn. 46 – Breyer/Deutschland.
[69] BGH Urt. v. 16.5.2017 – VI ZR 135/13, NJW 2017, 2416 Rn. 25.

schau mit Erwägungsgrund 26 der DS-GVO.[70] Vereinzelt hat der Landesgesetzgeber im Rahmen der Öffnungsklauseln der DS-GVO den Anonymisierungsbegriff mit diesem Inhalt legaldefiniert (zB § 11 Abs. 2 S. 1 HmbDSG). Legal Tech-Systeme, die auf **heuristischen oder Fuzzy-Techniken** beruhen, müssen nicht wie die Systeme auf Basis maschinellen Lernens mit personenbezogenen Daten trainiert werden und haben deshalb eine weitaus höhere Chance, aus dem Anwendungsbereich der DS-GVO herauszufallen. Dennoch ist die Analyse im Einzelfall unentbehrlich. Auch ein klassisch explizit programmiertes Computerprogramm kann – selbstverständlich – personenbezogene Daten als Eingabe entgegennehmen.

22 Um dem strengen Regime der DS-GVO zu entgehen, kann es sinnvoll sein, personenbezogene Daten vor der Einführung in einen Legal Tech-Algorithmus zu **anonymisieren**. In diesem Prozess werden personenbezogene Daten, etwa Namen der Mandanten, aus dem Datensatz entfernt, so dass das Ergebnis (anonyme Daten) nicht mehr im Anwendungsbereich des Datenschutzrechts liegt. Die Herstellung echter Anonymisierung ist eine technische Herausforderung, da der Personenbeziehbarkeitsbegriff des Art. 4 Nr. 1 DS-GVO denkbar weit ist. Diesbezüglich kann auf die umfassende Aufarbeitung der Thematik durch die damalige Artikel-29-Datenschutzgruppe verwiesen werden.[71] Die Anonymisierung selbst stellt eine **Verarbeitung** der betroffenen personenbezogenen Daten gem. Art. 4 Nr. 2 DS-GVO entweder in Form der Veränderung oder zumindest der Verwendung dar, was aus einem Vergleich mit der in Art. 4 Nr. 2 DS-GVO ausdrücklich als Fall der Verarbeitung genannten Löschung und der bewusst weit gefassten Definition der Verarbeitung folgt.[72] Sie bedarf deshalb einer Rechtsgrundlage. Das folgt ipso iure aus Art. 6 Abs. 1 DS-GVO, so dass man dafür nicht dem Datenschutzrecht den Diskriminierungsschutz als Schutzgut unterschieben muss.[73] Regelmäßig wird diese Rechtsgrundlage in Art. 6 Abs. 1 UAbs. 1 lit. f DS-GVO bestehen, bei Behörden, denen dieser Rechtmäßigkeitstatbestand nicht zur Verfügung steht, in § 3 BDSG bzw. der jeweiligen Landesregelung.[74] Der Vorschlag des Bundesbeauftragten für den Datenschutz und die Informationsfreiheit (BfDI), Art. 6 Abs. 4 DS-GVO als Rechtsgrundlage einzustufen,[75] hat demgegenüber kaum Gefolgschaft gefunden.[76]

▶ **Praxishinweis:** Da im Ausgangspunkt Einigkeit darüber besteht, dass die Anonymisierung eine Verarbeitung ist, sollte sie bewusst auf eine der Rechtsgrundlagen des Art. 6 Abs. 1 DS-GVO gestützt werden. Interessenabwägungen nach Art. 6 Abs. 1 UAbs. 1 lit. f DS-GVO sind nach Art. 5 Abs. 2 DS-GVO zu dokumentieren. Weil Art. 9 Abs. 2 DS-GVO eine Interessenabwägung nicht vorsieht, sollte eine Anonymisierung ohne Einwilligung nur nach sorgfältiger Risikoabwägung vorgenommen werden.[77] Können Daten nicht anonymisiert werden, so ist **Pseudonymisierung** gem. Art. 4 Nr. 5 DS-GVO ein probates Mittel, einen Interessenausgleich herzustellen. Pseudonyme Daten fallen in den Anwendungsbereich der DS-GVO (s. Erwägungsgrund 26 DS-GVO). Sie schonen aber die Interessen des Betroffenen mehr als eine Verarbeitung im Klartext, was insbesondere im Rahmen der Interessenabwägung nach Art. 6 Abs. 1 UAbs. 1 lit. f DS-GVO relevant sein kann. ◀

b) Verarbeitung synthetischer Daten und Big Data

23 Intelligente Systeme auf Basis maschinellen Lernens benötigen oft große Mengen von meist personenbezogenen Daten (→ *Big Data* Rn. 4). Hierfür macht das Datenschutzrecht keine Ausnahme. Ein Lösungsweg könnten **synthetische Daten** sein, bei denen mithilfe von **Generative Adversial Networks (GANs)** Da-

---

70 Raji DuD 2021, 303 (306 f.).
71 Siehe Artikel-29-Datenschutzgruppe WP 216 S. 13 ff.
72 Hornung/Wagner ZD 2020, 223 (224 f.) (dabei auch ablehnend gegenüber einer teleologischen Reduktion); BfDI Positionspapier Anonymisierung S. 5; Raji DuD 2021, 303 (307).
73 So aber Raji DuD 2021, 303 (307). Was Schutzgut des Datenschutzrechts ist, ist hochgradig unklar, vgl. nur die lange Liste möglicher Schutzgüter bei Veil, Die Schutzgutmisere des Datenschutzrechts (Teil I), 6.2.2019, abrufbar unter https://www.cr-online.de/blog/2019/02/06/die-schutzgutmisere-des-datenschutzrechts-teil-i/.
74 Hornung/Wagner ZD 2020, 223 (225).
75 BfDI Positionspapier Anonymisierung S. 6 f.
76 Vgl. Hornung/Wagner ZD 2020, 223 (227 f.); Raji DuD 2021, 303 (308 f.).
77 Zum Problem mit Lösungsvorschlägen Hornung/Wagner ZD 2020, 223 (226 ff.).

ten erzeugt werden, die personenbezogenen Daten zum Verwechseln ähnlich sehen, tatsächlich aber nur computergenerierte Phantompersonen darstellen und deshalb anonym sind.[78] Ein eindrucksvolles Beispiel bildet die Generierung von lebensecht aussehenden Gesichtsbildern.[79] Im Bereich Legal Tech dürfte der Nutzen derartiger synthetischer Daten aber nur gering sein. Denn sowohl auf die Nutzung durch Rechtsanwälte als auch auf die Nutzung durch Laien zugeschnittene Legal Tech-Systeme beruhen darauf, die tatsächliche Rechtslage abzubilden. Die Generierung synthetischer Gerichtsurteile etwa wird keinen besonderen Nutzen haben. Bisher unbeantwortete Rechtsfragen, die auch Gegenstand juristischer Prüfungen sein können, liegen aber außerhalb der Möglichkeiten solcher Systeme.

c) Verarbeitung von Daten Verstorbener

Im Erbrecht mag es sinnvoll sein, etwa zur Suche nach den gesetzlichen Erben die **Daten Verstorbener** 24 durch Algorithmen und Computerprogramme verarbeiten zu lassen. Diese sind nach dem eindeutigen Wortlaut des Erwägungsgrunds 27 DS-GVO vom Anwendungsbereich der DS-GVO ausgeschlossen. Das führt aber nicht dazu, dass deren Daten etwa zum Training im maschinellen Lernen „Freiwild" wären. Vielmehr unterliegt der Umgang mit diesen Daten dem Recht der Mitgliedstaaten. In Deutschland gelten damit vor allem die überkommenen Grundsätze des **postmortalen Persönlichkeitsrechts**.[80] Ein umfassendes Regime zum postmortalen Datenschutz hat der deutsche Gesetzgeber allerdings bewusst nicht geschaffen, lediglich vereinzelt finden sich Regelungen wie § 35 Abs. 5 SGB I im Sozialdatenschutz. Eine Analogie zum Lebendendatenschutz ist damit mangels Regelungslücke versperrt, so dass abseits der wenigen Spezialregelungen nur auf §§ 1004, 823 BGB iVm Art. 2 Abs. 1, Art. 1 Abs. 1 GG zurückgegriffen werden kann.[81] Nach einem Urteil des BGH steht das postmortale Persönlichkeitsrecht ebenso wenig wie das Fernmeldegeheimnis einer Universalsukzession der Vertragsbeziehungen mit sozialen Netzwerken im Wege.[82] Diese Rechtsprechung wurde mittlerweile in § 4 Telekommunikation-Telemedien-Datenschutz-Gesetz (TTDSG) kodifiziert und auf alle Telekommunikationsdienste erweitert.

Hat der Verstorbene eine **Einwilligung** in die (algorithmische, vgl. auch Art. 22 Abs. 2 lit. c DS-GVO) Ver- 25 arbeitung seiner Daten erteilt, so ist deren Fortgeltung im Rahmen des postmortalen Persönlichkeitsrechts anzunehmen, auch wenn mit dem Tod prinzipiell keine personenbezogenen Daten mehr vorliegen. Es wäre aber wertungswidersprüchlich, nun von den Erben eine neuerliche Einwilligung zu verlangen. Der Tote hat von seinem Selbstbestimmungsrecht Gebrauch gemacht, was auch nach seinem Tod zu beachten ist. Zu beachten ist ohnedies, dass manche Daten über Verstorbene durchaus einen Bezug zu lebenden Personen haben können, etwa im Falle von Informationen über Erbkrankheiten.[83]

d) Andere Ausnahmen vom Anwendungsbereich

Da Legal Tech-Software per definitionem dem Bereitstellen industrialisierter, sprich automatisierter 26 Rechtsdienstleistungen gewidmet ist,[84] kann die (beschränkte) Ausnahme für **nichtautomatisierte Verarbeitung** in Art. 2 Abs. 1 DS-GVO für Legal Tech-Software nie einschlägig sein. Die (von der informatischen Definition her denkbare) Ausführung genau spezifizierter Beratungsschritte durch einen Menschen konstituiert kein Legal *Tech*. Denkbar ist je nach Einzelfall, dass die bereichsspezifischen Ausschlüsse des Art. 2 Abs. 2 und Abs. 3 DS-GVO eingreifen. Da etwa die nachrichtendienstliche Tätigkeit gem. Art. 2 Abs. 2 lit. a DS-GVO aus dem Anwendungsbereich der DS-GVO ausgeschlossen ist,[85] kann zB der Einsatz von Legal Tech-Software durch den Bundesnachrichtendienst dieser Ausnahme unterfallen. Er ist dann am entsprechenden nationalen Recht zu messen, etwa § 6 BNDG.

---

78 Raji DuD 2021, 303 (305 f.).
79 Leicht selbst ausprobierbar unter https://thispersondoesnotexist.com/.
80 Grundlegend BVerfG Beschl. v. 24.2.1971 – 1 BvR 435/68, BVerfGE 30, 173 (194) – Mephisto.
81 Arens RDV 2018, 127 (129 f.); vgl. zur Rechtslage vor der DS-GVO Spilker DÖV 2015, 54 (57 f.).
82 BGH Urt. v. 12.7.2018 – III ZR 183/17, NJW 2018, 3178 Rn. 52 ff.
83 Kühling/Buchner/Klar/Kühling DS-GVO Art. 4 Nr. 1 Rn. 5.
84 Breidenbach/Glatz Legal Tech-HdB/Breidenbach Kap. 2.1 Rn. 24.
85 Ehmann/Selmayr/Zerdick DS-GVO Art. 2 Rn. 8.

27 Ein Eingreifen speziell der **Haushaltsausnahme** aus Art. 2 Abs. 2 lit. c DS-GVO ist aufseiten des Betreibers einer Legal Tech-Anwendung nicht denkbar. Auch wenn die Reichweite der Bestimmung im Einzelnen unklar ist,[86] sind industrialisierte Rechtsdienstleistungen schwerlich als im Privatgebrauch befindlich zu begreifen.

2. Automatisierte Entscheidungsfindung nach Art. 22 DS-GVO

a) Erfasste Sachverhalte

28 Der Einsatz von Legal Tech-Software kann eine automatisierte Einzelentscheidung im Sinne des Art. 22 DS-GVO darstellen. Dogmatisch stellt die Norm besondere Zulässigkeitsvoraussetzungen für gewisse Entscheidungen (zum Begriff der Entscheidung → *Entscheidungsfindung, automatisierte* Rn. 51) auf Basis automatisierter Verarbeitung einschließlich Profiling auf. Die Norm ist als Recht formuliert („Die betroffene Person hat das Recht, …", Art. 22 Abs. 1 DS-GVO), wird von der hM aber v.a. unter Verweis auf die Genese als objektive Rechtsnorm eingestuft (→ *Entscheidungsfindung, automatisierte* Rn. 49).[87] Dafür spricht auch, dass Art. 22 Abs. 3 DS-GVO sonst ein Betroffenenrecht innerhalb eines Betroffenenrechts normieren würde. In der Praxis wird es empfehlenswert sein, Art. 22 DS-GVO als objektive Rechtsnorm aufzufassen und nicht erst auf eine Geltendmachung durch betroffene Personen zu warten, da in beiden Fällen letztlich dieselben Anforderungen gelten. Regelungsgegenstand von Art. 22 DS-GVO ist die Entscheidung, nicht die automatisierte Verarbeitung im Vorfeld, also insb. auch nicht das Profiling (ausf. → *Entscheidungsfindung, automatisierte* Rn. 69). Das folgt aus dem Wortlaut „nicht einer […] Entscheidung unterworfen zu werden".[88] Art. 22 DS-GVO erlegt dem Einsatz von Legal Tech-Software an sich deshalb keine Beschränkungen auf. Diese greifen erst dann, wenn bei Vorliegen der weiteren Voraussetzungen des Art. 22 DS-GVO auf der Grundlage dieser automatisierten Verarbeitung eine Entscheidung getroffen wird. Deshalb ist Art. 22 DS-GVO auch **kein zusätzlicher Erlaubnistatbestand neben Art. 6 DS-GVO**, sondern die der Entscheidung vorangehende Verarbeitung muss sich auf einen solchen stützen können.[89] Fehlt es daran, kann auch Art. 22 DS-GVO die Rechtmäßigkeit der Verarbeitung nicht mehr retten. Keine Anwendung findet Art. 22 DS-GVO ferner auf automatisierte Entscheidungsfindung im Rahmen der Straftatprävention und -aufklärung (Art. 2 Abs. 2 lit. d DS-GVO). Hier gilt stattdessen die JI-Richtlinie, → *Entscheidungsfindung, automatisierte* Rn. 71 f., dort auch zum Thema **Predictive Policing**.

29 Aufgrund seiner spezifischen Voraussetzungen **erfasst Art. 22 DS-GVO weitaus weniger Legal Tech-Systeme**, als man auf den ersten Blick annehmen sollte. Dazu muss man sich vergegenwärtigen, wie viele Tatbestandsmerkmale für ein Eingreifen des Art. 22 DS-GVO erfüllt sein müssen: Es bedarf einer Entscheidung (1) im Einzelfall (2), die nicht ausschließlich (3) auf einer automatisierten Verarbeitung beruhen darf (4), der die betroffene Person unterworfen wird (5) und die ihr gegenüber rechtliche Wirkung entfaltet oder sie in ähnlicher Weise erheblich beeinträchtigt (6). An fast jedem dieser Merkmale kann die Erfassung eines Legal Tech-Systems scheitern (nähere Betrachtung bei → *Entscheidungsfindung, automatisierte* Rn. 49 ff.). Liegen alle diese Merkmale vor, ist als Nächstes nach den Gestattungstatbeständen des Art. 22 Abs. 2–3 DS-GVO zu fragen. Werden in erfassten Fällen besondere Arten personenbezogener Daten nach Art. 9 DS-GVO verarbeitet, kommen noch die zusätzlichen Anforderungen des Art. 22 Abs. 4 DS-GVO hinzu.

30 Art. 22 Abs. 1 DS-GVO geht implizit von einem ungenannten Oberbegriff aus („einschließlich"), zu dem das Profiling gehört. In Anlehnung an die Formulierung der alten Datenschutzrichtlinie erscheint es sinnvoll, diesen Oberbegriff in der Bewertung persönlicher Merkmale zu erblicken, ohne die eine „auf einer automatisierten Verarbeitung […] beruhende Entscheidung" nicht vorliegen kann.[90] Dabei ist

---

86 Vgl. HK-DS-GVO/Ennöckl DS-GVO Art. 2 Rn. 11.
87 Deuster PinG 2016, 75 (77); HK-DS-GVO/Helfrich DS-GVO Art. 22 Rn. 39; BeckOK DatenschutzR/v. Lewinski DS-GVO Art. 22 Rn. 2.1 f.; Auernhammer/Herbst DS-GVO Art. 22 Rn. 4.
88 HK-DS-GVO/Helfrich DS-GVO Art. 22 Rn. 42; BeckOK DatenschutzR/v. Lewinski DS-GVO Art. 22 Rn. 4.
89 BeckOK DatenschutzR/v. Lewinski DS-GVO Art. 22 Rn. 4.
90 BeckOK DatenschutzR/v. Lewinski DS-GVO Art. 22 Rn. 8.

Art. 22 DS-GVO allerdings **technologieneutral**. Es kommt also nicht darauf an, dass maschinelles Lernen eingesetzt wird. Jede andere Technik Künstlicher Intelligenz (→ Rn. 4) kann ebenso als erfasste Technik in Betracht kommen. Lediglich **Trivialentscheidungen** – denkbar insbesondere bei Legal Tech unterhalb von Legal Tech 3.0[91] – fallen aus dem Begriff der automatisierten Einzelentscheidung heraus.[92]

Wichtiges Beispiel für von Art. 22 DS-GVO erfasste Legal Tech-Techniken ist mit Blick auf Erwägungs- 31
grund 71 DS-GVO das **Verweigern von Vertragsschlüssen**. Relevanz hat das beim automatisierten Ablehnen von Mandaten typischer Legal Tech-Dienstleister aus dem Fluggastrechte- oder Mietrückforderungsbereich, wobei es in diesen Fällen wohl angesichts der geringen Forderungen an der weiter erforderlichen Erheblichkeit fehlen wird.[93] Aus deutscher Sicht ein Paradebeispiel für einen Fall des Art. 22 DS-GVO stellt auch der **vollautomatisierte Verwaltungsakt** nach Art./§ 35a (L)VwVfG dar. Die Einbeziehung von **Smart Contracts** (zur Funktionsweise → *Smart Contracts* Rn. 5 f.) hängt von der Frage ab, ob man annimmt, die betroffene Person sei ihnen trotz Vereinbarung über ihren Einsatz „unterworfen" (→ *Entscheidungsfindung, automatisierte* Rn. 51, 53).[94] Das ist zu bejahen. Der deutsche Wortlaut „unterwerfen" klingt zwar sehr martialisch, ist aber anders als etwa der englische Wortlaut „subject to" oder der spanische Wortlaut „ser objeto" aus der Perspektive des Betroffenen formuliert, wohingegen die genannten Fassungen aus der Sicht des Computers formulieren und deutlich offener für eine entsprechende Interpretation sind. Ausschlaggebend ist aber, dass Art. 22 Abs. 2 lit. a DS-GVO systematisch die Vertragserfüllung als Gestattungstatbestand begreift und bei einer Ablehnung einer „Unterwerfung" diese Norm leerliefe. Auf Einseitigkeit kommt es damit nicht an.[95] Zuzugeben bleibt, dass die einseitige Entscheidung zum Einsatz derartiger Verfahren die Regel des Art. 22 DS-GVO sein wird, aber eben nicht der einzige Fall ist. Ist ein **Mensch** in die Entscheidungskette eingeschaltet, so ist zu differenzieren: Ein bloß abnickender „human in the loop" ohne eigene Entscheidungskompetenz macht die Verarbeitung nicht zu einer nicht automatisierten (näher → *Entscheidungsfindung, automatisierte* Rn. 52).[96] Wo aber, wie namentlich im gesamten Legal Tech-Markt für **Assistenzsysteme für die Anwaltschaft**,[97] die eigentliche Entscheidungsfindung erst im Anschluss an die Arbeit des Computerprogramms stattfindet, liegt keine ausschließlich automatisierte Verarbeitung vor. Dass der Mensch der Empfehlung des Computers meist folgt, macht die Entscheidung nicht zu einer ausschließlich auf automatisierter Verarbeitung beruhenden im Sinne des Art. 22 DS-GVO.[98]

Vollständig **stattgebende Entscheidungen** sind – anders als teilweise stattgebende Entscheidungen – nach 32
hM nicht von Art. 22 Abs. 1 DS-GVO erfasst, da von ihnen kein besonderes Risiko für die betroffene Person ausgeht.[99] Daher hat § 37 Abs. 1 Nr. 1 BDSG keinen Anwendungsbereich; die Norm scheint „zur Sicherheit" eingefügt worden zu sein.

Der Einsatz einer Art. 22 DS-GVO unterfallenden vollautomatischen Entscheidungsfindung löst gem. 33
Art. 35 Abs. 3 lit. a DS-GVO eine Pflicht zur Durchführung einer **Datenschutz-Folgenabschätzung** aus.

b) Gestattungstatbestände

Art. 22 Abs. 2–3 DS-GVO enthalten Ausnahmen vom in Art. 22 Abs. 1 DS-GVO aufgestellten Grundsatz. 34
Gemeinsam ist allen drei in Art. 22 Abs. 2 DS-GVO aufgezählten **Gestattungstatbeständen** das Merkmal angemessener Maßnahmen zur Wahrung der Rechte und Freiheiten der betroffenen Person, wobei es sich

---

91 Zum Begriff Hähnchen et al. JuS 2020, 625 (626).
92 **HM**, s. BeckOK DatenschutzR/v. Lewinski DS-GVO Art. 22 Rn. 12; Gola/Schulz DS-GVO Art. 22 Rn. 19; BT-Drs. 14/4329, 37, noch zu § 6a BDSG aF; **aA** Paal/Pauly/Martini DS-GVO Art. 22 Rn. 15b.
93 BeckOK DatenschutzR/v. Lewinski DS-GVO Art. 22 Rn. 39a.
94 Zweifelnd BeckOK DatenschutzR/v. Lewinski DS-GVO Art. 22 Rn. 18.1.
95 **AA** ohne Begründung Gola/Schulz DS-GVO Art. 22 Rn. 19.
96 BeckOK DatenschutzR/v. Lewinski DS-GVO Art. 22 Rn. 23 ff.; Paal/Pauly/Martini DS-GVO Art. 22 Rn. 16.
97 Zu ihm Breidenbach/Glatz Legal Tech-HdB/v. Bünau Kap. 3 Rn. 25 ff.
98 Gola/Schulz DS-GVO Art. 22 Rn. 12; vgl. auch mit gleicher Zielrichtung Datenethikkommission Gutachten S. 28.
99 Gola/Schulz DS-GVO Art. 22 Rn. 22; Kühling/Buchner/Buchner DS-GVO Art. 22 Rn. 25; Taeger/Gabel/Taeger DS-GVO Art. 22 Rn. 47; Kumkar/Roth-Isigkeit JZ 2020, 277 (279); **aA** HK-DS-GVO/Helfrich DS-GVO Art. 22 Rn. 49; offen BeckOK DatenschutzR/v. Lewinski DS-GVO Art. 22 Rn. 33.

nur für Buchstabe b in Abs. 2 findet und dort den Gesetzgeber adressiert, während es im Übrigen in Abs. 3 enthalten ist und den Verantwortlichen in die Pflicht nimmt.

35 Die Öffnungsklausel des Art. 22 Abs. 2 lit. b DS-GVO hat der deutsche Gesetzgeber u.a. in § 37 BDSG für Entscheidungen über **Versicherungsleistungen** wahrgenommen, wobei § 37 Abs. 1 Nr. 1 BDSG keinen Anwendungsbereich hat (→ Rn. 32; weitere Beispiele bei → *Entscheidungsfindung, automatisierte* Rn. 57 ff.). Art. 22 Abs. 2 lit. a DS-GVO ist relevant für **Smart Contracts**, die nicht etwa schon wegen fehlender Unterwerfung aus dem Anwendungsbereich von Art. 22 DS-GVO ausscheiden (→ Rn. 31). Greift dies alles nicht, bleibt die Möglichkeit zur Einwilligung nach Art. 22 Abs. 2 lit. c DS-GVO.

▶ Praxishinweis: Wie stets im Datenschutzrecht empfiehlt sich in Zweifelsfällen über das Eingreifen eines Gestattungstatbestands die Einholung einer Einwilligung. ◀

36 **Art. 22 Abs. 3 DS-GVO** billigt in den Fällen der Vertragserfüllung und der Einwilligung der betroffenen Person ein Recht auf Erwirkung des Eingreifens einer Person seitens des Verantwortlichen, auf Darlegung des eigenen Standpunkts und auf Anfechtung der Entscheidung zu. Im öffentlichen Bereich und damit vornehmlich bei vollautomatisierten Verwaltungsakten nach Art. bzw. § 35a (L)VwVfG wird, wo es noch nicht abgeschafft wurde, das **Widerspruchsverfahren nach §§ 68 ff. VwGO** diese Anforderungen erfüllen.[100]

▶ Praxishinweis: Legal Tech-Systeme sind deshalb sinnvollerweise mit Widerspruchsmöglichkeiten auszustatten, die ein Freitextfeld vorsehen. Macht die betroffene Person von der Widerspruchsfunktion Gebrauch – was nach der Lebenserfahrung eher selten der Fall sein wird –, ist dessen Inhalt an einen Mitarbeiter zu versenden, der über die Kompetenz zur „Anfechtung der Entscheidung" verfügt. Smart Contracts sind deshalb ggf. mit einem virtuellen Abschaltknopf zu versehen. ◀

3. Informationspflichten und „Right to Explanation"

37 Art. 13 und 14 DS-GVO enthalten diverse **Informationspflichten** für den Verantwortlichen, der personenbezogene Daten verarbeitet. Art. 15 DS-GVO enthält ein korrespondierendes Betroffenenrecht in Form eines **Auskunftsrechts**. Zur genauen Reichweite dieser Informations- und Auskunftsregelungen bestehen zahlreiche Streitigkeiten im Detail, die aber größtenteils kein spezifisches Problem von Legal Tech sind und für die auf die einschlägigen Kommentierungen verwiesen sei. Hier sei der Blick auf ein in jüngerer Zeit verstärkt diskutiertes Problem gelenkt, das zunehmend autonom agierende Legal Tech-Systeme betreffen kann: nämlich die Frage, ob sich verschiedenen Regelungen der DS-GVO ein **„Right to Explanation"**, ein Recht auf Erläuterung der einzelnen getroffenen Entscheidung, entnehmen lässt. Das tiefergehende Problem hier ist, dass sich die Entscheidungen von implizit programmierten Computerprogrammen auf Basis neuronaler Netze aus technischen Gründen nicht gut im Nachhinein nachvollziehen lassen, was als Blackbox-Phänomen bekannt ist (Einzelheiten zur Nachvollziehbarkeit verschiedener Techniken → *Transparenz und Erklärbarkeit* Rn. 14 ff.).[101] Ein umfassendes Recht auf Erläuterung würde Unmögliches verlangen und geriete im Rahmen des Möglichen, insbesondere also bei herkömmlichen Algorithmen, zudem mit **Geschäftsgeheimnissen** des Verantwortlichen in Konflikt (zu ihnen → Rn. 56 ff.), von denen Erwägungsgrund 63 DS-GVO ausdrücklich sagt, dass sie durch datenschutzrechtliche Auskunftsrechte nicht beeinträchtigt werden sollten.[102] Die DS-GVO bietet für ein „Right to Explanation" zwar Anhaltspunkte einerseits in den Informations- und Beauskunftungspflichten in Art. 13 Abs. 1 lit. f, Art. 14 Abs. 2 lit. g, Art. 15 Abs. 1 lit. h DS-GVO und andererseits in Art. 22 Abs. 3 DS-GVO iVm Erwägungsgrund 71 Satz 4. Beide Ansatzpunkte überzeugen aber nicht (wie hier → *Transparenz und Erklärbarkeit* Rn. 37 ff.). Die Auskunfts- und Informationspflichten verhindern mit

---

[100] Vgl. Tischbirek ZfDR 2021, 307 (327).
[101] Hoffmann/Kevekordes DuD 2021, 609 (614); Martini Blackbox Algorithmus S. 41 ff.; zum Stand von „explainable AI" Höhne DuD 2021, 453; angestoßen hat die Debatte offenbar Goodman/Flexman AI Magazine 3/2017, 50 (55 f.).
[102] Noch zur alten Rechtslage hat der BGH ausdrücklich entschieden, dass die Score-Formel der Schufa – ein Algorithmus – als Geschäftsgeheimnis nicht der datenschutzrechtlichen Beauskunftung unterliegt: BGH Urt. v. 28.1.2014 – VI ZR 156/13, NJW 2014, 1235 Rn. 27 – Scorewerte.

ihrer gleichlautenden Formulierung eine unterschiedliche Auslegung und die Diskrepanz zwischen der nicht verbindlichen Aufzählung in Erwägungsgrund 71 Satz 4 und dem Normtext des Art. 22 Abs. 3 DS-GVO lässt sich im Rahmen des rechtsdogmatisch Zulässigen nicht beheben.[103] Aufzuklären ist deshalb nur, aber immerhin über die abstrakt genutzten Kriterien, und zwar in dem Umfang, der für ein grundsätzliches Verständnis und effektiven Rechtsschutz gegen die getroffene Entscheidung notwendig ist.[104] Das vollständige Aufdecken aller explizit programmierten Teile kann nicht verlangt werden. Hinter dieser Forderung steht das Verlangen nach Diskriminierungsschutz, dessen Zugehörigkeit zu den Schutzgütern des Datenschutzrechts jedoch zweifelhaft ist.[105] Art. 22 DS-GVO ist keine Antidiskriminierungsnorm; diese Aufgabe fällt dem Antidiskriminierungsrecht zu (→ Rn. 67 ff.).[106] Die EU-Kommission geht diese Problematik deshalb nunmehr aber auch mit dem Vorschlag für einen separaten Rechtsakt an (→ Rn. 83). Beim Einsatz automatisierter Entscheidungsfindung durch den Staat kann die Bewertung allerdings vor dem Hintergrund des Verfassungsrechts anders ausfallen (→ *Transparenz und Erklärbarkeit* Rn. 21 ff.)

Weitergehende Informationspflichten können allerdings aus Spezialgesetzen folgen. **Nach § 13b Abs. 2 S. 1 Rechtsdienstleistungsgesetz (RDG)** müssen Inkassodienstleister, die für Verbraucher tätig werden, Verbrauchern, für die sie im Einzelfall nicht tätig werden wollen, die hierfür wesentlichen Gründe mit der Ablehnung der Tätigkeit in Textform mitteilen. Das geht über die in der vorangegangenen Randnummer vorgestellten Pflichten nach der DS-GVO hinaus. Nach der Gesetzesbegründung handelt es sich ausdrücklich um eine „Pflicht zur Konkretisierung des Ablehnungsgrundes auf den abgelehnten Einzelfall".[107] Die etwas ungelenk an § 13b Abs. 2 S. 2 RDG aufgehängten Bedenken des Bundesrats zur **Europarechtskonformität** der Norm hat die Bundesregierung unter Verweis darauf, dass die Mitteilung gem. § 13b Abs. 2 S. 2 RDG der Entscheidung nach Art. 22 DS-GVO zeitlich nachfolge, beiseitegewischt.[108] Das überzeugt nur für die Mitteilung selbst (Satz 2); die Begründungspflicht nach Satz 1 der Vorschrift zielt auf den harmonisierten Bereich ab, denn eine Begründung der Art „aufgrund automatisierter Entscheidungsfindung nach Art. 22 DS-GVO lehnen wir die Übernahme des Inkassos ab" soll gerade nicht ausreichend sein. § 13b Abs. 2 S. 1 RDG ist damit europarechtswidrig und muss dem Anwendungsvorrang der DS-GVO weichen. Ein Verstoß kann daher auch keine Schadensersatzansprüche gegenüber den Kunden (→ *Haftung des Legal Tech-Unternehmens bei Inkassodienstleistungen* Rn. 20 ff.) begründen.

4. Vorgaben an die Technikgestaltung

Auch wenn Adressat aller softwarebezogenen Pflichten der DS-GVO der Verantwortliche ist, ergeben sich aus einigen Normen der DS-GVO mittelbare Wirkungen auf die Gestaltung von Legal Tech-Software. Am deutlichsten wird das bei Art. 25 DS-GVO. Art. 25 Abs. 1 DS-GVO regelt den Datenschutz durch Technikgestaltung („**Data Protection by Design**"). Legal Tech-Algorithmen sind von vornherein so zu gestalten, dass sie die Datenschutzgrundsätze wie etwa Datenminimierung wirksam umsetzen. Art. 25 Abs. 1 DS-GVO nennt als eine der zu erwägenden Maßnahmen beispielhaft die Pseudonymisierung.[109] Derartige Gestaltungen sind auch bei Legal Tech umsetzbar. Ähnliches gilt für Art. 25 Abs. 2 DS-GVO. Die dort geforderten datenschutzfreundlichen Voreinstellungen („**Data Protection by Default**") sind bei der Gestaltung der Benutzeroberfläche zu berücksichtigen. Zu beachten ist, dass Art. 25 DS-GVO keinen absoluten Vorrang der Technikgestaltung statuiert, sondern in beiden Absätzen einer Abwägung namentlich mit Wirtschaftlichkeitsgesichtspunkten zugänglich ist („Berücksichtigung […] der Implementierungskosten", Art. 25 Abs. 1 DS-GVO; „grundsätzlich", Art. 25 Abs. 2 DS-GVO).

---

103 Kumkar/Roth-Isigkeit JZ 2020, 277 (280 ff.); Wachter/Mittelstadt/Floridi International Data Privacy Law 7 (2017), 76 (79 ff.); Wischmeyer AöR 2018, 1 (49 ff.); ähnlich Martini Blackbox Algorithmus S. 190 ff.
104 Kumkar/Roth-Isigkeit JZ 2020, 277 (284 f.).
105 Vgl. Veil, Die Schutzgutmisere des Datenschutzrechts (Teil I), 6.2.2019, abrufbar unter https://www.cr-online.de/blog/2019/02/06/die-schutzgutmisere-des-datenschutzrechts-teil-i/.
106 Höpfner/Daum ZfA 2021, 467 (490); **aA** ausdrücklich bereits Goodman/Flexman AI Magazine 3/2017, 50 (53 ff.).
107 Vgl. BT-Drs. 19/27673, 48.
108 BT-Drs. 19/27673, 65.
109 Ausführlich zu weiteren Maßnahmen EDSA Leitlinien 4/2019 zu Artikel 25, Version 2.0, 2020, Rn. 60 ff.

40 Art. 32 DS-GVO regelt die **Datensicherheit**. Die dort genannten Aspekte sind bei der Umsetzung von Legal Tech-Algorithmen in Code im geregelten Rahmen zu beachten. Weitere Vorgaben zur Technikgestaltung können aus dem Recht der **kritischen Infrastrukturen (KRITIS)** folgen. Der Einsatz von Legal Tech in KRITIS dürfte vornehmlich im Sektor Finanz- und Versicherungswesen (§ 7 BSI-Kritisverordnung – BSI-KritisV) eine Rolle spielen. Konkrete Vorgaben folgen dann aus dem BSI-Gesetz (BSIG), insbes. die Pflicht zur Ergreifung technischer und organisatorischer Vorkehrungen zur Vermeidung von Störungen der Verfügbarkeit, Integrität, Authentizität und Vertraulichkeit der informationstechnischen Systeme (§ 8a Abs. 1 BSIG) und eine Registrierungspflicht (§ 8a Abs. 3 BSIG).[110] Kritisch sind allerdings nur Infrastrukturen, deren Versorgungsgrad gem. § 2 Abs. 10 BSIG iVm der BSI-KritisV einen gewissen Schwellwert überschreitet, der je nach Anlagenart unterschiedlich ausfallen kann.

41 Der bereits besprochene **Art. 22 DS-GVO** enthält entgegen anderslautender Ansicht keine Gestaltungsvorgaben an die Technik, sondern besondere Zulässigkeitsanforderungen für Entscheidungen (→ Rn. 28). Es geht daher fehl, ihn als „sozio-technische Gestaltungsnorm" in eine Reihe mit Art. 25 DS-GVO stellen und ihn als eine Vorgabe „Human Rights by Design" begreifen zu wollen, um eine Pflicht zur Folgeabschätzung aus der Norm abzuleiten.[111] Art. 22 DS-GVO ist im Abschnitt über die Betroffenenrechte geregelt und deshalb anders als Art. 25 DS-GVO, der einen Ausnahmecharakter aufweist, in der Tradition des Datenschutzrechts auf das Individuum zentriert. Die besonderen Risiken von KI-gestützten Entscheidungen sind nicht Gegenstand der DS-GVO; hinter der versuchten Erstreckung stehen mehr rechtspolitische als rechtsdogmatische Erwägungen.[112] Diesbezüglich arbeitet die EU derzeit an einem eigenständigen Rechtsakt (→ Rn. 83).

IV. Schutzmöglichkeiten für Legal Tech-Algorithmen und -Computerprogramme

42 Für Legal Tech-Systeme kommen **verschiedene Schutzmöglichkeiten** in Betracht (→ Rn. 43 ff.). Ist ein Schutz gegeben, bestehen entsprechende Abwehr- und Schadensersatz**ansprüche** (→ Rn. 60 ff.).

1. Einordnung in das System des Immaterialgüterrechts

a) Urheberrecht

43 Das Urheberrecht schützt die Urheber von Werken der Literatur, Wissenschaft und Kunst (§ 1 UrhG). § 2 Abs. 1 UrhG enthält einen nicht abschließenden Katalog schutzfähiger Werke, aus dem für Legal Tech-Algorithmen von besonderem Interesse die in § 2 Abs. 1 Nr. 1 UrhG genannten **Computerprogramme** sind, deren Schutz in den §§ 69a ff. UrhG genauer ausgeführt wird. Mit Blick auf den Gegenstand dieses Stichworteintrags ist außerdem die Frage aufzuwerfen, ob nicht **Algorithmen** selbst urheberrechtlich schutzfähig sind.

aa) Algorithmus

44 Ob ein Algorithmus selbst (→ Rn. 2) urheberrechtlichen Schutz genießen kann, ist seit Langem umstritten. Der BGH hat noch vor Umsetzung der Computerprogramm-Richtlinie[113] (CPRL) angenommen, dass Algorithmen als solche einem Urheberrechtsschutz nicht zugänglich seien, wohl aber ihre „Art und Weise der Implementierung und Zuordnung zueinander".[114] Ob er sich dabei über die scharfe Unterscheidung zwischen Algorithmus und Implementierung (→ Rn. 15) im Klaren war, erscheint angesichts der gewählten Formulierung zweifelhaft. Postuliert wird, dass Logik, Algorithmen und Programmsprachen zur Verhin-

---

110 Einzelheiten zu den Pflichten von Betreibern kritischer Infrastrukturen Kipker Cybersecurity/Beucher/Fromageau Kap. 12 Rn. 67 ff.
111 Djeffal DuD 2021, 529 (530).
112 Vgl. Djeffal DuD 2021, 529 (531).
113 Richtlinie 2009/24/EG des Europäischen Parlaments und des Rates v. 23.4.2009 über den Rechtsschutz von Computerprogrammen (kodifizierte Fassung) (ABl. L 111, 16). Die heutige Richtlinie ist die fast wortgleiche, konsolidierte Fassung der Richtlinie 91/250/EWG.
114 BGH Urt. v. 4.10.1990 – I ZR 139/89, GRUR 1990, 449 (453) – Betriebssystem.

derung der Monopolisierung von Ideen frei zu sein hätten,[115] während andere in der Entwicklung des Algorithmus selbst eine Schöpfungstätigkeit erblicken.[116] Dem wird wiederum mit Recht entgegengehalten, dass die abstrakte Problemlösung von der Implementierung zu unterscheiden sei und Erstere auf ihrem hohen Abstraktionsniveau frei zu bleiben habe.[117] Nicht überzeugend ist es, einen Umkehrschluss aus Erwägungsgrund 11 CPRL, nach dem „Ideen und Grundsätze, die […] den Algorithmen […] zugrunde liegen" ungeschützt sind, zu ziehen,[118] denn in der insgesamt unglücklich formulierten Auflistung finden sich neben den Algorithmen auch noch die Logik und die Programmsprachen aufgelistet. Ideen, die der Logik zugrunde liegen könnten, gibt es schon begrifflich nicht. Für die Programmsprachen hat der EuGH bereits die Schutzunfähigkeit unter Art. 1 CPRL (§ 69a UrhG) festgestellt.[119] Ein **Schutz** von Algorithmen über §§ 69a ff. UrhG ist deshalb **abzulehnen**.

Dasselbe ist für einen **Schutz über § 2 UrhG** anzunehmen. Der Algorithmus ist der Welt der Ideen und Konzepte zugehörig. Ideen dürfen nicht monopolisiert werden, so dass auch ein Schutz über die allgemeinen Regelungen jenseits der §§ 69a ff. UrhG **ausscheidet**.

bb) Computerprogramm

Von höchster praktischer Relevanz für alle Arten von Legal Tech ist dagegen der Schutz der aus den Algorithmen konkret entwickelten **Computerprogramme**. Legal Tech umfasst per definitionem den Einsatz von vielgestaltigen Computerprogrammen, die damit den eigentlichen Wert von Legal Tech bilden. Da ist es misslich, dass § 69a Abs. 1 UrhG Computerprogramme nur tautologisch als „Programme in jeder Gestalt" definiert. Der europäische Gesetzgeber verzichtete aus Angst vor Veraltung auf eine ausdrückliche Definition,[120] was sich wegen der unveränderten Grundlagen der von Neumann'schen Computer (→ Rn. 7) als famose Fehleinschätzung herausgestellt hat.[121] Literatur und Rechtsprechung **definieren** das Computerprogramm als Folge von Befehlen, die nach der Aufnahme in einen maschinenlesbaren Träger fähig sind zu bewirken, dass ein Computer eine bestimmte Funktion oder Aufgabe oder ein bestimmtes Ergebnis anzeigt, ausführt oder erzielt.[122] Diese Definition ist weiterhin zutreffend.[123] Nach dieser Maßgabe fällt jedes denkbare Legal Tech-Programm prinzipiell in den Schutzbereich des Urheberrechts, sei es ein Vertragsgenerator, das **Backend** einer Plattform zur Geltendmachung von Fluggastrechteansprüchen oder ein System zur Auswertung höchstrichterlicher Entscheidungen. Die reine **HTML-Struktur** und das **CSS** des Frontends einer Webseite dagegen sind nach richtiger Auffassung wegen Nichterfüllung der genannten Definition keine Computerprogramme; sie enthalten auch nicht einmal Algorithmen. Als Computerprogramm einzustufen sind dagegen ggf. an den anfragenden Webbrowser ausgelieferte **JavaScript**-Quelltexte.

Liegt ein schutzfähiger Gegenstand vor, ist für die Qualifikation als Werk aber außerdem noch erforderlich, dass es sich gem. § 2 Abs. 2 UrhG um eine **persönliche geistige Schöpfung** handelt. Bei den Computerprogrammen ist der hierfür erforderliche Maßstab gem. § 69a Abs. 3 UrhG ausdrücklich auf ein Minimum herabgesetzt. Die Norm, die auf Art. 1 Abs. 3 CPRL zurückgeht, ist eine ausdrückliche Antwort des (europäischen) Gesetzgebers auf die frühere Forderung des BGH, bei Computerprogrammen müsse das Schaffen eines Durchschnittsprogrammierers deutlich überragt werden.[124] Der BGH hat die Ablehnung

---

115 Lehmann Computerprogramme/Lehmann Kap. I.A Rn. 6.
116 Lehmann Computerprogramme/Haberstumpf Kap. II. Rn. 67 ff., insbes. 77.
117 Wandtke/Bullinger/Grützmacher UrhG § 69a Rn. 30; Ohst Computerprogramm und Datenbank S. 38.
118 So aber Schricker/Loewenheim/Spindler UrhG § 69a Rn. 12a.
119 EuGH Urt. v. 2.5.2012 – C-406/10, GRUR 2012, 814 Rn. 39 f. – SAS Institute/World Programming.
120 KOM(1988) 816 endg., Rn. 1.1.
121 Marly GRUR 2012, 773 (774).
122 Spindler/Schuster/Wiebe UrhG § 69a Rn. 3; Wandtke/Bullinger/Grützmacher UrhG § 69a Rn. 3; BGH Urt. v. 9.5.1985 – I ZR 52/83, GRUR 1985, 1041 (1047) – Inkasso-Programm; BAG Urt. v. 24.3.2011 – 2 AZR 282/10, NZA 2011, 1029 Rn. 24.
123 Gülker InTeR 2021, 27 (30), mit der Forderung, statt von „Maschine mit informationsverarbeitenden Fähigkeiten" von „Computer" zu sprechen.
124 BGH Urt. v. 9.5.1985 – I ZR 52/83, GRUR 1985, 1041 (1047 f.) – Inkasso-Programm.

seiner Rechtsprechung durch den Gesetzgeber akzeptiert.[125] Über die Frage, was genau die „eigene geistige Schöpfung" bei Computerprogrammen ausmacht (§ 69a Abs. 3 S. 1 UrhG), besteht freilich Unklarheit. Die Rechtsprechung drückt sich meist um die konkrete Betrachtung des Quelltexts mit Worthülsen wie „gänzlich banale Programmierleistung"[126] oder „einfache, routinemäßige Programmierleistung, die jeder Programmierer auf dieselbe oder ähnliche Weise erbringen würde"[127] und geht von einer Vermutung für das Vorliegen einer eigenen Schöpfung aus.[128] Eingehende Ausführungen sind selten,[129] mit Blick auf die Vermutung der Rechtsprechung aber auch entbehrlich.

b) Patent- und Gebrauchsmusterrecht

48 Neben dem Urheberrecht liegt es für technische Gegenstände auch im Bereich Legal Tech nahe, einen Schutz über das **Patentrecht** in Betracht zu ziehen. Anders als das Urheberrecht schützt das Patentrecht die eigentlich wertvolle Funktionalität von Computerprogrammen.[130] Ein **Nachprogrammieren** auch ohne Zugriff auf den Quelltext wäre damit unzulässig. Gegenstand eines Patents kann grundsätzlich nicht nur das konkrete Computerprogramm sein, sondern sogar der Algorithmus im informatischen Sinne (→ Rn. 2). Dennoch sind Computerprogramm und Algorithmus im Bereich des Patentrechts **strikt unterschiedlich** zu beurteilen. Die gegenteilige Meinung der Rechtsprechung, die dazu neigt, vom Computerprogramm zu sprechen und den Algorithmus zu meinen,[131] verstößt gegen den Wortlaut von § 1 Abs. 3 Nr. 3 PatG, dessen Begriff „Programme für Datenverarbeitungsanlagen" definitorisch mit dem „Computerprogramm" des § 69a UrhG identisch ist.[132] Begrifflich können Patente auf Algorithmen nur Verfahrenspatente sein, solche auf Computerprogramme sind Erzeugnispatente. Der Schutzgegenstand im **Gebrauchsmusterrecht** ist mit dem im Patentrecht weitgehend deckungsgleich,[133] so dass sich bezüglich der Computerprogramme und Algorithmen diesbezüglich keine anderen Fragen stellen.

49 Allgemein gilt, dass Patente nur erteilt werden für Erfindungen auf allen Gebieten der Technik (**§ 1 Abs. 1 PatG**). Liegt diese Voraussetzung vor, ist in einem **zweiten Schritt** zu prüfen, ob einer der Ausschlusstatbestände des § 1 Abs. 3 PatG eingreift. In einem **dritten Schritt** geht es um die übrigen Merkmale des § 1 Abs. 1 PatG: Neuheit (§ 3 PatG), erfinderische Tätigkeit (§ 4 PatG), gewerbliche Anwendbarkeit (§ 5 PatG). Das EPA scheint für das EPÜ zwischen den ersten beiden Stufen nicht zu unterscheiden.[134] Der BGH unterscheidet die drei Stufen zwar, legt den Ausschlusstatbestand für Computerprogramme in § 1 Abs. 3 Nr. 3 PatG aber in nicht überzeugender Weise wie ein Erfordernis besonderer Technizität aus (→ Rn. 54). Dieser Ausschlusstatbestand beruht auf sachfremden Erwägungen des historischen Gesetzgebers und normiert gerade *kein* Technizitätserfordernis.[135]

---

125 BGH Urt. v. 3.3.2005 – I ZR 111/02, GRUR 2005, 860 (861) – Fash 2000.
126 BGH Urt. v. 3.3.2005 – I ZR 111/02, GRUR 2005, 860 (861) – Fash 2000.
127 BGH Urt. v. 29.9.2012 – I ZR 90/09, GRUR 2013, 509 Rn. 24 – UniBasic-IDOS.
128 BGH Urt. v. 29.9.2012 – I ZR 90/09, GRUR 2013, 509 Rn. 24 – UniBasic-IDOS.
129 Vgl. aber gut verständlich OLG Frankfurt a.M. Urt. v. 6.11.1984 – 14 U 188/81, GRUR 1985, 1049 (1051) – Baustatikprogramm; ähnlich Straker/Wehkamp CR 2018, 699 (702 ff.).
130 Spindler/Schuster/Wiebe UrhG § 69g Rn. 2.
131 Etwa in BGH Beschl. v. 20.1.2009 – X ZB 22/07, GRUR 2009, 479 Rn. 8 – Steuereinrichtung für Untersuchungsmodalitäten; BGH Beschl. v. 22.4.2010 – Xa ZB 20/08, GRUR 2010, 613 Rn. 21 ff. – Dynamische Dokumentengenerierung; EPA Stellungnahme v. 12.5.2010 – G 3/08, GRUR-Int 2010, 608 Rn. 11.2. ff., scheint sogar noch eine dritte Kategorie einführen zu wollen.
132 Näher Gülker Der Jurist 2018, 143 (149 ff. und 153 ff.).
133 Götting GewRS § 12 Rn. 2 f.
134 Vgl. EPA Entsch. v. 10.3.2021 – G 1/19, ABl. EPA 2021, A77 Rn. 37; EPA Entsch. v. 15.11.2006 – T 154/04, GRUR-Int 2008, 337 (343 f.); EPA Entsch. v. 5.10.1988 – T 22/85–3.5.1, GRUR-Int 1990, 465 (466). Das beruht auf der irrigen Annahme, Art. 52 Abs. 2 lit. c EPÜ betreffe in allen seinen Alternativen fehlende Technizität.
135 Gülker Der Jurist 2018, 143 (162 f.); ähnlich Engel GRUR 1993, 194 (196); **aA** EPA Entsch. v. 10.3.2021 – G 1/19, ABl. EPA 2021, A77 Rn. 29; EPA Entsch. v. 5.10.1988 – T 22/85–3.5.1, GRUR-Int 1990, 465 (466).

Im Bereich Legal Tech wird es vor allem darauf ankommen, ob **Technizität** gegeben ist. Die Recht- 50
sprechung hat ihre althergebrachte, zutreffende Definition[136] im Softwarebereich bis zur Unkenntlichkeit
verwässert und nimmt sie in Anwendung einer „**Gesamtbetrachtung**"[137] heute sowohl für Algorithmen
als auch für Computerprogramme effektiv immer an, wenn die Patentansprüche in irgendeiner Form
Datenverarbeitungsanlagen erwähnen.[138]

aa) Algorithmus

Bei Algorithmen (→ Rn. 2) zeigt sich, dass der Ansatz der Rechtsprechung verfehlt ist. Eine abstrakte Idee 51
kann auf einem Computer nicht ausgeführt werden, vielmehr müsste sie erst in ein Computerprogramm
umgesetzt werden. Anders als die Rechtsprechung annimmt, führt die Erwähnung von Datenverarbeitungsanlagen daher auch nicht zur Technizität eines Algorithmus. In Rückbesinnung auf die Definition der Roten
Taube muss der Algorithmus zum planmäßigen Handeln unter **Einsatz beherrschbarer Naturkräfte** zur
Erreichung eines kausal übersehbaren Erfolgs anleiten. Das kann etwa durch Auswertungen von technischen Messwerten durch Sensoren oder Beeinflussung von Aktoren geschehen. Solcherlei Beherrschung
von Naturkräften liegt im Bereich **Legal Tech** nicht vor. Algorithmen aus diesem Bereich **fehlt es deshalb
an der Technizität**, was nach hier vertretener Auffassung auch dann gilt, wenn ihr Einsatz auf einem Computer erwähnt wird. Der Klauselauswahlalgorithmus hinter einem Generator für Datenschutzerklärungen ist
deshalb nicht patentfähig.

Soweit ausnahmsweise doch einmal Technizität gegeben sein sollte, käme es als nächstes auf die **Aus-** 52
schlusstatbestände des § 1 Abs. 3 PatG an. § 1 Abs. 3 Nr. 3 PatG aE spielt für Algorithmen keine Rolle,
weil sie keine Computerprogramme sind;[139] die anderen Ausschlusstatbestände – insbesondere § 1 Abs. 3
Nr. 1 und Nr. 3 Var. 3 PatG – können im Einklang mit der Rechtsprechung des BGH durch Lösung des
technischen Problems mit technischen Mitteln überwunden werden.[140] Mit dieser Formel würde der BGH
auch das erwähnte Beispiel des Klauselgenerators aus der Patentfähigkeit ausscheiden; anders als nach hier
vertretener Ansicht dann nicht wegen fehlender Technizität, sondern wegen vorgeblichen Eingreifens des
§ 1 Abs. 3 Nr. 3 PatG aE.

▶ **Praxishinweis:** Scheja weist mit Recht darauf hin, dass im Rahmen einer Patentanmeldung
genutzte Algorithmen zu **offenbaren** sind, und zwar auch dann, wenn die Patentanmeldung zurückgewiesen wird.[141] Wem dieses Risiko angesichts der unklaren Rechtslage zu hoch ist, der verlässt sich
besser auf den Schutz als Geschäftsgeheimnis (→ Rn. 56 ff.). ◀

bb) Computerprogramm

Statt für den Algorithmus kann ein Patent für ein Computerprogramm angemeldet werden. Solche **compu-** 53
terimplementierten Erfindungen sind unabhängig vom Einsatzgebiet *immer* als technisch einzustufen.
Auf eine Gesamtbetrachtung im Sinne des BGH kommt es nicht an. Ausschlaggebend ist allein, dass
Computerprogramme einen von Neumann'schen Computer steuern, dh elektrische Effekte – Naturkräfte im
Sinne der Roten Taube – auslösen.[142] Auch ein **Legal Tech-Computerprogramm ist deshalb technisch**.

---

136 BGH Beschl. v. 27.3.1969 – X ZB 15/67, GRUR 1969, 672 (673) – Rote Taube: „Lehre zum planmäßigen Handeln
 unter Einsatz beherrschbarer Naturkräfte zur Erreichung eines kausal übersehbaren Erfolgs".
137 BGH Beschl. v. 13.12.1999 – X ZB 11/98, GRUR 2000, 498 (500) – Logikverifikation; BGH Beschl. v. 20.1.2009
 – X ZB 22/07, GRUR 2009, 479 Rn. 9 – Steuerungseinrichtung für Untersuchungsmodalitäten; BGH Urt. v.
 26.2.2015 – X ZR 37/13, GRUR 2015, 660 Rn. 23 f. – Bildstrom, nennt nicht einmal mehr diesen Begriff.
138 Vgl. BGH Urt. v. 26.2.2015 – X ZR 37/13, GRUR 2015, 660 Rn. 23 – Bildstrom; BGH Beschl. v. 22.4.2010 – Xa
 ZB 20/08, GRUR 2010, 613 Rn. 22 – Dynamische Dokumentengenerierung; BGH Beschl. v. 30.6.2015 – X ZB
 1/15, GRUR 2015, 983 Rn. 19 – Flugzeugzustand; BGH Urt. v. 24.2.2011 – X ZR 121/09, GRUR 2011, 610 Rn. 16 –
 Webseitenanzeige; die Einschätzung teilt Pesch MMR 2019, 14 (18).
139 **AA** BGH Beschl. v. 20.1.2009 – X ZB 22/07, GRUR 2009, 479 Rn. 11 – Steuerungseinrichtung für Untersuchungsmodalitäten.
140 Gülker Der Jurist 2018, 143 (155 f.).
141 Scheja CR 2018, 485 (487).
142 Melullis GRUR 1998, 843 (850); Teufel FS 50 Jahre VPP, 2005, 608 (614); Gülker Der Jurist 2018, 143 (162);
 Redeker IT-R Rn. 129, der bedauerlicherweise diese Ansicht in der 7. Aufl. aufgegeben hat.

Auf dem Boden der Rechtsprechung ergibt sich das aus der Tatsache, dass eine Datenverarbeitungsanlage eingesetzt wird, was für die Gesamtbetrachtung genügen soll.

54 Maßgeblich für die Schutzfähigkeit ist dann der Ausschlusstatbestand des § 1 Abs. 3 Nr. 3 PatG aE. Die Rechtsprechung von BGH und EPA sieht ihn dann passiert, wenn das **konkrete technische Problem mit technischen Mitteln** gelöst wird.[143] Weil Computerprogramme immer eine technische Problemlösung sind, ist das auf sie bezogen eine **Leerformel**. Das einzig trennscharfe und deshalb anzuwendende Kriterium, nämlich die Beeinflussung von physischen Objekten außerhalb des Computers, hat die Rechtsprechung abgelehnt.[144] Der BGH hat seine Rechtsprechung in **zwei Fallgruppen** gegliedert:[145] Modifikation oder „abweichende Adressierung" von Gerätekomponenten (1) und Ausrichtung des Programmablaufs auf „technische Gegebenheiten" außerhalb oder innerhalb der Datenverarbeitungsanlage (2). Diesen Gruppen fehlt die Trennschärfe. Weshalb die Festlegung einer Bildauflösung die gewissermaßen doppelte Technizität aufweisen soll,[146] nicht aber die Darstellung von Inhalten,[147] erschließt sich nicht; richtigerweise wäre beiden Computerprogrammen die Patentfähigkeit zu versagen gewesen (wegen § 1 Abs. 3 Nr. 3 PatG aE, nicht wegen fehlender Technizität). Zur ersten Fallgruppe gehören beschränkte Rechnerressourcen[148] – ist damit jedes Computerprogramm, das schlicht gutem Programmierstil folgend speichereffizient arbeitet, über den Ausschluss des § 1 Abs. 3 Nr. 3 PatG aE erhaben?

55 Kann dem BGH in seinem Ansinnen, dass der Einsatz von Computern nicht sogleich zur Patentfähigkeit führen sollte,[149] noch zugestimmt werden, ist den dann von ihm verwandten Kriterien die **Gefolgschaft zu versagen**.

▶ Praxishinweis: Sowohl nach hiesiger als auch nach der Auffassung der Rechtsprechung gestaltet sich die **Patentierbarkeit von Legal Tech** damit schwierig. Entweder fehlt es an Technizität oder § 1 Abs. 3 Nr. 3 PatG aE greift ein. Die Anmeldung von Legal Tech zum Patent sollte deshalb nur nach sehr sorgfältiger Prüfung erfolgen. ◀

c) Schutz als Geschäftsgeheimnis

56 Das Geschäftsgeheimnisrecht ist anders als Patent- und Urheberrecht **nicht als exklusives Immaterialgüterrecht** ausgestaltet, nimmt aber seit der letzten Reform von dort deutliche Anleihen, insbesondere bei der Regelung der Anspruchsgrundlagen. Es handelt sich um eine Art Hybrid zwischen dem exklusiv ausgestalteten Immaterialgüterrecht und dem explizit nur an Handlungen von Unternehmen im Wettbewerb anknüpfenden Lauterkeitsrecht.[150] Gem. § 3 des Gesetzes zum Schutz von Geschäftsgeheimnissen (Gesch-GehG) ist es allerdings in vielerlei Hinsicht erlaubt, das Geschäftsgeheimnis auf legale Weise zu erlangen, so dass sich ein insgesamt eher schwach ausgeprägter Schutz ergibt.

▶ Praxishinweis: Wer sich im rechtmäßigen Besitz eines Produkts oder Gegenstands befindet, darf dieses insbesondere gem. § 3 Abs. 1 Nr. 2 lit. b GeschGehG auf Geschäftsgeheimnisse untersuchen (sog. **„Reverse Engineering"**). Die Norm enthält allerdings eine Rückausnahme für vertragliche Be-

---

143 BGH Urt. v. 24.2.2011 – X ZR 121/09, GRUR 2011, 610 Rn. 17 – Webseitenanzeige; BGH Beschl. v. 22.4.2010 – Xa ZB 20/08, GRUR 2010, 613 Rn. 22 – Dynamische Dokumentengenerierung; BGH Beschl. v. 20.1.2009 – X ZB 22/07, GRUR 2009, 479 Rn. 11 – Steuerungseinrichtung für Untersuchungsmodalitäten; das EPA spricht vom „further technical effect": EPA Stellungnahme v. 12.5.2010 – G 3/08, GRUR-Int 2010, 608 Rn. 10.3; EPA Entsch. v. 10.3.2021 – G 1/19, ABl. EPA 2021, A77 Rn. 50 f.
144 EPA Stellungnahme v. 12.5.2010 – G 3/08, GRUR-Int 2010, 608 Rn. 10.3; EPA Entsch. v. 10.3.2021 – G 1/19, ABl. EPA 2021, A77 Rn. 51.
145 BGH Urt. v. 24.2.2011 – X ZR 121/09, GRUR 2011, 610 Rn. 19 ff. – Webseitenanzeige; dem als drei Gruppen folgend Pesch MMR 2019, 14 (16).
146 BGH Beschl. v. 20.1.2009 – X ZB 22/07, GRUR 2009, 479 Rn. 12 – Steuerungseinrichtung für Untersuchungsmodalitäten; ähnlich BGH Urt. v. 26.2.2015 – X ZR 37/13, GRUR 2015, 660 Rn. 26 – Bildstrom.
147 BGH Urt. v. 24.2.2011 – X ZR 121/09, GRUR 2011, 610 Rn. 19 ff. – Webseitenanzeige.
148 BGH Beschl. v. 22.4.2010 – Xa ZB 20/08, GRUR 2010, 613 Rn. 25 – Dynamische Dokumentengenerierung.
149 BGH Beschl. v. 24.5.2004 – X ZB 20/03, GRUR 2004, 667 (668) – Elektronischer Zahlungsverkehr.
150 Ohly GRUR 2019, 441 (445).

stimmungen. Sofern Produkte bzw. Gegenstände nur an bestimmte Klientel abgegeben werden, ist es deshalb ratsam, ein ausdrückliches Verbot des Reverse Engineering in den Vertrag aufzunehmen. Bei öffentlich verfügbaren Produkten oder Gegenständen (§ 3 Abs. 1 Nr. 2 lit. a GeschGehG) ist dies aber nicht möglich. ◄

Schutzgegenstand des Geschäftsgeheimnisrechts ist nach § 1 Abs. 1 GeschGehG das **Geschäftsgeheimnis**. Gegenstand von Geschäftsgeheimnissen können alle Arten von „Information" sein (§ 2 Nr. 1 GeschGehG). Das ermöglicht es, gerade auch Algorithmen im eigentlichen Sinn (→ Rn. 2) unter den Begriff des Geschäftsgeheimnisses zu fassen, deren Schutz im Urheberrecht nicht gegeben (→ Rn. 44) und im Patentrecht zweifelhaft (→ Rn. 51) ist.[151] Auch die **in Legal Tech-Systemen zum Einsatz kommenden Algorithmen** sind damit grundsätzlich ein **tauglicher Schutzgegenstand** für das Geheimnisschutzrecht, gleich ob sie nun von einem intelligenten System entwickelt wurden oder auf herkömmlicher expliziter Programmierung beruhen. Ob die geheime Information auch einen Unternehmensbezug haben muss, wird unterschiedlich beurteilt,[152] doch wird dieser bei einem Legal Tech-Algorithmus qua definitionem immer gegeben sein. 57

Eine Information ist nur dann Geschäftsgeheimnis, wenn die gem. § 2 Nr. 1 GeschGehG notwendigen **drei kumulativen Anforderungen** vorliegen: der Gegenstand des Geschäftsgeheimnisses darf in den entsprechenden Kreisen nicht allgemein bekannt oder ohne Weiteres zugänglich sein und muss deshalb einen wirtschaftlichen Wert haben (lit. a); das Bestehen angemessener Geheimhaltungsmaßnahmen (lit. b); das berechtigte Interesse an der Geheimhaltung (lit. c). Letzteres ist von der zugrunde liegenden Geschäftsgeheimnis-Richtlinie[153] so nicht vorgesehen. Es handelt sich um einen Kompromiss auf nationaler Ebene zum Schutz von Investigativjournalisten, dessen Unionsrechtskonformität zweifelhaft ist.[154] Das in § 2 Nr. 1 lit. a GeschGehG vorgesehene Kriterium der fehlenden Zugänglichkeit ohne Weiteres darf nicht, wie es mit der Erfindungshöhe im Patentrecht der Fall ist, als Erfordernis eines Hinausragens über den Stand der Technik verstanden werden, sondern es genügt die fehlende allgemeine Zugänglichkeit der Information.[155] Allgemein bekannt ist etwa eine Information, die dem maßgeblichen Fachkreis durch Veröffentlichung oder Ausstellung zur Kenntnis gebracht wurde.[156] Ferner als nicht geheim eingestuft wurde eine Information, die sich innerhalb weniger Stunden beschaffen lässt.[157] Welche Geheimhaltungsmaßnahmen angemessen im Sinne des § 2 Nr. 1 lit. b GeschGehG sind, wird sich erst noch zeigen müssen. Bis jetzt sind die von der Rechtsprechung angewandten Kriterien uneinheitlich,[158] höchstrichterliche Rechtsprechung zum Thema existiert noch nicht. Einzelheiten hängen von der Art des Geschäftsgeheimnisses und den konkreten Umständen der Nutzung ab.[159] 58

▶ **Praxishinweis:** Jedenfalls wird man technisch-organisatorische Maßnahmen, Verschwiegenheitsvereinbarungen und das „Need-to-know-Prinzip" erwarten können.[160] ◄

---

151 Scheja CR 2018, 485 (487 f.).
152 Dafür Ohly GRUR 2019, 441 (442); dagegen Hauck NJW 2016, 2218 (2221).
153 Richtlinie (EU) 2016/943 des Europäischen Parlaments und des Rates v. 8.6.2016 über den Schutz vertraulichen Know-hows und vertraulicher Geschäftsinformationen (Geschäftsgeheimnisse) vor rechtswidrigem Erwerb sowie rechtswidriger Nutzung und Offenlegung (ABl. L 157, 1).
154 Ohly GRUR 2019, 441 (444).
155 OLG Düsseldorf Urt. v. 11.3.2021 – I-15 U 6/20, WRP 2021, 1080 Rn. 22; zum früheren Recht BGH Urt. v. 22.3.2018 – I ZR 118/16, GRUR 2018, 1161 Rn. 39 – Hohlfasermembranspinnanlage II; BGH Urt. v. 13.12.2007 – I ZR 71/05, GRUR 2008, 727 Rn. 19 – Schweißmodulgenerator; eine „Schöpfungshöhe" erwägt dagegen Scheja CR 2018, 485 (490).
156 OLG Düsseldorf Urt. v. 11.3.2021 – I-15 U 6/20, WRP 2021, 1080 Rn. 22.
157 OLG Schleswig Urt. v. 28.4.2022 – 6 U 39/21, WRP 2022, 906 Rn. 36.
158 Überblick über die divergierende instanzgerichtliche Rspr. bei Hoppe/Oldekop WRP 2022, 547 (548 f.).
159 BT-Drs. 19/4724, 24.
160 Vgl. OLG Stuttgart Urt. v. 19.11.2020 – 2 U 575/19, WRP 2021, 242 Rn. 172 – Schaumstoffsysteme; OLG Düsseldorf Urt. v. 11.3.2021 – I-15 U 6/20, WRP 2021, 1080 Rn. 36 ff.; Scheja CR 2018, 485 (490 f.); ausführliche Vorschläge bei Maaßen GRUR 2019, 352.

59 Wenn ein Algorithmus als Geschäftsgeheimnis im Sinne des § 2 Nr. 1 GeschGehG und damit Art. 2 Nr. 1 Geschäftsgeheimnis-Richtlinie eingeordnet wird, muss aus Gründen der Einheit der (europäischen) Rechtsordnung eine **Beauskunftung über den Algorithmus nach den Regelungen der DS-GVO** ausscheiden (→ Rn. 37).

2. Ansprüche bei Verletzungen

60 Nicht zuletzt aufgrund der europäischen Harmonisierung des Gebiets des Immaterialgüterrechts ähneln sich die Ansprüche bei Verletzungen der einzelnen Schutzrechte stark. Sie werden daher an dieser Stelle gemeinsam abgehandelt. Zur Frage, ob eine Künstliche Intelligenz Erfinder, Urheber etc sein kann, → *Künstliche Intelligenz (KI)* Rn. 52.

▶ Praxishinweis: Das Geschäftsgeheimnis-, Patent- und Gebrauchsmusterrecht sehen die Möglichkeit von **Geheimhaltungsmaßnahmen im Gerichtsverfahren** (nur) auf Antrag einer Partei vor (§§ 16–20 GeschGehG, § 145a PatG, § 26a GebrMG). Von dieser Antragsmöglichkeit sollte in geeigneten Fällen Gebrauch gemacht werden, um den Personenkreis mit Zugang zum Geheimnis auf ein Minimum zu beschränken. ◀

a) Unterlassungs- und Beseitigungsansprüche

61 In allen Gebieten des Immaterialgüterrechts ist der Beseitigungs- und v.a. der **Unterlassungsanspruch** das zentrale Mittel des Rechtsschutzes. Er folgt im Urheberrecht aus § 97 UrhG – auch für Computerprogramme (§ 69a Abs. 4 UrhG) –, im Patentrecht aus § 139 PatG, im Gebrauchsmusterrecht aus § 24 GebrMG und im Geschäftsgeheimnisrecht aus § 6 GeschGehG. Während der Unterlassungsanspruch in die Zukunft gerichtet ist und deshalb Wiederholungs- bzw. Erstbegehungsgefahr zu seinen Tatbestandsmerkmalen gehört, dient **der Beseitigungsanspruch** der Abstellung der gegenwärtigen Rechtsverletzung. Letzterer ist im Patent- und Gebrauchsmusterrecht zwar nicht ausdrücklich normiert, aber in Analogie zu § 1004 BGB anerkannt, denn sowohl Patent als auch Gebrauchsmuster sind absolute Rechte.[161] Die **Wiederholungsgefahr** wird im Immaterialgüterrecht vermutet, wenn bereits eine Rechtsverletzung stattgefunden hat,[162] kann aber namentlich dann entfallen, wenn eine strafbewehrte Unterlassungserklärung abgegeben wird.[163]

62 Beseitigungs- und Unterlassungsanspruch sind verschuldensunabhängig. Sie stehen aber unter **Verhältnismäßigkeitsvorbehalt**, der für einige Bereiche des Gewerblichen Rechtsschutzes sowie im Geschäftsgeheimnisrecht mittlerweile ausdrücklich normiert ist (vgl. § 9 GeschGehG, § 139 Abs. 1 S. 3 PatG, § 24 Abs. 1 S. 3 GebrMG). Fehlt eine solche Normierung, folgt der Verhältnismäßigkeitsvorbehalt im Immaterialgüter- und Wettbewerbsrecht aus § 242 BGB.[164]

b) Schadensersatzansprüche

63 Während Unterlassungs- und Beseitigungsansprüche verschuldensunabhängig sind, besteht im Falle schuldhaften Handelns die Möglichkeit, **materiellen Schadensersatz** zu erlangen (§ 97 Abs. 2 S. 1 UrhG, § 139 Abs. 2 S. 1 PatG, § 24 Abs. 2 S. 1 GebrMG, § 10 Abs. 1 GeschGehG). Hierbei ist die sog. **dreifache Schadensberechnung** nach Wahl des Verletzten einschlägig:[165] tatsächlicher Schaden nach §§ 249 ff. BGB einschließlich entgangenen Gewinns (§ 252 BGB); Einzug des Verletzergewinns (§ 97 Abs. 2 S. 2 UrhG,

---

161 Götting GewRS § 30 Rn. 8.
162 St. Rspr., vgl. BGH Urt. v. 6.7.1954 – I ZR 38/53, GRUR 1955, 97 (98) – Constanze II; BGH Urt. v. 9.11.1995 – I ZR 212/93, GRUR 1996, 290 (291) – Wegfall der Wiederholungsgefahr; BGH Beschl. v. 3.4.2014 – I ZB 42/11, GRUR 2014, 706 Rn. 12 – Reichweite des Unterlassungsgebots; BGH Urt. v. 20.6.2013 – I ZR 55/12, GRUR 2013, 1235 Rn. 18 – Restwertbörse II.
163 BGH Urt. v. 9.11.1995 – I ZR 212/93, GRUR 1996, 290 (291) – Wegfall der Wiederholungsgefahr.
164 BGH Urt. v. 10.5.2016 – X ZR 114/13, GRUR 2016, 1031 Rn. 42 – Wärmetauscher, zur Lage vor Änderung des § 139 PatG; BGH Urt. v. 18.12.1981 – I ZR 34/80, GRUR 1982, 425 (431) – Brillen-Selbstabgabestellen, zum Wettbewerbsrecht; Schricker/Loewenheim/Wimmers UrhG § 97 Rn. 336; Ahrens Wettbewerbsprozess-HdB/Bähr Kap. 40 Rn. 9.
165 Dreier/Schulze/Specht UrhG § 97 Rn. 79 für das Urheberrecht.

§ 139 Abs. 2 S. 2 PatG, § 24 Abs. 2 S. 2 GebrMG, § 10 Abs. 2 S. 1 GeschGehG); Lizenzanalogie (§ 97 Abs. 2 S. 3 UrhG, § 139 Abs. 2 S. 3 PatG, § 24 Abs. 2 S. 3 GebrMG, § 10 Abs. 2 S. 3 GeschGehG). Für das Verschulden gilt § 276 BGB, allerdings werden im Gewerblichen Rechtsschutz und Urheberrecht ebenso wie im Wettbewerbsrecht an die Beachtung der erforderlichen Sorgfalt strenge Anforderungen gestellt.[166] Angesichts der Orientierung des Geschäftsgeheimnisrechts am bestehenden Immaterialgüterrecht wird man bei der Verletzung von Geschäftsgeheimnissen nichts anderes annehmen können.

Die Voraussetzungen für **immateriellen Schadensersatz** variieren. Sie reichen von vollständiger Versagung im Patentrecht abseits der Verletzung des Erfinderpersönlichkeitsrechts (§ 823 Abs. 1 BGB)[167] über beschränkte Ersatzfähigkeit (§ 97 Abs. 2 S. 4 UrhG) bis zu vollständiger Freigabe (§ 10 Abs. 3 GeschGehG).

c) Nebenansprüche

Das Immaterialgüterrecht sieht neben den Beseitigungs-, Unterlassungs- und Schadensersatzansprüchen eine Reihe von **Nebenansprüchen** vor. Spezialfälle des Beseitigungsanspruchs sind **Vernichtungs- und Rückrufansprüche** (§ 98 UrhG, § 140a PatG, § 24a GebrMG, § 7 GeschGehG), die in den jeweiligen Normen unter Verhältnismäßigkeitsvorbehalt stehen. **Auskunfts- und Vorlageansprüche** (§§ 101–101b UrhG, §§ 140b–140d PatG, §§ 24b–24e GebrMG, § 8 GeschGehG) ermöglichen es dem Rechtsinhaber, sich ein Bild vom Umfang der Rechtsverletzung zu machen. Außerdem kann das **Urteil** auf Kosten des Verletzers bei berechtigtem Interesse des Verletzten **öffentlich bekannt gemacht werden** (§ 103 UrhG, § 140e PatG, § 24e GebrMG, § 21 GeschGehG). Der von der Rechtsprechung aus § 242 BGB hergeleitete zusätzliche **Hilfsanspruch auf Auskunftserteilung und Rechnungslegung**[168] hat neben den normierten Auskunfts- und Vorlageansprüchen weitgehend an Bedeutung verloren. Andere Ansprüche aus **allgemeinen Rechtsgrundlagen** – zB aus **Bereicherungsrecht** – sind denkbar, aber in der Praxis kaum relevant.[169]

Für **Computerprogramme** und damit für Legal Tech verdrängt § 69f Abs. 1 UrhG im Urheberrecht als Spezialnorm den allgemeineren § 98 UrhG hinsichtlich denkbarer Vernichtungsansprüche weitestgehend.[170] § 69f Abs. 2 UrhG gewährt einen Vernichtungsanspruch bezüglich illegaler Knackmittel gegen sog. **Kopierschutz** (heute meist: **Digital Rights Management, DRM**), reicht aber nicht so weit, dass im Rahmen der urheberrechtlichen Schrankenbestimmungen mit solchen Knackmitteln angefertigte (kopierschutzfreie) Vervielfältigungsstücke der Vernichtung unterlägen.[171] Ohnehin ist bei Legal Tech ein Trend zu **Online-Plattformen** zu beobachten, bei denen mangels Zugriff des Benutzers auf den Objektcode das Kopieren desselben naturgesetzlich unmöglich ist, soweit das Backend betroffen ist. Für im Frontend eingebetteten JavaScript-Code mag das im Einzelfall anders aussehen. Im Übrigen gibt § 69a Abs. 4 UrhG bis auf den verdrängten § 98 UrhG das gesamte Anspruchsarsenal der **§§ 97 ff.** UrhG auch für Computerprogramme frei.[172]

V. Haftung für Algorithmen

1. Haftung für Diskriminierung durch Legal Tech-Algorithmen

Das diskriminatorische Potenzial von „Algorithmen" ist mittlerweile Gegenstand der Berichterstattung und der parlamentarischen Untersuchung.[173] Das wirft die Frage auf, ob dieses Potenzial durch das geltende

---

166 BGH Urt. v. 18.12.1997 – I ZR 79/95, GRUR 1998, 568 (569) – Beatles-Doppel-CD.
167 Bodewig/Wandtke GRUR 2008, 220 (229) mwN.
168 BGH Urt. v. 17.5.1994 – X ZR 82/92, GRUR 1994, 898 (899 f.) – Copolyester; BGH Urt. v. 7.12.1979 – I ZR 157/77, GRUR 1980, 227 (233) – Monumenta Germaniae Historica.
169 Schricker/Loewenheim/Wimmers UrhG § 102a Rn. 2; Benkard PatG/Grabinski/Zülch PatG § 139 Rn. 84.
170 Schricker/Loewenheim/Spindler UrhG § 69f Rn. 3.
171 Gülker CR 2021, 66 (68 ff.).
172 Schricker/Loewenheim/Spindler UrhG § 69f Rn. 25k.
173 Thoneick, Diskriminiert dieser Automat Schwarze?, DIE ZEIT v. 30.7.2020, S. 29; Kolleck/Orwat, TAB-Hintergrundpapier 24/2020; Peters, TAB-Themenkurzprofil 40/2020; Datenethikkommission Gutachten S. 167 ff.

Recht in hinreichender Weise abgebildet wird. Zur Klärung dieser Frage ist es zunächst von einiger Wichtigkeit, die Debatte begrifflich scharf zu führen: „Algorithmen" (→ Rn. 2) im eigentlichen Sinne sind zur Diskriminierung nicht fähig. Gemeint sind meist intelligente Systeme auf Basis maschinellen Lernens (→ Rn. 4). Die in diesen Systemen eingesetzten Computerprogramme erkennen **Korrelationen**, die ebenso sinnvoll wie sinnfrei sein können. Eine 99 %-ige Korrelation soll etwa zwischen dem Pro-Kopf-Verzehr von Margarine und der Scheidungsrate im US-Bundesstaat Maine bestehen.[174] In der Gesellschaft existieren einige Muster, deren Vorhandensein allgemein als unerwünscht angesehen wird, wie etwa die Benachteiligung von Frauen in der Arbeitswelt. Das ist als statistische Feststellung erst einmal neutral, mutiert aber zum Diskriminierungsproblem, wenn darauf unbesehen Entscheidungen gestützt werden.[175] In Deutschland sind Ansprüche wegen Diskriminierung vornehmlich im AGG geregelt.

a) Schadensersatz- und Schmerzensgeldansprüche aus § 15 Abs. 1 und 2 AGG

68 Algorithmenbasierte Diskriminierung am **Arbeitsplatz** ist bisher nicht Gegenstand gerichtlicher Entscheidungen gewesen, wird in der Literatur aber intensiv diskutiert.[176] Beispiele aus dem Legal Tech-Bereich können automatisierte Bewerbungs- und Beförderungsverfahren sein. Diesbezüglich stehen Ansprüche aus § 15 Abs. 1 AGG (materieller Schadensersatz) und § 15 Abs. 2 AGG (immaterieller Schadensersatz) im Raum.

69 Die Ansprüche setzen jeweils einen Verstoß gegen das **Benachteiligungsverbot** des § 7 AGG voraus, nach dem Beschäftigte nicht wegen eines in § 1 AGG genannten Grundes benachteiligt werden dürfen. Die dort genannten Gründe (Geschlecht, ethnische Herkunft etc) sind für ein intelligentes System aber genauso wichtig oder unwichtig wie alle anderen Korrelationen, die es erkennt. Daher kann es beim Einsatz derartiger Systeme ebenso gut zu unmittelbaren (§ 3 Abs. 1 AGG) wie mittelbaren (§ 3 Abs. 2 AGG) Diskriminierungen kommen.[177] Macht der Programmierer des Systems seine Sache gut,[178] ist eine mittelbare Diskriminierung wahrscheinlicher als eine unmittelbare.

70 Die Benachteiligung muss **kausal** auf das verpönte Merkmal zurückgehen, wofür das BAG es genügen lässt, wenn es Teil eines **Motivbündels** ist.[179] Das kann bei einem nur genügend großen neuronalen Netz denkbar schnell vorliegen. Probleme entstehen beim Beweis dieser Voraussetzung. Sowohl der konkret genutzte Quelltext als auch das trainierte neuronale Netz werden dem Betroffenen als Geschäftsgeheimnis nicht zugänglich sein,[180] von der Blackbox-Problematik ganz zu schweigen. Ob § 22 AGG über dieses Problem hinweghilft, ist umstritten.[181] Einigkeit besteht aber offenbar darin, dass der Einsatz eines intelligenten Systems allein kein „Indiz" im Sinne des § 22 AGG darstellen soll.[182] Ob die datenschutzrechtlichen Auskunftsansprüche stets zur Erlangung der notwendigen Informationen ausreichen,[183] erscheint mit Blick auf deren beschränkten Umfang (→ Rn. 37) aber zweifelhaft. Bis die vorgeschlagene europäische KI-Regulierung Wirklichkeit wird (→ Rn. 83), verbleibt es deshalb bei dieser Problematik.

71 Der Anspruch aus § 15 Abs. 2 AGG setzt **kein Verschulden** voraus;[184] die entsprechende Anforderung in § 15 Abs. 1 S. 2 AGG wird verbreitet für richtlinienwidrig erachtet, doch verhindert der klare Wortlaut eine

---

174 Dzida/Groh NJW 2018, 1917 (1918).
175 Wagner et al. juridikum 2020, 191 (195).
176 Siehe nur Höpfner/Daum ZfA 2021, 467; v. Lewinski/de Barros Fritz NZA 2018, 620; Dzida/Groh NJW 2018, 1917.
177 Dzida/Groh NJW 2018, 1917 (1919).
178 Zum Programmierer als Quelle einer Diskriminierung v. Lewinski/de Barros Fritz NZA 2018, 620 (623).
179 BAG Urt. v. 17.12.2009 – 8 AZR 670/08, NZA 2010, 383 Rn. 19; BAG Urt. v. 22.1.2009 – 8 AZR 906/07, NZA 2009, 945 Rn. 37.
180 Dzida/Groh NJW 2018, 1917 (1922).
181 Dagegen v. Lewinski/de Barros Fritz NZA 2018, 620 (622); dafür Höpfner/Daum ZfA 2021, 467 (493 f.).
182 Höpfner/Daum ZfA 2021, 467 (495); Freyler NZA 2020, 284 (290).
183 In diese Richtung Höpfner/Daum ZfA 2021, 467 (495 f.).
184 BAG Urt. v. 22.1.2009 – 8 AZR 906/07, NZA 2009, 945 Rn. 61 ff.; zur zugrunde liegenden Richtlinie EuGH Urt. v. 8.11.1990 – C-177/88, NZA 1991, 171 Rn. 22.

unionsrechtskonforme Auslegung.[185] Jedenfalls findet **§ 278 BGB** Anwendung,[186] und zwar direkt. Einer Analogie bedarf es nicht, da sich alle denkbaren Konstellationen entweder dem Programmhersteller (für den § 278 BGB gilt) oder direkt dem Arbeitgeber zurechnen lassen.[187]

Benachteiligungen sind uU gem. §§ 8 ff. AGG **rechtfertigungsfähig**. Speziell eine Rechtfertigung nach 72 § 8 AGG erscheint wegen der von intelligenten Systemen gerade nicht verarbeiteten Kausalbeziehungen schwer vorstellbar.[188] Allgemeine zivilrechtliche Rechtfertigungsgründe kommen dagegen schon nach der Rechtsprechung des EuGH nicht in Betracht.[189]

b) Ansprüche aus § 21 AGG

Legal Tech mit diskriminierenden Eigenschaften kann nicht nur im Arbeitsverhältnis, sondern überhaupt 73 im Zivilrecht zum Einsatz kommen (man denke an die automatisierte Entscheidung über den Abschluss von Versicherungsverträgen). Daher kann ebenso gut auch ein Verstoß gegen das **allgemeine zivilrechtliche Benachteiligungsverbot** des § 19 AGG vorliegen, der dann Beseitigungs- und Unterlassungsansprüche aus § 21 Abs. 1 AGG oder materielle und immaterielle Schadensersatzansprüche aus § 21 Abs. 2 AGG auslösen kann. Zu beachten ist, dass § 20 AGG eine tatbestandsausschließende Regelung für zulässige Benachteiligungen enthält. Allgemeine zivilrechtliche Rechtfertigungsgründe sind zwar anders als bei § 15 AGG anwendbar,[190] für automatisiert arbeitende Legal Tech-Software aber kaum denkbar.

Anders als im Arbeitsrecht (§ 15 Abs. 6 AGG) kann aus § 21 Abs. 1 AGG ein **Kontrahierungszwang** 74 abgeleitet werden.[191] Damit statuiert die Norm einen Rechtsbehelf, der über Art. 22 Abs. 3 DS-GVO deutlich hinausgeht und der im Zusammenhang mit Legal Tech bisher keine rechtswissenschaftliche Aufmerksamkeit erfahren hat. Wie sehr von dieser Möglichkeit Gebrauch gemacht werden wird, muss sich aber erst noch erweisen. Die Beweisschwierigkeiten gelten bei § 21 AGG freilich nicht anders als bei § 15 AGG (→ Rn. 70).

2. Haftung nach Art. 82 DS-GVO

Eine weitere Anspruchsgrundlage für materiellen wie immateriellen Schadensersatz bietet Art. 82 DS-GVO. 75 Die Norm erfasst jeden noch so kleinen Verstoß gegen das Datenschutzrecht der DS-GVO, wenn er nur kausal für den Schaden ist,[192] gewährt aber eine Exkulpationsmöglichkeit in Art. 82 Abs. 3 DS-GVO. Besondere Relevanz für Legal Tech hat es, dass Art. 82 DS-GVO **auch Verstöße gegen Art. 22 DS-GVO** (→ Rn. 28 ff.) erfasst. Interessant kann das insbesondere dann sein, wenn ein Schadensersatz aufgrund anderer Rechtsgrundlagen schwierig zu erlangen ist, etwa in **staatshaftungsrechtlichen Kontexten** (→ *Haftung des Staates* Rn. 25 f.).[193]

3. Andere Haftungsgründe

Besonders im Rahmen der deliktischen Haftung, oft mit Bezug auf autonome Fahrzeuge, werden rechts- 76 politisch verschiedene dogmatische Konstruktionen diskutiert, etwa eine Gefährdungshaftung oder die Einführung einer elektronischen Person. De lege lata besteht dagegen nur die Möglichkeit, allgemeine Rechtsvorschriften wie **§ 823 Abs. 1 BGB**, **§ 1 ProdHaftG** oder die verschiedenen **Haftungsvorschrif-**

---

185 BeckOK ArbR/Roloff AGG § 15 Rn. 2 f.; Staudinger/Serr AGG § 15 Rn. 12.
186 BT-Drs. 16/1780, 38; beachte aber die Einwände zur Anwendung auf § 15 Abs. 2 AGG bei v. Lewinski/de Barros Fritz NZA 2018, 620 (623).
187 Höpfner/Daum ZfA 2021, 467 (498 f.); Freyler NZA 2020, 284 (289); **aA** v. Lewinski/de Barros Fritz NZA 2018, 620 (623).
188 v. Lewinski/de Barros Fritz NZA 2018, 620 (623).
189 EuGH Urt. v. 8.11.1990 – C-177/88, NZA 1991, 171 Rn. 22.
190 MüKoBGB/Thüsing AGG § 21 Rn. 10.
191 Staudinger/Serr AGG § 21 Rn. 15 ff.; MüKoBGB/Thüsing AGG § 21 Rn. 16 ff.; **aA** Armbrüster NJW 2007, 1494 (1495 ff.).
192 Kühling/Buchner/Bergt DS-GVO Art. 82 Rn. 23.
193 Martini/Ruschemeier/Hain VerwArch 2021, 1 (9 ff.).

ten des **Immaterialgüterrechts** heranzuziehen, wenn Algorithmen und Computerprogramme Schäden verursachen. Eine Haftung nach § 823 Abs. 1 BGB wird allerdings meist daran scheitern, dass nur ein Vermögensschaden vorliegt (→ *Haftung des Rechtsanwalts gegenüber Mandanten* Rn. 45). Im Bereich Legal Tech kann ferner eine **vertragliche Haftung des Rechtsanwalts** infrage kommen (→ *Haftung des Rechtsanwalts gegenüber Mandanten* Rn. 4 ff); bei fehlerhafter Software kann das zum Regress führen (→ *Haftung, allgemein* Rn. 5). In den Fällen der automatisierten Ablehnung von erfolgsaussichtsreichen Mandaten durch Legal Tech-Plattformen kann eine Haftung aus § 280 Abs. 1 BGB iVm § 311 Abs. 2 BGB (**culpa in contrahendo**) erwogen werden; nach Abschluss eines Vertrags gilt ebenfalls **§ 280 Abs. 1 BGB** (ausf. → *Haftung des Rechtsanwalts gegenüber Mandanten* Rn. 4 ff.).

77 Verletzungen absoluter Rechte durch Algorithmen und v.a. durch aus ihnen abgeleitete Computerprogramme sind bisher nur vereinzelt Gegenstand der höchstrichterlichen **Rechtsprechung** gewesen, im Bereich Legal Tech überhaupt nicht. Der BGH hat Fälle zur Verletzung des Allgemeinen Persönlichkeitsrechts durch die Autocomplete-Funktion der Google-Suchmaschine entschieden, die den Namen des Klägers u.a. mit dem Begriff „Scientology" ergänzt hatte, sowie zur algorithmenbasierten Zusammensetzung der Suchergebnisse bei Amazon bei Eingabe eines Markennamens.[194] In beiden Fällen ging es um die Frage, inwieweit der Betreiber des Computerprogramms für dessen „Entscheidungen" auf Unterlassung haftet. Diese Frage stellt sich im Rahmen des § 823 Abs. 1 BGB ebenso wie bei den zahlreichen Anspruchsgrundlagen aus dem Immaterialgüter-, Geschäftsgeheimnis- und Wettbewerbsrecht. Der BGH geht in diesen Konstellationen von einer täterschaftlichen Haftung wegen des Einsatzes des intelligenten Systems durch den Betreiber aus,[195] dh der Betreiber kann sich haftungsrechtlich nicht hinter seinem intelligenten System „verstecken". Dogmatisch verbergen sich dahinter **Verkehrssicherungspflichten**.[196] Bei auf herkömmlicher expliziter Programmierung beruhenden Systemen ist das besonders deutlich, gilt aber, wenn man sich von der verfehlten Vorstellung, intelligente Systeme als nicht mehr dem menschlichen Willen unterworfen zu betrachten, verabschiedet, auch für diese. Dann lässt sich auf diese Weise auch die Kausalität begründen.[197] Praktisch **nähert sich diese täterschaftliche Unterlassungshaftung damit der Störerhaftung** nach § 7 Abs. 2 (Telemediengesetz) TMG in erheblicher Weise an,[198] nur tritt an die Stelle des Nutzers das Computerprogramm.

78 Siehe auch → *Künstliche Intelligenz (KI)* Rn. 51.

VI. Straf- und Ordnungswidrigkeitenrecht

1. Der Betreiber als Opfer

79 Der „Diebstahl" eines (Legal Tech-)Algorithmus ist Ideenklau. Er fällt daher nicht nur natürlich nicht unter § 242 StGB, sondern auch nicht unter die **Datendelikte der §§ 202a–202d StGB**, denn § 202a Abs. 2 StGB verlangt ausdrücklich die technische Speicherung oder Übermittlung. Diese Delikte beziehen sich damit nicht auf den Algorithmus, sondern auf seine **Implementierung** (→ Rn. 15). Diese liegt bei expliziter Programmierung in Form eines Computerprogramms vor, welches von §§ 202a ff. StGB erfasst wird; auch Computerprogramme bestehen ja aus Daten.[199] Nichts anderes gilt für die **Entwendung trainierter neuronaler Netze**; ihre Manifestation auf dem Datenträger liegt in Daten vor und ist damit taugliches Tatobjekt des § 202a StGB. Bei den **JavaScript-Programmen** in den Frontends von Legal Tech-Webseiten dagegen liegt zwar prinzipiell ein taugliches Tatobjekt vor, doch werden diese vom Betreiber ganz bewusst

---

194 BGH Urt. v. 14.5.2013 – VI ZR 269/12, NJW 2013, 2348 – „Autocomplete"-Funktion; BGH Urt. v. 15.2.2018 – I ZR 138/16, GRUR 2018, 924 – ORTLIEB.
195 BGH Urt. v. 15.2.2018 – I ZR 138/16, GRUR 2018, 924 Rn. 36 – ORTLIEB; BGH Urt. v. 14.5.2013 – VI ZR 269/12, NJW 2013, 2348 Rn. 20 – „Autocomplete"-Funktion; zweifelnd Taeger Rechtsfragen digitaler Transformationen/Schaub S. 439 (442 f.).
196 Zech ZfPW 2019, 198 (210 f.).
197 Zech ZfPW 2019, 198 (207 f.).
198 So ausdrücklich BGH Urt. v. 14.5.2013 – VI ZR 269/12, NJW 2013, 2348 Rn. 29 – „Autocomplete"-Funktion.
199 NK-StGB/Kargl StGB § 202a Rn. 4.

öffentlich zugänglich gemacht, damit der abrufende Browser sie ausführt. Bei ihnen fehlt es deshalb an der Überwindung einer Zugangssicherung im Sinne des § 202a Abs. 1 StGB. Allerdings kann je nach Fallgestaltung eine **strafbare Urheberrechtsverletzung** am Computerprogramm gem. §§ 106 ff. UrhG vorliegen.

Da das Urheberrecht keinen Ideenschutz gewährt, ist **bei Algorithmen** auch dieser Weg nicht gangbar (→ Rn. 44). Wenn ein Algorithmus patentiert ist – was bei Legal Tech wegen fehlender Technizität kaum je der Fall sein wird (→ Rn. 51) –, kommt eine Strafbarkeit nach **§ 142 PatG** in Betracht. Ist er nicht patentiert, wird aber als **Geschäftsgeheimnis** geschützt (→ Rn. 57), kann eine Strafbarkeit aus § 23 GeschGehG folgen. Schließlich kann es je nach Fallgestaltung zu Überschneidungen mit einer **Strafbarkeit gem. §§ 203 f. StGB** kommen.

2. Der Betreiber als Täter

Geht man zivilrechtlich davon aus, dass dem Betreiber von Algorithmen und aus ihnen abgeleiteter Computerprogramme Verkehrssicherungspflichten obliegen (→ Rn. 77), besteht die natürliche Verlängerung im Strafrecht in der Frage nach einer **Starbarkeit durch Unterlassen (§ 13 StGB)**. Die notwendige Garantenstellung folgt aus der Herrschaft über die Gefahrenquelle autonomes Computerprogramm oder aus der strafrechtlichen Produkthaftung.[200] So gab es Fälle, in denen „intelligente" Systeme rassistische Inhalte publizierten,[201] bei denen man nach einer Strafbarkeit des Betreibers nach §§ 130, 13 StGB fragen sollte. Anders als es in der Debatte um die Löschpflichten wegen nutzergenerierter Inhalte auf Plattformen (vgl. dazu das Netzwerkdurchsetzungsgesetz – NetzDG) der Fall ist, können sich die Betreiber intelligenter Systeme mangels Plattformeigenschaft von vornherein **nicht auf die Privilegien der §§ 8 ff. TMG berufen**, so dass insoweit allgemeine strafrechtliche Grundsätze gelten. Bei **Legal Tech** kommt im Rahmen der Verwaltungs- und Justizautomatisierung wohl vor allem der Bereich der Amtsstraftaten nach §§ 331 ff. StGB in Betracht. Aber auch die Verwirklichung von Ordnungswidrigkeiten wie namentlich § 20 RDG durch den Einsatz von Legal Tech ist denkbar. Das Betreiben von Computerprogrammen – intelligent oder nicht – durch Private ist als solches allerdings **erlaubtes Risiko** und Ausübung der Berufsfreiheit. Bei **Hinweisen** auf strafbares Verhalten wird man aber eine Handlungspflicht annehmen können (→ Rn. 77 für das Zivilrecht). Bei staatsbetriebenen Algorithmen kann dieser Gesichtspunkt dagegen mangels Grundrechtsberechtigung nicht relevant sein.

▶ **Praxishinweis:** Betreiber intelligenter Systeme sind deshalb gut beraten, **Hinweise** auf strafbare Handlungen durch ihren Algorithmus nicht zu ignorieren. ◀

Soweit, wie regelmäßig, der Einsatz von Legal Tech-Systemen dem **Datenschutzrecht** unterliegt (→ Rn. 18), kann der Verstoß gegen datenschutzrechtliche Normen gem. Art. 83 Abs. 4 DS-GVO mit einer **Geldbuße** von bis zu 10.000.000 EUR bzw. 2 % des weltweiten konzernweiten[202] Jahresumsatzes oder gem. Art. 83 Abs. 5 DS-GVO bei Verstoß gegen bestimmte Normen mit einer Geldbuße von bis zu 20.000.000 EUR bzw. 4 % des weltweiten konzernweiten Jahresumsatzes belegt werden. Dieselbe Summe steht bei Nichtbefolgung von aufsichtsbehördlichen Weisungen im Raum (Art. 83 Abs. 6 DS-GVO). Von der durch Art. 83 Abs. 7 DS-GVO eröffneten Möglichkeit, Geldbußen auch gegen Behörden und öffentliche Stellen zuzulassen, hat der Bundesgesetzgeber nicht nur keinen Gebrauch gemacht, sondern dies ausdrücklich in § 43 Abs. 3 BDSG ausgeschlossen. Die Länder sind dem gefolgt (vgl. zB Art. 22 BayDSG, § 2 Abs. 3 HmbDSG, § 19 Abs. 3 SächsDSG). In extremen Fällen kommt auch eine **Strafbarkeit nach § 42 BDSG** in Betracht.

▶ **Praxishinweis:** Art. 83 Abs. 5 lit. a DS-GVO listet u.a. die **datenschutzrechtlichen Grundsätze** nach Art. 5 DS-GVO für den höheren Bußgeldrahmen auf.[203] Da diese das gesamte Datenschutzrecht durchziehen, spielt der geringere Bußgeldrahmen nach Art. 83 Abs. 4 DS-GVO kaum eine Rolle. ◀

---

200 Vgl. NK-StGB/Gaede StGB § 13 Rn. 48.
201 Etwa Microsofts Chatbot „Tay", vgl. ohne Autorenangabe, Die Bot-Revolution beginnt, F.A.Z. v. 16.4.2016, S. 23.
202 Faust/Spittka/Wybitul ZD 2016, 120 (121).
203 Paal/Pauly/Frenzel DS-GVO Art. 83 Rn. 24 hält das für primärrechtswidrig.

VII. Ausblick

83 Auf europäischer Ebene ist im Bereich Algorithmen derzeit viel in Bewegung. An erster Stelle zu nennen ist sicherlich die **geplante KI-Verordnung**, die nach dem Vorschlag der Kommission ein abgestuftes Risikomanagement für Künstliche Intelligenz vorsieht.[204] Aber auch die Haftungsprivilegien für Intermediäre (hierzulande §§ 7 ff. TMG) stehen mit dem Kommissionsvorschlag für einen **„Digital Services Act"** auf dem Prüfstand.[205] Mit Blick auf den patentrechtlichen Schutz von Algorithmen ist eine Entscheidung des BVerfG nennenswert, welche Anträge auf einstweilige Anordnungen gegen das Abkommen über ein Einheitliches Patentgericht und damit den letzten notwendigen Baustein für ein **europäisches Einheitspatent** zurückgewiesen hat.[206] Da gem. Art. 2 lit. b EPV[207] das Europäische Patent nach den Regeln und Verfahren des EPÜ erteilt wird, ergibt sich hinsichtlich der Patentfähigkeit von Algorithmen (→ Rn. 51) beim Einheitspatent aber kein Unterschied zur derzeitigen Rechtslage.

---

[204] COM(2021) 206 final.
[205] COM(2020) 825 final.
[206] BVerfG Beschl. v. 23.6.2021 – 2 BvR 2216/20 u.a. GRUR 2021, 1157 – EPGÜ-ZustG II; vgl. auch die Bewertung bei Tilmann GRUR 2021, 1138 (1141).
[207] Verordnung (EU) Nr. 1257/2012 des Europäischen Parlaments und des Rates v. 17.12.2012 über die Umsetzung der Verstärkten Zusammenarbeit im Bereich der Schaffung eines einheitlichen Patentschutzes (ABl. L 361, 1).

3. Alternative Streitbeilegung (ADR), allgemein

Horn

I. Einführung	1	7. Gemischte Formen	23
II. Begriff der alternativen Streitbeilegung	4	IV. Rechtsgrundlagen der alternativen Streitbeilegung	27
III. Formen alternativer Streitbeilegung	7	1. ADR-RL, ODR-VO und VSBG	28
1. Verhandlung	8	2. Mediations-RL und MediationsG	29
2. Mediation	9	3. Sonstiges deutsches nationales Recht	31
3. Schlichtung	12	4. Privat geschaffenes Recht	34
4. Adjudikation	14	5. Sonstige Vorschriften	35
5. Schiedsverfahren	16		
6. Schiedsgutachten	21		

Literatur: *Deichsel*, Digitalisierung der Streitbeilegung, 2022; *Duve/Eidenmüller/Hacke/Fries*, Mediation in der Wirtschaft, 3. Aufl. 2019; *Eidenmüller/Wagner* (Hrsg.), Mediationsrecht, 2015 (zit.: Eidenmüller/Wagner MediationsR); *Greger/Unberath/Steffek* (Hrsg.), Recht der alternativen Konfliktlösung. Mediationsgesetz, Verbraucherstreitbeilegungsgesetz. Kommentar, 2. Aufl. 2016 (zit.: Greger/Unberath/Steffek); *Klowait/Gläßer* (Hrsg.), Mediationsgesetz, 2. Aufl. 2018 (zit.: HK-MediationsG); *Landbrecht/Gabriel* (Hrsg.), Konfliktmanagement im internationalen Rechtsverkehr 2017; *Lauritsen*, ‚Boxing' Choices for Better Dispute Resolution, Int'l J. Online Disp. Res. 2014, 70; *Münch*, Vorb. zu § 1025 (insb. Rn. 40–111), in MüKo ZPO, 6. Aufl. 2022; *Rühl*, Die Richtlinie über alternative Streitbeilegung: Handlungsperspektiven und Handlungsoptionen, ZZP 127 (2014), 61.

I. Einführung

Die alternative Streitbeilegung (Alternative Dispute Resolution, kurz „ADR") erfasst eine Vielzahl von Prozessen außerhalb eines „traditionellen" Gerichtsverfahrens, um Konflikte beizulegen (→ Rn. 4 ff.). Anwendungsformen sind insbesondere die Mediation (→ Rn. 9 ff.), Schlichtung (→ Rn. 12 f.) und – je nach Definition der außergerichtlichen Streitbeilegung – das Schiedsverfahren (→ Rn. 16 ff.). Aufgrund der Vielseitigkeit gibt es keine einheitliche rechtliche Normierung, sondern die Rechtsquellen sind über die ganze Rechtsordnung verstreut (→ Rn. 27 ff.). **1**

Werden ADR-Methoden durch Software unterstützt, wird von **Online Dispute Resolution** (kurz „ODR") (→ *Alternative Streitbeilegung (ADR), Online Dispute Resolution (ODR)* Rn. 1 ff.) gesprochen. Dabei ist ODR nicht allein eine Überführung von traditionellen Formen der außergerichtlichen Streitbeilegung ins Internet, sondern es sind auch neue Konzepte denkbar, die sich offline schwer oder gar nicht umsetzen ließen (→ *Alternative Streitbeilegung (ADR), Online Dispute Resolution (ODR)* Rn. 3 ff., 11 ff.). **2**

Besonders interessant ist ODR vor allem für die **Verbraucherstreitbeilegung**, weil mithilfe von Software eine Vielzahl kleiner Streitigkeiten effizient beigelegt werden können (→ *Alternative Streitbeilegung (ADR), in Verbrauchersachen* Rn. 1 ff.). **3**

II. Begriff der alternativen Streitbeilegung

Alternative Streitbeilegung – teilweise auch als „Alternative Konfliktlösung" (kurz „AKL") bezeichnet[1] – umfasst eine **Vielzahl von Verfahren**, die mit oder ohne Unterstützung durch neutrale Dritte oder Software Streitigkeiten beilegen.[2] Spätestens seit der ADR-Richtlinie (→ *Alternative Streitbeilegung (ADR), in Verbrauchersachen* Rn. 6 ff.) wird die alternative Streitbeilegung auch im deutschsprachigen Raum als Alternative Dispute Resolution (kurz „ADR") bezeichnet.[3] Teilweise wird ADR zu Appropriate Dispute Resolution aufgelöst, da sich ein gutes Konfliktmanagementsystem durch passgenaue Verfahren für kon- **4**

---

[1] Greger/Unberath/Steffek/Greger/Steffek Einl. A. Rn. 1.
[2] Kaulartz/Braegelmann AI und Machine Learning-HdB/Kreis Rn. 10; Greger/Unberath/Steffek/Greger/Steffek Einl. A. Rn. 1; vgl. auch das Grünbuch der Europäischen Kommission über alternative Verfahren zur Streitbeilegung im Zivil- und Handelsrecht v. 19.4.2002, KOM(2002) 196 endgültig, 6.
[3] MüKoZPO/Rauscher Einl. Rn. 57.

krete Konfliktlagen auszeichne.[4] In diesem Beitrag steht „ADR" für „Alternative Dispute Resolution" als gebräuchlichster Form.

5 Die alternative Streitbeilegung hat keine festen Konturen, sondern befindet sich im ständigen Wandel.[5] Sie ist zunächst als **Alternative zum klassischen Gerichtsverfahren** zu verstehen, das darauf abzielt, aufgrund des geltenden Rechts eine hoheitliche, verbindliche und vollstreckbare Entscheidung zu treffen. ADR moderiert demgegenüber zwischen den Parteien, um – ggf. durch gegenseitiges Nachgeben – einen am Einzelfall orientierten Interessenausgleich zu erzielen.[6]

6 Allerdings bedient sich auch der **(deutsche) Zivilprozess** schon seit Einführung der ZPO[7] der Methoden der außergerichtlichen Streitbeilegung, etwa weil das Gericht auf eine gütliche Beilegung des Rechtsstreits bedacht sein soll (§ 278 Abs. 1 ZPO), den Streit an einen Güterichter verweisen (§ 278 Abs. 5 ZPO) oder einen vollstreckbaren Prozessvergleich aufnehmen darf (§ 794 Abs. 1 Nr. 1 ZPO). Alternative Streitbeilegung dient damit insbesondere der Prozessvermeidung, weil Prozessbeschleunigung allein die Arbeitslast der Zivilgerichte nicht reduzieren kann.[8] Die Parteien werden mit der Erwartung für ADR motiviert, den Streit rasch und kostengünstig beizulegen.[9]

III. Formen alternativer Streitbeilegung

7 Außergerichtliche Streitbeilegung kann verschiedene Formen annehmen. Theoretisch sind – jedenfalls im Zivilrecht – keine Grenzen gesetzt, denn als Ausfluss der Privatautonomie können die Parteien unter Wahrung des staatlichen Gewaltmonopols ihre Streitigkeiten nach Belieben beilegen. Es stellt sich allein die Frage, inwiefern die Rechtsordnung den Prozess und das Ergebnis der Streitbeilegung anerkennt und ggf. mit staatlichem Zwang durchsetzt. Insofern wird von den **„drei großen Vs"** gesprochen:[10] **Vollstreckbarkeit**, **Vertraulichkeit** und **Verjährung**.

1. Verhandlung

8 Die am meisten genutzte Form der Streitbeilegung dürfte die → *Verhandlung* Rn. 1 ff. zwischen den Parteien ohne Hilfe eines neutralen Dritten sein.[11] Verhandlungen sind zumeist der erste Schritt bei der Konfliktlösung.[12] Werden Verhandlungen von (autonomer) Software unterstützt (→ *Verhandlung* Rn. 30 ff.), ist die Grenze zwischen Verhandlung einerseits und (unterstützender) Mediation mit Software als neutralem Dritten fließend.[13]

2. Mediation

9 Mediation ist ein Verfahren, bei dem die Parteien ihren Streit selbst lösen, dabei jedoch ein Mediator als **neutraler Dritter den Prozess strukturiert**, nicht aber selbst den Streit löst.[14] Sie kann auch noch im Rahmen eines Zivilprozesses angewendet werden (vgl. § 278 Abs. 1, 5 ZPO).[15] Soweit der Mediator keinen rechtlichen Regelungsvorschlag unterbreitet, um in die Gespräche der Beteiligten einzugreifen, ist die

---

4 HK-MediationsG/Klowait/Gläßer Einl. Rn. 51.
5 Greger/Unberath/Steffek/Greger/Steffek Einl. A. Rn. 1.
6 MüKoZPO/Münch ZPO Vorb. zu § 1025 Rn. 42.
7 MüKoZPO/Münch ZPO Vorb. zu § 1025 Rn. 47.
8 MüKoZPO/Rauscher Einl. Rn. 58.
9 MüKoZPO/Rauscher Einl. Rn. 58.
10 HK-MediationsG/Klowait/Gläßer Einl. Rn. 7.
11 HK-MediationsG/Klowait/Gläßer Einl. Rn. 29.
12 HK-MediationsG/Klowait/Gläßer Einl. Rn. 29.
13 Vgl. Sela 21(3) Lewis & Clark L. Rev. (2017), 633 (661 Fn. 145).
14 Eidenmüller/Wagner MediationsR/Eidenmüller/Wagner Rn. 8; MüKoZPO/Rauscher Einl. Rn. 78. Dieses Verständnis der Mediation findet sich auch in verschiedenen internationalen und nationalen Rechtsquellen, siehe nur Art. 1 (3) des UNCITRAL Model Law on International Commercial Mediation and International Settlement Agreements Resulting from Mediation; Art. 3 lit. a Mediations-RL; § 1 Abs. 1 MediationsG.
15 Vgl. auch MüKoZPO/Münch ZPO Vorb. zu § 1025 Rn. 85.

Mediation **keine Rechtsdienstleistung** (vgl. § 2 Abs. 3 Nr. 4 RDG) und damit nicht den Rechtsanwälten vorbehalten.[16]

Eingesetzt wurde die Mediation zunächst für besonders **emotionsbelastete Konflikte**, insbesondere Familien- und Erbstreitigkeiten, Nachbarstreitigkeiten oder Konflikte am Arbeitsplatz.[17] Anzutreffen sind Mediationsklauseln inzwischen aber auch im **Wirtschaftsleben**, etwa im Bau- oder Gesellschaftsrecht,[18] weil sich die Parteien erhoffen, nach einer Mediation die Zusammenarbeit besser fortsetzen zu können als nach einem Gerichtsverfahren.[19]

Als Untergruppe der Mediation ist insbesondere im englischen Sprachraum auch der Begriff „facilitation" oder „facilitative mediation" anzutreffen. Der Mediator hält sich hier in besonderer Weise zurück, eine Meinung zur Rechts- oder Sachlage zu äußern.[20] Als Gegenstück findet sich die „evaluative mediation", bei der der Mediator eine Meinung zur Rechts- und Sachlage formulieren darf und soll, um eine Vereinbarung zu erreichen.[21] Das überschneidet sich mit der Schlichtung (→ Rn. 12 f.).

3. Schlichtung

Bei der Schlichtung unterbreitet ein neutraler Dritter einen **nicht bindenden Lösungsvorschlag**.[22] Dadurch unterscheidet sie sich von der nur moderierenden Mediation (→ Rn. 9).[23] Anders als bei einem Schiedsverfahren (→ Rn. 16 ff.) oder Schiedsgutachten (→ Rn. 21 f.) unterstützt der Schlichter die Parteien aber zunächst bei ihren Verhandlungen, um einen Schlichterspruch möglichst zu vermeiden.[24]

In manchen Bundesländern ist ein Schlichtungsversuch bei bestimmten Streitigkeiten zwingende **Zulässigkeitsvoraussetzung** für einen Zivilprozess (vgl. § 15a EGZPO, → Rn. 31).[25] Zudem findet bei der Verbraucherstreitbeilegung (→ *Alternative Streitbeilegung (ADR), in Verbrauchersachen* Rn. 2 ff.) die Schlichtung mit Bezügen zur Mediation Anwendung (§ 6 Abs. 2 S. 2, § 18 VSBG).[26]

4. Adjudikation

Bei der Adjudikation trifft ein neutraler Adjudikator eine **vorläufig bindende Entscheidung**, die so lange verbindlich bleibt, bis sie mit einer (schieds-)gerichtlichen Klage angegriffen wird oder eine (schieds-)gerichtliche Entscheidung ergangen ist.[27] Adjudikation wird insbesondere bei (laufenden) Bauvorhaben eingesetzt, da hier schnelle Konfliktbeilegung erforderlich ist.[28]

Eine besondere Ausprägung sind die sog. Dispute Boards, welche vor allem bei (Bau-)Unternehmungen als **Dispute Review Board** oder **Dispute Adjudication Board** vorkommen.[29] Dispute Boards sind dabei Gremien von in der Regel drei Personen, die entweder projektbegleitend oder bei auftretenden Konflikten (ad hoc) zur Entscheidung, Schlichtung oder Prävention von Konflikten tätig werden.[30] **Dispute Review Boards** sprechen Empfehlungen aus, die bei Ausbleiben eines Widerspruchs verbindlich werden.[31] **Dispute**

---

16 MüKoZPO/Münch Vorb. zu § 1025 Rn. 68.
17 MüKoZPO/Rauscher Einl. Rn. 78; MüKoZPO/Münch ZPO Vorb. zu § 1025 Rn. 66.
18 MüKoZPO/Münch ZPO Vorb. zu § 1025 Rn. 66.
19 MüKoZPO/Rauscher Einl. Rn. 79.
20 Kaufmann-Kohler/Schultz Online Dispute Resolution S. 22; vgl. auch https://pacificdr.ca/conflict-management/facilitated-negotiations.
21 Kaufmann-Kohler/Schultz Online Dispute Resolution S. 22.
22 HK-MediationsG/Klowait/Gläßer Einl. Rn. 37.
23 HK-MediationsG/Klowait/Gläßer Einl. Rn. 37.
24 HK-MediationsG/Klowait/Gläßer Einl. Rn. 37; MüKoZPO/Münch ZPO Vorb. zu § 1025 Rn. 42.
25 HK-MediationsG/Klowait/Gläßer Einl. Rn. 38.
26 HK-MediationsG/Klowait/Gläßer Einl. Rn. 39.
27 HK-MediationsG/Klowait/Gläßer Einl. Rn. 41.
28 HK-MediationsG/Klowait/Gläßer Einl. Rn. 41.
29 MüKoZPO/Münch ZPO Vorb. zu § 1025 Rn. 91.
30 HK-MediationsG/Klowait/Gläßer Einl. Rn. 40.
31 MüKoZPO/Münch ZPO Vorb. zu § 1025 Rn. 91; HK-MediationsG/Klowait/Gläßer Einl. Rn. 40.

Adjudication Boards entscheiden vorläufig verbindlich; die Entscheidung kann aber in einem Gerichts- oder Schiedsverfahren angegriffen werden.[32] Dispute Boards ermöglichen eine zeitnahe Entscheidung, um das Projekt schnellstmöglich fortzusetzen.[33] Nachfolgende Gerichts- oder Schiedsverfahren betreffen dann häufig nur noch Ausgleichszahlungen bei fehlerhaften Entscheidungen des Dispute Boards.[34]

5. Schiedsverfahren

16 Umstritten ist, ob die Schiedsgerichtsbarkeit (engl. arbitration) zur alternativen Streitbeilegung gehört oder nicht.[35] Als Schiedsgericht (im Sinne des 10. Buchs der ZPO, also der §§ 1025 ff. ZPO) werden mit einem oder mehreren Schiedsrichtern besetzte Entscheidungsgremien verstanden, denen durch die Parteien die Aufgabe übertragen wurde, bürgerlich-rechtliche Streitigkeiten anstelle staatlicher Gerichte endgültig zu entscheiden.[36] Es wird ein gerichtsförmiges Verfahren durchgeführt, das in eine verbindliche Entscheidung mündet, die regelmäßig auf dem geltenden materiellen Recht beruht. Insofern wird Schiedsgerichtsbarkeit auch als „materielle Rechtsprechung" bezeichnet.[37]

17 Schiedsverfahren sind daher dann **alternative Streitbeilegung**, wenn es um eine Abgrenzung zu staatlichen Gerichtsverfahren geht.[38] Soll das Adjektiv „alternativ" hingegen etwas funktionell anderes als die Anwendung von Rechtsnormen in einem verbindlichen Verfahren beschreiben, ist das Schiedsverfahren keine alternative Streitbeilegung.[39]

18 Unternehmen setzen Schiedsverfahren wegen ihrer **Vorteile** gerne ein.[40] Genannt werden etwa eine kürzere Verfahrensdauer, die freie Wahl der Schiedsrichter, die größere Vertraulichkeit sowie die größere Effizienz und Flexibilität des Verfahrens. Es kommt aber immer auf den Einzelfall an, ob diese Vorteile wirklich vorliegen.[41] Von besonderem Wert ist das Schiedsverfahren bei internationalen Streitigkeiten, weil etwa Ort und Sprache frei gewählt werden können und sich Schiedssprüche sehr leicht weltweit vollstrecken lassen aufgrund der New York Convention on the Recognition and Enforcement of Arbitral Awards von 1958.[42]

19 Bei der **Verbraucherrechtsdurchsetzung** (→ *Alternative Streitbeilegung (ADR), in Verbrauchersachen* Rn. 1 ff.) konnte sich die Schiedsgerichtsbarkeit bisher nicht durchsetzen, insbesondere weil klassische Schiedsverfahren zu viel kosten und wegen der vorangehenden Schiedsrichterauswahl zu lange dauern.[43]

20 Mit Blick auf die **Digitalisierung der Streitbeilegung** lohnt es aber, die Schiedsgerichtsbarkeit im Auge zu behalten. Erste Versuche, Schiedsverfahren in das Internet zu verlagern, gab es bereits 1996 als die American Arbitration Institution (AAA) zusammen mit der Villanovo University, PA, USA, einen Virtual Magistrate ins Leben rief.[44] Auch sonst gibt es verschiedene Ansätze, **„Online Arbitration"** einzuführen, also ausschließlich online stattfindende Schiedsverfahren.[45] So gibt es beispielsweise den Anbieter Opus 2,[46] der eine vielgenutzte Plattform zur Verfügung stellt, um die Kommunikation in einem Schiedsverfahren

---

32 MüKoZPO/Münch ZPO Vorb. zu § 1025 Rn. 91; HK-MediationsG/Klowait/Gläßer Einl. Rn. 40.
33 Vgl. MüKoZPO/Münch ZPO Vorb. zu § 1025 Rn. 91.
34 Vgl. MüKoZPO/Münch ZPO Vorb. zu § 1025 Rn. 91.
35 Gegen die Einordnung des Schiedsverfahrens als ADR: MüKoZPO/Münch ZPO Vorb. zu § 1025 Rn. 40; Einordnung des Schiedsverfahrens als ADR: Kaulartz/Braegelmann AI und Machine Learning-HdB/Kreis Rn. 11; MüKoZPO/Rauscher Einl. Rn. 57 ff.
36 BGH Urt. v. 4.6.1981 – III ZR 4/80, MDR 1982, 36; Rosenberg/Schwab/Gottwald ZivilProzR § 174 Rn. 1; Prütting/Gehrlein/Prütting ZPO § 1025 Rn. 1.
37 Vgl. MüKoZPO/Münch ZPO Vorb. zu § 1025 Rn. 7 mwN.
38 HK-MediationsG/Klowait/Gläßer Einl. Rn. 30.
39 Vgl. MüKoZPO/Münch ZPO Vorb. zu § 1025 Rn. 40.
40 MüKoZPO/Münch ZPO Vorb. zu § 1025 Rn. 112 ff.
41 MüKoZPO/Münch ZPO Vorb. zu § 1025 Rn. 112.
42 Vgl. MüKoZPO/Münch ZPO Vorb. zu § 1025 Rn. 132 ff.
43 Zorilla SchiedsVZ 2018, 106 (110).
44 Zorilla SchiedsVZ 2018, 106.
45 Vgl. Wang, Online Arbitration, 2018; Zorilla SchiedsVZ 2018, 106; Lavi 37(3) U. Pa. J Int'l L. (2016), 871 (885).
46 Siehe https://www.opus2.com/.

zu erleichtern.⁴⁷ In ähnlicher Weise hat das Arbitration Institute of the Stockholm Chamber of Commerce (SCC) 2019 eine Streitbeilegungsplattform eingeführt, welche die erste ihrer Art sein soll.⁴⁸ Mit Blick auf Online Arbitration wird wieder Potenzial für Schiedsverfahren im Bereich der **Verbraucherstreitbeilegung** (→ *Alternative Streitbeilegung (ADR), in Verbrauchersachen* Rn. 1 ff.) gesehen, da ein Schiedsverfahren zB deutlich einfacher sein kann als etwa eine Mediation, die darauf basiert, dass die Parteien im Wege intensiver Kommunikation einen Interessenausgleich finden.⁴⁹ Bei einem Schiedsverfahren genügt es hingegen, die Tatsachen vorzutragen, damit das Schiedsgericht eine Entscheidung treffen kann.

6. Schiedsgutachten

Nicht mit dem Schiedsverfahren (→ Rn. 16) zu verwechseln sind die sog. Schiedsgutachten. Der Schiedsgutachter begutachtet einen (technischen, wirtschaftlichen oder juristischen) Teilaspekt eines Streits.⁵⁰ Das ist der maßgebliche Unterschied zum Schiedsverfahren:⁵¹ Während Schiedsgerichte wie staatliche Gerichte den Streit umfassend entscheiden, bewertet der Schiedsgutachter nur einen Teilaspekt.⁵² Auf das Schiedsgutachten können daher die Regeln über die Inhaltsbestimmung durch einen Dritten gem. §§ 317 ff. BGB Anwendung finden, nicht aber die §§ 1025 ff. ZPO.⁵³

Das Schiedsgutachten entscheidet diesen Teilaspekt entweder verbindlich⁵⁴ oder erleichtert als unverbindliche Empfehlung die Streitbeilegung ähnlich der Schlichtung (→ Rn. 12).⁵⁵ Letzteres vermag dann eine Einigung erleichtern, wenn ein neutraler, im Streitthema kompetenter Schiedsgutachter ein überzeugendes Gutachten vorlegt.⁵⁶

7. Gemischte Formen

ADR-Verfahren (→ Rn. 8–22) können auch kombiniert werden.⁵⁷ Mit sog. „**Eskalationsklauseln**" kann vereinbart werden, dass zunächst eine nicht-gerichtsförmige Form der Streitbeilegung (Mediation (→ Rn. 9), Schlichtung (→ Rn. 12), ggf. Adjudikation (→ Rn. 14) oder Schiedsgutachten (→ Rn. 21) durchlaufen werden muss, bevor ein Gerichts- oder Schiedsverfahren (→ Rn. 16) zulässig ist.⁵⁸

Insbesondere Mediation und Schiedsverfahren werden häufig kombiniert, was mit den von den englischen Begriffen „mediation" und „arbitration" abgeleiteten Abkürzungen **Med-Arb** (erst Mediation, dann Schiedsverfahren), **Arb-Med** (erst Schiedsverfahren, dann Mediation) oder auch **Med-Arb-Med** (in Mediation eingebettetes Schiedsverfahren) und **Arb-Med-Arb** (in Schiedsverfahren eingebettete Mediation) bezeichnet wird.⁵⁹

Vorgeschlagen wird, sog. Online Mediation Arbitration-Verfahren für **Verbraucherstreitigkeiten** (→ *Alternative Streitbeilegung (ADR), in Verbrauchersachen* Rn. 1 ff.) zu schaffen, um dadurch die Vorteile von Mediation, Schiedsverfahren und Technologie für die Verbraucherstreitbeilegung zu nutzen.⁶⁰ Insbesondere ließe sich mit dem Anfügen eines Verbraucherschiedsverfahrens das Problem überwinden, dass Verbraucherstreitbeilegung häufig unverbindlich ist und das materielle Verbraucherrecht nur unzureichend berücksichtigt (→ *Alternative Streitbeilegung (ADR), in Verbrauchersachen* Rn. 21).

---

47 Zorilla SchiedsVZ 2018, 106 (109).
48 Siehe https://sccinstitute.com/case-management/.
49 Lavi 37(3) U. Pa. J Int'l L. (2016), 871 (899).
50 HK-MediationsG/Klowait/Gläßer Einl. Rn. 32.
51 Vgl. MüKoZPO/Münch ZPO Vorb. zu § 1025 Rn. 94 ff.
52 HK-MediationsG/Klowait/Gläßer Einl. Rn. 32.
53 Vgl. MüKoZPO/Münch ZPO Vorb. zu § 1025 Rn. 101 ff.
54 Wieczorek/Schütze/Schütze ZPO § 1025 Rn. 58.
55 HK-MediationsG/Klowait/Gläßer Einl. Rn. 32.
56 HK-MediationsG/Klowait/Gläßer Einl. Rn. 34.
57 HK-MediationsG/Klowait/Gläßer Einl. Rn. 42.
58 MüKoZPO/Münch ZPO Vorb. zu § 1025 Rn. 40.
59 HK-MediationsG/Klowait/Gläßer Einl. Rn. 42–45; Eidenmüller/Wagner MediationsR/Engel Rn. 32–43.
60 Lavi 37(3) U. Pa. J Int'l L. (2016), 871.

26 Die Kombination von Mediation und anschließendem gerichtsförmigen Verfahren wird zudem beim Civil Resolution Tribunal der kanadischen Provinz British Columbia in einem digitalen Prozess umgesetzt (→ *Alternative Streitbeilegung (ADR), Online Dispute Resolution* Rn. 5). Hier werden die Parteien nicht nur zu Verhandlungen motiviert, sondern Facilitation – eine Form von Mediation (→ Rn. 11) – ist im Prozess fest vorgesehen.[61]

IV. Rechtsgrundlagen der alternativen Streitbeilegung

27 Die alternative Streitbeilegung ist in Deutschland nicht systematisch kodifiziert, sondern Regeln finden sich über die Rechtsordnung verstreut.[62]

1. ADR-RL, ODR-VO und VSBG

28 Die alternative Streitbeilegung in Verbrauchersachen durch Schlichtungsstellen erfährt durch die ADR-Richtlinie,[63] die ODR-Verordnung[64] und das VSBG[65] als deutsches Umsetzungsgesetz zur ADR-Richtlinie eine rechtliche Ausgestaltung. Zweck der Gesetzgebung war es, die außergerichtliche Streitbeilegung in Verbrauchersachen zu fördern, indem die Mitgliedstaaten durch die ADR-Richtlinie zu einer Mindestharmonisierung veranlasst werden und mit der ODR-Verordnung eine Plattform geschaffen wird, auf der sich Verbraucher europaweit über Schlichtungsangebote informieren können. Siehe weiterführend die Ausführungen unter → *Alternative Streitbeilegung (ADR), in Verbrauchersachen* Rn. 6 ff.

2. Mediations-RL und MediationsG

29 Die **Mediations-RL**[66] soll als Mindestharmonisierung den Zugang zur alternativen Streitbeilegung erleichtern und die gütliche Beilegung von Streitigkeiten fördern (Art. 1 Abs. 1 Hs. 1 Mediations-RL).[67] Sie regelt die Mediation aber nicht umfassend, sondern beschränkt sich auf bestimmte inhaltliche Aspekte für grenzüberschreitende Streitigkeiten in Zivil- und Handelssachen.[68] Geregelt werden die sog. „**drei großen Vs**"[69], also **Vollstreckung** (Art. 6), **Vertraulichkeit** (Art. 7) und **Verjährung** (Art. 8).[70] Darüber hinaus soll ein beruflicher Standard gewährleistet werden (vgl. Art. 4 Mediations-RL).[71]

30 Umgesetzt wurde die Mediations-RL in Deutschland durch das Gesetz zur Förderung der Mediation und anderer Verfahren der außergerichtlichen Konfliktbeilegung vom 21.7.2012,[72] dessen Art. 1 das **MediationsG** enthält und dessen Art. 2 bis 8 die Prozessgesetze änderten. Das MediationsG geht weit über die Mindestanforderungen der Mediations-RL hinaus.[73] So erfasst es neben internationalen auch nationale

---

61 Siehe https://civilresolutionbc.ca/tribunal-process/.
62 Greger/Unberath/Steffek/Greger/Steffek Einl. A. Rn. 6.
63 Richtlinie 2013/11/EU des Europäischen Parlaments und des Rates v. 21.5.2013 über die alternative Beilegung verbraucherrechtlicher Streitigkeiten und zur Änderung der Verordnung (EG) Nr. 2006/2004 und der Richtlinie 2009/22/EG (Richtlinie über alternative Streitbeilegung in Verbraucherangelegenheiten) (ABl. L 165, 63).
64 Verordnung (EU) Nr. 524/2013 des Europäischen Parlaments und des Rates v. 21.5.2013 über die Online-Beilegung verbraucherrechtlicher Streitigkeiten und zur Änderung der Verordnung (EG) Nr. 2006/2004 und der Richtlinie 2009/22/EG (Verordnung über Online-Streitbeilegung in Verbraucherangelegenheiten) (ABl. L 165, 1).
65 Gesetz über die alternative Streitbeilegung in Verbrauchersachen (Verbraucherstreitbeilegungsgesetz – VSBG) v. 19.2.2016 (BGBl. I 254, 1039), das zuletzt durch Art. 2 Abs. 3 des Gesetzes v. 25.6.2020 (BGBl. I 1474) geändert worden ist.
66 Richtlinie 2008/52/EG des Europäischen Parlaments und des Rates v. 21.5.2008 über bestimmte Aspekte der Mediation in Zivil- und Handelssachen (ABl. L 136, 3).
67 MüKoZPO/Münch ZPO Vorb. zu § 1025 Rn. 84.
68 HK-MediationsG/Klowait/Gläßer Einl. Rn. 5, 7.
69 HK-MediationsG/Klowait/Gläßer Einl. Rn. 7.
70 HK-MediationsG/Klowait/Gläßer Einl. Rn. 7; MüKoZPO/Münch ZPO Vorb. zu § 1025 Rn. 86.
71 MüKoZPO/Münch ZPO Vorb. zu § 1025 Rn. 86.
72 BGBl. I 1577.
73 HK-MediationsG/Klowait/Gläßer Einl. Rn. 21.

Sachverhalte[74] und neben Zivil- und Handelssachen auch verwaltungs-, arbeits-, finanz-, sozial-, patent- und markenrechtliche Streitigkeiten.[75] Inhaltlich regelt das Gesetz insbesondere Verfahrensfragen (§ 2 MediationsG), Anforderungen an den Mediator (§ 3 MediationsG) sowie dessen Verschwiegenheitspflicht (§ 4 MediationsG). Daneben werden Regelungen zur beruflichen Qualifikation des Mediators getroffen (§§ 5, 6 MediationsG).

3. Sonstiges deutsches nationales Recht

§ 15a EGZPO erlaubt den Landesgesetzgebern, ein **verbindliches Schlichtungsverfahren** für bestimmte Streitigkeiten einzuführen.[76] § 278 Abs. 2 ZPO ordnet eine **Güteverhandlung** im staatlichen Gerichtsverfahren an und das Gericht kann die Parteien an einen **Güterichter** verweisen, § 278 Abs. 5 ZPO. Gem. § 278a ZPO kann das Gericht den Parteien auch eine **Mediation** vorschlagen und, wenn sich die Parteien dafür entscheiden, das Ruhen des Verfahrens anordnen. 31

Materiellrechtlich werden die §§ 317 ff. BGB relevant, wenn **neutrale Dritte verbindliche Regelungen** zur Konfliktbeilegung treffen, insbesondere beim Schiedsgutachten (→ Rn. 21 f.). § 309 Nr. 14 BGB schließt es aus, – jedenfalls gegenüber Verbrauchern – den Vertragspartner des AGB-Verwenders zu zwingen, an einem ADR-Verfahren teilzunehmen, wenn dieser Ansprüche gegen den Verwender geltend machen will. 32

Gem. **§ 204 Abs. 1 Nr. 4 BGB** kann die Bekanntgabe des Antrags an eine Streitbeilegungsstelle zur Geltendmachung eines Anspruchs die **Verjährung** unter den weiteren Voraussetzungen hemmen (vgl. auch Art. 12 ADR-RL). Bei den übrigen ADR-Verfahren greift möglicherweise **§ 203 BGB**, weil unter den weit auszulegenden Begriff der Verhandlung[77] die meisten ADR-Verfahren zu fassen sind.[78] Bei **Schiedsverfahren** (→ Rn. 16) greift **§ 204 Abs. 1 Nr. 11 BGB**. 33

4. Privat geschaffenes Recht

Neben dem staatlichen gibt es privates Recht für die außergerichtliche Streitbeilegung. So haben einige **Schiedsinstitutionen** spezielle **Mediationsregeln** für die **Wirtschaftsmediation** (→ Rn. 10) geschaffen. Schiedsinstitutionen sind Einrichtungen ohne Hoheitsgewalt, die gegen Entgelt Schiedsverfahren und andere Streitbeilegungsverfahren administrieren. Dafür stellen sie in der Regel auch (private) Verfahrensordnungen bereit.[79] Mediationsordnungen finden sich zB bei der Deutschen Institution für Schiedsgerichtsbarkeit e.V. (DIS),[80] der International Chamber of Commerce (ICC)[81] und dem Hong Kong International Arbitration Center (HKIAC).[82] Daneben gibt es **Schlichtungsordnungen** der **Verbraucherschlichtungsstellen** gem. § 5 VSBG (→ *Alternative Streitbeilegung (ADR), in Verbrauchersachen* Rn. 14). 34

5. Sonstige Vorschriften

Neben den dargestellten verbindlichen Rechtsakten hat die United Nations Commission on International Trade Law (UNCITRAL) 2002 ein 2018 überarbeitetes **Modellgesetz**[83] für die (Wirtschafts-)Mediation 35

---

74 MüKoZPO/Münch ZPO Vorb. zu § 1025 Rn. 89; HK-MediationsG/Klowait/Gläßer Einl. Rn. 22.
75 HK-MediationsG/Klowait/Gläßer Einl. Rn. 22.
76 MüKoZPO/Rauscher Einl. Rn. 60.
77 BeckOGK/Meller-Hannich, BGB § 203 Rn. 16; BeckOK BGB/Spindler BGB § 203 Rn. 4.
78 BeckOGK/Meller-Hannich, BGB § 203 Rn. 24.
79 Vgl. MüKoZPO/Münch ZPO Vorb. zu § 1025 Rn. 42.
80 Siehe https://www.disarb.org/fileadmin/user_upload/Werkzeuge_und_Tools/DIS-Mediationsordnung_V.pdf.
81 Siehe https://iccwbo.org/dispute-resolution-services/mediation/mediation-rules/.
82 Siehe https://www.hkiac.org/mediation/rules/hkiac-mediation-rules.
83 UNCITRAL Model Law on International Commercial Conciliation, 2002 (UN-Dok. Nr. A/57/562 and Corr.1); UNCITRAL Model Law on International Commercial Mediation and International Settlement Agreements Resulting from Mediation, 2018 (amending the UNCITRAL Model Law on International Commercial Conciliation, 2002) (UN-Dok. Nr. A/73/17).

geschaffen.[84] Das Modellgesetz ist ein unverbindliches Angebot an Staaten, nach seinem Vorbild entsprechende nationale Gesetze zu erlassen. In ähnlicher Weise gibt es das UNCITRAL Model Law on International Commercial Arbitration von 1985 mit Ergänzungen von 2006 für das Schiedsverfahrensrecht.

36 2004 stellte die EU-Kommission zudem einen Europäischen Verhaltenskodex für Mediatoren[85] auf, der allerdings nur ein unverbindliches Regelwerk mit allgemeinen Grundsätzen darstellt. Die Einhaltung wird von der EU-Kommission nicht überprüft.[86]

---

84 Faust/Schäfer Internet und KI/Althammer S. 249 (263).
85 Europäische Kommission, Europäischer Verhaltenskodex für Mediatoren, 2009, abrufbar unter https://e-justice.europa.eu/fileDownload.do?id=54d2c75c-4f58-487d-aee3-28eef81debf4, S. 2.
86 HK-MediationsG/Klowait/Gläßer Einl. Rn. 4.

4. Alternative Streitbeilegung (ADR), in Verbrauchersachen

Horn

I. Einführung	1	2. Rechtsgrundlage	6
II. Staatlich regulierte Verbraucherstreitbeilegung	2	3. Kritik an der Verbraucherstreitbeilegung	15
1. Funktionsweise	2	III. Private Streitbeilegung von Handelsplattformen	22

Literatur: *Althammer*, Alternative Streitbeilegung im Internet, in Faust/Schäfer (Hrsg.), Zivilrechtliche und rechtsökonomische Probleme des Internet und der künstlichen Intelligenz, 2019, S. 249 (zit.: Faust/Schäfer Internet und KI/Althammer); *Berlin,* Alternative Streitbeilegung in Verbraucherkonflikten, 2014; *Deichsel*, Digitalisierung der Streitbeilegung, 2022; *Deichsel*, Sachverhaltsfeststellung in der automatisierten Konfliktbeilegung, LR 2020, 98; *Deichsel*, Verbraucherschlichtungsstellen - Ein Anwendungsfall für Legal Tech?, VuR 2020, 283; *Greger/Unberath/Steffek* (Hrsg.), Recht der alternativen Konfliktlösung. Mediationsgesetz, Verbraucherstreitbeilegungsgesetz. Kommentar, 2. Aufl. 2016 (zit.: Greger/Unberath/Steffek); *Ebers*, Automating due process – the promise and challenges of AI-based techniques in consumer online dispute resolution, in: Kramer/Hoevenaars/Kas/Themeli (Hrsg), Frontiers in Civil Justice: Privatisation, Monetisation and Digitisation, 2022, S. 142 (zit.: Kramer et al. Frontiers in Civil Justice/Ebers); *Fries*, PayPal Law und Legal Tech – Was macht die Digitalisierung mit dem Privatrecht?, NJW 2016, 2860, 2861; *Heetkamp*, Online Dispute Resolution bei grenzüberschreitenden Verbraucherverträgen, 2017 (zit.: Heetkamp Online Dispute Resolution); *Loebl*, Designing Online Courts - The future of justice is open to all, 2019; *Sela*, Can Computers Be Fair? How Automated and Human-Powered Online Dispute Resolution Affect Procedural Justice in Mediation and Arbitration, 21(3) Lewis & Clark L. Rev. (2017), 633; *Rühl*, Die Richtlinie über alternative Streitbeilegung: Handlungsperspektiven und Handlungsoptionen, ZZP 127 (2014), 61.

I. Einführung

Angewendet werden Methoden der alternativen Streitbeilegung (→ *Alternative Streitbeilegung (ADR), allgemein* Rn. 7 ff.) mittlerweile auch im Bereich der Verbraucherstreitbeilegung. Unterschieden werden kann zwischen den mittels ADR-RL (→ Rn. 8), ODR-VO (→ Rn. 10) und VSBG (→ Rn. 12) gesetzlich regulierten Angeboten und den (rein) privaten Angeboten, die insbesondere von Betreibern von Handelsplattformen wie eBay oder PayPal bereitgestellt werden (→ Rn. 22 ff.). Mit Online-Verbraucherschlichtung wird die Hoffnung verbunden, ein hohes Fallvolumen kleiner Streitigkeiten effizient beizulegen, ohne den aufwendigen Weg des staatlichen Zivilprozesses gehen zu müssen.

II. Staatlich regulierte Verbraucherstreitbeilegung

1. Funktionsweise

Die staatlich regulierte Verbraucherstreitbeilegung basiert auf einem **System von Verbraucherschlichtungsstellen** (§ 2 VSBG), die für die verschiedenen Branchen eingerichtet werden und den Vorgaben des VSBG entsprechen müssen (→ Rn. 12 ff.). Die Schlichtungsstellen geben sich eine Verfahrensordnung, auf deren Grundlage sie die Schlichtung durchführen (→ Rn. 14). Zentrales Prinzip ist die Freiwilligkeit, denn die Verbraucherschlichtungsstellen dürfen nur unverbindliche Lösungen vorschlagen (§ 5 Abs. 2 VSBG) und die Parteien dürfen sich jederzeit zurückziehen (vgl. § 19 Abs. 3 VSBG).[1]

Eine solche Schlichtungsstelle ist zum Beispiel die **Schlichtungsstelle für den öffentlichen Personenverkehr e.V. (SÖP)**,[2] die außergerichtliche Streitbeilegung für alle Felder des Personentransports, insbesondere durch Flugzeug und Bahn, anbietet. Verbraucher können online ein interaktives Beschwerdeformular ausfüllen, um ihre Streitigkeit beizulegen. Die SÖP prüft danach die Beschwerde, kontaktiert das Unternehmen und unterbreitet schließlich einen begründeten Schlichtungsvorschlag, der in seinem Aufbau dem Urteil eines staatlichen Gerichts entspricht.[3]

---

[1] MüKo ZPO/Münch ZPO Vorb. zu § 1025 Rn. 62.
[2] Siehe https://soep-online.de/.
[3] Siehe https://soep-online.de/das-schlichtungsverfahren/; https://soep-online.de/soep_empfehlungen/.

4 Gibt es keine passende Schlichtungsstelle für einen Bereich, ist in Deutschland die **Universalschlichtungsstelle des Bundes** zuständig.[4] Anträge können per Online-Formular, Post, E-Mail oder Fax eingereicht werden.[5]

5 Eine Übersicht über national verfügbare Schlichtungsstellen bietet die aufgrund der ODR-VO errichtete **europäische OS-Plattform** (→ Rn. 10).[6]

2. Rechtsgrundlage

6 Das Recht der Verbraucherstreitbeilegung ist durch die europäische ADR-Richtlinie,[7] die europäische ODR-Verordnung[8] sowie das VSBG[9] als deutsches Umsetzungsgesetz zur ADR-RL normiert.

7 ADR-RL und ODR-VO sind **aufeinander abgestimmte europäische Rechtsakte** (vgl. Erwägungsgrund 12 der ADR-RL und Erwägungsgründe 9 und 16 zur ODR-VO),[10] mit denen der europäische Gesetzgeber beabsichtigte, die außergerichtliche Beilegung von verbraucherrechtlichen Streitigkeiten zu fördern und dabei Zugang zu qualitativ hochwertigen Streitbeilegungsstellen zu sichern (vgl. Erwägungsgründe 4 und 7 zur ADR-RL).[11] Es sollten eine Zugangsgarantie (Ob) sowie eine Qualitätsgarantie (Wie) geschaffen werden, damit Streitigkeiten schnell beendet werden können.[12]

8 Die **ADR-RL** bezweckt eine Mindestharmonisierung der Verbraucherstreitbeilegung.[13] Dazu verpflichtet sie die Mitgliedstaaten, Zugang zu einer Streitbeilegungsstelle zu gewährleisten, die den Anforderungen der Richtline entspricht (Art. 5 Abs. 1 ADR-RL), legt Mindestanforderungen für das Verfahren fest (Art. 6 bis 9 ADR-RL) und stellt Informations- und Überwachungspflichten auf (Art. 13 bis 15, 20 ADR-RL).[14] Unternehmen dürfen Verbrauchern aber nicht vor Entstehen einer Streitigkeit qua Vereinbarung das Recht nehmen, vor ein staatliches Gericht zu ziehen (Art. 10 Abs. 1 ADR-RL).

9 **Anwendbar** ist die ADR-RL – genauso wie die ODR-VO – auf Streitigkeiten zwischen in der EU niedergelassenen Unternehmern und in der EU wohnhaften Verbrauchern (Art. 2 Abs. 1 ADR-RL; Art. 2 Abs. 1 ODR-VO), nicht also auf Streitigkeiten zwischen Verbrauchern oder zwischen Unternehmern oder bei Beteiligung von Personen aus Drittstaaten.[15] Wegen des beschränkten Anwendungsbereichs bietet sie daher keineswegs umfassenden Rechtsschutz für Verbraucher.[16]

10 Die **ODR-VO** soll als Ergänzung der ADR-RL[17] zu einem hohen Verbraucherschutzniveau für einen reibungslosen Binnenmarkt beitragen (Art. 1 ODR-VO). Dazu wird eine **europäische „OS-Plattform"** eingerichtet, die eine „unabhängige, unparteiische, transparente, effektive, schnelle und faire außergerichtliche Online-Beilegung von Streitigkeiten zwischen Verbrauchern und Unternehmern ermöglicht" (Art. 1

---

4 Siehe https://www.verbraucher-schlichter.de/.
5 Siehe https://www.verbraucher-schlichter.de/schlichtungsverfahren/antrag-info.
6 Siehe https://ec.europa.eu/consumers/odr/main.
7 Richtlinie 2013/11/EU des Europäischen Parlaments und des Rates v. 21.5.2013 über die alternative Beilegung verbraucherrechtlicher Streitigkeiten und zur Änderung der Verordnung (EG) Nr. 2006/2004 und der Richtlinie 2009/22/EG (Richtlinie über alternative Streitbeilegung in Verbraucherangelegenheiten) (ABl. L 165, 63).
8 Verordnung (EU) Nr. 524/2013 des Europäischen Parlaments und des Rates v. 21.5.2013 über die Online-Beilegung verbraucherrechtlicher Streitigkeiten und zur Änderung der Verordnung (EG) Nr. 2006/2004 und der Richtlinie 2009/22/EG (Verordnung über Online-Streitbeilegung in Verbraucherangelegenheiten) (ABl. L 165, 1).
9 Gesetz über die alternative Streitbeilegung in Verbrauchersachen (Verbraucherstreitbeilegungsgesetz – VSBG) v. 19.2.2016 (BGBl. I 254, 1039), das zuletzt durch Art. 2 Abs. 3 des Gesetzes v. 25.6.2020 (BGBl. I 1474) geändert worden ist.
10 MüKo ZPO/Münch ZPO Vorb. zu § 1025 Rn. 53.
11 Rühl ZZP 127 (2014), 61 (62).
12 MüKo ZPO/Münch ZPO Vorb. zu § 1025 Rn. 53.
13 MüKo ZPO/Münch ZPO Vorb. zu § 1025 Rn. 55.
14 Rühl ZZP 127 (2014), 61 (71).
15 Rühl ZZP 127 (2014), 61 (63).
16 Rühl ZZP 127 (2014), 61 (63).
17 Faust/Schäfer Internet und KI/Althammer S. 249 (256).

ODR-VO). Die OS-Plattform[18] soll als interaktive Website zentrale Anlaufstelle für Verbraucher und Unternehmer bei Rechtsstreitigkeiten aus Online-Geschäften sein (Art. 5 Abs. 2 ODR-VO). Es soll über die außergerichtliche Streitbeilegung bei Online-Kauf- und Dienstleistungsverträgen informiert sowie ein Beschwerdeformular bereitgestellt werden (Art. 5 Abs. 4 lit. a mit Erwägungsgrund 18 zur ODR-VO). Die Beschwerden werden an die entsprechenden Schlichtungsstellen weitergeleitet (Erwägungsgrund 18 zur ODR-VO). Zudem soll für die nationalen Schlichtungsstellen ein Online-Fallbearbeitungstool zur Verfügung stehen (Art. 5 Abs. 4 lit. d ODR-VO), das aber kaum genutzt wird.[19] Seit Juli 2019 können Verbraucher auf der OS-Plattform zudem einen Selbsttest durchführen, um die beste Streitbeilegungsmethode für einen konkreten Streit zu finden.[20]

Unternehmer, die Online-Kaufverträge oder Online-Dienstleistungsverträge eingehen, sowie Online-Marktplätze müssen auf ihrer Website einen **klickbaren Link zur OS-Plattform** einstellen (Art. 14 ODR-VO).[21] Strittig ist, ob die Pflicht auch beim Angebot von Waren auf einer Handelsplattform wie eBay gilt.[22] Im rein stationären Handel gilt diese Pflicht nicht, da die ODR-VO hier nicht anwendbar ist (vgl. Art. 2 Abs. 1 ODR-VO).[23]

Das **VSBG**, welches der Umsetzung der ADR-Richtlinie und der „Einpassung" der ODR-VO dient,[24] gilt für die außergerichtliche Beilegung von Streitigkeiten durch eine nach diesem Gesetz anerkannte private Verbraucherschlichtungsstelle oder durch eine nach diesem Gesetz eingerichtete behördliche Verbraucherschlichtungsstelle unabhängig von dem angewendeten Konfliktbeilegungsverfahren (§ 1 Abs. 1 VSBG).

Zentral ist der Begriff der **Verbraucherschlichtungsstelle** (§ 2 Abs. 1 VSBG), einem neugeschaffenen geschützten Legalbegriff mit „Gütesiegeleffekt".[25] Als Verbraucherschlichtungsstellen

- können private Stellen anerkannt werden (**Zertifizierungsmodell**, § 1 Abs. 1 S. 1 Var. 1 VSBG),
- behördliche Stellen eingerichtet (**Selbsteintrittsmodell**, § 1 Abs. 1 S. 1 Var. 2 VSBG) oder
- als Mischform andere private Stellen behördlich beauftragt werden (**Beleihungsmodell**).[26]

Der Gütesiegeleffekt wird allerdings bezweifelt, weil Verbraucher eher auf Bewertungen im Internet vertrauten als auf staatliche Gütesiegel.[27]

Das VSBG verpflichtet insbesondere dazu, eine **Verfahrensordnung** zu schaffen (§ 5 Abs. 1 VSBG), als Streitmittler **neutral** zu sein (§§ 6 bis 8, 14 VSBG) und **rechtliches Gehör** zu gewähren (§ 17 VSBG). Zudem werden **Anforderungen an den Streitmittler** gestellt, wobei insofern von einer „kryptischen Mixtur aus Rechtskunde und Psychologie"[28] gesprochen wird.

3. Kritik an der Verbraucherstreitbeilegung

Die Verbraucherschlichtung nach ADR-RL, ODR-VO und VSBG erfährt viel Kritik. So hinke die vom Gesetzgeber geschaffene ODR-Struktur der Zeit hinterher, weil es insbesondere im e-Commerce aufgrund des wirkungsvollen Beschwerdemanagements großer Online-Händler (→ Rn. 22 ff.) selten notwendig sei, eine

---

18 Erreichbar unter https://ec.europa.eu/consumers/odr/.
19 Faust/Schäfer Internet und KI/Althammer S. 249 (258).
20 Europäische Kommission, Functioning of the European ODR Platform. Statistical Report, Dezember 2020, abrufbar unter https://ec.europa.eu/info/sites/default/files/2021-report-final.pdf.
21 ZB OLG Hamburg Urt. v. 26.4.2018 – 3 W 39/18, GRUR-RR 2019, 16.
22 BGH Hinweisbeschl. v. 10.9.2020 – I ZR 237/19, MMR 2021, 331, hat über die Frage nicht entschieden, weil sie im konkreten Fall nicht entscheidungserheblich war.
23 Faust/Schäfer Internet und KI/Althammer S. 249 (256).
24 MüKo ZPO/Münch ZPO Vorb. Zu § 1025 Rn. 46, 54.
25 MüKo ZPO/Münch ZPO Vorb. zu § 1025 Rn. 59.
26 MüKo ZPO/Münch ZPO Vorb. zu § 1025 Rn. 59.
27 Faust/Schäfer Internet und KI/Althammer S. 249 (256).
28 MüKo ZPO/Münch ZPO Vorb. zu § 1025 Rn. 61.

externe Schlichtungsstelle anzurufen.[29] Auch die Fallzahlen spiegelten den geringen Erfolg wider.[30] Diese seien im Vergleich zu den Fallzahlen der privaten Streitschlichtungsinstanzen der Online-Intermediäre (zB eBay, → Rn. 24) ausnehmend gering.[31]

16 Ein wesentlicher Grund für den geringen Erfolg des staatlichen Angebots sei der **fehlende Zwang**.[32] Während Unternehmer am Verfahren der Schlichtungsstellen nicht teilnehmen müssen, könnten die privaten Online-Intermediäre mit drohenden Plattformverweisen Druck aufbauen.[33] Hinzu komme die größere Nutzerfreundlichkeit der privaten Angebote.[34]

17 Unattraktiv sei die Verbraucherschlichtung für Unternehmen auch wegen der **Kosten**, die die Unternehmen tragen müssten.[35] So überstiegen beispielsweise Gebühren der Universalschlichtungsstelle des Bundes[36] häufig den Wert eines durchschnittlichen Kundeneinkaufs.[37]

18 Die Verbraucherschlichtungsstellen müssten zudem einen Großteil der Verfahren wegen **Unzuständigkeit** ablehnen.[38] Dagegen helfe auch die OS-Plattform (→ Rn. 10) nicht, weil durch ungenaues Abfragen beim Verbraucher zum Teil unzuständige Schlichtungsstellen ausgewiesen würden.[39] Vorgeschlagen wird daher die Einrichtung eines vollautomatischen Verbraucherschlichtungsstellen-Finders beim Bundesamt der Justiz nach dem Vorbild der OS-Plattform, damit Verbraucher leicht die richtige Schlichtungsstelle finden.[40] Sinnvoller wäre es aber wohl, die Mängel der OS-Plattform zu beheben, um so zielgerichteter die passende nationale Schlichtungsstelle auszuweisen statt weitere Informationsangebote zu schaffen, die schlechterdings noch mehr verwirren als helfen können.

19 Die OS-Plattform wird insgesamt nicht als Durchbruch angesehen, da sie nur **Koordinierungsportal**, nicht aber selbst ODR-Stelle sei.[41] Letztlich handle es sich um ein rein politisches Projekt, das mangels zukunftsweisender Strategie sowie technischer und geschäftlicher Innovation keine praktische Relevanz erlangt habe.[42] Die OS-Plattform hinke zudem insbesondere im Bereich der strukturierten Sachverhaltserfassung dem heutigen technischen Standard hinterher.[43]

20 Ein **Vorteil** des gesetzgeberisch intendierten ODR-Systems wird allenfalls für kleinere Online-Händler und Start-ups gesehen, weil sie mit der Verbraucherschlichtung Massenbeschwerden kostengünstig und abseits der Gerichtsöffentlichkeit beilegen könnten.[44]

21 Kritisiert wird zudem, dass die Verbraucherstreitbeilegung das **zwingende materielle Verbraucherschutzrecht** aushebele.[45] Solange kein für Verbraucher verbindlicher Schlichtungsvorschlag unterbreitet werde, könne von zwingenden Verbraucherschutzbestimmungen abgewichen werden (vgl. Art. 11 Abs. 1 ADR-RL).[46] Zudem sei die Schlichtung nicht rechtsgebunden, sondern werde von Nicht-Juristen durchgeführt.[47] Hier zeige

---

29 Hartung/Bues/Halbleib Legal Tech/Braegelmann Rn. 938.
30 Faust/Schäfer Internet und KI/Althammer S. 249 (261).
31 Faust/Schäfer Internet und KI/Althammer S. 249 (261).
32 Faust/Schäfer Internet und KI/Althammer S. 249 (262).
33 Faust/Schäfer Internet und KI/Althammer S. 249 (262).
34 Faust/Schäfer Internet und KI/Althammer S. 249 (262).
35 Faust/Schäfer Internet und KI/Althammer S. 249 (258).
36 Siehe https://www.verbraucher-schlichter.de/.
37 Faust/Schäfer Internet und KI/Althammer S. 249 (258).
38 Deichsel VuR 2020, 283 (284).
39 Deichsel VuR 2020, 283 (284).
40 Deichsel VuR 2020, 283 (284).
41 Hartung/Bues/Halbleib Legal Tech/Braegelmann Rn. 938.
42 Loebl Designing Online Courts S. 13.
43 Faust/Schäfer Internet und KI/Althammer S. 249 (258).
44 Hartung/Bues/Halbleib Legal Tech/Braegelmann Rn. 939.
45 Faust/Schäfer Internet und KI/Althammer S. 249 (258 f.) mwN.
46 Faust/Schäfer Internet und KI/Althammer S. 249 (258 f.) mwN.
47 MüKo ZPO/Rauscher Einl. Rn. 69.

sich ein Widerspruch zwischen „hochzwingendem" materiellen Verbraucherrecht einerseits und der „erstaunlich" flexiblen Schlichtung andererseits.[48] Unter der Schlichtung könne auch die **Fortbildung des materiellen Verbraucherschutzrechtes** leiden, wenn den staatlichen Gerichten Verfahren entzogen würden.[49] Abseits vom materiellen Recht seien die ADR-RL und ODR-VO mittlerweile aber auch prozessual veraltet, weil die Risiken zunehmender Automatisierung bei der Verbraucherschlichtung nicht abgedeckt sind, sodass eine Gefahr für rechtsstaatliche Verfahrensgrundsätze entstehe.[50]

III. Private Streitbeilegung von Handelsplattformen

Neben den staatlich regulierten Schlichtungsangeboten (→ Rn. 2 ff.) gibt es private Streitbeilegungsmechanismen von privaten Online-Intermediären, insbesondere eBay, PayPal oder Amazon.[51]

Bei diesen Angeboten lässt sich zunächst fragen, ob überhaupt ADR (→ *Alternative Streitbeilegung (ADR), allgemein* Rn. 1 ff.) oder ODR (→ *Alternative Streitbeilegung (ADR), Online Dispute Resolution (ODR)* Rn. 1 ff.) vorliegt. Denn mit der Handelsplattform tritt kein völlig unabhängiger Dritter (→ *Alternative Streitbeilegung (ADR), allgemein* Rn. 4 ff.) auf.[52] Zwar ist die Plattform nicht selbst Streitpartei, sondern bietet Streitbeilegung für Käufer und Verkäufer an. Allerdings muss kritisch gewürdigt werden, dass die Plattform nicht vollkommen neutral ist, sondern als Plattformbetreiber auch eigene kommerzielle Interessen verfolgt, was sich auf Vergleichsvorschläge auswirken könnte.[53]

Festzustellen ist aber, dass die Plattformen ein Vielfaches des Fallaufkommens haben, das beim staatlich regulierten Angebot bearbeitet wird.[54] So wird für das **eBay Dispute Resolution Center**[55] häufig die Zahl von 60 Millionen Fällen pro Jahr genannt,[56] wobei der durchschnittliche Streitwert 100 USD betrage.[57] Das eBay Dispute Resolution Center führt die Nutzer durch mehrere Phasen der Streitbeilegung, beginnend mit einer automatisierten Problemdiagnose.[58] Wird der Konflikt nicht beigelegt, wird der Prozess immer weiter eskaliert über technologisch unterstützte Verhandlung bzw. Mediation zwischen den Parteien hin zu einer verbindlichen Entscheidung durch eBay, wobei auch Künstliche Intelligenz zum Einsatz kommen soll.[59] Der eBay-Prozess werde dabei kontinuierlich verbessert, indem die Streitigkeiten mit Methoden der Datenanalyse ausgewertet und weiterentwickelt würden.[60]

Auch bei **PayPal**[61] können Kunden für Transaktionen, die über PayPal abgewickelt werden, ein Konfliktlösungsverfahren nutzen.[62] Der Kunde wird zunächst ermutigt, eine Lösung mit dem Vertragspartner zu suchen. Scheitert dies, kann der Kunde über ein strukturiertes Formular weitere Informationen bereitstellen.[63] PayPal prüft dann, ob der Kaufpreis zu erstatten ist. Der Kunde erhält dabei sein Geld zurück, wenn

---

48 MüKo ZPO/Münch ZPO Vorb. zu § 1025 Rn. 63.
49 Faust/Schäfer Internet und KI/Althammer S. 249 (260 f.).
50 Kramer et al. Frontiers in Civil Justice/Ebers, S. 164, 167 f.
51 Faust/Schäfer Internet und KI/Althammer S. 249 (250).
52 Faust/Schäfer Internet und KI/Althammer S. 249 (250).
53 Sela 21(3) Lewis & Clark L. Rev. (2017), 633 (662); Loebl Designing Online Courts S. 6.
54 Faust/Schäfer Internet und KI/Althammer S. 249 (261).
55 Siehe https://resolutioncenter.ebay.de.
56 Vgl. etwa Civil Justice Council, Online Dispute Resolution, Februar 2015, abrufbar unter https://www.judiciary.uk/wp-content/uploads/2015/02/Online-Dispute-Resolution-Final-Web-Version1.pdf, Rn. 1.11; Hartung/Bues/Halbleib Legal Tech/Braegelmann Rn. 924; Sela 21(3) Lewis & Clark L. Rev. (2017), 633 (661).
57 Sela 21(3) Lewis & Clark L. Rev. (2017), 633 (661).
58 Sela 21(3) Lewis & Clark L. Rev. (2017), 633 (661); Deichsel LR 2020, 98 Rn. 7–8.
59 Kramer et al. Frontiers in Civil Justice/Ebers, S. 146. Sela 21(3) Lewis & Clark L. Rev. (2017), 633 (661).
60 Sela 21(3) Lewis & Clark L. Rev. (2017), 633 (662).
61 Siehe https://www.paypal.com.
62 Deichsel LR 2020, 98 Rn. 9–12.
63 Deichsel LR 2020, 98 Rn. 9–12.

Geld und Ware beim Verkäufer sind und der Verkäufer nicht durch Sendebescheinigung nachweist, dass der Käufer den Artikel hätte erhalten müssen.[64]

26 Aus den Beispielen eBay und PayPal lassen sich **allgemeine Lehren** ziehen, wie Konflikte mit ODR automatisiert gelöst werden können. In der Literatur wird dies beispielhaft für die Sachverhaltsaufklärung demonstriert.[65] Ebay und PayPal nutzten im Wesentlichen fünf Instrumente, um den Sachverhalt automatisiert festzustellen:[66] (1) Online-Plattform, so dass alle Beteiligten jederzeit Zugriff haben; (2) Eingabemaske, so dass Informationen strukturiert erfasst werden können; zudem werde das Risiko reduziert, Informationen zu vergessen; (3) Zugriff auf Kundenkonten, so dass wichtige Informationen automatisch ergänzt werden; (4) Schnittstellen, insbesondere mit Paketlieferdiensten; (5) Konfliktprävention durch Bewertungssysteme setzen bereits im Vorfeld an, damit Konflikte gar nicht erst entstehen.[67]

27 Die Streitbeilegungsmodule von eBay und PayPal werden zwar offenbar gut angenommen. Es fragt sich allerdings, ob sie auch pauschal als **Vorbild für staatliche Angebote** dienen können.[68] Immerhin fokussieren sie sich auf einen kleinen Ausschnitt von Rechtproblemen. Zudem verfügen sie als Plattformen, die an der Abwicklung von Rechtsgeschäften beteiligt sind, bereits über transaktionsspezifisches Wissen aus dem Kundenkonto, das einem staatlichen Anbieter nicht so leicht zur Verfügung stünde.[69] Der Erfolg des eBay Resolution Center ist zudem vor allem darin begründet, dass eBay seine Nutzer aufgrund seiner Marktmacht an den Verhandlungstisch zwingen kann.[70]

---

64 Deichsel LR 2020, 98 Rn. 9–12; Fries NJW 2016, 2860, 2861 berichtet von der Anweisung bei PayPal, dass Geld und Ware nicht bei derselben Partei sein dürften.
65 Deichsel LR 2020, 98 Rn. 13–18.
66 Deichsel LR 2020, 98 Rn. 13–18.
67 Deichsel LR 2020, 98 Rn. 13–18.
68 Dies verneinend zB Hartung/Bues/Halbleib Legal Tech/Braegelmann Rn. 932.
69 Deichsel LR 2020, 98 Rn. 20; Sela 21(3) Lewis & Clark L. Rev. (2017), 633 (662).
70 Hartung/Bues/Halbleib Legal Tech/Braegelmann Rn. 924.

5. Alternative Streitbeilegung (ADR), Online Dispute Resolution (ODR)

Horn

I. Einführung 1	2. Kommunikationstechnologie und Plattformen ... 26
II. Begriff der Online-Streitbeilegung 3	3. Expertensysteme und Argumentationswerkzeuge 28
III. Vorteile von ODR 7	4. Mustererkennung 30
IV. Disruptives Potential von ODR im Bereich der Streitbeilegung 9	5. (Double) Blind Bidding 31
V. ODR-Konzepte 11	6. Blockchain Dispute Resolution 33
1. Automatisierte Streitbeilegung – Automated Dispute Resolution – künstliche Intelligenz (KI) 17	7. Crowdsourced Dispute Resolution 39
a) Einsatz künstlicher Intelligenz 18	8. Techniken der Entscheidungsfindung 47
b) Phasen der Streitbeilegung als Strukturierungshilfe für die Automatisierung 22	

Literatur: *Adrian*, Der Richterautomat ist möglich – Semantik ist eine Illusion, Rechtstheorie 48 (2017), 77; *Althammer*, Alternative Streitbeilegung im Internet, in Faust/Schäfer (Hrsg.), Zivilrechtliche und rechtsökonomische Probleme des Internet und der künstlichen Intelligenz, 2019, S. 249 (zit.: Faust/Schäfer Internet und KI/Althammer); *Brennan*, Mismatch.com: Online Dispute Resolution and Divorce, Cardozo Journal of Conflict Resolution 13(1) (2011), 197; *Carneiro/Novais/Andrade/Zeleznikow/Neves*, Online dispute resolution: an artificial intelligence perspective, Artificial Intelligence Review 41(2) (2014), 211; *Deichsel*, Digitalisierung der Streitbeilegung, 2022; *Deichsel*, Sachverhaltsfeststellung in der automatisierten Konfliktbeilegung, LR 2020, 98; *Ebers*, Automating due process – the promise and challenges of AI-based techniques in consumer online dispute resolution, in: Kramer/Hoevenaars/Kas/Themeli (Hrsg), Frontiers in Civil Justice: Privatisation, Monetisation and Digitisation, 2022, S. 142 (zit.: Kramer et al. Frontiers in Civil Justice/Ebers); *Enders*, Einsatz künstlicher Intelligenz bei juristischer Entscheidungsfindung, JA 2018, 721; *Engel*, Erwiderung: Algorithmisierte Rechtsfindung als juristische Arbeitshilfe, JZ 2014, 1096; *Gless/Wohlers*, Subsumtionsautomat 2.0 in Böse/Schumann/Toepel, Festschrift für Urs Kindhäuser zum 70. Geburtstag, 2019, S. 147 (zit.: Gless/Wohlers in FS Kindhäuser, 2019); *von Graevenitz*, „Zwei mal Zwei ist Grün" – Mensch und KI im Vergleich, ZRP 2018, 238; *Gudkov*, Crowd Arbitration: Blockchain Dispute Resolution, Legal Issues in the Digital Age 3(3) (2020), 59; *Hähnchen/Schrader/Weiler/Wischmeyer*, Legal Tech, JuS 2020, 625; *Heetkamp*, Online Dispute Resolution bei grenzüberschreitenden Verbraucherverträgen, 2017 (zit.: Heetkamp Online Dispute Resolution); *Horn*, Automatische Informationsbeschaffung durch Zivilgerichte – Zum Einsatz von IT im Zivilprozess, RDi 2022, 469; *Kaufmann-Kohler/Schultz*, Online Dispute Resolution, 2004 (zit.: Kaufmann-Kohler/Schultz Online Dispute Resolution); *Kotsoglou*, Subsumtionsautomat 2.0 Über die (Un-)Möglichkeit einer Algorithmisierung der Rechtserzeugung, JZ 2014, 451; *Lauritsen*, ‚Boxing' Choices for Better Dispute Resolution, International Journal fo Online Dispute Resolution 2014, 70; *Lavi*, Three is not a crowd: Online Mediation-Arbitration in Business to Consumer Internet Disputes, University of Pennsylvania Journal of International Law 37(3) (2016), 871; *Lesaege/Ast/George*, Kleros – Short Paper v1.0.7, September 2019, abrufbar unter https://kleros.io/whitepaper.pdf (zit.: Lesaege/Ast/George Kleros – Short Paper); *Lesaege/Ast/George*, Kleros – Long Paper v2.0.2, Juli 2021, abrufbar unter https://kleros.io/yellowpaper.pdf (zit.: Lesaege/Ast/George Kleros – Long Paper); *Lodder/Zeleznikow*, Developing an Online Dispute Resolution Environment: Dialogue Tools and Negotiation Support Systems in a Three-Step Model, Harvard Negotiation Law Review 10 (2005), 287; *Loebl*, Designing Online Courts – The Future of Justice is Open to All, 2019 (zit.: Loebl Designing Online Courts); *Meder*, Rechtsmaschinen, 2020; *Märkl/Rosenstiel*, Blockchain Arbitration und dezentralisierte Streitbeilegung, ZVglRWiss 120 (2021), 257; *Metzger*, The current Landscape of Blockchain-Based Crowdsourced Arbitration, Macquarie Law Journal 19 (2019), 81; *Meyer*, Online Dispute Resolution, 2018 (zit.: Meyer Online Dispute Resolution); *Mofidian/Smets*, 5. Kapitel. Smart Contracts im Zivil- und Gesellschaftsrecht, in Piska/Völkel (Hrsg.), Blockchain Rules, 2019 (zit.: Piska/Völkel Blockchain Rules/Mofidian/Smets); Ng/del Rio, Chapter 8. When the Tribunal Is an Algorithm: Complexities of Enforcing Orders Determined by a Software under the New York Convention, in Fach Gomez and Lopez-Rodriguez (Hrsg.), 60 Years of the New York Convention: Key Issues and Future Challenges, 2019, S. 121 (zit.: Fach Gomez/Lopez-Rodriguez 60 Years of the New York Conventioin/Ng/del Rio); *Ongenae*, Chapter 5. AI Arbitrators … ‚Does not Compute', in: Bruyne/Vanleenhove (Hrsg.), Artificial Intelligence and the Law, 2021, 101 (zit.: Bruyne/Vanleenhove Artificial Intelligence and the Law/Ongenae); Rabinovich-Einy & Katsh, A New Relationship between Public and Private Dispute Resolution: Lessons from Online Dispute Resolution, Ohio State Journal on Dispute Resolution 32(4) (2017), 695; *Secklehner*, Blockchain Arbitration, in: Fink/Otti/Sommer (Hrsg.), Zukunft der zivilrechtlichen Streitbeilegung, 2022, S. 71 (zit.: Fink/Otti/Sommer Zukunft der zivilrechtlichen

Streitbeilegung/Secklehner); *Sela*, Can Computers Be Fair? – How Automated and Human-Powered Online Dispute Resolution Affect Procedural Justice in Mediation and Arbitration, Ohio State Journal on Dispute Resolution 33(1) (2018), 91; *Sela*, The Effect of Online Technologies on Dispute Resolution Design: Antecedents, Current Trends and Future Directions, Lewis & Clark Law Review 21(3) (2017), 633; *Sim*, Will Artificial Intelligence Take Over Arbitration?, Asian International Arbitration Journal 14(1) 2018, 1; M. Stürner, Digitaler Zivilprozess ZZP 135 (2022), im Erscheinen; Timmermann/Gelbrich, Können Algorithmen subsumieren?, NJW 2022, 25; *Wang*, Online Arbitration, 2018; *Zorilla*, Towards a Credible Future: Uses of Technology in International Commercial Arbitration, SchiedsVZ 2018, 106.

I. Einführung

1 Online Streitbeilegung oder Online Dispute Resolution (in Anlehnung an die Abkürzung „ADR" (→ *Alternative Streitbeilegung (ADR), allgemein* Rn. 1) als „ODR" abgekürzt) ist eine mit Hilfe von Software unterstützte Form der Streitbeilegung. Gemeint sind insbesondere digitale Formen von alternativer Streitbeilegung (→ *Alternative Streitbeilegung (ADR), allgemein* Rn. 1 ff.), zum Teil aber auch digitale Formen von Streitbeilegung bei staatlichen Gerichten (→ Rn. 4 ff.) ODR betrifft dabei nicht allein eine Überführung von traditionellen Formen der außergerichtlichen Streitbeilegung ins Internet, sondern es sind auch neue Konzepte denkbar, die sich offline schwer oder gar nicht umsetzen ließen (→ Rn. 10 ff.). Von besonderem Interesse ist ODR für die **Verbraucherstreitbeilegung**, weil mit Hilfe von Software eine Vielzahl kleiner Streitigkeiten effizient beigelegt werden kann (→ *Alternative Streitbeilegung (ADR), in Verbrauchersachen* Rn. 1 ff.).

2 Die Entwicklung von ODR geht mit Entstehung des e-Commerce in den 1990er Jahren einher, als auch Methoden der alternativen Streitbeilegung ins Internet verlagert wurden.[1] ODR ist für den e-Commerce deshalb attraktiv, weil (außergerichtliche) ODR-Verfahren nicht auf bestimmte nationalstaatliche Rechtsordnungen beschränkt, sondern weltweit verfügbar sind.[2] Zu den frühen Angeboten zählte zB das häufig genannte SquareTrade, einer Plattform, die Konflikte zwischen den Nutzern von Online-Marktplätzen und Online-Auktionsplattformen bearbeitete – insbesondere für eBay.[3] Die meisten Start-ups mit ODR-Angeboten aus der Anfangszeit konnten sich aber nicht durchsetzen.[4] So wurde auch das SquareTrade-Angebot 2008 eingestellt, weil eBay einen unternehmensinternen Streitbeilegungsmechanismus (→ *Alternative Streitbeilegung (ADR), in Verbrauchersachen* Rn. 22 ff.) einführte.[5] Einen neuen Schub erhält ODR aber insbesondere durch die technische Entwicklung in der Kommunikation, der Rechenleistung und künstliche Intelligenz.[6]

II. Begriff der Online-Streitbeilegung

3 ODR ist ein weiter Begriff, der eine große Bandbreite an Online-Verfahren und technologiebasierten Tools beschreibt, die Streitparteien und neutrale Dritte nutzen können, um Streitigkeiten zu vermeiden oder beizulegen.[7] Ebenso weit gefasst sind mögliche Definitionen von ODR.[8] So kann unter ODR schon jedes Streitbeilegungsverfahren verstanden werden, das auch eine technologische Komponente aufweist; oder man verlangt einen bestimmten Grad an Technologie, um von ODR-Verfahren zu sprechen.[9]

---

1 Vgl. dazu Faust/Schäfer Internet und KI/Althammer S. 249 (249 f.); Hartung/Bues/Halbleib Legal Tech/Braegelmann Rn. 922; Meyer Online Dispute Resolution S. 23–44.
2 Vgl. Hartung/Bues/Halbleib Legal Tech/Braegelmann Rn. 925.
3 Eine Darstellung von SquareTrade findet sich bei Meyer Online Dispute Resolution S. 33–37.
4 Loebl Designing Online Courts S. 7; Meyer Online Dispute Resolution S. 33.
5 Meyer Online Dispute Resolution S. 35.
6 Vgl. Sela Lewis & Clark Law Review 21(3) (2017), 633 (635).
7 Sela Lewis & Clark Law Review 21(3) (2017), 633 (634); Faust/Schäfer Internet und KI/Althammer S. 249 (249 Fn. 4).
8 Heetkamp Online Dispute Resolution S. 31.
9 Vgl. Kramer et al. Frontiers in Civil Justice/Ebers S. 146 f.; Faust/Schäfer Internet und KI/Althammer S. 249 (252); Heetkamp Online Dispute Resolution S. 32 mwN.

Unterschiede gibt es auch bezüglich der Frage, ob ODR eine **Variante von ADR** (→ *Alternative Streitbeilegung (ADR), allgemein* Rn. 1 ff.) ist oder ob auch Bemühungen dazu zählen, (traditionelle) **staatliche Gerichtsverfahren** online ablaufen zu lassen.[10] Die Grenzen können allerdings fließend sein, da auch bei Bemühungen, Gerichtsverfahren online zu gestalten, ADR-Methoden mitgedacht werden.

Ein Beispiel für diese Überschneidung ist das **Civil Resolution Tribunal (CRT)**[11] der kanadischen Provinz British Columbia. Das CRT ist als Teil der staatlichen Gerichtsorganisation teilweise ausschließlich zuständig für bestimmte Streitigkeiten, etwa für solche, die dem Small Claims Act unterfallen.[12] In den webbasierten Prozess des CRT sind aber auch Methoden der außergerichtlichen Streitbeilegung fest integriert. Insbesondere werden die Parteien zur bilateralen Einigung motiviert und es wird eine „Facilitation", eine Form der Mediation (→ *Alternative Streitbeilegung (ADR), allgemein* Rn. 11), digital durchgeführt.[13]

Dass ODR die Grenzen zwischen außergerichtlicher und gerichtlicher Streitbeilegung verschwimmen lässt, wird auch bei **Modria**[14] deutlich, einem bekannten Anbieter von ODR-Software und wohl Marktführer in der EU.[15] Die Plattform wurde von eBay-Mitarbeitern gegründet, die sich bei eBay zuvor mit Streitbeilegung beschäftigt hatten.[16] Zunächst wurde die Streitbeilegung für eBay und PayPal organisiert, seit 2011 aber auch für Dritte. Modria bietet selbst keine Online-Streitbeilegung an, sondern Unternehmen und andere Organisationen können sich Modria zunutze machen, um den eigenen Kunden Streitschlichtung anzubieten. Mittlerweile arbeitet Modria verstärkt mit Gerichten zusammen.[17]

III. Vorteile von ODR

ODR bietet den offensichtlichen Vorteil, **Distanzen** zu überwinden. Das entlastet zugleich die Streitbeilegung, weil sich die Parteien nicht auf einen Ort für die Streitbeilegung einigen müssen.[18] Darüber hinaus soll ODR aber auch **Stress** und **Feindseligkeit** von den Parteien nehmen, da sie sich nicht unmittelbar begegnen.[19] Unter Berücksichtigung der Entwicklungen bei der Hassrede im Internet, kommen jedenfalls Zweifel, ob dieser Effekt immer eintritt. ODR soll zudem dem Schutz der schwächeren Partei dienen können, weil Personen im Internet ihre Position eher behaupten und nicht so leicht einer (stärkeren) Partei nachgeben wie bei einer persönlichen Begegnung.[20]

Vorteilhaft an ODR ist zudem die Möglichkeit **asynchroner Kommunikation**,[21] wodurch die Notwendigkeit entfällt, sich auf einen bestimmten Zeitpunkt einigen zu müssen. Bedeutsam ist dies auch bei sehr emotionalen Konflikten, etwa bei Scheidungen. Denn hier kann es hilfreich sein, wenn ein Beteiligter nach einem Statement nicht sofort reagieren muss, sondern Zeit hat, das Statement zu reflektieren und über die eigene Reaktion nachzudenken.[22]

---

10 Vgl. Faust/Schäfer Internet und KI/Althammer S. 249 (252); Hartung/Bues/Halbleib Legal Tech/Braegelmann Rn. 922; Heetkamp Online Dispute Resolution S. 33; Sela Ohio State Journal on Dispute Resolution 33(1) (2018), 91 (93); Meyer Online Dispute Resolution S. 19 f. Kaufmann-Kohler/Schultz Online Dispute Resolution S. 10 bezeichnen es als „under-inclusive", wenn man „cybercourts" nicht unter den ODR-Begriff fasst.
11 Siehe https://civilresolutionbc.ca/.
12 Civil Resolution Tribunal Act [SBC 2012], Chapter 25, abrufbar unter https://www.bclaws.gov.bc.ca/civix/document/id/complete/statreg/12025_01; Metzger Macquarie Law Journal 19 (2019), 81 (82).
13 Siehe https://civilresolutionbc.ca/tribunal-process/.
14 Modria Online Dispute Resolution, https://www.tylertech.com/products/Modria.
15 Hartung/Bues/Halbleib Legal Tech/Braegelmann Rn. 930.
16 Hartung/Bues/Halbleib Legal Tech/Braegelmann Rn. 930.
17 Siehe https://www.tylertech.com/solutions/courts-public-safety/courts-justice.
18 Lavi University of Pennsylvania Journal of International LawU. Pa. J Int'l L. 37(3) (2016), 871 (888).
19 Lavi University of Pennsylvania Journal of International LawU. Pa. J Int'l L. 37(3) (2016), 871 (888).
20 Lavi University of Pennsylvania Journal of International LawU. Pa. J Int'l L. 37(3) (2016), 871 (889).
21 Lavi University of Pennsylvania Journal of International LawU. Pa. J Int'l L. 37(3) (2016), 871 (889); Brennan Cardozo Journal of Conflict Resolution 13(1) (2011), 197.
22 Brennan Cardozo Journal of Conflict Resolution 13(1) 2011, 197.

IV. Disruptives Potential von ODR im Bereich der Streitbeilegung

9 ODR hat für den Bereich der Streitbeilegung ein disruptives Potential, das in vier Klassen eingeteilt werden kann:[23]
1. der Übergang von einer physischen Umgebung in eine virtuelle;
2. der Übergang von menschlicher Intervention und Entscheidungsfindung hin zu Prozessautomatisierung;
3. der Übergang von einer Ausgangslage, die auf Datenschutz angelegt ist, hin zu datengetriebenen Angeboten;
4. der Übergang von staatlicher Vollstreckung zu Verfahren ohne die Notwendigkeit staatlicher Vollstreckung (→ Rn. 33 ff.; → *Smart Contracts* Rn. 23 ff.).

Treiber der Disruption kann dabei insbesondere im Bereich der Verbraucherstreitbeilegung (→ *Alternative Streitbeilegung (ADR), in Verbrauchersachen* Rn. 1 ff.) der Einsatz von Künstlicher Intelligenz sein, wie nicht zuletzt das Ebay Dispute Resolution Center (→ *Alternative Streitbeilegung (ADR), in Verbrauchersachen* Rn. 24) zeigt.[24]

10 Die Disruption kann dabei positive wie negative Aspekte aufweisen. So kann der Übergang von einer physischen in eine virtuelle Umgebung nicht nur dazu führen, dass die Beteiligten leichter Zugriff haben, sondern auch Außenstehende Informationen – berechtigt oder unberechtigt – leichter finden können.[25] Das Ausschalten von Menschen bei der Entscheidungsfindung wiederum verspricht eine Reduzierung von Vorurteilen, unklar bleibt dabei aber, wie ein faires Verfahren sichergestellt werden kann (zur Zulässigkeit autonomer Entscheidungsfindung durch Künstliche Intelligenz → Rn. 19).[26]

V. ODR-Konzepte

11 Praktisch wird jede Offline-Streitbeilegungsmethode auch in der ein oder anderen Form online angeboten.[27] Insbesondere in der Anfangsphase bediente sich ODR der Informationstechnologie, um Konfliktlösungsverfahren überhaupt erst zu ermöglichen, etwa durch den Einsatz von Skype, um bei räumlicher Trennung einen Schlichter einschalten zu können.[28] Dabei muss aber beachtet werden, dass Design und Art und Weise der Kommunikation die Streitbeilegung beeinflussen können, so dass eine Offline-Streitbeilegungsmethode nicht immer mit der Online-Version gleichzusetzen ist.[29] Dieser Effekt wird mit dem Begriff „vierte Partei" („The Fourth Party") beschrieben, der die Software eines ODR-Systems meint.[30] Die ersten beiden Parteien sind in dieser Zählung die Streitparteien und die dritte Partei ist ein etwaiger menschlicher neutraler Dritter.[31] Zum Teil wird sogar schon eine „fünfte Partei" genannt, der Anbieter der Software.[32]

---

23 Kramer et al. Frontiers in Civil Justice/Ebers S. 145 zum Teil gestützt auf Rabinovich-Einy & Katsh, Ohio State Journal on Dispute Resolution 32(4) (2017), 695 (717).
24 Kramer et al. Frontiers in Civil Justice/Ebers S. 145 f.
25 Rabinovich-Einy & Katsh, Ohio State Journal on Dispute Resolution 32(4) (2017), 695 (717).
26 Kramer et al. Frontiers in Civil Justice/Ebers S. 145; Rabinovich-Einy & Katsh, Ohio State Journal on Dispute Resolution 32(4) (2017), 695 (717).
27 Sela Lewis & Clark Law Review 21(3) (2017), 633 (648).
28 Faust/Schäfer Internet und KI/Althammer S. 249 (253).
29 Kramer et al. Frontiers in Civil Justice/Ebers S. 155; Sela Lewis & Clark Law Review 21(3) (2017), 633 (648 f.).
30 Vgl. Heetkamp Online Dispute Resolution S. 36; Sela Lewis & Clark Law Review 21(3) (2017), 633 (648); Zorilla SchiedsVZ 2018, 106 (107 f.).
31 Heetkamp Online Dispute Resolution S. 36 f.
32 Carneiro/Novais/Andrade/Zeleznikow/Neves Artificial Intelligence Review 41(2) (2014), 211 (214).

In der Literatur wird vorgeschlagen, ODR-Systeme in **drei Gruppen** einzuteilen, abhängig davon, wie innovativ sie im Vergleich zu Offline-Streitbeilegungsmechanismen sind:[33] (1) Transposition; (2) Restrukturierung; (3) Erneuerung („novelty")[34]. 12

ODR-Angebote in der Gruppe **„Transposition"** bieten Offline-Formen von Streitbeilegung an, mit dem Unterschied, dass online kommuniziert wird, zB via Telefon oder Videokonferenz.[35] 13

Systeme aus der Gruppe **„Restrukturierung"** sind bereits für Online-Technologie designt, so dass sie die Möglichkeiten der Digitalisierung nutzen, insbesondere durch formularbasierte Eingabemasken, die die Aufnahme des Sachverhalts erleichtern.[36] Es können aber auch komplexe Entscheidungshilfen angeboten werden, die sich das Konzept des Entscheidungsbaums zunutze machen und den Streitparteien unmittelbar Hilfestellungen und Einschätzungen über die Erfolgsaussichten bieten.[37] 14

ODR-Systeme aus dem Bereich der echten **Neuerung („novelty")** gehen darüber hinaus, die Kommunikation online zu gestalten oder sich die Möglichkeiten für die Beschaffung, Darstellung und die Organisation von Informationen zunutze zu machen.[38] Vielmehr versuchen sie, den Erfolg von neutralen Dritten zu erhöhen oder ersetzen einen Menschen als neutralen Dritten ganz.[39] Als Beispiel für die Gruppe Restrukturierung wird hier zB das eBay Resolution Center (→ *Alternative Streitbeilegung (ADR), in Verbrauchersachen* Rn. 24) genannt.[40] 15

Im Folgenden werden verschiedene Ansätze vorgestellt, um ODR umzusetzen. Dabei werden teilweise auch kurz einzelne Anbieter vorgestellt. Eine umfassende Liste von ODR-Anbietern findet sich beispielsweise unter http://odr.info/provider-list/. 16

1. Automatisierte Streitbeilegung – Automated Dispute Resolution – künstliche Intelligenz (KI)

Wie viele Lebensbereiche wird auch die Streitbeilegung zunehmend automatisiert. Teilweise wird dann von „automated negotiation" gesprochen (→ *Verhandlung* Rn. 33).[41] Automatisierung ist vor allem bei der Verbraucherschlichtung (→ *Alternative Streitbeilegung (ADR), in Verbrauchersachen* Rn. 2 ff.) wünschenswert, um eine einfache, schnelle und kostengünstige Entscheidung zu ermöglichen.[42] Denkbar ist etwa ein „digitaler Schlichter", dh ein Computerprogramm, das menschliche Handlungen reproduziert, um einen Konflikt abschnittsweise zu lösen.[43] Eingesetzt werden können auch „elektronische Entscheidungshilfen", um die Bewertung von Lösungsvorschlägen zu erleichtern, um die Annehmbarkeit für alle Parteien zu verbessern.[44] Daneben gibt es → *Expertensysteme* Rn. 30, die Fachwissen digital abbilden oder sogar Rechtsrat erteilen können, um die Streitschlichtung zu unterstützen oder einen Menschen als neutralen Dritten zu ersetzen.[45] Bei aller Euphorie für die Automatisierung darf aber nicht vergessen werden, dass diese kein Selbstzweck ist, sondern letztlich dem Interesse der Beteiligten an einer schnellen, effizienten und zufriedenstellenden Streitbeilegung dienen muss.[46] 17

---

33 Sela Lewis & Clark Law Review 21(3) (2017), 633 (650).
34 Sela Lewis & Clark Law Review 21(3) (2017), 633 (650).
35 Sela Lewis & Clark Law Review 21(3) (2017), 633 (650).
36 Sela Lewis & Clark Law Review 21(3) (2017), 633 (653).
37 Sela Lewis & Clark Law Review 21(3) (2017), 633 (653–655).
38 Sela Lewis & Clark Law Review 21(3) (2017), 633 (660).
39 Sela Lewis & Clark Law Review 21(3) (2017), 633 (660).
40 Sela Lewis & Clark Law Review 21(3) (2017), 633 (660).
41 Faust/Schäfer Internet und KI/Althammer S. 249 (253).
42 Deichsel VuR 2020, 283.
43 Faust/Schäfer Internet und KI/Althammer S. 249 (253); Heetkamp Online Dispute Resolution S. 40.
44 Faust/Schäfer Internet und KI/Althammer S. 249 (253).
45 Faust/Schäfer Internet und KI/Althammer S. 249 (253).
46 Loebl Designing Online Courts S. 14.

a) Einsatz künstlicher Intelligenz

18 Grundlage für die Automatisierung ist insbesondere die → **Künstliche Intelligenz** Rn. 1 ff.[47] Inwiefern künstliche Intelligenz zum Einsatz kommt und kommen darf, hängt stark von der Ausgestaltung des Verfahrens durch die Parteien ab, dem Grad der Automatisierung und dem eingesetzten ADR-Verfahren.[48] Vorgeschlagen wird – ähnlich den Stufen des autonomen Fahrens –, die Automatisierung von Streitbeilegungsverfahren in vier Automatisierungsstufen (0 bis 3) zu unterteilen.[49] Während auf Stufe 0 keinerlei Automatisierung stattfindet, auf Stufe 1 punktuell auch durch KI automatisiert wird, auf Stufe 2 auch komplexe Aufgaben automatisiert werden, beschreibt Stufe 3 einen Grad der vollständigen Streitlösung durch KI.[50]

19 Auf **Stufe 1** sind „produzierende" Tätigkeiten – etwa die Erstellung einer Prozesshistorie – oder auch „prüfende" Tätigkeiten – zB die Prüfung eines Schiedsspruches auf formelle Anforderungen hin – denkbar.[51] Bei **Stufe 2** können bereits die inhaltlichen Ausführungen des neutralen Dritten überprüft, der Parteivortrag zusammengefasst[52] oder Dokumente im Rahmen einer document production (Pflicht zur Vorlage von streitrelevanten Unterlagen) automatisiert ausgewertet werden.[53] Von **Stufe 3** kann erst gesprochen werden, wenn eine KI den Streit insgesamt autonom löst; einfache Softwarelösungen wie (Double) Blind Bidding (→ Rn. 28 f.) genügen dafür nicht.[54] Aus rechtlicher Perspektive stellt sich allerdings die Frage, ob eine Künstliche Intelligenz überhaupt autonom einen Streit entscheiden darf. Für die deutsche staatliche Justiz etwa lehnt die wohl herrschende Meinung den Einsatz von Programmen ab, die den Streit unter vollständiger Ausschaltung von Menschen autonom entscheiden.[55] Weniger problematisch dürfte es dagegen sein, Künstliche Intelligenz im Schiedsverfahren als Schiedsrichter einzusetzen,[56] weil hier einerseits die Parteiautonomie eine noch größere Rolle spielt, andererseits nicht unmittelbar Hoheitsgewalt ausgeübt wird. Es muss aber in jedem Fall die Frage gestellt werden, inwiefern das faire Verfahren durch den Einsatz von Künstlicher Intelligenz beeinträchtigt werden kann, insbesondere im Verbraucherbereich.[57]

20 Aus praktischer Perspektive dürfte es eine große Herausforderung sein, die Subsumtion des Sachverhalts unter die streitentscheidenden Normen von einem Computer durchführen zu lassen. Zum Teil wird hier angenommen, dass es faktisch unmöglich ist, dass eine Maschine „echte" Subsumtion durchführt, weil die damit einhergehenden Wertungen in einem statistischen Modell im Sinne von maschinellem Lernen nicht abgebildet werden können[58] (näher zur automatischen Subsumtion → *Richter* Rn. 15; → *Subsumtion* Rn. 23 ff.). Soweit ersichtlich dürfte es bisher noch keine Streitbeilegungsverfahren auf Stufe 3, also „robo

---

47 ZB Carneiro/Novais /Andrade/Zeleznikow/Neves Artificial Intelligence Review 41(2) (2014), 211; Heetkamp Online Dispute Resolution S. 42.
48 Kaulartz/Braegelmann AI und Machine Learning-HdB/Kreis Rn. 19, 34–72.
49 Kaulartz/Braegelmann AI und Machine Learning-HdB/Kreis Rn. 20.
50 Kaulartz/Braegelmann AI und Machine Learning-HdB/Kreis Rn. 20.
51 Kaulartz/Braegelmann AI und Machine Learning-HdB/Kreis Rn. 22 f.
52 Kaulartz/Braegelmann AI und Machine Learning-HdB/Kreis Rn. 26.
53 Kaulartz/Braegelmann AI und Machine Learning-HdB/Kreis Rn. 28.
54 Kaulartz/Braegelmann AI und Machine Learning-HdB/Kreis Rn. 30–33.
55 Deichsel, Digitalisierung der Streitbeilegung, S. 261 ff.; Enders JA 2018, 721 (723); von Graevenitz ZRP 2018, 238 (240 f.); Nink Justiz und Algorithmen S. 287 f.; Rollberg Algorithmen in der Justiz S. 88; Kaulartz/Braegelmann AI und Machine Learning-HdB/Rühl Rn. 22; M. Stürner, ZZP 135 (2022) iE (unter Hinweis auf die Menschenwürde).
56 Sehr offen Deichesel, Digitalisierung der Streitbeilegung, S. 329; Fries/Paal Smart Contracts/Kaulartz, S. 80 f.; Sim, Asian International Arbitration Journal 14(1) (2018), 1; kritischer hingegen Fink/Otti/Sommer Zukunft der zivilrechtlichen Streitbeilegung/Secklehner, S. 91; Bruyne/Vanleenhove Artificial Intelligence and the Law/Ongenae, Rn. 45; MüKoZPO/Münch Vor § 1025 Rn. 5; ohne klare Positionierung zur geltenden Rechtslage: Fach Gomez/Lopez-Rodriguez 60 Years of the New York Convention/Ng/del Rio.
57 Eingehend mit Darstellung verschiedener Problemfelder Kramer et al. Frontiers in Civil Justice/Ebers S. 154 ff.
58 Siehe aus der reichhaltigen Literatur zur automatischen Subsumtion etwa: Adrian Rechtstheorie 48 (2017), 77; Deichsel, Digitalisierung der Streitbeilegung, S. 249 ff.; Engel JZ 2014, 1096; Kotsoglou JZ 2014, 451; Gless/Wohlers in FS Kindhäuser, 2019, S. 147; Hähnchen/Schrader/Weiler/Wischmeyer JuS 2020, 625 (627 ff.); Meder, Rechtsmaschinen, S. 127 ff; Timmermann/Gelbrich NJW 2022, 25.

judges" oder „robo arbitrators" geben.[59] Automatisierung der Streitbeilegung ist daher nach dem Stand der Technik bisher nur Teilautomatisierung auf den Stufen 1 oder 2.[60]

Bei der Automatisierung der Streitbeilegung sollte jedoch der Blick nicht zu sehr auf Stufe 3 fixiert werden, da dies den Blick für die mögliche und notwendige Innovation unterhalb vollständiger Automatisierung gefährdet, die in vielen Bereichen noch weit entfernt scheint. Bei vielen Streitigkeiten und Streitbeilegungsprozessen wäre aber schon viel gewonnen, die menschlichen Entscheider mit **durchdachter Teilautomatisierung** von einfachen und repetitiven Aufgaben zu entlasten. Das setzt Kapazitäten für schnelle, effiziente und zufriedenstellende Streitbeilegung frei. Festzustellen ist aber, dass auch außerhalb der staatlichen Gerichte die gegenwärtigen technischen Möglichkeiten noch nicht hinreichend ausgeschöpft sind, um ODR-Angebote effizienter zu gestalten.[61] 21

b) Phasen der Streitbeilegung als Strukturierungshilfe für die Automatisierung

Automatisierungsbemühungen für ADR (allgemein zur Entscheidungsautomation → *Automatisierung und Autonomie* Rn. 16 ff.) lassen sich gedanklich mithilfe von **drei Phasen** strukturieren, die jedem ADR-Verfahren innewohnen:[62] 22

1. Feststellung des Sachverhalts;
2. Kommunikation zwischen den Parteien;
3. Finden einer Lösung.[63]

1. Grundlage der Streitbeilegung ist die **Ermittlung des Sachverhalts**,[64] wobei bei außergerichtlicher Streitbeilegung häufig nicht (allein) das historische Geschehen im Fokus steht, sondern andere Aspekte wichtig sein können, insbesondere die (derzeitigen) Interessen der Parteien (→ *Verhandlung* Rn. 3 ff.). Die Automatisierung kann gut gelingen, wenn der Sachverhalt strukturiert erfasst wird,[65] denn je strukturierter die Eingabe, desto leichter kann ein Computer die Daten interpretieren. Am einfachsten fällt die Strukturierung durch den Einsatz von Formularen, über die die Parteien ihre Angaben zum Fall machen.[66] Formulare können zB als interaktives Online-Formular mit sofortiger Rückmeldung über den Erfolg des Antrags (interaktives Interviewsystem)[67], als ausfüllbares PDF oder auch als „normales" PDF zum Ausdrucken und Einscannen/Postversand vorkommen.[68] Am besten für die Automatisierung sind dabei aber nur die Lösungen mit interaktivem Online-Portal geeignet, weil es beim Einsatz von PDF aufwendiger ist, die Daten zu extrahieren (erst Recht, wenn das PDF ausgedruckt und per Post verschickt wird). Auch die interaktiven Formulare können mit Hilfe einer Logikengine (teil-)automatisch erstellt oder verbessert werden.[69] Formulare werden zB bei Verbraucherschlichtungsstellen eingesetzt.[70] Ein höherer Grad an Automatisierung wird erreicht, wenn streitrelevante Informationen (wie Flugzeiten, Wetterdaten oder die tatsächlichen und geplanten Fahrtzeiten von Zügen) über Schnittstellen (API) aus Datenbanken abgefragt werden.[71] 23

---

59 Ähnlich für Schiedsverfahren Zorilla SchiedsVZ 2018, 106 (110).
60 Deichsel VuR 2020, 283.
61 Kramer et al. Frontiers in Civil Justice/Ebers S. 152.
62 Deichsel, Digitalisierung der Streitbeilegung, S. 41 f.; Deichsel LR 2020, 98 Rn. 2; Deichsel VuR 2020, 283 (286).
63 Deichsel VuR 2020, 283 (286).
64 Deichsel LR 2020, 98 Rn. 3; Kramer et al. Frontiers in Civil Justice/Ebers S. 149 f.
65 Vgl. zur Sachverhaltsermittlung in der automatisierten Konfliktbeilegung Deichsel, Digitalisierung der Streitbeilegung, S. 83 ff.; Deichsel LR 2020, 98.
66 Deichsel LR 2020, 98 Rn. 28; Deichsel VuR 2020, 283 (286).
67 Kramer et al. Frontiers in Civil Justice/Ebers S. 149.
68 Deichsel LR 2020, 98 Rn. 28.
69 Kramer et al. Frontiers in Civil Justice/Ebers S. 149.
70 Deichsel, Digitalisierung der Streitbeilegung, S. 302 ff.; Deichsel LR 2020, 98 Rn. 28; Deichsel VuR 2020, 283 (286).
71 Deichsel LR 2020, 98 Rn. 31; vgl. auch Horn RDi 2022, 469.

24 2. Die **Kommunikation** kann zB durch den Einsatz von Textbausteinen, Chatbots oder die Einbindung von Kalendern für Terminvorschläge automatisiert werden.[72] Dabei sollten die Grenzen der Vollautomatisierung berücksichtigt werden, damit „persönliche, empathische Kommunikation" möglich bleibt.[73] Textbausteine können zB helfen, unnötige Konflikte durch Formulierungen zu vermeiden. So ist leicht vorstellbar, dass viele Online-Käufer bei Konflikten schnell (persönlich) angreifende Formulierungen wählen. Der von einem Schlichtungsdienst angebotene Textbaustein kann hier helfen, die Kommunikation von Anfang an auf der Sachebene zu halten.

25 3. Die **Entscheidungsfindung** lässt sich umso leichter automatisieren, desto weniger Wertungsspielraum besteht. Computerprogramme können daher insbesondere eingesetzt werden, um Prozessregeln durchzusetzen, etwa die Feststellung der Zuständigkeit, die Zustellung von Dokumenten oder die Durchsetzung von Fristen.[74] Hier gibt es in der Regel wenig Wertungsspielraum. So ist die Berechnung einer Frist eine mathematische Aufgabe und auch Angaben über den Fristbeginn, etwa der Zugang eines Schriftstücks, lassen sich häufig aus der (elektronischen) Akte entnehmen. Schwieriger dürfte es sein, Fragen des **materiellen Rechts automatisch** entscheiden zu lassen, da hier häufig Wertungsspielräume bestehen oder die Zahl der denkbaren Fälle so vielfältig ist, dass sie im Vorhinein kaum zu antizipieren sind (siehe auch → *Entscheidungsfindung, automatisierte* Rn. 15 ff.; → *Richter* Rn. 12 ff.).

2. Kommunikationstechnologie und Plattformen

26 Am einfachsten lässt sich ein Streitbeilegungsverfahren durch den Einsatz von Kommunikationstechnologie wie E-Mail, Text-, Voice- und Videochat in ein ODR-Verfahren überführen.[75] Diese „einfache" Art der Softwareunterstützung wird auch als ODR-System der ersten Generation bezeichnet.[76] Da die genannten Dienste heute zum Alltag gehören, erscheint es aber fraglich, überhaupt von ODR zu sprechen, wenn sich die Softwareunterstützung darin erschöpft. Es ist jedoch zu konstatieren, dass die deutschen Zivilgerichte erst seit der Corona-Pandemie 2020/2021 im relevanten Ausmaß per Videokonferenz mündlich verhandeln.

27 Fortgeschrittener ist der Einsatz von Plattformen, über die vom ersten Antrag bis zum Verfahrensabschluss sämtliche Kommunikation abgewickelt und dadurch ständig für alle Beteiligten nachvollziehbar wird. In der Literatur wird insofern von „Technologie zur Förderung des Streitbeilegungsverfahrens" gesprochen.[77] Ist eine Plattform erst einmal aufgesetzt, lässt sie sich sukzessive modular mit weiteren ODR-Konzepten erweitern. Auch können hier Formulare zur strukturierten Erfassung des Sachverhalts integriert werden (→ Rn. 23). Beispiele für Streitbeilegungsplattformen aus dem Bereich der Schiedsgerichtsbarkeit sind die Angebote der Stockholm Chamber of Commerce und von Opus2 (→ *Alternative Streitbeilegung (ADR), allgemein* Rn. 20).

3. Expertensysteme und Argumentationswerkzeuge

28 Für Streitbeilegung können auch Expertensysteme (→ *Expertensystem, juristisches* Rn. 31 ff.) eingesetzt werden.[78] Ein solches Expertensystem kann dem Nutzer zB maßgeschneidert Informationen zur Rechtslage einschließlich der eigenen Erfolgsaussichten in einem Gerichtsverfahren bereitstellen, wie es zB beim Solution Explorer des Civil Resolution Tribunal praktiziert wird (→ Rn. 5). Expertensysteme könnten aber

---

72 Deichsel, Digitalisierung der Streitbeilegung, S. 86 ff.; Deichsel VuR 2020, 283 (288). Vgl. zum System für eine automatische Terminvergabe bei Gericht auch Horn, Thesenpapier „Modernisierung des Zivilprozesses" – Auf dem Weg ins 21. Jahrhundert, zpoblog.de, 16.8.2020 (unter „3. Nachrichtenraum"), https://anwaltsblatt.anwaltverein.de/de/zpoblog/thesenpapier-modernisierung-des-zivilprozesses-jakob-horn.
73 Deichsel LR 2020, 98 Rn. 38.
74 Sela Lewis & Clark Law Review 21(3) (2017), 633 (657).
75 Heetkamp Online Dispute Resolution S. 37 f.
76 Heetkamp Online Dispute Resolution S. 38; Carneiro/Novais /Andrade/Zeleznikow/Neves Artificial Intelligence Review 41(2) (2014), 211 (214 f.), wobei Letztere dies in den Kontext von künstlicher Intelligenz setzen.
77 Heetkamp Online Dispute Resolution S. 38.
78 Heetkamp Online Dispute Resolution S. 41; vgl. auch Carneiro/Novais /Andrade/Zeleznikow/Neves Artificial Intelligence Review 41(2) (2014), 211 (218 f.).

auch allgemein zur Bewältigung eines bestimmten Streits Informationen bereitstellen, um etwa situationsadäquat die Grundzüge von principled negotiation zu vermitteln (→ *Verhandlung* Rn. 3 ff.).

Expertensysteme können auch als „Argumentationswerkzeug" aufgesetzt werden, das die Parteien zwingt oder ihnen hilft, ihre Sachverhaltsdarstellung zu strukturieren.[79] Die Software stellt zum jeweiligen Vorbringen Fragen, um die Darstellung an relevanten Stellen zu vertiefen. Wird etwa behauptet, ein Kaufgegenstand entspreche nicht der Beschreibung, würde die Software auffordern, die ursprüngliche Beschreibung des Kaufgegenstands und den tatsächlichen Zustand darzulegen.[80] In der Praxis dürften sich solche Systeme vor allem dann eignen, wenn immer wieder ähnliche Sachverhalte bearbeitet werden.

4. Mustererkennung

Zur Streitbeilegung eingesetzt werden kann auch die Mustererkennung.[81] Beispielsweise lässt sich damit die BATNA (best alternative to a negotiated agreement) (→ *Verhandlung* Rn. 18) ermitteln[82] oder durch Auswertung vorangegangener Verfahren Vorschläge für die Streitbeilegung ermitteln und per multiple-choice anbieten.[83] Das wird aber nur funktionieren, wenn eine ausreichend große Datenmenge vorhanden ist und sich die Sachverhalte stark ähneln, zB wenn immer nur Streitigkeiten aus Verbraucherkaufverträgen beigelegt werden sollen.

5. (Double) Blind Bidding

Im Rahmen von „automated negotiation" (→ *Verhandlung* Rn. 33 ff.) wird das Blind Bidding-Verfahren – teilweise als Double Blind Bidding bezeichnet[84] – zur Streitbeilegung eingesetzt,[85] wobei unklar ist, ob Blind Bidding als computer-unterstützte Verhandlung oder als verbindliche Streitschlichtung einzustufen ist.[86]

Die Parteien geben jeweils verdeckt Einigungsangebote ab. Liegen diese innerhalb eines vorher gesteckten Rahmens (zB keine Abweichung von mehr als 10 %), ermittelt die Software den Mittelwert und bestätigt den Vergleich zu diesem Betrag.[87] Das Blind Bidding macht sich das aus der Verhandlungslehre bekannte Konzept der „Zone of Possible Agreement" (ZOPA) (→ *Verhandlung* Rn. 16) zunutze.[88] Eine ZOPA existiert, wenn die Mindest- oder Maximalgebote der Parteien eine Einigung zulassen. Der Algorithmus versucht, die ZOPA und bei deren Existenz ein optimales Ergebnis zu finden, wobei die Parteien ihre Angebote geheim halten können, falls sie bei Fehlschlag des Blind Bidding weiter verhandeln wollen.[89]

6. Blockchain Dispute Resolution

Mit der Blockchain-Technologie (→ *Blockchain* Rn. 3 ff.) wird die Hoffnung verbunden, auf deren Basis eine schnelle, kostengünstige, transparente und dezentrale Streitbeilegungsoption zu schaffen, die mit der Geschwindigkeit des Internetzeitalters mithalten kann.[90]

---

79 Kramer et al. Frontiers in Civil Justice/Ebers, 151 f.; Heetkamp Online Dispute Resolution S. 39.
80 Beispiel angelehnt an das Beispiel von Heetkamp Online Dispute Resolution S. 39.
81 Vgl. Heetkamp Online Dispute Resolution S. 42–44.
82 Heetkamp Online Dispute Resolution S. 42.
83 Heetkamp Online Dispute Resolution S. 43.
84 Vgl. Kaulartz/Braegelmann AI und Machine Learning-HdB/Kreis Rn. 31.
85 Deichsel, Digitalisierung der Streitbeilegung, 2022, S. 94; Kaufmann-Kohler/Schultz Online Dispute Resolution S. 17.
86 Sela Lewis & Clark Law Review 21(3) (2017), 633 (664).
87 Deichsel, Digitalisierung der Streitbeilegung, 2022, S. 94; Kaulartz/Braegelmann AI und Machine Learning-HdB/Kreis Rn. 31; Faust/Schäfer Internet und KI/Althammer S. 249 (254).
88 Sela Lewis & Clark Law Review 21(3) (2017), 633, (664).
89 Sela Lewis & Clark Law Review 21(3) (2017), 633 (664).
90 Metzger Macquarie Law Journal 19 (2019), 81 (82); eine Auflistung verschiedener Anbieter mit Funktionsbeschreibung findet sich auf S. 87 ff.

34 Streitbeilegung auf Blockchain-Basis wird vor allem bei Rechtsverhältnissen relevant, die über die Blockchain-Technologie abgewickelt werden.[91] Die Blockchain begünstigt internationale Verflechtungen und lässt zugleich die „wahre" Identität des Gegenübers im Dunkeln.[92] Traditionelle staatliche Verfahren scheiden für die Streitbeilegung daher aus, so dass Konflikte „on-chain" gelöst werden müssen.[93] Die On-chain-Streitbeilegung kann besonders beim Einsatz von → *Smart Contracts* Rn. 1 ff., also sich selbst vollstreckenden Verträgen, besonders gut funktionieren.[94] Denn wird die Streitbeilegung direkt in den Smart Contract einprogrammiert, kann die Entscheidung unmittelbar durch den Transfer von Vermögenswerten auf der Blockchain vollstreckt werden (→ *Smart Contracts* Rn. 23 ff.).[95] Die Streitbeilegung wird bei Smart Contracts auch nicht obsolet, weil sich jenseits ganz einfacher Verträge immer Streitigkeiten ergeben werden, die sich nicht im Vorhinein antizipieren lassen.[96]

35 Um das Programmieren der Smart Contracts mit Streitbeilegungsfunktion zu erleichtern, wird etwa der Einsatz einer „Schiedsbibliothek" vorgeschlagen, die also die notwendigen Programmfunktionen enthält, um die Streitbeilegungsfunktionen des Smart Contracts effizient und vollständig zu programmieren.[97] Die Bibliothek könnte beispielsweise Funktionen enthalten, die den streitgegenständlichen Vermögenswert auf der Blockchain einfriert, sodass eine Transaktion nur noch durch Zusammenwirken von Schiedsrichter und der obsiegenden Partei möglich ist (Escrow-Mechanismus).[98]

36 Als Streitbeilegungsinstitution kommt entweder eine „klassische" Schiedsinstitution (zum Schiedsverfahren → *Alternative Streitbeilegung (ADR), allgemein* Rn. 16 ff.) in Betracht,[99] oder ein neuartiger Anbieter von „Crowdsourced Dispute Resolution" (→ Rn. 38 ff.). Möchte man sich die Vorteile der „klassischen" Schiedsgerichtsbarkeit zunutze machen – insbesondere die Vollstreckbarkeit des Schiedsspruchs durch staatliche Gerichte –, stellt sich allerdings die Frage, wie die Schiedsabrede getroffen wird, ob diese insbesondere im Quellcode des Smart Contracts verankert werden kann.[100]

37 Im weiteren Sinne kann es auch als Streitbeilegung aufgefasst werden, wenn bei Vertragsschluss **bestimmte Ereignisse** definiert werden, deren Eintritt oder Nicht-Eintritt automatisch Vermögensverschiebungen auf der Blockchain bewirkt, die als Vertragserfüllung oder Rückabwicklung dienen.[101] Juristen kommt hierbei die Aufgabe zu, sinnvolle Bedingungen zu definieren, die ein bestimmtes Verhalten des Smart Contracts auslösen. Der Nachteil eines solchen Vorgehens ist freilich, dass nur Konflikte erfasst werden können, die bei Vertragsschluss bereits antizipiert werden konnten. Für nicht-antizipierte Streitigkeiten bleibt es unausweichlich, eine dritte Partei zu benennen, die den Konflikt im Einzelfall löst.

38 Die Blockchain-Technologie bildet zudem die Basis für sog. **„Crowdsourced Dispute Resolution"** (→ Rn. 39 ff.).[102] Die Blockchain dient als Fundament für ein vertrauenswürdiges System, an dem jede Person mit Internetzugang teilnehmen kann. Dadurch lassen sich eine große Anzahl nicht identifizierter Laienschiedsrichter in die Streitschlichtung einbeziehen mit Vorteilen gerade bei kleinen Streitigkeiten aus

---

91 Piska/Völkel Blockchain Rules/Mofidian/Smets Rn. 5.108.
92 Piska/Völkel Blockchain Rules/Mofidian/Smets Rn. 5.108.
93 Piska/Völkel Blockchain Rules/Mofidian/Smets Rn. 5.108; Fries/Paal Smart Contracts/Kaulartz S. 74 f.; Fink/Otti/Sommer Zukunft der zivilrechtlichen Streitbeilegung/Secklehner S. 83 ff.
94 Vgl. Metzger Macquarie Law Journal 19 (2019), 81 (85–87).
95 Gudkov Legal Issues in the Digital Age 3(3) (2020), 59 (64); Fries/Paal Smart Contracts/Kaulartz S. 79; Metzger Macquarie Law Journal 19 (2019), 81 (85–87).
96 Fink/Otti/Sommer Zukunft der zivilrechtlichen Streitbeilegung/Secklehner S. 80 ff.
97 Fries/Paal Smart Contracts/Kaulartz S. 78 f.
98 Fries/Paal Smart Contracts/Kaulartz S. 78; Märkl/Rosenstiel ZvglRWiss 120 (2021), 257 (260 ff.).
99 Fries/Paal Smart Contracts/Kaulartz S. 74 f.; Fink/Otti/Sommer Zukunft der zivilrechtlichen Streitbeilegung/Secklehner S. 84 f.
100 Eingehend Fries/Paal Smart Contracts/Kaulartz S. 75 ff.; Märkl/Rosenstiel ZvglRWiss 120 (2021), 257 (267 ff.); mit Blick auf die österreichische ZPO: Fink/Otti/Sommer Zukunft der zivilrechtlichen Streitbeilegung/Secklehner S. 87 ff.
101 Piska/Völkel Blockchain Rules/Mofidian/Smets Rn. 5.108.
102 Metzger Macquarie Law Journal 19 (2019), 81 (91).

dem e-Commerce-Bereich.[103] Die Blockchain erlaubt es den Schiedsrichtern, eine Reputation aufzubauen, ohne ihre bürgerliche Identität preiszugeben.[104] Darüber hinaus gibt es ganz allgemein Überlegungen, ob die Blockchain-Technologie zur Unterstützung von traditionellen **Schiedsverfahren** eingesetzt werden kann, sog. **Smart Dispute Resolution**.[105] So kann beispielsweise die Blockchain eingesetzt werden, um den elektronischen Transfer von Dokumenten sicherer zu gestalten, wenn etwa jede Partei den Versand eines Dokuments zu einem bestimmten Zeitpunkt in der Blockchain speichert.[106] Gleichzeitig muss die Frage gestellt werden, ob es die Blockchain wirklich braucht oder ob nicht eine Plattform genügt, die von einer klassischen Schiedsinstitution betrieben wird (→ *Alternative Streitbeilegung (ADR), allgemein* Rn. 20).[107] Gegen die Blockchain spricht in der klassischen Schiedsgerichtsbarkeit jedenfalls, dass es mit den Schiedsinstitutionen bzw. dem Schiedsgericht vertrauenswürdige Intermediäre gibt, die eine Peer-to-Peer-Transaktion während des Verfahrens nicht erforderlich erscheinen lassen.

7. Crowdsourced Dispute Resolution

Eng verbunden mit Blockchain Dispute Resolution (→ Rn. 30 ff.) ist „Crowdsourced Dispute Resolution" – auch als „Crowdsourced Arbitration" (engl. für Schiedsverfahren) bezeichnet –, da die meisten Anbieter von Crowdsourced Dispute Resolution die Blockchain-Technologie verwenden.[108]

39

Crowdsourced Arbitration nutzt die **„Weisheit der Masse"**.[109] Darunter wird die Vorstellung verstanden, dass eine Vielzahl von Mitgliedern einer sozialen Gruppe Kenntnis über Gerechtigkeitsvorstellungen innerhalb dieser Gruppe hat.[110] In der Theorie wird also eine „richtige", dh gerechte, Entscheidung getroffen, wenn eine hinreichend große Gruppe an Personen an der Entscheidung mitwirkt.

40

Diese Idee macht sich zB **Kleros**[111] zunutze, ein Anbieter von Schiedsverfahren, das nach eigenen Angaben für alle Arten von Streitigkeiten aus Verträgen geeignet ist (siehe auch → *Smart Contracts* Rn. 29 f.).[112] Bei Kleros kann sich grundsätzlich jeder als Schiedsrichter anmelden. Wird ein Streit zur Entscheidung gestellt, müssen die Teilnehmer mit der plattformeigenen Währung (genannt „pinakion" oder „PNK") bieten, um zum Pool derjenigen zu gehören, aus dem die Software die Schiedsrichter per Zufallsprinzip auswählt.[113] Je mehr PNK auf einen Fall gesetzt werden, desto höher die Wahrscheinlichkeit, gewählt zu werden. Dieses Verfahren soll einerseits inaktive Kontoinhaber ausschließen und andererseits verhindern, dass sich eine Partei selbst eine Vielzahl an Accounts erstellt, um so den eigenen Streit letztlich entscheiden zu können.[114] Die gewählten Schiedsrichter erhalten Zugang zum Fall und geben sodann ihre Stimme geheim ab.[115]

41

Wer mit der Mehrheit stimmt, erhält eine **Vergütung**; die Minderheit verliert einen Teil der gesetzten Tokens. Das soll die Schiedsrichter motivieren, die „richtige" Entscheidung zu treffen, weil jeder annimmt, dass die übrigen Schiedsrichter auch die „richtige" Entscheidung treffen werden.[116] Dem liegt das spieltheoretische Konzept des sog. Schelling Point zugrunde, wonach mehrere Akteure unter mehreren potentiellen Lösungen die eine herausstechende Lösung für ein Problem finden, wenn sie nicht miteinander kooperie-

42

---

103 Gudkov Legal Issues in the Digital Age 3(3) (2020), 59 (63); vgl. dazu auch eine Beschreibung der Funktionsweise unter → Rn. 34 ff.
104 Gudkov Legal Issues in the Digital Age 3(3) (2020) 59 (63 f.).
105 Fries/Paal Smart Contracts/Kaulartz, S. 81; Fink/Otti/Sommer Zukunft der zivilrechtlichen Streitbeilegung/Secklehner S. 85 ff.
106 Fries/Paal Smart Contracts/Kaulartz S. 81.
107 Fries/Paal Smart Contracts/Kaulartz S. 81 f.
108 Vgl. Märkl/Rosenstiel ZvglRWiss 120 (2021), 257 (263 ff.);Metzger Macquarie Law Journal 19 (2019), 81 (85–87).
109 Gudkov Legal Issues in the Digital Age 3(3) (2020), 59 (65).
110 Gudkov Legal Issues in the Digital Age 3(3) (2020) 59, 65.
111 Siehe www.kleros.io.
112 Lesaege/Ast/George Kleros – Short Paper S. 1.
113 Lesaege/Ast/George Kleros – Short Paper S. 4 ff.
114 Lesaege/Ast/George Kleros – Short Paper S. 4.
115 Lesaege/Ast/George Kleros – Short Paper S. 6.
116 Lesaege/Ast/George Kleros – Short Paper S. 7.

ren können.¹¹⁷ Im Kontext des Streitbeilegungsverfahrens ist die herausstechende Lösung die „richtige" Lösung, weil hier jeder Teilnehmer davon ausgeht, dass auch die anderen diese Lösung wählen werden.

43 Ähnlich wie Kleros funktioniert die Plattform **Rhubarb**.¹¹⁸ Auch hier kann sich praktisch jeder als Schiedsrichter anmelden. Die einzelnen Fälle werden von einer großen Zahl von Schiedsrichtern entschieden, im Beispiel auf der Website werden 1.000 Schiedsrichter genannt.¹¹⁹ Auch hier müssen die Schiedsrichter ihre „coins" einsetzen, um gewählt werden zu können. Wer mit der Mehrheit stimmt, gewinnt die „coins" derjenigen, die gegen die Mehrheit gestimmt haben.¹²⁰

44 Crowdsourced Arbitration bietet die **Chance auf schnelle Entscheidungen** zu geringen Kosten, weil jederzeit eine große Anzahl an Personen auf der ganzen Welt zur Verfügung steht, um in Erwartung einer kleinen Belohnung sofort ihre Stimme zur Klärung eines Rechtsstreits abzugeben.¹²¹ Allerdings dürfte sich diese Form der Streitbeilegung nur für kleine, sehr überschaubare Sachverhalte eignen, die jeder aus dem eigenen Alltag kennt. Denn regelmäßig werden nur **wenige qualifizierte Schiedsrichter** mitwirken.¹²² Aufgrund der geringen Belohnung werden auch die meisten Schiedsrichter nur wenig Zeit investieren, um komplexe Sachverhalte zu durchdringen. Kleros versucht dem scheinbar mit der Bildung von spezialisierten Gerichten für verschiedene Themen entgegenzuwirken.¹²³ Die „Weisheit der Masse" komme zudem nicht zum Tragen, wenn jeder Schiedsrichter nur eine Stimme abgebe, die Beteiligten sich aber nicht über den Streitstoff austauschten, weil der Streit so nicht umfassend von jedem Mitglied durchdrungen werde.¹²⁴

45 Als Nachteil wird es zudem empfunden, dass bei Crowdsourced Arbitration in der Regel kein nationales Recht angewendet werde.¹²⁵ Das trifft zwar zu, ist ADR-Verfahren aber generell vorzuhalten. Wer sich für ein solches Verfahren entscheidet, muss die Streitentscheidung abseits konkreter Rechtssätze schlicht einpreisen. Dafür wird das „Schiedsgericht" von der Last befreit, sich in die Rechtslage einzuarbeiten und kann schneller eine Entscheidung treffen. Im Bereich der Handelsplattformen (→ *Alternative Streitbeilegung (ADR), in Verbrauchersachen* Rn. 22 ff.) wird die fehlende Rechtsbindung auch von einer großen Masse von Personen akzeptiert. Problematisch wird dies aber, wenn dadurch das materielle Verbraucherrecht ausgehebelt wird (→ *Alternative Streitbeilegung (ADR), in Verbrauchersachen* Rn. 21). Neben der fehlenden Rechtsbindung kann als gewichtiges Argument gegen den Einsatz von Crowdsourced Dispute Resolution aber auch angeführt werden, dass die Qualität der Entscheidung sinken kann, weil die Schiedsrichter nach dem Zufallsprinzip gewählt werden und Beweiserhebungen nur freiwillig sind.¹²⁶

46 Aufgrund der fehlenden Rechtsbindung und -anwendung dürfte Crowdsourced Arbitration nicht dem Schiedsverfahrensrecht iSd §§ 1025 ff. ZPO oder der New York Convention on the Recognition and Enforcement of Arbitral Awards (→ *Alternative Streitbeilegung (ADR), allgemein* Rn. 16 ff.) zuzuordnen sein, auch wenn der Begriff „arbitration" (engl. für Schiedsverfahren) dies suggeriert. Eine Vollstreckung nach den Regeln des Schiedsverfahrensrechts scheidet damit aus. Das schließt es aber nicht grundsätzlich aus, Streitbeilegungsverfahren mit Elementen von Crowd Sourced Dispute Resolution zu entwickeln, die dem (Rechts-)Begriff des Schiedsverfahrensrechts unterfallen. Soweit dies gelingt, ist auch die staatliche Vollstreckung der Entscheidung nach den Regeln für Schiedssprüche eröffnet (→ *Smart Contracts* Rn. 26 f.).¹²⁷

---

117 Vgl. Märkl/Rosenstiel ZvglRWiss 120 (2021), 257 (264); Metzger Macquarie Law Journal 19 (2019), 81 (94).
118 Siehe https://www.rhucoin.com/.
119 Rhubarb: How Poll Verdicts work, https://www.rhucoin.com/how-rhu-works.aspx.
120 Rhubarb: How Poll Verdicts work, https://www.rhucoin.com/how-rhu-works.aspx.
121 Gudkov Legal Issues in the Digital Age 3(3) (2020), 59 (68).
122 Gudkov Legal Issues in the Digital Age 3(3) (2020), 59 (73).
123 Lesaege/George/Ast Kleros – Long Paper S. 8.
124 Gudkov Legal Issues in the Digital Age 3(3) (2020), 59 (69).
125 Gudkov Legal Issues in the Digital Age 3(3) (2020), 59 (73).
126 Märkl/Rosenstiel ZvglRWiss 120 (2021), 257 (264 f.).
127 Eingehend zur Frage, der Anwendbarkeit des Schiedsverfahrensrechts Fries/Paal Smart Contracts/Kaulartz.

8. Techniken der Entscheidungsfindung

Eine weitere Möglichkeit, die Streitbeilegung digital zu unterstützen, ist der Einsatz von Tools, die für die Entscheidungsfindung entwickelt wurden.[128] Werden hier digitale Tools verwendet, lässt sich die Entscheidungsfindung zugleich durch Künstliche Intelligenz (→ Rn. 16) oder sonstige Algorithmen (etwa die Berechnung von Erwartungswerten) unterstützen.[129]

Denkbar sind zB **Entscheidungsbäume**, um den Entscheidungsprozess zu visualisieren und zugleich in kleinere Teile zu zerlegen.[130] Visualisierung und Abschichtung können für die Streitbeilegung förderlich sein, da die Parteien oder ein neutraler Dritter die Interessen der Parteien sowie „tradeoffs" besser erfassen können, um eine ökonomisch effiziente Entscheidung zu erleichtern.[131]

Eine andere Möglichkeit ist der Einsatz von Entscheidungshilfe-Modellen, bei denen die Parteien verschiedene Lösungsmöglichkeiten mit einer begrenzten Anzahl an Punkten bewerten, um so ihre **Präferenzen** kenntlich zu machen.[132] Eine Software kann aus den Präferenzen „Lösungspakete" berechnen, ohne den Parteien die Präferenzen der Gegenseite zu offenbaren. Das ist vor allem bei Streitigkeiten mit einer Vielzahl zu lösender Probleme nützlich, denn hier fällt es schwer, den Überblick zu behalten.

Hier setzt zB der Anbieter **Smartsettle**[133] mit seiner Plattform an. Die Parteien können zunächst ihre eigenen Interessen (geheim) notieren.[134] Sodann werden mögliche Lösungsvorschläge ausgetauscht und von den Parteien bewertet. Ein Algorithmus wertet alle diese Informationen aus, um weitere Lösungsvorschläge zu unterbreiten. Diese werden erneut von den Parteien bewertet, um ein für alle akzeptables Ergebnis zu finden.[135]

---

128 Ausführlich dazu Lauritsen International Journal fo Online Dispute Resolution 2014, 70; vgl. auch Carneiro/Novais/Andrade/Zeleznikow/Neves Artificial Intelligence Review 41(2) (2014), 211 (218 f.); mit Blick auf Schiedsverfahren Zorilla SchiedsVZ 2018, 106 (110).
129 Vgl. Zorilla SchiedsVZ 2018, 106 (110 f.).
130 Zorilla SchiedsVZ 2018, 106 (110 f.).
131 Sela Lewis & Clark Law Review 21(3) (2017), 633 (663).
132 Heetkamp Online Dispute Resolution S. 41; Lodder/Zelznikow Harvard Negotiation Law Review 10 (2005), 287 (310).
133 Siehe https://www.smartsettle.com.
134 Sela Lewis & Clark Law Review 21(3) (2017), 633 (663).
135 Sela Lewis & Clark Law Review 21(3) (2017), 633 (663).

6. Ausbildung

Anzinger

I. Einführung	1
II. Lernziele, Ausbildungsinhalte und Berufsbilder	3
1. Rechtswissenschaftliche Bezüge	4
a) Recht der Digitalisierung	5
b) Digitalisierung des Rechts	7
aa) Algorithmen-gestützte Methoden der Rechtsfindung und der Streitbeilegung	8
bb) Digitale Gesetze und Smart Contracts	12
cc) Online-Mediation, strukturierter Parteivortrag und „Digitale Gerichte"	14
c) Legal Data Science und empirische Rechtsforschung	15
d) Rechtsphilosophie, Rechtstheorie und Allgemeine Rechtslehre	17
2. Bezüge zur Mathematik, Informatik und zu den Wirtschaftswissenschaften	18
3. Bezüge zur Psychologie und zur Sprachwissenschaft	20
4. Neue interdisziplinäre Berufsbilder	22
5. Ausbildungsreformdiskussion	24
III. Verortung und Einbettung in bestehende Lehrangebote	25
1. Legal Tech in monodisziplinär-grundständigen Hochschulstudiengängen	26
a) Rechtswissenschaft	27
b) Informatik und Mathematik	28
c) Wirtschaftswissenschaften	29
2. Interdisziplinäre grundständige Studiengänge	30
3. Aufbau-, Weiterbildungs- und Zusatzstudiengänge	31
4. Rechtsreferendariat	33
5. Promotionsangebote	34
6. Ausbildungsangebote im Ausland	35
IV. Ausbildungs- und Prüfungsformate	36
1. Traditionelle Ausbildungsformate	37
a) Vorlesung	38
b) Übung und Arbeitsgemeinschaft	39
c) Seminar	40
2. Partizipative Ausbildungsformate	41
a) Projektkurse	42
b) Hackathon	43
3. Online-Angebote	44
4. E-Klausuren und andere Online-Prüfungsformate	45
V. Zusammenfassung und Ausblick	46

Literatur: *Adrian*, Der Richterautomat ist möglich – Semantik ist nur eine Illusion, Rechtstheorie 48 (2017), 77; *Anzinger*, Möglichkeiten der Digitalisierung des Rechts, in Hey (Hrsg.), Digitalisierung im Steuerrecht, 2019, DStJG 42, S. 15 (zit.: Hey Digitalisierung/Anzinger); *Anzinger*, Legal Tech in der juristischen Ausbildung – Anforderungen, Bestandsaufnahme und Folgerungen für Inhalte, Formate und Einbettung, 2020; *Anzinger*, Warum Legal Tech?, in Lobinger (Hrsg.), Warum Grundlagenfächer?, 2020, S. 55 (zit.: Lobinger Grundlagenfächer/Anzinger); *Anzinger*, Digitalisierung des Rechts in der Juristischen Ausbildung, Ad Legendum 18 (2021), 202; *Anzinger*, KMS und Online-Mediation auf dem Weg zur Digitalisierung der Justiz – Teil 1, ZKM 2021, 53; *Anzinger*, KMS und Online-Mediation auf dem Weg zur Digitalisierung der Justiz – Teil 2, ZKM 2021, 84; *Becker/Weidt*, Untersuchung zur elektronischen Klausur in großen Gruppen, ZRP 2017, 114; *Bender/Schwarz*, Strukturierter Parteivortrag und elektronische Akte, CR 1994, 372; *Bernhard/Leeb*, IT in der Juristenausbildung: E-Justice-Kompetenz, in Kramer/Kuhn/Putzke (Hrsg.), Was muss Juristenausbildung heute leisten?, 2019, S. 84 (zit.: Kramer/Kuhn/Putzke Juristenausbildung/Bernhard/Leeb); *Branting*, Data-centric and logic-based models for automated legal problem solving, Artificial Intelligence and Law 25 (2017), 5; *Braun Binder*, Künstliche Intelligenz und automatisierte Entscheidungen in der öffentlichen Verwaltung, SJZ 2019, 467; *Breidenbach*, Eine neue Juristenausbildung, NJW 2020, 2862; *Cane/Critzer* (Hrsg.), The Oxford Handbook of Empirical Legal Research, 2020; *Coupette/Fleckner*, Quantitative Rechtswissenschaft. Sammlung, Analyse und Kommunikation juristischer Daten JZ 2018, 379; *Eckert*, Die Wahrnehmung von Aufgaben der Rechtspflege durch den Rechtsreferendar, JuS 2001, 1003; *Effer-Uhe*, Möglichkeiten des elektronischen Zivilprozesses, MDR 2019, 69; *Eichacker/Hajric/Rebmann*, Digitalisierung der Lehre am Beispiel von Recht und Verwaltung, in Schweighofer et al. (Hrsg.), Recht DIGITAL – 25 Jahre IRIS. Tagungsband des 10. Internationalen Rechtsinformatik Symposiums IRIS 2022, 2022, S. 261 (zit.: Schweighofer et al. Recht DIGITAL/Eichacker/Hajric/Rebmann); *Engelmann/Brunotte/Lütkens*, Regulierung von Legal Tech durch die KI-Verordnung, RDi 2021, 317; *Fiedler*, Automatisierung im Recht und juristische Informatik, JuS 1971, 228 (233); *Fiedler/von Berg*, Stichworte zur Rechtsinformatik-Ausbildung an den Juristischen Fakultäten, DVR 2 (1973), 231; *Fiedler*, Juristenausbildung und Informatik, CR 1986, 756; *Fiedler*, Rechtsinformatik, Warum?, CR 1990, 169; *Fiedler*, Die zunehmende Bedeutung der Informatik für die Juristische Methodenlehre, in Schweighofer/Geist/Heindl (Hrsg.), 10 Jahre IRIS: Bilanz und Ausblick. Tagungsband des 10. Internationalen Rechtsinformatik Symposiums IRIS 2017, 2017, S. 257 (zit.: Schweighofer/Geist/Heindl 10 Jahre IRIS/Fiedler); *Fries*, De minimis curat mercator: Legal Tech wird Gesetz, NJW 2021, 2537; *Fries*, Studium digitale? Fünf Thesen gegen eine Revolution!, in Beurskens/Kramer/Kuhn/Putzke (Hrsg.), Juristenausbildung 4.0, 2021, S. 50 (zit.: Beurskens/Kramer/Kuhn/Putzke Juristenausbildung 4.0/Fries); *Galetzka/Garling/Partheymüller*, Legal Tech – „smart law" oder Teufelszeug?, MMR

2021, 20; *Gläßer/Sinemillioglu/Wendenburg*, Online-Mediation – Teil 2, ZKM 2020, 133; *Haft*, Einführung in die Rechtsinformatik, 1977; *Haft*, Computer können die Rechtsanwendung verändern – nicht nur im Steuerrecht, DSWR 1987, 73; *Haft*, Juristische Lernprogramme: Anspruch und Entwicklungsstand, in Eberle (Hrsg.), Informationstechnik in der Juristenausbildung, 1989, S. 148 (zit.: Eberle Informationstechnik/Haft); *Haft*, Das Normfall-Buch, 6. Aufl. 2014; *Hellwig/Ewer*, Keine Angst vor Legal Tech. Kurze Antworten auf aktuelle Fragen, NJW 2020, 1783; *Hoch*, Anwendung Künstlicher Intelligenz zur Beurteilung von Rechtsfragen im unternehmerischen Bereich. Zulässigkeit, Grenzen und Haftungsfragen beim Einsatz von Legal Robots, AcP 219 (2019), 646; *Hoch*, Big Data und Predictive Analytics im Gerichtsprozess. Chancen und Grenzen der Urteilsprognose, MMR 2020, 295; *Hofmann-Riem*, Der Umgang mit Wissen bei der digitalisierten Rechtsanwendung, AöR 145 (2020), 1; *Joerden*, Logik im Recht, 3. Aufl. 2018; *Kaulartz/Heckmann*, Smart Contracts - Anwendungen der Blockchain-Technologie, CR 2016, 618; *Kilian*, Juristenausbildung – Die Ausbildung künftiger Volljuristen in Universität und Referendariat. Eine Bestandsaufnahme unter besonderer Berücksichtigung der Anwaltschaft, Bd. 3 der Studien der Hans Soldan Stiftung zur Juristenausbildung, 2015; *Kilian*, Idee und Wirklichkeit der Rechtsinformatik in Deutschland, CR 2017, 202; *Kilian*, Die Zukunft der Juristen. Weniger, anders, weiblicher, spezialisierter, alternativer - und entbehrlicher, NJW 2017, 3043; *Kind/Ferdinand/Priesack*, Legal Tech – Potenziale und Wirkungen, TAB-Arbeitsbericht, 2019; *Kohlmeier*, Legal Design. Design Thinking für rechtliche Herausforderungen, Rethinking: Law 2018, 66; *Kaufmann* (Hrsg.), Münchner Ringvorlesung EDV und Recht, 1973; *Mattig*, Wahlfach: Legal Technology, in Klafki/Würkert/Winter (Hrsg.), Digitalisierung und Recht, 2017, S. 113 (zit.: Klafki/Würkert/Winter Digitalisierung und Recht/Mattig); *Medwedeva/Wieling/Vols*, Rethinking the field of automatic prediction of court decisions, Artificial Intelligence and Law, 2022; *Mielke/Wolff*, Der lange Weg zum Studium der Rechtsinformatik: Wie gestaltet man ein Legal Tech-Curriculum?, in Schweighofer/Hötzendorfer/Kummer/Saarenpää (Hrsg.), Verantwortungsbewusste Digitalisierung. Tagungsband des 23. Internationalen Rechtsinformatik Symposiums IRIS 2020, 2020, S. 387 (zit.: Schweighofer/Hötzendorfer/Kummer/Saarenpää Verantwortungsbewusste Digitalisierung/Mielke/Wolff); *Ofterdinger*, Strafzumessung durch Algorithmen?, ZIS 2020, 404; *Omlor*, Digitales Eigentum an Blockchain-Token - rechtsvergleichende Entwicklungslinien, ZVglRWiss 119 (2020), 41; *Omlor/Meister*, (Digital-)Reform der juristischen Ausbildung, ZRP 2021, 59; *Reimer*, Der Einfluss der Digitalisierung auf die Rechtsetzung, in Hey (Hrsg.), Digitalisierung im Steuerrecht, 2019, DStJG 42, S. 97 (zit Hey Digitalisierung/Reimer); *Roversi* (Hrsg.), A Treatise of Legal Philosophy and General Jurisprudence, 2005; *Rüthers/Fischer/Birk*, Rechtstheorie, 12. Aufl. 2022 (zit.: Rüthers/Fischer/Birk Rechtstheorie); *Rumpe et. al.*, Digitalisierung der Gesetzgebung zur Steigerung der digitalen Souveränität des Staates, Berichte des NEGZ Nr. 19, 2021; *Scheuer*, Akzeptanz von Künstlicher Intelligenz, 2020; *Schlund/Pongratz*, Distributed-Ledger-Technologie und Kryptowährungen - eine rechtliche Betrachtung, DStR 2018, 598; *Schrey/Thalhofer*, Rechtliche Aspekte der Blockchain, NJW 2017, 1431; *Schwemmer*, Dezentrale (autonome) Organisationen, AcP 221 (2021), 555; *Schwintowski/Podmogilinij/Timmermann*, Legal Tech – ein neues (Ordnungs-)Prinzip der Rechtswissenschaft?, OdW 2019, 205; *Sparberg*, Neue Chancen in der akademischen Ausbildung durch Informationstechnologie, in Haft (Hrsg.), Computergestützte Juristische Expertensysteme, Tübingen 1986, S. 11 (zit.: Haft Expertensysteme/Sparberg); *Spektor/Yuan*, Digitalisierung in der Juristenausbildung, NJW 2020, 1043; *Spindler*, Der Vorschlag der EU-Kommission für eine Verordnung zur Regulierung der Künstlichen Intelligenz (KI-VO-E) CR 2021, 361; *Steinmüller*, EDV und Recht. Einführung in die Rechtsinformatik, 1970; *Steinmüller*, Rechtstheorie, Rechtsinformatik, Rechtspolitik, in Albert (Hrsg.), Rechtstheorie als Grundlagenwissenschaft der Rechtswissenschaft, 1972, S. 373 (zit.: Albert Rechtstheorie/Steinmüller); *Schwarz*, Strukturierter Parteivortrag und elektronische Akte, 1993; *Tesch*, Promovieren in der Rechtswissenschaft – Bedingungen und Strukturen im Vergleich zu anderen Disziplinen, in Brockmann/Pilniok/Trute/Westermann (Hrsg.), Promovieren in der Rechtswissenschaft, 2015, S. 41 (zit.: Brockmann/Pilniok/Trute/Westermann Promovieren/Tesch); *Tiesel*, Digitalisierung und Juristenausbildung, in Beurskens/Kramer/Kuhn/Putzke (Hrsg.), Juristenausbildung 4.0, 2021, S. 43 (zit.: Beurskens/Kramer/Kuhn/Putzke Juristenausbildung 4.0/Tiesel); *Valta/Vasel*, Kommissionsvorschlag für eine Verordnung über Künstliche Intelligenz. Mit viel Bürokratie und wenig Risiko zum KI-Standort? ZRP 2021, 142; *Varheij*, Formalizing Arguments, Rules and Cases, ICAIL 16 (2017), 199; *Vogelgesang/Krüger*, Legal Tech und die Justiz – ein Zukunftsmodell? (Teil 2), jM 2020, 90; *Wagner/Waltl*, Plattformökonomie im Rechtswesen, BB 2021, 2242; *Weiss*, Zivilrechtliche Grundlagenprobleme von Blockchain und Kryptowährungen, JuS 2019, 1050; *Wischmeyer*, Regulierung intelligenter Systeme, AöR 143 (2018), 1; *Zweigert*, Ziele und Stoff der juristischen Ausbildung, RabelsZ 22 (1957), 1; *Zwickel*, Die Strukturierung von Schriftsätzen, MDR 2016, 988; *Zwickel*, Jurastudium 4.0? – Die Digitalisierung des juristischen Lehrens und Lernens, JA 2018, 881; *Zwickel*, Einvernehmliche Streitbeilegung im digitalen Zivilprozess der Zukunft, ZKM 2022, 44.

6 Ausbildung

I. Einführung

1 Legal Tech lässt sich als Gegenstand und als Methode der Ausbildung betrachten. Das eine Themenfeld handelt von Lernzielen, Ausbildungsinhalten und Berufsbildern. Deren Breite ergibt sich aus dem schillernden Begriff von Legal Tech (→ *Legal Tech, Begriff* Rn. 15) selbst. Versteht man diesen im umfassenden Sinn als Kennzeichnung von Software, die im Zusammenhang mit Rechtsdienstleistungen, Streitbeilegung und der Ausübung von Hoheitsgewalt eingesetzt werden kann, reicht das Spektrum verbundener Ausbildungsinhalte weit. Die Anforderungen der Praxis können entlang der herkömmlichen **Kompetenzkategorien** vom Wissen, Verstehen, Anwenden, Analysieren, Synthetisieren und Evaluieren reichen und dies nur auf Hilfsmittel der Bürokommunikation wie E-Mail und Textverarbeitung beziehen oder darüber hinaus juristische Expertensysteme (→ *Expertensystem, juristisches* Rn. 4), Anwendungen von statistischen Methoden bei der Sachverhaltsermittlung, der Recherche oder der Vorhersage juristischer Entscheidungen in den Blick nehmen. Eine Frage der **Kompetenzziele** ist ebenso die viel diskutierte „Gretchenfrage" dazu, ob Juristinnen und Juristen programmieren oder nur die Chancen und Risiken der Legal Tech zugrunde liegenden Technologien abschätzen können müssen.[1] Mit Legal Tech verbunden sind dann ebenso Rechtsfragen des Einsatzes von Legal Tech und von Legal Tech als Geschäftsmodell, etwa des Berufsrechts,[2] des Datenrechts und der vielgestaltigen Verknüpfungen im Wettbewerbsrecht und im Technikrecht, auch im Datenschutz- und im IT-Sicherheitsrecht.[3] Wo Legal Tech mit Fragen der betriebswirtschaftlichen Ausbildungsbereiche für die Beschaffungs-, Produktions- und Absatzwirtschaft verbunden wird[4] oder Techniken des Design Thinking in Legal Design-Anwendungen einbezogen werden,[5] kommen diese Kategorien hinzu. Sichtbar wird in dieser Breite schnell die Frage nach der disziplinären Verortung und damit die nach geeigneten Ausbildungsanbietern und nach der überzeugenden Einbettung in bestehende Lehrangebote. Diesen Fragen soll in den ersten beiden folgenden Abschnitten nachgegangen werden (→ Rn. 3, 25).

2 Von den Lernzielen, Ausbildungsinhalten und Berufsbildern trennen lassen sich Überlegungen zum Einsatz von Legal Tech im anderen Themenfeld, den **Methoden der Ausbildung** selbst. Es liegt nahe, neue innovative Lehrinhalte mit neuen und innovativen Ausbildungs- und Prüfungsformaten zu verbinden. Das gilt umso mehr, als sich die Aufnahme von Legal Tech in die juristische Ausbildung mit einer breiteren **Reformdiskussion** zur Zukunft der juristischen Ausbildung verbunden hat, die gleichermaßen Inhalte und Ausbildungs- und Prüfungsformate erfasst.[6] Sie kann hier nicht in ihrer Breite nachvollzogen werden, zumal Legal Tech eben nicht nur ein Thema der juristischen Ausbildung ist, sondern mit neuen Berufsbildern verbunden wird und damit Gegenstand anderer Ausbildungsdisziplinen sein kann. Daher sollen im dritten folgenden Abschnitt nur mögliche Ausbildungsformate disziplinübergreifend kategorisiert und exemplarisch dargestellt werden (→ Rn. 36). Der Dynamik der Entwicklung ist im letzten Abschnitt mit einem Ausblick Rechnung zu tragen (→ Rn. 46).

II. Lernziele, Ausbildungsinhalte und Berufsbilder

3 Legal Tech lässt sich perspektivenabhängig mit verschiedenen Disziplinen und mit bestehenden und neuen Berufsbildern verbinden. Mit der Einbettung unterscheiden sich die Lernziele. Eine Herausforderung bilden dabei die interdisziplinären Verknüpfungen. In der historischen Entwicklung sind Impulse für Legal Tech in den 1960er und 1970er Jahren verbunden mit der neuen **Disziplin der Rechtsinformatik** entstanden und in den 1980er Jahren wieder abgeebbt.[7] Die frühen Vorhaben zur Entwicklung computergestützter Methoden

---

1 Schweighofer/Hötzendorfer/Kummer/Saarenpää Verantwortungsbewusste Digitalisierung/Mielke/Wolff S. 387 (392).
2 Fries NJW 2021, 2537; Hartung/Bues/Halbleib Legal Tech/Hartung S. 245 ff.
3 Galetzka/Garling/Partheymüller MMR 2021, 20; Wagner/Waltl BB 2021, 2242 (2249).
4 Zur Industrialisierung des Rechts: Breidenbach/Glatz Legal Tech-HdB/Breidenbach S. 41 ff.
5 Breidenbach/Glatz Legal Tech-HdB/Kohlmeier S. 398 ff.; Kohlmeier Rethinking Law 2018, 66; Leeb Digitalisierung S. 49 ff., 60 ff.
6 Mit Rundblick zuletzt die Beiträge von Tiesel, Fries, Dylla-Krebs/Jungermann, Röhm/Gilbergs, Burgdorf, Geib, Fedtke, Griebel und Beurskens in Beurskens/Kramer/Kuhn/Putzke (Hrsg.), Juristenausbildung 4.0, 2021.
7 Gräwe, Die Entstehung der Rechtsinformatik, 2011, S. 35 ff.

der Rechtsfindung,[8] exemplarisch zu nennen sind die Projekte von *Herbert Fiedler* an der Universität Bonn und von *Fritjof Haft* an der Universität Tübingen mit dem bis heute eingesetzten Normfallmanager,[9] sind mit dem Fach der Rechtsinformatik durch die Beschäftigung mit dem Recht der Digitalisierung überlagert worden.[10] Neu für sich entdeckt haben das Thema andere Disziplinen, im Ausland, allen voran die Informatik und die Mathematik, aber auch die Linguistik. Dokumentiert ist dieser weit außerhalb der juristischen Ausbildung angesiedelte Fortbestand der klassischen Rechtsinformatik in den Tagungsbänden der International Association of Artificial Intelligence and Law (IAAIL).[11] Erst Mitte der 2010er Jahre ist die Legal Tech-Bewegung in die Wahrnehmung der rechtswissenschaftlichen Ausbildung zurückgekehrt und zugleich weltweit als interdisziplinäres Ausbildungsthema erschlossen worden.[12] In der Praxis nachgefragte Berufsbilder, etwa **Legal Engineer** oder **Legal Data Scientist** (dazu unten → Rn. 22), gewichten zusammen mit einem gegenwärtigen Mangel an Absolventinnen und Absolventen juristischer Studiengänge[13] die Frage nach der zutreffenden disziplinären Verortung neu.

1. Rechtswissenschaftliche Bezüge

Im Diskurs um die Fortentwicklung der juristischen Ausbildung durch die Aufnahme von Legal Tech treffen zwei **Perspektiven** aufeinander, die bereits in der ursprünglichen Entwicklung des Faches der Rechtsinformatik polarisierend wirkten. Sie lassen sich verbinden mit der Frage nach der zweckmäßigen disziplinären Verortung von Legal Tech in der Rechtswissenschaft oder in den betriebswirtschaftlichen, mathematischen oder technischen Disziplinen.

a) Recht der Digitalisierung

Als Themenfeld des Rechts der Digitalisierung ist Legal Tech in jüngerer Zeit deutlich mit berufsrechtlichen Fragen und den Grenzen erschienen, die das Rechtsdienstleistungsgesetz der Verwendung von Legal Tech-Anwendungen setzt.[14] Auch die Auseinandersetzung mit Smart Contracts und anderen Blockchain und Distributed Ledger-Technologien adressiert neben den technischen vor allem genuin juristische Fragen, etwa im Zivilrecht, im Gesellschaftsrecht, im Kapitalmarktrecht, im Strafrecht und im Steuerrecht[15]. Ebenso erscheint Legal Tech als juristisches Thema in der noch vergleichsweise jungen rechtspolitischen Diskussion zur **Regulierung von Anwendungen der Künstlichen Intelligenz**.[16] Im Entwurf der Europäischen Kommission für eine KI-Verordnung erscheinen staatlich eingesetzte Legal Tech-Anwendungen als **Hochrisiko-Anwendung**.[17] Die mit Legal Tech im weiten Sinne verbundenen Rechtsfragen setzen sich fort im Zivil- und Strafprozessrecht,[18] im Verwaltungsverfahrensrecht,[19] wachsend im Wettbewerbs- und Kartellrecht[20] und immerwährend im Datenschutz- und IT-Sicherheitsrecht.

Für die juristische Ausbildung bildet dieser Themenkatalog kein einschneidendes Novum. Wie seit jeher muss die juristische Ausbildung neue Entwicklungen vorausdenken und in das Curriculum integrieren.

---

8   Überblick bei Anzinger DStJG 42 (2019), 15 (20).
9   Dazu Haft, Das Normfall-Buch, 6. Aufl. 2014.
10 Kilian CR 2017, 202 (206).
11 Vgl. dazu iaal.org. Zur europäischen Variante mit jährlicher Tagung jurix.nl.
12 Mit einem Überblick Anzinger, Legal Tech in der juristischen Ausbildung, 2020, S. 20 ff.
13 Kilian NJW 2017, 3043 (3044); Kilian, Juristenausbildung, 2015, S. 335.
14 Siehe Fries NJW 2021, 2537; Hartung/Bues/Halbleib Legal Tech/Hartung S. 245 ff.
15 Jeweils mit Überblick: Kaulartz/Heckmann CR 2016, 618; Schwemmer AcP 221 (2021), 555; Omlor ZVglRWiss 119 (2020), 41; Schlund/Pongratz DStR 2018, 598; Schrey/Thalhofer NJW 2017, 1431; Weiss JuS 2019, 1050.
16 Engelmann/Brunotte/Lütkens RDi 2021, 317. Mit einem Überblick zum Vorschlag der Europäischen Kommission zur Festlegung harmonisierter Vorschriften für künstliche Intelligenz (Gesetz über künstliche Intelligenz) und zur Änderung bestimmter Rechtsakte der Union vom 21.4.2021, COM(2021) 206: Spindler CR 2021, 361; Valta/Vasel ZRP 2021, 142.
17 Siehe Anhang III Nr. 8 zum Vorschlag der Kommission für eine KI-Verordnung vom 21.4.2021, COM(2021) 206.
18 Ofterdinger ZIS 2020, 404; Hoch AcP 219 (2019), 646.
19 Braun Binder SJZ 2019, 467; Hofmann-Riem AöR 145 (2020), 1; Wischmeyer AöR 143 (2018), 1.
20 Hellwig/Ewer NJW 2020, 1783.

Smart Contracts lassen sich ohne Strukturänderungen als Betrachtungsgegenstand in zivilrechtliche Grundlagenveranstaltungen aufnehmen, **automatisierte Verwaltungsakte** in die Vorlesungen und Übungen zum Verwaltungsverfahrens- und Verwaltungsprozessrecht. Schwerpunktbereiche bilden die Möglichkeit für Vertiefungsangebote. Als Recht der Digitalisierung lässt sich Legal Tech als Gegenstand der rechtlich zu ordnenden Lebenswirklichkeit ohne Brüche in die juristische Ausbildung einfügen und prägt nicht notwendig neue Berufsbilder. Wo sie erscheinen, hat ihr Phänomen andere Ursachen, den des Mangels an Legal Tech-affinen Volljuristinnen und Volljuristen. Diese Lücke suchen in den juristischen Anteilen weniger herausfordernd ausgestaltete interdisziplinäre Studienangebote zu füllen, wie sie seit Langem bereits im Berufsbild und der Qualifikation von Wirtschaftsjuristinnen und Wirtschaftsjuristen etabliert sind und sowohl von Universitäten als auch von Hochschulen angeboten werden[21].

b) Digitalisierung des Rechts

7 Eine wesentlich größere Herausforderung als die Aufnahme der mit Legal Tech unmittelbar verbundenen Rechtsanwendungsfragen in die juristische Ausbildung bildet der mit der Digitalisierung des Rechts verbundene Bedeutungswandel der Methoden der **Rechtsetzung**,[22] der **Rechtsfindung**[23] und der **Streitbeilegung**[24]. Mit ihm erlangen die im juristischen Studium häufig zu wenig reflektierten rechtstheoretischen und methodischen Grundlagen ein anderes Gewicht. Mit dem Einsatz fortgeschrittener Methoden der Künstlichen Intelligenz in rechtlich zu beurteilenden Lebenssachverhalten und in Legal Tech-Anwendungen zur Unterstützung der Rechtsetzung, Rechtsfindung und Streitbeilegung werden Juristinnen und Juristen zukünftig in der Lage sein müssen, andere Rechtsetzungsformate, statistische Methoden und die wissenschaftstheoretischen Grundlagen anderer Disziplinen zu verstehen und die Stärken und Schwächen dieser Methoden evaluieren zu können.

aa) Algorithmen-gestützte Methoden der Rechtsfindung und der Streitbeilegung

8 Die Mehrzahl der heute bereits im Einsatz befindlichen juristischen Expertensysteme (→ *Expertensysteme* Rn. 11) beruht auf einer Technik, die keine besonderen Anforderungen an die juristische Ausbildung stellt. Sie folgt einem einfachen deduktiven, regelorientierten Ansatz, der anschaulich mit einer Briefwaage vergleichbar ist, auf deren Skala die geltenden Tarife für Postdienstleistungen hinterlegt sind. Sie enthält ein Element zur Sachverhaltsermittlung, die Waage, eine regelorientierte Ableitungslogik, eine Wissensbasis, in der die Briefportotabelle hinterlegt ist, und eine Ausgabeeinheit. Vielfach als **Legal Chatbots** (→ *Legal Chatbot* Rn. 1) bezeichnete Ratgeber[25] funktionieren nicht anders, selbst wenn sie mit einer natürlich-sprachlichen Eingabe- und Ausgabeeinheit verbunden sind.[26] Ihnen liegt eine regelorientierte Ableitungslogik zugrunde. Ihre Programmierung setzt voraus, dass die gesetzlichen Vorschriften mit ihren Tatbestandsvoraussetzungen und Rechtsfolgen in der Baumstruktur eines Wenn-Dann-Schemas abgebildet werden. Das ist keineswegs trivial, verlangt aber nicht mehr als die in der juristischen Ausbildung vermittelten Kompetenzen zur Auslegung von Gesetzen und zur Subsumtion von Lebenssachverhalten. Das gilt ebenso für die herausfordernden Aufgaben, wie die Umsetzung von Typusbegriffen oder Abwägungsgeboten in Optimierungsaufgaben.[27]

9 Weitergehend sind diejenigen Forschungsansätze, die mit den in der Mathematik gepflegten **Methoden der Logik** die rechtswissenschaftlichen Methoden der Rechtsfindung nachzuvollziehen und dabei reflektiert

---

21 Im April 2022 weist die Datenbank der Bundesagentur für Arbeit für das Stichwort „Wirtschaftsrecht" 13 grundständige Studiengänge an Universitäten und 44 an Hochschulen nach.
22 Dazu Breidenbach/Glatz Legal Tech-HdB/Breidenbach/Schmid S. 255 ff.; Hey Digitalisierung/Reimer, S. 97 ff.; Rumpe et. al., Digitalisierung der Gesetzgebung zur Steigerung der digitalen Souveränität des Staates, Berichte des NEGZ Nr. 19, 2021, abrufbar unter https://negz.org/berichte-des-negz-2021-digitalisierung-der-gesetzgebung-zur-steigerung-der-digitalen-souveranitat-des-staates/.
23 Überblick in Anzinger DStJG 42 (2019), 15 (34 ff.).
24 Exemplarisch Anzinger ZKM 2021, 53 und 84; Zwickel ZKM 2022, 44.
25 BeckRA-HdB/Remmertz § 64 Rn. 57.
26 Leeb Digitalisierung S. 236 ff.
27 Dazu Anzinger DStJG 42 (2019), 15 (33).

oder unreflektiert fortzuentwickeln suchen.[28] Die rechtstheoretischen Grundlagen, um die Implikationen der Anwendung dieser Methoden in Legal Tech-Anwendungen nachzuvollziehen, werden in der juristischen Ausbildung nur unzureichend gelernt. Ihre Examensrelevanz ist zu gering. Und sie finden sich, soweit ersichtlich, bislang nicht ausreichend in dezidiert Legal Tech-orientierten Studiengängen.

Dasselbe gilt für einen gänzlich anderen methodischen Ansatz algorithmengestützter Methoden der Rechtsfindung und Streitbeilegung, den der fallorientierten und selbstlernenden Systeme. Während regelbasierte Expertensysteme voraussetzen, dass die Wissensbasis, Gesetze, Rechtsprechung, Verwaltungspraxis, in maschinenlesbarer Form vorliegt oder im Zusammenwirken von Juristinnen und Juristen mit Programmiererinnen und Programmierern aufbereitet wird, was bei einem Recht auf Rädern mit hohem Aufwand verbunden ist, können **induktiv-fallorientierte Expertensysteme** (→ *Expertensystem, juristisches* Rn. 15) diese Wissensbasis selbstlernend erschließen.[29] Dieser Lernprozess bezieht sich dabei nicht auf die herkömmlichem Rechtsquellen und das Gesetz selbst, sondern auf die Handlungen der Rechtsanwender. Fallorientierte Systeme suchen den Urheber und damit den Rechtsanwender nachzuahmen, indem sie aus Erfahrungen in der Vergangenheit, etwa Entscheidungen zu ähnlichen Sachverhalten, Schlüsse für die Zukunft ziehen. Diese Technik lässt sich einerseits einsetzen, um Wahrscheinlichkeitsaussagen über die Erfolgsaussichten einer Klage treffen zu können,[30] sie kann andererseits aber auch zur Entscheidungsfindung selbst herabgezogen werden. Und sie lässt sich zur automatisierten Erstellung von Schriftsätzen in Legal Tech-Anwendungen implementieren. Dabei findet sie bereits Einsatz in Datenbanksystemen, die bei der juristischen Recherche unterstützen und etwa nach den Erfahrungen der Vergangenheit aus dem Rechercheverhalten anderer Nutzerinnen und Nutzer relevante Literatur- und Rechtsprechungshinweise zuerst anzeigen[31].

Den Kern dieser Anwendungen bilden **statistische Methoden**, die in der juristischen Ausbildung bislang keine Rolle spielen, für die tägliche Praxis aller Juristinnen und Juristen indessen in dem Maße Bedeutung gewinnen könnten, in dem einerseits Legal Tech-Anwendungen auf diesen Methoden beruhen und andererseits Sachverhalte der Lebenswirklichkeit eng mit ihnen verbunden sind. Juristinnen und Juristen müssen dann einordnen können, wo die Stärken und Schwächen des Einsatzes statistischer Methoden liegen und wo die Gefahr von Fehlentscheidungen droht.[32]

bb) Digitale Gesetze und Smart Contracts

Während ein bloßer formaler Wandel in den Trägermedien, von papiergebundenen zu digitalen Formaten, auf die Ausbildungsanforderungen und -inhalte keine nennenswerten Auswirkungen entfaltet, stellt sich die Frage, wie mit materiellen Medienänderungen umzugehen ist. Die bereits eingeleitete Umstellung der Verkündung von Gesetzen vom Abdruck im Bundesgesetzblatt hin zur elektronischen Darstellung im Internet[33] wird die Praxis der juristischen Arbeit nicht in einer Weise verändern, die nicht im Selbststudium abgedeckt werden kann und einer strukturierten didaktischen Aufbereitung im Studium bedürfte. Etwas ganz anderes gilt für die Überlegungen, maschinenlesbare Gesetzessprachen zu entwickeln und den Gesetzgebungsprozess und die spätere Rechtsanwendung darauf auszurichten.[34] Sie gebieten, darüber nachzu-

---

28 Exemplarisch die Beiträge von Pattaro/Peczenik/Rottleuthner/Sartor/Shiner in Roversi (Hrsg.), A Treatise of Legal Philosophy and General Jurisprudence, 2005, zu „Law and Logic", „Classical Logic and the Law", „Argument Logic"; Varheij ICAIL 16 (2017), 199; zu den Grenzen Adrian Rechtstheorie 48 (2017), 77.
29 Vergleichend Branting Artificial Intelligence and Law 25 (2017), 5 (12); Hartung/Bues/Halbleib Legal Tech/Grupp S. 261; früh bereits Haft DSWR 1987, 73 (77).
30 Mit kritischem Überblick zum Stand der Forschung: Medwedeva/Wieling/Vols, Artificial Intelligence and Law, 2022, abrufbar unter https://doi.org/10.1007/s10506-021-09306-3.
31 Hartung/Bues/Halbleib Legal Tech/Bues S. 279.
32 Dazu Anzinger Ad Legendum 18 (2021), 202 (205); zur Bedeutung Hoch MMR 2020, 295.
33 Gesetzentwurf der Bundesregierung, Entwurf eines Gesetzes zur Modernisierung des Verkündungs- und Bekanntmachungswesens, Referentenentwurf v. 27.5.2022, BR-Drucks. 243/22.
34 Dazu Breidenbach/Glatz Legal Tech-HdB/Breidenbach/Schmid S. 255 ff.; Reimer DStJG 42 (2019), 97 ff.; Rumpe et. al., Digitalisierung der Gesetzgebung zur Steigerung der digitalen Souveränität des Staates, Berichte des NEGZ Nr. 19, 2021, abrufbar unter https://negz.org/berichte-des-negz-2021-digitalisierung-der-gesetzgebung-zur-steigerung-der-digitalen-souveranitat-des-staates/; Anzinger DStJG 42 (2019), 15 (30 f.).

denken, der Gesetzgebungslehre zusätzlichen Raum in der juristischen Ausbildung zu geben und können Kompetenzanforderungen begründen, die sich auf ein strukturelles Verständnis potenziell einsetzbarer **Auszeichnungssprachen**, wie das XML-Format Akoma Ntoso,[35] oder Programmiersprachen beziehen.

13 Das gleiche gilt für **Smart Contracts**,[36] die nicht notwendig eingebettet in eine Blockchain-Umgebung selbstvollziehend gedacht werden müssen, sondern die, wo dies dem Willen der Parteien entspricht, als in einer Programmiersprache geschlossene Verträge verstanden werden können. Deren Auslegung erfordert dann im ersten Schritt Kenntnisse der eingesetzten Programmiersprache. Erst im zweiten Schritt sind die Rechtsfragen nach den Grenzen der Vertragsfreiheit und den weiteren in die Vertragsauslegung einzubeziehenden Umständen zu beantworten.

cc) Online-Mediation, strukturierter Parteivortrag und „Digitale Gerichte"

14 Für einzelne Rechtsordnungen beschriebene „**Digitale Gerichte**"[37] erscheinen bei genauerer Betrachtung als kein fundamentales Novum, sondern beschreiben staatlich organisierte Streitbeilegungsverfahren, in denen sowohl das schriftliche wie das mündliche Verfahren im elektronischen Format und im virtuellen Raum einer Videokonferenz oder eines anderen Handlungsformats ausgestaltet sind.[38] Daraus können sich Kompetenzanforderungen an die Verhandlungsbeteiligung und die Verhandlungsführung ergeben, weil Menschen sich in einer Videokonferenz möglicherweise anders verhalten als in einer Präsenzverhandlung.[39] Bislang ist Verhandlungsführung freilich nur Teil der praktischen Ausbildung ohne strukturierten Ausbildungsinhalt.[40] Neue Anforderungen können sich ergeben, wenn in virtuellen Gerichtssälen automatisierte Streitbeilegungsverfahren, etwa Vergleichsverhandlung mit Blind Bidding-Elementen, zum Einsatz kommen.[41] Auch Anforderungen an den strukturierten Parteivortrag[42] können neue Kompetenzen erfordern, die in strukturierten Ausbildungsinhalten im Rechtsreferendariat Aufnahme finden müssten.

c) Legal Data Science und empirische Rechtsforschung

15 Die universitäre juristische Ausbildung ist in Deutschland seit jeher praxisorientiert und damit auf das juristische Staatsexamen als Berufsexamen ausgerichtet.[43] Nicht zu vergessen ist dabei jedoch, dass es sich um ein wissenschaftliches Studium handelt, das die Methoden in ihrer ganzen Breite vermitteln sollte.[44] Dabei ist die Rechtswissenschaft zugleich **Formal-, Geistes- und Sozialwissenschaft**. Ihre Methoden, etwa die axiomatische Theoriebildung oder die Hermeneutik, stehen den Geisteswissenschaften näher. Ihr Betrachtungsgegenstand macht sie zur Sozialwissenschaft und öffnet damit den Weg zur empirischen Sozialforschung.

16 Mit der Digitalisierung des Rechts kann sich ein Bedeutungswandel dieses empirischen Forschungszweiges ergeben. Elektronische Akten, digitales Verwaltungshandeln, elektronisch veröffentlichte Gesetze und Rechtsprechung erschließen das Recht in bislang ungekanntem Umfang für empirische Forschungsmethoden.[45] Damit stellt sich die Frage, ob diese Forschung als Kernbestandteil der Rechtswissenschaft

---

35 Vgl. dazu www.akomantoso.org.
36 Fries/Paal Smart Contracts – mit Beiträgen von Anzinger, Erbguth, Finck, Fries, Hofmann, Kaulartz, Kuhlmann, Matzke, Paal, Pesch und Riehm.
37 Zum viel zitierten Beispiel des Civil Resolution Tribunal (CRT) in der kanadischen Provinz British Columbia Susskind, Online Courts and the Future of Justice, 2019, ChKap. 16.
38 Überblick: Anzinger ZKM 2021, 84 (85 ff.).
39 Am Beispiel der Online-Mediation: Gläßer/Sinemillioglu/Wendenburg ZKM 2020, 133 (134 f.).
40 Anschaulich Eckert JuS 2001, 1003 (1004 f.).
41 Dazu Anzinger ZKM 2021, 53 (55).
42 Dazu Bender/Schwarz CR 1994, 372; Effer-Uhe MDR 2019, 69; Schwarz, Strukturierter Parteivortrag und elektronische Akte, 1993; Zwickel MDR 2016, 988.
43 Anzinger, Legal Tech in der juristischen Ausbildung, 2020, S. 4, 18 ff.; Zweigert RabelsZ 22 (1957), 1.
44 Mit grundlegenden Überlegungen: Wissenschaftsrat, Perspektiven der Rechtswissenschaft in Deutschland. Situation, Analyse und Empfehlungen, Drs. 2558–12, November 2012, abrufbar unter https://www.wissenschaftsrat.de/download/archiv/2558-12.html.
45 Zu den Methoden Cane/Critzer (Hrsg.), The Oxford Handbook of Empirical Legal Research, 2020; Coupette/Fleckner JZ 2018, 379 (380 f.).

verstanden und ihre Methoden daher im juristischen Studium behandelt werden müssen oder ob die **empirische Forschung** über die Rechtswirklichkeit doch im Schwerpunkt anderen Disziplinen, etwa den Wirtschaftswissenschaften oder der Soziologie, überlassen bleiben sollte. Die bereits angedeutete Bedeutung empirischer und statistischer Methoden bei der Entwicklung moderner Legal Tech-Anwendungen spricht dafür, dass zumindest ein Grundverständnis über diese Methoden Teil der juristischen Ausbildung sein muss.

d) Rechtsphilosophie, Rechtstheorie und Allgemeine Rechtslehre

Die rechtliche Einordnung der Digitalisierung der Lebenswirklichkeit und die materiell-, verfahrens- und prozessrechtliche Behandlung von Legal Tech-Anwendungen können in der Dogmatik des Rechts der Digitalisierung mit herkömmlichen Methoden und ohne eine, über das im juristischen Studium bisher gelebte Maß hinausgehende, Methodenreflexion bewältigt werden. Der Einfluss der Digitalisierung des Rechts und der damit einhergehende **Einfluss fremder Disziplinen** stellt dagegen neue Anforderungen an die juristische Ausbildung, die im Überschneidungsbereich der Rechtsphilosophie, der Rechtstheorie und der Allgemeinen Rechtslehre zu verorten sind. Ein Kondensationskeim für die notwendige Anreicherung der juristischen Ausbildung um eine strukturierte Kompetenzvermittlung auf dem Gebiet der Wissenschaftstheorie ergibt sich aus der Frage nach einem Menschenvorbehalt für juristische Entscheidungen[46] und daraufolgend der Frage nach dem Raum für subjektive Werturteile in wissenschaftlichen Methoden der Erkenntnisgewinnung. Sie führt zurück zum **Werturteilsstreit in den Sozialwissenschaften**, der in den einzelnen Wissenschaftsdisziplinen heute weitgehend unreflektiert ganz unterschiedliche Vorverständnisse und Erwartungen von und an die Wissenschaft begründet.[47] So kann es etwa aus der Perspektive der Wirtschaftswissenschaften als ein Indiz mangelnder Wissenschaftlichkeit der Rechtswissenschaft wahrgenommen werden, wenn verschiedene Gerichte in vergleichbaren Sachverhalten mit dem gleichen Methoden und denselben rechtlichen Maßstäben zu unterschiedlichen Ergebnissen gelangen und dies Argumente für die Ersetzung von Menschen durch Algorithmen liefern.[48] Aus juristischer Sicht sind diese Unterschiede notwendiger Ausdruck der freien richterlichen Überzeugungsbildung, die sich allein im Rahmen des an den Rändern notwendig unscharfen Rechts abspielen muss. Die Digitalisierung des Rechts wird diese Unterschiede zwischen den Wissenschaften deutlicher machen und die Rechtswissenschaft herausfordern. Eine Methodenreflexion, die über die Lehre der Auslegungsmethoden und der Rechtsdogmatik hinausgeht, muss schon deshalb stärker im juristischen Studium ausgeprägt werden.

2. Bezüge zur Mathematik, Informatik und zu den Wirtschaftswissenschaften

In der, der **Rechtsdogmatik** zugrunde liegenden, **axiomatischen Theoriebildung** steht die Rechtswissenschaft der Mathematik nahe. Das gilt ebenso für die **Logik**, so man sie als Teil der Mathematik versteht.[49] Fremd sind der überwiegenden Zahl der Juristinnen und Juristen dagegen weiterentwickelte **statistische Methoden**, wie sie Verfahren des maschinellen Lernens zugrunde liegen und damit das Fundament für KI-Anwendungen im Kontext von Legal Tech bilden, und fremd sind ebenso die **Programmiertechnik** und die grundlegende Struktur von Auszeichnungs- und Programmiersprachen. Mit diesen Methoden ist das Recht aber umgekehrt gleichermaßen Gegenstand der Mathematik und der Informatik geworden. Namentlich an englischen, italienischen und niederländischen Universitäten sind die Methoden der Rechtsfindung mit den Überlegungen zur Automatisierung juristischer Dienstleistungen aus der Mathematik heraus erforscht und gelehrt worden.[50] In der Informatik hat sich an verschiedenen Universitäten ein Forschungszweig herausgebildet, der sich, wie die Rechtstheorie, der Untersuchung der Rechtssprache und

---

46 Vogelgesang/Krüger jM 2020, 90 (95).
47 Zur Bedeutung des Werturteilsstreits: Rüthers/Fischer/Birk Rechtstheorie S. 184 f.
48 Zum Beispiel einer empirischen Studie über Entscheidungsverhalten deutscher Arbeitsgerichte: Anzinger DStJG 42 (2019), 15 (17).
49 Instruktiv Joerden, Logik im Recht, 3. Aufl. 2018.
50 Einen Überblick vermittelt ein Sonderheft der Zeitschrift Artificial Intelligence and Law, Bd. 20, Heft 3: „A history of AI and Law in 50 papers: 25 years of the international conference on AI and Law" mit Beiträgen von Bench-Capon, Araszkiewicz, Ashley, Wyner et al.

der Struktur von Rechtsnormen mit den Methoden der Informatik widmet und dabei nach Wegen sucht, Teile des Rechtsfindungsprozesses zu automatisieren.[51]

19 Schließlich lässt sich Legal Tech für den Prozess der Erbringung juristischer Dienstleistungen mit der Betriebs- und Prozessorganisation in den Kategorien der Beschaffungs-, Produktions- und Absatzwirtschaft verbinden. Als Legal Tech-Anwendung werden selbst noch Plattformen der Personalgewinnung oder der Mandatsgewinnung verstanden.[52] Disziplinär zu verorten sind diese Anwendungen in Einzelfächern der **Betriebswirtschaftslehre**, etwa der Personalorganisation, dem Marketing, dem Operation Research oder der **Wirtschaftsinformatik**.

3. Bezüge zur Psychologie und zur Sprachwissenschaft

20 Legal Tech bildet eine Schnittstelle zwischen Mensch und Maschine und ist damit Gegenstand des interdisziplinären Forschungsgebiets der Arbeitspsychologie und der Informatik[53]. Bei algorithmen-gestützten Anwendungen spielt das Vertrauen der Anwender in die Verlässlichkeit der Technik und die **Akzeptanz** eine große Rolle. Bei der Entwicklung und beim Einsatz von Legal Tech sind diese Faktoren einzubeziehen und können damit eine Kompetenzerwartung begründen.[54]

21 Eine andere Mensch-Maschine-Schnittstelle adressiert die **Computerlinguistik**, die Gegenstand eines interdisziplinären Forschungsgebiets der Sprachwissenschaft und der Informatik ist.[55] Ihr Ziel ist es, nach Wegen zu suchen, um natürlich-menschliche Sprache für die algorithmische Verarbeitung durch Computer zu erschließen. Methoden der natürlichen Sprachverarbeitung können eingesetzt werden, um Ein- und Ausgabeschnittstellen für Expertensysteme zu konstruieren, aber auch um Schnittstellen für die Wissensbasis zu entwickeln.

4. Neue interdisziplinäre Berufsbilder

22 Aus den Bedürfnissen der Praxis sind neue Berufsbilder entstanden, in denen die Breite des Verständnisses von Legal Tech deutlich wird. Zu nennen ist zunächst das Berufsbild des **Legal Engineer**, mit dem sich einerseits Aufgaben der IT-gestützten Büroorganisation verbinden lassen und der andererseits fortgeschrittene Techniken der algorithmengestützten Erbringung juristischer Dienstleistungen in den Prozessen der Dienstleistungserbringung implementieren soll, etwa der Dokumentenautomation, der juristischen Recherche oder der datenorientierten Produktentwicklung.[56] Gesucht werden für dieses Berufsbild Wirtschaftsinformatikerinnen und Wirtschaftsinformatiker oder Wirtschaftsingenieurinnen und Wirtschaftsingenieure, aber auch Wirtschaftsjuristinnen und -juristen mit entsprechenden technischen Zusatzqualifikationen.

23 Ein anderes bereits verbreitetes Berufsbild stellt der **Legal Data Scientist** dar. Sein Aufgabengebiet ist die Entwicklung und der Einsatz von Legal Tech-Anwendungen, die auf der Analyse von Daten aus unterschiedlichen Sachverhalts- und Rechtsquellen mit statistischen Methoden des maschinellen Lernens und der Techniken der natürlichen Sprachverarbeitung beruhen. Für dieses Berufsbild werden Absolventinnen

---

51 Exemplarisch: Leibniz Center for Law an der Universität Amsterdam (www.leibnizcenter.org/information); Department of Computer Science an der Universität Liverpool (www.csc.liv.ac.uk/~katie/research.html).
52 Mit einem Markteinblick: www.legal-tech.de/aktuelles-rund-um-legal-tech/marketing/.
53 Zum Methoden- und Themenspektrum siehe die Tagungsbände Mensch und Computer in der Gesellschaft für Informatik, 2001 ff., abrufbar unter www.fb-mci.gi.de/publikationen/tagungsbaende-mensch-und-computer.
54 Mit einer Bewertung für den Einsatz von Legal Tech in der Rechtspflege: Kind/Ferdinand/Priesack, Legal Tech – Potenziale und Wirkungen, 2019, S. 60; mit einem Theoriemodell für KI allgemein: Scheuer, Akzeptanz von Künstlicher Intelligenz, 2020, 57 ff.
55 Zu Methoden- und Themenspektrum sowie Diskursplattformen siehe Association for Computational Linguistics (www.aclweb.org/portal/what-is-cl).
56 Dazu Hauser, Legal Engineers halten Einzug in die Kanzleiwelt, Juve v. 29.4.2021, abrufbar unter www.juve.de/markt-und-management/neuartige-wesen-legal-engineers-halten-einzug-in-die-kanzleiwelt/; Nagl, Was macht ein Legal Engineer?, Cologne Technology Review & Law 2021, Heft 2, abrufbar unter www.legaltechcologne.de/wp-content/uploads/2021/02/Cologne-Technology-Review-Law_CTRL_1-21_Clarissa-Kupfermann_Louis-Goral-Wood_Was-macht-ein-Legal-Engineer_Interview_Sebastian-Nagl.pdf.

und Absolventen der Mathematik, der Wirtschaftsmathematik, der Informatik oder aus den Naturwissenschaften gesucht. Damit wird ein Defizit im Domänenwissen der Rechtswissenschaft in Kauf genommen, weil Juristinnen und Juristen mit ausreichenden statistischen Kenntnissen bislang nicht ausgebildet werden.

5. Ausbildungsreformdiskussion

Es gilt als ein **Wesensmerkmal der Rechtswissenschaft**, dass Inhalt und Struktur der Ausbildung fortwährend und in einem intensiven Diskurs hinterfragt werden.[57] Der Unterschied zu anderen Studiengängen besteht in der Verbindung der Kompetenzerwartungen mit der verantwortungsbewussten **Ausübung staatlicher Hoheitsgewalt** und der sich daraus rechtfertigenden Bedeutung der staatlich vorgegebenen Ausbildungs- und Prüfungsordnungen. Die Integration von Legal Tech in die juristische Ausbildung kann sich daher in den juristischen Studiengängen, anders als etwa in der Informatik oder in den Wirtschaftswissenschaften, nicht im freien Wettbewerb der Profilentwicklung zwischen den Fakultäten vollziehen. Sie ist Gegenstand eines rechtspolitischen Diskurses und erstreckt sich auf das Rollenverständnis von Rechtsanwältinnen und Rechtsanwälten, Richterinnen und Richtern und anderen mit der Rechtspflege betrauten Berufen, die die Befähigung zum Richteramt voraussetzen. Über die Integration von Kompetenzen, die mit Legal Tech verbunden werden, wird bereits länger auf Bundes- und Landesebene beraten.[58] Als Minimalkonsens zeichnet sich die Aufnahme einer „Digitalen Kompetenz" in den Katalog der Schlüsselqualifikationen ab.[59]

III. Verortung und Einbettung in bestehende Lehrangebote

In Legal Tech verschmelzen Methoden verschiedener Disziplinen, deren Bezugssystem zwischen Software, Organisation und Recht changiert. Damit stellt sich in besonderem Maße die Frage, in welcher **Fachdisziplin** Legal Tech-Inhalte zu verorten und mit welchen Studiengängen Lernziele und Ausbildungsinhalte zu verknüpfen sind. Diese Frage lässt sich weder durch empirische Studien noch durch Zweckmäßigkeitserwägungen beantworten. Sie ist ein Teil des Innovationswettbewerbs verschiedener Ausbildungsanbieter und damit nur als Ergebnis einer evolutionären Entwicklung zu beantworten. Möglich ist eine Momentaufnahme.

1. Legal Tech in monodisziplinär-grundständigen Hochschulstudiengängen

In **monodisziplinär-grundständigen Studiengängen** kann Legal Tech insbesondere Teil der Ausbildung in der Rechtswissenschaft, der Informatik und den Wirtschaftswissenschaften sein. Damit ist nicht ausgeschlossen, dass es in anderen Studiengängen in Erscheinung tritt, doch es sind drei deutliche Schwerpunkte ausgemacht.

a) Rechtswissenschaft

In die juristische Ausbildung hat Legal Tech mit der frühen **Rechtsinformatik**, teilweise bezeichnet als Rechtskybernetik, bis in die 1980er Jahre zumindest als Wahlangebot in das juristische Studium Aufnahme gefunden. Pioniere fanden sich, zunächst noch am Rand juristischer Fakultäten, mit *Wilhelm Steinmüller* in Regensburg[60], und später in ihrem Zentrum mit *Herbert Fiedler* in Bonn, *Fritjof Haft* in Tübingen und *Arthur Kaufmann* in München[61]. Ein von *Herbert Fiedler* formulierter Katalog umfasste Formale Logik, ausgewählte Gebiete der Mathematik, Programmieren, Operation Research, Informationssoziologie und Kommunikationstheorie.[62] In der Rechtswissenschaft bildete diese neue Verbindung mit Methoden der

---

57 Zu vergangenen Reformdiskussionen: Kilian, Juristenausbildung, 2015, S. 29 ff.
58 Anzinger, Legal Tech in der juristischen Ausbildung, 2020, S. 16 ff.
59 Mit einem Vorbild: § 3 Abs. 5 S. 1 BW-JaPrO.
60 Steinmüller, EDV und Recht, 1970; Albert Rechtstheorie/Steinmüller S. 373.
61 Eberle Informationstechnik/Haft S. 148; Haft, Einführung in die Rechtsinformatik, 1977; Kaufmann (Hrsg.), Münchner Ringvorlesung EDV und Recht, 1973; zum Lehrveranstaltungsangebot auch Gräwe, Die Entstehung der Rechtsinformatik, 2011, S. 141.
62 Fiedler JuS 1971, 228 (233); Fiedler/von Berg DVR 2 (1973), 231; Fiedler CR 1986, 756 (760 f.).

Informatik, Mathematik, den Wirtschaftswissenschaften und der Soziologie einen Fremdkörper. Ab Ende der 1980er Jahre war die Rechtsinformatik fast nur noch einen Sammelbegriff für Rechtsfragen der Digitalisierung. Die zuvor damit verbundene Verbindung mit den Methoden anderer Disziplinen konnte sich nicht durchsetzen.[63] Erst in der jüngsten Zeit finden an Universitäten wieder Angebote Eingang, die Methoden und Inhalte der Informatik und der Wirtschaftswissenschaften unter der thematischen Klammer von Legal Tech in die juristische Ausbildung integrieren. Sie beschränken sich allerdings auf Wahlangebote. Eine echte Integration in den Pflichtstoff, etwa in den Grundlagenfächern, ist noch nicht erkennbar.[64]

b) Informatik und Mathematik

28 Aus der Perspektive der Informatik, als einer Formalwissenschaft und als einer Ingenieurdisziplin, kann Legal Tech sowohl in den zugrunde liegenden Methoden als auch in den Anwendungen einen Gegenstand von Forschung und Lehre bilden. Anders als etwa in Großbritannien und in den Niederlanden[65] wird Legal Tech an den deutschen technischen und mathematischen Fakultäten selten mit eigenen Lehrangeboten bespielt. Nur vereinzelt finden sich Beispiele, etwa an der TU München.[66] Auch Blockchain und andere Distributed Ledger-Technologien werden mit ihren vieldiskutierten Einflüssen auf die Rechtswirklichkeit eher an den Hochschulen für angewandte Wissenschaften als in den universitären Studiengängen unterrichtet.[67] Für die Mathematik erscheinen die Domäne des Rechts zu weit entfernt, die Probleme zu trivial und der Anwendungsbezug zu groß, als dass Legal Tech mit eigenen Lehrveranstaltungen bedient werden würde. Das schließt nicht aus, dass einzelne Projekte stattfinden und Abschluss- oder Seminararbeiten mit engem Bezug zu Legal Tech betreut und geschrieben werden. Neue Bezüge könnten indessen über die vielfach entstehenden Studiengänge **Mathematics in Data Science** entstehen,[68] in die sich etwa Lehrveranstaltungen zu **Data Science & Law** integrieren lassen.

c) Wirtschaftswissenschaften

29 Die größere Offenheit für anwendungsbezogene Forschung und Lehre teilen mit der Rechtswissenschaft die Wirtschaftswissenschaften. Daher verwundert es nicht, dass Kursangebote, die etwa unter der Bezeichnung **Data Science & Law** firmieren,[69] gerade in diesen Studiengängen bislang eine Heimat finden können. In wirtschaftswissenschaftlichen Studiengängen werden die statistischen Methoden und das **maschinelle Lernen** anwendungsbezogen im Pflichtprogramm unterrichtet und die Verbindung mit der Domäne des Rechts ist zur Durchführung von Projektkursen und Seminaren naheliegend. Auf die Rechtswissenschaft können diese Angebote freilich einen Verdrängungseffekt entfalten. Wenn sich Rechtsdienstleistungen mit den Methoden der Wirtschaftswissenschaften günstiger erbringen lassen als mit den Methoden der Rechtswissenschaft und sich Wertungen zulasten der materiellen Gerechtigkeit und zugunsten der formellen Streitbeilegung verschieben, droht der Rechtswissenschaft als Gerechtigkeitswissenschaft (Ulpian) ein Gewichtsverlust, dem durch kritische Auseinandersetzung mit den neuen Methoden zu begegnen ist. Das setzt deren Verständnis voraus.

2. Interdisziplinäre grundständige Studiengänge

30 In Legal Tech verbinden sich Methoden verschiedener Disziplinen. Es liegt nahe, Legal Tech deshalb in interdisziplinären Studiengängen zu verorten. Erste Angebote finden sich an der Universität Passau

---

63 Fiedler CR 1990, 169.
64 Mit einer tabellarischen Bestandsaufnahme Anzinger, Legal Tech in der juristischen Ausbildung, 2020, S. 42 ff.
65 Exemplarisch: Leibniz Center for Law an der Universität Amsterdam (www.leibnizcenter.org/information); Department of Computer Science an der Universität Liverpool (www.csc.liv.ac.uk/~katie/research.html).
66 Zum Lehrangebot der Professur für Legal Tech, Fakultät Informatik, TUM siehe www.in.tum.de/legaltech/teaching/.
67 Exemplarisch Hochschule Mittweida mit Masterprogramm „Blockchain & Distributed Ledger Technologies (DLT)" sowie Frankfurt School of Finance & Management mit Masterprogramm „Blockchain & Digital Assets".
68 Exemplarisch Masterprogramme an der TU München, Fakultät für Mathematik, „Mathematics in Data Science" sowie an der Universität Ulm, Fakultät für Mathematik, „Mathematical Data Science".
69 Zum Beispiel an der Universität Ulm: https://www.uni-ulm.de/mawi/mawi-wiwi/forschung-und-lehre/vorlesungen/data-science-law-m/.

mit einem vierjährigen **Bachelorstudiengang „Legal Tech"**.[70] Den interdisziplinären Studieneinstieg mit einem ausgewiesenen Legal Tech-Programm ermöglichen darüber hinaus nur wenige Fakultäten. Ein vergleichbares Angebot bietet die School of Law der Singapur Management University in einem BSc.-Studiengang **„Computing & Law"**.[71]

3. Aufbau-, Weiterbildungs- und Zusatzstudiengänge

Ein weitaus breiteres Angebot findet sich für Juristinnen und Juristen in Form von Zusatzprogrammen. Einen ersten Aufschlag mit einem einjährigen **Executive Master-Programm** hat die Universität Regensburg mit dem Studiengang „Legal Tech" entwickelt, der juristische, technische und betriebswirtschaftliche Aspekte verbindet.[72] Er setzt den Abschluss eines grundständigen juristischen Studiums voraus. Einen anderen Weg zeigt die Universität Bayreuth, wo nach dem Vorbild der dort bereits länger praktizierten wirtschaftswissenschaftlichen Zusatzqualifikation ein interdisziplinäres Zusatzstudium „Informatik und Digitalisierung (DigiZ)" angeboten wird.[73]

Über diese Programme hinaus finden sich mittlerweile an zahlreichen Universitäten und Hochschulen Blockveranstaltungen (**„Summer Schools"**) und strukturierte Zusatz- und Weiterbildungsangebote. So bieten die Europa Universität Viadrina mit dem Legal-Tech-Center Berlin,[74] die Universität des Saarlandes[75] und die Fakultät für Informatik der Technischen Universität München[76] je eine Sommer School „Legal Tech" bzw. „IT Law und Legal Innovation" an. An der Heinrich-Heine-Universität Düsseldorf werden Legal Tech-bezogene Inhalte in die „Summer School on European Business Law"[77] integriert und auch an der Bucerius Law School[78] und an der European Business School[79] sind Angebote verankert worden.

4. Rechtsreferendariat

Im deutschen Rechtsreferendariat fehlen bislang strukturierte Vorgaben über die Integration Legal Tech-bezogener Inhalte. Nur in einzelnen Bundesländern finden sich **Zusatzqualifikationskurse**, etwa zum Thema „Künstliche Intelligenz im Recht".[80] In allen Bundesländern besteht dagegen die Möglichkeit, eine Anwaltsstation oder die **Wahlstation** dort wahrzunehmen, wo die Berührungspunkte zu Legal Tech eng sind. So bieten Rechtsabteilungen und Legal Tech-Startups Wahlstationen mit einem einschlägigen Schwerpunkt an.[81]

5. Promotionsangebote

Strukturierte Promotionsprogramme bilden an deutschen juristischen Fakultäten die Ausnahme[82]. Wo sie entstehen, sind sie häufig verknüpft mit laufzeitbegrenzten Forschungsvorhaben oder Instituten und

---

70 Vgl. dazu www.uni-passau.de/legaltech/.
71 Vgl. dazu scis.smu.edu.sg/bsc-computing-law/curriculum.
72 Dazu Mielke/Wolff IRIS 2020, 387; Studienprogramm abrufbar unter www.legaltech-ur.de.
73 Vgl. dazu www.digiz.uni-bayreuth.de/de/index.html.
74 Programm abrufbar unter edu.legaltech.center/summer-school/.
75 Pressemitteilung v. 4.5.2017, abrufbar unter saarland-informatics-campus.de/piece-of-news/summer-school-it-law-and-legal-informatics-for-young-researchers-from-all-over-the-world/.
76 Programm abrufbar unter wwwmatthes.in.tum.de/pages/1x4jw04sged56/1st-Munich-Legal-Tech-Summer-School.
77 Programm abrufbar unter Prog. abrufbar u.: iur.duslaw.de/en/vortrags-veranstaltungen/summer-school-on-european-business-law.
78 Programm abrufbar unter techsummer.law-school.de.
79 Zum Lehrangebot im Bryter Center for Digtalization & Law siehe www.ebs.edu/de/center/bryter-center-for-digitalization-and-law/ausbildung.
80 Zum Angebot in Baden-Württemberg siehe. legal-tech-verzeichnis.de/erstmals-zusatzqualifikation-zu-kuenstliche-intelligenz-fuer-referendarinnen-in-baden-wuerttemberg/.
81 Ausschreibungen mit Anforderungs- und Tätigkeitsprofilen finden sich im Internet unter der Kombination der Suchwörter „Rechtsreferendariat" und „Legal Tech".
82 Brockmann/Pilniok/Trute/Westermann Promovieren/Tesch S. 41.

Zentren, die sich Legal Tech-bezogenen Themen widmen.[83] An fast allen Fakultäten besteht indessen die Möglichkeit zur Durchführung individuell betreuter und interdisziplinärer Promotionsvorhaben.

6. Ausbildungsangebote im Ausland

35 Das Spektrum der Ausbildungsangebote im Ausland ist auf allen Niveaustufen breiter als in Deutschland. Zwei Gründe hierfür stechen hervor. Zum einen schränken die gesetzlichen Vorgaben über die Pflichtinhalte einer juristischen Ausbildung in Deutschland die Innovationsfähigkeit der Universitäten und der juristischen Fakultäten ein. Zum anderen sind Universitäten im Ausland überwiegend durch Studiengebühren finanziert, daher mehr noch als deutsche Universitäten dem Wettbewerb um Studierende ausgesetzt und gezwungen, auf die Nachfrage der Praxis einzugehen. Es ist vor diesem Hintergrund nicht erstaunlich, dass insbesondere in den Ländern, in denen Universitäten besonders um ausländische Studierende werben, etwa Australien, Singapur, die Vereinigten Staaten, Kanada und Großbritannien, eine dynamische Entwicklung und ein breites Angebot vorzufinden ist.[84] Bereits erwähnt ist das BSc.-Programm „Computing & Law" der Singapur Management University.[85] Exemplarisch zu nennen sind weiter das Promotionsprogramm im **Cyberjustice Laboratory** der Universität **Montreal** in Innovation, Science, Technology and Law[86] und das LL.M.-Programm der Universität **Ottawa** mit einem Schwerpunkt in Law and Technology[87] sowie verschiedene Kurse an den U.S.-amerikanischen Universitäten, etwa das LL.M.-Programm in Law, Technology, and Entrepreneurship an der **Cornell University Law School**[88] oder das **Stanford Program in Law, Science & Technology**[89]. In Europa stechen die baltischen Staaten sowie Finnland als besonders Legal Tech-affin hervor. In **Helsinki** finden sich an der Juristischen Fakultät der Universität und an der Aalto Universität zahlreiche Angebote und in Talinn, **Tartu**[90], Riga und Vilnius bestehen mehrere LL.M.-Programme, die die Verbindung von Technik und Recht vermitteln.[91]

IV. Ausbildungs- und Prüfungsformate

36 Legal Tech kann nicht nur als Gegenstand, sondern auch als Technik der Ausbildung verstanden werden. Und Legal Tech-bezogene Inhalte bieten Anlass, über Innovationen in den Ausbildungsformaten nachzudenken. Zusätzliche **Impulse** haben sich aus dem durch Maßnahmen zur Eindämmung der SARS-CoV-2-Pandemie erzwungenen Medienwandel ergeben.

1. Traditionelle Ausbildungsformate

37 Nach wie vor dominieren nicht nur in der juristischen Ausbildung die traditionellen Ausbildungsformate der Vorlesung, der Übung und Arbeitsgemeinschaft und des Seminars. Sie lassen sich beibehalten, aber auch fortentwickeln.

a) Vorlesung

38 Vorlesungen erfüllen vordergründig den Zweck der Wissensvermittlung, dienen aber insbesondere dazu, ein Stoffgebiet zu umgrenzen, zu strukturieren und einen **Wissenskanon** zu definieren. Sie sollen weiter zur Auseinandersetzung mit dem Stoff motivieren und die neuesten Entwicklungen einbeziehen. Diese zen-

---

83 Exemplarisch das Promotionskolleg „Digitales Recht" an der Universität Heidelberg, siehe www.jura.uni-heidelberg.de/digitales_recht/.
84 Mit einer tabellarischen Bestandsaufnahme Anzinger, Legal Tech in der juristischen Ausbildung, 2020, S. 76 ff.
85 Siehe scis.smu.edu.sg/bsc-computing-law/curriculum.
86 Zum Programm: droit.umontreal.ca/fileadmin/droit/documents/PDF/description_de_programmes/DL-INNOV-EN-Courriel.pdf.
87 Programm abrufbar unter catalogue.uottawa.ca/en/graduate/master-laws-llm-concentration-law-technology/.
88 Programm abrufbar unter tech.cornell.edu/programs/masters-programs/master-of-laws-llm/.
89 Programm abrufbar unter law.stanford.edu/education/degrees/advanced-degree-programs/llm-in-law-science-technology/.
90 Zum IT Law Programm der Universität Tartu s. https://ut.ee/en/curriculum/information-technology-law.
91 Anzinger, Legal Tech in der juristischen Ausbildung, 2020, S. 76 ff.

tralen Funktionen müssen nicht notwendig im Format unidirektionalen Frontalunterrichts erfüllt werden. Im anglo-amerikanischen Raum ist es stärker üblich, den passiven Wissenserwerb in ein verpflichtendes Selbststudium vorzuverlagern und den Austausch mit den Dozierenden in Präsenzveranstaltungen oder Videokonferenzen zur Aktivierung des passiv erworbenen Wissens zu nutzen. Etwas Ähnliches, wenngleich nicht notwendig dasselbe, wird mit der Bezeichnung **„Flipped Classroom"** als „Vorlesungsform für das 21. Jhd." beschrieben.[92] Sowohl für diesen vorgelagerten Wissenserwerb als auch für die Diskussion können Legal Tech-Anwendungen hilfreich sein, etwa in Gestalt von interaktiven E-Books mit eingebetteten Lehrvideos, Selbstlerntests oder Umfragetools.[93]

b) Übung und Arbeitsgemeinschaft

Übungen und Arbeitsgemeinschaften dienen in der juristischen Ausbildung traditionell der Einübung der Falllösungstechnik und der Verfestigung des Stoffes. Hier lassen sich in der Lehre Innovationen nutzen, die im Kontext von Legal Tech entwickelt worden sind. Zu denken ist an Brainstorming, Legal Design-Techniken und **kollaboratives Schreiben**. Dabei können Übungen und Arbeitsgemeinschaften inhaltlich über die klassisch forensisch angelegte Falllösung in den rechtsgestaltenden Bereich hinein entwickelt werden.

c) Seminar

Seminare dienen in besonderer Weise der **Methodenreflexion**. Sie sind auch der Ort, in dem der interdisziplinäre Austausch gepflegt und Legal Tech-Methoden untersucht und sogar fortentwickelt werden können. Denkbar sind jenseits der üblichen Anforderungen des Referats und der schriftlichen Ausarbeitung neue Formate, etwa die kollaborative Entwicklung eines Wikipedia-Eintrags, sogar die Entwicklung oder Implementierung einer Legal Tech-Anwendung selbst. Hervorzuheben ist, dass das Seminar der Ort bleiben muss, in dem wissenschaftliche Methoden reflektiert werden müssen und in dem die Auseinandersetzung mit dem Stand der Forschung und dem Meinungsstand im Schrifttum stattzufinden hat.

2. Partizipative Ausbildungsformate

Legal Tech bietet sowohl als Gegenstand als auch als Technik der Lehre neue Möglichkeiten für die Implementierung partizipativer Konzepte jenseits der traditionellen Ausbildungsformate. Sie können sich als **Projektkurs** über einen längeren Zeitraum erstrecken und mit wissensvermittelnden Elementen verbunden oder kompakt auf wenige Tage konzentriert und auf die Selbstlernfähigkeiten der Studierenden vertrauend ausgestaltet werden.

a) Projektkurse

Projektkurse bieten sich dort an, wo theoretisches Grundwissen bei den Studierenden bereits verankert ist und im Folgeschritt die Möglichkeiten seiner Anwendung vermittelt werden sollen, diese Anwendung aber zeitaufwendiger ist als etwa die Einübung der juristischen Falllösungstechnik mit vorgegebenen Sachverhalten. Ein Beispiel sind die Programmiertechnik oder das theoretische Wissen über statistische Methoden und maschinelles Lernen, die auf Datensammlungen, etwa Vertragskonvolute oder Rechtsprechungssammlungen, angewendet und in die Entwicklung einer Legal Tech-Anwendung münden können. Solche Projektkurse können mit Lehrvideos begleitet werden und in einer Projektpräsentation abschließen, für die eine Jury gebildet werden kann, um den Studierenden motivierend die besondere Relevanz ihrer erworbenen Kompetenzen deutlich zu machen.[94]

---

92 Pressemitteilung der Universität Marburg v. 31.5.2012, abrufbar unter https://www.uni-marburg.de/archive/news/2012-5-31-vorlesung-verkehrt-aber-richtig.html.
93 Mit dem Fokus der Juristenausbildung: Kramer/Kuhn/Putzke Juristenausbildung/Bernhard/Leeb S. 84; Eichacker/Hajric/Rebmann IRIS 2022, 261; Beurskens/Kramer/Kuhn/Putzke Juristenausbildung 4.0/Tiesel S. 43.
94 Exemplarisch: Projektkurs Data Science & Law an der Universität Ulm, Programm abrufbar unter https://www.uni-ulm.de/mawi/mawi-wiwi/forschung-und-lehre/vorlesungen/data-science-law-m/.

b) Hackathon

43 Der Begriff des „**Hackathon**" ist durch seinen Ursprung in der Softwareentwicklung geprägt. Die Wortschöpfung verbindet den „Hack" als englische Bezeichnung für einen technischen Kniff mit dem Begriff des „Marathon" und ist für eine kurze, allenfalls mehrtägige Veranstaltung geprägt worden, auf der Studierende in Gruppen zusammenarbeiten, um in kurzer Zeit eine Softwareanwendung zu entwickeln. Legal Tech-Hackathons können außerhalb und innerhalb von universitären Angeboten stattfinden und in beiden Fällen eine Brücke zwischen verschiedenen Disziplinen, Forschung, Lehre und Praxis bilden.[95]

3. Online-Angebote

44 Nicht erst mit den Maßnahmen zur Bekämpfung der SARS-CoV-2-Pandemie haben Online-Angebote eine große Bedeutung erlangt. Bereits vor der Pandemie sind Video- und Tonmitschnitte einschlägiger Tagungen im Internet dauerhaft verfügbar gemacht worden. Und selbst deutsche Universitäten haben mit **Massive Open Online Courses** (MOOCs) im Bereich Legal Tech zu einem weltweit verfügbaren Lehrangebot beigetragen, das in der Ausbildung genutzt werden kann.[96] Hinzu treten Online-Tutorials, die etwa den Einstieg in die Verbindung von Data Science & Law erlauben.[97]

4. E-Klausuren und andere Online-Prüfungsformate

45 Eine nicht im engeren Sinne mit Legal Tech verbundene Entwicklung stellen die schon vor den Maßnahmen zur Bekämpfung der SARS-CoV-2-Pandemie einsetzenden Bemühungen eines Medienwandels im Bereich der Prüfungen dar. Wo im Kontext des juristischen Staatsexamens der Übergang zu **E-Klausuren** diskutiert und bereits umgesetzt wird, geht es meist um nicht mehr als die Umstellung von der handschriftlichen Klausurbearbeitung auf die Verschriftlichung des Klausurentwurfs durch Tastatureingabe auf regelmäßig gestellten Eingabegeräten unter gemeinsamer Aufsicht.[98] Durch diesen Medienwechsel entsteht jedoch Raum für Innovationen. So lässt sich darüber nachdenken, ob auf den gestellten Eingabegeräten der Zugang zu juristischen Datenbanken oder zum gesamten Internetangebot eröffnet und damit eine Open Book-Bearbeitung stattfinden kann. Möglich sind schließlich gänzlich neue **Prüfungsformate**, die disziplinübergreifend diskutiert und entwickelt werden.[99] In diesen Innovationen können auf Legal Tech bezogene Methoden ihren Platz finden.

V. Zusammenfassung und Ausblick

46 Wie Legal Tech selbst befindet sich die darauf bezogene Ausbildung in einer **Experimentier- und Übergangsphase**. Neue Konzepte werden entwickelt, erprobt, verworfen oder verstetigen sich. Für die Ausbildung bedeutet dies, dass Traditionen fortgeführt und beständig durch Innovationen begleitet werden müssen. Der Wettbewerb der Ausbildungsanbieter findet dabei nicht nur intra- sondern auch interdisziplinär statt. Wo keine Auseinandersetzung mit den Methoden von Legal Tech im juristischen Studium stattfindet, wird sie in andere Disziplinen verlagert und von dort ein Monopol der Rechtswissenschaft herausgefordert. Die Fernwirkungen zeigen sich in der rechtspolitischen Auseinandersetzung um Legal Tech-Angebote, welche nicht von Juristinnen und Juristen entwickelt und angeboten werden.

---

95 Exemplarisch: Legal Tech Hackathon 2019 der Universität Heidelberg (lt-hackathon.informatik.uni-heidelberg.de); Legal Tech Hackathon 2020 in München (www.ml-tech.org/event/legal-tech-hackathon/).
96 Mit einem Überblick: Bingenheimer/Kuhlmann, 8 MOOCs & Podcasts rund um Legal Tech, Legal Tribune Online, 20.4.2020, abrufbar unter https://www.lto.de/persistent/a_id/41353/.
97 Exemplarisch an der Universität Ottawa: https://www.datascienceforlawyers.org, an der Universität Ulm: youtube.com/playlist?list=PLNxzfp34q_QjFDzu63eE0V_zphvTVdA_9.
98 Dazu Becker/Weidt ZRP 2017, 114.
99 Zur Breite der verschiedenen Ansätze der Wiki des ELAN. e.V., abrufbar unter https://ep.elan-ev.de/wiki/Hauptseite, sowie Assessment Toolbox der Universität Bern zu alternativen Prüfungsformen: assessment.unibe.ch/Testing-Formats.

Um Legal Tech-bezogene Inhalte in die Ausbildung zu integrieren, sind Mechanismen der **interdisziplinä-** 47
ren Zusammenarbeit zu entwickeln und Anreize für sie zu schaffen. Der zweckmäßigste Weg lässt sich, wie die Inhalte, wieder nur durch Experimente ermitteln und wird sich von Ort zu Ort unterscheiden. So mag es gelingen, dass Hochschullehrerinnen und Hochschullehrer der Rechtswissenschaft sich mit den Methoden anderer Disziplinen ausreichend befassen, um sie in den Unterricht zu integrieren. Ebenso kann es zweckmäßig sein, den Austausch zwischen den Fakultäten verschiedener Disziplinen zu fördern. Und schließlich kann es ein Weg sein, an eine juristische Fakultät eine Informatikerin oder einen Mathematiker zu berufen, um Legal Tech in Forschung und Lehre voranzubringen.

Losgelöst davon sind die **Grundlagenfächer**, allen voran die Rechtstheorie, der Ort, an dem der Stand 48
der Grundlagenforschung zu den Methoden, auf denen Legal Tech-Anwendungen beruhen, zu vermitteln und zu reflektieren ist. Dabei geht es nicht um Programmierfertigkeiten, sondern um die Logik als Wissenschaftsdisziplin, um **statistische Methoden** und die Wertungsunterschiede zwischen Formal-, Geistes-, Sozial-, Natur- und Ingenieurwissenschaften. Besonders Juristinnen und Juristen, die im Ausgleich unterschiedlicher Interessen geschult sind, müssen die Unterschiede zwischen den Wertungen und Methoden verschiedener Wissenschaftszweige, die über Legal Tech Einfluss auf die Rechtsentwicklung nehmen können, bereits im Studium erlernen, um einerseits die eigenen Methoden selbstbewusst begründen zu können und um andererseits die Chancen und Risiken anderer Methoden zu erkennen, wenn sie die Grundlage von Legal Tech-Anwendungen bilden.

7. Automatisierung und Autonomie

Bues/Grupp

I. Einführung	1	b) Einsatzmöglichkeiten im Recht	33
II. Begrifflichkeit und Konzept der Automatisierung	4	c) Aussicht auf eine „Legal Singularity"	40
		IV. Das Potenzial von Automationen im Recht	42
III. Verschiedene Spielarten von Automationen	7	V. Entwicklung und Akzeptanz der Automatisierung im Rechtsmarkt	46
1. Business Process Automation und Workflow Automation	10	1. Entwicklung des Marktumfeldes	46
2. Robotic Process Automation	11	2. Markt für (Rechts-)Automationen	47
3. Entscheidungsautomation	16	3. Automatisierung als schrittweiser Prozess	53
4. Expertensysteme	21	VI. Autonomie und autonome Systeme	55
5. Business Rule Management System	25	1. Begrifflichkeiten: Automatisierung und Autonomie	55
6. Sonstige Automationen	26	2. Autonomie im Recht	59
7. Exkurs: Einsatz von maschinellem Lernen im juristischen Bereich	29	VII. Zusammenfassung und Ausblick	62
a) Funktionsweise	29		

Literatur: *Aguirre/Rodriguez*, Automation of a Business Process Using Robotic Process Automation (RPA): A Case Study, in Figueroa-García/López-Santana/Villa-Ramírez/Ferro-Escobar (Hrsg.), Applied Computer Sciences in Engineering: 4th Workshop on Engineering Applications (WEA), 2017, S. 65 (zit.: Figueroa-García/López-Santana/Villa-Ramírez/Ferro-Escobar Applied Computer Sciences in Engineering/Aguirre/Rodriguez); *Alarie*, The Path of the Law: Toward Legal Singularity, SSRN, 2016, abrufbar unter https://papers.ssrn.com/sol3/Delivery.cfm/SSRN_ID2785973_code384494.pdf?abstractid=2767835&mirid=1&type=2; *Berruti/Nixon/Taglioni/Whiteman*, Intelligent process automation: The engine at the core of the next-generation operating model, McKinsey Study 2017, abrufbar unter https://www.mckinsey.com/business-functions/mckinsey-digital/our-insights/intelligent-process-automation-the-engine-at-the-core-of-the-next-generation-operating-model (zit.: Berruti/Nixon/Taglioni/Whiteman Intelligent process automation); *Bohrer*, Entwicklung eines internetgestützten Expertensystems zur Prüfung des Anwendungsbereichs urheberrechtlicher Abkommen, 2003; *Borges*, Rechtliche Rahmenbedingungen für autonome Systeme, NJW 2018, 977; *Bumke*, Autonomie im Recht, in Bumke/Röthel (Hrsg.), Autonomie im Recht, 2017, S. 3 (zit.: Bumke/Röthel Autonomie im Recht/Bumke); *Davenport/Harris*, Automated Decision Making Comes of Age, MIT Sloan Management Review 2005, 4; *De Mulder*, The legal singularity, KU Leuven Center for IT & IP Law Blog, 2020, abrufbar unter https://www.law.kuleuven.be/citip/blog/the-legal-singularity/; *Decker/Dijkmann/Dumas/Garcia-Banuelos*, The Business Process Modelling Notation, in ter Hofstede/von der Aalst/Adams/Russell (Hrsg.), Modern Business Process Automation: YAWL and its Support Environment, 2010, S. 347 (zit.: ter Hofstede/von der Aalst/Adams/Russell Modern Business Process Automation/Decker et al.); *Dey*, Dogs vs. Cats, 2017, abrufbar unter https://www.datasciencecentral.com/profiles/blogs/dogs-vs-cats-image-classification-with-deep-learning-using; *Fiedler*, Orientierung über juristische Expertensysteme, CR 1987, 325; *Fiedler/Traunmüller* (Hrsg.), Formalisierung im Recht und Ansätze juristischer Expertensysteme, Arbeitspapiere Rechtsinformatik, Heft 21, 1986 (zit.: Fiedler/Traunmüller Formalisierung im Recht und Ansätze juristischer Expertensysteme); *Fresh/Slaby*, Robotic Automation Emerges as a Threat to Traditional Low-Cost Outsourcing, 2012, abrufbar unter https://www.horsesforsources.com/wp-content/uploads/2016/06/RS-1210_Robotic-automation-emerges-as-a-threat-060516.pdf; *Grützmacher/Heckmann*, Autonome Systeme und KI – vom vollautomatisierten zum autonomen Vertragsschluss?, CR 2019, 553; *Grupp*, Legal Tech – Impulse für Streitbeilegung und Rechtsdienstleistung, AnwBl 2014, 660; *Grupp*, 25 Facts about AI & Law you always wanted to know, Medium, 2019, abrufbar unter https://medium.com/@Grupp/25-facts-about-ai-law-you-always-wanted-to-know-but-were-afraid-to-ask-a43fd9568d6d; *Grupp/Bues*, Die Automation des Rechts, REthinking Law 2/2019, 19; *Grupp/Bues*, Lex Automata: Is It Finally Time?, in Jacob/Schindler/Strathausen (Hrsg.), Liquid Legal. Towards a Common Legal Platform, 2020, S. 43 (zit.: Jacob/Schindler/Strathausen Liquid Legal 2020/Grupp/Bues); *Grupp/Bues*, The Status Quo in Legal Automation, in DeStefano/Dobrauz-Saldapenna (Hrsg.), New Suits: Appetite for Disruption in the Legal World, 2019, S. 277 (zit.: DeStefano/Dobrauz-Saldapenna New Suits/Grupp/Bues); *Grupp/Fiedler*, Legal Technologies: Digitalisierungsstrategien für Rechtsabteilungen und Wirtschaftskanzleien, DB 2017, 1071; *Hinton/Salakhutdinov*, Reducing the Dimensionality of Data with Neural Networks, 2006, abrufbar unter https://www.cs.toronto.edu/~hinton/science.pdf; *Jandach*, Juristische Expertensysteme, 1993; *Jia/Shelhamer/Donahue/Karayev/Long/Girshick/Guadarrama/Darrell*, Caffe: Convolutional Architecture for Fast Feature Embedding, Proceedings of the 22nd ACM international conference on Multimedia, 2014, abrufbar unter https://ucb-icsi-vision-group.github.io/caffe-paper/caffe.

pdf; *Kurzweil*, The Singularity is Near: When Humans Transcend Biology, 2005; *Lacity/Willcocks/Craig*, Robotic Process Automation at Telefónica O2, The Outsourcing Unit Working Research Paper Series, 2015, abrufbar unter https://www.umsl.edu/~lacitym/TelefonicaOUWP022015FINAL.pdf; *Lacity/Willcocks/Craig*, Robotizing Global Financial Shared Services at Royal DSM, The Outsourcing Unit Working Research Paper Series, 2016, abrufbar unter https://www.umsl.edu/~lacitym/OUWP022016Post.pdf; *Love*, Process Automation Handbook: A Guide to Theory and Practice, 2007; *Müller-Hengstenberg/Kirn*, Haftung des Betreibers von autonomen Softwareagents, MMR 2021, 376; *Nilsson*, Principles of Artificial Intelligence, 1982; *Nunamaker/Applegate/Konsynski*, Computer-Aided Deliberation: Model Management and Group Decision Support, Operations Research 1988, 826; *O'Keefe/McEachern*, Web-based customer decision support systems, Communications of the ACM 1998, 71; *Patton/Jayaswal*, Software Management, in Nof (Hrsg.), Springer Handbook of Automation, 2009, S. 779 (zit.: Nof Springer Handbook of Automation/Patton/Jayaswal); *Penttinen/Kasslin/Asatiani*, How to Choose between Robotic Process Automation and Back-end System Automation?, in Bednar/Frank/Kautz (Hrsg.), 26th European Conference on Information Systems: Beyond Digitization – Facets of Socio-Technical Change (ECIS), 2018, S. 66 (zit.: Bednar/Frank/Kautz Beyond Digitization/Penttinen/Kasslin/Asatiani); *Power*, Decision Support Systems: Concepts and Resources for Managers, 2002; *Reichwald/Pfisterer*, Autonomie und Intelligenz im Internet der Dinge, CR 2016, 208; *Russell*, Foundations of Process-Aware Information Systems, 2007; *Specht/Herold*, Roboter als Vertragspartner?, MMR 2018, 40; *Steege*, Gesetzesentwurf zum autonomen Fahren (Level 4), SVR 2021, 128; *Teubner*, Digitale Rechtssubjekte?, AcP 218, 155; *Wagner*, Haftung für Künstliche Intelligenz – Eine Gesetzinitiative des Europäischen Parlaments ZEuP 2021, 545; *Wagner*, Produkthaftung für autonome Systeme AcP 217, 707; *Worthington/Brügmann*, Bridging an access to justice gap with pro bono and legal tech, REthinking Law 2/2019, 55; *Zech*, Künstliche Intelligenz und Haftungsfragen, ZfPW 2019, 198; *Zech*, Zivilrechtliche Haftung für den Einsatz von Robotern – Zuweisung von Automatisierungs- und Autonomierisiken, in Gless/Seelmann (Hrsg.), Intelligente Agenten und das Recht, 2016, S. 163 (zit.: Gless/Seelmann Intelligente Agenten und das Recht/Zech); *Zur Muehlen*, Organizational Management in Workflow Applications – Issues and Perspectives, Information Technology and Management 2004, 271.

I. Einführung

Während sich die Digitalisierung anschickt, ganze Wirtschaftszweige umzugestalten, konnte die Rechtsbranche die Vorzüge der „digitalen Revolution" bisher kaum für sich fruchtbar machen. Hierfür gibt es verschiedene Gründe. Es trifft zwar zu, dass Anwaltskanzleien traditionell den Einsatz von Technologie nicht als Kernbestandteil ihres Geschäfts verstehen, ihre derzeitigen Geschäftsmodelle sogar dazu neigen, Innovationen zu behindern. Darüber hinaus gibt es aber einige tiefergehende, branchenspezifische Gründe, warum die Einführung einiger Technologien schwieriger sein könnte, als in der anfänglichen „Hype"-Phase von Legal Tech erwartet.

Hauptgrund für die erschwerte Digitalisierung im Rechtsbereich ist seine **semantische, sachliche und logische Komplexität**. Juristische Dienstleistungserbringung ist in der Regel eng mit juristischem Denken verknüpft, so dass auch kleinteilige oder vermeintlich einfache Schritte hin zu digitalen Anwendungen zwangsläufig die Digitalisierung juristischen Wissens und Entscheidens erfordern. Der Erwerb, die Anwendung und Verwaltung juristischen Wissens sind anspruchsvoll, juristische Entscheidungsfindung erfolgt meist auf der Ebene der Interpretation, die komplexe Abbildung bedeutet. Die Automatisierung hat in der Rechtswissenschaft oft mit dieser Komplexität zu kämpfen, was dazu geführt hat, dass sich ihr Schwerpunkt bisher eher auf einfache und aufgabenorientierte Anwendungen beschränkt.

Doch auch komplexe, szenario- und logikbasierte Sachverhalte lassen sich jedenfalls im Grundsatz mit der richtigen Technologie erfassen und verarbeiten. An dieser Stelle rückt die **(juristische) Entscheidungsautomation** („Legal Decision Automation") oder kurz **„Rechtsautomation"** („Legal Automation") ins Blickfeld. Sie ermöglicht es uns, die juristische Entscheidungsfindung, dh die juristische Subsumtion, zusammen mit den dazugehörigen Aufgaben, Prozessen und Arbeitsabläufen aufzuschlüsseln, zu visualisieren und durchzuführen. Die Automatisierung von Entscheidungen bringt einen erheblichen Mehrwert für wiederkehrende und standardisierte rechtliche Probleme. In einmaligen oder sehr individuellen Fällen rechtfertigt die Automatisierung jedoch nicht die erforderlichen Investitionen. Die Entscheidungsautomation erhebt nicht den Anspruch, „einen Anwalt zu automatisieren", sondern selbst komplexe juristische Entscheidungsprozesse (einschließlich der begleitenden Aufgaben, Prozesse und Arbeitsabläufe) zu ratio-

II. Begrifflichkeit und Konzept der Automatisierung

4 Der Begriff „Automation"[1] ist aufgrund seiner semantischen Unschärfe und Mehrdeutigkeit schwer zu fassen. Um den Begriff konkreter zu definieren, wird zwischen Anwendungskategorien und -bereichen differenziert. Der Oberbegriff der Automation beschreibt Systeme, die in der Lage sind, Aufgaben oder Probleme konstanter oder wechselnder Art mit unterschiedlichem Grad an individueller Autonomie, dh ohne menschliche Beteiligung, zu lösen.[2] Je weniger der Mensch eingreifen muss, desto höher ist der Grad der Autonomie (ausf. zu Autonomie unter → Rn. 55 ff.). Das Ziel jeder Automation ist es, eine Aufgabe mit wenig oder gar keinem menschlichen Zutun zu erledigen (vgl. zum Begriff der Automatisierung ferner → Rn. 55; zur Etymologie des Begriffs „Automatisierung" → *Entscheidungsfindung, automatisierte* Rn. 8).

5 Eine Automation – wie hier definiert – basiert auf Regeln (sog. **„regelbasierter Ansatz"**), indem ein bestimmtes Problem in einzelne vordefinierte, logikbasierte Regeln unterteilt wird. Die Automation funktioniert also, ohne dass das System Trainingsdaten verwenden muss (zum Unterschied zu Systemen, die auf maschinellem Lernen basieren, eingehend → Rn. 29 ff.). Die regelbasierte Automation ist daher völlig vorhersehbar, transparent und nachvollziehbar.[3]

6 Treiber der Automatisierung sind heute Softwareprogramme, die bestimmte Aufgaben selbstständig ausführen.[4] Gegenstand einer Automation können eine Tätigkeit, ein Prozess (mit mehreren Schritten) und eine materielle Entscheidung („Denken") sein.[5] Die meisten Software-Automationen beziehen sich auf eher lineare Prozesse, dh die Abfolge oder Ausführung bestimmter vordefinierter Prozessschritte (zB E-Mail-Workflows, Genehmigungsverfahren, Speicherung in Datenbanken usw). Diese Schritte sind in der Regel bereichsunabhängig. Zunehmend werden komplexere Prozesse, die komplexe logische Regeln und bedingte Entscheidungen sowie komplexe Inhalte und Expertenwissen beinhalten, automatisiert. Dieser neue Bereich wendet die Automatisierung speziell auf komplexe **„materielle" Entscheidungsprobleme** in bestimmten Bereichen wie Recht, Medizin, Produktion usw an. Im juristischen Bereich könnte ein linearer Prozess beispielsweise das Anlegen einer neuen Akte sein, während die Automatisierung von Entscheidungen etwa die Beurteilung der rechtlichen Zulässigkeit einer Klage beinhaltet.

III. Verschiedene Spielarten von Automationen

7 Trotz der ähnlichen Bezeichnungen lassen sich die verschiedenen Spielarten von Automationen schon allein dadurch unterscheiden, dass sie jeweils ein bestimmtes Problem behandeln. Allerdings scheint es bei der Abgrenzung der einzelnen Bereiche einige Missverständnisse zu geben.[6] Um Klarheit zu schaffen, kann man die verschiedenen „Automatisierungsarten" in die folgenden Kategorien einteilen:

---

1 Häufig werden die Begriffe „Automatisierung" und „Automation" synonym verwandt, wobei „Automatisierung" eher den Prozess als solchen beschreibt und „Automation" die konkrete Anwendung resp. den Abschluss dieses Prozesses (Beispiel: Zur Automatisierung von Aufgaben unseres Sekretariats benötigen wir eine Sekretariats-Automation).
2 Übertragung von Funktionen des Produktionsprozesses vom Menschen auf künstliche Systeme nach Voigt, Automatisierung, in Gabler Wirtschaftslexikon, 2018, abrufbar unter https://wirtschaftslexikon.gabler.de/definition/automatisierung-27138/version-250801.
3 Vgl. auch die Einführung bei DeStefano/Dobrauz-Saldapenna New Suits/Grupp/Bues S. 277 (228 ff.).
4 Ausführlich zur historischen Entwicklung Grupp/Bues REthinking Law 2/2019, 19 (20 ff.); DeStefano/Dobrauz-Saldapenna New Suits/Grupp/Bues S. 277 (229 ff.).
5 Nof Springer Handbook of Automation/Patton/Jayaswal S. 779 (780).
6 Vgl. erneut DeStefano/Dobrauz-Saldapenna New Suits/Grupp/Bues S. 277 (228 ff.).

(1) Automatisierung von „linearen" oder „inhaltsneutralen" Prozessen:

- Einfache, lineare Prozesse: Prozess-Automation
- Komplexe Geschäftsprozesse: Business Process Automation
- Sich wiederholende (UI-basierte)[7] Prozesse: Robotic Process Automation

(2) Automatisierung von inhaltsbezogenen oder kognitiven Prozessen (komplexe Entscheidungsprozesse): Entscheidungsautomation, Expert Workflow Automation

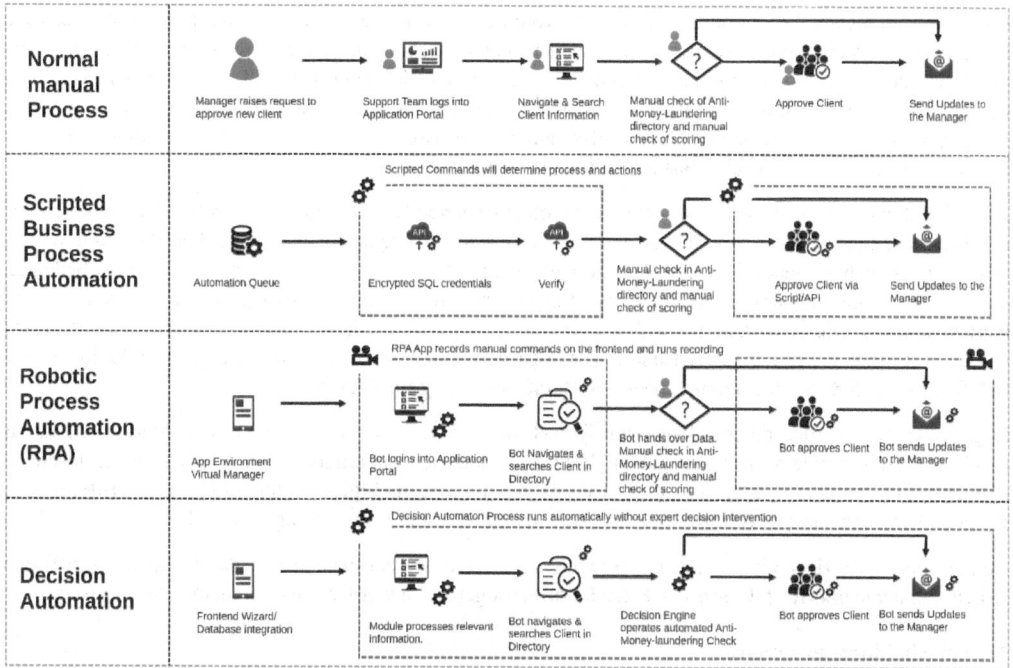

Abb.: Manual Process vs SBPA vs RPA vs Decision Automation

1. Business Process Automation und Workflow Automation

Seit vielen Jahren ist die Business Process Automation (BPA) ein zentraler Bestandteil der digitalen Strategie vieler Unternehmen.[8] Unter Prozessautomation versteht man, vereinfacht ausgedrückt, den Einsatz regelbasierter Technologien zur Visualisierung und Digitalisierung eines oder mehrerer Prozesse, um einen Vorgang oder eine Funktion auszuführen.[9] Dazu gehören die Planung, Modellierung, Visualisierung und schließlich die Automatisierung von Prozessen, zB BPMN[10] oder klassische Workflow-Automatisierung. Business-Prozesse meint dabei die Gesamtheit von Aufgaben, die sich über verschiedene Abteilungen erstrecken. BPAs erzeugen einen definierten Output für eine bestimmte Funktion, sei es die Beschreibung von Arbeitsabläufen oder die Visualisierung von Anforderungen, um sich wiederholende Tätigkeiten zu automatisieren. Prozess- und Workflow-Automationen werden häufig in Bereichen mit wichtigen **linearen Prozessen und Abläufen** eingesetzt. Ein typischer automatisierter Prozess wäre zum Beispiel ein Rechnungsmanagementprozess.

---

7 „UI" steht für „User Interface".
8 Ter Hofstede/von der Aalst/Adams/Russell Modern Business Process Automation/Decker et al. S. 347.
9 Zur Muehlen Information Technology and Management 2004, 271; Russel, Foundations of Process-Aware Information Systems, 2007, S. 7 ff.
10 BPMN steht für „Business Process Model and Notation".

2. Robotic Process Automation

11 Die Robotic Process Automation (RPA) ermöglicht es, menschliche Interaktionen mit Benutzeroberflächen von regelbasierten Softwaresystemen durch sogenannte Bots (Software-Roboter) zu imitieren und zu automatisieren. RPA kann wiederholende und regelbasierte Prozesse und Aufgaben automatisieren, die derzeit von Nutzern manuell – per Maus und Tastatur – am Frontend verschiedener Softwaresysteme ausgeführt werden. Mit anderen Worten: RPA ist ein Roboter für die Hand, die Maus oder die Tastatur.[11]

12 RPA verarbeitet regelbasierte, strukturierte Daten über die Benutzeroberfläche der prozessunterstützenden Robotersoftware, ohne auf das Backend eines Systems zuzugreifen.[12] Die Vielfalt der eingesetzten Bots reicht von einfachen Workarounds bis hin zu komplexer Software auf einer virtuellen Maschine. Eine häufige Anwendung von RPA ist zB die wiederholte Eingabe von Daten in Systeme. Wenn Systeme nicht einfach über APIs verbunden werden können, müssen die Daten manuell zwischen den Systemen übertragen werden.[13] Wenn also Daten von einem System in ein anderes kopiert werden sollen („Copy & Paste"), kann diese Tätigkeit durch RPA, also durch einen Bot übernommen werden, der diese Aufgabe, dh die Bedienung von Maus und Tastatur, automatisch ausführt.[14]

13 RPA zielt darauf ab, Prozesse zu automatisieren, ohne bestehende Anwendungen zu verändern. Dies erklärt den herausragenden Erfolg von RPA in den letzten Jahren. Im Gegensatz zur klassischen Prozessautomatisierung müssen bestehende Prozesse und Abläufe nicht verändert oder analysiert werden. Das bedeutet, dass schnelle Automatisierungserfolge anwendungsübergreifend und mit relativ geringem Aufwand erzielt werden können. Dieser Vorteil birgt aber auch einen Nachteil in sich: Bestehende (schlechte) Prozesse werden auf diese Weise konserviert und sogar noch perpetuiert. Zudem stellen komplexere Aktionen und (häufig) wechselnde Schnittstellen eine große Herausforderung für RPA dar.

14 In jüngster Zeit wurden die regelbasierten RPA-Tools mit maschinellem Lernen zu **hybriden Ansätzen** kombiniert, um Probleme mit komplexen Prozessen und sich ändernden Schnittstellen besser lösen zu können.[15] Die Ansätze werden als „Cognitive Automation", „Intelligent Automation" oder **„Intelligence Process Automation" (IPA)** bezeichnet und stellen den nächsten Entwicklungsschritt dar.

15 Derzeit spielt RPA/IPA im juristischen Bereich nur eine untergeordnete Rolle, da sie für die juristische Arbeit, bei der **semantisch komplexe Entscheidungen** getroffen werden müssen, nicht belastbar ist.[16]

3. Entscheidungsautomation

16 Die Entscheidungsautomation (Decision Automation) ist ein neuer und sich schnell entwickelnder Bereich, der von der Prozessautomation und RPA unterschieden werden sollte. Entscheidungsautomation umfasst verschiedene Konzepte, Technologien und Methoden, um die menschliche Komponente in komplexen, inhalts-, urteils- und szenariobasierten Entscheidungsprozessen zu reduzieren. Der Fokus der Entscheidungsautomation liegt auf der Visualisierung, Modellierung und Automatisierung eines kognitiven Ent-

---

11 Figueroa-García/López-Santana/Villa-Ramírez/Ferro-Escobar Applied Computer Sciences in Engineering/Aguirre/Rodriguez S. 65.
12 Bednar/Frank/Kautz Beyond Digitization/Penttinen/Kasslin/Asatiani S. 66.
13 Berruti/Nixon/Taglioni/Whiteman Intelligent process automation S. 1.
14 Lacity/Willcocks/Craig, Robotic Process Automation at Telefónica O2, The Outsourcing Unit Working Research Paper Series, 2015, abrufbar unter https://www.umsl.edu/~lacitym/TelefonicaOUWP022015FINAL.pdf, S. 21–35; Lacity/Willcocks/Craig, Robotizing Global Financial Shared Services at Royal DSM, The Outsourcing Unit Working Research Paper Series, 2016, abrufbar unter https://www.umsl.edu/~lacitym/OUWP022016Post.pdf, S. 1–26; Love, Process Automation Handbook: A Guide to Theory and Practice, 2007, S. 42.
15 Berruti/Nixon/Taglioni/Whiteman Intelligent process automation S. 1–15.
16 Fresht/Slaby, Robotic Automation Emerges as a Threat to Traditional Low-Cost Outsourcing, 2012, abrufbar unter https://www.horsesforsources.com/wp-content/uploads/2016/06/RS-1210_Robotic-automation-emerges-as-a-threat-0 60516.pdf, S. 1–18; vgl. zudem erneut DeStefano/Dobrauz-Saldapenna New Suits/Grupp/Bues S. 277 (235).

scheidungsprozesses, um diesen transparenter und nachvollziehbarer zu machen. In gewisser Weise ist Entscheidungsautomatisierung RPA für das Gehirn und nicht nur für „manuelle" Prozesse.[17]

Entscheidungsautomationen werden in komplexen Entscheidungsszenarien eingesetzt, in denen verschiedene, voneinander abhängige, mechanische und komplexe Bedingungen in einem kognitiven Prozess bewertet werden müssen, um eine Entscheidung zu treffen.[18] BPA und RPA hingegen konzentrieren sich vor allem auf lineare Prozesse und einfache menschliche Aufgaben, die keinen komplexen Bewertungsprozess erfordern.[19]

Anwendungen der Entscheidungsautomation enthalten deshalb häufig auch explizit gemachte Teile konkreten Domänenwissens, das in die digitalen Prozesse eingesetzt und so automatisiert aufrufbar gemacht wird. Beispielsweise enthalten Know-Your-Customer (KYC) Anwendungen Prüfregeln aus dem Bereich der Geldwäsche-Compliance, die in die Programmlogik integriert werden. Insgesamt stellen sich die drei Schlüsselebenen bei Entscheidungsautomationen wie folgt dar:

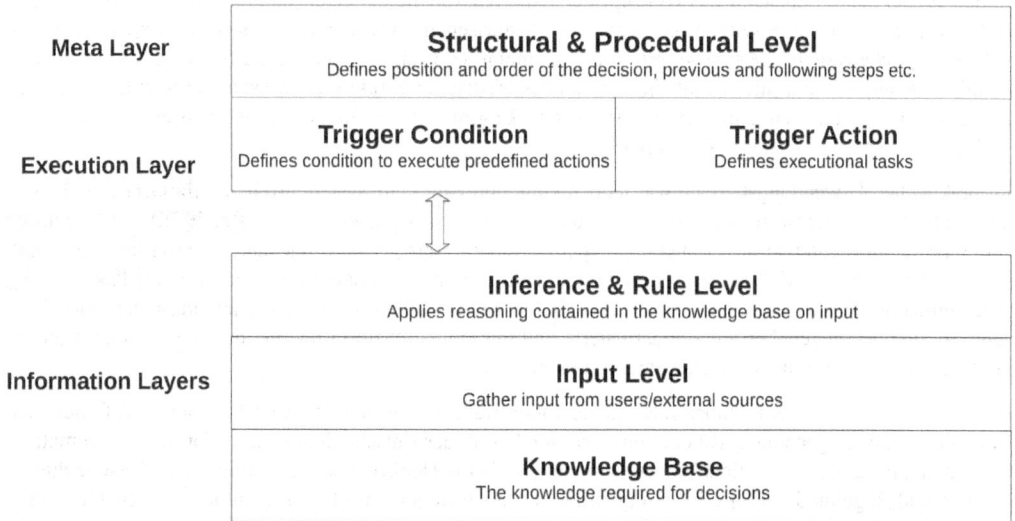

Abb.: Schlüsselebenen für die Entscheidungsautomatisierung

Während ein Prozess aus mehreren Ordnungs- und Strukturelementen besteht – zB Eingabe, Aktion, Bedingungen für die Aktion, Ausgabe –, enthalten Entscheidungen im Kontext der Entscheidungsautomatisierung mehr Inhaltsebenen. Genau wie gewöhnliche Prozesse können Entscheidungen Teil einer prozeduralen Struktur sein, die auf einer Metaebene definiert ist, sowie aus spezifischen Bedingungen und Aktionen bestehen, die in einer Ausführungsebene ausgelöst werden können. Im Gegensatz zu Prozessen enthalten Entscheidungen jedoch **drei zusätzliche Informationsebenen**: (a) eine **Wissensbasis**, die für die Entscheidungsfindung relevantes Wissen enthält, oft in Form von logischen Regeln; (b) die **Möglichkeit, externe Informationen zu sammeln**, entweder durch menschliche Eingaben oder durch Integrationen; und (c) eine **Folgerung oder Regel**, die das Wissen auf die Struktur des Prozesses anwendet, indem sie die Metainformationen des Prozesses mit dem in der Informationsebene enthaltenen Wissen verbindet.[20]

Die Entscheidungsautomation ist die moderne Weiterentwicklung von Entscheidungsunterstützungssystemen, die Experten unterstützen und mit verschiedenen Datenquellen, Anwendungen und Benutzern inter-

---
17 O'Keefe/McEachern Communications of the ACM 1998, 71 (73).
18 Davenport/Harris MIT Sloan Management Review 2005, 4.
19 Nunamaker/Applegate/Konsynski Operations Research 1988, 826–848.
20 Jandach, Juristische Expertensysteme, 1993, S. 30.

agieren.²¹ Auf technologischer Ebene sind moderne Anwendungen der Entscheidungsautomatisierung nicht mit dem klassischen Konzept von Expertensystemen vergleichbar, die aus (in der Regel fünf) klar definierten Komponenten bestehen (dazu sogleich unter → Rn. 21 ff.).²² Moderne Entscheidungsunterstützungssysteme basieren auf einer Vielzahl von technologischen Konzepten, die sich kaum kategorisieren lassen. Aber ähnlich wie Expertensysteme (→ Rn. 21 ff.) basiert auch die Entscheidungsautomation auf Regeln, die in der Lage sind, komplexe und bedingte Entscheidungsszenarien zu beschreiben und verständlich zu machen.²³ Es gibt Ansätze zur Entwicklung **hybrider Systeme**, die sich Verfahren des maschinellen Lernens (vgl. hierzu unter → Rn. 29 ff. sowie → *Maschinelles Lernen* Rn. 20) zunutze machen, um auf Basis der automatisierten Daten Vorhersagen zu treffen (zu den technischen Herangehensweisen der Entscheidungsautomatisierung auch → *Entscheidungsfindung, automatisierte* Rn. 15 ff.). Der potenzielle Nutzen aus der Verbesserung wiederkehrender Entscheidungen ist enorm.²⁴

4. Expertensysteme

21 In den 1970er Jahren entstand das Konzept der Expertensysteme als eigenständige Kategorie der maschinellen Entscheidungsunterstützungssysteme (zur historischen Entwicklung juristischer Expertensysteme vgl. → *Expertensystem, juristisches* Rn. 6 ff.). Gemeint sind damit regelbasierte Systeme, die bestimmte definierte Komponenten (meist fünf) in einer charakteristischen Struktur aufweisen und häufig eine selbstlernende Komponente enthalten (sog. **„Inference Engine"**; ausf. zu den Grundbausteinen auch unter → *Expertensystem, juristisches* Rn. 18 ff.).²⁵

22 Ihr praktischer Anwendungsbereich war jedoch klein und kaum ein System erreichte Marktreife (vgl. auch die Analyse zu Einsatzszenarien im Recht unter → *Expertensystem, juristisches* Rn. 29 ff.). Im Gegensatz zur Entscheidungsautomation versuchten Expertensysteme, das gesamte relevante Wissen und die Logik eines bestimmten Bereichs zu erfassen und zu automatisieren – und damit den menschlichen Faktor völlig zu eliminieren. Dies hat sich als nahezu unmöglich erwiesen. Die moderne Entscheidungsautomation konzentriert sich demgegenüber auf standardisierte und gut eingegrenzte Probleme, die eine Automatisierung im Zusammenspiel mit menschlicher Interaktion ermöglichen.

23 Klassische Expertensysteme haben auch heute kaum praktische Relevanz. Einzelne Elemente finden sich jedoch in den oben genannten Kategorien, insbesondere in der Entscheidungs- und Workflow-Automation. Die Nachbildung von konditional-logischem (juristischem) Denken kommt in Form von Entscheidungsbäumen und Regelmodellierung heute eigentlich nur noch in der Entscheidungsautomation (hierzu bereits unter → Rn. 16 ff.) vor.

24 Eine ebenfalls noch immer relevante Errungenschaft aus der Zeit der Expertensysteme sind fertige Standard-Systeme, sog. **„Shells"**. Sie kommen heute vor allem in „Low Code"-Anwendungen (zu diesen eingehend → *Produkt- und Softwareentwicklung* Rn. 70 ff.) und in Business Rule Management Systemen (dazu sogleich unter → Rn. 25) zum Einsatz, wo Experten vorgefertigte Infrastrukturen mit eigenen Regeln befüllen können, um damit Entwicklungszeit zu sparen. Dadurch können Experten- oder Entscheidungsunterstützungssysteme bzw. Automationssysteme leichter entwickelt werden.

---

21 Power, Decision Support Systems: Concepts and Resources for Managers, 2002, S. 39.
22 Überblick über klassische juristische Expertensysteme bei Fiedler/Traunmüller Formalisierung im Recht und Ansätze juristischer Expertensysteme S. 21 ff.
23 Nilsson, Principles of Artificial Intelligence, 1982, S. 37–43.
24 Vgl. erneut Power, Decision Support Systems: Concepts and Resources for Managers, 2002, S. 39; DeStefano/Dobrauz-Saldapenna New Suits/Grupp/Bues S. 227 (237).
25 Überblick bei Jandach, Juristische Expertensysteme, 1993, S. 5 ff.; Fiedler/Traunmüller Formalisierung im Recht und Ansätze juristischer Expertensysteme S. 21; Fiedler CR 1987, 325.

5. Business Rule Management System

Business Rule Management Systeme (BRMS) dienen dazu, die Vielfalt und Komplexität der Entscheidungslogik – sog. Business Rules –, die von operativen Systemen innerhalb einer Organisation oder eines Unternehmens verwendet wird, zu definieren, auszuführen, zu überwachen und zu pflegen.

6. Sonstige Automationen

An dieser Stelle soll überblicksartig auf einige weitere Anwendungen eingegangen werden, die bestimmte wiederkehrende, konkrete Arbeitsschritte und Abläufe automatisieren. Aufgrund ihrer hohen praktischen Relevanz wird insbesondere die **Dokumentenautomatisierung** oft als eigene Kategorie wahrgenommen. Dabei handelt es sich aber lediglich um eine Spielart der Entscheidungs- oder in einfachen Fällen der Prozess-Automation, die sich auf die Erstellung von Dokumenten und die Abbildung der darin enthaltenen Logik beschränkt (dazu bereits unter → Rn. 10 bzw. 16 ff.) sowie ausf. unter → *Dokumentenautomatisierung* Rn. 1 ff., 16 ff.).

Ebenfalls erwähnenswert sind sog. **Orchestrierungen**. Dabei geht es – vereinfacht gesagt – um die Automatisierung von bestimmten Aufgaben, die als autonome Programmbefehle *softwareübergreifend* selbstständig ablaufen (exemplarisch hierfür etwa *IFTTT*).

Zudem erfreuen sich (juristische) **„Chatbots"** gewisser Beliebtheit (zu diesen auch → *Legal Chatbot* Rn. 1 ff.). Bei ihnen handelt es sich um sprachbasierte Anwendungen, die in bestimmten Lebenssituationen autonom Informationen bereitstellen können und als Automationen in verschiedensten Bereichen, bspw. im Marketing oder im Customer Service, eingesetzt werden. Sie kommen auch als natürlich-sprachliche Schnittstelle im Rahmen der Entscheidungsautomation in Betracht.

7. Exkurs: Einsatz von maschinellem Lernen im juristischen Bereich

a) Funktionsweise

Im Gegensatz zur (regelbasierten) Automatisierung verwendet das maschinelle Lernen (Machine Learning, kurz ML oder auch KI[26] genannt) einen anderen Ansatz, um bestimmte Aufgaben zu „automatisieren". Es verwendet **statistische Wahrscheinlichkeitsmodelle** anstelle von deterministischen Regeln. Die grundlegende Funktionsweise eines maschinellen Lernprozesses geht davon aus, dass bestimmte Ergebnisse (Wird es morgen regnen?) durch eine Kombination von Eingangsvariablen (auch „Merkmale" genannt) und anderen Parametern (zB Temperatur, Luftfeuchtigkeit usw) beschrieben werden können (dazu eingehend auch → *Maschinelles Lernen* Rn. 5 ff.).

ML (in der Regel auf der Grundlage neuronaler oder Bayes'scher Netze) lernt nicht „selbstständig" (autonom), sondern muss an historischen Daten trainiert werden. Durch das Training soll der ML-Algorithmus selbstständig Regeln aus dem spezifischen Datensatz ableiten. Das resultierende Modell wird also aus den Daten selbst abgeleitet und nicht aus manuell eingegebenen, explizit formulierten Informationen (Regeln). Mit anderen Worten: ML-Algorithmen ziehen aus den historischen Daten die richtigen Schlüsse, um Vorhersagen für die Zukunft zu treffen. Je besser das Modell (der ML-Algorithmus) trainiert ist, desto besser ist die Vorhersage der Ergebnisse.[27]

ML-Systeme benötigen eine ausreichende Menge an qualitativ hochwertigen Daten.[28] Sie benötigen auch eine Beschreibung der Datensätze, um die Daten für Trainingszwecke effektiv zu kategorisieren. Damit ein

---

26 Mit „KI" ist „Künstliche Intelligenz" gemeint. Technisch gesehen ist das maschinelle Lernen lediglich eine Methodik, die unter dem Oberbegriff KI zusammengefasst wird (ausf. zu den Funktionsweisen von KI → *Künstliche Intelligenz* Rn. 16 ff., 23 f.).
27 Jia/Shelhamer/Donahue/Karayev/Long/Girshick/Guadarrama/Darrell, Caffe: Convolutional Architecture for Fast Feature Embedding, Proceedings of the 22nd ACM international conference on Multimedia, 2014, abrufbar unter abrufbar unter https://ucb-icsi-vision-group.github.io/caffe-paper/caffe.pdf.
28 Hinton/Salakhutdinov, Reducing the Dimensionality of Data with Neural Networks, 2006, abrufbar unter https://www.cs.toronto.edu/~hinton/science.pdf, S. 504–507.

ML-Algorithmus etwa effektiv zwischen Katzen- und Hundebildern unterscheiden kann, benötigt er nicht nur eine große und proportionale Menge an Trainingsbildern der beiden Tiere, sondern auch die korrekte Bezeichnung des jeweils abgebildeten Tieres (sog. **„Data Labelling"**). Nur so kann das mathematische Modell in Form eines Netzwerks ableiten, welche Bildeigenschaften dem jeweiligen Tier zugeordnet werden können.[29]

Abb.: Katzen und Hunde, wie sie heute wahrscheinlich aus der Perspektive der KI gesehen werden. Immer noch ein verschwommenes Bild, aber der Nebel beginnt sich zu lichten.[30]

32   Durch mehrere Trainingszyklen und Datensätze ist der ML-Algorithmus zunehmend in der Lage, die Bildinhalte mit den Aussagen der Modelle in Einklang zu bringen. Die vom Netzwerk durch ständige

---

29   Zu weiteren Beispielen s. Dey, Dogs vs. Cats, 2017, abrufbar unter https://www.datasciencecentral.com/profiles/blogs/dogs-vs-cats-image-classification-with-deep-learning-using.

30   Dey, Dogs vs. Cats, 2017, abrufbar unter https://www.datasciencecentral.com/profiles/blogs/dogs-vs-cats-image-classification-with-deep-learning-using.

und korrigierende Überarbeitung generierten mathematischen Modelle nähern sich durch mehr oder bessere Trainingsdaten und/oder manuelle Korrekturen während des Trainingsprozesses zunehmend einem gewünschten Genauigkeitslevel (dargestellt als Wert).[31]

b) Einsatzmöglichkeiten im Recht

Der begrenzte Einsatz statistischer, selbstlernender Systeme in der Rechtsbranche außerhalb enger Bereiche (zu diesen → *Maschinelles Lernen* Rn. 42 ff.) wie der (wirtschafts-)strafrechtlichen Ermittlung ist auf die derzeitige Unzulänglichkeit der Technologie zurückzuführen. Im Gegensatz zu regelbasierten Entscheidungssystemen, die relativ leicht zu entwickeln sind, war die Entwicklung von maschinellen Lernsystemen trotz einiger interessanter Ausnahmen nicht erfolgreich. Dafür gibt es eine Reihe von Gründen: 33

Erstens mangelt es an **eindeutig formalisierten Daten**. Oft lassen sich rechtliche Inhalte nicht ohne Weiteres in klare, objektivierte Werteschemata überführen, die dann die Grundlage einer Formalisierung bilden können. So lässt sich zum Beispiel die Verkäuferfreundlichkeit eines Kaufvertrags nicht in einen numerischen Wert einteilen. 34

Entsprechende Versuche, eindeutig formalisierte juristische Begriffe zu schaffen, wurden auf internationaler Ebene unternommen – etwa durch die Projekte der RuleML-Community,[32] zum Teil mit dem Legal Knowledge Interchange Format (LKIF) –, beschränken sich aber bisher auf Standardbegriffe.[33] 35

Zweitens verhindert die **semantische Komplexität** juristischer Inhalte eine computerverständliche Modellierung und damit eine inhaltlich zutreffende automatische Subsumtion. Maschinelles Lernen erfordert numerische und damit eindeutig formalisierte Eingaben. Juristisches Denken findet meist auf einer semantischen und nicht auf einer syntaktischen Ebene statt. Juristische Inhalte erfordern ein semantisches – interpretatorisches – Verständnis, das sich nicht ohne Weiteres und insbesondere nicht über Kleinstschritte hinaus formalisieren lässt. Maschinelles Lernen begnügt sich mit Daten, dh objektiven und formalisierten Informationen, und kommt mit einer einfachen Datensyntax aus. 36

Abb.: Ebenen des juristischen Denkens

Dabei spielen auch Kontext und Interpretation von Begriffen eine Rolle und lassen viel Raum für wertende Betrachtungen. Selbst das Abstellen auf einen „objektiven Empfängerhorizont" ist vor diesem Hintergrund eine hilflose Bemühung um Objektivität, die den Anforderungen einer streng formalisierten, computerlesbaren Vergleichsberechnung nicht standhält. 37

---

31 DeStefano/Dobrauz-Saldapenna New Suits/Grupp/Bues S. 227 (240).
32 Dazu unter www.legalxml.com.
33 „European Project for Standardized Transparent Representations in order to Extend Legal Accessibility", siehe dazu www.estrellaproject.org.

38 Weitere für die juristische Würdigung relevante Aspekte der semantischen Ebene sind Kontexterschließungen und das Verständnis implizierter Inhalte. Dazu gehören auch Hierarchien und inhaltliche Strukturen, die für Maschinen ohne eingehende Schulung und Überwachung nur schwer zu „verstehen" sind. Die größte Schwierigkeit besteht in der **unzureichenden Ontologiebildung** im juristischen Bereich. Nur scheinbar lassen sich die normativen Strukturen in eine Wissensstruktur überführen, die einer Ontologie vergleichbar ist. Eine solche ist für die fehlerlose Interpretation durch künstliche Systeme aber notwendig.

39 Schließlich ist maschinelles Lernen wegen seiner **mangelnden Transparenz** für juristische Anwendungen oft ungeeignet: Ein neuronales Netz kann für die eigens erzeugten Ergebnisse häufig keine Erklärung der Herleitung und Entstehung liefern, sondern sich nur eine mathematische Analyse des Bewertungsvorgangs abringen (ausf. zu Transparenzmöglichkeiten aus technischer Sicht → *Transparenz und Erklärbarkeit* Rn. 14 ff.).[34]

c) Aussicht auf eine „Legal Singularity"

40 Im Zuge der Diskussion um das schier grenzenlos erscheinende Potential von Künstlicher Intelligenz (KI) und technischem Fortschritt wurde auch der Gedanke einer sog. „Legal Singularity" laut. Singularität meint den Zeitpunkt, an dem die maschinelle Intelligenz leistungsfähiger sein wird als alle menschliche Intelligenz zusammen.[35] Unter dem Terminus „Legal Singularity" beziehen manche diesen (im Grunde eher dystopischen) Ansatz auf den juristischen Bereich und beschreiben damit ein Szenario, in dem aufgrund hochentwickelter Systeme alle rechtlichen Ergebnisse perfekt vorhersehbar sind. Spinnt man diesen Gedanken einmal weiter, so würde sich das Recht selbst in einen Katalog von genau zugeschnittenen Gesetzen oder „Mikrorichtlinien" verwandeln, die aus sekundengenauen, individualisierten Regeln bestehen, welche sich sogar in Echtzeit anpassen könnten. Beispielhaft wäre etwa ein individuelles Tempolimit für einen bestimmten Fahrer mit einem bestimmten Maß an Erfahrung unter bestimmten Fahrbedingungen. Darüber hinaus könnten alle Regeln durch automatische Sanktionen durchgesetzt werden.[36]

41 Doch scheint eine solche Entwicklung aufgrund der zuvor bereits dargelegten Schwächen von KI im juristischen Bereich jedenfalls aus heutiger Sicht keineswegs absehbar (vgl. dazu unter → Rn. 33 ff.). Insbesondere die semantische Komplexität juristischer Inhalte und der Mangel an eindeutig formalisierten Daten stehen dem derzeit entgegen.[37]

IV. Das Potenzial von Automationen im Recht

42 Die Automatisierung birgt in fast allen Rechtsgebieten ein großes Potenzial. Gegenwärtig bleibt dieses Potenzial jedoch weitgehend ungenutzt.[38] Freilich eignen sich einige Aufgaben und Probleme besser für die Automatisierung als andere. Rechtsgebiete mit einer hohen Automatisierungsnähe sind solche mit

- klar definierten, standardisierten (rechtlichen) Regeln und Prozessen,
- einem nicht allzu komplexen Szenario oder Logik,
- häufig wiederkehrenden Fragen und Problemen und
- geringen Anforderungen an die Sachverhaltsermittlung.

---

34 Bohrer, Entwicklung eines internetgestützten Expertensystems zur Prüfung des Anwendungsbereichs urheberrechtlicher Abkommen, 2003, S. 20 f.; DeStefano/Dobrauz-Saldapenna New Suits/Grupp/Bues S. 227 (243 f.).
35 So jedenfalls die (dystopische) Darstellung von Kurzweil, The Singularity is Near: When Humans Transcend Biology, 2005.
36 Vgl. De Mulder, The legal singularity, KU Leuven Center for IT & IP Law Blog, 2020, abrufbar unter https://www.law.kuleuven.be/citip/blog/the-legal-singularity/; die Entwicklung hin zur „Legal Singularity" am Beispiel des Steuerrechts skizzierend Alarie, The Path of the Law: Toward Legal Singularity, SSRN, 2016, abrufbar unter https://papers.ssrn.com/sol3/Delivery.cfm/SSRN_ID2785973_code384494.pdf?abstractid=2767835&mirid=1&type=2.
37 Vgl. auch Grupp, 25 Facts about AI & Law you always wanted to know, Medium, 2019, abrufbar unter https://medium.com/@Grupp/25-facts-about-ai-law-you-always-wanted-to-know-but-were-afraid-to-ask-a43fd9568d6d.
38 Grupp AnwBl 2014, 660; Grupp/Fiedler DB 2017, 1071.

Praxisbereiche mit vielen Anwendungsfällen für Rechtsautomationen sind in der Regel **„regulatorischer"** **Natur**, zB Compliance, Datenschutz, Arbeitsrecht, Kartellrecht, Steuern, Exportkontrolle, Finanzdienstleistungen, Immobilien usw. 43

Die Automatisierung des Rechtswesens hat sich bisher hauptsächlich auf die Automatisierung von Dokumenten konzentriert (hierzu ausf. → *Dokumentenautomatisierung* Rn. 1 ff.). **Dokumentenautomatisierung** ist fast zu einem Synonym für Rechtsautomatisierung im Allgemeinen geworden. Das „Dokument" (im juristischen Kontext ist damit in der Regel ein MS-Word-Dokument gemeint) ist traditionell das Endergebnis der juristischen Beratung nach Sachverhaltsermittlung, Subsumtion und anderen umfangreichen Überlegungen. Daher war es logisch, zuerst die Dokumente zu automatisieren. Dokumentenautomatisierung bedeutet in der Regel, Dokumente aus vorgefertigten Textklauseln in Abhängigkeit von bestimmten Regeln zusammenzustellen. Darüber hinaus sind jedoch einige weitere Bereiche der Entscheidungsautomation im Entstehen. 44

Durch die Automatisierung der juristischen Arbeit können erhebliche Verbesserungen erzielt werden in Bezug auf: 45
- Effizienz,
- Produktivität,
- Genauigkeit,
- Nachvollziehbarkeit und
- Job-Zufriedenheit.

V. Entwicklung und Akzeptanz der Automatisierung im Rechtsmarkt

1. Entwicklung des Marktumfeldes

Bis in die 1990er Jahre war eines der größten Hindernisse bei der Entwicklung (juristischer) regelbasierter Entscheidungsunterstützungssysteme und Expertensysteme die Finanzierung, da sich die Markteinführung solcher Anwendungen als äußerst schwierig darstellte. Das lag nicht etwa an einer unzureichenden technologischen Machbarkeit, sondern vielmehr an den schlechten Marktbedingungen, insbesondere an der noch mangelnden **Digitalisierung des Marktumfeldes**, wodurch sich kaum Anwendungsfälle für entsprechende Anwendungen ergaben.[39] Demnach fehlten betriebswirtschaftlich planbare Amortisationszyklen, die für Innovationen unerlässlich sind. Noch heute hängt der wirtschaftliche Erfolg von Automatisierungs-Software, neben einer funktionsfähigen und benutzerfreundlichen Ausgestaltung, maßgeblich davon ab, ob sich für potenzielle Nutzer lukrative Anwendungsfälle bzw. Use Cases ergeben. Durch die Entwicklung eines weitgehend digitalen Marktumfeldes ab den 2000er Jahren sind die Voraussetzungen hierfür jedenfalls besser geworden. Dies führt dazu, dass (Rechts-)Automationen wirtschaftlich zunehmend erfolgversprechend sind.[40] 46

2. Markt für (Rechts-)Automationen

Digitalisierung und Automatisierung zielen auf **Masse**. Wesentliche Merkmale der Entwicklung von Rechtsautomationen sind die Bündelung und die skalierte Bearbeitung. Erst die Bearbeitung zahlenmäßig großer, ähnlicher Fälle rechtfertigt Investitionen in den anfangs erhöhten Entwicklungsaufwand. In der Folge lassen sich dann juristische Prüfungen mit geringem Aufwand erbringen. Derzeit zeigen sich solche Entwicklungen im direkten Mandantenverhältnis nur in wenigen Einzelfällen, in denen traditionelle Rechtsberatung ohnehin wirtschaftlich nicht sonderlich einträglich war. 47

Insbesondere auf dem **Verbraucher-Rechtsmarkt** existiert ein großer Markt für automatisierte Produkte, die – im Gegensatz zur individuellen, „maßgeschneiderten" Beratung – im Grundsatz als Produkte „von 48

---

39 Vgl. ausführlich Grupp/Bues REthinking Law 2/2019, 19 (21 f.); eingehend auch bei Jandach, Juristische Expertensysteme, 1993.
40 Zu den spezifischen Herausforderungen für Software-Anwendungen im digitalen Marktumfeld eingehend Jacob/Schindler/Strathausen Liquid Legal 2020/Grupp/Bues S. 43 (53 ff.).

der Stange" verstanden werden können. Sobald standardisierte und automatisierte Lösungen auf dem Markt angeboten werden, entscheiden potenzielle Kunden typischerweise anhand der folgenden Kriterien, ob sie eine „maßgeschneiderte" oder eine automatisierte, standardisierte Lösung bevorzugen:

- Convenience, dh Benutzerfreundlichkeit,
- Preis,
- „Trialability", dh die Möglichkeit, das Angebot unverbindlich auszuprobieren,
- Schnelligkeit der Leistungserbringung sowie
- Bedeutung der Angelegenheit und mögliche (negative) Folgen.

49 In bestimmten Fällen können durch die Automatisierung also maßgeschneiderte Dienstleistungen zugunsten der Massenabwicklung an Bedeutung verlieren. Selbstredend wird die individuelle Beratung nicht gänzlich von der Bildfläche verschwinden. Jedoch bieten automatisierte Angebote für Rechtsuchende und auch für die Rechtsanwender einige Vorteile. Die **Skalierbarkeit** von Automationen ermöglicht es etwa, dass sich personelle und zeitliche Investitionen für bestimmte juristische Arbeitsschritte in einigen Fällen erst recht lohnen und die Qualität des Ergebnisses damit steigt. Arbeitet man bspw. bei der Erstellung eines juristischen Dokuments (etwa eines NDA[41], eines Miet- oder Arbeitsvertrages oÄ), welches man bei zahlreichen Mandaten oder Vorgängen benötigt, einmal mit besonderer Sorgfalt und automatisiert es sogleich, so lässt sich dieses standardisierte, zumindest den durchschnittlichen Anforderungen entsprechende Ergebnis beliebig oft reproduzieren. Der damit einmal gesetzte **qualitative Mindeststandard** für das jeweilige Dokument wird jedenfalls nicht mehr unterlaufen werden. Diese Skalierbarkeit hebt die Qualität von juristischer Arbeit zum Teil sogar auf ein insgesamt höheres Niveau, weil sich aufwendige und im Ergebnis hochwertige Leistungen in manchen Bereichen für die Rechtsanwender hierdurch überhaupt erst lohnen. Als Beispiel dafür kann etwa auf die zahlreichen Legal Tech-Anwendungen im Arbeits- und Verbraucherschutz[42] oder im Asylrecht[43] verwiesen werden. Und sollte in einem konkreten Fall ausnahmsweise einmal eine Besonderheit zu beachten sein, die von den durch die Anwendung erfassten Standardfällen abweicht, kann dieser durch eine manuelle Ergänzung Rechnung getragen werden.

50 Die Tatsache, dass ein Nutzer mit (automatisierten) juristischen Standardprodukten zufrieden sein könnte, ist für die juristische Profession häufig kontraintuitiv. In der Rechtsbranche wird tendenziell eine individuelle, maßgeschneiderte Beratung angestrebt: Der Mandant erhält eine auf ihn zugeschnittene Rechtsberatung nach eingehender Prüfung aller Fakten und rechtlichen Facetten des Einzelfalls – idealerweise, aber zunehmend nicht mehr, persönlich. Ziel ist es, die qualitativ beste rechtliche Einschätzung zu präsentieren, alle Eventualitäten zu erkennen und dem Mandanten zu helfen, innerhalb der bestehenden (staatlichen) Strukturen zu seinem Recht zu kommen.

51 Die meisten Anwendungsfälle für Rechtsautomationen stellen sich derzeit im **Business-to-Business (B2B) Bereich**, insbesondere bei unternehmensinternen Vorgängen, wo sich regulatorische Fragen etwa nach dem Rechtsdienstleistungsgesetz nicht stellen. Hier tritt das Bedürfnis nach Bündelung und Skalierbarkeit von Aufgaben und Abläufen besonders deutlich zutage, indem genau verfolgt werden kann, wie oft etwa ein bestimmtes rechtliches Problem aufkommt oder Dokumente wie ein NDA oder ein Arbeitsvertrag benötigt werden. Dies vereinfacht auch die Wirtschaftlichkeitsberechnungen für entsprechende Automationen, indem sich genau ermitteln lässt, welche Kosten bei der manuellen Bearbeitung jedes Einzelfalls anfallen.

52 Der Markt für Rechtsautomation im Unternehmensumfeld hat sich seit 2015 stark positiv entwickelt. National wie international sind Unternehmen entstanden, die konkrete Automationslösungen für bestimmte Einzelfälle vertreiben oder als Autorensystem die Entwicklung von Anwendungen zur Automation ermög-

---

41 Non-Disclosure Agreement.
42 Siehe dazu nur einige der inzwischen zahlreichen Angebote wie das der auf Arbeitnehmerschutz spezialisierten Legal Tech-Kanzlei „Chevalier" oder die Angebote der im Verbraucherschutz aktiven Legal Tech-Unternehmen flightright (https://www.flightright.de), myRight (https://www.myright.de) sowie der RightNow Group (https://www.rightnow.de).
43 Siehe dazu bspw. die Initiative „European Lawyers in Lesvos" (https://www.europeanlawyersinlesvos.eu), wo man ebenfalls auf Legal Tech-Anwendungen zurückgreift, vgl. Worthington/Brügmann REthinking Law 2/2019, 55.

lichen. Auch die Investitionen von Risikokapital folgen diesem Trend. So vereint alleine die in Deutschland gegründete Automationsplattform BRYTER den Großteil des im DACH-Raum seit 2010 investierten Risikokapitals.[44]

3. Automatisierung als schrittweiser Prozess

Die Automatisierung ist stets ein schrittweiser Prozess. Dabei geht es – auch in der Rechtsbranche – zunächst darum, **Automatisierungspotenziale** bei der Erbringung von Rechtsdienstleistungen zu identifizieren. Automatisierte Rechtsberatung wird oft mit einer vollautomatisierten Dienstleistung gleichgesetzt. Eine vollständige Automatisierung juristischer Aufgaben wird in den meisten Fällen indes nicht möglich sein. Wie in anderen Branchen ist die Automatisierung aber auch dann von großem Wert, wenn nur Teile einer Tätigkeit oder eines Produkts automatisiert werden. In der Praxis bedeutet Automatisierung also, verschiedene Automatisierungspotenziale nacheinander zu aktivieren. Automatisierung fängt klein an und konzentriert sich auf „Quick Wins", um schrittweise zu ganzheitlicheren und, wo möglich, auch vollautomatisierten Lösungen überzugehen. 53

Insbesondere moderne Entwicklungskonzepte wie No Code/Low Code (dazu unter → *Produkt- und Softwareentwicklung* Rn. 70 ff.), die die Entwicklung von Software vereinfachen und beschleunigen, haben das Aufkommen von Rechtsautomationsanwendungen weiter verstärkt und nötige Anfangsinvestitionen verringert. 54

VI. Autonomie und autonome Systeme

1. Begrifflichkeiten: Automatisierung und Autonomie

Die Automatisierung (dazu ausf. → Rn. 4 ff.) ist im Grundsatz vom Begriff der Autonomie zu unterscheiden. Im juristischen Kontext wird dabei oftmals auch von automatisierten Systemen einer- und autonomen Systemen andererseits gesprochen.[45] Wie gesehen (→ Rn. 4 ff.) zeichnen sich **Automationen bzw. automatisierte Systeme** zusammenfassend dadurch aus, dass die Regeln, nach denen sie agieren, klar definiert und gleichbleibend (also als Algorithmus beschreibbar) sind und in ihrer Anwendung definierte und antizipierte Tatbestände bearbeiten. Ihre Abläufe richten sich meist nach bestimmten konditionalen Vorgaben und sind vorhersehbar.[46] Prozesse können dabei entweder teil- oder vollautomatisiert werden (vgl. schon → Rn. 53). 55

Davon zu unterscheiden sind **autonome Systeme**, deren Verhalten nicht vollständig vorherbestimmt bzw. vorhersehbar ist. Das liegt daran, dass die Entscheidung über ihr Verhalten auf Grund eines selbst erlernten Algorithmus und nicht anhand konkreter menschlicher Voreinstellungen getroffen wird. Die Operation des Algorithmus im Einzelfall ist weder zuvor bekannt noch vollständig nachvollziehbar. Anstelle konkreter Voreinstellungen wird dem System vielmehr ein ausreichend großer Datensatz zur Verfügung gestellt, sodass das System anhand der Daten selbst „lernen" kann (eingehend zu selbstlernenden Systemen → *Maschinelles Lernen* Rn. 5 ff. sowie bereits unter → Rn. 29 ff.). Darüber hinaus wird dem System lediglich das gewünschte Ergebnis des Prozesses bzw. der Entscheidung vorgegeben.[47] Die Abgrenzung zur Automatisierung ist jedoch nicht ganz trennscharf, indem man Autonomie auch als höchsten Grad der Automatisierung begreifen kann, die Begriffe also (zumindest in der Theorie) ineinandergreifen. 56

Darüber hinaus werden als autonome Systeme Strukturen verstanden, die auch ihre eigene Anwendung bestimmen und in ihrer Gesamtstruktur vom manuellen Eingreifen unabhängig wirken. Als Beispiele der 57

---

44 Vgl. dazu die Entwicklung der Investitionssummen im DACH-Raum seit 2010 bei PitchBook unter https://files.pitchbook.com/website/files/pdf/PitchBook_2021_DACH_Private_Capital_Breakdown.pdf.
45 Etwa Zech ZfPW 2019, 198 (199 f.); Specht/Herold MMR 2018, 40 f.
46 Vgl. Gless/Seelmann Intelligente Agenten und das Recht/Zech S. 163 (168); Zech ZfPW 2019, 198 (199 f.) auch zu einem rein technisch-physikalischen Verständnis; Specht/Herold MMR 2018, 40 f.
47 Vgl. Gless/Seelmann Intelligente Agenten und das Recht/Zech S. 163 (170 f.); Zech ZfPW 2019, 198 (200); Borges NJW 2018, 977 (978); Specht/Herold MMR 2018, 41.

7 Automatisierung und Autonomie

Praxis sind insbesondere Netzwerkstrukturen im IT-Bereich zu nennen: Zunächst die (weitgehend) autonome Vergabe von IP-Adressen, welche in einem Zusammenschluss unabhängiger Netze zugewiesen werden. Ferner liegt dem Konzept der Blockchain der Gedanke eines autonomen Systems zugrunde, welches aber insbesondere mit Blick auf die möglichen Anwendungsbereiche noch nicht voll ausgeprägt ist und bisher in weiten Teilen nur konzeptionell vorliegt. Kryptowährungen wie Bitcoin gehen jedoch schon heute stark in diese Richtung.

58 In manchen Industriebereichen wird schließlich versucht, verschiedene **Automatisierungs- bzw. Autonomiegrade** zu formalisieren. Dabei wird danach differenziert, inwieweit ein menschliches Eingreifen entbehrlich bzw. wie viel Entscheidungskompetenz dem Menschen abgenommen wird (vgl. bereits → Rn. 4).[48] Exemplarisch hierfür sind etwa die verschiedenen SAE-Level[49] beim automatisierten- bzw. autonomen Fahren.[50]

2. Autonomie im Recht

59 Während Automationen im Recht bereits heute eine Rolle spielen und Potentiale bergen (dazu eingehend unter → Rn. 42 ff.), gibt es bis dato kaum praxisrelevante Anwendungen im juristischen Kontext, die der Definition eines autonomen Systems (→ Rn. 56 f.) auch nur annähernd gerecht werden.

60 Aus juristischer Sicht werden Autonomie und autonome Systeme lediglich mit Blick auf ihre rechtliche Behandlung relevant: Autonome Systeme werfen viele Fragen hinsichtlich ihrer rechtlichen Einordnung bzw. der Gestaltung eines für sie geltenden Rechtsrahmens auf,[51] wobei diese Fragen mittlerweile auch den Gesetzgeber beschäftigen.[52] Aus Sicht der Rechtsphilosophie wird ferner untersucht, ob respektive inwieweit dem Recht selbst Autonomie innewohnt oder ob es sich bei unserem Rechtssystem als solchem um ein sich selbst regelndes, „autonomes System"[53] handeln könnte.[54]

61 Bis auf absehbare Zeit werden Autonomie und autonome Systeme mithin eher den Gegenstand rechtlicher Fragestellungen bilden, während auf autonomen Systemen beruhende juristische Anwendungen wie eine „juristische KI"[55] derzeit kaum eine Rolle spielen.

VII. Zusammenfassung und Ausblick

62 Die Automatisierung spielt im Rechts- und Regulierungssektor eine zunehmend wichtige Rolle. Während die Automatisierung in anderen Branchen bereits seit vielen Jahren erfolgreich gelebt wird, ist auch

---

48 Vgl. etwa Specht/Herold MMR 2018, 41; Reichwald/Pfisterer CR 2016, 208 (210).
49 Society of Automotive Engineers (SAE), Standard J3016_202140, Taxonomy and Definitions for Terms Related to Driving Automation Systems for On-Road Motor Vehicles; vgl. auch das vereinfachte Modell der Bundesanstalt für Straßenwesen (BASt), Pressemitteilung vom 11.3.2021, Nr.: 06/2021, abrufbar unter https://www.bast.de/BASt_2017/DE/Presse/Mitteilungen/2021/06-2021.html.
50 Zu den Stufen des automatisierten bzw. autonomen Fahrens im Kontext des Gesetzes zum autonomen Fahren (BGBl. I 3108) ferner Steege SVR 2021, 128 (129 f.).
51 Zu grundlegenden Rechtsfragen autonomer Systeme etwa Wagner AcP 217 (2017), 707 ff. (Haftung); Teubner AcP 218 (2018), 155 ff. (Rechtssubjektivität); Specht/Herold MMR 2018, 40 ff. (Vertragsschluss); Borges NJW 2018, 977 ff. (Überblick über zivilrechtliche Herausforderungen); Zech ZfPW 2019, 198 ff. (Haftung); Grützmacher/Heckmann CR 2019, 553 ff. (Vertragsschluss); Müller-Hengstenberg/Kirn MMR 2021, 376 ff. (Haftung); Wagner ZEuP 2021, 545 ff. (Haftung).
52 So etwa mit dem Gesetz zum autonomen Fahren vom 12.7.2021 (BGBl. I 3108) oder dem Entwurf einer KI-Verordnung der EU-Kommission COM(2021), 206 final.
53 Hier eher in einem systemtheoretischen und nicht im technischen Sinne zu verstehen.
54 Grundlegend etwa Bumke/Röthel Autonomie im Recht/Bumke S. 3 ff. (vgl. auch die weiteren Beiträge in diesem Sammelband für unterschiedliche Perspektiven).
55 Beachtenswert in diesem Kontext ist jedoch etwa die Software „Frauke", welche am AG Frankfurt a.M. iR eines Pilotprojekts eingesetzt werden soll, um bei den jährlich zwischen 10.000 und 15.000 Verfahren zu Fluggastrechten auf vorangegangenen Entscheidungen des AG aus vergleichbaren Fällen basierende Urteilsvorschläge zu machen, vgl. Hessenschau, Künstliche Intelligenz hilft bei Massen-Urteilen, 9.5.2022, abrufbar unter https://www.hessenschau.de/panorama/amtsgericht-frankfurt-kuenstliche-intelligenz-hilft-bei-massen-urteilen,amtsgericht-roboter-100.html.

die Rechtsbranche bereit für regelbasierte Automationen. Dieser Ansatz ist ideal, um mit den notorisch knappen Datenbeständen und der semantischen Komplexität der juristischen Argumentation umzugehen. Autonomie und autonome Systeme bleiben indes – jedenfalls auf absehbare Zeit – primär Gegenstand juristischer Diskussionen und Regulierungsfragen, während auf autonomen Systemen beruhende juristische Anwendungen aus heutiger Sicht kaum eine Rolle spielen.

8. B2C und B2B (Geschäftsmodelle)

Hartung

I. Einführung	1
II. B2C und B2B als unklare Kategorien	2
III. Legal Tech-Produkte und Dienstleistungen aus Nachfragesicht	11
1. Nachfrager suchen Lösungen, keine Kategorien	11
2. Das Beispiel wenigermiete.de	13
IV. Taxonomie von Legal Tech-Dienstleistungen und Produkten	21
1. Techindex des CodeX Center for Legal Informatics an der Stanford University	21
2. Deutsche Übersichten und Informationsangebote	23
V. Geschäftsmodelle von Legal Tech-Unternehmen (überwiegend B2C)	27
1. Forderungsdurchsetzung	29
a) Legal Tech-Inkassounternehmen	30
aa) Produkt, Dienstleistung	30
bb) Finanzielles Geschäftsmodell	33
cc) Rechtsfragen	36
dd) Legal Tech-Faktor	37
b) Sonderfälle von Legal Tech-Inkassounternehmen	38
aa) „Gerichtliches Inkasso"	39
bb) Fragen des Kohärenzgebots	41
2. Consumer Claims Purchasing	42
3. Rechtsberatung und Rechtsdurchsetzung ohne Inkassolizenz	44
a) Produkt	44
b) Sonderfall: reine Fall-Akquise	46
c) Finanzielle Geschäftsmodelle	50
d) Rechtsfragen	52
aa) § 49b Abs. 3 BRAO	53
bb) § 27 BORA	55
4. Vermittlungsplattformen	60
a) Produkt	60
b) Unterschiede zu Plattformen für spezielle Ansprüche	63
c) Finanzielle Geschäftsmodelle und § 49b Abs. 3 BRAO	64
d) Rechtsschutzversicherer und Legal Tech	68
e) Legal Tech-Faktor	71
5. Jura Self Service: Dokumenten- und Vertragsgeneratoren	72
a) Produkt	72
b) Finanzielle Geschäftsmodelle	73
c) Rechtsfragen	74
VI. B2B – Legal Tech speziell für Unternehmen	75
1. Allgemeines	76
2. Contract Lifecycle Management (CLM)	81
a) Produkt	81
b) Geschäftsmodelle	83
3. Document Review, eDiscovery, Künstliche Intelligenz	86
4. Dokumentengeneratoren für Unternehmen	89
5. Softwarebasierte Rechtsberatungsprodukte	92
6. Legal Process Outsourcing	93
7. Anbieter von Rechtsberatungsprodukten und Legal Process Outsourcing	95
a) Legal Process Outsourcing	95
b) Rechtsberatungsprodukte	96
aa) Kanzleien und WP-Gesellschaften als Anbieter	96
bb) Rechtsfragen bei nichtanwaltlichen Anbietern	99
8. Gemeinsame Plattformen für Legal Tech-Produkte oder Unternehmenstransaktionen	101
VII. Fazit und Ausblick	103

Literatur: *Fries*, Recht als Kapital, AcP 221 (2021), 108; *Gräbig*, Legal-Tech-Geschäftsmodell verstößt nicht gegen RDG – wenigermiete.de, MMR 2019, 180; *Halmer*, Rechtspolitische Überlegungen zu einem modernen Verbraucherschutz durch Legal Tech, REthinking:Law, Ausgabe 6/2019, Dezember 2019, S. 4; *Hartung*, Kein RDG-Verstoß durch Smartlaw-Vertragsgenerator, LTZ 2022, 63; *Hartung*, Inkasso und Forderungsabwehr – Überlegungen zum Inkassobegriff anlässlich des Urteils des BGH vom 19.1.2022 (VIII ZR 123/21), LRZ 2022, Rn. 476; *Hartung*, Inkasso, Prozessfinanzierung und das RDG. Was darf ein Legal-Tech-Unternehmen als Inkassodienstleister?, AnwBl 2019, 353; *Hartung*, Legal Tech – ein Ordnungsruf Klärung einiger grundsätzlicher Fragen, LR 2019, 106; *Hartung*, Noch mal: Klagen ohne Risiko – Prozessfinanzierung und Inkassodienstleistung aus einer Hand als unzulässige Rechtsdienstleistung?, BB 2017, 2825; *Hartung*, Von Helden und Rittern – über die Digitalisierung im (Arbeits-)Recht, in Tölle/Benedict/Koch/Klawitter/Paulus/Preetz (Hrsg.), Selbstbestimmung: Freiheit und Grenzen. Festschrift für Reinhard Singer zum 70. Geburtstag, 2021 (zit.: Hartung in FS Singer); *Hartung/Meising*, Legal Tech im Familienrecht, NZFam 2019, 982; *Hartung/Melchior*, Anwälte in Bietergemeinschaften – erlaubt oder verboten?, AnwBl 2013, 577; *Hartung/Weberstaedt*, Legal Outsourcing, RDG und Berufsrecht, NJW 2016, 2209; *Hellwig*, Mehrheitserfordernis und Sozietätsverbot – zwei Ruinen im Berufsrecht, AnwBl 2016, 776; *Henssler*, Keine Öffnung für Anwaltskonzerne, NJW 2017, 1644; *Herberger*, „Künstliche Intelligenz" und Recht – Ein Orientierungsversuch, NJW 2018, 2825; *Kilian*, Trojanische Pferde im Rechtsdienstleistungsrecht? Betrachtungen zur Renaissance von Inkassodienstleistern, NJW 2019, 1401; *Kilian*, Das Fremdbeteiligungsverbot im Spannungsfeld von Berufs-, Gesellschafts- und Unionsrecht, AnwBl 2014, 111; *Kraetzig/Krawietz*, Vertragsgeneratoren als Subsumtionsautomaten, RDi 2022, 145; *Michalski/Römermann*, Interprofessionelle Zusammenarbeit von Rechtsanwälten, NJW 1996, 3233; *Ring*, Anm. zu OLG München, Urt. v. 13.10.2021 – 7 U 5998/20, DStR 2022, 63; *Singer*, Vertragsgeneratoren als „smarte" Formularhandbücher? Erweiterte Betätigungsfelder für nichtanwaltliche Dienstleister nach dem „Smartlaw"-Urteil des BGH und ihre

Grenzen, RDi 2022, 53; *Solmecke*, Veränderung im Rechtsmarkt: Wir brauchen einen besseren Rechtsrahmen für Legal Tech, CTRL 1/22, 128; *Timmermann/Gelbrich*, Können Algorithmen subsumieren? Möglichkeiten und Grenzen von Legal Tech, NJW 2022, 75; *Uwer*, Recycling the Bar? – Die Bundesrechtsanwaltskammer, Legal Tech und die Novellierung des anwaltlichen Berufsrechts, REthinking:Law, Ausgabe 6/2019, Dezember 2019, 34; *Valdini*, Klagen ohne Risiko – Prozessfinanzierung und Inkassodienstleistung aus einer Hand als zulässige Rechtsdienstleistung?, BB 2017, 1609; *Wagner*, Legal Tech und Legal Robots, 2. Aufl. 2020.

I. Einführung

Bis heute gibt es **keine allgemeinverbindliche Definition** des Begriffs Legal Tech (→ *Legal Tech, Begriff*). Das ändert nichts daran, dass sich unter diesem Label innovative Softwaretechnik im Rechtsmarkt längst durchgesetzt hat und es eine Vielzahl von Dienstleistungsangeboten durch Rechtsanwälte oder nichtanwaltliche Dienstleister gibt. Solche nichtanwaltlichen Anbieter können sowohl regulierte Rechtsdienstleister sein, aber auch sonstige, berufsrechtlich unregulierte Unternehmen, wenn das, was sie anbieten, keine Rechtsdienstleistung iSd § 2 RDG ist, sondern lediglich eine Dienstleistung im Rechtsmarkt (→ *Regulierung (Deutschland)*). Alle diese **Dienstleistungen, anwaltliche oder nichtanwaltliche, die auf innovativer Software beruhen**, mindestens aber eine digitale Schnittstelle zwischen Anbieter und Abnehmer haben, **fallen unter den Sammelbegriff „Legal Tech"**, auch wenn es sich um völlig unterschiedliche Dinge handelt.

II. B2C und B2B als unklare Kategorien

Empfänger dieser Dienstleistungsangebote sind Privatleute und Unternehmen. Es hat sich eingebürgert, von „B2C" zu sprechen, wenn sich Dienstleistungsangebote an **Privatleute oder Verbraucher** wenden (das „C" steht dann für Consumer oder Customer), und von **B2B**, wenn Empfänger ein **Unternehmen** (= Business) ist. An diese **Aufgliederung knüpfen eine Reihe weiterer Unterschiede im Marketing, im Beziehungsaufbau und in der Kommunikation mit Kunden** an. Als Faustregel kann man festhalten, dass „Consumer", also Privatleute, keine Dauerkunden sind, sondern nur wegen eines Vorfalls Unterstützung suchen und für diese das Produkt anders präsentiert wird als bei Unternehmenskunden, mit denen man eher eine langfristige Geschäftsbeziehung anstrebt. Das hat auch erhebliche Auswirkungen auf Geschäftsmodell und Ertrag: Im Bereich B2C muss deutlich mehr in Markterschließung investiert werden als im Bereich B2B, denn das B2C-Modell lebt von der schieren Masse an Kunden, während es im Bereich B2B auch und wesentlich um Tiefe der Kundenbeziehung geht.

Im Bereich Legal Tech ist das aber **keine zuverlässige Kategorisierung**. Auch die Unterscheidung nach §§ 13, 14 BGB löst nicht alle Abgrenzungsfragen: Denn das Angebot zB von MyRight in den Dieselfällen richtet sich an Privatleute (§ 13 BGB) und an Unternehmen in Ausübung der gewerblichen Tätigkeit (§ 14 BGB, wenn sich etwa Dieselfahrzeuge im Fuhrpark eines Unternehmens befinden), während es sich in den Kartellschadensersatzfällen naturgemäß nur an Unternehmen gem. § 14 BGB richten kann. Auf Angebot und Geschäftsmodell von MyRight hat das aber keinen Einfluss.

Das gilt auch für den **Klassiker** der Legal Tech-Unternehmen, nämlich **Flightright**: Flugverspätungen können auf Urlaubsreisen und auf beruflichen Reisen eines Unternehmers entstehen. Für die zugrunde liegende Flugverspätungsrichtlinie und folglich die Dienstleistung von Flightright spielt das keine Rolle.[1]

Gerade wenn es um **Unterstützung bei der Rechtsverfolgung und Rechtsdurchsetzung** geht, werden entsprechende Angebote von Privatleuten wie von Unternehmen wahrgenommen. Bei der Geltendmachung von Schadensersatz- oder Entschädigungsansprüchen aus **Streu- und Bagatellschäden** treten als Anbieter sog. Legal Tech-Inkassounternehmen auf, deren Angebote nicht mehr als B2C oder B2B klassifiziert werden können (→ *Prozessfinanzierung*, → *Rechtsschutz, kollektiver* und → *Verbraucherschutz*). Unter

---

[1] Das entspricht Tendenzen im europäischen Recht, den Verbraucherschutz zu einem Kundenschutz umzuwandeln oder weiterzuentwickeln, gerade im Reiserecht, aber nicht nur dort; vgl. dazu die Untersuchung von Ebers Rechte, Rechtsbehelfe und Sanktionen im Unionsprivatrecht S. 754, 756 f.

diesen Legal Tech-Inkassounternehmen finden sich aber auch solche, deren Angebote **ausschließlich für Privatleute** interessant sind, etwa wenn es um Ansprüche wegen der Mietpreisbremse geht, weil das nur das Wohnungsmietrecht betrifft, nicht hingegen gewerbliche Mietverhältnisse.

6 Was diese auf Rechtsverfolgung und Rechtsdurchsetzung gerichteten Angebote – also **Inkasso nach heutigem Verständnis** – eint, ist ihre **rechtliche Grundlage**: Denn alle diese Anbieter benötigen eine Lizenz nach dem RDG, egal für wen sie tätig werden. Die **Rechtsberatung ist nach § 3 BRAO** grundsätzlich Sache der Anwaltschaft, der Rechtsanwalt ist danach der berufene unabhängige Berater und Vertreter in allen Rechtsangelegenheiten (→ *Rechtsanwalt, Monopol*). Nichtanwaltliche Rechtsdienstleistungen sind nur im Rahmen des RDG zulässig. Der Unterschied zwischen Privatleuten und Unternehmern als Nachfrager solcher Angebote besteht nur darin, dass die **Belehrungs- und Informationspflichten** von Legal Tech-Inkassounternehmen gegenüber Verbrauchern und Privatleuten nach **§ 13b RDG** deutlich umfangreicher sind. Die Leistung des Inkassounternehmens ist ansonsten gleich.[2]

7 Es gibt allerdings Softwareangebote, die **hauptsächlich für Unternehmen** gedacht sind: Das fängt schon mit **Kanzleisoftware** an und setzt sich fort mit **Automatisierungssoftware** (Ablauf- oder Workflowautomatisierung) und solchen Softwaresystemen, die heute unter dem Label „Künstliche Intelligenz" (abgekürzt „KI" oder „AI" für Artificial Intelligence[3]) laufen (→ *Künstliche Intelligenz (KI)*). Diese Softwaresysteme werden zB zur Ablaufautomatisierung im Vertragswesen eingesetzt, aber auch zur automatisierten Untersuchung („Lektüre") eingehender oder im Unternehmen vorhandener Daten. Zum Teil wird dabei Software eingesetzt, die wiederum auch von Legal Tech-Inkassounternehmen verwendet wird.

8 Es gibt also **keine glasklare Abtrennung nach B2B und B2C**, wenn man es von der technischen Seite her betrachtet. Auch die Unterscheidung nach §§ 13, 14 BGB löst nicht alle Abgrenzungsfragen. Dennoch hat sich eingebürgert, dass B2C Dienstleistungen für Verbraucher und B2B solche für Unternehmen meint. Um aber eine **handhabbare Unterscheidung** zu haben, kann man Folgendes sagen: Es gibt Legal Tech-Angebote, die sich **hauptsächlich an Privatleute** und Verbraucher richten, die aber **auch für Unternehmer** und Unternehmen in Betracht kommen. Solche Dienstleistungen werden als B2C zusammengefasst, und der Mythos von Legal Tech als Garant für den Zugang zum Recht (dazu → *Zugang zum Recht*) leitet sich aus der Hilfe für Verbraucher ab. Auch die lautstarke Diskussion über das, was Legal Tech „darf", findet ausschließlich hier statt, wie auch die Sorge, ob und wann Menschen in der Rechtspflege durch Computer ersetzt werden.

9 Sodann gibt es Produkte und Dienstleistungen, die **ausschließlich für Unternehmen** interessant sind, die in diesem Kapitel als B2B zusammengefasst werden. Dieser Markt ist deutlich größer als „B2C". Diskussionen in diesem Bereich konzentrieren sich darauf, ob B2B-Software das liefert, was sie verspricht. Gesellschaftliche Diskussionen finden hier nicht statt.

10 Letztlich geht es in erster Linie aber weniger um die Anbieter als vielmehr um die Nachfrager. Damit befasst sich der nachfolgende Abschnitt.

---

2 Man mag die Frage stellen, ob nicht nach dem Schutzzweck des § 1 Abs. 1 RDG in erster Linie Verbraucher vor unqualifizierten Rechtsdienstleistern geschützt werden sollen, nicht aber Unternehmen. Das würde dann ein unterschiedliches Schutzniveau nahelegen. Die überwiegende, wenn auch nicht unangefochtene Meinung behandelt aber Privatpersonen und Unternehmer (unter ihnen auch Anwälte!) als Rechtsuchende und lässt das Kriterium der Schutzbedürftigkeit unbeachtet, kritisch dazu Hartung/Weberstaedt NJW 2016, 2209 (2211, 2213); Deckenbrock/Henssler, RDG, 5. Aufl. 2021, § 2 Rn. 20c; Kleine-Cosack RDG § 1 Rn. 27 ff.

3 Auch wenn KI und AI oft in einem Atemzug genannt werden, haben Intelligenz und intelligence eine unterschiedliche Bedeutung, vgl. Herberger NJW 2018, 2825. Ähnlich ist es mit Technologie und technology, → *Legal Tech, Begriff*.

III. Legal Tech-Produkte und Dienstleistungen aus Nachfragesicht

1. Nachfrager suchen Lösungen, keine Kategorien

Legal Tech-Produkte und Dienstleistungen kann man – abgesehen von B2C und B2B – auf die unterschiedlichste Art und Weise **kategorisieren**. Diese Betrachtungsweise ist typisch für Juristen und Aufsichtsbehörden, die seit Jahren versuchen, das Phänomen Legal Tech in den Griff zu bekommen (→ *Legal Tech, Begriff*). Das geht nicht immer glatt.[4] Viele Angebote lassen sich auch nicht nur einer Kategorie zuordnen. Aber man findet viele Angebote, bei denen das **genaue Geschäftsmodell** jedenfalls auf den ersten Blick **nicht deutlich** wird. Das hat oft damit zu tun, dass die Zusammenfassung verschiedener Dienstleistungen und Produkte aus Sicht eines Nachfragers naheliegend und sinnvoll ist, auch wenn die rechtlichen Grundlagen der als sinnvoll zusammengefassten Dienstleistungen unterschiedlich sind – aus Nachfragersicht ist das nachrangig.

Für Nachfrager (das können Verbraucher und Unternehmer sein) bedeuten Legal Tech-Angebote regelmäßig einen **niedrigschwelligen, bequemen und risikofreien Zugang zu rechtlichen Dienstleistungen**. Die Beauftragung geschieht über Computer oder Smartphone, man muss nirgendwo hinfahren oder warten, und Kostenrisiken entstehen ebenfalls nicht. Zur Bequemlichkeit gehört, dass man neben der eigentlich gesuchten Dienstleistung verwandte Dienstleistungen angeboten bekommt, ohne erneut suchen zu müssen. **Nachfrager orientieren** sich daher **nicht** so sehr an juristischen **Kategorien** oder **Taxonomien**, sondern an Lebenssachverhalten, Problemen und Lösungen. Dieses Nachfrageverhalten bedienen erfolgreiche E-Commerce-Anbieter, zu denen Legal Tech-Dienstleister gehören. Sie würden sich auch selbst nicht unbedingt einer Kategorie von Dienstleistern zuordnen, sondern sich über Produkte und Lösungen für bestimmte Nachfrager definieren.

2. Das Beispiel wenigermiete.de

Ein gutes Beispiel dafür ist das Angebot von **wenigermiete.de**. Das Angebot ist hauptsächlich bekannt durch die Unterstützung von Mieterinnen und Mietern, wenn es um Ansprüche nach §§ 556d ff. BGB geht, wonach bei Neuabschluss eines Mietvertrages unter bestimmten Bedingungen die vereinbarte Miete die ortsübliche Vergleichsmiete nicht mehr als 10 % übersteigen darf (sog. **Mietpreisbremse**). Darauf beschränkt sich die Unterstützung aber nicht. Auf der Homepage von wenigermiete.de heißt es[5]:

> „wenigermiete.de ist eine Marke der 2016 gegründeten Mietright GmbH (jetzt: Conny GmbH). Aus dem Herzen Berlins hilft das Team von Experten und Partneranwälten Mieterinnen und Mietern in ganz Deutschland bei der Durchsetzung ihrer Rechte."

Es sind also keine mietrechtlichen Einzelprobleme, welche behandelt werden, sondern das Angebot richtet sich an Mieterinnen und Mieter, die ihre mietvertraglichen Rechte durchsetzen wollen. Dementsprechend bietet das Unternehmen auf der Homepage[6] neben Hilfestellung bei der Mietpreisbremse noch Folgendes an:

---

4 Hartung LR 2019, 106.
5 Siehe https://www.wenigermiete.de/ueber_uns.
6 Siehe https://www.wenigermiete.de.

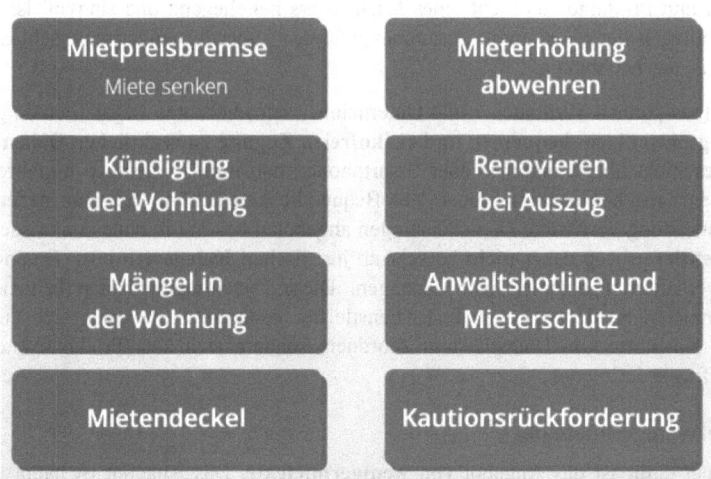

Abb.: Angebot von wenigermiete.de.

15 Das Unternehmen Conny GmbH, das die Marke wenigermiete.de und die damit verbundenen Dienstleistungen anbietet, ist ein Inkassounternehmen iSd § 10 Abs. 1 Nr. 1 RDG. Die Vornahme von Inkasso- oder Forderungsbeitreibungsaktivitäten ist eine gesetzlich regulierte Rechtsdienstleistung nach § 2 Abs. 2 RDG:

„Rechtsdienstleistung ist, unabhängig vom Vorliegen der Voraussetzungen des Absatzes 1, die Einziehung fremder oder zum Zweck der Einziehung auf fremde Rechnung abgetretener Forderungen, wenn die Forderungseinziehung als eigenständiges Geschäft betrieben wird, einschließlich der auf die Einziehung bezogenen rechtlichen Prüfung und Beratung (Inkassodienstleistung)."

16 Inkassounternehmen brauchen eine **behördliche Zulassung**. Mit der Zulassung können sie dann **Rechtsberatung und Rechtsbesorgung** anbieten, wenn es sich um konkretisierbare Forderungen handelt. Der Begriff wird inzwischen durch die Rechtsprechung sehr weit und großzügig ausgelegt.[7] Aber auch bei sehr großzügiger Auslegung erschließt sich nicht, was Inkasso mit Wohnungskündigung, Mängeln der Wohnung, Renovierungsarbeiten sowie Mieterschutz allgemein zu tun hat. Zu diesen Themen darf ein Inkassounternehmen weder Rechtsberatung noch Rechtsbesorgung anbieten. Das geschieht auch nicht, denn die Conny GmbH nutzt **verschiedene zulässige rechtliche Gestaltungsformen**, um ein solches Angebot zu unterbreiten, ohne dass dem Betrachter klar wird, auf welcher rechtlichen Grundlage das alles geschieht. Vermutlich wird sich ein rechtlich ungebildeter Mieter solche Fragen auch nicht stellen, denn für ihn ist es sinnvoll und folgerichtig, dass **Hilfe im Mietrecht aus einer Hand** angeboten wird. Die Conny

---

[7] BGH 27.11.2019 – VIII ZR 285/18, NJW 2020, 208 – wenigermiete I; BGH v. 13.7.2021 – II ZR 84/20, NJW 2021, 3046 – Sammelklage-Inkasso; der BGH hat zuletzt mit Urt. v. 19.1.2022 – VIII ZR 123/21, NZM 2022, 202 (mkritAnm Kappus) den Inkassobegriff noch weiter ausgedehnt und Handlungen, die auch als Forderungsabwehr angesehen werden können, noch als nach § 5 RDG zulässige Nebenleistungen angesehen; zum Urteil des BGH vom 19.1.2022 und zur Erweiterung der Inkassobefugnis auf Forderungsabwehr vgl. Hartung LRZ 2022, Rn. 476, 506 ff.

GmbH kann aber nur mietrechtliche Ansprüche, die eine Geldforderung sind, als Inkassounternehmen geltend machen. **Forderungsabwehr** gehört auch nach der sehr großzügigen BGH-Rechtsprechung nicht zum Inkasso[8]:

> „[...] wegen Verstoßes gegen das RDG wird regelmäßig auch dann auszugehen sein, wenn der registrierte Inkassodienstleister Tätigkeiten vornimmt, die nicht auf eine Forderungseinziehung iSd § 2 II 1 RDG gerichtet sind, sondern die Abwehr von Ansprüchen zum Gegenstand haben, wie etwa die Abwehr einer seitens des Vermieters ausgesprochenen Kündigung, eines Mieterhöhungsverlangens oder einer Aufforderung zur Durchführung von Schönheitsreparaturen. Gleiches gilt für die Durchführung einer dem registrierten Inkassodienstleister ebenfalls nicht gestatteten, über den Bereich der Forderungseinziehung hinausgehenden Rechtsberatung, wie etwa eine von dem Ziel einer Forderungseinziehung losgelöste allgemeine rechtliche Prüfung des Inhalts von Wohnraummietverträgen und der sich aus diesen Verträgen für den jeweiligen Mieter ergebenden vertraglichen Verpflichtungen oder auch eine persönliche oder automatisierte Beantwortung sonstiger Rechtsfragen durch den registrierten Inkassodienstleister."

In Fällen, die nicht zur Inkassolizenz gehören, vermittelt die Conny GmbH ihre Kunden an sog. **„Vertragsanwälte"** und tritt als **Prozessfinanzierer** auf. Beide Tätigkeiten, also Vermittlung wie Prozessfinanzierung, unterliegen keiner Regulierung nach dem RDG. Ziel ist, aus der Sicht eines Mieters, der Hilfe im Mietrecht sucht, zu denken und danach das Angebot zu gestalten, immer verbunden mit dem Versprechen, dass eine Vergütung nur im Erfolgsfall anfällt. Solche Angebote sind Anwälten nicht bzw. nur in sehr engen Grenzen erlaubt.

Diese Gestaltung erfordert **technische und juristische Innovationsfähigkeit** und den Mut, neue Wege zu beschreiten, auch gegen den Widerstand etwa der Standesorganisationen. Aus Sicht der Rechtsanwaltskammer Berlin etwa verstieß das Angebot von wenigermiete.de gegen das RDG. Damit scheiterte die Kammer aber vor dem Landgericht Berlin.[9]

Zusammenfassend lässt sich daher zunächst sagen, dass **Kategorisierungen** wie zB B2B oder B2C oder nach rechtlichen Erlaubnistatbeständen bei vielen Legal Tech-Dienstleistungen und Produkten **nicht zu klar abgrenzbaren Ergebnissen führen**. Entscheidender sind die Motive der Nachfrager, und erfolgreich sind danach diejenigen Unternehmen, die ihre Angebote an diesen Nachfragebedürfnissen orientieren, unabhängig davon, welcher Kategorie sie zugehören.

Gleichwohl gibt es Kategorien, die jedenfalls Juristen das Verständnis der jeweiligen Angebote erleichtern. Das wird im nächsten Abschnitt behandelt.

IV. Taxonomie von Legal Tech-Dienstleistungen und Produkten

1. Techindex des CodeX Center for Legal Informatics an der Stanford University

Für eine **internationale Übersicht** bezieht man sich häufig auf den „**Techindex**" des **CodeX** Center for Legal Informatics an der **Stanford University**, der im Januar 2022 insgesamt 1.852 Unternehmen in neun Kategorien aufführte.[10] Diese Liste von Unternehmen wächst seit Jahren beständig. Die meisten

---

8 BGH v. 27.11.2019 – VIII ZR 285/18, NJW 2020, 208 Rn. 96 – wenigermiete I; ausnahmslos gilt das allerdings nicht mehr, vgl. BGH v. 19.1.2022 – VIII ZR 123/21, NZM 2022, 202 Rn. 30 (der BGH stellt darauf ab, dass in dem besonderen Fall dort keine Zahlungsaufforderung des Vermieters abgewehrt, sondern der Vermieter prophylaktisch aufgefordert wird, sich künftig rechts- und vertragstreu zu verhalten, was als eine durchaus filigrane Abgrenzung verstanden oder kritisiert werden könnte); vgl. dazu Hartung LRZ 2022, Rn. 476, 506 ff.

9 LG Berlin v. 15.1.2019 – 15 O 60/18, BeckRS 2019, 92; Anm. Gräbig MMR 2019, 180 (Die dem Vernehmen nach noch nicht rechtskräftige Entscheidung des Landgerichts erging vor der wenigermiete-Entscheidung des BGH v. 27.11.2019 – VIII ZR 285/18, NJW 2020, 208, und behandelte Fragen des RDG in einem Wettbewerbsprozess, während die BGH-Entscheidung dieselben Rechtsfragen zum RDG in einer mietrechtlichen Revisionsentscheidungen behandelte. Die Entscheidung des Landgerichts wurde durch die BGH-Entscheidung inhaltlich bestätigt).

10 Siehe https://techindex.law.stanford.edu.

Unternehmen befassen sich heute mit ODR (Online Dispute Resolution, 524 Unternehmen) und Practice Management (411 Unternehmen). Die neun Kategorien mit ebenso vielen Unterkategorien sind

- Analytics
- Compliance
- Document Automation
- Legal Education
- Legal Research
- Marketplace
- Online Dispute Resolution
- Practice Management
- eDiscovery.

22　Eine Unterteilung in B2B und B2C findet nicht statt, allerdings werden vier „Target Audiences", also Zielgruppen unterschieden:

- Individuals
- Companies
- Government
- Service Providers.

2. Deutsche Übersichten und Informationsangebote

23　In den frühen Legal Tech-Tagen wurden **Legal Tech-Unternehmen in drei Kategorien eingeteilt**, nämlich solche, die den Anwalt in seiner Arbeit unterstützen, dann Marktplätze, die Mandanten und Anwälte zusammenbringen, und zuletzt Software, die Rechtsdienstleistungen selbstständig erledigt.[11] So wenig es aber einen allgemeinverbindlichen Legal Tech-Begriff gibt, so wenig gibt es allgemeinverbindliche Kategorien. Häufig referenziert wird etwa eine als „**Tobschall-Liste**" bekannte Übersicht „**Legal Tech in Germany**", die laufend aktualisiert wird, zuletzt am 29.11.2019. Die dort verwendeten Kategorien sind den international verwendeten ähnlich und umfassen

- Automatisierte Rechtsberatungsprodukte
- Marktplätze und Expertenportale
- Legal Process Outsourcing
- Sonstige Portale, Verzeichnisse und Inhalte
- Forschung, Aus- und Weiterbildung
- Anwaltliche Hilfsmittel
- eDiscovery und Dokumentenanalyse
- Dokumentenerstellung und Werkzeuge
- Kanzleimanagementsoftware
- Juristische Datenbanken.[12]

24　Ein **aktuelles Buch**[13] hat den Legal Tech-Markt in **vier Kategorien** eingeteilt, nämlich

- Geltendmachung von Verbraucherrechten (dazu gehören Inkassodienstleistungen, Consumer Claims Purchasing und Kooperationen zwischen Legal Tech-Unternehmen und Partnerkanzleien)
- Rechtssichere Verträge und Dokumente für Verbraucher
- Unternehmen zur Vereinfachung von Rechtsarbeiten (dazu gehören Legal Process Outsourcing-Anbieter und allgemeinere Softwareanbieter)
- Marktplätze für Anwaltsleistungen.

11　Reinemann NJW-Beil. Heft 20/2017, 6 ff., eingehend erläutert bei Hartung/Bues/Halbleib Legal Tech/Hartung Kap. 1.1 Rn. 17 ff.
12　Siehe https://tobschall.de/legaltech/; die Liste wird erläutert von Breidenbach/Glatz Legal Tech-HdB/Tobschall/Kempe S. 27.
13　Quarch/Engelhardt Legal Tech Kap. 4 S. 11 ff.

Speziell für Rechtsanwälte gibt es vom **FFI-Verlag eine Marktübersicht** „Legal Tech 2021: 150 Angebote für Kanzleien".[14] Ähnlich aufgebaut ist das **Legal Tech-Verzeichnis** der Berliner Advotisement UG.[15] Beide Unternehmen bieten eine weitgehend aktuelle Übersicht von Legal Tech-Angeboten für Kanzleien (und Rechtsabteilungen) und berichten regelmäßig über neue Angebote und Entwicklungen. Für den internationalen Bereich gibt es eine Reihe von Blog- und Informationsseiten, die man kaum komplett aufzählen kann. Zu den bekanntesten zählt die Seite **Artificial Lawyer**[16] des englischen Journalisten Richard Tromans, die täglich, manchmal mehrmals am Tag, über neue Produkte und Dienstleistungen und sonstige Entwicklungen in der Legal Tech-Szene berichtet. Die Schwerpunkte liegen dabei auf UK und den USA, weil dort am meisten geschieht. Über Entwicklungen auf dem europäischen Kontinent wird nach Anfall berichtet.

Die o.g. Kategorien des Techindexes aus Stanford, aus der Tobschall-Liste oder aus dem neuen Buch von Quarch/Engelhardt zeigen einmal die **Vielfalt der Dienstleistungen, Produkte und Legal Tech-Unternehmen**, und damit verbunden die verschiedenen denkbaren Geschäftsmodelle solcher Unternehmen. Andererseits zeigt sich aber auch: Eine Kategorisierung in B2B und B2C gibt es in diesen Kategorien nicht, auch nicht als Oberkategorien. Das, was als Legal Tech für Verbraucher bezeichnet wird, ist nur in wenigen Fällen tatsächlich ausschließlich für Verbraucher interessant (Unterstützung im Wohnraummietrecht). Für unsere Überlegungen schadet das aber nichts. Im nächsten Kapitel werden die wesentlichen Geschäftsmodelle heutiger Legal Tech-Unternehmen beschrieben.

V. Geschäftsmodelle von Legal Tech-Unternehmen (überwiegend B2C)

Für die **Übersicht der Geschäftsmodelle** beschränkt sich die Darstellung auf einige wesentliche Beispiele, bei denen kurz das Produkt oder die Dienstleistung beschrieben wird, dann das finanzielle Geschäftsmodell und schließlich aktuelle regulatorische Herausforderungen. Dabei wird in Abweichung von den unterschiedlichen Taxonomien (→ Rn. 21 ff.) in Gruppen gegliedert. Im ersten Teil geht es um Angebote, die üblicherweise unter B2C kategorisiert werden, im zweiten Teil dann um reine B2B-Themen.

Im Übrigen ist ein **Vorbehalt** erforderlich: Geschäftsmodelle von Legal Tech-Unternehmen ändern sich – nicht ständig, aber sie werden oft angepasst. Daher sind die nachstehenden Beschreibungen eine **aktuelle Bestandsaufnahme**.

1. Forderungsdurchsetzung

Ein wesentliches Problem des fehlenden Zugangs zum Recht besteht darin, dass es zwar Verbraucheransprüche gibt, diese aber **oft kleinteilig** sind, gleichwohl in der Durchsetzung einigen Aufwand bedeuten können. Legal Tech-Unternehmen beweisen ihre Stärke gerade in diesem Bereich, in dem kleinteilige Forderungen aus standardisierbaren Sachverhalten sehr effektiv durchgesetzt werden.

a) Legal Tech-Inkassounternehmen

aa) Produkt, Dienstleistung

Die **bekanntesten Unternehmen dieser Kategorie** sind Flightright[17] und wenigermiete.de[18] (wobei bei wenigermiete.de vorliegend nur der „echte" Inkassoteil skizziert wird). Bekannt ist auch Helpcheck[19], die sich ursprünglich nur auf den **Widerruf von Lebensversicherungen** spezialisiert hatten, inzwischen aber

---

14 Siehe https://www.legal-tech.de/legal-tech-angebote-2021-neue-marktuebersicht-erschienen/.
15 Siehe https://legal-tech-verzeichnis.de/; einen ausführlichen Überblick gibt es weiterhin bei Remmertz Legal Tech-Strategien/Reinemann S. 1, 6 ff.
16 Siehe https://www.artificiallawyer.com.
17 Siehe https://www.flightright.de/.
18 Siehe https://www.wenigermiete.de.
19 Siehe https://www.helpcheck.de.

ein breiteres Leistungsangebot haben. Ein neueres Unternehmen, das sich auf **Schadensersatzansprüche aus Glücksspielverträgen** konzentriert, ist FINE Legal.[20] Es gibt aber auch viele weitere.[21]

31 Diese Unternehmen sind aufgrund ihrer **Inkassoerlaubnis** berechtigt, außergerichtlich und im Rahmen des § 79 Abs. 2 Nr. 4 ZPO gerichtlich bei der Geltendmachung von Forderungen zu unterstützen. Das geschieht hauptsächlich auf zwei Arten: Entweder werden diese Unternehmen von den Gläubigern (Flugpassagiere, Mieter usw) bevollmächtigt, Ansprüche in fremdem Namen geltend zu machen (sog. **Vollmachtsmodell**). Bei der **Inkassozession** hingegen (regelmäßig Geschäftsbesorgungsvertrag, § 675 BGB, verbunden mit einer Abtretung, § 398 BGB[22]) werden die Forderungen von den Gläubigern (Zedenten) an das Unternehmen (Zessionar) abgetreten, wobei die Gläubiger wirtschaftlich Inhaber der Forderung bleiben und das Ausfallrisiko tragen, das Inkassounternehmen gleichwohl im eigenen Namen auftritt. Zwischen Zedent und Zessionar gibt es im Innenverhältnis eine Abrede über die Art der Forderungsdurchsetzung, gerade auch im Hinblick auf die Befugnis eines Inkassounternehmens, Vergleiche ohne Rücksprache abzuschließen (→ *Prozessfinanzierung*; → *Rechtsanwalt, Beteiligungsverhältnisse*).[23]

32 Wenn die Ansprüche außergerichtlich nicht erfolgreich durchgesetzt werden können, werden **Anwälte für die Geltendmachung** beauftragt. Das sind dann spezialisierte Kanzleien, deren Software oft mit derjenigen des Inkassounternehmens verknüpft ist, damit die Übertragung der einzelnen Daten möglichst automatisiert stattfinden kann.

bb) Finanzielles Geschäftsmodell

33 Die Attraktivität dieser Unternehmen liegt zum einen darin, dass sie ausschließlich auf **Erfolgsbasis** tätig werden. Für Kunden bedeutet das, dass man **risiko- und kostenlos** versuchen kann, bequem einen möglichen Anspruch durchzusetzen. Oft geht es um Ansprüche, die man sonst nicht geltend gemacht hätte (→ *Zugang zum Recht*). Die Kosten der Rechtsverfolgung trägt das Unternehmen, der Aufwendungsersatz des § 670 BGB wird abbedungen. Im **Erfolgsfalle** erhält das Unternehmen einen **Anteil am Erfolg** (quota litis, Streitanteilsvereinbarung). Der Anteil kann bis zu 35 % gehen, je nach Unternehmen. Da im Erfolgsfall der unterlegene Gegner auch die Kosten des Verfahrens zu tragen hat, erhält das Unternehmen neben dem Streitanteil auch die Kosten der Rechtsverfolgung erstattet.

34 Im **Misserfolgsfall** trägt das Unternehmen die Kosten der Rechtsverfolgung, der Gläubiger trägt keine Kosten, erhält aber auch nichts. Diese Vergütungsvereinbarung für die Durchsetzung der Forderung hat daher **Elemente eines Prozessfinanzierungsvertrages**, was eine Zeit lang als bedenklich im Hinblick auf § 4 RDG angesehen wurde (und vereinzelt noch wird), inzwischen aber durch die Rechtsprechung des BGH grundsätzlich gebilligt wurde und von der Neuregelung des Legal Tech-Gesetzes aufgenommen und in § 4 S. 2, § 13 Abs. 1 Nr. 2 RDG nachgezeichnet wurde.

35 Dieses Geschäftsmodell setzt **hohe Fallzahlen** voraus, was wiederum Investitionen in Markenbekanntheit und Akquise erfordert. Um dieses Modell erfolgreich betreiben zu können, braucht man **zu Beginn ein hohes Investment** und einen langen Atem. Aus dem **Cashflow lassen sich diese Kundenakquisitionskosten nicht bestreiten**, jedenfalls nicht in der Start- und Aufbauphase. Wer dieses Investment nicht darstellen kann oder tragen will, braucht es gar nicht erst zu versuchen. Weiterhin müssen diese Unternehmen die **Erfolgsaussichten der Ansprüche möglichst zuverlässig beurteilen können**, was einmal **entsprechende Software** und dann vor allem **viele Daten** erfordert. Während gerade bei der Flugverspätung die Tatbestandsvoraussetzungen eher einfach strukturiert sind, erfordert gerade die Einschätzung der Frage, ob höhere Gewalt vorlag, eine sehr umfangreiche Auswertung von Wetter- und Flugverkehrsdaten, und außerdem Daten aus vorher erstrittenen Gerichtsentscheidungen. Das Ziel besteht darin, wenig erfolgversprechende Ansprüche von vornherein auszusortieren. Diese Entscheidung wird meistens auf Grundlage

---

20 Siehe https://www.fine.so/.
21 Vgl. die Übersicht der verschiedenen Unternehmen bei Tobschall, wobei sich einige der dort genannten Unternehmen wieder vom Markt verabschiedet haben: https://tobschall.de/legaltech/.
22 MüKoBGB/Roth/Kieninger BGB § 398 Rn. 44.
23 Vgl. zB die AGB von Flightright: https://www.flightright.de/agb.

eines Softwarevorschlags getroffen. Die Software wird regelmäßig selbst entwickelt. Es gibt aber auch Fälle, in denen aus strategischen Erwägungen Fälle mit weniger guter Erfolgsaussicht angenommen werden, etwa weil es sich um Sachverhalte handelt, die noch nicht gerichtlich entschieden wurden.[24] Wenn diese Unternehmen solche Forderungen jedoch nicht geltend machen wollen, dann kann man in aller Regel davon ausgehen, dass sie auch nicht erfolgversprechend durchgesetzt werden können.

cc) Rechtsfragen

Diese Inkassomodelle waren bezogen auf das RDG sehr **umstritten**. Die Auseinandersetzung um die Frage, ob Legal Tech-Inkassounternehmen die Reichweite der Befugnis aus § 10 RDG überschreiten würden, kam aber erst in der Auseinandersetzung mit **VW in den Dieselfällen** auf. Die Flugverspätungsportale hatten immer Auseinandersetzungen mit den Fluggesellschaften, in denen es aber nie um die Frage der Reichweite der Inkassolizenz ging. Erst durch einen Beitrag mit nicht völlig geklärter Provenienz[25] wurde die Aktivlegitimation der Inkassounternehmen infrage gestellt. Die allermeisten dieser Fragen sind inzwischen entweder gerichtlich oder aber durch die Reform von RVG und RDG **geklärt**. In Einzelfällen ist immer noch streitig, ob bestimmte Beteiligungsarten von Prozessfinanzierern gegen § 4 RDG verstoßen. Ansonsten aber gelten diese Geschäftsmodelle jetzt als sicher.

36

dd) Legal Tech-Faktor

Der Legal Tech-Faktor bei diesen Unternehmen ist hoch, denn neben der Schnittstelle zum Kunden und der Strukturierung der Kundendaten wird Software zur Ablaufautomatisierung und zur Einschätzung der Erfolgswahrscheinlichkeit eingesetzt.

37

b) Sonderfälle von Legal Tech-Inkassounternehmen

Während Flugverspätungsportale solche Fälle bearbeiten, für die man nicht ohne Weiteres einen Anwalt gefunden hätte, ist das bei einem Unternehmen wie wenigermiete.de anders. Die Attraktivität für Mieter besteht darin, den Konflikt mit dem Vermieter **komplett delegieren** zu können. Man könnte aber auch gleich zu einem Anwalt gehen, denn es gibt viele Mietrechtsanwälte. Für die Portale sprechen allerdings ihre hohe Spezialisierung und ihre Hartnäckigkeit. Insoweit stehen in diesem Fall Anwälte und Portale durchaus in Konkurrenz zueinander, anders als bei den Flugverspätungsportalen.

38

aa) „Gerichtliches Inkasso"

Deutliche Konkurrenz besteht in den Fällen, in denen es nicht so sehr um die außergerichtliche Geltendmachung von Bagatellschäden geht, sondern um die **Organisation umfangreicher Prozessverfahren** in gleichgelagerten Fällen – wie etwa in den **Diesel- oder den Kartellschadensersatzklagen**. Das Geschäftsmodell ist wiederum das eines Inkassounternehmens, so dass den Dieselkunden durch die Geltendmachung kein Kostenrisiko entsteht. Da von vornherein feststeht, dass die Kfz-Hersteller sich nicht auf eine außergerichtliche Beilegung einlassen, sammeln die Inkassounternehmen Fälle, um sie zu bündeln und zusammen in einem Verfahren geltend zu machen, um den Druck auf die Kfz-Hersteller zu erhöhen (→ *Rechtsschutz, kollektiver*). Sie organisieren auch spezialisierte Anwälte und kooperieren mit externen Prozessfinanzierern. Hier ist die Konkurrenz besonders groß, denn diese Fälle sind für die Anwaltschaft attraktiv. Lange war sehr **streitig**, ob diese Art der Anspruchsdurchsetzung direkt vor Gericht noch durch die Inkassolizenz gedeckt ist. Das wurde vom BGH in einer weiteren Grundsatzentscheidung zugunsten der Inkassounternehmen entschieden.[26] Dass es zu diesem Streit überhaupt gekommen war, lag seinerzeit an einem sehr weitgehenden Inkassobegriff des BGH, damals zulasten von Rechtsverfolgungsgesellschaften, die allein das Ziel hatten, bestimmte Schadensersatzansprüche etwa von Kapitalanlegern gerichtlich geltend zu machen. Damals war streitig, ob es sich bei solchen Maßnahmen um Inkasso iSv § 2 Abs. 2 RDG

39

---

24 Die Flugverspätungsportale haben zahlreiche Fälle durch die Instanzen getrieben; die meisten Entscheidungen des BGH und des EuGH gehen auf die Hartnäckigkeit dieser Unternehmen zurück.
25 Valdini BB 2017, 1609; gegen ihn Hartung BB 2017, 2825; zum Hintergrund der Meinungsverschiedenheiten und zur Einordnung der jeweiligen Befürworter und Gegner vgl. Hartung AnwBl 2019, 353.
26 BGH v. 13.7.2021 – II ZR 84/20, NZG 2021, 1175 (Sammelklage-Inkasso); Nachweise zum Streitstand Rn. 14 f.

handelte. Das bejahte der BGH dann.[27] Wenn aber solche Gesellschaften damals als Inkassogesellschaft galten, war es nur folgerichtig, heutige Legal Tech-Unternehmen, die im Wesentlichen die gesammelte Durchführung von Gerichtsprozessen organisieren, ebenfalls als Inkassogesellschaften zu betrachten.

40 Alle diese Sonderfälle verfolgen im Kern das **typische Inkasso-Geschäftsmodell**, also das für Kunden kosten- und risikofreie Angebot der Forderungsdurchsetzung. Es lässt sich für Ansprüche wegen Streu- und Bagatellschäden wie für besondere oder einzelne Ansprüche anwenden. Man könnte zB auch daran denken, erbrechtliche Ansprüche mit einem Inkassomodell durchzusetzen. Die **Attraktivität des Geschäftsmodells** besteht darin, Erfolgshonorare (insbes. quota litis) und Kostenübernahme zu kombinieren und ein wirtschaftliches Ergebnis zu erzielen, das nach der BRAO und dem RVG nicht vorgesehen ist.

bb) Fragen des Kohärenzgebots

41 Dass ein und dieselbe Tätigkeit, nämlich die Rechtsberatung und Rechtsbesorgung bei der Geltendmachung einer Forderung, unterschiedlich reguliert ist – je nachdem, wer auftritt –, ist Kern der Kritik des DAV und der BRAK, und es ist noch lange nicht ausgemacht, wie sich das künftig entwickeln wird. Im Hinblick auf das **europarechtliche Kohärenzgebot** muss man einigen Begründungsaufwand betreiben, um die unterschiedliche Regulierung für Anwälte einerseits und Inkasso-Unternehmen andererseits zu rechtfertigen. Denn das vom EuGH entwickelte Kohärenzerfordernis besagt, dass Beschränkungen grundrechtlicher Positionen (bzw. europarechtlich von Grundfreiheiten) nur gerechtfertigt sein können, wenn sich ein Regelungsgefüge, in das eine zu untersuchende Norm eingebettet ist, insgesamt als kohärent erweist. Das Kohärenzerfordernis untersagt es, ein Sachgebiet bestimmten Maßnahmen zu unterwerfen, ein vergleichbares Sachgebiet trotz vergleichbarer Gefahren für die Schutzziele hingegen nicht.[28]

2. Consumer Claims Purchasing

42 Eng mit dem Geschäftsmodell der Inkassounternehmen verwandt sind Unternehmen in diesem Bereich, allerdings mit einem wesentlichen Unterschied: Diese Unternehmen führen **keine Inkassozession** durch, sondern erwerben die Ansprüche und damit auch das **Ausfallrisiko der Forderung**.[29] Es handelt sich um einen **echten Forderungskaufvertrag**, bei dem das Ausfall- und Bonitätsrisiko auf den Erwerber übergehen. Dieses Geschäftsmodell ist deshalb noch mehr auf eine zuverlässige Einschätzung der Erfolgsaussichten von Ansprüchen angewiesen.

43 Bei diesen Unternehmen bestehen keinerlei Auseinandersetzungen wie bei den Inkassounternehmen, weil das RDG beim echten Forderungskauf nicht anwendbar ist, weil es sich in diesen Fällen nicht um die Geltendmachung „fremder" Ansprüche handelt. Vielmehr werden „eigene" Ansprüche geltend gemacht.

3. Rechtsberatung und Rechtsdurchsetzung ohne Inkassolizenz

a) Produkt

44 Unternehmen, die **Rechtsberatung und Rechtsdurchsetzung ohne Inkassolizenz** betreiben, sind entfernte Verwandte der Inkassounternehmen – mit dem Unterschied, dass die Unternehmen selbst keine Inkassolizenz haben und keine außergerichtliche Forderungsdurchsetzung durchführen, sondern unter Einbeziehung von Rechtsanwälten Interessenten Hilfe entweder in bestimmten speziellen Themen (etwa Widerruf von Lebensversicherungsverträgen, aber auch im Arbeitsrecht, wenn es um den Verlust des Arbeitsplatzes geht oder im Verkehrsrecht) oder aber in allgemeinen Verbraucherthemen angeboten wird. Das **Angebotsspektrum** ist weiter als bei den Inkassounternehmen und umfasst auch Dienstleistungen, für die es keine Lizenz nach dem RDG gibt.

---

27 Nachweise der Rechtsprechung bei Deckenbrock/Henssler RDG § 2 Rn. 85.
28 Zitiert nach Kilian NJW 2019, 1401 (1405 f.); vgl. auch Hellwig AnwBl 2016, 776 (779); Kilian AnwBl 2014, 111 (115 f.).
29 Ausführlich dazu Quarch/Engelhardt Legal Tech Kap. 4 S. 12 (der Mitautor Benedikt Quarch, auch Autor in diesem Buch, ist Gründer von Rightnow GmbH, dem derzeit bekanntesten Unternehmen im Bereich Consumer Claims Purchasing, vgl. https://www.rightnow.de/).

Der Auftritt der Legal Tech-Unternehmen wirkt oft so, als käme die Rechtsbesorgung von diesen Unternehmen und nicht von den Partneranwälten. Damit unterscheiden sich diese Dienstleister von den **echten Vermittlungsplattformen** (dazu später → Rn. 60).[30] Ein Beispiel für ein solches Unternehmen ist **Geblitzt.de**.[31] Seine Tätigkeit besteht darin, den gesamten Durchsetzungsprozess zu organisieren, vom Außenauftritt über die Kundenakquise und Strukturierung der Falldaten bis zur Kooperation mit bestimmten Sachverständigen und einer oder einigen wenigen „Partnerkanzleien", welche die aufgearbeiteten Datenpakete in Mandate überführen und entsprechend bearbeiten, wobei die Kommunikation mit den Mandanten über die Plattformen der Unternehmen läuft, wenn auch zwischen Kunden und Anwälten ein Mandatsvertrag abgeschlossen wird. Die Tätigkeit der Geltendmachung wird dann aber allein von Anwälten durchgeführt. Dennoch sind die Angebote für Kunden kostenfrei, weil die Legal Tech-Unternehmen in diesen Fällen als **Prozessfinanzierer** auftreten. Bekannte Beispiele im Arbeitsrecht sind etwa gefeuert.de[32] oder cleverklagen[33].

b) Sonderfall: reine Fall-Akquise

Den vorstehend beschriebenen Unternehmen sehr ähnlich sind solche Unternehmen, bei denen es in erster Linie oder sogar **ausschließlich um die Akquise von Interessenten oder sog. Leads geht**, ohne dass das mit festen Vertragsanwälten zur Geltendmachung der Ansprüche geschieht. Unter einem Lead ist ein qualifizierter Kontakt zu einer Person zu verstehen, die sich für eine bestimmte freiberufliche Dienstleistung interessieren könnte. Die hier gemeinten Anbieter sind reine Vertriebs- und Akquisitionsunternehmen und suchen im Internet nach entsprechenden Leads (Datensätzen), um sie dann Kanzleien für den Aufbau eines Dialogs, der in eine Mandatserteilung führen soll, zu überlassen.[34] Dabei handelt es sich dann um solche Kanzleien, von denen man weiß, dass sie bestimmte Mandatsarten prominent vertreten.

Solche Akquise-Unternehmen müssen nicht einmal **„echte" Unternehmen** sein, weil man für diese Tätigkeit nur einen Computer braucht, mehr nicht. Die gesamte Transaktion findet online statt. Gleichwohl lehnen sich diese Vertriebsunternehmen an den Gründungsmythos von Legal Tech an. Der interessierte Kunde merkt nicht, ob er es nur mit einer **Landing Page eines Akquiseunternehmens** oder mit einem echten Unternehmen, das sich auch um die Durchsetzung kümmert, zu tun hat, denn wie immer gilt: „On the Internet, nobody knows you're a dog".[35]

Es passiert nicht selten, dass sich zu einem erfolgreichen „echten" Legal Tech-Unternehmen oder einer Verbraucherkanzlei weitere scheinbar gleichartige Unternehmen gesellen und Kunden einwerben, um diese dann dem „echten" Legal Tech-Unternehmen oder direkt einer Kanzlei zu verkaufen. Man könnte es als Parasitismus unter den Legal Tech-Geschäftsmodellen bezeichnen.

Rechtlich ist das für **Anwälte als „Käufer" der Leads unbedenklich**, wenn es sich tatsächlich um den Verkauf von Leads, nicht von Mandaten handelt. Denn untersagt ist nur der Verkauf von Mandaten, nicht von Daten solcher Personen, die an einer Mandatierung interessiert sein könnten. Der **Unterschied** mag hier im Einzelfall sehr fein sein (und war bislang in der Kommentierung zu § 49b Abs. 3 BRAO unbekannt), aber nach einer Entscheidung des OLG München ist der Verkauf solcher Leads unter bestimmten Voraussetzungen zulässig.[36] Damit ist das Geschäftsmodell dieser Unternehmen gesichert.

---

30 Ähnlich Quarch/Engelhardt, Legal Tech – essentials –, 2021, Kap. 4 S. 13.
31 Siehe https://www.geblitzt.de.
32 Siehe https://www.gefeuert.de/.
33 Siehe https://www.cleverklagen.de/.
34 Zitiert nach Ring DStR 2022, 63 f.
35 Zum Hintergrund dieses berühmten Cartoons aus dem Jahre 1993 vgl. https://en.wikipedia.org/wiki/On_the_Internet,_nobody_knows_you%27re_a_dog.
36 OLG München v. 13.10.2021 – 7 U 5998/20, BeckRS 2021, 30758.

c) Finanzielle Geschäftsmodelle

50 Hinter den **Geschäftsmodellen**, die eine risiko- und kostenlose Rechtsdurchsetzung anbieten, steckt meistens ein **Prozessfinanzierungsmodell** (→ *Prozessfinanzierung*). Wenn es etwa um Arbeitsrecht geht und gekündigten Arbeitnehmern angeboten wird, die Rechtmäßigkeit einer Kündigung überprüfen zu lassen, um dann mit dem Arbeitgeber eine Abfindung aushandeln zu können, dann wird mit dem gekündigten Arbeitnehmer ein Prozessfinanzierungsvertrag abgeschlossen. **Abfindungsansprüche** sind (abgesehen vom Sonderfall des § 1a KSchG) **nicht originär inkassotauglich**, weil sie das Ergebnis einer Verhandlung zwischen Arbeitgeber und Arbeitnehmer über die Wirksamkeit einer Kündigung sind. Weder die außergerichtliche Verhandlung mit dem Arbeitgeber noch die Erhebung einer Kündigungsfeststellungsklage sind Tätigkeiten, die man unter § 2 Abs. 2 RDG fassen kann. Das Unternehmen gibt die Daten des Arbeitnehmers an Partnerkanzleien weiter, die dann auf Grundlage eines Mandatsvertrages mit dem Kunden die Rechtsbesorgung vornehmen. Das ist kostenfrei für den Arbeitnehmer, der nur im Erfolgsfall einen Teil der erhaltenen Abfindung dem Unternehmen schuldet.[37]

51 In diesen Fällen kann es aber auch sein, dass das Streitanteils-Modell nicht anwendbar ist, weil es nicht um Geldzahlungsansprüche geht, etwa im Verkehrsordnungswidrigkeitenrecht. Die Legal Tech-Unternehmen erzielen aber für ihre Tätigkeit **Einnahmen aus den Kooperationsverträgen mit ihren Partnerkanzleien**, indem diese für die Benutzung der Plattform des Legal Tech-Unternehmens sowie für weitere Dienstleistungen (Aufarbeitung/Strukturierung von Mandantendaten, Abrechnung, Vorfinanzierung usw.) eine Lizenzgebühr entrichten. Natürlich gibt es auch Kombinationen beider Geschäftsmodelle, also Streitanteilsvereinbarungen über den Prozessfinanzierungsvertrag und Lizenzgebühren aus den Kooperationsverträgen.

d) Rechtsfragen

52 Das Geschäftsmodell ist also ähnlich wie bei den Inkassounternehmen (Risiko- und Kostenfreiheit für Kunden), mit dem Unterschied, dass die Tätigkeit der Anspruchsdurchsetzung komplett auf Anwälte verlagert wird, diese aber weitgehend im Hintergrund bleiben. Rechtlich sind diese Geschäftsmodelle zulässig, soweit es sich nicht um versteckte Inkassotätigkeiten handelt oder bei wertender Betrachtung die Anwälte trotz eigenen Mandatsvertrages als „**Erfüllungsgehilfen**" der Unternehmen angesehen werden.[38] Das wäre dann die klassische unerlaubte Rechtsdienstleistung mit der Folge, dass die Vereinbarungen zwischen Kunde und Legal Tech-Unternehmen gegen § 3 RDG verstoßen und folglich wegen § 134 BGB nichtig sind.

aa) § 49b Abs. 3 BRAO

53 Bei den Kooperationsverträgen muss man weiterhin § 49b Abs. 3 BRAO im Blick haben, denn die Kanzleien erhalten Kundendaten von diesen Unternehmen über eine Softwareplattform und zahlen für die Softwarenutzung eine Lizenz. Hier stellen sich eine Reihe von Fragen: Seit der **eBay-Entscheidung des BVerfG**[39] steht fest, dass Zahlungen eines Anwalts für die **Nutzung von Infrastruktur** und anderer Dienstleistungen zulässig sind. Die Zahlung einer Vergütung für die Nutzung einer Software ist daher unbedenklich. Es kann aber sehr auf die Gestaltung im Einzelfall ankommen, ob es sich tatsächlich um eine Lizenzzahlung oder um eine **versteckte Provisionszahlung** handelt. Weiterhin muss auch hier zwischen der Vermittlung von Mandaten einerseits und sogenannten **Leads** andererseits unterschieden werden, denn nur bei der Mandatsvermittlung kann ein Verstoß gegen § 49b Abs. 3 BRAO in Betracht kommen.[40]

54 Auch § 49b Abs. 3 BRAO ist ein Verbotsgesetz, dessen Nichtbeachtung zur Unwirksamkeit der Vereinbarung nach § 134 BGB führt.[41]

---

37 Kritisch zu diesen Geschäftsmodellen im Arbeitsrecht Hartung in FS Singer, 261 (272 f.).
38 Erfüllungsgehilfen-Rechtsprechung des BGH, vgl. etwa BGH v. 29.7.2009 – I ZR 166/06, GRUR 2009, 1077 – Finanz-Sanierung; BGH v. 12.11.2015 – I ZR 211/14, NJW 2016, 693; BGH v. 30.7.2019 – VI ZR 486/18, NJW-RR 2019, 1524 Rn. 21; dazu Deckenbrock/Henssler/Seichter RDG § 3 Rn. 30 ff.
39 BVerfG v. 19.2.2008 – 1 BvR 1886/06, NJW 2008, 1298.
40 OLG München v. 13.10.2021 – 7 U 5998/20, BeckRS 2021, 30758.
41 MüKoBGB/Armbrüster BGB § 134 Rn. 167.

bb) § 27 BORA

Diese Geschäftsmodelle einer Lizenzzahlung für die Nutzung von Software **verstoßen nicht gegen § 27 BORA**. Aus der sehr weiten Formulierung, wonach am „wirtschaftlichen Ergebnis anwaltlicher Tätigkeit [...] Dritte, die mit dem Rechtsanwalt nicht zur gemeinschaftlichen Berufsausübung verbunden sind, nicht beteiligt sein" dürfen, wird verschiedentlich gefolgert, dass jegliche variable und an Umsatz oder Gewinn orientierte Vergütung, die ein Anwalt als Gegenleistung für kanzleibezogene Dienstleistungen zahlt, unter dieses Verbot fallen soll. Das soll sogar für variable Vergütungen gelten, die sich nicht am Umsatz mit originären anwaltlichen Dienstleistungen, sondern an Entwicklung und Vertrieb von Legal Tech-Beratungsprodukten orientieren.[42]

55

Dieses sehr weitgehende Verständnis von § 27 BORA ist aber **fraglich** und nach der Rechtsprechung des BGH kaum vertretbar. Manche zweifeln bereits an der **Wirksamkeit von § 27 BORA**, weil es in § 59b BRAO keine ausreichende Ermächtigungsgrundlage gebe.[43] Allerdings haben sich die Zweifel nicht durchgesetzt,[44] wobei diese Frage nie Gegenstand einer gerichtlichen Auseinandersetzung war. Allerdings wurde die Satzungsnorm damals vom Bundesjustizministerium genehmigt, so dass die Zweifler an der Wirksamkeit eher in der Minderheit sind.

56

Jedoch hat der BGH eine **einschränkende und am Schutzzweck der Norm orientierte Auslegung** von § 27 S. 1 BORA vorgenommen. Mit § 27 BORA wollte die Satzungsversammlung seinerzeit Kanzleikonstruktionen, bei denen hinter einer Kanzlei ein wirtschaftlich mächtiger Akteur steht, dem die Kanzlei quasi „gehört", verhindern. In einer Entscheidung des BGH vom 1.8.2007[45] hieß es:

57

> „Ziel der Satzungsbestimmung des § 27 BORA war es, so genannte ‚Kryptosozietäten' zu verhindern. Es sollte mit der Regelung die Unabhängigkeit der Rechtsanwälte gewahrt werden. Diese sah die Satzungsversammlung als gefährdet an, wenn zum Beispiel eine Wirtschaftsprüfungs-GmbH am wirtschaftlichen Ergebnis einer Anwaltssozietät beteiligt würde, die aus führenden Juristen der Wirtschaftsprüfungs-GmbH bestehe, welche ihre Geschäftsräume in der jeweiligen Niederlassung der Wirtschaftsprüfungsgesellschaft hätte (vgl. Römermann, in: Hartung, § 27 BerufsO Rdnr. 4). Hinzu kam die Befürchtung, dass Gewinn-Pools gebildet werden könnten. Wirtschaftsprüfungsgesellschaften, aber auch größere Firmen, Versicherungen oder auch der ADAC könnten ihre Rechtsabteilung ausgliedern. Wenn die darin tätigen Mitarbeiter sich als Rechtsanwälte niederließen, so würden sie nach außen als unabhängige Rechtsanwälte in Erscheinung treten, durch die Gewinnabführung aber letztlich intern als abhängig Beschäftigte dastehen. Dies sei mit der für ein selbstständiges Organ der Rechtspflege zu fordernden Unabhängigkeit nicht vereinbar. Mit dem Gewinnabführungsverbot sollte zugleich einer nicht durch § 59a BRAO gedeckten Zusammenarbeit vorgebeugt werden, die faktisch durch einen Gewinnabführungsvertrag hergestellt werden könnte [...]."

An dieser Sichtweise hat sich in der Rechtsprechung der neuen Zeit nichts geändert:[46]

58

> „§ 27 BORA regelt das Verbot sogenannter ‚Kryposozietäten', bei denen Anwälte oder Dritte außerhalb einer Berufsausübungsgemeinschaft auf Dauer am Gewinn eines Rechtsanwalts beteiligt sind. Es soll verhindert werden, dass die Unabhängigkeit eines Anwalts durch Verpflichtungen gegenüber stillen Teilhabern beeinträchtigt wird. Um das Verbot der Fremdbeteiligung nicht sozietätsfähiger Dritter wie Versicherungsunternehmen, Banken oder Wirtschaftsprüfungsgesellschaften an einer Anwaltssozietät vor

---

42 Remmertz Legal Tech-Strategien/Remmertz § 3 Rn. 63; diese Auffassung ist schon deshalb fragwürdig, weil sie widersprüchlich ist, denn Remmertz bezweifelt an anderer Stelle, ob es sich bei Legal Tech-Beratungsprodukten um anwaltliche Tätigkeit handelt, vgl. Remmertz Legal Tech-Strategien/Remmertz/Kopp § 3 Rn. 83 ff.
43 Henssler/Prütting/W. Hartung BORA § 27 Rn. 7; Kleine-Cosack BORA § 27 Rn. 1; BeckOK BORA/Römermann BORA § 27 Rn. 17–20.
44 Weyland/Brüggemann BORA § 27 Rn. 5; Hartung/Scharmer/v. Wedel BORA § 27 Rn. 13 ff.
45 BGH v. 1.8.2007 – III ZR 56/07, NJW 2007, 2856 Rn. 16 (Umsatzbeteiligung eines freien anwaltlichen Mitarbeiters).
46 LG Krefeld v. 17.5.2018 – 5 O 35/17, BeckRS 2018, 10887 Rn. 26; allgM in der Literatur, vgl. nur Hartung/Scharmer/v. Wedel BORA § 27 Rn. 10; Henssler/Prütting/W. Hartung BORA § 27 Rn. 1 spricht von Gewinnpools.

Umgehungen zu schützen, wird eine Beteiligung am Gewinn aus anwaltlicher Tätigkeit grundsätzlich untersagt. Verboten sind sowohl Umsatz- als auch Gewinnbeteiligungen, unabhängig davon, ob diese Beteiligung unmittelbarer oder mittelbarer Natur ist."

59 Vor diesem Hintergrund und dem **Schutzzweck des § 27 BORA** lässt sich die Auffassung nicht halten, wonach jegliche variable Vergütung für externe Dienstleistungen unzulässig sei.[47] Nur wenn es um versteckte gesellschaftsrechtliche Strukturen außerhalb des Kreises der zulässigen Gesellschaftsstruktur geht, könnte man das in Erwägung ziehen. Wenn aber Kanzleien von der Performance innovativer Software profitieren, mit der sie nicht nur besser akquirieren, sondern auch mehr Mandate besser und in kürzerer Zeit bearbeiten können, dann ist eine ergebnisbezogene Vergütung des Softwareunternehmers völlig angemessen und stellt gerade keinen Gewinnpool dar.

4. Vermittlungsplattformen

a) Produkt

60 Vermittlungsplattformen sind wie **Marktplätze** – sie bringen Nachfrager und Anbieter zusammen. Das geschieht auf die unterschiedlichsten Arten. Viele agieren als reiner Vermittler zwischen rechtsuchenden Kunden und Anwälten in Form von besonders nutzerfreundlichen Anwaltsverzeichnissen, in denen man nach Rechtsbereichen und Orten sucht, um dann dort zwischen den vorhandenen Kanzleiprofilen auszuwählen. Das älteste Unternehmen ist die Hannoveraner 123Recht[48], weitere bekannte Namen sind anwalt.de[49], anwalt24.de[50] oder rechtsanwalt.com[51]. Auch der Deutsche Anwaltverein hat eine solche Plattform, die Deutsche Anwaltauskunft.[52]

61 Andere Plattformen stellen nicht die Kanzleiprofile in den Vordergrund, sondern lassen Kunden ihre Rechtsprobleme schildern und suchen dann aus ihrer Datenbank den passenden Anwalt aus. Der bekannteste Anbieter ist frag-einen-Anwalt.de.[53] Es gibt auch Mischformen. Auch Rechtsschutzversicherer befinden sich unter den Anbietern solcher Plattformen, etwa die DEVK mit ihrer Plattform Klugo[54] oder Roland Rechtsschutz mit jurpartner[55].

62 Die **Vorteile dieser Plattformen** liegen für Anbieter und Nachfrager auf der Hand: Der Marktplatzcharakter sorgt dafür, dass Nachfrager gezielt unter den dort gelisteten anwaltlichen Anbietern aussuchen können, die ihrerseits wiederum ihren Wirkungsbereich weit über die lokale Rufweite hinaus ausdehnen können. Einige Vermittlungsplattformen bieten auch noch die Möglichkeit, Video-Gespräche sowie den Austausch von Dokumenten über die Plattform durchzuführen, so dass es grds. immer unwichtiger wird, wo ein Anwalt seinen Kanzleisitz hat. Für die anwaltlichen Anbieter entsteht als weiterer Vorteil, dass die **Auffindbarkeit in Suchmaschinen** besser ist, wenn man ein Kanzleiprofil auf einem solchen Marktplatz hat. Ansonsten gelten die üblichen Regeln: Diese Geschäftsmodelle goutieren keine Konkurrenz, denn sie haben das Ziel, durch die Erhöhung der Zahl der Nachfrager die Attraktivität für Anbieter zu steigern und dadurch wiederum neue Nachfrager anzuziehen, die wiederum neue Anbieter anziehen (**positiver Netzwerkeffekt**).

---

47 Ähnlich W. Hartung/Scharmer/v. Wedel BORA § 27 Rn. 27, 28, der zutreffend zwischen Beteiligung und „schlichter Erfüllung schuldrechtlicher Verbindlichkeiten" unterscheidet; aA, aber nicht überzeugend Remmertz Legal Tech-Strategien/Remmertz § 3 Rn. 63, der die schutzzweckorientierte Auslegung von § 27 S. 1 BORA durch den BGH (1.8.2007 – III ZR 56/07, NJW 2007, 2856) nicht berücksichtigt.
48 Siehe https://www.123recht.de/.
49 Siehe https://www.anwalt.de/.
50 Siehe https://www.anwalt24.de/.
51 Siehe https://www.rechtsanwalt.com/.
52 Siehe https://anwaltauskunft.de/magazin.
53 Siehe https://www.frag-einen-anwalt.de/; das bekannte Konkurrenzunternehmen advocado.de musste allerdings unlängst Insolvenz anmelden.
54 Siehe https://www.klugo.de/.
55 Siehe https://jurpartner.de/.

b) Unterschiede zu Plattformen für spezielle Ansprüche

Diese Plattformen, so unterschiedlich sie auch im Einzelfall auftreten, eint jedoch, dass ihr **Geschäfts-** 63
zweck in der Vermittlung besteht, **nicht in der Erbringung einer originären Dienstleistung** an den Nachfrager. Darin unterscheiden sie sich von den o.g. Plattformen für spezielle Ansprüche, weil sie eben nicht als originärer Rechtsdienstleister auftreten, der gelegentlich mehr verspricht, als berufsrechtlich zulässig ist und der mit Vertragsanwälten zusammenarbeitet, die man im Internet nie zu Gesicht bekommt. Auch wenn solche Plattformen als „Dein rechtlicher Partner in allen Lebenslagen" auftreten, so ist doch immer deutlich, dass es sich um die Hilfestellung bei der Suche nach dem richtigen Anwalt handelt.[56] Klar ist auch immer, dass Verträge zwischen Anwalt und rechtsuchendem Mandant vermittelt werden, aber kein Vertrag zwischen Plattform und Mandant zustande kommt.[57] Weiterhin sind solche Unterschiede nie in Stein gemeißelt, weil Vermittlungsplattformen einem steten Veränderungsprozess unterzogen sind.

c) Finanzielle Geschäftsmodelle und § 49b Abs. 3 BRAO

Nachfrager zahlen für die Nutzung der Plattform nichts, sondern nur die Anwaltshonorare des über die 64
Plattform gefundenen Rechtsanwalts. Bei den Plattformen, auf denen Rechtsprobleme geschildert und dann ein Anwalt vorgeschlagen wird, kann es vorkommen, dass die Plattform bereits ein Pauschalhonorar vorgibt, so dass der Interessent wegen der Kosten keine Sorge haben muss.

Anwälte wiederum zahlen eine **Vergütung für die Nutzung der Plattform** und der damit verbundenen 65
Services.[58] Für die Nutzung von Rechnungsstellung, Beitreibung, Honorarvorfinanzierung usw werden weitere Vergütungen fällig, die sich wiederum am Honorarvolumen orientieren.[59]

Diese Geschäftsmodelle sind **berufsrechtlich unbedenklich.** Anwälte zahlen hier keine Provision für den 66
Ankauf von Mandaten, sondern ein Honorar für die **Nutzung der Infrastruktur der Plattform.** Ein Verstoß gegen § 49b Abs. 3 BRAO liegt daher nicht vor. Das ist seit der bereits erwähnten **eBay-Entscheidung des BVerfG** geklärt.[60] Das gilt nicht nur für Festvergütungen, sondern auch für umsatzabhängige Vergütungen etwa für die Nutzung einer Marke. Auch **Franchisegebühren** in bestimmter prozentualer Höhe des Mandatsumsatzes, die ein Rechtsanwalt als Franchisenehmer an den Franchisegeber abführt, sollen zulässig sein, da es sich hierbei um eine umsatzabhängige Systemgebühr handelt, die mandatsübergreifend geschuldet ist.[61] Das **BVerfG** hat schließlich in der **Zahnärzteentscheidung** umsatzabhängige Vergütungen für die Vermittlungen von Patienten für zulässig erachtet, wenn nach der zugrunde liegenden Vereinbarung die Vergütung für die Nutzung der Plattform geschuldet ist.[62]

Diese Geschäftsmodelle mit einer Vergütungspflicht des Anwalts für Leistungen der Plattform verstoßen 67
aus den o.g. Erwägungen (→ Rn. 55 ff.) auch nicht gegen § 27 BORA.

d) Rechtsschutzversicherer und Legal Tech

Das Interesse der **Rechtsschutzversicherer** an ihren Plattformen unterscheidet sich von dem der anderen 68
Plattformbetreiber. Legal Tech hat sich mit seinen Akquisitionserfolgen zu einer erheblichen Belästigung für das Geschäftsmodell der Rechtsschutzversicherer entwickelt. Denn diese haben das verständliche Inter-

---

56 Anders Remmertz Legal Tech-Strategien/Remmertz § 3 Rn. 49, der offenbar die hier behandelten Vermittlungsplattformen und die o.g. speziellen Dienstleister ohne Inkassoerlaubnis mit der gleichen Elle messen will.
57 Allerdings kann es Grenzfälle geben, vgl. Remmertz Legal Tech-Strategien/Remmertz § 3 Rn. 48, 49.
58 Vgl. etwa die Preisliste von anwalt.de: https://www.anwalt.de/pdf/anwalt.de_preisliste.pdf oder von anwalt24.de: https://www.anwalt24.de/info/fuer-rechtsanwaelte.
59 Vgl. etwa die AGB von 123Recht: https://www.123recht.de/info.asp?id=anwaltagb.
60 BVerfG v. 19.2.2008 – 1 BvR 1886/06, NJW 2008, 1298; bei der Plattform Advocado fällt eine Infrastrukturgebühr von 29,75 % vom Nettohonorarumsatz an, vgl. hier: https://advocado-public.s3.eu-central-1.amazonaws.com/lawyer/Preisliste_fuer_Rechtsanwaelte.pdf?_ga=2.266074575.193702749.1644168698-1009264421.1644168698.
61 Henssler/Prütting/Kilian BRAO § 49b Rn. 165; ausführlicher Kilian/Koch AnwBerufsR Rn. B 1045 mwN.
62 BVerfG v. 8.12.2010 – 1 BvR 1287/08, NJW 2011, 665 Rn. 31; kritisch dazu Remmertz Legal Tech-Strategien/Remmertz § 3 Rn. 60 hält das für eine „Aushöhlung" des Provisionsverbots.

esse, bei ihren Versicherungsnehmern zunächst zu ermitteln, ob es **kostengünstigere Hilfsmöglichkeiten** als den sofortigen Gang zum Anwalt gibt. Wenn das nötig ist, besteht das Interesse, an Kanzleien aus dem eigenen Netzwerk zu vermitteln, ohne indes das Recht der Versicherungsnehmer auf freie Anwaltswahl zu beeinträchtigen. Die akquisitionsstarken Legal Tech-Unternehmen fangen die rechtsuchenden Interessenten ab und verhindern den Erstkontakt mit dem Rechtsschutzversicherer. Die Gründung eigener Plattformen hat strategisch mehrere Funktionen, u.a. aber auch eine **Defensivfunktion**.

69 Generell gilt, dass es einige Geschäftsmodelle von Legal Tech-Unternehmen gibt, die auf rechtsschutzversicherten Kunden aufbauen. In der Frühzeit von Legal Tech führte das zu präpotenten Überschätzungen der Stabilität der eigenen Geschäftsmodelle. Das hat sich inzwischen geändert (dazu → *Rechtsschutzversicherungen*).

70 Insgesamt ist es ein **deutscher Sonderweg**, Rechtsschutzversicherern den Weg zur Anerkennung als Rechtsdienstleister auf der altersschwachen dogmatischen Basis einer BGH-Entscheidung aus den 1960er Jahren zu verbauen.[63] In anderen europäischen Ländern gibt es solche Beschränkungen nicht. Deutsche Rechtsschutzversicherer können etwa in UK oder in den Niederlanden zeigen, wie sie moderne Rechtsdienstleistungen verstehen.[64] Gleiches gilt für die **Coop Rechtsschutz** aus der Schweiz, die mit **YLEX** eine Kette von Rechtsberatungsläden geschaffen hat.[65] So etwas wäre in Deutschland undenkbar. Auch wenn grundsätzlich und auf Umwegen Rechtsschutzversicherern eine gewisse Beratung ihrer Kunden erlaubt ist,[66] so geht es bei den Plattformen zunächst einmal darum, diese **Erstkontakte** nicht über die Vermittlungsplattformen zu verlieren. Daher müssen sie gegensteuern. Gleichwohl wird sich erweisen, ob das Verbot aus § 4 RDG auch künftig hält, denn nach der **Smartlaw-Entscheidung** können Rechtsschutzversicherer mit weiteren Produkten an den Markt gehen, und irgendwann wird sich die Frage stellen, ob sich das Verbot nicht längst überholt hat, gerade vor dem Hintergrund, dass strukturelle Verbote wie hier heutzutage hohe verfassungsrechtliche Anforderungen haben und man sich fragen muss, ob das Komplettverbot verhältnismäßig ist. Noch ist aber kein kalkulierter Rechtsbruch am Horizont zu erkennen (→ *Rechtsschutzversicherungen*).

e) Legal Tech-Faktor

71 Der Legal Tech-Faktor dieser Plattformen ist eher gering. Denn die Software beschränkt sich auf den Betrieb der Plattform, erstreckt sich aber nicht auf anwaltliche Leistungen. Damit soll die Software, die zum Betrieb einer Vermittlungsplattform mit weiteren Services erforderlich ist, nicht geringgeschätzt werden, aber es handelt sich um das, was andere Vermittlungsplattformen auch anbieten, jedoch nichts, was für den Rechtsbereich speziell wäre.

5. Jura Self Service: Dokumenten- und Vertragsgeneratoren

a) Produkt

72 Auch wenn **Vertragsgestaltung** als Königsdisziplin der Anwaltschaft gilt, ergibt ein kühler Blick, dass viele Verträge einen **erheblichen Anteil an standardisierten Klauseln** haben. Für die meisten Menschen sind Arbeitsverträge, Mietverträge, Kaufverträge und ähnliche Vereinbarungen des täglichen Lebens im Wesentlichen gleich und unterscheiden sich in individuellen Details. Zahlreiche Formularbücher sind dafür der wichtigste Beleg. **Vertragsgeneratoren sind quasi automatisierte Formularbücher**, die es ermöglichen, einen rechtssicheren Vertrag selbst zu erstellen. Die Software leitet den Nutzer durch Fragen im Multiple Choice-Verfahren und etwas Raum für Freitext (Namen der Beteiligten, Vertragszweck, persönlicher Daten usw) zu einem **mehr oder weniger passenden Vertrag**. In den meisten Fällen wird das dem Nutzer reichen. Der Nutzer sollte aber darüber **belehrt** werden, dass solche softwaregenerierten

---

63 BGH v. 20.2.1961 – II ZR 139/59, NJW 1961, 1113; zu den Hintergründen Deckenbrock/Henssler/Deckenbrock RDG § 4 Rn. 30.
64 Siehe https://www.arag.com/de/konzern/standorte/niederlande/.
65 Siehe https://www.ylex.ch/de/home.
66 Deckenbrock/Henssler/Deckenbrock RDG § 4 Rn. 23 und 31.

Vertragsdokumente die Beratung durch einen Anwalt nicht ersetzen können, denn auch im alltäglichen Leben gibt es Konstellationen, die sich durch einen Standardvertrag nicht abbilden lassen.

b) Finanzielle Geschäftsmodelle

Diese Dokumentengeneratoren sind sowohl für Privatleute wie für Verbraucher interessant. Die Dokumente werden stückweise abgerechnet und sind deutlich günstiger als eine anwaltliche Dienstleistung (selbst wenn der Anwalt einen Vertrag verkauft, den er aus einem Formularbuch zusammengestellt hat). Es gibt aber auch Abo-Modelle, was für Privatleute weniger interessant als für Unternehmen ist. Für Unternehmen werden solche Angebote mit weiteren Angeboten, die mit dem Lebenslauf von Verträgen zu tun haben, kombiniert.[67]

73

c) Rechtsfragen

Lange war streitig, ob es sich dabei um eine unerlaubte Rechtsdienstleistung handelt. Der **BGH** hat für das Geschäftsmodell des bekanntesten Anbieters, **Smartlaw**, entschieden, dass es sich bei solchen Dokumenten **nicht um eine Rechtsdienstleistung im konkreten Einzelfall handelt,** weil die Software naturgemäß nur eine Vielzahl typischer Sachverhaltskonstellationen berücksichtigen kann.[68] Diese Entscheidung gehört zu den wichtigen BGH-Entscheidungen der letzten Jahre, mit denen der Markt der Rechtsdienstleistungen hin zu mehr Verbraucherfreundlichkeit und Preisgünstigkeit liberalisiert wurde. Gleichwohl sind alle diese Entscheidungen nur Meilensteine, denn sobald Vertragsgeneratoren mit Künstlicher Intelligenz kombiniert werden und für die Dokumentenerstellung einen Anteil an Autonomie aufweisen, gelten die Aussagen aus der Smartlaw-Entscheidung nicht mehr.[69]

74

VI. B2B – Legal Tech speziell für Unternehmen

Die vorgenannten Dokumentengeneratoren sind eine gute Überleitung zu Legal Tech-Produkten und -Dienstleistungen, die **ausschließlich Unternehmen angeboten werden**, quasi **sortenreines B2B**. Alle anderen Produkte, die bisher in diesem Kapitel beschrieben wurden, sind für Verbraucher wie für Unternehmen und Unternehmer interessant, auch wenn überwiegend Privatleute und Verbraucher die Nutznießer sind.

75

1. Allgemeines

Typische B2B-Software setzt nicht an der Rechtsdurchsetzung oder der allgemeinen Rechtsberatung an, sondern unterstützt den gesamten Bereich des Vertragswesens eines Unternehmens (sog. Contracting), außerdem den Bereich Compliance und die Zusammenarbeit zwischen der Funktion Recht und Risikomanagement und den operativen Einheiten eines Unternehmens. Weiterhin wird Software eingesetzt, um Daten (Dateien, Dokumente) zu analysieren, wenn es darum geht, in den meistens völlig unübersichtlichen Datenbeständen von Unternehmen die sprichwörtliche Nadel im Heuhaufen zu finden. Das ist Sachverhaltsaufklärung, keine Rechtsberatung oder Rechtsdurchsetzung. Deshalb spielen Fragen des RDG kaum eine Rolle (Ausnahmen dazu unten → Rn. 76).

76

Die Rechtsfragen beim B2B hängen letztlich nur von der **Konstellation von Anbieter und Nachfrager** (bzw. Auftraggeber) ab und sind **vielfältig**:[70] Anwaltskanzleien bieten häufig in Mandatsverträgen neben anwaltlichen Beratungsdienstleistungen auch Legal Tech-Produkte an, die sie wiederum mit einer Software erstellen, die über eine Lizenz erworben wurde. Solche Mandatsverträge können je nach Schwerpunkt

77

---

67 Vgl. den bei Smartlaw beschriebenen Leistungsumfang und die dafür monatlich anfallenden Preise: https://www.smartlaw.de/tarifauswahl.
68 BGH v. 9.9.2021 – I ZR 113/20, NJW 2021, 3125 – Smartlaw, mzustAnm Thole; kritisch dazu Singer RDi 2022, 53; differenzierend Kraetzig/Krawietz RDi 2022, 145.
69 Hartung LTZ 2022, 63 (67); ähnlich Solmecke CTRL 1/22, 128.
70 Zu diesen Fragen Hartung/Bues/Halbleib Legal Tech/Hartung Kap. 6.4 Rn. 1055; Remmertz Legal Tech-Strategien/Remmertz § 3 Rn. 47–51.

der Leistung bedenklich sein, wenn sie mit anwaltlicher Leistung nichts mehr zu tun haben sollten. Wenn aber Legal Tech ergänzendes Hilfsmittel der anwaltlichen Tätigkeit ist, dann sind solche Verträge unbedenklich. **Steuerrechtliche Probleme** können auftreten, denn softwaregenerierte Beratungsprodukte sind keine Leistungen eines freien Berufs nach § 18 EStG, sondern unterfallen der Gewerbesteuer. Daher gründen viele Kanzleien Tochtergesellschaften entweder als reine Dienstleistungsgesellschaften oder als Rechtsanwaltsgesellschaft mbH, um derartige Erlöse von den freiberuflichen und steuerlich privilegierten Erlösen zu trennen.[71] Problematisch war hier nach der bis 1.8.2022 geltenden Rechtslage, dass die Beteiligung einer Sozietät an einer anderen Berufsausübungsgesellschaft nicht zulässig war.[72] Erst mit dem am 1.8.2022 in Kraft tretenden § 59i BRAO nF wurde eine solche Strukturierung zulässig.

78 Kanzleien treten auch in großen Projekten gemeinsam mit Softwareunternehmen auf. Hier taucht ein bekanntes Problem auf, nämlich das der **Bietergemeinschaft** von Anwälten mit nichtanwaltlichen Kapitalgesellschaften: Es kommt häufig vor, dass in Vergabeverfahren für komplexe Infrastrukturprojekte Rechtsanwälte aufgefordert werden, sich zB mit Unternehmensberatungsgesellschaften oder einer der Big4 Wirtschaftsprüfungsgesellschaften mit einem einheitlichen Leistungsangebot zu bewerben.[73] Im Zusammenhang mit Legal Tech kann diese Konstellation bei sogenannten Internal Investigations auftauchen, etwa wenn in einem Unternehmen große Mengen von Dokumenten durch E-Discovery-Software überprüft werden müssen. In diesen Konstellationen stellen sich **berufsrechtliche, haftungsrechtliche und versicherungsrechtliche Fragen**, denn die auf Zeit angelegte Kooperation in einer Zweckgesellschaft konnte damals einen Verstoß gegen § 59a BRAO aF darstellen, wenn der Kooperationspartner nicht zu den vereinbaren Berufen gehört.[74] **Unter dem neuen § 59b BRAO** stellt sich die Frage, ob die **Kooperation zweier Kanzleien** für die Bearbeitung eines bestimmten Projekts ihrerseits **eine neue Berufsausübungsgesellschaft darstellt, die von der Rechtsanwaltskammer zugelassen werden müsste**. In steuerrechtlicher Hinsicht besteht das Risiko, dass das zusammen mit einer Kapitalgesellschaft abgegebene gemeinsame Leistungsangebot insgesamt als gewerbliche Leistung gewertet wird mit der Folge der Infizierung der übrigen Einnahmen aus freiberuflicher Tätigkeit. Dies kann auch dann **versicherungsrechtliche Folgen** haben, wenn in dem Projekt ein Fehler geschieht und sich nicht sicher ermitteln lässt, auf wen das Problem letztlich zurückzuführen ist. Bei einem einheitlichen Leistungsangebot ist das Risiko sehr hoch, dass man das eben nicht trennscharf auseinanderhalten kann.

79 Der Versuch, die Folgen aus dem gemeinsamen Auftreten in einer Projektgesellschaft durch ein **gestuftes Auftreten** zu vermeiden, etwa mit der Kanzlei als Hauptauftragnehmer und der anderen Gesellschaft als Subunternehmer, hilft dabei nicht weiter: Abgesehen davon, dass Auftraggeber oft auf einem gemeinsamen Auftreten bestehen, **bleiben die steuer- und versicherungsrechtlichen Themen bestehen, wenn die Kanzlei als Hauptauftragnehmer auftritt**. Ist es **umgekehrt, tritt also die Kanzlei in die zweite Reihe**, muss auf die **Vereinbarkeit mit dem Rechtsdienstleistungsgesetz** geachtet werden, wenn der Hauptauftragnehmer keine Rechtsberatungserlaubnis hat.

---

71 Bei einer Rechtsanwaltsgesellschaft als Tochtergesellschaft kann sich natürlich die Frage stellen, ob bei Entwicklung und Vertrieb von Legal Tech-Produkten noch der erforderliche Gesellschaftszweck der „Beratung und Vertretung in Rechtsangelegenheiten" nach § 59c Abs. 1 BRAO idF bis 1.8.2022 vorliegt, vgl. Remmertz Legal Tech-Strategien/Remmertz/Kopp § 3 Rn. 85.
72 BGH v. 20.3.2017 – AnwZ (Brfg) 33/16, NJW 2017, 1681; kritisch dazu Henssler NJW 2017, 1644.
73 Solche Leistungsanforderungen gelten als Vergaberechtsverstoß, vgl. VK Brandenburg v. 3.9.2014 – VK 14/14, NZBau 2014, 793; vorher schon Hartung/Melchior AnwBl 2013, 577 ff.
74 Nach einer alten Auffassung sollte es sich bei solchen Zusammenschlüssen um Gesellschaften handeln, nicht um bloße Kooperationen; vgl. zur Abgrenzung Henssler/Prütting/W. Hartung, 4. Aufl. 2014, BRAO § 59a Rn. 174 ff.; in der 5. Aufl. des Kommentars wird diese Auffassung zu Recht nicht mehr vertreten, vgl. Henssler/Prütting/Henssler BRAO § 59a Rn. 137, 138; so auch Kleine-Cosack BRAO Vor § 59a Rn. 70 (Zusammenarbeit „von Fall zu Fall"); vgl. auch Michalski/Römermann NJW 1996, 3233 ff.

Wenn Unternehmen mit Legal Tech-Unternehmen Verträge über Software schließen, handelt es sich um IT-Lizenzverträge. Viele dieser Software-Anwendungen müssen aber mit Hilfe von Beratern eingeführt werden, so dass dann zwei Verträge abgeschlossen werden müssen.

Nachfolgend werden einige der populärsten B2B-Softwareanwendungen beschrieben.

2. Contract Lifecycle Management (CLM)

a) Produkt

Betrachtet man Berichte über die erfolgreichsten Legal Tech-Unternehmen im Unternehmensbereich, dann bestehen die dortigen Bedürfnisse **hauptsächlich in Automatisierung und Schaffung von Transparenz**. In den Jahren 2021 und 2022 fanden die meisten Investments in sogenannte CLM-Unternehmen statt, wobei CLM für **Contract Lifecycle Management** steht.[75] Ziel ist dabei, den gesamten Prozess des Vertragswesens zu digitalisieren, dh zu vereinfachen, zu standardisieren, zu beschleunigen und transparent zu machen, sodass im Unternehmen der Stand des Vertragswesens auf einen Blick in einem Dashboard festgestellt werden kann. Dazu gehört auch das **Management der Vertragsrisiken**, die Überwachung von Vertragsfristen, Auswertung des Vertragsabschlussprozesses usw. Diese Aufgaben sind in Unternehmen, die täglich Hunderte von Verträgen abschließen, von hoher Bedeutung und die Gestaltung von Abläufen im Contracting absolut nicht trivial. Die CLM-Legal Tech-Unternehmen sind in eine Marktlücke gestoßen und gelten als diejenigen Legal Tech-Unternehmen mit dem höchsten Wachstumspotenzial.

Von ähnlicher Bedeutung ist es für Rechtsabteilungen (oder für die Funktion Recht und Risikomanagement), die Vielzahl der täglich neu auftretenden Probleme jeglicher Größenordnung **effektiv und effizient zu erfassen** und dorthin zu **delegieren oder zu verteilen**, wo sie am besten bearbeitet werden. Das kann im sog. Enablement von Fachabteilungen bestehen, Verträge selbst abzuschließen, ohne dass die Rechtsabteilung mitzeichnen muss, wenn die Fachabteilung in einem bestimmten vorgegebenen Rahmen geblieben ist. Damit wird die Inanspruchnahme der Rechtsabteilung verringert, Abläufe werden beschleunigt. Dazu gehört auch, die ständig wiederkehrenden und zeitraubenden Anfragen „bei Legal" zu erfassen und falls möglich automatisch zu beantworten. Dies ist die Domäne der **Automatisierungstools**, die von Unternehmen mit ebenfalls hohem Wachstumspotenzial angeboten werden.

b) Geschäftsmodelle

Für Legal Tech-Dienstleistungen und Produkte hängen die **Geschäftsmodelle** davon ab, wer jeweils der Anbieter ist. Denkbar sind **reine Softwarelizenzverträge** zwischen Anbieter und Nachfrager. Bei einfachen Anwendungen reicht das auch aus. Bei komplexen Anwendungen kann das nachfragende Unternehmen sowohl einen **Softwarelizenzvertrag** als auch einen **Implementierungsvertrag** für diese Software abschließen. Letzteres sind üblicherweise Beratungsverträge. Anbieter dieser Beratungsverträge sind die bekannten Unternehmensberatungsfirmen, aber auch die großen WP-Gesellschaften. Wie immer gilt, dass mit dem Kauf einer Software allein noch gar nichts bewirkt wird, sondern zunächst die Unternehmensabläufe überprüft und analysiert und sodann digitalisiert werden können. Dieser **Change-Prozess** braucht professionelle Begleitung.

Preismodelle für Softwarelizenzverträge hängen regelmäßig von der Zahl der Nutzer ab. Verträge mit großen Unternehmen werden gesondert verhandelt. Ein **veröffentlichter Marktstandard** existiert nicht. Die Beratungsverträge werden je nach den Besonderheiten eines Projekts abgerechnet, üblicherweise nach Tagessätzen.

---

[75] Vgl. die Berichterstattung bei Artificial Lawyer, zusammengestellt mit dem Suchbegriff „CLM": https://www.artificiallawyer.com/?s=clm.

8 B2C und B2B (Geschäftsmodelle)

85 Im November 2020 wurde von der Merck AG berichtet, dass sie gemeinsam mit einem Beratungsunternehmen eine eigene CLM-Software entworfen hat und nach erfolgreicher Implementierung im Unternehmen diese Software als weiteres Produkt von Merck AG weiterlizensiert wird.[76]

3. Document Review, eDiscovery, Künstliche Intelligenz

86 **KI-Software** als solche wird in Unternehmen als **Teil von anderen Anwendungen** (CLM- oder Automatisierungs-Tools) eingesetzt. Wenn es um die **Analyse des eigenen Datenbestands** geht, wird eDiscovery- oder Document Review-Software eingesetzt. Diese Software gilt als KI, weil sie in der Lage ist, Dokumente „zu lesen" und „zu verstehen", jedenfalls vertrags- oder sachverhaltsrelevante Daten zu erkennen und zu exzerpieren.

87 Anlässe dafür können zB interne Untersuchungen sein, aber auch Änderungen im regulatorischen Umfeld eines Unternehmens, verbunden mit der Frage, welche Verträge oder Dokumente angepasst/neu verhandelt werden müssen. Solange ein Unternehmen noch keine CLM-Software eingesetzt hat, sodass ein umfassender Einblick in das Vertragswesen besteht, muss dies durch aufwendige manuelle Untersuchungen geschehen.

88 Das geschieht üblicherweise nicht durch eigene Software des Unternehmens, sondern durch externe Anbieter (zu **Legal Process Outsourcing** → Rn. 93, 95), die entweder allein oder gemeinsam mit Kanzleien auftreten. Die Geschäftsmodelle beruhen entweder nur auf Softwarelizenzverträgen oder aber Beratungsverträgen mit Einbeziehung einer bestimmten Software zur Untersuchung.

4. Dokumentengeneratoren für Unternehmen

89 Wie oben gezeigt richten sich die Angebote von Smartlaw an Verbraucher und Unternehmen gleichermaßen. Auch an Anwälte: Dem Vernehmen nach sind viele Anwälte Nutzer von Smartlaw und verwenden die ggf. überarbeiteten Vertragsmuster für die Beratung ihrer Mandanten.

90 Die meisten Unternehmen haben aber einen spezielleren Bedarf an Dokumenten und Verträgen, über den Standard hinaus. Unternehmen können solche **Vertragsgeneratoren** für ihre eigenen Zwecke selbst erstellen[77] oder sie beauftragen Anwälte oder andere Dienstleister, solche Vertragsgeneratoren zu „bauen" und die jeweiligen Textbausteine up to date zu halten. Mit dieser **Ausgliederung** oder Auslagerung befreit sich ein Unternehmen von der Notwendigkeit, dafür eigene Ressourcen vorzuhalten (und erhält für den Fall der Fälle einen weiteren Haftungsschuldner). Für Anwälte ist ein solches Geschäftsmodell deshalb attraktiv, weil es dazu führt, dass zu einem Unternehmen als Mandanten eine dauerhafte Beziehung aufgebaut werden kann.

91 Eine Kanzlei würde selbst keine Software für diese Zwecke entwerfen, sondern auf Anbieter wie zB Lawlift[78] oder Bryter[79] zurückgreifen, mit deren Hilfe Rechtsdienstleistungsprodukte für Unternehmen erstellt und dem Unternehmen dann über eine Schnittstelle zur Verfügung gestellt werden. Nutzer dieser Dokumente kann dann die Rechtsabteilung sein, aber auch die Personalabteilung oder andere Abteilungen eines Unternehmens. Diese Art der Zusammenarbeit führt dazu, dass die juristische Dienstleistung rund um die Uhr zur Verfügung steht und dezentral genutzt werden kann.

5. Softwarebasierte Rechtsberatungsprodukte

92 Das vorgenannte Kooperationsmodell funktioniert nicht nur bei der Erstellung von Dokumenten, sondern auch bei der **Prüfung bestimmter Sachverhalte**, zB im Arbeitsrecht. Ein bekanntes Beispiel dafür ist die Kanzlei CMS Hasche Sigle, die eine Reihe von **Legal Tech-Produkten und Dienstleistungen** anbietet,[80]

---

76 Siehe https://www2.deloitte.com/dl/de/pages/legal/articles/ledox-contract-lifecycle-management-platform.html.
77 Hartung/Bues/Halbleib Legal Tech/Brtka/Keller/Levien Kap. 5.2 Rn. 774.
78 Siehe https://de.lawlift.com.
79 Siehe https://bryter.com.
80 Siehe https://cms.law/de/deu/insight/legal-tech/legal-tech-produkte-von-cms.

von denen das Tool „FPE" am bekanntesten ist:[81] Mit diesem Tool können Unternehmen in nur wenigen Minuten eine belastbare **Prüfung des Fremdpersonaleinsatzes** vornehmen. Das Tool basiert auf den Erkenntnissen und Erfahrungen, die CMS in vielen Tausend vormals „händisch" geprüften realen Situationen gewonnen hat. Unternehmen zahlen dafür eine Lizenzvergütung und greifen auf CMS zurück, wenn es sich um Konstellationen handelt, die mit der Software nicht abgedeckt werden können. Ein ähnliches Tool bietet Unterstützung bei der Sozialauswahl in Restrukturierungsfällen.[82]

6. Legal Process Outsourcing

Unter **Legal Process Outsourcing (auch Legal Outsourcing)** versteht man die Übertragung juristischer mandatsbezogener Tätigkeiten ausschließlich durch Angehörige der rechtsberatenden Berufe oder anderer Unternehmen an externe Dritte. Bei den Tätigkeiten handelt es sich um juristische Tätigkeiten im weitesten Sinne: Es können nach der Definition des § 2 Abs. 1 RDG klassische Rechtsdienstleistungen sein, aber auch Tätigkeiten, die diese Schwelle nicht erreichen, oder aber solche, die nach § 2 Abs. 3 RDG erlaubnisfrei sind, zum Beispiel wissenschaftliche Gutachten.[83] Hier gibt es einige **berufsrechtliche Hürden** (dazu unten → Rn. 100). Der Legal Tech-Faktor rührt zum einen aus der Vermittlung von juristischem Hilfspersonal über Plattformen (technologisch also wie bei den oben geschilderten Vermittlungsplattformen, → Rn. 60 ff.). Gleichzeitig besteht die Möglichkeit, dass externe Mitarbeiter unabhängig von ihrem Standort direkt an Dokumenten der beauftragenden Kanzlei mitarbeiten können, auch unter Verwendung der dort vorgehaltenen Softwaretools. Daher ist Legal Process Outsourcing heute, mit den Erfahrungen des pandemiebedingten Homeoffices (working from home), eine Erweiterung des Mitarbeiterstamms eines Unternehmens: So wie der angestellte Mitarbeiter von zu Hause aus arbeiten kann, kann das auch der freie Mitarbeiter. 93

Diese Modelle kommen in zwei Ausprägungen vor: Entweder als reine Vermittlungsplattform, sodass der Dienstleistungsvertrag direkt mit dem jeweiligen Mitarbeiter zustande kommt. Denkbar ist aber auch, dass die Plattform als Dienstleister Vertragspartner des beauftragenden Unternehmens wird.[84] 94

7. Anbieter von Rechtsberatungsprodukten und Legal Process Outsourcing

a) Legal Process Outsourcing

Als **Anbieter von Legal Process Outsourcing-Dienstleistungen** treten so gut wie immer **nichtanwaltliche** Dienstleister auf. Bekannte internationale Anbieter sind zB Axiom[85], UnitedLex[86] und Elevate[87]. In Deutschland sind Consilio[88] und RethinkLegal[89] bekannt. Wenn man auch die Vermittlung von Projektjuristen zum Legal Process Outsourcing zählen möchte, kommen Anbieter wie zB Perconex[90] oder, ausnahmsweise als anwaltlicher Anbieter solcher Vermittlungsdienstleister, Vario Legal[91] (eine Tochtergesellschaft von Pinsent Masons[92]) in den Blick. 95

---

81 Siehe https://cms.law/de/deu/innovationen/legal-tech-und-teams/cms-fpe-einsatz-von-fremdpersonal; auf dieser Seite sind auch das Geschäftsmodell und die Vorteile für Nutzer beschrieben, was als Standardbegründung dafür dienen kann, Rechtsberatungen immer zusammen als Service und als Produkt zu betrachten, je nachdem, was dem Mandanten am meisten nutzt.
82 Siehe https://cms.law/de/deu/innovationen/legal-tech-und-teams/cms-select-sozialauswahl.
83 Ausführlich zu den berufsrechtlichen Implikationen von Legal Process Outsourcing Hartung/Weberstaedt NJW 2016, 2209 ff.
84 Quarch/Engelhardt Legal Tech Kap. 4 S. 16 f.
85 Siehe https://www.axiomlaw.de.
86 Siehe https://unitedlex.com.
87 Siehe https://elevateservices.com.
88 Siehe https://de.consilio.com.
89 Siehe https://rethinklegal.com.
90 Siehe https://www.perconex.de/de/karriere-jobs-fuer-juristen.html.
91 Siehe https://www.variolegal.de.
92 Siehe https://www.pinsentmasons.com/de-de/ueber-uns/presse/pinsent-masons-verstarkt-deutsches-vario-geschaft.

b) Rechtsberatungsprodukte
aa) Kanzleien und WP-Gesellschaften als Anbieter

96 Solche Services werden häufig von **großen internationalen Kanzleien und WP-Gesellschaften** angeboten, weil die erforderlichen Investments dort besser geschultert werden können (→ *Beteiligungsverhältnisse, Anwaltskanzlei*). So hatte etwa ein Tochterunternehmen von Linklaters eine Software entworfen, mit der der gesamte „Contracting-Bereich" automatisiert werden kann.[93] Die großen WP-Gesellschaften haben eigene Abteilungen, in denen sie Beratungsprodukte konzipieren und vertreiben.[94] Freshfields hat in der Verteidigung von VW gegen die Dieselfälle mit der Entwicklung von Software zur Bewältigung der Massenverfahren Maßstäbe gesetzt.[95] Aber es gibt auch **mittelständische Kanzleien**, die solche Services anbieten, was ihnen durch die neuen No-Code oder Low-Code-Softwareanwendungen erleichtert wird (→ *Cloud Computing,* → *Produktentwicklung*). Die überregionale Kanzlei Zenk hat ein Softwaretool entwickelt, um Start-ups der Lebensmittel- und Konsumgüterbranche ein umfassendes Angebot aus Kapital, Legal-, Marketing- und Sales-Know-how zu bieten, darüber hinaus aber auch ein Legal Tech-basiertes Beratungsprodukt zur Vertragsautomatisierung, das sich gezielt an Mittelständler richtet.[96]

97 Für Kanzleien bietet sich hier ein **Zukunftsfeld**, das allerdings erst zurückhaltend genutzt wird. Solche Geschäftsmodelle erfordern nicht nur Investments, sondern eine tiefgreifende Änderung der Kanzleistruktur, in dem nicht, wie üblich, auf Bestellung gearbeitet und abgerechnet wird, sondern Produkte entworfen und über Lizenzmodelle vertrieben werden. Die Prognose geht dahin, dass sich das zunehmend als künftiges Kanzleimodell wirtschaftsberatender Kanzleien entwickeln wird.

98 Da diese Services üblicherweise **im Rahmen eines Mandats** geleistet werden, müssen Mandatsverträge die entsprechenden Besonderheiten berücksichtigen. Kanzleien werden das Bestreben haben, ihre **Haftung** für Fehler der Software einzuschränken (dazu → *Haftung*). Wenn Kanzleien Software im Gewand anwaltlicher Dienstleistung nur „weiterverkaufen", stellen sich Fragen der gewissenhaften Berufsausübung nach § 43 BRAO (dazu → *Beruf*). Außerdem sind rein softwarebasierte Dienstleistungen keine Leistung eines freien Berufs, sodass das Privileg der Gewerbesteuerfreiheit gefährdet wird.

bb) Rechtsfragen bei nichtanwaltlichen Anbietern

99 Bei nichtanwaltlichen Legal Tech-Unternehmen als Anbieter solcher softwaregestützten Produkte und Dienstleistungen gelten die Erwägungen zur Zulässigkeit von Smartlaw.[97] Solange es sich um Software zur Unterstützung bei häufig vorkommenden Unternehmensthemen handelt, läge keine Rechtsdienstleistung vor, das RDG wäre nicht anwendbar.

100 Handelt es sich hingegen um **Leistungen, die dem RDG unterfallen**, ist **zweifelhaft**, ob Unternehmen als Nachfrager zu den „Rechtsuchenden" iSd § 1 Abs. 1 S. 2 RDG gehören. Obwohl das RDG in erster Linie ein verbraucherschützendes Gesetz ist, wird überwiegend die Auffassung vertreten, dass auch nachfragende Unternehmen dem Schutz unterfallen.[98] Schon das ist nicht sonderlich überzeugend: Denn wenn die Schutzbedürftigkeit der Nachfrager keine Rolle spielt, dann rückt der Schutz der Anbieter von Rechtsdienstleistungen in den Mittelpunkt des Gesetzes. **Konkurrenzschutz** ist aber nach allgemeiner Auffassung **kein Schutzzweck des RDG**.[99] Unabhängig davon soll aber jedenfalls nicht auf die Unzulässigkeit sog. Legal Outsourcing-Angebote geschlossen werden können. Vielmehr ist es Rechtsanwälten und anderen Dienstleistern, die selbst nach außen zur Erbringung von Rechtsdienstleistungen befugt sind, erlaubt,

---

93 Siehe https://lawyers-magazine.com/the-future-of-contracting-linklaters-startet-tech-plattform-createiq/.
94 Vgl. die ausführliche Darstellung in Hartung/Bues/Halbleib Legal Tech/Northoff/Gresbrand Kap. 3.5 Rn. 466 v. Busekist/Glock, Kap. 3.6 Rn. 489.
95 Siehe https://www.azur-online.de/artikel/recruiting-paradies-freshfields-baut-standort-berlin-aus/.
96 Siehe https://www.zenk.com/juve-nominiert-zenk-als-kanzlei-des-jahres-fuer-den-mittelstand/.
97 BGH v. 9.9.2021 – I ZR 113/20, NJW 2021, 3125 – Smartlaw.
98 Deckenbrock/Henssler/Deckenbrock RDG § 1 Rn. 8 mwN der hM; aA Kleine-Cosack RDG § 1 Rn. 29 ff.; Hartung/Weberstaedt NJW 2016, 2209 (2211 f.); s. auch Sechzehntes Hauptgutachten der Monopolkommission 2004/2005, BT-Drs. 16/2460, 393.
99 Vgl. nur Deckenbrock/Henssler/Deckenbrock RDG § 1 Rn. 13 mwN.

im Rahmen ihrer Berufsausübung mandatsbezogene Tätigkeiten an externe Dienstleister auszulagern.[100] Damit bewegt sich die Kommentarliteratur in die richtige Richtung, kann aber, wenn sie stehen bleibt, nicht die Frage beantworten, warum Unternehmen, die durch **Syndikusrechtsanwälte** vertreten werden, diese Möglichkeit nicht haben sollen. Denn wenn die Aufgabe des Syndikusrechtsanwalts darin besteht, den jeweiligen Arbeitgeber anwaltlich zu beraten und er dabei dem anwaltlichen Pflichtenkanon der §§ 43 ff. BRAO unterliegt, dann ist **nur schwer zu begründen, warum Syndikusrechtsanwälte, anders als ihre niedergelassenen Kollegen, vor dem RDG als Rechtsuchende klassifiziert werden**. Das zeigt letztlich nur, dass die Einbeziehung von Unternehmen in den Schutzbereich des RDG zu widersinnigen Ergebnissen führt.[101] Richtig ist es, Rechtsdienstleistungen von nichtanwaltlichen Dienstleistern an Unternehmen (nicht nur an Anwälte) aus dem Anwendungsbereich des RDG herauszunehmen, jedenfalls soweit es sich um Unternehmen mit eigener Rechtsabteilung handelt.

8. Gemeinsame Plattformen für Legal Tech-Produkte oder Unternehmenstransaktionen

In Transaktionen zwischen Unternehmen oder in der Korrespondenz oder der Mandatsabwicklung mit beratenden Kanzleien **findet häufig alles über E-Mail statt, mit allen damit verbundenen Effizienzverlusten**. Auch Transaktionsdokumente werden mit ihren verschiedenen Versionen per E-Mail ausgetauscht und müssen aufwendig meist von jungen Anwälten mit Ursprungsversionen verglichen werden. Obwohl viele Unternehmen häufig den Wunsch nach einer **gemeinsamen Plattform für Transaktionen** äußern, gibt es das bis heute noch nicht. Man kann sich eine solche Plattform vorstellen als den virtuellen Ort, an dem gemeinsam an Dokumenten gearbeitet und die Transaktionen verhandelt werden. Auf solchen Plattformen können auch Legal Tech Tools angeboten werden. Das würde Transaktionen beschleunigen, und vermutlich würden Legal Tech Tools deutlich häufiger genutzt werden, wenn man sie auf solchen Plattformen findet, sie über ein einheitliches Passwort angesteuert werden können und im Übrigen auch die üblichen Sicherheitsroutinen durchlaufen haben. Diese Idee steht hinter dem Unternehmen **Reynen Court**, das zahlreiche Legal Tech-Applikationen auf einer Plattform anbietet und von einem Konsortium großer internationaler Kanzleien unterstützt wird.[102] Ein ähnliches Produkt wird von dem US-amerikanischen Unternehmen lupl angeboten.[103] In Deutschland soll eine ähnliche Plattform unter der Bezeichnung **DIKE** (DIKE steht für Digitales Ökosystem Recht), deren Konzept auf den Verein **Liquid Legal Institute** zurückgeht, im Jahr 2022 gefördert durch das Bundesministerium für Wirtschaft an den Start gehen.[104] Welche der **Plattformen sich als Standard** erweisen wird, ist noch offen. Die grundsätzliche Notwendigkeit einer gemeinsamen Plattform kann man aber kaum bestreiten, denn die Kommunikation via E-Mail und die manuelle Überprüfung gewechselter Dokumente und Verträge auf Abweichungen ist ein komplett ineffizientes Verfahren.

Populär für Transaktionen zwischen Unternehmen und den sie beratenden Anwälten sind Plattformen, auf denen nicht nur die Kommunikation in bestimmten Projekten, sondern auch die **Zeiterfassung von Kanzleien** erfasst wird, sodass das beauftragende Unternehmen einen zeitnahen Überblick über die abzurechnenden Leistungen erhält. Diese Transparenz allein soll zu erheblicher Kostendisziplin führen. Ein bekanntes deutsches Unternehmen, das längst international erfolgreich ist, ist **Busylamp**.[105]

---

100 Hartung/Weberstaedt NJW 2016, 2209 (2211); dem folgend Deckenbrock/Henssler/Deckenbrock RDG § 1 Rn. 8a; zurückhaltend hingegen Deckenbrock/Henssler/Henssler Einl. Rn. 47q, wonach zwischen der Art der delegierten Arbeit differenziert werden soll.
101 Hartung/Weberstaedt NJW 2016, 2209 (2213); Diller AnwBl 2016, 413; Kleine-Cosack RDG § 1 Rn. 29 ff.
102 Siehe https://reynencourt.com.
103 Siehe https://lupl.com/.
104 Siehe https://www.liquid-legal-institute.com/wp-content/uploads/2021/07/LLI_Press_DIKE_DE_EN.pdf, Bericht von Martin Ströder in Juve vom 16.7.2021: https://www.juve.de/deals/digitalisicurng-liquid-legal-institute-entwickelt-bei-gaia-x-cloud-fuer-den-rechtsmarkt/.
105 Siehe https://www.busylamp.com/de/.

8 B2C und B2B (Geschäftsmodelle)

VII. Fazit und Ausblick

103 Die Bereiche **B2B und B2C** lassen sich **nicht völlig trennscharf auseinanderhalten**. Dennoch gibt es Software unter dem Label B2C, die überwiegend für Privatleute konzipiert wurde und gerade mit dem Anspruch (und manchmal Gründungsmythos), Verbrauchern beim Zugang zum Recht zu helfen, in den Markt eingeführt wurde. Mit wenigen Ausnahmen richtet sich solche Software jedoch auch an Unternehmer und Unternehmen. Dabei geht es überwiegend um Software oder Anbieter, die bei der Rechtsdurchsetzung, der Rechtsinformation oder bei der Suche nach einem passenden Anwalt helfen. Auch die automatisierte Erstellung von Rechtsdokumenten gehört zum Bereich B2C, wird aber längst auch in Unternehmen und in der Anwaltschaft eingesetzt.

104 Bei B2B-Software geht es nicht um Rechtsdurchsetzung, sondern in erster Linie um Sachverhaltsaufklärung und Daten-/Dokumentenanalyse, sodann um die Automatisierung unternehmensinterner Vorgänge aus dem Bereich Recht und Risikomanagement, weiterhin um die Effektivierung und Effizienzsteigerung der Rechtsabteilung, verbunden mit den wichtigen Themen der Zusammenarbeit von Rechts- und Fachabteilungen.

105 Die **Geschäftsmodelle unterscheiden sich** mit Blick auf **Kosten der Markterschließung und Qualität der Kundenbeziehung** voneinander. **B2C-Modelle** müssen einen **erheblichen Aufwand** betreiben, weil sie von **hohen Fallzahlen** leben. Das setzt den Aufbau weitreichender Markenbekanntheit voraus, was viel Geld kostet. Der Aufwand für die Programmierung innovativer Software darf auch nicht unterschätzt werden, steht aber gleichgewichtig neben den Kosten der Markterschließung.

106 Im Bereich **B2B** geht es um die **Tiefe von Kundenbeziehungen**, also um das Ziel, Teil der Wertschöpfungskette eines Unternehmens zu werden. Das gelingt im Bereich B2C schon wegen der Natur der Sache nicht. Nach dem ursprünglichen Hype zu Beginn von Legal Tech ab dem Jahr 2013/2014 scheint sich die Gründereuphorie etwas abgeflacht zu haben. Wie viele dieser Unternehmen den Rückgang der Dieselfälle überleben, wird man sehen, kann es aber nur schwer prognostizieren.

9. Big Data

Braun

I. Einführung	1	3. Andere Definitionen und Beschreibungen	14
II. Definitionen und Merkmale von Big Data	2	III. Anwendungsbeispiele	15
1. Kurzdefinition	2	IV. Juristische Bezüge	16
2. NIST-Definition und Beschreibung	3	1. Datenschutzrecht	17
a) Menge (volume)	4	2. Kartellrecht	20
b) Geschwindigkeit (velocity)	5	3. Urheberrecht	21
c) Vielfalt (variety)	6	4. Weitere	22
d) Variabilität (variability)	7	V. Big Data und Legal Tech	23
e) Weitere Merkmale	8	VI. Ausblick	24

Literatur: *Bissels/Meyer-Michaelis/Schiller*, „Big Data"-Analysen im Personalbereich, DB 2016, 3042; *Chang/Grady*, NIST Big Data Interoperability Framework: Volume 1, Definitions, 2019, National Institute of Standards and Technology, abrufbar unter https://doi.org/10.6028/NIST.SP.1500-1r2 (zit.: NIST Big Data Interoperability Framework Vol. 1); *Crawford/Schultz*, Big Data and Due process: Towards a Framework to Redress Predictive Privacy Harms, Boston College Law Review 2014, 93; *Datenschutzkonferenz*, Entschließung: Big Data zur Gefahrenabwehr und Strafverfolgung: Risiken und Nebenwirkungen beachten, März 2015, abrufbar unter https://www.datenschutzkonferenz-online.de/media/en/20150318_en_BigData.pdf; *Datenschutzkonferenz*, Liste der Verarbeitungstätigkeiten, für die eine DSFA durchzuführen ist, Stand 17.10.2018, abrufbar unter https://datenschutzkonferenz-online.de/media/ah/20181017_ah_DSK_DSFA_Muss-Liste_Version_1.1_Deutsch.pdf; *De Mauro/Greco/Grimaldi*, What is big data? A consensual definition and review of key research topics, AIP Conference Proceedings 1644 (2015), 97; *Länderarbeitsgruppe „Digitaler Neustart"*, Bericht zu Big Data, Algorithmentransparenz, Schutz von Gesundheitsdaten, 2019, abrufbar unter https://www.justiz.nrw/JM/schwerpunkte/digitaler_neustart/zt_fortsetzung_arbeitsgruppe_teil_2/2019-04-15-Berichte_Apr_19_Okt_18_Druckfassung.pdf (zit.: Länderarbeitsgruppe „Digitaler Neustart" Bericht zu Big Data); *Paal/Hennemann*, Big Data as an Asset – Daten und Kartellrecht, 2018, abrufbar unter https://www.abida.de/sites/default/files/Gutachten_ABIDA_Big_Data_as_an_Asset.pdf; *Plattner*, Big Data, in Gronau et al. (Hrsg.), Enzyklopädie der Wirtschaftsinformatik (Online-Lexikon), 8.4.2019, abrufbar unter https://wi-lex.de/index.php/lexikon/informations-daten-und-wissensmanagement/datenmanagement/datenmanagement-konzepte-des/big-data/; *Spina*, Risk Regulation of Big Data: Has the Time Arrived for a Paradigm Shift in EU Data Protection Law?, European Journal of Risk Regulation 2014, 248; *Taeger* (Hrsg.), Big Data & Co., Tagungsband Herbstakademie 2014, 2014; *Wissenschaftliche Dienste des Deutschen Bundestags*, Aktueller Begriff – Big Data, 2013, abrufbar unter https://www.bundestag.de/resource/blob/194790/c44371b1c740987a7f6fa74c06f518c8/big_data-data.pdf.

I. Einführung

Big Data ist einer der meistverwendeten Begriffe zur Beschreibung der technischen Entwicklungen der vergangenen Jahre. Bisher hat sich jedoch keine einheitliche Definition herausgebildet. Vielmehr haben sich der Begriff und die mit ihm in Verbindung gebrachten Merkmale vielfältig weiterentwickelt, nicht zuletzt durch die Verwendung im Marketing so gut wie aller Hersteller und Dienstleister im Bereich der Informationstechnologie. Nachfolgend werden Definitionen und Kerncharakteristika von Big Data herausgearbeitet, bevor auf juristische Aspekte und die Relevanz für Legal Tech (→ *Legal Tech* Rn. 1) eingegangen wird.

II. Definitionen und Merkmale von Big Data

1. Kurzdefinition

Der Duden definiert Big Data zunächst in wörtlicher Übersetzung des englischen Begriffs als „riesige Datenmengen" und erläutert dann mit „Technologien zur Verarbeitung und Auswertung riesiger Datenmengen" das wesentliche weitere Element des Begriffs – es geht nicht nur um die Datenmengen, sondern auch um deren Auswertung mit verschiedenen Technologien (→ *Künstliche Intelligenz (KI)* Rn. 1, → *Maschinelles Lernen* Rn. 1).

2. NIST-Definition und Beschreibung

3 Das beim U.S. Department of Commerce angesiedelte National Institute of Standards and Technology (NIST) veröffentlichte 2019 eine vielfach referenzierte umfassendere Definition,[1] die die Besonderheiten von Big Data sehr umfassend und anschaulich herausarbeitet. Die Datenmengen, aber auch die Leistungsfähigkeit der IT-Systeme zur Verarbeitung dieser Daten, haben sich in den letzten Jahren und Jahrzehnten ca. alle zwei Jahre verdoppelt, also in kaum vorstellbarer Weise exponentiell entwickelt.[2] Daraus ergibt sich eine Vielzahl neuer Wege, Daten zu verknüpfen und zu nutzen.[3] Das gilt auch und insbesondere für unstrukturierte Daten.[4] Hiermit verknüpft ist ein Wechsel von relationalen Datenbanken hin zu parallelen und skalierbaren Architekturen, mit denen diese Mengen insbesondere unstrukturierter Daten handhabbar werden.[5] Besondere Merkmale von Big Data sind die (mindestens) vier (englischen) „V": Menge (volume), Geschwindigkeit (velocity), Vielfalt (variety) und Variabilität (variability).[6]

a) Menge (volume)

4 Merkmal von Big Data ist zunächst die Menge der zur Verfügung stehenden und verarbeiteten Informationen, zB im Bereich → *Internet of Things (IoT)* Rn. 1. Dem liegt die Annahme zugrunde, dass aus mehr Daten bessere Analyseergebnisse erzielt werden können. So wird zB davon ausgegangen, dass eine größere Zahl von Bildern eine bessere Grundlage für das Training von Algorithmen für die Erkennung von Objekten in diesen Bildern sein dürfte (→ *Maschinelles Lernen* Rn. 1).[7] Die großen Datenmengen sind auch der Hauptreiber für die Entwicklung von immer weiter parallelisierten IT-Architekturen, um die Verarbeitung dieser Datenmengen zu ermöglichen.[8]

b) Geschwindigkeit (velocity)

5 Big Data ist weiterhin dadurch charakterisierbar, dass große Mengen von Daten in kürzester Zeit und häufig in Echtzeit verarbeitet werden. Dies führt zu neuen Anforderungen an IT-Systeme, wie zB Architekturen, die Daten nicht mehr auf Datenträgern speichern, sondern im Hauptspeicher halten und verarbeiten.[9]

c) Vielfalt (variety)

6 Big Data beinhaltet typischerweise die Verarbeitung einer Vielzahl von Datentypen aus einer Vielzahl von Quellen und Speicherorten. Traditionell wurden diese standardisiert/konvertiert und in sehr strukturierter Form in Data Warehouses vorgehalten. Semantische Metadaten erlauben bei Big Data das Beschreiben von Datensätzen in integrierter Form.[10] Durch die Vielfalt der mittlerweile verarbeitbaren Datentypen verbessern sich die Möglichkeiten, bei der Analyse der Daten zu besseren Ergebnissen zu gelangen.

d) Variabilität (variability)

7 Schließlich ist Big Data dadurch beschreibbar, dass sich die Inhalte, Formate und Volumina von Datensätzen verändern können, was Flexibilität der IT-Systeme, mit denen die Daten verarbeitet werden, erforderlich macht.[11] Diese Flexibilität, zusätzliche Ressourcen einzubinden, oder Ressourcen kurzfristig zu verringern, bietet insbesondere das → *Cloud Computing* Rn. 36. Schließlich werden mittlerweile Datentypen

---

1 NIST Big Data Interoperability Framework Vol. 1 S. 9.
2 NIST Big Data Interoperability Framework Vol. 1 S. 9.
3 NIST Big Data Interoperability Framework Vol. 1 S. 9.
4 NIST Big Data Interoperability Framework Vol. 1 S. 9.
5 NIST Big Data Interoperability Framework Vol. 1 S. 9.
6 NIST Big Data Interoperability Framework Vol. 1 S. 9.
7 NIST Big Data Interoperability Framework Vol. 1 S. 11.
8 NIST Big Data Interoperability Framework Vol. 1 S. 11.
9 NIST Big Data Interoperability Framework Vol. 1 S. 11.
10 NIST Big Data Interoperability Framework Vol. 1 S. 11.
11 NIST Big Data Interoperability Framework Vol. 1 S. 11.

analysierbar und analysiert, deren Einbeziehung traditionell Schwierigkeiten bereitete, wie zB Videodateien oder Audiodateien (→ *Natural Language Processing (NLP)* Rn. 2).

e) Weitere Merkmale

Teilweise werden weitere Begriffe mit „V" zur Charakterisierung von Big Data verwendet, insbesondere Richtigkeit (veracity), Aussagekraft (validity), Unbeständigkeit (volatility), Visualisierung (visualization) und Wert (value).[12]

Richtigkeit (veracity) bezieht sich auf die Datenqualität, die schon immer von großer Wichtigkeit war. Es gibt aber eine Veränderung dahin gehend, dass bei der Verarbeitung/Analyse von begrenzten Datensätzen die Richtigkeit jedes einzelnen Elements entscheidend sein kann, insbesondere wenn bei der Analyse direkte Kausalitäten aufgedeckt werden sollen. Demgegenüber sind im Bereich Big Data die zugrunde liegenden Datenmengen in der Regel deutlich größer, und die Analyse zielt eher auf Trends und Korrelationen, die durch einzelne unrichtige Einträge nicht notwendigerweise beeinflusst werden.[13] Dennoch gilt auch für Big Data das alte „garbage in – garbage out" Konzept.[14]

Aussagekraft (validity) bezieht sich auf die Angemessenheit der Daten für den verfolgten Zweck. Auch richtige Daten können ohne Aussagekraft sein, zB, wenn historische Daten keine belastbare Extrapolation für die Zukunft erlauben.[15] Die Notwendigkeit zu beachten, ob Daten uU veraltet sind, ist nicht neu, bleibt aber auch bei Big Data relevant.[16]

Unbeständigkeit (volatility) beschreibt mögliche Veränderungen in der Gewinnung der Daten, die uU berücksichtigt werden müssen.[17] Ein Beispiel sind Verschlechterungen der Genauigkeit von Messinstrumenten über die Zeit.

Visualisierung (visualization), insbesondere zum Verständnis von Daten, Analysemethoden und -ergebnissen, wird im Bereich Big Data aufgrund der erhöhten Komplexität noch wichtiger.[18]

Wert (value) bezieht sich auf die Messung der durch die Analysen erzielten Vorteile und den Wert von Datensätzen.[19] Die Methoden in diesem Bereich sind noch nicht standardisiert.[20]

3. Andere Definitionen und Beschreibungen

Neben den vorgehend beschriebenen NIST-Definitionen und Beschreibungen gibt es eine Vielzahl weiterer Ansätze,[21] die sich aber letztlich weitgehend den oben beschriebenen Aspekten zuordnen lassen. In der Enzyklopädie der Wirtschaftsinformatik stellt *Plattner* insbesondere auf die Bedeutung großer Datenvolumen in verschiedenen Anwendungsbereichen sowie auf die damit verbundene Herausforderung, die Daten verarbeiten zu können, ab.[22] Auch der Bericht der Arbeitsgruppe „Digitaler Neustart" stellt auf Datenmenge, Geschwindigkeit und die unterschiedliche Beschaffenheit der komplex und vielfältig strukturierten Quellen ab.[23]

---

12 NIST Big Data Interoperability Framework Vol. 1 S. 30.
13 NIST Big Data Interoperability Framework Vol. 1 S. 30.
14 Siehe https://en.wikipedia.org/wiki/Garbage_in,_garbage_out.
15 NIST Big Data Interoperability Framework Vol. 1 S. 31.
16 NIST Big Data Interoperability Framework Vol. 1 S. 31.
17 NIST Big Data Interoperability Framework Vol. 1 S. 31.
18 NIST Big Data Interoperability Framework Vol. 1 S. 31.
19 NIST Big Data Interoperability Framework Vol. 1 S. 31.
20 NIST Big Data Interoperability Framework Vol. 1 S. 31.
21 Vgl. allgemein De Mauro/Greco/Grimaldi AIP Conference Proceedings 1644 (2015), 97.
22 Plattner, Big Data, 8.4.2019, abrufbar unter https://www.enzyklopaedie-der-wirtschaftsinformatik.de/lexikon/daten-wissen/Datenmanagement/Datenmanagement--Konzepte-des/Big-Data.
23 Länderarbeitsgruppe „Digitaler Neustart", Bericht zu Big Data, S. 8.

III. Anwendungsbeispiele

15 Big Data hat für eine Vielzahl von Bereichen und Branchen eine große Relevanz. Genannt werden häufig die sozialen Netzwerke, die Finanzindustrie (→ *FinTech* Rn. 7), Verbrauchsdaten im Energiesektor, das Gesundheitswesen (Genanalyse, Telemonitoring), aber auch die Wissenschaft (Klimamodelle, Geologie, Genetik, Proteomik, Kernphysik).[24]

IV. Juristische Bezüge

16 Der Begriff „Big Data" taucht in der deutschen juristischen Fachliteratur seit über zehn Jahren auf.[25] Vielfach wurden seither Datenschutzaspekte thematisiert, aber auch die Auswirkungen auf andere Rechtsgebiete werden diskutiert. Nach gegenwärtigem Stand ist nicht davon auszugehen, dass sich ein Rechtsgebiet „Big Data Law" etablieren wird, vielmehr dürften die Besonderheiten dieser Entwicklungen weiterhin in den jeweiligen Rechtsgebieten diskutiert werden. Nachfolgend werden diese Diskussionen für einzelne Rechtsgebiete kurz vorgestellt:

1. Datenschutzrecht

17 Angesichts der Weite der Definition des Begriffs „personenbezogene Daten" in Art. 4 Nr. 1 DS-GVO[26] werden in einer Vielzahl von Nutzungen von Big Data die Regelungen der DS-GVO anwendbar sein (→ *Datenschutz* Rn. 2). Allgemein erhöhen sich im Bereich Big Data die Schwierigkeiten, personenbezogene Daten zu anonymisieren, bzw. die Wahrscheinlichkeiten, dass anonymisierte Daten uU wieder betroffenen Personen zugeordnet werden können. Weitere Beispiele für die Relevanz der DS-GVO sind:[27]

- Art. 5 Abs. 1 lit. c DS-GVO enthält ein allgemeines Gebot der Datenminimierung. Big Data und Datenminimierung stehen häufig in Spannungsverhältnissen;
- Umfang der Möglichkeiten, die Verarbeitung personenbezogener Daten im Rahmen von Big Data gem. Art. 6 DS-GVO zu rechtfertigen;
- Transparenz-Anforderungen für die Verarbeitung personenbezogener Daten gem. Art. 13, 14 DS-GVO;
- Personen, die zB von einer Algorithmen-Entscheidung betroffen sind, haben gem. Art. 12, 15 ff. DS-GVO bestimmte Rechte;
- Art. 22 DS-GVO regelt die (Un-)Zulässigkeit vollautomatisierter Entscheidungsfindung (→ *Entscheidungsfindung, automatisierte* Rn. 47);
- Art. 32 DS-GVO regelt Anforderungen an die IT-Sicherheit (→ *Cybersecurity* Rn. 4);
- Im Bereich Datenschutz-Folgenabschätzung gem. Art. 35 DS-GVO ist nach Auffassung der deutschen Datenschutzbehörden Big Data ein Faktor, der zur Erforderlichkeit von deren Durchführung führt.[28]

18 Die deutschen Datenschutzbehörden haben außerdem wiederholt ihre Skepsis betreffend den Einsatz von Big Data im Bereich der Gefahrenabwehr und Strafverfolgung geäußert[29] (→ *Predictive Policing* Rn. 24).

---

24 Plattner, Big Data, 8.4.2019, abrufbar unter https://www.enzyklopaedie-der-wirtschaftsinformatik.de/lexikon/daten-wissen/Datenmanagement/Datenmanagement--Konzepte-des/Big-Data.
25 Taeger, Big Data & Co., Tagungsband Herbstakademie 2014, 2014; Wissenschaftliche Dienste des Deutschen Bundestags, Aktueller Begriff – Big Data, 2013, abrufbar unter https://www.bundestag.de/resource/blob/194790/c44371b1c740987a7f6fa74c06f518c8/big_data-data.pdf.
26 Verordnung (EU) 2016/679 des Europäischen Parlaments und des Rates vom 27.4.2016 zum Schutz natürlicher Personen bei der Verarbeitung personenbezogener Daten, zum freien Datenverkehr und zur Aufhebung der Richtlinie 95/46/EG (Datenschutz-Grundverordnung) (ABl. L 119, 1).
27 Vgl. Länderarbeitsgruppe „Digitaler Neustart" Bericht zu Big Data S. 37 ff.; Crawford/Schultz Law Review 2014, 93.
28 Datenschutzkonferenz, Liste der Verarbeitungstätigkeiten, für die eine DSFA durchzuführen ist, abrufbar unter https://datenschutzkonferenz-online.de/media/ah/20181017_ah_DSK_DSFA_Muss-Liste_Version_1.1_Deutsch.pdf.
29 Vgl. zB Datenschutzkonferenz, Entschließung: Big Data zur Gefahrenabwehr und Strafverfolgung: Risiken und Nebenwirkungen beachten, März 2015, abrufbar unter https://www.datenschutzkonferenz-online.de/media/en/20150318_en_BigData.pdf.

Auch auf europäischer Ebene gibt es eine Reihe von Stellungnahmen der zuständigen Behörden mit Bezügen zu Big Data, zB von der Artikel 29 Datenschutzgruppe,[30] und dem Europäischen Datenschutzbeauftragten.[31]

2. Kartellrecht

Das Kartellrecht (→ *Wettbewerb, Kartellrecht* Rn. 26) enthält u.a. Regelungen gegen die missbräuchliche Ausnutzung von Marktmacht, die auf die großen Akteure im Bereich Big Data anwendbar sein können.[32] Aufgrund von Big Data-Analysen personalisierte Preise bergen gewisse Chancen, aber auch Risiken.[33] Letztlich stellen sich vielfältige Fragen auch zum Verhältnis zum Datenschutzrecht,[34] zur Anwendbarkeit nationalen und europäischen Wettbewerbsrechts, zur Abgrenzung von Märkten (Wettbewerb *um* Daten und Wettbewerb *mit* Daten) und auch in der Fusionskontrolle.[35]

3. Urheberrecht

Soweit urheberrechtlich geschützte Werke für Big Data verwendet werden, ist die Zulässigkeit der Einbeziehung zu klären, zB bei der → *Dokumentenanalyse* Rn. 1. Die 2019 in Kraft getretene DSM-Richtlinie der Europäischen Union[36] enthält Regelungen zu Text und Data Mining. Eine Umsetzung in das deutsche Recht ist zwischenzeitlich erfolgt. § 60d UrhG enthält zB eine Regelung für Text und Data Mining für Zwecke der wissenschaftlichen Forschung (→ *Intellectual Property Analytics* Rn. 14).

4. Weitere

Auch die Regelungen des Allgemeinen Gleichbehandlungsgesetzes (AGG) können beim Einsatz von Big Data eine Rolle spielen.[37] Im Bankenaufsichtsrecht wird das Thema Big Data ebenfalls diskutiert, u.a. in einem Bericht der Europäische Bankenaufsichtsbehörde (EBA)[38] (→ *FinTech* Rn. 4, → *InsurTech* Rn. 2).

V. Big Data und Legal Tech

Für eine erhebliche Zahl von Legal Tech-Projekten (→ *Legal Tech* Rn. 10) ist Big Data eine der Schlüsseltechnologien und -konzepte. Die Analyse großer Datenmengen, häufig in Echtzeit, ist die Grundlagentechnologie für vertiefte Analysen von Gerichtsentscheidungen, neue Geschäftsmodelle zB im Bereich Geltendmachung von Flugpassagierrechten, im Bereich der Prüfung und Erstellung juristischer Dokumente (→ *Dokumentenanalyse* Rn. 8, → *Dokumentenautomatisierung* Rn. 2, → *Vertragsmanagement* Rn. 17) und bessere automatisierte Übersetzungen von (juristischen) Texten. Auch im Bereich der Steuerung von externen Anwaltskanzleien, einschließlich der Prüfung von deren Rechnungen, ist Big Data die Grundlage.

---

30 Statement on Statement of the WP29 on the impact of the development of big data on the protection of individuals with regard to the processing of their personal data in the EU, 16.9.2014, WP221, abrufbar unter https://ec.europa.eu/justice/article-29/documentation/opinion-recommendation/files/2014/wp221_en.pdf.
31 Study on the Big Data applications in the European insurance sector, 20.9.2019, EDPS/2019/02–02, abrufbar unter https://edps.europa.eu/data-protection/our-work/publications/call-tenders/edp201902-studies-implication-several-gdpr_en.
32 Länderarbeitsgruppe „Digitaler Neustart" Bericht zu Big Data S. 61 f.
33 Länderarbeitsgruppe „Digitaler Neustart" Bericht zu Big Data S. 93 ff.
34 OLG Düsseldorf Vorlagebeschl. v. 24.3.2021 – VI-Kart 2/19 (V), ECLI:DE:OLGD:2021:0324.KART2.19V.00 = GRUR 2021, 874.
35 Umfassend dazu Paal/Hennemann, Big Data as an Asset – Daten und Kartellrecht, 2018, abrufbar unter https://www.abida.de/sites/default/files/Gutachten_ABIDA_Big_Data_as_an_Asset.pdf.
36 Richtlinie (EU) 2019/790 des Europäischen Parlaments und des Rates vom 17.4.2019 über das Urheberrecht und die verwandten Schutzrechte im digitalen Binnenmarkt und zur Änderung der Richtlinien 96/9/EG und 2001/29/EG (ABl. L 130, 92).
37 Bissels/Meyer-Michaelis/Schiller DB 2016, 3042.
38 EBA Report on Big Data and Advanced Analytics, Januar 2020, EBA/REP/2020/01, abrufbar unter https://www.eba.europa.eu/sites/default/documents/files/document_library/Final%20Report%20on%20Big%20Data%20and%20Advanced%20Analytics.pdf.

Hinzu kommt die effektivere Verarbeitung der großen Datenmengen bei der Durchführung von internen Ermittlungen und (U.S.) Litigation, zB durch early case assessments[39] und predictive coding,[40] ebenso wie bei der Sichtung großer Datenmengen im Bereich Unternehmenstransaktionen (→ *Dokumentenanalyse* Rn. 35).

VI. Ausblick

24 Es gibt derzeit eine Vielzahl von vor kurzer Zeit abgeschlossenen Gesetzgebungsverfahren und von gesetzgeberischen Initiativen mit Berührungspunkten zum Thema Big Data, u.a.:
- Verordnung (EU) 2022/868 des Europäischen Parlaments und des Rates vom 30.5.2022 über europäische Daten-Governance und zur Änderung der Verordnung (EU) 2018/1724 (Daten-Governance-Rechtsakt).
- Verordnung (EU) 2022/1925 des Europäischen Parlaments und des Rates vom 14.9.2022 über bestreitbare und faire Märkte im digitalen Sektor und zur Änderung der Richtlinien (EU) 2019/1937 und (EU) 2020/1828 (Gesetz über digitale Märkte).
- Verordnung (EU) 2022/2065 des Europäischen Parlaments und des Rates vom 19.10.2022 über einen Binnenmarkt für digitale Dienste und zur Änderung der Richtlinie 2000/31/EG (Gesetz über digitale Dienste).
- Die Kommission hat weiterhin einen Vorschlag für eine Verordnung zur Festlegung harmonisierter Vorschriften für künstliche Intelligenz (Gesetz über künstliche Intelligenz) und zur Änderung bestimmter Rechtsakte der Union[41] vorgelegt.
- Schließlich arbeitet die Europäische Union an Rechtsakten für gemeinsame europäische Datenräume, zB für Gesundheitsdaten und hat hierfür einen Vorschlag für eine Verordnung über den europäischen Raum für Gesundheitsdaten vorgelegt.[42]

25 Für den Bereich Legal Tech (→ *Legal Tech, Begriff* Rn. 9) wird Big Data eine der Schlüsseltechnologien und -entwicklungen bleiben, auf der eine Vielzahl von Anwendungen aufsetzen.

---

39 Siehe https://en.wikipedia.org/wiki/Early_case_assessment.
40 Siehe https://en.wikipedia.org/wiki/Predictive_coding.
41 Siehe https://eur-lex.europa.eu/legal-content/DE/TXT/?uri=CELEX:52021PC0206.
42 Siehe https://eur-lex.europa.eu/legal-content/DE/TXT/?uri=CELEX:52022PC019.

10. Blockchain

Steinrötter/Stamenov

I. Einführung	1	2. Öffentliche Register	26
II. Termini und technische Charakteristika	3	3. Gesellschaftsrecht und Unternehmensführung	30
1. Grundlegende Funktionsweise	4	4. Online-Streitbeilegung	32
2. Sicherheitskomponenten	7	V. Rechtliche Bewertung von Blockchain-Technologie	33
3. Dezentraler Konsensmechanismus	9	1. Datenschutzrecht	34
a) Verifikation von Transaktionen	11	a) Anwendungsbereich der DS-GVO	35
b) Eingliederung der jeweiligen Transaktion in die Blockchain	13	aa) Sachlich	36
aa) Verknüpfung der Blöcke	14	bb) Räumlich	40
bb) Konsensverfahren im Einzelnen	15	cc) Personell	43
III. Blockchain-Typen	18	b) Datenschutzgrundsätze	48
IV. Blockchain als Grundlage für Legal Tech-Anwendungen	19	c) Betroffenenrechte	50
1. Geistiges Eigentum	21	d) Fazit	53
a) Patente	22	2. Rechtliche Qualifikation von Token	54
b) Marken	23	a) Zivilrechtliche Einordnung	56
c) Urheberrechte und Copyright	24	b) Finanzrechtliche Einordnung	61
d) Geschäftsgeheimnisse	25	3. Sonstige Rechtsfragen im Überblick	64

Literatur: *Allen/Lane/Poblet*, The governance of blockchain dispute resolution, Harvard Negotiation Law Review 25(1) (2019), 75; *Antonopoulos*, Mastering Bitcoin: Programming the Open Blockchain, 2. Aufl. 2017; *Article 29 Working Party*, Opinion 05/2014 on Anonymisation Techniques, 2014, abrufbar unter https://ec.europa.eu/justice/article-29/documentation/opinion-recommendation/files/2014/wp216_en.pdf; *Ast/Deffains*, When online dispute resolution meets blockchain: the birth of decentralized justice. Stanford Journal of Blockchain Law & Policy 4(2) (2021), 1; *Bacon/Michels/Millard/Singh*, Blockchain demystified: technical and legal introduction to distributed and centralized ledgers. Richmond Journal of Law & Technology 25(1) (2018), 1; *BaFin*, BaFin Perspektiven 1/2018; *BaFin*, Zweites Hinweisschreiben zu Prospekt- und Erlaubnispflichten im Zusammenhang mit der Ausgabe sogenannter Krypto-Token, 16.8.2019, abrufbar unter https://www.bafin.de/SharedDocs/Downloads/DE/Merkblatt/WA/dl_wa_merkblatt_ICOs.html; *Barbieri/Gassen*, Blockchain – can this new technology really revolutionize the land registry system?, 2017, abrufbar unter https://www.notartel.it/export/contenuti_notartel/pdf/Land_Poverty_Conference_Blockchain.pdf.; *Barenkamp/Schaaf*, Blockchain und Smart-Contracts am Beispiel der Grundstücksübereignung, ZdiW 2021, 339; *Baumann/Hamm*, Datenschutzrechtliche Verantwortlichkeit in privaten Blockchains, DSRITB 2021, 221; *Bechtolf/Vogt*, Datenschutz in der Blockchain – Eine Frage der Technik, ZD 2018, 66; *Berger*, Blockchain – Mythos oder Technologie für die öffentliche Verwaltung?, DVBl 2017, 1271; *Blocher*, The next big thing: Blockchain – Bitcoin – Smart Contracts, AnwBl 2016, 612; *Bodo/Gervais/Quintais*, International Journal of Law and Information Technology 26(4) (2018), 311; *Böhme/Pesch*, Technische Grundlagen und datenschutzrechtliche Fragen der Blockchain-Technologie, DuD 2017, 473; *Bundesnetzagentur*, Die Blockchain-Technologie, 2021; *Busch/Reinhold*, Standardisation of Online Dispute Resolution Services: Towards a More Technological Approach, EuCML 2015, 50; *Buterin*, Ethereum White Paper, 2013, abrufbar unter https://ethereum.org/en/whitepaper/; *Cedeño*, 5 Use Cases for Blockchain in the Legal Industry, LR 2020, 197; *Clark*, NFTs, explained, The Verge, 18.8.2021, abrufbar unter https://www.theverge.com/22310188/nft-explainer-what-is-blockchain-crypto-art-faq. *Clark/Burstall*, Crypto-Pie in the Sky? How Blockchain Technology Is Impacting Intellectual Property Law, Stanford Journal of Blockchain Law & Policy 2(2) (2019), 252-262; *CNIL*, Blockchain and the GDPR, 2018, abrufbar unter https://www.cnil.fr/en/blockchain-and-gdpr-solutions-responsible-use-blockchain-context-personal-data; *d'Avoine/Hamacher*, Kryptowährungen im Insolvenzverfahren, ZIP 2022, 6; *Damjanovic/Pfurtscheller/Raschauer*, Liechtensteins „Blockchain-Regulierung" – Ein- und Ausblicke, ZEuP 2021, 397; *De Filippi/McMullen/Stern/de la Rouviere/McConaghy/Choi/Benet*, How Blockchains can support, complement, or supplement Intellectual Property, Coala Report – Working Draft, 2017, abrufbar https://www.intgovforum.org/multilingual/index.php?q=filedepot_download/4307/529; *De Filippi/Wright*, Blockchain and the law – the rule of code, 2018; *Denga*, Die Regulierung der Blockchain-Infrastruktur, JZ 2021, 227; *Dimitropoulos*, The Law of Blockchain, Washington Law Review 95(3) (2020), 1117-1192; *Dion*, I'll Gladly Trade You Two Bits on Tuesday for a Byte Today: Bitcoin, Regulating Fraud in the E-Conomy of Hacker-Cash, University of Illinois Journal of Law, Technology & Policy 2013(1) (2013), 165; *Doty*, Blockchain Will Reshape Representation of Creative Talent, UMKC Law Review 88 (2) (2019), 351; *DPMA*, Internet of things. Wege zum Patent von IoT-Technologien, 2019, abrufbar unter https://www.dpma.de/dpma/veroeffentlichungen/hintergrund/ki/iot/ index.html. *Driscoll*, How

Bitcoin Works Under the Hood, 2013, abrufbar unter http://www.imponderablethings.com/2013/07/how-bitcoin-works-under-hood.html; *Einy/Katsch*, Blockchain and the Inevitability of Disputes: The Role for Online Dispute Resolution, Journal of Dispute Resolution 2019 (2) (2019), 47; *Engelhardt/Klein*, Bitcoins – Geschäfte mit Geld, das keines ist. Technische Grundlagen und zivilrechtliche Betrachtung, MMR 2014, 355; *Evans*, Role of International Rules in Blockchain-Based Cross-Border Commercial Disputes, Wayne Law Review 65(1) (2019), 1; *Fabian*, Blockchain and Intellectual Property Rights, Intellectual Property and Technology Law Journal 25(2) (2021), 147; *Finck*, Blockchain and the GDPR, 2018, abrufbar unter https://www.europarl.europa.eu/RegData/etudes/STUD/2019/634445/EPRS_STU(2019)634445_EN.pdf; *Finck*, Blockchain Regulation and Governance in Europe, 2018; *Finck/Moscon*, International Review of Intellectual Property and Competition Law 50 (2019), 77; *Finck/Pallas*, They who must not be identified—distinguishing personal from non-personal data under the GDPR, International Data Privacy Law 10 (1) (2020), 11; *Goldenfein/Hunter*, Blockchains, Orphan Works, and the Public Domain, Columbia Journal of Law & the Arts 41 (1) (2017), 1; *Gömann*, Das öffentlich-rechtliche Binnenkollisionsrecht der DS-GVO, 2021; *Hacker*, Datenprivatrecht, 2020; *Hacker/Thomale*, Crypto-Securities Regulation: ICOs, Token Sales and Cryptocurrencies under EU Financial Law, European Company and Financial Law Review 15(4) (2018), 645; *Hecht*, Notariat 4.0 und Blockchain-Technologie, MittBayNot 2020, 314; *Heckmann/Schmid*, Blockchain und Smart Contracts – Recht und Technik im Überblick, hrsg. v. vbw, 2017; *Heine/Stang*, Weiterverkauf digitaler Werke mittels Non-Fungible-Token aus urheberrechtlicher Sicht, MMR 2021, 755; *Helman*, Decentralized Patent System, Nevada Law Journal 20(1) (2019), 672; *Heudebert/Leveneur*, Blockchain, disintermediation and the future of the legal professions, Cardozo International & Comparative Law Review 4(1) (2020), 275; *Hoeren/Prinz*, Das Kunstwerk im Zeitalter der technischen Reproduzierbarkeit – NFTs (Non-Fungible Tokens) in rechtlicher Hinsicht — Was Blockchain-Anwendungen für den digitalen Kunstmarkt bewirken können, CR 2021, 565; *Hofert*, Blockchain-Profiling, ZD 2017, 161; *Hohn-Hein/Barth*, Immaterialgüterrechte in der Welt von Blockchain und Smart Contract, GRUR 2018, 1089; *Hugendubel/Zarm*, Blockchain-Anwendungen als Anti-Counterfeit-Maßnahme, IPRB 2021, 42; *IPwe*, The Platform for the World's Patent Ecosystem, 2020, abrufbar unter www.wipo.int/edocs/mdocs/classifications/en/wipo_ip_cws_bc_ge_19/wipo_ip_cws_bc_session_5_spangenberg.pdf; *Janicki/Saive*, Privacy by Design in Blockchain-Netzwerken, ZD 2019, 251; *Jiménez-Gómez*, Risks of Blockchain for Data Protection: A European Approach, Santa Clara High Technology Law Journal 36(3) (2020), 281; *Kaal*, Blockchain-Based Corporate Governance, Stanford Journal of Blockchain Law & Policy 4 (1) (2020), 3; *Kaulartz*, Die Blockchain-Technologie, CR 2016, 474; *Kaulartz/Heckmann*, Smart Contracts – Anwendungen der Blockchain-Technologie, CR 2016, 618; *Kaulartz/Matzke*, Die Tokenisierung des Rechts, NJW 2018, 3278; *Kaulartz/Schmid*, Rechtliche Aspekte sogenannter Non-Fungible Tokens (NFTs), CB 2021, 298; *Kayser/Raimer*, Blockchain Can Change Everything – Even Trademark Transactions, Landslide 11(1) (2018), 26; *Kim*, Blockchain and Copyright: Vain hope for photographers? Boston College Intellectual Property & Technology Forum 1 (2018), 1; *Kipker/Bruns*, Blockchains für Versorgungsketten im Lebensmittelsektor und der Datenschutz – Die Maßstäbe für eine datenschutzkonforme Ausgestaltung der Blockchain am konkreten Beispiel, CR 2020, 210; *Klein*, Blockchains als Verifikationsinstrument für Transaktionen im IoT, DSRITB 2015, 429; *Knaier/Wolff*, Die Blockchain-Technologie als Entwicklungsoption für das Handelsregister?, BB 2018, 2253; *Krajewski/Lettiere*, Efforts Integrating Blockchain With Intellectual Property, les Nouvelles 54(1) (2019), 42; *Krupar/Strassemeyer*, Distributed Ledger Technologien und Datenschutz, K&R 2018, 746; *Kuhlmann*, Bitcoins Funktionsweise und rechtliche Einordnung der digitalen Währung, CR 2014, 691; *Langheld/Haagen*, Decentralized Autonomous Organizations – verbandsrechtliche Einordnung und Gestaltungsmöglichkeiten, NZG 2021, 724; *Linardatos*, Der Mythos vom „Realakt" bei der Umbuchung von Bitcoins – Gedanken zur dinglichen Erfassung von Kryptowährungen, in Beyer et al. (Hrsg.), Privatrecht 2050 – Blick in die digitale Zukunft, 2020, S. 181 (zit.: Beyer et al. Privatrecht 2050/Linardatos); *Linardatos*, Smart Contracts – einige klarstellende Bemerkungen, K&R 2018, 85; *Lu*, The Implementation of Blockchain Technologies in Chinese, Stanford Journal of Blockchain Law & Policy 4(1) (2020), 102; *Lüttringhaus*, Das internationale Datenprivatrecht: Baustein des Wirtschaftskollisionsrechts des 21. Jahrhunderts, ZVglRWiss 117 (2018), 50; *Lyons/Courcelas/Timsit*, EU Blockchain Observatory and Forum Report: Blockchain and the GDPR, 2018, abrufbar unter https://www.eublockchainforum.eu/sites/default/files/reports/20181016_report_gdpr.pdf; *Machachek*, Die Antwort auf DeFi, RDi 2021, 572; *Mann*, Die Decentralized Autonomous Organization – ein neuer Gesellschaftstyp?, NZG 2017, 1014; *Martini/Weinzierl*, Die Blockchain-Technologie und das Recht auf Vergessenwerden, NVwZ 2017, 1251; *Maume*, Die Anwendung der Blockchain-Technologie im GmbH-Recht, NZG 2021, 1189; *Maume/Fromberger*, Die Blockchain-Aktie, ZHR 2021, 507; *Maute*, Responsio – Warum die Übertragung von Bitcoins kein dingliches Rechtsgeschäft erfordert, in Beyer et al. (Hrsg.), Privatrecht 2050 – Blick in die digitale Zukunft, 2020, S. 215 (zit.: Beyer et al. Privatrecht 2050/Maute); *McLean/Deane-Johns*, Demystifying Blockchain and Distributed Ledger Technology – Hype or Hero?, CRi 2016, 97; *Metzger*, The Current Landscape of Blockchain-Based,

Crowdsourced Arbitration, Macquarie Law Journal 19 (2019), 81; *Mienert*, Wyomings DAO-Gesetz, RDi 2021, 384; *Mirchandani*, The GDPR-blockchain paradox: Exempting permissioned blockchains from the GDPR, Fordham Intellectual Property, Media & Entertainment Law Journal 29(4) (2019), 1201; *Möslein/Omlor/Urbach*, Grundfragen eines Blockchain-Kapitalgesellschaftsrechts, ZIP 2020, 2149; *Nakamoto*, Bitcoin: A Peer-to-Peer Electronic Cash System, 2008, abrufbar https://bitcoin.org/bitcoin.pdf.; *NASAA*, Operation Cryptosweep, 2018, abrufbar unter https://www.nasaa.org/policy/enforcement/operation-cryptosweep/; *O'Toole/Reilly*, The First Block in the Chain: Proposed Amendments to the DGCL Pave the Way for Distributed Ledgers and Beyond, Harvard Law School Forum on Corporate Governance, 16.3.2017, abrufbar unter https://corpgov.law.harvard.edu/2017/03/16/the-first-block-in-the-chain-proposed-amendments-to-the-dgcl-pave-the-way-for-distributed-ledgers-and-beyond/; *Omlor*, Elektronische Wertpapiere nach dem eWpG, RDi 2021, 371; *Omlor*, Kryptowährungen im Geldrecht, ZHR 2019, 294; *Otto*, What Does an NFT Have to Do With Art, Darknet and Law?, Ri-nova 2021, 1; *Pech*, Copyright Unchained: How Blockchain Technology Can Change the Administration and Distribution of Copyright Protected Works, Northwestern Journal of Technology and Intellectual Property 18 (1) (2020), 1; *Peel*, The GDPR: The Biggest Threat to the Implementation of Blockchain Technology in Global Supply Chains, UMKC Law Review 88(2) (2019), 497; *Pesch*, Blockchain, Smart Contracts und Datenschutz, in Fries/Paal (Hrsg.), Smart Contracts, 2019, S. 13 (zit.: Fries/Paal Smart Contracts/Pesch); *Pesch/Böhme*, Datenschutz trotz öffentlicher Blockchain?, DuD 2017, 93; *PwC Law Firms' Survey 2017*, 17.10.2017, abrufbar unter https://www.pwc.co.uk/industries/law-firms/law-firms-survey-report-2017.pdf; *PwC Law Firms' Survey 2018*, 3.12.2018, abrufbar unter https://www.pwc.co.uk/industries/law-firms/pwc-law-firms-survey-report-2018-final.pdf; *Quiel*, Blockchain-Technologie im Fokus von Art. 8 GRC und DS-GVO, DuD 2018, 566; *Rapp/Bongers*, Kryptokunst in der Steuerbilanz, DStR 2021, 2178; *Remien*, Verhältnismäßigkeit, HWB EuP 2009, abrufbar unter https://hwb-eup2009.mpipriv.de/index.php/Verh%C3%A4ltnism%C3%A4%C3%9Figkeit; *Rivière*, Blockchain technology and IP – investigating benefits and acceptance in governments and legislation, Junior Management Science 3(1) (2018), 1; *Rose*, Blockchain: Transforming the registration of IP rights and strengthening the protection of unregistered IP rights, WIPO Magazine 2020, Online Features, abrufbar unter https://www.wipo.int/wipo_magazine_digital/en/2020/article_0002.html; *Saberi/Kouhizadeh/Sarkis/Shen*, Blockchain technology and its relationships to sustainable supply chain management, International Journal of Production Research 57(7) (2019), 2117; *Sater*, Tokenize the Musician, Tulane Journal of Technology & Intellectual Property 21 (2019), 107; *Schawe*, Blockchain und Smart Contracts in der Kreativwirtschaft – mehr Probleme als Lösungen?, MMR 2019, 218; *Schefzig*, Big Data = Personal Data? Der Personenbezug von Daten bei Big Data-Analysen, K&R 2014, 772; *Schlund/Pongratz*, Distributed-Ledger-Technologie und Kryptowährungen – eine rechtliche Betrachtung, DStR 2018, 598; *Schrey/Thalhofer*, Rechtliche Aspekte der Blockchain, NJW 2017, 1431; *SEC*, Exchange Act Release No. 10714: Cease and Desist Order, 2019, abrufbar unter https://www.sec.gov/litigation/admin/2019/33-10714.pdf; *SEC*, Release No. 81207: Report of Investigation Pursuant to Section 21(a) of the Securities Exchange Act of 1934: The DAO, 2017, abrufbar unter https://www.sec.gov/litigation/investreport/34-81207.pdf; *Shmatenko/Möllenkamp*, Digitale Zahlungsmittel in einer analog geprägten Rechtsordnung, MMR 2018, 495; *Sihvart*, Blockchain – security control for government registers, E-Estonia, 2017, abrufbar unter https://e-estonia.com/blockchain-security-control-for-government-registers/; *Simmchen*, Blockchain (R)Evolution, MMR 2017, 162; *Song*, Bullish on Blockchain: Examining Delaware's Approach to Distributed Ledger Technology in Corporate Governance Law and beyond, Harvard Business Law Review Online 8 (2017-2018), 9; *Spindler*, Blockchaintypen und ihre gesellschaftsrechtliche Einordnung, RDi 2021, 309; *Spindler*, Datenschutzrechtliche Anforderungen an den Einsatz der Blockchain-Technologie im Aktienrecht, ZGR 2020, 707; *Stamenov*, Rechtsinformatik und Legal Tech, MMR-Aktuell 2020, 433995; *Steinrötter*, Auf Onlineportale anwendbares Datenschutzrecht, EWS 2015, 83; *Steinrötter*, Datenschutzrechtliche Probleme beim Einsatz der Blockchain, ZBB/JBB 6/2021, 373; *Steinrötter*, Legal Tech im Reiserecht, RRa 2020, 259; *Steinrötter/Bohlsen*, Digitale Daten und Datenträger in Zwangsvollstreckung und Insolvenz, ZZP 133 (2020), 459; *Sus*, Proof-of-Stake Is a Defective Mechanism (March 24, 2022), http://dx.doi.org/10.2139/ssrn.4067739; *Tam*, Music Copyright Management on Blockchain: Advantages and Challenges, Albany Law Journal of Science & Technology 29 (3) (2019), 201; *Teperdjian*, The Puzzle of Squaring Blockchain with the General Data Protection Regulation, Jurimetrics 60(3) (2020), 253; *Timmermann*, Legal Tech-Anwendungen, 2020; *Tobler*, Non-fungible Tokens – Einsatzmöglichkeiten aus Sicht des deutschen Rechts, DSRITB 2021, 251; *Trstenjak/Beysen*, Das Prinzip der Verhältnismäßigkeit in der Unionsrechtsordnung, EuR 2012, 265; *van der Linden*, Trust me: Combining online dispute resolution, law and blockchain technology, Indian Journal of Law and Technology 15(2) (2019), 454; *van Eecke/Haie*, Blockchain and the GDPR: The EU blockchain observatory report, European Data Protection Law Review 4(4) (2018), 531; *Walch*, Open Source Operational Risk: Should Public Blockchains Serve as Financial Market Infrastructures?, in Chuen/Deng (Hrsg.), Handbook of Blockchain, Digital Finance, and Inclusion (2. Auflage), 2017, S. 243 (zit.: Chuen/Deng Handbook of Blockchain, Digital

Finance, and Inclusion/Welch); *Weichert*, Der Personenbezug von Geodaten, DuD 2007, 113; *Weldon/Epstein*, Beyond Bitcoin: Leveraging Blockchain to Benefit Business and Society Transactions, The Tennessee Journal of Business Law 20(2) (2019), 837; *Wettlaufer*, Vertragsgestaltung, Legal Techs und das Anwaltsmonopol, MMR 2018, 55; *Wilsch*, Die Blockchain-Technologie aus der Sicht des deutschen Grundbuchrechts, DNotZ 2017, 761; *WIPO*, Report on the Blockchain Workshop, 2019, abrufbar unter https://www.wipo.int/edocs/mdocs/cws/en/cws_7/cws_7_item_7b.pdf; *WIPO*, Standards Workshop on Blockchain, 2019, abrufbar unter www.wipo.int/meetings/en/details.jsp?meeting_id=51407 *Wright*, The Rise of Decentralized Autonomous Organizations: Opportunities and Challenges, Stanford Journal of Blockchain Law & Policy 4 (2) (2021), 1; *Zickgraf*, Initial Coin Offerings – Ein Fall für das Kapitalmarktrecht?, AG 2018, 293; *Zimmermann*, Blockchain-Netzwerke und Internationales Privatrecht – oder: der Sitz dezentraler Rechtsverhältnisse, IPRax 2018, 566.

I. Einführung[1]

1 Im Kern stellen Blockchains dezentrale Datenbanken für Transaktionen dar, die ein verteiltes Netzwerk von Computern verwaltet. Dabei kommt es zu einer Kombination von verschiedenen Technologien, v.a. Peer-to-Peer-Netzwerke (P2P), Public Private Key-Kryptografie sowie bestimmte Konsensmechanismen, was einen neuartigen Datenbanktyp zur Folge hat. Entscheidendes Anliegen ist es, auf Intermediäre und Zentralstellen staatlicher sowie privater Provenienz vermittels Transparenz und Dezentralisierung verzichten zu können.[2] Bei der Blockchain-Technologie handelt es sich um eine **Form der sog. Distributed Ledger-Technologie** (DLT), die darüber hinaus weitere dezentrale oder verteilte datenbankähnliche Systeme umfasst.[3]

2 Die erste Blockchain, auf der nunmehr auch die bekannteste Kryptowährung „Bitcoin" abgewickelt wird, hat **Satoshi Nakamoto** kreiert,[4] wobei es sich um eine Alias-Bezeichnung handelt und bis heute unklar ist, welche Person oder Personengruppe dahintersteht. Kryptowerte (dazu unter → *Kryptowährungen* Rn. 5 ff.) bilden jedoch nur einen möglichen Anwendungsfall für die Blockchain-Technologie. Weitere (potenzielle) Einsatzmöglichkeiten[5] umfassen zB sog. Smart Contracts (dazu → *Smart Contracts* Rn. 1 ff.), dezentrale, autonome Organisationen (sog. Distributed Autonomous Organizations, DAO[6]), Decentralized Finance (DeFi)[7], dezentrale Applikationen (dApp[8]), digitale Register wie Grundbücher[9] oder Handelsregister, Transaktionen im IoT-Kontext[10] sowie die Anwendung für Herkunftsnachweise oder im Supply Chain Management.[11] Die Blockchain scheint sich als eine für verschiedene Branchen attraktive Technologie

---

1 Zu den hier beschriebenen begrifflichen und technischen Grundlagen siehe bereits Steinrötter ZBB/JBB 6/2021, 373 (374 ff.); eine gut lesbare technische und rechtstatsächliche Einführung bieten Maume/Maute Kryptowerte-HdB/Fromberger/Zimmermann § 1.
2 De Filippi/Wright, Blockchain and the law – the rule of code, 2018, S. 13; Heckmann/Schmid, Blockchain und Smart Contracts – Recht und Technik im Überblick, hrsg. v. vbw, 2017, abrufbar unter https://www.vbw-bayern.de/Redaktion/Frei-zugaengliche-Medien/Abteilungen-GS/Wirtschaftspolitik/2019/Downloads/190509-Blockchain-und-Smart-Contracts_neu.pdf, S. 1; Kaulartz CR 2016, 474 (476); McLean/Deane-Johns CRi 2016, 97.
3 Krupar/Strassemeyer K&R 2018, 746 (747); Böhme/Pesch DuD 2017, 473.
4 Siehe das ursprüngliche Paper von Nakamoto, Bitcoin: A Peer-to-Peer Electronic Cash System, 2008, abrufbar unter https://bitcoin.org/bitcoin.pdf.
5 Dazu etwa Heckmann/Schmid, Blockchain und Smart Contracts – Recht und Technik im Überblick, hrsg. v. vbw, 2017, abrufbar unter https://www.vbw-bayern.de/Redaktion/Frei-zugaengliche-Medien/Abteilungen-GS/Wirtschaftspolitik/2019/Downloads/190509-Blockchain-und-Smart-Contracts_neu.pdf, S. 6 ff.; Dimitropoulos Washington Law Review 95(3) (2020), 1117 (1131 ff.); Weldon/Epstein The Tennessee Journal of Business Law 20(2) (2019), 837 (859 ff.).
6 Siehe dazu etwa Mienert RDi 2021 384; Langheld/Haagen NZG 2021, 724; Mann NZG 2017, 1014.
7 Dazu Möslein/Omlor FinTech-HdB/Kaulartz § 5 Rn. 55 ff.
8 Siehe Buterin, Ethereum White Paper, 2013, abrufbar unter https://ethereum.org/en/whitepaper/.
9 Der Koalitionsvertrag 2021–2025 zwischen SPD, Bündnis 90/DIE GRÜNEN und FDP, „Mehr Fortschritt wagen", 7.12.2021 abrufbar unter https://www.spd.de/fileadmin/Dokumente/Koalitionsvertrag/Koalitionsvertrag_2021-2025.pdf, S. 92, sieht die Prüfung vor, „ob ein Grundbuch auf der Blockchain möglich und vorteilhaft ist."
10 Dazu Klein DSRITB 2015, 429.
11 Heckmann/Schmid, Blockchain und Smart Contracts – Recht und Technik im Überblick, hrsg. v. vbw, 2017, abrufbar unter https://www.vbw-bayern.de/Redaktion/Frei-zugaengliche-Medien/Abteilungen-GS/Wirtschaftspolitik/201

darzustellen, insbesondere für die Finanzwirtschaft, jedoch auch für die Medienindustrie, den Energie- und Gesundheitssektor sowie die öffentliche Verwaltung.[12] Es sind v.a. vier wesentliche Eigenschaften, aus denen sich das Potenzial dieser teilweise als disruptiv erachteten[13] Technologie ergibt:[14]

- nachträgliche Unveränderlichkeit von Daten (Immutability),[15]
- kein Vertrauen in eine zentrale Partei nötig (Trustlessness),
- Widerstandsfähigkeit (Resilience) durch Vermeidung von kritischen Einzelkomponenten (sog. Single Points of Failure),[16]
- Transparenz.

II. Termini und technische Charakteristika

Ein präzises und vertieftes technisches Verständnis der Blockchain zu erlangen, gestaltet sich als anspruchsvolle Aufgabe. Dies ergibt sich aus dem Umstand, dass die Blockchain eine sehr komplexe Technologie mit im Detail doch sehr unterschiedlichen Ausprägungen sein kann. Die nachfolgende Darstellung beschreibt die Fachbegriffe und beschränkt sich auf typische technische Grundlagen.

1. Grundlegende Funktionsweise

Eine Blockchain stellt sich als verteiltes Register und „Kette von Blöcken" dar, wobei jeder Block einen Datenbestand mit bestimmten Informationen aufweist. Sobald das Fassungsvermögen eines Blocks erreicht wird, knüpft die Kette – vereinfacht dargestellt – an den nächsten Block an, der wiederum mit dem vorherigen mathematisch verbunden ist.[17] Nur der erste Block (sog. „Genesis-Block") wird dabei programmiert.[18]

Die Blockchain als solche ist nicht bei einer Zentralstelle gespeichert, sondern wird durch am P2P-Netzwerk[19] teilnehmende Rechner (sog. Nodes bzw. Knoten) erzeugt, die online bei Verwendung einer speziellen Software miteinander vernetzt sind und das Register verwalten.[20] Dies bedeutet, dass die Inhalte zugleich an vielen Orten „aufbewahrt" werden. Eine hierarchische Struktur gibt es dabei nicht.[21] Vertrauen

---

9/Downloads/190509-Blockchain-und-Smart-Contracts_neu.pdf, S. 1, 9; siehe auch Saberi/Kouhizadeh/Sarkis/Shen International Journal of Production Research 57(7) (2019), 2117; Peel UMKC Law Review 88(2) (2019), 497 (501 ff.).

12 Heckmann/Schmid, Blockchain und Smart Contracts – Recht und Technik im Überblick, hrsg. v. vbw, 2017, abrufbar unter https://www.vbw-bayern.de/Redaktion/Frei-zugaengliche-Medien/Abteilungen-GS/Wirtschaftspolitik/2019/Downloads/190509-Blockchain-und-Smart-Contracts_neu.pdf, S. 1, 7; Weldon/Epstein The Tennessee Journal of Business Law 20(2) (2019), 837 (859 ff.); De Filippi/Wright, Blockchain and the law – the rule of code, 2018, S. 109 ff.

13 Simmchen MMR 2017, 162 (165); Schrey/Thalhofer NJW 2017, 1431; vgl. Blocher AnwBl 2016, 612: „The next big thing"; Quiel DuD 2018, 566; zurückhaltender Steinrötter ZBB/JBB 6/2021, 373.

14 Böhme/Pesch DuD 2017, 473; Walch, Open Source Operational Risk: Should Public Blockchains Serve as Financial Market Infrastructures?, Draft, abrufbar unter https://papers.ssrn.com/sol3/papers.cfm?abstract_id=2879239, 2016, S. 3; vgl. De Filippi/Wright, Blockchain and the law – the rule of code, 2018, S. 33 ff.

15 Ob die Blockchain tatsächlich „tamper-proof" ist (Mirchandani Fordham Intellectual Property, Media & Entertainment Law Journal 29(4) (2019), 1201 (1205)), erscheint zweifelhaft; zu Recht kritisch Linardatos K&R 2018, 85 (87).

16 Möslein/Omlor FinTech-HdB/Kaulartz § 5 Rn. 8.

17 Schrey/Thalhofer NJW 2017, 1431; Schlund/Pongratz DStR 2018, 598; Heckmann/Schmid, Blockchain und Smart Contracts – Recht und Technik im Überblick, hrsg. v. vbw, 2017, abrufbar unter https://www.vbw-bayern.de/Redaktion/Frei-zugaengliche-Medien/Abteilungen-GS/Wirtschaftspolitik/2019/Downloads/190509-Blockchain-und-Smart-Contracts_neu.pdf, S. 2.

18 Heckmann/Schmid, Blockchain und Smart Contracts – Recht und Technik im Überblick, hrsg. v. vbw, 2017, abrufbar unter https://www.vbw-bayern.de/Redaktion/Frei-zugaengliche-Medien/Abteilungen-GS/Wirtschaftspolitik/2019/Downloads/190509-Blockchain-und-Smart-Contracts_neu.pdf, S. 2.

19 Antonopoulos, Mastering Bitcoin, 2017, S. 171.

20 Heckmann/Schmid, Blockchain und Smart Contracts – Recht und Technik im Überblick, hrsg. v. vbw, 2017, abrufbar unter https://www.vbw-bayern.de/Redaktion/Frei-zugaengliche-Medien/Abteilungen-GS/Wirtschaftspolitik/2019/Downloads/190509-Blockchain-und-Smart-Contracts_neu.pdf, S. 2; Kaulartz CR 2016, 474 (475).

21 Antonopoulos, Mastering Bitcoin, 2017, S. 171.

in Beteiligte erscheint „per Design" nachgerade unnötig. Dies folgt daraus, dass die Kombination des P2P-Modells mit der Public Private Key-Verschlüsselung es den Teilnehmern des Netzwerks ermöglicht, eine **dezentrale, richtige und grundsätzlich fälschungssichere Liste sämtlicher Transaktionen** zu führen.[22]

6 Blockchain-Transaktionen sind letztendlich Nachrichten, die ein Absender dem P2P-Netzwerk übermittelt, zB im Fall von Kryptowerten hinsichtlich eines bestimmten Betrages, der übertragen werden soll.[23] Alle Nutzer des Netzwerks verfügen hier über Adressen, die mit Kontonummern vergleichbar sind[24] und denen zB transferierbare Bitcoin-Guthaben zugeordnet sind.[25] Derlei Bitcoin-Transaktionen ähneln Überweisungen, wobei der eigene „Kontostand" allen nicht weitergeleiteten Transaktionen entspricht.[26] Dies lässt sich dahin gehend verallgemeinern, dass die meisten Blockchain-Systeme **Informationen** definieren, die man grundsätzlich **in Werteinheiten – auch Token genannt[27] – und Zuordnungsvorschriften** unterteilen kann.[28] Je nach Einsatzzweck findet sich hier eine grundsätzliche Unterscheidung zwischen Payment Token, die eine Zahlungsmittelfunktion haben („Kryptowährungen" wie Bitcoin), Utility Token mit einem konkreten Einsatzzweck (etwa Gutscheine für die Nutzung von Produkten oder Dienstleistungen), Security Token, die mitgliedschaftliche Rechte oder schuldrechtliche Ansprüche vermögenswerten Inhalts verkörpern, sowie hybride Token (zu alledem → *Kryptowährungen* Rn. 5 ff.).[29]

2. Sicherheitskomponenten

7 Bei dem Versand einer Nachricht mittels Transaktion an das P2P-Netzwerk muss garantiert sein, dass der Absender zur Vornahme der Transaktion auch befugt war. Die meisten Blockchain-Systeme bedienen sich zu diesem Zweck der sogenannten **asymmetrischen Verschlüsselung**.[30] Bei diesem kryptografischen Verfahren kommen zwei Schlüssel zur Ver- und Entschlüsselung von Daten zum Einsatz.[31] Der sog. **Public Key** ist öffentlich bekannt und dient als Adresse bzw. „Kontonummer" des Empfängers einer Transaktion, also zum Verschlüsseln von Nachrichten.[32] Der sog. **Private Key** ist hingegen geheim und dient – als eine Art Passwort – zum Entschlüsseln und Signieren.[33] So genügt – selbst für den Absender – die Kenntnis des Public Key zur Entschlüsselung der Nachricht nicht. Außerdem lässt sich aus dem Public Key der Private Key nicht herleiten.[34]

8 Damit der Inhaber des Public Key über die Werteinheiten bzw. Transaktionen, die ihm weitergeleitet wurden (zB Bitcoins), verfügen kann, muss dieser nachweisen, tatsächlich Inhaber des jeweiligen „Kontos" zu sein. Dies geschieht sodann anhand des Private Key, der nur dem „Kontoinhaber" bekannt ist. Durch die mathematische Verbindung des Private Key mit der Nachricht vermag der Absender eine für jede Nachricht einzigartige **digitale Signatur** zu generieren. Der Empfänger der Transaktion sowie andere Teilnehmer des

---

22 De Filippi/Wright, Blockchain and the law – the rule of code, 2018, S. 18; Schrey/Thalhofer NJW 2017, 1431 (1432); Knaier/Wolff BB 2018, 2253 (2255).
23 Pesch/Böhme DuD 2017, 93.
24 Schlund/Pongratz DStR 2018, 598 (599).
25 Pesch/Böhme DuD 2017, 93.
26 Kaulartz CR 2016, 474 (475 mwN).
27 Möslein/Omlor FinTech-HdB/Kaulartz § 5 Rn. 22.
28 Böhme/Pesch DuD 2017, 473 (475).
29 Möslein/Omlor FinTech-HdB/Kaulartz § 5 Rn. 26; siehe auch Möslein/Omlor FinTech-HdB/Siedler § 7 Rn. 16 f. zu weiteren Klassifizierungen; siehe auch BaFin, Zweites Hinweisschreiben zu Prospekt- und Erlaubnispflichten im Zusammenhang mit der Ausgabe sogenannter Krypto-Token, 16.08.2019, abrufbar unter https://www.bafin.de/SharedDocs/Downloads/DE/Merkblatt/WA/dl_wa_merkblatt_ICOs.html, S. 6; siehe auch Kaulartz/Matzke NJW 2018, 3278 (3279 f.).
30 Vgl. etwa Schlund/Pongratz DStR 2018, 598 (599); siehe zu den Grundbegriffen der Kryptografie: Taeger/Pohle ComputerR-HdB/Illies/Lochter/Stein Teil 15.152 Rn. 1 ff.
31 Kaulartz CR 2016, 474 (475).
32 Kaulartz CR 2016, 474 (475) mwN; Damjanovic/Pfurtscheller/Raschauer ZEuP 2021, 397 (422); vgl. Schlund/Pongratz DStR 2018, 598 (599).
33 Kaulartz CR 2016, 474 (475).
34 Kaulartz CR 2016, 474 (475).

Netzwerks können dann anhand des öffentlichen Schlüssels des Absenders und der Signatur die Authentizität und Integrität der Nachricht bestätigen, ohne dessen privaten Schlüssel zu kennen.[35] Die Signatur hat somit eine **Authentifizierungsfunktion** und dient als mathematischer Nachweis, dass der Absender den privaten Schlüssel auch wirklich „innehat".[36] Spezielle Computerprogramme erzeugen die privaten und öffentlichen Schlüssel. Es handelt sich hierbei um **sog. „Wallets"**, die etwa Bitcoin-Transaktionen ermöglichen sowie zusätzliche Informationen über das Netzwerk und die Transaktionen zur Verfügung stellen.[37]

3. Dezentraler Konsensmechanismus

Während die Public Private Key-Verschlüsselung der Autorisierung von Transaktionen dient, stellt das P2P-Netzwerk sicher, dass nur valide Transaktionen Akzeptanz finden, was in die **Erzeugung des dezentralen Registers mit der Transaktionshistorie** mündet. Dies geschieht, indem die Knoten des Netzwerks unabhängig voneinander die Blockchain zusammenstellen. Das Design der Technologie ermöglicht es allen Knoten, eine identische Kopie des öffentlichen Registers herzustellen. Dies führt dazu, dass der dezentrale Mechanismus eines emergenten Konsenses unter den Teilnehmern die Notwendigkeit der Vertrauensbildung in einen zentralen Intermediär oder einen sonstigen Akteur ersetzt.[38] Zwar wird hierdurch kein ausdrücklicher Konsens erreicht; vielmehr ist ein solcher letztendlich mathematisch bedingt („trust by math"[39]) und bemisst sich – etwa bei Bitcoin – anhand folgender, jeweils unabhängiger, Schritte:[40]

- **Verifikation jeder Transaktion durch jeden „Full Node"** anhand bestimmter Kriterien,
- **Zusammenfassung** der Transaktionen **in neuen Blöcken** durch „Miner" und **Lösen** einer rechenintensiven mathematischen Aufgabe (Proof-of-Work),
- **Verifikation** der neuen Blöcke **durch alle Nodes** und Erzeugen einer Kette,
- **Selektion** der Kette, in der die größte kumulierte Rechenleistung (Proof-of-Work) steckt, durch jeden Node.

Für das grundlegende Verständnis erscheint die Erkenntnis wichtig, dass es verschiedene Node-Typen gibt, die unterschiedliche Funktionen erfüllen.[41] Die sog. **„Full Nodes"** verfügen über eine vollständige Kopie der Blockchain und können Transaktionen und Blöcke verifizieren, aber keine neuen Blöcke herstellen.[42] Letzteres ist vielmehr die Aufgabe der sog. **„Miner"** (Mining Nodes). Von den Nodes zu unterscheiden sind wiederum die **Nutzer** der Blockchain, die lediglich Transaktionen vornehmen.[43]

a) Verifikation von Transaktionen

Das P2P-Netzwerk stellt zunächst unter anderem sicher, dass eine neue Information, die ein Blockchain-Teilnehmer über seinen Rechner an das Netzwerk kommuniziert hat, eine ordnungsgemäße Signatur auf-

---

35 De Filippi/Wright, Blockchain and the law – the rule of code, 2018, S. 15; Taeger/Pohle ComputerR-HdB/Illies/Lochter/Stein Teil 15.152 Rn. 6; Driscoll, How Bitcoin Works Under the Hood, 2013, abrufbar unter http://www.imponderablethings.com/2013/07/how-bitcoin-works-under-hood.html.
36 Kaulartz CR 2016, 474 (475); Driscoll, How Bitcoin Works Under the Hood, 2013, abrufbar unter http://www.imponderablethings.com/2013/07/how-bitcoin-works-under-hood.html.
37 Siehe dazu etwa Bitcoin-Clients, abrufbar unter https://en.bitcoin.it/wiki/Clients; siehe auch Dion University of Illinois Journal of Law, Technology & Policy 2013(1) (2013), 165 (167 f.); Möslein/Omlor FinTech-HdB/Kaulartz § 5 Rn. 35 f.; Antonopoulos, Mastering Bitcoin, 2017, S. 93 ff.
38 Siehe zum Ganzen Antonopoulos, Mastering Bitcoin, 2017, S. 217: „Emergent, because consensus is not achieved explicitly—there is no election or fixed moment when consensus occurs. Instead, consensus is an emergent artifact of the asynchronous interaction of thousands of independent nodes, all following simple rules."
39 Möslein/Omlor FinTech-HdB/Kaulartz § 5 Rn. 11.
40 Zu dieser Systematisierung Antonopoulos, Mastering Bitcoin, 2017, S. 218.
41 Siehe zu den Node-Typen und ihren Funktionen Antonopoulos, Mastering Bitcoin, 2017, S. 172 ff.
42 Es gibt auch sog. „Light Nodes", die nur über einen Teil der Blockchain verfügen und daher auf Full Nodes angewiesen sind, um Transaktionen verifizieren zu können.
43 Bundesnetzagentur, Die Blockchain-Technologie, 2021, S. 9 f., auch zu Nodes und Miner.

weist und nicht den vorherigen Mitteilungen widerspricht.[44] Das Netzwerk überprüft also nicht nur, ob der Absender legitimiert war, sondern auch, ob etwa der (vermeintliche) Inhaber von Bitcoins überhaupt (noch) über diese „verfügt", sie also insbesondere nicht bereits verausgabt hat.[45] Die Verifizierung der Inhaberschaft von Werteinheiten wie Bitcoins vollzieht sich allerdings nicht über „Kontostände", sondern über Referenzen an vorherige Transaktionen (sog. Inputs), die in der ausgehenden Transaktion enthalten sind. Das P2P-Netzwerk überprüft diese und kontrolliert zudem, ob der Absender der Transaktion einen Input, der stets nur einmal verwendet werden kann, nicht bereits „ausgegeben" hat. Somit entspricht das eigene Guthaben nicht einem auf der Blockchain gespeicherten Saldo, sondern der Summe aller nicht „ausgegebenen" Transaktionen (sog. unspent transaction outputs, UTXO), die zu den eigenen öffentlichen Schlüsseln durchgeführt wurden und die über die Blockchain als umfassende Liste von Transaktionen verteilt sind.[46] Ihren „Kontostand" können Nutzer sehen, indem sie ihn mittels einer Wallet-Software erstellen.[47]

12 Innerhalb des Netzwerks funktioniert die Verifikation von Transaktionen kollektiv. Der Absender kommuniziert mit den folgenden Knoten des Systems, welche die Transaktion verifizieren müssen. Erst wenn dies geschehen ist, übermitteln diese Knoten die Transaktion an weitere Knoten. Dies führt dazu, dass nur valide Transaktionen innerhalb des Netzwerks verbreitet, sie ansonsten als ungültig verworfen werden.[48]

b) Eingliederung der jeweiligen Transaktion in die Blockchain

13 Nachdem ein Node eine Transaktion verifiziert hat, wird diese einem sog. „Transaction Pool" oder „Memory Pool" hinzugefügt. Die Transaktion ist dann valide, allerdings noch nicht bestätigt. Dafür muss sie sich erst in einem validen Block auf der Blockchain befinden.[49]

aa) Verknüpfung der Blöcke

14 Die Blöcke beherbergen Transaktionsdaten, die Eingang in das verteilte Register erhalten. Sie implizieren zum einen eine Liste mit Transaktionen und zum anderen einen sog. Header mit Metadaten.[50] Dieser dient – ähnlich wie die Seiten eines Buchs – der Organisation der Blockchain-Datenbank und setzt sich insbesondere aus einem sog. „Hash" der Transaktionen im aktuellen Block sowie einem „Hash" des jeweils vorherigen Blocks und einem Zeitstempel zusammen.[51] Einem „Hash" kommt dabei die Funktion eines „digitalen Fingerabdrucks" zu. Er bildet beliebig lange Zeichenfolgen durch konstant lange Zeichenfolgen, dem Hashwert, mittels einer Hashfunktion ab.[52] Charakteristisch für das Hashverfahren[53] ist, dass eine Änderung auch nur eines einzigen Eingangszeichens zu einem gänzlich neuen Hashwert führt.[54] Das Hashverfahren dient mithin der schnellen Vergleichbarkeit von Zeichenfolgen.[55] Die Verknüpfung der Blöcke mit dem Verweis auf den vorhergehenden Block garantiert, dass kein Block veränderbar ist, ohne dass

---

44 Vgl. Heckmann/Schmid, Blockchain und Smart Contracts – Recht und Technik im Überblick, hrsg. v. vbw, 2017, abrufbar unter https://www.vbw-bayern.de/Redaktion/Frei-zugaengliche-Medien/Abteilungen-GS/Wirtschaftspolitik/2019/Downloads/190509-Blockchain-und-Smart-Contracts_neu.pdf, S. 4.
45 Vgl. Kuhlmann CR 2014, 691 (693).
46 Zum Ganzen Antonopoulos, Mastering Bitcoin, 2017, S. 119 ff.; Kaulartz CR 2016, 474 (475 f.); Driscoll, How Bitcoin Works Under the Hood, 2013, abrufbar unter http://www.imponderablethings.com/2013/07/how-bitcoin-works-under-hood.html.
47 Antonopoulos, Mastering Bitcoin, 2017, S. 119.
48 Antonopoulos, Mastering Bitcoin, 2017, S. 218.
49 Antonopoulos, Mastering Bitcoin, 2017, S. 219.
50 Antonopoulos, Mastering Bitcoin, 2017, S. 196.
51 De Filippi/Wright, Blockchain and the law – the rule of code, 2018, S. 23.
52 Kaulartz CR 2016, 474 (475).
53 Das Hashverfahren kommt nicht nur bei der Erstellung der Blöcke, sondern auch bei der Public Private Key-Verschlüsselung zum Einsatz, vgl. Kaulartz CR 2016, 474 (475 f.); Möslein/Omlor FinTech-HdB/Kaulartz § 5 Rn. 30 f.
54 Möslein/Omlor FinTech-HdB/Kaulartz § 5 Rn. 30; De Filippi/Wright, Blockchain and the law – the rule of code, 2018, S. 22.
55 Kaulartz CR 2016, 474 (475).

die Hashwerte in den darauffolgenden Blöcken falsch würden.[56] Die Nodes, welche die Blöcke erzeugen, sind sog. **„Miner"**. Diese **erhalten** – für den Fall, dass sie einen vom P2P-Netzwerk validierten Block erzeugen – eine vom Blockchain-Protokoll festgelegte **Gegenleistung** („Block Reward"), **die als Anreiz für Investitionen in Rechenleistung dient**.[57] Miner arbeiten insbesondere bei den großen Kryptowerten oftmals auch zusammen, indem sie sog. „Mining Pools" bilden.[58]

bb) Konsensverfahren im Einzelnen

Die Konsensmechanismen sind technische Regeln, die gewährleisten, dass alle Nodes denselben Datensatz speichern.[59] Indem die Konsensmechanismen Anreize für die Befolgung des Blockchain-Protokolls schaffen, etwa die Belohnung der Miner, und den Aufwand zur Manipulation der Blockchain außer Verhältnis zum Nutzen setzen, garantieren sie faktisch die **(weitgehende) Fälschungssicherheit** des dezentralen Registers.[60] Somit wird das Kryptowährungen prinzipiell immanente Double Spending-Problem, also die Gefahr, dass ein Nutzer beispielsweise Bitcoins doppelt ausgeben kann, bevor seine erste Transaktion bei allen Knoten gebucht worden ist,[61] tatsächlich (fast) niemals verwirklicht.

Dabei gibt es diverse technische Verfahren, die als Konsensmechanismus dienen können.[62] Das wohl prominenteste ist der **Proof-of-Work-Algorithmus** (allgemein zum Begriff des Algorithmus → *Algorithmus* Rn. 2 ff.).[63] Dieser eröffnet eine Art „Wettbewerb" unter den Minern. Nachdem diese einen Block mit neuen Transaktionen erstellt haben (sog. Candidate Block), müssen sie zusätzlich eine komplexe Rechenaufgabe[64] nach dem Trial-and-Error-Prinzip lösen.[65] Dieses Verfahren wird auch als **Mining** bezeichnet.[66] Der „Gewinner" teilt dem P2P-Netzwerk die Lösung mit (sog. „Nonce"), die anderen Nodes überprüfen das Ergebnis und validieren somit den „Gewinner"-Block, den jeder Node an seine lokal gespeicherte Blockchain anhängt.[67] Somit kommt es stets zu einem Konsens über den Inhalt des Registers. Die Proof-of-Work-Lösung ist dabei **äußerst rechenintensiv**, während die Überprüfung des bereits gefundenen Ergebnisses durchaus schlicht ist.[68] Die Schwierigkeit der Rechenaufgabe wird an die vorhandene Rechenkapazität angepasst, so dass etwa bei Bitcoin durchschnittlich alle zehn Minuten[69] ein neuer Block erzeugt wird. Gelegentlich kommt es bei Blockchains zu unvermeidbaren Gabelungen der Kette (sog. Forks), die zu Abzweigungen führen.[70] Um den Konsens aufrechtzuerhalten, wird in einem solchen Fall gemäß

---

56 Möslein/Omlor FinTech-HdB/Kaulartz § 5 Rn. 13.
57 Mining kann auch durch Transaktionsgebühren monetarisiert werden, Möslein/Omlor FinTech-HdB/Kaulartz § 5 Rn. 14; Antonopoulos, Mastering Bitcoin, 2017, S. 309.
58 Heckmann/Schmid, Blockchain und Smart Contracts – Recht und Technik im Überblick, hrsg. v. vbw, 2017, abrufbar unter https://www.vbw-bayern.de/Redaktion/Frei-zugaengliche-Medien/Abteilungen-GS/Wirtschaftspolitik/2019/Downloads/190509-Blockchain-und-Smart-Contracts_neu.pdf, S. 5.
59 Möslein/Omlor FinTech-HdB/Kaulartz § 5 Rn. 10; vgl. Böhme/Pesch DuD 2017, 473 (475).
60 Möslein/Omlor FinTech-HdB/Kaulartz § 5 Rn. 10 f.
61 Siehe zum Double Spending-Problem Nakamoto, Bitcoin: A Peer-to-Peer Electronic Cash System, 2008, S. 1 f.; Möslein/Omlor FinTech-HdB/Kaulartz § 5 Rn. 9 f.
62 Möslein/Omlor FinTech-HdB/Kaulartz § 5 Rn. 12; Bundesnetzagentur, Die Blockchain-Technologie, 2021, S. 11 ff.
63 Dieser wird etwa bei Bitcoin verwendet; zu Proof-of-Work Antonopoulos, Mastering Bitcoin, 2017, S. 214: „[…] Proof-of-Work, is included in the new block and acts as proof that the miner expended significant computing effort", S. 228 ff.; De Filippi/Wright, Blockchain and the law – the rule of code, 2018, S. 23 f.
64 De Filippi/Wright, Blockchain and the law – the rule of code, 2018, S. 23: „While generating a hash for any given block does not need to be challenging, the Bitcoin protocol purposefully makes this task difficult by requiring that a block's hash begin with a specified number of leading zeros."
65 Antonopoulos, Mastering Bitcoin, 2017, S. 220 f.; De Filippi/Wright, Blockchain and the law – the rule of code, 2018, S. 24.
66 De Filippi/Wright, Blockchain and the law – the rule of code, 2018, S. 24; Antonopoulos, Mastering Bitcoin, 2017, S. 228.
67 Vgl. Janicki/Saive ZD 2019, 251 (254); Möslein/Omlor FinTech-HdB/Kaulartz § 5 Rn. 14.
68 Möslein/Omlor FinTech-HdB/Kaulartz § 5 Rn. 14.
69 Eine Blockchain kann auch schneller sein, wie etwa die Ethereum-Blockchain, die ca. alle zwölf Sekunden aktualisiert wird, De Filippi/Wright, Blockchain and the law – the rule of code, 2018, S. 28.
70 Zu den Gründen De Filippi/Wright, Blockchain and the law – the rule of code, 2018, S. 24; Antonopoulos, Mastering Bitcoin, 2017, S. 240 ff.

dem Blockchain-Protokoll immer die Kette mit den meisten Blöcken[71] als richtig anerkannt, während kürzere Abzweigungen aufgegeben werden.[72] Die **Wahrscheinlichkeit, den Proof-of-Work-Wettbewerb zu gewinnen, korreliert mit** dem Anteil des jeweiligen Miners an der gesamten **Rechenleistung** des P2P-Netzwerks.[73] Aus diesem Grund kann nur derjenige eine Blockchain „fälschen" – und etwa Kryptotoken doppelt ausgeben – der mindestens 51 % der Rechenleistung des P2P-Netzwerks kontrolliert und daher währenddessen den Mining-Wettbewerb stets gewinnen würde.[74] Eine solche sog. **51 %-Attacke** hat das Potenzial, Blockchain-Ökonomien zu zerstören. Sie ist keinesfalls unmöglich, jedoch wegen der damit verbundenen Kosten eher unwahrscheinlich, daher sehr selten und insbesondere für die größten Blockchains wie Bitcoin de facto ausgeschlossen.[75]

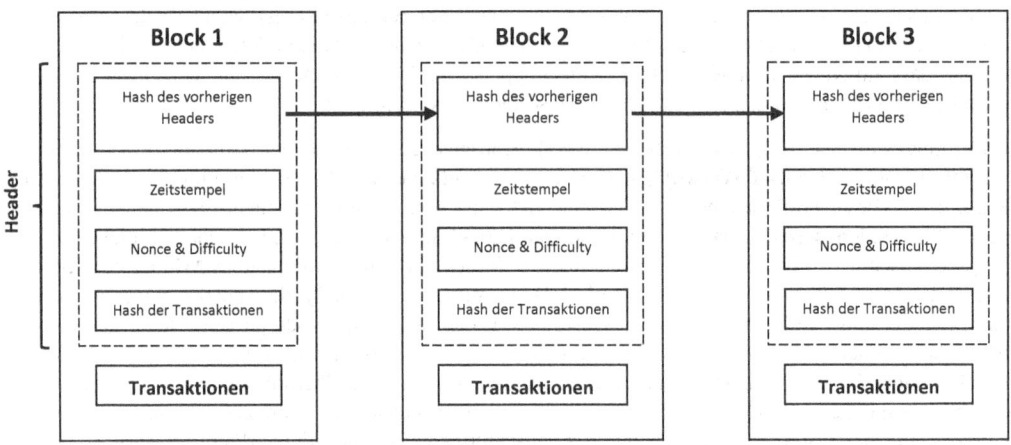

Abb.: Vereinfachte Darstellung einer Blockchain

17 Als weiterer gängiger Konsensmechanismus, der die **„grünere" Alternative** zum Proof-of-Work darstellt, ist der **Proof-of-Stake-Algorithmus** zu nennen, den etwa Cardano nutzt.[76] Für die Blockgenerierung tritt hierbei die Gesamtzahl der eingesetzten Token (Stake) an die Stelle der Rechenleistung.[77] Akteure mit größerem Stake haben iRd eingesetzten Zufallsalgorithmus eine höhere Chance, den nächsten Block zu kreieren, was tendenziell die Entstehung von Oligopolen fördert und die Dezentralität zu konterkarieren droht.[78] Die blockerstellenden Nodes werden als „Minter" bezeichnet.[79] Eine seiner Spielarten stellt das Proof-of-Authority-Verfahren dar, bei dem es ebenfalls keine Miner, sondern sog. „Validators" gibt, die neue Blöcke hinzufügen und validieren – jedoch ohne eine rechenintensive kryptografische Aufgabe lösen zu müssen.[80]

---

71 In dieser Kette steckt wegen des Proof-of-Work-Algorithmus die größte Rechenleistung.
72 Alle Blöcke und Transaktionen der kürzeren Ketten sind mithin unwirksam und werden vom P2P-Netzwerk als ungültig verworfen. Siehe zum Ganzen De Filippi/Wright, Blockchain and the law – the rule of code, 2018, S. 24; Antonopoulos, Mastering Bitcoin, 2017, S. 239 ff.; Heckmann/Schmid, Blockchain und Smart Contracts – Recht und Technik im Überblick, hrsg. v. vbw, 2017, abrufbar unter https://www.vbw-bayern.de/Redaktion/Frei-zugaengliche-Medien/Abteilungen-GS/Wirtschaftspolitik/2019/Downloads/190509-Blockchain-und-Smart-Contracts_neu.pdf, S. 4.
73 Möslein/Omlor FinTech-HdB/Kaulartz § 5 Rn. 14.
74 Siehe De Filippi/Wright, Blockchain and the law – the rule of code, 2018, S. 25.
75 Siehe zur 51 %-Attacke Antonopoulos, Mastering Bitcoin, 2017, S. 254 ff.
76 Cardano ist die derzeit größte Blockchain, die Proof-of-Stake einsetzt, https://cardano.org/. Ethereum verwendet seit 15.9.2022 Proof-of-Stake.
77 Maume/Maute Kryptowerte-HdB/Fromberger/Zimmermann § 1 Rn. 59.
78 Sus, Proof-of-Stake Is a Defective Mechanism (March 24, 2022), http://dx.doi.org/10.2139/ssrn.4067739.
79 Maume/Maute Kryptowerte-HdB/Fromberger/Zimmermann § 1 Rn. 58.
80 Janicki/Saive ZD 2019, 251 (255); siehe auch Bundesnetzagentur, Die Blockchain-Technologie, 2021, S. 14.

III. Blockchain-Typen

Je nachdem, für wen eine Blockchain einsehbar ist und wer daran teilnehmen kann, unterscheidet man zwischen **öffentlichen und privaten** (public/private) sowie zwischen **geschlossenen und offenen** (permissioned/permissionless) Blockchains. Kombinationen beider Kategorien sind möglich, so dass es public-permissioned und public-permissionless sowie private-permissioned und (theoretisch) private-permissionless Blockchains geben kann.[81] Den **idealtypischen Grundfall** stellt dabei die **offene Blockchain ohne Zugangsbeschränkungen** dar.[82] In geschlossenen Blockchains gibt es eine zentrale Instanz, die über den Zugang zu und die Berechtigungen innerhalb des Blockchain-Netzwerks entscheidet.

IV. Blockchain als Grundlage für Legal Tech-Anwendungen

Blockchain kommt – ähnlich wie „künstliche Intelligenz"[83], von der sie ansonsten grds. sorgsam zu trennen ist – durchaus auch als technische Grundlage für Legal Tech-Anwendungen im öffentlichen und privaten Sektor in Betracht, wobei insofern bereits einige Use Cases identifiziert wurden.[84] Die nachfolgende Darstellung ist dabei keineswegs abschließend.

Das Potenzial der Technologie mag man allgemein zuvörderst in ihrer **Transaktions- sowie Dokumentationsfähigkeit** erblicken.[85] Die Blockchain kann einerseits etwa als ein Register für materielle und immaterielle Güter sowie Rechte dienen, die „tokenisiert", also in übertragbaren Token gewissermaßen digital verbrieft werden können.[86] Andererseits lassen sich mittels Blockchain-Technologie Vorgänge und Informationen ohne einen wirtschaftlichen Austausch auch „bloß" dokumentieren.[87] Dabei soll insbesondere der staatliche Einsatz von Blockchain zu mehr Transparenz, Robustheit und Zuverlässigkeit **öffentlicher Register** führen. Zugleich erscheinen aber gerade die Transparenz und die (potenzielle) Unveränderbarkeit auch als Risiken, etwa mit Blick auf die Bereiche IT-Sicherheit und Datenschutz.[88] Blockchain-Register vermögen zudem die Richtigkeit der zu speichernden Informationen nicht selbst zu gewährleisten.[89] Dieser Befund gilt freilich ebenso für Anwendungen im privaten Sektor, für den Blockchain ebenfalls

---

81 Siehe dazu Möslein/Omlor FinTech-HdB/Kaulartz § 5 Rn. 40; De Filippi/Wright, Blockchain and the law – the rule of code, 2018, S. 31 f.; Heckmann/Schmid, Blockchain und Smart Contracts – Recht und Technik im Überblick, hrsg. v. vbw, 2017, abrufbar unter https://www.vbw-bayern.de/Redaktion/Frei-zugaengliche-Medien/Abteilungen-GS/Wirtschaftspolitik/2019/Downloads/190509-Blockchain-und-Smart-Contracts_neu.pdf, S. 5 f.
82 Heckmann/Schmid, Blockchain und Smart Contracts – Recht und Technik im Überblick, hrsg. v. vbw, 2017, abrufbar unter https://www.vbw-bayern.de/Redaktion/Frei-zugaengliche-Medien/Abteilungen-GS/Wirtschaftspolitik/2019/Downloads/190509-Blockchain-und-Smart-Contracts_neu.pdf, S. 5; vgl. Kaulartz CR 2016, 474 (475).
83 Vgl. im Zusammenhang mit Finanzmarkt-Anwendungen: Möslein/Omlor FinTech-HdB/Steinrötter/Stamenov § 11 Rn. 3–14.
84 Vgl. zum Begriff Legal Tech den Überblick bei jurisPK-ERV/Biallaß Band 1 Rn. 1 ff., 66–73, die Blockchain und Smart Contracts jedoch iErg ausklammert; aA Timmermann Legal Tech-Anwendungen S. 97, siehe auch S. 98 ff. zu Legal Tech-Definitionen sowie der Kritik zu den Klassifizierungen; siehe zum Legal Tech iS einer Umgestaltung v.a. der Rechtsdienstleistungsbranche durch die Digitalisierung: Hoeren/Sieber/Holznagel MMR-HdB/Steinrötter/Warmuth Teil 30 Rn. 1–4; siehe auch Wettlaufer MMR 2018, 55; siehe Heudebert/Leveneur Cardozo International & Comparative Law Review 4(1) (2020), 275 (302 ff.), zum Einfluss von Blockchain auf den juristischen Beruf.
85 Knaier/Wolff BB 2018, 2253 (2255 f.).
86 Knaier/Wolff BB 2018, 2253 (2255 f.); Schawe MMR 2019, 218 (219); McLean/Deane-Johns CRi 2016, 97 (98); ausführlich zur Tokenisierung Möslein/Omlor FinTech-HdB/Matzke § 10.
87 Knaier/Wolff BB 2018, 2253 (2256); Linardatos K&R 2018, 85 (86), spricht insofern von einer Beweissicherungsfunktion; vgl. auch Timmermann Legal Tech-Anwendungen S. 261; siehe zu (potenziell) auf Blockchain dokumentierbaren Gegenständen die Liste bei L. Capital, Bitcoin Series 24: The Mega-Master Blockchain List, 11.3.2014, abrufbar unter http://ledracapital.com/blog/2014/3/11/bitcoin-series-24-the-mega-master-blockchain-list.
88 De Filippi/Wright, Blockchain and the law – the rule of code, 2018, S. 107–116; vgl. Bundesnetzagentur, Die Blockchain-Technologie, 2021, S. 17 ff.
89 Hier bleibt es beim in der Informatik allgemein bekannten „Garbage-in-garbage out"-Problem, siehe dazu De Filippi/Wright, Blockchain and the law – the rule of code, 2018, S. 114; vgl. Fabian Intellectual Property and Technology Law Journal 25(2) (2021), 147 (158).

durchaus attraktiv zu sein scheint.[90] Schließlich ermöglicht Blockchain den Einsatz von sog. **„Smart Contracts"** (dazu → *Smart Contracts* Rn. 1 ff.), die als Legal Tech-Tool – etwa im Zusammenhang mit der Online-Streitbeilegung, dem Digital Rights Management oder der Durchsetzung von Fluggastrechten[91] – mannigfaltig Verwendung finden können.

1. Geistiges Eigentum

21 So steht die Blockchain-Technologie zunehmend im Bereich des Immaterialgüterrechts im Fokus (→ *Gewerblicher Rechtsschutz* Rn. 2 ff.).[92] Sie war bereits Gegenstand von Initiativen nationaler und internationaler „IP-Behörden", etwa der WIPO, EUIPO, EPO, USPTO, UKIPO, DPMA.[93] Einen möglichen Anwendungsfall im IP-Bereich bilden **Blockchain-basierte Register**. Diese können einerseits bereits existierende Register für Patente, Marken, Gebrauchsmuster und Designs ersetzen[94] oder komplementieren und andererseits neue Datenbanken im Bereich der nicht eingetragenen Immaterialgüterrechte wie Urheberrechte oder nicht eingetragene Designs schaffen.[95] Zu den Anwendungsbereichen der sog. „Intellectual Property Analytics" → *Intellectual Property Analytics* Rn. 5 ff.

a) Patente

22 In den USA wird die Einführung eines dezentralisierten Patentsystems, im Rahmen dessen Erfinder Anmeldungen bei einem verteilten Blockchain-Patentregister anstatt beim U.S. Patent and Trademark Office (USPTO) vornehmen, diskutiert.[96] Eine globale Patentdatenbank wurde bereits entwickelt, wobei sich diese keineswegs als Alternative zum staatlichen Register verstehen soll.[97] Die Vorschläge zielen demnach nicht darauf ab, etwa die USPTO zu ersetzen, sondern Blockchain innerhalb des bestehenden Patentsystems zu implementieren, um beispielsweise Nachahmungen zu verhindern.[98]

b) Marken

23 Innerhalb des Markenrechts soll die Blockchain zum Nachweis der Anmeldung oder Nutzung einer Marke eingesetzt werden, Anmeldungen und Streitbeilegungen festhalten und zur Bekämpfung der „Markenpira-

---

90 Ausweislich des PwC Law Firms' Survey 2018, 3.12.2018, abrufbar unter https://www.pwc.com/jg/en/publications/uk-law-firms-survey.html, S. 7, sowie PwC Law Firms' Survey 2017, 17.10.2017, abrufbar unter https://www.pwc.fr/fr/assets/files/pdf/2017/12/law-firms-survey-report-2017.pdf, S. 7, sondieren mehr als die Hälfte der befragten Top-Kanzleien den Einsatz von Blockchain.
91 Siehe etwa Steinrötter RRa 2020, 259 (261 f.).
92 Siehe zu existierenden Blockchain-Anwendungen im IP-Recht etwa Krajewski/Lettiere les Nouvelles 54(1) (2019), 42; Finck/Moscon 50 Int'l Rev. Intell. Prop. & Competition L. 2019, 77 (93 ff.). Zum rechtswissenschaftlichen Diskurs: Helman Nevada Law Journal 20(1) (2019), 67; Tam Albany Law Journal of Science & Technology 29 (3) (2019), 201; Kim Boston College Intellectual Property & Technology Forum 1 (2018), 1; Pech Northwestern Journal of Technology and Intellectual Property 18 (1) (2020), 1.
93 Zum Ganzen Clark/Burstall Stanford Journal of Blockchain Law & Policy 2(2) (2019), 252; siehe etwa WIPO Standards Workshop on Blockchain, 2019, abrufbar unter www.wipo.int/meetings/en/details.jsp?meeting_id=51407; die WIPO hat zudem 2018 eine Blockchain Task Force initiiert, siehe dazu https://www.wipo.int/cws/en/taskforce/blockchain/background.Html; EUIPO Blockathon, 2018, abrufbar unter https://euipo.europa.eu/ohimportal/en/web/observatory/blockathon; vgl. auch den Bericht zur Tagung des DPMA, Internet of things. Wege zum Patent von IoT-Technologien, 2019, abrufbar unter https://www.dpma.de/dpma/veroeffentlichungen/hintergrund/ki/iot/index.html.
94 Kritisch dazu Hohn-Hein/Barth GRUR 2018, 1089 (1092).
95 Vgl. Hohn-Hein/Barth GRUR 2018, 1089 (1092); Schawe MMR 2019, 218 (2019); Clark/Burstall Stanford Journal of Blockchain Law & Policy 2(2) (2019), 252 (253 ff.); Fabian Intellectual Property and Technology Law Journal 25(2) (2021), 147 (154 ff.).
96 Helman Nevada Law Journal 20(1) (2019), 67; vgl. Rivière Junior Management Science 3(1) (2018), 1 (7).
97 IPwe, The Platform for the World's Patent Ecosystem, 2020, abrufbar unter www.wipo.int/edocs/mdocs/classifications/en/wipo_ip_cws_bc_ge_19/wipo_ip_cws_bc_session_5_spangenberg.pdf; siehe auch Krajewski/Lettiere les Nouvelles 54(1) (2019), 42.
98 Fabian Intellectual Property and Technology Law Journal 25(2) (2021), 147 (155).

terie" Verwendung finden.[99] Dabei soll die Anmeldung einfacher und organisatorisch effizienter geraten.[100] Darüber hinaus kann die Technologie die Nutzungen einer Marke dokumentieren[101] (vgl. § 4 Nr. 2, § 5 Abs. 2 S. 1 MarkenG) und somit umgekehrt auch den Nachweis der Nichtbenutzung liefern (vgl. § 49 MarkenG).[102]

c) Urheberrechte und Copyright

Im Urheberrecht ist eine Registereintragung zwar keine Voraussetzung für die Entstehung und den Schutz des Urheberrechts und (inzwischen auch) des Copyrights. Die – rechtlich unschädliche – Nutzung eines Registers könnte allerdings die eindeutige Rechtezuordnung ermöglichen, Unsicherheiten bezüglich des genauen Zeitpunkts der Rechtsentstehung oder -übertragung beseitigen und die Rechtsdurchsetzung unterstützen.[103] Blockchain gewährleistet Datenintegrität, weshalb der Aufbau eines zuverlässigen Blockchain-Registers für Urheber- und Leistungsschutzrechte oder Copyright-Rechte teilweise als naheliegend betrachtet wird.[104] So wäre denkbar, dass ein derartiges Register rechtssichere Herkunfts- und Nutzungsnachweise enthält. Die **Registrierung von Autorenschaft und Zeitpunkt der Entstehung eines Werkes** würde die Feststellung der Schutzdauer für ein Werk oder die genaue Zuordnung eines Beitrags bei kollaborativen Werken ermöglichen.[105] Des Weiteren soll Blockchain auch im Bereich der verwaisten Werke Anwendung finden.[106] Es gibt bereits gegenwärtig einige Online-Plattformen, die Blockchain und digitale Zertifikate einsetzen, um die Aufzeichnung von Immaterialgüterrechten sowie die Verwaltung und Dokumentation von Lizenzierung[107], Nutzung und Vergütung[108] der Werke zu gewährleisten.[109] Auf Grundlage von Blockchain

---

99 Die Bekämpfung der „Markenpiraterie" wäre etwa durch Speicherung einer Identifikation der Markenprodukte auf der Blockchain und Tracking dieser Güter während des gesamten Vertriebsprozesses erreichbar, siehe zu diesen Anwendungen im Markenrecht Fabian Intellectual Property and Technology Law Journal 25(2) (2021), 147 (158 f.); Kayser/Raimer Landslide 11(1) (2018), 26 (28); siehe zur Bekämpfung von Produktpiraterie mit Blockchain Clark/Burstall Stanford Journal of Blockchain Law & Policy 2(2) (2019), 252 (255 f.); Hugendubel/Zarm IPRB 2021, 42.
100 Clark/Burstall Stanford Journal of Blockchain Law & Policy 2(2) (2019), 252 (253); vgl. Hohn-Hein/Barth GRUR 2018, 1089 (1092).
101 Clark/Burstall Stanford Journal of Blockchain Law & Policy 2(2) (2019), 252 (254): „[...] especially in those jurisdictions where the maintenance, renewal or incontestability of a right requires additional evidence of use. [...] blockchain technology could simplify the process of providing evidence of use of a trademark and other evidence at an IP office or court; for example, in cases of proving first use, genuine use, acquired distinctiveness or secondary meaning or goodwill in a trademark." Siehe auch Rose WIPO Magazine 2020, Online Features, abrufbar unter https://www.wipo.int/wipo_magazine_digital/en/2020/article_0002.html.
102 Vgl. zum „abandonment of a trademark" nach dem US-amerikanischen Trademark Law Fabian Intellectual Property and Technology Law Journal 25(2) (2021), 147 (158).
103 Timmermann Legal Tech-Anwendungen S. 261; Hohn-Hein/Barth GRUR 2018, 1089 (1092); Fabian Intellectual Property and Technology Law Journal 25(2) (2021), 147 (156 f.).
104 Schawe MMR 2019, 218 (219); Finck/Moscon International Review of Intellectual Property and Competition Law 50 (2019), 77 (94); siehe zu Blockchain und Copyright-Register ausführlich Bodo/Gervais/Quintais International Journal of Law and Information Technology 26(4) (2018), 311 (324 f.).
105 Clark/Burstall Stanford Journal of Blockchain Law & Policy 2(2) (2019), 252 (255); Fabian Intellectual Property and Technology Law Journal 25(2) (2021), 147 (157); Heudebert/Leveneur Cardozo International & Comparative Law Review 4(1) (2020), 275 (304 f.); Schawe MMR 2019, 218 (219); Finck/Moscon International Review of Intellectual Property and Competition Law 50 (2019), 77 (94); Pech Northwestern Journal of Technology and Intellectual Property 18 (1) (2020), 1 (9 ff.).
106 Goldenfein/Hunter Columbia Journal of Law & the Arts 41 (1) (2017), 1: „Our proposal uses a blockchain to register attempts to find the authors of orphan works, and otherwise to facilitate use of those works."; siehe auch Bodo/Gervais/Quintais International Journal of Law and Information Technology 26(4) (2018), 311 (325 ff.).
107 Ausführlich dazu Bodo/Gervais/Quintais International Journal of Law and Information Technology 26(4) (2018), 311 (320 ff.).
108 Ausführlich dazu Bodo/Gervais/Quintais International Journal of Law and Information Technology 26(4) (2018), 311 (329 ff.).
109 Clark/Burstall Stanford Journal of Blockchain Law & Policy 2(2) (2019), 252 (255): „These services function by providing each creative work with a unique cryptographic identity that is verified with a blockchain solution."; siehe zu konkreten Marktangeboten De Filippi/Wright, Blockchain and the law – the rule of code, 2018, S. 110; De Filippi/McMullen/Stern/de la Rouviere/McConaghy/Choi/Benet, How Blockchains can support, complement,

lässt sich ein abgeschlossenes **System für das Digital Rights Management** entwickeln, bei welchem auch „Smart Contracts" (vgl. dazu → *Smart Contracts* Rn. 22) eine wichtige Rolle spielen.[110] Die **Tokenisierung von IP-Rechten und Lizenzentgelten** kann zur Verteilung der Einnahmen aus einem Projekt unter den daran Mitwirkenden oder zur Finanzierung des Projekts durch „Emittierung" der Token eingesetzt werden.[111] Token können auch weitere Gegenstände und Informationen repräsentieren, etwa einzelne Rechte, das Werk selbst oder Kopien des Werks.[112] Einen wichtigen Sonderfall bilden in diesem Zusammenhang die sog. **Non-Fungible Token** (NFT). Diese auf Blockchain (v.a. auf Ethereum) und Smart Contracts basierenden Token sind einmalig, also nicht austauschbar. Sie verfolgen das Ziel, eine Güterknappheit im Bereich der digitalen Kunst und Kreativität durch die Schaffung digitaler Unikate zu gewährleisten. NFT unterliegen aktuell einer rasanten Entwicklung.[113] Ob es sich nur um ein kurzzeitiges Phänomen handelt oder sich NFT am Markt etablieren, bleibt einstweilen abzuwarten. Die rechtswissenschaftliche Befassung mit der Thematik steht jedenfalls noch am Anfang.[114]

d) Geschäftsgeheimnisse

25 Schließlich mag sich die Blockchain (wohl zuvörderst in geschlossener und privater Ausgestaltung) – wegen der Möglichkeit der Datenverschlüsselung sowie der sicheren Speicherung und Übermittlung von Informationen – grundsätzlich auch für den Schutz von Geschäftsgeheimnissen eignen.[115] Durch den Zeitstempel und die Verschlüsselung mittels Hashing lassen sich **sichere Nachweise über die Existenz und Inhaberschaft von Geschäftsgeheimnissen** zu einer bestimmten Zeit erstellen, während die zu schützenden Informationen geheim bleiben können.[116] Insbesondere könnten die Verschlüsselung und der Konsensmechanismus in Fällen rechtswidriger Aneignung den Nachweis gewährleisten, dass der „Inhaber" einer Information angemessene Geheimhaltungsmaßnahmen getroffen hat (vgl. § 2 Nr. 1 lit. b des Gesetzes zum

---

or supplement Intellectual Property, Coala Report – Working Draft, 2017, abrufbar unter https://www.intgovforum.org/multilingual/index.php?q=filedepot_download/4307/529; Finck/Moscon International Review of Intellectual Property and Competition Law 50 (2019), 77 (93 ff.); Heudebert/Leveneur Cardozo International & Comparative Law Review 4(1) (2020), 275 (304); vgl. auch Fabian Intellectual Property and Technology Law Journal 25(2) (2021), 147 (157); Bodo/Gervais/Quintais International Journal of Law and Information Technology 26(4) (2018), 311 (314); Pech Northwestern Journal of Technology and Intellectual Property 18 (1) (2020), 1 (15).

110 Finck/Moscon International Review of Intellectual Property and Competition Law 50 (2019), 77 (96); Schawe MMR 2019, 218 (219); siehe etwa zum (inzwischen aufgegebenen) „KodakOne"-Projekt Krajewski/Lettiere les Nouvelles 54(1) (2019), 42 (43); vgl. zu Blockchain und Rights Management Information Bodo/Gervais/Quintais International Journal of Law and Information Technology 26(4) (2018), 311 (328 f.).

111 Beispiele sind etwa Tokit, siehe dazu https://tokit.io/faq#question-6 und Breaker, siehe dazu SingularDTV, Introducing the Breaker Royalty Management Platform, Blog, 2021, abrufbar unter https://singulardtv.medium.com/?p=60a819b80c1e; siehe auch zur Tokenisierung von IP-Rechten im Musikbereich Sater Tulane Journal of Technology & Intellectual Property 21 (2019), 107 (120 ff.); vgl. auch Doty UMKC Law Review 88 (2) (2019), 351 (356 f.).

112 Pech Northwestern Journal of Technology and Intellectual Property 18 (1) (2020), 1 (14); siehe zu weiteren Möglichkeiten Bodo/Gervais/Quintais International Journal of Law and Information Technology 26(4) (2018), 311 (314 f.).

113 Siehe zum Thema Clark, NFTs, explained, The Verge, 18.8.2021, abrufbar unter https://www.theverge.com/22310188/nft-explainer-what-is-blockchain-crypto-art-faq.

114 Siehe aber Heine/Stang MMR 2021, 755; Hoeren/Prinz CR 2021, 565; Kaulartz/Schmid CB 2021, 298; Otto Ri-nova 2021, 1; Rapp/Bongers DStR 2021, 2178; Tobler DSRITB 2021, 251.

115 Clark/Burstall Stanford Journal of Blockchain Law & Policy 2(2) (2019), 252 (259).

116 Clark/Burstall Stanford Journal of Blockchain Law & Policy 2(2) (2019), 252 (260).

Schutz von Geschäftsgeheimnissen (GeschGehG), Art. 2 Nr. 1 lit. c GeschGeh-RL[117]).[118] Die Blockchain soll auch die **sichere Mitteilung der Geschäftsgeheimnisse an Dritte** ermöglichen.[119]

2. Öffentliche Register

Einen weiteren (potenziellen) Anwendungsfall von Blockchain bilden öffentliche Register. Mit der Blockchain lassen sich beispielsweise Immobiliarsachenrechte oder Immobilientransaktionen[120] tokenisieren und transparente, widerstandsfähige sowie manipulationssichere **Grundbücher** entwickeln (→ *PropTech* Rn. 15 ff.), die physische Grundbuchämter sogar gänzlich ersetzen könnten.[121] Einige Staaten haben bereits Tests zur Einführung digitaler Grundbücher auf einer Blockchain durchgeführt, etwa Georgien, Schweden, Honduras, Griechenland und Ghana sowie der US-amerikanische Bundesstaat Illinois; zum Teil kam es bereits zu Probeprojekten in Kooperation mit privaten Unternehmen.[122] Auch der Koalitionsvertrag der gegenwärtigen deutschen Bundesregierung möchte eine Machbarkeitsstudie für den Einsatz der Blockchain beim Grundbuch in Auftrag geben.[123] Nach hiesiger Ansicht erscheint der Mehrwert insoweit aber gering,[124] da nicht recht ersichtlich ist, welches Problem ein (kaum wirtschaftlich sinnvoller) dezentraler Konsens von (im Vergleich zum Grundbuchamt wohl) weniger vertrauenswürdiger Stellen überhaupt lösen soll.

26

Des Weiteren könnten auch **Handelsregister** auf einer Blockchain geführt oder zumindest mit dieser verknüpft werden.[125] So setzt offenbar Estland eine Blockchain als eine flankierende Maßnahme zur

27

---

117 Richtlinie (EU) 2016/943 des Europäischen Parlaments und des Rates v. 8.6.2016 über den Schutz vertraulichen Know-hows und vertraulicher Geschäftsinformationen (Geschäftsgeheimnisse) vor rechtswidrigem Erwerb sowie rechtswidriger Nutzung und Offenlegung (ABl. L 157, 1).
118 WIPO, Report on the Blockchain Workshop, 2019, abrufbar unter https://www.wipo.int/edocs/mdocs/cws/en/cws_7/cws_7_item_7b.pdf, S. 17; Clark/Burstall Stanford Journal of Blockchain Law & Policy 2(2) (2019), 252 (260); Fabian Intellectual Property and Technology Law Journal 25(2) (2021), 147 (159).
119 Insbesondere kann Blockchain mit Non-Disclosure Agreements (NDA) kombiniert werden, WIPO, Report on the Blockchain Workshop, 2019, abrufbar unter https://www.wipo.int/edocs/mdocs/cws/en/cws_7/cws_7_item_7b.pdf, S. 17; Clark/Burstall Stanford Journal of Blockchain Law & Policy 2(2) (2019), 252 (260); Fabian Intellectual Property and Technology Law Journal 25(2) (2021), 147 (160).
120 Siehe zum germanischen (title register) und romanischen (deeds register) Grundbuchmodell Hecht MittBayNot 2020, 314 (318); Wilsch DNotZ 2017, 761.
121 So jedenfalls De Filippi/Wright, Blockchain and the law – the rule of code, 2018, S. 109; Hecht MittBayNot 2020, 314 (318); siehe jüngst Barenkamp/Schaaf ZdiW 2021, 339.
122 Kaulartz/Heckmann CR 2016, 618 (624); Dimitropoulos Washington Law Review 95(3) (2020), 1117 (1140); Hecht MittBayNot 2020, 314 (318); De Filippi/Wright, Blockchain and the law – the rule of code, 2018, S. 109 – jeweils mwN.
123 Koalitionsvertrag 2021–2025 zwischen SPD, Bündnis 90/DIE GRÜNEN und FDP, „Mehr Fortschritt wagen", 07.12.2021, abrufbar unter https://www.spd.de/fileadmin/Dokumente/Koalitionsvertrag/Koalitionsvertrag_2021-2025.pdf, S. 92; siehe demgegenüber noch Blockchain-Strategie der Bundesregierung, 2019, abrufbar unter https://www.bmwk.de/Redaktion/DE/Publikationen/Digitale-Welt/blockchain-strategie.pdf?__blob=publicationFile&v=22#:~:text=Die%20Bundesregierung%20setzt%20sich%20das,erhalten%20werden%20und%20weiter%20wachsen, S. 19: „Beispielsweise scheint eine Sinnhaftigkeit nicht gegeben, wenn öffentliche Register auch der inhaltlichen rechtlichen Prüfung durch staatliche Stellen dienen (vor allem Grundbuch und Handelsregister und Personenstandsregister)."
124 Siehe auch Hecht MittBayNot 2020, 314 (318 ff.); Wilsch DNotZ 2017, 761; vgl. auch Barbieri/Gassen, Blockchain – can this new technology really revolutionize the land registry system?, 2017, abrufbar unter https://www.notartel.it/export/contenuti_notartel/pdf/Land_Poverty_Conference_Blockchain.
125 Vgl. Kaulartz/Heckmann CR 2016, 618 (620); Schrey/Thalhofer NJW 2017, 1431; Knaier/Wolff BB 2018, 2253.

Absicherung seines digitalen Registerwesens ein.[126] Auch hier überwiegt wohl die Skepsis hinsichtlich des Mehrwerts.[127]

28 Bereits de lege lata zulässig sind Blockchain- bzw. DLT-Register im Bereich der **elektronischen Wertpapiere**. So sieht das neue eWpG[128] für Inhaberschuldverschreibungen in Form von Kryptowertpapieren sog. Kryptowertpapierregister iSv § 16 eWpG vor.[129] Auch hier möchte die neue Bundesregierung Akzente setzen, indem sie eine Erweiterung auf Aktien im Koalitionsvertrag vorsieht.[130]

29 Weitere prospektive Anwendungen für Blockchain sind in (weiteren) Bereichen des **Notariats**[131] Gegenstand der Diskussion; hier soll die Blockchain zur **Authentifizierung von Dokumenten und Signaturen** Verwendung finden.[132]

3. Gesellschaftsrecht und Unternehmensführung

30 Denkbar erscheint ferner der Einsatz von Blockchain im Bereich der Corporate Governance, etwa iRv Abstimmungen, oder bei der Übertragung von und beim Handel mit (tokenisierten) Gesellschaftsanteilen.[133] So erlaubt der US-Bundesstaat Delaware[134] Gesellschaften, ihr Aktienregister (Stock Ledger) auf DLT-Datenbanken einzurichten und zu verwalten.[135]

31 Darüber hinaus sind sog. **Decentralized Autonomous Organizations** (DAO) Gegenstand teilweise heftiger Kontroversen. Hierbei handelt es sich um eine neue Form von Verbänden, die ausschließlich aufgrund von Blockchain und mittels Smart Contracts ausgeführt und verwaltet werden.[136] Die Entscheidungsfindung bei DAO erfolgt dezentralisiert, indem der durch die Stimmabgaben der Mitglieder entstehende Ver-

---

126 Dies betrifft neben dem Handelsregister auch weitere staatliche Register, Sihvart, Blockchain – security control for government registers, E-Estonia, 2017, abrufbar unter https://e-estonia.com/blockchain-security-control-for-government-registers/; siehe auch Knaier/Wolff BB 2018, 2253 (2259) mwN: Von einem „Blockchain-basierten" Registerwesen könne man jedoch nicht sprechen, da der eigentliche rechtliche Vorgang nach wie vor „off-chain" stattfinde; siehe auch De Filippi/Wright, Blockchain and the law – the rule of code, 2018, S. 110.
127 Knaier/Wolff BB 2018, 2253 (2260) halten jedenfalls die Tokenisierung von Rechten auf dem Handelsregister als wenig gewinnbringend, während die Manipulationssicherheit und die Transparenz der Blockchain-Technologie einen Mehrwert für das Registerwesen bieten könnten.
128 Gesetz über elektronische Wertpapiere v. 3.6.2021 (BGBl. I 1423); siehe dazu Omlor RDi 2021, 371.
129 Siehe auch BT-Drs. 19/26925; vgl. zur Situation in Frankreich Heudebert/Leveneur Cardozo International & Comparative Law Review 4(1) (2020), 275 (298).
130 Koalitionsvertrag 2021–2025 zwischen SPD, Bündnis 90/DIE GRÜNEN und FDP, „Mehr Fortschritt wagen", 7.12.2021, abrufbar unter https://www.spd.de/fileadmin/Dokumente/Koalitionsvertrag/Koalitionsvertrag_2021-2025.pdf, S. 172.
131 Heudebert/Leveneur Cardozo International & Comparative Law Review 4(1) (2020), 275 (308 ff.); Hecht MittBayNot 2020, 314 (321); vgl. Blockchain-Strategie der Bundesregierung, 2019, abrufbar unter https://www.bmwk.de/Redaktion/DE/Publikationen/Digitale-Welt/blockchain-strategie.pdf?__blob=publicationFile&v=22#:~:text=Die%20Bundesregierung%20setzt%20sich%20das,erhalten%20werden%20und%20weiter%20wachsen., S. 19: „digital gestützte Verifikation von oft dezentral vorgehaltenen Originaldokumenten, wie Urkunden und Zeugnissen"; siehe auch Pilotprojekt der bayerischen Justiz für ein digitales Gültigkeitsregister auf Blockchain, https://www.bayern.de/blockchain-in-der-justiz/.
132 Cedeño LR 2020, 197 (198).
133 Heudebert/Leveneur Cardozo International & Comparative Law Review 4(1) (2020), 275 (310); vgl. zur Anwendung von Blockchain im Aktiengesellschaftsrecht und im GmbH-Recht Maume/Fromberger ZHR 2021, 507; Maume NZG 2021, 1189.
134 The Delaware General Corporation Law.
135 Song Harvard Business Law Review Online 8 (2017-2018), 9; O'Toole/Reilly, The First Block in the Chain: Proposed Amendments to the DGCL Pave the Way for Distributed Ledgers and Beyond, Harv L. Sch. Forum on Corp. Gov., 16.3.2017, abrufbar unter https://corpgov.law.harvard.edu/2017/03/16/the-first-block-in-the-chain-proposed-amendments-to-the-dgcl-pave-the-way-for-distributed-ledgers-and-beyond/; vgl. auch Möslein/Omlor FinTech-HdB/Matzke § 10 Rn. 41 ff.
136 Langheld/Haagen NZG 2021, 724; siehe zu DAO etwa auch Mienert RDi 2021 384; Mann NZG 2017, 1014; Wright Stanford Journal of Blockchain Law & Policy 4 (2) (2021), 1; Kaal Stanford Journal of Blockchain Law & Policy 4 (1) (2020), 3.

bandswille fälschungssicher ermittelt und automatisch ausgeführt wird, ohne dass eine Geschäftsführung oder ein Vorstand notwendig ist.[137] Auf diese Weise verwalten die Kapitalgeber die DAO direkt und selbstständig.[138] DAO sind technikbasierte Alternativen zu klassischen rechtsbasierten Gesellschaftsformen. Ihre **Rechtsnatur** ist derzeit noch **ungeklärt**.[139]

4. Online-Streitbeilegung

Schließlich sind Blockchain-basierte Lösungen für Online Dispute Resolution (ODR) im Gespräch (→ *Alternative Streitbeilegung (ADR), Online Dispute Resolution (ODR)* Rn. 33 ff.).[140] Die Online-Streitbeilegung ist als solche freilich kein Novum.[141] Herkömmliche ODR-Plattformen werden allerdings durch eine Zentralstelle betrieben, sei diese ein Unternehmen, ein Staat oder bspw. die EU-Kommission. Blockchain-basierte Plattformen sind demgegenüber gerade dezentralisiert strukturiert und operieren regelmäßig mittels Smart Contracts und sog. dApps (dezentrale Applikationen).[142] Die Streitbeilegung wird dabei an freiwillige Juroren delegiert, die aus einem weltweit verfügbaren Netzwerk ausgewählt werden können. Aktuell gibt es einige Projekte, die (auch) eine dezentralisierte Online-Streitbeilegung zum Gegenstand haben, wobei viele von diesen auch eigene Token einsetzen.[143]

32

V. Rechtliche Bewertung von Blockchain-Technologie

Die Blockchain-Technologie und darauf basierende, von dezentralen P2P-Netzwerken betriebene Anwendungen können ein **faktisch selbstvollziehendes Regelsystem** etablieren.[144] Nicht zuletzt deshalb stellen sie sich als Herausforderung für bestehendes Recht dar; mitunter wird sogar (iErg zu Unrecht) eine Konkurrenz zum staatlichen Recht angenommen.[145] Auch wenn es noch an einer übergreifenden (zum eWpG → Rn. 28, 61) Regulierung von Blockchain in Deutschland und der EU mangelt,[146] wirft die technisch durchaus diverse Technologie eine Reihe komplexer Rechtsfragen auf,[147] die der nachfolgende Teil schlaglichtartig beleuchten möchte.

33

---

137 Langheld/Haagen NZG 2021, 724; Heudebert/Leveneur Cardozo International & Comparative Law Review 4(1) (2020), 275 (311 f.).
138 Mann NZG 2017, 1014 ff. auch zum bekanntesten Beispiel „The DAO"; offenbar war Siemens eines der ersten Unternehmen, die eine interne DAO implementiert haben, Heudebert/Leveneur Cardozo International & Comparative Law Review 4(1) (2020), 275 (312) mwN.
139 Spindler RDi 2021, 309; Möslein/Omlor/Urbach ZIP 2020, 2149 (2153).
140 Siehe zu ODR und Blockchain Ast/Deffains Stanford Journal of Blockchain Law & Policy 4(2) (2021), 1; Allen/Lane/Poblet Harvard Negotiation Law Review 25(1) (2019), 75; van der Linden Indian Journal of Law and Technology 15(2) (2019), 454; Metzger Macquarie Law Journal 19 (2019), 81; Einy/Katsch Journal of Dispute Resolution 2019 (2) (2019), 47; Evans Wayne Law Review 65(1) (2019), 1; vgl. zum Einsatz von Blockchain in der Justiz in China: Lu, Stanford Journal of Blockchain Law & Policy 4(1) (2020), 102.
141 Man denke hier nur an die ODR-Plattform der EU-Kommission oder an das eBay Resolution Centre, vgl. Verordnung (EU) Nr. 524/2013 des Europäischen Parlaments und des Rates v. 21.5.2013 über die Online-Beilegung verbraucherrechtlicher Streitigkeiten (ABl. L 165, 1); Metzger Macquarie Law Journal 19 (2019), 81; Busch/Reinhold EuCML 2015, 50.
142 Metzger Macquarie Law Journal 19 (2019), 81 (82 f.).
143 ZB Rhubarb Fund, Aragon Network, Jur und Kleros, siehe dazu und zu weiteren Start-ups ausführlich Metzger Macquarie Law Journal 19 (2019), 81 (87–100); Allen/Lane/Poblet Harvard Negotiation Law Review 25(1) (2019), 75 (89–96); Einy/Katsch Journal of Dispute Resolution 2019 (2) (2019), 47 (59–71).
144 De Filippi/Wright, Blockchain and the law – the rule of code, 2018, S. 49 ff., sprechen in diesem Zusammenhang von einer „lex cryptographica".
145 Siehe Dimitropoulos Washington Law Review 95(3) (2020), 1117 (1122) mwN; Timmermann Legal Tech-Anwendungen S. 262, der von einer „Substitution des Rechts als Ordnungsmittel" spricht.
146 Dazu Denga JZ 2021, 227; zum „Blockchain-Gesetz" von Liechtenstein Damjanovic/Pfurtscheller/Raschauer ZEuP 2021, 397.
147 Siehe etwa Bacon/Michels/Millard/Singh Richmond Journal of Law & Technology 25(1) (2018), 1 (49–10); Heckmann/Schmid, Blockchain und Smart Contracts – Recht und Technik im Überblick, hrsg. v. vbw, 2017, abrufbar unter https://www.vbw-bayern.de/Redaktion/Frei-zugaengliche-Medien/Abteilungen-GS/Wirtschaftspolitik/2019/Downloads/190509-Blockchain-und-Smart-Contracts_neu.pdf, S. 17–33; siehe auch Bodo/Gervais/Quintais

1. Datenschutzrecht[148]

34 Eine – zumindest offene und öffentliche – **Blockchain datenschutzkonform auszugestalten** (→ *Datenschutz, allgemein* Rn. 4 ff.), mutet beinahe wie die sprichwörtliche **Quadratur des Kreises** an.[149] So identifizierte der erste Bericht des EU Blockchain Observatory and Forum in diesem Zusammenhang v.a. drei große Problemebereiche:[150]

- Anonymisierung personenbezogener Daten,
- Identifikation und Pflichten von Verantwortlichen („Verantwortlichkeitsdiffusion")[151] und Auftragsverarbeitern,
- Ausübung bestimmter Betroffenenrechte (v.a. bezogen auf das Löschungsrecht bzw. das „Recht auf Vergessenwerden").

a) Anwendungsbereich der DS-GVO

35 Der sachliche und territoriale Anwendungsbereich der DS-GVO dürfte beim Einsatz von Blockchainsystemen regelmäßig eröffnet sein, während der personelle Anwendungsbereich, maW: die datenschutzrechtliche Verantwortlichkeit, eines der datenschutzrechtlichen Kernprobleme darstellt.

aa) Sachlich

36 Die Anwendbarkeit der DS-GVO[152] beim Einsatz von Blockchain-Technologie setzt voraus, dass es insofern zur Verarbeitung personenbezogener Daten kommt.[153] Dass die in Blockchain-Netzwerken übermittelten und gespeicherten Informationen iSv Art. 4 Nr. 2 DS-GVO verarbeitet werden, liegt nahe.[154] Schwieriger ist die Frage zu beantworten, inwiefern ein Personenbezug gegeben ist, es sich also um Informationen handelt, die sich auf eine identifizierte oder identifizierbare natürliche Person beziehen oder Rückschlüsse auf eine solche zulassen (vgl. Art. 2 Abs. 1, Art. 4 Nr. 1, Erwgr. 26 DS-GVO).[155] Umstritten ist dabei die Auslegung des Merkmals der Identifizierbarkeit. Zwar wird der Begriff durch Art. 4 Nr. 1 Hs. 2 und Erwgr. 26 S. 3 DS-GVO konturiert. Unklar bleibt jedoch, ob der Verantwortliche selbst die Person identifizieren können muss (subjektiver Ansatz)[156] oder die Möglichkeit der Identifizierung durch einen

---

International Journal of Law and Information Technology 26(4) (2018), 311 (319) mwN; grundlegend Finck, Blockchain Regulation and Governance in Europe, 2018.
148 Zu den datenschutzrechtlichen Problemen beim Einsatz der Blockchain bereits ausführlich: Steinrötter ZBB/JBB 6/2021, 373 (377 ff.).
149 Vgl. Teperdjian Jurimetrics 60(3) (2020), 253; vgl. Krupar/Strassemeyer K&R 2018, 746 (749); eingehend und instruktiv zur Blockchain im Lichte der DS-GVO: Finck, Blockchain Regulation and Governance in Europe, 2018, S. 88–116; Maume/Maute Kryptowerte-HdB/Schmid § 16; Spindler ZGR 2020, 707; Omlor/Link Kryptowährungen und Token/Wendehorst/Gritsch Kap. 16.
150 Lyons/Courcelas/Timsit, EU Blockchain Observatory and Forum Report: Blockchain and the GDPR, 2018, abrufbar unter https://www.eublockchainforum.eu/sites/default/files/reports/20181016_report_gdpr.pdf, S. 5; siehe auch die Analysen der französischen Datenschutzbehörde CNIL, Blockchain and the GDPR, 2018, abrufbar unter https://www.cnil.fr/en/blockchain-and-gdpr-solutions-responsible-use-blockchain-context-personal-data, sowie des European Parliamentary Research Service: Finck, Blockchain and the GDPR, 2018, abrufbar unter https://www.europarl.europa.eu/RegData/etudes/STUD/2019/634445/EPRS_STU(2019)634445_EN.pdf; kritisch dazu Teperdjian Jurimetrics 60(3) (2020), 253 (299–313); vgl. Bundesnetzagentur, Die Blockchain-Technologie, 2021, S. 22, 24; van Eecke/Haie European Data Protection Law Review 4(4) (2018), 531.
151 Martini/Weinzierl NVwZ 2017, 1251 (1254).
152 Verordnung (EU) 2016/679 des Europäischen Parlaments und des Rates v. 27.4.2016 zum Schutz natürlicher Personen bei der Verarbeitung personenbezogener Daten, zum freien Datenverkehr und zur Aufhebung der Richtlinie 95/46/EG (Datenschutz-Grundverordnung) (ABl. L 119, 1).
153 Ausführlich dazu Finck, Blockchain and the GDPR, 2018, abrufbar unter https://www.europarl.europa.eu/RegData/etudes/STUD/2019/634445/EPRS_STU(2019)634445_EN.pdf, S. 8–35; Finck/Pallas International Data Privacy Law 10 (1) (2020), 11 (28–34); Teperdjian Jurimetrics 60(3) (2020), 253 (277 ff.); Jiménez-Gómez Santa Clara High Technology Law Journal 36(3) (2020), 281 (306 ff.).
154 Vgl. auch Krupar/Strassemeyer K&R 2018, 746 (747); Janicki/Saive ZD 2019, 251 (252).
155 Janicki/Saive ZD 2019, 251 (252); Bechtolf/Vogt ZD 2018, 66 (68).
156 Etwa Gola/Gola DS-GVO Art. 4 Rn. 18; Schefzig K&R 2014, 772 (773).

beliebigen Dritten ausreicht (objektiver Ansatz).[157] Der EuGH hat diesbezüglich bislang eine vermittelnde, jedoch nach hiesiger Lesart zum objektiven Ansatz neigende, Auffassung vertreten, wonach die Identifizierbarkeit dann vorliegt, wenn der Verantwortliche über einsetzbare, rechtlich zulässige Mittel verfügt, welche ihm die Identifizierung auch unter Berücksichtigung von Zusatzwissen Dritter erlauben.[158]

Blockchains archivieren zwar regelmäßig keine unmittelbar persönlichen Angaben wie beispielsweise Namen, sondern gehashte Transaktionen bzw. Nachrichten an bestimmte Adressen in Form von öffentlichen Schlüsseln, also pseudonymisierte Daten.[159] Die **Pseudonymisierung** (vgl. Art. 4 Nr. 5 DS-GVO) **schließt die Anwendbarkeit der DS-GVO aber gerade nicht aus**.[160] So können Public Keys und die gespeicherten Informationen in Kombination mit weiteren Informationen zur Identifizierbarkeit einer Person ausreichen und somit personenbezogene Daten iSv Art. 4 Nr. 1 DS-GVO darstellen.[161] Bei offenen und/oder öffentlichen Blockchains könnten etwa (öffentlich zugängliches) Zusatzwissen, der Einsatz von Big Data-Analysen und Analysetools oder rechtliche Mittel zur Informationsherausgabe in Kombination mit den abgelegten Hashes und öffentlichen Schlüsseln zur Möglichkeit der Zuordnung der per Design öffentlich einsehbaren Transaktionen und zum Herstellen eines Personenbezugs, also zur Identifizierbarkeit, führen.[162] Bei zulassungsbeschränkten Blockchains sind Transaktionen ggf. ihrem Wesen nach sogar direkt identifizierend.[163] Für den dort vorzufindenden Intermediär sind auch die als Nodes registrierten teilnehmenden Personen regelmäßig identifiziert.[164] 37

Der Personenbezug fehlt hingegen bei anonymen Daten, etwa wenn in der Blockchain reine Sach- als Maschinendaten verarbeitet werden.[165] Gleiches gilt für anonymisierte Daten. Letztere waren personenbezogene Daten, aus denen die betroffene Person nicht mehr identifiziert werden kann.[166] Nur beim Erreichen einer Anonymisierung scheidet die sachliche Anwendbarkeit der DS-GVO folglich aus, ansonsten liegt allenfalls – wie etwa bei der Transaktion von Kryptowerten auf der Blockchain typischerweise der Fall – eine Pseudonymisierung vor. Die Fragen danach, welche Techniken der Verschleierung, Verschlüsselung und Aggregation von Daten die datenschutzrechtlich relevante Schwelle der Anonymisierung erreichen und was anonymisierte Daten iSd DS-GVO ausmacht, stehen im Fokus der Praxis und sind Gegenstand von Kontroversen in der technischen sowie juristischen Fachliteratur.[167] Prägend sind hierbei die Risiken 38

---

157 ZB Weichert DuD 2007, 113 (115); siehe zum Streitstand auch Kipker/Bruns CR 2020, 210 (213); Bechtolf/Vogt ZD 2018, 66 (68); Schefzig K&R 2014, 772 (773), jeweils mwN.
158 EuGH Urt. v. 19.10.2016 – C-582/14, MMR 2016, 842 Rn. 45 f., 49 – Breyer; vgl. Janicki/Saive ZD 2019, 251 (252); Kipker/Bruns CR 2020, 210 (213); Bechtolf/Vogt ZD 2018, 66 (68).
159 Vgl. Bechtolf/Vogt ZD 2018, 66 (68); Krupar/Strassemeyer K&R 2018, 746 (747 f.); Martini/Weinzierl NVwZ 2017, 1251 (1257).
160 Vgl. Erwgr. 26 S. 2 DS-GVO.
161 Jiménez-Gómez Santa Clara High Technology Law Journal 36(3) (2020), 281 (306 ff.); Krupar/Strassemeyer K&R 2018, 746 (748).
162 Martini/Weinzierl NVwZ 2017, 1251 (1253); Janicki/Saive ZD 2019, 251 (252); Bechtolf/Vogt ZD 2018, 66 (69); Hofert ZD 2017, 161 (162 f.).
163 Schrey/Thalhofer NJW 2017, 1431 (1433), nennen als Beispiele Blockchain-basierte Grundbücher, IP-Register und Kraftfahrzeugregister; vgl. CNIL, Blockchain and the GDPR, 2018, abrufbar unter https://www.cnil.fr/en/blockchain-and-gdpr-solutions-responsible-use-blockchain-context-personal-data, S. 1.
164 Janicki/Saive ZD 2019, 251 (252); Martini/Weinzierl NVwZ 2017, 1251 (1253).
165 Vgl. Erwgr. 26 S. 5 DS-GVO; Janicki/Saive ZD 2019, 251 (252).
166 Vgl. Erwgr. 26 S. 5 DS-GVO; Article 29 Working Party, Opinion 05/2014 on Anonymisation Techniques, 2014, abrufbar unter https://ec.europa.eu/justice/article-29/documentation/opinion-recommendation/files/2014/wp216_en.pdf; siehe auch Bechtolf/Vogt ZD 2018, 66 (69).
167 Ausführlich dazu Lyons/Courcelas/Timsit, EU Blockchain Observatory and Forum Report: Blockchain and the GDPR, 2018, abrufbar unter https://www.eublockchainforum.eu/sites/default/files/reports/20181016_report_gdpr.pdf, S. 19 ff., mit Beispielen zu konkreten Techniken; Finck, Blockchain and the GDPR, 2018, abrufbar unter https://www.europarl.europa.eu/RegData/etudes/STUD/2019/634445/EPRS_STU(2019)634445_EN.pdf, S. 16 ff.; Teperdjian Jurimetrics 60(3) (2020), 253 (280 ff.); vgl. auch Jiménez-Gómez Santa Clara High Technology Law Journal 36(3) (2020), 281 (308 ff., 335 ff.); Finck/Pallas International Data Privacy Law 10 (1) (2020), 11 (28–34).

der Reversibilität sowie der Verknüpfbarkeit.[168] Konkret wird etwa über die Frage diskutiert, ob gehashte (ursprünglich) personenbezogene Daten rechtssicher anonymisiert sind.[169] Das wird man zu bezweifeln haben.

39   In der Praxis bedarf es daher stets einer Einzelfallbewertung.[170] In der Gesamtschau dürften die meisten Blockchain-Systeme aber in den sachlichen Anwendungsbereich der DS-GVO fallen.[171]

bb) Räumlich

40   P2P-Netzwerke erstrecken sich prinzipiell auf den gesamten Globus, was Blockchain zu einer Technologie mit typischerweise gegebenem Auslandsbezug macht und die Frage nach dem anwendbaren Recht aufwirft.[172] Nur scheinbar löst die DS-GVO als Einheitsrecht die sich hieraus ergebenden kollisionsrechtlichen Probleme im Schnittfeld zwischen Internationalem Öffentlichen Recht und Internationalem Privatrecht in Gänze auf, was nicht zuletzt bereits aus den zahlreichen Öffnungsklauseln des Sekundärrechtsaktes resultiert.[173]

41   Immerhin aber **mildert die DS-GVO mit** ihrem teilweise gar als extraterritorial bewerteten Geltungsanspruch die **verweisungsrechtlichen Probleme deutlich ab**. Nach Art. 3 Abs. 1 DS-GVO gilt zunächst ein Niederlassungsprinzip.[174] Die DS-GVO findet demnach Anwendung, soweit die Verarbeitung personenbezogener Daten im Rahmen der Tätigkeiten einer Niederlassung eines Verantwortlichen oder eines Auftragsverarbeiters in der EU erfolgt, unabhängig davon, wo die Verarbeitung stattfindet. Für Verantwortliche und Auftragsverarbeiter in Drittländern ordnet Art. 3 Abs. 2 DS-GVO sodann ein „breites" Marktortprinzip an. Hiernach greift der Sekundärrechtsakt dann, sofern „die Verarbeitung personenbezogener Daten von betroffenen Personen, die sich in der Union befinden, durch einen nicht in der Union niedergelassenen Verantwortlichen oder Auftragsverarbeiter [erfolgt] und […] die Datenverarbeitung im Zusammenhang damit steht a) betroffenen Personen in der Union Waren oder Dienstleistungen anzubieten, unabhängig davon, ob von diesen betroffenen Personen eine Zahlung zu leisten ist [oder] b) das Verhalten betroffener Personen zu beobachten, soweit ihr Verhalten in der Union erfolgt."

42   Insgesamt hat die DS-GVO mithin einen **weiten territorialen Anwendungsbereich**, der zahlreiche Fälle der Datenverarbeitung durch (v.a. öffentlich zugängliche) Blockchain-Anwendungen erfasst.[175]

---

168   Lyons/Courcelas/Timsit, EU Blockchain Observatory and Forum Report: Blockchain and the GDPR, 2018, abrufbar unter https://www.eublockchainforum.eu/sites/default/files/reports/20181016_report_gdpr.pdf, S. 19: Reversibilität bedeutet, dass die Anonymisierung umgekehrt werden kann, was sie zur Pseudonymisierung machen würde. Verknüpfbarkeit beschreibt die Herstellung eines Personenbezugs durch Musteranalysen, etwa Big Data-Analysen, und durch Vergleiche mit sonstigen Informationen; vgl. auch Böhme/Pesch DuD 2017, 473 (478); Krupar/Strassemeyer K&R 2018, 746 (748).
169   Lyons/Courcelas/Timsit, EU Blockchain Observatory and Forum Report: Blockchain and the GDPR, 2018, abrufbar unter https://www.eublockchainforum.eu/sites/default/files/reports/20181016_report_gdpr.pdf, S. 21 f.
170   Lyons/Courcelas/Timsit, EU Blockchain Observatory and Forum Report: Blockchain and the GDPR, 2018, abrufbar unter https://www.eublockchainforum.eu/sites/default/files/reports/20181016_report_gdpr.pdf, S. 22.
171   Teperdjian Jurimetrics 60(3) (2020), 253 (281); Bechtolf/Vogt ZD 2018, 66 (69); vgl. zur Haushaltsausnahme Krupar/Strassemeyer K&R 2018, 746 (748); Quiel DuD 2018, 566 (568); Jiménez-Gómez Santa Clara High Technology Law Journal 36(3) (2020), 281 (318 ff.); CNIL, Blockchain and the GDPR, 2018, abrufbar unter https://www.cnil.fr/en/blockchain-and-gdpr-solutions-responsible-use-blockchain-context-personal-data, S. 2; für eine Freistellung geschlossener Blockchains plädiert Mirchandani Fordham Intellectual Property, Media & Entertainment Law Journal 29(4) (2019), 1201.
172   Vgl. Böhme/Pesch DuD 2017, 473 (478).
173   Monographisch dazu Gömann, Das öffentlich-rechtliche Binnenkollisionsrecht der DS-GVO, 2021; ausführlich zum Internationalen Datenprivatrecht unter dem Regime der DS-GVO: Lüttringhaus ZVglRWiss 117 (2018), 50; zuvor zur Datenschutz-RL 95/46/EG: Steinrötter EWS 2015, 83; zum IZVR und IPR bei der Transaktion von Kryptowerten abseits des Datenschutzkollisionsrechts: Omlor/Link Kryptowährungen und Token/Lehmann Kap. 5; Maume/Maute/Fromberger The Law of Crypto Assets/Steinrötter § 3.
174   Siehe dazu NK-DatenschutzR/Hornung DS-GVO Art. 3 Rn. 18 ff.
175   Dazu auch Finck, Blockchain and the GDPR, 2018, abrufbar unter https://www.europarl.europa.eu/RegData/etudes/STUD/2019/634445/EPRS_STU(2019)634445_EN.pdf, S. 9; Jiménez-Gómez Santa Clara High Technology Law Journal 36(3) (2020), 281 (298 ff.).

cc) Personell

Als primäre Adressaten von datenschutzrechtlichen Pflichten kennt die DS-GVO zwei Arten von datenverarbeitenden Akteuren – den Verantwortlichen und den Auftragsverarbeiter. Die datenschutzrechtliche Rolle der unterschiedlichen Beteiligten innerhalb einer Blockchain zu ermitteln, gestaltet sich vor dem Hintergrund, dass die DS-GVO auf zentralisierte Datenverarbeiter zugeschnitten ist, als veritable Herausforderung.[176] Das maßgebliche Kriterium für die Frage, ob eine Stelle als **Verantwortlicher** agiert, ist nach Art. 4 Nr. 7 DS-GVO die (faktische[177]) Entscheidungsbefugnis bezüglich der Zwecke und Mittel der Verarbeitung, wobei auch eine mittelbare Einflussnahme auf die Verarbeitungsvorgänge ausreicht.[178] In Betracht kommt prima facie auch die Annahme einer **gemeinsamen Verantwortlichkeit** (Art. 26 DS-GVO), zumal die einschlägige EuGH-Judikatur[179] die Hürde hierfür zuletzt recht niedrig ansetzt. Allerdings dürfte es insofern regelmäßig an der erforderlichen Vereinbarung iSd Art. 26 Abs. 1 S. 2, Abs. 2 DS-GVO zwischen den permanent wechselnden Akteuren, die sich weder kennen noch rechtliche Verpflichtungen eingehen wollen, fehlen.[180]

Ist ein datenverarbeitender Akteur kein Verantwortlicher, kann er nur ein nach dessen Weisungen tätiger **Auftragsverarbeiter** iSv Art. 4 Nr. 8, Art. 28 DS-GVO sein.[181]

Die an einer offenen Blockchain beteiligten Akteure sind in erster Linie der Absender und der Empfänger einer Transaktion, die Transaktionen und Blöcke validierenden Nodes sowie die Miner.[182] Ihre **datenschutzrechtliche Einordnung ist hoch umstritten**[183] und in der Praxis ungeklärt. Ein Teil der Literatur nimmt an, dass sämtliche Teilnehmer der Blockchain weder individuell noch gemeinsam verantwortlich sind, so dass es letztendlich keinen Verantwortlichen gibt.[184] Demgegenüber erfolgt teilweise eine Klassifizierung aller Teilnehmer als (ggf. gemeinsam) Verantwortliche.[185] Hinzu treten differenzierende Ansichten in unterschiedlichen Ausprägungen.

Nach hiesiger Auffassung[186] sind **Miner**, die zwar einen wirtschaftlichen Anreiz zur Teilnahme haben, jedoch nur eine technische, dienende Funktion erfüllen, **sowie die validierenden Nodes** keine Verantwort-

---

176 Vgl. Martini/Weinzierl NVwZ 2017, 1251 (1253); Kipker/Bruns CR 2020, 210 (214); Teperdjian Jurimetrics 60(3) (2020), 253 (282 ff.); Jiménez-Gómez Santa Clara High Technology Law Journal 36(3) (2020), 281 (311).
177 Martini/Weinzierl NVwZ 2017, 1251 (1253); Janicki/Saive ZD 2019, 251 (253).
178 EuGH Urt. v. 5.6.2018 – C-210/16, ZD 2018, 357 Rn. 39 – ULD/WAK Schleswig-Holstein; EuGH Urt. v. 10.7.2018 – C-25/17, ZD 2018, 469 Rn. 69 – Zeugen Jehovas; Janicki/Saive ZD 2019, 251 (253).
179 Die Rechtsprechung zur alten Rechtslage ist insofern übertragbar: EuGH Urt. v. 29.7.2019 – C-40/17, ECLI:EU:C:2019:629 – Fashion ID; EuGH Urt. v. 10.7.2018 – C-25/17, ECLI:EU:C:2018:551 – Zeugen Jehovas; EuGH Urt. v. 5.6.2018 – C-210/16, ECLI:EU:C:2018:388 – Fanpage; EuGH Urt. v. 13.5.2014 – C-131/12, ECLI:EU:C:2014:317 – Google Spain.
180 Ebers/Heinze/Krügel/Steinrötter KI/Krügel/Pfeiffenbrink § 11 Rn. 19; offener für die Subsumtion unter Art. 26 DS-GVO hingegen Spindler ZGR 2020, 707 (731 f.); eine andere Bewertung erscheint hingegen beim Einsatz von KI-Anwendungen im Verhältnis etwa von Programmierern und Nutzern im Zusammenhang mit dem Finanzsektor veranlasst: Möslein/Omlor FinTech-HdB/Steinrötter/Stamenov § 12 Rn. 5.
181 Krupar/Strassemeyer K&R 2018, 746 (749); Janicki/Saive ZD 2019, 251 (253); vgl. Quiel DuD 2018, 566 (569).
182 Vgl. Krupar/Strassemeyer K&R 2018, 746 (749); Janicki/Saive ZD 2019, 251 (253 f.); Martini/Weinzierl NVwZ 2017, 1251 (1253); Jiménez-Gómez Santa Clara High Technology Law Journal 36(3) (2020), 281 (313 ff.); vgl. zur Verantwortlichkeit von Blockchain-externen Verarbeitern, die Daten des Netzwerks analysieren Bechtolf/Vogt ZD 2018, 66 (69).
183 Vgl. Lyons/Courcelas/Timsit, EU Blockchain Observatory and Forum Report: Blockchain and the GDPR, 2018, abrufbar unter https://www.eublockchainforum.eu/sites/default/files/reports/20181016_report_gdpr.pdf, S. 21; ausführlich zur Verantwortlichkeit auf Blockchains Finck, Blockchain and the GDPR, 2018, abrufbar unter https://www.europarl.europa.eu/RegData/etudes/STUD/2019/634445/EPRS_STU(2019)634445_EN.pdf, S. 37–60.
184 Boehme/Pesch DuD 2017, 473 (478 f.); Quiel DuD 2018, 566 (569 f.) mwN, hält dies wohl für vertretbar, allerdings unbefriedigend; ablehnend Janicki/Saive ZD 2019, 251 (253).
185 Schrey/Thalhofer NJW 2017, 1431 (1434); dies für vertretbar haltend, jedoch als unbefriedigend ablehnend Bechtolf/Vogt ZD 2018, 66 (69); Quiel DuD 2018, 566 (569), vgl. auch Berger DVBl 2017, 1271 (1273).
186 Ausführlich dazu bereits Steinrötter ZBB/JBB 6/2021, 373 (380 ff.).

liche, sondern für die Absender von Transaktionen handelnde Auftragsverarbeiter.[187] Eine Verantwortlichkeit lässt sich auch nicht hinsichtlich der **Entwickler und Initiatoren** offener Blockchains begründen.[188] **Absender und (ggf. auch die) Empfänger**, welche Transaktionen im Netzwerk verteilen und in ihre Blockchain-Kopie eintragen,[189] sind hingegen bezüglich der jeweiligen Transaktion als einzelne[190] Verantwortliche zu qualifizieren.[191]

47 In zulassungsbeschränkten Blockchains kann man den **zentralen Verwalter des Netzwerks** – sei es eine Behörde oder ein privates Unternehmen – als Verantwortlichen qualifizieren.[192] Daneben können die an der konkreten Transaktion Beteiligten, v.a. die Absender, den Status als Verantwortlicher erhalten.[193] Die sonstigen Akteure kommen als Auftragsverarbeiter in Betracht.[194]

b) Datenschutzgrundsätze

48 Ausweislich Art. 5 Abs. 1 lit. a, Art. 6 DS-GVO bedarf es für Datenverarbeitungen in Blockchain-Netzwerken zunächst einer Legitimationsgrundlage.[195] Zielführender als der mit verschiedenen Problemen[196] behaftete Rekurs auf eine Einwilligung der betroffenen Person zur Verarbeitung ihrer personenbezogenen Daten iSv Art. 6 Abs. 1 lit. a iVm Art. 7 DS-GVO[197] erscheinen v.a. zwei gesetzliche Erlaubnissätze. Dies gilt einmal für die **Verarbeitung, die zur Erfüllung eines Vertrages erforderlich ist** (Art. 6 Abs. 1 lit. b DS-GVO) sowie zum anderen für die Verarbeitung, die **zur Wahrung der berechtigten Interessen** des Verantwortlichen oder eines Dritten **erforderlich** ist (Art. 6 Abs. 1 lit. f DS-GVO).[198] Beide Legitimationstatbestände sind – je nach Ausgestaltung der Blockchain – denkbar, wenngleich die Argumentation für deren Eingreifen oftmals nicht trivial gerät.[199] Die Rechtsanwendung verkompliziert sich schließlich noch weiter, wenn die Daten in einen Nicht-EU/EWR-Staat übermittelt werden (Art. 44 ff. DS-GVO).[200]

---

187 Janicki/Saive ZD 2019, 251 (253 ff.); Martini/Weinzierl NVwZ 2017, 1251 (1253); Krupar/Strassemeyer K&R 2018, 746 (749 f.) mwN zum Streit; siehe auch CNIL, Blockchain and the GDPR, 2018, abrufbar unter https://www.cnil.fr/en/blockchain-and-gdpr-solutions-responsible-use-blockchain-context-personal-data, S. 2 f. sowie Jiménez-Gómez Santa Clara High Technology Law Journal 36(3) (2020), 281 (314 ff.).
188 Martini/Weinzierl NVwZ 2017, 1251 (1253); Jiménez-Gómez Santa Clara High Technology Law Journal 36(3) (2020), 281 (313), mit Kritik, dass dies unbefriedigend sei.
189 Konkret geht es um den Inhalt der Transaktionen sowie die Adressen der Beteiligten, die personenbezogene Daten sein können, vgl. auch zum Streit, ob die nicht an der Transaktion beteiligten Nodes Verantwortliche sind, Krupar/Strassemeyer K&R 2018, 746 (749) mwN.
190 Gegen eine gemeinsame Verantwortlichkeit (Art. 26 DS-GVO) auch Janicki/Saive ZD 2019, 251 (254); Martini/Weinzierl NVwZ 2017, 1251 (1254); vgl. Krupar/Strassemeyer K&R 2018, 746 (749 f.) mwN; Finck EDPL 2018, 17 (26); differenzierend Kipker/Bruns CR 2020, 210 (215); eine gemeinsame Verantwortlichkeit für möglich haltend bezüglich aller Nutzer, wenngleich dies kritisch bewertend Quiel DuD 2018, 566 (569 f.); wohl auch Bechtolf/Vogt ZD 2018, 66 (69); siehe zum Problem auch Jiménez-Gómez Santa Clara High Technology Law Journal 36(3) (2020), 281 (321 ff.).
191 Janicki/Saive ZD 2019, 251 (254); Martini/Weinzierl NVwZ 2017, 1251 (1253); Krupar/Strassemeyer K&R 2018, 746 (749), jedoch nur für die Teilnehmer der Transaktion und nicht für die sonstigen Nodes.
192 Quiel DuD 2018, 566 (570); Omlor/Link Kryptowährungen und Token/Wendehorst/Gritsch Kap. 16 Rn. 15; eingehend zur Verantwortlichkeit bei privaten Blockchains Baumann/Hamm DSRITB 2021, 221.
193 Janicki/Saive ZD 2019, 251 (255).
194 Vgl. Janicki/Saive ZD 2019, 251 (255 f.).
195 Eingehend dazu Steinrötter ZBB/JBB 6/2021, 373 (384 ff.).
196 Genannt sei hier nur das Problem, dass einmal in ein Blockchain-Register aufgenommene Daten grds. per Design „unlöschbar" sind und ständig weiterverarbeitet werden, was mit dem jederzeitigen Widerrufsrecht gemäß Art. 7 Abs. 3 DS-GVO ersichtlich konfligiert; Quiel DuD 2018, 566 (571); Finck, Blockchain and the GDPR, 2018, abrufbar unter https://www.europarl.europa.eu/RegData/etudes/STUD/2019/634445/EPRS_STU(2019)634445_EN.pdf, S. 61 f., mit weiteren Argumenten.
197 Offener für eine Lösung über Einwilligungen wohl Bacon/Michels/Millard/Singh Richmond Journal of Law & Technology 25(1) (2018), 1 (73).
198 Quiel DuD 2018, 566 (571 f.); Finck, Blockchain and the GDPR, 2018, abrufbar unter https://www.europarl.europa.eu/RegData/etudes/STUD/2019/634445/EPRS_STU(2019)634445_EN.pdf, S. 62 ff.
199 Näher Steinrötter ZBB/JBB 6/2021, 373 (384 ff.).
200 Dazu Steinrötter ZBB/JBB 6/2021, 373 (385 f.).

Neben dem Rechtmäßigkeitsprinzip erscheinen weitere der übergreifenden datenschutzrechtlichen Prinzipien in Art. 5 Abs. 1 DS-GVO für Blockchain-Anwendungen als problematisch.[201] Zwar ist der scheinbare Konflikt mit dem **Datenminimierungsgrundsatz**, da die Datenbestände auf der Blockchain stets anwachsen und es eine Vielzahl an Kopien der Datenbanken bei einzelnen Nodes gibt, nicht unbedingt Blockchain-Spezifika geschuldet, zumal sich argumentieren ließe, diese Speicherungen seien „dem Zweck angemessen und erheblich sowie auf das für die Zwecke der Verarbeitung notwendige Maß beschränkt" (Art. 5 Abs. 1 lit. c DS-GVO). Hier mögen zudem Ansätze für Privacy by Design und Privacy by Default bereits bei der Entwicklung der dezentralen Plattformen zu erblicken sein (vgl. → *Privacy Tech* Rn. 10).[202] Ähnliches gilt für das **Speicherbegrenzungsgebot**, das unter einem Erforderlichkeitsvorbehalt steht (Art. 5 Abs. 1 lit. e DS-GVO). Dass die permanente Speicherung notwendig idS ist, lässt sich für die Blockchain wohl gut vertreten. Kaum sinnvoll auflösbar dürfte aber der Konflikt mit dem **Prinzip der Datenrichtigkeit** (Art. 5 Abs. 1 lit. d DS-GVO) sein – jedenfalls dann, wenn man an der Unveränderbarkeit als einem der wichtigsten Merkmale einer Blockchain festhalten möchte. Dass die Blockchain-Technologie das **Transparenzgebot** bezüglich der Datenverarbeitung (Art. 5 Abs. 1 lit. a DS-GVO) umsetzt, gilt schon allein deshalb nicht uneingeschränkt, weil die abgelegten Informationen für die Mehrzahl der betroffenen Personen nicht verständlich verfügbar sind.[203] Außerdem gilt: „Der Intransparenz der Datenverarbeitungsvorgänge steht die Transparenz der Daten in der Blockchain gegenüber, die im Falle öffentlicher Blockchains den Schutz personenbezogener Daten [gerade] gefährdet."[204]

c) Betroffenenrechte

Auch im Bereich der Betroffenenrechte (Art. 15–22 DS-GVO) ergeben sich datenschutzrechtliche Herausforderungen beim Einsatz von Blockchain-Anwendungen.[205] Die Lösung liegt dabei nicht darin, die Speicherung personenbezogener Daten a priori außerhalb der Blockchain vorzunehmen, da dies ggf. für die Inhalte der Transaktionen, indessen gerade nicht für Public Keys darstellbar ist.[206] Die Vornahme einer teleologischen Reduktion der Betroffenenrechte zur Versöhnung der DS-GVO mit der Blockchain-Technologie[207] erscheint bereits methodisch bedenklich und in der Sache allzu „ergebnisgetrieben" gedacht. Schon eher zu überzeugen vermag im Ausgangspunkt der Ansatz, wonach man das allgemeine, auch im EU-Recht anerkannte[208] **Institut der Unmöglichkeit als eine Art Schranke der Betroffenenrechte** ins Feld führt.[209] Allerdings greift iErg auch dieser Ansatz nicht durch, da die Rechtsordnung andernfalls konsequenterweise stets dann kapitulieren müsste, wenn sich Personen bewusst (ggf. gar gezielt) in eine Lage manövrieren (etwa durch den Einsatz einer bestimmten Technologie), welche die Rechtsdurchsetzung verunmöglicht, um sich dann auf ebendiese Unmöglichkeit zu berufen. Auch der Rekurs auf den unge-

---

201 Dazu Steinrötter ZBB/JBB 6/2021, 373 (286).
202 Vgl. die Skepsis bei Quiel DuD 2018, 566 (570 f.); optimistischer Heckmann/Schmid, Blockchain und Smart Contracts – Recht und Technik im Überblick, hrsg. v. vbw, 2017, abrufbar unter https://www.vbw-bayern.de/Redaktion/Frei-zugaengliche-Medien/Abteilungen-GS/Wirtschaftspolitik/2019/Downloads/190509-Blockchain-und-Smart-Contracts_neu.pdf, S. 18.
203 Hoeren/Sieber/Holznagel MMR-HdB/Guggenberger Teil 13.7 Rn. 86.
204 Fries/Paal Smart Contracts/Pesch S. 13 (19).
205 Ausführlich dazu bereits Steinrötter ZBB/JBB 6/2021, 373 (386 ff.); instruktiv Finck, Blockchain and the GDPR, 2018, abrufbar unter https://www.europarl.europa.eu/RegData/etudes/STUD/2019/634445/EPRS_STU(2019)634445_EN.pdf, S. 71–85; vgl. zudem Teperdjian Jurimetrics 60(3) (2020), 253 (289 f., 299); Krupar/Strassemeyer K&R 2018, 746 (751 f.); zu Betroffenenrechten in geschlossenen Blockchains Mirchandani Fordham Intellectual Property, Media & Entertainment Law Journal 29(4) (2019), 1201 (1218–1226).
206 Finck EDPL 2018, 17 (28 ff.); siehe auch Jiménez-Gómez Santa Clara High Technology Law Journal 36(3) (2020), 281 (333 f.); vgl. CNIL, Blockchain and the GDPR, 2018, abrufbar unter https://www.cnil.fr/en/blockchain-and-gdpr-solutions-responsible-use-blockchain-context-personal-data, S. 9.
207 Krupar/Strassemeyer K&R 2018, 746 (751 ff.).
208 Vgl. Hacker, Datenprivatrecht, 2020, S. 141 f.
209 In diese Richtung iErg Omlor/Link Kryptowährungen und Token/Wendehorst/Gritsch Kap. 16 Rn. 50: „faktische[r] Möglichkeit und Unzumutbarkeit" als Grenze.

schriebenen, unionsrechtlich überformten[210] **Grundsatz der Unverhältnismäßigkeit**[211] führt nicht weiter, da es gerade zu hinterfragen gilt, ob die legitimen Ziele einer Blockchain gegenüber den Stoßrichtungen des Datenschutzrechts bestehen könnten. Nach alledem bleibt als methodisches Mittel regelmäßig allein die Vornahme einer sachgerechten Auslegung der Art. 15 ff. DS-GVO. In praktischer Hinsicht ergibt sich zunächst die **Schwierigkeit, den richtigen Verpflichteten** (etwa des Auskunftsrechts nach Art. 15 DS-GVO)[212] **überhaupt zu finden** und, sofern dies einmal gelungen sein sollte, die **Betroffenenrechte ihm gegenüber auch durchzusetzen**. So kann etwa ein kontaktierter Node womöglich überhaupt keine Auskunft erteilen.[213] Sodann stellt sich v.a. die grundsätzliche Unveränderlichkeit, also die dauerhafte Datenspeicherung, als Problem dar.[214]

51 Dieser Umstand bezieht sich dabei nur scheinbar auf das **Berichtigungsrecht** nach Art. 16 DS-GVO. Zwar wäre es für die betroffene Person gewiss kaum möglich, etwa sämtliche Nodes zu ermitteln, damit diese eine Korrektur vornehmen.[215] Allerdings erscheint es technisch durchaus denkbar, eine berichtigende Transaktion vorzunehmen, was mit der Zielrichtung des Art. 16 DS-GVO iErg übereinstimmen dürfte.[216]

52 Als **geradezu unüberwindbares Problem** stellt sich schließlich die **Umsetzung des Löschungsrechts bzw. des „Rechts auf Vergessenwerden"** dar,[217] wobei das weniger daran liegt, dass dies technisch nicht darstellbar wäre.[218] Vielmehr ist eine solche technische Modifikation **konzeptionell schlichtweg nicht gewollt**, weil das zentrale Charakteristikum der Unveränderbarkeit der Blockchain gerade die Integrität des Systems (Fälschungssicherheit) garantieren soll.[219] Ließe man derartige Änderungen zu, fragte sich, wo dann das Innovationspotenzial gegenüber bestehenden Datenspeicherungssystemen verbleibt. Dies gilt im besonderen Maße für offene Blockchains. Instanzen, welche individuelle Löschungsbegehren umsetzen, bedeuten konsequenterweise ein Stück weit die Rückbesinnung auf eine Art von Intermediärserfordernis. In zulassungsbeschränkten Systemen sind derlei Anpassungen eher denkbar, da diese ohnehin nicht gänzlich ohne Administrator auskommen.[220]

d) Fazit

53 Rechtswissenschaftlich sind die datenschutzrechtlichen Probleme inzwischen weitgehend identifiziert und etwaige Lösungen bereits breit diskutiert worden. Nun sollte sich der Fokus, möglichst unaufgeregt, auf die **rechts- und gesellschaftspolitische Frage** richten: Was genau bringt uns diese Technologie in welchen konkreten Bereichen und im Vergleich zu den bisherigen technischen Möglichkeiten wirklich? Mit diesen Erkenntnissen lässt sich nicht nur besser im geltenden Datenschutzrecht argumentieren; vielmehr liefern diese auch Anhaltspunkte für legislative Anpassungen de lege ferenda.

---

210 Dazu nur Trstenjak/Beysen EuR 2012, 265, sowie Remien, HWB EuP 2009, abrufbar unter https://hwb-eup2009.m pipriv.de/index.php/Verh%C3%A4ltnism%C3%A4%C3%9Figkeit.
211 Vgl. auch Fries/Paal Smart Contracts/Pesch S. 13 (16).
212 Lyons/Courcelas/Timsit, EU Blockchain Observatory and Forum Report: Blockchain and the GDPR, 2018, abrufbar unter https://www.eublockchainforum.eu/sites/default/files/reports/20181016_report_gdpr.pdf, S. 25; Teperdjian Jurimetrics 60(3) (2020), 253 (289); aA Schrey/Thalhofer NJW 2017, 1431 (1434 f.).
213 Finck EDPL 2018, 17 (30); Lyons/Courcelas/Timsit, EU Blockchain Observatory and Forum Report: Blockchain and the GDPR, 2018, abrufbar unter https://www.eublockchainforum.eu/sites/default/files/reports/20181016_report _gdpr.pdf, S. 25.
214 Schrey/Thalhofer NJW 2017, 1431 (1434); siehe auch Bechtolf/Vogt ZD 2018, 66 (69 ff.), zur Unveränderbarkeit.
215 Vgl. Finck EDPL 2018, 17 (29).
216 CNIL, Blockchain and the GDPR, 2018, abrufbar unter https://www.cnil.fr/en/blockchain-and-gdpr-solutions-resp onsible-use-blockchain-context-personal-data, S. 9; Skepsis bei Finck EDPL 2018, 17 (29); Schrey/Thalhofer NJW 2017, 1431 (1435).
217 Dazu zB Jiménez-Gómez Santa Clara High Technology Law Journal 36(3) (2020), 281 (325–334); Aggarwal/Eidenmüller/Enriques/Payne/van Zwieten Autonomous Systems/Finck S. 87–91.
218 Siehe zu verschiedenen technischen Verfahren etwa Finck EDPL 2018, 17 (30 f.); Martini/Weinzierl NVwZ 2017, 1251 (1254 ff.); CNIL, Blockchain and the GDPR, 2018, abrufbar unter https://www.cnil.fr/en/blockchain-and-gdpr-solutions-responsible-use-blockchain-context-personal-data, S. 8 f.
219 Ebers/Heinze/Krügel/Steinrötter KI/Berberich § 27 Rn. 42; vgl. ferner Spindler ZGR 2020, 707 (735).
220 Ebers/Heinze/Krügel/Steinrötter KI/Berberich § 27 Rn. 42.

2. Rechtliche Qualifikation von Token

Token sind ein Kernelement von Anwendungen und Geschäftsmodellen auf Blockchain-Basis (→ *Kryptowährungen* Rn. 5 ff.). So setzen etwa ODR-Plattformen eigene Kryptowerte[221] ein, die als spieltheoretische Anreize für die Juroren, ehrliche, durchdachte Entscheidungen zu treffen, dienen.[222] Ein anderes Beispiel bildet die Plattform Mattereum, die in einer natürlichen Sprache dargestellte Smart Contracts (sog. Ricardian Contracts) in Kombination mit Security und Utility Token einsetzt.[223] Security Token finden zudem im Bereich des Immaterialgüterrechts Anwendung,[224] indem beispielsweise Nutzer der Plattform Tokit eigene Token schaffen können, welche ihre IP-Rechte und Lizenzeinnahmen abbilden.[225] Einen wichtigen Unterfall der Security Token stellen Equity Token dar, die im Rahmen einer DAO Mitgliedschaftsrechte, etwa das Stimmrecht, verkörpern.[226]

Die vorgreifliche und wichtige Frage nach dem anwendbaren Recht[227] kann hier mit Blick auf die mannigfaltigen denkbaren Transaktionen, die jeweils eine eigene kollisionsrechtliche Bewertung verdienen,[228] nicht abgehandelt werden. Vor diesem Hintergrund ist die Anwendbarkeit der besprochenen Regelungen nachfolgend zu unterstellen.

a) Zivilrechtliche Einordnung

Zivilrechtlich sind Token jedenfalls **keine Sachen iSv § 90 BGB** und bereits mangels Speicherung auf einem individuell zuordnenbaren körperlichen Datenträger **nicht eigentumsfähig**.[229] Token mögen als Immaterialgüter qualifiziert werden, allerdings bestehen an ihnen selbst **keine Immaterialgüterrechte** (→ *Gewerblicher Rechtsschutz* Rn. 2 ff.), insbesondere und selbst beim Mining – mangels persönlicher geistiger Schöpfung (§ 2 Abs. 2 UrhG) – keine Urheberrechte.[230]

Vertragsrechtlich[231] können Token als Kaufgegenstand aber „sonstige Gegenstände" iSv § 453 Abs. 1 Alt. 2 BGB darstellen, die weder Sachen noch Rechte sind, auf die jedoch die Vorschriften über den Kauf von Sachen entsprechend anwendbar sind.[232] Diskutabel erscheint außerdem, ob Token eine digitale

---

221 Beispiele sind „PNK" von Kleros, „RHUCoin" von Rhubarb Fund, „ANT" von Aragon Network und „JRS" von Juris. Es handelt sich dabei um Payment/Currency Token und sog. Native Token, die für den Betrieb der Blockchain essenziell sind, Möslein/Omlor FinTech-HdB/Siedler § 7 Rn. 16.
222 Vereinfacht dargestellt, müssen die Juroren Token als Pfand hinterlegen, die sie entweder vermehren können, falls sie wie die Mehrheit urteilen, oder verlieren können, falls sie zur Minderheit gehören. Des Weiteren benötigen die Juroren oft Token, um überhaupt zum Entscheidungspanel gewählt zu werden; weiterführend zu alledem Metzger Macquarie Law Journal 19 (2019), 81 (91–100).
223 Siehe dazu Metzger Macquarie Law Journal 19 (2019), 81 (88 ff.); siehe auch https://mattereum.com/about-us/.
224 Vgl. Sater Tulane Journal of Technology & Intellectual Property 21 (2019), 107 (120): „Security tokens function as investment contracts. [...] The value of the token is tied to an underlying asset that represents rights – for example, rights to future royalties of a music catalogue."
225 So hat etwa der Musiker und Produzent Gramatik mit seinem eigenen Token „GRMTK" innerhalb der ersten 24 Stunden zwei Millionen USD erzielt, Sater Tulane Journal of Technology & Intellectual Property 21 (2019), 107 (123).
226 Langheld/Haagen NZG 2021, 724 (725).
227 Vgl. Möslein/Omlor FinTech-HdB/Siedler § 7 Rn. 22.
228 Dazu eingehend Omlor/Link Kryptowährungen und Token/Lehmann Kap. 5; Maume/Maute/Fromberger The Law of Crypto Assets/Steinrötter § 3; allgemein zum anwendbaren Recht auf die Blockchain Zimmermann IPRax 2018, 566.
229 Möslein/Omlor FinTech-HdB/Siedler § 7 Rn. 18 f. mwN; vgl. Kaulartz CR 2016, 474 (478); Kuhlmann CR 2014, 691 (695); Hoeren/Sieber/Holznagel MMR-HdB/Möllenkamp/Shmatenko Teil 13.6 Rn. 32 mwN.
230 Vgl. Kaulartz CR 2016, 474 (478); Hohn-Hein/Barth GRUR 2018, 1089 (1091) mwN; Hoeren/Sieber/Holznagel MMR-HdB/Möllenkamp/Shmatenko Teil 13.6 Rn. 33 mwN; vgl. zum patent- und urheberrechtlichen Schutz von Blockchain-basierten Anwendungen und Datenbanken Hohn-Hein/Barth GRUR 2018, 1089 (1090 f.); Bacon/Michels/Millard/Singh Richmond Journal of Law & Technology 25(1) (2018), 1 (95–99).
231 Eingehend dazu Maume/Maute Kryptowerte-HdB/Maute § 6 v.a. ab Rn. 35 ff.
232 Maume/Maute Kryptowerte-HdB/Maute § 6 Rn. 122; Möslein/Omlor FinTech-HdB/Siedler § 7 Rn. 19 mwN; vgl. Kaulartz CR 2016, 474 (478); vgl. zur Qualifikation von Token nach dem Property Law von England und

Wertdarstellung iSv § 327 Abs. 1 S. 2 BGB sind. In schuldrechtlicher Hinsicht findet auf synallagmatische Verträge, bei denen Token als Gegenleistung dienen (und als „Tokenschuld" fungieren),[233] wegen des Verweises in § 480 BGB auf das Kaufrecht ebendieses Anwendung.[234] Gleiches gilt beim Austausch Token gegen Token.[235] Die Zahlung mit Token für Werk- oder Dienstleistungen führt angesichts des insofern offenen Wortlauts von §§ 611, 631 BGB direkt zur Geltung des Dienst- bzw. Werkvertragsrechts.[236] **Umstritten ist, ob Token durch § 823 Abs. 1 BGB geschützt sind.**[237] Dies muss iErg und konsequenterweise jedenfalls dann verneint werden, wenn man – de lege lata vorzugswürdig – kein Ausschließlichkeitsrecht an Token anerkennt.

58 Die Übertragung von Token ist dementsprechend ein **Realakt** – ausreichend ist die Verschaffung der faktischen Zugriffsmöglichkeit.[238] Davon zu unterscheiden bleibt die Behandlung von in Token abgebildeten Gegenständen, Rechten und Forderungen. Problematisch erscheint dabei insbesondere die Verknüpfung zwischen Token und den darin repräsentierten Rechten, die in Deutschland noch unklar bzw. umstritten ist,[239] auch wenn die Einführung des elektronischen Wertpapiers durch das eWpG in die Richtung eines modernisierten Wertpapierzivilrechts weist.[240]

59 Vor dem Hintergrund der dargestellten Unsicherheiten erscheint es angezeigt, bei der Vertragsgestaltung von Token-Übertragungen eine sichere Verknüpfung von Token und repräsentiertem Recht anzustreben, um Abweichungen zwischen der Rechtslage und der faktischen Blockchain-Lage zu vermeiden.[241]

60 Mangels entsprechender Sonderregeln im Recht der Einzel- und Gesamtvollstreckung ist für die Behandlung von Token im Grundsatz der Rekurs auf das allgemeine Zwangsvollstreckungs- und Insolvenzrecht angezeigt.[242]

Wales Bacon/Michels/Millard/Singh Richmond Journal of Law & Technology 25(1) (2018), 1 (84–95); vgl. zur Qualifikation von Tokentransaktionen Kaulartz/Matzke NJW 2018, 3278 (3280 f.) sowie Hoeren/Sieber/Holznagel MMR-HdB/Möllenkamp/Shmatenko Teil 13.6 Rn. 53–71.

233 Wird eine Geldschuld mit Token „beglichen", kommt demgegenüber eine Annahme an Erfüllungs statt (§ 364 Abs. 1 BGB) in Betracht; Maume/Maute Kryptowerte-HdB/Maute § 6 Rn. 143.
234 Maume/Maute Kryptowerte-HdB/Maute § 6 Rn. 145; vgl. Kaulartz CR 2016, 474 (477 f.) mwN; Möslein/Omlor FinTech-HdB/Siedler § 7 Rn. 19 mwN.
235 Maume/Maute Kryptowerte-HdB/Maute § 6 Rn. 140.
236 Hoeren/Sieber/Holznagel MMR-HdB/Möllenkamp/Shmatenko Teil 13.6 Rn. 66 f.
237 Dafür etwa Shmatenko/Möllenkamp MMR 2018, 495 (498); aA Omlor ZHR 2019, 294 (310); vgl. zum Schutz nach § 823 Abs. 2 BGB iVm § 303a StGB Engelhardt/Klein MMR 2014, 355 (358); Shmatenko/Möllenkamp MMR 2018, 495 (498).
238 Maume/Maute Kryptowerte-HdB/Maute § 5 Rn. 8; Beyer et al. Privatrecht 2050/Maute S. 215; vgl. auch Kaulartz CR 2016, 474 (478); Möslein/Omlor FinTech-HdB/Siedler § 7 Rn. 19; Hoeren/Sieber/Holznagel MMR-HdB/Möllenkamp/Shmatenko Teil 13.6 Rn. 70; aA Beyer et al. Privatrecht 2050/Linardatos S. 181.
239 Siehe aber Zickgraf AG 2018, 293 (302 ff.); beachte für Liechtenstein Möslein/Omlor FinTech-HdB/Siedler § 7 Rn. 24; vgl. zu Token als Wertpapiere im zivilrechtlichen Sinne, insbes. als Inhaberschuldverschreibungen (§ 793 BGB): Kaulartz/Matzke NJW 2018, 3278 (3281 ff.); siehe auch Hoeren/Sieber/Holznagel MMR-HdB/Möllenkamp/Shmatenko Teil 13.6 Rn. 46–52 mwN; vgl. auch Bacon/Michels/Millard/Singh Richmond Journal of Law & Technology 25(1) (2018), 1 (91 ff.) für England und Wales.
240 Omlor RDi 2021, 371.
241 Möslein/Omlor FinTech-HdB/Siedler § 7 Rn. 24. Eine solche Abweichung wäre etwa ein praktisches Problem für die Rückabwicklung, vgl. Stamenov MMR-Aktuell 2020, 433995, mit einem Bericht über einen Vortrag von Berberich, Blockchain und Smart Contracts im Privatrecht.
242 Dazu etwa Maume/Maute Kryptowerte-HdB/Strauch/Handke § 10; jüngst d'Avoine/Hamacher ZIP 2022, 6; zum ähnlich gelagerten Problem im Zusammenhang mit Daten Steinrötter/Bohlsen ZZP 133 (2020), 459.

b) Finanzrechtliche Einordnung

Token können Finanzinstrumente darstellen und als solche der finanzaufsichtsrechtlichen Regulierung unterfallen.[243] So wird etwa insbesondere angenommen, dass Token, die gegenüber dem Aussteller eigen- oder fremdkapitalähnliche Ansprüche begründen, übertragbare Wertpapiere iSv Art. 4 Abs. 1 Nr. 44 MiFID II[244] sowie Wertpapiere iSv § 2 Abs. 4 Nr. 1 iVm § 2 Abs. 1 Wertpapierhandelsgesetz (WpHG) und § 2 Nr. 1 Wertpapierprospektgesetz (WpPG) darstellen.[245] Des Weiteren regelt das neue eWpG explizit, dass Wertpapiere im zivilrechtlichen Sinne auch in elektronischer Form existieren können und nicht als physische Urkunden verbrieft sein müssen. Ob Kryptowerte **Wertpapiere** sind, ist bislang umstritten.[246]

Nach hM sind Kryptowährungen **kein Geld im Rechtssinne** und grundsätzlich **auch kein E-Geld** iSv Art. 2 Nr. 2 E-Geld-RL[247] bzw. § 1 Abs. 2 S. 3 Zahlungsdiensteaufsichtsgesetz (ZAG).[248] Ob es sich insofern nicht zumindest um Rechnungseinheiten und somit **Finanzinstrumente** iSv § 1 Abs. 11 S. 1 Nr. 7 Alt. 2 Kreditwesengesetz (KWG) handelt, ist bzw. war ebenfalls **streitig**.[249] Inzwischen regelt § 1 Abs. 11 S. 4 KWG immerhin, dass Currency Token – ggf. mit anderen Token-Arten mit Ausnahme von Utility Token ohne Anlagezwecke – Kryptowerte iSd genannten Norm darstellen können.[250] Von Relevanz ist in diesem Zusammenhang auch die erwartete europäische Regulierung von Kryptowerten durch die MiCA-Verordnung.[251]

Die gängigste Form der Ausgabe von Token sind sog. **Initial Coin Offerings** (ICO, auch „Token Generating Events" oder „Token Sales" genannt).[252] Der Verkauf von Security und Utility Token, der für Start-ups als eine crowdbasierte Finanzierung und für Käufer als Investition dient, erreichte bereits 2019 weltweit ein Volumen von über elf Mrd. USD.[253] Konkrete Beispiele aus den Bereichen ODR und IP sind die ICO von „RHUCoin", „PNK", „ANT" und „GRMTK".[254] Obgleich ICO zunächst nur ein faktisches,

---

243 Ausführlich dazu Maume/Maute Kryptowerte-HdB/Maume § 12 Rn. 7 ff.; Möslein/Omlor FinTech-HdB/Siedler § 7 Rn. 25–90; siehe ebenfalls Möslein/Omlor FinTech-HdB/Dell'Erba § 27 Rn. 24 ff. zur Perspektive des US-amerikanischen Finanzaufsichtsrechts.
244 Richtlinie 2014/65/EU des Europäischen Parlaments und des Rates v. 15.5.2014 über Märkte für Finanzinstrumente (ABl. L 173, 349).
245 Möslein/Omlor FinTech-HdB/Siedler § 7 Rn. 30–44; die BaFin spricht im Zusammenhang mit wertpapierähnlichen Token von der Verkörperung mitgliedschaftlicher oder vermögensmäßiger Rechte, BaFin, BaFin Perspektiven 1/2018, S. 61; siehe auch BaFin, Zweites Hinweisschreiben zu Prospekt- und Erlaubnispflichten im Zusammenhang mit der Ausgabe sogenannter Krypto-Token, S. 8; vgl. auch Möslein/Omlor FinTech-HdB/Siedler § 7 Rn. 45 ff. zum Einfluss des US-amerikanischen Howey-Tests und zur Beurteilung durch die Schweizer Finanzaufsicht FINMA sowie Rn. 51 ff. zu weiteren finanzaufsichtsrechtlichen Wertpapierbegriffen und Token.
246 Für Investment Token und Teile von Utility Token bejahend, für Currency Token verneinend: Zickgraf AG 2018, 293 (302 ff.); aA Hacker/Thomale European Company and Financial Law Review 15(4) (2018), 645; vgl. BaFin, Zweites Hinweisschreiben zu Prospekt- und Erlaubnispflichten im Zusammenhang mit der Ausgabe sogenannter Krypto-Token, S. 11; siehe auch Möslein/Omlor FinTech-HdB/Siedler § 7 Rn. 86.
247 Richtlinie 2009/110/EG des Europäischen Parlaments und des Rates v. 16.9.2009 über die Aufnahme, Ausübung und Beaufsichtigung der Tätigkeit von E-Geld-Instituten (ABl. L 267, 7).
248 Hoeren/Sieber/Holznagel MMR-HdB/Möllenkamp/Shmatenko Teil 13.6 Rn. 39–45 mwN; lesenswert auch Maume/Maute Kryptowerte-HdB/Wettlaufer/Patz § 13 Rn. 7 ff.
249 Vgl. BaFin, Zweites Hinweisschreiben zu Prospekt- und Erlaubnispflichten im Zusammenhang mit der Ausgabe sogenannter Krypto-Token, S. 11; KG Berlin Urt. v. 25.9.2018 – (4) 161 Ss 28/18 (35/18), NJW 2018, 3734; siehe zum Streit auch Möslein/Omlor FinTech-HdB/Siedler § 7 Rn. 86.
250 Möslein/Omlor FinTech-HdB/Siedler § 7 Rn. 59–78.
251 COM(2020) 593 final; ausführlich dazu Möslein/Omlor FinTech-HdB/Siedler § 7 Rn. 79–85; vgl. auch Brauneck RDi 2022, 10; Machachek RDi 2021, 572.
252 Siehe ausführlich zu den verschiedenen Typen von ICO Möslein/Omlor FinTech-HdB/Dell'Erba § 27 Rn. 3–21.
253 Möslein/Omlor FinTech-HdB/Siedler § 7 Rn. 94 ff. mwN; Sater Tulane Journal of Technology & Intellectual Property 21 (2019), 107 (119 f.).
254 Siehe Metzger Macquarie Law Journal 19 (2019), 81 (91 f.); Rhubarb, Rhubarb is airdropping 50,000 RHUCoin, 24.5.2018, abrufbar unter https://www.rhucoin.com/airdrop.aspx; Cryptorank, Kleros PNK ICO Review, abrufbar unter https://cryptorank.io/ico/kleros; Kraken, What is Aragon? (ANT), abrufbar unter https://www.kraken.com/en-gb/learn/what-is-aragon-ant; Sater Tulane Journal of Technology & Intellectual Property 21 (2019), 107 (122 f.).

unabhängig von etwaiger Regulierung entwickeltes Phänomen waren, sind sie mittlerweile global zum Gegenstand von Verfahren, Stellungnahmen und Leitlinien verschiedener Finanzaufsichtsbehörden geworden.[255] Juristisch eng mit der finanzrechtlichen Qualifikation von Token verbunden ist die Frage, wie ICO (wertpapier-)rechtlich einzuordnen und reguliert sind.[256] Wichtig sind insbesondere die im Zusammenhang mit der Erstemission von Token zu beachtenden **Informations- und Erlaubnispflichten** sowie **Bestimmungen des Geldwäscherechts**.[257]

3. Sonstige Rechtsfragen im Überblick[258]

64 Ein grundlegender **Konflikt** zwischen Blockchain und dem allgemeinen Zivilrecht besteht im Hinblick auf die prinzipielle **Unveränderlichkeit** der im Register gespeicherten Daten. Denn das hiesige Bürgerliche Recht geht – etwa in §§ 142, 134, 138, 105 BGB – gerade davon aus, dass **Rechtsgeschäfte ex lege bzw. ex tunc nichtig** sein können.[259] Selbst wenn eine Kontrolle von Transaktionen auf offensichtliche Gesetzesverstöße durch die validierenden Nodes noch vorstellbar erscheinen mag, stößt eine ex-ante Rechtsprüfung von Transaktionen spätestens bei Wertungsfragen wie der Sittenwidrigkeit nach § 138 BGB oder bei einer Anfechtung an ihre Grenzen.[260] Die Folge davon ist, dass auf Blockchains nichtige Rechtsgeschäfte abgebildet bleiben können, was auch (zumindest faktische) Konsequenzen für Folgetransaktionen haben kann.[261] In ähnlicher Weise kollidiert die Blockchain auch mit dem Minderjährigenrecht nach §§ 106 ff. BGB und der damit verbundenen schwebenden Unwirksamkeit von Willenserklärungen.[262] Eine **Rückabwicklung** von (unwirksamen) Transaktionen lässt sich zumindest wirtschaftlich mittels **sog. Reverse Transactions** erreichen, wobei bei geschlossenen Blockchains mit weniger Teilnehmern auch weitere Lösungen möglich sind.[263]

65 Spezifische Probleme bestehen darüber hinaus etwa im Bereich des **Haftungsrechts**.[264] Beispielsweise ist die Identifizierbarkeit des Schädigers und Anspruchsgegners v.a. bei offenen Blockchains eine Herausforderung für den verletzten Anspruchsteller.

---

255 Siehe etwa BaFin, Zweites Hinweisschreiben zu Prospekt- und Erlaubnispflichten im Zusammenhang mit der Ausgabe sogenannter Krypto-Token, 2019; SEC, Release No. 81207: Report of Investigation Pursuant to Section 21(a) of the Securities Exchange Act of 1934: The DAO, 2017; SEC, Exchange Act Release No. 10714: Cease and Desist Order, 2019, mit einem Bußgeld iHv 24 Mio. USD; siehe zur Operation „Cryptosweep" in Nordamerika NASAA, Operation Cryptosweep, 2018, abrufbar unter https://www.nasaa.org/policy/enforcement/operation-cryptosweep/; siehe zum Standpunkt der SEC und sonstiger Behörden in den USA auch Möslein/Omlor FinTech-HdB/Dell´Erba § 27 Rn. 22–52; siehe auch Sater Tulane Journal of Technology & Intellectual Property 21 (2019), 107 (123 ff.); siehe auch Heudebert/Leveneur Cardozo International & Comparative Law Review 4(1) (2020), 275 (299 ff.), zur Situation in den USA und in Frankreich, wo es auch ein neues Gesetz für ICO gibt (PACTE Act).
256 Instruktiv dazu Zickgraf AG 2018, 293.
257 Dazu ausführlich Möslein/Omlor FinTech-HdB/Siedler § 7 Rn. 98–123, siehe auch Rn. 124–164 zur Zweitmarktregulierung sowie zu Dienstleistungen mit Bezug auf Token.
258 Einen detaillierten Einblick geben etwa die spezifischen Handbücher von Maume/Maute, Rechtshandbuch Kryptowerte, 2020, sowie von Omlor/Link, Kryptowährungen und Token, 2021.
259 Schrey/Thalhofer NJW 2017, 1431 (1435); Timmermann Legal Tech-Anwendungen S. 264; Bundesnetzagentur, Die Blockchain-Technologie, 2021, S. 21.
260 Schrey/Thalhofer NJW 2017, 1431 (1435 f.).
261 Vgl. Schrey/Thalhofer NJW 2017, 1431 (1436).
262 Vgl. Schrey/Thalhofer NJW 2017, 1431 (1436); Timmermann Legal Tech-Anwendungen S. 264; Bundesnetzagentur, Die Blockchain-Technologie, 2021, S. 21.
263 Schrey/Thalhofer NJW 2017, 1431 (1436); Bundesnetzagentur, Die Blockchain-Technologie, 2021, S. 21 mwN.
264 Dazu Heckmann/Schmid, Blockchain und Smart Contracts – Recht und Technik im Überblick, hrsg. v. vbw, 2017, abrufbar unter https://www.vbw-bayern.de/Redaktion/Frei-zugaengliche-Medien/Abteilungen-GS/Wirtschaftspolitik/2019/Downloads/190509-Blockchain-und-Smart-Contracts_neu.pdf, S. 27 ff.; vgl. Bundesnetzagentur, Die Blockchain-Technologie, 2021, S. 21.

Darüber hinaus können auch etwa das IT-Sicherheitsrecht, Gesellschaftsrecht, Erbrecht, Prozessrecht oder Bankrecht im Zusammenhang mit Blockchain-Anwendungen von Relevanz sein.[265] Außerdem bildet der immaterialgüterrechtliche Schutz insbesondere privater Blockchains einen diskutierten Themenkomplex.[266] Im Fokus steht hier neben dem Datenbankherstellerrecht (§§ 87a ff. UrhG) auch der Patentschutz (§ 1 Abs. 1 PatG). Trotz der patentrechtlichen Hürden gibt es offenbar zahlreiche Versuche, Patente im Zusammenhang mit Blockchain-Anwendungen anzumelden.[267] Zunehmend von Relevanz sind darüber hinaus steuer-[268] und bilanzrechtliche[269] Aspekte. Schließlich stellen sich etliche strafrechtliche Fragen.[270]

---

[265] Dazu etwa Heckmann/Schmid, Blockchain und Smart Contracts – Recht und Technik im Überblick, hrsg. v. vbw, 2017, abrufbar unter https://www.vbw-bayern.de/Redaktion/Frei-zugaengliche-Medien/Abteilungen-GS/Wirtschaftspolitik/2019/Downloads/190509-Blockchain-und-Smart-Contracts_neu.pdf, S. 19–33; Hoeren/Sieber/Holznagel MMR-HdB/Möllenkamp/Shmatenko Teil 13.6 Rn. 74–88.
[266] Siehe etwa Hohn-Hein/Barth GRUR 2018, 1089 (1090 f.); Bacon/Michels/Millard/Singh Richmond Journal of Law & Technology 25(1) (2018), 1 (95–99).
[267] Hohn-Hein/Barth GRUR 2018, 1089 (1090).
[268] Dazu Maume/Maute Kryptowerte-HdB/Kollmann §§ 17 f.
[269] Näher Maume/Maute Kryptowerte-HdB/Keiling/Romeike § 19.
[270] Instruktiv dazu Maume/Maute Kryptowerte-HdB/Rückert §§ 20–23.

11. Büroorganisationssoftware

Tietje/Schrader

I. Einführung 1	III. Von analog zu digital – Prozessanalyse 14
II. Säulen der Unternehmensführung – Basics des Kanzleimanagements 2	IV. Rahmenbedingungen für Veränderungen und dauerhafter Erfolg 26

I. Einführung

1 Nicht erst seit Beginn der Corona-Pandemie oder aufgrund der Einführung des besonderen elektronischen Anwaltspostfachs („beA") hat das Thema „Digitalisierung" an Priorität gewonnen. Viele Kanzleien haben mittlerweile die Zeichen der Zeit erkannt und befinden sich entweder in der Umstellungsphase weg von der analogen hin zur digitalen Mandatsbearbeitung oder haben diese Phase bereits abgeschlossen und finden mittlerweile viele weitere Möglichkeiten, neue Technologien zu nutzen, die den Rechtsdienstleistungsmarkt beleben und verändern werden. Tatsächlich hatte der erste coronabedingte Lockdown im Jahr 2020 in rasanter Zeit dafür gesorgt, dass die Erschaffung von Homeoffice-Arbeitsplätzen ermöglicht und noch bestehende Vorbehalte dagegen zersprengt wurden. Kanzleien konnten am eigenen Prozessablauf erfahren, welchen großen Nutzen ein digital agierendes Büro hat. Denn wer bis zu diesem Zeitpunkt bereits entsprechende Infrastruktur, Prozessabläufe und gut geschulte Mitarbeitende hatte, konnte fast problemlos „switchen" und ohne Reibungsverluste die Kanzleiarbeit fortführen. Dagegen mussten die Kanzleien, die sich dem Thema bis dahin nicht ausreichend gewidmet hatten, feststellen, dass sie weitaus größere Hürden und Schwierigkeiten bewältigen mussten, bis mobiles bzw. digitales Arbeiten überhaupt möglich war. Im schlimmsten Fall kann dies zu einem großen Wettbewerbsnachteil im heiß umkämpften Rechtsdienstleistungsmarkt werden und damit auch zu einem wirtschaftlichen Schaden führen. Umso wichtiger also, dass Kanzleien sich im Rahmen eines erfolgreichen Kanzleimanagements im digitalen Zeitalter um gut funktionierende Büroorganisationssoftware und die entsprechende Hardware kümmern.

II. Säulen der Unternehmensführung – Basics des Kanzleimanagements

2 In jeder erfolgreichen Kanzlei muss mittels klarer Leitlinien, Zieldefinitionen und Verantwortlichkeiten ein transparentes Konzept vorliegen, wie die unten genannten Säulen der Unternehmensführung ausgestaltet, inhaltlich umgesetzt und personell besetzt werden:

- Finanzen/Controlling
- Personalmanagement
- Organisation/Prozesse
- Strategie/Ausrichtung
- Dienstleistung/Produkt
- Ausstattung/Infrastruktur

3 Ein gut aufgestelltes, umfassendes Kanzleimanagement sorgt für einen nachhaltigen Unternehmenserfolg. Ohne Struktur liegt ein unternehmerischer Blindflug vor und es wird kaum möglich sein, Mandanten dauerhaft serviceorientiert und hochqualitativ zu betreuen sowie die Mandantenbindung zu stärken. Daneben sorgt ein gutes Kanzleimanagement auch für die entsprechenden Rahmenbedingungen, um Mitarbeitende an die Sozietät zu binden und diese auch passgenau dort einzusetzen, wo ihre jeweiligen Kompetenzen und Fähigkeiten am besten genutzt werden können. Zudem wird eine Kanzlei mittels effektiver Managementmechanismen vor Überraschungen gefeit sein oder jedenfalls besser auf diese reagieren können. Denn gutes Management zeichnet sich auch dadurch aus, „Was-wäre-wenn-Szenarien" im Blick zu haben und durch vorausschauendes Planen handlungsfähig zu sein, beispielsweise im Bereich Personalbedarf, aber auch bei Fragen von IT-Sicherheit und Infrastruktur.

4 In praktisch allen vorgenannten Bereichen ist der Einsatz von Software und entsprechenden Tools unerlässlich, um für effiziente, haftungssichere und qualitativ hochwertige Prozessabläufe und Dienstleistungen zu sorgen. Anbieter für spezielle Büroorganisationssoftware sind zB Datev, Wolters Kluwer oder RA-Micro.

Es gibt einige unterschiedliche Lösungen, die jedoch im Kern notwendigerweise die wichtigsten Funktionen, die Kanzleien üblicherweise nutzen, alle abbilden.

So kann Kanzleisoftware die gesamte Stammdatenverwaltung leisten, die notwendig ist, um zB vor Mandatsannahme eine Kollisionsprüfung vorzunehmen. Zudem ist eine gepflegte Stammdatenverwaltung enorm wichtig, um daraus automatisiert Schriftstücke jeglicher Art erzeugen zu können. Auch im Bereich der Mandantenbindung können Stammdaten (nach Einwilligung der betroffenen Personen) zB für Mandantenrundschreiben oder Newsletter verwendet werden.

Aktuelle und gepflegte Stammdaten sind die Basis für effiziente Mandatsbearbeitung, die von der Aktenanlage über die Korrespondenz bis zur Abrechnung und Ablage führt. So sind die Daten zB wichtig auch im Bereich des automatisierten Urkundenvollzugs im Notariat oder auch der Zwangsvollstreckung.

Sämtliche Schriftstücke sowie eingehende und ausgehende Post kann mittels Kanzleisoftware entweder aus elektronischen Formaten im- oder exportiert werden (beA/beN, XNP, etc) bzw. empfangen oder verschickt. Eingescannte Post und sonstige Dokumente können problemlos zu elektronischen Handakten gespeichert, mit Arbeitsanweisungen versehen an verantwortliche Personen/Sachbearbeiter verfügt werden – und dies mit wenig Aufwand und zB auch dezentral oder mobil. Sämtliche Kanzleikorrespondenz ist auf diese Weise im Dokumentenmanagementsystem jederzeit auffindbar und verfügbar.

Kanzleisoftware bietet zu jeder Akte die Möglichkeit, Wiedervorlagen, Fristen und Termine (haftungssicher) zu verwalten und die aufgewendete Zeit für jegliche Tätigkeit zu erfassen, um zB nach Stundenhonorar abrechnen zu können. Auch die Abrechnung nach RVG oder GNotKG ist mittels Kanzleisoftware problemlos möglich. Die Einbindung der Abrechnungen in die Finanzbuchhaltung sichert ein Controlling aller Einnahmen und Ausgaben einer Kanzlei.

Weitere Funktionen, die im Rahmen von unterschiedlichen Mandaten mittels Software effizient genutzt werden können, sind zB das automatisierte gerichtliche Mahnverfahren, Erstellung von Forderungskonten oder das Erzeugen von vielen Formularen, wie sie zB in der Zwangsvollstreckung (Vollstreckungsauftrag, Pfändungs- und Überweisungsbeschluss) oder im Notarbereich (zB Veräußerungsanzeige bei Grundstückskauf- oder Überlassungsverträgen) benutzt werden müssen.

Moderne Büroorganisationssoftware bietet zudem auch weitere Schnittstellen, um zB Spracherkennungssoftware, juristische Datenbanken, Telefonsoftware oder die extern verarbeitete Buchhaltung einzubinden. Es gibt viele Möglichkeiten, auf die Kanzleien hier zurückgreifen können. Gute Beratung, was nützlich und hilfreich für eine Kanzlei sein kann, ist unerlässlich.

Bei der Auswahl guter Software gibt es kein richtig oder falsch, sondern sie muss am Ende zur Kanzlei passen. Jede Kanzlei ist individuell und muss beurteilen und entscheiden, in welchen Bereichen Softwarelösungen die tägliche Arbeit erleichtern, standardisieren und automatisieren, um Fehler zu vermeiden und Ressourcen zu sparen. Verschiedene Kriterien müssen berücksichtigt werden. Es empfiehlt sich, ein sog. Lastenheft zu erstellen, in dem sämtliche Anforderungen der Kanzlei, die diese an eine Software stellt, aufgeführt sind. Dazu gehören Funktionen und Merkmale sowie konkrete Anforderungen (zB Einsatz in der Insolvenzverwaltung, für das Masseninkasso oder im Anwaltsnotariat, Möglichkeit von mobilem dezentralem Arbeiten, Anbindung an unterschiedliche Schnittstellen für wichtige Tools, intuitive Bedienung, integriertes CRM-Modul, Berücksichtigung haftungsrechtlicher oder berufsrechtlicher Erfordernisse, Dokumentenmanagementsystem, Automatisierung von Prozessen wie zB Stundenabrechnung, Buchhaltungsabläufen, Zuordnung von gescannten Belegen, aber auch sichere Kommunikationswege mit Mandanten und Dritten etc). Das blinde Vertrauen auf bunte Herstellerwerbung ist zu ersetzen durch die Formulierung der eigenen Bedürfnisse als Kanzlei und der Abgleich mit der Leistung der ins Auge gefassten Software.

Dabei muss auch berücksichtigt werden, ob die Kanzlei perspektivisch zB noch wachsen soll, künftig andere Rechtsgebiete bedienen möchte, die wiederum andere Erfordernisse an die Kanzleiabläufe stellen, oder sich personelle Besetzungen verändern sollen.

13 Auch die Vision eines Softwareherstellers sollte zumindest hinterfragt werden, auch wenn man der Antwort vielleicht nicht zu viel Gewicht geben sollte, denn am Ende will der Hersteller sein Produkt verkaufen. Doch so viel steht fest: Mit der Entscheidung für eine Software bindet die Kanzlei sich meist für viele Jahre. Fehlentscheidungen sind daher nicht nur kostenintensiv, sondern auch organisatorisch misslich und daher zwingend zu vermeiden. Perspektivisch sollte daher ein Hersteller die eigene Software laufend an neueste technische Entwicklungen anpassen, sie ausbauen oder erweiterbar machen. Dass daneben verlässlicher Support und hohe Anwenderfreundlichkeit vorhanden sein müssen, steht außer Frage.

III. Von analog zu digital – Prozessanalyse

14 Mit der Anschaffung einer Software allein ist allerdings noch kein direkter Nutzen für die Kanzlei eingetreten. Es ist nicht ratsam, sich mit der Entscheidung für eine Software und mit der darauf folgenden Anschaffung ein Korsett überstülpen zu lassen und danach zu hoffen, dass „automatisch" durch die Nutzung der Software organisatorische Fortschritte im Kanzleiteam zu verzeichnen sind und automatisch ein effizientes, digitales Arbeiten Einzug hält. Tatsächlich ist es sinnvoller, die Prozessabläufe bereits im Vorfeld zu analysieren und anzupassen, um sie im weiteren Schritt sodann auf digitale Füße zu stellen. Auf diese Weise verfolgt die Kanzlei einen ganzheitlichen Optimierungsansatz, es werden alle Prozesse erfasst und der Kanzlei damit ein langfristigerer (wirtschaftlicher) Erfolg ermöglicht.

15 Um analoge Prozesse auf digitale Abläufe umzustellen, sollte zunächst definiert werden, welches Ziel oder welche Ziele die Kanzlei konkret verfolgt. Ohne Zieldefinition kann die Kanzlei Gefahr laufen, dass das Team sich inhaltlich verrennt, der Fokus auf bestimmte Bereiche verloren geht, Zeit- und Kostenaufwand „plötzlich" ausufern, Digitalisierungsversuche ergebnislos oder mit schlechten Umsetzungsergebnissen aufgegeben werden und das Kanzleiteam demotiviert ist.

16 Die Kanzlei sollte daher im Team definieren, welche Bereiche digitalisiert werden, eine Priorisierung von Teilbereichen vornehmen und ein Budget bereitstellen. Daneben muss der Zeitraum der Umsetzung intern mit dem verantwortlichen Projektteam und extern mit dem Systemadministrator, dem Softwarehersteller und dem Hardwareanbieter festgelegt und müssen beim Projektteam entsprechende Zeitressourcen freigegeben werden.

17 Der dafür erforderliche Zeitaufwand ist nicht zu unterschätzen. Es kann je nach Umfang des Projektes Wochen oder Monate dauern, bis ein Erfolg spürbar bzw. sichtbar wird. Es kann je nach Kanzlei empfehlenswert sein, sich zunächst auf Kern- oder Standardprozesse zu fokussieren, um erst danach weitere Abläufe der Kanzlei auf den digitalen Prüfstand zu stellen.

18 Die nicht immer ganz offensichtlichen, aber für den reibungslosen Ablauf wichtigen Bereiche einer Kanzlei sollten dabei nicht vergessen werden. Dazu gehört zB das Informationsmanagement, die effiziente Nutzung von internen und externen Datenbanken, interne Kommunikation, Bewerber- und Personalmanagement etc.

19 Ist die Analyse und Priorisierung der umzustellenden Abläufe erfolgt, müssen nunmehr sämtliche Prozesse innerhalb der Kanzlei erfasst, also identifiziert und beschrieben werden.

Beispiele: Der Arbeitsprozess „Bearbeitung Posteingang" kann zerlegt werden in die Einzelprozesse „Einscannen von Papierpost", „Notieren von Fristen und Terminen", „Speichern von Eingängen zur Akte", „Verteilung der Post an Empfänger innerhalb der Kanzlei" etc. Hinter einem vermeintlich einfachen Vorgang stecken viele einzelne Handlungsschritte, die digital durchdacht, abgebildet und im Anschluss verschriftlicht werden müssen.

20 Es gibt verschiedene Methoden, die für die Erfassung angewendet werden können. Man kann auf vorhandene Verfahrensanweisungen zurückgreifen, Teambesprechungen durchführen oder Einzelinterviews mit Mitarbeitenden, die in dem zu erfassenden Prozess tätig sind, führen. Für eine umfassende und vollständige Erfassung sowie Analyse kann es hilfreich sein, externe Beratung hinzuziehen. Auf diese Weise beugt man auch der berühmten Betriebsblindheit vor, die möglicherweise echte Fortschritte verhindert, wenn eine

Kanzlei aus sich heraus versucht, Prozessabläufe zu verbessern bzw. auf digitale Abläufe umzustellen. Hier kann externe Erfahrung und Input nicht nur sehr wertvoll, sondern auch wirtschaftlich gerechtfertigt sein.

Die Analyse der Arbeitsabläufe gibt Aufschluss über viele Aspekte: 21
- Ob allen Teammitgliedern die Arbeitsprozesse bekannt sind und einheitlich durchgeführt werden;
- wo es Medienbrüche gibt;
- wo Tätigkeiten uU doppelt ausgeführt werden, weil zB Daten mehrfach erfasst werden müssen;
- wo es zu zeitlichen Verzögerungen kommt, welcher Arbeitsprozess von welchem abhängig ist und wo die Schnittstellen ggf. geschärft werden müssen.

Nach der Analyse des Ist-Zustands muss definiert werden, wie der ideale Prozessablauf für die Kanzlei 22 gestaltet werden soll. Faktoren, die dabei zu berücksichtigen sind, können folgende sein:
- Schnelligkeit (beispielsweise, um Personalressourcen zu entlasten und Mandantenanfragen zügiger zu beantworten)
- Kostensenkung (von Papier, anderweitigem Büromaterial, Porto, Personal. Aber Achtung: Der Einsparung stehen die Kosten für erhöhten Speicherbedarf, Wartung, Lizenzen, Software, Hardware etc entgegen und müssen durch entsprechendes Controlling gegenübergestellt werden.)
- Erhöhung der Mandanten- und Mitarbeiterzufriedenheit
- Erhöhung des Automatisierungsgrads durch Einsatz von digitalen Abläufen
- Verlässliche Erfüllung von berufsrechtlichen, steuerrechtlichen Vorschriften oder sonstigen gesetzlichen Vorgaben

Die Optimierung der Prozesse bzw. die Umstellung von analogen zu digitalen Abläufen endet zunächst 23 mit der Festlegung und Verschriftlichung. Auf diese Weise entsteht für jeden Einzelprozess eine eigene Verfahrensanweisung. Die Gesamtheit der Anweisungen ergibt das Kanzleihandbuch, das digital an einem zentralen Ort (schreibgeschützt) gespeichert sein sollte. Jede Anweisung beschreibt nicht nur den Prozess, sondern auch Ziel und Zweck, den Anwenderkreis innerhalb der Kanzlei, zu nutzende Hilfen oder „Werkzeuge" und eine Erstellungs- sowie Versionsangabe. Sämtliche Verfahrensanweisungen müssen den Mitarbeitenden zugänglich gemacht werden. Hierfür bietet sich das kanzleieigene Intranet an. Nicht nur vorhandene Mitarbeitende profitieren bei sich ergebenden Fragen davon, sondern in besonderem Maße hat sich ein Kanzleihandbuch beim Onboarding von neuen Mitarbeitenden bewährt.

Im weiteren Verlauf sind gravierende Veränderungen in bestehenden Prozessabläufen gemeinsam zB in 24 Teambesprechungen oder Feedbackrunden zu kommunizieren. Bei kleinen Veränderungen genügt ggf. eine erläuternde Mail an das Kanzleiteam. Begleitend sind zudem Schulungen oder kurze Tutorials sinnvoll.

Ob die Prozesse gut gestaltet und vom Team verlässlich angewandt werden, lässt sich u.a. an verschiedenen 25 Kriterien feststellen. Es sollte sich in jedem Fall die Qualität von Arbeitsergebnissen verbessern (weniger Beschwerden, gerichtliche Verfügungen, Rückfragen intern oder von Mandanten und Dritten), der Bearbeitungsaufwand verringern (in derselben Arbeitszeit wird produktiver gearbeitet; mehr Akten, Rechnungen, weniger Offene Posten, Abbau von Rückständen etc) und auch eine Reduzierung von Kosten erfolgen (ableitbar aus der Betriebswirtschaftlichen Auswertung (BWA) der Kanzlei).

IV. Rahmenbedingungen für Veränderungen und dauerhafter Erfolg

Die Prozessablaufoptimierung gelingt bei aller Akribie und großem Einsatz nur, wenn das Kanzleiteam 26 die angedachten Veränderungen mitträgt. Es ist daher essenziell wichtig, dass die Rahmenbedingungen für die anstehenden Veränderungen berücksichtigt werden. Dies sollte mittels „Change Management" erfolgen. Das bedeutet, dass die Kanzlei(-führung) sich darum bemühen muss, jedwede Veränderung bewusst und (pro-)aktiv aufzugreifen, positiv zu belegen und zu kommunizieren. Dabei kann es sein, dass sich die Kanzleikultur entsprechend gravierend bewegt. Beispielsweise kann es für Mitarbeitende und Kanzleiführung neu und ungewohnt sein, regelmäßig Feedbackrunden abzuhalten oder offen über Fehler oder Verbesserungsvorschläge zu reden. Manchmal stellt sich der Erfolg durch eine veränderte bzw. verbesserte Kanzleikultur erst langsam ein. Geduld und Festhalten am eingeschlagenen Weg sind unabdingbar.

27 Im Rahmen des Change Management ist die interne wie externe Kommunikation zu überdenken und zu verbessern, neue bzw. moderne Führungsstrategien sollten implementiert werden. Jedes Kanzleiteammitglied muss „mitgenommen" werden.

28 Frei nach dem Sprichwort „Stillstand ist Rückschritt" ist die Prozessablaufoptimierung ein dauerhafter, nie endender Prozess. Denn eine zukunftsgerichtete Kanzleiführung sollte allgemeingültige Managementansätze (wie zB den kontinuierlichen Verbesserungsprozess – kurz KVP) berücksichtigen. Das bedeutet, dass eine offene Fehler- und Feedbackkultur vorherrscht, der Wille zur internen Qualitätssicherung und ein generelles Bewusstsein dafür, sich selbst, die eigene Arbeit und die bestehenden Rahmenbedingungen laufend zu hinterfragen und bei Auffälligkeiten oder Abweichungen diese zu erkennen, aufzugreifen und zu kommunizieren und Verbesserungsmöglichkeiten zu erarbeiten und umzusetzen. Die Kanzlei ist im besten Fall ein perfekt aufeinander abgestimmtes Zahnradsystem, welches „lebendig" ist und regelmäßig den internen oder externen Anpassungsdruck (zB durch die Pandemie, Fachkräftemangel, technischen Fortschritt, veränderte Marktlage, Wertewandel, Ab- oder Zuwanderung von Mandanten und Mitarbeitenden etc) annimmt und auf ihn umgehend reagiert, um damit weiterhin kurzfristig, effizient und erfolgreich zu agieren.

29 Jede Kanzlei ist im Rahmen des Kanzleimanagements insbesondere mit Blick auf die immer weiter voranschreitende Digitalisierung mit unzähligen Herausforderungen konfrontiert. Laufend muss hinterfragt, optimiert und korrigiert werden. Qualitätssicherung ist als wichtiger Teil des Kanzleimanagements zu verstehen. Mehr denn je müssen Kanzleien sich künftig bemühen, visionär zu denken und zu agieren, Technologien, wo immer es sinnvoll ist, effizient einzusetzen und das gesamte Kanzleiteam fachlich, persönlich und methodisch up to date zu halten, damit auch in der digitalen Welt dauerhaft wirtschaftlicher Erfolg zu verzeichnen ist.

12. Cloud Computing, allgemein

Grupp/Fecke

I. Einführung	1
II. Bedeutung und Vorteile von Cloud Computing	2
1. Cloud Computing als Paradigma	2
2. Vorteile aus Nutzersicht	6
3. Vorteile aus Anbieter- und Marktsicht	10
4. Cloud-Nutzung durch anwaltliche Anwender	13
5. Öffentliche Wahrnehmung	17
6. Marktentwicklung	21
III. Entstehen, inhaltliche Abgrenzung und begriffliche Einordnung	23
1. Entwicklung aus dem IT-Outsourcing (ITO)	23
a) Ursprünge	23
b) Herauslösen aus dem ITO	27
c) Heutiges Verhältnis zu ITO	29
d) Outsourcing im juristischen Bereich	32
2. Definition von Cloud Computing	36
a) Selbstbedienung und bedarfsgerechte Verfügbarkeit auf Abruf (On-Demand-Self-Service)	37
b) Netzwerkzugriff über Schnittstellen (Broad Network Access)	38
c) Ressourcenbündelung (Resource Pooling)	39
d) Skalierbarkeit und Elastizität (Rapid Elasticity)	40
e) Nutzungsabhängige und messbare Indienststellung (Measured Service)	41
f) Weitere Kriterien	43
aa) Virtualisierung	44
bb) Standardisierung, Commoditisierung, eingeschränkte Individualisierbarkeit	46
IV. Relevante Einteilungen und Abgrenzungen	47
1. Überblick	47
2. Servicemodelle	48
a) Überblick und Architektur	50
b) IaaS	53
c) PaaS	56
d) SaaS	59
e) Weitere Modelle	64
3. Deploymentmodelle: Private Cloud, Public Cloud und Hybridmodelle	65
a) Public Cloud	66
b) Private Cloud	68
c) Externe und interne Cloud	71
d) Community Cloud	74
e) Hybride Modelle	76

Literatur: *Al-Roomi/Al-Ebrahim/Buqrais/Ahmad*, Cloud Computing Pricing Models: A Survey, International Journal of Grid and Distributed Computing 2013, 93; *Andersen/Rainie*, The future of cloud computing, Pew Internet & American Life Project, 2010, abrufbar unter https://www.pewresearch.org/internet/2010/06/11/the-future-of-cloud-computing/; *Anderson*, Free: The Future of Radical Price, 2009; Arbeitskreise Technik und Medien der Konferenz der Datenschutzbeauftragten des Bundes und der Länder, Orientierungshilfe – Cloud Computing, 2014, abrufbar unter https://www.datenschutzkonferenz-online.de/media/oh/20141009_oh_cloud_computing.pdf; Arbeitskreise Technik und Medien der Konferenz der Datenschutzbeauftragten des Bundes und der Länder, Orientierungshilfe – Cloud Computing, 2014, abrufbar unter https://www.datenschutzkonferenz-online.de/media/oh/20141009_oh_cloud_computing.pdf; *Armbrust/ Fox (ua)*, A view of cloud computing, Communications of the ACM 2010, Vol. 53 Issue 4, 50; *Armbrust/Fox (ua)*, Above the Clouds: A Berkley View of Cloud Computing, 2009, abrufbar unter https://www2.eecs.berkeley.edu/Pubs/TechRpts/2009/EECS-2009-28.pdf; *Avram*, Advantages and Challenges of Adopting Cloud Computing from an Enterprise Perspective, Procedia Technology 2014, 529; *Baun/Kunze/Nimis/Tai*, Cloud Computing, 2. Aufl. 2011; *Bedner*, Cloud Computing: Technik, Sicherheit und rechtliche Gestaltung, 2013; BITKOM, Cloud Computing – Was Entscheider wissen müssen, 2010 abrufbar unter https://www.bitkom.org/sites/main/files/file/import/BITKOM-Leitfaden-Cloud-Computing-Was-Entscheider-wissen-muessen.pdf; *Böhm*, IT-Compliance als Triebkraft von Leistungssteigerung und Wertbeitrag der IT, HMD Praxis der Wirtschaftsinformatik 2008, Vol. 45 Nr. 5, 15; *Böhm/Leimeister/Riedl/Krcmar*; Cloud Computing – Outsourcing 2.0 or a new Business Model for IT Provisioning?, Information Management & Consulting 2009, Vol. 24, 6; *Borges*, Datentransfer in die USA nach Safe Harbor, NJW 2015, 3617; *Borges/Meents* (Hrsg.), Cloud Computing, 2016 (zit.: Borges/Meents/*Bearbeiter* Cloud Computing); *Bormann/Fischer (ua)*, Anforderungen an die nutzungsabhängige Abrechnung von Logistikdiensten in der Cloud, in: Fähnrich/Franczyk (Hrsg.), INFORMATIK 2010. Service Science – Neue Perspektiven für die Informatik, Band 1, 2010, S. 317 (zit.: Bormann/Fischer (ua) in Fähnrich/Franczyk); *Bräutigam* (Hrsg.), IT-Outsourcing und Cloud Computing, 4. Aufl. 2019 (zit.: Bräutigam/*Bearbeiter* IT-Outsourcing und Cloud Computing); *Bräutigam*, SLA: In der Praxis alles klar?, CR 2004, 248; Bundesamt für Sicherheit in der Informationstechnik (BSI), Eckpunktepapier: Sicherheitsempfehlungen für Cloud Computing Anbieter, 2012, abrufbar unter https://www.bsi.bund.de/SharedDocs/Downloads/DE/BSI/Publikationen/Broschueren/Eckpunktepapier-Sicherheitsempfehlungen-CloudComputing-Anbieter.pdf;jsessionid=2F728F036F44BFB73065A74F2BF95200.internet082?__blob=publicationFile&v.=1; *Buxmann/Diefenbach/Hess*, Die Softwareindustrie, 2011; *Buyya/Yeo/Venugopal*, Market-Oriented Cloud Computing: Vision, Hype, and Reality for Delivering IT Services as Computing Utilities, in IEEE, Proceedings of the 10th IEEE International Conference on High Performance Computing and Communications, 2008, S. 5 (zit.: Buyya/Yeo/Venugopal in

IEEE); *Buyya/Yeo/Venugopal/Broberg/Brandic*, Cloud computing and emerging IT platforms: Vision, hype, and reality for delivering computing as the 5th utility, Future Generation Computer Systems 2009, Vol. 25 Issue 6, 599; *Carr*, The Big Switch: Rewiring the World, from Edison to Google, 2013; *Cavoukian*, Evolving FIPPs: Proactive Approaches to Privacy, Not Privacy Paternalism, in Gutwirth/Leenes/de Hert (Hrsg.), Reforming European Data Protection Law, 2015 S. 293 (zit.: *Cavoukian* in Gutwirth/Leenes/de Hert); *Chandrasekaran*, Essentials of Cloud Computing, 2015; *Christensen/Raynor*, Innovator's Solution: Creating and Sustaining Successful Growth, 2013; *Ciobanu/Cristea (ua)*, Big Data Platforms for the Internet of Things, in Bessis/Dobre (Hrsg.), Big Data and Internet of Things: A Roadmap for Smart Environments, 2014, S. 3 (zit.: *Ciobanu/Cristea (ua)* in Bessis/Dobre); *Conrad/Fechtner*, CR 2013, 137; *Conrad/Fechtner*, IT-Outsourcing durch Anwaltskanzleien nach der Inkasso-Entscheidung des EuGH und dem BGH Urt. v. 7.2.2013 – CR 2013, 137; *Cornelius*, Das Non-Legal-Outsourcing für Berufsgeheimnisträger, NJW 2017, 3751; *Dahns*, Neues aus der Satzungsversammlung, NJW-Spezial 2014, 766; *Dahns*, NJW-aktuell 22/2016, 12; *Dahns*, NJW-Spezial 2014, 766; *Daniels*, AnwBl 2012, 529; *Daniels*, Die Zerlegung des Mandats in seine Einzelteil. Legal Outsourcing als Wachstumsmarkt – oder: Die Standardisierung der Rechtdienstleistung, AnwBl 2012, 529; *Diefenbach/Brüning/Rickmann*, Effizienz und Effektivität im IT-Outsourcing: KPI-basierte Messung der Strategieumsetzung, in Rickmann/Diefenbach/Brüning (Hrsg.), IT-Outsourcing, 2013, S. 1 (zit.: *Diefenbach/Brüning/Rickmann* in Rickmann/Diefenbach/Brüning); *Dreßler/Mathis*, Was bringt die Datenschutzgrundverordnung für Anwaltskanzleien, BRAK-Magazin 2018, 16; *Eckert*, IT-Sicherheit, 10. Aufl. 2018; *Enke/Geigenmüller/Leischnig*, Commodity Marketing – Eine Einführung, in Enke/Geigenmüller (Hrsg.), Commodity Marketing, 2011, S. 3 (zit.: *Enke/Geigenmüller/Leischnig* in Enke/Geigenmüller); European Data Protection Board (EDPB), Guidelines 07/2021 on the concepts of controller and processor in the GDPR, v. 2.0, 2021, abrufbar unter https://edpb.europa.eu/system/files/2021-07/eppb_guidelines_202 007_controllerprocessor_final_en.pdf; European Network and Information Security Agency (ENISA), Cloud Computing: Benefits, Risks and Recommendations for Information Security, 2009; abrufbar unter https://www.enisa.europa.eu/publications/cloud-computing-risk-assessment; *Fechtner/Haßdenteufel*, Die Novelle des § 203 StGB und weiterer berufsrechtlicher Normen, CR 2017, 355; *Fernandes/Soares/Gomes/Freire/Inácio*, Security Issues in Cloud Environments: A Survey, International Journal of Information Security 2014, Vol. 13 No. 2, 113; *Foster/Zhao/Raicu/Lu*, Cloud Computing and Grid Computing 360-Degree Compared, in IEEE, 2008 Grid Computing Environments Workshop, 2008, 1 (zit.: *Foster/Zhao/Raicu/Lu* in IEEE); *Frogó/Helfrich/Schneider* (Hrsg.), Betrieblicher Datenschutz, 3. Aufl. 2019 (zit.: FHS Betr. Datenschutz-HdB/*Bearbeiter*); *Gasteyer*, Verschwiegenheitspflicht und Datenschutz: Was das Recht von Kanzlei fordert, AnwBl 2019, 557; *Gercke*, PRISM, TEMPORA und das deutsche Strafverfahren – Verwertbarkeit der Erkenntnisse ausländischer Nachrichtendienste, CR 2013, 749; *Golland*, Datenschutzrechtliche Anforderungen an internationale Datentransfers, NJW 2020, 2593; *Grobauer/Walloschek/Stocker*, Understanding Cloud Computing Vulnerabilities, IEEE Security & Privacy 2011, Vol. 9 Issue 2, 50 ff.; *Grunewald*, Die Entwicklung des anwaltlichen Berufsrechts im Jahr 2017, NJW 2017, 3627; *Grupp*, Reform von Strafgesetzbuch und BRAO: Outsourcing in Kanzleien wird möglich, AnwBl 2017, 816; *Gürses/Troncoso/Diaz*, Engineering Privacy by Design, 2011, abrufbar unter https://www.esat.kuleuven.b e/cosic/publications/article-1542.pdf; *Hagedorn/Schmid (ua)*, Wissens- und Informationsmanagement in der Praxis – Einführung einer Wissensdatenbank beim Aufbau eines Shared-Service-Centers bei E.ON Energie, in Keuper/Neumann (Hrsg.), Wissens- und Innovationsmanagement, 2009, S. 239 (zit.: *Hagedorn/Schmid (ua)* in Keuper/Neumann); *Härting*, IT-Sicherheit in der Anwaltskanzlei, NJW 2005, 1248; *Hartung/Weberstaedt*, Legal Outsourcing, RDG und Berufsrecht, NJW 2016, 2209; *Hashizume/Rosado (ua)*, An Analysis of Security Issues for Cloud Computing, Journal of Internet Services and Applications 2013, Vol. 4 No. 5, 1; *Heckmann/Starnecker*, Kein Land in Sicht – das Dilemma des Safe-Harbor-Urteils, Juris Monatszeitschrift, 2016, 58; *Helwig/Koglin*, Service Level Agreements für Software as a Service-Dienste, in Taeger/Wiebe (Hrsg.), Inside the Cloud – Neue Herausforderungen für das Informationsrecht: DSRI Tagungsband Herbstakademie, 2009, S. 175 (zit.: *Helwig/Koglin* in Taeger/Wiebe); *Hoeren*, Betriebsgeheimnisse im digitalen Zeitalter, MMR 2018, 12; *Holzhäuser*, Herausforderung als Chance: Die Sozietät als Nachfrager von LPO-Dienstleistungen, in Hartung/Wegerich (Hrsg.), Der Rechtsmarkt in Deutschland: Überblick, Analyse, Erkenntnisse, 2014, S. 496 (zit.: *Holzhäuser* in Hartung/Wegerich); *Jahn/Palm*, Outsourcing in der Kanzlei: Verletzung von Privatgeheimnissen?, AnwBl 2011, 613; *Jansen/Grance*, Guidelines on Security and Privacy in Public Cloud Computing, NIST Special Publication 800-144, 2011, abrufbar unter https://nvlpubs.nist.gov/nistpubs/Legacy/SP/nistspecialpublication800-144. pdf; *Jensen*, Übermittlung von Nutzerdaten durch Microsoft und Skype in die USA rechtmäßig, ZD-Aktuell 2014, 03875; *Kaufman*, Data Security in the World of Cloud Computing, IEEE Security & Privacy 2009, Vol. 7 Issue 4, S. 61; *Klugmann/Leenen/Salz*, Der Dienstleistervertrag nach § 43e Abs. 3 BRAO – samt Mustervorschlag, Anwbl. 2018, 283; *Kotthoff*, Grenzüberschreitendes Outsourcing durch Sozietäten: „Wie die Welt aussieht", AnwBl 2012, 481; *Kühling/Heberlein*, EuGH „reloaded": „unsafe harbor" USA vs. „Datenfestung" EU, NVwZ

2016, 7; *Kulow*, Datenschutz in der Kanzlei nach der Datenschutzgrundverordnung, 2018, abrufbar unter https://rak-muenchen.de/, S. 20; *Langheinrich*, Privacy by Design – Principles of Privacy-Aware Ubiquitous Systems, in Abowd/Brumitt/Shafer (Hrsg.), Ubicomp 2001: Ubiquitous Computing, 2001, S. 273 (zit.: *Langheinrich* in Abowd/Brumitt/Shafer); *Lee/Kim/Ko/Kim*, A Security Analysis of Paid Subscription Video-on-Demand Services for Online Learning, in IEEE, 2016 International Conference on Software Security and Assurance (ICSSA), 2016, 43 (zit.: *Lee/Kim/Ko/Kim* in IEEE); *Lemke/Brenner*, Einführung in die Wirtschaftsinformatik, 2015; *Lenk/Klems (ua)*, What's. inside the Cloud? An Architectural Map of the Cloud Landscape, in IEEE, 2009 ICSE Workshop on Software Engineering Challenges of Cloud Computing, 2009, S. 23 (zit.: *Lenk/Klems (ua)* in IEEE); *Loske*, IT Security Management in the Context of Cloud Computing, 2015; *Mahmood*, Cloud Computing, 2014; *Marston/Li/Bandyopadhyaya/Zhanga/Ghalsasi*, Cloud computing – The business perspective, Decision Support Systems 2011, Vol. 51 Issue 1, 176; *Matros*, Der Einfluss von Cloud Computing auf IT-Dienstleister, 2012; *Mavany*, Digitaler Hausfriedensbruch – Allheilmittel oder bittere Pille?, ZRP 2016, 221; *Mell/Grance*, Effectively and Securely Using the Cloud Computing Paradigm, 2009, abrufbar unter http://csrc.nist.gov/groups/SNS/cloud-computing/cloud-computing-v26.ppt; *Mell/Grance*, The NIST Definition of Cloud Computing, 2011, abrufbar unter http://nvlpubs.nist.gov/nistpubs/Legacy/SP/nistspecialpublication800-145.pdf; *Mertens/Bodendorf (ua)*, Grundzüge der Wirtschaftsinformatik, 12. Aufl. 2017; *Nascimento/Pires/Mestre*, Data Quality Monitoring of Cloud Databases based on Data Quality SLAs, in Trovati/Hill (ua), Big-Data Analytics and Cloud Computing, 2015, S. 3 (zit.: *Nascimento/Pires/Mestre* in Trovati/Hill); Paul/Niemann, Bewölkt oder wolkenlos – rechtliche Herausforderungen des Cloud Computings, K&R 2009, 444; *Paverd/Martin/Brown*, Modelling and Automatically Analysing Privacy Properties for Honest-but-Curious Adversaries, Tech.Rep 2014, abrufbar unter https://www.cs.ox.ac.uk/people/andrew.paverd/casper/casper-privacy-report.pdf; *Peintinger*, Aktueller Zwischenstand zu Safe Harbor, ZD-Aktuell 2016, 04172; *Peterson*, Cloudy with a Chance of Waiver: How Cloud Computing Complicates the Attorney-Client Privilege, J. Marshall Law Review 2012, Vol. 46, 383 ff.; *Petri*, Déjà vu – datenschutzpolitische Aufarbeitung der PRISM-Affäre Appell nach mehr Transparenz der nachrichtendienstlichen Tätigkeit, ZD 2013, 557; *Pfitzinger/Jestädt*, IT-Betrieb, 2016; *Pfitzmann/Hansen*, A terminology for talking about privacy by data minimization: Anonymity, unlinkability, undetectability, unobservability, pseudonymity, and identity management, 2010, abrufbar unter https://dud.inf.tu-dresden.de/literatur/Anon_Terminology_v0.34.pdf; *Pohle/Ammann*, Software as a Service – auch rechtlich eine Revolution?, K&R 2009, 625; *Pohle/Ammann*, Über den Wolken… – Chancen und Risiken des Cloud Computing, CR 2009, 273; *Pohle/Ghaffari*, Die Neufassung des § 203 StGB – der Befreiungsschlag für IT-Outsourcing am Beispiel der Versicherungswirtschaft?!, CR 2017, 489; *Prodan/Ostermann/Fahringer*, Extending Grids with cloud resource management for scientific computing, in IEEE, 10th IEEE/ACM International Conference on Grid Computing (Grid 2009), 2009, S. 42 (zit.: *Prodan/Ostermann/Fahringer* in IEEE); *Raschke*, BB 2017, 579; *Raschke*, Legal Outsourcing im Spannungsfeld von Straf- und Strafprozessrecht, BB 2017, 579; *Richter*, Zertifizierung unter der DS-GVO, ZD 2020, 84; *Rittinghouse/Ransome*, Cloud Computing: Implementation, Management, and Security, 2010; *Roßnagel/Wedde/Hammer/Pordesch*, Die Verletzlichkeit der Informationsgesellschaft, 1990; *Sadough*, Legal Process Outsourcing: Das Konzept einer neuen Dienstleistung im deutschen Rechtsmarkt, in Hartung/Wegerich (Hrsg.), Der Rechtsmarkt in Deutschland: Überblick, Analyse, Erkenntnisse, 2014, S. 478 (zit.: *Sadough* in Hartung/Wegerich); *Schneider*, Informationstechnologie = Viel hilft viel? Empirische Erkenntnisse zum Zusammenhang zwischen IT und ihrem Wertbeitrag für das Unternehmen aus Controlling- und IT-Perspektive, Controlling & Management Review 2012, Vol. 56 Issue 2, 142; *Schulz/Rosenkranz*, Cloud Computing – Bedarfsorientierte Nutzung von IT-Ressourcen, ITRB 2009, 232; Schumacher, Service Level Agreements: Schwerpunkt bei IT- und Telekommunikationsverträgen, MMR 2006, 12; *Schuster/Reichl*, Cloud Computing & SaaS: Was sind die wirklich neuen Fragen?, CR 2010, 39; *Siegmund*, Die anwaltliche Verschwiegenheit in der berufspolitischen Diskussion, 2014; *Siegmund*, Outsourcing in der Anwaltschaft – (K)eine Lösung auf Satzungsebene?, ZRP 2015, 78; *Siersch*, Privacy in Cloud Computing, 2013; *Spies*, BfDI: Prism – Totalüberwachung made in USA, ZD-Aktuell 2013, 03625; *Spies*, EU-Parlament: Konservative ohne Internetdiensteanbietern mit Lizenzentzug, ZD-Aktuell 2013, 03633; *Spies*, Prism-Debatte und Vertraulichkeit der Anwaltskommunikation, ZD-Aktuell 2013, 03668; *Spies*, Prism-Debatte und Vertraulichkeit der Anwaltskommunikation, ZD-Aktuell 2013, 03668; Splittgerber/Rockstroh, Sicher durch die Cloud navigieren – Vertragsgestaltung beim Cloud Computing, BB 2011, 2179; *Staten*, Hollow Out The MOOSE: Reducing Cost With Strategic Rightsourcing, Forrester Research Inc., 2009, abrufbar unter https://www.forrester.com/report/hollow-out-the-moose-reducing-cost-with-strategic-rightsourcing/RES46144?docid=46144; *Takabi/Joshi/Ahn*, Security and Privacy Challenges in Cloud Computing Environments, IEEE Security & Privacy 2010, Vol. 8 Issue 6, 24; *Tragos/Pöhls (ua)*, Securing the Internet of Things – Security and Privacy in a Hyperconnected World, in Vermesan/Friess (Hrsg.), Building the Hyperconnected Society – IoT Research and Innovation Value Chains, Ecosystems and Markets, 2015, S. 189 (zit.: *Tragos/Pöhls (ua)* in Vermesan/Friess); *Trovati*, An Overview of Some Theoretical

Topological Aspects of Big Data, in *Trovati/Hill (ua)*, Big-Data Analytics and Cloud Computing, 2015, S. 53 ff. (zit.: *Trovati* in Trovati/Hill); *Tschofenig/Schulzrinne (ua)*, The IETF Geopriv and Presence Architecture Focusing on Location Privacy, Position Paper for the W3C Workshop on Languages for Privacy Policy Negotiation and Semantics-Driven Enforcement, 2006, abrufbar unter http://www.cs.columbia.edu/~hgs/papers/Geopriv-Architecture.pdf; *Urbanski*, IT at a Crossroads: Driving the Transformation of IT Services Production Towards Cloud-Enabled Business Outcomes, in Rickmann/Diefenbach/Brüning (Hrsg.), IT-Outsourcing, 2013, S. 39 (zit.: *Urbanski* in Rickmann/Diefenbach/Brüning); *Verga*, Cloudburst: What does Cloud Computing Mean to Lawyers?, Journal of Legal Technology Risk Management 2010, Vol. 5 Issue 1, 41 ff.; *Voigt*, Rechtswidrigkeit von Datenübermittlungen in die USA aufgrund von PRISM?, ZD-Aktuell 2013, 03165; *Wang/Ranjan/Chen/Benatallah* (Hrsg.), Cloud Computing, 2012; *Wang/Wang/Ren/Lou*, Privacy-Preserving Public Auditing for Data Storage Security in Cloud Computing, in IEEE, 2010 Proceedings IEEE INFOCOM, 2010, S. 1 (zit.: *Wang/Wang/Ren/Lou* in IEEE); *Weichert*, Cloud Computing und Datenschutz, DuD 2010, 679; *Weichert*, Safe Harbor – was ist zu tun?, VuR 2016, 1; *Wicker*, Vertragstypologische Einordnung von Cloud Computing-Verträgen, MMR 2012, 783; *Wiese/Waage* Benutzerfreundliche Verschlüsselung für Cloud-Datenbanken, in: Schartner (Hrsg.), DACH Security Conference, 2015, S. 12 (zit.: Wiese/Waage in Schartner); *Wronka*, Datenschutzrechtliche Aspekte des „neuen" § 203 StGB, RDV 2017, 129; *Youseff/Butrico/Da Silva*, Toward a Unified Ontology of Cloud Computing, in IEEE, Proceedings Grid Computing Environments Workshop (GCE), 2008, S. 1 (zit.: *Youseff/Butrico/Da Silva* in IEEE).

I. Einführung

1 Die Informationstechnologie (IT) gehört branchen- und marktübergreifend inzwischen zu den wichtigsten Ressourcen für Unternehmen und wird zunehmend bestimmender Faktor zur Produktivitätssteigerung.[1] Wie herkömmliche Produktionsmittel muss ihre Verwendung kontrolliert und gesteuert sein. *Just-in-time-*Lieferung und verbrauchsabhängige Beziehung sind auch für informationstechnologische Leistungen relevante Planungs- und Kostenfaktoren geworden und längst hat sich für die hochfungiblen Dienste ein Markt für Outsourcing entwickelt,[2] seit Ende der 1990er-Jahre unter dem Schlagwort *Cloud Computing* auch für bedarfsabhängige Einzellösungen mit flexiblen Bezugsmodellen. Obwohl die technischen Strukturen früher verfügbar und bekannt waren, haben sich die Technologien erst unter diesem griffigen Label und der zunehmenden Verbreitung im B2B-Geschäftsumfeld zu einer eigenständigen Dienstleistungskategorie aus dem Outsourcing emanzipiert (→ Rn. 23 ff.). Auch in der juristischen Arbeit und besonders als Bestandteil zahlreicher Legal Tech-Angebote sind Cloud-Anwendungen heute nicht mehr wegzudenken.

II. Bedeutung und Vorteile von Cloud Computing

1. Cloud Computing als Paradigma

2 Cloud Computing kombiniert bekannte Techniken unter Verwendung vorhandener Infrastrukturen des Internets.[3] Neben bedeutsamen Einflüssen auf Infrastrukturen und systemische Entwicklung hat die Cloud sowohl für die Allgemeinheit als auch für die Gesellschaft Bedeutung. Das zeigt sich in der Rolle als Dienstleistungsprinzip, Vertriebskonzept und marktwirtschaftliches Phänomen. Ihre unscharfe, bereichs-, branchen- und sektorenübergreifende Bedeutung wird häufig zusammenfassend als Paradigma bezeichnet,[4]

---

1 Vgl. etwa Telekom, Studie Life2 – vernetztes Arbeiten in Wirtschaft und Gesellschaft, 2016, abrufbar unter https://www.telekom.com/de/medien/medieninformationen/detail/studie-life-2-vernetztes-arbeiten-in-wirtschaft-und-gesellschaft-335684; vgl. auch die Auswertung der Anwenderstudie „IT-Kompass-2013", abrufbar unter http://www.computerwoche.de/a/nimmt-die-bedeutung-der-internen-it-ab,2532903; ferner Böhm HMD Praxis der Wirtschaftsinformatik 2008, 15 (17 f., 29); Pfitzinger/Jestädt, IT-Betrieb, 2016, S. 19 ff.; Schneider Controlling & Management Review 2012, 142.
2 Marktüberblick Cloud-Computing zB bei BITKOM, Cloud Monitor 2021 – Cloud Computing in Deutschland, abrufbar unter https://www.bitkom-research.de/system/files/document/Bitkom_KPMG_Charts_Cloud%20Monitor%202021_final.pdf; Internationaler Ausblick bei Gartner, Forecast: Public Cloud Services, Worldwide, 2019–2025, 4Q21 Update, abrufbar unter https://www.gartner.com/document/code/762143.
3 Armbrust/Fox (ua), Above the Clouds: A Berkley View of Cloud Computing, 2009, S. 2; Böhm/Leimeister/Riedl/Krcmar Information Management & Consulting 2009, 6 (8).; Pohle/Ammann K&R 2009, 625.
4 ZB Bedner, Cloud Computing, 2013, S. 25.

wobei dieser zT sehr beliebig verwendete Begriff vor allem eine vereinfachte Beschreibung der in Details schwer fassbaren, einzuschätzenden oder vorherzusagenden Relevanz der Cloud ermöglichen soll.[5]

Cloud Computing verändert nicht nur bestehende Konzepte, sondern zerstört sie: Als im engeren Sinne disruptive Innovation[6] blockiert es bestehende Anbieter im Wettbewerb und schafft die Grundlage für ein neues Wirtschaftssystem. Gleichzeitig entsteht durch die Cloud ein neues Modell technologischer Produktentwicklung und Dienstleistungserbringung. Neue Anwendungen werden möglich und auf Grundlage von Cloud Computing entstehen neue technologische Konzepte. Zugleich ist die Cloud aber auch Geschäftsidee, Dienstleistung und marktwirtschaftliches Ressourcenmodell, sogar gesellschaftliche Vision einer bedarfsgerecht erschlossenen Allzeitverfügbarkeit geteilter IT-Ressourcen: Von den technologischen Möglichkeiten euphorisiert, wurden die Anwendungsfolgen einer „Erschließung der Gesellschaft mit der Ressource IT vergleichbar dem Strom aus der Steckdose" häufig in große soziologische Visionen oder Modelle eingebettet.[7] Nach *Carr* ist die Cloud sogar Treiber für die „Demokratisierung der IT-Systeme".

Die weitere Entwicklung ist auch heute noch nicht in Gänze absehbar. Jedoch erscheint es ausgesprochen wahrscheinlich, dass sich Cloud Computing von einem technisch definierten und inhaltlich abgegrenzten Konzept zum generellen, universellen Anwendungs- und Infrastrukturmodell entwickelt. Es fällt nicht schwer, sich die generelle Software- und IT-Ressourcennutzung über das Internet vorzustellen, mit vollständigem Verzicht auf Lokalinstallationen und generell losgelöst von clientseitigen Speicher- oder Verarbeitungsschritten.[8]

Die Darstellung hier meint die Cloud im technologischen, sprich funktionalen Sinne. Auf gesellschaftliche, politische, ja futuristische Aspekte des Cloud-Begriffs soll nur eingegangen werden, sofern sie für den unmittelbaren Anwendungszusammenhang von Bedeutung sind.

2. Vorteile aus Nutzersicht

Wie das Outsourcing ermöglicht die Cloud Flexibilität in der Planung und Beziehung von IT-Dienstleistungen. Nutzungsorientierte Abrechnungsmodelle verhelfen den Kunden zu variabler Kostengestaltung (***Pay-as-you-go/Pay-per-use***),[9] ganz allgemein helfen Cloud-Lösungen, Kosten zu senken.[10] Die Vorhaltung der IT-Ressourcen in der Cloud ist skalierbar und elastisch: Lastspitzen im Bezugsbedürfnis lassen sich durch flexibles und weitgehend unbeschränktes Hinzubuchen in Echtzeit ausgleichen, und zwar theoretisch in unbegrenztem Umfang.[11] Unternehmen können sektortypisch oft nicht planbaren Traffic-Schwankungen und exponentiell steigenden Abnahmen proaktiv begegnen, ohne nur selten oder sporadisch benötigte Speicher- und Belastungsressourcen dauernd vorzuhalten und zu finanzieren.[12]

---

5 Vgl. Buyya/Yeo (ua) Future Generation Computer Systems 2009, 599 (601); Foster/Zhao/Raicu/Lu in IEEE, 2008 Grid Computing Environments Workshop, 2008, 1 ff.; Mell/Grance, Effectively and Securely Using the Cloud Computing Paradigm, 2009, abrufbar unter http://csrc.nist.gov/groups/SNS/cloud-computing/cloud-computing-v26.ppt.
6 Vor allem im Verständnis von Christensen/Raynor, Innovator's Solution, 2013.
7 Vgl. Carr, The Big Switch, 2013; zahlreiche weitere (mehr oder weniger ernsthafte) Szenarien bzw. Utopien, s. zB Gantz, The Diverse and Exploding Digital Universe, IDC White Paper, 2008, abrufbar unter http://www.emc.com/collateral/analyst-reports/diverse-exploding-digital-universe.pdf; The Guardian, ‚Five ways work will change in the future', 29.11.2015, abrufbar unter https://www.theguardian.com/society/2015/nov/29/five-ways-work-will-change-future-of-workplace-ai-cloud-retirement-remote; The Economist, ‚Where the Cloud Meets the Ground', 23.10.2008, abrufbar unter http://www.economist.com/node/12411920.
8 Zum Technologieausblick zB die Studien Andersen/Rainie, The future of cloud computing, Pew Internet & American Life Project, 2010, S. 13 ff.; Armbrust/Fox (ua), Above the Clouds: A Berkley View of Cloud Computing, 2009, S. 3 f.
9 Al-Roomi/Al-Ebrahim International Journal of Grid and Distributed Computing 2013, 93; Schulz/Rosenkranz ITRB 2009, 232.
10 Staten, Hollow Out The MOOSE: Reducing Cost With Strategic Rightsourcing, Forrester Research Inc., 2009, S. 1.
11 Armbrust/Fox (ua), Above the Clouds: A Berkley View of Cloud Computing, 2009, S. 3 f.
12 Marston/Li (ua) Decision Support Systems 2011, 176 (189).

7 IT-Dienste können frei genutzt werden ohne systembedingte Abhängigkeiten wie vorinstallierte Soft- und Hardware und die Einbindung ist schneller und leichter möglich. Einzelne Ressourcen sind sofort per Mausklick verfügbar.[13] Die Komplexität von IT-Diensten oder mächtiger Applikationen wird auf wesentliche Komponenten reduziert und vor Nutzern soweit möglich verborgen. Der Kunde wird stark emanzipiert, da er Leistungen über eine Plattform in Selbstbedienung und in der Regel mit eigenen Buchungs- und Administrationsbereichen verwalten kann.[14]

8 Ist der Ressourcenbezug für Privatpersonen leichter und günstiger, erlaubt er Unternehmen schnelleres Wachstum, größere Absatzmengen und genauere Planungen. Unternehmerische Finanzplanung kann auf große IT-Ressourcen verzichten oder diese jedenfalls flexibel verwalten. Freigewordene Investitionsbudgets können anderweitig verwendet werden, eine vorherige Kapitalaufbringung (Investitionen) wird vermieden und IT wird als laufender Kostenposten zur Betriebsausgabe (OpEx).[15] Unternehmen werden deutlich agiler, flexibler und in ihren Prozessen insgesamt schneller. Cloudbasierte Synchronisierung und die serverseitige Verschiebung der Ressourcen geben beliebigen Endgeräte Zugriff und ermöglichen ubiquitäre Verwendung.[16] Auch kleineren Unternehmen wird eine Teilnahme am Markt möglich. Drastisch verkürzte Entwicklungs- und Innovationszyklen erlauben häufigere Aktualisierungen und Produktverbesserungen, Testings und generell vereinfachten Markteintritt.[17]

9 Die Cloud ermöglicht die Nutzung professioneller Infrastruktur, umfangreicher und sehr teurer Software (zB große Enterprise Ressource Planning (ERP)-Softwarelösungen[18]) ohne bzw. mit geringen Investitionskosten und ohne komplexes Know-how, dennoch individuell konfigurierbar.[19] Die dezentrale Speicherung gibt weltweiten und synchronen Zugriff auf die IT-Ressourcen und häufig sind wertvolle Sicherheitsfeatures wie Daten-Spiegelung und nahezu verlustlose Versionierung über größere Zeiträume verfügbar. Viele Einzelanwendungen werden erst durch Cloud-Anwendungen möglich, etwa parallele Batch-Prozesse oder nutzungs- und generell verhaltensbezogene Datenaggregation und -analysen. Mobile Anwendungen können orts-, umgebungs- oder inhaltsbezogene Informationen berücksichtigen.[20]

3. Vorteile aus Anbieter- und Marktsicht

10 Die Vorteile aus Nutzersicht finden ihre Entsprechung auf Anbieterseite: Es entsteht ein enormer Markt mit beschleunigten, verbreiteten und erleichterten Absatzmöglichkeiten, eine *Economy of Scale* mit gutem Preis-Leistungsverhältnis auf Nutzerseite trotz beträchtlicher Margen auf Anbieterseite. Die beschriebenen Vorteile des *Pay-as-you-go* mögen zu Ressourceneinsparung und damit zunächst zu geringeren Umsätzen auf Anbieterseite geführt haben, gleichzeitig ist hierdurch aber überhaupt ein Anbietermarkt entstanden, es werden insgesamt mehr externe Dienstleistungen bezogen und mehr Abnehmer – vor allem Unternehmen – haben sich der IT-Integration geöffnet. Die einfache Dissemination hat mehr Entwicklungen ermöglicht und insgesamt zu einem rapiden Zuwachs von cloudbasierten Ressourcen, Technologien und Anwendungen geführt. Cloud-Services wirken als Enabler und Katalysatoren für eine Reihe von darauf aufbauenden oder generell interdependenten Produkten, Diensten und Prozessen, wie kollaborative Lösungen oder Unternehmenskommunikationsanwendungen, Geschäftsprozessmodellierung, ERP-Systeme, Pool-Lösungen zB für komplexes Knowledge Management etc.

---

13 Übersicht zB bei Mitteilung der EU-Kommission an das EU Parlament, Rat und Ausschuss, COM(2012) 529 final, S. 3 f. Konzept des „with a push of a button".
14 Studie der European Network and Information Security Agency (ENISA), Benefits, risks and recommendations for information security, 2009, S. 17 ff.
15 Avram Procedia Technology 2014, 529 (530 f.); s. auch https://www.cloudtp.com/doppler/cloud-economics-getting-bigger-picture/.
16 Marston/Li (ua) Decision Support Systems 2011, 176 (189).
17 Rittinghouse/Ransome, Cloud Computing, 2010, S. xxxii.
18 Al-Roomi/Al-Ebrahim International Journal of Grid and Distributed Computing 2013, 93; Schulz/Rosenkranz ITRB 2009, 232.
19 Marston/Li (ua) Decision Support Systems 2011, 176 (189).
20 Armbrust/Fox (ua), Above the Clouds: A Berkley View of Cloud Computing, 2009, S. 1 f. mit weiteren technologischen Chancen.

Cloud Computing ist eine wichtige **B2C-Dienstleistung**. Eigene Wirtschaftsbereiche und Geschäftsmodelle gewinnen mithilfe ressourcenarmer Software-as-a-Service-Anwendungen erst ihre Durchdringung, als Reflex erlebt das Cloud-Modell von der erleichterten und potenzierten Proliferation über Börsen, Marktplätze und Stores seinerseits wieder exponentielle Verbreitung. Das Cloud Computing hat einen erheblichen Anteil an dem Entstehen weiterer Phänomene wie *Big Data*[21] bzw. den *Deep-Learning*-Anwendungen[22], der *Sharing Economy* und *Industrie 4.0*, die erst mit der Mess- und Verarbeitbarkeit der in die allgemeine Sphäre überführten Daten als Ökosysteme wachsen können. Viele der in den letzten Jahren entstandenen oder derzeit entstehenden Technologiezweige basieren wenigstens in Teilen auf cloudbasierter Infrastruktur oder setzen diese als Geschäftsmodell in irgendeinem Bereich voraus.

Vor allem für das Mobile Computing und für schlanke Clients im Allgemeinen ist das Cloud Computing essenziell geworden: Die Zubuchung von Prozessorenleistung, Speicherplatz und Geschäftslogik ermöglicht erst volle Freiheit in Konstruktion und Design mobiler Endgeräte und kann bestimmte Technologien wie *Wearables* oder andere *Internet of Things (IoT)*-Anwendungen überhaupt erst entstehen lassen.

4. Cloud-Nutzung durch anwaltliche Anwender

Die genannten Vorteile lassen sich in Teilen auch auf Anwälte in Kanzlei und Unternehmen übertragen. Als Anbieter von IaaS- oder PaaS-Services (zu diesen unter → Rn. 53 ff.) kommen Kanzleien zwar rein strukturell kaum in Betracht. Auch Anwendungsfälle, in denen Kanzleien als Anbieter von SaaS-Anwendungen (zu diesen unter → Rn. 59 ff.) auftreten, erschienen bisher schwer vorstellbar. In einer jüngeren Entwicklung zeichnen sich jedoch einige Angebote in dieser Richtung auf dem deutschen Markt ab, etwa das Modul zum Fremdpersonaleinsatz von *CMS Hasche Sigle*[23] sowie weitere Lösungen, die Wirtschaftskanzleien mithilfe von *BRYTER* auf den Weg bringen.[24] Zunehmend setzen also auch Kanzleien digitale, als SaaS-Anwendungen konzipierte Tools ein.

Darüber hinaus akquirieren neuartige juristische Dienstleister in einzelnen Nischen mit Softwareanwendungen eine große Menge sehr ähnlicher und skalierbar bearbeitbarer Verfahren und bearbeiten diese gebündelt und möglichst ressourcenoptimiert, zB die Plattformen mit Angeboten zur Rückerstattung und Entschädigung nach der EU-Fluggastrechteverordnung[25] oder Plattformen wie *Geblitzt.de*.[26] Für diese Anbieter sind SaaS-strukturen sogar technologische Voraussetzung.

Für den überwiegenden Teil der Rechtsanwaltschaft liegen die Vorteile des Cloud Computings jedoch weiterhin auf **Nutzerseite**, und zwar im SaaS-Bereich.[27] Wichtigster Aspekt ist die erleichterte, jederzeitige und vereinfachte Verfügbarkeit von professioneller Anwendersoftware, von generell B2B-Lösungen wie Chat-Programmen, Mandatsverwaltungs- und Akquisesystemen und Customer-Relationship-Systemen (CRMs) bis hin zu Anwendungen mit speziell juristischem Fokus wie Diktatsoftware, Rechtsinformationssysteme oder weitere Unterstützungstools. Einige Anbieter fokussieren sich inzwischen mit Speicher-Lösungen aus der Cloud sogar explizit auf den anwaltlichen Bereich.[28]

Die meisten Kanzleien sind in Hinblick auf unternehmerische Bedürfnisse mit kleinen Unternehmen vergleichbar, und viele der genannten Nutzervorteile gelten auch für die Kanzlei: Freimachung von Investitionsbudgets, bedürfnisabhängige, flexible und planbare Ressourcennutzung, Verfügbarkeit hochprofessio-

---

21 Nascimento/Pires/Mestre in Trovati/Hill, Big-Data Analytics and Cloud Computing, 2015, S. 3 (5 ff.); Trovati in Trovati/Hill, Big-Data Analytics and Cloud Computing, 2015, S. 53 ff.
22 Die Datenaggregation in großem Umfang als Grundlage für manuelle oder selbstlernende Analyse, siehe zB Ciobanu/Cristea (ua) in Bessis/Dobre, Big Data and Internet of Things, 2014 S. 3 (17 f., 23 f.).
23 Abrufbar unter www.cms.law/de/deu/innovationen/legal-tech-und-teams/cms-fpe-einsatz-von-fremdpersonal.
24 S. zu einigen beispielhaften Use Cases unter www.bryter.com.
25 Etwa www.flightright.de.
26 www.geblitzt.de; so auch die gesamte Produktpalette der RightNow Group, www.rightnow.de.
27 Peterson J. Marshall Law Review 2012, 383 ff.; Verga Journal of Legal Technology Risk Management 2010, 41 ff.
28 ZB Datev Cloud Services (vgl. unter https://www.datev.de/web/de/loesungen/unternehmer/rechnungswesen/datev-cloud-services/); oder Wolters Kluwer Kleos (vgl. unter https://www.wolterskluwer.com/de-de/solutions/kleos).

neller Softwarelösungen, Reduktion von Einarbeitung und generell erleichterter Zugriff auf IT-Dienste. Dennoch macht sich die Anwaltschaft Sorgen: Ob die Nutzung von Cloud-Diensten tatsächlich gestattet ist, welche Anforderungen bestehen und welche Maßnahmen unproblematisch erlaubt sind, ist den meisten nicht klar.

5. Öffentliche Wahrnehmung

17 Trotz der umfangreichen und weitgehend unbestrittenen Vorteile gelten Cloud-Dienstleistungen in Teilen der öffentlichen Wahrnehmung als unsicher und qualitativ fragwürdig,[29] ein Eindruck, der nur bei zunehmender Technologie- und Branchenkenntnis abnimmt.[30]

18 Durch ein Zusammenspiel aus Sicherheitslecks, hoheitlichen Maßnahmen sowie generell durch die zunehmende Sensibilisierung für den Schutz persönlicher Daten ist ein ambivalentes Ansehen der Cloud entstanden. Mehrere **Whistleblower-Affairen**, allen voran um das PRISM-Programm[31], haben die öffentliche Meinung gestützt, US-amerikanische Behörden würden sich über technologische *Backdoors* in größeren Unternehmen Zugriff auf private Daten sichern. Betroffen sind angeblich insbesondere US-amerikanische Unternehmen,[32] aber auch IT-Dienstleister im Ausland, die in relevantem Umfang Nutzerdaten speichern.[33] Bedenken wurden auch allgemein dadurch ausgelöst, dass Cloud-Anbieter auf die Daten in der Cloud zugreifen, diese sogar abändern oder löschen könnten. Ferner sind Cloud-Anbieter in den USA in bestimmten Fällen, insbesondere nach den Regelungen **des Foreign Intelligence Surveillance Act (FISA)** und des **USA PATRIOT Act**, gesetzlich dazu verpflichtet, US-Behörden Zugriff auf gespeicherte Daten zu gewähren. Nach dem sog. **CLOUD Act**[34] kommt eine solche Verpflichtung selbst dann in Betracht, wenn die Speicherung der Daten nicht in den USA erfolgt. Diese Umstände haben auch in die jüngeren rechtspolitischen Entwicklungen Eingang gefunden, vor allem in den EuGH-Entscheidungen zu *Safe-Harbour*[35] und dem darauffolgenden *EU-US-Privacy Shield*[36], einer sektorspezifischen Angemessenheitsentscheidung der EU-Kommission für Datentransfers an entsprechend zertifizierte US-Unternehmen (zum grenzüberschreitenden Datenverkehr vgl. auch → Cloud Computing, Geheimnis- und Datenschutz Rn. 43 ff.). In seinen Entscheidungen hat der EuGH beide Modelle für mit europäischem Recht unvereinbar erklärt hat.

19 Manchen an **Verbraucher** gerichteten Cloud-Diensten haftet die Wahrnehmung als wenig vertrauenswürdiges, massentaugliches Niedrigpreisprodukt an (etwa *DropBox* oder *Google Drive*, aber auch E-Mail- oder

---

29 Vgl. etwa Studie von The Economist Intelligence Unit, Mapping the maternity curve – Briefing paper Cloud Computing, 2015, S. 18: 41 % aller Befragten nehmen Datensicherheit als größtes Risiko wahr.
30 Vgl. erneut Studie von The Economist Intelligence Unit, Mapping the maternity curve – Briefing paper Cloud Computing, 2015, S. 18.
31 Dazu ausf. The Washington Post vom 6.6.2013, abrufbar unter http://www.washingtonpost.com/wp-srv/special/politics/prism-collection-documents/; The Guardian vom 7.6.2013, abrufbar unter https://www.theguardian.com/world/2013/jun/06/us-tech-giants-nsa-data; vgl. in der juristischen Diskussion etwa: Gercke CR 2013, 749; Jensen ZD-Aktuell 2014, 03875; Kühling/Heberlein NVwZ 2016, 7; Petri ZD 2013, 557, Spies ZD-Aktuell 2013, 03668; ders. ZD-Aktuell 2013, 03668; ders. ZD-Aktuell 2013, 03633; ders. ZD-Aktuell 2013, 03625; Voigt ZD-Aktuell 2013, 03165.
32 Microsoft, Skype, Google, Youtube, Facebook bzw. Meta, Apple, Yahoo, vgl. zB Washington Post vom 6.6.2013, im Archiv abrufbar unter http://archive.is/20130615061900; Süddeutsche Zeitung vom 7.7.2013, im Archiv abrufbar unter http://www.sueddeutsche.de/digital/prism-programm-der-nsa-so-ueberwacht-der-us-geheimdienst-das-internet-1.1690762.
33 Vgl. Borges NJW 2015, 3617; Heckmann/Starnecker jM 2016, 58; Peintinger ZD-Aktuell 2016, 04172; Weichert VuR 2016, 1.
34 „Clarifying Lawful Overseas Use of Data Act" von 2018, vgl. https://www.congress.gov/bill/115th-congress/house-bill/4943.
35 EuGH Urt. v. 6.10.2015 – C-362/14, ECLI:EU:C:2015:650 = NJW 2015, 3151 = BeckRS 2015, 81250 – Schrems.
36 EuGH Urt. v. 16.7.2020 – C-311/18, ECLI:EU:C:2020:559 = NJW 2020, 2613 – Schrems II; zu den Auswirkungen des Urteils etwa Golland NJW 2020, 2593 mwN. Derzeit laufen die Verhandlungen zu einem **„Privacy Shield 2.0"**, vgl. etwa. https://www.heise.de/news/Privacy-Shield-2-0-USA-geloben-beispiellose-Ueberwachungsreform-6641235.html.

Office-Anwendungen wie *Gmail*, *gmx.de*, *Google Docs* usf).[37] Zutreffend daran ist, dass nur noch gelegentlich (insbesondere SaaS-)Anwendungen kostenlos zugunsten einer beschleunigten Marktdurchdringung im Rahmen von Kundenakquisestrategien verschenkt werden. Zunehmend sind kostenlose Indienststellungen Teil indirekter, mehrstufiger oder mittelbarer Monetarisierungsstrategien. Vertriebsmodelle wie *Freemium*- oder *Trial*-Programme bieten Services zwar kostenlos an, monetarisieren die kostenlose Indienststellung jedoch für den Nutzer oft versteckt, nach dem von *C. Anderson* formulierten Prinzip „*If you are not paying for it, you are not the customer, your are the product being sold*".[38] Beispielsweise lässt sich der Cloud-Speicherdienst *Dropbox* für Privatpersonen bei eingeschränktem Speichervolumen kostenlos nutzen, dient aber als Einstiegs- und Vertriebsmodell für die kostenpflichtigen Tarife mit größerem Speichervolumen. Entsprechend nehmen Nutzer teilweise penetrante Werbeeinspielungen, Analyse der Nutzerdaten, Huckepack-Services oder Weiterverwendung der Nutzer-Daten hin. Die diesen Modellen immanenten Einschränkungen werden dem Konzept Cloud als Ganzem angelastet oder mit diesem vermischt.

Sicherheitsbedenken sind auch größter Vorbehalt im **Unternehmensumfeld**.[39] Zusätzlich zu den genannten rechtspolitischen Aspekten (→ Rn. 17 ff.) löst der abstrahierte und teilweise entzogene Zugriff auf die Datenbestände beim Einsatz von Cloud Computing außerhalb eigener Kontrolle bei IT-Entscheidern noch Unbehagen aus.[40] Deutsche Unternehmen aus dem Mittelstand sahen die Cloud-Verwendung lange Zeit skeptisch und haben eine Cloud-Einführung teils hinausgezögert. Während 2014 deutsche KMUs außerhalb des IT-Sektors noch kaum Cloud-Dienste verwendet haben (10–16 % bei kleineren Unternehmen, allerdings bereits 27 % bei größeren Unternehmen ab 250 Mitarbeitern),[41] ist der Anteil im Zeitraum bis 2021 auf 38–52 % bei kleineren Unternehmen und bei größeren Unternehmen ab 250 Mitarbeitern sogar auf 71 % gestiegen – freilich auch unter dem Einfluss der Auswirkungen der Corona-Pandemie.[42] Dieser Trend setzt sich EU-weit ähnlich fort: 2020 setzten insgesamt 36 % und 2021 41 % der europäischen Unternehmen Cloud-Dienste ein.[43]

6. Marktentwicklung

Trotz der beschriebenen negativen Aspekte in der öffentlichen Wahrnehmung ist die Marktentwicklung des Cloud Computings hervorragend.[44] Das Marktvolumen betrug weltweit 2010 noch 63 Mrd. USD,

---

37 ZB im Zusammenhang mit Dropbox, Spiegel vom 18.7.2014, abrufbar unter http://www.spiegel.de/netzwelt/web/dropbox-edward-snowden-warnt-vor-cloud-speicher-a-981740.html.
38 Anderson, Free: The Future of Radical Price, 2009.
39 Dazu die Untersuchung mit Schwerpunktthema Cloud Computing: Statistisches Bundesamt, Studie Unternehmen und Arbeitsstätten Nutzung von Informations- und Kommunikationstechnologien in Unternehmen, 2014, abrufbar unter https://www.statistischebibliothek.de/mir/servlets/MCRFileNodeServlet/DEHeft_derivate_00042588/5529102147004_korr22012015.pdf, S. 7, 11, 13 f., gefolgt von Unsicherheiten bzgl. Datenstandort, anwendbarem Recht, Kosten und fehlendem Knowhow.
40 Leitfaden BITKOM, Cloud Computing – Was Entscheider wissen müssen, 2010, S. 29.
41 Vgl. erneut Statistisches Bundesamt, Studie Unternehmen und Arbeitsstätten Nutzung von Informations- und Kommunikationstechnologien in Unternehmen, Dezember 2014, abrufbar unter https://www.statistischebibliothek.de/mir/servlets/MCRFileNodeServlet/DEHeft_derivate_00042588/5529102147004_korr22012015.pdf.
42 Vgl. die Erhebungen des Statistischen Bundesamts aus 2021, abrufbar unter https://www.destatis.de/DE/Themen/Branchen-Unternehmen/Unternehmen/IKT-in-Unternehmen-IKT-Branche/IKT-U-Erhebung-2022/info.html;jsessionid=2E356BBE41EC1B3C51C4B3AD8DCEBA61.live732.
43 Vgl. Eurostat, Studie Cloud Computing – statistics on the use by enterprises, abrufbar unter https://ec.europa.eu/eurostat/statistics-explained/index.php?title=Cloud_computing_-_statistics_on_the_use_by_enterprises; 2016 kam die Studie nur auf insgesamt 19 %.
44 Übersicht über Marktanalysen: Internationaler Ausblick bei Gartner, Forecast: Public Cloud Services, Worldwide, 2019–2025, 4Q21 Update, abrufbar unter https://www.gartner.com/document/code/762143; Statista, Public Cloud Infrastructure as a Surve (iaaS) hardware and software spending from 2015 to 2026, by segment, abrufbar unter http://www.statista.com/statistics/507952/worldwide-public-cloud-infrastructure-hardware-and-software-spending-by-segment/; Statista, B2B Marktvolumen von CC-Services in Deutschland von 2016 bis 2017 und Prognose bis 2021, abrufbar unter http://de.statista.com/statistik/daten/studie/165458/umfrage/prognostiziertes-marktvolumen-fuer-cloud-computing-in-deutschland/; als genereller Überblick zum Markt für Cloud Computing (B2B, B2C, Deutschland, International und mehrere Servicemodelle) auch Statista, Statistiken zum Cloud Computing Übersicht,

verdoppelte sich bis 2014 bereits auf über 130 Mrd. USD und hat sich bis 2020 mit 270 Mrd. USD erneut mehr als verdoppelt. Nach aktuellen Prognosen soll es 2022 weiter auf 397,5 Mrd. USD steigen.[45]

22 Nach aktueller Lage ist weiterhin von starkem Wachstum im Markt für Cloud Computing auszugehen. Das liegt nach der Mehrzahl der Analysen auch an der exponentiellen Zunahme der cloudbasierten mobilen Anwendungen und dem fortschreitenden Übergang auf das *Mobile* und *Ubiquitous Computing* (Wearables etc).[46] Ferner spielt seit 2020 auch die Corona-Pandemie eine Rolle, die etwa zu mehr Homeoffice und verstärkter Nutzung von Remote-Lösungen geführt hat.[47]

III. Entstehen, inhaltliche Abgrenzung und begriffliche Einordnung

1. Entwicklung aus dem IT-Outsourcing (ITO)

a) Ursprünge

23 In marktwirtschaftlicher Hinsicht nimmt die Cloud ihren Ursprung im Outsourcing von IT-Dienstleistungen (**IT-Outsourcing**, kurz: **ITO**[48]). Outsourcing meint die Aus- oder Verlagerung von Teilen der Wertschöpfungskette eines Unternehmens auf Dritte.[49] Genauer wird zwischen verschiedenen Auslagerungsgegenständen (etwa IT-Outsourcing oder auch Business Process Outsourcing), Modalitäten (In- oder Outsourcing bzw. -shoring) oder Beteiligten unterschieden.

24 Nachdem bis zum Ende des 20. Jahrhunderts Unternehmen die meisten Teile einer IT-Infrastruktur selbst vorhielten, ermöglichte das aufkommende Internet immer weitere Absenkung der Fertigungstiefe: IT wurde zum quantifizierbaren Wirtschaftsgut und nahm an aktiver Leistungstiefengestaltungsplanung teil.[50] Noch 2000 befanden sich über die Hälfte der nötigen Ressourcen und Komponenten „*inhouse*", bereits 2010 wurden nur noch 16,5 % der im durchschnittlichen deutschen Industrieunternehmen benötigten IT-Services überhaupt vom Unternehmen selbst gestellt. IT ist in noch höherem Maße Outsourcing-geeignet als die meisten anderen extern ausgelagerten Produktionskomponenten, so dass das ITO in kurzer Zeit zum Hauptanwendungsfall für die Auslagerung von Unternehmensbereichen überhaupt avancierte.[51]

25 ITO wird heute definiert als die Vergabe von IT-Dienstleistungen an Dienstanbieter, die nicht zum Konzernverbund des auslagernden Unternehmens gehören.[52] Beim ITO können weitgehend alle Komponenten der IT fremdbezogen werden, Infrastruktur (in Form von Serverplatz, Datenbanken, Prozessorleistung oder Arbeitsspeicher), Applikationen, gesamte Prozesse oder das IT-Personal selbst. Die Leistungsbeziehungen werden in individuellen vertraglichen Vereinbarungen, in Rahmenverträgen oder in sog. **Service Level**

---

abrufbar unter http://de.statista.com/themen/562/cloud-computing/; PWC, Cloud Computing – Evolution in der Wolke, 2013, abrufbar unter https://www.pwc.at/de/publikationen/studien/pwc_studie_evolution_in_der_wolke.pdf; BITKOM/ KPMG, Cloud Monitor, 2015, abrufbar unter https://www.bitkom.org/Publikationen/2015/Studien/Cloud-Monitor-2015/Cloud-Monitor-2015-KPMG-Bitkom-Research.pdf; Flexera, State of the Cloud Survey, 2019, abrufbar unter https://info.flexera.com/SLO-CM-WP-State-of-the-Cloud-2019.

45 Vgl. Statista, Prognose zum Umsatz mit Cloud Computing bis 2022, abrufbar unter https://de.statista.com/statistik/daten/studie/195760/umfrage/umsatz-mit-cloud-computing-weltweit/.
46 Vgl. dazu das White Paper von Cisco, Visual Networking Index: Global Mobile Data Traffic Forecast Update, 2015–2020 sowie für 2017–2022, abrufbar unter http://media.mediapost.com/uploads/CiscoForecast.pdf.
47 Zahlen hierzu finden sich ua in den Erhebungen des Statistischen Bundesamts aus 2021, abrufbar unter https://www.destatis.de/DE/Themen/Branchen-Unternehmen/Unternehmen/IKT-in-Unternehmen-IKT-Branche/IKT-U-Erhebung-2022/info.html;jsessionid=2E356BBE41EC1B3C51C4B3AD8DCEBA61.live732.
48 Zum ITO statt aller Lemke/Brenner, Einführung in die Wirtschaftsinformatik, 2015, S. 44.
49 Vgl. Gabler Wirtschaftslexikon, Stichwort: Outsourcing, abrufbar unter http://wirtschaftslexikon.gabler.de/Archiv/54709/outsourcing-v12.html.
50 Borges/Meents/Krcmar Cloud Computing § 1 Rn. 6; Urbanski in Rickmann/Diefenbach/Brüning, IT-Outsourcing, 2013, S. 39 (42).
51 Buxmann/Diefenbach/Hess, Die Softwareindustrie, 2011, S. 55, 111 ff.
52 Buxmann/Diefenbach/Hess, Die Softwareindustrie, 2011, S. 143; vgl. auch Diefenbach/Brüning/Rickmann in Rickmann/Diefenbach/Brüning (Hrsg.), IT-Outsourcing, 2013, S. 1 (6); ausf. Erklärung des ITO auch bei Mertens/Bodendorf (ua), Grundzüge der Wirtschaftsinformatik, 2017, S. 174 ff.

Agreements (kurz: **SLA**) geregelt. Letztere haben sich als vorherrschendes juristisches Instrument im für den häufigen oder wiederkehrenden Bezug von IT-basierten Diensten allgemein entwickelt (zu diesen ausf. unter → *Cloud Computing, IT-Risiken* Rn. 59 ff.).[53]

Vom ITO im engeren Sinne wird das **Business Process Outsourcing (BPO)** unterschieden, bei dem ein gesamter Geschäftsprozess an Dritte ausgelagert wird und das nicht im eigentlichen Sinne in der Fremdbeziehung von IT-Leistungen besteht, auch wenn der ausgelagerte Teil vornehmlich IT-Leistungen erbringt,[54] zB der First-/Second-Level-Support.

b) Herauslösen aus dem ITO

Mit zunehmend verbreiteter Auslagerung von IT-Dienstleistungen zeigten sich auch Grenzen und Unzulänglichkeiten in der Erkenntnis, dass eine nur vertragsdefinierte Ressourcenbereitstellung Aspekte der Weiterentwicklung, Anpassung und generell Innovationsfähigkeit nicht berücksichtigen kann. IT sollte proaktiv und nahe am Kunden- bzw. Unternehmensbedürfnis wachsen, nicht nur passiv Ressourcen vorhalten.[55] Insbesondere die hochskalierbare IT wurde in den 2000er-Jahren zum Hauptgegenstand innovativer Konzepte und Ermöglicher disruptiver Innovationen, mit immer kürzeren Innovationszyklen.[56] Mit diesem Umdenken begannen große Softwareunternehmen mit zunehmenden Ressourcendetailplanungen und Überkapazitäten im Hosting-Bereich, ihre Geschäftsmodelle in Ausnutzung bereits etablierter Kundennähe und Vertriebsstrukturen zu erweitern, so *Amazon* 2006 mit der Einführung der *Amazon Web Services (AWS)*.[57] Dem Beispiel folgten weitere Anbieter, die die Skalierung und Elastizität der Ressourcen kundenseitig nicht nur einem, sondern einer Vielzahl Abnehmern ausreichen konnten. Von der *one-to-one* geprägten Beziehung mit eher maßgeschneiderten Einzellösungen des Outsourcings erweiterten sich die Angebote zu standardisierten ***commodities***[58], bei denen auf individuelle Kundenbedürfnisse nur durch modulare Produktkomponenten oder Produktpakete eingegangen wird.[59] Sogenannte *multi-tenancy-Architekturen*[60] boten die technologische Grundlage: mandantenfähige, disjunkte Softwarearchitekturen, bei denen ein Großteil, vor allem die Instanzen, mandantenübergreifend vorliegen und es Unternehmen ermöglichen, dezentral und wirtschaftlich skalierbar die meisten Komponenten von IT-Dienstleistungen anzubieten.

Während das Outsourcing auch weiterhin ein marktwirtschaftliches bzw. betriebswirtschaftliches Bezugskonzept beschreibt, ist das Cloud Computing als technologisches Strukturkonzept über konkrete technische Eigenschaften definiert. Die Bereiche haben Schnittmengen in der Form, dass Cloud-Dienste beim Outsourcing zum Einsatz kommen können und manche Anwendungsszenarien von Cloud-Diensten als Outsourcing zu qualifizieren sind. Dennoch ist der Einsatz von Cloud-Diensten zum einen nur ein kleiner Ausschnitt des Outsourcings und zum anderen findet ihre Verwendung vielfach außerhalb des Outsourcings statt.

---

[53] Bundesamt für Sicherheit in der Informationstechnik (BSI), Eckpunktepapier: Sicherheitsempfehlungen für Cloud Computing Anbieter, 2012, S. 69.
[54] Borges/Meents/Krcmar Cloud Computing § 1 Rn. 6.
[55] Borges/Meents/Krcmar Cloud Computing § 1 Rn. 16 f.; Diefenbach/Brüning/Rickmann in Rickmann/Diefenbach/Brüning (Hrsg.), IT-Outsourcing, 2013, S. 1 (9 f.).
[56] Urbanski in Rickmann/Diefenbach/Brüning, IT-Outsourcing, 2013, S. 39 ff.
[57] Ron Miller, How AWS came to be, TechCrunch v. 2.7.2016, abrufbar unter https://techcrunch.com/2016/07/02/andy-jassys-brief-history-of-the-genesis-of-aws/; vgl. auch Jack Clark, In pictures: The rise of AWS ZDNet v. 1.7.2012, abrufbar unter https://www.zdnet.com/pictures/in-pictures-the-rise-of-aws/.
[58] Gemeint sind Produkte, die über eine generell vereinbarte (genormte) Mindestqualität verfügen. Änderungen am Produkt konzentrieren sich auf Mengen, Preise und Zeiten. Vgl. statt aller Gabler Wirtschaftslexikon, abrufbar unter http://wirtschaftslexikon.gabler.de.
[59] Lemke/Brenner, Einführung in die Wirtschaftsinformatik, 2015, S. 44.
[60] Kajeepeta, Multi-tenancy in the World – Why it matters, Computerworld v. 12.4.2010, abrufbar unter http://www.computerworld.com/article/2517005/data-center/multi-tenancy-in-the-cloud--why-it-matters.html.

c) Heutiges Verhältnis zu ITO

29 Cloud und ITO lassen sich nicht vollständig trennen, für viele ist die Cloud eine Nachfolgetechnologie[61] oder ein Unterfall[62] des ITO. Hier sind einige Unterschiede relevant:

30 Im Gegensatz zum Outsourcing wird die Cloud auch durch konkrete technologische Merkmale beschrieben (Mehrmandantenfähigkeit, Skalierbarkeit, Virtualisierung; dazu eingehend unter → Rn. 36 ff.). In der Cloud gibt es keine feste Zuordnung definierter physischen Ressourcen mehr. Neu ist auch die scheinbare Unbegrenztheit der Ressourcen. Outsourcing-Dienstleister boten zwar umfangreichen Speicher- oder Netzwerkplatz an, aber die genaue Menge war vertraglich festgelegt und faktisch begrenzt.[63] Beim ITO spielt die technologische Ausführung auf Hardware-Seite kaum eine Rolle.

31 Auch in inhaltlicher Hinsicht lässt sich das Cloud Computing in Teilen vom ITO abgrenzen,[64] etwa mit Blick auf den individualisierbaren Bezug der Dienste: Cloud Services sind in ihrem Bezug schneller, leichter und flexibler (nämlich in Echtzeit an Bedarf angepasst) als Outsourcing-Dienstleistungen. Die in den IaaS-Diensten (dazu unter → Rn. 53 ff.) enthaltenen Leistungen sind mit dem ITO vergleichbar, komplexe Rahmenverträge, Outsourcing-Service-Level-Agreements und Leistungsspezifikationen sind jedoch entfallen; Cloud-spezifische SLAs werden zwar weiterhin verwendet, jedoch mit stark verändertem Inhalt (vgl. unter → *Cloud Computing, IT-Risiken* Rn. 59 ff.).[65] Die in den PaaS- (→ Rn. 56 ff.) und SaaS-Diensten (→ Rn. 59 ff.) enthaltenen Anwendungskomponenten übersteigen die üblicherweise im Rahmen des Outsourcings bezogenen Dienste. Generell kennzeichnet die Cloud gegenüber dem ITO eine stark leistungsbezogene Perspektive, im Gegensatz zu der ressourcenzentrierten Sicht des Outsourcings. Nichtsdestotrotz bleibt die Cloud mit dem Outsourcing verwandt.

d) Outsourcing im juristischen Bereich

32 Im **juristischen Bereich** meint Outsourcing die Auslagerung von Leistungsaspekten der juristischen Dienstleistungserbringung auf Dritte. Der Dienstleistungscharakter juristischer Arbeit und die Tätigkeitsbündelungen in einer Person verkomplizieren eine klare Analogie zu den definierten Wertschöpfungsabschnitten anderer, insbesondere produzierender Branchen. Das Legal Outsourcing lässt sich deshalb weniger trennscharf kategorisieren. Juristische Tätigkeiten können verschiedentlich unterteilt werden, häufig danach, ob die Leistung in genuin juristischer, sprich rechtsanwendender Arbeit, die uU auch unter § 2 RDG fällt, besteht oder nicht.[66] Danach gibt es Juristisches Outsourcing („**Legal Outsourcing**") und das als „**Non-Legal Outsourcing**" umschriebene Auslagern von Unterstützungstätigkeiten (vgl. auch → *Rechtsanwalt, Berufsrecht* Rn. 45). Zum Teil wird noch spezifischer unterteilt in Rechtsberatung (Legal Services), Geschäftsprozesse (Business Services) und IT-Services.[67] Andernorts wird noch differenziert nach betroffenem Gegenstand, also zB danach, ob tatsachenbezogene oder rechtsfragenbezogene Tätigkeiten oder Tätigkeiten in Projektform ausgelagert werden.[68]

33 Unter dem marketinggetriebenen Begriff des **Legal Process Outsourcing** (kurz: **LPO**, dazu ausf. → *B2C und B2B (Geschäftsmodelle)* Rn. 93 ff.) hat sich eine besonders auf Personalbeschaffung für spezifische Einzelaufgaben fokussierte Kategorie gebildet, die vor allem für größere Kanzleien im Bereich stark repetitiver bzw. bündelungsgeeigneter Aufgaben Einsatzbereiche verspricht, oft auch mit Technikunterstüt-

---

61 ZB Bedner, Cloud Computing, 2013, S. 13.
62 ZB Loske, IT Security Management in the Context of Cloud Computing, 2015, S. 1 ff.; Zu SaaS als Unterfall von ASP s. Helwig/Koglin in Taeger/Wiebe, Inside the Cloud, 2009, S. 175 (176).
63 Armbrust/Fox (ua), Above the Clouds: A Berkley View of Cloud Computing, 2009, S. 1.
64 Das Cloud Computing lässt sich auch als Unterfall des IOT verstehen, so zB Buxmann/Diefenbach/Hess, Die Softwareindustrie, 2011, S. 11, 225.
65 Bundesamt für Sicherheit in der Informationstechnik (BSI), Eckpunktepapier: Sicherheitsempfehlungen für Cloud Computing Anbieter, 2012, S. 69; Pohle/Ammann CR 2009, 273 (275).
66 Vgl. zB Hartung/Weberstaedt NJW 2016, 2209 ff. Zur Frage nach der Zulässigkeit von Legal Outsourcing nach dem RDG etwa Deckenbrock/Henssler/Deckenbrock/Henssler RDG § 2 Rn. 20c.
67 Vgl. etwa Kotthoff AnwBl 2012, 481 f.
68 Raschke BB 2017, 579 f.

zung (zB bei der Document Review oder bei Massenverfahren).⁶⁹ LPO-Anbieter kommen auch vermehrt zum Einsatz, wo hochspezialisierter Rechtsrat einzelner Associates zugunsten kostengünstigerer Mitarbeiter verzichtbar wird. Sowohl anwaltliche Leistungen als auch originär juristische Leistungen, die auch innerhalb von Unternehmen anfallen, können umfasst sein. Strenggenommen schließt das LPO in Teilen „In-Sourcing" mit ein, indem für spezielle Tätigkeiten etwa (günstigere) Projektteams für einen beschränkten Zeitraum in der Kanzlei beschäftigt werden.

Vor allem internationale Wirtschaftskanzleien und global tätige Großkonzerne nutzen hierzulande LPO-Lösungen und haben diese fest in ihre Arbeitsabläufe implementiert und integriert. Ein tatsächliches Bedürfnis nach LPO-Ansätzen wächst. Zwar wurde die wirtschaftliche Unbedingtheit des Einsatzes (noch) nicht valide festgestellt, jedoch hat sich diese ressourcensparende Verteilung juristischer Aufgaben mittlerweile insbesondere in Großkanzleien und Rechtsabteilungen großer Unternehmen etabliert.⁷⁰ Für die Mehrzahl der anwaltlichen Dienstleister in kleineren Entitäten ist der Bereich des juristischen Outsourcings, insbesondere das LPO, allerdings eher zurückhaltend relevant. **34**

Im Gegensatz dazu wird der Einsatz von Non-Legal Outsourcing für weithin unverzichtbar gehalten.⁷¹ Ohne externe Unterstützung bei IT-Dienstleistungen ist auch kleinen und mittelständischen Kanzleien der marktgerechte Betrieb nicht mehr möglich, der Verzicht auf externe Unterstützungsleistungen unzumutbar. Hierunter fällt zunehmend auch die Nutzung von (externen) cloudbasierten Anwendungen. Insbesondere im Zusammenhang mit der als „Non-Legal Outsourcing-Gesetz"⁷² bezeichneten Reform der §§ 203 StGB, 43a, 43e BRAO⁷³ (zur seither geltenden Rechtslage → *Cloud Computing, Geheimnis- und Datenschutz* Rn. 3 ff.) wurde der seit Mitte der 1990er-Jahre angemerkte Regelungsbedarf offenkundig: Wie häufig moniert, bestand auch für Kanzleien ein Bedürfnis nach Ressourcenmanagement, losgelöst von den teilweise zu starren Berufsgeheimnisregelungen. Mit dem Gesetz wurde für die Übertragung von unterstützenden Tätigkeiten an externe, nicht-angestellte Dienstleister eine Befugnisnorm geschaffen. Damit erhält das Outsourcing auch gesetzliche Legitimation als relevantes Ressourcenorganisationskonzept im Kanzleibetrieb. **35**

2. Definition von Cloud Computing

Die internationale, sektor- und branchenübergreifende Verbreitung stand einer einheitlichen Begriffsbildung lange Zeit im Wege.⁷⁴ Aus der großen Vielfalt⁷⁵ haben sich dennoch wenige relevante Definitionen etabliert, insbesondere die Definition *US National Institute for Standards and Technology* (*NIST*)⁷⁶. Nach der **NIST-Definition** ist Cloud Computing ein Modell für einfachen und bedarfsgerechten Netzwerkzugriff von überall her auf einen Pool von konfigurierbaren IT-Ressourcen (wie zB Netzwerke, Server, Speicher, Anwendersoftware oder Services), die dynamisch, ohne großen Verwaltungsaufwand und mit nur minima- **36**

---

69 Dazu Sadough in Hartung/Wegerich, Der Rechtsmarkt in Deutschland, 2014, S. 478 ff.; Holzhäuser in Hartung/Wegerich, Der Rechtsmarkt in Deutschland, 2014, S. 496 ff.; Daniels AnwBl 2012, 529; Hartung/Weberstaedt NJW 2016, 2209 (2210); Raschke BB 2017, 579 ff.
70 Zu den Ursprüngen des LPO im anglo-amerikanischen Raum und dem (zunächst zögerlichen) Fußfassen solcher Angebote auf dem deutschen Rechtsmarkt etwa Hartung/Weberstaedt NJW 2016, 2209 (2210).
71 Siegmund, Die anwaltliche Verschwiegenheit, 2014, S. 263, 280 sowie im Vorwort. Conrad/Fechtner CR 2013, 137; 847; Härting NJW 2005, 1248; Jahn/Palm AnwBl 2011, 613; Siegmund ZRP 2015, 78; Dahns NJW-Spezial 2014, 766.
72 So bezeichnet etwa von Cornelius NJW 2017, 3751.
73 Durch das „Gesetz zur Neuregelung des Schutzes von Geheimnissen bei der Mitwirkung Dritter an der Berufsausübung schweigepflichtiger Personen", BGBl. 2017 I 3618; vgl. auch den Regierungsentwurf Drs.-BT 18/11936.
74 Vgl. EU-Kommission, Freisetzung des Cloud-Computing-Potenzials in Europa, COM(2012) 529 final, S. 3 f.
75 Übersichten bei Bedner, Cloud Computing, 2013, S. 23 und Fn. 103 mit weiteren Verweisen; Borges/Meents/Krcmar Cloud Computing § 1 Rn. 31 ff.; Matros, Der Einfluss von Cloud Computing auf IT-Dienstleister, 2012, S. 34 f.; Armbrust/Fox (ua), Above the Clouds: A Berkley View of Cloud Computing, 2009, S. 3.
76 Die US-Normierungsbehörde, Teil des US-Handelsministeriums, s. http://www.nist.gov/.

ler Interaktion mit dem Dienstanbieter bereitgestellt und freigegeben werden können.[77] Das NIST-Modell besteht aus fünf wesentlichen Merkmalen:

a) Selbstbedienung und bedarfsgerechte Verfügbarkeit auf Abruf (On-Demand-Self- Service)

37 Ressourcen wie Serverkapazitäten oder Speicher stehen jederzeit, automatisch und je nach Bedarf unmittelbar zur Verfügung.[78] Cloud-Kunden greifen selbstständig ohne Anbindungszwischenschritte auf das Netzwerk zu, insbesondere ohne menschliche Interaktion mit dem jeweiligen Dienstanbieter.

b) Netzwerkzugriff über Schnittstellen (Broad Network Access)

38 Ressourcen stehen über ein Netzwerk bereit und können über Standard-Schnittstellen clientunabhängig bezogen werden.[79] Die Netzwerkzugehörigkeit ist wichtige infrastrukturelle Grundlage für orts-, endgerät- und zeitunabhängige Zugriffsmöglichkeit; definierte Schnittstellen ermöglichen erst den vollautomatischen Zugriff.

c) Ressourcenbündelung (Resource Pooling)

39 Die Ressourcen des Anbieters wie Speicherplatz, Prozessorleistung und Bandbreite werden gebündelt, um mehrere Kunden mit einem **Multi-Tenant-Modell** (sog. **Mehrmandantenfähigkeit**) zu bedienen. Dabei werden die verschiedenen physischen und virtuellen Ressourcen immer entsprechend dem aktuellen Bedarf der Kunden dynamisch zugewiesen. Dies geschieht ortsunabhängig, so dass der Kunde in der Regel auch keine Kontrolle oder Kenntnis über den genauen Standort der bereitgestellten Ressourcen hat.[80] Das von der NIST hier genannte Kriterium der Mehrmandantenfähigkeit wird von mehreren Stimmen als eigenständiges Kriterium vorgeschlagen.[81]

d) Skalierbarkeit und Elastizität (Rapid Elasticity)

40 **Skalierbarkeit** bedeutet, dass der Ressourcenbezug **in quantitativer Hinsicht** jederzeit und beliebig erhöht bzw. gesenkt werden kann. Bei skalierbaren Anwendungen kann eine steigende tatsächliche Auslastung vollautomatisch zu einer entsprechenden Ressourcenbereitstellung und -nutzung führen, ohne dass hierzu wesentliche Zwischenschritte oder Veränderungen in der Bereitstellungssoftware, Infrastruktur usf erforderlich sind.[82] Gleichzeitig können die Ressourcen und Kosten sofort verringert werden, wenn die Anforderungen wieder sinken. Aus Abnehmersicht erscheinen die Ressourcen unbegrenzt und können in beliebiger Menge in Anspruch genommen werden. Während sich die Skalierbarkeit auf die quantitative Bezugserhöhung bezieht, meint die **Elastizität** als **qualitatives Element** die Fungibilität der Ressourcen als solche. Elastischer Bezug ist unmittelbar, flexibel und sofort veränderbar.[83] Der Bezug von Cloud-Dienstleistungen kann in Echtzeit und ohne administrative, organisatorische oder technologisch aufwendige Zwischenschritte jederzeit nach oben oder unten angepasst werden. Diese beiden Abgrenzungsmerkmale sind Kernmerkmale und -voraussetzung für die Emanzipation der Abnehmer, situativ Geschäftsbeziehungen gestalten zu können.[84]

---

77 „Cloud Computing is a model for enabling ubiquitous, convenient on-demand network access to a shared pool of configurable computing resources (e.g., networks, servers, storage, applications, and services) that can be rapidly provisioned and released with minimal management effort or service provider interaction", Mell/Grance, The NIST Definition of Cloud Computing, 2011, S. 2.
78 Mell/Grance, The NIST Definition of Cloud Computing, 2011, S. 2.
79 Mell/Grance, The NIST Definition of Cloud Computing, 2011, S. 2.
80 Mell/Grance, The NIST Definition of Cloud Computing, 2011, S. 2.
81 Vgl. etwa Borges/Meents/Krcmar Cloud Computing § 1 Rn. 33.
82 Statt aller Bedner, Cloud Computing, 2013, S. 51.
83 Mell/Grance, The NIST Definition of Cloud Computing, 2011, S. 2 sprechen von „Elasticity".
84 Bedner, Cloud Computing, 2013, S. 90.

e) Nutzungsabhängige und messbare Indienststellung (Measured Service)

Cloud-Dienstleister kontrollieren und optimieren die Ressourcenverwendung automatisch anhand von nutzungstypischen Parametern, zB Speicher- oder Datenvolumen, Rechenleistung, Bandbreitennutzung, aktive Benutzerkonten etc[85] Mehrere Autoren leiten daraus das Merkmal eines nutzungsabhängigen Bezugs ab – Kunden sollen nur die tatsächlich genutzten Dienstleistungen bezahlen müssen.[86]

Andere sehen dieses Kriterium in der wirtschaftlichen Alltagsumsetzung inzwischen vernachlässigt.[87] In der Tat haben sich mit der **Commoditisierung** der Cloud-Dienstleistungen (dazu bereits → Rn. 27) auch die Preise als Pauschalen und Flatfees (Abonnements) vorherrschenden Paketstrukturen angepasst, so dass Kosten gelegentlich auch unabhängig von einer bestimmten Nutzungsintensität anfallen. Allerdings orientieren sich diese Pakete wirtschaftlich kalkulierbar und planbar durchaus an, wenigstens näherungsweise bestimmten, Größeneinheiten und Funktionsumfängen. Insbesondere im Bereich der IaaS-Nutzung (→ Rn. 53 ff.) spiegeln die Preise noch immer genau den tatsächlichen Nutzungsumfang wider. Lediglich im SaaS-Bereich (→ Rn. 59 ff.) und verstärkt im auch B2C-Bereich entwickelt sich das Cloud-Computing von einem anfänglich für alle Beteiligten vorteilhaften und transparenten (Win-win-) Modell hin zu einem anbieterfreundlichen Vertriebsmodell, das die Zahlungsbereitschaft von Kunden metrikgestützt ausloten und auch ausnutzen kann.

f) Weitere Kriterien

Die genannten NIST-Merkmale sind als eine Definition ausreichend.[88] Vermehrt werden jedoch einzelne weitere Kriterien vorgeschlagen, die zum Teil nur klarstellende Funktion haben, zum Teil aber auch in dem NIST-Katalog implizit enthalten sein sollen:

aa) Virtualisierung

Die Cloud-Dienste stehen *virtuell* zur Verfügung; sie sind von physischen Voraussetzungen in Form der Hardware und Energieressourcen etc entkoppelt bzw. abstrahiert.[89] Vor allem beim Modell der *Infrastructure-as-a-Service* (→ Rn. 53 ff.) ist die Ressourcen-Virtualisierung entscheidend. Nutzer haben keine direkte Kontrolle über die virtualisierten Ressourcen, etwa über die Server- oder Partitionswahl, und erlangen in aller Regel auch keine Kenntnis von dem konkreten Serverstandort und den Datenverarbeitungsvorgängen. Sie können lediglich Umfang und Art der (Hosting-)Dienstleistungen bestimmen.

Die Virtualisierung ist nicht nur Merkmal des Cloud Computings, sondern auch **zentrale technologische Voraussetzung**. Strenggenommen taugt sie nicht als Abgrenzungsmerkmal:[90] Auch Outsourcing, Utility Computing und Application Service Provisions-Dienste setzen Virtualisierungstechniken voraus. Allerdings grenzt das Merkmal zu Einzellösungen und nachfolgenden Technologie-Modellen ab, wie zB dem *Fog Computing*.

bb) Standardisierung, Commoditisierung, eingeschränkte Individualisierbarkeit

Cloud-Services müssen Nutzerbedürfnisse bestmöglich antizipieren, die Dienste sind auf Code-Ebene nicht individuell anpassbar. Nur bei der bezugsgerechten Zusammenstellung bleiben Individualisierungsmöglichkeiten, in der Regel aber auf Anpassungen in quantitativer Hinsicht, etwa durch Paket-/Bundle-Lösungen für Speicher, Bandbreite, Nutzerzahlen usf beschränkt. Das Merkmal des „Bedarfsabhängigen Bezugs" (→ Rn. 37) wird durch diese Commoditisierung wiederum stark eingeschränkt oder sogar durchbrochen, vor allem im B2C-Verhältnis (→ Rn. 11). Die marktorientierte Einteilung der Dienstinhalte und vertriebs-

---

85 Mell/Grance, The NIST Definition of Cloud Computing, 2011, S. 2.
86 Bormann/Fischer (ua) in Fähnrich/Franczyk INFORMATIK 2010, 2010, S. 317 ff.
87 Borges/Meents/Krcmar Cloud Computing § 1 Rn. 33.
88 So erwähnen etwa Mell/Grance weder die Virtualisierung noch „Pay-per-use" nicht ausdrücklich, vgl. Mell/Grance, The NIST Definition of Cloud Computing, 2011, S. 2.
89 Zum Kriterium der Virtualisierung etwa Buyya/Yeo (ua) Future Generation Computer Systems 2009, 599 (601); Borges/Meents/Krcmar Cloud Computing § 1 Rn. 33.
90 Vgl. Prodan/Ostermann/Fahringer in IEEE, 10th IEEE/ACM International Conference on Grid Computing, 2009, S. 42 ff.

Grupp/Fecke

IV. Relevante Einteilungen und Abgrenzungen

1. Überblick

47 Die wichtigste Unterteilung erfolgt üblicherweise nach verschiedenen Vertikalen, als Servicemodelle bezeichnet, die die Dienstleistung nach Inhalt, Umfang und Kundenbedürfnis in drei verschiedene Gruppen sortieren: *Infrastructure-*, *Platform-* und *Software-as-a-Service*. Horizontal lassen sich die Modelle nach ihren Komponenten unterteilen und danach, welche Teile client- (und somit kunden-)seitig oder server- (und somit anbieter-)seitig laufen. Darüber hinaus gibt es wesentliche technologische Besonderheiten, wobei zB Hypervisor und die virtuelle Maschine für IaaS (→ Rn. 53 ff.) und die Application Server für PaaS (→ Rn. 56 ff.) markant sind.

strategischer Ausrichtung der Zusammenstellungen grenzt die Cloud insbesondere zu den Vorgängermodellen wie *Grid-Computing* und *ASP* ab.

2. Servicemodelle

48 Cloud-Dienstleistungen werden hinsichtlich ihres Leistungsinhalts und -modells in einem eigenen Schichtenmodell („Cloud Stack"[91]) in drei Service-Hauptbereiche unterteilt: Softwaredienstleistungen (*Software-as-a-Service*, im Folgenden SaaS), Entwicklungsplattformdienstleistungen (*Platform-as-a-Service*, kurz: PaaS) und Infrastrukturdienstleistungen (*Infrastructure-as-a-Service*, nachfolgend IaaS). Für die Untersuchung aus anwaltlicher bzw. Legal Tech-Sicht spielt es auch eine Rolle, ob Kanzleien bzw. Legal Tech-Anbieter diese Dienste etwa selbst nutzen oder sogar selbst anbieten.

49 Obwohl bereits Teil der Alltagssprache sind die Ausführungen zu den Servicemodellen nicht redundant: Die Modelle unterscheiden sich insbesondere in technologischer Hinsicht mit Konsequenzen für Sicherheit (→ *Cloud Computing, IT-Risiken* Rn. 15 ff.) und Infrastruktur (→ Rn. 53 ff.). Auch bei der rechtlichen Einordnung (vgl. etwa → *Cloud Computing, Geheimnis- und Datenschutz* Rn. 16 f.) spielen diese Unterscheidungen eine Rolle.

a) Überblick und Architektur

50 Die nachfolgende Abbildung zeigt eine Cloud-Referenzarchitektur, die die wichtigsten (auch sicherheitsrelevanten) Cloud-Komponenten abstrakt veranschaulicht:

---

91 Inzwischen auch von Apache als Markenname eingetragen.

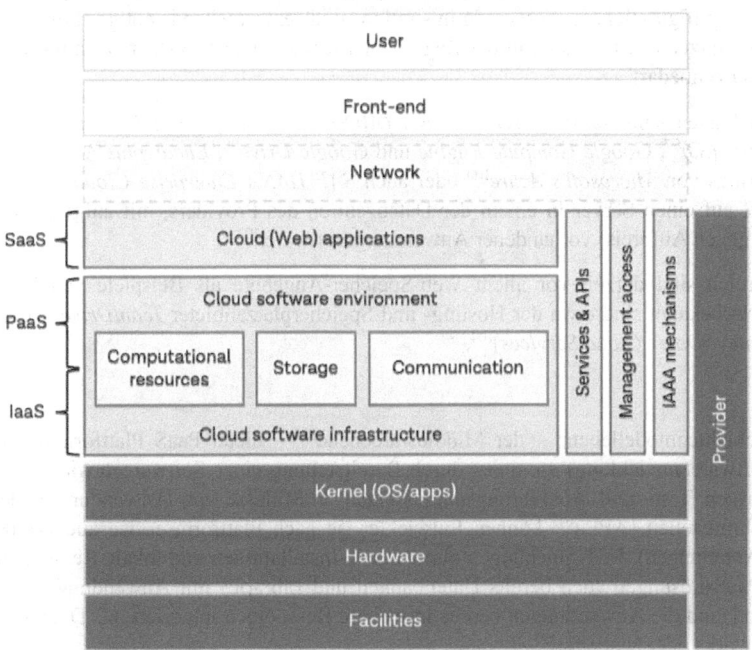

Abb.: SPI-Modell und Komponenten.[92]

Das Schichtenmodell enthält pro Schicht eine oder mehrere Dienstkomponenten, wobei Dienste sowohl 51 materielle (etwa Datenbanken oder Hardware) als auch immaterielle (etwa die Laufzeitumgebung) Komponenten sein können. Bei zwei Schichten, der Cloud-Software-Umgebung und der Cloud-Software-Infrastruktur, beschreibt das Modell explizit die drei Hauptkomponenten (Rechner, Speicher und In-/Output).[93] Dienste, die auf den oberen Ebenen angesiedelt sind, müssen nicht alle darunterliegende Schichten verwenden. So kann beispielsweise eine cloudbasierte Web-Anwendung in herkömmlicher Weise auf einem Standard-Betriebssystem ohne Nutzung von dezidierter Cloud-Software-Infrastruktur und Umgebungskomponenten aufbauen.

Die Schichtenbildung und die modulare Unterteilung implizieren auch, dass Dienste an jeder Stelle des 52 Schemas inhouse, also von dem System selbst, oder von Dritten (oder von anderen Schichten) erbracht und über Schnittstellen eingebracht werden können.

b) IaaS

IaaS stellt als unterste, hardwarenächste Schicht dem Nutzer infrastrukturelle Dienste wie Prozessorleis- 53 tung, Speicherkapazität, Hostingdienste und (seltener) Netzwerknutzung oder bestimmte Kommunikationsverbindungen über das Netz zur Verfügung.[94] On-premise-Installationen wie Serverräume und Netzwerke entfallen. Verwendet der Nutzer Dienste der anderen Schichten (PaaS, SaaS), sind darin häufig auch IaaS enthalten. ZT wird weiter unterschieden, ob die Dienstleistungen eher Software („Software Kernel")

---

92 Abbildung vereinfacht und angepasst; ähnliche Schemata bei Youseff/Butrico/Da Silva in IEEE, Proceedings Grid Computing Environments Workshop (GCE), 2008, S. 1 (4) und Grobauer/Walloschek/Stocker IEEE Security Privacy 2011, 50.
93 Vgl. auch bei Grobauer/Walloschek/Stocker IEEE Security Privacy 2011, 50 ff.
94 Buyya/Yeo/Venugopal in IEEE, Proceedings of the 10th IEEE International Conference on High Performance Computing and Communications, 2008, S. 5 (6 ff.).

oder Hardware betreffen.[95] Die IaaS-Dienste geben umfangreichen und häufig tiefen virtuellen Zugriff auf die Hardware, das kann Konfigurationen, Serveradministration und entsprechend nötige Software-Installationen einschließen. Nutzer von IaaS sind in der Regel Unternehmen oder Privatpersonen mit größerem Speicher- und Ressourcenbedarf.

54 Beispiele für IaaS Anwendungen sind *Amazon Web Services (AWS)* mit deren *Elastic Compute Cloud (EC2)*[96] bzw. *Simple Storage (S3)*[97], *Google Compute Engine* und *Google Drive*[98], *Eucalyptus*[99], die virtuellen Maschinen und Hostings von *Microsoft's Azure*[100] oder auch *SAP HANA Enterprise Cloud*[101]. Jeder dieser Dienste gibt Zugriff auf einen Server in einem der Datenzentren des Providers, mit aufgespielten Betriebssystemen und (zT gegen Aufpreis) vorhandener Anwendungssoftware.[102]

55 Für den anwaltlichen Bereich sind derzeit vor allem Web-Speicher-Angebote als Beispiele von IaaS-Diensten relevant. Im Markt bekannt sind etwa der Hosting- und Speicherplatzanbieter *TeamDrive*[103] oder das Hostingangebot der *Datev* (*Datev Cloud Services*)[104].

c) PaaS

56 Auf der nächsthöheren Schichtenmodellebene – der Middlewareebene[105] – bietet PaaS Plattformdienste (in erster Linie für die Softwareentwicklung) an, meist durch Bereitstellung einer Softwareentwicklungsumgebung und dazugehörigen Test- und Ausführungsumgebungen.[106] Mithilfe von Anwendungen des Anbieters und Benutzerschnittstellen (APIs)[107] können Entwickler (je nach Plattformservice auch ganze Entwicklungsteams oder Abteilungen) die Umgebungen ohne eigene Installationen und lokale Ressourcen nutzen.[108] Häufig halten PaaS-Lösungen auch bereits Datenbanken und Libraries mit Anwendungen und Tools bereit und zunehmend sind die Anwendungen bereits in weitere Ressourcen integriert, zB Datensets, komplexe Logiken, Frameworks oder Modelle.[109]

Beispiele für PaaS-Lösungen sind *Elastic Beanstack*[110] von *Amazon*, *IBM Bluemix*[111], *Microsoft Azure*[112], *Google App Engine*, *Cloud Foundry*[113] oder etwa *Salesforce.com*.

---

95 Schuster/Reichl CR 2010, 39.
96 S. https://aws.amazon.com/de/ec2/.
97 S. https://aws.amazon.com/de/s3/.
98 S. https://www.google.com/drive/.
99 S. https://www.eucalyptus.cloud.
100 S. https://azure.microsoft.com/en-us/.
101 S. https://www.sap.com/germany/products/s4hana-erp.html.
102 Vgl. auch Buyya/Yeo/Venugopal in IEEE, Proceedings of the 10th IEEE International Conference on High Performance Computing and Communications, 2008, S. 5 (6 f.).
103 S. https://teamdrive.com/en/startingpage/.
104 S. https://www.datev.de/web/de/loesungen/unternehmer/rechnungswesen/datev-cloud-services/.
105 Zum Begriff „Middleware" vgl. Enzyklopädie der Wirtschaftsinformatik, abrufbar unter https://wi-lex.de/index.php/lexikon/entwicklung-und-management-von-informationssystemen/systementwicklung/softwarearchitektur/middleware/.
106 Ausf. zB Chandrasekaran, Essentials of Cloud Computing, 2015, S. 149 ff.
107 „API" ist die Abkürzung für „Application Programming Interface", also eine Programmierschnittstelle.
108 FHS Betr. Datenschutz-HdB/Heidrich/Wegener Teil VII. Kap. 4 Rn. 14.
109 Lenk/Klems (ua) in IEEE, 2009 ICSE Workshop on Software Engineering Challenges of Cloud Computing, 2009, S. 23 (24 ff.); vgl. auch Youseff/Butrico/Da Silva in IEEE, Proceedings Grid Computing Environments Workshop (GCE), 2008, S. 1 ff.
110 S. https://aws.amazon.com/de/elasticbeanstalk/.
111 S. https://www.ibm.com/support/pages/overview-ibm-bluemix.
112 S. https://azure.microsoft.com/en-us/.
113 S. https://www.cloudfoundry.org.

Für anwaltliche Nutzer sind PaaS-Anwendungen deutlich weniger relevant, da sich diese typischerweise 57
primär an Softwareentwickler richten. Allerdings sind in jüngster Zeit mit *BRYTER*[114] oder *Neota Logic*[115]
Anwendungen bekannt geworden, welche auch anwaltlichen Nutzern Entwicklungs- und Editorensysteme
in einer Plattformumgebung für regelbasierte juristische Anwendungen anbieten und somit Elemente von
PaaS-Diensten enthalten.

Die Trennung zwischen PaaS und IaaS fällt teilweise schwer. Es wird bereits vorgeschlagen, die Untertei- 58
lung nicht nach Plattform- und Infrastrukturcharakteristika vorzunehmen, sondern die Ebenen als „Utility-
Layer" zu vereinen und nach den Inhalten der Services zu differenzieren, also zwischen technischen und
fachlichen Dienstleistungen.[116] Dafür spricht die größere Klarheit für die Nutzer. In sicherheitstechnologi-
scher Hinsicht variieren die Dienste allerdings bzw. unterliegen unterschiedlichen Sicherheitsanforderungen und Risiken und werden jedenfalls hier, wo nötig, getrennt dargestellt.[117]

d) SaaS

Die oberste Ebene im Cloud Stack bilden *SaaS*-Lösungen. Sie stellen Kunden – sowohl Unternehmen als 59
auch privaten Nutzern – Geschäftslogiken und Anwendungssoftware in Form von webbasierten Diensten
zur Verfügung. Die Software wird meist nutzungsabhängig lizenziert, üblich sind Abonnement-, Flatfee-
oder *Pay-per-use*-Modelle. Die Nutzung erfolgt über minimale lokale Schnittstellen (Apps oder Thin Clients) oder direkt über den Browser. Installationen entfallen, da die Softwarelogik bereits auf Anbieterseite
online liegt. Updates, Wartungen und Patch-Management entfallen ebenfalls bzw. lassen sich zentralisiert
durchführen.

Älteste Beispiele für SaaS-Anwendungen sind die Online-E-Mailanwendungen wie *MSN Hotmail* (seit 60
2012 *Outlook.com*), *Web.de* oder *1&1*. Im Bereich der Büroanwendungen oder Dateiverwaltung sind etwa
Microsoft Office 365, *Salesforce CRM*[118], *Basecamp*[119], *Google Apps* zu nennen. Es sind starke Tendenzen
sichtbar, die meisten Applikationen als SaaS-Anwendungen zu vermarkten. Anwendungen werden nur
noch im nötigsten Umfang lokal installiert, die meisten Anwendungen verzichten ganz auf lokale Komponenten.

SaaS-Anwendungen beinhalten häufig auch IaaS-Dienste. So ist der Cloud-Dienst *Dropbox*[120] wegen der 61
umfangreichen Applikationsschicht, des Desktop-/Web-Client und der Synchronisierungsfunktionen primär
SaaS-Anwendung, die Portfolio-Pakete *Dropbox Enterprise/ Dropbox for Business* mit großvolumigem
Speicherplatz haben aber IaaS-Charakter. Anwendungen mit mehreren Schwerpunkten sind zunehmend
sichtbar; Ähnliches gilt etwa für *Onedrive*[121], *GoogleDrive*[122] oder die *iCloud*[123] von *Apple Inc.*[124]

Auch für die juristische Arbeit sind SaaS-Anwendungen zunehmend verfügbar und im alltäglichen 62
Gebrauch: Diktatsoftware, Recherchesoftware in Form von cloudbasierten Rechtsinformationssystemen, Entscheidungsunterstützungen oder Verwaltungssoftware. Der Entwicklung von Geschäftssoft-
ware anderer Bereiche folgend[125] verändern Anbieter auch im anwaltlichen oder generell juristischen
Umfeld die Indienststellungsmodalitäten weg von proprietären, installationsbedürftigen Vollversionen

---

114 S. https://www.bryter.com.
115 S. https://www.neotalogic.com.
116 Vgl. Borges/Meents/Krcmar Cloud Computing § 2 Rn. 16 mwN.
117 Die konsequente Unterscheidung findet sich durchgängig bei der Beurteilung der Sicherheitsaspekte, zB bei
Hashizume/Rosado (ua) Journal of Internet Services and Applications 2013, 1 ff.
118 S. https://www.salesforce.com/de/?ir=1.
119 S. https://basecamp.com.
120 S. https://www.dropbox.com.
121 S. https://www.microsoft.com/de-de/microsoft-365/onedrive/online-cloud-storage.
122 S. https://www.google.com/drive/.
123 S. https://www.icloud.com.
124 Buyya/Yeo/Venugopal in IEEE, Proceedings of the 10th IEEE International Conference on High Performance
Computing and Communications, 2008, S. 5 (6 f.).
125 Armbrust/ Fox (ua) Communications of the ACM 2010, 50 ff.

zu SaaS-Anwendungen mit Abonnement-Modellen (*subscription based*), wie etwa *Dragon Nuance-Diktatsoftware*[126], *Microsoft Office 365*, *LexisNexis*[127].

63 Für den Einsatz von Cloud-Angeboten im Kontext der juristischen Arbeit bzw. von Legal Tech-Anwendungen ist das SaaS-Modell besonders relevant: Der Marktanteil von SaaS-Lösungen ist bei Public Clouds am größten[128] und die Integration solcher Lösungen in den Arbeitsalltag ist ohne weitere technologische Einarbeitung möglich. Vor allem bemerkenswert ist aber, dass bei SaaS-Diensten (anders als bei PaaS und IaaS) ein Teil der Dienstleistung in der Regel ein Datenverarbeitungsvorgang ist, der zwangsläufig in der Cloud stattfindet. SaaS-Anwendungen „laufen in der Cloud", greifen also auf die Rechenressourcen und Applikationslogiken auf externen Servern zu. Anders als bei PaaS und IaaS ist dabei in der Regel eine inhaltliche Wahrnehmung der Daten nötig, so dass sich nutzungsrelevante Input-Daten nicht verschlüsseln oder anonymisieren lassen.

e) Weitere Modelle

64 Die Abgrenzung zwischen den Modellen ist fließend, Dienstleistungspakete können auch Komponenten von mehreren Modellebenen enthalten. Als „*Everything-as-a-service*" oder *XaaS*[129], werden inzwischen Angebote bezeichnet, die alle drei genannten Modelle umfassen oder in den Schnittmengen zweier Ebenen ansiedeln. Das Angebot umfasst inzwischen rund ein Dutzend Kategorien, bei denen die Dienstleistungen auch Einzelkomponenten und Teile der genannten Leistungskomponenten sind,[130] zum Beispiel *Analytics-as-a-Service*, *Backend-as-a-Service* (BaaS), *Backup-as-a-Service*, *Business-Process-as-a-Service* (zum Teil auch als gesonderte, SaaS-übergeordnete Schicht verstanden), *Comminication-as-a-Service*, *Data-as-a-Service*, *Database-as-a-Service* (DBaaS), *Desktop-as-a-Service*, *Identity-as-a-Service*, *Monitoring-as-a-Service*, *Network-as-a-Service*, *Recovery-as-a-Service*, *Security-as-a-Service*, *Storage-as-a-Service* bis hin zu reinen tätigkeitsbezogenen Dienstleistungen (*Testing-as-a-Service*, *Jobs-as-a-Service* etc oder sogar *Humans-as-a-Service* im Zusammenhang mit dem Amazon Mechanical Turk[131]) ohne technologische Komponente.

3. Deploymentmodelle: Private Cloud, Public Cloud und Hybridmodelle

65 Das Cloud Computing wird auch hinsichtlich der Indienststellung kategorisiert, namentlich nach der organisatorischen Struktur bzw. dem „Nutzungsmodell" (auch Deploymentmodell[132] genannt). Im Grundsatz unterscheidet man Cloud-Dienste, die jedermann zugänglich sind, sog. **Public Cloud**, und solche, die nur einem eingeschränkten und genau definierten Nutzerkreis zugänglich sind, sog. **Private Cloud**.

a) Public Cloud

66 Public Clouds sind die bekanntesten und im allgemeinen Sprachgebrauch am häufigsten gemeinten Cloud-Modelle.[133] Sie sind in der Regel allgemein zugängliche Commodity-Dienstleistungen[134], oft mit vollständiger Automation des Bezugsprozesses und zunehmend so einfach und intuitiv im Bezug der Dienstleistung, dass er beiläufig und häufig unbemerkt geschieht.[135] Die Gruppe der Nutzer/Kunden der Public Cloud ist

---

126 S. https://www.nuance.com/dragon.html.
127 S. https://www.lexisnexis.com/en-us/home.page bzw. https://www.lexisnexis.de.
128 Der Großteil der Public Cloud Nutzer verwendet SaaS, wobei weiterer Zuwachs zu erwarten ist, vgl. schon BITKOM, Cloud Monitor 2015, abrufbar unter https://www.bitkom.org/Publikationen/2015/Studien/Cloud-Monitor-2015/Cloud-Monitor-2015-KPMG-Bitkom-Research.pdf, S. 15 ff.
129 Abkürzung für X-as-a-Service mit X als Platzhalter für beliebige Leistungen.
130 Übersicht zB bei Wang/Ranjan/Chen/Benatallah, Cloud Computing, 2012, S. 14 f.
131 Kaufman IEEE Security & Privacy 2009, 61 f. Zum Amazon Mechanical Turk s. https://www.mturk.com.
132 Nach engl. „Deployment" = Bereitstellen, Inbetriebnehmen, Aktivieren von Software.
133 Vgl. nur Mahmood, Cloud Computing, 2014, S. 81, 164.
134 Zum Begriff der Standardisierten, skalierbar erbringbaren Dienstleistung als Commodity etwa Enke/Geigenmüller/Leischnig in Enke/Geigenmüller, Commodity Marketing, 2011, S. 3 (17).
135 Armbrust/Fox (ua) Communications of the ACM 2010, 50 (51).

untereinander nicht verbunden und theoretisch unbegrenzt. Es gibt einen offenen Nutzerkreis und keine Abhängigkeiten oder über die bloße Bezugsvereinbarung hinausreichende, rechtliche Beziehung zwischen Cloud-Anbieter und Kunde. Die Ressourcen der Cloud, insbesondere Server- und Speicherressourcen, können von den Nutzern in der Regel nicht ohne Weiteres lokalisiert werden und die Einflussnahme des Kunden im Sinne einer Kontrolle der IT-Ressourcen ist auf wenige administrative Bereiche beschränkt. Im B2B-Verhältnis und großvolumigeren IaaS-Diensten mag die Kundenbeziehung noch in Einzelfällen eine Mitgestaltung zulassen, auf Ebene des PaaS- und SaaS-Bezugs, insbesondere im Verhältnis B2C, lässt die Standardisierung und Automatisierung der Indienststellung und Anonymität des Marktes individuelle Absprachen und Kontrollen (etwa der Sicherheit oder geographischer Komponenten usf) nicht mehr zu. Durch die Integration in Clients oder Apps ist die Verwendung von Cloud-Dienstleistungen vor allem für Privatpersonen auch zunehmend schwerer erkennbar.[136]

Bei der Public Cloud sind Anbieter- und Nutzerseite klar trennbar: Der Anbieter stellt Ressourcen an Endkunden als Geschäft zur Verfügung.[137] Selbstversorgerische Tendenzen, partizipatorische Elemente oder Austauschgeschäfte kommen in der Regel nicht vor.

b) Private Cloud

Private Clouds sind von der Öffentlichkeit getrennte Nutzungsmodelle, bei denen Cloud-Dienstleistungen exklusiv für einen vorab definierten Nutzerkreis bereitgestellt werden – in der Regel bestimmte Unternehmen oder Unternehmensgruppen und/oder deren Kunden. Nur die autorisierten Cloud-Mitglieder können auf die gemeinsam zur Verfügung gestellten Ressourcen zugreifen, zum Beispiel über ein Intranet oder über ein *Virtual Private Network* (VPN).

Der Betrieb und die Verwaltung werden von einer zentralen Instanz vorgenommen, sog. **Shared Service Centern** (**SSC**)[138]. Diese versorgen teilnehmende Einheiten mit IT-Leistungen und verwalten und berechnen die Nutzung; das Modell wird auch *internes Outsourcing* genannt.[139] Trotz des meist unternehmensinternen Einsatzes sind die SSCs eigene Kostenstellen und der Cloud-Service-Bezug basiert auf *Service Level Agreements* (zu diesen im Cloud-Kontext ausf. → *Cloud Computing, IT-Risiken* Rn. 59 ff.). Die SSCs können von rein kostenorientierten Stellen über kundenorientierte Stellen bis hin zu voll marktfähigen SSCs reichen, die ihre Leistung im Unternehmen mit externen Anbietern konkurrierend oder sogar nach außen hin, also unternehmensextern, anbieten.[140] Mit der Marktöffnung im letztgenannten Fall wird die Private Cloud mit ausschließlich unternehmensinterner Verwendung und exklusivem Nutzerkreis zu einer Public Cloud.[141]

In der Private Cloud fallen in der Regel Nutzer und Anbieter zusammen, jedenfalls wird die Trennung zwischen IT-Dienstleister/Anbieter und Nutzern/Kunden in dem selbstversorgungsähnlichen Bereich weitgehend aufgehoben.[142] Ein Sondermodell der Private Cloud ist die Virtual Private Cloud (VPC, vgl. → Rn. 78). Beispiele für Private Clouds sind *Eucalyptus*[143], die *Ubuntu Enterprise Cloud (UEC)*[144], *Amazon VPC (Virtual Private Cloud)*[145] oder etwa *VMware Cloud Infrastructure Suite*[146].

---

136 Mahmood, Cloud Computing, 2014, S. 71.
137 Bedner, Cloud Computing, 2013, S. 37 f.
138 Bspw. bei der BAYER AG, vgl. Computerwoche v. 27.9.2007, abrufbar unter http://www.computerwoche.de/a/so-steuert-der-bayer-konzern-seine-hr-prozesse,549321.
139 Hagedorn/Schmid (ua) in Keuper/Neumann, Wissens- und Innovationsmanagement, 2009, S. 239 (241 sowie 251 f.).
140 Ausf. Borges/Meents/Krcmar Cloud Computing § 1 Rn. 40 ff.
141 Borges/Meents/Krcmar Cloud Computing § 1 Rn. 44.
142 Baun/Kunze/Nimis/Tai, Cloud Computing, 2011, S. 25; Bedner, Cloud Computing, 2013, S. 37.
143 S. https://www.eucalyptus.cloud.
144 S. https://ubuntu.com/cloud.
145 S. https://aws.amazon.com/de/vpc/.
146 S. https://www.vmware.com/products/vrealize-suite-vcloud-suite.html.

c) Externe und interne Cloud

71 Neben der Unterscheidung nach der Nutzerkreisbeschränkung (→ Rn. 66 ff.) kann auch nach der Implementierungsart und Organisationsgewalt unterschieden werden. Bei den Konzepten Externe oder Interne Cloud[147] wird je nach technischem Belegenheitsort bzw. danach unterschieden, ob die Dienstleistung in den physischen und technischen Örtlichkeiten des Dienstleisters angeboten oder von Drittanbietern bzw. jedenfalls unter externer Bereitstellung bezogen wird.[148]

72 **Interne Clouds** entsprechen dem Intranet eines Unternehmens:[149] Sie werden intern gehostet, Zugriff ist den unternehmensinternen, authentifizierten Nutzern vorbehalten und die Anwenderdaten verbleiben im Unternehmen. Bei der Internal Cloud ist die operative Einheit (Unternehmen, Einrichtung) Eigentümerin der physischen Infrastruktur. **Externe Cloud** meint als Gegenstück den Bezug unternehmensexterner IT-Infrastruktur ohne physische Kontrollmöglichkeiten. External Cloud ist mit dem Begriff der Public Cloud nicht synonym, aber in inhaltlicher Hinsicht in der Regel deckungsgleich: Eine Public Cloud ist zwangsläufig eine External Cloud.

73 Das Verhältnis zur Private Cloud ist unscharf: eine Interne Cloud ist zwangsläufig eine Private Cloud. Allerdings kann eine Private Cloud auch als Externe Cloud ausgestaltet sein, die Organisation kann zum Zwecke einer Private Cloud externe Ressourcen anmieten.

d) Community Cloud

74 Die Community Cloud ist ein Verbund mehrerer Private Clouds verschiedener Organisationen zu einem gemeinsamen Netzwerk. Die Nutzungsbedingungen werden gemeinsam festgesetzt.[150] Ob Ressourcen bzw. Nutzungscharakteristika aus bestimmten Private Clouds dabei besonders behandelt werden, ist Gegenstand von individuellen Vereinbarungen.

75 Eingesetzt werden Community Clouds im Verbands- und institutionellen Bereich, im Verwaltungsbereich oder generell dort, wo sich verschiedene Organisationen mit ähnlichen Interessen (zB Sicherheits- oder Compliance-Anforderungen) kollaborativ beggnen, nicht im Wettbewerb stehen und eine Cloud-Infrastruktur regulatorisch teilen können.

e) Hybride Modelle

76 Strukturen mit Elementen beider Modelle – Private wie Public Cloud – versuchen, Vorteile zu kombinieren. Eine solche Hybrid Cloud ist eine Kombination verschiedener Cloud-Formen, meist eine Public Cloud in Verbindung mit einer Private Cloud. Die einzelnen Clouds bleiben in der Regel eigenständige Einheiten, aber werden durch eine Layer- oder Middlewaresoftware kombiniert, die einen Daten- und Anwendungsaustausch ermöglicht.[151] Dieser Ansatz verbindet die kostensparende Skalierbarkeit einer Public Cloud mit Sicherheitsaspekten und der Überschaubarkeit einer Private Cloud. Hybride Cloud-Modelle werden als zukünftig häufigste Cloud-Form angesehen, insbesondere für das geschäftliche Umfeld. Die in der Theorie verbreitete Trennung in den Applikationsschichten löst sich in der Praxis zunehmend auf; hier lässt sich eine **Konvergenz** der verschiedenen Bereitstellungsmodelle beobachten.

77 Die verschiedenen Hybridmodelle unterscheiden sich maßgeblich in ihren Sicherheitseigenschaften und dem Grad der zugesicherten Privatsphäre.[152] Es sind verschiedene Kombinationen der Vor- und Nachteile der verschiedenen Modelle denkbar. Je nach Anwendungsfall können Anwendungslandschaften auf mehrere Cloud-Typen aufgeteilt werden: kritische Anwendungen oder Anwendungskomponenten können

---

147 Die Begriffe werden uneinheitlich Deutsch und Englisch verwendet.
148 Manche Autoren trennen nicht, zB Baun/Kunze/Nimis/Tai, Cloud Computing, 2011, S. 26.
149 Vergleich zB bei Bedner, Cloud Computing, 2013, S. 33.
150 Weichert DuD 2010, 679 (680).
151 Mell/Grance, The NIST Definition of Cloud Computing, 2011, S. 2.
152 Cloud Computing in Gabler Wirtschaftslexikon, abrufbar unter http://wirtschaftslexikon.gabler.de/Definition/cloud-computing.html.

in einer Private Cloud betrieben werden, weniger kritische Anwendungskomponenten in Public Clouds. Legacy-Anwendungen, die in traditionellen Rechenzentren betrieben werden, müssen gleichermaßen integriert werden.

Eine Fallgruppe der Hybrid und Sondermodell der Private Cloud ist die **Virtual Private Cloud (VPC)**, bei der zwar die Netzwerk- und Ressourcenumgebung einer Public Cloud verwendet werden, allerdings durch Isolationstechniken eine Private Cloud mit beschränkten Zugriffsrechten entsteht. Ein Beispiel dafür ist das von Amazon 2011 vorgestellte *Virtual Private Cloud* Modell.[153] Dabei werden nicht nur die beschriebenen Ressourcen, sondern ein gesamtes virtuelles Rechenzentrum mit Netzwerkinfrastruktur und damit zusammenhängenden Komponenten (IP-Adressbereiche, Administrationsmiddleware, Notfallinfrastrukturen) zur Verfügung gestellt.[154]

78

---

153 S. https://aws.amazon.com/de/vpc/.
154 Bedner, Cloud Computing, 2013, S. 35.

13. Cloud Computing, Geheimnis- und Datenschutz

Grupp/Fecke

I. Einführung	1	2. Befugnisnorm für die Inanspruchnahme externer Dienstleistungen, § 43e BRAO	22
II. Geheimnisschutz nach § 203 StGB	3	IV. Datenschutzrechtliche Vorgaben	29
1. Tatbestand	4	1. Verhältnis von Berufsgeheimnis- und Datenschutz	30
2. Lösung des Gesetzgebers: § 203 Abs. 3 und 4 StGB	7	2. Die Auftragsverarbeitung	33
a) Ermöglichung der Mitwirkung Dritter	7	a) Allgemeines	33
b) Erweiterungen des strafbewehrten Pflichtenkreises	11	b) Der Auftragsverarbeitungsvertrag	35
		aa) Anforderungen an die Datensicherheit	36
c) Kriterium der Erforderlichkeit	14	bb) Vorgaben für Unterauftragsverhältnisse	39
3. Weitere Lösungsansätze zur Nutzung von Cloud-Anwendungen	17	cc) Nutzung von Standardvertragsklauseln	41
III. Berufsrechtliche Vorgaben nach BRAO und BORA	20	dd) Formerfordernis, Art. 28 Abs. 9 DS-GVO	42
1. Die berufsrechtliche Verschwiegenheitspflicht, §§ 43a Abs. 2 BRAO, 2 BORA	20	3. Grenzüberschreitende Datenverarbeitung	43

Literatur: Siehe das Literaturverzeichnis zu → *Cloud Computing, allgemein.*

I. Einführung

1 Der praktische Einsatz von Cloud-Anwendungen setzt im Kontext der juristischen Tätigkeit bzw. von Legal Tech-Anwendungen die Einhaltung der einschlägigen Vorschriften des Geheimnis- und Datenschutzes voraus. Im nachfolgenden Teil liegt der Schwerpunkt zunächst auf den straf- und berufsrechtlichen Vorgaben des Geheimnisschutzes. Anschließend wird ein Überblick über die zentralen datenschutzrechtlichen Anforderungen im Zusammenhang mit Cloud Computing gegeben und auf weitere einschlägige Literatur hingewiesen.

2 Für den anwaltlichen Geheimnisschutz sind die §§ 203 StGB, 43a Abs. 2, 43e BRAO und § 2 BORA maßgeblich. In § 203 StGB ist das Berufsgeheimnis formalgesetzlich normiert. Für Rechtsanwältinnen und Rechtsanwälte sowie andere Berufsgeheimnisträger gilt zunächst die strafrechtliche Ausprägung, die durch die berufsrechtlichen Normierungen flankiert wird. Im Folgenden wird auf die relevanten Vorschriften der Reihe nach eingegangen.

II. Geheimnisschutz nach § 203 StGB

3 Nehmen die in § 203 Abs. 1 und 2 StGB genannten Gruppen von Personen bzw. Unternehmen (sog. Geheimnisträger) Cloud-Angebote in Anspruch, kommt der strafrechtliche Geheimnisschutz nach § 203 StGB (Verletzung von Privat- bzw. Betriebs- und Geschäftsgeheimnissen) in Betracht. Sofern dabei ein dem Geheimnisträger in dessen Funktion anvertrautes oder bekanntgewordenes fremdes Geheimnis gegenüber dem Cloud-Service-Provider offenbart zu werden droht, muss der Geheimnisträger – etwa eine Rechtsanwältin oder ein Rechtsanwalt (§ 203 Abs. 1 Nr. 3 StGB) – dafür Sorge tragen, dass keine Möglichkeit zur Kenntnisnahme besteht oder eine (mögliche) Kenntnisnahme jedenfalls nicht unbefugt bzw. nicht rechtswidrig erfolgt.[1]

1. Tatbestand

4 Der Schutzbereich des § 203 StGB ist seinem Normzweck entsprechend weit gefasst. Dieser zielt vorrangig auf den Schutz des Rechts auf informationelle Selbstbestimmung ab, also die Befugnis des Einzelnen, selbst über die Preisgabe und Verwendung seiner persönlichen Daten zu bestimmen.[2] Dabei schützt § 203

---

[1] Vgl. auch Leupold/Wiebe/Glossner/Hartung IT-R Teil 11.4.2 Rn. 113.
[2] Vgl. BVerfG Beschl. v. 14.12.2001 – 2 BvR 152/01 = NJW 2002, 2164; ausf. zum Normzweck MüKoStGB/Cierniak/Niehaus § 203 Rn. 4 ff.

StGB, anders als das auf personenbezogene Daten natürlicher Personen zugeschnittene Datenschutzrecht (→ Rn. 29 ff.), neben Informationen über natürliche Personen etwa auch solche über juristische Personen.

Unter einem Geheimnis iSv § 203 StGB versteht man Tatsachen, die nur einem Einzelnen oder einem beschränkten Kreis von Personen bekannt oder zugänglich sind, an deren Geheimhaltung der Betroffene ein berechtigtes (schutzwürdiges) Interesse hat und die nach seinem Willen geheim gehalten werden sollen.[3] Geschützt sind dabei sämtliche Informationen, die dem Schweigepflichtigen in Ausübung oder bei Gelegenheit seiner beruflichen Tätigkeit über seine Mandanten (bzw. Patienten usf) oder über Dritte (sog. „Drittgeheimnis")[4] anvertraut wurden bzw. sonst bekannt geworden sind.[5] Dies schließt neben inhaltlichen Aspekten auch schon die Information über das Bestehen eines Vertrags- und Vertrauensverhältnisses als solches ein.[6]

Die Strafbarkeit nach § 203 StGB setzt schließlich das Offenbaren eines fremden Geheimnisses voraus. Das ist der Fall, wenn eine Kenntnisnahme der geschützten Informationen durch eine unberechtigte Person erfolgt bzw. nach der Gesetzesbegründung schon dann, wenn die bloße Möglichkeit der Kenntnisnahme besteht.[7] Mithin muss der Cloud-Nutzer, etwa eine Rechtsanwältin oder ein Rechtsanwalt, entweder dafür Sorge tragen, dass der Cloud-Anbieter bzw. dessen Mitarbeiter und Subunternehmer nicht einmal die Möglichkeit zur Kenntnisnahme von solchen Informationen hat, oder dass ein Erlaubnistatbestand (vgl. § 203 Abs. 3 S. 2 StGB) bzw. ein Rechtfertigungsgrund eingreift.[8]

2. Lösung des Gesetzgebers: § 203 Abs. 3 und 4 StGB

a) Ermöglichung der Mitwirkung Dritter

Die Möglichkeiten der Nutzung externer Cloud-Dienste durch Geheimnisträger waren durch § 203 StGB sowie den einschlägigen berufsrechtlichen Regelungen lange Zeit begrenzt.[9] Abhilfe schaffen konnte jedoch das „Gesetz zur Neuregelung des Schutzes von Geheimnissen bei der Mitwirkung Dritter an der Berufsausübung schweigepflichtiger Personen" vom 30.10.2017.[10] Hierdurch wurden die Möglichkeiten der Einbeziehung externer Dienstleister in die Berufsausübung auch in Bezug auf externe Cloud-Anbieter erweitert. Eine Strafbarkeit nach § 203 Abs. 1 und 2 StGB wird danach regelmäßig nicht in Betracht kommen, indem nach **§ 203 Abs. 3 S. 2 Hs. 1 StGB** Geheimnisträger wie Rechtsanwältinnen und Rechtsanwälte fremde Geheimnisse „sonstigen Personen" offenbaren dürfen, die (ohne Gehilfen iSv § 203 Abs. 3 S. 1 StGB zu sein[11]) an ihrer beruflichen oder dienstlichen Tätigkeit mitwirken, soweit dies für die Inanspruchnahme der Tätigkeit der sonstigen mitwirkenden Personen erforderlich ist.[12]

---

3 Vgl. MüKoStGB/Cierniak/Niehaus § 203 Rn. 13 ff.; Fischer StGB § 203 Rn. 6 ff. jeweils ausf. zu den einzelnen Tatbestandsmerkmalen und mwN.
4 Dazu MüKoStGB/Cierniak/Niehaus § 203 Rn. 27 f.
5 Vgl. OLG Karlsruhe Beschl. v. 25.11.1982 – 1 Ws 273/83 = NJW 1984, 676; Fischer StGB § 203 Rn. 3.
6 Vgl. BGH Urt. v. 10.2.2010 – VIII ZR 53/09 = NJW 2010, 2509 (Versicherungen); BGH Urt. v. 22.12.1999 – 3 StR 401/99 = NJW 2000, 1426 (Ärzte); BGH Urt. v. 17.5.1995 – VIII ZR 94/94 = NJW 1995, 2026 (Rechtsanwälte); vgl. auch Leupold/Wiebe/Glossner/Hartung IT-R Teil 11.4.2 Rn. 115.
7 BT–Drs. 18/11936, 28; vgl. auch Cornelius NJW 2017, 3751 (3752).
8 Vgl. auch Leupold/Wiebe/Glossner/Hartung IT-R Teil 11.4.2 Rn. 117 f.; MüKoStGB/Cierniak/Niehaus § 203 Rn. 60.
9 Zu den diskutierten Lösungsansätzen vor der Gesetzesänderung etwa MüKoStGB/Cierniak/Niehaus § 203 Rn. 138 ff.; Leupold/Wiebe/Glossner/Hartung IT-R Teil 11.4.2 Rn. 119 ff.; Fechtner/Haßdenteufel CR 2017, 355 ff.; Pohle/Ghaffari CR 2017, 489 (490 f.).
10 BGBl. 2017 I 3618; vgl. auch den Regierungsentwurf Drs.-BT 18/11936. Ein Überblick über die Neuregelungen findet sich etwa bei Grunewald NJW 2017, 3627 ff.; Cornelius NJW 2017, 3751 ff.; Grupp AnwBl 2017, 816 ff.; Hoeren MMR 2018, 12 ff.; jeweils mit Vergleich zur vorherigen Rechtslage auch Fechtner/Haßdenteufel CR 2017, 355 ff.; Pohle/Ghaffari CR 2017, 489 ff.
11 Gehilfen iSd § 203 Abs. 3 S. 1 StGB sind bereits in den Betrieb des Geheimnisträgers eingegliederte Hilfspersonen, wohingegen § 203 Abs. 3 S. 2 StGB die Weitergabe von Geheimnissen an externe Hilfspersonen, die nicht zur Sphäre des Geheimnisträgers gehören, adressiert, vgl. nur Cornelius NJW 2017, 3751.
12 Vgl. auch Schönke/Schröder/Eisele § 203 Rn. 49: das Offenbaren ist dann nicht rechtswidrig; dogmatische Widersprüche in § 203 Abs. 3 S. 1 und 2 StGB anmerkend etwa Hoeren MMR 2018, 12 (15).

8 Eine Mitwirkung an der beruflichen Tätigkeit ist gegeben, wenn die mitwirkende Person unmittelbar mit der beruflichen Tätigkeit des Geheimnisträgers befasst ist. Dies ist weit zu verstehen, indem auch IT-Leistungen sowie – nach der Gesetzesbegründung ausdrücklich – auch die externe Speicherung von Daten in Cloud-Systemen erfasst sein sollen.[13]

9 **Rechtliche Grundlage** der Mitwirkung eines externen Dienstleisters kann insbesondere ein Vertragsverhältnis sein. Darunter fällt nicht nur der unmittelbare Vertrag zwischen dem Geheimnisträger einer- und dem selbstständig tätigen Vertragspartner andererseits. Vielmehr genügen auch vertragliche Bindungen des Auftragnehmers mit seinen Angestellten oder den – mit Einverständnis des Geheimnisträgers – eingesetzten Subunternehmern (zur vertraglichen Beziehung des Cloud-Service-Providers und seinen Subunternehmern s. auch → *Cloud Computing, IT-Risiken* Rn. 61). Insofern kommt es allerdings auf eine „**lückenlose Vertragskette**" zwischen dem Geheimnisträger und der letztlich tätig werdenden Person an.[14]

10 Eine **territoriale Beschränkung** im Sinne eines Verbots des Transfers geschützter Geheimnisse ins Ausland bzw. der Einschaltung auch ausländischer mitwirkender Personen hat der Gesetzgeber nicht vorgesehen.[15] Insofern kommen grundsätzlich auch ausländische, international agierende Cloud-Service-Provider in Betracht (zu den berufsrechtlichen → Rn. 20 ff. sowie den datenschutzrechtlichen Vorgaben → Rn. 29 ff., insbes. → Rn. 43 ff.).

b) Erweiterungen des strafbewehrten Pflichtenkreises

11 Die in **§ 203 Abs. 3 und 4 StGB** eingeführte Lösung über die Kategorie der „**sonstigen mitwirkenden Person**" sieht vor, dass der Kreis der berechtigten Mitwisser um ebendiese sonstigen Personen erweitert werden kann. Voraussetzung hierfür ist jedoch, dass sich die sonstige mitwirkende Person (vertraglich) **zur Geheimhaltung verpflichtet**, bevor der Geheimnisträger nach § 203 Abs. 1 oder 2 StGB ihr Geheimnisse offenbart.[16] Trägt der Geheimnisträger (etwa die Rechtsanwältin oder der Rechtsanwalt) vor der Offenbarung von Geheimnissen nicht dafür Sorge, dass die sonstige Person zur Geheimhaltung verpflichtet wurde, droht ihm gem. **§ 203 Abs. 4 S. 2 Nr. 1 StGB** eine Strafbarkeit wegen Unterlassens, falls die sonstige Person ein geschütztes Geheimnis offenbart. Auf die berufsrechtlichen Besonderheiten der Geheimhaltungsverpflichtung (vgl. unter → Rn. 20 f.) kommt es nicht an.[17]

12 Auch aufseiten der sonstigen mitwirkenden Person (also etwa des Cloud-Service-Providers) besteht das Risiko der eigenen Strafbarkeit. Nach **§ 203 Abs. 4 S. 1 StGB** macht sich strafbar, wer unbefugt ein fremdes Geheimnis offenbart, das ihm bei der Ausübung oder bei Gelegenheit seiner Tätigkeit *als mitwirkende Person* bekannt geworden ist.[18]

13 Sonstige mitwirkende Personen können sich nach **§ 203 Abs. 3 S. 2 Hs. 2** auch weiterer mitwirkenden Personen bedienen (**mehrstufiges Auftragsverhältnis**). Sodann trifft jedoch auch sie gem. **§ 203 Abs. 4 S. 2 Nr. 2** die strafbewehrte Verpflichtung, ebenfalls dafür Sorge zu tragen, dass sich die weiteren mitwirkenden Personen (vertraglich) **zur Geheimhaltung verpflichten**.[19] Ferner muss die Weitergabe (an einen

---

13 BT-Drs. 18/11936, 18, 22; vgl. auch MüKoStGB/Cierniak/Niehaus § 203 Rn. 61, 146; Leupold/Wiebe/Glossner/Hartung IT-R Teil 11.4.2 Rn. 133.
14 BT-Drs. 18/11936, 18, 22; vgl. auch Schönke/Schröder/Eisele § 203 Rn. 49.
15 Schönke/Schröder/Eisele § 203 Rn. 53; zu Schwierigkeiten bei der Umsetzung der Anforderungen des § 203 Abs. 3 und 4 StGB in diesen Fällen auch Leupold/Wiebe/Glossner/Hartung IT-R Teil 11.4.2 Rn. 117 f.; MüKoStGB/Cierniak/Niehaus § 203 Rn. 136.
16 Leupold/Wiebe/Glossner/Hartung IT-R Teil 11.4.2 Rn. 132; strenge Anforderungen an die Verpflichtung zur Geheimhaltung stellt etwa Hoeren MMR 2018, 12 (16): Verweis auf die Mindestanforderungen des Art. 28 Abs. 3 DS-GVO (insbes. Löschungspflichten nach Ende der Auftragsverarbeitung und die Vereinbarung der Weisungsgebundenheit zugunsten der verantwortlichen Person).
17 Zur Unterlassungsstrafbarkeit BT-Drs.18/11936, 29 sowie BeckOK StGB/Weidemann § 203 Rn. 44 f.
18 Zur Strafbarkeit mitwirkender Personen auch im Ausland vgl. etwa Pohle/Ghaffari CR 2017, 489 (493 f.); Hoeren MMR 2018, 12 (16 f.).
19 Erneut BT-Drs.18/11936, 29 sowie BeckOK StGB/Weidemann § 203 Rn. 44 ff.

Sub-Dienstleister) vom Geheimnisträger zugelassen worden sein.[20] Bei mehrstufigen Auftragsverhältnissen ist demnach eine **lückenlose Vertrags- bzw. Legitimationskette** zwischen dem Berufsgeheimnisträger und der letztlich tätig werdenden sonstigen Person notwendig (dazu auch schon unter → Rn. 9; zur vertraglichen Beziehung des Cloud-Service-Providers und seinen Subunternehmern s. auch → *Cloud Computing, IT-Risiken* Rn. 61). Damit ist eine Offenbarung nicht etwa nur an Angestellte des Dienstleisters, sondern auch an Subunternehmer und dessen Angestellte zulässig, sofern eine lückenlose Vertragskette besteht.[21] Der Geheimnisschutz soll hier also dadurch gewährleistet werden, dass der Kreis der Wissensträger nur auf solche Personen erweitert wird, die selbst zur Geheimhaltung verpflichtet sind und die bei einer unbefugten Offenbarung strafbar sein können.[22]

c) Kriterium der Erforderlichkeit

Schließlich muss das Offenbaren der Geheimnisse gegenüber den sonstigen mitwirkenden Personen **für die Inanspruchnahme von deren Tätigkeit erforderlich** sein. Der Geheimnisträger darf geschützte Geheimnisse also nur insoweit preisgeben, als dies notwendig ist, damit er die Tätigkeit dem externen Dienstleister übertragen kann.[23] Die Einschränkung der Erforderlichkeit bezieht sich dabei nicht auf die Erforderlichkeit der Dienstleistung selbst. Mithin ist ein Outsourcing auch dann zulässig, wenn der Geheimnisträger die Leistungen genauso selbst vornehmen könnte.[24] 14

Das vom Gesetzgeber gewählte Kriterium der Erforderlichkeit ist vage und vermindert damit die Rechtssicherheit in diesem Bereich.[25] Jedenfalls ist danach darauf zu achten, dass durch § 203 StGB geschützte Daten nur insoweit offenbart werden, als dies **für die konkrete Dienstleistung erforderlich ist**. Dies gilt auch für weitere Übertragungen an Subunternehmer.[26] Für die Beurteilung der Erforderlichkeit kommt es mithin auf die Modalitäten der konkret in Rede stehenden Dienstleistung an. Lösungen, bei denen es erst gar nicht zu einem Offenbaren eines Geheimnisses kommt, bieten hierbei die größte Rechtssicherheit. Indem für ein Offenbaren bereits die Möglichkeit der Kenntnisnahme genügt (→ Rn. 6), spielen Anonymisierung, Pseudonymisierung (dazu grundlegend → *Cloud Computing, IT-Risiken* Rn. 50 sowie unter Rn. 17) und (Ende-zu-Ende-)Verschlüsselung (dazu grundlegend → *Cloud Computing, IT-Risiken* Rn. 44 ff. sowie unter Rn. 17) bei der Nutzung externer Cloud-Dienste eine zentrale Rolle.[27] 15

Bei der Nutzung externer Cloud-Anwendungen muss jedoch zwischen den unterschiedlichen Servicemodellen (→ *Cloud Computing, allgemein* Rn. 48 ff.) differenziert werden. Sofern Daten nicht nur auf externen Cloud-Anwendungen gespeichert (Infrastructure-as-a-Service, dazu unter → *Cloud Computing, allgemein* Rn. 53 ff.), sondern auch verarbeitet werden sollen (Software-as-a-Service, dazu unter → *Cloud Computing, allgemein* Rn. 59 ff.), benötigen SaaS-Anbieter nach wie vor entweder einen Schlüssel oder die unverschlüsselten Daten (vgl. → *Cloud Computing, IT-Risiken* Rn. 17).[28] Sodann ist ein Offenbaren für die Erbringung der Dienstleistung gegeben. In diesen Fällen wird die Offenbarung allerdings regelmäßig auch erforderlich iSv § 203 Abs. 3 S. 2 StGB sein.[29] 16

---

20 So BT-Drs.18/11936, 22.
21 BT-Drs.18/11936, 22; Schönke/Schröder/Eisele § 203 Rn. 50.
22 Erneut Leupold/Wiebe/Glossner/Hartung IT-R Teil 11.4.2 Rn. 132 aE.
23 BT-Drs.18/11936, 23.
24 Lackner/Kühl/Heger StGB § 203 Rn. 25a (etwa das Erstellen von Abrechnungen); Cornelius NJW 2017, 3751 (3752).
25 Schönke/Schröder/Eisele § 203 Rn. 52; vgl. auch Grupp AnwBl 2017, 816 (820); MüKoStGB/Cierniak/Niehaus § 203 Rn. 147 fassen das Kriterium indes als eher „symbolisches Entgegenkommen" gegenüber Kritikern einer zu weitgehenden Verminderung des Geheimnisschutzes auf.
26 Schönke/Schröder/Eisele § 203 Rn. 53; vgl. auch Leupold/Wiebe/Glossner/Hartung IT-R Teil 11.4.2 Rn. 134.
27 Cornelius NJW 2017, 3751 (3752).
28 Verschlüsselungsverfahren wie Fully Homomorphic Encryption sind bisher noch nicht ausgereift.
29 So auch Cornelius NJW 2017, 3751 (3752); vgl. ferner Leupold/Wiebe/Glossner/Hartung IT-R Teil 11.4.2 Rn. 134. Zu Irrtümern über das Merkmal der Erforderlichkeit s. Schönke/Schröder/Eisele § 203 Rn. 52.

3. Weitere Lösungsansätze zur Nutzung von Cloud-Anwendungen

17 Wie gesehen (→ Rn. 15) spielen Maßnahmen zur **Anonymisierung, Pseudonymisierung** (dazu grundlegend → *Cloud Computing, IT-Risiken* → Rn. 50) und **(Ende-zu-Ende-)Verschlüsselung** (dazu grundlegend → *Cloud Computing, IT-Risiken* → Rn. 44 ff.) bei manchen Cloud-Anwendungen nach wie vor eine zentrale Rolle. Kann der Geheimnisträger nachweisen, dass die Möglichkeit der Kenntnisnahme der geschützten Geheimnisse durch den Cloud-Service-Provider nicht gegeben ist, scheidet eine Strafbarkeit schon tatbestandlich aus. Insbesondere bei IaaS-Anwendungen (etwa der reinen Speicherung von Daten in der Cloud, vgl. grundlegend zu IaaS → *Cloud Computing, allgemein* Rn. 53 ff.) kann hierzu eine (Ende-zu-Ende-)Verschlüsselung genügen.

18 Ferner erfordert ein Offenbaren von Geheimnissen iSv § 203 StGB (zum Tatbestand vgl. → Rn. 4 ff.), dass nicht nur die Tatsachen selbst, sondern auch die Person, die das Geheimnis betrifft, erkennbar wird.[30] Ein Verstoß gegen die anwaltliche Verschwiegenheitspflicht nach § 43a Abs. 2 BRAO (→ Rn. 20 f.) ist bei vollständig anonymisierten Sachverhalten, die keinen Bezug zu beteiligten Personen und Kanzleien erkennen lassen, ebenfalls nicht gegeben.[31] Insofern können auch Anonymisierung und Pseudonymisierung – je nach konkreter Ausgestaltung der externen Cloud-Dienstleistung – sinnvolle Maßnahmen sein.

19 Als wichtiges Instrument zur Vermeidung einer Strafbarkeit kommt außerdem das tatbestandsausschließende (vorzugsweise ausdrückliche) **Einverständnis** zugunsten des Geheimnisträgers in Betracht.[32] Auch durch ein solches Einverständnis in die Offenbarung der Daten kann die Nutzung von Cloud-Anwendungen mit hoher rechtlicher Absicherung ermöglicht werden. Jedoch erweist sich diese Lösung oftmals als praktisch schwer umsetzbar; die erforderlichen Erklärungen etwa aller Mandantinnen und Mandanten können, insbesondere bei größeren Altdatenbeständen, kaum eingeholt werden.[33]

III. Berufsrechtliche Vorgaben nach BRAO und BORA

1. Die berufsrechtliche Verschwiegenheitspflicht, §§ 43a Abs. 2 BRAO, 2 BORA

20 § 43a Abs. 2 BRAO kodifiziert die anwaltliche Verschwiegenheitspflicht, § 2 BORA füllt als spezifizierende Satzungsnorm, basierend auf der Satzungsermächtigung in § 59a Abs. 2 Nr. 1 lit. c BRAO, die Regelungen weiter aus. Gem. § 43a Abs. 2 S. 2 BRAO bezieht sich die anwaltliche Verschwiegenheitspflicht auf alles, was der Rechtsanwältin oder dem Rechtsanwalt in Ausübung ihres oder seines Berufes bekanntgeworden ist. Ausgenommen sind lediglich Tatsachen, die offenkundig sind oder ihrer Bedeutung nach keiner Geheimhaltung bedürfen, § 43a Abs. 2 S. 3 BRAO. Der Umfang der Verschwiegenheitspflicht ist dem Wortlaut zufolge („alles") weit. So fällt schon der Umstand, dass jemand eine Anwältin oder einen Anwalt konsultiert hat, unter die Schweigepflicht.[34] Auch die Namen der Mandantinnen und Mandanten sowie die Tatsache, dass ein Mandatsverhältnis besteht, sind geschützt.[35] Allerdings kann die betreffende Mandantin bzw. der Mandant seine Rechtsanwältin oder seinen Rechtsanwalt von der Verschwiegenheitspflicht entbinden, § 2 Abs. 4 lit. a BORA (näher zu den Anforderungen der berufsrechtlichen Verschwiegenheitspflicht → *Rechtsanwalt, Berufsrecht* Rn. 12 ff.).

---

30 Vgl. Leupold/Wiebe/Glossner/Hartung IT-R Teil 11.4.2 Rn. 124; Schönke/Schröder/Eisele § 203 Rn. 20 jeweils mwN.
31 Weyland/Träger BRAO § 43a Rn. 19 aE.
32 Hierzu insbes. Schönke/Schröder/Eisele § 203 Rn. 30; Leupold/Wiebe/Glossner/Hartung IT-R Teil 11.4.2 Rn. 126 f.
33 Krit. (auch zu Konstruktionen über eine mutmaßliche Einwilligung) etwa Schönke/Schröder/Eisele § 203 Rn. 42, 46 mwN; skeptisch ferner BT-Drs.18/11936, 18, auch zu mangelnder Rechtssicherheit bei einer nur konkludenten Einwilligung.
34 Weyland/Träger BRAO § 43a Rn. 16; Henssler/Prütting/Henssler BRAO § 43a Rn. 47.
35 Henssler/Prütting/Henssler BRAO § 43a Rn. 45.

Durch das Gesetz zur Neuregelung des Berufsgeheimnisschutzes[36] wurde § 43a Abs. 2 BRAO um allgemeinen Sorgfaltsanforderungen bei der Einbeziehung von externen Diensteanbietern erweitert.[37] Die Verpflichtung zur Verschwiegenheit nach § 43a Abs. 2 BRAO besteht aber weiterhin unabhängig von der Regelung des § 203 StGB. Mithin kann ein berufsrechtlicher Verstoß gegen die Verschwiegenheit vorliegen, auch wenn der Tatbestand des § 203 StGB (→ Rn. 3 ff.) nicht verwirklicht ist.[38] § 43e BRAO (→ Rn. 22 ff.) enthält seit der Neuregelung die konkreten Anforderungen an die Involvierung von externen Dienstleistern unter Wahrung der anwaltlichen Verschwiegenheitspflicht und ist mithin auch für die Nutzung externer Cloud-Lösungen maßgeblich.[39]

2. Befugnisnorm für die Inanspruchnahme externer Dienstleistungen, § 43e BRAO

Der Geheimnisschutz in § 203 StGB wird für einige in § 203 Abs. 1 StGB genannte Berufsgruppen von berufsrechtlichen Regelungen flankiert. So wurde durch das Gesetz zur Neuregelung des Berufsgeheimnisschutzes[40] für die Rechtsanwaltschaft in § 43e BRAO eine Regelung getroffen, die als **Befugnisnorm** für die Inanspruchnahme von externen Dienstleistungen fungiert und einen berufsrechtlichen Rechtfertigungstatbestand für das Outsourcing darstellt.[41]

§ 43e Abs. 1 BRAO bestimmt, dass die Rechtsanwältin oder der Rechtsanwalt externen Dienstleistern den Zugang zu Tatsachen eröffnen darf, auf die sich die Verpflichtung zur Verschwiegenheit gemäß § 43a Abs. 2 S. 1 BRAO bezieht, soweit dies für die Inanspruchnahme der Dienstleistung erforderlich ist. Insofern decken sich die grundlegenden Voraussetzungen mit denen des § 203 Abs. 3 S. 2 StGB (zum Merkmal der Erforderlichkeit vgl. unter → Rn. 14 ff.).[42]

§ 43e Abs. 2 und 3 BRAO legen **weiterführende Modalitäten** für die Inanspruchnahme der externen Dienstleistung fest. Die Rechtsanwältin oder den Rechtsanwalt trifft danach insbesondere die Verpflichtung zur sorgfältigen Auswahl des Dienstleisters (Abs. 2). Ferner bedarf der Vertrag mit dem Dienstleister der Textform, vgl. § 126b BGB (Abs. 3 S. 1).[43] In diesem Vertrag muss sich der Dienstleister unter Belehrung über die strafrechtlichen Folgen einer Pflichtverletzung (→ Rn. 3 ff.) zur Verschwiegenheit verpflichten (Abs. 3 S. 2 Nr. 1) sowie dazu, sich nur insoweit Kenntnis von fremden Geheimnissen zu verschaffen, als dies zur Vertragserfüllung erforderlich ist (Abs. 3 S. 2 Nr. 2). Ferner ist schon im Vertrag festzulegen, ob der Dienstleister befugt ist, weitere Personen (Sub-Dienstleister) zur Erfüllung des Vertrags heranzuziehen (mehrstufiges Auftragsverhältnis, vgl. auch → Rn. 13). In dem Fall ist dem Dienstleister aufzuerlegen, diese Personen wiederum in Textform zur Verschwiegenheit zu verpflichten (Abs. 3 S. 2 Nr. 3). Ist die Einhaltung der genannten vertraglich zwingend zu vereinbarenden Vorgaben durch den Dienstleister nicht mehr gewährleistet, hat die Rechtsanwältin bzw. der Rechtsanwalt die Zusammenarbeit zu beenden, § 43e

---

36 BGBl. 2017 I 3618; vgl. auch den Regierungsentwurf Drs.-BT 18/11936. Ein Überblick über die Neuregelungen findet sich etwa bei Grunewald NJW 2017, 3627 ff.; Cornelius NJW 2017, 3751 ff.; Grupp AnwBl 2017, 816 ff.; Hoeren MMR 2018, 12 ff.; jeweils mit Vergleich zur vorherigen Rechtslage auch Fechtner/Haßdenteufel CR 2017, 355 ff.; Pohle/Ghaffari CR 2017, 489 ff.
37 Zur aufgrund der Änderungen durch das Gesetz zur Neuregelung des Berufsgeheimnisschutzes erforderlichen Neufassung des § 2 BORA ausf. Gasteyer AnwBl 2019, 557 ff.
38 Gasteyer AnwBl 2019, 557 (559).
39 Zur umstrittenen Frage, ob § 43e BRAO neben dem „Non-Legal Outsourcing" auch für die Zulässigkeit von sog. „Legal Outsourcing" (zu beiden Begriffen → *Cloud Computing, allgemein* Rn. 32) maßgeblich ist, vgl. Hartung/Scharmer/Gasteyer BORA § 2 Rn. 136 sowie bei → *Rechtsanwalt, Berufsrecht* Rn. 45. Jedenfalls soweit es sich bei der in Rede stehenden Cloud-Lösung bzw. cloudbasierten Legal Tech-Anwendung nicht um „Legal Outsourcing" handelt, diese insbes. nicht unter § 2 RDG fällt, kann der Streit dahinstehen; bei der Nutzung externer Cloud-Lösungen durch Rechtsanwältinnen und Rechtsanwälte ist grds. § 43e BRAO einschlägig.
40 BGBl. 2017 I 3618.
41 BT-Drs.18/11936, 19, 24, 33 f.
42 So bspw. auch Schönke/Schröder/Eisele § 203 Rn. 54.
43 Zum Dienstleistervertrag nach § 43e Abs. 3 BRAO samt Mustervorschlag auch Klugmann/Leenen/Salz Anwbl. 2018, 283 ff. Ein Mustertext findet sich auch bei Remmertz Legal Tech Strategien/Offermann-Burckart § 2 Rn. 248.

Abs. 2 BRAO. Daraus ergibt sich zudem die Verpflichtung der Rechtsanwältin oder des Rechtsanwalts, die Einhaltung der genannten Vorgaben durch den Dienstleister zu überwachen.

25 Auch insoweit konkretisiert § 43e BRAO die Voraussetzungen des § 203 Abs. 3 S. 2 StGB und geht dabei teilweise über letztere hinaus. Ein **Verstoß gegen die berufsrechtlichen Vorgaben** soll nicht zu einer Strafbarkeit nach § 203 Abs. 1 StGB führen, wenn ansonsten die Voraussetzungen des § 203 Abs. 3 S. 2 StGB eingehalten wurden.[44] Allerdings drohen bei der Nichteinhaltung überschießender berufsrechtlicher Vorgaben berufsrechtliche Sanktionen (vgl. den Überblick zu Sanktionen bei Berufspflichtverletzungen unter → *Rechtsanwalt, Berufsrecht* Rn. 54 f.).

26 Besonders wichtig bei der Inanspruchnahme externer Cloud-Dienste ist ferner die in § 43e Abs. 4 BRAO genannte Einschränkung zu **ausländischen Diensteanbietern**. Im Grundsatz können auch im Ausland ansässige Dienstleister für eine Rechtsanwältin oder einen Rechtsanwalt tätig werden.[45] Dies darf die Einhaltung der anwaltlichen Verschwiegenheitspflicht jedoch nicht gefährden. Mithin dürfen Dienstleistungen nur dann ins Ausland ausgelagert werden, wenn dort ein mit dem Inland vergleichbarer Schutz der Geheimnisse gewährleistet ist. Von einem vergleichbaren Schutzniveau kann nach der Gesetzesbegründung jedenfalls bei allen **Mitgliedsstaaten der Europäische Union** ausgegangen werden, indem der Schutz vor staatlichen Eingriffen durch das Unionsrecht einheitlich gewährleistet wird.[46] Bei Dienstleistern aus **Drittländern** muss hingegen im Einzelfall geprüft werden, ob das erforderliche Schutzniveau gegeben ist (vgl. dazu im datenschutzrechtlichen Kontext → Rn. 43 ff.). Darüber hinaus kann zur Ermöglichung der Auslagerung an ausländische Dienstleister auch stets eine Einwilligung der Mandantinnen und Mandanten eingeholt werden, die die jeweiligen Geheimnisse betreffen.[47] Indem häufig auch personenbezogene Daten betroffen sein werden, sind zudem die einschlägigen datenschutzrechtlichen Vorgaben zu beachten (zu diesen unter → Rn. 29 ff.).

27 Diese strenge Vorgabe in § 43e Abs. 4 BRAO wird durch den Satzteil „es sei denn, dass der Schutz der Geheimnisse dies nicht gebietet" relativiert. Damit wird es der Rechtsanwältin oder dem Rechtsanwalt ermöglicht, auch ohne Einwilligung des Mandanten aus dem Ausland erbrachte Dienstleistungen in Anspruch zu nehmen, wenn die im Einzelfall vorzunehmende Abwägung ergibt, dass der Schutz der Geheimnisse kein vergleichbares Schutzniveau verlangt. Beispielhaft nennt die Gesetzesbegründung den Fall einer aus dem Ausland vorgenommenen Fernwartung ohne physische Verlagerung der Daten ins Ausland. Hier sei aufgrund des begrenzten Zeitfensters und der üblicherweise erfolgenden Verschlüsselung grundsätzlich keine Beschlagnahme durch ausländische Behörden zu befürchten.[48]

28 Nach wie vor kann die geheimnisbetroffene Mandantin oder der Mandant auch darin **einwilligen**, dass dem externen Dienstleister der Zugang zu seinen Geheimnissen eröffnet wird. Hierdurch wird die Rechtsanwältin oder der Rechtsanwalt jedoch nur dann von den in § 43e Abs. 2 und 3 BRAO vorgesehenen Anforderungen befreit, wenn die Mandantin oder der Mandant ausdrücklich auch auf diese Anforderungen verzichtet, § 43e Abs. 6 BRAO. Sollten die in Anspruch genommenen Dienstleistungen unmittelbar einer einzelnen Mandantin oder einem einzelnen Mandanten dienen, darf die Rechtsanwältin oder der Rechtsanwalt dem Dienstleister den Zugang zu fremden Geheimnissen sogar überhaupt erst dann eröffnen, wenn die Mandantin oder der Mandant darin eingewilligt hat, § 43e Abs. 5 BRAO. Schließlich gelten die Anforderungen des § 43e Abs. 3 S. 2 BRAO nicht, wenn es sich bei dem Dienstleister selbst um einen Berufsgeheimnisträger handelt, dieser also gesetzlich zur Verschwiegenheit verpflichtet ist, § 43e Abs. 7 S. 2 BRAO.

---

44 Ausf. zum Verhältnis von § 203 Abs. 3 S. 2 StGB zu den berufsrechtlichen Befugnisnormen Schönke/Schröder/Eisele § 203 Rn. 47, 54; so wie hier auch Leupold/Wiebe/Glossner/Hartung IT-R Teil 11.4.2 Rn. 138; Cornelius NJW 2017, 3751 (3754).
45 So ausdr. BT-Drs.18/11936, 35.
46 BT-Drs.18/11936, 35.
47 Vgl. die Beschlussempfehlung des Rechtsausschusses in BT-Drs.18/12940, 13; diese sind die „Herren des Geheimnisses".
48 Erneut BT-Drs.18/12940, 13 sowie Cornelius NJW 2017, 3751 (3752).

IV. Datenschutzrechtliche Vorgaben

Betreffen die nach den §§ 203 StGB, 43a Abs. 2 BRAO (dazu ausf. unter → Rn. 3 ff., 20 f.) geschützten Geheimnisse – was häufig der Fall sein wird – zugleich personenbezogene Daten, sind ferner die einschlägigen datenschutzrechtlichen Bestimmungen zu beachten (zu den Folgen, insbesondere Haftungsfragen bei datenschutzrechtlichen Verstößen, vgl. → *Datenschutz, allgemein* Rn. 100 ff., → *Haftung des Rechtsanwalts ggü. Mandanten* Rn. 55 ff. sowie → *Haftung des Legal Tech-Unternehmens ggü. Kunden* Rn. 60).[49] Diese finden sich seit der Vereinheitlichung insbesondere in der DS-GVO, die keine Bereichsausnahme für Rechtsanwältinnen und Rechtsanwälte bzw. juristische Dienstleistungen vorsieht. Daneben sind jedoch auch die ausführenden Gesetze auf nationaler Ebene zu bedenken, etwa das BDSG oder die Landesdatenschutzgesetze, aus denen sich Besonderheiten ergeben können.[50] Außerdem kann eine Abgrenzung zu den Regeln des Telekommunikations- und Telemediendatenschutzes erforderlich sein.[51]

1. Verhältnis von Berufsgeheimnis- und Datenschutz

Die Materie des Datenschutzes unterscheidet sich vom Berufsgeheimnisschutz bereits anhand **divergierender Schutzziele und Inhalte**. Die §§ 203 StGB, 43a Abs. 2 BRAO einerseits schützen das Geheimnis als solches vor einer (möglichen) unbefugten Kenntnisnahme und damit die Interessen, insbesondere das Recht auf informationelle Selbstbestimmung,[52] des Geheimnisinhabers (etwa des Mandanten). Verpflichtet ist grundsätzlich nur der Geheimnisträger, dem das Geheimnis im Rahmen seiner Berufsausübung anvertraut bzw. dem es in diesem Rahmen bekannt wurde.

Das Datenschutzrecht andererseits dient dem Schutz natürlicher Personen und deren Recht auf Schutz ihrer personenbezogenen Daten (vgl. Art. 1 Abs. 1 und 2 DS-GVO). Hierzu wird grundsätzlich jede Verarbeitung (Art. 4 Nr. 2 DS-GVO) personenbezogener Daten (Art. 4 Nr. 1 DS-GVO) untersagt, sofern keine gesetzliche Erlaubnis, etwa durch eine datenschutzrechtliche Einwilligung des Betroffenen, vorliegt (vgl. Art. 6 Abs. 1 DS-GVO).[53] Verpflichtet ist jeder, der Daten verarbeitet.[54] Als Konsequenz der Ausrichtung des Datenschutzes auf den Schutz natürlicher Personen[55] und ihrer personenbezogenen Daten folgt ferner, dass der Berufsgeheimnisschutz oftmals weiter geht, indem etwa auch Informationen über juristische Personen (beispielsweise im Rahmen eines rechtsanwaltlichen Mandats) erfasst werden.[56]

Vor dem Hintergrund nicht deckungsgleicher Schutzziele und Inhalte stehen die **Vorschriften des Berufsgeheimnis- und Datenschutzes grundsätzlich nebeneinander**.[57] Die in §§ 203 Abs. 3 S. 2, Abs. 4 StGB, 43a Abs. 2 BRAO getroffenen Regelungen vermögen die datenschutzrechtlichen Vorschriften nicht

---

[49] Zu den datenschutzrechtlichen Fragen beim Cloud Computing ausf. etwa Leupold/Wiebe/Glossner/Hartung IT-R Teil 11.4.2 Rn. 2 ff., auch zu Betroffenenrechten und Folgen bei Verstößen unter Rn. 104 ff.; Auer-Reinsdorff/Conrad/Conrad/Licht/Strittmatter IT-R-HdB § 22 Rn. 204 ff.; Bräutigam/ders./Thalhofer IT-Outsourcing und Cloud Computing Teil 14 Rn. 20 ff.; ferner Arbeitskreise Technik und Medien der Konferenz der Datenschutzbeauftragten des Bundes und der Länder, Orientierungshilfe – Cloud Computing, 2014, S. 9 ff. (Stand vor Einführung der DS-GVO).
[50] Zur Bestimmung der anwendbaren Datenschutzgesetze vgl. Leupold/Wiebe/Glossner/Hartung IT-R Teil 11.4.2 Rn. 2 ff.
[51] Zur Abgrenzung Auer-Reinsdorff/Conrad/Conrad/Licht/Strittmatter IT-R-HdB § 22 Rn. 208 ff.
[52] Vgl. etwa zum Rechtsgut des § 203 StGB ausf. Schönke/Schröder/Eisele § 203 Rn. 3.
[53] Ehmann/Selmayr/Heberlein DS-GVO Art. 6 Rn. 1; Paal/Pauly/Frenzel DS-GVO Art. 6 Rn. 1: „Verbot mit Erlaubnisvorbehalt" oder „Verbotsprinzip" (str.); ausf. zur dogmatischen Einordnung, BeckOK DatenschutzR/Albers/Veit DS-GVO Art. 6 Rn. 11.
[54] Zu Überlagerung von Geheimnisschutz nach § 203 StGB und Datenschutz so bereits Fechtner/Haßdenteufel CR 2017, 355 (362).
[55] Dazu ausf. BeckOK DatenschutzR/Schild DS-GVO Art. 4 Rn. 5 ff.: Juristische Personen des Privatrechts können sich aber auf Grundrechte, insbes. auf das Recht der informationellen Selbstbestimmung nach Art. 2 Abs. 1 iVm Art. 1 Abs. 1 GG sowie auf Art. 7, 8 EU-GRCh berufen und erhalten hierüber ein gewisses Schutzniveau.
[56] Vgl. auch Leupold/Wiebe/Glossner/Hartung IT-R Teil 11.4.2 Rn. 116.
[57] Vgl. Auer-Reinsdorff/Conrad/Conrad/Treeger IT-R-HdB § 34 Rn. 153 mit dem Hinweis „nicht immer konfliktfrei"; Pohle/Ghaffari CR 2017, 489 (494); Fechtner/Haßdenteufel CR 2017, 355 (362); Hoeren MMR 2018, 12 (16) mit dem

zu verdrängen, entbinden die Geheimnisverpflichteten demnach nicht von der Prüfung und Einhaltung der allgemeinen Datenschutzvoraussetzungen (vgl. auch → *Datenschutz, Compliance* Rn. 2 ff.). Einen Vorrang nationaler Geheimnisschutzvorschriften kennt insbesondere die DS-GVO als unmittelbar geltendes EU-Recht nicht.[58] Allerdings kann es zu Konflikten mit Geheimhaltungspflichten kommen, etwa mit Blick auf datenschutzrechtliche Betroffenenrechte auf Information und Auskunft oder Befugnisse von Aufsichtsbehörden. Hier hat ausnahmsweise der Berufsgeheimnisschutz Vorrang, vgl. § 1 Abs. 2 S. 3 BDSG (dazu ausf. → *Datenschutz, Compliance* Rn. 4 ff.).[59] Für die praktische Rechtsanwendung hat sich die Faustregel bewährt, dass, soweit Unterschiede zwischen Geheimnis- und Datenschutz bestehen, im Zweifel die strengere Regelung zum Tragen kommt.[60]

2. Die Auftragsverarbeitung
a) Allgemeines

33 Geht man davon aus, dass die Vorschriften des Berufsgeheimnis- und Datenschutzes parallel anwendbar sind (→ Rn. 30 ff.), so sind bei der Nutzung von Cloud-Anwendungen durch Rechtsanwältinnen und Rechtsanwälte bzw. Legal Tech-Akteure, die ihre Services cloudbasiert anbieten, – also bei Cloud-Angeboten im **B2B-Bereich** – insbesondere die umfangreichen Vorgaben der **Art. 28 ff. DS-GVO** für die **Auftragsverarbeitung** zu beachten (zur Auftragsverarbeitung allgemein → *Datenschutz, Compliance* Rn. 24 ff.).[61] Danach wird die Auslagerung der zumeist komplexen und aufwendigen Datenverarbeitung auf (rechtlich eigenständige)[62] externe Stellen – etwa auf Cloud-Anbieter – ermöglicht. Die Art. 28 ff. DS-GVO enthalten eine gesetzgeberische Leitentscheidung für die Zulässigkeit von Auftragsverarbeitungen, stellen hierfür jedoch zugleich strenge Anforderungen zum Schutz der Betroffenen auf (dazu sogleich unter → Rn. 35 ff.).[63]

34 Kennzeichnend für die Auftragsverarbeitung ist, dass der Verantwortliche (Art. 4 Nr. 7 DS-GVO) die Verarbeitung nicht selbst durchführen muss, er jedoch durch die **Weisungsgebundenheit des Auftragnehmers** trotzdem die Hoheit über den Vorgang behält.[64] Der Auftragsverarbeiter (Art. 4 Nr. 8 DS-GVO; etwa der Cloud-Anbieter) wird also im Auftrag und auf Weisung des Auftraggebers respektive des für die Verarbeitung Verantwortlichen (etwa des Cloud-Kunden) tätig und darf dann im selben Umfang Daten verarbeiten wie letzterer. Dabei gilt der Auftragsverarbeiter nicht als „Dritter" iSd DS-GVO (vgl. Art. 4 Nr. 10 DS-GVO), so dass der Datenaustausch zwischen ihm und dem Verantwortlichen keine Übermittlung von Daten iSv Art. 4 Nr. 2 DS-GVO darstellt. Mithin bedarf es hierfür keiner gesonderten rechtlichen Erlaubnis nach Art. 6 DS-GVO; der Auftragsverarbeiter ist vielmehr aufgrund derselben Ermächtigungsgrundlage

---

Vorschlag an externe Dienstleister, unter § 203 StGB fallende Daten sicherheitshalber getrennt von „freien", nicht unter den (Berufs-)Geheimnisschutz fallenden Daten zu führen; aA indes Wronka RDV 2017, 129 (131).

58 Kollidieren nationale Vorschriften mit der DS-GVO, so ist grds. ausschließlich die DS-GVO anzuwenden (Anwendungsvorrang), vgl. Auer-Reinsdorff/Conrad/Conrad/Treeger IT-R-HdB § 34 Rn. 158.
59 Gasteyer AnwBl 2019, 557 (558); Dreßler/Mathis BRAK-Magazin 2018, 16; Kulow, Datenschutz in der Kanzlei nach der Datenschutzgrundverordnung, 2018, abrufbar unter https://rak-muenchen.de/, S. 20.
60 So auch Auer-Reinsdorff/Conrad/Conrad/Treeger IT-R-HdB § 34 Rn. 153.
61 Davon ausgehend, dass es sich beim Cloud Computing regelm. um eine Auftragsverarbeitung handelt, schon die Arbeitskreise Technik und Medien der Konferenz der Datenschutzbeauftragten des Bundes und der Länder, Orientierungshilfe – Cloud Computing, 2014, S. 9.
62 European Data Protection Board (EDPB), Guidelines 07/2021 on the concepts of controller and processor in the GDPR, v. 2.0, 2021, Rn. 76.
63 So grundlegend, BeckOK DatenschutzR/Spoerr DS-GVO Art. 28 Rn. 1 f.
64 Zur Weisungsgebundenheit ausf. BeckOK DatenschutzR/Spoerr DS-GVO Art. 28 Rn. 18 ff., 22: für die Bewertung des Vorliegens dieser Weisungsgebundenheit und damit einer Auftragsverarbeitung sind die „tatsächlichen Verhältnisse", nicht die Vertragsverhältnisse maßgebend (Wer trifft die wesentlichen Entscheidungen über die betroffenen personenbezogenen Daten, die Zweckbestimmung sowie den Umfang der Verarbeitung, die zur Verarbeitung eingesetzten Mittel und Systeme usf.?). Auch bei standardisierten (Public) Cloud-Angeboten kann man jedenfalls die Entscheidungsbefugnis über die einzubeziehenden personenbezogenen Daten, die Zweckbestimmung und den Umfang der Verarbeitung dem Cloud-Kunden zuschreiben, so dass Weisungsgebundenheit vorliegt, vgl. ausf. Leupold/Wiebe/Glossner/Hartung IT-R Teil 11.4.2 Rn. 26 f. mwN.

und im gleichen Umfang zur Datenverarbeitung befugt wie der Auftraggeber, also der Verantwortliche (sog. **„Privilegierungswirkung"** der Auftragsverarbeitung).[65]

b) Der Auftragsverarbeitungsvertrag

Rechtliche Grundlage der Auftragsverarbeitung ist regelmäßig der sog. **Auftragsverarbeitungsvertrag** (*Data Processing Agreement*, kurz **DPA**) nach **Art. 28 Abs. 3 DS-GVO**.[66] Oftmals geben (insbesondere Public-)Cloud-Anbieter Standardverträge vor, bei denen den Kunden wenig bis gar kein Verhandlungsspielraum verbleibt. Allerdings stellt Art. 28 Abs. 3 DS-GVO einige **inhaltliche Mindestanforderungen** auf, die auch in Standardverträgen von Cloud-Service-Providern zu berücksichtigen sind.[67] Danach muss der Vertrag neben den allgemeinen Modalitäten (Gegenstand und Dauer sowie Art und Zweck der Verarbeitung, Art der zu verarbeitenden Daten, Kategorien betroffener Personen sowie Pflichten und Rechte des Verantwortlichen, vgl. Art. 28 Abs. 3 S. 1 DS-GVO) insbesondere die **Weisungsgebundenheit** des Auftragsverarbeiters bei der Verarbeitung der personenbezogenen Daten gegenüber dem Verantwortlichen regeln, Art. 28 Abs. 3 S. 2 lit. a DS-GVO. Ferner muss der Vertrag vorsehen, dass der Auftragsverarbeiter seine Mitarbeiterinnen und Mitarbeiter sowie an der Verarbeitung beteiligte Dritte **zur Verschwiegenheit zu verpflichten hat** (Art. 28 Abs. 3 S. 2 lit. b); in diesem Rahmen sollte auch aufgenommen werden, dass die zur Verschwiegenheit Verpflichteten die Daten nur entsprechend der erteilten Weisungen verarbeiten dürfen (vgl. Art. 29 DS-GVO). Erwähnenswert im Kontext von Cloud-Angeboten ist weiterhin die verpflichtende Regelung einer **Löschungs- oder Rückgabepflicht** (zu Löschungsvereinbarungen auch → *Cloud Computing, IT-Risiken* Rn. 53 ff.) der Daten nach Beendigung der Verarbeitungsleistungen (Abs. 3 S. 2 lit. g).

aa) Anforderungen an die Datensicherheit

Darüber hinaus müssen Vorgaben zur **Datensicherheit** Einzug in den Vertrag finden. Gem. Art. 28 Abs. 3 S. 2 lit. c DS-GVO sind im Hinblick auf die (cloud)spezifischen Risiken (→ *Cloud Computing, IT-Risiken* Rn. 1 ff.) adäquate und geeignete **technische und organisatorische Maßnahmen** zu vereinbaren, um ein angemessenes Schutzniveau für die zu verarbeitenden Daten zu gewährleisten (vgl. Art. 32 Abs. 1 DS-GVO). Zwar enthält das Gesetz bis auf die Pseudonymisierung und Verschlüsselung personenbezogener Daten (vgl. etwa Art. 32 Abs. 1 lit. a DS-GVO) keine konkreten Maßnahmen, grundlegende Vorgaben finden sich jedoch in Art. 25, 32 DS-GVO (zu einer ausf. Übersicht über praktisch bedeutsame Maßnahmen → *Cloud Computing, IT-Risiken* Rn. 41 ff.).[68] Auch die technisch-organisatorischen Maßnahmen werden, gerade bei standardisierten Public-Cloud-Angeboten (zu diesen grundlegend → *Cloud Computing, allgemein* Rn. 66 f.), regelmäßig einseitig vom Auftragsverarbeiter (dem Cloud-Anbieter) in dessen Sicherheitskonzept vorgegeben.

Zu beachten ist in diesem Zusammenhang, dass schon die **Auswahl des Auftragsverarbeiters** hinreichende Garantien hinsichtlich geeigneter technisch-organisatorischer Maßnahmen voraussetzt.[69] Nach Art. 28 Abs. 1 DS-GVO trägt der Verantwortliche insoweit die **Auswahlverantwortung** und muss (nach seinem

---

[65] Paal/Pauly/Martini DS-GVO Art. 28 Rn. 8a; Leupold/Wiebe/Glossner/Hartung IT-R Teil 11.4.2 Rn. 22, 24; iErg. auch Kühling/Buchner/Hartung DS-GVO Art. 28 Rn. 23; aA BeckOK DatenschutzR/Spoerr DS-GVO Art. 28 Rn. 30 f., der für die Weitergabe der Daten durch den Verantwortlichen an den Auftragsverarbeiter grds. eine Rechtfertigung nach Art. 6 DS-GVO verlangt, diese aber regelm. aufgr. einer Interessenabwägung nach Art. 6 Abs. 1 lit. f) DS-GVO zulässig sein soll.
[66] Zur Gestaltung eines Auftragsverarbeitungsvertrages ausf. Leupold/Wiebe/Glossner/Hartung IT-R Teil 11.4.2 Rn. 42 ff.
[67] Zu den Mindestkriterien im Kontext von Cloud Computing ausf. Leupold/Wiebe/Glossner/Hartung IT-R Teil 11.4.2 Rn. 44 ff.; allgemein zu den Anforderungen nach Abs. 3 etwa BeckOK DatenschutzR/Spoerr DS-GVO Art. 28 Rn. 50 ff.
[68] Zu den Anforderungen nach Art. 32 DS-GVO etwa BeckOK DatenschutzR/Paulus DS-GVO Art. 32 Rn. 4 ff.; Paal/Pauly/Martini DS-GVO Art. 32 Rn. 27 ff.
[69] Eine überblicksartige Checkliste zur Geeignetheitsprüfung eines Auftragsverarbeiters findet sich etwa bei Leupold/Wiebe/Glossner/Scheja/Reibach/Reichert IT-R Teil 6.6 Rn. 205; vgl. auch European Data Protection Board (EDPB), Guidelines 07/2021 on the concepts of controller and processor in the GDPR, v. 2.0, 2021, Rn. 92 ff. Ausf.

Fachwissen, seiner Zuverlässigkeit und seinen verfügbaren Ressourcen)[70] sicherstellen, dass die Verarbeitung dank geeigneter technisch-organisatorischer Maßnahmen im Einklang mit den Anforderungen der DS-GVO erfolgt und der Schutz der Rechte der betroffenen Personen gewährleistet ist. Eine **fortwährende Überprüfungspflicht** des Verantwortlichen (etwa des Cloud-Nutzers) dahin gehend, ob diese Voraussetzungen über den gesamten Zeitraum der Auftragsverarbeitung hinweg eingehalten werden, enthält Art. 28 DS-GVO nicht explizit. Jedoch kann der Wortlaut des Art. 28 Abs. 1 DS-GVO („arbeitet […] nur mit") durchaus dahin gehend interpretiert werden. Auch das die DS-GVO durchziehende Schutzziel (vgl. Art. 1 Abs. 1, 2 DS-GVO) spricht dafür, dass der Verantwortliche sich fortlaufend (etwa über regelmäßige Prüfungsturnusse bzw. den vertraglichen Vorbehalt eines Kontrollrechts) von der Einhaltung der Anforderungen nach Art. 28 Abs. 1 DS-GVO überzeugen und er die Zusammenarbeit mit dem Auftragsverarbeiter beenden muss, wenn die genannten Voraussetzungen nicht mehr gewährleistet sind.[71]

38 Die Beurteilung der technisch-organisatorischen Maßnahmen sowie die Kontrolle von deren Einhaltung wird dem Verantwortlichen oftmals schwerfallen, beispielsweise aufgrund mangelnder technischer Kenntnisse. Das Gesetz gibt Hilfestellung, indem nach Art. 28 Abs. 5 DS-GVO **genehmigte Verhaltensregeln** nach Art. 40 DS-GVO und **Zertifizierungsverfahren** (zu Zertifizierungen auch unter → *Cloud Computing, IT-Risiken* Rn. 56 ff.) nach Art. 42 DS-GVO herangezogen werden können, um hinreichende Garantien für geeignete technisch-organisatorische Maßnahmen iSv Art. 28 Abs. 1 DS-GVO (dazu zuvor unter → Rn. 37) nachzuweisen. Eine entsprechende Regelung sieht Art. 32 Abs. 3 DS-GVO in Bezug auf die Erfüllung der Anforderungen an die technisch-organisatorischen Maßnahmen nach Art. 28 Abs. 3 S. 2 lit. c, Art. 32 DS-GVO (dazu bereits unter → Rn. 36) vor. Den genehmigten Verhaltensregeln und Zertifizierungen kommt dabei eine gewisse „**Inzidenzwirkung**" hinsichtlich der Einhaltung der genannten Anforderungen zu.[72] Derzeit gibt es jedoch (noch)[73] keine Art. 42 Abs. 5 DS-GVO entsprechenden Zertifikate.[74] In der Praxis wird insofern häufig auf ein **Auditing durch unabhängige Dritte** (vgl. auch → *Cloud Computing, IT-Risiken* Rn. 14, 64) wie Wirtschaftsprüfer zurückgegriffen. Der Verantwortliche kann sich ferner ein vertragliches (Vor-Ort-)Kontrollrecht vorbehalten.[75] Eine Erleichterung bei Kontrollen und Nachweisen bringt auch Art. 28 Abs. 3 S. 2 lit. h DS-GVO. Danach muss sich der Auftragsverarbeiter verpflichten, dem Verantwortlichen erforderliche Nachweise für die Erfüllung seiner in Art. 28 DS-GVO niedergelegten Pflichten zur Verfügung zu stellen sowie Überprüfungen einschließlich Inspektionen (also Vor-Ort-Kontrollen), die vom Verantwortlichen oder einem von diesem beauftragten Prüfer durchgeführt werden, zu ermöglichen und zu unterstützen.[76]

bb) Vorgaben für Unterauftragsverhältnisse

39 Von praktischer Bedeutung im Kontext von Cloud-Anwendungen ist weiterhin die Regelung der **Unterauftragsverhältnisse**. Gem. Art. 28 Abs. 3 S. 2 lit. d DS-GVO muss sich der Auftragsverarbeiter dazu verpflichten, die in Art. 28 Abs. 2 und 4 DS-GVO genannten Bedingungen für die Inanspruchnahme der Dienste eines weiteren Auftragsverarbeiters (Unterauftragsverhältnis) einzuhalten. Art. 28 Abs. 2 S. 1

---

zum Datensicherheitskonzept im Rahmen einer Geeignetheitsprüfung auch Taeger/Gabel/Gabel/Lutz DS-GVO Art. 28 Rn. 29.
70 Insoweit einschränkend Paal/Pauly/Martini DS-GVO Art. 28 Rn. 19.
71 Paal/Pauly/Martini DS-GVO Art. 28 Rn. 20 f.; BeckOK DatenschutzR/Spoerr DS-GVO Art. 28 Rn. 35.
72 Etwa Paal/Pauly/Martini DS-GVO Art. 28 Rn. 69 mwN: noch kein „Rechtmäßigkeits-Siegel", lediglich eine „Vorsichtige Indizwirkung"; vgl. auch BeckOK DatenschutzR/Spoerr DS-GVO Art. 28 Rn. 93 f. Entsprechend zu der Regelung in Art. 32 Abs. 3 DS-GVO Paal/Pauly/Martini DS-GVO Art. 28 Rn. 62.
73 Zur Entwicklung eines Zertifizierungsstandards hat der Europäische Datenschussausschuss (EDSA) bereits Leitlinien zur Akkreditierung von Zertifizierungsstellen verabschiedet, vgl. EDPB, Guidelines 4/2018 on the accreditation of certification bodies under Article 43 of the General Data Protection Regulation (2016/679), Version 3.0, 4.6.2019, abrufbar unter https://edpb.europa.eu/our-work-tools/our-documents/guidelines/guidelines-42018-accreditation-certification-bodies-under_en.
74 Dazu ausf. Richter ZD 2020, 84 ff.
75 Empfehlungen zur Kontrolle des Auftragsverarbeiters beim Cloud Computing Leupold/Wiebe/Glossner/Hartung IT-R Teil 11.4.2 Rn. 72 ff. mwN.
76 Dazu ausf. BeckOK DatenschutzR/Spoerr DS-GVO Art. 28 Rn. 81 ff.

DS-GVO schreibt vor, dass der Auftragsverarbeiter keinen weiteren Auftragsverarbeiter ohne gesonderte oder allgemeine schriftliche **Genehmigung des Verantwortlichen** in Anspruch nehmen darf. Eine entsprechende Genehmigung kann bereits im Auftragsverarbeitungsvertrag erteilt werden, wobei der Verantwortliche über jede beabsichtigte Änderung in Bezug auf die Hinzuziehung oder die Ersetzung anderer Auftragsverarbeiter informiert werden muss und hiergegen Einspruch erheben kann, Art. 28 Abs. 2 S. 2 DS-GVO.

Art. 28 Abs. 4 S. 1 DS-GVO regelt zudem, dass dem weiteren Auftragsverarbeiter **vertraglich dieselben Datenschutzpflichten** auferlegt werden müssen, die im Auftragsverarbeitungsvertrag zwischen dem Verantwortlichen und dem Auftragsverarbeiter gemäß Art. 28 Abs. 3 DS-GVO festzulegen sind (→ Rn. 35 ff.). Dabei sind insbesondere hinreichende Garantien dahin gehend erforderlich, dass geeignete **technische und organisatorisch Maßnahmen** so durchgeführt werden, dass auch die Verarbeitung durch den weiteren Auftragsverarbeiter entsprechend den Anforderungen der DS-GVO erfolgt. An den Nachweis dieser hinreichenden Garantien sind die gleichen Anforderungen zu stellen wie beim ursprünglichen Auftragsverarbeiter (vgl. unter → Rn. 38); nach Art. 28 Abs. 5 DS-GVO können auch hier genehmigte Verhaltensregeln nach Art. 40 DS-GVO und Zertifizierungsverfahren nach Art. 42 DS-GVO herangezogen werden. Kommt der weitere Auftragsverarbeiter seinen Datenschutzpflichten nicht nach, haftet gem. Art. 28 Abs. 4 S. 2 DS-GVO der erste Auftragsverarbeiter gegenüber dem Verantwortlichen. 40

cc) Nutzung von Standardvertragsklauseln

Der Auftragsverarbeitungsvertrag im Verhältnis zwischen Verantwortlichem und Auftragsverarbeiter bzw. letzterem und Unterauftragnehmern kann gem. Art. 28 Abs. 6 DS-GVO ganz oder zum Teil auf sog. **Standardvertragsklauseln** beruhen. Diese substituieren individuelle Vereinbarungen und tragen somit dazu bei, Transaktionskosten zu senken.[77] Gem. Art. 28 Abs. 7 DS-GVO werden Standardvertragsklauseln insbesondere von der EU-Kommission (im Einklang mit dem Prüfverfahren nach Art. 93 Abs. 2 DS-GVO) festgelegt.[78] Bezugspunkt der Standardvertragsklauseln sind die von Art. 28 Abs. 3 und 4 DS-GVO genannten Fragen, also die inhaltlichen Mindestanforderungen des Datenverarbeitungsvertrages (dazu unter → Rn. 35 ff.). Ob die Vertragsparteien auf Standardvertragsklauseln ganz oder zum Teil zurückgreifen wollen, bleibt ihnen überlassen. 41

dd) Formerfordernis, Art. 28 Abs. 9 DS-GVO

Gem. Art. 28 Abs. 9 DS-GVO ist der Auftragsverarbeitungsvertrag **schriftlich** abzufassen, wobei dies auch in einem **elektronischen Format** (etwa als PDF) erfolgen kann; einer Verkörperung in Gestalt eines Ausdrucks bedarf es nicht. Dieses Formerfordernis gilt sowohl für das Verhältnis zwischen Verantwortlichem und Auftragnehmer (Abs. 3) als auch bei der Einschaltung von Unterauftragnehmern (Abs. 4) und dient Zwecken der **Dokumentation, Beweissicherung** sowie der **Authentizitätssicherung**.[79] Zur Konkretisierung der elektronischen Form idS kann die Regelung in § 126a BGB nicht herangezogen werden, indem diese Vorschrift nicht auf europäischem Recht beruht.[80] Jedenfalls muss die gewählte elektronische Form geeignet sein, den genannten Formzwecken Geltung zu verschaffen, also insbesondere die Echtheit der in dem Dokument genannten Verpflichtungen änderungs- und fälschungssicher zu gewährleisten.[81] Hierzu ist eine elektronische Signatur nicht zwingend erforderlich, aber ausreichend.[82] Vielerorts lassen Autoren auch die Textform (vgl. § 126b BGB) genügen.[83] 42

---

77 Paal/Pauly/Martini DS-GVO Art. 28 Rn. 70.
78 S. zur aktuellen Fassung den Beschl. (EU) 2021/915 der EU-Kommission.
79 BeckOK DatenschutzR/Spoerr DS-GVO Art. 28 Rn. 103; zu den Folgen von Formverstößen Rn. 101 f.
80 So Ehmann/Selmayr/Bertermann DS-GVO Art. 28 Rn. 12; vgl. auch Kühling/Buchner/Hartung DS-GVO Art. 28 Rn. 94 ff.
81 Paal/Pauly/Martini DS-GVO Art. 28 Rn. 75.
82 BeckOK DatenschutzR/Spoerr DS-GVO Art. 28 Rn. 103 mwN (strenger noch die Vorauflage); vgl. auch Paal/Pauly/Martini DS-GVO Art. 28 Rn. 75: nicht ausreichend seien etwa einfache E-Mails, jedenfalls ausreichend eine elektronische Signatur.
83 So etwa Ehmann/Selmayr/Bertermann DS-GVO Art. 28 Rn. 12 mwN; Leupold/Wiebe/Glossner/Hartung IT-R Teil 11.4.2 Rn. 43, der auch den Vertragsabschluss über eine Internetseite ausreichen lässt.

3. Grenzüberschreitende Datenverarbeitung

43 Schließlich wird für das Cloud Computing regelmäßig die Frage nach der Zulässigkeit einer **Datenverarbeitung in Drittländern** relevant (dazu auch → *Datenschutz, Compliance* Rn. 47 ff.). Dies beruht zum einen darauf, dass sich die Server des Cloud-Service-Providers (unter anderem) in Drittstaaten befinden können. Andererseits genügt aber schon, dass Mitarbeiterinnen und Mitarbeiter des Cloud-Service-Providers oder dessen Subunternehmen in Drittstaaten (etwa als Support oder Systembetreuung) ansässig sind und von dort aus die Möglichkeit haben, auf personenbezogene Daten zuzugreifen (vgl. Art. 4 Nr. 2 DS-GVO).[84] Grenzüberschreitende Sachverhalte mit datenschutzrechtlicher Relevanz sind beim Cloud Computing vor diesem Hintergrund die Regel.

44 Indem durch die DS-GVO ein einheitliches Datenschutzniveau geschaffen wurde, ist die Nutzung von Cloud-Anwendungen **im Geltungsbereich der DS-GVO** grundsätzlich unter denselben Voraussetzungen zulässig wie in Deutschland (dazu insbesondere die Voraussetzungen der Auftragsverarbeitung unter → Rn. 33 ff.).[85] Die Zulässigkeit einer Datenverarbeitung **außerhalb der Europäischen Union bzw. des Europäischen Wirtschaftsraums**[86] ist hingegen in zwei Schritten zu prüfen:[87]

45 Im **ersten Schritt** fragt sich, ob die Datenverarbeitung nach den allgemeinen Anforderungen der DS-GVO zulässig ist. Bei der Nutzung von Cloud-Anwendungen durch Rechtsanwältinnen und Rechtsanwälte oder Legal Tech-Akteure mit Niederlassung innerhalb der Europäischen Union bzw. des Europäischen Wirtschaftsraums kommt es insbesondere wieder auf die Voraussetzungen der Auftragsverarbeitung nach Art. 28 ff. DS-GVO (→ Rn. 33 ff.) an. Art. 28 DS-GVO ist hier anwendbar, auch wenn die Verarbeitung außerhalb der Union erfolgt, vgl. Art. 3 Abs. 1 DS-GVO; eine territoriale Beschränkung in Art. 28, 4 Nr. 7–10 DS-GVO findet sich nicht.[88] Im **zweiten Schritt** muss sodann geprüft werden, ob in dem jeweiligen Drittland ein **angemessenes Datenschutzniveau** nach Art. 44 ff. DS-GVO gewährleistet ist.[89] Zur Herbeiführung des erforderlichen Schutzniveaus kommt insbesondere der Abschluss von EU-Standardvertragsklauseln („Standard Contractual Clauses", SCC)[90] zwischen den Beteiligten in Betracht.[91] Dies ist infolge der „Schems II"-Entscheidung des EuGH[92] (dazu unter → *Cloud Computing, allgemein* Rn. 18) auch mit Blick auf die USA relevant (ausf. zu den Anforderungen an eine Datenübermittlung in die USA → *Datenschutz, Compliance* Rn. 58 ff.).

46 Um gewährleisten zu können, dass die maßgeblichen datenschutzrechtlichen Anforderungen im Einzelfall eingehalten werden, ist es empfehlenswert, den Cloud-Service-Provider vertraglich zur Offenlegung der Standorte der Datenverarbeitung gegenüber dem Verantwortlichen zu verpflichten bzw. diese vertraglich festzuschreiben.[93]

---

84 Leupold/Wiebe/Glossner/Hartung IT-R Teil 11.4.2 Rn. 91 f.
85 Vgl. nur Leupold/Wiebe/Glossner/Hartung IT-R Teil 11.4.2 Rn. 93.
86 Der EWR und die Schweiz sind gem. § 1 Abs. 7 BDSG der EU gleichgestellt.
87 Etwa Spindler/Schuster/Nink DS-GVO Art. 28 Rn. 16; Leupold/Wiebe/Glossner/Scheja/Reibach/Reichert IT-R Teil 6.6 Rn. 297.
88 BeckOK DatenschutzR/Spoerr DS-GVO Art. 28 Rn. 106 ff.; Ehmann/Selmayr/Bertermann DS-GVO Art. 28 Rn. 9; anders noch unter dem alten BDSG vor Inkrafttreten der DS-GVO. Zum räumlichen Anwendungsbereich der DS-GVO im Kontext von Cloud Computing auch Leupold/Wiebe/Glossner/Hartung IT-R Teil 11.4.2 Rn. 7.
89 Dazu ausf. Leupold/Wiebe/Glossner/Scheja/Reibach/Reichert IT-R Teil 6.6 Rn. 295 ff.; zu den Anforderungen bei der Auftragsverarbeitung in Drittländern etwa BeckOK DatenschutzR/Spoerr DS-GVO Art. 28 Rn. 109 f.; zu einigen Besonderheiten beim Cloud Computing Leupold/Wiebe/Glossner/Hartung IT-R Teil 11.4.2 Rn. 95 ff.
90 In der aktuellen Fassung nach dem Beschl. (EU) 2021/914 der EU-Kommission.
91 Grundlegend dazu Golland NJW 2020, 2593 ff., ebenfalls zu sog. Binding Corporate Rules (BCR) für konzerninterne Datenflüsse.
92 EuGH Urt. v. 16.7.2020 – C-311/18, ECLI:EU:C:2020:559 = NJW 2020, 2613 – Schrems II.
93 Leupold/Wiebe/Glossner/Hartung IT-R Teil 11.4.2 Rn. 67, 93.

14. Cloud Computing, IT-Risiken

Grupp/Fecke

I. Überblick der cloudspezifischen IT-Risiken 1	9. Nicht-Erreichbarkeit der Dienste 26
1. Risiken des webbasierten Datentransfers 1	10. Unsichere Programmierschnittstellen (APIs) ... 27
a) Abhängigkeit von öffentlicher Infrastruktur 1	11. Einflüsse von Dritten 28
b) Session Riding/Session Hijacking 2	a) Generelle Gefährdungslage 28
c) Angriffe auf verschlüsselten Datentransfer (SSL/TLS) 3	b) Typen von Angriffen 31
	c) Typen von Angreifern 35
2. Risiken im Zusammenhang mit der Virtualisierung 4	d) Schadensarten 39
	II. Maßnahmen zur Datensicherheit und Geheimhaltung in der Cloud 41
3. Risiken im Zusammenhang mit der Mehrmandantenfähigkeit 7	1. Überblick 41
4. Risiken im Zusammenhang mit den kryptoanalytischen Entwicklungen 8	2. Transport Layer Security (TLS)/Secure Socket Layer (SSL) 42
5. Authentisierungs-, Authentifizierungs-, Autorisierungs- und Auditmechanismen 9	3. Redundanzenbildung und Backups 43
	4. Verschlüsselung 44
a) Generell schwache Authentisierung 9	a) Konzept der Verschlüsselung 44
b) Mechanismenimmanente Risiken 11	b) Ende-zu-Ende-Verschlüsselung 46
c) Eingeschränkte Möglichkeiten für Audits .. 14	5. Organisatorische und Verwaltungsmaßnahmen ... 48
6. Service-Modelle als sicherheitsspezifische Unterteilung (SPI-Modell) 15	a) Datenminimierung und Privacy by Design ... 48
	b) Anonymisierung und Pseudonymisierung 50
a) Service-Modell-relevante Unterteilung und Einfluss der Architektur 15	c) Authentifizierungsmechanismen und Rechtemanagement 51
b) Spezielle Risiken bei der SaaS-Verwendung: Wahrnehmbarkeit der Daten .. 17	d) Regelmäßige manuelle oder automatisierte Datenlöschung 53
c) Anwendungsspezifische Risiken (Application side) 19	e) Zertifizierungen und Transparenz 56
	f) Vertragliche Lösungen, insbesondere Service Level Agreements 59
d) Spezielle Risiken bei der IaaS-Verwendung 22	
7. Kontrollfreiheit und -verluste 23	
8. Zwangsweise Beteiligung Dritter und Kenntnisnahmemöglichkeiten 25	

Literatur: Siehe das Literaturverzeichnis zu → *Cloud Computing, allgemein*.

I. Überblick der cloudspezifischen IT-Risiken

1. Risiken des webbasierten Datentransfers

a) Abhängigkeit von öffentlicher Infrastruktur

Bereits in der Natur der Sache liegt das Bedürfnis nach dauernden und zum Teil umfassenden Datentransfers. Die Cloud-Ressourcen werden meist über das Internet mit Standardprotokollen – in der Regel über das HTTP-Protokoll[1] – bezogen. Damit öffnen sich die Dienste gleichzeitig allen im Internet vorhandenen IT-Risiken. Gefährdungen, die im Zusammenhang mit den Standardprotokollen vorliegen, werden zu Gefährdungen der Cloud-Technologie. Als solche kommen beispielsweise *Man-in-the-middle*-Angriffe[2] in Frage.

b) Session Riding/Session Hijacking

HTTP ist ein sog. *Stateless Protocol* bzw. ein zustandsloses Netzwerkprotokoll, wohingegen Webanwendungen für Ihre Funktionsweise irgendeine Art festen Zustand benötigen.[3] Häufig wird deshalb eine Form

---

[1] HTTP steht für „Hypertext Transfer Protocol".
[2] Bei diesen platziert sich der Angreifer – vereinfacht gesagt – zwischen dem Nutzer und den verwendeten Ressourcen, so dass er deren Kommunikation abfangen, mitlesen oder manipulieren kann, vgl. bei Security Insider, abrufbar unter https://www.security-insider.de/was-ist-ein-man-in-the-middle-angriff-a-775391/.
[3] Grobauer/Walloschek/Stocker IEEE Security & Privacy 2011, 50 ff.

von *Session Handling* eingesetzt, von denen eine Vielzahl Implementierungen für sog. *Session Riding-* und *Session Hijacking*-Attacken verwendet werden können.[4]

c) Angriffe auf verschlüsselten Datentransfer (SSL/TLS)

3   Auch das als weithin sicher geltende Protokoll SSL[5]/TLS[6] kann Gegenstand von Angriffen sein. Beispielhaft dafür ist der sog. *Padding-Oracle-*Angriff.[7] Neuere Versionen sollen die Sicherheitslücken in Bezug hierauf aber wieder beheben.

2. Risiken im Zusammenhang mit der Virtualisierung

4   Die Virtualisierung (→ *Cloud Computing, allgemein* Rn. 44 f.) ist als cloudcharakteristische Technologiekomponente für die Vorteile des Cloud Computing (→ *Cloud Computing, allgemein* Rn. 2 ff.) von zentraler Bedeutung, bietet jedoch auch Angriffsfläche im Hinblick auf externe Angriffe (zu diesen ausf. → Rn. 28 ff.).[8]

5   Die Virtualisierungstechniken führen außerdem dazu, dass der Netzwerkverkehr sowohl auf realen als auch auf virtuellen Netzwerken auftritt, etwa wenn zwei virtuelle Maschinenumgebungen (VMEs), die auf demselben Server gehostet werden, kommunizieren.[9]

6   Durch sog. „*Virtual Machine Replication*" können ferner Datenverluste entstehen. Diese Verwundbarkeit beruht auf dem Datenklonen, das für die Bereitstellung der On-Demand-Abrufbarkeit (→ *Cloud Computing, allgemein* Rn. 37) nötig ist, und führt zu Problemen in Bezug auf Maschinengeheimnisse: Bestimmte Elemente eines Betriebssystems wie Host-Schlüssel oder kryptografische *Salt Values*[10] sollen eigentlich nur einem einzelnen Host zugänglich sein. Klonen kann diese Privatsphärenannahme verletzen. Auch die zunehmend verwendeten Marktplatz-Komponenten für virtuelle Images ermöglicht es Benutzern, anderen Benutzern Templates bereitzustellen, indem sie ein laufendes Bild in ein Template umwandeln. Je nachdem, wie das Bild vor dem Erstellen des Templates verwendet wurde, könnte es Daten enthalten haben, die der Benutzer nicht öffentlich machen möchte.[11]

3. Risiken im Zusammenhang mit der Mehrmandantenfähigkeit

7   Die sog. Mehrmandantenfähigkeit bzw. die Multi-Tenant-Architektur (→ *Cloud Computing, allgemein* Rn. 39) sichert die flexible Ressourcenzuteilung. Danach werden Ressourcen, die einem Nutzer zwar vertraglich zustehen, praktisch anderen Nutzern zugewiesen, solange sie nicht abgerufen werden. Dies geschieht im Wege von *Data Pooling* und dem so ermöglichten elastischen Dienstebezug. Hierbei besteht insbesondere das Risiko einer **unzureichenden Datentrennung**. Arbeitsspeicher und Speicherressourcen können theoretisch Nutzern versionierte Daten und gespeicherte Informationen anderer Nutzer sichtbar machen. Zudem bietet eine solche Architektur eine reizvolle Angriffsfläche für bösartige Anwendungen und externe Angriffe, indem eine große Zahl an Kunden auf dieselben Hard- und Softwareressourcen angewiesen ist.

---

4   Dazu erneut eingehend Grobauer/Walloschek/Stocker IEEE Security & Privacy 2011, 50 ff.
5   SSL steht für „Secure Sockets Layer".
6   TLS steht für „Transport Layer Security".
7   Vgl. dazu Böck, Die Rückkehr des Padding-Orakels, Golem.de, 3.5.2016, abrufbar unter https://www.golem.de/news/openssl-update-die-rueckkehr-des-padding-orakels-1605-120711.html.
8   Grobauer/Walloschek/Stocker IEEE Security & Privacy 2011, 50 ff.
9   Grobauer/Walloschek/Stocker IEEE Security & Privacy 2011, 50 ff.
10 „Salt Values" sind zufällig gewählte Zeichenfolgen im Rahmen einer Verschlüsselung.
11 Grobauer/Walloschek/Stocker IEEE Security & Privacy 2011, 50 ff.

4. Risiken im Zusammenhang mit den kryptoanalytischen Entwicklungen

Im Bereich der Entschlüsselungsforschung und der kryptoanalytischen Entwicklungen werden ständig neue Techniken entwickelt, verschlüsselte Inhalte sichtbar zu machen.[12] Obwohl Inhalte bereits mit 256 Bit Verschlüsselung nach derzeitigem Verständnis jedenfalls mit Blick auf *Brute-Force*-Attacken[13] (dazu ausf. → Rn. 32) entschlüsselungssicher kodiert werden können, sind Fehler in Verschlüsselungsalgorithmen oder generell schwache Verschlüsselungen für Angriffe ausnutzbar. Dabei bietet besonders die Cloud mit ubiquitären Zugriffsmöglichkeiten und oft öffentlicher Verfügbarkeit die Möglichkeit, ständig, großflächig und mehrschichtig Systeme auf Fehler „abzuklopfen". Kryptografische Komponenten und damit zusammenhängende Risiken lassen sich auch als cloudspezifische Risiken qualifizieren, da die Verschlüsselung für die Funktionsweise des Cloud Computing im engeren Sinne unabdingbare Voraussetzung ist und ihre Relevanz für die Cloud im Vergleich zu herkömmlichen Softwarearchitekturen deutlich hervorsticht.[14]

5. Authentisierungs-, Authentifizierungs-, Autorisierungs- und Auditmechanismen

a) Generell schwache Authentisierung

Etliche – auch weit verbreitete – Authentisierungsmechanismen sind schwach.[15] Dies ist oftmals darauf zurückzuführen, dass bereits die Authentisierungsinformationen wie Benutzernamen und Passwörter durch falsches Benutzerverhalten (Auswahl von schwachen Passwörtern, Wiederverwendung von Passwörtern usw) anfällig sind. Hinzu kommt, dass zahlreiche Anwendungen noch immer Ein-Faktor-Authentisierungsmechanismen zulassen.

Auch in der Implementierung der Authentisierungsmechanismen selbst können Schwachstellen liegen, die beispielsweise das Abhören oder Wiederabspielen von Authentisierungsinformationen zulassen.

b) Mechanismenimmanente Risiken

Alle Cloud-Dienste, insbesondere die Managementschnittstellen der Dienste, erfordern Mechanismen für Identitätsmanagement, Authentifizierung, Autorisierung und Auditing. In Teilen lassen sich diese Mechanismen als eine eigenständige Dienstkomponente zusammenfassen oder hinzubuchen, die dann von anderen Diensten verwendet werden kann. Eine solche Dienstimplementierung erfordert eine adäquate Berechtigungsprüfung und Cloud-Infrastruktur-Auditing.

Neben den Risiken bei den Benutzerauthentifizierungen (→ Rn. 9 ff.) sind nennenswerte Risiken hier absichtliche *Denial of Service*-Attacken, die eine Kontensperrung wegen massenhaften erfolglosen Authentifizierungsversuchen auslösen, Schwächen in den (Passwort-)Rückstellmechanismen oder schwache Autorisierungs-Checks. Letztere sind oft Ursache für sogenannte *URL-Guessing-*[16] oder *Forced-Browsing*-Attacken,[17] bei denen Zugriffe über das Ausprobieren möglicher URL-Befehle erfolgen – vergleichbar den *Brute-Force*-Attacken auf Passwörter (→ Rn. 32). *URL-Guessing*-Attacken sind in der OWASP-Top-10 enthalten.[18]

Weitere Beispiele für Sicherheitsrisiken im Zusammenhang mit Autorisierung und Authentisierung sind ein (zu) grobes Rollen- bzw. Rechtemanagement, bei dem Nutzer wegen fehlender oder fehlerhaft ausdifferenzierter Rechtegestaltung mehr Rechte erhalten, als sie entsprechend ihrer Rolle benötigen bzw. erhalten sollten, sowie unzureichende Protokollierungs- und Überwachungsmöglichkeiten bei Logins.[19]

---

12 Grobauer/Walloschek/Stocker IEEE Security & Privacy 2011, 50 ff.
13 Angriffe, bei denen alle Möglichkeiten Kombinationen nacheinander einfach ausprobiert werden.
14 So auch Grobauer/Walloschek/Stocker IEEE Security & Privacy 2011, 50 ff.
15 Dazu auch European Network and Information Security Agency (ENISA), Cloud Computing: Benefits, Risks and Recommendations for Information Security, 2009.
16 Lee/Kim/Ko/Kim in IEEE, 2016 International Conference on Software Security and Assurance (ICSSA), 2016, 43 ff.
17 Überblick bei OWASP, abrufbar unter https://www.owasp.org/index.php/Forced_browsing.
18 Vgl. OWASP, Top Ten, 2013, abrufbar unter https://www.owasp.org/index.php/Top_10_2013-Top_10.
19 Grobauer/Walloschek/Stocker IEEE Security & Privacy 2011, 50 ff.

c) Eingeschränkte Möglichkeiten für Audits

14 Auch die Möglichkeiten von Audits sind gewissen Einschränkungen unterworfen. Aufgrund der geografischen Verlagerung, häufiger Spiegelungen und Backupbildungen sowie umfangreicher Virtualisierungen wird es für Nutzer zunehmend schwieriger, Datenverbleib und -bestand tatsächlich zu erfassen. Audits bei Cloud-Service-Providern sind zwar möglich, aber nach wie vor verhindern Echtzeitveränderungen und die – in diesem Fall als Hindernis wirkende – Geheimhaltung bzw. Verschlüsselung eine transparente Erfassung.[20] Systeme wie das in der Theorie vorgeschlagene *homomorphe Verschlüsselungsverfahren*,[21] welches Audits ermöglicht, ohne vom Dateninhalt Kenntnis zu erlangen, sind relativ neu, selten und in der konkreten Umsetzung bislang kaum machbar.

6. Service-Modelle als sicherheitsspezifische Unterteilung (SPI-Modell)
a) Service-Modell-relevante Unterteilung und Einfluss der Architektur

15 Die bereits dargestellte Unterteilung nach Servicemodellen (SPI-Modell, dazu → *Cloud Computing, allgemein* Rn. 48 ff.) ist auch für die Darstellung der Schwachstellen, die eine bestimmte Cloud-Infrastruktur aufweist, relevant: Jede Service-Level-Ebene und die damit zusammenhängende Architektur hat für die Darstellung der Risiken Charakteristika. Zur Illustration wird auch die in diesem Zusammenhang übliche Referenzarchitektur (→ *Cloud Computing, allgemein* Rn. 50) verwendet und angepasst:

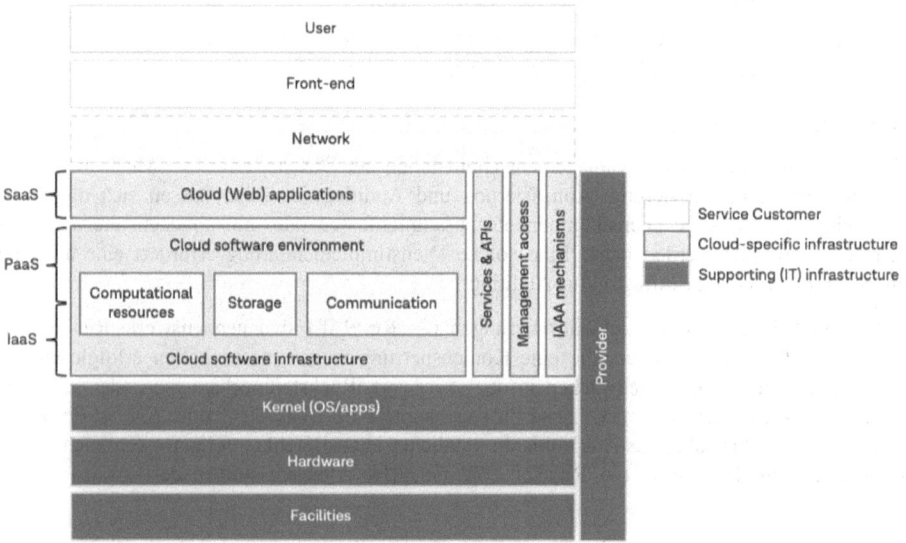

Abb.: SPI-Modell mit Sicherheitsrelevanter Bereichskennzeichnung.[22]

16 Risiken liegen in allen Schichten vor: Auf Ebene der Cloud-Software-Infrastruktur sowie der Cloud-Software-(Laufzeit-)Umgebung treten Risiken in der Regel im Zusammenhang mit den drei Ressourcenarten (Rechenressourcen, Speicher, Kommunikation) auf. Dazu können sog. *Cross-Tenant-Access*-Risiken entstehen. Hier sind auch die bereits genannten Virtualisierungs-Risiken (→ Rn. 4 ff.) zu verorten. Durch

---

20 Siersch, Privacy in Cloud Computing, 2013, S. 45 (49).
21 Wang/Wang/Ren/Lou in IEEE, 2010 Proceedings IEEE INFOCOM, 2010. S. 1 ff.
22 Abbildung vereinfacht und angepasst; in Anlehnung an Youseff/Butrico/Da Silva in IEEE, Proceedings Grid Computing Environments Workshop (GCE), 2008, S. 1 (4) und Grobauer/Walloschek/Stocker IEEE Security & Privacy 2011, 50.

das Ressourcenpooling besteht insbesondere das Risiko eines unautorisierten Zugriffs auf nutzerfremde Daten bzw. Informationen.

b) Spezielle Risiken bei der SaaS-Verwendung: Wahrnehmbarkeit der Daten

Bei SaaS-Anwendungen laufen die Datenverarbeitungsvorgänge zum Teil vollständig in der Cloud ab (zur Funktionsweise ausf. unter → *Cloud Computing, allgemein* Rn. 59 ff.). In der Regel muss die Datenverarbeitung dabei Daten inhaltlich wahrnehmen: etwa eine Spracherkennungslogik, wie sie für gängige Smartphones verwendet und beispielsweise in der anwaltlichen Diktatsoftware als professionelle Arbeitsunterstützung eingesetzt wird, muss die umzuwandelnden Sprachdaten unverschlüsselt wahrnehmen, um sie in Textdateien übertragen zu können. Zwar könnten Daten verschlüsselt übertragen werden, aber für die *Datenverarbeitung* selbst müssen sie in unverschlüsselter Form vorliegen. Die Verarbeitung verschlüsselter Daten oder eine Verschlüsselungstechnik, die eine verschlüsselte Bearbeitung zulässt, sind nach derzeitigem Stand der Technik nur in kleinen Ausschnitten bzw. oft nur theoretisch möglich: *(Partially) Order Preserving Encryption* oder *Fully Homomorphic Encryption* (vgl. auch → Rn. 14) liegen nur konzeptionell vor. SaaS-Anbieter benötigen also entweder einen Schlüssel oder die unverschlüsselten Daten; für die Dauer der Verarbeitung hat der SaaS-Anbieter Zugriff auf den Datenbestand und damit die Möglichkeit zur Kenntnisnahme.

17

Besondere Risiken bilden dabei SaaS-Anbieter, die im Verhältnis zum Berufsgeheimnisträger als *Honest but Curious*-Angreifer gelten, also zwar korrekt arbeiten in dem Sinne, dass keine Daten gelöscht oder manipuliert werden, aber sofern möglich ein Ausspähen von Daten und Anfragen praktizieren.[23] Ausprägungen davon sind *Provider-on-Tenant*-Angriffe, bei denen der Cloud-Service-Provider den Dienstebezieher („Mieter") ausspäht, oder der umgekehrte Fall des *Tenant-on-Provider*.[24] Diese Möglichkeiten gehören zu den am wenigsten bekannten und untersuchten Risiken im Zusammenhang mit Cloud-Diensten. Oft werden entsprechende Fälle nicht gemeldet und die Verstöße finden vollständig im alleinigen Zugriffsbereich des Providers statt. Mithin sind belastbare bzw. von außen kontrollierbare Daten hierzu kaum zu ermitteln.[25] Beschränkte Monitoring-Tools sind ein weiteres Hindernis (zu den Schwierigkeiten der Kontrolle schon unter → Rn. 14).

18

c) Anwendungsspezifische Risiken (Application side)

Die oben erwähnten Risiken des *Session Riding* und *Session Hijacking* (→ Rn. 2) sowie die *Injection*-Anfälligkeiten[26] sind typische SaaS-spezifische Risiken. Weitere Risiken betreffen die Front-End-Komponente des Browsers. Dazu gehören beispielsweise clientseitige Schwachstellen für Datenmanipulation, bei denen Angreifer Daten, die von ihrer clientseitigen Anwendungskomponente an den Server gesendet werden, manipulieren.[27] Die vom Server empfangenen Eingaben der Clients sind dann veränderte oder vollständig vom Angreifer erzeugte Eingaben.

19

Webanwendungen verwenden auch Browser-Mechanismen zur Isolierung von in der Anwendung eingebetteten Drittinhalten aus Werbung, Mashup-Komponenten etc. Schwachstellen an diesen Isolationen können es Drittanbieterinhalten ermöglichen, die Webanwendung zu manipulieren.

20

SaaS-Anwendungen verwenden in der Regel Browser-Technologien als Front-End für die Benutzerinteraktion. Mit zunehmender Verbreitung explizit browserbasierter Technologien wie *JavaScript*, *Java*, *Flash* oder *Silverlight* zerfallen die meisten cloudbasierten Webanwendung in zwei Teile: eine Applikationskom-

21

---

23 Vgl. dazu Di Pietro/Lobardi/Signorini in Vacca, Cloud Computing Security, 2020, S. 357 ff.; Paverd/Martin/Brown Tech.Rep 2014, 1 ff.
24 Vgl. dazu Di Pietro/Lobardi/Signorini in Vacca, Cloud Computing Security, 2020, S. 357 f.; Fernandes/Soares/Gomes/Freire/Inácio International Journal of Information Security 2014, 113 ff.
25 Paverd/Martin/Brown Tech.Rep 2014, 1.
26 Bei einer sog. Injection-Attacke werden schädliche Eingaben in eine Webanwendung eingespeist (injiziert) und damit der Betrieb der Anwendung verändert, indem sie zur Ausführung bestimmter Befehle gezwungen wird.
27 Grobauer/Walloschek/Stocker IEEE Security & Privacy 2011, 50 ff.

ponente, die irgendwo in der Cloud betrieben wird, und eine Browser-Komponente, die im Browser des Benutzers (Clientseite) ausgeführt wird.[28] SaaS-typisch setzt die Nutzung dann jedoch dauernden Datentransfer und somit ununterbrochene Netzkonnektivität voraus, was die Verwendung dann stört, wenn die Konnektivität in der Sphäre der Nutzer nicht dauernd gewährleistet werden kann. Moderne Browser und auch HTML5 ermöglichen es den *JavaScript*-APIs[29], auf die lokalen Browser zuzugreifen, um zwischengespeicherte Inhalte aufzurufen, sodass die durchgängige – und somit auch offline mögliche – Nutzung der Browser-Komponente einer Webanwendung für Anwendungsfälle möglich gemacht wird.

d) Spezielle Risiken bei der IaaS-Verwendung

22   Um Vorteile des Cloud Computings umfänglich nutzen zu können, werden Komponenten explizit an Erfordernisse oder allgemein Gegebenheiten der Cloud-Infrastruktur angepasst. Ein Beispiel ist die Verwendung von sog. NoSQL-Datenbanken anstelle von relationalen, dh tabellenorientierten Datenbanken (wie zB SQL). Diese Cloud-Datenbanken können große Mengen an Daten speichern, ohne damit einhergehende lange Rechenzeiten bei den Suchbefehlen zu erleiden. Allerdings bietet die Mehrheit dieser sog. Spaltenfamiliendatenbanken keine nativen Sicherheitsmechanismen, weshalb sie als weniger sicher gelten.[30]

7. Kontrollfreiheit und -verluste

23   Der Nutzung externer Cloud-Services immanent ist eine gewisse Abhängigkeit des Nutzers vom Cloud-Service-Provider, der die Cloud-Ressourcen zur Verfügung stellt und über diese – gegebenenfalls über Subunternehmen – die (physische) Kontrolle innehat. Ferner weiß der Nutzer in der Regel nicht, wo seine Daten physisch gespeichert bzw. verarbeitet werden (vgl. bereits → Rn. 14). Vor diesem Hintergrund ist eine angemessene Zugriffskontrolle auf die in der Cloud hinterlegten Daten durch Nutzer nur schwer realisierbar. Zudem ist der Nutzer trotz im Grundsatz möglicher Kontrollen ab einem gewissen Punkt darauf angewiesen, dass der Cloud-Service-Provider Maßnahmen zur IT-Sicherheit auch korrekt umsetzt.

24   Aufgrund dieser Abhängigkeit kann sich auch ein Anbieterwechsel als schwierig gestalten. Der Cloud-Service-Provider könnte die Abhängigkeit sogar ausnutzen, um beispielsweise Preiserhöhungen durchzusetzen oder die Dienstleistungsqualität zu senken.

8. Zwangsweise Beteiligung Dritter und Kenntnisnahmemöglichkeiten

25   Die cloudtypischen Self-Service-Möglichkeiten (→ *Cloud Computing, allgemein* Rn. 37) setzen voraus, dass Nutzer Zugriff auf Verwaltungs- und Administrationsoberflächen haben. Da diese Zugriffspunkte auf der einen Seite Anforderungen an Bedienbarkeit, Nutzerfreundlichkeit und generell Komfort erfüllen müssen, auf der anderen Seite aber als Schnittstellen für umfassende Verwaltung von Services und Komponenten dienen, besteht das Risiko unautorisierten Zugangs.[31] Die Management- und Administrationsoberflächen sind in der Regel auch als Webanwendung ausgestaltet, so dass die in diesem Zusammenhang genannten Risiken (→ Rn. 1 ff., 19 ff.) auf der Anwenderseite auch hier eine Rolle spielen.

9. Nicht-Erreichbarkeit der Dienste

26   Insbesondere cloudspezifisches Risiko ist die Nicht-Erreichbarkeit von Diensten. Im Vergleich zu herkömmlichen IT-Lösungen, bei denen dieses Risiko in den Einflüssen von Strom- oder technischen Ausfällen enthalten ist, können beim Cloud Computing bereits Beschränkungen, zeitweise Ausfälle oder Unterbrechungen in der Datenkonnektivität die Nichterreichbarkeit von Diensten auslösen. Zwar gibt es in modernen Browsern hinterlegte und in den Skripten angelegte Überbrückungsmöglichkeiten, trotzdem

---

28 Dazu erneut Grobauer/Walloschek/Stocker IEEE Security & Privacy 2011, 50 ff.
29 „API" ist die Abkürzung für „Application Programming Interface", also eine Programmierschnittstelle.
30 Vgl. auch Wiese/Waage in Schartner, DACH Security Conference, 2015, S. 12 ff.
31 Grobauer/Walloschek/Stocker IEEE Security & Privacy 2011, 50 ff.

bleibt das Risiko der Nicht-Erreichbarkeit der Dienste im Vergleich zu herkömmlichen IT-Lösungen erhöht.[32]

10. Unsichere Programmierschnittstellen (APIs)

Häufig nutzen Unternehmen neben Cloud-Lösungen auch lokale Server, so dass es zu einem stetigen Datenaustausch zwischen diesen und der jeweiligen Cloud-Lösung kommt. Ferner müssen auch Client-Anwendungen oftmals auf Daten von Servern zugreifen. Hier besteht die allgemeine Anforderung, dass die APIs der Cloud-Lösung mit den Anforderungen der anderen Server und der notwendigen Cloud-Anwendungen kompatibel sind.[33] Darüber hinaus sind APIs allgemein oft Gegenstand von Angriffen, so dass bei ihrer Auswahl und Kontrolle seitens des Cloud-Service-Providers besondere Achtsamkeit geboten ist.[34]

11. Einflüsse von Dritten

a) Generelle Gefährdungslage

Angriffe von Dritten auf IT-Systeme haben in den vergangenen Jahrzehnten stark zugenommen. Zu Angriffen von einzelnen Personen treten von Unternehmen oder Vereinigungen organisierte Attacken sowie Maßnahmen der öffentlichen Gewalt. Vielfältige Angriffsmöglichkeiten, verfügbare Technologien und weitläufige Vernetzung haben die Bedrohungslage für die IT-Sicherheit verschärft.[35]

Stand 2015 war bereits jedes zweite Unternehmen von (internen oder externen) Angriffen auf die IT betroffen. Bis 2019 stiegt der Anteil noch einmal auf mindestens 75 % aller Unternehmen,[36] darunter auch prominente Beispiele wie die Deutsche Telekom 2016.[37] Neben privaten Unternehmen werden auch öffentliche Einrichtungen wie der Deutsche Bundestag 2015[38] oder das Lukas Klinikum Neuss 2016[39] ins Visier genommen. Branchenverbände gehen allgemein von weiteren Zunahmen in den nächsten Jahren aus.

Entsprechend haben Begriffe wie Cyberkriminalität oder -terrorismus[40] bereits Eingang in Gesetzesmaterialien gefunden und mit dem IT-Sicherheitsgesetz[41] sowie der Einführung des „digitalen Hausfriedensbruchs" im StGB[42] wurden Vorschriften erlassen, die die IT-Sicherheit explizit adressieren.

---

32 Zur Insolvenz des Cloud Service Providers ausf. Leupold/Wiebe/Glossner/Hartung/Berjasevic IT-R Teil 11.4.1 Rn. 1 ff.
33 Dazu https://www.cloudcomputing-insider.de/die-10-groessten-gefahren-beim-einsatz-von-cloud-infrastrukturen-a-5 17146/.
34 Dazu https://blogs.oracle.com/prdach/post/die-10-groessten-sicherheitsrisiken.
35 S. insbes. den Lagebericht des Bundesamtes für Sicherheit und Informationstechnik (BSI) von 2016: BSI, Die Lage der IT-Sicherheit in Deutschland, 2016, abrufbar unter https://www.bsi.bund.de/SharedDocs/Downloads/DE/BSI/Publikationen/Lageberichte/Lagebericht2016.pdf?__blob=publicationFile&v=1.
36 Zum Anstieg seit 2015 und zum Stand Ende 2019 vgl. Studienbericht BITKOM, Spionage, Sabotage und Datendiebstahl – Wirtschaftsschutz in der digitalen Welt, 2020, abrufbar unter https://www.bitkom.org/sites/main/files/2020-0 2/200211_bitkom_studie_wirtschaftsschutz_2020_final.pdf, S. 7.
37 Vgl. ZEIT Online vom 28.11.2016, abrufbar unter http://www.zeit.de/digital/internet/2016-11/internet-deutsche-teleko m-stoerung-fernsehen-telefonie-netz; aktuell auch https://www.tagesschau.de/wirtschaft/unternehmen/hackerangriff -t-mobile-101.html.
38 Vgl. ZEIT Online vom 30.1.2016, abrufbar unter http://www.zeit.de/digital/2016-01/hackerangriff-bundestag-russlan d-nachrichtendienst-bundesanwaltschaft.
39 Vgl. Süddeutsche Zeitung vom 12.2.2016, abrufbar unter http://www.sueddeutsche.de/digital/hackerangriff-compute rvirus-legt-klinik-in-neuss-lahm-1.2861656.
40 Zum Begriff der „Cyberkriminalität" vgl. unter https://www.bmi.bund.de/DE/themen/sicherheit/kriminalitaetsbekae mpfung-und-gefahrenabwehr/cyberkriminalitaet/cyberkriminalitaet-node.html; zum Begriff des „Cyberterrorismus" vgl. unter https://www.bmi.bund.de/DE/service/lexikon/functions/bmi-lexikon.html;jsessionid=FF8718E889908586 F40654A0032E8322.2_cid364?cms_lv3=9397910&cms_lv2=9391096#doc9397910.
41 S. zum sog. „IT-Sicherheitsgesetz 2.0" (BGBl. 2021 I 1122) etwa https://www.bsi.bund.de/DE/Das-BSI/Auftrag/Gese tze-und-Verordnungen/IT-SiG/2-0/it_sig-2-0_node.html.
42 BT-Drs. 18/10182; krit. Reflektion bei Mavany ZRP 2016, 221.

b) Typen von Angriffen

31 Angriffe von Dritten lassen sich in aktive und passive Angriffe unterteilen: Mit **aktiven Angriffen** sind solche gemeint, die durch eine aktive Manipulation des Zielsystems erfolgen, um Daten zu entwenden oder zu verändern.

32 Archetypus aktiver Angriffe sind als ***Brute-Force*-Attacken** bezeichnete Angriffe auf Verschlüsselungen oder Authentisierungen, bei denen durch Einsatz von Scripts sehr schnell alle Möglichkeiten von Codeeingaben ausprobiert werden.[43] Heute erfolgen aktive Angriffe häufig durch die Übermittlung von Malware, also von Software wie Viren, Würmer, Spyware, Trojaner etc, die auf dem Zielsystem aktiv ausgeführt werden und dann Informationen senden oder manipulieren. Weitere aktive (destruktive) Angriffe sind ***Distributed-Denial-of-Service (DDoS)*-Atacken**, bei denen das Zielsystem mit Stör-Anfragen so vieler (in der Regel fremdgesteuerter) Server belastet wird, dass die Ausführbarkeit legitimer Anfragen gestört wird.[44]

33 **Passive Angriffe** lassen die Funktionsweise des Zielsystems unverändert und beschränken sich in der Regel auf die bloße Informationsbeschaffung. Ein Beispiel für passive Angriffe auf Cloud-Infrastrukturen sind sog. *Sniffing*-Attacken[45].

34 Generell lassen die cloudtypisch offene Infrastruktur und die bei Public Clouds von überallher möglichen Zugriffspunkte aktive wie passive Angriffe verhältnismäßig leicht zu. Daraus lässt sich jedoch nicht ableiten, dass Cloud-Infrastrukturen etwa im Vergleich zu Single-Tenant-Architekturen generell weniger sicher sind. Insbesondere große Cloud-Service-Provider haben die nötigen finanziellen, technologischen und personellen Ressourcen, um entsprechend Risikovorsorge zu betreiben und die Sicherheitsarchitekturen ihrer Dienste immer weiter zu verbessern. Ihre Sicherheitsstandards sind denen unternehmensinterner Lösungen daher regelmäßig weit überlegen.

c) Typen von Angreifern

35 Bezogen auf die Person des Angreifers wird zwischen Internen (Insidern) und Externen Angreifern (Outsidern) unterschieden: **Externe Angreifer** sind Personen außerhalb der räumlichen bzw. organisatorischen Sphäre des Angriffsziels, die keinen unmittelbaren Zugang zu den IT-Systemen und deshalb generell erschwerte Zugriffsmöglichkeiten haben.[46]

36 **Interne Angreifer** stammen indes aus dem Organisationsbereich des Unternehmens (bzw. gehörten diesem etwa als ehemalige Mitarbeiter an) und greifen in der Regel aufgrund überlegenen Wissens an. Ihr Schadens- und Gefährdungspotenzial ist meistens höher, weil sie durch unmittelbaren Zugriff auf die IT-Systeme des Zielobjekts nicht nur Schwachstellen und generell Funktionsweisen kennen, sondern auch Entdeckung und Aufklärung leichter verhindern können.[47]

37 Obwohl in der Öffentlichkeit häufig von externen „Hackerangriffen" die Rede ist, sind Angriffe von Insidern sowohl in Häufigkeit als auch Schadensumfang – soweit erfasst – deutlich überlegen.[48]

38 Zusätzlich zu diesen beiden klassischen Angriffstypen hat sich in jüngerer Zeit, aufgedeckt insbesondere durch den PRISM-Skandal und die darauffolgenden Untersuchungen (dazu → *Cloud Computing, allgemein* Rn. 18), mit diversen Einflussnahmen durch **hoheitliche Akteure** (etwa durch Geheimdienste) eine zusätzliche Risikokategorie entwickelt.

---

43 Vgl. dazu https://www.security-insider.de/was-ist-ein-brute-force-angriff-a-677192/.
44 Vgl. unter https://www.bsi.bund.de/DE/Themen/Verbraucherinnen-und-Verbraucher/Cyber-Sicherheitslage/Methoden-der-Cyber-Kriminalitaet/DoS-Denial-of-Service/dos-denial-of-service_node.html.
45 Mehr dazu etwa unter https://cisomag.eccouncil.org/what-are-sniffing-attacks-and-how-to-defend-against-them/.
46 Roßnagel/Wedde/Hammer/Pordesch, Die Verletzlichkeit der Informationsgesellschaft, 1990, S. 146.
47 Roßnagel/Wedde/Hammer/Pordesch, Die Verletzlichkeit der Informationsgesellschaft, 1990, S. 146 (154).
48 PwC, Global State of Information Security Survey, 2015, abrufbar unter https://store.pwc.de/en/publications/managing-cyber-risks-in-an-interconnected-world-key-findings-from-the-global-state-of-information-security-survey-2015.

d) Schadensarten

Bei den Schadensarten können im Grundsatz **destruktive Angriffe**, die in der Beschädigung des Zielsystems durch Zerstörung von Infrastrukturen oder der Manipulation von Daten bestehen, von solchen Angriffen abgegrenzt werden, die ausschließlich **wirtschaftliche Folgeschäden** verursachen. Während der wirtschaftliche Schaden in der ersten Gruppe primär in der Wiederherstellung des Status quo bzw. in dem dazu nötigen Aufwand liegt, können die Schäden in der zweiten Gruppe etwa in Form von Umsatzeinbußen durch Verlust von Wettbewerbsvorteilen, Imageschäden, datenschutzrechtlichen Bußgeldern oder auch Zahlungen bei der Erpressung mit gestohlenen oder verschlüsselten Daten eintreten und immense Ausmaße annehmen. Auch eine Kombination beider Schadensgruppen ist möglich.

Insgesamt beliefen sich die Gesamtschadenssummen von Unternehmen in Deutschland, die von Datendiebstahl, Industriespionage oder Sabotage betroffen waren, laut einer Studie von BITKOM in den Jahren 2018 und 2019 auf jeweils etwa 102,9 Mrd. EUR pro Jahr, womit sie sich im Vergleich zu 2017 (Schadenssumme 55 Mrd. EUR p.a.) verdoppelt haben.[49]

II. Maßnahmen zur Datensicherheit und Geheimhaltung in der Cloud

1. Überblick

Den dargestellten cloudspezifischen IT-Risikobereichen und -situationen (→ Rn. 1 ff.) stehen allgemeine oder spezielle Maßnahmen zur Datensicherung und Geheimhaltung gegenüber. Im Folgenden soll ein Überblick über einige zentrale Maßnahmen gegeben werden.

2. Transport Layer Security (TLS)/Secure Socket Layer (SSL)

Den Risiken des webbasierten Datentransfers (→ Rn. 1 ff.) kann ganz allgemein durch eine adäquate Verschlüsselung Rechnung getragen werden. Hier sind insbesondere SSL/TLS relevante und häufig verwendete Technologien für die browserbasierte Verschlüsselung.

3. Redundanzenbildung und Backups

Cloud-Anbieter betreiben häufig hochredundante Systeme. Dieser Begriff ist in der Softwareentwicklung in der Regel negativ konnotiert, da er mit einer gegebenenfalls unnötigen, systembelastenden „Doppelung" verbunden wird. Als Reaktion auf die genannten IT-Risiken (→ Rn. 1 ff.) stellt die Bildung von Redundanzen und Backups jedoch ein hochrelevantes Konzept dar. Werden nämlich zusätzliche technische Ressourcen vorgehalten und von den in der Cloud gespeicherten Daten kontinuierlich Backups erstellt, verringert sich das Risiko eines Ausfalls der Dienste bzw. eines Datenverlustes. Die Bildung von Redundanzen und Backups dient damit auch dem **IT-Schutzziel der Verfügbarkeit** von Daten und Informationen.[50]

4. Verschlüsselung

a) Konzept der Verschlüsselung

Verschlüsselung dient der Wahrung des **IT-Schutzziels der Vertraulichkeit**. Unter Vertraulichkeit versteht man den Schutz vor unbefugter Preisgabe von Daten und Informationen. Eng damit zusammen hängt auch das **IT-Schutzziel der Datenintegrität und Authentizität**, also die Vollständigkeit und Richtigkeit bzw. Echtheit und Überprüfbarkeit von Daten und Informationen. Beide Ziele sollen insbesondere durch eine

---

[49] Studienbericht BITKOM, Spionage, Sabotage und Datendiebstahl – Wirtschaftsschutz in der digitalen Welt, 2020, abrufbar unter https://www.bitkom.org/sites/main/files/2020-02/200211_bitkom_studie_wirtschaftsschutz_2020_final.pdf, S. 23.
[50] Vgl. zu den IT-Schutzzielen etwa unter https://www.bsi.bund.de/SharedDocs/Downloads/DE/BSI/Grundschutz/Kompendium/IT_Grundschutz_Kompendium_Edition2021.pdf?__blob=publicationFile&v.=6.

Verschlüsselung der Daten gewährleistet werden, um sie vor unbefugter Kenntnisnahme oder unbefugten Veränderungen zu schützen.[51]

45 Verschlüsselung meint – vereinfacht gesagt – das Transformieren von Daten, so dass unautorisierte Dritte ohne den korrekten Schlüssel nicht in der Lage sind, die Daten sinnvoll zu interpretieren, wahrzunehmen bzw. zu verändern.[52] Bei der Verschlüsselung handelt es sich um ein Verfahren aus dem Bereich der Kryptografie, dem Wissenschaftsbereich, der sich mit den mathematischen Methoden und Techniken befasst, die zum Schutz von Informationen gegen unbefugte Kenntnisnahme und/oder absichtliche Manipulation dienen.[53] Die kryptografischen Verschlüsselungen wandeln einen Klartext mithilfe eines mathematischen Verfahrens in einen anderen Datensatz, den Chiffretext bzw. Code, um. Die entschlüsselnde Rückführung des Codes in den Klartext ist ein mathematisches Problem, das je nach Schwierigkeit lösbar oder nahezu unlösbar ist.[54]

b) Ende-zu-Ende-Verschlüsselung

46 Die Verschlüsselung der Datenübertragung beim Cloud Computing entspricht der Verschlüsselung der üblichen internetbasierten Datenübertragungswege. Sie kann auf zwei verschiedene Arten erfolgen: entweder durch eine Verschlüsselung auf dem Sicherheitsgateway bzw. auf Netzkoppelelementen, die zum Aufbau sicherer Teilnetze eingesetzt werden können, oder durch die Verschlüsselung auf den Endgeräten, die zB von Benutzern bedarfsabhängig eingesetzt werden. Im ersten Fall erfolgt die Verschlüsselung erst ab den einbezogenen Gateways oder generell ab den Zwischenstellen. Im zweiten Fall erfolgt sie für den gesamten Datentransfer über alle Übertragungsstationen hinweg; man spricht hier von einer sog. **Ende-zu-Ende-Verschlüsselung** (häufig auch engl. *end-to-end-encryption*).[55]

47 Bei E-Mail-Diensten wird hierzu beispielsweise das frei verfügbare Programmpaket *Pretty Good Privacy (PGP)* häufig eingesetzt,[56] für den Zugriff auf andere Rechner das *Secure-Shell Protokoll (SSH)*. Für eine vertrauenswürdige Datenübertragung mit ausgewählten Partnern im Internet sollten allgemein nur Übertragungsprogramme und -protokolle verwendet werden, die eine Verschlüsselung der übertragenen Daten unterstützen. Unsichere Klartextprotokolle wie *Telnet* und *FTP* sollten ohne zusätzliche Maßnahmen (etwa Tunneln über eine verschlüsselte Verbindung oder ein echtes *Virtual Private Network – VPN*) nicht mehr in öffentlichen Netzen eingesetzt werden.

5. Organisatorische und Verwaltungsmaßnahmen

a) Datenminimierung und Privacy by Design

48 Obwohl fast selbstverständlich, sollte eigentliche Grundlage für die Gestaltung der Privatsphäre die Datenminimierung sein[57] also die Bemühung um minimales Freisetzen von personenbezogenen Daten sowie die

---

51 Vgl. https://www.bsi.bund.de/SharedDocs/Downloads/DE/BSI/Grundschutz/Kompendium/IT_Grundschutz_Kompendium_Edition2021.pdf?__blob=publicationFile&v.=6 sowie https://www.allianz-fuer-cybersicherheit.de/SharedDocs/Downloads/Webs/ACS/DE/BSI-CS/BSI-CS_006.pdf?__blob=publicationFile&v.=1.
52 Vgl. etwa Eckert, IT-Sicherheit, 2018, S. 9.
53 Einführung in kryptographische Grundbegriffe s. Bundesamt für Sicherheit in der Informationstechnik (BSI), IT-Grundschutz-Kataloge, 2016, abrufbar unter https://download.gsb.bund.de/BSI/ITGSK/IT-Grundschutz-Kataloge_2016_EL15_DE.pdf, M 3.23.
54 Ausf. Einführung in die Kryptographie und die modernen Verschlüsselungsverfahren bei Kipker/Sohr/Kemmerich Cybersecurity Kap. 2 Rn. 21 ff.
55 Zu Sicherheitsgateways und Verschlüsselung vgl. Bundesamt für Sicherheit in der Informationstechnik (BSI), IT-Grundschutz-Kataloge, 2016, abrufbar unter https://download.gsb.bund.de/BSI/ITGSK/IT-Grundschutz-Kataloge_2016_EL15_DE.pdf, M 4.101.
56 Zum Einsatz von GnuPG oder PGP s. Bundesamt für Sicherheit in der Informationstechnik (BSI), IT-Grundschutz-Kataloge, 2016, abrufbar unter https://download.gsb.bund.de/BSI/ITGSK/IT-Grundschutz-Kataloge_2016_EL15_DE.pdf, M 5.63.
57 Dazu ausf. Gürses/Troncoso/Diaz, Engineering Privacy by Design, 2011, S. 1 ff.

Bemühung um minimale Rückführbarkeit (*Linkability*) der freigesetzten personenbezogenen Daten.[58] Im Idealfall bedeutet die Datenminimierung auch eine Reduktion des Aufwands für die Datensicherung.

Ein Teil der Datenminimierungsbemühungen ist in die Grundsätze zum sogenannten **Privacy by Design** (kurz: **PbD**) eingeflossen.[59] PbD bezeichnet einen entwicklungstheoretischen Ansatz, bereits von vornherein bei Konzeption und Entwicklung informationstechnologischer Systeme eine datenschutzideale Umgebung anzustreben.[60] Damit sollen Architektur, Infrastruktur und Design die Datenerhebung, -verwaltung und -speicherung früh konzeptionell berücksichtigen, um spätere, unter Umständen erheblich aufwendigere, Maßnahmen zu vermeiden und generell Risiken vorzubeugen. PbD als datenschutzzentralistisches Entwicklungskonzept beruht auf dem Privacy-by-Design-Framework von 1997[61], Grundsätzen, die den Leitlinien des Datenschutzrechts (vgl. unter → *Cloud Computing, Geheimnis- und Datenschutz* Rn. 30 f.) allgemein ähnlich sind.[62] Datenminimierung kann mit harten Datenschutzmechanismen erzwungen werden. So können etwa Standort-Datenschutz-Technologien[63] auf Endgeräten Verkehrsdaten erheben und Mittelwerte von Geschwindigkeit und Distanz berechnen, während die reale Lage eines Teilnehmers an dem Geo-Ortungssystem trotzdem anonymisiert wird.[64]

49

b) Anonymisierung und Pseudonymisierung

Wichtige Instrumente im Umgang mit Daten sind ferner ihre Anonymisierung und Pseudonymisierung, was von zahlreichen Programmen unterstützt wird. Gerade im Kontext der anwaltlichen Tätigkeit spielen diese Instrumente eine bedeutende Rolle, indem die Offenbarung eines im Rahmen der anwaltlichen Tätigkeit bekannt gewordenen Geheimnisses nach §§ 203 Abs. 1 Nr. 3 StGB, 43a Abs. 2 BRAO die Kenntnis der Identität der das Geheimnis betreffenden Person voraussetzt (→ *Cloud Computing, Geheimnis- und Datenschutz* Rn. 18). Insofern können Anonymisierung und Pseudonymisierung zu einer rechtssicheren Nutzung von Cloud-Angeboten beitragen. Auch die Anwendbarkeit datenschutzrechtlicher Vorschriften, insbesondere der DS-GVO, setzt das Vorliegen von „personenbezogenen Daten" voraus (vgl. Art. 2 Abs. 1 DS-GVO). Mithin müssen die Daten Rückschlüsse auf die Identität der betroffenen natürlichen Person zulassen (vgl. Art. 4 Nr. 1 DS-GVO), was im Wege der Anonymisierung und Pseudonymisierung grundsätzlich vermieden werden kann.

50

c) Authentifizierungsmechanismen und Rechtemanagement

Unerlässliche Voraussetzung für die **Authentifizierung** ist die Vergabe sicherer Passwörter (→ Rn. 9 f.) bzw. die Nutzung vergleichbar sicherer Identifikationsmöglichkeiten (etwa der Abgleich biometrischer Merkmale etc). Das BSI empfiehlt bei der Nutzung von Cloud-Systemen ferner den Einsatz einer Zwei-Faktor-Authentifizierung.[65] Ist die Identität des Nutzers nachgewiesen, wird ihm die **Autorisierung** zur Nutzung der Cloud-Anwendung erteilt.

51

---

58 Pfitzmann/Hansen, A terminology for talking about privacy by data minimization: Anonymity, unlinkability, undetectability, unobservability, pseudonymity, and identity management, 2010, S. 34.
59 Vgl. auch die Hinweise auf der Webseite des Bundesbeauftragten für Datenschutz und Informationsfreiheit (BfDI), Data Protection by Design, abrufbar unter https://www.bfdi.bund.de/DE/Fachthemen/Inhalte/Technik/DPbD.html.
60 Ausf. Langheinrich in Abowd/Brumitt/Shafer, Ubicomp 2001: Ubiquitous Computing, 2001, S. 273 ff.
61 Vgl. dazu Cavoukian in Gutwirth/Leenes/de Hert, Reforming European Data Protection Law, 2015, S. 293 ff.
62 Pfitzmann/Hansen, A terminology for talking about privacy by data minimization: Anonymity, unlinkability, undetectability, unobservability, pseudonymity, and identity management, 2010, S. 34.
63 Vgl. zu diesen ausf. Tschofenig/Schulzrinne (ua), The IETF Geopriv and Presence Architecture Focusing on Location Privacy, Position Paper for the W3C Workshop on Languages for Privacy Policy Negotiation and Semantics-Driven Enforcement, 2006.
64 Tragos/Pöhls (ua) in Vermesan/Friess, Building the Hyperconnected Society – IoT Research and Innovation Value Chains, Ecosystems and Markets, 2015, 6.4.4.
65 Bundesamt für Sicherheit in der Informationstechnik (BSI), Eckpunktepapier Sicherheitsempfehlungen für Cloud Computing Anbieter, 2012, S. 43.

52 Darüber hinaus sollte sowohl der Cloud-Service-Provider als auch der Cloud-Nutzer über ein **Rechtemanagement** verfügen (vgl. schon → Rn. 13), das festlegt, welche Mitarbeiterinnen und Mitarbeiter auf welche Daten zugreifen und wer welche Daten nur lesen bzw. auch bearbeiten kann. Dies kommt etwa im Wege einer benutzerbestimmbaren Zugriffskontrolle (sog. *Discretionary Access Control*, kurz DAC) in Betracht, bei der die Zugriffsrechte auf bestimmte Objekte für jeden Benutzer einzeln festgelegt werden können. Alternativ kommt auch die Zuweisung von Benutzerrollen oder -gruppen in Betracht (sog. *Role Based Access Control*).[66]

d) Regelmäßige manuelle oder automatisierte Datenlöschung

53 Eine besonders praxisrelevante Maßnahme ist die Möglichkeit der regelmäßigen manuellen oder automatisierten Löschung von Nutzer-Daten durch den Cloud-Service-Provider. Da sich Sicherheitsbedenken (zu diesen ausf. → Rn. 1 ff.) und damit zusammenhängend Fragen der Compliance bei der Cloud-Nutzung nicht immer in allen Anwendungsfällen ausräumen lassen, der Einsatz von Cloud Computing in der Praxis jedoch vielerorts quasi unumgänglich und strategisch relevant ist, begegnet man entsprechenden Risiken vermehrt durch vertragliche **Löschungsvereinbarungen** (sog. ***Data Deletion Requests***). Danach ist der Cloud-Service- Provider verpflichtet, Nutzerdaten beispielsweise in festgelegten Intervallen manuell oder automatisiert zu löschen. Hierdurch werden Sicherheitsrisiken verringert und Cloud-Kunden haben die Möglichkeit, sich etwa durch Vertragsverletzungsklauseln und Vertragsstrafen vor Zuwiderhandlung zu schützen.

54 Von der vertraglichen Beziehung zwischen dem Cloud-Service-Provider und dem (End-)Kunden bzw. Nutzer ist die Beziehung des Cloud-Service-Providers zu seinen Subunternehmern zu unterscheiden (ausf. sogleich unter → Rn. 61). Auch mit Blick auf den Legal Tech-Markt verbreitet ist dabei der Fall, dass Software von einem Legal Tech-Unternehmen cloudbasiert angeboten und vom (End-)Kunden bzw. Nutzer (beispielsweise einer Rechtsanwältin oder einem Rechtsanwalt) als Webanwendung genutzt wird. Dabei betreibt der Legal Tech-Anbieter die Serverplattform, auf der die Software dem Nutzer „as a Service" zur Verfügung gestellt wird (vgl. zu solchen SaaS-Angeboten ausf. unter → *Cloud Computing, allgemein* Rn. 59 ff.), regelmäßig nicht selbst. Vielmehr greifen Anbieter hierfür meist auf IaaS- oder PaaS-Angebote (zu diesen eingehend → *Cloud Computing, allgemein* Rn. 53 ff.) großer Cloud-Service-Provider zurück, die sodann als Subunternehmer des Legal Tech- bzw. Software-Anbieters fungieren.[67] Ein solches cloudbasiertes Softwareangebot hat für den Nutzer die für Cloud Computing bzw. SaaS typischen Vorteile (zu diesen ausf. → *Cloud Computing, allgemein* Rn. 36 ff.), sodass etwa keine vorinstallierte Software oder häufige Softwareupdates benötigt werden. In einem solchen Fall muss der Software-Anbieter gegenüber dem Nutzer vertraglich zur Löschung verpflichtet sein. Dieser Verpflichtung kann der Software-Anbieter nachkommen, indem er die Datenlöschung selbst vornimmt oder den Cloud-Anbieter zur Löschung anweist bzw. ihn wiederum zu entsprechenden (intervallmäßigen) Löschungen verpflichtet. Nach dieser Gestaltung bleibt aber der Software-Anbieter gegenüber dem Nutzer dafür verantwortlich, eine vertragsgemäße Datenlöschung sicherzustellen.

55 Auch auf Seiten der Cloud-Nutzer gibt es die Möglichkeit, beispielsweise durch **unternehmensinterne Compliance-Vorgaben** Mitarbeiterinnen und Mitarbeiter dazu anzuhalten, in der Cloud hinterlegte Daten in festgelegten Intervallen zu löschen. Hierzu kann auch eine Klassifizierung der im Unternehmen gesammelten Daten erfolgen, wobei sich ein regelmäßiges Löschen insbesondere bei Kundendaten bzw. personenbezogenen Daten von Kunden anbietet.

e) Zertifizierungen und Transparenz

56 Den genannten IT-Hauptrisiken (→ Rn. 1 ff.) werden Sicherheitsanforderungen in verschiedenen – häufig international anerkannten – Standards und Rahmenwerken gegenübergestellt. Cloud-Nutzer sollten darauf achten, welche Zertifizierungen die jeweiligen Cloud-Angebote vorweisen können. Zertifizierungen ha-

---

66 Vgl. Leupold/Wiebe/Glossner/James IT-R Teil 11.1 Rn. 18.
67 Vgl. Leupold/Wiebe/Glossner/Stögmüller IT-R Teil 11.4.3 Rn. 5.

ben zudem eine wichtige vertrauensstiftende Funktion und spielen bei der rechtlichen Beurteilung der Sicherheit einer Cloud-Lösung eine zentrale Rolle, indem diese auf den technischen, rein tatsächlichen Begebenheiten aufbaut und sich hierzu primär auf Zertifizierungen stützen können muss.

International relevant sind insbesondere die Zertifizierungen nach **ISO/IEC 27001**[68], **NIST-800–53**[69], **FedRAMP**[70] sowie die **CSA Security Guidance**[71] und die **Cloud Control Matrix**[72] der Cloud Security Alliance (CSA). Von praktischer Bedeutung für die USA sind ferner **Service Organization Control Reports**, insbesondere Type 2 (**SOC 2**).[73] Auf nationaler Ebene kommt in Deutschland der **IT-Grundschutz** des Bundesamts für Sicherheit in der Informationstechnik (BSI) hinzu.[74] Dieser besteht aus mehreren BSI-Standards und den IT–Grundschutz-Katalogen. Zudem sind auch das BSI-Eckpunktepapier zum Cloud Computing[75] und der Kriterienkatalog Cloud Computing C5[76] in der Praxis relevant und daher lesenswert.

Auf europäischer Ebene zu erwähnen ist ferner die **Cloud Certification Schemes List (CCSL)** und das **Cloud Certification Schemes Metaframework (CSSM)**.[77] Beide gehen zurück auf den Vorschlag der Europäischen Kommission in ihrer Mitteilung zur „Freisetzung des Cloud-Computing-Potenzials in Europa" von 2012, die Entwicklung EU-weiter freiwilliger Zertifizierungssysteme durch das Zusammenstellen von Anbieterlisten zu fördern.[78] In diesem Sinne verschafft die CCSL einen Überblick über verschiedene existierende Zertifizierungssysteme und führt relevante Informationen zu ebendiesen auf.

f) Vertragliche Lösungen, insbesondere Service Level Agreements

Wie im IT-Outsourcing üblich wird auch für die vertragliche Gestaltung beim Cloud Computing typischerweise auf einen **modularen Vertragsaufbau** zurückgegriffen. Demnach setzt sich der Cloud Computing-Vertrag neben dem sog. Master Service Agreement (MSA), also dem Cloud- Computing-Rahmenvertrag, aus mehreren Anlagen zusammen.[79] So werden die Einzelheiten der Leistungserbringung und Qualitätskriterien regelmäßig in sog. Leistungsscheinen und Service Level Agreements (SLA) geregelt. Details zu

---

68 ISO steht für „International Organization for Standardization", IEC für „International Electrotechnical Commission"; beide erarbeiten gemeinsame Standards zur Informations- und Kommunikationstechnik. Im Bereich der Informationssicherheit sind die Standards der Reihe ISO/IEC 270xx relevant, wobei das Zertifikat ISO/IEC 27001 auf globaler Ebene dominiert.
69 National Institute of Standards and Technology (NIST), Special Publication 800–53, Security and Privacy Controls for Information Systems and Organizations, Revision 5, 2020, abrufbar unter https://nvlpubs.nist.gov/nistpubs/SpecialPublications/NIST.SP.800-53r5.pdf.
70 US General Services Adminstration, Federal Risk and Authorization Management Program (FedRAMP), s. unter http://www.gsa.gov/portal/category/10237.
71 Cloud Security Alliance (CSA), Security Guidance V. 4.0, 2017, abrufbar unter https://downloads.cloudsecurityalliance.org/assets/research/security-guidance/security-guidance-v4-FINAL.pdf.
72 Cloud Security Alliance (CSA), Cloud Control Matrix V. 4, 2021, abrufbar unter https://cloudsecurityalliance.org/research/cloud-controls-matrix/.
73 Vgl. die Hinweise des American Institute of Certified Public Accounts (AICPA), abrufbar unter https://us.aicpa.org/interestareas/frc/assuranceadvisoryservices/serviceorganization-smanagement.
74 Bundesamt für Sicherheit in der Informationstechnik (BSI), IT–Grundschutz, vgl. unter http://www.bsi.bund.de/grundschutz.
75 Bundesamt für Sicherheit in der Informationstechnik (BSI), Eckpunktepapier Sicherheitsempfehlungen für Cloud Computing Anbieter, 2012.
76 Bundesamt für Sicherheit in der Informationstechnik (BSI), Kriterienkatalog Cloud Computing – C 5, 2020, abrufbar unter https://www.bsi.bund.de/SharedDocs/Downloads/DE/BSI/CloudComputing/Anforderungskatalog/2020/C5_2020.pdf?__blob=publicationFile&v.=2.
77 Vgl. unter https://www.enisa.europa.eu/news/enisa-news/enisa-cloud-certification-schemes-metaframework.
78 COM(2012) 529 final.
79 Grundlegend zu Vertragsaufbau und -inhalt bei IT-Outsourcing-Verträgen Bräutigam/ders. IT-Outsourcing und Cloud Computing Teil 13 Rn. 2 ff.; speziell zu Cloud Computing-Verträgen Jansen/Grance, Guidelines on Security and Privacy in Public Cloud Computing, NIST Special Publication 800–144, 2011, S. 7; Bräutigam/Bräutigam/Thalhofer IT-Outsourcing und Cloud Computing Teil 14 Rn. 129 ff.; Leupold/Wiebe/Glossner/Stögmüller IT-R Teil 11.4.3 Rn. 5 ff.; Auer-Reinsdorff/Conrad/Strittmatter IT-R-HdB § 22 Rn. 21 ff.; Wicker MMR 2012, 783 ff.

Datenschutz und Datensicherheit finden sich ferner im Data Processing Agreement (DPA, dazu ausf. unter → *Cloud Computing, Geheimnis- und Datenschutz* Rn. 35 ff.).

60 **Service Level Agreements (SLAs)** sind vertragliche Vereinbarungen zur eingehenden Regelung des Dienstebezugs. Darin können die Pflichten des Cloud-Service-Providers neben seiner grundsätzlichen Verpflichtung zur Bereitstellung und Überlassung der Dienste[80] mit einer detaillierten Beschreibung der (Qualitäts-)Standards der Leistungserbringung weiter konkretisiert und für den Kunden transparent gemacht werden. Andernfalls wäre der Cloud-Service-Provider nur zur Erbringung eines mittleren Ausführungsstandards verpflichtet. Bei Verstößen können Vertragsstrafen, pauschalisierte Minderungs- oder Schadensersatzrechte sowie ein Kündigungsrecht des Kunden aus wichtigem Grund vorgesehen sein.[81]

61 Mit Blick auf die **Vertragsbeziehungen beim Cloud Computing** wird grundlegend das Verhältnis zwischen dem Cloud-Service-Provider und dem (End-)Kunden bzw. Nutzer (etwa einer Rechtsanwältin oder einem Rechtsanwalt) von den sog. Back-to-Back-Verträgen zwischen dem Cloud-Service-Provider und seinen Subunternehmern, die ihm etwa die technische Infrastruktur für seine Services zur Verfügung stellen, unterschieden (vgl. schon → Rn. 54). Im Verhältnis zu seinen Subunternehmen muss der Cloud-Service-Provider sicherstellen, dass auch hier diejenigen Qualitäts- und Sicherheitsstandards vereinbart werden, zu denen er sich gegenüber seinen Kunden verpflichtet hat.[82] Im Legal Tech-Markt ist es mittlerweile gängig, dass Legal Tech-Anbieter ihren Kunden Software cloudbasiert zur Verfügung zu stellen, sodass letztere die Software als Webanwendung, meist über Desktop- oder Mobile-Browser, nutzen können. Auch wenn die Software vom Legal Tech-Anbieter entwickelt wurde, wird die Serverplattform, auf der die Software dem Nutzer „as a Service" zur Verfügung gestellt wird (zu SaaS-Angeboten ausf. unter → *Cloud Computing, allgemein* Rn. 59 ff.), in der Regel nicht vom Legal Tech-Anbieter selbst betrieben. Oftmals greifen SaaS-Anbieter hierzu auf IaaS- oder PaaS-Angebote (vgl. → *Cloud Computing, allgemein* Rn. 53 ff.) großer Cloud-Service-Provider wie *Amazon Web Services (AWS)* oder *Microsoft* mit einer Vielzahl an Funktionalitäten zurück, die sodann als Subunternehmer des SaaS-Anbieters fungieren.[83] Meist entsteht dabei zwischen dem (anwaltlichen) Software-(End-)Kunden und dem Cloud-Anbieter (beispielsweise *AWS*) selbst keine vertragliche Beziehung, häufig ist sogar die Identität des Cloud-Anbieters für den Software-(End)Kunden nicht von Interesse. Jedoch wird der SaaS- bzw. Legal Tech-Anbieter auch hier verpflichtet, die Einhaltung vertraglicher Absprachen mit seinen Kunden etwa in Bezug auf Service Level und Datenschutz im Verhältnis zum Cloud-Anbieter (also seinem Subunternehmer) sicherzustellen. Im Verhältnis zum (End-)Kunden verantwortlich – auch für die Einhaltung der vom Cloud-Anbieter vertraglich zugesicherten Standards – bleibt der Legal Tech- bzw. SaaS-Anbieter als dessen Vertragspartner.

62 SLAs sind gerade dort ein sinnvolles Mittel, wo eine Risikoallokation möglich und gewünscht ist oder wo bestimmte Risiken einer Partei zugewiesen werden können. Typischerweise werden Regelungen zur Verfügbarkeit der Dienste, zu Reaktions- und Antwortzeiten des Cloud-Service-Providers etwa bei der Bearbeitung von Fehlermeldungen oder beim Kundensupport (Response Time) bzw. zu Behebungs- und Wiederherstellungsfristen mit Blick auf Fehlerbehebungen und die Wiederherstellung von Funktionalitäten (Resolution Time) sowie auch zu Wartungen der Services (Maintenance) getroffen. Ferner können

---

80 Die Modalitäten hierzu werden meist schon in einem Rahmenvertrag enthalten sein; zur vertragstypologischen Einordnung Bräutigam/Bräutigam/Thalhofer IT-Outsourcing und Cloud Computing Teil 14 Rn. 125 ff.; Leupold/Wiebe/Glossner/Stögmüller IT-R Teil 11.4.3 Rn. 6 f.: Bei der Bereitstellung von Hard- und/oder cloudbasierten Softwareressourcen zur Nutzung auf Zeit handelt es sich um einen typengemischten Vertrag mit im Wesentlichen mietvertraglichem Charakter. Zum anwendbaren Vertragsrecht und den vertraglichen Pflichten des Cloud-Service-Providers im Einzelnen auch Leupold/Wiebe/Glossner/Stögmüller IT-R Teil 11.4.3 Rn. 34 ff. bzw. 43 ff.
81 Zu SLAs beim Cloud Computing etwa Bräutigam/Bräutigam/Thalhofer IT-Outsourcing und Cloud Computing Teil 14 Rn. 140 ff.; Leupold/Wiebe/Glossner/Stögmüller IT-R Teil 11.4.3 Rn. 58 ff. sowie Paul/Niemann K&R 2009, 444 (447) mwN. Allgemein zu SLAs bei IT-Outsourcing-Verträgen Bräutigam/Bräutigam IT-Outsourcing und Cloud Computing Teil 13 Rn. 414 ff.; Leupold/Wiebe/Glossner/v.d. Bussche/Schelinski IT-R Teil 2.5.2 Rn. 1 ff.; Bräutigam CR 2004, 248 ff.; Schumacher MMR 2006, 12 ff.
82 Leupold/Wiebe/Glossner/Stögmüller IT-R Teil 11.4.3 Rn. 5.
83 Vgl. Leupold/Wiebe/Glossner/Stögmüller IT-R Teil 11.4.3 Rn. 5 zu SaaS-Angeboten allgemein.

Regelungen zum Sicherheitskonzept des Cloud-Service-Providers, zu Backups, zur Archivierung und Datenspeicherung sowie weiteren Aspekten vorgesehen sein.[84] Zur Verbesserung der Transparenz werden bestimmte Schwellenwerte vereinbart (Maximalverfügbarkeiten, bestimmte Supportzeiten etc), was die Kontrolle der Einhaltung der entsprechenden Vereinbarungen vereinfacht.

Auf diesem Wege kann sich der Cloud-Nutzer gegen bestimmte IT-Risiken (vgl. unter → Rn. 1 ff.) vertraglich absichern, etwa gegen die Nicht-Erreichbarkeit der Dienste (→ Rn. 26) oder den Verlust von Daten und Informationen. Dieser Gedanke greift auch bei Risiken, die auf rechtlichen Verpflichtungen beruhen, denen der Cloud-Nutzer unterliegt. Ein SLA könnte beispielsweise festlegen, dass ein Cloud-Service-Provider die Daten, die der Cloud-Kunde innerhalb einer bestimmten Zuständigkeit zur Verfügung stellt, beibehalten muss, um datenschutzrechtliche Vorgaben einzuhalten. Gerade wenn der Cloud-Nutzer besonderen rechtlichen Verpflichtungen unterliegt, spielen vertragliche Lösungen – etwa in Form von SLAs – eine zentrale Rolle. Selbst kann der Nutzer solche Verpflichtungen oftmals nicht (vollumfänglich) erfüllen. Er ist hierfür vielmehr auf den Cloud-Service-Provider angewiesen.

Schließlich ist anzumerken, dass sich durch die dynamischen Aspekte des Cloud Computing Dienste- oder Anbieter-Richtlinien im Laufe der Zeit ändern können. Daher ist es für den Cloud-Kunden wichtig, die Einhaltung der Service-Level-Vereinbarung des Cloud-Service-Providers kontinuierlich zu verfolgen.[85] Für die Durchführung der hierzu erforderlichen Überprüfungen (Audits) können Cloud-Kunden auch Dritte beauftragen.

---

84 In diesem Zsmh. wird auch zwischen Service und Security Level differenziert, vgl. etwa Splittgerber/Rockstroh BB 2011, 2179 (2183).
85 Takabi/Joshi/Ahn IEEE Security & Privacy 2010, 24 (25).

15. Compliance, Digital

Engelhart

I. Compliance im Kontext	1		b) Insbesondere: Digitalisierung des Entscheidungsmanagements	52
1. Compliance	4		c) Insbesondere: Digitalisierung von Nachweisen	57
a) Compliance	6			
b) Compliance-Programme	8		d) Insbesondere: Digitalisierung der Prävention	60
c) Digital Compliance	16		e) Insbesondere: Digitalisierung bei der Einstellung	62
2. Corporate Governance	18			
3. Risikomanagement	22		4. Digitalisierung der Kontrolle	63
4. Governance, Risk und Compliance (GRC)	28		5. Digitalisierung der Dokumentation	70
II. Einzelne Maßnahmen	29		6. Digitalisierung der Corporate Governance und der Corporate Social Responsibility	71
1. Digitalisierung des Informationsmanagements	31			
2. Digitalisierung der Informationsvermittlung	41		**III. Schlussfolgerungen**	72
3. Digitalisierung der Compliance-Struktur	45			
a) Grundlegende Compliance-Struktur	45			

Literatur: *Bräutigam/Habbe*, Digitalisierung und Compliance – Rechtliche Herausforderung für die Geschäftsleitung, NJW 2022, 809; *Bürkle*, Corporate Compliance – Pflicht oder Kür für den Vorstand der AG?, BB 2005, 565; *Burchard*, Digital Criminal Compliance, in Engelhart/Kudlich/Sieber (Hrsg.), Festschrift für Ulrich Sieber, 2021, S. 741; *Busch/Hoven/Pieth/Rübenstahl* (Hrsg.), Antikorruptions-Compliance, 2020 (zit.: Busch/Hoven/Pieth/Rübenstahl); *Dzida*, Big Data und Arbeitsrecht, NZA 2017, 541; *Engelhart*, Sanktionierung von Unternehmen und Compliance, 2. Aufl. 2012 (zit.: Engelhart Sanktionierung von Unternehmen); *Gleißner*, Grundlagen des Risikomanagements, 3. Aufl. 2017 (zit.: Gleißner Risikomanagement); *Gruner/Brown*, Organizational Justice: Recognizing and Rewarding the Good Citizen. Corporation, 21 J. Corp. L. (1995–96), 731 (737 *Hauschka*, Compliance, Compliance-Manager, Compliance-Programme – Eine geeignete Reaktion auf gestiegene Haftungsrisiken für Unternehmen und Management? NJW 2004, 257; *v. Hehn/Hartung*, Unabhängige interne Untersuchungen in Unternehmen als Instrument guter Corporate Governance – auch in Europa? DB 2006, 1909; *Heilemann*, Click, Collect and Calculate: The Growing Importance of Big Data in Predicting Future Criminal Behaviour, RIDP 92 (2021), 49; *Hoeren*, Thesen zum Verhältnis von Big Data und Datenqualität – Erstes Raster zum Erstellen juristischer Standards, MMR 2016, 8; *Klindt*, Corporate Compliance, NJW 2007, 2460; *Kowallik*, Compliance in einer digitalen Welt: Das neue Sozialkreditsystem in China, DB 2021, 252; *Kreß*, Criminal Compliance und Datenschutz im Konzern, 2018; *Laufer*, Compliance and Evidence: Glimpses of Optimism from a Perennial Pessimist, in Tiedemann et al. (Hrsg.), Die Verfassung moderner Strafrechtspflege, 2016, S. 423; *Laufer*, A very special regulatory milestone, 20 U. of Pennsylvania Journal of Business Law (2017), 392 (417); *Mazzacuva*, The Impact of AI on Corporate Criminal Liability: Algorithmic Misconduct in the Prism of Derivative and Holistic Theories, RIDP 92 (2021), 143; *Meier*, Digitale Forensik in Unternehmen, 2016; *Minkoff*, Sanktionsbewehrte Aufsichtspflichten im internationalen Konzern, 2016; *Möslein*, Digitalisierung im Gesellschaftsrecht: Unternehmensleitung durch Algorithmen und künstliche Intelligenz? ZIP 2018, 204; *Möslein/Lordt*, Rechtsfragen des Robo-Advice, ZIP 2017, 793; *Moosmayer*, Compliance, 4. Aufl. 2021 (zit.: Moosmayer Compliance); *Neufang*, Digital Compliance – Wie digitale Technologien Compliance-Verstöße vorhersehen, IRZ 2017, 249; *Pyrcek*, Compliance und digitale Transformation – mehr als Daten, ComplianceBusiness 2017, Ausgabe 3, 6; *Rack*, Die Digitalisierung des Compliance Managements zur Senkung des Aufwands, CB 2016, 16; *Rack*, Die Digitalisierung des Compliance Managements zur Senkung des Aufwands – Teil 2, CB 2016, 58; *Rademacher*, Predictive Policing im deutschen Polizeirecht, AöR 2017, 366; *Rudkowski*, „Predictive policing" am Arbeitsplatz, NZA 2019, 72; *Schneider*, Compliance als Aufgabe der Unternehmensleitung, ZIP 2003, 645; *Sieber*, Strafrechtsvergleichung im Wandel. Aufgaben, Methoden und Theorieansätze der vergleichenden Strafrechtswissenschaft, in Sieber/Albrecht (Hrsg.), Strafrecht und Kriminologie unter einem Dach, 2006, S. 78 (zit.: Sieber/Albrecht Strafrecht und Kriminologie/Sieber); *Sieber/Engelhart*, Compliance Programs for the Prevention of Economic Crimes, 2014; *Simões Agapito/de Alencar e Miranda/Xavier Januário*, On the Potentialities and Limitations of Autonomous Systems in Money Laundering Control, RIDP 92 (2021), 87; *Spindler*, Gesellschaftsrecht und Digitalisierung, ZGR 2018, 17; *Tiedemann*, Wirtschaftsstrafrecht, 5. Aufl. 2017; *Volkov*, The Impact of New Technologies in Corporate Governance, Risk Management and Compliance Programs, 2013; *Wagner*, Legal Tech und Legal Robots in Unternehmen und den sie beratenden Kanzleien, BB 2018, 1097.

I. Compliance im Kontext

Die Digitalisierung hat inzwischen zahlreiche Geschäftsprozesse in Unternehmen und anderen Organisationen erfasst. Vereinzelt bildet sie sogar teilweise bereits den Schwerpunkt der Tätigkeit wie bspw. beim Hochfrequenzhandel im Investmentbanking (→ *Algorithmischer Handel* Rn. 1 ff.).[1] Damit einher geht auch die zunehmende **Digitalisierung des rechtlichen Rahmens**, in dem diese unternehmerische Tätigkeit stattfindet. Dabei hat dieser rechtliche Rahmen in den letzten beiden Jahrzehnten insoweit an Bedeutung gewonnen, als er im Kontext von Compliance, Corporate Governance und Risk Management systematisch mit den Unternehmensprozessen verknüpft wird. Dies hat auch dazu geführt, dass bei der Einhaltung dieses rechtlichen Rahmens auf digitale Lösungen und eine vernetzte Einbindung in die (digitalen) Unternehmensprozesse gesetzt wird. 1

Die Entwicklung digitaler Lösungen für Compliance, Corporate Governance und Risk Management verbindet zahlreiche bislang oftmals getrennt betrachtete Entwicklungen und Disziplinen, da sie nicht nur **verschiedenste rechtswissenschaftliche Felder** (allen voran das Gesellschafts- und Strafrecht) und ihre empirische Basis in der Kriminologie, sondern auch die Wirtschaftswissenschaften (inklusive der Wirtschaftsethik), Soziologie und Psychologie und vor allem die Informatik und ihre technische Umsetzung betrifft. Hinzu kommt, dass in diesem Bereich zahlreiche nationale und internationale Regulatoren und Behörden Vorgaben machen, die nur zum Teil als hard law zu berücksichtigen sind, vielmals aber als soft law daherkommen und damit die Frage nach Art und Umfang ihrer Berücksichtigung aufwerfen. 2

Um diesen letztlich sehr weitreichenden Bereich zu erfassen und gerade auch in größeren Unternehmenseinheiten umzusetzen, bietet die Digitalisierung Ansätze, diese **Komplexität** besser als ein rein manuelles/personalisiertes System zu erfassen und in den Unternehmensalltag zu integrieren. Digital Compliance ist damit ein wesentlicher Motor der Legal Tech Entwicklung in der Unternehmenspraxis geworden. 3

1. Compliance

Der Bereich Compliance ist eine Entwicklung, die seit nunmehr fast zwei Jahrzehnten das deutsche Wirtschafts(straf)recht prägt.[2] Ihren **Ursprung** hat sie in den USA. Dort hat 1993 die Einführung von Strafzumessungsrichtlinien auf Bundesebene für die Sanktionierung von Unternehmen (§ 8 **United States Sentencing Guidelines** – USSC) Compliance zu einem wesentlichen Element zur Bestimmung der Unternehmensstrafe (Verbandsstrafe) gemacht.[3] Kern der Regelung ist, dass ein effektives Compliance-Programm die Strafe mildern kann; zudem kann die Erstellung oder Verbesserung eines Compliance-Programms als eigenständige Compliance-Strafe verhängt werden.[4] Dies hat für Unternehmen den Anreiz gesetzt, durch Etablierung von Compliance-Maßnahmen Sanktionen zu vermeiden oder zumindest abzumildern. 4

Diese **Motivation der Sanktionsvermeidung** besteht bis heute und hat sogar an Bedeutung gewonnen, da zahlreiche Regelungen den Ansatz der amerikanischen Strafzumessungsrichtlinien übernommen haben und explizit derartige Maßnahmen zumindest zum Teil erfordern, wie dies bspw. für die Korruptionsbekämpfung der amerikanische FCPA oder der britische UK Bribery Act sowie allgemein zahlreiche Normen der Unternehmensstrafbarkeit im europäischen und nicht europäischen Ausland vorsehen. Zudem sind inzwischen über die explizite Festschreibung hinaus Compliance-Bemühungen in der Praxis zahlreicher Behörden und Gerichte als Teil der Sanktionsüberlegungen anerkannt. Hinzu kommt, dass zahlreiche Stakeholder inzwischen stärker als in der Vergangenheit ein regelkonformes und oftmals auch ethisches Verhalten einfordern. 5

---

1 Breidenbach/Glatz Legal Tech-HdB/Schemmel § 5.6 Rn. 1.
2 Tiedemann, Wirtschaftsstrafrecht, 5. Aufl. 2017, Einführung Rn. 12 ff.
3 Eingehend Engelhart Sanktionierung von Unternehmen S. 162 ff.
4 Engelhart Sanktionierung von Unternehmen S. 162 ff., 188.

a) Compliance

6 Compliance im engeren Sinne ist die **Einhaltung** der für ein Unternehmen und seine Mitarbeiter geltenden **rechtlichen Bestimmungen**. Im Hinblick auf die zumeist im Zentrum stehende straf- oder ordnungswidrigkeitenrechtliche Verantwortlichkeit des Unternehmens und seiner Mitarbeiter bedeutet Compliance somit die Einhaltung der entsprechenden straf- und ordnungswidrigkeitenrechtlichen Vorschriften (Criminal Compliance).[5] Über die rechtlichen Regelungen hinaus kann Compliance auch die Einhaltung weiterer Vorgaben wie ethischer Belange, unternehmensinterner Vorgaben, technischer Standards etc umfassen (Compliance im weiteren Sinne). Vielfach sind derartige Vorgaben allerdings gar nicht streng von rechtlichen Vorgaben zu trennen, da sie eng mit diesen verwoben sein können, wenn bspw. ein strafrechtlicher Fahrlässigkeitsstandard durch branchentypische best practice-Standards, DIN/ISO-Vorgaben oder internationale soft law-Empfehlungen konkretisiert wird.

7 Der von Compliance abgedeckte Themenbereich kann mit der Erfassung von hard law und soft law sehr umfangreich sein, was für Unternehmen eine große Herausforderung darstellt. Er ist auch nicht generell klar skizzierbar, da er von der individuellen unternehmerischen Struktur und Tätigkeit abhängt. Im Mittelpunkt der Compliance-Ansätze stehen allerdings regelmäßig die Themen, die sowohl für das Unternehmen als solches als auch für die (leitenden) Mitarbeiter die größten Risiken bergen. Somit ist oftmals das **Strafrecht** im weiteren Sinne (einschließlich des Ordnungswidrigkeitenrechts) im Fokus der Compliance-Bemühungen. Zu den wichtigsten Themen gehören dabei das Korruptionsstrafrecht, das Kartellrecht und die Geldwäschebekämpfung sowie vor allem in neuer Zeit das Datenschutzrecht (→ *Datenschutz, allgemein* Rn. 1 ff.; → *Datenschutz, Compliance* Rn. 1 ff.).[6] Mit der Digitalisierung und Vernetzung der unternehmerischen Infrastruktur hat zudem der Bereich der Cybersecurity große Bedeutung erlangt. Individuell können jedoch auch bspw. das Umweltstrafrecht oder Produktsicherheitsvorgaben von zentraler Bedeutung für das Unternehmen sein.

b) Compliance-Programme

8 Compliance bezeichnet zunächst nur eine Selbstverständlichkeit, da die Rechtsordnung die **Einhaltung rechtlicher Vorgaben** durch das Unternehmen und seine Mitarbeiter genauso erwartet wie von jeder anderen Person auch. Jedoch ist die Rechtseinhaltung in einem Unternehmen deutlich schwerer zu erreichen als wenn der Normbefehl nur an eine einzige natürliche Person gerichtet ist, da in einem Unternehmen eine Vielzahl von Personen mit einer Vielzahl von Tätigkeiten und Interessen verbunden sind. Der Geschäftstätigkeit immanente Risiken und vor allem die gruppendynamischen Risiken, die zu einem rechts(un)treuen **Unternehmensklima** führen können, prägen hier die unternehmerische Umgebung.[7] Der Zustand Compliance ist in einem Unternehmen daher nicht ohne Weiteres gegeben, aufrechtzuerhalten oder in manchen Fällen auch erst zu erreichen.

9 Auf die Erreichung des Zustands Compliance zielen die meisten Bestrebungen in der Praxis und auch in der Theorie ab. Compliance wird so zum Synonym für umfangreiche Maßnahmen, die ein Unternehmen ergreifen kann, um die Rechtseinhaltung zu gewährleisten und Verstöße zu vermeiden bzw. aufzudecken.[8] **Compliance-Maßnahme** bezeichnet dabei die Einzelmaßnahme, während sich der Begriff des

---

5 Vgl. auch die Strafzumessungsrichtlinien in den USA, die Compliance in Bezug zur Aufdeckung und Vermeidung kriminellen Verhaltens setzen, § 8 B 2.1 Cmt. 1. United States Sentencing Guidelines.
6 Siehe näher Sieber/Engelhart, Compliance Programs for the Prevention of Economic Crimes, 2014, S. 38 ff.
7 Näher Engelhart Sanktionierung von Unternehmen S. 610 ff.
8 Bürkle BB 2005, 565; Gruner/Brown 21 J. Corp. L. (1995–96), 731 (737); Hauschka NJW 2004, 257; Schneider ZIP 2003, 645 (646). Siehe auch Klindt NJW 2007, 2460 („Vielmehr geht es gerade um die Emanzipation von individueller Rechtstreue hin zu einer organisierten, dokumentierten und auch sanktionierten Architektur der Rechtseinhaltung in allen unternehmerischen Tätigkeitsbereichen."). Neben dem Aspekt der Rechtseinhaltung wird vielfach auch das Risikomanagement hervorgehoben, vgl. nur v. Hehn/Hartung DB 2006, 1909 f.

Compliance-Programms[9] auf ein Bündel von Maßnahmen im Rahmen eines umfassenderen Gesamtkonzepts bezieht.

Wie ein **Compliance-Programm konkret** auszusehen hat, ist in Deutschland bislang nicht gesetzlich vorgeschrieben. Nur vereinzelt bestehen im deutschen Recht nähere Vorgaben wie bspw. im Wertpapierhandelsrecht in § 25a KWG und Art. 22 Abs. 2 der Delegierten Verordnung (EU) 2017/565 (auch in Verbindung mit §§ 63 ff. WpHG), die auf eine zu etablierende Compliance-Funktion verweisen. Die notwendigen Elemente einer solchen Compliance-Funktion werden durch die Bundesanstalt für Finanzdienstleistungsaufsicht in den „Mindestanforderungen an die Compliance-Funktion und weitere Verhaltens-, Organisations- und Transparenzpflichten (**MaComp**)"[10] noch näher beschrieben. In Ermangelung allgemeiner gesetzlicher Vorgaben sind daher für die Praxis nach wie vor wichtiger Anhaltspunkt für die Erstellung eines Compliance-Programms die Vorgaben der amerikanischen **Strafzumessungsrichtlinien**, die tragende Elemente eines Compliance-Programms definieren.[11] Ergänzt werden diese durch Vorgaben des amerikanischen Justizministeriums für die amerikanischen Strafverfolgungsbehörden.[12]

Für die Umsetzung in der Praxis bestehen über diese gesetzlichen Anhaltspunkte hinaus zudem inzwischen mehrere **Regelwerke anerkannter Organisationen** wie der ISO 37301 von 2021, der den (nicht zertifizierbaren) ISO 19600 von 2014 abgelöst hat und einen internationalen Standard für Best Practice im Compliance-Management bietet.[13] Dieser v.a. formale Elemente abbildende Standard findet sich in ähnlicher Weise in den Vorgaben des vom Institut der Wirtschaftsprüfer (IDW) erstellten Prüfungsstandards 980 zu Grundsätzen ordnungsmäßiger Prüfung von Compliance-Management-Systemen.[14] Hinzu kommen speziellere Vorgaben wie bspw. ISO 37001 für Anti-Korruptions-Management-Systeme.[15]

Zentral für alle diese Ansätze ist, dass nur ein **effektives Programm** relevant ist, also eines, das tatsächlich der Verhinderung und Aufklärung von Regelverstößen dient. Dabei geht es nicht nur darum, Window-Dressing (also das formale Erfüllen von Kriterien bei gleichzeitiger materieller Abweichung von den Vorgaben zur Vorspiegelung eines good corporate citizen) zu verhindern. Sondern es soll auch die Notwendigkeit eines auf das spezifische Unternehmen zugeschnittenen Compliance-Programms verdeutlichen, da die Bedürfnisse nach Art der Tätigkeit, Umfang des Unternehmens etc deutlich divergieren können. So genügt es gerade nicht, eine Compliance-Vorgabe einfach umzusetzen, sondern diese muss entsprechend den vorgefundenen Bedingungen im Unternehmen individuell angepasst werden. Das bedeutet, dass Compliance-Vorgaben grundsätzlich nur **Rahmenvorgaben** sind, die konkretisierungs- und ausfüllungsbedürftig sind.

Im Einzelnen umfassen Compliance-Programme **zahlreiche Komponenten** von der Risikoerkennung bis hin zur Sanktionierung von Verstößen.[16] Ausgangspunkt und zentral für alle weiteren Maßnahmen sind die

---

9 Der Begriff hat sich weitgehend mit verschiedenen Varianten durchgesetzt: So sprechen bspw. die amerikanischen Strafzumessungsrichtlinien für Unternehmen in § 8 USSG von einem Compliance- und Ethikprogramm. Im Regelfall stellt ein „Code of Ethics" (synonym: Code of Conduct) als formales Dokument zu Verhaltensvorgaben und -standards einen Teil eines umfassenderen Compliance-Manuals dar und ist somit ein Teil eines Compliance-Programms.
10 BaFin, Rundschreiben 05/2018 (WA) – Mindestanforderungen an die Compliance-Funktion und weitere Verhaltens-, Organisations- und Transparenzpflichten – MaComp v. 19.4.2018, geändert am 10.8.2021, Geschäftszeichen WA 31 – Wp 2002 -2017/0011.
11 Näher dazu Engelhart Sanktionierung von Unternehmen S. 163 ff., 733 ff.
12 Näher „Principles of Federal Prosecution of Business Organizations" im Justice Manual (JM), JM 9–28.300 sowie JM 9–28.800; siehe auch die Hinweise des U.S. Department of Justice/Criminal Division, Evaluation of Corporate Compliance Programs (Updated June 2020), abrufbar unter https://www.justice.gov/criminal-fraud/page/file/937501/download.
13 International Organization for Standardization, ISO 37301:2021 – Compliance Management Systems, April 2021, abrufbar unter https://www.iso.org/standard/75080.html.
14 Siehe unter https://www.idw.de/idw/verlautbarungen/idw-ps-980/43124.
15 Siehe unter https://www.iso.org/iso-37001-anti-bribery-management.html.
16 Näher bspw. Engelhart Sanktionierung von Unternehmen S. 711 ff.; Busch/Hoven/Pieth/Rübenstahl/Kahlenberg/Schäfer/Schieffer Kap. 33 Rn. 19 ff.; Moosmayer Compliance S. 35 ff.

Risikoidentifikation und -analyse, um überhaupt bestimmen zu können, welche spezifischen Risiken für Regelverstöße im Unternehmen bestehen. Der nächste Schritt ist die Risikobewertung, um die (zahlreichen) Risiken nach ihrer Bedeutung, Häufigkeit, Art etc zu bewerten. Darauf aufbauend kann der Compliance-Kodex entwickelt werden, der eine schriftliche Niederlegung der relevanten Vorgaben, die im Unternehmen gelten, erfasst. Sodann ist eine entsprechende Struktur (**Compliance-Struktur**) zu entwickeln, die eine klare Zuweisung der Compliance-Aufgaben an qualifiziertes Personal (an einen Compliance-Officer oder eine Compliance-Abteilung) vornimmt. Darüber hinaus, und dies ist zumeist der komplexeste Bereich (der in der Praxis oftmals als Compliance-Management-System bezeichnet wird), sind organisatorische Maßnahmen zur Schaffung von Compliance-Abläufen zu treffen. Dies bedingt, für jede Tätigkeit und Aufgabe die entsprechenden Maßnahmen zu treffen, um Regelverstöße zu verhindern. Dazu gehört die Schaffung spezieller Genehmigungs- und Berichtswege, die Einführung des Vieraugenprinzips, spezielle Systeme zur Annahme von Geschenken etc. Bei Neueinstellungen ist ein Screening der Bewerber vorzusehen. Hinzu kommt eine entsprechende Kommunikation und Vermittlung der Compliance-Vorgaben, die nicht nur die Information durch entsprechende Plattformen oder Helplines, Schulungen, sondern auch die fortwährende Betonung der Compliance von Vorgesetztenseite (in Reden, Mitarbeitergesprächen etc) als tone from the top mit der Schaffung von Anreizen für regeltreues Verhalten umfasst.

14 Diese präventiven Maßnahmen werden durch entsprechende Kontrollen, sowohl als unvorhersehbare Stichproben wie auch als dauerhaftes System, ergänzt. Hierzu gehört ein entsprechendes Meldesystem für mögliche Verstöße (oftmals als Whistleblower-Hotline bezeichnet). Derartige Kontrollmaßnahmen können bereits als **Elemente des repressiven Teils** eines Compliance-Programms betrachtet werden, das darüber hinaus entsprechende Untersuchungsmaßnahmen (Compliance-Investigations bzw. Internal Investigations) und Abläufe bei möglichen Compliance-Verstößen vorsehen kann. Dabei können auch Sanktionen und Kriterien für die Sanktionierung von Verstößen festgelegt werden.

15 Schließlich muss das Compliance-Programm eine fortlaufende **Evaluation und Verbesserung** der Maßnahmen vorsehen. Ein Programm kann nicht statisch (und lediglich einmal erstellt und umgesetzt) sein, sondern es muss dynamisch neuen Erkenntnissen (neuen Risiken, neuen rechtlichen Rahmenbedingungen, erkannter Ineffektivität von Maßnahmen etc) angepasst werden.

c) Digital Compliance

16 Unter Digital Compliance ist die **Digitalisierung der Compliance-Strukturen**, also insbesondere einzelner Maßnahmen eines Compliance-Programms, zu verstehen.[17] Ziel ist, durch technische Anwendungen die Effektivität und auch die Effizienz einer Compliance-Struktur zu verbessern. Die teilweise unter Digital Compliance verstandene Einhaltung von Regelungen der digitalen Infrastruktur (insbesondere die Einhaltung der im StGB vorgesehenen Cybercrime Delikte) kann Teil der einzuhaltenden Vorgaben sein, ist jedoch begrifflich viel zu eng und zielt vor allem nicht auf den Kern von Digital Compliance. Es geht bei Digital Compliance weniger um die Art der einzuhaltenden Vorgaben als vielmehr darum, die komplexen Elemente eines Compliance-Programms durch digitale Anwendungen zu ergänzen, zu ersetzen oder auch in Bereichen erst neu zu schaffen, wo bislang keine derart effektiven oder auch effizienten Maßnahmen möglich waren. Insoweit ist Digital Compliance auf das engste mit der Struktur eines Compliance-Programms verbunden. Dies bedeutet auch, dass es auf das einzelne Unternehmen bezogen keine generelle Lösung geben kann, sondern auch die Digitalisierung spezifisch auf dieses zugeschnitten sein muss.

17 **Digitalisierung** wird vorliegend im weiten Sinne des Einsatzes nicht analoger Techniken verstanden und kann von der Videoüberwachung und einfachen elektronischen Zugangssperren bis hin zu komplexen Datenanalysen reichen. Die eigentliche Besonderheit der neuen Entwicklung liegt jedoch vor allem in der Vernetzung der unternehmerischen Infrastruktur und der dadurch geschaffenen Möglichkeiten. Hierzu

---

[17] Vgl. dazu Burchard FS Sieber, 2021, 741; Neufang IRZ 2017, 249; Rack CB 2016, 16; Breidenbach/Glatz Legal Tech-HdB/Schemmel § 5.6 Rn. 35 ff.; Timmermann Legal Tech-Anwendungen S. 118 ff. Siehe auch Bräutigam/Habbe NJW 2022, 809; Pyrcek ComplianceBusiness 2017, Ausgabe 3, 6.

gehört auch die Möglichkeit, große Mengen an Daten zu sammeln und zu analysieren (Big Data Gathering und Big Data Analysis).[18] Bei der Auswertung dieser Datensätze spielen Aspekte der Künstlichen Intelligenz (KI) mit machine learning und neuralen Netzwerken eine zunehmende Rolle. In einzelnen Bereichen ist die Digitalisierung dabei bereits zügig vorangeschritten, wie bspw. beim Privacy Tech zur Umsetzung datenschutzrechtlicher Vorgaben (→ *Privacy Tech* Rn. 1 ff.).

2. Corporate Governance

Der Bereich der **Corporate Governance** erfasst den faktischen und rechtlichen Ordnungsrahmen für die Leitung und Überwachung eines Unternehmens.[19] Dabei zielt die Corporate Governance vor allem auf eine gute und verantwortungsvolle Unternehmensführung ab, die das Wohl des Unternehmens der verschiedenen Stakeholder im Blick hat. Ziel ist grundsätzlich, das Unternehmen als „good corporate citizen" zu etablieren und dieses in die Gesellschaft einzubinden. Hier liegt dann auch eine enge Verbindung zur sog. **Corporate Social Responsibility (CSR)**, die darauf abzielt, dass ein Unternehmen über die gesetzlichen Mindestanforderungen hinaus Verantwortung für Gesellschaft und Umwelt übernimmt. Insgesamt soll durch Corporate Governance Transparenz, Effizienz und Vertrauen in sämtliche Entscheidungen des Managements geschaffen werden, unabhängig davon, ob interne oder externe Prozesse betroffen sind.

Corporate Governance ist damit wie der Bereich der Compliance sehr vielschichtig und umfasst zahlreiche **obligatorische und fakultative Maßnahmen**: die Einhaltung von Gesetzen und Regelwerken (worin der enge Bezug zur Compliance liegt), die Befolgung anerkannter Standards und Empfehlungen sowie die Entwicklung und Befolgung eigener Unternehmensleitlinien. Ein weiterer Aspekt der Corporate Governance ist die Ausgestaltung und Implementierung von Leitungs- und Kontrollstrukturen.

Konkretisiert, und damit auch praktisch umsetzbar, wird die Corporate Governance oftmals aber erst durch die verschiedenen Codizes wie den „**Deutschen Corporate Governance Kodex (DCGK)**",[20] da hier die abstrakten Prinzipien in Einzelmaßnahmen übersetzt werden. Diese können dann jeweils auch umgesetzt und kontrolliert werden, wie mit dem Comply or Explain-Ansatz, der entweder die Umsetzung der Vorgaben oder eine entsprechende Pflicht zur Rechtfertigung der Abweichung vorsieht (vgl. § 161 AktG). International bestehen zudem weitere konkretisierende Leitlinien wie die G20/OECD-Grundsätze zur Corporate Governance.[21]

Der DCGK gilt für deutsche **börsennotierte Unternehmen**, so dass er in seiner Reichweite begrenzt ist und – anders als Compliance-Vorgaben – nicht für jedes Unternehmen relevant ist. Mit der Compliance-Entwicklung ist er aber mehrfach eng verbunden: zunächst überschneidet er sich in zahlreichen einzuhaltenden (gesetzlichen) Standards mit dieser, wobei im Bereich der Corporate Governance weniger als bei Compliance der Fokus auf strafrechtliche Regelungen gerichtet ist. Mit der Umsetzung der einzuhaltenden Regelungen durch Leitungs- und Kontrollstrukturen greift die Corporate Governance zudem wichtige Aspekte eines effektiven Compliance-Programms auf. Dabei spielen in beiden Bereichen für die Umsetzung Aspekte wie die **Unternehmensethik** eine Rolle, wobei die Corporate Governance einen größeren Schwerpunkt auf Elemente wie Transparenz und Vertrauensbildung bei Stakeholdern legt, da sie nicht nur die Legalität im Blick hat, sondern auch das Leitbild eines ehrbaren Kaufmanns verfolgt.

3. Risikomanagement

Das **Management von Risiken** stellt ein inzwischen etabliertes Teilgebiet im Bereich der Wirtschaftswissenschaften dar und befasst sich mit der Frage, welchen Risiken, die das Erreichen der Unternehmensziele gefährden können, ein Unternehmen im laufenden Geschäftsbetrieb ausgesetzt ist und wie hierauf mit ent-

---

18 Hierauf stellt bspw. Burchard FS Sieber, 2021, 741 (742), ab.
19 Vgl. nur v. Werder, Stichwort „Corporate Governance", in Gabler Wirtschaftslexikon, Stand: 27.11.2018, abrufbar unter https://wirtschaftslexikon.gabler.de/definition/corporate-governance-28617/version-367554.
20 Abrufbar unter http://www.dcgk.de.
21 Vgl. G20/OECD-Grundsätze zur Corporate Governance, 2015, abrufbar unter https://www.oecd.org/daf/g20-oecd-grundsatze-der-corporate-governance-9789264250130-de.htm.

sprechenden Maßnahmen zu reagieren ist. Die einbezogenen Risiken können verschiedenster Art sein und internen wie auch externen Quellen entspringen: finanzielle Risiken, technische Risiken, Software-Risiken, politische Risiken, Umweltrisiken, rechtliche Risiken, Supply-Chain-Risiken etc. Ziel des Risikomanagements ist es grundsätzlich, den Fortbestand und den wirtschaftlichen Erfolg des Unternehmens kurz- und langfristig sicherzustellen.

23 Um diesen Risiken zu begegnen, wird ein teilweise sehr umfassendes Risikomanagement vorgenommen, das im Grundsatz aus **Risikobeurteilung und Risikobewältigung** besteht.[22] Um sowohl eine Risikobeurteilung sowie entsprechende Maßnahmen vornehmen zu können, sind umfangreiche Maßnahmen im Unternehmen notwendig. Seitens des Gesetzgebers bestehen hier wenig spezifische Vorgaben wie in § 91 Abs. 2 AktG, wonach der Vorstand „geeignete Maßnahmen zu treffen [hat], insbesondere ein Überwachungssystem einzurichten, damit den Fortbestand der Gesellschaft gefährdende Entwicklungen früh erkannt werden".

24 In einzelnen Bereichen bestehen konkretere Vorgaben wie in § 25a KWG für **Banken und Finanzdienstleister**, wonach diese ein „angemessenes und wirksames Risikomanagement" (das durch einzelne Vorgaben noch konkretisiert wird) vorsehen müssen. Hier hat zudem die zuständige Aufsichtsbehörde, die BaFin, in ihren sog. Mindestanforderungen an das Risikomanagement – MaRisk – detailliertere Vorgaben gemacht.[23]

25 Für die **Umsetzung in der Praxis** bestehen darüber hinaus inzwischen zahlreiche Regelwerke wie die ISO 31000:2018 zum Risikomanagement, der vom Institut der Wirtschaftsprüfer (IDW) erstellte Prüfungsstandard 340 zur Prüfung des Risikofrüherkennungssystems (iSv § 317 Abs. 4 HGB) sowie der Prüfungsstandard 981, welcher Grundsätze ordnungsmäßiger Prüfung von Risikomanagementsystemen durch den Aufsichtsrat nach § 107 Abs. 3 AktG beschreibt. Das Deutsche Institut für Interne Revision (DIIR) hat einen eigenen Revisionsstandard zur Prüfung des Risikomanagementsystems veröffentlicht.[24]

26 Ein **Risikomanagement-System** (oftmals auch: Riskmanagement-System) umfasst auf Grundlage dieser Regelungen umfangreiche Vorgaben und Maßnahmen im Unternehmen, um Risiken zu identifizieren (Risikoidentifikation), diese hinsichtlich Eintrittswahrscheinlichkeit und möglichen Auswirkungen zu analysieren (Risikoanalyse), diese zu bewerten (Risikobewertung), entsprechende Risiken zu überwachen (Risikoüberwachung) und risikoreduzierende Maßnahmen zu ergreifen (Risikobewältigung) sowie schließlich auch eine entsprechende Dokumentation vorzunehmen (Risikoaufzeichnung). Dieser komplexe Risikomanagement-Prozess bedeutet regelmäßig, große Datenmengen zu analysieren und eine strategisch ausgerichtete Risikobewertung und -bewältigung vorzunehmen. Hierbei ist der Einsatz von Software (**Risikomanagement-Software**) hilfreich, um die Risiken eines Unternehmens abzubilden oder auch zukünftige Risiken zu simulieren.

27 Im Hinblick auf Compliance besteht ein **Überschneidungsbereich** v.a. im Bereich rechtlicher Risiken. So sieht § 25a KWG als Teile der Vorgaben die Errichtung einer Compliance-Funktion vor, die nach den AT 4.4.2 MaRisk dazu dient, „Risiken, die sich aus der Nichteinhaltung rechtlicher Regelungen und Vorgaben ergeben können, entgegenzuwirken". Daher sind zahlreiche Maßnahmen, die ein Risikomanagement-System vorsieht, auch für ein Compliance-Programm relevant. Der Fokus ist allerdings bei Compliance anders als beim Risikomanagement, da die Frage der (bestmöglichen) Einhaltung von Regelungen deutlich umfassender ist als die Frage, wie wahrscheinlich (risikoträchtig) ein Regelbruch ist und welche Konsequenzen daraus entstehen können. Die hauptsächliche Schnittmenge liegt aber bei beiden Ansätzen darin, die rechtlich relevanten Vorgaben zu identifizieren, die regelmäßig dann auch die Vorgaben sind, die zumindest als ein gewisses Risiko einzustufen sind.

---

22 Näher bspw. Gleißner Risikomanagement S. 99 ff.
23 BaFin, Rundschreiben 10/2021 (BA) – Mindestanforderungen an das Risikomanagement – MaRisk v. 16.8.2021, geändert am 5.11.2021, Geschäftszeichen BA 54-FR 2210–2020/0001.
24 Deutsches Institut für Interne Revision e.V., DIIR Revisionsstandard Nr. 2 – Prüfung des Risikomanagementsystems durch die Interne Revision, November 2018, abrufbar unter https://www.diir.de/fileadmin/fachwissen/standards/downloads/DIIR_Revisionsstandard_Nr._2_Version_2.0.pdf.

4. Governance, Risk und Compliance (GRC)

Die vorgenannten einzelnen Aspekte (Compliance, Corporate Governance und Risikomanagement) werden zunehmend auch als **Gesamtansatz** betrachtet, da sie oftmals als Aspekte der Unternehmensführung die verschiedenen Unternehmens- und Rechtsbereiche und die Unternehmensabläufe nur aus verschiedener Perspektive betrachten und sich in vielfältiger Weise überschneiden. So wird bspw. mit dem als GRC (Governance, Risk und Compliance)-Ansatz versucht, einen effizienten und effektiven, gesetzeskonformen Ablauf unternehmerischer Aktivitäten sicherzustellen.[25] Ziel ist es hierbei, insbesondere die verschiedenen Maßnahmen aus Corporate-Governance-Strukturen, Risikomanagement-Strukturen und Compliance-Programmen in einem System zu integrieren, um so v.a. Parallelstrukturen zugunsten eines effektiveren (und oftmals auch kosteneffizienteren) Gesamtansatzes aufzulösen.[26]

28

II. Einzelne Maßnahmen

Wie der Überblick zum Stand der Compliance-Entwicklung zeigt, ist heute die Frage nicht mehr so oft, **ob** ein Compliance-Programm im Unternehmen zu etablieren ist, sondern nur noch die Frage **wie**. Die Komplexität der Programme bedingt dabei einen hohen finanziellen und personellen Einsatz, insbesondere wenn die Effektivität im Vordergrund steht. Mit der Digitalisierung besteht die Möglichkeit, die Effektivität zu steigern und zugleich vielfach den Aufwand begrenzen zu können.[27] Dies ist insbesondere dort von Bedeutung, wo die Legalitätspflicht in Konkurrenz zur Gewinnerzielung steht (oder gesehen wird), wobei allerdings oftmals die naheliegenderen präventiven Compliance-Kosten mehr im Fokus stehen als die – zum Teil beträchtlich – höheren repressiven Kosten in Folge illegalen Verhaltens.[28]

29

Die Digitalisierung bietet hier insbesondere in den folgenden Bereichen von Compliance-Programmen **Weiterentwicklungsmöglichkeiten**:[29] beim Informationsmanagement (→ Rn. 31), bei der Informationsvermittlung (→ Rn. 41), im Rahmen der Compliance-Struktur (→ Rn. 45), bei Kontrollmöglichkeiten (→ Rn. 63) und bei der Dokumentation (→ Rn. 70). Diese Entwicklungen betreffen teilweise auch Fragen der Corporate Governance und der Corporate Social Responsibility (→ Rn. 71).

30

1. Digitalisierung des Informationsmanagements

Im Rahmen des Informationsmanagements steht zunächst die möglichst weitgehende **Digitalisierung der vorhandenen Informationen** aus der Tätigkeit des Unternehmens im Vordergrund. Dieser Teil der Digitalisierung ist inzwischen je nach Branche teilweise schon weit vorgeschritten. Erst die digitale Erfassung und Speicherung macht die Informationen für weitere digitale Anwendungen nutzbar. Dazu gehört die Erfassung von Schriftstücken, aber auch die von Kommunikation (E-Mail- sowie Messenger-Dienste), ebenso ist die Aufzeichnung von Anrufen möglich. Die digitale Erstellung bzw. Verfügbarmachung bedingt (zwangsläufig) eine effektive digitale Dokumentenverwaltung, um die Informationen zugänglich zu machen. Insbesondere durch Verlinkungen, Suchmodule etc ist damit eine effektivere und auch für

31

---

25 Laufer, in Tiedemann et al. (Hrsg.), Die Verfassung moderner Strafrechtspflege, 2016, 423 (426); Laufer 20 U. of Pennsylvania Journal of Business Law (2017), 392 (417); siehe näher Volkov, The Impact of New Technologies in Corporate Governance, Risk Management and Compliance Programs, 2013.
26 Vgl. bspw. die integrierte Software von SAP, die vor allem für den Finanzbereich eine Governance, Risk, Compliance und Cybersecurity umfassende Lösung anbietet: https://www.sap.com/products/erp-financial-management/grc.html. Siehe auch das Modell von KPMG, das Anforderungen der Aufsichtsbehörden, der Geschäftsleitung und relevanter Interessengruppen aufnehmen soll: https://home.kpmg/at/de/home/services/advisory/risk-consulting/risk-compliance.html. Einen umfassenden Ansatz, der auch ausländische Normen einbezieht, verfolgt LegalHelix: https://legalhelix.com/.
27 Zur Senkung des Aufwands siehe Rack CB 2016, 16 und 58.
28 Ohnehin verboten ist der Rekurs auf illegales Verhalten aus Kostengründen, was in der Praxis aber immer wieder zu betonen ist. Im Grenzbereich liegt die Überlegung, ob der Verzicht auf Compliance-Maßnahmen zugunsten der Inkaufnahme ggf. hoher repressiver Kosten möglich ist.
29 Vgl. zu Digital Compliance-Angeboten aus der Praxis bspw. KPMG unter dem Blickwinkel der digitalen Transformation (https://klardenker.kpmg.de/digital-hub/digital-compliance-und-die-fallstricke-der-digitalisierung/) sowie das modular aufgebaute System von Compliance Solutions (https://www.compliancesolutions.com).

mehr Personen (über Netzwerke) zugängliche Nutzung der vorhandenen Informationen als im klassischen Papier-geprägten Ablagesystem möglich.

32 Aus Compliance-Perspektive ist zudem nicht nur die digitale Erfassung der Arbeitsprodukte von Bedeutung, sondern insbesondere auch die der einzuhaltenden **Compliance-Vorgaben**, allen voran die Rechtsnormen und Rechtspflichten. Die Erfassung der Vorgaben ist darüber hinaus in weitem Umfang auch für ein effektives Corporate Governance System und das (rechtliche) Risikomanagement notwendig.

33 Ausgangspunkt sind dabei die **gesetzlichen und untergesetzlichen Vorgaben**. Allerdings ist die Erfassung der relevanten Vorschriften keineswegs trivial, da grundsätzlich eine große Anzahl von Normen auf ein Unternehmen Anwendung finden kann. Ein erster Schritt ist dabei die Bestimmung der für das Unternehmen relevanten Vorgaben, die sich aus der grundlegenden Risikoanalyse ergeben (→ Rn. 13). Diese Erstanalyse kann grundsätzlich nur bedingt automatisiert erfolgen, allerdings ist hierbei die Digitalisierung der Unternehmensinformationen von großer Hilfe, da sie einen Gesamtüberblick über das Unternehmen, seine Arbeitsabläufe und Arbeitsprodukte ermöglicht. Auf Grundlage dieser Analyse lässt sich eine Vielzahl von Regelungen ausscheiden, die für das Unternehmen nicht weiter von Belang sind, jedoch verbleiben regelmäßig immer noch eine Vielzahl relevanter Compliance-Vorgaben.

34 Die Erfassung dieser Compliance-Vorgaben ist effektiv nur über **Datenbanklösungen** zu bewerkstelligen und bleibt dennoch eine große Herausforderung. So werden Normen vielfach in unterschiedlichen Organen veröffentlicht, diese sind unsortiert und müssen erst einmal systematisiert werden. Hinzu kommt, dass die gesetzlichen Vorgaben häufig konkretisiert werden. Im Falle abstrakter Begriffe, Generalklauseln etc. ergibt sich aus dem Normwortlaut selbst noch keine umsetzbare Vorgabe. Daher ist vielfach vor allem die **Rechtsprechung** und deren Normverständnis von großer Bedeutung, insbesondere wenn sie relevante Einzelpflichten definiert. Die Einbeziehung der Rechtsprechung ist allerdings nicht immer unproblematisch, da sich untergerichtliche Entscheidungen und manchmal sogar obergerichtliche Entscheidungen nur teilweise ergänzen oder auch in Einzelfällen widersprechen können. Hier ist die Datenbankaufnahme schon bereits mit großer Umsicht vorzunehmen.

35 Zu den gerichtlichen Entscheidungen kommen zahlreiche **Behördenvorgaben**, die als Leitlinien oder wie im Kartell- und Wettbewerbsrecht auch als Einzelentscheidungen von Bedeutung sein können, als sie grundsätzlich abstraktere gesetzliche Vorgaben detaillieren. Schließlich ist auch die **juristische Literatur** relevant; die von spezifischer Literatur (für die Branche des Unternehmens) bis hin zu der allgemeinen juristischen Lektüre (wie der NJW) reicht.[30] Die Literatur kann Anhaltspunkte für Auslegungen und Detaillierungen (wie auch wertvolle Systematisierungen) von allgemeinen Vorgaben geben. In all diesen Bereichen schreitet die Entwicklung stetig voran, es ergeben sich täglich Neuerungen, so dass ein fortlaufender Aktualisierungsaufwand für die Datenbank entsteht.

36 In vielen Fällen lassen sich auf diese Weise **klare Vorgaben** für das Handeln im Unternehmen gewinnen. Es verbleibt aber stets ein kleiner Teil an Regelungen, aus denen sich keine eindeutigen Handlungsanweisungen ableiten lassen (weil sie bspw. noch zu abstrakt ohne Konkretisierung, unklar oder auch widersprüchlich sind). Diese Regeln müssen gesondert identifiziert werden, um dann für diese einen eigenständigen Workflow etablieren zu können, der zB die Beachtung eines bestimmten Verfahrens oder auch die Entscheidung einer bestimmten Stelle wie der Compliance-Abteilung im Einzelfall vorsieht.

37 Besondere Herausforderung ist im rechtlichen Bereich die Erfassung von **Vorschriften mehrerer Jurisdiktionen**. Grenzüberschreitende Tätigkeit sowie eine Unternehmens-/Konzernstruktur, die in mehreren Staaten verankert ist, bedingt die Einbeziehung zahlreicher ausländischer (und ggf. auch supranationaler) rechtlicher Vorgaben. Da diese Vorgaben (zB für Korruption, Arbeitsschutz, Umweltschutz) je nach Staat variieren können, muss ein Compliance-System dies entsprechend berücksichtigen. Dies kann die Einhaltung der national strengsten Maßstäbe bedingen, eine modulare Anwendung etc. Grundlage ist in jedem Fall eine ausreichende Erfassung der Vorgaben. Auch hier genügt zumeist nicht allein die Erfassung der

---

30 Rack CB 2016, 16 (17), geht von ca. 56 juristischen Fachaufsätzen monatlich bei größeren Unternehmen aus.

gesetzlichen Normen, sondern es bedarf der Einbeziehung gerichtlicher Entscheidungen oder Konkretisierungen durch Behörden. Dies ist je nach Rechtssystem sehr unterschiedlich; in common law-Ländern kommt der Rechtsprechung größere Bedeutung als dem eigentlichen gesetzlichen Text zu, in manchen Ländern wie China wird der gesetzliche Text erst durch Leitlinien (bspw. der obersten Gerichte) für die Praxis konkret anwendbar. In diesem Bereich ist eine besondere Herausforderung die Aktualität des Systems, aber ohne regelmäßige Aktualisierungen („Global Regulatory Updates") kann kein effektives transnationales System errichtet und betrieben werden.

Bei einer derart komplexen juristisch geprägten Datenbank ist zu prüfen, ob sich nicht mehrere Unternehmen eine derartige **Rechtssammlung teilen** können, diese also ggf. auch extern bei einem Dienstleister „eingekauft" werden kann.[31] Dies ist nicht grundsätzlich auszuschließen, da Fachdatenbanken (juris, beck-online etc) entsprechende Normen, Rechtsprechung und teilweise auch Literatur bereits elektronisch verfügbar haben und diese ggf. importiert werden kann. Weitergehende externe Datenbanken und Lösungen werden jedoch nur bedingt in Frage kommen, da eine effektive Compliance eine wirklich auf das Unternehmen zugeschnittene Lösung bedingt, die auch die rechtliche Datenbank (mit der Auswahl spezifischer Regelungen und der Bestimmung der daraus konkret entstehenden Pflichten für das Unternehmen) miteinschließt. Die Gefahr beim Rekurs auf Kooperationen und externe Lösungen ist, dass einerseits eine Vielzahl nicht wirklich relevanter Normen miterfasst wird und zugleich der Fokus nicht wirklich auf den zentralen Normen und Verhaltensvorgaben liegt, insbesondere wenn sich rechtliche Veränderungen ergeben. 38

Hinzu kommt, dass nur eine interne Lösung eine umfassende **digitale Weiternutzung** ermöglicht. Denn zu einem zentralen Element für die Compliance-Struktur wird das Informationsmanagement erst dann, wenn über die erfassten Vorgaben und damit über die reine Datenbankfunktion hinaus diese Informationen auch für unternehmensspezifische Zwecke verarbeitet und bewertet werden. Dies ist bspw. bei transnationaler Tätigkeit notwendig, wenn Normen verschiedener Jurisdiktionen greifen; dann lässt sich aus der Datenbank ein transnationaler Querschnitt bestimmter Normen und Verhaltenspflichten ableiten (bspw. im Hinblick auf Korruptionsnormen, Kartellvorgaben …). Diese **rechtsvergleichende Analyse** lässt sich digital einfacher als in der traditionellen Rechtsvergleichung bewerkstelligen, allerdings steckt hierbei die Digitalisierung noch in den Anfangsbemühungen.[32] Oftmals werden als Grundlage für die Programmierung die Rechtsnormen eines Systems (das mit den höchsten Anforderungen, das der Muttergesellschaft etc) herangezogen, womit dann oftmals eine Over- oder Undercompliance erreicht wird, aber nicht wirklich eine effektive Compliance. 39

Neben dieser Analyse- und Auswertungsmöglichkeit können die digital erfassten Compliance-Vorgaben unmittelbar mit der Compliance-Struktur verbunden werden (→ Rn. 45 ff.). Damit wird jede Regelung mit der Stelle im Unternehmen verknüpft, an der sie relevant wird. 40

2. Digitalisierung der Informationsvermittlung

Compliance bedingt, dass jeder **Mitarbeiter** im Unternehmen um die einzuhaltenden Regelungen weiß. Dabei ist v.a. zentral, dass der einzelne Mitarbeiter die für ihn relevanten Regelungen kennt, verstanden hat und anwenden kann. Je spezieller das Tätigkeitsfeld ist, desto spezifischer (aber zumeist auch begrenzter) sind die einzuhaltenden Regelungen. Um die für den einzelnen Arbeitsplatz relevanten Regelungen bestimmen zu können, bedarf es einer konkreten Arbeitsplatzbeschreibung welche Tätigkeiten welche Personen wahrnimmt. 41

Bei der Vermittlung von Compliance-Vorgaben ist vielfach die Einbeziehung weiterer Belange wie **ethische Überlegungen** (und damit Ansätze der Unternehmensethik, business ethics etc.) wichtig, da letztlich nicht die formale Einhaltung von Regeln das Ziel ist, sondern das inhaltlich richtige Handeln. Hier über- 42

---

31 Dies grds. befürwortend Rack CB 2016, 58 (60).
32 Zu einem derartigen Informationssystem für Strafrechtsvergleichung siehe Sieber/Albrecht Strafrecht und Kriminologie/Sieber S. 78 (131 ff.).

schneidet sich die Vermittlung von Compliance-Vorgaben vielfach mit den gleichermaßen zu vermittelnden Aspekten der Corporate Governance und der Corporate Social Responsibility.

43 Die Digitalisierung bietet hierbei umfangreiche Möglichkeiten zur Vermittlung der relevanten Compliance-Inhalte. Dazu gehören „klassische" Abfragemöglichkeiten in den Datenbanken, aber auch **modernere Kommunikationsangebote** wie Helpdesks und Helplines mit der Compliance-Abteilung. Für einfachere Compliance-Anfragen können auch bspw. Chatbots eingesetzt werden.

44 Neben diesen Zugangsmöglichkeiten zu Informationsquellen steht v.a. die **aktive Wissensvermittlung** im Vordergrund. Dies betrifft das umfangreiche Gebiet der digitalen Schulung (**Compliance-Schulung**), die individuell auf einzelne Personen zugeschnitten werden kann.[33] Ausgangspunkt ist die Vermittlung der Regelung, allerdings in einer Weise, die deutlich macht, was der Anwendungsbereich und die konkrete Bedeutung für die Tätigkeit sind. Das bedeutet, dass bspw. über den Gesetzestext hinaus mit Fallkonstellationen ein echter Wissenstransfer und ein wirkliches Verständnis der Normen erreicht werden soll. Digitale Ansätze bieten dabei Möglichkeiten über klassische Vermittlungswege wie Gruppenschulungen hinaus mit nicht nur einer adressatengerechten Erfassung des Wissensstandes und der Möglichkeit einer adressatengerechten Darstellung (die je nach Wissensstand, Einsatzgebiet etc anpassbar ist), sondern auch die einfache Definition und Umsetzung individueller Lernziele. Eine individualisierte digitale Schulung ist flexibel und kann zu jeder Zeit am Arbeitsplatz wahrgenommen werden. Gleiches gilt für die Einbindung von Überprüfungen, ob die Lernziele auch erreicht wurden. Mit selbstlernenden Elementen lässt sich ein modulares und auf Wiederholung angelegtes Lernprogramm etablieren, das dem individuellen Lerntempo angepasst werden kann. Erreichte Ziele können klar dokumentiert werden (mit Zertifikaten etc) und somit auch als klarer Nachweis der Vermittlung der Compliance-Vorgaben durch das Unternehmen dienen.

3. Digitalisierung der Compliance-Struktur
a) Grundlegende Compliance-Struktur

45 Neben der Vermittlung der Compliance-Vorgaben ist Kern eines Compliance-Programms eine umfassende **Compliance-Struktur** im Unternehmen. In einer digitalen Compliance-Struktur sind nicht nur Prozessabläufe (weitgehend) digitalisiert, sondern auch die relevanten Compliance-Aspekte in diese Aufgaben und Abläufe integriert: Dh für jeden Prozess ist klar, welche Regelungen aus Compliance-Sicht von Bedeutung sind. Die ermittelten (Rechts-)pflichten sind unmittelbar mit den relevanten Abläufen und Aufgaben verbunden. Dies hat auch Vorteile bei Änderungen der (rechtlichen) Vorgaben. Soweit Änderungen erfolgen (wie neue Gesetzgebung, neue gerichtliche Entscheidungen, neue Korruptionsrisiken in bestimmten Ländern) werden diese zunächst im Informationssystem erfasst. Über die Verknüpfung mit den Prozessabläufen lässt sich diese Information jedoch umgehend an die Stellen übermitteln, für die diese relevant ist. Damit ist auch eine umgehende Information der jeweiligen Mitarbeiter möglich.

46 In diese Struktur lassen sich zudem weitere digitale Entwicklungen wie eine stark **automatisierte Dokumentenerstellung** mit bestimmten Arbeitsabläufen, Genehmigungen, eSignaturen etc einbinden.[34] So kann die Vorgabe bestimmter Inhalte für Verträge etc, einzelne Bausteine oder Regelungstypen für Dokumente Compliance-konform gestaltet werden. Auch lassen sich problemlos Verknüpfungen zu speziellen **Entscheidungsprozessen** anlegen, so etwa, wenn für finanzielle Hochrisikogeschäfte (wegen des hohen Geschäftsvolumens oder des Investitionsbedarfs) besondere Anforderungen an einzubindende Personen, heranzuziehende Informationen etc bestehen. Ähnliches gilt für den Bereich der Korruptionsbekämpfung bei der Annahme von Geschenken und Bewirtungsleistungen (Gift & Hospitality), die hinsichtlich Zulässigkeitsprüfungen, Genehmigungsprozessen etc digitalisiert werden können.

---

33 Siehe hier bspw. die E-learning-Angebote von ComplyGate in den Bereichen Antikorruption, Datenschutz, Kartellrecht und Geldwäscheprävention (https://www.complygate.com).
34 Hier bestehen zahlreiche Anbieter auf dem Markt, bspw. bietet Legito einen derartigen Smart Document-Ansatz (https://www.legito.com/).

Digitale Lösungen sind dabei weitgehend unabhängig von der **Struktur des Unternehmens**, sei es, dass dieses einer stark hierarchisch horizontalen Arbeitsteilung, einer vertikalen mit Betonung des Unterschieds zwischen Führung und Ausführung der Arbeit folgt oder auf Lean Management setzt. Zentral ist allein, dass Prozessabläufe und die Aufgabenstellung einzelner Prozessbeteiligter klar definiert sind, die notwendige Digitalisierung v.a. der Prozessabläufe vorliegt und eine Verknüpfung dieser Abläufe und Aufgaben mit Compliance-Vorgaben erfolgt. **Führungspersonen** sind bei dieser Struktur grundsätzlich mit umfassenderen Aufgaben und weitreichenderen Kompetenzen eingebunden, sie erhalten damit auch mehr Compliance-relevante Informationen. Dies entspricht dem gesellschaftsrechtlichen wie auch strafrechtlichen Ansatz der besonderen Leitungsverantwortung von Führungspersonen. 47

In dieser Compliance-Struktur ist auch eine entsprechende **Delegation** (oder: Zuordnung) von Pflichten angelegt bzw. klar ersichtlich. Die umfassende Compliance-Einhaltung des Unternehmens wird spezifisch auf einzelne (oder mehrere) verantwortliche Mitarbeiter heruntergebrochen. Pflichtenkreise können mit dieser Zuordnung personalisiert werden. Damit lassen sich relevante Änderungen bei den Compliance-Vorgaben spezifisch sowohl bestimmten Aufgaben als auch Personen zuordnen, so dass eine umgehende Umsetzung möglich ist. 48

Auch lässt sich bei der Digitalisierung gut erfassen, welche Compliance-Informationen wer zu welchem Zeitpunkt hatte und welche Compliance-Aufgaben von wem in welchem Zeitraum wahrgenommen werden. Dies lässt sich **speichern** und damit durch diese Dokumentation auch **nachweisen**, wenn die Einhaltung bestimmter Pflichten in zivil-, verwaltungs- oder strafrechtlichen Verfahren in Frage gestellt wird. Die Kenntnis von Rechtspflichten, Zuständigkeiten und vorgenommenen Maßnahmen sind so klar nachvollziehbar. 49

Bei digitalisierten Abläufen ist somit ein entsprechender **Informationsaustausch** zwischen bestimmten Ebenen, Personen, Abteilungen, der Zentrale und ausländischen Tochtergesellschaften klar erkennbar und kann dokumentiert werden. Die Digitalisierung ermöglicht auch, dass hier nicht nur das Ergebnis eines Arbeitsprozesses oder einer Aufgabe sichtbar und kommuniziert wird, sondern dass auch der jeweils aktuelle Bearbeitungsstand erfasst, abgerufen oder (in Echtzeit) angezeigt wird. Damit lässt sich bspw. von Leitungspersonen erkennen, ob eine Aufgabe rechtzeitig angegangen, ausreichend weit bearbeitet oder auch überfällig ist. 50

Die für die Compliance notwendige klare Festlegung von Aufgaben und Abläufen befördert die Analyse von Redundanzen oder auch überflüssigen Aufgabenzuweisungen, womit sich bei einer **Optimierung** ein Compliance-Programm insgesamt effizienter gestalten lässt.[35] So ist bspw. genau zu prüfen, wem eine bestimmte Compliance-Aufgabe zugeschrieben/delegiert wird, ob es noch mögliche Standardisierungen und/oder Typisierungen von Aufgaben und Abläufen gibt und v.a. ob auch tatsächlich die technischen Möglichkeiten zur Digitalisierung verschiedenster Facetten der Aufgabe etc genutzt werden. Regelmäßig wird sich zeigen, dass zahlreiche Compliance-Vorgaben gleichlaufende Abläufe, Überprüfungen und Prüfergebnisse erfordern, so dass durch einen systematischen Compliance-Ansatz arbeitsintensive Mehrfachprüfungen etc vermieden werden können.[36] 51

b) Insbesondere: Digitalisierung des Entscheidungsmanagements

Mit der Digitalisierung der internen Abläufe sowie der Kontrollmaßnahmen bestehen auch umfassendere Möglichkeiten (v.a. für Vorgesetzte auf allen Ebenen), **Entscheidungen** auf einer informierten und aktuellen Informationsbasis zu treffen. 52

So können nicht nur relevante **Informationen in Echtzeit** zur Verfügung gestellt werden, sondern es kann durch ein entsprechendes **Hinweissystem** auch eine Information der zuständigen Stelle über relevante Veränderungen und Ereignisse erfolgen. Dies können Hinweise auf rechtliche Veränderungen, Auffällig- 53

---

35 Vgl. nur Rack CB 2016, 16 (19).
36 Vgl. nur Rack CB 2016, 16 (19 f.).

keiten bei der Dokumentendurchsicht, Hinweise auf mögliche Straftaten etc sein. Die Hinweise können priorisiert werden (automatisierte Alerts mit „Yellow oder Red Flags") und je nach Art und Dringlichkeit an die zuständigen Personen (Compliance-Abteilung, Geschäftsleitung etc) gehen. Mit entsprechenden Bestätigungserfordernissen (Lesebestätigung etc) lässt sich auch nachweisen, dass eine Information angekommen ist, was oftmals für zivil- und strafrechtliche Verfahren relevant sein kann. Insgesamt kann hier die Digitalisierung einen wichtigen Beitrag dazu leisten, dass gerade die Unternehmensleitung eine informierte Entscheidung fällt, wie es im Rahmen der gesellschaftsrechtlichen Vorgaben nach § 93 Abs. 1 S. 2 AktG gesetzlich vorgesehen ist.

54 Diese Informationsfunktion lässt sich darüber hinaus für eine **fortlaufende Risikoanalyse** der identifizierten Kernrisiken nutzen, da das Compliance-System sich gerade an diesen Risiken orientiert. Die digitalen Möglichkeiten, hier relevante Informationen zu erhalten und zu analysieren, erleichtern die notwendige Bewertung, ob das etablierte System funktioniert und wie es ggf. anzupassen ist. Damit wird ein Monitoring des Systems als solches erreicht (was neben einer externen Evaluation einen wesentlichen Beitrag zur dauerhaften Weiterentwicklung leisten kann).

55 Über die Informationsfunktion hinaus kann KI als Hilfe bei **Prognoseentscheidungen** etabliert werden. Dabei geht es naturgemäß um zukunftsbezogene unternehmerische Entscheidungen, bei denen auf der Grundlage der business-judgement-rule ein weiter Spielraum besteht. Dennoch sind diese Entscheidungen für die Frage der Compliance relevant, vor allem retrospektiv, wenn sich ein Risiko verwirklicht hat und bspw. zur Begehung einer Straftat geführt hat. Denn dann stellt sich die Frage, ob die Entscheidung in dieser Art hätte getroffen werden dürfen. Es geht also nicht nur um den Aspekt einer informierten Entscheidung auf Führungsebene, sondern auch um die sachliche Richtigkeit dieser Entscheidung. Und in diesem Bereich der Entscheidungsfindung kann KI wertvollen Input als zusätzliche Entscheidungshilfe liefern;[37] nicht zulässig wird allerdings die vollständige Delegation dieser Entscheidungen an einen Algorithmus sein, also ein umfängliches Entscheidungs-Outsourcing. Nutzen lässt sich jedoch die umfassende Möglichkeit von KI, Daten zu analysieren, in selbst lernenden Prozessen zu bewerten und konkrete Vorschläge oder Handlungsoptionen aufzuzeigen. Hier ist es sogar denkbar, dass eine Pflicht zum Einsatz von Algorithmen besteht, wenn erst dadurch für kritische Entscheidungen eine „neutrale" (nicht von menschlichen Zweck- und Machtinteressen geleitete) Stellungnahme einbezogen werden kann.[38]

56 Einen besonderen Bereich für die weitgehende Digitalisierung stellt zudem eine **Konzernstruktur** dar, die oftmals über die nationalen Grenzen hinausreicht. Verschiedene nationale rechtliche Anforderungen, Führungskulturen etc erschweren eine entsprechende Steuerung durch die Konzernobergesellschaft. Anders als teilweise angenommen, entbindet eine Konzernstruktur auch nicht von (straf-)rechtlicher Verantwortung für Tochtergesellschaften.[39] Dies gilt nicht nur für das deutsche Recht, sondern auch für die transnational bzw. extraterritorial anwendbaren Vorschriften wie des FCPA oder UK Bribery Act. Daher ist in diesen Bereichen besonders von Bedeutung, dass ein entsprechender Informationsfluss von den Tochtergesellschaften zur Konzernobergesellschaft besteht, dort Risiken früh erkannt werden und auf diese reagiert wird. In globalen Konzernstrukturen bedarf es daher eines globalen Compliance-Programms, für das sich digitale Ansätze in besonderer Weise eignen.

c) Insbesondere: Digitalisierung von Nachweisen

57 Mit der Digitalisierung lassen sich vor allem auch solche Abläufe erfassen, steuern und dokumentieren, bei denen bestimmte **Nachweise** notwendig sind. Dies umfasst „klassische" Formen der Zugangskontrolle, wenn nur bestimmte Personen zu bestimmten Räumlichkeiten oder Geräten, aber auch zu bestimmten

---

37 Vgl. zu diesem Aspekt der Digitalisierung von Vorstandspflichten im Gesellschaftsrecht Möslein/Lordt ZIP 2017, 793, und Möslein ZIP 2018, 204. Siehe auch Spindler ZGR 2018, 17.
38 Siehe dazu nur Möslein ZIP 2018, 204 (209); Spindler ZGR 2018, 17 (43); Wagner BB 2018, 1097 (1099).
39 Vgl. explizit Breidenbach/Glatz Legal Tech-HdB/Schemmel § 5.6 Rn. 63 ff. sowie näher Kreß, Criminal Compliance und Datenschutz im Konzern, 2018, S. 44 ff.; Minkoff, Sanktionsbewehrte Aufsichtspflichten im internationalen Konzern, 2016, S. 64 ff.

Dokumenten oder Informationen Zugang haben sollen. So kann von großer Bedeutung sein, welche Geräte, Informationen etc sich gerade an welchem Ort befinden, bzw. wer auf diese Gegenstände Zugriff hat oder gehabt hat (was beispielsweise bei internen Ermittlungen von Relevanz sein kann). Damit lassen sich nicht nur bestimmte wertvolle Güter sichern, sondern es wird auch sichergestellt, dass derartige Gegenstände nicht in die Hände nicht autorisierter Personen gelangen, die bspw. aus kartellrechtlichen Gesichtspunkten oder zum Schutz von Geschäftsgeheimnissen keinen Zugang haben sollen.

In bestimmten Bereichen ist zudem der lückenlose und vollständige Nachweis von **Kommunikation** oder von **Transaktionen** wichtig. So ist bspw. für eine effektive Prävention von Geldwäsche oder Korruption oftmals notwendig, Geldgeber, Zahlungswege und Empfänger transparent und vollständig zu erfassen. Gleichfalls kann die vollständige Aufzeichnung der Kommunikation (der Aufenthaltsorte) für ein bestimmtes Projekt oder Produkt die Transparenz schaffen, die zur Vermeidung auch eines Anscheins korrupten Verhaltens erforderlich ist. Auch können neben der Einhaltung der rechtlichen Vorgaben die Transparenz und der Nachweis einer bestimmten Mittelverwendung gegenüber bestimmten Stakeholdern ein zentrales Motiv sein, wie bspw. bei Spenden für einen bestimmten Zweck, bei der alle Stufen von der Einzahlung bis zur konkreten Projektverwendung nachvollziehbar sind.[40] In diesen Bereichen eröffnet das Blockchain-Verfahren (→ *Blockchain* Rn. 3 ff.) neue Möglichkeiten des Nachweises.[41]

Ein besonders wichtiger Bereich der lückenlosen Nachweise hat sich durch die **Supply Chain Management**-Anforderungen (Lieferkettenanforderungen) ergeben, wie sie nunmehr bspw. im deutschen Lieferkettensorgfaltspflichtengesetz (LkSG) aus dem Jahr 2021 vorgesehen sind. Diese Pflichten erstrecken sich in weitem Umfang über den eigenen Unternehmensbereich hinaus, im Regelfall sind Zulieferer weltweit miteinbezogen, bei denen bestimmte Kriterien (wie die Einhaltung bestimmter Menschenrechts-, Umwelt- und Produktionsstandards) vom Vertragspartner zu beachten und auch zu kontrollieren sind. Hier bieten digitale Systeme Lösungen für eine effektive und auch effiziente Umsetzung dieser Vorgaben, die weit über eine Vorortkontrolle hinausgehen.

d) Insbesondere: Digitalisierung der Prävention

Eine digitale Compliance-Struktur eröffnet auch die Möglichkeit, die anfallenden Informationen aktuell auszuwerten und dies nicht nur im Hinblick auf die Einhaltung der Aufgaben und Abläufe wie sie zunächst definiert wurden. Vielmehr kann auf Basis selbstlernender Algorithmen auch eine fortlaufende und fortlaufend verbesserte **Risikoanalyse** erfolgen, die sich anbahnende Regelverstöße identifiziert und damit auch verhinderbar macht.[42] Dazu müssen ausreichende und relevante Daten aggregiert, modelliert und bewertet werden.[43] Insbesondere mit verhaltensrelevanten Daten wie GPS-Tracking, Telefonmitschnitten, Tracking der Nutzung elektronischer Geräte sowie insgesamt des Einsatzes eines electronic performance monitoring (das bis hin zur Implantierung von Computerchips gehen kann) lassen sich relevante Daten sammeln.[44] Insbesondere bei personenbezogenen Daten ist dies nur im datenschutzrechtlich zulässigen Rahmen möglich (s. auch → Rn. 73).

Die Ansätze für zukünftige Vorhersagen sind noch in der Entwicklungsphase, könnten in der Weiterentwicklung aber mittels prädiktiver und präskriptiver Analysen komplexer Daten die künftige Begehung von Straftaten in Echtzeit identifizieren und damit auch verhindern helfen.[45] In diesem Bereich überschneidet sich der Ansatz mit **Predictive Policing**-Entwicklungen, die im Bereich der Polizeibehörden ver-

---

40 Vgl. hier bspw. die SmartAid-Software von Datarella: https://datarella.com/smartaid-traceable-donations/.
41 Vgl. zum Beispiel der Korruptionsbekämpfung: Deutsche Gesellschaft für Internationale Zusammenarbeit (GIZ) GmbH (Hrsg.), The potential of distributed ledger technologies in the fight against corruption, 2020, abrufbar unter https://toolkit-digitalisierung.de/app/uploads/2020/07/Blockchain_Anticorruption-2020.pdf.
42 Ausführlich dazu Neufang IRZ 2017, 249.
43 Ausführlich dazu Neufang IRZ 2017, 249 (251 f.).
44 Burchard FS Sieber, 2021, 741 (747).
45 So Breidenbach/Glatz Legal Tech-HdB/Schemmel § 5.6 Rn. 40 sowie Neufang IRZ 2017, 249 (252), der als Anwendungsbeispiele die Vorbereitungshandlungen für Insider-Trading und Marktmissbrauch anführt. Siehe auch Burchard FS Sieber, 2021, 741 (747); Mazzacuva RIDP 92 (2021), 143 (150).

suchen, durch digitale Analysen die Begehung von Straftaten vorherzusagen (näher → *Predictive Policing* Rn. 1 ff.).[46] Im Unternehmenskontext stehen hier bislang die Geldwäsche- und Korruptionsbekämpfung im Mittelpunkt.[47]

e) Insbesondere: Digitalisierung bei der Einstellung

62 Compliance umfasst regelmäßig auch eine Überprüfung von Personen, die für das Unternehmen tätig werden sollen, sei es als Angestellte (hier häufig als „**onboarding**" bezeichnet) oder als **Geschäftspartner**. Hier hat sich eine digitalisierte Kontrolle dieser Personen im Hinblick auf strafrechtliche relevante Vortätigkeiten, deren Listung auf Sanktionslisten, PEP-Listen,[48] Blacklists, Watchlists etc etabliert;[49] teilweise werden auch Angaben und Zeugnisse über relevante Abschlüsse, Erfahrungen und Tätigkeiten überprüft. Vielfach geht es auch nicht nur um die einmalige Prüfung zu Beginn der Zusammenarbeit, sondern auch teilweise auch um ein fortlaufendes (periodisches oder permanentes) Monitoring wie bei der Listung auf Sanktionslisten, die ständig aktualisiert werden.

4. Digitalisierung der Kontrolle

63 Schließlich bietet die Digitalisierung für den Bereich der **Überwachung** unternehmensinterner Prozessabläufe einen optimalen Anwendungsbereich. In dem Maße wie das Compliance-System digitalisiert wird und unternehmensinterne Prozesse bestimmten Compliance-Vorgaben zugeordnet werden, in dem gleichen Maße lässt sich kontrollieren, ob und wie weit bestimmte Aufgaben wahrgenommen werden. Dies lässt sich digital als Abfrage nach Bedarf gestalten, als Anzeige beim Eintritt bestimmter Ereignisse (Anzeige von Alerts mit Red oder Yellow Flags) oder für besonders wichtige Fragestellungen auch als Live-Anzeige, so dass eine kontinuierliche Beobachtung eröffnet wird (dazu auch bereits → Rn. 53). Dies ermöglicht, zeitnah Unstimmigkeiten zu erkennen, aufzuklären und ggf. auch abzustellen. Umsetzen lassen sich hier verschiedene Eskalationsstufen (auch mit striktem Need-to-Know-Prinzip bei bestimmten kritischen Ereignissen, so dass eine weitgehende Geheimhaltung erfolgen kann), auch können Kontrollmeldungen automatisch bewertet und mit automatischen Abhilfemaßnahmen (oder Prozeduren) verbunden werden. So kann insbesondere auch in dezentralen Strukturen wie bei Konzernen eine automatisierte Einbindung der Muttergesellschaft, des Headquarters etc erfolgen (dazu bereits → Rn. 56).

64 Konkrete Maßnahmen der Kontrolle umfassen bspw., wer bei bestimmten sensiblen Bereichen wann und wie **Zugang** hat. Dies betrifft Zugänge, die per Videoüberwachung bzw. über Chipkarten/Smartphones freigeschaltet werden und bei denen ein Nachweis über die Person und die Zeit des Zugangs besteht. Hinzu kommt, dass Zugang zu bestimmten Dokumenten und Ordnern erfasst werden kann.

65 Ein weiteres digital unproblematisch umsetzbares Tool betrifft **Hinweisgebersysteme** (Whistleblowing-Systeme, s. auch → Rn. 14). Diese sind zwar grundsätzlich als bloße Hotline per Telefon oder auch mit der Einrichtung einer speziellen Email-Adresse möglich. Jedoch kann zum Schutz des Informanten, zum Schutz des Unternehmens und auch belasteter Personen ein komplexerer Workflow eingerichtet werden, der effizient eine (auch anonyme) Kommunikation mit Rückfragen etc ermöglicht.

66 Eine besonders weitgehende und intensive Kontrolle ist bei der **Analyse von vorhandenen digitalen Daten** möglich. Anders als bei einer papiernen Aktenverwaltung und Archivierung sind diese Daten viel leichter zugänglich und können damit auch im Hinblick auf besondere Vorkommnisse analysiert werden. Dabei kann die Analyse fortlaufend geschehen, um bspw. auf kontinuierlicher Basis Auffälligkeiten bei

---

46 Zum Predictive Policing am Arbeitsplatz siehe Rudkowski NZA 2019, 72; Dzida NZA 2017, 541. Zum Predictive Policing allgemein siehe zudem Heilemann RIDP 92 (2021), 49; Rademacher AöR 2017, 366.
47 Mazzacuva RIDP 92 (2021), 143 (150 f.). Simões Agapito/de Alencar e Miranda/Xavier Januário RIDP 92 (2021), 87.
48 Hier geht es um politisch exponierte Personen (PEP), was sich im Kern auf Politiker oder eine im unmittelbaren Umfeld eines Politikers tätige Person bezieht, die im Hinblick auf Geldwäsche und Terrorismusfinanzierung erhöhten Anforderungen unterliegen kann.
49 Hier bietet bspw. ComplyGate Lösungen für derartige Backgroundchecks an, vgl. https://www.complygate.co.uk/.

Transaktionen zu erkennen, die vom regulären Betrieb abweichen. Ohne eine digitale Lösung ist das zeitkritische Aufspüren von möglichen Verstößen und Sicherheitsverletzungen kaum möglich.

Zu dieser laufenden Analyse kommen die vielfältigen Möglichkeiten im Rahmen von konkreten Verdachtsmomenten im Rahmen von **Compliance/Internal Investigations**, wobei hier die Suche (nach bspw. korrupten Vorgängen) viel spezifischer ausfallen kann.

In beiden Fällen spielt hier der **Einsatz von KI** eine bedeutende Rolle, insbesondere mit selbstlernenden Algorithmen. Hier können durch KI Muster erkannt werden, die bei einer manuellen Kontrolle nicht gesehen worden wären, da grundsätzlich nur nach „bekannten" Mustern gesucht wird. Zudem ist die Durchsicht großer Datenmengen viel schneller möglich als wenn dies von Hand geschieht. Im laufenden Betrieb hat dies vielfach dazu geführt, dass nur eine Stichprobenkontrolle vorgenommen werden konnte. Mit der Digitalisierung dieser Aufgaben lässt sich ein weiter Bereich nunmehr kontinuierlich überwachen. Bei Compliance/Internal Investigations war bislang vielfach eine große Anzahl v.a. juristischer Fachkräfte im Einsatz, die relevante Materialien (wie Kommunikation und erstellte Arbeitsunterlagen) gesichtet und bewertet haben. Diese Durchsicht lässt sich in weitem Umfang durch eine digitale Lösung erreichen, die ggf. den umfangreichen Einsatz externer Berater deutlich reduzieren kann.

Für derartige Ermittlungen ist ein eigener Bereich der **IT-Forensik** im Entstehen, der sich v.a. mit dem Umgang mit großen Datenmengen (Big Data, näher → *Big Data* Rn. 1 ff.) beschäftigt.[50] Die technische Herausforderung bei der Compliance-Anwendung ist dabei (wie in vielen anderen Bereichen der **Big Data Analyse**) der Umgang mit großen, komplexen und verschiedenartigen Datenarten, die zumeist von unterschiedlicher Qualität sind und aus unterschiedlicher Quelle stammen. Im Unternehmen besteht allerdings ein gewisser Vorteil, dass die selbstgenerierten Daten im Grundsatz einheitlichen Vorgaben folgen. Ist dies noch nicht der Fall, lässt sich im Rahmen der Digitalisierung von Compliance die Datenerfassung und -verarbeitung so konzipieren, dass diese Daten inhaltlich und technisch dann auch für eine qualitativ hochwertige Big Data-Analyse verwendbar sind.

5. Digitalisierung der Dokumentation

Ein wesentlicher Vorteil der Digitalisierung ist die umfassende Möglichkeit der **Dokumentation** und der **Archivierung**.[51] Die Pflicht zur Dokumentation ist in einzelnen Bereichen rechtlich vorgesehen, in anderen Fällen ist eine Dokumentation unternehmensintern vorgegeben oder faktische Notwendigkeit, da sie bspw. für die Revision erforderlich ist (revisionssichere Dokumentation). Zudem ist eine Dokumentation aus sanktionsrechtlicher Perspektive oftmals die einzige (zumindest zuverlässige) Möglichkeit, den Nachweis für ein bestimmtes Verhalten (Erfüllung bestimmter Pflichten etc) zu führen. Insoweit gilt häufig „not documented, not done".[52] Die digitale (automatische) Erfassung der Vorgänge ermöglicht eine längerfristige Speicherung und damit auch die jederzeitige Abrufbarkeit und Nachvollziehbarkeit des jeweiligen Vorgangs.[53] So können insbesondere Vorwürfe der Untätigkeit (die strafrechtlich v.a. als Unterlassungstaten erfasst werden und im Ordnungswidrigkeitenrecht Grundlage der Aufsichtspflichtverletzung nach § 130 OWiG sein können) widerlegt werden. Freilich kann diese Dokumentation im Einzelfall auch Beweise schaffen, auf die interne Ermittler und staatliche Strafverfolger zugreifen können, um Verstöße zu belegen (die ggf. ohne Dokumentation nicht nachweisbar wären).

---

50 Näher Meier Digitale Forensik in Unternehmen S. 105 ff.
51 Zu verschiedenen Angeboten siehe bspw. das automatisierte Dokumentationssystem v.a. verschiedener Arten von Kommunikation von proofpoint, https://www.proofpoint.com/us/solutions/modernize-compliance-and-archiving.
52 Vgl. Rack CB 2016, 58 (64).
53 Burchard FS Sieber, 2021, 741 (746).

6. Digitalisierung der Corporate Governance und der Corporate Social Responsibility

71 Digitale Lösungen bieten sich auch für Bereiche an, die wie die Bereiche der **Corporate Governance** und der **Corporate Social Responsibility** (→ Rn. 18 ff.) über die rechtliche Compliance hinausgehen.[54] Dies ist bspw. im Bereich des Umweltschutzes, des Schutzes von Menschenrechten oder bei sozialen Aktivitäten des Unternehmens möglich. So kann bspw. im Bereich des Umweltschutzes durch entsprechende Software die Einsparung von CO_2-Emissionen (Nutzung von Fahrrad anstatt des Autos, Videokonferenz statt Flugreise) erfasst und auch honoriert werden. Derartige Ansätze sind zwar nicht rechtlich gefordert, aber sie können einen wertvollen Baustein im Bereich der Mitarbeitermotivation sein. Diese Motivationsaspekte sind auch im Bereich der Compliance ein nicht zu unterschätzender Faktor, der zu den Kontrollaspekten einen Gegenpol bilden kann.

III. Schlussfolgerungen

72 Die Digitalisierung ermöglicht bei Compliance-Programmen Maßnahmen, die deutlich umfassender, effektiver und effizienter sind als klassische Compliance-Ansätze und sowohl **qualitativ** als auch **quantitativ** über diese hinausgehen.[55] In der derzeitigen Praxis finden sich vor allem digitalisierte Teilelemente, der Weg zu einem umfassenden digitalen Compliance-Programm ist jedoch keine ferne Zukunft mehr, da die technischen Möglichkeiten bereits vielfach bestehen. Insgesamt erlaubt damit die Digitalisierung der Compliance, dass sich ein Unternehmen mit seinen Mitarbeitern vor allem (wieder) seinem Kernanliegen widmen kann, nämlich der Verfolgung der Unternehmensziele.

73 Allerdings ist bei der Umsetzung der Digital Compliance zu beachten, dass das technisch Mögliche nur im Rahmen des auch rechtlich Zulässigen liegen darf. Das bedeutet, dass im Einzelnen bei der Umsetzung unter anderem Fragen des **Datenschutzes** (insbesondere bei der Verarbeitung personenbezogener Daten) großes Gewicht beizumessen ist. Gerade die Einbeziehung von persönlichen Daten von Beschäftigten ist in Deutschland nur bedingt erlaubt (→ *Datenschutz, Rechte der betroffenen Personen* Rn. 12 ff.), auch wenn dies im Ausland teilweise viel weitergehend zulässig ist.[56] Hier verzahnt sich digital Compliance mit Privacy Tech (→ *Privacy Tech* Rn. 4 ff.). Zudem wollen weder Mitarbeiter noch Partner der Unternehmen gläsern sein, so dass auch die Datensicherheit ausreichend zu gewährleisten ist (→ *Datenschutzmanagement* Rn. 3 f.). Ferner können urheberrechtliche Belange bei der Einbeziehung von Daten anderer Anbieter zum Zwecke von Big Data-Analysen relevant sein.[57]

74 Darüber hinaus ist bei den Kontrollmaßnahmen zu beachten, dass auch hier nur rechtlich zulässige Analysen und Maßnahmen ergriffen werden. Die Anwendung von Compliance-Maßnahmen darf nicht selbst zu einem Rechtsverstoß führen. Das bedeutet, dass bei **Überwachungsmaßnahmen** (insbesondere geheimen) die Persönlichkeitsrechte der betroffenen Mitarbeiter oder auch Dritter ausreichend zu berücksichtigen sind.

75 Aber auch wenn die rechtlichen Rahmenbedingungen für Compliance-Maßnahmen eingehalten werden, ist noch nicht alles rechtlich Zulässige auch unternehmerisch opportun. Denn die durch Compliance-Maßnahmen mögliche Kontrolle kann auch kontraproduktiv sein. Compliance lebt grundsätzlich von einer positiven rechtstreuen/regeltreuen **Einstellung der Beteiligten**. Umfassende Überwachung wie sie nunmehr v.a. durch die Digitalisierung möglich ist, zeugt jedoch von einem grundsätzlichen Misstrauen gegenüber den Beteiligten (der Arbeitnehmer als Risiko) und kann diese zu einem Objekt der Technisie-

---

[54] So bietet bspw. Compliance Solutions auch ein Modul „Corporate Social Responsibility System" bzw. „Carbon Footprint Management System" an (https://www.compliancesolutions.com).
[55] Burchard FS Sieber, 2021, 741 (748).
[56] Vgl. nur das Sozialkreditsystem in China, das auch an Unternehmen besondere Compliance-Anforderungen hinsichtlich der „Durchleuchtung" ihrer Mitarbeiter stellt, dazu Kowallik DB 2021, 252.
[57] Bei Big Data-Analysen gilt für Digital Compliance, wie bei anderen derartigen Verfahren, dass Dreh- und Angelpunkt die Datenqualität ist und auch die Wahl der Algorithmen vorsichtig zu erfolgen hat. Vgl. allgemein zu diesen Aspekten bspw. Hoeren MMR 2016, 8.

rung machen.[58] So ist es wichtig, eine Balance zwischen den Möglichkeiten der positiven Vermittlung Compliance-relevanter Inhalte und der Bestärkung der Normtreue auf der einen Seite sowie den überwachenden Elementen auf der anderen Seite zu finden. Denn ein Mehr an Überwachung bedeutet nicht unbedingt ein Mehr an Compliance.

---

58 Vgl. Neufang IRZ 2017, 249 (254): „Das Individuum degeneriert zum Datensatz."

16. Crowdfunding

Quarch

I. Das Phänomen Schwarmfinanzierung	1
1. Entwicklung des Marktes	3
2. Modelle des Crowdlendings	5
II. Nationale Regulierungen des Crowdlendings – Flickenteppich	6
III. Entstehungsgeschichte der europäischen Regulierung	10
IV. Der Inhalt der VO (EU) 2020/1503	12
1. Überblick	12
2. Die Regelungen im Einzelnen	14
a) Artikel 1: Anwendungsbereich	14
aa) Rechtsfolge des beschränkten Anwendungsbereichs	16
bb) Die Verbraucherkredit-RL 2008/48/EG als „Lösung"?	17
(1) Anleger als Kreditgeber	20
(a) Institutionelle Investoren als Kreditgeber	22
(b) Private Anleger grds. keine Kreditgeber	24
(2) Plattform als Kreditgeber?	25
(a) Vergleichbare Konstellationen	26
(b) Anwendung auf das Crowdlending	27
(3) Zwischenergebnis	29
b) Artikel 3 und 4 VO (EU) 2020/1503: Anforderungen an den Crowdlending-Anbieter	30
c) Artikel 8 VO (EU) 2020/1503: Interessenkonflikte	34
d) Artikel 19 VO (EU) 2020/1503: Anlegerschutz	35
e) Weitere Regelungen der VO (EU) 2020/1503	39
V. Crowdfunding und Legal Tech	40
VI. Fazit	46

Literatur: *Bülow/Artz*, Verbraucherkreditrecht, 10. Aufl. 2019 (zit.: Bülow/Artz); *Clasen*, Crowdfunding in Frankreich, RIW 2015, 344; *Ebers/Quarch*, EU Consumer Law and the Boundaries of the Crowdfunding Regulation, 906.2021 abrufbar unter https://papers.ssrn.com/sol3/papers.cfm?abstract_id=3822692; *Everett*, 2014 Capital Markets Report, Pepperdine University Graziadio School of Business and Management., 2014; *Hacker*, UberPop, UberBlack, and the Regulation of Digital Platforms after the Asociación Profesional Elite Taxi Judgment of the CJEU – Judgment of the Court (Grand Chamber) 20 December 2017, Asociación Profesional Elite Taxi (C-434/15), ERCL 14 (2018), 80; *Klöhn/Hornuf*, Crowdinvesting in Deutschland, ZBB 2012, 237; *McQuinn/Guo/Castro*, Policy Principles for Fintech, Oktober 2016; *Meller-Hennich/Krausbeck/Wittke*, Der Verbraucher in der Sharing Economy, VuR 2019, 403; *Quarch*, Die Europäische Regulierung des Crowdlendings, 2020; *Quarch*, Die Europäische Neuregelung des Crowdfundings, ZdiW 2021, 59; *Renner*, „Banking Without Banks"? Rechtliche Rahmenbedingungen des Peer-to-Peer Lending, ZBB 2014, 261; *Ries*, The Lean Start Up, 2017; *Renner/Böhle*, Crowdlending in der Fallbearbeitung, JuS 2019, 316; *Schedensack*, Crowdinvesting, 2018; *Schneor/Zhao/Flaten*, Advances in Crowdfunding Research and Practice, 2020; *Tonner*, Verbraucherschutz in der Plattform-Ökonomie, VuR 2017, 161; *Veith*, Crowdlending – Anforderungen an die rechtskonforme Umsetzung der darlehensweisen Schwarmfinanzierung, BKR 2016, 184: *Will/Quarch*, Der Kommissionsvorschlag einer EU-Crowdfunding-Verordnung – Eine kritische Analyse –, WM 2018, 1481.

I. Das Phänomen Schwarmfinanzierung

1 „Banking is necessary, banks are not", behauptete der Software-Unternehmer Bill Gates vor einigen Jahren und spielte damit auf eine der bedeutendsten Entwicklungen des 21. Jahrhunderts an: die digitale Disruption, sprich das Aufbrechen althergebrachter Geschäftsmodelle durch digitale Innovationen. Bis vor Kurzem erschien es als selbstverständlich, dass der **Finanzmarkt maßgeblich von Banken geprägt** wird. Die Digitalisierung hat jedoch inzwischen zu einer grundlegenden Änderung geführt: Immer **mehr rein digitale Geschäftsmodelle** sind darauf ausgerichtet, Finanzmarkttransaktionen **ohne die herkömmlichen Kreditinstitute** abzuwickeln.[1]

2 Die ökonomisch bedeutendste Erscheinung in diesem Zusammenhang ist das sog. Crowdlending.[2] Das **Crowdlending ist ein Unterfall des Crowdfundings**. Hierbei bringt eine Internetplattform Kapitalsuchende und Anleger – ganz in Bill Gates' Sinne – grds. ohne eine dazwischengeschaltete Bank zusammen. **Die**

---

[1] Ausführlich dazu Quarch, Die Europäische Regulierung des Crowdlendings, 2020, S. 57 ff.
[2] University of Cambridge, Shifting Paradigms, 4th European Alternative Finance Benchmarking Report, 15.4.2019, abrufbar unter: https://www.jbs.cam.ac.uk/wp-content/uploads/2020/08/2019-05-4th-european-alternative-finance-benchmarking-industry-report-shifting-paradigms.pdf, S. 31.

Anleger gewähren dem Kapitalnehmer ein herkömmliches Darlehen, welches dann verzinst zurückzuzahlen ist.[3]

1. Entwicklung des Marktes

Der Crowdlending-Markt hat sich in den vergangenen Jahren **stetig vergrößert**. In Europa wies das Crowdlending 2017 ein Gesamtvolumen von rund zwei Milliarden Euro auf; derzeit liegt es bei ca. 3,32 Milliarden Euro.[4] Dies mag im Vergleich zum klassischen Bankensektor zwar weiterhin gering sein. Die jährlichen Wachstumsraten von 50 bis 150 % zeigen jedoch, dass sich das Crowdlending schon heute einen **respektablen Platz im Finanzmarkt** erobert hat.

Das Crowdfunding nahm Anfang der 2000er Jahre seinen Ursprung. Derzeit werden vier strukturelle Typen des Crowdfundings unterschieden:[5] Beim „klassischen" **Crowdfunding** im engeren Sinne erhält der Kapitalgeber eine „kreative" Gegenleistung für seine Geldmittel, etwa das mithilfe der Finanzierung hergestellte Produkt.[6] Demgegenüber beteiligt sich der Anleger beim **Crowdinvesting** mit Eigenkapital an einem (Start-up-[7])Unternehmen.[8] Im Rahmen des **Crowddonatings** werden hingegen lediglich Spenden gesammelt und keine Gegenleistung gewährt. Die inzwischen ökonomisch bedeutendste Form des Crowdfundings ist – wie angedeutet – das **Crowdlending**.[9]

2. Modelle des Crowdlendings

Im Markt vertreten sind dabei vor allem zwei Modelle:[10] das **echte und das unechte Crowdlending**. Während das echte Crowdlending der oben beschriebenen Grundidee entspricht, sieht das nur in Deutschland vertretene **unechte Crowdlending die Einschaltung einer Bank** vor, die das Darlehen an den Kreditnehmer vergibt, wobei die finanziellen Mittel dafür von den Anlegern stammen. Diese kaufen der Bank ihre Darlehensrückzahlungsansprüche ab und finanzieren den Kredit damit wirtschaftlich. Diese Besonderheit beruht darauf, dass die Anleger beim echten Crowdlending, sofern sie gewerbsmäßig handeln, nach deutschem Recht – noch[11] – eine Erlaubnis für die Kreditvergabe gem. §§ 32 Abs. 1, 1 Abs. 1 Nr. 2 KWG benötigten, über die sie in aller Regel aber nicht verfügen.

II. Nationale Regulierungen des Crowdlendings – Flickenteppich

Für das Crowdlending bestanden (und bestehen) **europaweit kaum einheitliche Regulierungen**. Stattdessen gibt es eine Vielzahl von unterschiedlichen nationalstaatlichen Regulierungsansätzen, so dass von einem „**Flickenteppich aus 27 unterschiedlichen Gesetzen**" gesprochen werden kann.[12]

---

3 Zu den unterschiedlichen im Markt vertretenen Modellen Quarch, Die Europäische Regulierung des Crowdlendings, 2020, S. 65 ff.; vgl. auch Schedensack, Crowdinvesting, 2018, S. 60; Klebeck/Dobrauz-Saldapenna Dig. Finanzdienstleistungen-HdB/Aschenbeck/Drefke S. 101 f.
4 Für 2017: University of Cambridge, Shifting Paradigms, 4th European Alternative Finance Benchmarking Report, 15.4.2019, abrufbar unter https://www.jbs.cam.ac.uk/wp-content/uploads/2020/08/2019-05-4th-european-alternative-finance-benchmarking-industry-report-shifting-paradigms.pdf, S. 31 ff.; aktuell: https://de.statista.com/outlook/dmo/fintech/digital-capital-raising/crowdlending-business/eu-27?currency=eur; https://de.statista.com/outlook/dmo/fintech/digital-capital-raising/p2p-kreditmarktplatz-consumer/eu-27?currency=eur.
5 Monopolkommission, XXI. Hauptgutachten, 2016, abrufbar unter https://www.monopolkommission.de/de/gutachten/hauptgutachten/88-xxi-gesamt.html, S. 424.
6 Klöhn/Hornuf ZBB 2012, 237 (242 ff.).
7 Zu diesem Begriff nur Ries, The Lean Startup, 2017, S. 15 ff.
8 Eingehend Schedensack, Crowdinvesting, 2018, S. 54 ff.
9 Zur historischen Entwicklung näher Everett, Research Paper Pepperdine University, 2014, abrufbar unter https://digitalcommons.pepperdine.edu/cgi/viewcontent.cgi?article=1001&context=gsbm_pcm_pcmr, S. 1 ff.
10 Mit eingehender Auswertung von Rechtsprechung, Literatur und Praxis dazu Quarch, Die Europäische Regulierung des Crowdlendings, 2020, S. 65 ff.
11 Art. 1 Abs. 3 VO (EU) 2020/1503 wird dies aller Voraussicht nach ändern.
12 COM(2015) 215 final, 2.

7 Zum Beispiel hat **Frankreich ein eigenständiges Regulierungsregime** kreiert, wodurch das Crowdlending in Frankreich **rechtssicher** ausgeübt werden kann.[13] Der französische Code monétaire et financier stellt mit dem „intermédiaire en financement participatif" **strenge Anforderungen an die Erlaubniserteilung und den Betrieb des Crowdlendings** auf. Die Regulierung konzentriert sich dabei allein auf die Vermittlungsrolle des Plattformbetreibers und untersagt sogar darüber hinausgehende Tätigkeiten, wie bspw. eine automatisierte Portfolioverwaltung. Plattformen, die den regulatorischen Anforderungen des Code monétaire et financier entsprechen, erhalten von den französischen Behörden ein **besonderes Gütezeichen**, was einige selbstregulatorische Ansätze der Crowdfunding-Industrie übernommen haben.[14]

8 Demgegenüber ist die in den **Niederlanden** implementierte **Regulierung des Crowdlendings deutlich weiter** gefasst. Bei den niederländischen „Voorschriften" handelt es sich **um speziell auf das Crowdlending gemünzte „Nebenbestimmungen"**, die schnell und passgenau an die sich tagesaktuell wandelnden Marktgegebenheiten angepasst werden können, wobei den Plattformen bei der Durchführung ein **erheblicher selbstregulatorischer Spielraum** belassen wird.[15]

9 Die deutsche Regulierung ist schließlich durch einen bunten Strauß sehr spezifischer Vorschriften gekennzeichnet. Besonders ins Auge fällt dabei das **Kleinanlegerschutzgesetz**[16]. Hierbei handelt es sich um ein Artikelgesetz, das ua das VermAnlG geändert hat. Nach § 1 Abs. 2 Nr. 7 VermAnlG sind Crowdlending-Darlehen als Vermögensanlagen zu qualifizieren, weshalb sie zugleich Finanzinstrumente gem. § 1 Abs. 11 Nr. 2 KWG sind. Dies hat zur Folge, dass **Plattformbetreiber, die Kreditnehmer und Anleger algorithmisch zusammenführen**, eine gem. § 1 Abs. 1a S. 2 Nr. 3 KWG **erlaubnispflichtige Finanzportfolioverwaltung** erbringen. Denn die Anlageentscheidung liegt dabei allein bei dem vom Plattformbetreiber programmierten und von ihm verantworteten Algorithmus – wie bei einem herkömmlichen Portfolioverwalter. Mit dieser strengen Regulierung, die allerdings in der Aufsichtspraxis bislang nicht berücksichtigt wird, wird das **Innovationspotenzial des Crowdlendings**, das sich inzwischen zu einem Großteil automatisiert abspielt, **erheblich eingeschränkt**.[17]

III. Entstehungsgeschichte der europäischen Regulierung

10 Diesen Flickenteppich möchte die EU nun mit der VO (EU) 2020/1503 auflösen. Die Bemühungen der Europäischen Kommission, eine solche **europäische Regulierung für das Crowdfunding** zu schaffen, begannen bereits im Jahr 2018. Nötig wurde eine einheitliche europäische Neuregelung des Crowdfundings, da die für das Crowdlending relevanten europäischen Regulierungen – wie angerissen – auf unterschiedliche Themenkomplexe bezogen waren und die entscheidenden Probleme des Crowdlending-Marktes nicht adressierten. Es zeigte sich außerdem, dass insbesondere die **wesentlichen finanzmarktrechtlichen EU-Regulierungen auf das Crowdlending keine oder nur stark eingeschränkte Anwendung** finden.[18] Am 8.3.2018 legte die Europäische Kommission daher einen Vorschlag für eine **„Verordnung über Europäische Crowdfunding-Dienstleister für Unternehmen"** vor. Der damals zuständige Kommissar Dombrovskis umriss das Ziel der Verordnung wie folgt:

> „An EU crowdfunding licence would help crowdfunding platforms scale up in Europe. It will help them match investors and companies from all over the EU".[19]

---

13 Clasen RIW 2015, 344 (344); Quarch, Die Europäische Regulierung des Crowdlendings, 2020, S. 277 ff. mwN.
14 Quarch, Die Europäische Regulierung des Crowdlendings, 2020, S. 407 ff.
15 Ausführlich Quarch, Die Europäische Regulierung des Crowdlendings, 2020, S. 309 ff. mwN.
16 BGBl. 2015 I 1114.
17 Näher Quarch, Die Europäische Regulierung des Crowdlendings, 2020, S. 363 ff. mwN.
18 Mit einer eingehenden Analyse aller denkbaren EU-rechtlichen Regulierungsregime des Crowdlendings Quarch, Die Europäische Regulierung des Crowdlendings, 2020, S. 153 ff. mwN.
19 Europäische Kommission, Pressemitteilung, IP/18/1403, 8.3.2018, abrufbar unter https://ec.europa.eu/commission/presscorner/detail/en/IP_18_1403;zu Deutsch: „Eine EU-Crowdfunding-Lizenz würde dazu beitragen, die Zahl der Crowdfunding-Plattformen in Europa zu erhöhen. Es wird ihnen helfen, Investoren und Unternehmen aus der ganzen EU zusammenzubringen."

Nach zähen Verhandlungen und teils massiven Veränderungen des Entwurfs wurde am 7.10.2020 – mitten während der alles überragenden Corona-Pandemie und daher in der Öffentlichkeit leider gänzlich unbeachtet – schließlich die Verordnung über Europäische Schwarmfinanzierungsdienstleister für Unternehmen und zur Änderung der Verordnung (EU) 2017/1129 und der Richtlinie (EU) 2019/1937 (kurz: VO (EU) 2020/1503) erlassen.

IV. Der Inhalt der VO (EU) 2020/1503

1. Überblick

Ziel der VO (EU) 2020/1503 ist das **Ermöglichen eines grenzüberschreitenden Crowdfundings** – und damit auch Crowdlendings. Dazu sollen bestehende **Hindernisse** für einen reibungslos funktionierenden Binnenmarkt für Crowdfunding-Dienstleistungen **abgebaut und der Anlegerschutz gestärkt** werden.[20]

Bemerkenswert ist, dass die EU-Kommission in ihrem 2018er-Entwurf ein „**opt-in**"-**Regime** vorgesehen hatte, dem sich Crowdfunding-Dienstleister freiwillig unterwerfen und somit zwischen den EU-rechtlichen und den nationalen Regelungen wählen konnten. Die damit auf den Plan gerufene Regulierungsarbitrage[21] wurde auf Drängen des Parlaments und des Rates erfreulicherweise **aus der final beschlossenen Fassung gestrichen**, so dass die VO (EU) 2020/1503 seit dem 10.11.2021[22] im Rahmen ihres Anwendungsbereichs (dazu sogleich → Rn. 14) **unionsweit (jedenfalls in gewissem Maße)**[23] das nationale Recht verdrängt.[24]

2. Die Regelungen im Einzelnen

a) Artikel 1: Anwendungsbereich

Art. 1 Abs. 1 iVm Art. 2 Abs. 1 lit. a VO (EU) 2020/1503 legen den grds. Anwendungsbereich der Verordnung fest, indem der Begriff „Schwarmfinanzierungsdienstleistung" näher definiert wird. Demnach **umfasst die Verordnung alle Varianten des Crowdfundings** und damit auch des Crowdlendings mit seinen unterschiedlichen Ausprägungen. Durch die weite Formulierung[25] „Vermittlung von Krediten" (Art. 2 Abs. 1 lit. a Ziff. i VO (EU) 2020/1503) werden **sowohl das echte als auch das unechte Crowdlending erfasst**.[26] Die inhaltlichen Anforderungen, die die Verordnung aufstellt, sind für beide Varianten im Übrigen weitestgehend gleich, so dass im Folgenden keine weitere Differenzierung geboten ist.

Bedauerlich ist, dass weiterhin das **an Verbraucher gerichtete Crowdfunding gem. Art. 1 Abs. 2 lit. a VO (EU) 2020/1503 vom Anwendungsbereich der EU-Regulierung ausgeschlossen** wird. Dies erschließt sich nicht, da nach wie vor ein Großteil des Crowdlending-Marktes verbraucherorientiert ist (2017: 1,3 Mrd. EUR an Verbraucher vermittelte Kredite). An dieser Stelle hat die Union daher die Chance verpasst, wirklich umfassend ein „level playing field" für alle im Crowdfunding-Markt vertretenen Geschäftsmodelle zu schaffen.[27]

aa) Rechtsfolge des beschränkten Anwendungsbereichs

Die erschütternde Folge dieser Rechtslage ist, dass das **an Verbraucher gerichtete Crowdfunding auch weiterhin vorrangig durch nationales Recht** – freilich beeinflusst durch die Vorgaben des EU-Verbraucherrechts – geregelt wird. Es bleibt damit bei dem eben beschriebenen **Flickenteppich** – und das, obwohl Erwägungsgrund 6 VO (EU) 2020/1503 deutlich macht, dass der Gesetzgeber genau dieses Chaos mit seiner Verordnung verhindern wollte:

---

20 Siehe auch Erwägungsgründe 7 f., 30 der VO (EU) 2020/1503.
21 Ausführlich zu alledem Quarch, Die Europäische Regulierung des Crowdlendings, 2020, S. 443 ff.; Will/Quarch WM 2018, 1481 (1485 f.).
22 Vgl. Art. 51 VO (EU) 2020/1503.
23 Diesen Aspekt wird der Autor dieser Zeilen im Laufe des Jahres 2021 nochmals vertieft analysieren.
24 So auch gefordert in Quarch, Die Europäische Regulierung des Crowdlendings, 2020, S. 490 f.
25 SWD(2018) 56 final, 35: „fairly broad in order to cover a sufficient number of business models".
26 Siehe auch Erwägungsgrund 11 der VO (EU) 2020/1503.
27 Mit eingehender Kritik Quarch, Die Europäische Regulierung des Crowdlendings, 2020, S. 440 ff.

„Die Unterschiede zwischen den bestehenden nationalen Vorschriften sind von solcher Art, dass sie die grenzüberschreitende Erbringung von Schwarmfinanzierungsdienstleistungen erschweren und daher direkte Auswirkungen auf die Funktionsweise des Binnenmarktes für diese Dienste haben".

bb) Die Verbraucherkredit-RL 2008/48/EG als „Lösung"?

17 Demzufolge stellt sich die Frage, ob andere EU-Regelungen das Verbraucher-Crowdlending regulieren. Beachtenswert ist dabei vor allem die **Verbraucherkredit-RL 2008/48/EG**[28], die gem. ihrem Art. 2 Abs. 1 für **Kreditverträge zwischen Verbrauchern und Kreditgebern** gilt.

18 Ein Kreditgeber ist gem. Art. 3 lit. b RL 2008/48/EG eine natürliche oder juristische Person, die in Ausübung ihrer gewerblichen oder beruflichen Tätigkeit einen Kredit gewährt oder zu gewähren verspricht.[29] Ein Verbraucher ist gem. Art. 3 lit. a RL 2008/48/EG eine natürliche Person, die bei Abschluss des Darlehens zu einem Zweck handelt, der nicht ihrer beruflichen oder gewerblichen Tätigkeit zugerechnet werden kann.[30] Beim Verbraucher-Crowdlending stellt sich demnach **primär die Frage, ob Kreditgeber iSv Art. 3 lit. b RL 2008/48/EG beteiligt sind.**[31]

19 Beim unechten Crowdlending, das eine Kreditvergabe durch Banken vorsieht, liegt das auf der Hand.[32] Unklarer ist die **Anwendung der RL 2008/48/EG auf das echte Crowdlending-Modell**, bei dem die **Darlehensverträge unmittelbar zwischen dem Kreditnehmer und den Anlegern** zustande kommen.

(1) Anleger als Kreditgeber

20 Auf den ersten Blick könnte daran gedacht werden, dass die jeweiligen **Anleger Kreditgeber gem. Art. 3 lit. b RL 2008/48/EG** sind. Dazu müssten sie – wie angedeutet – den Kredit **in Ausübung ihrer gewerblichen oder beruflichen Tätigkeit** gewähren.

21 Da die RL 2008/48/EG einen **möglichst umfassenden Verbraucherschutz** bezweckt,[33] ist diese Voraussetzung grds. **weit auszulegen**, so dass nur erforderlich ist, dass die Darlehensvergabe im Rahmen der generellen gewerblichen oder beruflichen Tätigkeit erfolgt.[34] Es kommt also nicht darauf an, ob der Kreditgeber auch gewerblicher oder beruflicher Darlehensgeber ist. Vor diesem Hintergrund ist im Rahmen des echten Crowdlending-Modells erneut zwischen zwei Ausgestaltungen zu differenzieren.

(a) Institutionelle Investoren als Kreditgeber

22 Wichtig für das Verständnis des Crowdlending-Marktes generell – auch abseits der Verbraucherkredit-RL – ist, dass mittlerweile eine **Vielzahl der über das Crowdlending gewährten Darlehen durch institutionelle Investoren** vergeben wird.[35] Statistiken für das Jahr 2016 zufolge werden in Europa inzwischen 45 % der Crowdlending-Darlehen an Verbraucher (dazu sogleich → Rn. 23) und 29 % der Crowdlending-Darlehen an Unternehmen durch institutionelle Investoren vergeben.[36] Diese Entwicklungen verleiteten McQuinn, Guo und Castro zu folgender bemerkenswerter Aussage: „Peer-to-peer lending platforms [...]

---

28 Richtlinie 2008/48/EG des Europäischen Parlaments und des Rates vom 23.4.2008 über Verbraucherkreditverträge und zur Aufhebung der Richtlinie 87/102/EWG des Rates, abrufbar unter: https://eur-lex.europa.eu/legal-content/DE/TXT/HTML/?uri=CELEX:32008L0048&from=DE.
29 Bülow/Artz/Artz BGB § 491 Rn. 16 ff.
30 Vgl. Meller-Hennich/Krausbeck/Wittke VuR 2019, 403 (407).
31 So auch EBA, Opinion of the European Banking Authority on lending-based crowdfunding, EBA/Op/2015/03, 26.2.2015, S. 31.
32 Quarch, Die Europäische Regulierung des Crowdlendings, 2020, S. 248.
33 Erwägungsgrund 8 der RL 2008/48/EG.
34 Zur deutschen Umsetzung der RL 2008/48/EG so auch: BGH Urt. v. 9.12.2008 – XI ZR 513/07, BeckRS 2009, 4578; vgl. auch BT-Drs. 11/5462, 17 (Umsetzungsgesetz der Vorgänger-RL 87/102/EWG); näher MüKoBGB/Schürnbrand BGB § 491 Rn. 7; BeckOK BGB/Möller BGB § 491 Rn. 37.
35 Quarch, Die Europäische Regulierung des Crowdlendings, 2020, S. 79 ff.
36 University of Cambridge, Expanding Horizons – The 3rd European Alternative Finance Industry Report, 2017, abrufbar unter https://www.jbs.cam.ac.uk/wp-content/uploads/2020/08/2018-02-ccaf-exp-horizons.pdf, S. 38; mit leicht abweichenden Zahlen aus 2017: University of Cambridge, Shifting Paradigms, 4th European Alternative Finance Benchmarking Report, 15.04.2019, abrufbar unter: https://www.jbs.cam.ac.uk/wp-content/uploads/2020

provide a platform that connects individuals and businesses with **institutional investors**".[37] Dies ist in seiner Allgemeinheit zwar nicht zutreffend, da die privaten Anleger auch weiterhin eine Rolle spielen, wie die genannten Zahlen unterstreichen. Gleichwohl ist – um einen in der FinTech-Branche verbreiteten Ausdruck zu bemühen – in gewisser Weise doch ein „Pivot", also eine Anpassung der Strategieausrichtung, des Crowdlendings erkennbar.[38]

Die **institutionellen Investoren** handeln offenkundig jeweils in Ausübung ihrer gewerblichen Tätigkeit, so dass daher **Kreditverträge gem. Art. 3 lit. c RL 2008/48/EG** gegeben sind und die **Verbraucherkredit-RL Anwendung findet**.[39] Dies hat dann zur Konsequenz, dass die Crowdlending-Plattformbetreiber als **Kreditvermittler gem. Art. 3 lit. f RL 2008/48/EG** einzustufen sind.

(b) Private Anleger grds. keine Kreditgeber

Anders ist die Lage jedoch zu beurteilen, wenn die **Darlehen durch private Anleger** vergeben werden. Soweit ersichtlich, investieren diese Anleger nämlich **regelmäßig allein zur privaten Geldanlage** und damit nicht in Ausübung ihrer gewerblichen und beruflichen Tätigkeit[40] – von dem pathologischen Fall eines Crowdlending-„Power Sellers" einmal abgesehen. Demnach handelt es sich bei ihnen **nicht um Kreditgeber iSv Art. 3 lit. b RL 2008/48/EG**.[41]

(2) Plattform als Kreditgeber?

Allerdings könnte die RL 2008/48/EG bei alleiniger Beteiligung privater Anleger als Investoren doch Anwendung finden, wenn und soweit die **Plattform selbst als Kreditgeber einzuordnen** wäre. Diese Überlegung mag auf den ersten Blick überraschend wirken,[42] wird der Darlehensvertrag im echten Crowdlending-Modell doch unmittelbar zwischen dem Kreditnehmer (Verbraucher) und den privaten Anlegern geschlossen, ohne dass der Plattformbetreiber selbst Vertragspartei wird. Gleichwohl könnte die **zentrale Rolle des Plattformbetreibers als Schnittstelle** aller Interaktionen (Intermediär) dafür sprechen, ihn selbst als Kreditgeber im Sinne der Verbraucherkredit-RL einzuordnen.

(a) Vergleichbare Konstellationen

Vergleichbare Fragestellungen sind auch schon in anderen Wirtschaftsbereichen zutage getreten. So entschied der EuGH bspw. schon 2016, dass eine Vermittlungsplattform, die den einen Transaktionspartner nicht umfassend über die Identität des anderen Transaktionspartners aufklärt, als „Seller" im Sinne der RL 1999/44/EG angesehen werden kann (Whatelet-Entscheidung).[43] Auf einer Linie damit liegen die Entscheidungen zu Uber[44] und AirBnB, in denen der EuGH sich mit der Anwendung der RL 2000/31/EG auf die genannten Vermittlungsdienste befasste. Der tragende Gedanke einer weiten Auslegung war dabei

---

/08/2019-05-4th-european-alternative-finance-benchmarking-industry-report-shifting-paradigms.pdf, S. 41 f.; Will/Quarch WM 2018, 1481 (1482).

37 McQuinn/Guo/Castro, Policy Principles for Fintech, Oktober 2016, abrufbar unter https://www2.itif.org/2016-policy-principles-fintech.pdf, S. 21; Hervorhebung nur hier; ähnlich Müller, Die zwei Gesichter von Fintech, Neue Zürcher Zeitung, 25.9.2015.

38 Der Begriff „Pivot" stammt von Ries, The lean startup, 2011, S. 149, und bezeichnet „a structured course correction designed to test a new fundamental hypothesis about the product, strategy and engine of growth".

39 Vgl. dazu im Ansatz Veith BKR 2016, 184 (192 f.); ESMA, Opinion Investment-based crowdfunding, ESMA/2014/1378, 18.12.2014, abrufbar unter https://www.esma.europa.eu/document/opinion-investment-based-crowdfunding, S. 39.

40 Vgl. BGH 23.10.2001 - XI ZR 63/01, WM 2001, 2379; im vorliegenden Zusammenhang so auch Renner ZBB 2014, 261 (269); Möslein/Omlor FinTech-HdB/Renner § 11 Rn. 73; Möslein/Omlor FinTech-HdB/Renner/Möslein/Rennig § 9 Rn. 29.

41 Renner/Böhle JuS 2019, 316 (318), schließen – überzeugend – auch die Möglichkeit einer Gesellschaft bürgerlichen Rechts iSv § 705 BGB zwischen den Anlegern aus, da diese keine darauf gerichteten Willenserklärungen abgeben.

42 In anderem Zusammenhang findet sich ein ähnlicher Gedanke in COM(2016) 356 final, 6 f., passim; dies aufgreifend Tonner VuR 2017, 161 (162).

43 EuGH Urt. v. 9.11.2016 – C-149/15, ECLI:EU:C:2016:840 – Wathelet.

44 EuGH Urt. v. 20.12.2017 – C-434/15, ECLI:EU:C:2017:981 – Asociación Profesional Elite Taxi; EuGH Urt. v. 10.04.2018 - C-320/16, ECLI:EU:C:2018:221 – Uber France; dazu Hacker ERCL 14 (2018), 80–96.

stets, dass die neuartigen Plattformen eine ganz integrale Rolle in der jeweils von ihnen vermittelten Transaktion spielen, indem sie (nahezu) alle wesentlichen Funktionen übernehmen.[45]

(b) Anwendung auf das Crowdlending

27 So liegt es auch hier. Denn die **wesentlichen Aspekte des Darlehensvertrages**, namentlich Laufzeit, Zinsen, Volumen, Kosten uÄ, werden nicht durch die Anleger als Darlehensgeber, sondern **durch den Plattformbetreiber im Rahmen eines Finanzierungsvorschlags bestimmt**. Der Anbieter erstellt diesen Vorschlag nach Einreichung des Kreditgesuchs und macht ihn nach der Zustimmung des Kreditnehmers zur alleinigen Grundlage des Kreditprojekts, in das die Anleger investieren.[46] Dabei werden die Verträge zwar grds. zwischen den Anlegern und dem Kreditnehmer geschlossen, **nach außen hin tritt** jedoch – insbesondere auch bei der Vertragserfüllung – in der Regel **nur der Plattformbetreiber in Erscheinung**. Er übernimmt insofern sämtliche Kommunikation zwischen den Beteiligten und überwacht die Einhaltung der Zahlungspflichten. Dabei offenbart er in aller Regel nicht einmal die Namen der Kreditnehmer.[47] Aus alledem folgt, dass der Plattformbetreiber – wie angedeutet – **die** zentrale Rolle bei sämtlichen Transaktionen im Rahmen des Crowdlendings spielt. Diese Rolle beschränkt sich tatsächlich auch nicht nur auf die eines Vermittlers, sondern geht in Anbetracht der weiteren Dienstleistungen des Plattformbetreibers deutlich darüber hinaus, weshalb der **Plattformbetreiber auch als ökonomischer „Flaschenhals" zu bezeichnen** ist. Noch markanter ist diese zentrale Funktion des Anbieters bei den mittlerweile im Markt weit verbreiteten automatisierten Anlageformen. In diesem Zusammenhang entscheidet allein der durch den Plattformbetreiber programmierte Algorithmus,[48] in welches Kreditprojekt der jeweilige Anleger sein Geld investiert. Alle diese beschriebenen Aufgaben übernimmt bei einem gewöhnlichen Darlehen üblicherweise der Kreditgeber: Er legt fest, zu welchen Konditionen das Darlehen vergeben wird, er kommuniziert mit dem Darlehensnehmer und er überwacht die Vertragserfüllung. Insbesondere entscheidet in der Regel allein er, welche Darlehen finanziert werden.

28 Dass all dies im Rahmen des Crowdlendings durch den Plattformbetreiber erledigt wird, lässt es überzeugend erscheinen, dass der **Plattformbetreiber als Kreditgeber iSv Art. 3 lit. b Verbraucherkredit-RL** zu verstehen ist. Dies liegt im Übrigen ganz auf der Linie der erwähnten Entscheidung Whatelet des EuGH.

(3) Zwischenergebnis

29 Es lässt sich festhalten, dass die Verbraucherkredit-RL 2008/48/EG die durch den unnötig beschränkten Anwendungsbereich der VO (EU) 2020/1503 entstandene Regelungslücke für den Verbraucher-Crowdlending-Markt jedenfalls auf Basis einer teleologischen Auslegung ansatzweise schließt. Dass der Flickenteppich der nationalen Regulierungen auch dessen ungeachtet bestehen bleibt, ist umso bedauerlicher.

b) Artikel 3 und 4 VO (EU) 2020/1503: Anforderungen an den Crowdlending-Anbieter

30 Inhaltlich verlangt Art. 3 Abs. 2 VO (EU) 2020/1503, dass die Crowdfunding-Plattformbetreiber **„ehrlich, fair und professionell" im besten Interesse ihrer Kunden** handeln müssen. Diese durch stark unbestimmte Rechtsbegriffe gekennzeichnete Regulierung lässt sich als eine Form **prinzipienbasierter**

---

45 EuGH Urt. v. 19.12.2019 - C-390/18, ECLI:EU:C:2019:1112 – AirbnB Ireland.
46 Korkein Oikeus, Päätös Diaarinro 1 (19), S2015/29 v. 23.6.2015, Nr. 1281 – TrustBuddy AB vs. Lauri Pihlajaniemi, Rn. 47, formuliert dies wie folgt (übersetzt): „Darüber hinaus werden wesentliche Aspekte der Kreditvergabe wie die Höhe der zu gewährenden Darlehen, der Zinssatz, die Darlehenskosten, die Länge der Leihfrist und die Möglichkeit der Verlängerung der Leihfrist, alle von TrustBuddy AB auf der Grundlage der Bedingungen etabliert. (…)"; vgl. auch SWD(2016) 154 final, 27, veröffentlicht 3.5.2016, abrufbar unter https://ec.europa.eu/transparency/documents-register/detail?ref=SWD(2016)154&lang=de.
47 So war es in Korkein Oikeus, Päätös Diaarinro 1 (19), S2015/29 v. 23.6.2015, Nr. 1281 Rn. 50 – TrustBuddy AB vs. Lauri Pihlajaniemi.
48 Vgl. in diese Richtung auch Korkein Oikeus, Päätös Diaarinro 1 (19), S2015/29 v. 23.6.2015, Nr. 1281 Rn. 45 – TrustBuddy AB vs. Lauri Pihlajaniemi.

Regulierung charakterisieren,⁴⁹ wird allerdings durch die weiteren Absätze des Art. 3 sowie durch Art. 4 konkretisiert.

So regelt Art. 3 Abs. 3 VO (EU) 2020/1503, dass **Schwarmfinanzierungsdienstleister keine Vergütung oder sonstigen Vorteile** dafür annehmen bzw. gewähren dürfen, dass sie Aufträge von Investoren zu einem bestimmten Crowdfunding-Angebot auf ihrer eigenen Plattform oder der Plattform eines Dritten leiten. Damit soll die **Neutralität des Schwarmfinanzierungsdienstleisters** gewahrt werden. Verboten wird also nicht etwa die generelle Gebührenerhebung durch den Plattformbetreiber, die schon aus wirtschaftlichen Gründen erforderlich und gem. Art. 15 GRCh geschützt ist. Unzulässig ist vielmehr allein die Annahme von Vorteilen dafür, dass die Investorengelder zu einem **bestimmten**, vom Zahlenden vorgegebenen Finanzierungsprojekt geleitet werden.⁵⁰

Art. 4 Abs. 1 VO (EU) 2020/1503 fordert, dass die Geschäftsleitung eines Schwarmfinanzierungsdienstleisters „**angemessene Regelungen und Verfahren zur Sicherstellung einer wirksamen und umsichtigen Leitung**" festzulegen und deren Umsetzung zu überwachen hat. Diese Regelungen und Verfahren betreffen etwa die „Aufgabentrennung" innerhalb der Geschäftsführung, die „Geschäftsfortführung im Krisenfall" und die Vorbeugung von Interessenkonflikten". Auf diesem Wege soll ein angemessenes Risikomanagement gewährleistet werden, das die „Marktintegrität" und die Kundeninteressen fördert.

Hintergrund ist, dass die Funktionsfähigkeit des Crowdlendings ganz besonders von der Integrität und dem Bestand des Plattformbetreibers als zentrale Schnittstelle und damit „Flaschenhals" aller Transaktionen abhängt.⁵¹ In diesem Zusammenhang sei auch erwähnt, dass Art. 7 Abs. 1 VO (EU) 2020/1503 die Schwarmfinanzierungsdienstleister dazu verpflichtet, „**wirksame und transparente Verfahren für die umgehende, faire und einheitliche Bearbeitung**" von Beschwerden einzuführen.

c) Artikel 8 VO (EU) 2020/1503: Interessenkonflikte

Art. 8 Abs. 3 VO (EU) 2020/1503 verpflichtet die Schwarmfinanzierungsdienstleister, „**interne Vorschriften zur Verhinderung von Interessenkonflikten** aufrechtzuerhalten und anzuwenden". Zudem müssen die Dienstleister geeignete „Vorkehrungen treffen, um Interessenkonflikte" zu „**erkennen, zu beheben und offenzulegen**" (Art. 8 Abs. 4 VO (EU) 2020/1503). Der zentrale potenzielle Interessenkonflikt zwischen Kreditnehmern, Investoren und Plattformbetreiber besteht darin, dass der Plattformbetreiber, der an Abschlussprovisionen verdient, versucht sein wird, **möglichst viele Finanzierungen** abzuschließen, um so möglichst hohe Einnahmen zu erzielen („money chasing deals").⁵² Kapitalnehmer und Investoren streben demgegenüber jeweils die aus ihrer Sicht besten Finanzierungskonditionen an und sind damit nur an sicheren bzw. rückzahlungsstarken Finanzierungen interessiert. Konkrete Maßnahmen, um diesen Interessenkonflikt zu lösen, bleibt die Verordnung allerdings schuldig. Die **Vorgaben bleiben insgesamt eher unbestimmt und prinzipienbasiert**.⁵³ Insbesondere verhindert Art. 8 Abs. 1 VO (EU) 2020/1503, dass sich das im französischen Markt (bspw. bei dem Anbieter october) verbreitete Modell des „skin in the game", bei dem der Dienstleister zum Zwecke der Interessengleichheit selbst einen Teil des Kredits an den Kreditnehmer vergibt, durchzusetzen vermag.⁵⁴ Die Gründe dafür scheinen nicht recht nachvollziehbar.

---

49 Quarch, Die Europäische Regulierung des Crowdlendings, 2020, S. 455 f.
50 Einschränkend European Crowdfunding Network, Support for – and Proposed Improvements to – the European Commission Proposal for a Regulation on European Crowdfunding Service Providers (ECSP) for business, 3.7.2018, abrufbar unter https://eurocrowd.org/wp-content/uploads/2021/12/the-European-Commission-Proposal-for-a-Regulation-on-European-Crowdfunding-Service-Providers-ECSP-for-business.pdf, S. 9.
51 Ausführlich Quarch, Die Europäische Regulierung des Crowdlendings, 2020, S. 254 ff.
52 Quarch, Die Europäische Regulierung des Crowdlendings, 2020, S. 505 mwN.
53 Will/Quarch WM 2018, 1481 (1488): „zu unbestimmt".
54 Quarch, Die Europäische Regulierung des Crowdlendings, 2020, S. 505 mwN.

d) Artikel 19 VO (EU) 2020/1503: Anlegerschutz

35 Eines der zentralen Ziele der Verordnung, nämlich den **Anlegerschutz** (siehe Erwägungsgrund 7) beim Crowdlending zu stärken und zu harmonisieren, wurde in Art. 19 ff. VO (EU) 2020/1503 umgesetzt. Zu diesem Zwecke sieht Art. 19 Abs. 1 VO (EU) 2020/1503 vor, dass sämtliche Informationen, die Schwarmfinanzierungsdienstleister ihren Kunden zur Verfügung stellen, „fair, klar und nicht irreführend" sein müssen.

36 Daneben erfuhr das sog. **Anlagebasisinformationsblatt** (ABIB) in Art. 23 VO (EU) 2020/1503 eine nähere inhaltliche Ausgestaltung. Mit diesem durch den Schwarmfinanzierungsdienstleister zur Verfügung gestellten, maximal sechs DIN-A4-Seiten (Art. 23 Abs. 7 VO (EU) 2020/1503)[55] umfassenden Material soll eine fundierte Investitionsentscheidung sichergestellt und eine adverse Selektion verhindert werden.

37 Art. 23 Abs. 6 iVm Anhang I VO (EU) 2020/1503 enthält eine detaillierte Liste der Informationen, die das ABIB beinhalten muss. So sind insbesondere **Informationen über den Kapitalnehmer,**[56] **die Bedingungen der Kreditaufnahme, mögliche Risikofaktoren sowie Informationen über Gebühren und Rechtsbehelfe** zu veröffentlichen. Darüber hinaus muss das ABIB gem. Art. 23 Abs. 6 lit. b und c VO (EU) 2020/1503 Risikowarnungen enthalten. Besonders wichtig – und inhaltlich überzeugend – ist die Warnung gem. Art. 23 Abs. 6 lit. c VO (EU) 2020/1503, dass Anlagen in diesem Schwarmfinanzierungsprojekt mit Risiken verbunden sind.

38 Auch das Anlagebasisinformationsblatt muss ausweislich Art. 23 Abs. 7 VO (EU) 2020/1503 **„fair, klar und nicht irreführend"** sein. Besonders hervorzuheben ist, dass nach Art. 23 Abs. 11 VO (EU) 2020/1503 die Plattformbetreiber nicht nur lediglich die Vollständigkeit und Klarheit des Informationsblatts zu überprüfen haben, sondern das Informationsblatt **auch auf seine inhaltliche Richtigkeit überprüfen** müssen. Insbesondere Letzteres stärkt die Vertrauenswürdigkeit der im ABIB enthaltenen Informationen. Der Kapitalsuchende wird dadurch in seiner Möglichkeit begrenzt, sein Finanzierungsprojekt so positiv wie irgend möglich darzustellen („window dressing"). Schließlich sei betont, dass gem. Art. 23 Abs. 9 VO (EU) 2020/1503 eine **Haftung für das ABIB im nationalen Recht** geregelt werden muss.

e) Weitere Regelungen der VO (EU) 2020/1503

39 Auch die weiteren Vorschriften der Verordnung tragen dazu bei, ein umfassendes Regulierungsfeld zur Stärkung des Anlegerschutzes im Bereich des Crowdfundings zu etablieren. So schreibt Art. 5 VO (EU) 2020/1503 den Dienstleistern „ein **Mindestmaß an sorgfältiger Prüfung**" in „Bezug auf die Projektträger" vor. Sofern das Crowdfunding-Unternehmen „Dienstleistungen zur Verwahrung des Kundenvermögens und Zahlungsdienste" erbringt, hat es seine Kunden überdies gem. Art. 10 VO (EU) 2020/1503 darüber zu unterrichten. Zudem regelt Art. 12 VO (EU) 2020/1503 umfangreich das **Verfahren und die Voraussetzungen für eine Zulassung des Schwarmfinanzierungsdienstleisters**, die von der Behörde des jeweiligen Mitgliedstaates, in dem der Dienstleister seinen Sitz hat, vergeben wird.

V. Crowdfunding und Legal Tech

40 Verknüpfungen von Crowdfunding, Crowdlending oder Crowdinvesting und Legal Tech sind auf verschiedene Weise denkbar: Neben der Möglichkeit der Kapitalbeschaffung für Legal Techs durch diese alternativen Finanzierungsmethoden werden von Crowdfundingplattformen Tools eingesetzt, die bereits aus dem Legal Tech bekannt sind. Eine neuere Entwicklung ist zudem die Finanzierung von Gerichtsprozessen bzw. Klagen über das Crowddonating.

---

55 In Quarch, Die Europäische Regulierung des Crowdlendings, 2020, S. 520, hatte der Autor dieser Zeilen eine Begrenzung auf eine Seite gefordert.
56 Teilweise kritisch European Crowdfunding Network, Support for – and Proposed Improvements to – the European Commission Proposal for a Regulation on European Crowdfunding Service Providers (ECSP) for business, 03.07.2018, abrufbar unter https://eurocrowd.org/wp-content/uploads/2021/12/the-European-Commission-Proposal-for-a-Regulation-on-European-Crowdfunding-Service-Providers-ECSP-for-business.pdf, S. 11.

Durch die Etablierung am Markt und einen unionsrechtlich regulatorischen Rahmen ist Crowdfunding bzw. Crowdlending für Legal Tech Start-Ups eine attraktive Alternative zu klassischen Finanzierungsmethoden geworden. Neben einer schnelleren und unkomplizierteren Kreditvergabe können Legal Tech Start-Ups über Crowdfunding den Markt testen und ihre Bekanntheit steigern. Zudem ist der Prozess unbürokratischer als bei klassischen Finanzinstituten. Dafür, dass sich diese Entwicklung fortsetzen wird, spricht, dass sich das Transaktionsvolumen im Bereich Crowdfunding im Jahr 2018 um 51% im Vergleich zu 2017 (von 11,9 Mrd. USD auf 18 Mrd. USD) erhöht hat.[57] Auf Crowdfundingplattformen[58] können aktuelle Projekte im Legal Tech-Bereich gefunden werden.

Die vergleichsweise unbürokratische Gestaltung des Crowdfundingprozesses liegt unter anderem an dem Einsatz von aus dem Legal Tech bekannten Tools durch Crowdfundingplattformen. Ein Beispiel hiervon ist die (video- und scanbasierte) Kundenidentifikation zu Zwecken der Geldwäscheprävention. Crowdfundingplattformen setzen im Rahmen dieses Due-Diligence-Verfahrens die aus dem Legal Tech bekannten KYC (know your customer) und AML (anti money laundering) Prüfungen ein. Zudem greifen die Plattformen auf die artificial intelligence gestützte, massenweise Erstellung und Verwaltung von Finanzierungsdokumenten (als Darlehen oder eigenkapitalgleiche Ansprüche) zurück. Letztlich können unter Verwendung der distributed ledger Technologie (Rück)Zahlungsverfahren gestaltet und Lösungen erstellt werden, die über den Einsatz von smart contracts verhindern, dass elektronische Anspruchspositionen in Rechtsordnungen gehandelt werden können, in denen die Produkte nicht zum (Sekundär-)Handel zugelassen sind.

Eine besondere Form der Verknüpfung von Crowdfunding und Legal Tech stellt das Modell der Finanzierung von Gerichtsprozessen an. Genau genommen handelt es sich hierbei um eine Form des Crowddonating, da die Anleger für ihr Geld keine Gegenleistung erhalten. Wie im Bereich des Crowdfunding charakteristisch, kann jedermann kostenfrei Finanzierungsanfragen für juristische Prozesse stellen.

Diese Idee stammt ursprünglich von dem Crowdfunding-Start-Up Crowdjustice. Crowdjustice wurde 2014 im Vereinigten Königreich gegründet und ist mittlerweile in die USA expandiert. Voraussetzung für eine Finanzierungsanfrage ist die Vertretung durch einen von der Plattform verifizierten Anwalt, wobei hierfür die Anstellung bei einem registrierten Unternehmen – also auch einer Kanzlei – ausreicht. Zudem muss ein „initial target", also ein erstes Finanzierungsziel, erreicht werden, andernfalls wird das Geld zurückgezahlt. Bei Erreichen des initial targets wird das Geld – abzüglich einer Gebühr in Höhe von 3% – auf ein Treuhandkonto des entsprechenden Anwalts überwiesen. Die Spende ist unabhängig von dem Erfolg/Misserfolg des Prozesses bzw. der Klage und die Spender haben keinen Einfluss auf die juristische Strategie.

Ein Beispiel für den Erfolg einer durch Crowdfunding finanzierten Klage stellt die Entscheidung des Supreme Courts des Vereinigten Königreichs dar, dass der Austrittsprozess aus der Europäischen Union (vgl. Art. 50 EUV) nicht ohne eine entsprechende Erlaubnis des Parlaments eingeleitet werden darf.[59] Weitere relevante Crowdfundingkampagnen betreffen das US-Wahlrecht (im Spezifischen ua. Gerrymandering oder Wahllokale in sog. Minority districts) oder die Ausweisung von Flüchtlingen in Großbritannien. Auch in Deutschland stellt das Legal Tech JuFund mittlerweile die Möglichkeit bereit, Klagen über Crowdfunding zu finanzieren.

VI. Fazit

Insgesamt lässt sich festhalten, dass die **VO (EU) 2020/1503 prima facie zur EU-weiten Regulierung des Crowdfunding-Sektors begrüßenswert** ist. Überzeugend sind insbesondere die Vorgaben zu **Informationspflichten** und der damit verbundenen **Haftung**. Die Regulierungsinstrumente der Verordnung stellen insofern einen ersten wichtigen Schritt zur **Harmonisierung des Crowdfunding-Marktes und zur Stär-**

---

57 Schneor/Zhao/Flaten, Advances in Crowdfunding Research and Practice, 2020, abrufbar unter https://link.springer.com/book/10.1007/978-3-030-46309-0, S. 374.
58 Eine übersichtliche Liste ist zu finden unter https://www.crowdfunding.de/plattformen/.
59 R (on the application of Miller and another) (Respondents) v Secretary of State for Exiting the European Union (Appellant), UKSC 5, 24.1.2017.

kung des Anlegerschutzes in Zeiten einer zunehmenden Digitalisierung dar. Gleichwohl offenbaren sich erhebliche offene Flanken der Verordnung. Insbesondere der **unnötig begrenzte Anwendungsbereich**, der den gesamten Markt des Verbraucher-Crowdlendings ausklammert, erstaunt. Hier kann eine teleologisch ausgelegte Verbraucherkredit-RL zwar ein wenig Abhilfe schaffen. Gleichwohl bleibt es dabei, dass – entgegen den eigentlichen Zielen der EU-Regulierung – die nationalen Regulierungen und damit der **„nationale Flickenteppich" weiter Geltung** behalten wird. Es ist insofern jedenfalls aus dem Blickwinkel der Regulierung durchaus fraglich, ob Gates' – hier leicht abgewandelte – Prognose wirklich wahr werden könnte: „Banking is necessary, banks are not – thanks to Crowdlending".

17. Customer Relationship Management (CRM)

Schunder-Hartung

I. Einführung ... 1	1. Festlegung von Arbeitszielen ... 39
II. CRM-Maßnahmen ... 12	2. Pflichtenhefte ... 46
1. Virtueller Bereich ... 13	3. Anbindung ... 49
2. Social CRM insbesondere ... 17	4. CRM in der Mandatsanbahnung ... 51
3. Analoger Bereich ... 19	V. CRM als Frage der Kanzleikultur ... 59
4. Nonverbale Sphäre ... 26	1. Mindset ... 59
III. Professioneller CRM-Einsatz in Systemen ... 29	2. Verkaufsargument ... 62
1. Systematik ... 29	3. Faktor Teambuilding insbesondere ... 64
2. Tools und Anbieter ... 35	VI. Praxistransfer ... 68
IV. CRM im Praxiseinsatz ... 39	

Literatur: *Hippner/Hubrich/Wilde* (Hrsg.), Grundlagen des CRM. Strategie, Geschäftsprozesse und IT-Unterstützung, 2011; *Klinkhammer*, Der Mensch und die Organisation im CRM-Kompetenzmodell – Neue Ansätze der Organisationsentwicklung auf dem Weg zum kundenzentrierten Unternehmen, in Stadelmann/Pufahl/Laux (Hrsg.), CRM goes digital, 2020, S. 107 (zit.: Stadelmann/Pufahl/Laux CRM goes digital/Klinkhammer); *Kohlmeier/Klemola*, Das Legal Design Buch, 2021; *Krüger*, Social CRM, 2013; *von Lewinski*, Berufsrecht der Rechtsanwälte, Patentanwälte und Steuerberater, 5. Aufl. 2022; *Müller*, Customer Relationship Management (CRM) in der Praxis, 2015; *Neumann*, CRM mit Mitarbeitern erfolgreich umsetzen – Aufgaben, Kompetenzen und Maßnahmen der Unternehmen, 2014; *Prognos* (Hrsg.), Der Rechtsdienstleistungsmarkt 2030, 2013; *Schulte*, CRM erfolgreich einführen, 2002; *Schulz*, Compliance Management im Unternehmen – Erfolgsfaktoren und praktische Umsetzung, 2. Aufl. 2021 (zit.: Schulz, Compliance Management); *Schunder-Hartung*, Erfolgsfaktor Kanzleiidentität, 2019; *Schunder-Hartung*, Neue Handlungsmuster für das digitale Zeitalter, in Schulz/Schunder-Hartung (Hrsg.), Recht 2030, 2019, S. 1 (zit.: Schulz/Schunder-Hartung, Recht 2030/Schunder-Hartung); *Schunder-Hartung/Kistermann/Rabis*, Strategien für Dienstleister, 2021; *Stadelmann/Neureiter*, Das CRM-Kompetenzmodell – Basis einer konsequent kunden-orientierten Unternehmensgestaltung, in Stadelmann/Pufahl/Laux (Hrsg.), CRM goes gigital, 2020, S. 28 (zit.: Stadelmann/Pufahl/Laux, CRM goes digital/Stadelmann/Neureiter); *Stadelmann/Pufahl/Laux* (Hrsg.), CRM goes digital – Digitale Kundenschnittstellen in Marketing, Vertrieb und Service exzellent gestalten und nutzen, 2020; *Tillmanns*, Reden ist Gold, in Schieblon (Hrsg.), Marketing für Kanzleien und Wirtschaftsprüfer, 4. Aufl. 2018, S. 33 (zit.: Schieblon, Marketing für Kanzleien und Wirtschaftsprüfer/Tillmanns); *Wefing*, Der Wandel im Berufsbild der Anwaltschaft – Am Beispiel der Liberalisierung des anwaltlichen Werberechts, 2021.

I. Einführung

Customer Relationship Management (CRM) ist kein Rechtsstichwort im eigentlichen Sinne. Es handelt sich nicht um einen juristischen, sondern einen dem **Marketing** entlehnten Begriff.[1] Im wörtlichen Sinne steht CRM für die Handhabung von Kundenbeziehungen aller Art, und zwar an der Schnittstelle zwischen Marketing-, Vertriebs- und Serviceprozessen. CRM bezeichnet mit anderen Worten **das Nachhalten, das Steuern und Kontrollieren und entsprechende Optimieren von Kundenbeziehungen**.[2] Dass es im Zuge dessen zu rechtlichen Auseinandersetzungen kommen kann, steht dem nicht entgegen. Diese sind dann aber nicht „CRM-rechtlicher", sondern beispielsweise urheber- oder wettbewerbsrechtlicher Natur (vgl. hierzu ua → *Wettbewerb, allgemein* Rn.1. ff. sowie → *Wettbewerb, unlauterer* Rn. 1 ff.).[3]

Manche nichtanwaltliche Start-ups verwenden den CRM-Begriff mittlerweile in einem abgewandelten Sinne für die **Kontaktpflege** auf Mailingweg. Auf diese Weise grenzen sie CRM-Aktivitäten dogmatisch

---

1 Die Autorin dankt dem Director Marketing and Communications des Medienhauses Wolters Kluwer Deutschland, Marc Morawietz, für wertvolle Hinweise.
2 Siehe zur Gestaltung von CRM-Prozessen grundlegend Hippner/Hubrich/Wilde (Hrsg.), Grundlagen des CRM – Strategie, Geschäftsprozesse und IT-Unterstützung, 2011; Neumann, CRM mit Mitarbeitern erfolgreich umsetzen – Aufgaben, Kompetenzen und Maßnahmen der Unternehmen, 2014, sowie Stadelmann/Pufahl/Laux (Hrsg.), CRM goes digital – Digitale Kundenschnittstellen in Marketing, Vertrieb und Service exzellent gestalten und nutzen, 2020.
3 Siehe zu den wettbewerbsrechtlichen Aspekten auch die einschlägigen Stichworte in diesem Kommentar.

nicht ganz sauber von Social Media-Maßnahmen ab.[4] Für die Arbeitspraxis der hier angesprochenen Anwaltskanzleien und Legal Tech-Unternehmen (s. zum Legal Tech-Terminus → *Legal Tech, Begriff* Rn. 1 ff.) ist allerdings die oben beschriebene Definition sinnvoller.

3 Im juristischen Bereich gelten zahlreiche Besonderheiten. Die Juristerei ist ungeachtet aller Marktveränderungen (wie etwa dem zunehmenden Einsatz von → *Robo Advice* Rn. 1 ff., der allerdings nicht gleichzusetzen ist mit der Verwendung Künstlicher Intelligenz als solcher) eine **strukturkonservative Branche**, die auch im Bereich der Digitalisierung eher zögerlich auf Neuerungen reagiert. Die Rede ist vom „individualistisch-skeptische(n) Grundtypus des anwaltlichen Beraters"[5], der „konservativ und veränderungsresistent"[6] ist. Zwischen Juristen und beispielsweise Werbetreibenden, bei denen Augmented Reality Solutions in Marketing, Vertrieb und Beratungsservice gelebte Realität sind, liegen im Jahr 2022 Welten.

4 Dabei spielen im Bereich der Anwaltssozietäten zusätzliche **werberechtliche Restriktionen** eine Rolle. Eine zentrale Bedeutung kommt § 43 Bundesrechtsanwaltsordnung (BRAO) zu. Zwar ist hier eine Liberalisierung zu beobachten. Von einer Gleichstellung mit anderen Dienstleistern kann aber keine Rede sein (s. zum anwaltlichen Berufsrecht und die damit verbundenen besonderen Pflichten auch → *Rechtsanwalt, Berufsrecht* Rn. 1 ff.).[7]

5 Entsprechendes Fingerspitzengefühl erfordert die Pflege der juristischen Geschäftsbeziehungen. Dabei handelt es sich *auch, aber nicht nur* um Zielgruppenbeziehungen zu (potenziellen) Mandanten: Weitere Interessenträger – neudeutsch: „Stakeholder" – sind Multiplikatoren aller Art, die die Kunde von Dienstleister und (Beratungs-)produkt verbreiten sollen. Auf dem Rechtsmarkt sind das typischerweise Redakteure der Print- und Onlinemedien in Fach- und Wirtschaftspresse, von Branchendienstleistern oder auch Nachwuchspublikationen. Intern kommen die Mitarbeitenden hinzu, flankiert von Bewerbern auf der einen, Alumnae und Alumni auf der anderen Seite. Schließlich werden unterschiedlichste Dienstleistergruppen erfasst, von IT-Fachleuten über Caterer bis hin zum mobilen Masseur. Im weiteren Sinne spricht man insoweit auch vom **Stakeholder Relationship Management (SRM)**.

6 Wie das Zusammenspiel zwischen Auftraggebern und Auftragnehmern gestaltet ist, bestimmt über den Verkaufserfolg maßgeblich mit – auch wenn es sich beim angebotenen Produkt nicht um einen Gegenstand, sondern um immateriellen Rechtsrat handelt. Dieser wird eingekauft, und wer dafür zahlt, erwartet einen funktionierenden **Kundenservice** ebenso wie eine werthaltige Kommunikation. **In zeitlicher Hinsicht** erstreckt sich das CRM vom Punkt, an dem Anbieter auf sich aufmerksam machen, über die Akquise mit Erstkontakt und Angebotserstellung oder einem Pitch bis hin zur Kundenpflege und Kundenbindung und entsprechenden Ausbaumaßnahmen mit Blick auf den Geschäftskontakt. Das alles kann händisch geschehen, effektiver funktioniert der beschriebene Prozess aber mit automatisierten Vertriebstools.

7 Dabei sind die Zeiten, in denen Rechtsdienstleistungen im Gegensatz zu anderen in einer Art **Black Box** daherkommen konnten, lange vorbei. Auch die Nachfrageseite ist heute juristisch versierter als früher. Dort, wo sie nicht ohnehin entsprechend ausgebildet ist, womöglich selbst Beratungserfahrung hat, besteht oft angelesenes (Internet-)Wissen. Zahllose Ratgeber und Leitfäden, Verbandsauskünfte oder auch Betreuung im Zuge anderer Tätigkeiten nach § 5 des Rechtsdienstleistungsgesetzes (RDG) tragen dazu bei, den Druck zu erhöhen. Passend dazu sagt ein Trendpapier des US-Marktforschungsinstituts

---

4 Organisatorisch zählen Mailings zum sogenannten Outbound Marketing, während Social Media-Aktivitäten Teil des Inbound Marketings sind, dazu sogleich → Rn. 12.
5 Schieblon, Marketing für Kanzleien und Wirtschaftsprüfer/Tillmanns S. 33.
6 Zitat aus der Ansprache der ehemaligen Bundesjustizministerin Brigitte Zypries v. 14.9.2018 auf dem AnwaltsZukunftsKongress 2018 v. 13. und 14.9.2018 in Düsseldorf.
7 Zu den berufsrechtlichen Aspekten empfiehlt sich ergänzend die Lektüre von v. Lewinski, Berufsrecht der Rechtsanwälte, Patentanwälte und Steuerberater, 5. Aufl. 2022. Dort finden sich insbesondere einschlägige Bezüge zum Thema Legal Tech in Kapitel 10 über berufliche Niederlassung und Organisationspflichten und in Kapitel 17 zu anderen rechts- und steuerberatenden Berufen. Außerdem hat Wefing mit „Der Wandel im Berufsbild der Anwaltschaft – Am Beispiel der Liberalisierung des anwaltlichen Werberechts" 2021 eine aktuelle Monografie zum Thema verfasst.

Gartner vom Februar 2021 für Unternehmensmandate **zunehmend aggressive Entscheidungskämpfe im Akquisebereich** voraus.[8] Im Zuge der großen **BRAO-Reform** zum 1.8.2022[9] ist für den Anwaltsbereich mittelfristig mit einer weiteren Verschärfung zu rechnen. Seitdem das Gesetz zur Neuregelung des Berufsrechts der anwaltlichen und steuerberatenden Berufsausübungsgesellschaften sowie zur Änderung weiterer Vorschriften im Bereich der rechtsberatenden Berufe in Kraft getreten ist, ist die Zusammenarbeit mit Angehörigen anderer freier Berufe wesentlich leichter. Für ausgewählte Kanzleien dürfte sich das zu einem Wettbewerbsvorteil entwickeln. Weiter ins Hintertreffen geraten dann aber all diejenigen Sozietäten ohne Ingenieure, Ärzte oder Apotheker an ihrer Seite.

Gleichzeitig gewinnen allenthalben **standardisierte Optionen** an Bedeutung, die über nicht kanzlei- bzw. Legal Tech-unternehmensgebundene **Plattformen** vertrieben werden (s. zur Bedeutung der Plattformen im Legal Tech-Bereich ausf. → *Plattformen, allgemein* Rn. 1 ff.). Hier geht es längst nicht mehr um einfache Wenn-Dann-Subsumtionen (s. zum Subsumtionsbegriff in seiner heutigen Ausprägung → *Subsumtion* Rn. 1 ff.). Vielmehr stehen Lösungsangebote von stetig steigendem Umfang und wachsender Qualität in Rede. Je größer die dort verfügbaren Datenbestände sind (s. zum Stichwort: „Big Data" → *Big Data* Rn. 1 ff.), vor allem: je besser die sie verarbeitenden Algorithmen werden (s. hierzu → *Algorithmus* Rn. 1 ff. und ergänzend → *Entscheidungsfindung, automatisierte* Rn. 1 ff.), umso qualifizierter werden solche Rechtsdienstleistungen teils großer Drittanbieter. Der Automatisierungsgrad nimmt zu, und das mit wachsendem Tempo (s. eingehender → *Automatisierung und Autonomie* Rn. 1 ff.). 8

Auch insoweit spielt im Übrigen das veränderte anwaltliche Berufsrecht eine Rolle. Zwar ist hier noch vieles im Fluss; wie offen das anwaltliche Berufsrecht für **innovative Vertriebsmodelle** ist, hat der BGH andererseits schon sehr früh im neuen Jahrtausend klargestellt.[10] Dass er die Entwicklung neuer Berufsbilder zu erlauben gedenkt, hat er Ende 2019 in seinem Legal Tech-Grundsatzurteil zum Geschäftsmodell der Plattform wenigermiete.de bestätigt (s. hierzu auch solchem → *Rechtsanwalt, Monopol* Rn. 43 sowie zum Legal Tech-Begriff als solchem → *Legal Tech, Begriff* Rn. 1 ff.).[11] 9

Obgleich der **Vertrieb von Rechtsdienstleistungen** entsprechend schwieriger wird, verläuft die anwaltliche Pflege der Kundenbeziehungen auch in den 20er Jahren des 21. Jahrhunderts oft eher unsystematisch. 2013 hatte anlässlich des Deutschen Anwaltstags eine große Prognos-Studie der überwiegenden Mehrheit der Sozietäten eine „breit gestreute, **nicht fokussierte Mandantenansprache**"[12] attestiert – daran hat nach eigener intensiver Beobachtung auch die heraufziehende digitale Transformation nichts Grundlegendes geändert. In vielen Fällen wechseln zu textlastige Homepages, redundante Newsletter und jährliche Mandantenveranstaltungen einander ab. 10

Was persönliche Formate betrifft, wurden diese mit Einsetzen der Covid 19-Krise im März 2020 ihrerseits in nie gekanntem Maße ausgebremst. Als digitale CRM-Mittel der Wahl erschienen häufig zunächst **Webinar-Angebote**, allerdings traten auf Mandantenseite schon bald Ermüdungseffekte ein. Ursächlich dafür erscheint nicht zuletzt die mangelnde Einbettung solcher Formate in eine konsistente Gesamtstrategie. Onlinepublikum neigt zur Ungeduld – wer ihm nichts Besonderes bietet, verliert rasch seine Aufmerksamkeit. 11

---

8 Siehe https://www.gartner.com/smarterwithgartner/5-legal-technology-trends-changing-in-house-legal-departments/: „Leading in-house legal functions in the next several years will focus more aggressively on continually weighing resource decisions for specific areas of work, whether relying on in-house lawyers, in-house nonlawyers, law firms or non-law-firm service providers. Moreover, they will enhance the legal technology and innovation capabilities within their teams by building skills within existing staff; borrowing expertise from other internal functions (e.g., via rotational programs) or external parties (e.g., via secondment); or hiring from novel talent pools."
9 Siehe hierzu BGBl. 2021 I 2363.
10 In seiner Anwalts-Hotline-Entscheidung BGH Urt. v. 26.9.2002 – I ZR 44/00, BGHZ 152, 153 = NJW 2003, 819.
11 BGH Urt. v. 27.11.2019 – VIII ZR 285/18, NJW 2020, 208 – „Lexfox". Danach ist die Abtretung von Ansprüchen aus einem Mietverhältnis an den Inkassodienstleister Lexfox, der die Plattform wenigermiete.de betreibt, wirksam. Die Tätigkeiten des Legal Tech-Unternehmens sind von der ihm erteilten Inkassolizenz gedeckt. Wertungswidersprüche zu anwaltlichen Dienstleistern, die solche Legal Tech-Angebote nicht machen dürfen, bestehen nicht.
12 Prognos (Hrsg.), Der Rechtsdienstleistungsmarkt 2030, 2013, S. 14.

II. CRM-Maßnahmen

12 CRM-Maßnahmen bedeuten nicht automatisch die Verwendung von CRM-Software. Im Rahmen einer gelungenen CRM-Kommunikation bietet sich eine Mischung aus unterschiedlichen Instrumentarien an, die allein, miteinander kombiniert oder zeitversetzt zum Einsatz gebracht werden können. Organisatorisch unterscheidet man insoweit zwischen Outbound- und Inbound-Maßnahmen: Bei **Outbound** gestalteten Angeboten nimmt die Sozietät von sich aus Kontakt zur potenziellen und bestehenden Mandantschaft auf. Der **Inbound**-Bereich hingegen zielt auf die Sichtbarkeit und Markenbekanntheit der Kanzlei ab. Hier sollen Mandanten Inhalte finden, wenn diese zu dem entsprechenden Zeitpunkt für sie relevant sind, zB abrufbare Serviceleistungen. Unter Inbound werden u.a. aber auch **Suchmaschinenoptimierung (SEO) und -werbung sowie Social Media-Marketing** subsumiert. Teilweise gibt es insoweit Überschneidungen mit Fragen der herkömmlichen Büroorganisation, die ihrerseits zu den integralen Bestandteilen des modernen Kanzleimanagements zählt (s. hierzu auch → *Büroorganisationssoftware* Rn. 1 ff.).

1. Virtueller Bereich

13 Einige **Möglichkeiten** der **Außendarstellung**, die sich im virtuellen Kommunikationszeitalter insoweit besonders anbieten, sind in alphabetischer Reihenfolge:
- Artikel in Onlinemedien
- Audio- oder Video-Podcasts
- Blogpublikationen in eigenen oder fremden Formaten
- Diskussionsteilnahmen in externen virtuellen Foren
- Marketingmaßnahmen aller Art, zB visuelle Ads
- Online-Newsletter und -seiten
- Online-Pressespiegel
- Search Engine Advertisement (SEA)
- Social Media Accounts
- Virtuelle Empfänge oder virtuelle Messen
- Webinare oder Webinar-Sponsorings
- Websiteerstellung und -pflege.

14 Als weitere innovative Formate sind beispielsweise **virtuelle Barcamps** zu nennen[13].

15 Um die eigene Markenbekanntheit online durch entsprechende Platzierungen zu steigern, hat sich in jüngerer Zeit zudem die Nutzung bestimmter **Plattformen**, sogenannter **Discovery Platforms** etabliert. Bekannte Beispiele sind Taboola[14] und Outbrain[15]. Beide unterstützen ihre Kunden bei der Erstellung von Kampagnen, bewegen sich also im Bereich des inhaltsbezogenen oder Content Marketing.

16 Dabei sind seit dem Inkrafttreten der **Datenschutz-Grundverordnung**[16] (DS-GVO) im Mai 2018 (s. eingehender → *Datenzugang* Rn. 9 ff.) allerdings aus Marketing-Perspektive einige **Erschwernisse zum Schutz der Mandantensphäre** zu gewärtigen. Sie betreffen unter anderem das Verbot eines ungefragten Nachverfolgens oder „Trackens" – auch – durch Untersuchungsinstrumente wie Google Analytics als Drittanbieter. Damit sich Legal Tech-Unternehmen und Kanzleien entsprechender Mittel zur Abfrage des Suchverhaltens bedienen dürfen, müssen sie von den Besuchenden ihrer Websites eine entsprechende Zustimmung für die Verwendung von Cookies und Online-Tracking auf ihren Websites einholen, die der DS-GVO und dann auch der ePrivacy-Verordnung der EU[17] über den Schutz der elektronischen Kommunikation entspricht.

---

[13] Siehe zum Ganzen ausführlich Schunder-Hartung/Kistermann/Rabis, Strategien für Dienstleister, 2021, S. 93 ff.
[14] Siehe https://www.taboola.com/de/.
[15] Siehe https://www.outbrain.com/de/.
[16] Verordnung (EU) 2016/679 des Europäischen Parlaments und des Rates v. 27.4.2016 zum Schutz natürlicher Personen bei der Verarbeitung personenbezogener Daten, zum freien Datenverkehr und zur Aufhebung der Richtlinie 95/46/EG (Datenschutz-Grundverordnung) (ABl. L 119, 1).
[17] Siehe hierzu https://www.bfdi.bund.de/DE/Fachthemen/Inhalte/Telemedien/ePrivacy_Verordnung.html, abgerufen am 22.6.2022.

2. Social CRM insbesondere

Für die **Mandantenkommunikation über soziale Medien oder Netzwerke**, das heißt
- Beiträge auf LinkedIn, Xing, Twitter, Facebook, Instagram usw
- Kommentare in Blogs und sonstige Posts
- Mailverkehr

hat sich seit einigen Jahren der Begriff der Social CRM etabliert.[18] Während man hier in kommunikationstheoretischer Hinsicht je nach Austauschstruktur unterscheiden kann zwischen selbst erstellten Inhalten oder andererseits User-generated oder **Third Party Content** und Dialog Media, ist aus kanzleistrategischer Sicht vor allem eine **Nutzenklassifizierung** sinnvoll. Insoweit bieten sich[19] unter anderem zum Einsatz an:
- Social Analytics (SA) mit der Analyse strukturierter Daten wie etwa Likes auf LinkedIn-Beiträge
- Social Community Management (SCM) als themenbasierte Gruppeninteraktion
- Social Media Engagement (SME) sowie Social Media Content Management (SMCM) in etwas breiter gefasster Form
- Social Media Monitoring (SMM) mit Beobachtung und Auswertung.

Erfolgsvoraussetzungen sind in allen Fällen, dass die betreffenden Maßnahmen beständig fortgeführt und weiterentwickelt werden, während gleichzeitig eine intensive Auseinandersetzung mit der Materie aus Empfängerperspektive stattfindet. Zudem sind ausreichende Ressourcen bereitzuhalten – und das nicht nur in Form *sachkundiger*, sondern auch entsprechend *motivierter* interner oder externer Unterstützung. In der Praxis hilfreich sind entsprechende Request Demo Files oder auch **Muster-Fragenkataloge**.[20]

3. Analoger Bereich

Im **analogen Bereich** liegt das Augenmerk typischerweise auf:
- Broschüren
- Einzeleinladungen, Gesprächen im kleinen Kreis
- Empfehlungsmanagement
- Hintergrundgesprächen mit Multiplikatoren
- Kanzleifeiern
- Lobbyarbeit
- Marketingaktionen aller Art
- Publikationen
- Studien-Sponsoring
- Trainings und Workshops.

Dabei erstrecken sich gerade im **PR-Bereich Publikationsmaßnahmen** noch immer über ein weites Feld. Hervorzuheben sind
- Wirtschaftsmedien
- Fachmedien
- Handbücher
- Tagespresse
- Regionalpresse und
- Branchenmedien.

---

18 Hierzu eingehend Krüger, Social CRM, 2013.
19 Nach Müller, Customer Relationship Management (CRM) in der Praxis, 2015, S. 31.
20 Einen umfangreichen Fragenkatalog zur Auswahl eines Social Media-Tools präsentiert Müller, Customer Relationship Management (CRM) in der Praxis, 2015, S. 145 ff.

21 Im benachbarten **Marketing** dominieren unter den **Marketingaktionen**
- Anzeigen und
- Kleingeschenke, sogenannte „Give-Aways"
- Sponsoring.

22 **Expertise** wird zudem **live** demonstriert in
- Workshops in der Kanzlei
- In-House-Schulungen
- Seminaren bei externen Veranstaltern.

23 **Interessenvertretung** bzw. **Lobbyarbeit** findet statt in
- berufsständischen Gremien
- Spendensammel-Organisationen
- Sportvereinen ebenso wie in
- Kammern und Verbänden.

24 **Einzeleinladungen und Gespräche im kleinen Kreis** führen Legal Tech-Unternehmen und Kanzleien durch als
- Frühstücks- oder Frühaufsteher-Runden
- Business Lunches
- Kamingespräche

und feiern Events als
- Neujahrsempfänge
- Sommerfeste
- Weihnachtsfeiern
- Jubiläen.

25 Zu beachten sind dabei wiederum die aktuell geltenden **Compliance- und Corporate Governance-Regeln** (s. zum Compliance-Begriff → *Compliance* Rn. 6 f.).[21]

4. Nonverbale Sphäre

26 In der nonverbalen Sphäre sind zusätzlich die Handlungsfelder Design und Verhalten von Bedeutung. Dabei steht zunächst Design nach dem weiten englischen Sprachgebrauch für das Erforschen, Konzipieren und Gestalten im weiteren Sinne. Insoweit kommen im **Legal Design** (s. auch → *Legal Design* Rn. 1 ff.), wo unter anderem auch das Design Thinking angesprochen wird, die unterschiedlichsten Elemente wie Form, Schrift, Farbe, (Marken-)Zeichen, fotografische und andere Darstellungen zum Tragen. Lässt man sich auf die kreative Arbeitsmethode des **Legal Design Thinking**[22] ein, verbinden sich entsprechende ästhetisch-haptische Elemente mit einer besonderen Denkweise. Dabei geht es im Kern um ein **gemeinsames spiralförmig-iteratives Voranschreiten**: Interdisziplinär entwickelte Lösungskonzepte werden bereits in einem frühen Stadium mitgeteilt, *gemeinsam* weiterentwickelt und erforderlichenfalls auch rasch wieder *verworfen*. Abweichend von der traditionellen juristischen Fehlerkultur gelten die Ideale eines offenen Umgangs mit mangelhaften bzw. nicht praktikablen Lösungen und des schnellen Scheiterns („Fail fast"). Praxistest mit Prototyping, Fortentwicklung und Modifikation erfolgen in interdisziplinären, transparent nachzuverfolgenden Rückkopplungsschleifen. Dabei sind jeweils für alle Berührungspunkte und Außenschnittstellen passende Verhaltensweisen festzulegen und auszugestalten – immer im Sinne eines besonders nutzerzentrierten Arbeitens.

27 Im **Verhaltensbereich** schließlich ist ein einigermaßen einheitliches Auftreten ebenso gefragt wie das gemeinschaftliche Beherrschen der früher gerne salopp so bezeichneten **Soft Skills**: persönlicher Fähig-

---

21 Vertiefend dazu empfiehlt sich die Lektüre von Schulz, Compliance Management.
22 Siehe ausführlicher Kohlmeier/Klemola, Das Legal Design Buch, 2021.

keiten, sozialer Fertigkeiten sowie methodischer Kompetenzen. Während zu Ersteren Eigenschaften wie Belastbarkeit, Eigenverantwortung und Engagement zählen, ist eine wichtige methodische Voraussetzung für die erfolgreiche Gestaltung der Mandantenbeziehung beispielsweise die Stress-Resilienz. Dass ein Rechtsdienstleister Problemlösungskompetenz besitzt, strukturiert und zielorientiert arbeiten kann, ist vorauszusetzen. Allerdings muss er auch im Umgang mit schwierigen Mandanten Haltung bewahren können. Nach aller praktischen Erfahrung der Autorin als Coach ist das weit weniger der Fall als gedacht und im Beziehungsmanagement eine entsprechend gefährliche Klippe.

Gleichermaßen wichtig und trainierbar sind die im CRM-Bereich erforderlichen **sozialen Kompetenzen** oder **Social Skills**. Dazu zählen an zentraler Stelle   28
- Einfühlungsvermögen in die Wahrnehmungsmuster des Gesprächspartners
- Empathie die Leitmotivatoren der anderen Seite betreffend
- Erkennen der Interessen jenseits der geäußerten Positionen
- Kommunikationsvermögen
- Kritikbereitschaft das eigene Denken und Handeln betreffend
- Menschenkenntnis
- Teamfähigkeit
- personenbezogen und situativ angemessene Umgangsformen.

III. Professioneller CRM-Einsatz in Systemen

1. Systematik

Im professionellen Angang unterscheidet man im CRM die analytische und die operative Mandantenpflege. Die **analytische Mandantenpflege** zielt, wie der Name schon sagt, auf eine systematische Zergliederung[23] der Kundenbeziehungen. Danach führt **operative Mandantenbetreuung** die so gewonnenen Daten einer tatsächlichen Verwendung zu. Übertragen auf den Kanzleialltag erhält man auf diese Weise Aufschluss über Fragen wie: 29
- Welche Vorgänge verdienen die meiste Aufmerksamkeit (**„A-Mandate"**)? Welche Vorgänge sind weniger wichtig, welche weniger dringend („B-Mandate")? Was lässt sich nicht nur delegieren, sondern womöglich eliminieren („C-Mandate")?
- In welchen **neuen Rechtsgebieten** lohnt es sich,
- mit welchen **besonderen Maßnahmen** nachzufassen?

Sodann deckt **das kommunikative CRM** die Schnittstelle zum (potenziellen) Mandanten auf unterschiedlichen Kommunikationskanälen ab. Schließlich bedient sich das **kollaborative CRM** oder Collaborative CRM, wie der Name schon sagt, kanzleiübergreifender Kooperationsformen wie etwa externer Vertriebspartner, die es in ein integriertes Konzept mit einbezieht. In der Praxis ist das mit Blick auf die bereits erwähnten Legal Tech-Plattformen von zunehmendem Interesse.   30

Im Sinne einer konsistenten Gesamtstrategie sind dabei aus Mandantensicht (Empfängerhorizont!) jederzeit **drei Leitfragen** zu beantworten. Sie gehen dahin, warum man   31
- ausgerechnet diese Kanzlei
- ausgerechnet jetzt
- ausgerechnet mit den aktuellen juristischen Herausforderungen

betrauen sollte.

Entsprechend ist zunächst einmal in einem strukturierten Verfahren zu ermitteln, wer man ist – und vor allem: *wer eher nicht*. Erst aus der Antwort darauf ergibt sich die unverwechselbare Markenbotschaft einer Sozietät. Dabei sind mit Blick auf die eigene **Kanzlei- oder Unternehmensidentität** die **Visionen** von einer attraktiven Einheit entlang von Polen wie Einzel- und Gruppenbezogenheit, Pragmatismus und   32

---

23 Siehe hierzu https://www.duden.de/rechtschreibung/analytisch.

Idealismus durchaus unterschiedlich. Das Gleiche gilt für deren **Leitvorstellungen und prägende Werte**, von denen wiederum die Kanzleiziele abhängen, mit denen eine Sozietät ihren Mandanten begegnet. Je klarer und passgenauer eine Kanzlei ihr Profil ermittelt hat, umso besser kann sie es in einer multimedialen Welt dann auch schärfen.

33 Unter dem Strich steht ein erfolgreiches CRM im Digitalzeitalter damit für eine **Kombinationsstrategie**: Kanzleien wie Legal Tech-Unternehmen müssen deutlich machen, warum es in einer verschärften Marktsituation ohne sie nicht geht, und zwar mit professioneller, ganzheitlicher Umsicht.

34 Ist diese Hürde genommen, sind dem **Einsatz weitergehender integrativer Konzepte** oder **CRM-Frameworks** keine Grenzen gesetzt. Dann können besonders fortschrittliche Sozietäten und Legal Tech-Unternehmen Kompetenz- und Kontextfelder vordefinieren, innerhalb derer sie ihre Projekte entsprechend gestalten. Ein solches CRM-Kompetenzmodell gibt es beispielsweise als Analyse- und Gestaltungsrahmen, der in vier CRM-Kontextfeldern und sieben CRM-Kompetenzfeldern über drei Akquisephasen hinweg die zentralen CRM-relevanten Aspekte anspricht.[24]

2. Tools und Anbieter

35 Um in einem digitalen Umfeld wirksame Kundenpflege zu betreiben, bietet sich der Einsatz zahlreicher **Softwareinstrumente** an. Zu ihnen zählen schlichte Outlook-Anwendungen und Excel-Tabellen genau wie Onlineformulare. Frage- und Antwort-Tools sind ebenso im Einsatz wie **automatisierte Dialogsysteme**. Entsprechende **Chatbots** (→ *Legal Chatbot* Rn. 1 ff.) geben als virtuelle Assistenten auf entsprechende Text- oder Audioeingaben hin automatisierte Sofortantworten. Einer von der otto group zitierten aktuellen EOS Chatbot-Studie zufolge nutzen bereits zwei Drittel der deutschen Unternehmen die digitalen Helfer im Kundenservice. Zudem hat bereits mehr als die Hälfte aller Deutschen schon mit einem Bot gechattet. Gerade im Erstkontakt (97 %) und im Service (57 %), aber auch in der Produktberatung (42 %) sind hierzulande Chatbotkontakte schon gang und gäbe.[25] Entsprechend hoch ist die Akzeptanz im Markt.

36 Allerdings sind in der strukturkonservativen Juristenbranche nach Beobachtung der Autorin Chatbots sehr viel weniger verbreitet als in den juristisch beratenen Unternehmen selbst. Gerade in kleineren Kanzleien, aber auch im Anwaltsmittelstand arbeitet man nicht selten noch mit **Versatzstücken**. Im weiteren Fortgang kommen tatsächlich noch händisch gepflegte **Tabellen** zum Einsatz. Professionelle CRM-Systeme sind nur in einer eher kleinen Gruppe von Großkanzleien und technikaffinen Mittelständlern im täglichen Einsatz.

37 Einer der in diesem Fall mehrfach genannter **Anbieternamen** ist Salesforce.[26] Mehrere Befragte betonten, zwar sei Salesforce nicht optimal auf ihren Arbeitsbetrieb zugeschnitten; es gilt als (zu) vertriebslastig. Im Vergleich empfänden sie die Anwendung aber als „geringstes Übel". Zudem ist das System selbstverständlich individuell anpassungsfähig. Als weitere **bekannte CRM-Anbieter** firmieren unter anderem CT Mobile, Eloqua, Facelift, HubSpot, Insightly, Microsoft Dynamics CRM, NetSuite, Oracle, Pipedrive, SAP, Scoro, Smartsheet, Sugar, Sunrise Software, SuperOffice, TecArt, Zendesk oder auch Zoho. Entsprechende Testvergleiche werden regelmäßig auf frei zugänglichen Internetportalen veröffentlicht.[27]

38 Eine große Anzahl von Vorgängen lässt sich allerdings auch über **Plattformlösungen** abbilden. Bekannte **Plattformen** sind LexisNexis InterAction[28] sind Microsoft Dynamics 365[29]. Für Mittelständler sind

---

24 Ein entsprechendes Praxisbeispiel schildert mit Blick auf Marketing („need") über Vertrieb („buy") bis hin zum Service („use") Neureiter in Stadelmann/Pufahl/Laux, CRM goes digital, S. 28.
25 Siehe https://www.ottogroup.com/de/medien/newsroom/meldungen/EOS-Chatbot-Studie-2021.php.
26 Siehe https://www.salesforce.com/de/.
27 Statt vieler: https://www.stern.de/vergleich/crm-software/.
28 Siehe https://www.interaction.com/.
29 Siehe https://dynamics.microsoft.com/de.

(Cloud-)Angebote von Actaport[30] über Kleos[31] bis Pipedrive[32] geeignet. Insoweit ist generell zu beachten, dass zahlreiche Kanzleisoftware-Anbieter **integrierte CRM-Systeme** anbieten. Dienstleister wie die DATEV vertreiben lieber entsprechende eigene Erweiterungen als Schnittstellen zu externen Tools. Schließlich lassen sich die Online-Akten einer Kanzleisoftware wie AnNoText sogar auf kanzleieigenen Websites einbinden.

IV. CRM im Praxiseinsatz

1. Festlegung von Arbeitszielen

Vor der Implementierung eines zu aufwändigen Systems kann nur gewarnt werden: Dass ein System **zuverlässig und einfach** zu bedienen ist, sollte mindestens ebenso wichtig sein wie der Einsatz innovativer Funktionen. Um ein CRM-Tool effektiv nutzen zu *können*, ist vor allem eines von Bedeutung – man muss wissen, wozu man es nutzen *möchte*.[33]

Dahinter steht das Petitum zu einer durchgehend **praxisAFFINen Arbeitsweise**, auch, wenngleich nicht nur im Umgang mit entsprechenden Legal Tech-Instrumenten. Dabei steht das Akronym -**AFFIN** für die Aufforderung zum **Analysieren, Formulieren, Festlegen, Implementieren und Nachhalten** all dessen, was die Sozietät im Rahmen ihres CRM erreichen möchte. Damit sind folgende Maßnahmen unabdingbar:

- Fortlaufende **A**nalyse des Ist-Zustands
- Regelmäßige **F**ormulierung des Soll-Zustands
- **F**estlegung einer bestimmten Vorgehensweise, um den Soll-Zustand zu erreichen
- **I**mplementieren des Vorhabens. Wichtig ist das eigene, gegenseitige und mit Hilfe interner bzw. externer Feedback-Geber erfolgende konsequente Überwachen der Umsetzung
- **N**achhalten des Vorhabenerfolgs, und zwar regelmäßig und präzise.[34]

Nach jahrelanger eigener Beobachtung der Autorin fehlt es im Kanzleibereich besonders an den letzten beiden Punkten – den „AFFEn" durch „AFF und Ende" sollte man sich jedoch unter keinen Umständen leisten.

Des Weiteren sollten sich Sozietäten wie Legal Tech-Unternehmen frühzeitig klarmachen, zu welchem Zweck sie ein CRM-System einsetzen möchten. Daten zu migrieren, bestehende Informationen durchzusehen, zu aktualisieren und anzureichern, ist aufwändig. Umso wichtiger sind präzise **Ziel- und Verantwortlichkeits-Festlegungen**. Eine entsprechend saubere Definition der Anordnungen an das kanzleieigene System, verbunden mit entsprechenden Milestones, ist das A und O. Um zu einer solchen Definition zu gelangen, hat sich in der Praxis strategischer Geschäftsentwicklung das Vorgehen nach der sogenannten **SMART-Formel** bewährt.

Um ein im **SMART**en Sinne brauchbares Ziel festzulegen, formuliert man es möglichst spezifisch, messbar, attraktiv, realisierbar und terminiert. Im Einzelnen bedeutet das:

- Die **Zielfestlegung** erfolgt so spezifisch wie irgend machbar (Specific): Man beschreibt das Vorhaben so genau wie möglich. Dabei nähert man sich dem angestrebten Endpunkt immer detaillierter an. Das ist eine Art spiralförmiger Vorgang, in dem man die Schraube immer enger anzieht.
- Die Beteiligten müssen mit **Messgrößen** arbeiten (Measurable): Legen Sie alle verfügbaren Maßeinheiten zugrunde. Das können Zahlen wie Daten sein.
- Ziele sind stets **attraktiv** zu formulieren (Attractive): Es erfolgen durchweg auf positive Zuschreibungen. Negierungen und „Weg von"-Szenarien sind konsequent zu vermeiden.

---

30 Siehe https://www.actaport.de/.
31 Siehe https://landing-kleos.wolterskluwer.com/DE-Kleos_broschuere.
32 Siehe https://www.pipedrive.com/de/.
33 So zutreffend bereits Schulte, CRM erfolgreich einführen, 2002, S. 1, und später ausdrücklich Müller, Customer Relationship Management (CRM) in der Praxis, 2015, S. 4.
34 Schunder-Hartung, Erfolgsfaktor Kanzleiidentität, 2019, S. 32 f., sowie erg. Schulz/Schunder-Hartung, Recht 2030/ Schunder-Hartung, S. 1.

- Gegenstand entsprechender Überlegungen können nur Vorhaben sein, die sich **mit eigenen Mitteln realisieren** lassen (Realistic): Das gesteckte Ziel muss man mit kanzlei- bzw.unternehmensinternen Ressourcen erreichen können. Es darf nicht unmittelbar vom Verhalten Dritter abhängen.
- SMARTe Vorhaben sind mit **Fristen** zu versehen (Time-bound): Bis zu welchem genauen Zeitpunkt sollen sie umgesetzt sein?[35]

43 An eine entsprechend SMARTe CRM-Zielfestsetzung ist schließlich unbedingt eine qualifizierte **Vorteils-Nachteils-Prüfung** anzuschließen. Wie jede andere Zielerreichung ist die CRM-Implementierung nämlich nicht nur mit Vorteilen verbunden, sie birgt auch materielle und immaterielle Kosten. Umgekehrt ist ein Kollateralnutzen damit verbunden, wenn man alles beim Alten lässt: Im einfachsten Fall erspart man sich entsprechenden Aufwand, zudem geht man keine Risiken ein, die auf die eigene Person, die Kanzlei oder das Legal Tech-Unternehmen zurückfallen könnten. Arbeitet man Art und Umfang dieser Faktoren nicht sauber heraus, riskiert man die Selbstsabotage.

44 Geht es nach dem Ergebnis einer entsprechenden Prüfung dann zB nur um die Ablösung der bisherigen Adressdatenbank, benötigt man kein allzu aufwändiges System. Im Gegenteil: Unnötiger Aufwand schreckt ab. Die Alternative ist die von einigen Kanzleien bereits praktizierte **Schaffung umfangreicher Schnittstellen** zu weiteren Kommunikationstools, zu Dokumentenmanagementsystemen und Abrechnungsprogrammen (s. hierzu eingehender → *Dokumentenanalyse* Rn. 1 ff., → *Dokumentenerstellung, automatisierte* Rn. 1 ff. sowie → *Vertragsmanagement* Rn. 1 ff.). Hier gibt es integrierte Lösungen, auf die sich auch mobil via Smartphone zugreifen lässt.

45 Eine in der Kanzleipraxis bei Weitem noch nicht ausgeschöpfte inhaltliche Option ist der Einsatz von CRM-Tools zur Vorhersage der Empfänglichkeit für weitere Rechtsdienstleistungen. **Cross-Selling** bedeutet ja nicht nur, dass zB ein arbeitsrechtlich beratener Mandant auch gesellschaftsrechtlich betreut werden könnte – es bezieht sich auf den **Vertrieb ergänzender Dienstleistungen aller Art**. So ist beispielsweise im Bereich der Baufinanzierung nach zwei bis drei Jahren eine besondere Offenheit für Produkte zur Wohlstandsabsicherung zu erkennen. Entsprechend vielversprechend sind Angebote an die Kreditnehmer für Sachversicherungen oder Altersvorsorge 30 Monate zeitversetzt nach dem Baukredit. Im Rahmen der KanzleiTaskForce[36] sind entsprechende Unterstützungsangebote auch für juristische Dienstleister entwickelt worden. Fragt beispielsweise der Mandant der Baurechtskanzlei zum Zeitpunkt A die Dienstleistung B an, ist er zum Zeitpunkt C für einen Newsletter oder vergleichbare weitere Informationen empfänglicher als zum Zeitpunkt D. Mithilfe eines klug angepassten Kanzlei-CRM lässt sich das je nach Mandatsstruktur im Einzelfall viel zielgenauer vorhersagen. Das vermeidet Ressourcenverschwendung.

2. Pflichtenhefte

46 In der Praxis hat sich bei der Auswahl des zum Anforderungsprofil am besten passenden CRM-Systems die Anlage eines Pflichtenhefts bewährt. Dort lassen sich **operative Anforderungen** – etwa Schnittstellenbeschreibungen – ebenso dokumentieren wie **Qualitätsanforderungen** – etwa Effizienz und Benutzerfreundlichkeit. Daneben sind **technische, Ressourcen- sowie Validitäts- und Wartungsanforderungen** zu berücksichtigen, bei denen es beispielsweise auch um Schulungsdetails gehen kann. Wesentliche **inhaltliche Bestandteile** des Pflichtenhefts sind:[37]
- **Eindeutigkeit und Verständlichkeit**: Danach sind die Anforderungen der Kanzlei an das System interpretationsfrei beschrieben, Fachbegriffe werden separat erörtert und auch IT-Termini werden in eine für Laien verständliche Sprache übersetzt.
- **Nachvollziehbarkeit und Verifizierbarkeit**: Hier ist plausibel beschrieben, wie das Anforderungspaket zum erwünschten Erfolg beitragen wird. Die Erfüllung der gestellten Anforderungen ist in verhältnismäßigem Rahmen nachprüfbar.

---

35 Schunder-Hartung/Kistermann/Rabis, Strategien für Dienstleister, 2021, S. 25.
36 Siehe http://www.kanzlei-taskforce.de/.
37 Zum Ganzen Müller, Customer Relationship Management (CRM) in der Praxis, 2015, S. 68 ff.

- **Vollständigkeit und Konsistenz**: Die Anforderungen sind weder lückenhaft skizziert, noch stehen sie einander im Wege.
- **Modifizierbarkeit**: Es muss Spielraum für Anpassungen geben.

Dem Pflichtenheft vorgelagert empfiehlt sich in komplexen Fällen die Anlage eines **Lastenhefts**, in dem die Wünsche und Anforderungen an das CRM-System kanzleiweit zusammengetragen werden. Lastenhefte eignen sich nicht zuletzt als Grundlage für entsprechende Ausschreibungen. Das einmal ausgewählte System lässt sich dann in vielen Fällen im Probebetrieb nutzen. Zahlreiche Anbieter stellen zu diesem Zweck zeitlich begrenzte **Demo-Systeme** zur Verfügung, die auch Testdaten umfassen. Zudem lässt sich auf die Erstellung von Prototypen in einem Testsystem zurückgreifen.[38]

In jedem Fall ist eine **systematische, nachvollziehbare und transparente Datenpflege** von essenzieller Bedeutung (s. vertiefend zur Erklärbarkeit von Legal Tech-Anwendungen und dem sogenannten „Black Box-Problem" → *Transparenz und Erklärbarkeit* Rn. 1 ff.). Dass nicht auch in der nächsten Vorweihnachtszeit wieder das **Adresschaos** um die Weihnachtskarten einsetzt, sollte heute allenthalben Minimalstandard sein. Darüber hinaus lassen sich im CRM Mandatsvereinbarungen ebenso hinterlegen wie Reminder für turnusmäßige Gespräche mit Mandanten über Honorarerhöhungen (s. zu zeitgemäßen anwaltlichen Preis- und Vergütungsmodellen sowie E-Billing-Optionen → *Honorar, anwaltliches* Rn. 1 ff. sowie → *Geschäftsmodelle* Rn. 1 ff.). Über **Reporting- und Controlling-Funktionalitäten** lassen sich Erfolge und Misserfolge von Marketingmaßnahmen heute in hohem Maße verfolgen. Tatsächlich berichten die Marketingverantwortlichen vieler Kanzleien, dass dieser Umstand großen Einfluss auf ihre tägliche Arbeit hat. Das Gleiche gilt im Übrigen mit Blick auf Akquisemaßnahmen, erfolgreiche und erfolglose Pitches und vieles mehr.

3. Anbindung

Ein essenzieller Vorteil eines guten CRM ist die Möglichkeit, im Mandatsgeschäft **Querverbindungen** zu ziehen: Welcher Anwalt, womöglich an einem anderen Standort oder in einer anderen Praxis- oder Branchengruppe, hat zum gleichen Mandanten inwiefern ebenfalls eine Beziehung aufgebaut? Das ist die klassische Vorfrage zum Heben von **Cross-Selling-Potenzialen**. Voraussetzung dafür ist zusätzliches Wissen über Expertise und Interesse der (potenziellen) Geschäftspartner, das dann auch entsprechend abrufbar sein muss – sei es, dass die Betreffenden leidenschaftliche Stadtmenschen sind, Oldtimer sammeln oder sich ein Treffen mit dem Dalai Lama wünschen. Solche ergänzenden Anknüpfungspunkte jenseits der fachlichen Ebene sind als Hilfestellungen nicht zu unterschätzen. Ergänzend empfehlen sich Angaben über die Historie und das Zustandekommen des Kontakts.

Dem entspricht, dass CRM auf Personalebene **Geschäftsführungssache** ist. In Sozietäten ist die Verantwortung auf **Partner-, daneben allenfalls noch Counsel-Ebene** anzusiedeln. Es geht um nicht weniger als um Fragen der **Mandatshebelung**; sie gehören nicht in die Hände von Associates oder Assistenzkräften. Stattdessen sind leitende Mitarbeitende zB aus Business Development, Marketing und IT einzubinden, denen beim Nachhalten der Daten eine hohe Mitverantwortung zukommt. Dabei kann man sich dann in regelmäßigen Abständen zum Lead Check zusammensetzen, um auf Basis des CRM ein **Lead Scoring** zu betreiben. Je nachdem, wie viel und inwiefern der (potenzielle) Mandant bereits mit dem eigenen Haus zu tun hat, wird ihm ein Punktwert zugeordnet; je höher dieser Punktwert, desto lohnender die Strategie für eine baldige (Neu-)Ansprache.

4. CRM in der Mandatsanbahnung

Entlang der unterschiedlichen Phasen der Ansprache zwischen Erstinformation und Mandatsschluss kommen CRM-Instrumente an verschiedenen Stellen zum Einsatz. Zentrale Abschnitte dieser sogenannten **Customer Journey** sind die Stufen von Lead und Opportunity. Im Anschluss sind im (nicht mehr zur Customer Journey im engeren Sinne zählenden) aktuellen Vertragsverhältnis **Ansprache, Ausbau, aber auch**

---

38 So auch Müller, Customer Relationship Management (CRM) in der Praxis, 2015, S. 91.

Reklamations- und Kündigungsmanagement zu organisieren (s. zum eigentlichen Vertragsmanagement → *Vertragsmanagement* Rn. 1 ff. mit eingehenden Erörterungen zu Contract Management, Dokumenten- sowie Contract Lifecyle Management).

52 Dabei unterscheiden sich **Lead und Opportunity** wesentlich dadurch, dass nur **Opportunities** einen Geschäftswert besitzen. **Leads** sind schlicht potenzielle Mandantenkontakte. In der Praxis erkundigt sich beispielsweise eine Interessentin im Rahmen eines Webinars nach einer Sozietät oder einem Legal Tech-Unternehmen. In einem anderen Fall lädt sich ein Interessent Informationsmaterial von der Homepage herunter. In der Folge werden qualifizierte Dokumente über diesen Vorgang angelegt. Existieren Marketing- oder Sales Teams, legen sie einen Marketing Qualified – bzw. Sales Generated Lead an. „Wenn Anfrage x-Recht + Standort y, dann Lead an Partner z" – so lautet im einfachsten Fall der Aufbau.

53 Im Rahmen dessen werden To-dos erstellt, Anrufe protokolliert, E-Mails versandt, Notizen hinzugefügt, Protokolle hinterlegt – alles unter Einsatz des verwendeten CRM-Programms. So werden im CRM beispielsweise **Aufgaben hinterlegt**, um sich direkt im zugehörigen Lead Erinnerungen zu setzen. Diese Aufgaben können nicht nur mit einem frei zu wählenden Thema versehen werden, sondern auch mit einem Start- und Enddatum und ergänzenden Anmerkungen. Ein Dropdown-Menu sorgt für eine erhöhte Standardisierung, verringert unter Umständen die Informationstiefe, erhöht umgekehrt aber die Vergleichbarkeit der Leads. Sinnvoll ist mindestens eine **Basiskategorisierung** dahin gehend, auf welchem Kanal (Homepage? Veranstaltungen? usw) und auf wessen Initiative (Kanzlei oder Mandant?) hin der Erstkontakt zustande gekommen ist und ob es sich um einen neuen, einen Bestands- oder ehemaligen Mandanten gehandelt hat.

54 Alternativ wird der Lead nach den sogenannten **BANT-Kriterien** disqualifiziert. Maßgeblich dafür, dass die Geschäftschance für die Sozietät nicht weiterverfolgt wird, sind:
- **Budgetgründe**: Hintergrund kann ein falsches Geschäftsmodell sein, oder das Angebot übersteigt die Ressourcen des Anfragenden.
- **Authority – Befugnis**: Dieser Hinderungsgrund tritt ein, wenn der bestehende Kontakt für den Mandatsabschluss nicht zuständig ist.
- **Need – Bedarf**: Dieser Ausschlussgrund greift, wenn der potenzielle Mandant innerhalb einer bestimmten Anzahl von – etwa zehn – Arbeitstagen nicht mehr zu erreichen ist. Außerdem kann es auch jenseits der fälligen Konfliktprüfungen sein, dass Mandant und Sozietät aus strukturellen Gründen nicht zusammenpassen. Zuweilen stellt sich auch recht schnell heraus, dass er andere als die dargebotenen Inhalte sucht oder die technisch-kommunikativen Voraussetzungen für ein gedeihliches Zusammenwirken nicht gegeben sind.
- **Time – Zeitpunkt**: In diesem Fall besteht zwar prinzipiell Interesse an einem weiteren Austausch. Im Moment ist aber mandantenseitig kein ausreichender Bedarf an einem weiteren Vorantreiben des Vorgangs vorhanden.

55 Angesichts dessen, dass es nicht nur in der letztgenannten Konstellation zu einem späteren Zeitpunkt durchaus noch zu einer Fortsetzung der Anbahnung kommen könnte, empfiehlt sich auch insoweit die **Dokumentation**.

56 Wie bereits oben erwähnt, sind Opportunities Leads mit monetärem Wert für den Geschäftsfortgang, die sogenannte **Pipeline**. Sobald die Mandatsanbahnung in ein Stadium eintritt, mit dem eine Abschlusswahrscheinlichkeit größer Null einhergeht, lässt sich ihr eine bezifferbare Marktgröße zuordnen. Einerlei, ob die Opportunität aus einem Lead heraus oder unmittelbar entstanden ist – spätestens jetzt ist das CRM mit entsprechenden Daten und Informationen zu füllen.

57 Im Rahmen der konkreten **Bemessung** lässt sich beispielsweise ein bestätigter, nicht nach BANT-Kriterien disqualifizierter, aber auch noch nicht näher konkretisierter Kontakt mit 10 % des Gegenstandswerts ansetzen, während nach konkret bejahtem Betreuungsbedarf dann schon 30 % angesetzt werden. Wird der Mandantschaft ein Beratungsangebot übermittelt, steigt die Abschlusswahrscheinlichkeit weiter – und mit

ihr der Wert der Opportunity. Eine Richtgröße sind 40 %. Nach weiterer Abstimmung ist schließlich von 70 %, nach Einigung von 90 % auszugehen, und mit dem finalen Abschluss ist der volle Wert erreicht.

Währenddessen können mithilfe von Sales-Konfiguratoren aus Opportunities heraus Angebote erstellt werden, wobei die **Konfiguratoren über eine Schnittstelle ihrerseits mit dem CRM-System verbunden** sind. In der Folge werden die ermittelten Angebotswerte mit in das CRM-System übertragen, in dem dann auch das Pipeline-Management erfolgt.

V. CRM als Frage der Kanzleikultur

1. Mindset

Dass ein erfolgreiches CRM nicht nur eine objektive Frage ist, ist den damit Befassten seit Langem bewusst. So wurde schon zu Beginn des Jahrtausends konstatiert, ein erheblicher Teil von Projekten zum CRM scheitere an der geringen **Benutzerakzeptanz**.[39] Vor einer technikzentrierten Betrachtung ist unter Mitwirkungsaspekten heute stärker zu warnen denn je.[40]

Selbst geeignete Vorrichtungen laufen ins Leere, solange und soweit es an einer entscheidenden subjektiven Komponente fehlt: Das CRM setzt immer auch eine entsprechende **Geisteshaltung** voraus. Insofern ein juristischer Dienstleister nicht wirklich willens ist, es als integralen Bestandteil seiner Arbeit zu begreifen, greift die Warnung, die IBM-Trainer schon in der Entstehungszeit der Rechnertechnik Anfang der 80er Jahre formuliert haben: „A fool with a tool is just a fool." Dass er womöglich heute „a faster fool" ist, nützt wenig.

Bezeichnend ist die keineswegs nur akademische Frage, ob Juristen überhaupt mit „Kunden" arbeiten. Die Bezeichnung von Auftragnehmern als **Kunden statt Mandanten**, im vorliegenden Beitrag synonym gebraucht, hat in der Moderationspraxis der Autorin schon manche Partnerversammlung in Turbulenzen gestürzt.[41] Nun haben Anwaltsmandanten nach der BRAO seit jeher besondere Rechte. Entsprechend unterliegt – wie schon eingangs gesagt – auch das anwaltliche Werberecht (→ Rn. 7 mwN) entsprechenden Restriktionen. Allerdings findet auch hier eine deutlich wahrnehmbare Liberalisierung statt, die den Wandel im anwaltlichen Berufsbild auffangen soll.[42] Dass man nicht mehr einfach abwarten kann, bis der Mandant oder Kunde der Zukunft von sich aus (wieder) ins Besprechungszimmer kommt, zählt zu den augenfälligen Folgen.

2. Verkaufsargument

Dass CRM eine subjektive ebenso wie eine objektive Komponente hat, spiegelt sich auf der Ebene des **Verkaufsarguments** darin, dass juristische Dienstleister ihre Mandanten nicht nur aufgrund ihrer fachlichen Leistungen überzeugen können. Ebenso wichtig für die Aufrechterhaltung der Kundenbeziehung ist der Eindruck des Mandanten, gerade hier gut aufgehoben zu sein. Details überblickt er nicht – deswegen überträgt er den Leistungsbestandteil ja an einen Dritten.

Um entsprechend vertrauenswürdig zu wirken, müssen juristische Dienstleister zum einen als **Personen bzw. Team überzeugen,** zum anderen müssen sie eine **Kaskade von Maßnahmen der Außendarstellung** beherrschen. Schließlich müssen sie alles, wozu Sie sich entschieden haben, auch umsetzen. Auf einen

---

39 Schulte, CRM erfolgreich einführen, 2002, S. 1. In diesem Sinne jetzt auch Stadelmann/Pufahl/Laux, CRM goes digital/Klinkhammer, S. 118.
40 So auch Neumann, CRM mit Mitarbeitern erfolgreich umsetzen – Aufgaben, Kompetenzen und Maßnahmen der Unternehmen, 2014, S. 343.
41 Im Rahmen einer entsprechenden Diskussionsleitung hat die Autorin vor einiger Zeit nur mit Mühe eine Diskussion wieder deeskalieren können, im Rahmen derer die Befürworter der „Mandanten"-Terminologie den Vorwurf erhoben, die Gegenseite höre sich an „wie die Gebrauchtwagenverkäufer". Umgekehrt warfen die „Kunden"-Befürworter ihren Partnern Weltfremdheit vor.
42 Siehe hierzu detailliert Wefing, Der Wandel im Berufsbild der Anwaltschaft – Am Beispiel der Liberalisierung des anwaltlichen Werberechts, 2021.

einprägsamen Nenner gebracht, bedeutet das einmal mehr: Vorzugehen ist durchgehend praxisAFFIN – um ein Analysieren, Formulieren, Festlegen, Implementieren und Nachhalten kommt auch an diesem Punkt kein juristischer Berater herum.

3. Faktor Teambuilding insbesondere

64 So wichtig jedwede Äußerlichkeit sein mag: Teambuilding verläuft immer von innen her aus nach außen. Das heißt, die intern Beteiligten müssen zunächst angesichts ihrer unterschiedlichen Kompetenzen und Interessen, ihrer eigenen Vorverständnisse und Arbeitsmotive **glaubwürdige Schnittmengen finden, bevor sie mit dem Kunden erfolgreich in Interaktion treten können**. Um eine solche Linie herauszuarbeiten, gibt es standardisierte, in der Praxis strategischer Kanzleientwicklung bewährte **Prozesse**. Sie verlaufen von der Sinn- und Wertermittlung über die strategische Schwerpunktbildung hin zur Festlegung konkreter, mit Maßeinheiten und Meilensteinen versehener Ziele.

65 Beispiel **Sinnsuche**: Aus der Empfängerperspektive ist das schlichte Erwerbsinteresse des juristischen Dienstleisters ein schlechtes Argument. Gleichwohl können sich Kanzleien und Legal Tech-Unternehmen bereits an diesem Punkt unterscheidbar machen. Denn: Inwieweit kommt es in ihrer Einheit auf jeden Einzelnen an? Pflegt man den Individualismus, oder gleicht der Berater eher der Hand im Wasser, unter der sich nach vollbrachter Arbeit die Oberfläche wieder schließen soll? Nichts ist schlechter oder besser als das andere. Allerdings steigt die Attraktivität in den Augen des Kunden mit einer insoweit **erkennbaren Ausstrahlung**. Auf diesen Effekt zahlt eine Ebene tiefer auch die Frage nach den **Leitmotivatoren** ein: Wenn es hart auf hart kommt, was zählt dann mehr als alles andere? Zentrale, aber nicht immer miteinander zu vereinbarende Motive sind zB Anerkennung und Wertschätzung, Autorität und Einfluss, Ehre, Ruhm und Status, Einkommensmaximierung, Harmonie und kollegiale Zusammenarbeit, Selbstbestimmung und Zeitsouveränität. Welche Eigenschaften lassen sich besonders glaubwürdig wie entwickeln? Wer kann hier was besonders gut vorleben? Wo sind die größten Vernetzungspotenziale nach innen und außen?

66 Hat man auf diese Weise ein gemeinsames Verständnis darüber entwickelt, wer man als Anbieter einer anwaltlichen Dienstleistung

- **ist**,
- sein **kann** und
- sein **will**,

lassen sich daraus alle weiteren **CRM-Maßnahmen folgern**. Dies wiederum geschieht in einem Prozess der gemeinsamen Festlegung spezifischer, messbarer, aus eigener Kraft in einem vordefinierten Zeitraum zu erreichender Ziele.

67 Erspart man sich diesen Prozess, bietet man umgekehrt **nicht etwa „für jeden etwas"**. Stattdessen fehlt die **persönliche Klammer, die die fachliche Verschiedenartigkeit des juristischen Teams wieder einfängt**. In der Praxis reichen die Folgen entsprechender Unterlassungen von Motivationseinbußen über verpasstes Cross-Selling-Geschäft (weil man nicht so recht weiß, was man dem Mandanten wirklich vom Mitstreiter erzählen soll) bis hin zu teuren Personalabgängen. In der externen Kommunikation entstehen zusätzliche Glaubwürdigkeitsprobleme durch verbale Formelkompromisse, die ein nicht ganz unbedarfter Zuhörer schnell heraushört. Umgekehrt ist ein gemeinsamer Nenner, der sich aus einem gut abgeklärten Selbstverständnis ergibt, auch in einer Außendarstellung ein wunderbares Zugpferd.

VI. Praxistransfer

68 Sozietäten wie Legal Tech-Unternehmen können im Rahmen ihrer Mandantenbetreuung entweder auf ein professionelles Customer Relationship Management- oder CRM-System zurückgreifen. Oder aber sie behelfen sich mit konventionelleren Maßnahmen, die deswegen noch lange nicht auf das analoge Zeitalter beschränkt bleiben müssen. Um CRM-Instrumente effektiv nutzen zu können, ist vor allem eines von zentraler Bedeutung: Die Betreffenden müssen sich einzeln und gemeinsam **darüber im Klaren sein, wozu sie sie verwenden wollen**. Customer Relationship Management ist **ebenso sehr eine Frage der**

subjektiven Einstellung wie der objektiven Organisation. **CRM ist ein unverzichtbares Mittel zum Zweck.** Allerdings ersetzt es auch im Digitalzeitalter nicht das **sorgfältig abgeklärte Selbstverständnis hinsichtlich** der eigenen Sondermerkmale im Markt. In diesem Sinne tragen CRM-Maßnahmen zur besseren **Geschäftsausrichtung und Mandantensteuerung** bei. Das macht sie zu einem zentralen Bestandteil des juristischen Geschäftserfolgs.

18. Cybersecurity

Kipker

I. Einführung und rechtliche, technische und wirtschaftliche Bedeutung des Themenkomplexes ... 1	1. IT-Sicherheitsgesetz 2.0 (IT-SiG 2.0) 16
II. Begrifflichkeiten und Definitionen 4	2. EU-Netz- und Informationssicherheitsrichtlinie 1 und 2 (NIS und NIS 2) 19
III. Rechtspolitische Rahmenbedingungen auf nationaler und europäischer Ebene 7	3. EU Cybersecurity Act (CSA) 21
IV. Systematik und Überblick über den aktuellen regulatorischen Rahmen 14	4. EU Cyber Resilience Act (CRA) 24
	V. Fazit und Ausblick 33

Literatur: *Eckert*, IT-Sicherheit. Konzepte – Verfahren – Protokolle, 2018 (zit.: Eckert IT-Sicherheit); *Kipker*, Chinese Cybersecurity Law: Neue rechtliche Wege und Umwege nach China, Bundesamt für Sicherheit in der Informationstechnik (BSI), Tagungsband zum 16. Deutschen IT-Sicherheitskongress: IT-Sicherheit als Voraussetzung für eine erfolgreiche Digitalisierung, 2019; *Kipker*, Neue Cybersicherheitsstrategie 2021 beschlossen, MMR-Aktuell 2021, 442086; *Kipker*, Neue EU-Cybersicherheitsstrategie vorgestellt, MMR-Aktuell 2021, 435332; *Kipker*, Neue Cybersicherheitsagenda des BMI: Kaffeesatzleserei im Namen der öffentlichen Sicherheit, MMR-Aktuell 2022, 450417.

I. Einführung und rechtliche, technische und wirtschaftliche Bedeutung des Themenkomplexes

1 So weit der Begriff von Legal Tech gefasst ist, so weit sind auch seine Bezugspunkte zur Cybersicherheit. Wo einerseits die Vernetzung für B2B wie auch für B2C gleichermaßen immer schneller zunimmt, so kommt es für die verschiedensten Branchen immer stärker darauf an, eine verlässliche und vertrauliche Datenverarbeitung zu ermöglichen. Hinzu tritt eine erheblich gesteigerte Bedrohungslage in der Cybersicherheit, die sich insbesondere in den letzten zwei Jahren vervielfacht hat. Auslöser hierfür waren einerseits die **Corona-Pandemie**, die Unternehmen vielfach und ohne technisch-organisatorische Vorbereitungsmaßnahmen dazu gezwungen hat, ihre IT in das **Homeoffice** zu verlagern. Aber auch die Auswirkungen des **Russland-Ukraine-Kriegs** sind im Hinblick auf die Cybersicherheit spürbar, und Unternehmen wie auch Verbraucher können als Kollateralschäden von aktiv geführten staatlichen Cyberoperationen betroffen sein. Daneben treten Bedrohungen durch nicht offiziell agierende Akteure, so zB durch digitale Freischärler, und oftmals politisch motivierten sog. „Hacktivism".[1]

2 Jenseits der sich fortlaufend steigernden Bedrohungslage für die Cybersicherheit stellt sich für digital arbeitende Unternehmen die Frage, welche präventiven Maßnahmen zur Verbesserung der Cybersicherheit ergriffen werden können. Wie auch im Datenschutz spielen **vorbeugende technisch-organisatorische Maßnahmen** aus rechtlichen wie aus wirtschaftlichen Gesichtspunkten eine Rolle, um haftungsrechtliche Ansprüche, Vermögensschäden und einen damit einhergehenden öffentlichen Reputationsverlust zu vermeiden. Wo Cybersicherheit für viele Jahre zumindest aus juristischer Perspektive eine Ergänzung zur Umsetzung von effektiven Datenschutzkonzepten gewesen ist, hat sich die Materie mittlerweile regulatorisch zu einem **eigenständigen Rechtsgebiet** entwickelt, dem jedes Unternehmen auch im Bereich von Legal Tech Beachtung schenken sollte. Zu unterscheiden ist dabei zwischen **zwei Perspektiven**: Einerseits kann es auch um rechtliche Vorgaben gehen, die den Schutz der Unternehmensinfrastruktur selbst vor schädlichen digitalen Einwirkungen betreffen. Andererseits muss ein Unternehmen, das digitale Produkte vertreibt, rechtlich dafür Sorge tragen, dass diese im Einsatz beim Kunden nicht kompromittiert werden und dort Schäden und Betriebsausfälle hervorrufen. Viele dieser Pflichten wurden noch vor wenigen Jahren durch gesetzliche Generalklauseln im Wege der Auslegung oder aber in erster Linie durch vertragliche Bestimmungen definiert. Mehr und mehr aber werden die generellen gesetzlichen Anforderungen zur Cybersicherheit um spezielle regulatorische Anforderungen ergänzt, die ausschließlich die Cybersicherheit regeln. So gesehen tritt das Cybersicherheitsrecht als selbstständige Regulierungsmaterie neben die ohnehin

---

[1] Siehe aktuell beispielhaft nur: https://www.securitymagazine.com/articles/98404-its-time-to-prepare-for-the-rise-of-hacktivism-and-its-side-effects.

schon bestehenden Vorgaben zur technischen Datensicherheit, soweit personenbezogene Daten verarbeitet werden.

Da Unternehmen in der Legal Tech-Branche nicht nur Innovationstreiber sein wollen, sondern ihre Reputation in ganz erheblicher Weise von der Verfügbarkeit, Vertraulichkeit und Sicherheit ihrer entwickelten und auf dem Markt angebotenen Produkte abhängt, ist ihnen mehr denn je anzuraten, Cybersicherheit von Beginn an „by Design" in den Produktentwicklungsprozess zu integrieren und bis zur Abkündigung des digitalen Produkts und teils darüber hinaus weiterzuverfolgen. In diesem Sinne sind sowohl der nationale wie auch der europäische Gesetzgeber tätig geworden und haben in den letzten Jahren ein **komplexes Gefüge aus gesetzlichen und untergesetzlichen Vorschriften** geschaffen, das die Cybersicherheit bereichs- und branchenübergreifend regelt. Daraus folgt ebenso, dass aus juristischer Perspektive kein Unternehmen, das digitale Produkte vertreibt oder digitale Geschäftsprozesse nutzt, mehr von den umfangreichen Verpflichtungen zu angemessener technisch-organisatorischer Cybersicherheit ausgenommen ist.

II. Begrifflichkeiten und Definitionen

Das Cybersicherheitsrecht knüpft in seiner Zielsetzung an die Funktionsfähigkeit von IT-Systemen an. Auch wenn diese Zuordnung von juristischen Anforderungen zu technischen Maßnahmen zunächst eindeutig scheinen mag, so hat sich in der Vergangenheit eine Vielzahl von Begriffen durchgesetzt, die die Sicherheit von informationstechnischen Systemen auf unterschiedliche Weise und mit unterschiedlichem Bedeutungsgehalt definieren – auch wenn viele dieser Begriffe im allgemeinen Sprachgebrauch synonym gehandhabt werden.[2] Der auch in diesem Kapitel verwendete Begriff der **„Cybersicherheit"** dürfte mittlerweile am geläufigsten erscheinen, da er als Oberbegriff inhaltlich am weitesten gefasst ist. So steht die Cybersicherheit für die Sicherheit aller Datenverarbeitungsvorgänge im digitalen und allseits vernetzten Raum.[3] Davon betroffen sein können mithin alle möglichen Arten von IuK-Systemen und den entsprechenden Softwareanwendungen, die darauf laufen, weshalb der Begriff gerade im Hinblick auf Legal Tech eine herausgehobene Bedeutung besitzt. Die **„IT-Sicherheit"** als ein weiterer verwendeter Begriff hat die Sicherheit speziell von IT-Systemen zum Gegenstand, lässt sich infolge der allgegenwärtigen Vernetzung dieser IT-Systeme mittlerweile aber nicht mehr trennscharf von der Cybersicherheit unterscheiden. Die **„Informationssicherheit"** hat die Sicherheit der in den Daten enthaltenen Informationen zum Gegenstand. Die Informationssicherheit kann folglich bei unbefugten Offenlegungen, Übermittlungen, Veränderungen oder Zerstörungen beeinträchtigt sein. Besonderheit für diesen Begriff ist, dass die Informationssicherheit unabhängig davon tangiert sein kann, ob die Daten digital oder analog, online oder offline verarbeitet werden. Informationssicherheit bedeutet deshalb auch, dass ausgedruckte und somit in Papierform übertragene digitale Informationen durch angemessene organisatorische Vorkehrungen vor dem unbefugten Zugriff zu schützen sind. Soweit eine digitale Datenverarbeitung erfolgt, können Cybersicherheit, IT-Sicherheit und Informationssicherheit einander bedingen. Die **„Datensicherheit"** setzt sich vornehmlich mit der Frage auseinander, wie der technisch-organisatorische Datenschutz gewährleistet werden kann, soweit personenbezogene Daten verarbeitet werden. **„Datenschutz"** (→ *Datenschutz, allgemein* Rn. 3) im engeren Sinne verstanden knüpft demgegenüber nicht an die technisch-organisatorische Absicherung von personenbezogenen Daten an, sondern regelt die rechtlichen Voraussetzungen, unter denen personenbezogene Daten rechtskonform unter Berücksichtigung der verfassungsrechtlich geschützten informationellen Selbstbestimmung verarbeitet werden dürfen. Dennoch gehen Datenschutz und Datensicherheit Hand in Hand, denn ohne die technisch-organisatorische Datensicherheit nutzen rechtliche Grenzen im Zuge der vernetzten und digitalisierten Datenverarbeitung nur wenig.

Bei einem Blick in die Anwendungspraxis der Cybersicherheit wird jedoch schnell deutlich, dass weder der Gesetzgeber noch die technische Normung und Standardisierung einheitliche Begriffe vorgeben, anhand derer sich regelmäßig derselbe Anforderungskatalog zu realisierender technisch-organisatorischer Maßnah-

---

2 Siehe zu nachfolgend aufgeführten Begriffsdefinitionen auch Kipker Cybersecurity-HdB/Kipker Kap. 1 Rn. 4.
3 Vgl. Eckert IT-Sicherheit S. 44.

men ableiten ließe. Die Cybersicherheit ist dementsprechend **einzelfallabhängig** zu betrachten. Daraus folgt auch, dass die vorgenannte definitorische Abgrenzung an keine direkten Rechtsfolgen geknüpft ist.

6 Abschließend soll im Hinblick auf die begrifflichen Bestimmungen in der Cybersicherheit auf ein in diesem Zusammenhang spezielles Begriffspaar eingegangen werden: die Unterscheidung zwischen **„Safety" und „Security"**.[4] Bei der Safety geht es um die Frage, ob die Ist-Funktionalität von technischen Systemkomponenten mit ihrer vorgegebenen Soll-Funktionalität übereinstimmt. Das ist dann der Fall, wenn ein IT-System unter gewöhnlichen Betriebsparametern ordnungsgemäß funktioniert. Falls jedoch durch die Fehlfunktion eines IT-Systems die Interessen Dritter, so beispielsweise von Kunden, beeinträchtigt werden, ist die Safety nicht mehr gegeben. Somit beschreibt die Safety den Schutz vor schädlichen Einwirkungen durch fehlerhafte Computersysteme. Bei der Security hingegen geht es um den Schutz des IT-Systems vor unbefugten und schädlichen Einwirkungen durch Dritte. Damit ist gemeint, dass das IT-System nur solche Betriebszustände annimmt, die in seiner ursprünglichen Konzeption vorgesehen waren. Wenn folglich von „Cybersecurity" und somit der „Cybersicherheit" die Rede ist, ist die Absicherung des IT-Systems selbst gemeint. Während früher die Begriffe Safety und Security in ihrem Verständnis einer strengen Trennung unterlagen, so hat sich dies mittlerweile deutlich relativiert, da ohne risikoadäquate Maßnahmen zur Security auch keine Safety gewährleistet werden kann. Die Cybersecurity bedingt mithin die Safety eines IT-Systems, um weitergehende Gefahren zu vermeiden, die infolge seiner Kompromittierung eintreten könnten.

III. Rechtspolitische Rahmenbedingungen auf nationaler und europäischer Ebene

7 Die eingangs skizzierte gesteigerte Bedrohungslage in der Cybersicherheit und ihr Facettenreichtum finden sich ebenso in den rechtspolitischen Rahmenbedingungen und Strategien wieder, die die Grundlage für die Schaffung weiterer Gesetze in diesem Bereich und für ihr systematisches Verständnis sind. Cybersicherheitsstrategien existieren bereits seit mehreren Jahren auf nationaler und europäischer Ebene.

8 Für Deutschland relevant sind die im Jahr 2021 vorgestellte **Cybersicherheitsstrategie**[5] und die 2022 vorgestellte **Cybersicherheitsagenda**[6], die die Ziele und Maßnahmen für die 20. Legislaturperiode konkretisierend vorstellen. Die aktuelle nationale Cybersicherheitsstrategie baut inhaltlich auf den Anforderungen der letzten Cybersicherheitsstrategie aus dem Jahr 2016 auf und konkretisiert für weitere fünf Jahre den bundespolitischen Handlungsrahmen in der Cybersicherheit. Der Regelungskern der Cybersicherheitsstrategie setzt sich aus vier sog. Leitlinien sowie Handlungsfeldern zusammen. Die Leitlinien definieren dabei Belange, die über den Regulierungshorizont der einzelnen Handlungsfelder hinausgehen. Dieses Element wurde 2021 neu in die Cybersicherheitsstrategie aufgenommen, um eine möglichst kohärente Umsetzung der Ziele zu gewährleisten. Folgende Leitlinien werden durch die Cybersicherheitsstrategie definiert:

- Cybersicherheit als eine gemeinsame Aufgabe von Staat, Wirtschaft, Wissenschaft und Gesellschaft etablieren
- Digitale Souveränität von Staat, Wirtschaft, Wissenschaft und Gesellschaft stärken
- Digitalisierung sicher gestalten
- Ziele messbar und transparent gestalten

Gerade letztgenanntes Ziel der transparenten Messbarmachung von staatlich getroffenen Cybersicherheitsmaßnahmen ist neu und soll zu einer besseren Überprüfbarkeit beitragen.

9 Die **vier Handlungsfelder zur Cybersicherheit** regeln für einzelne Politikfelder, welche Maßnahmen konkret zur ganzheitlichen Verbesserung der Cybersicherheit beitragen sollen:

- Handlungsfeld 1 betrifft das sichere und selbstbestimmte Handeln in einer digitalisierten Umgebung

---

[4] Eckert IT-Sicherheit S. 6.
[5] Siehe https://www.bmi.bund.de/SharedDocs/downloads/DE/veroeffentlichungen/2021/09/cybersicherheitsstrategie-2021.pdf, siehe dazu auch Kipker MMR-Aktuell 2021, 442086.
[6] Siehe https://www.bmi.bund.de/SharedDocs/downloads/DE/veroeffentlichungen/themen/sicherheit/cybersicherheitsagenda-20-legislatur.pdf.

- Handlungsfeld 2 befasst sich mit dem gemeinsamen Auftrag von Staat und Wirtschaft
- Handlungsfeld 3 betrachtet den Aufbau einer leistungsfähigen und nachhaltigen gesamtstaatlichen Cybersicherheitsarchitektur
- Handlungsfeld 4 hat die aktive Positionierung Deutschlands in der europäischen und internationalen Cybersicherheitspolitik zum Gegenstand

Die einzelnen Handlungsfelder sind dabei von der Mikro- über die Meso- bis hin zur Makro-Ebene aufgebaut und legen die **Vielschichtigkeit staatlichen Handelns in der Cybersicherheit** offen: So knüpft das erste Handlungsfeld vornehmlich an den Schutz des einzelnen Bürgers vor Gefahren aus dem Cyberspace an. Die Handlungsfelder zwei und drei betreffen die Zusammenarbeit von Staat und Wirtschaft und den Aufbau funktionsfähiger und resilienter Infrastrukturen zur Abwehr von Cybergefahren. Das Handlungsfeld vier adressiert das (politische) Handeln Deutschlands im europäischen und internationalen Cyberraum. Inhaltliche Schlüsselbegriffe der nationalen Cybersicherheitsstrategie adressieren ua die folgenden Themen: sichere elektronische Identitäten; den verantwortungsvollen Umgang mit Schwachstellen; den Einsatz von Verschlüsselungsmethoden zur Beförderung der Cybersicherheit einerseits sowie andererseits den Umgang mit Verschlüsselungstechniken im Rahmen der Gewährleistung öffentlicher Sicherheit („Sicherheit durch Verschlüsselung und Sicherheit trotz Verschlüsselung"); die Gewährleistung von Sicherheit durch KI und für KI; das Prinzip von „Security by Design"; Quantentechnologie; Zertifizierung; hybride Bedrohungslagen wie Desinformation und damit verbunden den Schutz von demokratischen Prozessen; den staatlichen Umgang mit Zero Day-Schwachstellen und Exploits; den Ausbau der Zentralen Stelle für Informationstechnik im Sicherheitsbereich (ZITiS) sowie das akute Thema der Cyberverteidigung bzw. aktiven Cyberabwehr.

Die **nationale Cybersicherheitsagenda** konkretisiert die Vorgaben aus der Cybersicherheitsstrategie und wurde am 12.7.2022 vorgestellt.[7] Ziel der unter der Ägide des Bundesinnenministeriums veröffentlichten Agenda ist die Schaffung eines höchstmöglichen Schutzniveaus in der Cybersicherheit für Deutschland. Außerdem soll eine effizientere und klarere Aufgabenverteilung und bessere Verzahnung aller beteiligten Akteure[8] gewährleistet werden. Die Agenda wurde aufgrund ihrer politischen Verstrickungen mit der Cybersicherheit gegenläufigen nationalen Sicherheitsinteressen in Expertenkreisen erheblich kritisiert.[9] Ein wesentliches Merkmal der BMI-Agenda ist die Zentralisierung von weiteren Kompetenzen im Bund-Länder-Gefüge, wozu eine Änderung des Grundgesetzes vorgeschlagen wird. Hierzu gehört auch der weitere Ausbau des Bundesamtes für Sicherheit in der Informationstechnik (BSI) als Zentralstelle im Bund-Länder-Verhältnis. Gleichzeitig werden Maßnahmen vorgeschlagen, die die Cybersicherheit im Ergebnis schwächen könnten, wozu die Einführung neuer digitaler sicherheitsbehördlicher Ermittlungsinstrumente, die aktive Cyberabwehr (auch als „Hackback" diskutiert) und das clientseitige Scannen von Chatnachrichten[10] gehören. Kritisch zu würdigen ist ebenso die Aufnahme weiterer allgemeiner Themen der Digitalregulierung, die die Cybersicherheit selbst nicht konkret adressieren, so zB die Bekämpfung von Hasskriminalität im Netz, was zu einer Verwässerung der eigentlichen cybersicherheitsrelevanten Ziele führt. Ein zentraler Eckpunkt der Agenda betrifft überdies die Beförderung der nationalen digitalen Souveränität auch in der Cybersicherheit.

An dieses Ziel knüpft auch die aktuelle **europäische Cybersicherheitsstrategie** an, die am 16.12.2020 durch die EU-Kommission präsentiert wurde.[11] Neben der Schaffung digitaler Resilienz steht auf euro-

---

[7] Hierzu Kipker MMR-Aktuell 2022, 450417.
[8] Siehe hierzu auch die von der Stiftung Neue Verantwortung (SNV) publizierte und regelmäßig aktualisierte Übersicht über Deutschlands staatliche Cybersicherheitsarchitektur: https://www.stiftung-nv.de/de/publikation/deutschlands-staatliche-cybersicherheitsarchitektur.
[9] Siehe https://background.tagesspiegel.de/cybersecurity/cybersicherheitsagenda-viele-vorhaben-wenig-beifall.
[10] Entsprechend dem EU-Kommissionsvorschlag für eine Verordnung zur Festlegung von Vorschriften zur Prävention und Bekämpfung des sexuellen Missbrauchs von Kindern (CSAM), COM(2022) 209 final, https://eur-lex.europa.eu/legal-content/DE/TXT/HTML/?uri=CELEX:52022PC0209&from=EN.
[11] Siehe https://eur-lex.europa.eu/legal-content/EN/TXT/PDF/?uri=CELEX:52020JC0018&from=EN. Siehe dazu vertiefend Kipker MMR-Aktuell 2021, 435332.

päischer Ebene vor allem die wirtschaftliche Absicherung des digitalen Binnenmarkts im Fokus. Dementsprechend betreffen die Kernpunkte des Strategiedokuments die Verbesserung der mitgliedstaatlichen Kooperation, Abstimmung und Prävention, den Umgang mit dem aus der Corona-Pandemie resultierenden Digitalisierungsschub und die Erhöhung des Investitionsniveaus und der Sicherheit in EU-Einrichtungen. Ähnlich wie die nationale Cybersicherheitsstrategie enthält auch das europäische Strategiedokument drei Aktionsfelder:

- Widerstandsfähigkeit, technologische Unabhängigkeit und Führungsrolle
- Aufbau operativer Kapazitäten zur Prävention, Abschreckung und Reaktion
- Förderung eines globalen offenen Cyberraums durch verstärkte Zusammenarbeit

13 Auch die neue europäische Strategie verdeutlicht, dass Cybersicherheit schon lange nicht mehr allein auf eine Fragestellung technisch-organisatorischer Maßnahmen zur IT-Sicherheit beschränkt ist, sondern eine **multidimensionale Bedrohungslage** im digitalen Raum adäquat zu adressieren hat. Dementsprechend ist die europäische Strategie auch mit der **Security Union Strategy**[12] verknüpft. Zentrales gesetzgeberisches Vorhaben in der Strategie ist die Aktualisierung der europäischen Netz- und Informationssicherheitsrichtlinie (NIS) aus dem Jahr 2016[13] hin zu NIS 2. Neben einer Erweiterung des Anwendungsbereichs geht es um den Schutz von digitalisierten demokratischen Prozessen und Institutionen, die Etablierung und den Ausbau des sog. „**EU Cyber Shield**" als ein Instrument des überregionalen Monitorings und der Datenanalyse in der Cybersicherheit, die Schaffung von erweiterten Pflichten in der Softwaresicherheit und IoT-Security, die unionsweit vereinheitlichte und angemessene Reaktion auf Cyberangriffe, die Einhaltung von Menschenrechten und Grundfreiheiten im gesamten Cyberraum sowie die Erarbeitung von einschlägigen technischen Normen, die einem internationalen Standard entsprechen. Seit 2021 befindet sich mit dem **EU-Kompetenzzentrum für Cybersicherheit** in Bukarest/Rumänien überdies eine neue europäische Cybersicherheitsbehörde im Aufbau. Zu den erklärten Zielen der aktuellen EU-Strategie gehört außerdem mit Blick auf die aktuellen weltpolitischen Herausforderungen die Stärkung der strategischen Autonomie und Führungsrolle in der Cybersicherheit zum Schutz der digitalen Lieferkette. In diesem Zusammenhang relevante Themen betreffen Hyperscaler/Cloud, Prozessortechnologien, sichere Konnektivität sowie 5G- und 6G-Netze.

IV. Systematik und Überblick über den aktuellen regulatorischen Rahmen

14 Die rechtliche Regulierung der Cybersicherheit wird auf nationaler, europäischer und internationaler Ebene[14] adressiert und zeichnet sich durch ihre Vielgestaltigkeit, verteilt über unterschiedliche Branchen und Anwendungsfelder, den Staat wie auch die Wirtschaft betreffend, aus. Bei der Systematisierung des Rechts der Cybersicherheit ist im Wesentlichen zwischen zahllosen **Rahmenvorschriften und bereichsspezifischen gesetzlichen Regelungen** zu unterscheiden. Die Rahmenvorschriften thematisieren die Anforderungen an die Cybersicherheit nicht explizit und unmittelbar, sondern knüpfen lediglich an verschiedene unbestimmte Rechtsbegriffe bzw. Generalklauseln an, unter die sich die Cybersicherheit fassen lässt. So gesehen sind die Rahmenvorschriften daher auf eine Vielzahl von Unternehmen und möglichen Einsatzszenarien anwendbar, denn jeder Einsatz von IT ist mit typischen betrieblichen Schadensrisiken verbunden. Beispiele in dem Zusammenhang sind die Leitungs- und Sorgfaltspflicht des GmbH-Geschäftsführers gem. § 43 Abs. 1 GmbHG oder die Verpflichtung von Aktiengesellschaften zu Risikovorsorge und allgemeiner

---

12 Siehe https://ec.europa.eu/commission/presscorner/detail/en/ip_20_1379.
13 Richtlinie (EU) 2016/1148 über Maßnahmen zur Gewährleistung eines hohen gemeinsamen Sicherheitsniveaus von Netz- und Informationssystemen in der Union (ABl. L 194, 1).
14 So beispielsweise mit dem Chinese Cybersecurity Law, das umfassende extraterritoriale Rechtswirkungen enthält und somit auch für ausländische Unternehmen relevant ist, die zB in der Volksrepublik China belegene IT-Infrastruktur nutzen oder (personenbezogene) Daten in und aus China als Bestandteil ihrer Geschäftsprozesse übermitteln. Zu diesem Themenkomplex Kipker, Chinese Cybersecurity Law: Neue rechtliche Wege und Umwege nach China, Bundesamt für Sicherheit in der Informationstechnik (BSI), Tagungsband zum 16. Deutschen IT-Sicherheitskongress: IT-Sicherheit als Voraussetzung für eine erfolgreiche Digitalisierung, 2019, S. 475 ff.

Sorgfalt, die sich aus den §§ 91 Abs. 2, 93 Abs. 1 AktG ergibt.[15] Bestandsgefährdende betriebliche Risiken können insbesondere auch IT-Risiken sein, wenn der Einsatz von IT einen beträchtlichen Anteil an der betrieblichen Wertschöpfungskette ausmacht.[16]

Im Folgenden wird ein ausschnittsweiser Überblick über den vorhandenen gesetzlichen Rahmen sowie über gesetzgeberische Prozesse in der Cybersicherheit gegeben, die auch für Legal Tech in Zukunft Relevanz besitzen. Dabei werden aufgrund der in den vergangenen Monaten deutlich gestiegenen Relevanz der **(digitalen) Lieferkette** auch das Prinzip von „**Security by Design**" und die **Hardwaresouveränität** einbezogen.

1. IT-Sicherheitsgesetz 2.0 (IT-SiG 2.0)

Das Zweite Gesetz zur Erhöhung der Sicherheit informationstechnischer Systeme (**IT-Sicherheitsgesetz 2.0 bzw. IT-SiG 2.0**) trat im Mai 2021 (BGBl. I 1122) nach erheblicher Kritik von Sachverständigen[17] in Kraft und ändert als Artikelgesetz verschiedene Vorschriften, so das BSIG, das TKG, das EnWG, das SGB X und die Außenwirtschaftsverordnung. Das Gesetzgebungsvorhaben verfolgt vor allem zwei Ziele: die Stärkung des BSI als zentraler Behörde innerhalb der nationalen Cybersicherheitsarchitektur und die Erweiterung des Anwendungsbereichs der Rechtspflichten auch jenseits der schon durch das Erste IT-Sicherheitsgesetz aus 2015 regulierten Kritischen Infrastrukturen, deren Regulierung durch das IT-SiG 2.0 ebenso verschärft wurde. Im Hinblick auf mögliche Einsatzszenarien von Legal Tech dürften vor allem die Regelungen interessant sein, die den sog. „Unternehmen im besonderen öffentlichen Interesse" (UBI) neue Pflichten zu technisch-organisatorischer Cybersicherheit auferlegen. Hierzu werden im IT-SiG 2.0 drei Kategorien gebildet, von denen insbesondere die zweite Kategorie eine erhebliche wirtschaftliche Relevanz besitzt, da sie zu einer deutlichen Ausweitung des Adressatenkreises der Regelungen aus dem BSIG beitragen dürfte: Unternehmen, die nach ihrer inländischen Wertschöpfung zu den größten Unternehmen in Deutschland gehören und daher von erheblicher volkswirtschaftlicher Bedeutung sind oder die für solche Unternehmen als Zulieferer wegen ihrer Alleinstellungsmerkmale von wesentlicher Bedeutung sind (§ 2 Abs. 14 S. 1 Nr. 2 BSIG). Konkrete Vorgaben, welche Unternehmen im Einzelnen unter die Regelung der Nr. 2 fallen, macht das Gesetz aber nicht. Vielmehr wird die Festlegung genauerer Bestimmungen einer noch zu schaffenden Rechtsverordnung überantwortet. In dieser sollen die maßgeblichen wirtschaftlichen Kennzahlen definiert werden, die dafür ausschlaggebend sind, dass ein Unternehmen zu den größten Unternehmen in Deutschland gehört, und welche Alleinstellungsmerkmale maßgeblich dafür sind, dass Zulieferer für solche Unternehmen von wesentlicher Bedeutung sind. Die Schwellenwerte orientieren sich dabei am Hauptgutachten der Monopolkommission.

Die von den **UBI** umzusetzenden zusätzlichen Anforderungen an die Cybersicherheit ergeben sich aus dem neu in das BSIG eingefügten § 8f. Die zu treffenden Maßnahmen sind dabei geringer als die Rahmenbedingungen für Kritische Infrastrukturen, weshalb hier nicht selten auch die irreführende Bezeichnung „**KRITIS light**" verwendet wird. Innerhalb des § 8f BSIG wird außerdem zwischen den unterschiedlichen Kategorien der UBI differenziert. Im Kern sind UBI gem. § 2 Abs. 14 S. 1 Nr. 2 BSIG dazu verpflichtet, mindestens alle zwei Jahre eine Selbsterklärung zur IT-Sicherheit beim BSI vorzulegen. Sollten Tatsachen die Annahme rechtfertigen, dass ein UBI gem. § 2 Abs. 14 S. 1 Nr. 2 BSIG seinen Pflichten nicht nachkommt, kann das BSI Nachweise verlangen, so entweder eine rechnerische Darlegung der inländischen Wertschöpfung oder die Bestätigung einer anerkannten Wirtschaftsprüfungsgesellschaft, dass das Unternehmen nicht unter die Regelung des § 2 Abs. 14 S. 1 Nr. 2 BSIG fällt.

---

15 Zu den Rahmenvorschriften der Cybersicherheit und ihrer systematischen Einordnung/Abgrenzung weitergehend Kipker Cybersecurity-HdB/von dem Bussche Kap. 4 Rn. 25 ff.
16 So beispielsweise jüngst ein Hersteller von Küchen, der infolge eines Serverausfalls Insolvenz anmelden musste, https://www.chip.de/news/Traditions-Kuechenhersteller-meldet-Insolvenz-an-So-soll-es-mit-dem-Unternehmen-jetzt-weitergehen_184433172.html.
17 Siehe https://www.bundestag.de/dokumente/textarchiv/2021/kw09-pa-innen-informationstechnik-821484.

18 Ebenfalls neu in das BSIG aufgenommen wurde mit dem IT-SiG 2.0 die Regelung für das freiwillige sog. **„IT-Sicherheitskennzeichen"** in § 9c BSIG. Mit dem einheitlichen Kennzeichen, das ausdrücklich keine Zertifizierung ist und ebenso keine Aussage über den Datenschutz trifft, soll Verbraucher:innen der Zugang zu sicheren IT-Produkten besser als bisher eröffnet werden. Das Kennzeichen besteht aus zwei Elementen: Einer Herstellererklärung als einer Zusicherung des Herstellers oder Diensteanbieters, dass das Produkt für eine festgelegte Dauer bestimmte IT-Sicherheitsanforderungen erfüllt sowie einer Sicherheitsinformation als einer Information des BSI über sicherheitsrelevante IT-Eigenschaften des Produkts. Näheres zur Beantragung und Erteilung des IT-Sicherheitskennzeichens regelt die BSI-IT-Sicherheitskennzeichenverordnung (BSI-ITSiKV) vom 24.11.2021.

2. EU-Netz- und Informationssicherheitsrichtlinie 1 und 2 (NIS und NIS 2)

19 Schon bislang regelte die Richtlinie (EU) 2016/1148 über Maßnahmen zur Gewährleistung eines hohen gemeinsamen Sicherheitsniveaus von Netz- und Informationssystemen in der EU aus dem Juli 2016 (NIS) (ABl. L 194, 1) rechtliche Cybersicherheitspflichten für die Betreiber von wesentlichen sowie von digitalen Diensten (Online-Suchmaschinen, Cloud Computing-Dienste und Online-Marktplätze). Die europäischen Anforderungen aus NIS wurden Mitte 2017 mit dem Gesetz zur Umsetzung der NIS-Richtlinie[18] in das nationale Recht überführt.

20 Künftig wird dieses Spektrum europäischer Cybersicherheitsregulierung um den neuen Rechtsakt der **Netz- und Informationssicherheitsrichtlinie 2 (NIS 2)** ergänzt. NIS 2 passt die bestehende EU-Cybersicherheitsgesetzgebung an die geänderte Bedrohungslage und die noch weiter fortgeschrittene IT-Vernetzung von Wirtschaft, Staat und Gesellschaft in der EU seit dem Jahr 2016 an. Insoweit erfolgt auch eine rechtliche Angleichung an die politischen Ziele der aktuellen europäischen Cybersicherheitsstrategie aus dem Jahr 2020. Der Fokus von NIS 2 wird vor allem auf einer verbesserten Reaktion auf Cyberangriffe und Störfälle liegen. Außerdem soll die praktische Zusammenarbeit zwischen zentralen Diensten im öffentlichen und privaten Sektor gefördert werden. Weitere zentrale Aspekte des Richtlinienentwurfs betreffen die angemessene Reaktion auf Cybervorfälle, die Sicherheit von Lieferketten, die Verschlüsselung und den Umgang mit Schwachstellen. Erklärtes Ziel ist außerdem die Beseitigung noch bestehender unterschiedlicher Anforderungen zur Cybersicherheit in den EU-Mitgliedstaaten und die Schaffung eines Rechtsrahmens und von Mechanismen zur wirksamen Zusammenarbeit. Dies zeigt sich ua in der Einrichtung des EU-Verbindungsnetzes für Cyberkrisen (**EU-CyCLONe**), um großflächige Cybersicherheitsvorfälle koordiniert zu bewältigen. Überdies kann für NIS 2 mit einer deutlichen Erweiterung des Anwendungsbereichs gegenüber NIS gerechnet werden, indem über sog. „wesentliche" und „wichtige" Einrichtungen eine europäisch vereinheitlichte Bezugnahme auf die Unternehmensgröße erfolgt und zukünftig die Größe und nicht die Kritikalität entscheidendes Kriterium für neue unternehmerische Compliance-Pflichten in der Cybersicherheit sein wird. Hiervon ausgenommen sind gem. der **„Size-Cap-Rule"** Unternehmen im Sinne der EU-Kommissionsempfehlung 2003/361/EC.[19] Überdies wird die NIS 2-Richtlinie Anknüpfungspunkte an weitere zentrale Regelungen zur Cybersicherheit im europäischen Recht erhalten, so zur Verordnung über die digitale operationelle Widerstandsfähigkeit des Finanzsektors (**DORA**).[20] Auf die Cybersecurity Certification Schemes gem. EU Cybersecurity Act (CSA) wird ebenso referenziert. Mit dem Inkrafttreten von NIS 2 kann bis zum vierten Quartal 2022 gerechnet werden, anschließend haben die EU-Mitgliedstaaten eine nationale Umsetzungsfrist von 21 Monaten.

---

18 Siehe https://www.bsi.bund.de/DE/Das-BSI/Auftrag/Gesetze-und-Verordnungen/NIS-Richtlinie/nis-richtlinie_node.html.
19 Empfehlung der Kommission vom 6.5.2003 betreffend die Definition der Kleinstunternehmen sowie der kleinen und mittleren Unternehmen (ABl. L 124, 36).
20 Vorschlag für eine Verordnung über die Betriebsstabilität digitaler Systeme des Finanzsektors, COM(2020) 595 final, https://eur-lex.europa.eu/legal-content/DE/TXT/HTML/?uri=CELEX:52020PC0595&from=DE.

3. EU Cybersecurity Act (CSA)

Eine weitere zentrale europäische Regulierung zur Cybersicherheit stellt der EU Cybersecurity Act (CSA) vom 17.4.2019 dar.[21] Die Kernelemente des Cybersecurity Act sind die Einführung eines dualen europäischen Systems zur **Zertifizierung der Cybersicherheit** und die umfassende Umstrukturierung der ENISA. Als übergeordnete Zwecke werden überdies der Schutz des digitalen EU-Binnenmarkts und die Erleichterung des ausländischen Marktzugangs durch Anerkennung von Cybersicherheitszertifizierungen in allen Mitgliedstaaten genannt. Über die Verordnung fanden darüber hinaus erstmals die Prinzipien „Security by Default" und „Security by Design" einen Anker in der europäischen Gesetzgebung.

Zentraler Regelungsansatz des Cybersecurity Act ist die nationalstaatenübergreifende Zertifizierung von Cybersicherheit. Grundlage hierfür sind **europäische Schemata für die Cybersicherheitszertifizierung**.[22] Hierunter zu verstehen ist jeweils „ein umfassendes Paket von Vorschriften, technischen Anforderungen, Normen und Verfahren, die auf Unionsebene festgelegt werden und für die Zertifizierung oder Konformitätsbewertung von bestimmten IKT-Produkten, Diensten und Prozessen gelten". Das Europäische Cybersicherheitszertifikat wird definiert als ein „Dokument, in dem bescheinigt wird, dass ein bestimmter IKT-Prozess, ein bestimmtes IKT-Produkt oder ein bestimmter IKT-Dienst im Hinblick auf die Erfüllung besonderer Sicherheitsanforderungen, die in einem europäischen System für die Cybersicherheitszertifizierung festgelegt sind, bewertet wurde".

Die Cybersecurity Certification Schemes nach EU-CSA untergliedern sich in die **drei Anforderungsniveaus** „hoch", „mittel" und „niedrig". Die unterschiedlichen Anforderungsniveaus werden in Abhängigkeit vom jeweiligen Verwendungsrisiko bestimmt, wobei sich die zugrunde liegenden einzelnen Schemata auf spezifische IKT-Dienste und -Produkte beziehen. Eine Zertifizierung gem. der Sicherheitsstufe „hoch" umfasst eine Prüfung der Abwehr hochmoderner Cyberangriffe mit umfangreichen Ressourcen, das Vorhandensein von IT-Sicherheitsfunktionen auf dem neuesten technischen Stand und den entsprechenden Nachweis durch Penetration-Testing. Für die Stufe „mittel" muss eine Abwehrfähigkeit im Hinblick auf bekannte Cyberrisiken durch Akteure mit begrenzten Ressourcen gegeben sein, eine Überprüfung auf öffentlich bekannte Schwachstellen erfolgen und die korrekte Funktion der Sicherheitsmaßnahmen durch Tests nachgewiesen werden. Für eine Zertifizierung gem. den Anforderungen der Stufe „niedrig" muss mindestens die Minimierung grundlegender Risiken und die technische Dokumentation des Produkts oder Dienstes überprüft werden. Das Cybersicherheitsschema kann explizit die Möglichkeit des Herstellers zur Durchführung einer Selbstbewertung der Konformität vorsehen, wobei sich diese ausschließlich auf das Anforderungsniveau „niedrig" beziehen kann.

4. EU Cyber Resilience Act (CRA)

Das jüngste Element der europäischen Cybersicherheitsgesetzgebung ist der „Cyber Resilience Act" (CRA), dessen Entwurf am 15.9.2022 durch die EU-Kommission vorgestellt wurde.[23] Wie die Bezeichnung des Rechtsaktes bereits vermuten lässt, steht die **Stärkung der horizontalen Cybersicherheit** für dieses europäische Gesetz im Mittelpunkt – ein Thema, das von Branchenverbänden schon lange als unzureichend kritisiert wurde. Besorgnis besteht vor allem dahin gehend, dass die intensive Cybersecurity-Gesetzgebung der EU in den letzten Jahren insbesondere seit der ersten Netz- und Informationssicherheitsrichtlinie (NIS) dazu führen könnte, dass die Anschlussfähigkeit an die zahlreichen branchenrelevanten Gesetze aus dem **New Legislative Framework (NLF)** verpasst wird. Horizontale Regelungen sollen mithin produkt-

---

21 Verordnung (EU) 2019/881 über die ENISA und über die Zertifizierung der Cybersicherheit von Informations- und Kommunikationstechnik und zur Aufhebung der Verordnung (EU) Nr. 526/2013 (Rechtsakt zur Cybersicherheit) (ABl. L 151, 15).
22 Der jeweils aktuelle Stand erarbeiteter und in Erarbeitung befindlicher EU Cybersecurity Certification Schemes nach CSA findet sich auf der Website der ENISA: https://www.enisa.europa.eu/topics/standards/certification.
23 Proposal for a Regulation of the European Parliament and of the Council on horizontal cybersecurity requirements for products with digital elements and amending Regulation (EU) 2019/1020, COM(2022) 454 final, https://digital-strategy.ec.europa.eu/en/policies/cyber-resilience-act.

gruppenspezifischen und damit vertikalen Rechtsakten vorgezogen werden, um eine Fragmentierung der Regulatorik zu vermeiden und für mehr Kohärenz in den Anforderungen zu sorgen.

25 Der Entwurf des CRA steckt ausweislich seiner Begründung klare Ziele: Einerseits ist die Europäische Union mit einer großen Zahl mannigfaltiger digitaler Produkte im Alltag umfassend vernetzt, andererseits nehmen Cyberangriffe und Cybercrime immer weiter zu. Hierfür werden zwei Faktoren verantwortlich gemacht: ein niedriges Cybersecurity-Niveau, das sich in weit verbreiteten Schwachstellen und der unzureichenden Bereitstellung von entsprechenden Sicherheitsupdates widerspiegelt, sowie ein unzureichendes Verständnis und ein unzureichender Zugang zu Informationen seitens der Nutzer, wodurch sie daran gehindert werden, Produkte mit angemessener Cybersicherheit auszuwählen bzw. Produkte auf sichere Weise zu nutzen. Auf diese Weise kann sich ein einzelner, eigentlich produktbezogener Cybersicherheitsvorfall zu einer **grenzüberschreitenden Gefahr für die IT-Sicherheit** entwickeln kann, die schwerwiegende Folgen für den gesamten digitalen europäischen Binnenmarkt zur Folge haben kann. Für den CRA werden explizit vier spezifische regulatorische Ziele angeführt:
- Die Gewährleistung, dass die Hersteller die Sicherheit von Produkten mit digitalen Elementen von der Entwurfs- und Entwicklungsphase an und während des gesamten Lebenszyklus verbessern.
- Die Gewährleistung eines kohärenten Rahmens für die Cybersicherheit, der den Herstellern von Hardware und Software die Einhaltung der Compliance-Vorgaben erleichtert.
- Die Verbesserung der Transparenz der Sicherheitseigenschaften von Produkten mit digitalen Elementen.
- Die Befähigung von Unternehmen und Verbrauchern, Produkte mit digitalen Elementen sicher zu nutzen.

26 Der Anwendungsbereich des künftigen europäischen Gesetzes ist weit gefasst: Grundsätzlich gilt der CRA für alle **Produkte mit digitalen Elementen**, deren bestimmungsgemäße oder vernünftigerweise vorhersehbare Verwendung eine direkte oder indirekte logische oder physische Datenverbindung zu einem Gerät oder Netz umfasst. Spezielle Vorschriften des Unionsrechts, die die Produktsicherheit betreffen, sind gegenüber dem allgemeinen CRA vorrangig. Unter Produkten mit digitalen Elementen ist jedes Software- oder Hardwareprodukt und mit ihm verbundene Cloudlösungen zu verstehen, ebenso bezieht sich der Anwendungsbereich des Gesetzes auf separat in Verkehr gebrachte Software- und Hardwarekomponenten. Weitere Definitionen und damit Unterscheidungen nach Cybersicherheitsrisiken betreffen kritische Produkte mit digitalen Bestandteilen sowie hochkritische Produkte mit digitalen Bestandteilen. Explizite Erwähnung finden außerdem Hochrisiko-KI-Systeme und Maschinenprodukte.

27 Der Entwurf des CRA enthält umfassende Anforderungen, wie bei digitalen Produkten Cybersicherheit „by Design" hergestellt werden kann. Schon zu Beginn der **Lieferkette** werden die Hersteller in die Pflicht genommen: Diese müssen eine Bewertung der Cybersicherheitsrisiken vornehmen und diese in die Phasen der Planung, des Entwurfs, der Entwicklung, der Herstellung, Lieferung und Wartung ihrer Produkte einbeziehen. Bei Komponenten von Drittherstellern werden besondere Sorgfaltspflichten vorausgesetzt, um sicherzustellen, dass hierdurch die IT-Sicherheit des Endprodukts nicht kompromittiert wird. Damit wird im Besonderen auf globale Lieferketten referenziert. Die Cybersicherheitsrisiken sind vom Hersteller zu dokumentieren und gegebenenfalls zu aktualisieren. Darüber hinaus wird bestimmt, dass Hersteller für den Zeitraum der **voraussichtlichen Lebensdauer des Produkts** oder während eines Zeitraums von fünf Jahren ab dem Inverkehrbringen – je nachdem, welcher Zeitraum kürzer ist, **Sicherheitsupdates** zur Verfügung stellen müssen. Vor dem Inverkehrbringen von Produkten mit digitalen Elementen trifft die Hersteller die Pflicht, technische Unterlagen zu erstellen und Konformitätsbewertungsverfahren durchzuführen. Die Unterlagen sind entsprechend für Marktüberwachungsbehörden vorzuhalten. Ebenso trifft Hersteller die Verpflichtung, technische Verbraucherinformationen in elektronischer oder physischer Form beizufügen. Diese **Verbraucherinformationen** sollen eine sichere Installation, Bedienung und Verwendung der Produkte mit digitalen Elementen ermöglichen. Soweit Hersteller innerhalb vorgenannter Fristen feststellen, dass Produkte den definierten Cybersicherheitsanforderungen nicht mehr entsprechen, müssen

sie erforderliche Korrekturmaßnahmen ergreifen: Hierzu gehören final auch die Rücknahme/der Rückruf des Produkts.

Den Hersteller von Produkten mit digitalen Elementen treffen gem. dem Entwurf des CRA **umfassende Meldepflichten.** So wird er verpflichtet, der europäischen Cybersicherheitsbehörde ENISA unverzüglich, in jedem Fall aber innerhalb von 24 Stunden, nachdem er Kenntnis erlangt hat, jede aktiv ausgenutzte Sicherheitslücke in einem Produkt zu melden. Ebenso unterliegen Vorfälle der Meldepflicht, die Auswirkungen auf die Produktsicherheit haben. Die Störungsmeldung enthält Informationen über die Schwere und die Auswirkungen der Störung und gibt gegebenenfalls an, ob der Hersteller vermutet, dass die Störung durch rechtswidrige oder böswillige Handlungen verursacht wurde, oder ob er der Ansicht ist, dass sie grenzüberschreitende Auswirkungen hat. Ebenso sind die Nutzer der Produkte über Vorfälle und eventuell zu treffende Abwehrmaßnahmen in Kenntnis zu setzen. Auch besteht die Cybersecurity-Meldepflicht gegenüber den Verantwortlichen für **Open Source-Komponenten**.

Importeure werden neben dem Hersteller ebenso im CRA-Entwurf legaldefiniert und sind damit Adressaten der Regelungen. Ausgehend vom Gesetz ist ein Importeur jede in der Union ansässige natürliche oder juristische Person, die ein Produkt mit digitalen Elementen in Verkehr bringt, das den Namen oder die Marke einer außerhalb der Union ansässigen natürlichen oder juristischen Person trägt. Auch hier ist der Anwendungsbereich des Gesetzes somit denkbar weit gefasst. Auch für die Importeure gilt, dass nur Produkte in Verkehr gebracht werden dürfen, die den grundlegenden Sicherheitsanforderungen des CRA entsprechen. Die Maßgaben sind an dieser Stelle durchaus mit denen der Hersteller vergleichbar. Zusätzlich gelten Informationspflichten der Importeure. So müssen diese ihren Namen, ihren eingetragenen Handelsnamen oder ihre eingetragene Marke, ihre Postanschrift und ihre E-Mail-Adresse, unter denen sie kontaktiert werden können, auf dem Produkt mit digitalen Elementen oder, falls dies nicht möglich ist, auf der Verpackung oder in den dem Produkt mit digitalen Elementen beigefügten Unterlagen angeben. Die Kontaktangaben müssen in einer Sprache abgefasst sein, die von den Benutzern und den Marktüberwachungsbehörden leicht zu verstehen ist. Auch muss eine Gebrauchsanleitung beigelegt sein. Importeure, die wissen oder Grund zu der Annahme haben, dass ein von ihnen in Verkehr gebrachtes Produkt mit digitalen Elementen oder die von seinem Hersteller eingerichteten Verfahren nicht den wesentlichen Anforderungen nach CRA entsprechen, müssen unverzüglich Maßnahmen ergreifen, um die Produktkonformität herzustellen – anderenfalls ist das Produkt zurückzunehmen oder zurückzurufen. Sobald Importeure eine Schwachstelle im Produkt feststellen, informieren sie hierüber unverzüglich den Hersteller und im Zweifelsfall die zuständigen Marktüberwachungsbehörden der Mitgliedstaaten, in denen das Produkt in Verkehr gebracht wurde. Auch von den Importeuren wird bei festgestellten Schwachstellen erwartet, dass sie alle Maßnahmen zur Beseitigung festgestellter Cybersicherheitsrisiken ergreifen und dabei mit den zuständigen Behörden kooperieren.

Ausdrücklich wird im Entwurf des CRA bestimmt, dass auch **Händler** von den gesetzlichen Regelungen erfasst sind, soweit sie ein Produkt mit digitalen Elementen auf dem europäischen Markt bereitstellen. Für sie gelten ebenso Prüfpflichten und der Maßstab der gebotenen Sorgfalt. Sollte ein Händler dabei zu dem Ergebnis gelangen, dass das Produkt nicht mit den Anforderungen des CRA übereinstimmt, darf er es erst dann bereitstellen, wenn die Konformität hergestellt wurde. Bei erheblichen Cybersicherheitsrisiken sind Hersteller und zuständige Marktüberwachungsbehörden zu unterrichten. Die Herstellerverantwortung reicht gemessen an den strengen Maßstäben des CRA jedoch noch weiter: Händler, die wissen oder Grund zu der Annahme haben, dass ein von ihnen auf dem Markt bereitgestelltes Produkt mit digitalen Elementen oder die vom Hersteller eingerichteten Verfahren nicht den wesentlichen Anforderungen des CRA entsprechen, stellen sicher, dass die erforderlichen Maßnahmen ergriffen werden, um die Produktkonformität zu gewährleisten oder um das Produkt gegebenenfalls zurückzunehmen oder zurückzurufen. Auch Händler müssen den Hersteller über festgestellte Schwachstellen unverzüglich unterrichten – bei erheblichen Cybersicherheitsrisiken sind sogar die Behörden durch den Händler in Kenntnis zu setzen. Überdies gelten dieselben Pflichten wie für Importeure bei der Zurverfügungstellung von produktbezogenen Unterlagen an die Behörden.

31 Auffällig sind an verschiedenen Stellen des CRA **die inhaltlichen Parallelen zum allgemeinen europäischen Produkthaftungsrecht**: So wird bestimmt, dass auch Importeure und Händler als Hersteller mit den entsprechenden Pflichten gelten, wenn der Importeur oder Händler ein Produkt mit digitalen Elementen unter seinem Namen oder seiner Marke in Verkehr bringt oder eine wesentliche Änderung an dem bereits in Verkehr gebrachten Produkt mit digitalen Elementen vornimmt – dies gilt auch für teilweise Produktänderungen, die jedoch Auswirkungen auf die gesamte Cybersicherheit haben. Damit wird nicht nur der häufig problematischen Lieferkette digitaler Produkte Rechnung getragen, sondern es werden auch Fälle berücksichtigt, in denen elektrotechnische Komponenten neu mit IT gekoppelt werden, wie es oft in der IoT der Fall ist. Dem tragen auch die umfassenden Transparenzpflichten Rechnung, die in dem Rechtsakt festgeschrieben werden, so zB im Hinblick auf die Identifizierung von Wirtschaftsbeteiligten in der Lieferkette von Produkten mit digitalen Elementen.

32 Der CRA enthält in seiner Entwurfsfassung überdies **verschiedene Schnittstellen zur zahlreichen weiteren aktuellen EU-Digitalgesetzgebung**, so beispielsweise zu den bestehenden und zurzeit teils in Überarbeitung befindlichen Rechtsakten aus dem NLF, dem CSA, NIS 2, dem AI Act und der neuen EU-Maschinenverordnung.

V. Fazit und Ausblick

33 Gezeigt wurde, dass die rechtliche Regulierung von Cybersicherheit aufgrund der deutlich gestiegenen Relevanz und Bedrohungslage der vergangenen Jahre mittlerweile zu einem eigenständigen Segment unternehmerischer IT-Compliance avanciert ist. Über allgemeine und bereichsspezifische Regelungen zur Cybersicherheit auf nationaler wie europäischer Ebene dürfte nahezu jede Unternehmung auch im Bereich Legal Tech mittlerweile von den neuen Anforderungen betroffen sein. Dabei gilt, dass mit steigender Kritikalität auch die zu realisierenden rechtlichen Anforderungen wachsen und weit über bloße Vertragspflichten hinausgehen. Im Hinblick auf künftige Regulierungsansätze ist deutlich erkennbar, dass sowohl der nationale als auch der europäische Gesetzgeber eine **„Vollregulierung" der Cybersicherheit** anstreben, die sich horizontal über verschiedene Branchen erstreckt und den gesamten Lebenszyklus bzw. die digitale Lieferkette eines Produkts vom Hersteller über den Importeur bis hin zum Vertrieb abdeckt. Betroffen hiervon sind Hardware, Software und eingebettete Systeme gleichermaßen.

19. Datenethik

Panzer-Heemeier/Nemat

I. Einführung	1	a) Legal Tech	23
II. Daten und Ethik	4	b) Informationstechnologie	24
1. Daten	5	c) Gesundheitswesen	25
a) Definition von Daten	5	d) Versicherungswesen	26
b) Daten als Rechtsbegriff	6	e) Automobilbranche	27
aa) Strafrechtlicher Datenbegriff	6	IV. Datenethik und Recht/Corporate Digital Responsibility	28
bb) Datenschutzrechtlicher Datenbegriff	7	1. Verfassungsrecht und Datenethik	28
2. Datenethik	8	a) Art. 1 Abs. 1 iVm Art. 2 Abs. 1 GG	30
3. Werte als Fundament der Datenethik	10	b) Art. 14 GG	35
a) Transparenz	11	2. Datenschutz und Datenethik	37
b) Autonomie	12	3. Ko- und Selbstregulierung	39
c) Unvoreingenommenheit	13	a) Der Deutsche Corporate Governance Kodex/ nichtfinanzielle Erklärungen nach §§ 289b f. HGB	40
d) Verantwortlichkeit	14		
e) Wohltätigkeit	15		
III. Datenethik in Unternehmen	16	b) Mögliche Umsetzung von CDR-Pflichten in Deutschland	41
1. Corporate Digital Responsibility (CDR)	17		
2. Operationalisierungsinstrumente einer CDR	18	c) CDR-Pflichten im Ausland	44
a) Digitalethische Leitlinien	19	V. Ausblick	45
b) Datenethikboards	21		
3. Branchen	22		

Literatur: *Albrecht*, Das neue EU-Datenschutzrecht – von der Richtlinie zur Ver-ordnung, CR 2016, 88; *Arbeitsgruppe „Digitaler Neustart"* der Konferenz der Justizministerinnen und Justizminister der Länder, Bericht v. 15.5.2017; *Bitkom-Studie*, „Wirkt die DS-GVO innovationshemmend auf Unternehmen"Bundesverband Informationswirtschaft, Telekommunikation und neue Medien e. V. (Bitkom), DS-GVO, ePrivacy, Brexit – Datenschutz und die Wirtschaft, 2019; *Datenethikkommission*, Gutachten der Datenethikkommission der Bundesregierung, Bundesministerium des Innern, für Bau und Heimat, 2019; *Floridi/Cowls/Beltrametti/Chatila/Chazerand/Dignum/Luetge/Madelin/Pagallo/Rossi/Schafer/Valcke/ Vayena*, AI4People-An Ethical Framework for a Good AI Society: Opportunities, Risks, Principles, and Recommendations, Minds and Machines, 28, 2018 (zit.: Floridi et. al); *Datenschutzkonferenz*, Hambacher Erklärung zur Künstlichen Intelligenz – Entschließung der 97. Konferenz der unabhängigen Datenschutzaufsichtsbehörden des Bundes und der Länder, 2019; *Herden/Alliu/Cakici et al.*, „Corporate Digital Responsibility". NachhaltigkeitsManagementForum 29, 2021; *Floridi/Taddeo*, What is data ethics?, Philosophical Transactions of the Royal Society A, 374(2083), 2016; *Hoeren*, Datenbesitz statt Dateneigentum, MMR 2019, 5; *Jellinek*, Die sozialethische Bedeutung von Recht, Unrecht und Strafe, 2. Aufl. 1908; *Mollick*, Establishing Moore's Law, IEEE Annals of the History of Computing 28(3), 2006; *Nemat/Panzer-Heemeier/Meckenstock*, ESG 2.0 – Digitale Ethik als neue Dimension der Nachhaltigkeit, ESG 2022, 104; *Panzer-Heemeier/Nemat*, Digitale Ethik – Eine neue Chance für ESG-Compliance, CCZ 2022, 223; *Schliesky*, Digitale Ethik und Recht, NJW 2019, 3692; *Spindler/Thorun*, Die Rolle der Ko-Regulierung in der Informationsgesellschaft Handlungsempfehlung für eine digitale Ordnungspolitik, MMR-Beil. 2016, 1; *Spitz*, „Daten – das Öl des 21. Jahrhunderts? Nachhaltigkeit im digitalen Zeitalter, 2017; *Weber*, Neue Grundrechte als Pfad zur europäischen Bürgerschaft?, Überlegungen zum Projekt „Jeder Mensch", Konrad-Adenauer-Stiftung, Reihe Analysen & Argumente, Nr. 444/Juni 2021; *Wybitul*, EU-Datenschutz-Grundverordnung in der Praxis – Was ändert sich durch das neue Datenschutzrecht?, BB 2016, 1067.

I. Einführung

Moore's law besagt, dass sich die Anzahl von Transistoren (ein elektronisches Halbleiter-Bauelement, das zum Steuern niedriger elektrischer Spannungen verwendet wird) auf einem integrierten Schaltkreis regelmäßig verdoppelt („Integrationsdichte"; „Komplexität").[1] Dieses exponentielle Wachstum geht einher mit einer stetig wachsenden Rechenleistung bei sinkenden Produktionskosten und bildet somit die Grundlage („Treiber") der digitalen Revolution.

---

1 Mollick, Establishing Moore's Law, IEEE Annals of the History of Computing 28(3), 2006, S. 16, abrufbar unter https://www.researchgate.net/profile/Ethan-Mollick/publication/3331068_Establishing_Moore%27s_Law/links/00463 52e29f7b7900b000000/Establishing-Moores-Law.pdf?origin=publication_detail.

2 **Digitale Transformation** bezeichnet die fundamentale Veränderung des Alltagslebens, der Wirtschaft und der Gesellschaft durch die Verwendung digitaler Technologien.[2] Neben den positiven Effekten, die mit dieser gesamtgesellschaftlichen Transformation einhergehen (ua Steigerung der Produktivität, der Wertschöpfung oder des sozialen Wohlstandes), bringt die Entwicklung auch Herausforderungen mit sich. Diese bilden sich ua in der Form **digitalethischer Dilemmata** ab, die intendiert oder unintendiert Schäden anrichten können. Ein digitalethisches Dilemma im Gesundheitswesen ist zB, dass auf der einen Seite die umfängliche Sammlung und Auswertung von sensiblen Gesundheitsdaten der Behandlung von Patienten dienlich sein kann, auf der anderen Seite allerdings der Zugang zu einer solchen Sammlung einen Übergriff auf die Privatsphäre der Patienten bedeuten kann.

3 Eine zentrale **Reaktion** auf die Zunahme von Ereignissen von ethischer Dimension ist, dass der Umgang mit Daten in den vergangenen Jahren von vielen Organisationen in ihre strategischen Überlegungen unter dem Begriff der „Datenethik" (→ Rn. 7) oder dem Synonym „digitale Ethik" aufgenommen wurde. 2018 wurde etwa eine hochrangige Expertengruppe für Künstliche Intelligenz von der Europäischen Kommission einberufen. Deren Ergebnisse zu der Fragestellung „Wie entwickelt man eine vertrauensvolle Künstliche Intelligenz (KI) (→ *Künstliche Intelligenz (KI)* Rn. 52) auf Basis ethischer Leitlinien?" werden von der Kommission bei der Entwicklung legislativer Konzepte hinsichtlich des Einsatzes von KI immer wieder hinzugezogen.[3] Ebenso hat die deutsche Bundesregierung 2018 eine Datenethikkommission eingesetzt. Diese hat ein umfassendes Gutachten erarbeitet, in dem sie ethische Leitlinien sowie konkrete Handlungsempfehlungen für den Umgang mit Daten und Algorithmen (→ *Algorithmus* Rn. 2) erarbeitet hat. Neben politischen Institutionen beteiligen sich auch Unternehmen und Berufsverbände an der Entwicklung datenethischer Konzepte. Auf einer internationalen Ebene ist hier das Institute of Electrical and Electronics Engineers (IEEE) zu nennen. Das IEEE ist ein weltweiter Berufsverband von Ingenieuren, Technikern, Wissenschaftlern und angrenzenden Berufen aus den Bereichen Elektrotechnik und Informationstechnik, die sich seit einigen Jahren für den ethischen Umgang mit Daten und Technologie einsetzen.[4] Auf nationaler deutscher Ebene kann die CDR-Initiative (Corporate Digital Responsibility-Initiative) genannt werden. Initiiert durch das Bundesministerium der Justiz und für Verbraucherschutz arbeiten verschiedene Unternehmen (zB Deutsche Telekom, Otto Group) zusammen, um das Thema Datenethik unter dem Begriff der Corporate Digital Responsibility (CDR) (→ Rn. 15) umzusetzen („Freiwillige Selbstverpflichtung").[5]

II. Daten und Ethik

4 In diesem Abschnitt wird eine kurze Definition von Daten gegeben, es werden Daten als Rechtsbegriff beschrieben und der Begriff der Datenethik erklärt. Zum Schluss wird die Bedeutung von Werten innerhalb der Datenethik erklärt sowie einige zentrale Werte vorgestellt.

1. Daten

a) Definition von Daten

5 Daten umfassen eine immense Diversität von Erscheinungsformen. Sie lassen sich etwa nach ihrem Datentyp (zB binär, nominal ordinal), den datengenerierenden Prozessen (zB Umfragedaten, Sensordaten), dem Erhebungsbereich (zB Finanzdaten, Wetterdaten) oder ihrer Funktion in einem digitalen System (zB Log-in-Daten, Trainingsdaten) unterteilen. Zusätzlich können Daten heute digitale Vermögensgüter

---

2 Pousttchi, Digitale Transformation, 2021, abrufbar unter https://www.enzyklopaedie-der-wirtschaftsinformatik.de/lexikon/technologien-methoden/Informatik--Grundlagen/digitalisierung/digitale-transformation.
3 Vorschlag der Europäischen Kommission v. 21.4.2021 für eine Verordnung des Europäischen Parlaments und des Rates zur Festlegung harmonisierter Vorschriften für Künstliche Intelligenz (Gesetz über Künstliche Intelligenz) und zur Änderung bestimmter Rechtsakte der Union, COM(2021) 206 final; Weißbuch der Europäischen Kommission v. 19.2.2020 zur Künstlichen Intelligenz – Ein europäisches Konzept für Exzellenz und Vertrauen, COM(2020) 65 final; Hochrangige Expertengruppe für Künstliche Intelligenz, Ethik-Leitlinien für eine vertrauenswürdige KI, 2018.
4 IEEE, Ethically aligned design, 2020, abrufbar unter https://ethicsinaction.ieee.org/wp-content/uploads/eadle.pdf.
5 CDR-Initiative Internetauftritt, 2022, abrufbar unter https://cdr-initiative.de/.

repräsentieren, wie etwa die Kryptowährung „Bitcoin".[6] Daten werden von unterschiedlichsten Menschen in verschiedensten Kontexten produziert und ihr Bedeutungsinhalt wird je nach Fragestellung bearbeitet bzw. interpretiert. Damit Daten bearbeitet und verwendet werden können, werden sie in Datensätzen zusammengetragen. **Datensätze** sind eine Sammlung von Zahlen oder Wörtern, die analysiert werden können, um Informationen zu erhalten. Datensätze werden häufig in einem Tabellenformat erfasst und gespeichert, wobei jede Spalte einer anderen Variablen (zB Größe, Gewicht, Alter) und jede Zeile einem anderen Eintrag oder „Datensatz" (zB einer anderen Person) entspricht. Die Daten können aus realen Beobachtungen und Messungen stammen oder künstlich erzeugt werden.[7]

b) Daten als Rechtsbegriff
aa) Strafrechtlicher Datenbegriff
Das Strafrecht schützt Daten in unterschiedlicher Weise. So wird das Ausspähen von Daten (§ 202a StGB), das Fälschen von Daten (§§ 268, 269 StGB) sowie das Täuschen mit solchen Daten (§ 270 StGB) unter Strafe gestellt. Der Begriff der Daten wird im Gesetz jedoch nicht definiert. Nach hM ist im Strafrecht von einem weiten Datenbegriff auszugehen.[8] Hier wird auf die DIN-Norm 443000 Nr. 19 Bezug genommen, wonach Daten durch Zeichen oder kontinuierliche Funktionen aufgrund bekannter oder unterstellter Abmachungen zum Zwecke der Verarbeitung dargestellte Informationen sind.[9] Je nach Tatbestand müssen diese Daten dann verkörpert sein oder auch weitere Funktionen wie etwa eine Beweisfunktion erfüllen.

bb) Datenschutzrechtlicher Datenbegriff
Der Datenschutz, also der Schutz nach der DS-GVO sowie dem Bundesdatenschutzgesetz (BDSG), schützt personenbezogene Daten. Daten sind dabei Informationen oder Wissen. Diese Daten müssen nicht gespeichert werden. Es reicht jegliche Verarbeitung, also jeder ausgeführte Vorgang mit den Daten (Art. 4 Nr. 2 DS-GVO). Die Daten müssen Personenbezug haben. Dies bedeutet, dass sie sich auf eine identifizierte oder identifizierbare natürliche Person beziehen müssen. Daneben ist es für Beschäftigtendaten sogar unerheblich, ob die Daten in einem Dateisystem oder in Papierform gespeichert werden. Auch analog gespeicherte Beschäftigtendaten fallen unter den Schutz des BDSG (§ 26 Abs. 7 BDSG). Der datenschutzrechtliche Datenbegriff und der strafrechtliche Datenbegriff sind daher grundverschieden. Während strafrechtlich auf die Art und Funktion der Daten abgestellt wird, ist für den Datenschutz allein ausschlaggebend, ob die Daten Personenbezug haben.

2. Datenethik
Datenethik (oder digitale Ethik) wird als der Zweig der Ethik verstanden, der ethische Probleme im Zusammenhang mit Daten und Informationen (einschließlich Generierung, Aufzeichnung, Verarbeitung, Verbreitung, Austausch und Nutzung), Algorithmen (einschließlich KI, künstliche Agenten, maschinelles Lernen und Roboter) und entsprechenden Praktiken und Infrastrukturen (einschließlich verantwortungsvolle Innovation, Programmierung, Hacking, Berufskodizes und Standards) untersucht und bewertet, um ethisch gute Lösungen (zB gutes Verhalten oder gute Werte) zu formulieren und zu unterstützen.[10]

Diese Definition kann zum besseren Verständnis in drei Teile untergliedert werden: die Ethik der Daten, die Ethik der Algorithmen und die Ethik der Infrastrukturen. Die **Ethik der Daten** konzentriert sich auf ethische Probleme, die ua bei der Sammlung oder Analyse von großen Datenmengen entstehen. Anwendungsfelder sind ua Big Data (→ *Big Data* Rn. 3) in der biomedizinischen Forschung, das Social Profiling

---

6 Datenethikkommission, Gutachten der Datenethikkommission, 2019, S. 52, abrufbar unter https://www.bmi.bund.de/SharedDocs/downloads/DE/publikationen/themen/it-digitalpolitik/gutachten-datenethikkommission.pdf?__blob=publicationFile&v=6.
7 Alan Turing Institute, Data science and AI glossary, 2021, abrufbar unter https://www.turing.ac.uk/news/data-science-and-ai-glossary.
8 MüKoStGB/Graf StGB § 202a Rn. 12.
9 Lackner/Kühl/Heger StGB § 263a Rn. 3.
10 Floridi/Taddeo, What is data ethics?, Philosophical Transactions of the Royal Society A, 374(2083), 2016, S. 3, abrufbar unter https://royalsocietypublishing.org/doi/10.1098/rsta.2016.0360.

von Personen oder Open Data-Konzepte. Die **Ethik der Algorithmen** konzentriert sich auf ethische Probleme, die ua durch die wachsende Komplexität und Autonomie von algorithmischen Programmen entstehen. Unter dieser werden etwa Fragen zur Verantwortung gegenüber automatisierten Fahrzeugen diskutiert. Die **Ethik der Infrastrukturen** beschäftigt sich mit den drängenden Fragen bezüglich der Verantwortlichkeiten von Personen und Organisationen, die für Datenprozesse und -strategien verantwortlich sind. Sie hat zum Ziel, einen ethischen Rahmen für die Gestaltung von verantwortungsvollen Innovationen und das Programmieren auf Basis ua digitalethischer Leitlinien (→ Rn. 17) und Standards zu gestalten.[11]

3. Werte als Fundament der Datenethik

10 Das Fundament jeder Ethik und somit auch der Datenethik beruht auf Werten. Mittlerweile sind weltweit über 170 digitalethische Leitlinien von verschiedensten Organisationen veröffentlicht worden, die unterschiedlichste **Werte** definieren und heranziehen, um einen ethischen Umgang mit Technologie zu gestalten.[12] Das Ziel der Verwendung von Werten innerhalb der Datenethik wie zB Transparenz oder Autonomie ist es, Organisationen und Einzelpersonen Orientierung im Umgang mit Daten zu bieten. Dies ist notwendig, da für viele Einsatzmöglichkeiten, die mit ihrer Nutzung einhergehen, noch keine rechtlichen Vorgaben existieren. Basierend auf diesen Werten werden Forderungen an das Verhalten einer Organisation formuliert. Organisationen verpflichten sich, diesen Folge zu leisten. Trotz der Verwendung vieler unterschiedlicher Werte lassen sich einige Werte innerhalb der Datenethik identifizieren, die immer wieder auftreten.

a) Transparenz

11 Wenn der Wert Transparenz (→ *Transparenz* Rn. 6) innerhalb der Datenethik genannt wird, geht es im Kern um den internen und externen Informationsaustausch von Organisationen im Zusammenhang mit Daten. Innerhalb des internen Informationsaustausches geht es um einen transparenten Umgang mit Mitarbeitern, dem Führungspersonal oder ganzen Abteilungen. Beim externen Informationsaustausch geht es um die Beziehung zu Kunden, Personen, die Daten bereitstellen, oder Geschäftspartnern. Die zentrale Forderung, die unter den Begriff der Transparenz gefasst wird, ist, verständlich und nachvollziehbar zu erklären, wie mit Daten umgegangen wird, um damit Vertrauen bei den Beteiligten zu schaffen.[13]

b) Autonomie

12 Bei dem Wert Autonomie geht es innerhalb der Datenethik darum, dass bei der Verwendung von Daten auf die Selbstbestimmtheit des einzelnen Menschen geachtet wird. Menschen haben einen Anspruch darauf, eigene Entscheidungen nach eigenen Maßstäben zu treffen. Dieser Anspruch kann insbesondere dann eingeschränkt werden, wenn es zur Etablierung von Prozessen kommt, die automatische Entscheidungen für oder über Personen treffen. Die zentrale Forderung, die unter den Begriff der Autonomie gefasst wird, ist, die Selbstbestimmung des Einzelnen durch die Schaffung von Informationswegen und Entscheidungsfreiräumen zu fördern.[14]

c) Unvoreingenommenheit

13 Der Wert der Unvoreingenommenheit bezieht sich in der Datenethik darauf, dass bei der Nutzung von Daten Vorurteile und Diskriminierungen gefördert werden können. Wahrnehmungsverzerrungen können durch technische Limitation, etwa einen begrenzten Datenzugang oder menschliche Fehleinschätzungen,

---

11 Floridi/Taddeo, What is data ethics?, Philosophical Transactions of the Royal Society A, 374(2083), 2016, S. 3, abrufbar unter https://royalsocietypublishing.org/doi/10.1098/rsta.2016.0360.
12 Algorithmwatch, AI Ethics Guidelines Global Inventory, 2021, abrufbar unter https://inventory.algorithmwatch.org/.
13 Bitkom, Empfehlungen für den verantwortlichen Einsatz von KI und automatisierten Entscheidungen, 2018, S. 6 f., abrufbar unter https://www.bitkom.org/sites/main/files/file/import/180202-empfehlungskatalog-online-2.pdf.
14 European Group on Ethics in Science and New Technologies, Statement on AI, Robotics and ‚Autonomous' Systems, 2018, S. 16, abrufbar unter https://op.europa.eu/de/publication-detail/-/publication/dfebe62e-4ce9-11e8-be1d-01aa75ed71a1/language-en.

etwa durch negative persönliche Erfahrungen, entstehen und in Analysen eingearbeitet werden. Die zentrale Forderung, die unter den Begriff der Unvoreingenommenheit gefasst wird, ist, dass aktiv Maßnahmen gegen solche Prozesse ergriffen werden, ua durch die Überprüfung des Datensatzes auf seine Repräsentationsfähigkeit verschiedener gesellschaftlicher Gruppen oder das Schaffen von Sensibilität gegenüber dem Thema durch das Schulen von Mitarbeitern.[15]

d) Verantwortlichkeit

Verantwortlichkeit ist ein Wert im Rahmen der Datenethik, bei dem es darum geht, datenethische Fragen innerhalb einer Organisation ernst zu nehmen. Die zentrale Forderung, die unter den Begriff der Verantwortlichkeit gefasst wird, ist, dass auf einer individuellen Organisationsebene einzelne Personen ethische Verantwortung beim Umgang mit Daten übernehmen sollen. Zusätzlich sollte es auf einer strukturellen Organisationsebene Maßnahmen oder Strukturen geben, die den Einzelnen bei der Verantwortungsübernahme fördern sowie ihn beaufsichtigen.[16]

e) Wohltätigkeit

Bei dem Wert Wohltätigkeit geht es innerhalb der Datenethik darum, dass Daten so genutzt werden, dass ein positiver Effekt für die Gesellschaft im Ganzen entsteht. Mit der digitalen Transformation (→ Rn. 2) geht die Chance einher, das Leben von vielen Menschen zu verbessern. Die zentrale Forderung, die unter den Begriff der Wohltätigkeit gefasst wird, ist, dass diese Chance durch die Förderung des materiellen und sozialen Wohlstandes genutzt werden soll.[17]

III. Datenethik in Unternehmen

In diesem Abschnitt wird der Begriff Corporate Digital Responsibility erläutert sowie in diesem Zusammenhang wichtige Operationalisierungsinstrumente vorgestellt. Zusätzlich wird gezeigt, in welchen Branchen Corporate Digital Responsibility bereits heute angewandt wird.

1. Corporate Digital Responsibility (CDR)

Corporate Digital Responsibility ist eine Erweiterung der Verantwortung eines Unternehmens, das die Chancen der Digitalisierung und ethische Herausforderungen gleichermaßen berücksichtigt.[18] Während die Datenethik einem philosophisch-akademischen Umfeld und damit einem Diskurs theoretischer und normativer Überlegung entspringt, werden dieselben Themen im Kontext unternehmerischer Praxis mehr und mehr unter dem Begriff der Corporate Digital Responsibility (CDR) diskutiert. Die Übergänge zwischen den beiden Begriffen sind fließend. Der Begriff CDR ist für Unternehmen dabei besonders anschlussfähig, weil er an die Vorstellungen des bekannten Begriffs Corporate Social Responsibility (CSR) anknüpft. Bei diesem geht es auch darum, Geschäftspraktiken verantwortungsvoll bzw. ethisch zu gestalten. Der Fokus der CDR liegt allerdings auf der ethischen Gestaltung von Geschäftsmodellen und Produkten, die in einem digitalen Umfeld stattfinden. Klassische Themen der CSR wie der Umweltschutz stehen nicht im Mittelpunkt. Somit findet auch keine Ablösung statt, sondern beide Begriffe werden vielmehr parallel in der zukünftigen Unternehmensführung eine Rolle spielen. Das Thema CDR wird auch zunehmend von Investoren fokussiert. Der Trend der Investition in nachhaltige Geschäftskonzepte hält sich seit Jahren und

---

15 KI Bundesverband e. V., KI Gütesiegel, 2019, S. 5, abrufbar unter https://ki-verband.de/wp-content/uploads/2019/02/KIBV_Guetesiegel.pdf.
16 Bertelsmann Stiftung/iRights.Lab, Algo.Rules – Regeln für die Gestaltung algorithmischer Systeme, 2019, S. 4, abrufbar unter https://algorules.org/de/startseite.
17 Floridi et al., AI4People – An Ethical Framework for a Good AI Society: Opportunities, Risks, Principles, and Recommendations, Minds and Machines, 28, 2018, S. 696, abrufbar unter https://pubmed.ncbi.nlm.nih.gov/30930541/.
18 Herden et al., „Corporate Digital Responsibility", NachhaltigkeitsManagementForum, 29, 2020, S. 5, abrufbar unter https://link.springer.com/content/pdf/10.1007/s00550-020-00509-x.pdf.

wächst stetig.[19] Um Unternehmen und ihre Nachhaltigkeitskompetenz einzuschätzen, werden die Enivornmental, Social, Governance (ESG)-Kriterien herangezogen. Erste Experten der Branche fordern, das diese um Kriterien der CDR erweitert werden sollten.[20] Da Technologieunternehmen stark disruptive Technologien entwickeln, für die es oft noch keine verbindlichen Regulationskriterien oder gar Gesetze gibt, besteht bei diesen ein erhebliches Risiko. Wird dieses Risiko durch CDR-Maßnahmen sichtbar bzw. einschätzbar gemacht, ergeben sich wichtige Informationen für erfolgreiche und nachhaltige Investitionsstrategien.

2. Operationalisierungsinstrumente einer CDR

18 Unter Operationalisierungsinstrumenten werden im Bereich CDR Maßnahmen verstanden, die Unternehmen dabei helfen, den Umgang mit Daten ethisch zu hinterfragen. Es geht darum, die Theorie in die Praxis zu übersetzen (operationalisieren). Digitalethische Leitlinien, Assessments und Datenethikboards sind dabei Wege, um dieses Ziel zu erreichen.

a) Digitalethische Leitlinien

19 Digitalethische Leitlinien sind der zentrale Ausgangspunkt für die Operationalisierung von CDR-Maßnahmen in Unternehmen. Digitalethische Leitlinien bestehen aus einer bestimmten Anzahl von Werten (→ Rn. 9) sowie Erklärungen zu diesen. Innerhalb dieser Erklärungen werden Forderungen an das Verhalten eines Unternehmens formuliert, an die es sich im unternehmerischen Alltag halten soll. So beinhaltet der Wert der Erklärbarkeit die Forderung, dass beim Einsatz von Datenmodellen, die auf Basis von Reinforcement- oder Unsupervised Learning-Methoden aufgebaut sind, Maßnahmen ergriffen werden sollen, die ihre Funktionsweise erklärbar machen. Dies ist gerade bei komplexen Datenmodellen eine Herausforderung.

20 Wenn sich ein Unternehmen digitalethischen Leitlinien verpflichtet hat, kann es sein Handeln auf Basis dieser selbst ethisch hinterfragen. In solchen **digitalethischen Assessments** wird zB der Datenstrom eines Projektes analysiert. Dieser gibt Aufschluss darüber, was für Daten in dem Projekt verwendet werden sowie welche Stakeholder an diesem beteiligt sind. Werden etwa besonders sensible Daten verwendet oder innerhalb des Projektes besonders schützenswerte Stakeholder (bspw. Patienten) identifiziert, sollten diese Projekte besonders auf potenziell negative Implikationen (bspw. Diskriminierungen von Personengruppen) überprüft werden. Zentraler Bezugspunkt dafür sind dann die Werte der digitalethischen Leitlinien: Wozu hat man sich verpflichtet? Welcher Wert ist durch den jetzigen Aufbau des Projektes gefährdet? Eine Folge einer solchen Überprüfung kann sein, dass bestimmte Teile des Projektes verändert werden müssen.

b) Datenethikboards

21 Datenethikboards sind ein weiteres Instrument, um CDR in einem Unternehmen zu operationalisieren. In einem Unternehmen erfüllen sie den Zweck, hochrangigen Entscheidungsträgern durch ihre Beratung ethische Orientierung zu geben. Es lässt sich zwischen internen, externen und gemischten Boards unterscheiden. Bei internen Boards bestehen die Mitglieder ausschließlich aus unternehmensangehörigen Mitarbeitern. Bei externen Boards werden ausschließlich externe, unternehmensfremde Mitglieder berufen, wobei sich in der Regel eine Kombination im Sinne gemischter Boards mit sowohl unternehmensangehörigen als auch unternehmensfremden Mitgliedern besonders anbietet. Datenethikboards können eine wichtige Schlüsselfunktion im Unternehmen einnehmen. Zum einen können sie der Ort sein, an dem die digitalethischen Leitlinien des Unternehmens entwickelt werden, zum anderen können sie für ethische Fragen der Geschäftsführung oder von Mitarbeitern einen Reflexionsraum bieten. Wichtig bei der Integration eines Datenethikboards in ein Unternehmen ist es, prozessuale Vorgehensweisen und Governancemodelle zu etablieren, die eine Adressierung auch niederschwellig ermöglichen.

---

19 Global Sustainable Investment Alliance, Global Sustainable Investment Review, 2020, abrufbar unter http://www.gsi-alliance.org/wp-content/uploads/2021/08/GSIR-20201.pdf.
20 ESG Clarity ESG&D, Four core issues in digital ethics, 2020, abrufbar unter https://esgclarity.com/esgd-four-core-issues-in-digital-ethics/.

3. Branchen

CDR ist eine junge Disziplin, die noch nicht flächendeckend verbreitet ist. Trotzdem gibt es schon Anwendungsbeispiele, die zeigen, wie und wo sie in einigen Branchen schon heute umgesetzt wird. Hier ist die Legal Tech-Branche, die Informationstechnologie Branche, das Gesundheitswesen, das Versicherungswesen sowie die Automobilbranche zu nennen.

a) Legal Tech

Die Legal Tech-Branche wächst. Zurzeit werden regelmäßig neue Startups gegründet, Blogs ins Leben gerufen sowie Informationsveranstaltungen zu dem Thema durchgeführt. Die digitalen Dienstleistungen der Branche sind vielfältig. Von Software, um die Büroorganisation von Anwälten im Bereich Buchhaltung, Dokumentenverwaltung oder Rechnungswesen zu unterstützen bis hin zu Entwicklungen wie Legal-Chatbots, die mit Hilfe Künstlicher Intelligenz ganze Arbeitsprozesse automatisiert übernehmen sollen.[21] Zuletzt war ein visionäres Projekt aus Shanghai vermehrt in den Medien. In Shanghai wurde ein „Staatsanwalt mit Künstlicher Intelligenz" entwickelt. Dieses System könnte zukünftig eingesetzt werden, um gängige Straftaten zu erkennen und selbstständig Anklage gegen mutmaßliche Straftäter zu erheben. Bei der Entwicklung bzw. potenziellen Einführung solcher automatisierten Systeme mit weitreichenden Folgen für betroffene Menschen stellen sich ethische Fragen.[22] So wäre es zB schwerwiegend, wenn der Algorithmus bestimmte Personengruppen auf Basis historischer Daten diskriminieren würde. Um die Entwicklungen der Legal Tech-Branche aus einer ethischen Sichtweise zu begleiten, wurden in der Vergangenheit verschiedene Maßnahmen getroffen. So hat zB die Europäische Kommission für die Effizienz der Justiz bereits 2018 eine Europäische Ethik-Charta über den Einsatz Künstlicher Intelligenz in der Justiz und in ihrem Umfeld verabschiedet.[23] Außerdem gibt es erste Legal Tech-Unternehmen, die ihre eigenen digitalethischen Leitlinien veröffentlichen.[24]

b) Informationstechnologie

Keine Branche treibt die digitale Transformation voran wie die **IT-Branche**. In ihr entstehen täglich neue digitale Produkte und Serviceleistungen, die das Leben vieler Menschen verbessern. Gleichzeitig ist zu beobachten, dass das Misstrauen gegenüber dieser Branche stark zunimmt. Dafür verantwortlich sind Unternehmen wie Clearview AI, das eine Gesichtserkennungs-App auf Basis von sechs Milliarden Fotos entwickelt hat, die das Unternehmen ohne jegliche Art von Regulierung aus dem Internet aggregiert hat.[25] Diese App ermöglicht es auf Basis nur eines Fotos, einen Menschen zu identifizieren. Eine solche Technologie kann enorme negative soziale Folgen wie etwa die dauerhafte Überwachung von Personen mit sich bringen. Andere Unternehmen der Branche nehmen ihre soziale sowie digitale Verantwortung deutlich ernster. Das Unternehmen SAP, spezialisiert auf Software für die Steuerung von Geschäftsprozessen, veröffentlichte bereits im Jahr 2018 seine eigenen digitalethischen Leitlinien (SAP's Guiding Principles for AI), speziell mit Bezug zu KI. Zusätzlich gab SAP die Gründung eines internen Steering Committees sowie eines External AI Ethics Advisory Panel bekannt. Beide Boards stellen sicher, dass die Leitlinien bei der Produktentwicklung mit einbezogen werden.[26]

---

21 Haufe, Legal Tech (Legal Technology), 2022, abrufbar unter https://www.haufe.de/thema/legal-tech/.
22 Rudl, China entwickelt „Staatsanwalt mit Künstlicher Intelligenz", 2021 abrufbar unter https://netzpolitik.org/2021/automatisierte-anklage-china-entwickelt-staatsanwalt-mit-kuenstlicher-intelligenz/.
23 Europäische Kommission für die Effizienz der Justiz, Europäische Ethik-Charta über den Einsatz Künstlicher Intelligenz in der Justiz und in ihrem Umfeld, 2018, abrufbar unter https://rm.coe.int/charte-ethique-ia-en-allemand/16809fe3fe.
24 Gardiner, Building ethical AI: A deep dive (Part I), 2022, abrufbar unter https://www.dialpad.com/blog/building-ethical-ai/.
25 Hill, The Secretive Company That Might End Privacy as We Know It, 2021, abrufbar unter https://www.nytimes.com/2020/01/18/technology/clearview-privacy-facial-recognition.html.
26 SAP, SAP's Guiding Principles for Artificial Intelligence, 2018, abrufbar unter https://news.sap.com/2018/09/sap-guiding-principles-for-artificial-intelligence/.

c) Gesundheitswesen

25 Im Gesundheitswesen werden tagtäglich riesige Mengen an sensiblen Daten generiert und analysiert. Der Fortschritt ist mittlerweile so weit, dass die Möglichkeit besteht, den Basisdatensatz eines Menschen – das Genom – zu manipulieren. Gesundheitsdaten gehören zu den sensibelsten Daten, die verarbeitet werden, da sie die substanziellen Informationen eines Menschen darstellen. Werden diese nun in einem noch nie dagewesenen Maß gesammelt, analysiert und ausgewertet, bringt dies sehr weitreichende ethische Fragestellungen mit sich. Das Wissenschafts- und Technologieunternehmen Merck befasst sich stetig mit ethischen Fragestellungen im Zusammenhang mit seiner Arbeit. So wurde bereits vor Jahren das Merck Ethics Advisory Panel for Science and Technology eingesetzt, in dem bioethische Fragen diskutiert und beantwortet werden. Im Zuge der digitalen Entwicklung hat Merck zuletzt das Digital Ethics Advisory Panel gegründet, das zukünftig das gesamte Unternehmen bei der Entwicklung von digitalen Geschäftsmodellen begleitet und unterstützt. Die Berater sind anerkannte Experten aus Wissenschaft und Industrie in den Feldern digitale Ethik, Recht, Big Data Technology, Digital Health, Medizin und Data Governance. Grundlage für die Arbeit dieses Panels bilden die eigens dazu entwickelten digitalethischen Leitlinien (Merck Code of Digital Ethics).[27]

d) Versicherungswesen

26 Das Versicherungswesen befindet sich im Umbruch, die Digitalisierung von Prozessen nimmt auch hier massiv zu. Bereits heute werden bestimmte Schadensfälle von Algorithmen verwaltet. Insbesondere bei Krankenversicherungen, die mit sensiblen Gesundheitsdaten arbeiten, kommen in diesem Zusammenhang auch digitalethische Fragen auf. Die BARMER entwickelte im Rahmen ihrer Zukunftsvision Gesundheit 2030 eben dazu ein digitalethisches Konzept. Für die praktische Auseinandersetzung mit digitaler Ethik definierte die BARMER vier Handlungsfelder. Diese zielen darauf ab, das Thema digitale Ethik von Grund auf im Unternehmen zu verankern. Zunächst brauchte es dazu ein Verständnis digitalethischer Themen, die für einzelne interne und externe Zielgruppen relevant sind. Darauf aufbauend wurde ein Wertesystem erarbeitet, das als Kompass die Richtung bei digitalethischen Fragen vorgeben soll. Darüber hinaus beteiligt sich die BARMER mit Webauftritten, Diskussionsforen und Panels am öffentlichen Diskurs. Zu guter Letzt operationalisiert die BARMER digitale Ethik über verschiedene Maßnahmen (ua durch Erstellung und Veröffentlichung eines Transparenzberichtes).

e) Automobilbranche

27 Eine weitere Branche, in der sich die digitale Transformation zurzeit manifestiert, ist die Automobilbranche. Der Automobilzulieferer ZF stellte zuletzt auf der IAA 2021 einen neuen Hochleistungsrechner vor. Dieser Rechner wird zukünftig in Autos eingebaut und ermöglicht es mit entsprechenden Erweiterungen, umfassende Sensordaten (Videoaufnahmen, Radarempfang, Audiomuster) zu verarbeiten.[28] Blackberry und Car IQ arbeiten zurzeit an einem Service, der es ermöglichen soll, mit dem Auto Geldbeträge zu bezahlen. In der Vision soll das Auto mit anderen Geräten kommunizieren und entsprechende Zahlungen (bspw. die Kosten der Waschstraße oder Mautgebühren) freigeben können.[29] Das Auto wird also auch zunehmend ein Ort des Datenaustausches. Mit dieser Entwicklung kommen auch die digitalethischen Fragen des verantwortungsvollen Umganges mit Daten auf. Die ersten größeren Automobilhersteller reagieren bereits, so haben zB Daimler und BMW eigene digitalethische Leitlinien auch mit einem besonderen Fokus auf KI veröffentlicht.[30]

---

[27] Merck, Digital Ethics Advisory, 2021, abrufbar unter https://www.merckgroup.com/de/sustainability/products-and-businesses/compliance-and-ethics/advisors-for-bio-and-digital-ethical-issues.html#anchor-3.
[28] Logistra, IAA 2021: Supercomputer im Auto, 2021, abrufbar unter https://logistra.de/news/nfz-fuhrpark-lagerlogistik-intralogistik-iaa-2021-supercomputer-im-auto-74103.html.
[29] IT Finanzmagazin, Blackberry und Car IQ machen das Auto zur Wallet, 2021, abrufbar unter https://www.it-finanzmagazin.de/blackberry-und-car-iq-machen-das-auto-zur-wallet-123686/.
[30] BMW Group, Ethik-Kodex der BMW Group für den Einsatz von Künstlicher Intelligenz, 2020, abrufbar unter https://www.bmwgroup.com/content/dam/grpw/websites/bmwgroup_com/downloads/DEU_PM_CodeOfEthicsForA

IV. Datenethik und Recht/Corporate Digital Responsibility

1. Verfassungsrecht und Datenethik

Unserer Verfassung liegen allgemeingültige ethische Prinzipien zugrunde. Diese Prinzipien haben sich über Jahrhunderte hinweg aus den unterschiedlichsten Grundlagen entwickelt. Insbesondere Philosophen aus der Antike (Aristoteles) sowie dem christlichen Mittelalter (Thomas von Aquin) haben die ethische Grundlage für unsere Prinzipien gesetzt.[31] Diese Prinzipien wurden in unser Grundgesetz und somit in das Recht insgesamt aufgenommen, weshalb das Recht auch als das ethische Minimum angesehen wird.[32] Laut der Datenethikkommission existieren sieben allgemeingültige ethische und rechtliche Grundsätze und Prinzipien: Die Würde des Menschen, Selbstbestimmung, Privatheit, Sicherheit, Demokratie, Gerechtigkeit und Solidarität sowie Nachhaltigkeit.[33] Diese Grundsätze sieht die Ethikkommission als unverzichtbare Handlungsmaßstäbe, welche sich natürlich weiterentwickeln können und müssen, um mit den Veränderungen unserer Zeit Schritt halten zu können.[34] Durch die Digitalisierung verlieren diese Grundsätze weder an Wert noch an Bedeutung.

Ein gutes Beispiel für diese Entwicklung sieht man anhand der Entscheidungen des BVerfG. In verschiedenen wegweisenden Entscheidungen wurden sowohl neue Grundrechte entwickelt als auch der Schutzbereich einzelner Grundrechte verändert (→ Rn. 30).

a) Art. 1 Abs. 1 iVm Art. 2 Abs. 1 GG

Die Menschenwürde in Art. 1 Abs. 1 GG sowie die allgemeine Handlungsfreiheit in Art. 2 Abs. 1 GG sind zentrale Grundrechte, die Verfassungsrecht gewordene ethische Maßstäbe darstellen.[35] Aus dem Zusammenspiel dieser beiden Grundrechte hat das BVerfG am 15.12.1983 im berühmten „Volkszählungsurteil" das **Recht auf informationelle Selbstbestimmung** entwickelt. Das Gericht begründete seine Entscheidung insbesondere damit, dass, wenn ein Bürger nicht mehr wisse, wann was über ihn gespeichert werde, dieser versuchen werde, nicht durch Verhaltensweisen aufzufallen. Dadurch sei die individuelle Entfaltungschance des Einzelnen beeinträchtigt. Die freie Entfaltung der Persönlichkeit setze daher einen Schutz des Einzelnen gegen die unbegrenzte Erhebung, Speicherung, Verwendung und Weitergabe seiner persönlichen Daten voraus.[36] Erweitert wurde dieses Recht im Jahr 2008 um das **Grundrecht auf Gewährleistung der Vertraulichkeit und Integrität informationstechnischer Systeme** („Bundestrojaner-Entscheidung").[37] Durch dieses neue Recht soll verhindert werden, dass ein Zugriff auf ein System es ermöglicht, einen Einblick in wesentliche Teile der Lebensgestaltung einer Person zu gewinnen oder gar ein aussagekräftiges Bild der Persönlichkeit zu erhalten.

Diese Rechte, die als Abwehrrechte gegenüber dem Staat entwickelt wurden, gelten auch mittelbar zwischen Privatpersonen, da die Grundrechte als verfassungsrechtliche Wertentscheidung in das Zivilrecht „ausstrahlen".[38] So hat das BVerfG das Recht auf informationelle Selbstbestimmung in einem Fall herangezogen, wo sich die eigentlich geschützte Selbstbestimmung aufgrund einer Überlegenheit des Vertragspartners in eine Fremdbestimmung gewandelt hatte.[39]

I_Kurz.pdf; Daimler, Wie Daimler Künstliche Intelligenz einsetzt, 2019, abrufbar unter https://www.daimler.com/nachhaltigkeit/daten/ki-guidelines.html.
31 Schliesky NJW 2019, 3692 (3694) mwN.
32 Jellinek, Die sozialethische Bedeutung von Recht, Unrecht und Strafe, 2. Aufl. 1908, S. 45.
33 Datenethikkommission, Gutachten der Datenethikkommission, 2019, S. 14.
34 Datenethikkommission, Gutachten der Datenethikkommission, 2019, S. 14.
35 Schliesky NJW 2019, 3692 (3694).
36 BVerfG Urt. v. 15.12.1983 – 1 BvR 209/83 u.a., NJW 1984, 419.
37 BVerfG Urt. v. 27.2.2008 – 1 BvR 370/07, 1 BvR 595/07, NJW 2008, 822.
38 BVerfG Urt. v. 15.1.1958 – BvR 400/51 BVerfGE 7, 198 (205) – Lüth; BVerfG v. 6.11.2019 – 1 BvR 16/13, NJW 2020, 300 – Recht auf Vergessen I.
39 BVerfG Beschl. v. 23.10.2006 – 1 BvR 2027/02, MMR 2007, 93.

32 Alle diese Erwägungen hat das BVerfG aus der Menschenwürde abgeleitet, welche auch ein zentrales ethisches Fundament der Rechtsordnung ist.[40] Durch die Digitalisierung und Entwicklungen wie Künstliche Intelligenz werden sich dem BVerfG auch in Zukunft Fragen stellen, die dieses mittels Erwägungen aus der Menschenwürde und damit auch mittels ethischen Erwägungen lösen muss. Herausforderung wird sein, wie der Mensch Entwicklungen zulässt, die ihn von seinem Platz als „Krone der Schöpfung" verdrängen oder die er zumindest nicht mehr steuern kann.[41] Wie das BVerfG diesen aufkommenden Konflikt lösen wird, bleibt abzuwarten.

33 Einen starken Impuls für die Schaffung digitaler Grundrechte in Europa setzt die Initiative des Vereins „Jeder Mensch" um Ferdinand von Schirach. Die Charta der Europäischen Grundrechte soll demnach aufgrund neuer globaler Entwicklungen um sechs Grundrechte erweitert und damit die politische Mobilisierung zugunsten einer europäischen Verfassungsstaatlichkeit angestoßen werden. Die Programmschrift schlägt mitunter ein Recht auf Digitale Selbstbestimmung (Artikel 2) vor, das als digitalisierte Menschenwürdebestimmung eingeordnet werden soll und über existierende Rechte des Art. 8 GRCh und Art. 8 EMRK hinausgehe.[42] Daneben soll das Recht auf nachvollziehbare und faire Algorithmen (Art. 3) Schutz gegen Programme zur staatlichen Entscheidungsfindung[43] bieten. Kriterien und Gewichtungen im Prozess des maschinellen Lernens müssen durch einen Menschen nachvollziehbar und überprüfbar sein, um die Grundlage für die Fähigkeit zur Entscheidung wesentlicher Sachverhalte durch einen Menschen gewährleisten zu können.[44] Für die Umsetzung eines solchen politischen Manifests müsste die Hürde eines Vertragsänderungsprozess in der Europäischen Union sowie ein für die effektive Durchsetzung europäischer Grundrechtsbeschwerden weniger restriktiver Umgang mit dessen Zulässigkeit durch den Europäischen Gerichtshof überwunden werden.

34 Ein auf die Grundrechte ausgerichteter digitaler Wandel ist ebenso Ziel der aktuell vorgelegten Erklärung der Europäischen Kommission zu digitalen Rechten und Grundsätzen. Diese soll als „Richtschnur für den digitalen Wandel" dienen[45] und einen Rahmen für die in den Grundsätzen zum Ausdruck gebrachten europäischen Werte schaffen. Im Vordergrund stehen im Kontext gegenwärtiger Bedrohungslagen die Kontrolle über die Verwendung und die Weitergabe personenbezogener Daten sowie die Umweltauswirkungen von digitalen Produkten. Der Zugang zum Internet zB soll künftig zum Menschenrecht gemacht werden.

b) Art. 14 GG

35 Das **Eigentumsgrundrecht** aus Art. 14 GG schützt das durch eigene Tätigkeiten Erworbene und steht damit im inneren Zusammenhang mit der Garantie der persönlichen Freiheit. Es ist daher auch eine ethische Norm und Grundlage unserer Rechts- und Wirtschaftsordnung. Der ethische Sinn dieses Rechts ist es, dem Einzelnen einen Freiheitsraum im vermögensrechtlichen Bereich zu geben, um eine eigenverantwortliche Lebensgestaltung zu ermöglichen.[46]

36 Zurzeit wird insbesondere um die Eigentums- und Besitzqualitäten von Daten gestritten. Hierbei geht es neben anonymisierten Daten insbesondere um technische Daten, also Daten, die sich auf eine Sache beziehen und keinen Personenbezug haben. Diese Daten sind wertvoll für die Unternehmen, weshalb Daten von manchen auch das „Öl des 21. Jahrhunderts" genannt werden.[47] Ein solches Dateneigentum wird von vielen als sinnvoll angesehen, damit der Einzelne teilhaben kann an der Wertschöpfung seiner Daten. Wird

---

40 Schliesky NJW 2019, 3692 (3696).
41 Schliesky NJW 2019, 3692 (3696).
42 Weber, Pfad zur europäischen Bürgerschaft? Überlegungen zum Projekt „Jeder Mensch", Konrad-Adenauer-Stiftung e. V., Nr. 444 /Juni 2021, S. 2.
43 Karpenstein/Klinger/Moioni 2021, 9, 16.
44 Weber, Pfad zur europäischen Bürgerschaft? Überlegungen zum Projekt „Jeder Mensch", Konrad-Adenauer-Stiftung e. V., Nr. 444 /Juni 2021, S. 5.
45 Europäische Kommission, Pressemitteilung, Vorlage zur Erklärung zu digitalen Rechten und Grundsätzen für alle in der EU, 2022, abrufbar unter: https://ec.europa.eu/commission/presscorner/detail/de/ip_22_452.
46 Schliesky NJW 2019, 3692 (3696).
47 ZB Spitz, Daten – das Öl des 21. Jahrhunderts? Nachhaltigkeit im digitalen Zeitalter, 2017.

zB dem Inhaber eines Autos ein Eigentumsrecht an den Fahrzeugdaten zugesprochen, können Hersteller und Werkstätten nicht mehr ohne Weiteres diese Daten für eigene Zwecke nutzen. Auch wenn dies aus datenethischer Sicht zu begrüßen wäre, lehnt die herrschende Meinung die Einrichtung eines solchen Eigentumsrechts ab. So hat sich auch zuletzt die Arbeitsgruppe „Digitaler Neustart" der Justizministerinnen und Justizminister der Länder gegen ein solches Recht gestellt.[48] Begründet wurde dies insbesondere damit, dass erhebliche Schutzlücken zurzeit nicht erkennbar seien. In der neueren Literatur wird daher vertreten, dass ein „Datenbesitz" geschaffen werden solle.[49] Durch diesen Datenbesitz sollen dem Besitzer der Daten gewisse Ausschließlichkeitsrechte eingeräumt werden, die jedoch nicht so stark sind wie ein Dateneigentum.

2. Datenschutz und Datenethik

Der Datenschutz ist ein Teil der Datenethik.[50] In Deutschland hat der Datenschutz seine Anfänge insbesondere in der Einführung des BDSG im Jahr 1977, welches wiederum maßgeblich durch das oben genannten Volkszählungsurteil beeinflusst wurde. Die Grundstruktur des damaligen BDSG ist jedoch selbst mit Einführung der DS-GVO erhalten geblieben.[51] So galt bereits früher das Verbotsprinzip, auch wenn der Anwendungsbereich des Gesetzes noch deutlich kleiner war.[52] Dieser wurde dann im Laufe der Zeit stetig erweitert. Daher war die Einführung der DS-GVO keine so erhebliche Veränderung, wie oft dargestellt.[53] Die größte Veränderung stellte die Einführung von sehr hohen Bußgeldern sowie die gemeinsame Behandlung von öffentlichen sowie nicht öffentlichen Stellen dar.[54] Insbesondere durch die hohen Bußgelder wird Datenschutz von vielen Unternehmen erst jetzt ernst genommen.

Auch wenn Datenschutz teilweise als Hemmnis oder Innovationsbremse gesehen wird,[55] ist Datenschutz vielmehr eine Möglichkeit, in der Bevölkerung für Akzeptanz von Innovation beizutragen. So stellt auch die Datenschutzkonferenz fest: „Nur wenn der Grundrechtsschutz und der Datenschutz mit dem Prozess der Digitalisierung Schritt halten, ist eine Zukunft möglich, in der am Ende Menschen und nicht Maschinen über Menschen entscheiden."[56]

3. Ko- und Selbstregulierung

Insbesondere ethische Fragen lassen sich nicht immer nur durch klassische staatliche Regulierung beantworten. Hier spielt die Ko- und Selbstregulierung eine immer größere Rolle. Die Ko- und Selbstregulierung richtet sich insbesondere an Unternehmen, die dann entweder alleine oder zusammen mit dem Staat tätig werden. Großer Vorteil der Ko- und Selbstregulierung ist das hohe Maß an Flexibilität, mehr Sachverstand und eine höhere Geschwindigkeit in der Rechtsetzung.[57] Diese Flexibilität sieht man insbesondere in Bereichen, in denen eine hohe Innovationskraft herrscht oder in denen der Staat aufgrund von besonders garantierten Freiheiten keine staatliche Regulierung vorschreiben will. Bekannte Bereiche sind zum Beispiel das Rundfunkrecht und die Corporate Governance in Unternehmen.

---

48 Arbeitsgruppe „Digitaler Neustart" der Konferenz der Justizministerinnen und Justizminister der Länder, Bericht v. 15.5.2017, S. 10, 40 und 90 ff., abrufbar unter https://jm.rlp.de/fileadmin/mjv/Jumiko/Fruehjahrskonferenz_neu/Bericht_der_AG_Digitaler_Neustart_vom_15._Mai_2017.pdf.
49 Hoeren MMR 2019, 5.
50 So zB die Datenethikkommission, Gutachten der Datenethikkommission, 2019 S. 15 f.
51 Forgó/Helfrich/Schneider Betr. Datenschutz-HdB/Schneider/Forgó/Helfrich Teil I Kap. 1 Rn. 2.
52 So galt das BDSG zum Beispiel noch nicht für die nicht-automatisierte Verarbeitung von Beschäftigtendaten.
53 So zB Wybitul BB 2016, 1077; Albrecht CR 2016, 88.
54 Forgó/Helfrich/Schneider Betr. Datenschutz-HdB/Schneider/Forgó/Helfrich Teil I Kap. 1 Rn. 2.
55 Bitkom-Studie: „Wirkt die DS-GVO innovationshemmend auf Unternehmen", abrufbar unter https://www.bitkom.org/sites/default/files/2019-09/bitkom-charts-pk-privacy-17-09-2019.pdf.
56 Datenschutzkonferenz, Hambacher Erklärung, 2019 S. 1.
57 Spindler/Thorun MMR-Beil. 2016, 1.

a) Der Deutsche Corporate Governance Kodex/nichtfinanzielle Erklärungen nach §§ 289b f. HGB

40 Börsennotierte Unternehmen sowie Kapitalgesellschaften nach § 289b Abs. 1 HGB haben schon jetzt Berichtspflichten. Der Deutsche Corporate Governance Kodex (DCGK) ist für börsennotierte Unternehmen die wichtigste Selbstregulierung in Form eines Softlaws. Für alle anderen Unternehmen soll der Kodex als Orientierung gelten (Präambel zum DCGK), was einer gewissen Ausstrahlungswirkung gleichkommt. Rechtlich verankert ist der DCGK in § 161 AktG, wird aber ausgestaltet durch ein unabhängiges Gremium von Vertretern der Wirtschaft. Die Regierung hat kein Mitspracherecht im Hinblick auf seinen Inhalt. Es gibt keinen Zwang, sich an den Kodex zu halten, allerdings muss eine Entsprechenserklärung zu dem Kodex abgegeben werden („Comply or Explain"). Dies bedeutet, dass Unternehmen erklären müssen, ob und welche Maßnahmen sie in den einzelnen Bereichen des DCGK ergriffen haben oder eben nicht ergriffen haben. Durch die Abgabe einer solchen Entsprechenserklärung müssen Unternehmen Positiv- oder Negativerklärungen zu den jeweiligen Punkten abgeben und diese auf ihrer Internetseite dauerhaft öffentlich zugänglich machen (§ 161 Abs. 2 AktG). Zurzeit sieht der DCGK noch keine datenethische Entsprechenserklärung vor. CSR-Themen werden zum Beispiel in Grundsatz 23 DCGK bei der Vergütung von Vorständen berücksichtigt. Da der DCGK jedoch ständig aktualisiert und dem Zeitgeist angepasst wird, können schon bald auch datenethische Vorgaben Teil des DCGK sein. Kapitalgesellschaften nach § 289b Abs. 1 HGB haben schon jetzt die Pflicht, zu CSR-Kriterien nach § 289c HGB zu berichten, welche unter anderem auch Punkte wie Arbeitnehmerbelange oder Sozialbelange umfassen.

b) Mögliche Umsetzung von CDR-Pflichten in Deutschland

41 Dass digitalethische Themen in Zukunft in diese Berichtspflichten aufgenommen werden, ist aufgrund der aktuellen Diskussion zu KI und digitaler Ethik insgesamt absehbar. Die Art und Weise der Umsetzung wird dabei auch in gewissem Umfang von den Unternehmen selbst abhängen. Da der DCGK von Vertretern der Wirtschaft verabschiedet wird, haben diese insoweit die Hoheit darüber. Sollte ihnen jedoch die EU hier zuvorkommen, werden die Pflichten eher im HGB als weitere nichtfinanzielle Berichtspflichten Berücksichtigung finden.

42 Digitale Verantwortung mündet in einer Verpflichtung zur nachhaltigen Unternehmensführung. Betrachtet man CDR als einen zwingenden Bestandteil von ESG[58], einer Ausprägung der Nachhaltigkeit, kann CDR in ein funktionierendes Management-System mit aufgenommen und durch eine wirksame Compliance unternehmensindividuell operationalisiert werden. Hierbei kann es sich – unter Zuhilfenahme von Legal Tech – um ein Risiko-Managementsystem handeln, um ein Datenschutz-Managementsystem oder auch um ein existierendes Compliance-Managementsystem.[59] Die Verbindung von Integrität und Compliance ermöglicht eine Definition von Leitlinien, die auf die Struktur, die Arbeitsabläufe und die besonderen digitalen Herausforderungen einer Organisation abgestimmt sind.

43 Zurzeit können sich Unternehmen schon der CDR-Initiative des Bundesministeriums der Justiz und für Verbraucherschutz anschließen. Dieses hat in Zusammenarbeit mit mehreren großen Unternehmen wie Telekom, Telefonica oder ING einen CDR-Kodex entworfen, der Berichtspflichten zu digitalethischen Themen vorsieht.[60]

c) CDR-Pflichten im Ausland

44 Dänemark ist im Bereich CDR schon deutlich weiter als Deutschland. Hier wurden große Unternehmen durch eine Änderung des Gesetzes über Jahresabschlüsse für Unternehmen („årsregnskabsloven") verpflichtet, sich in ihrem Jahresabschlussbericht zu ihrer Compliance mit datenethischen Prinzipien zu

---

58 Siehe hierzu näher Nemat/Panzer-Heemeier/Meckenstock ESG 2022, 104 ff.
59 Siehe hierzu näher Panzer-Heemeier/Nemat CCZ 2022, 223 ff.
60 CDR-Initative, CDR-Kodex, 2021, abrufbar unter https://cdr-initiative.de/kodex.

erklären (§ 99d årsregnskabsloven). Sollte es keine solchen datenethischen Prinzipien geben, müssen sie sich dazu auch erklären.[61]

V. Ausblick

Das Thema Datenethik wird nun auf europäischer wie auch nationaler Ebene immer wichtiger, während einzelne Unternehmen schon seit Längerem digitalethische Leitlinien sowie Datenethikboards eingeführt haben. Dies zeigen Gesetzesvorhaben und weitere Initiativen sowohl der EU als auch Deutschlands. So befindet sich die EU zB im Prozess, eine KI-Richtlinie zu verabschieden, damit KI-Systeme sicher, transparent, ethisch und unparteiisch sind sowie unter menschlicher Kontrolle stehen.[62] Auch Deutschland nimmt sich des Themas CDR immer stärker an. So hat das Bundesministerium der Justiz und für Verbraucherschutz in Zusammenarbeit mit der Wirtschaft einen CDR-Kodex verabschiedet, durch den Unternehmen mehr digitalethische Verantwortung im Zeitalter der digitalen Transformation übernehmen sollen.

Die neue Bundesregierung hat in ihrem Koalitionsvertrag ua eine Reihe von Maßnahmen für die zukünftige Nutzung von Daten in Deutschland vorgestellt. Ein zentraler Punkt ist die Unterstützung des **Aufbaus einer neuen Dateninfrastruktur**. Hierfür sollen Instrumente wie **Datentreuhänder** (Marktteilnehmer, die einen qualitativen Datenaustausch fördern sollen), **Datendrehscheiben** (Plattformen, die Daten zusammenführen und einer Vielzahl von Nutzern zugänglich machen) und **Datenspenden** (Förderung von Datenspenden etwa im Gesundheitswesen) gemeinsam mit Wirtschaft, Wissenschaft und Zivilgesellschaft auf den Weg gebracht werden.[63] Mit diesen Maßnahmen soll vor allem ein **besserer Zugang zu Daten** ermöglicht werden. Vor allem Start-ups sowie kleinere und mittlere Unternehmen (KMU) sollen zukünftig einen besseren Zugang zu Daten haben, um neue innovative Geschäftsmodelle zu ermöglichen. Ebenso soll es Gebietskörperschaften ermöglicht werden, einen Zugang zu Daten von Unternehmen zu erhalten, insofern dies zur Erbringung ihrer Aufgaben der Daseinsvorsorge erforderlich ist.[64]

Die Regierungsparteien haben dabei auch den Schutz von denjenigen im Blick, die bei der Entstehung von Daten mitwirken. Mit einem **Datengesetz** sollen für alle Maßnahmen die notwendigen rechtlichen Grundlagen gelegt werden. Inhalt dieses Gesetz sollen ua Vorgaben zu möglichen Anonymisierungstechniken und eine Strafbarkeit rechtswidriger De-Anonymisierung sein.[65] Die Wahrung der Kommunikationsfreiheit, starke Nutzerrechte sowie die Überprüfbarkeit algorithmischer Systeme (zB Künstliche Intelligenz) sind weitere Themenfelder. Für den Einsatz von Künstlicher Intelligenz ist die Einführung eines mehrstufigen risikobasierten Ansatzes geplant, welcher damit dem Vorschlag einer KI-Verordnung der Europäischen Kommission folgt. Letztlich geht aus dem Koalitionsvertrag hervor, dass es ein grundlegendes Anliegen ist, **digitale Bürgerrechte** zu stärken. Dies will die neue Regierung vor allem durch die Förderung der

---

61 Joergensen, Data Ethical Reporting in Denmark, 2020, abrufbar unter https://whitelabelconsultancy.com/2020/11/data-ethical-reporting-in-denmark/.
62 Vorschlag der Europäischen Kommission v. 21.4.2021 für eine Verordnung des Europäischen Parlaments und des Rates zur Festlegung harmonisierter Vorschriften für Künstliche Intelligenz (Gesetz über Künstliche Intelligenz) und zur Änderung bestimmter Rechtsakte der Union, COM(2021) 206 final.
63 SPD, Bündnis 90/Die Grünen und FDP, Mehr Fortschritt wagen Bündnis für Freiheit, Gerechtigkeit und Nachhaltigkeit (Koalitionsvertrag), 2021, S. 12 ff. abrufbar unter https://www.spd.de/fileadmin/Dokumente/Koalitionsvertrag/Koalitionsvertrag_2021-2025.pdf.
64 SPD, Bündnis 90/Die Grünen und FDP, Mehr Fortschritt wagen Bündnis für Freiheit, Gerechtigkeit und Nachhaltigkeit (Koalitionsvertrag), 2021, S. 14, abrufbar unter https://www.spd.de/fileadmin/Dokumente/Koalitionsvertrag/Koalitionsvertrag_2021-2025.pdf.
65 SPD, Bündnis 90/Die Grünen und FDP, Mehr Fortschritt wagen Bündnis für Freiheit, Gerechtigkeit und Nachhaltigkeit (Koalitionsvertrag), 2021, S. 14, abrufbar unter https://www.spd.de/fileadmin/Dokumente/Koalitionsvertrag/Koalitionsvertrag_2021-2025.pdf.

digitalen Souveränität der Bürger erreichen, ua durch das Recht auf Interoperabilität und Portabilität sowie das Setzen auf offene Standards, Open Source und europäische Datenökosysteme wie bspw. GAIA-X.[66]

48 Auch wenn der Begriff der Datenethik im Koalitionsvertrag nicht direkt verwendet wird, beinhalten viele Maßnahmen schon implizit Themen der Datenethik. Beispiele hierfür sind etwa der Einsatz von **Datentreuhändern** für einen besseren Zugang zu Daten, die **Einführung eines Datengesetzes**, durch das ein Rechtsrahmen für die Anonymisierung geschaffen werden soll, die **Minimierung von Diskriminierung** sowie die aktive **Förderung digitaler Souveränität**.[67] In den kommenden Jahren wird sich zeigen, in welchen Bereichen die Datenethik einen dauerhaften Platz einnehmen wird. Die aktuellen Entwicklungen weisen allerdings darauf hin, dass sich das Thema langfristig auf politischer, unternehmerischer sowie individueller Ebene etablieren wird. Ob dabei auch eine CDR-Pflicht wie in Dänemark eingeführt wird, bleibt abzuwarten, ist aber nicht ausgeschlossen.

---

66 SPD, Bündnis 90/Die Grünen und FDP, Mehr Fortschritt wagen Bündnis für Freiheit, Gerechtigkeit und Nachhaltigkeit (Koalitionsvertrag), 2021, S. 13, abrufbar unter https://www.spd.de/fileadmin/Dokumente/Koalitionsvertrag/Koalitionsvertrag_2021-2025.pdf.
67 SPD, Bündnis 90/Die Grünen und FDP, Mehr Fortschritt wagen Bündnis für Freiheit, Gerechtigkeit und Nachhaltigkeit (Koalitionsvertrag), 2021, S. 12 ff. abrufbar unter https://www.spd.de/fileadmin/Dokumente/Koalitionsvertrag/Koalitionsvertrag_2021-2025.pdf.

20. Datengovernance

Schultze-Melling

I. Einführung	1	2. Rollen und Verantwortlichkeiten der Aufbauorganisation	20
1. Die zugrundeliegende Problematik	1	3. Elemente eines Data Governance Frameworks im Rahmen der Ablauforganisation	26
2. Definition von Data Governance	5		
3. Welche Bedeutung hat Legal Tech im Kontext Data Governance?	7	4. Typische Herausforderungen im Rahmen der Operationalisierung eines Data Governance Programms	36
II. Aufbau einer Data Governance Organisation	9		
1. Grundlagen	9		

Literatur: *Karmasin*, Stakeholder Management als Grundlage der Unternehmenskommunikation, in Zerfaß/Piwinger (Hrsg.), Handbuch Unternehmenskommunikation, 2014, S. 81 (zit.: Zerfaß/Piwinger HdB Unternehmenskommunikation/Karmasin); *Lauer*, Change Management: Grundlagen und Erfolgsfaktoren, 2014; *Southekal/Prashanth*, Analytics Best Practices, 2020.

I. Einführung

1. Die zugrundeliegende Problematik

Bereits die Menge der von der Menschheit gegenwärtig erzeugten Daten ist beispiellos. Schon 2019 kam das Weltwirtschaftsforum (WEF) zu dem Ergebnis, dass bis zum Jahr 2025 weltweit schätzungsweise 463 Exabyte an Daten pro Tag erzeugt werden. Das entspricht einer Menge von mehr als 200 Millionen DVDs – am Tag.[1] Die Beschleunigung dieser Entwicklung ist gleichermaßen beeindruckend und lässt sich gut am Ausbau der weltweiten Speicherkapazitäten ablesen. Die International Data Corporation (IDC) geht – und zwar unter Berücksichtigung der weltweiten Schrumpfungseffekte der COVID-19-Pandemie – davon aus, dass die global verfügbare Speicherkapazität weiter rasant wachsen wird. Für den Zeitraum von 2019 bis 2024 erwartet man dort, dass eine durchschnittliche jährliche Wachstumsrate (CAGR) von 17,8 % erreicht wird. Mit anderen Worten: die weltweit verfügbare Datenspeicherkapazität verdoppelt sich etwa alle vier Jahre.[2]

Wirtschaftsunternehmen sind dabei die Haupttreiber und zugleich die größten Nutznießer dieser Entwicklung. Die Unternehmen, die ihre Daten besonders erfolgreich handhaben, gehören zu den großen Gewinnern der letzten Dekaden. Amazons Marktkapitalisierung beispielsweise betrug im Jahr 2021 ca. 1,7 Billionen US-Dollar und übertraf damit das kombinierte Bruttoinlandsprodukt der Türkei (780 Milliarden US-Dollar) und Saudi-Arabiens (700 Milliarden US-Dollar) – zwei im Vergleich durchaus große G20-Länder. Diverse wissenschaftliche Studien bestätigen: datengesteuerte Unternehmen gewinnen, binden mit erheblich höherer Wahrscheinlichkeit Kunden und arbeiten mit einer immens höheren Rentabilität. Daten werden demzufolge heute als die nächste Grenze für Innovation und Produktivität in der Wirtschaft angesehen, und gelten als Voraussetzung, um einen nachhaltigen Wettbewerbsvorteil zu erzielen.[3]

Auf der Schattenseite dieser Entwicklung sind die Zahlen jedoch vergleichbar eindeutig – und das nicht erst seit kurzer Zeit. Studien von auf den Bereich Datenmanagement spezialisierten Beratern zeigten schon vor vielen Jahren, dass eine schlechte Datenqualität das Endergebnis von Unternehmen nachhaltig beeinträchtigt und sich erheblich auf die Einnahmen auswirkt.[4] Und schon 2017 kam eine im Harvard Business Review veröffentlichte Auftragsstudie zu dem Ergebnis, dass gerade einmal 3 % der untersuchten

---

[1] WEF, How much data is generated each day?, April 2019, https://www.weforum.org/agenda/2019/04/how-much-data-is-generated-each-day-cf4bddf29f/.
[2] Businesswire, IDC's Global StorageSphere Forecast Shows Continued Strong Growth in the World's Installed Base of Storage Capacity, Mai 2020, abrufbar unter https://www.businesswire.com/news/home/20200513005075/en/IDCs-Global-StorageSphere-Forecast-Shows-Continued-Strong-Growth-in-the-Worlds-Installed-Base-of-Storage-Capacity.
[3] Southekal/Prashanth, Analytics Best Practices, 2020.
[4] Xperience, The Cost of Dirty Data, Experian Data Quality 2015, abrufbar unter https://www.xperience-group.com/news-item/the-cost-of-dirty-data/.

Unternehmensdaten einem angemessenen Qualitätsniveau entsprachen.[5] Das erklärt möglicherweise zum Teil, warum die überwältigende Mehrheit an vorhandenen Unternehmensdaten auch nie für strategische Zwecke eingesetzt wird. Forscher gingen schon in der Vergangenheit davon aus, dass die Menge an sogenannten ‚Dunklen Daten' zwischen 73 %[6] und 90 %[7] beträgt. Diese Verhältnisse haben sich allem technologischen Fortschritt zum Trotz bis heute nicht nennenswert verbessert[8] und stehen zugleich in einem klar erkennbaren rechtlichen, ökonomischen und nicht zuletzt auch ökologischen Konfliktverhältnis.[9]

4 Das Grundproblem besteht darin, dass die allermeisten Unternehmen ihre Daten nicht optimal handhaben und sich dadurch weltweit eine schlechte Datenqualität verbreitet hat, die sich wiederum innovationshemmend und risikovermehrend auswirkt. Ein Lösungsweg zur systematischen Verbesserung der Datenqualität ist die Implementierung von Data Governance.

2. Definition von Data Governance

5 Data Governance umfasst die Richtlinien, Prozesse und Verfahren, die im Unternehmen implementiert werden, um sicherzustellen, dass Daten zunächst korrekt erfasst werden und dann während ihres gesamten Lebenszyklus – also bei ihrer Speicherung, Bearbeitung, Bewertung, Analyse, Weitergabe, sowie dem Zugriff, der Kontrolle, der Archivierung und schlussendlich der Löschung – ordnungsgemäß gehandhabt werden.[10]

6 Zu den Aufgaben dieser Disziplin gehören damit nicht nur die Einrichtung der zugrundeliegenden Infrastruktur und der notwendigen Technologien, sondern auch die Einrichtung und Pflege von geeigneten und angemessenen Unternehmensprozessen und Richtlinien. Das umfasst dabei insbesondere die Festlegung der Personenkreise (oder der Rollen) innerhalb des Unternehmens, die sowohl die Befugnis als auch die Verantwortung für die Handhabung und den Schutz bestimmter Datentypen haben.

3. Welche Bedeutung hat Legal Tech im Kontext Data Governance?

7 Eine wirksame Data Governance gewährleistet also, dass Daten zu jeder Zeit korrekt, konsistent und vertrauenswürdig sind, ordnungsgemäß gehandhabt und nicht missbraucht oder unbeabsichtigt in Mitleidenschaft gezogen werden. Der technische und operationelle Nutzen leitet sich dabei vorrangig von der gesteigerten Datenqualität ab. Dank einer wirksamen Data Governance können zum Beispiel Dateninkonsistenzen in verschiedenen Systemen innerhalb eines Unternehmens oder eines Konzerns erkannt und behoben werden. Dadurch wird die Datenintegration erleichtert und Probleme im Zusammenhang mit der Datenintegrität verhindert, was wiederum die Genauigkeit von Business Intelligence (BI) Prozessen, Unternehmensberichten und Analyseanwendungen sicherstellt.

8 Der rechtliche und damit der strategische Nutzen hängt hingegen mit der Ordnungsgemäßheit der Handhabung der Daten zusammen und diese ist aus wenigstens zwei Gründen hochgradig komplex. Zum einen leitet sich die Rechtskonformität eines Handelns immer von den jeweils sachlich und territorial einschlägigen, gesetzlichen und regulatorischen Rahmenbedingungen ab. Diese wiederum sind nicht nur inhaltlich vielfältig und umfassen unter anderem Rechtsgebiete wie den Datenschutz, das Informationssicherheitsrecht, so-

---

5 Nagle/Redman/Sammon, Only 3 % of Companies' Data Meets Basic Quality Standards, 11.9.2017, abrufbar unter https://hbr.org/2017/09/only-3-of-companies-data-meets-basic-quality-standards.
6 Gualtieri, Hadoop Is Data's Darling For A Reason, 2016, abrufbar unter https://www.forrester.com/blogs/hadoop-is-datas-darling-for-a-reason/.
7 Tauli, What You Need To Know About Dark Data, 2019, abrufbar unter https://www.forbes.com/sites/tomtaulli/2019/10/27/what-you-need-to-know-about-dark-data/.
8 Die US-amerikanische Firma Splunk, einer der Marktführer in ihrem Bereich, errechnet auf Grundlage ihrer Daten einen weltweiten Durchschnitt von 60 % dunkler Daten, https://www.splunk.com/en_us/data-insider/what-is-dark-data.html.
9 Hauck, Dark Data: Die im Dunkeln sieht man nicht, Süddeutsche Zeitung vom 7.5.2020, abrufbar unter https://www.sueddeutsche.de/digital/dark-data-dunkelziffer-big-data-supercomputer-1.4897709.
10 Vgl. Definition bei Gartner, abrufbar unter https://www.gartner.com/en/information-technology/glossary/data-governance.

wie diverse gesellschafts- und marktregulationsrechtliche Aspekte, sondern sie sind auch noch überall auf der Welt unterschiedlich. Dieser Umstand allein stellt schon heute Mitarbeiter in Rechts- und Compliance-Abteilungen in globalen multinationalen Konzernen jeden Tag vor immense Herausforderungen. Zum anderen kommt aber hinzu, dass sich ihre Anwendbarkeit immer auf ganz bestimmt Aspekte des unternehmerischen Umgangs mit Daten bezieht. Es kommt im Einzelfall also zum Beispiel darauf an, ob Daten einen hinreichend konkreten Personenbezug im Sinne der EU-Datenschutz-Grundverordnung (DS-GVO) oder des US-Amerikanischen California Consumer Privacy Acts (CCPA) aufweisen. Nur wenn das der Fall ist, sind diese Gesetze einschlägig und es drohen erhebliche Bußgelder und andere Konsequenzen im Falle eines Verstoßes. Diese juristische Entscheidung beruht aber auf der technisch-organisatorischen Vorleistung einer vollständigen und korrekten Erfassung aller Daten, ihrer formal und inhaltlich richtigen Einordnung in definierte Datenkategorien und der Verknüpfung von bestimmten Freigabe- oder Analyseprozessen mit ihrer Handhabung. Diese Vorleistung ist ein wichtiger Aspekt einer wirksamen Data Governance. Ein Data Governance Programm für Unternehmen umfasst daher auch in der Regel die Entwicklung gemeinsamer Datendefinitionen und Standarddatenformate, die in allen Geschäftssystemen verwendet werden, um die Datenkonsistenz sowohl für geschäftliche als auch für Compliance-Zwecke zu verbessern. Eine wirksame Data Governance ist also mit anderen Worten eine notwendige Voraussetzung für den Einsatz von Lösungen im Bereich Legal Tech.

II. Aufbau einer Data Governance Organisation

1. Grundlagen

Ein professionell aufgestelltes Data Governance Programm umfasst in der Regel eine geeignete und angemessene Aufbau- und Ablauforganisation, die an dem Ziel ausgerichtet ist, eine möglichst effiziente und zugleich effektive Umsetzung der beschriebenen Aufgaben sicher zu stellen.

Zur Aufbauorganisation gehört in aller Regel ein Data Governance-Team mit steuernden und operativen Verantwortlichkeiten, einen Lenkungsausschuss, der als zentrales Entscheidungsfindungs- und Leitungsgremium fungiert, und eine Gruppe von Datenverantwortlichen oder Data Stewards. Sie arbeiten zusammen, um die Standards und Richtlinien für die Datenverwaltung sowie die Implementierungs- und Durchsetzungsverfahren zu erstellen, die in erster Linie von den Datenverwaltern durchgeführt werden. Idealerweise nehmen neben den IT- und Datenverwaltungsteams auch Führungskräfte und andere Vertreter aus dem Geschäftsbetrieb eines Unternehmens teil.

Die Ablauforganisation sollte so aufgestellt sein, dass sie die wichtigsten Anforderungen an ein auf Effizienz und Effektivität ausgerichtetes unternehmerisches Handeln erfüllt:

- **Flexibilität**: Die Data Governance Prozesse eines Unternehmens sollten so aufgestellt sein, dass sie mit der Entwicklung des Unternehmens (zB Fusionen, Übernahmen oder die Erschließung neuer Märkte in fremden Jurisdiktionen) und ggf. mit sich verändernden externen Bedingungen (zB gesetzliche oder regulatorische Veränderungen, technologische Entwicklungen oder neue sonstige Anforderungen an das Unternehmen und seine Leistungen) nicht nur Schritt halten können, sondern diese auch uU vorhersehen können.

- **Skalierbarkeit**: Die Flexibilität der Prozesse dient zugleich ihrer Skalierbarkeit. Gut modellierte Prozesse müssen die Möglichkeit zur Größenveränderung beinhalten. Das kann sich auf die reine Kapazität des Prozesses beziehen (Lastskalierung) oder sich auf seine räumlichen oder zeitlichen Aspekte beziehen. Jedenfalls darf durch eine Skalierung nicht die Notwendigkeit entstehen, den Prozess von Grund auf neu zu gestalten oder in wesentlichen Teilen umzubauen, sondern idealerweise sollte sich die Skalierbarkeit durch das Hinzufügen oder Abziehen von Ressourcen herbeiführen lassen.

- **Steuerbarkeit**: Steuern über Prozesse erfordert zunächst das Bestehen von angemessenen und aktuellen Zielvorgaben. Eine zielgerichtete Prozesslandschaft sollte dabei auf übergeordnete (Unternehmens-)Ziele Bezug nehmen und von diesen untergeordnete (Prozess-)Ziele ableiten, um sicher zu stellen, dass jedes Handeln des Unternehmens im Bereich Data Governance nicht dem

Selbstzweck dient, sondern letztlich die unternehmerische Leistungsfähigkeit des Unternehmens im Hinblick auf definierte Parameter fördert.

15 ▪ **Messbarkeit**: Ohne die Möglichkeit, das Erreichen der Zielvorgaben durch geeignete Messverfahren oder -methoden zu überprüfen, kann das Unternehmen nicht kontrollieren, ob es sich auf dem richtigen Kurs befindet. Data Governance Prozesse müssen daher so ausgestaltet sein, dass ihre Ergebnisse im Rahmen vorher definierter Metriken mit den gewünschten Zielvorgaben verglichen werden können. Auch im Hinblick auf die Metrik gilt die Regel: Nur so viel wie zur Zweckerreichung nötig und immer so einfach und unaufwändig wie möglich.

16 ▪ **Vernetztheit**: Die Data Governance Prozesse sollten nicht abgesondert sein, sondern methodisch in die Struktur der relevanten Unternehmensprozesse eingebettet sein. Das Ziel dabei ist eine möglichst weitgehende Vernetzung mit den Bereichen im Unternehmen, in denen sie Wirkung entfalten sollen und eine möglichst sinnvolle und reibungslose Einbettung in andere Abläufe.

17 ▪ **Dokumentiertheit**: Nicht nur eine ganze Reihe von gesetzlichen und regulatorischen Vorgaben erfordert eine klare und nachvollziehbare Dokumentation von Prozessen im Bereich Data Governance (etwa im Datenschutz oder in der Informationssicherheit), sondern auch die laufende Pflege und Anpassung erfordert, dass das Vorgehen selbst, seine unterstellten Voraussetzungen und das gewünschte Ergebnis über die Zeit hinweg dokumentiert werden. Dabei sollte erneut das Minimalprinzip beachtet und streng umgesetzt werden: so viel Dokumentation wie nötig, aber so wenig wie möglich – und das nach gegebener Möglichkeit zudem in automatisierter Form, um die Reibungsverluste in der Organisation so gering wie möglich zu halten. Die beiden Grundregeln aus der Praxis sind dabei: Qualität vor Quantität und Nachvollziehbarkeit für den Dokumentierenden.

18 ▪ **Nachhaltigkeit**: Ökonomische und ökologische Gesichtspunkte sind heute zunehmend gleichwertige Parameter des unternehmerischen Handelns. Die Optimierung des Verhältnisses der verwendeten Ressourcen zum mit ihrem Einsatz erreichten Zweck sollte nicht nur zu einem kurzfristig wirtschaftlich günstigen Ergebnis führen. Die Effizienzmaxime sollte mittel- und langfristig betrachtet werden und dabei nicht nur finanzielle Aspekte, sondern auch möglichst viele weitere relevante Parameter berücksichtigen (etwa den dadurch verursachten CO_2-Ausstoß, das Erreichen von Corporate Responsibility Maximen oder die Sicherstellung einer hohen durchschnittlichen Mitarbeiterzufriedenheit).

19 All diese Anforderungen verfolgen am Ende ein gemeinsames Ziel. Da Data Governance eine Kernkomponente im Rahmen der Gesamtstrategie des Unternehmens ist, müssen sich alle dafür Verantwortlichen bei der Planung, Implementierung und dem späteren Ausbau des Data Governance Programms auf den erwarteten geschäftlichen Nutzen ihrer Arbeit konzentrieren, um langfristig erfolgreich zu sein. Eine gute Data Governance für sich genommen ist kein erstrebenswertes Ergebnis. Das Ziel wird immer darin bestehen, bessere Geschäfte zu machen.

2. Rollen und Verantwortlichkeiten der Aufbauorganisation

20 In den meisten Unternehmen sind verschiedene Rollen mit dedizierten Verantwortlichkeiten in die Data Governance eingebunden. Dazu gehören Führungskräfte, Fachexperten für verschiedene Sachthemen ebenso wie die Mitarbeiter, die mit der Erhebung und Verarbeitung der relevanten Daten in den Systemen des Unternehmens vertraut sind:

21 ▪ **Chief Data Officer**: Immer mehr Unternehmen und Organisationen schaffen die Stelle eines Chief Data Officer (CDO). Hierbei handelt es sich häufig um eine leitende Führungskraft, die das Data Governance Programm steuert und beaufsichtigt und letztlich auf höchster Ebene die Verantwortung für dessen Erfolg oder Misserfolg trägt. Die Rolle umfasst folglich die Sicherstellung der Genehmigung, Finanzierung und Personalausstattung für das Programm, die Federführung bei dessen Planung, Implementierung und seines späteren Ausbaus, sowie die interne Abstimmung und verbindliche Definition der mittel- und langfristigen Ziele, der dafür erforderlichen Kontrollmaßnahmen des Fortschritts und der Umsetzung der dabei als erforderlich erkannten Maßnahmen. Unternehmen, die keinen CDO

haben, übertragen diese Verantwortlichkeiten in der Regel einem Mitglied der Geschäftsleitung oder zumindest einem hochrangigen leitenden Angestellten.[11]

- **Data Governance Manager** (und ggf. Team): Je nach Größe und Kultur des Unternehmens kann es sinnvoll sein, die übergeordnete Verantwortung und die operationelle Führung des Data Governance Programms aufzutrennen. Spätestens wenn die Steuerung der Erfüllung der laufenden operationellen Aufgaben einen Umfang erreicht, der nicht mehr parallel zur Projektgesamtverantwortung gestemmt werden kann, macht es Sinn, die Rolle eines Data Governance Managers aufzusetzen und mit einem erfahrenen Programmleiter zu besetzen. Dieser wird dann in der Regel ein Data-Governance Team führen, das in Vollzeit an dem Programm arbeitet. Dieses Team, das nicht zwingend homogen aufgesetzt werden muss, sondern auch aus Mitarbeitern verschiedener Bereiche zusammengesetzt sein kann, koordiniert den Prozess im Einzelfall, koordiniert Freigaben oder Dokumentationen, leitet Abstimmungsprozesse, führt Schulungen durch, verfolgt Messgrößen, übernimmt die interne Kommunikation und führt alle anderen Managementaufgaben aus.

- **Data Governance Lenkungskreis**: Der Data Governance Manager und sein Team treffen in der Regel keine weitreichenden Entscheidungen über grundlegende Aspekte des Programms, und in manchen Bereichen (etwa im Hinblick auf übergreifende Richtlinien oder Standards) ist selbst der Kompetenzbereich des CDO ausgeschöpft. Daher sollte es einen Data Governance Lenkungskreis geben, der für die interne Abstimmung und die Entscheidungsfindung für übergreifende Themenkomplexe zuständig ist. Angesichts dieser Aufgabe sollte sich der Lenkungskreis in erster Linie aus Vertretern der Geschäftsleitung sowie der relevanten Zentralfunktionen zusammensetzen. Dazu gehören meistens der General Counsel (GC) als Vertreter der Rechtsabteilung, der Chief Compliance Officer (CCO), der Chief Information Security Officer (CISO), der Chief Information Officer (CIO), der Datenschutzbeauftragte und ggf. ein Vertreter der internen Revision als übergeordneter Kontrollinstanz. Weitere Mitglieder, etwa aus den Fachbereichen oder aus Bereichen wie der Datenanalyse können diesem Gremium jederzeit hinzugefügt oder einzelfallbezogen als Gäste eingeladen werden. Der Lenkungskreis erarbeitet und genehmigt die grundlegende Data Governance Richtlinie und stößt die damit unter Umständen verbundene Ergänzung inhaltlich verbundener Richtlinien und Regeln an (etwa zu Fragen der Datenkategorisierung, des Datenzugriffs, der Berechtigung zu ihrer Nutzung sowie die Verfahren zu deren praktischer Umsetzung). Der Lenkungskreis dient darüber hinaus auch als Eskalationsgremium und löst zum Beispiel Streitigkeiten oder Meinungsverschiedenheiten zwischen verschiedenen Geschäftsbereichen, wenn deren Aufgaben unterschiedliche und konkurrierende Zielsetzungen mit sich bringen.[12]

- **Datenverantwortlicher (Data Steward)**: Diese Rolle ist wahrscheinlich eine der wesentlichsten Voraussetzungen eines erfolgreichen Data Governance Programms und zugleich eine der in der Praxis am aufwändigsten umzusetzenden. Zu den Aufgaben der Datenverantwortlichen gehört es, die regelkonforme Handhabung der ihrem Zuständigkeitsbereich zugeordneten Daten zu überwachen. Sie sind folglich auch dafür verantwortlich, dass die vom Data Governance Lenkungskreis erarbeiten Richtlinien und Standards umgesetzt werden, dass die Mitarbeiter die für sie einschlägigen Verhaltensregeln einhalten und dass die angeordnete Dokumentation vollständig und inhaltlich korrekt erstellt und erhalten wird. In der Praxis gibt es hierfür zwei grundlegende Modelle. Entweder die entsprechenden Richtlinien und Standards definieren eine delegierbare Hierarchieverantwortung, nach der etwa Abteilungsleiter oder Ressortverantwortliche grundsätzlich für alle in ihren Bereichen erhobenen Daten die definierte Rolle des Datenverantwortlichen erfüllen und diese in festgelegter Form an Mitarbeiter in ihren Bereichen delegieren können. Die andere in der Praxis verbreitete Lösung besteht darin, sich von den

---

11 Weiterführend: Gartner, Understanding the Chief Data Officer Role, Februar 2015, abrufbar unter https://www.gartner.com/smarterwithgartner/understanding-the-chief-data-officer-role; Forrester, Chief Data Officers: Invest In Your Data Sharing Programs Now, März 2021, abrufbar unter https://www.forrester.com/report/chief-data-officers-invest-in-your-data-sharing-programs-now/RES164496.
12 Weiterführend zB Lawton, Data governance roles and responsibilities: What's needed, Februar 2020, abrufbar unter https://www.techtarget.com/searchdatamanagement/tip/Data-governance-roles-and-responsibilities-Whats-needed.

offiziellen Zuständigkeitsverteilungen der Organisationsstruktur zu lösen und sich stattdessen auf die relevanten Datenkategorien zu beziehen. In diesem Modell werden Mitarbeiter, die sich mit bestimmten Datenbeständen und -bereichen auskennen, mit der Rolle des Datenverantwortlichen betraut. Je nach Größe und Reichweite kann diese Rolle eine Teilzeit- oder eine Vollzeitstelle sein. Wichtig ist jedoch, dass Interessenkonflikte vermieden werden und dass es eine inhaltliche und strukturelle Trennung und zugleich eine prozessuale Verknüpfung zwischen der Rolle des Datenverantwortlichen einerseits, und den Rollen des Prozessverantwortlichen, des Systemverantwortlichen oder des Anwendungsverantwortlichen andererseits gibt.

25 Neben diesen Rollen gibt es je nach Art und Größe des Unternehmens eine ganze Reihe weiterer Stellen und Aufgabenträger, die ebenfalls eine gewisse Rolle im Kontext Data Governance spielen. Datenarchitekten, Datenmodellierer und Datenqualitätsanalysten und -ingenieure sind in der Regel ebenfalls wichtige Ansprechpartner und sollten angemessen eingebunden werden. Darüber hinaus müssen alle beteiligten Mitarbeiter in Bezug auf die Umsetzung der Data Governance Richtlinien und Standards regelmäßig geschult werden, damit sie Daten nicht auf fehlerhafte oder unsachgemäße Weise verwenden.

3. Elemente eines Data Governance Frameworks im Rahmen der Ablauforganisation

26 Die drei entscheidenden Aspekte beim Aufbau einer wirksamen Data Governance Ablauforganisation sind die Menschen, die Prozesse und die Technologie. Mit einer effizienten und zuverlässig effektiven Ablauforganisation kann das Unternehmen nicht nur sicherstellen, dass es die gesetzlichen regulatorischen und ggf. betrieblichen Vorschriften einhält, sondern kann dabei auch die eingangs beschriebenen Mehrwerte für seine gesamte Geschäftsstrategie realisieren.

27 Voraussetzung dafür ist jedoch, dass die zugrundeliegenden Prozesse schnelle und intelligente Entscheidungen ermöglichen, indem sie die dafür notwendigen Informationen liefern. Zu den Schlüsselkomponenten für optimale Geschäftsentscheidungen gehören:

28 ■ **Datenarchitektur**: Die Datenarchitektur ist ein Kernelement der Data Governance, denn wenn die zugrundeliegenden Datenmodelle und die damit verbundenen Prozesse mangelhaft aufgesetzt sind, wird darunter nicht zuletzt auch die Datenqualität leiden. Sie verbindet systematisch alle Komponenten, die bei der Verarbeitung von Daten innerhalb eines Unternehmens und seinen jeweiligen Einheiten beteiligt sind und definiert dafür unter anderem, wo Daten vorhanden sind, wie sie durch die Organisation und ihre Systeme wandern und welche Maßnahmen notwendig werden, wenn Daten von einem System zum nächsten übermittelt werden. Um die hierfür notwendige Transparenz während des gesamten Lebenszyklus der Daten sicherzustellen, wird es in der Regel auch erforderlich sein, diese Aspekte in Form von Dateninventaren und Datenflussdiagrammen aufzubereiten, die laufend (idealerweise automatisiert) aktuell gehalten werden.

29 Es gibt verbreitete Grundmodelle von Datenarchitekturen, wie sie etwa im „The Open Group Architecture Framework" (TOGAF) als die grundlegende Struktur der logischen und physischen Datenbestände und Datenverwaltungsressourcen des Unternehmens beschrieben werden.[13] Diese Modelle orientieren sich dabei an der Unternehmensarchitektur und beschreiben die Strukturen, Richtlinien, Regeln und Standards, nach denen Daten erfasst, gespeichert, organisiert und genutzt werden. In größeren Unternehmen obliegt die Schaffung und die fortlaufende Pflege der Datenarchitektur dedizierten Datenarchitekten.

30 ■ **Datenqualität**: Die Qualität der Daten hängt davon ab, wie sie gesammelt, geplant, analysiert und verarbeitet werden. Laut aktuellen Studien bewerten, messen oder überwachen nicht einmal die Hälfte der Unternehmen die Qualität ihrer Daten, obwohl die dafür notwendigen Mittel häufig durchaus zur Verfügung stehen. Die Analyse der Datenqualität sollte laufend geschehen, um die Datenbestände zu kontrollieren, während sie wachsen. Durch stetig laufende Prozesse sollte festgestellt werden können,

---

13 Vgl. https://pubs.opengroup.org/architecture/togaf8-doc/arch/toc.html.

wenn Datenbestände in ihrer Integrität beeinträchtigt oder schlicht veraltet sind. Infolgedessen sollten veraltete Datenbestände gelöscht oder archiviert werden und Ungenauigkeiten oder Widersprüche durch entsprechende Maßnahmen bereinigt werden. Wichtig ist, dass es dabei nicht zwingend um die Frage geht, welches System führend ist, sondern wie sichergestellt werden kann, dass in allen relevanten Systemen die zugrundeliegenden Daten inhaltlich und formal korrekt sind. Oft ist aber auch schon das gemeinsame Verständnis der Quelldatenqualität eins der größten Probleme in der Datenwertschöpfungskette. Umso wichtiger sind diesbezüglich klare und transparente Regeln und verbindliche Vorgaben, die – unter angemessener Berücksichtigung der verschiedenen Ausgangsinteressen und Sichtweisen – eine weitestgehende Homogenität der relevanten Bewertungsmaßstäbe sicherstellen.

- **Datenverwaltung**: Die Datenverwaltung ist die praktische Umsetzung der Vorgaben zu den Kernfragen, welche Daten wie und warum erhoben, verarbeitet und gespeichert werden. Fragen nach dem Speicherort der Daten (On-Premises oder in der Cloud) gehören dabei genauso dazu wie die Entscheidung, welche Daten vor Ort selbst verarbeitet und welche Datenverarbeitungen an Drittanbieter übertragen werden sollen. Die Datenverwaltung regelt aber auch kleinteiligere Entscheidungen, wie zB die Erstellung und die Umsetzung von rollenbasierten Zugriffsregeln (RBAC), die Implementierung von Datenarchivierungsregeln in Übereinstimmung mit den geltenden gesetzlichen und regulatorischen Grundlagen und nicht zuletzt die Einrichtung und Pflege der verschiedenen technischen und organisatorischen Maßnahmen der Datensicherheit. Wachsende Datenmengen können eine echte Herausforderung darstellen. Dabei ist auch die Datenkompatibilität ein wesentlicher Aspekt der Datenverwaltung. Gerade bei älteren Plattformen und bei größeren Unternehmen mit umfangreichen und langjährig zurückreichenden Datenbeständen lässt sich die Bildung von Informationssilos nur mit einigem Aufwand verhindern. Um sicher zu stellen, dass Daten nicht nur langfristig auslesbar bleiben (etwa zur verlässlichen Umsetzung von gesetzlichen Archivierungs- oder Rechenschaftspflichten), und sich die Herkunft der Daten im Einzelfall selbst dann noch ermitteln lässt, wenn diese Datenbestände ganz oder teilweise in neue Formate oder andere Systeme migriert oder aus sonstigen Gründen dupliziert werden (etwa um sie mit anderen Daten zu kombinieren oder mit ihnen Drittdaten anzureichern), sind aufwändige technische und organisatorische Maßnahmen erforderlich. Diese wiederum sollten im Einklang mit anderen Maßnahmen zur Datenhygiene stehen, um ein langfristig gleichbleibendes Niveau an Datenqualität sicher zu stellen.

- **Datenverwaltungs- und Kategorisierungstools**: Data Governance erfordert, wie eingangs beschrieben, insbesondere auch ein Datenlebenszyklusmanagement, währenddessen die Verfügbarkeit, Nutzbarkeit und Integrität der Daten laufend zu gewährleisten ist. Dies kann oftmals schon in mittelständischen Unternehmen nicht mehr händisch erreicht werden. Eine Lösung kann in der Wahl der richtigen Software-Tools zur Identifikation, Kategorisierung und Verwaltung großer Datenmengen liegen, die als lokal zu implementierende oder als Cloud-basierte Lösungen zur Verfügung stehen.[14] Diese Lösungen helfen Unternehmen dabei, eine konsistente Umsetzung von Richtlinien, die Einhaltung und Messung von relevanten Prozessen und die Zuordnung der Datenverantwortung in Bezug auf sämtliche ihrer Datenbestände sicherzustellen.

- **Daten- oder Informationssicherheit**: Data Governance ist von entscheidender Bedeutung, wenn es darum geht, vertraulichen Daten zu identifizieren, im Hinblick auf ihren konkreten Schutzbedarf zu analysieren und darauf aufbauend angemessen abzusichern, und stellt damit eine Grundkomponente eines effektiven Informationssicherheitsmanagements dar. Data Governance ist zugleich aber auch das Mittel zum Zweck, um Informationssicherheit im Unternehmen auf Prozessebene (und nicht nur in technischer Hinsicht) zu etablieren, mit anderen Governance-Aspekten (etwa dem Datenschutz) inhaltlich und prozessual abzustimmen und dadurch unterm Strich die wirkungsvolle und zielgerichtete Umsetzung der Informationssicherheit im Gesamtkontext der Datenverarbeitung des Unternehmens

---

14 Für einen detaillierten Überblick empfiehlt sich der alljährlich von der IAPP und der Wirtschaftsprüfungsgesellschaft EY herausgegebene Privacy Tech Vendor Report: https://iapp.org/resources/article/privacy-tech-vendor-report/.

sicher zu stellen. Und Data Governance legt schließlich auch Regeln und Verfahren fest, um im Falle, dass sensible Geschäftsinformationen oder Kundendaten in die falschen Hände geraten, eine möglichst reibungslose, effektive und rechtskonforme Handhabung dieser nicht immer vollständig auszuschließenden Vorfälle sicher zu stellen.

34 ■ **Einhaltung von gesetzlichen, regulatorischen oder betrieblichen Vorschriften**: In Studien rangiert der Wunsch von Unternehmen, die Einhaltung gesetzlicher Vorschriften sicher zu stellen, häufig im oberen Bereich der priorisierten Auflistung aller Motivationen zum Investieren in Data Governance. Dahinter steht der nachvollziehbare Gedanke, dass sich ohne eine angemessene Data Governance keine Geschäftsleitung sicher sein kann, dass sie die vielfältigen, ihr Unternehmen in den unterschiedlichsten Bereichen betreffenden Vorschriften nachweisbar einhält. Data Governance und Compliance sind daher häufig zwei Bereiche, deren Arbeit engmaschig aufeinander abgestimmt werden, und deren Prozesse sich dadurch bedingt gegenseitig ergänzen und unterstützen sollten.

35 Dabei spielt es systematisch betrachtet nur eine sehr untergeordnete Rolle, welche konkreten Vorschriften jeweils im Fokus stehen. Ob es also in der EU um die Datenschutz-Grundverordnung (DS-GVO) oder die Finanzmarktrichtlinie (MIFID) geht, oder ob in den USA der Payment Card Industry Data Security Standard (PCI DSS) oder der Health Insurance Portability and Accountability Act (HIPAA) umgesetzt werden muss, oder ob in Deutschland das Gesetz über die unternehmerischen Sorgfaltspflichten zur Vermeidung von Menschenrechtsverletzungen in Lieferketten oder das Hinweisgeberschutzgesetz die unternehmerische Aufmerksamkeit strapazieren – das Vorgehen ist methodisch betrachtet immer dasselbe: zunächst werden konkrete Anforderungen identifiziert und so genau wie möglich beschrieben, dann werden technische und organisatorische Maßnahmen zu deren Umsetzung in der Unternehmenspraxis abgestimmt und verbindlich definiert, und anschließend wird die Umsetzung dieser Maßnahmen kontrolliert und ggf. durchgesetzt. Voraussetzung hierfür ist jedoch nicht nur, dass sich das Unternehmen zu jedem Zeitpunkt im Klaren ist über sämtliche sein Geschäftsmodell und seinen Markt betreffenden rechtlichen Anforderungen, sondern auch, dass es in der Lage ist, die in dem jeweiligen Kontext relevanten Daten notfalls bis zur Quelle zurückzuverfolgen, um festzustellen, wer Zugang zu ihnen hat, und um darlegen zu können, wie und wo sie für welchen Zweck verwendet werden. In der Regel sorgen hierfür entsprechende Freigabe-, Dokumentations- und Kontrollprozesse im Rahmen der Data Governance. Dies ist erfahrungsgemäß besonders relevant in stark regulierten Branchen wie dem Finanz- und Versicherungswesen.

4. Typische Herausforderungen im Rahmen der Operationalisierung eines Data Governance Programms

36 Zu den typischen Herausforderungen, mit denen sich Unternehmen im Zusammenhang mit der Implementierung von Data Governance Prozessen häufig konfrontiert sehen, gehören insbesondere die folgenden:

37 ■ **Kommunikation und Konsensbildung**: In der Erfahrung sind oft die ersten Schritte eines Data Governance Implementierungsprojektes die schwierigsten. Das hängt häufig damit zusammen, dass das Thema an sich einerseits noch vergleichsweise neu und in weiten Teilen begrifflich und methodisch unbestimmt ist und daher nicht immer trennscharf gegen andere Aufgaben, Zielsetzungen und damit nicht zuletzt innerbetriebliche Kompetenzen abgegrenzt werden kann. Das führt in der Praxis dazu, dass verschiedene Teile eines Unternehmens gerade am Anfang sehr unterschiedliche Ansichten über wichtige Aspekte wie Datenkategorien oder ihre Bedeutung für das Geschäft im Allgemeinen und für Kunden und Produkte im Speziellen haben. Die Lösung für dieses Problem liegt in guter Kommunikation sowie in geduldiger, aber zielgerichteter Konsensbildung im Wege der internen Abstimmung aller unter Umständen streitauslösenden Aspekte und mit allen in Frage kommenden Stakeholdern. Dabei – oder zu einem späteren Zeitpunkt – aufkommende Differenzen sind für den Erfolg des Projektes notwendig und müssen im Rahmen der Data Governance Prozesse ausgeräumt werden, indem man sich beispielsweise auf gemeinsame Datendefinitionen und -formate einigt, Risikomodelle abstimmt und klare Verantwortlichkeiten definiert. Dies kann – je nachdem wie ausgeprägt die Streitkultur im

Unternehmen ist – unter Umständen ein schwieriges und langwieriges Unterfangen sein, weshalb der Data Governance Lenkungskreis so eine wichtige Position innehat. Damit der Lenkungskreis diese Rolle auch erfolgreich ausfüllen kann, benötigt er außer einem klaren Mandat mit entsprechenden, von der Geschäftsleitung im Wege der dokumentierten Delegation übertragenen (und dadurch unbestreitbaren) Beschlusskompetenzen auch ein transparentes, effizientes und effektives Verfahren zur Streitbeilegung.

- **Nachweis des Geschäftsnutzens**: Für die Data Governance gelten dieselben Regeln, die für andere steuernde Bereiche im Unternehmen auch gelten: ohne eine frühzeitige Darlegung und dann laufende Dokumentation des kurz-, mittel- und langfristigen geschäftlichen Nutzens der Data Governance wird es schon schwierig werden, diese überhaupt genehmigt, finanziert und sinnvoll unterstützt zu bekommen. Speziell die Führungskräfte, die die operationelle Last der Data Governance Prozesse tragen, müssen zu Beginn eines Governance-Programms wissen und verstehen, was dies für sie bedeutet und warum es in ihrem Interesse ist, das Programm zu unterstützen. Es ist eine wichtige Aufgabe des Chief Data Officers und der anderen Rollen der Data Governance, die damit verbundenen Fragen in einer überzeugenden Art und Weise beantworten zu können. Wenn die Mitarbeiter und erst recht die Führungskräfte kein Interesse am Thema entwickeln, wird es nicht oder nur unter immensem Aufwand nachhaltig im Unternehmen platziert werden können. Und wenn sie nicht verinnerlicht haben, welche Vorteile die Maßnahmen zur Data Governance ihnen individuell bringen, werden sie daran nicht interessiert sein. 38

Um den geschäftlichen Nutzen laufend nachzuweisen, müssen zum einen die Fakten geschaffen werden. Dafür müssen quantifizierbare Kennzahlen entwickelt werden, insbesondere zur Verbesserung der Datenqualität. Manche Unternehmen zählen dafür die Anzahl der in einem bestimmten Zeitraum behobenen Datenfehler und errechnen auf dieser Grundlage die daraus resultierenden Umsatzsteigerungen oder Kosteneinsparungen. Andere gängige Datenqualitätsmetriken messen die Genauigkeit und die Fehlerquoten in Datensätzen und damit verbundenen Attributen wie Datenvollständigkeit und -konsistenz, um auf dieser Grundlage die wirtschaftlichen Auswirkungen hochzurechnen. Am Ende ist vor allem wichtig, dass die Kalkulationen auch ohne tiefe Einarbeitung zumindest grundsätzlich nachvollziehbar kommuniziert werden und jeder Betroffene für sich selbst ganz individuelle Konsequenzen daraus ableiten kann. Das allein reicht aber in der Regel nicht aus, denn diese Fakten müssen dann auch gegenüber den richtigen Adressaten in angemessener Weise kommuniziert werden. Dafür stehen jedoch glücklicherweise bereits bewährte Methodologien aus den Bereichen Stakeholder Management[15] und Change Management[16] zur Verfügung, die bei korrekter und disziplinierter Anwendung fast immer die gewünschten Resultate hervorbringen. 39

- **Unterstützung von Self-Service-Angeboten**: Die phasenweise Umstellung bei großen Business Intelligence (BI)-Lösungen auf Self-Service und andere gleichgerichtete Angebote (zB auf Grundlage von Microsoft SharePoint) hat neue Herausforderungen für die Data Governance mit sich gebracht. Mehr Daten liegen nun in den Händen von mehr Nutzern und werden in mehr Bereichen des Unternehmens im Wesentlichen eigenverantwortlich für zum Teil sehr unterschiedlich Zwecke verarbeitet. Data Governance-Programme müssen vor diesem Hintergrund einerseits sicherstellen, dass die Daten korrekt und für Self-Service-Benutzer zugänglich sind, aber andererseits auch, dass diese Benutzer – ua Geschäftsanalysten, Führungskräfte und Citizen Data Scientists – die Daten nicht missbrauchen oder unwillentlich gegen Datenschutz- und Informationssicherheitsvorschriften verstoßen. Das gilt umso mehr im Hinblick auf die immer öfter relevante Einbindung von Streaming-Daten externer Anbieter in derartige Lösungen, die zB zur Datenanreicherung oder für Echtzeit-Analysen verwendet werden können und die diese Bemühungen zusätzlich erschweren. Lösungswege sind hier häufig sehr individuell, weil die auslösenden Problematiken sehr unterschiedlicher Natur sein können. Es hat sich aber in der Praxis gezeigt, dass eine nachhaltige Investition in die Qualifikation der Mitarbeiter in der Breite und Tiefe des Unternehmens (zB durch bessere, praxisrelevantere Schulungen und ansprechende, 40

---

15 Weiterführend zB Zerfaß/Piwinger HdB Unternehmenskommunikation/Karmasin S. 81.
16 Weiterführend zB Lauer, Change Management: Grundlagen und Erfolgsfaktoren, 2014.

mitreißende und verständnisweckende Sensibilisierungsaktionen) sich häufig sehr positiv auswirkt und die Bildung einer ausgeprägten Datenkultur im Unternehmen und damit verbunden ein allgemein hohes Niveau an Bewusstsein für den Wert und die Bedeutung von Daten für jeden einzelnen Mitarbeiter und für jede Führungskraft unterstützt.

41 ■ **Verwaltung von großen Datenmengen (Big Data)**: Der Einsatz von Big Data bringt auch neue Anforderungen und Herausforderungen an die Datenverwaltung mit sich. Das liegt sowohl an der Qualität der Daten als auch an der bloßen Quantität. Data Governance Programme konzentrierten sich in der Vergangenheit vor allem auf strukturierte Daten, die in relationalen Datenbanken gespeichert und die von den darauf zugreifenden Anwendungen meist für einen ganz spezifischen Zweck verarbeitet wurden. Heutzutage müssen sich Unternehmen jedoch mit einer Mischung aus strukturierten, unstrukturierten und semistrukturierten Daten befassen. Big Data-Anwendungen arbeiten zudem in der Regel mit einer Vielzahl von verschiedenen Datenplattformen (zB Hadoop-Anwendungen[17] und Spark-Systeme[18], NoSQL-Datenbanken[19] und Cloud-Objektspeicher[20]). Außerdem werden Big Data-Datensätze oft in Rohform in sogenannten Data Lakes[21] gespeichert und dann nur nach Bedarf für Analyse- und sonstige Zwecke gefiltert und distribuiert. So sehr diese technischen Fortentwicklungen die Auswertung von Daten erleichtern, desto mehr erschweren sie eine stringente Datenverwaltung im Rahmen der Data Governance. Auch hier gibt es kaum allgemeingültige Lösungsansätze. Ein allgemein hohes Niveau an individueller Qualifikation der Mitarbeiter und vor allem der Führungskräfte, und eine frühzeitige, intensive und aufeinander abgestimmte Einbindung der verschiedenen Fachfunktionen (zB Datenschutz, Informationssicherheit, Recht und Compliance oder Datenarchitektur) führt jedoch in aller Regel bereits zu einer darstellbaren Senkung des Gesamtrisikopotenzials. Dies lässt sich durch risikoorientierte, methodische und zumindest stichprobenartige Kontrollen und systematische, aber dafür aufwändigere Revisionsprüfungen noch weiter steigern.

---

17 Apache Hadoop ist ein Open Source Framework, das zur effizienten Speicherung und Verarbeitung großer Datensätze mit einer Größe von Gigabytes bis Petabytes verwendet wird. Anstatt einen großen Computer für die Speicherung und Verarbeitung der Daten zu verwenden, ermöglicht Hadoop das Clustern mehrerer Computer, um riesige Datensätze schneller parallel zu analysieren. Weiterführend: https://hadoop.apache.org.
18 Apache Spark ist ein einheitliches Open Source In-Memory Big Data System, welches speziell für die performante und parallelisierte Verarbeitung von extrem großen Datenmengen entwickelt wurde und dies durch eine verteilte Architektur in einem Cluster erreicht, wobei die Daten nach Möglichkeit im Arbeitsspeicher verarbeitet und zeitintensive Schreibvorgänge auf Festplatten vermieden werden. Weiterführend: https://spark.apache.org.
19 NoSQL Datenbanken sind im Vergleich zu relationalen Datenbanken skalierbarer und leistungsstärker, da ihr Datenmodell gerade für große Mengen sich schnell ändernder, strukturierter, halbstrukturierter und unstrukturierter Daten sowie für geografisch verteilte, skalierbare Datenarchitekturen anstelle herkömmlicher kostenintensiver, monolithischer Strukturen entwickelt wurde. Weiterführend zB: https://aws.amazon.com/de/nosql/.
20 Objektspeicher sind spezielle Speicherarchitekturen, die im Gegensatz zu anderen Architekturen Daten als Objekte verwalten, anstatt sie wie herkömmlich als Dateien in Dateihierarchien oder als Datenblöcke in Sektoren und Spuren zu verwalten. Weiterführend zB: https://cloud.google.com/learn/what-is-object-storage.
21 Der Begriff Data Lake (dt. „Datensee") bezeichnet sehr große Datenspeicher, die im Gegensatz zu normalen Datenbanken Daten in ihrem ursprünglichen Rohformat speichern. Neben text- oder zahlenbasierten Daten kann ein Data Lake auch Bilder, Videos oder jedes andere Datenformat aufnehmen, und zwar unabhängig davon, ob diese strukturiert oder unstrukturiert sind. Da die Strukturierung und gegebenenfalls erforderliche Umformatierung der betroffenen Daten erst erfolgt, wenn die Daten benötigt werden, müssen sie vor der Speicherung nicht validiert oder umformatiert werden. Weiterführend zB: https://cloud.google.com/learn/what-is-a-data-lake.

21. Datenschutz, allgemein

Dahi/Revolidis

I. Einführung	1
II. Anwendungsbereich	4
III. Datenschutzterminologie	8
1. Personenbezogene Daten	8
a) Identifizierbarkeit	10
b) Besondere Kategorien personenbezogener Daten	15
c) Daten über strafrechtliche Verurteilungen, Straftaten und Sicherungsmaßregeln	17
2. Verarbeitung	19
3. Pseudonymisierung	20
4. Verantwortlicher	22
5. Auftragsverarbeiter	30
6. Verletzung des Schutzes personenbezogener Daten	35
IV. Verarbeitungsprinzipien	39
1. Rechtmäßigkeit, Verarbeitung nach Treu und Glauben, Transparenz	40
2. Zweckbindung	42
3. Datenminimierung	44
4. Richtigkeit	46
5. Speicherbegrenzung	47
6. Integrität und Vertraulichkeit	53
7. Rechenschaftspflicht	54
V. Rechtmäßigkeit der Verarbeitung	55
1. Einwilligung	56
2. Vertrag	65
3. Rechtliche Verpflichtung, lebenswichtige Interessen, Aufgabe im öffentlichen Interesse oder Ausübung öffentlicher Gewalt	67
4. Berechtigte Interessen	70
VI. Rechtmäßigkeit der Verarbeitung besonderer Kategorien personenbezogener Daten	78
1. Einwilligung	79
2. Arbeitsrecht, soziale Sicherheit, Sozialschutz	81
3. Schutz lebenswichtiger Interessen	83
4. Bestimmte Organisationen ohne Gewinnerzielungsabsicht	84
5. Offensichtlich öffentlich gemacht	85
6. Verteidigung von Rechtsansprüchen und Handlungen der Gerichte	88
7. Erhebliches öffentliches Interesse	91
8. Gesundheitsvorsorge und Arbeitsmedizin	92
9. Öffentliches Interesse im Bereich der öffentlichen Gesundheit	95
10. Mitgliedstaatliche Bedingungen	98
11. Geeignete Garantien bzw. angemessene und spezifische Maßnahmen	99
VII. Aufsicht, Durchsetzung und Haftung	100

Literatur: *BfDI*, Liste von Verarbeitungsvorgängen gemäß Artikel 35 Abs. 4 DS-GVO für Verarbeitungstätigkeiten öffentlicher Stellen des Bundes, 9.10.2019, abrufbar unter https://www.bfdi.bund.de/SharedDocs/Downloads/DE/Muster/Liste_VerarbeitungsvorgaengeArt35.pdf; *BRAK*, Fragen und Antworten zur DS-GVO und zum BDSG, Dezember 2019, abrufbar unter https://www.brak.de/fileadmin/02_fuer_anwaelte/datenschutz/2019-12-19-faq-dsgvo-anpassung.pdf; *Brisch/Rexin*, Der Auskunftsanspruch nach Art. 15 DS-GVO als Pre-Trial Discovery, BRAK-Mitt. 2021, 348; *CNIL*, Refusing cookies should be as easy as accepting them: the CNIL continues its action and issues new orders, 2021, abrufbar unter https://www.cnil.fr/en/refusing-cookies-should-be-easy-accepting-them-cnil-continues-its-action-and-issues-new-orders; *DSK*, Kurzpapier Nr. 1, Verzeichnis von Verarbeitungstätigkeiten – Art. 30 DS-GVO, 2018, abrufbar unter https://www.datenschutzkonferenz-online.de/media/kp/dsk_kpnr_1.pdf; *DSK*, Kurzpapier Nr. 5, Datenschutz-Folgenabschätzung nach Art. 35 DS-GVO, 2017, abrufbar unter https://www.datenschutzkonferenz-online.de/media/kp/dsk_kpnr_5.pdf; *DSK*, Liste der Verarbeitungstätigkeiten, für die eine DSFA durchzuführen ist, 9.10.2019, abrufbar unter https://www.bfdi.bund.de/SharedDocs/Downloads/DE/Muster/Liste_VerarbeitungsvorgaengeDSK.pdf?__blob=publicationFile&v=5; *DSK*, Orientierungshilfe der Aufsichtsbehörden für Anbieter:innen von Telemedien ab dem 1.12.2021, Stand: 20.12.2021, abrufbar unter https://www.datenschutzkonferenz-online.de/media/oh/20211220_oh_telemedien.pdf; *DSK*, Wesentliche Befunde des Gutachtens von Stephen I. Vladeck vom 15.11.2021 zur Rechtslage in den USA, 25.1.2022, abrufbar unter https://www.datenschutzkonferenz-online.de/media/weitere_dokumente/20220125_dsk_vladek.pdf; *Gasteyer*, Verschwiegenheitspflicht und Datenschutz: Was das Recht von der Kanzlei fordert, AnwBl Online 2019, 557; *GDPRhub*, Commentary to Article 6, 20.5.2022, abrufbar unter https://gdprhub.eu/Article_6_GDPR; *Kazemi*, Daten- und Aktenvernichtung in der Anwaltskanzlei. Regeln zum Umgang mit Alt-Daten und -Akten, 2015; *Keppeler*, Warum Anwälte nach der DS-GVO nicht (zwingend) Ende-zu-Ende verschlüsselt kommunizieren müssen, CR 2019, 18; *Kolb*, Datenschutzrechtliche Auskunftsansprüche Mandant gegen Anwalt – Die Reichweite des datenschutzrechtlichen Auskunftsanspruchs nach Art. 15 DS-GVO, BRAK-Mitt. 2022, 64; *Kühling/Martini*, Die Datenschutz-Grundverordnung: Revolution oder Evolution im europäischen und deutschen Datenschutzrecht?, EuZW 2016, 448; *Kulow*, Datenschutz in der Kanzlei nach der Datenschutzgrundverordnung, Kammerreport RAK Stuttg., 1.3.2018, abrufbar unter https://www.rak-muenchen.de/fileadmin/downloads/01_Rechtsanwaelte/Mitgliederservice/Datenschutz_in_Anwaltskanzleien/Informationsmaterial/Kammerreport_RAK_Stuttgart.pdf; *noyb*, UPDATE on noyb's 101 complaints: Austrian DPA rejects „risk based approach" for data transfers to third countries, 2022, abrufbar unter https://noyb.eu/en/update-noybs-101-complaints-austrian-dpa-rejects-risk-based-approach-data-transfers-third-countries; *Schöttle*, Licht im datenschutzrechtlichen Dunkel?

Ein erster Schritt zur Klärung bei anwaltlicher E-Mail-Kommunikation, BRAK-Mitt. 2/2021, 77; *Schumacher*, Datenschutzrecht und anwaltliches Berufsrecht: Spannungsverhältnis, Zusammenspiel und aktuelle Brennpunkte, BRAK-Mitt. 6/2021, 353; *Vladeck*, Gutachten zum aktuellen Stand des US-Überwachungsrechts und der Überwachungsbefugnisse, 2021, abrufbar unter https://www.datenschutzkonferenz-online.de/media/weitere_dokumente/Vladek_Rechtsgutachten_DSK_de.pdf; *Wagner*, Kanzlei-Homepage und Datenschutz, BRAKMag. 03/2018, 8.

I. Einführung

1 **Datenschutz** ist ein sehr abstrakt geregeltes Rechtsgebiet, das auf Prinzipien (→ Rn. 39) beruht. Entsprechend haben wir die datenschutzrechtlichen Stichworte als eine Art Kurzkommentar mit Legal Tech-spezifischen Einschüben ausgestaltet. Die Einschübe sind optisch hervorgehoben und fassen den vorhergehenden Abschnitt mit einem konkreten Blick auf Legal Tech zusammen. Neben diesem Stichwort sind zusätzlich relevant → *Datenschutz, Compliance* Rn. 1 ff. und → *Datenschutz, Rechte der betroffenen Personen* Rn. 1 ff.

2 **Datenschutz** außerhalb des Anwendungsbereichs der Richtlinie 2016/680[1] (dh grob der **Strafverfolgungsorgane**) wurde mit der **DS-GVO** europaweit harmonisiert. Wegen ihrer zahlreichen Öffnungsklauseln wird die DS-GVO zT als „Richtlinie im Verordnungsgewand"[2] bezeichnet. Daher ist grds. im Vergleich zu anderen europäischen Verordnungen bei der DS-GVO verstärkt auf etwaige nationale Besonderheiten zu achten. In Deutschland ist insbes. das **BDSG** relevant, in Österreich das **DSG**. Daneben treten einige spezialgesetzliche Regelungen, vornehmlich das **TTDSG** in Deutschland und das **TKG** in Österreich. Im Rahmen dieses Kommentars wird nur die DS-GVO im Überblick kommentiert.

3 Die DS-GVO verfolgt gem. Art. 1 Abs. 1 und 2 DS-GVO zwei Ziele: zum einen den **Schutz natürlicher Personen** bei der Verarbeitung (→ Rn. 19) personenbezogener Daten (→ Rn. 8) und zum anderen den **freien Verkehr von personenbezogenen Daten** in der EU.

II. Anwendungsbereich

4 Die DS-GVO gilt **sachlich** gem. Art. 2 Abs. 1 DS-GVO für die ganz oder teilweise **automatisierte Verarbeitung** (→ Rn. 19) personenbezogener Daten (→ Rn. 8) sowie für die **nichtautomatisierte Verarbeitung** personenbezogener Daten, die in einem **Dateisystem** (vgl. Legaldefinition in Art. 4 Nr. 6 DS-GVO) gespeichert sind oder gespeichert werden sollen.

5 **Ausnahmen** finden sich in Art. 2 Abs. 2 DS-GVO. Die wichtigsten Ausnahmen betreffen die gemeinsame Außen- und Sicherheitspolitik (Art. 2 Abs. 2 lit. b DS-GVO), die Verarbeitung zur Bekämpfung von Straftaten (Art. 2 Abs. 2 lit. d DS-GVO) sowie die Verarbeitung durch natürliche Personen zur Ausübung ausschließlich persönlicher oder familiärer Tätigkeiten (die sog. **Haushaltsausnahme,** Art. 2 Abs. 2 lit. c DS-GVO).

6 **Räumlich** verlangt die DS-GVO einen hinreichenden **Unionsbezug** (Art. 3 DS-GVO). Der Bezug ist zum einen durch eine **Niederlassung** des **Verantwortlichen** (→ Rn. 22) oder des **Auftragsverarbeiters** (→ Rn. 30) in der Union gegeben (Art. 3 Abs. 1 DS-GVO), zum anderen gem. dem **Marktortprinzip**, wenn die Verarbeitung eines nicht in der EU ansässigen Verantwortlichen oder Auftragsverarbeiters im Zusammenhang mit dem Angebot von Waren oder Dienstleistungen oder die Beobachtung des Verhaltens in der Union betroffener Personen steht (Art. 3 Abs. 2 DS-GVO). Art. 3 Abs. 3 DS-GVO bezieht Verarbeitungen eines nicht in der EU niedergelassenen Verantwortlichen in dessen räumlichen Anwendungsbereich der DS-GVO ein, sofern an dem Ort der Niederlassung nach **Völkerrecht** das Recht eines Mitgliedstaats gilt, zB in diplomatischen oder konsularischen Vertretungen (vgl. ErwG 25 DS-GVO).

---

1 Richtlinie (EU) 2016/680 des Europäischen Parlaments und des Rates v. 27.4.2016 zum Schutz natürlicher Personen bei der Verarbeitung personenbezogener Daten durch die zuständigen Behörden zum Zwecke der Verhütung, Ermittlung, Aufdeckung oder Verfolgung von Straftaten oder der Strafvollstreckung sowie zum freien Datenverkehr und zur Aufhebung des Rahmenbeschlusses 2008/977/JI des Rates (ABl. L 119, 89).
2 Kühling/Martini EuZW 2016, 448.

Durch Aufnahme in das EWR-Abkommen gilt die DS-GVO auch in den **EWR-Staaten**.[3]   7

III. Datenschutzterminologie

1. Personenbezogene Daten

Personenbezogene Daten sind gem. der **Legaldefinition** des Art. 4 Nr. 1 DS-GVO „alle Informationen, 8 die sich auf eine identifizierte oder identifizierbare natürliche Person (im Folgenden ‚**betroffene Person**') beziehen".

Den Schutz der DS-GVO genießen grds. nur **lebende Personen**; Mitgliedstaaten können jedoch Vorschrif- 9 ten für den Schutz **Verstorbener** vorsehen (vgl. ErwG 27). In Deutschland und Österreich ist dies nicht erfolgt. Unabhängig davon kann es jedoch einen datenschutz-unabhängigen **postmortalen Persönlichkeitsschutz** geben (vgl. für Deutschland zB § 189 StGB; → *Algorithmus* Rn. 24).

a) Identifizierbarkeit

Eine natürliche Person ist **identifizierbar**, wenn sie „direkt oder indirekt, insbesondere mittels Zuordnung 10 zu einer Kennung wie einem Namen, zu einer Kennnummer, zu Standortdaten, zu einer Online-Kennung oder zu einem oder mehreren besonderen Merkmalen, die Ausdruck der physischen, physiologischen, genetischen, psychischen, wirtschaftlichen, kulturellen oder sozialen Identität dieser natürlichen Person sind, identifiziert werden kann".

Ausweislich des ErwG 26 DS-GVO sollen für die **Beurteilung der Identifizierbarkeit** alle Mittel berück- 11 sichtigt werden, die von irgendeiner Person oder Stelle nach allgemeinem Ermessen dafür wahrscheinlich genutzt werden. Diese Beurteilung soll alle **objektiven Faktoren** zum jeweiligen Zeitpunkt der Verarbeitung berücksichtigen, zB die Kosten der Identifizierung und der dafür erforderliche Zeitaufwand.

Eine **dynamische IP-Adresse** kann ein personenbezogenes Datum sein; die Beurteilung hängt davon ab, 12 ob Mittel zur Verfügung stehen, die vernünftigerweise eingesetzt werden könnten, um die betreffende Person anhand der IP-Adresse zu identifizieren. Bei einem Online-Mediendienst, der sich an die zuständige Behörde und den Internetzugangsanbieter wenden kann, um eine behauptete Rechtsverletzung seitens der betroffenen Person zu ahnden, hat der EuGH dies bejaht.[4]

Anonyme Informationen, dh solche, die sich nicht auf eine identifizierte oder identifizierbare natürliche 13 Person beziehen, werden vom Anwendungsbereich der DS-GVO nicht erfasst. Personenbezogene Daten, die einer **Pseudonymisierung** (→ Rn. 20) unterzogen wurden, sind nicht anonym im Sinne der DS-GVO.

Zu berücksichtigen ist, dass eine zunächst nicht identifizierbare Person im Laufe der Zeit identifizierbar 14 werden kann, zB durch **technologischen Fortschritt** oder wegen sonstiger **Änderungen der Umstände der Verarbeitung**. Daher muss stets von neuem überprüft werden, ob es sich bei anonymen Daten weiterhin nicht um personenbezogene Daten handelt.

b) Besondere Kategorien personenbezogener Daten

Sog. **personenbezogene Daten besonderer Kategorien** (Art. 9 DS-GVO, oft auch „sensible Daten" ge- 15 nannt) genießen wegen historischer und gegenwärtiger besonderer **Gefahren für die Grundrechte** (ua Privatsphäre, Nichtdiskriminierung) der betroffenen Person einen erhöhten Schutz. Es handelt sich dabei um personenbezogene Daten, aus denen die **rassische und ethnische Herkunft, politische Meinungen, religiöse oder weltanschauliche Überzeugungen** oder die **Gewerkschaftszugehörigkeit** hervorgehen sowie um **genetische Daten** (vgl. Legaldefinition in Art. 4 Nr. 13 DS-GVO), **biometrische Daten** (vgl. Le-

---

[3] Beschluss des Gemeinsamen EWR-Ausschusses Nr. 154/2018 v. 6.7.2018 zur Änderung des Anhangs XI (Elektronische Kommunikation, audiovisuelle Dienste und Informationsgesellschaft) und des Protokolls 37 (mit der Liste gemäß Artikel 101) des EWR-Abkommens [2018/1022] (ABl. L 183, 23).
[4] EuGH Urt. v. 19.10.2016 – C-582/14, ECLI:EU:C:2016:779 Rn. 38 ff. – Breyer.

galdefinition in Art. 4 Nr. 14 DS-GVO), **Gesundheitsdaten** (vgl. Legaldefinition in Art. 4 Nr. 15 DS-GVO) und Daten zum **Sexualleben** oder der **sexuellen Orientierung**. Die Verarbeitung dieser Kategorien ist ausdrücklich verboten und nur in **Ausnahmefällen** erlaubt (→ Rn. 78).

16 In der alltäglichen Verarbeitung stellt sich schnell die Frage, ob auch die Verarbeitung personenbezogener Daten, die zu einer **indirekten Offenlegung** von sensiblen Daten führen kann, vom Verarbeitungsverbot des Art. 9 Abs. 1 DS-GVO erfasst ist. So lässt die Information, dass ein Mann mit einem Mann oder einer Frau verheiratet ist, den grds. Schluss auf die sexuelle Orientierung der Ehepartner zu. Insbes. mit Blick auf den Zweck der Bestimmung und das Ziel der DS-GVO, einen wirksamen und umfassenden Schutz der Grundrechte und Grundfreiheiten zu gewährleisten, ist von einem **weiten Schutzbereich** auszugehen.[5] Ob der EuGH diese Auslegung bestätigen und dem Schlussantrag des Generalanwalts folgen wird, wonach „das indirekte allgemeine Bekanntwerden einer Information etwa über das Sexualleben oder die sexuelle Orientierung der erklärungspflichtigen Person oder ihres Ehepartners, Lebensgefährten oder Partners nicht als Kollateralschaden angesehen werden [kann], der zwar bedauerlich ist, aber angesichts des Zwecks einer Verarbeitung hingenommen werden kann, die nicht in erster Linie auf sensible Daten gerichtet ist",[6] bleibt abzuwarten.

c) Daten über strafrechtliche Verurteilungen, Straftaten und Sicherungsmaßregeln

17 Gem. Art. 10 S. 1 DS-GVO ebenfalls streng geschützt, sind personenbezogene Daten über **strafrechtliche Verurteilungen und Straftaten oder damit zusammenhängende Sicherungsmaßregeln**. Diese dürfen nur unter behördlicher Aufsicht verarbeitet werden oder wenn die Verarbeitung nach dem Unionsrecht oder dem Recht eines Mitgliedstaats, das geeignete Garantien für die Rechte und Freiheiten der betroffenen Person vorsieht, zulässig ist. Ein umfassendes Register von strafrechtlichen Verurteilungen darf gem. Art. 10 S. 2 DS-GVO nur unter behördlicher Aufsicht geführt werden.

18 In Anlehnung an ErwG 13 der Richtlinie 2016/680 ist der Begriff „Straftaten" als eigenständiger Begriff des Unionsrechts in der Auslegung des EuGHs anzusehen. Maßgeblich für das Vorliegen einer Straftat ist laut EuGH i) die rechtliche Einordnung der Zuwiderhandlung im innerstaatlichen Recht, ii) die Art der Zuwiderhandlung und iii) die Art und der Schweregrad der angedrohten Sanktion.[7] Folglich sind neben dem Kriminalstrafrecht in Deutschland auch **Ordnungswidrigkeiten**, in Österreich **Verwaltungsübertretungen** vom Begriff erfasst. Nicht erforderlich ist, dass die Straftat **schuldhaft** begangen wurde; das Vorliegen des Tatbestands und der Rechtswidrigkeit genügen.[8]

2. Verarbeitung

19 Der Begriff der „**Verarbeitung**" umfasst **sämtliche Vorgänge**, die personenbezogenen Daten unterzogen werden können, unabhängig davon, ob diese automatisiert erfolgen oder nicht (vgl. **Legaldefinition** in Art. 4 Nr. 2 DS-GVO). Beispiele für Verarbeitungsvorgänge sind „das Erheben, das Erfassen, die Organisation, das Ordnen, die Speicherung, die Anpassung oder Veränderung, das Auslesen, das Abfragen, die Verwendung, die Offenlegung durch Übermittlung, Verbreitung oder eine andere Form der Bereitstellung, der Abgleich oder die Verknüpfung, die Einschränkung, das Löschen oder die Vernichtung" und damit auch die Anonymisierung (→ Rn. 21) und Pseudonymisierung (→ Rn. 20). Es gibt keinen denkbaren Vorgang, der nicht unter den Begriff fällt.

3. Pseudonymisierung

20 Gem. der **Legaldefinition** in Art. 4 Nr. 5 DS-GVO ist die **Pseudonymisierung** „die Verarbeitung personenbezogener Daten in einer Weise, dass die personenbezogenen Daten ohne Hinzuziehung zusätzlicher

---

[5] GA Pikamäe Schlussanträge v. 9.12.2021 – C-184/20, ECLI:EU:C:2021:991 Rn. 91 ff.
[6] GA Pikamäe Schlussanträge v. 9.12.2021 – C-184/20, ECLI:EU:C:2021:991 Rn. 91.
[7] EuGH Urt. v. 5.6.2012 – C-489/10, ECLI:EU:C:2012:319 Rn. 37 – Bonda.
[8] BeckOK DatenschutzR/Bäcker DS-GVO Art. 10 Rn. 2; Kühling/Buchner/Weichert DS-GVO Art. 10 Rn. 7; NK DatenschutzR/Weichert DS-GVO Art. 10 Rn. 12.

Informationen nicht mehr einer spezifischen betroffenen Person zugeordnet werden können, sofern diese zusätzlichen Informationen gesondert aufbewahrt werden und technischen und organisatorischen Maßnahmen unterliegen, die gewährleisten, dass die personenbezogenen Daten nicht einer identifizierten oder identifizierbaren natürlichen Person zugewiesen werden".

Bei pseudonymen Daten handelt es sich demnach weiterhin um **personenbezogene Daten**. **Verschlüsselte Daten** sind eine Art von pseudonymen Daten, weil der Schlüssel zur Entschlüsselung eine zusätzliche Information ist, die gesondert aufbewahrt wird, mithin der Legaldefinition der Pseudonymisierung entspricht. Pseudonyme Daten sind von **anonymen Daten** (→ Rn. 13; → *Algorithmus* Rn. 21) zu unterscheiden, bei denen eine Zuordnung der Daten zu einer betroffenen Person grds. nicht (mehr) möglich ist.

4. Verantwortlicher

Der **Verantwortliche** ist der Hauptadressat der datenschutzrechtlichen **Compliance-Pflichten** (→ *Datenschutz, Compliance*), inkl. der Gewährleistung der **Betroffenenrechte** (→ *Datenschutz, Rechte der betroffenen Personen*). Gem. der **Legaldefinition** in Art. 4 Nr. 7 DS-GVO ist der Verantwortliche „die natürliche oder juristische Person, Behörde, Einrichtung oder andere Stelle, die allein oder gemeinsam mit anderen über die **Zwecke und Mittel der Verarbeitung** von personenbezogenen Daten entscheidet; sind die Zwecke und Mittel dieser Verarbeitung durch das Unionsrecht oder das Recht der Mitgliedstaaten vorgegeben, so kann der Verantwortliche bzw. können die bestimmten Kriterien seiner Benennung nach dem Unionsrecht oder dem Recht der Mitgliedstaaten vorgesehen werden".

Die Verantwortlichkeit ist nach **faktischen Elementen** funktional zu bestimmen, so dass vertragliche Vereinbarungen, zB zwischen Unternehmenseinheiten, für sich genommen keine Aussagekraft zur Verantwortlichkeit entfalten. Verantwortlichkeit ist ein dem Datenschutz eigenes Konzept, das unabhängig von anderen, ggf. verwandten Konzepten zu beurteilen ist.[9] Maßgeblich ist also allein, wer tatsächlich über die Zwecke und Mittel der Verarbeitung bestimmt.

Verantwortlichkeit kann allein oder gemeinsam mit einen oder mehreren anderen Stellen vorliegen. Bei der sogenannten **gemeinsamen Verantwortlichkeit** (Art. 26 DS-GVO) kann die Verantwortlichkeit zwischen den Mitverantwortlichen zu unterschiedlichen Graden vorliegen; zudem kann jeder der gemeinsamen Verantwortlichen unterschiedlich stark die Zwecke und Mittel der Verarbeitung bestimmen, sofern jedenfalls ein gemeinsamer Zweck vorliegt.[10]

Andere datenschutzrechtliche Akteure in der DS-GVO, die vom (gemeinsamen) Verantwortlichen **abzugrenzen** sind (vgl. hierzu auch die Legaldefinition des „**Dritten**" in Art. 4 Nr. 10 DS-GVO), sind die betroffene Person (→ Rn. 8), der Auftragsverarbeiter (→ Rn. 30, auch für die Unterscheidung zwischen Auftragsverarbeiter und Verantwortlichem) und die der unmittelbaren Verantwortung des Verantwortlichen oder des Auftragsverarbeiters unterstellten und zur Verarbeitung personenbezogener Daten befugten Personen.

▶ **Praxishinweis Legal Tech:** Die Zuordnung von Datenschutzrollen in Legal Tech Anwendungen erfordert eine Betrachtung der vorhandenen Produkte und Geschäftsmodelle (→ *B2C und B2B (Geschäftsmodelle)* Rn. 1 ff.). Die Analyse des Produkts und der entsprechenden Geschäftsmodelle bietet wertvolle Einblicke in die faktische Architektur jedes einzelnen Legal Tech-Dienstes, die wiederum entscheidend für die Bestimmung der Datenschutzrollen ist.

---

9 EDSA Leitlinien 7/2020 zu den Begriffen „Verantwortlicher" und „Auftragsverarbeiter" in der DS-GVO, Version 2.0, 2021, abrufbar unter https://edpb.europa.eu/our-work-tools/our-documents/guidelines/guidelines-072020-concepts-controller-and-processor-gdpr_de, Rn. 12 f.
10 EDSA Leitlinien 7/2020 zu den Begriffen „Verantwortlicher" und „Auftragsverarbeiter" in der DS-GVO, Version 2.0, 2021, abrufbar unter https://edpb.europa.eu/our-work-tools/our-documents/guidelines/guidelines-072020-concepts-controller-and-processor-gdpr_de, Rn. 50 ff.

27 Inkassounternehmen[11] spielen eine zentrale Rolle im aktuellen Legal Tech-Markt. Ein typisches Merkmal dieser Branche ist, dass ein Gläubiger seine Forderungen an ein Inkassounternehmen „abtritt": entweder im Rahmen einer Vollmacht, den Anspruch in fremdem Namen geltend zu machen (sog. Vollmachtsmodell), oder als echte Abtretung des Anspruches (sog. Inkassozession) (→ *B2C und B2B (Geschäftsmodelle)* Rn. 30).

Beim Vollmachtsmodell kann das Inkassounternehmen entweder als (gemeinsamer) Verantwortlicher oder als Auftragsverarbeiter tätig werden. Die Einordnung hängt davon ab, ob das Inkassounternehmen nur strikten Anweisungen des Anspruchsinhabers befolgt oder eine gewisse Weisungsfreiheit genießt, um die Forderung nach eigenem Ermessen beizutreiben (→ Rn. 32).

Bei der Inkassozession wird das Inkassounternehmen zum Inhaber der Forderung und betreibt diese im eigenen Namen bei. Mit dem ursprünglichen Gläubiger wird ein Geschäftsbesorgungsvertrag eingegangen; dieser trägt als wirtschaftlicher Inhaber der Forderung weiterhin das Ausfallrisiko. Die Hauptaufgabe des Inkassounternehmens besteht idR darin, die ausstehende Forderung außergerichtlich einzutreiben. Sollte dies nicht gelingen und ein gerichtliches Verfahren unausweichlich werden, beauftragt das Inkassounternehmen einen Rechtsanwalt, der sich um den Prozess kümmert. In Anbetracht dieser Gesamtumstände wäre es angemessen, dem Inkassounternehmen die Rolle des Verantwortlichen zuzuweisen. Der ursprüngliche Gläubiger hat keine faktische Kontrolle mehr über den Fall, sobald er seine Forderungen an das Inkassounternehmen abtritt. Letzterer trifft alle wichtigen Entscheidungen über den Lebenszyklus eines Falles: Er übernimmt die außergerichtliche Einigung vollständig und entscheidet, ob und wann es zu einer Klage kommt. Der Anwalt, dem der Fall übertragen wird, wenn eine außergerichtliche Einigung nicht möglich ist, wäre ein Auftragsverarbeiter, da das Inkassounternehmen der Herr des Falles bleibt, sofern angenommen wird, dass der Anwalt wenig eigene Entscheidungsfreiheit hat und gem. strikten Anweisungen des Inkassounternehmens tätig wird. Ansonsten handelt der Anwalt grds. als eigener Verantwortlicher.

28 Ähnlich verhält es sich mit Legal Tech-Unternehmen, die Rechtsberatung und Rechtsdurchsetzung anbieten. Solche Unternehmen bieten allgemeine Beratung und Unterstützung bei allgemeinen Fragen zu Verbraucheransprüchen, die keine Inkasso- und/oder andere juristische Dienstleistungen im engeren Sinne darstellen. Obwohl diese Unternehmen mit Rechtsanwälten zusammenarbeiten, behalten sie die Kontrolle über die faktische Struktur ihrer Dienstleistungen und es wäre daher vertretbar, ihnen die Rolle des Verantwortlichen zuzuweisen. Die mit ihnen zusammenarbeitenden Rechtsanwälte sind eher als Auftragsverarbeiter anzusehen.

29 Bei Marketingplattformen sollen Nachfrager und Anbieter von Rechtsdienstleistungen zusammengebracht werden. Die typischen Vermittlungsplattformen[12] machen das Profil eines Anwalts sichtbar, sodass potenzielle Mandanten, die an seinen spezifischen Dienstleistungen interessiert sind, ihn identifizieren und mit ihm in Kontakt treten können. Hier kann unterschieden werden: Wenn es darum geht, den ersten Kontakt zwischen dem Mandanten und dem Anwalt zu erleichtern, hat die Plattform die faktische Kontrolle über die gesamte Situation. In diesem Sinne übernimmt sie die Rolle des Verantwortlichen für alle Verarbeitungen, die in diesem Zusammenhang stattfinden. Wenn jedoch der Mandant und der Rechtsanwalt, nachdem sie über die Plattform verbunden wurden, einen unabhängigen Kommunikationskanal aufbauen, hat die Plattform keine faktische Kontrolle mehr über die Verarbeitung. Es ist dann der Anwalt selbst, der die Kontrolle und damit die Rolle des Verantwortlichen einnimmt. Es gibt jedoch auch Plattformen, die nicht direkt zwischen Mandanten und Anwälten vermitteln, sondern Anwälte nutzen, um digitale Rechtsdienstleistungen zu erbringen. Solange die Plattform die Kontrolle über den Sachverhalt behält und kein direkter Kontakt zwischen dem Mandanten und dem mit dem Fall befassten Anwalt besteht oder ein sol-

---

11 Siehe zB https://www.wenigermiete.de/ und https://www.flightright.de/.
12 Siehe zB https://www.123recht.de/, https://www.anwalt.de/ sowie https://www.anwalt24.de/.

cher Kontakt von der Plattform erleichtert und kontrolliert wird, wäre die Plattform der Verantwortliche. Der Rechtsanwalt wird wiederum auf die Rolle des Auftragsverarbeiters beschränkt sein. ◄

5. Auftragsverarbeiter

Der Auftragsverarbeiter ist gem. der **Legaldefinition** des Art. 4 Nr. 8 DS-GVO „eine natürliche oder juristische Person, Behörde, Einrichtung oder andere Stelle, die personenbezogene Daten **im Auftrag** des Verantwortlichen verarbeitet". 30

Daraus folgt, dass es sich bei dem Auftragsverarbeiter um eine **rechtlich unterschiedliche Stelle** zum Verantwortlichen handeln muss.[13] Zudem muss die Verarbeitung den Interessen des Verantwortlichen dienen – das Gesetz sieht den Auftragsverarbeiter als verlängerte Hand des Verantwortlichen, in dessen Namen der Auftragsverarbeiter tätig wird.[14] Dies wird ua daraus ersichtlich, dass der Auftragsverarbeiter zwar ein **Empfänger** (vgl. Legaldefinition in Art. 4 Nr. 9 DS-GVO), aber im Verhältnis zum Verantwortlichen kein **Dritter** (vgl. Legaldefinition in Art. 4 Nr. 10 DS-GVO) ist. Die Rechtmäßigkeit der Verarbeitung (→ Rn. 40) leitet sich daher unmittelbar vom Verantwortlichen ab; der Auftragsverarbeiter benötigt keine eigene **Rechtmäßigkeitsbedingung** (→ Rn. 55).[15] 31

Nicht jede **Auslagerung** einer Dienstleistung erfolgt als Auftragsdatenverarbeitung. Keine Auftragsverarbeitung liegt zB vor, wenn die Verarbeitung personenbezogener Daten nur inzident erfolgt und kein Schlüsselelement der Dienstleistung ist oder wenn die Art der Dienstleistung verlangt, dass der Dienstleister Zwecke und Mittel der Verarbeitung zu einem Großteil selbstständig bestimmt. In solchen Fällen kann der Dienstleister getrennt Verantwortlicher sein.[16] Ein Rechtsanwalt, der im Rahmen einer Vertretung personenbezogene Daten der Gegenpartei und Zeugen verarbeitet, wird bspw. regelmäßig (getrennt) Verantwortlicher sein, weil er die personenbezogenen Daten weisungsfrei für die Wahrnehmung des Mandats verarbeiten wird (vgl. §§ 1 ff. BRAO). 32

Zwischen dem Auftragsverarbeiter und dem Verantwortlichen muss grds. ein **Auftragsdatenverarbeitungsvertrag** (→ *Datenschutz, Compliance* Rn. 24) geschlossen werden (Art. 28 DS-GVO). 33

▶ **Praxishinweis Legal Tech:** Stets muss unterschieden werden, ob der Abnehmer einer Legal Tech-Dienstleistung unter die Haushaltsausnahme (→ Rn. 5) fällt, dh, selbst betroffene Person ist, oder ob der Abnehmer der Dienstleistung selbst Verantwortlicher ist. Im ersten Fall wird der Dienstleister grds. Verantwortlicher sein. Im letzten Fall hängt es von der Dienstleistung selbst ab. Je mehr die angebotene Dienstleistung einer echten Rechtsberatung ähnelt, desto wahrscheinlich ist es, dass die Dienstleistung als Verantwortliche auftritt. Denn nur in diesen Fällen ist die Eigenständigkeit des Dienstleisters groß genug, um nicht als Auftragsverarbeiter (→ Rn. 30) qualifiziert zu werden. Marktplätze und Expertenportale werden, je nach konkreter Ausgestaltung, entweder eigenständig Verantwortliche oder mit den dortigen Anbietern zusammen gemeinsam Verantwortliche ggü. den Abnehmern sein, welche unter die Haushaltsausnahme fallen. ◄ 34

---

13 EDSA Leitlinien 7/2020 zu den Begriffen „Verantwortlicher" und „Auftragsverarbeiter" in der DS-GVO, Version 2.0, 2021, abrufbar unter https://edpb.europa.eu/our-work-tools/our-documents/guidelines/guidelines-072020-concepts-controller-and-processor-gdpr_de, Rn. 77.
14 EDSA Leitlinien 7/2020 zu den Begriffen „Verantwortlicher" und „Auftragsverarbeiter" in der DS-GVO, Version 2.0, 2021, abrufbar unter https://edpb.europa.eu/our-work-tools/our-documents/guidelines/guidelines-072020-concepts-controller-and-processor-gdpr_de, Rn. 79 f.
15 EDSA Leitlinien 7/2020 zu den Begriffen „Verantwortlicher" und „Auftragsverarbeiter" in der DS-GVO, Version 2.0, 2021, abrufbar unter https://edpb.europa.eu/our-work-tools/our-documents/guidelines/guidelines-072020-concepts-controller-and-processor-gdpr_de, Rn. 80.
16 EDSA Leitlinien 7/2020 zu den Begriffen „Verantwortlicher" und „Auftragsverarbeiter" in der DS-GVO, Version 2.0, 2021, abrufbar unter https://edpb.europa.eu/our-work-tools/our-documents/guidelines/guidelines-072020-concepts-controller-and-processor-gdpr_de, Rn. 82 ff.

6. Verletzung des Schutzes personenbezogener Daten

35 Gem. der **Legaldefinition** des Art. 4 Nr. 12 DS-GVO ist eine **Verletzung des Schutzes personenbezogener Daten** „eine Verletzung der Sicherheit, die, ob unbeabsichtigt oder unrechtmäßig, zur Vernichtung, zum Verlust, zur Veränderung, oder zur unbefugten Offenlegung von beziehungsweise zum unbefugten Zugang zu personenbezogenen Daten führt, die übermittelt, gespeichert oder auf sonstige Weise verarbeitet wurden". Oft wird auch von einer „**Datenpanne**" gesprochen.

36 Der Begriff der „Sicherheit" wird in der DS-GVO nicht definiert, wenngleich öfters verwendet. Aus dem Zusammenhang der Verwendungen, vornehmlich in Art. 5 Abs. 1 lit. f DS-GVO (Integrität und Vertraulichkeit (→ Rn. 53)) und in Art. 32 DS-GVO (Sicherheit der Verarbeitung (→ *Datenschutz, Compliance* Rn. 79)), wird ersichtlich, dass damit eine **technische Sicherheit** gemeint ist.

37 Für eine Verletzung ist allein das **objektive Vorliegen** der Tatbestandsmerkmale maßgeblich; die subjektive Rechtswidrigkeit auf Seiten des Verantwortlichen oder des Auftragsverarbeiters ist irrelevant.

38 **Rechtsfolge** einer Verletzung des Schutzes personenbezogener Daten können die **Melde-** (→ *Datenschutz, Compliance* Rn. 84) **und Benachrichtigungspflichten** (→ *Datenschutz, Compliance* Rn. 87) der Art. 33 und 34 DS-GVO sein. Die Pflichten hängen davon ab, wie hoch die Risiken für die Rechte und Freiheiten der betroffenen Personen durch die Verletzung sind.

IV. Verarbeitungsprinzipien

39 Die DS-GVO baut auf sieben **Verarbeitungsprinzipien** auf (Art. 5 DS-GVO).

1. Rechtmäßigkeit, Verarbeitung nach Treu und Glauben, Transparenz

40 Das Prinzip von **Rechtmäßigkeit, Verarbeitung nach Treu und Glauben, Transparenz** ist in Art. 5 Abs. 1 lit. a DS-GVO festgehalten. Die Verarbeitung von personenbezogenen Daten unterliegt einem **Verbot mit Erlaubnisvorbehalt**. Damit eine Verarbeitung **rechtmäßig** ist, muss ein Erlaubnistatbestand erfüllt sein (→ Rn. 55; für personenbezogene Daten besonderer Kategorien → Rn. 78). Zudem muss eine Verarbeitung **Treu und Glauben** entsprechen; dieses Gebot ist in der DS-GVO nicht näher spezifiziert, der Gedanke ist jedoch den entsprechenden zivilrechtlichen Grundsätzen angelehnt. Manifestation des **Transparenzgebots** sind insbes. Die **Informationspflichten und -rechte** der Art. 13 und Art. 14 DS-GVO (→ *Datenschutz, Rechte der betroffenen Personen* Rn. 12).

41 ▶ Praxishinweis Legal Tech: Besondere Schwierigkeiten für die Erfüllung der Prinzipien von Treu und Glauben und Transparenz bereiteten oft Anwendungen, die enorme Mengen von personenbezogenen Daten verarbeiten (→ *Big Data* Rn. 1 ff.), bzw. Verarbeitungen unter der Verwendung eines komplizierten → *Algorithmus* Rn. 1 ff. oder → *Künstliche Intelligenz (KI)* Rn. 1 ff. In solchen Fällen empfiehlt es sich, die Kernelemente der Verarbeitung in möglichst klarer und einfacher Sprache zu vermitteln. Je überraschender eine Anwendung ist, desto intensiver muss darüber informiert werden. Werden bei einem Rechtsberatungsprodukt die Erfolgsaussichten u.a. anhand der personenbezogenen Daten aller Beteiligten kalkuliert, muss entsprechend über die allgemeine Logik informiert werden sowie ob ggf. Daten von Drittquellen ergänzend herangezogen werden. ◀

2. Zweckbindung

42 Der Grundsatz der **Zweckbindung** nach Art. 5 Abs. 1 lit. b DS-GVO bestimmt, dass personenbezogene Daten nur für **festgelegte, eindeutige und legitime Zwecke** erhoben werden dürfen. Die **weitere Verarbeitung** darf nicht mit den ursprünglichen Zwecken unvereinbar sein. Art. 6 Abs. 4 lit. a bis e DS-GVO gibt Anhaltspunkte, um eine **Vereinbarkeit** zu bestimmen: (a) etwaige Verbindungen zwischen den Zwecken und die Zwecke der Weiterverarbeitung; (b) den Kontext der ursprünglichen Erhebung; (c) die Art der personenbezogenen Daten, insbes., ob es sich um sensible Daten (→ Rn. 15) handelt; (d) die möglichen Folgen der Weiterverarbeitung für die betroffene Person; (e) das Vorliegen von Garantien, wie Verschlüsselung. Verarbeitungen für im öffentlichen Interesse liegende **Archivzwecke**, für wissenschaftliche oder

historische **Forschungszwecke** oder für **statistische Zwecke** gelten gem. Art. 89 Abs. 1 DS-GVO nicht als unvereinbar mit den ursprünglichen Zwecken.

▶ **Praxishinweis Legal Tech:** Das Prinzip der Zweckbindung kann schnell durch → *Big Data* Rn. 1 ff. basierte Anwendungen gefährdet sein, weil die Verarbeitung großer Mengen an Daten, Erkenntnisse für Zwecke liefern kann, die nicht unbedingt vom ursprünglichen Zweck der Erhebung gedeckt sind, insbes. aus Sicht der betroffenen Person. Entsprechend muss genau auf die Rechtsgrundlage (→ Rn. 55) sowie auf die Gebote von Treu und Glauben und Transparenz (→ Rn. 40) für die weitere Verarbeitung geachtet werden. So wird ein Forderungsdurchsetzungsunternehmen sicherlich Interesse daran haben, die personenbezogenen Daten sämtlicher Geschäftsvorfälle zur Verbesserung seiner Wahrscheinlichkeitsanalyse einer erfolgreichen Durchsetzung zu analysieren. Hier stellt sich die Frage, ob diese weitere Verarbeitung mit dem ursprünglichen Zweck der Forderungsdurchsetzung vereinbar ist (wohl ja). ◀

3. Datenminimierung

Das Prinzip der **Datenminimierung** in Art. 5 Abs. 1 lit. c DS-GVO besagt, dass nur die für die Zwecke der Verarbeitung angemessenen und erheblichen Daten erhoben werden dürfen. Für den jeweiligen Zweck nicht erforderliche Daten dürfen nicht verarbeitet werden; eine Erhebung von Daten „auf Vorrat" für einen noch unbestimmten Zweck verstößt gegen das Prinzip der Datenminimierung.

▶ **Praxishinweis Legal Tech:** Besondere Probleme bestehen hinsichtlich Legal Tech nicht, auch nicht bei → *Big Data* Rn. 1 ff. Analysen, sofern der passende Zweck (→ Rn. 42) entsprechend festgelegt wurde und eine Rechtsgrundlage (→ Rn. 55) für die Verarbeitung vorliegt. ◀

4. Richtigkeit

Gem. dem Grundsatz der **Richtigkeit** in Art. 5 Abs. 1 lit. d DS-GVO haben personenbezogene Daten sachlich richtig und aktuell zu sein und zu bleiben. **Unrichtige Daten** müssen unverzüglich gelöscht oder berichtigt werden.

5. Speicherbegrenzung

Erhobene Daten dürfen gem. dem Prinzip der **Speicherbegrenzung** des Art. 5 Abs. 1 lit. e DS-GVO nur so lange gespeichert werden, wie sie für die jeweiligen Verarbeitungszwecke erforderlich sind. Eine Speicherung für im öffentlichen Interesse liegende **Archivzwecke** oder für wissenschaftliche und historische **Forschungszwecke** oder für **statistische Zwecke** ist gem. Art. 89 Abs. 1 DS-GVO möglich.

▶ **Praxishinweis Legal Tech:** Die Erbringung digitaler Rechtsdienstleistungen über Legal Tech-Anwendungen wirft die Frage auf, ob der Dienstleister berechtigt oder sogar verpflichtet ist, personenbezogene Daten des Mandanten oder Dritter zu speichern, und wenn ja, für wie lange. Die Antwort auf diese Frage hängt von der Art der Daten und dem Kontext der Verarbeitung ab. Mandatsbezogene oder sonstige Aufbewahrungspflichten sind dem Berufsrecht sowie dem allgemeinen Recht zu entnehmen. Solche Aufbewahrungspflichten setzen die zeitliche Obergrenze der Verarbeitung bei Legal Tech-Unternehmen und sind deshalb auch für die Einhaltung des Prinzips der Speicherbegrenzung gem. Art. 5 Abs. 1 lit. e DS-GVO relevant.

Legal Tech-Unternehmen werden grds. die personenbezogenen Daten ihrer Kunden oder Dritten im Rahmen ihrer vertraglichen Verpflichtung zur Erbringung von Rechtsdienstleistungen verarbeiten. Für solche Daten und in diesem Zusammenhang ist § 50 Abs. 1 S. 2 und 3 BRAO zu beachten. Gem. § 50 Abs. 1 S. 2 und 3 BRAO sollen Rechtsdienstleister die Handakten für die Dauer von sechs Jahren aufbewahren. Die Frist beginnt mit Ablauf des Kalenderjahres, in dem der Auftrag beendet wurde. Das Gleiche gilt im Allgemeinen auch für alle Dokumente, die ein Rechtsdienstleister aus Anlass seiner beruflichen Tätigkeit von dem Auftraggeber oder für ihn erhalten hat (§ 50 Abs. 2 S. 1 BRAO). Im Gegenteil, nach § 50 Abs. 2 S. 4 BRAO gibt es keine Aufbewahrungspflicht für die

Korrespondenz zwischen dem Rechtsanwalt und seinem Auftraggeber sowie für die Dokumente, die der Auftraggeber bereits in Urschrift oder Abschrift erhalten hat.

50 Vor dem Inkrafttreten der DS-GVO wurde in der Literatur vertreten, dass aus haftungsrechtlichen Gründen und gem. § 199 BGB, auch wenn hinsichtlich der sonstigen Teile der Handakte keine Aufbewahrungspflichten aus der BRAO abzuleiten sind, mandatsbezogene oder sonstige Dokumente und/oder Kommunikationen zwischen den Mandanten und dem Dienstleister aufzubewahren seien.[17] Die Speicherfrist beträgt höchstens zehn Jahre.[18] Diese Auslegung scheint auch nach dem Inkrafttreten der DS-GVO zutreffend.

51 Schließlich sind auch sonstige Aufbewahrungspflichten aus dem Bereich des Steuerrechts zu berücksichtigen. Nach § 14b UstG hat der Unternehmer ein Doppel der Rechnung, die er selbst oder ein Dritter in seinem Namen und für seine Rechnung ausgestellt hat sowie alle Rechnungen, die er erhalten oder, die ein Leistungsempfänger oder in dessen Namen und für dessen Rechnung ein Dritter ausgestellt hat, zehn Jahre aufzubewahren.

52 Daraus sind folgende Schlussfolgerungen zu ziehen:
- Die Speicherbegrenzung bestimmt sich danach, ob ein Legal Tech-Unternehmen aus mandatsbezogenen oder sonstigen Gründen personenbezogene Daten aufbewahren soll.
- Im Rahmen eines Mandats sind § 50 Abs. 1 und 2 BRAO anzuwenden. Handakten sind für sechs Jahre nach der Beendigung des Auftrags aufzubewahren. Das Gleiche gilt auch im Allgemeinen für alle Dokumente, die ein Rechtsdienstleister aus Anlass seiner beruflichen Tätigkeit von dem Auftraggeber, oder für ihn, erhalten hat.
- Im Gegenteil gibt es keine Aufbewahrungspflicht für die Korrespondenz zwischen dem Rechtsanwalt und seinem Auftraggeber sowie für die Dokumente, die der Auftraggeber bereits in Urschrift oder Abschrift erhalten hat.
- Aus dem allgemeinen Haftungsrecht ist abzuleiten, dass Handakten und sonstige Dokumente und/oder Kommunikationen mit den Mandanten für höchstens zehn Jahre aufbewahrt werden können (vgl. § 199 Abs. 3 BGB).
- Sonstige Fristen sind dem Steuerrecht zu entnehmen (zB § 14b UstG).
- Bei allen oben genannten Fällen ist grds. der Legal Tech-Dienstleister in der Lage, personenbezogene Daten auf bestimmte Zeit zu verarbeiten, ohne das Prinzip der Speicherbegrenzung nach Art. 5 Abs. 1 lit. e DS-GVO zu verletzen. ◄

6. Integrität und Vertraulichkeit

53 Der Grundsatz von **Integrität und Vertraulichkeit** in Art. 5 Abs. 1 lit. f DS-GVO verlangt technische und organisatorische Maßnahmen zum Schutz der verarbeiteten personenbezogenen Daten vor unbefugter oder unrechtmäßiger Verarbeitung und vor unbeabsichtigtem Verlust, unbeabsichtigter Zerstörung oder unbeabsichtigter Schädigung (→ Rn. 79). In Bezug auf die Besonderheiten der Vertraulichkeit im Rahmen von Rechtsdienstleistungen wird auf (→ *Datenschutz, Compliance* Rn. 2 ff.) verwiesen.

7. Rechenschaftspflicht

54 Schließlich verlangt Art. 5 Abs. 2 DS-GVO im Rahmen der **Rechenschaftspflicht**, dass der Verantwortliche für die Einhaltung sämtlicher Grundsätze verantwortlich ist und diese Einhaltung auch, idR durch schriftliche Dokumentation, nachweisen muss.

---

17 Dazu Kazemi, Daten- und Aktenvernichtung in der Anwaltskanzlei, 2015, S. 3, 5.
18 Vgl. die Verjährungsregelung in § 199 Abs. 3 BGB.

V. Rechtmäßigkeit der Verarbeitung

Eine Verarbeitung ist nur rechtmäßig, wenn mindestens eine der nachfolgend erläuterten **Rechtmäßigkeitsbedingungen** des Art. 6 Abs. 1 DS-GVO erfüllt ist. Werden **besondere Kategorien personenbezogener Daten** (→ Rn. 15) verarbeitet, muss zusätzlich eine Ausnahmeerlaubnis nach Art. 9 Abs. 2 DS-GVO vorliegen (→ Rn. 78). Es gibt keine Hierarchie zwischen den Rechtmäßigkeitsbedingungen.

1. Einwilligung

Die **Einwilligung** nach Art. 6 Abs. 1 lit. a DS-GVO ist Ausdruck des Rechts auf **informationelle Selbstbestimmung**. Die **Legaldefinition** der Einwilligung findet sich in Art. 4 Nr. 11 DS-GVO. Eine Einwilligung ist „jede freiwillig (→ Rn. 57) für den bestimmten Fall (→ Rn. 58), in informierter Weise (→ Rn. 59) und unmissverständlich (→ Rn. 60) abgegebene Willensbekundung in Form einer Erklärung oder einer sonstigen eindeutigen bestätigenden Handlung, mit der die betroffene Person zu verstehen gibt, dass sie mit der Verarbeitung der sie betreffenden personenbezogenen Daten einverstanden ist".

Eine Einwilligung ist **freiwillig**, wenn die betroffene Person eine echte Wahl hat, sie zu erteilen oder nicht zu erteilen. Die Freiwilligkeit ist zu verneinen, wenn die Verweigerung der Einwilligung mit einem nicht unerheblichen Nachteil verbunden ist. Bei der Erörterung der Freiwilligkeit ist dem sog. **Kopplungsverbot** (→ Rn. 63) in größtmöglichem Umfang Rechnung zu tragen.

Eine Einwilligung ist für den **bestimmten Fall** erteilt, wenn sie für einen konkreten Datenverarbeitungszweck erteilt wird.[19] Die Bestimmtheit ist **objektiv** zu bestimmen; die Einwilligung muss der betroffenen Person ermöglichen, sich ein Bild über die Verarbeitung und deren Chancen und Risiken zu machen. **Generelle bzw. pauschale Einwilligungen** scheitern insoweit an der Bestimmtheit, weil der Zweck nicht ausreichend granular ist.

Das **subjektive** Gegenstück zur Bestimmtheit der Einwilligung ist die Informiertheit.[20] Eine in **informierter Weise** erteilte Einwilligung liegt vor, wenn die betroffene Person über die Verarbeitung hinreichend informiert wurde. Als Richtschnur für die Reichweite der zu erteilenden Informationen können die **Informationspflichten** der Art. 13 und Art. 14 DS-GVO dienen. Die Mindestinformationen umfassen die Identität des Verantwortlichen; den Zweck der jeweils ersuchten Verarbeitung; die Art der verarbeiteten Daten; das Bestehen des Rechts, die Einwilligung zu widerrufen (→ *Datenschutz, Rechte der betroffenen Personen* Rn. 24); ggf. Informationen über → *Entscheidungsfindung, automatisierte* Rn. 1 ff.; und ggf. Angaben zu den Risiken, sofern die Einwilligung für eine Datenübermittlung (→ *Datenschutz, Compliance* Rn. 56) ersucht wird.

Eine Willensbekundung kann mündlich, schriftlich, durch Klicken oder durch eine sonstige Handlung erteilt werden – die Bekundung muss nur **unmissverständlich** sein. Dies verlangt jedenfalls eine bewusste Tätigkeit der betroffenen Person; Schweigen kann daher niemals als Einwilligung ausgelegt werden.[21]

Weitere Anforderungen an eine wirksame Einwilligung sind in Art. 7 DS-GVO bestimmt. Die **Beweislast** für eine Einwilligung liegt gem. Art. 7 Abs. 1 DS-GVO beim Verantwortlichen. Art. 7 Abs. 2 S. 1 DS-GVO stellt klar, dass eine Einwilligung, die durch eine **schriftliche Erklärung** erfolgt und die noch andere Sachverhalte betrifft, nur wirksam ist, wenn das Ersuchen um die Einwilligung in verständlicher und leicht zugänglicher Form, in einer klaren und einfachen Sprache erfolgt und zusätzlich von den anderen Sachverhalten klar zu unterscheiden ist (Art. 7 Abs. 2 S. 1 DS-GVO).

---

19 EDSA Leitlinien 5/2020 zur Einwilligung gemäß Verordnung 2016/679, Version 1.1, 2020, abrufbar unter https://edpb.europa.eu/our-work-tools/our-documents/guidelines/guidelines-052020-consent-under-regulation-2016679_de, Rn. 55 ff.
20 NK-DatenschutzR/Klement DS-GVO Art. 7 Rn. 72.
21 EDSA Leitlinien 5/2020 zur Einwilligung gemäß Verordnung 2016/679, Version 1.1, 2020, abrufbar unter https://edpb.europa.eu/our-work-tools/our-documents/guidelines/guidelines-052020-consent-under-regulation-2016679_de, Rn. 75 ff.

62 Der **Widerruf** einer Einwilligung ist gem. Art. 7 Abs. 3 DS-GVO jederzeit mit Wirkung für die Zukunft, dh ohne Rückwirkung, möglich. Dies ist der betroffenen Person vor der Abgabe ihrer Einwilligung mitzuteilen. Schließlich muss der Widerruf der Einwilligung so einfach sein, wie deren Erteilung. Die analoge Anwendung dieses Rechtsgedankens führt dazu, dass die **Ablehnung** einer Einwilligung genauso einfach sein muss, wie deren Erteilung.[22]

63 Art. 7 Abs. 4 DS-GVO regelt das praxisrelevante **Kopplungsverbot**, wonach eine Einwilligung nicht derart erzwungen werden darf, dass bspw. „die Erfüllung eines Vertrags, einschließlich der Erbringung einer Dienstleistung, von der Einwilligung zu einer Verarbeitung von personenbezogenen Daten abhängig ist, die für die Erfüllung des Vertrags nicht erforderlich sind". Die **Erforderlichkeit** einer Verarbeitung ist an der **objektiven Natur** des Vertrages bzw. der Dienstleistung zu messen. Sofern die Verarbeitung für die objektiv zu bestimmende **Kernleistung** der Dienstleistung bzw. des Vertrages erforderlich ist, liegt kein Verstoß gegen das Kopplungsverbot vor. Durch den Fokus auf die objektive Natur und damit auf die Kernleistung wird verhindert, dass das Kopplungsverbot derart umgangen werden kann, dass eine Verarbeitung vertraglich, zB in AGB, „vereinbart" wird, wodurch die Verarbeitung „erforderlich" werden soll.[23]

64 Dem Verantwortlichen obliegt die Pflicht **nachzuweisen**, dass eine erteilte Einwilligung für die jeweilige Datenverarbeitung vorliegt (Art. 7 Abs. 1 DS-GVO). Hierzu können Tools zum **Einwilligungsmanagement** (→ *Datenschutz, Compliance* Rn. 23) behilflich sein.

2. Vertrag

65 Sofern eine Verarbeitung „für die **Erfüllung eines Vertrags**, dessen Vertragspartei die betroffene Person ist, [erforderlich ist,] oder zur **Durchführung vorvertraglicher Maßnahmen**, die auf Anfrage der betroffenen Person erfolgen" erforderlich ist, ist die jeweilige Verarbeitung gem. Art. 6 Abs. 1 lit. b DS-GVO erforderlich.

66 Die **Erforderlichkeit** ist objektiv anhand der Natur des Vertrages bzw. dessen Kernleistung zu bestimmen (→ Rn. 63). Daher kann eine Erforderlichkeit nicht beliebig durch die Einführung von entsprechenden Vertragsklauseln, etwa im Rahmen von allgemeinen Geschäftsbedingungen, erweitert werden (→ Rn. 63).[24]

3. Rechtliche Verpflichtung, lebenswichtige Interessen, Aufgabe im öffentlichen Interesse oder Ausübung öffentlicher Gewalt

67 Art. 6 Abs. 1 lit. c DS-GVO erlaubt eine Verarbeitung, wenn diese zur Erfüllung einer **rechtlichen Verpflichtung** des Verantwortlichen erforderlich ist. Ein Beispiel dafür ist die handelsrechtliche Aufzeichnungspflicht.

68 Entsprechend dem Gedanken, dass der Datenschutz der **Wahrung lebenswichtiger Interessen** einer natürlichen Person nicht im Wege stehen darf, ist gem. Art. 6 Abs. 1 lit. d DS-GVO eine Verarbeitung rechtmäßig, wenn diese erforderlich ist, „um lebenswichtige Interessen der betroffenen Person oder einer anderen natürlichen Person zu schützen".

69 Gem. Art. 6 Abs. 1 lit. e DS-GVO ist eine Verarbeitung rechtmäßig, „für die Wahrnehmung einer Aufgabe erforderlich, die im **öffentlichen Interesse** liegt oder in **Ausübung öffentlicher Gewalt** erfolgt, die dem Verantwortlichen übertragen wurde".

---

22 Vgl. CNIL, Refusing cookies should be as easy as accepting them, 2021, abrufbar unter https://www.cnil.fr/en/refusing-cookies-should-be-easy-accepting-them-cnil-continues-its-action-and-issues-new-orders.
23 Kühling/Buchner/Kühling/Buchner DS-GVO Art. 7 Rn. 46 ff.
24 GDPRhub, Commentary to Article 6, 20.5.2022, abrufbar unter https://gdprhub.eu/index.php?title=Article_6_GDPR.

4. Berechtigte Interessen

Eine Verarbeitung ist gem. Art. 6 Abs. 1 lit. f DS-GVO rechtmäßig, wenn diese „zur Wahrung der **berechtigten Interessen** des Verantwortlichen oder eines Dritten erforderlich [ist], sofern nicht die Interessen oder Grundrechte und Grundfreiheiten der betroffenen Person, die den Schutz personenbezogener Daten erfordern, überwiegen, insbesondere dann, wenn es sich bei der betroffenen Person um ein Kind handelt". 70

Erforderlich ist also: 1) das Vorliegen von **berechtigten Interessen**; 2) die **Erforderlichkeit** der Verarbeitung für deren Wahrung; 3) eine **Abwägung** zwischen den Interessen und den gegen die Verarbeitung stehenden Interessen oder Grundrechten und Grundfreiheiten der betroffenen Person. 71

Berechtigte Interessen sind solche, die von der Rechtsordnung anerkannt sind. Sie müssen zum Zeitpunkt der Verarbeitung vorliegen, dh entstanden und vorhanden sein; rein hypothetische Interessen genügen nicht.[25] Die Interessen können die des Verantwortlichen sein oder auch eines Dritten; Behörden und andere **Hoheitsträger** können sich für die Ausübung ihrer hoheitlichen Aufgaben jedoch gem. Art. 6 Abs. 1 Uabs. 2 DS-GVO nicht auf berechtigte Interessen berufen (vgl. auch ErwG 47 S. 5 DS-GVO). Die betroffene Person hat ein **Widerspruchsrecht** (→ *Datenschutz, Rechte der betroffenen Personen* Rn. 71) gegen eine auf berechtigte Interessen gestützte Verarbeitung. 72

Interessen können **geschäftlicher Natur** sein (Kundenpflege, Betrugsbekämpfung, vgl. ErwG 47 S. 2, S. 6, S. 7 DS-GVO). ErwG 49 DS-GVO nennt auch die **Netz- und Informationssicherheit** als mögliches Interesse. **Ideelle Interessen** und **Interessen rechtlicher Natur**, zB die Durchsetzung von Forderungen[26] sowie sogar **öffentliche Interessen,** wie zB die Korruptionsbekämpfung, gelten ebenfalls als berechtigt. 73

Die **Erforderlichkeit** der Verarbeitung an der Wahrung der Interessen ist gegeben, wenn die Verarbeitung sich auf die absolut notwendigen Daten beschränkt.[27] 74

Gem. ErwG 47 S. 1 Hs. 2 DS-GVO sind für die **Abwägung** die **vernünftigen Erwartungen** der betroffenen Person zu berücksichtigen. Die EDSA hat gegenwärtig noch keine Leitlinien zum Begriff des berechtigten Interesses und zur erforderlichen Abwägung erlassen. Zudem hat sie auch nicht die *Stellungnahme 06/2014 (WP 217) zum Begriff des berechtigten Interesses des für die Verarbeitung Verantwortlichen gemäß Artikel 7 der Richtlinie 95/46/EG* des Vorgängergremiums der sog. Art.-29-Datenschutzgruppe gebilligt, die dennoch als Gerüst herangezogen werden kann. Der EuGH hat zur Abwägung festgestellt, dass diese grds. die **konkreten Umstände des betreffenden Einzelfalls** berücksichtigen muss und, dass die Mechanismen, die es ermöglichen, einen angemessenen Ausgleich zu finden, in der DS-GVO selbst festgelegt sind – ohne diese jedoch näher zu spezifizieren.[28] 75

▶ **Praxishinweis Legal Tech:** Legal Tech-Unternehmen können personenbezogene Daten aus verschiedenen Quellen erhalten. Dies hat Auswirkungen auf die Rechtmäßigkeit der Verarbeitung. Legal Tech-Unternehmen können Daten direkt aus der Akte des Falles erheben, meist auf der Grundlage der Schilderungen ihrer Mandanten. In diesem Fall stellt die Rechtmäßigkeit der Verarbeitung kein Problem dar. In den meisten Fällen wird der Verarbeitungsgrund des Art. 6 Abs. 1 lit. b DS-GVO anwendbar sein, da Legal Tech-Unternehmen in der Tat personenbezogene Daten auf der Grundlage der Erfüllung ihrer vertraglichen Verpflichtungen (vor allem Rechtsberatung und/oder Rechtsdurchsetzung) gegenüber ihren Kunden verarbeiten werden. 76

Die Situation ist weniger einfach, wenn Legal Tech-Unternehmen personenbezogene Daten aus externen Quellen (zB Datenpools) erhalten. In solchen Fällen scheint die Einwilligung der betroffenen Person (Art. 6 Abs. 1 lit. a DS-GVO) oder der Verarbeitungsgrund der Erfüllung vertraglicher Verpflichtungen (Art. 6 Abs. 1 lit. b DS-GVO) unangebracht. Für die Beschaffung und Verarbeitung von 77

---

25 EuGH Urt. v. 11.12.2019 – C-708/18, ECLI:EU:C:2019:1064 Rn. 44 – TK.
26 EuGH Urt. v. 4.5.2017 – C-13/16, ECLI:EU:C:2017:336 Rn. 29 – Valsts policijas Rīgas; EuGH Urt. v. 17.6.2021 – C-597/19, ECLI:EU:C:2021:492 Rn. 108 – Mircom.
27 EuGH Urt. v. 17.6.2021 – C-597/19, ECLI:EU:C:2021:492 Rn. 110 – Mircom.
28 EuGH Urt. v. 17.6.2021 – C-597/19, ECLI:EU:C:2021:492 Rn. 111 f – Mircom.

Daten aus Drittquellen müssen sich Legal Tech-Unternehmen vor allem auf den Verarbeitungsgrund der berechtigten Interessen nach Art. 6 Abs. 1 lit. f DS-GVO stützen. Dieser Verarbeitungsgrund beruht auf einer Abwägung der berechtigten Interessen des Verantwortlichen gegenüber den Interessen oder Grundrechten und Grundfreiheiten der betroffenen Person. Es ist zu beachten, dass Art. 6 Abs. 1 lit. f DS-GVO ausdrücklich die Berücksichtigung der berechtigten Interessen Dritter zulässt. Im Falle von Legal Tech-Unternehmen könnten diese also neben ihrem eigenen berechtigten Interesse, ihre Dienste anzubieten, auch das Interesse ihrer Kunden an der Befriedigung ihrer Rechtsansprüche stellen.[29] Damit könnten sie ein stärkeres Argument für die Rechtmäßigkeit der Verarbeitung vorbringen. Die Abwägung könnte zugunsten eines Legal Tech-Unternehmens ausfallen, wenn sich die relevanten personenbezogenen Daten auf den direkten Gegner ihres Kunden beziehen. Das gleiche Ergebnis könnte nicht so einfach zu erzielen sein, wenn Daten (unbeteiligter) Dritter verarbeitet werden. ◀

VI. Rechtmäßigkeit der Verarbeitung besonderer Kategorien personenbezogener Daten

78 Die Rechtmäßigkeit der **Verarbeitung besonderer Kategorien personenbezogener Daten** (→ Rn. 78) richtet sich nach Art. 9 DS-GVO. Umstritten ist, ob die dort genannten Ausnahmen vom allgemeinen Verarbeitungsverbot zusätzlich zu den allgemeinen Rechtmäßigkeitsbedingungen des Art. 6 DS-GVO oder an deren Stelle treten.[30]

1. Einwilligung

79 Im Vergleich zur Einwilligung nach Art. 6 Abs. 1 lit. a DS-GVO (→ Rn. 56) muss eine Einwilligung nach Art. 9 Abs. 2 lit. a DS-GVO nicht nur „unmissverständlich", sondern **„ausdrücklich"** erteilt werden. Ansonsten gelten die dort gemachten Ausführungen.

80 ▶ **Praxishinweis Legal Tech:** Als Ausgestaltung des Transparenzgebotes (→ Rn. 40) ist bei der Einwilligung der Informiertheit besonders Rechnung zu tragen. Insbes. bei Verarbeitungen, die auf → *Algorithmus* Rn. 1 ff., inkl. künstlicher Intelligenz und → *Big Data* Rn. 1 ff. beruhen, muss ausreichend über die Art der Verarbeitung informiert werden, damit die betroffene Person eine informierte Entscheidung treffen kann. In den meisten Fällen wird eine Einwilligung nur für die Verarbeitung von besonderen Kategorien in Frage kommen, weil ansonsten für „herkömmliche" Kategorien personenbezogener Daten grds. entweder auf die vertragliche Erforderlichkeit oder berechtigte Interessen zurückgegriffen werden kann. ◀

2. Arbeitsrecht, soziale Sicherheit, Sozialschutz

81 Eine weitere Ausnahme vom Verarbeitungsverbot liegt gem. Art. 9 Abs. 2 lit. b DS-GVO vor, wenn die Verarbeitung erforderlich ist, damit der Verantwortliche oder die betroffene Person die ihm bzw. ihr aus dem **Arbeitsrecht** und dem **Recht der sozialen Sicherheit und des Sozialschutzes** erwachsenden Rechte ausüben und seinen bzw. ihren diesbezüglichen Pflichten nachkommen kann.

82 Die Verarbeitung muss überdies nach **Unionsrecht oder dem Recht der Mitgliedstaaten** oder einer **Kollektivvereinbarung** nach dem Recht der Mitgliedstaaten, das geeignete Garantien für die Grundrechte und die Interessen der betroffenen Person vorsieht, zulässig sein.

3. Schutz lebenswichtiger Interessen

83 Art. 9 Abs. 2 lit. c DS-GVO lässt eine Verarbeitung selbstverständlich auch dann zu, sofern die betroffene Person aus körperlichen oder rechtlichen Gründen außerstande ist, ihre Einwilligung zu geben, die Verarbeitung aber zum **Schutz lebenswichtiger Interessen** der betroffenen Person oder einer anderen natürlichen Person erforderlich ist.

---

29 Vgl. auch Art. 9 Abs. 2 lit. b und f DS-GVO.
30 Zu dieser Debatte ausführlich Schwartmann/Jaspers/Thüsing/Kugelmann/Mühlenbeck DS-GVO Art. 9 Rn. 20 ff.

4. Bestimmte Organisationen ohne Gewinnerzielungsabsicht

Gem. Art. 9 Abs. 2 lit. d DS-GVO gilt das Verbot nicht, wenn die Verarbeitung durch eine **politisch, weltanschaulich, religiös oder gewerkschaftlich** ausgerichtete Organisation **ohne Gewinnerzielungsabsicht** im Rahmen ihrer rechtmäßigen Tätigkeiten erfolgt. Des Weiteren muss sich die Verarbeitung ausschließlich auf die Mitglieder oder ehemalige Mitglieder der Organisation oder auf Personen, die im Zusammenhang mit deren Tätigkeitszweck regelmäßige Kontakte mit ihr unterhalten, beziehen. Schließlich dürfen die personenbezogenen Daten **nicht ohne Einwilligung der betroffenen Personen nach außen offengelegt** werden. Mit Blick auf die Definition des Art. 4 Nr. 10 DS-GVO, wonach Auftragsverarbeiter keine Dritte sind, ist von der Privilegierung auch die Verarbeitung durch Auftragsverarbeiter umfasst.

84

5. Offensichtlich öffentlich gemacht

Nach Art. 9 Abs. 2 lit. e DS-GVO gilt das Verbot nicht, sofern die Verarbeitung sich „auf personenbezogene Daten [bezieht], die die betroffene Person **offensichtlich öffentlich** gemacht hat".

85

Zusätzlich zum Erfordernis, dass die betroffene Person die Daten **selbst** öffentlich gemacht haben muss und für dessen Vorliegen der Verantwortliche rechenschaftspflichtig (→ Rn. 54) ist, ist wegen des Prinzips der **Zweckbindung** (→ Rn. 42) zu verlangen, dass der Verantwortliche die Daten für den gleichen oder für einen mit dem ursprünglichen Zweck zu vereinbarenden Zweck verarbeitet.

86

Eine betroffene Person wird regelmäßig nicht dazu in der Lage sein, einzuschätzen oder gar vorherzusehen, welche Informationen für welche Zwecke aus einem bestimmten Datensatz gegenwärtig oder zukünftig gewonnen werden können (Stichwort „Big Data"). Ohne eine **enge Auslegung** des Ausnahmetatbestands und dem damit gewonnenen Schutz ihrer personenbezogenen Daten würde eine betroffene Person stets Gefahr laufen, dass ihre Teilnahme am öffentlichen Diskurs zu einer unvorhersehbaren Gefahr für ihre Rechte und Freiheiten werden könnte, denn aus den öffentlich gemachten Daten könnten weitergehende Informationen gewonnen werden, die sie niemals öffentlich gemacht hätte.

87

6. Verteidigung von Rechtsansprüchen und Handlungen der Gerichte

Sofern die Verarbeitung zur Geltendmachung, Ausübung oder Verteidigung von **Rechtsansprüchen** oder bei Handlungen der **Gerichte** im Rahmen ihrer justiziellen Tätigkeit erforderlich ist, gilt das Verbot gem. Art. 9 Abs. 2 lit. f DS-GVO nicht. Sinn und Zweck der Vorschrift ist es, die Funktionsfähigkeit der Justiz zu bewahren.

88

Der Begriff des Rechtsanspruchs ist **unionsrechtlich** auszulegen und umfasst jedenfalls sämtliche **subjektive Rechte**, unabhängig ob diese zivilrechtlicher oder öffentlich-rechtlicher Natur sind.

89

▶ Praxishinweis Legal Tech: Im Kern wird die Rechtmäßigkeit davon abhängen, ob die Verarbeitung *erforderlich* ist. Dafür muss die Legal Tech-Anwendung einen unmittelbaren Zusammenhang zum Rechtsanspruch bzw. dem justiziellen Handeln der Gerichte vorweisen. Marktplätze und Expertenportale werden eher dem Anspruch nicht genügen, Kanzleimanagementsoftware, eDiscovery und Dokumentenanalyse aber wohl eher schon. ◀

90

7. Erhebliches öffentliches Interesse

Gem. Art. 9 Abs. 2 lit. g DS-GVO gilt das Verbot nicht, wenn die Verarbeitung aus Gründen eines **erheblichen öffentlichen Interesses** erforderlich ist. Die Verarbeitung muss auf der **Grundlage des Unionsrechts oder des Rechts eines Mitgliedstaats**, das in angemessenem Verhältnis zu dem verfolgten Ziel steht, den Wesensgehalt des Rechts auf Datenschutz zu wahren und angemessene und spezifische Maßnahmen zur Wahrung der Grundrechte und Interessen der betroffenen Person vorsieht, beruhen.

91

8. Gesundheitsvorsorge und Arbeitsmedizin

Gem. Art. 9 Abs. 2 lit. h DS-GVO gilt das Verbot nicht, sofern eine Verarbeitung für Zwecke der **Gesundheitsvorsorge oder der Arbeitsmedizin**, für die Beurteilung der **Arbeitsfähigkeit des Beschäftigten**, für

92

die **medizinische Diagnostik**, die **Versorgung oder Behandlung im Gesundheits- oder Sozialbereich** oder für die **Verwaltung von Systemen und Diensten im Gesundheits- oder Sozialbereich** erforderlich ist.

93 Die Verarbeitung muss auf der Grundlage des Unionsrechts oder des Rechts eines Mitgliedstaats oder aufgrund eines Vertrags mit einem Angehörigen eines Gesundheitsberufs beruhen.

94 Des Weiteren müssen die in Art. 9 Abs. 3 DS-GVO genannten Bedingungen und Garantien eingehalten sein, dh die Daten müssen von **Fachpersonal** oder unter dessen Verantwortung verarbeitet werden und dieses Fachpersonal muss nach dem Unionsrecht oder dem Recht eines Mitgliedstaats oder den Vorschriften nationaler zuständiger Stellen dem **Berufsgeheimnis** unterliegen. Eine Verarbeitung durch andere Personen ist möglich, sofern diese ebenfalls nach dem Unionsrecht oder dem Recht eines Mitgliedstaats oder den Vorschriften nationaler zuständiger Stellen einer **Geheimhaltungspflicht** unterliegen.

9. Öffentliches Interesse im Bereich der öffentlichen Gesundheit

95 Gem. Art. 9 Abs. 2 lit. i DS-GVO gilt das Verbot nicht, sofern eine Verarbeitung aus Gründen **öffentlichen Interesses im Bereich der öffentlichen Gesundheit** erforderlich ist. Als Beispiele werden der Schutz vor schwerwiegenden grenzüberschreitenden Gesundheitsgefahren oder die Gewährleistung hoher Qualitäts- und Sicherheitsstandards bei der Gesundheitsversorgung und bei Arzneimitteln und Medizinprodukten genannt.

96 Die Verarbeitung muss zudem auf der **Grundlage des Unionsrechts oder des Rechts eines Mitgliedstaats**, das angemessene und spezifische Maßnahmen zur Wahrung der Rechte und Freiheiten der betroffenen Person, insbes. des Berufsgeheimnisses, vorsieht, erfolgen.

97 Gem. Art. 9 Abs. 2 lit. j DS-GVO gilt das Verbot nicht, sofern die Verarbeitung auf der **Grundlage des Unionsrechts oder des Rechts eines Mitgliedstaats**, das in angemessenem Verhältnis zu dem verfolgten Ziel steht, den Wesensgehalt des Rechts auf Datenschutz wahrt und angemessene und spezifische Maßnahmen zur Wahrung der Grundrechte und Interessen der betroffenen Person vorsieht, für im öffentlichen Interesse liegende **Archivzwecke**, für **wissenschaftliche oder historische Forschungszwecke** oder für **statistische Zwecke** gemäß Art. 89 Abs. 1 DS-GVO erforderlich ist.

10. Mitgliedstaatliche Bedingungen

98 Mitgliedstaaten können gem. Art. 9 Abs. 4 DS-GVO zusätzliche **Bedingungen und Beschränkungen** einführen oder aufrechterhalten, soweit die Verarbeitung von **genetischen, biometrischen oder Gesundheitsdaten** betroffen ist.

11. Geeignete Garantien bzw. angemessene und spezifische Maßnahmen

99 Viele der Ausnahmen verlangen zusätzlich, dass die umsetzenden Rechte der Union bzw. der Mitgliedstaaten die Rechte und Interessen der betroffenen Person durch „**geeignete Garantien**" bzw. „**angemessene und spezifische Maßnahmen**" gewährleisten. Als Beispiel hierfür wird das Berufsgeheimnis oder eine andere Geheimhaltungspflicht genannt. Anderweitig in der DS-GVO, zB in ErwG 156 S. 3, werden als geeignete Garantien technische Maßnahmen genannt, zB die Pseudonymisierung (→ Rn. 20).

VII. Aufsicht, Durchsetzung und Haftung

100 Aufsicht über Einhaltung der Datenschutzpflichten hat die **zuständige Aufsichtsbehörde**. Die Zuständigkeit richtet sich nach den Art. 55 und 56 DS-GVO, dh grds. ist die Aufsichtsbehörde des Mitgliedstaats zuständig, in der sich die **Haupt- oder einzige Niederlassung** der verarbeitenden Stelle befindet.

101 Dennoch kann eine betroffene Person eine **Beschwerde** bei jeder Aufsichtsbehörde einreichen, insbes. in dem Mitgliedstaat ihres Aufenthaltsorts, ihres Arbeitsplatzes oder des Orts des mutmaßlichen Verstoßes (Art. 77 Abs. 1 DS-GVO), sofern sie der Ansicht ist, dass die Verarbeitung ihrer personenbezogenen Daten

gegen die DS-GVO verstößt. Weicht die gewählte Aufsichtsbehörde von der zuständigen Aufsichtsbehörde ab, ist die zuständige Aufsichtsbehörde die **federführende Aufsichtsbehörde**, die andere eine **betroffene Aufsichtsbehörde**. Die Zusammenarbeit der beteiligten Aufsichtsbehörden ist in Kapitel VII der DS-GVO geregelt.

Aufsichtsbehörden haben umfassende **Untersuchungs- und Abhilfebefugnisse** (Art. 58 Abs. 1 und Abs. 2 DS-GVO). **Geldbußen** können gem. Art. 83 DS-GVO, je nach **Art des Verstoßes** (Art. 58 Abs. 4 bzw. Abs. 5 DS-GVO), von bis zu 10 000 000 EUR bzw. 20 000 000 EUR oder im Fall eines Unternehmens, von bis zu 2 % bzw. 4 % seines gesamten, weltweit erzielten Jahresumsatzes des vorangegangenen Geschäftsjahrs verhängt werden, je nachdem, welcher der jeweiligen Beträge höher ist. 102

Zusätzlich zur aufsichtsrechtlichen Beschwerde haben betroffene Personen gem. Art. 79 Abs. 1 DS-GVO das Recht auf einen wirksamen **gerichtlichen Rechtsbehelf**. Gem. 79 Abs. 2 DS-GVO sind die Gerichte des Mitgliedstaats zuständig, in dem der Verantwortliche oder der Auftragsverarbeiter eine **Niederlassung** hat oder wahlweise (außer gegen Behörden in Ausübung ihrer hoheitlichen Befugnisse) in dem Mitgliedstaat, in dem die betroffene Person ihren **Aufenthaltsort** hat. 103

Gem. Art. 82 Abs. 1 DS-GVO hat jede Person, der wegen eines Verstoßes gegen die DS-GVO ein materieller oder immaterieller Schaden entstanden ist, einen Anspruch auf **Schadensersatz** gegen den Verantwortlichen oder den Auftragsverarbeiter. Dabei haftet ein Auftragsverarbeiter gem. Art. 82 Abs. 2 S. 2 DS-GVO nur dann, wenn er die speziell den Auftragsverarbeitern auferlegten Pflichten aus der DS-GVO missachtet hat bzw. den rechtmäßigen Anweisungen des Verantwortlichen nicht nachgekommen ist. 104

Verantwortlicher und Auftragsverarbeiter sind gem. Art. 82 Abs. 3 DS-GVO von der **Haftung befreit**, wenn sie nachweisen, dass sie in keinerlei Hinsicht für den eingetretenen Schaden verantwortlich sind. Mehrere Verantwortliche und Auftragsverarbeiter haften gem. Art. 82 Abs. 4 DS-GVO im **Außenverhältnis** ggü. der betroffenen Person grundsätzlich gemeinsam, damit ein wirksamer Schadensersatz für die betroffene Person sichergestellt ist; im **Innenverhältnis** bemisst sich die Haftung dagegen gem. Art. 82 Abs. 5 DS-GVO nach dem Grad der Verantwortung für den Schaden. 105

▶ **Praxishinweis Legal Tech:** Auch die Feststellung von Datenschutzverstößen und die Erstellung von Beschwerden kann durch Legal Tech vereinfacht werden, wie vom gemeinnützigen Verein *noyb – Europäisches Zentrum für Digital Rechte* verfolgt. Bekanntestes Bsp. ist das Projekt zur automatischen Auffindung von DS-GVO-widrigen Cookie Bannern und die WeComply-Platform, mit der Verantwortliche ihre Behebung der Verstöße dem Verein melden können, um somit einer Beschwerde zu entgehen. ◀ 106

22. Datenschutz, Compliance

Dahi/Revolidis

I. Compliance-Pflichten im Allgemeinen	1
II. Berufsrecht und die DS-GVO	2
III. Benennung eines Datenschutzbeauftragten	9
IV. Datenschutzerklärungen	16
V. Datenschutz durch Technikgestaltung und durch datenschutzfreundliche Voreinstellungen	19
VI. Datenschutz-Dashboard	22
VII. Einwilligungs-/Consent-Management	23
VIII. Auftragsdatenverarbeitungsvertrag	24
1. Bindung an dokumentierte Weisungen	32
2. Vertraulichkeits-/Verschwiegenheitsverpflichtung der Personen, die zur Verarbeitung befugt sind	34
3. Ergreifung von technischen und organisatorischen Sicherheitsmaßnahmen	35
4. Vorherige Genehmigung von Unterauftragsverarbeitern	36
5. Unterstützung mit Betroffenenrechten	37
6. Unterstützung mit Sicherheitsverpflichtungen	38
7. Rückgabe und Löschung der personenbezogenen Daten nach Abschluss der Verarbeitung	39
8. Unterstützung bei Audits	40
9. Hinweispflicht bei datenschutzwidriger Verarbeitung	43
IX. Unterauftragsverarbeiter	44
X. Datenübermittlungen in Drittländer	47
1. Angemessenheitsbeschlüsse	52
2. Geeignete Garantien	53
3. Standarddatenschutzklauseln	54
4. Verbindliche interne Datenschutzvorschriften	55
5. Ausnahmen für bestimme Fälle	56
6. Übermittlungen auf der Grundlage gerichtlicher Urteile oder verwaltungsrechtlicher Entscheidungen eines Drittlands	57
7. Exkurs: Datenübermittlungen in die USA	58
XI. Verzeichnis der Verarbeitungstätigkeiten	62
XII. Datenschutz-Folgenabschätzungen und vorherige Konsultationen	66
1. Datenschutz-Folgeabschätzung	67
2. Vorherige Konsultation	76
XIII. Sicherheit der Verarbeitung	79
XIV. Pflichten bei einer Verletzung des Schutzes personenbezogener Daten	82
1. Meldepflichten	84
2. Benachrichtigungspflichten	87

Literatur: Siehe das Literaturverzeichnis zu → *Datenschutz, allgemein* Rn. 1 ff.

I. Compliance-Pflichten im Allgemeinen

1 Sowohl für Verantwortliche (→ *Datenschutz, allgemein* Rn. 22) als auch Auftragsverarbeiter (→ *Datenschutz, allgemein* Rn. 30) bestehen zahlreiche **Compliance-Pflichten**. Zwar werden im Folgenden Praxishinweise zu ausgewählten Themen gegeben, wegen des Umfangs der Pflichten wird im Übrigen auf den Katalog der Bußgeld-bewehrten Verstöße in Art. 83. Abs. 4 und 5 DS-GVO verwiesen, welche insbes. die folgenden Vorschriften umfassen:

- **Pflichten für Verantwortliche**: Art. 5, 6, 7, 8, 9, 11, 12–22, 25–39, 42, 43, 44–49, Kapitel IX DS-GVO.
- **Pflichten für Auftragsverarbeiter**: Art. 27, 28, 29, 30, 31, 32, 33, 35, 36, 37–39, 44–49 DS-GVO.

II. Berufsrecht und die DS-GVO

2 Die Einführung von Software und anderen technologischen Lösungen für die Erbringung **juristischer Dienstleistungen** macht deutlich, wie wichtig das berufliche Verhalten dieser Dienstleister ist. Rechtsdienstleistungen werden bereits durch ein Netz von berufsrechtlichen Vorschriften geregelt.[1] Vor der DS-GVO war umstritten, ob Rechtsanwälte im Rahmen der Erbringung ihrer Dienstleistungen an das Datenschutzrecht gebunden waren oder ob die berufsrechtlichen Bestimmungen das Datenschutzrecht vollständig verdrängen würden.[2]

---

1 Charakteristisch § 43 BRAO: „Der Rechtsanwalt hat seinen Beruf gewissenhaft auszuüben. Er hat sich innerhalb und außerhalb des Berufes der Achtung und des Vertrauens, welche die Stellung des Rechtsanwalts erfordert, würdig zu erweisen."
2 Kulow, Datenschutz in der Kanzlei nach der Datenschutzgrundverordnung, Kammerreport RAK Stuttg., 1.3.2018, abrufbar unter https://www.rak-muenchen.de/fileadmin/downloads/01_Rechtsanwaelte/Mitgliederservice/Datenschutz_in_Anwaltskanzleien/Informationsmaterial/Kammerreport_RAK_Stuttgart.pdf.

Die DS-GVO hat die Frage geklärt.[3] Das Datenschutzrecht gilt auch für Anwälte und damit auch für die Anwendungen und sonstige Werkzeuge, die sie zur Erbringung ihrer Dienstleistungen einsetzen. Es gibt keine Ausnahme für juristische Dienstleistungen vom Anwendungsbereich der DS-GVO (→ *Datenschutz, allgemein* Rn. 4). **Rechtsdienstleistungen** fallen daher in den Anwendungsbereich der DS-GVO. Soweit personenbezogene Daten verarbeitet werden, müssen sie die Bestimmungen der DS-GVO und des jeweiligen nationalen Rechts (BDSG, DSG) einhalten und gleichzeitig die einschlägigen berufsrechtlichen Bestimmungen. 3

Auf den ersten Blick ist die Beziehung zwischen dem Datenschutz und dem **anwaltlichen Berufsrecht** eindeutig. Bspw. bestimmt § 1 Abs. 2 BDSG klar: „Andere Rechtsvorschriften des Bundes über den Datenschutz gehen den Vorschriften dieses Gesetzes vor. Regeln sie einen Sachverhalt, für den dieses Gesetz gilt, nicht oder nicht abschließend, finden die Vorschriften dieses Gesetzes Anwendung. Die Verpflichtung zur Wahrung gesetzlicher Geheimhaltungspflichten oder von Berufs- oder besonderen Amtsgeheimnissen, die nicht auf gesetzlichen Vorschriften beruhen, bleibt unberührt". 4

Mit dieser Bestimmung hat der deutsche Gesetzgeber von Art. 90 DS-GVO Gebrauch gemacht und das Datenschutzrecht mit den nationalen Vorschriften zum **Berufsgeheimnis** in Einklang gebracht. Bei Überschneidungen genießen die Berufsgeheimnisregelungen grds. Vorrang.[4] Dennoch gibt es immer noch Grauzonen, in denen das Verhältnis zwischen dem Datenschutzrecht und den Gesetzen zur Regelung der Erbringung von Rechtsdienstleistungen nicht immer eindeutig ist. 5

Ein erster Konfliktbereich dreht sich um die verschiedenen Informations-, Transparenz- und Rechenschaftspflichten, die das Datenschutzrecht vorsieht (insbes. Art. 12–15, 30, 33 und 34 DS-GVO). Juristische Dienstleistungen werden traditionell unter dem Schutz des Berufsgeheimnisses erbracht (§ 43a Abs. 2 BRAO und § 2 Abs. 1 BORA). In der Hinsicht wurde zu Recht festgestellt, dass das Datenschutzrecht und das juristische Berufsrecht **widersprüchliche Ziele** verfolgen.[5] Sowohl die DS-GVO als auch die nationalen Rechtsvorschriften scheinen eine gewisse Entlastung bei solchen Konflikten zu bieten: Art. 14 Abs. 5 lit. d DS-GVO sieht vor, dass die in dieser Vorschrift genannten Informationen nicht erteilt werden, wenn personenbezogene Daten aufgrund einer unionsrechtlichen oder mitgliedstaatlichen Geheimhaltungspflicht vertraulich zu behandeln sind. Eine solche, durch mitgliedstaatliches Recht geregelte Geheimhaltungspflicht stellt § 43a II BRAO dar. Zudem beschneidet § 29 BDSG die Reichweite der Informationsrechte (→ *Datenschutz, Rechte der betroffenen Personen* Rn. 12 ff.) und sogar ggf. die Verpflichtung, die gegnerische Partei über Datenschutzvorfälle (→ Rn. 82 ff.) zu benachrichtigen. 6

Ein zweiter Konfliktbereich betrifft das Problem der **Aufsicht**. Die Erbringung von Rechtsdienstleistungen ist traditionell von einer starken staatlichen Aufsicht ausgenommen (vgl. § 1 BRAO). Anwälte unterstehen hauptsächlich den Rechtsanwaltskammern und Anwaltsgerichten. Der Datenschutz hingegen wird hauptsächlich von den Datenschutzbehörden durchgesetzt und überwacht (→ *Datenschutz, allgemein* Rn. 100). Wäre es möglich, die Anbieter von Legal-Tech-Diensten solchen Behörden zu unterstellen? Diese Frage scheint unbeantwortet zu bleiben. Man könnte eine gewisse Sympathie für die Auffassung aufbringen, dass das berufliche Verhalten von Rechtsdienstleistern (einschließlich der Verarbeitung personenbezogener Daten) in der Zuständigkeit von Anwaltskammern und Anwaltsgerichten verbleiben sollte.[6] In der Tat gibt es bereits Rechtsprechung, die eine solche Annahme stützen könnte. In einem Fall, der vor Anwendung der DS-GVO entschieden wurde, hat das AnwG Berlin entschieden, dass ein Datenschutzverstoß auch einen Verstoß gegen das Berufsrecht darstellt.[7] Die Entscheidung stützte sich auf § 43 BRAO, den das Gericht als Vorschrift verstand, die ua ein datenschutzkonformes Verhalten von Rechtsanwälten bei der Ausübung ihrer Tätigkeit oder der Vermarktung ihrer Dienstleistungen vorschreibt. 7

---

3 Gasteyer AnwBl Online 2019, 557 (558).
4 Gasteyer AnwBl Online 2019, 557 (558).
5 Schumacher BRAK-Mitt. 2001, 353 (354).
6 Schumacher BRAK-Mitt. 2001, 353 (356).
7 AnwG Berlin Beschl. v. 5.3.2018 – 1 AnwG 34/16, BeckRS 2018, 11237.

8 Schließlich gibt es konkrete Bereiche, in denen die **Digitalisierung von Rechtsdienstleistungen** Probleme sui generis schafft. Die am meisten diskutierte Frage in diesem Zusammenhang ist die der E-Mail-Kommunikation. Vereinfacht ausgedrückt stellt sich die Frage, ob der Erbringer juristischer Dienstleistungen bei der Nutzung digitaler Kommunikationsmittel, insbes. **E-Mail**, eine Ende-zu-Ende-Verschlüsselung einsetzen muss. Die Meinungen in diesem Bereich gehen weit auseinander. Mehrere Datenschutzbehörden scheinen die Idee einer durchgängigen Ende-zu-Ende-Verschlüsselung zu befürworten.[8] Eine aktuelle Entscheidung des VG Mainz stellt diese Ansicht in Frage.[9] Das Gericht verfolgte einen eher risikobasierten Ansatz und stellte fest, dass die von den E-Mail-Dienstanbietern verwendete Standard-Transportschicht-Sicherheit datenschutzkonform ist, wenn die E-Mails keine sensiblen Daten (→ *Datenschutz, allgemein* Rn. 15) enthalten.[10] Enthält dagegen eine E-Mail[11] sensible Daten, müssten besondere Schutzmaßnahmen ergriffen werden, weil eine Transportverschlüsselung keine ausreichende Sicherheit bieten würde.[12]

III. Benennung eines Datenschutzbeauftragten

9 Gem. Art. 37 Abs. 1 lit. a bis c DS-GVO hat ein Verantwortlicher oder ein Auftragsverarbeiter einen **Datenschutzbeauftragten** verpflichtend zu benennen, wenn (a) die Verarbeitung von einer **Behörde oder öffentlichen Stelle** durchgeführt wird, mit Ausnahme von Gerichten, die im Rahmen ihrer justiziellen Tätigkeit handeln; (b) die Art, der Umfang und/oder die Zwecke der Verarbeitung eine **umfangreiche, regelmäßige und systematische Überwachung** von betroffenen Personen erforderlich macht und diese Verarbeitung zur **Kerntätigkeit** des Verantwortlichen oder Auftragsverarbeiters gehört; oder (c) die Kerntätigkeit des Verantwortlichen oder des Auftragsverarbeiters in der umfangreichen Verarbeitung **besonderer Kategorien von Daten** (→ *Datenschutz, allgemein* Rn. 15) oder von personenbezogenen Daten über **strafrechtliche Verurteilungen und Straftaten** (→ *Datenschutz, allgemein* Rn. 17) besteht.

10 In **Deutschland** bestimmt § 38 Abs. 1 BDSG ergänzend, dass ein Datenschutzbeauftragter zu benennen ist, wenn entweder (1) idR mindestens 20 Personen ständig mit der automatisierten Verarbeitung personenbezogener Daten beschäftigt sind (wobei die Art der Anstellung, zB in Teilzeit oder als Rechtsreferendar, irrelevant ist); (2) die Verarbeitungstätigkeiten einer DSFA (→ Rn. 67) unterliegen; oder (3) personenbezogene Daten geschäftsmäßig zum Zweck der Übermittlung, der anonymisierten Übermittlung, oder für Zwecke der Markt- oder Meinungsforschung verarbeitet werden.

11 Mit Blick auf Art. 37 Abs. 1 lit. b DS-GVO ist als **Kerntätigkeit** jede Verarbeitung zu sehen, die nicht nur eine (ggf. notwendige) Unterstützungsfunktion für die Haupttätigkeiten darstellt, sondern wegen seiner Natur untrennbar damit verbunden ist.[13] Für eine Auslegung der Begriffe „**umfangreiche Verarbeitung**" und „**systematische Überwachung**" kann auf die DSFA verwiesen werden (→ Rn. 67).

12 Art. 37 Abs. 2 DS-GVO gestattet die Benennung eines Datenschutzbeauftragten für eine **Unternehmensgruppe**, sofern die Erreichbarkeit des Datenschutzbeauftragten von jeder Niederlassung aus leicht erreichbar ist; ähnliches gilt gem. Art. 37 Abs. 3 DS-GVO für **Behörden und öffentliche Stellen**. Der gleiche Gedanke überträgt Art. 37 Abs. 4 DS-GVO für **Verbände** hinsichtlich der Verbands-Mitglieder.[14]

13 Der Datenschutzbeauftragte kann gem. Art. 37 Abs. 6 DS-GVO entweder als **interner oder als externer Datenschutzbeauftragter** benannt werden, dh entweder als Angestellter, oder im Rahmen eines Dienstleistungsvertrags. Ausschlaggebend ist gem. Art. 37 Abs. 5 DS-GVO lediglich, dass der Datenschutzbeauf-

---

8 Keppeler CR 2019, 18.
9 VG Mainz Urt. v. 17.12.2020 – 1 K 778/19.MZ, openJur 2021, 5473 Rn. 45.
10 VG Mainz Urt. v. 17.12.2020 – 1 K 778/19.MZ, openJur 2021, 5473 Rn. 42 f.
11 Die Argumentation des VG Mainz könnte man auch auf andere digitale Kommunikationsmethoden übertragen.
12 Das VG Mainz hat allerdings nicht ausdrücklich eine Ende-zu-Ende Verschlüsselung gefordert. Was man unter besonderen Schutzmaßnahmen verstehen sollte, blieb unklar. Siehe dazu die Anmerkung von Schöttle BRAK-Mitt. 2021, 77 (79).
13 EDSA Leitlinien in Bezug auf Datenschutzbeauftragte („DSB"), WP 243 rev.01, 2017, abrufbar unter https://www.datenschutzkonferenz-online.de/media/wp/20170405_wp243_rev01.pdf, S. 8; Erwgr. 97 S. 2 DS-GVO.
14 Kühling/Buchner/Bergt DS-GVO Art. 37 Rn. 31.

tragte entsprechendes **Fachwissen und Fähigkeiten** hat, um seine Rolle und die in Art. 39 DS-GVO genannten Aufgaben erfolgreich wahrzunehmen. Art. 38 Abs. 6 DS-GVO erlaubt es dem Datenschutzbeauftragten, auch andere Aufgaben und Pflichten für den Verantwortlichen bzw. Auftragsverarbeiter wahrzunehmen, sofern diese nicht zu einem **Interessenskonflikt** führen. Ein Interessenskonflikt wird idR dann vorliegen, wenn die anderen Aufgaben und Pflichten Entscheidungen hinsichtlich Verarbeitungstätigkeiten umfassen. Daher sind CXOs und Inhaber und Partner einer Kanzlei grds. von der Benennung ausgeschlossen.

Der Datenschutzbeauftragte ist gem. Art. 38 Abs. 3 DS-GVO **unabhängig**; hinsichtlich der Ausübung seiner Aufgaben darf er keine Anweisungen erhalten. 14

Die **Kontaktdaten** des Datenschutzbeauftragten sind gem. Art. 37 Abs. 7 DS-GVO zu veröffentlichen und der Aufsichtsbehörde mitzuteilen. 15

IV. Datenschutzerklärungen

Mit der **Datenschutzerklärung** kommt ein Verantwortlicher seinen **Informationspflichten** aus den Art. 13 und 14 DS-GVO nach (→ *Datenschutz, Rechte der betroffenen Personen* Rn. 12). Die Datenschutzerklärung muss gem. Art. 12 Abs. 1 DS-GVO „in präziser, transparenter, verständlicher und leicht zugänglicher Form in einer klaren und einfachen Sprache" und grds. schriftlich bzw. elektronisch übermittelt werden. Mit „Sprache" ist auch die Sprache der intendierten betroffenen Person gemeint – eine englische Datenschutzerklärung im deutschsprachigen Raum wird dem nicht genügen.[15] 16

Wegen der Fülle an Informationspflichten besteht die Gefahr einer **Informationsermüdung** bei der betroffenen Person, wodurch trotz der Bereitstellung von Informationen diese nicht beachtet werden. Entsprechend empfiehlt die EDSA insbes., aber nicht nur im digitalen Kontext, einen **Mehrebenen-Ansatz** („*layered privacy notices*"), um das Spannungsfeld zwischen Vollständigkeit und Verständnis zu überbrücken.[16] Ein solcher Ansatz wird auf der ersten Ebene einen Überblick über die wichtigsten Elemente der Verarbeitung liefern und auf weitere Elemente und Details verlinken. Welche Elemente auf der ersten Ebene angezeigt werden müssen, wird vom Einzelfall abhängen. Richtschnur ist das Prinzip von **Treu und Glauben** (→ *Datenschutz, allgemein* Rn. 40). Grds. sollte jedoch stets über die Identität des Verantwortlichen sowie über die invasivsten und ggf. die überraschendsten Verarbeitungszwecke und deren Auswirkungen informiert werden. Die EDSA empfiehlt für die erste Ebene auch die Vermittlung der Rechte der betroffenen Person (→ *Datenschutz, Rechte der betroffenen Personen*). 17

▶ **Praxishinweis Legal Tech:** Je komplizierter die Verarbeitungsprozesse sind, desto schwieriger ist es, den Informationspflichten nachzukommen (→ *Big Data* Rn. 1 ff., → *Algorithmus* Rn. 1 ff.). Die Nutzung von nicht bei der betroffenen Person erhobenen Daten, die Einbindung von zahlreichen Auftragsverarbeitern und die Vielfalt an unterschiedlichen Verarbeitungszwecken müssen alle in der Datenschutzerklärung in klarer und einfacher Sprache vermittelt werden. So wird eine automatisierte Rechtsberatung informieren müssen, dass der zugrundeliegende Sachverhalt und die personenbezogenen Daten der betroffenen Person anhand der Elemente X, Y und Z analysiert werden, um Entscheidungen mit ähnlich gelagerten Sachverhalten zu finden und damit eine Wahrscheinlichkeitsprognose und die erfolgversprechendste Strategie zu empfehlen. Dafür werden die Dienstleister (Auftragsverarbeiter) D und E verwendet. Etwaige weitergehende Zwecke, zB die Verarbeitung zum Zweck der Kundenbetreuung oder zur Produktentwicklung, müssen natürlich ebenfalls genannt werden. ◀ 18

---

15 KG Berlin Urt. v. 8.4.2016 – 5 U 156/14, MMR 2016, 601.
16 EDSA Leitlinien für Transparenz gemäß der Verordnung 2016/679, WP 260 Rev.01, 2018, abrufbar unter https://www.datenschutz.rlp.de/fileadmin/lfdi/Dokumente/wp260rev01_de.pdf, Rn. 35 ff.

V. Datenschutz durch Technikgestaltung und durch datenschutzfreundliche Voreinstellungen

19 Die DS-GVO verpflichtet den Verantwortlichen, zum einen durch entsprechende Gestaltung seiner technischen und organisatorischen Maßnahmen sicherzustellen, dass die Datenschutzprinzipien (→ *Datenschutz, allgemein* Rn. 39) umgesetzt werden und allgemein die Anforderungen der DS-GVO eingehalten werden (Art. 25 Abs. 1 DS-GVO – **Datenschutz durch Technikgestaltung**). Die Auswahl der Maßnahmen richtet sich nach dem Stand der Technik, den Implementierungskosten, nach der Art, des Umfangs, der Umstände und Zwecke der Verarbeitung sowie nach der unterschiedlichen Eintrittswahrscheinlichkeit und Schwere der mit der Verarbeitung verbundenen Risiken für die Rechte und Freiheiten natürlicher Personen. Daher ist es auch nicht möglich, Hinweise für konkret erforderliche Maßnahmen zu erteilen.

20 Zum anderen wird der Verantwortliche verpflichtet, durch technische und organisatorische Maßnahmen zu gewährleisten, dass durch Voreinstellung grds. nur personenbezogene Daten, deren Verarbeitung für den jeweiligen bestimmten Verarbeitungszweck erforderlich ist, verarbeitet werden (Art. 25 Abs. 2 DS-GVO – **Datenschutz durch Voreinstellung**), dh hinsichtlich der Menge der erhobenen personenbezogenen Daten, dem Umfang ihrer Verarbeitung, ihrer Speicherfrist und ihrer Zugänglichkeit. Zwischen verschiedenen Möglichkeiten soll folglich immer die datenschutzfreundlichste Einstellung vorausgewählt sein.

21 Grds. sind diese Anforderungen bereits in der **Planungsphase** der Verarbeitungstätigkeit zu berücksichtigen. Dadurch kann gewährleistet werden, dass die erforderlichen technischen Weichen vorliegen, damit die jeweiligen Rechte auch umgesetzt werden können.

VI. Datenschutz-Dashboard

22 Das **Datenschutz-Dashboard** ist gewissermaßen eine Verschmelzung der Informationspflichten (→ *Datenschutz, Rechte der betroffenen Personen* Rn. 12) mit den Anforderungen des Datenschutzes durch Technikgestaltung und Voreinstellung (→ Rn. 19). Es stellt eine Art Schalt- und Informationszentrale für datenschutzrelevante Einstellungen dar.[17] Die betroffene Person erhält mit dem Dashboard sowohl einen Überblick über die stattfindenden Verarbeitungstätigkeiten als auch eine Anlaufstelle, bei der sie selbst bestimmte Verarbeitungstätigkeiten kontrollieren und auch ihre Rechte ausüben kann. Bspw. Wird sie dort ihren Namen und ihre Adresse ändern können; sie wird ein Newsletter bestellen oder abbestellen können; sie wird sehen können, wann sie das letzte Mal auf den Dienst und von wo aus zugegriffen hat; sie wird ihre Rechte auf Kopie (→ *Datenschutz, Rechte der betroffenen Personen* Rn. 41) und auf Löschung (→ *Datenschutz, Rechte der betroffenen Personen* Rn. 50) ausüben können.

VII. Einwilligungs-/Consent-Management

23 Eng verwandt mit einem Datenschutz-Dashboard (→ Rn. 22) sind Einwilligungs- bzw. **Consent-Management-Tools**. Solche Dienste bündeln die Informationspflichten, die Einwilligungserteilung bzw. -ablehnung und den Widerruf der Einwilligung. Gängigstes Beispiel hierfür sind **Cookie-Banner**.[18]

VIII. Auftragsdatenverarbeitungsvertrag

24 Bei jeder **Auslagerung** einer Verarbeitungstätigkeit an eine rechtlich unterschiedliche Stelle muss überprüft werden, ob die Verarbeitung im Rahmen einer **Auftragsdatenverarbeitung** erfolgt. Ist dies der Fall, muss zwischen dem Verantwortlichen (→ *Datenschutz, allgemein* Rn. 22) und dem Auftragsverarbeiter (→ *Datenschutz, allgemein* Rn. 30) ein ADV gem. Art. 28 DS-GVO geschlossen werden. Der Verantwortliche hat bei der Auswahl des Auftragsverarbeiters darauf zu achten, dass der Auftragsverarbeiter hinreichende

---

17 Vgl. EDSA Leitlinien für Transparenz gemäß der Verordnung 2016/679, WP 260 rev.01, 2018, abrufbar unter https://www.datenschutz.rlp.de/fileadmin/lfdi/Dokumente/wp260rev01_de.pdf, S. 25.
18 Siehe allgemein zu Cookie-Bannern: DSK, Orientierungshilfe der Aufsichtsbehörden für Anbieter:innen von Telemedien ab dem 1.12.2021, Stand: 20.12.2021, abrufbar unter https://www.datenschutzkonferenz-online.de/media/oh/20211220_oh_telemedien.pdf.

Garantien dafür bietet, dass die Verarbeitung im Einklang mit den Anforderungen der DS-GVO erfolgt und den Schutz der Rechte der betroffenen Personen gewährleistet (Art. 28 Abs. 1 DS-GVO). Vor diesem Hintergrund schreibt Art. 28 Abs. 2 – 4 DS-GVO detailliert vor, welche Elemente ein ADV enthalten muss. Die Aufsichtsbehörden und die Kommission werden zudem ermächtigt (Art. 28 Abs. 7 und 8 DS-GVO), **standardisierte ADVs** (sog. **Standardvertragsklauseln**, nicht mit den Standarddatenschutzklauseln (→ Rn. 54) für Datenübermittlungen (→ Rn. 47) zu verwechseln) festzulegen, die von einem Verantwortlichen verwendet werden können.

Art. 28 Abs. 3 DS-GVO listet die notwendigen Inhalte eines ADVs. Grob können diese aufgeteilt werden in eine **Beschreibung der Verarbeitung**, Angaben über die **Pflichten und Rechte des Verantwortlichen** (Art. 28 Abs. 3 S. 1 DS-GVO) und Angaben über die **Pflichten des Auftragsverarbeiters** (Art. 28 Abs. 3 S. 2 DS-GVO).

Art. 28 Abs. 3 S. 1 DS-GVO verlangt eine Beschreibung der Verarbeitung selbst, dh konkret **Gegenstand und Dauer** der Verarbeitung, **Art und Zweck** der Verarbeitung, **Art der personenbezogenen Daten** und **Kategorien betroffener Personen**. Diese Angaben müssen detailliert genug sein, damit allein daraus ersichtlich wird, wieso eine Auftragsverarbeitung vorliegt, was diese umfasst und welche Risiken damit verbunden sind.[19]

Gegenstand und Dauer der Verarbeitung werden sich regelmäßig mit der zugrundeliegenden **Servicevereinbarung** zumindest in Teilen decken. Einige Punkte, zB Speicher- oder Geheimhaltungspflichten, können nach Ende der Servicevereinbarung fortbestehen. Der ADV kann auf die Servicevereinbarung Bezug nehmen, so dass nicht sämtliche Elemente direkt in der ADV genannt werden müssen. Beispiel: „Gegenstand der Verarbeitung ist die Bereitstellung von KI-gestützter Dokumentenanalyse für Rechtsprechungsrecherche. Die Dauer der Verarbeitung richtet sich nach der zugrundeliegenden Servicevereinbarung".

Bei der Formulierung von **Art und Zweck** der Verarbeitung wird sich oft ein Überlappen mit dem Gegenstand der Verarbeitung nicht vermeiden lassen, weil die Beschreibung des Gegenstands häufig auch Art und Zweck der Verarbeitung zumindest teilweise umfassen wird. Mit Art der Verarbeitung sind ua die in der Legaldefinition des Art. 4 Nr. 2 DS-GVO (→ *Datenschutz, allgemein* Rn. 19) genannten Verarbeitungstätigkeiten gemeint; diese sollten aber auf den Auftrag konkretisiert werden. Beispiel: „Automatisierte KI-gestützte Erfassung und Auswertung von durch den Verantwortlichen bereitgestellten Dokumenten zum Abgleich des jeweiligen Sachverhalts mit diversen Entscheidungssammlungen, um ähnlich gelagerte Fälle aufzuzeigen".

Die Beschreibung der **Art der personenbezogenen Daten** und der **Kategorien von betroffenen Personen** sollte so genau sein, dass zB bei einer Verletzung des Schutzes personenbezogener Daten (→ Rn. 82 ff.) beim Auftragsverarbeiter schon anhand des ADVs ersichtlich wird, welche Art der Daten und welche Kategorien betroffener Personen betroffen sind. Es ergibt Sinn, diese beiden Elemente in Beziehung zueinander zu setzen, sofern die Art der Daten und die jeweiligen Kategorien der betroffenen Personen nicht stets deckungsgleich sind. Beispiel: „Mandanten des Verantwortlichen: sämtliche personenbezogene Daten aus dem Schriftsatz, jedenfalls Name, Meldeadresse, anspruchsbegründende Tatsachen".

Die Rechte des Verantwortlichen sind grundsätzlich spiegelbildlich zu den Pflichten des Auftragsverarbeiters (→ Rn. 31) zu sehen. Die Pflichten des Verantwortlichen erstrecken sich auf eine entsprechende Mitarbeit, zB die Zurverfügungstellung der Daten und die Erteilung von Weisungen.[20]

---

19 EDSA Leitlinien 7/2020 zu den Begriffen „Verantwortlicher" und „Auftragsverarbeiter" in der DS-GVO, Version 2.0, 2021, abrufbar unter https://edpb.europa.eu/our-work-tools/our-documents/guidelines/guidelines-072020-concepts-controller-and-processor-gdpr_de, Rn. 112 ff.
20 EDSA Leitlinien 7/2020 zu den Begriffen „Verantwortlicher" und „Auftragsverarbeiter" in der DS-GVO, Version 2.0, 2021, abrufbar unter https://edpb.europa.eu/our-work-tools/our-documents/guidelines/guidelines-072020-concepts-controller-and-processor-gdpr_de, Rn. 114.

31 Die Pflichten des Auftragsverarbeiters sind in Art. 28 Abs. 3 S. 2 DS-GVO genannt:

1. Bindung an dokumentierte Weisungen

32 Der Auftragsverarbeiter verarbeitet iA des Verantwortlichen. Daher bedarf der Auftragsverarbeiter keiner eigenen Rechtmäßigkeitsbedingung (→ *Datenschutz, allgemein* Rn. 31); die Rechtmäßigkeit der Verarbeitung leitet sich vom Verantwortlichen ab. Daher darf er aber gem. Art. 28 Abs. 3 S. 2 lit. a DS-GVO nur entsprechend den **dokumentierten Weisungen** des Verantwortlichen verarbeiten. Dies umfasst sämtliche Aspekte der Verarbeitung und somit natürlich auch die Übermittlung der Daten.

33 Nur wenn der Auftragsverarbeiter dem **Recht der Union oder eines Mitgliedstaats** unterliegt und dieses den Auftragsverarbeiter zu einer anderen oder zusätzlichen Verarbeitung verpflichtet, darf der Auftragsverarbeiter ohne Weisung verarbeiten. In einem solchen Fall hat der Auftragsverarbeiter dem Verantwortlichen diese rechtlichen Anforderungen vor der Verarbeitung mitzuteilen, sofern das betreffende Recht eine solche Mitteilung nicht wegen eines wichtigen öffentlichen Interesses verbietet. Sofern der Auftragsverarbeiter durch diese Verarbeitung die Zwecke und Mittel bestimmt, wird er selbst hinsichtlich dieser Verarbeitung zum Verantwortlichen (Art. 28 Abs. 10 DS-GVO).

2. Vertraulichkeits-/Verschwiegenheitsverpflichtung der Personen, die zur Verarbeitung befugt sind

34 Gem. Art. 28 Abs. 3 S. 2 lit. b DS-GVO, sind alle Personen, die beim Auftragsverarbeiter zur Verarbeitung befugt sind, zur **Vertraulichkeit zu verpflichten,** sofern sie nicht schon einer angemessenen **gesetzlichen Verschwiegenheitsverpflichtung** unterliegen.

3. Ergreifung von technischen und organisatorischen Sicherheitsmaßnahmen

35 Die schon in Art. 32 DS-GVO vorliegende Verpflichtung für den Auftragsverarbeiter, durch geeignete technische und organisatorische Maßnahmen, ein **angemessenes Schutzniveau** für die Rechte und Freiheiten der betroffenen Personen zu gewährleisten, muss gem. Art. 28 Abs. 3 S. 2 lit. c auch in den ADV Eingang finden. Dadurch wird gewährleistet, dass der Verantwortliche und der Auftragsverarbeiter die konkret für die jeweilige Verarbeitung erforderlichen Maßnahmen bestimmen und vereinbaren. In der Praxis werden die vereinbarten Maßnahmen in einem Anhang zum ADV dargestellt.

4. Vorherige Genehmigung von Unterauftragsverarbeitern

36 Siehe dazu → Rn. 44.

5. Unterstützung mit Betroffenenrechten

37 Der Auftragsverarbeiter hat den Verantwortlichen gem. Art. 28 Abs. 3 S. 2 lit. e DS-GVO mit technischen und organisatorischen Maßnahmen dabei zu unterstützen, den **Betroffenenrechten** nachzukommen.

6. Unterstützung mit Sicherheitsverpflichtungen

38 Gem. Art. 28 Abs. 3 S. 2 lit. f DS-GVO hat der Auftragsverarbeiter den Verantwortlichen bei der Erfüllung seiner Sicherheitsverpflichtungen zu unterstützen, dh, hinsichtlich der Gewährung eines **angemessen Schutzniveaus** (→ Rn. 79) durch technische und organisatorische Maßnahmen für die Rechte und Freiheiten der betroffenen Personen, dem mit einer **Verletzung des Schutzes personenbezogener Daten** (→ Rn. 82 ff.) entstehenden Pflichtenbündel, sowie bei **Datenschutz-Folgenabschätzungen und vorherigen Konsultationen** (→ Rn. 66 ff.).

7. Rückgabe und Löschung der personenbezogenen Daten nach Abschluss der Verarbeitung

39 Gem. Art. 28 Abs. 3 S. 2 lit. g DS-GVO hat der Auftragsverarbeiter, nach Wahl des Verantwortlichen, die personenbezogenen Daten nach **Abschluss der Verarbeitung** entweder **zurückzugeben** (und bei der Verarbeitung digitaler Daten entsprechend bei sich zu löschen) oder zu **löschen**. Nur im Falle einer Spei-

cherverpflichtung nach Unionsrecht oder Recht der Mitgliedstaaten dürfen die Daten weiterhin gespeichert werden. Der Verantwortliche sollte über eine solche gesetzliche Verpflichtung unverzüglich nach Kenntnis durch den Auftragsverarbeiter informiert werden.

8. Unterstützung bei Audits

Gem. Art. 28 Abs. 3 S. 2 lit. h DS-GVO hat der Auftragsverarbeiter dem Verantwortlichen alle erforderlichen Informationen zu geben, damit dieser die Einhaltung der Verpflichtungen des Auftragsverarbeiters durch ein **Audit** überprüfen kann. Davon umfasst ist das Recht des Verantwortlichen, **vor-Ort-Inspektionen** durchzuführen, entweder selbst oder von einem, vom Verantwortlichen beauftragten Prüfer.

Der **Umfang** der erforderlichen Informationen und Inspektionen ist nach **Treu und Glauben** zu erörtern und zu vereinbaren. Bei festgestellten Mängeln hat der Verantwortliche ein Weisungsrecht gegenüber dem Auftragsverarbeiter, diese zu beheben.

Die Verteilung der **Kosten** ist eine kommerzielle Frage, die nicht direkt von der DS-GVO geregelt wird. Dennoch, aufgrund der Verpflichtung des Auftragsverarbeiters, die Audits zu ermöglichen und dazu beizutragen, kann die Vereinbarung nicht so ausgestaltet sein, dass die Kostenregelung eine abschreckende Wirkung auf den Verantwortlichen ausübt.[21]

9. Hinweispflicht bei datenschutzwidriger Verarbeitung

Schließlich hat der Auftragsverarbeiter gem. Art. 28 Abs. 3 S. 3 DS-GVO eine **Hinweispflicht** ggü. dem Verantwortlichen, wenn er der Ansicht ist, dass eine Weisung gegen eine europäische oder mitgliedstaatliche Datenschutzbestimmung verstößt. Dem Wortlaut nach bezieht sich die Hinweispflicht wegen der Bezugnahme auf Art. 28 Abs. 3 S. 2 lit. h DS-GVO zwar nur auf die Unterstützung beim Audit, tatsächlich ist es aber ein Unterfall der Pflicht, Informationen dem Verantwortlichen ggü. bereitzustellen.[22]

IX. Unterauftragsverarbeiter

Der Auftragsverarbeiter kann ggf. selbst **Unterauftragsverarbeiter** beauftragen; im Verhältnis zu diesen ist der Auftragsverarbeiter quasi Verantwortlicher. Gem. Art. 28 Abs. 4 S. 1 DS-GVO hat der Auftragsverarbeiter mit dem Unterauftragsverarbeiter wiederum einen ADV zu schließen, der die gleichen Datenschutzpflichten auferlegt, die dem Auftragsverarbeiter selbst gem. Art. 28 Abs. 3 DS-GVO in seinem ADV mit dem Verantwortlichen auferlegt sind.

Allerdings darf der Auftragsverarbeiter gem. Art. 28 Abs. 2 DS-GVO keine **Unterauftragsverarbeiter** in Anspruch nehmen, ohne entweder eine **vorherige gesonderte oder allgemeine schriftliche Genehmigung** des Verantwortlichen einzuholen. Eine **gesonderte Genehmigung** bezieht sich auf einen bestimmten Unterauftragsverarbeiter und muss explizit erteilt werden. Eine **allgemeine Genehmigung** erlaubt es dem Auftragsverarbeiter, seine Unterauftragsverarbeiter gewissermaßen selbst zu wählen. Der Verantwortliche muss jedoch über geplante Hinzuziehungen oder Ersetzungen informiert werden und genießt ein Einspruchsrecht. Erhebt der Verantwortlicher innerhalb einer bestimmten Frist keinen Einspruch, gilt die Änderung als genehmigt.

Verstößt ein Auftragsverarbeiter gegen die erteilten Weisungen und bestimmt selbst Zwecke und Mittel der Verarbeitung, wird er für diese Verarbeitung zum **Verantwortlichen** (Art. 28 Abs. 10 DS-GVO).

---

21 EDSA Leitlinien 7/2020 zu den Begriffen „Verantwortlicher" und „Auftragsverarbeiter" in der DS-GVO, Version 2.0, 2021, abrufbar unter https://edpb.europa.eu/our-work-tools/our-documents/guidelines/guidelines-072020-concepts-controller-and-processor-gdpr_de, Rn. 145.
22 BeckOK DatenschutzR/Spoerr DS-GVO Art. 28 Rn. 86.

X. Datenübermittlungen in Drittländer

47 **Datenübermittlungen** in Drittländer unterliegen **besonderen Anforderungen**, damit das durch die DS-GVO gewährte **Schutzniveau** für natürliche Personen durch die Übermittlung der Daten nicht untergraben wird (Art. 44 S. 2 DS-GVO, ErwG 101 DS-GVO).

48 Der Begriff der **Datenübermittlung** wird von der DS-GVO jedoch nicht definiert. Erforderlich ist jedenfalls eine Übermittlung aus der EU/dem EWR heraus. Unklar ist, ob eine Übermittlung nur dann gegeben ist, wenn die Verarbeitung des Datenimporteurs dem Anwendungsbereich (→ *Datenschutz, allgemein* Rn. 4) der DS-GVO unterfällt, oder auch dann, wenn die DS-GVO auf die Verarbeitung des Datenimporteurs keine Anwendung findet. Die EDSA ist der Ansicht, dass es unerheblich ist, ob die DS-GVO auf die Verarbeitung Anwendung findet.[23] Dagegen scheint die Europäische Kommission ausweislich der **Standarddatenschutzklauseln** (→ Rn. 54) davon auszugehen, dass eine Übermittlung nur dann vorliegt, wenn die DS-GVO auf die Verarbeitung durch den Datenimporteur keine Anwendung findet.[24] Richterweise ist maßgeblich für das Vorliegen einer Übermittlung eines Datenexporteurs schlicht der Datenfluss über die Grenzen der EU/des EWRs, ohne dass es darauf ankommt, ob die Verarbeitung durch den Datenimporteur der DS-GVO unterfällt. Denn nur so wird dem Sinn und Zweck der allgemeinen Grundsätze für Datenübermittlungen Rechnung getragen, das durch die DS-GVO gewährte Schutzniveau für natürliche Personen zu gewährleisten. Auch wenn die DS-GVO auf eine Verarbeitung im Ausland *de jure* Anwendung finden mag, ist die Durchsetzung der DS-GVO gegenüber Verantwortlichen und Auftragsverarbeitern, ohne Sitz in der EU/dem EWR, mit erheblichen praktischen Problemen versehen. Die Einhaltung der in den Art. 44 ff. DS-GVO niedergelegten Bedingungen an eine Übermittlung minimiert diese Gefahr für die betroffene Person. Keine Übermittlung iSd Art. 44 ff. DS-GVO liegt jedoch vor, wenn eine **betroffene Person** die Daten direkt und auf eigene Initiative ins Ausland übermittelt; Art. 44 S. 1 DS-GVO verpflichtet nur den übermittelnden Verantwortlichen bzw. Auftragsverarbeiter (Datenexporteur).[25]

49 Unerheblich ist, ob die Daten von einem Drittland aus abgerufen werden oder in das Drittland geschickt werden. Art. 44 S. 1 DS-GVO verlangt, dass „jedwede" Übermittlung den Bedingungen entsprechen muss.[26]

50 Nach der Lindqvist-Entscheidung des EuGHs zur Vorgänger-Richtlinie zur DS-GVO liegt eine Übermittlung jedoch nicht vor, wenn personenbezogene Daten auf einer in der EU gehosteten Internetseite gespeichert werden und diese daher auch Personen in Drittländern zugänglich macht.[27] Der EuGH wird in den verbundenen Rechtssachen C-37/20 und C-601/20 Gelegenheit haben, diese Frage wieder zu beantworten; die Stellungnahme des Generalanwalts Pitruzzella scheint aber an dieser Auslegung festzuhalten.[28]

51 Für Zwecke von Datenübermittlungen sind **internationale Organisationen** einem Drittland gleichgestellt (Art. 44 S. 1 DS-GVO). Zu unterscheiden sind Übermittlungen auf der Grundlage eines **Angemessenheitsbeschlusses** (→ Rn. 52), vorbehaltlich **geeigneter Garantien** (→ Rn. 53) und gemäß **Ausnahmen für bestimmte Fälle** (→ Rn. 56).

---

23 EDSA Guidelines 5/2021 on the Interplay between the application of Article 3 and the provisions on international transfers as per Chapter V of the GDPR, 2021, abrufbar unter https://edpb.europa.eu/our-work-tools/documents/public-consultations/2021/guidelines-052021-interplay-between-application_en, Rn. 7, 18.
24 Durchführungsbeschluss EU 2021/914 der Kommission vom 4.6.2021 über Standardvertragsklauseln für die Übermittlung personenbezogener Daten an Drittländer gemäß der Verordnung (EU) 2016/679 des Europäischen Parlaments und des Rates (ABl. L 199 v. 7.6.2021, 31), Art. 1 Abs. 1.
25 EDSA Guidelines 5/2021 on the Interplay between the application of Article 3 and the provisions on international transfers as per Chapter V of the GDPR, 2021, abrufbar unter https://edpb.europa.eu/our-work-tools/documents/public-consultations/2021/guidelines-052021-interplay-between-application_en, Rn. 12.
26 Vgl. auch BeckOK DatenschutzR/Brink DS-GVO Art. 44 Rn. 14 f. mwN.
27 EuGH Urt. v. 6.11.2003 – C-101/01, ECLI:EU:C:2003:596 Rn. 71 – Lindqvist.
28 GA Pitruzzella Schlussanträge v. 20.1.2022 – C-37/20 und C-601/20, ECLI:EU:C:2022:43 Rn. 239.

1. Angemessenheitsbeschlüsse

Die Europäische Kommission kann durch Beschluss, Ländern ein angemessenes datenschutzrechtliches Niveau bescheinigen (Art. 45 DS-GVO). Übermittlungen in diese Länder dürfen ohne weitere Maßnahmen erfolgen. Die Europäische Kommission veröffentlicht eine Liste von Ländern, die einen **Angemessenheitsbeschluss** genießen.[29]

52

2. Geeignete Garantien

Sofern für das Zielland kein Angemessenheitsbeschluss vorliegt, kann eine Übermittlung gem. Art. 46 Abs. 1 DS-GVO auf der Grundlage verschiedener Garantien erfolgen. Die Garantien sind in Art. 46 Abs. 2 und 3 DS-GVO gelistet. Aus praktischer Sicht sind am relevantesten die **Standarddatenschutzklauseln** (→ Rn. 54) gem. Art. 46 Abs. 2 lit. c DS-GVO und **verbindliche interne Datenschutzvorschriften** (→ Rn. 55) nach Art. 46 Abs. 2 lit. b iVm Art. 47 DS-GVO.

53

3. Standarddatenschutzklauseln

Die Europäische Kommission hat **Standarddatenschutzklauseln**[30] erlassen, die von einem Datenexporteur, unabhängig ob dieser Verantwortlicher oder Auftragsverarbeiter ist, verwendet werden können, um Übermittlungen durchzuführen. Zu beachten ist, dass diese, wie sämtliche der geeigneten Garantien, nicht stets **rechtliche Schwächen** im Zielland ausgleichen können. Der EuGH hat dies in den Urteilen **Schrems I** und **Schrems II** mit Blick auf die USA geklärt (→ Rn. 58).

54

4. Verbindliche interne Datenschutzvorschriften

Verbindliche interne Datenschutzvorschriften nach Art. 47 DS-GVO sind für Übermittlungen innerhalb einer Unternehmensgruppe gedacht. Verbindliche Datenschutzvorschriften müssen von der zuständigen Aufsichtsbehörde (→ *Datenschutz, allgemein* Rn. 100) genehmigt werden.

55

5. Ausnahmen für bestimme Fälle

Sofern keine der anderen Übermittlungsmethoden in Betracht kommt, kann eine Übermittlung gem. Art. 49 Abs. 1 DS-GVO in **Ausnahmefällen** unter bestimmten Bedingungen dennoch rechtmäßig erfolgen. Wegen des Ausnahmecharakters der Bestimmung sind die Bedingungen restriktiv auszulegen.[31] Daher kann grds. eine regelmäßig stattfindende Übermittlung nicht auf die Ausnahmefälle gestützt werden.[32]

56

6. Übermittlungen auf der Grundlage gerichtlicher Urteile oder verwaltungsrechtlicher Entscheidungen eines Drittlands

Art. 48 DS-GVO klärt, dass ein **Urteil eines Gerichts eines Drittlands** oder eine **Entscheidung einer Verwaltungsbehörde eines Drittlands** keine direkte Grundlage für eine rechtmäßige Übermittlung sein kann. Übermittlungen wegen eines Gerichtsurteils oder einer Verwaltungsentscheidung müssen auf eine in Kraft befindliche **internationale Übereinkunft,** wie etwa ein **Rechtshilfeersuchen** zwischen dem ersuchenden Drittland und der Union oder dem Mitgliedstaat des Datenexporteurs, gestützt sein.

57

---

29 Europäische Kommission, Adequacy decisions, Stand 31.10.2022, abrufbar unter https://ec.europa.eu/info/law/law-topic/data-protection/international-dimension-data-protection/adequacy-decisions_de.
30 Durchführungsbeschluss EU 2021/914 der Kommission vom 4.6.2021 über Standardvertragsklauseln für die Übermittlung personenbezogener Daten an Drittländer gemäß der Verordnung (EU) 2016/679 des Europäischen Parlaments und des Rates (ABl. L 199 vom 7.6.2021, 31).
31 EDSA Leitlinien 2/2018 zu den Ausnahmen nach Artikel 49 der Verordnung 2016/679, 2018, abrufbar unter https://edpb.europa.eu/our-work-tools/our-documents/guidelines/guidelines-22018-derogations-article-49-under-regulation_de, S. 4.
32 EDSA Leitlinien 2/2018 zu den Ausnahmen nach Artikel 49 der Verordnung 2016/679, 2018, abrufbar unter https://edpb.europa.eu/our-work-tools/our-documents/guidelines/guidelines-22018-derogations-article-49-under-regulation_de, S. 5.

7. Exkurs: Datenübermittlungen in die USA

58 Zusammengefasst hat der EuGH in den sog. **Schrems I- und Schrems II-Entscheidungen** geklärt, dass die USA keinen im Wesentlichen gleichwertigen Schutz für personenbezogene Daten gewährt, weil die US-amerikanische Rechtsordnung, bzw. genauer, die dort vorgesehenen Zugriffsrechte der US-Sicherheitsbehörden (namentlich Section 702 FISA und Executive Order 12333),[33] den Anforderungen der Art. 7, 8, 47, 52 Abs. 1 S. 2 GRCh nicht genügen.[34] Daher hat der EuGH die Angemessenheitsbeschlüsse „**Safe Harbor**" und „**Privacy Shield**" für unwirksam erklärt. Geeignete Garantien wie die Standarddatenschutzklauseln (→ Rn. 54) wurden nicht für unwirksam erklärt. Der Datenexporteur müsse aber selbst überprüfen, ob solche Garantien ein angemessenes Schutzniveau der Daten sicherstellen können.

59 Weil vertragliche Garantien und andere Instrumente zwischen Datenexporteur und -importeur US-Recht nicht aushebeln können, ist eine Übermittlung von Daten in die USA an Datenimporteure grds. ohne Reform des US-Rechts außerhalb der Ausnahmen für bestimmte Fälle (→ Rn. 56) **nicht möglich**. Etwas anderes gilt nur für Übermittlungen, die zB von technischen Maßnahmen begleitet werden, welche selbst den Fähigkeiten der US-Sicherheitsbehörden, inkl. der NSA, übersteigen und einen Zugriff auf die übermittelten Daten verhindern.

60 Entsprechend haben die Aufsichtsbehörden in Frankreich und Österreich Übermittlungen im Rahmen der Verwendung von **Google Analytics** durch europäische Verantwortliche für illegal erklärt.[35] Die Verwendung des **Email-Newsletter-Dienstes Mailchimp**, mit Sitz in den USA, wurde vom Bayrischen Landesamt für Datenschutzaufsicht für illegal erklärt.[36] Die portugiesische Aufsichtsbehörde hat die Verwendung des in den USA ansässigen **CDN-Provider Cloudflare** verboten.[37]

61 Diese Überlegungen gelten im Übrigen abstrakt auch für Datenübermittlungen in **andere Drittländer** mit ähnlichen Rechtsordnungen, welche den Anforderungen der Art. 7, 8, 47, 52 Abs. 1 S. 2 GRCh, trotz des Vorliegens von geeigneten Garantien (→ Rn. 53) oder anderen Übermittlungsmethoden, nicht genügen.

XI. Verzeichnis der Verarbeitungstätigkeiten

62 Gem. Art. 30 Abs. 1 und 2 DS-GVO haben sowohl Verantwortliche als auch Auftragsverarbeiter grundsätzlich ein **Verzeichnis ihrer Verarbeitungstätigkeiten** zu führen. Eine **Ausnahme** besteht gem. Art. 30 Abs. 5 DS-GVO nur dann, wenn diese weniger als 250 Mitarbeiter beschäftigen und (a) die Verarbeitung kein Risiko für die Rechte und Freiheiten der betroffenen Personen birgt oder (b) die Verarbeitung nicht öfter als nur gelegentlich erfolgt oder (c) die Verarbeitung besonderer Datenkategorien (→ *Datenschutz, allgemein* Rn. 15), bzw. die Verarbeitung von personenbezogenen Daten über strafrechtliche Verurteilungen und Straftaten (→ *Datenschutz, allgemein* Rn. 17) nicht umfasst.[38]

---

33 Vladeck, Gutachten zum aktuellen Stand des US-Überwachungsrechts und der Überwachungsbefugnisse, 2021, abrufbar unter https://www.datenschutzkonferenz-online.de/media/weitere_dokumente/Vladek_Rechtsgutachten_DSK_de.pdf; für eine Zusammenfassung: DSK, Wesentliche Befunde des Gutachtens von Stephen I. Vladeck vom 15.11.2021 zur Rechtslage in den USA, 25.1.2022, abrufbar unter https://www.datenschutzkonferenz-online.de/media/weitere_dokumente/20220125_dsk_vladek.pdf.
34 EuGH Urt. v. 6.10.2015 – C-362/14, ECLI:EU:C:2015:650 – Schrems II; EuGH Urt. v. 16.7.2020 – C-311/18, ECLI:EU:C:2020:559 – Schrems I.
35 Vgl. noyb, UPDATE on noyb's 101 complaints: Austrian DPA rejects „risk based approach" for data transfers to third countries, 2022, abrufbar unter https://noyb.eu/en/update-noybs-101-complaints-austrian-dpa-rejects-risk-based-approach-data-transfers-third-countries mwN.
36 GDPRhub, BayLfD (Bavaria) – LDA-1085.1 – 12159/20-IDV, abrufbar unter https://gdprhub.eu/index.php?title=Bay LfD.
37 GDPRhub, CNPD – Deliberação/2021/533, 2021, abrufbar unter https://gdprhub.eu/index.php?title=CNPD_-_Deliberação/2021/533.
38 DSK, Kurzpapier Nr. 1, Verzeichnis von Verarbeitungstätigkeiten – Art. 30 DS-GVO, 2018, abrufbar unter https://www.datenschutzkonferenz-online.de/media/kp/dsk_kpnr_1.pdf.

Weil kaum eine Verarbeitungstätigkeit überhaupt kein Risiko für die Rechte und Freiheit der betroffenen Personen darstellen wird, wird idR stets ein Verarbeitungsverzeichnis zu führen sein. Das Verzeichnis ist gem. Art. 30 Abs. 3 DS-GVO **schriftlich bzw. elektronisch** zu führen.

Das **Verzeichnis eines Verantwortlichen** hat gem. Art. 30 Abs. 1 lit. a bis g DS-GVO folgende **Angaben** zu enthalten: (a) den Namen und die Kontaktdaten des Verantwortlichen und ggf. des gemeinsam mit ihm Verantwortlichen, des Vertreters des Verantwortlichen sowie eines etwaigen Datenschutzbeauftragten; (b) die Zwecke der einzelnen Verarbeitungstätigkeiten (zB 1. Zeile: Erfüllung von Mandatsverträgen zur Beratung und gerichtlichen und außergerichtlichen Vertretung, 2. Zeile: Durchführung von Beschäftigungsverhältnissen, inklusive des Bewerbungsprozesses, 3. Zeile: …); (c) eine Beschreibung der Kategorien betroffener Personen und der Kategorien personenbezogener Daten (zB mandantenbezogene personenbezogene Daten, Beschäftigtendaten); (d) die Kategorien von gegenwärtigen und zukünftigen Empfängern, einschl. Empfängern in Drittländern oder internationalen Organisationen (zB Gegner des Mandanten, deren anwaltliche Vertreter, Versicherungen, Gerichte und Behörden); (e) ggf. Übermittlungen von personenbezogenen Daten an ein Drittland oder an eine internationale Organisation, einschl. der Angabe des betreffenden Drittlandes oder der betreffenden internationalen Organisation sowie ggf. der geeigneten Garantien bei Übermittlungen in Ausnahmefällen (→ Rn. 56); (f) wenn möglich, die vorgesehenen Fristen für die Löschung der verschiedenen Datenkategorien (zB bei Bewerberdaten sechs Monate nach Mitteilung der ablehnenden Entscheidung, bei Mandatsakten die Aufbewahrungspflichten für Handakten (§ 50 Abs. 1 S. 2 BRAO)); (g) wenn möglich, eine allgemeine Beschreibung der technischen und organisatorischen Maßnahmen zur Wahrung der Sicherheit der Verarbeitung (→ Rn. 79).[39]

Das **Verzeichnis eines Auftragsverarbeiters** hat gem. Art. 30 Abs. 2 lit. a bis d DS-GVO folgende **Angaben** zu enthalten: (a) den Namen und die Kontaktdaten des Auftragsverarbeiters oder der Auftragsverarbeiter und jedes Verantwortlichen, in dessen Auftrag der Auftragsverarbeiter tätig ist sowie ggf. des Vertreters des Verantwortlichen oder des Auftragsverarbeiters und eines etwaigen Datenschutzbeauftragten; (b) die Kategorien von Verarbeitungen, die im Auftrag jedes Verantwortlichen durchgeführt werden; (c) ggf. Übermittlungen von personenbezogenen Daten an ein Drittland oder an eine internationale Organisation, einschl. der Angabe des betreffenden Drittlandes oder der betreffenden internationalen Organisation sowie ggf. der geeigneten Garantien bei Übermittlungen in Ausnahmefällen (→ Rn. 56); (d) wenn möglich, eine allgemeine Beschreibung der technischen und organisatorischen Maßnahmen zur Wahrung der Sicherheit der Verarbeitung (→ Rn. 79).

XII. Datenschutz-Folgenabschätzungen und vorherige Konsultationen

Die Art. 35 und 36 DS-GVO stehen in einem Stufenverhältnis zueinander. Art. 35 DS-GVO sieht in bestimmten Fällen vor, dass der Verantwortliche eine **Datenschutz-Folgenabschätzung** durchführt, um die voraussichtlich hohen Risiken für die Rechte und Freiheiten der betroffenen Personen einzuschätzen und zu mildern. Sofern ein hohes Risiko auch nach der Datenschutz-Folgenabschätzung vorliegt, muss im Rahmen einer **vorherigen Konsultation** die Aufsichtsbehörde aufgesucht werden.

1. Datenschutz-Folgeabschätzung

Eine **DSFA** ist ein Verfahren und Rechenschaftsinstrument, um für wahrscheinlich besonders riskante Verarbeitungen die Risiken für die Rechte und Freiheiten natürlicher Personen einzuschätzen und durch die Ermittlung von Gegenmaßnahmen **vorab** zu kontrollieren und abzumildern.[40] ErwG 84 DS-GVO verlangt dafür eine Evaluierung der „Ursache, Art, Besonderheit und Schwere" der Risiken.

---

39 Vgl. für die Beispiele: BRAK, Fragen und Antworten zur DS-GVO und zum BDSG, Dezember 2019, abrufbar unter https://www.brak.de/fileadmin/02_fuer_anwaelte/datenschutz/2019-12-19-faq-dsgvo-anpassung.pdf.
40 EDSA Leitlinien zur Datenschutz-Folgenabschätzung (DSFA) und Beantwortung der Frage, ob eine Verarbeitung im Sinne der Verordnung 2016/679 „wahrscheinlich ein hohes Risiko mit sich bringt", WP 248 rev.01, 2017, abrufbar unter https://www.datenschutz.rlp.de/fileadmin/lfdi/Dokumente/wp248rev01_de.pdf, S. 1.

68 Die **Pflicht** zur Durchführung einer DSFA besteht gem. Art. 35 Abs. 1 S. 1 DS-GVO dann, wenn die „Form der Verarbeitung, insbesondere bei Verwendung neuer Technologien, aufgrund der Art, des Umfangs, der Umstände und der Zwecke der Verarbeitung voraussichtlich ein hohes Risiko für die Rechte und Freiheiten natürlicher Personen zur Folge" hat. Ähnliche Verarbeitungsvorgänge mit ähnlich hohen Risiken können gem. Art. 35 Abs. 1 S. 2 DS-GVO in einer DSFA **gebündelt** werden.

69 Gem. Art. 35 Abs. 2 DS-GVO ist der Rat des **Datenschutzbeauftragten** (→ Rn. 9), sofern einer benannt wurde, einzuholen.

70 Art. 35 Abs. 3 lit. a bis c DS-GVO nennt drei **Regelbeispiele**, bei denen eine DSFA erforderlich ist: (a) systematische und umfassende **Bewertung persönlicher Aspekte natürlicher Personen**, die sich auf automatisierte Verarbeitung (→ *Datenschutz, allgemein* Rn. 19), einschließlich Profiling (→ *Entscheidungsfindung, automatisierte* Rn. 66), gründet und die ihrerseits als **Grundlage für Entscheidungen** dient, die **Rechtswirkung** gegenüber natürlichen Personen entfalten oder diese in **ähnlich erheblicher Weise beeinträchtigen**; (b) umfangreiche Verarbeitung **besonderer Kategorien von personenbezogenen Daten** (→ *Datenschutz, allgemein* Rn. 15) oder von **personenbezogenen Daten über strafrechtliche Verurteilungen und Straftaten** (→ *Datenschutz, allgemein* Rn. 17); (c) systematische umfangreiche **Überwachung öffentlich zugänglicher Bereiche**.

71 Der EDSA schlägt in seinen Leitlinien vor, dass bei Vorliegen von mind. zwei der folgenden neun Elementen, welche sich zT auf die Regelbeispiele stützen und diese näher bestimmen, eine DSFA **grundsätzlich verpflichtend** sein wird:[41]

1. **Bewertungen** der persönlichen Aspekte einer natürlichen Person, zB zur Analyse oder Prognose von Aspekten bezüglich Arbeitsleistung, wirtschaftliche Lage, Gesundheit, persönliche Vorlieben oder Interessen, Zuverlässigkeit oder Verhalten, Aufenthaltsort oder Ortswechsel der betroffenen Person.
2. **Automatisierte Entscheidungsfindung** mit Rechtswirkung oder ähnlich bedeutsamer Wirkung.
3. **Systematische Überwachung**, dh eine Überwachung, die umfassend und ggf. in Situationen erfolgt, in denen betroffene Personen uU nicht wissen, wer ihre Daten erfasst und wie diese verarbeitet werden.
4. **Vertrauliche oder höchstpersönliche Daten**, dh jedenfalls besondere Kategorien personenbezogener Daten (Art. 9 DS-GVO) und Daten über Straftaten (Art. 10 DS-GVO), aber auch andere Daten, wie zB Passwörter oder Tagebucheinträge.
5. **Datenverarbeitung in großem Umfang**, zB wegen der Zahl der betroffenen Personen, entweder als konkrete Anzahl oder als Anteil der entsprechenden Bevölkerungsgruppe, wegen der verarbeiteten Datenmenge, bzw. der Breite der verarbeiteten Daten, wegen der Dauer oder Dauerhaftigkeit der Verarbeitung oder wegen des geografischen Ausmaßes der Verarbeitung.
6. **Abgleich oder Zusammenführen von Datensätzen**, die zu verschiedenen Zwecken oder von unterschiedlichen Verantwortlichen erstellt wurden und, wenn dies über die vernünftigen Erwartungen der betroffenen Personen hinausgeht.
7. **Daten zu schutzbedürftigen Personen**, zB von Kindern; psychisch Kranken; Asylbewerbern; Senioren; Patienten; Arbeitnehmern wegen des ungleichen Machtverhältnisses zwischen Arbeitgeber und Arbeitnehmer und sonstige betroffene Personen in Situationen, in denen ein ungleiches Verhältnis zwischen der betroffenen Person und dem Verantwortlichen vorliegt.
8. **Innovative Nutzung oder Anwendung neuer technologischer oder organisatorischer Lösungen**, weil hierbei die Konsequenzen für die betroffenen Personen und für die Gesellschaft kaum absehbar sind.
9. **Hinderung an der Ausübung eines Rechts oder der Nutzung einer Dienstleistung, bzw. Durchführung eines Vertrags**, weil der Eingriff in die Rechte und Freiheiten der betroffenen Personen erheblich sein kann (zB bei einer automatisierten Entscheidung über die Kreditwürdigkeit bei einem Stromlieferanten).

---

[41] EDSA Leitlinien zur Datenschutz-Folgenabschätzung (DSFA) und Beantwortung der Frage, ob eine Verarbeitung im Sinne der Verordnung 2016/679 „wahrscheinlich ein hohes Risiko mit sich bringt", WP 248 rev.01, 2017, abrufbar unter https://www.datenschutz.rlp.de/fileadmin/lfdi/Dokumente/wp248rev01_de.pdf, S. 10 ff.

Gem. Art. 35 Abs. 4 S. 1 DS-GVO haben die Aufsichtsbehörden eine Liste mit Verarbeitungsvorgängen zu erstellen, bei denen stets eine DSFA durchzuführen ist (sog. **Positivliste**). Bspw. hat in Deutschland die DSK für den nicht-öffentlichen Bereich eine Positivliste erstellt,[42] der BfDI für die öffentlichen Stellen des Bundes.[43] Aufsichtsbehörden können gem. Art. 35 Abs. 5 DS-GVO ebenfalls eine Liste mit Verarbeitungsvorgängen erstellen, für die keine DSFA erforderlich ist (sog. **Negativliste**).

Art. 35 Abs. 7 lit. a bis d DS-GVO schreiben als **Mindestinhalt einer DSFA** vor, (a) eine umfassende **Beschreibung der Verarbeitung** (dh Art der Verarbeitung, möglichst detaillierte Auflistung der personenbezogenen Daten, der Kategorien von betroffenen Personen, der Empfänger, Erklärung der Datenflüsse), eine Angabe der Zwecke der Verarbeitung (→ *Datenschutz, allgemein* Rn. 42) und ggf. die Nennung von etwaigen verfolgten berechtigten Interessen (→ *Datenschutz, allgemein* Rn. 70); (b) eine **Bewertung der Notwendigkeit und Verhältnismäßigkeit** der Verarbeitungsvorgänge in Bezug auf den Zweck; (c) eine **Bewertung der Risiken** für die Rechte und Freiheiten der betroffenen Personen; (d) eine **Erörterung der geplanten Abhilfemaßnahmen**, um die Risiken abzumildern und die Einhaltung der DS-GVO zu gewähren.[44]

Verhaltensregeln gem. Art. 40 DS-GVO sind gem. Art. 35 Abs. 8 DS-GVO bei der Beurteilung der Auswirkungen der Verarbeitung zu berücksichtigen. Art. 35 Abs. 9 DS-GVO sieht vor, dass ggf. die betroffenen Personen bzw. ihre Vertreter über die geplante Verarbeitung **konsultiert** werden. Eine **Ausnahme** von der Pflicht zur Durchführung einer DSFA besteht gem. Art. 35 Abs. 10 DS-GVO uU bei einer Verarbeitung aufgrund einer **rechtlichen Verpflichtung** (→ *Datenschutz, allgemein* Rn. 67) oder der **Wahrnehmung einer öffentlichen Aufgabe** (→ *Datenschutz, allgemein* Rn. 69).

Gem. Art. 35 Abs. 11 DS-GVO soll der Verantwortliche erforderlichenfalls überprüfen, ob die Verarbeitung im Einklang mit der DSFA steht, insbes. wenn sich die Risiken geändert haben. Dies kann im Rahmen des allgemeinen **Audits** (→ *Datenschutz, allgemein* Rn. 7) stattfinden.

2. Vorherige Konsultation

Nach dem Wortlaut von Art. 36 Abs. 1 DS-GVO ist die Aufsichtsbehörde immer dann zu konsultieren, wenn die DSFA bestätigt, dass die Verarbeitung an sich ein hohes Risiko zur Folge hätte, unabhängig davon, ob dieses hohe Risiko durch Abhilfemaßnahmen beseitigt werden kann. In anderen Worten ist auf das hohe **Ausgangsrisiko** abzustellen und nicht auf das Vorliegen eines hohen Restrisikos nach der Ergreifung von Abhilfemaßnahmen.[45] Mit Blick auf ErwG 94 S. 1 DS-GVO und dem Sinn und Zweck der Vorschrift als Eskalation zur DSFA ist entgegen dem Wortlaut auf das **Restrisiko** nach den geplanten Abhilfemaßnahmen abzustellen.[46]

Sofern die DSFA also ergibt, dass selbst nach der Ergreifung von Abhilfemaßnahmen weiterhin ein hohes Risiko für die Rechte und Freiheiten der betroffenen Personen besteht bzw. es keine (vertretbaren) Abhilfemaßnahmen zur Risikominderung gibt, hat der Verantwortliche die Aufsichtsbehörde **vorab zu konsultieren**. Zudem können die Mitgliedstaaten gem. Art. 36 Abs. 5 DS-GVO Verantwortliche verpflichten, bei der

---

42 DSK, Liste der Verarbeitungstätigkeiten, für die eine DSFA durchzuführen ist, 9.10.2019, abrufbar unter https://www.bfdi.bund.de/SharedDocs/Downloads/DE/Muster/Liste_VerarbeitungsvorgaengeDSK.pdf?__blob=publicationFile&v=5.
43 BfDI, Liste von Verarbeitungsvorgängen gemäß Artikel 35 Abs. 4 DS-GVO für Verarbeitungstätigkeiten öffentlicher Stellen des Bundes, 9.10.2019, abrufbar unter https://www.bfdi.bund.de/SharedDocs/Downloads/DE/Muster/Liste_Verarbeitungsvorgaenge Art35.pdf;jsessionid=5253A517A0316818E1160EB5D0EFA220.intranet232?__blob=publicationFile&v=5.
44 Siehe für den praktischen Vollzug auch: DSK, Kurzpapier Nr. 5, Datenschutz-Folgenabschätzung nach Art. 35 DS-GVO, 2017, abrufbar unter https://www.datenschutzzentrum.de/artikel/1162-Kurzpapier-Nr.-5-Datenschutz-Folgenabschaetzung-nach-Art.-35-DS-GVO.html.
45 Kühling/Buchner/Jandt DS-GVO Art. 36 Rn. 5.
46 EDSA Leitlinien zur Datenschutz-Folgenabschätzung (DSFA) und Beantwortung der Frage, ob eine Verarbeitung im Sinne der Verordnung 2016/679 „wahrscheinlich ein hohes Risiko mit sich bringt", WP 248 rev.01, 2017, abrufbar unter https://www.datenschutz.rlp.de/fileadmin/lfdi/Dokumente/wp248rev01_de.pdf, S. 23.

Verarbeitung zur Erfüllung einer im **öffentlichen Interesse liegenden Aufgabe** (→ *Datenschutz, allgemein* Rn. 69) die Aufsichtsbehörde vorab zu konsultieren. Gem. Art. 36 Abs. 2 DS-GVO hat die Aufsichtsbehörde innerhalb einer **Frist** von acht bzw. 14 Wochen schriftliche Empfehlungen zu unterbreiten bzw. ihre Befugnisse nach Art. 58 DS-GVO auszuüben.

78   Gem. Art. 36 Abs. 3 lit. a bis f DS-GVO hat der Verantwortliche die folgenden **Informationen** der Aufsichtsbehörde zur Verfügung zu stellen: (a) insbes. bei einer Verarbeitung innerhalb einer Gruppe von Unternehmen die jeweiligen der beteiligen Verantwortlichen und Auftragsverarbeiter; (b) die Zwecke und Mittel der Verarbeitung; (c) die geplanten Abhilfemaßnahmen; (d) ggf. die Kontaktdaten des Datenschutzbeauftragten (→ Rn. 9); (e) die DSFA; (f) sonstige von der Aufsichtsbehörde angeforderten Informationen.

XIII. Sicherheit der Verarbeitung

79   Art. 32 Abs. 1 DS-GVO verpflichtet Verantwortliche und Auftragsverarbeiter, ein **angemessenes Schutzniveau** für die Verarbeitung durch geeignete technische und organisatorische Maßnahmen zu gewährleisten.

80   Die Art, Umstände und Zwecke der Verarbeitung, die Schwere der Risiken für die Rechte und Freiheiten der betroffenen Personen und die unterschiedlichen Eintrittswahrscheinlichkeiten der Risiken sollen zusammen mit dem Stand der Technik und den Implementierungskosten berücksichtigt werden, um die konkret zu verlangenden Maßnahmen zu bestimmen. Entsprechend gibt es keinen Katalog von stets erforderlichen Maßnahmen, welche unter jedem Umstand ein angemessenes Schutzniveau gewährleisten können. Dennoch nennt Art. 32 Abs. 1 lit. a bis d DS-GVO als grober und zT sehr abstrakter **Maßnahmen-Katalog**: (a) Pseudonymisierung und Verschlüsselung; (b) die Sicherstellung von Vertraulichkeit, Integrität, Verfügbarkeit und Belastbarkeit; (c) die Gewährleistung der Verfügbarkeit und Zugang zu den Daten; (d) Auditierung der ergriffenen Maßnahmen.

81   Art. 32 Abs. 2 DS-GVO verlangt bei der **Beurteilung des angemessenen Schutzniveaus,** insbes. diejenigen Risiken für die betroffenen Personen zu berücksichtigen, die bei Vernichtung, Verlust, Veränderung oder unbefugter Offenlegung von, bzw. unbefugtem Zugang zu den Daten entstehen könnten.

XIV. Pflichten bei einer Verletzung des Schutzes personenbezogener Daten

82   Bei einer **Verletzung des Schutzes personenbezogener Daten** (→ Rn. 82 ff.) hat der Verantwortliche je nach Schweregrad des Risikos für die Rechte und Freiheiten der betroffenen Personen eine **Meldepflicht** (Art. 33 DS-GVO) gegenüber der zuständigen Aufsichtsbehörde bzw. eine **Benachrichtigungspflicht** (Art. 34 DS-GVO) gegenüber den betroffenen Personen.

83   Die ENISA hat zusammen mit den Aufsichtsbehörden Deutschlands und Griechenlands **Empfehlungen für die Beurteilung der Schwere einer Verletzung** entwickelt, welche die Einschätzung des Risikos objektivieren können.[47]

1. Meldepflichten

84   Eine **Meldepflicht** liegt stets vor, es sei denn, dass die Verletzung voraussichtlich zu keinem Risiko für die Rechte und Freiheiten natürlicher Personen führt (Art. 33 Abs. 1 S. 1 DS-GVO). Die Meldung hat unverzüglich und spätestens innerhalb von **72 Stunden,** nachdem die Verletzung dem Verantwortlichen bekannt wurde, zu erfolgen (Art. 33 Abs. 1 S. 1 DS-GVO). Bei einer verspäteten Meldung ist eine Begründung beizufügen (Art. 33 Abs. 1 S. 2 DS-GVO).

85   Die Meldung hat die in Art. 33 Abs. 3 DS-GVO genannten **Informationen** zu beinhalten, sofern möglich. Andernfalls sind die Informationen der Aufsichtsbehörde schrittweise zur Verfügung zu stellen (Art. 33

---

47 European Network and Information Security Agency (ENISA), Recommendations for a methodology of the assessment of severity of personal data breaches, 2013, abrufbar unter https://www.enisa.europa.eu/publications/dbn-severity.

Abs. 4 DS-GVO). Jede Verletzung muss **dokumentiert** werden in einem Verzeichnis, mit welchem die Aufsichtsbehörde die Einhaltung der Meldepflicht überprüfen kann (Art. 33 Abs. 5 DS-GVO). Entsprechend hat das Verzeichnis die Fakten der Verletzung zu nennen, die Auswirkungen und die ergriffenen Abhilfemaßnahmen.

Erfolgt eine Verletzung bei einem **Auftragsverarbeiter** (→ *Datenschutz, allgemein* Rn. 30), hat dieser die Verletzung unverzüglich dem Verantwortlichen mitzuteilen. 86

2. Benachrichtigungspflichten

Eine **Benachrichtigungspflicht** liegt vor, wenn die Verletzung zu einem **hohen Risiko** für die Rechte und Freiheiten der betroffenen Personen führt (Art. 34 Abs. 1 DS-GVO). Die Benachrichtigung hat unverzüglich zu erfolgen. 87

Der **Umfang** der Benachrichtigung ist in Art. 34 Abs. 2 DS-GVO geregelt. Die Benachrichtigung hat in klarer und einfacher Sprache die Art der Verletzung, die wahrscheinlichen Folgen der Verletzung und ergriffenen Maßnahmen zur Behebung der Verletzung und ggf. der Abmilderung der möglichen nachteiligen Auswirkungen der Verletzung zu beschreiben. Auch sind die Kontaktdaten einer Anlaufstelle, wie bspw. des Datenschutzbeauftragten (→ Rn. 9), zu nennen. 88

Eine Benachrichtigung ist gem. Art. 34 Abs. 3 DS-GVO nur dann **nicht erforderlich**, wenn entweder der Verantwortliche durch technische und organisatorische Maßnahmen sichergestellt hat, dass ein unberechtigter Zugriff auf die Daten ausgeschlossen wurde, zB durch eine entsprechende Verschlüsselung; oder der Verantwortliche durch nach der Verletzung ergriffene Maßnahmen sichergestellt hat, dass das hohe Risiko für die Rechte und Freiheiten der betroffenen natürlichen Personen aller Wahrscheinlichkeit nach nicht mehr besteht; oder die Benachrichtigung mit einem unverhältnismäßigen Aufwand verbunden wäre und stattdessen der Verantwortliche eine öffentliche Bekanntmachung oder eine ähnliche Maßnahme ergriffen hat, mit der die betroffenen Personen vergleichbar wirksam informiert wurden. 89

23. Datenschutz, Rechte der betroffenen Personen

Dahi/Revolidis

I. Einführung	1
II. Transparenz und Modalitäten	3
III. Informationsrechte	12
1. Informationspflichten bei direkt erhobenen Daten	14
a) Namen und Kontaktdaten des Verantwortlichen sowie ggf. seines Vertreters	16
b) Ggf. Kontaktdaten des Datenschutzbeauftragten	17
c) Zwecke und Rechtsgrundlage für die Verarbeitung	18
d) Ggf. die berechtigten Interessen, wenn die Verarbeitung auf berechtigten Interessen beruht	19
e) Ggf. Empfänger oder Kategorien von Empfängern der personenbezogenen Daten	20
f) Ggf. internationale Datentransfers	21
g) Speicherdauer	22
h) Betroffenenrechte	23
i) Recht auf Widerruf der Einwilligung	24
j) Beschwerderecht	25
k) Grund für die Bereitstellung	26
l) Automatisierte Entscheidungsfindung und Profiling	29
m) Weiterverarbeitung für einen anderen Zweck	30
2. Informationspflichten bei indirekt erhobenen Daten	31
a) Parallelen zu Art. 13 DS-GVO	32
b) Unterschiede zu Art. 13 DS-GVO	33
IV. Auskunftsrechte	37
1. Recht auf Informationen	39
2. Recht auf Kopie	41
V. Recht auf Berichtigung	48
VI. Recht auf Löschung	50
1. Löschungsgründe	51
2. Daten sind für die Verarbeitungszwecke nicht mehr notwendig	52
3. Widerruf der Einwilligung	53
4. Widerspruch gegen die Verarbeitung	54
5. Unrechtmäßige Verarbeitung	55
6. Erfüllung einer rechtlichen Verpflichtung	56
7. An Kinder gerichtete Dienste der Informationsgesellschaft	57
8. Löschung öffentlich gemachter Daten	58
9. Ausnahmen des Rechts auf Löschung	59
10. Mitteilungspflicht der Löschung	62
VII. Recht auf Einschränkung	63
1. Voraussetzungen	64
a) Richtigkeit der Daten wird bestritten	65
b) Unrechtmäßige Verarbeitung	66
c) Daten werden nicht mehr für die Verarbeitungszwecke benötigt	67
d) Widerspruch gegen die Verarbeitung	68
2. Mitteilungspflicht der Einschränkung	69
3. Aufhebung der Einschränkung	70
VIII. Recht auf Widerspruch	71
IX. Rechte in Bezug auf automatisierte Entscheidungsfindung	74
X. Recht auf Datenübertragbarkeit	75
1. Anforderungen	76
2. Übermittlungen an einen Verantwortlichen	80
3. Sicherheit	83
4. Ausnahmen	84
XI. Beschränkungen	85

Literatur: Siehe das Literaturverzeichnis zu → *Datenschutz, allgemein* Rn. 1 ff.

I. Einführung

1 Ein zentrales Ziel der DS-GVO ist der Schutz natürlicher Personen bei der Verarbeitung personenbezogener Daten (→ *Datenschutz, allgemein* Rn. 3). Entsprechend sind die Rechte der betroffenen Personen stark ausgeprägt. Die Wichtigkeit der betroffenen Rechte ergibt sich auch daraus, dass deren Verletzung mit dem Höchstsatz der DS-GVO bußgeldbewehrt ist, während andere Verletzungen, bspw. gegen die Pflicht, ein Verzeichnis der Verarbeitungstätigkeiten (→ *Datenschutz, Compliance* Rn. 62) zu führen, mit dem niedrigeren Satz bußgeldbewehrt ist (→ *Datenschutz, allgemein* Rn. 102).

2 Es gibt zwei Kategorien von Betroffenenrechten: 1) Die **„Pflichtenrechte"**, die ohne Antrag der betroffenen Person erfüllt werden müssen und 2) die **„Antragsrechte"**, die nur auf Antrag hin ihre Wirkung entfalten. Die Pflichtenrechte sind mit den Informationspflichten (→ Rn. 12) des Verantwortlichen deckungsgleich; die Antragsrechte sind sämtliche andere Rechte (→ Rn. 37 ff.).

II. Transparenz und Modalitäten

3 Art. 12 Abs. 1 DS-GVO regelt, dass sämtliche Informationen und Mitteilungen im Zusammenhang mit den Betroffenenrechten in einer präzisen, transparenten, verständlichen und leicht zugänglichen **Form** sowie in einer klaren und einfachen **Sprache** erteilt werden müssen. Hierfür hat der Verantwortliche „geeignete Maßnahmen" zu treffen.

Ob die gewählte Art der Erteilung der Informationen und Mitteilungen eine „**geeignete Maßnahme**" 4
darstellt, muss im Einzelfall beurteilt werden. Grds. sollte ein **Medienbruch** vermieden werden (→ Rn. 7).
Insbes. im Rahmen von **Auskunftsverlangen** (→ Rn. 37 ff.) wird in der Praxis oft statt eines Downloads
der Informationen eine CD-ROM oder ein USB-Datenträger als Methode der Übermittlung gewählt. Bei
einem Online-Dienst oder bei einer elektronischen Kontaktaufnahme (→ Rn. 16) sollte stattdessen ein
Download angeboten werden. Aufgrund der Allgegenwärtigkeit von USB-Lesemöglichkeiten kann ein
USB-Datenstick zwar zur Übermittlung einer großen Menge an Daten noch als geeignet angesehen werden,
eine CD-ROM allerdings nicht, weil Privathaushalte mittlerweile nur in Ausnahmefällen ein CD-Lesegerät
haben werden.[1]

Grds. sind die Informationen **schriftlich** zu erteilen; auf Verlangen der betroffenen Person können sie 5
mündlich erteilt werden, sofern die Identität der betroffenen Person in anderer Form nachgewiesen wurde.
Der Verantwortliche hat die Ausübung der Antragsrechte zu **erleichtern** (Art. 12 Abs. 2 DS-GVO).

Als **Frist** für die Bearbeitung der Antragsrechte sieht Art. 12 Abs. 3 DS-GVO eine „**unverzügliche**" 6
Bearbeitung vor, die in jedem Fall innerhalb eines Monats nach Eingang des Antrags erfolgen muss.
Die Frist kann um weitere zwei Monate verlängert werden, sofern dies wegen der Komplexität und der
Anzahl von Anträgen erforderlich ist. Die Fristverlängerung muss innerhalb der ursprünglichen Monatsfrist
zusammen mit den Gründen für die Verzögerung bekannt gegeben werden.

Aufgrund der Erleichterungspflicht hat die betroffene Person grds. die Freiheit, die Form ihres Antrags 7
zu wählen. Insbes. kann eine betroffene Person nicht auf ein elektronisches Kontaktformular verwiesen
werden (→ Rn. 16 f.). Stellt die betroffene Person den Antrag **elektronisch**, so ist sie grds. elektronisch zu
unterrichten, dh ohne **Medienbruch**.

Sofern der Verantwortliche auf den Antrag hin nicht tätig wird, hat er die betroffene Person gem. Art. 12 8
Abs. 4 DS-GVO ohne Verzögerung und spätestens innerhalb eines Monats über die Gründe dafür zu unterrichten sowie über die Möglichkeit, bei einer **Aufsichtsbehörde Beschwerde** oder einen **gerichtlichen
Rechtsbehelf** einzulegen (→ Rn. 25).

Gem. Art. 12 Abs. 5 DS-GVO ist die Wahrnehmung der Betroffenenrechte **unentgeltlich**. Nur bei **offen- 9
kundig unbegründeten oder exzessiven Anträgen** kann der Verantwortliche entweder ein angemessenes
Entgelt verlangen oder sich weigern, aufgrund des Antrags tätig zu werden. Mit Blick auf das Erleichterungsgebot (→ Rn. 5) hat der Verantwortliche zunächst ein angemessenes Entgelt zu verlangen; nur danach
kann er sich weigern, tätig zu werden. Die **Beweislast** für die Unbegründetheit bzw. Exzessivität liegt beim
Verantwortlichen.

Bei **begründeten Zweifeln an der Identität** des Antragenden kann der Verantwortliche nach Art. 12 Abs. 6 10
DS-GVO zusätzliche Informationen anfordern, um die Identität der betroffenen Person zu bestätigen. Wird
ein Verantwortlicher tätig, obwohl es sich tatsächlich nicht um die betroffene Person handelte, liegt eine
Verletzung des Schutzes personenbezogener Daten (→ *Datenschutz, Compliance* Rn. 82 ff.) vor. Zu beachten ist, dass ein Verantwortlicher nicht stets zusätzliche Informationen als eine Art „Schutzmaßnahme"
vor einer Verletzung des Schutzes personenbezogener Daten anfordern darf. Die **Bestätigung der Identität**
(**Authentifizierung**) der betroffenen Person sollte, insbes. Mit Blick auf das Prinzip der Datenminimierung
(→ *Datenschutz, allgemein* Rn. 44), mit den dem Verantwortlichen schon vorliegenden Informationen
erfolgen. Bspw. Kann der Verantwortliche ein Code an die Email-Adresse oder/und Handy-Nummer
der betroffenen Person senden, mit der die betroffene Person sich authentifizieren kann. Weitergehende
Informationen, die dem Verantwortlichen nicht schon vorliegen, zB die **Kopie eines Ausweises oder
Reisepasses**, dürfen grds. nicht angefordert werden.

---

[1] Gola/Franck DS-GVO Art. 15 Rn. 28 f.

11 Art. 12 Abs. 7 DS-GVO erlaubt es, dass Informationen der Pflichtenrechte in Kombination mit standardisierten und maschinenlesbaren **Bildsymbolen** bereitgestellt werden können; Art. 12 Abs. 8 DS-GVO regelt das Verfahren für die Erlassung standardisierter Bildsymbole. Noch wurden keine Standards erlassen.

III. Informationsrechte

12 Die betroffene Person hat das Recht, über die Verarbeitung umfänglich informiert zu werden. Die genauen Pflichten richten sich danach, ob der Verantwortliche die Daten **direkt** bei der betroffenen Person erhoben hat oder **indirekt** ohne Interaktion mit der betroffenen Person, zB weil die Daten von einer anderen verarbeitenden Stelle stammen oder, weil **offensichtlich öffentliche Daten** (→ *Datenschutz, allgemein* Rn. 85 ff.) verarbeitet werden.

13 ▶ Praxishinweis Legal Tech: Die Informationspflichten werden in der Praxis durch eine **Datenschutzerklärung** erfüllt. In der Literatur wird oft an der Musterdatenschutzerklärung des Deutschen Anwaltsvereins verwiesen.[2] Diese ist abrufbar unter: https://www.anwaltsblatt-datenbank.de/bsab/document/jzs-AnwBlOnline201803_006.[3] Die meisten Legal Tech-Unternehmen verwenden größtenteils ähnliche Datenschutzerklärungen.[4] ◀

1. Informationspflichten bei direkt erhobenen Daten

14 Die Informationspflichten für **direkt erhobene Daten** sind in Art. 13 DS-GVO geregelt. Dem Wortlaut zufolge sind die in Abs. 1 aufgeführten Informationen stets zu nennen, die in Abs. 2 nur, wenn diese „notwendig sind, um eine faire und transparente Verarbeitung zu gewährleisten". Mit Blick auf das Prinzip der Verarbeitung nach Treu und Glauben und Transparenz (→ *Datenschutz, allgemein* Rn. 40 f.) wird dies grds. stets der Fall sein, weswegen aus praktischer Sicht keine Unterscheidung zwischen den Informationen gem. Abs. 1 und gem. Abs. 2 getroffen werden muss.

15 Die Informationen müssen zum **Zeitpunkt der Erhebung** erteilt werden. Eine **Ausnahme** von der Informationspflicht besteht gemäß Abs. 5, wenn und soweit die betroffene Person bereits über die Informationen verfügt.

a) Namen und Kontaktdaten des Verantwortlichen sowie ggf. seines Vertreters

16 Ausweislich des klaren Wortlauts der Norm (Art. 13 Abs. 1 lit. a DS-GVO) müssen **Kontaktdaten** für den Verantwortlichen und ggf. seines Vertreters in der Union (Art. 27 DS-GVO) und nicht nur eine elektronische Kontaktform bereitgestellt werden. Dies folgt zudem aus der **Erleichterungspflicht** (→ Rn. 5) des Verantwortlichen. Die betroffene Person hat grds. die Freiheit, die Art der Kontaktaufnahme zu wählen.

b) Ggf. Kontaktdaten des Datenschutzbeauftragten

17 Sofern der Verantwortliche einen **Datenschutzbeauftragten** (→ *Datenschutz, Compliance* Rn. 9 ff.) benannt hat, sind dessen Kontaktdaten bereitzustellen (→ Rn. 16) (Art. 13 Abs. 1 lit. b DS-GVO).

c) Zwecke und Rechtsgrundlage für die Verarbeitung

18 Die jeweiligen **Zwecke und Rechtsgrundlagen** für die verschiedenen Verarbeitungsvorgänge müssen genannt werden (Art. 13 Abs. 1 lit. c DS-GVO). Sinn und Zweck der Information verlangen, dass die genannten Zwecke und Rechtsgrundlagen sich aufeinander beziehen müssen. Andernfalls kann die betroffene Person nicht beurteilen, ob die Anforderungen der jeweiligen Rechtsgrundlage auch erfüllt werden. Entsprechend verlangt die Norm, dass bei der Rechtsgrundlage der berechtigten Interessen die verfolgten

---

[2] So zB Wagner BRAKMag. 03/2018, 8 (9).
[3] Deutscher Anwaltverein AnwBl Online 2018, 196.
[4] Siehe zB https://conny.de/datenschutz, https://www.123recht.de/info.asp?id=datenschutz sowie https://www.flightright.de/datenschutz.

Interessen genannt werden müssen. In der **Datenschutzerklärung** (→ *Datenschutz, Compliance* Rn. 16 ff.) lässt sich die gegenseitige Bezugnahme in Form einer Tabelle gut darstellen.

d) Ggf. die berechtigten Interessen, wenn die Verarbeitung auf berechtigten Interessen beruht

Beruht die Verarbeitung auf **berechtigten Interessen** (→ *Datenschutz, allgemein* Rn. 70 ff.), hat der Verantwortliche diese mitzuteilen (Art. 13 Abs. 1 lit. d DS-GVO). 19

e) Ggf. Empfänger oder Kategorien von Empfängern der personenbezogenen Daten

Dem Wortlaut nach kann der Verantwortliche gem. Art. 13 Abs. 1 lit. e DS-GVO wählen, entweder die einzelnen **Empfänger** (vgl. Legaldefinition in Art. 4 Nr. 9 DS-GVO) oder lediglich Kategorien von Empfängern zu nennen. Wegen des Grundsatzes von Treu und Glauben (→ *Datenschutz, allgemein* Rn. 40) muss der Verantwortliche möglichst zweckdienliche Informationen zur Verfügung stellen. Damit die betroffene Person einen möglichst vollkommenen Überblick über sämtliche Empfänger bekommen kann, sollte bevorzugt jeder einzelne Empfänger genannt werden. Nur in Ausnahmefällen kann es gerechtfertigt sein, die Kategorien zu nennen, zB weil der genaue Empfänger zum Zeitpunkt der Informationserteilung nicht feststeht. In einem solchen Fall soll aber die Kategorie der Empfänger so genau wie möglich beschrieben werden, zB mit Angabe von Industrie, Sektor, Verarbeitungstätigkeit usw.[5] 20

f) Ggf. internationale Datentransfers

Der Verantwortliche hat gem. Art. 13 Abs. 1 lit. f DS-GVO nicht nur über seine Absicht zu informieren, personenbezogenen Daten an ein Drittland oder eine internationale Organisation zu übermitteln, sondern auch über den verwendeten **Transfermechanismus**. Zusätzlich muss über das Vorhandensein oder das Fehlen eines **Angemessenheitsbeschlusses** der Kommission informiert werden sowie über die Möglichkeit, wie etwa eine Kopie etwaiger verwendeter **Garantien** zu erhalten oder wo eine Kopie verfügbar ist. 21

g) Speicherdauer

Der Verantwortliche hat gem. Art. 13 Abs. 2 lit. a DS-GVO, sofern möglich, über die **Speicherdauer** der personenbezogenen Daten zu informieren. Ist es nicht möglich, die genaue Dauer der Speicherung zu nennen, sollen zumindest die **Kriterien** für die Festlegung der Speicherdauer mitgeteilt werden, damit die betroffene Person die Dauer nachvollziehen kann. 22

h) Betroffenenrechte

Der Verantwortliche hat gem. Art. 13 Abs. 2 lit. b DS-GVO über die **Rechte** auf Auskunft (→ Rn. 37 ff.), Berichtigung (→ Rn. 48 f.), Löschung (→ Rn. 50 ff.), Einschränkung (→ Rn. 63 ff.), Widerspruch (→ Rn. 71 ff.) und Datenübertragbarkeit (→ Rn. 75 ff.) zu informieren. Wegen der **Erleichterungspflicht** (→ Rn. 5) hat der Verantwortliche die Rechte nicht nur aufzulisten, sondern diese kurz zu skizzieren und deren Ausübung zu erläutern. 23

i) Recht auf Widerruf der Einwilligung

Wenn die Verarbeitung auf einer **Einwilligung** (→ *Datenschutz, allgemein* Rn. 56 ff. und für besondere Kategorien personenbezogener Daten → *Datenschutz, allgemein* Rn. 79 f.) beruht, ist die betroffene Person gem. Art. 13 Abs. 2 lit. c DS-GVO über ihr Recht zu informieren, die Einwilligung jederzeit zu **widerrufen**, jedoch ohne, dass die Rechtmäßigkeit der aufgrund der Einwilligung bis zum Widerruf erfolgten Verarbeitung berührt wird. 24

---

[5] EDSA Leitlinien für Transparenz gemäß der Verordnung 2016/679, WP 260 rev.01, 2018, abrufbar unter https://www.datenschutz.rlp.de/fileadmin/lfdi/Dokumente/wp260rev01_de.pdf, S. 46 f.

j) Beschwerderecht

25 Gem. Art. 13 Abs. 2 lit. d DS-GVO hat der Verantwortliche darüber zu informieren, dass die betroffene Person das **Recht auf Beschwerde bei einer Aufsichtsbehörde** (→ *Datenschutz, allgemein* Rn. 101) gem. Art. 77 DS-GVO hat, wenn die betroffene Person der Ansicht ist, dass die Verarbeitung ihrer personenbezogenen Daten gegen die DS-GVO verstößt.

k) Grund für die Bereitstellung

26 Der Verantwortliche muss gem. Art. 13 Abs. 2 lit. e DS-GVO erklären, ob die **Bereitstellung der personenbezogenen Daten** entweder gesetzlich oder vertraglich vorgeschrieben oder für einen Vertragsabschluss erforderlich ist, ob die betroffene Person verpflichtet ist, die personenbezogenen Daten bereitzustellen sowie welche Folgen die Nichtbereitstellung haben könnte.

27 Die Vorschrift erlaubt es der betroffenen Person, nachzuprüfen, ob der Verantwortliche bspw. die Grundsätze der **Datenminimierung** (→ *Datenschutz, allgemein* Rn. 44 f.) oder der **Rechtmäßigkeit** (→ *Datenschutz, allgemein* Rn. 40) einhält. Bspw. wird die betroffene Person bei einem Online-Shop erkennen können, dass manche Angaben freiwilliger Natur sind, während andere, zB eine Altersüberprüfung aufgrund einer gesetzlichen Altersbeschränkung des Produktes, gesetzlicher Natur sind. Die Nichtbereitstellung von freiwilligen Daten wird keine Konsequenzen mit sich führen. Dagegen wird die Nichtbereitstellung von (vertraglich oder gesetzlich) verpflichtenden Daten zur Folge haben, dass der Vertrag nicht erfüllt werden kann.

28 Wegen des Grundsatzes von **Treu und Glauben** (→ *Datenschutz, allgemein* Rn. 40) muss der Verantwortliche möglichst zweckdienliche Informationen zur Verfügung stellen. Folglich sollten die Informationen, inkl. Rechtsgrundlagen und etwaiger Konsequenzen der Nichtbereitstellung, möglichst genau, ggf. unter Angabe der jeweiligen Vorschrift, mitgeteilt werden.[6]

l) Automatisierte Entscheidungsfindung und Profiling

29 Siehe dazu → *Entscheidungsfindung, automatisierte* Rn. 47 ff.

m) Weiterverarbeitung für einen anderen Zweck

30 Gem. Art. 13 Abs. 3 DS-GVO löst eine Weiterverarbeitung der personenbezogenen Daten für einen **anderen Zweck** als den, für den die personenbezogenen Daten ursprünglich erhoben wurden, eine erneute Informationspflicht aus.

2. Informationspflichten bei indirekt erhobenen Daten

31 Die Informationspflichten bei **indirekt** erhobenen Daten, dh ohne Interaktion mit der betroffenen Person, richten sich nach Art. 14 DS-GVO.

a) Parallelen zu Art. 13 DS-GVO

32 Grds. kann auf die Ausführungen zu den Informationspflichten bei einer **direkten Erhebung** verwiesen werden (→ Rn. 14 ff.).

b) Unterschiede zu Art. 13 DS-GVO

33 Zusätzlich verlangt Art. 14 Abs. 2 lit. f DS-GVO die Information darüber, aus welcher **Quelle** die personenbezogenen Daten stammen und gegebenenfalls, ob es sich um öffentlich zugängliche Quellen handelt.

---

6 Kühling/Buchner/Bäcker DS-GVO Art. 13 Rn. 40 ff.; aA BeckOK DatenschutzR/Schmidt-Wudy DS-GVO Art. 13 Rn. 73 ff.; EDSA Leitlinien für Transparenz gemäß der Verordnung 2016/679, WP 260 rev.01, 2018, abrufbar unter https://www.datenschutz.rlp.de/fileadmin/lfdi/Dokumente/wp260rev01_de.pdf, S. 51.

Die **Frist** zur Erteilung der Informationen hängt vom Einzelfall ab und richtet sich nach Art. 14 Abs. 3 DS-GVO. Grds. soll die Information unter Berücksichtigung der spezifischen Umstände der Verarbeitung der personenbezogenen Daten innerhalb einer **angemessenen Frist** nach Erlangung der personenbezogenen Daten erteilt werden, spätestens aber nach einem **Monat**. Werden die personenbezogenen Daten zur Kommunikation mit der betroffenen Person verwendet, sollen die Informationen spätestens **zum Zeitpunkt der ersten Mitteilung** an sie erteilt werden. Falls die personenbezogenen Daten an einen anderen Empfänger offenbart werden sollen, ist die betroffene Person spätestens **zum Zeitpunkt der ersten Offenlegung** zu informieren.

Ausnahmen von der Informationspflicht sind umfassender als bei der direkten Erhebung und liegen gem. Art. 14 Abs. 5 lit. a bis d DS-GVO insoweit vor, wie (a) die betroffene Person **bereits über die konkrete Information** verfügt, (b) die Erteilung der jeweiligen Informationen **unmöglich** ist oder einen **unverhältnismäßigen Aufwand** erfordern würde, (c) die Erlangung oder Offenlegung durch **Rechtsvorschriften** der Union oder der Mitgliedstaaten, denen der Verantwortliche unterliegt und die geeignete Maßnahmen zum Schutz der berechtigten Interessen der betroffenen Person vorsehen, ausdrücklich geregelt ist oder (d) die personenbezogenen Daten gemäß dem Unionsrecht oder dem Recht der Mitgliedstaaten dem **Berufsgeheimnis**, einschließlich einer satzungsmäßigen Geheimhaltungspflicht, unterliegen und daher vertraulich behandelt werden müssen.

Die Unmöglichkeit bzw. der unverhältnismäßige Aufwand ist **objektiv** zu beurteilen, denn die betroffene Person soll nicht durch die subjektiven Schwierigkeiten eines „kleineren" Verantwortlichen im Vergleich zu einem mit mehr Ressourcen ausgestatteten Verantwortlichen benachteiligt werden.[7] Die Intensität der Verarbeitung kann bei einem kleineren Verantwortlichen genauso gegeben sein wie bei einem größeren Verantwortlichen. ErwG 62 DS-GVO nennt als Anhaltspunkte für einen unverhältnismäßigen Aufwand „die Zahl der betroffenen Personen, das Alter der Daten oder etwaige geeignete Garantien".

IV. Auskunftsrechte

Die **Auskunftsrechte** des Art. 15 DS-GVO umfassen (1) ein **Recht auf Informationen** (→ Rn. 39 f.) über die konkret erfolgten und zu erfolgenden Verarbeitungen der personenbezogenen Daten der betroffenen Person und (2) ein **Recht auf eine Kopie** (→ Rn. 41 ff.) der dem Verantwortlichen vorliegenden personenbezogenen Daten. Die Auskunftsrechte stellen **Kontrollrechte** dar. Sie ermöglichen es der betroffenen Person, die Verarbeitung umfassend zu überprüfen und sind demnach die Grundlage für eine effektive Ausübung der Betroffenenrechte ggü. dem Verantwortlichen.

▶ Praxishinweis Legal Tech: Die Beziehung zwischen den Auskunftspflichten des Verantwortlichen gem. Art. 15 DS-GVO und das Akteneinsichtsrecht der BRAO (insbs. § 50 Abs. 2) ist unklar. In der Literatur wird zu Recht vertreten, dass Art. 15 DS-GVO das Akteneinsichtsrecht der BRAO faktisch aushebelt.[8] In diesem Sinne sollten Auskunftsanfragen im Bereich Legal Tech aufgrund von Art. 15 DS-GVO beantwortet werden, wobei die Gedanken von § 50 Abs. 2 BRAO berücksichtigt werden sollten. ◀

1. Recht auf Informationen

Die betroffene Person ist gemäß Art. 15 Abs. 1 DS-GVO darüber zu informieren, ob sie betreffende personenbezogene Daten verarbeitet werden. Auf ein Auskunftsverlangen muss auch geantwortet werden, wenn keine Daten verarbeitet werden. In diesem Fall ist eine **Negativauskunft** zu geben.

Werden personenbezogene Daten verarbeitet, haben sich die zu erteilenden Informationen **konkret** auf die jeweiligen verarbeiteten personenbezogenen Daten zu beziehen (Art. 15 Abs. 1 und 2 DS-GVO). Daher darf im Rahmen eines Auskunftsverlangens nicht einfach auf die Datenschutzerklärung verwiesen werden,

---

7 AA BeckOK DatenschutzR/Schmidt-Wudy DS-GVO Art. 14 Rn. 98.
8 Kolb BRAK-Mitt. 2022, 64 (67).

obwohl sich die Informationspflichten grds. mit denen aus Art. 13 und 14 DS-GVO (→ Rn. 12 ff.) decken. Während die Datenschutzerklärung die Verarbeitungstätigkeiten des Verantwortlichen abstrakt darstellt, weil zu einem Zeitpunkt vor der tatsächlich erfolgten Verarbeitung, gewährt das Informationsrecht aus Art. 15 Abs. 1 DS-GVO der betroffenen Person eine Auskunft über die konkret erfolgte und zu erfolgende Verarbeitung ihrer personenbezogenen Daten. Denn je nach Nutzung des Dienstes kann die Verarbeitung für unterschiedliche betroffene Personen auch unterschiedlich ausfallen.

2. Recht auf Kopie

41　Art. 15 Abs. 3 DS-GVO gewährt der betroffenen Person ein Recht auf eine **Kopie** ihrer verarbeiteten personenbezogenen Daten. Die Kopie ist **unentgeltlich** (→ Rn. 9) zur Verfügung zu stellen. Für weitere Kopien kann ein **angemessenes Entgelt** auf Grundlage der Verwaltungskosten verlangt werden.

42　Stellt die betroffene Person den Antrag auf Kopie **elektronisch**, so sind die Informationen in einem **gängigen elektronischen Format** zur Verfügung zu stellen, sofern die betroffene Person nichts anderes angibt, zB als Papier-Ausdruck (beachte aber die Grenze der Exzessivität (→ Rn. 9)). Ein elektronisches Format ist „gängig", wenn es ausreichend verbreitet ist, damit die betroffene Person es mit einer Standardsoftware auslesen kann.[9] Die Art der Bereitstellung des gängigen elektronischen Formats muss zudem eine geeignete Maßnahme (→ Rn. 4) iSd Art. 12 Abs. 1 DS-GVO darstellen.

43　▶ Praxishinweis Legal Tech: Die Rechte und Freiheiten anderer Personen dürfen gem. Art. 15 Abs. 4 DS-GVO durch das Recht auf Kopie nicht beeinträchtigt werden; insofern besteht eine **Ausnahme**, auf die sich der Verantwortliche berufen kann. Die Reichweite der Auskunftsrechte der Betroffenen gem. Art. 15 Abs. 1 und 3 DS-GVO ist ein sehr umstrittenes Thema. Das Problem wird in der Rspr. und in der Lit. kontrovers diskutiert. In der Rspr. sind ad hoc Urteile zu identifizieren.

44　Das erste Urteil kommt vom LG Bonn.[10] Der Sachverhalt ist relativ einfach: Eine Mandantin klagte gegen ihren Anwalt wegen Verletzung der Informationsrechte aus Art. 15 DS-GVO. Obwohl ihr Anwalt anbot, ihr gegen Zahlung einer Gebühr von 157,07 Euro Einsicht in die Handakte zu gewähren, behauptete sie, dass er es versäumt habe, weitere Informationen mit ihr zu teilen, insbes. ihre E-Mail- und WhatsApp-Kommunikation sowie ihre, in der Kanzlei geführte Mandantenakte. Während der mündlichen Verhandlung übergab der Beklagte die Akten an die Klägerin. Der Streit blieb jedoch offen, was den Rest der angeforderten Informationen betraf, insbes. die E-Mail- und WhatsApp-Kommunikation zwischen den Parteien sowie die Handakte der Klägerin. Die wichtigste Rechtsfrage war daher, ob sich die Informationsrechte nach Art. 15 DS-GVO über die jeweilige Handakte hinaus auch auf alle anderen Informationen erstrecken, die sich im Besitz des Anwalts befinden. Das LG Bonn vertrat eine eher expansive Auslegung von Art. 15 DS-GVO. Es entschied im Wesentlichen, dass der Umfang der Informationsrechte nach Art. 15 DS-GVO unter Bezugnahme auf den Begriff der personenbezogenen Daten in Art. 4 DS-GVO zu verstehen ist. Das Gericht führte weiter aus:[11] „Der Begriff der ‚personenbezogenen Daten' nach Art. 4 DS-GVO ist weit gefasst und umfasst nach der Legaldefinition in Art. 4 Nr. 1 DS-GVO alle Informationen, die sich auf eine identifizierbare natürliche Person beziehen (...). Hierunter fallen demnach u.a. auch die Angaben aus dem Mandatskonto der Klägerin bei dem Beklagten und die betreffend die Klägerin gespeicherte elektronische Kommunikation. Insbes. die mit der Klägerin über WhatsApp geführte Kommunikation hat der Beklagte nicht vorgelegt, so dass der Auskunftsanspruch noch nicht nach § 362 Abs. 1 BGB erfüllt ist. Denn trotz erteilter Auskünfte scheidet Erfüllung aus, soweit die Auskünfte erkennbare Lücken aufweisen".

9　Gola/Franck DS-GVO Art. 15 Rn. 29.
10　LG Bonn Urt. v. 1.7.2021 – 15 O 372/20, openJur 2021, 33402.
11　LG Bonn Urt. v. 1.7.2021 – 15 O 372/20, openJur 2021, 33402 Rn. 35–36.

Das LG Leipzig[12] beschäftigte sich auch mit der Reichweite der Auskunftsrechte im Rahmen von Rechtsdienstleistungen. In diesem Fall verklagte ein Rechtsanwalt eine ehemalige Mandantin wegen angeblich nicht bezahlter Rechtsdienstleistungen. Die Mandantin antwortete u.a. mit einer Widerklage, in der sie die vollständige Offenlegung der im Besitz des Klägers befindlichen personenbezogenen Daten forderte. Die Parteien stritten erneut über die Reichweite des Auskunftsrechts aus Art. 15 DG-GVO. Diesmal gab sich der Anwalt besonders viel Mühe, um seine Weigerung zu verteidigen, weitere Informationen weiterzugeben, die nicht in den Handakten enthalten waren. Er vertrat die Ansicht, dass in seiner Kanzlei sämtliche eingehenden und ausgehenden Schriftstücke unverzüglich an die Mandanten versandt wurden. Daher habe die Beklagte bereits alle Kopien der Handakten. Alle Akten in den Angelegenheiten der Beklagten seien abgelegt und archiviert worden. Art. 15 Abs. 3 DS-GVO sei teleologisch zu reduzieren. Mit dem Sinn und Zweck der Vorschrift sei ein Anspruch auf Auskunft und Kopie sämtlicher vorhandenen Daten nicht vereinbar. Es bestehe nur ein Anspruch auf Kopien derjenigen Daten, die konkrete Informationen über die betroffene Person beinhalteten. Das LG Leipzig, ähnlich wie das LG Bonn, vertrat eine weite Auslegung von Art. 15 DS-GVO und hat die Argumente des Rechtsanwalts über eine teleologische Reduktion des Auskunftsrechts abgewiesen. Das LG Leipzig entschied:[13] „Nach Art. 15 Abs. 1 DS-GVO hat die betroffene Person das Recht, von dem Verantwortlichen eine Bestätigung darüber zu verlangen, ob die betreffenden personenbezogenen Daten verarbeitet werden. Ist dies der Fall, so hat sie ein Recht auf Auskunft über diese personenbezogenen Daten und bestimmte weitere Informationen. Nach Art. 15 Abs. 3 S. 1 DS-GVO besteht ein Anspruch auf Herausgabe einer Kopie der personenbezogenen Daten, die Gegenstand der Verarbeitung sind. Gemäß Art. 4 Nr. 1 Hs. 1 DS-GVO sind personenbezogene Daten alle Informationen, die sich auf eine identifizierte oder identifizierbare natürliche Person beziehen. Nach dieser Definition ist der Begriff weit zu verstehen. Er ist nicht auf sensible oder private Informationen beschränkt, sondern umfasst potenziell alle Arten von Informationen sowohl objektiver als auch subjektiver Natur in Form von Stellungnahmen oder Beurteilungen unter der Voraussetzung, dass es sich um Informationen über die in Rede stehende Person handelt. Die letztgenannte Voraussetzung ist erfüllt, wenn die Information aufgrund ihres Inhalts, ihres Zwecks oder ihrer Auswirkung mit einer bestimmten Person verknüpft ist. Der Begriff der personenbezogenen Daten ist nicht teleologisch dahin zu reduzieren, dass der Personenbezug voraussetzen würde, dass es sich um signifikante biografische Informationen handeln müsste, die im Vordergrund des fraglichen Dokuments stünden. Eine derartige Auffassung wäre mit der Rspr. des EuGH nicht zu vereinbaren".

An dieser Stelle ist es wichtig zu betonen, dass sich das LG Leipzig bei seiner Entscheidung auf eine Entscheidung des BGH vom Juni 2021 berief.[14] In der Rs. vor dem BGH ging es nicht um Fragen im Zusammenhang mit Rechtsdienstleistungen, sondern um Fragen im Zusammenhang mit Versicherungsdienstleistungen. Der Hintergrund des Falles war jedoch ähnlich wie bei den Verfahren vor dem LG Bonn und dem LG Leipzig: Ein Kunde eines Versicherungsunternehmens stellte einen Antrag auf der Grundlage von Art. 15 DS-GVO. Obwohl das Unternehmen den Antrag nicht abgelehnt hat, war der Kunde davon überzeugt, dass die erteilten Auskünfte unvollständig seien. Der BGH stellte klar, dass eine teleologische Reduktion der Auskunftsrechte der Rspr. des EuGH widersprechen würde. Der BGH betonte auch, dass die erteilten Auskünfte unvollständig seien. Nach ErwG 63 S. 1 DS-GVO dient das Auskunftsrecht der betroffenen Person hinsichtlich der sie betreffenden personenbezogenen Daten dem Zweck, sich der konkreten Verarbeitung bewusst zu werden und deren Rechtmäßigkeit überprüfen zu können. Nach diesen Grundsätzen hat der BGH entgegen der Ansicht des Berufungsgerichts entschieden, dass die vergangene Korrespondenz der Parteien, das „Prämienkonto" des Klägers und Daten des Versicherungsscheins sowie interne

---

12 LG Leipzig Endurt. v. 23.12.2021 – 03 O 1268/21, openJur 2022, 2206.
13 LG Leipzig Endurt. v. 23.12.2021 – 03 O 1268/21, openJur 2022, 2206 Rn. 42–43.
14 BGH Urt. v. 15.6.2021 – VI ZR 576/19, openJur 2021, 21658.

Vermerke und Kommunikation der Beklagten nicht kategorisch vom Anwendungsbereich des Art. 15 Abs. 1 DS-GVO ausgeschlossen werden.

47 Obwohl sich die Rspr. noch in der Entwicklungsphase befindet, lassen sich einige grdl. Schlussfolgerungen ziehen. Erstens: Der Anwendungsbereich von Art. 15 DS-GVO wird weit ausgelegt. Unternehmen, die Rechtsdienstleistungen anbieten, unabhängig davon, ob „offline" oder digital, müssen auf Anfrage ihrer Kunden alle personenbezogenen Daten offenlegen. Zweitens: Die recht weit verbreitete Praxis, nur die Handakten bei Anfragen nach Art. 15 DS-GVO zur Verfügung zu stellen, ist nicht datenschutzkonform. Die Informationsrechte nach Art. 15 DS-GVO gehen über die Handakten hinaus und umfassen im Allgemeinen alle Informationen, über die ein Rechtsdienstleister verfügt und, die eine persönliche Beziehung zur betroffenen Person herstellen. Es muss aber auch betont werden, dass in der aktuellen Lit. die weite Auslegung der Reichweite von Art. 15 DS-GVO nicht ohne Weiteres akzeptiert wird.[15] ◄

V. Recht auf Berichtigung

48 Gem. Art. 16 DS-GVO hat die betroffene Person das Recht, **unrichtige** personenbezogene Daten **unverzüglich** zu berichtigen. Unrichtige Daten sind solche, die bei Erhebung unrichtig waren oder nach Erhebung unrichtig geworden sind. Nur Fakten können richtig oder falsch sein; Meinungen sind hiervon nicht erfasst. Um zu beurteilen, ob Daten richtig oder unrichtig sind, müssen des Weiteren die Zwecke der Verarbeitung berücksichtigt werden. So kann es gerade darauf ankommen, die Unrichtigkeit eines Datums festzuhalten, zB die Falschaussage eines Zeugen.

49 **Unvollständige** Daten sind, unter Berücksichtigung der Zwecke der Verarbeitung, den unrichtigen Daten gleichzustellen. Die betroffene Person hat das Recht, die Vervollständigung unvollständiger personenbezogener Daten – auch mittels einer ergänzenden Erklärung – zu verlangen. Berichtigungen sind gem. Art. 19 DS-GVO allen **Empfängern** mitzuteilen, es sei denn, die Mitteilung erweist sich als **unmöglich** oder ist mit einem **unverhältnismäßigen Aufwand** verbunden. Die betroffene Person hat das Recht, auf Verlangen über diese Empfänger informiert zu werden.

VI. Recht auf Löschung

50 Das Recht auf Löschung nach Art. 17 Abs. 1 DS-GVO ist nicht absolut und kann nur ausgeübt werden, wenn einer der dort genannten **Gründe** zutrifft.

1. Löschungsgründe

51 Die Löschungsgründe lassen sich letztlich alle auf die **Verarbeitungsprinzipien** (→ Datenschutz, allgemein Rn. 39 ff.) zurückführen, vornehmlich das Fehlen eines Rechtmäßigkeitsgrundes.

2. Daten sind für die Verarbeitungszwecke nicht mehr notwendig

52 Wie schon aus dem Prinzip der Zweckbindung (→ *Datenschutz, allgemein* Rn. 42) folgt, sind Daten zu löschen, wenn deren Verarbeitung für die **Erfüllung eines Zwecks** nicht mehr notwendig ist (Art. 17 Abs. 1 lit. a DS-GVO).

3. Widerruf der Einwilligung

53 Basiert die Verarbeitung auf einer Einwilligung (→ *Datenschutz, allgemein* Rn. 56 ff. und 79 f.) und wird diese **widerrufen**, sind die entsprechenden Daten zu löschen, sofern keine andere Rechtsgrundlage (→ *Datenschutz, allgemein* Rn. 55 ff.) greift (Art. 17 Abs. 1 lit. c DS-GVO).

---

15 Dazu kritisch Brisch/Rexin BRAK-Mitt. 2021, 348 und Kolb BRAK-Mitt. 2022, 64 (67).

4. Widerspruch gegen die Verarbeitung

Übt die betroffene Person erfolgreich einen **Widerspruch** (→ *Datenschutz, allgemein* Rn. 62) gegen die Verarbeitung aus, sind die Daten zu löschen (Art. 17 Abs. 1 lit. c DS-GVO).

5. Unrechtmäßige Verarbeitung

Unrechtmäßig verarbeitete Daten sind zu löschen. Unklar ist, ob unter „Unrechtmäßigkeit" lediglich das Fehlen eines Rechtmäßigkeitsgrundes (→ *Datenschutz, allgemein* Rn. 40) zu verstehen ist oder, ob auch sonstige Verstöße gegen die DS-GVO zu einer Unrechtmäßigkeit führen (Art. 17 Abs. 1 lit. d DS-GVO). Es wird wohl auf den Sinn und Zweck der Vorschrift ankommen, gegen die verstoßen wurde. So soll die Informationspflicht des Art. 13 DS-GVO (→ Rn. 14 ff.) es der betroffenen Person ermöglichen, sich vorab über die wichtigsten Elemente der Verarbeitung zu informieren, um anhand dieser Informationen zu entscheiden, ob sie ihre Daten dem Verantwortlichen anvertrauen möchte oder nicht. Hat der Verantwortliche es versäumt, darüber zu informieren, dass er personenbezogene Daten im EU-Ausland verarbeitet, könnte dies zu einer Unrechtmäßigkeit der Verarbeitung führen, weil die Verarbeitung im Ausland direkt die Rechte und Freiheiten der betroffenen Person berühren kann. Dagegen wird ein Verstoß gegen die Pflicht, ein Verarbeitungsverzeichnis zu führen, ggf. nicht zur Unrechtmäßigkeit der Verarbeitung führen, weil sich dies idR nicht unmittelbar auf die Rechte und Freiheiten der betroffenen Person auswirken wird.

6. Erfüllung einer rechtlichen Verpflichtung

Eine Löschung kann auch eingefordert werden, wenn die Löschung zur **Erfüllung einer rechtlichen Verpflichtung** nach dem Unionsrecht oder dem Recht der Mitgliedstaaten erforderlich ist, dem der Verantwortliche unterliegt (Art. 17 Abs. 1 lit. e DS-GVO).

7. An Kinder gerichtete Dienste der Informationsgesellschaft

Die DS-GVO gewährt **Kindern** besonderen Schutz. Wird eine von einem Kind in Bezug auf **Dienste der Informationsgesellschaft** (vgl. Legaldefinition in Art. 4 Nr. 25 DS-GVO) nach Art. 8 Abs. 1 DS-GVO erteilte Einwilligung widerrufen, sind die entsprechenden Daten zu löschen (Art. 17 Abs. 1 lit. f DS-GVO).

8. Löschung öffentlich gemachter Daten

Auch **öffentlich** gemachte Daten sind gemäß Art. 17 Abs. 2 DS-GVO zu löschen. Wegen der besonderen Schwierigkeit der Löschung solcher Daten sieht das Gesetz vor, dass der Verantwortliche unter Berücksichtigung der verfügbaren Technologie und der Implementierungskosten angemessene Maßnahmen, auch technischer Art, um andere Verantwortliche, welche die Daten verarbeiten, darüber zu informieren, dass eine betroffene Person von ihnen die Löschung aller Links zu diesen personenbezogenen Daten oder von Kopien oder Replikationen dieser personenbezogenen Daten verlangt hat.

9. Ausnahmen des Rechts auf Löschung

Ausnahmen vom Recht auf Löschung bestehen gem. Art. 17 Abs. 3 lit. a bis e DS-GVO insoweit die Verarbeitung erforderlich ist (a) zur Ausübung des Rechts auf **freie Meinungsäußerung und Information**; (b) zur Erfüllung einer **rechtlichen Verpflichtung**, die die Verarbeitung nach dem Recht der Union oder der Mitgliedstaaten, dem der Verantwortliche unterliegt, erfordert, oder zur Wahrnehmung einer Aufgabe, die im öffentlichen Interesse liegt oder in Ausübung öffentlicher Gewalt erfolgt, die dem Verantwortlichen übertragen wurde; (c) aus **Gründen des öffentlichen Interesses im Bereich der öffentlichen Gesundheit** gem. Art. 9 Abs. 2 lit. h und i sowie Art. 9 Abs. 3 DS-GVO; (d) für im **öffentlichen Interesse liegende Archivzwecke, wissenschaftliche oder historische Forschungszwecke oder für statistische Zwecke** gem. Art. 89 Abs. 1, soweit die Löschung voraussichtlich die Verwirklichung der Ziele dieser Verarbeitung unmöglich macht oder ernsthaft beeinträchtigt; (e) zur Geltendmachung, Ausübung oder Verteidigung von **Rechtsansprüchen**.

60 In Deutschland sind zudem die **Ausnahmen nach § 35 BDSG** zu beachten. § 35 Abs. 1 BDSG gewährt eine Ausnahme bei **Unmöglichkeit bzw. unverhältnismäßig hohem Aufwand**; Abs. 2 bei einer **Beeinträchtigung der schutzwürdigen Interessen** der betroffenen Person durch die Löschung; und Abs. 3 beim Vorliegen von **satzungsmäßigen oder vertraglichen Aufbewahrungsfristen**.

61 ▶ Praxishinweis Legal Tech: Von den allgemeinen Ausnahmen der Löschungspflicht sind insbes. die von Art. 17 Abs. 3 lit. b DS-GVO für Legal Tech-Anwendungen wichtig. In der Literatur wird vertreten, dass unter Art. 17 Abs. 3 lit. b DS-GVO Aufbewahrungspflichten aus dem Recht der Union oder der Mitgliedstaaten zu subsumieren sind.[16] Die mandatsspezifischen sowie sonstigen Aufbewahrungspflichten gem. deutschem Recht wurden ausf. anderweitig thematisiert (→ *Datenschutz, allgemein* Rn. 47 ff.). Zusammenfassend sind nach § 50 Abs. 1 BRAO Handakten für sechs Jahre nach Beendigung des Auftrags aufzubewahren. Nach § 50 Abs. 1 BRAO gilt das gleiche auch im Allgemeinen für alle Dokumente, die ein Rechtsdienstleister aus Anlass seiner beruflichen Tätigkeit von dem Auftraggeber oder für ihn erhalten hat. Aus dem allgemeinen Haftungsrecht ist auch abzuleiten, dass Handakten und sonstige Dokumente und/oder Kommunikationen mit den Mandanten aufzubewahren sind. Eine solche Aufbewahrung darf zehn Jahre nicht überschreiten (vgl. § 199 Abs. 3 BGB). Aufbewahrungspflichten sind auch im Steuerrecht zu finden (zB § 14b UstG). Ein datenschutzrechtlicher Löschungsanspruch der Mandantschaft oder Dritten ist während dieser Fristen ausgeschlossen.[17] ◀

10. Mitteilungspflicht der Löschung

62 Löschungen sind gem. Art. 19 DS-GVO allen **Empfängern** mitzuteilen, es sei denn, die Mitteilung erweist sich als **unmöglich** oder ist mit einem **unverhältnismäßigen Aufwand** verbunden. Die betroffene Person hat das Recht, auf Verlangen über diese Empfänger informiert zu werden.

VII. Recht auf Einschränkung

63 Beim Vorliegen gewisser Voraussetzungen kann die betroffene Person gem. Art. 18 Abs. 1 DS-GVO eine **Einschränkung** der Verarbeitung verlangen. Eine Einschränkung führt gem. Art. 18 Abs. 2 DS-GVO zu einem „Einfrieren" der Daten. Von der Speicherung abgesehen dürfen eingeschränkte Daten nur mit Einwilligung der betroffenen Person oder zur Geltendmachung, Ausübung oder Verteidigung von Rechtsansprüchen oder zum Schutz der Rechte einer anderen natürlichen oder juristischen Person oder aus Gründen eines wichtigen öffentlichen Interesses der Union oder eines Mitgliedstaats verarbeitet werden.

1. Voraussetzungen

64 Die Voraussetzungen lassen sich alle vor dem Hintergrund verstehen, dass die Löschung der Daten für die betroffene Person nachteilig wäre und sie deshalb deren **Einschränkung** fordert, zB zu Beweiszwecken für eine Beschwerde (→ *Datenschutz, allgemein* Rn. 101) oder für eine Schadensersatzklage (→ *Datenschutz, allgemein* Rn. 104).

a) Richtigkeit der Daten wird bestritten

65 Bestreitet die betroffene Person die **Richtigkeit** (→ *Datenschutz, allgemein* Rn. 46) der personenbezogenen Daten, sind diese für eine Dauer einzuschränken, die es dem Verantwortlichen ermöglicht, die Richtigkeit zu überprüfen (Art. 18 Abs. 1 lit. a DS-GVO).

---

16 Schwartmann/Jaspers/Thüsing/Kugelmann/Leutheusser-Schnarrenberger DS-GVO Art. 17 Rn. 83.
17 So im Rahmen der Rechtslage vor dem Inkrafttreten der DS-GVO, BT-Drs. 18/9521, 115. Diese Auslegung ist auch nach dem Inkrafttreten der DS-GVO vertretbar.

b) Unrechtmäßige Verarbeitung

Anstatt die Daten wegen einer **unrechtmäßigen Verarbeitung** (→ Rn. 55) löschen zu lassen, kann die betroffene Person diese auch einschränken lassen (Art. 18 Abs. 1 lit. b DS-GVO).

c) Daten werden nicht mehr für die Verarbeitungszwecke benötigt

Werden die Daten zwar für die **Verarbeitungszwecke** des Verantwortlichen nicht mehr benötigt, die betroffene Person benötigt diese jedoch für die Geltendmachung, Ausübung oder Verteidigung von Rechtsansprüchen, sind die Daten einzuschränken (Art. 18 Abs. 1 lit. c DS-GVO).

d) Widerspruch gegen die Verarbeitung

Hat die betroffene Person ihr **Recht auf Widerspruch** (→ Rn. 71 ff.) gegen die Verarbeitung ausgeübt und steht noch nicht fest, ob die berechtigten Gründe des Verantwortlichen an der Verarbeitung oder die der betroffenen Person gegen die Verarbeitung überwiegen, sind die Daten bis zu dieser Klärung einzuschränken (Art. 18 Abs. 1 lit. d DS-GVO).

2. Mitteilungspflicht der Einschränkung

Einschränkungen sind gem. Art. 19 DS-GVO allen **Empfängern** mitzuteilen, es sei denn, die Mitteilung erweist sich als **unmöglich** oder ist mit einem **unverhältnismäßigen Aufwand** verbunden. Die betroffene Person hat das Recht, auf Verlangen über diese Empfänger informiert zu werden (Art. 18 Abs. 1 lit. c DS-GVO).

3. Aufhebung der Einschränkung

Bevor der Verantwortliche eine erwirkte Einschränkung **aufhebt**, hat sie die betroffene Person gem. Art. 18 Abs. 3 DS-GVO darüber zu informieren.

VIII. Recht auf Widerspruch

Werden personenbezogene Daten auf Grundlage berechtigter Interessen (→ *Datenschutz, allgemein* Rn. 70 ff.) bzw. im Rahmen der Wahrnehmung einer Aufgabe im öffentlichen Interesse oder der Ausübung öffentlicher Gewalt (→ *Datenschutz, allgemein* Rn. 69) verarbeitet, hat die betroffene Person das Recht, jederzeit aus Gründen, die sich aus ihrer besonderen Situation ergeben, gem. Art. 21 Abs. 1 DS-GVO **Widerspruch** gegen die Verarbeitung einzulegen. Dies gilt explizit auch für Profiling (→ *Entscheidungsfindung, automatisierte* Rn. 66).

Rechtsfolge des erfolgreich ausgeübten Widerspruchs ist ein Verbot der Verarbeitung dieser Daten, es sei denn, (a) der Verantwortliche kann zwingende schutzwürdige Gründe für die Verarbeitung nachweisen, welche die Interessen, Rechte und Freiheiten der betroffenen Person überwiegen oder (b) die Verarbeitung dient der Geltendmachung, Ausübung oder Verteidigung von Rechtsansprüchen. Liegen solche **Ausnahmen** nicht vor, sind die Daten aufgrund des Verarbeitungsverbots grds. zu löschen (→ Rn. 50 ff.).

Für Verarbeitungen zu **wissenschaftlichen oder historischen Forschungszwecken** oder zu **statistischen Zwecken** gem. Art. 89 Abs. 1 DS-GVO gewährt Art. 21 Abs. 6 DS-GVO nur dann eine Ausnahme, wenn die Verarbeitung zur Erfüllung einer im öffentlichen Interesse liegenden Aufgabe erforderlich ist. Hinsichtlich der Verarbeitung für **Zwecke der Direktwerbung** besteht gem. Art. 21 Abs. 2 DS-GVO ein **absolutes Widerspruchsrecht**, das gem. Art. 21 Abs. 3 DS-GVO zu einem entsprechenden Verarbeitungsverbot führt. Der Verantwortliche hat die betroffene Person gem. Art. 21 Abs. 4 DS-GVO spätestens zum **Zeitpunkt der ersten Kommunikation** über ihr Widerspruchsrecht zu informieren. Hinsichtlich der **Dienste der Informationsgesellschaft** (vgl. Legaldefinition in Art. 4 Nr. 25 DS-GVO) können betroffene Personen den Widerspruch auch mittels **automatisierter Verfahren** ausüben (Art. 21 Abs. 5 DS-GVO).

IX. Rechte in Bezug auf automatisierte Entscheidungsfindung

74 Siehe dazu → *Entscheidungsfindung, automatisierte* Rn. 47 ff.

X. Recht auf Datenübertragbarkeit

75 Das **Recht auf Datenübertragbarkeit** gewährt der betroffenen Person eine weitergehende Verfügungsmacht über ihre Daten. Gem. Art. 20 Abs. 1 und 2 DS-GVO hat eine betroffene Person das Recht, von einem Verantwortlichen eine Kopie ihrer Daten in einem **strukturierten, gängigen, maschinenlesbaren Format** zu **erhalten** und diese Daten entweder selbst an einen anderen Verantwortlichen zu übertragen oder, soweit technisch machbar, direkt von dem Verantwortlichen zu einem anderen Verantwortlichen **übertragen zu lassen**. Das Recht auf Datenübertragbarkeit kann somit die Entwicklung wettbewerbsfähiger Dienste fördern, indem es einem „Lock-in-Effekt" entgegenwirkt.[18]

1. Anforderungen

76 Das Recht gilt nur für personenbezogene Daten, welche die betroffene Person dem Verantwortlichen **bereitgestellt hat** und, welche durch den Verantwortlichen **mithilfe automatisierter Verfahren** verarbeitet werden.

77 Das Merkmal der „Bereitstellung" bedeutet, dass die betroffene Person diese Daten aktiv an den Verantwortlichen **übermittelt** haben muss (zB durch Ausfüllen eines Online-Formulars) oder der Verantwortliche diese Daten **beobachtet** hat (zB durch Beobachtung des Aufenthaltsortes der betroffenen Person an einem bestimmten Tag zu einer bestimmten Uhrzeit). Dagegen sind **Schlussfolgerungen**, die der Verantwortliche aus den bereitgestellten Daten zieht (zB die Tatsache, dass es sich bei einem bestimmten GPS-Standort um den Arbeitsplatz oder die Wohnung der betroffenen Person handelt), vom Anwendungsbereich ausgeschlossen.[19]

78 Des Weiteren muss die Verarbeitung entweder auf **Einwilligung** (→ *Datenschutz, allgemein* Rn. 56 ff. und 79 f.) oder **Vertrag** (→ *Datenschutz, allgemein* Rn. 65 f.) beruhen. Das Recht auf Datenübertragbarkeit kann so lange geltend gemacht werden, wie der Verantwortliche die Daten verarbeitet. Der Grund, weswegen die betroffene Person ihr Recht ausüben möchte, zB weil die betroffene Person den Diensteanbieter wechseln möchte, ist unerheblich.

79 Wie bei anderen Rechten muss der Verantwortliche den Antrag auf Datenübertragbarkeit **unverzüglich**, spätestens **innerhalb eines Monats** bearbeiten. In Ausnahmefällen kann die Frist auf drei Monate verlängert werden, wenn der Verantwortliche der betroffenen Person die Gründe für die Verzögerung mitteilt. Da die Daten jedoch mithilfe automatisierter Verfahren verarbeitet werden, wird davon ausgegangen, dass solche Anträge reibungslos und zügig bearbeitet werden sollten. Insbes. mit Blick auf das Erleichterungsgebot (→ Rn. 5) empfiehlt es sich, dass der Verantwortliche die betroffene Person auf ihr Recht auf Datenübertragbarkeit und die umfassten Kategorien personenbezogener Daten hinweist, bevor diese ihr Konto schließt.

2. Übermittlungen an einen Verantwortlichen

80 Die betroffene Person kann verlangen, die Daten zu erhalten und sie anschließend an einen (idR neuen) Verantwortlichen („empfangender Verantwortlicher"), **ohne Behinderung** durch den ursprünglichen Verantwortlichen („sendender Verantwortlicher"), zu übermitteln. Als „Behinderung" sind alle rechtlichen, technischen oder finanziellen Maßnahmen zu sehen, die einen Zugriff, eine Übermittlung oder eine Wie-

---

[18] EDSA Leitlinien zum Recht auf Datenübertragbarkeit, WP 242 rev.01, 2017, abrufbar unter https://www.datenschutz.rlp.de/fileadmin/lfdi/Dokumente/wp242rev01_de.pdf, S. 6.

[19] EDSA Leitlinien zum Recht auf Datenübertragbarkeit, WP 242 rev.01, 2017, abrufbar unter https://www.datenschutz.rlp.de/fileadmin/lfdi/Dokumente/wp242rev01_de.pdf, S. 11 f.

derverwendung, entweder durch die betroffene Person oder durch den empfangenden Verantwortlichen, erschweren.[20]

Die betroffene Person kann auch verlangen, dass der Verantwortliche die Daten direkt an einen anderen Verantwortlichen übermittelt, soweit dies **technisch machbar** ist. Unklar ist, wie genau „technisch machbar" zu verstehen ist. In den EDSA-Leitlinien wird vage erklärt, dass eine direkte Übermittlung dann erfolgen kann, wenn die beiden Systeme sicher kommunizieren können und, „wenn das empfangende System technisch in der Lage ist, die übermittelten Daten entgegenzunehmen".[21] Eine direkte Interoperabilität wird zwar von der DS-GVO begrüßt, ist aber keine Pflicht (vgl. ErwG 68). 81

Lehnt der Verantwortliche eine direkte Übermittlung ab, weil sie technisch nicht machbar ist, muss er den betroffenen Personen die Gründe dafür erläutern, andernfalls wird eine solche Ablehnung als Ablehnung des Ersuchens behandelt (Art. 12 Abs. 4 DS-GVO). 82

3. Sicherheit

Die Übermittlung personenbezogener Daten außerhalb des Systems des Verantwortlichen kann ein erhöhtes Risiko darstellen, zB im Falle einer betrügerischen Anfrage. Die Verantwortlichen müssen sicherstellen, dass sie über ein starkes **Authentifizierungssystem** verfügen und die Datenübertragungen unter der erforderlichen **Sicherheit** (→ *Datenschutz, Compliance* Rn. 79 ff.) vornehmen. 83

4. Ausnahmen

Art. 20 Abs. 3 DS-GVO schließt das Recht für Verarbeitungen aus, die für die Wahrnehmung einer Aufgabe im öffentlichen Interesse (→ *Datenschutz, allgemein* Rn. 69) erforderlich sind oder in Ausübung öffentlicher Gewalt (→ *Datenschutz, allgemein* Rn. 69) erfolgen. Gem. Art. 20 Abs. 4 DS-GVO darf die Ausübung des Rechts zudem die **Rechte und Freiheiten anderer Personen** nicht beeinträchtigen. Eine Beeinträchtigung ist grds. auszuschließen, wenn die Daten von Dritten für denselben Zweck wie ursprünglich verarbeitet werden und wenn die Daten nach der Übermittlung unter der Kontrolle der betroffenen Person bleiben. Der empfangende Verantwortliche darf die Daten Dritter für seine eigenen Zwecke nicht verarbeiten (→ *Datenschutz, allgemein* Rn. 42 f.). 84

XI. Beschränkungen

Sämtliche Betroffenenrechte können gem. Art. 23 Abs. 1 und 2 DS-GVO mitgliedstaatlich oder unionsrechtlich für bestimmte Zwecke und unter gewissen Voraussetzungen **beschränkt** werden. 85

---

20 EDSA Leitlinien zum Recht auf Datenübertragbarkeit, WP 242 rev.01, 2017, abrufbar unter https://www.datenschutz.rlp.de/fileadmin/lfdi/Dokumente/wp242rev01_de.pdf, S. 18.
21 EDSA Leitlinien zum Recht auf Datenübertragbarkeit, WP 242 rev.01, 2017, abrufbar unter https://www.datenschutz.rlp.de/fileadmin/lfdi/Dokumente/wp242rev01_de.pdf, S. 19.

24. Datenschutzmanagement

Schultze-Melling

I. Einleitung 1	a) Aufgabenverteilung der Rolle des Datenschutzbeauftragten 31
1. Datenschutz, Datenschutzmanagement und Legal Tech 1	b) Ressourcenverteilung 33
2. Datenschutz als Teil von Governance und Compliance 3	c) Eindringtiefe im Rahmen verbindlicher Regelungen 37
3. Vorgaben der DS-GVO im Hinblick auf das Datenschutzmanagement 5	2. Operationelle und organisatorische Ausgestaltung 43
4. Datenschutzmanagement und Datenschutzmanagementsysteme 10	a) Zentralisiertes Grundmodell 44
II. Grundlagen des Datenschutzmanagements 13	b) Dezentralisiertes Grundmodell............ 48
1. Hauptziele eines Datenschutzmanagementsystems 13	3. Praxisübliche Mischformen 51
	4. Prozessgestaltung (PDCA) 54
2. Mindestanforderungen an ein Datenschutz-Managementsystem (DSMS) 17	5. Bestehende Normen und Standards 57
III. Operative Umsetzung 30	a) IDW PS 980 58
1. Grundlegende Fragestellungen 30	b) IDW PH 9.860.1 61
	c) ISO 27701 64
	d) ISO 29100 66

Literatur: *Hessel/Potel*, Catch Me If You Can – Die Widersprüche der DS-GVO bei Verantwortlichkeit und Bußgeldbemessung im Konzernkontext, K&R 2020, 654; *Kühnert/Tlapak*, Konzernhaftung und „wirtschaftliche Einheit" nach Kartell- und Datenschutzrecht, ÖBl 2019, 69; *Moos/Schefzig/Arning* (Hrsg.), Praxishandbuch DS-GVO, 2. Aufl. 2021 (zit.: Moos/Schefzig/Arning Praxis-HdB DS-GVO); *Radner*, IT-gestütztes Compliance Management System (Datenschutz) in einem Konzern, CCZ 2020, 362; *Schrulle*, Aufbau einer strukturierten Datenschutzorganisation bzw. eines Datenschutzmanagementsystems im Kontext der DS-GVO auf Basis des IDW PH 9.860.1, in Sowa (Hrsg.), IT-Prüfung, Datenschutzaudit und Kennzahlen für die Sicherheit, 2020, S. 21 (zit.: Sowa IT-Prüfung/Schrulle); *Uebele*, Das „Unternehmen" im europäischen Datenschutzrecht, EuZW 2018, 440.

I. Einleitung

1. Datenschutz, Datenschutzmanagement und Legal Tech

1   Legal Tech und Datenschutz stehen in einem gegenseitigen Beziehungsverhältnis. Zum einen erfordert ein umfassender Einsatz von Legal Tech die Erfassung, Verarbeitung und Speicherung eine stetig wachsende Menge von möglichst aktuellen und idealerweise korrekten Daten, wovon viele als personenbezogene Daten im Sinne von Art. 4 Abs. 1 DS-GVO qualifiziert werden können. Um einen ordnungsgemäßen Betrieb von Legal Tech-Anwendungen zu gewährleisten, werden Anwender also nicht darum herumkommen, die dabei verwendeten Daten auf ihren Personenbezug hin zu überprüfen und erforderlichenfalls die einschlägigen datenschutzrechtlichen Bestimmungen zu berücksichtigen. Datenschutzmanagement wiederum erlaubt, dies möglichst effizient und zugleich effektiv zu tun, was je nach Umfang und Art der Datenverarbeitung eine unvermeidbare operative Notwendigkeit bedeuten kann.

2   Auf der anderen Seite ist PrivacyTech (→ *PrivacyTech* Rn. 2) mittlerweile ein wichtiger Bestandteil von Legal Tech. Speziell eine effiziente und zugleich effektive Koordination von arbeitsteiligen Datenschutzmaßnahmen in größeren Organisationen erfordert vermehrt den Einsatz von Informationstechnologie, die digitale Transformation im Unternehmen schafft einen wachsenden Strom an nur digital verfügbaren Daten und die Automatisierung von Prozessen ist in vielen Bereichen moderner Unternehmen bereits ein unumkehrbarer Trend. All das führt dazu, dass Datenschutz und Legal Tech eng miteinander verbundene Themenbereiche darstellen.

2. Datenschutz als Teil von Governance und Compliance

3   Gesellschaftsrechtliche Normen verlangen, quer durch alle gesetzlich normierten Unternehmensformen, von der Geschäftsleitung eine ordnungsgemäße Unternehmensführung im Rahmen der Einhaltung ihrer unternehmerischen Sorgfaltspflichten (→ *Datenschutz, Compliance* Rn. 1). Dazu zählt auch ein regeltreues

bzw. pflichtgemäßes Verhalten des Unternehmens und seiner Vertreter, wobei es zunächst gleichgültig ist, ob es sich um die Einhaltung externer – gesetzlicher – Vorgaben oder betriebsinterner Selbstverpflichtungen handelt. Die Steuerung des Unternehmens mit dem Ziel der Einhaltung dieser Vorgaben wird gemeinhin unter die Stichworte ‚Governance' und ‚Compliance' subsumiert. Um sicherzustellen, dass drohende Pflichtverletzungen rechtzeitig erkannt und daraus resultierende Schadensfälle durch geeignete Maßnahmen verhindert werden, beschäftigt sich das Compliance Management eines Unternehmens traditionell mit allen für das Unternehmen relevanten Betätigungsfeldern und den zugehörigen Rechtsnormen.

Anders als klassische Rechtsfelder der Compliance wie die Korruptions- oder die Geldwäschebekämpfung, dient das Datenschutzrecht nicht primär dem Schutz der Funktionsfähigkeit des zugrundeliegenden Wirtschaftssystems und damit letztendlich der Gesellschaft als Ganzes. Zumindest in Europa dient der Datenschutz primär dem Schutz der individuellen Persönlichkeitsrechte, genauer gesagt dem informationellen Selbstbestimmungsrecht (→ *Datenschutz, allgemein* Rn. 3). Das ändert aber nichts an der Tatsache, dass auch das Datenschutzrecht in Europa klare gesetzliche und regulatorische Vorgaben beinhaltet, deren Verletzung mittlerweile existentielle Bußgelder, darüber hinaus gehende Schadensersatzrisiken und weitere, unter Umständen drakonische aufsichtsbehördliche Durchsetzungsmaßnahmen zur Folge haben kann. Der Datenschutz ist daher – unabhängig von seiner gesetzlichen oder historischen Herleitung – ein notwendiger Bestandteil der Compliance eines Unternehmens und unterfällt damit automatisch ebenfalls seiner Governance. 4

3. Vorgaben der DS-GVO im Hinblick auf das Datenschutzmanagement

In Art. 24 Abs. 1, 2 DS-GVO definiert der Verordnungsgeber seine Vorstellung der Verpflichtungen desjenigen, der die Mittel und Zwecke der Datenverarbeitung festlegt und folglich nach Art. 4 DS-GVO dafür rechtlich verantwortlich ist (→ *Datenschutz, Compliance* Rn. 1). Dabei verlangt er im Kern, dass die Verarbeitung personenbezogener Daten gemäß den Regeln der DS-GVO erfolgt. Um dies sicher zu stellen, muss der Verantwortliche dazu geeignete und angemessene technische und organisatorische Maßnahmen umsetzen. Die Geeignetheit und Angemessenheit dieser Maßnahmen bestimmen sich dabei nach zwei Gesichtspunkten. Einerseits werden die Art, der Umfang, die Umstände und die Zwecke der Verarbeitung herangezogen. Andererseits wird das durch die Datenverarbeitung bedingte Risiko für die Rechte der Betroffenen berücksichtigt, indem sowohl die jeweils relevante Eintrittswahrscheinlichkeit als auch die Schwere der möglichen Risiken kalkuliert wird. 5

Die Regelung des Art. 24 Abs. 1 DS-GVO enthält darüber hinaus zwei weitere bedeutende Maßgaben. Der Verantwortliche muss nicht nur sicherstellen, dass in seinem Verantwortungsbereich die Vorgaben der DS-GVO faktisch eingehalten werden, sondern er muss darüber hinaus jederzeit in der Lage sein, den Nachweis gerade dafür erbringen zu können. Das verpflichtet den Verantwortlichen – je nach Umfang seiner relevanten Datenverarbeitungstätigkeiten – zu durchaus erheblichen Dokumentationsanstrengungen, deren Verletzung für sich genommen bereits sanktionsrelevant sein kann. 6

Damit hat es der Verordnungsgeber aber nicht bewenden lassen. Um sicherzustellen, dass es sich bei den vom Verantwortlichen ergriffenen technischen und organisatorischen Maßnahmen nicht um einmalige Handlungen handelt, deren operative Wirksamkeit sich notgedrungen aufgrund der sich dauernd verändernden Umstände mit Zeitablauf verringert, wurde weiterhin festgelegt, dass alle relevanten Maßnahmen erforderlichenfalls überprüft und aktualisiert werden müssen. 7

Wann eine derartige Angemessenheits- und Wirksamkeitskontrolle erforderlich ist, definiert das Gesetz nicht ausdrücklich. Es kann jedoch davon ausgegangen werden, dass eine Kontrolle erforderlich wird, wenn sich die tatsächlichen Umstände (zB die verarbeiteten Daten, die konkrete Verarbeitung, ihr zugrundeliegender Zweck oder relevante technische Aspekte) oder die rechtlichen Rahmenbedingungen (zB durch neue oder geänderte Vorschriften, Rechtsprechung und aufsichtsbehördliche Entscheidungen) ändern. Diese Vorgabe lässt sich in der Praxis nur durch in ein entsprechendes Managementsystem eingebettete Kontrollen und darauf basierende anlassbezogene und regelmäßige Überprüfungsprozesse sicherstellen. 8

9 Diese Maßnahmen werden insbesondere explizite, datenschutzbezogene Regelwerke wie Unternehmensrichtlinien und ggf. Gruppen- oder Konzernstandards umfassen. Der in der deutschen Fassung des Art. 24 Abs. 2 DS-GVO verwendete Begriff „Datenschutzvorkehrungen" wird dabei allgemein als missverständlich verstanden. Die englische Fassung der Regelung verwendet stattdessen den Begriff „data protection policies". Ausgehend von diesem Begriffsverständnis verlangt auch die Konferenz der unabhängigen Datenschutzaufsichtsbehörden des Bundes und der Länder eine entsprechende Änderung des Wortlautes in „Datenschutzregelwerke"[1]. Diese Regelwerke müssen geeignet sein und in einem angemessenen Verhältnis zu den Verarbeitungstätigkeiten des Unternehmens stehen, wodurch verhindert wird, dass selbst Kleinstbetriebe zwingend umfangreiche interne Regelwerke schaffen müssen.

4. Datenschutzmanagement und Datenschutzmanagementsysteme

10 Der Begriff des Datenschutzmanagements umfasst alle zielgerichteten Maßnahmen, die zur Einhaltung datenschutzrechtlicher Vorgaben organisiert, vorbereitet und durchgeführt werden, und umschreibt damit den Gegenstand der Verpflichtung nach Art. 24 Abs. 1 DS-GVO.[2] Der akademische Streit um die Frage, ob der Wortlaut der Regelung in Art. 24 (1), (2) DS-GVO nun ein operatives Datenschutzmanagement in diesem Sinne verlangt oder die Implementierung eines Datenschutzmanagementsystems im Sinne einer „strukturierten und steuernden Gesamtheit aus Zuständigkeiten, Vorgaben, Prozessen etc.", kann bei pragmatischer Betrachtung dahingestellt bleiben.[3]

11 Lediglich sehr überschaubare Unternehmungen, deren Geschäftsmodell nicht auf der Verarbeitung personenbezogener Daten basiert und die auch ansonsten keine oder nur in sehr eingeschränktem Maß Daten verarbeiten, werden um die operative Implementierung des Datenschutzmanagements verzichten können. Bei einer Vielzahl von umfangreichen, sich wiederholenden oder komplexen Verarbeitungsvorgängen wird vor dem Hintergrund der umfassenden datenschutzrechtlichen Vorgaben ein ungeplantes, punktuelles Vorgehen im Einzelfall regelmäßig nicht ausreichen, um die gesetzlichen und regulatorischen Vorgaben – sei es der DS-GVO oder anderer einschlägiger Datenschutzgesetze – erfüllen zu können. Stattdessen wird in der Regel ein Bündel sorgfältig geplanter und dokumentierter, aufeinander abgestimmter und angemessen priorisierter Maßnahmen erforderlich sein. Für diese Maßnahmen müssen wiederum Verantwortlichkeiten deklariert werden, Dokumentationsmaßstäbe entwickelt werden, Kontrollen definiert und Prozesse aufgesetzt werden und alles in einer systematischen und methodischen Art und Weise.

12 Es erscheint daher – nicht zuletzt angesichts der Sanktionsrisiken – sinnvoller, sich als Verantwortlicher mit der Frage auseinanderzusetzen, was im konkreten Fall angemessen ist, als wie man diese Aufwände am Ende bezeichnet.

II. Grundlagen des Datenschutzmanagements

1. Hauptziele eines Datenschutzmanagementsystems

13 Ein Datenschutzmanagementsystem verfolgt mindestens drei Ziele:

14 ■ **Effiziente und effektive Haftungs- und Schadensvermeidung**: Datenschutzmanagement dient der Vermeidung von unternehmensbezogenen Datenschutzrisiken und der Beschränkung ihres Schadenspo-

---

1 Konferenz der unabhängigen Datenschutzaufsichtsbehörden des Bundes und der Länder, Erfahrungsbericht zur Anwendung der DS-GVO, 2019, S. 26.
2 Ähnlich Moos/Schefzig/Arning Praxis-HdB DS-GVO/Schefzig Kap. 10 Rn. 4; vgl. dagegen das Begriffsverständnis der Konferenz der unabhängigen Datenschutzaufsichtsbehörden des Bundes und der Länder, Das Standard-Datenschutzmodell, Vers. 2.0b, 2020, S. 50, die „Datenschutzmanagement" im Rahmen des Standard-Datenschutz-Modells als eine Methode zur systematischen Umsetzung der datenschutzrechtlichen Anforderungen in einer Organisation definiert. Eine prozessbezogene Definition verwendet dagegen das Bundesamt für Sicherheit in der Informationstechnik, IT-Grundschutz-Kompendium, Stand: Februar 2021, Glossar, S. 2 („Prozesse [...], die notwendig sind, um die [...] Anforderungen des Datenschutzes [...] sicher zu stellen").
3 Zum Begriff „Datenschutzmanagementsystem" Radner CCZ 2020, 362 (363); Moos/Schefzig/Arning Praxis-HdB DS-GVO/Schefzig Kap. 10 Rn. 4, 46; NK-BDSG/Scholz BDSG § 3a Rn. 44.

tentials. Vor dem Hintergrund beschränkter Ressourcen muss deren Einsatz so effizient wie möglich geschehen, um eine effektive Erreichung dieses Ziels sicherzustellen. Dies erfordert eine Priorisierung der darauf abzielenden Maßnahmen, was wiederum ein hohes Maß an Transparenz voraussetzt. Diese wird sowohl durch die Identifikation bereits bestehender und absehbarer zukünftiger Risiken als auch durch deren realistische und laufende Bewertung erreicht. Je realistischer die Bewertung dabei ausfällt, desto höher die Wahrscheinlichkeit, dass die getroffenen Maßnahmen den Schadenseintritt selbst verhindern oder zumindest in seiner Wirkung begrenzen können.

- **Konservierung von relevantem Wissen und unternehmensspezifischen Erfahrungen durch angemessene Dokumentation und Prozessorientierung:** Nur eine systematische und definierte Herangehensweise auf Basis von dokumentierten und überwachten Prozessen führt dazu, dass das Unternehmen als Ganzes lernen und sich fortentwickeln kann. Jede Organisation und jedes Unternehmen hat seine Eigenheiten und seine ganz individuellen Herausforderungen, die es zu meistern gilt. Das damit verbundene Wissen und die gemachten Erfahrungen dürfen nicht an Einzelpersonen gebunden sein, sondern müssen von ihnen unabhängig konserviert und dem Unternehmen zugänglich gemacht werden. Dabei spielt insbesondere die Dokumentation von Maßnahmen und ihrer Auswirkungen eine entscheidende Rolle, denn nur dadurch wird ihre Nachvollziehbarkeit und Wiederholbarkeit sichergestellt. Hinzu kommt, dass eine angemessene Dokumentation dem Unternehmen im aufsichtsbehördlichen und nicht zuletzt im gerichtlichen Verfahren erhebliche Vorteile bei der Beweisführung verschaffen kann, was angesichts der eindeutigen gesetzlichen Beweislastverteilung unter Umständen existentielle Bedeutung für den Fortbestand des Verantwortlichen als Unternehmen haben kann. Unabhängig davon führen schlanke, aufeinander abgestimmte Prozesse und gesamtheitliche Risikobewertungen erfahrungsgemäß in aller Regel zu einer Steigerung der Produktivität der gesamten Organisation und die laufende Priorisierung und Bewertung der Wirksamkeit der ihnen entgegengesetzten Maßnahmen bewirkt die laufende Verhältnismäßigkeit der Mittel – gerade in wirtschaftlich schwierigen Zeiten.

- **Gewährleistung der bestmöglichen wirtschaftlichen Nutzung und Verwertung von Daten:** Obgleich das Datenschutzrecht traditionell die Persönlichkeitsrechte von Betroffenen schützt, darf aus Sicht eines Unternehmens nicht darüber hinweggesehen werden, dass diese Daten zugleich eine essenzielle Bedeutung für den Fortbestand des Unternehmens haben und darüber hinaus oftmals eine unentbehrliche Voraussetzung für neue, innovative und datengestützte Geschäftsmodelle darstellen. Die Sicherstellung der maximalen wirtschaftlichen Nutzung und Verwertung von Daten im Rahmen des gesetzlich Zulässigen ist damit eine unternehmerische Handlungsmaxime, deren strategische Planung und operative Umsetzung durch ein professionelles Datenschutz-Managementsystem unterstützt wird. Dass dabei auch andere Bereiche im Unternehmen regelnde und steuernde Befugnisse haben, steht dem argumentativ nicht entgegen, sondern betont allerhöchstens den integrativen Charakter des Datenschutzes als eine der relevanten Disziplinen der Unternehmenssteuerung.

2. Mindestanforderungen an ein Datenschutz-Managementsystem (DSMS)

Aus diesen Zielen ergeben sich eine Reihe von unmittelbaren und mittelbaren operativen Anforderungen, die ein DSMS erfüllen sollte. Diese lassen sich auch als systemische Eigenschaften verstehen, die im Falle ihres Vorliegens optimale Voraussetzungen für das Erreichen der oben genannten Ziele darstellen.

- **Vernetzt und verwoben:** Die Datenschutzorganisation an sich und vor allem das von ihr verkörperte DSMS sollte kein Fremdkörper in der Organisation sein oder als solcher wahrgenommen werden. Stattdessen sollten die Datenschützer selbst als vertrauensvolle, professionelle, verlässliche und verständige Kollegen gesehen werden, die ihre Bedeutung als ‚Business-Protector' ebenso wichtig nehmen wie die des ‚Business-Enablers'. Dafür ist es erforderlich, dass ihre Arbeit im Allgemeinen und ihre Prozesse im Besonderen so mit den betrieblichen Abläufen verwoben sind, dass sie als integrierter Bestandteil wahrgenommen werden, der nicht allein aus Selbstzweck besteht. Im Rahmen der Beschaffung sollten beispielsweise die datenschutzrechtlichen Aspekte – etwa im Hinblick auf die Wahl der richtigen Vertragsform oder bei der Festlegung angemessener TOMs – so in den Beschaffungsprozess eingebettet sein, dass diese Aspekte als natürliches Element dieses Prozesses verstanden werden und sich aus Sicht der Fachbereiche nicht als zusätzliches Aufwandsthema präsentieren.

19 Daneben ist die Vernetzung mit anderen Disziplinen und vor allem mit deren Prozessen essenziell wichtig, um im Rahmen der Erfüllung der datenschutzrechtlichen Anforderungen möglich geringe Reibungsverluste zu generieren. So sollten zum Beispiel die Prozesse im Kontext Informationssicherheit so mit denen im Datenschutz abgestimmt sein, dass es den Fachbereichen möglichst leicht gemacht wird, beiden Fachabteilungen die jeweils für sie relevanten Informationen zur Verfügung zu stellen.

20 ■ **Dokumentiert:** Die Dokumentation des DSMS und der darauf aufbauenden einzelnen Maßnahmen ist eine Kernvoraussetzung der gesetzlichen und regulatorischen Anforderungen an das Unternehmen und dient zugleich der Wissenskonservierung und nicht zuletzt der Rechtsverteidigung. Im Rahmen der Dokumentationsprozesse sollte zwischen der statischen Dokumentation (zB von Prozessen, Zuständigkeiten oder Aufgaben) und der dynamischen Dokumentation (zB des Erfolges von durchgeführten Schulungs- oder Sensibilisierungsmaßnahmen oder der Ergebnisse von Audits) unterschieden werden. Letztere sollte nach Möglichkeit durch messbare Aspekte dokumentiert werden, um mittel- und langfristige Tendenzen aufzeigen zu können. Dazu eignen sich Key Performance Indicators (KPIs) oder Reifegrade, wobei letztere den immensen Vorteil mit sich bringen, dass sie in der Regel selbsterklärend sind, wohingegen KPIs immer einer mehr oder weniger deutlich ausgeprägten Interpretationsnotwendigkeit unterliegen. Schließlich sollte darauf geachtet werden, dass im Interesse derjenigen, die sie erfüllen müssen, die Dokumentationsanforderungen so detailliert wie erforderlich, aber gleichzeitig so knapp wie möglich gehalten werden. Zudem sollten alle sich bietenden Möglichkeiten verwendet werden, um bereits vorhandene Informationen wiederzuverwenden und neue Dokumentationen so weit wie möglich zu automatisieren. Das gilt insbesondere im Rahmen der dynamischen Dokumentation, wo in der Regel immense Automatisierungspotentiale bestehen.

21 ■ **Effizient und effektiv:** Obgleich umgangssprachlich häufig als Synonyme verwendet, unterscheiden sich die Begriffe Effizienz und Effektivität erheblich voneinander. Kurz zusammengefasst steht bei der Effektivität die bestmögliche Zielerreichung im Fokus, wohingegen bei der Effizienz vor allem der erbrachte Aufwand betrachtet wird. Anders ausgedrückt: Effektivität bedeutet, die richtigen Dinge zu tun, Effizienz hingegen bedeutet, die Dinge richtig zu tun. Beides ist erforderlich, um zielgerichtet und angemessen die Aufgaben des Datenschutzes im Unternehmen zu erfüllen.

22 Im Kontext eines DSMS erfordert Effektivität in erster Linie eine risikoorientierte Betrachtung der datenschutzrechtlichen Anforderungen, eine darauf begründete Priorisierung der Aufgaben und eine davon abgeleitete Wahl von geeigneten, angemessenen und wirksamen Maßnahmen. Darüber hinaus ist es essenziell, dass diese Maßnahmen von vorneherein so definiert werden, dass ihre Durchführung und vor allem ihr Erfolg objektiven Messbarkeitskriterien zugrunde gelegt werden kann.

23 ■ **Skalierbar:** Unter Skalierbarkeit versteht man gemeinhin die Fähigkeit eines Systems, Netzwerks oder Prozesses zur Größenveränderung bzw. Anpassung. Eine Steigerung der Leistung sollte dabei im Wesentlichen durch das bloße Hinzufügen von geeigneten Ressourcen – zB weiterer Hardware oder zusätzlicher Mitarbeiter – geschehen können, und keine grundlegenden Umbauten, tiefgreifende Strukturveränderungen oder andere ablaufinvasive Maßnahmen erfordern. Wurden Prozesse und Methoden von vorneherein auf Skalierbarkeit hin ausgerichtet, wird es dadurch möglich, die Leistung einer Organisation in einem definierten Bereich vorhersehbar zu steigern. Wenn es dadurch nicht nur zu einer reinen linearen Vermehrung der Ergebnisse kommt, sondern sogar eine Erhöhung der Effizienz und Profitabilität erreicht wird, kann man von einer qualifizierten Skalierung sprechen.

24 Die Zukunftsgewandtheit der Datenschutzorganisation ist gerade in Unternehmen hochrelevant, die sehr schnell wachsen oder sehr innovativ sind und bei denen sich dementsprechend die Parameter des operativen Datenschutzes schnell wandeln können. Dabei geht es jedoch weniger um die reine Menge der verarbeiteten Daten, obgleich das natürlich auch zu einer qualitativen Wesensveränderung der Datenverarbeitung und damit uU zu einer Veränderung oder Erweiterung der datenschutzrechtlichen

Anforderungen führen kann. Vielmehr geht es um Entwicklungen, die tatsächliche Auswirkungen auf das haben, was das DSMS inhaltlich leisten können muss. Eine Erweiterung der Absatzmärkte nach Südamerika kann etwa dazu führen, dass ein europäisches Unternehmen auf einmal nicht mehr nur die Anforderungen der DS-GVO einhalten muss, sondern darüber hinaus auch zum Beispiel die des neuen Datenschutzrechts in Brasilien (Lei Geral de Proteção de Dados, LGPD). Die Datenverarbeitung einer App für gesunde Ernährungsberatung kann sich durch das Hinzufügen einer Funktionalität zur regelmäßigen Messung und Analyse des Herzschlages auf einmal in eine besonders geschützte Verarbeitung besonderer Kategorien personenbezogener Daten iSv Art. 9 DS-GVO verwandeln und völlig neue Anforderungen an die Inhalte von Einwilligungserklärungen oder den Umgang mit der Datensicherheit mit sich bringen.

Nicht alle zukünftigen rechtlichen, technologischen und unternehmerischen Entwicklungen lassen sich immer im Vorfeld erkennen, aber umso mehr gilt die Regel, dass ein DSMS von vornherein so aufgesetzt werden sollte, dass es so gut wie möglich skaliert werden kann. Das kann bedeuten, die immanenten Prinzipien nicht komplett auf die DS-GVO hin auszurichten, sondern auch die Prinzipien anderer Jurisdiktionen zu berücksichtigen. Es kann aber auch dazu führen, dass bei der Auswahl der richtigen Software von Anfang an eine ausgeprägte Mandantentauglichkeit (zur Erweiterung der Lösung auf verbundene Gesellschaften) und Mehrsprachigkeit geachtet wird, selbst wenn diese Anforderungen zu dem Zeitpunkt der Entscheidung noch nicht entscheidungsbegründend sein sollten. Und schließlich sollte immer versucht werden, ein DSMS so technologie- und sogar rechtsgrundlagenunabhängig wie möglich zu gestalten. Sollte eines Tages etwa eine neue Jurisdiktion relevant werden, sollten lediglich die dort einschlägigen rechtlichen Anforderungen mit dem Katalog der bereits integrierten Anforderungen abgeglichen und soweit erforderlich ergänzt werden. Die unternehmerische Entscheidung der Erschließung neuer Absatzmärkte darf aber nie dazu führen, dass das DSMS des Unternehmens von Grund auf neugestaltet werden muss.

- **Zielgerichtet:** Priorisierte Ziele und definierte Erfolgstreiber sollten als Zielgrundlagen der Implementierung sämtlicher Maßnahmen im Datenschutz dienen. Anders ausgedrückt: Das DSMS sollte nicht ein rein reaktives System sein, das auf äußere Impulse hin aktiv wird. Stattdessen sollte es im Kern darauf ausgerichtet sein, selbst definierte Ziele aktiv zu erreichen und zu erhalten, Änderungen dieser Zielsetzungen rechtzeitig und proaktiv zu implementieren und nur im äußersten Notfall – dann aber mit klaren Prozessen, belastbaren Strukturen und zugewiesenen Verantwortlichkeiten – auf Notfälle, unvorhergesehene Zwischenfälle und andere Ad-hoc-Erfordernisse zu reagieren.

- **Nachhaltig:** Eine nachhaltige Planung und Steuerung des Datenschutzes stellt sicher, dass die gesetzlichen und regulativen Anforderungen bei gleichzeitiger Aufrechterhaltung der benötigten Ressourcenverfügbarkeit auch zukünftig zuverlässig umgesetzt werden können. Eine nachhaltige Ausgestaltung eines DSMS lässt sich unter anderem an einem hohen Reifegrad der Kernprozesse erkennen. Wenn diese nicht lediglich dokumentiert und implementiert worden sind, sondern zugleich integrierte und nachgelagerte Kontrollen etabliert wurden, diese regelmäßig prozessgetrieben überprüft werden und erforderlichenfalls zu entsprechenden zeitnahen Anpassungen oder Erweiterungen der Kernprozesse führen, spricht dies für einen hohen Nachhaltigkeitswert des DSMS. Dies wiederum erlaubt nicht nur eine mittel- und langfristig getriebene Planung der Ressourcen, die regelmäßig zu einer drastisch erhöhten Effizienz des Systems führt, sondern auch eine hohe Flexibilität und Praxisbezogenheit der Kernprozesse, die wiederum zu einer höheren Akzeptanz bei den Prozessverantwortlichen und damit insgesamt zu einer Steigerung der Datenschutzkultur und zugleich zu einer Verringerung der Datenschutzrisiken führt.

- **Messbar und steuerbar:** Zur Ermöglichung einer nachhaltigen Umsetzung ist es erforderlich, die Maßnahmen und die darauf beruhenden Prozesse so auszugestalten, dass ihre spätere Erfassung durch geeignete Metriken messbar und dadurch steuerbar wird. Als Metriken werden im Datenschutz immer noch traditionell KPIs eingesetzt, obwohl ihre Entwicklung und Implementierung oft mit erheblichem Aufwand verbunden sind und sie häufig aufgrund unklarer Gestaltung und uneindeutiger Formulierung keine eindeutigen Erkenntnisse zulassen. Metriken, die keinen eindeutigen und selbsterklärenden Messpunkt für einen bestimmten Zustand liefern, sind in der Praxis aber eher nutzlos. Hinzu kommt, dass die eigentliche Durchführung der Messungen von KPIs, bedingt durch eine Vielzahl von Beteiligten und der somit häufig gegebenen Interpretationsmöglichkeiten, in der Praxis oft unscharfe und dadurch eigentlich unvergleichbare Ergebnisse liefert. Und schließlich sind KPIs oft schlicht nicht flexibel genug für die sich schnell verändernde gesetzliche Datenschutzlandschaft: sie sind von Natur aus statisch, und eine Anpassung an neue gesetzliche Anforderungen bedeutet, dass das Unternehmen messtechnisch bei Null anfangen muss und alle historischen Erkenntnisse verliert, weil die neuen KPIs nicht mit den alten verglichen werden können.

29 Eine Alternative zu KPIs sind Reifegradmodelle, wie sie zB 2009 von den kanadischen und amerikanischen Wirtschaftsprüferverbänden auf Grundlage der Generally Accepted Privacy Principles (GAPP) erarbeitet worden sind. Reifegrade stammen ursprünglich aus dem Bereich des Qualitätsmanagements. Einfach ausgedrückt, beschreiben sie fünf verschiedene, aufeinander aufbauende Wege zur Umsetzung einer konkret definierten Anforderung, die von sehr einfachen (und wahrscheinlich unzureichenden) bis hin zu sehr anspruchsvollen Varianten reichen. Eine Reifegradbewertung kann dazu dienen, den aktuellen Reifegrad eines bestimmten Aspekts einer Organisation auf aussagekräftige Weise zu messen. Sie ermöglicht es den Beteiligten nicht nur, ihre aktuelle Situation zu bewerten, sondern gleichzeitig auch Stärken und Verbesserungsmöglichkeiten klar zu erkennen. Auf diese Weise können sie ihre Maßnahmen entsprechend planen und priorisieren, um einen höheren Reifegrad zu erreichen. Der Schlüssel zu ihrer Eignung als Messinstrument ist, dass sie selbsterklärend sind und von jedem in einer Organisation nach eigenem Ermessen angewendet werden können. Und wenn sie geändert oder ergänzt werden müssen, macht dies frühere Bewertungen nicht unbrauchbar.

III. Operative Umsetzung

1. Grundlegende Fragestellungen

30 Im Rahmen der operativen Umsetzung stellen sich eine Handvoll grundlegender Fragen, insbesondere zur Stellung und zum Aufgabenbereich des Datenschutzbeauftragten, der Verteilung von interner Bearbeitung und externer Beauftragung, und der Eindringtiefe der Konzernsteuerung gegenüber den datenschutzrechtlich selbstständigen Konzerngesellschaften.

a) Aufgabenverteilung der Rolle des Datenschutzbeauftragten

31 Die Aufgaben des betrieblichen Datenschutzbeauftragten sind in der DS-GVO in den Art. 37–39 vergleichsweise detailliert beschrieben (→ *Datenschutz, Compliance* Rn. 9). Im Rahmen der Erfüllung dieser Aufgaben genießt ein ordnungsgemäß, und damit wirksam benannter Datenschutzbeauftragter eine Reihe von Rechten und Privilegien, die in erster Linie dazu gedacht sind, der Rolle die unbeeinträchtigte Erfüllung ihrer gesetzlichen Aufgaben zu ermöglichen.

32 In der Praxis werden zumindest internen Datenschutzbeauftragten jedoch fast immer zusätzliche Aufgaben übertragen, die nicht vom gesetzlichen Rahmen gedeckt sind oder teilweise sogar ausdrücklich nicht der Rolle des betrieblichen Datenschutzbeauftragten übertragen worden sind. Hierzu kann zum Beispiel das Führen des Verarbeitungsverzeichnisses, die federführende Durchführung von Datenschutzfolgeabschätzungen oder die systematische Erarbeitung und Umsetzung des Datenschutzrisikomanagements gehören. Aufgrund der unterschiedlichen Rechtfolgen – etwa im Hinblick auf die Weisungsfreiheit oder die Verschwiegenheitsverpflichtung – ist es notwendig, die Aufgaben des betrieblichen Datenschutzbeauftragten einerseits, und die Erfüllung von zusätzlichen, übertragenen Aufgaben andererseits, sauber zu definieren und sehr sorgfältig gegeneinander abzugrenzen. In der Praxis hat es sich bewährt, beide Bereiche nach Möglichkeit voneinander zu trennen, und sei es nur durch getrennte Aufgaben- und Tätigkeitsdokumentationen und durch eine klare Kommunikation des Funktionsträgers, in welcher Rolle er im Einzelfall jeweils tätig wird. Da die Privilegien des betrieblichen Datenschutzbeauftragten iSd DS-GVO unter Umständen

auch für sein Hilfspersonal gelten, ist diese Unterscheidung und Differenzierung im Übrigen für das gesamte Team des Datenschutzbeauftragten relevant.

b) Ressourcenverteilung

Eine weitere in der Praxis des Datenschutzmanagements hochrelevante Grundüberlegung bezieht sich auf die Verteilung der vorhandenen Ressourcen. Es gibt jeweils eine Reihe von Vor- und Nachteilen im Hinblick auf die Verteilung der zu erfüllenden Aufgaben auf interne, meist personalgebundene Ressourcen und externe, in der Regel budgetgebundene Ressourcen wie juristische Berater oder spezialisierte Dienstleister etwa für die Durchführung von Datenschutzaudits oder Lieferantenüberprüfungen. Wichtig sind dabei eine Reihe von Faktoren.

- **Skalierbarkeit:** Je nachdem, welche Aufgabe davon betroffen ist, muss einkalkuliert werden, dass im Falle einer plötzlich auftretenden Notwendigkeit einer Kapazitätserhöhung eine personelle Aufstockung schon in einem mittelständischen Unternehmen meistens aufgrund der internen Prozesse und aufgrund der Abhängigkeit von externen Faktoren (wie der Verfügbarkeit von geeigneten Bewerbern) selten kurzfristig möglich ist.

- **Wissenskonservierung:** Eine heute effiziente Datenschutzorganisation hat schlicht in der Vergangenheit systematisch dazugelernt. Dafür ist ein effektives Wissensmanagement ein essenzieller Faktor, der durch eine hohe Fluktuation der Mitarbeiter ebenso beeinträchtigt werden kann wie durch eine zu umfangreiche und schlecht koordinierte Einbindung externer Ressourcen. Das kann im besten Fall dazu führen, dass zum Beispiel dieselben Rechtsfragen für viel Geld immer wieder und teilweise von denselben externen Kanzleien gutachterlich überprüft werden. Im schlimmsten Fall kann es dazu führen, dass ein Unternehmen hohe Bußgelder zahlen muss, weil Datenschutzvorfälle nicht erkannt oder missbräuchliches Geschäftsgebaren über lange Zeiträume wider besseres Wissen geduldet wurden. Eine risikoorientierte Betrachtung im Rahmen der Aufgaben- bzw. Ressourcenverteilung verhindert dies.

- **Zukünftige unternehmerische, technologische und rechtliche Entwicklungen:** Bei der Abwägung der Verteilung der vorhandenen Ressourcen sollte immer im Auge behalten werden, wohin sich relevante Technologien, das Geschäftsmodell des Unternehmens, sein Marktumfeld und nicht zuletzt das für das Unternehmen relevante rechtliche Umfeld entwickeln. Nachhaltigkeit der Ressourcenverteilung bedeutet daher nicht nur das Lernen aus der Vergangenheit, sondern auch eine bestmögliche Vorausschau und Berücksichtigung zukünftiger Gegebenheiten und den sich daraus für die Datenschutzorganisation ergebenden Aufgaben.

c) Eindringtiefe im Rahmen verbindlicher Regelungen

Die dritte praktisch relevante Grundüberlegung bezieht sich auf die Eindringtiefe der zentralen Vorgaben im Rahmen des Datenschutzmanagements für Konzerne oder Unternehmensgruppen. Unter Eindringtiefe wird dabei das bewusst gewählte Ausmaß der Verbindlichkeit von internen Regelwerken verstanden. Ein effektives Datenschutzmanagement setzt voraus, dass hierbei die richtige Balance gefunden wird zwischen klar als solche definierten verbindlichen Vorgaben (etwa durch Konzernrichtlinien, Unternehmensstandards oder sogar individuelle dienstliche Anweisungen) und ebenso klar als solche beschriebenen unverbindlichen Hilfestellungen (beispielsweise in Form von unterstützenden Guidelines, Beispielmaterialien, oder organisatorischen Anregungen und internen Abstimmungen).

Als Parameter für diese Abwägung müssen Aspekte wie die rechtlich gegebenen tatsächlichen Durchgriffsmöglichkeiten, die Unternehmens- und Konzernkultur, der Parallelvergleich mit anderen Unternehmen derselben Branche und bestehenden Industriestandards einbezogen werden, was immer zu einer hochgradig einzelfallorientierten Bewertungslage führt. Dabei gilt im Hinblick auf die Verbindlichkeit der universelle Grundsatz ‚So viel wie nötig, so wenig wie möglich'. Das hat mehrere praktische Gründe:

39 ■ **Förderung der notwendigen Eigenverantwortlichkeit**: Nicht nur im Konzern, sondern auch schon in jeder Unternehmensstruktur mit einer gewissen Mindestkomplexität ist es erforderlich, dass diejenigen, die bestimmte datenschutzrechtliche Verhaltensweisen und Prozesse durchführen sollen (üblicherweise die Fachbereiche oder die Konzerngesellschaften), dies mit einem angemessenen Verständnis der rechtlichen Hintergründe, der gegebenen Notwendigkeit und der ansonsten drohenden Konsequenzen tun. Nur dann kann sich ein Mindestmaß an Datenschutzkultur in der Organisation entwickeln, wenn sich alle der gemeinsamen Aufgaben bewusst sind und mit einem Mindestmaß an konkreten Vorgaben eigenverantwortlich zusammenarbeiten, um diese Aufgabe so effektiv und effizient wie möglich zu erfüllen. Die Alternative wäre in der Theorie eine extrem granulare zentrale Steuerung sämtlicher Prozesse und Verarbeitungen im Unternehmen oder im Konzern, die jedoch in der Praxis weder realistisch durchführbar ist, noch effizient hinreichend detailliert kontrolliert werden kann, und die zudem auch im Sinne moderner Ansätze im Bereich der inkludierenden und mehr und mehr sinngetriebenen Unternehmens- und Mitarbeiterführung nicht mehr zeitgemäß erscheint.

40 ■ **Notwendigkeit einer konsequenten Um- und Durchsetzung**: Wenn in konkreten Bereichen verbindliche Vorgaben ausgesprochen werden, muss dies immer unter Berücksichtigung der Tatsache geschehen, dass die Einhaltung dieser verpflichtenden Vorgaben dann auch laufend überprüft und ggf. durchgesetzt werden müssen. Das kostet Ressourcen, unabhängig davon, ob dies intern geschieht oder an externe Dienstleister ausgelagert wird. Geschieht dies nicht, reduziert sich die Glaubwürdigkeit der Unternehmensführung und der Respekt vor Vorgaben im Allgemeinen, was zu einer drastischen Steigerung der Risiken führt – und das nicht nur im Datenschutzbereich.

41 ■ **Verringerung des Risikos einer Bußgeldbemessung auf Grundlage der Gesamtkonzernumsätze**: Unter bestimmten Umständen kann es im Rahmen der Berechnung von aufsichtsbehördlichen Bußgeldern dazu kommen, dass nicht die Umsätze des für einen konkreten Datenschutzverstoß verantwortlichen Konzernunternehmens, sondern die (oft erheblich höheren) Umsätze des Gesamtkonzerns herangezogen werden. Hierfür ist gemäß Erwägungsgrund 150 DS-GVO der aus dem Kartellrecht stammende funktionale Unternehmensbegriff der Art. 101 und 102 AEUV heranzuziehen, der nach der Rechtsprechung des EuGH „jede eine wirtschaftliche Tätigkeit ausübende Einheit unabhängig von ihrer Rechtsform und der Art ihrer Finanzierung" unterfällt.[4] Entscheidendes Kriterium für eine derartige wirtschaftliche Einheit ist dabei vereinfacht gesagt eine Abhängigkeit der Beteiligten zueinander in einer Form, die eine autonome Bestimmung des Verhaltens nicht mehr zulässt.[5]

42 Hierfür muss keine vollständige Beteiligung vorliegen. Im Fall einer Mehrheitsbeteiligung kann es bereits ausreichend sein, dass weitere Einflussmöglichkeiten, etwa personelle Überschneidungen oder halt auch eine konzernrechtliche Weisungsbefugnis bestehen.[6] Eine Verringerung der Eindringtiefe kann also andersherum betrachtet zu einer Verringerung von Bußgeldern führen, weil diese dann im schlimmsten Fall auf der Grundlage der Umsätze des Konzernunternehmens, und nicht unter Bemessung der Gesamtkonzernumsätze berechnet werden.

2. Operationelle und organisatorische Ausgestaltung

43 Im Rahmen der operationellen und organisatorischen Ausgestaltung gibt es viele verschiedene Modelle. Im Wesentlichen bewegen sie sich alle zwischen zwei Polen: einem stark zentralisiertem und einem eher dezentralisierten Modell.

---

4 Vgl. EuGH Urt. v. 20.1.2011 – C-90/09 P, BeckRS 2011, 80061 Rn. 35.
5 Vgl. Hessel/Potel K&R 2020, 654 mit Verweis auf Immenga/Mestmäcker/ Emmerich AEUV Art. 101 Abs. 1 Rn. 48; Wiedemann KartellR-HdB/Hellmann § 46 Rn. 8 ff.
6 Vgl. zB Kühnert/Tlapak ÖBl 2019, 69; Uebele EuZW 2018, 440–446.

a) Zentralisiertes Grundmodell

Bei der zentralisierten Ausgestaltung des Datenschutzmanagements gibt es häufig eine vergleichsweise umfangreich ausgestattete, zentrale Unternehmens- oder Konzerndatenschutzeinheit. Diese plant, organisiert und kontrolliert die Umsetzung der einschlägigen datenschutzrechtlichen Vorschriften im gesamten Unternehmen bzw. über den Konzern hinweg, unabhängig von Jurisdiktionen, gesellschaftsrechtlichen Zuständigkeiten und Verantwortlichkeiten.

Zu den Vorteilen eines solchen Modells zählen unter anderem die lokale Nähe zu den Konzernentscheidungsträgern (Vorstand, Konzernbetriebsrat, etc) sowie die oft auch gute Anbindung an Schwestereinheiten (Compliance, Revision, etc). Ein weiterer Vorteil ist die Möglichkeit einer leichter zu erhaltenden zentralen Wissensorganisation sowie der vereinfachte Einsatz von Softwarelösungen aufgrund des Umstandes, dass diese nicht oder zumindest nicht in vollem Maße mandantentauglich und einheitenübergreifend mehrbenutzergeeignet sein müssen und das oft aufwändige, einheitsübergreifende Nutzermanagement entfällt.

Die Nachteile einer zentralen Lösung spiegeln in gewisser Weise ihre Vorteile. Zum einen besteht die Gefahr einer oft schleichenden Distanzierung zu den nicht-lokalen Fachbereichen und den Produkten des Unternehmens und damit zu den für ein effizientes und effektives Datenschutzmanagement überaus relevanten Faktoren. Hinzu kommt, dass zentrale Modelle häufig aufwändiger und dadurch ressourcenintensiver sind, weil die Vielzahl der Aufgaben und die angesichts der potenziellen Skalierung von Fehlern gegebene Notwendigkeit eines sehr sorgfältigen Qualitätsmanagements komplexere interne Arbeits-, Führungs- und Kontrollstrukturen erforderlich macht. Nicht zuletzt führt ein zentrales Modell notgedrungen dazu, dass der Datenschutzorganisation die kontinuierliche Aufarbeitung und laufende Pflege von nicht zwingend lokal relevanten Know-Hows obliegt. Für eine in der EU ansässige Konzernmuttergesellschaft kann es durchaus eine logistische und organisatorische Herausforderung sein, als einzige zentrale datenschutzrechtliche Anlaufstelle für ihre Konzerngesellschaften im asiatischen, nahöstlichen und südamerikanischen Raum zu dienen und dabei gegenüber allen einen angemessenen Standard im Hinblick auf die Reaktionsfähigkeit, die Qualität der Beratung und die Geeignetheit der zur Verfügung gestellten Materialien aufrecht zu erhalten.

In der Praxis hat sich gezeigt, dass sich der finanzielle Aufwand bei beiden Modellen schon mittelfristig kaum unterscheidet, und daher die Wahl des Modells eher abhängig ist von unabhängigen Aspekten wie der Branche und der Mentalität des Unternehmens, dem bevorzugten Führungsstil und darüber hinaus den quantitativen Umständen wie der Anzahl der Mitarbeiter- und der Niederlassungen.

b) Dezentralisiertes Grundmodell

Der Gegenpol eines stark zentralisierten Organisationsmodells ist ein dezentralisiertes Modell. Hier gibt es keine zentrale Konzerndatenschutzabteilung. Stattdessen sorgt jede Gesellschaft selbst und eigenverantwortlich für eine nach ihrem Ermessen angemessene Einhaltung der lokal einschlägigen datenschutzrechtlichen Anforderungen, und stellt die dafür jeweils erforderlichen Ressourcen auf. Operatives Know-How und fachliche Expertise werden lediglich in dem Maß aufgebaut, wie dies für die lokalen Gegebenheiten erforderlich ist.

Auch dieses Modell hat Vorteile. Dazu gehört zum einen die häufig zu beobachtende Stärkung der Eigenverantwortung der Ländergesellschaften, was unter Umständen zu einer höheren Qualität des lokalen Datenschutzmanagements führen kann. Das wiederum führt in vielen Fällen zu einer qualitativ hochwertigen und produktnahen Beratung der Fachbereiche vor Ort. Im Zusammenhang mit der stark lokal oder regional ausgerichteten Aufstellung des Datenschutzmanagements besteht zudem in der Regel eine erkennbare Ausrichtung an der nationalen Aufsichtsbehörde in rechtlicher, operationeller und taktischer Hinsicht.

Wiederum spiegeln die Nachteile dieses Modells seine Vorteile. Mit der gegebenen Lokalisierung kommt, angesichts des grenzüberschreitenden Charakters heutiger Datenverarbeitungsprozesse, häufig ein gewisser Mehraufwand im Hinblick auf die notwendige Abstimmung mit anderen Konzerngesellschaften für übergreifende Aspekte. Zugleich bestehen kaum Möglichkeiten für eine gesellschaftsübergreifende Überwachung oder ein einheitliches Monitoring des Reifegrades des Datenschutzmanagements, da die stark lokalisierten Verfahren und Prozesse meist nicht oder kaum vergleichbar sind. Oft ist es gerade dieser Aspekt, der angesichts des bestehenden Risikos ungewollter Haftungsgemeinschaften zwischen Konzernmutter und Töchtern im Falle der Verflechtung ihrer wirtschaftlichen Tätigkeiten dazu führt, dass rein dezentrale Modelle durch Mischformen ersetzt werden.

3. Praxisübliche Mischformen

51 Angesichts der Nachteile der reinen Modelle haben sich in der unternehmerischen Praxis Mischformen entwickelt, die darauf ausgerichtet sind, die Vorteile eines Modells zu erhalten und gleichzeitig seine Nachteile zu reduzieren. Dabei gibt es zwei Grundmodelle, auf denen viele Organisationsmodelle basieren:

52 ■ **Starker Konzerndatenschutz mit lokalen Ablegern und DS-Koordinatoren:** Das eine Grundmodell ist im Wesentlichen eine Abwandlung des zentralisierten Modells. Eine häufig vergleichsweise kleine Konzerndatenschutzabteilung sorgt sich dabei um die übergreifende Lenkungsmechanismen und Strategien und bietet ansonsten im Wesentlichen Support für dezentralisierte Ländergesellschaften, etwa durch das Angebot ausgewählten spezifischen Fach-Know-Hows oder durch die zentralisierte Ermöglichung eines fachlichen Austausches und eines strukturierten Wissensmanagements. Derart unterstützt kümmern sich derweil dezentrale Datenschutzeinheiten in den Ländergesellschaften – oft mit lokaler Unterstützung durch externe Experten – um die lokale Umsetzung und verantworten sich gegenüber ihrem lokalen Management. Je nach Unternehmenskultur hat die Konzerndatenschutzeinheit in dieser Mischform mehr oder weniger weitreichende Kompetenzen. Die Spannbreite reicht von Konstellationen, in denen sich der Konzern (oft per Konzernrichtlinie) weitreichende Vorgabe-, Kontroll- und Durchgriffsrechte eingeräumt hat (von denen er im eigenen Ermessen (oft risikoabhängig) Gebrauch macht) bis zu Ausgestaltungen, bei denen die Muttergesellschaft eine sehr eingeschränkte, typischerweise rein koordinierende Zentralfunktion stellt, die zudem nur mit minimalistischen Kontrollaufgaben versehen ist.

53 ■ **Zentrale Koordinations- und Unterstützungsplattform:** Das zweite Grundmodell einer Mischform ist eine Abwandlung des dezentralisierten Modells. Hier stellt der Konzern im Wesentlichen eine Art zentrale Plattform zur Verfügung, die einerseits die verbindlichen Grundstrukturen der Zusammenarbeit im Konzern definiert und oftmals auch gewisse Mindestanforderungen an ausgewählte Verfahren und Prozesse vorgibt, auf deren Grundlage dann eine im Grunde sehr eigenverantwortliche Selbstverwaltung und vergleichsweise autarke Eigensteuerung der dezentralen Datenschutzorganisation erfolgt. In manchen Fällen ist diese Form nicht eigenständig, sondern wird als Bestandteil der Konzernrisikoorganisation, der Revision oder der Recht-/Compliance-Organisation betrieben. In diesen Konstellationen ist ihre Aufgabe oftmals beschränkt auf die Koordinierung des kleinsten gemeinsamen Nenners mit der prominenten Zielrichtung der Vermeidung einer (Gesamtkonzern-)Haftung. Was dafür an Kontrolle erforderlich ist, geschieht über rudimentäres Reporting durch die Linie und eine entsprechende Aggregation an die Fachvorstände.

4. Prozessgestaltung (PDCA)

54 Art. 24 (1) S. 2 DS-GVO verlangt, dass der Verantwortliche die technischen und organisatorischen Maßnahmen erforderlichenfalls überprüft und aktualisiert. In diesem Zusammenhang werden im Datenschutzmanagement sehr häufig Mechanismen aus dem Qualitätsmanagement aufgegriffen, insbesondere der sog. PDCA-Zyklus. Dieser Ansatz von Planen (Plan), Durchführen (Do), Prüfen (Check) und Handeln (Act) wird unter anderem in den wichtigsten Managementsystemnormen – der ISO 9001, aber auch der ISO 27001 – verfolgt, um ein Managementsystem als Ganzes und dessen Prozesse im Besonderen durch einen kontinuierlichen Verbesserungsprozess (KVP) fortlaufend und wirksam zu verbessern.

Übertragen auf ein Datenschutzmanagementsystem stellen sich die vier wiederholenden Phasen wie folgt dar:

- **Planung und Konzeption:** Im Rahmen der ersten Phase wird das Thema erkannt und das eigentliche Problem abgegrenzt. Nachdem dann auf dieser Basis die auslösenden Ursachen identifiziert worden sind, können die mit den Umsetzungsmaßnahmen verfolgten Ziele definiert und dann schließlich deren konkrete Umsetzung geplant werden.
- **Umsetzung und Dokumentation:** Im Kontext der eigentlichen Umsetzung geht es dann in der zweiten Phase im Wesentlichen um deren Koordinierung und Dokumentation.
- **Kontrolle und Überwachung:** In der dritten Phase werden dann die Ergebnisse der Maßnahmen analysiert und ausgewertet, wobei zumindest auf Grundlage von Stichproben eine authentische Soll-Ist-Analyse erstellt werden sollte.
- **Optimierung**: Am Ende des Zyklus werden dann die gewonnenen Erkenntnisse und Erfahrungen gesichert, Verbesserungspotenziale analysiert und Verbesserungen initiiert.

Sofern das Vorgehen im Rahmen des PDCA-Zyklus ausreichend detailliert dokumentiert wird, sollte damit zugleich auch die durch die DS-GVO festgelegten Nachweis- und Rechenschaftspflichten gesetzeskonform umgesetzt werden können.

5. Bestehende Normen und Standards

Im Hinblick auf Datenschutzmanagement gibt es eine Reihe existierender Normen und Standards, die bei der Planung der Aufbau- und Ablauforganisation wertvolle Grundlagen und Strukturierungshilfen geben können.

a) IDW PS 980

Der Prüfungsstandard 980 des Deutschen Institutes der Wirtschaftsprüfer (IDW) „Grundsätze ordnungsmäßiger Prüfung von Compliance Management Systemen" regelt ein umfassendes Schema zur Prüfung der Ausgestaltung von Compliance Management Systemen (CMS). Aufgrund der großen sachlichen Nähe lässt sich der Standard auch zur Implementierung eines Datenschutz-Managementsystems zum Einsatz bringen.

Der IDW PS 980 ist ein ausgereifter, etablierter und zertifizierbarer Prüfungsstandard zur Feststellung nicht nur der Geeignetheit und Angemessenheit, sondern auch der Wirksamkeit eines Managementsystems. Dabei definiert der PS 980 im Wesentlichen 7 Grundelemente, die die Anforderungen an ein Managementsystem umfassend abdecken und idealtypisch auf das Datenschutzmanagement angepasst werden können. Dazu gehören

1. die **Kultur:** Sie stellt die Grundlage für die Angemessenheit und Wirksamkeit des Managementsystems dar und wird laut Prüfungsstandard vor allem durch die Grundeinstellungen und Verhaltensweisen des Managements („tone at the top") geprägt. Die Kultur beeinflusst im Kern die Bedeutung, die die Mitarbeiter des Unternehmens der Beachtung von Regeln beimessen, und ist damit ein unmittelbarer Parameter der grundlegenden Motivation zu regelkonformem Verhalten.
2. die **Ziele**: Festgelegt von der Geschäftsleitung auf Grundlage der für das Unternehmen geltenden Regeln, werden die konkreten Ziele definiert, die mit dem Managementsystem erreicht werden sollen. Wichtig ist hierbei, dass diese Ziele nicht nur so klar und eindeutig wie möglich beschrieben werden, sondern insbesondere auch in einer messbaren Art und Weise verfolgt werden können.
3. die **Organisation**: Sie stellt das operative Rückgrat des Managementsystems dar und operiert auf Basis klarer, von der Geschäftsleitung aufgestellter Verantwortlichkeiten und unter Nutzung von für ein wirksames System notwendigen Ressourcen.
4. die **Risiken**: Festgelegt unter Berücksichtigung der Ziele, beschreiben die Risiken sowohl die denkbaren Verstöße gegen einzuhaltende Regelwerke als auch die damit verbundenen Konsequenzen. Die derart identifizierten Risiken werden dann im Hinblick einerseits auf ihre jeweilige Eintrittswahrscheinlichkeit und andererseits auf die Schwere der möglichen Folgen bewertet.

5. das **Programm**: Eingeführt auf der Grundlage der Beurteilung der Risiken, werden dann Prinzipien und konkrete Maßnahmen implementiert, die auf die möglichst weitgehende Vermeidung von möglichen Verstößen und damit auf die Begrenzung der identifizierten Risiken ausgerichtet sind. Wichtig ist, dass die Maßnahmen durch prozessimmanente sowie prozessnachgelagerte Kontrollen überprüfbar gemacht werden.
6. die **Kommunikation**: Um sicher zu stellen, dass die Mitarbeiter des Unternehmens ihre Aufgaben im Managementsystem ausreichend verstehen und sachgerecht erfüllen können, werden sie laufend und systematisch über das Programm sowie die festgelegten Verantwortlichkeiten informiert und geschult.
7. die **Überwachung und Verbesserung**: Während dediziert festgelegte Berichtswege einen kontinuierlichen, beliebig auswertbaren Strom an Daten generieren, prüfen methodisch angesetzte Audits bestimmte Aspekte des Managementsystems. Unbedingte Voraussetzung für eine erfolgreiche Überwachung und Verbesserung ist jedoch eine angemessene und laufend gepflegte Dokumentation des Systems.

60 Diese sieben Grundelemente bilden ein hinreichend flexibles, aber gleichzeitig umfassendes Rahmenkonzept, dass sich ohne größere Aufwände auf das Datenschutzmanagement anwenden lässt. Die bestehenden Handlungs- und Gestaltungsspielräume sollten dabei ausgiebig genutzt werden, um das Managementsystem speziell auf die individuellen datenschutzrechtlichen Anforderungen des Unternehmens auszurichten.

b) IDW PH 9.860.1

61 Der IDW Prüfungshinweis PH 9.860.1 (*„Prüfung der Grundsätze, Verfahren und Maßnahmen nach der EU-Datenschutz-Grundverordnung und dem Bundesdatenschutzgesetz"*) konkretisiert die Anwendung der Grundsätze des IDW Prüfungsstandards PS 860 (*„Prüfungsstandard für die IT-Prüfung außerhalb der Abschlussprüfung"*) in Bezug auf datenschutzspezifische Prüfungen und soll den Berufsstand der deutschen Wirtschaftsprüfer bei diesen Prüfungen unterstützen.

62 Eine Prüfung auf Grundlage des IDW PH 9.860.1 erfolgt anhand einer ganzen Reihe von Kriterien, die die Konformität des Datenschutzprogramms mit der DS-GVO und dem BDSG. Die dafür in Anlage 1 des Prüfungshinweises dargestellten Grundsätze, Verfahren und Maßnahmen zur Erfüllung der gesetzlichen Anforderungen an die Verarbeitung personenbezogener Daten durch Unternehmen beziehen sich im Wesentlichen auf die Verankerung des Datenschutzes in der Unternehmensorganisation und die zum Schutz der Daten erforderlichen technischen und organisatorischen Maßnahmen. Dabei wird besonderer Wert gelegt auf die Einrichtung eines den Datenschutz fördernden Kontrollumfelds, den Aufbau und die Ausgestaltung der Datenschutzorganisation (einschließlich des betrieblichen Datenschutzbeauftragten) und die Umsetzung der Vorschriften zur Erfassung, Verarbeitung, Speicherung, Beauskunftung und Löschung von personenbezogenen Daten.

63 Unter Zugrundelegung des IDW PH 9.860.1, ggf. unter entsprechender Berücksichtigung der vorstehend beschriebenen Kernelemente eines Managementsystems gem. IDW PS 980, kann folglich ein geeignetes, angemessenes und wirksames Datenschutzmanagementsystem aufgebaut werden. Der praktische Nutzen dieser Lösung erschöpft sich dabei nicht nur in der Garantie, dass alle relevanten Aspekte abgedeckt worden sind, sondern umfasst auch die spätere erheblich erleichterte Prüf- und Zertifizierungsmöglichkeit und damit Nachweiserbringung und Erfüllung der Rechenschaft gegenüber internen (zB der Revision) und externen Stellen (zB den Aufsichtsbehörden).

c) ISO 27701

64 Der ISO/IEC 27701:2019 („Security techniques – Extension to ISO/IEC 27001 and ISO/IEC 27002 for privacy information management – Requirements and guidelines") (aufgrund eines Benennungsfehlers während des Entwurfszeitraums als ISO/IEC 27552 bekannt geworden) ist eine inhaltliche Erweiterung der ISO 27000-Reihe um die Aspekte des Datenschutzes. Mit ihr wird ein bereits bestehendes Informationssicherheits-Managementsystem (ISMS) um zusätzliche Elemente erweitert, um das Unternehmen dadurch in die Lage zu versetzen, auf dieser Grundlage auch ein DSMS einzurichten, aufrechtzuerhalten und kontinuierlich zu verbessern.

Als regulationsunabhängige Norm ist der Standard nicht von Haus aus DS-GVO-spezifisch, sondern muss zunächst auf die konkreten Anforderungen des einschlägigen Rechts zugeschnitten werden. Ist dies jedoch einmal geschehen, erlaubt die Ergänzung durch klar formulierte Kontrollen eine umfassende Abbildung der datenschutzrechtlichen Anforderungen als integrierter Bestandteil der technisch-organisatorischen Anforderungen der Informationssicherheit. Eine Zertifizierung ist möglich, erfordert jedoch ein bestehendes und ebenfalls zertifiziertes ISMS auf Basis der ISO 27001 und 27002. 65

d) ISO 29100

Die Norm ISO/IEC 29100:2011 („*Information technology – Security techniques – Privacy framework*") ist ein Rahmenwerk zum Datenschutzmanagement. Sie definiert hierzu die einschlägige Terminologie, spezifiziert die Akteure und ihre Rollen bei der Verarbeitung personenbeziehbarer Daten, beschreibt die beim Schutz der Privatsphäre zu berücksichtigende Aspekte und entsprechende technische Ansätze und liefert Verweise auf wesentliche Datenschutzgrundsätze für die Informationstechnologie. 66

Die Norm, die im Übrigen auch von der DIN als DIN 29100 („*Informationstechnik – Sicherheitsverfahren – Rahmenwerk für Datenschutz*") übernommen worden ist, bietet darüber hinaus einen Katalog von Datenschutzprinzipien, die sich – gerade, weil sie nicht spezifisch auf die DS-GVO oder das BDSG ausgerichtet sind – gut für ein international ausgerichtetes DSMS eignen. Zu diesen Prinzipien gehören: 67

- Einwilligung und Wahlfreiheit
- Zulässigkeit des Zwecks und der Zweckbestimmung
- Beschränkung der Erhebung
- Datensparsamkeit
- Beschränkung bei der Nutzung, Aufbewahrung und Offenlegung
- Genauigkeit und Qualität
- Offenheit, Transparenz und Benachrichtigung
- Persönliche Teilnahme und Zugang
- Verantwortlichkeit
- Informationssicherheit.

25. Datenzugang*

Quarch

I. Einführung	1	2. Nationale Regelungen des deutschen Gesetzgebers	31
II. Datenzuordnung und „Eigentum" an Daten	4	a) Datennutzungsgesetz (DNG)	32
III. Kategorisierung von Daten	7	b) Open Data Gesetze	34
IV. Datengetriebene Geschäftsmodelle	11	c) Weitere nationale Regelungen zum Informationszugang	37
V. Ausgangsbedingungen des Datenzugangs im öffentlichen Sektor	15	VI. Ausgangsbedingungen des Datenzugangs im privaten Sektor	38
1. Europäischer Rechtsrahmen	16	1. Horizontale Datenzugriffslösungen	41
a) PSI-Richtlinie (RL 2003/98/EG) und Open-Data- und PSI-Richtlinie (RL (EU) 219/1024)	17	2. Sektorspezifische Regelungen des Datenzugangs	45
b) Vorschlag für eine Daten-Governance-VO	23	VII. Ausblick	48
c) Vorschlag für eine Daten-VO	26		

Literatur: *Bomhard/Merkle*, Entwurf des EU Data Act – Neue Spielregeln für die Data Economy, RDi 2022, 168; *Buchholz*, Die neue PSI-Richtlinie – Wieviel Datenhoheit verbleibt den öffentlichen Unternehmen?, IR 2019, 197; *Bundesverband der Deutschen Industrie e.V.*, Datenzugang – Rahmenbedingungen für eine effiziente Datenwirtschaft, 15.9.2020, abrufbar unter https://bdi.eu/publikation/news/datenzugang/ (zit.: BDI Datenzugang); *Fraunhofer-Institut für Software- und Systemtechnik ISST*, Datenwirtschaft in Deutschland – Kurzbericht, 1.6.2019, abrufbar unter https://www.isst.fraunhofer.de/content/dam/isst-neu/documents/Publikationen/Datenwirtschaft/DEMAND/FhGISST_DEMAND-Bericht%20zur%20Datenwirtschaft%20in%20Deutschland.pdf (zit.: Fraunhofer-Institut Datenwirtschaft in Deutschland); *Hartl/Ludin*, Recht der Datenzugänge, MMR 2021, 534; *Hartmann/Zaki/Feldmann/Neely*, Capturing value from big data – a taxonomy of data-driven business models used by start-up firms, IJOPM 36 (10) 2016, 1282; *Kerber*, A New (Intellectual) Property Right for Non-Personal Data? An Economic Analysis, GRUR-Int 2016, 989; *Kerber*, From (horizontal and sectoral) data access solutions towards data governance systems, in Bundesministerium für Justiz/Max-Planck Institut (Hrsg.), Data Access, Consumer Interests and Public Welfare, 2021, S. 441 (zit.: Bundesministerium für Justiz/Max-Planck Institut Data Access/Kerber); *Quarch*, Europäische Regulierung des Crowdlendings, 2020; *Quarch/Engelhardt*, LegalTech, 2021; *Schweitzer*, Datenzugang in der Datenökonomie: Eckpfeiler einer neuen Informationsordnung, GRUR 2019, 569; *Spindler*, Schritte zur europaweiten Datenwirtschaft – der Vorschlag einer Verordnung zur europäischen Data Governance, CR 2021, 98; *Strahringer/Wiener*, Datengetriebene Geschäftsmodelle: Konzeptuelles Rahmenwerk, Praxisbeispiele und Forschungsausblick, HMD 2021, 457; *Thouvenin/Tamò-Larrieux*, Data Ownership and Data Access Rights, in Mira Burri (Hrsg.), Big Data and Global Trade Law, 2021, S. 316 (zit.: Burri Big Data and Global Trade Law/Thouvenin/Tamò-Larrieux); *Weber/Thouvenin*, Dateneigentum und Datenzugangsrechte – Bausteine der Informationsgesellschaft, zsr 137 (1) 2018, 43; *Zech*, Information als Schutzgegenstand, 2012 (zit.: Zech Information).

I. Einführung

1 „Willkommen im zweiten Maschinenzeitalter, wie diese schöne neue Welt der Chips und Algorithmen bereits genannt wird", schreibt Rutger Bregman in seinem Werk „Utopien für Realisten".[1] Angesprochen ist damit die die **digitale Disruption**, die in vollem Gange ist. In diesem Zusammenhang stellen Daten und damit auch der **Zugang zu Daten einen zentralen Wettbewerbsfaktor** und Motor für wirtschaftliches Wachstum und Innovationen dar. Im Rahmen der COVID-19-Pandemie zeigt sich besonders deutlich, welche Bedeutung der Zugang zu hochwertigen und aktuellen Daten (bspw. Erhebungen zu aktuellen Infektionszahlen vom Robert Koch-Institut, der Johns-Hopkins-Universität etc) für die Entscheidungen in Politik und Wirtschaft hat.

2 Doch bereits vor der COVID-19-Pandemie führten die **exponentiell wachsenden Datenmengen („Big Data")**, rasante technologische Fortschritte und **neue Technologien („Künstliche Intelligenz")** zu einem **steigenden Einsatz datenbasierter Anwendungen**. Dabei sind der Zugang zu Daten und die Nutzung von

---

* Der Autor dankt Herrn Jonas Barthle für die wertvolle Mitarbeit.
1 Bregman, Utopien für Realisten, 2017, S. 181.

Daten wichtige Faktoren für die **optimale Entfaltung der Datenwirtschaft.** Bestimmte Daten, die in einer staatlichen Organisation oder einem Unternehmen vorliegen, können auch für die Öffentlichkeit und andere Marktteilnehmer von hohem Wert sein und umgekehrt. Bei allen Maßnahmen, mit denen der Zugang zu Daten möglichst vielen interessierten Akteuren eröffnet werden soll, müssen selbstverständlich auch die **rechtlichen und wirtschaftlichen Interessen der Betroffenen** berücksichtigt werden, aus deren Sphäre die Daten stammen bzw. erzeugt worden sind.

Die **wachsende Relevanz des Datenzugangs** haben die EU-Kommission und die deutsche Bundesregierung erkannt und entsprechende **Datenstrategien** erarbeitet.[2] Auf der Grundlage dieser Datenstrategien wird derzeit auf europäischer und nationaler Ebene ein **Rechtsrahmen für den Zugang zu und die Nutzung von Daten** geschaffen. Die Regelungen haben dabei sowohl den **Zugang zu Daten des öffentlichen Sektors** als auch den Datenzugang zwischen privaten Akteuren im Blick und wollen diesen Datenaustausch steigern, um den Akteuren **bessere soziale und wirtschaftliche Entscheidungen** zu ermöglichen.[3]

II. Datenzuordnung und „Eigentum" an Daten

Zur Beantwortung der verschiedenen Fragestellungen des Datenzugangs stellt sich zunächst die zentrale Vorfrage, **wem die betroffenen Daten gehören.** Daten stellen jedenfalls **keine Sache (§ 90 BGB) im Sinne des Zivilrechts** dar. Für eine Zuordnung als Sache fehlt es Daten schlicht an einer Verkörperung. In diesem Kontext diskutieren Wissenschaft und Politik seit Jahren, ob es der **Schaffung neuer Eigentumsrechte an Daten** bedarf, um zusätzliche Anreize für Investitionen in die Datengewinnung zu schaffen und den Handel mit Daten zu erleichtern.[4] Dabei spricht besonders der Umstand, dass Daten sich nicht abnutzen und grundsätzlich ohne nennenswerten Aufwand vervielfältigt werden können, also **nicht-rival** sind, **gegen die Schaffung einer dinglichen Rechtsposition** an Daten.[5]

Im Ergebnis kommen entsprechende Studien überwiegend zu dem Ergebnis, dass für den Umgang mit Daten – anders als bei physischen Gütern – nicht die ausschließliche Zuordnung im Mittelpunkt steht, sondern die **Frage der Nutzbarkeit** und damit des Zugangs und der Bereitstellung.[6] Auch die Bundesregierung konzediert in ihrer Datenstrategie, dass derzeit **kein Erfordernis für Ausschließlichkeitsrechte an Daten** besteht.[7]

Im Gegensatz zum Dateneigentum dienen die Datenzugangsrechte jedoch einem anderen Zweck: Sie sollen Einzelpersonen und Unternehmen die Möglichkeit geben, **Zugang zu Daten** zu erhalten, die für sie von besonderem Interesse sind. Einzelpersonen haben ein berechtigtes Interesse daran, **Zugang zu personenbezogenen Daten** zu erhalten, die von Unternehmen verarbeitet werden; **dasselbe gilt für nicht-personenbezogene Daten**, die Einzelpersonen bei einem Dritten, zB einem Cloud-Anbieter, gespeichert

---

2 Datenstrategie der Bundesregierung – Eine Innovationsstrategie für gesellschaftlichen Fortschritt und nachhaltiges Wachstum, 27.1.2021, abrufbar unter https://www.bundesregierung.de/breg-de/suche/datenstrategie-der-bundesregierung-1845632; Mitteilung der Kommission an das Europäische Parlament, den Rat, den Europäischen Wirtschafts- und Sozialausschuss und den Ausschuss der Regionen: Eine europäische Datenstrategie, COM(2020) 66 final.
3 Mitteilung der Kommission an das Europäische Parlament, den Rat, den Europäischen Wirtschafts- und Sozialausschuss und den Ausschuss der Regionen: Eine europäische Datenstrategie, COM(2020) 66 final, 5.
4 Hartl/Ludin MMR 2021, 534; Kerber GRUR-Int 2016, 989; Schweitzer GRUR 2019, 569 (570) mWn.; Weber/Thouvenin zsr 137 (1) 2018, 45.
5 Hartl/Ludin MMR 2021, 534.
6 Vgl. etwa: Arbeitsgruppe „Digitaler Neustart" der Konferenz der Justizministerinnen und Justizminister der Länder, Bericht v. 15.5.2017, abrufbar unter https://www.justiz.nrw.de/JM/schwerpunkte/digitaler_neustart/zt_bericht_arbeitsgruppe/bericht_a g_dig_neustart.pdf, S. 8 ff.; BDI Datenzugang S. 4; Kühling/Sackmann, Rechte an Daten: Regulierungsbedarf aus Sicht des Verbraucherschutzes?, Rechtsgutachten im Auftrag des vzbv v. 20.11.2018, abrufbar unter https://www.vzbv.de/sites/default/files/downloads/2018/11/26/18-11-01_gutachten_kuehling-sackmann-rechte-an-daten.pdf; Schweitzer GRUR 2019, 569 (570) mWn.
7 Datenstrategie der Bundesregierung – Eine Innovationsstrategie für gesellschaftlichen Fortschritt und nachhaltiges Wachstum, 27.1.2021, abrufbar unter https://www.bundesregierung.de/breg-de/suche/datenstrategie-der-bundesregierung-1845632, S. 23.

haben. Für Unternehmen kann der Zugang zu Daten von entscheidender Bedeutung sein, wenn sie innovative Waren und Dienstleistungen in der digitalen Wirtschaft anbieten, da die Verwendung bestimmter Daten notwendig sein kann, um in einen neuen Markt einzutreten oder auf einem bestehenden Markt wettbewerbsfähig zu bleiben.[8] Dabei ist jedoch zu beachten, dass die Generierung und Speicherung von Daten das Ergebnis erheblicher Investitionen sein können und stets auch Informationen verkörpern, die möglicherweise einem besonderen Schutz unterliegen. Daher **bedarf es eines Rechtsrahmens für diese Datenwirtschaft**, um das Ziel, die Innovationspotenziale der neuen Datenökonomie zu nutzen, mit anderen Zielen in Einklang zu bringen, die dem **Datenzugang und -austausch unter verschiedenen Gesichtspunkten Grenzen setzen**.[9]

III. Kategorisierung von Daten

7   Daten sind zunächst **maschinenlesbare Kodierungen von Information**, die als solche übermittelt, verarbeitet und interpretiert werden können.[10] Diese Daten lassen sich weitergehend in vielfältige Kategorien einordnen. Zunächst können Daten dabei für jedermann („**Open-Data**"), bestimmte Adressatenkreise („**Shared-Data**") oder nur intern („**Closed-Data**") verfügbar sein.[11] Weitergehend können Daten auch nach dem **Grad ihrer Strukturierung** („strukturierte Daten", „semi-strukturierte Daten", „unstrukturierte Daten"), nach dem **Grad ihrer Aktualität** (von historischen bis hin zu Echtzeitdaten) und dem **Grad der Aggregation** kategorisiert werden.[12]

8   Die bestehenden und künftigen Regelungen des Datenzugangs müssen geeignet sein, diese große Vielfalt und Heterogenität von Daten zu erfassen und den verschiedenen Konstellationen, Interessenlagen und Regelungsschichten Rechnung tragen, wobei auch **sektorspezifische Regelungen erforderlich** sein können. Für die Regelung des Datenzugangs und dessen Begrenzung ist dabei insbesondere entscheidend, welche Informationen Daten enthalten und ob diese Informationen besonderen rechtlichen Schutz genießen.

9   Zunächst können **Sonderreglungen zum Schutz von Informationen** bestehen. Bei personenbezogenen Daten, also allen Informationen, die sich auf eine identifizierte oder identifizierbare natürliche Person beziehen (vgl. Art. 4 Nr. 1 DS-GVO), sind die Regelungen der DS-GVO zu beachten.[13] Die weite Definition personenbezogener Daten der DS-GVO hat dabei zur Folge, dass eine **Vielzahl von Konstellationen des Datenzugangs in den Anwendungsbereich der DS-GVO fallen** können. Auch für Geschäftsgeheimnisse sieht das **Geschäftsgeheimnisgesetz** (GeschGehG) vom 13.3.2019 bestimmte Regelungen vor. So dürfen Informationen, die Gegenstand von Geheimhaltungsmaßnahmen durch ihren rechtmäßigen Inhaber sind, unter anderem nicht durch unbefugten Zugang erlangt und nicht unbefugt genutzt werden (vgl. § 4 GeschGehG).

10 Weiterhin können **besondere Regelungen zum Austausch von Informationen** bestehen. Besondere Relevanz haben hierbei die Regelungen des Wettbewerbsrechts. Werden etwa strategisch relevante Daten (zB Preise, Umsätze, Kapazitäten) mit anderen Unternehmen geteilt, so kann dies die Ungewissheit auf dem Markt über das Wettbewerbsverhalten der Konkurrenten verringern und damit im Ergebnis Wettbewerbsanreize mindern.[14] Daher sind bei der Gewährung von Datenzugang auch **verschiedene kartellrechtliche Regelungen zu beachten**, die die Zulässigkeit eines Informationsaustausches über geplantes Wettbewerbsverhalten begrenzen.

---

8   Vgl. auch Burri Big Data and Global Trade Law/Thouvenin/Tamò-Larrieux S. 316 (317).
9   Schweitzer GRUR 2019, 569 (571).
10 Zech Information S. 13.
11 Open Data Institute, Data Spectrum, abrufbar unter https://theodi.org/about-the-odi/the-data-spectrum/.
12 Schweitzer GRUR 2019, 569 (571).
13 Dies hat teils weitreichende Folgen. An dieser Stelle sei insbesondere auf den Schadensersatzanspruch gem. Art. 82 DS-GVO verwiesen, der Betroffenen eines Verstoßes gegen die DS-GVO zusteht (vgl. BAG Vorlagebeschl. v. 26.8.2021 – 8 AZR 253/20 (A), BeckRS 2021, 29622).
14 Ausführlich hierzu: Schweitzer GRUR 2019, 569 (572).

IV. Datengetriebene Geschäftsmodelle

Mit dem Aufkommen und der Entwicklung von neuer Hardware (Smartphones) und Software haben sich um die 2010er Jahre viele Unternehmen im digitalen Sektor gebildet. Diese zeichnen sich durch neue innovative Geschäftsideen mit einer hohen Skalierbarkeit aus. Um möglichst schnell hohe Gewinne zu erzielen, fokussieren sich solche Unternehmen auf die Erschließung/Gründung von neuen Märkten und/oder die Disruption bestehender Märkte. Dies geschieht insbesondere durch die **Entwicklung von neuen elektronisch gesteuerten Geschäftsprozessen** (E-Business). Auf dem deutschen Markt setzen dabei unter anderem die Smartphone-Bank N26, die Modeplattform AboutYou und der Gebrauchtwagenhändler AutoIGroup auf **Daten als Schlüsselressource** und verwenden diese zum Anlernen von verschiedenen Algorithmen.[15] Auch im Bereich der Personenbeförderung setzen Unternehmen wie ShareNow oder Flixbus auf eine umfassende Datenauswertung zur Optimierung von Vermittlung und Routenberechnung oder bei der Festlegung individueller Preise.[16] Gleiches gilt auch für Unternehmen, die im Legal Tech-Bereich tätig sind.[17]

In diesem Zusammenhang sind viele weitere Geschäftsmodelle entstanden, für die Daten eine Kernressource in der Wertgestaltung des Geschäftsmodells darstellen (sog. datengetriebene Geschäftsmodelle).[18] Solche datengetriebenen Geschäftsmodelle vereinen dabei die **steigende Bedeutung von („Big"-)Data** für Unternehmen mit dem zunehmenden Fokus auf das Geschäftsmodell im Rahmen der Analyse und Gestaltung von Organisationen. Möglich wurden solche Geschäftsmodelle nur durch das **exponentiell gestiegene Volumen der weltweit verfügbaren Daten**.[19] Dabei werden Daten häufig auch als das neue Öl bezeichnet,[20] wobei dieser Vergleich nicht vollumfassend zutrifft, denn Daten können – ganz im Gegensatz zu Öl – nicht verbraucht werden (nicht-rivales Gut).

Besonders einige der heute wertvollsten Unternehmen der Welt, wie etwa Alphabet (Google), Amazon oder Facebook (Meta), setzten mit personalisierten Werbeanzeigen, ortsgebundenen Preise oder individuell angepassten Dienstleistungen bereits frühzeitig auf datenbasierte Geschäftsmodelle und haben damit die Ära der Datenwirtschaft eingeläutet. Durch die hohe Skalierbarkeit der einzelnen Geschäftsmodelle konnten die Tech-Giganten dabei in den vergangenen Jahren enorme Wachstumsraten erzielen.[21]

Die genannten Beispiele zeigen deutlich, dass die Bedeutung der Monetisierung von Daten mittels datengetriebener Geschäftsmodelle rasant zunimmt. Die Europäische Kommission schätzt dabei den aktuellen **Wert des europäischen Datenmarkts auf über 75 Mrd. EUR** und rechnet bis zum Jahr 2025 mit einem Anstieg auf über 110 Mrd. EUR.[22] Zumindest im Umgang mit personenbezogenen Daten sind die Marktteilnehmer in der Europäischen Union bereits heute an die Regelungen der DS-GVO gebunden. Darüber hinaus ergeben sich aus diesen Veränderungen auch für Politik und Rechtswissenschaft vielfältige neue Fragestellungen, die es noch zu beantworten gilt.

---

15 Fraunhofer-Institut Datenwirtschaft in Deutschland S. 6; Kaczmarek, In drei Jahren zum Milliardenunternehmen? Geschäftsmodellanalyse der AutoI Group, 25.7.2017, abrufbar unter https://www.digitalkompakt.de/podcast/blackline-limousinen-vermittler-fahrservice-jens-wohltorf/; Scherkamp, Der Zalando-Herausforderer, 23.12.2016, abrufbar unter https://www.gruenderszene.de/allgemein/zalando-about-you-ranking?interstitial; Stalf, Der Pivot von N26, 4.12.2016, abrufbar unter https://berlinvalley.com/der-pivot-von-n26/.
16 Fraunhofer-Institut Datenwirtschaft in Deutschland S. 6; Inkel, Auch Wetter und Ort entscheiden über Preis: Lässt Carsharing-Dienst iPhone User mehr zahlen?, 22.3.2019, abrufbar unter https://www.chip.de/news/Auch-Wetter-und-Ort-entscheiden-ueber-Preis-Carsharing-Dienst-laesst-iPhone-User-mehr-zahlen_164505607.html; Herrmann, Flixbus CIO Krauss: Der USP liegt in den Algorithmen, 6.12.2016, abrufbar unter https://www.computerwoche.de/a/flixbus-cio-krauss-der-usp-liegt-in-den-algorithmen.
17 Dazu umfassend Quarch/Engelhardt, LegalTech, 2021.
18 Hartmann/Zaki/Feldmann/Neely IJOPM 36 (10) 2016, 1282.
19 Strahringer/Wiener HMD 2021, 457 (458).
20 Rotella, Is data the new oil?, 2.4.2012, abrufbar unter https://www.forbes.com/sites/perryrotella/2012/04/02/is-data-the-new-oil/.
21 Fraunhofer-Institut Datenwirtschaft in Deutschland S. 6.
22 International Data Corporation, DataLandscape. The European Data Market Monitoring Tool, abrufbar unter https://datalandscape.eu/european-data-market-monitoring-tool-2018.

V. Ausgangsbedingungen des Datenzugangs im öffentlichen Sektor

15 Die Verfügbarkeit und Weiterverwendung von öffentlichen und öffentlich finanzierten Daten hat eine tragende Bedeutung für datengetriebene Geschäftsmodelle und die digitale Innovation im Ganzen. Ein Ziel verschiedener gesetzgeberischer Maßnahmen ist es daher, mit einer umfassenden Nutzung der fortlaufend wachsenden Menge an öffentlichen Daten die Entwicklung innovativer Dienstleistungen und Produkte erheblich zu vereinfachen.[23]

1. Europäischer Rechtsrahmen

16 Der Unionsgesetzgeber fördert mit verschiedenen Regelungen bereits seit vielen Jahren die umfassende Nutzung von Daten des öffentlichen Sektors.

a) PSI-Richtlinie (RL 2003/98/EG) und Open-Data- und PSI-Richtlinie (RL (EU) 219/1024)

17 Bereits seit 2003 bildet die RL 2003/98/EG[24] einen europäischen Rechtsrahmen, der die Hürden der grenzüberschreitenden Nutzung von uneingeschränkt zugänglichen Daten (Open-Data) des öffentlichen Sektors für kommerzielle und nicht-kommerzielle Akteure abbauen soll, wobei die Entscheidung darüber, welche Daten überhaupt zugänglich sind, grundsätzlich weiterhin den nationalen Gesetzgebern obliegt, vgl. Art. 1 Abs. 2 lit. a RL 2003/98/EG.[25] Ein originäres unionsrechtliches Zugangsrecht für Daten des öffentlichen Sektors besteht damit aufgrund der Richtlinie nicht.[26]

18 Die RL 2003/98/EG wurde mittlerweile grundlegend überarbeitet und im Jahr 2019 von der Open-Data- und PSI-Richtlinie (RL (EU) 2019/1024[27]) abgelöst. Dabei wurden die Regelungen insbesondere **an den Datennutzungsbedarf durch neue Schlüsseltechnologien wie Künstliche Intelligenz angepasst**, um weitere digitale Innovationen zu fördern.[28] Zu beachten ist, dass auch diese neue Richtlinie **kein originäres Zugangsrecht zu Daten** begründet, sondern nur anwendbar ist, wenn entsprechende (nationale) Zugangsrechte zu Daten bestehen, vgl. Art. 1 Abs. 3 RL (EU) 2019/1024.

19 Die RL (EU) 2019/1024 soll mit **Regelungen der Nichtdiskriminierung** und dem **Verbot von Ausschließlichkeitsvereinbarungen** Wettbewerbsverzerrungen durch den öffentlichen Sektor im Hinblick auf Mehrwertdienste, die auf der Grundlage von Daten des öffentlichen Sektors entwickelt und angeboten werden, vermeiden (vgl. Art. 11 ff. RL (EU) 2019/1024). Daneben harmonisiert die Richtlinie Bedingungen der Weiterverwendung von zugänglichen Daten (Formate, Entgelte), vgl. Art. 5 ff. RL (EU) 2019/1024.

20 Während von der ursprünglichen RL 2003/98/EG nur öffentliche Stellen erfasst waren, umfasst der Anwendungsbereich in der Neufassung der RL (EU) 2019/1024 nunmehr **auch öffentliche Unternehmen in verschiedenen Bereichen der Daseinsvorsorge**, vgl. Art. 1 Abs. 1 lit. b RL (EU) 2019/1024. Darunter fallen insbesondere öffentliche Unternehmen in den Bereichen der Wasser-, Energie- und Verkehrsversorgung.[29] **Private Unternehmen sind hingegen nicht vom Anwendungsbereich erfasst**, wobei der nationale Gesetzgeber die Regelungen ausdrücklich auch auf private Unternehmen erweitern kann.[30]

21 Weiterhin hat der europäische Gesetzgeber erstmals auch besondere **Regelungen für sog. „dynamische Daten"** eingeführt. Dynamische Daten sind Daten, die **häufig oder sogar in Echtzeit aktualisiert** werden, vgl. Art. 2 Nr. 8 RL (EU) 2019/1024. Die Regelungen erfassen damit insbesondere **Verkehrsdaten**,

---

23 Schweitzer GRUR 2019, 569 (572).
24 Richtlinie 2003/98/EG des Europäischen Parlaments und des Rates v. 17.11.2003 über die Weiterverwendung von Informationen des öffentlichen Sektors (ABl. L 345, 90).
25 Vgl. Erwgr. 5, 9 RL 2003/98/EG; Hartl/Ludin MMR 2021, 534.
26 Buchholz IR 2019, 197 (199).
27 Richtlinie (EU) 2019/1024 des Europäischen Parlaments und des Rates v. 20.6.2019 über offene Daten und die Weiterverwendung von Informationen des öffentlichen Sektors (ABl. L 172, 56).
28 Vgl. Erwgr. 3 RL (EU) 2019/1024; Hartl/Ludin MMR 2021, 534.
29 Buchholz IR 2019, 197 (198).
30 Erwgr. 19 RL (EU) 2019/1024; Buchholz IR 2019, 197 (198).

Wetterdaten und sensorgenerierte Daten.[31] Solche dynamische Daten müssen nunmehr grundsätzlich unmittelbar nach ihrer Erfassung über eine Anwendungsprogrammierschnittstelle (API) bzw. als „Massendownload" zur Weiterverwendung zugänglich gemacht werden, sofern dies nicht nur mit unverhältnismäßigem Aufwand möglich ist, vgl. Art. 5 Abs. 5, 6 RL (EU) 2019/1024.

Besondere Regelungen bestehen auch für sog. „hochwertige Datensätze", also Daten, deren Weiterverwendung mit wichtigen **sozio-ökonomischen Vorteilen** verbunden ist, vgl. Art. 2 Nr. 10 RL (EU) 2019/1024. In Art. 13 ff. iVm Anlage I sieht die RL (EU) 2019/1024 vor, dass in sechs thematischen Kategorien (Georaum, Erdbeobachtung und Umwelt, Meteorologie, Statistik, Mobilität und Eigentümerschaft von Unternehmen) konkrete Datensätze festgelegt werden, die grundsätzlich **kostenlos, maschinenlesbar und mit einer API bzw. mit Massendownload verfügbar sein müssen.**[32] Die konkreten hochwertigen Datensätze sollen dabei in späteren Durchführungsrechtsakten festgelegt werden, vgl. Art. 14 Abs. 1 RL (EU) 2019/1024. Welche Datensätze in diesem Zusammenhang als „hochwertige Datensätze" klassifiziert werden sollen, ist derzeit noch Gegenstand von Verhandlungen zwischen der EU-Kommission und den einzelnen Mitgliedstaaten.

b) Vorschlag für eine Daten-Governance-VO

Ein weiterer Bestandteil der Strategie der EU-Kommission zur **Herstellung eines europäischen Datenwirtschaftsraums** ist der Data Governance Act (Daten-Governance-VO). Einen Vorschlag für die Verordnung hat die EU-Kommission im November 2020 vorgestellt.[33] Das Instrument zielt darauf ab, die Verfügbarkeit von Daten zur Nutzung zu fördern, indem das Vertrauen in die Datenmittler erhöht wird und die **Mechanismen für die gemeinsame Datennutzung** in der gesamten EU gestärkt werden.[34]

Im Hinblick auf die Bereitstellung von Daten des öffentlichen Sektors enthält Kapitel II Daten-Governance-VO-E Regelungen für die Erleichterung der Weiterverwendung von **Daten, die aufgrund von Rechten Dritter nicht offen bereitgestellt oder lediglich eingeschränkt zugänglich gemacht werden können.** Der Vorschlag soll also die Weiterverwendung von geschützten Daten ermöglichen, die von der RL (EU) 2019/1024 nicht erfasst werden. Dabei soll mithilfe von „Techniken, die **datenschutzfreundliche Analysen ermöglichen**, zB Anonymisierung, Pseudonymisierung, differentielle Privatsphäre, Generalisierung oder Datenunterdrückung und Randomisierung […] eine sichere Weiterverwendung personenbezogener Daten und vertraulicher Geschäftsdaten für Forschung, Innovation und statistische Zwecke gewährleistet werden […]".[35] Im Ergebnis zielt der Vorschlag also darauf ab, dass **sichere Verarbeitungsumgebungen für die Weiterverwendung von geschützten Daten** geschaffen werden. Das Fehlen solcher Möglichkeiten wurde gerade im Gesundheitssektor und angesichts der COVID-19-Pandemie als Hindernis für die Zusammenarbeit in der medizinischen Forschung empfunden.[36]

Auch der Data Governance Act soll jedoch **keinen originären Zugangsanspruch** schaffen und die Verpflichtungen zur Geheimhaltung und zum Schutz des geistigen Eigentums sowie personenbezogener Daten sollen nicht berührt werden, vgl. Art. 3 Abs. 3 Daten-Governance-VO-E.[37] Dennoch könnte ein künftiger Data Governance Act die Weiterverwendung von Daten des öffentlichen Sektors insgesamt in einem deutlich weitergehenden Maße als die bisherige RL (EU) 2019/1024 ermöglichen.

c) Vorschlag für eine Daten-VO

Im Februar 2022 hat die EU-Kommission zudem den Vorschlag für eine Verordnung über **harmonisierte Regeln für einen fairen Zugang zu Daten und deren Nutzung („Data Act")** vorgestellt. Der Vorschlag

---

31 Vgl. Erwgr. 31 RL (EU) 2019/1024; Buchholz IR 2019, 197 (198); Hartl/Ludin MMR 2021, 534 (535).
32 Vgl. ausführlich: Buchholz IR 2019, 197 (201); Hartl/Ludin MMR 2021, 534 (536).
33 COM(2020) 767 final.
34 COM(2020) 767 final, 1.
35 COM (2020) 767 final, 13; Spindler, CR 2021, 98 (100).
36 Spindler CR 2021, 98 (100).
37 Hartl/Ludin MMR 2021, 534 (535); Spindler CR 2021, 98 (100).

verfolgt das Ziel, einen für alle Akteure der Datenwirtschaft interessensgerechten Zugang zu industriellen – also nicht-personenbezogenen – Daten zu gewährleisten.[38] Damit knüpft der Vorschlag an den hier bereits vorgestellten Vorschlag für einen Data Governance Act (→ Rn. 23) an und soll als Grundlage für eine Data Sharing Economy das bislang weitestgehend ungenutzte Potenzial industrieller Daten nutzbar machen.[39] Dabei ist es auch das ausdrückliche Ziel der Kommission, eine **Verschiebung der Marktmacht** großer Unternehmen, die als „Gatekeeper" fungieren, hin zu kleineren Unternehmen und Verbrauchern herbeizuführen.[40] Demzufolge sollen solche „Gatekeeper" weitestgehend vom Datenzugang ausgeschlossen sein, vgl. Art. 5, 6 Data Act-E.

27 Dabei ist mit Art. 4 Abs. 6 Data Act-E als Grundsatz vorgesehen, dass die Anbieter von Produkten und Dienstleistungen („Data Holder", vgl. Art. 2 Abs. 6 Data Act-E) **nicht-personenbezogene Daten, die bei der Nutzung ihrer Produkte generiert werden, nur noch aufgrund einer vertraglichen Vereinbarung mit den Nutzern („Data User", vgl. Art. 4 Abs. 6 Data Act-E) verarbeiten** dürfen.[41] Weitergehend sollen nach Art. 4 Abs. 1 Data Act-E Nutzer einen Anspruch erhalten, **jederzeit Zugang zu allen Daten** zu erlangen, zu deren Generierung sie einen gewissen Beitrag geleistet haben. In diesem Zusammenhang sollen die Anbieter bei der Produktentwicklung bereits nach dem **Grundsatz „Accessibility by Design"** vorgehen, also ihre Produkte und Dienstleistungen so gestalten, dass die Nutzer direkt innerhalb des Produkts auf ihre Daten zugreifen können.[42]

28 Neben den persönlichen Auskunftsrechten der Nutzer sollen diese auch einen **Anspruch darauf haben, dass ihre jeweiligen nutzergenerierten Daten unmittelbar an einen Dritten übermittelt werden**, vgl. Art. 5 Abs. 1 Data Act-E, und die Anbieter sollen verpflichtet werden, sämtliche kommerzielle, technische, vertragliche und organisatorische Hindernisse auszuräumen, die Nutzer bislang davon abhalten, zu anderen Anbietern zu wechseln. Der Vorschlag zielt also auch auf eine **Steigerung der Interoperabilität** zwischen verschiedenen Anbietern ab.

29 Auch für staatliche Einrichtungen sieht der Vorschlag des Data Act in seinen Art. 14 ff. ein Zugriffsrecht auf Daten vor. Dieses Auskunftsrecht besteht jedoch nur, sofern sie zur Erfüllung bestimmter öffentlicher Aufgaben benötigt werden oder ein bestimmter außergewöhnlicher Bedarf (zB Notfälle) besteht.

30 Insgesamt kann der Data Act damit als weiterer Schritt hin zu einer Digital Economy betrachtet werden und wird nahezu jeden betreffen, der Daten nutzt oder kommerzialisiert.[43] Dabei rückt die Behandlung von industriellen Daten regulatorisch näher an die Verarbeitung von personenbezogenen Daten, indem die Nutzer **weitreichende Nutzungs- und Entscheidungsbefugnisse über die generierten Daten** erhalten. Eine klare Regelung hinsichtlich eines möglichen „Dateneigentums" sieht allerdings auch der Vorschlag des Data Act nicht vor.

2. Nationale Regelungen des deutschen Gesetzgebers

31 Auch der deutsche Gesetzgeber hat bereits gesetzgeberische Maßnahmen für den Datenzugang umgesetzt und arbeitet im Rahmen der Datenstrategie an weiteren Entwicklungen.

a) Datennutzungsgesetz (DNG)

32 Mit Inkrafttreten des **Gesetzes über die Nutzung von Daten des öffentlichen Sektors (DNG)**[44] wurde das bisherige Informationsverwendungsgesetz abgelöst und grundlegend modernisiert. Dabei dient das

---

38 COM (2022) 68 final.
39 COM (2022) 68 final, 1.
40 COM (2022) 68 final, 1.
41 Vgl. auch: Bomhard/Merkle RDi 2022, 168 (173).
42 Vgl. auch: Bomhard/Merkle RDi 2022, 168 (173).
43 Vgl. auch: Bomhard/Merkle RDi 2022, 168 (175).
44 BGBl. 2021 I 2941.

Datennutzungsgesetz zur **Umsetzung der RL (EU) 2019/1024** und hat deren Regelungen vollumfänglich übernommen.[45]

Wie auch die RL (EU) 2019/1024 sieht das Datennutzungsgesetz **keine originären Zugangsrechte** vor. Vielmehr ist die Anwendbarkeit gem. § 2 Abs. 1 DNG davon abhängig, dass ein **anderes Gesetz einen Zugang zu oder die Bereitstellung von Daten normiert** oder die Bereitstellung auf andere Weise erfolgt. Aufgrund der vollumfänglichen Übernahme der Regelungen aus der RL (EU) 2019/1024 kann zu den wesentlichen Inhalten des DNG auf die Ausführungen zur RL (EU) 2019/1024 (→ Rn. 17 ff.) verwiesen werden.

b) Open Data Gesetze

Durch die im Juli 2017 in Kraft getretenen **Änderung (sog. Erstes Open-Data-Gesetz)**[46] des E-Government-Gesetzes (EGovG) hat der deutsche Gesetzgeber mit dem damals neu geschaffenen § 12a EGovG aF einen wesentlichen **Grundstein zur Schaffung eines nationalen Rechtsrahmens für Daten des öffentlichen Sektors** gelegt. Ziel des Gesetzes ist es, Daten der öffentlichen Verwaltung für jeden Bürger zu öffnen.[47] Durch die Regelung des § 12a EGovG aF wurden **Behörden der unmittelbaren Bundesverwaltung erstmals verpflichtet, die von Ihnen erhobenen unbearbeiteten Daten mit wenigen Ausnahmen zu veröffentlichen**. Gleichzeitig wurden Kriterien für Open Data, wie zB die entgeltfreie Bereitstellung der Daten, der freie Zugang zu den Daten und die Maschinenlesbarkeit, festgelegt.[48]

Die mit § 12a EGovG aF eingeführten Regelungen wurden mit dem im Juli 2021 in Kraft getretenen **Gesetz zur Änderung des E-Government-Gesetzes (sog. Zweites Open-Data-Gesetz)**[49] erweitert. Unter anderem sind nunmehr **auch Behörden der mittelbaren Bundesverwaltung** vom Adressatenkreis des § 12a EGovG erfasst. Zudem sollen ab dem Jahr 2024 auch die von der Bundesverwaltung oder in ihrem Auftrag erhobenen **Forschungsdaten der Veröffentlichungspflicht als Open-Data unterliegen** und damit von jeder Person unentgeltlich genutzt werden können.[50]

Daneben sind mit der Regelung des § 12a Abs. 9 EGovG nunmehr **verpflichtende Open-Data-Koordinatoren** vorgesehen, die innerhalb der jeweiligen Behörden solche Daten identifizieren, die sich für eine Veröffentlichung gem. § 21a EGovG eignen und als **Ansprechpartner für die Veröffentlichungspraxis** der Behörden fungieren.[51] Zudem wurde aufgrund der Regelung des § 12a Abs. 10 EGovG das im Bundesverwaltungsamt angesiedelte **Kompetenzzentrum Open Data** (CCOD) gegründet, das die Open-Data-Koordinatoren der Behörden bei ihren Aufgaben als zentrale Stelle unterstützt.

c) Weitere nationale Regelungen zum Informationszugang

Weitere nationale Regelungen zum Informationszugang finden sich insbesondere im Informationsfreiheitsgesetz (IFG), im Umweltinformationsgesetz (UIG) und im Gesetz zur Verbesserung der gesundheitsbezogenen Verbraucherinformation (VIG).

VI. Ausgangsbedingungen des Datenzugangs im privaten Sektor

Auch im privaten Sektor wird der Zugang zu Daten und der Austausch von Daten zwischen Unternehmen mit Blick auf die vielfältigen datengetriebenen Geschäftsmodelle immer wichtiger. Dabei kann der Zugang zunächst selbstverständlich **freiwillig im Rahmen von vertraglichen Regelungen** der betroffenen Parteien

---

45 BT-Drs. 19/27442; vgl. zum entsprechenden Gesetzentwurf auch: Hartl/Ludin MMR 2021, 534 (535).
46 BGBl. 2017 I 2206.
47 Vgl. BT-Drs. 18/11614, 11.
48 Vgl. https://www.bmi.bund.de/DE/themen/moderne-verwaltung/open-government/open-data/open-data-node.html.
49 BGBl. 2021 I 2941.
50 Vgl. BT-Drs. 19/27442, 2.
51 Hartl/Ludin MMR 2021, 534 (535).

erfolgen. Auch in diesem Zusammenhang müssen die spezifischen **Regelungen zum Schutz von Informationen (zB DS-GVO)** natürlich stets beachtet werden.

39 Daneben kommt jedoch auch ein **hoheitlich erzwungener Zugang zu Daten des privaten Sektors** durch andere privatwirtschaftliche Akteure in Betracht. An eine solche Zugangseinräumung sind als **Eingriff in die grundrechtlich bewehrte Privatautonomie** jedoch erhöhte Anforderungen zu stellen, so dass diese stets einer verfassungsrechtlichen Rechtfertigung bedürfen.[52]

40 Datenzugriffsansprüche gegen private Akteure können sich dabei zunächst auf **allgemeine rechtliche Regelungen** stützen, die für alle Bereiche gelten (sog. horizontale Datenzugriffslösungen). Sie können aber auch das Ergebnis **sektorspezifischer Regelungen** sein, wie zB die sektorspezifische Regelung für den Zugang zu Bankkontodaten („open access")[53] in der Zweiten Zahlungsdiensterichtlinie (RL (EU) 2015/2336 – PSD2[54]).[55]

1. Horizontale Datenzugriffslösungen

41 Die am häufigsten diskutierten horizontalen Lösungen basieren auf dem Wettbewerbsrecht. Dementsprechend hat der deutsche Gesetzgeber mit dem GWB-Digitalisierungsgesetz in § 20 Abs. 1a GWB einen **wettbewerbsrechtlichen Anspruch auf Datenzugang** geregelt. Diese Regelung greift jedoch nur in bestimmten Konstellationen, in denen dem Zugang zu Daten aus kartellrechtlicher Sicht eine besondere Bedeutung zukommt. Die Regelung geht auf den Grundgedanken zurück, dass der **Datenzugang heute zu einem entscheidenden Faktor für die Wettbewerbsfähigkeit einer Volkswirtschaft geworden** ist und zu den wesentlichen Treibern der wirtschaftlichen Entwicklung entlang der gesamten Wertschöpfungskette gehört.[56] Daher kann mit der Regelung des § 20 Abs. 1a GWB **in Fällen einer relativen Marktmacht** eines Marktteilnehmers der Datenzugang zu wettbewerbsrelevanten Daten von der Wettbewerbsbehörde angeordnet werden.

42 Auch das **Recht auf Datenübertragbarkeit aus Art. 20 DS-GVO** könnte eine vielversprechende Option zur Lösung von Datenzugriffsproblemen darstellen.[57] Der Grundgedanke hinter dieser Idee ist, dass die Nutzer ihr Recht auf Übertragbarkeit ihrer personenbezogenen Daten geltend machen können, um anderen Unternehmen Zugang zu diesen Daten zu gewähren, die sich im Besitz eines Unternehmens (zB einer Social Media-Plattform) befinden, um den Wechsel von Diensten zu erleichtern oder um das Angebot zusätzlicher ergänzender Dienste zu ermöglichen, die Zugang zu diesen personenbezogenen Daten erfordern.[58] Die Regelung des Art. 20 DS-GVO soll die Betroffenen damit **vor einer möglichen Abhängigkeit von einem bisher in Anspruch genommen Dienstleister schützen (sog. „lock-in")** und fördert zugleich den Wettbewerb zwischen den jeweiligen konkurrierenden Unternehmen. Das Recht auf Datenübertragbarkeit aus Art. 20 DS-GVO **umfasst jedoch weder das Recht auf die Übertragbarkeit von Daten in Echtzeit, noch enthält es Interoperabilitätsanforderungen** zur Gewährleistung der technischen Durchführbarkeit der Datenübertragbarkeit.[59]

43 Auf unionsrechtlicher Ebene sieht der **Vorschlag der EU-Kommission eines Data Governance Act** Regelungen vor, die die Verfügbarkeit von Daten des privaten Sektors fördern sollen. Dabei enthält der

---

52 Hartl/Ludin MMR 2021, 534 (535).
53 Dazu auch Quarch, Europäische Regulierung des Crowdlendings, 2020, S. 180.
54 Richtlinie (EU) 2015/2366 des Europäischen Parlaments und des Rates v. 25.11.2015 über Zahlungsdienste im Binnenmarkt, zur Änderung der Richtlinien 2002/65/EG, 2009/110/EG und 2013/36/EU und der Verordnung (EU) Nr. 1093/2010 sowie zur Aufhebung der Richtlinie 2007/64/EG (ABl. L 337, 35).
55 Bundesministerium für Justiz/Max-Planck Institut Data Access/Kerber S. 441 (443).
56 BT-Drs. 19/23492, 80; Hartl/Ludin MMR 2021, 534 (538).
57 Bundesministerium für Justiz/Max-Planck Institut Data Access/Kerber S. 441 (446); Schweitzer GRUR 2019, 569 (574).
58 Bundesministerium für Justiz/Max-Planck Institut Data Access/Kerber S. 441 (446).
59 Bundesministerium für Justiz/Max-Planck Institut Data Access/Kerber S. 441 (446); Schweitzer GRUR 2019, 569 (574).

Vorschlag Regelungen zur Verbesserung der Datenteilung zwischen Unternehmen und sieht **Regelungen für spezielle „Datenmittler"** vor, mit deren Hilfe auch die **weitergehende Nutzung personenbezogener Daten** ermöglicht werden soll.[60] Daneben soll die Nutzung von Daten aus altruistischen Gründen ermöglicht und unter anderem mit einem freiwilligen Labelling-System gefördert werden. So sollen gem. Art. 15 Daten-Governance-VO-E Organisationen bei Erfüllung bestimmter Voraussetzungen die Bezeichnung „in der Union anerkannte datenaltruistische" Organisation verwenden können.[61]

Daneben wird auch derzeit über den Kommissionsvorschlag für ein **Regulierung digitaler Märkte (Digital Markets Act)** beraten.[62] Diese Regelung hat große Online-Plattformen im Blick, die als sog. „Gatekeeper" den Zugang zu den digitalen Märkten in erheblicher Weise kontrollieren und eine gefestigte Marktstellung haben.[63] Solche Unternehmen sollen künftig **weitergehenden Datenzugangspflichten im Hinblick auf die bei der Nutzung ihrer zentralen Plattformen bereitgestellten und generierten Daten** unterliegen, vgl. Art. 6 Abs. 1 des Kommissionsvorschlags.[64] Diese Zugangsrechte sollen dabei auch mit der **Gewährleistung von Datenportabilität** ergänzt werden.[65]

2. Sektorspezifische Regelungen des Datenzugangs

Bei sektorspezifischen Datenzugangsregelungen handelt es sich in der Regel um Regulierungslösungen, mit denen versucht wird, **Probleme des Datenzugangs** oder der gemeinsamen Nutzung von Daten **gezielt für bestimmte Sektoren** zu lösen.

Ein Beispiel für solche Regelungen sind die **Datenzugangsregelungen für Finanzdienstleister**, die mit der **Zweiten Zahlungsdiensterichtlinie (PSD2)** eingeführt wurden. Die Regelungen sollen es den Kunden ermöglichen, innovative Finanzdienstleistungen (insbes. durch sog. FinTech-Unternehmen) für ihre Online-Bankkonten in Anspruch zu nehmen.[66] Im Detail geht es um die **Gewährleistung von Datenzugang für zwei verschiedene Arten von unabhängigen Finanzdienstleistern**, nämlich für Zahlungsdienstleister, die **Zahlungsdienste über die Bankkonten der Kunden anbieten**, und andere Finanzdienstleister, die **auf Basis der Daten von Bankkonten zusätzliche Finanzdienstleistungen** für die Bankkontoinhaber anbieten können. Ziel der Regelungen ist es dabei, ein Marktversagen zu beheben, das auf einen unzureichenden Innovationswettbewerb zwischen den Banken bei neuen digitalen Finanzdienstleistungen und ein **Lock-in-Problem der Kunden traditioneller Banken** zurückzuführen ist.[67]

Auch nationale Regelungen des deutschen Gesetzgebers sehen sektorspezifische Datenzugangsregelungen vor. Ein Beispiel hierfür ist das im April 2021 in Kraft getretene **Gesetz zur Modernisierung des Personenbeförderungsrechts**,[68] das **umfangreiche Datenbereitstellungspflichten** vorsieht.[69] So sind personenbefördernde und die Beförderungsleistung vermittelnde Unternehmer (zB Uber) nunmehr gem. § 3a PBefG verpflichtet, eine Vielzahl von Daten, die im Zusammenhang mit der Beförderung von Personen entstehen, bereitzustellen. Dies umfasst für den Linienverkehr unter anderem Fahrpläne, Preise oder Tarifstruktur, Ausfälle und Verspätungen und Daten zu der an Bahnhöfen und Haltestellen verfügbaren Infrastruktur, vgl. § 3a Abs. 1 Nr. 1 PBefG. Anbieter des Gelegenheitsverkehrs werden unter anderem zur Bereitstellung von Daten über das Bediengebiet, Preise, Buchungs- und Bezahlmöglichkeiten und die Verfügbarkeit von Fahrzeugen inklusive deren Auslastung in Echtzeit verpflichtet, vgl. § 3a Abs. 1 Nr. 1 PBefG. Die Regelungen sehen dabei insbesondere auch die **zwingende dynamische Datenerfassung** vor.

---

60 Vgl. COM(2020) 767 final, 1; Hartl/Ludin MMR 2021, 534 (537); Spindler CR 2021, 98 (102).
61 Hartl/Ludin MMR 2021, 534 (537); Spindler CR 2021, 98 (105).
62 COM(2020) 842 final.
63 Vgl. COM(2020) 842 final, 1.
64 Hartl/Ludin MMR 2021, 534 (537).
65 Hartl/Ludin MMR 2021, 534 (537).
66 Näher Quarch, Europäische Regulierung des Crowdlendings, 2020, S. 180 ff.
67 Bundesministerium für Justiz/Max-Planck Institut Data Access/Kerber S. 441 (451).
68 BGBl. 2021 I 822.
69 Hartl/Ludin MMR 2021, 534 (538).

VII. Ausblick

48 Die gesellschaftliche und wirtschaftliche Bedeutung der Verfügbarkeit von Daten und des Zugangs zu Daten nimmt mit rasanter Geschwindigkeit zu. Viele der wertvollsten Unternehmen der Welt setzen zur Wertschöpfung auf datengetriebene Geschäftsmodelle, die unglaubliche Datenmengen generieren und benötigen. Gleichzeitig können durch eine weitergehende Datenverfügbarkeit – im öffentlichen und im privaten Sektor – vielfältige Entwicklungspotenziale genutzt werden. Der nationale sowie der europäische Gesetzgeber haben dies erkannt und bereits verschiedene Regelungen zum Datenzugang erlassen. Die weitere Entwicklung eines europäischen und deutschen Rechtsrahmens des Datenzugangs und der Datennutzung im Rahmen der jeweiligen Datenstrategien wird mit Spannung zu verfolgen sein.

26. Dokumentenanalyse*

Grabmair

I. Einführung	1	4. Vielseitige Verwendung von Vektor-Ähnlichkeiten & Neuronale Netzwerke	28
II. Analytics Pipelines	2	5. Evaluation	30
III. Infrastruktur und Typensysteme	6	6. Question Answering	33
IV. Dokumentklassifikation	8	VII. Automatische Zusammenfassungen & Verschlagwortung	35
V. Informationsextraktion (Information Extraction)	11	VIII. Clustering & Topic Modeling	37
VI. Information Retrieval & Question Answering	19	IX. Zitations- & Netzwerkanalyse	40
1. Boolean Retrieval & Invertierter Index	22	X. Technology Assisted Review	41
2. Scoring-basierte Verfahren	23	XI. Ausblick	49
3. Learning to Rank	27		

Literatur: *Adrian/Dykes/Evert/Heinrich/Keuchen/Proisl*, Manuelle und automatische Anonymisierung von Urteilen, in Digitalisierung von Zivilprozess und Rechtsdurchsetzung, Schriften zum Prozessrecht (PR), Band 284, S. 173-197, Duncker & Humblot 2022 (zit.: Adrian et al. 2022); *Agarwal/Xu/Grabmair*, Extractive Summarization of Legal Decisions using Multi-task Learning and Maximal Marginal Relevance, in Findings of the Conference on Empirical Methods in Natural Language Processing (EMNLP 2022), Association for Computational Linguistics 2022 (zit.: Agarwal et al. 2022); *Ali/More/Pawar/Palshikar*, Prior Case Retrieval Using Evidence Extraction from Court Judgements, in Workshop Proceedings of ASAIL/LegalAIIA @ ICAIL, 2021 (zit.: Ali et al. 2021); *Bhattacharya/Paul/Ghosh/Ghosh/Wyner*, DeepRhole: Deep Learning for Rhetorical Role Labeling of Sentences in Legal Case Documents, Artificial Intelligence and Law, November 13, 2021 (zit.: Bhattacharya et al. 2021); *Bhattacharya/Poddar/Rudra/Ghosh/Ghosh*, Incorporating Domain Knowledge for Extractive Summarization of Legal Case Documents, in Proceedings of the Eighteenth International Conference on Artificial Intelligence and Law (ICAIL 2022), Association for Computing Machinery, 2021 (zit.: Bhattacharya et al. 2021a); *Bojanowski/Grave/Joulin/Mikolov*, Enriching Word Vectors with Subword Information, Transactions of the Association for Computational Linguistics 5 (2017): 135 (zit.: Bojanowski et al. 2017); *Branting*, Data-Centric and Logic-Based Models for Automated Legal Problem Solving, Artificial Intelligence and Law 25, no. 1 (March 1, 2017) (zit.: Branting 2017); *Branting/Tippett/Alexander/Bayer/Morawski/Balhana/Pfeifer*, Predictive Features of Persuasive Legal Texts, in Proceedings of 2020 Workshop on Automated Analysis of Semantic Information in Legal Text (ASAIL 2020) (zit.: Branting et al. 2020); *Branting/Pfeifer/Brown/Ferro/Aberdeen/Weiss/Pfaff/Liao*, Scalable and Explainable Legal Prediction, Artificial Intelligence and Law 29, no. 2 (June 1, 2021) (zit.: Branting et al. 2021); *Braun/Matthes*, NLP for Consumer Protection: Battling Illegal Clauses in German Terms and Conditions in Online Shopping, in Proceedings of the 1st Workshop on NLP for Positive Impact, 93, Online: Association for Computational Linguistics, 2021 (zit.: Braun & Matthes 2021); *Brown/Mann/Ryder/Subbiah/Kaplan/Dhariwal/Neelakantan, et al.*, Language Models Are Few-Shot Learners, in Advances in Neural Information Processing Systems, 33:2020,1877, (zit.: Brown et al. 2020); *Bommasani/Hudson/Adeli/Altman/Arora/von Arx/Bernstein, et al.*, On the Opportunities and Risks of Foundation Models, CoRR abs/2108.07258 (2021), https://arxiv.org/abs/2108.07258 (zit.: Bommasani et al. 2021); *Cardellino/Teruel/Alonso Alemany/Villata*, A Low-Cost, High-Coverage Legal Named Entity Recognizer, Classifier and Linker, in Proceedings of the 16th Edition of the International Conference on Articial Intelligence and Law (ICAIL 2017), Association for Computing Machinery, 2017 (zit.: Cardellino et al. 2017); *Carter/Brown/Rahmani*, Reading the High Court at a Distance: Topic Modelling the Legal Subject Matter and Judicial Activity of the High Court of Australia, 1903–2015, SSRN Scholarly Paper, November 22, 2016, https://papers.ssrn.com/abstract=3564387 (zit.: Carter et al. 2016); *Chalkidis/Androutsopoulos*, A Deep Learning Approach to Contract Element Extraction, Proceedings of the 30th International Conference on Legal Knowledge and Information Systems (JURIX 2017), IOS Press 2017 (zit.: Chalkidis et al. 2017); *Chalkidis/Fergadiotis/Malakasiotis/Androutsopoulos*, Large-Scale Multi-Label Text Classification on EU Legislation, in Proceedings of the 57th Annual Meeting of the Association for Computational Linguistics, Association for Computational Linguistics, 2019 (zit.: Chalkidis et al. 2019); *Chalkidis/Fergadiotis/Malakasiotis/Aletras/Androutsopoulos*, LEGAL-BERT: The Muppets Straight out of Law School, in Findings of the Association for Computational Linguistics: EMNLP 2020, Association for Computational Linguistics, 2020 (zit.: Chalkidis et al. 2020); *Chalkidis/Fergadiotis/Tsarapatsanis/Aletras/Androutsopoulos/Mal-*

---

* Der Autor ist ehemaliger Mitarbeiter der Forschungsabteilung der SINC GmbH, einem Entwickler von juristischer Dokumentanalysesoftware. Der Autor dankt Klaas Schmidt der SINC GmbH und Dr. Isabella Risini der Ruhr-Universität Bochum für die Durchsicht des Manuskripts und wertvolle Anmerkungen.

akasiotis, Paragraph-Level Rationale Extraction through Regularization: A Case Study on European Court of Human Rights Cases, in Proceedings of the 2021 Conference of the North American Chapter of the Association for Computational Linguistics: Human Language Technologies, 226, Association for Computational Linguistics, 2021 (zit.: Chalkidis et al. 2021); *Chalkidis/Jana/Hartung/Bommarito/Androutsopoulos/Katz/Aletras*, LexGLUE: A Benchmark Dataset for Legal Language Understanding in English, ArXiv:2110.00976 [Cs], March 14, 2022, http://arxiv.org/abs/2110.00976 (zit.: Chalkidis et al. 2022a); *Chalkidis/Fergadiotis/Androutsopoulos*, MultiEUR-LEX - A Multi-Lingual and Multi-Label Legal Document Classification Dataset for Zero-Shot Cross-Lingual Transfer, in Proceedings of the 2021 Conference on Empirical Methods in Natural Language Processing, 6974, Association for Computational Linguistics, 2021 (zit.: Chalkidis et al. 2022b); *Chiticariu/Li/Reiss*, Rule-Based Information Extraction is Dead! Long Live Rule-Based Information Extraction Systems!, in Proceedings of the 2013 Conference on Empirical Methods in Natural Language Processing (zit.: Chiticariu et al. 2013); *Conrad/Al-Kofahi*, Scenario Analytics: Analyzing Jury Verdicts to Evaluate Legal Case Outcomes, in Proceedings of the 16th Edition of the International Conference on Articial Intelligence and Law (ICAIL 2017), ACM 2017 (zit.: Conrad et al. 2017); *Cormack/Grossman*, Evaluation of Machine-Learning Protocols for Technology-Assisted Review in Electronic Discovery, in Proceedings of the 37th International ACM SIGIR Conference on Research & Development in Information Retrieval, 153. SIGIR (2014), ACM 2014 (zit.: Cormack & Grossmann 2014); *Coupette/Beckedorf/Hartung/Bommarito/Katz*, Measuring Law Over Time: A Network Analytical Framework with an Application to Statutes and Regulations in the United States and Germany, Frontiers in Physics 9 (2021), 269 (zit.: Coupette et al. 2021); *Cyphert*, A Human Being Wrote This Law Review Article: GPT-3 and the Practice of Law, UC Davis L. Rev. 55 (2021): 401 (zit.: Cyphert 2021); *Dai/Chalkidis/Darkner/Elliott*, Revisiting Transformer-based Models for Long Document Classification, in Findings of the Conference on Empirical Methods in Natural Language Processing (EMNLP 2022) (zit.: Dai et al. 2022); *Dale*, Law and Word Order: NLP in Legal Tech, Natural Language Engineering 25, no. 1 (January 2019), 211 (zit.: Dale 2019); *De Castilho/Gurevych*, A Broad-Coverage Collection of Portable NLP Components for Building Shareable Analysis Pipelines, in Proceedings of the Workshop on Open Infrastructures and Analysis Frameworks for HLT, 1–11, 2014 (zit.: De Castilho et al. 2014); *Devlin/Chang/Lee/Toutanova*, BERT: Pre-Training of Deep Bidirectional Transformers for Language Understanding, in Proceedings of the 2019 Conference of the North American Chapter of the Association for Computational Linguistics: Human Language Technologies, Volume 1 (Long and Short Papers), 4171, Association for Computational Linguistics 2019 (zit.: Devlin et al. 2019); *Do/Nguyen/Tran/Nguyen/Nguyen*, Legal Question Answering Using Ranking SVM and Deep Convolutional Neural Network, ArXiv Preprint ArXiv:1703.05320, 2017 (zit.: Do et al. 2017); *Eisenstein*, Introduction to Natural Language Processing, Adaptive Computation and Machine Learning Series, MIT Press 2019 (zit.: Eisenstein 2019); *Filtz/Navas-Loro/Santos/Polleres/Kirrane*, Events Matter: Extraction of Events from Court Decisions, in Proceedings of the The 33rd Annual Conference on Legal Knowledge and Information Systems (Jurix 2020) (zit.: Filtz et al. 2020); *Firoozeh/Nazarenko/Alizon/Daille*, Keyword Extraction: Issues and Methods, Natural Language Engineering 26, no. 3 (May 2020): 259 (zit.: Firoozeh et al. 2020); *Fowler/Johnson/Spriggs/Jeon/Wahlbeck*, Network Analysis and the Law: Measuring the Legal Importance of Precedents at the US Supreme Court, Political Analysis 15, no. 3 (2007), 324 (zit.: Fowler et al. 2007); *García-Constantino/Atkinson/Bollegala/Chapman/Coenen/Roberts/Robson*, CLIEL: Context-Based Information Extraction from Commercial Law Documents, in Proceedings of the 16th Edition of the International Conference on Articial Intelligence and Law (ICAIL 2017), 79 (zit.: García-Constantino et al. 2017); *Grabmair/Ashley/Chen/Sureshkumar/Wang/Nyberg/Walker*, Introducing LUIMA: An Experiment in Legal Conceptual Retrieval of Vaccine Injury Decisions using a UIMA Type System and Tools, in Proceedings of the 15th Edition of the International Conference on Articial Intelligence and Law (ICAIL 2015), 69, ACM 2015 (zit.: Grabmair et al. 2015); *Grossman/Cormack*, Technology-Assisted Review in e-Discovery Can Be More Effective and More Efficient than Exhaustive Manual Review, Rich. JL & Tech. 17 (2010), 1 (zit.: Grossmann & Cormack 2010); Einsatz von KI und algorithmischen Systemen in der Justiz Grundlagenpapier zur 74. Jahrestagung der Präsidentinnen und Präsidenten der Oberlandesgerichte, des Kammergerichts, des Bayerischen Obersten Landesgerichts und des Bundesgerichtshofs vom 23. bis 25. Mai 2022 in Rostock (zit.: Grundlagenpapier-KI-Justiz 2022)[1]; *Gunning*, DARPA's Explainable Artificial Intelligence (XAI) Program, in Proceedings of the 24th International Conference on Intelligent User Interfaces, ii. IUI '19. Association for Computing Machinery, 2019 (zit.: Gunning 2019); *Hachey/Grover*, Extractive Summarisation of Legal Texts, Artificial Intelligence and Law 14, no. 4 (December 1, 2006): 305 (zit.: Hachey & Grover 2006); *Harley/Ufkes/Derpanis*, Evaluation of Deep

---

[1] Abrufbar unter https://oberlandesgericht-celle.niedersachsen.de/startseite/aktuelles/ergebnisse_der_74_jahrestagung_zum_einsatz_kunstlicher_intelligenz_in_der_justiz_u_a/ergebnisse-der-74-jahrestagung-zum-einsatz-kunstlicher-intelligenz-in-der-justiz-u-a-212102.html.

Convolutional Nets for Document Image Classification and Retrieval, in 2015 13th International Conference on Document Analysis and Recognition (ICDAR), 991, IEEE, 2015 (zit.: Harley et al. 2015); *Harris*, Distributional structure, Word, Vol. 10 (23), 1954, 146 (zit.: Harris 1954); *Henderson/Krass/Zheng/Guha/Manning/Jurafsky/Ho*, Pile of Law: Learning Responsible Data Filtering from the Law and a 256GB Open-Source Legal Dataset, NeurIPS Datasets & Benchmarks Track, 2022 (zit.: Henderson et al. 2022); *Hendrycks/Burns/Chen/Ball*, CUAD: An Expert-Annotated NLP Dataset for Legal Contract Review, NeurIPS 2021 Datasets and Benchmarks Track (zit.: Hendrycks et al. 2021); *Huang/Low/Teng/Zhang/Ho/Krass/Grabmair*, Context-Aware Legal Citation Recommendation Using Deep Learning, in Proceedings of the 18th International Conference on Artificial Intelligence and Law, 79. ACM, 2021 (zit.: Huang et al. 2021); *Jurafsky/Martin*, Speech and Language Processing: An Introduction to Natural Language Processing, Computational Linguistics, and Speech Recognition, Pearson 2009 (zit.: Jurafsky & Martin 2009); *Kanapala/Pal/Pamula*, Text Summarization from Legal Documents: A Survey, Artificial Intelligence Review 51, no. 3 (March 1, 2019), 371 (zit.: Kanapala et al. 2019); *Khazaeli/Punuru/Morris/Sharma/Staub/Cole/Chiu-Webster/Sakalley*, A Free Format Legal Question Answering System, in Proceedings of the Natural Legal Language Processing Workshop (NLLP 2021), 107, Association for Computational Linguistics, 2021 (zit.: Khazaeli et al. 2021); *Kiss/Strunk*, Unsupervised Multilingual Sentence Boundary Detection, Computational Linguistics 32, no. 4 (2006): 485 (zit.: Kiss & Strunk 2006); *Klink/Kieninger*, Rule-Based Document Structure Understanding with a Fuzzy Combination of Layout and Textual Features, International Journal on Document Analysis and Recognition 4, no. 1 (2001), 18 (zit.: Klink & Thomas 2001); *Landthaler/Waltl/Holl/Matthes*, Extending Full Text Search for Legal Document Collections Using Word Embeddings, in Proceedings of the 29th Annual Conference on Legal Knowledge and Information Systems (JURIX 2016) (zit.: Landthaler et al. 2016); *Le/Mikolov*, Distributed Representations of Sentences and Documents, in International Conference on Machine Learning, 1188, PMLR 2014) (zit.: Let & Mikolov 2014); *Leitner/Rehm/Moreno-Schneider*, Fine-Grained Named Entity Recognition in Legal Documents, in Semantic Systems. The Power of AI and Knowledge Graphs, edited by Maribel Acosta, Philippe Cudré-Mauroux, Maria Maleshkova, Tassilo Pellegrini, Harald Sack, and York Sure-Vetter, 272. Lecture Notes in Computer Science, 2019 (zit.: Leitner et al. 2019); *Leone/Di Caro/Villata*, Taking Stock of Legal Ontologies: A Feature-Based Comparative Analysis, Artificial Intelligence and Law 28, no. 2 (June 1, 2020), 207 (zit.: Leone et al. 2020); *Lewis/Gale*, A Sequential Algorithm for Training Text Classifiers, in SIGIR'94, 3, 1994 (zit.: Lewis & Gale 1994); *Linardatos/Papastefanopoulos/Kotsiantis*, Explainable Ai: A Review of Machine Learning Interpretability Methods, Entropy 23, no. 1 (2020), 18 (zit.: Linardatos et al. 2020); *Lippi/Pałka/Contissa/Lagioia/Micklitz/Sartor/Torroni*, CLAUDETTE: An Automated Detector of Potentially Unfair Clauses in Online Terms of Service, Artificial Intelligence and Law 27, no. 2 (June 1, 2019), 117 (zit.: Lippi et al. 2019); *Lewis/Agam/Argamon/Frieder/Grossman/Heard*, Building a Test Collection for Complex Document Information Processing, in Proceedings of the 29th Annual International ACM SIGIR Conference on Research and Development in Information Retrieval, 2006, 665 (zit.: Lewis et al. 2006); *Liu*, Learning to Rank for Information Retrieval, Foundations and Trends in Information Retrieval 3, no. 3 (March 1, 2009), 225 (zit.: Liu 2009); *Lu/Conrad/Al-Kofahi/Keenan*, Legal Document Clustering with Built-in Topic Segmentation, in Proceedings of the 20th ACM International Conference on Information and Knowledge Management, 2011, 383 (zit.: Lu et al. 2011); *Lupu/Voeten*, Precedent in International Courts: A Network Analysis of Case Citations by the European Court of Human Rights, British Journal of Political Science 42, no. 2 (2012), 413 (zit.: Lupu et al. 2012); *Manning/Raghavan/Schütze*, Introduction to Information Retrieval, Cambridge University Press, July 7, 2008[2] (zit.: Manning et al. 2008); *McCarty*, Deep Semantic Interpretations of Legal Texts, in Proceedings of the 11th International Conference on Artificial Intelligence and Law (ICAIL 2007), 217, ACM 2007 (zit.: McCarty 2007); *Medvedeva/Vols/Wieling*, Using Machine Learning to Predict Decisions of the European Court of Human Rights, Artificial Intelligence and Law 28, no. 2 (June 1, 2020), 237 (zit.: Medvedeva et al. 2020); *Medvedeva/Üstün/Xu/Vols/Wieling*, Automatic Judgement Forecasting for Pending Applications of the European Court of Human Rights, in Proceedings of ASAIL/LegalAIIA Workshops, CEUR-WS 2021 (zit.: Medvedeva et al. 2021); *Mihalcea/Tarau*, Textrank: Bringing Order into Text, in Proceedings of the 2004 Conference on Empirical Methods in Natural Language Processing (EMNLP 2004), 404 (zit.: Mihalcea & Tarau 2004); *Mikolov/Sutskever/Chen/Corrado/Dean*, Distributed Representations of Words and Phrases and Their Compositionality, in Advances in Neural Information Processing Systems, Vol. 26, 2013 (zit.: Mikolov et al. 2013); *Mochales/Moens*, Argumentation Mining, Artificial Intelligence and Law 19, no. 1 (March 1, 2011), 1 (zit.: Mochales & Moens 2011); *Mikolov/Chen/Corrado/Dean*, Efficient Estimation of Word Representations in Vector Space, in 1st International Conference on Learning Representations, ICLR 2013, Workshop Track Proceedings, 2013 (zit.: Mikolov et al. 2013a); *Niklaus/Chalkidis/Stürmer*, Swiss-Judgment-Prediction: A Multilingual Legal Judgment Prediction

---

[2] Online Edition Draft abrufbar unter https://nlp.stanford.edu/IR-book/pdf/irbookonlinereading.pdf.

Benchmark, in Proceedings of the Natural Legal Language Processing Workshop (NLLP 2021), 19, Association for Computational Linguistics, 2021 (zit.: Niklaus et al. 2021); *O'Neill/Robin/O'Brien/Buitelaar*, An Analysis of Topic Modelling for Legislative Texts, 2017, in Proceedings of the 2nd Workshop on Automated Detection, Extraction and Analysis of Semantic Information in Legal Texts (ASAIL 2017) (zit.: O'Neil et al. 2017); *Nguyen, T.-S./Nguyen, L.-M./Tojo/Satoh/Shimazu*, Recurrent Neural Network-Based Models for Recognizing Requisite and Effectuation Parts in Legal Texts, Artificial Intelligence and Law 26, no. 2 (June 1, 2018), 169 (zit.: Nguyen et al. 2018); *Oard/Baron/Hedin/Lewis/Tomlinson*, Evaluation of Information Retrieval for E-Discovery, Artificial Intelligence and Law 18, no. 4 (2010), 347 (zit.: Oard et al. 2010); *Opijnen*, Canonicalizing Complex Case Law Citations, Proceedings of the 23rd Annual Conference on Legal Knowledge and Information Systems (Jurix 2010), 97 (zit.: Opijnen 2010); *Ostendorff/Ash/Ruas/Gipp/Moreno-Schneider/Rehm*, Evaluating Document Representations for Content-Based Legal Literature Recommendations, in Proceedings of the Eighteenth International Conference on Artificial Intelligence and Law (ICAIL 2021), 109 (zit.: Ostendorff et a. 2021); *Palmirani/Vitali*, Akoma-Ntoso for Legal Documents, in Legislative XML for the Semantic Web: Principles, Models, Standards for Document Management, 75. Law, Governance and Technology Series, Springer 2011 (zit.: Palmirani & Vitali 2011); *Pennington/Socher/Manning*, GloVe: Global Vectors for Word Representation, in Proceedings of the 2014 Conference on Empirical Methods in Natural Language Processing (EMNLP 2014), 1532, Association for Computational Linguistics, 2014 (zit.: Pennington et al. 2014); *Peters/Neumann/Iyyer/Gardner/Clark/Lee/Zettlemoyer*, Deep Contextualized Word Representations, in Proceedings of the 2018 Conference of the North American Chapter of the Association for Computational Linguistics: Human Language Technologies, Volume 1 (Long Papers), 2227, Association for Computational Linguistics, 2018 (zit.: Peters et al. 2018); *Petrov/Das/McDonald*, A Universal Part-of-Speech Tagset, in Proceedings of the Eighth International Conference on Language Resources and Evaluation (LREC 2012), 2089, European Language Resources Association (ELRA), 2012 (zit.: Petrov et al. 2012); *Poudyal/Savelka/Ieven/Moens/Goncalves/Quaresma*, ECHR: Legal Corpus for Argument Mining, in Proceedings of the 7th Workshop on Argument Mining, 67, Association for Computational Linguistics, 2020 (zit.: Poudyal et al. 2020); *Radford/Narasimhan/Salimans/Sutskever*, Improving Language Understanding by Generative Pre-Training, 2018 (zit.: Radford et al. 2018); *Radford/Wu/Child/Luan/Amodei/Sutskever*, Language Models Are Unsupervised Multitask Learners, OpenAI Blog 1, no. 8 (2019): 9 (zit.: Radford et al. 2019); *Raina/Madhavan/Ng*, Large-Scale Deep Unsupervised Learning Using Graphics Processors, in Proceedings of the 26th Annual International Conference on Machine Learning, 873. ICML 2009, ACM, 2009 (zit.: Rajat et al. 2009); *Rajpurkar/Zhang/Lopyrev/Liang*, SQuAD: 100,000+ Questions for Machine Comprehension of Text, in Proceedings of the 2016 Conference on Empirical Methods in Natural Language Processing (EMNLP 2016), 2383, Association for Computational Linguistics, 2016 (zit.: Rajpurkar et al. 2016); *Rehm/Moreno-Schneider/Gracia/Revenko/Mireles/Khvalchik/Kernerman, et al.*, Developing and Orchestrating a Portfolio of Natural Legal Language Processing and Document Curation Services, in Proceedings of the Natural Legal Language Processing Workshop (NLLP 2019), 55, Association for Computational Linguistics, 2019 (zit.: Rehm et al. 2019); *Roitblat/Kershaw/Oot*, Document Categorization in Legal Electronic Discovery: Computer Classification vs. Manual Review, Journal of the American Society for Information Science and Technology 61, no. 1 (2010), 70 (zit.: Roitblatt et al. 2011); *Sadeghian/Sundaram/Wang/Hamilton/Branting/Pfeifer*, Semantic Edge Labeling over Legal Citation Graphs, in Proceedings of the Workshop on Legal Text, Document, and Corpus Analytics (LTDCA-2016), 2016, 70 (zit.: Sadeghian et a. 2016); *Savelka/Walker/Grabmair/Ashley*, Sentence Boundary Detection in Adjudicatory Decisions in the United States, TAL Traitement Automatique Des Langues 58 (January 1, 2017), 21 (zit.: Savelka et al. 2017); *Savelka/Westermann/Benyekhlef/Alexander/Grant/Restrepo Amariles/El Hamdani, et al.*, Lex Rosetta: Transfer of Predictive Models across Languages, Jurisdictions, and Legal Domains, in Proceedings of the Eighteenth International Conference on Artificial Intelligence and Law (ICAIL 2021), 129, Association for Computing Machinery, 2021 (zit.: Savelka et al. 2021); *Sennrich/Haddow/Birch*, Neural Machine Translation of Rare Words with Subword Units, in Proceedings of the 54th Annual Meeting of the Association for Computational Linguistics (Volume 1: Long Papers), 1715, Association for Computational Linguistics, 2016 (zit.: Sennrich et al. 2016); *Shen/Lo/Yu/Dahlberg/Schlanger/Downey*, Multi-LexSum: Real-world Summaries of Civil Rights Lawsuits at Multiple Granularities, NeurIPS Datasets & Benchmarks Track, 2022 (zit.: Shen et al. 2022); *Strubell/Ganesh/McCallum*, Energy and Policy Considerations for Deep Learning in NLP, in Proceedings of the 57th Annual Meeting of the Association for Computational Linguistics, 3645, Association for Computational Linguistics 2019 (zit.: Strubell et al. 2019); *Shulayeva/Siddharthan/Wyner*, Recognizing Cited Facts and Principles in Legal Judgements, Artificial Intelligence and Law 25, no. 1 (March 2017), 107 (zit.: Shulayeva et al. 2017); *Şulea/Zampieri/Malmasi/Vela/Dinu/Genabith*, Exploring the Use of Text Classification in the Legal Domain, Proceedings of 2nd Workshop on Automated Semantic Analysis of Information in Legal Texts (ASAIL 2017), 2017 (zit.: Şulea et al. 2017); *Thakker/Photos/Osman/Lakin*, GATE JAPE Grammar Tutorial, (2009) https://g

ate.ac.uk/sale/thakker-jape-tutorial/GATE%20JAPE%20manual.pdf (zit.: Thakker et al. 2009); *Thomas/Vacek/Shuai/Liao/Sanchez/Sethia/Teo/Madan/Custis*, Quick Check: A Legal Research Recommendation System, in Proceedings of the 2nd Workshop on Natural Legal Language Processing (NLLP 2020 @ KDD), 2020, 57 (zit.: Thomas et al. 2020); *Tran/Ngo/Nguyen/Shimazu*, Automated Reference Resolution in Legal Texts, Artificial Intelligence and Law 22, no. 1 (March 1, 2014): 29–60 (zit.: Tran et al. 2014); *Turtle*, Text Retrieval in the Legal World, Artificial Intelligence and Law 3, no. 1 (March 1, 1995), 5 (zit.: Turtle 1995); *T.Y.S.S/Xu/Ichim/Grabmair*, Deconfounding Legal Judgment Prediction towards Better Alignment with Experts for the European Court of Human Rights, in Proceedings of the 2022 Conference on Empirical Methods in Natural Language Processing (EMNLP) 2022 (zit.: T.Y.S.S. et al. 2022); *Vaswani/Shazeer/Parmar/Uszkoreit/Jones/Gomez/Kaiser/Polosukhin*, Attention Is All You Need, in Proceedings of the 31st International Conference on Neural Information Processing Systems (NIPS 2017), 6000, 2017 (zit.: Vaswani et al. 2017); *Waltl/Landthaler/Matthes*, Differentiation and Empirical Analysis of Reference Types in Legal Documents, in Proceedings of the 29th Annual Conference on Legal Knowledge and Information Systems (JURIX 2016), 2016, 211 (zit.: Waltl et al. 2016); *Waltl/Muhr/Glaser/Bonczek/Scepankova/Matthes*, Classifying Legal Norms with Active Machine Learning, in Proceedings of the 30th Annual Conference on Legal Knowledge and Information Systems (JURIX 2017) (zit.: Waltl et al. 2017); *Waltl*, Semantic Analysis and Computational Modeling of Legal Documents, PhD diss., Technische Universität München 2018 (zit.: Waltl 2018); *Waltl/Bonczek/Scepankova/Matthes*, Semantic Types of Legal Norms in German Laws: Classification and Analysis Using Local Linear Explanations, Artificial Intelligence and Law 27, no. 1 (March 1, 2019), 43 (zit.: Waltl et al. 2019); *Wyner/Peters*, Towards annotating and extracting textual legal case factors, in Proceedings of the Language Resources and Evaluation Conference Workshop on Semantic Processing of Legal Texts, Malta, 2010 (zit.: Wyner & Peters 2010); *Xu, Yang/Xu, Yiheng/Lv/Cui/Wei/Wang/Lu, et al.*, LayoutLMv2: Multi-Modal Pre-Training for Visually-Rich Document Understanding, in Proceedings of the 59th Annual Meeting of the Association for Computational Linguistics and the 11th International Joint Conference on Natural Language Processing (Volume 1: Long Papers), 2579, Association for Computational Linguistics, 2021 (zit.: Xu et al. 2021); *Yamada/Teufel/Tokunaga*, Building a Corpus of Legal Argumentation in Japanese Judgement Documents: Towards Structure-Based Summarisation, Artificial Intelligence and Law 27, no. 2 (June 1, 2019): 141–70. (zit.: Yamada et al. 2019); *Yang/Lewis/Frieder*, On Minimizing Cost in Legal Document Review Workflows, in Proceedings of the 21st ACM Symposium on Document Engineering, 1. DocEng 2021, ACM 2021 (zit.: Yang et al 2021); *Yang/MacAvaney/Lewis/Frieder*, Goldilocks: Just-Right Tuning of Bert for Technology-Assisted Review, in European Conference on Information Retrieval, 502–17, Springer, 2022. (zit.: Yang et al 2022); *Koreeda/Manning*, Capturing Logical Structure of Visually Structured Documents with Multimodal Transition Parser, in Proceedings of the 4th Natural Legal Language Processing Workshop (NLLP 2021), 144, Association for Computational Linguistics, 2021 (zit.: Koreeda & Manning 2021); *Zhang/Koppaka*, Semantics-Based Legal Citation Network, in Proceedings of the 11th International Conference on Artificial Intelligence and Law (ICAIL 2007), 123, 2007 (zit.: Zhang & Koppaka 2007); *Zheng/Guha/Anderson/Henderson/Ho*, When Does Pretraining Help? Assessing Self-Supervised Learning for Law and the CaseHOLD Dataset of 53,000+ Legal Holdings, in Proceedings of the Eighteenth International Conference on Artificial Intelligence and Law (ICAIL 2021), 159, Association for Computing Machinery, 2021 (zit.: Zheng et al. 2021); *Zhong/Guo/Tu/Xiao/Liu/Sun*, Legal Judgment Prediction via Topological Learning, in Proceedings of the 2018 Conference on Empirical Methods in Natural Language Processing (EMNLP 2018), 3540, Association for Computational Linguistics, 2018 (zit.: Zhong et al. 2018).

I. Einführung

Im Kontext von Legal Tech bezeichnet „Dokumentenanalyse" (DA) die computerbasierte **Verarbeitung von Dokumenten zur Unterstützung bestimmter Aufgaben** im juristischen Arbeitsumfeld. Dabei werden typischerweise Methoden des Natural Language Processing (NLP) und des maschinellen Lernens (ML = machine Learning) angewendet und mit Datenbanken sowie aufgabenspezifischen Benutzeroberflächen kombiniert. Einzeldokumente werden analysiert, mit Metadaten angereichert und ggf. in einer Sammlung aggregiert. Auf der so entstehenden Datenbasis können dann weitere Such-, Analyse- und Interaktionsfunktionen zur Verfügung gestellt werden. Im Folgenden werden einige typische Funktionalitäten und praktische Anwendungsszenarios von DA dargelegt. Insoweit wird in den Literaturnachweisen auf entsprechende Meilensteine und aktuelle akademische Forschung, Standardlehrbücher, Survey-Artikel sowie öffentlich zugängliche Informationen über kommerzielle Produkte Bezug genommen. Vorab ist darauf hinzuweisen, dass die Referenzen auf Arbeiten zu fortgeschrittenen DA-Aufgaben nicht dahin gehend zu verstehen sind, dass diese als „gelöste Probleme" gelten. Der Bereich unterliegt einer hohen Dynamik und weist, in Abhängigkeit von Sachgebiet sowie Daten- und Rechtslage, noch eine Reihe von offenen Herausforderungen auf.

II. Analytics Pipelines

2   In der Regel erfolgt die analytische Verarbeitung zum Zweck der DA in Form einer schrittweisen Abarbeitung einzelner Module, die funktional voneinander abhängen und sukzessiv Analyseergebnisse als Metadaten zu den Originaldokumenten aufbauen (sog. „**Analytics Pipeline**"). Den Anfang bildet dabei eine Vorverarbeitung, welche die Rohdaten in eine die eigentlichen Analysen ermöglichende Repräsentation überführt („**Preprocessing**"). Falls Dokumente etwa zunächst nur als Seitenbilder vorliegen, müssen in diesen mittels *Optical Character Recognition* (OCR) die Textelemente und ihre Positionen erkannt werden.[3] Aus diesen kann dann über eine Spalten- und Paragrafenerkennung ein linearer Fließtext erstellt werden, was ggf. eine Anpassung an spezifische Layoutformate erfordert. Optische Texterkennung ist nicht immer fehlerfrei und kann insbesondere bei unsauberen Rohdaten (zB eingescannte Dokumente mit händischen Anmerkungen) erhebliche Störelementen produzieren, welche die weiteren Analysen erschweren. Das Endprodukt der Vorverarbeitung ist schließlich eine Dokumentrepräsentation, die neben den Rohdaten genügend Text-, Bild-, Positions-/Struktur- und Metadaten enthält, um die Anforderungen der nachfolgenden Analysen zu bedienen.

3   Juristische Dokumente sind oft von **hoher struktureller Komplexität**. Das erfordert eine aufwendige Vorverarbeitung und stellt selbst aktuelle Technik zuweilen vor große Herausforderungen. Solche Dokumente sind lang, besitzen viele Gliederungsebenen und enthalten neben Text gemischte Medien wie Bilder, Tabellen und Formulare. Gerichtliche Entscheidungstexte etwa mischen die Begründungsnarrative mit kurzen wie auch extensiven wörtlichen Zitaten, diversen Parteien zurechenbaren Vortragsinhalten und interpunktionsreichen Literaturverweisen verschiedenster Art und Formatierung. Schriftsätze haben Briefköpfe, Kopf- und Fußzeilen sowie ebenfalls zahlreiche Verweise auf externe Inhalte. Gesetze, Verträge und AGB besitzen hochkomplexe Gliederungen, aus Teilsätzen bestehende Aufzählungen und interne Verweisstrukturen.

4   Zwar existieren Bestrebungen hin zur **Definition von Standards und Formaten** für Schichten von Struktur- und Metadaten auf Rechtsdokumenten[4], doch in vielen Anwendungsfällen von DA-Software existieren die Daten als un- oder nur schwach strukturierte PDF-Dokumente. Ist eine feinere Gliederung zum Erreichen der Zielfunktionalität nötig, muss diese oft als Teil der Analysepipeline selbst erfolgen und ggf. als Teil der Anpassung eines Systems auf bestimmte Daten entwickelt werden. Eine domänenübergreifend „robuste" **automatische Strukturierung von Rechtsdokumenten** ist zwar noch unerreicht[5], aber die NLP-Forschung auf Rechtstexten entwickelt regelmäßig Strukturierungsmodelle[6] und kommerzielle Anbieter verfügen ebenfalls über kontextspezifische Lösungen und Adaptionsexpertise.

5   Die Implementierung von DA-Systemen ist im Regelfall stark abhängig von der zur Verfügung stehenden Datenmenge und -qualität sowie dem zugrunde liegenden Rechts- und Sachgebiet. Insbesondere quantitative Angaben über die Genauigkeit eines Modells sind insoweit immer relativ zu den Evaluationsdaten zu verstehen. Es ist daher im Regelfall notwendig, bei Entscheidungen hinsichtlich der Entwicklung und Adaption sowie beim Einsatz von DA-Systemen den **prospektiven fachlichen Anwendungskontext** zu berücksichtigen.

---

3   Es existieren diverse proprietäre Texterkennungsprogramme sowie Open-Source-Bibliotheken (zB Tesseract, https://github.com/tesseract-ocr/tesseract); siehe auch https://en.wikipedia.org/wiki/Comparison_of_optical_character_recognition_software.
4   Siehe zB das XML-basierte Akoma-Ntoso Format im Bereich legislativer Dokumente Palmirani & Vitali.
5   Rehm et al. 2019.
6   ZB Savelka et al. 2021; García-Constantino et al. 2017.

III. Infrastruktur und Typensysteme

Die Komponenten eines DA-Systems interagieren miteinander auf der Basis **gemeinsamer Datenstrukturen, Protokolle und Spezifikationen**: Eine Satztrennung etwa setzt einen linearen Text voraus, eine Satztypenklassifikation braucht die Position der Sätze im Text, Verlinkungen auf externe Quellen müssen mit wohlgeformten Internetadressen bestückt werden etc. Die Abarbeitung der Pipeline kann dabei je nach Abhängigkeitsstrukturen rein sequenziell oder auch teilweise parallel ablaufen. Hierfür kann es mittlerweile aus Skalierungsgründen sinnvoll sein, die einzelnen **Komponenten als individuelle Software-Services** zu implementieren[7] und durch eine übergeordnete Kontrollinstanz zu koordinieren. 6

Ein Schema von Datentypen erlaubt ferner, einzelne Elemente der Pipeline (zB die Erkennung von Zeitangaben im Text) durch andere zu ersetzen (zB um die Genauigkeit oder Recheneffizienz zu erhöhen), solange das neue Modul Daten in der bisherigen Struktur entgegennehmen und nach der Verarbeitung weiterreichen kann. Typensysteme für Analysepipelines können individuell für bestimmte Systeme und ihre Anforderungen entworfen und implementiert werden. Daneben existieren auch **Open Source-Frameworks**, die adaptiert werden können und Mehrwert in Form eines bereits aktiven Ökosystems, vorhandener Tools und einer Entwicklergemeinde bieten. Ein prominentes Beispiel bildet hier *DKPro*[8], welches wiederum auf Apache UIMA[9] basiert. DKPro beinhaltet ua sowohl verschiedenen Typensysteme für NLP-Funktionen als auch mit diesen kompatible konfektionierte Analysekomponenten. Ein weiteres etabliertes Framework ist das auf die Programmiersprache Python ausgerichtete *Spacy*, welches ebenfalls universelle NLP-Datenstrukturen, passende Implementierungen und Ressourcen bietet.[10] 7

IV. Dokumentklassifikation

Die Klassifikation von Dokumentinhalten in ein Typenschema ist eine Grundfunktionalität der DA. Textklassifikation ist eine Kernaufgabe im des NLP[11] und in der Arbeit auf juristischen Daten von zentraler Bedeutung. Sind die einschlägigen Dokumentvarianten und ihre Eigenschaften ausreichend bekannt, kann Klassifikation mit regelbasierten Systemen erfolgen (zB anhand **wiederkehrender Textmuster;** → *Natural Language Processing (NLP)* Rn. 15 ff.). Anderenfalls können ML-Methoden verwendet werden: Dabei wird der Text zunächst in eine **Vektorrepräsentation** überführt. Diese kann beispielsweise Worthäufigkeitsstatistiken (zB berechnet mit der TFIDF-Methode, → Rn. 24), grammatische Informationen (POS-Tags, Parse Tree-Elemente etc) und andere, manuell entwickelte Features beinhalten (zB Position des Textes im Dokument, Erstellungsdatum, Autor etc). Auch *Word Embeddings* können verwendet werden, die auf einem Trainingskorpus in lokalen Kontexten erlernte Wortverteilungen in entsprechende Vektoren abbilden (→ *Natural Language Processing (NLP)* Rn. 27 f.). Selbst **Repräsentationen ganzer Dokumente** (sog. *Document Embeddings*) lassen sich mit ähnlichen Algorithmen aus lokalen Kontexten produzieren.[12] Neben dem eigentlichen Text können aber auch **Layout- und Positionsinformation** als Signal verwendet werden. Im Fall einer solchen Feature-Repräsentation können sodann ML-Modelle trainiert und in Systeme integriert werden. In der jüngsten Vergangenheit werden verstärkt tiefe neuronale Netze (ggf. bereits vortrainiert im Wege des sog. Transfer Learning, → *Natural Language Processing (NLP)* Rn. 43 f.) für Dokumentklassifikation eingesetzt. Diese Systeme können multimodal neben Text auch Bilddaten verarbeiten und zeigen teilweise eine erstaunliche Robustheit: Auf geeigneten Daten kann ein System einzelne Dokumente beispielsweise allein auf der Basis von Seitenbildern bestimmten Kategorien zuzuordnen.[13] Solche Modelle sind insbesondere dann nützlich, wenn das Textsignal unscharf ist (zB aufgrund suboptimaler Texterkennung) oder visuelle, nicht-textuelle Informationen für die Klassifikationsaufgabe notwendig sind. 8

---

7 ZB die in Rehm et al. 2019 beschriebene Plattform des LYNX Projekts.
8 De Castilho et al. 2014; https://dkpro.github.io/dkpro-core.
9 S. https://uima.apache.org; die Abkürzung steht für *Unstructured Information Management Architecture*.
10 S. https://spacy.io.
11 Dieser Abschnitt kann als Zusammenfassung von → *Natural Language Processing (NLP)* Rn. 29 ff. verstanden werden.
12 Le & Mikolov 2014.
13 Siehe die Arbeit von Harley et al. 2015 auf dem US Tobacco Litigation Test Korpus von Lewis et al. 2006.

9 Das in der Klassifikation verwendete Typensystem kann entsprechend der Domäne gestaltet werden. Ein Beispiel hierfür ist der in der akademischen Forschung oft verwendete RVL-CDIP-Datensatz[14], welcher verschiedene in amerikanischen Schadensersatzverfahren verwendete Dokumenttypen (zB Briefe, Formulare, Zeitungsartikel, wissenschaftliche Publikationen, Rechnungen etc) unterscheidet. Im europäischen Raum wurden für ein Projekt Urteile des französischen *Court de Cassation* in 17 Rechtsgebiete klassifiziert.[15] Ebenso können EU-Rechtsakte mittels Klassifikation Einträgen des offiziellen EuroVoc-Vokabulars zugeordnet werden.[16] Es ist davon auszugehen, dass in kommerziellen Produkten implementierte Funktionen zur Dokumentklassifikation technisch mit den Methoden veröffentlichter Forschungsarbeiten vergleichbar sind. Die **Entwicklung angepasster Klassifikationssysteme** beinhaltet regelmäßig das Design eines speziellen Typensystems sowie entweder die manuelle Spezifikation von Klassifikationsregeln oder die Erstellung hochwertiger und ausreichend großer Trainings- und Testdatensätze.

10 Auch einzelne Teile von Dokumenten (siehe → Rn. 3 f.) können mit dem gleichen technischen Instrumentarium regel- und ML-basierter Methoden klassifiziert werden. Die Typensysteme zielen dann auf Kategorien ab, an denen im Kontext der Aufgabe Interesse besteht. Beispielsweise können Sätzen in Gesetzen funktionale Rollen zugeordnet werden (wie Verbot, Erlaubnis, Pflichten etc).[17] Ein weiterer prominenter Anwendungsfall ist die Klassifikation von Textsegmenten in Verträgen, umso mehr, als dass dieses umfangreich akademisch erforschte Feld[18] inzwischen in Form zahlreicher kommerzieller Produkte Anwendern zur Verfügung steht.[19] Manche dieser Anwendungen beinhalten dabei zusätzlich integrierte Werkzeuge zur Annotation und arbeiten mit einem Klassifikationsmodell im Hintergrund, um neu zu annotierende Instanzen vorzuschlagen.[20] Diese Form von *Active Machine Learning* kann dazu verwendet werden, um mit kleineren Mengen an Trainingsdaten ein möglichst genaues Modell zu produzieren.[21]

V. Informationsextraktion (Information Extraction)

11 Das gezielte Auffinden bestimmter Typen von Informationen in Dokumenten wird in manchen Kontexten auch als „automatische Annotation" bezeichnet. Ausgangsbasis ist meist die Fließtextrepräsentation eines Dokuments mit der möglichen Ergänzung durch Positionsinformation. Nach *Jurafsky & Martin* kann *Information Extraction* (IE) als eine limitierte Form der semantischen Analyse betrachtet werden, die **unstrukturierten Dokumentinhalt in strukturierte Daten** überführt (zB in Form einer relationalen Datenbank).[22] Sie identifizieren eine Reihe klassischer, aufeinander aufbauender Teilaufgaben von IE, die im Folgenden ausgeführt und mit spezifischen Funktionalitäten und Informationen aus dem juristischen NLP-Kontext angereichert werden:

12 ■ Das Ziel von *Named Entity Recognition* (s. auch → *Natural Language Processing (NLP)* Rn. 39) ist die Identifikation von im Text **namentlich erwähnten Entitäten**.[23] Typische Extraktionsziele sind beispielsweise Personen- und Organisationsnamen, Orte und Adressen. In erweiterten Kategorienlisten befinden sich oft auch Geldbeträge und Datumsangaben sowie (im juristischen Kontext) Verweise auf Rechtsnormen oder externe Dokumente sowie bestimmte Schlüsselworte.[24]

---

14 Harley et al. 2015.
15 Şulea et al. 2017.
16 Chalkidis et al. 2019.
17 ZB Waltl et al. 2019.
18 ZB Chalkidis et al. 2017, Hendrycks et al. 2021.
19 S. die Anbieterübersicht in Dale 2019.
20 ZB Artificial Lawyer, Zuva Launches 'AI Trainer' To Speed NLP Model Building; https://www.artificiallawyer.com/2022/04/07/zuva-launches-ai-trainer-to-speed-nlp-model-building.
21 ZB Waltl et al. 2017.
22 Jurafsky & Martin, Einleitung zu Kapitel 22.
23 Jurafsky & Martin, Kapitel 22.1.
24 Siehe im deutschen Kontext Leitner et al. 2019.

- *Reference & Coreference Resolution* bezeichnet die Aufgabe, alle Erwähnungen von Entitäten im Text zu bündeln, die auf die **gleiche Entität in der Domäne** verweisen.[25] Beispielsweise sollte ein System erkennen, dass in einem Zivilprozessdokument ein und dasselbe Unternehmen sowohl mit seinem Namen als auch über diverse Pronomen oder dem Wort „Firma" bezeichnet wird. Coreference Resolution ist zwar eine NLP-Standardaufgabe, doch die Anwendung auf juristischen Texten stellt eine technische Herausforderung dar und erfordert ggf. eine Entwicklung spezieller Modelle.[26] Ferner fällt auch die qualifizierte Verarbeitung von Zitaten auf andere Dokumente und externe Quellen in diesen Bereich. Sofern die Zitate wohlgeformt sind und mit einem musterbasierten Algorithmus extrahiert und in ihre Komponenten zerlegt werden können (Name der Quelle, evtl. Zeitschriften-Name, Jahr, Ausgabe, Seite etc oder Paragraf, Gesetzbuch, Absatz etc), können zitierte Dokumente als vereinheitlicht und ggf. als Ganzes verlinkt werden.[27] Eine Herausforderung ergibt sich allerdings oft bei der Zitierung von bestimmten Unterkomponenten eines Urteils, Paragrafen etc, da hier der der korrekte Dokumentteil in der Referenz identifiziert und im Zieldokument strukturell abgegrenzt werden muss.[28]

- Durch *Relation Detection & Classification* können **Relationen zwischen Entitäten und anderen extrahierten Segmenten** erkannt und in Typen klassifiziert werden.[29] Beispielsweise könnten mittels entsprechender NLP-Verfahren aus Sätzen einer Sachverhaltsschilderungen erwähnte Personen bestimmten Organisationen als Mitarbeiter etc zugeordnet werden, sofern diese Information im Text angelegt ist. Im Kontext des *Argument Mining* wurde auf Urteilstexten des Europäischen Gerichtshofs für Menschenrechte die Relationserkennung zur Verknüpfung von Argumentschlussfolgerungen mit ihren Prämissen erprobt.[30] Es existiert vergleichsweise wenig akademische Forschung zu dieser Funktion auf juristischen Texten, was auf die stark beschränkte Verfügbarkeit von zur Entwicklung geeigneten Datensätzen zurückgeht.

- Mittels *Event Detection* können „Ereignisse im Text extrahiert werden, an denen die Entitäten beteiligt sind", wobei hier „Ereignisse" im Sinne von **durch Verben ausgedrückten Handlungen** zu verstehen sind.[31] Dies überlapt mit der NLP-Aufgabe des *Semantic Role Labeling* (→ *Natural Language Processing (NLP)* Rn. 47), die Textsegmenten ihre Rollen in einer semantischen Repräsentation eines Ereignisses zuordnet. Ein experimentelles System benutzte dies etwa, um Beweisinformationen in Strafverfahrensdokumenten hinsichtlich relevanter Ereignisse und den beteiligten Akteuren in vordefinierte Strukturen zu überführen. Weitere Verwandtschaft besteht zu der Funktion *Temporal Expression Identification & Analysis*, bei der absolute und relative Zeitangaben im Text erkannt und auf eine gemeinsame Zeitdimension projiziert werden.[32] Beispielsweise wurde die automatische Erstellung eines Zeitstrahls aus Urteilen des Europäischen Gerichtshofs für Menschenrechte erprobt.[33] Ähnliche Funktionalität zur Extraktion einer Chronologie existiert auch in kommerziellen DA-Produkten.[34]

- Bei der Funktionalität des *Template Filling* werden aus einer Textquelle gezielt die **Elemente eines typisierten, vordefinierten Informationsschemas** mit passenden Inhalten gefüllt.[35] Beispielsweise könnten die notwendigen Elemente einer ausformulierten Flugreisebeschwerde automatisch identifi-

---

25 Jurafsky & Martin, Kapitel 21.3, 21.7.
26 ZB Tran et al. 2014.
27 ZB das Zitationsempfehlungssystem in Huang et al. 2021, bei dem Verweise auf amerikanische Rechtsprechung, Statuten und Verordnungen mittels regulärer Ausdrücke erkannt und (im Fall von Rechtsprechung) mit Einträgen der Falldatenbank des *CaseLaw Access Project* (https://case.law) verbunden wurden.
28 Rehm et al. 2019.
29 Jurafsky & Martin, Kapitel 22.2.
30 Mochales & Moens 2011, Poudyal et al. 2020.
31 Jurafsky & Martin, Kapitel 22.3, übersetzt durch den Autor.
32 Jurafsky & Martin, Kapitel 22.3.2.
33 Filtz et al. 2020.
34 ZB die Juristische Textanalyse der SINC GmbH, die Teil der DATEV Produkte ist: s. https://apps.datev.de/help-center/documents/1006546.
35 Jurafsky & Martin, Kapitel 22.4.

ziert werden (zB Flugnummer, Start- und Zielort, Dauer der Verspätung). Dies kommt auch bei natursprachlichen Dialogsystemen und Chatbots (→ *Legal Chatbot* Rn. 1 ff.) zum Einsatz, wo eine Abfolge von Fragen den Benutzer durch die notwendigen Elemente des Schemas führen kann.

17 Die verschiedenen Funktionalitäten von IE können entweder **regelbasiert oder mittels maschinellen Lernens** implementiert werden. Bei regelbasierter Extraktion werden Textmuster erstellt (zB mit regulären Ausdrücken (→ *Natural Language Processing (NLP)* Rn. 16 ff.) und/oder speziellen Wortlisten, sog. *Dictionaries*), die vorhersehbare Dokumentelemente aufgreifen (zB Währungssymbole, Jahreszahlen, statische Strukturelemente im Dokument, wiederkehrende Formulierungen etc), miteinander verknüpfen und ggf. in Schemen transferieren. Die Entwicklung solcher Muster, Regeln, Wortlisten und Verknüpfungsalgorithmen erfordert neben technischer Expertise und Domänenwissen auch detaillierte Kenntnis der zu analysierenden Dokumente und kann entsprechend arbeitsintensiv sein. Aber auch die Nutzung von ML-basiertem NLP benötigt ausreichend annotierte Daten zum Training von Modellen und deren Evaluation. Obgleich der aktuelle akademische Diskurs im Bereich von IE fast ausschließlich neuronale Modelle behandelt (→ *Natural Language Processing (NLP)* Rn. 41 ff.), können regelbasierte Systeme in kommerzieller Software prinzipiell weiterhin eine Rolle spielen.[36]

18 Neben IE auf linearem Fließtext ist auch die gezielte **Extraktion aus Dokumenten anhand von Positionsinformationen** möglich. Diesen kommt insbesondere auf Sammlungen von PDF-Dateien mit komplexem Layout ein hoher Stellenwert zu: Beispielsweise können es Adressinformationen, Kopf und Fußzeilen, Tabellen, Überschriftsstrukturen und mehrspaltiger Text auf den Seiten des Dokuments notwendig machen, Informationen von Interesse nur an bestimmten Positionen zu lokalisieren. Nicht selten stellt auch schon die initiale Ermittlung des Textflusses unter Berücksichtigung des Layouts eine Herausforderung dar. Für die Informationsextraktion unter Berücksichtigung von Positionsinformationen können sowohl regelbasierte[37] als auch ML-basierte Methoden verwendet werden.[38] Die aktuelle Forschung setzt im Bereich multimodaler Dokumentverarbeitung mit kombinierten Text-, Layout- und Bildinformationen primär auf tiefe neuronale Netze.[39]

VI. Information Retrieval & Question Answering

19 *Information Retrieval* (IR) bezeichnet die Speicherung von verschiedenen Medientypen sowie deren **gezieltes Auffinden** anhand einer aus einer aus dem **Informationsbedürfnis** eines Benutzers formulierten Suchanfrage (*Query*).[40] Die zu durchsuchenden Daten liegen dabei regelmäßig in unstrukturierter Form vor (zB als Freitext) und sind nicht semantisch repräsentiert (wie dies zB in einer relationalen Datenbank der Fall wäre).[41] IR umfasst Methoden, welche prinzipiell in Suchmaschinen verschiedener Art zum Einsatz kommen können. Die Ausführungen im Folgenden beschränken sich indes auf die Suche in Textdokumenten.

20 Es existieren zahlreiche **kommerzielle juristische Suchmaschinen** in verschiedenen Ländern und Rechtssystemen. Die bekanntesten Anbieter in Deutschland sind Juris[42] und Beck-Online[43]. Als im Bereich Legal Tech führendes Rechtssystem können allerdings die USA betrachtet werden. Die zentrale Rolle der Suche nach Präzedenzfällen in der *Common Law* Tradition stellt dort hohe Anforderungen an Suchmaschinen. Die

---

36 ZB die Studie von Chiticariu et al. 2013.
37 ZB Klink & Thomas 2001.
38 ZB Koreeda & Manning 2021.
39 ZB Xu et al. 2021.
40 Jurafsky & Martin, Kapitel 23.1.
41 Manning et al. 2008, Kapitel 1.
42 S. https://www.juris.de.
43 S. https://beck-online.beck.de.

lang etablierten Angebote von *Thomson Reuters*[44], *LexisNexis*[45] und *Bloomberg Law*[46] geben an, hierfür moderne Techniken aus dem Bereich von KI, Datenanalyse und NLP zu nutzen.[47] Auch jüngere Firmen wie zB CaseText[48] haben mit Produkten wie der schriftsatzbasierten Suchfunktion *Cara AI*[49] und der Satzähnlichkeit-Suche *Parallel Search*[50] Innovationen in diesem Bereich entwickelt. Obgleich die technischen Implementierungen solcher Produkte nicht im Detail offengelegt werden, beschreiben die Anbieter sie gelegentlich in Grundzügen in Beiträgen im Internet[51] oder publizieren gar Experimentergebnisse.[52]

Ein vollständiger Überblick über IR liegt außerhalb des Rahmens dieser Kommentierung[53], weswegen auf die im Bereich juristischer Suchmaschinen relevanten Grundlagen und aktuellen Techniken eingegangen wird. 21

1. Boolean Retrieval & Invertierter Index

Ein Ansatz, um die für eine Suchanfrage relevanten Dokumente zu identifizieren, ist ein sog. **invertierter Index**: Zunächst werden Dokumente in die in ihnen vorkommenden Worte (*Tokens*) geteilt sowie ggf. vorverarbeitet (→ *Natural Language Processing (NLP)* Rn. 5) und so ein Gesamtvokabular erstellt (→ *Natural Language Processing (NLP)* Rn. 7 f.). Hieraus wird dann ein invertierter Index erstellt, der jedem Wort des Vokabulars die Dokumente zuordnet, in denen es vorkommt.[54] Wenn eine aus Worten bestehende Suchanfrage gestellt wird, können mithilfe des Indexes alle mit diesen Worten assoziierten Dokumente direkt ermittelt werden, ohne dass dabei die Gesamtheit der Dokumente nochmals durchsucht werden müsste. Ferner können einzelne Begriffe der Anfrage mittels **logischer Operatoren** (*und*, *oder* sowie *logische Negation*) miteinander verknüpft werden, wodurch sich ein sog. **Boolean Query** ergibt. Dies erlaubt eine höhere Expressivität zum Ausdruck von Suchkriterien. Es kann allerdings eine möglicherweise komplexe Suchanfragestruktur aus mehreren kombinierten Kriterien entstehen, die nur eine unbefriedigend kleine Ergebnismenge passender Dokumenten liefert.[55] 22

2. Scoring-basierte Verfahren

Um ein flexibleres Finden informativer Inhalte zu ermöglichen, wird bei *Scoring*-basierten Verfahren für einzelne Dokumente ein Wert berechnet, der die **jeweilige Relevanz für die Anfrage** quantifiziert. Typischerweise geschieht dies mittels der Kodierung der Suchanfrage und der Dokumente in Feature-Vektoren und einer mathematischen Funktion zur Ermittlung ihrer **Ähnlichkeit**. Beispielsweise kann wie bei der Indexierung mittels Tokenisierung und Vorverarbeitung (→ *Natural Language Processing (NLP)* Rn. 5, 7 f.) ein korpusweites **Vokabular** einer bestimmten Größe erstellt werden. Der Vektor eines Dokuments in der Sammlung besteht dann aus den in ihm vorkommenden Worten im Vokabular (sog. *Bag of Words*, 23

---

44 S. https://legal.thomsonreuters.com/en/westlaw.
45 S. https://www.lexisnexis.com/.
46 S. https://pro.bloomberglaw.com.
47 S. zB https://pro.bloomberglaw.com/brief/ai-in-legal-practice-explained; https://www.lexisnexis.com/en-us/support/l exis/legal-analytics.page; https://www.thomsonreuters.com/en/press-releases/2018/july/thomson-reuters-unveils-new -legal-research-platform-with-advanced-ai-westlaw-edge.html (alle Adressen abgerufen am 7.5.2022).
48 S. https://casetext.com.
49 S. https://casetext.com/cara-ai.
50 S. https://parallelsearch.casetext.com.
51 Siehe zB die Erklärungen über CaseText Parallel Search: https://casetext.com/blog/machine-learning-behind-parallel -search.
52 Siehe zB Berichte über ein bei LexisNexis entwickeltes Question Answering System (Khazaeli et al. 2021) oder das Quick-Check System von Thomson Reuters Westlaw (Thomas et al. 2020).
53 Ein gängiges IR-Lehrbuch bietet Manning et al. 2008. Es sei ebenfalls auf den klassischen einführenden Artikel zu IR im juristischen Bereich von Turtle 1995 hingewiesen, von dem aus modernere Konzepte erschlossen werden können.
54 Manning et al. 2008, Kapitel 2.
55 Siehe Turtle 1995, Abschnitt 5.1, wo ua eine weniger restriktive, probabilistische Interpretation von Boolean Queries aufgezeigt wird.

→ *Natural Language Processing (NLP)* Rn. 23) und den anhand seines Textes zugeordneten **Gewichtungen** dieser Termini.[56]

24 An dieser Stelle soll das aufgrund seiner intuitiven Methode und praktischen Relevanz in verschiedenen Kontexten verwendete sog. *TFIDF*-Schema exemplarisch erklärt werden. Es fußt auf der Intuition, dass solche Worte für einen Text charakteristisch sind, die häufig in ihm vorkommen (sog. **Term Frequency** oder *TF*) ohne gleichzeitig in den anderen Dokumenten der Sammlung weit verbreitet zu sein (sog. **Inverse Document Frequency** oder *IDF*). Mit dem Produkt aus beiden Werten (TF x IDF) kann dann ein Dokumentvektor errechnet werden, der die „relative Wichtigkeit der Termini in einem Dokument abbildet".[57] Beispielsweise können Begriffe aus dem Weinbau in einer Datenbank von Zivilrechtsurteilen hohe TFIDF-Werte erreichen, da sie in nur sehr wenigen Dokumenten vorkommen (dh geringe *Document Frequency* und analog hohe *Inverse Document Frequency*), sich aber in entsprechenden Urteilstexten möglicherweise oft wiederholen (dh hohe *Term Frequency*). Im Gegenzug dürfte das Wort „Anspruch" im größten Teil der Dokumente vorhanden sein (dh hohe *Document Frequency* und analog geringe *Inverse Document Frequency*) und entsprechend zu niedrigeren TFIDF Werten führen, auch wenn es in Einzeldokumenten durchaus häufig vorkommen mag. TFIDF existiert in diversen Varianten, die im Kern auf diesen Mechanismus rund um die Verteilung von Worten in einzelnen Dokumenten gegenüber der Gesamtsammlung abstellen. Für eine mathematische Beschreibung sei an dieser Stelle auf einschlägige IR-Literatur verwiesen.[58]

25 Wenn Dokument und Query als Vektor vorliegen, kann ein Relevanzwert des Dokuments mathematisch beispielsweise mittels der **Kosinus-Ähnlichkeit** oder dem **Skalarprodukt** der beiden Vektoren berechnet werden. Diese Methodik ist ein Beispiel des sog. **Vector-Space-Retrieval** und kann den funktionalen Kern eines IR-Systems bilden, welches dem Benutzer eine vorgegebene Anzahl von Dokumenten in absteigender Rangfolge ihrer Wertungen relativ zur Anfrage liefert.

26 Zusätzlich existieren eine Reihe von Scoring-Methoden des sog. **Probabilistic IR**, die auf Konzepten der Stochastik aufbauend die Wahrscheinlichkeit berechnen, dass ein Dokument das in der Suchanfrage ausgedrückte Informationsbedürfnis bedient.[59] Insbesondere die sog. **BM25-Formel** wurde aus diesem Ansatz entwickelt. Sie erweitert das Grundprinzip der relativen Worthäufigkeiten ua durch eine Berücksichtigung der durchschnittlichen und individuellen Dokumentlänge.[60] Sie ist in vielen konfektionierten Suchmaschinen-Software-Paketen implementiert[61], entsprechend in verschiedenen Kontexten zu finden und wird oft als Vergleichsmaßstab für modernere Verfahren verwendet.

3. Learning to Rank

27 Maschinelles Lernen kann auch im IR-Kontext zu verschiedenen Zwecken verwendet werden. Von besonderem Interesse ist das Lernen von Relevanz-Rangfolgen einer Menge von Dokumenten relativ zu einer Suchanfrage (*Learning to Rank*). Technisch kann dies auf verschiedene Weisen implementiert werden[62], jedoch sind in jedem Fall **Trainingsdaten** in der Form von Suchanfragen und Referenz-Rangfolgen in substanzieller Menge nötig. Durch dieses Lernsignal können trainierte Ranking-Modelle bessere Rangfolgen produzieren als reine Scoring-basierte Verfahren. Eine mögliche Architektur besteht aus einem effizienten, Scoring-basierten Durchsuchen einer großen Dokumentdatenbank gefolgt von einer **ML-basierten Sortierung** einer überschaubaren Ergebnismenge in die finale Rangfolge, wie sie in der akademischen Forschung auf Rechtstexten schon erprobt wurde[63] Trainingsdaten können durch Experten erstellt oder

---

56 Manning et al. 2008, Kapitel 6.
57 Manning et al. 2008, Kapitel 6.3, vom Autor übersetzt.
58 Manning et al. 2008, Kapitel 6.2.2.
59 Manning et al. 2008, Kapitel 11.
60 Manning et al. 2008, Kapitel 11.4.3.
61 ZB ist BM25 die Standard-Ranking-Funktion der beliebten Suchmaschinen-Software ElasticSearch (https://www.elastic.co/guide/en/elasticsearch/reference/current/index-modules-similarity.html, „Elasticsearch Guide" Version 8.2, abgerufen 12.5.2022).
62 ZB die Übersicht in Liu 2009.
63 ZB Grabmair et al. 2015.

aus **protokolliertem Nutzerverhalten** in einer bestehenden Suchmaschine gewonnen werden.[64] Es ist daher naheliegend, dass ML-basierte Ranking-Komponenten in vielen kommerziellen Suchmaschinen im juristischen Bereich zur Anwendung kommen.

4. Vielseitige Verwendung von Vektor-Ähnlichkeiten & Neuronale Netzwerke

Die Berechnung von Textähnlichkeiten mittels Vektor-Repräsentation und gängigen mathematischen Formeln hat in der Verarbeitung juristischer Texte eine zentrale Rolle eingenommen. Das Konzept semantischer Ähnlichkeit (**Semantic Similarity**) von durch statistische Methoden errechneten Textrepräsentationen beruht auf der Annahme, dass im Vektorraum kodierte Texte ähnlicher und verschiedener Bedeutungen nah beieinander bzw. voneinander entfernt sind. Auf großen Datenmengen vortrainierte sog. *Word Embeddings* (→ *Natural Language Processing (NLP)* Rn. 27 f.) und neuronale Netzwerke (insbesondere sog. *Large Language Models;* → *Natural Language Processing (NLP)* Rn. 43 ff.) ermöglichen es, Textspannen bis zur Länge eines Absatzes (oder sogar ggf. ganze Dokumente) in solche Zahlenvektoren zu kodieren. Durch das Vortrainieren ergeben sich auch solche Verteilungen in dem Vektorraum, die für Suchaufgaben gegenüber klassischen Methoden Vorteile haben. Beispielsweise können die durch ein spezielles neuronales Netz kodierten Vektoren von Sätzen mit ähnlicher semantischer Bedeutung – aber anderer Wortwahl und anderem Satzbau – nah beieinander liegen, obwohl sie im TFIDF-Vektorraum aufgrund der unterschiedlich verteilten Begriffe weit voneinander entfernt wären.

Im juristischen Kontext liegt es insbesondere nahe, diesen Mechanismus zur automatischen **Empfehlung von Präzedenzfällen und anderen Quellen** aufgrund von semantisch ähnlichen Textpassagen zu nutzen. Beispielsweise erklärt ein Blog-Post der amerikanischen Firma *CaseText*, dass ihr Literaturempfehlungsprodukt *Parallel Search* digitale Texte mittels neuronaler Netze in Vektoren kodiere. Anschließend könnten für einen gegebenen Satz seine „nächsten Nachbarn" (*Nearest Neighbors*) ermittelt und in einem weiteren ML-basierten Reranking in eine optimale Ergebnisreihenfolge gebracht werden.[65] Auch in der akademischen Forschung wird intensiv mit vektorbasierten Textähnlichkeiten gearbeitet. Beispielsweise wurden verschiedene Word-Embeddings und mit vortrainierten Modellen erstellte neuronale Vektorkodierungen zur Quellen-Empfehlung auf einem Korpus amerikanischer Urteilstexten umfangreich verglichen.[66] In einem anderen Projekt auf Texten des Entscheidungsorgans der World Intellectual Property Organization in Domain-Name-Streitigkeiten wurden Word Embeddings benutzt, um für Textspannen jeweils Vektoren zu erstellen.[67] Zuvor waren aus Annotationen für bestimmte textuelle Sachverhalts- und Rechtsfolgenmuster Referenzvektoren errechnet worden. Segmente aus unannotierten Texten konnten dann per Ähnlichkeitsmaß diesen Mustern zugeordnet und einem experimentellen Entscheidungsvorhersagesystem zugeführt werden.[68]

5. Evaluation

Für Evaluation von IR-Systemen wird meist ein **binärer Relevanzbegriff** verwendet, dh ein Dokument in einer Sammlung ist für eine gegebene Suchanfrage entweder relevant oder nicht. Im Folgenden werden die üblichen Metriken beschrieben (für eine mathematische Definition → *Maschinelles Lernen* Rn. 8 ff.), die sowohl bei Klassifikationsmodellen als auch im Bereich von IR zur Anwendung kommen und alle im Intervall zwischen 0 und 1 liegen können:[69]

a) **Precision** misst den Anteil der vom System als relevant eingestuften Dokumente, die auch tatsächlich relevant sind.

---

64 Siehe zB Hinweise, dass Benutzeraktionen auf Suchergebnissen zur Verbesserung von Thomson Reuters WestlawNext verwendet wurden, siehe: https://www.geeklawblog.com/2010/01/westlawnext-study-in-applying-knowledge.html (abgerufen 12.5.2022).
65 S. https://casetext.com/blog/machine-learning-behind-parallel-search.
66 Ostendorff et al. 2021.
67 Branting et al 2021.
68 Branting et al 2021.
69 ZB Manning et al. 2008, Kapitel 8.3.

b) **Recall** hingegen misst den Anteil der tatsächlich relevanten Dokumente im Datensatz, die vom System als solche klassifiziert wurden.

31 Precision und Recall befinden sich typischerweise in einem **gegenseitigen Spannungsverhältnis**. Ein Modell, das eine niedrige Schwelle der Übereinstimmung mit einer Suchanfrage hat, oberhalb derer es ein Dokument als relevant einstuft, erreicht einen hohen Recall, aber niedrige Precision. Müssen Dokumente genauer auf die Suchbegriffe passen, so steigt die Precision, jedoch werden insgesamt weniger Dokumente geliefert, was zu niedrigerem Recall führt. **Die F1-Metrik** stellt das sog. „harmonische Mittel" zwischen Precision und Recall dar und wird oft als praktischer singulärer Wert zur Beurteilung von Klassifikationsmodellen herangezogen (→ *Maschinelles Lernen* Rn. 10, für eine mathematische Formel sei auf Fachliteratur verwiesen).[70]

32 Im Kontext von IR-Systemen werden Suchergebnisse meist mit einem relativ zur Anfrage **errechneten Relevanzwert** versehen und in eine **Rangfolge** gebracht. Ergebnisrangfolgen einer bestimmten Länge werden üblicherweise mit Varianten der Precision-Metrik evaluiert werden:[71]
1. **Precision@k** misst den Precision-Wert (dh den Anteil relevanter Dokumente für eine gegebene Suchanfrage) einer einzelnen sortierten Ergebnisliste bis zur Position k. Eine Precision@10 von 0.7 besagt beispielsweise, dass 7 der ersten 10 Suchergebnisse relevante Dokumente sind.
2. **Average Precision** ist der Durchschnitt aller Precision@k-Werte über alle Positionen k in einer (durch einen Schnittpunkt begrenzten) Ergebnisliste, an der sich ein relevantes Dokument für eine Suchanfrage befindet.[72] Hierauf basiert dann schließlich **Mean Average Precision** (MAP), das den Durchschnitt von Average Precision über mehrerer Suchanfragen bildet und als einzelne Metrik zur Bewertung eines Modells auf einem gesamten Datensatz an Suchanfragen verwendet werden kann.[73]

6. Question Answering

33 *Question Answering* (QA)-Systeme können als eine **Weiterentwicklung von Suchmaschinen** verstanden werden. Ziel von QA ist es, eine **natursprachlich formulierte Frage** des Benutzers mit einem einzelnen, passenden Element zu beantworten, das einer natürlichen Antwort entspricht bzw. ihr möglichst nahekommt. Dabei soll das Informationsbedürfnis ohne die kognitive Transferleistung aus einer Trefferliste von Dokumenten bedient werden. Dies geschieht mittels technische Ansätze, die über klassische Dokumentensuche hinausgehen. Der Fragetext wird nicht nur als Menge von Suchbegriffen behandelt, sondern auch als Indikator eines erwarteten **Antworttyps** verstanden. Die Fragen „Wer ist der Präsident des Bundesverfassungsgerichts?" oder „Welche Tatbestandsmerkmale hat der Computerbetrug?" erwarten als Antworttyp eine Person bzw. eine Aufzählung. Dies kann beispielsweise mittels einer Typklassifikation der Frage erfolgen, aus der sich valide Antworttypen ergeben.[74]

34 Die Treffermenge soll gezielt auf kleinere, **auf die Frage zugeschnittene Informationseinheiten** reduziert werden. Daher unternehmen QA-Systeme oft zunächst eine Suche nach einer **begrenzten Menge passender Quelldokumente** (zB Absätze), aus denen **Antwortkandidaten extrahiert** werden (zB einzelne Sätze), deren Eignung für die Frage anschließend separat ermittelt wird.[75] Eine aktuelle Veröffentlichung des amerikanischen Suchmaschinenanbieters *LexisNexis* über ein im Einsatz befindliches QA-System auf juristischen Daten[76] beschreibt beispielsweise, dass relevante Absätze in einer Datenbank mittels einer Kombination aus BM25 und einer Ähnlichkeitsauswertung verschiedener Vektorkodierungen gesucht werden. Anschließend klassifiziert ein tiefes neuronales Netz für jeden gefundenen Absatz, ob es sich dabei

---

70 ZB Manning et al. 2008, Kapitel 8.3.
71 Es existieren noch weitere Metriken zur Evaluierung von Ranking-Systemen (zB Normalized Discounted Cumulative Gain), die hier aus Platzgründen nicht behandelt werden.
72 Jurafsky & Martin, Kapitel 23.1.4.
73 Jurafsky & Martin, Kapitel 23.1.4.
74 Jurafsky & Martin, Kapitel 23.2.1.
75 Jurafsky & Martin, Kapitel 23.2.2 und 23.2.3.
76 Khazaeli et al. 2021.

um eine passende Antwort für die Frage handelt. Kommerzielle Anbieter sind aufgrund der Datenlage in einer besseren Position, juristische QA-Systeme zu entwickeln, doch existiert auch akademische Forschung in diesem Bereich.[77]

VII. Automatische Zusammenfassungen & Verschlagwortung

DA-Systeme können dem Benutzer **komprimierte Informationen über längere Dokumente** präsentieren, um diesen bei der Sichtung von Materialien zu unterstützen. Bei automatischer **abstraktiver Zusammenfassung** wird das Dokument verarbeitet und dann die Zusammenfassung als neuer Text generiert. Dies ist auf langen komplexen juristischen Texten mit dem aktuellen Stand der Technik noch nicht erreicht, nicht zuletzt aufgrund eines Mangels an Datensätzen zur Entwicklung geeigneter Verfahren.[78] Bislang haben sich Arbeiten daher weitestgehend der Entwicklung von Modellen zur **extraktiven Zusammenfassung** juristischer Texte gewidmet, bei denen eine begrenzte Anzahl von Elementen des vollen Dokuments (im Regelfall Sätze) mit bestimmten Methoden ausgewählt und zu einer Zusammenfassung zusammengesetzt werden.[79] Sind wiederkehrende Elemente in Dokumenten zu extrahieren, kann dies zB mittels **regelbasierter Mustererkennung** (→ *Natural Language Processing (NLP)* Rn. 15 ff.) geschehen. Sind Sätze bestimmten Inhaltstyps von Interesse (zB Fakten, Prozesshandlungen, Aussagen ggü. niederinstanzlichen Entscheidungen), können diese mittels **Textklassifikation** (→ *Natural Language Processing (NLP)* Rn. 29 ff.) kategorisiert werden.[80] Je nach Natur der Dokumente wird das System dabei möglicherweise aus einem großen Textabschnitt wenige **repräsentative Sätze** extrahieren müssen, was auf vielerlei Weisen implementiert werden kann (zB mithilfe des *TextRank*-Algorithmus[81]). Auch können zB durch Experten erstellte technische Bedingungen als Optimierungskriterien in die Auswahl miteinbezogen werden.[82] Obgleich einige Forschungsarbeiten im Bereich der extraktiven Zusammenfassung juristischer Texte existieren, ist die Eignung verschiedener Methoden in hohem Maße abhängig von den Eigenschaften der Dokumente und dem Zweck der erstellten Kurzfassungen. Wohldefinierte Elemente können im Wege der **Informationsextraktion** (→ Rn. 11 ff.) oft gut identifiziert werden, doch die automatische Erstellung einer verlässlich nutzbringenden Zusammenfassung von komplexen, freitextuellen Sachverhalts- oder Argumentationsnarrativen gilt als ungelöstes Problem. Sind die Dokumente hingegen ausreichend strukturiert und die Anforderungen begrenzt, ist es freilich möglich, mit den hier beschriebenen Techniken der DA Modelle zu entwickeln, die nützliche, aspektbezogene Passagen (zB mittels Ähnlichkeitsmaßen) aus Urteilen etc extrahieren und dem Benutzer präsentieren.

Dokumente können auch in eine Gruppe von **Schlüsselworten** (*Keywords*) destilliert werden. Schlüsselworte können als wichtige Elemente des Textes verstanden werden, die seinen Inhalt beschreiben, wobei auch aus mehreren Worten bestehende Begriffe (*Keyphrases*) vorkommen können.[83] Schlüsselworte können unüberwacht/unsupervised (also ohne Trainingsdaten, → *Maschinelles Lernen* Rn. 16 f.) aus Texten gewonnen werden, wobei ihre **Repräsentativität für das Dokument** herangezogen wird. Hierfür stehen eine Vielzahl von Techniken zur Verfügung.[84] Zum Beispiel kann mit der bereits erklärten TFIDF-Metrik bestimmt werden, wie charakteristisch bestimmte Begriffe für ein Dokument relativ zum Restkorpus sind. Alternativ kann ein Graph von Schlüsselwort-Kandidaten erstellt werden, indem jedes Schlüsselwort zu einem Knoten wird, der entsprechend einem Algorithmus über gewichteten Kanten mit anderen verbunden ist. Aus diesem Netzwerk können dann die „zentralen" Schlüsselworte als optimale Repräsentanten ausgewählt werden. Es ist davon auszugehen, dass Funktionen zur Extraktion von Schlüsselworten in kom-

---

77 ZB Do et al. 2017; Paper-Preprint.
78 Rehm et al. 2019, aber s. aktuelle Forschung auf amerikanischen Texten in Shen et al. 2022.
79 Siehe die Sichtung verschiedener Experimente und Techniken in Kanapala et al. 2019.
80 ZB Hachey & Grover 2006 auf UK House of Lords Judgments; Agarwal et al. 2022 auf Entscheidungen des US Board of Veterans Appeals.
81 Mihalcea & Tarau 2004.
82 Siehe Bhattacharya et al. 2021a.
83 Firoozeh et al. 2020.
84 Siehe die Übersicht in Firoozeh et al. 2020.

merzieller DA-Software zu einem großen Teil aus Algorithmen dieser Art bestehen. Sind geeignete Datensätze von Dokumenten und Referenz-Schlagworten vorhanden, kann die Extraktion auch **überwacht/ supervised** mittels Klassifikation erfolgen.[85] Ein bereits erwähntes Beispiel hierfür im juristischen Kontext ist die Verbindung von EU-Rechtsakten mit den Einträgen des kontrollierten EuroVoc-Vokabulars.[86]

VIII. Clustering & Topic Modeling

37 *Clustering* und *Topic Modeling* bilden zwei etablierte Methoden zur Analyse von Textsammlungen, die keine manuellen Annotationen benötigen und auch als Teile von IR-Systemen zur Anwendung kommen können.[87]

38 *Topic Modeling* basiert auf der Annahme, dass innerhalb des Korpus eine bestimmte endliche Zahl von Themen (Topics) zu finden ist, die in einzelnen Dokumenten zu verschiedenen Anteilen präsent sind. Ein Text kann somit als eine **Mischung von Topics** verstanden werden. Diese wiederum bestehen aus den thematisch **gewichteten Worten des Vokabulars**. Gängige Techniken zur Berechnung solcher Modelle sind die auf Matrixfaktorisierung basierende *Latent Semantic Analysis/Indexing* (LSA/LSI) und *Latent Dirichlet Allocation* (LDA).[88] Diese Verfahren ermöglichen, die in der Sammlung existierenden Topics sowie die für sie charakteristischen Schlüsselworte zu analysieren und entsprechende Verteilungsstatistiken zu berechnen. Ist ein Topic Model erstellt, kann mittels grafischer Darstellung eine visuelle Analyse der Themen und ihrer charakteristischen Worte erfolgen. Typische Anwendungsfälle sind beispielsweise die Sichtung von großen Mengen an legislativen Dokumenten[89] und Urteilen[90], die so informativ thematisch gruppiert werden können, ohne dass eine manuelle Durchsicht unternommen werden muss. Außerdem bietet die Topic-Mischung innerhalb einzelner Dokumente eine alternative/zusätzliche Vektorrepräsentation, die als Teil von Feature-Vektoren in ML-Modellen verwendet werden kann.

39 Durch **Clustering** können Dokumente (bzw. Daten im Allgemeinen) **nach ihrer Ähnlichkeit in der Vektorrepräsentation gruppiert** werden (siehe Erklärungen zur Vektor-Ähnlichkeit → Rn. 28). Hierbei kommen spezielle Clusteralgorithmen zum Einsatz (zB *k-Means*, *DBSCAN*), die mit bestimmten Parametern beeinflusst werden können (zB Anzahl der zu bildenden Cluster, Ähnlichkeits-Schwellenwerte etc). Die errechnete Partitionierung kann als Teil einer **explorativen Datenanalyse** nützliche Einsichten über die Verteilung im Feature-Raum produzieren und/oder von anderen Analysen verwendet werden. Beispielsweise wurde Text-Clustering zur Sichtung von Gruppen erfolgreicher Schadensersatzklagen in den USA angewendet.[91] Clustering ist eine vielseitig einsetzbare Technik und kann auch für komplexere Datenlagen in juristischen DA-Systemen angepasst werden (zB unter Einbeziehung von Dokument-Metadaten, Zitationen etc).[92]

IX. Zitations- & Netzwerkanalyse

40 Wenn ein DA-System robust Referenzen zwischen Dokumenten erkennen, zuordnen[93] und ggf. typisieren[94] kann, können diese in einem **Zitationsgraph** gesammelt werden (dh Dokumente werden zu Knoten, die mittels Zitationskanten miteinander verbunden sind). Auf diesem wiederum können dann selbstständige

---

85 Firoozeh et al. 2020.
86 Chalkidis et al. 2019.
87 Manning et al. 2008, Kapitel 18.4, 16 und 17.
88 ZB auf irischen Texten O'Neill et al. 2017.
89 O'Neill et al. 2017.
90 ZB auf australischen Urteilen Carter et al. 2016.
91 Conrad et al. 2017.
92 Lu et al. 2011.
93 ZB auf deutschen Gesetzen Waltl et al. 2016, auf amerikanischen Veteranenrecht-Entscheidungen Huang et al. 2021.
94 ZB Sadeghian et a. 2016.

Analysen durchgeführt werden.[95] Solche **juristische Netzwerkanalysen** bilden ein eigenes Arbeits- und Forschungsgebiet, weswegen der Leser an dieser Stelle auf entsprechende Literatur verwiesen wird.[96]

X. Technology Assisted Review

Technology-Assisted Review (TAR) bezeichnet Techniken zur automationsunterstützten Identifikation aller für bestimmte Kriterien relevanten Dokumente in einer großen Sammlung.[97] TAR kann in verschiedenen Kontexten zum Einsatz kommen, in denen abschließend alle relevanten Elemente gefunden werden sollen. Der prominenteste Anwendungsfall im juristischen Bereich ist der des sog. **Electronic Discovery (e-Discovery).** In bestimmten Verfahrenstypen des amerikanischen Rechts müssen in der *Discovery* Phase die beteiligten Parteien alle für den Rechtsstreit relevanten Dokumente der Beweisführung zugänglich machen. Im Fall von elektronischen Dokumenten wird dies als e-Discovery bezeichnet. Es besteht die Möglichkeit, dass Parteien „privilegierte" Dokumente zurückhalten, die Information aus dem Vertrauensverhältnis zwischen Anwalt und Mandant (engl. *Attorney Client Privilege*) offenlegen würden. Die manuelle Durchsicht aller potenziell zu teilenden Dokumente ist dabei außerordentlich aufwendig. TAR erlaubt die **Erkennung von relevanten und privilegierten Dokumenten** durch ein „Zusammenspiel zwischen Menschen und Computern" effizient und effektiv durchzuführen.[98] Durch den Einsatz einer maschinellen Relevanzbeurteilung kann die Anzahl der durch Menschen zu untersuchenden Dokumente gegenüber einer vollständigen manuellen Sichtung stark reduziert werden. Die verschiedenen Möglichkeiten der Unterstützung durch Computer im Rahmen von TAR reichen dabei von der klassischen booleschen Suche (→ Rn. 22) bis hin zu ML-Methoden.[99]

41

Die Text Retrieval Conference (TREC)[100], die sich mit der Entwicklung und Erprobung moderner IR-Technologie beschäftigt, betrieb unter ihrem „Legal Track" zwischen 2006 und 2011 eine Reihe von TAR-Benchmarks.[101] Später wurde in verschiedenen *Total Recall Tracks* ebenfalls das Ziel aufgegriffen, mit **möglichst wenig menschlicher Mitwirkung** alle relevanten Dokumente in einer Sammlung zu finden (dh hohe Werte in der *Recall* Metrik → Rn. 30 f., → *Maschinelles Lernen* Rn. 8 ff.). In der e-Discovery- und TAR-Literatur wird daher regelmäßig auf die dort veröffentlichten Datensätze und Evaluationen Bezug genommen.

42

Technisch zielt TAR darauf ab, ohne anfängliches Wissen über einen Datensatz durch einen **schrittweisen Prozess** nach und nach „die meisten relevanten Dokumente zu identifizieren und manuell zu prüfen. Ein Klassifikator wird [dabei] inzident zu dem Zweck verwendet, um zu prüfende Dokumente zu identifizieren".[102] Somit besteht ein Abwägungsverhältnis zwischen der Anzahl manueller Prüfungen und der Menge der dabei gefundenen relevanten Dokumente.[103]

43

Verschiedene TAR-Protokolle bilden dabei Varianten eines Grundprozesses:[104]

44

- Der Prozess beginnt auf einer Dokumentsammlung, aus der eine Anfrage zur Freigabe von Dokumenten bedient werden soll.
- Aus der Sammlung wird ein erster Datensatz zum Zweck des Modelltrainings ausgewählt (beispielsweise durch zufällige Auswahl oder mittels einer Stichwortsuche) und manuell auf Relevanz geprüft (sog. *Seed Set*).
- Auf dem *Seed Set* wird ein Relevanz-Klassifikator trainiert.

---

95 Zhang & Koppaka 2007.
96 ZB Fowler et al. 2007, Lupu et al. 2012, Coupette et al. 2021.
97 Yang et al. 2022.
98 Grossmann & Cormack 2010 mit Verweis auf Oard et al. 2010.
99 Grossmann & Cormack 2010.
100 S. https://trec.nist.gov.
101 S. https://trec-legal.umiacs.umd.edu.
102 Cormack & Grossman 2014, vom Autor übersetzt.
103 Cormack & Grossman 2014.
104 Nach Cormack & Grossman 2014.

- Der Klassifikator wird auf die Sammlung angewendet und eine Voraussage bzgl. der Relevanz der noch nicht geprüften Dokumente ermittelt. Durch die vorausgesagten Relevanzwahrscheinlichkeiten kann eine Rangfolge erstellt werden.
- Aus den als relevant klassifizierten Dokumenten wird eine Teilmenge ausgewählt (sog. *Review Set*), deren Dokumente, sofern noch nicht geschehen, manuell geprüft werden.
- Diese geprüften Dokumente bilden nun einen größeren Trainingsdatensatz, auf dem ein neuer Klassifikator trainiert werden kann. Der Prozess wird nun ab der Anwendung des Klassifikators auf der Gesamtsammlung wiederholt.
- Ist ein Terminierungskriterium erreicht, wird der Prozess beendet und der beste Klassifikator dazu verwendet, ein finales Review Set zur Evaluation zu produzieren.

45 Entscheidend ist hier die **iterative Natur des Prozesses**, der sukzessive die Relevanzklassifikation durch Interaktion mit Experten durch Dokumentauswahl und -prüfung verbessert, bis ein Terminierungskriterium erfüllt ist (zB die Menge an bisweilen gefundenen relevanten Dokumenten ist ausreichend oder das Budget für manuelle Prüfungen ist erschöpft). *Cormack & Grossman* unterscheiden beispielsweise zwischen drei Protokollen[105]:

- *Simple Passive Learning* (SPL): Bei der Zusammenstellung der Dokumente für die sukzessive Erweiterung des Trainingsdatensatzes wird der trainierte Klassifikator nicht verwendet (zB durch eine zufällige Auswahl neuer Dokumente bei jeder Iteration).
- *Continuous Active Learning* (CAL): Bei jeder Iteration wird eine bestimmte Anzahl der durch den Klassifikator als am relevantesten eingestuften Dokumente manuell geprüft (sofern nicht schon geschehen) und zu den Trainingsdaten hinzugefügt.
- *Simple Active Learning* (SAL): Die Auswahl der Dokumente zur schrittweisen Erweiterung der Trainingsdaten geschieht gezielt durch die Prüfung von Dokumenten, bei deren Vorhersage der Klassifikator maximal unsicher ist (sog. *Uncertainty Sampling*[106]). Ziel ist hier die gezielte Anpassung des Klassifikators im Grenzbereich der Relevanz-Voraussage. Der Prozess endet, sobald diese inkrementelle Verbesserung die Kosten der manuellen Prüfungen weiterer Trainingsdokumente nicht mehr rechtfertigt.
- TAR Protokolle können verschieden systematisiert werden,[107] bestehen jedoch stets aus vergleichbaren Grundelementen (Dokumentauswahl, manuelle Prüfung, Klassifikationstraining, Anwendung des Modells auf bislang ungeprüfte Daten, mögliche Iterationen etc). Die Evaluierung verschiedener Protokolle und Terminierungskriterien unter gegebenen Kostenbudgets wird von Experten ebenfalls empirisch untersucht.[108]

46 Experimente von Cormack & Grossman berichten (ua auf TREC-Daten), dass durch eine Begriffssuche erstellte Seed-Sets im Vergleich zu zufällig ausgewählten zu besseren Ergebnissen führen.[109] Ferner beobachten sie bessere Recall-Werte von CAL gegenüber SAL.[110] Sie führen dies auf den Fokus der CAL-Methode auf vom Klassifikator als relevant prädizierten Dokumente zurück, qualifizieren jedoch auch die Ergebnisse der SAL-Technik als abhängig von dem gewählten Terminierungskriterium.[111]

47 Ein Kernproblem in der Evaluation von TAR-Systemen ist die Schaffung eines echten „**Gold-Standard**"-Referenzdatensatzes, da die **Übereinstimmung** zwischen den Relevanzannotationen mehrerer Experten

---

105 Cormack & Grossman 2014.
106 Lewis & Gale 1994.
107 S. zB alternativ die Unterteilung in One-Phase und Two-Phase Workflows in Yang et al. 2021.
108 ZB Yang et al. 2021.
109 Cormack & Grossman 2014.
110 Cormack & Grossman 2014. Es sei angemerkt, dass „Continuous Active Learning" von M. Grossman und G. Cormack in den USA als Trademark registriert wurde (https://trademarks.justia.com/866/34/continuous-active-86634255.html) und Gegenstand mehrerer amerikanischer Patente ist; siehe die Einleitungsabschnitte von Yang et al. 2021.
111 Spezifisch weisen Cormack & Grossman 2014 hier auf die schwierig zu entscheidenden Kriterien hinsichtlich der „Stabilisierung" des Klassifikators anhand gängiger Metriken hin.

typischerweise begrenzt ist.[112] Obgleich TAR-Systeme anhand eines Vergleiches mit in der Regel durch mehrere Experten kollaborativ erstellten Referenzdaten evaluiert werden, ist diese Limitierung der Aussagekraft von Genauigkeitsmessungen entsprechend zu berücksichtigen.[113] Untersuchungen auf dem TREC Legal Track 2009-Wettbewerb haben dennoch statistisch erwiesen, dass die Nutzung von TAR einer rein manuellen Sichtung in Hinblick auf die erreichten Werte in der entscheidenden F1-Metrik überlegen sein kann, obwohl im Rahmen von TAR nur ein kleiner Teil der Dokumente durch Menschen geprüft wird.[114]

Analog zur NLP-Forschung wird auch im Bereich von TAR aktuell die Nutzung von vortrainierten Transformer-basierten neuronalen Netzen (→ *Natural Language Processing (NLP)* Rn. 43 f.) in Active-Learning-Protokollen evaluiert.[115] Hierbei ergibt sich die Besonderheit, dass der zu durchsuchende Korpus auch für das sog. *Fine-Tuning* eines *Large Language Models* verwendet werden kann, welches dann die Basis des iterativ zu verbessernden Klassifikationsmodells bilden kann.[116]

XI. Ausblick

Forschung und Entwicklung in NLP haben in der jüngsten Vergangenheit große Fortschritte gemacht. Dank der **kontinuierlichen Weiterentwicklung des Open Source Ökosystems** in diesem Bereich wird es für die Entwickler von Dokumentanalysesystemen für juristische Anwendungen immer einfacher, moderne Methoden zu nutzen. Es ist daher zu erwarten, dass gut entwickelte Analysen wie Dokumentstrukturanalyse, Named Entity Recognition, die gezielte Extraktion von Informationselementen (Zeitangaben, Geldbeträge, Adressen etc) und ähnliche Funktionen immer breitere Anwendung finden werden.

Die Vision einer effektiven Navigation und Suche in großen Dokumentsammlungen und Konvoluten (zB Akten) anhand von Analyseergebnissen beinhaltet außerdem, dass die Erkennung von erwähnten Entitäten und die Abbildung ihrer Beziehungen untereinander über mehrere Dokumente hinweg erfolgen soll. Wenn Dokumentinhalte mittels NLP in **Wissensgraphen** überführt werden könnten, würden strukturierte Abfragen die Stichwortsuche ergänzen (bzw. ersetzen) und Benutzer könnten mit geringem kognitivem Aufwand auf relevante Informationen (zB über bestimmte Personen, Organisationen oder Ereignisse) in der ganzen Akte zugreifen. Obgleich Grundfunktionen wie Named Entity Recognition bereits auf Einzeldokumenten gut funktionieren können, ist solch eine umfangreiche semantische Analyse bislang unerreicht.

Bei der effektiven Adoption von Analysekomponenten in den jeweiligen Kontexten spielen gute Trainings- und Evaluationsdaten eine entscheidende Rolle, deren Verfügbarkeit durch verschiedene Faktoren behindert werden kann. Bei Justizdaten wirken insbes. datenschutzrechtliche Anforderungen begrenzend, weswegen die Herausforderung der **automatisierten Anonymisierung** von Dokumenten (insbes. Urteilen) in den Fokus der Debatte rund um Digitalisierung im Rechtswesen gerückt ist. Obgleich erste Forschungsergebnisse vorliegen[117] ist das Problem gegenwärtig noch nicht flächendeckend gelöst.

Im Bereich der Suchtechnologie lassen sich mit Hilfe moderner neuronaler NLP-Modelle auch solche Dokumente finden, die relevant für die Suchanfrage sind, sich von dieser aber auf der Wortebene stark unterscheiden können. Hiermit lassen sich klassische Suchmaschinen zu intuitiven Question Answering Systemen weiterentwickeln. Dennoch scheint es fraglich, ob ein Dialog von Fragen und Antworten in absehbarer Zeit die neue prinzipielle Schnittstelle zwischen Experten und Dokumentsammlungen in der Rechtspraxis werden kann. Es ist naheliegender, dass künftige Dokumentanalysesysteme in Fachkontexten ihre zunehmend fortgeschrittenen Analyseergebnisse durch **neue Interaktionsformen** und Softwareelemente für Benutzer aufbereiten werden.

---

112 ZB Experimente in Roitblatt et al. 2011, in denen die Relevanzannotationen von zwei Gruppen separat mit einer Referenzannotation verglichen wurde. Die Übereinstimmung innerhalb der drei Annotationen lag bei 70–76 %.
113 Roitblatt et al. 2011: „Under these circumstances, agreement with the standard is used as the best available measure of accuracy, but its acceptance should be tempered with the knowledge that this standard is not perfect."
114 Grossmann & Cormack 2010.
115 ZB Yang 2022.
116 Yang et al. 2022.
117 ZB Adrian et al. 2022.

27. Dokumentenautomatisierung

Maurer

I. Einführung 1	c) Hybride Ansätze 22
II. Begriffsbestimmung 2	2. Vorhandensein einer Endnutzer-Benutzeroberfläche 23
III. Charakteristika 4	
IV. Erscheinungsformen 7	VII. Anbindung externer Anwendungen 25
1. Dokumentenvorlagen/Formularhandbücher 7	1. Dokumentenverwaltung 26
2. Textverarbeitungsprogramme/elektronische Formulare 8	2. eSigning 28
	3. Datenbanken 31
3. Anwendungen zur Dokumentenautomatisierung 9	VIII. Rechtliches 34
V. Anwendungsbereiche 10	1. Vertrags- und Lizenzrecht 35
1. Verbraucher/Mandanten 11	2. Berufsrecht 36
2. Professionelle Fachanwender 14	3. Rechtsdienstleistungsrecht 39
VI. Technische Ansätze 16	4. Prozessrecht 40
1. Bedeutung der Dokumentenvorlage .. 17	5. Steuerrecht 41
a) Vorlagen-zentrierter Ansatz 18	IX. Ausblick 42
b) Logik-zentrierter Ansatz 20	

Literatur: *Achachlouei/Patil/Joshi/Nair*, Document Automation Architectures and Technologies: A Survey, 2021, abrufbar unter https://arxiv.org/pdf/2109.11603.pdf; *Glaser/Huynh/Klymenko/Labrenz/Matthes*, Legal Document Automation Tool Survey 2020, 2020, abrufbar unter https://wwwmatthes.in.tum.de/pages/l39spzlq343ft/Legal-Document-Automation-Tool-Survey; *Hitz/Schröder*, Gewerbesteuerprivileg: Fluch oder Segen?, AnwBl 2020, 408; *Remmertz*, Verwendung von Textbausteinen in einer Berufsbegründung, RDi 2020, 56; *Riechert*, Grenzen der Automatisation: Wer haftet wofür?, AnwBl 2019, 102.

I. Einführung

1 Bei der automatisierten Erstellung von Dokumenten handelt es sich um eine der am weitesten verbreiteten Formen des Einsatzes von Technologie zur Automatisierung rechtlicher Arbeitsprozesse. Grund hierfür ist, dass Dokumente seit jeher eines der wesentlichen juristischen Arbeitsprodukte darstellen und ein erheblicher Anteil der Arbeitszeit juristischer Berufsträger auf die Erstellung derselben verwendet wird. Der Einsatz von Software zur Dokumentenautomatisierung führt deshalb zu schnellen und greifbaren Effizienzsteigerungen in juristischen Arbeitsprozessen.[1]

II. Begriffsbestimmung

2 Eine allgemein anerkannte **Definition** des Begriffes „Dokumentenautomatisierung" existiert nicht. Jedoch kann diese ausgehend vom Begriff der „Automatisierung" entwickelt werden (→ *Automatisierung und Autonomie* Rn. 4 ff.). Für eine „Automatisierung" ist der Einsatz von „Automaten" typisch. Diese sind „künstliche Systeme, die selbsttätig ein Programm befolgen und dabei aufgrund des Programms Entscheidungen zur Steuerung und ggf. Regelung von Prozessen treffen [...]".[2] Überträgt man dies auf den Kontext der Erstellung von Dokumenten, so kann man die Dokumentenautomatisierung als einen teilweise oder vollständig selbstständig ablaufenden Prozess, in dessen Verlauf aufgrund von vordefinierten Regeln unter Verwendung von Eingabedaten einzelfallspezifische Dokumente erstellt werden, definieren.[3]

3 Speziell im Kontext von Legal Tech-Anwendungen wird die automatisierte Erstellung von Dokumenten üblicherweise als **„Legal Tech 2.0"** bezeichnet. Dieses Entwicklungsstadium ist dadurch gekennzeichnet, dass juristische Tätigkeiten zumindest teilweise automatisiert anhand regelbasierter Vorgaben erledigt werden können. Insofern geht die Dokumentenautomation über „Legal Tech 1.0" hinaus, worunter Software

---

[1] Vgl. hierzu auch Hartung/Bues/Halbleib Legal Tech/Halbleib Rn. 1131.
[2] Voigt, Automatisierung, in Gabler Wirtschaftslexikon, 19.2.2018, abrufbar unter https://wirtschaftslexikon.gabler.de/definition/automatisierung-27138/version-250801.
[3] Vgl. hierzu auch die Übersicht der verschiedenen Definitionsansätze in: Achachlouei/Patil/Joshi/Nair, Document Automation Architectures and Technologies: A Survey, 2021, abrufbar unter https://arxiv.org/pdf/2109.11603.pdf.

für einfachere Tätigkeiten wie die Kanzlei- oder Wissensorganisation gefasst wird. Hinter „Legal Tech 3.0" steht die Dokumentenautomation hingegen insofern zurück, als sie nach wie vor auf regelbasierten Algorithmen basiert und nicht – etwa durch Einsatz von künstlicher Intelligenz – selbstständig Arbeitsergebnisse ohne regelbasierte Vorgaben erzielt.[4]

III. Charakteristika

Hinsichtlich der **charakteristischen Merkmale der Anwendungsfälle** von Dokumentenautomatisierungen bietet sich eine Einordnung nach dem Grad der Komplexität des zu erstellenden Dokuments sowie der Frequenz, mit der der Vorgang der Erstellung desselben wiederkehrt, an.[5] Prinzipiell ist eine Automatisierung bei jeder Art von Dokumententyp denkbar, ungeachtet dessen Komplexität. Jedoch rechtfertigt sich der mit der Erstellung des Automatisierungsprozesses verbundene Aufwand erst dann, wenn in der Praxis mit einer hinreichend hohen Frequenz hinsichtlich der Generierung von Einzeldokumenten zu rechnen ist. Wesentliches charakteristisches Merkmal von Anwendungsfällen für Dokumentenautomation ist daher das Vorhandensein einer hinreichend hohen Frequenz des Erstellungsvorgangs.

Innerhalb der **Erstellungsvorgänge mit hoher Frequenz** sind diejenigen Fälle mit geringer Komplexität für die automatisierte Generierung von Dokumenten prädestiniert. Hierunter fallen im Rechtsverkehr häufig gebrauchte Vertrags- und Dokumenttypen (wie zB Arbeits- oder Mietverträge oder Datenschutzerklärungen), die zwar einen gewissen Bedarf an Individualisierung aufweisen, bei denen die Konstellationen jedoch typisierbar sind (zB Befristung eines Vertrages). Dokumententypen mit höherer Komplexität eignen sich für eine vollständig automatisierte Erstellung hingegen nur dann, wenn ihre Struktur entweder durch rechtliche Vorgaben (zB Schriftsätze oder Behördenanträge) oder branchen- bzw. kanzleispezifische Standards[6] vorgegeben ist. Existieren solche Vorgaben oder Standards für den betroffenen Dokumententyp nicht oder in nicht hinreichend detaillierter Form, so kann immer noch eine teilweise automatisierte Dokumentenerstellung dergestalt erfolgen, dass der standardisierte Dokumentenrumpf als Entwurf generiert wird, sich hieran jedoch eine manuelle Finalisierung anhand der individuellen Umstände des Einzelfalls anschließt.

Erstellungsvorgänge mit geringer Frequenz eigenen sich hingegen generell weniger für den Einsatz einer automatisierten Dokumentengenerierung. Weist der Dokumententyp eine geringe Komplexität auf, so ist die Erstellung eines Automatisierungsprozesses zwar prinzipiell mit überschaubarem Aufwand möglich, jedoch oftmals unwirtschaftlich. Stattdessen kann ein Rückgriff auf statische Formulare oder Vorlagen erfolgen, falls diese vorhanden sind (zB Formulare für Behördenanträge). Im Bereich der hohen Komplexität des Dokumententyps bei gleichzeitig niedriger Frequenz des konkreten Anwendungsfalles liegt indes nach wie vor der genuine Anwendungsbereich von einzelfallbezogener Beratung und Vertragsgestaltung.

---

4 Vgl. BeckRA-HdB/Remmertz § 64 Rn. 8 ff. mwN.
5 Vgl. hierzu auch die Kriterien bei Jacob/Schindler/Strathausen Liquid Legal 2020/Northoff/Gresbrand S. 396 f.
6 Ein Beispiel für solch einen branchenspezifischen Standard sind die Dokumentenstandards der britischen Loan Market Association (LMA), vgl. https://www.lma.eu.com/documents-guidelines/documents.

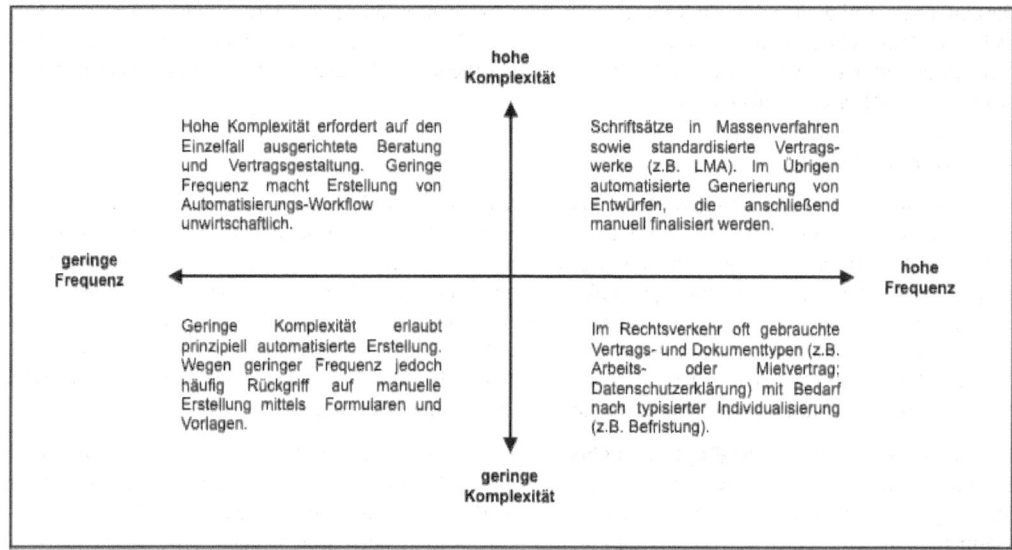

Abb.: Darstellung verschiedener (potenzieller) Anwendungsfälle für Dokumentenautomatisierungen, kategorisiert nach dem Grad ihrer Komplexität sowie der Frequenz ihres Auftretens in der Praxis, in Form eines Matrix-Diagramms.

IV. Erscheinungsformen

1. Dokumentenvorlagen/Formularhandbücher

7 Die Vorläufer der Dokumentenautomatisierung liegen weit vor Aufkommen des Begriffes „Legal Tech" und der damit verbundenen digitalen Technologien. So können schon primär an Verbraucher gerichtete Vertragssets zu verschiedenen rechtlichen Themenkreisen (etwa dem Erb- oder Mietrecht), die über den Buch- oder Schreibwarenhandel vertrieben wurden (und immer noch werden), als eine frühe Form angesehen werden. Für juristische Fachanwender stellen Formular- und Vertragshandbücher das entsprechende Gegenstück dar. Beiden Produkten ist gemein, dass ihnen eine Abstrahierung der Struktur von Dokumenten weg von einem konkreten einzelfallbezogenen Inhalt zugrunde liegt, so dass die resultierenden Vorlagen für eine Vielzahl von Einzelfällen verwendet werden können. Um eine Automatisierung im eigentlichen Sinne handelt es sich dabei jedoch nicht, da die eigentliche Erstellung individueller Dokumente nach wie vor manuell erfolgen muss.

2. Textverarbeitungsprogramme/elektronische Formulare

8 Seit dem Aufkommen von Textverarbeitungsprogrammen bietet sich Anwendern die Möglichkeit, digitale Dokumentenvorlagen unmittelbar mit einzelfallbezogenen Inhalten zu befüllen und somit ein konkretes Rechtsdokument zu generieren. Zu beachten ist auch hierbei, dass es sich trotz Einsatzes eines technologischen Hilfsmittels in Form des Computers nur dann um Dokumentenautomatisierung handelt, wenn dem menschlichen Anwender zumindest zu einem gewissen Grad Aufgaben durch den Computer abgenommen werden. Sofern sich die Funktion des Textverarbeitungsprogramms auf eine reine Ausfüllhilfe beschränkt, ist dies noch nicht der Fall. Folglich sind auch spezielle Word- oder PDF-Formulare noch keine Dokumentenautomatisierung im eigentlichen Sinne. Hierzu werden sie erst dann, wenn ihnen eine weitergehende, über das Erleichtern des Ausfüllens hinausgehende Funktionalität zukommt. Diese kann etwa in der Erstellung einer Vielzahl von gleichartigen Dokumenten auf Grundlage eines importierten strukturierten

Datensatzes bestehen.[7] Der maschinelle Automatisierungsanteil liegt hierbei darin, dass ein und dieselbe Dokumentenvorlage für eine Vielzahl von Datensätzen ausgefüllt wird, sodass einzelfallspezifische Dokumente entstehen. Nicht hierunter fallen hingegen Validierungen von Nutzereingaben, zB in Form von Auswahlfeldern, die die möglichen Eingabewerte von vornherein beschränken oder das Ausführen von Prüf-Logik – etwa für die Validierung von IBANs. Hierbei erfolgt lediglich eine Arbeitserleichterung dahin gehend, dass entweder der Prozess der Dateneingabe oder die Kontrolle der bereits eingegebenen Daten erleichtert wird. Eine Übernahme von genuin menschlichen Tätigkeiten durch die Maschine erfolgt indessen nicht.

3. Anwendungen zur Dokumentenautomatisierung

Die technologisch ausgereifteste Form der Dokumentenautomatisierung bilden solche Anwendungen, die speziell für diesen Zweck entwickelt wurden. Entsprechend verfügen solche Programme über Funktionalitäten, die gerade darauf ausgelegt sind, den Prozess der Erstellung von (Rechts-)Dokumenten ganz oder teilweise automatisiert zu ermöglichen. Für diese ist kennzeichnend, dass sie eine Funktionalität beinhalten, deren primärer Zweck darin besteht, den Vorgang der Erstellung eines Dokuments anhand vordefinierter Regeln ganz oder teilweise selbstständig auszuführen. Entsprechenden Automatisierungs-Anwendungen und Dokumentenformularen ist gemein, dass sie für die Erstellung eines Dokuments strukturierte Dateneingaben benötigen. Der wesentliche Unterschied zu Formularen besteht jedoch darin, dass Datenerfassung und Dokumentenerstellung nicht unmittelbar zusammenfallen, sondern die separat erfassten Daten in der Dokumentenautomatisierungs-Anwendung zunächst verarbeitet werden und erst in einem weiteren Schritt unter Ausführung vordefinierter Regeln aus ihnen ein konkretes Dokument generiert wird. 9

V. Anwendungsbereiche

Hinsichtlich der konkreten Anwendungsbereiche von Anwendungen zur automatisierten Dokumentenerstellung ist danach zu unterscheiden, ob diese sich an Verbraucher bzw. Mandanten oder juristische Fachanwender richten. 10

1. Verbraucher/Mandanten

Anwendungen, mit deren Hilfe **Verbraucher** eigenständig in einem automatisierten Verfahren (Rechts-)Dokumente generieren können, beschränken ihr Angebot typischerweise auf einen ausgewählten Kreis an Dokumententypen. Die Logik für deren Erstellung ist in der Anwendung fest hinterlegt, so dass der Endnutzer nur noch die Auswahl des Dokuments treffen und die hierfür erforderlichen Daten eingeben oder auswählen kann. Auf dieser Grundlage erstellt die Anwendung sodann entweder ein unterschriftsbzw. verwendungsreifes Dokument oder einen Dokumentenentwurf mitsamt weiteren Erläuterungen zu dessen Verwendung.[8] 11

Aus Perspektive der **Verlage** stellt dies eine Fortentwicklung der statischen Formular- und Vertragsvorlagen dar, die diese in Buchform oder Online-Datenbanken anbieten. Der Umstand, dass alle erforderlichen Parameter durch ein Formular abgefragt werden können, ermöglicht es, diese einem größeren Nutzerkreis zugänglich zu machen und darüber hinaus auch das Geschäftsmodell über den reinen Vertrieb der Dokumentenvorlagen an Fachanwender hinaus weiterzuentwickeln. In diesem Zusammenhang stellt sich 12

---

7 Im Textverarbeitungsprogramm Microsoft Word kann dies etwa durch die Serienbrieffunktion erreicht werden, so dass beim Einsatz dieser Funktion bereits von einer Dokumentenautomation gesprochen werden kann.
8 Klassisches Beispiel hierfür sind Generatoren für Datenschutzerklärungen von Websites, die durch den Geltungsbeginn der DS-GVO im Jahr 2018 erhöhte Relevanz erfuhren. Neben Angaben zur Identität des Website-Betreibers fragen diese vom Nutzer ab, ob bestimmte Techniken (zB Cookies) oder Drittanbieter-Tools auf dessen Website zum Einsatz kommen. Anhand dieser Angaben erstellt die Anwendung dann eine Datenschutzerklärung, die der Nutzer im Idealfall direkt auf seiner Internetseite einbinden kann. Daneben gibt es in letzter Zeit vermehrt auch Angebote von Verlagen und Anwaltskanzleien, die für ausgewählte Rechtsbereiche – etwa im Miet- oder Arbeitsrecht – die eigenständige Generierung von Dokumenten durch Verbraucher ermöglichen. Bekanntester Anbieter in diesem Bereich ist das Unternehmen smartlaw (https://www.smartlaw.de).

insbesondere die Frage, ob es sich dabei um erlaubnispflichtige Rechtsdienstleistungen im Sinne des § 2 Abs. 1 RDG handelt (→ Rn. 39 ff.).

13 Für **Kanzleien** bietet sich ebenso wie für Verlage die Möglichkeit, durch unmittelbar an Endanwender gerichtete Anwendungen zur Dokumentenautomation neue Mandatsgruppen zu erschließen oder das Leistungsangebot in bestehenden Mandatsverhältnissen zu erhöhen. Die Produkte können entweder unterschrifts- bzw. verwendungsreife Dokumente generieren oder darauf gerichtet sein, dem Nutzer ein kostenfreies Basisdokument mitsamt dem Angebot einer individuellen Beratungsleistung zur Verfügung zu stellen. In letzterem Fall stellen die Dokumentengeneratoren in erster Linie Marketinginstrumente zur Mandatsakquise dar.

2. Professionelle Fachanwender

14 Anwendungen zur Dokumentenautomatisierung, die an professionelle **juristische Fachanwender** gerichtet sind, stellen diesen Funktionen zur Verfügung, um Prozesse für die automatisierte Erstellung beliebiger Dokumente zu erstellen. Es ist mithin am Endanwender selbst, einen geeigneten Dokumententyp zu identifizieren und für diesen abstrakte Regeln zu definieren, die eine Automatisierung für eine Vielzahl von Einzelfällen ermöglichen. Verwenden lassen sich diese Anwendungen entweder rein intern zur Automatisierung und Beschleunigung der eigenen Arbeitsabläufe oder extern zur Bereitstellung von an Verbraucher bzw. Mandanten gerichteten Angeboten.

15 Die Zahl der **Anbieter von Anwendungen zur Erstellung von Dokumentenautomatisierungs-Prozessen** ist in den letzten Jahren, insbesondere seit dem Aufkommen des Legal Tech-Trends um die Jahre 2014–2016, stark gewachsen.[9] Neben diesen Anwendungen, deren primärer Anwendungsfall die Erstellung von Automatisierungsprozessen für Dokumente ist, existieren weitere Anwendungen, bei denen die automatisierte Erstellung von Dokumenten eine Teil-Funktionalität, nicht jedoch der einzige Anwendungsfall ist. Beispiele hierfür sind No-code-Plattformen zur Prozess- und Service-Automation.[10] Diese bieten dem Nutzer eine grafische Oberfläche, um eigene individuelle Automatisierungsprozesse zu erstellen. Die mithilfe solcher No-code-Anwendungen gebauten Endanwendungen können ihrerseits primär auf die Generierung von Dokumenten abzielen, sodass der Sache nach kein wesentlicher Unterschied zu genuin auf Dokumentenautomatisierung ausgerichteten Anwendungen besteht.[11] Die Dokumentenerstellung kann jedoch auch nur ein Teilaspekt eines größeren auf der No-code-Plattform abgebildeten Prozesses sein.[12]

VI. Technische Ansätze

16 Die unterschiedlichen technischen Ansätze von Anwendungen zur Dokumentenautomation lassen sich einerseits danach unterscheiden, ob und zu welchem Grad Dokumentenvorlagen verwendet werden, und andererseits danach, ob und an welcher Stelle eine (eigene) Benutzeroberfläche vorhanden ist.

---

9 Eine Aufzählung der Anbieter solcher Anwendungen kann daher nur beispielhaft erfolgen – zu den national und international bekanntesten Anbietern zählen: Contract Express (Thompson Reuters) (https://mena.thomsonreuters.com/en/products-services/legal/contract-express.html), HotDocs (https://www.hotdocs.com), Afterpattern (netdocuments) (https://afterpattern.com), Juro (https://juro.com), Lawlift (https://de.lawlift.com) und Legito (https://www.legito.com). Eine ausführliche Gegenüberstellung der Funktionalitäten ausgewählter Anbieter findet sich bei Glaser/Huynh/Klymenko/Labrenz/Matthes, Legal Document Automation Tool Survey 2020, 2020, abrufbar unter https://wwwmatthes.in.tum.de/pages/139spzlq343ft/Legal-Document-Automation-Tool-Survey.
10 Bekannte Anbieter in diesem Bereich sind insbesondere BRYTER (https://bryter.com), Neota Logic (https://www.neotalogic.com) und Checkbox (https://www.checkbox.ai).
11 Anschauliches Beispiel hierfür ist die Erstellung von Geheimhaltungsvereinbarungen (Non-disclosure Agreement – NDA). Diese wird sowohl von Anbietern von genuinen Dokumentenautomatisierungs-Anwendungen (zB Lawlift – https://de.lawlift.com/use-cases/coporate-housekeeping) als auch von No-code-Plattformen (zB BRYTER – https://bryter.com/use-cases/nda-generator) als einer ihrer typischen Anwendungsfälle vermarktet.
12 Ein Beispiel hierfür ist etwa die Generierung eines Arbeits- oder Werkvertrages, die erst erfolgt, nachdem zuvor auf der Plattform eine Scheinselbstständigkeits-Prüfung durchgeführt wurde.

1. Bedeutung der Dokumentenvorlage

Werden neue Anwendungsfälle für Dokumentenautomation in der Praxis identifiziert, so sind üblicherweise bereits konkrete einzelfallspezifische Dokumente vorhanden, die in der Vergangenheit manuell erstellt wurden. Diese können dann als Grundlage für die Erstellung eines abstrakten und für eine Vielzahl von Einzelfällen anwendbaren Automatisierungsprozesses dienen, dessen Ergebnis auch die zuvor als Beispiel herangezogenen Dokumente hätten sein können. Im Hinblick darauf, wie dieser Prozess der Logikabstraktion technisch gehandhabt wird, lassen sich verschiedene Ansätze danach unterscheiden, welche Bedeutung in ihnen jeweils der Dokumentenvorlage zukommt. Als Dokumentenvorlage ist in diesem Kontext ein Dokument zu verstehen, das bereits die für die Art des zu generierenden Dokuments typische Struktur[13] sowie generische Formulierungen, nicht jedoch einzelfallspezifische Inhalte enthält. Anstatt Letzterer sind hingegen Platzhalter definiert, die anstelle eines konkreten Inhalts nur abstrakte Beschreibungen des einzufügenden variablen Inhalts enthalten.[14]

a) Vorlagen-zentrierter Ansatz

Sofern der Prozess der Logikabstrahierung primär auf der Dokumentenvorlage aufbaut, kann man von einem Vorlagen-zentrierten Ansatz sprechen. In diesem Fall werden die Grundstruktur und statischen Inhalte der Dokumentenvorlage direkt in einem Textverarbeitungsprogramm (zB Microsoft Word) definiert und diese Vorlage erst anschließend in die Dokumentenautomatisierungs-Anwendung hochgeladen. Anstelle variabler Inhalte werden Platzhalter gesetzt. Charakteristisch ist dabei, dass diese Platzhalter nur für punktuell einzufügende Einzelinformationen gesetzt werden. Eine Abstrahierung dahin gehend, dass auch für variable Abschnitte (zB optionale Klauseln) als Ganzes Platzhalter definiert werden, erfolgt jedoch nicht. Vielmehr werden auch solche variablen Abschnitte zunächst mit ihrem jeweiligen statischen Inhalt samt Platzhaltern definiert. In einem zweiten Schritt kann der variable Abschnitt dann aber noch mittels einer speziellen Syntax[15] als – abhängig von bestimmten Bedingungen – optional gekennzeichnet werden. Die Dokumentenvorlage enthält also neben Platzhaltern für variable Einzelinformationen auch eine eigene Logik, die bestimmt, welche Teile des statischen Inhalts im generierten Dokument unter welchen Bedingungen enthalten sein sollen.[16]

---

13 Im Falle eines Arbeitsvertrages können dies zB verschiedene Klauseln für Vertragsgegenstand und -laufzeit, Vergütungsregelungen und weitere in Arbeitsverträgen üblicherweise geregelte Punkte sein.
14 Die Syntax solcher Platzhalter ist je nach verwendetem Programm unterschiedlich. In der Dokumentenautomations-Funktion des Anbieters BRYTER könnte ein Satz zur Regelung der Vertragslaufzeit zB wie folgt aussehen: „Der Vertrag beginnt am {{Datum Vertragsbeginn}} und endet am {{Datum Vertragsende}}." Die in doppelt geschweiften Klammern definierten Variablen werden dann zum Zeitpunkt der Erstellung des Dokuments durch die im konkreten Fall definierten Daten ersetzt.
15 Vgl. hierzu etwa die „Spans" von Contract Express – ein veranschaulichendes Beispiel-Video kann unter folgendem Link abgerufen werden: https://support.thomsonreuters.com.au/product/contract-express/video/contract-express-video-inserting-spans.
16 Vgl. hierzu auch Hartung/Bues/Halbleib Legal Tech/Halbleib Rn. 1138 ff. mit einer ausführlichen Darstellung eines Vorlagen-zentrierten Ansatzes mitsamt eines Syntax-Beispiels.

```
{IF laufzeit == 'befristet'}

    Der Vertrag beginnt am {{Datum Vertragsbeginn}} und endet am {{Datum Vertragsende}}.

{ELSE}

    Der Vertrag beginnt am {{Datum Vertragsbeginn}} und läuft auf unbestimmte Zeit.
```

Abb.: Pseudocode-Beispiel eines Vorlagen-zentrierten Ansatzes: Die Vorlage enthält zwei verschiedene sich gegenseitig ausschließende Klauseltexte für die Laufzeit des Vertrages. Je nach dem, ob die Variable Laufzeit den Wert „befristet" hat oder nicht, wird entweder der obere oder untere Textbaustein im generierten Dokument verwendet. Die Platzhalter in doppelt geschweiften Klammern werden automatisch durch die jeweils eingegebenen Daten ersetzt.

19 Der **Vorteil** eines Vorlagen-zentrierten Ansatzes ist, dass der Vorgang der Logikabstrahierung direkt in der Dokumentenvorlage selbst erfolgt. Da alle statischen und variablen Inhalte sowie die Bedingungen für optionale Abschnitte in der Vorlage hinterlegt sind, können alle theoretisch denkbaren Konstellationen in ihr nachvollzogen werden. Sie stellt insofern den größten gemeinsamen Nenner aller auf ihrer Grundlage generierbaren Dokumente dar. Zudem kann auch für die Formatierung und das Layout des Dokuments auf die nativen Funktionalitäten des jeweils verwendeten Textverarbeitungsprogramms zurückgegriffen werden. Demgegenüber kann der Umstand, dass die Logikabstrahierung unmittelbar in der Dokumentenvorlage erfolgt, aber auch ein **Nachteil** dergestalt sein, dass diese vor allem in komplexeren Fällen nur noch für fortgeschrittene Anwender mit entsprechender Kenntnis der einschlägigen Syntax verständlich und nachvollziehbar ist.

b) Logik-zentrierter Ansatz

20 Erfolgt hingegen der Vorgang der Logikabstrahierung in der jeweiligen Dokumentenautomatisierungs-Anwendung selbst und mithin außerhalb der Dokumentenvorlage, so kann man von einem Logik-zentrierten Ansatz sprechen. Der Dokumentenvorlage kommt hierbei eine weitaus geringere oder unter Umständen gar keine Rolle zu, da nicht nur die Datenerfassung für die variablen Inhalte des zu generierenden Dokuments, sondern auch der gesamte hieran anschließende Prozess der Individualisierung und Zusammensetzung des Textkörpers in der Anwendungslogik selbst erfolgt. In der strengsten Ausprägung dieses Ansatzes existiert nicht einmal eine zuvor erstellte Dokumentenvorlage, da das Dokument von dem verwendeten Automatisierungs-Programm als solchem erst im Zeitpunkt der Generierung eines einzelfallspezifischen Dokuments erstellt wird, wobei gerade keine zuvor hochgeladene Vorlage zum Einsatz kommt.

```
var klausel_laufzeit = '';

IF (laufzeit == 'befristet') {

    klausel_laufzeit = 'Der Vertrag beginnt am ${datum_vertragsbeginn} und endet am ${datum_vertragsende}.';

} ELSE {

    klausel_laufzeit = 'Der Vertrag beginnt am ${datum_vertragsbeginn} und läuft auf unbestimmte Zeit.';

}
```

Abb.: Pseudocode-Beispiel eines Logik-zentrierten Ansatzes: Die Variable „klausel_laufzeit" wird zunächst als leerer Text initialisiert. Danach wird ihr – je nachdem, ob der Wert der Variable „laufzeit" den Wert „befristet" hat oder nicht – ein unterschiedlicher Inhalt zugewiesen. In das am Ende generierte Dokument wird schließlich der jeweilige Inhalt der Variable „klausel_laufzeit" insgesamt an der entsprechenden Stelle eingefügt. Die Platzhalter für die Vertragsdaten werden automatisch durch die jeweiligen Daten ersetzt.

Der **Vorteil** des Logik-zentrierten Ansatzes besteht darin, dass für die Konfiguration der inneren Logik des Dokumententypus auf die Funktionalität des Dokumentenautomations-Programms zurückgegriffen werden kann. Diese ist im Regelfall sehr viel benutzerfreundlicher und transparenter als die im Fall des Vorlagen-zentrierten Ansatzes in der Dokumentenvorlage zu verwendende Syntax. Zudem kann diese Anwendungslogik zu weitaus mehr als der schlichten Datenerfassung herangezogen werden, beispielsweise zur Berechnung von Fristen, (Geld-)Beträgen oder Zinsen.[17] Damit geht jedoch auch zugleich der **Nachteil** dieses Ansatzes einher, nämlich dass die Dokumentenvorlage (so sie denn überhaupt existiert) nicht mehr aus sich heraus verständlich ist, sondern erst unter Zuhilfenahme der in der Anwendung definierten Logik.

c) Hybride Ansätze

Neben dem Vorlagen-zentrierten und dem Logik-zentrierten Ansatz existieren auch hybride Ansätze. Diese sind **Mischformen**, die Elemente beider Ansätze beinhalten und deren jeweilige Vorteile miteinander zu kombinieren versuchen. In der Praxis sind die jeweiligen zuvor genannten Ansätze in ihrer Reinform ohnehin nur sehr selten anzutreffen. Insbesondere die strenge Ausprägung des Logik-zentrierten Ansatzes, die komplett ohne eine vorstrukturierte Dokumentenvorlage auskommt, wird im Wesentlichen nur für spezielle Anwendungsfälle proprietär entwickelter Lösungen eingesetzt. Solche finden sich beispielsweise bei Legal Tech-Anbietern, deren Angebot sich an Verbraucher richtet und deren Software als Kern des Geschäftsmodells selbst entwickelt wurde. Anwendungen, die sich primär an Kanzlei- und Unternehmenskunden richten, bieten hingegen oftmals aufgrund der Wichtigkeit von Formatierung und Layout von Dokumenten in diesen Branchen zumindest die Möglichkeit, eine Dokumentenvorlage im eigenen Layout zu verwenden, anstatt diese komplett neu zu erstellen.

2. Vorhandensein einer Endnutzer-Benutzeroberfläche

Ein weiteres Kriterium, nach dem sich verschiedene technische Ansätze zur Dokumentenautomation voneinander abgrenzen lassen, ist das Vorhandensein einer (eigenen) Benutzeroberfläche der verwendeten Software für deren Endnutzer. Als Endnutzer ist hierbei diejenige Person zu verstehen, die die Anwendung zur Generierung eines konkreten Dokuments verwendet, nicht jedoch diejenige, die zuvor in der Anwendung einen Prozess zur automatisierten Erstellung eines bestimmten Dokumententypus programmiert bzw. modelliert. Bei Anwendungen zur Dokumentenautomation, die als eigenständige Produkte für ebendiesen Zweck vermarktet werden, ist eine solche eigene Endnutzer-Benutzeroberfläche typischerweise vorhanden. Je nach Art der Auslieferung des Dokumentenautomatisierungs-Prozesses handelt es sich dabei entweder um ein eigenständiges lokal laufendes Programm oder eine im Web-Browser angezeigte Eingabemaske. Nur dann kann nämlich durch eine solche Anwendung der gesamte Prozess von der Dateneingabe bis hin zur Generierung des Dokuments mithilfe dieser Anwendungen abgebildet werden.

Demgegenüber existieren jedoch auch Erscheinungsformen der sog. **headless**[18] **document automation**, in denen die für die Generierung der Dokumente verwendete Anwendung selbst für den Endnutzer nicht in Erscheinung tritt. Dieser interagiert entweder mit einer anderen Anwendung, die ihm ihrerseits eine Eingabemaske zur Dateneingabe zur Verfügung stellt, oder es handelt sich von vornherein um einen Hintergrundprozess, bei dem Daten durch eine Softwareanwendung selbstständig aus einer Datenbank geladen und anschließend über eine Schnittstelle an die Anwendung zur Dokumentenautomation übermittelt werden. Der letztgenannte Anwendungsfall ist insbesondere bei der massenhaften Generierung von gleichartigen Dokumenten, etwa im Zuge sog. Repapering-Projekte, von großer praktischer Bedeutung (→ Rn. 31 ff.).

---

17 So auch Hartung/Bues/Halbleib Legal Tech/Halbleib Rn. 1145.
18 Mit dem englischen Adjektiv „headless" werden üblicherweise Anwendungen bezeichnet, die keine eigene Benutzeroberfläche aufweisen und stattdessen dazu konzipiert sind, über Schnittstellen in andere bereits bestehende Systeme eingebunden zu werden.

VII. Anbindung externer Anwendungen

25 Beim Einsatz von Dokumentenautomations-Anwendungen kommt in technischer Hinsicht oftmals der Anbindung weiterer externer Anwendungen eine besondere Bedeutung zu. Typischerweise handelt es sich dabei um Anwendungen zur Dokumentenverwaltung, sog. eSigning-Anwendungen zur Abbildung digitaler Unterschriftsprozesse sowie weitere externe Datenbanken. Grundvoraussetzung hierfür ist jeweils das **Vorhandensein einer Programmierschnittstelle**[19], über die ein Datenaustausch zwischen den verschiedenen Anwendungen im für den Anwendungsfall erforderlichen Umfang erfolgen kann.

1. Dokumentenverwaltung

26 Der in der Praxis häufigste Fall, in dem eine externe Anwendung zur Dokumentenverwaltung über eine Integration mit einem Programm zur Dokumentenautomation verknüpft wird, ist die **Speicherung der generierten Dokumente**. Zwar sind auch Anwendungsfälle denkbar, in denen das am Ende eines Automationsprozesses generierte Dokument durch den Endnutzer selbst manuell heruntergeladen bzw. gespeichert werden muss. Diese Fälle beschränken sich jedoch meist auf solche Situationen, in denen sich die Anwendung an externe Endanwender richtet. Sofern in Kanzleien und Unternehmen Dokumente automatisiert erstellt werden, sollen diese hingegen typischerweise in der für die Verwaltung von Dokumenten bzw. Verträgen intern verwendeten Anwendung abgelegt werden. Aufgrund der großen Bedeutung dieses Anwendungsfalles bieten Dokumentenautomatisierungs-Anwendungen, die sich in erster Linie an Kanzleien und Unternehmen richten, oftmals standardmäßig Integrationen mit am Markt gebräuchlichen Dokumentenverwaltungs-Anwendungen an. Umgekehrt integrieren viele Anwendungen zum Contract Lifecycle Management (CLM) Funktionalitäten zur automatisierten Generierung von Dokumenten in ihr Funktionsangebot.[20] Durch eine solche Integration kann in der Praxis ein zusätzlicher Effizienzgewinn erzielt werden, da nicht nur der eigentliche Prozess der Dokumentenerstellung, sondern auch die Ablage des generierten Dokuments automatisiert erfolgt. Bei komplexeren Integrationen ist zudem nicht nur die reine Ablage des Dokuments, sondern auch eine Zuordnung von dokument- und mandatsspezifischen Metadaten möglich, so dass eine nahtlose Einbindung der Dokumentenautomation in die übrigen Arbeitsprozesse erreicht und der Anteil der manuellen Arbeitsschritte auf ein Minimum reduziert werden kann.

27 Zudem kann ein Bedürfnis zur **externen Verwaltung der Dokumentenvorlagen** in einer anderen als der für die eigentliche Automation verwendeten Anwendung bestehen. Meist hängt dies im konkreten Fall vor allem davon ab, wie ausgeprägt die Funktionalitäten des Dokumentenautomations-Programms im Hinblick auf die Verwaltung von Dokumentenvorlagen im Verhältnis zu originären Dokumentenverwaltungs-Programmen sind. Relevante Funktionalitäten in diesem Kontext sind insbesondere die Fähigkeit zur Verwaltung verschiedener Versionen einer Dokumentenvorlage sowie die Zusammenarbeit mehrerer Personen an dieser. Sofern die eigentliche Dokumentenautomations-Anwendung diese Funktionen nicht in ausreichendem Maße bietet, kann diese – sofern und soweit eine entsprechende Programmierschnittstelle vorhanden ist – über die Anbindung eines externen Dokumentenverwaltungs-Programms hinzugefügt werden. In der Praxis wird dies aber nur bei zu wesentlichen Teilen selbst entwickelten Anwendungen, nicht jedoch bei standardisierten Anwendungen der Fall sein. Bei Letzteren besteht nämlich ein Anbieter-seitiges Interesse daran, auch den Prozess der Vorlagenverwaltung als wesentlichen Teil des Arbeitsprozesses auf der eigenen Plattform abzubilden. Und selbst wenn diese Funktionalität dort noch nicht hinreichend ausgebaut sein sollte, korreliert dies zumeist mit dem Nichtvorhandensein einer entsprechenden Schnittstelle für externe Programme, da sowohl eine interne als auch extern implementierte Funktionalität zur Vorlagenverwaltung eine weitaus tiefere Integration in den Automatisierungsprozess erfordert als die bloße Speicherung des generierten Dokuments.

---

19 Sog. Application Programming Interface – API.
20 Vgl. dazu auch Hartung/Bues/Halbleib Legal Tech/Halbleib Rn. 1152.

2. eSigning

Über Integrationen mit sog. eSigning-Anwendungen in den Prozess der Dokumentenautomatisierung kann die **Einbindung eines digitalen Unterschriftenprozesses** erreicht werden. Voraussetzung hierfür ist, dass das automatisiert erstellte Dokument unmittelbar unterschriftsreif ist und keiner manuellen Nachbearbeitung oder Individualisierung durch einen menschlichen Anwender mehr bedarf.[21] Im Zuge der Datenerfassung für die Erstellung des Dokuments müssen in diesem Fall notwendigerweise die Daten der jeweiligen Unterzeichner erfasst werden, da diese nicht nur für den eigentlichen Dokumenteninhalt, sondern auch für die automatisierte Auslösung des digitalen Unterschriftsprozesses benötigt werden. Das Dokumentenautomatisierungs-Programm übergibt diese Daten sodann, nachdem das zu unterzeichnende Dokument generiert wurde, zusammen mit diesem über eine Schnittstelle an die eSigning-Anwendung. Der sich dann anschließende Prozess der digitalen Unterzeichnung läuft üblicherweise auf der Benutzeroberfläche der eSigning-Anwendung ab[22] – eine Integration dieses Prozessteils in die Benutzeroberfläche des Dokumentenautomatisierungs-Programms erfolgt also nicht.

Aus der Verknüpfung von Dokumentenautomatisierungs- und eSigning-Anwendungen ergeben sich **besondere Anforderungen an das Format des generierten Dokuments**. Dieses muss speziell formatierte Textmarken[23] enthalten, die für die eSigning-Anwendung die jeweiligen Stellen im Dokument für solche Datenpunkte kenntlich machen, die erst im Zuge des eigentlichen digitalen Unterschriftsprozesses eingefügt werden. Hierzu zählen typsicherweise – je nach Funktionalität der verwendeten eSigning-Anwendung – Ort und Datum der Unterzeichnung sowie die Unterschrift selbst.

In **formeller rechtlicher Hinsicht** genügen Dokumente, die unter Verwendung von eSigining-Anwendungen unterzeichnet wurden, grundsätzlich der Textform im Sinne des § 126b BGB. Sofern die verwendete eSigning-Anwendung auch die Möglichkeit bietet, das Dokument mit einer qualifizierten elektronischen Signatur zu versehen, kann auch die elektronische Form im Sinne des § 126a BGB erfüllt sein.[24] Die Schriftform im Sinne des § 126 BGB kann hingegen bei der Verwendung von eSigning-Anwendungen bereits dem Grunde nach nicht vorliegen, da es notwendigerweise an einer eigenhändigen Unterschrift der Unterzeichner mangelt. Diese liegt auch dann nicht vor, wenn die Namensunterschrift mithilfe eines Stift-Eingabegerätes oder mit dem bloßen Finger auf dem Touchscreen eines Tablet-Computers erstellt wird.[25] In Fällen, in denen die Rechtsgültigkeit der Unterzeichnung von der Einhaltung der Schriftform abhängt, ist der Einsatz von eSigning-Anwendungen daher nur dann möglich, wenn die elektronische Form (§ 126a BGB) gewählt wird und die Ersetzung der Schriftform durch diese gesetzlich zulässig ist (vgl. § 126 Abs. 3 BGB).[26]

---

21 In diesem Fall ist die Verwendung von eSigning-Anwendungen im Nachgang zwar nicht ausgeschlossen, jedoch werden diese dann nicht unmittelbar über eine Integration in die Dokumentenautomatisierungs-Anwendung angesteuert, sondern der digitale Unterschriftenprozess manuell ausgelöst.
22 Hierzu erhalten die vorgesehenen Unterzeichner eine Benachrichtigung per E-Mail, in der sie aufgefordert werden, den Unterschriftsprozess auf der Benutzeroberfläche der eSigning-Anwendung abzuschließen, da nur dort die entsprechende Funktionalität zur Verfügung steht. Diese erreichen sie wiederum durch einen individuellen in der Benachrichtigungs-E-Mail enthaltenen Hyperlink.
23 Vgl. hierzu die „Text-Tags" von Adobe Sign (https://helpx.adobe.com/de/sign/help/text-tags.html) oder die „Anchor Tags" von DocuSign (https://developers.docusign.com/docs/esign-soap-api/esign101/anchor-tagging/).
24 Überhaupt dürften eSigning-Prozesse in Zukunft einer der gängigsten Anwendungsfälle für das Rechtsinstitut der qualifizierten elektronischen Signatur sein, da eSigning-Anwendungen bereits die notwendige Infrastruktur standardmäßig und somit einen technisch niederschwelligen Zugang schaffen.
25 Vgl. Grüneberg/Ellenberger BGB § 126 Rn. 8; MüKoBGB/Einsele BGB § 126 Rn. 7.
26 Vgl. hierzu auch ArbG Berlin Urt. v. 28.9.2021 – 36 Ca 15296/20, DB 2021, 2843, zur Unwirksamkeit einer Befristung im Sinne des § 14 TzBfG wegen Nichtvorhandenseins einer qualifizierten elektronischen Signatur.

3. Datenbanken

31 Ein weiterer gängiger Anwendungsfall für die Einbindung externer Anwendungen in Dokumentenautomatisierungs-Anwendungen ist die Integration von externen Datenbanken.[27]

32 Ein typischer Anwendungsfall in diesem Zusammenhang ist etwa die Einbindung von **Inhalts-Datenbanken**, die zB Mitarbeiter-, Kunden- oder Mandantendaten beinhalten können. Da diese Daten in der Kanzlei oder dem Unternehmen ohnehin bereits vorhanden sind, können sie direkt aus der Datenbank gelesen werden und müssen nicht für jedes zu generierende Dokument erneut manuell eingegeben werden. Hierdurch können insbesondere bei der Generierung einer Vielzahl gleichartiger Dokumente enorme Effizienzgewinne erzielt werden.[28]

33 Daneben können in Form von **Klausel-Datenbanken** auch variable Teile der Dokumentenvorlage extern verwaltet werden. Die zur Dokumentenautomatisierung verwendete Anwendung enthält in diesem Fall – entweder direkt in ihrer Logik oder in der Dokumentenvorlage – lediglich einen abstrakten Verweis auf eine bestimmte Klausel. Deren konkreter Inhalt wird erst im Moment der Generierung des Dokuments aus der Datenbank geladen. Dadurch besteht die Möglichkeit, den technischen Vorgang zur automatisierten Erstellung eines Dokuments einer- und dessen (rechtlichen) Inhalt andererseits weitestgehend voneinander zu abstrahieren und dadurch getrennt zu verwalten. Dies bietet etwa Unternehmensrechtsabteilungen die Möglichkeit, Vertriebsmitarbeitern Anwendungen zur selbstständigen Erstellung von Dokumenten zentral zur Verfügung zu stellen, gleichzeitig aber zu jedem Zeitpunkt die Kontrolle über die hierin verwendeten Inhalte zu behalten. Da diese Inhalte nicht in der Anwendung selbst enthalten sind, sondern in einer externen Datenbank verwaltet werden, können durch Gesetzes- oder Rechtsprechungsänderungen bedingte Anpassungen von Klauseln direkt über ein Content Management-System mit der Datenbank synchronisiert werden. Die inhaltliche Wartung des Systems kann somit außerhalb der eigentlichen Automatisierungs-Anwendung erfolgen, so dass inhaltliche Änderungen keine Neuprogrammierung der Anwendungslogik erfordern.

VIII. Rechtliches

34 Gesetzliche Bestimmungen, die die Entwicklung und/oder Verwendung von Software zur automatisierten Erstellung von (Rechts-)Dokumenten ausdrücklich zum Gegenstand haben, existieren als solche nicht. Zu ihrer rechtlichen Beurteilung ist daher auf allgemeine gesetzliche Regelungen, insbesondere das Berufsrecht, zurückzugreifen. In der Rechtsprechung gab es hingegen in den letzten Jahren eine Reihe von Entscheidungen, die sich im Kern mit Fragestellungen zur rechtlichen Zulässigkeit des Einsatzes von Dokumentenautomatisierungen sowie den konkreten Anforderungen hieran auseinandersetzten.

---

27 Mit Datenbanken sind daher in diesem Zusammenhang nur solche gemeint, die nicht bereits Teil einer Anwendung zur Verwaltung der Dokumentenvorlagen oder Speicherung der generierten Dokumente sind, sondern Daten enthalten, die erst im Rahmen der Dokumentengenerierung verarbeitet werden sollen.
28 Besondere Bedeutung erlangte die Integration externer Datenbanken in Prozesse zur Dokumentenautomation in den letzten Jahren vor allem in sog. Repapering-Projekten im Zuge der sog. LIBOR Transition. Im Nachgang der seit 2008 bekanntgewordenen Manipulationen von Referenzzinssätzen hatten Regulierungsbehörden weltweit das Ende der Erhebung ebenjener Zinssätze eingeläutet. Dokumente wie etwa Kreditverträge müssen daher in großer Zahl daraufhin untersucht werden, ob sie einen der betroffenen Zinssätze referenzieren und ggf. durch eine Änderungsvereinbarung an einen neuen Zinssatz(-mechanismus) angepasst werden. Angesichts der enormen Zahl von betroffenen Dokumenten stellt sich hier oftmals gar nicht die Frage, ob Anwendungen zur Dokumentenautomatisierung für die Erstellung dieser Änderungsvereinbarung herangezogen werden, sondern wie dieser Prozess noch effizienter gestalten werden kann. Deshalb werden für die Analyse der betroffenen Dokumente oftmals Anwendungen zur Dokumentenanalyse mithilfe von künstlicher Intelligenz eingesetzt. Mit den Ergebnissen dieser Dokumentenanalyse befüllte Datenbanken dienen dann wiederum als Datenquelle für die massenhafte Generierung von Änderungsvereinbarungen.

1. Vertrags- und Lizenzrecht

Aus Sicht der Entwickler von Software zur automatisierten Erstellung von (Rechts-)Dokumenten ergeben sich **keine spezifischen Besonderheiten** im Hinblick auf vertrags- oder lizenzrechtliche Aspekte. Es handelt sich prinzipiell um Software wie jede andere, nur dass diese von einer speziellen Zielgruppe von Anwendern im Rechtsmarkt zum Einsatz gebracht wird. Nicht einmal diese Annahme ist zwingend, hält man sich vor Augen, dass für die automatisierte Erstellung von Dokumenten auch außerhalb des Rechtsmarktes eine Vielzahl von Anwendungsfällen existiert. Sofern der Softwareentwickler ein Standardprodukt vertreibt, handelt es sich bei den mit den Nutzern der Software abgeschlossenen Verträgen typischerweise um Software-Lizenzverträge. Sofern Software zur Dokumentenautomatisierung von externen Dritten im Auftrag entwickelt wird, handelt es sich bei dem Vertragsverhältnis zwischen den Dritten und dem Auftraggeber regelmäßig um einen Werkvertrag (§§ 631 ff. BGB), seltener um einen Dienstvertrag (§§ 611 ff. BGB). Hinsichtlich der konkreten hieraus erwachsenden Primär- und Sekundäransprüche ist jeweils auf das betroffene Vertragsverhältnis sowie dessen konkrete Ausgestaltung abzustellen.[29] Zudem existieren auch Open Source-Projekte, deren Weiterverwendung sich jeweils nach den konkreten Lizenzbedingungen richtet.[30]

35

2. Berufsrecht

Jenseits der allgemeinen Berufspflichten (vgl. §§ 43 f. BRAO), insbesondere der Pflicht zum Abschluss einer Berufshaftpflichtversicherung (§ 51 BRAO), finden sich **keine expliziten Regeln** in Bezug auf den Einsatz von Software zur automatisierten Erstellung von Dokumenten. Dies liegt wohl vor allem daran, dass den berufsrechtlichen Regelungen in BRAO und BORA – zumindest in weiten Teilen – nach wie vor das Bild des ein Einzelmandat mit hierzu individuell angefertigten Dokumenten bearbeitenden Rechtsanwaltes zugrunde liegt. Dieses Bild ist zwar seit dem Aufkommen von Massenverfahren in jüngster Zeit um eine Facette reicher, jedoch lassen sich die hiermit und ganz allgemein mit der Dokumentenautomation verbundenen berufsrechtlichen Fragestellungen unter Rückgriff auf die oben erwähnten allgemeinen Grundsätze beantworten.

36

Nach den bestehenden berufsrechtlichen Regelungen ist der Einsatz von Software zur automatisierten Erstellung von Dokumenten im Rahmen der Mandatsbearbeitung Rechtsanwälten prinzipiell gestattet. Damit gehen **spezielle Sorgfaltspflichten** sowohl hinsichtlich der Auswahl bzw. Erstellung der Software als auch hinsichtlich ihres Einsatzes im konkreten Mandat einher. Insofern bestehen keine Unterschiede zu anderer in der Kanzlei verwendeter Software. Gerade in Bezug auf Software zur Dokumentenautomatisierung erfährt diese allgemeine Sorgfaltspflicht in der Mandatsausübung insofern eine spezielle Ausprägung, als die Sorgfaltspflicht sich auch auf eine Kenntnis der Funktionsweise der konkret verwendeten Automatisierungs-Anwendung beziehen kann, sofern die durch sie generierten Dokumente unmittelbar dem Mandanten zur Verfügung gestellt werden, ohne dass eine anwaltliche Nachkontrolle erfolgt. Ist dies nicht der Fall, so gebietet es die Sorgfaltspflicht, die generierten Dokumente daraufhin zu überprüfen, ob diese in formeller wie auch materieller Hinsicht den jeweils einschlägigen rechtlichen und tatsächlichen Gegebenheiten des vorliegenden Einzelfalls genügen.

37

Sofern die im konkreten Fall verwendete Software nicht auf der eigenen Infrastruktur der Kanzlei, sondern durch den jeweiligen Anbieter auf einer **Cloud-Infrastruktur** gehostet wird, sind spezielle Regelungen zu beachten. In strafrechtlicher Hinsicht liegt kein Verstoß gegen das Verbot der Verletzung von Privatgeheimnissen im Sinne des § 203 Abs. 1 Nr. 3 StGB vor, sofern im konkreten Fall die Anforderungen des § 203 Abs. 3 S. 2 StGB erfüllt sind. In datenschutzrechtlicher Hinsicht ist zu beachten, dass der Softwareanbieter in solch einem Fall als Auftragsverarbeiter agiert, woran gemäß Art. 28 DS-GVO weitere Voraussetzungen, insbesondere das Vorhandensein eines Auftragsdatenverarbeitungsvertrags (ADV), geknüpft sind. Im Übrigen gelten die allgemeinen Verschwiegenheitspflichten gemäß § 43a Abs. 2 BRAO, § 2 BORA.

38

---

29 Vgl. hierzu Riechert AnwBl 2019, 102.
30 Vgl. hierzu etwa das Open Source-Projekt „docassemble", das unter MIT-Lizenz steht (Lizenz abrufbar unter https://docassemble.org/docs/license.html).

3. Rechtsdienstleistungsrecht

39 Im Bereich des Rechtsdienstleistungsrechts war in der Vergangenheit insbesondere die Frage umstritten, ob es sich bei **Internet-Angeboten von nicht-anwaltlichen Dienstleistern**, über die sich Verbraucher und Unternehmen selbstständig Rechtsdokumente generieren können, um erlaubnispflichtige Rechtsdienstleistungen im Sinne des § 2 Abs. 1 RDG handelt.[31] Die Besonderheit dieser Angebote besteht darin, dass es sich nicht nur um digitale Formular-Datenbanken handelt, sondern die Endnutzer durch Dateneingaben auf der Website individualisierte Dokumentenentwürfe unmittelbar generieren können.[32] Nach der Rechtsprechung des BGH stellen solche Angebote keine Rechtsdienstleistung im Sinne des § 2 Abs. 1 RDG dar (→ *Rechtsanwalt, Monopol* Rn. 16 f.). Zwar handele es sich bei der Bereitstellung und Programmierung der Software sowie deren Verwendung zur Generierung von Rechtsdokumenten um eine Tätigkeit im Sinne des § 2 Abs. 1 RDG.[33] Jedoch werde der Anbieter dann nicht in einer konkreten Angelegenheit im Sinne des § 2 Abs. 1 RDG tätig, wenn sich das Angebot darauf beschränke, standardisierte Vertragsklauseln und Textbausteine mittels einer Programmierlogik dergestalt zu verknüpfen, dass aus diesen für eine Vielzahl fiktiver Einzelfälle individualisierte Dokumente generiert werden könnten und eine darüber hinausgehende Berücksichtigung von über den Standardfall hinausgehenden Umständen des Einzelfalls nicht vorgesehen sei.[34] Da bei den in Rede stehenden Angeboten nicht-anwaltlicher Dienstleister typischerweise eine Skalierbarkeit des Angebots mittels automatisierter Generierung von Dokumenten beabsichtigt ist, zu der eine individuelle Beratung hinsichtlich der Umstände des Einzelfalls im Widerspruch stehen würde, wird die letztgenannte Voraussetzung in der Praxis regelmäßig nicht erfüllt sein.

4. Prozessrecht

40 In prozessualer Hinsicht sind bei der automatisierten Erstellung von Schriftsätzen insbesondere eine **hinreichende Individualisierung und Konkretisierung** sicherzustellen, um den Anforderungen der jeweiligen Prozessordnung[35] gerecht zu werden. Mithilfe von Anwendungen zur Dokumentenautomation erstellte Schriftsätze müssen daher stets einen hinreichend konkreten Bezug zum Streitgegenstand aufweisen. Dies spricht nicht grundsätzlich gegen die Zulässigkeit der Verwendung von Textblöcken und Standardformulierungen, sofern durch deren konkrete Auswahl und Anordnung sowie die Anreicherung mit einzelfallspezifischen Daten im Ergebnis hinreichend konkret auf den in Rede stehenden Streitgegenstand eingegangen wird. Besondere Bedeutung erlangt dies im Zusammenhang mit Massenverfahren, bei denen aufgrund der hohen Ähnlichkeit der zugrunde liegenden Streitgegenstände eine automatisierte Erstellung von Schriftsätzen inzwischen sogar der Regelfall ist. Als unzureichend wurden in diesem Kontext von der Rechtsprechung in der Vergangenheit etwa Berufungsbegründungen angesehen, die im Wesentlichen aus Textbausteinen und Urteilsversatzstücken bestanden, generische Parteibezeichnungen und als solche erkennbare, sich teils widersprechende alternative Formulierungen enthielten[36] oder die wiederholt ein anderes Gericht als dasjenige erwähnten, dessen Urteil angefochten wurde.[37]

5. Steuerrecht

41 Der kanzleiinterne Einsatz von Anwendungen zur Dokumentenautomatisierung ist für Rechtsanwälte unter dem Aspekt des **Gewerbesteuerprivilegs** (vgl. § 18 Abs. 1 Nr. 1 EStG, § 2 Abs. 2 BRAO) unproblematisch, solange im Verhältnis zum Mandanten nach wie vor eine für die Anwaltstätigkeit typische und dieser

---

31 Vgl. die Zusammenfassung des Streitstandes in der Literatur: BeckRA-HdB/Remmertz § 64 Rn. 60.
32 Bekanntester Anbieter in diesem Bereich ist das Unternehmen smartlaw (https://www.smartlaw.de). Der Anbieter janolaw (https://www.janolaw.de) bietet neben statischen Vertrags- und Dokumentenmustern ebenfalls für einige Dokumentenarten die Möglichkeit, über ein Online-Formular individualisierte Dokumentenentwürfe zu generieren.
33 BGH Urt. v. 9.9.2021 – I ZR 113/20, NJW 2021, 3125 Rn. 26.
34 BGH Urt. v. 9.9.2021 – I ZR 113/20, NJW 2021, 3125 Rn. 31 ff.
35 Vgl. hierzu die Anforderungen im Zivilprozessrecht gemäß § 253 Abs. 2 ZPO für den Inhalt von Klageschriften, § 520 Abs. 3 ZPO für Berufungsbegründungen sowie § 551 Abs. 3 ZPO für Revisionsbegründungen.
36 OLG Köln Beschl. v. 18.8.2020 – 15 U 171/19; Anm. Remmertz RDi 2020, 56.
37 OLG Naumburg Urt. v. 12.9.2019 – 1 U 168/18.

gerade vorbehaltene Tätigkeit ausgeübt wird.[38] Werden durch Rechtsanwaltskanzleien jedoch selbstständig durch den Mandanten bedienbare Dokumentengeneratoren angeboten, so stellt dies im Einzelfall dann eine gewerbliche Tätigkeit dar, wenn die anwaltliche Leistung ausschließlich durch die Software ohne die Möglichkeit zu Rückfragen im Einzelfall erbracht wird, so dass diese nicht mehr den „Stempel der Persönlichkeit"[39] trägt. Bei als Personengesellschaften organisierten Anwaltskanzleien kann bereits eine teilweise Erzielung von Einkünften aus Gewerbebetrieb (§ 15 Abs. 1 S. 1 Nr. 1 EStG) zur Folge haben, dass gemäß § 15 Abs. 3 Nr. 1 EStG ihr gesamter Geschäftsbetrieb als Gewerbebetrieb gilt. Für Einzelanwälte existiert eine entsprechende Regelung hingegen nicht, so dass diese auch Einkünfte aus gewerblicher und freiberuflicher Tätigkeit nebeneinander erzielen können. Voraussetzung hierfür ist jedoch, dass sich die beratende Tätigkeit sowie das an Mandanten gerichtete Angebot zur selbstständigen Dokumentengenerierung nicht derart gegenseitig unauflösbar bedingen, dass eine getrennte Betrachtung willkürlich erschiene.[40] Für in Form von Kapitalgesellschaften organisierte Anwaltskanzleien stellt sich die Frage hingegen von vornherein nicht, da diese Kraft Rechtsform der Gewerbesteuer unterliegen (vgl. § 8 Abs. 2 KStG; § 2 Abs. 2 S. 1 GewStG). Sofern sich das Angebot jedoch darin erschöpft, dass Mandanten ein unentgeltlicher und unverbindlicher Service zur Verfügung gestellt wird, um etwa Ersteinschätzungen oder Checklisten zu bestimmten rechtlichen Fragestellungen zu generieren, die Zielrichtung des Angebots aber insgesamt darin besteht, auf dieser Grundlage eine auf den Einzelfall bezogene anwaltliche Beratung anzubieten, so wird man noch nicht von einem gewerblichen Angebot ausgehen können. Insofern ist das Angebot zur Dokumentenautomation eher mit einem Instrument zur Mandantenakquise als einer eigenständigen anwaltlichen Leistung vergleichbar.

IX. Ausblick

Anwendungen zur Dokumentenautomatisierung finden bereits heute in einer Vielzahl von Kanzleien und Unternehmen Anwendung. Konnten diese in der Vergangenheit aufgrund ihrer technischen Komplexität nur von speziell geschulten Anwendern bedient werden, erlauben moderne Anwendungen inzwischen auch der breiten Masse der juristischen Fachanwender einen einfachen und produktiven Einstieg in diese Technologie. Der Schwerpunkt der Anwendungsfälle liegt bisher meist auf der internen Verwendung zur effizienteren Gestaltung bestehender Arbeitsprozesse. An Verbraucher bzw. Mandanten gerichtete Angebote, die durch diese selbstständig genutzt werden können, sind demgegenüber bisher recht selten anzutreffen. Hier bietet sich Kanzleien wie nicht-anwaltlichen Dienstleistern in Zukunft die Möglichkeit, weitere vollautomatisierte Rechtsprodukte in Form von selbst bedienbaren Dokumentengeneratoren anzubieten und damit die Kommoditisierung des Rechts in diesem Bereich bereits heute Realität werden zu lassen.

---

38 Vgl. BeckRA-HdB/Korn § 68 Rn. 17; BFH Urt. v. 14.1.2020 – VIII R 27/17, DStR 2020, 663 Rn. 15.
39 Hitz/Schröder AnwBl 2020, 408 unter Verweis auf: BFH Urt. v. 1.2.1990 – IV R 140/88; BFH Urt. v. 8.10.2008 – VIII R 53/07, NJW 2009, 462.
40 Kirchhof/Seer/Pfirrmann EStG § 18 Rn. 21 f.

28. E-Government

Kolain/Ruschemeier

I. E-Government als politische und rechtswissenschaftliche Herausforderung 1	2. E-Vergabe 23
1. Ausgangslage 1	3. Digitale Identifizierung und Authentifizierung .. 25
2. Begriff und Abgrenzung von anderen Konzepten 10	4. Corona-Infektionsschutz mit Apps 28
	5. Gefahrenabwehr mit digitalen Mitteln 30
II. Anwendungsbeispiele 18	III. Rechtsrahmen für EGov in Deutschland 32
1. Elektronische Patientenakte, eHealth 20	IV. Verwaltungswissenschaftliche Aspekte und Entwicklungschancen 40

Literatur: *Arner/Barberis/Buckley*, RegTech: Building a Better Financial, in Lee/Deng (Hrsg.), Cryptocurrency, FinTech, InsurTech, and regulation, 2018, S. 359 (zit.: Lee/Deng Cryptocurrency, FinTech, InsurTech, and regulation/Arner et al.); *Arzt*, Das neue Gesetz zur Fluggastdatenspeicherung, DÖV 2017, 1023; *Becker/Kingreen* (Hrsg.), SGB V. Gesetzliche Krankenversicherung, 7. Aufl. 2020 (zit.: Becker/Kingreen); *Berger/Sander*, Das Nutzerkonto Plus, in Seckelmann/Brunzel (Hrsg.), Handbuch Onlinezugangsgesetz. Potenziale – Synergien – Herausforderungen, 2021, S. 350 (zit.: Seckelmann/Brunzel Handbuch Onlinezugangsgesetz/Berger/Sander); *Braun Binder*, Vollautomatisierte Verwaltungsverfahren, vollautomatisiert erlassene Verwaltungsakte und elektronische Aktenführung, in Seckelmann (Hrsg.), Digitalisierte Verwaltung – Vernetztes E-Government, 2. Aufl. 2019, S. 311 (zit.: Seckelmann Digitalisierte Verwaltung/Braun Binder); *Bretthauer*, Herausforderungen der Digitalisierung im Gesundheitswesen, VERW 54 (2021), 411; *Bull*, Verwaltung durch Maschinen. Rechtsprobleme der Technisierung der Verwaltung, 2. Aufl. 1964; *Bull*, Netzpolitik: Freiheit und Rechtsschutz im Internet, 2013; *Bull*, Digitalisierung als Politikziel – Teil 1. Über die Pläne zur flächendeckenden Technisierung der öffentlichen Verwaltung, CR 2019, 478; *Dapp/Balta/Palmetshofer/Krcmar*, Open Data. The Benefits. Das volkswirtschaftliche Potential für Deutschland, 2016, abrufbar unter http://www.kas.de/wf/doc/kas_44906-544-1-30.pdf?160418125028; *Denkhaus*, Vom E-Government zur Digitalisierung, in Seckelmann (Hrsg.), Digitalisierte Verwaltung – Vernetztes E-Government, 2. Aufl. 2019, S. 51 (zit.: Seckelmann Digitalisierte Verwaltung/Denkhaus); *Ebers/Hoch/Rosenkranz/Ruschemeier/Steinrötter*, Der Entwurf für eine EU-KI-Verordnung: Richtige Richtung mit Optimierungsbedarf, RDi 2021, 528; *Ehrlich/Richter/Meise/Anke*, Self-Sovereign Identity als Grundlage für universell einsetzbare digitale Identitäten, HMD 58 (2021), 247; *Eichenhofer*, Die elektronische Patientenakte, aus sozial-, datenschutz- und verfassungsrechtlicher Sicht, NVwZ 2021, 1090; *Eifert*, Electronic Government. Das Recht der elektronischen Verwaltung, 2006; *Engelmann/Puntschuh*, KI in Behördeneinsatz: Erfahrungen und Empfehlungen, 2020; *Ernst*, Der Grundsatz digitaler Souveränität, 2020; *Färber/Hermanowski*, Die Attraktivität des öffentlichen Dienstes, in Färber (Hrsg.), Die Attraktivität des öffentlichen Dienstes, 2021, S. 15 (zit.: Färber Attraktivität des öffentlichen Dienstes/Färber/Hermanowski); *Fleischer/Bertels/Schulze-Gabrechten*, Stabilität und Flexibilität. Wie und warum ändern sich Ministerien?, 2018; *Geiger/von Lucke*, Open Government and (Linked) (Open) (Government) (Data), JeDEM 4 (2012), 265; *Gless*, Predictive policing und operative Verbrechensbekämpfung, in Herzog/Schlothauer/Wohlers (Hrsg.), Rechtsstaatlicher Strafprozess und Bürgerrechte. Gedächtnisschrift für Edda Weßlau, 2016, S. 165; *Groß*, Transparenz als Instrument der Demokratie, in Broemel/Pilniok (Hrsg.), Die digitale Gesellschaft als Herausforderung für das Recht in der Demokratie, 2020, S. 27 (zit.: Broemel/Pilniok Digitale Gesellschaft/Groß); *Guckelberger*, Öffentliche Verwaltung im Zeitalter der Digitalisierung. Analysen und Strategien zur Verbesserung des E-Governments aus rechtlicher Sicht, 2019; *Hahlen/Kühn*, Die Flüchtlingskrise als Verwaltungskrise – Beobachtungen zur Agilität des deutschen Verwaltungssystems, VM 22 (2016), 157; *Herold*, Demokratische Legitimation automatisiert erlassener Verwaltungsakte, 2020; *Hill*, Wirksam verwalten – Agilität als Paradigma der Veränderung, VerwArch 2015, 397; *Hill*, Moderne Verwaltungskommunikation, in Fisch (Hrsg.), Verständliche Verwaltungskommunikation in Zeiten der Digitalisierung, 2020, S. 77 (zit.: Fisch Verständliche Verwaltungskommunikation/Hill); *Kolain/Molavi*, Zukunft Gesundheitsdaten. Wegweiser zu einer forschungskompatiblen elektronischen Patientenakte, 2019; *Kolain/Wirth*, MultiChain-Governance, in Taeger (Hrsg.), Recht 4.0 – Innovationen aus den rechtswissenschaftlichen Laboren, 2017, S. 845 (zit.: Taeger Recht 4.0/Kolain/Wirth); *Köppl/Fulde*, Zwischen Krisenmanagement und New Normal: Wie sich die Corona-Pandemie auf die Verwaltung auswirkt, VM 27 (2021), 187; *Kube*, E-Government: Ein Paradigmenwechsel in Verwaltung und Verwaltungsrecht?, VVDStRL 2019, 289; *Lämmel/Cleve*, Künstliche Intelligenz, 4. Aufl. 2012; *Lohmann*, Die Digitale Verwaltung, in Hill/Kugelmann/Martini (Hrsg.), Digitalisierung in Recht, Politik und Verwaltung, 2018, S. 9 (zit.: Hill/Kugelmann/Martini Digitalisierung/Lohmann); *von Lucke*, Transparenz 2.0 – Transparenz durch E-Government, VM 15 (2009), 326; *von Lucke*, Die Wissenschaft Verwaltungsinformatik und das Onlinezugangsgesetz, in Seckelmann/Brunzel (Hrsg.), Handbuch Onlinezugangsgesetz. Potenziale – Synergien – Herausforderungen, 2021, S. 119 (zit.: Seckelmann/Brunzel Handbuch Onlinezugangsgesetz/v. Lucke); *Marburger*, Die Zukunft des Öffentlichen Dienstes, DÖD 2021, 149; *Martini*, Transformation der Verwaltung durch Digitalisierung, DÖV 2017, 443; *Martini*, Transformation der Verwaltung durch Digitalisierung, in Ziekow (Hrsg.), Verwaltungspraxis und Verwaltungswissenschaft, 2018, S. 11 (zit.: Ziekow Verwaltungspraxis und Verwaltungswissenschaft/Martini); *Martini*, Blackbox Algorithmus. Grundfragen einer Regulierung Künstlicher Intelligenz, 2019; *Martini*, Digitalisierung der Verwaltung, in Kahl/Ludwigs (Hrsg.), Handbuch des Verwaltungsrechts. Grundstrukturen des deutschen Verwaltungsrechts, 2021, S. 1105 (zit.: Kahl/Ludwigs VerwR-HdB/Martini); *Martini*, Gesichtserkennung im Spannungsfeld zwischen Freiheit und Sicherheit, NVwZ 2022, 30; *Martini/Hohmann*, Der gläserne Patient: Dystopie oder Zukunftsrealität?, Perspektiven datengetriebener Gesundheitsforschung unter der DS-GVO und dem Digitale-Versorgung-Gesetz, NJW 2020, 3573; *Martini/Nink*, Subsumtionsautomaten ante portas? – Zu den Grenzen der Automatisierung in verwaltungsrechtlichen (Rechtsbehelfs-)Verfahren, DVBl 2018, 1128; *Martini/Wiesner*, Bürgerkonto, Portalverbund, in Veit/Reichard/Wewer (Hrsg.), Handbuch zur Verwaltungsreform, 5. Aufl. 2019, S. 639 (zit.: Veit/Reichard/Wewer HdB zur Verwaltungsreform/Martini/Wiesner); *Martini/Ruschemeier/Hain*, Staatshaftung für automatisierte Verwaltungsentscheidungen, VerwArch 2021, 1; *Mergel*, Digital service teams in government, Government Information Quarterly 36 (2019), 101389, *Mysegades*, Keine staatliche Gesichtserkennung ohne Spezial-Rechtsgrundlage, NVwZ 2020, 852; *Paal/Hennemann*, Rechtspolitik im digitalen Zeitalter, ZRP 2017, 215; *Packin*, Regtech, Compliance and Technology Judgement Rule, Chicago-Kent Law Review 2018, 193; *Rinck,* Digitalisierung – Chance in der Krise, in Frevel/Heinicke (Hrsg.), Managing Corona. Eine verwaltungswissenschaftliche Zwischenbilanz, 2021, S. 361 (Frevel/Heinicke Managing Corona/Rinck); *Roth-Isigkeit*, Staatshaftungsrechtliche Aspekte des Einsatzes automatisierter Entscheidungssysteme in der öffentlichen Verwaltung, AöR 145 (2020), 321; *Ruschemeier*, Anforderungen an datenschutzrechtliche Einwilligungen in Krisenzeiten, ZD 2020, 618; *Schulz*, Rechtlicher Rahmen der Digitalisierung und der Online-Dienste, in Lühr/Jabkowski/Smentek (Hrsg.), Handbuch Digitale Verwaltung, 2019, S. 159 (zit.: Lühr/Jabkowski/Smentek HdB Digitale Verwaltung/Schulz); *Seckelmann/Bauer*, Open Government, Liquid Democracy, e-Democracy und Legitimation: zur Politischen Willensbildung im Zeichen des Web 2.0, in Hill/Schliesky (Hrsg.), Die Vermessung des virtuellen Raums. E-Volution des Rechts- und Verwaltungssystems, 2012, S. 325 (zit.: Hill/Schliesky Vermessung des virtuellen Raums/Seckelmann/Bauer); *Siegel*, Der Europäische Portalverbund – Frischer Digitalisierungswind durch das einheitliche digitale Zugangstor („Single Digital Gateway"), NVwZ 2019, 905; *Siegel*, E-Vergabe, in Seckelmann (Hrsg.), Digitalisierte Verwaltung – Vernetztes E-Government, 2. Aufl. 2019, S. 327 (zit.: Seckelmann Digitalisierte Verwaltung/Siegel); *Sommerer*, Personenbezogenes Predictive Policing. Kriminalwissenschaftliche Untersuchung über die Automatisierung der Kriminalprognose, 2020; *Stember/Spichiger/Eixelsberger/Wundara*, Ergebnisse einer Studie in den Ländern Deutschland, Schweiz und Österreich. Wirkungen von E-Government – empirische Ergebnisse einer aktuellen Studie, in Stember/Eixelsberger/Spichiger (Hrsg.), Wirkungen von E-Government. Impulse für eine wirkungsgesteuerte und technikinduzierte Verwaltungsreform, 2017, S. 3 (zit.: Stember/Eixelsberger/Spichiger Wirkungen von E-Government/Stember et al.); *Stier*, Internet und Regimetyp: Netzpolitik und politische Online-Kommunikation in Autokratien und Demokratien, 2017, S. 159 (zit.: Stier Internet und Regimetyp); *Strüker/Urbach/Guggenberger et al.*, Self-Sovereign Identity – Grundlagen, Anwendungen und Potenziale portabler digitaler Identitäten, 2021; *Voßkuhle/Eifert/Möllers* (Hrsg.), Grundlagen des Verwaltungsrechts, 3. Aufl. 2022 i.E. (zit.: Voßkuhle/Eifert/Möllers GVwR); *Warnecke*, Identitätsmanagement und Datenschutz. Verantwortung für einen datenschutzgerechten Zugang zu transaktionsbezogenen E-Government-Anwendungen unter besonderer Berücksichtigung der De-Mail-Dienste und des neuen Personalausweises, 2019; *Wewer*, Open Government, Staat und Demokratie. Vermessungen eines Konstrukts, in Wewer (Hrsg.), Open Government, Staat und Demokratie: Aufsätze zu Transparenz, Partizipation und Kollaboration, 2014, S. 12 (zit.: Wewer Open Government, Staat und Demokratie/Wewer); *Wirtz/Lütje/Schierz*, Electronic Procurement in der öffentlichen Verwaltung, VM 15 (2009), 207; *Zeccola*, Die Akzeptanz im Verwaltungsverfahren – Ein Beitrag zur Aufwertung der Akzeptanz als Rechtmäßigkeitsvoraussetzung, DÖV 2019, 100; *Zern-Breuer*, Innovationslabore als Experimentierfelder für die digitale Verwaltung?, in Seckelmann/Brunzel (Hrsg.), Handbuch Onlinezugangsgesetz. Potenziale – Synergien – Herausforderungen, 2021, S. 401 (zit.: Seckelmann/Brunzel Handbuch Onlinezugangsgesetz/Zern-Breuer); *Zetzsche/Arner/Buckley*, Decentralized Finance, Journal of Financial Regulation 6 (2020), 172.

I. E-Government als politische und rechtswissenschaftliche Herausforderung

1. Ausgangslage

Das Thema E-Government (EGov) ist auf der politischen Agenda prominent platziert: die neue Bundesregierung hat sich im Koalitionsvertrag 2021 auf die Fahne geschrieben, „eine umfassende Digitalisierung der Verwaltung" voranzubringen.[1] Der politische Wandlungswille ist überfällig. Zuletzt hat die Corona-Pandemie gezeigt, dass die Bundesrepublik bei der Verwaltungsdigitalisierung weit hinter den Ansprüchen und Erwartungen der Bürgerinnen und Bürger zurückbleibt[2]: In einer Welt, in der ein Gang zum Amt aus Infektionsschutzgründen phasenweise nicht mehr möglich war, erwies es sich als einzig gangbarer Weg, Verwaltungsangelegenheiten von digitalen Endgeräten aus durchführen zu können.

2 EGov ist zugleich mehr als nur ein rechtspolitisch erstrebenswertes Ziel. Es ist auch eine faktische und rechtsstaatliche Notwendigkeit: Eine Verwaltung, die von der Lebensrealität der Bürgerinnen und Bürger entkoppelt ist, kann ihrer Daueraufgabe, den Staat als Akteur handlungsfähig zu halten,[3] schwerlich nachkommen. Die staatliche Pflicht, auf Veränderungsprozesse in der Gesellschaft nicht nur zu reagieren, sondern sie aktiv zu begleiten,[4] gilt auch und gerade für die Exekutive. Misslingt es, die administrativen Prozesse zukunftsfähig zu gestalten und die notwendigen Abläufe in moderne digitale Infrastrukturen einzubinden, verliert die Verwaltung ihre Handlungsfähigkeit.[5] Verwaltungsintern sollen digitale Prozesse wiederum Informations- und Transaktionskosten einsparen und so die administrative Effizienz steigern; extern soll EGov Transparenz und Verantwortlichkeit des staatlichen Handelns erhöhen und schließlich auch zum Wohlstand der Gesellschaft beitragen.[6]

3 Die rechts- und verwaltungswissenschaftliche Analyse des Bereichs EGov ist eng mit politischen Hemmnissen der letzten Jahrzehnte verbunden. Die beste Open-Source-basierte App kann nicht effizient zum Einsatz kommen, wenn die Schnittstelle auf der staatlichen Seite nicht funktioniert, z.B. weil die Gesundheitsämter noch mit Fax ausgestattet sind und digitale Datenbestände nicht erzeugen, geschweige denn zielgenau verarbeiten können. Eine elektronische Patientenakte (ePA) stößt nur dann auf Resonanz in der Praxis, wenn sie die informationelle Selbstbestimmung des Einzelnen fördert und sich von den Akteuren des Gesundheitswesens über eine sichere Infrastruktur ansteuern lässt. Gleichzeitig sollte der Staat digitale Überwachungsmethoden erst dann einsetzen (dürfen), wenn eine Folgenabschätzung stattgefunden hat und klare Rechtsgrundlagen vorliegen.

4 Von der Realität in den Amtsstuben ist die Vision eines vollautomatisierten Verwaltungsapparats, in dem menschliche Amtswalter nur noch singuläre sensible Letztentscheidungen treffen und sich überwiegend mit der richtigen Programmierung und Instandhaltung eingesetzter Hard- und Software[7] sowie der Beratung, Betreuung und Erläuterung gegenüber den Bürgerinnen und Bürgern beschäftigen,[8] jedenfalls weit entfernt.

5 Die Ursachen für den erheblichen Rückstand des deutschen EGovs sind – wenig überraschend – multikausal.[9] Die Verwaltungslandschaft im föderalen Rechtsstaat ist nicht nur vielfältig, sondern auch verwaltungskulturell und inhaltlich sehr unterschiedlich ausgeprägt. Die Voraussetzungen für einen Einsatz digitaler Technologien divergieren extrem. So fällt ein algorithmisches Entscheiden (→ *Algorithmus* Rn. 28) in

---

1 Koalitionsvertrag 2021–2025 zwischen SPD, Bündnis 90/DIE GRÜNEN und FDP, „Mehr Fortschritt wagen", 2021, abrufbar unter https://www.spd.de/koalitionsvertrag2021/, S. 5.
2 Köppl/Fulde VM 27 (2021), 187 (188 ff.).
3 Voßkuhle/Eifert/Möllers GVwR/Baer § 13 Rn. 79b.
4 Hill/Kugelmann/Martini Digitalisierung/Lohmann S. 9 (10).
5 Hoeren/Sieber/Holznagel MMR-HdB/Albrecht Teil 28 Rn. 1 im Covid Kontext.
6 Kahl/Ludwigs VerwR-HdB/Martini S. 1105 Rn. 3 ff.; Stier Internet und Regimetyp S. 159 f.
7 Guckelberger, Öffentliche Verwaltung im Zeitalter der Digitalisierung, 2019, Rn. 150 ff., entwirft ein solches „euphorisches" Zukunftsmodell.
8 Eine wiederkehrende Hoffnung einer digitalen Verwaltung ist es, dass den Verwaltungsbediensteten mehr Zeit für Allzumenschliches bleibt und sich dadurch gleichsam ein Weg aus der „Servicewüste" Deutschland eröffnet. Vgl. Kahl/Ludwigs VerwR-HdB/Martini S. 1105 Rn. 3. Dass dieses erstrebenswerte Ziel eintritt, hängt aber v.a. an der konkreten Ausstattung, Organisation und Attraktivität des öffentlichen Dienstes – also letztlich an politischen Prioritäten, die Effizienzgewinne nicht in Einsparungspotenzial ummünzen.
9 An einem Mangel an rechts- und verwaltungswissenschaftlichen Impulsen hat es freilich nicht gelegen. Die Beschäftigung mit der Verwaltungsdigitalisierung geht bis in die 1960er Jahre zurück, vgl. etwa nur das eindrucksvolle Werk des Hamburger Verwaltungsrechtlers *Hans Peter Bull*, Verwaltung durch Maschinen, 2. Aufl. 1964, über Bull, Netzpolitik: Freiheit und Rechtsschutz im Internet, 2013, bis hin zu Bull CR 2019, 478 ff.

der Steuerverwaltung, die sich durch numerische Berechnungen auszeichnet, leicht. Anders ist dies in Bereichen, in denen eine Behörde direkt mit den Bürgerinnen und Bürgern interagiert (wie z.B. im Gefahrenabwehrrecht) oder in denen sie oftmals mit komplexen Lebenssachverhalten und Generalklauseln zu tun hat (etwa im Recht der sozialen Sicherung).[10] Übergreifend gilt jedoch: Ohne Zugriff auf eine flächendeckende und zeitgemäße Infrastruktur (Hardware, Breitbandausbau), interoperable und modular anpassbare Softwaresysteme sowie angemessene personelle Ressourcen, ist Verwaltungsdigitalisierung nicht realisierbar. Qualifizierte, motivierte und innovationsoffene Mitarbeiterinnen und Mitarbeiter in der Verwaltung sind erforderlich, um überhaupt sinnvolle Einsatzbereiche für digitale Technologien erschließen und neue Prozesse ausrollen zu können. Sonst drohen die Potenziale der Digitalisierung in einer Automatisierung analoger Prozesse, einem Einscannen unterschriebener Formulare und der Verfestigung streng vertikaler Hierarchiesäulen stecken zu bleiben.

Auch vor dem Hintergrund der gesetzgeberischen Wertung, bspw. der E-Government-Gesetze und des OZG, die Verwaltung solle „Digital by Default"[11] als neuen *modus operandi* implementieren, zeigt sich wie vielschichtig und komplex EGov in Theorie und Praxis ist. Neben dem Aufbau einer adäquaten IT-Infrastruktur müssen personelle Ressourcen und Fachwissen innerhalb der Verwaltung geschaffen werden, anstatt digitale Vorhaben in großem Umfang projektbezogen extern auszulagern.[12] Ohne dass die Verwaltung selbst in allen Bereichen zum spezialisierten IT-Dienstleister zu mutieren braucht, ist sie intern auf Personen angewiesen, die Fachwissen und Überblick besitzen, IT-getriebene Projekte zu evaluieren, koordinieren und um einzelne Bausteine gezielt auszuschreiben. Eine wichtige Rolle dabei, die Balance zwischen hohen qualitativen Anforderungen an innovative und funktionale IT-Lösungen auf der einen und digitaler Souveränität des Staates und der Gemeinwohlverpflichtung digitaler Verwaltungsleistungen auf der anderen Seite zu finden, können auch öffentliche IT-Dienstleister spielen.[13] Ohne private Innovations- und Produktionskraft wird die Digitalisierung der Verwaltung jedoch nicht funktionieren: Es bedarf geeigneter Kooperationsmechanismen und Austauschformen zwischen privaten und öffentlichen Akteuren (→ *GovTech* Rn. 6 ff.).

Aus parteipolitischer Sicht ist EGov ein schwieriges Unterfangen: Denn aufgrund hoher anfänglicher Investitionen in das erforderliche Gesamtsystem für ein flächendeckendes digitales Angebot lassen sich die Ziele, Verwaltung schneller, kostengünstiger und effizienter zu machen, erst mittelfristig erreichen.[14] Die Lösungen für sichtbare EGov-Erfolge lassen sich deshalb meist nicht innerhalb einer Legislaturperiode entwickeln und erfolgreich umsetzen; EGov ist deshalb ein Langzeitprojekt. Am Ende zahlt es sich aller Voraussicht nach aber aus: Der Normenkontrollrat beziffert die abgebauten Bürokratiekosten, die auf Gesetzesvorhaben der Verwaltungsdigitalisierung zurückgehen, während seiner ersten Mandatszeit auf 6 Mrd. EUR.[15]

Ohne einen „Kulturwandel"[16] oder „Paradigmenwechsel" innerhalb der einzelnen Einheiten, aber auch des Systems Verwaltung insgesamt, lässt sich indes kein digitaler Staat machen. Dafür stehen dem Staat unterschiedliche Abstufungen von Innovationseinheiten[17] innerhalb des vertikalen Behördenaufbaus bis hin zu vergaberechtlichen Kooperations- und Outsourcing-Maßnahmen mit der Privatwirtschaft zur Verfügung

---

10 Kube VVDStRL 2019, 289 (322).
11 Martini DÖV 2017, 443 (449). Vgl. etwa auch den Antrag der Abgeordneten v. Notz, Rößner et al. „E-Government entschlossen vorantreiben – Registermodernisierung verfassungskonform umsetzen" (BT-Drs. 19/25029, 5): „Prinzip des Vorrangs der digitalen Verfahrensabwicklung für Verwaltungsleistungen"; OECD, Shaping a just digital transformation, 2021, S. 355–357.
12 Zum Vorschlag von Digital Services Teams als Schnittstelle: Mergel Government Information Quarterly 36 (2019), 101389.
13 Für einen Überblick Ernst, Der Grundsatz digitaler Souveränität, 2020, S. 18, 49, 60.
14 Vgl. Stember/Eixelsberger/Spichiger Wirkungen von E-Government/Stember et al. S. 3 (27).
15 Normenkontrollrat, Jahresbericht 2021, September 2021, abrufbar unter https://www.normenkontrollrat.bund.de/nkr-de/service/publikationen/jahresberichte, S. 17.
16 Dazu Hill DVBl 2021, 1457 f.
17 Mergel Government Information Quarterly 36 (2019), 101389.

(→ *GovTech* Rn. 13 ff.). Um EGov bürgerfreundlich, auf der Grundlage zeitgemäßer Technologien und ganzheitlich zu realisieren, ist die Anerkennung als gesamtgesellschaftliche Querschnittsaufgabe erforderlich, ohne dadurch die klassischen Kompetenzen der Exekutive zu vernachlässigen. Zur Einhaltung der Gesetzesbindung ist es bspw. rechtsstaatlich unerlässlich, Sicherheitsstandards, Datenschutz und Verfahrenstransparenz zu wahren.[18]

9 Solange verfassungsrechtliche Anforderungen an die Transparenz, Zugänglichkeit und Rechtmäßigkeit digitaler Verwaltungsleistungen gewahrt sind, führt der Kommunikationswandel nicht zu größeren rechtlichen Problemen als zuvor. Denn die Verwaltung nutzt dann lediglich leistungsstärkere technische Hilfsmittel, die auf dem Weg zur Verwaltungsentscheidung zum Teil andere Wege beschreiten.[19] Faktoren wie digitale Transparenz, Fairness und Verständlichkeit in rechtliche Anforderungen zu übersetzen, führen aber zu praktischen und rechtstechnischen Herausforderungen. Denn neben den verwaltungsinternen Abläufen verändert die Digitalisierung insbesondere die Interaktion zwischen Verwaltung und Bürgerinnen und Bürgern auf erhebliche Art und Weise. Relevant sind diese Aspekte des EGovs zudem auch aus verwaltungswissenschaftlicher Perspektive, insbesondere im Hinblick auf Akzeptanz und Effektivität des digitalen Verwaltungshandelns. Ein kultureller und organisatorischer Wandel zur Modernisierung der Verwaltung auf verschiedenen Ebenen entbindet sie aber nicht von ihrem gesetzlichen Auftrag und den vorgegebenen rechtlichen Grenzen. Vor diesem Hintergrund ergeben sich zahlreiche Rechtsfragen im zunehmend automatisierten Verwaltungsvollzug.

2. Begriff und Abgrenzung von anderen Konzepten

10 Der Einsatz von Informations- und Kommunikationstechnologien (IKT) im Rahmen der staatlichen Aufgabenerfüllung kann mittlerweile auf eine lange Entwicklung in Wissenschaft und Verwaltungspraxis zurückblicken.[20] Von den ersten Lochkartenrechnern über die elektronische Kommunikation der Behörden mit den Bürgerinnen und Bürgern via Fax und Internet bis hin zu aktuellen Entwicklungsstufen wie Apps, Künstliche Intelligenz oder Blockchain-Technologie im administrativen Maschinenraum[21] – die Digitalisierung des Staates hat viele Facetten und wirft zahlreiche technische, organisatorische und rechtliche Fragen auf.

11 Unter dem Schlagwort „E-Government" hat sich im politischen und wissenschaftlichen Diskurs ein Oberbegriff herausgebildet, der die unterschiedlichen und diversen Herausforderungen beschreibt und von anderen Bereichen abgrenzt.

12 Während eJustice (Digitalisierung der Justiz) oder eLegislation (Digitalisierung der Gesetzgebung) auf die judikative und legislative Staatsgewalt Bezug nehmen, adressiert EGov in erster Linie die Tätigkeit der exekutiven Staatsgewalt.[22] Der Fokus der praktischen Anstrengungen im Bereich des EGovs liegt mithin darin, die vielgestaltigen Aufgaben der öffentlichen Verwaltung mithilfe von Soft- und Hardware effizienter, transparenter und anwendungsfreundlicher auszugestalten. Der Schwerpunkt liegt dabei insbesondere in den Bereichen der elektronischen Datenverarbeitung und -speicherung, der digitalen Kommunikation und der örtlich und zeitlich entgrenzten, virtuellen Zusammenarbeit unterschiedlicher Verwaltungseinheiten. Der Terminus EGov beschreibt also die digitale Transformation der vollziehenden Verwaltung. Er weist zudem eine stärkere Konzentration auf das Verhältnis zwischen Bürgerinnen und Bürgern und dem

---

18 Hill/Kugelmann/Martini Digitalisierung/Lohmann S. 9 (10); Kahl/Ludwigs VerwR-HdB/Martini S. 1105 Rn. 10 f.
19 Dies führt zu neuen, rechtsdogmatisch noch nicht vollständig rezipierten Herausforderungen. Vgl. Kahl/Ludwigs VerwR-HdB/Martini S. 1105 Rn. 96: „Das Verwaltungsrecht steht [...] vor der Herausforderung, seine dogmatischen Grundlagen künftig nicht nur an dem Verhalten menschlicher Sachwalter auszurichten, sondern Maschinen als steuerungsrelevante Komponenten im Verwaltungsverfahren stärker [...] abzubilden."
20 Für einen Überblick Guckelberger, Öffentliche Verwaltung im Zeitalter der Digitalisierung, 2019, Rn. 4 ff.
21 Für einen Überblick zu Blockchain und KI etwa Kahl/Ludwigs VerwR-HdB/Martini S. 1105 Rn. 76 ff., 82 ff.
22 Versteht man den Begriff weit, so gehören auch eJustice und eLegislation zum EGov, da sich die digitale Transformation auf die Funktionsfähigkeit des Staates als Ganzes erstreckt, Guckelberger, Öffentliche Verwaltung im Zeitalter der Digitalisierung, 2019, Rn. 38. Das weite Verständnis geht auf die „Speyerer Definition von E-Government" zurück, Reinermann/v. Lucke, Electronic Government in Deutschland, 2. Aufl. 2002, S. 1.

Staat auf und erweitert in einem solch deliberativen Verständnis den Blick allein auf hoheitliche Kompetenzen und administrative Entscheidungsprozesse.

Jedes Projekt im Bereich EGov zielt darauf, die Erfüllung staatlicher Aufgaben durch die öffentliche Verwaltung durch digitale Hilfsmittel zu optimieren – als Hintergrundfolie scheint stets die Intention einer Reform und Modernisierung der Verfahrensabläufe, organisatorischen Rahmenbedingungen und Erledigungsroutinen hin zu innovativen und zeitgemäßen Methoden durch.[23] Seit sich die elektronische Kommunikation und Datenverarbeitung seit Beginn des 21. Jahrhunderts in der Regel digital abspielt, hat sich mit der Zeit der – weitgehend synonyme – Begriff der „Digitalisierung der Verwaltung" oder „Verwaltungsdigitalisierung" herausgebildet.[24]

Als Teilgebiet des EGovs hat das „Mobile Government"[25] die Modalitäten der Staat-Bürger-Interaktion über mobile Endgeräte (etwa Tablet oder Smartphone) – insbesondere im Hinblick auf neue Formen der Kommunikation abseits des privaten Heimcomputers – näher analysiert. Als eigenständiger Untersuchungsgegenstand hat Mobile Government aber dadurch an Bedeutung verloren, dass mobile Endgeräte mittlerweile eine Massenadaption erfahren haben und sich auch technisch (etwa im Hinblick auf Betriebssystem und Integration von Software als Apps) nicht mehr grundlegend von stationären PCs unterscheiden. Beim Mobile Government handelt es sich inzwischen allenfalls um eine Modalität des EGovs, die auf das Spezifikum hinweist, dass Bürgerinnen und Amtswalter mitunter auch Smartphones und Tablets nutzen.

Eine terminologische Schnittmenge weist EGov zu dem Konzept des „Open Government" (dt.: offenes Regierungs- und Verwaltungshandeln)[26] auf. Beide Konzepte teilen das Fernziel, an den Stellschrauben Transparenz, Partizipation und Kollaboration zu drehen, um Innovation zu generieren und gesellschaftliche Akzeptanz staatlichen Handelns zu erzeugen.[27] „Open Government" ist jedenfalls dann das weitere Konzept, wenn man den Begriff als staatstheoretisches Sammelbecken an Zielen und Umsetzungsvehikeln (etwa inkl. Open Access, Open Data, Open Innovation, Open Standards oder Open Statecraft)[28] versteht.[29] Während EGov also die Rahmenbedingungen für eine (vollständige oder teilweise) Digitalisierung einzelner Abläufe der Verwaltung beschreibt, geht Open Government darüber hinaus: Unter dem Terminus findet eine übergreifende Diskussion der Frage statt, durch welche konkreten politischen Maßnahmen und regulatorischen Ansatzpunkte der Staat zu dem Ziel einer offenen Gesellschaft und einer deliberativen Demokratie beitragen kann.[30] Die Digitalisierung der Verwaltung ist dabei nur ein Baustein von mehreren. Von Bedeutung sind daneben etwa die Bereiche Open Data, Einsatz quelloffener Software (Open Source), die Bereitstellung offener Schnittstellen (Open API)[31] – aber auch Fragen des Selbstverständnisses und der Staatsleitung der Gubernative. Rechtspolitisch lässt sich ein Open Government insbesondere als Ge-

---

23 Seckelmann Digitalisierte Verwaltung/Denkhaus S. 51 Rn. 21 f.
24 Guckelberger, Öffentliche Verwaltung im Zeitalter der Digitalisierung, 2019, Rn. 77, bezeichnet „Digitalisierung" als „Brückenbegriff […], der zurzeit für fast alle Bereiche verwendet wird und infolge dieser Gemeinsamkeit die Verständigung insbesondere über technologische Innovationen erleichtert". Vgl. auch Seckelmann Digitalisierte Verwaltung/Denkhaus S. 51 ff.
25 Guckelberger, Öffentliche Verwaltung im Zeitalter der Digitalisierung, 2019, Rn. 56; Dapp/Balta/Palmetshofer/Krcmar, Open Data. The Benefits, 2016, abrufbar unter http://www.kas.de/wf/doc/kas_44906-544-1-30.pdf?160418125028, S. 10 ff.; Zepic/Krcmar et al., Mobile Government, Kommune21 v. Mai 2017, S. 10.
26 Geiger/v. Lucke JeDEM 4 (2012), 265 (266).
27 Vgl. Seckelmann/Brunzel Handbuch Onlinezugangsgesetz/Zern-Breuer S. 401 (406) mwN; Hill/Schliesky Vermessung des virtuellen Raums/Seckelmann/Bauer S. 325 (327).
28 Geiger/v. Lucke JeDEM 4 (2012), 265 (266) („a wide concept with a broad range of aspects and opinions"). Wewer Open Government, Staat und Demokratie/Wewer S. 12 (34) nennt zusätzlich „Open Budget", also die Aufstellung und den Umgang mit öffentlichen Haushalten.
29 Seckelmann/Brunzel Handbuch Onlinezugangsgesetz/v. Lucke S. 119 (123).
30 Nach Wewer Open Government, Staat und Demokratie/Wewer S. 12 (14 f.) steckt hinter dem Begriff letztlich „ein ganz bestimmtes Verständnis von Staat und Demokratie im digitalen Zeitalter", in dem „Offenheit als Prinzip" gilt.
31 Seckelmann/Brunzel Handbuch Onlinezugangsgesetz/v. Lucke S. 119 (141).

genstück zum Paradigma der Arkanverwaltung verstehen:[32] Offenheit steht als Prinzip für eine moderne Staatsführung und äußert sich dabei auch, aber eben nicht nur, in der Staatsbürgerinnen- und Staatsbürger-Interaktion im Zusammenhang mit Verwaltungsleistungen.

16 Als automationsgestützter Rechtsvollzug und weitgehend digitale Erfüllung administrativer Aufgaben unterscheidet sich EGov von anderen Szenarien des Einsatzes von IKT im Bereich der exekutiven Staatsgewalt. Unter EGov fallen in erster Linie die (verwaltungs-)verfahrensrechtlichen Anforderungen an elektronische, insbesondere digitale Abläufe in der öffentlichen Verwaltung. Demgegenüber umfasst der Terminus „GovTech" die Art und Weise, wie die Exekutive privatwirtschaftlichen Sachverstand sowie kommerzielle IT-Produkte und Dienstleistungen beauftragt, einkauft oder in geeignete Kooperationsformate überführt. GovTech (→ *GovTech* Rn. 2) beleuchtet den Prozess der Staats- und Verwaltungsdigitalisierung mithin aus einer anderen Perspektive: Derjenigen eines potenziellen Absatzmarktes für IT-Produkte und Dienstleistungen, der aufgrund des Rückstands Deutschlands bei der Verwaltungsdigitalisierung attraktive Auftragsvolumina für private Akteure verspricht. Der öffentliche Sektor, insbesondere die öffentliche Verwaltung, ist aus diesem Blickwinkel vornehmlich Auftraggeberin und Kundin für innovative IT-Produkte und Dienstleistungen. Im Bereich GovTech steht deshalb im Vordergrund, wie sich die öffentlich-privaten Kooperationspotenziale durch rechtliche und organisatorisch passende Rahmenbedingungen bestmöglich heben lassen. EGov ist demgegenüber ein Stück weit „technologieblind" und setzt im Grunde bereits voraus, dass sich die Verwaltung geeignete Soft- und Hardware schon in Eigenregie erstellen (lassen) oder am Markt beschaffen kann. Ohne funktionale digitale Assistenzsysteme und eine passgenaue Implementierung (inkl. Projektmanagement und Beratung etc) lässt sich aber kein Verwaltungsverfahren erfolgreich digitalisieren. Insofern schließt GovTech einen blinden Fleck des EGovs. Es gibt aber auch Überschneidungen zwischen EGov und GovTech: In beiden Bereichen spielt die Frage eine Rolle, wie die öffentliche Verwaltung von der agilen Arbeitsstruktur erfolgreicher Marktakteure (insbesondere Start-Ups) lernen kann, etwa bei der Aus- und Umgestaltung ihrer Kommunikations- und Organisationsformen.[33]

17 Der Begriff RegTech (→ *RegTech* Rn. 1 ff.), der vor allem in der Regulierung der Finanzmärkte Verwendung findet,[34] hat mit EGov gemein, Aspekte des Rechtsvollzugs mithilfe oder vollständig durch digitale Assistenzwerkzeuge in die Tat umzusetzen. Während EGov aber in erster Linie den Fokus auf staatsinterne Prozesse legt, also wie die Verwaltung ihren vielfältigen Aufgaben im Rechtsstaat auf digitalen Wegen gerecht werden kann und muss, fokussiert RegTech in erster Linie den Umgang mit regulatorischen Vorgaben in einzelnen Geschäftsbranchen (z.B. bei Finanzdienstleistungen wie dem algorithmischen Handel[35]). RegTech ist so betrachtet in erster Linie ein digitales Hilfsmittel für Compliance-Verfahren (→ *Compliance*,

---

32 Seckelmann/Brunzel Handbuch Onlinezugangsgesetz/Berger/Sander S. 350 (357). Hintergrund sind diverse Reformvorschläge der Obama-Administration in den USA, vgl. Hill/Schliesky Vermessung des virtuellen Raums/Seckelmann/Bauer S. 325 (327 ff.), dort auch zum Ansatz der „Collaborative Governance". Zum „Integrative Government"-Konzept etwa Seckelmann/Brunzel Handbuch Onlinezugangsgesetz/Zern-Breuer S. 401 (404) mwN.
33 Zur Frage, ob die Bundesrepublik ein Digitalministerium braucht, ist eine lebhafte Debatte entstanden. Vgl. etwa Guckelberger, Öffentliche Verwaltung im Zeitalter der Digitalisierung, 2019, Rn. 289 ff.; Hunnius/Stocksmeier et al., Digitalisierungsministerium oder Staatsminister?, September 2017, abrufbar unter https://docplayer.org/7 7651107-Digitalisierungsministerium-oder-staatsminister.html; Paal/Hennemann ZRP 2017, 215 (216); Hill, Mit dem Digitalministerium auf die Überholspur, Tagesspiegel Background Digitalisierung & KI v. 9.12.2019, abrufbar unter https://background.tagesspiegel.de/digitalisierung/mit-dem-digitalministerium-auf-die-ueber holspur; Fleischer/Bertels/Schulze-Gabrechten, Stabilität und Flexibilität, 2018, S. 13; Rau, Ampel verzichtet auf Digitalministerium, netzpolitik.org v. 5.11.2021, abrufbar unter https://netzpolitik.org/2021/koalitionsverhandlungen-ampel-verzichtet-auf-digitalministerium/; Beckedahl, Scholz wird kein Digitalkanzler, netzpolitik.org v. 9.12.2021, abrufbar unter https://netzpolitik.org/2021/zustaendigkeiten-fuer-digitales-scholz-wird-kein-digitalkanzler/.
34 Lee/Deng Cryptocurrency, FinTech, InsurTech, and regulation/Arner et al. S. 359 (359) definieren ihn weit als „use of technology, particularly information technology, in the context of regulatory monitoring, reporting and compliance". Siehe auch Packin Chicago-Kent Law Review 2018, 193 (194): „use of technological solutions to facilitate compliance with and monitoring of regulatory requirements".
35 Martini, Blackbox Algorithmus, 2019, S. 142 ff.

Digital Rn. 16) in Unternehmen[36] – ein Werkzeug der Corporate Governance.[37] Eine Schnittmenge zu EGov besteht jedoch insofern, als es durchaus denkbar ist, dass Aufsichts- oder sonstige Regulierungsbehörden Hilfsmittel erstellen oder bereitstellen, um den regulatorischen Vorgaben in einzelnen Sektoren gerecht zu werden (→ *RegTech* Rn. 5).[38] Eine Verbindung zur Verwaltung besteht also dann, wenn Verfahren oder Anwendungen aus dem Bereich RegTech durch Aufsichtsbehörden geprägt oder vorgegeben sind.[39]

II. Anwendungsbeispiele

Unter dem Stichwort des EGovs finden inzwischen Diskussionen über eine kaum mehr überschaubare Anzahl an Anwendungsszenarien und Beispielen statt. Dabei erstrecken sich die Praxisbeispiele von digitalen Anwendungen für den internen Verwaltungseinsatz über entscheidungsunterstützende Systeme bis zu volldigitalisierten Verwaltungsentscheidungen. 18

Vollautomatisierte Verwaltungsverfahren ohne menschlichen Einfluss sind bisher flächendeckend nur in der Finanzverwaltung im Rahmen der §§ 88 Abs. 5, 155 Abs. 4 AO umgesetzt (wenn man die Verkehrsregelung durch Ampelschaltung[40] außen vor lässt). Deshalb ist auch der viel diskutierte Einsatz „Künstlicher Intelligenz"[41], respektive stochastischer Methoden maschinellen Lernens, bislang sehr begrenzt.[42] Die große Mehrheit der Nutzung digitaler Prozesse und Anwendungen durch die Verwaltung dient dazu, Entscheidungen zu unterstützen – sei es durch Informationsaufbereitung, digitale Infrastruktur oder bestimmte Werkzeuge und Kommunikationsmittel. Dazu gehören auch die Richtung Bürgerinnen und Bürger adressierten Portale oder Chatbots (→ *Legal Chatbot* Rn. 1).[43] 19

1. Elektronische Patientenakte, eHealth

Unter dem Schlagwort eHealth firmiert das Anliegen, die Abläufe, Analysen und Kooperationsformen im Gesundheitswesen durch Digitalisierung auf eine neue Qualitäts- und Effizienzstufe zu heben.[44] Gerade im Gesundheitswesen tritt das Spannungsverhältnis zwischen den Zielen „Daten nutzen" und „Daten schützen" besonders sichtbar hervor: Mit Gesundheits- und Versorgungsdaten möglichst großer Teile der Bevölkerung lassen sich Krankheitsverläufe, Behandlungskonzepte und Medikamentenentwicklung optimieren – gleichzeitig handelt es sich bei den Daten der Patientinnen und Patienten um besonders sensible und schützenswerte Informationen (vgl. Art. 9 DS-GVO).[45] Eine digitale Vernetzung kann zugleich der ge- 20

---

36 Zetzsche/Arner/Buckley Journal of Financial Regulation 6 (2020), 172 (174), sprechen instruktiv von „embedded regulation".
37 Packin Chicago-Kent Law Review 2018, 193 (194).
38 Die Idee erhält etwa Auftrieb durch den Vorschlag einer Live-Schnittstelle, über die Aufsichtsbehörden den rechtskonformen Einsatz einzelner Parameter in Echtzeit überprüfen können. Dazu etwa Martini, Blackbox Algorithmus, 2019, S. 130 f., 256.
39 Auf die Möglichkeiten eines „cooperative supervisory model" weist etwa Packin Chicago-Kent Law Review 2018, 193 (194), hin. Im Bereich der Bankenaufsicht kursiert mit „SupTech" bereits der nächste Terminus.
40 Die ihre Ermächtigung unabhängig vom Rechtsvorschriftenvorbehalt des § 35a VwVfG in § 37, § 25 Abs. 2 S. 3, § 43 Abs. 1 S. 3, § 45 Abs. 2 S. 2 StVO finden dürfte, vgl. auch Guckelberger, Öffentliche Verwaltung im Zeitalter der Digitalisierung, 2019, Rn. 80.
41 Lämmel/Cleve, Künstliche Intelligenz, 4. Aufl. 2012, S. 11 ff.
42 ZB Systeme des Predictive Policings. Zu den Rahmenbedingungen für KI in der Verwaltung Kahl/Ludwigs VerwR-HdB/Martini S. 1105 Rn. 82 ff. Zur Verwaltungspraxis auch Ebers/Heinze/Krügel/Steinrötter KI/Wischmeyer Kap. 20, S. 614, 615, Rn. 4 mit dem zutreffenden Hinweis, dass auch regelbasierte Systeme eine ähnliche Komplexität wie KI aufweisen können und daher ähnliche Rechtsfragen aufwerfen. Siehe auch Herold, Demokratische Legitimation automatisiert erlassener Verwaltungsakte, 2020, S. 67 ff.; BT-Drs. 19/1982, 14. Für einen Überblick über Anwendungsfälle Engelmann/Puntschuh, KI in Behördeneinsatz: Erfahrungen und Empfehlungen, 2020, S. 21 ff.
43 Engelmann/Puntschuh, KI in Behördeneinsatz: Erfahrungen und Empfehlungen, 2020, S. 11 ff.
44 Der Begriff ist synonym zu „Digitalisierung im Gesundheitswesen" und lässt sich in diverse Unterbegriffe auffächern, vgl. Becker/Kingreen/Kircher SGB V § 33a Rn. 4.
45 Für einen Überblick zu einigen datenschutzrechtlichen Fragen der datengetriebenen Medizin etwa Martini/Hohmann NJW 2020, 3573 ff.

samten Solidargemeinschaft nützen – etwa indem vorhandene Informationen über den Gesundheitszustand weiterer Teile der Bevölkerung digital teil- und auswertbar bereitstehen.

21 Mit einer elektronischen Patientenakte (ePA) kann ein virtueller „Vertrauensraum"[46] entstehen, in dem jede Patientin und jeder Patient relevante Gesundheitsdaten bündelt.[47] Die praktische Implementierung dieser einleuchtenden Idee dauerte in Deutschland indes länger als erwartet: Bereits mit dem eHealth-Gesetz aus dem Jahre 2015 verpflichtete der Bundesgesetzgeber u.a.[48] die *gematik* dazu, die Voraussetzungen für die Einführung einer ePA bis Ende 2018 zu schaffen.[49]

22 Erst seit dem 1.1.2021 haben die gesetzlichen Krankenkassen nun jedem Versicherten auf Antrag und in verschiedenen Ausbaustufen eine **„versichertengeführte elektronische Akte"** für „Informationen, insbesondere zu Befunden, Diagnosen, durchgeführten und geplanten Therapiemaßnahmen sowie zu Behandlungsberichten, für die einrichtungs-, fach- und sektorenübergreifende Nutzung für Zwecke der Gesundheitsversorgung, barrierefrei elektronisch" bereitzustellen (§ 342 Abs. 1 SGB V).[50] An die ePA als nutzerzentriertes Basiselement und der Telematikinfrastruktur (§§ 306 ff. SGB V) als Netz, das alle relevanten Akteure des Gesundheitswesens sicher miteinander vernetzt,[51] können weitere Instrumente anknüpfen – etwa elektronische Medikationspläne, das eRezept oder perspektivisch eine KI-gestützte Auswertung für Forschungszwecke[52].

2. E-Vergabe

23 Das Vergaberecht als „Digitalisierungsfolgenrecht"[53] ist zwingende Stellschraube für die digitale Transformation der Verwaltung. Denn EGov ruft einen dauernden Bedarf an digitalen Produkten und Dienstleistungen hervor, den der Staat wiederum nach den Vorgaben des Vergaberechts decken muss.[54] Die Vergabe für digitale Technologien ist rechtlich relevant, da es kaum gelingen wird, z.B. datenintensive ADM-Systeme verwaltungsintern zu entwickeln. Sollte die Verwaltung zukünftig KI-Systeme einsetzen, sind entsprechende Vorgaben für die Auswahl von Dienstleister und Software erforderlich. In Kanada und Großbritannien wurden bereits Richtlinien für die Vergabe von ADM-Systemen im Bereich der öffentlichen Verwaltung erlassen.[55] Dies könnte für Deutschland ein lohnendes Vorbild sein.

24 Dabei wird das Vergabeverfahren aber nicht nur inhaltlich digital ausgerichtet, sondern ist selbst Gegenstand des EGovs: Die Vergabe öffentlicher Aufträge durch digitale Technik und die damit verbundenen Beschaffungsprozesse firmiert unter dem Schlagwort E-Procurement.[56] Die E-Vergabe bezieht sich hingegen nur auf das Vergabeverfahren selbst, also seine konkrete Durchführung gegenüber den Bietern.[57] Gesetzliche Grundlagen zum digitalen Vergabeverfahren erschöpfen sich aber bisher in den §§ 11, 12 Abs. 1 Nr. 1, 13 Abs. 1 Nr. 1 VOB/A 2016, §§ 11, 12, 13, Abs. 1 VOL/A 2009: Sie eröffnen die Wahl elektronischer Kommunikationsmittel.[58] Hingegen sieht § 7 Abs. 1 UVgO die Verwendung elektronischer Kommunikation

---

46 Kolain/Molavi, Zukunft Gesundheitsdaten, 2019, S. 20 ff., 51 ff.
47 Vgl. Eichenhofer NVwZ 2021, 1090 ff.
48 Kolain/Molavi, Zukunft Gesundheitsdaten, 2019, S. 32.
49 Siehe ausführlich zu den regulatorischen Entwicklungsstufen Kolain/Molavi, Zukunft Gesundheitsdaten, 2019, S. 32 ff.
50 Zu den rechtlichen Rahmenbedingungen der ePA instruktiv Eichenhofer NVwZ 2021, 1090 ff.
51 Zum Begriff der Gesundheitstelematik Haas, Gesundheitstelematik, 2006, S. 3, 7 ff.
52 Zur Forschung mit Versichertendaten instruktiv Bretthauer VERW 54 (2021), 411 (421 ff.). Zu den Entwicklungsmöglichkeiten in Richtung einer Forschungskompatibilität der ePA Kolain/Molavi, Zukunft Gesundheitsdaten, 2019, S. 58 ff.
53 Krönke VERW 52 (2019), 65 (66).
54 Zu den Details des Vergabeverfahrens Krönke VERW 52 (2019), 65 (82 ff.).
55 Directive on ADM Systems (Kanada), Pre-qualified AI Vendor Procurement Program (Kanada), Guidelines on Public Procurement (UK). Dazu auch: Sanchez-Graells, SSRN Journal 2019, 23.8.2019 abrufbar unter https://ssrn.com/abstract=3440552.
56 Wirtz/Lütje/Schierz VM 15 (2009), 207 ff.
57 Seckelmann Digitalisierte Verwaltung/Siegel S. 327.
58 Seckelmann Digitalisierte Verwaltung/Siegel S. 327 (334).

und die Auftragsbekanntmachung im Internet als Pflicht vor, wobei die Sicherheitsanforderungen der §§ 10 bis 12 VgV entsprechend Anwendung finden.[59]

3. Digitale Identifizierung und Authentifizierung

Um eine digitale Verwaltungsleistung zu beantragen oder zu erhalten, muss sich eine Bürgerin oder ein Bürger aus der Ferne als authentische und berechtigte Person ausweisen können. Dafür braucht sie/er eine Möglichkeit der digitalen Identifizierung und Authentifizierung, die sie/er im besten Falle möglichst niedrigschwellig einsetzen kann.[60] Der elektronische Identitätsnachweis des Personalausweises (§ 10 Abs. 1 PAuswG) ermöglicht es ihr/ihm dabei, sich bei Behörden online auszuweisen (§ 18 Abs. 1 S. 1 PAuswG). Seit September 2021 ist es für die Nutzer bestimmter Smartphones nunmehr nicht mehr notwendig, die Chipkarte „Personalausweis" mittels Lesegeräts oder NFT auszulesen. Das relevante Schlüsselmaterial lässt sich auch auf ein mobiles Endgerät übertragen.[61] Für eine Online-Authentifizierung genügen dann das Smartphone als Hardwarekomponente und eine sechsstellige PIN (§ 2 Abs. 10 PAuswG).[62]

Auf der Option, sich mobil ausweisen zu können, setzt die Europäische Kommission nun mit der Initiative „EUid" auf.[63] Der Vorschlag der EU-Kommission für eine Reform der eIDAS-Verordnung[64] sieht vor, dass Unionsbürger auf ihrem mobilen Endgerät nicht nur die Personenidentifizierungsdaten eines Ausweises (Art. 3 Nr. 3 eIDAS-VO) vorhalten, sondern zusätzlich eine digitale Brieftasche (sog. Identity *Wallet*) nutzen können: In einem „digitalen Aktenschrank" soll der Bürger künftig digitale Nachweise „alleine verwalten und selbstbestimmt kontextbezogen teilen" können.[65] Mit sog. *Verifiable Credentials*[66] befindet sich ein interoperabler Standard im Entstehen,[67] mit dem man künftig etwa Schulzeugnisse, Nachweise einer Bank, die Wohnungsgeberbestätigung (§ 19 Bundesmeldegesetz) oder den Arbeitslosen-Status in seiner digitalen Brieftasche bündeln und nach eigenem Ermessen mit Dritten teilen kann. Dahinter steht das technologische Paradigma einer Self-Sovereign-Identity (SSI)[68], bei der „als Quellautorität der einzelne Mensch im Mittelpunkt" steht.[69] Der Nutzer kann dann unabhängig von einem zentralen ID-Provider

---

59 Seckelmann Digitalisierte Verwaltung/Siegel S. 327 (337 ff.) zu den einzelnen Verfahrensschritten.
60 Dazu bereits IT-Planungsrat, Nationale E-Government-Strategie, 1.10.2015, abrufbar unter https://www.it-planungsrat.de/beschluss/beschluss-2015-07, S. 10; siehe auch Warnecke, Identitätsmanagement und Datenschutz, 2019, S. 31.
61 § 10a Abs. 1 S. 1 PAuswG sieht nunmehr vor, dass ein Ausweisinhaber die Daten nach § 5 Abs. 5a PAuswG „in einem sicheren Verfahren auf ein elektronisches Speicher- und Verarbeitungsmedium in einem mobilen Endgerät" übertragen kann.
62 Vgl. Entwurf eines Gesetzes zur Einführung eines elektronischen Identitätsnachweises mit einem mobilen Endgerät v. 31.3.2021 (BT-Drs. 19/28169, 23).
63 Krempl, EUid: Online-Ausweise kommen EU-weit, Facebook & Co. müssen sie anerkennen, heise online v. 3.6.2021, abrufbar unter https://www.heise.de/news/EUid-Online-Ausweise-kommen-EU-weit-Facebook-Co-muessen-sie-anerkennen-6061860.html.
64 Siehe https://eur-lex.europa.eu/legal-content/EN/TXT/?uri=COM%3A2021%3A281%3AFIN.
65 Bundeskanzleramt, Digitale Identität, März 2021, abrufbar unter https://docplayer.org/208531199-Digitale-identitaet-bundeskanzleramt-referat-digitaler-staat-maerz-2021-police-ausweis-l01x00t4.html, S. 2 f. Zur Idee „persönlicher Blockchain" als „Datenspeicher für alle für den Anwender persönlich relevanten Informationen" bereits Taeger Recht 4.0/Kolain/Wirth S. 845 (849).
66 Der Begriff beschreibt kryptografisch gesicherte digitale Nachweise, Ehrlich et al. HMD 58 (2021), 247 (253 f.).
67 Das World Wide Web Consortium (W3C) hat bereits einen ersten Standard zu VC vorgelegt, siehe https://www.w3.org/TR/vc-data-model/.
68 Der Begriff der „Self-Sovereign Identity" beschreibt Konzepte, die dem Nutzer volle Kontrolle über seine Daten (und damit Identitäten) geben sollen und zu diesem Zweck ein verteiltes Register einsetzen, vgl. Abraham, Self-Sovereign Identity, 2017, S. 7. Die zentralen technischen Elemente eines SSI-Systems sind Decentralized Identifiers (DID), Verifiable Credentials (VC), ein auf DIDs basierendes Kommunikationsprotokoll (DIDcomm) sowie ein vertrauenswürdiges Datenregister, vgl. Ehrlich et al. HMD 58 (2021), 247 (256 ff.).
69 Kahlo, Blockchain + SSI = ID?, 23.10.2021, abrufbar unter https://medium.com/@ckahlo/blockchain-ssi-id-d7e51d98d050.

agieren.[70] Er erhält die „Verfügungsmacht über eigene ID-Daten".[71] Aufgabe des Staates ist es dann in erster Linie dafür zu sorgen, dass den Bürgern eine sichere Basisinfrastruktur zur Verfügung steht, um staatliche und private Nachweise entgegenzunehmen, zu speichern und anderen zugänglich zu machen.[72]

27 Kurz vor der Bundestagswahl 2021 hat die Bundesregierung mit der App „ID Wallet" zunächst eine Lösung veröffentlicht,[73] um sich online auszuweisen und insbesondere einen digitalen Führerscheinnachweis zu erbringen – nach einer kritischen Revision durch IT-Sicherheitsexpertinnen und -experten[74] aber wieder zurückgezogen.[75] Was als frühe Erfolgsmeldung im Bereich SSI gedacht war, zeigt im Ergebnis auf, dass es bis zum Ziel eines europäischen Ökosystems digitaler Identitäten noch ein weiter Weg ist, bei dem insbesondere auch die Open-Source- und IT-Sicherheits-Community eine wichtige Rolle spielen sollten.[76] Im Bereich der technischen Standardisierung aller SSI-Komponenten bedarf es weiterer Anstrengungen und anschließend geeigneter Testläufe. Gleichzeitig ist es eine Kernaufgabe des Staates, seine Bürgerinnen und Bürger mit sicheren elektronischen Identifizierungsmitteln auszustatten, die auf offenen Systemkomponenten und einer demokratisch kontrollierten Infrastruktur basieren. Eine weitgehende Privatisierung des staatlichen Ausweiswesens würde den Staat seiner (digitalen) Souveränität dauerhaft berauben.

4. Corona-Infektionsschutz mit Apps

28 Die Corona-Warn-App (CWA), die ursprünglich ausschließlich zur Kontaktverfolgung konzipiert war, hat sich aufgrund ihrer inzwischen vielfältigen Funktionen zu einem nützlichen Instrument der Pandemiebekämpfung gewandelt.[77] Der Erfolg der App illustriert, dass sich ein längeres Investment in digitale Technologien lohnt und auch zwingend notwendig ist. Gegenüber privaten Anbietern (Luca-App) hat sich die CWA durchsetzen können, weil ihre Funktionen (wenn auch mit Verzögerungen und nach anfänglichen Bedenken) kontinuierlich ausgebaut und verbessert wurden. Unabhängig von der konkreten Ausgestaltung, ist eine gesetzliche Entscheidung über den Einsatz der App als offizielles Tool der Verwaltung weiterhin wünschenswert, insbesondere wenn solche „Staats-Apps" Eingang in Coronaschutzverordnungen finden.[78]

29 Konträr zur CWA sind die Popularitätswerte der Luca-App verlaufen. Anfänglich als ein innovatives privates Projekt mit prominenten Fürsprechern beworben, geriet die Luca App schnell in die öffentliche Kritik.[79] Neben datenschutzrechtlicher Bedenken[80] traten grundsätzliche Sicherheitsprobleme hinzu, wie z.B. die Gefahr, dass Hackerinnen und Hacker Schwachstellen im System nutzen könnten, um Schadsoftware an die Gesundheitsämter zu übermitteln.[81] Von den 13 Bundesländern, die Lizenzen für die App erworben haben, haben Bremen und Schleswig-Holstein mangels Relevanz für die Kontaktverfolgung bereits die

---

70 Allen, The Path to Self-Sovereign Identity, 2016, abrufbar unter http://www.lifewithalacrity.com/2016/04/the-path-to-self-soveregneign-identity.html.
71 Ehrlich et al. HMD 58 (2021), 247 (251).
72 Instruktiv auch Strüker/Urbach/Guggenberger et al., Self-Sovereign Identity – Grundlagen, Anwendungen und Potenziale portabler digitaler Identitäten, 2021.
73 Siehe https://www.bundesregierung.de/breg-de/suche/e-id-1962112.
74 Biselli/Reuter, Ein emotionaler IT-Sicherheitsbericht fürs Kanzleramt, netzpolitik.org v. 16.12.2021, abrufbar unter https://netzpolitik.org/2021/id-wallet-ein-emotionaler-it-sicherheitsbericht-fuers-kanzleramt/.
75 Laaf, Sind ja nur die Ausweisdaten, Zeit Online v. 6.11.2021, abrufbar unter https://www.zeit.de/digital/2021-11/app-id-wallet-gescheitert-digitale-identitaet-fuehrerschein-personalausweis?utm_referrer=https%3A%2F%2Fwww.google.com%2F.
76 Vgl. auch Bundesamt für Sicherheit in der Informationstechnik, Eckpunktepapier für Self-sovereign Identities (SSI), 2021, abrufbar unter https://www.bsi.bund.de/SharedDocs/Downloads/DE/BSI/Krypto/Eckpunkte_SSI_DLT.html.
77 Frevel/Heinicke Managing Corona/Rinck S. 361 (367).
78 ZB in § 4 Abs. 6 CoronaSchVO NRW (Stand v. 11.1.2022); § 2 Abs. 1 Sächsische Corona-Notfall-Verordnung (Stand v. 19.1.2022); § 6a Abs. 2, 3 CoronaVO Baden-Württemberg (Stand v. 12.1.2022) In diesem Kontext auch: Ruschemeier ZD 2020, 618 (620).
79 MMR-Aktuell 2021, 43723.
80 Brandl, Die Luca-App steht wegen Datenschutz-Bedenken in der Kritik, Augsburger Allgemeine v. 9.1.2022, abrufbar unter https://www.augsburger-allgemeine.de/panorama/corona-die-luca-app-steht-wegen-datenschutz-bedenken-in-der-kritik-id61456921.html.
81 Vgl. ZD-Aktuell 2021, 05295.

Verträge gekündigt.[82] Auch die Vergabe der Luca-App ohne Ausschreibung war z.T. rechtswidrig: Denn auch unter den Voraussetzungen der Notvergabe nach § 14 Abs. 4 Nr. 3 VgV hat der öffentliche Auftraggeber so viel Wettbewerb wie möglich zu initiieren, anderenfalls liegt ein Ermessensausfall vor.[83] Zudem durften staatliche Stellen die Luca-App nicht einseitig als alternativlose Kontaktverfolgungsmöglichkeit bewerben:[84] Wenn ein Amt ohne Begründung und ohne auf Alternativen hinzuweisen nur ein bestimmtes privates Angebot bewirbt, ist die Berufsfreiheit der Wettbewerber verletzt.[85]

5. Gefahrenabwehr mit digitalen Mitteln

Polizei- und Sicherheitsbehörden nutzen zunehmend digitale Technologien und Big-Data-Analysen zur Informationsgewinnung, -auswertung und -strukturierung. Die Sicherheitsgesetzgebung zur Kompetenzerweiterung der Behörden, insbesondere auch zur Datenanalyse, ist regelmäßig vor dem Bundesverfassungsgericht gelandet. Vereinzelt ist dabei auch angeklungen, dass neben generellen grundrechtlichen Bedenken auch ein Gesetzesvorbehalt für den Einsatz algorithmischer Systeme greifen kann.[86] Neben dem gesetzgeberischen Bestreben, die Nutzung neuer Technologien zu ermöglichen, die für den Praxiseinsatz zurzeit noch nicht relevant sind, wie das Data-Mining im Falle des Antiterrordateigesetzes,[87] finden sich zahlreiche Anwendungsbeispiele von EGov im Bereich der Gefahrenabwehr. So stützte sich das Pilotprojekt der automatischen Echtzeit-Gesichtserkennung am Bahnhof Berlin-Südkreuz auf die für analoge Videoüberwachung vorgesehene Ermächtigungsgrundlage des § 27 BPolG, ohne den schwereren Grundrechtseingriff der Gesichtserkennung zu reflektieren.[88] Die bisherigen Einsatzbeispiele der biometrischen Gesichtserkennung im öffentlichen Raum zielen nicht darauf ab, die Technologie in Deutschland flächendeckend einzusetzen;[89] unabhängig von der fehlenden nationalen Ermächtigungsgrundlage zieht auch der Entwurf der KI-Verordnung der Europäischen Kommission dazu (wenn auch nicht ausreichende) Grenzen.[90]

Auf Bundesebene ermächtigt das FlugDaG zu personenbezogenem Predictive Policing: § 4 ermöglicht die Identifikation von Personen durch Musterabgleich, um bestimmte Straftaten zu erkennen. Die Vorschrift begegnet aufgrund des fehlenden Konnexitätserfordernisses zwischen dem Prädiktor „Flugreise" und den in Anhang II aufgeführten Delikten erheblichen verfassungsrechtlichen Bedenken.[91] Darüber hinaus haben mittlerweile fast alle Bundesländer Politprojekte zum ortsbezogenen Predictive Policing[92] gestartet, z.T. aber auch bereits wieder eingestellt (→ *Predictive Policing* Rn. 4 ff.). Da dabei keine personenbezogenen Daten Verwendung finden, ist diese Art der algorithmenbasierten Vorhersage von potenziellen Kriminalitätsorten bisher auch aufgrund des begrenzten Anwendungsfeldes auf Wohnungseinbruchsdiebstähle grundrechtlich nicht problematisch.[93] Das Effizienzversprechen der Technik hat sich nicht in allen Fällen

---

82 Siehe https://netzpolitik.org/2022/luca-app-eine-kuendigungswelle-rollt-los/.
83 OLG Rostock Beschl. v. 11.11.2021 – 17 Verg 4/21, NZBau 2022, 50 ff.
84 VG Osnabrück Beschl. v. 15.6.2021 – 1 B 24/21, MMR 2022, 81 ff.
85 VG Osnabrück Beschl. v. 15.6.2021 – 1 B 24/21, MMR 2022, 81 ff. Rn. 29.
86 BVerfG Urt. v. 19.5.2020 – 1 BvR 2835/17, BVerfGE 154, 152 (260) – BND.
87 § 6a ATDG, dazu auch Ruschemeie, Eingriffsintensivierung durch Technik, 16.12.2020, abrufbar unter https://verfassungsblog.de/eingriffsintensivierung-durch-technik/.
88 BT-Drs. 19/5011; zur Ermächtigung nach § 48 BDSG Mysegades NVwZ 2020, 852 ff.; Martini NVwZ 2022, 1 (8 ff.).
89 Zu den verfassungsrechtlichen Anforderungen an eine Rechtsgrundlage de lege ferenda Martini NVwZ 2022, 1 (14 ff.).
90 Ebers et al. RDi 2021, 528 (531); Martini NVwZ 2022, 1 (16).
91 Arzt DÖV 2017, 1023 (1028); Sommerer, Personenbezogenes Predictive Policing, 2020, S. 152 ff.
92 Übersicht bei Bertelsmann Stiftung/Algorithm Watch, Automating Society, 2020, abrufbar unter https://www.bertelsmann-stiftung.de/de/publikationen/publikation/did/automating-society-report-2020-deutschland, S. 44. Bayern führt das Programm Precobs mangels fehlender Datengrundlage nicht weiter: https://www.polizei.bayern.de/aktuelles/pressemitteilungen/018804/index.html.
93 Gless GS Weßlau, 2016, 165 (172 ff.); Sommerer, Personenbezogenes Predictive Policing, 2020; Reinhard Kreissl in Barton/Kölbel/Lindemann (Fn. 95), S. 355-368; Martini/Nink, Mit der algorithmischen Kristallkugel auf Tätersuche?, in Bertelsmann Stiftung (Hrsg.), Automatisch erlaubt? Fünf Anwendungsfälle algorithmischer Systeme auf dem juristischen Prüfstand, 2020, abrufbar unter https://www.bertelsmann-stiftung.de/de/publikationen/publikation/did/automatisch-erlaubt, S. 32 (43).

realisieren lassen; Bayern hat mangels hinreichender Datengrundlage das ortsbezogene Predictive Policing bereits wieder eingestellt.[94] Die Verbreitung der smarten Gefahrenabwehr ist deshalb von vielen Faktoren abhängig und verläuft nicht ansteigend linear.

III. Rechtsrahmen für EGov in Deutschland

32 Der rechtliche Rahmen des EGovs erstreckt sich über das Mehrebenensystem von unionsrechtlichen, nationalen und föderalen Regelungsebenen. Begrifflich explizit sind dabei nur die E-Governmentgesetze der Bundesländer. Alle weiteren Regelungen finden sich in unterschiedlichen Gesetzen.

33 Das Unionsrecht sieht in Art. 41 GRCh das Recht auf eine gute Verwaltung vor. Daraus lässt sich womöglich ein Anspruch auf EGov oder eine digitale Verwaltung herauslesen.[95] Konkret dürfte die genaue Ausgestaltung aber ohnehin den Mitgliedstaaten überlassen sein: Die Frage, was eine „gute" digitale Verwaltung ausmacht, lässt sich schon deshalb kaum auf unionsrechtlicher Ebene einheitlich bestimmen.

34 Im Bereich des Sekundärrechts verfolgt die Single Digital Gateway-Verordnung[96] dasselbe Ziel wie das deutsche OZG: einen nutzerfreundlichen Bürgerinnen- und Bürgerzugang zur öffentlichen Verwaltung über eine einheitliche Portallösung zu schaffen.[97] Die eIDAS-Verordnung verpflichtet die Mitgliedstaaten dazu, ihre – nach bestimmten Kriterien zu notifizierenden – nationalen eIDs gegenseitig anzuerkennen (Art. 6 ff. eIDAS-VO).

35 Neben dem Unionsrecht sind Maßstab zuvörderst die individualrechtlichen und staatsorganisationsrechtlichen Vorgaben der Verfassung. Explizit erwähnt das Grundgesetz EGov durch den Betrieb der informationstechnischen Systeme in Art. 91c Abs. 1.[98] Das Recht auf informationelle Selbstbestimmung und das Recht auf Vertraulichkeit und Integrität informationstechnischer Systeme sichern primär als Abwehrrechte gegen den Staat Privatsphäre gegenüber staatlichen Eingriffen auch im digitalen Kontext, z.B. bei elektronischen Endgeräten. Zudem leitet das Bundesverfassungsgericht daraus eine staatliche Schutzpflicht hinsichtlich einer sicheren IT-Infrastruktur ab.[99] Dies gilt in besonderem Maße, wenn Bürgerinnen und Bürger staatliche Verwaltungsleistungen digital in Anspruch nehmen. Aus dem allgemeinen Gleichheitsgrundsatz und dem Sozialstaatsprinzip folgt darüber hinaus, dass der Staat diskriminierungsfreie Zugänge und (digitale) Teilhabe ermöglichen muss.[100]

36 Im Gegensatz zur ex-post-Regulierung kam den gesetzlichen Grundlagen im Kontext des EGovs zunächst eine verstärkte Ermöglichungsfunktion zu – konkrete Pflichten zum Angebot bestimmter Verwaltungsdienste fanden sich in ihnen zunächst nicht.[101] Dies hat sich spätestens mit dem OZG geändert, mit dem sich das Recht von der Ermöglichung zur „Aktivierung" oder auch Verpflichtung im Hinblick auf EGov-Maßnahmen transformiert.[102] Nach § 1 OZG des Bundes sind alle Behörden des Bundes, der Länder und der Kommunen verpflichtet, alle technisch geeigneten Verwaltungsleistungen über einen gemeinsamen Portalverbund online bereitzustellen.[103] § 71e VwVfG sieht immerhin vor, dass Verfahren, die sich über eine einheitliche Stelle abwickeln lassen können, auf Verlangen in elektronischer Form durchzuführen sind. Solche gesetzlichen Verpflichtungen sind für die digitale Transformation des Staates auch deshalb

---

94 Siehe https://www.polizei.bayern.de/aktuelles/pressemitteilungen/018804/index.html.
95 Ziekow Verwaltungspraxis und Verwaltungswissenschaft/Martini S. 11 (18); Lühr/Jabkowski/Smentek HdB Digitale Verwaltung/Schulz S. 159 (160 f.); Schröder VerwArch 2019, 328 (330).
96 Verordnung (EU) 2018/1724 des Europäischen Parlaments und des Rates v. 2.10.2018 über die Einrichtung eines einheitlichen digitalen Zugangstors zu Informationen, Verfahren, Hilfs- und Problemlösungsdiensten und zur Änderung der Verordnung (EU) Nr. 1024/2012 (ABl. L 295, 1).
97 Dazu auch Siegel NVwZ 2019, 905 (906 ff.).
98 Vgl. v. Münch/Kunig/Martini GG Art. 91c.
99 BVerfG Urt. v. 27.2.2008 – 1 BvR 370/07, 1 BvR 595/07, BVerfGE 120, 274 ff.
100 Eifert, Electronic Government, 2006, S. 60.
101 Seckelmann Digitalisierte Verwaltung/Denkhaus S. 51 (69).
102 Dazu noch im Kontext von § 10 Abs. 1 PAuswG Martini DÖV 2017, 443 (450).
103 Dazu kritisch Veit/Reichard/Wewer HdB zur Verwaltungsreform/Martini/Wiesner.

unerlässlich, weil es ohne sie an ökonomischen Anreizen fehlt, die hohen Investitionskosten in Kauf zu nehmen und interne Umsetzungsbarrieren zu überwinden.[104]

Es genügt indes noch nicht, dass der Staat es ermöglicht oder verpflichtend vorschreibt, dass Verwaltungsleistungen auch online verfügbar sind. Der Gesetzgeber muss sein digitales Angebot durch technische, organisatorische und personelle Rahmenbedingungen normativ flankieren. Dazu braucht es neben technischer Infrastruktur, die bspw. eine sichere Identifikation online ermöglicht, auch verfahrensrechtliche Vorgaben im allgemeinen Verwaltungsrecht. Das Recht des elektronischen Verwaltungsverfahrens umfasst die Vorgaben über die elektronische Kommunikation mit der Verwaltung, die internen digitalen Prozesse, die elektronische Aktenführung und den vollautomatisierten Verwaltungsakt. Im VwVfG finden sich seit Jahrzehnten Bezüge zu elektronischen Verwaltungsakten, z.B. in § 3a VwVfG zur elektronischen Kommunikation, in § 39 Abs. 1 VwVfG, oder die Vorgaben zur elektronischen Bekanntgabe, § 41 Abs. 2a VwVfG.[105] Dem Verwaltungsverfahren kommt dabei eine dienende Rolle zur Erreichung der Ziele des EGovs zu: Es muss die Verwaltung in die Lage versetzen, ihre Aufgaben und Funktionen erfüllen zu können – wenn diese sich wandeln, muss das Verfahrensrecht auch neue Handlungsformen bereitstellen.[106] Zentrale Norm des vollautomatisierten Verfahrens ist § 35a VwVfG in Verbindung mit der jeweiligen fachrechtlichen Rechtsvorschrift (→ *Entscheidungsfindung, automatisierte* Rn. 28). Die Parallelnorm in § 31a SGB X weicht vom Wortlaut des VwVfG dahingehend ab, dass der Anlass einer Prüfung durch einen Amtsträger der Vollautomatisierung entgegensteht – wohingegen § 35a von einem Ermessen oder Beurteilungsspielraum spricht. Der zentrale § 35a VwVfG ist zudem zwingend im Zusammenhang mit § 24 Abs. 1 S. 3 VwVfG zu lesen. Der vollautomatisierte Verwaltungsakt ist bisher allerdings nur in der Steuerverwaltung Praxisrealität. Die Diskussion um die konkrete Reichweite des § 35a VwVfG bei Selbstbindung der Verwaltung oder Ermessensreduzierung auf null sind bisher theoretischer Natur geblieben.[107] Ein nächster Schritt könnten indes antraglose Verfahren sein: Als geeignete Anwendungsfälle für ein Verwaltungsverfahren, das automatisch eine Leistung gewährt, sobald nach Datenlage die Voraussetzungen vorliegen, werden bspw. das Eltern- oder Kindergeld bzw. die Verlängerung von Ausweisen angeführt.[108] Ohne digital vernetzte und kombinierbare Registerdaten wird sich die Vision aber nur schwerlich in die Tat umsetzen lassen.[109]

Die Frage, ob und wie vollautomatisierte Verwaltungsleistungen zulässig sind, wird durch Art. 22 DS-GVO überspannt. Das Verhältnis zwischen VwVfG und DS-GVO ist dabei allerdings noch nicht vollends geklärt. Insbesondere die Reichweite des § 46 VwVfG gegenüber Art. 22 DS-GVO ist unklar. Praktisch hat die Vorschrift bisher wenig Relevanz entfaltet,[110] da sie nicht für automationsgestützte Entscheidungen, respektive den Gesetzesvollzug, greift.

Sollte das Projekt EGov eines Tages flächendeckend realisiert sein, stellen sich zudem Folgefragen, die in andere Rechtsgebiete übergreifen. Rechtsstaatlich zwingend ist es etwa, die Folgen digitalen Staatshandelns, insbesondere vollautomatisierten Verwaltungshandelns, zu regeln. Staatshaftung im EGov muss

---

104 Seckelmann Digitalisierte Verwaltung/Denkhaus S. 51 (70).
105 Vgl. auch Kahl/Ludwigs VerwR-HdB/Martini S. 1105 Rn. 35 f.
106 Schoch/Schneider/Hornung VwVfG § 3a Vorbemerkung Rn. 8.
107 Martini/Nink DVBl 2018, 1128 (1129 f.).
108 Seckelmann Digitalisierte Verwaltung/Braun Binder S. 311.
109 Vgl. zur Herausforderung einer modernen Registerlandschaft Sorge/Spiecker gen. Döhmann/v. Lucke, Registermodernisierung: Datenschutzkonforme und umsetzbare Alternativen, 2020. Zur Zulässigkeit einer Personenkennziffer bereits Martini/Wagner/Wenzel, Rechtliche Grenzen einer Personen- bzw. Unternehmenskennziffer in staatlichen Registern, 2017.
110 VG Wiesbaden Beschl. v. 31.8.2021 – 6 K 226/21.WI; Martini/Nink NVwZ-Extra 2017, 1; Dreyer/Schulz, Was bringt die Datenschutz-Grundverordnung für automatisierte Entscheidungssysteme?, 2018, S. 19 ff.; Redaktion beck-aktuell, EuGH-Vorlage: Darf die Schufa Daten aus öffentlichen Registern speichern?, Pressemitteilung v. 28.9.2021, abrufbar unter https://rsw.beck.de/aktuell/daily/meldung/detail/vg-wiesbaden-eugh-vorlage-schufa-datenspeicherung-ueber-restschuldbefreiung-zulaessig.

deshalb unabhängig von der eingesetzten Technologie gesichert sein, damit am Ende nicht die Bürgerin oder der Bürger das Risiko eines fehlerhaften IT-Systems tragen.[111]

IV. Verwaltungswissenschaftliche Aspekte und Entwicklungschancen

40 In den Augen vieler Betrachter wirkt der Terminus der „Verwaltungsinnovation" wie ein Oxymoron. Digitale Transformation und öffentliche Verwaltung finden auf den ersten Blick in zwei getrennten Welten statt: In der einen ereignen sich disruptive Umbrüche, sorgen Experimentierfreude und neue Technologien für schnellen Fortschritt, während in der anderen Welt förmliche Prüfungen, vorauseilender Gehorsam und das Credo des „Das haben wir schon immer so gemacht" den Ton angeben. Digitale Vordenkerinnen und Vordenker auf der einen und gewissenhafte Amtswalter auf der anderen Seite scheinen wenig gemein zu haben – der Erhalt bewährter Abläufe in der Verwaltung trifft auf Leidenschaft für Disruption in der Digitalwirtschaft.

41 Aus einer anderen Perspektive erweisen sich technologisches Innovationspotenzial und staatliches Bremsen als notwendige Gegenpole auf dem Weg in eine ausbalancierte Risikogesellschaft: Der Markt schafft Innovation, der Staat lenkt sie in gemeinwohlorientierte Bahnen. Wohlgemerkt: Dabei handelt es sich wahrscheinlich um ein Szenario, das dem Gemeinwohl jedenfalls im Zweifel zuträglicher ist, als wenn Markt und Staat in Form eines „Überwachungskapitalismus"[112] zu einer verhängnisvollen Public Private Partnership verschmelzen, die die Freiheitssphären des Einzelnen verschmälert und zu demokratisch unkontrollierbaren Monopolen führt.

42 Doch eine binäre Unterscheidung zwischen langsamer Verwaltung und innovativer Privatwirtschaft geht an der Realität vorbei. Seit jeher gibt es Reformansätze und Veränderungsbereitschaft in der öffentlichen Verwaltung. So ist es mittlerweile zum Normalfall geworden, die Steuererklärung via ELSTER – und damit über ein sicheres und nachvollziehbares System – an die Finanzverwaltung zu übermitteln. Auch eine Online-Termin-Vergabe ist mittlerweile ebenso Usus wie eine gewisse Flexibilität bei Behörden im Umgang mit der Kommunikation aus der Ferne, v.a. mittels E-Mail. Die E-Akte bahnt sich allmählich ihren Weg in die Behörden.[113] Im Vergleich zu anderen – indes oftmals kleineren und weniger föderal strukturierten – Nationen ist die Digitalisierung der deutschen Verwaltung aber weiterhin eher bescheiden ausgeprägt.[114] Zudem ist die digitale Transformation in den unterschiedlichen Verwaltungsbereichen sehr heterogen ausgeprägt. Innovationen mit Augenmaß sind zudem nicht nur verwaltungspolitisch angebracht, sondern verfassungsrechtlich geboten. Dass der Staat den Schutz und die Sicherheit der Daten seiner Bürgerinnen und Bürger großschreibt, ist mehr als sture Paragrafenreiterei oder eine bürokratische Spielart von Technologiefeindlichkeit – sondern Ausdruck der unmittelbaren Bindung hoheitlicher Akteure an das Recht auf informationelle Selbstbestimmung.[115] Das z.T. zu vorsichtige Agieren im Bereich neuer Technologien ist nicht zuletzt Ausdruck eines Bewusstseins dafür, dass jede Dysfunktionalität der administrativen Prozesse im Zweifel das Vertrauen in die staatliche Autorität und seine Handlungsfähigkeit erschüttert. Zugleich ist es Ausdruck digitaler Souveränität, ein ausgewogenes Verhältnis zwischen privaten und öffentlichen Dienstleistern im Bereich der Verwaltungsdigitalisierung zu finden.[116]

---

111 Umfassend dazu: Roth-Isigkeit AöR 145 (2020), 321 ff.; Martini/Ruschemeier/Hain VerwArch 2021, 1 ff.
112 Zuboff, Das Zeitalter des Überwachungskapitalismus, 2019, S. 586 ff. Gleichsam das Gegenmodell – einen vollautomatisierten Kommunismus – skizziert Bastani, Fully automated luxury communism, 2019.
113 Siehe etwa Seckelmann Digitalisierte Verwaltung/Braun Binder S. 311 (324 ff.); Köbler et al. DRiZ 2020, 308.
114 Im EU-Vergleich belegt Deutschland im Bereich „Digitale öffentliche Dienste" nur Platz 16, Europäische Kommission, Index für die digitale Wirtschaft und Gesellschaft (DESI) 2021 – Deutschland, 2021, abrufbar unter https://digital-strategy.ec.europa.eu/en/policies/countries-digitisation-performance, S. 16. Siehe auch Kahl/Ludwigs VerwR-HdB/Martini S. 1105 Rn. 13.
115 Siehe auch Seckelmann/Brunzel Handbuch Onlinezugangsgesetz/Zern-Breuer S. 401 (404) („Technikregulierung zum Schutz der Rechte des Einzelnen wie auch des öffentlichen Interesses").
116 Ernst, Der Grundsatz digitaler Souveränität, 2020, S. 20 ff.

Dennoch gilt: Digital umgesetzte Prozesse müssen endlich auch in der Verwaltung Abläufe vereinfachen, Probleme besser lösen und verlässliche Informationsgrundlagen schaffen. Zahlreiche private Initiativen haben während der Pandemie digitale Lösungen in Eigenregie entwickelt und der Allgemeinheit zur Verfügung gestellt.[117] Es mangelt also nicht an realisierbaren Ansätzen. Die Verwaltung sollte solche konstruktiven Entwicklungen nutzen, unterstützen und weiterentwickeln, anstatt Innovationsvorschlägen durch pauschale Hinweise auf Datenschutz und behördliche Zuständigkeitskaskaden keine Chance einzuräumen. Dazu bräuchte es aber auch eine interne Stelle, die geeignete Innovationen und Entwicklungen im Blick hat und überprüft.

Vor diesem Hintergrund reagieren viele administrative Entscheidungsträger auf die fortschreitende Digitalisierung – sei es durch Innovationsabteilungen oder Verwaltungslabs (→ *GovTech* Rn. 14).[118] Auch die Potenziale einer agilen Zusammenarbeit hinterlassen in der Verwaltung allmählich ihre Spuren.[119] Hinzu kommt, dass der Staat mit In-House-Einrichtungen wie *DigitalService4Germany* allmählich wieder eigene Kapazitäten aufbaut, um Softwareprodukte für die Verwaltung zu erstellen.[120] Auch öffentliche IT-Dienstleister oder etwa die Bundesdruckerei fallen durch innovative Produkte, Arbeitsweisen und Infrastrukturkomponenten auf. Mit Initiativen wie dem GovTech-Campus in Berlin (und perspektivisch auch Frankfurt, Stuttgart und Hamburg), einer Smart-City-Akademie, einem Dateninstitut[121] oder regionalen Innovationshubs, die unterschiedliche Akteure interdisziplinär und über alte Grenzen hinweg vernetzen, kann es künftig gelingen, private und hoheitliche Innovationspotenziale zu bündeln. Nicht zuletzt kann eine Reform des öffentlichen Dienst-, Beamten- und Besoldungsrechts einen Beitrag dazu leisten, dass die Arbeitsbedingungen im öffentlichen Dienst attraktiver werden.[122] Im besten Falle finden so auch „Ethical Hackers" bei öffentlichen Einrichtungen ein Umfeld, um soziale Innovationen gemeinwohlfördernd in die Wege zu leiten.[123] Infolge eines Generationswechsels und neuer Methoden in der Verwaltung besteht nicht zuletzt die Hoffnung, dass „institutionalisierte kooperative Problemlösungsansätze in den Verwaltungen"[124] künftig florieren.

Das oft diskutierte Digitalministerium[125] hat die neue Bundesregierung 2021 nicht eingeführt, dafür aber ein neues Bundesministerium für Digitales und Verkehr geschaffen. Nachdem die Abteilung 6 des Bundeskanzleramtes in der vergangenen Legislaturperiode nach dem Motto „Digitalisierung als Chefinnensache" noch Kompetenzen unter der Ägide von *Helge Braun* bündeln sollte, wurden die für Digitalisierung relevanten Abteilungen nun auf die verschiedenen Ministerien verteilt.[126] Für ein Querschnittsthema wie Digitalisierung kann ein horizontaler Ansatz zwar Sinn machen. Um EGov entsprechend umzusetzen, ist dann aber ein erhöhter Koordinierungsaufwand erforderlich – die Zuständigkeiten für die Digitalisierung der Verwaltung sind nunmehr aber erneut stark beim BMI (Abteilungen DG und DV) gebündelt. Unabhängig von der Bundesebene sind zudem einheitliche Standards in den Bundesländern erfolgsentscheidend.

---

117 ZB die Webseite zur Überprüfung der Qualität von Schnelltests (siehe https://netzpolitik.org/2022/hackerinnen-kollektiv-staat-soll-online-tool-fuer-schnelltests-unterstuetzen/) oder die webbasierte Vergabe von Impfterminen über impfpool.de.
118 Näher Seckelmann/Brunzel Handbuch Onlinezugangsgesetz/Zern-Breuer S. 401 ff.
119 Mergel et al. Innov Verwalt 43 (2021), 28 (29); zum Zusammenhang mit der Verwaltungskultur etwa Hill DÖV 2018, 497; Hill VerwArch 2015, 397; Marburger DÖD 2021, 149; Hahlen/Kühn VM 22 (2016), 157 (499).
120 Für weitere Details s. die Selbstdarstellung bei https://digitalservice.bund.de/transparenz.
121 Vgl. Christmann et al., Daten für den Wandel nutzen, August 2021, abrufbar unter https://dieterjanecek.de/wp-content/uploads/2021/08/Strategiepapier_Daten-fuer-den-Wandel-nutzen_layout.pdf, S. 4; Koalitionsvertrag 2021–2025 zwischen SPD, Bündnis 90/DIE GRÜNEN und FDP, „Mehr Fortschritt wagen", 2021, abrufbar unter https://www.spd.de/koalitionsvertrag2021/, S. 17.
122 Vgl. Färber Attraktivität des öffentlichen Dienstes/Färber/Hermanowski S. 15, 188 ff.
123 Darauf basiert etwa u.a. das Erfolgsrezept des EGov-Vorreiters Estland, vgl. Kalvet Electronic Government, An International Journal 2012, 142 (152).
124 So im Kontext eines „Integrative Government" treffend Seckelmann/Brunzel Handbuch Onlinezugangsgesetz/Zern-Breuer S. 401 (404).
125 Dazu bereits oben Fn. 33.
126 Vgl. Organisationserlass v. 8.12.2021, abrufbar unter: https://www.bundesregierung.de/resource/blob/974430/1990040/df69951d83f08c0b7b04cb40210e1221/2021-12-08-organisationserlass-data.pdf?download=1.

46 Wenn im Laufe der zahlreichen EGov-Initiativen, insbesondere durch die veränderten Kommunikationsformen, die Beziehung zwischen Bürgerinnen und Bürgern und der Verwaltung verstärkt in den Fokus geraten, erhält der Staat im besten Falle ein modernes Gesicht. Daraus folgen aber auch – im Vergleich zum rein rechtlich geprägten Obrigkeitsverhältnis – zugleich modifizierte Anforderungen an Transparenz[127] und dem dahinterstehenden Zweck der Akzeptanz staatlichen Handelns.[128] Denn beim Einsatz digitaler Instrumente verkomplizieren sich einerseits die Anforderungen an transparentes Staatshandeln, wenn man dieses weiter auf das Ziel der Akzeptanz ausgerichtet sieht. Denn die Ebene der Verständlichkeit, um Transparenz herzustellen, ist schwieriger, je mehr Verwaltungshandeln vollautomatisiert stattfindet.[129] Es erfordert großen Aufwand, Klärungsbedarf zu erkennen und gezielt zu befriedigen, wenn Staat und Bürgerinnen und Bürger aus der Distanz und rein digital kommunizieren. Gleichzeitig bieten Tutorials, Chatbots, visuelle Elemente und andere interaktive Elemente im EGov-Raum ein modernes Pendant der Ausfüllhilfe für ein Formular. Transparenz ist aber nicht nur ein Mittel der Akzeptanz, sondern dient auch der Kontrolle der Verwaltung: Durch den Zugang zu Informationen über Verwaltungsentscheidungen können Bürgerinnen und Bürger auch staatsinterne oder externe Akteure mobilisieren oder selbst Defizite erkennen.[130] Dafür muss das Verwaltungsrecht seinen Fokus aber nicht nur auf den Output der Verwaltung, sondern auch auf den Weg der digitalen Entscheidungsfindung legen.[131] Das Ziel der Transparenz muss sich aber nicht nur im Verfahren, sondern ebenfalls im Organisationsaufbau widerspiegeln. Beispielsweise hat der IT-Planungsrat als wichtiges Gremium für Verwaltungsdigitalisierung keine transparente Entscheidungsfindung und bietet keine Möglichkeit der Partizipation von Bürgerinnen und Bürgern im Vorfeld von Entscheidungen. Dies schlägt die Brücke zur Partizipation: Ein ganzheitlich verstandenes EGov zielt auch darauf ab, Verwaltungsleistungen nicht nur anhand einer dezentralisierten Behördenstruktur, sondern anhand der konkreten Anliegen der Bürgerinnen und Bürger bereitzustellen. Neben der Umsetzung der Infrastruktur wird eine bedarfsgerechte Gestaltung und Realisierung des EGovs eine wichtige Zukunftsaufgabe. Entscheidend wird sein, dass EGov nicht der Gefahr eines „Modernisierungsparadoxon" zum Opfer fällt, „indem symbolische Digitalisierung nach außen demonstriert wird, nach innen aber weiterhin die alten Werte- und Kultursysteme unverändert regieren".[132] Auch in Zukunft wird EGov eine Daueraufgabe bleiben, die stetige Weiterentwicklung und Anpassung an gesellschaftliche Bedürfnisse erfordert.

---

127 Zu den verfassungsrechtlichen Grundlagen: Bröhmer, Transparenz als Verfassungsprinzip, 2004, S. 33 ff., und Zeccola DÖV 2019, 100 (103).
128 Zu den Akzeptanzfunktionen im Verwaltungsverfahren: Zeccola DÖV 2019, 100 (102 ff.); Schoch/Schneider/Schoch Einleitung Rn. 154.
129 Siehe Fisch Verständliche Verwaltungskommunikation/Hill S. 77 ff.
130 Broemel/Pilniok Digitale Gesellschaft/Groß S. 27 (35).
131 Vgl. auch v. Lucke VM 15 (2009), 326 ff.
132 Seckelmann/Brunzel Handbuch Onlinezugangsgesetz/Zern-Breuer S. 401 (418) mwN.

29. E-Justice

Rollberg

I. Begriff „E-Justice"	1
II. Elektronische Akte	2
1. Medienumwandlung	3
2. Gerichtliches elektronisches Dokument	6
3. Aufbewahrung und Vernichtung	7
4. Akteneinsicht und nachprozessuale Medienumwandlung	8
III. Elektronischer Rechtsverkehr	9
1. Elektronisches Gerichts- und Verwaltungspostfach (EGVP)	9
a) Nachrichtenformat und -adressat	10
b) Versand und Bearbeitung	11
2. Übermittlung elektronischer Dokumente durch die Justiz	13
IV. Fernmündliche Verhandlung und Beratung	14
1. Videoverhandlung	14
a) Gestattung	17
b) Der andere Ort	19
c) Praktische Durchführung	20
d) Anspruch auf technische Ausstattung	24
e) Anfechtbarkeit	25
2. Video-Beweisaufnahme	26
3. Ermessensentscheidung	28
4. Kollegialgerichtliche Beratung	31
5. Muster einer Gestattung nach § 128a Abs. 1 ZPO	35
V. Strukturierter Parteivortrag	36
1. Status quo der Strukturierung im Zivilprozess	36
2. Reformvorschläge	38
a) Gemeinsames Basisdokument	39
b) Formulare für häufig vorkommende Fälle	40
c) Orientierung an Anspruchsgrundlagen und -voraussetzungen	41
3. Grundsätzliche Umsetzungsprobleme	43
VI. Online-Gerichtsverfahren	44
1. Online-Gerichtsverfahren in Deutschland	44
2. Modellvorschläge für den deutschen Zivilprozess	46
a) „Hamburger Modell" eines Beschleunigten Online-Verfahrens	46
b) Modell der Arbeitsgruppe „Modernisierung des Zivilprozesses"	48
3. Online-Gerichtsverfahren im Ausland	52
VII. Online Dispute Resolution (ODR)	57

Literatur: *Arbeitsgruppe „Modernisierung des Zivilprozesses"*, Diskussionspapier, 2021, abrufbar unter https://www.justiz.bayern.de/media/images/behoerden-und-gerichte/oberlandesgerichte/nuernberg/diskussionspapier_ag_modernisierung.pdf; *Balke/Liebscher/Helwig*, Die Coronakrise und der digitale Zivilprozess, AnwBl Online 2020, 366; *Berlit*, Kollegialberatung und richterliche Entscheidungsfindung per Video? – ein Problemaufriss mit ersten Lösungsansätzen, jM 2020, 310; *Briggs*, Civil Courts Structure Review: Final Report, Juli 2016, abrufbar unter https://www.judiciary.uk/wp-content/uploads/2016/07/civil-courts-structure-review-final-report-jul-16-final-1.pdf; *Drehsen*, Der gerichtliche Augenschein im Zivilprozess, 2017; *Effer-Uhe*, Beratung im Kollegialgericht per Video- oder Telefonkonferenz in Pandemiezeiten?, MDR 2020, 773; *Eskesen*, Digitales Dänemark, DRiZ 2018, 56; *Fries*, PayPal Law und Legal Tech – Was macht die Digitalisierung mit dem Privatrecht?, NJW 2016, 2860; *Gaier*, Der moderne liberale Zivilprozess, NJW 2013, 2871; *Gaier*, Strukturiertes Parteivorbringen im Zivilprozess, ZRP 2015, 101; *Gaier*, Erweiterte Prozessleitung im zivilgerichtlichen Verfahren, NJW 2020, 177; *Geissler*, Aktuelle Vorhaben des Gesetzgebers zur Digitalisierung des Gerichtsstandortes Deutschland, LTZ 2022,12; *Greger*, Der Zivilprozess auf dem Weg in die digitale Sackgasse, NJW 2019, 3429; *Hartmann*, Zivilprozess 2001/2002: Hunderte wichtiger Änderungen – Ein Überblick für Praktiker, NJW 2001, 2577; *Köbler*, Strukturierter Parteivortrag – das geht doch sowieso nicht, DRiZ 2018, 88; *Köbler*, Die kontroverseste Idee: Strukturierter Parteivortrag, AnwBl 2018, 399; *Länderarbeitsgruppe „Legal Tech: Herausforderungen für die Justiz"*, Abschlussbericht, 2019, abrufbar unter https://www.schleswig-holstein.de/DE/Landesregierung/II/Minister/Justizministerkonferenz/Downloads/190605_beschluesse/TOPI_11_Abschlussbericht.pdf?__blob=publicationFile&v=1; *LexisNexis*, Whitepaper Digitalisierung der Rechtsbranche Teil II, 2017, abrufbar unter https://www.lexisnexis.at/vie/pdf/LexisNexis-Whitepaper-Digitalisierung-Rechtsbranche-Teil 2.pdf, *Lichtenstein/Ruckteschler*, Chinas erstes Digitalgericht, 29.9.2017, abrufbar unter https://www.lto.de/recht/hintergruende/h/china-gericht-justiz-online-digital-zivilverfahren-legal-tech/; *Lorenz*, Die Videokonferenz im familiengerichtlichen Verfahren, MDR 2016, 956; *Löschhorn*, Pflicht zur Nutzung des besonderen elektronischen Anwaltspostfachs (beA) und zur anwaltlichen Verschwiegenheit, MMR 2018, 204; *McFadden*, Can AI Be More Efficient Than People in the Judicial System?, 4.1.2020, abrufbar unter https://interestingengineering.com/can-ai-be-more-efficient-than-people-in-the-judicial-system; *Müller*, E-Justice 2022 – Aktive Nutzungspflicht und neue Übermittlungswege, NJW 2021, 3281; *Nicolai/Wölber*, Zukunftsoffene und verbraucherfreundliche Justiz, ZRP 2018, 229; *Niiler*, Can AI Be a Fair Judge in Court? Estonia Thinks So, 25.3.2019, abrufbar unter https://www.wired.com/story/can-ai-be-fair-judge-court-estonia-thinks-so/; *Quarch/Hähnle*, Zurück in die Zukunft: Gedanken zur Automatisierung von Gerichtsverfahren, NJOZ 2020, 1281; *Radke*, Der Elektronische Rechtsverkehr im Echtbetrieb – Neues von Risiken und Nebenwirkungen in der gerichtlichen Wirklichkeit, jM 2019, 272; *Reuß*, Die digitale Verhandlung im deutschen Zivilprozessrecht, JZ 2020, 1135; *Schifferdecker/Silbermann/Tegeder*, Leitfaden zur Videoverhandlung in der Coronakrise, 2020, abrufbar unter https://www.drb-berlin.de/fileadmin/Landesverband_Berlin/Doku

mente/leitfaden_videoverhandlung/Leitfaden_Videoverhandlung__Mai_2020_.pdf; *Schmieder/Liedy*, Der Versand durch Dritte aus dem beA ohne qualifizierte Signatur, NJW 2018, 1640; *Schultzky*, Videokonferenzen im Zivilprozess, NJW 2003, 313; *Vorwerk*, Strukturiertes Verfahren im Zivilprozess, NJW 2017, 2326; *Voß*, Verbraucherfreundlich, verfahrensökonomisch, verfassungskonform?, VuR 2021, 243; *Weimann/Nagel*, Die Online Dispute Resolution – im Pilgerschritt auf dem Vormarsch, NJ 2012, 413; *Windau*, Die Verhandlung im Wege der Bild- und Tonübertragung, NJW 2020, 2753; *Windau*, Grenzüberschreitende Verhandlung und Beweisaufnahme im Wege der Bild- und Tonübertragung, jM 2021, 178; *Young*, China Has Unveiled an AI Judge that Will ‚Help' With Court Proceedings, 19.8.2019, abrufbar unter https://interestingengineering.com/china-has-unveiled-an-ai-judge-that-will-help-with-court-proceedings; *Zwickel*, Die Strukturierung von Schriftsätzen, MDR 2016, 988.

I. Begriff „E-Justice"

1 Der **Begriff** „E-Justice" wird häufig als Synonym für den elektronischen Rechtsverkehr (→ Rn. 9 ff.) verwendet.[1] Seine Bedeutung reicht jedoch darüber hinaus und umfasst sämtliche elektronischen Abläufe im Bereich der Justiz. So sind auch die Themen Elektronische Akte (→ Rn. 2 ff.), fernmündliche Verhandlung und Beratung (→ Rn. 14 ff.), strukturierter Parteivortrag (→ Rn. 36 ff.), Online-Gerichtsverfahren (→ Rn. 44 ff.) und Online Dispute Resolution (→ Rn. 57 ff.) darunter zu fassen.

II. Elektronische Akte

2 Die Gerichtsakten dürfen nach § 298a Abs. 1 ZPO elektronisch geführt werden. Ab dem 1.1.2026 werden die Gerichte zur elektronischen Aktenführung verpflichtet sein (§ 298a Abs. 1a ZPO). Für den Zeitraum vor dem 1.1.2026 können Bund und Länder **durch Rechtsverordnung den Zeitpunkt bestimmen**, von dem an elektronische Akten geführt werden (§ 298a Abs. 1 S. 2 ZPO). Die Zulassung kann auf einzelne Gerichte oder Verfahren beschränkt werden (§ 298a Abs. 1 S. 4 ZPO). Dies ermöglicht Bund und Ländern die Schaffung von **Pilotgerichten** und die Führung von Pilotverfahren.[2]

1. Medienumwandlung

3 § 130d ZPO verpflichtet Rechtsanwälte, Behörden und sonstige juristische Personen des öffentlichen Rechts seit dem 1.1.2022, Dokumente elektronisch einzureichen. Allen anderen steht weiterhin die Möglichkeit offen, vorbereitende Schriftsätze, Anlagen, Anträge und Erklärungen in Papierform bei Gericht einzureichen. Werden die Prozessakten elektronisch geführt, sind in Papierform vorliegende Schriftstücke und sonstige Unterlagen nach § 298a Abs. 2 ZPO **in ein elektronisches Dokument zu übertragen**. Dadurch sollen eine **doppelte Aktenführung**, bei der alle Dokumente sowohl in physischer als auch in elektronischer Form vorliegen, und sog. **Hybridakten**, die sich sowohl aus physischen als auch aus elektronischen Dokumenten zusammensetzen, aber jeweils für sich gesehen unvollständig sind, vermieden werden. Von der Transferpflicht umfasst sind sowohl Schriftstücke als auch sonstige Unterlagen wie Pläne und Zeichnungen, nicht jedoch die Akten der Vorinstanz.[3]

4 Solange die Akten noch in Papierform geführt werden (dürfen), regelt § 298 ZPO den **umgekehrten Medientransfer** von der elektronischen zur Papierform. Zwar sieht § 298a Abs. 2 ZPO anders als § 298 Abs. 1 S. 2 ZPO keine Ausnahme vom verpflichtenden Medientransfer in den Fällen vor, in denen dieser nur mit unverhältnismäßigem Aufwand bewerkstelligt werden kann. Gleichwohl kann die Umwandlung im Einzelfall ausnahmsweise unterbleiben, wenn der dafür zu leistende Aufwand im Vergleich zu dem mit der Regelung angestrebten Zweck der Vollständigkeit der elektronischen Akte völlig außer Verhältnis stünde.[4]

---

[1] Vgl. etwa Müller NJW 2021, 3281 (3281).
[2] BT-Drs. 18/12203, 79; HK-ZPO/Kießling ZPO § 298a Rn. 2.
[3] BT-Drs. 15/4067, 33; BeckOK ZPO/Bacher ZPO § 298a Rn. 3.2; Musielak/Voit/Huber ZPO § 298a Rn. 6; HK-ZPO/Kießling ZPO § 298a Rn. 2.
[4] BeckOK ZPO/Bacher ZPO § 298a Rn. 3.1; vgl. auch BT-Drs. 15/4067, 33; Musielak/Voit/Huber ZPO § 298a Rn. 6; HK-ZPO/Kießling ZPO § 298a Rn. 9.

Der nach § 298a Abs. 2 S. 3 ZPO obligatorische **Übertragungsnachweis** kann durch Bezugnahme auf die bei der Übertragung angewendete, einschlägige Verwaltungsvorschrift erfolgen.[5] Die Übertragung eines handschriftlich unterzeichneten gerichtlichen Schriftstücks (dh Urteile und Beschlüsse[6]) bedarf gemäß § 298a Abs. 2 S. 4 ZPO hingegen einer qualifizierten elektronischen Signatur des Urkundsbeamten der Geschäftsstelle. Ein nach Maßgabe des § 298a Abs. 2 ZPO erstelltes elektronisches Dokument kann ohne Beglaubigung elektronisch zugestellt werden (§ 169 Abs. 5 Nr. 3 ZPO).

2. Gerichtliches elektronisches Dokument

Handschriftlich zu unterzeichnende gerichtliche Dokumente (zB Urteile, § 315 Abs. 1 S. 1 ZPO, Beschlüsse und Verfügungen, § 329 Abs. 1 S. 2 iVm § 317 Abs. 2 S. 1 ZPO[7], Sitzungsprotokolle, § 163 ZPO) können gemäß § 130b ZPO **sogleich elektronisch aufgezeichnet** werden. So wird vermieden, dass Dokumente zunächst physisch erstellt und anschließend umgewandelt werden müssen. Die verantwortlichen Personen müssen am Ende des Dokuments ihren Namen hinzufügen und das Dokument mit einer qualifizierten elektronischen Signatur versehen.

3. Aufbewahrung und Vernichtung

Der Abschied von der Papierakte wird auf absehbare Zeit nicht in Gänze gelingen, was nicht nur daran liegt, dass die elektronische Akte erst im Jahr 2026 flächendeckend an den Gerichten eingeführt wird. In Papierform vorliegende Unterlagen dürfen auch danach erst **sechs Monate nach der Übertragung** vernichtet werden (§ 298a Abs. 2 S. 5 ZPO). Von der Vernichtung ausgenommen sind rückgabepflichtige Schriftstücke. Hierzu zählen Behörden- oder Notarakten oder gemäß den §§ 142, 420 ZPO vorgelegte Urkunden.[8] Außerdem können Bund und Länder für den Zeitraum ab dem 1.1.2026 jeweils für ihren Bereich durch Rechtsverordnung bestimmen, dass Akten, die bis dahin in Papierform angelegt wurden, **in Papierform weitergeführt** werden (§ 298a Abs. 1 S. 3 ZPO). Wird von dieser Möglichkeit Gebrauch gemacht, entfällt das uU aufwändige Scannen der Bestandsakten.[9]

4. Akteneinsicht und nachprozessuale Medienumwandlung

Akteneinsicht in elektronisch geführte Akten wird grundsätzlich durch Bereitstellung des Inhalts der Akten **zum Abruf** oder durch Übermittlung des Inhalts der Akten auf einem **sicheren Übermittlungsweg** gewährt (§ 299 Abs. 3 ZPO). Nach rechtskräftigem Abschluss des Verfahrens richtet sich die Übertragung der Prozessakten auf einen Bild- oder Datenträger nach § 299a ZPO.[10]

III. Elektronischer Rechtsverkehr

1. Elektronisches Gerichts- und Verwaltungspostfach (EGVP)

Das elektronische Gerichts- und Verwaltungspostfach bezeichnet eine elektronische **Kommunikationsinfrastruktur** für die verschlüsselte Übertragung von Dokumenten und Akten zwischen authentifizierten Teilnehmern. Seit Ende 2004 können darüber elektronische Dokumente und Akten an alle teilnehmenden Gerichte und Behörden übermittelt werden. Das besondere elektronische Anwaltspostfach (beA) ist seit 2016, das besondere Behördenpostfach (beBPo) und das besondere Notarpostfach (beN) sind seit 2018 in die EGVP-Infrastruktur integriert.[11]

---

5 BeckOK ZPO/Bacher ZPO § 298a Rn. 5.
6 BT-Drs. 18/12203, 80 f.
7 Vgl. BGH Urt. v. 13.3.1980 – VII ZR 147/79, BGHZ 76, 236, juris Rn. 24.
8 BT-Drs. 17/12634, 30.
9 Vgl. HK-ZPO/Kießling ZPO § 298a Rn. 2.
10 BT-Drs. 15/4067, 33.
11 Nähere Einzelheiten zum EGVP sind abrufbar unter https://egvp.justiz.de.

a) Nachrichtenformat und -adressat

10 Nachrichten werden im **OSCI-Format** (Online Services Computer Interface) verschlüsselt versandt.[12] Diese Nachrichten können elektronisch signiert werden und elektronische Dokumente enthalten.[13] Versandt werden die Nachrichten an die **Virtuelle Poststelle des Bundes (VPS)**, die eine ggf. enthaltene elektronische Signatur prüft, den Empfang quittiert, darüber ein Protokoll erstellt und die Nachricht zum Abruf durch den darin bestimmten Empfänger vorhält.[14] Eine aktuell gehaltene Übersicht, an welchen Gerichten (und Staatsanwaltschaften) das EGVP eingesetzt wird, ist online abrufbar.[15]

b) Versand und Bearbeitung

11 Was der Absender bei der Übermittlung von Nachrichten per EGVP zu beachten hat, ist § 130a ZPO zu entnehmen: Das elektronische Dokument muss für die Bearbeitung durch das Gericht **geeignet** (§ 130a Abs. 2 S. 1 ZPO) und mit einer **qualifizierten elektronischen Signatur** der verantwortenden Person versehen sein (§ 130a Abs. 3 S. 1 ZPO). Ein elektronisches Dokument ist **eingegangen**, sobald es auf der für den Empfang bestimmten Einrichtung des Gerichts gespeichert ist (§ 130a Abs. 5 S. 1 ZPO). Der Absender erhält eine **automatisierte Bestätigung** über den Zeitpunkt des Eingangs (§ 130a Abs. 5 S. 2 ZPO). Ist ein elektronisches Dokument für das Gericht zur Bearbeitung nicht geeignet, ist dies dem Absender unverzüglich mitzuteilen (§ 130a Abs. 6 S. 1 ZPO). Eine **fristwahrende Nachreichung** ist anschließend möglich (§ 130a Abs. 6 S. 2 ZPO).

12 Der Versand muss gemäß § 130a Abs. 3 S. 1 ZPO über einen **sicheren Übermittlungsweg** (De-Mail-Konto, beA, beN, beBPo) erfolgen. Eine elektronische Übermittlung bestimmender Schriftsätze aus dem beA oder über einen anderen sicheren Übermittlungsweg ist nach überwiegend vertretener Auffassung nur dann ohne qualifizierte elektronische Signatur möglich, wenn der Aussteller das Dokument eigenhändig aus seinem Postfach versendet.[16]

2. Übermittlung elektronischer Dokumente durch die Justiz

13 Gerichte können elektronische Dokumente an Anwälte, Notare, Gerichtsvollzieher, Steuerberater oder sonstige Personen, bei denen aufgrund ihres Berufs von einer erhöhten Zuverlässigkeit ausgegangen werden kann, sowie an Behörden, Körperschaften oder Anstalten des öffentlichen Rechts zustellen (§ 174 Abs. 3 ZPO). Das Dokument ist auf einem **sicheren Übermittlungsweg** im Sinne des § 130a Abs. 4 ZPO (De-Mail-Konto, beA, beN, beBPo, EGVP) zu übermitteln und gegen unbefugte Kenntnisnahme Dritter zu schützen. Dies wird bei den bislang als sicher anerkannten Übermittlungswegen insbesondere durch **Verschlüsselung** gewährleistet.[17] Die Zustellung wird durch ein elektronisches Empfangsbekenntnis nachgewiesen (§ 174 Abs. 4 S. 3 ZPO).

IV. Fernmündliche Verhandlung und Beratung

1. Videoverhandlung

14 Nach § 128a Abs. 1 ZPO kann das Gericht den Parteien und/oder ihren Prozessbevollmächtigten auf Antrag oder von Amts wegen gestatten, sich während einer mündlichen Verhandlung an einem anderen Ort aufzuhalten und dort Verfahrenshandlungen vorzunehmen, wobei die Verhandlung zeitgleich in **Bild**

---

12 Hoeren/Sieber/Holznagel MMR-HdB/Kersting/Wettich Teil 24 Rn. 27; MüKoFamFG/Stein FamFG § 229 Rn. 16, 37.
13 Hoeren/Sieber/Holznagel MMR-HdB/Kersting/Wettich Teil 24 Rn. 28; MüKoFamFG/Stein FamFG § 229 Rn. 16.
14 MüKoFamFG/Stein FamFG § 229 Rn. 16.
15 Vgl. die Übersicht auf https://egvp.justiz.de/gerichte/.
16 Hierzu ausführlich Schmieder/Liedy NJW 2018, 1640; vgl. auch Radke jM 2019, 272 (275 f.), und Arbeitsgruppe „Modernisierung des Zivilprozesses", Diskussionspapier, 2021, abrufbar unter https://www.justiz.bayern.de/media/images/behoerden-und-gerichte/oberlandesgerichte/nuernberg/diskussionspapier_ag_modernisierung.pdf, S. 15.
17 Beim De-Mail-Konto gilt gemäß § 4 Abs. 3 De-Mail-Gesetz eine Verschlüsselungspflicht. Das beA und das beBPo sind durch eine Ende-zu-Ende-Verschlüsselung abgesichert, Löschhorn MMR 2018, 204. Regelungen zur Sicherung vor unbefugtem Zugriff finden sich in § 4 Abs. 1 De-Mail-G und § 31a Abs. 3 BRAO.

und Ton an diesen anderen Ort und in das Sitzungszimmer übertragen wird. Die Vorschrift des § 128a ZPO ist beschränkt auf den Zivilprozess und solche Prozesse, deren Verfahrensordnungen auf diese Norm verweisen (§ 32 Abs. 3 FamFG, § 46 Abs. 2 ArbGG).[18] Anders liegt es bei dem Einsatz von Dolmetschern im Wege der Bild- und Tonübertragung. Der § 185 Abs. 1a GVG lässt als generelle Regelung für sämtliche Verfahrensordnungen ihren Einsatz in allen gerichtlichen und staatsanwaltschaftlichen Verfahren im Wege der Bild- und Tonübertragung zu.[19]

Güteverhandlungen werden vom Wortlaut des § 128a ZPO nicht umfasst. Seit der Änderung der Vorschrift durch das Gesetz vom 25.4.2013 ist dort nur noch von der „mündlichen Verhandlung" die Rede, nicht mehr allgemein von einer „Verhandlung". Damit scheidet eine fernmündliche Güterverhandlung in direkter Anwendung des § 128a ZPO aus. Denn die Güteverhandlung geht der mündlichen Verhandlung voraus und ist nicht mit dieser identisch.[20] Nach überwiegender Auffassung ist die Vorschrift aber analog auf Güteverhandlungen anwendbar.[21] Das Argument der Gegenauffassung, dass die persönliche Präsenz der Parteien dort besonders wichtig sei[22], überzeugt nicht, wenn an anderer Stelle etwa die richterliche Beratung per gleichzeitiger Bild- und Tonübertragung als mit einer Beratung in Präsenz gleichwertig anerkannt wird.[23] Vielmehr spricht die gesetzgeberische Intention der Intensivierung des Einsatzes von Videokonferenztechnik in gerichtlichen Verfahren[24] für eine analoge Anwendung der Vorschrift.[25]

15

Videokonferenzen mit Personen, die sich **im Ausland** befinden, berühren die territoriale Souveränität des jeweils betroffenen anderen Staates. Sie sind daher grundsätzlich nur im Wege der Rechtshilfe möglich. Nach Art. 9 Abs. 2 iVm Art. 8 HBÜ[26] kann etwa eine besondere Form der Erledigung des Rechtshilfeersuchens im Ausland in der Weise beantragt werden, dass die Vernehmung durch das ersuchte Gericht nach Deutschland übertragen wird.[27] Es finden sich aber auch Regelungen im supranationalen Recht. Im Anwendungsbereich des europäischen Verfahrens für geringfügige Forderungen erlauben Art. 8 und Art. 9 Abs. 1 S. 3 VO (EG) Nr. 861/2007[28] in der Fassung der VO (EU) 2015/2421[29] grenzüberschreitende Videokonferenzverhandlungen und -beweisaufnahmen. Die Regelungen wurden mit § 1100 Abs. 1, § 1101 Abs. 2 ZPO in nationales Recht umgesetzt. Bei grenzüberschreitenden Beweisaufnahmen sind aber primär die Vorschriften der VO (EG) Nr. 1206/2001[30] zu beachten.[31] Für in den Mitgliedstaaten der Europäischen Union durchzuführende Beweisaufnahmen verweist § 1072 ZPO auf die VO (EG) Nr. 1206/2001. Nach Art. 10 Abs. 4 VO (EG) Nr. 1206/2001 kann das ersuchende Gericht das ersuchte Gericht bitten, die Beweisaufnahme im Wege der Video- oder Telefonkonferenz durchzuführen, während Art. 17 VO (EG)

16

---

18 Dem § 128a ZPO entsprechende Regelungen finden sich hingegen in § 102a VwGO, § 110a SGG und § 91a FGO.
19 BT-Drs. 17/1224, 12.
20 Lorenz MDR 2016, 956 (957).
21 BeckOK ZPO/von Selle ZPO § 128a Rn. 1; Stein/Jonas/Kern ZPO § 128a Rn. 6; Lorenz MDR 2016, 956 (957); aA Zöller/Greger ZPO § 128a Rn. 2.
22 So Zöller/Greger ZPO § 128a Rn. 2.
23 Vgl. BGH Beschl. v. 29.11.2013 – BLw 4/12, FamRZ 2014, 477, juris Rn. 28; BGH Beschl. v. 6.11.2020 – LwZR 2/20, NJW-RR 2021, 190, juris Rn. 2.
24 BT-Drs. 17/1224, 2.
25 So auch Lorenz MDR 2016, 956 (957).
26 Haager Beweishilfeübereinkommen v. 18.3.1970 (BGBl. 1977 II S. 1472).
27 Musielak/Voit/Stadler ZPO § 128a Rn. 8.
28 Verordnung zur Einführung eines europäischen Verfahrens für geringfügige Forderungen (ABl. 2007 L 199 S. 1, ber. 2015 L 141 S. 118).
29 Verordnung zur Änderung der Verordnung (EG) Nr. 861/2007 zur Einführung eines europäischen Verfahrens für geringfügige Forderungen und der Verordnung (EG) Nr. 1896/2006 zur Einführung eines Europäischen Mahnverfahrens (ABl. 2015 L 341 S. 1).
30 Verordnung über die Zusammenarbeit zwischen den Gerichten der Mitgliedstaaten auf dem Gebiet der Beweisaufnahme in Zivil- oder Handelssachen (ABl. 2001 L 174 S. 1).
31 Zöller/Geimer ZPO § 1101 Rn. 2.

Nr. 1206/2001 dem Prozessgericht sogar ermöglicht, die Beweisaufnahme selbst und unmittelbar durchzuführen, sofern die Beweisperson freiwillig mitwirkt.[32]

a) Gestattung

17 Das Gericht kann die Teilnahme am anderen Ort **auf Antrag oder von Amts wegen** gestatten. Nach der ursprünglichen Fassung[33] erforderte die Gestattung das Einverständnis „der Parteien". Mit Wirkung zum 1.11.2013 wurde dieses Erfordernis aus dem Gesetzestext gestrichen.[34] Denjenigen, denen die Teilnahme per Videokonferenz gestattet worden ist, steht es frei, gleichwohl zur mündlichen Verhandlung im Sitzungssaal zu erscheinen.[35] Säumnis tritt ein, wenn eine Partei bzw. ihr Bevollmächtigter weder im Sitzungssaal erscheint, noch eine Videokonferenzübertragung zustande kommt.[36] Es kommt somit nicht darauf an, von wo aus die Partei bzw. ihr Vertreter sich zuschaltet. Stellt man hingegen maßgeblich auf die Anwesenheit am anderen Ort ab[37], führt dies zu widersprüchlichen Ergebnissen, insbesondere wenn eine Partei sich zwar an dem im Beschluss bezeichneten anderen Ort aufhält, sich aber nicht zuschaltet.[38] Ob der Beteiligte sich „am anderen Ort" aufgehalten hat, kann aber für die Frage des Verschuldens relevant sein.[39]

18 Die **Persönlichkeitsrechte** der Beteiligten (Richter, Parteien usw) und der Zuschauer begründen grundsätzlich kein Bedürfnis, ein Einverständnis dieser Personen einzuholen.[40] § 128a ZPO ist gegenüber § 22 KUG sowohl das speziellere als auch das jüngere Gesetz.[41] Da die Videoverhandlung nicht aufgezeichnet wird (§ 128a Abs. 3 S. 1 ZPO), erscheint eine Verletzung von Persönlichkeitsrechten auch im Übrigen nur in Ausnahmefällen denkbar. Sachgerechter als ein allgemeines Zustimmungserfordernis anzunehmen, ist eine Berücksichtigung der Persönlichkeitsrechte der Betroffenen im Rahmen der Ermessensentscheidung (→ Rn. 28 ff.) im Einzelfall.[42]

b) Der andere Ort

19 Als anderer Ort kommt grundsätzlich **jeder beliebige Ort** außerhalb des Sitzungssaals in Betracht.[43] Dazu zählen beispielsweise Kanzleiräume, aber auch ein häusliches Arbeitszimmer. Nach der Gegenansicht kommen ausschließlich Gerichtsstellen in Betracht.[44] Eine solche Einschränkung lässt sich jedoch weder mit dem Wortlaut des Gesetzes begründen, noch erscheint sie aus systematischen oder sonstigen Gründen geboten. Sie lässt sich auch nicht aus dem Grundsatz des § 219 ZPO ableiten, dass Termine an der Gerichtsstelle abgehalten werden.[45] Denn die Vorschrift sieht selbst Ausnahmen von diesem Grundsatz vor. Auch rechtfertigen Befürchtungen denkbarer Manipulationen oder weniger wirksamer sitzungspolizeilicher Maßnahmen eine solche Einschränkung nicht.[46] Maßgebend ist vielmehr, ob eine Übertragung von Bild

---

32 Näher BeckOK ZPO/von Selle ZPO § 128a Rn. 16; Musielak/Voit/Stadler ZPO § 128a Rn. 8; Windau jM 2021, 178 (183 f.).
33 Gesetz zur Reform des Zivilprozesses v. 27.7.2001 (BGBl. I 1887).
34 Gesetz zur Intensivierung des Einsatzes von Videokonferenztechnik in gerichtlichen und staatsanwaltschaftlichen Verfahren v. 25.4.2013 (BGBl. I 935).
35 BT-Drs. 17/12418, 14; BeckOK ZPO/von Selle ZPO § 128a Rn. 3; Zöller/Greger ZPO § 128a Rn. 3.
36 Windau NJW 2020, 2753 Rn. 25.
37 So MüKoZPO/Fritsche ZPO § 128a Rn. 9; Stein/Jonas/Kern ZPO § 128a Rn. 17; BeckOK ZPO/von Selle ZPO § 128a Rn. 7; HK-ZPO/Wöstmann ZPO § 128a Rn. 2; wohl auch BGH Beschl. v. 30.3.2004 – VI ZB 81/03, NJW 2004, 2311, juris Rn. 8.
38 So auch Windau NJW 2020, 2753 Rn. 24.
39 Windau NJW 2020, 2753 Rn. 25.
40 BeckOK ZPO/von Selle ZPO § 128a Rn. 4.
41 BeckOK ZPO/von Selle ZPO § 128a Rn. 4.
42 So auch BeckOK ZPO/von Selle ZPO § 128a Rn. 4.
43 MüKoZPO/Fritsche ZPO § 128a Rn. 5; Hartmann NJW 2001, 2577 (2583); Stein/Jonas/Kern ZPO § 128a Rn. 8, 22; Schultzky NJW 2003, 313 (314); BeckOK ZPO/von Selle ZPO § 128a Rn. 6; Musielak/Voit/Stadler ZPO § 128a Rn. 2; Windau NJW 2020, 2573 (2574).
44 Zöller/Greger ZPO § 128a Rn. 4.
45 So aber Zöller/Greger ZPO § 128a Rn. 4.
46 So aber Zöller/Greger ZPO § 128a Rn. 4.

und Ton gewährleistet und eine störungsfreie Durchführung der Verhandlung zu erwarten ist.[47] Das Gericht hat dies sorgsam abzuwägen (→ Rn. 28 ff.).

c) Praktische Durchführung

Nicht ausgenommen von der **Präsenzpflicht im Sitzungssaal** ist das Gericht selbst (§ 219 Abs. 1 ZPO). Der Zugeschaltete muss sämtliche Beteiligten sehen und hören können.[48] Die Zuschauer müssen hingegen nicht im Wege der Bild- und Tonübertragung am anderen Ort wahrnehmbar gemacht werden.[49] Diese Einschränkung nimmt die nicht persönlich im Sitzungssaal erscheinende Partei in Kauf.[50] Allerdings müssen die Richterbank und alle weiteren Prozessbeteiligten für die zugeschalteten Beteiligten visuell und akustisch wahrnehmbar sein.[51] Die Sitzungspolizei erstreckt sich auch auf den zugeschalteten Ort und kann etwa durch ein Unterbrechen der Verbindung ausgeübt werden.[52]

20

Die **Öffentlichkeit** ist an der Gerichtsstelle (§ 219 Abs. 1 ZPO) herzustellen, nicht jedoch am Aufenthaltsort der zugeschalteten Person.[53] Nach hM genügt zur Wahrung der Öffentlichkeit, dass die im Gerichtssaal anwesenden Zuschauer die Zugeschalteten hören können.[54] Nach aA müssen die Zuschauer die zugeschalteten Beteiligten zusätzlich sehen können.[55]

21

Die Videoübertragung wird **nicht aufgezeichnet** (§ 128a Abs. 3 S. 1 ZPO). Die Protokollierung erfolgt nach den allgemeinen Regelungen der §§ 160–162 ZPO. In das **Protokoll der Verhandlung** ist aufzunehmen, an welchem Ort sich die Personen, denen die fernmündliche Teilnahme gestattet worden ist, aufhalten (§ 160 Abs. 1 Nr. 4 ZPO).

22

Aufseiten des Gerichts ist der **Einsatz privat angeschaffter Hard- und Software** zulässig.[56] Teilweise unterliegt der Einsatz eigener Geräte der Informations- und Kommunikationstechnik landesrechtlichen Vorschriften (vgl. § 23 BlnAGGVG).[57]

23

d) Anspruch auf technische Ausstattung

Nach hM lässt sich aus § 128a ZPO kein Anspruch auf eine ausreichende technische Ausstattung der Gerichte zur Durchführung von Verhandlungen im Wege der Bild- und Tonübertragung ableiten.[58] Nach dem Bericht des Rechtsausschusses des Deutschen Bundestages sollte mit der Einführung des § 128a ZPO kein Anspruch begründet werden, dass Gerichte mit entsprechenden technischen Möglichkeiten ausgestattet werden, um die Teilnahme an einer Videokonferenz zu ermöglichen.[59] Die Novelle vom 25.4.2013[60] sollte

24

---

47 Windau NJW 2020, 2573 (2574).
48 Zöller/Greger ZPO § 128a Rn. 6.
49 Windau NJW 2020, 2753 (2754).
50 Windau NJW 2020, 2753 (2754).
51 MüKoZPO/Fritsche ZPO § 128a Rn. 6.
52 MüKoZPO/Fritsche ZPO § 128a Rn. 7; Schultzky NJW 2003, 313 (316 f.); BeckOK ZPO/von Selle ZPO § 128a Rn. 9a; **aA** Musielak/Voit/Stadler ZPO § 128a Rn. 2.
53 Balke/Liebscher/Helwig AnwBl Online 2020, 366 (367); MüKoZPO/Fritsche ZPO § 128a Rn. 4; Zöller/Greger ZPO § 128a Rn. 6; Musielak/Voit/Stadler ZPO § 128a Rn. 2.
54 Vgl. MüKoZPO/Fritsche ZPO § 128a Rn. 4; Zöller/Greger ZPO § 128a Rn. 6; Kissel/Mayer GVG/Mayer § 169 Rn. 98; Schultzky NJW 2003, 313 (315); Musielak/Voit/Stadler ZPO § 128a Rn. 2; wohl auch KG Urt. v. 12.5.2020 – 21 U 125/19, BeckRS 2020, 8170 Rn. 16.
55 BeckOK ZPO/von Selle ZPO § 128a Rn. 9.
56 KG Urt. v. 12.5.2020 – 21 U 125/19, NJW 2020, 3656 Rn. 16; BeckOK ZPO/von Selle ZPO § 128a Rn. 2.1; Musielak/Voit/Stadler ZPO § 128a Rn. 1; Windau NJW 2020, 2753 (2753).
57 Eingehend Schifferdecker/Silbermann/Tegeder, Leitfaden zur Videoverhandlung in der Coronakrise, 2020, abrufbar unter https://www.drb-berlin.de/fileadmin/Landesverband_Berlin/Dokumente/leitfaden_videoverhandlung/Leitfaden_Videoverhandlung__Mai_2020_.pdf.
58 MüKoZPO/Fritsche ZPO § 128a Rn. 1; Zöller/Greger ZPO § 128a Rn. 2; kritisch: Balke/Liebscher/Helwig AnwBl Online 2020, 366 (368); HK-ZPO/Wöstmann ZPO § 128a Rn. 1.
59 BT-Drs. 14/6036, 120.
60 BGBl. 2013 I 935.

ebenfalls **keine Ausstattungspflicht der Gerichte** mit Videokonferenztechnik begründen, wie sich aus der Begründung des Gesetzentwurfs[61] und der Beschlussempfehlung des Rechtsausschusses[62] ergibt. Die Gegenauffassung führt jedoch mit beachtlichen Argumenten an, dass seit dem **Auslaufen der Moratoriumsermächtigung** des Art. 9 S. 2 des Gesetzes zur Intensivierung des Einsatzes von Videokonferenztechnik in gerichtlichen und staatsanwaltschaftlichen Verfahren[63] ein Anspruch auf entsprechende Ausstattung bestehe.[64]

e) Anfechtbarkeit

25 Die Gestattung (oder auch Versagung) der Verhandlung oder Vernehmung im Wege der Videokonferenz ist gemäß § 128a Abs. 3 S. 2 ZPO **nicht isoliert anfechtbar**. Möglich ist aber eine formlose Gegenvorstellung[65] oder die Geltendmachung eines Verfahrensfehlers in der Rechtsmittelinstanz (§ 520 Abs. 3 S. 2 Nr. 2, 3, § 538 Abs. 2 S. 1 Nr. 1 ZPO). Verletzt sein können etwa der Grundsatz der Mündlichkeit wegen unbrauchbarer Übertragung aufgrund technischer Störung oder der Anspruch auf rechtliches Gehör, wenn ein anders als durch Videokonferenz nicht erreichbares Beweismittel unausgeschöpft geblieben ist.[66]

2. Video-Beweisaufnahme

26 Auf **Antrag** kann das Gericht einem Zeugen, einem Sachverständigen oder einer Partei gestatten, sich während der Vernehmung an einem anderen Ort aufzuhalten (§ 128a Abs. 2 S. 1 ZPO). Neben den Parteien ist auch der zu vernehmende Zeuge oder Sachverständige antragsbefugt.[67] Die Anordnung der Durchführung einer Beweisaufnahme im Wege der Bild- und Tonübertragung ist zwar bereits nach § 284 S. 2 ZPO zulässig[68], steht dort aber unter dem Vorbehalt des Einverständnisses der Parteien. Hingegen erlaubt § 128a Abs. 2 S. 1 ZPO die Gestattung auch gegen den Willen der Parteien. Der Beweisperson steht es frei, trotz Gestattung der Teilnahme vom anderen Ort zur Vernehmung im Sitzungssaal zu erscheinen.[69] Reiseaufwendungen können dann aber womöglich nicht in voller Höhe als notwendig angesehen und erstattet werden.[70]

27 Die Regelung des § 128a Abs. 2 ZPO ermöglicht weder den Beweis durch **Augenschein** noch durch **Urkunde** im Wege der Videokonferenz.[71] Die Norm zählt als Beweismittel lediglich bestimmte Personen auf, die sich „während einer Vernehmung" am anderen Ort aufhalten dürfen.[72] Während der Urkundenbeweis per Videokonferenz vollständig ausscheidet[73], kommt eine Augenscheineinnahme zumindest im Einverständnis der Parteien gemäß § 284 S. 2 ZPO in Betracht.[74] Die unterschiedliche Behandlung rechtfertigt sich daraus, dass der Blick auf einen Bildschirm nicht das In-den-Händen-Halten einer Originalurkunde

---

61 BT-Drs. 17/1224, 12.
62 BT-Drs. 17/12418, 17.
63 BGBl. 2013 I 935.
64 BeckOK ZPO/von Selle ZPO § 128a Rn. 2.2.
65 MüKoZPO/Fritsche ZPO § 128a Rn. 17.
66 Zöller/Greger ZPO § 128a Rn. 11; vgl. auch BGH Beschl. v. 1.7.2010 – V ZR 238/09, BeckRS 2010, 17422; MüKoZPO/Fritsche ZPO § 128a Rn. 9 und 17; Musielak/Voit/Stadler ZPO § 128a Rn. 4.
67 BeckOK ZPO/von Selle ZPO § 128a Rn. 10; HK-ZPO/Wöstmann ZPO § 128a Rn. 3; **aA** Stein/Jonas/Kern ZPO § 128a Rn. 21.
68 MüKoZPO/Fritsche ZPO § 128a Rn. 11; Zöller/Greger ZPO § 128a Rn. 7; vgl. auch BT-Drs. 15/1508, 18.
69 MüKoZPO/Fritsche ZPO § 128a Rn. 10; Zöller/Greger ZPO § 128a Rn. 8; BeckOK ZPO/von Selle ZPO § 128a Rn. 12; Musielak/Voit/Stadler ZPO § 128a Rn. 9.
70 MüKoZPO/Fritsche ZPO § 128a Rn. 10; Zöller/Greger ZPO § 128a Rn. 8; Musielak/Voit/Stadler ZPO § 128a Rn. 9; **aA** BeckOK ZPO/von Selle ZPO § 128a Rn. 12.
71 Musielak/Voit/Stadler ZPO § 128a Rn. 5; MüKoZPO/Fritsche ZPO § 128a Rn. 8 und 13; BeckOK ZPO/von Selle ZPO § 128a Rn. 10.
72 MüKoZPO/Fritsche ZPO § 128a Rn. 13.
73 Zöller/Greger ZPO § 128a Rn. 7.
74 MüKoZPO/Fritsche ZPO § 128a Rn. 13; Zöller/Greger ZPO § 128a Rn. 7; **aA** Drehsen, Der gerichtliche Augenschein im Zivilprozess, S. 186 ff., wonach die Zulässigkeit eines Tele-Augenscheins a maiore ad minus aus § 128a Abs. 2 ZPO folge. Danach bedürfte es keines Einverständnisses der Parteien gemäß § 284 S. 2 ZPO.

ersetzt. Objekt des Augenscheins können hingegen auch Videoaufnahmen sein.[75] Um als Augenscheinsobjekt zu dienen, müssen Videobilder nicht dauerhaft gespeichert sein, sondern können auch „live" abgespielt werden.

3. Ermessensentscheidung

Über die Gestattung der Teilnahme an der mündlichen Verhandlung im Wege der Bild- und Tonübertragung entscheidet das Gericht durch Beschluss (§ 128 Abs. 4 ZPO). Die Entscheidung steht im **pflichtgemäßen Ermessen** des Gerichts[76], das dabei dem Willen des Gesetzgebers, den Einsatz von Videokonferenztechnik im Interesse einer effizienteren Verfahrensführung zu fördern[77], angemessen Rechnung zu tragen hat. Es sind sämtliche relevanten Umstände abzuwägen. Die Möglichkeit der Zeit- und Kostenersparnis kann für eine Gestattung sprechen.[78] Zu berücksichtigen ist aber auch, inwieweit der Wert einer unmittelbaren mündlichen Verhandlung durch die Zulassung einer Videoverhandlung geschmälert werden könnte.[79] Insofern sind insbesondere die Anforderungen an die Qualität der Kommunikation und ihre tatsächlich zu erwartende Qualität in den Blick zu nehmen. Vor der Anordnung einer Videovernehmung ist ferner zu prüfen, inwiefern dadurch die Beweiswürdigung beeinflusst zu werden droht.[80]

Je aufwändiger sich die **Anreise zur Gerichtsstelle** gestalten würde und je weniger es auf den persönlichen Eindruck der Partei oder Beweisperson ankommt, umso eher bietet sich eine Videoverhandlung oder -vernehmung an. Andererseits wird von einer Videokonferenz abzusehen sein, wenn der **persönliche Eindruck** für die Beweiswürdigung von maßgeblicher Bedeutung ist und erhebliche Zweifel bestehen, dass dieser im Rahmen einer Videokonferenz aufgrund der konkreten Gegebenheiten hinreichend wahrgenommen werden kann.[81] Dabei kommt es maßgeblich auf die **Art und Qualität der technischen Ausstattung** an, insbesondere ob sie einen mit einer Präsenzverhandlung vergleichbaren Kommunikationsfluss ermöglicht.[82] Zwar kann auch die konkrete Örtlichkeit des anderen Übertragungsorts eine Rolle spielen, insbesondere bei Zeugen, die sich im Büro des Rechtsanwalts befinden, der die beweisführende Partei vertritt.[83] Jedoch werden, je umfassender das Gericht die Räumlichkeiten des anderen Orts einsehen kann und insbesondere auch die anderen dort anwesenden Personen im Blick hat, umso weniger ungünstige Einflüsse oder gar Manipulationen zu befürchten sein. Manipulationen sind dann kaum noch wahrscheinlicher als bei den im Gerichtssaal erschienenen Beteiligten. Hier zu große Zurückhaltung walten zu lassen, entspräche nicht dem Willen des Gesetzgebers, der mit der Schaffung des § 128a Abs. 1 und 2 ZPO zum Ausdruck gebracht hat, es grundsätzlich für möglich zu halten, sich auch im Wege der Videokonferenz einen ausreichenden persönlichen Eindruck zu verschaffen und Glaubwürdigkeitsaspekte zu prüfen.

Aus diesem Grund schließt auch die **Anordnung des persönlichen Erscheinens** der Parteien die Möglichkeit, im Wege der gleichzeitigen Bild- und Tonübertragung zu verhandeln, nicht grundsätzlich aus.[84] Ohnehin zielt sie nicht zwingend auf Wahrnehmungen ab, die im Rahmen einer Videokonferenz verloren zu gehen drohen. Denn die mit der Anordnung verbundene persönliche Anhörung der Parteien soll helfen, ihre Tatsachenbehauptungen zu klären und eine gütliche Streitbeilegung zu fördern.[85] Glaubwürdigkeitsaspekte müssen hier nicht in jedem Fall eine Rolle spielen.

---

75 Zöller/Greger ZPO § 371 Rn. 1.
76 BT-Drs. 17/1224, 10; MüKoZPO/Fritsche ZPO § 128a Rn. 7; Stein/Jonas/Kern ZPO § 128a Rn. 12, 24; **aA** Thomas/Putzo/Reichold ZPO § 128a Rn. 2; HK-ZPO/Wöstmann ZPO § 128a Rn. 3 „freies Ermessen".
77 BT-Drs. 17/1224, 1 f.
78 BeckOK ZPO/von Selle ZPO § 128a Rn. 5; Musielak/Voit/Stadler ZPO § 128a Rn. 7.
79 Vgl. MüKoZPO/Fritsche ZPO § 128a Rn. 7.
80 MüKoZPO/Fritsche ZPO § 128a Rn. 14.
81 HK-ZPO/Wöstmann ZPO § 128a Rn. 3.
82 Vgl. BeckOK ZPO/von Selle ZPO § 128a Rn. 11.
83 MüKoZPO/Fritsche ZPO § 128a Rn. 14.
84 So aber Zöller/Greger ZPO § 128a Rn. 3.
85 Vgl. BeckOK ZPO/von Selle ZPO § 141 Rn. 1.

4. Kollegialgerichtliche Beratung

31 Die richterliche Beratung und Abstimmung in der **ordentlichen Gerichtsbarkeit** sind in §§ 192–197 GVG geregelt. Die Vorgaben sind rudimentär. In § 193 GVG wird bestimmt, wer bei richterlichen Beratungen „zugegen sein" bzw. wessen „Anwesenheit" darüber hinaus der Vorsitzende gestatten darf. Nach § 194 GVG leitet der Vorsitzende die Beratung, stellt die Fragen und sammelt die Stimmen. Über Meinungsverschiedenheiten entscheidet der Spruchkörper als Gesamtheit. Die Vorschriften über die richterliche Beratung und Abstimmung finden über **Verweisungsnormen** auch in der Verwaltungsgerichtsbarkeit (§ 55 VwGO), der Arbeitsgerichtsbarkeit (§ 9 ArbGG), der Sozialgerichtsbarkeit (§ 61 Abs. 2 SGG) und der Finanzgerichtsbarkeit (§ 52 FGO) Anwendung.

32 Die Beratung im Beisein sämtlicher beteiligten Richter bildet in der Praxis die Regel.[86] Beratung in diesem Sinne ist auch die Beratung im Wege der **Videokonferenz**, also bei gleichzeitiger Ton- und Bildübertragung.[87] Eine Beratung mittels **Telefonkonferenz** ist jedenfalls dann zulässig, wenn es sich bei der zu beratenden Entscheidung um keine Endentscheidung handelt.[88] Möglich sind etwa Beratungen der Sache, die Grundlage für einen Hinweisbeschluss sind (zB auf die beabsichtigte Zurückweisung der Berufung).[89] Auch überschaubare Nachberatungen (zB über einen nachträglich eingegangenen Schriftsatz) können per Telefonkonferenz vorgenommen werden.[90] Beratungen und Abstimmungen in **Einzeltelefonaten** werden, insbesondere unter Verweis auf die nicht vorhandene Möglichkeit der gleichzeitigen Kommunikation sämtlicher beteiligten Richter, überwiegend als unzulässig angesehen.[91]

33 Die Zurückhaltung gegenüber den technischen Möglichkeiten erscheint (noch) zu groß. Eine richterliche **Beratung** zeichnet sich dadurch aus, dass alle Mitglieder des Spruchkörpers die Möglichkeit haben, alle relevanten Äußerungen zur Kenntnis zu nehmen, ihrerseits Argumente vorzutragen und auf die Argumente der anderen einzugehen.[92] Als weiteres wichtiges Kriterium wird angesehen, dass die Möglichkeit gleichzeitiger Kommunikation besteht.[93] All diese Kriterien erfüllt grundsätzlich auch eine Telefonkonferenz.[94] Freilich ist die nonverbale Kommunikation hier noch weitergehend eingeschränkt als bei einer Videokonferenz. Darauf kommt es aber nicht maßgeblich an. Deshalb sieht ein Teil der Literatur Telefonkonferenzen zu Recht nicht auf Nachberatungen beschränkt.[95] Bei einem **E-Mail**-Austausch besteht zwar nicht die Möglichkeit gleichzeitiger Kommunikation. In den Fällen, in denen das Umlaufverfahren anerkannt ist, spricht aber nichts dagegen, auch eine E-Mail-Beratung als zulässig anzusehen, sofern jede E-Mail an alle Beteiligten der Beratung versandt wird.[96]

34 Die Mitglieder des Spruchkörpers haben **keinen subjektiven Anspruch** auf eine Beratung in Präsenz.[97] Die Bestimmung der zeitlichen und räumlichen Umstände der Beratung obliegt dem Vorsitzenden.[98] Auch

---

86 BGH Beschl. v. 29.11.2013 – BLw 4/12, FamRZ 2014, 477, juris Rn. 28.
87 BGH Beschl. v. 6.11.2020 – LwZR 2/20, NJW-RR 2021, 190, juris Rn. 2; BeckOK GVG/Graf GVG § 193 Rn. 5; Berlit jM 2020, 310 (310 ff.); Effer-Uhe MDR 2020, 773 (774); **aA** Kissel/Mayer GVG/Mayer § 193 Rn. 3.
88 Vgl. BGH Beschl. v. 6.11.2020 – LwZR 2/20, NJW-RR 2021, 190, juris Rn. 2.
89 Vgl. BGH Beschl. v. 6.11.2020 – LwZR 2/20, NJW-RR 2021, 190, juris Rn. 2.
90 Effer-Uhe MDR 2020, 773 (774); Zöller/Lückemann GVG § 194 Rn. 1.
91 BSG Urt. v. 27.5.1971 – 8 RV 773/70, NJW 1971, 2096, juris Rn. 17; BGH Urt. v. 28.11.2008 – LwZR 4/08, NJW-RR 2009, 286, juris Rn. 8; BeckOK GVG/Graf GVG § 193 Rn. 5; Kissel/Mayer GVG/Mayer § 193 Rn. 3; **aA** Zöller/Lückemann GVG § 194 Rn. 1, sofern alle Mitglieder des Spruchkörpers dem Vorschlag des Vorsitzenden ohne weitere Beiträge lediglich zustimmen.
92 Vgl. Kissel/Mayer GVG/Mayer § 193 Rn. 2; Zöller/Lückemann GVG § 194 Rn. 1.
93 Vgl. BGH Urt. v. 28.11.2008 – LwZR 4/08, NJW-RR 2009, 286, juris Rn. 8; BGH Beschl. v. 29.11.2013 – BLw 4/12, FamRZ 2014, 477, juris Rn. 33; BeckOK GVG/Graf GVG § 193 Rn. 5; Kissel/Mayer GVG/Mayer § 193 Rn. 3.
94 Gleichfalls für eine allgemeine Zulässigkeit der Beratung per Telefonkonferenz Effer-Uhe MDR 2020, 773 (774); Zöller/Lückemann GVG § 194 Rn. 1.
95 Vgl. Effer-Uhe MDR 2020, 773 (774); Zöller/Lückemann GVG § 194 Rn. 1.
96 Vgl. Zöller/Lückemann GVG § 194 Rn. 1; Effer-Uhe MDR 2020, 773 (774).
97 So auch Berlit jM 2020, 310 (314).
98 Zöller/Lückemann GVG § 194 Rn. 2.

die Entscheidung darüber, ob in Präsenz oder unter Nutzung von Fernkommunikationsmitteln beraten werden soll, fällt deshalb in seine Leitungskompetenz.[99]

5. Muster einer Gestattung nach § 128a Abs. 1 ZPO

▶ **Beschluss**

In dem Rechtsstreit

pp.

I. Termin zur mündlichen Verhandlung wird bestimmt auf *[Datum, Uhrzeit, Ort]*.
II. Den Parteien und ihren Prozessbevollmächtigten wird gemäß § 128a Abs. 1 ZPO gestattet, sich während der mündlichen Verhandlung an einem anderen Ort als dem Sitzungszimmer aufzuhalten und dort Verfahrenshandlungen vorzunehmen.
III. Die Verhandlung wird zeitgleich in Bild und Ton an diesen Ort und in das Sitzungszimmer übertragen. Die Übertragung wird nicht aufgezeichnet (§ 128a Abs. 3 S. 1 ZPO).
IV. Den Beteiligten wird aufgegeben, spätestens eine Woche vor dem Termin mitzuteilen, ob sie persönlich erscheinen oder per Videokonferenz an der mündlichen Verhandlung teilnehmen werden.

Diese Entscheidung ist unanfechtbar (§ 128a Abs. 3 S. 2 ZPO). ◀

V. Strukturierter Parteivortrag

1. Status quo der Strukturierung im Zivilprozess

Das deutsche Zivilprozessrecht enthält – anders als andere Rechtsordnungen in Europa[100] – nur **wenige Vorgaben** zur Strukturierung von Schriftsätzen. Allgemein schreibt § 130 ZPO vor, dass Schriftsätze die beabsichtigten Anträge und die tatsächlichen Verhältnisse, die diesen zugrunde liegen, enthalten „sollen". Außerdem „soll" die Partei sich über die tatsächlichen Behauptungen des Gegners erklären und etwaige Beweismittel bezeichnen. Strengere Vorgaben gelten für bestimmende Schriftsätze. So „muss" die Klageschrift Grund und Gegenstand des geltend gemachten Anspruchs und einen bestimmten Antrag enthalten (§ 253 Abs. 1 ZPO). **Besondere Vorgaben** gibt es daneben auch für Einspruchsschriften (§ 340 Abs. 2 und 3 ZPO), Berufungsschriften (§ 519 Abs. 2 ZPO), Berufungsbegründungen (§ 520 Abs. 3 und 4 ZPO), Revisionsschriften (§ 549 Abs. 1 ZPO), Revisionsbegründungen (§ 551 Abs. 3 ZPO), Beschwerdeschriften (§ 569 Abs. 2 ZPO) und Rechtsbeschwerden (§ 575 Abs. 1 und 3 ZPO).

Ferner finden sich in der ZPO Vorschriften zur **richterlichen Prozessleitung**, die es dem Gericht ermöglichen, das Verfahren zu strukturieren. Nach § 146 ZPO kann das Gericht die Verhandlung zunächst auf einzelne oder auch nur ein einziges Angriffs- oder Verteidigungsmittel beschränken. Gemäß § 273 Abs. 2 Nr. 1 ZPO können zeitliche Vorgaben für das Parteivorbringen gemacht werden. Bei Verfahren, deren Streitwert einen Betrag von 600 EUR nicht übersteigt, kann das Gericht das Verfahren – auch im Hinblick auf die Struktur des Parteivorbringens – nach billigem Ermessen bestimmen (§ 495a ZPO). Außerdem ermächtigt der **neu eingefügte § 139 Abs. 1 S. 3 ZPO** die Gerichte seit dem 1.1.2020, durch Maßnahmen der Prozessleitung das Verfahren zu strukturieren und den Streitstoff abzuschichten. Ob die Parteien den auf dieser Vorschrift gründenden Vorgaben des Gerichts nachkommen, bleibt aber ihnen überlassen. Anders als für verspätetes Vorbringen (vgl. § 296 ZPO) knüpft das Gesetz **keine nachteiligen Folgen** an die Nichtbeachtung der nach § 139 Abs. 1 S. 3 ZPO erteilten Vorgaben.[101]

---

[99] Anders BGH Beschl. v. 29.11.2013 – BLw 4/12, FamRZ 2014, 477, juris Rn. 28, der bei vereinfachten Beratungsverfahren verlangt, dass „die beteiligten Richter" damit einverstanden sind. Berlit jM 2020, 310 (314), hält dagegen auch eine Mehrheitsentscheidung des Gerichts für zulässig.
[100] Zu den vergleichsweise deutlich umfangreicheren Strukturvorgaben in Frankreich und England Zwickel MDR 2016, 988.
[101] Kritisch Gaier NJW 2020, 177.

2. Reformvorschläge

38 Nach dem bisherigen Konzept richterlicher Fallbearbeitung untersucht das Gericht das Parteivorbringen und die Beweisangebote der Parteien und stellt diese in einer **Relation** gegenüber. Diese Übersicht, aus der sich die streitigen und nicht streitigen Tatsachen ablesen lassen, fasst den Sachverhalt zusammen und bildet die Grundlage für den Tatbestand der zu treffenden Entscheidung. Der – vor allem in bestimmten Verfahrensarten[102] – zunehmende Umfang von Schriftsätzen und das damit einhergehende vermehrte Auftreten von Redundanzen und Wiederholungen fordern den Gerichten zugleich einen **größeren Aufwand** ab, um den Prozessstoff zu durchdringen. Dies begründet Zweifel, ob das tradierte Vorgehen bei der Sammlung des Prozessstoffs noch zeitgemäß ist.[103] Die in der Literatur geäußerten Reformvorschläge, die über die neue Regelung des § 139 Abs. 1 S. 3 ZPO hinausgehen, folgen dem Gedanken, den Parteien mehr Verantwortung bei der Sammlung des Prozessstoffs zu übertragen und die Gerichte dadurch zu entlasten.[104] Die bisherigen Reformvorschläge lassen sich in **drei Kategorien** unterteilen:

a) Gemeinsames Basisdokument

39 Dieser Vorschlag sieht vor, die Parteien unter Anleitung des Gerichts ein gemeinsames Basisdokument erstellen zu lassen, um darin sämtliche **streitigen und unstreitigen Tatsachen zu sammeln**.[105] Die Struktur orientiert sich am chronologisch darzustellenden Lebenssachverhalt.[106] Die Parteien sollen ihre Tatsachenbehauptungen, Einwendungen und Beweismittel online in **Eingabemasken** eintragen.[107] Das Gericht soll durch frühzeitige Hinweise auf eine sinnvolle Gliederung des Sach- und Streitstoffs hinwirken.[108] Anstelle des vom Gericht zu erstellenden Tatbestands soll im Urteil ein Verweis auf das Basisdokument stehen.[109]

b) Formulare für häufig vorkommende Fälle

40 Nach diesem Ansatz könnten Formulare entwickelt und bereitgestellt werden, die in der Praxis häufig vorkommende Fallkonstellationen abbilden, indem sie auf bestimmte Sachfragen und Tatbestandsmerkmale ausgerichtet sind und entsprechende **Eingabefelder für die klagende sowie die beklagte Partei** vorsehen.[110] Dieser Vorschlag stellt eine spezielle Ausprägung des gemeinsamen Basisdokuments dar, bei dem der Vortrag der Parteien aufgrund der Konzentration auf bestimmte Fallkonstellationen in noch engere Bahnen gelenkt wird.[111] Der **legislatorische Aufwand** zur Umsetzung wäre überschaubar. Formulare für „Standard"-Fälle ließen sich in Online-Eingabemasken integrieren. Eine entsprechende Verordnungsermächtigung hält § 130c ZPO schon heute bereit.[112] Vorteilhaft wäre, dass Daten in strukturierter Form erhoben und sodann **elektronisch weiterverarbeitet** werden könnten. Dies wiederum könnte den Weg zu einer automatisierten Entscheidungsunterstützung (→ *Richter* Rn. 12 ff.) ebnen. Zu beachten gilt es jedoch, dass das Angebot, bestimmte Ansprüche per Formular geltend zu machen, die **Möglichkeit einer klassischen Klage** nicht ausschließen darf. Sonst drohten Rechtsschutzlücken. Außerdem erscheint bei diesem Konzept eine Beschränkung auf Anwaltsprozesse nicht nötig. Dies gilt vor allem dann, wenn der Nutzer (bspw. mithilfe von Chatbots) durch die Eingabemasken geführt wird.

---

102 Dies betrifft etwa Massenverfahren wie bspw. im sog. Abgasskandal.
103 Vgl. Gaier NJW 2013, 2871 (2874), und ZRP 2015, 101 (103); Vorwerk NJW 2017, 2326 (2326).
104 Vgl. etwa Gaier ZRP 2015, 101 (103); Köbler DRiZ 2018, 88 (89).
105 Vgl. Greger NJW 2019, 3429 (3431).
106 Arbeitsgruppe „Modernisierung des Zivilprozesses", Diskussionspapier, 2021, abrufbar unter https://www.justiz.bayern.de/media/images/behoerden-und-gerichte/oberlandesgerichte/nuernberg/diskussionspapier_ag_modernisierung.pdf, S. 33 f.
107 Greger NJW 2019, 3429 (3431).
108 Arbeitsgruppe „Modernisierung des Zivilprozesses", Diskussionspapier, 2021, abrufbar unter https://www.justiz.bayern.de/media/images/behoerden-und-gerichte/oberlandesgerichte/nuernberg/diskussionspapier_ag_modernisierung.pdf, S. 34.
109 Greger NJW 2019, 3429 (3431).
110 Vgl. Köbler DRiZ 2018, 88 (90).
111 Vgl. Greger NJW 2019, 3429 (3432).
112 Kritisch Köbler AnwBl 2018, 399 (400).

c) Orientierung an Anspruchsgrundlagen und -voraussetzungen

Teilweise wird vorgeschlagen, den Aufbau des Parteivorbringens an den Anspruchsgrundlagen und ihren Voraussetzungen zu orientieren.[113] Dies soll in der Weise umgesetzt werden, dass die klagende Partei von vornherein verpflichtet wird, ihr Vorbringen an der geltend gemachten Anspruchsgrundlage auszurichten und damit zugleich die **Gegenseite an diese Struktur zu binden**.[114] Ein andere Möglichkeit bestünde darin, dem Gericht die Möglichkeit einzuräumen, erst zu irgendeinem Zeitpunkt nach Eingang der Klage in geeigneten Fällen ein strukturiertes Verfahren anzuordnen, in dem dann der Parteivortrag insbesondere an den in Betracht kommenden Anspruchsgrundlagen und ihren Voraussetzungen auszurichten ist.[115] Eine verbindliche Struktur könnte dadurch geschaffen werden, dass Vortrag, der nicht unter dem entsprechenden **Schlagwort** gehalten wird, nicht zu berücksichtigen ist.[116]

41

Nachteilig an der Festlegung der Vortragsstruktur durch Wahl einer Anspruchsgrundlage seitens der klagenden Partei ist, dass die von ihr für einschlägig gehaltene Rechtsgrundlage nicht zwingend die richtige sein muss. Außerdem können neben der von der klagenden Partei ausgewählten noch weitere Anspruchsgrundlagen einschlägig sein. Insofern wäre es misslich, die beklagte Partei, die es ggf. besser weiß, an diese Struktur zu binden und ihr damit die Möglichkeit abzuschneiden, zu den anderen denkbaren Anspruchsgrundlagen vorzutragen. Ferner führt der Abhilfevorschlag, das Gericht zu verpflichten, den Parteien frühzeitig eine geeignete Anspruchsgrundlage zu nennen, an deren Struktur der Vortrag fortan (und ggf. noch einmal neu) auszurichten ist[117], zu **unnötiger Mehrarbeit** aufseiten der Parteien. Dagegen bildet das sich von vornherein auf den Tatsachenvortrag konzentrierende Basisdokument (→ Rn. 39) das Prinzip „iura novit curia" besser ab und ist deshalb vorzugswürdig.

42

3. Grundsätzliche Umsetzungsprobleme

Neben der bislang in Deutschland fehlenden digitalen Infrastruktur für Online-Eingabemasken zur Erhebung von Klagen begegnen die Überlegungen zur Strukturierung von Parteivortrag einigen rechtlichen Bedenken. Eine **wichtige Weichenstellung** wird darin liegen, wie weit man den freien Vortrag durch Strukturvorgaben begrenzt, ohne den Anspruch auf rechtliches Gehör (Art. 103 Abs. 1 GG) zu sehr auszuhöhlen. Dabei stellt sich insbesondere die Frage, welche negativen Konsequenzen Parteien zu befürchten haben, wenn sie eine Strukturvorgabe nicht einhalten. Je weniger verbindlich die Strukturvorgaben andererseits jedoch sind (zB Freitextfelder, Verzicht auf Sanktionen), umso weniger Erleichterungen dürfen Gerichte im Vergleich zum Status quo, der ihnen mit § 139 Abs. 1 S. 3 ZPO bereits die Möglichkeit einräumt, unverbindliche Strukturvorgaben zu erteilen, zukünftig erwarten. Wohl auch deshalb wird teilweise empfohlen, Strukturvorgaben zunächst auf Anwaltsprozesse (§ 78 ZPO) zu beschränken.[118]

43

VI. Online-Gerichtsverfahren

1. Online-Gerichtsverfahren in Deutschland

Die gerichtliche Streitbeilegung in Deutschland fußt bislang auf einem **Offline-Modell**.[119] Ein reines Online-Streitverfahren sieht das Zivilprozessrecht zurzeit noch nicht vor. Lediglich das Mahnverfahren (§§ 688 ff. ZPO, → *Mahnverfahren, automatisiertes* Rn. 4 ff.) und die Führung des Handelsregisters laufen heute bereits weitgehend automatisiert ab. Allerdings gibt es de lege lata bereits **einzelne Instrumente**, die

44

---

113 So Gaier NJW 2013, 2871 (2874), und ZRP 2015, 101 (103); Vorwerk NJW 2017, 2326 (2326).
114 So Gaier NJW 2013, 2871 (2874), und ZRP 2015, 101 (103); Vorwerk NJW 2017, 2326 (2326).
115 So Vorwerk NJW 2017, 2326 (2328); vgl. auch Fries NJW 2016, 2860 (2864).
116 Vgl. Vorwerk NJW 2017, 2326 (2327).
117 Gaier ZRP 2015, 101 (104).
118 Vgl. Arbeitsgruppe „Modernisierung des Zivilprozesses", Diskussionspapier, 2021, abrufbar unter https://www.justiz.bayern.de/media/images/behoerden-und-gerichte/oberlandesgerichte/nuernberg/diskussionspapier_ag_modernisierung.pdf, S. 35; Gaier NJW 2013, 2871 (2874).
119 Kritisch im Hinblick auf die im Koalitionsvertrag der sog. Ampel-Koalition für die Regierungsperiode 2021-2025 festgehaltenen Reformvorschläge: Geissler LTZ 2022, 12 (13 ff.).

auch in einem künftig einzuführenden Online-Gerichtsverfahren genutzt werden können. Die elektronische Akte (§ 298a ZPO, → Rn. 2 ff.) ist auf den Weg gebracht und kann vorbehaltlich einer Verordnung schon heute genutzt werden (§ 298a ZPO). Schriftsätze können nach den Maßgaben des § 130a ZPO in elektronischer Form eingereicht werden. In § 130c ZPO findet sich zudem eine Verordnungsermächtigung zur Einführung von Formularen, die auf einer Kommunikationsplattform im Internet bereitgestellt werden. Das Gericht kann selbst dann, wenn handschriftliche Unterzeichnung vorgeschrieben ist, Dokumente elektronisch erstellen (§ 130b ZPO). Nach § 128a ZPO können Verhandlungen und Vernehmungen im Wege der Bild- und Tonübertragung erfolgen (→ Rn. 14 ff.).

45 Auch das **Recht der Europäischen Union** sieht bislang kein reines Online-Gerichtsverfahren vor. Das europäische Verfahren für geringfügige Forderungen wird grundsätzlich schriftlich geführt (Art. 5 Abs. 1 VO (EG) Nr. 861/2007 in der Fassung der VO (EU) 2015/2421), wobei mündliche Verhandlungen und Beweisaufnahmen per Videokonferenz abgehalten werden können (Art. 8 und Art. 9 Abs. 1 VO (EG) Nr. 861/2007 in der Fassung der VO (EU) 2015/2421).

2. Modellvorschläge für den deutschen Zivilprozess

a) „Hamburger Modell" eines Beschleunigten Online-Verfahrens

46 Mit dem „Hamburger Modell" wurde die Einrichtung eines Beschleunigten Online-Verfahrens (BOV) als Pilotprojekt vorgeschlagen.[120] Anwendung finden soll es bei **bestimmten stark schematisierten Verfahren** mit bezifferbaren Forderungen (zB Klagen auf Entschädigung nach der Fluggastrechteverordnung[121] oder der Fahrgastrechteverordnung[122]) bis zu einem Streitwert von 2.000 EUR.[123] Klagevortrag und -erwiderung sollen online über Eingabemasken auf einem Justizportal erfolgen.[124] Das Justizportal soll mit den nach dem Onlinezugangsgesetz[125] bis Ende 2022 einzurichtenden Bürgerportalen der Länder verknüpft werden.[126] Damit ähnelt der technische Rahmen dem dänischen Modell (→ Rn. 53), in dem sich alle Bürgerinnen und Bürger Dänemarks mit ihren digitalen Identitäten (NemID) bei dem Prozessportal Minretssag.dk anmelden können.[127] Im „Hamburger Modell" soll das Gericht nach Eingang der Klage ihre Schlüssigkeit prüfen und unverzüglich einen Verhandlungstermin anberaumen, der möglichst per Video- oder Telefonkonferenz abgehalten werden soll.[128] Weitere Verfahrenserleichterungen, wie etwa eine Beweisaufnahme im Wege der Telefonkonferenz, sollen sich an § 495a ZPO orientieren.[129] Entscheidungen sollen – wie in Dänemark[130] (→ Rn. 53) – durch Hochladen auf das Justizportal verkündet werden.[131]

47 Bei näherem Blick auf das „Hamburger Modell" zeigt sich, dass dort der **Schwerpunkt mehr auf der Beschleunigung** als auf der Digitalisierung von Zivilverfahren liegt. Zwar sollen digitale Hilfsmittel eingesetzt werden. Ihr Einsatz zielt aber vor allem auf eine möglichst zügige Terminierung ab.[132] Das

---

120 Nicolai/Wölber ZRP 2018, 229 (231 ff.).
121 VO (EG) Nr. 261/2004 (ABl. 2004 L 46 S. 1, ber. 2019 L 119 S. 202).
122 VO (EG) Nr. 1371/2007 (ABl. 2007 L 315, S. 14).
123 Nicolai/Wölber ZRP 2018, 229 (231).
124 Nicolai/Wölber ZRP 2018, 229 (231).
125 BGBl. 2017 I 3138.
126 Nicolai/Wölber ZRP 2018, 229 (231).
127 Vgl. Länderarbeitsgruppe „Legal Tech: Herausforderungen für die Justiz", Abschlussbericht, 2019, abrufbar unter https://www.schleswig-holstein.de/DE/Landesregierung/II/Minister/Justizministerkonferenz/Downloads/19060 5_beschluesse/TOPI_11_Abschlussbericht.pdf?__blob=publicationFile&v=1, S. 74 ff. Zum Online-Verfahren in Dänemark Eskesen DRiZ 2018, 56.
128 Nicolai/Wölber ZRP 2018, 229 (232).
129 Nicolai/Wölber ZRP 2018, 229 (232).
130 Vgl. Eskesen DRiZ 2018, 56 (57).
131 Nicolai/Wölber ZRP 2018, 229 (232).
132 Vgl. Nicolai/Wölber ZRP 2018, 229 (232).

Verfahren wurde deshalb kritisiert als „bloße[...] elektronische[...] Vergabe von Güteterminen".[133] Ferner wird die dort vorgesehene Rechtsmittelbeschränkung kritisiert, weil diese der klagenden Partei ermöglicht, über die Rechtsmittel der beklagten Partei, für die das Verfahren verpflichtend sein soll[134], zu bestimmen.[135]

b) Modell der Arbeitsgruppe „Modernisierung des Zivilprozesses"

Das Konzept der Arbeitsgruppe „Modernisierung des Zivilprozesses" sieht ein **bundesweites Justizportal für Online-Klagen** von Verbrauchern gegen Unternehmer mit einem Streitwert von bis zu 5.000 EUR vor.[136] An **zentralen Online-Gerichten** soll das Verfahren von der Einreichung der Klage bis zur Verkündung der Entscheidung durchgehend digital ablaufen. Chatbots und digitale Eingabehilfen sollen die Parteien dabei unterstützen, den Parteivortrag in einem gemeinsamen Basisdokument (→ Rn. 39) vorzustrukturieren. Das Verfahren soll in der Regel ohne (digitale) mündliche Verhandlung auskommen. Die Beweisaufnahme soll sich auf digitalisierbare oder mittels Fernkommunikation erhebbare Beweise beschränken. Die Urteilsverkündung soll in einem vom Gericht zu bestimmenden Raum oder zB auf elektronischen Anzeigetafeln erfolgen. Stellt das zentrale Online-Gericht fest, dass das Online-Verfahren im Einzelfall ungeeignet ist, soll die Möglichkeit bestehen, mittels Verweisung an das nach den allgemeinen Vorschriften zuständige Gericht in das Regelverfahren überzugehen. In der Einführungsphase sollen nur bestimmte Arten von Klagen, wie etwa solche auf Entschädigung wegen Flugverzögerungen, möglich sein.

Die **Zuständigkeitskonzentration** auf einzelne Online-Gerichte führt zu Problemen bei der Überleitung in das Regelverfahren. Es müssten einerseits neue Regeln geschaffen werden, um das andere Gericht an die Verweisung zu binden.[137] Andererseits erscheint die Zuständigkeitskonzentration mit Verweisungsmöglichkeit im Hinblick auf den Unmittelbarkeitsgrundsatz problematisch, sofern Beweisergebnisse nach der Überleitung verwertbar bleiben sollen.[138] Schließlich ergäben sich ggf. weite Anreisewege, sofern eine Partei der Verkündung beiwohnen möchte.

Der Vorschlag, die Durchführung einer mündlichen Verhandlung in das **Ermessen des Gerichts** zu stellen, hat zwar sein Vorbild in der unionsrechtlichen Regelung des Art. 5 Abs. 1a VO (EG) Nr. 861/2007 in der Fassung der VO (EU) 2015/2421.[139] Gleichzeitig stünde eine solche Regelung – wie ihr Vorbild – in Konflikt mit Art. 6 Abs. 1 EMRK und Art. 47 Abs. 2 EU-Grundrechte-Charta, die grundsätzlich eine mündliche Verhandlung vor dem erkennenden Gericht vorschreiben, sowie mit dem deutschen Zivilverfahrensrecht, das Gerichten nicht erlaubt, gegen den Willen der Parteien auf eine mündliche Verhandlung zu verzichten (vgl. § 128 Abs. 2, § 495a S. 2 ZPO), was umso mehr gälte, wenn die beklagte Partei durch die Verfahrenswahl der klagenden Partei gebunden würde.[140] Das Modell sollte daher um die Möglichkeit ergänzt werden,

---

133 Vgl. Arbeitsgruppe „Modernisierung des Zivilprozesses", Diskussionspapier, 2021, abrufbar unter https://www.justiz.bayern.de/media/images/behoerden-und-gerichte/oberlandesgerichte/nuernberg/diskussionspapier_ag_modernisierung.pdf, S. 80.
134 Vgl. Nicolai/Wölber ZRP 2018, 229 (232).
135 Arbeitsgruppe „Modernisierung des Zivilprozesses", Diskussionspapier, 2021, abrufbar unter https://www.justiz.bayern.de/media/images/behoerden-und-gerichte/oberlandesgerichte/nuernberg/diskussionspapier_ag_modernisierung.pdf, S. 95.
136 Vgl. Arbeitsgruppe Modernisierung des Zivilprozesses, Diskussionspapier, 2021, abrufbar unter https://www.justiz.bayern.de/media/images/behoerden-und-gerichte/oberlandesgerichte/nuernberg/diskussionspapier_ag_modernisierung.pdf, S. 76 ff.
137 Vgl. Arbeitsgruppe „Modernisierung des Zivilprozesses", Diskussionspapier, 2021, abrufbar unter https://www.justiz.bayern.de/media/images/behoerden-und-gerichte/oberlandesgerichte/nuernberg/diskussionspapier_ag_modernisierung.pdf, S. 86.
138 Näher Voß VuR 2021, 243 (249 f.).
139 Vgl. Arbeitsgruppe „Modernisierung des Zivilprozesses", Diskussionspapier, 2021, abrufbar unter https://www.justiz.bayern.de/media/images/behoerden-und-gerichte/oberlandesgerichte/nuernberg/diskussionspapier_ag_modernisierung.pdf, S. 93.
140 So zutreffend Voß VuR 2021, 243 (247 f.).

auf Antrag mündlich zu verhandeln.¹⁴¹ Sofern die Verhandlung im digitalen Raum stattfindet, könnten gleichwohl noch Effizienzgewinne erzielt werden.

51 Der Vorschlag der Arbeitsgruppe sieht außerdem eine lokale **öffentliche Verkündung** der Entscheidung am Ort des Online-Gerichts vor.¹⁴² Dieser Bruch mit dem Ansatz des vollständig online ablaufenden Verfahrens hat seinen Ursprung im Datenschutz. Zwar würde eine Online-Verkündung dem Öffentlichkeitsgrundsatz entgegenkommen. Auf der anderen Seite könnten dabei aber sensible Daten preisgegeben und von Dritten sogar dauerhaft gespeichert werden. De lege ferenda wird jedoch zu überlegen sein, wie sensible Daten auch im Fall einer Online-Verkündung ausreichend Schutz erfahren können oder ob Gründe des Datenschutzes die öffentliche Verkündung von Urteilen über das Internet zwingend ausschließen.¹⁴³

3. Online-Gerichtsverfahren im Ausland

52 Einer der Vorreiter für digitale Gerichtsverfahren ist **China**. Dort gibt es Online-Gerichte in Peking und Hangzhou.¹⁴⁴ Diese sind u.a. zuständig für Klagen aus online begründeten Vertragsverhältnissen.¹⁴⁵ Klageerhebung und -verteidigung erfolgen online, Beweise werden online vorgelegt, die mündliche Verhandlung kann per Videokonferenz erfolgen und Urteile werden online verkündet.¹⁴⁶ Wenn die beklagte Partei dem Online-Verfahren widerspricht, wird das Verfahren in ein konventionelles Verfahren überführt.¹⁴⁷ Berufungen werden ebenfalls vor konventionellen Gerichten verhandelt.¹⁴⁸ Die an den Gerichten in Peking und Hangzhou tätigen Richter werden zudem bei ihrer Arbeit von einer Künstlichen Intelligenz unterstützt, die selbst aber keine endgültigen Entscheidungen trifft.¹⁴⁹

53 In **Dänemark** werden seit dem Jahr 2018 grundsätzlich alle neu eingehenden Zivilverfahren digital geführt.¹⁵⁰ Die Kommunikation zwischen dem Gericht und den Parteien und Rechtsanwälten erfolgt ausschließlich online über das Prozessportal Minretssag.dk.¹⁵¹ Um eine Klage zu erheben, muss man sich mit seiner digitalen Identität (NemID) auf dem Portal anmelden und wird anschließend durch eine Eingabemas-

---

141 Ebenso Voß VuR 2021, 243 (247 f.); vgl. aber zur Abwägung des Öffentlichkeitsgrundsatzes mit dem Justizgewährungsanspruch im Hinblick auf Art. 6 Abs. 1 EMRK Geimer/Schütze Int. Rechtsverkehr/Peiffer VO (EG) Nr. 861/2007 Art. 5 Rn. 9.

142 Vgl. Arbeitsgruppe „Modernisierung des Zivilprozesses", Diskussionspapier, 2021, abrufbar unter https://www.justiz.bayern.de/media/images/behoerden-und-gerichte/oberlandesgerichte/nuernberg/diskussionspapier_ag_modernisierung.pdf, S. 95.

143 Voß VuR 2021, 243 (249); vgl. auch die Überlegungen zur Schaffung volldigitaler Verhandlungen im deutschen Zivilprozess bei Reuß JZ 2020, 1135 (1138 ff.); aA Arbeitsgruppe „Modernisierung des Zivilprozesses", Diskussionspapier, 2021, abrufbar unter https://www.justiz.bayern.de/media/images/behoerden-und-gerichte/oberlandesgerichte/nuernberg/diskussionspapier_ag_modernisierung.pdf, S. 48, 69.

144 Lichtenstein/Ruckteschler, Chinas erstes Digitalgericht, 29.9.2017, abrufbar unter https://www.lto.de/recht/hintergruende/h/china-gericht-justiz-online-digital-zivilverfahren-legal-tech/; McFadden, Can AI Be More Efficient Than People in the Judicial System?, 4.1.2020, abrufbar unter https://interestingengineering.com/can-ai-be-more-efficient-than-people-in-the-judicial-system.

145 Lichtenstein/Ruckteschler, Chinas erstes Digitalgericht, 29.9.2017, abrufbar unter https://www.lto.de/recht/hintergruende/h/china-gericht-justiz-online-digital-zivilverfahren-legal-tech/; Kaulartz/Braegelmann AI und Machine Learning-HdB/Rühl Kap. 14.1 Rn. 1.

146 Lichtenstein/Ruckteschler, Chinas erstes Digitalgericht, 29.9.2017, abrufbar unter https://www.lto.de/recht/hintergruende/h/china-gericht-justiz-online-digital-zivilverfahren-legal-tech/.

147 Lichtenstein/Ruckteschler, Chinas erstes Digitalgericht, 29.9.2017, abrufbar unter https://www.lto.de/recht/hintergruende/h/china-gericht-justiz-online-digital-zivilverfahren-legal-tech/.

148 Lichtenstein/Ruckteschler, Chinas erstes Digitalgericht, 29.9.2017, abrufbar unter https://www.lto.de/recht/hintergruende/h/china-gericht-justiz-online-digital-zivilverfahren-legal-tech/.

149 McFadden, Can AI Be More Efficient Than People in the Judicial System?, 4.1.2020, abrufbar unter https://interestingengineering.com/can-ai-be-more-efficient-than-people-in-the-judicial-system; Young, China Has Unveiled an AI Judge that Will ‚Help' With Court Proceedings, 19.8.2019, abrufbar unter https://interestingengineering.com/china-has-unveiled-an-ai-judge-that-will-help-with-court-proceedings.

150 Eskesen DRiZ 2018, 56 (57).

151 Eskesen DRiZ 2018, 56 (57).

ke geführt.[152] Die Klage wird sodann grundsätzlich digital zugestellt.[153] Urteile werden verkündet, indem sie in das Prozessportal eingestellt werden.[154]

In **Estland** gibt es Bestrebungen, künftig alle geringfügigen Streitigkeiten bis zu einem Streitwert von 7.000 EUR in der Eingangsinstanz ohne Mitwirkung eines Richters von einer Künstlichen Intelligenz entscheiden zu lassen.[155] Der „Roboterrichter" soll mit dem estnischen Justizportal verbunden werden, auf dem alle Bürgerinnen und Bürger Estlands schon heute Klagen einleiten und Dokumente hochladen können.[156] Die KI soll den Fall anhand von Präzedenzfällen und Erfahrungswerten auswerten und sodann eine Entscheidung treffen.[157] Gegen die Entscheidung der KI soll eine Berufung möglich sein, über die ein menschlicher Richter entscheidet.[158] In Deutschland sähe sich ein solches Modell erheblichen rechtlichen Bedenken ausgesetzt (→ *Richter* Rn. 21 ff.). 54

In **Frankreich** wurde das Informationsportal Portalis ins Leben gerufen, über das sich die Parteien eines Rechtsstreits über Gerichtsverfahren im Allgemeinen informieren und auszufüllende Dokumente herunterladen können.[159] Ziel des Projekts ist die vollständige Digitalisierung von Gerichtsverfahren. 55

In **Großbritannien** können Forderungen von unter 100.000 GBP am Small Claims Court online eingeklagt werden.[160] Daneben können Klagen aber nach wie vor auch in Papierform eingereicht werden.[161] Basierend auf dem Report von Lord Justice Briggs[162] gibt es in Großbritannien außerdem Bestrebungen, für Forderungen bis 25.000 GBP ein verpflichtendes Online-Gericht einzuführen.[163] Eine Initiative zur Einführung eines Online-Verfahrens wird zurzeit im House of Commons beraten.[164] 56

---

152 Länderarbeitsgruppe „Legal Tech: Herausforderungen für die Justiz", Abschlussbericht, 2019, abrufbar unter https://www.schleswig-holstein.de/DE/Landesregierung/II/Minister/Justizministerkonferenz/Downloads/190605_b eschluesse/TOPI_11_Abschlussbericht.pdf?__blob=publicationFile&v=1, S. 76 f.
153 Länderarbeitsgruppe „Legal Tech: Herausforderungen für die Justiz", Abschlussbericht, 2019, abrufbar unter https://www.schleswig-holstein.de/DE/Landesregierung/II/Minister/Justizministerkonferenz/Downloads/190605_b eschluesse/TOPI_11_Abschlussbericht.pdf?__blob=publicationFile&v=1, S. 77.
154 Länderarbeitsgruppe „Legal Tech: Herausforderungen für die Justiz", Abschlussbericht, 2019, abrufbar unter https://www.schleswig-holstein.de/DE/Landesregierung/II/Minister/Justizministerkonferenz/Downloads/190605_b eschluesse/TOPI_11_Abschlussbericht.pdf?__blob=publicationFile&v=1, S. 77.
155 Vgl. dazu https://www.derstandard.de/story/2000100613536/justiz-estland-will-richter-durch-kuenstliche-inte lligenz-ersetzen; Niiler, Can AI Be a Fair Judge in Court? Estonia Thinks So, 25.3.2019, abrufbar unter https://www.wired.com/story/can-ai-be-fair-judge-court-estonia-thinks-so/; Quarch/Hähnle NJOZ 2020, 1281 (1284); Kaulartz/Braegelmann AI und Machine Learning-HdB/Rühl Kap. 14.1 Rn. 1.
156 Quarch/Hähnle NJOZ 2020, 1281 (1284).
157 Vgl. dazu https://www.derstandard.de/story/2000100613536/justiz-estland-will-richter-durch-kuenstliche-intelligen z-ersetzen.
158 Niiler, Can AI Be a Fair Judge in Court? Estonia Thinks So, 25.3.2019, abrufbar unter https://www.wired.com/stor y/can-ai-be-fair-judge-court-estonia-thinks-so/; Quarch/Hähnle NJOZ 2020, 1281 (1284).
159 Vgl. dazu https://www.sia-partners.com/fr/actualites-et-publications/de-nos-experts/portalis-un-premier-cap-franch i-avec-le-lancement-du-site.
160 Vgl. dazu https://www.moneyclaims.service.gov.uk/eligibility/mcol-eligibility; https://www.gov.uk/make-mon ey-claim; vgl. auch Länderarbeitsgruppe „Legal Tech: Herausforderungen für die Justiz", Abschlussbericht, 2019, abrufbar unter https://www.schleswig-holstein.de/DE/Landesregierung/II/Minister/Justizministerkonferenz/Downl oads/190605_beschluesse/TOPI_11_Abschlussbericht.pdf?__blob=publicationFile&v=1, S. 99 f.
161 Vgl. dazu https://www.gov.uk/make-court-claim-for-money.
162 Briggs, Civil Courts Structure Review: Final Report, Juli 2016, abrufbar unter https://www.judiciary.uk/wp-content /uploads/2016/07/civil-courts-structure-review-final-report-jul-16-final-1.pdf.
163 Länderarbeitsgruppe „Legal Tech: Herausforderungen für die Justiz", Abschlussbericht, 2019, abrufbar unter https://www.schleswig-holstein.de/DE/Landesregierung/II/Minister/Justizministerkonferenz/Downloads/190605_b eschluesse/TOPI_11_Abschlussbericht.pdf?__blob=publicationFile&v=1, S. 99 f.
164 Vgl. dazu https://bills.parliament.uk/bills/1962.

VII. Online Dispute Resolution (ODR)

57 Online Dispute Resolution bezeichnet die **technologiebasierte außergerichtliche Streitbeilegung** über das Internet. Der Umfang des Technikeinsatzes ist dabei nicht festgelegt und kann von der bloßen elektronischen Einreichung einer Beschwerdeschrift bis hin zu einer vollständig technologischen Abwicklung des Verfahrens reichen.[165]

58 Wer sein Recht durchsetzen, dabei aber die Kosten und Mühen eines Gerichtsverfahrens nicht auf sich nehmen möchte, dem stehen in Deutschland verschiedene, online zugängliche **Konfliktlösungsmodelle** zur Verfügung. Große Anbieter wie eBay, Amazon oder Paypal wickeln Streitigkeiten ihrer Nutzer über online zugängliche und größtenteils automatisierte **interne Beschwerdemanagements** ab. Daneben können Verbraucher sich an **Schlichtungsstellen**[166] wenden oder eine passende **Rechtsdienstleistungsplattform**[167] einschalten. Rechtsdienstleistungsplattformen (→ *Plattformen, allgemein* Rn. 15) zeichnen sich typischerweise durch eine starke Spezialisierung auf bestimmte Fallkonstellationen und einen hohen Grad an Automatisierung aus.

59 Die Europäische Kommission stellt Verbrauchern auf der Grundlage der VO (EU) Nr. 524/2013[168] mit der **Online-Streitbeilegungs-Plattform (OS-Plattform)** ein kostenloses internetgestütztes Instrument für die Kontaktaufnahme mit Unternehmen bei Problemen im Zusammenhang mit Online-Käufen oder für die Übermittlung an alternative Streitbeilegungsverfahren zur Verfügung.[169] Die OS-Plattform beschränkt sich dabei auf die Vermittlungstätigkeit und hält sich aus der eigentlichen Streitschlichtung heraus. Lässt der Unternehmer sich auf die Kommunikation über die OS-Plattform ein, haben die Streitparteien höchstens 90 Tage Zeit, um eine einvernehmliche Lösung zu finden. Schlägt der Unternehmer eine Liste von Streitbeilegungsstellen vor, beträgt die Frist für die Vereinbarung einer Streitbeilegungsstelle 30 Tage. Nach Ablauf der Frist wird der Fall auf der OS-Plattform ohne Rücksicht darauf abgeschlossen, ob eine Einigung zustande gekommen ist.

60 In den Niederlanden steht den Bürgerinnen und Bürgern die Online-Streitbeilegungsplattform **Rechtwijzer** zur Verfügung.[170] Das Angebot umfasst u.a. Scheidungen und Streitigkeiten aus einem Konsumenten-, Miet- oder Nachbarschaftsverhältnis. Über die Plattform kann man sich über die Erfolgsaussichten seines Anliegens informieren und zusammen mit der Gegenseite eine Lösung erarbeiten, die von einem juristischen Experten auf ihre Stimmigkeit überprüft wird. Es besteht aber auch jederzeit die Möglichkeit, eine Mediation oder ein Schiedsverfahren anzufragen.[171]

61 Im außereuropäischen Ausland ist man bereits weiter. Der als Expertensystem ausgestaltete Solution Explorer des kanadischen **Civil Resolution Tribunal (CRT)** führt die Antragsteller durch ein im Internet aufrufbares Abfragesystem.[172] Anhand der Antworten klassifiziert das System den Gegenstand des Rechtsstreits und stellt den Antragstellern Rechtsinformationen und die passenden vorformulierten Dokumente zur eigenständigen Beilegung des Rechtsstreits zur Verfügung.[173] Nachdem der Antragsgegner auf den Streitfall reagiert hat, können die Konfliktparteien in Verhandlungen treten. Führen die Verhandlungen

---

165 Weimann/Nagel NJ 2012, 413 (415).
166 Die Liste der Verbraucherschlichtungsstellen ist abrufbar unter https://www.bundesjustizamt.de/DE/Themen/Buergerdienste/Verbraucherstreitbeilegung/Verbraucherschlichtungsstellen/Uebersicht_node.html.
167 Zum Beispiel https://www.flightright.de/ bei Fluggastentschädigungen, https://www.myright.de/ bei Fällen im Zusammenhang mit dem sog. Abgasskandal oder https://www.wenigermiete.de/ bei Ansprüchen aus Mietvertragsverhältnissen.
168 Verordnung über Online-Streitbeilegung in Verbraucherangelegenheiten (ABl. 2013 L 165 S. 1).
169 Vgl. dazu https://ec.europa.eu/consumers/odr/main/?event=main.home.howitworks.
170 Vgl. dazu https://rechtwijzer.nl/.
171 LexisNexis Whitepaper Digitalisierung der Rechtsbranche Teil II, 2017, abrufbar unter https://www.lexisnexis.at/vie/pdf/LexisNexis-Whitepaper-Digitalisierung-Rechtsbranche-Teil 2.pdf, S. 5 f.
172 Vgl. dazu https://civilresolutionbc.ca/how-the-crt-works/getting-started/; s. auch Voß VuR 2021, 243 (244 f.).
173 Vgl. dazu https://civilresolutionbc.ca/how-the-crt-works/#1-get-started-and-apply.

nicht zum Erfolg, schaltet sich ein Fallmanager ein, um den Parteien dabei zu helfen, eine Einigung zu erzielen. Scheitert auch dies, trifft ein unabhängiges Mitglied des CRT eine verbindliche Entscheidung.

Die **deutsche Justiz** bietet bislang keine Online-Plattform zur Förderung der vorgerichtlichen Streitbeilegung an. Dabei bietet § 15a EGZPO den Ländern sogar die Möglichkeit, u.a. für vermögensrechtliche Streitigkeiten bis zu einem Streitwert von 750 EUR zu bestimmen, dass einer Klage zwingend der Versuch einer Schlichtung vorauszugehen hat, die auch über eine Online-Plattform erfolgen könnte. Hiervon losgelöst böte die Einrichtung eines von der Justiz betriebenen vorgerichtlichen Online-Streitbeilegungsverfahrens die Gelegenheit, Daten über Eingabemasken bereits in strukturierter Form zu erfassen. Diese könnten in einem späteren Online-Verfahren (→ Rn. 44 ff.) sogleich elektronisch weiterverarbeitet werden. Die Arbeitsgruppe „Modernisierung des Zivilprozesses" zeigt sich zwar offen für die Vorschaltung eines freiwilligen Streitschlichtungsverfahrens vor das Beschleunigte Online-Verfahren.[174] Einer verpflichtenden Durchführung stünden nach ihrer Einschätzung aber zu erwartende Verfahrensverzögerungen im Weg, die das Online-Verfahren insgesamt unattraktiv gestalten könnten.[175]

62

---

[174] Arbeitsgruppe „Modernisierung des Zivilprozesses", Diskussionspapier, 2021, abrufbar unter https://www.justiz.bayern.de/media/images/behoerden-und-gerichte/oberlandesgerichte/nuernberg/diskussionspapier_ag_modernisierung.pdf, S. 88 f.
[175] So Arbeitsgruppe „Modernisierung des Zivilprozesses", Diskussionspapier, 2021, abrufbar unter https://www.justiz.bayern.de/media/images/behoerden-und-gerichte/oberlandesgerichte/nuernberg/diskussionspapier_ag_modernisierung.pdf, S. 89; **aA** Voß VuR 2021, 243 (246 f.).

30. Entscheidungsfindung, automatisierte

Nink

I. Einführung	1
1. Überblick	1
2. Abgrenzung	4
II. Im Einzelnen – Hintergründe, Chancen, Risiken	6
1. Begriffe	7
a) Entscheidung	7
b) Automatisierung	8
c) Automatisierte Entscheidung	9
2. Technische Möglichkeiten und Einordnung	12
a) Motivation, Ursachen und Ziele der Entscheidungsautomatisierung	12
b) Möglichkeiten der technischen Herangehensweise der Entscheidungsautomatisierung	15
c) Beispiel: regelbasiertes Expertensystem als Legal Tech-Anwendung zur Entscheidungsautomatisierung	21
d) Beispiel: Fuzzy-Logik	22
3. ADM und Rechtswesen	27
a) Beispiel: Finanzverwaltung	27
b) Gesetzgeberische Wertung im Verwaltungsrecht	28
c) ADM in der Rechtsberatung	30
d) Beispiel einer automatisierten Entscheidungsfindung durch Private mit rechtlichen Wirkungen – NetzDG	31
4. Risiken der automatisierten Entscheidungsfindung im Recht	32
a) Menschliche versus automatisierte Entscheidungsfindung?	32
b) Korrelation und Kausalität	33
c) Diskriminierungen, Fehler, Unfairness	34
d) Intransparenz	39
e) Automation Bias	40
5. Grenzen und Hürden der Entscheidungsautomatisierung	41
a) Individualgerechtigkeit, Ermessen, Wertungen	42
b) Sprache	45
c) Begründung	46
6. Rechtliche Leitlinien – Art. 22 DS-GVO	47
a) Überblick und Zweck	47
b) Recht der betroffenen Person als grundsätzliches Verbot (Abs. 1)	49
aa) Verbot	49
bb) Entscheidung	51
cc) Vollständig automatisiert („ausschließlich auf einer automatisierten Verarbeitung – einschließlich Profiling – beruhend")	52
dd) Unterworfen	53
ee) Rechtliche Wirkung oder erhebliche Beeinträchtigung in ähnlicher Weise	54
c) Umfassende Ausnahmen (Abs. 2, 3)	55
aa) Abs. 2 lit. a: Vertragsverhältnisse	56
bb) Abs. 2 lit. b: Öffnungsklausel für Regelungsspielraum der Mitgliedstaaten	57
cc) Abs. 2 lit. c: ausdrückliche Einwilligung	60
d) Angemessene Sicherungsmaßnahmen	61
e) Besonders sensible Daten (Abs. 4)	64
f) Profiling	66
g) Informationspflicht (Transparenz)	70
7. Art. 11 RL (EU) 2016/680 und Predictive Policing	71
III. Fazit und Ausblick	73

Literatur: *Adrian*, Der Richterautomat ist möglich – Semantik ist nur eine Illusion, Rechtstheorie 48 (2017), 77; *Ballhausen*, IT-Einsatz in der Justiz, 2012; *Borges/Grabmair/Krupkal/Schäfer/Schweighofer/Sorge/Waltl*, Technische und rechtliche Betrachtungen algorithmischer Entscheidungsverfahren. Gutachten der Fachgruppe Rechtsinformatik der Gesellschaft für Informatik e.V. im Auftrag des Sachverständigenrats für Verbraucherfragen, 2018, abrufbar unter https://www.svr-verbraucherfragen.de/wp-content/uploads/GI_Studie_Algorithmenregulierung.pdf (zit.: Borges/Grabmair et al. Algorithmische Entscheidungsverfahren); *Bühler*, Einführung in die Logik, 3. Aufl. 2000; *Coupette/Fleckner*, Quantitative Rechtswissenschaft, Sammlung, Analyse und Kommunikation juristischer Daten, JZ 2018, 379; *Dreyer/Schmees*, Künstliche Intelligenz als Richter?, Wo keine Trainingsdaten, da kein Richter – Hindernisse, Risiken und Chancen der Automatisierung gerichtlicher Entscheidungen, CR 2019, 758; *Edwards/Veale*, Slave to the algorithm?, Why a ‚right to explanation' is probably not the remedy you are looking for, Duke Law & Technology Review 16 (2017), 18; *Enders*, Einsatz künstlicher Intelligenz bei juristischer Entscheidungsfindung, JA 2018, 721; *Giannoulis*, Studien zur Strafzumessung, 2014; *Gillenkirch/Winter*, Stichwort: Entscheidung, in Gabler Wirtschaftslexikon, 2019, abrufbar unter https://wirtschaftslexikon.gabler.de/definition/entscheidung-36360/version-259815; *Goddard/Roudsari/Wyatt*, Automation bias: a systematic review of frequency, effect mediators, and mitigators, Journal of the American Medical Informatics Association 19 (2012), 121; *Graevenitz*, „Zwei mal Zwei ist Grün" – Mensch und KI im Vergleich, ZRP 2018, 238; *Greco*, Richterliche Macht ohne richterliche Verantwortung: Warum es den Roboter-Richter nicht geben darf, RW 1/2020, 29; *Hähnchen/Schrader/Weiler/Wischmeyer*, Legal Tech. Der Mensch als Auslaufmodell?, JuS 2020, 625; *Herold*, Algorithmisierung durch ML, in Taeger (Hrsg.), Rechtsfragen digitaler Transformationen, 2018, S. 453 (zit.: Taeger Rechtsfragen digitaler Transformationen/Herold); *Heßler*, Automation/Automatisierung, in Liggieri/Müller (Hrsg.), Mensch-Maschine-Interaktion, 2019, S. 235 (zit.: Liggieri/Müller Mensch-Maschine-Interaktion/Heßler); *Hoffmann-Riem*, Modernisierung von Recht und Justiz, 2001; *Hörnle*, Vorüberlegungen zu DSS in der Strafzumessung, in Schünemann/Tinnefeld/Wittmann (Hrsg.), Gerechtigkeitswissenschaft, 2005, S. 393 (zit.: Schünemann/Tinnefeld/Wittmann Gerechtigkeitswissenschaft/Hörnle); *Jandach*, Juristische Expertensysteme, 1993;

Kalscheuer/Hornung, Das Netzwerkdurchsetzungsgesetz – Ein verfassungswidriger Schnellschuss, NVwZ 2017, 1721; *Kilian*, Juristische Expertensysteme, in Nickel/Roßnagel/Schlink (Hrsg.), Freiheit und Macht, 1994, S. 201 (zit.: Nickel/Roßnagel/Schlink Freiheit und Macht/Kilian); *Kilian*, Juristische Entscheidung und elektronische Datenverarbeitung, 1974; *Kilian*, Idee und Wirklichkeit der Rechtsinformatik in Deutschland, CR 2017, 202; *Kosko*, Fuzzy-logisch, 1995; *Kriesel*, Zukunfts-Modelle für Informatik, Automatik und Kommunikation, in Fuchs-Kittowski/Kriesel (Hrsg.), Informatik und Gesellschaft. Festschrift Fuchs-Kittowski, 2016, S. 415; *Krimphove*, Der Einsatz von Fuzzy-Logik in der Rechtswissenschaft, Rechtstheorie 30 (1999), 540; *Küppers*, Eine transdisziplinäre Einführung in die Welt der Kybernetik, 2019; *Lackes/Siepermann*, Stichwort „regelbasiertes System", in Gabler Wirtschaftslexikon, 2019, abrufbar unter https://wirtschaftslexikon.gabler.de/definition/regelbasiertes-system-46304; *LeCun/Bengio/Hinton*, Deep learning, Nature 521 (2015), 436; *Luhmann*, Recht und Automation in der öffentlichen Verwaltung, 1966; *Martini*, Blackbox Algorithmus, 2019; *Martini/Botta*, Undurchsichtige Datentransfers – gläserne Studierende, VerwArch 2019, 235; *Martini/Nink*, Mit der algorithmischen Kristallkugel auf Tätersuche?, in Bertelsmann Stiftung (Hrsg.), Automatisch erlaubt? Fünf Anwendungsfälle algorithmischer Systeme auf dem juristischen Prüfstand, 2020, abrufbar unter https://www.bertelsmann-stiftung.de/de/publikationen/publikation/did/automatisch-erlaubt, S. 32; *Martini/Nink*, Strafjustiz ex machina?, in Bertelsmann Stiftung (Hrsg.), Automatisch erlaubt? Fünf Anwendungsfälle algorithmischer Systeme auf dem juristischen Prüfstand, 2020, abrufbar unter https://www.bertelsmann-stiftung.de/de/publikationen/publikation/did/automatisch-erlaubt, S. 44; *Matthes*, Stehen regelbasierte Expertensysteme vor einer Renaissance im Bereich Legal Tech?, Rethinking Law 2/2019, 28; *Murphy*, Machine Learning: A Probabilistic Perspective, 2012; *Nesseldreher*, Entscheiden im Informationszeitalter, 2006; *Off/Kühn et al.*, E-Gesetzgebung, in Rätz/Breidung/Lück-Schneider et al. (Hrsg.), Digitale Transformation, 2016, S. 35 (zit.: Rätz/Breidung/Lück-Schneider et al. Digitale Transformation/Off/Kühn); *Philipps*, Gerechte Entscheidungen gemäß einer Mehrzahl von Kriterien oder: Wer bekommt den Porsche? Eine Anwendung von Ronald R. Yagers Fuzzy-Logic-Methode, JurPC 1995, 3256; *Philipps*, Ein bißchen Fuzzy Logic für Juristen, in Tinnefeld/Philipps/Weis (Hrsg.), Institutionen und Einzelne im Zeitalter der Informationstechnik, 1994, S. 219 (zit.: Tinnefeld/Philipps/Weis Zeitalter der Informationstechnik/Philipps); *Philipps*, Unbestimmte Rechtsbegriffe und Fuzzy Logic, in Haft/Hassemer/Neumann et al. (Hrsg.), Strafgerechtigkeit, 1993, S. 265 (zit.: Haft/Hassemer/Neumann et al. Strafgerechtigkeit/Philipps); *Pillkahn*, Innovationen zwischen Planung und Zufall, 2012; *Pitschas*, Verwaltung und Verwaltungsgerichtsbarkeit im staatlichen Modernisierungsprozeß, in Blümel/Pitschas (Hrsg.), Verwaltungsverfahren und Verwaltungsprozeß im Wandel der Staatsfunktionen, 1997, S. 27 (zit.: Blümel/Pitschas Verwaltungsverfahren und Verwaltungsprozeß/Pitschas); *Prell*, Automatisierter Erlass von Verwaltungsakten und Bekanntgabe durch Abruf über Internetportale, apf 2017, 237; *Simitis*, Automation in der Rechtsordnung – Möglichkeiten und Grenzen, 1967; *Skitka/Mosier/Burdick*, Accountability and automation bias, International Journal of Human-Computer Studies 52 (2000), 701; *Skitka/Mosier/Burdick*, Does automation bias decision-making?, International Journal of Human-Computer Studies 51 (1999), 991; *Tversky/Kahneman*, Judgment under Uncertainty: Heuristics and Biases, Science 185 (1974), 1124; *Wachter/Mittelstadt/Russell*, Counterfactual Explanations without Opening the Black Box: Automated Decisions and the GDPR, Harvard Journal of Law and Technology 31 (2018), 841; *Wischmeyer*, Regulierung intelligenter Systeme, AöR 143 (2018), 1; *Zeidler*, Über die Technisierung der Verwaltung, 1959; *Wolff*, Algorithmen als Richter, 2022; *Zeiler/Fergus*, Visualizing and Understanding Convolutional Networks, arXiv:1311.2901, 2013, abrufbar unter https://arxiv.org/pdf/1311.2901.pdf; *Zweig*, Algorithmische Entscheidungen: Transparenz und Kontrolle, Januar 2019, abrufbar unter https://www.kas.de/de/analysen-und-argumente/detail/-/content/algorithmische-entscheidungen-transparenz-und-kontrolle; *Zweig*, Wo Maschinen irren können, 2018, abrufbar unter https://www.bertelsmann-stiftung.de/fileadmin/files/BSt/Publikationen/GrauePublikationen/WoMaschinenIrrenKoennen.pdf; *Zweig*, AlgorithmWatch, 2. Arbeitspapier: Überprüfbarkeit von Algorithmen, 7.6.2016, abrufbar unter https://algorithmwatch.org/de/zweites-arbeitspapier-ueberpruefbarkeit-algorithmen/.

I. Einführung

1. Überblick

Während Publikationen zum Thema Legal Tech sich in den letzten Jahren mehrten, war die (juristische) Entscheidungsfindung dabei vergleichsweise selten Gegenstand vertiefter Erörterung. Das liegt vor allem daran, dass die bislang eingesetzten Legal Tech-Anwendungen in der Regel nicht selbst (automatisiert oder autonom) eine juristische Entscheidung treffen, sondern den Anwender in seiner juristischen und nicht-juristischen Arbeit unterstützen sollen. Im Einzelfall kann die **Grenze zwischen Vorbereitung und Treffen einer Entscheidung fließend** sein (→ Rn. 7, 10): Berechnet ein Tool bspw. einen Score und trifft der Anwender auf Basis dieses Scores eine Entscheidung – liegt auch dann noch lediglich eine

Entscheidungsvorbereitung oder -unterstützung vor, wenn der Anwender die Berechnung des Scores nicht prüft oder wenn er bei diesem bestimmten Score gar keinen Entscheidungsspielraum hat, weil nur eine Entscheidung in Betracht kommt?

2   Automatisierte Entscheidungsfindung ist jedenfalls längst ein **Alltagsphänomen**. Von Kaufempfehlungen auf Online Shopping-Plattformen oder Medienempfehlungen bei Streamingdiensten über Straßenverkehrssteuerung bis hin zu Bonitätsprüfungen bei Kreditvergabe oder Vorprüfungen von Bewerbungen im Einstellungsverfahren – vielfach treffen nicht Menschen Entscheidungen, sondern informationstechnische Systeme auf Basis von Algorithmen (vgl. zum Algorithmusbegriff → *Algorithmus* Rn. 3 f.). Aus rechtlicher Sicht bedarf vor allem die Frage der Zulässigkeit einer genauen Betrachtung.

3   Die heutige Ubiquität automatisierter Entscheidungsprozesse gründet vor allem auf der **Leistungsfähigkeit** und vielfältigen Anwendbarkeit informationstechnischer Systeme. Aufgrund stetig weiterentwickelter Hardware und Software sowie stetig wachsender Datenmengen und -qualität waren in den letzten Jahrzehnten signifikante Entwicklungssprünge zu beobachten. Als **technisch-historischer Vorläufer vieler der heute eingesetzten Systeme** gilt gemeinhin die Kybernetik, die sich mit der Informationsverarbeitung in dynamischen Systemen, insbes. Maschinen, und mit deren Regelung und Steuerung befasst.[1] Die Bestrebung, Menschen von (Routine-)Arbeit zu entlasten und die Effektivität menschlichen Tuns zu erhöhen,[2] ist allerdings weitaus älter, findet sich der Begriff „autómatos" doch bereits im antiken Griechenland (→ Rn. 8). Auch die Diskussion um die Automatisierung juristischer Entscheidungen ist nicht neu, sondern nahm insbes. in den 1950er Jahren Fahrt auf, aus rechtswissenschaftlicher und soziologischer Sicht vor allem mit Blick auf die öffentliche Verwaltung.[3]

2. Abgrenzung

4   Im Legal Tech-Kontext ist die automatisierte Entscheidungsfindung bereits begrifflich eng verwoben mit den Fragen nach → *Automatisierung und Autonomie* Rn. 3 f. Hier stehen aber nicht der Prozess des Automatisierens und auch nicht die technischen Möglichkeiten konkreter Legal Tech-Anwendungen im Fokus, sondern die rechtlichen Aspekte der Entscheidungsfindung selbst (→ *Expertensystem, juristisches* Rn. 29 ff.). Das Arbeitsergebnis eines (juristischen oder sonstigen) Expertensystems ist in der Regel ein Entscheidungsvorschlag oder ein Darstellen von Entscheidungsalternativen, aber noch keine Entscheidung (jedenfalls zumeist keine mit konkreter Regelungswirkung, dazu → Rn. 51 f., 54). Expertensysteme finden somit vielfach Einsatz als Entscheidungsunterstützungssysteme (Decision Support Systems). Fragen der Transparenz (dazu im Einzelnen → *Transparenz und Erklärbarkeit* Rn. 14 ff., 21 ff.) gelangen insbes. bei der Unterscheidung zwischen rein regelbasierten und datenbasierten automatisierten Entscheidungsverfahren in den Fokus (→ Rn. 15 ff.).

5   Während eine vollständige Automatisierung gerichtlicher Verfahren vor allem aus (verfassungs-) rechtlichen Gründen keine sinnvolle Zielvorstellung sein kann,[4] kann sich auch die Justiz anlässlich steigender technischer Möglichkeiten – etwa im Zuge von Diskussionen um Personalmangel und menschliche Rationalitätsschwächen – dem Thema Legal Tech nicht verschließen (zu Begriff und Berufsbild des „Richters" → *Richter* Rn. 1 ff.). Dabei geht es insbes. um konkrete Einsatzmöglichkeiten von Legal Tech und Fra-

---

1 Dazu etwa Küppers, Eine transdisziplinäre Einführung in die Welt der Kybernetik, 2019, S. 7 ff.; Begründer der Kybernetik war der Mathematiker und Philosoph Norbert Wiener mit seinem Werk Cybernetics or Control and Communication in the Animal and the Machine (1948).
2 Vgl. den „Kategorischen Imperativ der Automation" bei Kriesel FS Fuchs-Kittowski, 2016, S. 415 (427 f.).
3 Vgl. etwa Luhmann, Recht und Automation in der öffentlichen Verwaltung, 1966 (Luhmann gilt als einer der Begründer der soziologischen Systemtheorie); Simitis, Automation in der Rechtsordnung – Möglichkeiten und Grenzen, 1967; Kilian, Juristische Expertensysteme und elektronische Datenverarbeitung, 1974, S. 4; basierend auf der frühen Hochphase der Rechtsinformatik etwa Fiedler JZ 1966, 689; Zeidler, Über die Technisierung der Verwaltung, 1959; in der Folge dann u.a. Jandach, Juristische Expertensysteme, 1993; Kilian, Juristische Entscheidung und elektronische Datenverarbeitung, 1974. Vgl. dazu zusammenfassend Nink Justiz und Algorithmen S. 139 f.
4 Ballhausen, IT-Einsatz in der Justiz, 2012, S. 42 ff.; Greco RW 1/2020, 29 (46 ff.); Nink Justiz und Algorithmen S. 260 ff.; ähnlich auch Enders JA 2018, 721 (723 ff.).

gen der elektronischen Aktenführung (dazu → *E-Justice* Rn. 1 ff.). Zur Subsumtion als einem zentralen Bestandteil speziell des juristischen Entscheidungsprozesses → *Subsumtion* Rn. 4 ff.

II. Im Einzelnen – Hintergründe, Chancen, Risiken

Der rechtlichen Einordnung automatisierter Entscheidungsfindung (→ Rn. 47 ff.) soll zunächst eine Annäherung an die Begriffe (→ Rn. 7 ff.) und eine Skizze der technischen Möglichkeiten (→ Rn. 12 ff.) sowie potentieller Risiken (→ Rn. 32 ff.) vorangehen.

1. Begriffe

a) Entscheidung

„Entscheiden" bedeutet, eine **Auswahl aus mindestens zwei vorhandenen potenziellen (insbes. Handlungs-)Alternativen** zu treffen, wobei die Auswahl nicht zufällig, sondern im Einklang mit zuvor gesetzten oder übergeordneten Zielen erfolgt.[5] Dazu müssen die Alternativen erkannt, Informationen gesammelt und gewichtet und anschließend die Wahlmöglichkeiten anhand des zu erwartenden Nutzens bewertet werden. Neben dieser groben Begriffsfassung lässt sich die Entscheidungsfindung in Phasen einteilen,[6] die sich allerdings überlappen: eine Orientierungsphase, in der das Problem und die Ziele definiert werden; eine Suchphase zur Feststellung der Alternativen; eine Bewertungsphase, in der die Alterativen bewertet werden, insbes. hinsichtlich ihrer Konsequenzen; und schließlich die Auswahlphase, in der eine der zuvor erarbeiteten bzw. festgestellten Alternativen gewählt wird. Nachgelagert, aber dennoch zum erweiterten Prozess der Entscheidungsfindung können gezählt werden die Umsetzungsphase sowie die Evaluationsphase, in der die getroffene Entscheidung rückgekoppelt und ihrerseits bewertet wird. Im juristischen Kontext lässt sich dies in folgende **Phasen** übersetzen:[7] Ermittlung bzw. Feststellung des Sachverhalts, Finden der maßgeblichen anwendbaren Rechtsnorm, Konkretisierung des Sachverhalts im Hinblick auf den Normgehalt als Subsumtion des Sachverhalts unter die Rechtsnorm (dazu → *Subsumtion* Rn. 1 f., 4, 11),[8] Bewertungen, Schlussfolgerungen.

b) Automatisierung

Der Begriff „Automatisierung" hat griechischsprachige Wurzeln („autómatos") in der Bedeutung von „sich selbst bewegend" oder „selbst etwas wollend, beabsichtigend"; das Lateinische kennt das entlehnte „automatus" in der Bedeutung „aus eigenem Antrieb handelnd; freiwillig" und das substantivierte neutrale „automatum" als „Maschine, die sich selbst bewegt".[9] Die Begriffe „Automation" und „Automatisierung" werden meist synonym verwandt, teilweise meint „Automatisierung" aber auch den Prozess, während „Automation" dessen Abschluss beschreibt.[10]

c) Automatisierte Entscheidung

Die Automatisierung von Entscheidungen ist ein Unterfall der Automatisierung von Tätigkeiten. Eine automatisierte Entscheidung ist eine Entscheidung, die ein **informationstechnisches Systeme auf Grundlage von Algorithmen** trifft. Daher wird, zumeist synonym, auch von „algorithmic decision-making" gesprochen. Aufgrund der englischen Begriffe – **„algorithmic/automated decision-making"** – taucht auch in der deutschsprachigen Fachliteratur vermehrt die Abkürzung **„ADM"** oder **„ADM-Systeme"** auf. ADM-Systeme sind solche, die Menschen oder Situationen bewerten oder eine Prognose über die

---

5 Vgl. Gillenkirch/Winter, Stichwort: Entscheidung, in Gabler Wirtschaftslexikon, 2019, abrufbar unter https://wirtschaftslexikon.gabler.de/definition/entscheidung-36360/version-259815: „Willensbildung plus Entschluss".
6 Vgl. Nesseldreher, Entscheiden im Informationszeitalter, 2006, S. 11 ff.
7 Nickel/Roßnagel/Schlink Freiheit und Macht/Kilian S. 201 (205).
8 Vgl. dazu auch Nink Justiz und Algorithmen S. 38 f.
9 Pfeifer et al., Etymologisches Wörterbuch des Deutschen, 1993, abrufbar unter https://www.dwds.de/wb/etymwb/Automatisierung, Stichwort: Automatisierung.
10 Vgl. nur Liggieri/Müller Mensch-Maschine-Interaktion/Heßler S. 235 (235 f.).

Wahrscheinlichkeit des Eintritts eines Ereignisses abgeben, und sodann auf Grundlage der Bewertung oder Prognose mithilfe von Algorithmen und/oder erkannten Mustern eine Entscheidung treffen.

10 Rein technisch betrachtet handelt es sich um Maschinen oder Software, die **auf Basis von (Input-)Daten eine Zahl berechnen**, wobei es zwei Arten an Resultaten gibt: Klassifizierung (zB Einstufung in eine Kategorie) und Scoring (insbes. Risikobewertungen, bei denen das Ergebnis eine Wahrscheinlichkeit für ein bestimmtes Verhalten oder Ereignis darstellt). Ein vielzitiertes und praxisrelevantes Beispiel für ein ADM-System ist das Kreditscoring (vgl. Erwgr. 71 DS-GVO[11]), bei dem das System auf der Grundlage von Alter, Geschlecht sowie Jahreseinkommen (und evtl. weiteren Merkmalen) eine Bonitätsprüfung vornimmt und sodann über die Kreditvergabe oder die Konditionen (etwa Zinsen) entscheidet oder diese Entscheidung für einen menschlichen Sachbearbeiter vorbereitet (zur diesbezüglichen Abgrenzung auch → Rn. 51 f.). Als weiteren exemplarischen Anwendungsfall nennt etwa Erwgr. 71 UAbs. 1 S. 1 DS-GVO „Online-Einstellungsverfahren ohne jegliches menschliche Eingreifen".

11 Die Begriffe „**automatisiert**", „**vollständig automatisiert**" und „**ausschließlich automationsgestützt**" finden in Rechtsnormen und Literatur zumeist kongruente Anwendung. § 35a VwVfG etwa erfasst den „vollständig durch automatische Einrichtungen erlassen[en]" Verwaltungsakt, § 155 Abs. 4 AO benennt den „ausschließlich automationsgestützt" erlassenen Steuerverwaltungsakt. Dahinter stehen jeweils technische Einrichtungen, in der Regel EDV-Anlagen, die nach (zumindest grob) zuvor festgelegten Parametern automatisch, also ohne entscheidungserhebliches menschliches Einwirken bzw. Dazwischentreten vorgehen.[12] Interessant in diesem Zusammenhang ist auch die DIN-Definition der Automatisierung: „das Ausrüsten einer Einrichtung, so dass sie ganz oder teilweise ohne Mitwirkung des Menschen bestimmungsgemäß arbeitet."[13] Sowohl in der technischen Herangehensweise wie auch in der rechtlichen Einordnung ist es im Ergebnis sinnvoll, insbes. den Grad der menschlichen Mitwirkung zu berücksichtigen (dazu etwa unten → Rn. 21, 52, 66). Beim Decision Support System, teilweise auch „Assistenzsystem", verbleiben Interpretation, Bewertung und Beurteilung der Informationen ebenso wie die Entscheidung in der Sache beim (menschlichen) Anwender.

2. Technische Möglichkeiten und Einordnung

a) Motivation, Ursachen und Ziele der Entscheidungsautomatisierung

12 Mit der steigenden Leistungsfähigkeit informationstechnischer Systeme erhöhen sich auch die Anwendungsfälle und Einsatzbereiche für automatisierte Entscheidungsverfahren. Sei es in Wirtschaft und Industrie, in Verwaltung und Rechtspflege oder aber im privaten Lebensumfeld: Die Motivation und die Ziele, die hinter der Automatisierung von Entscheidungen stehen, sind meist gleich oder jedenfalls ähnlich. Es geht darum, die **Effizienz** von Prozessen oder Vorgängen **zu steigern, Kosten zu senken, Geschwindigkeiten zu erhöhen** und dem Menschen **(repetitive) Arbeit abzunehmen** sowie personelle und andere **Ressourcen möglichst bedarfsgerecht und zielgerichtet** einzusetzen. Eine mögliche Steigerung der Kosten- und Zeiteffizienz von Entscheidungsprozessen liegt vor allem dort auf der Hand, wo Entscheidungen auf einer Bewertung oder Einbeziehung großer Datenmengen und klar abgegrenzten Entscheidungskriterien beruhen.

13 **Legal Tech-Anwendungen** können bislang insbes. bereits die Büroverwaltung erleichtern, Termine koordinieren, Textabschnitte in juristischen Dokumenten wie Urteilen oder Schriftsätzen finden, Verträge nach sich wiederholenden Elementen durchsuchen oder Ansprüche prüfen und teilweise durchsetzen.

---

11 Verordnung (EU) 2016/679 des Europäischen Parlaments und des Rates v. 27.4.2016 zum Schutz natürlicher Personen bei der Verarbeitung personenbezogener Daten, zum freien Datenverkehr und zur Aufhebung der Richtlinie 95/46/EG (Datenschutz-Grundverordnung) (ABl. L 119, 1).
12 Prell apf 2017, 237 (239); vgl. auch Nink Justiz und Algorithmen S. 150 f.
13 Deutsches Institut für Normung e. V., DIN V 19233: Leittechnik – Prozessautomatisierung – Automatisierung mit Prozessrechensystemen, Begriffe, 1998.

In der jüngeren rechtswissenschaftlichen Literatur wird zudem betont, dass (teil-)automatisierte Entscheidungsverfahren die Entscheidungen idealiter **objektivieren und rationalisieren** können[14] – etwa indem typisch menschliche Denkfehler und andere **Rationalitätsschwächen** erkannt und ausgeglichen werden. Anders als Menschen mit ihren individuellen Grundeinstellungen sind ADM-Systeme weniger „anfällig" dafür, gleich gelagerte Fälle unterschiedlich zu entscheiden, denn sie agieren zielorientiert, frei von Stimmungsschwankungen oder Emotionen und sind dadurch in gewisser Hinsicht grundsätzlich wertneutral. Ihre Funktionsweise basiert allerdings auf Hypothesen über zukünftige Entwicklungen und vermutete Wirklichkeitszusammenhänge, was wiederum andere Risiken mit sich bringt (→ Rn. 33 ff.).[15]

b) Möglichkeiten der technischen Herangehensweise der Entscheidungsautomatisierung

Im Legal Tech-Umfeld liegt der Fokus der Betrachtung auf juristischen Entscheidungen.[16] Für deren maschinelle Abbildung sind **grundsätzlich zwei Wege denkbar**:[17] Entweder müssten „das Recht" und die Methoden seiner Anwendung der Vorgehensweise einer trivialen, rein logikbasierten Maschine angepasst werden, oder aber die Maschine imitiert die Entscheidungsvorgänge eines menschlichen Rechtsanwenders bzw. Entscheiders und bildet sie nach – wenngleich diese Vorgänge für den Entwickler selbst nicht vollständig erklärbar oder vorhersehbar sind.

Der erste Weg hieße, das Recht und seine Anwendungsmethoden so zu vereinfachen, dass sich eine **Rechtsfolge immer vollständig schematisiert** aus den vorgegebenen Voraussetzungen ergibt. Das kodifizierte Recht müsste dabei alle denkbaren Lebenssachverhalte hinreichend detailliert standardisieren und zur **Darstellung in Konditionalsätzen** („Wenn, dann"-Struktur) aufbereiten.[18] Der Versuch einer alles Denkbare umfassenden Kodifikation ist aber u.a. bereits beim Allgemeinen Landrecht für die Preußischen Staaten (PrALR) gescheitert, weil er auf Pauschalisierungen und Vereinfachungen angewiesen ist, die die Entscheidungsqualität wiederum verringern. Zudem besteht die Gefahr, dass die erstellten Module nicht ausreichend robust gegenüber neuen Kombinationen, also Sachverhaltskonstellationen, sind.[19]

In der zweiten Möglichkeit **bilden lernende Systeme** (Künstliche Intelligenz) die **Herangehensweise menschlicher Entscheider nach**, womit eine möglichst objektive und rationale Entscheidungsfindung erreicht werden soll.[20] Software könnte dazu Strukturen (Zeichenfolgen) in bisherigen Urteilen zu jeweils vergleichbaren Sachverhalten analysieren und Aussagen der einschlägigen Kommentarliteratur auswerten.[21] Wie allerdings die Sachverhalte erfasst, auf welche juristischen (Erkenntnis-)Quellen zugegriffen wird, wie der Lernprozess ausgestaltet ist und nach welchen Kriterien einzelne Aspekte gewichtet werden, liegt grundsätzlich nach wie vor in menschlicher Hand.

In der technischen Herangehensweise lässt sich vor diesem Hintergrund somit zwischen **rein regelbasierten Systemen** und datenbasierten Systemen differenzieren. Erstere folgen klaren administrativen Vorgaben und einer **ex ante grundsätzlich bis ins Detail nachvollziehbaren Entscheidungslogik**, wenngleich die Transparenz iS einer tatsächlichen Verstehbarkeit aufgrund der möglichen Komplexität nicht zwingend gegeben sein muss und auch der einzelne Anwender des Systems nicht den exakten technischen Ablauf versteht. Regelbasierte (Experten-)Systeme operieren mit einer Regelbasis und einem Inferenzmechanis-

---

14 Ausführlich Nink Justiz und Algorithmen S. 45 ff., insbes. S. 53 ff., sowie S. 139 ff.; vgl. jüngst auch Breidenbach/Glatz Legal Tech-HdB/Krimphove/Niehaus S. 357, Rn. 4: „inhaltlich objektivieren und damit nachprüfbar gestalten".
15 Nink Justiz und Algorithmen S. 167 ff.
16 Vgl. zum Folgenden Nink Justiz und Algorithmen S. 240 f.
17 Graevenitz ZRP 2018, 238 (239 f.); dazu auch Ebers/Heinze/Krügel/Steinrötter KI/Nejdl/Niederée S. 63 ff.
18 Adrian Rechtstheorie 48 (2017), 77 (86 f.); Graevenitz ZRP 2018, 238 (239 f.). Vgl. auch BT-Drs. 18/8434, 120 (mit Blick auf Verwaltungsentscheidungen).
19 Breidenbach/Glatz Legal Tech-HdB/Krimphove/Niehaus S. 363 Rn. 23.
20 Vgl. Graevenitz ZRP 2018, 238 (240) mwN.
21 Vgl. Fries NJW 2016, 2860 (2862 f.); Nink Justiz und Algorithmen S. 240 f.

mus, der jeweils festlegt, welche Regeln anzuwenden sind.[22] Dabei folgen sie einer deduktiven Logik: Aus allgemeinen Regeln ergeben sich zwingende logische Schlussfolgerungen für den konkreten Fall.

19 **Lernende Systeme** (vertieft → *Künstliche Intelligenz (KI)* Rn. 1 ff.) modellieren oder treffen Entscheidungen durch ein Zusammenwirken vieler Entscheidungsknoten. Je nach Komplexität ist der Prozess der Entscheidungsfindung dabei für (informationstechnische) Laien, aber selbst für Experten regelmäßig **nicht exakt nachvollziehbar** (→ *Transparenz und Erklärbarkeit* Rn. 14 ff.). Das Problem der sog. Blackbox besteht insbes. beim Einsatz künstlicher neuronaler Netze mit vielen Zwischenschichten, wie etwa bei Deep Learning-Verfahren.[23] Neben der Transparenz ist auch die Menge an Trainingsdaten eine praktische Herausforderung: Systeme, die auf symbolischen maschinellen Lernverfahren basieren (etwa „decision tree learning", „association rule learning"), benötigen sehr umfangreiche (in der Regel manuell erstelle) Trainingsdaten, um für alle möglichen bzw. denkbaren Eingaben (Dateninput) juristisch korrekte Ergebnisse zu generieren; statistische maschinelle Lernverfahren („support vector machines", künstliche neuronale Netzwerke) benötigen ebenfalls große Mengen an Trainingsdaten und liefern überdies „lediglich" Wahrscheinlichkeitsaussagen.[24] Gerichtsurteile, anwaltliche Schriftsätze, Gesetzesbegründungen etc sind aber nicht per se strukturiert und in ausreichender Anzahl verfügbar;[25] zudem müssten die Dokumente idealiter in einem maschinell eingelesenen, offenen und standardisierten Dokumentenformat (etwa XML oder HTML) vorliegen, denn eingescannte oder PDF-Dokumente sind nicht direkt maschineninterpretierbar.[26] Sind relevante Textdokumente nicht in ausreichender Anzahl (digital) verfügbar, kann dies die Datenbasis verzerren – eine Hürde für den gewinnbringenden Einsatz datenbasierter, induktiver Legal Tech-Systeme.[27]

20 **Zusammenfassend** steht also der gewinnbringende Einsatz rein regelbasierter Systeme vor der Schwierigkeit, dass Gesetze notwendig abstrakt und offen gefasst sein müssen, weil und soweit nicht jeder denkbare Fall und jedes denkbare Detail einer Sachverhaltsgestaltung normativ antizipiert werden können, so dass Einzelfallgerechtigkeit in den vom antizipierten „Normalfall" abweichenden Fällen nicht rechtssicher gewährleistet werden kann. Demgegenüber sind induktiv vorgehende, datenbasierte Systeme zwar grundsätzlich besser in der Lage, auch auf unvorhergesehene und Ausnahmefälle zu reagieren, allerdings steht ihr Einsatz vor besonderen Schwierigkeiten, den rechtlichen Vorgaben zu Transparenz und Gesetzesbindung zu entsprechen.[28]

c) Beispiel: regelbasiertes Expertensystem als Legal Tech-Anwendung zur Entscheidungsautomatisierung

21 Je nach angestrebtem Anwendungsbereich eignen sich für Legal Tech-Anwendungen **regelbasierte Expertensysteme** besonders. Diese bestehen in der Regel aus einer Dialogkomponente, einer Datenakquisitions-

---

22 Lackes/Siepermann, Stichwort „regelbasiertes System", in Gabler Wirtschaftslexikon, 2019, abrufbar unter https://wirtschaftslexikon.gabler.de/definition/regelbasiertes-system-46304.
23 Zu diesem „Entscheidungs-Automatisierungs-Dilemma" bei hoheitlichen juristischen Entscheidungen, dass nämlich komplexe lernende Systeme auch leistungsfähiger als einfache regelbasierte Systeme sind und bessere Entscheidungen treffen oder vorbereiten können, Nink Justiz und Algorithmen S. 459 f. Zum Deep Learning etwa LeCun/Bengio/Hinton Nature 2015, 436 ff. Deep Learning ist eine Methode des maschinellen Lernens, die künstliche neuronale Netze mit zahlreichen Zwischenschichten zwischen Eingabeschicht und Ausgabeschicht einsetzt. Mit Deep Learning soll den Problemen informationstechnischer Systeme begegnet werden, Aufgaben zu lösen, die für Menschen leicht und intuitiv durchzuführen sind, deren Lösung sich aber nur schwer durch mathematische Regeln formulieren lässt, etwa Sprach- oder Gesichtserkennung.
24 Matthes Rethinking Law 2019, 28 (31 f.).
25 Vgl. Coupette/Fleckner JZ 2018, 379 (380 ff.), die dafür werben, mehr juristische Daten zu veröffentlichen, um nicht-kommerziellen Nutzern die Möglichkeit der (automatisierten) Auswertung zu geben; ähnlich (auch mit Blick auf untergerichtliche Entscheidungen) Bernhardt NJW 2015, 2775 (2779 f.).
26 Rätz/Breidung/Lück-Schneider et al. Digitale Transformation/Off/Kühn S. 35 (41).
27 Vgl. Nink Justiz und Algorithmen S. 442 mwN; Coupette/Fleckner JZ 2018, 379 (381); Dreyer/Schmees CR 2019, 758 (759 f., 764).
28 Vgl. Nink Justiz und Algorithmen S. 177 ff., 260 ff. Beim hoheitlichen Einsatz von ADM-Systemen kommt zudem der demokratischen Legitimation Bedeutung zu.

komponente (zur Entscheidungsvorbereitung, etwa zur automatischen Sammlung fallrelevanter Fakten), einer Entscheidungskomponente (mit einer durch Programmierer fest codierten Entscheidungslogik zur Formulierung einer Entscheidung oder Handlungsempfehlung aus den durch die vorherige Komponente zusammengetragenen Fakten) sowie ggf. einer Erklärungskomponente.[29] Dabei besteht die Herausforderung in der Wissensakquisition, also der Erfassung und Aktualisierung von Wissen, sowie in der Übersetzung in Programmlogik bzw. formale Algorithmen. Auch in regelbasierten Expertensystemen werden **fest codierte Datenstrukturen und Algorithmen** der Entscheidungskomponente teilweise durch generalisierte Reasoning Engines (Schlussfolgerungskomponenten) ersetzt. Dabei wird die Reihenfolge der Ausführung der Schlussfolgerungsschritte nicht durch Programmierer explizit festgelegt, sondern es werden Strategien wie die Vorwärtsverkettung oder Rückwärtsverkettung und Heuristiken[30] genutzt, um für den Einzelfall juristisch relevante Schlussfolgerungen logisch abzuleiten.[31]

d) Beispiel: Fuzzy-Logik

Sollen juristische Entscheidungen automatisiert getroffen, modelliert oder vorbereitet werden, besteht die Schwierigkeit, dass „klassischer" Code in Form einfacher Konditionalsätze, also als **Schwarz-Weiß-Muster der binären Logik**, nicht ohne Weiteres Wertungen, die Auslegung unbestimmter Rechtsbegriffe oder allgemein die Zwischen- und Graustufen der Lebenswelt kongruent abbilden kann. Dafür hat sich die sog. **Fuzzy-Logik** (s. a. → *Algorithmus* Rn. 10 f.) als vielversprechender Ausgangspunkt (auch für viele Anwendungen, die auf künstlichen neuronalen Netzen basieren) erwiesen.[32] Die Fuzzy-Logik findet bislang vor allem Einsatz in der Industrie. Auf ihr beruhen aber viele Anwendungen und Methoden maschinellen Lernens, so dass sie teilweise auch als „Vorläufer" der Anwendungen künstlicher neuronaler Netze gilt.

Nach der klassischen Logik gehört ein Element entweder zu einer Menge oder nicht. In der Fuzzy-Logik kann ein Element einer Menge demgegenüber auch mehr oder weniger, also zu einem gewissen Grad angehören. Dies ermöglicht einen Übergang vager linguistischer Variablen – etwa „mild" oder „hart" beim Strafmaß; „leichte", „mittlere" und „grobe" Fahrlässigkeit; „hoher Wert" eines Schadens – in numerische Begriffe wie etwa die exakte Höhe einer Freiheitsstrafe.[33] Möglich sind auch **semantische Interpretationen von Aussagen, die sich nicht** (bzw. nicht ohne Vergleich oder Zusatzinformation) **als eindeutig wahr oder falsch einstufen lassen** (zB „Sie hat nur geringe Verletzungen erlitten.").[34] Weil juristische Entscheidungen nicht zuvorderst auf mathematischen Problembeschreibungen, sondern auf verbalen Annäherungen und Zuschreibungen beruhen, ist die Fuzzy-Logik ein vielversprechender Ansatzpunkt für die Entscheidungsautomation, zumal sie auch bei Informationslücken Stärken ausspielen kann.[35]

---

29 Matthes Rethinking Law 2/2019, 28 (28).
30 Vgl. zum Begriff der Heuristik beim Menschen etwa Tversky/Kahneman Science 185 (1974), 1124 (1125 ff.), sowie dazu Nink Justiz und Algorithmen S. 335 f. mwN. „Heuristiken basieren auf Vorwissen und Erfahrungen. Dabei leiten sie einfache Gesetzmäßigkeiten aus der Vergangenheit ab; dergestalt können sie aber auch auf ‚falsche' Erfahrungen (zB verzerrte Wahrnehmungen, Scheinkorrelationen) begründet sein", vgl. Pillkahn, Innovationen zwischen Planung und Zufall, 2012, S. 170. Menschen nutzen Heuristiken als vereinfachte Entscheidungsregeln in der Regel nicht bewusst, sondern als auf Erfahrungen basierende automatische „Abkürzungen" kognitiver Prozesse für den Umgang mit unvollständigen Informationen und wenig Zeit, um zu wahrscheinlich richtigen Schlussfolgerungen zu kommen. Im Bereich Informatik bzw. Datenverarbeitung werden Heuristiken genutzt, um mit geringem Rechenaufwand und kurzer Laufzeit zulässige Lösungen für ein bestimmtes Problem zu erhalten.
31 Matthes Rethinking Law 2/2019, 28 (29).
32 Vgl. Giannoulis, Studien zur Strafzumessung, 2014, S. 309 ff., insbes. 368 ff. Näheres zur Fuzzy-Logik sowie zu (weiteren) möglichen Anwendungsfällen bei Nink Justiz und Algorithmen S. 217 sowie 402 ff., jeweils mwN.
33 Philipps JurPC 1995, 3256 (3259); Tinnefeld/Philipps/Weis Zeitalter der Informationstechnik/Philipps S. 219 (222 f.); dazu bereits Nink Justiz und Algorithmen S. 217, 410.
34 In der Fuzzy-Logik steht also ein stetiger Bereich (etwa ein Intervall) anstelle eindeutiger Wahrheitswerte (wahr und falsch; 1 und 0). Auf Fuzzy-Logik basierende Systeme können so starren „Schwarz-Weiß"-Mustern entfliehen, weil eine Aussage auch „teilweise wahr" sein kann, vgl. Munte Rechtstheorie 32 (2001), 533 (534 f.).
35 Haft/Hassemer/Neumann et al. Strafgerechtigkeit/Philipps S. 265 (267 ff.): „Für Fuzzy Logic gilt das Entweder-Oder der Klassenzugehörigkeit nicht" (S. 267); daher sei die Fuzzy-Logik die „natürliche Logik" des Juristen, vgl. Tinne-

24 Das gilt umso mehr, als vor allem der Umgang mit unbestimmten Rechtsbegriffen Wertungen erfordert, deren **Konkretisierung wiederum erst weitere juristische Zwischenschritte** (insbes. die Auslegung) nötig macht.[36] Kommen nur auf klassischer Logik basierende „Wenn-dann-sonst"-Operatoren zum Einsatz, setzte dies eine Erfassung aller Teilentscheidungen, Detailwissen über relevante Daten sowie die Übersetzung in formale Regeln voraus (regelbasierte Implementierung bzw. rule-based system).

25 Die Nutzung von Fuzzy-Logik zur Modellierung unbestimmter Rechtsbegriffe im Rahmen eines ADM-Systems kann über künstliche neuronale Netze realisiert werden. Ein solches System kann – neben den technisch eher unproblematischen Syllogismen (dazu → *Subsumtion* Rn. 6, 8 f.) – auch **unbestimmte Rechtsbegriffe und juristische Wertungen als Muster erlernen** und nachbilden.[37] Anstelle vieler aufwändig zu ermittelnder fester Einzelwerte und deren aufwendiger Berechnung kommen dabei unscharfe Werte (etwa „sehr hoch", „hoch", „mittel", „niedrig") zum Einsatz, also Spannbreiten (Mengen), in denen der Realisationsgrad oder Gegebenheitsgrad einer bestimmten Qualität in mehr oder weniger hohem Maße zutrifft.[38] Dadurch wird „die Zuordnung eines Objekts zu einer bestimmten Qualität" oder die Einteilung als Teil einer Klasse auch graduell möglich, ohne dass auf viele separate Einzelwerte abgestellt werden muss.[39] Durch das Finden von (Entscheidungs-)Mustern in Datenbeständen und dem Ableiten von Aussagen und Funktionen kann sich so der Aufwand reduzieren.[40] Muster in diesem Sinne sind sowohl die Syllogismen wie auch Wertungsfragen (zu diesen aber → *Subsumtion* Rn. 10 f., 13 f., 23 f.). Als Basis dienen gelabelte Daten aus vergangenen Entscheidungen, Sachverhalten, Schriftsätzen etc in ähnlichen Konstellationen. Die Umwandlung natürlicher (juristischer) Sprache in numerische Daten erfolgt dabei per → *Natural Language Processing (NLP)* Rn. 1 ff., 43 ff. und Text Mining (zum Sonderfall des Argument Mining → *Subsumtion* Rn. 16 ff.).

26 Voraussetzung für das Lernen sind **gelabelte Daten**, dass also für jedes Dokument bekannt ist, welches Ergebnis folgte bzw. welche Entscheidung letztlich getroffen wurde, damit das System Wertungs-Muster bestimmen und sie einzelnen Sachverhalten zuordnen kann. Anhand dieser Verknüpfungen lernt das System die Syllogismen durch Analyse der Kombinationen von Eigenschaften, v.a. Begriffen, auf deren Basis die jeweilige Entscheidung zustande kam. Dabei gilt: Je mehr Trainingsdaten in ausreichender Qualität zur Verfügung stehen, desto valider wird das erzeugte Modell und somit auch die Vorhersage für neue Dokumente oder neue Fallkonstellationen.[41]

3. ADM und Rechtswesen

a) Beispiel: Finanzverwaltung

27 Umfangreich in der Praxis im Einsatz sind ADM-Systeme insbes. im Besteuerungsverfahren. § 155 Abs. 4 S. 1 AO gestattet den Finanzbehörden, Steuerfestsetzungen sowie Anrechnungen von Steuerabzugsbeträgen und Vorauszahlungen **ausschließlich automationsgestützt** vorzunehmen, zu berichtigen, zurückzunehmen, zu widerrufen, aufzuheben oder zu ändern. Dies erfolgt „auf der Grundlage der ihnen vorliegenden Informationen und der Angaben des Steuerpflichtigen" und ist nur zulässig, „soweit kein Anlass dazu besteht,

---

feld/Philipps/Weis Zeitalter der Informationstechnik/Philipps S. 219 (222). Explizit die richterliche Urteilsfindung als Anwendungsbeispiel der Fuzzy-Logik in Betracht zieht auch einer der prägenden Wissenschaftler auf diesem Gebiet: Kosko, Fuzzy-logisch, 1995, S. 213. Ein auf Fuzzy-Logik basierendes Entscheidungsunterstützungssystem für die Strafzumessung hat Giannoulis, Studien zur Strafzumessung, 2014, S. 368 ff., skizziert.

36 Dazu und zum Folgenden Breidenbach/Glatz Legal Tech-HdB/Krimphove/Niehaus S. 356 ff. (Rn. 1 ff.) mit weiteren Literaturhinweisen.
37 Breidenbach/Glatz Legal Tech-HdB/Krimphove/Niehaus S. 369 Rn. 51.
38 Breidenbach/Glatz Legal Tech-HdB/Krimphove/Niehaus S. 358 f. Rn. 7 f.
39 Breidenbach/Glatz Legal Tech-HdB/Krimphove/Niehaus S. 359 Rn. 7; zuvor bereits eingängig Krimphove Rechtstheorie 30 (1999), 540 ff.
40 Breidenbach/Glatz Legal Tech-HdB/Krimphove/Niehaus S. 361 mwN (Rn. 17 f.), u.a. mit Verweis auf Murphy, Machine Learning: A Probabilistic Perspective, 2012, S. 1 ff.
41 Breidenbach/Glatz Legal Tech-HdB/Krimphove/Niehaus S. 362 Rn. 20 f.; vgl. auch Breidenbach/Glatz Legal Tech-HdB/Yuan S. 374 f. Rn. 7 ff.

den Einzelfall durch Amtsträger zu bearbeiten". Kombiniert wird dies mit algorithmengesteuerten Risikomanagementsystemen (§ 88 Abs. 5 AO). Das Steuerrecht eignet sich geradezu ideal für Automatisierung aufgrund der Möglichkeiten zur Standardisierung und Kategorisierung. Dem Gesetzgeber ging es bei dieser Verfahrensautomatisierung in erster Linie um **Bürokratieabbau und die Steigerung der Effizienz**.[42] Wenngleich nicht als oberste Zielsetzung dürfen und sollen diese Aspekte auch in der Justiz(-verwaltung) angestrebt werden:[43] „Der Rechtsstaat ist nicht effizienzblind".[44]

b) Gesetzgeberische Wertung im Verwaltungsrecht

Der deutsche Gesetzgeber hat für automatisierte Entscheidungen der Verwaltung in § 35a VwVfG festgelegt, dass eine **Automatisierung nur dort** in Betracht kommt, **wo weder Ermessen noch ein Beurteilungsspielraum** vorliegen. Ausweislich § 10 S. 1 VwVfG ist das Verwaltungsverfahren an bestimmte Formen nicht gebunden, soweit keine besonderen Rechtsvorschriften für die Form des Verfahrens bestehen. Die Wertentscheidung in § 35a VwVfG ist daher durchaus Ausdruck von Skepsis und Zurückhaltung, aber sie soll vor allem rechtsstaatliche Grundsätze absichern. Vor diesem Hintergrund sinnvoll sind vor allem risikobasierte Ansätze, also risikoabhängige Regelungen in den Fachgesetzen – wie etwa in § 155 Abs. 4 AO.

Hinsichtlich der **demokratischen Legitimation** von ADM-Systemen in der Verwaltung kann davon ausgegangen werden, dass der Einsatz rein regelbasierter Systeme die menschliche Entscheidung in Gestalt der **Willensbildung** nur **vorverlagert**, so dass der Kern der Entscheidung selbst beim Menschen verbleibt. Für vollautomatisch erlassene Verwaltungsakte (§ 35a VwVfG, § 31a SGB X, § 155 Abs. 4 S. 1 AO) geht der Gesetzgeber davon aus, dass eine echte menschliche Willensbildung stattfindet[45] – vorgezogen auf den Moment, in dem der zuständige Staatsdiener entschieden hat, das informationstechnische System in seiner Behörde zu nutzen. Der Einsatz von ADM-Systemen bleibt jedenfalls demokratisch legitimiert, solange das System nichts „Eigenes" hinzufügt, sondern nur die Anwender oder das Verfahren selbst unterstützt.[46] Bei lernenden Systemen ist dieser Aspekt jedenfalls diskutabel. Für das verwaltungsrechtliche Widerspruchsverfahren kommen sinnvolle Anwendungsbereiche automatisierter Entscheidungsfindung hingegen kaum in Betracht.[47]

c) ADM in der Rechtsberatung

Die Einsatzbereiche von Legal Tech-Anwendungen in Kanzleien sind mannigfaltig:[48] von der Analyse von Rechtsdatenbanken (zB Quellen- und Fundstellensuche) über E-Discovery und Dokumentenanalyse, Expertensysteme zur Entscheidungsfindung (etwa über Frage-Antwort-Tools mit Referenzarchitektur[49]) bis hin zur Automatisierung der Dokumentenerstellung (Schriftsätze, Verträge). In der Sache handelt es sich aber bislang in aller Regel nicht um automatisierte Entscheidungsfindung, sondern um **Entscheidungsunterstützung und -vorbereitung**. Die Anwendungsfälle zeigen aber zugleich die Vielfalt juristischer Tätigkeit.

---

42 BT-Drs. 18/7457, 46 f., 58, 119; Beirat Verwaltungsverfahrensrecht beim Bundesministerium des Innern NVwZ 2015, 1114 (1115).
43 So spricht etwa das LSG Baden-Württemberg Beschl. v. 10.8.2015 – L 12 AS 2359/15 WA, juris Rn. 18, von einem „auch für die Gerichte geltenden Grundsatz der Effizienz staatlichen Handelns" sowie dem „öffentlichen Interesse an einer effizienten Rechtspflege".
44 Blümel/Pitschas Verwaltungsverfahren und Verwaltungsprozeß/Pitschas S. 27 (62). Vgl. auch Hoffmann-Riem, Modernisierung von Recht und Justiz, 2001, S. 211 ff., insbes. 228 f.
45 Vgl. BT-Drs. 18/8434, 122; Schmitz/Prell NVwZ 2016, 1273 (1276).
46 Nink Justiz und Algorithmen S. 322.
47 Dazu Martini/Nink DVBl 2018, 1128 (1129 ff.).
48 Vgl. Remmertz Legal Tech-Strategien/Reinemann § 1 Rn. 1 ff.
49 Dazu Matthes Rethinking Law 2/2019, 28 (29).

d) Beispiel einer automatisierten Entscheidungsfindung durch Private mit rechtlichen Wirkungen – NetzDG

31 Ein Beispiel automatisierter Entscheidungsfindung hat das 2017 in Kraft getretene Gesetz zur Verbesserung der Rechtsdurchsetzung in sozialen Netzwerken (NetzDG) gebracht: Es verpflichtet soziale Netzwerke wie Facebook und Twitter, einen durch Nutzer gemeldeten „offensichtlich rechtswidrigen Inhalt" innerhalb kurzer Frist und ansonsten „jeden rechtswidrigen Inhalt unverzüglich" zu entfernen (§ 3 Abs. 2 Nr. 2 bzw. 3 iVm § 1 Abs. 3 NetzDG). Die Anbieter können die Entscheidung über die Rechtswidrigkeit auch an eine anerkannte „Einrichtung der Regulierten Selbstregulierung" übertragen (§ 3 Abs. 2 Nr. 3 lit. b NetzDG).[50] Die Schwierigkeiten des Gesetzes, etwa mit Blick auf die Presse- und Meinungsfreiheit, fanden bereits im Verlauf des Gesetzgebungsprozesses umfassend Erwähnung.[51] Im vorliegenden Kontext interessant ist ein weiterer Aspekt: Weil in Deutschland viele Millionen Menschen die großen sozialen Netzwerke nutzen, ist es faktisch kaum möglich, dass über jeden gemeldeten Inhalt Mitarbeiter der Anbieter oder beauftragter Unternehmen nach sorgsamer Abwägung entscheiden. Vielmehr ist davon auszugehen, dass über die Frage, ob eine Aussage oder ein „Post" rechtswidrig ist oder nicht, im Regelfall ein Algorithmus (vor-)entscheidet und kein Mensch, insbes. kein Richter iSd DRiG – jedenfalls nicht in einer Weise, die über ein bloßes „Abstempeln" der algorithmischen Einschätzung hinausgeht. Das Gesetz gesteht denjenigen Unternehmen, deren Einfluss es gerade einzuschränken sucht, also eine rechtsstaatlich greifbare Verantwortung zu:[52] Ihre Algorithmen treffen Entscheidungen mit direkten **Auswirkungen auf die verfassungsrechtlich garantierte Meinungsfreiheit**. Eine Aussage als „offensichtlich rechtswidrig" oder „rechtswidrig" iSd Gesetzes (vgl. § 1 Abs. 3 NetzDG) zu bewerten, erfordert aber oftmals, auch den Kontext ihres Zustandekommens einzubeziehen; Stilmittel wie bspw. Ironie sind nicht immer auf Anhieb als solche erkennbar. Gerade deshalb ist insbes. die Judikatur zu § 130 StGB sehr umfangreich und komplex.[53] Dass die Algorithmen der großen US-amerikanischen Konzerne an dieser Stelle den Maßstäben deutscher Rspr. gerecht werden, lässt sich jedenfalls bezweifeln.[54] Auf EU-Ebene enthält der Verordnungsentwurf eines Digital Services Act[55] vergleichbare Regelungen („notice and action"-Mechanismen, vgl. Art. 14 des Entwurfs; dazu auch unten → Rn. 67, 75), sodass mit wachsender Bedeutung der Online-Plattformen auch die Bedeutung automatisierter Entscheidungsfindung weiter zunehmen wird.

4. Risiken der automatisierten Entscheidungsfindung im Recht
a) Menschliche versus automatisierte Entscheidungsfindung?

32 ADM-Systeme beruhen in der Regel auf definierten Entscheidungskriterien, zB Entscheidungsbäumen. Abstrakt betrachtet, unterscheidet sich eine automatisierte Entscheidungsfindung nur wenig vom Entscheidungsprozess des menschlichen Rechtsanwenders. Auch die **menschliche Entscheidungsfindung** beruht auf Informationsbeschaffung, -auswertung und -gewichtung und schließlich einer Auswahl zwischen Alternativen, die im besten Falle transparent nach vorgegebenen Kriterien erfolgt. Selbst Gerichtsentscheidungen lassen sich zumindest abstrakt auch als mechanischer Rechenvorgang betrachten: Die „Eingabe" der (Sachverhalts-)Informationen, Beweise, Gutachten und Aussagen führt durch Anwendung des Gesetzes zur „Ausgabe" einer Entscheidung.[56] **Sowohl im menschlichen Gehirn wie auch im Inneren eines Com-**

---

50 Das Bundesamt für Justiz überwacht diese Einrichtungen, betreibt sie aber nicht. Das erste Beispiel für eine solche Einrichtung ist der Verein „Freiwillige Selbstkontrolle Multimedia-Diensteanbieter e.V."
51 S. nur die Beiträge im Sammelband Eifert/Gostomzyk (Hrsg.), Netzwerkrecht, 2018, S. 9 ff. Verfassungswidrigkeit bescheinigen dem Gesetz bspw. Kalscheuer/Hornung NVwZ 2017, 1721 (1722 ff.).
52 Vgl. bereits Beuth, Mal eben den Rechtsstaat outsourcen, ZEIT Online v. 30.6.2017, abrufbar unter https://www.zeit.de/digital/internet/2017-06/hasskommentare-netzdg-bundestag-gesetz-verabschiedet; Beckedahl, Dieses Gesetz bedroht die Meinungsfreiheit, Süddeutsche Zeitung Online v. 28.6.2017, abrufbar unter https://www.sueddeutsche.de/digital/facebook-und-das-netzwerkdurchsetzungsgesetz-das-grosse-loeschen-beginnt-1.3564185.
53 Vgl. nur Fischer StGB § 130 Rn. 8 ff. Bereits die umfassende Kasuistik belegt die Komplexität.
54 Kritisch auch Martini, Blackbox Algorithmus, 2019, S. 217 f.
55 Abrufbar unter https://ec.europa.eu/info/sites/default/files/proposal_for_a_regulation_on_a_single_market_for_digital_services.pdf.
56 So bereits Nink Justiz und Algorithmen S. 141 f.

puters: Entscheidungen basieren darauf, Informationspakete (netzwerkartig bzw. neuronengesteuert) zu verarbeiten, zu ordnen, zu gewichten und zu werten. Dabei sind auch die zentralen Entscheidungskriterien – Gesetze und Softwarecodes – **strukturell vergleichbar**.[57] Werden – mit Recht – hohe Transparenzanforderungen an ADM-Systeme im Recht gestellt, ist dabei aber auch zu beachten, dass Hirnströme und Signale, Molekülbewegungen und Neurotransmitter im menschlichen Kopf des Richters oder Verwaltungsbeamten strukturell nicht verständlicher und transparenter sind als komplexe Programmcodes, so dass für den von der Entscheidung Betroffenen keine exakte Nachvollziehbarkeit gegeben ist.[58] Aus diesem Grund ist die Begründung rechtlicher Entscheidungen so wichtig für ihre Akzeptanz. Entscheidungen von ADM-Systemen sind im Vergleich zu menschlichen nicht „richtiger" oder „besser" – in beiden Fällen kann es zu Entscheidungsfehlern und Diskriminierungen kommen (zu den Risiken sogleich unten → Rn. 33 ff.). Ihr Risiko folgt aber insbes. aus der **höheren Breitenwirkung**: Ungleich höhere Fallzahlen, in denen ein- und dasselbe ADM-System im Vergleich zu einem einzigen Entscheider zum Einsatz kommt, führen zu ungleich mehr (potenziell) von Fehlern und Diskriminierung Betroffenen.[59] Sofern ein diskriminierendes Element einmal (unbemerkt oder bemerkt) Einzug gehalten hat in den Entscheidungsprozess eines ADM-Systems, wirkt es sich viel öfter aus als selbst wiederholte Fehler eines einzelnen menschlichen Entscheiders.

b) Korrelation und Kausalität

ADM-Systeme sind (bislang) schlechter als Menschen in der Lage, trennscharf **Korrelationen von Kausalitäten zu unterscheiden** („Cum hoc ergo propter hoc"-Fehlschlüsse, lat. „mit diesem [zusammenfallend], also deswegen").[60]

c) Diskriminierungen, Fehler, Unfairness

ADM-Systeme bergen das Risiko der Reduzierung (von Vorfällen) auf die und des Reproduzierens der Vergangenheit, was sich nachteilig auf die von der Entscheidung betroffene Person auswirken kann.[61] ADM-Systeme agieren in der Regel rein **retrospektiv**, beziehen also lediglich die vergangene oder bestehende Wertungspraxis in ihre Arbeitsweise ein. Neuerungen im Recht und gewandelte gesellschaftliche (nicht zwingend kodifizierte) Normen können so durch das algorithmische Prüfraster fallen.[62]

Hinzu kommt, dass auch die Weltbilder und Einstellungen der Programmierer in die ADM-Systeme einfließen – mit allen eventuellen **Denkfehlern, kognitiven Verzerrungen oder Vorurteilen**, die sich später als „maschinelle oder algorithmische Voreingenommenheit" auch diskriminierend auswirken können.[63] Dies gilt es immer mitzudenken, wenn ADM-Systemen bisweilen eine stets objektive und unbestechliche Arbeitsweise zugeschrieben wird.

Automatisierte Entscheidungen von Legal Tech-Anwendungen sind besonders dort problematisch, wo der Einzelne anhand kaum nachvollziehbarer Kriterien **auf einzelne Persönlichkeitsmerkmale reduziert** wird und daran nachteilige Konsequenzen geknüpft werden.[64] Dabei liegt bereits in der Funktionsweise gleichzeitig das Risiko einer starken Schematisierung, in der die betroffene Person nur mehr als Teil einer Klasse oder Kategorie bewertet wird.

Ein weiteres Risiko liegt in der Möglichkeit fehlerhafter Entscheidungen des ADM-Systems, dessen **Qualität** in hohem Maße **von der Auswahl der Trainingsdaten abhängt**, mit denen der Algorithmus statisti-

---

57 Vgl. nur Lessig, Code And Other Laws of Cyberspace, 1999. Zu dieser Parallelität vertieft → Subsumtion Rn. 8 f., 12 f.
58 Nink Justiz und Algorithmen S. 337 ff.
59 Vgl. auch Martini, Blackbox Algorithmus, 2019, S. 157 ff., sowie Martini JZ 2017, 1017 (1018 ff.).
60 Vgl. Martini DVBl 2014, 1481 (1485); Martini JZ 2017, 1017 (1018); jeweils mwN.
61 Dazu und zum Folgenden ausführlich Nink Justiz und Algorithmen S. 167 ff.
62 Vgl. Martini, Blackbox Algorithmus, 2019, S. 27 ff.
63 Dazu etwa Martini, Blackbox Algorithmus, 2019, S. 47 ff., 73 ff.; Wischmeyer AöR 143 (2018), 1 (26 ff.).
64 Kühling/Buchner/Buchner DS-GVO Art. 22 Rn. 1.

sche Zusammenhänge findet. Sind Trainingsdaten in nicht ausreichender Menge vorhanden oder enthalten sie (versteckte) Diskriminierungen, kann das ADM-System ihnen entweder keine aussagekräftigen Muster entnehmen oder aber diskriminierende Tendenzen perpetuieren sich entgegen Art. 3 GG in der weiteren Arbeitsweise bzw. Anwendung. Die Beurteilung der Güte und Fairness eines auf maschinellem Lernen basierenden ADM-Systems erschwert sich zudem dadurch, dass und soweit sich die Entscheidungsregeln fortlaufend ändern.[65]

38 Vor diesem Hintergrund sind folgende **typische Fehler maschineller Entscheidungsfindung** möglich:[66] Abweichungen von den Zielen des Anwenders oder von normativen Anforderungen, Unzulässigkeit der (algorithmischen) Beurteilung, Intransparenz (dazu sogleich → Rn. 39; relevant bei Entscheidungen, die öffentlich überprüfbar sein müssen, wobei eine fehlende Begründung dann bereits einen Fehler darstellt), Fehler bei der Entscheidungsfindung bzw. im Beurteilungsverfahren, Fehler in der Entscheidungsgrundlage, sowie Fehler bei der Würdigung der Entscheidungsgrundlage.

d) Intransparenz

39 Juristische Entscheidungen müssen transparent in ihrem Zustandekommen und ihren Auswirkungen sein. Insbes. lernende ADM-Systeme bergen aber die **Gefahr der Intransparenz** (dazu vertieft → *Transparenz und Erklärbarkeit* Rn. 14 ff.).[67] Kann die Entscheidungsfindung nicht nachvollzogen werden, ist zudem die **Aufdeckung etwaiger Fehlentscheidungen** bereits faktisch nicht möglich. Hinzu kommt, dass auch die Akzeptanz einer Entscheidung abnimmt, wenn die betroffene Person ihr Zustandekommen nicht nachvollziehen kann. Dies lässt sich immerhin teilweise durch eine strukturierte und verständliche Begründung der Entscheidung abmildern: Es wird bereits an Methoden gearbeitet, die die Eingabeinformationen anhand der Wichtigkeit für die Entscheidung gewichten.[68] Allerdings können zu viele Informationen die Transparenz auch untergraben; entscheidend ist nicht die Menge an Informationen, sondern ihre Nachvollziehbarkeit („Transparenz-Trugschluss"[69]). Im Legal Tech-Bereich ist vor allem entscheidend, ob die betroffene Person die tatsächlich bedeutsamen Informationen erhält, die sie zum **Verständnis der Entscheidung und den Möglichkeiten, dagegen vorzugehen**, benötigt.[70]

e) Automation Bias

40 Als Automation Bias bezeichnet man die **Tendenz, automatischen Systemen zu sehr zu vertrauen** und gegenläufige Informationen auszublenden.[71] Dadurch verlassen sich Menschen auf entscheidungsunterstüt-

---

65 Eingängig Zweig, AlgorithmWatch, 2. Arbeitspapier: Überprüfbarkeit von Algorithmen, 7.6.2016, abrufbar unter https://algorithmwatch.org/de/zweites-arbeitspapier-ueberpruefbarkeit-algorithmen/; Zweig, Wo Maschinen irren können, 2018, abrufbar unter https://www.bertelsmann-stiftung.de/fileadmin/files/BSt/Publikationen/GrauePublikationen/WoMaschinenIrrenKoennen.pdf, S. 15 f., 23.
66 Nach Borges/Grabmair et al. Algorithmische Entscheidungsverfahren S. 81 ff.
67 Ashley Artificial Intelligence and Legal Analytics S. 111 ff.; Wachter/Mittelstadt/Russell Harvard Journal of Law and Technology 31 (2018), 841 ff.; Zweig, Algorithmische Entscheidungen: Transparenz und Kontrolle, Januar 2019, abrufbar unter https://www.kas.de/de/analysen-und-argumente/detail/-/content/algorithmische-entscheidungen-transparenz-und-kontrolle, S. 5 ff.; speziell zu Transparenzanforderungen bei intelligenten (lernenden) Systemen Wischmeyer AöR 143 (2018), 1 (42 ff.).
68 Vgl. etwa Zeiler/Fergus, Visualizing and Understanding Convolutional Networks, arXiv:1311.2901, 2013, abrufbar unter https://arxiv.org/pdf/1311.2901.pdf.
69 Dazu („transparency fallacy") Edwards/Veale Duke Law & Technology Review 16 (2017), 18 (33 ff.).
70 Vgl. auch die Darstellung und Nachweise bei Nink Justiz und Algorithmen S. 339.
71 Vgl. Skitka/Mosier et al. International Journal of Human-Computer Studies 51 (1999), 991 (998 ff.); Skitka/Mosier et al. International Journal of Human-Computer Studies 52 (2000), 701 (702 ff.). Zum Automation Bias in der rechtlichen Entscheidungsfindung ausführlich Nink Justiz und Algorithmen S. 295 ff., 425 f.; vgl. auch bereits Martini/Nink, Strafjustiz ex machina?, in Bertelsmann Stiftung (Hrsg.), Automatisch erlaubt? Fünf Anwendungsfälle algorithmischer Systeme auf dem juristischen Prüfstand, 2020, abrufbar unter https://www.bertelsmann-stiftung.de/de/publikationen/publikation/did/automatisch-erlaubt, S. 44 (50). Der Einfluss des Automation Bias lässt sich reduzieren, vgl. etwa Goddard/Roudsari et al. Journal of the American Medical Informatics Association 19 (2012), 121 (125) mwN, sowie Skitka/Mosier et al. International Journal of Human-Computer Studies 52 (2000),

zende oder ADM-Systeme über das sinnvolle Maß hinaus. Mit den Rechenkapazitäten moderner Computer steigt auch das (bisweilen unbewusste) Zutrauen in die vermeintlich unfehlbaren metrischen Analysen.[72] Entscheidungsvorschläge automatischer Systeme werden unkritisch übernommen, auch dadurch, dass kontradiktorische Informationen nicht berücksichtigt werden, selbst wenn sie korrekt sind.[73] Dieser Effekt konnte auch bei Juristen beobachtet werden, die bei Nutzung eines wissensbasierten Expertensystems zur Lösung eines juristischen Falles die Richtigkeit der automatisierten Entscheidungsfindung überschätzten, **gegenläufige Informationen ignorierten und die Vorschläge des Systems unkritisch übernahmen**.[74] Im Legal Tech-Kontext besonders interessant ist, dass die Probanden, wenn sie sowohl durch das System als auch durch eine andere Person beraten wurden, die Ratschläge des Systems für „rationaler und objektiver" hielten – auch dann, wenn diese jeweils identisch mit den menschlichen Vorschlägen waren. Das zeigt aber umgekehrt, dass – je nach Qualität des ADM-Systems, Korrektheit der Datenlage und dem Bewusstsein über den Automation Bias – (entscheidungsunterstützende) automatische Systeme die Genauigkeit menschlicher Entscheidungen erhöhen und Fehler reduzieren können.[75]

5. Grenzen und Hürden der Entscheidungsautomatisierung

Abgesehen davon, dass einer vollständigen Automatisierung gerichtlicher Verfahren in Deutschland verfassungsrechtliche Hürden entgegenstehen,[76] bestehen auch für sonstige Anwendungsbereiche von Legal Tech Hindernisse für automatisierte Entscheidungen. 41

a) Individualgerechtigkeit, Ermessen, Wertungen

Sollen Legal Tech-Anwendungen juristische Entscheidungen treffen oder vorbereiten, bestehen einige technische und auch rechtliche Hürden. Am Beispiel der durch Legal Tech unterstützen Sachverhaltsfeststellung wird deutlich, dass eine Effizienzsteigerung durch Automatisierung auf der Hand liegt: Sachverhalte können automatisiert strukturiert, Informationen erfasst und aufbereitet bzw. geordnet werden. Dabei besteht aber die Gefahr, dass die (nicht antizipierten) Besonderheiten des konkreten Einzelfalls nicht hinreichend erfasst werden und durch die Orientierung am „Standardfall" der unbefangene Blick des Rechtsanwenders verstellt wird.[77] Teilweise wird pauschal behauptet, die **Fähigkeit, das Besondere des Einzelfalls** für die rechtliche Beurteilung eines Lebenssachverhalts **zu erkennen**, ließe sich a priori nicht durch quantitative Muster- und Häufigkeitsanalyse ersetzen.[78] Wenngleich die daraus zu ziehenden Schlussfolgerungen hinsichtlich der Grenzen der Automatisierung hoheitlicher Entscheidungen zutreffen,[79] ist jedenfalls die Prämisse fragwürdig, setzt eine solch pauschale Aussage doch voraus, dass alle Juristen per se diese Fähigkeit (das „Judiz") besitzen. Menschen orientieren sich aber ebenfalls am Standardfall oder jedenfalls an vergleichbaren Fällen und gründen ihre Entscheidungen auf bekannte Muster. Sicher ist indes, dass komplexe, vom Standardfall stark abweichende Lebenssachverhalte (Konflikte) immer auch eine wertende Entscheidung über die zur Rechtsfindung relevanten Tatsachen erfordern.[80] Diese Wertentscheidung ist trotz der rasant steigenden technischen Möglichkeiten nach wie vor dem Menschen 42

---

701 (710 ff.). Eine entscheidungsunterstützende Legal-Tech-Anwendung kann dies insbes. über das Design erreichen, etwa indem der Detailgrad der ausgeworfenen Informationen und Vorschläge reduziert oder indem die Vorschläge ausdrücklich als „Assistenz", „unterstützende Information" oÄ und nicht als Vorgabe oder Aufforderung angezeigt werden.
72 Vgl. auch die Darstellung bei Martini, Blackbox Algorithmus, 2019, S. 48.
73 Systematischer Überblick bei Lyell/Coiera Journal of the American Medical Informatics Association 24 (2017), 423 (423 ff.).
74 Dijkstra International Review of Law, Computers & Technology 15 (2001), 119 (120 ff.).
75 Skitka/Mosier et al. International Journal of Human-Computer Studies 51 (1999), 991 (1002).
76 Ausführlich zu diesen aus Art. 92 Hs. 1, Art. 97 Abs. 1, Art. 101 Abs. 1 S. 2, Art. 20 Abs. 3 und Art. 1 Abs. 1 GG folgenden Direktiven und Grenzen Nink Justiz und Algorithmen S. 260 ff.
77 Hähnchen/Schrader et al. JuS 2020, 625 (628).
78 In diese Richtung Hähnchen/Schrader et al. JuS 2020, 625 (628).
79 Ausführlich Nink Justiz und Algorithmen S. 177 ff.
80 Hähnchen/Schrader et al. JuS 2020, 625 (628).

vorbehalten, was nicht allein eine Frage des technischen Könnens, sondern auch eine rechtspolitische Frage des „Wollens" (Grad der Automatisierung juristischer Entscheidungen) ist.[81]

43 Die vollständige Automatisierung juristischer Entscheidungsprozesse ist nur in sinnvollerweise **schematisierbaren Konstellationen** möglich, letztlich also in klar umrissenen oder zu umreißenden Anwendungsbereichen mit wiederkehrenden ähnlichen Rechtsfragen. ADM-Systeme können die Ermessensausübung, Interpretationen oder Wertungen nicht rechtsstaatlichen Grundsätzen genügend abbilden.[82] Dasselbe gilt für die Fähigkeiten von technischen Systemen hinsichtlich Subsumtion und Entscheidungsbegründung (dazu → *Subsumtion* Rn. 21), insbes. vor dem Hintergrund, dass etwa gebundene und nicht-gebundene Entscheidungen einen unterschiedlichen Argumentationsaufwand erfordern (wenngleich auch gebundene Entscheidungen teilweise komplexe Abwägungen zwischen Tatbestandsmerkmalen fordern, während Ermessensentscheidungen dort, wo Verwaltungsvorschriften existieren, durch vergleichsweise triviale Subsumtion getroffen werden können).[83]

44 Die Grenzen der Automatisierbarkeit verlaufen zudem entlang der **Intensität**, in welcher die Belange des Betroffenen durch eine automatisierte Entscheidung tangiert werden.[84] Trotz klarer Wenn-dann-Struktur haben ADM-Systeme Schwierigkeiten, wo entweder auf Sachverhaltsebene **Unsicherheiten** bestehen[85] oder auf der rechtlichen bzw. Rechtsfolgenebene **Wertungen, Interpretationen oder Abwägungen** (insbes. Verhältnismäßigkeitserwägungen) stattfinden müssen.[86] Zusammenfassend und vereinfachend lässt sich festhalten, dass juristische Entscheidungen dort nicht automatisiert getroffen werden dürfen, wo es auf **Einzelfallgerechtigkeit** ankommt und diese nicht im automatisierten Verfahren gewährleistet werden kann. Individualgerechtigkeit und das Erkennen und Einordnen von Einzelfall und Ausnahme lässt sich mit den bisherigen Legal Tech-Anwendungen nicht hinreichend sicher gewährleisten:[87] Die Gerechtigkeit des Einzelfalls lässt sich „nicht axiomatisieren und kaum formalisieren"[88] und potenzielle Gesichtspunkte einer sachgerechten Einzelfalldifferenzierung und -gerechtigkeit kann ein ADM-System nicht oder nur unzureichend erfassen, weil und solange es nur solche Aspekte in die Entscheidungsfindung einfließen lässt, die über seine Sensorik oder Schnittstelle in den Daten-Input fließen.[89] Dies gilt besonders vor dem Hintergrund, dass juristische Wertungen auch mit Blick auf die (sozialen) Auswirkungen zu treffen sind und nicht in einem binären Schwarz-Weiß-Muster, sondern in Graubereichen erfolgen (vgl. aber zur Fuzzy-Logik oben → Rn. 22 ff.).[90] Angesichts rasant steigender technischer Möglichkeiten gilt aber auch insoweit: Nicht allein das (technische) Können, sondern auch das (gesellschaftliche bzw. rechtspolitische) Wollen einer solchen Grenzziehung ist handlungsleitend.

b) Sprache

45 Um juristische Entscheidungen zu automatisieren, bedarf es einer exakten **Übersetzung der natürlichen in formale (Maschinen-)Sprache**. Dabei besteht das Problem, dass **natürliche Sprache kontextbasiert**

---

81 Auch hinsichtlich der Frage, inwieweit Individualgerechtigkeit sichergestellt werden kann, kann eine Unterscheidung zwischen rein regelbasierten Systemen und datenbasierten Systemen sinnvoll sein, vgl. ausführlich Nink Justiz und Algorithmen S. 202 ff., 325 f., 335 f., 392 f.
82 Ausführlich Nink Justiz und Algorithmen S. 177 ff.
83 Kube VVDStRL 78 (2019), 289 (304 f.) mwN; vgl. mit einem Fokus auf die Normanwendung jüngst auch Tober MMR 2021, 779 (781 ff.).
84 Hoeren/Sieber/Holznagel MMR-HdB/Steinrötter/Warmuth Teil 30 Rn. 63 f. Eine verhängte Freiheitsstrafe zB tangiert die Rechte und Interessen des von der Entscheidung Betroffenen grundsätzlich mehr als der Entzug eines Jagdscheins.
85 Vgl. Kilian CR 2017, 202 (210).
86 Dreyer/Schmees CR 2019, 758 (762); Engel JZ 2014, 1096 (1097 ff.); Kotsoglou JZ 2014, 1100 (1101 ff.).
87 Nink Justiz und Algorithmen S. 196 ff.
88 Nickel/Roßnagel/Schlink Freiheit und Macht/Kilian S. 201 (211).
89 Nink Justiz und Algorithmen S. 201 ff.
90 So bereits Nink Justiz und Algorithmen S. 458 ff.; sowie Hoeren/Sieber/Holznagel MMR-HdB/Steinrötter/Warmuth Teil 30 Rn. 72.

ist, wohingegen **formale Sprache kontextinvariant** sein muss.[91] Das bedeutet, dass sich Ausdrücke oder Begriffe in Sätzen der Logik auf exakt dasselbe beziehen müssen und der Bezugspunkt nicht mit dem Kontext variieren darf.[92] In natürlicher Sprache bestehen hingegen Kontextabhängigkeit und Mehrdeutigkeit („Bank" zum Sitzen oder als Geldinstitut; „Ladung" als prozessrechtliche Formalität oder als Inhalt einer Lkw-Ladefläche oder eines Pkw-Kofferraums im Verkehrsrecht) und eine potenzielle Bestreitbarkeit einzelner Deutungen. Die Vagheit der natürlichen und damit der juristischen Sprache sind allerdings keine überflüssigen Störsignale im jeweiligen Kommunikationskanal: Diese „Unsicherheiten", zu denen man konsequenterweise auch Ironie und Sarkasmus sowie Stimmlagen oder Betonungen zählen müsste, zu entfernen, verbesserte die Kommunikation nicht, sondern erschwerte sie ungemein.[93] Natürliche Sprache ist daher indeterminiert.[94] Ein Algorithmus eines ADM-Systems hingegen muss bei gleichen Voraussetzungen stets das gleiche Ergebnis liefern (Determiniertheit), wobei zu jedem Zeitpunkt der Ausführung höchstens eine Möglichkeit der Fortsetzung besteht, was den nächsten Handlungsschritt eindeutig bestimmt (Determinismus). Trotz beachtlicher Fortschritte im Bereich → *Natural Language Processing (NLP)* Rn. 43 ff. scheint somit eine vollständige Formalisierbarkeit unserer natürlichen Sprache nicht möglich und erstrebenswert (vgl. aber → *Subsumtion* Rn. 16 ff.).

c) Begründung

Sollen ADM-Systeme im Rechtsbereich zur Anwendung kommen, ist zu berücksichtigen, dass Statistik und Stochastik nichts über den Einzelfall aussagen. Rein quantitative Analysen können qualitative Wertungen und eine juristisch fundierte Auslegung nicht ersetzen, sondern allenfalls modellieren. Damit verknüpft ist die **Bedeutung der Begründung** einer juristischen Entscheidung. Die bislang verfügbaren Legal Tech-Anwendungen können nicht selbstständig **unterscheiden zwischen rechtlicher und technischer Signifikanz** für eine Entscheidung, einen Entscheidungsvorschlag oder eine Handlungsempfehlung (vgl. aber → *Subsumtion* Rn. 16 ff.). Auch wenn sich ihre Funktionsweise durch Kenntnis der Systemeigenschaften, Methodik und Datenbasis technisch erschließen lässt (das kann freilich zeit- und ressourcenintensiv sein), sind die statistischen Zusammenhänge, auf denen der maschinelle Lernprozess aufbaut, nicht notwendig identisch mit denjenigen Aspekten, die aus juristischer Sicht entscheidungsrelevant sind oder umgekehrt nicht in die Entscheidungsfindung einfließen dürften[95] – etwa ein Merkmal, das nach den Diskriminierungsvorschriften (insbes. Art. 3 Abs. 1 und 3 GG) keinen Einfluss auf die Entscheidung haben dürfte. Insbes. für Gerichts- und Verwaltungsentscheidungen (vgl. etwa § 267 StPO, § 313 Abs. 1 Nr. 6, Abs. 3 ZPO, § 117 Abs. 2 Nr. 5 VwGO, § 39 VwVfG) stellt die mangelnde Fähigkeit, eine rechtsstaatlichen Grundsätzen genügende (Art. 20 Abs. 3 GG) Begründung[96] zu erstellen,[97] eine bedeutsame Grenze für vollautomatisierte Entscheidungsverfahren dar. Mit Blick auf ein anzustrebendes Mindestmaß an Transparenz gilt diese grundsätzliche Wertung auch für andere Anwendungsbereiche von Legal Tech.

6. Rechtliche Leitlinien – Art. 22 DS-GVO

a) Überblick und Zweck

Gem. Art. 22 Abs. 1 DS-GVO hat eine (von einer Verarbeitung personenbezogener Daten) betroffene Person das Recht, nicht einer ausschließlich auf einer automatisierten Verarbeitung – einschließlich Profiling – beruhenden Entscheidung unterworfen zu werden, die ihr gegenüber rechtliche Wirkung entfaltet oder sie in ähnlicher Weise erheblich beeinträchtigt. Die Regelung ist **kein Novum der DS-GVO**. Schon Art. 15 der Datenschutz-RL (95/46/EG) enthielt eine inhaltlich parallele Regelung zu automatisierten Entscheidungen,

---

91 Kotsoglou JZ 2014, 451 (453 f.); Nink Justiz und Algorithmen S. 217 ff.
92 Bühler, Einführung in die Logik, 3. Aufl. 2000, S. 41.
93 Kotsoglou JZ 2014, 451 (454); Nink Justiz und Algorithmen S. 220 f.
94 Vgl. Hoeren/Sieber/Holznagel MMR-HdB/Steinrötter/Warmuth Teil 30 Rn. 64.
95 Ashley Artificial Intelligence and Legal Analytics S. 111; Taeger Rechtsfragen digitaler Transformationen/Herold S. 453 (461 f.). Dazu bereits Nink Justiz und Algorithmen S. 122 ff. sowie 228 f., jeweils mwN.
96 Vertiefend Nink Justiz und Algorithmen S. 122 ff., 228 f.
97 Vgl. auch Matthes Rethinking Law 2019, 28 (32).

die sich bis Mai 2018 im deutschen Recht in § 6a BDSG aF konkretisiert fand. Die Vorschrift war und ist allerdings **eine dem Datenschutzrecht eher systemfremde Norm**, regelt sie doch primär nicht Vorgaben der Verarbeitung personenbezogener Daten, sondern eine bestimmte Art des Zustandekommens von Entscheidungen.

48 Art. 22 DS-GVO bezweckt den **Schutz des Einzelnen** davor, dass eine ihn betreffende Entscheidung allein auf Grundlage einer automatisierten Bewertung seiner Persönlichkeitsmerkmale ergeht und er so zu einem **bloßen Objekt computergestützter Programme** wird.[98] Der Normgeber will damit rechtsrelevante oder vergleichbare Letztentscheidungen grundsätzlich (zu den vielfältigen Ausnahmen → Rn. 55 ff.) in menschliche Hände legen.

b) **Recht der betroffenen Person als grundsätzliches Verbot (Abs. 1)**
aa) Verbot

49 Nach dem Wortlaut („Die betroffene Person hat das Recht, nicht [...] unterworfen zu werden") und der Systematik der Verordnung (Art. 22 DS-GVO steht in Kapitel III der DS-GVO) ist die Vorschrift als ein **Recht des Betroffenen** ausgewiesen. Mit Blick auf den Regelungsgehalt handelt es sich aber **in der Sache um ein Verbot**. Dieses hängt insbes. nicht davon ab, ob der Betroffene sein Recht im Einzelfall geltend macht[99] oder überhaupt kennt. Korrespondierende Erwägungsgründe sind 71 und 72, die Beispiele und weitere Konkretisierungen enthalten. Die rein entscheidungsvorbereitende Einbeziehung von Datenanalysen, insbes. Profiling, ist nicht vom Verbot umfasst (→ Rn. 66 ff.).

50 Erfasst sind Entscheidungen (→ Rn. 51), die für die Person eine rechtliche Wirkung entfalten oder sie in ähnlicher Weise erheblich beeinträchtigen (→ Rn. 54) und die ausschließlich (→ Rn. 52) aufgrund einer automatisierten Datenverarbeitung getroffen werden.

bb) Entscheidung

51 Entscheidung im Sinne der Vorschrift ist jede Maßnahme (vgl. **Erwgr. 71 UAbs. 1 S. 1 DS-GVO**) und jeder **gestaltende Akt**, bei dem eine Wahl zwischen mindestens zwei Alternativen getroffen und eine **Wirkung in der Außenwelt** erzielt wird, die über das Forum internum beim Entscheider bzw. beim ADM-System hinausreicht.[100] Vom Normzweck nicht erfasst sind Handlungen, die lediglich auf tatsächliche, hingegen nicht auf rechtliche Auswirkungen gerichtet sind und keine regelnde Wirkung entfalten. Wird zB ein **Bußgeldbescheid** basierend auf Daten aus Geschwindigkeitsmessgeräten automatisch erstellt, ist Art. 22 Abs. 1 DS-GVO einschlägig,[101] ebenso wie für Systeme, die automatisiert **arbeitsrechtliche Abmahnungen** erstellen.[102] Ein Programm, das als Reaktion auf eine Dateneingabe oder -verarbeitung selbstständig Handlungen ausführt (→ *Smart Contract* Rn. 1 ff.), trifft jedenfalls dann eine automatisierte Entscheidung, wenn es anstelle eines menschlichen Entscheiders zum Einsatz kommt und nicht ein Mensch die einzelne Transaktion freigeben muss.[103] Ein Beispiel dafür ist ein Smart Contract, der für einen Versicherungsvertrag selbstständig prüft, ob ein Versicherter die persönlichen Voraussetzungen für einen Versicherungsfall erfüllt, und daraufhin etwa die Versicherungsleistung unmittelbar auszahlt.[104]

---

98 Kühling/Buchner/Buchner DS-GVO Art. 22 Rn. 1; Paal/Pauly/Martini DS-GVO Art. 22 Rn. 1.
99 Paal/Pauly/Martini DS-GVO Art. 22 Rn. 29a f.
100 Vgl. – auch zum Folgenden – Paal/Pauly/Martini DS-GVO Art. 22 Rn. 15a ff.
101 Artikel-29-Datenschutzgruppe, Guidelines on Automated individual decision-making and Profiling for the purposes of Regulation 2016/679 (wp251rev.01), WP 251, 6.2.2018, abrufbar unter https://ec.europa.eu/newsroom/article29/items/612053/en, S. 8, 10.
102 Weth/Herberger/Wächter/Sorge Arbeitnehmerdatenschutz-HdB/Broy/Heinson B.II. Rn. 61.
103 Paal/Pauly/Martini DS-GVO Art. 22 Rn. 16b f.
104 Finck, Smart Contracts as a Form of Solely Automated Processing Under the GDPR, Max Planck Institute for Innovation & Competition Research Paper Nr. 19–01, 8.1.2019, abrufbar unter https://papers.ssrn.com/sol3/papers.cfm?abstract_id=3311370, S. 9 f.

cc) Vollständig automatisiert („ausschließlich auf einer automatisierten Verarbeitung – einschließlich Profiling – beruhend")

Nach dem eindeutigen Wortlaut der Norm („**ausschließlich**"; so auch in Erwgr. 71 UAbs. 1 S. 1 DS-GVO) erfasst sie **nur vollständig automatisierte Entscheidungen**, also solche, die allein und ausschließlich auf der Grundlage automatisierter Datenverarbeitungen ergehen. Die Vorschrift zielt also nur auf solche Maßnahmen ab, die „**ohne jegliches menschliche Eingreifen**" (Erwgr. 71 UAbs. 1 S. 1 DS-GVO) erfolgen.[105] Für die Auslegung dieses Tatbestandsmerkmals ist relevant, ob ein menschlicher Entscheidungsschritt dazwischentritt. Aber auch dann, wenn einem Menschen in einem automatisierten Verarbeitungsprozess eine eigene inhaltliche Entscheidungsbefugnis verbleibt, trifft hierdurch noch nicht zwangsläufig ein Mensch die Entscheidung. Erst dann, wenn er seine **Entscheidungsmacht ausübt** und diese nicht vollständig dem Computer überantwortet, wirkt er auf den Entscheidungsablauf und dessen Ergebnis ein.[106] Die Entscheidung, auf den automatisierten Prozess nicht einzuwirken, genügt jedenfalls ohne eine inhaltliche Auseinandersetzung nicht für ein menschliches Einwirken, dasselbe gilt für eine reine Stichprobenkontrolle oder die Begrenzung auf die Entscheidungskompetenz, lediglich nicht-plausible Fälle herauszufiltern.[107] Um dem Geltungsbereich des Art. 22 Abs. 1 DS-GVO nicht zu unterfallen, ist es stattdessen notwendig, dass ein Mensch **mehr als nur unerheblich** in den Entscheidungsprozess **eingreift**, was über eine rein formale Bestätigung des computertechnisch ermittelten Ergebnisses hinausgeht.[108] Dem menschlichen Sachbearbeiter muss also ein eigener **Entscheidungsspielraum** zustehen und er muss diesen auch **tatsächlich wahrnehmen**. Hieraus folgt, dass die in der Praxis sehr relevanten Formen der **Entscheidungsunterstützung und -vorbereitung nicht dem Verbot in Art. 22 Abs. 1 DS-GVO unterfallen**. Das gilt auch für Legal Tech-Anwendungen.

dd) Unterworfen

Einer automatisierten Entscheidung **unterworfen** (engl. „subject to a decision"; frz. „l'objet d'une décision") ist die betroffene Person, wenn ein Dritter einseitig Regeln für die Nutzung eines ADM-Systems vorgibt, die die Person nicht oder nicht vollständig selbst regulieren kann:[109] Das ADM-System muss also eine Wirkung entfalten, ohne dass die Person selbst substanziell darauf einwirken kann.[110] Kann sie es hingegen **vollständig selbst konfigurieren**, ist sie ihm nicht „unterworfen" – wie zB bei Smart Home-Anwendungen[111] (bei denen es zumeist aber auch an einer rechtlichen oder vergleichbaren Wirkung fehlen dürfte).

ee) Rechtliche Wirkung oder erhebliche Beeinträchtigung in ähnlicher Weise

Eine automatisierte Entscheidung hat eine rechtliche Wirkung, wenn sie den rechtlichen Status des Betroffenen in irgendeiner Weise verändert, also eine **Rechtsfolge auslöst**. Eine erhebliche Beeinträchtigung in ähnlicher Weise ist dann gegeben, wenn die Entscheidung die Stellung der Person derart nachhaltig berührt, dass dies einer **rechtlichen Wirkung gleichkommt**. Art. 22 Abs. 1 DS-GVO ist also etwa dann **einschlägig**, wenn die automatisierte Entscheidung die wirtschaftliche oder persönliche Entfaltungsfreiheit der Person nicht nur marginal berührt, sie diskriminiert, ihre körperliche Integrität oder Gesundheit antastet oder ihre gesellschaftliche Reputation nachteilig verändert.[112] Dabei sind die die **Umstände des Einzelfalles objektiv zu werten**: Nicht die Rechtsform des Handelns, sondern die Ausstrahlungswirkung auf die (Grund-)Rechte der betroffenen Person, vor allem ihr Persönlichkeitsrecht, sind maßgeblich.

---

105 Vgl. nur Paal/Pauly/Martini DS-GVO Art. 22 Rn. 3.
106 Paal/Pauly/Martini DS-GVO Art. 22 Rn. 19.
107 NK-DatenschutzR/Scholz DS-GVO Art. 22 Rn. 27; aA BeckOK DatenschutzR/v. Lewinski DS-GVO Art. 22 Rn. 25.1.
108 Paal/Pauly/Martini DS-GVO Art. 22 Rn. 19.
109 Paal/Pauly/Martini DS-GVO Art. 22 Rn. 24c.
110 Vgl. Gola/Schulz DS-GVO Art. 22 Rn. 19; NK-DatenschutzR/Scholz DS-GVO Art. 22 Rn. 18.
111 Vgl. BeckOK DatenschutzR/v. Lewinski DS-GVO Art. 22 Rn. 19 f.
112 Paal/Pauly/Martini DS-GVO Art. 22 Rn. 27.

c) Umfassende Ausnahmen (Abs. 2, 3)

55 Automatisierte Entscheidungsprozesse sind mittlerweile ubiquitär. Dieser Befund steht nur auf den ersten Blick im Widerspruch zum allgemeinen Verbot in Art. 22 Abs. 1 DS-GVO. Denn in Abs. 2 sieht Art. 22 DS-GVO **umfassende Ausnahmen** vor: für Vertragsverhältnisse (→ Rn. 56), aufgrund gesonderter Rechtsvorschriften (→ Rn. 57) oder bei Einwilligung (→ Rn. 60).

aa) Abs. 2 lit. a: Vertragsverhältnisse

56 Eine automatisierte Entscheidung unterfällt nicht dem Verbot, wenn sie für den **Abschluss oder die Erfüllung eines Vertrages** zwischen der betroffenen Person und dem Verantwortlichen erforderlich ist. Im Gegensatz zum vorherigen Art. 15 Datenschutz-RL (und dessen Umsetzung in § 6a Abs. 2 Nr. 1 BDSG aF) macht Art. 22 Abs. 2 lit. a DS-GVO die Zulässigkeit einer automatisierten Entscheidung in Vertragsverhältnissen nicht mehr davon abhängig, dass mit dieser dem Begehren der betroffenen Person stattgegeben wird.

bb) Abs. 2 lit. b: Öffnungsklausel für Regelungsspielraum der Mitgliedstaaten

57 Als **Öffnungsklausel** erlaubt Art. 22 Abs. 2 lit. b DS-GVO den Mitgliedstaaten, in gesonderten Rechtsvorschriften automatisierte Entscheidungen zuzulassen. Dies ist nicht auf Parlamentsgesetze beschränkt, sondern umfasst alle Gesetze im materiellen Sinne, also neben den Gesetzen im formellen Sinn (Parlamentsgesetze des Bundes oder der Länder) auch Satzungen;[113] Verhaltensregeln von Verbänden (Art. 40 DS-GVO) gehören hingegen nicht dazu. Als einen praxisrelevanten Anwendungsfall benennt Erwgr. 71 UAbs. 1 S. 3 DS-GVO beispielhaft vollautomatisierte Prüfungsprozesse, die darauf zielen, Betrug und Steuerhinterziehung zu überwachen oder zu verhindern oder die Sicherheit und Zuverlässigkeit eines vom Verantwortlichen bereitgestellten Dienstes zu gewährleisten. Zulässig ist eine automatisierte Entscheidungsfindung aber auch in diesem Kontext nur, wenn die Rechtsvorschrift angemessene Maßnahmen zur Wahrung der Rechte und Freiheiten sowie der berechtigten Interessen der betroffenen Person enthält (dazu → Rn. 61 ff.). Mit Blick auf Anwendungsfälle von Legal Tech in hoheitlichen Entscheidungen bei Behörden oder Gerichten wäre aus datenschutzrechtlicher Sicht der Ausnahmetatbestand des Art. 22 Abs. 2 lit. b DS-GVO der einschlägige – die Hürden liegen insoweit freilich woanders (→ Rn. 28 ff., 41 ff.).[114]

58 Neben Art. 22 Abs. 2 lit. b DS-GVO erlaubt auch **Art. 23 Abs. 1 DS-GVO** den Mitgliedstaaten, die Rechte und Pflichten aus **Art. 22 DS-GVO zu beschränken**, um **klar definierte Ziele** sicherzustellen. Dazu gehören zB die nationale oder öffentliche Sicherheit oder die Gefahrenabwehr, aber auch sonstige wichtige Ziele des allgemeinen öffentlichen Interesses, insbes. eines wichtigen wirtschaftlichen oder finanziellen Interesses im Währungs-, Haushalts- und Steuerbereich (Beispiele hierfür sind etwa § 22b Abs. 1 S. 2 BörsG, § 51a Abs. 2 S. 1 GwG. Geknüpft ist dies aber an hohe Hürden: Die Beschränkung der Rechte muss sich u.a. als in einer demokratischen Gesellschaft notwendige und verhältnismäßige Maßnahme darstellen, den Wesensgehalt der Grundrechte achten und einen der Tatbestände des Art. 23 Abs. 1 lit. a bis j DS-GVO erfüllen (Art. 23 Abs. 2 DS-GVO).

59 Praxisrelevante **Beispiele** automatisierter Entscheidungsfindung der öffentlichen Verwaltung finden sich insbes. im Besteuerungsverfahren (§ 155 Abs. 4 S. 1, § 88 Abs. 5 AO; dazu → Rn. 27). Im Falle des § 114 BBG hingegen hat der Gesetzgeber die Möglichkeiten der automatisierten Entscheidungsfindung erkannt, ihr aber einen Riegel vorgeschoben: Nach Abs. 1 S. 1 dürfen Personalaktendaten der Bundesbeamten für Zwecke der Personalverwaltung oder der Personalwirtschaft zwar automatisiert verarbeitet werden, zu ihrer Übermittlung müssen aber bereits weitere Voraussetzungen vorliegen (Abs. 1 S. 2) und beamtenrechtliche Entscheidungen dürfen überhaupt nicht ausschließlich auf eine automatisierte Verarbeitung personenbezogener Daten gestützt werden, die der Bewertung einzelner Persönlichkeitsmerkmale dienen.[115]

---

113 Taeger/Gabel/Taeger DS-GVO Art. 22 Rn. 52.
114 Zu den verfassungsrechtlichen Grenzen ausführlich Nink Justiz und Algorithmen S. 260 ff.; s. a. Rollberg Algorithmen in der Justiz S. 138 ff.
115 Vgl. dazu auch Taeger/Gabel/Taeger DS-GVO Art. 22 Rn. 56.

cc) Abs. 2 lit. c: ausdrückliche Einwilligung

Automatisierte Entscheidungen sind – auch beim Einsatz von Legal Tech – vor allem dann zulässig, wenn die betroffene Person hierin eingewilligt hat (Art. 22 Abs. 2 lit. c DS-GVO). Eine solche Option sahen bislang weder die Datenschutz-RL noch § 6a BDSG aF vor.[116] Die DS-GVO zeigt hier das **hohe Gut der informationellen Selbstbestimmung** im Sinne der **persönlichen Entscheidungsautonomie**, wonach der Einzelne grundsätzlich selbst entscheiden kann, wer seine Daten wie verarbeiten und nutzen darf.[117] Für die praktische Ausgestaltung und Nutzung von Legal Tech-Anwendungen, die auf eine Einwilligung der betroffenen Person gestützt werden sollen, legt Art. 7 DS-GVO dazu fest, dass die Einwilligung bewusst, bestimmt und auf informierter Grundlage (Transparenzgebot) erteilt werden muss. Nur dann kann von einer autonomen Willensbildung der betroffenen Person ausgegangen werden. Der normativ geforderte Umfang der Informationen – etwa über die involvierte Logik sowie die Tragweite und die angestrebten Auswirkungen der vollständigen automatisierten Datenverarbeitung (Art. 13 Abs. 2 lit. f und Art. 14 Abs. 2 lit. g DS-GVO) – ist im Einzelnen umstritten (→ Rn. 70). 60

d) Angemessene Sicherungsmaßnahmen

Ergehen vollautomatisiert generierte Entscheidungen in Vertragsverhältnissen (Art. 22 Abs. 2 lit. a DS-GVO) oder mit Einwilligung (Art. 22 Abs. 2 lit. c DS-GVO), muss der Verantwortliche **Mindestgarantien** erfüllen (Art. 22 Abs. 3 DS-GVO). Diese Sicherungsmechanismen sollen „**Grundrechtsschutz durch Verfahren**" gewährleisten"[118] und die Rechte und Freiheiten sowie berechtigten Interessen der betroffenen Person wahren – vom Recht auf persönliches Eingreifen[119] bis zum Gebot fairer und transparenter Verarbeitung. Die Umsetzung solcher Schutzmaßnahmen ist nach Wortlaut und Normsystematik keine Voraussetzung für die Zulässigkeit einer automatisierten Entscheidung (die sich nach Abs. 2 richtet), ein Verstoß gegen die Pflichten aus Abs. 3 ist aber bußgeldbewehrt (Art. 83 Abs. 5 lit. b DS-GVO).[120] 61

Das **Recht, den eigenen Standpunkt darzulegen**, erschöpft sich nicht lediglich in dem Recht, sich zu äußern. Der Standpunkt der betroffenen Person muss vielmehr auch tatsächlich **Gehör** finden, wenn sie dies wünscht – sonst liefe dieses Schutzrecht faktisch leer.[121] Das **Recht auf „Anfechtung der Entscheidung"** meint in der Sache das Recht auf eine inhaltliche Neubewertung. 62

Im nicht verfügenden Teil mahnt die DS-GVO zudem vorgeschaltete Maßnahmen für den Datenverarbeitungs- und Bewertungsprozess für eine faire und transparente Verarbeitung an (Erwgr. 71 UAbs. 2 S. 1) und verlangt insbes., Profiling nur mit „**geeigneten mathematischen oder statistischen Verfahren**" einzusetzen (Erwgr. 71 UAbs. 2 S. 1). Mit Blick auf Legal Tech-Anwendungen bedeutet dies vor allem, dass die genutzten Analysen auf einer **inhaltlich korrekten und aktuellen Datengrundlage** aufsetzen müssen.[122] Damit soll in erster Linie Fehlern und Diskriminierungen vorgebeugt werden. 63

---

116 Vgl. auch BT-Drs. 17/11325, 4 Nr. 18.
117 Vgl. Paal/Pauly/Martini DS-GVO Art. 22 Rn. 14c.
118 Paal/Pauly/Martini DS-GVO Art. 22 Rn. 39 ff.; vgl. auch Kühling/Buchner/Buchner DS-GVO Art. 22 Rn. 31 ff.
119 Nach Paal/Pauly/Martini DS-GVO Art. 22 Rn. 39a etabliert die Vorschrift entgegen einer oberflächlichen reinen Wortlautauslegung kein allgemeines Recht auf persönliches (menschliches) Eingreifen seitens des Verantwortlichen, sondern gibt der betroffenen Person diese Möglichkeit (nur) bei Vorliegen berechtigter Gründe – etwa in Härtefällen, die das System nicht erkennt oder erkennen kann. Denn ein generelles und ausnahmsloses Recht, von automatisierten Entscheidungen immer verschont zu bleiben, etabliert Art. 22 DS-GVO ausweislich seines Abs. 2 gerade nicht.
120 Gola/Schulz DS-GVO Art. 22 Rn. 43.
121 Vgl. bereits Martini/Nink NVwZ-Extra 10/2017, 1 (4).
122 Vgl. auch Paal/Pauly/Martini DS-GVO Art. 22 Rn. 39e; Artikel-29-Datenschutzgruppe, Guidelines on Automated individual decision-making and Profiling for the purposes of Regulation 2016/679 (wp251rev.01), WP 251, 6.2.2018, abrufbar unter https://ec.europa.eu/newsroom/article29/items/612053/en, S. 12, 16, 27.

e) Besonders sensible Daten (Abs. 4)

64 Soll eine automatisierte Entscheidung auf eine Verarbeitung **besonderer Kategorien personenbezogener Daten** (Art. 9 Abs. 1 DS-GVO) gestützt werden – also etwa Gesundheitsdaten oder Daten über eine Gewerkschaftszugehörigkeit –, schränkt Art. 22 Abs. 4 DS-GVO dies noch weiter ein. Lediglich im Falle der Einwilligung (Art. 22 Abs. 4 iVm Art. 9 Abs. 2 lit. a DS-GVO) oder auf Grundlage einer gesonderten Erlaubnisnorm (Art. 9 Abs. 2 lit. g DS-GVO) ist dies zulässig. Letzteres ist nur denkbar im Falle der Erforderlichkeit für ein erhebliches öffentliches Interesse.

65 In der Praxis und insbes. auch bei Legal Tech-Anwendungen werden oftmals nicht allein besonders sensible Daten betroffen sein, sondern es liegt zumeist ein „Mischbestand" an Daten vor, in dem sowohl „gewöhnliche" personenbezogene Daten wie auch besondere Kategorien personenbezogener Daten enthalten sind. Wird auf Basis solcher Mischbestände eine Entscheidung vollständig automatisiert erlassen, findet Art. 22 Abs. 4 DS-GVO grundsätzlich nur auf die sensiblen Daten Anwendung, denn nur diese unterfallen nach der Systematik der DS-GVO einem gesonderten, namentlich deutlich erhöhten Schutzniveau. Dann allerdings, wenn die Datenarten **miteinander verzahnt sind** und ihre Trennung unmöglich ist, ist Abs. 4 auf den gesamten Datensatz anzuwenden.[123]

f) Profiling

66 Art. 22 DS-GVO adressiert auch das sehr **praxisrelevante Profiling**. Nach der Legaldefinition in Art. 4 Nr. 4 DS-GVO fällt darunter jede Art der automatisierten Verarbeitung personenbezogener Daten, die darin besteht, dass diese personenbezogenen Daten verwendet werden, um bestimmte persönliche Aspekte, die sich auf eine natürliche Person beziehen, zu bewerten, insbes. um Aspekte bezüglich Arbeitsleistung, wirtschaftliche Lage, Gesundheit, persönliche Vorlieben, Interessen, Zuverlässigkeit, Verhalten, Aufenthaltsort oder Ortswechsel dieser natürlichen Person zu **analysieren oder vorherzusagen**. Es geht also um die Bildung von (Persönlichkeits-)Profilen. Die Definition ist mithin am Ziel des Profilings ausgerichtet, sie lässt aber keine Rückschlüsse auf dessen Methodik zu, so dass Profiling iSd Art. 22 DS-GVO sehr **unterschiedliche Formen der Datenauswertung** umfassen kann. Begegnet werden soll beispielsweise meinungsbildenden Einflussnahmen etwa auf Kaufverhalten oder Wahlverhalten, die als Gefahr für die individuelle Selbstbestimmung und demokratische Strukturen gelten.[124] Auf übergeordneter Ebene könnte man auch sagen, dass die DS-GVO die Gefahr des „gläsernen Bürgers" abschwächen soll. Ein praxisrelevantes Beispiel für Profiling ist das Kreditscoring, das darauf gerichtet ist, auf Grundlage mathematisch-statistischer Berechnungsverfahren die wirtschaftliche Lage und Zuverlässigkeit einer Person zu analysieren und vorherzusagen.[125]

67 Die Verortung von **Regelungen zum Profiling als datenschutzrechtliche Vorgaben** in der DS-GVO mutet systemfremd an, was sich auch dadurch zeigt, dass neben Art. 22 und der Definition in Art. 4 Nr. 4 DS-GVO lediglich das Widerspruchsrecht aus Art. 21 Abs. 2 DS-GVO für Fälle von auf Profiling zurückgehende personalisierte Werbung das Thema Profiling adressiert. Der Entwurf des Digital Services Act zeigt aber, dass die EU-Kommission die faktischen Möglichkeiten des Profilings (weiterhin) als Risiken identifiziert (vgl. Art. 29 Abs. 1, Erwgr. 52, 52a, 62 des Entwurfs).

68 Das **Verhältnis der Begriffe bzw. Vorgänge** „automatisierte Verarbeitung", „automatisierte Entscheidung" und „Profiling" wird in Art. 22 Abs. 1 DS-GVO nicht auf Anhieb klar. Die Formulierung in der deutschen DS-GVO-Fassung „einschließlich Profiling" macht – iVm der Legaldefinition in Art. 4 Nr. 4 DS-GVO – deutlich, dass das Profiling als ein Unterfall einer ausschließlich automatisierten Datenverarbeitung zu verstehen ist. Es gibt automatisierte Entscheidungen, die nicht auf Profiling beruhen, und Profiling, das

---

[123] Martini/Kienle JZ 2019, 235 (239); Martini/Botta VerwArch 2019, 235 (259 f.).
[124] Taeger/Gabel/Taeger DS-GVO Art. 22 Rn. 12.
[125] Kühling/Buchner/Buchner DS-GVO Art. 22 Rn. 22.

nicht in eine automatisierte Entscheidung mündet.[126] Weil aber die Bewertung einzelner Persönlichkeitsaspekte allgemein für jede automatisierte Verarbeitung iSd Art. 22 DS-GVO kennzeichnend ist und die beispielhafte Aufzählung von Profiling-Maßnahmen in Art. 4 Nr. 4 DS-GVO und den Erwägungsgründen die wichtigsten Persönlichkeitsaspekte in größtmöglichem Maße abzudecken sucht, hat die sprachliche Differenzierung zwischen Profiling einerseits und sonstigen automatisierten Datenverarbeitungen inhaltlich kaum Bedeutung.[127]

Die DS-GVO erklärt in Art. 22 Abs. 1 eine **allein auf Profiling gestützte Entscheidung** für grundsätzlich unzulässig. Dies gilt aber nicht für jegliches Profiling an sich: Entscheidungsvorbereitende oder -unterstützende Profilingmaßnahmen unterfallen dem Verbot nicht. Vielmehr gesteht die DS-GVO der betroffenen Person in Fällen von Profiling, das auf Art. 6 Abs. 1 lit. e (Wahrnehmung einer Aufgabe im öffentlichen Interesse oder bei Ausübung öffentlicher Gewalt) und lit. f (Interessenabwägung) beruht, sowie bei Direktwerbung ein gesondertes Widerspruchsrecht zu (Art. 21 Abs. 1 S. 1 Hs. 2, Abs. 2 Hs. 2). Zudem ist bei Profiling-Maßnahmen in der Regel eine Datenschutz-Folgenabschätzung durchzuführen (Art. 35 Abs. 3 lit. a DS-GVO). Dies ist auch beim Einsatz von Legal Tech-Produkten zu beachten, soweit Profiling zum Einsatz kommen soll. 69

g) Informationspflicht (Transparenz)

Mündet eine vollständig automatisierte Verarbeitung in eine Entscheidung mit rechtlicher oder äquivalenter Beeinträchtigungswirkung, ist die betroffene Person **aussagekräftig** darüber **zu informieren**, dass eine solche Verarbeitung stattfindet („**Ob**"), welche Entscheidungslogik zum Einsatz kommt und mit welcher Tragweite und Auswirkungen zu rechnen ist („**Wie**") (Art. 13 Abs. 2 lit. f und Art. 14 Abs. 2 lit. g DS-GVO; zur Frage der Sichtbarkeit der Entscheidungslogik vertieft → *Transparenz und Erklärbarkeit* Rn. 16 ff.). Diese Informationen sind der betroffenen Person in präziser, transparenter, verständlicher und leicht zugänglicher Form in einer klaren und einfachen Sprache (Art. 12 Abs. 1 S. 1 DS-GVO) kostenfrei (Art. 12 Abs. 5 S. 1 DS-GVO) zur Verfügung zu stellen. Beim Einsatz von Legal Tech-Anwendungen wäre auch die Normsystematik mit Blick auf den Zeitpunkt zu beachten: Art. 13 Abs. 2 lit. f DS-GVO bezieht sich als auf die Zukunft gerichtetes Informationsrecht („zum Zeitpunkt der Erhebung der Daten", Art. 13 Abs. 2 DS-GVO) nicht auf eine bereits konkretisierte Wertung oder Entscheidung, wohingegen Art. 14 Abs. 2 lit. g und Art. 15 Abs. 1 lit. h DS-GVO (auch) für bereits ergangene Entscheidungen gelten („nach Erlangung der […] Daten", Art. 14 Abs. 3 lit. a DS-GVO; „offengelegt worden sind", Art. 15 Abs. 1 lit. c DS-GVO).[128] 70

7. Art. 11 RL (EU) 2016/680 und Predictive Policing

Gem. Art. 2 Abs. 2 lit. d DS-GVO findet die DS-GVO keine Anwendung bei der Verarbeitung personenbezogener Daten durch die zuständigen Behörden zum Zwecke der Verhütung, Ermittlung, Aufdeckung oder Verfolgung von **Straftaten** oder der Strafvollstreckung, einschließlich des Schutzes vor und der Abwehr von Gefahren für die öffentliche Sicherheit. In diesen Fällen gilt die RL (EU) 2016/680[129], die sog. JI-RL („Justiz und Inneres"). Die JI-RL sieht in ihrem Art. 11 eine Parallelvorschrift zu Art. 22 DS-GVO vor. Diese geht über die DS-GVO sprachlich sogar insoweit hinaus, als sie (unabhängig von einer konkreten Entscheidung) ein ausdrückliches **Diskriminierungsverbot** für das Profiling im Hinblick auf besondere Kategorien personenbezogener Daten vorsieht (Art. 11 Abs. 3 JI-RL). Als Richtlinie gilt die 71

---

126 Vgl. Artikel-29-Datenschutzgruppe, Guidelines on Automated individual decision-making and Profiling for the purposes of Regulation 2016/679 (wp251rev.01), WP 251, 6.2.2018, abrufbar unter https://ec.europa.eu/newsroom/article29/items/612053/en, S. 6 ff.
127 Kühling/Buchner/Buchner DS-GVO Art. 22 Rn. 17 ff., 21.
128 Paal/Pauly/Martini DS-GVO Art. 22 Rn. 41c.
129 Richtlinie (EU) 2016/680 des Europäischen Parlaments und des Rates v. 27.4.2016 zum Schutz natürlicher Personen bei der Verarbeitung personenbezogener Daten durch die zuständigen Behörden zum Zwecke der Verhütung, Ermittlung, Aufdeckung oder Verfolgung von Straftaten oder der Strafvollstreckung sowie zum freien Datenverkehr und zur Aufhebung des Rahmenbeschlusses 2008/977/JI des Rates (ABl. L 119, 89).

Norm nicht unmittelbar in den Mitgliedstaaten, sondern bedarf der Umsetzung in nationales Recht. In Deutschland gelten insbes. die Polizeigesetze der Bundesländer sowie das BPolG, aber auch die StPO oder das BKAG. Ein Diskriminierungsverbot muss hingegen wegen Art. 3 Abs. 1, Art. 1 Abs. 3, Art. 20 Abs. 3 GG nicht gesondert für automatisierte Entscheidungen der Polizei- und Strafverfolgungsbehörden normiert werden.

72 In der jüngeren Vergangenheit vermehrt im medialen und öffentlichen Interesse ist das sog. → *Predictive Policing* Rn. 1 ff. **Predictive Policing („vorhersagende Polizeiarbeit")** umfasst insbes. die Analyse gesammelter Daten zur Berechnung der Wahrscheinlichkeit zukünftiger Straftaten (an bestimmten Orten) sowie zur effizienteren Steuerung des Einsatzes von (menschlichen) Polizeikräften. Je nach Land und damit rechtlichem Rahmen kommen ortsbezogene oder personenbezogene Systeme zum Einsatz, teilweise auch in Mischformen.[130] Die derzeit in Deutschland im Einsatz befindlichen Systeme nehmen keine eigene Eingriffsentscheidung iSd Polizeigesetze vor.[131] Sie können polizeiliche Entscheidungen aber vorbereiten und dadurch als Teil des erweiterten Entscheidungsprozesses auch kausal für eine polizeiliche Eingriffsentscheidung und -maßnahme sein.

III. Fazit und Ausblick

73 Automatisierte Entscheidungen haben das **Potenzial**, Prozesse zu beschleunigen und effizienter zu gestalten, Ressourcen zu sparen, Menschen zu unterstützen und Rationalität zu erhöhen.[132] Das Recht gibt dabei Leitlinien und Grenzen vor, etwa in Art. 22 DS-GVO oder § 35a VwVfG – jedenfalls für Entscheidungen mit rechtlicher oder vergleichbarer Wirkung. Davon nicht erfasst sind Systeme zur Entscheidungsvorbereitung bzw. -unterstützung, denen – gemessen an der wirtschaftlichen Bedeutung – eine mindestens vergleichbare praktische Relevanz zukommt: Assistenzsysteme, Profilingverfahren oder (sonstige) Entscheidungsunterstützungssysteme bahnen sich ihren Weg in immer mehr Anwendungsbereiche in der Wirtschaft, im Alltag und nicht zuletzt in Staat und Verwaltung.

74 Die **rechtliche Bewertung von ADM-Systemen** hängt dabei auch davon ab, welche Rechte von betroffenen Personen auf welche Weise tangiert werden. Mit guten Gründen hat daher die Datenethikkommission der Bundesregierung in ihrem Gutachten vom 23.10.2019 für einen (europäischen) Regulierungsansatz für algorithmenbasierte Systeme und Künstliche Intelligenz plädiert, der nach der Systemkritikalität der Anwendungen abstuft.[133] ZB wären danach (u.a.) ein autonom agierendes Waffensystem oder ein System zur nahezu lückenlosen Erfassung und Bewertung menschlichen Verhaltens einschließlich negativer Konsequenzen – wie etwa beim chinesischen Sozialkreditpunktesystem – unzulässig und abschreckende Negativbeispiele bzw. Idealtypen. Aber auch vollständig automatisierte Gerichtsverfahren wären weder

---

130 Vgl. die rechtliche Aufbereitung und Kategorisierung bei Martini/Nink, Mit der algorithmischen Kristallkugel auf Tätersuche?, in Bertelsmann Stiftung (Hrsg.), Automatisch erlaubt? Fünf Anwendungsfälle algorithmischer Systeme auf dem juristischen Prüfstand, 2020, abrufbar unter https://www.bertelsmann-stiftung.de/de/publikationen/publikation/did/automatisch-erlaubt, S. 32 ff. mwN. Predictive Policing-Systeme nutzen Erkenntnisse aus Kriminologie, Statistik und Sozialforschung. Mit steigenden Datenmengen erhoffen sich Anwender zugleich eine immer präzisere Erkennung von Gefahren. Auf der Basis statistischer Analysen des Datenmaterials können zudem Kriminalitätshotspots und -muster erkannt und Polizeikräfte gezielt eingesetzt werden. Dass es dabei zu Eingriffen in geschützte Rechtspositionen (insbes. in das Recht auf informationelle Selbstbestimmung) kommen kann, liegt auf der Hand, sodass der Einsatz personenbezogener Systeme, die zB anhand von Videoüberwachungsdaten Bewegungs- oder Verhaltensmuster erkennen und auswerten, nicht unkritisch erscheint (im Einzelnen → Predictive Policing Rn. 26 ff.).
131 Vgl. Martini/Nink, Mit der algorithmischen Kristallkugel auf Tätersuche?, in Bertelsmann Stiftung (Hrsg.), Automatisch erlaubt? Fünf Anwendungsfälle algorithmischer Systeme auf dem juristischen Prüfstand, 2020, abrufbar unter https://www.bertelsmann-stiftung.de/de/publikationen/publikation/did/automatisch-erlaubt, S. 32 (33 ff.).
132 Ausführlich zu Chancen und Risiken sowie zu technischen Hürden und rechtlichen Vorgaben von automatisierten Entscheidungen im Recht Nink Justiz und Algorithmen S. 139 ff.
133 Das Gutachten ist abrufbar unter https://www.bmjv.de/SharedDocs/Downloads/DE/Themen/Fokusthemen/Gutachten_DEK_DE.pdf?__blob=publicationFile&v=2. Die Autoren schlagen zudem Transparenz- und teilweise Protokollierungspflichten sowie die Etablierung einer unabhängigen Prüfstelle für ADM-Systeme vor.

erstrebenswert noch verfassungsrechtlich zulässig,[134] wobei allerdings für algorithmenbasierte Entscheidungsunterstützungen auch in der Justiz vielversprechende Ansätze bestehen.[135] Automatisierte Entscheidungen bergen jedenfalls **Risiken für die von ihnen Betroffenen**, deren Freiheits- wie Gleichheitsrechte stets zu wahren sind; Einzelfallgerechtigkeit lässt sich schon begrifflich und seinem Wesen nach nicht in eine Automatisierung zwängen. Aufgrund ihrer Breitenwirkung und ihrer retrospektiven und korrelativen Funktionsweise bergen ADM-Systeme zudem Diskriminierungsrisiken.

Es ist davon auszugehen, dass ADM-Systeme in absehbarer **Zukunft weiteren regulatorischen Vorgaben** unterfallen werden. So gibt es auf EU-Ebene zB Entwürfe für eine KI-Verordnung[136] sowie für einen Digital Services Act[137], jeweils bereits im fortgeschrittenen Gesetzgebungsverfahren. Letzterer enthält u.a. Regelungen zu Online-Empfehlungssystemen, zur Transparenz bzgl. Werbung und Targeting im Internet und zu automatisierten Löschungen von (illegalen) Inhalten auf Plattformen. Der Entwurf einer KI-Verordnung sieht gar Verbote für den Einsatz von KI-Systemen (zu denen auch ADM-Systeme zählen) in bestimmten Anwendungsbereichen vor oder knüpft jedenfalls deren Zulässigkeit an technisch-organisatorische Voraussetzungen. Dabei differenziert er je nach Risiko (unannehmbare oder inakzeptable Risiken; hohe Risiken; sowie geringe bzw. minimale Risiken). Die abstrakten technischen Vorgaben der neuen Regelungsinstrumente müssen erst noch durch Gerichte oder behördliche Leitlinien konkretisiert werden. Außerdem ist im weiteren Gesetzgebungsverfahren vor dem Inkrafttreten jeweils noch mit einigen inhaltlichen Änderungen zu rechnen.

Für Legal Tech-Anwendungen zur Entscheidungsunterstützung bestehen in technischer Hinsicht **grundsätzlich zwei Wege**: **rein regelbasierte Systeme** mit deduktiver Logik **oder datenbasierte, lernende Systeme**, die (auch) induktive Logik einbeziehen. Je nach Anwendungsfall kann aber auch eine Kombination hieraus sinnvoll sein. Gerade juristische Entscheidungen sind darauf angewiesen, auch verstanden und nachvollzogen zu werden. Auf die Transparenz, Fairness und Begründung einer automatisierten Entscheidung kommt es auch beim Legal Tech-Einsatz besonders an.

ADM-Systeme könnten im Rechtsbereich auch als Kontrollinstanz oder Korrektiv zur Entscheidungsprüfung von Richtern, Anwältinnen oder Klagewilligen dienen. Automatisierte Entscheidungsverfahren sind aber immer nur so gut, nur so rational, nur so gerecht, wie es die Daten und die Entscheidungsparameter, auf denen sie beruhen bzw. aus denen sie ihre Schlüsse ziehen, zulassen. Das gilt insbes. für Prozesse maschinellen Lernens.[138] Für den dauerhaften Erfolg von Legal Tech-Anwendungen im Bereich ADM wird es auf eine saubere **Aufbereitung von Daten in ausreichender Quantität und Qualität** ebenso ankommen wie auf **interdisziplinäre Forschungsprojekte oder breite Kooperationen**. Zudem sind immer die rechtlichen und gesellschaftlichen Auswirkungen zu betrachten: Denn vielfach ist nicht zuvorderst das technische Können der Automatisierung entscheidend, sondern auch die (rechtliche) und gesellschaftliche Sinnhaftigkeit. Dem Recht kommt dabei eine gewichtige und den Juristinnen und Juristen eine verantwortungsvolle Rolle zu.

---

134 Ausführlich Nink Justiz und Algorithmen S. 260 ff.
135 Vgl. etwa Giannoulis, Studien zur Strafzumessung, 2014, S. 295 ff.; vgl. auch bereits Schünemann/Tinnefeld/Wittmann Gerechtigkeitswissenschaft/Hörnle S. 393 (404 ff.).
136 COM(2021) 206 final v. 21.4.2021.
137 COM(2020) 825 final, 2020/0361 (COD) v. 15.12.2020; die abgestimmte Trilog-Fassung (Stand Juni 2022) ist abrufbar unter https://data.consilium.europa.eu/doc/document/ST-9342-2022-INIT/x/pdf.
138 Vgl. Zweig, Wo Maschinen irren können, 2018, abrufbar unter https://www.bertelsmann-stiftung.de/fileadmin/files/BSt/Publikationen/GrauePublikationen/WoMaschinenIrrenKoennen.pdf, S. 15 f., 23.

31. Expertensystem, juristisches

Anzinger

I. Einführung	1
II. Historische Entwicklung	6
III. Regel- und fallorientierte Expertensysteme	11
1. Regelorientierte Systeme	12
2. Fallorientierte Systeme	15
3. Hybride Systeme	17
IV. Grundbausteine	18
1. Sachverhaltsermittlungs- und Dialogkomponente	19
2. Inferenz- und Ableitungsmaschine	22
3. Wissensbasis	25
4. Optionale Wissenserwerbskomponente und Schnittstellen zur Anwendungsentwicklung	26
5. Erklärungskomponente	28
V. Einsatzszenarien	29
1. Rechtsberatung und Rechtsgestaltung	30
2. Rechtsfindung, Streitbeilegung und Verwaltungsautomation	31
3. Grenzen autonomer juristischer Expertensysteme	34
VI. Zusammenfassung und Ausblick	35

Literatur: *Anzinger*, Möglichkeiten der Digitalisierung des Rechts, in Hey (Hrsg.), Digitalisierung im Steuerrecht, 2019, 15 (zit.: Hey Digitalisierung im Steuerrecht/Anzinger); *Anzinger*, Online-Mediation auf dem Weg zur Digitalisierung der Justiz – Teil 2, ZKM 2021, 84; *Araszkiewicz/Lopatkiewicz/Zurek*, The Tradition of Legal Expert Systems – Possibilities, Limitations and the way forward, IRIS 20 (2017), 123; *Bohrer*, Entwicklung eines internetgestützten Expertensystems zur Prüfung des Anwendungsbereichs urheberrechtlicher Abkommen, 2003; *Boyd*, Law in Computers and Computers in Law: A Lawyer's View of the State of the Art, Arizona Law Review 14 (1972), 267; *Branting*, Data-centric and logic-based models for automated legal problem solving, Artificial Intelligence and Law 25 (2017), 5; *Burr*, Die Entwicklung von Legal Robots am Beispiel der grunderwerbsteuerlichen Konzernklausel, BB 2018, 476; *Capper/Susskind*, Latent Damage Law. The Expert System, 1988; *Council of Europe*, Systems based on artificial intelligence in the legal field – Proceedings of the 9th Symposium on Legal Data Processing in Europe. Bonn, 10–12 October 1989, 1991; *Fiedler*, Orientierung über juristische Expertensysteme – Grundlagen und Möglichkeiten, CR 1987, 325; *Gerathewohl*, Erschließung unbestimmter Rechtsbegriffe mit Hilfe des Computers: ein Versuch am Beispiel der „angemessenen Wartezeit" bei § 142 StGB, 1987; *Goodfellow/Bengio/Courville*, Deep Learning, 2019; *Gojowski/Mertens/Richter/Schmidt-Baumeister*, Komplexe Entscheidungsunterstützung – Die Expertensysteme der DATEV eG, WuM 2012, 68; *Greenleaf*, Legal Expert Systems – Robot Lawyers?, Proc. Australian Legal Convention, 1989, abrufbar unter https://ssrn.com/abstract=2263868; *Grundmann*, Juristische Expertensysteme – Brücke von (Rechts)informatik zu Rechtstheorie, in Erdmann/Fiedler/Haft/Traunmüller (Hrsg.), Computergestützte Juristische Expertensysteme, 1986, S. 97 (zit.: Erdmann/Fiedler/Haft/Traunmüller Computergestützte Juristische Expertensysteme/Grundmann); *Günther*, Juristische ‚Expertensysteme' – Gedanken zwischen Theorie und Praxis, JurPC 1989, 309; *Haft*, Juristische Erwartungen an Expertensysteme, in Erdmann/Fiedler/Haft/Traunmüller (Hrsg.), Computergestützte Juristische Expertensysteme, 1986, S. 21 (zit.: Erdmann/Fiedler/Haft/Traunmüller Computergestützte Juristische Expertensysteme/Haft); *Haman*, Integration neuronaler Netze in regelbasierte juristische Expertensysteme, 1998; *Jandach*, Juristische Expertensysteme. Methodische Grundlagen ihrer Entwicklung, 1993; *Lehmann*, Das juristische Konsultationssystem LEX aus software-technischer Sicht, in Erdmann/Fiedler/Haft/Traunmüller (Hrsg.), Computergestützte Juristische Expertensysteme, 1986, S. 49 (zit.: Erdmann/Fiedler/Haft/Traunmüller Computergestützte Juristische Expertensysteme/Lehmann); *Kar et al.*, Kompetenzzentrum Öffentliche IT: Recht Digital: Maschinenverständlich und automatisierbar. Impuls zur digitalen Vollzugstauglichkeit von Gesetzen, 2019; *Langenbucher*, Das Dezisionismusargument in der deutschen und in der US-amerikanischen Rechtstheorie, ARSP 88 (2002), 398; *Leith*, The Computerised Lawyer. Applications of Advanced Computing Techniques, 1991; *Matthes*, Stehen regelbasierte Expertensysteme vor einer Renaissance im Bereich Legal Tech?, REThinking Law 2019, 28; *McCarty*, Reflections on TAXMAN: An Experiment in Artificial Intelligence and Legal Reasoning, Harvard Law Review 90 (1977), 837; *A. Philipps*, Experten, Laien und Systeme – das Münchener Expertensystem und seine Ziele, in Erdmann/Fiedler/Haft/Traunmüller (Hrsg.), Computergestützte Juristische Expertensysteme, 1986, S. 134 (zit.: Erdmann/Fiedler/Haft/Traunmüller Computergestützte Juristische Expertensysteme/A. Philipps); *L. Philipps*, Rechtssätze in einem Expertensystem – Am Beispiel der Willenserklärung eines Minderjährigen, in L. Philipps (Hrsg.), Formalisierung im Recht und juristische Expertensysteme – 1. Workshop des Arbeitskreises „Formalisierung und formale Modelle im Recht" der Gesellschaft für Informatik (GI), 1985, S. 96 (zit.: L. Philipps Formalisierung im Recht und juristische Expertensysteme/L. Philipps); *L. Philipps*, Rechtsmodule, CR 1986, 113; *Popple*, A Pragmatic Legal Expert System, 1996; *Schäfer*, ZombAIs: Legal Expert Systems As Representatives „Beyond the Grave", SriptEd 2 (2010), 385; *Popp/Schlink*, JUDITH. Konzept und Simulation eines dialogischen Subsumtionshilfeprogramms mittleren Abstraktionsgrades, in Suhr (Hrsg.),

Computer als Juristische Gesprächspartner, 1970, S. 1 (zit.: Suhr Computer als Juristische Gesprächspartner/Popp/Schlink); *Popp/Schlink*, A Computer Program to Advise Lawyers in Reasoning a Case, Jurimetrics 15 (1975), 303; *Ringwald*, Das Tübinger Dialogverfahren (DIALTUE (2)) – eine Schnittstelle zu Expertensystemen, in Erdmann/Fiedler/Haft/Traunmüller (Hrsg.), Computergestützte Juristische Expertensysteme, 1986, S. 111 (zit.: Erdmann/Fiedler/Haft/Traunmüller Computergestützte Juristische Expertensysteme/Ringwald); *Rumpe et al.*, Digitalisierung der Gesetzgebung zur Steigerung der digitalen Souveränität des Staates, Berichte des NGEZ Nr. 19, 2021; *Stevens/Barot/Carter*, The Next Generation of Legal Expert Systems – New Dawn or False Dawn?, SGAI 27 (2010), 439; *Suhr*, D I S U M. Konzept eines dialogischen Subsumtionshilfeprogramms höheren Abstraktionsgrades, in Suhr (Hrsg.), Computer als Juristische Gesprächspartner, 1970, S. 21 (zit.: Suhr Computer als Juristische Gesprächspartner/Suhr); *omasz/Buchanan/Shortliffe*, Rule-Based Expert Systems. The MYCIN Experiments of the Stanford Heuristic Programming Project, 1984; *Tönsmeyer-Uzuner*, Expertensysteme in der öffentlichen Verwaltung, 2000; *Traunmüller*, Die Entwicklung von Expertensystemen, in Erdmann/Fiedler/Haft/Traunmüller (Hrsg.), Computergestützte Juristische Expertensysteme, 1986, S. 221 (zit.: Erdmann/Fiedler/Haft/Traunmüller Computergestützte Juristische Expertensysteme/Traunmüller).

I. Einführung

Expertinnen und Experten (franz.: expert, lat.: expertus) kennzeichnen Erfahrenheit und Sachkunde in einem bestimmten Fachgebiet. Darin repräsentieren sie Wissen, dass auf verschiedenen Wegen erworben und sich auf Methoden, auf Konventionen (Regeln und Standards), Sprachen (Begriffe und Formeln) und auch auf Erfahrungen über Korrelationen verschiedener Ereignisse beziehen kann. Im funktionalen und sozialen Sinne wird von Expertinnen und Experten über die bloße Wissensrepräsentation hinaus erwartet, dieses Wissen auch selbstständig fortentwickeln, anwenden und weitergeben sowie gewonnenen Ergebnisse bewerten zu können. Sie sollen auf ihr Fachgebiet bezogene Fragen und Sachverhalte aufnehmen, einordnen und methodengerecht beantworten können. Dazu gehört die **Kompetenz**, Fragen zu verstehen, mit der Wissensbasis zu verknüpfen und Antworten zielgruppengerecht erklären zu können. In ihrer sozialen Rolle sollen Expertinnen und Experten dabei subjektive und objektive Wissenslücken entweder offenlegen oder die damit verbundenen Unschärfen und Wertungsspielräume durch ihre statusbezogene Autorität auffüllen.[1]

Juristinnen und Juristen nehmen wie die Angehörigen der medizinischen Berufe eine mit gesellschaftlichen Erwartungen verbundene **Expertenrolle** ein. Beiden Berufsgruppen ist Verantwortung für andere Menschen übertragen. Juristinnen und Juristen gestalten in ihren Entscheidungen die staatliche Ordnung und mit den ihnen übertragenen Hoheitsbefugnissen die persönliche Handlungsfreiheit der Mitglieder einer Rechtsgemeinschaft. Der damit verbundenen Verantwortung und Risikolage Rechnung tragend, knüpft die **Rechtsordnung** besondere Anforderungen an den Erwerb des Expertenwissens durch die Ausbildung und beschränkt den Berufszugang und die Berufsausübung auf in dieser Weise qualifizierte Personen. Sie weist Juristinnen und Juristen aber auch einen persönlichen Freiraum zu, in dem sich menschliche Wertungen und kulturelle Prägungen entfalten können.

Solche Überlegungen zur Funktion und sozialen Rolle juristischer Experten vorangeschickt, lassen sich die Versuche einordnen, in juristischen Expertensystemen **computergestützte Methoden** zu entwickeln und anzuwenden, in denen sich Wissenserwerb, Wissensrepräsentation, Sachverhaltsermittlung, Dialog und Erklärung automatisieren lassen und schließlich Wertungen nachgeahmt und die Autorität des bislang durch Menschen verkörperten Amtes der Richterinnen und Richter, Verwaltungsbeamten und Rechtsanwältinnen algorithmisiert werden könnte.

Vielfältige Überlegungen, den Begriff des Expertensystems scharf zu definieren,[2] sind vor dem Hintergrund dieser Zielreflexion wenig zweckmäßig geblieben. Vielzitiert ist die **Definition** von *Edward Feigenbaum*,[3] nach der sich ein Expertensystem dadurch auszeichne, dass Wissen und Inferenzverfahren in einem

---
1 Zur Bedeutung der entscheidenden Person für die Überzeugungskraft einer Entscheidung im rechtstheoretischen Modell des Dezisionismus: Langenbucher ARSP 88 (2002), 398 ff.
2 Mit zahlreichen Beispielen Jandach, Juristische Expertensysteme, 1993, S. 6 Fn. 7.
3 E. Feigenbaum, sinngemäß zitiert nach Jandach, Juristische Expertensysteme, 1993, S. 6.

intelligenten Computerprogramm so abgebildet werden, dass dieses in der Lage sei, Probleme zu lösen, die immerhin so schwierig seien, dass ihre Lösung ein beträchtliches menschliches Sachwissen erfordere. Qualitativ müssten das in Expertensystemen repräsentierte Wissen und die verwendeten **Inferenzverfahren** als Modell für das Expertenwissen der versiertesten Praktiker des jeweiligen Fachgebietes angesehen werden können. In dieser Definition finden die Merkmale der überdurchschnittlichen Fach- und Methodenkompetenz und der Anerkennung dieser Kompetenz im Expertenkreis zwar Ausdruck. Ihre Relevanz bleibt gleichwohl gering.

5   Zur Beschreibung und Einordnung juristischer Expertensysteme für Zwecke der Ausbildung, der Forschung und der Praxis weitaus hilfreicher als Definitionsversuche ist eine Darstellung der bisherigen Entwicklung, um zuerst Versprechen vor dem Hintergrund bisheriger Versuche einordnen zu können (dazu unter II.). Bedeutsam ist weiter die grundlegende Unterscheidung zwischen regelorientierten und fallvergleichenden Expertensystemen (dazu unter III.). Zur **Einordnung** vermeintlich neuer technischer Ansätze notwendig ist ein Verständnis der Grundbausteine juristischer Expertensysteme (dazu unter IV.). Der Praxis ermöglichen Einsatzszenarien eine Einschätzung der Nützlichkeit, aber auch der Chancen und Risiken. Deren Beschreibung ist mit den rechtlichen Rahmenbedingungen zu verbinden (dazu unter V.). In einer abschließenden Zusammenfassung und einem Ausblick lassen sich die Perspektiven zeichnen (unten VI.).

II. Historische Entwicklung

6   Die **Entwicklung computergestützter Expertensysteme** reicht zurück bis in den Beginn der modernen Computertechnik in der Mitte des 20. Jahrhunderts. Nachdem erkannt war, dass sich eine allgemeine Künstliche Intelligenz (→ *Künstliche Intelligenz* Rn. 1), die Entscheidungen wie Menschen treffen kann, im Rahmen der verfügbaren Technik nicht realisieren lässt, verlegte sich die Forschung auf das weniger komplex erscheinende Feld der fachspezifischen Wissensrepräsentation. Ein frühes Feld bildete dabei die Entwicklung von Expertensystemen auf dem Gebiet der Medizin.[4]

7   Über das Potenzial auf dem Gebiet der Rechtsfindung war im deutschsprachigen Raum schon Mitte der 1960er-Jahre nachgedacht worden. Erste **Prototypen** juristischer Expertensysteme sind aus einem 1970 am Deutschen Rechenzentrum Darmstadt angebotenen Spezialprogrammierkurs für nichtnumerische Probleme unter besonderer Berücksichtigung der Rechtswissenschaften entstanden. Hier entwickelten *Walter Popp* und *Bernhard Schlink* unter dem Akronym „JUDITH" Konzept und Simulation eines dialogischen Subsumtionshilfeprogramms mittleren Abstraktionsgrades[5] und *Dieter Suhr* unter dem Akronym „DISUM" sein Konzept eines **dialogischen Subsumtionshilfeprogramms** höheren Abstraktionsgrades.[6] In den USA folgte noch in den 1970er-Jahren das steuerrechtliche Expertensystem Taxman[7] und rezipiert wurde in derselben Zeit das deutsche Projekt JUDITH.[8]

8   In den 1980er-Jahren erlebte die Entwicklung juristischer Expertensysteme ihre Hochblüte. An der Universität **Tübingen** entstanden aus Kooperationen zwischen *Fritjof Haft* und dem Computer- und Softwarehersteller IBM vielfältige Initiativen, die in dem logikbasierten Expertensystem (LEX)[9] und der Schnittstelle des Tübinger Dialogverfahrens[10] mündeten. In **Bonn** forschte *Herbert Fiedler* über Möglichkeiten und Grenzen juristischer Expertensysteme.[11] In **München** widmete sich *Lothar Philipps* in einem von der DFG geförderten Projekt den Vorfragen der Modularisierung von Rechtssätzen[12] und *Andrea Philipps*

---

4   Zum Projekt „Mycin": Tomasz/Buchanan/Shortliffe, Rule-Based Expert Systems, 1984.
5   Suhr Computer als Juristische Gesprächspartner/Popp/Schlink S. 1 ff.
6   Suhr Computer als Juristische Gesprächspartner/Suhr S. 21 ff.
7   Boyd Arizona Law Review 14 (1972), 267 (286 f.); McCarty Harvard Law Review 90 (1977), 837 (838).
8   Popp/Schlink Jurimetrics 15 (1975), 303.
9   Erdmann/Fiedler/Haft/Traunmüller Computergestützte Juristische Expertensysteme/Lehmann S. 49.
10 Erdmann/Fiedler/Haft/Traunmüller Computergestützte Juristische Expertensysteme/Ringwald S. 111.
11 Erdmann/Fiedler/Haft/Traunmüller Computergestützte Juristische Expertensysteme/Fiedler S. 111.
12 L. Philipps CR 1986, 113.

den Schnittstellen zwischen Experten, Laien und Systemen.[13] An der Universität **Linz** forschte *Roland Traunmüller* über die Entwicklung computergestützter juristischer Expertensysteme.[14] In Großbritannien legten *Philipp Capper* und *Richard Susskind* ihre Studien über juristische Expertensysteme vor.[15]

Der Transfer der Forschung in die Praxis blieb ungeachtet der vielfältigen Initiativen an den Universitäten aus. Kommerziell nutzbare Anwendungen entstanden nur in Nischenbereichen. Die Umsetzung neuer technischer Möglichkeiten konzentrierte sich auf **juristische Datenbanken** und verwandte Rechtsinformationssysteme. Das Interesse an juristischen Expertensystemen verebbte bereits Anfang der 1990er-Jahre.[16]

Eine **Wiederentdeckung** erfuhren juristische Expertensysteme mit dem gewachsenen Interesse an „Legal Tech"-Anwendungen in den 2010er-Jahren. Dabei stehen bis heute aber nicht neue innovative technologische Entwicklungen, etwa maschinelles Lernen und Repräsentationslernen mit verdeckten Schichten (Deep Learning), sondern technisch einfache, pragmatische Lösungen im Mittelpunkt. In ihren Kernelementen erscheint die in der Anwendung heute eingesetzte Technik noch nicht wesentlich weiter als diejenige, die zu Beginn der 1970er-Jahre bereits verfügbar war. **Marktfähige Lösungen** entstehen mit schlanken einfachen technologischen Ansätzen dort, wo mit geringem Aufwand hohes Rationalisierungs- und Skalierungspotenzial besteht. Treiber der Entwicklung sind nicht neue Methoden der Künstlichen Intelligenz, sondern das **Ubiquitous Computing** und andere Möglichkeiten, die den Zugang zu einer Vielzahl von Fällen ermöglichen. Im Fahrwasser der Entwicklungsanstrengungen von Legal Tech-Start Ups, die sich auf Massenfallrecht konzentrieren, findet aber auch eine Wiederbelebung in der Forschung statt und zugleich wächst in der Justiz und in der Verwaltung das Interesse an Assistenzsystemen, die eine automationsunterstützte Fallbearbeitung ermöglichen.[17] Diese zunehmende Verbreitung kann wiederum den Einsatz neuer Technologien befördern.[18]

III. Regel- und fallorientierte Expertensysteme

Mit den heute verfügbaren Technologien stehen grundsätzlich **zwei Wege** offen, ein juristisches Expertensystem zu entwickeln. Die danach vorzunehmende Weichenstellung bezieht sich auf den Weg des Wissenserwerbs. Der erste Weg, ein deduktiver, regelorientierter Ansatz sucht Tatbestandsmerkmale und Rechtsfolgen in eine Baumstruktur umzusetzen, die sich mit einfachen Wenn-Dann-Sätzen und Berechnungsschemata programmtechnisch implementieren lässt. Der zweite Weg, ein induktiver, statistischer Ansatz nimmt große Datensammlungen, zum Beispiel Fallsammlungen zum Ausgangspunkt und sucht nach Ähnlichkeitswahrscheinlichkeiten, um hinreichend vergleichbare Fälle gleich zu entscheiden.

1. Regelorientierte Systeme

Die größere Verbreitung dürften nach wie vor **regelorientierte juristische Expertensysteme** aufweisen. Ihre Konstruktion erfordert in einem ersten Schritt die juristische Aufbereitung von Teilrechtsgebieten in Entscheidungsstrukturen, in denen Prüfungsmaßstäbe als Knoten und Entscheidungsalternativen als Pfade definiert werden.[19] Diese Aufbereitung erfordert die Auslegung und Konkretisierung von Tatbestandsmerkmalen und die Auflösung von unbestimmten Rechtsbegriffen, soweit sie den Anwender in der Informationsanforderung überfordern würden. Tatbestandsmerkmale müssen soweit aufbereitet werden, dass sie in der Sachverhaltsermittlung und insbesondere im Dialog der Sachverhaltsermittlung ohne zusätzliche juristische Expertise automatisiert beim Anwender abgefragt werden können, ohne diesen mit der Unschärfe von Interpretationsspielräumen zu konfrontieren. Zugleich muss die juristische Aufbereitung mit **Rechtsunsicherheiten** und Meinungsstreitigkeiten umgehen. Die großen Herausforderungen, die mit

---

13 Erdmann/Fiedler/Haft/Traunmüller Computergestützte Juristische Expertensysteme/A. Philipps S. 134.
14 Erdmann/Fiedler/Haft/Traunmüller Computergestützte Juristische Expertensysteme/Traunmüller S. 221.
15 Capper/Susskind, Latent Damage Law, 1988; Susskind Expert Systems.
16 Zutreffend beschreibend Hartung/Bues/Halbleib Legal Tech/Grupp S. 259 (260).
17 Ähnlich Hartung/Bues/Halbleib Legal Tech/Grupp S. 259 (260).
18 Zur Rennaissance von Expertensystemen: Matthes REThinking Law 2019, 28.
19 Hartung/Bues/Halbleib Legal Tech/Grupp S. 259 (262).

dieser Aufbereitung verbunden sind,[20] bilden eine erste hohe Eintrittshürde für die Neukonstruktion regelorientierter juristischer Expertensysteme. Die zweite große Hürde besteht im **Wartungsaufwand**. Nicht nur jede Rechtsänderung durch den parlamentarischen Gesetzgeber oder die Rechtsprechung erfordern eine Anpassung der Baumstruktur, auch Änderungen der Verwaltungspraxis oder des Meinungsstandes im Schrifttum können Anpassungen erforderlich machen. Die Kosten dieser Wartung sind ein zweiter gewichtiger Grund für die bislang geringe Verbreitung juristischer Expertensysteme.

13 **Lösungen** für diese ersten beiden **Hürden der Verbreitung** regelorientierter juristischer Expertensysteme werden auf der Ebene der Gesetzgebung und in der Verwaltungspraxis gesucht.[21] In einzelnen Rechtsgebieten, etwa im Steuerrecht, verweist das Gesetz auf die Möglichkeit, die Verwaltungspraxis der Rechtsanwendung in **Programmablaufplänen** zu veröffentlichen, die im Rahmen der Gesetze verbindliche Auslegungsmaßstäbe abbilden sollen.[22] Sie lassen sich unmittelbar in Programmcode übersetzen und verringen damit den Implementierungs- und Wartungsaufwand erheblich. Einen Schritt weiter wollen Ansätze gehen, die vorsehen, dass Gesetze selbst in einer Sprache verabschiedet werden, die sowohl Menschen als auch Computer verstehen können (**Domain Specific Language**).[23] Damit würde die Entwicklung juristischer Expertensysteme erheblich vereinfacht. Diese Ansätze sind aber auch mit dem Zweifel verbunden, ob sich Gesetze in der interpretationsfreien und damit auch kompromissfeindlichen Schärfe einer Programmiersprache im parlamentarischen Gesetzgebungsverfahren mehrheitsfähig entwickeln ließen.

14 Verglichen mit dieser Herausforderung der Modellierung und Wartung erscheinen die eigentlichen technischen Anforderungen an die Programmierung regelorientierter Expertensysteme als überschaubar. Gleichwohl oder gerade deshalb werden auf dieser Seite der Entwicklung juristischer Expertensysteme die größeren technischen Fortschritte umgesetzt. Sogenannte **Low-Code-Plattformen** sollen es auch dem technisch wenig versierten Anwender ermöglichen, mit geringem Aufwand Baumstrukturen in unmittelbar einsatzfähige Softwareprogramme umzusetzen. Ihr Charakteristikum besteht darin, dass keine Programmentwicklung im engeren Sinne stattfindet, sondern die Baumstrukturen in das Format eines vorgegebenen Datenmodells gebracht werden, in dem eine bestehende Softwareanwendung mit eigener Anwendungslogik auf die darin transportierten Informationen zugreifen und ein juristisches Expertensystem darstellen kann. Ein Beispiel für ein solches Datenmodell ist die **Unified Legal Language**.[24]

2. Fallorientierte Systeme

15 **Fallorientierte Expertensysteme** suchen den Wissenserwerb nicht in aufwendig vorgefertigten Baumstrukturen, sondern in Datensammlungen, denen sich Zusammenhänge in den Entscheidungen menschlicher Experten empirisch und damit vergangenheitsbezogen entnehmen lassen. Die Wissensbasis wird hier nicht manuell konstruiert. Die Systeme sollen **selbstlernend** sein. Vorstellbar sind verschiedene Entwicklungsstufen solcher selbstlernenden Systeme. *Jens Wagner* hat sie, angelehnt an *Ian Godfellow*, *Yoshua Bengio* und *Aaron Courville*,[25] in drei Stufen unterteilt: das klassische maschinelle Lernen, bei dem Merkmale manuell ausgewählt und sodann die Zuordnung zwischen den Merkmalen trainiert wird, das Repräsentationslernen, bei dem sowohl die relevanten Merkmale als auch deren Zuordnung aus Datensammlungen abgeleitet wird und schließlich das von *Wagner* so bezeichnete Repräsentationslernen mit

---

20 Instruktiv am Beispiel des Grunderwerbsteuerrechts: Burr BB 2018, 476.
21 Kar et al., Kompetenzzentrum Öffentliche IT: Recht Digital, 2019.
22 Instruktiv dazu § 39b Abs. 6 EStG und BMF, Programmablaufplan für die maschinelle Berechnung der vom Arbeitslohn einzubehaltenden Lohnsteuer, des Solidaritätszuschlags und der Maßstabsteuer für die Kirchenlohnsteuer für 2022, 9.11.2020, abrufbar unter www.bmf.de.
23 Dazu Rumpe et al., Digitalisierung der Gesetzgebung zur Steigerung der digitalen Souveränität des Staates, Berichte des NGEZ Nr. 19, 2021, abrufbar unter https://negz.org/berichte-des-negz-2021-digitalisierung-der-gesetzgebung-zur-steigerung-der-digitalen-souveranitat-des-staates/.
24 Lang/Groß, Unified Legal Language (ULL), Semi-formale Beschreibungssprache für eine IT-gestützte Rechtsanwendung, abrufbar unter https://elektronische-steuerpruefung.de/loesung/gross_lang_1.htm.
25 Goodfellow/Bengio/Courville, Deep Learning, 2019, abrufbar unter www.deeplearningbook.org, S. 9.

verdeckten Schichten, in dem auf Ebene der Merkmalserkennung zusätzlich eine Abstraktionsleistung erbracht wird, die die Erkennung neuer Merkmale erlaubt.[26]

In allen Entwicklungsstufen stellen sich auch bei fallorientierten Expertensystemen zwei Herausforderungen, die zugleich wiederum wesentliche Verbreitungshindernisse darstellen. Die erste Herausforderung besteht in der Verfügbarkeit und **Qualität von Trainingsdaten** zum Entscheidungsverhalten von juristischen Expertinnen und Experten, also der öffentlichen Verfügbarkeit von Rechtsprechung, Verwaltungsentscheidungen oder Rechtsrat in der Rechtsgestaltungspraxis. Solche Daten sind regelmäßig personenbezogen oder enthalten Geschäftsgeheimnisse. Vor einer aufwendigen Anonymisierung und Bereinigung um Geschäftsgeheimnisse sind diese Daten schwer zur Aufbereitung in Trainingsdatensätzen verfügbar. Nach einer Bereinigung kann wiederum ihr Wert als Trainingsdatensatz geschmälert sein. Nicht übersehen werden darf schließlich die Anforderung der Datenqualität. Sie wirkt sich unmittelbar auf die Qualität des statistisch trainierten Expertensystems aus. Der Blick auf die Qualität des trainierten Systems führt zur zweiten großen Herausforderung. Fallorientierte Expertensysteme können bauartbedingt **nur Wahrscheinlichkeitsaussagen** treffen und sind damit auch vor unplausiblen Aussagen nicht geschützt. Juristischen Entscheidungen sind solche Wahrscheinlichkeitsurteile zwar bei der Sachverhaltsermittlung nicht fremd, etwa wenn Sachverhaltsfeststellungen im Rahmen eines abgesenkten Beweismaßes zu treffen sind. Im Bereich der rechtlichen Würdigung widersprechen sie aber den Grundsätzen der Rechtsfindung, deren Ziel nicht ein Wahrscheinlichkeitsurteil, sondern ein Urteil ist.

3. Hybride Systeme

Wegen der unterschiedlichen Defizite regel- und fallorientierter Systeme ist im Schrifttum bereits früh eine Synthese dieser beiden Verfahren und eine **Verknüpfung** vorgeschlagen worden.[27] Darin könnte eine Baumstruktur den äußeren Entscheidungsrahmen bilden, der durch ein fallbasiertes System ausgestaltet würde. Auf diesem Weg könnten auch **subjektive Wertungen** im Training des Systems rezipiert werden, die die menschlichen Vorbilder in ihrem Entscheidungsverhalten beeinflusst haben. Der Aufwand und die Komplexität der Entwicklung von juristischen Expertensystem würde sich in einem solchen Modell allerdings noch einmal deutlich erhöhen, da die Wissensbasis hier auf zwei Wegen doppelt angereichert werden muss. Gelöst werden müsste in einem hybriden System auch das Problem des Vorrangverhältnisses.

IV. Grundbausteine

Unabhängig von der Grundkonzeption als regel- oder fallorientiertes Expertensystem lassen sich in allen juristischen Expertensystemen **fünf Grundbausteine** erkennen, deren Entwicklungsstufen unabhängig voneinander ausgestaltet sein können.

1. Sachverhaltsermittlungs- und Dialogkomponente

Auf Anwenderseite erscheinen juristische Expertensysteme zuerst durch ihre **Sachverhaltsermittlungs- und Dialogkomponente**. Sowohl regel- als auch fallorientierte Systeme können grundsätzlich darauf ausgelegt werden, Fragen in natürlicher Sprache, textorientiert oder durch Sprachausgabe strukturiert oder unstrukturiert zu stellen und Antworten auch ebenso aufzunehmen. Bei natürlich-sprachlichen Dialogkomponenten und bei der Sachverhaltsermittlung in natürlich-sprachlich verfassten Texten bilden die Spracherkennung, die Informationsextraktion und die Inhaltsanalyse (→ *Natural Language Processing (NLP)* Rn. 1) allerdings eine zusätzliche Herausforderung und Fehlerquelle, die die Gesamtqualität des juristischen Expertensystems schwächen kann.[28]

---

[26] Wagner Legal Tech und Legal Robots S. 62; exemplarisch dazu Haman, Integration neuronaler Netze in regelbasierte juristische Expertensysteme, 1998.
[27] Branting Artificial Intelligence and Law 25 (2017), 5 (22 f.).
[28] Mit Beispielen Jandach, Juristische Expertensysteme, 1993, S. 16 f.

20 Fallorientierte Expertensysteme können sich zwar leichter mit **natürlich-sprachlichen Dialogkomponenten** verknüpfen lassen, soweit sie, abhängig von ihrer Entwicklungsstufe, Wahrscheinlichkeitsurteile auch ausgehend von unstrukturierten Eingabedaten treffen können. Eine unerwartete Darstellung des Sachverhalts wird aber auch bei diesen Systemen zu Verzerrungen führen. Daher kommt Ansätzen wie dem strukturierten Parteivortrag (→ *Strukturierter Parteivortrag* Rn. 1) eine besondere Bedeutung zu.

21 Jenseits der Dialogkomponente können juristische Expertensysteme auch andere **Schnittstellen** zur Sachverhaltsvermittlung aufnehmen. Beispielhaft zu nennen sind Systeme zur Geltendmachung von Fluggastrechten wegen Flugverspätungen, die sich mit einer öffentlich zugänglichen Datenbank verbinden lassen, denen notwendige Informationen über Flugverspätungen entnommen werden können.

2. Inferenz- und Ableitungsmaschine

22 Die **Inferenz- oder Ableitungsmaschine** bildet mit ihren Schlussfolgerungs- oder Vergleichsmechanismen das wesensprägende Element jedes Expertensystems. In diesem Teilbaustein werden die Sachverhaltsinformationen mit der Wissensbasis verknüpft und damit verbunden zunächst der Dialog mit dem Anwender bzw. der Prozess der Sachverhaltsabfrage gesteuert und sodann die Schlussfolgerungen aus dem dargestellten Sachverhalt gezogen (→ *Subsumtion* Rn. 4).

23 Im Dialog mit dem Anwender oder der Anwenderin entscheidet sich dabei zunächst, ob die adressierten Rechtsfragen überhaupt im Kompetenzbereich des Expertensystems liegen. Dazu kann ein eigenständiger Filterungsprozess vorgeschaltet oder als Ergebnis einer Prüfung des vorhandenen Wissens die automatisierte Schlussfolgerung getroffen werden, dass eine Aussage zur rechtlichen Beurteilung des dargestellten Sachverhalts nicht möglich ist (Feststellung des Nichtwissens). Kann die **Kompetenz des Expertensystems** festgestellt werden, hat die Abfrage zur Ermittlung der einschlägigen Anspruchsgrundlagen einzusetzen. Bei regelorientierten Systemen folgt die Baumstruktur dem Prüfungsablauf. Dieser kann vom Sachverhalt oder vom Ergebnisziel ausgehend entwickelt werden. Im einen Fall ist die Wissensdatenbank nach Tatbestandsmerkmalen zu durchsuchen, die zum Sachverhalt passen, im anderen Fall nach Schlussfolgerungen, die das erwünschte Ergebnis abdecken. Wo sich Tatbestandsmerkmale als Ergebnis anderer Regeln darstellen, kann die Inferenzmaschine die in der **Wissensdatenbank** enthaltenen Regeln rückwärts durchlaufen und muss den Anwender erst dann um Aussagen zum Sachverhalt bitten, wenn keine Regel mit einer passen Schlussfolgerung auffindbar ist.[29] Inferenzmaschinen können in regelorientierten Expertensystemen über einfache Wenn-Dann-Abfrage-Mechanismen hinausreichen. Denkbar sind neben formelgestützten Berechnungen auch Optimierungsalgorithmen, die etwa zur Vorbereitung von Ermessensentscheidungen herangezogen werden können.

24 Die Bedeutung und die Ausgestaltung der Inferenzmaschine in fallorientierten Expertensystemen ist in zwei alternativen Varianten denkbar. Dienen die in statistischen Verfahren vollzogenen Verfahrensschritte nur dem **Wissenserwerb und der Regelentwicklung** durch maschinelles Lernen, liegt darin nur ein Zwischenschritt, eine Vorbereitungshandlung für den Einsatz der Inferenzmaschine in Form des Erwerbs der Wissensbasis und der Regeln der Inferenzmaschine. Die Methodenm nach denen die Inferenzmaschine arbeitet, müssen sich dann nicht von denen der Inferenzmaschine regelorientierte Expertensystem unterscheiden. Denkbar ist aber auch, dass statistische Verfahren die Inferenzmaschine selbst ersetzen und an die Stelle der deduktiven Regelanwendung ein unmittelbarer Fallvergleich tritt, der nach dem **Vergleichsfall mit der größten Ähnlichkeit** sucht und seine Aussagen aus der Behandlung des Vergleichsfalles in der Vergangenheit bezieht.

3. Wissensbasis

25 Die **Wissensbasis** bildet als das „Expertenwissen" neben der Inferenzmaschine ein Kernelement jedes juristischen Expertensystems. Sie kann fest im Programm verankert, etwa in Gestalt der Baumstruktur im Programmcode enthalten oder, auch bei regelorientierten Expertensystemen, mit dem Programm in

---

29 Zu dieser „Rückwärtsverkettung": Greenleaf, Legal Expert Systems – Robot Lawyers?, 1989, S. 5.

einem **Datenmodell** verknüpft sein. In fallorientierten Datenmodellen kann die Wissensbasis aus der Anwendung statistischer Methoden auf große Datensammlungen entstehen oder mit dem Algorithmus des Fallvergleichsmechanismus verschmelzen. Das Datenmodell hängt damit nicht nur von der Ausgestaltung des Inferenzmechanismus, sondern noch mehr von der Entscheidung für einen regel- oder einen fallorientierten Ansatz ab.

4. Optionale Wissenserwerbskomponente und Schnittstellen zur Anwendungsentwicklung

Fallorientierten Expertensystemen ist eine **Wissenserwerbskomponente** regelmäßig immanent. Sie kann aber auch mit regelorientierten Expertensystemen verbunden werden. Ein frühes Beispiel für eine gesonderte Wissenserwerbskomponente bildete das Modul RuleMaker im Expertensystem WZ. Der **Regelgenerator** des RuleMaker diente im System WZ dazu, unbestimmte Rechtsbegriffe durch eine Vielzahl konkreter Einzelfälle zu konkretisieren, kombinierte also ein regel- und ein fallorientiertes System.[30]

Werden juristische Expertensysteme als leere Programmhülle konstruiert, in der die Wissensbasis selbst nicht unmittelbar verankert ist, sondern mit dieser durch eine Datenschnittstelle verbunden ist, muss ein Weg vorgesehen werden, auf dem der Anwender diese Wissensbasis befüllen kann. Erforderlich ist dann eine Schnittstelle für den Anwendungsentwickler. Für diese Schnittstelle haben sich der Begriff **Low-Code- oder No-Code-Plattform** herausgebildet. Damit wird der Eindruck vermittelt, es würde ein Expertensystem in einer besonders einfachen Programmiersprache entwickelt. Tatsächlich handelt sich bei „Low Code" im Kontext juristischer Expertensysteme um Daten in Expertensystemumgebungen. Um diese Daten eingeben zu können, benötigen Expertensysteme mit initial leerer Wissensbasis eine Entwicklerschnittstelle.[31]

5. Erklärungskomponente

Ebenso wie die Dialogkomponente kann auch die **Erklärungskomponente** unabhängig von der Grundkonzeption des Expertensystems in verschiedenen Entwicklungsstufen ausgestaltet sein. In regelorientierten Expertensystemen können schlicht Textbausteine hinterlegt sein, die pfadabhängig abgerufen und zusammengefügt werden. Ohne Einfluss auf das System ist hier die Entscheidung, ob eine bloße Textausgabe oder eine natürlich-sprachliche Ausgabe vorgenommen werden soll. In fallorientierten Systemen kann der nachahmende Fallvergleich auch die Entscheidungsbegründungen umfassen. Das Expertensystem kann daher neben dem ähnlichen Entscheidungstenor auch ähnliche Entscheidungsgründe vorschlagen. Wesentlich bedeutsamer sind bei fallorientierten Systemen aber die Erklärungen zu den Grundlagen des getroffenen **Wahrscheinlichkeitsurteils**. Sie bilden nach wie vor eine besondere technische Herausforderung (→ *Transparenz und Erklärbarkeit* Rn. 12).

V. Einsatzszenarien

Juristische Expertensysteme können wie menschliche Expertinnen und Experten unmittelbar als Ratgeber zur Entscheidungsunterstützung eingesetzt werden oder diese bei ihrer Arbeit unterstützen.[32] Die **Arbeitsergebnisse** können sich dabei auf bloße Recherchehinweise beschränken oder weitergehend den Entwurf vollständiger Rechtsgutachten vorsehen. Dabei können sie sowohl in der Rechtsberatung und Rechtsgestaltung als auch in der Justiz und in der Verwaltung eingesetzt werden. Schließlich scheint ihr Einsatz auch zur Erweiterung privatautonomer Handlungsmacht denkbar.[33]

---

30 Dazu Jandach, Juristische Expertensysteme, 1993, S. 268 f.; im Einzelnen Gerathewohl, Erschließung unbestimmter Rechtsbegriffe mit Hilfe des Computers, 1987, S. 36 ff.
31 Eine verbreitete Low-Code-Plattform bildet die Expertensystem-Shell von Neota Logic; s. dazu das von diesem Unternehmen herausgegebene ebook Tschauder, „No-Code Technologien im Rechtsmarkt. Eine Einführung", 1.6.2021, abrufbar unter https://www.legal-operations.com/no-code-low-code.
32 Perspektivisch Leith, The Computerised Lawyer. Applications of Advanced Computing Techniques, 1991.
33 Mit der Idee transmortaler autonomer Vertretung Schäfer SriptEd 2 (2010), 385.

1. Rechtsberatung und Rechtsgestaltung

30 In der Rechtsberatungspraxis finden sich **Einsatzszenarien** für juristische Expertensysteme insbesondere dort, wo häufig wiederkehrende Sachverhaltskonstellationen und Rechtsfragen zusammentreffen. Ein jüngstes Beispiel aus der steuerlichen Rechtsberatung bildet die Reform des Grundsteuerrechts, nach der mehrere Millionen Grundstücke einer Neubewertung unterzogen werden und dabei ganz unterschiedliche Rechtsfragen zu beantworten sind.[34] Lohnende Anwendungsfelder finden sich schließlich dort, wo wiederkehrende **Berechnungen** anzustellen sind, etwa im Familienrecht in der Feststellung und Berechnung von Unterhaltsverpflichtungen oder bei der Gebühren- und Fristenberechnung. In Standardkonstellationen können mit juristischen Expertensystemen auch die Erstellung von **Rechtsgutachten** automatisiert und entsprechende Funktionalitäten über geeignete Plattformen Rechtsratsuchenden auch unmittelbar zur Verfügung gestellt werden.[35] Für solche Dienstleistungsangebote sind freilich die **berufsrechtlichen Grenzen**, etwa des Rechtsdienstleistungsgesetzes und des Steuerberatungsgesetzes zu beachten. In der Rechtsgestaltung können juristische Expertensysteme auch zur Sachverhaltsgestaltung herangezogen werden.

2. Rechtsfindung, Streitbeilegung und Verwaltungsautomation

31 In der Justiz ist der Einsatz von juristischen Expertensystemen grundsätzlich wie in der Anwaltschaft zur **Entscheidungsunterstützung** und zur Vorbereitung von Entscheidungsdokumenten denkbar. Wo sich Prüfungsschemata in juristischen Entscheidungsunterstützungssystemen einbetten lassen und der Sachverhalt strukturiert aufbereitet ist, könnte **Dokumentenautomation** (→ *Dokumentenautomatisierung* Rn. 2) bei häufig wiederkehrenden Sachverhaltskonstellationen und Rechtsfragen dabei sowohl den Tatbestand als auch die Entscheidungsgründe erfassen.[36]

32 Juristische Expertensysteme könnten in der Justiz ebenso bereits im Vorfeld eines streitigen Verfahrens eingesetzt werden. In bislang vor allem in Kanada und den Vereinigten Staaten anzutreffenden gerichtsverbundenen Online-Streitbeilegungs-Verfahren (→ *Streitbeilegung, alternative* Rn. 4) finden juristische Expertensysteme zur Beratung der Parteien einen Einsatzzweck. So bildet im Beispiel des kanadischen **Civil Resolution Tribunal** ein sogenannter „Solution Explorer" eine freiwillige Vorstufe des eigentlichen Mediationsverfahrens.[37] Dabei handelt es sich um ein internetgestütztes Expertensystem, das dem Kläger helfen soll, noch vor einer Verfahrenseinleitung eine (kostenfreie) Lösung des Konflikts zu finden.[38]

33 Der tatsächliche praktische Einsatz juristischer Expertensysteme in der **Justiz** hält sich indessen noch in Grenzen. Verbreitet sind bislang nur einfache Anwendungen, etwa Prozesskostenrechner oder die Software „Familienrechtliche Berechnungen".[39]

3. Grenzen autonomer juristischer Expertensysteme

34 **Grenzen autonomer juristischer Expertensysteme** ergeben sich nicht nur aus dem anwaltlichen Berufsrecht, sondern auch aus datenschutzrechtlichen Bestimmungen. Zukünftige Anforderungen können sich zudem aus der von der Europäischen Kommission initiierten Regulierung von Systemen der Künstlichen Intelligenz ergeben. Zur Künstlichen Intelligenz zählen nach dem Vorschlag der Kommission auch „Logik- und wissensgestützte Konzepte, einschließlich Wissensrepräsentation, induktiver (logischer) Programmierung, Wissensgrundlagen, Inferenz- und Deduktionsmaschinen, (symbolischer) Schlussfolgerungs- und

---

34 Die Legal Tech-Datenbank „Tax Punk" liefert im Mai 2022 mit dem Suchbegriff „Grundsteuer" 18 Legal Tech-Anwendungen, die explizit die Grundsteuerreform adressieren, s. www.taxpunk.de.
35 Dieses Anwendungsfeld decken etwa die DATEV-Expertisensysteme ab, dazu Gojowski/Mertens/Richter/Schmidt-Baumeister WUM 2012, 68; exemplarisch auch Bohrer, Entwicklung eines internetgestützten Expertensystems zur Prüfung des Anwendungsbereichs urheberrechtlicher Abkommen, 2003.
36 Zum Einsatz in der Verwaltungsautomation: Tönsmeyer-Uzuner, Expertensysteme in der öffentlichen Verwaltung, 2000.
37 Dazu Anzinger ZKM 2021, 84 (86).
38 Siehe https://civilresolutionbc.ca/how-the-crt-works/getting-started/; dazu Tan Deakin Law Review 24 (2019), 101 (116 f.).
39 Siehe jurisPK-ERV/Biallas Bd. 1 Kap. 8 Rn. 27.

Expertensysteme".[40] Soweit diese Systeme in der Justiz eingesetzt werden, sollen sie nach dem Verordnungsvorschlag zu den Hochrisiko-KI-Systemen zählen.[41] Für diese sieht der Verordnungsvorschlag eine ex ante Konformitätsbewertung und eine Registrierungspflicht vor.[42]

VI. Zusammenfassung und Ausblick

Das **Potenzial juristischer Expertensysteme** dürfte bei weitem nicht ausgeschöpft sein.[43] Festzustellen ist aber auch, dass die technologischen Innovationen bezogen auf den dargestellten Zeitraum ihrer Entwicklung von über 50 Jahren eher bescheiden ausfallen. Der Euphorie um fallorientierte, selbstlernende Expertensysteme ist vor diesem Hintergrund mit nüchtern beobachtender Haltung zu begegnen. In der Justiz könnte die praktische Relevanz juristischer Expertensysteme erheblich steigen, wenn sich Konzepte zur Einführung des strukturierten Parteivortrags durchsetzen. Der Einsatz juristischer Expertensysteme bietet sich dann bereits im Prozess der **Modellierung der Vortragsstruktur** an. Sind damit bereits Teile der Dialogkomponente eines juristischen Expertensystems implementiert, erscheint der Weg nicht weit hin zu Entscheidungsunterstützung und Dokumentenvorbereitung. Dies könnte dann wiederum Rückwirkung auch auf die Rechts- und Gestaltungsberatung haben. Realisiert sich eine solche Entwicklung, wird das Hauptaugenmerk wieder von der Technik hin zur Regulierung wandern müssen. Sie muss gewährleisten, dass richterliche Entscheidungen von der persönlichen Überzeugung der zur Entscheidung berufenen Richterinnen und Richter getragen (→ *Richter* Rn. 24) und nicht final von **Rechtsautomaten** getroffen werden. Ein bloß formaler Richtervorbehalt mit Schlussabnahmepflicht wird dafür nicht genügen.

---

40 Vorschlag der Europäischen Kommission für eine Verordnung des Europäischen Parlaments und des Rates zur Festlegung harmonisierter Vorschriften für Künstliche Intelligenz (Gesetz über Künstliche Intelligenz), 22.4.2021, COM(2021) 206, Anhang I lit. b.
41 Vorschlag der Europäischen Kommission für eine Verordnung des Europäischen Parlaments und des Rates zur Festlegung harmonisierter Vorschriften für Künstliche Intelligenz (Gesetz über Künstliche Intelligenz), 22.4.2021, COM(2021) 206, Anhang III Nr. 8: „KI-Systeme, die bestimmungsgemäß Justizbehörden bei der Ermittlung und Auslegung von Sachverhalten und Rechtsvorschriften und bei der Anwendung des Rechts auf konkrete Sachverhalte unterstützen sollen".
42 Vorschlag der Europäischen Kommission für eine Verordnung des Europäischen Parlaments und des Rates zur Festlegung harmonisierter Vorschriften für Künstliche Intelligenz (Gesetz über Künstliche Intelligenz), 22.4.2021, COM(2021) 206, 15 f.
43 Perpsektivisch Araszkiewicz/Lopatkiewicz/Zurek IRIS 20 (2017), 123 ff.

32. FinTech

Linardatos

I. Einführung	1	a) InsurTech	8
II. Technikbasierte oder -unterstützte Finanzdienstleistungen	3	b) PayTech	14
		c) WealthTech und Robo Advice	17
1. Grundlagen	3	d) CreditTech	20
2. Aufgliederung	7	**III. FinTech-Unternehmen**	22

Literatur: *Casper*, Anlegerschutz beim Crowdfunding: eine kritische Evaluation des Kommissionsvorschlags für optionales Modell, in: Festschrift für Karsten Schmidt zum 80. Geburtstag, 2019, 197; *Hertneck*, Peer-to-Peer-Lending, 2020; *Köndgen*, Beratungspflichten und Haftung, in Basedow/Schwintowski et al. (Hrsg.), Beiträge zur 11. Wissenschaftstagung des Bundes der Versicherten, 2003, 139; *Linardatos (Hrsg.)*, Rechtshandbuch Robo Advice, 2020; *Linardatos*, Autonome und vernetzte Aktanten im Zivilrecht, 2021; *Möslein/Omlor (Hrsg.)*, FinTech-Handbuch, 2. Auflage 2021; *Maume*, Regulating Robo-Advisory, 55(1) Tex. Int'l L. J. 49 (2019), 49; *Omlor*, FinTech – Versuch einer begrifflichen und rechtssystematischen Einordnung, JuS 2019, 306; *Oppenheim/Lange-Hausstein*, Robo Advisor – Anforderungen an die digitale Kapitalanlage und Vermögensverwaltung, WM 2016, 1966; *Renner/Faller/Walter*, Crowdlending nach der ECSP-VO, BKR 2021, 394; *Ringe/Ruof*, A Regulatory Sandbox for Robo Advice, European Banking Institute Working Paper Series 2018 – no. 26, abrufbar unter https://papers.ssrn.com/sol3/papers.cfm?abstract_id=3188828; *Scholz-Fröhling*, FinTechs und die bankaufsichtsrechtlichen Lizenzpflichten, BKR 2017, 133.

I. Einführung

1 Das Kofferwort FinTech (Financial Technology oder Finanztechnologie) ist ein **terminus major**, der für daten- und technologiebasierte Finanzdienstleistungen verwendet wird. Im Sinne einer Abbreviatur umfasst der Begriff einesteils die mit technischen Mitteln erbrachte Finanzdienstleistungen (→ Rn. 3 ff.), andernteils die dahinterstehenden Anbieter und Unternehmen (→ Rn. 15 ff.). FinTech ist kein Rechtsbegriff und damit **keine Determinante juristischer Subsumtion**. Aus Sicht der Anbieter ist er viel eher ein werbewirksames „Label", eine Marke, die dem Kunden eingängig und zügig vor Augen führen oder suggerieren soll, es werde ein innovatives Produkt, eine agile Dienstleistung angeboten. Zudem fungiert er als sprachökonomischer Klammerbegriff in rechtlichen, wirtschaftlichen und gesellschaftlichen Diskussionen.

2 Ob man das Akronym eher auf die Dienstleistung oder auf den werbend tätigen Marktakteur bezieht, hat viel mit dem rechtlichen Umfeld zu tun, in dem sich der Rechtsanwender jeweils bewegt.[1] So versteht eine Aufsichtsbehörde naturgemäß darunter ein bestimmtes Unternehmen, das als verantwortlicher Rechtsträger für die vertriebenen Dienste und Produkte beaufsichtigt und bei etwaigen Missständen (siehe zB § 4 Abs. 1a FinDAG) in die Verantwortung genommen werden muss. Im zivilrechtlichen Umfeld ist es hingegen die Dienstleistung, die in das Zentrum der Betrachtung rückt, obgleich der FinTech-Begriff für Fragen des Vertragsschlusses, des Verbraucherschutzes, der Haftung etc keine unmittelbare Bedeutung hat (→ Rn. 1).

II. Technikbasierte oder -unterstützte Finanzdienstleistungen

1. Grundlagen

3 Auf Dienstleistungen bezogen ist der Begriff am besten als Methode oder Konzept zu verstehen („approach").[2] Ziel ist es, bestehende Dienstleistungen oder Anwendungssysteme technologiebasiert weiterzuentwickeln oder zu verbessern sowie neue Dienstleistungen und Anwendungsfelder zu erschließen oder zu erschaffen. Auf Kundenbedürfnisse soll agil reagiert werden können.[3] Im Vordergrund steht eine

---

1 Ähnlich Omlor JuS 2019, 306.
2 Vgl. Scholz-Fröhling BKR 2017, 133.
3 Maume, Regulating Robo-Advisory, 55(1) Texas International Law Journal 49 (2019), 49 (54).

Steigerung des Kundennutzens durch technische Mittel. Die Europäische Kommission versteht dementsprechend unter FinTech „technology-enabled innovation in financial services".[4]

Aus dem FinTech-Begriff lässt sich über die Charakteristika der eingesetzten Technologie nichts ableiten, obgleich festzuhalten ist, dass für die betreffenden Angebote in der Regel auf Mittel digitaler Identifizierung, auf mobile Anwendungen, Cloud-Computing[5], Big Data-Analysen[6], Künstliche Intelligenz (KI) oder Blockchain-Technologien[7] zurückgegriffen wird.[8] Welche technischen Eigenschaften diese Systeme sodann im Einzelfall aufweisen, hängt stark von den Anforderungen des Produkts, der Dienstleistung und des rechtlichen Umfelds ab. FinTech-Dienste dürfen demnach nicht mit der Verwendung von KI, → *Blockchain* Rn. 3 ff. oder → *Smart Contracts* Rn. 5 ff. undifferenziert gleichgesetzt werden. Die Technologie der FinTechs muss nicht einmal – zu jeder Zeit – besonders „innovativ" sein, denn jede Innovation hat zwangsläufig ein Ablaufdatum.[9] Ohne Ausnahme festgehalten werden kann nur, dass stets verschiedene **Algorithmen** zum Einsatz kommen,[10] die (standardisierte) Abläufe und Vorgänge jedenfalls automatisieren, bisweilen sogar autonomisieren.[11]

Im Zentrum technologiebasierter Finanzdienstleistungen steht in der Regel die **Digitalisierung der Kundenstrecke**. Der Kontakt zwischen dem Anbieter der Dienstleistung und dem Kunden findet demnach über digitale Medien und Vertriebskanäle statt (Internet, Smartphone etc). Die Dienstleistung selbst muss nicht zwingend einen digitalen Inhalt oder Gegenstand haben (zB → *Kryptowährungen* Rn. 5 ff., Tokens und dergl.), sondern kann auch einen physischen Bezug aufweisen (zB Finanzierung einer Immobilie, Erwerb einer Versicherung usw.).

Zu den gemeinsamen und global-relevanten Merkmalen von FinTech-Dienstleistungen gezählt werden können verschiedene Markt- und Wirtschaftswirkungen:[12] So tragen FinTechs typischerweise zur **Disintermediation**, **Dezentralisierung** und **Privatisierung eines Finanzsektors** bei. Gleichgültig ist dabei, ob diese Veränderung durch neue oder durch etablierte Marktakteure angestoßen wird. Die Anbieter schränken ihre Aktivität typischerweise nicht nur auf einen bestimmten nationalen Markt ein, sondern bieten ihre Leistungen über Landesgrenzen hinweg an, bisweilen sogar weltweit (**Transnationalität**);[13] agiert wird überwiegend über **Plattformstrukturen** (→ Rn. 22).

2. Aufgliederung

Der dienstleistungsbezogene FinTech-Begriff wird im Schrifttum und in der Praxis weitergehend untergliedert,[14] abhängig davon, welchen Gegenstand die Dienstleistung hat. Wie der Oberbegriff selbst, haben auch die untergeordneten Termini keine Bedeutung für die juristische Auslegung (→ Rn. 1).

---

4 European Commission, FinTech Action plan, COM(2018) 109 final, S. 1 (unter „Introduction").
5 Zur Definition → *Cloud Computing* Rn. 36 ff.
6 Zu den Merkmalen → *Big Data* Rn. 4 ff.
7 Näher zur technischen Charakteristiker und zu den Blockchain-Typen → *Blockchain* Rn. 3 ff.
8 European Commission, FinTech Action plan, COM(2018) 109 final, S. 1 (unter „Introduction"); siehe auch Zetzsche/Yeboah-Smith in FS 25 Jahre WpHG, 2019, S. 481, 483.
9 Einst war ein Fahrzeug mit einem Antiblockiersystem (ABS) „innovativ", jetzt ist es nicht einmal eine Erwähnung wert angesichts der sich abzeichnenden Ära des autonomen Fahrens.
10 FinTech-HdB/Möslein/Omlor § 1 Rn. 6 (dort mit Einbeziehung von KI); Lehmann in MüKoBGB B. Internationales Finanzmarktaufsichtsrecht Rn. 472.
11 Zum Autonomiebegriff Linardatos Autonome und vernetzte Aktanten im Zivilrecht § 5 C; zum teils an dessen Stelle verwendeten Begriff der Automation siehe → *Automatisierung und Autonomie* Rn. 1 ff.
12 Zusammenfassend FinTech-HdB/Möslein/Omlor § 1 Rn. 4 ff.; Weber in Sassenberg/Faber, Industrie 4.0 und Internet-HdB, 2020, § 20 Rn. 4; Omlor JuS 2019, 306.
13 MüKoBGB/Lehmann B. Internationales Finanzmarktaufsichtsrecht Rn. 472.
14 Anders als hier Scholz-Fröhling BKR 2017, 133 f.

a) InsurTech

8 Ein recht neuer Unterbegriff ist das Akronym InsurTech (Kofferwort aus „insurance" und „technology"), welches für **technologiegestützte Innovationen im Versicherungssektor** steht und Unternehmen umfasst, die auf Basis von technologie- und datengetriebenen Geschäftsmodellen mit neuen Produkten im Versicherungsmarkt auftreten.[15]

9 Dazu gehören beispielsweise die von Direktversicherern für mobile Endgeräte angebotenen Versicherungsdienste, die *ad hoc* den Erwerb eines **Versicherungsschutzes** für eine konkrete Situation oder Tätigkeit (zB Auslandsreise) erlauben und bei denen mit Ablauf der vereinbarten Zeit oder Aktivität das Versicherungsverhältnis erlischt. Andere InsurTech-Anbieter verwalten die Versicherungspolicen ihrer Kunden und prüfen laufend, ob Veränderungen in der Lebenssituation oder im Unternehmen des Kunden feststellbar sind, welche es veranlassen, das **Policen-Portfolio automatisiert anzupassen**.

10 Zunehmend an Bedeutung gewinnen auch sog. **Telematik-Tarife**, bei denen verhaltens- und lebensstilabhängig die Versicherungsprämien gestaltet werden.[16] Algorithmen werten dabei verschiedene personenbezogene Daten aus und ordnen das Verhalten oder den Lebensstil in Risikogruppen ein, die vom Versicherer spezifisch bepreist werden.

11 Manche InsurTech-Anbieter fungieren als „Backoffice" von Versicherungsberatern und -maklern und automatisieren verschiedene Prozesse, indem sie beispielsweise die Dokumentenverwaltung übernehmen. Auch für den Versicherungssektor spezifisch konzipierte IT-Dienstleistungen werden als InsurTech bezeichnet.[17] Eine weitere InsurTech-Erscheinung sind sog. Peer-to-Peer-Versicherungsmodelle:[18] Diese Modelle basieren auf einem Zusammenschluss mehrerer Personen über eine Plattform (→ *Plattform, allgemein* Rn. 2 ff.) zu einer Gemeinschaft, welche die Risikoträgerschaft übernimmt und entsprechend etwaige Schadensfälle der Mitglieder ausgleicht.

12 Algorithmische Systeme haben in der Versicherungsbranche darüber hinaus eine starke Bedeutung bei der Verwendung von **Chatbots**, während der Kundenauthentifizierung sowie bei der **Erfassung** von **Schadensmeldungen**, bei der Betrugsabwehr sowie bei der Daten- und **Risikoanalyse** wie auch bei der Risikoprüfung.[19] Im letzteren Fall kann – bei entsprechend weitem Verständnis des Begriffs – von einem Robo Advisor gesprochen werden, etwa wenn das System während der Gesundheitsprüfung zur Errechnung der Versicherungsprämie eingesetzt wird. Denn hier agiert der Algorithmus unmittelbar im Verhältnis zum Kunden und gestaltet den Vertragsschluss mit.

13 InsurTech ist – wie FinTech auch (→ Rn. 4) – ein **technologieneutraler Begriff** und demnach nicht mit KI oder anderen technischen Phänomenen gleichbedeutend. Auch ist InsurTech, wie schon gesehen, nicht allgemein mit digitalen Beratungsdiensten (Robo Advice) gleichzusetzen. Am weitesten verbreitet sind Versicherungsvermittlerplattformen, während die digitale Beratung noch immer ein Nischendasein fristet bzw. nur sehr selektiv eingesetzt wird. Eine umfassende Beratung des Versicherungsnehmers durch einen Algorithmus oder durch ein künstlich-intelligentes System findet in der Regel noch nicht statt.[20] Das hat einerseits traditionelle Hintergründe – Versicherungsagenten verstehen sich weniger als Berater und mehr als Absatzhelfer[21] – und andererseits praktische Ursachen: Versicherungen sind Rechtsprodukte und weisen dadurch eine Komplexität auf, die jene der Finanzdienstleistungen oftmals deutlich übersteigt.[22] Die se-

---

15 Fischer in Bruck/Möller VVG-Großkommentar Kapitel F. InsurTech Rn. 2.
16 Vgl. beispielhaft die Telematik-Tarife in der Kfz-Versicherung; dazu Klimke r+s 2015, 217.
17 Fischer in Bruck/Möller VVG F. InsurTech Rn. 3.
18 Dazu Fischer in Bruck/Möller VVG F. InsurTech Rn. 12 ff.
19 Ähnlich Fischer in Bruck/Möller VVG F. InsurTech Rn. 16 f.
20 Ein Ausnahmebeispiel ist das Angebot von Lemonade (https://www.lemonade.com/de) in den USA. Zur technischen Einordnung der Dienste in der Versicherungsbranche siehe schon Linardatos in Robo Advice-HdB § 1 Rn. 36, 43.
21 Köndgen Beratungspflichten und Haftung 139 (141).
22 Köndgen Beratungspflichten und Haftung 139 (144) mit Verweis auf Dreher, Die Versicherung als Rechtsprodukt, 1991.

mantischen Kapazitäten von Algorithmen oder KI sind nach wie vor nicht ausreichend, um das individuelle Bedarfsprofil des Versicherungskunden präzise genug in einem eigenständigen Prozess bestimmen zu können.[23] Eine Standardisierung des „Beratungsprozesses" ist mithin kaum möglich, weil bei Versicherungen die Bedürfnisse der Kunden viel stärker variieren als dies bei einem durchschnittlichen Kapitalanleger der Fall ist.[24] Deswegen sind mit InsurTech (noch immer) vornehmlich digitale Intermediärsdienstleistungen gemeint (Vermittlungsplattformen etc).[25]

b) PayTech

Ein weiterer FinTech-Unterbegriff ist → *PayTech* Rn. 1 ff.: Dieser umfasst die **digitalen Dienste im Zahlungsverkehr**, die im Online-Banking oder über (mobile) elektronische Endgeräte fernab des Bankfilialbetriebs über das Internet erbracht werden, also zum Beispiel Mobile- oder Peer-to-Peer-Payments (P2P), Real-Time-Payments etc. PayTech-Dienste sind in verschiedenen Wirtschaftssektoren von Bedeutung. Sie werden nicht nur im stationären Einzelhandel benötigt, am sog. Point-of-Sale (**POS-Zahlung**), sondern sie sind auch im klassischen E-Commerce sowie für In-App-Käufe und P2P relevant. 14

PayTech ist nicht auf ein bestimmtes Zahlungsverfahren festgelegt. Die Bezahlung basiert in der Regel auf den etablierten Verfahren wie Überweisung, Lastschrift oder Kartenzahlung. Gleichgültig ist weiterhin, ob es sich um Inlands- oder grenzüberschreitende Zahlungen handelt. Gegenstand der Zahlungen muss nicht zwingend **Fiatgeld** sein, sondern auch der Erwerb und die Übertragung von **Kryptogeld** wird von PayTech-Diensten ermöglicht. 15

Zahlungsdienste werden in der Regel von etablierten Banken angeboten, weil sie kontogebunden sind. Dies hat sich erst 2016 mit Inkrafttreten der Zahlungsdiensterichtlinie II[26] nachhaltig verändert. Seitdem sind sog. **Drittdienstleister**[27] zugelassen. Unter Drittdienstleister werden verschiedene Kategorien von Zahlungsdienstleistern gefasst, die allesamt ohne direkten Zugriff auf ein Zahlungskonto agieren. Im Online- und Mobile-Banking spielen vor allem (a) die Zahlungsauslösedienste gemäß § 1 Abs. 33 ZAG (Art. 4 Nr. 15 ZDRL II) und (b) die Kontoinformationsdienste iSd § 1 Abs. 34 ZAG (Art. 4 Nr. 16 ZDRL II) eine Rolle. Beide Dienste haben gemeinsam, dass sie ausschließlich die technische Infrastruktur des Zahlungsverkehrs nutzen und zu keinem Zeitpunkt einen Zugriff auf die transferierten Zahlungsmittel erhalten. In Art. 59 ZDRL II sind zudem sog. „dritte Kartenemittenten" erwähnt (→ *PayTech* Rn. 51).[28] Es handelt sich dabei um Kartenemittenten, die für den Kunden nicht zugleich ein Zahlungskonto unterhalten, sondern nur die technische Infrastruktur des Zahlungsverfahrens nutzen und dem Nutzer eine alternative Möglichkeit bieten, seinem Zahlungsdienstleister einen Zahlungsauftrag zu übermitteln. 16

c) WealthTech und Robo Advice

Von zunehmender Bedeutung sind auch die sog. WealthTech-Dienste, die teilweise auch als Robo Advice bezeichnet werden. Unter diesen Begriffen werden **Innovationen und Technologien in der Vermögensverwaltung und -beratung** gefasst. Es geht um den digitalen Vertrieb und die automatisierte Verwaltung von Kapitalanlageprodukten, wofür auch der Begriff „Digital Asset Management"[29] verwendet werden kann. WealthTech und Robo Advice wird die Eigenschaft zugesprochen, positiv der finanziellen Inklusion[30] zu dienen, indem sie allen Bürgern – auch jenen mit kleinem Kapital – den Zugang zu den Kapitalmärkten durch niedrigschwellige Dienste und Produkte eröffnen. 17

---

23 Linardatos in HdB Robo Advice § 1 Rn. 43.
24 Köndgen Beratungspflichten und Haftung 139 (114, 146); siehe auch Kieninger AcP 198 (1998), 190 (239 f.).
25 Linardatos in HdB Robo Advice § 1 Rn. 37.
26 Näher dazu Richtlinie (EU) 2015/2366 des Europäischen Parlaments und des Rates vom 25. November 2015 über Zahlungsdienste im Binnenmarkt, zur Änderung der Richtlinien 2002/65/EG, 2009/110/EG und 2013/36/EU und der Verordnung (EU) Nr. 1093/2010 sowie zur Aufhebung der Richtlinie 2007/64/EG.
27 Dazu → *PayTech* Rn. 7 und Linardatos in MüKoHGB Online-Banking Rn. 258 ff.
28 Dazu auch Linardatos in MüKoHGB Zahlung mittels Kreditkarte Rn. 14.
29 In der Schweiz: „automatisierte Vermögensverwaltung; vgl. Stutz ex ante 2019, 17.
30 Siehe etwa European Commission, FinTech Action plan, COM(2018) 109 final, S. 1 (unter „Introduction").

18 Der Begriff Robo Advice wird in der Branche teilweise vermieden, weil die Dienstleister eine Beratung im fachlichen Sinne nicht durchgehend anbieten können oder wollen. Besonders deutlich wird die fehlende Beratung bei jenen Dienstleistern, die Finanzprodukte über eine Plattform vermitteln, und die es dem Kunden überlassen, sich einer Risikoklasse zuzuordnen und das dazu passende Anlageportfolio auszuwählen.[31] Die Determinans Robo ist zudem nicht dahingehend zu verstehen, es seien nur Algorithmen im Einsatz.[32] In der Praxis überwiegen nämlich noch immer hybride Ansätze, indem eine menschliche Beteiligung während der Entscheidungsfindung oder während der Ausführung besteht. Darüber hinaus ist die grundlegende Anlagestrategie, die vom Anbieter gewählt und vertrieben wird, auf eine menschliche Geschäftsentscheidung zurückzuführen.

19 In Summe gilt: WealthTech und Robo Advice sind **begriffliche Apostrophierungen** von Phänomenen, die digitale Vertragsanbahnungen und -abschlüsse über Webseiten oder Apps ermöglichen und bei denen die vertriebenen Produkte (unterstützend) von einem Algorithmus ausgewählt und vorgeschlagen werden.[33] Die Kunden werden mit den Finanzprodukten über elektronische Systeme zusammengebracht,[34] indem der gesamte Vertrieb – nicht nur die Kommunikation! – über eine Online-Plattform erfolgt, die Kunden automatisiert kategorisiert und die Investitionsentscheidungen in weiten Teilen algorithmisiert umgesetzt werden; das persönliche Gespräch zwischen Dienstleister und Kunde rückt dadurch in den Hintergrund. Der Robo Advisor ist in rechtlicher Hinsicht funktionsspezifisch zu klassifizieren und kann digitaler Berater, Vermittler, Vertreter, Makler oder Portfoliomanager sein.[35]

d) CreditTech

20 Ein bisher wenig verbreitetes Kompositum ist CreditTech (zusammengesetzt aus „credit" und „technology"). Es wird verwendet bei technologiegestützter Finanzierung von privaten Projekten oder Wagniskapital-Unternehmungen durch Investitionen eines breiten (Klein-)Anlegerpublikums (**Schwarmfinanzierung/Crowdfunding**).[36] CreditTech-Dienstleister sind in erster Linie als Plattformbetreiber im Internet tätig und bringen als Informationsintermediäre interessierte Anleger mit Kapitalsuchenden zusammen. Sie können auch bei der Kreditwürdigkeitsprüfung und Projektbeurteilung aktiv beteiligt sein,[37] zwingend ist dies indes nicht;[38] ein Mindestmaß an (Plausibilitäts-)Prüfung übernehmen die Internetportale allerdings aus einem originären Reputationsinteresse heraus.[39] Jedenfalls digitalisieren CreditTech-Anbieter die Kreditantragstrecke des Kunden oder den Vertragsschlussprozess zwischen Kapitalgeber und Kapitalnehmer. Crowdfunding-Dienste waren in den ersten Jahren ihrer Entwicklung nur den Regeln des innerstaatlichen Rechts unterworfen und unionsrechtlich nicht spezifisch reguliert,[40] bis schließlich mit dem 10.11.2021 unionsweit die harmonisierenden Vorschriften der ECSP-VO in Kraft getreten sind (näher dazu → *Crowdfunding* Rn. 12 ff.).

21 Der Vorteil aus Sicht des Kreditnehmers ist bei den plattformbasierten Finanzierungsrunden, dass er nicht auf die Investitionsbereitschaft von einem oder von wenigen Kreditgebern angewiesen ist, sondern niedrig-

---

31 Solche Dienste werden teilweise als Robo Advice der ersten Generation bezeichnet.
32 Linardatos in Robo Advice-HdB § 1 Rn. 50.
33 Linardatos in Robo Advice-HdB § 1 Rn. 51; Oppenheim/Lange-Hausstein WM 2016, 1966 (1967).
34 Ringe/Ruof EBI Working Paper 2018, No. 26, 4; siehe auch Oppenheim/Lange-Hausstein WM 2016, 1966 (1967).
35 Linardatos in Robo Advice-HdB § 1 Rn. 51.
36 Siehe etwa Weber in Sassenberg/Faber Industrie 4.0 und Internet-HdB § 20 Rn. 6, 8; Renner EuCML 2016, 224.
37 Siehe beispielsweise das Gutachten des Sachverständigenrats für Verbraucherfragen, Verbrauchergerechtes Scoring, 2018, S. 62; Scholz-Fröhling BKR 2017, 133 (134 f.).
38 Die seit dem 10.11.2020 geltende Verordnung (EU) 2020/1503 des Europäischen Parlaments und des Rates vom 7. Oktober 2020 über Europäische Schwarmfinanzierungsdienstleister (**ECSP-VO**) für Unternehmen sieht in Art. 5 wenigstens die Pflicht des Schwarmfinanzierungsdienstleisters (Plattformbetreiber) vor, hinsichtlich des vermarkteten Projekts „für ein Mindestmaß an sorgfältiger Prüfung" zu sorgen.
39 Der Erfolg einer Plattform hängt von der Generierung von Netzwerkeffekten ab, die wiederum nur bei entsprechend guter Reputation zu erwarten sind.
40 Ausführlich und instruktiv dazu Schadensack, Crowdinvesting, 2018; siehe auch Quarch, Die Europäische Regulierung des Crowdlendings, 2020.

schwellig viele ansprechen kann, weil über die Plattform die Investition von Kleinbeträgen (sog. **Mikro-Finanzierungshilfen**)[41] ermöglicht wird. Auf diese Weise kann gerade bei jungen Unternehmen das *capital funding gap* geschlossen werden.[42] Zu unterscheiden sind im Wesentlichen **vier Arten der Schwarmfinanzierung**:[43]

(i) Spende für ein konkretes soziales Projekt ohne Gegenleistung oder mit nur symbolischer, nicht-monetärer Gegenleistung (Crowdfunding oder Crowddonating);
(ii) Finanzierung eines Projekts mit Beteiligung an zukünftigen Gewinnen (Equity-Based-Crowdfunding);
(iii) Vergabe von Gelddarlehen mit oder ohne Zinspflicht als Gegenleistung (Crowdlending).[44]

Den größten Marktanteil machen (iv) die außerbörslichen Wagniskapitalbeteiligungen an jungen, innovativen, nicht börsennotierten Unternehmen (**Crowdfunding**) aus. Der überwiegende Anteil der Darlehensverträge zwischen Kapitalgeber und Kapitalsuchendem kommt dabei automatisiert – unter Zugrundelegung algorithmisierbarer Faktoren wie Zinssatz und Laufzeit – über die Plattform zustande:[45] in Großbritannien werden mind. 97 % der Verträge mittels algorithmischer Systeme geschlossen, im übrigen Europa sind es mind. 77 %. Die Plattform ist dabei notwendiger Mittler zwischen Kapitalgeber und Kapitalnehmer und fungiert, auch hinsichtlich Seriosität und Erfolgsaussichten des zu finanzierenden Projekts, als ein Wissen akkumulierender Gatekeeper.[46]

III. FinTech-Unternehmen

Bezogen auf Unternehmen[47] meint der Begriff FinTech vornehmlich neue Anbieter im Finanzsektor, die mit großer Dynamik vor allem in Märkte vordringen, auf denen leicht zu standardisierende Finanzprodukte und -dienste gehandelt werde. FinTech-Unternehmen bringen in der Regel keine einschlägige Branchenvorerfahrung im jeweiligen Sektor mit. Sie sind allein „technologiegetrieben", denn den FinTechs geht es oftmals nicht primär um das Produkt am Markt, sondern um die technologiebasierten Mittel, mit denen die Marktgängigkeit erreicht wird. Die Verwendung von (Plattform-)Technologien, die von den FinTech-Unternehmen nicht selten von Grund auf neu entwickelt werden, ist für diese Unternehmen prägender als das Produkt oder die Dienstleistung selbst. Ihre Organisationsstruktur ist dadurch in der Regel schlanker.[48] Ihnen ist es ein besonderes Anliegen, den direkten Kundenkontakt mit technischen Mitteln zu erhöhen und ggf. eine 24/7-Erreichbarkeit zu etablieren. FinTechs versuchen dabei, **Plattformstrukturen**[49] (→ Rn. 6) zu schaffen, da solche Strukturen besonders geeignet sind, um **Netzwerkeffekte**[50] zu erzielen. Sie wollen zudem tradierte Strukturen aufbrechen, indem die Anzahl der Intermediäre durch den Einsatz von Technik reduziert wird.[51] Durch ihre Stellung als Plattformbetreiber nehmen die FinTechs in vielerlei Hinsicht

---

41 Klöhn/Hornuf, ZBB 2012, 237 (238).
42 Bradford, The New Federal Crowdfunding Exemption: Promise Unfulfilled, 2012, S. 196 (https://ssrn.com/abstract=2066088).
43 Vgl. die Unterscheidung der BaFin auf www.bafin.de (Unternehmen → Unternehmensgründer & Fintechs → Crowdfunding); etwas anders Scholz-Fröhling BKR 2017, 133 (134), der drei Arten differenziert; für weitere Begriffsunterscheidungen siehe Klöhn/Hornuf, ZBB 2012, 237 (239); Fritschi, Crowdfunding aus zivilrechtlicher Perspektive, 2018, § 4; Casper, in: FS Karsten Schmidt, 2019, S. 197, 198 f.
44 Die Begrifflichkeiten werden völlig uneinheitlich verwendet und der früher weit verbreitete Begriff des Crowdinvestings scheint mittlerweile vollständig vom Terminus Crowdfunding abgelöst worden zu sein, wie etwa die englische Fassung der o.g. (Fn. 38) Verordnung (EU) 2020/1503 zeigt.
45 Vgl. dazu Hertneck, Peer-to-Peer-Lending, 2020, S. 38 mwN. In der ECSP-VO wird dabei etwas irreführend von „individuelle Verwaltung des Kreditportfolios" gesprochen (vgl. Art. 2 Abs. 1 lit. c ECSP-VO).
46 Klöhn/Hornuf, ZBB 2012, 237 (260); Spindler, ZBB 2017, 129 (133).
47 Zur wirtschaftlichen Bedeutung von FinTech-Unternehmen siehe Weber in Sassenberg/Faber Industrie 4.0 und Internet-HdB § 20 Rn. 12 ff.
48 Maume, Regulating Robo-Advisory, 55(1) Texas International Law Journal 49 (2019), 49 (54).
49 Zu digitalen Plattformen instruktiv Engert AcP 218 (2018), 304 ff.
50 Zum Begriff der Netzwerkeffekte siehe etwa Fuchs in Immenga/Mestmäcker GWB § 18 Rn. 143 ff.
51 Gerne wird davon gesprochen, dass FinTechs die Einbeziehung von Intermediären vollständig obsolet machen und dadurch zur Effizienzsteigerung im Finanzdienstleistungssektor beitragen. Tatsächlich ist diese Auffassung

eine (regulierungsbedürftige) **Gatekeeperfunktion** wahr und erleichtern die Interaktion zwischen ihren Nutzern.[52] Ihre Dienste umfassen in der Regel nur einen Ausschnitt des Portfolios eines klassischen Finanzdienstleisters, wie etwa einer Universalbank.[53]

23 Nicht-etablierte FinTechs wachsen in ihrem Spezialgebiet typischerweise schnell und aggressiv auf Kosten des Unternehmensgewinns. Wenn sie es schaffen, ein Produkt oder eine Dienstleistung langfristig auf dem Markt zu positionieren und Netzwerkeffekte zu erzielen, können sie eine gleichsam monopolartige Stellung etablieren, denn **Plattformmärkte neigen zur Monopolbildung**.[54] Schaffen es die Plattformbetreiber nicht, ihre Position zu festigen und in die Rentabilitätszone zu rücken, werden sie von Branchengrößen „geschluckt". Plattformmärkte sind dementsprechend immer wieder von Konsolidierungsphasen geprägt. Bei der Übernahme eines FinTech-Geschäfts durch etablierte Branchenunternehmen geht es in der Regel weniger darum, sich die Produkte, Dienstleistungen oder den Kundenstamm des FinTechs einzuverleiben, sondern mehr um die Verwendung der Technologie für das eigene Unternehmen oder den eigenen Konzern.

24 Mit FinTechs wird in Verbindung gebracht, dass sie die branchenetablierten Finanzdienstleister mit innovativen Diensten und Produkten in Bedrängnis bringen. Sie provozieren eine Veränderung der der am Markt existierenden Angebotspaletten und damit der Branche, weswegen sie häufig als „**disruptiv**" bezeichnet werden. Allerdings wäre es zu kurz gegriffen, den FinTech-Begriff nur auf „neue" und „disruptive" Unternehmen anzuwenden.[55] Mittlerweile hat nämlich in vielen Bereichen eine Marktkonsolidierung stattgefunden, weshalb FinTech vermehrt auch für etablierte Finanzdienstleister steht, die ihre Produkte und Dienstleistungen – in der Regel über Tochterunternehmen – digital anbieten und vertreiben.

---

unzutreffend. Die verschiedenen Regelungsziele, die durch ein ausgereiftes und funktionierendes Aufsichtsrecht gewährleistet werden sollen, können nur erreicht werden, wenn Gesetzgeber und Aufsichtsbehörden einen Anknüpfungspunkt haben, an dem die Regulierung effektiv ansetzen kann. Allein schon aus diesem Grund wird eine vollständige Disintermediation der Versicherungs- und Finanzbranche nie stattfinden; dazu schon Linardatos DB 2018, 2033.

52 Engert AcP 218 (2018), 304 (305).
53 Lehmann in MüKoBGB Internationales Finanzmarktaufsichtsrecht Rn. 471.
54 Engert AcP 218 (2018), 304 (306) mwN.
55 Maume, Regulating Robo-Advisory, 55(1) Texas International Law Journal 49 (2019), 49 (55).

33. Gewerblicher Rechtsschutz

Dworschak/J.B. Nordemann

I. Allgemeines	1	1. Schutz von Datenbanken (§ 4 Abs. 2 und § 87a UrhG)	31
II. Gewerblicher Rechtsschutz und Legal Tech-Anwendungen	2	a) Datenbankwerke gem. § 4 Abs. 2 UrhG	32
1. Urheberrechtlicher Schutz von Legal Tech-Anwendungen (Computerprogramme)	3	b) Sui generis Datenbankherstellerrecht (§§ 87a ff. UrhG)	33
2. Auf künstlicher Intelligenz (KI) basierende Legal Tech-Anwendungen	10	2. Know-how-Schutz (GeschGehG)	37
3. Urheberrechtlicher Schutz weiterer Elemente von Legal Tech-Anwendungen	13	3. Vertraglicher Schutz	41
4. Patentschutz von Software	20	IV. Markenrechtlicher Schutz im Bereich Legal Tech	44
5. Ergänzender wettbewerbsrechtlicher Leistungsschutz	23	1. Markenschutz für (Legal Tech-)Produkte	45
6. Schutzrechte als Hindernisse für Legal Tech-Anwendungen	24	2. Markenrechtlicher Schutz für Werktitel und Unternehmenskennzeichen	48
III. Schutz von und Rechte(n) an Daten	28	3. Markenrechtlicher Schutz an Domainnamen	50
		V. Verfahrensrechtliche Besonderheiten des gewerblichen Rechtsschutzes	52

Literatur: *Bettinger*, Handbuch des Domainrechts, 2. Aufl. 2017 (zit.: Bettinger DomainR-HdB); *Czychowski/Nordemann*, Aktuelle Gesetzgebung und höchstrichterliche Rechtsprechung im Urheberrecht, NJW 2021, 740; *Ehinger/Stiemerling*, Die urheberrechtliche Schutzfähigkeit von Künstlicher Intelligenz am Beispiel von Neuronalen Netzen, CR 2018, 761; Galetzka/Jun/Roßmann: Praxishandbuch Open Source, 1. Auflage 2021; *Grützmacher/Rieder/Schütze/Weipert*, Münchener Vertragshandbuch, Band 3: Wirtschaftsrecht II, 8. Aufl. 2021 (zit.: MVHdB III WirtschaftsR II); *Hacker*, Markenrecht, 5. Aufl. 2020 (zit.: Hacker MarkenR); *Haedicke*, Patentrecht, 5. Aufl. 2021 (zit.: Haedicke PatentR); *Haedicke/Timmann*, Handbuch des Patentrechts, 2. Aufl. 2020 (zit.: Haedicke/Timmann PatR-HdB); *Hennemann*, Datenlizenzverträge, RDi 2021, 61; *Hildebrandt*, Marken und andere Kennzeichen, 6. Aufl. 2022 (zit.: Hildebrandt Marken); *Ingerl/Rohnke/Nordemann*, Markengesetz, 4. Aufl. 2023 (zit.: Ingerl/Rohnke/Nordemann/Bearbeiter); *Jäger/Metzger*, Open Source Software, 5. Aufl. 2020; *Koch*, Begründung und Grenzen des urheberrechtlichen Schutzes objektorientierter Software, GRUR 2000, 191; *Kögel*, Urheberrechtlicher Investitionsschutz im Kontext von „Legal Tech", 2021; *Konertz/Schönhof*, Das technische Phänomen „Künstliche Intelligenz" im allgemeinen Zivilrecht, 2020; *Kraul*, „Recht an Daten": Aktuelle Gesetzeslage und vertragliche Ausgestaltung, GRUR-Prax 2019, 478; *Leistner*, Segelanweisungen und Beweislastklippen: eine problemorientierte Stellungnahme zum BGH-Urteil UsedSoft II, WRP 2014, 995; *Leistner*, Einheitlicher europäischer Werkbegriff auch im Bereich der angewandten Kunst, GRUR 2019, 1114; *Nordemann/Waiblinger*, Aktuelle Gesetzgebung und höchstrichterliche Rechtsprechung im Urheberrecht, NJW 2020, 737; *Schur*, Die Lizensierung von Daten, GRUR 2020, 1142; *Schwarz/Kruspig*, Computerimplementierte Erfindungen – Patentschutz von Software, 2. Aufl. 2018; *Steinrötter*, Datenwirtschaftsrecht, in Specht-Riemenschneider/Buchner/Heinze/Thomson (Hrsg.), Festschrift für Jürgen Taeger, 2020, S. 491; *Steinrötter/Bohlsen*, Digitale Daten und Datenträger in Zwangsvollstreckung und Insolvenz, ZPP 2020, 459; *Teplitzky*, Wettbewerbsrechtliche Ansprüche und Verfahren, 12. Aufl. 2019 (zit.: Teplitzky Wettbewerbsrechtliche Ansprüche); *Winzer*, Forschungs- und Entwicklungsverträge, 2. Aufl. 2011 (zit.: Winzer FuE-Verträge); *Zech*, Information als Schutzgegenstand, 2012 (zit.: Zech Information).

I. Allgemeines

Bei der Entwicklung von Legal Tech-Lösungen und -Angeboten entstehen Leistungen, die durch gewerbliche Schutzrechte oder Urheberrechte geschützt werden können. Dieser Umstand wird für einen Legal Tech-Anbieter relevant, wenn er selbst ein Angebot schützen oder auslizenzieren will, aber auch, um die Verletzung etwaig bestehender Schutzrechte Dritter zu vermeiden. Unter dem Begriff gewerblicher Rechtsschutz werden im Kern die technischen Schutzrechte (Patente, Gebrauchsmuster, Sorten- und Halbleiterschutz), die ästhetischen Schutzrechte (insbes. Designrechte) und das Kennzeichnungsrecht (insbes. Markenrecht) zusammengefasst. Neben dem Begriff **gewerblicher Rechtsschutz** sind auch die Überbegriffe **geistiges Eigentum** oder auch **Intellectual Property (IP)** verbreitet. Per Definition erfasst dabei das geistige Eigentum den Bereich des gewerblichen Rechtsschutzes zuzüglich des Urheberrechts.[1] Da dieses der primäre Regelungsbereich für den Schutz von Software ist, kommt dem Urheberrecht im Kontext von Legal Tech ebenfalls eine zentrale Bedeutung zu. Der Begriff des Urheberrechts umfasst dabei auch die im Urheberrechtsgesetz geregelten Leistungsschutzrechte. Ergänzend kommt teilweise ein sog. ergänzender wettbewerbsrechtlicher Leistungsschutz aus Lauterkeitsrecht in Betracht.

II. Gewerblicher Rechtschutz und Legal Tech-Anwendungen

2 Sofern eine **Legal Tech-Anwendung in Form eines Computerprogramms** vorliegt, kommt primär ein urheberrechtlicher Schutz in Betracht (1.). Besonderheiten bestehen bei Anwendungen, die auf dem Einsatz von künstlicher Intelligenz basieren (2.). Urheberrechtlicher Schutz kommt auch weiter an Inhalten in Betracht, die im Rahmen von Legal Tech-Anwendungen eingebunden, verarbeitet oder erzeugt werden (3.). Ergänzend sind Computerprogramme mit technischem Bezug auch dem Patentschutz zugänglich (4.). Schließlich ist auch ein sog. ergänzender wettbewerblicher Leistungsschutz auf Basis des Lauterkeitsrechts möglich (5.). Umgekehrt können Schutzrechte Dritter auch Hindernisse für Legal Tech-Anwendungen darstellen (6.).

1. Urheberrechtlicher Schutz von Legal Tech-Anwendungen (Computerprogramme)

3 Im Ausgangspunkt schützt das Urheberrecht persönliche geistige Schöpfungen (§ 2 Abs. 2 UrhG). Klassische Werkarten sind die in § 2 Abs. 1 UrhG aufgezählten Werke der Literatur, Wissenschaft und Kunst. Hierunter fallen gem. **§ 2 Abs. 1 Nr. 1 UrhG** ausdrücklich auch **Computerprogramme**. Software stellt im Verhältnis zu den klassischen Werkarten einen Sonderfall dar, da sie typischerweise weniger durch persönliche Elemente von Einzelschöpfern geprägt ist, sondern **die Charakteristika von Industrieprodukten** aufweist und als solche an der Grenze zwischen Urheberrechten traditioneller Art und anderen Rechtssystemen zum Schutz von geistigem Eigentum liegt.[2] Insofern konsequent finden sich die zentralen Regelungen zum urheberrechtlichen Schutz von Software in einem eigenen Abschnitt in den **§§ 69a ff. UrhG**. Diese beinhalten Sonderregelungen für den urheberrechtlichen Schutz von **Computerprogrammen als Sprachwerke**, die den allgemeinen Vorschriften für Sprachwerke sowie den Schrankenbestimmungen und Regelungen zu Rechtsverletzungen als Spezialvorschriften vorgehen.[3]

4 **Schutzvoraussetzung** für Computerprogramme ist gem. § 69a Abs. 3 UrhG das Vorliegen einer Individualität im Sinne einer eigenen geistigen Schöpfung. Dabei kommt es weder auf qualitative noch auf ästhetische Kriterien an, und die Anforderungen sind per Gesetz auf das urheberrechtliche Normalmaß festgelegt.[4] So genießen auch Computerprogramme Schutz nach den Grundsätzen der sog. „kleinen Münze".[5] Im Ergebnis führt dies dazu, dass alle auch nur etwas komplexeren Programme urheberrechtlichen Schutz genießen, sofern sie nicht völlig trivial oder banal sind.[6]

---

1 Vgl. Loewenheim UrhR-HdB/Loewenheim § 1 Rn. 3; Schricker/Loewenheim/Ohly UrhG Einl. Rn. 50; Winzer FuE-Verträge, Rn. 536.
2 Begr. BRegE, BT-Drs. XII/4022, 7 f.; siehe auch Wandtke/Bullinger/Grützmacher UrhG Vor §§ 69a ff. Rn. 6.
3 Fromm/Nordemann/Czychowski UrhG Vor §§ 69a ff. Rn. 4; Schricker/Loewenheim/Spindler UrhG Vor §§ 69a–69g Rn. 7; ebenso dazu BeckOK IT-Recht/Paul UrhG § 69a Rn. 33.
4 Fromm/Nordemann/Czychowski UrhG § 69a Rn. 14; Schricker/Loewenheim/Spindler UrhG § 69a Rn. 18; ebenso BeckOK IT-Recht/Paul UrhG § 69a Rn. 27; Dreier/Schulze/Dreier UrhG § 69a Rn. 28.
5 BGH Urt. v. 3.3.2005 – I ZR 111/02, GRUR 2005, 860 (861) – Fash 2000; BGH Urt. v. 20.9.2012 – I ZR 90/09, GRUR 2013, 509 (510) – UniBasic-IDOS; mwN siehe auch Dreier/Schulze/Dreier UrhG § 69a Rn. 26; Wandtke/Bullinger/Grützmacher UrhG § 69a Rn. 35.
6 Dreier/Schulze/Dreier UrhG § 69a Rn. 27; Fromm/Nordemann/Czychowski UrhG § 69a Rn. 18 mwN; Wandtke/Bullinger/Grützmacher UrhG § 69a Rn. 37.

So ist beispielsweise die Schutzfähigkeit von Betriebssystemen mit grafischer Benutzeroberfläche[7], von **hochwertigen Anwendungs- oder Spezialprogrammen**[8] oder **Programmen zur Verwaltung von Unternehmensdaten**[9] in der Rechtsprechung anerkannt worden. Beim Rückgriff auf umfangreiche Programmbibliotheken, wie es bei objektorientierten Programmiersprachen wie Java oder C++ üblich ist, wird sich die Individualität primär aus der Konzeption im Sinne der Analyse und Bildung von Beziehungen zwischen Klassen und deren Begrifflichkeiten ergeben.[10] Hier ist denkbar, dass eher einfach konzipierte Computerprogramme dann aus dem Schutzbereich herausfallen.[11] Im Übrigen ist immer eine menschliche Leistung notwendig, so dass ein Schutz für rein computergenerierte Programme ebenfalls ausgeschlossen ist.[12]

5

Hingegen grds. nicht als Computerprogramme schutzfähig sind die **Bildschirmoberflächen** an sich,[13] **Dateiformate**[14] oder dem Programm zugrunde liegende Ideen und Grundsätze.[15] Dies trifft im Ausgangspunkt auch auf **Algorithmen** zu,[16] deren konkrete Umsetzung, aber auch u.U. die Zuordnung zueinander schutzfähig sein kann.[17] Nicht geschützt ist ferner reine **HTML-„Programmierung" von Webseiten**.[18] Zwar gibt sie die Anordnung und das Format der einzelnen Bestandteile der Seite vor, doch macht sie lediglich Texte und Grafiken sichtbar; eine eigenständige Funktion bleibt aus. Für die Schutzfähigkeit von Webseiten gelten keine Besonderheiten.[19]

6

Im Ausgangspunkt ist auch bei Computerprogrammen derjenige, der die eigene geistige Schöpfung erbracht hat – typischerweise der Programmierer – Inhaber der Urheberrechte.[20] § 69b UrhG weist jedoch die **vermögenswerten Rechte an Computerprogrammen in Arbeitsverhältnissen** weitestgehend dem Arbeitgeber zu.[21] Zu beachten ist allerdings, dass dies nicht für Auftragswerke beispielsweise freier Programmierer gilt, bei denen die Auftraggeber sich die notwendigen Nutzungsrechte auf vertraglichem Wege einräumen lassen müssen.[22]

7

---

7 BGH Urt. v. 6.7.2000 – I ZR 244/97, GRUR 2001, 153 (153) – OEM-Version; siehe auch Schricker/Loewenheim/Spindler UrhG § 69a Rn. 21; Wandtke/Bullinger/Grützmacher UrhG § 69a Rn. 42.
8 BGH Urt. v. 20.9.2012 – I ZR 90/09, GRUR 2013, 509 (510) – UniBasic-IDOS; OLG Düsseldorf Urt. v. 27.3.1997 – 20 U 51/96, ZUM-RD 1997, 555 (557) – Dongle-Umgebung; Wandtke/Bullinger/Grützmacher UrhG § 69a Rn. 40.
9 OLG Frankfurt a.M. Urt. v. 27.1.2015 – 11 U 94/13, GRUR 2015, 784 (787) – Objektcode.
10 Wandtke/Bullinger/Grützmacher UrhG § 69a Rn. 43; vgl. auch Koch GRUR 2000, 191 (192, 194 f., 201 f.).
11 Fromm/Nordemann/Czychowski UrhG § 69a Rn. 34.
12 Fromm/Nordemann/Czychowski UrhG § 69a Rn. 16; Dreier/Schulze/Dreier UrhG § 69a Rn. 14; Schricker/Loewenheim/Spindler UrhG § 69a Rn. 2.
13 Fromm/Nordemann/Czychowski UrhG § 69a Rn. 27 mwN; Wandtke/Bullinger/Grützmacher UrhG § 69a Rn. 14; in Einzelheiten aber umstritten. Sofern für die Bildschirmoberfläche sonst urheberrechtlich schutzfähige Elemente wie Grafiken oder Lichtbilder eingesetzt werden, sind diese nach allgemeinen urheberrechtlichen Maßstäben schutzfähig.
14 EuGH Urt. v. 2.5.2012 – C-406/10, ECLI:EU:C:2012:259 = MMR 2012, 468 – SAS Institute; Dreier/Schulze/Dreier UrhG § 69a Rn. 16; Wandtke/Bullinger/Grützmacher UrhG § 69a Rn. 17.
15 Begr. RegE, BT-Drs. 12/40224, 9; vgl. Erwgr. 11 der RL 2009/24/EG; Dreier/Schulze/Dreier UrhG § 69a Rn. 20; Schricker/Loewenheim/Spindler UrhG § 69a Rn. 12.
16 Vgl. Erwgr. 11 der RL 2009/24/EG; Dreier/Schulze/Dreier UrhG § 69a Rn. 22; Schricker/Loewenheim/Spindler UrhG § 69a Rn. 12.
17 BGH Urt. v. 4.10.1990 – I ZR 139/89, GRUR 1991, 449 (453) – Betriebssystem; OLG Frankfurt Urt. v. 6.11.1984 – 14 U 188/81, GRUR 1985, 1049 (1050) – Baustatikprogramm; Schricker/Loewenheim/Spindler UrhG § 69a Rn. 12.
18 Fromm/Nordemann/Czychowski UrhG § 69a Rn. 9 unter Verweis auf OLG Frankfurt a.M. Urt. v. 22.3.2005 – 11 U 64/04, GRUR-RR 2005, 299 (300) – Online-Stellenmarkt, Wandtke/Bullinger/Grützmacher UrhG § 69a Rn. 18 mwN.
19 Fromm/Nordemann/A. Nordemann UrhG § 2 Rn. 116; Wandtke/Bullinger/Bullinger UrhG § 2 Rn. 156; Dreier/Schulze/Schulze UrhG § 69a Rn. 234.
20 Schricker/Loewenheim/Spindler UrhG § 69b Rn. 1; Dreier/Schulze/Dreier UrhG § 69b Rn. 1.
21 Fromm/Nordemann/Czychowski UrhG § 69b Rn. 1; Schricker/Loewenheim/Spindler UrhG § 69b Rn. 11; Dreier/Schulze/Dreier UrhG § 69b Rn. 2.
22 Dreier/Schulze/Dreier UrhG § 69b Rn. 4; eine solche Vereinbarung fehlte in BGH Urt. v. 22.11.2007 – I ZR 12/05, GRUR 2008, 357 (357) – Planfreigabesystem.

8 Der **Schutzbereich von Computerprogrammen** ergibt sich zentral aus den zustimmungsbedürftigen Handlungen in § 69c UrhG, die sich strukturell an den Verwertungsrechten gem. §§ 15 ff. UrhG orientieren und diesen als leges speciales vorgehen.[23] Computerprogramme sind gegen die unberechtigte Vervielfältigung (Nr. 1), Umarbeitung (Nr. 2), Verbreitung (Nr. 3) und öffentliche Wiedergabe (Nr. 4) geschützt. Da bei der **Vervielfältigung** selbst vorübergehende teilweise Vervielfältigungen ausdrücklich auch zum Laden, Anzeigen, Ablaufen, Übertragen oder Speichern des Computerprogramms erfasst sind, führt dies in aller Regel zu einer Zustimmungsbedürftigkeit der reinen Benutzung des Computerprogramms.[24] Weitergehenden Schutz als die allgemeinen Regeln erfahren Computerprogramme auch im Bereich der **Umarbeitung** gem. § 69c Nr. 2 UrhG. Hier ist nicht wie bei § 23 Abs. 1 S. 1 UrhG grds. notwendig, dass die Bearbeitung veröffentlicht oder verwertet wird, sondern die Herstellung der Umarbeitung als solche ist bereits zustimmungsbedürftig.[25] In Bezug auf das **Verbreitungsrecht** gem. § 69c Nr. 3 UrhG besteht die Besonderheit, dass sich die in Satz 2 geregelte Erschöpfung bei Inverkehrbringen mit Zustimmung des Rechteinhabers nicht nur auf körperliche Vervielfältigungen bezieht, sondern auch bei unkörperlicher Programmüberlassung eintreten kann.[26] Die **öffentliche Wiedergabe** gem. § 69d Nr. 4 UrhG schließt schließlich das Recht der öffentlichen Zugänglichmachung von Computerprogrammen mit ein, die insbes. in den immer zunehmenden Cloud Computing- und sog. Software as a Service-Sachverhalten Bedeutung erlangen kann, sofern dieses nicht bereits vom Vervielfältigungsrecht erfasst ist.[27]

9 Gesonderte Ausnahmetatbestände zB für die bestimmungsgemäße Benutzung, Vornahme von Fehlerberichtigung, die Anfertigung von Sicherungskopien sowie Programmuntersuchungen finden sich in § 69d UrhG. Sonderregelungen für die Rückübersetzung von Software in den Quellcode (**Dekompilierung**) enthält schließlich § 69e UrhG.

2. Auf künstlicher Intelligenz (KI) basierende Legal Tech-Anwendungen

10 Bei KI-basierten (Legal Tech-)Anwendungen ist die Situation differenziert zu betrachten. Geht man von den aktuell besonders relevanten Machine Learning-Systemen aus, wird im Grundsatz eine Netzstruktur durch ein aufwendiges Trainingsverfahren zur Legal Tech-Anwendung hin entwickelt.[28] Hierbei werden verschiedene mathematische Parameter so lange angepasst, bis die KI ihre Aufgabe mit zufriedenstellender Genauigkeit erfüllt.[29] Erst durch das Training entsteht aus der Netzarchitektur die Legal Tech-Anwendung, die später autonom Rechtsprobleme bearbeiten soll. Für die Basissoftware wird oft auf Framework-Systeme wie „Google TensorFlow" zurückgegriffen.[30]

11 Während sowohl das verwendete Framework als auch die **untrainierte Netzstruktur** im Ausgangspunkt grundsätzlich als Computerprogramm gemäß § 69a Abs. 1 UrhG urheberrechtlichen Schutz genießen,[31]

---

23 Fromm/Nordemann/Czychowski UrhG § 69c Rn. 4; Wandtke/Bullinger/Grützmacher UrhG § 69c Rn. 1; Dreier/Schulze/Dreier UrhG § 69c Rn. 1.
24 IErg wohl zust. Wandtke/Bullinger/Grützmacher UrhG § 69c Rn. 5, aber betonend, dass es dafür immer einer Vervielfältigung bedarf; weiter geht die aA, die den bloßen Programmablauf als solchen schon als Vervielfältigung ansieht, siehe dazu auch Wandtke/Bullinger/Grützmacher UrhG § 69c Rn. 5 mwN.
25 Fromm/Nordemann/Czychowski UrhG § 69c Rn. 20; Schricker/Loewenheim/Spindler UrhG § 69c Rn. 12.
26 EuGH Urt. v. 3.7.2012 – C-128/11, ECLI:EU:C:2012:407 = GRUR 2012, 904 – UsedSoft; BGH Urt. v. 17.7.2013 – I ZR 129/08, GRUR 2014, 264 (268) – UsedSoft II; BGH Urt. v. 11.12.2014 – I ZR 8/13, GRUR 2015, 772 (776 f.) – UsedSoft III; siehe auch einführend Leistner WRP 2014, 995 (996); Wandtke/Bullinger/Grützmacher UrhG § 69c Rn. 35.
27 Bzgl. Cloud Computing- und Software as a Service-Sachverhalten siehe Fromm/Nordemann/Czychowski UrhG § 69c Rn. 74 ff., Wandtke/Bullinger/Grützmacher UrhG § 69c Rn. 97 ff.
28 Vgl. zum Training von künstlichen neuronalen Netzen Leupold/Wiebe/Glossner IT-R/Baum Teil 9.1 mwN; Konertz/Schönhof, Das technische Phänomen „Künstliche Intelligenz" im allgemeinen Zivilrecht, 2020, S. 51 f.; Ebers/Heinze/Krügel/Steinrötter KI/Niederée/Nejdl § 2 Rn. 66 ff.
29 Vgl. Ehinger/Stiemerling CR 2018, 761 (763).
30 Vgl. Ehinger/Stiemerling CR 2018, 761.
31 Ehinger/Stiemerling CR 2018, 761 (766); Kögel, Urheberrechtlicher Investitionsschutz im Kontext von „Legal Tech", 2021, Rn. 182.

kann das für den **trainierten Zustand der Netzstruktur** nicht mehr ohne Weiteres angenommen werden. Grund hierfür ist, dass die Ermittlung der das neuronale Netz formenden Parameter anhand einer **Optimierungsfunktion** vollständig automatisch vorgenommen wird.[32] Hinsichtlich des trainierten Systemzustandes fehlt es damit am menschlichen, individuellen Zutun. Für einen urheberrechtlichen Schutz wäre dies gemäß § 69a Abs. 3 UrhG aber erforderlich. Gerade der trainierte Zustand des **Machine Learning-Systems** als solches kann damit keinen Schutz über §§ 69a ff. UrhG genießen.[33] Die entwickelten Gewichtungsparameter sind nicht als individuell-schöpferischer Teil eines Computerprogramms gemäß § 69a UrhG geschützt. Ihre weitere Verwertung verletzt infolgedessen nicht das in § 69a UrhG verankerte Urheberrecht des Softwareentwicklers. Da die ermittelten Gewichtungsparameter auch nicht unabhängig voneinander stehen, sondern nur als Gesamtheit in ihrer jeweiligen spezifischen Anordnung informationellen Wert für das Programm haben, scheidet auch ein Schutz über das **Datenbankherstellerrecht** (§§ 87a ff. UrhG) aus.[34]

Im Ergebnis folgt daraus, dass zwar die identische Übernahme der gesamten Systemstruktur das **Ausschließlichkeitsrecht des Programmentwicklers** verletzt. Die Verwendung der Gewichtungsparameter als Kern des angelernten KI-Systems allein kann urheberrechtlich hingegen nicht kontrolliert werden. Eine Übernahme der gesamten Systemstruktur ist dabei in technischer Hinsicht nicht notwendig. Aus technischer Sicht ist auch eine Extraktion der Gewichtungsparameter aus dem Gesamtsystem und deren Überführung in eine eigenständige Systemarchitektur denkbar. In ökonomischer Hinsicht ist dies bedenklich, da die Gewichtungsparameter einen maßgeblichen Teil des Wertes einer KI-Anwendung darstellen. Denkbar ist aber ein Schutz über Geheimhaltungsmaßnahmen, die den Zugriff sowohl faktisch einschränken als auch einen rechtlichen Schutz nach dem Gesetz zum **Schutz von Geschäftsgeheimnissen (GeschGehG)** eröffnen.[35]

3. Urheberrechtlicher Schutz weiterer Elemente von Legal Tech-Anwendungen

Im Kontext von Legal Tech-Anwendungen ist die Verwendung, Verarbeitung oder Erzeugung weiterer urheberrechtlich geschützter Elemente denkbar. So kann ein Anwendungsfall von Legal Tech-Anwendungen beispielsweise darin bestehen, **AGB** oder **modular aufgebaute Vertragswerke** zu erzeugen. Auch liegen Einsatzfälle von Legal Tech-Anwendungen in der auf Massenverfahren ausgerichteten Erzeugung von **anwaltlichen Schriftsätzen** oder auch **Vorbereitung einseitiger Willenserklärungen**.[36]

Solche **Rechtstexte** können im Ausgangspunkt als Sprachwerke (im Regelfall Schriftwerke) gem. § 2 Abs. 1 Nr. 1 UrhG grundsätzlich urheberrechtlichen Schutz genießen. Voraussetzung ist aber, dass eine persönliche geistige Schöpfung gem. § 2 Abs. 2 UrhG vorliegt. Ob dies der Fall ist, wird häufig vom verbleibenden Gestaltungsspielraum abhängen. Gerade Rechtstexte sind durch sie bestimmende rechtliche Vorgaben und ein systematisches und rechtsmethodisches Herangehen im Entwurfsprozess gekennzeichnet, was den Gestaltungsspielraum bei der Schöpfung von Rechtstexten erheblich einschränken kann. Die notwendige Individualität kann sich aber nicht nur aus der sprachlichen Gestaltung, sondern auch aus der **Sammlung, Auswahl, Einteilung und Anordnung des Stoffes** ergeben.[37] Im Hinblick auf die Schutzfähigkeit solcher Werke, gerade mit Blick auf die Nähe zur angewandten Kunst, sind auch die neusten europarechtlichen Entwicklungen zum urheberrechtlichen Werkbegriff im Blick zu behalten.[38] Im Folgenden werden Einzelfälle typischer Elemente von Legal Tech-Anwendungen exemplarisch dargestellt.

---

32 Ebers/Heinze/Krügel/Steinrötter KI/Heinze/Wendorf § 9 Rn. 45.
33 Ehinger/Stiemerling CR 2018, 761 766); wohl ebenso Ebers/Heinze/Krügel/Steinrötter KI/Heinze/Wendorf § 9 Rn. 47; aA wohl Kögel, Urheberrechtlicher Investitionsschutz im Kontext von „Legal Tech", 2021, Rn. 182 mwN.
34 Ehinger/Stiemerling CR 2018, 761 (768).
35 Ehinger/Stiemerling CR 2018, 761 (769).
36 Überblick dazu bei Kögel, Urheberrechtlicher Investitionsschutz im Kontext von „Legal Tech", 2021, S. 69 ff.
37 BGH Urt. v. 9.5.1985 – I ZR 52/83, BGHZ 94, 276 = NJW 1986, 192 (196) – Urheberrechtsschutz von Computerprogrammen – Inkasso-Programm; BGH Urt. v. 17.4.1986 – I ZR 213/83, GRUR 1986, 739 (741) – Anwaltsschriftsatz.
38 So zB EuGH Urt. v. 12.9.2019 – C-683/17, ECLI:EU:C:2019:721 = GRUR 2019, 1185 – Cofemel/G-Star, und EuGH Urt. v. 11.6.2020 – C-833/18, GRUR 2020, 736 – Brompton/Get2Get; zu dieser Entwicklung siehe auch Nordemann/Waiblinger NJW 2020, 737; Czychowski/Nordemann NJW 2021, 740; Leistner GRUR 2019, 1114.

15 So dürfte die Schutzfähigkeit beispielsweise von **einseitigen Willenserklärungen** wie Kündigungen, Widerrufserklärungen oder Mahnungen in aller Regel abzulehnen sein. Dort wird es ganz regelmäßig an dem für die Erreichung der Gestaltungshöhe notwendigen Gestaltungsraum für eine eigene schöpferische Leistung mangeln.[39]

16 Für **Allgemeine Geschäftsbedingungen, Vertragsmuster und Geheimhaltungsvereinbarungen** ist die Schutzfähigkeit differenzierter zu betrachten.[40] So ist in der Rechtsprechung teilweise der Urheberrechtsschutz für anwaltlich formulierte Allgemeine Geschäftsbedingungen anerkannt worden, wenn diese nach ihrem gedanklichen Konzept, ihrem Aufbau und in der Formulierung der einzelnen Klauseln als schöpferische Leistung gewertet werden könnten.[41] Dies sei hingegen für kurze und zutreffende rechtliche Formulierungen von Allgemeinen Geschäftsbedingungen abzulehnen, wenn diese weitgehend durch die Rechtslage und sachliche Regelungsanforderungen geprägt seien.[42] Das OLG Brandenburg hat die Schutzfähigkeit ihm zur Entscheidung vorliegender Dienstleistungs- und Vermittlungsvertragsmuster mit der Begründung abgelehnt, diese stellten keine die Durchschnittsgestaltung überragende Gestaltungsleistung dar.[43] Diese Begründung dürfte nach der jüngeren EuGH-Rechtsprechung zum Werkbegriff wohl nicht mehr anwendbar sein. Insbesondere ein deutliches Überragen der Durchschnittsgestaltung ist danach nicht Voraussetzung, sondern die Persönlichkeit des Urhebers muss sich in der Leistung bloß widerspiegeln.[44]

17 In der älteren Rechtsprechung wurde so die Schutzfähigkeit von **anwaltlichen Schriftsätzen** anerkannt, wenn sie ein deutliches Überragen des Alltäglichen bzw. Handwerksmäßigen darstellen.[45] In der neueren (verwaltungsrechtlichen) Rechtsprechung ist unter Herabsetzung dieser Anforderung bereits die Schutzfähigkeit von anwaltlichen Schriftsätze anerkannt worden.[46] Das früher geforderte Überragen des Durchschnittlichen sei mittlerweile nicht mehr erforderlich.[47] Die Wiedergabe tatsächlicher Begebenheiten und die Anwendung und Argumentation rechtlicher Folgen „böten" dazu ausreichend Gestaltungsraum. Gleiche Überlegungen dürften auch für die Schutzfähigkeit von **anwaltlichen Gutachten** gelten.

18 Bei **Impressen** und **Rechnungen** sind die rechtlichen Vorgaben für den Inhalt aber auch die Formulierung noch weiter und erheblich eingeschränkt.[48] Der Gestaltungsspielraum dürfte hier in aller Regel so weit eingeengt sein, dass die erforderliche Schöpfungshöhe im Sinne von § 2 Abs. 2 UrhG regelmäßig nicht erreicht werden kann.

19 Bereits im Ausgangspunkt anders verhält es sich aber bei **Gesetzestexten** oder **Urteilen** einschließlich **amtlicher Leitsätze**. Diese sind als amtliche Werke gem. § 5 UrhG urheberrechtlichem Schutz nicht zugänglich. Urheberrechtlicher Schutz scheidet auch immer dann aus, wenn die oben diskutierten grundsätzlich schutzfähigen Elemente einer Legal Tech-Anwendung nicht von Menschen, sondern **rein computergeneriert** sind.[49] Der Begriff der persönlichen geistigen Schöpfung in § 2 Abs. 2 UrhG erfordert immer, dass die Schöpfung auf einen Menschen zurückgeht. Ist dies nicht der Fall, kommt urheberrechtlicher

---

39 St. Rspr., vgl. BGH Urt. v. 29.3.1984 – I ZR 32/84, GRUR 1984, 659 (660) – Ausschreibungsunterlagen.
40 Übersicht bei Fromm/Nordemann/A. Nordemann UrhG § 2 Rn. 115 mwN.
41 LG München I Urt. v. 10.11.1989 – O 6222/89, GRUR 1991, 50 – Geschäftsbedingungen.
42 OLG Köln Urt. v. 27.2.2009 – 6 U 193/08, BeckRS 2009, 26171, das unter Anwendung dieses Maßstabes die Schutzfähigkeit im entschiedenen Fall aber anerkannt hat.
43 OLG Brandenburg Urt. v. 16.3.2010 – 6 U 50/09, ZUM-RD 2010, 596 (598) – Dienstleistungsvertrag.
44 EuGH Urt. v. 12.9.2019 – C-683/17, ECLI:EU:C:2019:721 = GRUR 2019, 1185 – Cofemel/G-Star, und EuGH Urt. v. 11.6.2020 – C-833/18, GRUR 2020, 736 – Brompton/Get2Get.
45 BGH Urt. v. 17.4.1986 – I ZR 213/83, GRUR 1986, 739 (741) – Anwaltsschriftsatz.
46 OVG Hamburg Urt. v. 20.9.2021 – 3 Bf 87/18, BeckRS 2021, 34061.
47 Nach OVG Hamburg Urt. v. 20.9.2021 – 3 Bf 87/18, BeckRS 2021, 34061, sei der Maßstab aus BGH Urt. v. 17.4.1986 – I ZR 213/83, GRUR 1986, 739 – Anwaltsschriftsatz, nicht mehr anzuwenden.
48 So ergeben sich für die Gestaltung von Datenschutzerklärungen eine Vielzahl verpflichtender Vorgaben aus der DS-GVO (s. Art. 13, 6, 15, 17, 21 DS-GVO). § 5 TMG bzw. § 55 RStV verpflichten den Ersteller von Impressen zu bestimmten Pflichtangaben, wodurch die inhaltliche Gestaltung erheblich eingeschränkt wird.
49 Fromm/Nordemann/A. Nordemann UrhG § 2 Rn. 21; Schricker/Loewenheim/Loewenheim/Leistner UrhG § 2 Rn. 39; Dreier/Schulze/Schulze UrhG § 2 Rn. 8.

Schutz nicht in Frage. Der urheberrechtliche Schutz einer von einem Computerprogramm geschaffenen gestalterischen Leistung kann auch nicht durch Zurechnung dem Schöpfer des Computerprogramms zugutekommen.[50]

4. Patentschutz von Software

Das Patentrecht dient dem Schutz **technischer Erfindungen** und Patente werden als geprüfte Registerrechte nur auf Antrag und nach Prüfung erteilt. Voraussetzung für die Patenterteilung ist, dass eine Erfindung auf einem Gebiet der Technik vorliegt, die neu ist, auf einer erfinderischen Tätigkeit beruht und gewerblich anwendbar ist (§ 1 PatG, Art. 52 EPÜ[51]). Das Patent verleiht dem Patentinhaber das Recht, anderen die gewerbliche Ausübung der patentierten Lehre zu verbieten.[52] Hierdurch wird dem Patentinhaber eine zeitlich befristete Monopolstellung eingeräumt, wofür er im Gegenzug die technische Lehre offenlegen muss.[53] Das patentrechtliche Ausschließlichkeitsrecht wird grundsätzlich für 20 Jahre gewährt (§ 16 PatG, Art. 63 EPÜ).

20

Zwar ist im Ausgangspunkt gem. § 2 Abs. 1 UrhG der Schutz von Computerprogrammen als Sprachwerke ausdrücklich dem Urheberrecht unterstellt und das Urheberrecht das wohl praktisch bedeutsamste immaterialgüterrechtliche Schutzregime für Software.[54] Gleichwohl ist **Software grundsätzlich auch einem Patentschutz zugänglich**. Entgegenstehendes ergibt sich nicht aus den Regelungen in § 1 Abs. 3 und 4 PatG bzw. Art. 52 Abs. 2 und 3 EPÜ, die eine Patentierbarkeit für „Programme für Datenverarbeitungsanlagen" als solche ausschließen, sondern diese stellen nur klar, dass eine Umsetzung als Software nicht schon aus diesem Grund als technische Erfindung gilt.[55] Entscheidend ist, ob über die Umsetzung als Software hinaus ein technischer Bezug, die sogenannte **Technizität**, vorliegt.

21

So sind bereits alle Patentansprüche, die zur Lösung eines Problems auf den klassischen Gebieten der Technik die Abarbeitung bestimmter Verfahrensschritte durch einen Computer beinhalten, nicht von dieser Regelung ausgeschlossen und grundsätzlich patentfähig.[56] Aber auch darüber hinaus kann eine schutzfähige **computerimplementierte Erfindung** vorliegen, wenn sie sich durch Eigenheiten auszeichnet, die eine Patentierbarkeit rechtfertigen. Dies ist in Einzelheiten sehr differenziert zu betrachten und umstritten.[57] Eine Patentierbarkeit besteht beispielsweise dann, wenn Gegenstand eines Verfahrens die Funktionalität der Datenverarbeitungsanlage selbst ist,[58] oder auch, wenn die Lehre für ein Programm für Datenverarbeitungsanlagen durch Erkenntnisse geprägt ist, die auf technischen Überlegungen beruhen[59]. Hingegen wird regelmäßig ein Patentschutz für reine Anwendungsprogramme abgelehnt.[60]

22

5. Ergänzender wettbewerbsrechtlicher Leistungsschutz

Neben den Sonderschutzregelungen wie dem Urheber- und Patentrecht kommt Leistungsergebnissen auch ein sogenannter ergänzender wettbewerbsrechtlicher Leistungsschutz gem. § 4 Nr. 3 UWG zu. Dieser, auch als **Nachahmungsschutz** bezeichnete, Rechtsschutz setzt zunächst die Unternehmereigenschaft des Nachahmers und die Mitbewerbereigenschaft des Rechtsschutzsuchenden voraus. Tatbestandlich muss eine

23

---

50 Schricker/Loewenheim/Loewenheim/Leistner UrhG § 2 Rn. 41.
51 Für die Erteilung Europäischer Patente gelten die Bestimmung des Europäischen Patentübereinkommens (EPÜ).
52 Haedicke PatentR § 1 Rn. 22.
53 Vertieft zur dogmatischen Grundlage, Zielen und Rechtfertigung des Patentrechts: Haedicke/Timmann PatR-HdB/ Haedicke § 1 Rn. 1 ff.
54 Haedicke PatentR § 10 Rn. 2.
55 Mes PatG § 1 Rn. 124 ff.; Haedicke PatentR § 10 Rn. 29, § 1 Rn. 127.
56 Mes PatG § 1 Rn. 127.
57 Detailliertere Übersichten zur Entscheidungspraxis des EPA und DPMA zur Patentierbarkeit von computerimplementierten Erfindungen finden sich bei Schwarz/Kruspig, Computerimplementierte Erfindungen – Patentschutz von Software, 2. Aufl. 2018, Kap. 5, und Haedicke/Timmann PatR-HdB/Nack § 2 Rn. 86 ff.
58 BGH GRUR 1992, 33 – Seitenpuffer.
59 BGH GRUR 2000, 498 – Logikverifikation.
60 Jäger/Metzger, Open Source Software, 5. Aufl. 2020, Rn. 363.

Nachahmung und ein Angebot eines Leistungsergebnisses vorliegen, das **eine wettbewerbliche Eigenart** aufweist, und darüber hinaus müssen besondere Umstände vorliegen, die das Verhalten als unlauter qualifizieren.[61] Trotz der Bezeichnung als „ergänzender" wettbewerbsrechtlicher Leistungsschutz ist dieser nach heute herrschender Meinung in Literatur und Rechtsprechung nicht mehr nachrangig zu den Sonderschutzrechten, sondern genießt aufgrund des unterschiedlichen Schutzwecks sowie der unterschiedlichen Voraussetzungen und Rechtsfolgen Gleichrang.[62]

6. Schutzrechte als Hindernisse für Legal Tech-Anwendungen

24 Während die dargestellten möglichen Schutzrechte an Legal Tech-Anwendungen ihren Inhabern eine ausschließliche Schutzposition vermitteln, können sie umgekehrt für Dritte auch Hindernisse bei der Entwicklung von Legal Tech-Anwendungen darstellen. Dies erscheint besonders relevant für die Fälle, wenn bei der Programmierung auf vorbestehende Softwarebestandteile zurückgegriffen wird (vgl. → Rn. 3 ff.) oder wenn eine Legal Tech-Anwendung sonstige vorbestehende, urheberrechtlich geschützte Elemente, wie beispielsweise AGB, Schriftsätze oder Vertragswerke, einbindet oder verarbeitet (vgl. → Rn. 13 ff.).

25 Wird auf vorbestehende Softwarebestandteile bei der Erstellung einer Legal Tech-Anwendung zurückgegriffen, ist meist eine Lizenzierung notwendig. Computerprogramme sind in aller Regel urheberrechtlich geschützt und gesetzliche Nutzungsbefugnisse für urheberrechtlich geschützte Inhalte (sog. Schrankenregelungen) werden in den meisten Fällen nicht in Frage kommen. Daher ist eine vertragliche Nutzungsrechteeinräumung im Rahmen einer Lizenz notwendig. Neben der Nutzungsrechteeinräumung gegen Entgelt bei der typischen Lizenzierung proprietärer Software stellt die entgeltfreie Lizenzierung von Software über sog. Open Source-Lizenzen eine bereits weit und zunehmend verbreitete Form der Softwarelizenzierung dar.[63] **Open Source-Lizenzen** sind dadurch kennzeichnet, dass eine umfangreiche Rechteeinräumung ohne Verpflichtung zur Zahlung von Lizenzgebühren an jedermann erfolgt. Im Gegenzug ist die Rechteeinräumung jedoch in der Regel an bestimmte andere Pflichten geknüpft, die von der Verpflichtung zur Aufnahme bestimmter Hinweise über die Bereitstellung des Quellcodes bis hin zur Verpflichtung reichen können, die eigene Software in bestimmtem Umfang ebenfalls der Open Source-Lizenz zu unterstellen (sog. Copyleft).[64]

26 Im Hinblick auf anderweitige urheberrechtlich geschützte Elemente (zB AGB, Vertragswerke oder Schriftsätze), auf die im Rahmen einer Legal Tech-Anwendung urheberrechtsrelevant zurückgegriffen werden kann, kommen neben einer Lizenzierung auch sog. **urheberrechtliche Schrankenbestimmung**[65] in Frage.

27 Werden diese Elemente zB nur begleitend oder flüchtig als integrale oder wesentliche Bestandteile eines technischen Verfahrens und ohne eigenständige wirtschaftliche Bedeutung vervielfältigt, kommt eine Zulässigkeit auch ohne Lizenz gem. § 44a UrhG in Frage. Dies ist beispielsweise bei ständigen Speichervorgängen auf Servern von Access- oder Service-Providern, im Rahmen des Browsings oder bei zeitlich begrenzten Zwischenspeicherungen, dem sog. Caching, regelmäßig der Fall.[66] Denkbar wäre auch eine Zulässigkeit im Rahmen des sog. Text- und Dataminings. Nach § 44b Abs. 2 UrhG werden Vervielfältigungshandlungen von rechtmäßig zugänglichgemachten Werken im Rahmen des Text- und Dataminings erlaubt.[67] Sofern eine Werknutzung zur Verwendung in einem Gerichts-, Schiedsgerichts-

---

61 Zu den Tatbestandsvoraussetzungen im Einzelnen siehe Köhler/Bornkamm/Feddersen/Köhler UWG § 4 Rn. 3.17 ff. oder Ohly/Sosnitza/Ohly UWG § 4 Rn. 3/25 ff.
62 Köhler/Bornkamm/Feddersen/Köhler UWG § 4 Rn. 3.6 f.; Ohly/Sosnitza/Ohly UWG Einf. D Rn. 78 f.
63 Bitkom e.V., Open Source Monitor, Studienbericht 2021, abrufbar unter: https://www.bitkom.org/Bitkom/Publikationen/Open-Source-Monitor-2021.
64 Übersicht zu Open Source-Lizenzen und entsprechenden Verpflichtungen zB bei Jäger/Metzger, Open Source Software, 5. Aufl. 2020, Rn. 29 ff. oder Galetzka/Jun/Roßmann, Praxishandbuch Open Source, 2021, S. 116 ff.
65 Zu urheberrechtlichen Schrankenregelungen allgemein: Fromm/Nordemann/Dustmann UrhG Vor § 44a ff. Rn. 1 ff.; Schricker/Loewenheim/Stieper UrhG Vor § 44a ff. Rn. 1 ff.
66 Schricker/Loewenheim/Loewenheim UrhG § 44a Rn. 15 ff.; zum Browsing und Caching: Wandtke/Bullinger/v. Welser UrhG § 44a Rn. 3 ff.
67 Dreier/Schulze/Dreier UrhG § 44b Rn. 7 ff.; Wandtke/Bullinger/Bullinger UrhG § 44b Rn. 5 ff.

oder Behördenverfahren erfolgt, kommt auch eine Anwendung der Schrankenregelung in § 45 UrhG in Frage.[68] Schließlich ist auch eine gesetzlich erlaubte Verwendung eines Zitats unter den Voraussetzungen des § 51 UrhG möglich.[69] Hingegen dürfte eine gesetzliche Erlaubnis im Rahmen der sog. Privatkopie gem. § 53 UrhG für die meisten Legal Tech-Anwendungen mangels privatem Charakter wohl ausscheiden, da es in aller Regel an einem privaten Gebrauch fehlen wird.

III. Schutz von und Rechte(n) an Daten

Im Rahmen von digitalen Geschäftsmodellen allgemein, aber auch im Bereich des Legal Tech kommen Daten, deren Verwendung, Zugang und Schutz zentrale und zunehmende Bedeutung zu. Aus Sicht des gewerblichen Rechtsschutzes und der diesbezüglichen Schutzfähigkeit von Daten ist die Perspektive eine etwas andere als aus dem ebenfalls zentralen Bereich des Datenschutzes. Letzterer bezweckt – insbesondere auf Basis der DS-GVO – den Schutz personenbezogener Daten aus persönlichkeitsrechtlicher Perspektive, während für die in diesem Abschnitt IP-rechtlich geprägte Perspektive der Investitionsschutz in einen Datenbestand und dessen Auswertung im Vordergrund stehen. Selbstverständlich überlagert das Datenschutzrecht aber die folgenden Ausführungen insoweit, als bei personenbezogenen Daten die entsprechenden datenschutzrechtlichen Vorgaben bei Aufbau und Auswertung des Datenbestandes beachtet werden müssen. 28

Für diese Zwecke werden hier unter den Begriff **Daten** jegliche maschinenlesbaren, codierten Informationen gefasst.[70] Maschinenlesbarkeit setzt dabei voraus, dass die Informationen in physikalischer Form vorliegen.[71] Abgesehen vom Schutz personenbezogener Daten besteht aktuell ein nur fragmentierter rechtlicher Rahmen.[72] So ist zunächst der Schutz eines Datenbestands als urheberrechtliches Datenbankwerk gem. § 4 Abs. 2 UrhG oder über das Datenbankherstellerrecht gem. §§ 87a ff. UrhG möglich (1.). Ebenfalls ist ein **Know-how-Schutz** daran über das GeschGehG möglich, in dessen Zentrum gem. § 2 Nr. 1 GeschGehG qualifizierte Informationen stehen (2.). Verbreitet und möglich ist schließlich auch eine rein vertraglich ausgestaltete Begründung eines Schutzes von Daten (3.). Überdies schützen auch strafrechtliche Normen gegen das Ausspähen oder Verändern von Daten (§§ 202a, 303a StGB). 29

Die Frage nach der Zuordnung bzw. **Inhaberschaft von nicht-personenbezogenen Daten** wird in der Rechtswissenschaft intensiv diskutiert. Ein eigentumsähnliches Recht an Daten existiert zum jetzigen Zeitpunkt weder nach deutschem noch nach Unionsrecht. Mittlerweile wird auch die Schaffung eines „Dateneigentums" bzw. eines Ausschließlichkeitsrechts weitestgehend abgelehnt.[73] Die gesetzgeberischen Bestrebungen auf nationaler und internationaler[74] Ebene im Rahmen von sogenannten Datenstrategien[75] zielen eher darauf ab, den Umgang mit Daten, insbesondere den Datenzugang und die Datennutzung, zu verbessern. 30

---

68 Zu den Voraussetzungen in Reichweite im Einzelnen: Schricker/Loewenheim/Melichar/Stieper UrhG § 45 Rn. 4 ff.; Fromm/Nordemann/Dustmann UrhG § 45 Rn. 3 ff.
69 Reichweite der Zitatschranke in Einzelheiten umstritten: Schricker/Loewenheim/Spindler UrhG § 51 Rn. 27 ff.; Fromm/Nordemann/Dustmann UrhG § 51 Rn. 18.
70 So auch definiert bei Zech Information S. 32; Steinrötter/Bohlsen ZPP 2020, 459; ähnlich auch ISO/IEC 2382:2015, IT Vocabulary, 2121272.
71 Zech Information S. 32.
72 Statt vieler: Kraul GRUR-Prax 2019, 478 (478).
73 Übersicht dazu bei Steinrötter FS Taeger, 2020, 491 (507), und Dreier/Schulze/Dreier UrhG vor § 87a Rn. 15 mwN.
74 COM(2017) 9 final; COM(2020) 66 final; Data Governance-Verordnung, COM(2020) 767 final.
75 Europäische Kommission, Die Europäische Datenstrategie, Februar 2020, abrufbar unter https://ec.europa.eu/commission/presscorner/detail/en/fs_20_283; Datenstrategie der Bundesregierung – Eine Innovationsstrategie für gesellschaftlichen Fortschritt und nachhaltiges Wachstum v. 27.1.2021, abrufbar unter https://www.bundesregierung.de/breg-de/suche/datenstrategie-der-bundesregierung-1845632.

1. Schutz von Datenbanken (§ 4 Abs. 2 und § 87a UrhG)

31 Das Urhebergesetz sieht zwei unterschiedlich ausgestaltete Schutzrechte für Datenbanken vor, nämlich einen allgemein urheberrechtlichen Schutz für sog. Datenbankwerke sowie das Datenbankherstellerrecht sui generis. Datenbankwerke, für deren Entstehen bereits die Auswahl oder Anordnung der Elemente eine persönlich-geistige Schöpfung darstellen muss, sind gem. § 4 Abs. 2 UrhG urheberrechtlichem Schutz zugänglich. In §§ 87a ff. UrhG ist hingegen das mit der europäischen Datenbankrichtlinie[76] eingeführte, sog. sui generis Datenbankrecht des Datenbankherstellers umgesetzt worden.

a) Datenbankwerke gem. § 4 Abs. 2 UrhG

32 Eine Datenbank ist gem. § 4 Abs. 2 UrhG als Datenbankwerk schutzfähig, wenn die Auswahl oder Anordnung der Elemente eine persönlich-geistige Schöpfung darstellt. Ob dies der Fall ist, ist europarechtlich auszulegen, und es kommt zentral auf das Vorliegen von Originalität im Sinne einer eigenen geistigen Schöpfung an. Dies setzt voraus, dass bei der **Auswahl oder Anordnung der Elemente freie und kreative Entscheidungen** getroffen werden.[77] Im Ausgangspunkt entsteht an der Datenbank ein volles Urheberrecht und dem Urheber stehen die allgemeinen Urheberpersönlichkeits- und Verwertungsrechte mit vereinzelten Sonderbestimmungen zu.[78] Dabei ist aber zu beachten, dass der Schutzumfang von Datenbankwerken nur die Übernahme des spezifischen Schutzgegenstandes, also die Auswahl und Anordnung der Elemente, umfasst.[79]

b) Sui generis Datenbankherstellerrecht (§§ 87a ff. UrhG)

33 Das Datenbankherstellerrecht gem. §§ 87a ff. UrhG bezweckt hingegen den Investitionsschutz in Datenbanken und schützt folglich auch nicht den Schöpfer, sondern denjenigen, der die **Investition in die Datenbank tätigt, als Datenbankhersteller** (vgl. § 87a Abs. 2 UrhG). Gerade weil elektronische Datenbanken wegen der nahezu unbegrenzten Speicherkapazität häufig auf Vollständigkeit ausgelegt und nach sachlogischen Prinzipien geordnet sind und dabei weniger Spielraum und Bedeutung für die Schaffung schöpferischer Strukturen besteht, kommt dem sui generis Leistungsschutzrecht gegenüber dem Urheberrecht an Datenbankwerken zunehmende wirtschaftliche Bedeutung zu.[80]

34 Das Datenbankherstellerrecht gem. § 87a UrhG fordert zwar keine persönliche geistige Schöpfung bei der Auswahl oder Anordnung der Elemente, schützt aber auch nicht alle Ansammlungen von Daten. Zunächst setzt das Datenbankherstellerrecht eine Sammlung „von Werken, Daten oder anderen unabhängigen Elementen, die systematisch angeordnet und einzeln zugänglich sind", voraus. Charakteristisch für das Leistungsschutzrecht des Datenbankherstellers ist die zweite Voraussetzung, die eine **„wesentliche Investition"** für die Beschaffung, Überprüfung oder Darstellung dieser Elemente erfordert. Als wesentliche Investition sind dabei sämtliche wirtschaftliche Aufwendungen zu berücksichtigen, die für den Aufbau, die Darstellung oder die Aktualisierung einer Datenbank erforderlich sind.[81] Ein besonders substanzielles Gewicht der Investition ist nicht erforderlich;[82] es sind damit lediglich ganz unbedeutende Aufwendungen aus dem Schutzbereich auszuschließen.[83] So wurde der Arbeitsaufwand für die Zusammenstellung von 251

---

76 Richtlinie 96/9/EG des Europäischen Parlaments und des Rates v. 11.3.1996 über den rechtlichen Schutz von Datenbanken (ABl. L 77, 20).
77 Zu Sammelwerken siehe EuGH Urt. v. 1.3.2012 – C-604/10, GRUR 2012, 386 (388) – Football Dacato/Yahoo; zum einheitlichen Maßstab auch bei Datenbankwerken siehe Schricker/Loewenheim/Leistner UrhG § 4 Rn. 50 sowie Dreier/Schulze/Dreier UrhG § 2 Rn. 19.
78 Übersicht dazu bei Schricker/Loewenheim/Leistner UrhG § 4 Rn. 44 ff.
79 Fromm/Nordemann/Czychowski UrhG § 4 Rn. 40; Wandtke/Bullinger/Marquardt UrhG § 4 Rn. 8; Dreier/Schulze/Dreier UrhG § 4 Rn. 1.
80 Schricker/Loewenheim/Vogel UrhG § 87a Rn. 3 mwN.
81 Schricker/Loewenheim/Vogel UrhG § 87a Rn. 52; Fromm/Nordemann/Czychowski UrhG § 87a Rn. 15; Dreier/Schulze/Dreier UrhG vor § 87a–§ 87e Rn. 1.
82 BGH Urt. v. 1.12.2010 – I ZR 196/08, GRUR 2011, 724 – Zweite Zahnarztmeinung II.
83 Wandtke/Bullinger/Hermes UrhG § 87a Rn. 54 ff.; Fromm/Nordemann/Czychowski UrhG § 87a Rn. 16.

Links⁸⁴ oder vergleichsweise geringen Kosten iHv 3.500 – 4.000 EUR für Beschaffung und Betreuung einer Datensoftware in Verbindung mit dem Personalbedarf zur Datenüberprüfung⁸⁵ als wesentlich angesehen.⁸⁶ Nicht geschützt sind allerdings die Investitionen, die für die Erzeugung von Daten aufgewendet werden, aus denen die Datenbank inhaltlich besteht.⁸⁷

Der **Schutzumfang** des Datenbankherstellerrechts ergibt sich aus § 87b Abs. 1 UrhG. Der Datenbankhersteller ist ausschließlich Berechtigter, die Datenbank insgesamt oder in wesentlichen Teilen zu vervielfältigen, zu verbreiten oder öffentlich wiederzugeben.⁸⁸ Dementsprechend kann er dies Dritten verbieten oder vertraglich, beispielsweise im Rahmen eines Lizenzvertrags, einräumen. Die Bestimmung der Wesentlichkeitsgrenze, also ob eine erlaubnispflichtige Nutzungshandlung vorliegt oder noch eine Nutzung eines unwesentlichen Datenbankteils vorliegt, die nicht in den Schutzgegenstand des Datenbankherstellerrechts eingreift, ist in der Praxis von großer Bedeutung. Im Ausgangspunkt ist die Wesentlichkeit mit Blick auf die Bedeutung des Investitionsschutzes als zentraler Schutzzweck des Datenbankherstellerrechts auszulegen.⁸⁹ Dabei sind sowohl qualitative als auch quantitative Kriterien heranzuziehen.⁹⁰ Der EuGH hat in einer Leitentscheidung festgestellt, dass die Frage, ob ein wesentlicher Teil vorliegt, in quantitativer Hinsicht nach dem Verhältnis des entnommenen Datenvolumens zum Gesamtvolumen zu bestimmen sei.⁹¹ Der dem entnommenen Element innewohnende Wert oder die Bedeutung der Daten für den Benutzer sei hingegen nicht von Bedeutung.⁹² Je nach Komplexität der Struktur und Inhalt der Datenbank kann auch ein einzelnes Element oder erst eine Vielzahl von Elementen einen wesentlichen Teil darstellen.⁹³ Eine feste Quantifizierung, ab welchem Verhältnis eine Wesentlichkeit angenommen⁹⁴ oder abgelehnt⁹⁵ werden kann, wäre zwar wünschenswert, wird aber wohl meist anhand des konkreten Einzelfalls beurteilt werden müssen. 35

Weiterhin enthält § 87c UrhG spezielle Schrankenbestimmungen des Datenbankherstellerrechts unter anderem für den privaten Bereich, wissenschaftliche Forschung, Unterrichts- und Lehrzwecke und im Bereich der Rechtspflege und öffentlichen Sicherheit. Mit der DSM-Richtlinie (Digital Single Market-Richlinie)⁹⁶ wurden weitere Schrankenbestimmungen für den Bereich des Text- und Data-Minings sowie zu Zwecken der Erhaltung einer Datenbank eingefügt. Die Schutzdauer einer Datenbank beträgt gem. § 87d UrhG grundsätzlich 15 Jahre ab deren Veröffentlichung. Schließlich sieht § 87e UrhG eine Grenze für Verträge 36

---

84 LG Köln Urt. v. 25.8.1999 – 28 O 527/98, ZUM-RD 2000, 304 – kidnet.de; weitere Beispiele bei Wandtke/Bullinger/Hermes UrhG § 87a Rn. 65.
85 BGH Urt. v. 1.12.2010 – I ZR 196/08, GRUR 2011, 724 (725) – Zweite Zahnarztmeinung II.
86 Dazu und Überblick der Kasuistik zum Erfordernis einer wesentlichen Investition: Wandtke/Bullinger/Hermes UrhG § 87a Rn. 64 ff.
87 EuGH Urt. v. 9.11.2004 – C-203/02, GRUR 2005, 244 (248) – BHB Pferdewetten; BGH Urt. v. 1.12.2010 – I ZR 196/08, GRUR 2011, 724 (725) – Zweite Zahnarztmeinung II.
88 In Art. 7 Abs. 2 Datenbank-RL als Entnahme und Weiterverwendung bezeichnet; vgl. dazu auch Fromm/Nordemann/Czychowski UrhG § 87b Rn. 12; Dreier/Schulze/Dreier UrhG § 87a Rn. 19.
89 Siehe dazu auch Dreier/Schulze/Dreier UrhG § 87b Rn. 11; Fromm/Nordemann/Czychowski UrhG § 87b Rn. 7.
90 Vgl. Art. 7 Abs. 1 Datenbank-RL.
91 EuGH Urt v. 9.11.2004 – C-203/02, GRUR 2005, 244 (250) – BHB-Pferdewetten.
92 EuGH Urt v. 9.11.2004 – C-203/02, GRUR 2005, 244 (250) – BHB-Pferdewetten.
93 Fromm/Nordemann/Czychowski UrhG § 87b Rn. 7; Dreier/Schulze/Dreier UrhG § 87a Rn. 12.
94 So zB eine regelmäßige Verletzung bei 50 % Übernahme des Datenbankinhalts: Wandtke/Bullinger/Hermes UrhG § 87b Rn. 15.
95 So zB 99 von 70.000 Stellenanzeigen: LG Köln Urt. v. 2.12.1998 – 28 O 431/98, AfP 1999, 95 (96); ein Veranstalter von 300–400: KG Urt. v. 9.6.2000 – U 2172/00, ZUM 2001, 70 (72) – Veranstalterdatenbank; 350 von 3.500 Zahnarztbewertungen: OLG Köln Urt. v. 14.11.2008 – 6 U 57/08, MMR 2009, 191; 10 % Entnahme – unbeachtet qualitativer Kriterien – jedenfalls quantitativ kein wesentlicher Teil: BGH Urt. v. 1.12.2010 – I ZR 196/08, GRUR 2011, 724 – Zweite Zahnarztmeinung II; siehe dazu auch Fromm/Nordemann/Czychowski UrhG § 87b Rn. 10 mwN.
96 Richtlinie (EU) 2019/790 des Europäischen Parlaments und des Rates v. 17.4.2019 über das Urheberrecht und die verwandten Schutzrechte im digitalen Binnenmarkt und zur Änderung der Richtlinien 96/9/EG und 2001/29/EG (ABl. L 130, 92).

über die Nutzung einer Datenbank vor, die den Datenbankhersteller daran hindert, seine ausschließlichen Rechte an der Datenbank auch auf unwesentliche Teile auszudehnen.[97]

2. Know-how-Schutz (GeschGehG)

37 Daten sind einem Know-how-Schutz zugänglich, wenn sie Geschäftsgeheimnisse iSd GeschGehG darstellen. In Umsetzung der sog. EU-Geheimnisschutzrichtlinie[98] stellt das im Jahr 2019 in Kraft getretene GeschGehG die Kernregelungsmaterie zum Schutz von Know-how dar und hat die früheren Normen des UWGs dazu abgelöst.[99]

38 Der Schutz als **Geschäftsgeheimnis** setzt gem. § 2 Nr. 1 GeschGehG voraus, dass es sich um eine Information handelt, die geheim, von wirtschaftlichem Wert und Gegenstand von angemessenen Geheimhaltungsmaßnahmen ist und bei der ein berechtigtes Interesse an der Geheimhaltung besteht. Der Begriff der Information ist weit zu verstehen und umfasst ganze Datensätze ebenso wie Einzelinformationen. Entgegen der Entstehung anderer Schutzrechte kommt es dabei auch nicht auf eine Individualität, Neuheit oder besondere Strukturierung der Daten an.[100] Im Hinblick auf die Voraussetzung einer geheimen Information erfordert dies keine absolute Neuheit, sondern stellt auf die praktische Zugänglichkeit für einen bestimmten Personenkreis ab.[101] Der weiter geforderte wirtschaftliche Wert muss sich aber – anders als beim Investitionsschutz des Datenbankherstellerrechts – jedenfalls auch aus diesem geheimen Charakter der Information ergeben, an den aber im Allgemeinen keine besonders hohen Anforderungen zu stellen sind.[102] Der Anforderung an ein berechtigtes Interesse kommt praktisch kaum Bedeutung zu, es bestehen aber Bedenken an der Vereinbarkeit mit dem Unionsrecht.[103]

39 Besondere praktische Bedeutung haben aber die erforderlichen **angemessenen Geheimhaltungsmaßnahmen**. Wie streng diese im Einzelfall von der Rechtsprechung ausgelegt werden, ist aktuell noch nicht vollständig abzusehen[104] und aufgrund der Forderung nach „den Umständen her angemessenen Geheimhaltungsmaßnahmen" schon vom Gesetzeswortlaut her einzelfallabhängig. Im Ergebnis wird es auf den Wert des Geheimnisses insgesamt und für das Unternehmen, die Größe des Unternehmens, die Kosten und die Üblichkeit der Maßnahmen ankommen.[105] Mögliche Maßnahmen sind die Kennzeichnung vertraulicher Informationen, die vertragliche Regelung von Vertraulichkeit, die Zugangsbegrenzung zu Informationen auf einer „need to know"-Basis sowie technische oder technisch-organisatorische Schutzmaßnahmen.[106]

40 Der **Schutzbereich** eines Geschäftsgeheimnisses folgt aus den in § 4 GeschGehG geregelten Verletzungstatbeständen. Im Ausgangspunkt ist es verboten, ein Geschäftsgeheimnis unbefugt zu erlangen (§ 4 Abs. 1 GeschGehG) oder unbefugt zu nutzen oder offenzulegen (§ 4 Abs. 2 GeschGehG). Sofern das Geschäftsgeheimnis von einem Dritten erlangt wurde, erstreckt sich das Verbot der Erlangung, Nutzung oder Offenlegung auch auf diesen Fall, setzt aber Kenntnis oder fahrlässige Unkenntnis voraus (§ 4 Abs. 3 S. 1 GeschGehG). Gem. § 4 Abs. 3 S. 2 GeschGehG erstreckt sich das Verbot schließlich auch auf das

---

97 Schricker/Loewenheim/Vogel UrhG § 87e Rn. 1 ff.
98 Richtlinie (EU) 2016/943 des Europäischen Parlaments und des Rates v. 8.6.2016 über den Schutz vertraulichen Know-hows und vertraulicher Geschäftsinformationen (Geschäftsgeheimnisse) vor rechtswidrigem Erwerb sowie rechtswidriger Nutzung und Offenlegung (ABl. L 157, 1).
99 Vgl. dazu Köhler/Bornkamm/Feddersen/Alexander GeschGehG Vorbem. Rn. 1 ff.
100 BeckOK GeschGehG/Hiéramente GeschGehG § 2 Rn. 2; Köhler/Bornkamm/Feddersen/Alexander GeschGehG § 2 Rn. 27.
101 So bereits der Gesetzeswortlaut von § 2 Nr. 1 lit. a GeschGehG „den Personen in den Kreisen"; vertieft dazu Ohly GRUR 2019, 441 (443).
102 Harte-Bavendamm/Ohly/Kalbfus/Harte-Bavendamm GeschGehG § 2 Rn. 26.
103 Köhler/Bornkamm/Feddersen/Alexander GeschGehG § 2 Rn. 74 ff.; Ohly GRUR 2019, 441 (443 f.).
104 Harte-Bavendamm/Ohly/Kalbfus/Harte-Bavendamm GeschGehG § 2 Rn. 42.
105 Ohly GRUR 2019, 441 (444).
106 Für Details zu Umsetzungsmöglichkeiten in der Praxis siehe Harte-Bavendamm/Ohly/Kalbfus/Harte-Bavendamm GeschGehG § 2 Rn. 55 ff.; Köhler/Bornkamm/Feddersen/Alexander GeschGehG § 2 Rn. 53 ff.; Überblick bei: Ohly GRUR 2019, 441 (444).

Herstellen, Anbieten, Inverkehrbringen, die Ein- oder Ausfuhr oder Lagerung dazu von rechtsverletzenden Produkten. Hingegen wird der Schutzbereich durch bestimmte erlaubte Handlungen und Ausnahmen begrenzt. § 3 GeschGehG nimmt beispielsweise eigenständige Entdeckungen oder bestimmte Untersuchungshandlungen als erlaubte Handlungen aus dem Schutzbereich heraus.[107] § 5 GeschGehG regelt Ausnahmen insbes. für journalistische Tätigkeiten und zum Schutz von Whistleblowern, die nicht unter die Verbote des § 4 GeschGehG fallen.[108]

3. Vertraglicher Schutz

Unabhängig vom Vorliegen einer Datenbank oder einem geschützten Geschäftsgeheimnis, kann ein Schutz von Daten auch privatautonom vertraglich begründet werden. Typischerweise wird ein solcher Vertrag vor dem Hintergrund einer Nutzungsregelung von Daten geschlossen, ist somit zugleich aber auch Grundlage für den Ausschluss anderweitiger Nutzungen. Eine solche **Datenlizenz** begründet für den Lizenznehmer ein obligatorisches positives Benutzungsrecht an einem Datenbestand, der dem Lizenznehmer aufgrund einer faktischen Ausschließlichkeit ansonsten nicht zugänglich wäre.[109] Insofern kann auch von einer unechten Lizenz gesprochen werden, da Grundlage nicht ein rechtliches Monopol, sondern ein bloß faktisch bestehendes Zugangshindernis ist.[110]

41

Die Vielzahl der möglichen Vertragskonstellationen ergibt sich aus der Vielfältigkeit digitaler Geschäftsmodelle und dem einhergehenden, unterschiedlichen Leistungsspektrum. Ein auf Daten zugeschnittenes Vertragsrecht existiert bislang ebenso wenig wie ein insofern standardisierter Datenvertrag.[111] Vielmehr umfasst das auf Daten angewendete Vertragsrecht **unterschiedliche Vertragsformen** und richtet sich nach den Bedürfnissen und Interessen der Vertragsparteien. Die Überlassung von Rohdaten ist häufig Inhalt von Verträgen im B2B-Bereich. Denkbar sind unter anderem Datenkaufverträge im Sinne von § 453 Abs. 1 Alt. 2 BGB bei der Vereinbarung einer unbeschränkten dauerhaften Überlassung sowie Datennutzungsverträge bei der befristeten und eingeschränkten Überlassung, einer sogenannten Datenlizenz.

42

Da die **Vertragstypologie des Datennutzungsvertrags** noch weitgehend ungeklärt ist und unterschiedliche Meinungen existieren,[112] ist eine präzise Vertragsgestaltung besonders bedeutsam. Ein Vertrag zur Datennutzung sollte möglichst genaue Regelungen zur Beschreibung der vertragsgegenständlichen Daten, den Rechten und Pflichten der Vertragsparteien und der Nutzungsbefugnisse enthalten.[113] Schließlich bietet die individuelle Ausgestaltung ohne zentrale rechtliche Vorgaben die Flexibilität des Schuldvertragsrechts, die eine individuelle und interessengerechte Lösung ermöglicht. Doch kann die inter partes Wirkung von Verträgen im Rahmen von Transaktionen auch zu Unsicherheiten führen.[114] Auch sind AGB- und kartellrechtliche Grenzen zu beachten.[115]

43

IV. Markenrechtlicher Schutz im Bereich Legal Tech

Markenrechtlicher Schutz kommt für Anbieter im Bereich von Legal Tech auf mehreren Ebenen infrage. Zunächst können Kennzeichnungen für Legal Tech-Produkte wie Software oder Dienstleistungen als Marken angemeldet und geschützt werden (1.). Ein markenrechtlicher Schutz als Unternehmenskennzeichen

44

---

107 Siehe im Detail: Harte-Bavendamm/Ohly/Kalbfus/Ohly GeschGehG § 3; BeckOK GeschGehG/Fuhlrott/Hiéramente/Spieker GeschGehG § 3.
108 Siehe im Detail: Harte-Bavendamm/Ohly/Kalbfus/Ohly GeschGehG § 5; BeckOK GeschGehG/Fuhlrott/Hiéramente/Spieker GeschGehG § 5.
109 Vgl. dazu Schur GRUR 2020, 1142 (1143); Leupold/Wiebe/Glossner IT-R/Schur Teil 6.9 Rn. 17 f.
110 Vgl. dazu Schur GRUR 2020, 1142 (1143); Leupold/Wiebe/Glossner IT-R/Schur Teil 6.9 Rn. 20.
111 Schur GRUR 2020, 1142 (1143); Leupold/Wiebe/Glossner IT-R/Schur Teil 6.9 Rn. 1.
112 Siehe auch BeckOK BGB/Zehelein BGB § 535 Rn. 331; Leupold/Wiebe/Glossner IT-R/Schur Teil 6.9 Rn. 4 ff.; Schur GRUR 2020, 1142 (1145); Hennemann RDi 2021, 61 (64).
113 Für ein Datennutzungsvertragsmuster siehe MVHdB III WirtschaftsR II/Czychowski/Siesmayer S. 1473.
114 Zu möglichen Problemen der vertraglichen Regelung siehe Ebers/Navas Algorithms and Law/Steinrötter S. 269 (287).
115 Leupold/Wiebe/Glossner IT-R/Schur Teil 6.9 Rn. 15; Schur GRUR 2020, 1142 (1146).

kommt aber auch für die Bezeichnung eines Legal Tech-Unternehmens oder als Werktitel für ein Softwareprodukt in Betracht (2.). Besonderheiten gerade mit Blick auf digitale Geschäftsmodelle ergeben sich an der Schnittstelle von Domainnamen und Markenrechten (3.).

1. Markenschutz für (Legal Tech-)Produkte

45 Zur Kennzeichnung von Waren oder Dienstleistungen können **Marken in öffentliche Register**, wie das Markenregister beim DPMA (Deutsches Patent- und Markenamt), das Unionsmarkenregister des EUIPO (Union Intellectual Property Office) oder internationale Registrierungen in das internationale Markenregister der WIPO (World Intellectual Property Office) eingetragen werden (vgl. § 4 Nr. 1 MarkenG; Art. 9 Unionsmarkenverordnung (UMV)[116]).[117] Während beim DPMA geführte deutsche Marken nur innerhalb Deutschlands Schutz entfalten, kommt einer beim EUIPO eingetragenen Unionsmarke ein europaweiter, einheitlicher Markenschutz zu (Art. 9 ff. UMV). Neben dem formalen Markenschutz ist auch ein sachlicher Markenschutz als sog. Benutzungsmarke bei Verkehrsgeltung (vgl. § 4 Nr. 2 MarkenG) oder als notorisch bekannte Marke (§ 4 Nr. 3 MarkenG) möglich. Sogenannte Benutzungsmarken entstehen allein durch die inländische Benutzung des Zeichens im Geschäftsverkehr und bei Verkehrsgeltung innerhalb beteiligter Verkehrskreise, § 4 Nr. 2 MarkenG.[118] Verkehrsgeltung liegt dann vor, wenn ein nicht unerheblicher Teil des angesprochenen Verkehrskreises eine Verbindung zwischen dem Zeichen und einem bestimmten Unternehmen herstellen kann und das Erscheinungsbild des Zeichens wiedererkennt.[119] Notorietät kann im Ausgangspunkt als gesteigerte Form der Verkehrsgeltung verstanden werden.[120]

46 Als Marke kommen dabei alle **unterscheidungskräftigen Zeichen** in Betracht (§ 3 Abs. 1 MarkenG). Besonders üblich sind Wortmarken, Bildmarken oder Wort-Bildmarken. Die Eintragung der Marke erfolgt für bestimmte Waren und Dienstleistungen, aus der sich der Umfang des Markenschutzes ergibt und die nach der sog. Nizza-Klassifikation systematisiert sind. Für Produkte eines Legal Tech-Anbieters dürften insbesondere Eintragungen in Klasse 9 (Downloadbare Software), Klasse 42 (Software as a Service) und Klasse 45 (Juristische Dienstleistungen) von besonderer Relevanz sein.

47 Durch Erwerb einer Marke erlangt der Inhaber das ausschließliche Recht, das als Marke geschützte Zeichen für bestimmte Waren oder Dienstleistungen ausschließlich zu benutzen. Der **Schutzumfang** von Marken ergibt sich aus § 14 Abs. 2 MarkenG bzw. Art. 9 UMV. Im Ausgangspunkt geschützt ist der Markeninhaber gegen die identische Verwendung der Marken (§ 14 Abs. 2 Nr. 1 MarkenG; Art. 9 Abs. 2 lit. a UMV) und gegen ähnliche Verwendungen, die Verwechslungsgefahr mit dem als Marke geschützten Zeichen aufweisen (§ 14 Abs. 2 Nr. 2 MarkenG; Art. 9 Abs. 2 lit. b UMV). Letztlich ist der Markeninhaber auch gegen die identische oder ähnliche Verwendung einer im Inland bekannten Marke geschützt, wenn dabei die Unterscheidungskraft in unlauterer Weise ausgenutzt oder beeinträchtigt wird (§ 14 Abs. 2 Nr. 3 MarkenG; Art. 9 Abs. 2 lit. c UMV). Ein bestehendes Markenrecht schützt auch gegen eine neuere Eintragung einer mit dieser identischen oder verwechslungsfähigen Marke, indem sie für diese ein sog. relatives Schutzhindernis darstellt (§ 9 MarkenG; Art. 8 UMV).

---

116 Verordnung (EU) 2017/1001 des Europäischen Parlaments und des Rates v. 14.6.2017 über die Unionsmarke (ABl. L 154, 1).
117 Einf. zu den verschiedenen Registrierungen Hacker MarkenR §§ 9 ff.
118 Siehe auch vertiefend Ingerl/Rohnke/Nordemann/Nordemann-Schiffel MarkenG § 4 Rn. 6; Ströbele/Hacker/Thiering/Hacker MarkenG § 4 Rn. 8 f.
119 BGH Urt. v. 26.6.2008 – I ZR 190/05, GRUR 2008, 917 (920) – EROS; vgl. auch Ingerl/Rohnke/Nordemann/Nordemann-Schiffel MarkenG § 4 Rn. 18; Ströbele/Hacker/Thiering/Hacker MarkenG § 4 Rn. 26 ff.
120 Vgl. zu diesem herkömmlichen Verständnis und zu den gegenüberstehenden neuen Empfehlungen der WIPO zu neuen Kriterien Ströbele/Hacker/Thiering/Hacker MarkenG § 4 Rn. 84 ff.; Ingerl/Rohnke/Nordemann/Nordemann-Schiffel MarkenG § 4 Rn. 31.

2. Markenrechtlicher Schutz für Werktitel und Unternehmenskennzeichen

Daneben kann der Name oder die besondere Bezeichnung beispielsweise einer Software auch als Werktitel Titelschutz gem. § 5 Abs. 1, 3 MarkenG genießen.[121] Nach § 5 Abs. 3 MarkenG sind Werktitel Namen oder besondere Bezeichnungen von Druckschriften, Filmwerken, Tonwerken, Bühnenwerken, aber auch „sonstigen vergleichbaren Werken". Unter der generalklauselartigen Formulierung des „sonstigen vergleichbaren Werkes" ist jeder nach der Verkehrsauffassung als solcher bezeichnungsfähige Inhalt zu verstehen. Das umfasst insbesondere auch Softwareprogramme.[122] Für den Titelschutz unerheblich ist, ob das Werk urheberrechtlichen Schutz genießt.[123] Der **Titelschutz** nach § 5 Abs. 3 MarkenG beispielsweise für eine Software **entsteht mit der Aufnahme der Benutzung des Titels** nach außen im geschäftlichen Verkehr.[124] Im Besonderen müsste ein Computerprogramm als fertiges, mit der entsprechenden Bezeichnung gekennzeichnetes Produkt vertrieben werden oder zumindest eine der Auslieferung des Produkts vorausgehende werbende Ankündigung ergehen.[125] Zumindest die Priorität des Titelrechts kann durch eine Titelschutzanzeige vorverlagert werden.[126] Die als weitere Voraussetzung für den Werktitelschutz erforderliche werkindividualisierende Unterscheidungskraft wird bei Softwaretiteln dann zu verneinen sein, wenn es sich um glatt beschreibende Werktitel handelt, die sich in einer Inhaltsbeschreibung erschöpfen.[127] Zwar wurde die Unterscheidungskraft für ein Computerprogramm namens „Druckerei" zur Erstellung von Etiketten bejaht,[128] verneint wurde sie hingegen für die Smartphone-App „wetter DE".[129]

48

Gem. § 5 Abs. 1, 2 MarkenG sind auch **Unternehmenskennzeichen** markenrechtlichem Schutz zugänglich. Mithilfe des Schutzes von Unternehmenskennzeichen nach § 5 Abs. 1, 2 MarkenG können namensmäßige Bezeichnungen (zB Firmenbezeichnungen, Firmenschlagwörter, besondere Geschäftsbezeichnungen) und nicht-namensmäßige Kennzeichen (zB Arbeitskleidung, Hausfarben) geschützt werden. Die Benutzung des Zeichens im geschäftlichen Verkehr ist für die Entstehung des Schutzes maßgeblich. Eine gewisse Außenwirkung des Unternehmenskennzeichens ist erforderlich. Der Inhalt des Werktitelschutzes und des Unternehmenskennzeichenschutzes ergibt sich aus § 15 MarkenG.

49

3. Markenrechtlicher Schutz an Domainnamen

Domainnamen können auf unterschiedliche Weise markenrechtlichen Schutz erlangen. Sofern ein Domainname **hinreichende Unterscheidungskraft** aufweist, kann er einerseits als Wortmarke beim DPMA oder

50

---

121 BGH Urt. v. 24.4.1997 – I ZR 44/95, GRUR 1998, 155 (156) – Powerpoint; BGH Urt. v. 27.4.2006 – I ZR 109/03, GRUR 2006, 594 – Smartkey; vertieft dazu Ströbele/Hacker/Thiering/Hacker MarkenG § 5 Rn. 85 f. und Ingerl/Rohnke/Nordemann/Ingerl/Rohnke MarkenG § 5 Rn. 73 ff., 81.
122 BGH Urt. v. 24.4.1997 – I ZR 44/95, GRUR 1998, 155 (156) – Powerpoint; BGH Urt. v. 24.4.1997 – I ZR 233/94, NJW 1997, 3315 (3316) – FTOS; Werktitelschutz für Apps: BGH Urt. v. 28.1.2016 – I ZR 202/14, GRUR 2016, 939 (940) – wetter.de; Ströbele/Hacker/Thiering/Hacker MarkenG § 5 Rn. 94 ff.; Ingerl/Rohnke/Nordemann/Ingerl/Rohnke MarkenG § 5 Rn. 80 f.
123 Hacker MarkenR § 33 Rn. 897.
124 BGH Urt. v. 15.1.1998 – I ZR 282/95, GRUR 1998, 1010 (1012) – WINCAD; BGH Urt. v. 31.1.2019 – I ZR 97/17, GRUR 2019, 535 (537) – Das Omen; Ingerl/Rohnke/Nordemann/Nordemann-Schiffel MarkenG § 5 Rn. 95.
125 BGH Urt. v. 24.4.1997 – I ZR 233/94, GRUR 1997, 902 (903) – FTOS; Ingerl/Rohnke/Nordemann/Nordemann-Schiffel MarkenG § 5 Rn. 100.
126 BGH Urt. v. 14.5.2009 – I ZR 231/06 GRUR 2009, 1055 (1058) – airdsl; BGH Urt. v. 1.3.2001 – I ZR 205/98, GRUR 2001, 1054 – Tagesreport; BGH Urt. v. 22.6.1989 – I ZR 39/87, GRUR 1989, 760 – Titelschutzanzeige; OLG Naumburg Urt. v. 3.9.2010 – 10 U 53/09 (nrk), GRUR-RR 2011, 127 (128) – SUPERillu; Ingerl/Rohnke/Nordemann/Nordemann-Schiffel MarkenG § 5 Rn. 103.
127 Ingerl/Rohnke/Nordemann/Nordemann-Schiffel MarkenG § 5 Rn. 123; Ströbele/Hacker/Thiering/Hacker MarkenG § 5 Rn. 107, 111; jeweils mwN und Beispielen mangelnder Unterscheidungskraft. Siehe ferner: BGH Urt. v. 31.1.2019 – I ZR 97/17, GRUR 2019, 535 (537) – Das Omen; BGH Urt. v. 28.1.2016 – I ZR 202/14, GRUR 2016, 939 (940) – wetter.de; BGH Urt. v. 22.3.2012 – I ZR 102/10, GRUR 2012, 1265 (1267) – Stimmt's?.
128 LG Düsseldorf Urt. v. 2.2.2005 – 2a O 197/04, GRUR-RR 2006, 133 (134) – Hochzeitsdruckerei.
129 LG Hamburg Beschl. v. 8.10.2013 – 327 O 104/13, GRUR-RR 2014, 206 (207) – Wetter DE, sowie OLG Köln Urt. v. 5.9.2014 – 6 U 205/13, WRP 2014, 1355 (1357) – Wetter-App, bestätigt durch BGH Urt. v. 28.1.2016 – I ZR 202/14, GRUR 2016, 939 (940) – wetter.de.

dem EUIPO angemeldet werden. Daneben kann die Schutzwirkung einer eingetragenen Wortmarke auch einen Domainnamen umfassen, wenn dieser in deren Schutzbereich fällt. Aus einer eingetragenen Marke kann gegen eine diese verletzende Domain nach den markenrechtlich zur Verfügung stehenden Ansprüchen vorgegangen werden.[130]

51 Für die Beilegung von markenrechtlichen Streitigkeiten in Bezug auf Domains stehen teilweise spezielle Verfahren bei den zuständigen Verwaltungsorganisationen zu Verfügung. Dies hängt folglich von der jeweiligen Art der Top Level Domain ab. So sind beispielsweise bei der **Top Level Domain „.eu"** die Vergabe, die zuständige Organisation und das Vorgehen bei Verletzung ausdrücklich per Verordnung[131] geregelt.[132] Im Fall von **anderen Top Level Domains** (zB „.com" oder „.net") können Streitigkeiten in einem Schlichtungsverfahren der WIPO beigelegt werden, welches durch die „Uniform Domain Dispute Resolution Policy" (UDRP) geregelt ist.[133] Da für die Top Level Domain „.de" keine gesetzgeberische Regelung des materiellen Domainrechts und der Domainvergabe vorliegt, wird die Rechtmäßigkeit der Vergabe und Verwaltung der **„.de"-Domains** durch das zuständige private Unternehmen DENIC (Deutsches Network Information Center) kontrolliert. Ansprüche in Bezug auf die Registrierung und Nutzung von Domainnamen ergeben sich beispielsweise aus den Verletzungstatbeständen in §§ 14, 15 MarkenG.[134] Der Anspruch auf Verzicht einer Domain kann mit einem sog. Dispute-Antrag[135] vor der zuständigen Registrierungsstelle der DENIC gegen Übertragung der Domain auf Dritte abgesichert werden.[136]

V. Verfahrensrechtliche Besonderheiten des gewerblichen Rechtsschutzes

52 Die gerichtliche wie außergerichtliche Durchsetzung von Ansprüchen des gewerblichen Rechtsschutzes weist einige Besonderheiten auf, die im folgenden Abschnitt überblicksartig dargestellt werden sollen.

53 Zunächst stellen Ansprüche auf Unterlassen (§ 97 Abs. 1 UrhG, § 14 Abs. 5, § 15 Abs. 1 MarkenG, § 8 Abs. 1 UWG, § 139 Abs. 1 PatentG), Auskunft (§ 101 Abs. 1 UrhG, § 19 Abs. 1 MarkenG, § 10 Abs. 4 UWG, § 140b Abs. 1 PatentG) und Schadensersatz (§ 97 Abs. 2 UrhG, § 14 Abs. 6, § 15 Abs. 5 MarkenG, § 9 UWG, § 139 Abs. 2 PatentG) die **charakteristischen immaterialgüterrechtlichen Ansprüche** des Rechteinhabers im Verletzungsfall dar. Im Bereich der Immaterialgüterrechte besteht überdies eine Besonderheit bei der Schadensberechnung. Diese ist grundsätzlich nach drei Methoden möglich: Geltendmachung des tatsächlichen Schadens nach allgemeinen Grundsätzen, nach der Methode der Lizenzanalogie sowie unter Abschöpfung des Verletzergewinns (§ 97 Abs. 2 S. 2 UrhG, § 14 Abs. 6 S. 2 MarkenG, § 9 UWG, § 139 Abs. 2 S. 2–3 PatG).

54 Da insbesondere (auch) die Durchsetzung eines Unterlassungsanspruchs häufig Gegenstand immaterialgüterrechtlicher Streitigkeiten ist, kommt der immaterialgüterrechtlichen **Abmahnung** besondere Bedeutung zu. Um der Tragung der Prozesskosten durch ein sofortiges Anerkenntnis gem. § 93 ZPO zu entgehen, obliegt dem Rechteinhaber die Abmahnlast, die für das Urheberrecht in § 97a UrhG oder für das Lauterkeitsrecht in § 13 UWG noch spezieller geregelt ist.[137] Dabei muss der Abmahnende bestimmte inhaltliche und formelle Vorgaben beachten.[138] Bezogen auf einen Unterlassungsanspruch kann der Abgemahnte die grundsätzlich durch die Erstbegehung indizierte Wiederholungsgefahr durch eine strafbewehrte Unterlassungser-

---

130 Hildebrandt Marken § 22 Rn. 12; Köhler/Bornkamm/Feddersen/Köhler UWG § 4 Rn. 4.90.
131 Verordnung (EG) Nr. 874/2004 v. 28.4.2004 zur Festlegung von allgemeinen Regeln für die Funktionen der Domäne oberster Stufe „.eu" und der allgemeinen Grundregeln für die Registrierung (ABl. L 162, 40).
132 Hildebrandt Marken § 22 Rn. 3 ff.
133 Informationen auf der Webseite der WIPO, abrufbar unter https://www.wipo.int/amc/en/domains/gtld/.
134 Hildebrandt Marken § 22 Rn. 13 ff.; Bettinger DomainR-HdB Teil 2 DE1 f. Weitere Ansprüche bestehen im Namensrecht (§ 12 BGB), im Wettbewerbsrecht (§§ 3, 4, 5 UWG) und im Deliktsrecht (§§ 823, 826 BGB).
135 Abrufbar auf der Webseite der DENIC unter https://www.denic.de/service/dispute/.
136 Bettinger DomainR-HdB Teil 2 DE952 ff.
137 Vgl. dazu Fromm/Nordemann/J. B. Nordemann UrhG § 97 Rn. 196, § 97a Rn. 2; Wandtke/Bullinger/Kefferpütz UrhG vor §§ 97 ff. Rn. 3.
138 Zur inhaltlichen Gestaltung einer Abmahnung siehe Dreier/Schulze/Specht-Riemenschneider UrhG § 97 Rn. 3 ff.; Schricker/Loewenheim/Wimmers UrhG § 97 Rn. 13 ff.; Wandtke/Bullinger/Kefferpütz UrhG § 97a Rn. 6 ff.

klärung ausräumen. Häufig wird eine vorformulierte Unterlassungserklärung der Abmahnung beigefügt, bei deren Formulierung sowohl auf Aktiv- als auch auf Passivseite einige Punkte zu beachten sind.[139] Eine berechtigte Abmahnung löst erstattungsfähige Rechtsanwaltskosten aus, die von der Gegenseite zu tragen sind.[140] Hingegen löst eine unberechtigte Abmahnung uU **Gegenansprüche wegen unberechtigter Schutzrechtsabmahnung** aus.[141]

Eine weitere Besonderheit der Durchsetzung von Immaterialgüterrechten ist, dass neben Hauptsacheverfahren in der Praxis die Durchsetzung im Wege von **einstweiligen Verfügungsverfahren** erfolgt.[142] Dies ermöglicht nicht nur eine schnellere Rechtsdurchsetzung, sondern eröffnet dem Rechteinhaber auch gewisse Erleichterungen, beispielsweise durch die Möglichkeit der Glaubhaftmachung durch das Einbringen von eidesstattlichen Versicherungen gem. § 294 Abs. 1 ZPO.[143] Ein häufiges Problem stellt jedoch die im Rahmen des Verfügungsgrundes erforderliche Dringlichkeit dar. Hier erweisen sich Gerichte als unterschiedlich streng. 55

Schließlich ist eine weitere Besonderheit von immaterialgüterrechtlichen Verfahren, dass in aller Regel aufgrund des sog. fliegenden Gerichtsstandes das **Prozessgericht gewählt** werden kann. Da der Begehungsort der Rechtsverletzung im Immaterialgüterrecht regelmäßig nicht örtlich beschränkt ist, begründet § 32 ZPO die örtliche Zuständigkeit mehrerer Gerichte. Das aus § 35 ZPO folgende Wahlrecht des Klägers ermöglicht die Berücksichtigung etwaiger Rechtsprechungspraxen bei der Wahl des Prozessgerichts.[144] Teilweise bestehen aber Ausschlüsse für den sog. fliegenden Gerichtsstand, wie in § 104a UrhG für die nicht nachweislich gewerbliche oder selbstständige berufliche Verwendung urheberrechtlich geschützter Gegenstände oder in § 14 Abs. 2 S. 3 UWG. Ergänzend stehen bei den Registerrechten auch parallele Verfahren zum Rechtsbestand vor den zuständigen Ämtern wie dem DPMA, dem Europäischen Patentamt, dem Bundespatentgericht oder dem EUIPO zur Verfügung. 56

---

139 Vgl. Wandtke/Bullinger/Kefferpütz UrhG § 97a Rn. 35. ff.; Teplitzky Wettbewerbsrechtliche Ansprüche/Bacher Kap. 41 Rn. 44 ff.; Köhler/Bornkamm/Feddersen/Bornkamm/Feddersen UWG § 13 Rn. 144 f.
140 Im Urheberrecht ergibt sich dies aus § 97a Abs. 3 S. 1 UrhG; vgl. Fromm/Nordemann/J. B. Nordemann UrhG § 97a Rn. 52. Bei UWG-Ansprüchen ist die Anspruchsgrundlage § 13 Abs. 3 UWG. Im Gewerblichen Rechtsschutz ergeben sich Ansprüche aus dem Schadensersatzanspruch, zB aus § 14 Abs. 6, § 15 Abs. 5 MarkenG (BGH Urt. v. 30.3.2017. I ZR 263/15, GRUR 2017, 1160 (1166) – Bretaris Genuair; BGH Urt. v. 29.7.2009 – I ZR 169/07, GRUR 2010, 239 (243) – BTK; Köhler/Bornkamm/Feddersen/Köhler UWG § 12 Rn. 1.107).
141 Zur unberechtigten Abmahnung siehe BeckOK UrhR/Reber UrhG § 97a Rn. 29 ff.; Fromm/Nordemann/J. B. Nordemann UrhG § 97a Rn. 28.
142 Zu § 97a Abs. 4 S. 1 UrhG: Fromm/Nordemann/J. B. Nordemann UrhG § 97a Rn. 54 ff.
143 Wandtke/Bullinger/Kefferpütz UrhG Vor §§ 97 ff. Rn. 94.
144 Zum fliegenden Gerichtsstand siehe Fromm/Nordemann/J. B. Nordemann UrhG § 104a Rn. 10; Wandtke/Bullinger/Kefferpütz UrhG § 104a Rn. 2 ff.

34. GovTech*

Kolain/Hillemann

I. Begriff und Abgrenzung	1
II. Rechtspolitische und verwaltungswissenschaftliche Rahmenbedingungen für GovTech	4
III. Öffentliche und private Akteure im Bereich GovTech	9
IV. Organisatorische Ansatzpunkte für Innovationsprojekte und Digitalisierungsvorhaben im öffentlichen Sektor	13
V. Vergaberechtliche Fragen der Einbindung privaten Sachverstands im Bereich GovTech	19
1. Ausnahmen bei öffentlich-öffentlicher Zusammenarbeit	22
2. Ausnahmen bei besonderen Gefahren- und Dringlichkeitslagen sowie im Unterschwellenbereich	24
3. Die „In-House-Vergabe"	26
4. Weitergehende Mitwirkung des Bieters bei der Konkretisierung des Beschaffungsgegenstands	31
5. Besondere Herausforderungen aus Sicht von GovTech-Start-ups	35
6. Rahmenvereinbarungen mit Beratungsunternehmen	38
VI. Fördermittelrechtliche Implikationen der Verwaltungsdigitalisierung	40
VII. Fazit	43

Literatur: *Benz*, Eine Gestalt, die alt geworden ist? Thesen zum Wandel des Staates, Leviathan 40 (2012), 223; *Berger*, Onlinezugangsgesetz und Digitalisierungsprogramm – Auf die Kommunen kommt es an, KommJur 2018, 441; *Bitkom*, 7 Punkte für mehr Startups in der öffentlichen Vergabe, 2020, abrufbar unter https://www.bitkom.org/sites/default/files/2020-03/7-punkte-fur-mehr-startups-in-der-offentlichen-vergabe_get-started-by-bitkom.pdf; *Bitkom*, Startups: Nur eine Minderheit kommt bei öffentlichen Aufträgen zum Zug, 2020, abrufbar unter https://www.bitkom.org/Presse/Presseinformation/Startups-Nur-eine-Minderheit-kommt-bei-oeffentlichen-Auftraegen-zum-Zug; *Böllhoff/Botta*, Das datenschutzrechtliche Verantwortlichkeitsprinzip als Herausforderung für die Verwaltungsdigitalisierung: Einer für alle, alle gemeinsam?, NVwZ 2021, 425; *Bünzow*, Wie organisiert man Innovation und Transformation im Föderalismus? – Digitalisierungslabore als neue Formen der Zusammenarbeit, in Seckelmann/Brunzel (Hrsg.), Handbuch Onlinezugangsgesetz. Potenziale – Synergien – Herausforderungen, 2021, S. 383 (zit.: Seckelmann/Brunzel HdB Onlinezugangsgesetz/Bünzow); *Denkhaus*, Vom E-Government zur Digitalisierung, in Seckelmann (Hrsg.), Digitalisierte Verwaltung, 2. Aufl. 2019, Kap. 2, S. 51 (zit.: Seckelmann Digitalisierte Verwaltung/Denkhaus); *Digitalstadt Darmstadt GmbH/Roland Berger*, Strategie der Digitalstadt Darmstadt, Version 1.0, 2020, abrufbar unter https://www.digitalstadt-darmstadt.de/wp-content/uploads/Strategie_Digitalstadt_Darmstadt.pdf; *Ernst*, Der Grundsatz digitaler Souveränität, 2020; *Fleischer/Carstens*, Policy labs as arenas for boundary spanning: Inside the digital transformation in Germany, Public Management Review 2021, S. 1; *Gumz/Hunt/Stemmer/Bock/Tcholtchev/Mattern/Paschke/Margraf*, Quanten-IKT – Quantencomputing und Quantenkommunikation, Januar 2022, abrufbar unter https://www.oeffentliche-it.de/publikationen?doc=232465&title=Quanten-IKT%20-%20Quantencomputing%20und%20Quantenkommunikation; *Hannemann/Schmeisser*, Möglichkeiten der Fördermittel-Kombination bei Existenzgründungen: Kombinationslogik, in Schmeisser/Krimphove (Hrsg.), Vom Gründungsmanagement zum Neuen Markt, 2001, S. 135 (zit.: Schmeisser/Krimphove Vom Gründungsmanagement zum Neuen Markt/Hannemann/Schmeisser); *Haug/Mergel*, Public Value Co-Creation in Living Labs – Results from Three Case Studies, Administrative Sciences 11: 74, 2021, abrufbar unter https://doi.org/10.3390/admsci11030074; *Hill*, Innovation Labs: Neue Wege zu Innovation im öffentlichen Sektor DÖV 2016, 493; *Hill*, Agiles Verwaltungshandeln im Rechtsstaat, DÖV 2018, 497; *Hill*, Auf dem Weg zu einer neuen Verwaltungskultur, DVBl 2021, 1457; *Initiative Stadt.Land.Digital*, Zukunft wird vor Ort gemacht. Digitalisierung und Intelligente Vernetzung deutscher Kommunen – Ergebnisse einer repräsentativen Befragung von Kommunen im Auftrag des Bundesministeriums für Wirtschaft und Energie, 2018, abrufbar unter https://www.de.digital/DIGITAL/Redaktion/DE/Publikation/stadt-land-digital-digitalisierung-und-intelligente-vernetzung-deutscher-kommunen.pdf?__blob=publicationFile&v=13; *Institut für den öffentlichen Sektor*, Gemeinsam mit Start-ups Neues wagen – so finden Gründerszene und öffentliche Verwaltung zueinander, 2021, abrufbar unter https://publicgovernance.de/media/Mit_Startups_Neues_wagen.pdf; *Kache/Braunsberger*, Wie Fördermittel für gewerbliche Schutzrechte clever genutzt werden können, GRUR-Prax 2021, 400; *Kilian/Müller*, Neue Impulse für die Digitalisierung, Innovative Verwaltung 12/2021, 24; *Koch/Siegmund/Siegmund*, Potenziale und Grenzen von IT-Kooperationen in der öffentlichen Verwaltung, MMR 2021, 760; *Krönke*, Vergaberecht als Digitalisierungsfolgenrecht – Zugleich ein Beitrag zur Theorie des Vergaberechts, VERW 52 (2019), 65; *Lühr*,

---

* Der Beitrag ist unter Mitarbeit von Luca Scheid (Wissenschaftlicher Mitarbeiter bei Fieldfisher) entstanden.

Von der Konferenz „Deutschland online" zur föderativen IT-Kooperation, in Seckelmann/Brunzel (Hrsg.), Handbuch Onlinezugangsgesetz. Potenziale – Synergien – Herausforderungen, 2021, S. 95 (zit.: Seckelmann/Brunzel HdB Onlinezugangsgesetz/Lühr); *Kuziemski/Mergel/Ulrich/Martinez*, GovTech Practices in the EU, EUR 30985 EN, Publications Office of the European Union, 2022, abrufbar unter https://publications.jrc.ec.europa.eu/reposit ory/handle/JRC128247; *Martini*, Transformation der Verwaltung durch Digitalisierung, DÖV 2017, 443; *Martini* (unter Mitarbeit von *Kolain*), Digitalisierung der Verwaltung, in Kahl/Ludwigs (Hrsg.), Handbuch des Verwaltungsrechts, 2021, § 28 (zit.: Kahl/Ludwigs HdB VerwR/Martini); *Martini/Fritzsche/Kolain*, Digitalisierung als Herausforderung und Chance für Staat und Verwaltung, FÖV Discussion Paper 85, 2016, abrufbar unter https://dopus.uni-speyer.de/frontdoor/index/index/docId/1462; *McGann/Wells/Blomkamp*, Innovation labs and coproduction in public problem solving, Public Management Review 23 (2021), 297; *Mergel*, Opening Government: Designing Open Innovation Processes to Collaborate With External Problem Solvers, Social Science Computer Review 33 (2015), 599; *Mergel*, Digital service teams in government, Government Information Quarterly 36 (2019), 101389, abrufbar unter https://doi.org/10.1016/j.giq.2019.07.001; *Mergel/Ganapti/Whitford*, Agile: A New Way of Governing, Public Administration Review 81 (2020), 161; *Mergel/Ulrich/Kuziemski/Martinez*, Scoping GovTech dynamics in the EU, EUR 30979 EN, Publications Office of the European Union, 2022 abrufbar unter https://publications.jrc.ec.europa.eu/repository/handle/JRC128093; *Ministerium für Wirtschaft, Innovation, Digitalisierung und Energie des Landes Nordrhein-Westfalen*, Strategie für das digitale Nordrhein-Westfalen, 2019, abrufbar unter https://www.digitalstrategie.nrw/digitalnrw/de/home/file/fileId/308/name/Digitalstrategie_N RW_Endfassung_Final.pdf; *Nationaler Normenkontrollrat*, OZG-Umsetzungsstruktur, 2021, abrufbar unter https://www.normenkontrollrat.bund.de/resource/blob/72494/1910894/b027d4616465a18a97cbd308c2cb8124/210505-oz g-umsetzungsstruktur-data.jpg; *Presse- und Informationsamt der Bundesregierung*, Digitalisierung gestalten, 2021, abrufbar unter https://www.bundesregierung.de/breg-de/service/publikationen/digitalisierung-gestalten-160 5002; *Punz*, BMI startet GovTech Campus in Berlin, tagesspiegel.de v. 22.4.2021, abrufbar unter https://backgrou nd.tagesspiegel.de/digitalisierung/bmi-startet-govtech-campus-in-berlin; *Punz*, Im BMI startet ein neues E-Government-Referat, tagesspiegel.de v. 8.4.2021, abrufbar unter https://background.tagesspiegel.de/digitalisieru ng/im-bmi-startet-ein-neues-e-government-referat; *Punz*, Markus Richter: „Ich will Hyperscaler nicht verbieten", tagesspiegel.de v. 2.6.2021, abrufbar unter https://background.tagesspiegel.de/digitalisierung/markus-richter-ich-will-hyperscaler-nicht-verbieten); *Reichling/Scheumann*, Die Vergabe von IT-Leistungen – Besondere Anforderungen und besondere Flexibilität? (Teil I), GewArch 2019, 7; *Rüdebusch*, Rolle der Kommunen im Rahmen der Digitalisierung, KommJur 2020, 41; *Rusch*, Digital Service soll als „Schnellboot" starten, tagesspiegel.de v. 16.9.2020, abrufbar unter https://background.tagesspiegel.de/digitalisierung/digital-service-soll-als-schnellboot-st arten; *Sanchez-Graells*, Data-Driven and Digital Procurement Governance: Revisiting Two Well-Known Elephant Tales, 21.8.2019, abrufbar unter https://ssrn.com/abstract=3440552; *Schuurman/Tõnurist*, Innovation in the Public Sector: Exploring the Characteristics and Potential of Living Labs and Innovation Labs, Technology Innovation Management Review 7(1) (2017), 7; *Seckelmann*, Innovation durch Gemeinschaftsaufgaben, in Seckelmann/Brunzel (Hrsg.), Handbuch Onlinezugangsgesetz. Potenziale – Synergien – Herausforderungen, 2021, S. 53 (zit.: Seckelmann/Brunzel HdB Onlinezugangsgesetz/Seckelmann); *Stich/Schwiertz*, Digitale Transformation: Der Wandel der Arbeitswelt und der Führung in der digitalen Verwaltung, in Seckelmann/Brunzel (Hrsg.), Handbuch Onlinezugangsgesetz. Potenziale – Synergien – Herausforderungen, 2021, S. 441 (zit.: Seckelmann/Brunzel HdB Onlinezugangsgesetz/Stich/Schwiertz); *Stiens*, Mehr Mut, weniger Kleinstaaterei: Wie Deutschlands Verwaltung von der Wirtschaft lernen soll, Handelsblatt v. 11.1.2022, abrufbar unter https://www.handelsblatt.com/politik/deutschl and/digitalisierung-mehr-mut-weniger-kleinstaaterei-wie-deutschlands-verwaltung-von-der-wirtschaft-lernen-soll /27959302.html; *Wagner/Lemonnier*, Zwischen wirtschaftlichem und staatlichem Charakter, EuZW 2021, 45; *Wimmer*, Once-Only und Digital First als Gestaltungsprinzipien der vernetzten Verwaltung von morgen, in Seckelmann/Brunzel (Hrsg.), Handbuch Onlinezugangsgesetz. Potenziale – Synergien – Herausforderungen, 2021, S. 145 (zit.: Seckelmann/Brunzel HdB Onlinezugangsgesetz/Wimmer); *Zern-Breuer*, Innovationslabore als Experimentierfelder für die digitale Verwaltung?, in Seckelmann/Brunzel (Hrsg.), Handbuch Onlinezugangsgesetz. Potenziale – Synergien – Herausforderungen, 2021, S. 401 (zit.: Seckelmann/Brunzel HdB Onlinezugangsgesetz/Zern-Breuer).

I. Begriff und Abgrenzung

Government Technology (GovTech) ist ein Sammelbegriff: Er umfasst unterschiedliche Aspekte, die für die Entwicklung und Anwendung digitaler Produkte und Dienstleistungen für den öffentlichen Sektor notwendig sind. Er beschreibt **Formen der Zusammenarbeit des öffentlichen Sektors mit der Privatwirtschaft**, um innovative Technologielösungen für die Bereitstellung technologiegestützter Produkte und

Dienstleistungen mit dem Ziel zu beschaffen, bestehende öffentliche Dienstleistungen zu erneuern und zu verbessern.[1] Im rechtlichen Fokus von GovTech stehen damit das **öffentliche Beschaffungswesen**, insbes. das Vergaberecht, und die normativen Rahmenbedingungen der **staatlichen Technologieförderung**, sofern sie auf einen künftigen Einsatz von Soft- und Hardware in der öffentlichen Verwaltung zielen.[2]

2   Indem GovTech gerade die Modalitäten bezeichnet, wie die notwendige Digitaltechnik aus den Softwareschmieden und Hardwaremanufakturen in die Sphäre der öffentlichen Verwaltung gelangt, unterscheidet es sich von **EGov** (→ **E-Government** Rn. 10 ff.). Dort stehen die **verfahrens- und organisationsrechtlichen Rahmenbedingungen** einer elektronischen, insbes. digitalen Staat-Bürger-Interaktion und den binnenorganisatorischen Voraussetzungen einer digitalisierten Verwaltungs(zusammen)arbeit, im Mittelpunkt. GovTech lotet demgegenüber aus, wie der Staat Technologien und Techniken gezielt fördern, in Kooperationsmodellen mit privatwirtschaftlichen Akteuren praxistauglich implementieren und insbes. rechtmäßig beschaffen kann, um einen recht- und zweckmäßigen Einsatz – insbes. für digitale Verwaltungsleistungen im Bereich EGov (→ **E-Government** Rn. 18 ff.) – erst zu ermöglichen. Damit schließt GovTech gleichsam einen **blinden Fleck**, den das Recht der Verwaltungsdigitalisierung bislang nicht hinreichend beleuchtet hat: Wie entstehen die IT-Systeme, die für die digitale Transformation der Verwaltung notwendig sind, im Zusammenspiel aus staatlicher Steuerung und privater Wertschöpfung?

3   Anders als **RegTech** (→ *RegTech* Rn. 1) analysiert GovTech in erster Linie die Voraussetzungen dafür, dass IT-bezogene Produkte und Dienstleistungen **im öffentlichen Sektor** zum Einsatz kommen. Bei RegTech stehen hingegen Technologien im Fokus, die **privatwirtschaftliche Akteure** einsetzen können bzw. müssen, um in einem regulierten Markt den rechtlichen Vorgaben (v.a. im Rahmen der unternehmensinternen Compliance) Rechnung zu tragen. Daneben erfasst RegTech teilweise auch den Einsatz technischer Hilfsmittel durch den Staat selbst, um regulatorische Vorgaben automatisiert zu überprüfen (→ *RegTech* Rn. 5). In den Bereich des GovTech fällt tendenziell auch eine größere Streubreite an Technologien – von notwendiger Hardwareinfrastruktur über diverse Softwareprodukte bis hin zu Plattformlösungen; RegTech umfasst hingegen vor allem Softwareanwendungen, die private Akteure beim **Rechtsvollzug in regulierten Marktsegmenten** effektiv unterstützen.

II. Rechtspolitische und verwaltungswissenschaftliche Rahmenbedingungen für GovTech

4   Als gesellschaftliches Ordnungssystem und Institutionenordnung unterliegt der Staat ständig dynamischen Innovations- und Umwandlungsprozessen.[3] Die personelle Zusammensetzung und strukturierte Binnenorganisation von Regierung und Verwaltung wechseln beständig: Durch die **wechselnden Mehrheitsverhältnisse** ändern sich Personal, Ziele und Inhalte. Zugleich ist die Exekutive in all ihrem Handeln – insbes. im Verhältnis zu den Bürgerinnen und Bürgern – an (demokratisch veränderbares) Recht und Gesetz ge-

---

[1] Mergel/Ulrich/Kuziemski/Martinez, Scoping GovTech dynamics in the EU, EUR 30979 EN, Publications Office of the European Union, 2022, S. 9, und Kuziemski/Mergel/Ulrich/Martinez, GovTech Practices in the EU, EUR 30985 EN, Publications Office of the European Union, 2022, S. 8: „public sector engages with start-ups and SMEs to procure innovative technology solutions, for the provision of tech-based products and services, in order to innovate and improve existing public services"; ähnlich Choudhury, Can govtech help promote democracy?, LSE Business Review, 2021 abrufbar unter https://blogs.lse.ac.uk/businessreview/2021/08/05/can-govtech-help-promote-democracy/ („Govtech is usually understood as a public-private partnership between governments and tech-related startups to unravel public problems."). Dagegen verengen Kilian/Müller Innovative Verwaltung 12/2021, 31, den Begriff GovTech – ohne nachvollziehbaren Grund – allein auf digitale Lösungen von Start-ups für den öffentlichen Sektor, lassen sonstige privatwirtschaftliche Akteure aber außen vor.

[2] Den Fokus auf das Vergaberecht teilt etwa auch Sanchez-Graells, Data-driven and digital procurement governance: revisiting two well-known elephant tales, 21.8.2019, abrufbar unter https://ssrn.com/abstract=3440552, S. 3.

[3] Dazu bereits Martini/Fritzsche/Kolain, Digitalisierung als Herausforderung und Chance für Staat und Verwaltung, FÖV Discussion Paper 85, 2016, abrufbar unter https://dopus.uni-speyer.de/frontdoor/index/index/docId/1462, S. 6, 27.

bunden. Auch sozioökonomische und gesellschaftliche Umwälzungen sowie die Routinen der Bevölkerung setzen die öffentliche Verwaltung unter einen **Veränderungsdruck** (→ E-Government Rn. 2).[4]

Der Übergang von einem papierbasierten, analogen Zeitalter in eine **hochdigitalisierte Lebenswelt** ist für die öffentliche Verwaltung eine Mammutaufgabe: Die innere und äußere Form[5] des Staates muss sich auf die veränderten gesellschaftlichen Rahmenbedingungen einstellen, um mit ihnen interagieren und sie gestalten zu können (→ **E-Government** Rn. 2). Während die Digitalwirtschaft floriert und eine Innovation nach der anderen präsentiert,[6] hinkt die Verwaltung der digitalen Entwicklung scheinbar weit hinterher. Den Vorgaben des „Onlinezugangsgesetzes" (OZG) zufolge sollten bis Ende 2022 insgesamt **575 Verwaltungsdienstleistungen** digitalisiert worden sein. Bisher ist dies lediglich bei 140 Leistungen gelungen – manche davon stehen zudem erst in einer einzigen Kommune zur Verfügung.[7]

So viel lässt sich zum jetzigen Zeitpunkt jedenfalls festhalten: Aus eigener Kraft allein wird sich die Verwaltung nicht mit der notwendigen Soft- und Hardware ausstatten können – den Bereich IT komplett **an private Dritte auslagern** sollte (und darf)[8] sie aber auch nicht. Auf dem Weg zu einer **„Digital by Default"-Verwaltung**[9] bedarf es deshalb eines ausgewogenen Mixes aus hoheitlicher Steuerung und privater Dienstleistung. Der Aufbau von GovTech-Programmen und **IT-Inkubatoren**, die den unterschiedlichen Akteuren bei den Herausforderungen einer öffentlich-privaten Zusammenarbeit im Bereich der Digitalisierung unter die Arme greifen, erscheint vor diesem Hintergrund als naheliegende Lösung. Gleichsam **das Beste aus beiden Welten** zusammenzubringen könnte für die Digitalisierung im öffentlichen Sektor der beste Weg sein. Denn weder ist der Staat in der Lage, seine komplette Soft- und Hardware durch eigene Einrichtungen bzw. öffentliche IT-Dienstleister zu entwickeln und in funktionale Produkte zu überführen, noch steht es ihm – als Ausdruck seiner **digitalen Souveränität**[10] – frei, seine komplette IT-Infrastruktur, insbes. Datenspeicherung und -verarbeitung, auf private Entitäten auszulagern.

Im Bereich GovTech fällt nicht nur in die Waagschale, dass der Staat ein attraktiver und solventer Auftraggeber für IT- und Beratungsfirmen ist, der zur Implementierung ambitionierter Digitalstrategien[11] in großem Volumen Produkte und Dienstleistungen beschaffen muss. Hinzu kommt, dass der IT-Einsatz in der öffentlichen Verwaltung regelmäßig anderen (bzw. als Ausdruck der Gesetzesbindung der Verwaltung

---

4 Kahl/Ludwigs HdB VerwR/Martini § 28 Rn. 1. Vgl. auch bereits Martini/Fritzsche/Kolain, Digitalisierung als Herausforderung und Chance für Staat und Verwaltung, FÖV Discussion Paper 85, 2016, abrufbar unter https://dopus.uni-speyer.de/frontdoor/index/index/docId/1462, S. 6: „Die Adaption der Aufgaben und Verfahren an tatsächliche Verschiebungen, die sich im gesellschaftlichen Koordinatensystem vollziehen, ist Bestandteil des originären verfassungsrechtlichen Auftrages der Legislative und Exekutive".
5 Vgl. dazu Benz Leviathan 40 (2012), 223 ff.
6 Die verwaltungstechnologische Trendforschung versucht, die neusten Entwicklungen stets auch für einen Einsatz im öffentlichen Sektor zu reflektieren, siehe aktuell etwa Gumz et. al., Quanten-IKT – Quantencomputing und Quantenkommunikation, Januar 2022, abrufbar unter https://www.oeffentliche-it.de/publikationen/-/asset_publisher/p54G/document/id/28313?doc=232465&title=Quanten-IKT+-+Quantencomputing+und+Quantenkommunikation.
7 Stiens, Mehr Mut, weniger Kleinstaaterei: Wie Deutschlands Verwaltung von der Wirtschaft lernen soll, Handelsblatt v. 11.1.2022, abrufbar unter https://www.handelsblatt.com/politik/deutschland/digitalisierung-mehr-mut-weniger-kleinstaaterei-wie-deutschlands-verwaltung-von-der-wirtschaft-lernen-soll/27959302.html.
8 Vgl. Ernst, Der Grundsatz digitaler Souveränität, 2020, S. 20 ff., 82, 95.
9 Martini DÖV 2017, 443 (446).
10 Ernst, Der Grundsatz digitaler Souveränität, 2020, S. 20 ff.
11 Vgl. etwa Presse- und Informationsamt der Bundesregierung, Digitalisierung gestalten, 2021, abrufbar unter https://www.bundesregierung.de/breg-de/service/publikationen/digitalisierung-gestalten-1605002, S. 205, 228; Ministerium für Wirtschaft, Innovation, Digitalisierung und Energie des Landes Nordrhein-Westfalen, Strategie für das digitale Nordrhein-Westfalen, 2019, abrufbar unter https://www.digitalstrategie.nrw/digitalnrw/de/home/file/fileId/308/name/Digitalstrategie_NRW_Endfassung_Final.pdf, S. 41 ff.; Digitalstadt Darmstadt GmbH/Roland Berger, Strategie der Digitalstadt Darmstadt, Version 1.0, 2020, abrufbar unter https://www.digitalstadt-darmstadt.de/wp-content/uploads/Strategie_Digitalstadt_Darmstadt.pdf, S. 6 ff.; Mitteilung der Kommission an das Europäische Parlament, den Rat, den Europäischen Wirtschafts- und Sozialausschuss und den Ausschuss der Regionen: Eine europäische Datenstrategie, 19.2.2020, COM(2020) 66 final.

oftmals strengeren) Regelungen[12] unterliegt als in unternehmerischen Kontexten. Für die Privatwirtschaft bedeutet dies einen **zusätzlichen Aufwand** – sowohl in der **Auftragsakquise im öffentlichen Sektor** als auch bei der **Feinjustierung digitaler Produkte** für den Einsatz in der Verwaltung. Um den Bedürfnissen und rechtlichen Eigenheiten des öffentlichen Sektors Rechnung zu tragen, liegt es deshalb nahe, einen besonderen Fokus darauf zu legen, zwischen unterschiedlichen öffentlichen sowie privaten Stellen zu vermitteln, Informationsangebote zu schaffen und optimale Rahmenbedingungen für eine reibungslose Zusammenarbeit sowie Reformimpulse zu setzen.

8   Als zentrale Herausforderung bei der **Beschaffung innovativer IT-Produkte und -Dienstleistungen am Markt** und der Etablierung öffentlich-privater Kooperationsformen erweisen sich die rechtlichen Rahmenbedingungen für öffentliche **Vergabeverfahren, Beihilfen und sonstige Förderprojekte** (→ Rn. 19 ff., 40 ff.). Die formalisierten und engmaschig regulierten Vergabeverfahren und Förderprogramme der öffentlichen Hand stellen sich für innovative IT-Firmen oftmals als **Eintrittshürden** dar – gerade für Start-up-Firmen, die zusätzlich auf Risikokapital zurückgreifen.[13] In Deutschland hat nach einer Umfrage des Branchenverbands **Bitkom** bislang nur jedes dritte Start-up versucht, sich auf einen öffentlichen Auftrag zu bewerben – und davon sind wiederum nur 40 Prozent „immer oder häufiger zum Zug" gekommen.[14] Es stellt sich deshalb die Frage, ob die Vergabe- und Förderverfahren des Staates für digitaltechnologische Innovationen und den dynamischen IT-Markt **hinreichend passfähig** sind – und inwiefern die bestehenden Instrumente und Abläufe im Bereich GovTech einer **rechtlichen und/oder prozessorientierten Anpassung** bedürfen.[15]

III. Öffentliche und private Akteure im Bereich GovTech

9   Die flächendeckende Digitalisierung der Verwaltung ist ohne **kollektive Kraftanstrengung** von Bund, Ländern und Kommunen auf der einen sowie privaten Akteuren auf der anderen Seite nicht zu stemmen.[16] Auf Ebene des öffentlichen Sektors bildet der **IT-Planungsrat**, ein Gremium aus Vertreterinnen und Vertretern von Bund und Ländern, das zentrale politische Steuerungsinstrument der Verwaltungsdigitalisierung.[17] Unterstützt wird der IT-Planungsrat zum einen von der Föderalen IT-Kooperation (**FITKO**), einer Anstalt des öffentlichen Rechts, die mit der Vernetzung von Kompetenz und Ressourcen sowie der Umsetzung einer föderalen IT-Architektur betraut ist.[18] Zum anderen wird der IT-Planungsrat von der Koordinierungsstelle für IT-Standards (**KoSIT**) flankiert, welche die Entwicklung und den Betrieb von IT-Maßstäben für den Datenaustausch in der öffentlichen Verwaltung koordiniert.[19] Darüber hinaus zeichnen öffentliche IT-Dienstleister wie etwa die 55 im Rahmen der Bundes-Arbeitsgemeinschaft der Kommunalen IT-Dienstleister e.V. (**Vitako**) organisierten Unternehmen oder das Informationstechnikzen-

---

12 Zu den Unterschieden im Bereich des Datenschutzrechts Kahl/Ludwigs HdB VerwR/Martini § 28 Rn. 12.
13 Mergel/Ulrich/Kuziemski/Martinez, Scoping GovTech dynamics in the EU, EUR 30979 EN, Publications Office of the European Union, 2022, S. 21; siehe auch das Positionspapier des Branchenverbands Bitkom „7 Punkte für mehr Startups in der öffentlichen Vergabe", 2020, abrufbar unter https://www.bitkom.org/Bitkom/Publikationen/7-Punkte-fuer-mehr-Startups-in-der-oeffentlichen-Vergabe.
14 Die Hauptgründe dafür sind die Dauer des Vergabeprozesses (40 Prozent), mangelnde Zeit, um sich mit Aufträgen zu beschäftigen (36 Prozent), komplizierte Unterlagen (31 Prozent), Ausschlussgründe im Vergabefahren selbst etwa bzgl. Bonität und Referenzkunde (31 Prozent) und mangelnde Lukrativität solcher Aufträge und wenig Hoffnung auf Erfolgschancen für Start-ups (je 17 Prozent), vgl. Bitkom, Startups: Nur eine Minderheit kommt bei öffentlichen Aufträgen zum Zug, 2020, abrufbar unter https://www.bitkom.org/Presse/Presseinformation/Startups-Nur-eine-Minderheit-kommt-bei-oeffentlichen-Auftraegen-zum-Zug.
15 Mergel/Ulrich/Kuziemski/Martinez, Scoping GovTech dynamics in the EU, EUR 30979 EN, Publications Office of the European Union, 2022, S. 22.
16 Nationaler Normenkontrollrat, OZG-Umsetzungsstruktur, 2021, abrufbar unter https://www.normenkontrollrat.bund.de/resource/blob/72494/1910894/b027d4616465a18a97cbd308c2cb8124/210505-ozg-umsetzungsstruktur-data.jpg.
17 Seckelmann Digitalisierte Verwaltung/Denkhaus Kapitel 1, Rn. 6, 17.
18 Seckelmann/Brunzel HdB Onlinezugangsgesetz/Seckelmann S. 53 (62 ff.); Seckelmann/Brunzel HdB Onlinezugangsgesetz/Lühr S. 95 (109 ff.).
19 Vgl. Seckelmann/Brunzel HdB Onlinezugangsgesetz/WimmerSeckelmann/Brunzel HdB Onlinezugangsgesetz/Wimmer S. 145 (154).

trum Bund (**ITZBund**), die in der Regel als Anstalten des öffentlichen Rechts organisiert sind, mitunter für die Betreuung der digitalen Infrastruktur verantwortlich.

Hinzu treten schließlich Hunderte **private IT-Dienstleister, Beratungsunternehmen und Start-ups**, die ihrerseits in nahezu sämtlichen relevanten Bereichen der Verwaltungsdigitalisierung agieren.[20] Deren Tätigkeitsfelder sind umfangreich: Sie übernehmen nicht nur grundlegende Aufgaben des Organisations- und Projektmanagements, identifizieren Anforderungen an zu digitalisierende Leistungen, führen Weiterbildungsmaßnahmen durch, nehmen Rechtsberatung vor, sondern begleiten auch konkrete Verwaltungsservices oder erstellen verwaltungsspezifische Datenbankstrukturen. Dadurch unterstützen sie den staatlichen Sektor bei der Herausforderung, das Potenzial einer flächendeckenden Digitalisierung vollumfänglich auszunutzen, Chancen und Risiken der Technologisierung spezifisch auszubalancieren sowie einen übergeordneten Mehrwert innovativer Lösungen für Verwaltung, Wirtschaft und Bürgerinnen und Bürger zu generieren. Privatwirtschaftliche Unternehmen wie CapgeminiConsulting, kommIT, Accenture, McKinsey, PWC, die MACH AG, adesso oder die Nortal AG verstehen sich dabei oftmals als **digitale Transformationspartner**, die der öffentlichen Verwaltung etwa bei der konzeptionellen Eruierung des IT-Bedarfs oder der technologischen Implementierung entgeltlich zur Verfügung stehen.

Eine Vernetzung zwischen den verschiedenen Akteuren der Verwaltungsdigitalisierung findet etwa durch **Innovationswettbewerbe** statt, welche die öffentliche Verwaltung veranstaltet, um einen punktuellen Austausch über die digitale Lösungsvielfalt zu ermöglichen. Denkbar ist es auch, gemeinsame **Pilotprojekte** durchzuführen oder gegenseitige Hospitanzen zu ermöglichen.[21] So bringt das Programm **Tech4Germany** Expertinnen und Experten aus den Bereichen Product, Design und Engineering mit Bundesministerien und -behörden in Kontakt, um punktuelle Digitalisierungsvorhaben der Bundesverwaltung voranzubringen. **Interdisziplinäre Teams** arbeiten dabei im Rahmen dreimonatiger Projektarbeiten an der Entwicklung prototypischer Softwareprodukte.[22]

Auch eine stärkere Zusammenarbeit insbes. mit den innovativen Lösungsansätzen von **GovTech-Start-ups** ist ein gangbarer Weg. Exemplarisch dafür steht die Initiative „Stand.Land.Digital", welche in Kooperation mit dem **Bundesministerium für Wirtschaft und Klimaschutz** den **Kompetenzaustausch** mit Akteuren aus Wissenschaft, Verwaltung, Wirtschaft und Zivilgesellschaft ermöglicht.[23] Auch der **GovTech Campus** in Berlin ist eine Initiative der Bundesregierung, um die unterschiedlichen Akteure räumlich und projektbezogen zusammen zu bringen.[24] Über die gezielte Vernetzung der öffentlichen Hand mit Beratungsunternehmen, IT-Dienstleistern, der Gründerszene und interessierten Privatpersonen hinweg, werden beispielsweise **Netzwerkveranstaltungen** organisiert, auf der Beschäftigte der öffentlichen Verwaltung und öffentlicher Unternehmen digitale Lösungen von Start-ups sowie aktuelle Beispiele der Zusammenarbeit kennenlernen.

IV. Organisatorische Ansatzpunkte für Innovationsprojekte und Digitalisierungsvorhaben im öffentlichen Sektor

Hinter den politischen Bestrebungen im Bereich GovTech steht implizit das Ziel, technische Innovationen und **neue Formen der Kollaboration** auch für die Aufgabenerfüllung der öffentlichen Verwaltung fruchtbar zu machen. Digitalisiert der Staat die Handlungsroutinen der Verwaltung, führt er **nicht nur ein neues**

---

20 Vgl. Kilian/Müller Innovative Verwaltung 12/2021, S. 24 (26).
21 Vgl. Institut für den öffentlichen Sektor, Gemeinsam mit Start-ups Neues wagen – so finden Gründerszene und öffentliche Verwaltung zueinander, 2021, abrufbar unter https://publicgovernance.De/media/mit_startups_neues_wagen.Pdf.
22 Vgl. https://digitalservice.bund.de/fellowships/tech4germany.
23 Vgl. Initiative Stadt.Land.Digital, Zukunft wird vor Ort gemacht. Digitalisierung und Intelligente Vernetzung deutscher Kommunen – Ergebnisse einer repräsentativen Befragung von Kommunen im Auftrag des Bundesministeriums für Wirtschaft und Energie, 2018, abrufbar unter https://www.de.digital/DIGITAL/Redaktion/DE/Publikation/stadt-land-digital-digitalisierung-und-intelligente-vernetzung-deutscher-kommunen.pdf?__blob=publicationFile&v=13, S. 30.
24 Siehe www.govtechcampus.de.

Medium im Bereich der Exekutive ein: Er überführt die papierbasierten Prozesse auch in eine neue – digital vernetzte – Organisationsform, die im besten Fall ein effizienteres und zielführenderes hoheitliches Handeln ermöglicht.[25] Dabei nimmt er sich implizit oder explizit ein Vorbild an **agilen Arbeitsformen der Privatwirtschaft**[26] und (für die öffentliche Verwaltung neuartige) Methoden wie Prototyping, Design Thinking oder Experimentelles Vorgehen.[27] Beim erstrebten „Kulturwandel"[28] hin zu einer „Netzwerkverwaltung"[29] kann die öffentliche Verwaltung entweder innerhalb ihrer Zuständigkeit für neue Organisationsmodelle sorgen – oder auf Kooperationspotenziale mit privaten Akteuren setzen.

14 Ein Ansatzpunkt, um sich ohne „Hilfe von außen" für die digitale Transformation zu wappnen, sind **Digitalisierungs- und Innovationseinheiten** im öffentlichen Sektor.[30] Die Zuständigkeit für die Digitalisierung hat die Verwaltung traditionell in den IT-Abteilungen oder bei **Chief Information Officers** (CIO) gebündelt: Dadurch wurden die Aufgaben nicht nur zentralisiert, sondern auch außerhalb der jeweiligen Fachabteilung konzentriert, deren Handlungsroutinen eine digitale Transformation durchlaufen sollten. Ein Beispiel für eine Transformations- und Innovationseinheit in der Zuständigkeit des Bundes-CIO war das **Digital Transformation Team** im BMI.[31] Seine Aufgabe war nach Darstellung des BMI die „Förderung eines Kultur- und Organisationswandels in der Verwaltung, in der Verzahnung mit Start-ups und der Zivilgesellschaft in dem Bereich GovTech sowie in der Wissensvermittlung, aus der Verwaltung für die Verwaltung".[32] Das BMAS hat die **„Denkfabrik Digitale Arbeitsgesellschaft"**[33] mittlerweile als eigene Abteilung D im Behördenaufbau integriert. Das „health innovation hub" in der Zuständigkeit des BMG hat hingegen keine Verstetigung erfahren, sondern zum 31.1.2021 seine Arbeit eingestellt.[34] Das **Cyber Innovation Hub** des BMVg wiederum wird unter dem Vorsitz des Rüstungsstaatssekretärs geleitet. Außerhalb der Behördenstruktur steht etwa das **Innovationsbüro „Digitales Leben"**, ein Projekt des BMFSFJ, das – in enger Abstimmung mit dem Ministerium – der Thinktank iRights.Lab betreibt. Die **FITKO wiederum ist als „Digitalisierungsagentur"** im Geschäftsbereich des IT-Planungsrates angesiedelt – unterscheidet sich in ihrer Struktur und Zielsetzung (mit föderalem Auftrag und auf Grundlage eines Staatsvertrags[35]) aber von den Innovationseinheiten auf Bundes(ministeriums)ebene.

15 Ein Weg, der über die Eingliederung in die vertikal strukturierte Zuständigkeitsarkade hinausgeht, sind sog. **Digital Service Teams**[36] in der Verwaltung. Sie sind ein „dritter Weg" zwischen zentralisierten und dezentralisierten IT-Abteilungen und sollen die Kluft zwischen traditionellen Formen der IT-Governance und

---

25 Kahl/Ludwigs HdB VerwR/Martini § 28 Rn. 5 f.
26 Vgl. dazu Mergel/Ganapti/Whitford Public Administration Review 81(2020), 161 ff.; Hill DÖV 2018, 497 ff.
27 Vgl. Haug/Mergel, Public Value Co-Creation in Living Labs – Results from Three Case Studies, Administrative Sciences 11: 74, 2021, abrufbar unter https://doi.org/10.3390/admsci11030074, S. 2.
28 Dazu Hill DVBl 2021, 1457 ff.
29 Vgl. Kahl/Ludwigs HdB VerwR/Martini § 28 Rn. 5 ff. mwN.
30 Für einen Überblick auch auf Landes- und Kommunalebene etwa auch Seckelmann/Brunzel HdB Onlinezugangsgesetz/Zern-Breuer S. 401 (410).
31 Punz, Im BMI startet ein neues E-Government-Referat, tagesspiegel.de v. 8.4.2021, abrufbar unter https://backgroun d.tagesspiegel.de/digitalisierung/im-bmi-startet-ein-neues-e-government-referat.
32 Punz, Im BMI startet ein neues E-Government-Referat, tagesspiegel.de v. 8.4.2021, abrufbar unter https://backgroun d.tagesspiegel.de/digitalisierung/im-bmi-startet-ein-neues-e-government-referat.
33 Siehe https://www.denkfabrik-bmas.de/.
34 Vgl. die Antwort des Staatssekretärs Klaus Vitt auf die Anfrage der Abgeordneten Dr. Anna Christmann (Bündnis 90/Die Grünen), BT-Drs. 19/14216, 15 ff.
35 Erster Staatsvertrag zur Änderung des Vertrags über die Errichtung des IT-Planungsrats und über die Grundlagen der Zusammenarbeit beim Einsatz der Informationstechnologie in den Verwaltungen von Bund und Ländern – Vertrag zur Ausführung von Artikel 91c GG, 1.10.2019, abrufbar unter https://beteiligungsportal.baden-wuerttemberg.de/filea dmin/redaktion/beteiligungsportal/IM/IT-Aenderungsstaatsvertrag.pdf.
36 Mergel Government Information Quarterly 36 (2019), 101389, abrufbar unter https://doi.org/10.1016/j.giq.2019.07 .001, S. 1, definiert sie als Organisationsstrukturen, die sich auf die Neu- und Umgestaltung von Dienstleistungen und Prozessen mit dem Ziel konzentrieren, digitale Dienstleistungen der Verwaltung schneller und nutzerorientierter bereitzustellen als bisherige E-Government-Bemühungen (Übersetzung durch die Verf.).

modernen, agilen oder vernetzten Formen der IT-Governance schließen.[37] Ihr Hauptauftrag liegt darin, die digitale Leistungserbringung zu beschleunigen, ohne die Aufgaben des traditionellen CIO zur Pflege bestehender IT-Dienste zu beeinträchtigen.[38] Die Bundesverwaltung hat mit der **DigitalService4Germany GmbH** eine Einheit geschaffen, die dem Leitbild eines Digital Services Teams folgt. Die „Inhouse-Software-Schmiede"[39] steht zu 100 % im Eigentum des Bundes und war zunächst dem Bundeskanzleramt und ist mittlerweile dem BMI zugeordnet.[40] Sie soll einzelne besonders drängende Digitalisierungsprojekt der Bundesverwaltung übernehmen. Durch das Programm **Work4Germany** soll die GmbH in Bundeshand zudem ermöglichen, dass Nachwuchskräfte aus der Digitalwirtschaft neue Methoden in gemeinsamen Projekten mit Bundesministerien erproben.

Einen weit verbreiteten interdisziplinären Experimentier- und Umsetzungsraum eröffnen **Hackathons**, bei denen die öffentliche Hand gemeinsam mit der Zivilgesellschaft, Privatwirtschaft und Wissenschaft IT-Anwendungen zu entwickeln oder verbessern bestrebt. Große Aufmerksamkeit erfuhr etwa der **Hackathon #WirvsVirus**, eine gemeinsame Veranstaltung der Bundesregierung und Vertretern der digitalen Gemeinschaft (u.a. Tech4Germnany, Digitalrat und Prototype Fund).[41] Dabei versammelten sich Programmierer, Designer und tausende engagierte Bürgerinnen und Bürger über zwei Tage online, um **digitale Prototypen** rund um den Themenkomplex der Corona-Pandemie zu entwickeln. 16

Die Organisationsformen **Living Labs**,[42] **Reallabore**[43] oder **Innovation Labs**[44] gehen über den reinen Binnenbereich der Verwaltung regelmäßig hinaus.[45] Sie sind meist in staatliche Strukturen eingebettet, beziehen aber gezielt **externen Sachverstand** in strukturierte Verfahren mit ein.[46] Als Innovationsformate sollen sie Handlungsräume schaffen, in denen sich bestehende Prozesse optimieren oder neue Handlungsformen experimentell erproben lassen. Der Vorteil solcher Prozesse der **Open Innovation** ist es, dass sich vielfältige Perspektiven zusammenzuführen lassen, indem **heterogene Akteure** an dem offenen Innovationsprozess teilnehmen.[47] So partizipierten im **GovLab Arnsberg** die Nutzer von Verwaltungsservices und an den Design-Thinking-Prozessen im **Verschwörhaus Ulm** freiwillige Bürgerinnen und Bürger.[48] 17

---

37 Mergel Government Information Quarterly 36 (2019), 101389, abrufbar unter https://doi.org/10.1016/j.giq.2019.07.001, S. 1.
38 Mergel Government Information Quarterly 36 (2019), 101389, abrufbar unter https://doi.org/10.1016/j.giq.2019.07.001, S. 1, 2.
39 Rusch, Digital Service soll als „Schnellboot" starten, tagesspiegel.de v. 16.9.2020, abrufbar unter https://background.tagesspiegel.de/digitalisierung/digital-service-soll-als-schnellboot-starten.
40 Hintergrund der Gründung als GmbH ist offenbar die Kombination aus den Vorteilen einer In-House-Vergabe (dazu unten → Rn. 27) und der Flexibilität bei der Personalgewinnung im Vergleich zum Dienst- und Beamtenrecht. Siehe auch https://digitalservice.bund.de/transparenz. Zur Änderung der Zuordnung unter der Ampelkoalition im Sommer 2022 https://www.bundesregierung.de/breg-de/themen/digitaler-aufbruch/digitalpolitik-2072890.
41 Siehe https://www.bundesregierung.de/breg-de/themen/coronavirus/hackathon-der-bundesregierung-1733632.
42 Haug/Mergel, Public Value Co-Creation in Living Labs – Results from Three Case Studies, Administrative Sciences 11: 74, 2021, abrufbar unter https://doi.org/10.3390/admsci11030074.
43 Seckelmann/Brunzel HdB Onlinezugangsgesetz/Zern-Breuer S. 401 (412).
44 Hill DÖV 2016, 493; McGann/Wells/Blomkamp Public Management Review 23 (2021), 297. Seckelmann/Brunzel HdB Onlinezugangsgesetz/Zern-Breuer S. 401 (412 f.) führt als Synonym für „Public Innovation Labs" den Begriff „GovLab" ein.
45 Nach Haug/Mergel, Public Value Co-Creation in Living Labs – Results from Three Case Studies, Administrative Sciences 11: 74, 2021, abrufbar unter https://doi.org/10.3390/admsci11030074, S. 1, weisen die beiden Begriffe bzw. Konzepte keine wesentlichen Unterschiede auf. Schuurman/Tõnurist Technology Innovation Management Review 2017, 7.
46 Die Begriffe und Konzepte werden in der Literatur unterschiedlich und mit verschiedenen Facetten benutzt, siehe Seckelmann/Brunzel HdB Onlinezugangsgesetz/Zern-Breuer S. 401 (409, 411 ff.).
47 Mergel Social Science Computer Review 33 (2015), 599. Siehe auch Seckelmann/Brunzel HdB Onlinezugangsgesetz/Zern-Breuer S. 401 (409).
48 Haug/Mergel, Public Value Co-Creation in Living Labs – Results from Three Case Studies, Administrative Sciences 11: 74, 2021, abrufbar unter https://doi.org/10.3390/admsci11030074, S. 8. Das Verschwörhaus in Ulm steht derzeit sowohl örtlich als auch als Verein auf der Kippe, vgl. https://netzpolitik.org/2022/verschwoerhaus-stadt-ulm-schmeisst-hackerspace-raus-und-will-den-namen-auch-gleich-haben/.

Dadurch entsteht Raum für einen offenen Austausch, hinreichend Platz für kreative Lösungsprozesse und experimentelle Vorgehensweisen.[49] Zugleich unterliegt die Innovationskraft von Living Labs zahlreichen **Einschränkungen**, die insbes. auch von den tatsächlichen Rahmenbedingungen abhängen – etwa der Unterstützung durch Führungspersonal, der finanziellen Ausstattung, der Kompetenz der Workshopleitung oder der vorhandenen Digitalkompetenz der teilnehmenden Verwaltungsbediensteten.[50] Eine weitere Handlungsform zur Erprobung und Anwendung innovativer Methoden im Binnenraum der Verwaltung sind **Policy Labs**: Sie sind ausschließlich in einem öffentlichen Umfeld angesiedelt und tragen mit Methoden des Design Thinking zur Politikentwicklung bei.[51] So setzen etwa die Digitallabore bei der OZG-Umsetzung in Deutschland darauf, neben den verschiedenen Fachabteilungen auch Bürgerinnen und Bürger einzubeziehen, um „by Design" nutzerfreundliche Anwendungen zu etablieren.[52]

18   Noch einen Schritt weiter gehen **Inkubatoren**, die auf die Initiative sowohl hoheitlicher als auch privater Entitäten zurückgehen. So hat die Bundesregierung im Jahre 2021 den **GovTech Campus** in Berlin initiiert. Bund, Länder und Kommunen sollen sich in einem „Innovations-, Entwicklungs- und Lernraum" mit „den innovativsten Akteuren der Tech-Szene der Zivilgesellschaft, der Open-Source-Community und der angewandten Forschung" vernetzen: Der GovTech Campus soll „digitale Innovation und technologische Resilienz von Staat und Verwaltung" stärken und „zur Modernisierung von Staat und Demokratie" beitragen.[53] Die Initiatoren des Projekts sind als **öffentliche Akteure** das Bundesministerium des Innern und für Heimat, die Stadt Hamburg, das Land Hessen sowie die Bundesagentur für Sprunginnovationen, als **außeruniversitäre Forschungseinrichtung** das Fraunhofer-Institut FOKUS, der **IT-Inkubator und Risikokapitalgeber** Merantix, das **Beratungsunternehmen** PUBLIC und die **Open-Source-Stiftung Eclipse**. Perspektivisch wollen die Initiatoren mit weiteren Standorten in Hamburg und Frankfurt eine GovTech-Community in Europa orchestrieren.[54] Als Träger fungiert ein eingetragener Verein (e.V.); der Vorstand besteht aus dem CIO des Bundes (Vorsitz), dem CIO des Landes Hessen und einem Managing Director des Beratungsunternehmens PUBLIC.[55] Ziel ist ein **„Coworking Space für die Bundesverwaltung"**, an dem sich auch „Start-ups und die Wissenschaft beteiligen".[56] Eine institutionalisierte Zusammenarbeit der beteiligten Akteure findet hier im ersten Schritt – soweit ersichtlich – nicht statt. Vielmehr soll offenbar ein informeller Raum zum Austausch und für Innovationsprozesse entstehen. Inwieweit die Rahmenbedingungen es ermöglichen werden, am GovTech Campus **„gemeinsam an konkreten Projekten"** zu arbeiten, um einen „Transfer guter Ideen in die Verwaltung" zu ermöglichen, scheint derzeit noch offen.[57]

---

49   Durch solche Formate kann und soll auch eine innovationsfördernde Fehlerkultur entstehen, die der öffentlichen Verwaltung mit ihrem weit verbreiteten Denken in Haftungsrisiken, Hierarchien und Verantwortungssphären größtenteils fremd geblieben ist. Zu den Führungsaufgaben einer digitalen Verwaltung etwa Seckelmann/Brunzel HdB Onlinezugangsgesetz/Stich/Schwiertz S. 441 ff.
50   Vgl. dazu Haug/Mergel, Public Value Co-Creation in Living Labs – Results from Three Case Studies, Administrative Sciences 11: 74, 2021, abrufbar unter https://doi.org/10.3390/admsci11030074, S. 16 ff., 19.
51   Siehe Haug/Mergel, Public Value Co-Creation in Living Labs – Results from Three Case Studies, Administrative Sciences 11: 74, 2021, abrufbar unter https://doi.org/10.3390/admsci11030074, S. 2 mwN; für eine Analyse der OZG-Digitallabore siehe Fleischer/Carstens Public Management Review 2021, 1–18.
52   Seckelmann/Brunzel HdB Onlinezugangsgesetz/Bünzow S. 383 (387 ff.).
53   Siehe https://govtechcampus.de/.
54   Um die Idee einer verstärkten, effizienten und strukturierten Kooperation von Staat und Privatwirtschaft bei Digitalisierungsvorhaben im öffentlichen Sektor künftig von der Theorie in die Praxis zu bringen, wird die EU-Kommission ein Förderprogramm für „GovTech Incubator" auf den Weg bringen, https://joinup.ec.europa.eu/collection/innovative-public-services/news/first-govtech-workshop-main-takeways. In der Planung ist auch eine Außenstelle des GovTech-Campus in Heilbronn oder Stuttgart, https://stm.baden-wuerttemberg.de/de/service/presse/meldung/pid/bericht-aus-dem-kabinett-vom-27-september-2022/.
55   Siehe https://govtechcampus.de/impressum/.
56   Punz, Markus Richter: „Ich will Hyperscaler nicht verbieten", tagesspiegel.de v. 2.6.2021, abrufbar unter https://background.tagesspiegel.de/digitalisierung/markus-richter-ich-will-hyperscaler-nicht-verbieten.
57   Punz, BMI startet GovTech Campus in Berlin, tagesspiegel.de v. 22.4.2021, abrufbar unter https://background.tagesspiegel.de/digitalisierung/bmi-startet-govtech-campus-in-berlin.

V. Vergaberechtliche Fragen der Einbindung privaten Sachverstands im Bereich GovTech

Im Zuge der digitalen Transformation der öffentlichen Verwaltung ist ihr gesamtes Angebot, soweit wie möglich, in digitale Verwaltungsleistungen zu überführen. Dafür ist es notwendig, informationstechnische Produkte und Dienstleistungen in großem Umfang zu beschaffen. Dabei folgt die öffentliche Hand dem Grundsatz des **„make or buy"**: Eine Behörde kann sich bei der Digitalisierung ihres Angebots und ihrer Ausstattung entweder selbst behelfen bzw. andere öffentliche Stellen sowie Forschungseinrichtungen hinzuziehen – oder sie beauftragt private IT-Dienstleister. Da die **Anforderungen an öffentliche IT-Anwendungen** komplex sind und der öffentliche Sektor mit einem **IT-Fachkräftemangel** zu kämpfen hat, dürfte die Eigenerledigung – jedenfalls mittlerweile – eher die Ausnahme bilden.[58]

Der gesetzliche Rahmen für die Ausschreibung von Software, Hardware und IT-Dienstleistungen fordert der Verwaltung in jedem Fall ab, zu prüfen, inwieweit die **Regeln des Vergaberechts** zur Anwendung gelangen. Der entgeltliche Leistungsaustausch unter Beteiligung öffentlicher Auftraggeber unterliegt dabei als öffentlicher Auftrag nach § 103 des **Gesetzes gegen Wettbewerbsbeschränkungen (GWB)** grundsätzlich dem Regelungsregime des Vergaberechts.

Sofern öffentliche Aufträge die jährlich festgesetzten **EU-Schwellenwerte nach § 106 GWB**[59] erreichen, sind die Vorschriften des 4. Teils des GWB sowie in diesem Zusammenhang erlassene Rechtsverordnungen (insbes. die Vergabeverordnung, VgV) anwendbar. Dort finden sich vielschichtige **Ausnahmen von der grundlegenden Ausschreibungspflicht**, die im Rahmen der Verwaltungsdigitalisierung in besonderem Maße bedeutsam sind. Die Vorschriften sehen u.a. mehrere Möglichkeiten vor, um ein Vergabeverfahren zu beschleunigen und zu vereinfachen. Unterhalb der EU-Schwellenwerte greift sowohl auf Ebene des Bundes als auch der Länder die jeweilige **Unterschwellenvergabeordnung (UVgO)**, die zum Teil durch Landesvergaberegeln komplementiert wird. Auch diese Vorgaben muss die öffentliche Hand beachten. Dabei kommt es im Detail allerdings zu einer ganzen Reihe von Überschneidungen mit den – nachfolgend dargestellten – (Ausnahme-)Regelungen des GWB.

1. Ausnahmen bei öffentlich-öffentlicher Zusammenarbeit

Vergaberechtsfrei sind zum einen **interkommunale Zusammenarbeiten** iSv § 108 Abs. 6 GWB: Sie müssen auf Grundlage eines kooperativen Vertragscharakters anstreben, die Eigenleistung aller Kooperationsbeteiligten zu bündeln und nach dem Willen des Gesetzgebers „im Hinblick auf die Erreichung gemeinsamer Ziele ausgeführt werden". Durch eine interkommunale Kooperation lassen sich regelmäßig Kosten reduzieren und Synergieeffekte schaffen. Auf anderen Gebieten sind solche Vorhaben bereits gängige Praxis – etwa in den Bereichen Energie, Abfall, Abwasser und dem öffentlichen Nahverkehr. Während öffentliche Aufträge nach dem klassischen Verständnis durch ein subordinatorisches Verhältnis geprägt sind und auf Entgeltlichkeit beruhen, zeichnet sich die interkommunale Zusammenarbeit durch **gleichgerichtete Zwecke und kollaboratives Verhalten zwischen hoheitlichen Akteuren** aus. Dabei sind an die Aufnahme entsprechender Kooperationen hohe Anforderungen zu stellen. Der **EuGH** hat in dieser Hinsicht unlängst entschieden, dass die Zusammenarbeit öffentlicher Stellen auf einer gemeinsamen Strategie beruhen müsse und voraussetze, dass die öffentlichen Auftraggeber ihre Anstrengungen zu bündeln haben, um öffentliche Dienstleistungen zu erbringen.[60]

Auf kommunaler Ebene rückt als staatsinterne Maßnahme der Verwaltungsorganisation auch die **Gründung eines Zweckverbands im Bereich der Digitalisierung** in den Fokus (Art. 1 Abs. 6 RL 2014/24/EU). Mögliche Kooperationsformen auf dieser horizontalen Ebene können einerseits punktuell einseitige

---

58 Vgl. Krönke VERW 52 (2019), 65 (82).
59 Liefer- und Dienstleistungen für oberste und obere Bundesbehörden: 140.000 EUR; Liefer- und Dienstleistungen für öffentliche Auftraggeber: 215.000 EUR; Liefer- und Dienstleistungen im Bereich Verteidigung und Sicherheit sowie Liefer- und Dienstleistungen für Sektorenauftraggeber: 431.000 EUR; soziale und andere besondere Dienstleistungen für öffentliche Auftraggeber: 750.000 EUR; soziale und andere besondere Dienstleistungen für Sektorenauftraggeber: 1.000.000 EUR; Bauaufträge sowie Konzessionen: 5.382.000 EUR, vgl. ABl. 11.11.2021, L 398/23.
60 EuGH Urt. v. 4.6.2020 – C-429/19, ECLI:EU:C:2020:436 – Remondis.

Zusammenarbeiten sein: In deren Rahmen stellt ein Kooperationspartner entweder eine IT-Anwendung, die auch ein anderer oder mehrere Partner nutzen, zentral bereit, betreibt und pflegt sie – oder übernimmt gar die gesamte Verarbeitung für den oder die Partner im Sinne einer Durchführung der eigentlichen Verwaltungsaufgabe.[61] Darüber hinaus finden sich auch Kooperationen, um gemeinschaftliche Aufgaben – wie etwa die Entwicklung und den Betrieb eines gemeinsamen Dienstleistungsportals – wahrzunehmen.[62] Ein Beispiel dafür ist das **kommunale IT-Servicezentrum** (KitS), das im Landratsamt Meiningen angesiedelt ist und sämtliche Serverstandorte der lokalen Verwaltung bündelt.[63] Neben der Administration von Hard- und Software ist das KitS auch dafür verantwortlich, einen Großteil der Städte und Gemeinden des Landkreises im Bereich IT-Support zu betreuen.[64]

2. Ausnahmen bei besonderen Gefahren- und Dringlichkeitslagen sowie im Unterschwellenbereich

24 In den Fokus ist ferner jüngst die Möglichkeit gerückt, das Vergaberecht **in Krisenzeiten** temporär großzügiger auszulegen. Vor dem Hintergrund der Covid-19-Pandemie hat das BMWi bereits im März 2020 in einem Rundschreiben an Bundesressorts, Länder und kommunale Spitzenverbände eine schnellere und verfahrenseffizientere Beschaffung von Leistungen ermöglicht.[65] Explizit äußerte sich das BMWi zu Vergaben im Wege des **Verhandlungsverfahrens ohne Teilnahmewettbewerb** nach § 119 Abs. 5 GWB iVm § 14 Abs. 4, 17 VgV. Dieses Verfahren ist an drei Voraussetzungen geknüpft. Zunächst muss ein unvorhergesehenes Ereignis vorliegen. Hinzukommen müssen äußerst dringliche Gründe, die es nicht zulassen, die in anderen Verfahren vorgeschriebenen Fristen einzuhalten. Zuletzt muss ein kausaler Zusammenhang zwischen dem unvorhergesehenen Ereignis und der Unmöglichkeit bestehen, die Fristen anderer Vergabeverfahren einzuhalten. Das BMWi sieht die Voraussetzungen mit Blick auf die Corona-Pandemie jedenfalls für solche Leistungen als erfüllt an, die dazu dienen, **den Dienstbetrieb der öffentlichen Verwaltung aufrechtzuerhalten** (u.a. mobiles IT-Gerät, Videokonferenztechnik, IT-Leistungskapazität, Homeoffice-Einrichtungsgegenstände). In diesem Zusammenhang darf die Vergabestelle im Rahmen des **Verhandlungsverfahrens ohne Teilnahmewettbewerb** Angebote formlos einholen und muss dabei keine konkreten Fristvorgaben berücksichtigen. In Anbetracht der gegebenen Dringlichkeit, ist es – entgegen dem Grundsatz, dass mindestens drei Bieter vorhanden sein müssen – zulässig, nur ein Unternehmen zur Angebotsabgabe aufzufordern. Selbiges gilt auch für unterschwellige Beschaffungsprozesse (§§ 8 Abs. 4 Nr. 9 und 12 Abs. 3 UvgO).

25 Auf Ebene der **Unterschwellenvergabeordnung**, dh bei Aufträgen, deren Volumen unterhalb der EU-weiten Schwellenwerte liegt, können Beschaffungen auch freihändig erfolgen. Ein förmliches Verfahren muss die Vergabestelle dann nicht durchführen. § 8 Abs. 4 UVgO erfasst insoweit u.a. Leistungen, die deshalb besonders dringlich sind, weil bestimmte Umstände vorliegen, die der öffentliche Auftraggeber nicht zu vertreten hat.[66] Leistungen bis zu einem **voraussichtlichen Auftragswert von 1000 EUR** ohne

---

61 Vgl. Krönke VERW 52 (2019), 65 (80 f.). Ein Praxisbeispiel aus München ist die Entwicklung und der Betrieb der „HandyParken München"-App und einer mit dieser zusammenwirkenden Kontroll-App für die Parkraumüberwachung und die Polizei München. Beide Anwendungen wurden von der Stadtwerke München GmbH (SWM) entwickelt und werden von dieser betrieben. Vgl. dazu die Rathaus Umschau v. 19.10.2018, abrufbar unter https://ru.muenchen.de/2018/200/Smartphone-statt-Muenzen-Neue-HandyParken-Muenchen-App-ist-da-81107.

62 Zur im Einzelfall im Rahmen der Erörterung der „gemeinsamen Ziele" gem. § 108 Abs. 6 Nr. 1 GWB problematischen Abgrenzung, ob sich eine solche Zusammenarbeit auf die Bereitstellung einer zur Aufgabenunterstützung verwendeten IT-Leistung oder auf die Wahrnehmung einer sachlichen Verwaltungsaufgabe bezieht, siehe Krönke VERW 52 (2019), 65 (80 f.), und EuGH Urt. v. 28.5.2020 – C-796/18, ECLI:EU:C:2020:395 – Informatikgesellschaft für Software-Entwicklung.

63 Siehe www.lra-sm.de/?page_id=15972.

64 Siehe https://www.lra-sm.de/?p=32251.

65 Siehe www.bmwi.de/Redaktion/DE/Downloads/P-R/rundschreiben-anwendung-vergaberecht.pdf?__blob=publicationFile&v=6.

66 Beispielhaft sei auch hier auf die Auswirkungen der Corona-Pandemie verwiesen. Infrastruktur, die zur Eindämmung und Bewältigung der Corona-Pandemie kurzfristig erforderlich wird, kann auf diesem Wege verfahrensfrei beschafft werden.

Umsatzsteuer können ferner grds. ohne die Durchführung eines Vergabeverfahrens beschafft werden (§ 15 UVgO). Zu denken wäre in diesem Zusammenhang etwa an die Reparatur von Hardwareprodukten wie einer PC-Tastatur oder die Anschaffung eines Whiteboards für den Design-Thinking-Raum.

3. Die „In-House-Vergabe"

Die In-House-Vergabe gem. § 108 Abs. 1 bis 5 GWB verdient im Hinblick auf die Verwaltungsdigitalisierung besonderes Augenmerk. Die gesetzlichen Anforderungen an diesen „verwaltungsorganisatorische[n] Akt der Eigenerledigung öffentlicher Aufgaben"[67] legen fest, dass die Voraussetzungen nur dann erfüllt sind, wenn der öffentliche Auftraggeber den Kooperationspartner wie eine eigene Dienststelle kontrolliert und dieser zu mehr als 80 % für die öffentliche Hand tätig ist. Eine direkte private Kapitalbeteiligung an dem Kooperationspartner muss im Grundsatz jedoch ausgeschlossen sein, andernfalls liegt keine In-House-Konstellation vor. Über eine solche Involvierung von Eigengesellschaften hinaus hat das GWB noch ein anderes Modell vor Augen: Die Vergabestelle schaltet einen Kooperationspartner ein, welcher der **Kontrolle durch mehrere öffentliche Auftraggeber** unterliegt.

Die Vorteile der In-House-Vergabe aus Sicht der öffentlichen Verwaltung lassen sich am Beispiel der Einheit **DigitalService4Germany** (→ Rn. 15) veranschaulichen. Als In-House-Gesellschaft des Bundes kann der öffentliche Dienstleister kurzfristig und grds. ohne Ausschreibungsverfahren mittels Beauftragung Prototypen bis hin zu fertigen Anwendungen entwickeln. Der Bundesverwaltung steht damit ein **flexibles und schnell einsetzbares Instrument** zur Verfügung, um digitale Bedarfe passgenau decken zu können.[68]

Bei einer Vergabe nach § 108 Abs. 1 bis 5 GWB ist jedoch stets zu beachten: Die öffentliche Hand ist nicht in ihrer Gesamtheit ein einziges großes „House". Abzustellen ist vielmehr auf **die jeweiligen staatlichen Stellen als eigenständige Entität**. Die In-House-Vergabe greift also nicht generell bei Beschaffungsprozessen, die im Rahmen der Verwaltungsdigitalisierung erforderlich sind, wenn sie unter Einsatz von Eigenmitteln und dem Ausschluss mehrheitlich privatwirtschaftlich agierender Unternehmen abgewickelt werden. Ein Beispiel aus der Praxis ist der IT-Dienstleister **dataport**, eine Anstalt öffentlichen Rechts, die zentrale digitale Infrastruktur im Namen mehrerer norddeutscher Bundesländer und eines kommunalen IT-Verbunds beschafft. Neben dem Kauf von IT für die Landesverwaltungen unterstützt **dataport** die öffentliche Hand auch bei einfachen und umfangreichen Vergabeverfahren.[69]

Die praktische Bedeutung öffentlich-öffentlicher Kooperationen und damit der Ausnahmeregelungen des GWB lässt sich beispielhaft anhand des **„Einer für Alle" (EfA)-Prinzips** veranschaulichen, das Bund und Länder im föderalen Digitalisierungsprogramm der OZG-Leistungen anwenden.[70] Demnach soll jede Entität, gleich ob auf Bundes- oder Landesebene, seine „Leistungen so digitalisieren, dass andere [...] sie nachnutzen können und den Online-Prozess nicht nochmal selbst entwickeln müssen" – schließlich ließen sich so Zeit, Ressourcen und Kosten einsparen.[71] Die Nachnutzung einzelner EfA-Dienstleistungen ermöglicht dabei **standardisierte bilaterale Verträge mit der FITKO**. Entwickelt ein Land beziehungsweise der Bund eine digitale Lösung, kann diese Anwendung in den eigens geschaffenen „FIT-Store" eingestellt werden, damit andere interessierte Entitäten sie erwerben können. Im Wege jenes arbeitsteiligen Vorgehens entsteht ein **umfangreiches In-House-Verhältnis**, das den Transfer von Leistungen erlaubt, ohne dass die Regeln des Vergaberechts zur Anwendung gelangen.[72]

---

67 Koch/Siegmund/Siegmund MMR 2021, 760.
68 Dazu etwa https://digitalservice.bund.de/transparenz.
69 Siehe www.dataport.de/was-wir-tun/it-beschaffung/.
70 Dazu aus datenschutzrechtlicher Sicht Böllhoff/Botta NVwZ 2021, 425 ff.
71 Siehe https://www.onlinezugangsgesetz.de/Webs/OZG/DE/grundlagen/nachnutzung/efa/efa-node.html.
72 Beachte auch die alternative Ausgestaltung in Form von Verwaltungsvereinbarungen als die klassische Lösung länderübergreifender Kooperation in Deutschland. Diese werden sowohl von der umsetzenden als auch von der nachnutzenden Entität unterzeichnet, um EfA-Leistungen vervielfältigen zu können, vgl. Böllhoff/Botta NVwZ 2021, 425 (430).

30 Problematisch gestaltet sich hinsichtlich des In-House-Verfahrens die **vergaberechtliche Erfassung der Gemeinden** – zumal es sich bei den Kommunen um die hauptsächliche Vollzugsebene im Bereich digitaler Verwaltungsleistungen handelt.[73] Da die Kommunen nicht zu den Trägern der FITKO gehören, können sie an den skizzierten Transfers nicht unmittelbar mitwirken, sondern sind zum Zwecke der Nachnutzung auf den Erwerb der jeweiligen IT-Leistungen durch die übergeordneten Bundesländer angewiesen.[74] Die auf vielfachen Ebenen entstehenden Austauschplattformen wie Digitalisierungslabore und -inkubatoren sind dabei ein wichtiger Schritt, um bestehende föderale Kooperationsstrukturen zu stärken und die Kommunen samt ihrer umfangreichen Vollzugskompetenz besser einzubinden.

4. Weitergehende Mitwirkung des Bieters bei der Konkretisierung des Beschaffungsgegenstands

31 Das hohe Maß der (nicht zuletzt durch die unterschiedlichen Vergabeverfahren vermittelten) Flexibilität der öffentlichen Hand erstreckt sich auch auf die **Definition des Beschaffungsgegenstands**. Grundsätzlich hat der öffentliche Auftraggeber die Leistungsbeschreibung „so eindeutig und erschöpfend wie möglich" zu verfassen, „sodass die Beschreibung für alle Unternehmen im gleichen Sinne verständlich ist und die Angebote miteinander verglichen werden können" (§ 121 Abs. 1 S. 1 GWB). So ist es gerade im Bereich der Digitalisierung denkbar, auf **vordefinierte technische Anforderungen** im Sinne von § 31 Abs. 2 S. 1 Nr. 2 VgV zurückzugreifen. Ein anderer Weg sind **Gütezeichen** nach den Kriterien des § 34 VgV als Beleg dafür zu verlangen, dass die jeweilige Leistung bestimmten, in der Beschreibung geforderten Merkmalen entspricht. Beispielsweise können öffentliche Auftraggeber eine Erfüllung der ISO 27001 im Hinblick auf die IT-Sicherheit einfordern.

32 Oftmals wird es der öffentlichen Hand aber – jedenfalls mit der jetzigen Ausstattung und Expertise – nicht aus eigener Kraft gelingen, die **konkreten Anforderungen an eine einzelne IT-Anwendungen** zu definieren. Gerade bei innovativen Digitaltechnologien – etwa im Bereich Künstliche Intelligenz oder Distributed Ledger Technology – fehlen zudem etablierte Standards, Gütekriterien und technische Normen. Umso größere Bedeutung kommt daher der – ihrerseits vielfach vergaberechtspflichtigen[75] – Einbeziehung des Fachwissens Privater im Rahmen der Vorbereitung und Durchführung des Vergabeprozesses zu.

33 Der gängigen Praxis, **private „Beschaffungsdienstleister"** zu konsultieren, setzt das Vergaberecht jedoch abermals Grenzen. So wird die „Mitwirkungsproblematik"[76] eines privaten Unternehmens zum einen insofern entflochten, als die Beschaffungsdienstleister, die im Namen des öffentlichen Auftraggebers handeln, gem. § 6 Abs. 1 VgV im folgenden Vergabeverfahren als Bieter nicht teilnehmen dürfen. Die Mitwirkung Privater im Rahmen der Ausarbeitung einer Leistungsbeschreibung oder Wertungsempfehlung ist perspektivisch zudem an **erhöhten Anforderungen der Transparenz und Sachlichkeit** zu messen, da einer IT-Infrastruktur mit verwaltungssteuernder Wirkung eine besondere Sicherheitsrelevanz zukommt. Andernfalls droht der öffentliche Auftraggeber die Steuerung der Aufgabenwahrnehmung zugunsten der Privatisierung vergaberechtlicher Entscheidungen aus der Hand zu geben.[77]

---

73 Vgl. Berger KommJur 2018, 441.
74 Da die Weitergabe der Leistungen von den Ländern an ihre Kommunen nur entgeltfrei erfolgen kann, stellt sich zum einen die Frage, ob damit überhaupt ein entgeltlicher Auftrag begründet werden kann. Der EuGH bejahte dies im Rahmen einer Vorabentscheidung mit Urt. v. 28.5.2020 (C-796/18, ECLI:EU:C:2020:395 – Informatikgesellschaft für Software-Entwicklung) für Konstellationen, in denen sich sowohl aus dem Wortlaut der mit der kostenfreien Überlassung verknüpften Kooperationsvereinbarungen als auch aus der anwendbaren nationalen Regelung ergibt, dass es grds. zu Anpassungen der Software kommen wird. Zum anderen gilt es, die Notwendigkeit der Schaffung einer geeigneten rechtlichen Regelung in jedem Bundesland zu bedenken, sollte die bestrebte Kostenteilung zwischen Bund und Ländern realisiert werden wollen, https://www.onlinezugangsgesetz.de/SharedDocs/kurzmeldungen/Webs/OZG/DE/2021/06_efa-video-folge-4.html.
75 Vgl. Krönke VERW 52 (2019), 65 (82).
76 Vgl. Krönke VERW 52 (2019), 65 (82).
77 Vgl. Krönke VERW 52 (2019), 65 (82).

Sollte der Beschaffungsdienstleister hingegen als sog. **„vorbefasstes Unternehmen"**[78] lediglich daran beteiligt sein, das Vergabeverfahren vorzubereiten, hat der öffentliche Auftraggeber für den folgenden Ausschreibungsprozess **angemessene Maßnahmen zu ergreifen**: Er muss sicherstellen, dass der Wettbewerb durch die Teilnahme des Unternehmens nicht verzerrt wird. Im Rahmen einer solchen Konstellation ist eine Beteiligung „vorbefasster Unternehmen" in der Phase der Durchführung des Vergabeverfahrens also unter bestimmten Voraussetzungen möglich. Inhaltliche und zeitliche Vorteile, die durch die Vorabbeteiligung des Unternehmens gegenüber anderen Wettbewerbern entstanden sind, lassen sich dabei „durch informationelle und fristenbezogene Ausgleichsmaßnahmen nach § 7 Abs. 2 VgV, aber ggfs. auch durch **„Gutbuchen" von Preisvorteilen** zugunsten der anderen Teilnehmer bei der Angebotswertung" kompensieren.[79] Anders als im Rahmen der umfassenderen „Mitwirkungsproblematik" darf ein pauschaler Ausschluss des „vorbefassten Unternehmens" demnach nicht erfolgen (vgl. § 124 Abs. 1 Nr. 6 GWB).

5. Besondere Herausforderungen aus Sicht von GovTech-Start-ups

Für die rund 340 auf GovTech spezialisierten Start-ups in Deutschland (Stand: Januar 2022[80]) stellen sich die vergaberechtlichen Rahmenbedingungen als spezielle Herausforderung dar. Inzwischen entwickeln junge und innovative Unternehmen eine Vielzahl digitaler Anwendungen, die auch und gerade für die Verwaltung von Interesse sind. In besonderem Maße gilt dies für IT-Lösungen, die der **Digitalisierung der verwaltungsinternen Zusammenarbeit** sowie der **digitalisierten Interaktion zwischen Verwaltung und externen Akteuren** dienen.[81] Allerdings schrecken die nach wie vor langwierigen und komplexen Vergabeverfahren einen Großteil der Start-ups davon ab, sich überhaupt an einschlägigen Ausschreibungen zu beteiligen. Neben fehlenden **zeitlichen Kapazitäten**, sich mit den spezifischen Anforderungen der öffentlichen Auftraggeber auseinanderzusetzen, sind es gerade die oftmals geforderten **Nachweise zur Bonität oder zu Referenzkunden**, die eine Vielzahl aufstrebender Unternehmen davon abhalten, öffentliche Aufträge zu akquirieren.[82] Digitalverbände wie **Bitkom** bemängeln daher, dass der Vergabeprozess nicht hinreichend auf die Belange der Start-ups ausgerichtet ist und fordern u.a. ein höheres Maß an Transparenz während des gesamten Vergabeverfahrens sowie eine flexiblere Handhabe der allgemeinen Teilnahmevoraussetzungen.[83] In der Praxis hat sich zudem eine **Zusammenarbeit zwischen Start-ups und größeren**, bei den öffentlichen Auftraggebern bekannten **Unternehmen** herausgebildet. Die Start-ups treten im Rahmen der Ausschreibung als Unterauftragnehmer der eigentlichen Bieter auf. Auch die Möglichkeit der Bietergemeinschaft (§ 32 Abs. 2 UVgO, § 43 Abs. 2 VgV) besteht.

Die „Vergaberechtsmüdigkeit" der Start-ups hat den IT-Planungsrat offenbar dazu motiviert, den Nexus „Verwaltung & externe Innovator*innen/Startups" zum Schwerpunktthema des Jahres 2021 zu machen: Im Rahmen einer Arbeitsgruppe trug er Erkenntnisse und Handlungsempfehlungen zusammen.[84] Demnach solle sich als übergeordnetes Ziel die **Zusammenarbeit zwischen öffentlichen Auftraggebern und Start-ups** verbessern – etwa durch die Benennung konkreter Ansprechpersonen auf beiden Seiten. Man bestrebe ferner zu prüfen, die Ausschreibungspflicht bis 100.000 EUR für innovative Produkte und Dienstleistungen im Bereich der Digitalisierung aufzuheben. Außerdem bestehe die Möglichkeit, dezidiert Finanzmittel zur

---

78 Vgl. Krönke VERW 52 (2019), 65 (82).
79 Krönke VERW 52 (2019), 65 (82).
80 Vgl. Kilian/Müller Innovative Verwaltung 12/2021, 24 (25).
81 Vgl. Kilian/Müller Innovative Verwaltung 12/2021, 24 (27).
82 Bitkom, Startups: Nur eine Minderheit kommt bei öffentlichen Aufträgen zum Zug, 2020, abrufbar unter https://www.bitkom.org/Presse/Presseinformation/Startups-Nur-eine-Minderheit-kommt-bei-oeffentlichen-Auftraegen-zum-Zug.
83 Bitkom, 7 Punkte für mehr Startups in der öffentlichen Vergabe, 2020, abrufbar unter https://www.bitkom.org/Bitkom/Publikationen/7-Punkte-fuer-mehr-Startups-in-der-oeffentlichen-Vergabe.
84 Vgl. IT-Planungsrat, Mehr Zusammenarbeit mit externen Innovator*innen/Startups wagen – Abschlussbericht der Arbeitsgruppe Verwaltung & externe Innovator*innen/Startups im Vorsitzjahr 2021, 29.10.2021 Beschluss 2021/51, abrufbar unter www.it-planungsrat.de/fileadmin/beschluesse/2021/Beschluss2021-51_AG_Externe_Innovatoren_AL1_Abschlussbericht.pdf, S. 3 ff., 11.

Förderung einer intensiveren Kooperation zur Verfügung zu stellen, beispielsweise durch den Aufbau von GovTech-Fördervehikeln.[85]

37 Darüber hinaus können Einrichtungen wie der **GovTech Campus** dazu beitragen, dass sich die Welten der Verwaltung, Start-ups und wissenschaftlicher Akteure allmählich überschneiden – sei es durch den informellen Austausch vor Ort, sei es durch gezielte Informationskampagnen für private IT-Dienstleister und Ausgründungen aus wissenschaftlichen Einrichtungen.

6. Rahmenvereinbarungen mit Beratungsunternehmen

38 Ein anderes Vehikel als öffentliche Aufträge über vordefinierte Produkte und Dienstleistungen sind Rahmenvereinbarungen. Unter **Rahmenvereinbarungen** versteht § 103 Abs. 5 GWB Vereinbarungen zwischen öffentlichen Auftraggebern und Unternehmen, „die dazu dienen, die Bedingungen für öffentliche Aufträge, die während eines bestimmten Zeitraums vergeben werden sollen, festzulegen, insbesondere in Bezug auf den Preis". Verfahrensrechtlich stehen sie Maßgaben in Bezug auf öffentliche Aufträge im Wesentlichen gleich (§ 103 Abs. 5 S. 2, 21 VgV). Im Wege der Rahmenvereinbarungen kann die öffentliche Hand demnach für einen determinierten Zeitraum gezielt **Einzelleistungen abrufen**, ohne ein erneutes Vergabeverfahren durchführen zu müssen oder bestimmten Abnahmepflichten zu unterliegen.[86]

39 Der Veranschaulichung dient in diesem Zusammenhang das fiktive Beispiel einer strategischen Partnerschaft zwischen dem Bundesministerium des Innern (BMI) und einem privaten IT-Dienstleistungsanbieter. Auf Grundlage einer Rahmenvereinbarung gem. § 103 Abs. 5 GWB wird das BMI für einen Zeitraum von vier Jahren ganzheitlich bei der Realisierung verschiedener Digitalisierungsvorhaben unterstützt. Von der fachlich-technischen Beratung im Vorfeld über die Realisierung und Implementierung, Wartungsleistungen bis hin zur Weiterentwicklung der IT-Anwendungen sollen sämtliche Dienste pauschal durch das beauftragte Unternehmen verantwortet werden. Einer Klausel der Rahmenvereinbarung zufolge soll ein spezielles Augenmerk auf der Beratung und Testung der barrierefreien Umsetzung der Anwendungen in Einklang mit den gleichstellungsgesetzlichen Vorgaben liegen. Die jeweiligen Beratungsleistungen erfassen insofern neben der konkreten Produktentwicklung auch den erforderlichen Wissenstransfer und individuelle Handlungsempfehlungen.

VI. Fördermittelrechtliche Implikationen der Verwaltungsdigitalisierung

40 Prägende politische Großereignisse wie der **Green Deal** der Europäischen Kommission[87] oder der Koalitionsvertrag der neuen Bundesregierung[88] bekennen sich explizit zu dem Ziel, das Potenzial einer digitalen Verwaltung vollumfänglich auszuschöpfen. Die deutsche und europäische Politik will damit nicht nur einen grds. **Digitalisierungsschub im öffentlichen Sektor auslösen**. Innovative IT-Projekte haben gegenwärtig auch gute Chancen, umfangreiche **Fördermittel** zu generieren. Gleich, ob auf EU-, Bundes-, Landes- oder kommunaler Ebene – nie gab es so viele einschlägige Fördertöpfe wie derzeit. Wenn der Staat Fördergelder auslobt, bezweckt er damit regelmäßig zweierlei: Zum einen unterstützt er insbes. die Gründerszene bei

---

85 Vgl. IT-Planungsrat, Mehr Zusammenarbeit mit externen Innovator*innen/Startups wagen – Abschlussbericht der Arbeitsgruppe Verwaltung & externe Innovator*innen/Startups im Vorsitzjahr 2021, 29.10.2021 Beschluss 2021/51, abrufbar unter www.it-planungsrat.de/fileadmin/beschluesse/2021/Beschluss2021-51_AG_Externe_Innovatoren_AL1_Abschlussbericht.pdf.

86 Siehe Reichling/Scheumann GewArch 2019, 11, für eine vertiefte Auseinandersetzung mit rechtlichen Einzelfragen rund um das Institut der Rahmenvereinbarung.

87 Mitteilung der Kommission an das Europäische Parlament, den Europäischen Rat, den Rat, den Europäischen Wirtschafts- und Sozialausschuss und den Ausschuss der Regionen: Der europäische Grüne Deal, 11.12.2019, COM(2019) 640 final, 23.

88 Koalitionsvertrag 2021–2025 zwischen SPD, Bündnis 90/Die Grünen und FDP, „Mehr Fortschritt wagen", 2021, abrufbar unter www.bundesregierung.de/resource/blob/974430/1990812/04221173eef9a6720059cc353d759a2b/2021-12-10-koav2021-data.pdf?download=1, S. 16.

der Realisierung kostspieliger Vorhaben. Zum anderen sind sie ein Mittel der öffentlichen Hand, innovative Ideen in die Verwaltung zu lenken und dort frühzeitig nutzbar zu machen.[89]

Die finanziellen Mittel entstammen nicht nur unterschiedlichen Fördergebern auf den verschiedenen Staatsebenen; auch die damit verbundenen **Förderziele** können sehr unterschiedlich ausgestaltet sein. Es gibt Fördertöpfe, welche die Digitalisierung ganzer wirtschaftlicher Sektoren – wie den der „Verwaltung" – fördern.[90] Ferner existieren **horizontale Förderprogramme**, die unabhängig von einer bestimmten Branche grds. Digitalisierungsprozesse unterstützen.[91] Denkbar sind zudem Fördermittel, die sich auf **bestimmte Regionen** beschränken, etwa das Gebiet eines Bundeslandes oder einer Gemeinde. Schließlich gibt es – zumal bei sehr umfangreichen, innovativen Projekten – die Möglichkeit einer individuell zugeschnittenen Förderung. Die Art der jeweiligen Förderung reicht dabei von der Finanzierung eines **konkreten Festbetrags** über eine **Fehlbedarfsfinanzierung**, wobei der Staat diejenigen Kosten abdeckt, die der Zuwendungsempfänger selbst nicht aufzubringen vermag, bis hin zu einer **vollumfänglichen Übernahme** der zuwendungsfähigen Ausgaben.[92]

Mit Blick auf den Bereich der Verwaltungsdigitalisierung sind grds. alle Fördertöpfe von Interesse, die ihrem Titel oder der individualisierten Beschreibung zufolge ausdrücklich darauf zielen, eine **digitale Verwaltungsstruktur zu fördern**. Ein konkretes Beispiel ist die „Förderung smarter Kommunen und Regionen im Programm Starke Heimat Hessen" der hessischen Ministerin für Digitale Strategie und Entwicklung.[93] Das Land Hessen will damit Gemeinden, kreisfreie Städte oder Landkreise bei Vorhaben zur Digitalisierung ihrer Verwaltungen im Wege eines Zuschusses unterstützen.[94]

VII. Fazit

Damit das Thema GovTech in Deutschland zum Wohle des Staates und der Allgemeinheit weitere Kreise ziehen kann, sind verschiedene **politische, strukturelle und rechtliche Weichenstellungen** angezeigt. Die schiere Anzahl der im Bereich GovTech tätigen öffentlichen, privaten und sonstigen Akteure ist beeindruckend[95] und birgt große Chancen für das politische Großprojekt der Verwaltungsdigitalisierung. Zu oft fehlt es jedoch an einer umspannenden und nachhaltigen **Vernetzung der Beteiligten**.[96] Auf diese Weise bleiben innovative Synergieeffekte – jedenfalls bislang – aus. Es mangelt nicht nur an Foren und Orten eines Austauschs der Akteure im Bereich GovTech, sondern auch an **passenden Beratungsangeboten für innovative Unternehmen und Start-ups**, die öffentliche Aufträge und Fördermittel mangels Wissen, Erfahrung oder vergaberechtlicher Details bislang nicht in Anspruch nehmen. Auf Seiten der Start-ups bedarf es zugleich eines größeren Verständnisses der unterschiedlichen Bedürfnisse etwa eines privaten Risikokapitalgebers, der innovative Lösungen gezielt auf ein bestimmtes Produktivitätsniveau hieven will, oder einer staatlichen Behörde, die eine **resiliente, modulare und langlebige öffentliche IT-Infrastruktur** plant. Der Staat ist zwar in der Regel kein freigiebiger und einfach zu begeisternder, aber

---

89 Vgl. etwa Kache/Braunsberger GRUR-Prax 2021, 400.
90 Als Beispiel kann etwa das Programm „Förderung der elektronischen Verwaltung (E-Government-Richtlinie – EGovRL M-V)" dienen, das den Ausbau moderner IT und Kommunikationstechnologie in der Verwaltung bezuschusst, abrufbar unter https://www.foerderdatenbank.de/FDB/Content/DE/Foerderprogramm/Land/Mecklenburg-Vorpommern/Foerderung-der-elektronischen-Verwaltung.html.
91 Siehe etwa das Programm „Glasfaseranschlüsse und WLAN für öffentliche Schulen, Krankenhäuser und Rathäuser", das den Ausbau schnelleren Internets in Bayern fördert, abrufbar unter https://www.foerderdatenbank.de/FDB/Content/DE/Foerderprogramm/Land/Bayern/glasfaseranschluesse-wlan-oeffentliche-schulen.html.
92 Schmeisser/Krimphove Vom Gründungsmanagement zum Neuen Markt/Hannemann/Schmeisser S. 135.
93 Siehe www.foerderdatenbank.de/FDB/Content/DE/Foerderprogramm/Land/Hessen/foerderung-smarter-kommunen-und-regionen.html.
94 Die Höhe des Zuschusses beträgt 90 Prozent der zuwendungsfähigen Ausgaben und insgesamt zwischen 100.000 EUR und 2,5 Mio. EUR für bis zu zwei Jahre.
95 Einen Überblick bietet das „Wimmelbild" zum E-Government, Nationaler Normenkontrollrat, OZG-Umsetzungsstruktur, 2021, abrufbar unter https://www.normenkontrollrat.bund.de/resource/blob/72494/1910894/b027d4616465a18a97cbd308c2cb8124/210505-ozg-umsetzungsstruktur-data.jpg.
96 Vgl. stellvertretend etwa Berger KommJur 2018, 441; Rüdebusch KommJur 2020, 41.

durchaus ein solventer und langfristiger Partner bei der **Entwicklung nachhaltiger und gemeinwohlorientierter digitaler Geschäftsmodelle**.

44 Bei alledem kann sich der Staat den Wettbewerb zwischen größeren, bewährten Anbietern aus der Digitalwirtschaft und Start-ups auch dadurch zunutze machen, dass er ein **„Level Playing Field"** zwischen ihnen schafft: Also einen politischen und rechtlichen Rahmen, in dem sich sowohl bewährte Anbieter als auch aufstrebende junge Unternehmen auf Augenhöhe begegnen können. Durch eine erfolgreiche **GovTech-Strategie** können Innovationswettbewerb und günstigere Preise zugunsten des Staates entstehen. Gleichsam als Nebenprodukt sprießen vertrauenswürdige IT-Produkte, die dem **Leitbild „Legality, Privacy and Security by Design"** folgen und in anderen Weltregionen auf interessierte Abnehmer und Abnehmerinnen stoßen können, aus dem Boden.

45 Politisch bedarf es weiterer Anstrengungen im Bereich der Willensbildung und strategischen Vorausplanung. Rechtlich könnten **Förderprogramme, die sich spezifisch auf die Entwicklung von GovTech-Lösungen durch Start-ups und KMU richten**, eine wichtige (auch beihilfekonforme) Stütze für eine Entwicklung neuer Lösungen sein.[97] Auch gilt es zu erwägen, die **Antragsverfahren zu vereinfachen und verständlicher auszugestalten**; hierzu geben die §§ 23, 44 Bundeshaushaltsordnung (BHO) ebenso Spielraum wie das europäische Beihilferecht in den Art. 107 ff. AEUV. Nicht zuletzt haben die vereinfachten Antragsverfahren für Corona-Hilfen oder die unterstützenden Mittel für Flutopfer gezeigt, dass der Staat durch digitaltaugliche Vorgaben und klare Prozesse Effizienzpotenziale heben kann. Mit einem **Digital- und Praxischeck** plant die neue Koalition zudem neue Reflexionsverfahren im Bereich der Legistik, die auch Aspekte der Nutzer- und Anwendungsfreundlichkeit integrieren sollten.[98] Zudem könnten Ausschreibungen der öffentlichen Hand Eignungs- und Referenzanforderungen derart absenken und innovative Vergabeverfahren wählen, dass auch Start-ups mit größeren Erfolgschancen an den Ausschreibungen teilnehmen können.

46 Auf dem Weg zu einer **vertrauenswürdigen und gemeinwohlorientierten Digitalisierung** in Staat und Gesellschaft steht das Recht auf einem schmalen Grat. Auf der einen Seite schirmt es die Privatsphäre, die digitale Souveränität des Staates und seine Resilienz in Krisenzeiten vor einem Übergriff durch Akteure des „Überwachungskapitalismus" (**Shoshana Zuboff**) ab – anderseits sorgt seine passgenaue Befolgung in der Verwaltung dafür, dass disruptiven Ansätzen und innovativen Lösungsmustern stets ein Schwall an Zweifeln und Bedenken entgegenschwappt. Im Bereich GovTech liegt indes das Potenzial, einen **Geist der Kooperation zwischen privaten und öffentlichen Akteuren** zu wecken, der die Hoffnung auf humanen Fortschritt beflügelt, alte Gräben überwindet und die Grundlage für einen digitalen Staat legt.

---

97 Wagner/Lemonnier EuZW 2021, 45.
98 Koalitionsvertrag 2021–2025 zwischen SPD, Bündnis 90/Die Grünen und FDP, „Mehr Fortschritt wagen", 2021, abrufbar unter www.bundesregierung.de/resource/blob/974430/1990812/04221173eef9a6720059cc353d759a2b/2021-12-10-koav2021-data.pdf?download=1, S. 9, 32.

35. Haftung, allgemein

Heetkamp

Für die möglichen **Haftungskonstellationen** bei dem Einsatz von Legal Tech-Tools kommt es zum einen darauf an, ob eine natürliche oder eine juristische Person rechtsuchend ist, und zum anderen, wie diese mit dem Legal Tech-Tool in Berührung kommt (siehe zu den verschiedenen, in Betracht kommenden Geschäftsmodellen im B2C- bzw. B2B Bereich → *B2C und B2B (Geschäftsmodell)* Rn. 27 ff., 75 ff.). Darüber hinaus ist bei einem Einsatz von Legal Tech-Tools im Rahmen staatlichen Handelns auch eine Staatshaftung denkbar (siehe dazu → *Haftung des Staates* Rn. 6 ff.). Bei algorithmusbasierten Entscheidungen kommt eine Haftung wegen Diskriminierung für Schadensersatz- und Schmerzensgeldansprüche aus § 15 Abs. 1 und 2 AGG in Betracht (→ *Algorithmus* Rn. 66 ff.).

Kommt es zu einem unmittelbaren Kontakt zwischen der rechtsuchenden Person und dem das Legal Tech-Tool anbietenden Unternehmen, ist eine (zumeist vertragliche) Haftung des Legal Tech-Unternehmens möglich (→ *Haftung des Legal Tech-Unternehmens ggü. Kunden* Rn. 11 ff.). Da Legal Tech-Tools in vielerlei Erscheinungsformen auftreten, variieren mit der Vielfalt der möglichen Ausgestaltungen auch die Anknüpfungspunkte für die mögliche Haftung. Ausgehend von dem jeweiligen Legal Tech-Tool ist für die Zulässigkeit von Legal Tech-Anwendungen von entscheidender Bedeutung, ob die Schwelle der Rechtsdienstleistung nach § 2 Abs. 1 RDG erreicht ist und ob eine entsprechende Erlaubnis zur Erbringung einer Rechtsdienstleistung vorliegt. Neben der vertraglichen Haftung sind auch deliktische, wettbewerbs- und datenschutzrechtliche Anknüpfungspunkte für eine Haftung denkbar. Legal Tech-Unternehmen können durch vertragliche Haftungsbeschränkungen und einen ausreichenden Versicherungsschutz eine **Haftungsvorsorge** treffen.

Wird das Legal Tech-Unternehmen im Rahmen der Durchsetzung einfachgelagerter Forderungen auf Basis einer Inkassolizenz tätig, sind weitere Besonderheiten in Haftungsfragen zu beachten (→ *Haftung des Legal Tech-Unternehmens bei Inkassodienstleistungen* Rn. 3 ff.). Handelt es sich um eine natürliche Person, die das Legal Tech-Tool im Rahmen der Inkassodienstleistung nutzt, sind neue verbraucherschützende Regelungen seit Inkrafttreten des Legal Tech-Gesetzes am 1.10.2021 relevant, wobei Informations- und Mitteilungspflichten des Inkassodienstleisters eine entscheidende Bedeutung zukommt. Stets ist mit Blick auf die konkrete Tätigkeit des Legal Tech-Unternehmens zu prüfen, ob eine Inkassodienstleistung erbracht wird und – bejahendenfalls – ob die erforderliche Inkassolizenz vorliegt.

Tritt die rechtsuchende Person nicht an ein Legal Tech-Unternehmen, sondern an einen Rechtsanwalt oder eine Rechtsanwältin heran, der bzw. die im Rahmen der anwaltlichen Tätigkeit sich eines Legal Tech-Tools bedient, kommt eine (zumeist vertragliche) Anwaltshaftung in Betracht (→ *Haftung des Rechtsanwalts ggü. Mandanten* Rn. 4 ff.). Dabei können auch cloudbasierte Legal Tech-Anwendungen in die anwaltliche Beratung eingebunden werden (siehe zu Fragen der vertraglichen Gestaltung beim Einsatz entsprechender, cloudbasierter Legal Tech-Anwendungen (Vertragskette) → *Cloud Computing, IT-Risiken* Rn. 54, 59 ff.).

Hat der Rechtsanwalt bzw. die Rechtsanwältin das Legal Tech-Tool nicht selbst erstellt, sondern von dritter Seite „eingekauft", kommt eventuell ein Regress gegenüber dieser in Betracht (zur möglichen Haftung eines Cloud Service Providers beim Einsatz entsprechender, cloudbasierter Legal Tech-Anwendungen → *Cloud Computing, IT-Risiken* Rn. 54, 59 ff.). Die Einbeziehung von Legal Tech-Tools in die Mandatsbearbeitung führt für die Anwaltschaft zu größeren Haftungsrisiken, da mögliche Fehlerquellen schwieriger zu erkennen bzw. zu vermeiden sein können und die Gefahr, dass ein einmal aufgetretener Fehler massenhaft auftritt, im wahrsten Sinne des Wortes „programmiert" ist, steigt. Neben Haftungsfragen wirkt sich die Einbeziehung von Legal Tech auch auf das anwaltliche Berufsbild und das Berufsrecht aus (→ *Rechtsanwalt, Berufsrecht* Rn. 3 ff.).

Unter nachfolgenden Stichworten werden haftungsrelevante Themen behandelt:

- → *Algorithmus* Rn. 66 ff.
- → *B2C und B2B (Geschäftsmodelle)* Rn. 27 ff., 75 ff.

35 Haftung, allgemein

- → *Haftung des Legal Tech-Unternehmens bei Inkassodienstleistungen* Rn. 3 ff.
- → *Haftung des Legal Tech-Unternehmens ggü. Kunden* Rn. 11 ff.
- → *Haftung des Rechtsanwalts ggü. Mandanten* Rn. 4 ff.
- → *Haftung des Staates* Rn. 6 ff.

36. Haftung des Legal Tech-Unternehmens bei Inkassodienstleistungen

Breunig

I. Einführung	1	2. Auswirkungen auf die vermeintlich abgetretene Forderung und sonstige Handlungen	16
II. Haftung bei erlaubter Inkassotätigkeit	3	a) Keine Verjährungshemmung	17
III. Nichtigkeit als Folge unerlaubter Inkassotätigkeit	6	b) Ausgeübte Gestaltungsrechte wirkungslos	18
1. Nichtigkeit des Inkassodienstleistungsvertrags	7	c) Erlöschen der Forderung bei Leistung	19
2. Nichtigkeit des Gesellschaftsvertrags	8	3. Schadensersatzansprüche von Kundinnen und Kunden	20
3. Nichtigkeit der Inkassozession	9	a) Vertretenmüssen	21
a) Nichtigkeit wegen fehlender Erlaubnis, § 3 RDG	10	b) Schadensermittlung bei Forderungsverjährung	22
b) Nichtigkeit wegen Interessenkollision, § 4 RDG	12	c) Mitverschulden	23
c) Nichtigkeit wegen Sittenwidrigkeit, § 138 BGB	13	4. Bußgelder	24
IV. Haftung bei unerlaubter Inkassotätigkeit	14	V. Weitere Haftungsfragen	25
1. Schicksal von Leistung und Gegenleistung	15	VI. Haftungsvorsorge	26

Literatur: *Deckenbrock*, Freie Fahrt für Legal-Tech-Inkasso?, DB 2020, 321; *Freitag/Lang*, Offene Fragen von Legal and Illegal Tech nach der „wenigermiete.de-Entscheidung" des BGH, ZIP 2020, 1201; *Fries*, Recht als Kapital, AcP 221 (2021), 108; *Grothaus/Haas*, „Sammelklagen" als Inkassodienstleistung – Das letzte Kapitel?, ZIP 2020, 1797; *Hartung*, Inkasso, Prozessfinanzierung und das RDG. Was darf ein Legal-Tech-Unternehmen als Inkassodienstleister?, AnwBl Online 2019, 353; *Hartung*, Der Regierungsentwurf zum Legal Tech Inkasso – hält er, was er verspricht? Die Zukunft des Verbraucher- und Unternehmerinkassos und der Zugang zum Recht, AnwBl Online 2021, 152; *Henssler*, Prozessfinanzierende Inkassodienstleister – Befreit von den Schranken des anwaltlichen Berufsrechts?, NJW 2019, 545; *Henssler*, Vom Anwaltsmarkt zum Markt für Rechtsdienstleistungen? Massenklagen und Inkasso – das BGH-Urteil zu „wenigermiete.de" erlaubt nicht alles, AnwBl Online 2020,168; *Kluth*, Interessenkonflikte in Fällen neuer Modelle der Massenrechtsdienstleistung durch Inkassodienstleister, VuR 2018, 403; *von Lewinski/Kerstges*, Nichtigkeit treuhänderischer Abtretungen an Inkassodienstleister bei Verstößen gegen das RDG, MDR 2019, 705; *Makatsch/Kacholdt*, Kartellschadensersatz und Bündelungsmodelle im Lichte von Prozessökonomie, Grundrechten und effektivem Rechtsschutz – Wie geht es weiter nach dem Airdeal-Urteil des BGH?, NZKart 2021, 486; *Morell*, Wirksamkeit der Inkassozession bei RDG-Verstoß, NJW 2019, 2574; *Morell*, „Mietright" und die Abtretungssammelklage, ZWeR 2020, 328; *Prütting*, Das Drama um das Legal-Tech-Inkasso, ZIP 2020, 1434; *Römermann*, Vorsicht neue Rechtsdienstleister! RDG-Verstöße und die Folgen, AnwBl 2009, 22; *Römermann*, Legal Tech: Der BGH macht den Weg frei – aber wohin führt er?, VuR 2020, 43; *Rott*, Rechtsdurchsetzung durch Legal-Tech-Inkasso am Beispiel der Mietpreisbremse – Nutzen oder Gefahr für Verbraucher?, VuR 2018, 443; *Rott*, Mehr Rechtssicherheit für Legal-Tech-Inkasso durch das Mietpreisbremsen-Urteil des BGH, WuM 2020, 185; *Sadighi*, Die Haftung von Nichtanwälten unter der Geltung des Rechtsdienstleistungsgesetzes, Diss., 2014 (zit.: Sadighi Haftung von Nichtanwälten); *Skupin*, Die Entwicklung der Legal-Tech-Rechtsprechung im Jahr 2020, GRUR-Prax 2021, 74; *Stadler*, Verbraucherschutz durch die erneute Reform des Rechtsdienstleistungsgesetzes?, VuR 2021, 123; *Tolksdorf*, Das „Lexfox-Urteil" des BGH und die Bedeutung des § 3 RDG für registrierte Inkassodienstleister, MDR 2021, 1233.

I. Einführung

Das Geschäftsmodell des Legal Tech-Inkasso erfreut sich immer größerer Beliebtheit. Inkassodienstleistungen (→ *Inkassodienstleistungen* Rn. 3) dürfen jedoch nicht beliebig angeboten werden, sondern unterliegen als Rechtsdienstleistung den Vorgaben des RDG. Danach bedürfen Legal Tech-Inkassounternehmen einer **Erlaubnis**, § 3 RDG, welche sie beispielsweise mittels einer Registrierung, § 10 Abs. 1 Nr. 1 RDG, erlangen können (→ *Inkassodienstleistungen* Rn. 3, 5 f.). 1

Nachfolgend wird die Haftung von Legal Tech-Unternehmen bei der Erbringung von Inkassodienstleistungen dargestellt. Dabei gilt es zu differenzieren, ob die Inkassodienstleistung zulässig und damit erlaubt iSd RDG ist oder ob sie ohne Erlaubnis bzw. in Überschreitung der Erlaubnis erbracht wurde. Neben den nachfolgenden inkassospezifischen Darstellungen gelten die allgemeinen Ausführungen zur Haftung des 2

Legal Tech-Unternehmens gegenüber seiner Kundschaft (→ *Haftung des Legal Tech-Unternehmens ggü. Kunden* Rn. 11 ff.).

II. Haftung bei erlaubter Inkassotätigkeit

3 Besitzt das Legal Tech-Unternehmen für die Erbringung der Inkassodienstleistung eine Erlaubnis, wird die geschuldete Leistung jedoch nicht pflichtgemäß erbracht, können **Schadensersatzansprüche** der Kundschaft gegen das Legal Tech-Unternehmen entstehen, §§ 280 Abs. 1, 311 Abs. 1 BGB.[1] Zu den Voraussetzungen für das Entstehen von Schadensersatzansprüchen (→ *Haftung des Legal Tech-Unternehmens ggü. Kunden* Rn. 11).

4 Ob eine Pflichtverletzung vorliegt, richtet sich nach der **konkret geschuldeten Leistung,** die ggf. durch eine Vertragsauslegung, §§ 133, 157 BGB, zu ermitteln ist.[2] Eine Inkassodienstleistung ist eine Rechtsdienstleistung, § 2 Abs. 2 S. 1 RDG. Inkassodienstleister sind in qualitativer Hinsicht daher ebenso wie sonstige Rechtsdienstleister dem **strikten anwaltlichen Pflichtenprogramm** unterworfen (→ *Haftung des Legal Tech-Unternehmens ggü. Kunden* Rn. 19).[3] Der Beratungsumfang ist inhaltlich auf die Beratung in den Bereichen beschränkt, die sich aus dem Register ergeben (→ *Inkassodienstleistungen* Rn. 5) oder die vertraglich vereinbart wurden. Innerhalb dieses Rahmens sind die Interessen der Rechtssuchenden erschöpfend wahrzunehmen. Mit dem Erfordernis der besonderen Sachkunde gem. § 11 RDG (→ *Inkassodienstleistungen* Rn. 5, 17) folgt der strenge Sorgfaltsmaßstab bei der Erbringung von Inkassodienstleistungen und die damit einhergehende notwendige Professionalität bereits aus dem Gesetz.[4]

5 Hinsichtlich des Vertretenmüssens, der Schadensermittlung, Beweisfragen und des Mitverschuldens der Kundschaft ergeben sich gegenüber der Haftung von sonstigen Rechtsdienstleistern keine Besonderheiten. Es wird auf die diesbezüglichen Ausführungen verwiesen (→ *Haftung des Legal Tech-Unternehmens ggü. Kunden* Rn. 21 ff.).

III. Nichtigkeit als Folge unerlaubter Inkassotätigkeit

6 Eine unerlaubte Inkassotätigkeit (zum Erlaubnisvorbehalt → Rn. 1; → *Inkassodienstleistungen* Rn. 3) führt häufig zu einer Nichtigkeit des Inkassovertrags sowie der in diesem Zusammenhang abgetretenen Forderungen. In der Folge ist der Inkassodienstleister nicht befugt, die Forderungen vor Gericht durchzusetzen. Die Klage scheitert dann bereits an der fehlenden **Aktivlegitimation** des Inkassounternehmens.[5] Besonders folgeträchtig ist dies in Fällen, in denen die Unzulässigkeit der Abtretung erst im Gerichtsverfahren selbst festgestellt wird und die durchzusetzende Forderung bereits verjährt ist (→ Rn. 22).

1. Nichtigkeit des Inkassodienstleistungsvertrags

7 Inkassodienstleistungen, die ohne eine Erlaubnis nach § 3 RDG oder in Überschreitung dieser Erlaubnis erbracht werden, sowie Inkassodienstleistungen, die die Gefahr von Interessenkollisionen iSd § 4 RDG bergen, sind gem. § 134 BGB nichtig (→ *Haftung des Legal Tech-Unternehmens ggü. Kunden* Rn. 38 ff.).

---

1 OLG Koblenz Hinweisbeschl. v. 7.5.2020 – 3 U 2182/19, NJW-RR 2020, 1067 (1068 Rn. 11); Römermann AnwBl 2009, 22 (26); Deckenbrock/Henssler/Deckenbrock/Henssler RDG § 5 Rn. 161; Deckenbrock/Henssler/Rillig RDG § 10 Rn. 141; Remmertz Legal Tech-Strategien/Jungk § 5 Rn. 3.
2 Jauernig/Mansel BGB § 133 Rn. 1 ff.; BGH Urt. v. 9.9.2021 – I ZR 113/20, NJW 2021, 3125 (3128 Rn. 38 f.) – Smartlaw; vgl. zur Auslegung BGH Urt. v. 11.3.1999 – VII ZR 179/98, NJW 1999, 2432 (2433); BGH Urt. v. 22.4.1993 – VII ZR 118/92, NJW-RR 1993, 1109 (1110).
3 Römermann AnwBl 2009, 22 (26); Deckenbrock/Henssler/Rillig RDG § 10 Rn. 142; Grüneberg/Grüneberg BGB § 280 Rn. 75; Sadighi Haftung von Nichtanwälten S. 135 f.
4 Sadighi Haftung von Nichtanwälten S. 136 f.
5 v. Lewinski/Kerstges MDR 2019, 705 (712); LG Braunschweig Urt. v. 30.4.2020 – 11 O 3092/19, BeckRS 2020, 7267 Rn. 46; LG München I Urt. v. 7.2.2020 – 37 O 18934/17, BeckRS 2020, 841 Rn. 100 – LKW-Kartell; LG Hannover Urt. v. 4.5.2020 – 18 O 50/16, BeckRS 2020, 12818 Rn. 75; Hartung AnwBl Online 2021, 152 (154); Skupin GRUR-Prax 2021, 74.

Ist ein Rechtsgeschäft nichtig, existiert es zwar, seine bestimmungsgemäßen Rechtswirkungen treten aber von Anfang an nicht ein. Es ist von Anfang an **unwirksam**.[6] Eine Ausnahme von der Nichtigkeitsfolge gilt bei geringfügigen Verstößen (→ Rn. 11).

2. Nichtigkeit des Gesellschaftsvertrags

Ist der **Zweck des Inkassounternehmens** darauf gerichtet, Rechtsdienstleistungen zu erbringen, die gegen § 3 RDG verstoßen, kann in Ausnahmefällen auch der Gesellschaftsvertrag gem. § 134 BGB nichtig sein.[7] Dies wurde vom LG Stuttgart[8] bei einem nicht registrierten Inkassounternehmen angenommen, dessen Gesellschaftszweck darauf ausgerichtet war, abgetretene Forderungen der Gesellschafter geltend zu machen, ohne dass das volle wirtschaftliche Risiko auf die Gesellschaft übergeht.[9] Die Grundsätze der Lehre von der fehlerhaften Gesellschaft waren nicht anwendbar, da die Nichtigkeit des Gesellschaftsvertrags auf der Vorschrift des § 134 BGB beruhte.[10] Der Gesellschaft fehlte folglich schon die Parteifähigkeit nach § 50 ZPO, was die Unzulässigkeit der Klage zur Folge hatte.[11]

8

3. Nichtigkeit der Inkassozession

Die Inkassozession ist grundsätzlich ein neutrales Geschäft (eine Abtretung),[12] das von dem ihr zugrunde liegenden schuldrechtlichen Inkassovertrag zu trennen ist.[13] Die Nichtigkeitsfolge des § 134 BGB erfasst jedoch auch Verfügungsverträge wie die Abtretung, wenn diese eine unerlaubte Rechtsdienstleistung ermöglichen sollen.[14]

9

a) Nichtigkeit wegen fehlender Erlaubnis, § 3 RDG

Eine Abtretung an einen **unregistrierten Inkassodienstleister** (zum Registrierungserfordernis → Rn. 1; → *Inkassodienstleistungen* Rn. 5) ermöglicht nach einhelliger Auffassung eine unerlaubte Rechtsdienstleistung, da hier überhaupt keine Erlaubnis zur Erbringung der Rechtsdienstleistung existiert. In diesen Fällen ist die Abtretung stets von der Nichtigkeitsfolge erfasst.[15]

10

Nach Auffassung des BGH – Lexfox – zielt eine Abtretung auch dann auf eine unerlaubte Rechtsdienstleistung, wenn das Inkassounternehmen registriert ist, die eingeräumten **Befugnisse** aber **überschreitet**.[16] Die Abgrenzung, wann die Erlaubnis überschritten ist, fällt aufgrund der vielfältigen Ausgestaltungsmöglich-

11

---

6   Jauernig/Mansel BGB Vorb. §§ 104–185 Rn. 18.
7   BGH Beschl. v. 11.6.2013 – II ZR 245/11, BeckRS 2013, 12808; zum Rechtsberatungsgesetz: BGH Beschl. v. 19.7.2011 – II ZR 86/10, BeckRS 2011, 26973; MüKoBGB/Armbrüster BGB § 134 Rn. 101; Deckenbrock/Henssler/ Henssler RDG Einl. Rn. 82a; Deckenbrock/Henssler/Seichter RDG § 3 Rn. 33c.
8   LG Stuttgart Beschl. v. 18.2.2019 – 45 O 12/17, BeckRS 2019, 1849; Grothaus/Haas ZIP 2020, 1797 (1798).
9   LG Stuttgart Beschl. v. 18.2.2019 – 45 O 12/17, BeckRS 2019, 1849 Rn. 18 f.; Grothaus/Haas ZIP 2020, 1797 (1798); Deckenbrock/Henssler/Seichter RDG § 3 Rn. 33c.
10 Zum Rechtsberatungsgesetz: BGH Beschl. v. 19.7.2011 – II ZR 86/10, BeckRS 2011, 26973 Rn. 8; BGH Urt. v. 16.12.2002 – II ZR 109/01, NJW 2003, 1252 (1254); Deckenbrock/Henssler/Seichter RDG § 3 Rn. 33c.
11 LG Stuttgart Beschl. v. 18.2.2019 – 45 O 12/17, BeckRS 2019, 1849 Rn. 25; Deckenbrock/Henssler/Henssler RDG Einl. Rn. 82a.
12 BGH Urt. v. 5.3.2013 – VI ZR 245/11, NJW 2013, 1870 Rn. 11; Deckenbrock/Henssler/Henssler RDG Einl. Rn. 81.
13 Morell NJW 2019, 2574 (2575 f.); BeckOK BGB/Wendtland BGB § 134 Rn. 22; MüKoBGB/Armbrüster BGB § 134 Rn. 16.
14 BGH Urt. v. 11.12.2013 – IV ZR 46/13, NJW 2014, 847 (849 Rn. 31); BGH Urt. v. 30.10.2012 – XI ZR 324/11, NJW 2013, 59 (62 Rn. 34 ff.); BGH Urt. v. 5.3.2013 – VI ZR 245/11, NJW 2013, 1870 (1870 Rn. 11); Deckenbrock/ Henssler RDG Einl. Rn. 81.
15 BGH Urt. v. 27.11.2019 – VIII ZR 285/18, NJW 2020, 208 (213 Rn. 42 ff.) – Lexfox; BGH Urt. v. 21.10.2014 – VI ZR 507/13, NJW 2015, 397; BGH Urt. v. 11.1.2017 – IV ZR 340/13, NJW-RR 2017, 410 (412 Rn. 34); Henssler AnwBl Online 2020, 168 (174); Deckenbrock DB 2020, 321 (322); Morell NJW 2019, 2574 (2576); v. Lewinski/Kerstges MDR 2019, 705 (706).
16 BGH Urt. v. 27.11.2019 – VIII ZR 285/18, NJW 2020, 208 (213 Rn. 42 ff.) – Lexfox; Henssler AnwBl Online 2020, 168 (174); Deckenbrock/Henssler/Henssler RDG Einl. Rn. 81a; Tolksdorf MDR 2021, 1233 (1234 Rn. 6); Deckenbrock DB 2020, 321 (322); aA Hartung AnwBl Online 2019, 353 (358 ff.); Morell NJW 2019, 2574 (2576 ff.).

keiten der Geschäftsmodelle im Einzelfall schwer (zu Grenzfällen → *Inkassodienstleistungen* Rn. 8 ff.). Nicht jede **geringfügige Überschreitung** der Inkassoerlaubnis hat stets auch die Nichtigkeit der ihr zugrunde liegenden Rechtsgeschäfte, also der Inkassozession, nach § 134 BGB zur Folge. Nach dem BGH kann die Überschreitung der Inkassodienstleistungsbefugnis so gering sein, dass nicht einmal ein Verstoß gegen § 3 RDG vorliegt. Außerdem sind Sachverhalte denkbar, in denen Verhältnismäßigkeitsgründe der Annahme der Nichtigkeit der Rechtsgeschäfte trotz Verstoßes gegen § 3 RDG entgegenstehen.[17] Die Annahme von Nichtigkeit setzt nach dem BGH ferner voraus, dass eine **eindeutige Überschreitung** bei einer umfassenden Würdigung der Gesamtumstände aus der objektiven Sicht der beauftragenden Person vorliegt.[18] Der Kundschaft soll nicht das Risiko aufgebürdet werden, die schwierige Rechtslage einzuschätzen.[19] Wann eine solche Eindeutigkeit angenommen werden kann, wirft neue Fragen auf.[20] Im Einklang mit der bisherigen BGH-Rechtsprechung wird man eine **verbraucherfreundliche Auslegung** dieses Kriteriums vornehmen müssen, die unterstellt, dass Verbraucherinnen und Verbraucher juristisch nicht vorgebildet sind.[21] Von ihnen kann nicht erwartet werden, dass sie die in weiten Teilen unsichere Rechtslage bezüglich der Zulässigkeit von Legal Tech-Geschäftsmodellen kennen.[22] Dies zugrunde gelegt, bleibt die Frage offen, in welchen Konstellationen die Überschreitung der Inkassoerlaubnis für Verbraucherinnen und Verbraucher eindeutig sein kann und damit die Frage, wann die Nichtigkeitsfolge überhaupt greifen würde.[23] Gegenüber Unternehmen und jedenfalls gegenüber der Rechtsanwaltschaft werden an die Eindeutigkeit strengere Maßstäbe als gegenüber Verbraucherinnen und Verbraucher anzulegen sein.

b) Nichtigkeit wegen Interessenkollision, § 4 RDG

12 Ob eine Nichtigkeit des Inkassodienstleistungsvertrags nach §§ 3, 4 RDG die Nichtigkeit der zugrunde liegenden Forderungsabtretung erfasst, ist, ebenso wie die Frage, ob § 4 RDG ein Verbotsgesetz iSd § 134 BGB ist, noch **nicht höchstrichterlich entschieden**[24] (hierzu → *Haftung des Legal Tech-Unternehmens ggü. Kunden* Rn. 41). Einige Autorinnen und Autoren plädieren gegen eine „Infizierung" der Abtretung mit der Nichtigkeit, um die auf die Gültigkeit des Vertrags vertrauenden Rechtssuchenden zu schützen.[25] Diese können in Fällen, in welchen die Unzulässigkeit der Abtretung erst im Gerichtsverfahren selbst festgestellt wird, mangels Verjährungshemmung ihre Forderung verlieren (→ Rn. 17). Schadensersatzansprüche gegen das Inkassounternehmen sind in diesem Fall gegeben, aber häufig wenig aussichtsreich (→ Rn. 22). Die in der Literatur überwiegend vertretene Auffassung[26] und die bisherige Rechtsprechung[27] nehmen bei Verstößen gegen § 4 RDG jedenfalls iVm § 3 RDG einen Verstoß gegen ein Verbotsgesetz an. Es ist daher folgerichtig, Abtretungen, die eine verbotene Inkassodienstleistung ermöglichen sollen, ebenso der Nichtig-

---

17 BGH Urt. v. 27.11.2019 – VIII ZR 285/18, NJW 2020, 208 (218 Rn. 90) – Lexfox.
18 BGH Urt. v. 27.11.2019 – VIII ZR 285/18, NJW 2020, 208 (218 Rn. 91) – Lexfox.
19 Deckenbrock/Henssler/Henssler RDG Einl. Rn. 81b.
20 Deckenbrock DB 2020, 321 (322 f.); Freitag/Lang ZIP 2020, 1201 (1205).
21 BGH Urt. v. 17.1.1989 – XI ZR 54/88, NJW 1989, 582; Rott WuM 2020, 185 (190), mwN.
22 Rott WuM 2020, 185 (190); Römermann VuR 2020, 43 (47).
23 Rott WuM 2020, 185 (190).
24 BGH Urt. v. 13.7.2021 – II ZR 84/20, NJW 2021, 3046 (3052 Rn. 45) – Airdeal; Makatsch/Kacholdt NZKart 2021, 486 (490).
25 Für die Wirksamkeit der Abtretung plädieren Hartung AnwBl Online 2021, 152 (159); Makatsch/Kacholdt NZKart 2021, 486 (489 f.); Stadler VuR 2021, 123 (126 f.).
26 Rott VuR 2018, 443 (445); Kluth VuR 2018, 403 (411); Prütting ZIP 2020, 1434 (1441); MüKoBGB/Armbrüster BGB § 134 Rn. 159; Deckenbrock/Henssler/Deckenbrock RDG § 4 Rn. 32; Henssler NJW 2019, 545 (550); v. Lewinski/Kerstges MDR 2019, 705 (711); die Nichtigkeit des schuldrechtlichen Verpflichtungsgeschäfts scheinen auch Makatsch/Kacholdt NZKart 2021, 486 (489 f.), Stadler VuR 2021, 123 (126 f.), und Hartung AnwBl Online 2021, 152 (159), hinzunehmen, wenn sie jedenfalls für die Wirksamkeit der Abtretung plädieren.
27 BGH Urt. v. 27.11.2019 – VIII ZR 285/18, NJW 2020, 208 (214 Rn. 53) – Lexfox; LG Ingolstadt Urt. v. 7.8.2020 – 41 O 1745/18, BeckRS 2020, 18773; LG München I Urt. v. 7.2.2020 – 37 O 18934/17, BeckRS 2020, 841 Rn. 101 – LKW-Kartell; LG Braunschweig Urt. v. 30.4.2020 – 11 O 3092/19, BeckRS 2020, 7267 Rn. 32.

keitsfolge zu unterwerfen.[28] Zu Grenzfällen im Zusammenhang mit § 4 RDG (→ *Inkassodienstleistungen* Rn. 21 ff.).

c) Nichtigkeit wegen Sittenwidrigkeit, § 138 BGB

Auch missbräuchliche und damit sittenwidrige Abtretungen haben die Nichtigkeit der Zession zur Folge[29] (→ *Inkassodienstleistungen* Rn. 34).

13

IV. Haftung bei unerlaubter Inkassotätigkeit

Verstößt die angebotene Inkassodienstleistung gegen §§ 3, 4 RDG oder § 138 BGB, führt dies, wenn es sich nicht um eine geringfügige Überschreitung handelt (→ Rn. 11), zur Nichtigkeit von Inkassodienstleistungsvertrag und Abtretung (→ Rn. 6 ff.).

14

1. Schicksal von Leistung und Gegenleistung

Zur Auswirkung der Nichtigkeit auf den Vergütungsanspruch und die Wertersatzansprüche des Inkassounternehmens (→ *Haftung des Legal Tech-Unternehmens ggü. Kunden* Rn. 42 ff.).

15

2. Auswirkungen auf die vermeintlich abgetretene Forderung und sonstige Handlungen

Die Nichtigkeit der Abtretungserklärung kann für die Kundschaft weitreichende Folgen haben. Diese reichen vom Forderungsverlust bis hin zum Verlust von Gestaltungsrechten.

16

a) Keine Verjährungshemmung

Wird die Unwirksamkeit der Forderungsabtretung erst nach Eintritt der Verjährung festgestellt, ist die Forderung verjährt. Denn die Verjährung wird nur bei Rechtsverfolgung durch den Aktivlegitimierten gem. § 204 BGB gehemmt.[30] Ist die Abtretung nichtig, war das Inkassounternehmen nicht zur Rechtsverfolgung befugt, so dass keine Verjährungshemmung eintreten konnte. Rechtsuchende können die Forderung dann weder selbst noch mittels einer Rechtsanwältin oder eines Rechtsanwalts durchsetzen.[31]

17

b) Ausgeübte Gestaltungsrechte wirkungslos

Gestaltungsrechte, die durch das Inkassounternehmen ausgeübt wurden, bspw. die Erklärung eines Rücktritts oder Widerrufs, sind unwirksam. Sie können von Kundinnen und Kunden nur nachgeholt werden, wenn mögliche Fristen noch nicht abgelaufen sind. **Ansprüche**, die erst durch die Ausübung von Gestaltungsrechten *ex nunc* entstehen, sind aufgrund der Unwirksamkeit der Erklärung nicht entstanden.[32] Die gravierenden Folgen lassen sich exemplarisch am Fall der Mietpreisrüge aufzeigen. Nach § 556g Abs. 2 BGB können Mieterinnen und Mieter unter bestimmten Voraussetzungen eine zu hohe Miete erst nach einer Rüge zurückfordern. Ist diese Rüge unwirksam, kann das bedeuten, dass Rückforderungsansprüche mehrerer zurückliegender Jahre unwiederbringlich nicht entstanden sind.[33]

18

---

28 Ebenso: Rott VuR 2018, 443 (445); Kluth VuR 2018, 403 (411); Prütting ZIP 2020, 1434 (1441); v. Lewinski/Kerstges MDR 2019, 705 (711); Deckenbrock/Henssler/Deckenbrock RDG § 4 Rn. 32; Henssler NJW 2019, 545 (550).
29 OLG Düsseldorf Urt. v. 18. 2. 2015 – VI-U (Kart) 3/14, BeckRS 2015, 5317; LG Stuttgart Beschl. v. 18.2.2019 – 45 O 12/17, BeckRS 2019, 1849 Rn. 29 ff.; ebenso LG Braunschweig Urt. v. 30.4.2020 – 11 O 3092/19, BeckRS 2020, 7267 Rn. 47; Morell ZWeR 2020, 328 (337 f.); Fries AcP 221 (2021), 108 (120).
30 BGH Urt. v. 23.3.1999 – VI ZR 101/98, NJW 1999, 2110 (2111); BGH Urt. v. 3.7.1980 – IV a ZR 38/80, NJW 1980, 2461 (2462); Freitag/Lang ZIP 2020, 1201 (1207); Morell NJW 2019, 2574 (2577); Rott VuR 2018, 443 (445).
31 Hartung AnwBl Online 2021, 152 (159); Remmertz BRAK-Mitt. 2020, 288 (291); Stadler VuR 2021, 123 (127); Rott WuM 2020, 185 (189).
32 Freitag/Lang ZIP 2020, 1201 (1206 f.); Rott VuR 2018, 443 (445 f.).
33 Morell NJW 2019, 2574 (2577).

c) Erlöschen der Forderung bei Leistung

19 Begleicht die Schuldnerin oder der Schuldner die Forderung im Vertrauen auf eine **Zessionsanzeige** bzw. eine vorgelegte Abtretungserklärung an das nichtberechtigte Inkassounternehmen, erlischt die Forderung trotz Nichtigkeit der Abtretung, §§ 362, 409 BGB.[34] In diesem Fall steht Kundinnen und Kunden ein Ausgleichsanspruch gegen den Inkassodienstleister aus § 681 S. 2 iVm § 667 Alt. 2[35] bzw. § 816 Abs. 2 BGB zu.[36]

3. Schadensersatzansprüche von Kundinnen und Kunden

20 Die Ausführungen zu Schadensersatzansprüchen bei der Nichtigkeit von Verträgen aufgrund von Verstößen gegen das Rechtsdienstleistungsgesetz gelten entsprechend (→ *Haftung des Legal Tech-Unternehmens ggü. Kunden* Rn. 46 ff.). Nachfolgend wird auf Besonderheiten bei der unerlaubten Inkassotätigkeit eingegangen. Hervorgehoben wird die Frage des Vertretenmüssens, der Schadensermittlung bei Forderungsverjährung sowie Überlegungen zur Annahme eines Mitverschuldens.

a) Vertretenmüssen

21 Zum Vertretenmüssen (→ *Haftung des Legal Tech-Unternehmens ggü. Kunden* Rn. 21, 51). Inkassodienstleistern kann eine Exkulpation gelingen, wenn sie glaubhaft belegen können, dass sie die Pflichtwidrigkeit ihres Tuns nicht erkennen konnten, weil die Reichweite ihrer Befugnis aufgrund der aktuellen **Rechtsunsicherheit** unklar ist.[37] Hier wird sich die seit Inkrafttreten des Legal Tech-Gesetzes eingeführte Zulässigkeitsprüfung der Aufsichtsbehörde im Registrierungsprozess (→ *Inkassodienstleistungen* Rn. 5) zugunsten von Legal Tech-Inkassounternehmen auswirken. Werden Inkassodienstleister entsprechend ihren Angaben im Registrierungsprozess tätig, dürfen sie auf die Rechtmäßigkeit ihres Tuns vertrauen. Wird diese Tätigkeit trotz Prüfung der Aufsichtsbehörde und Eintragung in das Register von Gerichten später als unzulässig deklariert, dürften sich Inkassounternehmen hinsichtlich drohender Schadensersatzforderungen exkulpieren können.

b) Schadensermittlung bei Forderungsverjährung

22 Zum Ersatz des **negativen Interesses** bei durch Nichtigkeit verursachten Schäden → *Haftung des Legal Tech-Unternehmens ggü. Kunden* Rn. 52. Die Kundschaft wird so gestellt, als wäre sie nie mit dem Rechtsdienstleister in Berührung gekommen.[38] Ist die vermeintlich abgetretene Forderung zum Zeitpunkt der gerichtlichen Feststellung der Nichtigkeit der Abtretung bereits verjährt (→ Rn. 17), erhalten Kundinnen und Kunden den Ersatz des vollen Nennwertes der verjährten Forderung nur, wenn sie beweisen, dass sie die Forderung ohne Inanspruchnahme des Inkassodienstleisters erfolgreich durchgesetzt hätten:[39] Denn die (unverjährte) Forderung befand sich bereits im Vermögen der Kundin oder des Kunden, bevor diese oder dieser auf den Inkassodienstleister traf. Das negative Interesse der Kundinnen und Kunden erfasst lediglich den Eintritt der Verjährung. Die erfolgreiche Eintreibung der vermeintlich abgetretenen Forderung durch das Legal Tech-Unternehmen kann hingegen nicht geltend gemacht werden, da diese das positive Interesse beschreibt. Es ist nicht ersatzfähig.[40] Zum **Beweis** der erfolgreichen Forderungsdurchsetzung auch ohne das Legal Tech-Unternehmen müssten Kundinnen und Kunden demnach zunächst das Bestehen

---

34 Freitag/Lang ZIP 2020, 1201 (1207); v. Lewinski/Kerstges MDR 2019, 705 (710); Deckenbrock/Henssler/Seichter RDG § 3 Rn. 47c.
35 Zur Anwendung der §§ 677 ff. BGB auf die Rückabwicklung nichtiger Tätigkeitsverträge: MüKoBGB/Schäfer BGB § 677 Rn. 100 ff.
36 Freitag/Lang ZIP 2020, 1201 (1207).
37 Vgl. hierzu Morell NJW 2019, 2574 (2578); Morell ZWeR 2020, 328 (347); Hartung AnwBl Online 2021, 152 (159); Stadler VuR 2021, 123 (128), geht ohne nähere Begründung von einem fehlenden Verschulden des (Inkasso-)Dienstleisters aus; aA Freitag/Lang ZIP 2020, 1201 (1207); Rott VuR 2018, 443 (446); Rott WuM 2020, 185 (189), die ein Verschulden ohne nähere Begründung annehmen.
38 Morell NJW 2019, 2574 (2578); Stadler VuR 2021, 123 (128).
39 Stadler VuR 2021, 123 (128); Morell NJW 2019, 2574 (2578); v. Lewinski/Kerstges MDR 2019, 705 (712).
40 Morell NJW 2019, 2574 (2578).

der Forderung nachweisen, was, wenn diese begründet war, gelingen dürfte. Schwieriger gestaltet sich der Beweis, dass die Kundin oder der Kunde die Forderung auch ohne Hilfe des Inkassodienstleisters realisiert hätte. Gerade bei Bagatellforderungen ist es naheliegend, dass die Kundin oder der Kunde ohne den leicht zugänglichen, häufig kostengünstigen Weg des Legal Tech-Inkassos davon abgesehen hätte, die Forderung mithilfe einer klassischen Rechtsanwältin oder eines klassischen Rechtsanwalts durchzusetzen. Eine Kosten-/Nutzenabwägung spricht bei niedrigen Forderungen in der Regel gegen ein solches Vorgehen. Kann die Kundin oder der Kunde keine Tatsachen vortragen, die belegen, dass er oder sie auch eine anwaltliche Durchsetzung angestrebt hätten, wird häufig davon auszugehen sein, dass die Kundin oder der Kunde ohne die Beauftragung des Inkassounternehmens von der Geltendmachung abgesehen hätte.[41] Der Beweis der anderweitigen Anspruchsverfolgung wird ihr oder ihm in der Praxis kaum gelingen.[42]

c) Mitverschulden

Zum Mitverschulden (→ *Haftung des Legal Tech-Unternehmens ggü. Kunden* Rn. 30, 54). Bei Inkassotätigkeiten gilt die Besonderheit, dass registrierte Inkassounternehmen gem. § 10 RDG in einem Register eingetragen sind, das von der Kundschaft eingesehen werden kann. Die abstrakte Möglichkeit der Einsichtnahme kann für sich genommen aber nicht ausreichen, den Rechtssuchenden die Obliegenheit zur Einsichtnahme aufzuerlegen.[43] Etwas anderes könnte nur bei berechtigten Zweifeln hinsichtlich der Eintragung gelten.

4. Bußgelder

Die Erbringung einer Inkassodienstleistung ohne Registrierung nach § 10 Abs. 1 RDG sowie der Verstoß gegen Informations- und Mitteilungspflichten der §§ 13, 13a RDG sind gem. § 20 RDG bußgeldbewährt. Das Bußgeld kann nach § 17 Abs. 1 OWiG iVm § 20 Abs. 2 RDG **bis zu 50.000 EUR** betragen, wobei die Höhe der Geldbuße gem. § 17 Abs. 3 nach der Bedeutung der Ordnungswidrigkeit und der Schwere des Tatvorwurfs zu bemessen ist. Nach § 17 Abs. 4 OWiG sollen die Geldbußen den wirtschaftlichen Vorteil, den die gegen das RDG agierende Person aus der Ordnungswidrigkeit gezogen hat, übersteigen. Dabei kann ausnahmsweise der Bußgeldrahmen von 50.000 EUR überschritten werden.

V. Weitere Haftungsfragen

Hinsichtlich der deliktischen Haftung, der Produkthaftung sowie der datenschutzrechtlichen Haftung gelten die allgemeinen Ausführungen zur Haftung des Legal Tech-Unternehmens gegenüber Kundinnen und Kunden entsprechend (→ *Haftung des Legal Tech-Unternehmens ggü. Kunden* Rn. 56 ff., 60).

VI. Haftungsvorsorge

Zu vertraglichen Haftungsbeschränkungen (→ *Haftung des Legal Tech-Unternehmens ggü. Kunden* Rn. 61 f.).

Inkassounternehmen müssen für die Registrierung nach § 10 RDG den Nachweis einer **Berufshaftpflichtversicherung** mit einer Deckungssumme von mindestens 250.000 EUR pro Versicherungsfall erbringen, § 12 Abs. 1 Nr. 3 RDG. Die Jahresdeckungssumme der Versicherung kann gem. § 5 Abs. 4 RDV auf 1.000.000 EUR begrenzt werden. Die Versicherung muss gem. § 5 Abs. 1 S. 2 RDV Deckung für die sich aus der beruflichen Tätigkeit der registrierten Person ergebenden Haftpflichtgefahren für Vermögensschäden und gem. § 5 Abs. 2 RDV Versicherungsschutz für jede einzelne Pflichtverletzung gewähren, die gesetzliche Haftpflichtansprüche privatrechtlichen Inhalts gegen die registrierte Person zur Folge haben könnte. Erfasst sind neben vertraglichen Ansprüchen also auch die hier dargestellten vorvertraglichen und

---

41 Morell NJW 2019, 2574 (2578).
42 Stadler VuR 2021, 123 (128).
43 Sadighi Haftung von Nichtanwälten S. 353.

deliktischen Ansprüche.[44] Denn die Anbahnung, Verhandlung und der Abschluss des Inkassodienstleistungsvertrags gehören zur beruflichen Tätigkeit des Inkassodienstleisters. Auch Schadensersatzansprüche bei Nichtigkeit sind somit vom gesetzlich zwingenden Rahmen des Versicherungsschutzes erfasst.[45]

28 Gerade in Sammelklageverfahren drohen bei Pflichtverletzungen des Inkassounternehmens Ansprüche einer Vielzahl von Kundinnen und Kunden. Der der Kundschaft im Insolvenzfall zustehende Direktanspruch gegen den Versicherer gem. § 115 Abs. 1 S. 1 Nr. 2 VVG kann bei massenhaften Pflichtverletzungen aufgrund der Jahresdeckungsgrenze zur Entwertung der Regressansprüche führen.[46] Das Inkassounternehmen sollte daher für eine ausreichende Deckung der Versicherung sorgen, um eine drohende **Insolvenz** in diesem Fall abzuwenden (zu Versicherungsmöglichkeiten → *Haftung des Legal Tech-Unternehmens ggü. Kunden* Rn. 63). Die Regressmöglichkeiten gegen einen unregistrierten Inkassodienstleister, der keine Berufshaftpflichtversicherung abgeschlossen hat, sind bei Massenschäden wenig aussichtsreich.[47]

---

44 BGH Urt. v. 27.11.2019 – VIII ZR 285/18, NJW 2020, 208 (219 Rn. 94) – Lexfox; v. Lewinski/Kerstges MDR 2019, 705 (710).
45 BGH Urt. v. 27.11.2019 – VIII ZR 285/18, NJW 2020, 208 (219 Rn. 95) – Lexfox; v. Lewinski/Kerstges MDR 2019, 705 (710); aA LG Berlin Urt. v. 13.8.2018 – 66 S 18/18, BeckRS 2018, 18018 Rn. 38.
46 Skupin GRUR-Prax 2021, 74 (75 f.); Freitag/Lang ZIP 2020, 1201 (1207); aA v. Lewinski/Kerstges MDR 2019, 705 (710).
47 v. Lewinski/Kerstges MDR 2019, 705 (710).

37. Haftung des Legal Tech-Unternehmens ggü. Kunden

Breunig

I. Einführung	1	2. Verbraucherschutz bei der Bereitstellung digitaler Produkte	35
II. Abgrenzung der Haftungsszenarien	2	VI. Haftung bei unerlaubter Rechtsdienstleistung	38
1. Legal Tech-Anwendungen im B2B-Bereich	3	1. Nichtigkeit des Rechtsdienstleistungsvertrags	39
2. Akquise-Tools und Tools zur Rechtsdurchsetzung – B2B und B2C	5	a) Nichtigkeit wegen fehlender Erlaubnis, § 3 RDG	39
III. Erlaubnisvorbehalt für Rechtsdienstleistungen	8	b) Nichtigkeit wegen Interessenkollision, § 4 RDG	41
IV. Haftung bei erlaubter (Rechts-)Dienstleistung im B2B-Bereich	11	2. Haftung bei Nichtigkeit des Rechtsdienstleistungsvertrags	42
1. Identifikation von Anspruchsgrundlage und Pflichtverletzung	12	a) Rückforderungsanspruch der Kundschaft	43
a) Vorvertragliche Pflichtverletzung	12	b) Wertersatzansprüche des Legal Tech-Unternehmens	44
b) Vertragliche Pflichtverletzung	14	c) Schadensersatzansprüche von Kundinnen und Kunden	46
aa) Pflichtenprogramm – keine Rechtsdienstleistung geschuldet	15	aa) Vorvertragliche Pflichtverletzung	47
bb) Pflichtenprogramm – Rechtsdienstleistung geschuldet	19	bb) Vertretenmüssen	51
2. Vertretenmüssen	21	cc) Durch Nichtigkeit verursachte Schäden	52
3. Schadensermittlung und Beweislast	23	dd) Schäden bei mangelhafter Beratung	53
a) Schadensermittlung bei vorvertraglicher Pflichtverletzung	24	ee) Mitverschulden	54
b) Schadensermittlung bei vertraglicher Pflichtverletzung	27	3. Wettbewerbsrechtliche Haftung	55
4. Mitverschulden	30	VII. Deliktische Haftung und Produkthaftung	56
V. Besonderheiten bei erlaubter (Rechts-)Dienstleistung im B2C-Bereich	33	VIII. Datenschutzrechtliche Haftung	60
1. Verbraucherschützende Vorgaben im Inkassobereich	34	IX. Haftungsvorsorge	61
		1. Vertragliche Haftungsbeschränkungen	61
		2. Versicherungsschutz	63

Literatur: *Blum,* Rechtsauskünfte von Bekannten und Fremden in sozialen Netzwerken. Was das RDG zulässt, was verboten werden könnte, was nicht verboten wird und wie die Haftung aussieht, AnwBl Online 2018, 901; *Burgi,* Kollektiver Rechtsschutz als Geschäftsmodell: Neuartige Rechtsdienstleistungen, DVBl 2020, 471; *Deckenbrock,* Tätigkeitsverbote des Anwalts: Rechtsfolgen bei einem Verstoß. Straf-, berufs-, prozess- und zivilrechtliche Fragen bei Interessenkollision und Inkompatibilität, AnwBl 2010, 221; *Freitag/Lang,* Offene Fragen von Legal and Illegal Tech nach der „wenigermiete.de-Entscheidung" des BGH, ZIP 2020, 1201; *Grothaus/Haas,* „Sammelklagen" als Inkassodienstleistung – Das letzte Kapitel?, ZIP 2020, 1797; *Hartung,* Der Regierungsentwurf zum Legal Tech Inkasso – hält er, was er verspricht? Die Zukunft des Verbraucher- und Unternehmerinkassos und der Zugang zum Recht, AnwBl Online 2021, 152; *Henssler,* Prozessfinanzierende Inkassodienstleister – Befreit von den Schranken des anwaltlichen Berufsrechts?, NJW 2019, 545; *Horn,* Studentische Rechtsberatung in Deutschland, JA 2013, 644; *Kilian,* Die Zukunft der Juristen. Weniger, anders, weiblicher, spezialisierter, alternativer – und entbehrlicher?, NJW 2017, 3043; *Kluth,* Interessenkonflikte in Fällen neuer Modelle der Massenrechtsdienstleistung durch Inkassodienstleister, VuR 2018, 403; *Korch,* Schadensersatz für Datenschutzverstöße. Verfassungsrechtliche Notbremse einer Fehlentwicklung, NJW 2021, 978; *von Lewinski/Kerstges,* Nichtigkeit treuhänderischer Abtretungen an Inkassodienstleister bei Verstößen gegen das RDG, MDR 2019, 705; *Makatsch/Kacholdt,* Kartellschadensersatz und Bündelungsmodelle im Lichte von Prozessökonomie, Grundrechten und effektivem Rechtsschutz – Wie geht es weiter nach dem Airdeal-Urteil des BGH?, NZKart 2021, 486; *Morell,* Wirksamkeit der Inkassozession bei RDG-Verstoß, NJW 2019, 2574; *Morell,* „Mietright" und die Abtretungssammelklage, ZWeR 2020, 328; *Paal/Aliprandi,* Immaterieller Schadensersatz bei Datenschutzverstößen, ZD 2021, 241; *Pech,* Verträge über digitale Inhalte und digitale Dienstleistungen – Ein Überblick zu den Neuregelungen im BGB (Teil I), GRUR-Prax 2021, 509; *Pech,* Verträge über digitale Inhalte und digitale Dienstleistungen – Ein Überblick zu den Neuregelungen im BGB (Teil II), GRUR-Prax 2021, 547; *Prütting,* Das Drama um das Legal-Tech-Inkasso, ZIP 2020, 1434; *Remmertz,* Aktuelle Entwicklungen im RDG. Nach der Reform ist vor der Reform, BRAK-Mitt. 2021, 288; *Ring,* Vertragsrechtliche Regelungen über Aspekte der Bereitstellung digitaler Inhalte und digitaler Dienstleistungen im BGB, ZAP 2021, 1005; *Römermann,* Vorsicht neue Rechtsdienstleister! RDG-Verstöße und die Folgen, AnwBl 2009, 22; *Rott,* Rechtsdurchsetzung durch Legal Tech-Inkasso am Beispiel der Mietpreisbremse – Nutzen oder Gefahr für Verbraucher?, VuR 2018, 443; *Rott,* Mehr Rechtssicherheit für Legal-Tech-Inkasso durch das Mietpreisbremsen-Urteil des BGH, WuM

2020, 185; *Sadighi*, Die Haftung von Nichtanwälten unter der Geltung des Rechtsdienstleistungsgesetzes, Diss., 2014 (zit.: Sadighi Haftung von Nichtanwälten); *Spindler*, Umsetzung der Richtlinie über digitale Inhalte in das BGB, MMR 2021, 451; *Stadler*, Verbraucherschutz durch die erneute Reform des Rechtsdienstleistungsgesetzes?, VuR 2021, 123; *Tolksdorf*, Das „Lexfox-Urteil" des BGH und die Bedeutung des § 3 RDG für registrierte Inkassodienstleister, MDR 2021, 1233; *Wreesmann/Schmidt-Kessel*, Unentgeltliche Rechtsberatung durch Laien nach dem RDG, NJOZ 2008, 4061; *Wybitul*, Immaterieller Schadensersatz wegen Datenschutzverstößen – Erste Rechtsprechung der Instanzgerichte, NJW 2019, 3265; *Zimmermann*, Legal Tech – Vielfalt der Anwendungen und richtige Haftungsvorsorge. Innovationen bergen neue Risiken – kohärenter Versicherungsschutz ist wichtig, AnwBl Online 2019, 815.

I. Einführung

1 Legal Tech-Unternehmen können in vielerlei Erscheinungsformen auftreten. Mit der Vielfalt der möglichen Ausgestaltungen variieren auch die Anknüpfungspunkte für Haftungsfragen von Legal Tech-Unternehmen. Eine zuverlässige Bewertung der Haftungsrisiken ist pauschal nicht möglich. Um eine sichere Einschätzung zu ermöglichen, müssen vielmehr stets die **Umstände des Einzelfalls** hinsichtlich jeden einzelnen Modells untersucht werden.[1] Als Anwender von Legal Tech-Tools profitieren Verbraucherinnen und Verbraucher, Rechtsanwältinnen und Rechtsanwälte[2] sowie die Rechtsabteilungen von Unternehmen[3] (zu Geschäftsmodellen im B2B-Bereich → *B2C und B2B (Geschäftsmodelle)* Rn. 75 ff., zu Geschäftsmodellen im B2C-Bereich → *B2C und B2B (Geschäftsmodelle)* Rn. 27 ff.). Im B2B-Bereich existieren vorwiegend Anwendungen, die die Erfassung und Lösung juristischer Sachverhalte für Unternehmen vereinfachen[4] oder der Rechtsanwaltschaft eine Arbeitserleichterung verschaffen[5] sollen.[6] Im B2C-Bereich unterstützen Legal Tech-Tools Verbraucherinnen und Verbraucher häufig bei der Durchsetzung von Rechten.[7] Der nachfolgende Beitrag stellt die Haftung des Legal Tech-Unternehmens gegenüber seiner Kundschaft, also gegenüber Rechtsanwältinnen und Rechtsanwälten, Unternehmen sowie Verbraucherinnen und Verbrauchern dar. Neben der **vertraglichen Haftung** bei Pflichtverstößen führen Verstöße gegen das RDG zu Haftungsrisiken. Ebenso sind wettbewerbsrechtliche (→ Rn. 55) und datenschutzrechtliche Vorgaben (→ Rn. 60) zu beachten.

II. Abgrenzung der Haftungsszenarien

2 Bietet ein Legal Tech-Unternehmen Verbraucherinnen und Verbrauchern, Unternehmen oder der Rechtsanwaltschaft seine Legal Tech-Anwendungen direkt an, werden bilaterale Vertragsbeziehungen zwischen dem Legal Tech-Unternehmen und der jeweiligen die Anwendung nutzenden Person geschlossen. Legal Tech-Tools können Mandantinnen und Mandanten ebenso von Rechtsanwältinnen oder Rechtsanwälten im Rahmen eines anwaltlichen Beratungsvertrags bereitgestellt oder zur Anbahnung eines solchen Verhältnisses genutzt werden. In Drei-Personen-Konstellationen ist es für die Einordnung haftungsrechtlicher Aspekte unumgänglich, die jeweiligen **Vertragsverhältnisse** zu identifizieren. Die jeweiligen Vertragsbeziehungen hängen häufig davon ab, welche Anwendung in welchem Kontext angeboten wird. In diesem Stichwort werden nur diejenigen Haftungsfragen untersucht, die sich im Rahmen von Vertragsbeziehungen mit dem Legal Tech-Unternehmen selbst stellen.

---

1 Zum Legal Tech-Inkasso: BGH Urt. v. 27.11.2019 – VIII ZR 285/18, NJW 2020, 208 Ls. 2 – Lexfox.
2 Ausführlich zur Nutzung von Legal Tech in Großkanzleien: Hartung/Bues/Halbleib Legal Tech/Wenzler Kap. 3. Rn. 280 ff.; zur Nutzung in mittelgroßen und kleinen Kanzleien: Hartung/Bues/Halbleib Legal Tech/Klock Kap 4. Rn. 590 ff.; zum Veränderungspotenzial durch Legal Tech: Leeb Digitalisierung S. 229 ff.
3 Ausführlich zur Nutzung von Legal Tech in Rechtsabteilungen: Hartung/Bues/Halbleib Legal Tech/Quade Kap. 5 Rn. 707 ff.
4 Hartung/Bues/Halbleib Legal Tech/Hartung Kap. 1.1 Rn. 51 ff.
5 Hartung/Bues/Halbleib Legal Tech/Hartung Kap. 1.1 Rn. 58 ff.
6 Umfassender Überblick über Tools für die digitale Rechtsberatung bei Breidenbach/Glatz Legal Tech-HdB/Tobschall/Kempe Kap. 1.4 Rn. 1 ff.
7 Hartung/Bues/Halbleib Legal Tech/Hartung Kap. 1.1 Rn. 45 ff.

1. Legal Tech-Anwendungen im B2B-Bereich

Die Nutzung von Legal Tech-Software, die das Erfassen und Bearbeiten rechtlicher Sachverhalte erleichtern soll, bietet sich vorwiegend für die Rechtsanwaltschaft und Unternehmen an. Der Einsatz von **Vertrags- und Rechtstextgeneratoren**[8] eignet sich bspw. bei wiederkehrenden Problematiken wie etwa der Erstellung von Vollmachten, AGB, Kfz-Kaufverträgen oder Mietverträgen.[9] Legal Tech-Anwendungen können die Rechtsanwaltschaft auch im Rahmen interner Arbeitsabläufe bei originären Anwaltstätigkeiten unterstützen. Zu den zahlreichen Einsatzmöglichkeiten gehören Kanzleisoftware zum Zwecke der rein organisatorischen Erleichterung sowie Fristenkalender und Dokumentenmanagement-Tools. Außerdem zählen hierzu Anwendungen, die Sachverhalte in kürzester Zeit ermitteln und aufbereiten oder im Rahmen von Due-Diligence-Prüfungen die Analyse und Auswertung großer Datenmengen ermöglichen.[10]

Nutzt eine Rechtsanwältin oder ein Rechtsanwalt das Tool **intern** zur Bearbeitung ihrer bzw. seiner Mandate, muss sie oder er sich durch das Tool verursachte Beratungsfehler gegenüber der Mandantschaft im Rahmen der Berufshaftung über § 278 BGB zurechnen lassen.[11] Stellen Rechtsanwältinnen oder Rechtsanwälte das Tool unternehmerischen Mandantinnen oder Mandanten zur eigenen Nutzung zur Verfügung, entbindet sie das regelmäßig nicht von ihren allgemeinen Beratungspflichten und Haftungsmaßstäben.[12] Erwirbt ein Unternehmen die Software hingegen **direkt** beim Legal Tech-Unternehmen, so ist dieses dem Unternehmen gegenüber bei kausalen Schäden zum Ersatz verpflichtet (→ Rn. 11).

2. Akquise-Tools und Tools zur Rechtsdurchsetzung – B2B und B2C

Akquise-Tools und Legal Tech-Anwendungen zur Rechtsdurchsetzung, zB in Form von „Checks", Chatbots oder Inkassodienstleistungen sind häufig an Verbraucherinnen und Verbraucher gerichtet. Sie existieren bspw. im Bereich von Mietpreisen, Flugverspätungen und Kreditwiderrufen.[13] Sie können ebenso Unternehmen adressieren, bspw. im Kartellrecht.[14] Wird das Tool direkt **vom Legal Tech-Unternehmen angeboten**, wie dies häufig im Inkassobereich der Fall ist, entsteht regelmäßig ein Rechtsverhältnis zwischen dem Legal Tech-Unternehmen und der Kundin oder dem Kunden.

Nutzen Rechtsanwältinnen und Rechtsanwälte Legal Tech-Tools bei der Anbahnung anwaltlicher Beratungsverträge mit (potenziellen) Mandantinnen und Mandanten, sind die jeweiligen bilateralen Rechtsbeziehungen zwischen den **drei involvierten Parteien** – Rechtsanwältin/ Rechtsanwalt, Legal Tech-Unternehmen und Kundin/Kunde – zu differenzieren. Je nach Geschäftsmodell kann durch die Nutzung des Tools ein Rechtsverhältnis direkt zwischen der das Tool nutzenden Person und dem Legal Tech-Unternehmen oder zwischen der nutzenden Person und der Rechtsanwältin oder dem Rechtsanwalt entstehen.[15] Ein Rechtsverhältnis zwischen der Rechtsanwältin/ dem Rechtsanwalt und ihrer/seiner Mandantschaft entsteht, wenn die Rechtsanwältin/der Rechtsanwalt ein Legal Tech-Tool, zB einen Legal Chatbot, in ihre oder seine **Webseite einbindet**, ohne hinreichend deutlich zu machen, dass es sich um eine einem Beratungsvertrag vorgeschaltete pauschale Prüfung handelt. Anwaltlich tätig werdende Personen schulden ihrer Mandantschaft im Zweifel umfassende Beratung[16] entsprechend ihren anwaltlichen Berufspflichten. Fehler des Tools müssen sie sich gegenüber der Mandantschaft über § 278 BGB zurechnen lassen.[17] Führen diese zu einer Haftung der Rechtsanwältin/des Rechtsanwalts gegenüber ihrer Mandantschaft, können

---

8 ZB www.smartlaw.de.
9 Zimmermann AnwBl Online 2019, 815.
10 Zimmermann AnwBl Online 2019, 815 (816); Kilian NJW 2017, 3043 (3049).
11 Remmertz Legal Tech-Strategien/Jungk § 5 Rn. 5, 32.
12 Remmertz Legal Tech-Strategien/Remmertz § 2 Rn. 404.
13 Vgl. die Beispiele bei Zimmermann AnwBl Online 2019, 815.
14 Zum LKW-Kartell, LG Stuttgart Beschl. v. 18.2.2019 – 45 O 12/17, BeckRS 2019, 1849; LG München I Urt. v. 7.2.2020 – 37 O 18934/17, BeckRS 2020, 841 Ls. 4, Rn. 152 – LKW-Kartell.
15 Remmertz Legal Tech-Strategien/Jungk § 5 Rn. 3; Zimmermann AnwBl Online 2019, 815 (818).
16 BGH Urt. v. 18.11.1999 – IX ZR 420/97, NJW 2000, 730 (731); BGH Urt. v. 21.11.1960 – III ZR 160/59, NJW 1961, 601 (602); Remmertz Legal Tech-Strategien/Jungk § 5 Rn. 26 f.
17 Remmertz Legal Tech-Strategien/Jungk § 5 Rn. 5, 32.

Regressansprüche der Rechtsanwältin/des Rechtsanwalts gegen das Legal Tech-Unternehmen entstehen (zu einem möglichen Mitverschulden → Rn. 31). Ein Rechtsverhältnis zwischen der Rechtsanwältin/dem Rechtsanwalt und Mandantinnen und Mandanten entsteht auch dann, wenn die Rechtsanwältin/der Rechtsanwalt klarstellt, dass es sich um ein von einem Beratungsvertrag **abzugrenzendes Angebot** handelt, bei welchem ausdrücklich keine anwaltliche Beratung angeboten wird. Auch in diesem Fall wird sich die anwaltlich tätig werdende Person jedoch nicht vollständig ihren umfassenden Pflichten entziehen können und jedenfalls eine „Endkontrolle" schulden.[18] Hier stellen sich auch berufsrechtliche Fragen vor dem Hintergrund, dass dann eine Gewerblichkeit vorliegen könnte.[19] Machen Rechtsanwältinnen und Rechtsanwälte hingegen deutlich, dass es sich bei dem Chatbot um ein vorgeschaltetes, von einem Beratungsvertrag **unabhängiges Angebot** durch ein Legal Tech-Unternehmen handelt, entsteht ein Rechtsverhältnis zwischen dem anbietenden Legal Tech-Unternehmen und der Kundin/dem Kunden (→ Rn. 5).

▶ **Praxistipp:** Zur Vermeidung von Haftungsrisiken sollten Rechtsanwältinnen und Rechtsanwälte bei der Bereitstellung von Legal Tech-Tools auf ihrer Webseite stets hinreichend klarstellen, dass es sich hierbei nicht um eine anwaltliche Beratungsleistung handelt. ◀

7 Steht keine anwaltlich zugelassene Person hinter der Bereitstellung von Legal Tech-Tools, wird aber der Eindruck erweckt, dass dies der Fall sei, kann eine **wettbewerbsrechtliche Irreführung** vorliegen.[20] Wird Nutzerinnen und Nutzern nicht hinreichend verdeutlicht, dass die Dienstleistung in einen vorgeschalteten Check und die eigentliche anschließende Rechtsberatung aufgeteilt ist, kann auch dies irreführend sein.[21] Das Risiko irreführender Werbung besteht ferner, wenn die Kundschaft den Eindruck erhält, ihr Anliegen werde umfassend geprüft, obwohl tatsächlich nur eine pauschale Prüfung durch das Legal Tech-Tool erfolgt.[22]

III. Erlaubnisvorbehalt für Rechtsdienstleistungen

8 In Deutschland dürfen Rechtsdienstleistungen gem. § 3 RDG nur bei Vorliegen einer Erlaubnis erbracht werden (→ *Rechtsanwalt, Monopol* Rn. 4).[23] Rechtsanwältinnen und Rechtsanwälte besitzen eine solche Erlaubnis nach der BRAO, wenn sie als solche auftreten oder Rechtsanwaltsgesellschaften zB nach den §§ 59c ff. BRAO betreiben[24]. Für sonstige Legal Tech-Unternehmen, die keine Rechtsanwaltsgesellschaft sind, sind insbesondere die **Erlaubnistatbestände** des § 10 Abs. 1 S. 1 Nr. 1 RDG und § 5 Abs. 1 RDG von Bedeutung. **§ 10 Abs. 1 S. 1 RDG** erlaubt Inkassodienstleistungen, wenn sie von registrierten Inkassounternehmen erbracht werden (→ *Inkassodienstleistungen* Rn. 5). **§ 5 Abs. 1 RDG** erlaubt die Erbringung von Rechtsdienstleistungen als Nebentätigkeit. Die Norm gestattet Rechtsdienstleistungen im Zusammenhang mit einer Tätigkeit, wenn die Rechtsdienstleistungen als Nebenleistung zum Berufs- oder Tätigkeitsbild gehören,[25] zB im Rahmen der Testamentsvollstreckung[26] oder von Architektenleistungen[27]. Seit Inkrafttreten des Legal Tech-Gesetzes kann die Haupttätigkeit zugleich eine andere (erlaubte) Rechtsdienstleistung sein,

---

18 LG Berlin Urt. v. 5.6.2014 – 14 O 395/13, NJW-RR 2014, 1145 – Scheidung online; Remmertz Legal Tech-Strategien/Remmertz § 2 Rn. 404; Hartung/Bues/Halbleib Legal Tech/Hartung Kap. 6.4 Rn. 1053.
19 Hartung/Bues/Halbleib Legal Tech/Hartung Kap. 6.4 Rn. 1053; Remmertz Legal Tech-Strategien/Remmertz § 2 Rn. 405; Remmertz Legal Tech-Strategien/Greve § 7 Rn. 25.
20 Zimmermann AnwBl Online 2019, 815 (816); Remmertz Legal Tech-Strategien/Jungk § 5 Rn. 22.
21 Remmertz Legal Tech-Strategien/Jungk § 5 Rn. 22.
22 Remmertz Legal Tech-Strategien/Jungk § 5 Rn. 31 f.
23 BT-Drs. 16/3655, 31, 51; BGH Urt. v. 29.7.2009 – I ZR 166/06, NJW 2009, 3242 (3244 Rn. 20) – Finanz-Sanierung; Deckenbrock/Henssler/Seichter RDG § 3 Rn. 1.
24 Hartung/Bues/Halbleib Legal Tech/Hartung Kap. 6.4 Rn. 1032.
25 BT-Drs. 16/3655, 51; BGH Urt. v. 4.11.2010 – I ZR 118/09, GRUR 2011, 539 (542 Rn. 34); BGH Urt. v. 31.3.2016 – I ZR 88/15, NJW 2016, 3441 (3443 Rn. 32); Deckenbrock/Henssler/Deckenbrock/Henssler RDG § 5 Rn. 1.
26 Rechtsdienstleistungen, die im Zusammenhang mit der Testamentsvollstreckung erbracht werden, sind stets erlaubt, § 5 Abs. 2 RDG; Deckenbrock/Henssler/Deckenbrock/Henssler RDG § 5 Rn. 134.
27 Deckenbrock/Henssler/Deckenbrock/Henssler RDG § 5 Rn. 45 f.; zum Rechtsberatungsgesetz: BGH Urt. v. 10.11.1977 – VII ZR 321/75, NJW 1978, 322.

§ 5 Abs. 1 S. 3 RDG.[28] Hierdurch wird der Norm, insbesondere im **Zusammenspiel** mit der Inkassoerlaubnis des § 10 Abs. 1 S. 1 RDG, eine neue Bedeutung zukommen (→ *Inkassodienstleistungen* Rn. 6).

Liegt keine Erlaubnis nach dem RDG vor, ist für die **Zulässigkeit** von Legal Tech-Anwendungen daher von entscheidender Bedeutung, ob die Schwelle der Rechtsdienstleistung nach § 2 Abs. 1 RDG erreicht ist.[29] Eine **Rechtsdienstleistung** ist jede Tätigkeit in konkreten fremden Angelegenheiten, sobald sie eine rechtliche Prüfung des Einzelfalls erfordert, § 2 Abs. 1 RDG (→ *Rechtsanwalt, Monopol* Rn. 8, 14 ff.). Die Abgrenzung, welcher Vertragsgegenstand eine erlaubnispflichtige Rechtsdienstleistung umfasst, kann im Einzelfall schwerfallen. Sie ist aber aufgrund des mit dem Vorliegen einer Rechtsdienstleistung einhergehenden erhöhten Pflichtenmaßstabs (→ Rn. 19), Beweislasterleichterungen (→ Rn. 29) sowie der drohenden Nichtigkeit der Verträge bei fehlender/überschrittener Erlaubnis (→ Rn. 38 ff.) von elementarer Bedeutung, um Haftungsrisiken zu vermeiden.

9

Mit seiner jüngsten Rechtsprechung in Sachen Lexfox, Airdeal und Smartlaw **stärkt** der BGH die Stellung von **Legal Tech-Modellen**. In Lexfox[30] und Airdeal[31] legte der BGH die Inkassoerlaubnis zugunsten der Legal Tech-Unternehmen weit aus (→ *Inkassodienstleistungen* Rn. 11 ff.). Das Smartlaw-Urteil sieht die Bereitstellung eines Vertragsgenerators ohne Erlaubnis nach dem RDG als zulässig an, da keine Einzelfallprüfung erfolge (→ Rn. 16).[32] Dennoch besteht aufgrund der vielfältigen Ausgestaltungsmöglichkeiten von Legal Tech-Tools teilweise Rechtsunsicherheit, so dass sich einige Legal Tech-Modelle zwangsläufig im Graubereich bewegen. Je individueller der Dienst auf die Bedürfnisse Einzelner eingeht, desto höher ist – bei Vorliegen der übrigen Voraussetzungen – die Wahrscheinlichkeit, dass das Geschäftsmodell als erlaubnisbedürftig qualifiziert wird.

10

IV. Haftung bei erlaubter (Rechts-)Dienstleistung im B2B-Bereich

Wird die geschuldete Leistung nicht pflichtgemäß erbracht, können Schadensersatzansprüche der Kundschaft gegen das Legal Tech-Unternehmen entstehen, §§ 280 Abs. 1, 311 Abs. 1 BGB.[33] Ob eine Pflichtverletzung vorliegt, richtet sich nach der **konkret geschuldeten Leistung**, die ggf. durch eine Vertragsauslegung, §§ 133, 157 BGB, zu ermitteln ist (→ Rn. 14 ff.). Die Anforderungen an die Qualität der geschuldeten Leistung sind in der Regel niedriger, wenn keine Rechtsdienstleistung geschuldet wird (→ Rn. 17).[34] Die Voraussetzungen für einen Schadensersatzanspruch gegen das Legal Tech-Unternehmen sind erfüllt, wenn die tatsächliche Leistung hinter der geschuldeten Leistung zurück bleibt, die Pflichtverletzung von dem Legal Tech-Unternehmen zu vertreten ist und der Kundin oder dem Kunden hierdurch ein kausaler Schaden entsteht.[35] Die **Darlegungs- und Beweislast** für die Pflichtverletzung, die Schadensentstehung und die Kausalität zwischen Pflichtverletzung und Schaden trägt nach § 280 Abs. 1 S. 1 BGB grundsätzlich die Kundin/der Kunde (zu Beweiserleichterungen bei Rechtsdienstleistungen → Rn. 29). Das Vertretenmüssen der Pflichtverletzung wird gem. § 280 Abs. 1 S. 2 BGB zulasten des Legal Tech-Unternehmens vermutet.[36]

11

---

28 BT-Drs. 19/27673, 20, 40.
29 Remmertz Legal Tech-Strategien/Remmertz § 3 Rn. 5 ff.
30 BGH Urt. v. 27.11.2019 – VIII ZR 285/18, NJW 2020, 208 – Lexfox.
31 BGH Urt. v. 13.7.2021 – II ZR 84/20, NJW 2021, 3046 – Airdeal.
32 BGH Urt. v. 9.9.2021 – I ZR 113/20, NJW 2021, 3125 – Smartlaw.
33 OLG Koblenz, Hinweisbeschl. v. 7.5.2020 – 3 U 2182/19, NJW-RR 2020, 1067 (1068 Rn. 11); Römermann AnwBl 2009, 22 (26); Deckenbrock/Henssler/Deckenbrock/Henssler RDG § 5 Rn. 161; Deckenbrock/Henssler/Rillig RDG § 10 Rn. 141; Remmertz Legal Tech-Strategien/Jungk § 5 Rn. 3.
34 Remmertz Legal Tech-Strategien/Jungk § 5 Rn. 2, 24, 30.
35 Vgl. Staudinger/Löwisch BGB Vorb. §§ 280–285 Rn. A 8.
36 Erman/Ulber BGB § 280 Rn. 115.

1. Identifikation von Anspruchsgrundlage und Pflichtverletzung

a) Vorvertragliche Pflichtverletzung

12 Bei der Nutzung von Akquise-Tools (zB eines Fragenkatalogs) ist zunächst zu untersuchen, ob die Parteien einen **Rechtsbindungswillen** hinsichtlich eines (konkludenten) Abschlusses eines Vertrags über die Tool-Nutzung haben. Ob ein Rechtsbindungswille im konkreten Fall vorliegt, bedarf einer Einzelfallauslegung gem. §§ 133, 157 BGB. Die Bereitstellung von Akquise-Tools kann als eine *invitatio ad offerendum* ausgestaltet sein, also als bloßes Angebot, einen Beratungsvertrag mit der das Akquise-Tool nutzenden Person zu schließen. In diesem Fall läge kein Rechtsbindungswillen hinsichtlich der Tool-Nutzung vor.[37] Erteilen Kundinnen und Kunden eine datenschutzrechtliche Einwilligung bezüglich der in das Tool eingetragenen Daten, wird häufig auch ein Rechtsbindungswille hinsichtlich eines schuldrechtlichen Vertrags bzgl. der Tool-Nutzung anzunehmen sein.[38] Denn die Parteien unterscheiden faktisch regelmäßig nicht zwischen dem aus juristischer Perspektive grundsätzlich abstrakt zu behandelnden Institut der datenschutzrechtlichen Einwilligung einerseits und dem schuldrechtlichen Vertrag andererseits.[39]

13 Bei fehlendem Rechtsbindungswillen kann sich eine vorvertragliche Haftung des Legal Tech-Unternehmens aus einer vorvertraglichen Sorgfaltspflichtverletzung, sog. **culpa in contrahendo (cic)**, §§ 280 Abs. 1, 241 Abs. 2, 311 Abs. 2 Nr. 2 BGB ergeben. Durch die Eingabe persönlicher Daten zum Zwecke der Überprüfung oder der Beantwortung von Fragen gewähren Kundinnen und Kunden dem Legal Tech-Unternehmen die Möglichkeit, auf ihre Rechte, Rechtsgüter und Interessen einzuwirken.[40] Die allgemeine Rücksichtnahmepflicht auf diese Interessen verpflichtet das Legal Tech-Unternehmen zum Schutz derselben.[41] Unzutreffende Prüfergebnisse verletzen das Interesse von Kundinnen und Kunden; es liegt eine Pflichtverletzung vor.[42]

b) Vertragliche Pflichtverletzung

14 Bei bestehendem Rechtsbindungswillen der Parteien werden vertragliche Schadensersatzansprüche eines Unternehmens oder einer Rechtsanwältin/eines Rechtsanwalts gegen das Legal Tech-Unternehmen häufig durch eine **Pflichtverletzung des Software- oder IT-Vertrags**, §§ 280 Abs. 1, 311 Abs. 1 BGB, ausgelöst. Bei der Ermittlung des Pflichtenprogramms ist die Erwartungshaltung der Nutzerinnen und Nutzer entscheidend,[43] im B2B-Bereich also der objektive Erwartungshorizont der Rechtsanwaltschaft bzw. eines rechtlich beratenen Unternehmens.[44] Die Bestimmung der vertraglich geschuldeten Leistung ist insbesondere im Hinblick auf die Frage, ob eine Rechtsdienstleistung iSd § 2 Abs. 1 RDG (→ Rn. 9) vorliegt, von elementarer Bedeutung.

aa) Pflichtenprogramm – keine Rechtsdienstleistung geschuldet

15 **Legal Chatbots** oder Fragekataloge, die nach dem Abfragen bestimmter Punkte eine vorgefertigte Antwort auswählen, bieten häufig nur eine begrenzte Sachverhaltsaufklärung und keine komplexe Rechtsprüfung. In dem Fall überschreiten sie nicht die Schwelle zu einer Rechtsdienstleistung iSd § 2 Abs. 1 RDG.[45] Weckt das einen Chatbot betreibende Unternehmen bei seiner Vertragspartei hingegen die Erwartung, ihr Anliegen werde individuell und umfassend geprüft, wird der Vertragspartei suggeriert, dass sie eine Rechtsdienstleis-

---

37 Zimmermann AnwBl Online 2019, 815 (816), geht bei Akquise-Tools stets von einer invitatio ad offerendum aus; aA Remmertz Legal Tech-Strategien/Jungk § 5 Rn. 18 geht grds. vom Vorliegen eines Rechtsbindungswillens aus.
38 Vgl. hierzu Spindler MMR 2021, 451 (453).
39 IErg, aber mit anderer Begründung auch Remmertz Legal Tech-Strategien/Jungk § 5 Rn. 18.
40 Zu einem „Depotcheck" einer Bank: LG Bielefeld Urt. v. 1.2.2013 – 7 O 315/20, BeckRS 2013, 9088; Remmertz Legal Tech-Strategien/Jungk § 5 Rn. 19; aA Zimmermann AnwBl Online 2019, 815 (816).
41 Grüneberg/Grüneberg BGB § 241 Rn. 7.
42 Remmertz Legal Tech-Strategien/Jungk § 5 Rn. 20; Zimmermann AnwBl Online 2019, 815 (819).
43 Jauernig/Mansel BGB § 133 Rn. 1 ff.; BGH Urt. v. 9.9.2021 – I ZR 113/20, NJW 2021, 3125 (3128 Rn. 38 f.) – Smartlaw.
44 Vgl. zur Auslegung BGH Urt. v. 11.3.1999 – VII ZR 179/98, NJW 1999, 2432 (2433); BGH Urt. v. 22.4.1993 – VII ZR 118/92, NJW-RR 1993, 1109 (1110).
45 Remmertz Legal Tech-Strategien/Jungk § 5 Rn. 30; Zimmermann AnwBl Online 2019, 815.

tung erhalte.⁴⁶ Dies kann insbesondere dann der Fall sein, wenn der Chatbot einen menschlichen Dialog täuschend echt simuliert und die Nutzerin oder der Nutzer den Eindruck erhält, sie oder er „chatte" mit einer echten Person, die sich ihres oder seines Anliegens individuell annimmt.⁴⁷

Bei **Vertragsgeneratoren**⁴⁸ handelt es sich um Software, die Sachverhalte formularmäßig abfragt und mittels eines hinter dem Programm stehenden Entscheidungsbaums, der schematisch ausgedachte Fälle beinhaltet, Verträge oder andere Rechtstexte generiert. Die hinter dem Programm stehenden Mustertexte werden entsprechend der Nutzereingaben adaptiert. Es wird ein Text erzeugt, der auf die individuellen Bedürfnisse der jeweiligen Nutzerin/des jeweiligen Nutzers angepasst ist.⁴⁹ Vertragsgeneratoren, die wie ein digitales Formularhandbuch abstrakt für eine Vielzahl von Rechtssuchenden entwickelt wurden, sind mangels konkreter Einzelfallprüfung keine Rechtsdienstleistung iSd § 2 Abs. 1 RDG. In Sachen Smartlaw entschied der BGH jüngst, dass es für die Annahme einer Rechtsdienstleistung an einer „konkreten" fremden Angelegenheit fehle.⁵⁰ Eine andere Beurteilung kann greifen, wenn der Generator erkennbar auf die Bedürfnisse eines Unternehmens zur Beurteilung bestimmter, unternehmensspezifischer Fragestellungen zugeschnitten wird.⁵¹ Für die Bestimmung der geschuldeten Leistung sind demnach die konkreten Umstände des Einzelfalls maßgebend. Entscheidend ist stets die schematische Anwendung des Rechts.⁵² Es gilt zu untersuchen, ob standardisierte Vertragsmuster zur Verfügung gestellt oder individualisierte Vertragsentwürfe angefertigt bzw. sachverhaltsbezogene Rechtsfragen einer bestimmten, Rat suchenden Person beantwortet werden sollen.⁵³

Kommt die Vertragsauslegung zu dem Ergebnis, dass **keine Rechtsdienstleistung** geschuldet ist, beschränken sich die vertraglichen Pflichten darauf, dass die im Tool hinterlegten Kriterien der geltenden Rechtslage entsprechen und der technische Ablauf funktioniert.⁵⁴ Geschuldet wird eine zutreffende Einschätzung anhand der geprüften Parameter. Werden die geprüften Kriterien juristisch fehlerhaft bewertet oder funktioniert das Tool in technischer Hinsicht nicht, liegt eine Pflichtverletzung vor.⁵⁵ Haftungsrisiken drohen, wenn eine Leistung von den Gerichten wider Erwarten als Rechtsdienstleistung qualifiziert wird. Abgesehen davon, dass die Erbringung einer Rechtsdienstleistung einer Erlaubnis bedarf (→ Rn. 8) und bei Fehlen dergleichen die Nichtigkeit des Vertrags droht (→ Rn. 38 ff.), würde in diesem Fall das Ergebnis der pauschalen Prüfung zwangsläufig als unzureichend hinter der versprochenen individuellen Prüfung zurückbleiben.⁵⁶ Will das Legal Tech-Unternehmen keine Rechtsdienstleistung erbringen, ist es daher von großer Wichtigkeit, durch Werbeaussagen und Vertragsversprechen bei der Kundschaft nicht die Erwartung zu wecken, dass eine umfassende Sachverhaltsaufklärung mit individueller Rechtsprüfung und optimal zugeschnittenem Ergebnis erfolgt.⁵⁷

Im **Verbraucherbereich** droht in diesem Fall jedoch die Gefahr, dass die Leistung als digitale Dienstleistung iSd § 327 Abs. 1 BGB eingestuft wird, mit der Folge, dass die in § 327i BGB normierten Mängelgewährleistungsrechte, insbesondere der Schadensersatzanspruch gem. §§ 280, 327m Abs. 3 S. 1 BGB Anwendung fänden (→ Rn. 36).

---

46 Für die Frage, ob eine Rechtsdienstleistung geschuldet ist, ist die Erwartungshaltung des Nutzers entscheidend: BGH Urt. v. 9.9.2021 – I ZR 113/20, NJW 2021, 3125 (3128 Rn. 38 f.) – Smartlaw.
47 Hartung/Bues/Halbleib Legal Tech/Hartung Kap. 6.4 Rn. 1043 f.
48 ZB www.smartlaw.de.
49 Zimmermann AnwBl Online 2019, 815.
50 BGH Urt. v. 9.9.2021 – I ZR 113/20, NJW 2021, 3125 (3128 Rn. 38 f.) – Smartlaw; Zimmermann AnwBl Online 2019, 815.
51 Zimmermann AnwBl Online 2019, 815 (817).
52 BGH Urt. v. 9.9.2021 – I ZR 113/20, NJW 2021, 3125 (3127 Rn. 24, 38) – Smartlaw; Hartung/Bues/Halbleib Legal Tech/Hartung Kap. 6.4 Rn. 1041.
53 Remmertz Legal Tech-Strategien/Jungk § 5 Rn. 38.
54 Remmertz Legal Tech-Strategien/Jungk § 5 Rn. 32.
55 Remmertz Legal Tech-Strategien/Jungk § 5 Rn. 20; Zimmermann AnwBl Online 2019, 815 (819).
56 Vgl. Remmertz Legal Tech-Strategien/Jungk § 5 Rn. 31 f.
57 Vgl. Remmertz Legal Tech-Strategien/Jungk § 5 Rn. 40.

bb) Pflichtenprogramm – Rechtsdienstleistung geschuldet

19 Sollte die Grenze zur Rechtsdienstleistung aufgrund der konkreten vertraglichen Ausgestaltung überschritten sein und besitzt das Legal Tech-Unternehmen eine Erlaubnis (→ Rn. 8) zur Erbringung von Rechtsdienstleistungen (bei fehlender Erlaubnis → Rn. 38 ff.), ist es dem Pflichtenprogramm von Rechtsdienstleistern unterworfen. Welchen Pflichten ein Rechtsdienstleister unterliegt, ist, soweit ersichtlich, in der Rechtsprechung noch nicht entschieden worden.[58] Die überwiegende Meinung in der Literatur plädiert für die Anwendung des **strikten anwaltlichen Pflichtenprogramms** auf nichtanwaltliche Rechtsdienstleister. Dies entspricht dem Sinn und Zweck des § 1 Abs. 1 S. 2 RDG, Rechtssuchende vor unqualifizierten Rechtsdienstleistungen zu schützen. Daher müssen für Rechtsdienstleister dieselben Haftungsgrundsätze gelten, wie für die Anwaltschaft.[59] Im Rahmen ihres Auftrags trifft Rechtsdienstleister danach die Pflicht zur umfassenden Belehrung, Klärung des Sachverhalts, sorgfältigen rechtlichen Prüfung und zur Wahl des sichersten Weges bezüglich des im Einzelfall erteilten Mandats[60] (→ *Rechtsanwalt, Berufsrecht* Rn. 7 ff.). Die Belehrungspflichten bestehen auch gegenüber rechtskundiger Kundschaft. Nichtanwaltliche Rechtsdienstleister unterliegen danach gegenüber der Rechtsanwaltschaft und rechtlich beratenen Unternehmen dem strikten anwaltlichen Pflichtenprogramm.[61]

20 Wird die Rechtsdienstleistung als **Nebenleistung** iSv § 5 RDG neben einer anderen (Rechts-)Dienstleistung angeboten, gilt nichts anderes. Die Qualitätsanforderungen entsprechen auch hier denen, die an die Anwaltschaft gestellt werden. Eine Einschränkung besteht jedoch hinsichtlich des Umfangs der Pflichten, der sich nur auf die erlaubte Beratung im Rahmen des jeweiligen Berufsbildes erstreckt. Der Umfang des im Rahmen von § 5 RDG geschuldeten Pflichtenkatalogs variiert damit von Berufsbild zu Berufsbild.[62]

2. Vertretenmüssen

21 Unzutreffende Prüfergebnisse hat das Legal Tech-Unternehmen regelmäßig zu vertreten.[63] Unerheblich ist in diesem Zusammenhang, ob das falsche Ergebnis auf eine falsche rechtliche Einschätzung oder schlicht auf einen Programmierfehler zurückzuführen ist.[64] Hinsichtlich **eigener Fehler** haftet das Legal Tech-Unternehmen grundsätzlich für Vorsatz und Fahrlässigkeit, § 276 BGB.[65] Bedient sich das Unternehmen der Hilfe Dritter, etwa Rechtsanwältinnen oder Rechtsanwälten, zur Erstellung von rechtlichen Gutachten, auf deren Grundlage die Anwendung programmiert wird, oder erhält es Unterstützung bei der Programmierung selbst, muss sich das Legal Tech-Unternehmen Fehler dieser Erfüllungsgehilfen gem. § 278 BGB **zurechnen** lassen.[66] Für hierdurch entstandene Schäden kann das Legal Tech-Unternehmen gegebenenfalls bei den Erfüllungsgehilfen Regress nehmen.

22 Das Vertretenmüssen der Pflichtverletzung wird gem. § 280 Abs. 1 S. 2 BGB vermutet, dh das Legal Tech-Unternehmen trifft im Prozess die **Beweislast**, diese Vermutung zu widerlegen.[67]

---

58 Deckenbrock/Henssler/Rillig RDG § 10 Rn. 141.
59 Römermann AnwBl 2009, 22 (26); Deckenbrock/Henssler/Rillig RDG § 10 Rn. 142; Grüneberg/Grüneberg BGB § 280 Rn. 75; Sadighi Haftung von Nichtanwälten S. 135 ff.; zum Haftungsmaßstab bei unentgeltlicher Rechtsdienstleistung: Wreesmann/Schmidt-Kessel NJOZ 2008, 4061; Blum AnwBl Online 2018, 901 (906 f.); Horn JA 2013, 644 (647 ff.).
60 Zum Rechtsberatungsgesetz: BGH Urt. v. 26.2.1981 – VII ZR 50/80, NJW 1981, 1553; Deckenbrock/Henssler/Rillig RDG § 10 Rn. 142; Grüneberg/Grüneberg BGB § 280 Rn. 66 ff.
61 BGH Urt. v. 19.12.1991 – IX ZR 41/91, NJW 1992, 820; Grüneberg/Grüneberg BGB § 280 Rn. 66.
62 Sadighi Haftung von Nichtanwälten S. 82 f.
63 Remmertz Legal Tech-Strategien/Jungk § 5 Rn. 20; Zimmermann AnwBl Online 2019, 815 (819).
64 Remmertz Legal Tech-Strategien/Jungk § 5 Rn. 20; vgl. Zimmermann AnwBl Online 2019, 815 (816).
65 Vgl. Staudinger/Löwisch BGB § 276 Rn. 1.
66 Vgl. Zimmermann AnwBl Online 2019, 815 (819).
67 Erman/Ulber BGB § 280 Rn. 115.

3. Schadensermittlung und Beweislast

Ob Fehler der Legal Tech-Anwendung zu einem Schadensersatzanspruch der Kundschaft gegen das Legal Tech-Unternehmen führen, bestimmt sich nach der **Differenzhypothese**, § 249 Abs. 1 BGB.[68] Nach der Differenzhypothese ist entscheidend, wie die Kundin oder der Kunde stünde, wenn die (Rechts-)Dienstleistung fehlerfrei erbracht worden wäre.[69] Besonderheiten ergeben sich im vorvertraglichen Bereich, da hier mangels Leistungspflicht auf den vorvertraglichen Pflichtverstoß abzustellen ist.

a) Schadensermittlung bei vorvertraglicher Pflichtverletzung

Im vorvertraglichen Bereich gilt es zu beachten, dass im Rahmen der culpa in contrahendo lediglich das **negative Interesse** ersatzfähig ist.[70] Kundinnen und Kunden werden so gestellt, als wären sie nie mit dem Legal Tech-Tool in Berührung gekommen.[71]

Sehen Kundinnen und Kunden im Vertrauen auf eine Empfehlung des Legal Tech-Tools von einer **Rechtsverfolgung** oder von der Vornahme einer Handlung ab, hat ein Ersatzverlangen bezüglich hierdurch erlittener Vermögenseinbußen in der Regel keinen Erfolg. Denn in diesem Fall hat die das Tool nutzende Person sowohl vor der Nutzung der Anwendung als auch nach der Nutzung der Anwendung einen (nicht durchgesetzten) Anspruch oder ein Gestaltungsrecht in ihrem Vermögen (zur Problematik bei Verjährung des Anspruchs → *Haftung des Legal Tech-Unternehmens bei Inkassodienstleistungen* Rn. 22). Um den Nennwert dieser Position im Wege des Schadensersatzes ersetzt zu erhalten, müsste die Kundin oder der Kunde nicht nur **beweisen**, dass der Anspruch/das Recht besteht, sondern darüber hinaus auch, dass sie oder er diesen oder dieses auch tatsächlich erfolgreich verfolgt hätte.[72] Die Beweislast trifft die Kundin/den Kunden.[73] Gerade im Bagatellbereich und bei der Nutzung (kostenloser) Akquise-Tools ist es vorstellbar, dass Kundinnen und Kunden nur die Werthaltigkeit ihrer Forderung prüfen wollen, ohne eine anschließende Verfolgung tatsächlich in Betracht zu ziehen. Insbesondere ist fraglich, ob sie oder er vergleichbar hohe Anwaltskosten zur Durchsetzung von Bagatellen in Kauf genommen hätte.[74]

Mandatieren Nutzerinnen und Nutzer aufgrund von fälschlicherweise prognostiziertem Handlungsbedarf eine Rechtsanwältin oder einen Rechtsanwalt, ist die mandatiere Person aufgrund ihrer Berufspflichten zu einer eigenen umfassenden Prüfung verpflichtet.[75] Übernimmt die mandatierte Person das Mandat trotz fehlender Erfolgsaussichten, haftet sie für hieraus entstandene Schäden unmittelbar gegenüber ihrer Mandantschaft. Die Mandantin oder der Mandant kann sich in diesem Fall nicht bei dem Legal Tech-Unternehmen schadlos halten, weil dieses hinsichtlich der rechtlichen Prüfung nicht Vertragspartner der Mandantin/des Mandanten geworden ist. Mandatiert eine Kundin oder ein Kunde auf Anraten des Tools eine Rechtsanwältin oder einen Rechtsanwalt und rät diese oder dieser gebührenpflichtig von der weiteren Rechtsverfolgung ab, könnte die Kundin oder der Kunde die **Kosten** der überflüssigen **Rechtsberatung** ersetzt verlangen. Juristische Sachverhalte weisen jedoch regelmäßig eine gewisse Komplexität auf, die durch die Abfrage begrenzter Fragen nicht abschließend eingeschätzt werden können. Eine Kausalität zwischen der Entstehung der Kosten der Mandatierung und der unzutreffenden Empfehlung wird daher nur bei offensichtlichen und eindeutigen Sachverhalten zu bejahen sein. Ein solcher eindeutiger Sachverhalt dürfte etwa bei Entschädigungsansprüchen nach der Fluggastrechteverordnung anzunehmen sein oder bei der Berechnung des Mietpreisspiegels. Bei sämtlichen Sachverhalten, die einer umfassenden rechtlichen

---

68 Staudinger/Löwisch BGB § 280 Rn. E 27.
69 Vgl. zur Anwaltshaftung: Gaier/Wolf/Göcken/Schultz Zivilrechtliche Haftung Rn. 80.
70 MüKoBGB/Emmerich BGB § 311 Rn. 201; Grüneberg/Grüneberg BGB Vorb § 249 Rn. 17.
71 Für das Legal Tech-Inkasso: Morell NJW 2019, 2574 (2578); Stadler VuR 2021, 123 (128).
72 Vgl. die entsprechende Problematik der Forderungsverjährung nach vermeintlicher Abtretung → Haftung des Legal Tech-Unternehmens bei Inkassodienstleistungen Rn. 22; aA Remmertz Legal Tech-Strategien/Jungk § 5 Rn. 19, die einen Schadensersatzanspruch ohne nähere Begründung zu bejahen scheint; Zimmermann AnwBl Online 2019, 815 (816), der einen Vermögensschaden ohne nähere Begründung ablehnt.
73 Erman/Ulber BGB § 280 Rn. 115.
74 Morell NJW 2019, 2574 (2578).
75 Remmertz Legal Tech-Strategien/Jungk § 5 Rn. 21.

Würdigung für eine abschließende Beurteilung der Erfolgsaussichten bedürfen, wird der Rat zu einer anwaltlichen Beratung daher nicht falsch sein.

▶ **Praxistipp:** Die von Akquise-Tools gegebenen Handlungsempfehlungen sollten stets mit dem Zusatz versehen sein, dass es sich um eine vorläufige unverbindliche Einschätzung aufgrund des beschränkt geprüften Sachverhalts handelt. ◀

b) Schadensermittlung bei vertraglicher Pflichtverletzung

27 Die überwiegenden Schäden im vertraglichen Bereich werden aus einer falschen juristischen Einschätzung oder aus technischen Störungen/Programmierfehlern resultieren. Unabhängig von der Schadensquelle gilt es bei der Schadensermittlung zu berücksichtigen, dass „nur" eine **zutreffende Beratung geschuldet** wird, jedoch keine Garantie für einen von der Kundin oder dem Kunden angestrebten rechtlichen oder wirtschaftlichen Erfolg übernommen wurde.[76] Das Legal Tech-Unternehmen haftet daher grundsätzlich nur im Rahmen des geschuldeten Umfangs der Beratung für die Vollständigkeit und Richtigkeit der Beratung, nicht hingegen für deren Erfolg.[77] Kundinnen und Kunden können daher verlangen, so gestellt zu werden, als wären sie pflichtgemäß beraten worden. Hätte die pflichtgemäße Tätigkeit Erfolg gehabt, so sind der Kundschaft im Wege des Schadensersatzes diejenigen Nachteile auszugleichen, die ihr durch die Fehlberatung und dem darauf beruhenden Ausbleiben des Erfolgs entstanden sind.[78]

28 Grundsätzlich trägt die Kundschaft die **Beweislast** für das Vorliegen einer Pflichtverletzung, des Schadens sowie die haftungsbegründende Kausalität (→ Rn. 11). Der Nachweis der Kausalität zwischen Pflichtverletzung und Schadensentstehung wird sich umso schwieriger gestalten, je geringer der geschuldete Beratungsumfang ist. Ist keine umfassende Beratung geschuldet, können Kundinnen und Kunden nicht auf die Vollständigkeit und individuelle Passgenauigkeit der erlangten Leistung vertrauen. Um einen Vermögensschaden ersetzt zu erhalten, müssten Kundinnen und Kunden demnach beweisen, dass der Schaden bei einer richtigen Beratung nicht eingetreten wäre, obwohl auch diese keine passgenaue Lösung angeboten hätte.

29 Im Bereich der Anwaltshaftung kommt der Mandantschaft eine **Beweiserleichterung des beratungsgerechten Verhaltens** zu. Steht fest, dass eine Rechtsanwältin oder ein Rechtsanwalt ihre oder seine Aufklärungs- und Beratungspflichten verletzt hat, gilt, wenn eine eindeutig bestimmte Reaktion bei sachgerechter Aufklärung nahegelegen hätte, für die Mandantschaft aufgrund des Anscheinsbeweises die Vermutung, dass sie sich beratungsgemäß verhalten hätte.[79] Soweit ersichtlich, ist bisher offen, ob diese Beweiserleichterung auch für die Kundschaft von Rechtsdienstleistungen gilt. Eine Anwendung der Beweiserleichterung hinsichtlich des beratungsgerechten Verhaltens bei Pflichtverletzungen von Rechtsdienstleistern ist als folgerichtige Konsequenz der Übertragung des umfassenden Pflichtenprogramms (→ Rn. 19) zu befürworten. Nur so kann der durch die Unterwerfung der Rechtsdienstleister unter das umfassende anwaltliche Pflichtenprogramm erzeugte Schutz dem Beratenen auch in der Praxis zugutekommen.

4. Mitverschulden

30 Ist eine Kundin oder ein Kunde für den entstandenen Schaden mitverantwortlich, muss sie oder er sich sein Mitverschulden im Rahmen des § 254 BGB zurechnen lassen. Der Schadensersatzanspruch wird dann entsprechend dem festzustellenden Verursachungsbeitrag gekürzt.[80] Ein Mitverschulden kann in der fehlerhaften Anwendung des Tools oder in der Eingabe falscher bzw. ungenauer Angaben liegen.[81]

---

76 Vgl. zur Schadensberechnung bei unvollständiger Auskunft BGH Urt. v. 16.2.1995 – IX ZR 15/94, NJW-RR 1995, 619 (620); BGH Urt. v. 7.5.1991 – IX ZR 188/90, NJW-RR 1991, 1125 (1126); Gaier/Wolf/Göcken/Schultz Zivilrechtliche Haftung Rn. 82.
77 Vgl. zur Anwaltshaftung Gaier/Wolf/Göcken/Schultz Zivilrechtliche Haftung Rn. 82; Staudinger/Löwisch BGB § 280 Rn. F 71.
78 Vgl. zur Anwaltshaftung Gaier/Wolf/Göcken/Schultz Zivilrechtliche Haftung Rn. 82.
79 Staudinger/Löwisch BGB § 280 Rn. F 71; MüKoBGB/Heermann BGB § 675 Rn. 34.
80 MüKoBGB/Oetker BGB § 254 Rn. 105.
81 Vgl. Sadighi Haftung von Nichtanwälten S. 347 f.

Nutzen **Rechtsanwältinnen und Rechtsanwälte** Legal Tech-Tools für die Bearbeitung von Mandaten, bspw. einen Vertragsgenerator, und übernehmen sie offensichtlich falsche Ergebnisse ungeprüft, werden sie sich bei einem Regressanspruch gegen das Legal Tech-Unternehmen häufig ein Mitverschulden anrechnen lassen müssen. Im Gegensatz zur unternehmerischen Kundschaft haben anwaltlich tätig werdende Personen selbst Rechtskenntnisse und sind ihrer Mandantschaft gegenüber ihrerseits aus dem Anwaltsvertrag zur vollumfänglichen Prüfung verpflichtet (→ Rn. 4). Sie dürfen sich einem offensichtlich falschen Ergebnis, das bspw. auf einem Programmierfehler beruhen könnte, nicht verschließen, sondern sind zur Schadensminimierung gegenüber dem Legal Tech-Unternehmen verpflichtet, indem sie das falsche Ergebnis nicht weiterverwenden. Inwieweit den strengen anwaltlichen Pflichten gegenüber dem Legal Tech-Unternehmen indirekt haftungserleichternde Wirkung zukommt, ist bisher, soweit ersichtlich, noch offen.

Sollte eine **Rechtsdienstleistung** geschuldet sein und wird diese mangelhaft erbracht, kann sich das Legal Tech-Unternehmen nicht auf den Einwand berufen, der Rechtssuchende hätte die Gefahrenlage selbst vermeiden können. Wie im Bereich der Anwaltshaftung[82] kann es hiermit nicht durchdringen, da sich der Rechtssuchende ja gerade an jemanden mit überlegenem Sachwissen wendet.[83] Dies wird grundsätzlich auch gegenüber rechtskundigen Nutzerinnen und Nutzern gelten, da das Legal Tech-Unternehmen auch diesen gegenüber dem strengen Sorgfaltsmaßstab unterworfen ist (→ Rn. 19). Eine Ausnahme sollte jedoch auch hier bei offensichtlichen Fehlern gemacht werden.

V. Besonderheiten bei erlaubter (Rechts-)Dienstleistung im B2C-Bereich

Die Ausführungen zur Haftung bei der Erbringung erlaubter (Rechts-)Dienstleistungen (→ Rn. 11 ff.) gelten entsprechend für die Erbringung von (Rechts-)Dienstleistungen gegenüber Verbraucherinnen und Verbrauchern. Bei der Auslegung der geschuldeten Leistung (→ Rn. 14) ist freilich auf den Erwartungshorizont von rechtsunkundigen Verbraucherinnen und Verbrauchern abzustellen. Daneben gelten im Inkassobereich und bei der Bereitstellung digitaler Produkte verbraucherschützende Regelungen.

1. Verbraucherschützende Vorgaben im Inkassobereich

Im Inkassobereich hat das Legal Tech-Gesetz mit den §§ 13a, 13b RDG **Informations- und Mitteilungspflichten** des Inkassodienstleisters eingeführt, wenn diese Verbraucherinnen und Verbrauchern angeboten werden. Verbraucherinnen und Verbraucher sollen hierdurch in die Position versetzt werden, die Vorteile und Risiken der Legal Tech-basierten Rechtsdurchsetzung abzuwägen und sich bewusst für oder gegen diese zu entscheiden. Auch wenn die neuen Pflichten ausdrücklich nur auf Verbraucherinnen und Verbraucher Anwendung finden, ist es Inkassounternehmen bei Rechtsunsicherheiten über die Zulässigkeit ihres Modells zu empfehlen, auch Unternehmen anhand dieser Maßstäbe zu informieren (zu den Mitteilungspflichten → *Inkassodienstleistungen* Rn. 25, 29, 33).

2. Verbraucherschutz bei der Bereitstellung digitaler Produkte

Die am 1.1.2022 in Kraft getretenen §§ 327 ff. BGB[84] dienen der **Umsetzung der Digitale-Inhalte-Richtlinie**[85] (zur Umsetzung der Digitale-Inhalte-Richtlinie → *Regulierung (EU), Verbraucherrecht* Rn. 38 ff.).[86] Ist der Anwendungsbereich der §§ 327 ff. BGB eröffnet, gelten die hier normierten Qualitätsanforderungen der §§ 327d-h BGB sowie die in § 327i BGB normierten Mängelgewährleistungsrechte, insbesondere der

---

82 Vgl. BGH Urt. v. 12.3.1986 – IVa ZR 183/84, NJW-RR 1986, 1348 (1349); BGH Urt. v. 17.10.1991 – IX ZR 255/90, NJW 1992, 307 (309).
83 Sadighi Haftung von Nichtanwälten S. 347 f.
84 Gesetz zur Umsetzung der Richtlinie über bestimmte vertragsrechtliche Aspekte der Bereitstellung digitaler Inhalte und digitaler Dienstleistungen (BGBl. 2021 I 2123).
85 Richtlinie (EU) 2019/770 des Europäischen Parlaments und des Rates v. 20.5.2019 über bestimmte vertragsrechtliche Aspekte der Bereitstellung digitaler Inhalte und digitaler Dienstleistungen (ABl. L 136/1, S. 1).
86 BT-Drs. 19/2765, 1.

Schadensersatzanspruch gem. §§ 280, 327m Abs. 3 S. 1 BGB.[87] Dafür müsste es sich bei Legal Tech-Anwendungen um digitale Inhalte oder digitale Dienstleistungen iSd § 327 Abs. 2, Abs. 4 BGB handeln, die gegen **Zahlung eines Entgelts** erbracht werden, § 327 Abs. 1 BGB. Letztere Voraussetzung wird regelmäßig keine Probleme bereiten. Denn gem. § 327 Abs. 3 BGB gelten die §§ 327 ff. BGB auch, wenn „mit Daten gezahlt wird".[88] Dies ist bereits bei der Erteilung einer Einwilligung zur Nutzung von Cookies der Fall.[89]

36 Schwieriger gestaltet sich die Frage, ob die Bereitstellung von Legal Tech-Tools als **digitale Dienstleistung** zu qualifizieren ist (s. hierzu auch → *Regulierung (EU), Verbraucherrecht* Rn. 42 ff.). § 327 Abs. 6 Nr. 1 BGB nimmt Verträge über Dienstleistungen, die keine digitalen Dienstleistungen sind, bspw. juristische Dienstleistungen, zu deren Erfüllung Unternehmen digitale Hilfsmittel verwenden, vom Anwendungsbereich der §§ 327 ff. BGB aus.[90] Die §§ 327 ff. BGB sollen aber für Produkte gelten, die diesen (nicht digitalen) Dienstleistungen vorgelagert sind oder diese ergänzen.[91] Als solche ergänzenden Produkte stuft der Gesetzgeber Legal Tech-Tools ein. Beispielhaft werden Dokumentengeneratoren oder Chatbots genannt.[92] Ausweislich der Gesetzesbegründung gilt es in diesem Fall hinsichtlich des Gewährleistungsrechts zu unterscheiden. Auf die Inhalte und die Ergebnisse der juristischen Dienstleistung sind die §§ 327 ff. BGB nicht anwendbar. Die technische Bereitstellung des (ergänzenden) digitalen Produkts unterfällt hingegen den Gewährleistungsregelungen der §§ 327i ff. BGB.[93] Die Differenzierung zwischen Legal Tech-Anwendungen, die ihren Schwerpunkt in der juristischen Beratung haben und diese nur mithilfe digitaler Produkte bereitstellen und solchen Tools, die schwerpunktmäßig digitale Dienstleistungen bereitstellen, wird zu **neuen Kontroversen** führen.[94] Die Bestimmung des Schwerpunkts wird im Einzelfall auch davon abhängen, ob eine Rechtsdienstleistung iSd RDG geschuldet ist. In diesem Fall wird die rechtliche Beratung häufig im Vordergrund stehen. Inwieweit hierbei Rückschlüsse aus der bisherigen BGH-Rechtsprechung[95] möglich sein werden, ist bisher völlig offen.

37 Ist der Anwendungsbereich der §§ 327 ff. BGB eröffnet und das Produkt fehlerhaft, gilt es zu untersuchen, ob der Fehler dem Mangelbegriff der §§ 327d–g BGB unterfällt. Ist dies zu bejahen, gelten hinsichtlich des Vertretenmüssens sowie der Schadensermittlung die obigen Ausführungen entsprechend (→ Rn. 21 ff.). Es greift die **Beweislastumkehr** des § 327k BGB.

VI. Haftung bei unerlaubter Rechtsdienstleistung

38 Rechtsdienstleistungen, die entgegen § 3 RDG oder § 4 iVm § 3 RDG erbracht werden, führen, wenn es sich nicht um geringfügige Überschreitungen handelt, zur Nichtigkeit des Rechtsdienstleistungsvertrags. Ist ein Rechtsgeschäft nichtig, liegt es zwar vor, seine bestimmungsgemäßen Rechtswirkungen treten aber von Anfang an nicht ein. Es ist von Anfang an unwirksam.[96]

1. Nichtigkeit des Rechtsdienstleistungsvertrags

a) Nichtigkeit wegen fehlender Erlaubnis, § 3 RDG

39 § 3 RDG ist ein Verbotsgesetz iSd § 134 BGB. Verträge, die die Erbringung einer Rechtsdienstleistung ohne gesetzliche Erlaubnis (→ Rn. 8) zum Gegenstand haben und somit gegen § 3 RDG verstoßen, sind gem.

---

87 Zu den neuen Vorschriften: Spindler MMR 2021, 451; Ring ZAP 2021, 1005; Pech GRUR-Prax 2021, 509; Pech GRUR-Prax 2021, 547.
88 BT-Drs. 19/2765, 40; Ring ZAP 2021, 1005 (1007); Pech GRUR-Prax 2021, 509.
89 Vgl. Spindler MMR 2021, 451 (453).
90 BT-Drs. 19/27653, 42.
91 BT-Drs. 19/27653, 42; Spindler MMR 2021, 451; Pech GRUR-Prax 2021, 509.
92 BT-Drs. 19/27653, 42.
93 BT-Drs. 19/27653, 42.
94 Ebenso: Spindler MMR 2021, 451.
95 BGH Urt. v. 9.9.2021 – I ZR 113/20, NJW 2021, 3125 – Smartlaw; BGH Urt. v. 27.11.2019 – VIII ZR 285/18, NJW 2020, 208 (215 Rn. 65) – Lexfox; BGH Urt. v. 13.7.2021 – II ZR 84/20, NJW 2021, 3046 (3052 Rn. 45) – Airdeal.
96 Jauernig/Mansel BGB Vorb. §§ 104–185 Rn. 18.

§ 134 BGB iVm § 3 RDG nichtig.[97] Dabei ist der Vertrag grundsätzlich **im Ganzen nichtig**, § 139 BGB, auch wenn er zugleich erlaubte Tätigkeiten umfasst.[98] Ist der Zweck einer Gesellschaft auf die Erbringung verbotener Rechtsdienstleistungen gerichtet, kann die Nichtigkeitsfolge sogar den Gesellschaftsvertrag erfassen.[99] Dies wurde vom LG Stuttgart etwa bei einem nicht registrierten Inkassounternehmen angenommen[100] (hierzu → *Haftung des Legal Tech-Unternehmens bei Inkassodienstleistungen* Rn. 8).

§ 134 BGB erfasst nur Parteivereinbarungen. Ist die Vereinbarung RDG-konform und verstößt der Dienstleister lediglich einseitig faktisch gegen den Erlaubnisvorbehalt, ist § 134 BGB nicht anwendbar.[101] Bisher ungeklärt ist die Frage, ob die im Lexfox-Urteil[102] im Inkassobereich entwickelten Maßstäbe zur Einschränkung der Nichtigkeit bei einer **geringfügigen Überschreitung** der Erlaubnis bei jeglichen Verstößen gegen § 3 RDG gelten. Im Lexfox-Urteil stellte der BGH fest, dass nicht jede geringfügige Überschreitung der Inkassoerlaubnis stets auch die Nichtigkeit der auf die Verletzung des RDG gerichteten Rechtsgeschäfte nach § 134 BGB zur Folge hat. Eine Nichtigkeit scheidet danach bei einer sehr geringen Überschreitung der Inkassodienstleistungsbefugnis und bei Unverhältnismäßigkeit aus.[103] Die Annahme von Nichtigkeit setzt nach dem BGH ferner voraus, dass die Überschreitung bei einer umfassenden Würdigung der Gesamtumstände aus der objektiven Sicht eines verständigen Auftraggebers eindeutig vorliegt[104] (→ *Haftung des Legal Tech-Unternehmens bei Inkassodienstleistungen* Rn. 11). Bei einer konsequenten Anwendung der Rechtsprechung müssten die Einschränkungen der Nichtigkeitsfolge bei einem Überschreiten der Erlaubnis durch Inkassodienstleister auch bei einem Überschreiten durch andere Erlaubnisinhaber gelten.[105]

b) Nichtigkeit wegen Interessenkollision, § 4 RDG

§ 4 RDG verbietet Rechtsdienstleistungen, deren ordnungsgemäße Erbringung aufgrund einer Gefahr von Interessenkollisionen beim Rechtsdienstleister gefährdet ist. Ob § 4 RDG ein Verbotsgesetz iSv § 134 BGB ist, wurde noch **nicht höchstrichterlich entschieden**. Im AirDeal-Urteil hat der BGH dies ausdrücklich offengelassen.[106] Im Lexfox-Urteil bleibt unklar, ob ein Verstoß gegen § 4 RDG über § 3 RDG zu einer Nichtigkeit des Rechtsdienstleistungsvertrags führen soll: Einerseits scheint der BGH § 4 RDG selbst als Verbotsgesetz einzuordnen, wenn er in seinem vierten Leitsatz statuiert, dass *„von einer Nichtigkeit nach § 134 BGB [...] regelmäßig auszugehen [ist,] [...] wenn das ‚Geschäftsmodell' des Inkassodienstleisters zu einer Kollision mit den Interessen seines Auftraggebers führt."*[107] Andererseits prüft der BGH sodann Verstöße gegen § 4 RDG im Anwendungsbereich von § 3 RDG und stellt fest, dass eine unerlaubte Tätigkeit nach § 3 RDG bei sonstigen Verstößen gegen das RDG (etwa § 4 RDG) vorliegen kann (→ *Inkassodienstleistungen* Rn. 20).[108] Einige **Instanzgerichte** haben Forderungsabtretungen aufgrund von Verstößen

---

97 BT-Drs. 16/3655, 31, 51; BGH Urt. v. 27.11.2019 – VIII ZR 285/18, NJW 2020, 208 (215 Rn. 65) – Lexfox; BGH Urt. v. 29.7.2009 – I ZR 166/06, NJW 2009, 3242 (3244 Rn. 20) – Finanz-Sanierung; BGH Urt. v. 28.6.2018 – I ZR 77/17, NJW 2018, 3715 (3716 Rn. 19); HK-RDG/Offermann-Burckart RDG § 3 Rn. 19; Morell NJW 2019, 2574 (2575).
98 BGH Urt. v. 10.11.1977 – VII ZR 321/75, NJW 1978, 322 (323); BGH Urt. v. 17.2.2000 – IX ZR 50/98, NJW 2000, 1560; HK-RDG/Klees RDG § 20 Rn. 1; Deckenbrock/Henssler/Seichter RDG § 3 Rn. 35.
99 BGH Beschl. v. 11.6.2013 – II ZR 245/11, BeckRS 2013, 12808; zum Rechtsberatungsgesetz: BGH Beschl. v. 19.7.2011 – II ZR 86/10, BeckRS 2011, 26973; MüKoBGB/Armbrüster BGB § 134 Rn. 101; Deckenbrock/Henssler/Henssler RDG Einl. Rn. 82a; Deckenbrock/Henssler/Seichter RDG § 3 Rn. 33c.
100 LG Stuttgart Beschl. v. 18.2.2019 – 45 O 12/17, BeckRS 2019, 1849; Grothaus/Haas ZIP 2020, 1797 (1798).
101 Freitag/Lang ZIP 2020, 1201 (1205).
102 BGH Urt. v. 27.11.2019 – VIII ZR 285/18, NJW 2020, 208 – Lexfox.
103 BGH Urt. v. 27.11.2019 – VIII ZR 285/18, NJW 2020, 208 (218 Rn. 90) – Lexfox.
104 BGH Urt. v. 27.11.2019 – VIII ZR 285/18, NJW 2020, 208 (218 Rn. 91) – Lexfox.
105 Ebenso: Deckenbrock/Henssler/Seichter RDG § 3 Rn. 33a.
106 BGH Urt. v. 13.7.2021 – II ZR 84/20, NJW 2021, 3046 (3052 Rn. 45) – Airdeal; Makatsch/Kacholdt NZKart 2021, 486 (490).
107 BGH Urt. v. 27.11.2019 – VIII ZR 285/18, NJW 2020, 208 Ls. 4 – Lexfox.
108 BGH Urt. v. 27.11.2019 – VIII ZR 285/18, NJW 2020, 208 (218 Rn. 87) – Lexfox; Tolksdorf MDR 2021, 1233 (1235 Rn. 11 ff.).

gegen § 4 RDG gem. §§ 3, 4 RDG iVm § 134 BGB als unwirksam erklärt.[109] Auch die überwiegenden Literaturstimmen ordnen § 4 RDG als Verbotsgesetz ein.[110] Die Einordnung von § 4 RDG als Verbotsgesetz steht im Einklang mit dem für die Rechtsanwaltschaft geltenden in § 43a Abs. 4 BRAO geregelten Verbot der Vertretung widerstreitender Interessen, für das der BGH die Nichtigkeit ausdrücklich angenommen hat.[111] Ein Verstoß gegen § 4 RDG wird somit regelmäßig die Nichtigkeit des Rechtsdienstleistungsvertrags gem. § 134 BGB oder zumindest (wie im Lexfox-Urteil) über § 3 RDG begründen.

2. Haftung bei Nichtigkeit des Rechtsdienstleistungsvertrags

42 Eine Haftung aus ungerechtfertigter Bereicherung und Geschäftsführung ohne Auftrag wurde vom BGH zuletzt nebeneinander angenommen.[112] Eine Geschäftsführung ohne Auftrag besteht bei Nichtigkeit des Rechtsdienstleistungsvertrags, weil der Rechtsdienstleister die Besorgung eines Geschäfts der Kundin oder des Kunden übernimmt, ohne dass dem ein wirksames Auftrags- bzw. Rechtsverhältnis zugrunde lag.[113] Dass die Verpflichtung zur Leistung unwirksam war, steht der Annahme eines Fremdgeschäftsführungswillens nicht entgegen.[114]

a) Rückforderungsanspruch der Kundschaft

43 Ist der Vertrag gem. § 134 BGB nichtig, stehen dem Legal Tech-Unternehmen keine vertraglichen Vergütungsansprüche zu.[115] Ein bereits gezahltes Entgelt können Kundinnen und Kunden nach den Vorschriften der **ungerechtfertigten Bereicherung**, § 812 Abs. 1 S. 1 Alt. 1. BGB, zurückfordern.[116] Der Ausschlusstatbestand des **§ 814 BGB** greift nur, wenn die Empfängerin/der Empfänger der Dienstleistung wusste, dass sie oder er zur Leistung nicht verpflichtet ist. Von den Nutzerinnen und Nutzern des Angebots kann jedenfalls dann, wenn sie Verbraucherinnen und Verbraucher sind, keine Kenntnis des RDG erwartet werden. In diesem Fall kommt der Ausschlussgrund nicht zum Tragen. Ein strengerer Maßstab sollte bei rechtlich beratenen Unternehmen und der Rechtsanwaltschaft angelegt werden.[117] Wurden die beiderseitigen Leistungen vollumfänglich und beanstandungsfrei erbracht, kann dem Rückforderungsanspruch im Einzelfall § 242 BGB entgegengehalten werden.[118]

---

109 LG Ingolstadt Urt. v. 7.8.2020 – 41 O 1745/18, BeckRS 2020, 18773 Rn. 108 ff.; LG München I Urt. v. 7.2.2020 – 37 O 18934/17, BeckRS 2020, 841 Ls. 4, Rn. 152 – LKW-Kartell; LG Braunschweig Urt. v. 30.4.2020 – 11 O 3092/19, BeckRS 2020, 7267 Rn. 46.
110 Rott VuR 2018, 443 (445); Kluth VuR 2018, 403 (411); Prütting ZIP 2020, 1434 (1441); MüKoBGB/Armbrüster BGB § 134 Rn. 159; Deckenbrock/Henssler/Deckenbrock RDG § 4 Rn. 32; Henssler NJW 2019, 545 (550); v. Lewinski/Kerstges MDR 2019, 705 (711); die Nichtigkeit des schuldrechtlichen Verpflichtungsgeschäfts scheinen auch Makatsch/Kacholdt NZKart 2021, 486 (489 f.), Stadler VuR 2021, 123 (126 f.), und Hartung AnwBl Online 2021, 152 (159), hinzunehmen, wenn sie jedenfalls für die Wirksamkeit der Abtretung plädieren.
111 BGH Urt. v. 2.4.2020 – IX ZR 135/19, NJW 2020, 2407 (2410 Rn. 31); BGH Urt. v. 10.1.2019 – IX ZR 89/18, NJW 2019, 1147 (1150 Rn. 24); BGH Urt. v. 7.9.2017 – IX ZR 71/16, NJW-RR 2017,1459 (1462 Rn. 18); Deckenbrock/Henssler/Seichter RDG § 3 Rn. 34, wonach ein Verstoß gegen § 4 RDG im Gegensatz zu einem Verstoß gegen § 3 RDG nur ex nunc wirken soll.
112 BGH Urt. v. 10.4.2014 – VII ZR 241/13, NJW 2014, 1805 (1805 Rn. 14 f.); BGH Urt. v. 28.7.2005 – III ZR 290/04, NZM 2005, 795 (796); BGH Urt. v. 30.4.1992 – III ZR 151/19, NJW 1992, 2021 (2022).
113 Zur Anwendung der §§ 677 ff. BGB auf die Rückabwicklung nichtiger Tätigkeitsverträge: MüKoBGB/Schäfer BGB § 677 Rn. 100 ff.; zu einem Verstoß gegen das Rechtsberatungsgesetz: OLG Hamm Urt. v. 30.10.2008 – 21 U 56/08, BeckRS 2008, 23766.
114 Deckenbrock/Henssler/Seichter RDG § 3 Rn. 50.
115 Henssler/Prütting/Overkamp/Overkamp RDG § 3 Rn. 15.
116 Deckenbrock/Henssler/Henssler RDG Einl. Rn. 82; Freitag/Lang ZIP 2020, 1201 (1206).
117 Vgl. Deckenbrock/Henssler/Seichter RDG § 3 Rn. 52, der nicht zwischen Verbrauchern und sonstigen Nutzern differenziert.
118 BGH Urt. v. 1.2.2007 – III ZR 281/05, NJW 2007, 1130 (1131 Rn. 16); Deckenbrock/Henssler/Seichter RDG § 3 Rn. 55.

b) Wertersatzansprüche des Legal Tech-Unternehmens

Dem Legal Tech-Unternehmen stehen Aufwendungsersatzansprüche aus **berechtigter GoA**, §§ 677, 683, 670 BGB,[119] hinsichtlich erbrachter Dienstleistungen und ggf. getätigter Auslagen gegen die Kundschaft in der Regel nicht zu. Aufwendungen für die Erbringung verbotener Tätigkeiten darf der Geschäftsführer nicht für erforderlich iSd § 670 BGB halten.[120]

Wertersatz für bereits erbrachte Dienstleistungen stehen dem Legal Tech-Unternehmen aber ggf. aus **ungerechtfertigter Bereicherung** zu, §§ 812 Abs. 1 S. 1 Alt. 1, 818 Abs. 2 BGB.[121] Hat das Legal Tech-Unternehmen bewusst gegen das gesetzliche Verbot verstoßen oder sich der Einsicht in das verbotswidrige Handeln leichtfertig verschlossen, kann diesen Ansprüchen § 817 S. 2 BGB entgegenstehen.[122] Bei bloß fahrlässigen Verstößen gegen das RDG greift der Ausschluss des § 817 S. 2 nicht.[123] An der Kenntnis des Verbots fehlt es, solange die eigene Rechtsauffassung von den Gerichten gebilligt wird. Wo hier aufgrund der aktuellen Rechtsunsicherheit über die Reichweite der Erlaubnistatbestände des RDG die Grenze zu ziehen ist, bleibt abzuwarten.[124] Die Annahme einer Kenntnis oder eines Kennenmüssens wird in nicht eindeutigen Fällen jedoch eher abzulehnen sein.

c) Schadensersatzansprüche von Kundinnen und Kunden

Die Ausführungen zu den Voraussetzungen des Entstehens von Schadensersatzansprüchen bei erlaubten Rechtsdienstleistungen gelten entsprechend (→ Rn. 11 ff.). Nachfolgend wird auf Besonderheiten bei der unerlaubten Rechtsdienstleistung eingegangen.

aa) Vorvertragliche Pflichtverletzung

Schadensersatzansprüche von Kundinnen und Kunden können nicht auf den Rechtsdienstleistungsvertrag gestützt werden, da dieser nichtig ist.[125] Das Legal Tech-Unternehmen kann Kundinnen und Kunden aber aus vorvertraglicher Pflichtverletzung, §§ 280 Abs. 1 S. 1, 241 Abs. 2, 311 Abs. 2 Nr. 1 BGB, zum Schadensersatz verpflichtet sein.[126] Die vorvertragliche Pflichtverletzung kann in dem Angebot eines auf den Abschluss eines gegen Verbotsgesetze (§§ 3, 4 RDG → Rn. 39 ff.) verstoßenden Vertrags liegen.[127] Sie lässt sich ferner aus einer aufgrund eines Informationsgefälles bestehenden Aufklärungspflicht des Rechtsdienstleisters gegenüber der (**Verbraucher-**)Kundschaft herleiten. Der Rechtsdienstleister wird regelmäßig besser über bestehende Rechtsunsicherheiten informiert sein als Kundinnen und Kunden.[128] Danach müssten Rechtsdienstleister auf objektiv begründete Zweifel an der Wirksamkeit des angestrebten Vertrags[129]

---

119 Zur Anwendung der §§ 677 ff. BGB auf die Rückabwicklung nichtiger Tätigkeitsverträge: MüKoBGB/Schäfer BGB § 677 Rn. 100 ff.
120 BGH Urt. v. 10.1.2019 – IX ZR 89/18, NJW 2019, 1147 (1150 Rn. 27); BGH Urt. v. 21.10.2010 – IX ZR 48/10, NJW 2011, 373 (374 Rn. 18); Freitag/Lang ZIP 2020, 1201 (1206); Deckenbrock AnwBl 2010, 221 (226).
121 BGH Urt. v. 10.4.2014 – VII ZR 241/13, NJW 2014, 1805 (1805 Rn. 14 f.); BGH Urt. v. 28.7.2005 – III ZR 290/04, NZM 2005, 795 (796); BGH Urt. v. 30.4.1992 – III ZR 151/19, NJW 1992, 2021 (2022).
122 BGH Urt. v. 10.1.2019 – IX ZR 89/18, NJW 2019, 1147 (1150 Rn. 28); BGH Urt. v. 26.1.2006 – IX ZR 225/04, NJW-RR 2006, 1071 (1073 Rn. 27 f.); Deckenbrock/Henssler/Henssler RDG Einl. Rn. 82; Freitag/Lang ZIP 2020, 1201 (1206).
123 Zur Rückforderung bei nichtigem Anwaltsvertrag: Deckenbrock AnwBl 2010, 221 (226).
124 Ebenso: Deckenbrock/Henssler/Seichter RDG § 3 Rn. 52.
125 Deckenbrock/Henssler/Deckenbrock/Henssler RDG § 4 Rn. 34; vgl. Sadighi Haftung von Nichtanwälten S. 200.
126 BGH Urt. v. 27.11.2019 – VIII ZR 285/18, NJW 2020, 208 (219 Rn. 94) – Lexfox; BGH Urt. v. 12.5.2016 – IX ZR 241/14, NJW 2016, 2561 (2562 Rn. 13); BGH Urt. v. 10.12.2009 – IX ZR 238/07, BeckRS 2010, 720 Rn. 9; Freitag/Lang ZIP 2020, 1201 (1207); Burgi DVBl 2020, 471 (478); Stadler VuR 2021, 123 (128); Morell NJW 2019, 2574 (2578).
127 BGH Urt. v. 27.11.2019 – VIII ZR 285/18, NJW 2020, 208 (219 Rn. 94) – Lexfox; Freitag/Lang ZIP 2020, 1201 (1207).
128 Morell NJW 2019, 2574 (2578).
129 v. Lewinski/Kerstges MDR 2019, 705 (709); iErg zustimmend: Morell NJW 2019, 2574 (2578); zur Hinweispflicht bzgl. begründeter Zweifel an der Durchführbarkeit von Verträgen bei Informationsgefällen: MüKoBGB/Emmerich BGB § 311 Rn. 71.

bzw. das Bestehen einer ungenügenden Qualifikation[130] hinweisen. Das Abstellen auf eine Schlechtleistung als Pflichtverletzung ist hingegen nicht möglich, da gerade kein Schuldverhältnis mit Leistungspflichten, die ungenügend ausgeführt werden könnten, existiert. Eine juristisch falsche Rechtsleistung ist deshalb bereits als der sich aus der mangelnden Aufklärung über die fehlende Rechtsberatungsbefugnis realisierte Primärschaden anzusehen (→ Rn. 53).[131]

48 Bisher ungeklärt ist, welche Anforderungen an eine **pflichtgemäße Aufklärung** zu stellen sind, wann also objektiv begründete Zweifel an der Zulässigkeit eines Geschäftsmodells bestehen,[132] und ob ein Entfallen der Pflichtverletzung – sollte den Aufklärungspflichten Genüge getan sein – mit dem Telos des RDG vereinbar wäre.[133] Jedenfalls gegenüber der **Rechtsanwaltschaft** dürften Aufklärungspflichten nicht oder nur eingeschränkt bestehen, so dass der Anknüpfungspunkt für eine Pflichtverletzung entfiele. Auch bei rechtlich beratenen Unternehmen können die Anforderungen an eine hinreichende Aufklärung geringer sein. Stellt man im Rahmen der Pflichtverletzung hingegen bereits auf das Angebot eines verbotswidrigen Vertrags ab,[134] wäre wohl auch eine hinreichende Aufklärung nicht geeignet, die Pflichtverletzung zu beseitigen.

49 Eine Aufklärungspflicht darüber, dass der Dienstleister zur Vertragsübernahme nicht berechtigt ist, wurde vom BGH ausdrücklich für den Fall eines neben der nichtigen Rechtsdienstleistung bestehenden **Dauerschuldverhältnisses** bejaht. In diesem Fall ergab sich die Aufklärungspflicht aber bereits aus dem Dauerschuldverhältnis, das folglich auch als Anspruchsgrundlage herangezogen wurde. In dem konkreten Fall haftete der Rechtsdienstleister für den Schaden infolge eines steuerlich nicht wirksamen Gewinnabführungsvertrags.[135]

50 Die allgemeine **Rücksichtnahmepflicht** des § 241 Abs. 2 BGB verpflichtet das Legal Tech-Unternehmen ferner zum Schutz der Rechtsgüter seiner Kundschaft.[136] Unzutreffende Prüfergebnisse verletzen das Interesse von Kundinnen und Kunden und begründen eine Verletzung von Rücksichtnahmepflichten (→ Rn. 13).[137]

bb) Vertretenmüssen

51 Zum Vertretenmüssen (→ Rn. 21 f.). Eine **Exkulpationsmöglichkeit** besteht für das Legal Tech-Unternehmen, wenn es ihm gelingt, die Verschuldensvermutung des § 280 Abs. 1 S. 2 BGB zu entkräften.[138] Der Legal Tech-Dienstleister müsste hierzu darlegen und beweisen, dass er die Pflichtwidrigkeit seines Tuns nicht erkennen konnte, weil die Reichweite seiner Befugnis aufgrund der aktuellen Rechtsunsicherheit unklar ist. Insbesondere dort, wo Rechtsunsicherheit darüber herrscht, ob das Geschäftsmodell ohne Erlaubnis zulässig ist, und das Unternehmen zusätzlich bei Vertragsschluss auf bestehende Rechtsunsicherheiten hinweist (→ Rn. 47), wird dem Legal Tech-Dienstleister kein Fahrlässigkeitsvorwurf gemacht werden können.[139] Die Exkulpation könnte Legal Tech-Unternehmen demnach insbesondere in umstrittenen Bereichen, etwa beim Legal Tech-Inkasso (→ *Haftung des Legal Tech-Unternehmens bei Inkassodienstleistungen* Rn. 21) gelingen.

---

130 Sadighi Haftung von Nichtanwälten S. 212 f.
131 Sadighi Haftung von Nichtanwälten S. 216; aA Remmertz Legal Tech-Strategien/Jungk § 5 Rn. 51, die die Falschberatung als Pflichtverletzung heranzieht.
132 Ausführlich hierzu: Morell NJW 2019, 2574 (2578).
133 Morell NJW 2019, 2574 (2578); so Sadighi Haftung von Nichtanwälten S. 215, der die Pflichtverletzung bei bestehender Aufklärung verneint.
134 So Freitag/Lang ZIP 2020, 1201 (1207).
135 BGH Urt. v. 30.9.1999 – IX ZR 139/98, NJW 2000, 69; ebenso: Saarländisches OLG Urt. v. 16.10.2007 – 4 U 149/07, DStRE 2008, 662 (663).
136 Grüneberg/Grüneberg BGB § 241 Rn. 7.
137 Remmertz Legal Tech-Strategien/Jungk § 5 Rn. 20; Zimmermann AnwBl Online 2019, 815 (819).
138 MüKoBGB/Ernst BGB § 280 Rn. 34.
139 Vgl. hierzu Morell NJW 2019, 2574 (2578); Morell ZWeR 2020, 328 (347); Hartung AnwBl Online 2021, 152 (159); Stadler VuR 2021, 123 (128), geht ohne nähere Begründung von einem fehlenden Verschulden des (Inkasso-)Dienstleisters aus; aA Freitag/Lang ZIP 2020, 1201 (1207), Rott VuR 2018, 443 (446), und Rott WuM 2020, 185 (189), die ein Verschulden ohne nähere Begründung annehmen.

▶ **Praxistipp:** Bei bestehender Rechtsunsicherheit über die Zulässigkeit des angebotenen Geschäftsmodells kann ein Hinweis auf diesen Umstand geeignet sein, Haftungsrisiken zu senken. ◀

cc) Durch Nichtigkeit verursachte Schäden

Bei einer culpa in contrahendo ist lediglich das **negative Interesse** ersatzfähig.[140] Kundinnen und Kunden werden so gestellt, als wären sie nie mit dem Rechtsdienstleister in Berührung gekommen.[141] Insbesondere im B2C-Bereich, wo Gegenstand des Rechtsdienstleistungsvertrags die Durchsetzung von Ansprüchen oder die Ausübung von Gestaltungsrechten ist und die entsprechenden Handlungen von der Nichtigkeitsfolge miterfasst werden (→ *Haftung des Legal Tech-Unternehmens bei Inkassodienstleistungen* Rn. 18), stoßen Kundinnen und Kunden auf Beweisschwierigkeiten. Den Ersatz des Schadens, der durch die Unwirksamkeit der Handlung entstanden ist, erhalten Kundinnen und Kunden nur ersetzt, wenn sie beweisen, dass sie die Handlung auch ohne Inanspruchnahme des Rechtsdienstleisters vorgenommen hätten und sie zudem Erfolg gehabt hätten.[142] Zur Schadensermittlung im vorvertraglichen Bereich (→ Rn. 24). Die Problematik zeigt sich insbesondere im Inkassobereich, wenn eine Forderung aufgrund mangelnder Aktivlegitimation des Inkassodienstleisters als unzulässig abgewiesen wird und dadurch keine Verjährungshemmung eintritt (→ *Haftung des Legal Tech-Unternehmens bei Inkassodienstleistungen* Rn. 22).

52

dd) Schäden bei mangelhafter Beratung

In der Regel ersatzfähig sind jedoch Schäden, die aufgrund einer mangelhaften juristischen Beratung entstehen. Danach sind Kundinnen und Kunden so zu stellen, wie sie stehen würden, wenn sie von einem berufsrechtlich zugelassenen Rechtsberater zutreffend beraten worden wären.[143] Dies entspricht im Ergebnis der vertraglichen Haftung der Rechtsanwaltschaft[144] (zum Sorgfaltsmaßstab von Rechtsdienstleistern → Rn. 19). Zur Schadensermittlung bei Beratungsfehlern (→ Rn. 27). Anknüpfungspunkt für die Pflichtverletzung ist mangels wirksamen Vertrags nicht ein Verstoß gegen die geschuldete Beratung, sondern die Verletzung von Nebenpflichten, § 241 Abs. 2 BGB (→ Rn. 47).

53

ee) Mitverschulden

Zum Mitverschulden (→ Rn. 30 ff.). Anknüpfungspunkt für das Mitverschulden bei der Nichtigkeit des Vertrags ist dessen Zustandekommen trotz gesetzlichen Verbots. Ein Mitverschulden iSd § 254 BGB kann vorliegen, wenn Kundinnen und Kunden wussten, dass der Vertrag nicht hätte geschlossen werden dürfen. Ein Mitverschulden scheidet grundsätzlich mangels Rechtskenntnis bei **Verbraucherinnen und Verbrauchern** aus.[145] Wurden Verbraucherinnen und Verbraucher zuvor auf die Rechtsunsicherheit hinsichtlich der Zulässigkeit des Modells hingewiesen (→ Rn. 47), erscheint ein Mitverschulden dergleichen möglich. Sind unternehmerische Nutzerinnen und Nutzer rechtlich beraten oder nutzen **Rechtsanwältinnen und Rechtsanwälte** die Anwendung, können strengere Maßstäbe greifen, da diesen die Unzulässigkeit des Geschäftsmodells – auch ohne erfolgte Aufklärung – bekannt sein könnte. Ob ein Mitverschulden angenommen werden kann und wie hoch der Grad des Mitverschuldens ist, wird sich nach den konkreten Umständen, insbesondere nach der Eindeutigkeit und Offensichtlichkeit des Verstoßes beurteilen (→ Rn. 32).

54

3. Wettbewerbsrechtliche Haftung

Verstöße gegen die §§ 3, 10 RDG können zudem ein unlauteres Verhalten darstellen, da die §§ 3, 10 RDG Marktverhaltensregeln iSd § 3a UWG sind.[146] Hiergegen können bspw. Rechtsanwaltskammern (§ 8 Abs. 3 Nr. 2 UWG), Mitbewerber (§ 8 Abs. 3 Nr. 1 UWG) oder Verbraucherverbände (§ 8 Abs. 3 Nr. 3 UWG) im

55

---

140 MüKoBGB/Emmerich BGB § 311 Rn. 201; Grüneberg/Grüneberg BGB Vorb § 249 Rn. 17.
141 Morell NJW 2019, 2574 (2578); Stadler VuR 2021, 123 (128).
142 Zum Inkasso: Stadler VuR 2021, 123 (128); Morell NJW 2019, 2574 (2578); v. Lewinski/Kerstges MDR 2019, 705 (712); allgemein: Sadighi Haftung von Nichtanwälten S. 216 f.
143 BGH Urt. v. 10.12.2009 – IX ZR 238/07, BeckRS 2010, 720 Rn. 10.
144 Deckenbrock/Henssler/Seichter RDG § 3 Rn. 57.
145 Freitag/Lang ZIP 2020, 1201 (1207).
146 Zu § 3 RDG: OLG Hamburg Urt. v. 25.2.2016 – 5 U 26/12, GRUR-RR 2017, 65 (69 Rn. 74); zu § 10 RDG: LG Hamburg Urt. v. 21.8.2018 – 312 O 89/18, BeckRS 2018, 41560 Rn. 16; Remmertz Legal Tech-Strategien/Jungk § 5 Rn. 63.

Wege der Unterlassungsklage vorgehen, § 8 UWG.[147] Mitbewerber können Schadensersatzansprüche gem. § 9 UWG geltend machen.[148]

VII. Deliktische Haftung und Produkthaftung

56 Die deliktische Haftung nach **§ 823 Abs. 1 BGB** hat im Zusammenhang mit Legal Tech-Anwendungen eine geringe Relevanz, da in diesem Bereich in der Regel reine Vermögensschäden entstehen.[149] Das Vermögen als solches zählt jedoch nicht zu den von § 823 Abs. 1 BGB geschützten absoluten Rechtsgütern.[150] Ansprüche aus **§ 823 Abs. 2 BGB** können bei Verletzung eines Schutzgesetzes entstehen. Hierzu zählen die §§ 3, 4 RDG, da sie auch dem Schutz der individuellen Interessen der Rechtsuchenden dienen.[151] Auch UWG-rechtliche Verstöße können eine Haftung nach § 823 Abs. 2 BGB auslösen.[152] Bei der bewussten unbefugten Erbringung von Rechtsdienstleistungen kann eine Haftung zudem aus § 823 Abs. 2 BGB iVm § 263 StGB folgen.[153]

57 Im Falle evidenten Missbrauchs ist eine Haftung wegen sittenwidriger Schädigung nach **§ 826 BGB** in Betracht zu ziehen.[154] Eine sittenwidrige Schädigung wurde vom KG für den Fall angenommen, in dem ein Rechtsanwalt und ein Mandant massenhaft unberechtigte Ansprüche geltend machten, während die Vermögensverhältnisse des Mandanten so gestaltet waren, dass dieser kein Kostenrisiko trägt.[155] Offen ist bisher, ob – angelehnt an die VW-Rechtsprechung[156] – eine sittenwidrige Schädigung bei einer **billigenden Inkaufnahme der Nichtigkeit** des Rechtsdienstleistungsvertrags durch das Legal Tech-Unternehmen vorliegen könnte. Bei der Bejahung einer solchen könnte eine Haftung für das vertraglich nicht ersetzbare Erfüllungsinteresse von Kundinnen und Kunden begründet werden.[157] Eine sittenwidrige Schädigung aufgrund billigender Inkaufnahme der Nichtigkeit wird bei einer Aufklärung der Kundschaft über bestehende Rechtsunsicherheit jedoch ausscheiden, da diese dann über die Risiken informiert wurde.

58 **Schädiger** ist regelmäßig der Anbieter des Tools, so dass in der Regel Anspruchskonkurrenz mit vertraglichen Ansprüchen gegeben ist.[158]

59 Eine Haftung für das **Inverkehrbringen fehlerhafter Produkte** gemäß ProdHaftG scheidet beim Angebot von Legal Tech-Anwendungen aus. Abgesehen davon, dass das ProdHaftG nur auf verkörperte/ heruntergeladen Software und nicht auf Online-Dienste anwendbar ist und damit schon nicht für alle Legal Tech-Tools gilt,[159] können Legal Tech-Anwendungen bereits naturgemäß die vom ProdHaftG geschützten Rechtsgüter[160] der körperlichen Unversehrtheit und der Sachbeschädigung nicht beeinträchtigen.

---

147 Deckenbrock/Henssler/Seichter RDG § 3 Rn. 64; Remmertz Legal Tech-Strategien/Winkler § 6 Rn. 76 ff.
148 Deckenbrock/Henssler/Seichter RDG § 3 Rn. 66.
149 Ebenso: Remmertz Legal Tech-Strategien/Jungk § 5 Rn. 55; Zimmermann AnwBl Online 2019, 815 (816).
150 MüKoBGB/Wagner BGB § 823 Rn. 191; Remmertz Legal Tech-Strategien/Jungk § 5 Rn. 55.
151 BGH Urt. v. 30.7.2019 – VI ZR 486/18, NJW-RR 2019, 1524 (1525 Rn. 19); BGH Urt. v. 10.7.2018 – VI ZR 263/17, NJW-RR 2018, 1250 (1255 Rn. 46); Deckenbrock/Henssler/Seichter RDG § 3 Rn. 58a; Freitag/Lang ZIP 2020, 1201 (1207 Fn. 79).
152 Deckenbrock/Henssler/Seichter RDG § 3 Rn. 58a.
153 Zum Tatbestand des § 263 StGB bei unerlaubten Rechtsdienstleistungen: Deckenbrock/Henssler/Rillig RDG § 20 Rn. 19.
154 Freitag/Lang ZIP 2020, 1201 (1207 Fn. 79); Remmertz Legal Tech-Strategien/Jungk § 5 Rn. 56.
155 KG Urt. v. 2.2.2018 – 5 U 110/16, MMR 2018, 394; Remmertz Legal Tech-Strategien/Jungk § 5 Rn. 57.
156 BGH Urt. v. 25.5.2020 – VI ZR 252/19, NJW 2020, 1962 (1963 Rn. 13 ff.); OLG Brandenburg Urt. v. 25.3.2020 – 4 U 114/19, BeckRS 2020, 5430 Ls. 2, Rn. 33 ff.; OLG München Urt. v. 15.1.2020 – 20 U 3219/18, BeckRS 2020, 89 Rn. 46.
157 MüKoBGB/Wagner BGB § 826 Rn. 57 f.
158 Remmertz Legal Tech-Strategien/Jungk § 5 Rn. 53.
159 BeckOK BGB/Förster ProdHaftG § 2 Rn. 22 f.; MüKoBGB/Wagner ProdHaftG § 2 Rn. 21 f.; Leeb Digitalisierung S. 301 f.
160 Vgl. § 1 Abs. 1 S. 1 ProdHaftG; BeckOK BGB/Förster ProdHaftG § 1 Rn. 17.

VIII. Datenschutzrechtliche Haftung

Datenschutzrechtliche Verstöße, zB eine Datenverarbeitung ohne/aufgrund ungenügender Einwilligung, Art. 6 Abs. 1 S. 1 Buchst. a), Art. 7 DS-GVO, können einen Anspruch auf Schadensersatz von Kundinnen und Kunden gegen das verantwortliche Legal Tech-Unternehmen begründen. Auch immaterielle Schäden sind ersatzpflichtig, § 82 Abs. 1 DS-GVO.[161] Daneben können Aufsichtsbehörden hohe **Bußgelder** bis zu 20.000.000 EUR oder 4 % des weltweit erzielten Jahresumsatzes verhängen, Art. 83 DS-GVO. Datenschutzverstöße können gleichzeitig einen wettbewerbsrechtlichen Verstoß gegen § 3a UWG darstellen.[162]

IX. Haftungsvorsorge

1. Vertragliche Haftungsbeschränkungen

Werden reine Inkasso- oder IT-Dienstleistungen angeboten, richtet sich die Zulässigkeit von Haftungsbeschränkungen nach allgemeinem **AGB-Recht**.[163] Haftungsbeschränkungen in Form von AGB müssen gegenüber Verbraucherinnen und Verbrauchern gem. § 305 Absatz 2 BGB in den Vertrag einbezogen sein. Ausreichend ist, dass diese über einen gut sichtbaren Link zugänglich sind und ausgedruckt werden können.[164] Ein Haftungsausschluss bei Vorsatz und grober Fahrlässigkeit ist gem. § 309 Nr. 7 b) BGB unzulässig.[165] Ob ein Ausschluss groben Verschuldens eines Erfüllungsgehilfen möglich ist, ist bisher ungeklärt und daher nicht zu empfehlen.[166] Ebenso wenig darf ein Haftungsausschluss sogenannte Kardinalpflichten betreffen.[167] Das LG Hamburg erklärte eine Haftungsbeschränkung für durch Computerviren ausgelöste Schäden und für mittelbare Schäden und entgangenen Gewinn gegenüber Verbraucherinnen und Verbrauchern als unzulässig.[168]

Haftungsbeschränkungen im Wege vorformulierter Haftungsvereinbarungen durch **Rechtsanwältinnen und Rechtsanwälte** oder Rechtsanwaltsgesellschaften werden durch § 52 Abs. 1 Nr. 2 BRAO begrenzt.

2. Versicherungsschutz

Für registrierte Personen nach § 10 RDG ist eine **Berufshaftpflichtversicherung** mit einer Deckungssumme von mindestens 250.000 EUR pro Versicherungsfall vorgeschrieben (→ *Haftung des Legal Tech-Unternehmens bei Inkassodienstleistungen* Rn. 27). Die Pflicht zu einer Berufshaftpflichtversicherung gilt auch für die Rechtsanwaltschaft und Rechtsanwaltsgesellschaften gem. § 51 ff. BRAO.[169] Übertragungsfehler in der Programmierung bergen großes Potenzial für Vermögensschäden. Zur Haftungsvorsorge sollte daher eine **IT-Haftpflichtversicherung** abgeschlossen werden.[170] Schutz vor Manipulationen des Programms durch unbefugte Dritte (Hacker), die sowohl bei der Kundschaft als auch beim Legal Tech-Unternehmen zu Vermögensschäden führen können, bietet eine **Cyber-Versicherung**.[171]

---

161 Vgl. hierzu: Korch NJW 2021, 978; Paal/Aliprandi ZD 2021, 241; Wybitul NJW 2019, 3265.
162 Remmertz Legal Tech-Strategien/Jungk § 5 Rn. 62.
163 Remmertz Legal Tech-Strategien/Jungk § 5 Rn. 85.
164 BGH Urt. v. 14.6.2006 – I ZR 75/03, NJW 2006, 2976.
165 MüKoBGB/Wurmnest BGB § 309 Nr. 7 Rn. 1.
166 Remmertz Legal Tech-Strategien/Jungk § 5 Rn. 87.
167 Remmertz Legal Tech-Strategien/Jungk § 5 Rn. 87.
168 LG Hamburg Urt. v. 17.2.2016 – 312 O 195/15, BeckRS 2016, 130154; Remmertz Legal Tech-Strategien/Jungk § 5 Rn. 88.
169 Zimmermann AnwBl Online 2019, 815 (817 f.).
170 Zimmermann AnwBl Online 2019, 815 (818).
171 Zimmermann AnwBl Online 2019, 815 (816).

38. Haftung des Rechtsanwalts ggü. Mandanten

Heetkamp

I. Allgemeines	1
II. (Vor-)Vertragliche Ansprüche	4
1. Pflichtverletzung	9
a) Vertragsanbahnung / Digitalbasierte Akquise	11
b) Sachverhaltsaufbereitung	14
aa) Sachverhaltsbereitstellung durch den Mandanten	15
bb) Anwaltliche Sachverhaltsermittlung	18
c) Juristische Recherche	20
d) Anwaltliche Rechtsprüfung	21
e) Rechtsgestaltung	24
f) Tätigwerden in gerichtlichen und außergerichtlichen Verfahren	26
g) Abrechnung	30
2. Vertretenmüssen	31
3. (Kausaler) Schaden	33
a) Schaden	33
aa) Schadensermittlung bei vorvertraglicher Pflichtverletzung	34
bb) Schadensermittlung bei vertraglicher Pflichtverletzung	36
b) Kausalität	37
c) Mitverschulden	40
4. Verjährung	43
III. Deliktische Ansprüche	45
IV. Produkthaftung	46
V. Prozessuales	49
1. Darlegungs- und Beweislast	50
2. Streitverkündung	51
3. Musterfeststellungsklage	53
VI. Datenschutzrechtliche Aspekte	55
VII. Haftungsvorsorge	58
1. Vertragliche Haftungsbeschränkung	59
2. Versicherungsrechtliche Aspekte	61
VIII. Ausblick	63

Literatur: *Borgmann,* Die Rechtsprechung des BGH zum Anwaltshaftungsrecht, NJW 2008, 412; *Borgmann,* Die Rechtsprechung des BGH zum Anwaltshaftungsrecht, NJW 2020, 3567; *Duda/Lilienbeck,* Legal Chatbots in der Rechtsberatung, CTRL 2021, 168; *Fries,* PayPal Law und Legal Tech – Was macht die Digitalisierung mit dem Privatrecht?, NJW 2016, 2860; *Galetzka/Garling/Partheymüller,* Legal Tech – „smart law" oder Teufelszeug? Übersicht der aktuellen Rechtsprechung zu Legal Tech zwischen Rechtspolitik und technischer Entwicklung, MMR 2021, 20; *Ganter,* Schadensberechnung und Vorteilsausgleichung in der Haftung der rechtsberatenden Berufe, NJW 2012, 801; *Greger,* Die Ziviljustiz wird digital, DS 2021, 240; *Günther,* Haftungsfallen rund ums beA, NJW 2020, 1785; *Heinemann,* Baustein anwaltlicher Berufshaftung: die Beweislast, NJW 1990, 2345; *Jungk,* Anwaltschaft online – Haftungsgefahren in der digitalen Welt: Worauf Kanzleien achten sollten, wenn sie IT, beA, Legal Tech und Internet nutzen, AnwBl 2017, 776; *Jungk,* Die Rechtsprechung des BGH zum Anwaltshaftungsrecht, NJW 2021, 3630; *Kaulartz/Heckmann,* Smart Contracts – Anwendungen der Blockchain-Technologie, CR 2016, 618; *Korch,* Schadensersatz für Datenschutzverstöße, NJW 2021, 978; *Lapp,* Ein Warnsignal – Im Blickpunkt: unzulässige Legal Tech-Klagen, e-Justice-Magazin 02/2019, 16; *Laumen,* Beweisführungs- und Beweislastprobleme bei der zivilrechtlichen Haftung von Steuerberatern (Teil I), DStR 2015, 2514; *Laumen,* Beweisführungs- und Beweislastprobleme bei der zivilrechtlichen Haftung von Steuerberatern (Teil II), DStR 2015, 2570; *von Lewinski,* Berufsrecht der Rechtsanwälte, Patentanwälte und Steuerberater, 5. Aufl. 2021; *Paal/Aliprandi,* Immaterieller Schadensersatz bei Datenschutzverstößen – Bestandsaufnahme und Einordnung der bisherigen Rechtsprechung zu Art. 82 DS-GVO, ZD 2021, 241; *Raue,* Haftung für unsichere Software, NJW 2017, 1841; *Riechert,* Legal Tech und Serienschäden, AnwBl 2020, 168; *Risse,* Mathematik, Statistik und die Juristerei, NJW 2020, 2383; *Schnabl,* Juristische Online-Datenbanken im Lichte der Anwaltshaftung, NJW 2007, 3025; *Spindler,* Umsetzung der Richtlinie über digitale Inhalte in das BGB, MMR 2021, 451; *Szerkus,* Der Anwaltsvertrag in der Prüfung, JA 2018, 328; *Timmermann/Gelbrich,* Können Algorithmen subsumieren? Möglichkeiten und Grenzen von Legal Tech, NJW 2022, 25; *Wagner,* Legal Tech und Legal Robots in Unternehmen und den sie beratenden Kanzleien; Teil 2: Folgen für die Pflichten von Vorstandsmitgliedern bzw. Geschäftsführern und Aufsichtsräten, BB 2018, 1097; *Wybitul,* Immaterieller Schadensersatz wegen Datenschutzverstößen – Erste Rechtsprechung der Instanzgerichte, NJW 2019, 3265; *Yuan,* Recht automatisieren und Automatisierung regulieren, Rethinking Law 2/2021, 4; *Zimmermann,* Legal Tech – Vielfalt der Anwendungen und richtige Haftungsvorsorge, AnwBl Online 2019, 815.

I. Allgemeines

1 Im Rahmen dieses Überblicks einer möglichen Haftung eines Rechtsanwalts oder einer Rechtsanwältin gegenüber der Mandantschaft geht es nur um den **Einsatz „echter" Legal Tech Tools** während der anwaltlichen Tätigkeit und nicht etwa um solche digitalen Komponenten, die den anwaltlichen Arbeitsalltag heute schon selbstverständlich prägen und erleichtern, ohne signifikant in die inhaltliche Mandatsbearbeitung

einzugreifen – etwa die Nutzung von E-Mail-Kommunikation, Webseiten, Client-Management-Software, beA oder elektronischem Fristenkalender (zu entsprechenden Programmen → *Büroorganisationssoftware* Rn. 2 ff. und → *Customer Relationship Management (CRM)* Rn. 13 ff.; zu dem durch Legal Tech gewandelten anwaltlichen Berufsbild und dessen Auswirkungen auf das Berufsrecht → *Rechtsanwalt, Berufsrecht* Rn. 3 ff.[1]; zu den Auswirkungen von Legal Tech auf Rechtsanwalts- und Notarfachangestellte → *ReNo* Rn. 7 ff.).[2] Dabei ist – auch angesichts teils unklarer Bestimmung des Begriffs Legal Tech → *Legal Tech, Begriff* Rn. 10 ff.) – zum einen klar, dass die Grenzen fließend sind, zum anderen sind auch die hier ausgeklammerten Bereiche für Rechtsanwälte nicht weniger haftungsträchtig wie auch aktuelle Rechtsprechung (etwa zur Einhaltung bzw. Kontrolle einer Rechtsmittelfrist per elektronischem Fristenkalender[3] oder zur Übermittlung von Schriftsätzen per beA[4]) zeigt.

Abzugrenzen ist der Einsatz von Legal Tech Tools durch die Rechtsanwaltschaft gegenüber der Mandantschaft einerseits von dem **direkten Kontakt der Rechtssuchenden zu Legal Tech-Unternehmen** (→ *Haftung des Legal Tech-Unternehmens ggü. Kunden* Rn. 11 ff.), andererseits von einem **direkten Kontakt der Rechtssuchenden zu einem Inkassodienstleistungen erbringenden Legal Tech-Unternehmen** (→ *Haftung des Legal Tech-Unternehmens bei Inkassodienstleistungen* Rn. 3 ff.), des Weiteren von der **Mitwirkung von Rechtsanwälten und Rechtsanwältinnen an Legal Tech-Unternehmen**[5]. Wegen der berufsrechtlichen Besonderheiten (etwa der Möglichkeit eines Verzichts auf gesetzliche Gebühren nur im Ausnahmefall, Möglichkeit der wirksamen Vereinbarung von erfolgsbezogenen Honoraren nur unter bestimmten Bedingungen) können Rechtsanwälte nicht ohne Weiteres selbst wie ein Legal Tech-Unternehmen – wie etwa flightright oder wenigermiete.de – am Markt auftreten (vgl. zu dem ebenfalls relevanten Thema möglicher Beteiligungen an einer Anwaltskanzlei → *Rechtsanwalt, Beteiligungsverhältnisse* Rn. 5 ff.).[6]

Neben von der Anwaltschaft bei einer Betätigung im Legal Tech-Bereich zu berücksichtigenden berufsrechtlichen Schranken[7] wirkt sich der (fehlerhafte) Einsatz von Legal Tech Tools in der anwaltlichen Tätigkeit im Rahmen von Haftungsfragen aus (zu dem durch Legal Tech gewandelten anwaltlichen Berufsbild und dessen Auswirkungen auf das Berufsrecht → *Rechtsanwalt, Berufsrecht* Rn. 3 ff.). Dabei „spielt die Musik" insbesondere im Rahmen der vertraglichen Haftung des Rechtsanwalts oder der Rechtsanwältin; weitere Haftungsgrundlagen sind denkbar, werden in der Praxis aber wohl nur eine untergeordnete Rolle spielen.

II. (Vor-)Vertragliche Ansprüche

Die vertragliche Haftung von Rechtsanwälten und Rechtsanwältinnen in der allgemeinen Rechtsberatung richtet sich nach §§ 280 Abs. 1, 611, 675 BGB, da es sich insoweit um einen **Dienstvertrag** handelt, der eine Geschäftsbesorgung zum Gegenstand hat. Nur in Ausnahmefällen – nämlich, wenn der Rechtsanwalt oder die Rechtsanwältin einen konkreten Leistungserfolg wie etwa einen bestimmten Vertragsentwurf oder

---

[1] Remmertz Legal Tech-Strategien/Winkler § 6 Rn. 2 ff. zu möglichen berufsrechtlichen Sanktionen.
[2] Remmertz Legal Tech-Strategien/Reinemann § 1 Rn. 12 spricht bezüglich solcher technischer Unterstützungswerkzeuge von Lowtech-Digitalisierung, während v. Lewinski, Berufsrecht der Rechtsanwälte, Patentanwälte und Steuerberater, 5. Aufl. 2021, Kap. 10 Rn. 37, auch das beA als „Legal Tech" ansieht.
[3] So etwa BGH Beschl. v. 23.6.2020 – VI ZB 63/19, NJW 2020, 2641 – Fristenkontrolle des Legal-Tech-Anwalts; Remmertz Legal Tech-Strategien/Offermann-Burckart § 2 Rn. 69 f. mwN; Remmertz Legal Tech-Strategien/Siegmund § 2 Rn. 281 ff. mwN; zum elektronischen Fristenkalender: Jungk AnwBl 2017, 776 (776); Jungk NJW 2021, 3630 (3633).
[4] Siehe dazu etwa: Günther NJW 2020, 1785, Jungk NJW 2021, 3630 (3632), und aktuell BGH Beschl. V. 11.5.2021 – VIII ZB 9/20, BeckRS 2021, 15401.
[5] Siehe zu verschiedenen denkbaren Mitwirkungsvarianten: Remmertz Legal Tech-Strategien/Remmertz § 3 Rn. 23 ff.
[6] Dazu im Detail: Hartung/Bues/Halbleib Legal Tech/Hartung Rn. 1048 ff.
[7] Remmertz Legal Tech-Strategien/Remmertz § 3 Rn. 34 ff.

ein Gutachten zu einer abgrenzbaren Rechtsfrage schuldet – ist der Anwaltsvertrag als Werkvertrag zu qualifizieren[8], der zu einer Haftung gemäß §§ 280 Abs. 1, 631, 634 Nr. 4 BGB führen kann.

5 Auf den ersten Blick scheinen **keine haftungsrechtlichen Besonderheiten** hinsichtlich einer Einbeziehung von Legal Tech Tools in die Rechtsberatung vorzuliegen, da die Haftungsgefahren im Allgemeinen nicht spezifisch digital sind.[9] So ist es für die Mandantschaft letztlich unerheblich, ob die fehlerhafte Schriftsatzerstellung auf eine fehlerhafte Programmierung zurückgeht (etwa Schriftsatzprogramm greift auf falsche Excel-Datei für einzufügende Daten zurück) oder sich der Anwalt oder die Anwältin selbst vertut (Anwalt oder Anwältin öffnet falsche Excel-Datei und überträgt falsche Daten händisch in den Schriftsatz). Doch bestehen für die Anwaltschaft durch die Einbeziehung von Legal Tech Tools in die Mandatsbearbeitung auf den zweiten Blick ungleich **größere Haftungsrisiken**, da zum einen mögliche Fehlerquellen für den Anwalt oder die Anwältin schwieriger zu erkennen bzw. zu vermeiden sein könnten, zum anderen die Gefahr, dass ein einmal aufgetretener Fehler massenhaft auftritt, bei Einbeziehung von Legal Tech Tools in die anwaltliche Tätigkeit im wahrsten Sinne des Wortes „programmiert" ist.[10]

6 Grundsätzlich sind im Zusammenhang mit der Nutzung von Legal Tech Tools in der anwaltlichen Tätigkeit **zwei Fehlerquellen** denkbar: Entweder wurde der später zutage tretende Fehler schon bei der rechtlichen Vorbereitung bzw. Konzeption des Legal Tech Tools gemacht oder die rechtlichen Vorgaben wurden sodann in der Umsetzung fehlerhaft programmiert. Dies gilt sowohl für Legal Tech Tools, die Anwälte und Anwältinnen bzw. Kanzleien selbst entwickelt haben, als auch für solche Tools, die von Anwaltsseite selbst nur lizensiert wurden (etwa HotDocs oder Bryter; zu entsprechenden Möglichkeiten der anwaltlichen Produktentwicklung durch Low-Code- bzw. No-Code-Software → *Produkt- und Softwareentwicklung* Rn. 67 ff.; zur Veränderung der juristischen Arbeit durch Legal Tech und der unmittelbaren Mitwirkung an der Entstehung neuartiger codebasierter juristischer Produkte → *Konversion* Rn. 26 ff.).

7 Im Rahmen der Beantwortung einer möglichen anwaltlichen Haftung ist zu erwägen, ob den Rechtsanwalt oder die Rechtsanwältin schon eine **Prüfpflicht bei der Auswahl eines Legal Tech Tools** zukommt, etwa hinsichtlich dessen Funktionstüchtigkeit und Zuverlässigkeit, die maßgeblich von der Anzahl und Qualität von Prüfungsdaten und der Qualität der juristischen Programmierung abhängen dürfte. Einen möglichen Anknüpfungspunkt bietet auch, dass den Rechtsanwalt bzw. die Rechtsanwältin eine **Offenlegungspflicht hinsichtlich der Einbeziehung von Legal Tech Tools** in seine Mandatsbearbeitung treffen könnte. Dagegen könnte sprechen, dass die Mandantschaft regelmäßig kein schutzwürdiges Interesse daran hat, über die konkrete Arbeitsweise des Rechtsanwalts oder der Rechtsanwältin informiert zu werden. Anders könnte dies sein, wenn der Einsatz des Legal Tech Tools zu einem gesteigerten Risiko für Fehler in der Mandatsbearbeitung oder einen reduzierten, anwaltlichen Pflichtenkatalog führt (→ Rn. 9 ff.).

8 Letztlich wird es aber hinsichtlich einer anwaltlichen Haftung maßgeblich darauf ankommen, ob der Rechtsanwalt bzw. die Rechtsanwältin eine **ordnungsgemäße Kontrolle des Arbeitsergebnisses des Legal Tech Tools** durchgeführt hat, bevor er bzw. sie sich dieses Arbeitsergebnis durch Weitergabe des Ergebnisses an die Mandantschaft zu eigen gemacht hat. Denn die Mandantschaft wird regelmäßig zu Recht davon ausgehen, dass eine umfassende anwaltliche Kontrolle des Arbeitsergebnisses stattgefunden hat.

1. Pflichtverletzung

9 Der konkrete Umfang der anwaltlichen Pflichten – und damit der möglicherweise vorwerfbaren Pflichtverletzungen – bestimmt sich nach den Umständen des Einzelfalls und dem Umfang des erteilten Mandats.[11] Dabei ist im Ausgangspunkt zu beachten, dass Rechtsanwälte und Rechtsanwältinnen grundsätzlich keiner Erlaubnis bedürfen, wenn sie Legal Tech Tools als Teil ihrer anwaltlichen Tätigkeit einsetzen – anders ist

---

8 BeckOGK/Teichmann BGB § 675 Rn. 866 mwN.
9 Jungk AnwBl 2017, 776 (776).
10 Zu versicherungsrechtlichen Aspekten → Rn. 61 f.
11 BeckOGK/Teichmann BGB § 675 Rn. 1020 ff.

dies, wenn ein Rechtsanwalt oder eine Rechtsanwältin im Rahmen einer Gesellschaft, die Rechtsdienstleistungen erbringt und keine Rechtsanwaltsgesellschaft ist, tätig wird. Dann wird eine Erlaubnis nach dem RDG für besagte Gesellschaft erforderlich (siehe hierzu → *Haftung des Legal Tech-Unternehmens ggü. Kunden* Rn. 8 ff.).[12]

Zur Beurteilung der möglichen Pflichtverletzungen bietet sich eine Untergliederung anhand der möglichen Einsatzbereiche von Legal Tech-Anwendungen in der anwaltlichen Mandatsbearbeitung an.

a) Vertragsanbahnung / Digitalbasierte Akquise

Gerade größere Kanzleien bieten vermehrt Legal Tech Tools öffentlich und kostenfrei zu Marketingzwecken und Mandantenakquise auf ihren Webseiten[13] oder monothematischen Homepages[14] an.[15] Die Kanzleien lassen sich hierbei häufig im Rahmen von vorab anzuklickenden Hinweisen bestätigen, dass der Nutzer bzw. die Nutzerin Kenntnis davon hat, dass es sich bei dem Ergebnis des Tools nur um eine erste Rechtsorientierung und keine individualisierte Rechtsberatung handelt. In diesem Fall käme wohl mangels Rechtsbindungswille noch kein Anwaltsvertrag zustande.[16]

Etwas anderes könnte gelten, wenn der Nutzer bzw. die Nutzerin vor oder bei der Eingabe seiner bzw. ihrer Daten in das Legal Tech Tool eine datenschutzrechtliche Einwilligung abgibt und aufgrund der Umstände des Einzelfalls auch ein Rechtsbindungswille im Hinblick auf eine Vertragsbegründung anzunehmen ist (→ *Haftung des Legal Tech-Unternehmens ggü. Kunden* Rn. 12 f.).[17]

Kommt die Auslegung der von dem Nutzer bzw. der Nutzerin abgegebenen Erklärung gemäß §§ 133, 157 BGB zu dem Ergebnis, dass kein entsprechender Rechtsbindungswille anzunehmen ist, ist eine vorvertragliche Haftung des/der das Legal Tech Tool bereitstellenden Rechtsanwalts bzw. Rechtsanwältin aus **culpa in contrahendo** gemäß §§ 280 Abs. 1, 241 Abs. 2, 311 Abs. 2 Nr. 2 BGB zu erwägen (zu vorvertraglichen Pflichtverletzungen auch → *Haftung des Legal Tech-Unternehmens ggü. Kunden* Rn. 12 f.).

b) Sachverhaltsaufbereitung

Die Ermittlung und Aufbereitung des Sachverhalts, den es rechtlich zu beurteilen gilt, stehen am Anfang jeder Rechtsberatung. Dabei kann grob danach unterschieden werden, ob der zu beurteilende Sachverhalt vom Mandanten bereitgestellt wird oder aber der Anwalt oder die Anwältin den Sachverhalt (ganz oder größtenteils) aus zur Verfügung gestellten Unterlagen ermitteln muss.

aa) Sachverhaltsbereitstellung durch den Mandanten

Legal Tech Tools können die Sachverhaltsbereitstellung durch die Mandantschaft ermöglichen und somit den Rechtsanwalt oder die Rechtsanwältin dabei unterstützen, den streitrelevanten Sachverhalt zu ermitteln – etwa, indem ein auf eine bestimmte Fallkonstellation zugeschnittener Chatbot den Mandanten befragt und auffordert, relevante Unterlagen hochzuladen oder zu übersenden (zu entsprechenden Dialogsystemen → *Legal Chatbot* Rn. 26 ff.). Chatbots haben dabei – etwa gegenüber einem in Gänze übersandten Fragenkatalog – den Vorteil, dass sie eine menschliche Kommunikation simulieren und damit Vertrauen beim Nutzer bzw. der Nutzerin wecken können.[18] Auch können entsprechende Dialogsysteme im Vergleich

---

12 Hartung/Bues/Halbleib Legal Tech/Hartung Rn. 1032.
13 Ein Beispiel wäre etwa der „Luther.Quick Check Englische Limited", mit dem auf der Webseite der Luther Rechtsanwaltschafts GmbH Interessierte durch eigene Angaben die „wahrscheinlich sachgerechteste Handlungsoption" hinsichtlich der Frage finden, wie eine englische Limited nach dem Brexit in eine haftungsbeschränkte Gesellschaft überführt werden kann. Ein anderes Beispiel ist ein Tool der Kanzlei WBS, das prüft, ob jemandem ein Anspruch auf Rückzahlung von verlorenen Glücksspieleinsätzen gegenüber Online-Casinos zustehen könnte.
14 Beispielsweise eine Seite wie www.diesel-abgasskandal.de.
15 Zimmermann AnwBl Online 2019, 815, spricht insoweit von „digitalbasierter Akquisition".
16 Zimmermann AnwBl Online 2019, 815 (816), geht bei Akquise-Tools stets von einer invitatio ad offerendum aus; aA: Remmertz Legal Tech-Strategien/Jungk § 5 Rn. 18 geht grds. vom Vorliegen eines Rechtsbindungswillens aus.
17 Vgl. hierzu Spindler MMR 2021, 451 (453).
18 Remmertz Legal Tech-Strategien/Reinemann § 1 Rn. 25.

16 Doch sind schon in dieser Phase der Mandatsbearbeitung Haftungsrisiken möglich, wie ein landgerichtliches Urteil zu „Online-Scheidungen" zeigt: Das Landgericht Berlin entschied, dass die von dem Rechtsanwalt bzw. der Rechtsanwältin geschuldete Beratung so verantwortungsvoll zu erfolgen habe, dass sie „sich weder in einem Telefonat erledigen noch durch ein Onlineformular ersetzen" lässt.[19] Denn der Rechtsanwalt bzw. die Rechtsanwältin sei aufgrund des Anwaltsvertrags verpflichtet, die Interessen des Auftraggebers bzw. der Auftraggeberin in den Grenzen des erteilten Mandats nach jeder Richtung umfassend wahrzunehmen. Das anwaltliche Verhalten sei so einzurichten, dass jede Schädigung der Mandantschaft, auch wenn dies nur von einem oder einer Rechtskundigen vorausgesehen werden könne, vermieden werde.[20] Dieser Verpflichtung zur umfassenden Beratung käme der anwaltliche Beistand, der den Sachverhalt nur per Formular oder kurzem Telefonat erfasse, ggf. nicht zur Genüge nach; entscheidend sei die Frage des erteilten Mandats und dass den Rechtsanwalt bzw. die Rechtsanwältin die Verpflichtung träfe, den maßgeblichen Sachverhalt als zuverlässige Grundlage der Rechtsberatung mit aufzuklären.[21]

17 Fraglich ist, ob sich diese Rechtsprechung in Zukunft halten kann – denn gerade in auf Masseverfahren spezialisierten Kanzleien wird der Anwalt oder die Anwältin die Mandantschaft im Regelfall nicht persönlich zu Gesicht bekommen und sich regelmäßig allein auf die etwa per Online-Formular oder per Mail zur Verfügung gestellten Angaben verlassen, soweit diese nicht erkennbar unzutreffend oder widersprüchlich sind. Klar ist, dass ein Anwalt oder eine Anwältin sich jedenfalls in den Fällen, in denen ein zusätzlicher Beratungsbedarf der Mandantschaft ersichtlich wird oder aber die von der Mandantschaft per Sachverhaltserfassungsportal bereit gestellten Informationen erkennbar nicht zutreffend oder abschließend sind, nicht umhin kommt, Rücksprache mit der Mandantschaft zu halten bzw. den Sachverhalt eigenständig zu ermitteln.[22]

bb) Anwaltliche Sachverhaltsermittlung

18 Auch wenn die Sachverhaltsaufbereitung dadurch erfolgt, dass der Anwalt oder die Anwältin den Sachverhalt selbst ermittelt, ist ein Einsatz von Legal Tech Tools gängige Praxis. So gibt es Legal Tech Tools, die in „intelligenter" Weise große Datenmengen auswerten können. Diese Information-Retrieval-Programme[23] werden häufig als „zentrale Werkzeuge" für die Kanzlei von morgen bezeichnet[24] (zur Funktionsweise von e-Discovery, information retrieval, technology assisted review u.a. → *Dokumentenanalyse* Rn. 11 ff.). Entsprechende Analyse-Tools sind grundsätzlich in der Lage, nicht nur nach Stichwörtern, sondern nach bestimmten Inhalten zu suchen.[25] Setzt ein Rechtsanwalt oder eine Rechtsanwältin nun diese Software ein, muss er oder sie zunächst (selbst) prüfen, dass diese ausreichend zufriedenstellend funktioniert.[26] Im Weiteren müssen von anwaltlicher Seite die Suchparameter in geeigneter Weise definiert und das Tool ordnungsgemäß bedient werden.

19 Erfolgt die anwaltliche Sachverhaltsermittlung auf der Grundlage von durch die Mandantschaft bereitgestellte (unstrukturierte und ungeordnete) Unterlagen, lauern Haftungsrisiken für den Anwalt bzw. die Anwältin in einem unzureichenden Umgang mit etwaigen Dokumentenmanagementsystemen, der etwa

---

19 LG Berlin Urt. v. 5.6.2014 – 14 O 395/13, NJW-RR 2014, 1145.
20 LG Berlin Urt. v. 5.6.2014 – 14 O 395/13, NJW-RR 2014, 1145.
21 LG Berlin Urt. v. 5.6.2014 – 14 O 395/13, NJW-RR 2014, 1145.
22 Hartung/Bues/Halbleib Legal Tech/Hartung Rn. 1053.
23 Als Beispiele können hier etwa „Leverton" (https://leverton.ai), „Kira" (https://kirasystems.com) und „Evana" (https://evana.ai) genannt werden.
24 Remmertz Legal Tech-Strategien/Reinemann § 1 Rn. 28.
25 Remmertz Legal Tech-Strategien/Reinemann § 1 Rn. 31.
26 Dabei werden die im konkreten Einzelfall zu stellenden Anforderungen an die Prüfpflicht von den jeweiligen Umständen abhängen (denkbar wäre, eine gewisse Anzahl an Stichproben zu fordern oder eine Zertifizierung des Tools durch Dritte).

zu einem schlichten Übersehen oder Nichtauffinden von rechtlich entscheidenden Informationen oder Unterlagen führen kann (siehe auch → *Büroorganisationssoftware* Rn. 2 ff.).

c) Juristische Recherche

Die anwaltliche, juristische Recherche wird – jedenfalls ab einer gewissen Kanzleigröße oder Anwaltsgeneration – heutzutage maßgeblich oder sogar ausschließlich digital über Online-Datenbanken durchgeführt. Im Ausgangspunkt ist festzuhalten, dass der Anwalt oder die Anwältin im Rahmen der Mandatsbearbeitung verpflichtet ist, sich mandatsbezogen über die aktuelle höchstrichterliche Rechtsprechung anhand der jeweiligen amtlichen Sammlung und der einschlägigen Fachzeitschriften zu unterrichten.[27] Während bei einer kleinen, allgemein beratenden Anwaltskanzlei eine allgemeine juristische Fachzeitschrift ausreichen soll, werden bei speziellen Rechtsmaterien höhere Anforderungen gestellt.[28] Die Vorteile einer Online-Datenbank sind schnell benannt: Aktualität und Breite des Inhalts bei höherer Rechercheeffektivität.[29] Aus diesen Vorteilen der digitalen Recherche entwickelte sich die (bislang wohl zu verneinende) Frage, ob es eine Pflicht zur Nutzung entsprechender juristischer Online-Datenbanken gibt.[30] Das gegenteilige Vorgehen – also eine rein digitale Recherche – wird angesichts etwaiger Unvollständigkeiten (bezüglich älterer Rechtsprechung) oder Begrenzung der Online-Datenbank auf verlagseigene Fachzeitschriften – haftungsrechtlich kritischer gesehen.[31]

20

d) Anwaltliche Rechtsprüfung

Die Rechtsprüfung ist die zentrale, anwaltliche Aufgabe, die hohe bis beinahe unerfüllbare Anforderungen an den Anwalt bzw. die Anwältin stellt.[32] Schon jetzt setzt die Anwaltschaft (und auch die Justiz) bei der rechtlichen Fallprüfung auf Legal Tech Tools (zu Programmen der (teil-)automatisierten Entscheidungsfindung → *Entscheidungsfindung, automatisierte* Rn. 6 ff.; zu Möglichkeiten der technologiegestützten Subsumtion → *Subsumtion* Rn. 21 ff.; zu entsprechenden Entscheidungshilfe- und Assistenzsystemen → *Expertensystem, juristisches* Rn. 11 ff.).[33]

21

Dass die Anwaltschaft auch im Rahmen der rechtlichen Beurteilung des zu prüfenden Sachverhalts Legal Tech Tools einsetzt, ist dem Grunde nach nicht zu beanstanden, da es die Mandatsbearbeitung beschleunigen und helfen kann, (menschliche) Fehler zu vermeiden.[34] Damit der Rechtsanwalt oder die Rechtsanwältin den seinem bzw. ihrem Mandanten gegenüber bestehenden Pflichten ordnungsgemäß nachkommt, wird man allerdings zu fordern haben, dass der Rechtsanwalt bzw. die Rechtsanwältin das von dem Legal Tech Tool ausgegebene Ergebnis rechtlich nachvollzieht bzw. in jedem Fall rechtlich nachvollziehen kann.[35] Der Rechtsanwalt bzw. die Rechtsanwältin sollte zudem die grundlegende Arbeitsweise des Legal Tech Tools verstehen[36] (zu Möglichkeiten der technologiegestützten Subsumtion → *Subsumtion* Rn. 21 ff.; zu entsprechenden Entscheidungshilfe- und Assistenzsystemen → *Expertensystem, juristisches* Rn. 11 ff.).

22

Vor diesem Hintergrund sind Legal Tech-Anwendungen, die auf einem selbst lernenden Algorithmus oder einer künstlichen Intelligenz beruhen und keine Begründung für ihr Ergebnis liefern (können), aus haftungsrechtlicher Sicht problematisch, da es keine anwaltliche Kontrollmöglichkeit der juristischen Herleitung und Begründung des Arbeitsergebnisses der Legal Tech-Anwendung mehr gibt[37] (zu Anwendungs-

23

---

27 Schnabl NJW 2007, 3025 (3025) mwN.
28 Schnabl NJW 2007, 3025 (3025) mwN.
29 Schnabl NJW 2007, 3025 (3026) mwN.
30 Schnabl NJW 2007, 3025 (3026 ff.) mwN.
31 Schnabl NJW 2007, 3025 (3029) mwN.
32 Borgmann NJW 2020, 3567 (3570).
33 Kritisch zum Einsatz von Legal Tech in der Subsumtionsarbeit als Kernbereich der juristischen Tätigkeit: Timmermann/Gelbrich NJW 2022, 25; zu entsprechenden Bestrebungen in der Justiz: Greger DS 2021, 240.
34 Vgl. auch das Fazit von Galetzka/Garling/Partheymüller MMR 2021, 20 (25).
35 Fries NJW 2016, 2860 (2863).
36 Fries NJW 2016, 2860 (2863).
37 Yuan Rethinking Law 2/2021, 4 ff., zum Einsatz von künstlicher Intelligenz im Rechtsmarkt.

gebieten von Künstlicher Intelligenz im Bereich Legal Tech → *Künstliche Intelligenz (KI)* Rn. 31 ff.). Allerdings wird von anwaltlicher Seite eine Überprüfung des Arbeitsergebnisses anhand eigener Rechtskenntnisse möglich und zu erwarten sein.

e) Rechtsgestaltung

24 Auch wenn der Anwalt oder die Anwältin rechtsgestaltend tätig werden soll, ist eine Einbeziehung von Legal Tech Tools in die Mandatsarbeit denkbar. So könnte der Anwalt oder die Anwältin damit mandatiert sein, einen Smart Contract (→ *Smart Contracts* Rn. 9 ff.) zu erstellen[38] oder einen analogen Vertrag zu erstellen.

25 Seit den „Smartlaw"-Urteilen ist durch die Rechtsprechung für Legal Tech-Unternehmen geklärt, dass online und vom Nutzer unmittelbar zu bedienende Vertragsgeneratoren[39], die von entsprechenden Legal Tech-Unternehmen bereitgestellt werden, keine Rechtsdienstleistung darstellen.[40] Denn durch die Erzeugung des vom Anwender gewünschten Dokuments wird der Legal Tech-Anbieter nicht in einer konkreten Angelegenheit iSd § 2 Abs. 1 RDG tätig. Das verwendete Computerprogramm ist nämlich – ähnlich einem Formularhandbuch – nicht auf einen individuellen realen Fall zugeschnitten, sondern erfasst allgemeine Sachverhalte mit den üblicherweise auftretenden Fragen, zu denen Antworten in Form von standardisierten Vertragsklauseln und Textbausteinen entwickelt wurden, die Lösungen für fiktive Einzelfälle eines unbestimmten Personenkreises sein sollen.[41] Anders ist dies freilich zu beurteilen, wenn sich ein Anwalt oder eine Anwältin im Rahmen eines Mandatsverhältnisses eines solchen Programmes bedient, da der Anwalt bzw. die Anwältin einen individuellen Rechtsrat in einer individuellen Mandatsangelegenheit schuldet.

f) Tätigwerden in gerichtlichen und außergerichtlichen Verfahren

26 Der Einsatz von Legal Tech Tools ist auch im Zusammenhang mit dem anwaltlichen Tätigwerden im gerichtlichen oder außergerichtlichen Verfahren denkbar.

27 Wird im Rahmen des gerichtlichen Verfahrens bei der anwaltlichen Schriftsatzerstellung ein Legal Tech Tool eingesetzt, bedarf es wiederum der besonderen, anwaltlichen Sorgfalt. Beispielsweise hat das SG München eine Klage als unzulässig abgewiesen, da sie „mittels Legal Tech unter Verwendung von zusammengefügten Textbausteinen" erstellt worden war, die keinen Bezug zum strittigen Fall aufwiesen[42] (zu Fragen der automatisierten Dokumentenerstellung, Vorlagenmanagement, intelligenten Textbausteinen u.a. → *Dokumentenautomatisierung* Rn. 7 ff.). Auch die Frage, welchen Anforderungen eine Berufungsbegründung genügen muss, war im Rahmen von Widerrufs- und der sog. „Diesel-Verfahren", bei denen die dort mandatierten Kanzleien auch mit Schriftsatzerstellungsprogrammen tätig wurden, mehrfach Gegenstand höchstrichterlicher Entscheidungen, nachdem Instanzgerichte die Zulässigkeit der Berufung aufgrund der Verwendung von Textbausteinen unter abstrakter Darstellung von in Betracht kommenden Anspruchsgrundlagen mangels Bezug zum konkreten Fall verneint hatten.[43]

28 § 13 Abs. 1 VSBG regelt, dass sich Parteien auch im außergerichtlichen Streitbeilegungsverfahren durch einen Rechtsanwalt oder eine Rechtsanwältin vertreten lassen können, so dass auch hier eine anwaltliche Betätigung unter Verwendung von Legal Tech Tools denkbar ist (zur in Teilen Legal Tech-gestützten

---

38 Zu Smart Contracts und anwaltlicher Vertragsgestaltung instruktiv: Kaulartz/Heckmann CR 2016, 618.
39 Anbieter lassen sich ohne Weiteres ergooglen; zu nennen sind etwa: Legito, SmartLaw. Aber auch verschiedene Verbände und Interessenvereinigungen stellen mittlerweile (kostenfrei) Vertragsgeneratoren zur Verfügung.
40 BGH Urt. v. 9.9.2021 – I ZR 113/20, GRUR 2021, 1425.
41 BGH Urt. v. 9.9.2021 – I ZR 113/20, GRUR 2021, 1425 (1428).
42 Vgl. ausführliche Darstellung bei Lapp e-Justice-Magazin 02/2019, 16, unter Bezug auf das Urteil des SG München v. 28.6.2019 – S 46 AS 1966/18 (abrufbar unter: https://www.sozialgerichtsbarkeit.de/legacy/207857?modul=esgb&id=207857).
43 Vgl. zu einem Widerrufsverfahren: BGH Beschl. v. 27.5.2008 – XI ZB 41/06, BeckRS 2008, 12340; zu den „Diesel-Verfahren" siehe etwa: BGH Beschl. v. 25.8.2020 – VI ZB 67/19, r+s 2020, 657; BGH Beschl. v. 16.3.2021 – VI ZB 97/19, NJW-RR 2021, 789; BGH Beschl. v. 13.4.2021 – VI ZB 50/19, NJW-RR 2021, 789; BGH Beschl. v. 5.8.2021 – III ZB 46/20, NJW-RR 2021, 1438; Borgmann NJW 2020, 3567 (3571).

außergerichtlichen Streitbeilegung → *Alternative Streitbeilegung (ADR), allgemein* Rn. 7 ff., → *Alternative Streitbeilegung (ADR), in Verbrauchersachen* Rn. 2 ff., → *Alternative Streitbeilegung (ADR), Online Dispute Resolution (ODR)* Rn. 9 ff.). Wird der Anwalt oder die Anwältin außergerichtlich im Rahmen von Verhandlungen tätig, sind auch hier unterstützende Legal Tech-Formate denkbar (zu Verhandlungssoftware und Verhandlungsunterstützungssystemen → *Verhandlung* Rn. 20 ff.).

Vor der Entscheidung, ob eine gerichtliche Rechtsdurchsetzung erfolgen soll, kommen – einerseits in komplexen und wirtschaftlich bedeutenden Rechtsstreitigkeiten, andererseits bei Masseverfahren[44] – vermehrt Legal Tech Tools zum Einsatz, die die Prozessrisiken, -kosten und -erfolgsaussichten berechnen sollen (zu entsprechenden Programmen der Berechnung von Prozessrisiken und -erfolgsaussichten → *Legal Prediction* Rn. 21 ff.).[45] 29

g) Abrechnung

Auch im Rahmen des Billings, also der Abrechnung geleisteter Arbeit gegenüber der Mandantschaft, setzen Anwälte und Anwältinnen vermehrt auf den Einsatz von Legal Tech Tools, um eine schnellere, effizientere und transparente Abrechnung zu gewährleisten. 30

2. Vertretenmüssen

Im Rahmen der vertraglichen Haftung richtet sich das Vertretenmüssen nach § 276 BGB, der eine Verantwortlichkeit für Vorsatz und Fahrlässigkeit normiert. Das Vertretenmüssen der Pflichtverletzung wird gem. § 280 Abs. 1 S. 2 BGB vermutet, dh dass es dem Anwalt bzw. der Anwältin obliegt, sich zu exkulpieren.[46] Wenn der Anwalt oder die Anwältin ein falsches Arbeitsergebnis eines Legal Tech Tools im Rahmen der anwaltlichen Tätigkeit weiter verwendet, wird ein Vertretenmüssen vermutet (entsprechend → *Haftung des Legal Tech-Unternehmens ggü. Kunden* Rn. 21 f.).[47] Bei einem anwaltseigenen Legal Tech Tool kommt es in diesem Zusammenhang nicht darauf an, ob das falsche Arbeitsergebnis auf einer der Programmierung zugrunde liegenden falschen rechtlichen Einschätzung oder schlicht auf einem Programmierfehler beruht. Allein entscheidend ist, dass der Anwalt bzw. die Anwältin bei beiden Alternativen die im Verkehr erforderliche Sorgfalt außer Acht gelassen und damit fahrlässig gehandelt hat.[48] Auch Konstellationen, in denen der Rechtsanwalt oder die Rechtsanwältin vorsätzlich handelt, sind denkbar (etwa Einsatz eines bekanntermaßen fehlerhaften Legal Tech Tools). 31

Liegt das die Pflichtverletzung ausmachende Verhalten bei einem Drittanbieter – etwa dem Legal Tech-Unternehmen, das das Tool programmiert hat und zur Verfügung stellt, so erfolgt eine Zurechnung des entsprechenden Verschuldens gem. § 278 BGB. Macht sich der Anwalt oder die Anwältin das Arbeitsergebnis des Legal Tech Tools für den weiteren anwaltlichen Kontakt zur Mandantschaft zu eigen, könnte darin eine weitere eigene Pflichtverletzung liegen. 32

3. (Kausaler) Schaden

a) Schaden

Der Schadensersatzanspruch aufgrund einer anwaltlichen Pflichtverletzung im Zusammenhang mit der Anwendung von Legal Tech Tools setzt das Vorliegen eines Schadens bei dem Mandanten bzw. der Mandantin voraus. Zur Schadensermittlung wird regelmäßig die Methode der Differenzhypothese herangezogen, § 249 Abs. 1 BGB.[49] Im Rahmen der Differenzhypothese ist zu prüfen, wie der Mandant bzw. die Mandantin stünde, wenn es nicht zu dem schädigenden Ereignis – hier die fehlerbehaftete, anwaltliche 33

---

44 Timmermann/Gelbrich NJW 2022, 25 (28), mit Bezug zur Berechnung der Prozessrisiken und -chancen durch die Flighright GmbH.
45 Vgl. auch einführend zur Prozessrisikoanalyse: Risse NJW 2020, 2383.
46 BeckOK BGB/Lorenz BGB § 280 Rn. 95 ff.
47 Vgl. Remmertz Legal Tech-Strategien/Jungk § 5 Rn. 20.
48 BeckOK BGB/Lorenz BGB § 276 Rn. 10 ff.
49 MüKoBGB/Oetker BGB § 249 Rn. 16 ff.

Leistung – gekommen wäre. Vorliegend sind regelmäßig nur Vermögensschäden, aber keine Personen- oder Sachschäden zu erwarten.[50]

aa) Schadensermittlung bei vorvertraglicher Pflichtverletzung

34 Bei der vorvertraglichen Schadensermittlung ist – soweit eine entsprechende Haftung dem Grunde nach im Einzelfall besteht (→ Rn. 9 ff.) – im Rahmen der culpa in contrahendo lediglich das sog. negative Interesse zu ersetzen (auch Vertrauensschaden genannt).[51] Das heißt, der Mandant bzw. die Mandantin wird so gestellt, wie er stünde, wenn er nicht auf das Verhalten des Schädigers vertraut hätte, hier also der Mandant bzw. die Mandantin sich nicht auf die anwaltliche Tätigkeit verlassen hätte.

35 Führt das Ergebnis des von anwaltlicher Seite vorvertraglich bereitgestellten Legal Tech Tools dazu, dass der Mandant bzw. die Mandantin seine Rechte gegenüber dem Dritten nicht geltend macht, kann ein Schadensersatzverlangen nur dann Erfolg haben, wenn der relevante Anspruch besteht und der Mandant bzw. die Mandantin nachweisen kann, dass tatsächlich eine Rechtsverfolgung erfolgt wäre. Die entsprechende Darlegungs- und Beweislast liegt – entsprechend den allgemeinen Grundsätzen – bei der Mandantschaft (ausführlicher: → *Haftung des Legal Tech-Unternehmens ggü. Kunden* Rn. 27 f.; zur Schadensermittlung bei vorvertraglicher Pflichtverletzung → *Haftung des Legal Tech-Unternehmens ggü. Kunden* Rn. 24 ff.).

bb) Schadensermittlung bei vertraglicher Pflichtverletzung

36 Schäden im Zusammenhang mit dem Einsatz von Legal Tech Tools in der anwaltlichen Beratung können im vertraglichen Bereich aus zwei grundlegend unterschiedlichen Sphären entspringen: Zum einen können die juristischen Grundlagen des Tools fehlerhaft sein. Zum anderen können Fehler in der Programmierung vorliegen. Unabhängig von der Schadensquelle ist zunächst zu beachten, dass sich die vertragliche Haftung des Rechtsanwalts bzw. der Rechtsanwältin danach richtet, ob ein unbeschränktes oder ein beschränktes Mandat vorliegt.[52] Für den Umfang des Mandats ist der Mandant bzw. die Mandantin darlegungs- und beweispflichtig.[53] Der Rechtsanwalt bzw. die Rechtsanwältin haften regelmäßig nicht für einen konkreten Erfolg (→ *Haftung des Legal Tech-Unternehmens ggü. Kunden* Rn. 27).[54] Der Mandant bzw. die Mandantin ist im Rahmen des Schadensersatzes so zu stellen, als wäre die anwaltliche Beratung ordnungsgemäß erfolgt (→ *Haftung des Legal Tech-Unternehmens ggü. Kunden* Rn. 27).[55] Betreibt der Rechtsanwalt oder die Rechtsanwältin das Mandat trotz aus anwaltlicher Sicht erkennbar fehlender Erfolgsaussichten, haftet er für hieraus entstandene Schäden unmittelbar gegenüber der Mandantschaft (zur Schadensermittlung bei vertraglicher Pflichtverletzung siehe auch → *Haftung des Legal Tech-Unternehmens ggü. Kunden* Rn. 27 ff.).

b) Kausalität

37 Eine anwaltliche Pflichtverletzung kann nur dann zu einer Haftung führen, wenn ein Schaden hierauf kausal zurückzuführen ist. Darlegungs- und beweisbelastet für eine entsprechende Kausalität ist der Mandant. Hinsichtlich der Frage der Kausalität ist auf die spezifische anwaltliche Pflichtverletzung abzustellen. Im Bereich eines möglichen Verstoßes gegen die anwaltliche Beratungspflicht kann im Wege eines Anscheinsbeweises zugunsten des Mandanten oder der Mandantin die Vermutung, dieser oder diese hätte sich bei vertragsgerechtem Handeln des Beauftragten beratungsgemäß verhalten, herangezogen werden.[56] Aber dieser Grundsatz kommt nur zur Anwendung, wenn im Hinblick auf die Interessenlage oder andere objektive Umstände eine bestimmte Entschließung des zutreffend informierten Mandanten bzw. der zutreffend informierten Mandantin mit Wahrscheinlichkeit zu erwarten wäre. Voraussetzung

---

50 Vgl. Zimmermann AnwBl Online 2019, 815 (816). Allerdings ließen sich mit einiger Fantasie Fälle konstruieren, in denen es zu Personen- oder Sachschäden kommt.
51 MüKoBGB/Emmerich BGB § 311 Rn. 200 ff.
52 Borgmann NJW 2020, 3567 (3568).
53 Borgmann NJW 2008, 412 (413).
54 Szerkus JA 2198, 328 (330).
55 Ganter NJW 2012, 801.
56 Vgl. etwa BGH Urt. v. 30.9.1993 – IX ZR 73/93, NJW 1993, 3259 (3259).

sind danach tatsächliche Feststellungen, die im Falle sachgerechter Aufklärung durch den anwaltlichen Beistand aus der Sicht einer vernünftig urteilenden Mandantschaft eindeutig eine bestimmte tatsächliche Reaktion nahegelegt hätten. Die Beweiserleichterung zugunsten des Mandanten gilt also nicht generell und stellt keine volle Beweislastumkehr dar. Die Beweiserleichterung setzt einen Tatbestand voraus, bei dem der Ursachenzusammenhang zwischen der Pflichtverletzung des Anwalts bzw. der Anwältin und einem bestimmten Verhalten der Mandantschaft typischerweise gegeben ist, beruht also auf Umständen, die nach der Lebenserfahrung eine bestimmte tatsächliche Vermutung rechtfertigen.[57]

Kommen als Reaktion auf eine zutreffende anwaltliche Beratung hingegen mehrere objektiv gleich vernünftige Verhaltensmöglichkeiten in Betracht, muss der Mandant bzw. die Mandantin den Weg bezeichnen, für den er bzw. sie sich entschieden hätte. Den Mandanten bzw. die Mandantin trifft in einem solchen Fall die volle Beweislast, weil der Anscheinsbeweis bei der Möglichkeit alternativer Verhaltensweisen nicht durchgreift.[58]

Besonderheiten ergeben sich etwa in den in der Praxis alltäglichen Situationen, in denen der Mandant bzw. die Mandantin rechtsschutzversichert ist. Wurde in einer solchen Situation von anwaltlicher Seite unter Einbeziehung eines Legal Tech Tools das Prozessrisiko unzutreffend dargestellt, liegt ein kausaler Schaden nur dann vor, wenn – jedenfalls im Falle einer bereits vorliegenden Deckungszusage oder einem bestehenden Deckungsanspruch gegenüber der Rechtsschutzversicherung – der Mandant bzw. die Mandantin in Kenntnis des tatsächlichen Prozessrisikos von der Prozessführung Abstand genommen hätte; nicht entscheidend ist damit die Einschätzung des entsprechenden Rechtsschutzversicherers.[59] Ist für den Mandanten bzw. die Mandantin das Kostenrisiko eines Gerichtsverfahrens durch eine (versicherungs-)rechtlich einwandfrei herbeigeführte und daher bestandsfeste Deckungszusage weitestgehend ausgeschlossen, können nach Ansicht des BGH schon ganz geringe Erfolgsaussichten die Mandantschaft dazu veranlassen, den Rechtsstreit zu führen oder fortzusetzen.[60] Die Grenze der Wirkungen des versicherungsvertraglichen Kostenschutzes auf die Frage des Eingreifens des Anscheinsbeweises sieht der BGH nur dann als gegeben, wenn die (weitere) Rechtsverfolgung objektiv aussichtslos war, weil eine aussichtslose Rechtsverfolgung nicht im Interesse eines vernünftig urteilenden Mandanten liegt, sondern allein dem anwaltlichen (Gebühren-)Interesse dient.[61] Hierzu wird ein vernünftig urteilender Mandant den Deckungsanspruch gegen seine Rechtsschutzversicherung nicht einsetzen.[62] In diesen wohl seltenen Fällen kommt im Zusammenhang mit einer Rechtsschutzversicherung die Anwendung des Anscheinsbeweises beratungsgerechten Verhaltens in Betracht.[63]

c) Mitverschulden

Sollte es dem Grund nach zu einer Anwaltshaftung gegenüber der Mandantschaft kommen, wäre im Rahmen der Prüfung der Schadensersatzhöhe ein etwaiges Mitverschulden auf Mandantenseite zu prüfen. Denn hat der Mandant bzw. die Mandantin bei der Entstehung des Schadens mitgewirkt, muss er bzw. sie sich sein bzw. ihr Mitverschulden im Rahmen des § 254 BGB zurechnen lassen.[64] Dies gilt auch dann, wenn sich das Verschulden des Beschädigten darauf beschränkt, dass er unterlassen hat, den Schuldner auf die Gefahr eines ungewöhnlich hohen Schadens aufmerksam zu machen, die der Schuldner weder kannte noch kennen musste, oder dass er unterlassen hat, den Schaden abzuwenden oder zu mindern.

---

57 Vgl. etwa BGH Urt. v. 30.9.1993 – IX ZR 73/93, NJW 1993, 3259 (3259 f.).
58 BGH Urt. v. 20.3.2008 – IX ZR 104/05, DStR 2008, 1306, hinsichtlich steuerlicher Beratung mwN.
59 Jungk NJW 2021, 3630 (3635), unter Bezugnahme auf BGH Urt. v. 16.9.2021 – IX ZR 165/19, NJW 2021, 3324.
60 BGH Urt. v. 16.9.2021 – IX ZR 165/19, NJW 2021, 3324 (3328).
61 BGH Urt. v. 16.9.2021 – IX ZR 165/19, NJW 2021, 3324 (3328).
62 BGH Urt. v. 16.9.2021 – IX ZR 165/19, NJW 2021, 3324 (3328).
63 Jungk NJW 2021, 3630 (3635), unter Bezugnahme auf BGH Urt. v. 16.9.2021 – IX ZR 165/19, NJW 2021, 3324.
64 MüKoBGB/Heermann BGB § 675 Rn. 37.

41 Der Schadensersatzanspruch wird dann um den festgestellten Verursachungsbeitrag des Geschädigten verringert (→ *Haftung des Legal Tech-Unternehmens ggü. Kunden* Rn. 30 ff.).[65]

42 Dem Mandanten bzw. der Mandantin obliegt es – wie der BGH in einer neueren Entscheidung formuliert – nicht, den Anwalt oder die Anwältin zu überwachen oder dessen/deren Rechtsansichten durch einen weiteren Rechtsbeistand überprüfen zu lassen.[66] Allerdings könnte in den vorliegend relevanten Konstellationen ein Mitverschulden der Mandantschaft durch eine fehlerhafte Anwendung des Legal Tech Tools oder in der Eingabe falscher Daten liegen, sofern die Mandantschaft selbst in Kontakt mit dem Tool kommt (→ *Haftung des Legal Tech-Unternehmens ggü. Kunden* Rn. 30).

4. Verjährung

43 Vertragliche Ansprüche der Mandantschaft aufgrund einer Pflichtverletzung des Anwalts oder der Anwältin unterliegen der regelmäßigen Verjährung, § 195 BGB. Für den Verjährungsbeginn ist gem. § 199 Abs. 1 BGB der Schluss des Jahres entscheidend, in dem der Anspruch entstanden ist und der Gläubiger von den den Anspruch begründenden Umständen und der Person des Schuldners Kenntnis erlangt hat oder ohne grobe Fahrlässigkeit hätte erlangen müssen. Dabei kann die erforderliche Kenntnis bzw. das Kennenmüssen bei der Mandantschaft durchaus erst mit einigem zeitlichen Verzug zur Schadensentstehung eintreten, etwa, wenn der Mandant erst Jahre später erfährt, dass eine fehlerhafte Programmierung des von dem Anwalt genutzten Legal Tech Tools zu einer Pflichtverletzung führte. Dabei ist im Ausgangspunkt zu beachten, dass die Fachkunde des Rechtsanwalts oder der Rechtsanwältin und das Vertrauen seines bzw. ihres Mandanten typischerweise im Rahmen eines Anwaltsvertrags eine Überlegenheit des Anwalts oder der Rechtsanwältin gegenüber seinem regelmäßig rechtsunkundigen Mandanten begründet und allein der ungünstige Ausgang eines Rechtsstreits oder einer versuchten Rechtsdurchsetzung noch nicht die erforderliche Kenntnis iSd § 199 I Nr. 2 BGB zu vermitteln vermag. Vielmehr muss der Mandant nicht nur die wesentlichen tatsächlichen Umstände kennen, sondern auch Kenntnis von solchen Tatsachen erlangen, aus denen sich für ihn – zumal, wenn er juristischer Laie ist – ergibt, dass der Rechtsberater oder die Rechtsberaterin von dem üblichen rechtlichen Vorgehen abgewichen oder Maßnahmen nicht eingeleitet hat, die aus rechtlicher Sicht zur Vermeidung eines Schadens erforderlich waren.[67]

44 Angesichts des ggf. spät beginnenden Verjährungslaufs können dem Anwalt oder der Anwältin zum einen die Verjährungshöchstfristen des § 199 Abs. 2–4 BGB zur Hilfe kommen. Zum anderen ist zu beachten, dass die Verjährung auch schon dann beginnt, wenn der Mandant aus den ihm bekannten Umständen selbst den Schluss auf einen gegen den Berater gerichteten Schadensersatzanspruch gezogen hat. Mit einem Schadensersatzverlangen gibt der Mandant zu erkennen, dass er dem Berater nicht mehr (uneingeschränkt) vertraut. Im Blick auf den Beginn der Verjährungsfrist ist der Mandant dann nicht mehr schutzwürdig.[68]

III. Deliktische Ansprüche

45 Deliktische Ansprüche (etwa nach **§ 823 Abs. 1 BGB**) im Zusammenhang mit der anwaltlichen Nutzung von Legal Tech Tools sind denkbar, erscheinen aber von eher untergeordneter Bedeutung (zur entsprechenden Bewertung auch → *Haftung des Legal Tech-Unternehmens ggü. Kunden* Rn. 56 ff.).[69] Denn Fehler der Legal Tech Tools bzw. deren fehlerhafter anwaltlicher Gebrauch werden wahrscheinlich zu reinen Vermögensschäden führen (→ *Haftung des Legal Tech-Unternehmens ggü. Kunden* Rn. 56).[70] Das Vermögen ist allerdings im Rahmen des § 823 Abs. 1 BGB (anders als bei § 823 Abs. 2 BGB iVm einem Schutzgesetz oder § 826 BGB) kein geschütztes, absolutes Rechtsgut.[71] Je nach Fallgestaltung, insbesondere beim

---

65 BeckOK BGB/Lorenz BGB § 254 Rn. 53.
66 BGH Urt. v. 29.10.2020 – IX ZR 10/20, NJW 2021, 1957 Rn. 28.
67 BGH Urt. v. 6.2.2014 – IX ZR 245/12, NJW 2014, 993 Rn. 15.
68 BGH Urt. v. 29.10.2020 – IX ZR 10/20, NJW 2021, 1957 Rn. 29.
69 Duda/Lilienbeck CTRL 2021, 168 (173), unter Hinweis auf Raue NJW 2017, 1841 (1844).
70 Ebenso: Remmertz Legal Tech-Strategien/Jungk § 5 Rn. 55; Zimmermann AnwBl Online 2019, 815 (816).
71 MüKoBGB/Wagner BGB § 823 Rn. 423 ff.; Remmertz Legal Tech-Strategien/Jungk § 5 Rn. 55.

Einsatz Künstlicher Intelligenz, können allerdings Ansprüche aus dem AGG entstehen (→ *Algorithmus* Rn. 66 ff.).

IV. Produkthaftung

Auch eine verschuldensunabhängige Haftung nach den Vorgaben des Produkthaftungsgesetzes erscheint fernliegend. So ist schon fraglich, ob die Legal Tech Tools, die der Rechtsanwalt oder die Rechtsanwältin der Mandantschaft zur Verfügung stellt bzw. ihr gegenüber nutzt, als „Produkte" im Sinne des ProdHaftG anzusehen sind.[72] Dies wäre im Angesicht des jeweiligen Einzelfalls, insbesondere hinsichtlich der Art der Zurverfügungstellung, abschließend zu beurteilen.[73]

46

Zudem müsste ein von dem ProdHaftG geschütztes Rechtsgut – also gem. § 1 Abs. 1 ProdHaftG Leben, Körper, Gesundheit eines Menschen oder eine andere Sache[74] – beeinträchtigt werden, was sich nur schwer konstruieren lässt.

47

Des Weiteren wäre zu beachten, dass der Geschädigte für den Fehler, den Schaden und den ursächlichen Zusammenhang zwischen Fehler und Schaden die Beweislast trägt, vgl. § 1 Abs. 4 S. 1 ProdHaftG.[75]

48

V. Prozessuales

Kommt es zu einem Haftungsfall eines Rechtsanwalts oder einer Rechtsanwältin gegenüber der Mandantschaft, droht – wenn nicht schon außergerichtlich eine Einigung gefunden wird – der Gang vors Gericht.

49

1. Darlegungs- und Beweislast

Im gerichtlichen Verfahren spielt die Frage der Darlegungs- und Beweislast stets eine maßgebliche Rolle. Nach den allgemeinen zivilprozessualen Darlegungs- und Beweislastregeln trifft die Mandantschaft die Darlegungs- und Beweislast für Inhalt und Umfang des erteilten Mandats.[76] Hinsichtlich einer etwaigen Pflichtverletzung durch den Einsatz eines Legal Tech Tools wird es sodann darauf ankommen, in welcher Phase der anwaltlichen Tätigkeit es zu einer verschuldeten Pflichtverletzung gekommen ist und ob der Mandant bzw. die Mandantin einen kausalen Schaden nachweisen kann (zur Frage des Anscheinsbeweises siehe schon oben zu Kausalitätsfragen (→ Rn. 37 ff.).[77]

50

2. Streitverkündung

Auch wenn – gerade bei größeren Wirtschaftskanzleien oder spezialisierten Rechtsboutiquen – die eigene rechtliche und technische Entwicklung von Legal Tech Tools denkbar ist, werden die meisten Rechtsanwälte und Rechtsanwältinnen Legal Tech Tools lediglich lizensieren (zu entsprechenden Möglichkeiten der anwaltlichen Produktentwicklung durch Low-Code- bzw. No-Code-Software → *Produkt- und Softwareentwicklung* Rn. 67 ff.; zur Veränderung der juristischen Arbeit durch Legal Tech und der unmittelbaren Mitwirkung an der Entstehung neuartiger codebasierter juristischer Produkte → *Konversion* Rn. 26 ff.). Für den Rechtsanwalt oder die Rechtsanwältin, die von der Mandantschaft wegen eines Fehlers eines Legal Tech Tools (gerichtlich) in Anspruch genommen wird, wird es daher regelmäßig angezeigt sein, dem das Tool bereitstellenden Legal Tech-Unternehmen im anhängigen Rechtsstreit den Streit zu verkünden, um in

51

---

72 Duda/Lilienbeck CTRL 2021, 168 (174); BeckOK BGB/Förster ProdHaftG § 2 Rn. 22 f.; MüKoBGB/Wagner ProdHaftG § 2 Rn. 21 f.; Leeb Digitalisierung S. 301 f.
73 BeckOK BGB/Förster ProdHaftG § 2 Rn. 22 f.; MüKoBGB/Wagner ProdHaftG § 2 Rn. 21 f.; Leeb Digitalisierung S. 301 f.
74 Vgl. § 1 Abs. 1 S. 1 ProdHaftG; BeckOK BGB/Förster ProdHaftG § 1 Rn. 17.
75 MüKoBGB/Wagner ProdHaftG § 1 Rn. 77 ff.
76 BeckOGK/Teichmann BGB § 675 Rn. 1022.
77 Vgl. einführend zu den vielfältigen Fragen des Beweisrechts im Anwaltshaftungsprozess: Heinemann NJW 1990, 2345, und Laumen DStR 2015, 2514, und DStR 2015, 2570, zu entsprechenden Problemen der zivilrechtlichen Haftung von Steuerberatern.

52 Für die Frage eines etwaig aufzunehmenden Regressverfahrens gegenüber dem Legal Tech-Unternehmen sind neben der Interventionswirkung weitere Punkte zu beachten: Ist eine Haftung des Legal Tech-Unternehmens gegenüber dem Rechtsanwalt oder der Rechtsanwältin gegeben, sind im Einzelfall etwa die Solvenz des jeweiligen Unternehmens und die Frage, über welchen Versicherungsschutz das Legal Tech-Unternehmen verfügt, für den vorzunehmenden Rückgriff entscheidend.[79] Zudem ist bei dem etwaigen anwaltlichen Regressanspruch des Rechtsanwalts oder der Rechtsanwältin gegenüber dem Legal Tech-Unternehmen zu berücksichtigen, dass den Rechtsanwalt oder die Rechtsanwältin ein Mitverschulden bei der Schadensentstehung treffen könnte, soweit er bzw. sie (offensichtlich) falsche Arbeitsergebnisse des Legal Tech-Unternehmens ungeprüft übernommen hat, die sich ihm bzw. ihr angesichts eigener Rechtskenntnisse hätten aufdrängen müssen.

3. Musterfeststellungsklage

53 Die Regelungen zum Musterfeststellungsverfahren (§§ 606–614 ZPO) ermöglichen es qualifizierten Einrichtungen, die Feststellung des Vorliegens oder Nichtvorliegens von tatsächlichen und rechtlichen Voraussetzungen für das Bestehen oder Nichtbestehen von Ansprüchen oder Rechtsverhältnissen (Feststellungsziele) zwischen Verbrauchern und einem Unternehmer zu begehren. Das Musterfeststellungsverfahren soll insbesondere in den Fällen zur Anwendung kommen, in denen ein Verbraucher angesichts einer nur geringen Schadenshöhe und einem nicht unerheblichen Kostenrisiko und Zeitaufwand von der Einleitung eines Individualrechtsstreits absieht (zu Fragen des kollektiven Rechtsschutzes, insbes. Der Musterfeststellungsklage → *Kollektiver Rechtsschutz* Rn. 15 ff.).[80]

54 Sollte aufgrund eines Fehlers des anwaltlich eingesetzten Legal Tech Tools es zu einer Vielzahl von Fehlern[81] kommen, käme die Erhebung einer Musterfeststellungsklage gegen den Rechtsanwalt oder die Rechtsanwältin bzw. die mandatsführende Kanzlei in Betracht. Bislang gab es einen solchen Fall noch nicht.

VI. Datenschutzrechtliche Aspekte

55 So wie der Datenschutz im Allgemeinen an Bedeutung gewinnt, werden sich vorliegend ebenfalls unvermeidlich Fragen des Datenschutzes durch den Einsatz von Legal Tech Tools im Rahmen der anwaltlichen Tätigkeit stellen (dazu auch → *Algorithmus* Rn. 18 ff., die zu Schadensersatzansprüchen der Mandantschaft nach Art. 82 Abs. 1 DS-GVO[82] und zu hohen, von den Aufsichtsbehörden verhängten Bußgeldern führen können (zum Verhältnis des anwaltlichen Berufsgeheimnis- und des Datenschutzes → *Cloud Computing, Geheimnis- und Datenschutz* Rn. 30 ff.).[83] Denkbar sind datenschutzrechtliche Verstöße etwa in Form einer Datenverarbeitung ohne bzw. aufgrund ungenügender Einwilligung gemäß Art. 6 Abs. 1 S. 1 lit. a, Art. 7 DS-GVO. Bei vollautomatisierten Legal Tech Tools kann Art. 22 DS-GVO verletzt sein (→ *Algorithmus* Rn. 74). Gerade für global agierende Anwaltskanzleien können die möglichen Bußgelder (bis zu

---

78 MüKoZPO/Schultes ZPO § 68 Rn. 15 ff.
79 Zimmermann AnwBl Online 2019, 815 (819).
80 MüKoZPO/Menges ZPO vor § 606 Rn. 2.
81 § 606 Abs. 3 ZPO setzt insofern für die Zulässigkeit einer Musterfeststellungsklage zum einen voraus, dass glaubhaft gemacht wird, dass von den Feststellungszielen die Ansprüche oder Rechtsverhältnisse von mindestens zehn Verbrauchern abhängen und dass zwei Monate nach öffentlicher Bekanntmachung der Musterfeststellungsklage mindestens 50 Verbraucher ihre Ansprüche oder Rechtsverhältnisse zur Eintragung in das Klageregister wirksam angemeldet haben.
82 Vgl. hierzu: Korch NJW 2021, 978; Paal/Aliprandi ZD 2021, 241; Wybitul NJW 2019, 3265, die darauf hinweisen, dass gemäß Art. 82 Abs. 1 DS-GVO auch immaterielle Schäden ersatzpflichtig sein können.
83 Siehe ausführlich: Remmertz Legal Tech-Strategien/Auer-Reinsdorff § 4 Rn. 1 ff.

20.000.000 EUR oder 4 % des weltweit erzielten Jahresumsatzes, Art. 83 DS-GVO) zu beachtlichen, finanziellen Risiken führen.[84]

Zur Beurteilung der datenschutzrechtlichen Aspekte wird auf den jeweiligen Einzelfall abzustellen sein: Entscheidend ist etwa, ob es sich bei dem Legal Tech Tool um eine On-Premise- oder eine cloud-basierte Lösung handelt. In letzterem Fall könnten ggf. die Daten der Mandantschaft zum Legal Tech-Anbieter gelangen und dort, dh extern, verarbeitet werden.[85] Nutzt der Rechtsanwalt bzw. die Rechtsanwältin cloud-basierte Legal Tech Tools, stellen sich zudem Fragen des Straf- und des Berufsrechts (vergleiche auch die entsprechenden Übersichten: Straf-, Berufs- und Datenschutzrecht → *Cloud Computing, Geheimnis- und Datenschutz* Rn. 3 ff.).[86]

Neben etwaigen Schadensersatzansprüchen nach Datenschutzverstößen kommen auch wettbewerbsrechtliche Verstöße gegen § 3a UWG in Betracht (→ *Wettbewerb, unlauterer* Rn. 42 ff.; → *Haftung des Legal Tech-Unternehmens ggü. Kunden* Rn. 55, 60).[87]

VII. Haftungsvorsorge

Umsichtige Rechtsanwälte und Rechtsanwältinnen können ihre Haftung für fahrlässig verursachte Schäden ggf. vorab beschränken. Ebenfalls sollten beim Einsatz von Legal Tech Tools – insbesondere wegen der Gefahr massenhaft auftretender Haftungsfälle – versicherungsrechtliche Aspekte beachtet werden.

1. Vertragliche Haftungsbeschränkung

Rechtsanwälte oder Rechtsanwaltsgesellschaften können ihre Haftung für fahrlässig verursachte Schäden im Wege einer **vorformulierten Haftungsvereinbarung** auf eine Summe nicht unter 1.000.000 EUR beschränken, § 52 Abs. 1 S. 1 Nr. 1 BRAO (bzw. 10.000.000 EUR bei einer Partnerschaftsgesellschaft mit beschränkter Berufshaftung, § 52 Abs. 1 S. 1 Nr. 2 BRAO). Im Falle einer **schriftlichen Individualvereinbarung** ist sogar eine Haftungsbeschränkung auf 250.000 EUR möglich, § 52 Abs. 1 S. 1 Nr. 1 BRAO (bzw. 2.500.000 EUR bei einer Partnerschaftsgesellschaft mit beschränkter Berufshaftung, § 52 Abs. 1, S. 1 Nr. 1 BRAO).

Zu prüfen wäre auch, ob eine Haftungsbeschränkung gegenüber der Mandantschaft in Betracht kommt, wenn etwa das im Rahmen der anwaltlichen Tätigkeit eingesetzte Legal Tech Tool nur ein beschränktes Tätigkeitsspektrum hat.

2. Versicherungsrechtliche Aspekte

Anwälte, die Legal Tech Tool konzipieren und/oder anwenden, sollten mit ihrer Berufshaftpflicht vorab klären, ob insoweit der Versicherungsschutz gegeben ist[88] oder der **Einsatz von Legal Tech Tools eine anzeigepflichtige Risikoerhöhung** darstellt.[89] Dies gilt insbesondere mit Blick darauf, dass bei Fehlfunktionen des Legal Tech Tools eine Vielzahl von Schäden im wahrsten Sinne des Wortes „programmiert" sind.[90] Teils wird der Anwaltschaft der Abschluss einer **zusätzlichen IT-Haftpflichtversicherung** angeraten.[91] Dabei ist auch zu berücksichtigen, dass es noch keine Rechtsprechung zu versicherungsrechtlichen (Detail-)Fragen beim Einsatz von Legal Tech Tools durch die Anwaltschaft gibt.[92]

---

84 Für die global gesehen umsatzstärksten Kanzleien – wie Kirkland & Ellis, Latham & Watkins und Baker McKenzie – werden Umsätze von über drei Mrd. USD berichtet.
85 Wagner BB 2018, 1097 (1097).
86 Wagner BB 2018, 1097 (1097).
87 Remmertz Legal Tech-Strategien/Jungk § 5 Rn. 62.
88 Jungk AnwBl 2017, 776 (778).
89 Zimmermann AnwBl Online 2019, 815 (819).
90 Riechert AnwBl 2020, 168, u.a. mit der versicherungsrechtlich wichtigen Frage, ob in diesen Fällen ein Einzel- oder Serienschaden vorliegt.
91 Zimmermann AnwBl Online 2019, 815.
92 Hartung/Bues/Halbleib Legal Tech/Hartung Rn. 1054.

62 Neben den Haftungsgefahren, die durch den fehlerhaften Einsatz von Legal Tech Tools drohen, gilt es auch, den Schutz vor Manipulationen des Legal Tech Tools durch unbefugte Dritte (Hacker) vor Augen zu haben. Denn Hackerangriffe können sowohl bei der Rechtsanwaltschaft als auch bei der Mandantschaft zu (erheblichen) Vermögensschäden (etwa Betriebsunterbrechungsschäden, Lösegeld) führen, so dass der zusätzliche Abschluss einer (verschuldensunabhängigen) **Cyber-Versicherung** anzuraten sein könnte (zu Fragen der IT-Sicherheit, Cyberattacken und Haftungs-/Versicherungsfragen → *Cybersecurity* Rn. 2 ff.).[93]

VIII. Ausblick

63 Die Begriffe „Legal Tech" und „Anwaltschaft" werden allzu häufig noch als Gegensätze gesehen, jedenfalls aber regelmäßig nicht in eine Wirkungsbeziehung gesetzt. Dies liegt auch daran, dass berufs-, haftungs- und versicherungsrechtliche Fragestellungen teils noch nicht zufriedenstellend geklärt sind.[94]

64 Das Ergebnis der überblicksartigen Untersuchung einer möglichen, anwaltlichen Haftung gegenüber der Mandantschaft beim Einsatz von Legal Tech Tools ist recht eindeutig und für die Rechtsanwaltschaft hart: Rechtsrat bleibt Rechtsrat – egal, ob der Rechtsanwalt oder die Rechtsanwältin ihn unter Zuhilfenahme von Legal Tech Tools oder eigenständig erarbeitet hat. Die Letztverantwortung bleibt beim Rechtsanwalt oder bei der Rechtsanwältin. Dies mag auf den ersten Blick überraschen, kann doch der Rechtsanwalt oder die Rechtsanwältin, der/die das Legal Tech Tool in Anspruch nimmt, – je nach Ausgestaltung des jeweiligen Tools – auch nur die Oberfläche des Programmes und nicht die dahinterliegende Programmierung sehen. Doch darf sich die Rechtsanwaltschaft nicht blind auf die Arbeitsergebnisse des Legal Tech Tools verlassen, sondern muss diese stets umfassend prüfen. Vor diesem Hintergrund ist der Anwaltschaft dringend zu einer umfassenden Haftungsvorsorge durch vertragliche Haftungsbeschränkungen und/oder die Sicherstellung ausreichenden Versicherungsschutzes zu raten.

---

93 Zimmermann AnwBl Online 2019, 815 (816).
94 Hartung/Bues/Halbleib Legal Tech/Hartung Rn. 1057.

39. Haftung des Staates

Ruschemeier

I. Ausgangslage 1	3. Staatshaftung und vollautomatisierte Verwaltungsentscheidungen 16
II. Staatshaftung und Digitalisierung 3	a) Amtshaftungsanspruch bei vollautomatisierten Verwaltungsentscheidungen 17
1. Anwendungsbereiche und Risiken 6	b) Verschuldensunabhängige Staatshaftungsansprüche 21
a) Sicherheit 7	4. Rechtsschutzfragen 22
b) Breitenwirkung fehlerhafter digitaler Entscheidungssysteme 9	5. Unionsrechtliche Staatshaftung 24
c) Einbindung Privater 11	III. Regulierungsvorschläge de lege ferenda 27
d) Strafverfolgung und Gefahrenabwehr 12	
2. Staatshaftung und teilautomatisierte Verwaltungsentscheidungen 14	

Literatur: *Eifert*, Electronic Government, 2006; *Gless*, „Mein Auto fuhr zu schnell, nicht ich!" – Strafrechtliche Verantwortung für hochautomatisiertes Fahren, in Gless/Seelmann (Hrsg.), Intelligente Agenten und das Recht, 2017, S. 225 (zit.: Gless/Seelmann Intelligente Agenten/Gless); *Gromitsaris*, Rechtsgrund und Haftungsauslösung im Staatshaftungsrecht, 2011; *Heckmann*, Staatliche Schutzpflichten und Förderpflichten zur Gewährleistung von IT-Sicherheit, in Rüßmann (Hrsg.), Festschrift für Gerhard Käfer, 2009, S. 129; *Hilgendorf*, Können Roboter schuldhaft handeln?, in Beck (Hrsg.), Jenseits von Mensch und Maschine, 2012, S. 119 (zit.: Beck Jenseits von Mensch und Maschine/Hilgendorf); *Kahl/Ludwigs* (Hrsg.), Handbuch des Verwaltungsrechts, 2021 (zit.: Kahl/Ludwigs HdB VerwaltungsR); *Kümper*, Risikoverteilung im Staatshaftungsrecht, 2011; *Luhmann*, Recht und Automation in der öffentlichen Verwaltung, 1966; *Meyer*, Der Einsatz von Robotern zur Gefahrenabwehr, in Hilgendorf (Hrsg.), Robotik im Kontext von Recht und Moral, 2014, S. 211 (zit.: Hilgendorf Robotik im Kontext von Recht und Moral/Meyer); *Ossenbühl/Cornils*, Staatshaftungsrecht, 6. Aufl. 2013 (zit.: Ossenbühl/Cornils StaatsHaftR); *Roth-Isigkeit*, Staatshaftungsrechtliche Aspekte des Einsatzes automatisierter Entscheidungssysteme in der öffentlichen Verwaltung, AöR 145 (2020), 321; *Martini/Ruschemeier/Hain*, Staatshaftung für automatisierte Verwaltungsentscheidungen, VerwArch 2021, 1; *Sauer*, Öffentliches Reaktionsrecht. Theorie und Dogmatik der Folgen hoheitlicher Rechtsverletzungen, 2021; *Sauer*, Staatshaftungsrecht, JuS 2012, 695; *Schneider*, Verantwortungszurechnung bei vernetzten Verwaltungsverfahren nach deutschem und europäischem Recht, in Hill/Schliesky (Hrsg.) Herausforderung e-Government, 2009, S. 89 (zit.: Hill/Schliesky Herausforderung e-Government/Schneider); *Seher*, Intelligente Agenten als „Personen" im Strafrecht?, in Gless/Seelmann (Hrsg.), Intelligente Agenten und das Recht, 2017, S. 45 (zit.: Gless/Seelmann Intelligente Agenten/Seher); *Spiecker gen. Döhmann*, Verantwortung bei begrenztem Wissen in der vernetzten Welt, in Fehling/Schliesky (Hrsg.), Neue Macht- und Verantwortungsstrukturen in der digitalen Welt, 2016, S. 53 (zit.: Fehling/Schliesky Neue Macht- und Verantwortungsstrukturen/Spiecker gen. Döhmann); *Stelkens*, Kontrolle (Selbstkontrolle, Aufsicht, Rechtsschutz) techniunterstützter hoheitlicher Entscheidungen, in Hill/Schliesky (Hrsg.) Herausforderung e-Government, 2009, S. 149 (zit.: Hill/Schliesky Herausforderung e-Government/Stelkens); *Stelkens*, Staatshaftung und E-Government: Verwaltungsorganisationsrechtliche Gestaltungsmöglichkeiten, in Hill/Schliesky (Hrsg.), Auf dem Weg zum Digitalen Staat – auch ein besserer Staat?, 2015, S. 189 (zit.: Hill/Schliesky Auf dem Weg zum Digitalen Staat/Stelkens); *Treffer*, Totaliter aliter – Spekulationen über die Amtshaftung, NJW 2021, 1052; *Vervloesem*, Belgien, in Algorithm Watch/Bertelsmann Stiftung (Hrsg.), Automating Society Report, 2020, abrufbar unter https://automatingsociety.algorithmwatch.org/wp-content/uploads/2020/12/Automating-Society-Report-2020.pdf, S. 34; *Zech*, Entscheidungen digitaler autonomer Systeme: Empfehlen sich Regelungen zu Verantwortung und Haftung?, in Ständige Deputation des Deutschen Juristentages (Hrsg.), Verhandlungen des 73. Deutschen Juristentages, 2020, S. A 1 (zit.: Ständige Deputation des Deutschen Juristentages Verhandlungen des 73. DJT/Zech).

I. Ausgangslage

Die hoheitliche Verantwortung für durch staatliches Unrecht verursachte Schäden ist rechtsstaatlich[1] determiniert als Konsequenz des staatlichen Gewaltmonopols sowie der Gesetzesbindung und der Schutzfunktion gegenüber geschädigten Personen.[2] Diese verfassungsrechtliche Grundentscheidung kann durch die digitale Transformation nicht abgeschwächt oder gar geändert werden. Die vielerorts im digitalen Kontext

---

[1] Maunz/Dürig/Grzeszick GG Art. 20 Rn. 151; Stern StaatsR I S. 855 ff.
[2] Zu den Gründen für die Haftung öffentlicher Gewalt: Gromitsaris, Rechtsgrund und Haftungsauslösung im Staatshaftungsrecht, 2011, S. 17 ff.; Isensee/Kirchhof StaatsR-HdB/Papier Rn. 15 ff.

rechtlich diskutierten Probleme von Zurechnung, Haftung, Verantwortung und Transparenz schlagen auch auf das Staatshaftungsrecht durch. Je höher der Komplexitätsgrad der staatlich eingesetzten digitalen Technologien ist, desto schwieriger wird es, diese unter den bisherigen Rechtsrahmen zu subsumieren. Das deutsche Staatshaftungsrecht ist als tradiertes Rechtsgebiet seit Jahrzehnten nahezu unverändert geblieben und auch die Frage der hoheitlichen Haftung für automatisiertes Verwaltungshandeln ist nicht neu.[3] Der Entwicklungsgrad, den Big Data und lernende Systeme in Kombination mit zunehmender Hardwareleistungsfähigkeit in den letzten Jahren vollzogen haben und zukünftig auch versprechen (Stichwort: Quantencomputer), führt aber zu Folgefragen, die über die bloße Automatisierung des Gesetzesvollzugs[4] hinausgehen.

2   Herausforderungen stellen sich insbesondere bei der Herstellung von rechtlicher Verantwortung individueller Personen oder Organisationen für die von ihnen eingesetzten und fehlerverursachenden IT-Systeme. Das Staatshaftungsrecht hingegen geht von einem menschlichen, individualisierbaren und gesetzesgebundenen Beamten aus, der durch seine Handlungen einen schadensauslösenden Kausalverlauf anstößt. Wird das haftungsauslösende Ereignis nicht mehr menschlich, sondern durch einen IT-Systemoutput verursacht, braucht es die Zurechnung zu einem Haftungssubjekt – im Staatshaftungsrecht zum verantwortlichen Hoheitsträger. Diese Zurechnungsfragen sind Gegenstand einer juristischen Diskussion im Zivil-[5] und Strafrecht[6], aber auch zunehmend für das öffentliche Recht und das Staatshaftungsrecht relevant.[7] Bei der juristischen Herangehensweise wird üblicherweise zwischen logikbasierten und maschinell lernenden Systemen differenziert. Lernende oder autonome Systeme, die auch unter dem Stichwort „Künstliche Intelligenz" diskutiert werden, handeln adaptiv und nicht prä-programmiert.[8] Ihre Lernfähigkeiten gehen über die Kontrollmöglichkeiten der Entwicklerinnen und Nutzer hinaus.[9] Staatshaftungsrechtlich unterscheiden sich vor allem die möglichen Fehlerszenarien. Bei logikbasierten Systemen liegt der Fehler eines rechtswidrigen Outputs zwingend in der ursprünglichen Programmierung des Systems oder der Datengrundlage, wohingegen dies bei lernenden Systemen nicht gegeben sein muss. Im Hinblick auf Transparenz und Vorhersehbarkeit führt die Differenzierung aber inzwischen nur noch bedingt weiter: Auch logikbasierte Systeme erreichen inzwischen erhebliche Komplexitätsstufen.

II. Staatshaftung und Digitalisierung

3   Die Systematik des deutschen Staatshaftungsrechts, welches mit dem Staat stets einen solventen Schuldner bereitstellt, statt den Geschädigten auf die finanziell risikoreiche persönliche Haftung der einzelnen Beamtin zu verweisen, unterstreicht die Funktion des Vermögensschutzes vor der Ausübung öffentlicher Gewalt, der sich der Einzelne nicht entziehen kann.[10] Staatshaftungsrecht ist deshalb die Ausprägung einer Entscheidung über Risikosphären.[11] Das Risiko bestimmter Schäden wird auf den Staat bzw. die

---

3   Luhmann, Recht und Automation in der öffentlichen Verwaltung, 1966, S. 102 ff.
4   Dazu bspw. Herold DÖV 2020, 181 ff.; Berger NVwZ 2018, 1260 ff.; Braun Binder NVwZ 2016, 960 ff.; Guckelberger DÖV 2020, 797 ff.; Siegel DVBl 2017, 24 ff.
5   Auswahl aus dem Schrifttum: Denga CR 2018, 69 ff.; Linke, Digitale Wissensorganisation, 2021; Hacker RW 2018, 243 ff.; Schulz, Verantwortlichkeit bei autonom agierenden Systemen, 2015; Sommer, Haftung für autonome Systeme, 2020, S. 341 ff., 347; Wischmeyer AöR 143 (2018), 1 ff.; Ebers/Heinze/Krügel/Steinrötter KI/Ebers § 3 Rn. 58 ff.; Kaulartz/Braegelmann AI und Machine Learning-HdB/Wöbbeking S. 154 ff. (157); Kniepert JURA 2021, 358 (360).
6   Beck Jenseits von Mensch und Maschine/Hilgendorf S. 119 ff.; Wigger, Automatisiertes Fahren und strafrechtliche Verantwortlichkeit wegen Fahrlässigkeit, 2020, S. 129 ff.; Gless/Seelmann Intelligente Agenten/Gless S. 225; Gless/Seelmann Intelligente Agenten/Seher S. 45; Gleß/Weigend ZStW 2014, 561.
7   Guckelberger, Öffentliche Verwaltung im Zeitalter der Digitalisierung, 2019, Rn. 581; Martini/Ruschemeier/Hain VerwArch 2021, 1 ff.; Hilgendorf Robotik im Kontext von Recht und Moral/Meyer S. 211 ff.; Nink Justiz und Algorithmen S. 152 Fn. 65; Roth-Isigkeit AöR 145 (2020), 321 ff.; Schulz, Verantwortlichkeit bei autonom agierenden Systemen, 2015, S. 180 ff.
8   Statt aller: Hacker RW 2018, 243 (243) mwN.
9   Vgl. Russell/Norvig, Künstliche Intelligenz, 3. Aufl. 2012, S. 66.
10 Hill/Schliesky Auf dem Weg zum Digitalen Staat/Stelkens S. 189 (192 ff.) zu den historischen Hintergründen.
11 Vgl. Kümper, Risikoverteilung im Staatshaftungsrecht, 2011.

Allgemeinheit verlagert – eine Haftung erfolgt nach anderen Grundsätzen als bei einem privaten Schuldner. Gerechtfertigt ist dies nur, wenn sich der Schaden als Ausfluss der Ausübung hoheitlicher Tätigkeit darstellt und nicht nur zufällig durch einen staatlichen Schädiger entsteht.[12] Dies schlägt die Brücke zur Digitalisierung: Der Staat nutzt digitale Technologien nicht als Selbstzweck, sondern um von den dadurch erhofften Effizienz- und Effektivitätssteigerungen zu profitieren. Das Staatshaftungsrecht sichert dabei zum einen die rechtsstaatliche[13] Gesetzesbindung unabhängig von der Handlungsform und sorgt zum anderen dafür, dass die Risikoverteilung der Nutzung neuer, ggf. risikobehafteter Technologien nicht einseitig auf die Bürgerinnen und Bürger verlagert wird. Dies entspricht einer, wenn auch überwiegend noch als nachrangig eingeordneten, Präventivfunktion[14], die rechtswidrige Ausübung öffentlicher Gewalt haftungsrechtlich sanktioniert.[15] In Bezug auf digitale, sich dynamisch entwickelnde Technologien können sich Haftungsregelungen somit auch als Innovationshindernis erweisen, wenn die Haftungsrisiken ungeklärt sind.[16]

Das Staatshaftungsrecht[17] wird als Rechtsgebiet verstanden, welches verschiedene Ansprüche gegen den Staat aufgrund der Folgen seines Handelns formuliert. Dabei sind sowohl geschriebene als auch richterrechtlich entwickelte Ansprüche für rechtswidriges, rechtmäßiges, verschuldetes und unverschuldetes Handeln umfasst.[18] Diese zahlreichen Anspruchsformen – auf Beseitigung in natura oder Leistung einer Entschädigung – lassen vermuten, dass Haftungsfragen für digitales Verwaltungshandeln bereits de lege lata abgedeckt sind. Bei digitalem Staatshandeln, entscheidungsunterstützend oder vollautomatisiert, kann der Output des IT-Systems unterschiedliche Einflüsse auf die Letztentscheidung als potenzielles schadensverursachendes Ereignis haben. Dieser Einfluss führt dazu, dass neben dem unmittelbaren Handeln oder Unterlassen des individuellen Amtsträgers der (mittelbare) Faktor des Systemoutputs stets zu berücksichtigen ist.

Zentrale Grundlage des deutschen Staatshaftungsrechts ist der Amtshaftungsanspruch aus § 839 BGB i.V.m. Art. 34 GG. Entscheidende Tatbestandsvoraussetzung ist meist die Verletzung einer drittgerichteten Amtspflicht. Nur menschliches Handeln kann haftungsbegründend sein, die Konstruktion einer e-Person oder eines e-Beamten hat sich zu Recht nicht durchsetzen können.[19] Erforderlich ist deshalb in staatshaftungsrechtlichen Konstellationen, den Anknüpfungspunkt menschlicher Verantwortlichkeit zu bestimmen. Voraussetzung der Verschuldenshaftung des Amtshaftungsanspruchs ist deshalb die Ausübung eines öffentlichen Amtes durch einen Amtsträger, der eine drittbezogene Amtspflicht verschuldet verletzt und dadurch einen ersatzfähigen Schaden bei der betroffenen Bürgerin verursacht.[20]

1. Anwendungsbereiche und Risiken

Die digitale Transformation staatlichen Handelns steht in Deutschland im Vergleich zu anderen Ländern noch am Anfang.[21] Aus der Haftungsperspektive zeichnen sich aber bestimmte Bereiche und potenzielle Schadensszenarien ab, die zukünftig eine Rolle spielen können. Da eine Haftung für legislatives Unrecht nicht anerkannt ist, beschränken sich die Risikobereiche auf die Zuständigkeit der Exekutive. Im justiziellen Bereich ist der Einsatz digitaler Entscheidungssysteme oder entscheidungsunterstützender Software in Deutschland bisher eine theoretische Überlegung.[22]

---

12 So beim Verkehrsunfall, vgl. BGH Urt. v. 16.4.1964 – III ZR 182/63, BGHZ 42, 176–182; BGH Urt. v. 27.1.1977 – III ZR 173/74, BGHZ 68, 217–225.
13 Stern StaatsR I S. 855 ff.
14 Dazu Ellerbrok VERW 54 (2021), 189 ff.
15 Hill/Schliesky Auf dem Weg zum Digitalen Staat/Stelkens S. 189 (197) mwN.
16 Zur ökonomischen Analyse des öffentlichen Haftungsrechts als Anreiz: Hartmann, Öffentliches Haftungsrecht, 2013, S. 103 ff.
17 Zur Unschärfe des Begriffs, der ein einheitliches Rechtsgebiet suggeriere: Sauer, Öffentliches Reaktionsrecht. Theorie und Dogmatik der Folgen hoheitlicher Rechtsverletzungen, 2021, S. 15 f.
18 Überblick bei: Sauer JuS 2012, 695 ff.
19 Umfassend für Straf- und Zivilrecht: Kleiner, Die elektronische Person, 2021, S. 137 ff.
20 Kritisch zur Konzeption des Amtshaftungsrechts: Treffer NJW 2021, 1052 ff.
21 Kahl/Ludwigs HdB VerwaltungsR/Martini § 28 Rn. 13 ff.
22 Nink Justiz und Algorithmen S. 396 ff.

a) Sicherheit

7 Das Verwaltungsportal Bund soll nach dem Onlinezugangsgesetz (OZG) die zentrale Digitalisierungsplattform für alle Bundesbehörden darstellen, der Portalverbund stellt die Verknüpfung zwischen Bund- und Länderportalen dar. Denn Bund und Länder sind nach § 1 OZG dazu verpflichtet, ihre Verwaltungsleistungen seit 2022 auch digital über einen Portalverbund anzubieten. Die Nutzerinnen müssen sich für alle Leistungen des Portalverbunds mit einem Nutzerkonto einheitlich identifizieren. Für eine rechtssichere und gesetzeskonforme Abwicklung ist eine robuste Sicherheitsinfrastruktur erforderlich. Dies führt zu einem allgemeinen Problem: Die stärkere Vernetzung erhöht die Störanfälligkeit und Angreifbarkeit der Technikabhängigkeit der Verwaltung.[23] Fällt die IT-Infrastruktur aufgrund von Hard- oder Softwareproblemen aus, werden persönliche Daten von Bürgerinnen gehackt oder gehen Daten aufgrund anderer Faktoren verloren, kann dies zu Schadensfällen führen. Mangels bisheriger praktischer Relevanz ist nicht abschließend geklärt, ob solche Konstellationen staatshaftungsrechtlich abgesichert sind. Die Bedrohungslage verschärft sich durch gezielte Hackerangriffe – insbesondere auf öffentliche Infrastrukturen von Gerichten, Behörden und Verwaltungen.[24] Konkrete Sicherheitsanforderungen an die Infrastrukturen von Verwaltungen sind verstreut gesetzlich geregelt, z.B. in Art. 11 Abs. 1 Bayerisches E-Government-Gesetz (BayEGovG) und der DS-GVO.[25] Das in großer Eile verabschiedete IT-Sicherheitsgesetz 2.0[26] adressiert vor allem den Schutz der IT-Bundesverwaltung sowie kritischer Infrastrukturen (KRITIS). Fragen zur Zusammenarbeit zwischen Bund und Ländern oder der staatlichen Haftung bleiben offen.[27]

8 Aus dem vom Bundesverfassungsgericht entwickelten Grundrecht auf Gewährleistung der Vertraulichkeit und Integrität informationstechnischer Systeme lässt sich eine Schutzpflicht zur Gewährleistung eines Mindeststandards an Sicherheitsanforderungen an die staatliche Infrastruktur ableiten.[28] Deshalb sind Amtshaftungsansprüche bei Verletzung dieser Mindestanforderungen nicht ausgeschlossen. Die Amtspflicht besteht in der allgemeinen Pflicht der Verwaltung, für ein Mindestmaß an IT-Sicherheit zu sorgen, bei der auch dann die Haftung nach § 839 BGB i.V.m. Art. 34 GG greift, wenn die Sicherheitsmängel verschuldet, der konkrete Störfall aber selbst unverschuldet ist. Dogmatisch anspruchsvoller ist in diesen Fällen die Begründung der Drittgerichtetheit der Amtspflicht. Einige Stimmen argumentieren in diesen Fällen, eine allgemeine (oder absolute) Amtspflicht anzunehmen, die gegenüber allen potenziell betroffenen Bürgern greift, die mit der Verwaltung interagieren, und sich dann im Schadensfall aktualisiert.[29] Gewichtiger Grund dafür ist, dass Bürgerinnen sich dem Technikeinsatz der Verwaltung nicht entziehen können. Dies gilt umso mehr, wenn er auf einer gesetzlichen Entscheidung (OZG) beruht.

b) Breitenwirkung fehlerhafter digitaler Entscheidungssysteme

9 Softwaregesteuerte Verwaltungsvorgänge, die fehlerhaft sind, können Hebelwirkungen entfalten, die eine große Anzahl von Bürgerinnen durch nur einen singulären Fehler betreffen. Insbesondere komplexe Softwareanwendungen und maschinell lernende Systeme können in Kombination mit entsprechender Hardwareleistung erhebliche Datenmengen verarbeiten und so die Reichweite von Verwaltungsentscheidungen uniform vergrößern und, im Vergleich zum Erlass durch den einzelnen Amtswalter, massiv beschleunigen. Dabei kommen als Fehlerquellen sowohl die Datengrundlage als auch eine Fehlprogrammierung in Betracht. Fehlentscheidungen können auch nur in bestimmten Fall- oder Adressatengruppen auftreten, z.B. durch unentdeckte Biases.[30] Das in den Niederlanden eingesetzte System zur automatischen Entdeckung

---

23 Vgl. Reinermann/Lucke, Electronic Government in Deutschland, 2. Aufl. 2002, S. 72.
24 Barczack NJW 2020, 595 ff.
25 Riehm/Meier MMR 2020, 571 ff. zur rechtlichen Durchsetzung. In der DS-GVO z.B. Art. 32 zur Sicherheit der Verarbeitung.
26 BGBl. 2021 I 1122. Dazu kritisch Atug Int. Cybersecur. Law Rev. 2 (2021), 7 ff.
27 Hornung NJW 2021, 1985 (1991).
28 Hill/Schliesky Auf dem Weg zum Digitalen Staat/Stelkens S. 189 (210); Stinner, Staatliche Schutzpflichten im Rahmen informationstechnischer Systeme, 2018, S. 76 ff.; Schulz DuD 2012, 395; Heckmann FS Käfer, 2009, 129 ff.
29 Hill/Schliesky Auf dem Weg zum Digitalen Staat/Stelkens S. 189 (211).
30 Überblick bei Wischmeyer/Rademacher Regulating Artificial Intelligence/Tischbirek S. 103 ff.

von Sozial- und Steuerbetrug wurde bspw. aufgrund eines Verstoßes gegen Art. 8 EMRK für rechtswidrig erklärt.[31] Ob aus solchen Fällen nach Staatshaftungsrecht justiziable Schäden entstehen, ist nicht geklärt, aber keinesfalls ausgeschlossen, insbesondere im Bereich von Vermögensdispositionen aufgrund fehlerhafter Verwaltungsentscheidungen.

Staatliche Infrastrukturen werden ebenfalls zunehmend digital gesteuert und betreffen theoretisch alle Bürger. Als konkretes Schadensszenario wurde eine Haftung staatlich betriebener Infrastrukturen, welche den Verkehr autonomer Fahrzeuge regeln, aufgeworfen.[32] Entsprechende Anlagen könnten mittels Sensoren die erlaubte Geschwindigkeit kommunizieren und Vorfahrtsregelungen koordinieren;[33] de lege lata ist dies wegen §§ 36 ff. StVG noch nicht möglich. Ebenfalls erscheint eine digitale autonome Steuerung von Strom- und Wasserversorgung zukünftig denkbar. Neben Updates, Überwachungs- und Wartungspflichten werden besondere Sicherheitsmaßnahmen erforderlich werden.

c) Einbindung Privater

Verwaltungsdigitalisierung ist bisher in Deutschland untrennbar mit Outsourcing an private Dienstleister verbunden.[34] Den Unternehmen kommt aber regelmäßig keine Rechtsstellung in den Beziehungen zwischen Staat und Bürgerinnen zu, die haftungsrechtlich relevant wäre. Problematischer ist, inwieweit sich der Staat auf die externe Expertise verlassen darf. Entstehen Schäden bei Bürgern aufgrund einer Schlechtleistung, muss der Staat dafür einstehen; die Haftung trifft nach Art. 34 S. 1 GG dann allein den beauftragenden Hoheitsträger.[35]

d) Strafverfolgung und Gefahrenabwehr

Staatshaftungsrechtliche Fragen können sich auch im Kontext digitalgestützter Informationsauswertung zur Strafverfolgung und Gefahrenabwehr ergeben (→ *Predictive Policing* Rn. 10 ff.). Denkbar sind diskriminierende Entscheidungen aufgrund algorithmischer Prognoseentscheidungen, fehlerhafte Datengrundlagen oder unzureichende Sicherheitsmechanismen.

Der Einsatz digitaler Systeme zur Strafverfolgung und Gefahrenabwehr stellt einen großen Anwendungsbereich teilautomatisierten Verwaltungshandelns dar. Die Sachverhaltsermittlung erfolgt durch digitale Techniken, z.B. durch Data Mining[36], das konkrete Verwaltungshandeln wird aber durch menschliche Amtsträger vollzogen. Grundsätzlich ergeben sich hier auch keine haftungsrechtlichen Besonderheiten: Auch maschinell lernende Systeme sind in diesen Konstellationen schlichte Verwaltungswerkzeuge. Wer diese schuldhaft falsch bedient, z.B. durch falsche Dateneingabe o.Ä., verletzt die Amtspflicht zur korrekten Sachverhaltsermittlung.[37] Es besteht perspektivisch die Gefahr, dass Verzerrungen und daraus resultierende systematische Diskriminierungen unentdeckt bleiben, z.B. bei flächendeckend eingesetzten Predictive Policing-Werkzeugen.[38] Betroffene müssten für staatshaftungsrechtliche Entschädigungen allerdings einen

---

31 Vervloesem, Belgien, in Algorithm Watch/Bertelsmann Stiftung (Hrsg.), Automating Society Report, 2020, abrufbar unter https://www.bertelsmann-stiftung.de/de/publikationen/publikation/did/automating-society-report-2020-all, S. 160 ff.; Rechtebank Den Haag, Urt. v. 5.2.2020 – C-09-550982-HA ZA 18–388, ECLI:NL:RBDHA:2020:1878.
32 Schulz, Verantwortlichkeit bei autonom agierenden Systemen, 2015, S. 180 ff.
33 In diese Richtung geht das Gesetz über intelligente Verkehrssysteme (IVSG) in Umsetzung der RL 2010/40/EU; dazu: Jochum ZD 2020, 497 ff.
34 Zum Staat als Konsumenten von IT-Dienstleistungen: Fehling/Schliesky Neue Macht- und Verantwortungsstrukturen/Spiecker gen. Döhmann S. 53 (57 ff.).
35 Zur Risikoverteilung durch Vertragsgestaltung beim IT-Outsourcing: Hill/Schliesky Auf dem Weg zum Digitalen Staat/Stelkens S. 189 (236).
36 Ruschemeier, Eingriffsintensivierung durch Technik, 16.12.2020, abrufbar unter https://verfassungsblog.de/eingriffsintensivierung-durch-technik/.
37 Roth-Isigkeit AöR 145 (2020), 321 (334).
38 Sommerer, Personenbezogenes Predictive Policing, 2020, S. 170 ff.

Schaden nachweisen, wofür erhebliche Hürden bestehen; die Kompensation für immaterielle Schäden wird von der deutschen Rechtsprechung sehr restriktiv gehandhabt.[39]

2. Staatshaftung und teilautomatisierte Verwaltungsentscheidungen

14 Alle Vorgänge, bei denen die Verwaltung digitale Instrumente nutzt, sind prinzipiell teilautomatisierte Verwaltungsentscheidungen; ausgenommen davon sind wohl nur noch Realakte im Rahmen der Gefahrenabwehr. Das Verwaltungsverfahrensrecht hat bereits seit Jahrzehnten darauf reagiert und sieht in § 28 Abs. 2 Nr. 4, § 37 Abs. 4, § 39 Abs. 2 Nr. 3 VwVfG Vorgaben für teilautomatisierte Vorgänge vor. Merkmal der teilautomatisierten Entscheidung ist, dass sich die Verwaltung digitaler Hilfsmittel auf dem Weg zur Entscheidungsfindung bedient, die materielle Letztentscheidung und damit auch die persönliche Verantwortung aber bei einem menschlichen Amtsträger verbleibt.[40] Auf unionsrechtlicher Ebene wird diese Wertung durch Art. 22 DS-GVO reflektiert, der ebenfalls auf das Kriterium einer „vollautomatisierten Entscheidung" abstellt.[41] Die schwierigen Zurechnungsfragen des Systemoutputs stellen sich in dieser Konstellation nicht, da ein menschlicher Amtswalter die Entscheidung finalisiert und dadurch auch nach außen verantwortet. Die Pflichten zu einer vollständigen Sachverhaltsermittlung bleiben bestehen, die handelnde Person darf sich nicht blind auf die Systemangaben verlassen, vgl. § 24 Abs. 1 S. 3 VwVfG.

15 Ist nicht die Dateneingabe, sondern die Software fehlerhaft, sind Fälle einer schuldhaften Amtspflichtverletzung der konkreten Rechtsanwendung nur denkbar, wenn der Amtsträger den Entscheidungsvorschlag des Systems nicht kritisch überprüft. Schwieriger zu beantworten ist die Frage, in welcher Tiefe der zuständige Amtswalter die Vorschläge des Systems hinterfragen muss oder ob die zuständige Person grundsätzlich davon ausgehen kann, dass das System funktioniert und nur bei konkreten Anhaltspunkten eine Prüfpflicht hat.[42] Diese rechtliche Frage spielt zusammen mit dem verhaltenspsychologischen Phänomen des Automation Bias.[43] Menschen tendieren nachweislich dazu, sich zu sehr auf automatisierte Vorschläge im Rahmen einer Entscheidungsfindung zu verlassen, anstatt der eigenen Erfahrung zu vertrauen oder kontradiktorische Informationen hinreichend zu gewichten. Der Automation Bias wird bisher durch die rechtliche Ausgestaltung digitalen Staatshandelns nicht hinreichend reflektiert, besondere Anforderungen sieht die Rechtsordnung sowohl auf nationaler Ebene als auch im Unionsrecht (Art. 22 DS-GVO) nur für vollautomatisierte Entscheidungen vor.

3. Staatshaftung und vollautomatisierte Verwaltungsentscheidungen

16 Durch den – bisher wohl nur zukünftig erwarteten – flächendeckenden Einsatz lernender Systeme im Verwaltungsverfahren ergeben sich Fragen nach der hinreichenden Erfassung digital inhärenter Herausforderungen durch den rechtlichen Status quo. Parallel zur, im Zivilrecht in der Breite geführten, Diskussion um Haftungslücken und Zurechnungsfragen[44] stellen sich diese auch im Bereich der Staatshaftung. Der entscheidende Unterschied zum Privatrecht ist, dass das Ergebnis rechtsstaatlich vorgegeben ist: Der Staat haftet für hoheitliches Unrecht. Die Form einer Verwaltungsmaßnahme, analog oder digital, kann nicht maßgeblich dafür sein, ob Geschädigte Schadensersatz erlangen können.[45] Konkreter Anknüpfungspunkt de lege lata ist § 35a VwVfG sowie die Parallelnormen der § 31a SGB X; §§ 122, 88 AO. Der § 35a VwVfG sieht einen Rechtsvorschriftenvorbehalt vor. Inwieweit der Gesetzgeber insbesondere den Einsatz maschinell lernender Systeme in bestimmten grundrechtssensiblen Bereichen detaillierter und expliziter regeln muss, ist offen. Eine vollautomatisierte Entscheidung liegt jedenfalls dann vor, wenn ein System

---

39 Werdermann, Rechtsbindung durch Staatshaftung. Zur Entschädigung für rechtswidrige Polizeieinsätze, 21.09.2021, abrufbar unter https://verfassungsblog.de/rechtsbindung-durch-staatshaftung/.
40 Vgl. Martini/Ruschemeier/Hain VerwArch 2021, 1; Roth-Isigkeit AöR 145 (2020), 321 (325) mwN.
41 Entscheidungsunterstützung ist nicht erfasst: Paal/Pauly/Martini DS-GVO Art. 22 Rn. 20.
42 Generelle Pflicht zur kritischen Prüfung: Roth-Isigkeit AöR 145 (2020), 321 (335).
43 Nink Justiz und Algorithmen S. 295 f. mwN.
44 Thöne, Autonome Systeme und deliktische Haftung, 2020, § 5; Ständige Deputation des Deutschen Juristentages Verhandlungen des 73. DJT/Zech, S. A 1–A 112.
45 Hill/Schliesky Auf dem Weg zum Digitalen Staat/Stelkens S. 189 (191).

ohne externe Steuerung einen Output produziert, also die Entscheidung weder durch einen Menschen getroffen noch von einem Menschen kontrolliert wird.[46]

a) Amtshaftungsanspruch bei vollautomatisierten Verwaltungsentscheidungen

Zentral für das nationale Staatshaftungsrecht ist der Amtshaftungsanspruch des § 839 BGB i.V.m. Art. 34 GG. Bei vollautomatisierten Verwaltungsentscheidungen, insbesondere durch maschinell lernende Systeme, bereitet bereits die Feststellung der Amtspflichtverletzung und damit zusammenhängend das Verschulden Schwierigkeiten. Denn die Amtshaftung begründet gerade keine allgemeine Rechtswidrigkeitshaftung.[47]

Die Rechtsgutverletzung, welche zum Schadensereignis führt, wird bei vollautomatisiertem Verwaltungshandeln nicht mehr unmittelbar durch das Handeln eines menschlichen Beamten, sondern durch den Systemoutput ausgelöst. Dadurch wird die Schadensverursachung zwingend mittelbarer. Produziert das System einen rechtswidrigen Systemoutput, muss für eine haftungsrelevante Fehlerverursachung ein kausaler menschlicher Beitrag ermittelt werden. Dieser Beitrag muss wiederum eine schuldhafte Amtspflichtverletzung i.S.d. § 839 BGB darstellen.

Zwei potenzielle menschliche Fehlerquellen sind dafür denkbar: Zunächst die Entscheidung über die Zulassung des Systems („Ob"), ein Fall des Organisationsverschuldens.[48] Dabei spielen auch grundrechtliche Wertungen eine Rolle. Ein unerprobter Rettungsroboter mit hoher Fehlerquote sollte aufgrund der staatlichen Schutzpflicht für Leib und Leben nicht im Rahmen der Gefahrenabwehr eingesetzt werden. Zunächst müssen IT-Systeme vor einem Verwaltungseinsatz geprüft und getestet werden, ohne, dass allein auf die Angaben von Herstellern vertraut werden darf – dies wird zu dem praktischen Problem führen, dass der Verwaltung in vielen Bereichen dafür Personal und Expertise fehlt. Fällt das „Ob" der Einsatzentscheidung positiv aus, endet damit nicht die Verantwortlichkeit. Denn nachfolgend können die Kontroll- und Überwachungspflichten bei Systembetrieb verletzt werden (IT-Verkehrssicherungspflicht).[49] Je komplexer das eingesetzte System operiert, desto engmaschiger muss der Output kontrolliert werden. Dies entspricht auch der gesetzlichen Wertung des § 88 Abs. 5 S. 3 Nr. 4 AO, wonach die in der Steuerverwaltung eingesetzten Risikomanagementsysteme regelmäßig auf ihre Zielerfüllung überprüft werden müssen.[50] Diese Pflichten sind drittbezogen, wenn die Entscheidung des Systems Einzelpersonen oder einen individualisierbaren Personenkreis adressiert, was bei Erlass eines Verwaltungsaktes stets der Fall ist. Nach der Rechtsprechung zur fahrlässig verschuldeten falschen Rechtsanwendung ist Voraussetzung für menschliche Amtswalter, die einschlägigen Gesetze zu kennen und sich über den aktuellen Stand der Rechtsprechung zu informieren.[51] Selbiges muss für algorithmenbasierte Verwaltungsentscheidungen gelten. Die rechtliche Datengrundlage der Systeme muss folglich ständig aktualisiert werden.

Bei autonomen Systemen kann u.U. ex ante nicht erkennbar sein und ex post ebenfalls nicht überprüfbar, dass und warum das System Fehler produziert. Kann die Fehlerhaftigkeit eines Systems, welches dem Stand von Wissenschaft und Technik entspricht, nicht erkannt werden, scheitert der Amtshaftungsanspruch zumindest am Verschuldensvorwurf des jeweiligen Amtswalters.[52] Es verbleibt die Einsatzentscheidung über die Software als Anknüpfungspunkt. Wird der Softwareeinsatz per Gesetz angeordnet, führt dies zu einem Haftungsausschluss für legislatives Unrecht. Handelt es sich um eine Weisung der übergeordneten Behörde im Wege der Verwaltungsaufsicht, muss dieser grundsätzlich Folge geleistet werden. Es wird da-

---

46 Schoch/Schneider/Hornung VwVfG § 35a Rn. 29; Stelkens/Bonk/Sachs/Stelkens VwVfG § 35a Rn. 19 ff.
47 Roth-Isigkeit AöR 145 (2020), 321 (332).
48 Martini/Ruschemeier/Hain VerwArch 2021, 1 (13 f.). Zum Organisationsverschulden: BGH Urt. v. 11.1.2007 – III ZR 302/05, NJW 2007, 830 (832).
49 Martini/Ruschemeier/Hain VerwArch 2021, 1 (14).
50 Martini/Ruschemeier/Hain VerwArch 2021, 1 (15).
51 Vgl. z.B. BGH Beschl. v. 30.6.1971 – IV ZB 41/71, NJW 1971, 1704; BGH Beschl. v. 7.3.1978 – VI ZB 18/77, NJW 1978, 1486 f.; BGH Urt. v. 24.9.1981 – IX ZR 93/80, NJW 1982, 96 (97).
52 Hill/Schliesky Auf dem Weg zum Digitalen Staat/Stelkens S. 189 (213).

für plädiert, die Rechtsprechung zu Entscheidungen aufgrund bindender Verwaltungsvorschriften zu übertragen.[53] Die haftungsauslösende Handlung entfernt sich damit immer weiter vom schadensverursachenden Systemoutput und wird dadurch abstrakter. Die konkrete Amtspflichtverletzung im Analogen wandelt sich zu einem Organisationsverschulden,[54] der Entscheidung über den Softwareeinsatz. Der Grundsatz effektiven Verwaltungshandelns gebietet es, entsprechende Systeme einzusetzen, die eine Beschleunigung des Verfahrens ermöglichen; potenzielle Fehler sind Folge eines erlaubten Risikos staatlichen Handelns.[55] Allerdings ist dieses Risiko auch deshalb hinnehmbar, weil Bürgerinnen im Gegenzug ein haftungsrechtlicher Ausgleich zur Verfügung steht. Sind staatshaftungsrechtliche Rechtsschutzinstrumente hingegen faktisch ausgeschlossen, kann der Einsatz autonomer Systeme unzulässig sein.

b) Verschuldensunabhängige Staatshaftungsansprüche

21 Die Problematik des Nachweises von Vorsatz oder Fahrlässigkeit stellt sich nicht bei verschuldensunabhängigen Staatshaftungsansprüchen.[56] Der enteignungsgleiche Eingriff und der Aufopferungsanspruch ermöglichen Entschädigungen aufgrund staatlicher rechtswidriger unmittelbarer Eingriffe in das Eigentum bzw. in die durch Art. 2 Abs. 2 GG geschützten Rechte.[57] Der BGH hat solche Anspruchskonstellationen für das Versagen technischer Einrichtungen bei „feindlichem Grün" anerkannt.[58] Übernimmt ein autonomes System die für Verkehrsteilnehmerinnen verbindliche Steuerung, ergeben sich keine Änderungen im Vergleich zur „analogen" Ampelschaltung. Andere konkrete Anwendungsfälle, in denen autonome Systeme – also ohne menschliche Steuerung agierende Systeme – unmittelbar auf Eigentumspositionen oder die körperliche Unversehrtheit von Bürgern im staatlichen Einsatz einwirken, sind bisher theoretischer Natur: Roboter, die z.T. bereits zur Gefahrenabwehr eingesetzt werden, unterliegen der menschlichen Steuerung.[59] Selbiges gilt für den enteignenden Eingriff, der atypische Nebenfolgen eines ansonsten rechtmäßigen Eigentumseingriffs ausgleichen soll.[60] Die Wiederherstellung des Status quo ante ohne Schadensersatz kann über den Folgenbeseitigungsanspruch verlangt werden, dafür müsste ein IT-System einen noch andauernden rechtswidrigen Zustand schaffen.[61]

4. Rechtsschutzfragen

22 Bei der Durchsetzung staatshaftungsrechtlicher Ansprüche aufgrund digitalen Verwaltungshandelns stellen sich weitere Herausforderungen. Insbesondere die Beweisbarkeit der Amtspflichtverletzung oder des Verschuldens dürfte die meisten Kläger vor große Herausforderungen stellen. Sowohl der primäre als auch der sekundäre Rechtsschutz gegen Staatshandeln darf aber nicht von der gewählten technischen Ausgestaltung abhängen.[62] Die rechtliche Durchsetzung ist bereits bei der Identifikation des richtigen Klagegegners erschwert. Denn den Bürgerinnen ist nicht zwingend erkennbar, ob und welche Software überhaupt genutzt wurde, welche Behörde für den Systemeinsatz verantwortlich ist und ob diese z.B. aufgrund einer Weisung erfolgte.[63] Es wird deshalb vorgeschlagen, Sonderregelungen für die Passivlegitimation und die interne Verteilung von Schadensersatzkosten zu treffen.[64] Bei arbeitsteiligen Prozessen in einem Verwaltungsverbund kann eine zentral entwickelte Software, deren Einsatz zu einem rechtswidrigen

---

53 Hill/Schliesky Auf dem Weg zum Digitalen Staat/Stelkens S. 189 (215) mwN.
54 Kritisch dazu, wohl aber nur aufgrund prozessualer Argumente: Roth-Isigkeit AöR 145 (2020), 321 (344).
55 Roth-Isigkeit AöR 145 (2020), 321 (341).
56 Ossenbühl/Cornils StaatsHaftR S. 325 ff.
57 Insbesondere besteht kein Diskriminierungsschutz; Martini/Ruschemeier/Hain VerwArch 2021, 1 (6).
58 BGH Urt. v. 18.12.1986 – III ZR 242/85, NJW 1987, 1945 (1946).
59 Siehe https://crisis-prevention.de/feuerwehr/einsatzmoeglichkeiten-von-robotern.html; dazu auch: Hilgendorf Robotik im Kontext von Recht und Moral/Meyer S. 211 (215 ff.).
60 Weiterführend zu potenziellen Haftungsausschlüssen: Martini/Ruschemeier/Hain VerwArch 2021, 1 (7).
61 Zum Folgenentschädigungsanspruch und dem sozialrechtlichen Herstellungsanspruch in diesem Kontext: Martini/Ruschemeier/Hain VerwArch 2021, 1 (8).
62 Zur Kontrolle elektronischer Verwaltung: Hill/Schliesky Herausforderungen e-Government/Stelkens S. 149 f.
63 Hill/Schliesky Auf dem Weg zum Digitalen Staat/Stelkens S. 189 (216).
64 Hill/Schliesky Auf dem Weg zum Digitalen Staat/Stelkens S. 189 (213).

Output anderer Stellen führt, ggf. nicht eindeutig zurechenbar sein.[65] Diese Verwaltungsvernetzung, welche nicht nur, aber insbesondere beim Einsatz digitaler Technologien typisch ist, gerät mit den überkommenen Zurechnungskriterien des Staatshaftungsrechts in Konflikt.[66] Die Haftungsverantwortung gegenüber dem Geschädigten darf aber nicht durch digitale Dienste im Verwaltungsverbund untergraben werden. Der richtige Rechtsschutzgegner ist der Hoheitsträger, welcher über die Gewährung der Entschädigung entscheidet, was aufgrund der oft nicht erkennbaren internen Abläufe, die zur Schadensverursachung geführt haben, nicht leicht zu bestimmen sein wird. Diskutiert wird, zwischen der internen Zuständigkeit der Verwaltungsaufgabe – z.B. der Kontrolle des eingesetzten IT-Systems – und der Entscheidung über die Gewährung von Schadensersatz zu trennen.[67] De lege ferenda sind fachgesetzliche Zuständigkeitsnormen zur Entscheidung über Staatshaftungsansprüche erforderlich, die z.B. in einem digitalen Verwaltungsverbund nur die dem Bürger gegenüber auftretende Behörde, alle Behörden gesamtschuldnerisch oder einen Haftungsfonds als Anspruchsgegner normieren.[68] Dies kann zwar interne Rückgriffsregelungen nach sich ziehen, je nachdem, wer den fehlerhaften Systemeinsatz auf welcher Ebene zu verantworten hat. Entscheidend ist aber, das Gebot klarer Verantwortungszuweisung zu realisieren und Bürgerinnen effektiven Rechtsschutz zu ermöglichen.

Auf Tatbestandsebene bestehen auch in Fallkonstellationen, in denen keine digitalen Anwendungen staatlicherseits zum Einsatz kommen, Beweisschwierigkeiten für geschädigte Personen.[69] Denn die Amtspflichtverletzung und das Verschulden begründenden Umstände spielen sich überwiegend im staatsinternen Bereich ab, in den die einzelne Bürgerin keinen Einblick hat. Bei digitalem Staatshandeln addiert sich das meist fehlende Fachwissen, um Systemfehler identifizieren zu können.[70] Zwar hat die Rechtsprechung eine Beweislastumkehr nicht ausdrücklich anerkannt, die weitreichende Objektivierung des Fahrlässigkeitsmaßstabs hat aber dazu geführt, dass faktisch von der Amtspflichtverletzung auf das Verschulden geschlossen wird.[71] In einigen Urteilen hat der BGH die Entlastungsregeln der § 832 Abs. 1 S. 2[72], § 833 S. 2[73], § 836 Abs. 1 S. 2 BGB[74] auch im Rahmen des Amtshaftungsanspruchs angewendet.[75] Bei Amtshaftungsfällen für digitales Verwaltungshandeln ist eine Modifikation der Beweislast ebenfalls angezeigt, denn bereits der Nachweis der Amtspflichtverletzung dürfte erhebliche Schwierigkeiten bereiten. Faktisch wird sich ein schadensauslösender Systemoutput aber in der überwiegenden Anzahl der Fälle entweder auf eine nicht sorgfältig getroffene Einsatzentscheidung (z.B. bei fehlenden Testläufen) oder einen Bedienungs- oder Kontrollfehler während des Einsatzes zurückführen lassen. Erwägungen zu Amtspflichtverletzung und Verschulden lassen sich nicht mehr differenzieren: War trotz umfangreicher Testung und Kontrolle ein schadensverursachender Output nicht erkennbar, liegt schon keine Amtspflichtverletzung vor, ein Verschulden scheidet ebenfalls aus. Kritisiert wird auch, dass durch ein Anknüpfen an die weit vorgelagerte Einsatzentscheidung der Haftungstatbestand uferlos werde.[76] Generell kann der staatlichen Seite die sekundäre Beweislast auferlegt werden, die Amtspflichtverletzung und ggf. das Verschulden bei Beweis eines schadensauslösenden Systemoutputs entkräften zu müssen.[77] Es verbleiben dann nur seltene Schadenskonstellationen, in denen ein hinreichend geprüftes und kontrolliertes System nicht erkennbare Fehler

---

65 Hill/Schliesky Auf dem Weg zum Digitalen Staat/Stelkens S. 189 (213).
66 Hill/Schliesky Auf dem Weg zum Digitalen Staat/Stelkens S. 189 (216) zur Rechtsprechung bei der Auftragsverwaltung und anderen Anwendungsfällen.
67 Hill/Schliesky Auf dem Weg zum Digitalen Staat/Stelkens S. 189 (221).
68 Eifert, Electronic Government, 2006, S. 125 ff.; Martini/Ruschemeier/Hain VerwArch 2021, 1 (25); Hill/Schliesky Herausforderung e-Government/Schneider S. 89 (93 ff.); Hill/Schliesky Auf dem Weg zum Digitalen Staat/Stelkens S. 189 (222) mwN.
69 BeckOK BGB/Reinert BGB § 839 Rn. 94; MüKoBGB/Papier/Shirvani BGB § 839 Rn. 341.
70 Martini/Ruschemeier/Hain VerwArch 2021, 1 (30).
71 Ossenbühl/Cornils StaatsHaftR S. 30. Dazu auch: Roth-Isigkeit AöR 145 (2020), 321 (343 ff.).
72 BGH Urt. v. 13.12.2012 – III ZR 226/12, NJW 2013, 1233.
73 BGH Urt. v. 26.6.1972 – III ZR 32/70, BeckRS 1972, 30398713.
74 BGH Urt. v. 5.4.1990 – III ZR 4/89, NJW-RR 1990, 1500.
75 Treffer NJW 2021, 1052 (1054).
76 Roth-Isigkeit AöR 145 (2020), 321 (345).
77 Martini/Ruschemeier/Hain VerwArch 2021, 1 (31 f.).

produziert. Diese prozessuale Modifikation löst nicht die dogmatischen Defizite des jetzigen Amtshaftungsmodells. Weitreichende Beweiserleichterungen sollen faktisch zu dem Ergebnis führen, dass der Staat stets für rechtswidrigen Systemoutput haftet, was tatbestandlich allerdings im Rahmen der Amtshaftung nicht vorgesehen ist. Diese unzulängliche Antwort des Staatshaftungsrechts bei digitalem Staatshandeln unterstreicht die Reformbedürftigkeit des Konstrukts der gesamten Amtshaftung. Um zu rechtsstaatlich hinnehmbaren Ergebnissen zu gelangen, sind dogmatisch weitreichende Auslegungen erforderlich, die sich auf ein tatbestandlich nahezu nicht mehr rückführbares Case Law erstrecken.

5. Unionsrechtliche Staatshaftung

24 Der gemeinschaftsrechtliche Staatshaftungsanspruch besteht kumulativ neben den nationalen Amtshaftungsansprüchen. Gemäß Art. 340 Abs. 2 AEUV haften Unionsorgane nach den allgemeinen Rechtsgrundsätzen der Rechtsordnungen der Mitgliedstaaten. Ob und inwieweit sich Haftungsfälle digitalen Verwaltungshandelns auf unionaler Ebene stellen, insbesondere im Verwaltungsverbund, ist ungeklärt.[78]

25 Im weitesten Sinne kann auch der datenschutzrechtliche Schadensersatzanspruch ein Fall der Staatshaftung sein. Die DS-GVO sieht in Art. 82 einen Schadensersatzanspruch für Verstöße gegen die Vorgaben der Verordnung vor, welche sich auch staatshaftungsrechtlich ausprägen kann, da sie öffentliche und private Stellen gleichermaßen adressiert. Verletzen staatliche Stellen die Vorgaben der DS-GVO, z.B. durch Verstoß gegen Art. 6 DS-GVO, können sie sich schadensersatzpflichtig machen. Der Versand von persönlichen Daten an falsche Empfänger per E-Mail ist auch im Verwaltungskontext denkbar.[79]

26 Ein Schadensersatzanspruch aufgrund vollautomatisierter Verwaltungsakte nach Art. 82 DS-GVO ist de lege lata aufgrund der Einschränkung des § 35a VwVfG aber wohl nicht möglich. Denn Voraussetzung für den Ersatzanspruch ist die Kausalität des DS-GVO-Verstoßes für den entstandenen Schaden; bei automatisiertem Verwaltungshandeln kommt vor allem eine Verletzung des Art. 22 DS-GVO in Betracht. Ein Verstoß gegen Verfahrensregeln führt aber nicht zwingend zur materiellen Rechtswidrigkeit im Verwaltungsverfahrensrecht, §§ 45, 46 VwVfG. Eine Schadenskonstellation, die durch einen nach deutschem Recht materiell rechtmäßigen, aber gegen die DS-GVO verstoßenden Verwaltungsakt ausgelöst wird, ist bei gebundenen Entscheidungen nicht gegeben; Ermessensentscheidungen lässt der Rahmen des § 35a VwVfG bisher nicht zu.[80]

III. Regulierungsvorschläge de lege ferenda

27 Die Diskussion um eine öffentlich-rechtliche Gefährdungshaftung entwickelte sich aufgrund der Haftungsdefizite im Staatshaftungsrecht; aufgrund der digitalen Transformation erfährt sie neue Relevanz. Bisher ist das Institut einer staatlichen Gefährdungshaftung mit dem Hinweis auf die von der Rechtsprechung entwickelten Institute des enteignenden und enteignungsgleichen Eingriffs sowie des Aufopferungsanspruchs abgelehnt worden.[81] Bei der Haftung für digitales Staatshandeln stellt sich perspektivisch die Problematik der über das Eigentumsrecht hinausgehenden betroffenen Rechtsgüter, z.B. bei einer direkten Interaktion zwischen Bürgerinnen und Bürgern und Robotern. Die ungeschriebenen Staatshaftungsansprüche decken diese Konstellationen nicht ab. Der Gesetzgeber sollte deshalb eine originäre Staatsunrechtshaftung für schadensverursachenden Systemoutput digitaler Instrumente im staatlichen Einsatz schaffen,[82] ohne die Grundlagen der Amtshaftung weiter zu strapazieren. Staatshaftung ist letztlich Risikoverteilung. Die Abwägung fällt bei digitalem Verwaltungshandeln, von dem der Staat profitiert, dem Bürgerinnen und Bürger aber zwingend ausgesetzt sind, zugunsten einer weitreichenden Haftungslösung aus. Dagegen

---

78 Zur Haftung im europäischen Verwaltungsverbund: Shirvani EuR 2011, 619 ff.
79 Vgl. LG Köln Urt. v. 7.10.2020 – 28 O 71/20, BeckRS 2020, 2795, zu einem falsch adressierten Kontoauszug.
80 Martini/Ruschemeier/Hain VerwArch 2021, 1 (10 ff.).
81 Gromitsaris, Rechtsgrund und Haftungsauslösung im Staatshaftungsrecht, 2011, S. 160.
82 Degrandi, Die automatisierte Verwaltungsverfügung, 1977, S. 139 ff.; MüKoBGB/Papier/Shirvani BGB § 839 Rn. 192; Popper DVBl 1977, 509 (513 f.); Jaenicke VVDStRL 20 (1961), 135 (175 f.); Martini/Ruschemeier/Hain VerwArch 2021, 1 (33).

wird angeführt, dass zumindest die Fallgruppe des Risikos autonomer Systeme keine abstrakte Gefahr verwirkliche, die eine Gefährdungshaftung rechtfertigen würde.[83] Vielmehr realisiere sich das Risiko einer falschen Entscheidung, welches sich in jeder juristischen Bewertung finde.[84] Das überzeugt so nicht. Autonome Systeme sind nicht per se gefährlich, sondern immer abhängig von ihrem Einsatzkontext.[85] Eine Betriebsgefahr für Algorithmen ist deshalb in der Pauschalität verfehlt; im staatlichen Bereich realisiert sich aber das Risiko ex ante nicht erkennbarer und ex post nicht nachvollziehbarer Fehler, die nicht aufgrund einer falschen juristischen Bewertung entstehen, sondern aufgrund eines Programmfehlers. Gegenstand der staatlichen Entscheidung ist damit nicht die juristische Bewertung des Einzelfalls, sondern die Entscheidung über den Systemeinsatz mit Autonomierisiko. Und dieses (Rest-)Autonomierisiko muss letztlich der zuständige Hoheitsträger tragen. In den Fällen der Amtshaftung werden zudem regelmäßig rechtswidriger Systemoutput und Schadensfälle zusammenfallen. Verfassungsrechtliche Einwände bestehen dagegen nicht. Der Gesetzgeber ist frei, das geltende Haftungsrecht zu modifizieren und verschuldensunabhängige und unmittelbare Haftungstatbestände zu schaffen.[86]

Der Verordnungsvorschlag der Europäischen Kommission zur Festlegung harmonisierter Vorschriften für Künstliche Intelligenz[87] (KI-VO-E)[88] sieht keine expliziten Vorgaben zur Staatshaftung vor. Die Haftung der Union selbst ist ohnehin normativ in Art. 340 AUEV und Art. 41 Abs. 3 GRCh verankert. Relevant für den Bereich der Künstlichen Intelligenz dürfte ohnehin die richterrechtlich entwickelte Staatshaftung der Mitgliedstaaten sein.[89] Ähnlich wie die DS-GVO differenziert der KI-VO-E nicht zwischen staatlichen und privaten Regelungsadressaten, sondern zwischen Anbietern und Nutzern von KI-Systemen. Staatliche Stellen können theoretisch in beide Adressatenkategorien fallen und damit den entsprechenden Anforderungen unterliegen. Haftungsrelevant erscheinen neben den allgemeinen Pflichten für hochriskante KI-Systeme iSd Art. 6 KI-VO-E vor allem die Verbote bestimmter KI-Systeme in Art. 5 KI-VO-E, die sich zT explizit an öffentliche Stellen wenden. Dass Mitgliedstaaten bspw. gegen das Verbot von Social Scoring, Art. 5 Abs. 1 lit. c KI-VO-E, welches bisher nur Behörden adressiert, verstoßen, erscheint nicht sehr naheliegend. Die weitreichenden Ausnahmen vom Verbot biometrischer Echtzeit-Fernidentifizierungssysteme des Art. 5 Abs. 1 lit. d KI-VO-E beziehen sich auf die nationalen Verfahrensvorschriften zur Strafverfolgung, Art. 5 Abs. 2 und 3 KI-VO-E. Hier erscheinen Verstöße gegen die unionsrechtlichen Vorgaben durchaus praxisrelevant und staatshaftungsrechtliche Folgen denkbar.

---

83 Roth-Isigkeit AöR 145 (2020), 321 (347).
84 Roth-Isigkeit AöR 145 (2020), 321 (347).
85 Martini, Blackbox Algorithmus, 2019, S. 285.
86 Isensee/Kirchhof StaatsR-HdB/Papier Rn. 18.
87 COM(2021) 206 final.
88 Dazu bspw. Ebers/Hoch et al. RDi 2021, 528.
89 Überblick bei Callies/Ruffert/Ruffert AEUV Art. 340 Rn. 1 ff.

40. Hochschullehrer*

von Lewinski

I. Einführung	1
II. Begriff des Hochschullehrers und des Rechtslehrers	4
III. Legal Tech im Studium	6
1. Legal Tech als Lehrgegenstand	8
a) Rechtswissenschaften	9
b) Sonstige Studiengänge	13
2. Elektronische Prüfungen	16
IV. Hochschullehrer als Entwickler von Legal Tech	18
1. Rechtlicher Rahmen	19
2. Wirtschaftliche Verwertung	21
V. Hochschulen und Wissenstransfer	26
1. Legal Tech Clinics	28
2. Gründungsberatung und Gründungsförderung für Legal Tech an Hochschulen	33
3. Legal Tech-Ausgründungen aus Hochschulen	35
VI. Hochschullehrer als Legal Tech-Praktiker	36
1. Rechtsdienstleistungen von Hochschullehrern	36
a) Hochschullehrer als Gutachter	37
b) Rechtslehrer als Rechtsberater	39
c) Rechtslehrer als Rechtsvertreter	43
aa) Keine Vertretung in einfachen Massenverfahren	44
bb) Teilnahme am elektronischen Rechtsverkehr	46
d) Hochschullehrer als Streitentscheider	50
e) Hochschullehrer als Anbieter juristischer Plattformen	52
2. Berufsrecht der rechtsdienstleistenden Hochschullehrer?	53
a) Verbot der Vertretung widerstreitender Interessen	54
b) Verschwiegenheit	55
c) Vergütung	56
d) Haftung	57
e) Werbung	60
3. Legal Tech als Hilfsmittel	64
a) Büroorganisation	64
b) Unterstützung bei Rechtsdienstleistung	65
4. Datenschutz	68
VII. Hochschullehrer in Rechtsdienstleistungsunternehmen und Kanzleien	71
1. Nebentätigkeit in Legal Tech-Unternehmen	73
2. Hochschullehrer in Legal Tech-Kanzleien	77
VIII. Ausblick	80

Literatur: *Allesch,* Die Rolle von Technologietransferstellen, in Schuster (Hrsg.), Handbuch des Wissenschaftstransfers, 1990, S. 463 (zit.: Schuster Wissenschaftstransfer/Allesch); *Blum,* Spin-offs in strategischen Unternehmensnetzwerken, 2006 (zit.: Blum Spin-offs); *Dahns,* Unzulässige Berufsausübung mit einem Hochschullehrer (Of Counsel), NJW-Spezial 2020, 607; *Haberstumpf,* Wem gehören die Forschungsergebnisse?, ZUM 2001, 819; *Junker,* Legal Outsourcing am Beispiel wissenschaftlicher Gutachten – RDG 4.0?, in FS Herberger, 2016, S. 501; *Kopp,* Die Prozessvertretung durch Rechtslehrer an deutschen wissenschaftlichen Hochschulen vor den allgemeinen Verwaltungsgerichten und das Rechtsberatungsgesetz, in FS Ule, 1987, S. 143; *Kraßer/Schricker,* Patent- und Urheberrecht an Hochschulen, 1988; *Krönke,* Öffentliches Digitalwirtschaftsrecht, 2020, insbes. S. 524–566 (zit.: Krönke Digitalwirtschaftsrecht); *v. Lewinski,* Rechtslehrer als Berater und Vertreter in Verwaltungs- und Gerichtsverfahren, in FS Hartung, 2008, S. 93; *v. Lewinski,* Grundriss des Anwaltlichen Berufsrechts, 5. Aufl. 2022 (zit.: v. Lewinski Anwaltl. BerufsR); *Lux,* Rechtsfragen der Kooperation zwischen Hochschulen und Wirtschaft, 2002 (zit.: Lux Rechtsfragen); *Markworth,* Zusammenarbeit mit Of Counsel verstößt gegen § 59a BRAO, AnwBl 2020, 493; *Meinecke,* Haushaltsrecht, in Flämig et al. (Hrsg.), Handbuch des Wissenschaftsrechts, Bd. 2, 1. Aufl. 1982, S. 1315 (zit.: Flämig et al. HdB Wissenschaftsrecht/Meinecke); *Nolte,* Elektronische Kommunikation mit den Verwaltungsgerichten, in Seckelmann (Hrsg.), Digitalisierte Verwaltung. Vernetztes E-Government, 2. Aufl. 2019, S. 359 (zit.: Seckelmann Digitalisierte Verwaltung/Nolte); *Niehues/Fischer/Jeremias,* Prüfungsrecht, 7. Aufl. 2018 (zit.: Niehues/Fischer/Jeremias PrüfungsR); *Post/Kuschka,* Verwertungspflichten der Hochschulen nach Abschaffung des Hochschullehrerprivilegs, GRUR 2003, 494; *Rehbinder,* Zu den Nutzungsrechten an Werken von Hochschulangehörigen, in FS Hubmann, 1985, S. 359; *Rüpke,* Freie Advokatur, anwaltliche Informationsverarbeitung und Datenschutzrecht, 1995 (zit.: Rüpke Freie Advokatur); *Schenke,* Die Vertretungsbefugnis von Rechtslehrern an einer deutschen Hochschule im verwaltungsgerichtlichen Verfahren, DVBl 1990, 1151; *Schröter,* Hochschullehrer als Strafverteidiger, 1987 (zit.: Schröter Strafverteidiger); *Schulz,* E-Examinations in a nutshell: Lessons learnt, in Apostopolous et al. (Hrsg.), Grundfragen des Multimedialen Lehren und Lernens, 2015, S. 12 (zit.: Apostopolous et al. Multimediales Lehren/Schulz); *Thull,* Der Grundsatz der Behutsamkeit im Öffentlichen Recht unter besonderer Berücksichtigung rechtsgutachterlicher Äußerungen, in Brandner et al. (Hrsg.), Kein Jurist denkt umsonst (Schülerfestschrift für Michael Kloepfer zum 50. Geburtstag), 1993, S. 53 (zit.: Brandner et al. Kein Jurist denkt umsonst/Thull); *Waldhoff,* Versilbern oder Verschulden, in v. Lewinski (Hrsg.), Staatsbankrott als Rechtsfrage, 2011, S. 77 (zit.: v. Lewinski Staatsbankrott als Rechtsfrage/Waldhoff); *Westermann,* Der Universitätsprofessor und die juristische Praxis – ein Erfahrungsbericht und

---

* Der Verf. dankt sehr herzlich seinem Assistenten, Herrn Lars Grossmann, für die umfangreiche Mitarbeit an diesem Beitrag.

eine Apologie, in FS Happ, 2006, S. 337; *Willems*, Die unterschiedliche Interessenwahrnehmungsbefugnis des Rechtslehrers im deutschen Verfahrensrecht, 2001 (zit.: Willems Rechtslehrer); *Willms*, Die Besorgung fremder Rechtsangelegenheiten durch Rechtslehrer an deutschen Hochschulen, NJW 1987, 1302; *Wreesmann*, Clinical Legal Education – Unentgeltliche Rechtsberatung durch Studenten in den USA und Deutschland, 2010 (zit.: Wreesmann Clinical Legal Education).

I. Einführung

Noch oberhalb der Künstlichen Intelligenz steht der deutsche Professor. Er steht aber auch ein wenig abseits von Legal Tech; jedenfalls sind Rechts- und andere Hochschullehrer in der allgemeinen Legal Tech-Diskussion bislang und soweit ersichtlich nicht wirklich thematisiert worden.[1] Dabei erfordern Legal Tech-Anwendungen, wenn sie am Markt erfolgreich sein wollen, **spezialisierte und fundierte Kenntnisse**, wie sie in besonderem Maße an den Hochschulen zu finden sind. Dies gilt nicht nur für die Rechtswissenschaften, sondern (und vielleicht noch mehr) für Informatik, Betriebswirtschaftslehre und andere Disziplinen.

Zwar sind professorale Rechtsdienstleistungen – v.a. Prozessvertretung vor Höchstgerichten, Strafverteidigungen und Gutachten – oftmals prominent sichtbar. Bezogen auf den Gesamtmarkt für Rechtsdienstleistungen ist ihre Bedeutung aber verschwindend (→ *Wettbewerb, allgemein* Rn. 1 ff.). Auch werden Rechtslehrer von der Rechtsanwaltschaft herkömmlich nicht als (wirtschaftliche) Konkurrenz betrachtet (→ *Rechtsanwalt, Monopol* Rn. 11), weil sie eine andere Kosten- und Erlösstruktur haben und deshalb überwiegend in Fällen tätig werden, die für andere Rechtsdienstleister (jedenfalls aus einer Ertragsperspektive) zu schwierig sind oder (in aktivistischen Kontexten) nicht hinreichend lukrativ. V.a. haben sich Rechtslehrer nicht in das Massengeschäft der Brot-und-Butter-Mandate begeben; womöglich können sie das wirtschaftlich sinnvoll auch gar nicht, weil die professorale Rechtsdienstleistung höchst individuell ist und deshalb **keine Skaleneffekte** hat. Mit Prozessfinanzierung und Inkasso (→ *Prozessfinanzierung* Rn. 7 ff.) und überhaupt der Industrialisierung der Rechtsdienstleistungen[2] werden Rechtslehrer deshalb wenig zu tun haben.

Doch nicht nur als Juristen sind Hochschullehrer im Bereich von Legal Tech relevant, wenn und weil sowohl die rechtskonforme Implementierung technischer Innovationen in die juristische Praxis als auch die adäquate Erfassung technischer bzw. digitaler Lebenssachverhalte **nicht-juristische Expertise** erfordert. Wegen der hohen Entwicklungsgeschwindigkeit von Technologien ist auch gerade die Mitwirkung nicht-rechtswissenschaftlicher Forscher gefragt.

II. Begriff des Hochschullehrers und des Rechtslehrers

Der Hochschullehrerbegriff hat seinen Ursprung im Hochschulrecht; damit ist er Ländersache, und es herrscht eine gewisse föderale Bandbreite. Hochschullehrer sind grundsätzlich die Professoren, Juniorprofessoren,[3] darüber hinaus aber auch andere Personen[4]. Hochschullehrer sind zum Großteil **hauptberuflich** tätig, es gibt mit den Honorarprofessoren aber auch nebenberufliche Hochschullehrer.[5] Typischerweise handelt es sich um **verbeamtete** Professoren an staatlichen Hochschulen, wenn es auch Hochschullehrer an staatlich anerkannten privaten und kirchlichen Hochschulen gibt. Charakteristisch sind zum einen seine

---

[1] Vgl. zB Krönke Digitalwirtschaftsrecht S. 529 et pass.; Hartung/Bues/Halbleib Legal Tech/D. Hartung S. 197, der sich auf einen Erlebnisbericht zu Legal Tech in der Lehre an der Bucerius Law School beschränkt; Breidenbach/Glatz Legal Tech-HdB/Breidenbach Kap. 8.1.
[2] Breidenbach/Glatz Legal Tech-HdB/Breidenbach Kap. 2 et pass.; v. Lewinski Anwaltl. BerufsR Kap. 1 Rn. 22.
[3] § 42 S. 1 HRG; Art. 2 Abs. 3 BayHSchPG; § 45 Abs. 1 S. 2 Nr. 1 BerlHG; § 40 Abs. 1 S. 1 BbgHG; § 4 Abs. 1 Nr. 2 BremHG; § 10 Abs. 1 Nr. 1 HmbHG; § 52 Abs. 2 Nr. 1 LHG MV; § 16 Abs. 2 Nr. 1 NHG; § 50 Abs. 1 S. 1 Nr. 1 SächsHSFG; § 13 Abs. 1 S. 1 Nr. 1 HSG SchlH; § 21 Abs. 2 S. 1 ThürHG.
[4] Dozenten: § 44 Abs. 1 S. 1 Nr. 1 LHG BW; § 11 Abs. 1 S. 1 Nr. 1 HG NRW; Tandem-Professoren: § 46 HochSchG RhPf; Nachwuchsprofessoren: § 16 Abs. 1 S. 1 Nr. 1 SHSG.
[5] § 60 S. 1 Nr. 1 HSG LSA differenziert bei Privatdozenten und außerplanmäßigen Professoren nach Haupt- oder nebenberuflicher Tätigkeit.

hervorstechende akademische Qualifikation (idR Habilitation) und zum anderen die Betrauung mit der selbstständigen Vertretung eines wissenschaftlichen Faches in Forschung und Lehre.[6]

5 Innerhalb der Hochschullehrer nimmt der **Rechts**lehrer eine besondere Position ein, soweit die Prozessrechtsordnungen ein Hochschullehrerprivileg kennen,[7] nach denen Rechtslehrer **postulationsfähig** sind. Umfasst sind davon sowohl Universitäts- als auch Fachhochschulprofessoren,[8] solange sie der Institution korporationsrechtlich zugeordnet sind, also auch noch in ihrem Ruhestand.[9] Da für das prozessrechtliche Hochschullehrerprivileg neben der Stellung als Rechtslehrer die **Befähigung zum Richteramt** gefordert wird, ist der Begriff des Rechtslehrers nicht auf ordentliche Professoren beschränkt, sondern umfasst auch außerordentliche, außerplanmäßige Professoren, Honorarprofessoren, Assistenzprofessoren und Privatdozenten, nicht aber wissenschaftliche Oberräte,[10] wissenschaftliche Assistenten oder Lehrbeauftragte.[11] Auf das einzelne Rechtsgebiet des Rechtslehrers kommt es nach der Wertung des § 7 DRiG nicht an.

III. Legal Tech im Studium

6 Die Gestaltung der Lehre (→ *Ausbildung* Rn. 36 ff.) durch den Hochschullehrer unterfällt der verfassungsmäßig garantierten **Lehrfreiheit**, die sowohl den „Inhalt, den methodischen Ansatz und das Recht auf Äußerung von wissenschaftlichen Lehrmeinungen" beinhaltet.[12] Der Gegenstand der Lehre ist jenes Wissen, das durch Forschung gewonnen, also wissenschaftlich fundiert ist.[13] Durch die fortlaufend dynamische Entwicklung der Digitalisierung entstehen neue Rechtsfragen, die zunächst zu erforschen sind. Legal Tech bzw. die Berührungspunkte des Faches damit zu adressieren oder nicht, ist grundsätzlich von der Wissenschaftsfreiheit des Hochschullehrers gedeckt. Somit obliegt es primär dem Hochschullehrer, ob und inwieweit wissenschaftliche Erkenntnisse am Beispiel oder mithilfe von Legal Tech vermittelt werden. Zur Sicherstellung des notwendigen Lehrangebots der Hochschule kann der Hochschullehrer aber verpflichtet sein, über den Kernbereich seines Faches hinaus, nicht aber über die Grenzen des Faches zu lehren. Hinweise dafür bieten die stellenplanmäßige Funktionsbezeichnung der Professur, die Berufungsvereinbarung, die Ernennungsurkunde, eine besondere Einweisungsverfügung und der Ausschreibungstext.[14] Sein Fach hat der Hochschullehrer grundsätzlich in allen relevanten Studiengängen der Universität zu vertreten.[15] Ein Jurist wird also auch im Rahmen interdisziplinärer Studiengänge Recht und damit gegebenenfalls auch solche zu Legal Tech lesen müssen. Eine Befassung mit Legal Tech kann angesichts über den Richter- und Rechtsanwaltsberuf hinausgehender Berufsbilder geboten sein, um der Funktion der Rechtswissenschaften als Professionswissenschaft zu entsprechen.[16]

7 Die **Studienfreiheit**, sich mit Legal Tech zu beschäftigen, ist ebenfalls grundrechtlich geschützt, im Falle eines konkreten Legal Tech-Studiengangs nach Art. 12 Abs. 1 S. 1 GG („Ausbildungsstätte"),[17] bei

---

6 BVerfG Beschl. v. 26.2.1997 – 1 BvR 1864/94, BVerfGE 95, 193; Schröter Strafverteidiger S. 30.
7 v. Lewinski FS Hartung, 2008, 93 (96 f.).
8 Zur VwGO: BT-Drs. 14/6393, 9; zur StPO: BGH Beschl. v. 28.8.2003 – 5 StR 232/02, NJW 2003, 3573; Löwe/Rosenberg/Jahn StPO § 138 Entstehungsgeschichte; Meyer-Goßner/Schmitt/Schmitt StPO § 138 Rn. 4; Gruber NJ 2018, 56 (57).
9 BVerwG Urt. v. 16.3.1977 – VIII C 17/76, BVerwGE 52, 161 = NJW 1977, 1465; BSG Beschl. v. 9.2.2010 – B 3 P 1/10 C, NJW 2010, 3388.
10 OVG Hamburg Beschl. v. 4.10.1999 – 5 Bf 284/99, NVwZ-RR 2000, 647.
11 BVerwG Beschl. v. 16.10.1970 – II C 50/68, NJW 1970, 2314; MüKoStPO/Thomas/Kämpfer StPO § 138 Rn. 10; bzgl. aA OLG Jena Beschl. v. 5.5.1999 – 1 WS 121/99, BeckRS 1999, 171002; Meyer-Goßner/Schmitt/Schmitt StPO § 138 Rn. 4; Pfeiffer StPO § 138 Rn. 2; KK-StPO/Willnow StPO § 138 Rn. 5.
12 BVerfG Urt. v. 29.5.1973 – 1 BvR 424/71, 325/72, BVerfGE 35, 79 (113) = NJW 1973, 1176 (1177).
13 BVerfG Urt. v. 29.5.1973 – 1 BvR 424/71, 325/72, BVerfGE 35, 79 (113) = NJW 1973, 1176 (1177).
14 BVerfG Beschl. v. 13.4.2010 – 1 BvR 216/07, NVwZ 2010, 1285 (1288) mAnm Kaufhold NJW 2010, 3276 ff. und Waldeyer NVwZ 2010, 1279 (1282).
15 VG Gelsenkirchen Urt. v. 29.4.1998 – 4 K 180/94, UPR 1999, 200.
16 Kilian NJW 2017, 3043 (3048).
17 BVerfG Urt. v. 18.7.1972 – 1 BvL 32/70, 25/71, BVerfGE 33, 303 (329) = NJW 1972, 1561 (1565); zum Begriff „Ausbildungsstätte" vgl. Becker DÖV 1981, 277 (280).

untergeordneten Einzelfragen durch die allgemeine Handlungsfreiheit.[18] Sich mit Legal Tech beschäftigen zu müssen und geprüft zu werden, ist Gegenstand der Studien- und Prüfungsordnungen.

1. Legal Tech als Lehrgegenstand

Hinsichtlich des Lehrgegenstands Legal Tech muss zwischen den klassischen Rechtswissenschaften und interdisziplinären juristischen Studiengängen unterschieden werden. Jedenfalls sind Rechtsfragen von Digitalisierungssachverhalten **nicht beschränkt auf ein juristisches Teilgebiet** oder gar auf die Pflichtfächer des Staatsexamens (§ 5a Abs. 2 S. 3 DRiG). 8

a) Rechtswissenschaften

Konkretisiert wird die Lehrfreiheit hinsichtlich der klassischen Rechtswissenschaften durch das DRiG und die Juristischen Ausbildungs- und Prüfungsordnungen (JAPOen) der Länder. Als Professionswissenschaft haben sie die Erlangung der Befähigung zum Richteramt zum Ziel (§ 5 Abs. 1 DRiG), welche zugleich Voraussetzung für die Zulassung zur Rechtsanwaltschaft ist (§ 4 S. 1 Nr. 1 BRAO). Die **notwendigen Lehrinhalte** des Studiums, fachliche Kenntnisse, rechtswissenschaftliche Methodik und Grundlagenwissen, werden durch § 5a Abs. 2 DRiG umgrenzt.[19] Näheres zu den juristischen Prüfungen und universitären Schwerpunkten regeln die JAPOen der Länder. 9

Legal Tech selbst ist als interdisziplinäre Thematik zu begreifen, die über die Grenzen der Rechtswissenschaft hinausgeht und in zunehmendem Maße technisches Verständnis erfordert.[20] Solche **interdisziplinären Bezüge** sollen im Rahmen des **Schwerpunktstudiums** vermittelt werden (§ 5a Abs. 2 S. 4 DRiG), weshalb sich die Einrichtung von digitalisierungsspezifischen Schwerpunktbereichen anbietet, um dem Vorbereitungsauftrag flexibel zu entsprechen. 10

Die Verwendung von digitalen Ressourcen verspricht erhebliche Arbeitserleichterungen und Veränderungen (→ *Konversion* Rn. 21) sowohl im Studium als auch der Lehre. Die Beherrschung von zB Recherchewerkzeugen gehört mittlerweile ebenso zu den allgemeinen juristischen Fertigkeiten wie die Verwendung einfacher Textverarbeitungsprogramme. Der Einsatz spezifischer digitaler Ressourcen kann allerdings meist nur nebenbei erlernt werden, da sich die zur Verfügung stehenden Anwendungen stets fortentwickeln. Auch bestehen zur Erlernung dieser in Anbetracht des tradierten Prüfungsformates kaum akute Anreize. Digital- bzw. IT-Kompetenzen sind **Schlüsselqualifikationen** des § 5a Abs. 3 S. 1 DRiG. Bei den dort genannten handelt es sich bloß um traditionelle, kommunikative Regelbeispiele. Forderungen, § 5a DRiG um digitalisierungsspezifische interdisziplinäre Gehalte zu erweitern, sind erfolglos geblieben.[21] Ersichtlich sprechen bislang nur die Bundesländer Baden-Württemberg und Saarland digitalisierungsspezifische Schlüsselkompetenzen in ihren juristischen Ausbildungsordnungen ausdrücklich an.[22] 11

Betrachtet man die Fortentwicklung des Rechtsdienstleistungsmarkts[23] aufgrund der Digitalisierung[24] (→ *Rechtsanwalt, Monopol* Rn. 49 f.), greift diese in der juristischen Ausbildung primär im Berufsrecht der Rechtsanwälte und Recht der Rechtsdienstleistungen Platz. Außerhalb des **Prozessrechts** und im Rahmen von Schwerpunktbereichen erfährt aber weder das **Berufsrecht** noch das **Rechtsdienstleistungsrecht** größere Beachtung im Rahmen des juristischen Studiums. Mit § 43f BRAO besteht seit August 2022 eine rechtsanwaltliche Berufspflicht zur Erlangung berufsrechtlicher Kenntnisse. Es ist vorgesehen, diese bereits 12

---

18 Zu einem Recht auf akademische Selbstbestimmung Derfler, Trigger-Warnungen. Hochschulen zwischen Grundrechten und Identitätspolitik, 2022.
19 Nomos-BR/Staats DRiG/Staats DRiG § 5 a Rn. 1–11.
20 Breidenbach/Glatz Legal Tech-HdB/Breidenbach Kap. 8 Rn. 8 ff.
21 Breidenbach NJW 2020, 2862 (2866 f.); Spektor/Yuan NJW 2020, 1043; vgl. auch Anzinger, Legal Tech in der Juristischen Ausbildung, 2020, abrufbar unter https://shop.freiheit.org/#!/Publikation/891; ferner BT-Drs. 19/23121; BT-Drs. 19/26308.
22 § 3 Abs. 2 S. 2, Abs. 5 S. 1 JAPrO BW und § 1 Abs. 2 S. 3 JAG Saarl.
23 BGBl. 2021 I 3415.
24 So auch Wettläufer MMR 2018, 55 (55).

im Rahmen der universitären Ausbildung und auch auf digitalem Wege[25] erfüllen zu können. Ein besonderer Bezug zu Legal Tech wird über die spezifischen Regelungen zum elektronischen Gerichtsverkehr dadurch nicht hergestellt. Vielmehr geht es darum, angehenden Junganwälten das klassische Berufsrecht näherzubringen.

b) Sonstige Studiengänge

13 Die **Gestaltung von Studiengängen** liegt nach Maßgabe der Landeshochschulgesetze weitgehend bei den Hochschulen.[26] Wegen § 9 Abs. 2 HRG haben sich die Länder mit dem Ziel der Gleichwertigkeit entsprechender Hochschulabschlüsse in der Kultusministerkonferenz auf gemeinsame Strukturvorgaben verständigt.[27] Je nach Landesrecht bedarf es der Unterrichtung[28] und Zustimmung des Ministeriums[29], der Akkreditierung des Studienganges[30] oder der Aufnahme in eine Ziel- und Leistungsvereinbarung[31].

14 Mit Legal Tech treten zunehmend neue (juristische) Berufsbilder hervor, die andere Qualifikationsanforderungen mit sich bringen, als die klassischen Rechtswissenschaften vermitteln. Es bildet sich Raum für **andere juristische Studiengänge**. Solche unterfallen weitestgehend der Autonomie der Hochschule. Deshalb kann die Rahmengestaltung des Lehrgegenstands durch Studien- und Prüfungsordnungen vielseitig sein. Allgemein wird aber zu fordern sein, dass solche Legal Tech-Studiengänge sowohl juristische als auch informatische Inhalte umfassen.[32]

15 Legal Tech kann aber auch Gegenstand in **nicht-juristischen Studiengängen** sein, etwa wenn in den Wirtschaftswissenschaften Legal Tech als Geschäftsmodell behandelt wird, in der (Angewandten) Informatik Recht als Gegenstand von Programmen und Anwendungen oder sogar in den Sozialwissenschaften als gesellschaftliches Phänomen. Rechtliche Fragen werden hier nur propädeutisch behandelt. Bei etablierten Fachrichtungen sind aber die etwaig von der Kultusministerkonferenz beschlossenen besonderen Vorgaben zu berücksichtigen.

2. Elektronische Prüfungen

16 Die Durchführung von Prüfungen im Laufe des Studiums und Studienabschlussprüfungen gehört als Teil der Lehre zum **Aufgabenbereich des Hochschullehrers**. Im Rahmen des (Ersten) Juristischen Staatsexamens wird lediglich die universitäre Schwerpunktbereichsprüfung von den Hochschulen durchgeführt. Hochschullehrer prüfen jedoch nach Maßgabe der JAPOen der Länder als Mitglieder des Landesjustizprüfungsamts auch im Staatsteil der Ersten Juristischen Staatsprüfung.

17 Ausgestaltungsspielraum der Länder besteht primär hinsichtlich des **Prüfungsstoffes**, aber ausdrücklich auch hinsichtlich des **Prüfungsverfahrens**.[33] Für die staatliche Pflichtfachprüfung sind schriftliche und mündliche Leistungen vorgesehen (§ 5d Abs. 1 S. 3 DRiG). Ob elektronische Prüfungen[34] dem prüfungs-

---

25 v. Lewinski ZAP 2021, 1225.
26 Zur Begrenzung der staatlichen Organisationsgewalt durch Art. 5 Abs. 3 Var. 2 GG: Hufeld DÖV 1997, 1025 (1026 ff.).
27 Kultusministerkonferenz Beschl. v. 10.10.2003 idF v. 2.2.2010, abrufbar unter https://www.kmk.org/fileadmin/Dateien/veroeffentlichungen_beschluesse/2003/2003_10_10-Laendergemeinsame-Strukturvorgaben.pdf.
28 Art. 57 Abs. 3 S. 1 BayHSchG; § 11 Abs. 2 HessHG; § 58 Abs. 7 S. 1 SHSG; § 19 Abs. 6 S. 1 HochSchG RhPf; § 32 Abs. 4 S. 2 SächsHSFG; § 13 Abs. 3 LHG MV.
29 § 30 Abs. 4 S. 1 LHG BW; § 22 Abs. 3 S. 1 BlnHG; § 18 Abs. 5 S. 1 BbgHG; § 53 Abs. 4 S. 2 BremHG; § 52 Abs. 7 S. 2 HmbHG; § 13 Abs. 4 LHG MV; § 58 Abs. 7 S. 2 SHSG; § 9 Abs. 4 S. 2 HSG LSA; § 49 Abs. 6 S. 1 LHG SchlH.
30 § 7 Abs. 1 S. 2 HG NRW.
31 § 30 Abs. 4 S. 2 LHG BW; § 18 Abs. 5 S. 3 BbgHG; § 6 Abs. 2 S. 1 NHG; § 10 Abs. 2 S. 2 SHSG; § 9 Abs. 4 S. 1 HSG LSA; § 48 Abs. 2 S. 1 ThürHG.
32 Das war der Zweck der Rechtsinformatik, die sich als akademisches Fach freilich nicht dauerhaft etablieren konnte (Gräwe, Die Entstehung der Rechtsinformatik, 2011, S. 230 ff.).
33 BT-Drs. 14/7176, 13.
34 Niehues/Fischer/Jeremias PrüfungsR/Jeremias Rn. 28; für einen Überblick über E-Examinations an der FU Berlin vgl. Apostopolous et al. Multimediales Lehren/Schulz S. 12 ff.

rechtlichen Begriff der „schriftlichen Prüfung" unterfallen, ist Frage der Prüfungsordnungen, die ggf. durch höherrangige Normen determiniert sind. Nach dem natürlichen Wortverständnis fallen (nur) die klassische Klausur und Hausarbeit unter den Schriftlichkeitsbegriff des § 5d Abs. 2 S. 3 DRiG.[35] Die Durchführung elektronischer Prüfungen bedürfte einer entsprechenden Rechtsgrundlage, weshalb die Beantwortung von Fragen im Antwort-Wahl-Verfahren per Mausklick mangels in einem Dokument verkörperter Sprache, die für jedermann lesbar ist, bereits als nicht ausreichend angesehen wurde.[36] Außerhalb der Staatsprüfungen steht es den Hochschulen aber auch offen, im Rahmen der akademischen Selbstverwaltung (Art. 5 Abs. 3 S. 1 GG) den Begriff der Schriftlichkeit durch Prüfungsordnungen näher auszugestalten.[37] In den Juristischen Prüfungsordnungen haben elektronische Prüfungen noch keine endgültige Abbildung erhalten. Diese operieren noch mit den Begriffen der tradierten Prüfungsformate.[38] Vor- und Nachteile elektronischer Prüfungsformate in den Rechtswissenschaften werden während und nach der Corona-Krise sichtbar. Der Freistaat Bayern ist das erste Bundesland, das auf Grundlage der BayFEV[39] elektronische Fernprüfungen als neue Prüfungsform erprobt hat.

IV. Hochschullehrer als Entwickler von Legal Tech

Die **Forschung** an und Entwicklung von Legal Tech-Systemen und -Komponenten (→ *Expertensystem, juristisches* Rn. 1 ff.) an Hochschulen ist von der Forschungsfreiheit (Art. 5 Abs. 3 GG) geschützt. Sie findet zunehmende Beachtung auch abseits der **Lehre**, insbes. auf dem Gebiet des **Wissenstransfers**. Durch diesen nimmt die Hochschule eine ihrer gesetzlichen Funktionen wahr, während der Professor aus seiner grundrechtlich ausgestalteten Position auch gegenüber der Hochschule in seiner Forschung und Lehre frei ist.

Beispiel: Genannt werden können das Bucerius Center for Legal Technology and Data Science,[40] das Legal Tech Center der Europa Universität Viadrina[41] und das „Lexalyze" Forschungsprogramm der TU München[42].

1. Rechtlicher Rahmen

Für die wissenschaftliche Forschung und Entwicklung gibt es, anders als für die Lehre (Art. 5 Abs. 3 S. 2 GG), **keine besondere Verfassungstreuepflicht**. Die Erforschung von Legal Tech umfasst auch deren Entwicklung, jedenfalls soweit, wie die Untersuchung ihrer Funktionsweise die versuchsmäßige Entwicklung erfordert. Methoden, etwas, was heutzutage unter Künstlicher Intelligenz verstanden wird, herzustellen, sind daher von der Wissenschaftsfreiheit geschützt, auch wenn unklar ist, welche Folgen eine

---

35 Nomos-BR/Staats DRiG/Staats DRiG § 5d Rn. 10.
36 VG Hannover Beschl. v. 10.12.2008 – 6 B 5583/08, BeckRS 2009, 30465; aA jedoch ohne Begründung OVG Koblenz Beschl. v. 19.1.2009 – 10 B 11244/08, BeckRS 2009, 31662.
37 BVerfG Urt. v. 26.6.2015 – 1 BvR 2218/13, NVwZ 2015, 1444 (1445); OVG Lüneburg Beschl. v. 20.7.2016 – 2 ME 90/16, BeckRS 49181; Kalberg DVBl 2009, 21 (24).
38 § 13 Abs. 6 JAPrO: „Aufsichtsarbeit"; § 28 Abs. 1 S. 1 JAPO: „schriftliche Arbeit unter Aufsicht"; § 7 Abs. 1 S. 3 JAG Bln: „Aufsichtsarbeiten"; § 7 Abs. 1 S. 3 BbgJAG: „Aufsichtsarbeiten"; § 18 Abs. 1 S. 1 JAPG „Aufsichtsarbeiten"; § 15 Abs. 1 S. 1 HmbJAG: „Aufsichtsarbeiten"; § 12 Abs. 1 HessJAG: „schriftlichen Aufsichtsarbeiten"; § 12 Abs. 1 JAPO M-V: „Schriftliche[r] Teil"; § 3 Abs. 1 NJAG: „Aufsichtsarbeiten"; § 13 Abs. 1 S. 1 JAG NRW: „Aufsichtsarbeiten"; § 5 Abs. 1 S. 1 JAG RhPf: „Aufsichtsarbeiten"; § 10 Abs. 2 JAG Saarl: „Aufsichtsarbeiten"; § 23 Abs. 1 S. 1 SächsJAPO: „schriftliche Prüfung"; § 16 Abs. 1 JAPrVO: „Aufsichtsarbeiten"; § 11 Abs. 1 JAVO: „Aufsichtsarbeiten"; § 19 ThürJAPO: „schriftliche Aufsichtsarbeiten (Klausurensatz)".
39 Verordnung zur Erprobung elektronischer Fernprüfungen an den Hochschulen in Bayern (Bayerische Fernprüfungserprobungsverordnung – BayFEV) v. 16.9.2020 (BayGVBl. 2020, 570).
40 Vgl. dazu https://legaltechcenter.de/en/index.html.
41 S. https://legaltech.center; vgl. dazu Breidenbach/Glatz Legal Tech-HdB/Breidenbach Kap. 8 Rn. 14, 19.
42 Vgl. dazu http://www.lexalyze.de.

solche Entwicklung haben kann.[43] Es wäre also selbst die Entwicklung eines Legal Tech-Systems, das die zivilisationszerstörende Transformation der Welt in eine Büroklammer zum Ziel hätte,[44] möglich.

20 **Ethische Grenzen** bestehen nur wissenschaftsimmanent, auch wenn sie teilweise in Verfahrensvorschriften und verpflichtender Einbindung von Ethikkommissionen verfahrensmäßig vorgegeben sind.

2. Wirtschaftliche Verwertung

21 Als Ergebnisse aus Forschung und Entwicklung kommen **Patente und Gebrauchsmuster** ebenso wie **urheberrechtlich geschützte Werke** infrage.[45] Computerprogramme im einzelnen sind mangels technischen Charakters regelmäßig nicht patent- oder gebrauchsmusterfähig (§ 1 Abs. 2 Nr. 3 PatG, Art. 52 Abs. 2c EPÜ),[46] jedoch nach den Vorgaben der Computerprogramm-Richtlinie 2009/24/EG[47] auch ohne eine besondere Gestaltungshöhe als persönliche geistige Schöpfungen des Programmurhebers urheberechtlich geschützt (§ 69a Abs. 3 UrhG).[48]

22 Seit Abschaffung des Hochschullehrerprivilegs[49] haben Hochschulen die Möglichkeit, **Diensterfindungen** ihrer Beschäftigten zu verwerten (§ 49 ArbnErfG).[50] Für die Abgrenzung zwischen freien und Diensterfindungen sollen die allgemeinen Grundsätze des § 4 Abs. 2 ArbnErfG gelten.[51] Eine Mitteilungspflicht über die Erfindung (§ 5 ArbnErfG, auch freie Erfindung, vgl. § 18 Abs. 1 ArbnErfG) besteht nur, wenn der Wissenschaftler die Erfindung veröffentlichen möchte. Bei späterer Veröffentlichungsabsicht muss die Mitteilung an den Dienstherren unverzüglich nachgeholt werden. Dem Erfinder bleibt eine Vergütung iHv 30 % der Verwertungseinnahmen der Hochschule (§ 42 Nr. 4 ArbnErfG) und ein Benutzungsrecht für eigene Lehr- und Forschungstätigkeiten (§ 42 Nr. 3 ArbnErfG), um den Konflikt zwischen dem kommerziellen Verwertungsinteresse und der Wissenschaftsfreiheit auszugleichen. Erfindungen, die in genehmigter Nebentätigkeit entstehen, fallen nicht unter das Verwertungsrecht der Hochschule.[52]

23 Grundsätzlich entsteht das Urheberrecht beim individuellen Schöpfer des Werkes. Bei der Herstellung urheberrechtlich geschützter Werke im Rahmen eines Arbeits- oder auch öffentlich-rechtlichen Dienstverhältnisses erlangt der Arbeitgeber bzw. Dienstherr jedoch Nutzungsrechte an den in Erfüllung der Verpflichtungen des jeweiligen Rechtsverhältnisses geschaffenen Werken (§ 43 UrhG, sog. **Dienstwerke**). Von diesem Grundsatz weicht auch das besondere Urheberrecht der Computerprogramme nicht ab (§ 69b UrhG).[53] So wird allgemein nach „Vorschriften des öffentlichen Dienstrechts nach dem übertragenen Amt, der zugewiesenen Funktion, dem behördeninternen Geschäftsverteilungsplan oder den Anweisungen der hierzu befugten Vorgesetzten" differenziert, inwieweit dem Dienstherrn Nutzungsrechte eingeräumt sind.[54]

---

43 Zur Gefahr der Machtübernahme durch Maschinen Mainzer, Künstliche Intelligenz – Wann übernehmen die Maschinen?, 2019, S. 125 ff.
44 Vgl. das berühmte Gedankenexperiment von Bostrom, Ethical Issues in Advanced Artificial Intelligence, 2003, abrufbar unter https://www.nickbostrom.com/ethics/ai.html.
45 Zur Schutzfähigkeit wissenschaftlicher Werke Haberstumpf ZUM 2001, 819 (820 f.).
46 OVG Hamburg Urt. v. 1.8.1988 – Bf VI 60/87, DB 1989, 832; differenzierend BGH Beschl. v. 24.5.2004 – X ZB 20/03 (BPatG), GRUR 2004, 667; BGH Urt. v. 26.10.2010 – X ZR 47/07, GRUR 2011, 125; Gülker Der Jurist 2018, 143.
47 ABl. 2009 L 111, 16.
48 Wandtke/Bullinger/Grützmacher UrhG § 69a Rn. 34 ff.; Sack BB 1991, 2165 (2165 f.).
49 Boemke/Kursawe/Boemke/Sachadae ArbnErfG § 42 Rn. 6; vgl. Begründung des Änderungsgesetzes über Arbeitnehmererfindungen BT-Drs. 14/5975, 5.
50 Zur Verfassungsmäßigkeit der Regelung: BVerfG Beschl. v. 12.3.2004 – 1 BvL 7/0, BVerfGK 3, 93 = NVwZ 2004, 974; BGH Urt. v. 18.9.2007 – X ZR 167/05, BGHZ 173, 356 = GRUR 2008, 150 – selbststabilisierendes Kniegelenk; krit. Leuze GRUR 2005, 27.
51 Auer-Reinsdorff/Conrad IT- und DatenschutzR-HdB/Schrader § 37 Rn. 257–267; Böhringer NJW 2002, 952 (953); krit. Bartenbach/Volz ArbEG ArbnErfG § 42 Rn. 31, 36 f.
52 BT-Drs. 14/5975, 6; Bartenbach/Volz ArbEG ArbnErfG § 42 Rn. 40; Leuze GRUR 2005, 27 (29); aA Böhringer NJW 2002, 952 (953).
53 Haberstumpf ZUM 2001, 819 (820).
54 BGH Urt. v. 12.5.2010 – I ZR 209/07, GRUR 2011, 59 – Lärmschutzwand; OLG Nürnberg Urt. v. 18.2.1997 – 3 U 3053/96, ZUM 1999, 656 (657) – Museumsführer.

Anwendbar sind diese Normen unter Berücksichtigung ihrer besonderen Stellung auch auf Hochschullehrer.[55] Diese handeln im Bereich der Forschung und Lehre eigenverantwortlich und frei, jedoch gehören diese Tätigkeiten auch zu ihren Dienstpflichten (§ 43 HRG).[56]

Aufgrund der Ergebnisoffenheit wissenschaftlicher Forschung lässt sich keine Pflicht des Hochschullehrers 24 herleiten, urheberrechtlich geschützte Werke als bestimmte Forschungsprodukte zu schaffen, lediglich ein Bemühen zu forschen und die Publikation von Erkenntnissen können von Hochschullehrern verlangt werden.[57] Bei urheberrechtlich geschützten Forschungsergebnissen, die urheberrechtlichen Werkschutz genießen, handelt es sich daher zumeist um **freie Werke** des Hochschullehrers.[58] Grundsätzlich bedarf es auch bei Lehrmaterialien, die im Rahmen einer Lehrverpflichtung erarbeitet wurden, besonderer Anhaltspunkte, weshalb an diesen Nutzungsrechte eingeräumt sein sollten.[59]

▶ Praxishinweis: Nichtsdestotrotz kann in **Sonderkonstellationen** auch ein Hochschullehrer Urheber eines Dienstwerkes sein. Denkbar ist der Fall einer **Fernuniversität**.[60] Ein Dienstwerk wurde bereits angenommen, als ein Hochschullehrer ein nicht genuin wissenschaftliches Werk unter Inanspruchnahme erheblicher Personal- und Sachmittel des Dienstherrn schuf.[61] Der BGH erkannte hingegen eine Anbietungspflicht gegenüber dem Dienstherrn bei Bestehen eines besonderen Treueverhältnisses des Hochschullehrers.[62] Diese kann auch bei wissenschaftlichen Werken bestehen und resultiert aus den Besonderheiten des Einzelfalles, namentlich einer besonders langen Dienstbeziehung, den einschlägigen **Förderrichtlinien eines Drittmittelprojektes** oder einer etwaig geplanten Fortführung des Forschungsprojekts an einem bestimmten Institut. Besondere Bedeutung hat auch in diesem Fall die **Inanspruchnahme von Sach- und Personalmitteln des Dienstherrn**. In der Literatur wird die Anbietungspflicht kritisiert.[63] ◀

Eine Übertragung dieser Grundsätze auf **privatangestellte Hochschullehrer** ergibt sich nicht aus Art. 5 25 Abs. 3 GG, der Private nicht bindet, wohl aber aus der einfachgesetzlich geformten, unabhängigen Stellung des Hochschullehrers. In diesen Fällen sollte allerdings in Ermangelung von **verfassungsrechtlicher Ausstrahlungswirkung des Art. 5 Abs. 3 GG** besondere Rücksicht auf die individuellen Zwecke des Anstellungsverhältnisses genommen werden. Im Rahmen von nicht-wissenschaftlichen Nebentätigkeiten findet im Verhältnis zum Auftraggeber **allgemeines Urhebervertragsrecht** Anwendung.

V. Hochschulen und Wissenstransfer

Primäre und tradierte Aufgabe der Hochschulen sind die Pflege und Entwicklung der Wissenschaft und 26 Künste. Von zunehmender Bedeutung ist aber auch der Wissens- und Technologietransfer in Wirtschaft und Gesellschaft, wie er durch Art. 2 Abs. 2 S. 3 BayHIG als **gleichberechtigte Aufgabe der Hochschulen** neben die Pflege und Entwicklung der Wissenschaft tritt. Die Hochschule nimmt dadurch gesellschaft-

---

55 Zu § 43 UrhG: BGH Urt. v. 6.2.1985 – I ZR 179/82, GRUR 1985, 529 (530) – „Happening"; BGH Urt. v. 27.9.1990 – I ZR 244/88, GRUR 1991, 523 (525) – „Grabungsmaterialien"; zu § 69b UrhG: Sack UFITA 1993, 15 (22).
56 BVerfG Urt. v. 29.5.1973 – 1 BvR 427/71, 325/72, BVerfGE 35, 79 (126 f.) = NJW 1973, 1176 (1180); Rehbinder FS Hubmann, 1985, 358 (365).
57 BVerfG Beschl. v. 1.3.1978 – 1 BvR 174, 178, 191/71, 333/75, BVerfGE 47, 327 (375) = NJW 1978, 1621 (1622); Kraßer/Schricker, Patent- und Urheberrecht an Hochschulen, 1988, S. 107.
58 Wandtke/Bullinger/Grützmacher UrhG § 69b Rn. 15; zu Computerprogrammen: Leuze GRUR 2006, 552 (559); Sack UFITA 1993, 15 (22); Rehbinder FS Hubmann, 1985, 359 (365 ff.).
59 BGH Urt. v. 6.2.1985 – I ZR 179/82, GRUR 1985, 529 (530).
60 Kraßer/Schricker, Patent- und Urheberrecht an Hochschulen, 1988, S. 113, 132.
61 Vgl. KG Urt. v. 6.9.1994 – 5 U 2189/93, NJW-RR 1996, 1066 (1067).
62 BGH Urt. v. 27.9.1990 – I ZR 244/8, BGHZ 112, 243 (249) = NJW 1991, 1480 (1483) = GRUR 1991, 523 (528); LG München I Urt. v. 16.1.1997 – 7 O 15354/9, ZUM 1997, 659 (665); OLG Braunschweig Urt. v. 10.11.2005 – 2 U 19/05, GRUR-RR 2006, 178 (181); ablehnend: Wandtke/Bullinger/Wandtke UrhG § 43 Rn. 32; Schricker/Loewenheim/Rojahn UrhG § 43 Rn. 131; Fromm/Nordemann/A. Nordemann UrhG § 43 Rn. 21.
63 Wandtke/Bullinger/Wandtke UrhG § 43 Rn. 32 ff. mwN.

liche, regionalpolitische und selbst ökonomische Verantwortung wahr.⁶⁴ Eine ähnliche Fortentwicklung des Hochschulrechts ist auch in anderen Bundesländern zu erwarten. Allerdings kann eine Erweiterung universitärer Aufgaben die Hochschulen als Orte der Wissenschaft in ihrer Wissenschaftlichkeit gefährden. Man verspricht sich durch intensivierten Wissenstransfer eine bessere Wettbewerbsfähigkeit des Wissenschaftssystems.⁶⁵

27 Das **Zusammenwirken mit Wirtschaft und Praxis** ist dabei als eigene Aufgabe der Hochschulen und damit auch der Hochschullehrer ausdrücklich gesetzlich anerkannt.⁶⁶ Kooperationen können unterschiedlichste Gestalt annehmen.⁶⁷ Im Bereich Legal Tech sind speziell Legal Tech-Clinics, Ausgründungen⁶⁸ und die Gründungsförderung durch die Hochschulen zu nennen. Spezielle Regelungen zu Kooperationen mit außeruniversitären Praktikern⁶⁹ sind für Juristen nicht getroffen. Für die rechtliche Beurteilung der Kooperationsformen ist daher entscheidend, ob erlaubnispflichtige Rechtsdienstleistungen, also eine Rechtsprüfung in Einzelfällen, durchgeführt werden (→ Rn. 77 ff.). Das Rechtsdienstleistungsgesetz sieht verschiedene Erlaubnistatbestände und Bereichsausnahmen vor, die auch und in erster Linie die rechtspraktische Zusammenarbeit von Hochschule und Praxis ermöglichen. Zu nennen ist die Bereichsausnahme bei Erstattung wissenschaftlicher Gutachten (§ 2 Abs. 3 Nr. 1 RDG), welche sich zwar nicht ausschließlich, jedoch wohl primär an Rechtslehrer richtet,⁷⁰ die Erlaubnis zur Erbringung vom Rechtsdienstleistungen als Nebenleistung im Zusammenhang mit einer anderen Berufstätigkeit (§ 5 RDG), zu unentgeltlicher Rechtsdienstleistung (§ 6 RDG) und die Rechtsdienstleistungserlaubnis von Behörden und juristischen Personen des öffentlichen Rechts innerhalb ihres Zuständigkeitsbereiches (§ 8 Abs. 1 Nr. 2 RDG). § 6 RDG, der auf Law Clinics anwendbar ist,⁷¹ schafft eine weitreichende Befugnis zur Erbringung von Rechtsdienstleistungen auch außerhalb besonderer Nähebeziehungen, sogar durch juristisch nicht qualifizierte Personen.

1. Legal Tech Clinics

28 Legal (Tech) Clinics bieten die Möglichkeit, Rechtsberatung, aber auch darüber hinausgehende Anwendungen in die universitäre Ausbildung zu integrieren.⁷² Weder der Begriff der Law (oder Legal) Clinic noch der der Legal Tech Clinic ist legaldefiniert. Charakteristikum beider ist die **Hilfeleistung in rechtlichen Angelegenheiten im Rahmen der juristischen Ausbildung**. Die Ausrichtung einer Law Clinic kann vielfältig sein.⁷³ Je nach Konzept der Legal Tech Clinic ist es durchaus denkbar, dass nach dem Rechtsdienstleistungsbegriff eine erlaubnispflichtige Rechtsdienstleistung vorliegt.

---

64 Madeja DÖV 2009, 1143.
65 DFG (Hrsg.), Pakt für Forschung und Innovation – Monitoring-Bericht 2020, 2020, abrufbar unter https://www.dfg. de/download/pdf/dfg_im_profil/geschaeftsstelle/publikationen/pfi_monitoringbericht.pdf, S. 63 ff.
66 § 2 Abs. 5 LHG BW; Art. 2 Abs. 5 S. 1 BayHSchG; § 4 Abs. 5 S. 5 BlnHG; § 3 Abs. 1 S. 3 BbgHG; § 4 Abs. 4 BremHG; § 3 Abs. 1 S. 3 HmbHG; § 3 Abs. 3 S. 1 Var. 1 HessHG; § 3 Abs. 9 LHG M-V; § 3 Abs. 1 S. 1 Nr. 4 NHG; § 3 Abs. 1 S. 1, Abs. 2 S. 2 HG NRW; § 2 Abs. 9 S. 1 HochSchG RhPf; § 3 Abs. 10 SHSG; § 5 Abs. 2 Nr. 9 SächsHSFG; § 3 Abs. 10 S. 4 HSG LSA; § 3 Abs. 2 S. 1 HSG SchlH; § 5 Abs. 2 ThürHG.
67 Reinhard/Schmalholz, Technologietransfer in Deutschland, 1996, S. 111 ff.; Schuster Wissenschaftstransfer/Allesch S. 463 (466 f.).
68 Zu Gründungsaktivitäten an deutschen Hochschulen: Stifterverband, Gründungsradar 2020, 2021, abrufbar unter https://www.stifterverband.org/medien/gruendungsradar-2020, S. 44 ff.; an außeruniversitären Forschungseinrichtungen: GWK, Pakt für Forschung und Innovation – Monitoring-Bericht 2020, Heft 68, 2020, abrufbar unter https://www.gwk-bonn.de/fileadmin/Redaktion/Dokumente/Papers/GWK-Heft-68_Monitoring-Bericht-2020-Band_I.pdf, S. 77; in der Wissenschaft allgemein: Bundesministerium für Bildung und Forschung, Bundesbericht Forschung und Innovation 2020, 2020, abrufbar unter https://www.bmbf.de/upload_filestore/pub/Bufi_2020_Datenband.pdf, S. 42 f.
69 Universitätsangehörige Praktiker wären bspw. Lehrbeauftragte (§ 31 Abs. 1 BayHSchG) und Honorarprofessoren (Art. 26 Abs. 1 S. 1 BayHSchG).
70 Deckenbrock/Henssler/Deckenbrock/Henssler RDG § 2 Rn. 103 ff. mwN.
71 AA Deckenbrock/Henssler/Dux-Wenzel RDG § 6 Rn. 63.
72 v. Lewinski Anwaltl. BerufsR Kap. 17 Rn. 60.
73 Kilian/Wenzel, Law Clinics in Deutschland, 2017.

Während die klassische Law Clinic auf dem Konzept der Rechtsberatung durch Studenten basiert, um diesen eine authentische Beratungserfahrung zu vermitteln, machen Legal Tech Clinics im Rahmen ihrer Tätigkeiten Gebrauch von Technologien und erproben dadurch Innovationen in der Rechtsberatung. Dies kann in Form einfacher Prozessoptimierung geschehen, aber auch durch das Angebot Legal Tech-spezifischer Dienstleistungen wie der automatisierten Forderungsdurchsetzung über Verbraucherrechteplattformen.[74] Dadurch entfernt sich die Arbeit in der Legal Tech Clinic von der klassischen Beratungstätigkeit einer Law Clinic, erweitert jedoch das Praxisspektrum auf Bereiche wie **Programmieren und Softwaremanagement**. Es handelt sich dabei um die gleichen Rechtsfragen, mit denen auch kommerzielle Anbieter von rechtlichen Hilfestellungen konfrontiert sind. Unerheblich ist für den Begriff der „Tätigkeit", dass keine zumindest mitdenkende menschliche Person einen Subsumtionsvorgang durchführt. So wurde jüngst durch den BGH entschieden, dass zumindest die Erstellung von Vertragsentwürfen auf Basis standardisierter Klauseln nach Abfrage eines Frage-Antwort-Kataloges keine Rechtsdienstleistung darstellt.[75] Dabei nahm man durchaus das Vorliegen einer Tätigkeit an, die in dem gesamthaften Vorgang von Programmieren und Bereitstellen der Software zusammen mit der Anwendung durch den Nutzer liegt. Insoweit unterliegen sie keinen speziellen RDG-Anforderungen. 29

Adressat des RDG ist, wer die Rechtsdienstleistung durchführt. Dies kann je nach **Organisationsform** der Legal (Tech) Clinic die Universität selbst, ein Trägerverein oder eine natürliche Person sein. Handelt es sich um einen Verein, ist im Fall einer Law Clinic nicht § 7 RDG einschlägig. Naheliegende Rechtsgrundlage ist bei **Unentgeltlichkeit** der Rechtsdienstleistung § 6 RDG. 30

Denkbar ist auch, dass sich Law Clinics oder Legal Tech Clinics auf den Erlaubnistatbestand des § 8 Abs. 1 Nr. 2 Var. 2 RDG stützen, wenn dies nämlich in den **Aufgabenbereich einer öffentlichen Stelle** fällt. Umstritten ist die Reichweite der Fachberatung im Rahmen der universitären Zuständigkeit.[76] Die Rechtsdienstleistungsbefugnis leitet sich unmittelbar aus der Zuständigkeit der jeweiligen Körperschaft ab. Insoweit ist § 8 Abs. 1 Nr. 2 RDG eine reine Kollisionsnorm.[77] Zulässig ist jedenfalls eine Beratung in den sozialen Belangen der Studenten. Eine allgemeine Beratungsbefugnis im Rahmen einer Law Clinic erscheint auf den ersten Blick problematisch,[78] da eine fachliche Eingrenzung des Beratungsgebietes durch das fachliche Zuständigkeitsgebiet der Juristischen Fakultät kaum infrage kommt. Allerdings ist unter der Zwecksetzung der Ausbildung der lehrfreiheitliche Gehalt des Art. 5 Abs. 3 GG zu erkennen. Hinzu tritt die universitäre Aufgabe des Wissenstransfers. Einer Gefährdung der Rechtsuchenden stünde auch hier das Anleitungserfordernis der § 8 Abs. 2, § 7 Abs. 2 S. 2, § 6 Abs. 2 S. 2 RDG entgegen. Bei einer Berufung auf § 8 RDG ist eine Legal Clinic nicht erlaubnistatbestandlich an die Unentgeltlichkeit gebunden. 31

Im Falle einer erlaubnispflichtigen Rechtsdienstleistung muss diese unter **Anleitung** einer zur entgeltlichen Durchführung der jeweiligen Rechtsdienstleistung berechtigten Person oder einer solchen mit Befähigung zum Richteramt erfolgen (§ 6 Abs. 2; § 7 Abs. 2, ggf. iVm § 8 Abs. 2 RDG). Der Rechtslehrer ist also in jedem Fall wegen § 7 DRiG dazu in der Lage, Assistenten müssten bereits Assessoren sein, um die Anleitung zu übernehmen.[79] Es stellt sich in Anbetracht des einheitlichen Tätigkeitsverständnisses des BGH die Frage, auf wen oder was sich diese Anleitung beziehen muss. In der Literatur wird nur auf die Anleitung von Personen eingegangen, nicht aber auf die algorithmenbasierte Rechtsdienstleistung.[80] Der Begriff der Einweisung und Fortbildung kann in Anbetracht der selbstständigen Erbringung der Dienstleis- 32

---

74 Rose Rethinking Law 3/2019, 14 (15) (zur Humboldt Consumer Law Clinic).
75 BGH Urt. v. 9.9.2021 – I ZR 113/20, NJW 2021, 3125 (3127) mAnm Thole; anders noch die Vorinstanz: OLG Köln Urt. v. 19.6.2020 – 6 U 263/19, NJW 2020, 2734 (2738 f.).
76 Ablehnend: Reich NJW 1978, 1315; für Rechtsfragen, die mit der Studentenschaft zusammenhängen: Henssler/Prütting/Overkamp/Overkamp RDG § 8 Rn. 24; Hustädt NJW 1988, 473; so auch, jedoch ohne Mietrecht, Deckenbrock/Henssler/Dux-Wenzel RDG § 8 Rn. 30.
77 Deckenbrock/Henssler/Dux-Wenzel RDG § 8 Rn. 11.
78 Ablehnend Wreesmann Clinical Legal Education S. 225 f.; zustimmend Piekenbrock AnwBl 2011, 848 (852 f.).
79 Deckenbrock/Henssler/Dux-Wenzel RDG § 6 Rn. 63b.
80 Deckenbrock/Henssler/Dux-Wenzel RDG § 6 Rn. 43; Kilian/Sabel/vom Stein Neues RechtsdienstleistungsR/Sabel § 8 Rn. 272.

tung durch die Angeleiteten nicht als umfängliches Programmieren eines Algorithmus verstanden werden. Gegen eine Beaufsichtigung des Algorithmus spricht, dass dieser selbst dem RDG nicht unterfällt.[81] Allerdings bestimmt dieser auch maßgeblich das Ergebnis der Dienstleistung. Eine reine Beaufsichtigung der Programmierung als vorgelagerter Tätigkeit nähme zwar den Entstehungsprozess des Algorithmus in den Blick und damit auch dessen Arbeitsweise. Überzeugend ist jedoch, auch bei der Anleitung dem einheitlichen Tätigkeitsbegriff des BGH zu folgen. Wichtig ist, dass die juristisch qualifizierte Person in der Lage ist, sich in die Rechtsdienstleistung einzuschalten, sobald die Grenzen des Algorithmus überschritten werden. Dafür ist bei Einsatz eines selbsttätigen Algorithmus auch eine stichprobenartige Überprüfung zu fordern.[82] Ein Algorithmus sollte selbsttätig melden, wenn eine Rechtsfrage nicht angemessen behandelt werden kann.

2. Gründungsberatung und Gründungsförderung für Legal Tech an Hochschulen

33 Die Hochschule trägt in vielen Fällen nicht nur als Ort des Wissens und der Erkenntnis zur erfolgreichen Neugründung von Jungunternehmen bei. Unternehmensgründer sehen sich, wenn sie direkt aus der Universität heraus gründen, oftmals mit unterschiedlichsten neuen Fragen konfrontiert. Die weit überwiegende Anzahl der Hochschulen hat mittlerweile **Transferstrategien** entwickelt.[83] Typischerweise sind sogenannte **Transferzentren** eingerichtet. Diese bieten den Universitätsangehörigen unterschiedliche Hilfeleistungen an, von der Zurverfügungstellung von Infrastruktur über die Vermittlung von Kontakten in die Wirtschaft bis hin zur Präsentation des gegründeten Unternehmens.[84] Eine wichtige Rolle spielt dabei die Gründungsberatung in Form von Rechtsberatung, ggf. sogar durch Law Clinics (→ Rn. 28 ff.), und reiner betriebswirtschaftlicher Beratung. Daneben sehen einige Hochschulgesetze als Instrumente der Gründungsförderung die Beurlaubung von Professoren[85] oder Studenten[86] vor. In der Praxis stellt die zeitliche Entlastung einen verbreiteten Gründungsanreiz dar.[87]

34 Bei Ausgründungen aus Wissenschaftseinrichtungen (→ Rn. 35) sind Gründungsförderung, Nutzung der Forschungsinfrastruktur und Aufbau von Netzwerken wichtige Faktoren.[88] Die **Unterstützung von Universitätsangehörigen bei der Unternehmensgründung** durch Räume und Ausstattung ist allerdings nur in wenigen Hochschulgesetzen klar geregelt. Lässt sie sich zwar unter die hochschuleigene Aufgabe des Wissens- und Technologietransfers subsumieren, sind die eigentlichen Regelungen oft nur den Haushaltsplänen zu entnehmen.[89]

▶ **Praxishinweis:** Bei nahezu allen Fördermaßnahmen handelt es sich allerdings um staatliche Beihilfen, insbesondere ist dafür keine spürbare Wettbewerbsbeschränkung erforderlich.[90] Allerdings nimmt Art. 3 VO (EU) Nr. 1407/2013[91] (De-minimis-VO) Beihilfen iHv 200.000 EUR in drei Steuerjahren vom Tatbestand des **Beihilfenverbotes** aus. Zu berücksichtigen ist dabei jedoch, dass der Gesamtbetrag der Beihilfen, die einem einzelnen Staat zugeordnet werden können, ausschlag-

---

81 HK-RDG/K.-M. Schmidt RDG § 6 Rn. 38.
82 So auch: HK-RDG/K.-M. Schmidt RDG § 6 Rn. 48; BeckOK RDG/Müller RDG § 6 Rn. 27; Grunewald/Römermann/H. F. Müller RDG § 6 Rn. 26.
83 72 % laut Stifterverband, Gründungsradar 2020, 2021, abrufbar unter https://www.gruendungsradar.de/downloads, S. 23.
84 König/Dümmig, Ausgründungsaktivitäten an Berliner Hochschulen, 2011, S. 12 ff.
85 § 39 Abs. 4 HSG LSA.
86 § 48 Abs. 5 S. 2 HG NRW.
87 Stifterverband, Gründungsradar 2020, 2021, abrufbar unter https://www.stifterverband.org/medien/gruendungsradar-2020, S. 25.
88 Stifterverband, Gründungsradar 2020, 2021, abrufbar unter https://www.stifterverband.org/medien/gruendungsradar-2020, S. 76.
89 So auch die Begründung des Gesetzentwurfes zum BayHIG, abrufbar unter https://www.stmwk.bayern.de/studenten/hochschulen/hochschulrechtsreform.html.
90 Immenga/Mestmäcker/Mestmäcker/Schweitzer AEUV Art. 107 Rn. 295.
91 ABl. 2013 L 352, 1.

gebend ist. Etwaige andere Gründungsförderungsprogramme, in deren Genuss das gegründete Unternehmen kommt, sind folglich gemeinsam in Ansatz zu bringen.[92] ◀

3. Legal Tech-Ausgründungen aus Hochschulen

Unter Ausgründung kann man allgemein die unternehmensmäßige Verselbstständigung eines Betriebsteils verstehen. Der Begriff Ausgründung verdeutlicht, dass ein Unternehmen aus der Hochschule heraus entsteht.[93] Zu unterscheiden ist dieser Fall von solchen aus Wirtschaftsunternehmen.[94] Rechtlich handelt es sich bei der Gründung „aus" einer Hochschule im Grunde um eine Neugründung eines Rechtsträgers, obwohl auch teilweise schon vor der eigentlichen Gründung von Ausgründungen gesprochen wird. Während die Gründung durch Hochschulangehörige aus Sicht der Hochschule selbst eher eine Frage der Gründungsförderung und -beratung (→ Rn. 33 f.) ist, sind auch Gründungen durch die Hochschule selbst möglich. Grundsätzlich hat die Hochschule zwar nicht die Aufgabe einer erwerbswirtschaftlichen Betätigung. Nichtsdestotrotz kann sie in unterschiedlichem Rahmen Unternehmen und Unternehmensbeteiligungen halten. Die „innere Rechtfertigung" vermögenswirtschaftlicher Betätigungen der Hochschulen liegt in der Wahrnehmung hoheitlicher Aufgaben.[95] Über die Bestandsverwaltung hinausgehende Erwerbswirtschaft des Staates ist in den Grenzen der Grundrechte zulässig,[96] da neben dieser äußersten Grenze im Allgemeinen von wirtschaftspolitischer Neutralität des GG ausgegangen wird.[97] Eine hochschuleigene Ausgründung kann gerade vor dem Hintergrund ihr zugefallener Immaterialgüter geboten sein.[98] Die meisten Bundesländer haben unterschiedlich detaillierte Regelungen über deren Voraussetzungen geschaffen. Liegen besondere Regeln des Hochschulrechts nicht vor, richtet sich die **Möglichkeit unternehmerischer Betätigung** nach dem Landeshaushaltsrecht (insbesondere §§/Art. 65 ff. LHO), ist also nicht per se ausgeschlossen. Grundsätzlich muss ein öffentlicher Zweck verfolgt werden;[99] dieser liegt in der hochschuleigenen Aufgabe des Wissens- und Technologietransfers. Daneben wird ein angemessener Einfluss der Hochschule, eine Haftungsbegrenzung auf eine Einlage in angemessener Höhe und eine Beteiligung mit eigenen Mitteln vorgeschrieben.[100] In einigen Fällen ist die Zustimmung eines besonderen Hochschulorgans (zB des Hochschulrates) oder des Wissenschaftsministers erforderlich.

VI. Hochschullehrer als Legal Tech-Praktiker

1. Rechtsdienstleistungen von Hochschullehrern

Die Erbringung von Rechtsdienstleistungen ist Gegenstand der (Zweit-)Berufsfreiheit (Art. 12 Abs. 1 GG), ausgestaltungsfähig und beschränkbar durch den Gesetzgeber. Die besondere Stellung des Rechtslehrers als Anbieter auf dem Rechtsdienstleistungsmarkt (→ Rn. 5) ist durch ein Patchwork an Regelungen bedingt. Während die Prozessordnungen, die maßgeblich für die rechtliche Interessenvertretung vor staatlichen Gerichten sind, den Rechtslehrer schon seit Langem berücksichtigen,[101] wird er seit der Ablösung des RBerG

---

92 Vgl. für einen Überblick über die Förderlandschaft Weitnauer Venture Capital-HdB/Guth Teil D. Rn. 262.
93 NRW LT-Drs. 17/4668, 152.
94 Zum Begriffsverständnis des Spin-offs Blum Spin-offs S. 32–53.
95 v. Lewinski Staatsbankrott als Rechtsfrage/Waldhoff S. 77 (84 f.); Dürig/Herzog/Scholz/Schwarz GG Art. 134 Rn. 6; v. Mangoldt/Klein/Starck/Dietlein GG Art. 134 Rn. 5: „funktionsakzessorische Zuordnung des öffentlichen Vermögens".
96 Stärker auf öffentlichen Zweck abstellend Ehlers JURA 1999, 212 (214).
97 Ursprünglich Krüger DVBl 1951, 361 ff.; BVerfG Urt. v. 20.7.1954 – 1 BvR 459, 484, 548, 555, 623, 651, 748, 783, 801/52, 5, 9/53, 96, 114/54, BVerfGE 4, 7 (17) = NJW 1954, 1235 (1236).
98 Post/Kuschka GRUR 2003, 494.
99 Flämig et al. HdB Wissenschaftsrecht/Meinecke S. 1315 (1321).
100 § 13a HSG BW; § 73 Abs. 3 BayHSchG; § 108 BremHG; § 3 Abs. 12 HmbHG; § 3 Abs. 9 HessHG; § 3 Abs. 10 LHG M-V; § 50 Abs. 4 NHG; § 5 Abs. 7 HG NRW; § 103 Abs. 4 HochSchG RhPf; § 3 Abs. 10 SHSG; § 6 Abs. 3 SächsHSFG; § 113 Abs. 1 HSG LSA; § 3 Abs. 2 S. 2 HSG SH; § 17 ThürHG.
101 Für den Strafprozess Willems Rechtslehrer S. 152.

durch das RDG[102] auch außergerichtlich recht weitgehend privilegiert. Weder der Hochschullehrer und auch nicht die Rechtslehrer sind im Rechtsdienstleistungsrecht gesondert angesprochen. Sie werden allerdings durch das Gutachterprivileg (→ Rn. 37) bereits als relevante Gruppe angedeutet. Rechtslehrer von der Erbringung gewerblicher Rechtsdienstleistungen abzuhalten, ist für die Gewährleistung des Schutzwecks des RDG, **Rechtsuchende vor unqualifizierter Rechtsberatung zu schützen**, nicht angezeigt. Zwar sind die Tätigkeiten des Hochschullehrers grundsätzlich auch durch das RDG geregelt, ihm kommt aber eine weitreichende Postulationsfähigkeit zu (→ Rn. 43 ff.), was sonstigen Rechtsdienstleistern, die im Zusammenhang mit Legal Tech stehen, verwehrt bleibt.

a) Hochschullehrer als Gutachter

37 Das wissenschaftliche **(Rechts-)Gutachten** als die herkömmliche rechtsdienstleistende Haupttätigkeit von Hochschul- und speziell von Rechtslehrern ist gegenwärtig und absehbar nicht automatisierbar und wird deshalb kein Gegenstand von Legal Tech sein. Für ihre Erstattung besteht kein Formzwang, etwa hinsichtlich der Schriftlichkeit;[103] Gutachten könnten also auch in digitaler Form erstattet werden. Die Wissenschaftlichkeit des Gutachtens gründet in der Arbeitsweise des Gutachters, nicht in der Form seiner Präsentation.[104] Gutachten enthalten jedoch methodengeleitete Rechtsprüfung und – wichtiger noch – deren Herleitung entlang der im Einzelnen tangierten rechtlichen Dogmen und Wertungen, um das Ergebnis nachvollziehen zu können.[105] Professoren als Spezialisten werden immer dann zu Rate gezogen, wenn schematische Lösungen oder der übliche anwaltliche Werkzeugkasten nicht mehr weiterhelfen. Auch zeichnet sich ein akademisches (Rechts-)Gutachten im Parteiinteresse üblicherweise durch spezifisch behutsame Formulierungen aus,[106] um die Interessen des Auftraggebers und die wissenschaftliche Redlichkeit in Einklang zu bringen. Je nach Auftrag können einem wissenschaftlichen Rechtsgutachten auch einzelfallbezogene Darstellungen zugrunde liegen.[107] In der Bereichsausnahme des § 2 Abs. 3 Nr. 1 RDG liegt eine Privilegierung der zur wissenschaftlichen Begutachtung befähigten Personen, in erster Linie der Hochschullehrer.[108]

38 Fraglich ist in diesem Zusammenhang, ob **Litigation Analytics**, datengestützte (statistische) Erfolgsprognosen, die ja gerade nicht den Regeln der juristischen Methodik, sondern denen der Stochastik folgen, unter das Tatbestandsmerkmal des „wissenschaftlichen Gutachtens" iSd RDG fallen. Wegen der Eigengesetzlichkeit der Wissenschaften[109] kann einer stochastischen Analyse nicht ihre Wissenschaftlichkeit abgesprochen werden. Der Wortlaut des RDG ist nicht auf „*Rechts*gutachten" beschränkt. Die Norm ist allerdings funktional als eine Bereichsausnahme vom präventiven Verbot des § 3 RDG zu verstehen, weshalb primär eine Erörterung der einzelnen Rechtsfragen unter Einbeziehung von Rechtsprechung und Lehre gefordert wird.[110] Mit Blick auf den Schutzzweck des RDG ist zu bedenken, dass sich solche Analysen funktional einer Rechtsberatung annähern, wenn damit Aussagen über die potenzielle Erfolgswahrscheinlichkeit eines rechtlichen Vorgehens getroffen werden. Vor dem Hintergrund dieser disziplinären

---

102 Zur Rechtslage nach dem RBerG zusammenfassend v. Lewinski FS Hartung, 2008, 93 (95–99); zum Verhältnis des RBerG zum verwaltungsprozessualen Hochschullehrerprivileg Kopp FS Ule, 1987, 143; Willms NJW 1987, 1302; Chemnitz NJW 1987, 2421.
103 AA, um wissenschaftliche Abwägung sicherzustellen Deckenbrock/Henssler/Deckenbrock/Henssler RDG § 2 Rn. 101; Schorn Rechtsberatung S. 136.
104 Henssler/Prütting/Overkamp/Overkamp RDG § 2 Rn. 65.
105 Kilian/Sabel/vom Stein Neues RechtsdienstleistungsR/vom Stein Rn. 65; Junker FS Herberger, 2016, 501 (503 f.); Chemnitz/Johnigk RBerG § 2 Rn. 331; Oswald JZ 1952, 632 (633).
106 Brandner et al. Kein Jurist denkt umsonst/Thull S. 53 (54 ff.).
107 BT-Drs. 16/3655, 49.
108 Remmertz BRAK-Mitt. 2015, 262 (263); zum Streit, ob § 2 Abs. 3 Nr. 1 RDG nur Hochschullehrer umfasst, Deckenbrock/Henssler/Deckenbrock/Henssler RDG § 2 Rn. 103 ff. mwN.
109 Dürig/Herzog/Scholz/Gärditz GG Art. 5 Abs. 3 Rn. 77–79.
110 Deckenbrock/Henssler/Deckenbrock/Henssler RDG § 2 Rn. 101; zum RBerG bereits BFH Urt. v. 30.4.1952 – IV 73/52 U, BStBl. III 1952, 165; OLG Stuttgart Beschl. v. 16.1.1975 – 1 Ss 753/74, AnwBl 1975, 173 (174); LG Hamburg Urt. v. 26.7.1978 – 15 O 925/77, MDR 1979, 234.

Verschiebung der Rechtsberatung ist uU der Rechtsdienstleistungsbegriff zu überdenken.[111] De lege lata sind Hochschullehrer an der stochastischen Litigation Analytics jedoch nicht gehindert, denn es handelt sich insoweit nicht um eine Rechtsdienstleistung.

b) Rechtslehrer als Rechtsberater

Die Rechtsberatung ist zwar grundsätzlich von der Gutachtenerstattung abzugrenzen,[112] jedoch kann eine Beratung mit einem Gutachten verbunden sein oder auf diesem aufsetzen.[113] Maßgeblich ist, worauf das Hauptaugenmerk des Auftraggebers gerichtet ist. Ergebnisorientierte Beratung erfordert nicht die erschöpfende Darstellung des Rechtsproblems. Durch formale Gestaltung wie ein Gutachten kann ein schwerpunktmäßiger Rechtsrat nicht die **Erlaubnispflicht** umgehen.[114] Sollen konkrete Vertragsdokumente entworfen werden, hat dies eine starke Indizwirkung für das eigentliche Interesse des Auftraggebers an praktischem Rechtsrat. Es wird sich, wenn konkrete Entwürfe erwünscht sind, anders als bei sonstigen Gutachten[115] nur um Gutachten handeln können, wenn die Rechtslage umstritten und deshalb auch objektiv unklar ist. Erbringt der Hochschullehrer die Tätigkeit unterstützend für einen Rechtsanwalt, kommt es auf die Zulässigkeit nach dem RDG nicht an. Solange der Rechtsanwalt als berufener Interessenvertreter für die Arbeitsergebnisse gegenüber dem Mandanten einsteht, ist der Schutzzweck des RDG nicht betroffen.[116]

Bei der Beratung handelt es sich typischerweise um erlaubnispflichtige (Kautelar-)Rechtsdienstleistungen. Soweit **Vertragsdokumente in einer konkreten Rechtssache** erstellt oder geprüft werden, stellt sich die Frage nach der rechtsdienstleistungsrechtlichen Erlaubtheit für Hochschul- und auch Rechtslehrer. Setzt der Hochschullehrer einen Dokumentengenerator (→ *Dokumentenautomatisierung* Rn. 1 ff.) zu diesen Zwecken ein, macht er sich das generierte Dokument als Arbeitsprodukt zu eigen.[117] Es ist regelmäßig nach subjektiven Maßstäben von einer Rechtsdienstleistung auszugehen, da sich der Mandant wegen seiner besonderen persönlichen Expertise an einen Hochschullehrer wendet.[118]

Anders als bei sich an Rechtsgutachten anschließendem Rechtsrat können sich Hochschullehrer für eine isolierte Rechtsberatung nicht auf die **Annexrechtsdienstleistungskompetenz** des § 5 RDG stützen, weil es an einer vorgängigen gutachterlichen (§ 2 Abs. 3 Nr. 1 RDG) oder sonstigen erlaubten Haupt-Rechtsdienstleistung fehlt.[119] Die bloße Rechtsberatung ist keine Nebentätigkeit, die zum lehrenden und forschenden Berufsbild des Hochschullehrers gehört. Ebenso fehlt es an einer nachgängigen gerichtlichen oder außergerichtlichen Rechtsvertretung (→ Rn. 43 ff.).

Jedoch ist ein Hochschullehrer mit der Befähigung zum Richteramt umfassend, auch geschäftsmäßig in der Lage, außergerichtlich **unentgeltlich** Rechtsdienstleistungen zu erbringen (§ 6 RDG). Ordentliche Professoren der Rechte sind dazu durch § 7 DRiG auch ohne Zweites Juristisches Examen befugt.

c) Rechtslehrer als Rechtsvertreter

Gerichtliche Rechtsvertretung können Rechtslehrer nach **Maßgabe der Prozessordnungen** übernehmen. Das RDG steht damit nicht in Konflikt, da dieses nur den außergerichtlichen Bereich reguliert.[120] Ein Hochschullehrerprivileg kennen die Prozessordnungen des öffentlichen Rechts (mit Ausnahme der FGO)

---

111 So auch Timmermann Legal Tech-Anwendungen.
112 Deckenbrock/Henssler/Deckenbrock/Henssler RDG § 2 Rn. 100; Henssler/Prütting/Overkamp/Overkamp RDG § 2 Rn. 66; Grunewald/Römermann/Römermann RDG § 2 Rn. 111.
113 OLG Düsseldorf Urt. v. 18.8.2015 – I-24 U 161/14, NJW-RR 2016, 313 Rn. 21.
114 HK-RDG/Offermann-Burckart RDG § 2 Rn. 195; Römermann NJW 2011, 884 (885).
115 Henssler/Prütting/Overkamp/Overkamp RDG § 2 Rn. 69; Grunewald/Römermann/Römermann RDG § 2 Rn. 112.
116 BGH Beschl. v. 22.7.2020 – AnwZ (Brfg) 3/20, NJW 2020, 3170; Deckenbrock/Henssler/Deckenbrock/Henssler RDG § 5 Rn. 62a; Hartung/Weberstaedt NJW 2016, 2209 (2211).
117 Deckenbrock/Henssler/Deckenbrock/Henssler RDG § 2 Rn. 16.
118 BT-Drs. 16/3655, 48.
119 v. Lewinski FS Hartung, 2008, 93 (101 f.).
120 Nicht so eindeutig noch das RBerG (vgl. Kopp FS Ule, 1987, 143).

und das Strafprozessrecht.[121] Außerhalb gerichtlicher Verfahren richtet sich die Vertretungsbefugnis nach dem RDG. Nach § 5 RDG ist auch die vorprozessuale Vertretung zulässig, wenn und soweit dem Rechtsdienstleister die spätere Prozessvertretung erlaubt ist.[122]

aa) Keine Vertretung in einfachen Massenverfahren

44 Ein wesentlicher Anwendungsbereich von Legal Tech-Anwendungen ist derzeit (noch) die Geltendmachung und Durchsetzung von einfachen und gut strukturierbaren **Ansprüchen aus dem Zivilrecht** (Flug- und Zugverspätungsansprüche, Ansprüche aus Mietverhältnissen). In diesem Bereich sind Hochschul- und auch Rechtslehrer ganz regelmäßig **nicht vertretungsbefugt**. Eine solche Befugnis müsste sich außergerichtlich auf die Annexrechtsdienstleistungskompetenz nach § 5 RDG stützen, die eine mindestens gleichwertige Hauptleistung voraussetzt. Bei solchen Standardfällen aber fehlt es sowohl an einer vorgängigen nennenswerten gutachterlichen (§ 2 Abs. 3 Nr. 1 RDG) Hauptleistung wie auch an einer nachgängigen gerichtlichen Vertretung, da Rechtslehrer in Zivilverfahren nicht postulationsfähig sind (§ 78, § 79 Abs. 2 ZPO[123]). Einen Annex zur Tätigkeit als Hochschullehrer stellt die Geltendmachung von Forderungen ebenfalls nicht dar.

45 Denkbar ist eine Betätigung von Rechtslehrern im Rahmen gerichtlicher **öffentlich-rechtlicher Massenverfahren**. Das Phänomen des Streuschadens tritt in diesem Zusammenhang zwar primär im **Staatshaftungsrecht** auf, das nahezu umfänglich den ordentlichen Gerichten zugewiesen ist (Art. 34 S. 2 GG). Infrage kommen jedoch Ordnungswidrigkeitenverfahren[124] oder Kostenbescheide. Gesetzlich sind Massenverfahren bereits ab einer Anzahl von 20 Beteiligten im gleichen Interesse anerkannt (§ 67a Abs. 1 VwGO); soweit ersichtlich kommt ihnen jedoch keine große praktische Bedeutung zu.[125]

bb) Teilnahme am elektronischen Rechtsverkehr

46 Die Regeln für die elektronische Kommunikation mit den Gerichten (→ *E-Justice* Rn. 1 ff.) gelten – mit Ausnahme der StPO – rechtsweg- und instanzübergreifend einheitlich, auch wenn sie, was legistisch sicherlich vorzugswürdig gewesen wäre, nicht einheitlich in der **ZPO** oder gar im **GVG** geregelt sind.[126] Lediglich die technischen Rahmenbedingungen für die Übermittlung und Eignung elektronischer Dokumente zur Bearbeitung durch das Gericht sind einheitlich in der **ERVV**[127] geregelt.

47 Zentralbegriff des elektronischen Rechtsverkehrs ist das **elektronische Dokument**, welches auf einem **sicheren Übertragungsweg** zu übermitteln ist.[128] Dafür sehen die Prozessordnungen die De-Mail, die besonderen elektronischen Anwalts-, Behörden-, Bürger- und Organisationspostfächer, Versanddienste im Sinne des § 2 Abs. 5 OZG sowie andere geeignete, bundeseinheitliche Übermittlungswege, die per Rechtsverordnung durch die Bundesregierung festgelegt werden, vor.

▶ **Praxishinweis:** Die Gruppe der Rechtslehrer wie auch der Gewerkschaftssekretäre ist trotz ihrer grundsätzlichen prozessualen Gleichstellung mit den Rechtsanwälten nicht von den Bestrebungen, weitere Berufsgruppen an den elektronischen Rechtsverkehr anzuschließen, umfasst. Dies wäre im Wege der Rechtsverordnung möglich, da § 55a Abs. 4 Nr. 4 VwGO eine entsprechende Verordnungsermächtigung bereithält, ist aber angesichts der **flächendeckenden Möglichkeit, das elektronische Bürger- und Organisationspostfach (eBO) zu nutzen**, in Zukunft nicht zu erwarten. ◀

---

121 § 67 Abs. 2 S. 1 VwGO; § 73 Abs. 2 S. 1 SGG; § 22 Abs. 1 S. 1 BVerfGG; § 138 Abs. 1 StPO ggf. iVm § 385 AO.
122 BT-Drs. 16/3655, 32; vgl. auch § 14 Abs. 5, 6 VwVfG und § 13 Abs. 5, 6 SGB X.
123 Der Sonderfall, dass ein Rechtslehrer (als Volljurist) eine Legal Tech-Anwendung ohne Zusammenhang mit einer entgeltlichen Tätigkeit betreibt, soll hier außer Betracht bleiben.
124 Für diese gilt § 138 Abs. 1 StPO sinngemäß: § 46 Abs. 1 OWiG.
125 Schoch/Schneider/Meissner/Schenk VwGO § 67a Rn. 4.
126 Seckelmann Digitalisierte Verwaltung/Nolte Rn. 6 f.
127 Verordnung über die technischen Rahmenbedingungen des elektronischen Rechtsverkehrs und über das besondere elektronische Behördenpostfach v. 24.11.2017 (BGBl. I 3803).
128 § 55a Abs. 3 S. 1 VwGO; § 32a Abs. 2 StPO; § 130a Abs. 3 ZPO; § 14 Abs. 2 S. 2 FamFG; § 46c Abs. 3 ArbGG; § 65a Abs. 1 SGG; § 52a Abs. 3 S. 1 FGO.

Ein **aktiver Nutzungszwang**[129] zur elektronischen Kommunikation mit den Gerichten besteht für Rechtsanwälte, Behörden und juristische Personen des öffentlichen Rechts. Bis 2026 erfasst dieser Nutzungszwang auch andere vertretungsberechtigte Personen, für die ein besonderer, sicherer Übermittlungsweg außer dem allgemein zugänglichen Bürger- und Organisationenpostfach zur Verfügung steht (§ 55d Abs. 1 S. 2 VwGO).[130] Ab 2026 erstreckt sich der Nutzungszwang auch auf solche Personen, denen ein **elektronisches Bürger- und Organisationenpostfach** zu Verfügung steht, namentlich vorbehaltlos alle natürlichen und juristischen Personen und sonstige Vereinigungen. Im Strafverfahren beschränkt sich der Nutzungszwang auf die Prozesshandlungen nach § 32d S. 2 StPO, Fälle, in denen eine besondere Eilbedürftigkeit ausgeschlossen ist.[131] **Rechtslehrer** werden bis 2026 von dem Nutzungszwang lediglich in ihrer Funktion als Strafverteidiger erfasst. In dem begrenzten Anwendungsbereich der Norm erfasst § 32d S. 2 StPO den Rechtslehrer, obwohl ihm kein „spezieller" sicherer Übermittlungsweg zur Verfügung steht. Der Nutzungszwang, welcher andere vertretungsberechtigte Personen trifft, soll bis 2026 nur solche Personengruppen erfassen, die über eine spezielle Übermittlungsmöglichkeit verfügen.[132] Das von den Prozessordnungen als „sicher im Rechtssinne" fingierte besondere elektronische Anwaltspostfach (beA)[133] wird nur für Mitglieder der Rechtsanwaltskammern eingerichtet, die in das Gesamtverzeichnis bei der BRAK eingetragen sind (§ 31a Abs. 1 BRAO). Für Rechtslehrer besteht derweil kein eigenes besonderes elektronisches Postfach. Eine Benachteiligung des Rechtslehrers und damit Verletzung in seiner (Zweit-)Berufsfreiheit ist darin nicht zu sehen, steht die Möglichkeit der elektronischen Einreichung doch im Grundsatz trotzdem offen. Aufgrund der technikneutralen Formulierung muss nicht zwingend ein besonderes elektronisches Postfach zur Einreichung verwendet werden. Aus der Einführung des beA ergibt sich zwar die Wertung, bisherige Möglichkeiten elektronischer Einreichung seien nicht ausreichend, jedoch kennen die Verfahrensordnungen andere sichere elektronische Kommunikationswege: die De-Mail, die jedoch nur kleinere Nachrichtengrößen übertragen kann und kaum noch angeboten wird, aber auch das elektronische Bürger- und Organisationenpostfach.

▶ Praxishinweis: Das **besondere elektronische Behördenpostfach (beBPo) der Universitäten** (§§ 6–9 ERVV) ist für den Hochschullehrer keine Alternative. Zudem handelt es sich bei der Strafverteidigung nur um eine Nebentätigkeit des Rechtslehrers und nicht um seine berufliche Aufgabe wie beim Rechtsanwalt.[134] Die Zweitberufsfreiheit des Hochschullehrers wird durch die Kommunikationsmöglichkeiten des elektronischen Bürgerpostfaches hinreichend gewährleistet. ◀

Eine **passive Nutzungspflicht** folgt für Rechtslehrer nicht, wie für Rechtsanwälte (§ 31 Abs. 6 BRAO), aus einem Berufsrecht (→ Rn. 53). Allerdings handelt es sich bei ihnen um sonstige in professioneller Eigenschaft am Prozess beteiligte Personen, bei denen von erhöhter Zuverlässigkeit ausgegangen werden kann,[135] und welche einen sicheren elektronischen Übermittlungsweg ab 2022 eröffnen sollen und ab 2024 zu eröffnen haben (§ 173 Abs. 2 ZPO ggf. iVm § 56 Abs. 2 VwGO). Ihre Zughörigkeit zu dieser Gruppe ergibt sich daraus, dass § 67 Abs. 2 S. 1 VwGO sie als gleichwertige Prozessvertreter wie die Rechtsanwälte anerkennt.

d) Hochschullehrer als Streitentscheider

Schieds- und sonstige streitentscheidende Tätigkeiten fallen nicht unter das RDG (§ 2 Abs. 3 Nr. 2 RDG) und sind daher jedermann und damit auch **Hochschullehrern erlaubt**, mit oder ohne Unterstützung von

---

129 § 55d Abs. 1 S. 1 VwGO; § 65d S. 1 SGG; § 52d S. 1 FGO; § 130d S. 1 ZPO; § 14b S. 1 FamFG; § 46g S. 1 ArbGG; § 32d S. 2 StPO.
130 Seckelmann Digitalisierte Verwaltung/Nolte Rn. 31.
131 BT-Drs. 18/9416, 50.
132 BT-Drs. 17/12634, 20.
133 BGH Urt. v. 22.3.2021 – AnwZ (Brfg) 2/20, WM 2021, 941.
134 Vgl. v. Lewinski FS Hartung, 2008, 93 (102 f.).
135 Vgl. BVerwG Urt. v. 18.5.2010 – BVerwG 3 C 21.09, nv Rn. 14–18.

Legal Tech-Systemen. Aufgrund Parteivereinbarung rechtsverbindliche Schiedsgutachten fallen unter § 2 Abs. 3 Nr. 1 RDG.[136]

51 Der Begriff der **Online Dispute Resolution** (ODR) bezeichnet primär die Verfahrenskoordination der mitgliedstaatlichen Verbraucherstreitbeilegungsverfahren (Art. 5 RL 2013/11/EU[137] – ADR-RL) mithilfe eines elektronischen Beschwerdeformulars über eine sog. OS-Plattform. Diese liegt im Verantwortungsbereich der EU-Kommission (Art. 5 Abs. 1 VO (EU) Nr. 524/2013[138] – ODR-VO). Darüber hinaus versteht man auch vermehrten Einsatz technischer Hilfsmittel im Rahmen der alternativen Streitbeilegung als ODR.[139] Spezifische verfahrensrechtliche Fragen in Bezug auf Hochschullehrer stellen sich in diesem Bereich nicht.

e) Hochschullehrer als Anbieter juristischer Plattformen

52 Das Angebot von Internetplattformen ist telemedienrechtlich zulassungsfrei. Als Plattformbetreiber ist ein Hochschullehrer Diensteanbieter von Telemedien und damit Adressat verschiedener Informationspflichten (§§ 5, 6 TMG) sowie Verantwortlicher der bereitgestellten Inhalte (§§ 7 ff. TMG) (→ *Plattform, Pflichten* Rn. 53 ff.). Besonderheiten bestehen angesichts des weit gefassten personellen Anwendungsbereiches für den Hochschullehrer – soweit ersichtlich – keine. Je nach Inhalt der Plattform ist ausschlaggebend, ob das Plattformangebot die Grenze der Rechtsdienstleistung überschreitet. Unproblematisch sind **juristische Informationsplattformen** oder Online-Lehrangebote (→ Rn. 6). Unbedenklich sind des Weiteren Onlinepräsenzen, durch welche das zulässige Rechtsdienstleistungsangebot des Hochschullehrers beworben wird.

2. Berufsrecht der rechtsdienstleistenden Hochschullehrer?

53 Ein geschriebenes Berufsrecht für rechtsdienstleistende Hochschullehrer oder auch nur der Rechtslehrer gibt es nicht.[140] Die meisten Pflichten, die verkammerte Rechtsdienstleister treffen,[141] gelten auch für Hochschullehrer. Sie beruhen allerdings **nicht auf gesetzlichem Berufs- oder Satzungsrecht**, sondern auf Vertrag oder sind **Geschäftsgrundlage**. Dieser Unterschied ist im Falle einer Verletzung durchaus bedeutsam, weil gegen Hochschullehrer nur vertragsrechtlich vorgegangen werden kann, nicht aber auch aufsichtlich oder wegen der Verletzung einer berufsspezifischen Strafrechtsnorm.

a) Verbot der Vertretung widerstreitender Interessen

54 Ein Verbot der Vertretung widerstreitender Interessen besteht für den Hochschullehrer nach § 4 RDG. Nach diesem hat jedwede Rechtsdienstleistung zu unterbleiben, die unmittelbaren Einfluss auf die Erfüllung einer anderen Leistungspflicht des Dienstleisters haben kann. Die konkurrierende Leistungspflicht muss bereits vorher begründet sein.[142] Regelmäßig beeinflusst die Rechtsdienstleistung aber bestehende Verpflichtungen aus dem Hochschullehrerverhältnis nicht. Daneben ist ein rechtsdienstleistender Hochschullehrer aus Vertrag mit dem Dienstleistungsempfänger zur Besorgung seiner Geschäfte[143] und damit aus dem Wesen der Geschäftsbesorgung als **Hauptleistungspflicht** zur Interessenwahrung verpflichtet. Aus der Pflicht zur Parteilichkeit folgt die Pflicht, Interessenkollisionen zu vermeiden.

b) Verschwiegenheit

55 Rechtsdienstleistende Hochschullehrer unterliegen keiner anwaltlichen oder gar strafbewehrten Verschwiegenheitspflicht. Das Maß der Vertraulichkeit ergibt sich nur und spezifisch aus der **Abrede mit dem**

---

136 BT-Drs. 16/3655, 50; Kilian/Sabel/vom Stein Neues RechtsdienstleistungsR/vom Stein Rn. 66.
137 ABl. 2013 L 165, 63.
138 ABl. 2013 L 165, 1.
139 v. Lewinski ZKM 2004, 108.
140 v. Lewinski FS Hartung, 2008, 93 (107).
141 Neben den Rechtsanwälten sind dies in erster Linie Patentanwälte (§ 3 PAO), Steuerberater (§ 33 StBerG), Wirtschaftsprüfer, soweit die Rechtsdienstleistung eine Nebentätigkeit darstellt (§ 5 RDG), und – soweit man diese zu den Rechtsdienstleistern zählt – auch Notare.
142 BT-Drs. 16/3655, 51: „Einfluss auf den Inhalt der bereits begründeten Hauptleistungspflicht".
143 BGH Urt. v. 16.5.1985 – IVa ZR 106/82, MDR 1985, 31.

Auftraggeber. Die Pflicht zur Interessenwahrung verbietet, nicht-öffentliche Informationen aus dem Mandat an Dritte gelangen zu lassen. Dabei ist es unerheblich, ob durch eine Indiskretion auch ein Schaden entsteht. Eine strafrechtliche Sanktion hat ein Hochschullehrer nicht zu fürchten, ggf. aber die Folgen einer Vertragsstrafe.

c) Vergütung

Das Honorar des Hochschullehrers für Legal Tech-Dienstleistungen unterliegt der **privatautonomen Verhandlung** der Vertragsparteien. In Ermangelung einer Abrede ließe sich auf die Regeln des RVG zurückgreifen. Eine Regelungslücke besteht aber aufgrund der Verweisung auf die übliche Vergütung nicht. Lässt sich eine Übung nicht bestimmen, sieht § 316 BGB vor, dass die Vergütung durch den Hochschullehrer einseitig zu bestimmen ist. Er ist dabei an die Grenzen der Billigkeit gebunden. Orientierung kann dann jedoch ein Vergleich mit dem RVG bieten. 56

▶ Praxishinweis: Hochschullehrer dürfen insbesondere auch **Erfolgshonorare** vereinbaren. In Bezug auf ein Pactum de quota litis ist er nur an die Grenze der Sittenwidrigkeit gebunden. Ebenso kann er sich, anders als Rechtsanwälte, Mandate makeln lassen. ◀

d) Haftung

Die Haftung des Hochschullehrers für Pflichtverletzungen richtet sich nach dem allgemeinen Zivilrecht (§§ 280 ff. BGB). Der **Pflichtenmaßstab** entspricht bei Fehlen besonderer vertraglicher Vereinbarungen dem des Rechtsanwalts.[144] 57

Eine **Haftungsbegrenzung** ist jedoch innerhalb der allgemeinen Grenzen des Zivilrechts (insbes. des AGB-Rechts) möglich. Die Weigerung eines Rechtslehrers, die Vertretung anderenfalls nicht zu übernehmen, stellt keine Sittenwidrigkeit dar. Es gilt die regelmäßige Verjährungsfrist. 58

Eine (Berufs-)**Haftpflichtversicherungspflicht** des Hochschullehrers bei Tätigwerden im Prozess besteht nicht. Ebenso besteht keine Versicherungspflicht bei Tätigkeiten nach RDG, solange keine registrierungspflichtige Tätigkeit ausgeübt wird. Dies führt dazu, dass Hochschullehrer Rechtsdienstleistungen erbringen können, obwohl sie auch in ihrem Hauptberuf keine (Berufs-)Haftpflichtversicherung vorhalten müssen, die bei einer Rechtsdienstleistung nach § 5 RDG eingreifen könnte. 59

e) Werbung

Weder in ihrem professoralen Hauptberuf noch im rechtsdienstleistenden Zweitberuf ist Hochschullehrern Werbung und Öffentlichkeitsdarstellung grundsätzlich verboten. Dabei gelten die **allgemeinen Regeln des Wettbewerbsrechts** (→ *Wettbewerb, unlauterer* Rn. 17 ff.). 60

Allerdings bestehen doch einerseits weitreichende Beschränkungen für die Teilnahme der Öffentlichen Hand am Wettbewerb und andererseits immerhin ein ausdrückliches **beamtenrechtliches Gebot zur Mäßigung und Zurückhaltung** (§ 33 Abs. 2 BeamtStG) sowie zum allgemeinen Wohlverhalten (§ 33 Abs. 1 S. 3 BeamtStG). Es handelt sich beim Mäßigungsgebot um eine Privilegierung gegenüber der Neutralitätspflicht bei privater politischer Betätigung. Das Mäßigungsgebot stellt klar, dass außerhalb des Amtes eine politische Betätigung, wenn auch gemäßigt, aber im Grundsatz sehr wohl möglich ist. Systematisch knüpft das Mäßigungsgebot an parteipolitische Konflikte an, da von der Ausübung exekutiver Hoheitsrechte eine Gefährdung des demokratischen Legitimationsprozesses zu erwarten ist, wenn keine Neutralität bei der Amtsausübung sichergestellt ist.[145] Einer Werbung für zulässige Nebentätigkeit des Rechtslehrers steht das Mäßigungsgebot nicht entgegen. 61

Die Wohlverhaltenspflicht verlangt vom verbeamteten Hochschullehrer auch außerhalb seines Dienstes ein Verhalten, das der Achtung und dem Vertrauen in den Beruf angemessen ist. Zu berücksichtigen ist dabei 62

---

144 Vgl. BVerwG Urt. v. 18.5.2010 – BVerwG 3 C 21.09, nv Rn. 14–18.
145 Reich BeamtStG § 33 Rn. 3.

die besondere Amtsstellung des Hochschullehrers als Vorgesetzter. Eine Verletzung der **außerdienstlichen beamtenrechtlichen Wohlverhaltenspflicht** kommt erst bei einem schwerwiegenden, rechtswidrigen Verstoß in Frage.[146] Selbst besonders auffällige Werbepraktiken wären vor diesem Hintergrund disziplinarrechtlich unbedenklich, da eine relevante Ansehensschädigung regelmäßig erst ab einem Verhalten, das mit Freiheitsstrafe im mittleren Bereich bedroht ist, angenommen wird.[147]

63 Dem Einsatz von Internetplattformen → *Plattformen, allgemein* Rn. 1 ff.) als **Mandatsvermittler** steht nichts entgegen. Anders als Rechtsanwälte können Hochschullehrer mit diesen auch erfolgsabhängig kooperieren. § 49b Abs. 3 S. 1 BRAO ist auf Hochschullehrer nicht anwendbar.

3. Legal Tech als Hilfsmittel

a) Büroorganisation

64 Originäre Büroorganisationspflichten treffen Hochschullehrer als Rechtspraktiker nicht, leiten sich aber indirekt aus der allgemeinen Verschuldenshaftung und den Regelungen zur Wiedereinsetzung in den vorigen Stand ab. Es ist eine fristwahrende Bearbeitung sicherzustellen. Ausdrückliche Vorgaben oder eine allgemeine Übung bestehen schon für den Rechtsanwalt nicht,[148] folglich auch nicht für den Rechtslehrer. Organisationstätigkeiten, die keine juristischen Fähigkeiten erfordern, dürfen auf Personal, aber ebenso gut auf Software übertragen werden (→ *Büroorganisationssoftware* Rn. 7 ff.). Bei der Verwendung eines **elektronischen Fristenkalenders** begründen dessen spezifische Fehlermöglichkeiten (Tippfehler bei der Dateneingabe, versehentliche Löschung) erhöhte Kontrollpflichten, zB durch eine weitere Person,[149] und fortwährende Organisationspflichten.[150]

b) Unterstützung bei Rechtsdienstleistung

65 Für die Inanspruchnahme von Legal Tech als Unterstützung bei der Durchführung von Rechtsdienstleistungen gelten keine spezifischen Regeln für Hochschullehrer. Das differenzierte und kaskadierte rechtsanwaltliche **Berufsrecht des Interessenkonfliktes** kann nicht analog auf Rechtslehrer Anwendung finden.[151] Allerdings gilt bei der Parteivertretung die individualvertragliche Interessenwahrungspflicht des Rechtslehrers. Legal Tech-Anwendungen dürfen also nicht interessenschädigend zur Anwendung kommen, wenn auch das kaskadierte System des Interessenwiderstreits weder anwendbar noch passend erscheint.

66 Hochschullehrer werden um Rechtsdienstleistungen meist deshalb angefragt, weil sie eine ganz spezifische Expertise haben. Ihre Dienste sind **in hohem Maße höchstpersönlich**. Es ergibt sich bereits aus den Umständen des Vertrages eine höchstpersönliche Mandatsbetreuung durch den Hochschullehrer. Dass § 675 Abs. 1 BGB nicht auf § 664 BGB verweist, hindert die höchstpersönliche Leistungspflicht nicht.[152] Allerdings wird sich ein Professor – wie auch sonst im Lehrstuhlbetrieb – von Assistenten und Hilfskräften unterstützen lassen. Wissenschaftliche und büromäßige Zuarbeit steht einer höchstpersönlichen Auftragserfüllung nicht entgegen. Entscheidend ist, dass keine wesentlichen Teile des Mandats anderen Personen zur eigenverantwortlichen Besorgung übertragen werden.[153]

---

146 Brinktrine/Schollendorf/Werres BeamtStG § 34 Rn. 15.
147 BVerwG Urt. v. 19.8.2010 – 2 C 13/10, NVwZ 2011, 29 (300 f. Rn. 17).
148 BGH Urt. v. 5.5.1993 – XII ZR 44/92, NJW-RR 1993, 1213 (1214).
149 OVG Lüneburg Beschl. v. 4.11.2008 – 4 LC 234/07, NJW 2009, 615 (616); OLG Frankfurt a.M. Beschl. v. 28.8.2008 – 9 U 50/08, NJW 2009, 604; BGH Beschl. v. 2.2.2010 – XI ZB 23/08, XI ZB 24/08, NJW 2010, 1363.
150 OVG Saarlouis Beschl. v. 20.5.2014 – 1 A 458/13, NJW 2014, 2602.
151 Zur Anwendung des berufsrechtlichen Verbots widerstreitender Interessenvertretung beim Einsatz von Legal Tech v. Lewinski BRAK-Mitt. 2020, 68.
152 BGH Urt. v. 14.11.1951 – II ZR 55/51, NJW 1952, 257; Erman/Berger BGB § 664 Rn. 1; Grüneberg/Sprau BGB § 664 Rn. 1; Soergel/Beuthien BGB § 664 Rn. 14; NK-BGB/Schwab BGB § 664 Rn. 5.
153 RG Urt. v. 2.3.1912 – I 147/11, RGZ 78, 310 (313); RG Urt. v. 4.7.1939 – VII 4/39, RGZ 161, 68 (73); BGH Urt. v. 17.12.1992 – III ZR 133/91, NJW 1993, 1704 (1705).

Insbesondere soweit ein Rechtslehrer nicht auf die Ressourcen seiner Hochschule zurückgreift und solche ihm daheim nicht zur Verfügung stehen, wird er sie bei entsprechenden **Dienstleistern** nachfragen (→ *Cloud Computing, allgemein* Rn. 2 ff.). 67

4. Datenschutz

Das Erbringen von Legal Tech-Dienstleistungen durch Hochschullehrer unterliegt dem Datenschutzrecht, weil es sich dabei um **keine privat-familiäre Tätigkeit** (Art. 2 Abs. 2 lit. c DS-GVO[154], sog. „Haushaltsausnahme"; → *Algorithmus* Rn. 27) handelt, auch nicht bei „privater" Nebentätigkeit. 68

Während die Verarbeitung von personenbezogenen Daten des Mandanten selbst regelmäßig der Vertragserfüllung dient (Art. 6 Abs. 1 UAbs. 1 lit. b DS-GVO) und deshalb unproblematisch ist, stellt sich aber die Frage hinsichtlich der Daten von Dritten und insbes. von Verfahrensgegnern. Doch auch hier ist regelmäßig das **für die Zwecke des Mandanten Erforderliche** auch **datenschutzrechtlich gestattet**; Art. 6 Abs. 1 UAbs. 1 lit. f DS-GVO erlaubt die Datenverarbeitung zur Wahrung berechtigter Interessen (was die Rechtsdurchsetzung immer ist). Gestützt wird dies durch die ausdrückliche Erwähnung der „Durchsetzung zivilrechtlicher Ansprüche" in Art. 23 Abs. 1 lit. j DS-GVO, woraus sich eine allgemeine und grundsätzliche datenschutzrechtliche Privilegierung rechtsdienstleistender Datenverarbeitung ableiten lässt.[155] 69

Weil Hochschullehrer keinem Berufsgeheimnis unterliegen, gelten für sie die aufsichtlichen Sonderregeln des Art. 90 DS-GVO nicht. Ihre Legal Tech-Tätigkeit unterfällt also – anders als bei Rechtsanwälten – der **Aufsicht durch die Datenschutzbehörden**. 70

VII. Hochschullehrer in Rechtsdienstleistungsunternehmen und Kanzleien

Die Betätigung von Hochschullehrern in Rechtsdienstleistungsunternehmen und Kanzleien wirft neben den allgemeinen gewerbe-, arbeits- und ggf. gesellschaftsrechtlichen Fragen solche des landesspezifischen Beamten- und Hochschulrechts auf.[156] Zu unterscheiden sind Tätigkeiten in Legal Tech-Unternehmen und -Kanzleien als **Nebentätigkeit** von jenen im Rahmen von **Praxissemestern**[157] sowie nach Eintritt in den **Ruhestand**. Hinzuweisen ist auch auf das Institut der **Teilzeitprofessur**, mit dem die Verbindung zur Praxis aufrechterhalten werden soll.[158] 71

Nicht-verbeamtete Hochschullehrer an privaten Universitäten sind vom Beamtenrecht zwar nicht umfasst, sondern müssen das **arbeits- und wettbewerbsrechtliche Nebentätigkeitsrecht** beachten. Enthält der Anstellungsvertrag keine ausdrücklichen Bestimmungen, können die hochschullehrerspezifischen Regelungen jedoch als Maßstab ergänzender Vertragsauslegung herangezogen werden. 72

---

154 Verordnung (EU) 2016/679 des Europäischen Parlaments und des Rates v. 27.4.2016 zum Schutz natürlicher Personen bei der Verarbeitung personenbezogener Daten, zum freien Datenverkehr und zur Aufhebung der Richtlinie 95/46/EG (Datenschutz-Grundverordnung) (ABl. L 119, 1).
155 Grundlegend Rüpke Freie Advokatur.
156 §§ 60 ff. LBG BW; Art. 81 ff. BayBG; §§ 60 ff. LBG Bln; §§ 83 ff. LBG Bbg; §§ 70 ff. BremBG; §§ 70 ff. HmbBG; §§ 71 ff. HBG; §§ 70 ff. LBG MV; §§ 70 ff. NBG; §§ 48 ff. LBG NRW; §§ 82 ff. LBG RhPf; §§ 84 ff. SBG; §§ 101 ff. SächsBG; §§ 73 ff. LBG LSA; §§ 70 ff. LGB SH; §§ 49 ff. ThürBG. Zur Ausgestaltungsfreiheit der Länder bei § 40 BeamtStG: OVG Koblenz Beschl. v. 1.2.2011 – 2 A 10040/11, NVwZ-RR 2011, 536.
157 § 49 Abs. 7 S. 1 LHG BW; Art. 11 Abs. 3 BayHSchPG; § 99 Abs. 6 S. 1 BerlHG; § 42 Abs. 4 S. 1 BbgHG; § 12 Abs. 2 HmbHG; § 68 Abs. 4 HessHG; § 64 Abs. 2 LHG M-V; § 24 Abs. 3 NHG; § 40 Abs. 2 HG NRW;§ 53 HochSchG RhPf; § 39 Abs. 3 SHSG; § 68 Abs. 1 SächsHSFG; § 39 Abs. 1, 2 HSG LSA; § 70 Abs. 2 HSG SchlH; § 87 ThürHG.
158 § 16 Abs. 6 HmbHG; § 61 Abs. 8 HessHG; § 61 Abs. 6 LHG M-V; § 40 Abs. 1 S. 3 SHSG; § 38 Abs. 2 HSG LSA; § 86 Abs. 3 ThürHG.

1. Nebentätigkeit in Legal Tech-Unternehmen

73 Die Mitarbeit in einem Legal Tech-Unternehmen ist eine nicht zum Hauptamt des Hochschullehrers gehörende Tätigkeit und somit als **Nebenbeschäftigung** grundsätzlich **genehmigungspflichtig**. Anders zu beurteilen ist die Beteiligung an einem Unternehmen. Es handelt sich dabei um genehmigungsfreie Verwaltung eigenen Vermögens, solange diese nicht mit einem Eintritt in ein Unternehmensorgan verbunden ist. Die organschaftliche Stellung eines Gesellschafters in einer Personengesellschaft ist damit unschädlich, solange nach der Verkehrsanschauung kein Gesamtbild der Gewerblichkeit entsteht.[159]

74 Bei Legal Tech-Unternehmen handelt es sich idR um gewerbliche Rechtsdienstleister. Eine Mitarbeit bei diesen ist auch genehmigungspflichtig, wenn sie unentgeltlich erfolgt (§ 99 Abs. 1 Nr. 2 BBG). Soweit keine Versagungsgründe bestehen, ist die Nebentätigkeit des Hochschullehrers zu genehmigen. Der Hochschule kommt dabei kein Ermessensspielraum zu, vielmehr handelt es sich um eine „gebundene Erlaubnis".[160] Die Bundesländer haben eigene Nebentätigkeitsverordnungen für Hochschullehrer sowie wissenschaftliches und künstlerisches Personal der Hochschulen erlassen,[161] die gegebenenfalls in Kombination mit allgemeinen Nebentätigkeitsverordnungen gelten.[162] Diese treffen meist allgemeine Genehmigungen für die Schriftleitung wissenschaftlicher Zeitschriften und sonstiger Publikationswerke, die **prozessrechtliche Vertretung** und Vortags-, Sachverständigen und **Gutachtentätigkeiten**, aber uU auch die **für Wissenschafts- und Technologievermittlung erforderliche Beratertätigkeit**.[163] Die geschäftsmäßige Mitarbeit in Legal Tech-Unternehmen geht in aller Regel über die gelegentliche Vortrags- und Gutachtertätigkeit hinaus.[164]

75 Auch die **Nutzung von Einrichtungen, Personal und Materialien des Dienstherrn** ist grundsätzlich genehmigungspflichtig und mit Nutzungsentgelten verbunden.[165] Soweit allerdings auch die Mitarbeit der Mitarbeiter als eine (regelmäßig genehmigungspflichtige) Nebentätigkeit erfolgt, ist deren Vergütung Gegenstand einer bilateralen Abrede. Weitgehend freigestellt bzw. allgemein genehmigt ist die Nutzung von Literatur und Bibliotheken sowie teilweise von Mobiliar, kleinen Bürogeräten und alltäglichem Arbeitsmaterial.[166]

76 Ein **Versagungsgrund** besteht, wenn das dienstliche Interesse – primär hinsichtlich der Lehrverpflichtung – durch die Nebentätigkeit beeinträchtigt wird. Dabei ist zu berücksichtigen, dass auch der Wissenstransfer als Aufgabe der Hochschulen zunehmende Relevanz erlangt. Die Fünftelvermutung und 40 %-Regel (§ 99 Abs. 3 S. 2 BBG und entsprechende landesrechtliche Normen) gelten für Hochschullehrer wegen ihrer besonderen unabhängigen Stellung nicht.[167] Ob eine Beschränkung auf das örtliche Umfeld der Hochschule[168] angesichts jüngster Erfahrungen mit digitalen Vorlesungs- und Lehrformaten zeitgemäß ist, kann infrage gestellt werden.

---

159 Für den kapitalistisch geprägten Kommanditanteil VG Hamburg Urt. v. 20.12.2011 – 8 K 1101/11, BeckRS 2012, 47339, unter Rekurs auf BVerwG Urt. v. 25.8.2011 – 2 C 31/10, NVwZ 2012, 208; zur Möglichkeit, die Geschäftsführungsbefugnisse des Kommanditisten zu erweitern MHdB GesR II/Scheel 1. Teil 2. Kap. § 7 Rn. 76 ff.
160 BVerwG Urt. v. 25.1.1990 – 2 C 10/89, BVerwGE 84, 299 (301) = NVwZ 1990, 766; BVerwG Urt. v. 26.6.1980 – 2 C 37/78, BVerwGE 60, 254 (255) = VerwRspr. 1981, 59.
161 HNTVO BW; BayHSchLNV; HNtVO Bln; BbgHNtV; HSNtVO M-V (gilt jedoch nur für medizinische Tätigkeiten); HmbHNVO; HNtVO Nds; HNtV NRW; HNVO LSA; HNebVO; HSNtVO SL; SächsHNTVO; HNtVO SH – für bremische Hochschullehrer gelten die verfahrensmäßigen Modifikationen des § 19 BremHG.
162 Vgl. zB § 2 HNTVO BW; § 2 HNtV.
163 § 2 Abs. 2 Nr. 3 HNtVO Bln.
164 OVG Koblenz Beschl. v. 19.9.2012 – 2 B 10675/12, NVwZ-RR 2013, 381.
165 Zum HRG Deumeland RiA 1991, 26.
166 ZB § 8 Abs. 2 HNTVO BW.
167 BT-Drs. 16/7076, 123; vgl. auch zur Nebentätigkeit unabhängiger Richter BVerwG Urt. v. 29.10.1987 – 2 C 57/86, BVerwGE 78, 211 = NJW 1988, 1159.
168 Vgl. zB § 5 Abs. 2, 3 HNtVO Bln.

2. Hochschullehrer in Legal Tech-Kanzleien

Für den **Mitbesitz von Berufsausübungsgemeinschaften** von Berufsträgern (vulgo: Kanzleien) gilt ein freilich seit 2022 sehr eingeschränktes Fremdbesitzverbot. Ist ein Hochschullehrer nicht selbst in der Berufsausübungsgemeinschaft tätig, kann er nicht bloßer Gesellschafter einer Berufsausübungsgemeinschaft sein.

77

Mitglied einer Berufsausübungsgemeinschaft kann also auch ein Hochschullehrer sein. Die Rechtsanwaltszulassung des Rechtslehrers scheitert jedoch idR an dessen Verbeamtung (§ 7 Nr. 10 BRAO). Bei einer Beschäftigung als Angestellter im öffentlichen Dienst ist diese freilich nicht grundsätzlich ausgeschlossen.[169] Einer auch rechtsanwaltlichen Beteiligung von entpflichteten oder pensionierten Hochschullehrern (Emeriti) steht § 7 Nr. 10 BRAO nicht entgegen,[170] so dass sie sich zulassen lassen können; nach der Emeritierung bzw. nach Eintritt in den Ruhestand behalten Rechtslehrer die Befähigung zum Richteramt nach § 7 DRiG.

78

▶ Praxishinweis: Anders verhält es sich mit einer **Zulassung als Steuerberater oder Wirtschaftsprüfer**. Diesen steht gem. § 57 Abs. 3 Nr. 4 StBerG bzw. § 43a Abs. 2 Nr. 2 WPO eine Tätigkeit als Hochschullehrer nicht entgegen. Als zugelassener Steuerberater oder Wirtschaftsprüfer könnte auch ein verbeamteter Hochschullehrer einer interprofessionellen Berufsausübungsgesellschaft angehören (§ 59c Abs. 1 Nr. 1 BRAO). ◀

Als **Nicht-Berufsträger** (Nicht-Anwalt, Nicht-Patentanwalt, Nicht-Steuerberater usw) ist der Hochschullehrer im berufsrechtlichen Sinne nur eine Hilfskraft. Trotzdem werden verdiente Persönlichkeiten aus der Wissenschaft, aber auch aus Justiz und Politik gerne unter der klangvollen Bezeichnung **„Of Counsel"** oÄ beschäftigt. Diese Information ist ein berufsbezogener Umstand, mit dem eine berufsgruppenspezifische Werbewirkung erzielt werden kann. Vor dem Gebot der Sachlichkeit ist jedoch problematisch, wenn der Eindruck einer tatsächlichen Beschäftigung erweckt wird, die nicht praktiziert wird. Dabei ist seit 2022 auch eine gemeinschaftliche Berufsausübung möglich (§ 59c Abs. 1 S. 1 Nr. 4 BRAO iVm § 1 Abs. 2 PartGG („Wissenschaftler")). Dies schließt dann – im Rahmen seiner rechtsdienstleistungsrechtlichen Befugnisse – auch die eigenständige Übernahme von Verantwortung durch den „Of Counsel" nach außen ein.[171] Gezeichnete Schriftsätze und unabhängige Vertretung des Mandanten deuten auf eine gemeinschaftliche Berufsausübung („Sozietät") hin, während die Erstattung und auch Erläuterung wissenschaftlicher Gutachten sowie eine Begleitung des weiteren Verfahrens *neben* den Berufsträgern der Kanzlei ein Indiz für (angestellte) Of Counsel-Tätigkeit ist.

79

VIII. Ausblick

Rechtslehrer speziell und Hochschullehrer allgemein wirkten bislang in den regulatorischen Nischen des Rechtsdienstleistungsrechts, die das Gutachtenprivileg (§ 2 Abs. 3 Nr. 1 RDG) und vereinzelt das Prozessrecht (→ Rn. 43) lassen, in speziellen Fällen kam noch die Erlaubtheit unentgeltlicher Rechtsdienstleistung hinzu und abgerundet wurde es durch die Möglichkeit der Annexrechtsberatung (§ 5 RDG). Wegen der geringen Bedeutung der Hochschullehrer für den Rechtsmarkt ist davon auszugehen, dass – zumal nach der „großen" BRAO-Reform und RDG-Novelle von 2021 – für diese Personengruppe in absehbarer Zeit **keine speziellen Regelungen** erlassen werden. Nichtsdestotrotz wäre eine Erprobung von verschiedenen

80

---

169 Weyland/Vossebürger BRAO § 7 Rn. 104 ff.
170 BGH Beschl. v. 15.1.1973 – AnwZ (B) 12/72, NJW 1973, 657; Weyland/Vossebürger BRAO § 7 Rn. 162 mwN; Henssler/Prütting/Henssler BRAO § 7 Rn. 129.
171 Noch unter § 59a BRAO aF BGH Beschl. v. 22.7.2020 – AnwZ (Brfg) 3/20, NJW 2020, 3170 Rn. 11 mzustAnm Dahns NJW-Spezial 2020, 607; auf gleiches Ergebnis nach neuer Rechtslage hinweisend Markworth AnwBl 2020, 493.

von Lewinski

Öffnungsansätzen in „regulatorischen Sandkästen", wie sie jüngst im Zusammenhang mit Legal Tech gefordert wurden, auch mit Blick auf die Hochschullehrer zu begrüßen.[172]

81 Unter Beachtung der speziellen Rahmenbedingungen des Hochschul- und des Nebentätigkeitsrechts und unbelastet von einem gesetzlichen Berufsrecht können Hochschullehrer im Rahmen des Rechtsdienstleistungsrechts ihre **Expertise in Wissenschaft und Praxis einbringen**. Rechtlich ist die spezielle Gruppe der Rechtslehrer hinsichtlich der Verfahrensbeteiligung und Postulationsfähigkeit noch bessergestellt, was aber im Legal Tech-Kontext freilich noch keine große Bedeutung erlangt hat.

---

[172] Hartung RDi 2021, 422 (424 f.); Brügmann ZRP 2021, 242 (243); vgl. auch Bundesministerium für Wirtschaft und Energie (Hrsg.), Neue Räume, um Innovationen zu erproben – Konzept für ein Reallabore-Gesetz, 2021, abrufbar unter https://www.bmwi.de/Redaktion/DE/Publikationen/Digitale-Welt/konzept-fur-ein-reallabore-gesetz.pdf, S. 2.

41. Inkassodienstleistungen

Breunig

I. Einführung 1	3. Sonstige gesetzliche Verstöße 20
II. Definition und Zulässigkeit der Inkassotätigkeit 3	4. Gefahr einer Interessenkollision, § 4 RDG 21
III. Anwendungsfragen – Grenzfälle zulässiger Inkassotätigkeit 8	a) Prozessfinanzierung durch Inkassounternehmen und Erfolgshonorar 22
1. Vorliegen einer Inkassodienstleistung, § 2 Abs. 2 S. 1 RDG 10	b) Passive Prozessfinanzierung durch Dritte 24
a) Grenze erlaubter Forderungsberatung 11	c) Aktive Prozessfinanzierung durch Dritte 25
b) Abwehr von Ansprüchen 14	d) Sammelklageinkasso und Vergleichsabschluss 28
c) Anfängliche Ausrichtung auf gerichtliche Durchsetzung 16	e) Erfolgshonorar und Vergleichsabschluss 31
2. Besondere Sachkunde, § 11 Abs. 1 RDG 17	5. Grenze der Sittenwidrigkeit, § 138 BGB 34
	IV. Resümee und Ausblick 35

Literatur: *Aufdermauer*, Einzug von Kartellschadensersatz ist nicht von Inkassobefugnis gedeckt, GRUR-Prax 2022, 161; *Deckenbrock*, Freie Fahrt für Legal-Tech-Inkasso?, DB 2020, 321; *Freitag/Lang*, Offene Fragen von Legal and Illegal Tech nach der „wenigermiete.de-Entscheidung" des BGH, ZIP 2020, 1201; *Fries*, Recht als Kapital, AcP 221 (2021), 108; *Grothaus/Haas*, „Sammelklagen" als Inkassodienstleistung – Das letzte Kapitel?, ZIP 2020, 1797; *Günther*, Das neue „Legal-Tech"-Gesetz, MMR 2021, 764; *Hartung*, Der Regierungsentwurf zum Legal Tech Inkasso – hält er, was er verspricht? Die Zukunft des Verbraucher- und Unternehmerinkassos und der Zugang zum Recht, AnwBl Online 2021, 152; *Hartung*, Inkasso und Forderungsabwehr – Überlegungen zum Inkassobegriff anlässlich des Urteils des BGH vom 19.1.2022 (VIII ZR 123/21), LRZ 2022, Rn. 476; *Henssler*, Prozessfinanzierende Inkassodienstleister – Befreit von den Schranken des anwaltlichen Berufsrechts?, NJW 2019, 545; *Henssler*, Vom Anwaltsmarkt zum Markt für Rechtsdienstleistungen? Massenklagen und Inkasso – das BGH-Urteil zu „wenigermiete.de" erlaubt nicht alles, AnwBl Online 2020,168; *Henssler*, Legal Tech-Inkasso: Der Gesetzgeber ist gefordert. Wettbewerbsfähigkeit der Anwaltschaft sichern – Reform beim Erfolgshonorar, AnwBl Online 2021, 180; *Kilian*, Verbrauchergerechte Angebote im Rechtsdienstleistungsmarkt. Warum der Gesetzentwurf nicht das erreicht, was er vorgibt, erreichen zu wollen, AnwBl Online 2021, 102; *Kluth*, Interessenkonflikte in Fällen neuer Modelle der Massenrechtsdienstleistung durch Inkassodienstleister, VuR 2018, 403; *Leeb/Hotz*, Legal Tech auf der rechtspolitischen Agenda – was bleibt, was kommt?, ZUM 2021, 379; *von Lewinski/Kerstges*, Nichtigkeit treuhänderischer Abtretungen an Inkassodienstleister bei Verstößen gegen das RDG, MDR 2019, 705; *Makatsch/Kacholdt*, Kartellschadensersatz und Bündelungsmodelle im Lichte von Prozessökonomie, Grundrechten und effektivem Rechtsschutz – Wie geht es weiter nach dem Airdeal-Urteil des BGH?, NZKart 2021, 486; *Morell*, „Mietright" und die Abtretungssammelklage, ZWeR 2020, 328; *Nuys/Gleitsmann*, Unwirksame Abtretungen von Schadensersatzansprüchen – das RDG als Stolperstein für Klagevehikel, BB 2020, 2441; *Prütting*, Das Drama um das Legal-Tech-Inkasso, ZIP 2020, 1434; *Römermann*, Bessere Zeiten, schlechtere Zeiten für Rechtsdienstleister, ZRP 2021, 10; *Rott*, Mehr Rechtssicherheit für Legal-Tech-Inkasso durch das Mietpreisbremsen-Urteil des BGH, WuM 2020, 185; *Sadighi*, Die Haftung von Nichtanwälten unter der Geltung des Rechtsdienstleistungsgesetzes, Diss., 2014 (zit.: Sadighi Haftung von Nichtanwälten); *Skupin*, Die Entwicklung der Legal-Tech-Rechtsprechung im Jahr 2020, GRUR-Prax 2021, 74; *Stadler*, Verbraucherschutz durch die erneute Reform des Rechtsdienstleistungsgesetzes?, VuR 2021, 123; *Tolksdorf*, Das „Lexfox-Urteil" des BGH und die Bedeutung des § 3 RDG für registrierte Inkassodienstleister, MDR 2021, 1233; *Tolksdorf*, Der Umfang der Inkassoerlaubnis nach dem „Lexfox-Urteil" des Bundesgerichtshofs, ZIP 2021, 2049.

I. Einführung

Die **Durchsetzung** einfachgelagerter Forderungen von Verbraucherinnen und Verbrauchern durch Legal Tech-Unternehmen, die dies auf Basis einer Inkassolizenz tun, hat in den letzten Jahren großen Zulauf gewonnen. Diese Entwicklung hat Rechtsprechung, Literatur und nicht zuletzt auch den Gesetzgeber in Atem gehalten. Große Aufmerksamkeit erfuhr etwa der Fall „wenigermiete.de" der Conny GmbH (früher Lexfox GmbH), die sich **massenhaft Ansprüche** ihrer Nutzerinnen und Nutzer im Bereich der Mietpreisbremse abtreten ließ und diese gegen Zahlung eines Erfolgshonorars durchsetzte.[1] Weitere bekannte Beispiele sind die „Sammelklagen" von Verbraucherinnen und Verbrauchern vor verschiedenen

---

[1] Siehe https://www.wenigermiete.de/; BGH Urt. v. 27.11.2019 – VIII ZR 285/18, NJW 2020, 208 – Lexfox.

Landgerichten im Dieselskandal[2] sowie die Durchsetzung von Fluggastrechten durch flightright[3]. Auch im unternehmerischen Bereich erfreut sich das Legal Tech-Inkasso zunehmender Beliebtheit. Hier bietet sich insbesondere die gesammelte Durchsetzung kartellrechtlicher Schadensersatzansprüche an, die naturgemäß sehr zeit- und ressourcenintensiv ist.[4] Aufmerksamkeit erfuhren in diesem Zusammenhang Verfahren vor dem LG Hannover im Zuckerkartell[5] sowie vor dem LG München I im LKW-Kartell[6].

2 Die durch Legal Tech-Unternehmen eröffnete Möglichkeit, bestehende Forderungen einfacher und risikoärmer durchzusetzen, ist aus Gerechtigkeitserwägungen begrüßenswert. Gerade im Bereich von Bagatellforderungen verließen sich viele Unternehmen zu lange darauf, dass eine klageweise Geltendmachung sich für einzelne Gläubigerinnen und Gläubiger aus Gründen „rationaler Apathie" ohnehin nicht lohnen wird. Juristisch werfen die neuen Geschäftsmodelle jedoch zahlreiche Fragen auf. Nicht selten bewegen sich Legal Tech-Inkassodienstleister an der **Grenze des Zulässigen**. Trotz der Legal Tech-freundlichen Rechtsprechung des BGH in seinem Grundsatzurteil zum Legal Tech-Inkasso – Lexfox[7] ordnen viele Landgerichte die Inkassogeschäftsmodelle weiterhin als unzulässig ein. Die Unzulässigkeit eines Geschäftsmodells nach dem RDG führt häufig zur Unwirksamkeit der Forderungsabtretung. Damit fehlt Inkassounternehmen die Aktivlegitimation zur Forderungsdurchsetzung, so dass Klagen abzuweisen sind (→ *Haftung des Legal Tech-Unternehmens bei Inkassodienstleistungen*).[8] Die klageabweisende Tendenz der Gerichte mag unter Umständen auch davon beeinflusst sein, dass Klagen, die wie im VW Dieselskandal 15.374 Klägerinnen und Kläger bündeln oder einen Umfang von über 600.000 Seiten haben und per LKW zugestellt werden müssen, die Möglichkeiten der Justiz, die auf solche Massenverfahren technisch nicht vorbereitet ist, sprengen.[9] Mehr Rechtssicherheit soll das am 1.10.2021 in Kraft getretene Legal Tech-Gesetz[10] schaffen.[11]

II. Definition und Zulässigkeit der Inkassotätigkeit

3 In Deutschland gilt das Anwaltsmonopol, § 3 RDG iVm § 3 Abs. 1 BRAO.[12] Personen, die nicht der Rechtsanwaltschaft angehören, bedürfen zur Erbringung von Rechtsdienstleistungen einer **Erlaubnis** (→ *Haftung des Legal Tech-Unternehmens ggü. Kunden* Rn. 8; → *Rechtsanwalt, Monopol* Rn. 2).[13] Inkassodienstleistungen sind bereits definitionsgemäß Rechtsdienstleistungen, § 2 Abs. 2 S. 1 RDG.[14] Nach der Legaldefinition des § 2 Abs. 2 S. 1 Hs. 1 RDG ist eine **Inkassodienstleistung** die Einziehung fremder oder zum Zweck der Einziehung auf fremde Rechnung abgetretener Forderungen, wenn die Forderungseinziehung als eigenständiges Geschäft betrieben wird. Für das Vorliegen einer Inkassodienstleistung ist also entscheidend, dass eine wirtschaftlich fremde Forderung eingezogen wird.[15]

---

2 LG Braunschweig Urt. v. 30.4.2020 – 11 O 3092/19, BeckRS 2020, 7267; LG Ingolstadt Urt. v. 7.8.2020 – 41 O 1745/18, BeckRS 2020, 18773 Rn. 108.
3 Siehe https://www.flightright.de/.
4 Makatsch/Kacholdt NZKart 2021, 486.
5 LG Hannover Urt. v. 4.5.2020 – 18 O 50/16, BeckRS 2020, 12818 Rn. 151.
6 LG München I Urt. v. 7.2.2020 – 37 O 18934/17, BeckRS 2020, 841 – LKW-Kartell.
7 BGH Urt. v. 27.11.2019 – VIII ZR 285/18, NJW 2020, 208 – Lexfox.
8 v. Lewinski/Kerstges MDR 2019, 705 (712); Hartung AnwBl Online 2021, 152 (154); so etwa: LG Braunschweig Urt. v. 30.4.2020 – 11 O 3092/19, BeckRS 2020, 7267 Rn. 46; LG München I Urt. v. 7.2.2020 – 37 O 18934/17, BeckRS 2020, 841 Rn. 100 – LKW-Kartell; LG Ingolstadt Urt. v. 7.8.2020 – 41 O 1745/18, BeckRS 2020, 18773 Rn. 108; LG Hannover Urt. v. 4.5.2020 – 18 O 50/16, BeckRS 2020, 12818 Rn. 75.
9 Hartung AnwBl Online 2021, 152 (153); Morell ZWeR 2020, 328 (348); Makatsch/Kachold NZKart 2021, 486 (490 f.).
10 Gesetz zur Förderung verbrauchergerechter Angebote im Rechtsdienstleistungsmarkt (BGBl. 2021 I 3415).
11 BT-Drs. 19/27673, 2.
12 Fries AcP 221 (2021), 108 (132).
13 BT-Drs. 16/3655, 31, 51; BGH Urt. v. 29.7.2009 – I ZR 166/06, NJW 2009, 3242 (3244 Rn. 20); Deckenbrock/Henssler/Seichter RDG § 3 Rn. 1.
14 BGH Urt. v. 27.11.2019 – VIII ZR 285/18, NJW 2020, 208 (226 Rn. 149) – Lexfox; Deckenbrock/Henssler/Deckenbrock/Henssler RDG § 2 Rn. 67.
15 Sadighi Haftung von Nichtanwälten S. 271.

Die Inkassodienstleistung ist **abzugrenzen** von Fällen des Forderungskaufs, etwa dem echten Factoring, bei welchem die anschließende Einziehung als eigene Angelegenheit erfolgt,[16] sowie von der Forderungseinziehung im Fall der Sicherungszession.[17] Das unechte Factoring[18] ist, da es wie eine Sicherungsabtretung zu behandeln ist, mangels Vorliegens einer Inkassodienstleistung ebenso erlaubnisfrei.[19]

Eine inkassospezifische Erlaubnis enthält das RDG in § 10. Der Erlaubnistatbestand des § 10 Abs. 1 S. 1 RDG privilegiert die Inkassodienstleistung insoweit, als dass sie von registrierten Inkassounternehmen erbracht werden darf.[20] Als Voraussetzung für die **Registrierung** haben Inkassounternehmen gem. § 12 Abs. 1 RDG u.a. das Bestehen besonderer Sachkunde gem. § 11 Abs. 1 RDG (→ Rn. 17 f.) sowie das Bestehen einer Berufshaftpflichtversicherung (→ *Haftung des Legal Tech-Unternehmens bei Inkassodienstleistungen* Rn. 27) nachzuweisen. Eine erforderliche Sachkunde besteht jedenfalls dann, wenn die erste juristische Staatsprüfung (§ 2 Abs. 1 S. 2 RDV) vorgewiesen wird.[21] Inkassodienstleister haben im Registrierungsprozess ferner Angaben dazu zu machen, ob die Einziehung schwerpunktmäßig außergerichtlich oder gerichtlich erfolgen wird[22] und aus welchen Rechtsgebieten Forderungen eingezogen werden sollen (§ 13 Abs. 2 Nr. 1 RDG).[23] Änderungen sind der zuständigen Behörde auch nach erfolgter Registrierung unverzüglich mitzuteilen (§ 13 Abs. 5 RDG). Die Mitteilungspflichten im Rahmen des Registrierungsprozesses bestehen seit Inkrafttreten des Legal Tech-Gesetzes. Sie sollen eine **Vorprüfung der Vereinbarkeit** des angestrebten Geschäftsmodells mit der Zulässigkeit nach dem RDG durch die Aufsichtsbehörde ermöglichen.[24] Eine Bindungswirkung für die Zivilgerichte entfaltet die Entscheidung der Behörden jedoch nicht,[25] was bei gegenteiligen zivilrechtlichen Entscheidungen zu Unsicherheiten führen kann.[26] Es besteht zudem die Gefahr, dass die zuständigen örtlichen Behörden unterschiedliche Bewertungen hinsichtlich der Zulässigkeit der Geschäftsmodelle entwickeln.[27]

§ 5 Abs. 1 RDG erlaubt die Erbringung von Rechtsdienstleistungen im Zusammenhang mit einer Haupttätigkeit.[28] Das Legal Tech-Gesetz ergänzt § 5 RDG um einen dritten Satz, der klarstellt, dass § 5 RDG auch **Nebentätigkeiten** im Zusammenhang mit einer Haupttätigkeit, die eine Rechtsdienstleistung ist, erlaubt.[29] Somit erlaubt das RDG Inkassodienstleistungen auch neben einer anderen Rechtsdienstleistung (s. zu § 5 RDG auch → *Haftung des Legal Tech-Unternehmens gegenüber Kunden* Rn. 8). Ebenso können von nun an Rechtsdienstleistungen, die im Zusammenhang mit Inkassodienstleistungen erbracht werden, aber nicht von der Inkassoerlaubnis des § 10 Abs. 1 S. 1 RDG gedeckt sind, als Nebenleistung gem. § 5 Abs. 1 RDG zulässig sein. Streit wird dann über die Frage entbrennen, ob die Tätigkeit noch in dem von

---

16 BT-Drs. 16/3655, 48; BGH Urt. v. 21.3.2018 – VIII ZR 17/17, NJW 2018, 2254 (2256 Rn. 28); Skupin GRUR-Prax 2021, 74 (75); Deckenbrock/Henssler/Deckenbrock/Henssler RDG § 2 Rn. 75 f.; beim Forderungskauf geht das Risiko des Forderungserwerbs auf den Erwerber über, etwa bei Abtretungen an Erfüllungs statt, § 364 Abs. 1 BGB.
17 BT-Drs. 16/3655, 48; BGH Urt. v. 11.9.2012 – VI ZR 297/11, NJW 2013, 62 (63 Rn. 12); Deckenbrock/Henssler/Deckenbrock/Henssler RDG § 2 Rn. 73. Bei einer Verwertung nach Eintritt des Sicherungsfalls dient die Einziehung dem Gläubigerinteresse.
18 Unechtes Factoring meint die Einziehung erfüllungshalber abgetretener Ansprüche zur Kreditsicherung.
19 BT-Drs. 16/3655, 49; BGH Urt. v. 21.3.2018 – VIII ZR 17/17, NJW 2018, 2254 (2256 Rn. 29); Deckenbrock/Henssler/Deckenbrock/Henssler RDG § 2 Rn. 79.
20 Deckenbrock/Henssler/Rillig RDG § 10 Rn. 1 f.
21 Tolksdorf ZIP 2021, 2049 (2057); kritisch Remmertz BRAK-Mitt. 2020, 288 (291).
22 BT-Drs. 19/27673, 41.
23 Tolksdorf ZIP 2021, 2049 (2056 f.).
24 Hartung AnwBl Online 2021, 152 (159); BT-Drs. 19/27673, 21 f., 41.
25 Kilian AnwBl Online 2021, 102 (105).
26 Deckenbrock/Henssler/Deckenbrock RDG § 4 Rn. 33c; kritisch auch Remmertz BRAK-Mitt. 2020, 288 (291); Leeb/Hotz ZUM 2021, 379 (383); Römermann ZRP 2021, 10 (12).
27 Henssler AnwBl Online 2021, 180 (185), wirbt für eine zentralisierte Aufsicht.
28 BT-Drs. 16/3655, 51; BGH Urt. v. 4.11.2010 – I ZR 118/09, GRUR 2011, 539 (542 Rn. 34); BGH Urt. v. 31.3.2016 – I ZR 88/15, NJW 2016, 3441 (3443 Rn. 32); Deckenbrock/Henssler/Deckenbrock/Henssler RDG § 5 Rn. 1.
29 BT-Drs. 19/27673, 20, 40.

§ 5 Abs. 1 S. 2 RDG geforderten sachlichen Zusammenhang[30] zur Inkassodienstleistung steht.[31] Es bleibt abzuwarten, wie eng die Gerichte die Zulässigkeit einer Rechtsdienstleistung als Nebenleistung zu einer Inkassohauptleistung beurteilen werden.

7 Bietet das Legal Tech-Unternehmen eine Inkassodienstleistung ohne die erforderliche Registrierung an oder überschreitet es seine Erlaubnis, droht die **Nichtigkeit** des Inkassovertrags und der Forderungsabtretung nach § 134 BGB (→ *Haftung des Legal Tech-Unternehmens bei Inkassodienstleistungen* Rn. 6 ff.).

▶ **Praxistipp:** Die Erbringung von Inkassodienstleistungen bedarf einer Erlaubnis. Inkassounternehmen müssen eine erfolgreiche Registrierung sicherstellen, um Haftungsrisiken abzuwenden. ◀

III. Anwendungsfragen – Grenzfälle zulässiger Inkassotätigkeit

8 Bietet das Legal Tech-Unternehmen eine Inkassodienstleistung ohne die erforderliche Registrierung an (→ Rn. 5), oder überschreitet es seine Erlaubnis, drohen die **Nichtigkeit** des Inkassovertrags und der Forderungsabtretung nach § 134 BGB. Dem Inkassodienstleister fehlt in diesem Fall die Aktivlegitimation was zu einer Abweisung der Klage führt. Vor dem Hintergrund drohender Haftungsrisiken ist es für Legal Tech-Inkassounternehmen besonders wichtig, die Grenze der Zulässigkeit ihres Geschäftsmodells zu bestimmen und ausschließlich in diesem Rahmen zu agieren. Zu den Rechtsfolgen unzulässiger Inkassotätigkeiten → *Haftung des Legal Tech-Unternehmens bei Inkassodienstleistungen* Rn. 6 ff.

9 Die Inkassotätigkeit ist zulässig, wenn sie nicht gegen die §§ 3 oder 4 RDG verstößt, also mit Erlaubnis und ohne die Gefahr einer Interessenkollision durchgeführt wird. Zudem darf sie gem. § 138 BGB nicht gegen ein gesetzliches Verbot verstoßen.

1. Vorliegen einer Inkassodienstleistung, § 2 Abs. 2 S. 1 RDG

10 Ein Verstoß gegen § 3 RDG liegt regelmäßig vor, wenn die Tätigkeiten des Legal Tech-Inkassounternehmens nicht mehr dem in § 2 Abs. 2 S. 1 RDG definierten **Begriff** der Inkassodienstleistung unterfallen. Eine Inkassodienstleistung ist die Einziehung fremder oder zum Zweck der Einziehung auf fremde Rechnung abgetretener Forderungen, wenn die Forderungseinziehung als eigenständiges Geschäft betrieben wird, einschließlich der auf die Einziehung bezogenen rechtlichen Prüfung und Beratung, § 2 Abs. 2 S. 1 RDG (→ Rn. 3 f.). Welche Tätigkeiten (gerade) noch vom Leitbild des Inkassos und damit von der Inkassoerlaubnis der §§ 10, 2 RDG umfasst sind, ist im Einzelfall umstritten.

a) Grenze erlaubter Forderungsberatung

11 Der Begriff der Inkassodienstleistung umfasst die Prüfung und Beratung von Kundinnen und Kunden, solange und soweit sie sich auf die Einziehung einer **konkreten Forderung** beziehen. Bei konkretem Forderungsbezug ist eine umfassende rechtliche Forderungsprüfung und eine substanzielle Beratung der Kundschaft über den Forderungsbestand gestattet.[32] Dieses Verständnis des Begriffs der Inkassodienstleistung wurde mit Inkrafttreten des Legal Tech-Gesetzes durch einen Zusatz der Definition der Inkassodienstleistung in § 2 Abs. 2 S. 1 Hs. 2 RDG[33] gesetzlich normiert.[34] Das Verständnis des Gesetzgebers ist insoweit enger als das des BGH, der den Begriff der Inkassodienstleistung vor Inkrafttreten des Legal

---

30 Erforderlich ist eine inhaltliche Verbindung zur Haupttätigkeit, BT-Drs. 16/3655, 52; Deckenbrock/Henssler/Deckenbrock/Henssler RDG § 5 Rn. 35.
31 Ähnlich: Remmertz BRAK-Mitt. 2020, 288 (289).
32 BVerfG Beschl. v. 20.2.2002 – 1 BvR 423/99, 1 BvR 821/00, 1 BvR 1412/01, NJW 2002, 1190; BVerfG Beschl. v. 14.8.2004 – 1 BvR 725/03, NJW-RR 2004, 1570; BGH Urt. v. 27.11.2019 – VIII ZR 285/18, NJW 2020, 208 (219 Rn. 96) – Lexfox.
33 Vgl. § 2 Abs. 2 S. 1 RDG: „[...] einschließlich der auf die Einziehung bezogenen rechtlichen Prüfung und Beratung (Inkassodienstleistung)".
34 BT-Drs. 19/27673, 20, 39; Remmertz BRAK-Mitt. 2020, 288 (289).

Tech-Gesetzes in seiner Lexfox-Entscheidung als entwicklungsoffen[35] angesehen hatte.[36] Die allgemeine rechtliche Beratung, Vertretung und Vertragsgestaltung ist vom Inkassobegriff nach § 2 Abs. 2 S. 1 RDG nicht gedeckt.[37]

Das **„wenigermiete.de"-Geschäftsmodell** des Legal Tech-Unternehmens Lexfox wurde vom BGH in seiner Grundsatzentscheidung – Lexfox – zum Legal Tech-Inkasso als „noch" zulässig im Rahmen der Inkassolizenz angesehen.[38] Das Geschäftsmodell kombiniert die Forderungseinziehung mit einem Mietpreisrechner, der Erhebung einer qualifizierten Rüge nach § 556g Abs. 2 BGB, einem Auskunftsverlangen gegen die Vermieterin oder den Vermieter sowie der Aufforderung, künftig nicht mehr als die überhöht gerügte Miete zu verlangen.[39] Das LG Berlin hatte die in dem Rügeschreiben enthaltene Aufforderung, künftig nicht mehr als die überhöht gerügte Miete zu verlangen, weiterhin als unzulässige und damit unerlaubte Forderungsabwehr eingestuft.[40] Daraufhin hat der BGH seine Rechtsprechung zur Mietpreisbremse bestätigt und noch einmal ausdrücklich klargestellt, dass auch die Aufforderung eines registrierten Inkassodienstleisters, künftig von dem Mieter nicht mehr die als überhöht gerügte Miete zu verlangen, keine nach den §§ 10 Abs. 1 Nr. 1, 2 Abs. 2 S. 1 RDG aF nicht gestattete Anspruchsabwehr darstellt.[41] Der BGH führt aus, dass es sich hierbei nicht um eine Reaktion auf ein Verlangen des Vermieters, sondern um eine in engem Zusammenhang mit der von der Klägerin zulässigerweise erhobenen Rüge und dem von ihr geltend gemachten Anspruch auf Rückerstattung zu viel gezahlter Miete stehende Maßnahme handele, die letztlich dem Ziel dient, für die Zukunft die Geltendmachung weitergehender Rückzahlungsansprüche der Mieter entbehrlich zu machen.[42]

Hieraus lässt sich ableiten, dass eine **erlaubte Beratung** über die Forderung die Überprüfung, ob eine Forderung überhaupt besteht – auch schon vor Erteilung des Inkassoauftrags –,[43] die Ausübung von Gestaltungsrechten, die das Entstehen der Forderung bewirken[44] sowie die Geltendmachung von Auskunftsansprüchen umfassen darf.[45] Die Prüfung und Beratung muss sich dabei nicht auf eine von Anfang an bestehende Forderung beziehen, sondern darf auch **künftige** Forderungen betreffen.[46] Seit Inkrafttreten von § 5 Abs. 1 S. 3 RDG wird der Erlaubnisnorm des § 5 Abs. 1 RDG, der die Erbringung von Rechtsdienstleistungen im Zusammenhang mit einer Haupttätigkeit erlaubt, neue Bedeutung zukommen.[47] Die

---

35 BGH Urt. v. 27.11.2019 – VIII ZR 285/18, NJW 2020, 208 (223 Rn. 133) – Lexfox.
36 BT-Drs. 19/27673, 39; Tolksdorf ZIP 2021, 2049 (2054).
37 BT-Drs. 19/27673, 20; Remmertz BRAK-Mitt. 2020, 288 (289).
38 BGH Urt. v. 27.11.2019 – VIII ZR 285/18, NJW 2020, 208 Ls. 5, Ls. 6 – Lexfox.
39 BGH Urt. v. 27.11.2019 – VIII ZR 285/18, NJW 2020, 208 (209) – Lexfox; Hartung AnwBl Online 2021, 152 (156).
40 LG Berlin Urt. v. 15.4.2021 – 67 S 90/19 LG Berlin.
41 BGH Urt. v. 19.1.2022 – VIII ZR 123/21, NJW-RR 2022, 376 Ls. 2.
42 BGH Urt. v. 19.1.2022 – VIII ZR 123/21, NJW-RR 2022, 376 (378 Rn. 30); BGH Urt. v. 27.11.2019 – VIII ZR 285/18, NJW 2020, 208 (228 Rn. 162) – Lexfox.
43 Dies entspricht der Bereitstellung eines Mietpreisrechners, Tolksdorf ZIP 2021, 2049 (2051); Rott WuM 2020, 185 (188); nach Tolksdorf ZIP 2021, 2049 (2056), und Rott WuM 2020, 185 (188), bedürfe das Zurverfügungstellen eines Mietpreisrechners keiner besonderen Befugnis nach dem RDG, da hier überhaupt keine Rechtsdienstleistung erbracht werde. Allein durch die Verknüpfung des Angebots mit einer Inkassodienstleistung könne diese nicht erlaubnispflichtig werden; ebenso: LG Berlin Urt. v. 20.6.2018 – 65 S 70/18, NJW 2018, 2898 (2899 Rn. 27); LG Stuttgart Urt. v. 13.3.2019 – 13 S 181/18, NJW-RR 2019, 522; BGH Urt. v. 27.11.2019 – VIII ZR 285/18, NJW 2020, 208 (226 Rn. 148) – Lexfox: „fernliegend".
44 So durch die Rüge gem. § 556g Abs. 2 BGB; durch den Widerspruch gegen Lebensversicherungen, KG Urt. v. 10.1.2020 – 6 U 158/18, BeckRS 2020, 624 Rn. 28; aA AG Hamburg Bescheid v. 20.12.2017 – 3712E/01/0625, NJW-RR 2018, 759 (760 Rn. 17); Skupin GRUR-Prax 2021, 74 (75); Tolksdorf ZIP 2021, 2049 (2051).
45 ZB nach § 556g Abs. 3 BGB.
46 Kritisch: Henssler AnwBl Online 2021, 180 (181); aA Remmertz BRAK-Mitt. 2020, 288 (289), nach dem auch nach Einführung des Legal Tech-Gesetzes die entscheidende Frage offenbleibe, ob sich die Prüfung und Beratung von Anfang an auf eine bereits bestehende Forderung beziehen muss.
47 BT-Drs. 16/3655, 51; BGH Urt. v. 4.11.2010 – I ZR 118/09, GRUR 2011, 539 (542 Rn. 34); BGH Urt. v. 31.3.2016 – I ZR 88/15, NJW 2016, 3441 (3443 Rn. 32); Deckenbrock/Henssler/Deckenbrock/Henssler RDG § 5 Rn. 1.

Inkassodienstleistung begleitende Rechtsdienstleistungen, die nicht unter § 2 Abs. 2 S. 1 Hs. 2 RDG fallen, können neben der Inkassodienstleistung als Hauptdienstleistung gem. § 5 RDG erlaubt sein.

▶ **Praxistipp:** Inkassounternehmen sollten kritisch prüfen, ob die angebotene Beratung einen Bezug zu der durchzusetzenden Forderung hat. Eine darüberhinausgehende Beratung bedarf für ihre Zulässigkeit einer weiteren Erlaubnis, zB nach § 5 Abs. 1 RDG. ◀

b) Abwehr von Ansprüchen

14 Die Abwehr von Ansprüchen ist **keine Inkassodienstleistung** iSd § 2 Abs. 2 S. 1 RDG. Dienstleistungen wie bspw. die Abwehr einer von einer Vermieterin oder einem Vermieter ausgesprochenen Kündigung, eines Mieterhöhungsverlangens oder einer Aufforderung zur Durchführung von Schönheitsreparaturen, sind nicht von der Inkassoerlaubnis gedeckt.[48] **Zulässig** ist hingegen die Durchsetzung von Schadensersatzansprüchen nach einer unberechtigten Kündigung, die Rückforderung bereits bezahlter Schönheitsreparaturen oder die Forderung einer Abfindung im Arbeitsrecht.[49] Der BGH hat entschieden, dass die in einer Rüge nach den §§ 556 d ff. BGB enthaltene Aufforderung, die Miete künftig auf das zulässige Höchstmaß herabzusetzen, nicht als Maßnahme der Anspruchsabwehr anzusehen ist (→ Rn. 12). Begründet hat er dies damit, dass die Aufforderung keine Reaktion auf ein Vermieterverlangen sei.[50]

15 Die Abgrenzung zwischen (noch) erlaubter Forderungsberatung (→ Rn. 11 ff.) und (bereits) unerlaubter Anspruchsabwehr gestaltet sich im Einzelfall schwierig.[51] Legal Tech-Unternehmen sollten untersuchen, ob die Leistung tatsächlich auf die Geltendmachung einer Forderung gerichtet ist oder ob diese nur vorgeschoben wird, um eine auf Forderungsabwehr gerichtete Hauptleistung zu verdecken.[52] Ist die Tätigkeit als im Ergebnis nicht unter den Inkassobegriff fallende Forderungsabwehr einzuordnen, besteht möglicherweise eine Erlaubnis über § 5 RDG (→ Rn. 13).

▶ **Praxistipp:** Bei der Geltendmachung von Forderungen, die eng mit der Anspruchsabwehr zusammenhängen, sollte ein eindeutiger Schwerpunkt auf die Forderungsdurchsetzung gelegt werden. ◀

c) Anfängliche Ausrichtung auf gerichtliche Durchsetzung

16 Nach Auffassung des BGH – **Airdeal** – unterfällt auch die Inkassotätigkeit von Legal Tech-Inkassounternehmen, die von vornherein auf eine gerichtliche Durchsetzung gerichtet ist, dem Inkassobegriff.[53] Die BGH-Rechtsprechung wird von der Gesetzesbegründung des Legal Tech-Gesetzes untermauert. Diese betont, dass eine Inkassodienstleistung auch die gerichtliche Geltendmachung von Forderungen umfasse und eine Differenzierung in außergerichtliche und gerichtliche Forderungseinziehung im RDG nicht angelegt sei. Eine andere Auslegung würde dazu führen, dass sich Schuldnerinnen und Schuldner durch Verweigern des Forderungsausgleichs der Geltendmachung von Forderungen durch Inkassodienstleister vor Gericht entziehen könnten.[54] Einige Landgerichte hatten die Klagen von Inkassodienstleistern mangels **fehlender Aktivlegitimation** aufgrund der Nichtigkeit der Abtretung abgewiesen. Sie argumentierten, dass eine Tätigkeit, die von Beginn an auf eine gerichtliche Forderungsdurchsetzung ausgerichtet ist, keine

---

48 BGH Urt. v. 27.11.2019 – VIII ZR 285/18, NJW 2020, 208 Rn. 96 – Lexfox; Deckenbrock DB 2020, 321 (323); Rott WuM 2020, 185 (188).
49 Rott WuM 2020, 185 (188).
50 BGH Urt. v. 19.1.2022 – VIII ZR 123/21, NJW-RR 2022, 376 (378 Rn. 30); BGH Urt. v. 27.11.2019 – VIII ZR 285/18, NJW 2020, 208 (228 Rn. 162) – Lexfox; Hartung LRZ 2022, Rn. 476 (Rn. 504).
51 Hartung LRZ 2022, Rn. 476 (Rn. 503 ff.).
52 Vgl. Rott WuM 2020, 185 (188).
53 BGH Urt. v. 13.7.2021 – II ZR 84/20, NJW 2021, 3046 Ls. 1 – Airdeal; BGH Urt. v. 27.5.2020 – VIII ZR 45/19, NZM 2020, 551 (554 Rn. 44) – wenigermiete.de III; Hartung AnwBl Online 2021, 152 (156); Tolksdorf MDR 2021, 1233 (1233 Rn. 5); Makatsch/Kacholdt NZKart 2021, 486 (487); aA Henssler AnwBl Online 2021, 180 (183 f.), der sich für eine gerichtliche Forderungsdurchsetzung nur bei Vollabtretung ausspricht.
54 BT-Drs. 19/27673, 21.

Inkassodienstleistung und damit nicht von der Genehmigung des § 2 Abs. 2 S. 1 RDG gedeckt sei.[55] Diese Rechtsprechung wird spätestens seit Inkrafttreten des Legal Tech-Gesetzes im Oktober 2021 nicht länger vertretbar sein.[56]

2. Besondere Sachkunde, § 11 Abs. 1 RDG

Das Vorliegen einer besonderen Sachkunde nach § 11 Abs. 1 RDG ist **Registrierungsvoraussetzung** nach § 10 Abs. 1 Nr. 1 RDG (→ Rn. 5) und steht damit in unmittelbarem Zusammenhang mit der Erlaubnis. Fehlt es Inkassounternehmen an der erforderlichen Sachkunde, bieten sie unerlaubte Rechtsdienstleistungen an.[57] 17

Im Gesetzentwurf zum Legal Tech-Gesetz stellt der Gesetzgeber klar, dass Inkassodienstleistern umfassende Befugnisse bei der Forderungsdurchsetzung zukommen und es **keine Bereichsausnahmen** für einzelne Rechtsgebiete gibt.[58] Weisen Inkassodienstleister nach, dass sie eine ausreichende Sachkunde besitzen (→ Rn. 5), dürfen sie auch auf Rechtsgebieten, die nicht in § 11 Abs. 1 RDG aufgezählt sind, tätig werden. Die gesetzgeberische Klarstellung war eine Reaktion auf Urteile des LG Hannover[59] sowie des LG Braunschweig.[60] In diesen Urteilen hatten die Gerichte Klagen eines Legal Tech-Inkassounternehmens mangels Aktivlegitimation abgewiesen, da die Unternehmen nicht die erforderliche Spezialkenntnis besäßen.[61] Im Fall des LG Hannover wurden kartellrechtliche Schadensersatzansprüche geltend gemacht. Gegenstand des vor dem LG Braunschweig geführten Verfahrens war die Einziehung ausländischer (schweizerischer) Forderungen. Die Geltendmachung kartellrechtlicher Forderungen wurde vom LG Stuttgart nach Inkrafttreten des Legal Tech-Gesetzes weiterhin als außerhalb der Inkassobefugnis liegend eingeordnet.[62] Der bloße Verweis darauf, dass die Einziehung kartellrechtlicher oder ausländischer Forderungen besonders komplex sei, sollte die Erlaubnis bei Vorliegen der Sachkunde eigentlich nicht mehr erschüttern können. Eine höchstrichterliche Entscheidung ist hier aber noch abzuwarten. 18

Seit Oktober 2021 sind die Rechtsgebiete, aus welchen die Forderungen stammen, im Registrierungsprozess anzugeben und nachträgliche Änderungen mitzuteilen (→ Rn. 5).[63] Die Erlaubnis des § 10 Abs. 1 Nr. 1 RDG wird nunmehr als überschritten gelten, wenn die Forderungsdurchsetzung auf anderen als den angegebenen Gebieten erfolgt. 19

▶ **Praxistipp:** Im Registrierungsprozess sollten Inkassounternehmen sämtliche Rechtsgebiete, auf welchen sie tätig werden, angeben. Wollen sie ihr Angebot auf weitere Rechtsgebiete ausweiten, ist dies stets der Aufsichtsbehörde anzuzeigen und ein ausreichender Sachkundenachweis sicherzustellen. ◀

---

55 LG München I Urt. v. 7.2.2020 – 37 O 18934/17, BeckRS 2020, 841 Rn. 163 – LKW-Kartell; LG Hannover Urt. v. 4.5.2020 – 18 O 50/16, BeckRS 2020, 12818 Rn. 151; diese Rechtsprechung befürwortend Henssler AnwBl Online 2021, 180 (182); Prütting ZIP 2020, 1434 (1436 ff.); Grothaus/Haas ZIP 2020, 1797 (1802); dagegen: LG Braunschweig Urt. v. 30.4.2020 – 11 O 3092/19, BeckRS 2020, 7267 Rn. 71, das von „reiner Förmelei" spricht.
56 Hartung AnwBl Online 2021, 152 (156); Tolksdorf ZIP 2021, 2049 (2051).
57 AA Tolksdorf ZIP 2021, 2049 (2055), nach dem die erforderliche Sachkunde keine Definitionsfrage nach § 2 Abs. 2 S. 2 RDG sei, sondern die Frage betreffe, ob der Dienstleister die Dienstleistung in der erbrachten Weise vornehmen darf.
58 BGH Urt. v. 27.11.2019 – VIII ZR 285/18, NJW 2020, 208 (235 Rn. 223) – Lexfox; BT-Drs. 19/27673, 62; Deckenbrock DB 2020, 321 (325); Makatsch/Kacholdt NZKart 2021, 486 (490); aA Nuys/Gleitsmann BB 2020, 2441 (2442).
59 LG Hannover Urt. v. 1.2.2021 – 18 O 34/17, BeckRS 2021, 1433 Rn. 90 ff.; LG Hannover Urt. v. 4.5.2020 – 18 O 50/16, BeckRS 2020, 12818 Rn. 179.
60 LG Braunschweig Urt. v. 30.4.2020 – 11 O 3092/19, BeckRS 2020, 7267 Rn. 119 ff, bestätigt durch OLG Braunschweig Urt. v. 7.10.21 – 8 U 40/21, BeckRS 2021, 29486.
61 Zustimmend Prütting ZIP 2020, 1434 (1436); Deckenbrock/Henssler/Henssler RDG Einl. Rn. 47m; aA Tolksdorf ZIP 2021, 2049 (2056 f.); Deckenbrock DB 2020, 321 (325).
62 LG Stuttgart Urt. v. 20.1.2022 – 30 O 176/19, BeckRS 2022, 362, s. hierzu Aufdermauer, GRUR-Prax 2022, 161.
63 Tolksdorf ZIP 2021, 2049 (2056 f.).

3. Sonstige gesetzliche Verstöße

20 In seinem Lexfox-Urteil führt der VIII. Zivilsenat des BGH aus, dass ein Verstoß gegen § 3 RDG vorliegt, wenn der Inkassovertrag auf einen „Verstoß gegen das RDG oder ein anderes Gesetz" gerichtet ist.[64] Inkassodienstleistungen könnten danach nicht nur bei einer fehlenden Erlaubnis nach § 3 RDG unzulässig sein, sondern bei Gesetzesverstößen jeglicher Art auch außerhalb des RDG, bspw. bei einer Benachteiligung in AGB.[65] Eine so **weite Auslegung** von § 3 RDG dehnt die Nichtigkeitsfolge bei Unzulässigkeit (nicht nachvollziehbar) erheblich aus, schafft Rechtsunsicherheit und unterläuft letztlich den Schutz derjenigen, die sich auf die Wirksamkeit der Abtretung verlassen (s. zu dieser Problematik → *Haftung des Legal Tech-Unternehmens bei Inkassodienstleistungen* Rn. 16 ff.).[66] Es kann nicht ausgeschlossen werden, dass dem BGH im Lexfox-Urteil bei der Prüfung einer Benachteiligung durch unzulässige AGB im Zusammenhang mit § 4 RDG im Anwendungsbereich des § 3 RDG ein Gliederungsfehler im Aufbau der sehr umfangreichen Urteilsgründe unterlaufen ist[67] und er § 4 RDG vielmehr als eigenständiges Verbotsgesetz iSd § 134 BGB prüfen wollte (→ *Haftung des Legal Tech-Unternehmens ggü. Kunden* Rn. 41). Der II. Zivilsenat des BGH scheint im Airdeal-Urteil die weite Auslegung von § 3 RDG durch den VIII. Senat nicht zu teilen.[68] Er lässt es dahinstehen, ob es sich bei § 4 RDG um ein Verbotsgesetz handelt.[69] Eine mögliche Ausdehnung von § 3 RDG auf sonstige gesetzliche Verstöße wird jedenfalls dadurch relativiert,[70] dass der VIII. Senat in Lexfox in einem nächsten Schritt geringfügige, nicht eindeutige Überschreitungen vom Anwendungsbereich des § 134 BGB ausnimmt (→ *Haftung des Legal Tech-Unternehmens bei Inkassodienstleistungen* Rn. 11).[71] Die weitere Entwicklung ist hier noch offen.

4. Gefahr einer Interessenkollision, § 4 RDG

21 Nach § 4 RDG dürfen Rechtsdienstleistungen, die unmittelbaren Einfluss auf die Erfüllung einer anderen Leistungspflicht haben können, nicht erbracht werden, wenn hierdurch die ordnungsgemäße Erbringung der Rechtsdienstleistung gefährdet wird. Das Potenzial für das Vorliegen von Interessenkollisionen und der damit einhergehenden Verbotswidrigkeit gem. § 4 RDG haben viele Instanzgerichte beim Sammelklageinkasso und bei der externen Prozessfinanzierung gesehen. Seit dem Airdeal-Urteil des BGH[72] und dem Inkrafttreten des neuen Legal Tech-Gesetzes sind jedoch einige der als unzulässig deklarierten Gestaltungen im Hinblick auf § 4 RDG als unbedenklich einzuordnen.

a) Prozessfinanzierung durch Inkassounternehmen und Erfolgshonorar

22 Inkassounternehmen dürfen Erfolgshonorare bei gleichzeitiger Kostenübernahme im Falle einer erfolglosen Forderungsdurchsetzung vereinbaren. Hierdurch wird die ordnungsgemäße Erbringung der Leistungspflicht nicht iSd § 4 RDG gefährdet.[73] Dies entschied der BGH in **Lexfox**[74] und **Airdeal**[75] und erteilte gegenteiligen Literaturstimmen[76] damit eine Absage. Gegen die Annahme eines Verstoßes gegen § 4 RDG spricht, dass eine von Anfang an vereinbarte Kostenübernahme keine „andere Leistungspflicht" iSd § 4 RDG

---

64 BGH Urt. v. 27.11.2019 – VIII ZR 285/18, NJW 2020, 208 (218 Rn. 87) – Lexfox.
65 Tolksdorf ZIP 2021, 2049 (2055), der sich in MDR 2021, 1233 (1235 ff. Rn. 11 ff.), unter Auseinandersetzung mit der Argumentation des BGH gegen die Auswirkung sonstiger Verstöße auf § 3 RDG ausspricht.
66 Ebenso Tolksdorf MDR 2021, 1233 (1238 Rn. 32 f.), der den Vertrauensschutz schon dann unterlaufen sieht, wenn Inkassovertrag und Abtretung mit eingetragenen Inkassodienstleistern nichtig sein können.
67 Tolksdorf ZIP 2021, 2049 (2055).
68 Tolksdorf MDR 2021, 1233 (1234 f. Rn. 10).
69 BGH Urt. v. 13.7.2021 – II ZR 84/20, NJW 2021, 3046 (3052 Rn. 45) – Airdeal.
70 Tolksdorf MDR 2021, 1233 (1234 Rn. 7).
71 BGH Urt. v. 27.11.2019 – VIII ZR 285/18, NJW 2020, 208 (218 Rn. 91) – Lexfox.
72 BGH Urt. v. 13.7.2021 – II ZR 84/20, NJW 2021, 3046 – Airdeal.
73 BGH Urt. v. 27.11.2019 – VIII ZR 285/18, NJW 2020, 208 (231 Rn. 187 ff.) – Lexfox; BGH Urt. v. 13.7.2021 – II ZR 84/20, NJW 2021, 3046 (3052 Rn. 47 f.) – Airdeal.
74 BGH Urt. v. 27.11.2019 – VIII ZR 285/18, NJW 2020, 208 (231 Rn. 187 ff.) – Lexfox.
75 BGH Urt. v. 13.7.2021 – II ZR 84/20, NJW 2021, 3046 (3052 Rn. 47 f.) – Airdeal.
76 Kluth VuR 2018, 403 (408); Henssler NJW 2019, 545 (547).

ist, sondern sie vielmehr einen Bestandteil der zu erbringenden Inkassodienstleistung darstellt.[77] Zudem begründet ein Erfolgshonorar ein Interesse des Inkassodienstleisters an einer möglichst erfolgreichen Durchsetzung der abgetretenen Ansprüche. Hierdurch wird kein Interessenkonflikt, sondern vielmehr ein **prinzipieller Gleichlauf der Interessen** des Inkassodienstleisters und seiner Kundschaft begründet.[78]

Eine Kombination von Erfolgshonorar und einer Regelung, die einen Anteil der Vergütung anhand der Prozesskosten berechnet, begründet laut LG Stuttgart jedoch eine Gefahr für die ordnungsgemäße Erbringung der Inkassodienstleistung durch die Klägerin und somit einen Verstoß gegen § 4 RDG.[79] Denn hierdurch wird ein Anreiz zu einer **kostenintensiven Prozessführung** auch dann, wenn die Rechtsverfolgung nur in geringem Umfang erfolgreich ist, gesetzt.[80] Die im konkreten Fall für unzulässig erklärte Vergütungsregelung sah vor, dass das Inkassounternehmen von etwaigen Zahlungen der Forderungsschuldnerin zunächst eine Zahlung in Höhe des von ihr eingegangen Kostenrisikos erhält. Von etwaigen verbleibenden Zahlungen erhält das Unternehmen sodann das doppelte dieses Kostenrisikos zuzüglich weiterer 5 %, bevor der etwaig verbleibende Restbetrag unter den Kundinnen und Kunden verteilt wird. Die für unzulässig befundene Regelung sah damit vor, dass das Inkassounternehmen das Dreifache des eingegangen Kostenrisikos zzgl. 5% als Vergütung erhält.[81] 23

b) Passive Prozessfinanzierung durch Dritte

Stets **zulässig** ist die bloß passive Bereitstellung finanzieller Mittel durch Dritte. Dies stellt das Legal Tech-Gesetz durch Ergänzung von § 4 RDG um einen zweiten Satz[82] klar.[83] Legal Tech-Unternehmen können demnach bedenkenlos Dritte in die Prozessfinanzierung einbeziehen, solange sie diese Dritten allein aufgrund von **Berichtspflichten** über die aktuelle Lage zu informieren haben.[84] Haben Dritte hingegen aktive Einflussrechte, ist das Bestehen einer Interessenkollision einzelfallabhängig zu prüfen (→ Rn. 25 f.). 24

c) Aktive Prozessfinanzierung durch Dritte

Einer Prozessfinanzierung, die Dritten aktive Einflussrechte einräumt, stehen jedenfalls keine strukturellen Interessengegensätze entgegen. Dass der Gesetzgeber eine Drittfinanzierung als grundsätzlich **zulässig** erachtet, zeigt sich im Umkehrschluss an der Einführung von Aufklärungspflichten über bestehende Vereinbarungen mit dem Prozessfinanzierer gegenüber Verbraucherinnen und Verbrauchern, § 13b Abs. 1 Nr. 2 RDG.[85] Durch die Information von Verbraucherinnen und Verbrauchern können Interessenkollisionen iSd § 4 RDG ausgeschlossen werden, wenn Dritte lediglich theoretische oder unbedeutende Einflussmöglichkeiten haben. Die Entscheidung, solche Verträge einzugehen, soll in diesen Fällen vielmehr den (informierten) Rechtsuchenden überlassen werden.[86] 25

---

77 BGH Urt. v. 27.11.2019 – VIII ZR 285/18, NJW 2020, 208 (232 Rn. 196) – Lexfox; BGH Urt. v. 13.7.2021 – II ZR 84/20, NJW 2021, 3046 (3052 Rn. 48) – Airdeal.
78 BGH Urt. v. 13.7.2021 – II ZR 84/20, NJW 2021, 3046 (3053 Rn. 52 ff.) – Airdeal; LG Braunschweig Beschl. v. 23.12.2019 – 3 O 5657/18*903*, AnwBl 2020, 234; Grothaus/Haas ZIP 2020, 1797 (1799); Rott WuM 2020, 185 (189); Deckenbrock DB 2020, 321 (324); Stadler VuR 2021, 123 (124); Morell ZWeR 2020, 328 (335); Tolksdorf ZIP 2021, 2049 (2052); aA Henssler AnwBl Online 2020, 168 (173).
79 LG Stuttgart Urt. v. 20.1.2022 – 30 O 176/19, BeckRS 2022, 362 Rn. 156 ff.
80 LG Stuttgart Urt. v. 20.1.2022 – 30 O 176/19, BeckRS 2022, 362 Rn. 160 f.
81 LG Stuttgart Urt. v. 20.1.2022 – 30 O 176/19, BeckRS 2022, 362 Rn. 160.
82 Gem. § 4 S. 2 RDG ist eine Gefährdung nach § 4 S. 1 RDG nicht schon deshalb anzunehmen, „weil aufgrund eines Vertrags mit einem Prozessfinanzierer Berichtspflichten gegenüber dem Prozessfinanzierer bestehen."
83 BT-Drs. 19/27673, 19 f., 40.
84 Hartung AnwBl Online 2021, 152 (157); Stadler VuR 2021, 123 (125); Makatsch/Kacholdt NZKart 2021, 486 (490); aA Remmertz BRAK-Mitt. 2020, 288 (290); Nuys/Gleitsmann BB 2020, 2441 (2445), die einen strukturellen Interessengegensatz unabhängig von Berichtspflichten annehmen.
85 Stadler VuR 2021, 123 (126).
86 BT-Drs. 19/27673, 40; Makatsch/Kacholdt NZKart 2021, 486 (490); Günther MMR 2021, 764 (768); kritisch Remmertz BRAK-Mitt. 2020, 288 (290), nach dem § 4 RDG nicht zur Disposition stehe.

26 Im Einzelfall kann die aktive Prozessfinanzierung durch Dritte jedoch die Gefahr einer Interessenkollision iSd § 4 RDG begründen.[87] Ein Verstoß gegen § 4 RDG wird bei persönlicher, rechtlicher oder wirtschaftlicher **Verflechtung** des Prozessfinanzierers mit der die Forderung schuldenden Person anzunehmen sein, etwa bei einer gesellschaftsrechtlichen Beteiligung. Ferner wird ein Verstoß gegen § 4 S. 1 RDG regelmäßig vorliegen, wenn der Prozessfinanzierer mit der Schuldnerin oder dem Schuldner außergerichtliche Verhandlungen führen darf oder ihm Vetorechte im Hinblick auf Verfahrenshandlungen, bspw. hinsichtlich Vergleichsabschlüssen oder Klageeinreichungen, zustehen.[88] Ein Interessenkonflikt wird hingegen auszuschließen sein, wenn ein Inkassodienstleister mit Geschädigten verbunden ist. In dieser Konstellation würde der Interessengleichlauf zwischen Inkassounternehmen und den Geschädigten vielmehr verstärkt.[89] Rechtsunsicherheit verbleibt, da noch nicht abzusehen ist, wo die Gerichte die Grenze zwischen dem informierten Eingehen eines zulässigen Risikos durch Verbraucherinnen und Verbraucher einerseits und der Gefahr einer Interessenkollision iSd § 4 RDG andererseits ziehen werden. Die Entscheidung des LG München I, das in der aktiven Prozessfinanzierung einen Verstoß gegen § 4 RDG annahm,[90] dürfte seit Inkrafttreten des Legal Tech-Gesetzes jedenfalls überholt sein.

27 Im Bereich des **Unternehmerinkassos** gelten die Aufklärungspflichten des § 13b RDG nicht.[91] Da Unternehmen jedoch grundsätzlich weniger schutzbedürftig als Verbraucherinnen und Verbraucher sind, ist bei einer aktiven Prozessfinanzierung durch Dritte erst recht nicht die Gefahr eines strukturellen Interessenkonflikts zu sehen.[92] Um Haftungsrisiken zu reduzieren und einer Nichtigkeitsfolge bei einem Verstoß gegen § 4 S. 1 RDG iVm § 134 BGB vorzubeugen (→ *Haftung des Legal Tech-Unternehmens bei Inkassodienstleistungen* Rn. 12), sollten Legal Tech-Unternehmen auch beim Unternehmerinkasso anhand des Maßstabs des § 13b Abs. 1 Nr. 2 RDG aufklären. Sind Unternehmen vollständig und umfangreich informiert, können sie sich ebenso wie Verbraucherinnen und Verbraucher bewusst für die Vor- und Nachteile einer Prozessfinanzierung entscheiden. Die Annahme eines Verstoßes gegen § 4 RDG scheint dann eher fernliegend.[93]

▶ **Praxistipp:** Bei einer aktiven Drittprozessfinanzierung sollten Legal Tech-Unternehmen ihre Kundschaft stets gem. § 13b Abs. 1 Nr. 2 RDG informieren. Dies gilt insbesondere gegenüber Verbraucherinnen und Verbrauchern, kann jedoch auch beim Unternehmerinkasso Haftungsrisiken vorbeugen. ◀

d) Sammelklageinkasso und Vergleichsabschluss

28 Mit seinem **Airdeal-Urteil** erklärte der BGH die Bündelung von Ansprüchen im Verbraucherinkasso für zulässig und schaffte damit Klarheit hinsichtlich der zuvor stark umstrittenen Frage der **Zulässigkeit** von Sammelklagen.[94] Die BGH-Rechtsprechung deckt sich mit der Position des Gesetzgebers im Legal Tech-Gesetz.[95] Zuvor hatten das LG München I[96], das LG Ingolstadt[97] und das LG Augsburg[98] bei der Bündelung von Schadensersatzansprüchen wegen deren Heterogenität einen Verstoß gegen § 4 S. 1 RDG angenommen und die Klagen mangels Aktivlegitimation abgewiesen. Sie sahen die Möglichkeit des Inkassounternehmens, einen einheitlichen Vergleich für eine Vielzahl von Forderungen zu schließen, als nicht auflösbaren Interessenkonflikt des Inkassounternehmens gegenüber den einzelnen Kundinnen und Kunden. Denn einige Forderungen seien erfolgversprechender als andere Forderungen. Dem werde bei

---

87 BT-Drs. 19/27673, 20, 40.
88 BT-Drs. 19/27673, 40.
89 Makatsch/Kacholdt NZKart 2021, 486 (489).
90 LG München I Urt. v. 7.2.2020 – 37 O 18934/17, BeckRS 2020, 841 Ls. 3 – LKW-Kartell.
91 Stadler VuR 2021, 123 (126); Hartung AnwBl Online 2021, 152 (158).
92 Hartung AnwBl Online 2021, 152 (158).
93 Ebenso Hartung AnwBl Online 2021, 152 (158); im Ansatz auch: Stadler VuR 2021, 123 (126).
94 BGH Urt. v. 13.7.2021 – II ZR 84/20, NJW 2021, 3046 Ls. 1, Rn. 16 – Airdeal; Makatsch/Kacholdt NZKart 2021, 486; abweichend: OLG Schleswig Urt. v. 11.1.2022 – 7 U 130/21, BeckRS 2022, 385 Rn. 35 ff.
95 Makatsch/Kacholdt NZKart 2021, 486; Hartung AnwBl Online 2021, 152 (158); Stadler VuR 2021, 123 (126).
96 LG München I Urt. v. 7.2.2020 – 37 O 18934/17, BeckRS 2020, 841 Rn. 140 – LKW-Kartell.
97 LG Ingolstadt Urt. v. 7.8.2020 – 41 O 1745/18, BeckRS 2020, 18773 Rn. 122 ff.
98 LG Augsburg Urt. v. 27.10.2020 – 11 O 3715/18, BeckRS 2020, 30625 Rn. 33.

der Aushandlung eines Vergleichs gesammelter Klagen nicht ausreichend Rechnung getragen.[99] Diese Rechtsprechung ist mit dem BGH[100] abzulehnen. Aufgrund der Heterogenität der Ansprüche kann zwar das Risiko bestehen, dass der auf Einzelne entfallende Anteil der Vergleichssumme geringer ausfällt, als es nach dem Wert von deren Forderung angemessen wäre. Der Inkassodienstleister macht schließlich zugleich weniger aussichtsreiche Forderungen geltend.[101] Dennoch liegt kein Verstoß gegen § 4 RDG vor. Denn die Interessen der Kundinnen und Kunden untereinander sind prinzipiell gleichgerichtet – auf eine möglichst hohe Befriedigung aller Forderungen. Es liegt gerade kein Interessenkonflikt, sondern ein Interessengleichlauf vor. Ein möglicher Nachteil von Einzelnen wird durch die erheblichen Vorteile der Bündelung, bspw. durch Teilung des Kostenrisikos und Stärkung der Verhandlungsposition, wieder ausgeglichen.[102]

Auf die erstinstanzlichen klageabweisenden Urteile hin führte der Gesetzgeber mit § 13b Abs. 1 Nr. 3 lit. d RDG eine **Informationspflicht** gegenüber **Verbraucherinnen und Verbrauchern** über die Auswirkungen der gebündelten Forderungsgeltendmachung auf einen Vergleichsschluss ein. Verbraucherinnen und Verbraucher sollen bewusst und selbstständig entscheiden können, ob sie ihre Forderung im Wege einer Anspruchsbündelung geltend machen möchten und den hiermit verbundenen Vorteilen und Risiken ausgesetzt sind.[103]

29

Im Bereich des **Unternehmerinkassos** gelten die Aufklärungspflichten nach § 13b RDG nicht und auch das Airdeal-Urteil[104] erging im Kontext des Verbraucherinkassos. Für Ansprüche von Unternehmen kann jedoch nichts anderes gelten. Diese sind in der Regel rechtlich beraten und weniger schutzbedürftig als Verbraucherinnen und Verbraucher.[105] Um Haftungsrisiken zu reduzieren, sollten Legal Tech-Unternehmen auch im Bereich des Unternehmerinkassos anhand des Maßstabs des § 13b Abs. 1 Nr. 3 lit. d RDG aufklären. Sind Unternehmen vollständig und umfangreich informiert, können sie sich bewusst für die Vor- und Nachteile einer Prozessfinanzierung entscheiden. In diesem Fall wird ein Verstoß gegen § 4 S. 1 RDG zu verneinen sein.[106]

30

▶ **Praxistipp:** Im Bereich des Sammelklageinkassos sollten Legal Tech-Unternehmen Verbraucherinnen und Verbraucher sowie Unternehmen gleichermaßen auf mögliche Nachteile eines Vergleichsabschlusses bezüglich überdurchschnittlich aussichtsreicher Forderungen hinweisen. ◀

e) Erfolgshonorar und Vergleichsabschluss

Die Kombination von erfolgsbasierter Vergütung und der Möglichkeit eines Vergleichsabschlusses ist grundsätzlich zulässig. Im **Lexfox-Urteil** stellte der BGH klar, dass keine Interessenkollision gem. § 4 RDG vorliegt, wenn der Kundschaft ein **Widerrufsrecht** für durch das Inkassounternehmen abgeschlossene Vergleiche gewährt wird und die Ausübung dieses Rechts nicht mit Kostennachteilen verbunden ist.[107] Sollten Kundinnen und Kunden die Verfahrenskosten für einen Vergleich zu tragen haben, so ist dies unbedenklich, wenn der Vergleich der Zustimmung derselben bedarf. Nicht konfliktbehaftet ist ferner die Berechtigung des Inkassodienstleisters, wirtschaftlich uninteressante Vergleichsangebote ohne Zustimmung seiner Kundschaft abzulehnen.[108] Im **Airdeal-Urteil** entwickelte der BGH die Rechtsprechung dahin ge-

31

---

99 Hartung AnwBl Online 2021, 152 (157).
100 BGH Urt. v. 13.7.2021 – II ZR 84/20, NJW 2021, 3046 (3052 Rn. 48, 55) – Airdeal; abweichend: OLG Schleswig Urt. v. 11.1.2022 – 7 U 130/21, BeckRS 2022, 385 Rn. 35 ff.
101 Zu Auswirkungen heterogener Ansprüche auf den einzelnen Kunden: Morell ZWeR 2020, 328 (339 f.).
102 BGH Urt. v. 13.7.2021 – II ZR 84/20, NJW 2021, 3046 (3052 Rn. 48, 55) – Airdeal; Makatsch/Kacholdt NZKart 2021, 486 (488); Morell ZWeR 2020, 328 (346); Stadler VuR 2021, 123 (125).
103 BT-Drs. 19/27673, 47; Morell ZWeR 2020, 328 (346).
104 BGH Urt. v. 13.7.2021 – II ZR 84/20, NJW 2021, 3046 – Airdeal.
105 Makatsch/Kacholdt NZKart 2021, 486 (487, 490).
106 Hartung AnwBl Online 2021, 152 (158).
107 BGH Urt. v. 27.11.2019 – VIII ZR 285/18, NJW 2020, 208 (233 Rn. 207) – Lexfox; Makatsch/Kacholdt NZKart 2021, 486 (489); ebenso: OLG Schleswig Urt. v. 11.1.2022 – 7 U 130/21, BeckRS 385 Rn. 44.
108 BGH Urt. v. 27.11.2019 – VIII ZR 285/18, NJW 2020, 208 Ls. 5, Rn. 206 – Lexfox; Freitag/Lang ZIP 2020, 1201 (1202).

hend weiter, dass auch dann, wenn der Inkassodienstleister einerseits zum Abschluss **unwiderruflicher Vergleiche** berechtigt ist und andererseits eine Kostenfreistellung und eine erfolgsbasierte Vergütung vorgesehen sind, kein Interessenkonflikt iSd § 4 S. 1 RDG besteht.[109] Dass der Inkassodienstleister zu Vergleichsabschlüssen geneigt sein könnte, da er bei Unterliegen das volle Kostenrisiko trägt, im Erfolgsfalle hingegen nur anteilig an der erhaltenen Summe beteiligt wird, stellt keine pauschale Gefahr iSd § 4 S. 1 RDG dar. Vielmehr sind die Interessen von Inkassodienstleister und Kundinnen und Kunden gleichgerichtet. Bei guten Erfolgsaussichten einer Forderung profitieren die Kundschaft und das Inkassounternehmen gleichermaßen von möglichst hohen Zahlungen. Bei wenig aussichtsreichen Forderungen wird Kundinnen und Kunden daran gelegen sein, durch einen Vergleichsschluss überhaupt eine Zahlung zu erhalten, was wiederum mit dem Interesse des Inkassodienstleisters an der Kostenminimierung korrespondiert.[110]

32 Gegen die Annahme eines strukturellen Interessenkonflikts bei der Kombination von Erfolgshonorar und Vergleichsabschlüssen sprechen auch dogmatische Argumente. AGB-Regelungen, die die Vergleichsmöglichkeit regelmäßig erlauben, stellen bereits **keine „andere Leistungspflicht"** des Inkassodienstleisters dar.[111] Einige Gerichte hatten § 4 S. 1 RDG bezüglich dieses Merkmals erweiternd oder analog angewendet, und somit die Unzulässigkeit der Legal Tech-Inkassomodelle begründet.[112] Spätestens seit Inkrafttreten des Legal Tech-Gesetzes besteht kein Raum mehr für die Annahme einer planwidrigen Regelungslücke.[113]

33 Gem. § 13b Abs. 1 Nr. 3 lit. a RDG sind **Verbraucherinnen und Verbraucher** über Zustimmungserfordernisse und das Bestehen einer Widerrufsmöglichkeit eines Vergleichs zu belehren. Zur Vorbeugung von Haftungsrisiken sollten auch beim Unternehmerinkasso ausreichend Informationen zur Verfügung gestellt werden. Entscheiden sich Kundinnen und Kunden trotz Aufklärung und unter Akzeptanz möglicher Nachteile für die Nutzung des Angebots, liegt wohl keine Gefahr einer Interessenkollision gem. § 4 S. 1 RDG vor.

▶ Praxistipp: Verbraucherinnen und Verbraucher sowie Unternehmen sollten bei Vertragsschluss stets ausreichend über Vergleichsmodalitäten informiert werden. Eine hinreichende Information beinhaltet Zustimmungserfordernisse, Widerrufsmöglichkeiten und ggf. anfallende Kosten. ◀

5. Grenze der Sittenwidrigkeit, § 138 BGB

34 Die Abtretung an ein Inkassounternehmen in Sammelklageverfahren kann nach § 138 BGB sittenwidrig und damit nichtig sein, wenn der Inkassodienstleister nicht ausreichend **solvent** ist, um den Kostenerstattungsanspruch der Gegenseite gem. § 91 ZPO zu tragen.[114] Beklagte haben zwar keinen Anspruch auf die Liquidität der Klägerin oder des Klägers. Eine Abtretung ist jedoch sittenwidrig, wenn sie dazu missbraucht wird, die Gegenpartei um die Möglichkeit zu bringen, ihren Rechtsanspruch auf Erstattung oder Zahlung der Prozesskosten zu verwirklichen. Dies ist der Fall, wenn eine unvermögende Partei zur gerichtlichen Durchsetzung von Ansprüchen vorgeschoben wird, um das Kostenrisiko zulasten der

---

109 BGH Urt. v. 13.7.2021 – II ZR 84/20, NJW 2021, 3046 (3053 Rn. 58) – Airdeal; Makatsch/Kacholdt NZKart 2021, 486 (489).
110 BGH Urt. v. 13.7.2021 – II ZR 84/20, NJW 2021, 3046 (3054 Rn. 61 ff.) – Airdeal; Makatsch/Kacholdt NZKart 2021, 486 (489).
111 BGH Urt. v. 13.7.2021 – II ZR 84/20, NJW 2021, 3046 (3053 Rn. 59) – Airdeal; Makatsch/Kacholdt NZKart 2021, 486 (489); LG Ingolstadt Urt. v. 7.8.2020 – 41 O 1745/18, BeckRS 2020, 18773 Rn. 118; aA LG Augsburg Urt. v. 27.10.2020 – 11 O 3715/18, BeckRS 2020, 30625 Rn. 34.
112 LG Ingolstadt Urt. v. 7.8.2020 – 41 O 1745/18, BeckRS 2020, 18773 Rn. 121; LG Augsburg Urt. v. 27.10.2020 – 11 O 3715/18, BeckRS 2020, 30625 Rn. 34.
113 Hartung AnwBl Online 2021, 152 (158); Tolksdorf ZIP 2021, 2049 (2052 f.), verneinte eine Regelungslücke bereits vor dem Legal Tech-Gesetz.
114 OLG Düsseldorf Urt. v. 18.2.2015 – VI-U (Kart) 3/14, BeckRS 2015, 5317; LG Stuttgart Beschl. v. 18.2.2019 – 45 O 12/17, BeckRS 2019, 1849 Rn. 29 ff.; Ebenso LG Braunschweig Urt. v. 30.4.2020 – 11 O 3092/19, BeckRS 2020, 7267 Rn. 47; Morell ZWeR 2020, 328 (337 f.); Fries AcP 221 (2021), 108 (120).

beklagten Partei zu vermindern oder auszuschließen.[115] Die konkreten Anforderungen an eine ausreichende finanzielle Ausstattung des Klagevehikels sind bisher nicht abschließend geklärt.[116] Als Lösungsansatz bietet sich die Einschaltung eines Prozessfinanziers an.

IV. Resümee und Ausblick

Die Zulässigkeit von Inkassotätigkeiten nach dem RDG durch Legal Tech-Unternehmen, die keine Rechtsanwaltsgesellschaften sind, ist höchst strittig und aufgrund der vielfältigen Ausgestaltungsmöglichkeiten der Geschäftsmodelle stets einzelfallbezogen zu beurteilen. Durch das Legal Tech-Gesetz und die höchstrichterliche Rechtsprechung des BGH wurde ein wenig Klarheit geschaffen. Auch diese vermögen jedoch nur Anhaltspunkte zu liefern, sodass die Zulässigkeit von Inkassogeschäftsmodellen nicht mit absoluter Sicherheit beurteilt werden kann. Es bleibt abzuwarten, wie sich die Rechtsprechung auf diesem schnelllebigen Markt entwickeln wird.

35

---

115 OLG Düsseldorf Urt. v. 18.2.2015 – VI-U (Kart) 3/14, BeckRS 2015, 5317 Ls. 3; Grothaus/Haas ZIP 2020, 1797 (1798).
116 Grothaus/Haas ZIP 2020, 1797 (1802).

42. InsurTech

Fischer

I. Allgemeines	1
1. Begriff	1
2. Ansatzpunkte für InsurTechs in der Wertschöpfungskette	5
II. Neo-Versicherer	7
1. Aufsichtsrechtlicher Rahmen	8
2. Wesentliche aufsichtsrechtliche Aspekte für Neo-Versicherer/InsurTechs	10
a) Kapitalanforderungen	11
b) Erweiterungen der Erlaubnis zum Geschäftsbetrieb	16
aa) Spartenerweiterung	17
bb) Geografische Erweiterung des Geschäftsbetriebs	18
(1) Freier Dienstleistungsverkehr	19
(2) EU/EWR Niederlassung	21
c) Digitale Ökosysteme	22
aa) Versicherungsfremdes Geschäft	24
(1) Zulässige Tätigkeit als Enabler	27
(2) Zulässige Tätigkeiten als Realizer	28
(3) (Un)zulässige Tätigkeiten als Orchestrator	32
(4) Rechtsfolgen	36
bb) Sondervergütungsverbot	37
III. Digitaler Versicherungsvertrieb	38
1. InsurTechs als Versicherungsvermittler	38
a) Erlaubnispflichtigkeit	39
b) Assekuradeure	44
c) Sondervergütungsverbot	47
2. Robo Advice	50
a) Kein rechtliches Erfordernis zur Befragung und Beratung durch eine natürliche Person	51
b) Inhaltliche Ausgestaltung des RoboAdvice	52
c) Aufsichtsrechtliche Aspekte	55
IV. Distributed Ledger bzw. Blockchain Technologie im Versicherungssektor	56
1. Begriffsbestimmung	57
2. Anwendungsfelder	59
3. Vor- und Nachteile	61
V. Ausblick	63

Literatur: *Armbrüster*, Der Abschluss von Versicherungsverträgen über das Internet, r+s 2017, 57; *Bähr* (Hrsg.), Handbuch des Versicherungsaufsichtsrechts, 2011 (zit.: Bähr VAG-HdB); *Beenken*, Beratungspflichten nach der IDD und ihre Umsetzung ins deutsche Recht, r+s 2017, 617; *Beenken/Noack*, InsurTechs: Viel Schein, aber auch Sein?, ZfV 2016, 114; *Boslak/Kliesch*, Eine rechtliche Analyse des Sondervergütungsverbots, VersR 2021, 228; *Brand*, Die Zukunft des Versicherungsvertriebs, ZVers 1/2019, 3; *Brand*, Zulässigkeit und Ausgestaltung von Telematiktarifen, VersR 2019, 725; *Brand/Baroch Castellvi* (Hrsg.), Versicherungsaufsichtsgesetz, 2018 (zit.: HK-VAG); *Branson*, Fünfe nicht gerade sein lassen: Aufsicht in Zeiten des digitalen Wandels, BaFin Journal, Mai 2022, abrufbar unter https://www.bafin.de/SharedDocs/Veroeffentlichungen/DE/Fachartikel/2022/Kurzkommentare_BaFinTech2022/fa_bj_2203_Kurzkommentar_Branson.html; *Broichhausen/Winter*, Der Himmel hat Grenzen, VW 2021, 19; *Bruck/Möller*, Großkommentar VVG, Band 1, 10. Aufl. 2021 (zit.: Bruck/Möller); *Bürkle*, Eine Nachbetrachtung zu den verschärften Zulassungsregeln für InsurTechs, VW 2021, 84; *Dreher*, Die Versicherung als Rechtsprodukt, 1991; *Finkelnburg*, InsurTechs – Innovationsschub oder Luftnummer?, ZfV 2016, 634; *Fischer*, Versicherungsvermittlung im Internet – der Vertriebskanal der Zukunft?, BB 2012, 2773; *Fischer*, Die verschärften Kapitalanforderungen der BaFin treffen nicht nur InsurTechs, VW 2021, 92; *Fischer/Lübcke*, Zeitenwende im Gruppenversicherungsmarkt? – Der EuGH zur Konkretisierung des Pflichtkatalogs der Gruppenspitze von Gruppenversicherungsverträgen, BB 2022, 1538; *Fritz*, Die versicherungsaufsichtsrechtliche Zulässigkeit der Mitwirkung von Versicherungsunternehmen an digitalen Plattformen und Ökosystemen, VersR 2021, 869; *Haß/Gail*, Der Assekuradeur, das unbekannte Wesen – Eine rechtliche Betrachtung der Geschäftsmodelle, SPV 2021, 12; *Kaulbach/Bähr/Pohlmann* (Hrsg.), VAG-Kommentar, 6. Aufl. 2019 (zit.: Kaulbach/Bähr/Pohlmann); *Kawohl/Lange/Rosenbaum*, Erfolgreich Ökosysteme gestalten – wie Versicherer sich durch Ökosysteme neu erfinden können, ZfV 2020, 569; *Kipker/Birreck/Niewöhner/Schnorr*, Rechtliche und technische Rahmenbedingungen der „Smart Contracts", MMR 2020, 509; *Köhn/Leonhardt*, InsurTech – Eine Einordnung, BaFin Journal 1/2019, 13; *Notthoff*, Der Versicherungsvertragsabschluss im Internet, r+s 2018, 523; *Oletzky*, Zur Rolle der Insurtechs auf internationalen Versicherungsmärkten, VW 2021, 88; *Paulus*, Was ist eigentlich eine Blockchain?, JuS 2019, 1049; *Prölss/Dreher* (Hrsg.), Versicherungsaufsichtsgesetz, 13. Aufl. 2018 (zit.: Prölss/Dreher); *Schulze-Werner*, Die neue Regelung des Versicherungsvertriebs in der Gewerbeordnung (§ 34d GewO), GewArch 2017, 418; *Schwampe*, Der Assekuradeur, RdTW 2021, 170; *Uzelac-Schüler*, Aller Anfang ist teuer, BaFin Journal 1/2021, 26; *Vögele* (Hrsg.), Intangibles – Immaterielle Werte, 2. Aufl. 2021; *von Fürstenwerth/Weiß/Consten/Präve* (Hrsg.), VersicherungsAlphabet (VA), 11. Aufl. 2019.

I. Allgemeines

1. Begriff

Das Kofferwort **InsurTech** setzt sich aus den jeweiligen Anfangsteilen der englischen Begriffe Insurance (Versicherung) und Technology (Technologie) zusammen. Es gibt **keine allgemein anerkannte Definition** des Begriffs InsurTech.[1] Es finden sich sowohl funktionale als auch tätigkeitsbezogene Beschreibungen des Begriffs InsurTech.

Funktional werden als InsurTechs vor allem **assekuranzbezogene Start-ups**[2] bzw. solche Unternehmen bezeichnet, die speziell Versicherungen und Versicherungsvermittlungen durch moderne Technologien verändern.[3] Unter Verwendung einer funktionalen Betrachtungsweise definiert die BaFin als InsurTech einzelne **junge oder jüngere Unternehmen**, insbesondere Start-ups und Bigtech-Unternehmen, die **auf Basis von technologie- und datengetriebenen Geschäftsmodellen** neu in den Versicherungsmarkt eintreten – etwa als Dienstleister für Versicherungsunternehmen oder als Risikoträger.[4]

Neben dieser **funktionalen Begriffsbestimmung** finden sich mittlerweile immer häufiger **tätigkeitsbezogene Begriffsbestimmungen**. Danach bezeichnet der Begriff InsurTech Versicherungstätigkeiten, die mittels neuer Technologien ermöglicht oder erbracht werden,[5] bzw. **technologiegestützte Innovationen** in verschiedensten Bereichen des Versicherungssektors.[6]

Eine tätigkeitsbezogene Betrachtungsweise des Phänomens InsurTech ist vorzugswürdig. Nur so ist gewährleistet, dass nicht nur Start-ups sondern auch traditionelle Versicherungsunternehmen, die stark an technologiegestützten Innovationen des Versicherungssektors arbeiten, sowie Unternehmen mit einem technologiebasierten Geschäftsmodell, welche sich nicht ausschließlich im Versicherungsbereich bewegen, sondern sich darauf (zumindest auch) besonders ausgerichtet haben,[7] erfasst werden. Bei Versicherungen handelt es sich um ein Rechtsprodukt,[8] sodass der Versicherungsvertrag ein wesentlicher Bestandteil der gesamten Wertschöpfungskette ist. Beim Einsatz bspw. von Legal Chatbots (→ *Legal Chatbot* Rn. 1) oder Vertragsmanagementtools ist eine Abgrenzung zu Legal Tech (→ *Legal Tech, Begriff* Rn. 15 ff.) nicht selbstverständlich, aber aus rechtlicher Sicht auch nicht nötig. Beide Begriffe beschreiben grds. rechtliche Phänomene, die – jedenfalls bislang – keiner Definition zugänglich sind (Rn. 1; → *Legal Tech, Begriff* Rn. 15 ff.), für die allerdings aus der Zuordnung zu dem einen oder dem anderen Bereich keine unterschiedlichen rechtlichen Konsequenzen folgen.

2. Ansatzpunkte für InsurTechs in der Wertschöpfungskette

Während in den ersten Jahren nicht zuletzt aufgrund der vorherrschenden funktionalen Betrachtungsweise ein starker Fokus auf dem **digitalen Vertrieb von Versicherungsprodukten** lag, betreffen die Ansatzpunkte mittlerweile die gesamte Wertschöpfungskette des Versicherungssektors. Neben der klassischen Versicherungsvermittlung bzw. Risikotragung reicht dies von der Produktentwicklung, über die Schaden-

---

[1] EIOPA, Report on Best Practices on Licencing Requirements, Peer-to-Peer Insurance and the Principle of Proportionality in an InsurTech Context v. 19.3.2019, abrufbar unter https://register.eiopa.europa.eu/Publications/EIOPA%20Best%20practices%20on%20licencing%20March%202019.pdf, S. 10.
[2] Finkelnburg ZfV 2016, 634.
[3] Beenken/Noack ZfV 2016, 114.
[4] Köhn/Leonhardt BaFin Journal 1/2019, 13 (14).
[5] Entschließung des Europäischen Parlaments v. 17.5.2017 zur Finanztechnologie: Einfluss der Technologie auf die Zukunft des Finanzsektors (2018/C 307/06), S. 60.
[6] In diesem Sinne auch schon Bruck/Möller/Fischer Einf. Kap. F Rn. 3; Köhn/Leonhardt BaFin Journal 1/2019, 13 (14); von Fürstenwerth/Weiß/Consten/Präve, VersicherungsAlphabet (VA), 11. Aufl. 2019, Insurtechs.
[7] AA wohl Sassenberg/Faber Industrie 4.0 und Internet-HdB/Schaloske/Wagner § 18 Rn. 5.
[8] Ausf. dazu Dreher Die Versicherung als Rechtsprodukt.

prävention, das Leistungs- und Schadenmanagement, die Kundenbetreuung bis hin zur Vertragsabwicklung und -verwaltung.[9]

6 Aufgrund des sich sehr schnell verändernden Marktes und der Vielfalt der InsurTechs kann die nachfolgende Darstellung gleichwohl nur eine Momentaufnahme sein,[10] die beispielhaft einige wesentliche Aspekte des Phänomens InsurTech aufgreift.

II. Neo-Versicherer

7 In Deutschland wächst die Anzahl der Versicherer, die als InsurTechs im funktionalen Sinne bezeichnet werden, nur langsam. Bislang gibt es Risikoträger v.a. im Schaden-/Unfallbereich und vereinzelt auch im Bereich der Krankenversicherung und der Rückversicherung. Diesen sogenannten **Neo-Versicherern** oder **Digitalversicherern** ist gemein, dass ihr **Geschäftsmodell** vollständig oder zumindest in großen Teilen digitalisiert ist und stark auf der Nutzung von Daten basiert. Jedenfalls in der Theorie sollen alle Schritte im Lebenszyklus eines Versicherungsvertrags, vom Angebot über den Abschluss bis hin zur Vertragsverwaltung und Schadenmeldung oder Kündigung, über eine Website oder App in Echtzeit abgewickelt werden.

1. Aufsichtsrechtlicher Rahmen

8 Der **aufsichtsrechtliche Rahmen** der Neo-Versicherer unterscheidet sich im Grunde nicht von dem eines klassischen Versicherungsunternehmens.[11] Denn grundsätzlich ist das Aufsichtsrecht **neutral gegenüber** allen **Aufsichtsobjekten**. Im Zusammenhang mit der Beaufsichtigung von InsurTechs betont die BaFin immer wieder, dass sie basierend auf ihrer technologieneutralen, prinzipienbasierten, verhältnismäßigen und proportionalen Regulierung eine risikoorientierte und wettbewerbsneutrale Aufsicht über etablierte wie neue Marktteilnehmer betreibe. Bei der Etablierung eines **Level Playing Fields** orientiert sich die BaFin an dem bewährten Grundsatz „gleiches Geschäft, gleiches Risiko, gleiche Regeln".[12] Für InsurTechs bedeutet dies, dass ein digitales Geschäftsmodell oder die Nutzung spezifischer Technologien für sich genommen keine besondere Erlaubnis- oder Genehmigungspflicht auslöst. Allerdings folgen allein aus dem Umstand des Markteintritts auch keine Erleichterungen im Hinblick auf die Beaufsichtigung.

9 So hat man sich in Deutschland bewusst gegen sogenannte **Regulatory Sandboxes** (Regulatorische Sandkästen) entschieden, die das Ziel verfolgen, Start-ups bis zu einem begrenzten Kundenkreis oder begrenzten Zeitraum spezielle Unterstützung bei der Bewältigung aufsichtsrechtlicher Anforderungen zu gewährleisten bzw. die Unternehmen innerhalb der Sandbox sogar von bestimmten Vorschriften zu befreien. Innovative Unternehmen sollen sich dadurch zunächst auf ihre Produktentwicklung konzentrieren können und sich zunächst weniger mit bürokratischen Anforderungen beschäftigen müssen. Gleichzeitig bieten die Regulatory Sandboxes für die Aufsichtsbehörden die Gelegenheit, durch den engen Kontakt mit den Start-ups innovative Geschäftsmodelle und Marktentwicklungen schneller zu verstehen und darauf regulatorisch zu reagieren.[13]

---

9 Für Beispiele siehe New Players Network, InsurTech Übersicht 2022, abrufbar unter https://newplayersnetwork.jetzt/wp-content/uploads/2022/05/INSURTECH-UeBERSICHT-2022.pdf, S. 6.
10 S. dazu ebenfalls Bruck/Möller/Fischer Einf. Kap. F Rn. 4 ff.
11 So auch Sassenberg/Faber Industrie 4.0 und Internet-HdB/Schaloske/Wagner § 18 Rn. 7.
12 So zB Branson BaFin Journal, 18.5.2022, abrufbar unter https://www.bafin.de/SharedDocs/Veroeffentlichungen/DE/Fachartikel/2022/Kurzkommentare_BaFinTech2022/fa_bj_2203_Kurzkommentar_Branson.html.
13 Beschlussempfehlung und Bericht des Finanzausschusses zu dem Antrag der Abgeordneten Frank Schäffler, Christian Dürr, Renata Alt, weiterer Abgeordneter und der Fraktion der FDP – Drs. 19/19506 – Regulatory Sandboxes – Für mehr Innovationen im Finanzmarkt, BT-Drs. 19/20113, 1 und 3.

2. Wesentliche aufsichtsrechtliche Aspekte für Neo-Versicherer/InsurTechs

Vor dem Hintergrund, dass Neo-Versicherer den aufsichtsrechtlichen Regelungen für Versicherungsunternehmen unterliegen, werden im Folgenden die aufsichtsrechtlichen Anforderungen nicht umfassend dargestellt,[14] sondern lediglich die für Neo-Versicherer wesentlichen Aspekte angesprochen.

a) Kapitalanforderungen

Im Vergleich zu Start-Ups aus anderen Branchen gelten für Neo-Versicherer **erheblich strengere Kapitalanforderungen**. Denn als Versicherungsunternehmen im Sinnes des § 7 Nr. 33 VAG müssen Neo-Versicherer nicht nur die **gesellschaftsrechtlichen Eigenkapitalanforderungen**, sondern zusätzlich auch die speziellen **aufsichtsrechtlichen Eigenmittelanforderungen** erfüllen.

Die aufsichtsrechtlichen Eigenmittelanforderungen stellen grundsätzlich sicher, dass ein Versicherungsunternehmen die Verpflichtungen aus den abgeschlossenen Versicherungsverträgen erfüllen kann. Hierzu verlangen die versicherungsaufsichtsrechtlichen Vorschriften, insbesondere §§ 89 ff. VAG, dass ein Versicherungsunternehmen entsprechend der getätigten Geschäfte Eigenmittel in bestimmter Quantität und Qualität vorhalten muss.

Im Hinblick auf Neuzulassungen hat die BaFin ihre Anforderungen zur Kapitalausstattung im Januar 2021 konkretisiert.[15] Danach müssen Unternehmen, die eine Erlaubnis als (Rück)Versicherungsunternehmen beantragen, am Tag der **Einreichung** ihres **Zulassungsantrags** bei der BaFin bereits **vollständig ausfinanziert** sein, so dass sie keine ergänzenden Finanzierungsrunden mehr benötigen. Darüber hinaus wird gefordert, dass der **Organisationsfonds**, der bei Neuzulassungen nach § 9 Abs. 2 Nr. 5 VAG grundsätzlich zu stellen ist, so hoch bemessen ist, dass er alle erwarteten, realistisch prognostizierten Verluste von der Gründung bis zum Zeitpunkt der ersten Profitabilität erfasst.[16] Dabei sind nach Auffassung der BaFin bei InsurTechs vor allem die **IT-Aufbaukosten** zu berücksichtigen, weil diese aufgrund des Geschäftsmodells häufig an die Stelle des Aufbaus eines klassischen Vertriebsnetzes treten.[17] In der Literatur wurden diese Vorgaben weitestgehend als spezielle Anforderungen für InsurTechs verstanden.[18] Auch wenn durch die technischen Erläuterungen klargestellt ist, dass die Anforderungen nicht nur für InsurTechs oder Neo-Versicherer gelten, treffen diese Besonderheiten bei den Kapitalanforderungen Neo-Versicherer, die **wagniskapitalfinanziert** sind, in besonderem Maße. Durch das Erfordernis einer vollständigen Ausfinanzierung bereits bei Stellung des Lizenzantrags ist jedenfalls eine klassische Finanzierung durch Venture Capital nahezu unmöglich geworden.[19] Zwar hat die BaFin mit dieser Verschärfung sicher für einen besseren **Versichertenschutz** gesorgt, gleichzeitig aber den **Innovationsstandort Deutschland** im Versicherungssektor weiter geschwächt. Es wird erwartet, dass trotz des großen deutschen Marktes insbesondere internationale Venture Capital-Investoren stärker in anderen europäischen Ländern investieren werden, in denen die regulatorischen Anforderungen geringer sind. Der deutsche Sonderweg ist auch vor dem Hintergrund, dass die Zulassungsverfahren europarechtlich mit den Vorgaben in Art. 15 ff. der Richtlinie 2009/138/EG des Europäischen Parlaments und des Rates vom 25.11.2009 betreffend die Aufnahme und Ausübung der Versicherungs- und der Rückversicherungstätigkeit (Solvabilität II) innerhalb der EU und des EWR vollharmonisiert und damit abschließend normiert sind, besonders in der Kritik.[20]

Abgesehen von den Kapitalanforderungen bei Zulassung und der Höhe der vorzuhaltenden Eigenmittel stellen auch die allgemeinen aufsichtsrechtlichen Kapitalanforderungen für **wagniskapitalfinanzierte Neo-**

---

14 S. hierzu zB Bruck/Möller/Fischer Einf. Kap. F Rn. 21 ff.; Möslein/Omlor FinTech-HdB/Heukamp § 32.
15 Uzelac-Schüler BaFin Journal 1/2021, 26 ff. einschließlich der technischen Erläuterung zu dem Artikel „Aller Anfang ist teuer", abrufbar unter https://www.bafin.de/SharedDocs/Downloads/DE/Anlage/dl_techn_Erlaeuterung_BJ2101_Insuretechs.html;jsessionid=63EA0EE8DA11DDB031E4C2F9EE630862.2_cid502.
16 Uzelac-Schüler BaFin Journal 1/2021, 26 (27).
17 So schon Fischer VW 2021, 92 (94).
18 U.a. Bürkle VW 2021, 84 (84 f.); wohl auch Broichhausen/Winter VW 2021, 19 (20).
19 Mit weiteren Details Fischer VW 2021, 92 (94 f.).
20 S. Bürkle VW 2021, 84 (85).

Versicherer eine besondere Hürde dar, da im Vergleich zu Start-ups außerhalb der Finanzbranche ein höheres Maß an Eigenkapital bzw. hybriden Finanzierungsmitteln, wie Nachrangdarlehen, Genussrechten oder stillen Beteiligungen, vorgehalten werden muss.[21] Zudem ist eine Finanzierung von Versicherungsunternehmen in Deutschland durch Fremdmittelinstrumente aufgrund des **Fremdmittelaufnahmeverbots** (§ 15 Abs. 1 S. 3 VAG) grundsätzlich nicht möglich, sofern die Fremdmittelinstrumente nicht nach § 89 VAG als Eigenmittel einzustufen sind.

15 Die meisten der **typischen Venture Capital Finanzierungsinstrumente** können – zumindest theoretisch – auch bei der Finanzierung von Neo-Versicherern eingesetzt werden, allerdings müssen diese teilweise an die aufsichtsrechtlichen Besonderheiten angepasst werden, damit sie als anrechnungsfähige Eigenmittel anerkannt werden. Dies führt nicht nur zu einem erhöhten Beratungsbedarf des Digitalversicherers in der Anfangsphase, sondern regelmäßig auch zu einem erhöhten Erklärungsbedarf gegenüber den Investoren, die nicht immer mit diesen aufsichtsrechtlichen Besonderheiten vertraut sind.[22]

b) Erweiterungen der Erlaubnis zum Geschäftsbetrieb

16 Nach Erteilung der **Lizenz** versuchen Neo-Versicherer ihre Geschäftstätigkeit häufig im Sinne eines opportunistischen Ansatzes zu adjustieren bzw. neue Märkte zu erschließen. Während die sachliche Erweiterung des Geschäftsbetriebs, also eine **Spartenerweiterung**, nach § 12 Abs. 1 S. 1 VAG der vorherigen Genehmigung der BaFin bedarf, ist die **Erweiterung des Geschäftsgebiets** innerhalb der EU bzw. des EWR nur anzeige-, aber nicht genehmigungspflichtig.

aa) Spartenerweiterung

17 Wenn ein Neo-Versicherer beabsichtigt, andere Risiken oder Risiken in Sparten, die nicht von seiner Lizenz erfasst sind, zu zeichnen, muss diese **Änderung seines Geschäftsplans** vor der Umsetzung durch die BaFin genehmigt werden. Insbesondere wenn die entsprechende **Spartenerweiterung** keinen nennenswerten Einfluss auf die Solvabilität des Neo-Versicherers hat, empfiehlt sich hinsichtlich der einzureichenden Dokumentation eine Abstimmung mit der Aufsichtsbehörde.[23] Unabhängig vom Umfang der einzureichenden Unterlagen kann es gerade für Neo-Versicherer, die noch im Aufbau ihres Geschäfts sind und auch opportunistisch Geschäftsmöglichkeiten wahrnehmen (möchten), problematisch sein, wenn die Genehmigung einige Wochen in Anspruch nimmt. Dies ist ein umso größeres Hindernis im Geschäftsaufbau, wenn sich die Aufsichtsbehörde zurückhaltend zeigt eine entsprechende Genehmigung zu erteilen, solange die Erforderlichkeit der Spartenerweiterung noch unsicher ist.

bb) Geografische Erweiterung des Geschäftsbetriebs

18 Grundsätzlich gilt die Erlaubnis zum Geschäftsbetrieb nach § 8 Abs. 1 VAG für die gesamte EU und den gesamten EWR (sogenanntes **Single-Licence Prinzip**),[24] so dass eine Erweiterung des Geschäftsgebiets in Mitgliedstaaten der EU bzw. Vertragsstaaten des EWR keiner weiteren Genehmigung durch die BaFin bedarf. Möchte ein Neo-Versicherer Risiken in einem anderen EU/EWR-Staat decken, so betreibt er grundsätzlich Versicherungsgeschäft in diesem Staat und muss die entsprechende Geschäftstätigkeit bei der BaFin nach § 58 VAG im Falle der **Errichtung einer Niederlassung** oder nach § 59 VAG bei einer Geschäftstätigkeit im **freien Dienstleistungsverkehr** allerdings anzeigen.[25]

(1) Freier Dienstleistungsverkehr

19 Ein Neo-Versicherer, der in anderen EU/EWR-Staaten im Rahmen des **freien Dienstleistungsverkehrs** (legaldefiniert in § 57 Abs. 3 VAG) tätig werden möchte, muss der BaFin gemäß § 59 VAG den oder die EU/EWR-Staaten mitteilen, in denen er eine Geschäftstätigkeit aufnehmen möchte, und die Versicherungssparten und Risiken, die er in den betreffenden Staaten zu decken beabsichtigt, anzeigen. Sofern

---

21 Möslein/Omlor FinTech-HdB/Heukamp § 32 Rn. 17 f.
22 Bruck/Möller/Fischer Einf. Kap. F Rn. 43.
23 BeckOK VAG/Viecens VAG § 12 Rn. 13.
24 U.a. Kaulbach/Bähr/Pohlmann/Pohlmann VAG § 60 Rn. 5; Prölss/Dreher/Präve VAG § 10 Rn. 5.
25 Prölss/Dreher/Präve VAG § 60 Rn. 2.

die Tätigkeit auch die **Kraftfahrthaftpflichtversicherung** umfasst, muss der Digitalversicherer zusätzlich in dem jeweiligen EU/EWR-Staat einen sogenannten **Regulierungsbeauftragten** bestimmen (§ 59 Abs. 1 S. 3 VAG). Die BaFin prüft innerhalb von einem Monat ab Einreichung der vollständigen Unterlagen, ob die rechtlichen Voraussetzungen, unter anderem die erforderlichen Spartenzulassungen in Deutschland, vorliegen und der Neo-Versicherer auch nach der Ausdehnung des Geschäftsgebiets und -betriebs über ausreichend Eigenmittel verfügt. Sofern dies der Fall ist, übermittelt sie der Aufsichtsbehörde des EU-/EWR-Staates, in dem die Geschäftstätigkeit aufgenommen werden soll, die eingereichten Unterlagen sowie eine von ihr ausgestellte Solvabilitätsbescheinigung und setzt den Neo-Versicherer hierüber in Kenntnis. Ab Kenntniserlangung kann der Neo-Versicherer die entsprechende Geschäftstätigkeit im Wege der Dienstleistungsfreiheit aufnehmen.

Vor dem Hintergrund, dass der Online-Abschluss eines Versicherungsvertrags auch mit Kunden außerhalb Deutschlands über im Ausland belegene Risiken technisch problemlos möglich ist, sind entweder technische Vorkehrungen zu treffen, die eine entsprechende Geschäftstätigkeit ausschließen oder es ist seitens des Neo-Versicherers vorab zu klären, ob in dem **Tätigkeitsland** die Möglichkeit des Abschlusses auf Initiative des zukünftigen Versicherungsnehmers als **erlaubnispflichtiges Versicherungsgeschäft** gilt. Während in Deutschland der Abschluss eines Versicherungsvertrags im Wege der **Korrespondenzversicherung**[26] erlaubnisfrei ist, wird dies in den meisten anderen EU/EWR-Mitgliedstaaten nicht als erlaubnisfreie Tätigkeit angesehen, so dass die Tätigkeit ohne Durchlaufen des **Notifikationsverfahrens** nach § 59 VAG in dem jeweiligen Tätigkeitsland als unerlaubtes Betreiben von Versicherungsgeschäft qualifiziert werden könnte.

(2) EU/EWR Niederlassung

Beabsichtigt ein deutscher Neo-Versicherer in einem **anderen EU/EWR-Mitgliedstaat** über eine **Niederlassung** (legaldefiniert in § 57 Abs. 2 VAG) tätig zu werden, so hat er die beabsichtigte Errichtung derselben sowie den betreffenden Staat der BaFin gegenüber nach § 58 Abs. 1 VAG vorab anzuzeigen. Diese Anzeige muss ua einen **Hauptbevollmächtigten** benennen, der den Neo-Versicherer in dem betreffenden Staat gerichtlich, außergerichtlich und gegenüber Behörden vertreten soll. Innerhalb von **drei Monaten ab Einreichung** der vollständigen Unterlagen prüft die BaFin neben der rechtlichen Zulässigkeit auch die Angemessenheit der Geschäftsorganisation und die Finanzlage des Unternehmens sowie die Zuverlässigkeit und fachliche Eignung des Hauptbevollmächtigten und des für die Niederlassung zuständigen Geschäftsleiters. Bestehen aus Sicht der BaFin keinerlei Einwände, übersendet sie noch innerhalb der Dreimonatsfrist der Aufsichtsbehörde des Niederlassungsstaats die eingereichten Unterlagen, bescheinigt, dass der Neo-Versicherer über hinreichend anrechnungsfähige Eigenmittel verfügt und setzt den Neo-Versicherer hierüber in Kenntnis. Die Niederlassung darf errichtet werden, wenn ab Kenntniserlangung entweder zwei Monate verstrichen sind oder die Aufsichtsbehörde des Niederlassungsstaats hierfür einen früheren Zeitpunkt mitteilt.

c) Digitale Ökosysteme

Es ist allgemein anerkannt, dass **digitale Ökosystemstrukturen** für die **Versicherungswirtschaft** von erheblicher Bedeutung sind,[27] die rechtliche Analyse der damit im Zusammenhang stehenden aufsichtsrechtlichen Fragen steckt allerdings noch in den Kinderschuhen.[28] In **digitalen Ökosystemen** schließen sich Marktteilnehmer aus unterschiedlichen Sektoren zusammen, um Kunden in bestimmten Lebensbereichen bzw. Lebenswelten, beispielsweise Mobilität, Finanzen, Gesundheit oder Wohnen, ein Gesamtleistungspaket anbieten zu können.[29]

---

26 Zu den Voraussetzungen für das Vorliegen einer Korrespondenzversicherung s. Bruck/Möller/Gal Einf. Kap. D Rn. 98.
27 Bspw. Oletzky VW 2021, 88.
28 Einen guten und umfassenden Überblick bietet Fritz VersR 2021, 869, s. auch Bruck/Möller/Fischer Einf. Kap. F Rn. 82 ff.
29 IdS EIOPA, Discussion Paper on (Re)Insurance Value Chain and New Business Models Arising from Digitalization EIOPA-BoS-20–276, 14.4.2020, abrufbar unter https://www.eiopa.europa.eu/sites/default/files/publications/consult

23 Fraglich ist, ob aufsichtsrechtliche Vorgaben eine Beteiligung von Risikoträgern, also auch von Neo-Versicherern, beschränken oder gar ausschließen. Die Zulässigkeit einer Beteiligung an einem digitalen Ökosystem ist stets am Maßstab des § 15 VAG, der Art. 18 der Solvency II-Richtlinie umsetzt, zu messen. Sowohl die EIOPA[30] als auch die BaFin haben explizit darauf hingewiesen, dass auch InsurTechs ihr Geschäftsmodell so ausgestalten müssen, dass sie lediglich Versicherungsgeschäfte oder Geschäfte, die unmittelbar damit im Zusammenhang stehen, betreiben. Zudem stellt sich in bestimmten Fallgestaltungen die Frage, ob ein Verstoß gegen das **Sondervergütungs- und Provisionsabgabeverbot** nach § 48b VAG vorliegen kann.

aa) Versicherungsfremdes Geschäft

24 Der **unmittelbare Zusammenhang zum Versicherungsgeschäft** nach § 15 Abs. 1 S. 1 VAG muss sowohl funktional als auch wirtschaftlich vorliegen, damit kein **versicherungsfremdes Geschäft** vorliegt. Während der funktionale Zusammenhang bei **Hilfsgeschäften**, die der Erfüllung von Versicherungsgeschäften oder deren zweckmäßigen und effizienten Durchführung dienen, gegeben ist, dürfen für den wirtschaftlichen Zusammenhang keine zusätzlichen Risiken für den Versicherer aus den Geschäften resultieren. Für die Beurteilung, ob das Geschäft versicherungsfremd und damit unzulässig ist, sollen **zusätzliche wirtschaftliche Risiken** allerdings nur dann vorliegen, wenn die Risiken eine spürbare Auswirkung auf die Solvabilität des Versicherers haben könnten.[31]

25 Versicherungsnehmer und Versicherte von Erstversicherern sollen durch das in § 15 Abs. 1 VAG normierte **Verbot des versicherungsfremden Geschäfts** vor finanziellen Risiken geschützt werden, die aus der Ausübung von Aktivitäten des Versicherungsunternehmens in anderen Wirtschaftsbereichen als dem eigentlichen Versicherungsgeschäft resultieren.[32] Es handelt sich hierbei um eine **besondere Ausgestaltung der Solvenzaufsicht** in Form des Schutzes der finanziellen Risiken der Versichertengemeinschaft.[33] Leistungen oder Dienste, die nicht unmittelbar in der Übernahme des Risikos bestehen, sind gemäß § 15 Abs. 1 VAG nur zulässig, wenn es sich dabei um ein Versicherungsgeschäft oder um ein Geschäft, das damit in unmittelbarem Zusammenhang steht (Satz 1) und nicht mit zusätzlichen finanziellen Risiken verbunden ist (Satz 4), handelt.

26 Ob die Beteiligung eines Versicherers an einem **(digitalen) Ökosystem** gegen das Verbot des versicherungsfremden Geschäfts verstößt, hängt auch davon ab, welche Aufgaben der Versicherer in dem betreffenden Ökosystem übernimmt. Allgemein unterscheidet man bei Ökosystemen zwischen sogenannten Orchestratoren, Realizern und Enablern.[34] Während der **Orchestrator** die Aktivitäten in einem Ökosystem steuert, indem er das gemeinsamen Nutzenversprechen entwickelt und die Regeln für das Zusammenwirken der unterschiedlichen Akteure des Ökosystems definiert, handelt es sich bei **Realizern** um Anbieter von Inhalten, Produkten und Services für den Endkunden; der **Enabler** unterstützt sowohl den Orchestrator als auch die Realizer durch Lieferung von Technologie, Inhalten, Produkten oder Services, mit deren Hilfe die Produktion für den Endkunden erst ermöglicht wird.[35]

(1) Zulässige Tätigkeit als Enabler

27 Ein **typisches Beispiel** für Versicherer in der **Rolle des Enablers** sind integrierte Versicherungslösungen, auch **embedded insurance** genannt, wie diverse Reiseversicherungen bei Kreditkarten, also in einem Ökosystem Finanzen oder Kfz-Versicherungen bei Carsharing oder Mietwagen, also in einem Ökosystem Mobilität. Der Versicherungsschutz ist für die Endkunden ein zusätzlicher Service; der Versicherungsvertrag

---

ations/discussion-paper-on-insurance-value-chain-and-new-business-models-arising-from-digitalisation.pdf, S. 13; Fritz VersR 2021, 869 (870).
30 EIOPA, Report on Best Practices on Licencing Requirements, Peer-to-Peer Insurance and the Principle of Proportionality in an InsurTech Context, 19.3.2019, abrufbar unter https://data.europa.eu/doi/10.2854/547206, S. 16.
31 U.a. HK-VAG/Brand VAG § 15 Rn. 31 f.; Prölss/Dreher/Präve VAG § 15 Rn. 11.
32 U.a. Prölss/Dreher/Präve VAG § 15 Rn. 2.
33 U.a. BeckOK VAG/Viecens VAG § 15 Rn. 11.
34 Vgl. Kawohl/Lange/Rosenbaum ZfV 2020, 569 (570).
35 Vgl. Kawohl/Lange/Rosenbaum ZfV 2020, 569 (570).

wird regelmäßig durch den Anbieter abgeschlossen. Als Enabler nimmt der **Versicherer Underwriting- oder Vertriebsaufgaben** wahr, die typische Tätigkeiten eines Versicherungsunternehmens sind, so dass der erforderliche funktionale Zusammenhang zum Versicherungsgeschäft besteht.[36] Es fehlt auch nicht an dem darüber hinaus geforderten wirtschaftlichen Konnex. Denn der Versicherer geht als Enabler in einem Ökosystem regelmäßig keine Haftungsrisiken ein, die nicht mit dem Versicherungsgeschäft in unmittelbarem Zusammenhang stehen. Zwar schließen Plattformbetreiber und Versicherer regelmäßig einen Plattformvertrag, unter dem der Versicherer eine Vergütung an den Plattformbetreiber zu leisten hat. Hierbei handelt es sich jedoch um typische Vertriebskosten, die letztlich einer Vertriebsprovision gleichkommen, welche der Versicherer im Falle von klassischen Vertriebskanälen zu entrichten hat. Vor diesem Hintergrund sind typische Tätigkeiten eines (Neo-)Versicherers als **Enabler** in einem Ökosystem **kein versicherungsfremdes Geschäft** im Sinne des § 15 Abs. 1 VAG.[37]

(2) Zulässige Tätigkeiten als Realizer

Als **Realizer** in einem Ökosystem werden Versicherer beispielsweise tätig, wenn sie eine Hausrat- oder Betriebsunterbrechungsversicherung gemeinsam mit einem Wasserwächter anbieten, der im Falle eines (drohenden) Wasserschadens anschlägt, oder **Assistance-Leistungen** anbieten.[38]

Im Hinblick auf § 15 Abs. 1 VAG kann in beiden Beispielen der erforderliche funktionale Zusammenhang mit dem Versicherungsgeschäft bestehen. Dies gilt für **Assistance-Leistungen**, wenn diese an den Versicherungsnehmer bzw. eine versicherte Person erbracht werden und eine inhaltliche Nähe zum Versicherungsprodukt, zB im Sinne einer Naturalrestitution, aufweisen.[39] Im Hinblick auf Telematik-Geräte, wie den Wasserwächter, kann ein funktionaler Zusammenhang grundsätzlich allerdings nur bestehen, wenn diese Geräte gemeinsam mit einem Versicherungsvertrag zur Verfügung gestellt werden. Darüber hinaus ist jedoch auch erforderlich, dass den Geräten beispielsweise eine schadenpräventive oder -mindernde Funktion zukommt oder sie eine individuellere Tarifierung ermöglichen, also letztlich Funktionen, die dem Versicherungsgeschäft im engeren Sinne dienen,[40] vorausgesetzt diese Funktionen stehen auch im Vordergrund.[41] Aufgrund von schadenmindernden oder -präventiven Effekten können auch Assistance-Leistungen, die keine unmittelbare inhaltliche Nähe zu der Versicherungsleistung haben, einen funktionalen Zusammenhang zum Versicherungsgeschäft aufweisen.[42]

Inwieweit auch der erforderliche wirtschaftliche Zusammenhang gegeben ist, ist häufig anhand des Einzelfalls zu prüfen. Bei **Assistance-Leistungen** besteht dieser regelmäßig, weil diese Leistungen der Naturalrestitution dienen, also die Versicherungsleistung darstellen oder wenn sie über die reine Versicherungsleistung hinausgehen, in die Prämienberechnung einbezogen werden. Bei der Überlassung von **Telematik**-Geräten durch den Versicherer selbst, setzt dieser sich Haftungsrisiken durch etwaige Ansprüche seiner Kunden aus Kauf- oder Mietvertrag, je nach vertraglicher Ausgestaltung, aus.[43] Allerdings gilt auch hier, dass diese in die Prämienkalkulation einbezogen werden können und in einem solchen Fall dann ein wirtschaftlicher Zusammenhang vorliegt. Insgesamt besteht auch die Möglichkeit, die Geräte durch eine Tochtergesellschaft zuliefern zu lassen. Denn eine **Beteiligung an einer Kapitalgesellschaft** ist grundsätzlich **kein versicherungsfremdes Geschäft**, wenn die finanziellen Risiken auf den Anteil am Vermögen beschränkt sind.[44] Dies soll selbst dann gelten, wenn es sich nicht um reine Beteiligungsinvestments des Versicherers handelt, sondern der Versicherer eine Beteiligung hält, die auch einen Einfluss auf die Geschäftsführung der Kapitalgesellschaft erlaubt.[45]

---

36 Zu dem Erfordernis eines funktionalen Zusammenhangs s. Bruck/Möller/Fischer Einf. Kap. F Rn. 75 mwN.
37 So auch Fritz VersR 2021, 869 (871).
38 Fritz VersR 2021, 869 (872).
39 Bruck/Möller/Fischer Einf. Kap. F Rn. 78.
40 IdS wohl auch Fritz VersR 2021, 869 (872).
41 Brand VersR 2019, 725 (728).
42 So schon Bruck/Möller/Fischer Einf. Kap. F Rn. 78.
43 Fritz VersR 2021, 869 (872).
44 U.a. BeckOK VAG/Viencens VAG § 15 Rn. 33; Kaulbach/Bähr/Pohlmann/Pohlmann VAG § 15 Rn. 19.
45 Bähr VAG-HdB/Eilert § 5 Rn. 66; HK-VAG/Brand VAG § 15 Rn. 47, 48.

31 Wenn entweder der entsprechende funktionale oder aber der wirtschaftliche Zusammenhang fehlt, etwa weil Assistance-Leistungen an Dritte angeboten oder die Haftungsrisiken nicht in die Prämienberechnung einbezogen werden, liegt ein Verstoß gegen das Verbot des versicherungsfremden Geschäfts vor.

(3) (Un)zulässige Tätigkeiten als Orchestrator

32 Als **Orchestrator eines Ökosystems** werden diejenigen bezeichnet, die als Mittelsmann die Plattform orchestrieren, also nur einen geringen Anteil der angebotenen Leistung(en) selbst erbringen und sich im Übrigen auf die **Gewinnung und Koordinierung** von dritten Dienstleistern oder Leistungsanbietern kümmern.[46]

33 Auch in Bezug auf die **Orchestratorentätigkeit** durch ein Versicherungsunternehmen in einem **digitalen Ökosystem** stellt sich die Frage, ob der erforderliche unmittelbare Zusammenhang zum Versicherungsgeschäft besteht. Diese Frage lässt sich allerdings nicht pauschal beantworten. Es ist vielmehr nach den einzelnen Tätigkeiten des Orchestrators zu unterscheiden. Aufgrund der **damit einhergehenden Haftungsrisiken** ist das Betreiben einer Plattform durch ein Versicherungsunternehmen regelmäßig ein **versicherungsfremdes Geschäft**, so dass Versicherungsunternehmen als Betreiber der Plattform eines digitalen Ökosystems regelmäßig nicht in Betracht kommen.[47] Sofern keine Haftungsübernahme durch das Versicherungsunternehmen, beispielsweise durch einen Ergebnisabführungsvertrag, erfolgt kann allerdings eine Tochtergesellschaft des Versicherungsunternehmens als Plattformbetreiber tätig werden.

34 Ebenfalls zulässig ist die Wahrnehmung des Versicherungsunternehmens von Tätigkeiten für Dritte, die es zulässigerweise als Teil des eigenen Versicherungsgeschäfts verrichten dürfte, insbesondere Vertriebstätigkeiten.[48] Vermittlungstätigkeiten außerhalb der Risikotragung oder damit in unmittelbarem Zusammenhang stehenden Geschäften sind hingegen als versicherungsfremd und damit als unzulässig einzustufen.

35 Aufgrund der bestehenden **aufsichtsrechtlichen Beschränkungen** ist **eine umfassende Orchestratorentätigkeit** eines Versicherungsunternehmens in einem digitalen Ökosystem mit gewissen Risiken behaftet und deswegen in der Praxis nicht zwingend zu empfehlen.

(4) Rechtsfolgen

36 Ein **Verstoß gegen das Verbot des versicherungsfremden Geschäfts** hat nicht die Nichtigkeit des Vertrags des Versicherers mit seinem Vertragspartner zur Folge, rechtfertigt aber Maßnahmen der BaFin im Wege der **Missstandsaufsicht** (§ 298 VAG). Bei schwerem oder anhaltendem Verstoß besteht auch die Möglichkeit, die Abberufung von Geschäftsleitern zu verlangen, die Einsetzung eines Sonderbeauftragten anzuordnen oder als *ultima ratio* die Erlaubnis nach § 304 Abs. 3 Nr. 1 VAG zu widerrufen.

bb) Sondervergütungsverbot

37 Zuwendungen, auch in Form von Zuschüssen oder Rabatten, eines Versicherers an den Kunden eines digitalen Ökosystems können gegen das in § 48b Abs. 1 VAG normierte **Sondervergütungsverbot** verstoßen, wenn diese vor allem dazu eingesetzt werden den Kunden zum Abschluss eines Versicherungsvertrags zu incentivieren. Regelmäßig dürften entsprechende Zuwendungen, wie der Wasserwächter bei der Hausrat- oder Gebäudeversicherung oder ein Rabattcode für die elektronische Zahnbürste bei Abschluss einer Zahnzusatzversicherung, aber gerade Bestandteil des digitalen Ökosystems sein und die maßgebliche Motivation des Versicherers für die Gewährung dieser Zuwendung darin bestehen, dass die Nutzung der entsprechenden Zuwendungen in einer Risikoreduzierung für den Versicherer mündet. Insoweit handelt es sich um **zulässige schadenpräventive** oder **dauerhaft prämienreduzierende Maßnahmen**, die nicht am Maßstab des § 48b VAG zu messen sind.[49]

---

46 Vögele/Raab/Vögele, Intangibles – Immaterielle Werte, 2. Aufl. 2021, § 5 Rn. 608.
47 So auch detailliert Fritz VersR 2021, 869 (874 f.).
48 HK-VAG/Brand VAG § 15 Rn. 44; Fritz VersR 2021, 869 (876).
49 Boslak/Kliesch VersR 2021, 228 (234 f.).

III. Digitaler Versicherungsvertrieb

1. InsurTechs als Versicherungsvermittler

In Deutschland wird die InsurTech-Szene zahlenmäßig nach wie vor durch InsurTechs im Bereich der **Versicherungsvermittlung** dominiert.[50] Während die BaFin bislang nicht einmal zwei Hände voll Neo-Versicherern eine Erlaubnis zum Geschäftsbetrieb erteilt hat, beläuft sich die Zahl der InsurTechs mit Vermittlererlaubnis zumindest auf eine hohe zweistellige Zahl.

a) Erlaubnispflichtigkeit

InsurTechs sind in unterschiedlichen Kleidern als Versicherungsvermittler tätig. Dies reicht von Vergleichsportalen über **Assekuradeure**, von **digitalen Vertragsmanagern** bis hin zu technischen Lösungen im **digitalen Bancassurance**. Während für Versicherungsvermittler eine **Erlaubnispflicht** besteht, können Tippgeber, wie beispielsweise reine Leadgeneratoren,[51] oder reine Schadenabwickler ohne Erlaubnis tätig werden.[52]

Zuständig für die **Erteilung** aber auch für nachträgliche Änderungen, die Rücknahme oder den Widerruf der **Erlaubnis**[53] sowie für die **laufende Aufsicht** über Versicherungsvermittler ist die **IHK**, in deren Bezirk der Vermittler seine Betriebsstätte hat oder seine Tätigkeit schwerpunktmäßig ausübt. Unter dem **Oberbegriff des Versicherungsvermittlers** werden sowohl **Versicherungsvertreter** als auch **Versicherungsmakler** erfasst, die beide grundsätzlich eine **Erlaubnispflicht** nach § 34d Abs. 1 GewO trifft, sofern keine der in der GewO definierten Ausnahmen greift.[54] Versicherungsvertreter ist, wer durch ein oder mehrere Versicherungsunternehmen oder durch einen Versicherungsvertreter mit der Vermittlung oder dem Abschluss von Versicherungsverträgen betraut ist (§ 34d Abs. 1 S. 2 Nr. 1 GewO, § 59 Abs. 2 VVG). Versicherungsmakler ist hingegen, wer die Vermittlung oder den Abschluss von Versicherungsverträgen für den Auftraggeber übernimmt, ohne von einem Versicherungsunternehmen oder einem Versicherungsvertreter damit betraut zu sein (§ 34 Abs. 1 S. 2 Nr. 2 GewO, § 59 Abs. 3 VVG). **Vergleichsportale** oder Anbieter von digitalen Vertragsmanagern sind in der Regel als Versicherungsmakler tätig.[55]

Auf der Basis des gestellten Antrags wird die **Erlaubnis typenspezifisch** entweder für die Tätigkeit als **Versicherungsvertreter** oder **Versicherungsmakler** erteilt.[56] Ein Versicherungsvertreter mit entsprechender Erlaubnis darf nicht (auch) als Versicherungsmakler auftreten und umgekehrt.[57]

§ 34d Abs. 5 GewO normiert als **Versagungsgründe** für die Erteilung einer Erlaubnis abschließend das Fehlen der erforderlichen Zuverlässigkeit, Sachkunde oder Berufshaftpflichtversicherung des Antragstellers sowie wenn dieser in **ungeordneten Vermögensverhältnissen** lebt. Bei einer juristischen Person gilt dies entsprechend für deren gesetzliche Vertreter. Weist der Antragsteller hingegen positiv nach, dass er zuverlässig und sachkundig ist, über eine den gesetzlichen Vorgaben entsprechende Berufshaftpflichtversicherung verfügt und in geordneten Vermögensverhältnissen lebt, hat er einen Anspruch auf Erlaubniserteilung.[58]

Schließlich ist zu beachten, dass nicht nur der Versicherungsvermittler selbst, sondern auch seine Mitarbeiter in leitender Position sich unverzüglich nach Tätigkeitsaufnahme in das **Vermittlerregister** nach § 11a

---

50 Guter Überblick über die Tätigkeitsfelder von InsurTechs und deren Zuordnung zu diesen Tätigkeitsfeldern bei New Players Network, InsurTech Übersicht 2022, abrufbar unter: https://newplayersnetwork.jetzt/wp-content/uploads/2022/05/INSURTECH-UeBERSICHT-2022.pdf, S. 13 ff.
51 Hier kann als prominentes Beispiel die finanzen.de-Gruppe genannt werden.
52 Vgl. hierzu ausführlicher Bruck/Möller/Fischer Einf. Kap. F Rn. 104 ff.
53 BeckOK GewO/Will GewO § 34d Rn. 138.
54 Zu den Ausnahmen von der Erlaubnispflicht s. § 34d Abs. 6 bis 8 GewO.
55 Bruck/Möller/Fischer Einf. Kap. F Rn. 101.
56 Landmann/Rohmer GewO/Schönleiter GewO § 34d Rn. 20.
57 OLG München Urt. v. 16.1.2020 – 29 U 1834/18, GRUR-RS 2020, 3146.
58 Bruck/Möller/Fischer Einf. Kap. F Rn. 110.

GewO eintragen lassen müssen. Diese Eintragungspflicht gilt nicht für alle unmittelbar an der Vermittlung oder Beratung mitwirkenden Personen.[59]

b) Assekuradeure

44 Auch vor dem Hintergrund der insgesamt hohen Anforderungen an Neo-Versicherer hat die **Rechtsfigur des Assekuradeurs** in der InsurTech-Szene eine große Bedeutung und wird **teils** als **Durchgangsstadium** zum Risikoträgerstatus genutzt. Als Assekuradeur können InsurTechs ihre Geschäftsidee und das Angebot am Markt testen, ohne die strengen Kapital- oder Governance-Anforderungen an Neo-Versicherer erfüllen zu müssen. Prominentes Beispiel in diesem Zusammenhang ist getsafe, die 2015 mit einem digitalen Versicherungsmanager als Versicherungsmakler gestartet waren und 2017 ihr Geschäftsmodell auf den Assekuradeurstatus mit der Munich Re als Risikoträger umgestellt haben, bevor ihnen 2021 eine Versicherungslizenz durch die BaFin erteilt worden ist. Aufgrund der großen Gestaltungsmöglichkeiten und der unmittelbaren Kundenexponierung ist die Assekuradeureigenschaft bei InsurTechs sehr beliebt.

45 **Assekuradeure** sind **Versicherungsvertreter**,[60] in der Regel in Form von Mehrfachvertretern oder -agenten, die im InsurTech-Bereich typischerweise mit Ausnahme der Risikoübernahme sämtliche oder jedenfalls einen großen Teil der Funktionen übernehmen, welche ansonsten in der Wertschöpfungskette bei dem Versicherer liegen. Neben dem Vertrieb und der Beratung zu dem Produkt kümmern sich Assekuradeure um das Entwerfen von Deckungskonzepten, die Produktentwicklung, das Prämieninkasso und sonstige Mahnwesen sowie die vollständige Schadenbearbeitung und -abwicklung.[61] Zudem können Assekuradeure die Produkte regelmäßig **unter ihrem eigenen Namen vermarkten**, so dass jedenfalls im Retailbereich den wenigsten Kunden bewusst sein dürfte, dass der Assekuradeur nicht der Risikoträger ist. Daran dürfte auch der Umstand, dass der Versicherer im Versicherungsschein auszuweisen ist, nichts ändern.

46 Die entsprechenden Befugnisse räumt der jeweilige Versicherer dem Assekuradeur über entsprechende Vollmachten ein, die im Innenverhältnis die konkreten Befugnisse des Assekuradeurs festlegen. Nach außen sind die Vollmachten unbeschränkt.[62] **Aufsichtsrechtlich** handelt es sich für das Versicherungsunternehmen um eine **Ausgliederung von wichtigen Funktionen**, so dass insbesondere die Vorgaben des § 32 VAG zu berücksichtigen sind.

c) Sondervergütungsverbot

47 Ein weiteres regulatorisch wesentliches Thema für InsurTechs, die als Versicherungsvermittler tätig sind, ist das in § 48b Abs. 1 VAG geregelte **Sondervergütungs- und Provisionsabgabeverbot**.[63] Bei dem Einsatz von Incentivierungen, die auch von InsurTechs zur Neukundengewinnung genutzt werden, wie beispielsweise Amazon-Gutscheine oder ein hochwertiges Fahrradschloss zur E-Bike-Versicherung,[64] sind die Grenzen des § 48b VAG zu berücksichtigen. Nach § 48b Abs. 1 VAG ist es Versicherungsvermittlern und seinen Angestellten untersagt Versicherungsnehmern, versicherten Personen oder Bezugsberechtigten aus einem Versicherungsvertrag Sondervergütungen zu gewähren oder zu versprechen. Eine Sondervergütung ist jede unmittelbare oder mittelbare Zuwendung neben der im Versicherungsvertrag vereinbarten Leistung, insbesondere jede vollständige oder teilweise Provisionsabgabe, sonstige **Sach- oder Dienstleistung**, die nicht die Versicherungsleistung betrifft oder **Rabattierung** auf Waren oder Dienstleistungen, sofern die entsprechende Zuwendung nicht geringwertig ist (§ 48b Abs. 2 S. 1 VAG). Ausgenommen von dieser Marktverhaltensregelung sind also **geringwertige Zuwendung**, dh Belohnungen oder Geschenke zur Anbahnung oder anlässlich eines Vertragsabschlusses, soweit diese einen Gesamtwert von 15 Euro pro Versi-

---

59 Schulze-Werner GewArch 2017, 418 (423).
60 U.a. Bruck/Möller/Fischer Einf. Kap. F Rn. 113; Haß/Gail SPV 2021, 12 (14 f.); Schwampe RdTW 2021, 170 (171).
61 Haß/Gail SPV 2021, 12 (13); Schwampe RdTW 2021, 170 (171).
62 Schwampe RdTW 2021, 170 (172).
63 § 48b VAG gilt auch für Versicherungsunternehmen und ist damit auch von Neo-Versicherern zu beachten.
64 Weitere Beispiele bei Boslak/Kliesch VersR 2021, 228 (228); Möslein/Omlor FinTech-HdB/Heukamp § 32 Rn. 65.

cherungsverhältnis und Kalenderjahr nicht überschreiten (§ 48b Abs. 2 S. 2 VAG) und Sondervergütungen, die zu **dauerhaften Leistungserhöhungen oder Prämienreduzierungen** verwendet werden (§ 48b Abs. 4 VAG).

Im Hinblick auf Prämienreduzierungen fordert die BaFin, dass der zugrundeliegende Versicherungsvertrag eine entsprechende vertragliche Regelung enthält.[65] Diese Auslegung hat zur Folge, dass eine **Prämienreduzierung** grundsätzlich nur in dem Vertragsverhältnis zwischen dem Versicherer und dem Versicherungsnehmer vereinbart werden kann, **nicht** jedoch **einseitig durch den Vermittler** versprochen oder gewährt werden kann.[66] Vor dem Hintergrund, dass in solchen Fällen regelmäßig nicht sichergestellt ist, dass die Zuwendung dem Versicherungsverhältnis langfristig zu Gute kommt, weil der Kunde, zumeist ohne es zu wissen, letztlich das Bonitätsrisiko des Versicherungsvermittlers trägt, entspricht dies durchaus dem gesetzgeberischen Ziel eines möglichst umfangreichen Kundenschutzes.

Vor dem Hintergrund, dass **Gruppenversicherungsnehmer** aufgrund der jüngsten Rechtsprechung des EuGH unter bestimmten Voraussetzungen als **Versicherungsvermittler** gelten,[67] stellt sich die Frage, ob Rabatte, die ein Gruppenversicherungsnehmer seinen Kunden, den Gruppenmitgliedern, dauerhaft gewährt, ein Verstoß gegen § 48b Abs. 1 VAG darstellt, sofern diese nicht den Anforderungen an die Geringwertigkeit entsprechen. Vor dem Hintergrund, dass ein Gruppenmitglied in Gruppenversicherungskonstellationen zwar ein unmittelbares Recht auf die Versicherungsleistung gegen den Versicherer hat, aber keine Pflichten diesem gegenüber, greift das Argument, dass der Kunde das Bonitätsrisiko des Versicherungsvermittlers trägt in diesem Fall nicht. Vielmehr wirkt die seitens des Gruppenversicherungsnehmers gewährte Prämienreduzierung grundsätzlich auch in dem Versicherungsverhältnis zwischen Versicherer und Gruppenmitglied, das nach Auffassung des EuGH im Falle einer Gruppenversicherung auch ohne unmittelbaren Vertrag zwischen diesen beiden entsteht,[68] weil der Versicherungsschutz an das Gruppenmitglied stets zu dem Entgelt gewährt wird, dass das Gruppenmitglied an den Gruppenversicherungsnehmer, also den Versicherungsvermittler leistet. Denkbar ist zwar, dass der Versicherungsschutz entfällt, wenn der Gruppenversicherungsnehmer seinen Verpflichtungen gegenüber dem Versicherer nicht mehr nachkommt, in diesem Fall wird das Gruppenmitglied aber auch von seiner Zahlungspflicht frei. Das Gruppenmitglied ist keinen größeren Risiken oder Fehlanreizen ausgesetzt als bei einer dauerhaften Prämienreduzierung in einem unmittelbar zwischen Versicherer und Versicherungsnehmer geschlossenen Versicherungsvertrag. Damit ist bei echten Gruppenversicherungsverträgen, bei denen das Gruppenmitglied ein Entgelt an den Gruppenversicherungsnehmer leistet, eine dauerhafte Reduzierung dieses zu leistenden Entgelts der dauerhaften Reduzierung der Versicherungsprämie in einem Versicherungsvertrag gleichzustellen.

2. Robo Advice

Auch dem Versicherungsvertrieb ist der **Robo Advice**, also die maschinelle Beratung des (potenziellen) Versicherungsnehmers nicht mehr fremd (in Bezug auf Finanzdienstleistungen → *Robo Advice* Rn. 1). Bisher gibt es **keinen gesonderten Rechtsrahmen** für den Robo Advice, vielmehr gelten die gleichen rechtlichen Vorgaben wie für den konventionellen Vertrieb.[69] Die Anforderungen sind hier weder höher noch niedriger, da der Gesetzgeber ein gleichbleibendes Schutzniveau für Versicherungsnehmer erreichen wollte. Die Auswirkungen der Vorgaben können aber zwischen konventionellem Vertrieb und dem Digitalvertrieb unterschiedlich sein.[70] Vor der Umsetzung der IDD waren beispielsweise die Formerfordernisse, die für

---

65 BaFin, Merkblatt zur Auslegung des Sondervergütungsverbotes (§ 48b Versicherungsaufsichtsgesetz – VAG) v. 21.10.2020, abrufbar unter https://www.bafin.de/SharedDocs/Veroeffentlichungen/DE/Merkblatt/VA/mb_201021_sondervereguetungsverbot_va.html, Rn. 29.
66 So auch Boslak/Kliesch VersR 2021, 228 (234).
67 EuGH Urt. v. 24.2.2022 – C-143/20, C-213/20, VersR 2022, 485 (494) und Urt. v. 29.9.2022 – C-633/20, VersR 2022, 1372 (1376), ausführlich hierzu auch Fischer/Lübcke BB 2022, 1538 (1541 f.).
68 EuGH Urt. v. 24.2.2022 – C-143/20, C-213/20, VersR 2022, 485 (494).
69 Vgl. zu den konkreten Pflichten und deren Umsetzung im digitalen Umfeld ausführlich Bruck/Möller/Fischer Einf. Kap. F Rn. 115 ff.; Linardatos Robo Advice-HdB/Waldkirch § 19 Rn. 20–50.
70 Möslein/Omlor FinTech-HdB/Armbrüster § 31 Rn. 57 ff.

Versicherungsvermittler galten und stark bis ausschließlich auf den analogen Vertrieb ausgerichtet waren, eine kaum überbrückbare Hürde für den digitalen Vertrieb. Durch die nahezu flächendeckende Einführung[71] des Textformerfordernisses mit der Umsetzung der IDD sind die Hürden deutlich gesunken. Eine weitere Konsequenz fehlender spezifischer Vorschriften für die maschinelle Beratung ist auch, dass derzeit keine Pflicht besteht, den Versicherungsnehmer darüber zu informieren, dass die Beratung maschinell erfolgt.[72] Die Europäische Kommission hat allerdings am 11.5.2022 einen Vorschlag für eine RL des Europäischen Parlaments und des Rates zur Änderung der Richtlinie 2011/83/EU in Bezug auf im Fernabsatz geschlossene Finanzdienstleistungsverträge und zur Aufhebung der Richtlinie 2002/65/EG vorgelegt, der mit Art. 16d eine spezielle Vorschrift in Bezug auf Transparenz beim **Einsatz von Online-Tools** wie **Robo Advice** oder **Chatbots** vorsieht (→ Rn. 51).[73]

a) Kein rechtliches Erfordernis zur Befragung und Beratung durch eine natürliche Person

51 Der Versicherungsvermittler ist gemäß § 61 Abs. 1 VVG zur **anlassbezogenen Befragung und Beratung des Versicherungsnehmers** verpflichtet. Auch wenn der Gesetzgeber bei der Normierung der Beratungspflicht ein persönliches Beratungsgespräch zwischen natürlichen Personen vor Augen hatte,[74] gibt es keine Anhaltspunkte dafür, dass er die **maschinelle Beratung** ausschließen will.[75] Wenn die IDD Beratung als die Abgabe einer persönlichen Empfehlung an einen Kunden, entweder auf dessen Wunsch oder auf Initiative des Versicherungsvertreibers bezüglich eines oder mehrerer Versicherungsverträge definiert, folgt auch hieraus kein Erfordernis einer Beratung durch eine natürlich Person. Vielmehr ergibt sich hieraus das Erfordernis, dass die Empfehlung die individuelle Situation des Versicherungsnehmers berücksichtigen muss.[76] Auch wenn es keine Pflicht zur menschlichen Beratung gibt, ist zu erwarten, dass es **zukünftig ein Recht auf persönliche Beratung** geben wird.[77] So sieht der Vorschlag der Europäischen Kommission für eine Richtlinie des Europäischen Parlaments und des Rates zur Änderung der Richtlinie 2011/83/EU in Bezug auf im Fernabsatz geschlossene Finanzdienstleistungsverträge und zur Aufhebung der Richtlinie 2002/65/EG vor, dass der Verbraucher im Falle von Robo Advice das Eingreifen einer Person verlangen und erwirken können muss (Artikel 16d Abs. 3).[78]

b) Inhaltliche Ausgestaltung des RoboAdvice

52 Ein wesentlicher Bestandteil der Frage- und Beratungspflicht ist, dass der Versicherungsvermittler den Versicherungsnehmer zu seinen Wünschen und Bedürfnissen befragen muss, soweit hierfür ein Anlass besteht, sei es aufgrund der Schwierigkeit, die angebotene Versicherung zu beurteilen oder aufgrund der Person des Versicherungsnehmers oder dessen Situation. Die anlassbezogene Bedarfsabfrage entfällt auch nicht wenn der Versicherungsnehmer in der Folge wirksam auf die Beratung verzichtet.[79] Allerdings besteht durch § 61 Abs. 1 S. 1 VVG keine eigenständige Pflicht des Versicherungsvermittlers zu prüfen, ob die Voraussetzungen vorliegen, die eine Befragung oder Beratung des Versicherungsnehmers erforderlichen machen.[80]

53 **Sinn und Zweck der Beratungspflicht** ist es, den Versicherungsnehmer in die Lage zu versetzen, eine **rationale Wahl** bezüglich des seinen Wünschen und Bedürfnissen entsprechenden Versicherungsprodukts

---

71 Vgl. zu den noch bestehenden Schriftformerfordernissen Möslein/Omlor FinTech-HdB/Armbrüster § 31 Rn. 70 ff.
72 Hierzu ausführlich Linardatos Robo Advice-HdB/Waldkirch § 19 Rn. 16 ff.
73 COM(2022) 204 final, 26.
74 So schon Fischer BB 2012, 2773 (2777).
75 U.a. Armbrüster r+s 2017, 57 (60 f.); Brand ZVers 1/2019, 3 (10 f.); Fischer BB 2012, 2773 (2777); Notthoff r+s 2018, 523 (525); Linardatos Robo Advice-HdB/Waldkirch § 19 Rn. 11; implizit auch OLG München Urt. v. 6.4.2017 – 29 U 3139/16, VersR 2017, 1270 (1272); aA Beenken r+s 2017, 617 (619).
76 Brand ZVers 1/2019, 3 (10); Linardatos Robo Advice-HdB/Waldkirch § 19 Rn. 10.
77 Anders Linardatos Robo Advice-HdB/Waldkirch § 19 Rn. 12.
78 COM(2022) 204 final, 26.
79 MüKoVVG/Reiff VVG § 61 Rn. 38.
80 OLG München Urt. v. 6.4.2017 – 29 U 3139/16, VersR 2017, 1270 (1271).

treffen zu können.[81] Diese Anforderungen muss der Robo Advice auch erfüllen, so dass es nicht ausreicht, wenn lediglich Daten und Kenntnisse standardisiert weitergegeben werden.[82] Erforderlich aber letztlich auch ausreichend ist, wenn der Versicherungsnehmer durch eine Eingabemaske geführt wird und ein **Algorithmus** aufgrund seiner Eingaben eine **Empfehlung für ein bestimmtes Produkt errechnet** oder ggf. auch **aufgrund des spezifischen Bedarfsprofils kein Produkt** anbietet.[83]

Insgesamt muss der Prozess so strukturiert sein, dass der Versicherungsnehmer in die Lage versetzt wird, seine Bedürfnisse und Wünsche zutreffend mitzuteilen. Bei der entsprechenden Bedarfsanalyse können Tools wie Drop-Down-Menüs, Instant-Chats oder sonstige Steuerungselemente verwendet werden.[84] Insbesondere bei komplexeren Produkten sollte allerdings vor dem Einsatz von maschineller Beratung überprüft werden, ob auch diesbezüglich gesetzeskonform beraten werden kann. 54

c) Aufsichtsrechtliche Aspekte

Auch **aufsichtsrechtlich** gibt es **keine konkreten Vorgaben für Robo Advice**, gleichwohl spielen gewisse aufsichtsrechtliche Vorgaben für den Einsatz von Robo Advice, insbesondere durch Versicherungsunternehmen, eine maßgebliche Rolle.[85] Nachfolgend sollen nur zwei Aspekte hervorgehoben werden. So muss stets sichergestellt sein, dass der im Robo Advice **verwendete Algorithmus erklärbar und nachvollziehbar** ist, um zu gewährleisten, dass die BaFin ihren aufsichtsrechtlichen Überwachungspflichten gemäß § 294 Abs. 2 und 3 VAG, insbesondere bezüglich der Einhaltung der versicherungsvertragsrechtlichen Vorschriften, überhaupt nachkommen kann.[86] Darüber hinaus ist dies auch aus **Risikomanagementgesichtspunkten** erforderlich.[87] Bei selbstlernenden Systemen, deren Einsatz in der Zukunft ansteigen dürfte, muss sichergestellt werden, dass die Algorithmen so ausgestaltet werden, dass sie einzelne Versicherungsnehmer(gruppen) nicht unmittelbar oder mittelbar diskriminieren. Andernfalls droht eine Verletzung von **versicherungsaufsichtsrechtlichen Gleichbehandlungsgrundsätzen**.[88] 55

IV. Distributed Ledger bzw. Blockchain Technologie im Versicherungssektor

Relevante rechtliche Aspekte der Distribution Ledger bzw. Blockchain Technologie (→ *Blockchain* Rn. 33 ff.) sind nicht Gegenstand der nachfolgenden Ausführung, die sich im Wesentlichen auf die Begriffsbestimmung und Anwendungsfälle im Versicherungsbereich beschränken. 56

1. Begriffsbestimmung

Bei **Distributed Ledger Technologien** (DLT) handelt es sich um ein auf viele Teilnehmer verteiltes Kontobuch. Mittels konsensualer Kontrollmechanismen gewährleisten die Teilnehmer eines DLT-Netzwerks, dass die jeweiligen Kopien stets einheitlich sind.[89] Die **Blockchain** stellt einen Anwendungsfall von DTL dar, bei der an dem Kontenbuch vorgenommene Änderungen in einer Aneinanderreihung (*chain*) von mittels sog. Hashs miteinander verbundenen Blöcken (*blocks*) festgehalten werden[90] und jeder Block einen bestimmten Datenbestand mit bestimmten Informationen aufweist (→ *Blockchain* Rn. 4 ff.). Durch diese technische Ausgestaltung bedarf es gerade keiner zentralen zwischengestalteten Stelle mehr, vielmehr handelt es sich um ein reines Peer-to-Peer Netzwerk.[91] 57

---

81 Linardatos Robo Advice-HdB/Waldkirch § 19 Rn. 14.
82 Looschelders/Pohlmann/Pohlmann VVG § 6 Rn. 88.
83 Linardatos Robo Advice-HdB/Waldkirch § 19 Rn. 14.
84 Möslein/Omlor FinTech-HdB/Armbrüster § 31 Rn. 114.
85 Ausführlich zu dem Themenkomplex Robo Advice und Versicherungsaufsichtsrecht Linardatos Robo Advice-HdB/Schäfers § 20.
86 Linardatos Robo Advice-HdB/Schäfers § 20 Rn. 23 ff.
87 So schon Bruck/Möller/Fischer Einf. Kap. F Rn. 163.
88 Hierzu auch Linardatos Robo Advice-HdB/Schäfers § 20 Rn. 26.
89 Sassenberg/Faber Industrie 4.0 und Internet-HdB/Rein § 14 Rn. 2 ff.
90 Langenbucher/Bliesener/Spindler/Hoche/Wentz 11. Kap. Rn. 3.
91 Ebers/Heinze/Krügel/Steinrötter KI/Berberich § 27 Rn. 3.

58 Ein **Smart Contract** stellt eine digitale Anwendung dar, die in der Lage ist, (Teile von) Rechtsbeziehungen über eine Abfolge von Wenn-Dann-Anweisungen selbst auszugestalten (→ *Smart Contract* Rn. 1 ff.), indem sie innerhalb einer Vertragsbeziehung bestehende Pflichten erfüllt, wenn vorher genau bestimmte Bedingungen eintreten und so zuvor definierte Rechtsfolgen bewirkt, ohne dass es eines weiteren (menschlichen) Eingreifens oder eines Erfüllungsakts bedürfte. Um Sicherheit, Vertrauen und Fälschungssicherheit zu erreichen, kann ein Smart Contract in eine Blockchain integriert werden.[92]

2. Anwendungsfelder

59 In der **Versicherungsbranche** können diese Technologien vor allem im Rahmen des **Vertragsschlusses** sowie **zur Prozessoptimierung** Anwendung finden. Zu denken ist etwa an den Einsatz in vorvertraglichen Geldwäscheprüfungs- und KYC-Prozessen, wobei die insoweit erforderliche Dokumentation in einer Blockchain festgehalten wird und für spätere Anfragen von unterschiedlichen Akteuren verfügbar gemacht wird.[93] So wurden im Seeversicherungssektor bereits versicherte Seehandelsschiffe in einer Blockchain erfasst und die Prämien dann in Abhängigkeit von der Gefährlichkeit des durchquerten Seegebiets von einem algorithmus-basierten Smart Contract kalkuliert und ggf. angepasst.[94]

60 Aber auch bei der **Bearbeitung von Schäden** und den ggf. erforderlich werdenden Auszahlungen können Smart Contracts eingesetzt werden, da diese bei einer genauen Definition der Auszahlungsbedingungen die entsprechenden Prozesse automatisch anstoßen und durchführen können, wenn der Eintritt des Schadensfalls einfach und objektiv bestimmt werden kann. Besondere Relevanz hat dies bei **parametrischen Versicherungen**, bei denen nicht konkret entstandene Schäden kompensiert, sondern vorher fest definierte Summen ausgezahlt werden.[95] Als Auszahlungen auslösende Trigger Events kommen etwa durch Verkehrsdaten zweifelsfrei festzustellende Flugverspätungen in Betracht, zu denken ist aber auch an Ernteertragsausfallversicherungen, bei denen der Bedingungseintritt durch Auswertung der von vernetzten Sensoren ermittelten Wetter- und Umweltdaten erfolgt,[96] oder an Skiversicherungen, bei denen eine Auszahlung automatisch bei schlechten Wetterbedingungen oder technischen Problemen erfolgen kann.[97] Nicht zuletzt durch die globale **B3i-Initiative**[98] begünstigt, wurde erst jüngst der erste rechtsgültige, auf DLT und smart contracts beruhende Rückversicherungsvertrag geschlossen, der zudem nicht nur den jeweiligen internen Anforderungen der Parteien an Sicherheit und Technologie entsprach, sondern auch die Bedingungen der Aufsichtsbehörden erfüllte.[99]

3. Vor- und Nachteile

61 Der große **Vorteil** dieser Technologien besteht darin, dass kein vertrauenswürdiger Dritter involviert werden muss und **Prozesse automatisiert** werden können. Der dadurch sinkende administrative Aufwand kann **Kosten senken** und **Abläufe beschleunigen**, was letztlich auch Wettbewerb fördern und die Kunden-

---

[92] Paulus JuS 2020, 107; Kipker/Birreck/Niewöhner/Schnorr MMR 2020, 509.
[93] EIOPA, Discussion paper on blockchain and smart contracts in insurance v. 6.5.2022, abrufbar unter https://www.eiopa.europa.eu/document-library/consultation/discussion-paper-blockchain-and-smart-contracts-insurance_en, S. 12.
[94] Insurwave, vgl. dazu https://insurwave.com/; EIOPA, Discussion paper on blockchain and smart contracts in insurance v. 6.5.2022, abrufbar unter https://www.eiopa.europa.eu/document-library/consultation/discussion-paper-blockchain-and-smart-contracts-insurance_en, S. 14.
[95] EIOPA, Discussion paper on blockchain and smart contracts in insurance v. 6.5.2022, abrufbar unter https://www.eiopa.europa.eu/document-library/consultation/discussion-paper-blockchain-and-smart-contracts-insurance_en, S. 12; Sassenberg/Faber Industrie 4.0 und Internet-HdB/Schaloske/Wagner § 18 Rn. 12.
[96] Sassenberg/Faber Industrie 4.0 und Internet-HdB/Schaloske/Wagner § 18 Rn. 12.
[97] EIOPA, Discussion paper on blockchain and smart contracts in insurance v. 6.5.2022, abrufbar unter https://www.eiopa.europa.eu/document-library/consultation/discussion-paper-blockchain-and-smart-contracts-insurance_en, S. 14.
[98] Vgl. dazu https://b3i.tech/.
[99] Vertrag zwischen Allianz und Swiss Re, vgl. Pressemitteilung von B3i vom 6.4.2022, abrufbar unter https://lrw956r3mqxerdtc38kbe4hw-wpengine.netdna-ssl.com/wp-content/uploads/2022/04/20220406_B3i-Press-Release_Legally-Binding.pdf.

zufriedenheit steigern kann.[100] Zudem lässt sich ein höheres Level an Transparenz und Verlässlichkeit erreichen.[101] Durch ein Teilen der in der Blockchain enthaltenen Daten kann zudem eine **höhere Sicherheit** gewährleistet werden, was etwa Betrugsversuche oder Mehrfachabrechnungen verhindern kann.[102]

Als neue Technologien mit wenigen Erfahrungswerten bestehen aber auch nicht unerhebliche Risiken und Nachteile, nicht zuletzt aufgrund der dezentralen Struktur der DLT. Da es sich in der Praxis bislang um partikulare und vergleichsweise simple Anwendungsfälle handelt, ist insbesondere nicht absehbar, welche Probleme und Gefahren bei größeren und komplexeren Anwendungen entstehen könnten. **Rechtsunsicherheiten** drohen zudem **mangels verlässlicher und etablierter Verwaltungs- und Rechtsprechungspraktiken** in den meisten Jurisdiktionen, so dass häufig noch unklar ist, welchen rechtlichen Status ein Smart Contract hat sowie ob und welche Formvorgaben wie zu erfüllen sind. Je nach technischer Ausgestaltung treten datenschutzrechtliche Bedenken hinzu. Soweit versucht wird, Konformität mit datenschutzrechtlichen Bestimmungen durch eine entsprechende Anonymisierung der Daten und Beschränkung der überhaupt in die Blockchain aufzunehmenden Daten zu erreichen, könnte dies die zuvor beschriebenen Vorteile wieder schmälern und die Anonymität zugleich neue Gefahren durch drohende Geldwäsche- und Betrugsfälle schaffen.[103]

V. Ausblick

Der InsurTech Sektor wird sich weiter dynamisch fortentwickeln. Für die kommenden Jahre wird erwartet, dass die Anwendungsfälle für den Einsatz **künstlicher Intelligenz** vor allem in der Schadensabwicklung an Bedeutung gewinnen werden. Darüber hinaus versprechen sich Versicherer vom Einsatz des **Internet of Things** Fortschritte im Bereich des Underwritings sowohl bezüglich der Risikoberechnung als auch der -minderung; durch Echtzeitdaten sind alternative Prämiengestaltungen denkbar. Die Einbettung von Versicherungslösungen in Produkte bzw. Dienstleistungen, also sog. *embedded insurance*-Lösungen, werden ebenfalls weiter an Bedeutung gewinnen. All diese Entwicklungen werden nicht ohne weitere Anpassungen des rechtlichen Rahmens möglich sein, sodass der Gesetzgeber weiter gefordert bleibt.

---

100 EIOPA, Discussion paper on blockchain and smart contracts in insurance v. 6.5.2022, abrufbar unter https://www.eiopa.europa.eu/document-library/consultation/discussion-paper-blockchain-and-smart-contracts-insurance_en, S. 24; Hopt/Binder/Böcking CG-HdB/Reckenrich § 8 Rn. 11.
101 EIOPA, Discussion paper on blockchain and smart contracts in insurance v. 6.5.2022, abrufbar unter https://www.eiopa.europa.eu/document-library/consultation/discussion-paper-blockchain-and-smart-contracts-insurance_en, S. 24.
102 EIOPA, Discussion paper on blockchain and smart contracts in insurance v. 6.5.2022, abrufbar unter https://www.eiopa.europa.eu/document-library/consultation/discussion-paper-blockchain-and-smart-contracts-insurance_en, S. 13.
103 Zu den Risiken und Nachteilen insgesamt EIOPA, Discussion paper on blockchain and smart contracts in insurance v. 6.5.2022, abrufbar unter https://www.eiopa.europa.eu/document-library/consultation/discussion-paper-blockchain-and-smart-contracts-insurance_en, S. 21.

43. Intellectual Property Analytics

Lamping/Kapischke

I. Allgemeines	1	2. Sonstige Datenquellen	17
II. Prozesse und Methoden	2	V. Rechtliche Aspekte	18
III. Anwendungsbereiche	5	1. Datenschutz und Recht auf informationelle Selbstbestimmung	18
1. Recherche, Monitoring und Durchsetzung	6	2. Freiheit der Meinungsäußerung und Informationsfreiheit	21
2. Technologie- und Innovationsmanagement	11		
3. Finanzanalyse	12	3. Urheberrecht und verwandte Schutzrechte	22a
4. Regulierung und Gesetzgebung	13	4. Datenbankschutz	25
IV. Datenquellen	14	5. Geschäftsgeheimnisschutz	26
1. Ämter und Drittanbieter	15		

Literatur: *Abbas/Zhang/Khan*, A Literature Review on the State-of-the-Art in Patent Analysis, 37 World Patent Information (2014), 3; *Aristodemou/Tiertze*, Exploring the Future of Patent Analytics, 2017; *Aristodemou/Tietze*, The State-of-the-Art on Intellectual Property Analytics (IPA): A Literature Review on Artificial Intelligence, Machine Learning and Deep Learning Methods for Analysing Intellectual Property (IP) Data, 55 World Patent Information (2018), 37; *Baglieri/Cesaroni*, Capturing the Real Value of Patent Analysis for R&D Strategies, 25 Technol. Anal. Strat. Manag. (2013), 971; *Bonino/Ciaramella/Corno*, Review of the State-of-the-Art in Patent Information and Forthcoming Evolutions in Intelligent Patent Informatics, 32 World Patent Information (2010), 30; *Chen/Chang*, The Relationship Between a Firm's Patent Quality and its Market Value: The Case of US Pharmaceutical Industry, 77 Technol. Forecast. Soc. Chang. (2010), 20; *European Union Intellectual Property Office (EUIPO)*, Study on the Impact of Artificial Intelligence on the Infringement and Enforcement of Copyright and Designs, 2022, abrufbar unter; https://euipo.europa.eu/ohimportal/en/news/-/action/view/9230001; *EUIPO*, Automated Content Recognition: Discussion Paper – Phase 1, Existing Technologies and their Impact on IP, 2020, abrufbar unter https://op.europa.eu/de/publication-detail/-/publication/62cbc093-61e4-11eb-aeb5-01aa75ed71a1; *Evans/Luby*, In Search of Competitive Advantage, 243 Managing Intellectual Property (2014), 49; *Hall/Jaffe/Trajtenberg*, Market Value and Patent Citations, 36 Rand J. Econ. (2005), 16; *Joonhyuck et al.*, Hybrid Corporate Performance Prediction Model Considering Technical Capability, 8 Sustainability (2016), 640; *Jun/Park/Jang*, Technology Forecasting Using Matrix Map and Patent Clustering, 112 Ind. Manag. Data Syst. (2012), 786; *Kelaskar/Mukundan/Jain*, Patent Analytics Driven Approach to Technology Roadmaps – a Case of Photovoltaic Technology, 8 IJIPM (2015), 147; *Krestel et al.*, A Survey on Deep Learning for Patent Analysis, 65 World Patent Information (2021); *Lanjouw/Schankerman*, Patent Quality and Research Productivity: Measuring Innovation with Multiple Indicators, 114 Econ. J. (2004), 441; *Lupu*, Information Retrieval, Machine Learning, and Natural Language Processing for intellectual Property Information, 49 World Patent Information (2017), A1; *Martino*, Technology Forecasting for Decision Making, 1993; *Ministerium der Justiz des Landes Nordrhein-Westphalen*, Arbeitsgruppe „Digitaler Neustart" der Konferenz der Justizministerinnen und Justizminister der Länder – Berichte vom 1. Oktober 2018 und 15. April 2019, abrufbar unter https://www.justiz.nrw.de/JM/schwerpunkte/digitaler_neustart/index.php; *Moehrle*, Patinformatics as a Business Process: a Guideline through Patent Research Tasks and Tools, 32 World Patent Information (2010), 291; *Mogee*, Using Patent Data for Technology Analysis and Planning, 34 Res. Tech. Manag. (1991), 43; *Shin/Park/Jang*, R&D Indicators of a Firm as Predictors for Predicting Firm Performance, 15 Information (2012), 577; *Suominnen/Toivanen/Seppänen*, Firms' Knowledge Profiles: Mapping Patent Data with Unsupervised Learning, 115 Technology Forecasting and Social Change (2017), 131; *Thoma*, Composite Value Index of Patent Indicators: Factor Analysis Combining Bibliographic and Survey Datasets, 38 World Patent Information (2014), 19; *Trippe*, Patinformatics: Tasks to Tools, 25 World Patent Information (2003), 211; *Trippe*, Guidelines for Preparing Patent Landscape Reports, 2015.

I. Allgemeines

1 Intellectual Property Analytics ist ein Anwendungsfeld der **Data Analytics**. Dabei geht es darum, aus der Kombination von Einzeldaten zusammenfassende Informationen bzw. Erkenntnisse in Gestalt von **Mustern, Korrelationen** oder **Trends** zu gewinnen. Dank der Digitalisierung von Daten, der Verknüpfung von Datenbanken, der Verfügbarkeit immer größerer Datenmengen (→ *Big Data* Rn. 1) und der Entwicklung verbesserter Analysemethoden trägt die Datenwissenschaft zunehmend dazu bei, wirtschaftliche – aber auch politische – **Entscheidungsprozesse** durch datenbasierte **Handlungsempfehlungen** zu unterstützen. Intellectual Property Analytics dient insoweit nicht nur der Optimierung von unternehmerischen

Entscheidungen und Prozessen, sondern auch dem wissenschaftlichen und politischen Diskurs über die Ausgestaltung des Rechtsrahmens für den Schutz immaterieller Güter. In beiden Fällen geht es vornehmlich darum, auf der Grundlage historischer Daten bessere Entscheidungen für die Gegenwart und Zukunft zu treffen. Aus rechtspraktischer Sicht sind wiederum jene Anwendungsmöglichkeiten der Intellectual Property Analytics von Interesse, die die Überwachung und **Durchsetzung von Schutzrechten** erleichtern.

II. Prozesse und Methoden

Intellectual Property Analytics ist ein interdisziplinärer, mehrstufiger Prozess, der von der **Datenbeschaffung** (dazu weiter unten sowie → *Datenzugang* Rn. 1) über die **Datenaufbereitung** (dh Ermittlung und Bewertung, Bereinigung und Prüfung, Transformation und Anreicherung, Speicherung) und die Verknüpfung von Daten- und Datenbanken (zB Patent- und Markeninformationen mit Marktdaten, Handelsdaten, Finanzdaten, Lizenzbeziehungen, Forschungs- und Entwicklungsausgaben etc) bis hin zur eigentlichen **Analyse** und **Auswertung** der aufbereiteten Daten reicht. Der Großteil der Arbeitsschritte – von der Beschaffung bis zur Auswertung – ist heutzutage automatisiert. Im Rahmen der computergestützten Datenanalyse kommen dabei diverse Technologien, Methoden, Prozesse und Algorithmen (→ *Algorithmus* Rn. 1) zur Anwendung, deren Komplexität mit der Art der Datenanalyse steigt. 2

Im Allgemeinen werden vier Arten der Datenanalyse unterschieden: 3
(1) Die **deskriptive Analyse** (Descriptive Analytics) hat beschreibenden Charakter. Sie fasst historische Daten zusammen und visualisiert die daraus hervorgehenden Informationen in Form von Tabellen, grafischen Darstellungen und Maßzahlen (Mittelwert, Standardabweichung etc). Anhand der deskriptiven Analyse kann erklärt werden, *was* geschehen ist.
(2) Mit Hilfe der **diagnostischen Analyse** (Diagnostic Analytics) soll erklärt werden, *warum* etwas geschehen ist. Aufbauend auf den Ergebnissen der deskriptiven Analyse wird durch die Verknüpfung von Datenpunkten nach konkreten Mustern und Korrelationen gesucht, die Aufschluss über die Ursachen eines in der Vergangenheit liegenden Ereignisses geben können.
(3) Die **prädiktive Analyse** (Predictive Analytics) richtet den Blick in die Zukunft. Dabei geht es um die Beantwortung der Frage, was geschehen *wird* bzw. geschehen könnte. Ausgangspunkt sind die Ergebnisse der statistischen und diagnostischen Analyse. Auf Basis der erkannten Muster, Korrelationen und Trends wird versucht, Szenarien zu modellieren und Ereignisse vorherzusagen. Das Methodenspektrum erstreckt sich dabei von der klassischen Regressionsanalyse bis hin zu „selbstlernenden Algorithmen" (→ *Algorithmus* Rn. 4).
(4) Während sich die vorausgehenden Stufen der Datenanalyse auf die Beobachtung und Vorhersage von Ereignissen fokussieren, beschäftigt sich die **präskriptive Analyse** (Prescriptive Analytics) mit der Frage, was in Anbetracht dieser Erkenntnisse getan werden sollte. Ausgehend von den Ergebnissen der prädiktiven Analyse geht es also darum, Handlungsempfehlungen zu entwickeln.

Während die deskriptive und diagnostische Analyse mit relativ „simplen" statistischen Mitteln auskommen, erfordern die prädiktive und präskriptive Analyse den Einsatz komplexer Methoden der **Künstlichen Intelligenz** (Natural Language Processing, maschinelles Lernen, Deep Learning, neuronale Netzwerke etc) (→ *Künstliche Intelligenz (KI)* Rn. 1; → *Maschinelles Lernen* Rn. 1; → *Natural Language Processing (NLP)* Rn. 1). In letzteren steckt das größte Potenzial für die Unterstützung von Entscheidungsprozessen, aber auch die größte Gefahr von Fehlentscheidungen aufgrund mangelnder **Transparenz** und **Nachvollziehbarkeit** der Entscheidungsfindung (→ *Datenethik* Rn. 1; → *Transparenz und Erklärbarkeit* Rn. 1). 4

III. Anwendungsbereiche

Ebenso vielfältig wie die Methoden sind die Anwendungszwecke der Datenanalyse. Sie reichen von der reinen Informationsbeschaffung zum Zwecke der Marktbeobachtung bis hin zu präskriptiven Analysen im Kontext des Technologie- und Innovationsmanagements. Vor diesem Hintergrund lassen sich eine ganze Reihe von Anwendungsbereichen der Intellectual Property Analytics definieren, die sich sowohl des 5

Erkenntnisinteresses als auch der **Komplexität** des für die Datenanalyse verwendeten Instrumentariums unterscheiden. Vier von ihnen sollen nachfolgend grob umrissen werden.

1. Recherche, Monitoring und Durchsetzung

6   **Recherche** und **Monitoring** sind die wohl am weitesten verbreiteten Anwendungsbereiche der Intellectual Property Analytics. Dabei geht es vornehmlich darum, Mitbewerber zu beobachten, Markt- und Technologietrends zu verfolgen und Geschäftsmöglichkeiten zu ermitteln. Dazu zählen unter anderem **Patent- und Markenrecherchen** im Rahmen der Anmeldung (Recherchen zum Stand der Technik, Neuheitsrecherchen, Namensrecherchen, Rechtsstandrecherchen etc) sowie **Freedom to Operate** (FTO) Analysen im Zuge der Markteinführung neuer Produkte oder Dienstleistungen. Methoden der Künstlichen Intelligenz werden zum Teil auch dafür eingesetzt, bestehende Patent- und Markenanmeldungen zu analysieren und Prognosen über die Schutzfähigkeit eines beanspruchten Gegenstands oder über die Bestandsfähigkeit eines erteilten Schutzrechts zu treffen. In jedem Fall bedarf es eines möglichst großen Datensatzes, um belastbare Entscheidungen treffen zu können und das Risiko von Fehlentscheidungen zu reduzieren.

7   Im Rahmen der Schutzrechtsdurchsetzung kommt die Datenanalyse zum Zwecke der automatisierten **Überwachung von Rechtsverletzungen** zum Einsatz. Einerseits geht es dabei um die Identifikation von Handlungen Dritter, die eine dem Schutzrechtsinhaber vorbehaltene Befugnis verletzen, andererseits um den Schutz vor verletzenden oder unzulässigen Anmeldungen durch Dritte. Im Unterschied zum oben beschriebenen Anwendungsfall geht es hier nicht darum, aus einem möglichst umfassenden Datensatz Erkenntnisse abzuleiten. Ausgangspunkt sind vielmehr die Schutzobjekte (namentlich Werke, Marken oder Designs), deren Ähnlichkeit mit den von Dritten angebotenen Vergleichsobjekten ermittelt werden soll.

8   Zu diesem Zweck kommen verschiedene Technologien zum Einsatz:
   (1) **Hashing**: Beim kryptographischem Hashing wird einer Datei durch einen Hashing-Algorithmus eine Ziffern- und Buchstabenfolge zugewiesen. Dieser Hash ist für dieselbe Datei immer identisch und kann so mit einer Hash-Datenbank abgeglichen werden, um festzustellen, ob eine Kopie einer bestimmten Datei hochgeladen wurde. Da kleine Änderungen an der Datei aber schon zu anderen Hashes führen, ist die Technologie für die Erkennung von Rechtsverletzungen nur bedingt geeignet.
   (2) **Fingerprinting**: Fingerprinting weist hohe Ähnlichkeit mit manchen Formen des Hashing auf und wird deswegen teilweise auch so bezeichnet. Charakteristische Merkmale des Inhalts werden herausgearbeitet und auf dieser Grundlage wird ein Fingerprint (Fingerabdruck) erstellt, der mit einer Vergleichsdatenbank abgeglichen werden kann. Im Gegensatz zum Hashing können durch das Fingerprinting auch Dateien mit verändertem Inhalt erkannt werden. Es ist deshalb die momentan wohl beliebteste Methode zur Identifikation von Audio- und Videocontent.
   (3) **Watermarking**: Beim Watermarking wird dem Inhalt eine spezielle Eigenschaft gegeben, die nicht unbedingt für den Betrachter wahrnehmbar sein muss, aber von einem entsprechenden Programm erkannt wird. Probleme entstehen hier, wenn die spezielle Eigenschaft entdeckt und entfernt wird oder anderweitig durch Bearbeitung verloren geht.
   (4) **Computer Vision**: Computer Vision ist ein Teilbereich der Künstlichen Intelligenz. Mithilfe von Deep Learning und neuronalen Netzwerken wird die Identifikation, Klassifikation und Interpretation visueller Eingaben (Bilder, Videos, etc) automatisiert. Wenn es bei der Künstlichen Intelligenz im Allgemeinen darum geht, Computern das Denken zu ermöglichen, dann geht es bei der Bildanalyse durch Computer Vision darum, ihnen zum Sehen zu verhelfen. Computer Vision kommt zB zum Einsatz, um Urheberrechtsverletzungen oder Angebote gefälschter Markenprodukte ausfindig zu machen.

9   Die genannten Technologien werden eingesetzt, um im Internet verfügbare Dateien und Inhalte mit einem geschützten **Referenzobjekt** abzugleichen. Sie unterscheiden sich unter anderem darin, wieviel Rechenkapazität sie beanspruchen, wie effektiv sie Schutzrechtsverletzungen trotz Veränderungen am rechtsverletzenden Objekt erkennen und wie akkurat sie bei der Erkennung von Schutzrechtsverletzungen sind (das heißt, wie viele Vergleichsobjekte sie fehlerhaft als rechtsverletzend einstufen und umgekehrt).

Die Suche nach rechtsverletzenden Inhalten kann dabei entweder durch die Rechteinhaber selbst erfolgen, 10
etwa durch den Einsatz von Web-Crawlern, oder durch die Betreiber der **Online-Plattformen** (→ *Plattformen, allgemein* Rn. 2; → *Plattformen, Pflichten* Rn. 40, 95). Letzteres erfolgt häufig mittels sog. Upload-Filter. Dabei handelt es sich um eine serverseitig installierte Software, durch die Dateien beim Hochladen inhaltlich geprüft und gegebenenfalls abgewiesen werden (→ *Plattformen, Sperrung von Inhalten* Rn. 1). Ein Beispiel für eine solche Lösung zur automatischen Identifizierung von Inhalten ist YouTubes **Content ID**, durch das Urheber ihre Inhalte auf YouTube aufspüren und verwalten zu können. Die von Nutzern hochgeladenen Videos werden dabei mit einer Datenbank abgeglichen, in der die von den Urheberrechtsinhabern hinterlegten Audio- und Bildinhalte gespeichert sind. Stellt das System eine Übereinstimmung zwischen dem hochgeladenen und dem hinterlegten Inhalt fest, wird ein Content ID-Anspruch auf das betreffende Video erhoben. Dieser führt entweder zur Sperrung des Videos, zu einer Umsatzbeteiligung des Urheberrechtsinhabers an den Einnahmen oder zur Beobachtung der Zuschauerzahlen.

2. Technologie- und Innovationsmanagement

Einen Schritt weiter geht es beim Technologie- und Innovationsmanagement. Ziel der Datenanalyse ist hier 11
die Schaffung konkreter **Wettbewerbsvorteile** gegenüber anderen Marktteilnehmern. Es geht nicht mehr nur darum, zu beobachten und zu überwachen, sondern darum, **strategische Entscheidungen** zu treffen. Insoweit fokussiert sich Analyse auf die Identifikation von Technologietrends, Technologie- und Produktlebenszyklen, Patentierungs- und Lizenzaktivitäten und andere Indikatoren, die für eine Prognostizierung künftiger Entwicklungen herangezogen werden können. Die Brücke zwischen der Marktbeobachtung und dem Technologie- und Innovationsmanagement bilden zum Beispiel sog. Patent Landscape Reports, anhand derer die Technologie- und Innovationslage in bestimmten Sektoren oder Industriebereichen abgebildet wird. Die auf diesem Wege erlangten Erkenntnisse dienen als Basis für strategische und operative Entscheidungen: Investitionen in Forschung und Entwicklung, Definition der künftigen Innovationsrichtung, Festlegung strategischer Kooperationen, Mergers and Acquisitions (M&A), Technologietransfer und Lizenzbeziehungen, Patentierungs- und Kommerzialisierungsstrategien etc.

3. Finanzanalyse

Ein weiteres Anwendungsfeld der Intellectual Property Analytics ist die Finanzanalyse. Dabei werden 12
Finanzdaten und andere betriebswirtschaftliche Kennziffern mit **technologischen Indikatoren** (etwa Patentinformationen) verknüpft. Dieser Ansatz eignet sich besonders für technologieintensive Sektoren und Unternehmen, bei denen sich der **Unternehmenswert** allein auf der Grundlage betriebswirtschaftlicher Kennziffern nur schwer ermitteln lässt. Das technologische Potenzial macht gerade bei Start-ups einen Großteil der Marktkapitalisierung aus, spiegelt sich jedoch in der Gewinn-und-Verlust-Rechnung und in der Bilanz nicht vollumfänglich wider. Im Endeffekt geht es also darum, dieses Potenzial zu quantifizieren und in die Unternehmensbewertung miteinfließen zu lassen. So kann etwa die Anzahl der Patente und Patentanmeldungen als quantitativer Indikator herangezogen werden, während die Anzahl der „citations" qualitative Rückschlüsse zulassen kann. Dies ist wohlgemerkt mit Vorsicht zu genießen, da sich die Innovationskraft eines Unternehmens nicht aus der Anzahl der Patente ableiten lässt. Mehr Patente bedeutet eben nicht unbedingt mehr Innovation. Darüber hinaus lassen sich aus der Kombination von Finanz- und Technologiedaten auch prädiktive Modelle bauen, mit denen sich der Effekt von Investitionen in Forschung und Entwicklung auf abhängige Variablen wie Umsatz und Gewinn voraussagen lässt.

4. Regulierung und Gesetzgebung

Die computergestützte Datenanalyse ermöglicht es, latente Zusammenhänge zu erkennen und Korrelationen 13
aufzeigen, die multikausaler Natur sind und auf der Basis von Beobachtungen und Erfahrungswerten nicht wahrnehmbar wären. Im Bereich der rechtswissenschaftlichen **Grundlagenforschung** wird dadurch der Tatsache Rechnung getragen, dass normative Überlegungen und dogmatische Erkenntnisse für die Entwicklung belastbarer Handlungsempfehlungen an den Gesetzgeber nicht allein ausreichend bzw. ausschlaggebend sein können. Vielmehr bedarf es einer Erweiterung des **Methodenspektrums** der Rechtswis-

senschaften durch komplementäre Instrumente wie die Datenanalyse, um die Auswirkungen von Gesetzen und anderen Rechtsnormen auf sozio-ökonomische Prozesse und Gegebenheiten besser untersuchen und bewerten zu können. Insoweit erleichtert die Datenanalyse die Erarbeitung evidenzbasierter **Empfehlungen an die Politik** für die Gestaltung der rechtlichen und regulatorischen Rahmenbedingungen.

IV. Datenquellen

14 **Registerrechte** (Patente, Gebrauchsmuster, Sortenschutzrechte, Geschmacksmuster und eingetragene Marken) eignen sich zum Zwecke der Intellectual Property Analytics besonders gut, da Daten von den jeweils zuständigen Ämtern gesammelt und in Form von Datenbanken zur Verfügung gestellt werden (→ *Datenzugang* Rn. 15, 38). Insoweit kann auf einen **öffentlich zugänglichen Datenbestand** zugegriffen werden, der ein hohes Maß an Richtigkeit, Vollständigkeit und Aktualität aufweist.

1. Ämter und Drittanbieter

15 Datenquelle sind zum einen die Ämter selbst. So bietet etwa das **Deutsche Patent- und Markenamt** (DPMA) mit DPMAconnectPlus Zugang zum amtlichen Register (DPMAregister) und zum Patentinformationssystem DEPATIS, über das alle deutschen Patentdokumente seit 1877 (Patentschriften, Offenlegungsschriften, Auslegeschriften, Gebrauchsmusterschriften) sowie ein Großteil der Patentdokumente anderer großer Ämter (USA, Schweiz, Frankreich, Großbritannien, Korea, Japan) einsehbar sind. Espacenet bietet Zugang zur Datenbank des **Europäischen Patentamts** (EPA), die europäische Patentanmeldungen und über 120 Millionen Dokumente umfasst, auf die auch über den Web-Dienst Open Patent Services (OPS) zugegriffen werden kann. Das EPA pflegt außerdem den Global Patent Index und PATSTAT, eine Datenbank mit bibliographischen Daten und Rechtsereignisdaten zu Patenten aus zahlreichen Ländern. Auch die Datenbanken des **Amts der Europäischen Union für geistiges Eigentum** (EUIPO) sind frei zugänglich. Gerade bei kostenlos zugänglichen Datenquellen bestehen aber oft Einschränkungen hinsichtlich der Datenmenge, die aus den Datenbanken entnommen werden darf.

16 Darüber hinaus gibt es eine Reihe von privaten (i.e. nichtamtlichen) Anbietern, von denen Daten und Datensätze bezogen werden können.[1] Hier bestehen zum Teil Vorteile gegenüber den öffentlichen Angeboten hinsichtlich des Datenumfangs und der Analysemöglichkeiten, da einerseits die Daten bereits aufbereitet und strukturiert zur Verfügung gestellt werden und andererseits auch Mehrwertdienste angeboten werden, wie etwa die Anreicherung der Daten oder deren Verknüpfung mit weiteren Datenbanken.

2. Sonstige Datenquellen

17 Register allein sind häufig keine ausreichende Quelle, um informierte Entscheidungen treffen zu können. Sollen zum Beispiel im Rahmen eines Patent Landscape Reports Muster zur Forschungs- und Innovationstätigkeit in einem bestimmten Technologiesektor ermittelt werden, so muss dafür regelmäßig auch auf **Quellen außerhalb der Register** zurückgegriffen werden. Je nachdem, von welcher Quelle Daten bezogen werden, können sich verschiedene Fragen hinsichtlich der Legalität der Verwendung dieser Daten und der Verwertung der Ergebnisse stellen (→ *Datenzugang* Rn. 15, 38; → *Datenethik* Rn. 1).

V. Rechtliche Aspekte

1. Datenschutz und Recht auf informationelle Selbstbestimmung

18 Überall dort, wo Daten gesammelt und verarbeitet werden, ist das **Datenschutzrecht** von Bedeutung (→ *Datenschutz, allgemein* Rn. 1). Seit 2018 gilt in der EU die Verordnung (EU) 2016/679 (Datenschutz-

---

[1] Eine Liste öffentlicher und privater (meist kostenpflichtiger) Datenbanken mit Patentinformationen pflegt zum Beispiel die World Intellectual Property Organization (WIPO): https://inspire.wipo.int/wipo-inspire.

Grundverordnung, DS-GVO).[2] Zweck der Verordnung ist der Schutz natürlicher Personen bei der Verarbeitung ihrer **personenbezogenen Daten** durch private und öffentliche Unternehmen. Dadurch soll der Tatsache Rechnung getragen werden, dass Unternehmen im Rahmen ihrer Tätigkeiten in einem noch nie dagewesenen Umfang auf personenbezogene Daten zurückgreifen können. Zu diesem Zweck werden wir als Datensubjekte von der DS-GVO mit Rechten ausgestattet, ua auf Auskunft und Datenzugang, Berichtigung und Löschung (sog. Recht auf „Vergessenwerden"), Widerspruch der Datenverarbeitung und Datenübertragbarkeit (→ *Datenschutz, allgemein*, Rn. 39, 55; → *Datenschutz, Rechte der betroffenen Personen* Rn. 1). Damit einher gehen entsprechende Verpflichtungen auf Seiten der Unternehmen, namentlich weitreichende Informations- und Auskunftspflichten. Die Begriffe „personenbezogene Daten" und „Verarbeitung" sind dabei denkbar weit gefasst (Art. 4 DS-GVO), sodass eine Vielzahl von Anwendungen im Rahmen der Intellectual Property Analytics in den sachlichen Schutzbereich der DS-GVO fallen können.

In Deutschland leitet sich der Datenschutz aus dem **Recht auf informationelle Selbstbestimmung** ab, das als Ausprägung des allgemeinen Persönlichkeitsrechts (Art. 2 Abs. 1 iVm Art. 1 Abs. 1 GG) vom Bundesverfassungsgericht im sog. Volkszählungsurteil 1983 als Grundrecht anerkannt wurde.[3] Als solches ist das Recht auf informelle Selbstbestimmung auch ohne gesetzliche Verankerung den **Grundrechten** des Grundgesetzes gleichgestellt. Grundrechtlich gewährleistet ist nach dem Volkszählungsurteil „die Befugnis des Einzelnen, grundsätzlich selbst über die Preisgabe und Verwendung seiner persönlichen Daten zu bestimmen".[4] Denn wer nicht mit hinreichender Sicherheit überschauen könne, welche ihn betreffenden Informationen in bestimmten Bereichen seiner sozialen Umwelt bekannt sind, und wer das Wissen möglicher Kommunikationspartner nicht einigermaßen abzuschätzen vermöge, könne in seiner Freiheit wesentlich gehemmt werden, aus eigener Selbstbestimmung zu planen oder zu entscheiden.[5] Hieraus folge, dass die freie Entfaltung der Persönlichkeit den Schutz des Einzelnen gegen unbegrenzte Erhebung, Speicherung, Verwendung und Weitergabe seiner persönlichen Daten voraussetze.[6]

Das deutsche Grundrecht auf informationelle Selbstbestimmung findet seine Entsprechung in Art. 8 der Charta der Grundrechte der Europäischen Union, wonach jede Person das Recht auf Schutz der sie betreffenden personenbezogenen Daten hat. Die Vorschrift enthält die von den Unionsorganen und den EU-Mitgliedstaaten bei der Durchführung des Unionsrechts zu beachtenden Mindeststandards im Hinblick auf die Erhebung und Verarbeitung von personenbezogenen Daten.

2. Freiheit der Meinungsäußerung und Informationsfreiheit

Die Praxis der Online-Plattformen zur Überwachung von Inhalten hat eine hitzige Debatte über die **Freiheit der Meinungsäußerung** und die **Informationsfreiheit** entfacht. Im Zentrum dieser Debatte steht Art. 17 der DSM-Richtlinie,[7] wonach Diensteanbieter durch das Teilen von **Online-Inhalten** eine Handlung der öffentlichen Wiedergabe oder Zugänglichmachung vornehmen und insoweit der Öffentlichkeit Zugang zu urheberrechtlich geschützten Werken oder sonstigen Schutzgegenständen verschaffen. Die Diensteanbieter haften unmittelbar, wenn die betreffenden Inhalte von den Nutzern rechtswidrig auf die Plattform hochgeladen wurden, können sich jedoch von dieser **Haftung** befreien, indem sie die von den Nutzern hochgeladenen Inhalte aktiv überwachen (Art. 17 Abs. 4 der DSM-Richtline). Abhängig von der Zahl der hochgeladenen Dateien und der Art des fraglichen Schutzgegenstands muss dafür häufig auf Instrumente zur automatischen Erkennung und Filterung zurückgegriffen werden (sog. **Upload-Filter**, dazu

---

2 Verordnung (EU) 2016/679 vom 27.4.2016 zum Schutz natürlicher Personen bei der Verarbeitung personenbezogener Daten, zum freien Datenverkehr und zur Aufhebung der Richtlinie 95/46/EG (Datenschutz-Grundverordnung), ABl. L 119/1.
3 BVerfG Urt. v. 15.12.1983 – 1 BvR 209/83 ua, BVerfGE 65, 1.
4 BVerfG Urt. v. 15.12.1983 – 1 BvR 209/83 ua, BVerfGE 65, 1.
5 BVerfG Urt. v. 15.12.1983 – 1 BvR 209/83 ua, BVerfGE 65, 1, Rn. 146.
6 BVerfG Urt. v. 15.12.1983 – 1 BvR 209/83 ua, BVerfGE 65, 1, Rn. 147.
7 Richtlinie (EU) 2019/790 vom 17.4.2019 über das Urheberrecht und die verwandten Schutzrechte im digitalen Binnenmarkt und zur Änderung der Richtlinien 96/9/EG und 2001/29/EG (DSM-Richtlinie), ABl. L 130/92.

auch weiter oben). Dies setzt naturgemäß voraus, dass der Diensteanbieter von den Rechteinhabern die insoweit einschlägigen und notwendigen Informationen erhalten hat.

22 Polen hat im Jahr 2019 beim Gerichtshof der Europäischen Union (EuGH) Klage auf Nichtigerklärung von Art. 17 der DSM-Richtlinie erhoben, da dieser die Freiheit der Meinungsäußerung und die Informationsfreiheit verletze. Der EuGH hat die Klage mit der Begründung abgewiesen, dass die für das Teilen von Online-Inhalten eingeführte spezielle Haftungsregelung zwar eine Einschränkung der Ausübung des Rechts der Nutzer dieser Dienste auf freie Meinungsäußerung und Informationsfreiheit darstelle. Der Unionsgesetzgeber habe diese Einschränkung aber mit angemessenen Garantien versehen, um die Wahrung des Rechts auf freie Meinungsäußerung und Informationsfreiheit und das angemessene Gleichgewicht zwischen diesem Recht und dem Immaterialgüterrecht sicherzustellen.[8]

3. Urheberrecht und verwandte Schutzrechte

22a Bevor Daten analysiert und Datenbanken angelegt werden können, bedarf es einer Klärung, ob eine solche Nutzung rechtlich überhaupt zulässig ist. Die Datenanalyse im Rahmen der Intellectual Property Analytics kann Handlungen umfassen, die durch das **Urheberrecht**, das sui generis Recht an Datenbanken (dazu weiter unten) oder beides geschützt sind, vor allem wenn es um die **Vervielfältigung von Werken** oder sonstigen Schutzgegenständen oder die Entnahme von Inhalten aus einer Datenbank geht.

23 Zu beachten sind in diesem Zusammenhang die Regelungen des Gesetzes über Urheberrecht und verwandte Schutzrechte (UrhG) über die Zulässigkeit der Vervielfältigung von Werken für das **Text und Data Mining**, definiert als „automatisierte Analyse von einzelnen oder mehreren digitalen oder digitalisierten Werken, um daraus Informationen insbesondere über Muster, Trends und Korrelationen zu gewinnen" (§ 44b Abs. 1 und 2 UrhG).[9] Mithilfe solcher Verfahren können große Mengen digitaler Informationen wie Texte, Töne, Bilder oder Daten automatisch verarbeitet und ausgewertet werden. Soweit das Text und Data Mining für urheberrechtlich geschützte Daten erfolgt, sind solche Nutzungen nur zulässig, wenn der Rechtsinhaber sich diese nicht vorbehalten hat (§ 44b Abs. 3 UrhG). Dies gilt nicht für Fälle des Text und Data Mining, in denen gar keine Vervielfältigungshandlung erfolgt oder es sich um eine bloß vorübergehende Vervielfältigungshandlungen handelt (§ 44a UrhG), die nicht die Anfertigung von Kopien in einem über diese Ausnahme hinausgehenden Umfang einschließt. Zulässig ist außerdem die Vervielfältigung zum Zwecke der **wissenschaftlichen Forschung**, sofern sie nicht kommerzielle Zwecke verfolgt, sämtliche Gewinne in die wissenschaftliche Forschung reinvestiert werden oder im Rahmen eines staatlich anerkannten Auftrags im öffentlichen Interesse erfolgt. Hiervon ausgenommen sind aber Forschungsorganisationen, die mit einem privaten Unternehmen zusammenarbeiten (§ 60d UrhG), das einen bestimmenden Einfluss auf die Forschungsorganisation und einen bevorzugten Zugang zu den Ergebnissen der wissenschaftlichen Forschung hat.[10]

24 Weitere Erläuterungen und Beweggründe für den Umgang mit Text und Data Mining im Rahmen des Urheberrechts finden sich in den Erwägungsgründen der 2019 in Kraft getretenen Richtlinie (EU) 2019/790 (DSM-Richtlinie). Die Richtlinie vereinfacht die Nutzung urheberrechtlich geschützter Werke für das Text und Data Mining durch die Einführung verbindlicher Schranken.

4. Datenbankschutz

25 Der **Schutz von Datenbanken** wird auf europäischer Ebene durch die – zugegebenermaßen etwas in die Jahre gekommene – Richtlinie 96/9/EG geregelt.[11] Eine Datenbank im Sinne der Richtlinie ist eine „Sammlung von Werken, Daten oder anderen unabhängigen Elementen, die systematisch oder methodisch angeordnet und einzeln mit elektronischen Mitteln oder auf andere Weise zugänglich sind" (Art. 1 Abs. 2

---

8 Siehe EuGH Urt. v. 22.4.2022 – C-401/19, ECLI:EU:C:2022:297 – Polen / Parlament und Rat.
9 Siehe auch Art. 2 Z. 2 der DSM-Richtlinie.
10 Siehe auch Art. 3 der DSM-Richtlinie.
11 Richtlinie 96/9/EG vom 11.3.1996 über den rechtlichen Schutz von Datenbanken, ABl. L 77/20.

RL 96/9/EG). Rechtlichen Schutz gewährt die Richtlinie in zweifacher Form: durch einen **urheberrechtlichen Schutz** der in der Auswahl oder Anordnung der Daten zum Ausdruck kommenden persönlichen geistigen Schöpfung und durch ein **Schutzrecht sui generis**, das dem Hersteller der Datenbank die Untersagung der unerlaubten Entnahme und/oder Weiterverwendung des Inhalts der Datenbank ermöglicht.

5. Geschäftsgeheimnisschutz

Vorsicht geboten ist auch beim Umgang mit potenziellen **Geschäftsgeheimnissen**. Ein geschütztes Geschäftsgeheimnis liegt nach dem Gesetz zum Schutz von Geschäftsgeheimnissen (GeschGehG) vor, wenn die betroffene Information nicht allgemein bekannt oder ohne Weiteres zugänglich und daher von wirtschaftlichem Wert ist (§ 2 Nr. 1 GeschGehG).[12] Wurden die für die Analyse verwendeten Daten auf legalem Weg beschafft, dürfte dies in der Regel kein Problem darstellen (sofern die Verwendung nicht durch Verschwiegenheitsvereinbarungen oder andere Maßnahmen eingeschränkt ist). Ein Verstoß gegen das Geschäftsgeheimnisgesetz kann allerdings auch darin liegen, dass ein von einem Dritten rechtswidrig offengelegtes Geschäftsgeheimnis erlangt, genutzt oder offengelegt wird (§ 4 Abs. 3 GeschGehG).[13]

---

12 Siehe Art. 2 Z. 1 der Richtlinie (EU) 2016/943 vom 8.6.2016 über den Schutz vertraulichen Know-hows und vertraulicher Geschäftsinformationen (Geschäftsgeheimnisse) vor rechtswidrigem Erwerb sowie rechtswidriger Nutzung und Offenlegung, ABl. L 157/1.
13 Siehe Art. 4 Abs. 4 der Richtlinie (EU) 2016/943.

44. Internet of Things

Aßhoff

I. Einführung	1	d) Smart Agents	22
II. Definitionen und Merkmale des Internet of Things	3	e) Non Fungible Tokens (NFT)	27
1. Definitionsversuch	3	3. Typische Herausforderung im Internet of Things	29
2. Technische Hintergründe	9	a) Zurechnung von Willenserklärungen/Vertragsschluss	31
a) Vernetzung als wesentliche Voraussetzung des Internet of Things	13	b) Haftungsrechtliche Fragen	36
b) Blockchain	16	c) Recht an Daten	38
c) Smart Contracts	19	d) Datenschutz/Datensicherheit	40
		4. Ausblick	42

Literatur: *Auer-Reinsdorff*, Vertragsbeziehungen im Internet of Things. Beteiligte und Vertragsverhältnisse, Mängelhaftung und Verantwortlichkeit bei App-Nutzung, ITRB 2022, 94; *Bräutigam/Klindt*, Industrie 4.0, das Internet der Dinge und das Recht, NJW 2015, 1137; *Bräutigam/Kraul* (Hrsg.), Rechtshandbuch Internet of Things, 2021 (zit.: Bräutigam/Kraul IoT-HdB); *Grützmacher/Heckmann*, Autonome Systeme und KI – vom vollautomatisierten zum autonomen Vertragsschluss?, CR 2019, 553; *Guntermann*, Non Fungible Token als Herausforderung für das Sachenrecht, RDi 2022, 200; *Heine/Stang*, Weiterverkauf digitaler Werke mittels Non-Fungible Token aus urheberrechtlicher Sicht, MMR 2021, 755; *Horner/Kaulartz*, Haftung 4.0; CR 2016, 7; *Kaulartz*, Die Blockchain Technologie, CR 2016, 474; *Kaulartz/Heckmann*, Smart Contracts – Anwendung der Blockchain Technologie, CR 2016, 618; *Kaulartz/Matzke*, Die Tokenisierung des Rechts, NJW 2018, 3278; *Kramp/van Kranenburg/Lange*, Introduction to the Internet of Things, in Bassi et al. (Hrsg.), Enabling Things to Talk, 2013, S. 1 (zit.: Bassi et al. Introduction to the IoT/Kramp/van Kranenburg/Lange); *Kühling/Sackmann*, Irrweg „Dateneigentum". Neue Großkonzepte als Hemmnis für die Nutzung von Daten, ZD 2020, 24; *Ostoja-Starzewski*, Automatisierung von B2B-Zahlungen im Blockchain-Netzwerk der Industrie 4.0, RDi 2022, 259; *Paulus*, WAS ist eigentlich … eine Blockchain?, JuS 2019, 1049; *Paulus/Matzke*, Digitalisierung durch private Rechtsdurchsetzung, CR 2017, 769; *Rauer/Bibi*, Non fungible Tokens – Was können sie wirklich?, ZUM 2022, 20; *Remmertz/Kast* (Hrsg.), Digital Escrow – Rechtsschutz durch Hinterlegung digitaler Wirtschaftsgüter, 2022 (zit.: Remmertz/Kast Digital Escrow); *Reusch* (Hrsg.), Future Law, 2. Aufl. 2022 (zit.: Reusch Future Law); *Rückert*, Vermögensabschöpfung und Sicherstellung bei Bitcoins, MMR 2016, 295; *Sesing/Baumann*, Automatisierung von Vertragsbeziehungen in der Industrie 4.0, InTeR 2020, 134; *Shmatenko/Möllenkamp*, Digitale Zahlungsmittel in einer analog geprägten Rechtsordnung, MMR 2018, 495; *Sosnitza*, Das Internet der Dinge – Herausforderung oder gewohntes Terrain für das Zivilrecht?, CR 2016, 764; *Wiebe*, IT-sicherheitsbezogene Pflichten von Herstellern smarter Produkte, InTeR 2021, 66.

I. Einführung

1 The **Internet of Things** (kurz IoT) ist seit Anfang der 2000er Jahre eines der Buzzwords der Digitalisierung und wird sowohl in der technischen als auch juristischen Fachliteratur gleichsam verwendet. Oft wird der Begriff IoT mit dem weiteren Schlagwort der **Industrie 4.0** verwendet, der nach der 3. Industriellen Revolution mit der verbundenen Digitalisierung nun insbesondere die Vernetzung von Wertschöpfungsketten betrifft.[1] Sowohl der Begriff Industrie 4.0 als auch der Begriff Internet of Things (IoT) ist in gewisser Weise konturenlos bzw. von der tatsächlichen technischen Applikation abhängig, da eine rechtlich verbindliche Definition schon allein aufgrund der unterschiedlichen Anwendungsfelder schwierig ist. Ähnlich wie der Begrifflichkeit Industrie 4.0 kann dem Begriff Internet of Things ein gewisser Marketingcharakter nicht abgesprochen werden. Diese Konturenlosigkeit gilt auch für den Bereich Legal Tech da dieser insbesondere die Digitalisierung im Bereich der juristischen Anwendungen betrifft und eigentlich nur sekundär die Vernetzung von Smart Devices hin zu Smarten Fabriken und interagierenden Wertschöpfungsketten. Nachfolgend soll zunächst der Begriff des Internet of Things (IoT) näher definiert werden, um darauf

---

1 Bräutigam/Klindt NJW 2015, 1137; Knop, Das unbekannte Internet der Dinge, FAZ vom 3.1.2015, abrufbar unter https://www.faz.net/aktuell/wirtschaft/internet-in-der-industrie/industrie-4-0-das-unbekannte-internet-der-dinge-13350442.html.

aufbauend die Charakteristika des Internet of Things darzustellen und aufzuzeigen, wie diese im Rahmen von Legal Tech zur Anwendung kommen.

Die Anwendungsfelder des Internet of Things reichen von der Rückverfolgbarkeit von Produkten/Lieferungen in Lieferketten, über autonomes Fahren inklusive der Tarifierung von KFZ-Versicherungen, dem Betrieb von **Smart Factories** und sogenannten cyberphysischen Systemen bis hin zu Smart Home-Applikationen oder dem Einsatz der **Blockchain**-Technologie und von NFTs im rechtlichen Umfeld, zB im Rahmen von Smart Contracts bzw. der Verifizierung von Transaktionen.[2]

II. Definitionen und Merkmale des Internet of Things

1. Definitionsversuch

Der Begriff **Internet der Dinge** bezeichnet die Vernetzung von Gegenständen mit dem Internet, damit diese Gegenstände selbstständig über das Internet kommunizieren und so verschiedene Aufgaben für den Besitzer erledigen können. Der Anwendungsbereich erstreckt sich dabei von einer allg. Informationsversorgung über automatische Bestellungen bis hin zu Warn- und Notfallfunktionen.[3]

Die Begrifflichkeit des **Internet of Things** wurde erstmals Anfang der 2000er durch Kevin Ashton,[4] dem Mitgründer des Auto-ID Labs des MIT (Massachusetts Institute of Technology), im Zusammenhang mit der Entwicklung einer RFID-Infrastruktur aufgegriffen, die Rechner mit RFID-Chips an Gegenständen verband, um hieraus Rückschlüsse aus der Realität zu ziehen. Die Begrifflichkeit IoT wurde somit anfänglich primär zu technischen bzw. wirtschaftlichen Zwecken genutzt, um Sachverhalte zu beschreiben, in denen über Sensoren und Aktoren Veränderungen der Umwelt erfasst werden konnten, um diese dann softwareseitig zu verarbeiten (zB Veränderung der Raumtemperatur oder des Sauerstoffgehalts in einer Räumlichkeit).

Die EU-Kommission[5] versteht das Internet der Dinge im Gegensatz zu Computernetzen als ein Netz untereinander verbundener Gegenstände mit dem Ziel, dass diese in komplexe Systeme eingebettet und über Sensoren in der Lage sind, Informationen aus ihrer Umgebung aufzunehmen oder ihre Umgebung zu steuern. Aus juristischer Sicht wird der Begriff zum Teil als reiner Marketingbegriff angesehen, der als solcher konturenlos erscheint.[6]

Vor diesem technischen Hintergrund wirkt der Terminus Internet of Things (IoT) im Zusammenhang mit dem Oberbegriff **Legal Tech** auf den ersten Blick zunächst widersprüchlich, da das Internet of Things im Sinne einer digitalisierten Beobachtung der Umwelt vordergründig auf das Phänomen der **Machine to Machine** (M2M) Kommunikation bzw. der Kommunikation von vernetzten Gegenständen (Connected Things) zugeschnitten ist, aber nicht zur Optimierung von juristischen Prozessen.

Abhängig vom Verständnis des Begriffs **Legal Tech** als eng mit der anwaltlichen Arbeit verknüpfte Digitalisierung der juristischen Berufe oder, in einem weiteren Sinne, als genereller Technologieeinsatz im juristischen Bereich (→ *Legal Tech* Rn. 1 ff.), lässt sich der Themenkomplex IoT mehr oder weniger gut unter Legal Tech einordnen.

Im Hinblick auf **IoT-Anwendungen** im juristischen Umfeld ist eher von einem weiten Verständnis des Begriffs Legal Tech auszugehen. Dies ist damit zu begründen, dass im Rahmen der weiteren Vernetzung von Geschäftsprozessen eine Umsetzung rechtlicher Transaktionen zB durch Nutzung der Blockchain, Tokenisierung oder die technische Erfüllung von Smart Contracts erfolgt. Hier können Smart Devices

---

2 Vgl. Bräutigam/Kraul IoT-HdB/Bräutigam § 1 Rn. 6.
3 Gabler Wirtschaftslexikon, Stand 19.2.2018, abrufbar unter https://wirtschaftslexikon.gabler.de/definition/internet-der-dinge-53187/version-276282.
4 Bassi et al. Introduction to the IoT/Kramp/van Kranenburg/Lange S. 1.
5 Mitteilung der Europäischen Kommission vom 18.6.2009: Internet der Dinge – ein Aktionsplan für Europa, KOM(2009) 278, 2.
6 Bräutigam/Klindt NJW 2015, 1137; Sosnitza CR 2016, 764 (765).

selbstverständlich eine Rolle spielen, etwa zwecks Feststellung einer Tatbestandsvoraussetzung im Sinne eines Inputs für einen Smart Contract (wie zB „Lager ist leer", „Wartungsintervall endet am xxx" usw.). Über das Internet der Dinge und die damit verbundene Vernetzung wird – soweit diese vertragsrechtlich zulässig ist – auch grundsätzlich eine digitalisierte private Rechtsdurchsetzung ermöglicht.[7] Es wäre bspw. denkbar, dass ein Lizenzgeber einer Software bei ausbleibenden Lizenzzahlungen des Lizenznehmers bestimmte Funktionalitäten der Software blockiert. In einem erst kürzlich ergangenen Urteil zur Fernsperrung von Autobatterien steht der BGH[8] der Verwendung einer entsprechenden Klausel gegenüber Verbrauchern ablehnend gegenüber. Es bleibt daher abzuwarten, ob vertraglich ausgestaltete Eingriffsmöglichkeiten auf Smart Devices mit dem deutschen Recht der Allgemeinen Geschäftsbedingungen in Einklang zu bringen sind.

2. Technische Hintergründe

9 Basis für das Internet of Things sind letztlich drei Meilensteine der Informationstechnologie:
1. Die Entwicklung von Personal Computern, die eine großflächige Vernetzung von Rechnern ermöglichte;
2. Die fortschreitende **Vernetzung** von Rechnern über das Internet, verbunden mit der Möglichkeit eines schnellen Datenaustauschs sowie
3. Die Entwicklung mobiler Endgeräte (**Smart Devices**) und die Durchdringung unseres Alltags mit Geräten, die vernetzt werden können und daher in der Lage sind, Daten über leistungsfähige Netzinfrastrukturen auszutauschen.

10 Aus technischer Sicht versteht man unter IoT die Idee eines erweiterten Internets, welches neben klassischen Rechnern und mobilen Endgeräten auch beliebige physische Gegenstände mittels Sensoren und Aktuatoren in seine Infrastruktur einbindet und so zu Anbietern und Konsumenten verschiedener digitaler Dienste macht. Die Europäischer Kommission versteht das Internet der Dinge nicht als bloße Erweiterung des heutigen Internets, sondern als Gesamtheit neuer, unabhängiger Systeme, die mit ihrer eigenen Infrastruktur betrieben werden können und sich nur teilweise auf bestehende Internet-Strukturen stützen.

11 Neben spezifischen technischen Voraussetzungen des Internet of Things wie Vernetzung, schnellen Datenaustausch und die Möglichkeit, Informationen in Echtzeit zu verarbeiten, sind für die Einbindung von Legal Tech-Applikationen insbesondere Blockchain-Anwendungen, Smart Contracts / Smart Agents sowie Non Fungible Tokens von besonderer Relevanz.

12 Die Anwendungsbereiche von IoT-Anwendungen sind sowohl im industriellen als auch im privaten Umfeld zahlreich. Dies gilt im Übrigen auch für die an diesen Leistungsbeziehungen beteiligten Parteien. Im klassischen IoT-Umfeld treffen in der Regel Anwender auf Hersteller/Anbieter von Smart Devices, die zB über Plattformanbieter bzw. Softwareanbieter interagieren.[9]

a) Vernetzung als wesentliche Voraussetzung des Internet of Things

13 Die wesentliche Komponente des Internet of Things ist die Fähigkeit der Kommunikation zwischen IoT-Gegenständen, die eine Vernetzung zum Zweck des Informationsaustauschs voraussetzt.[10] Eine solche Vernetzung erfolgt in der Regel über sogenannte **Cyber-Physische-Systeme**, die dadurch gekennzeichnet sind, dass sie über Kommunikationsnetzwerke wie zB dem Internet eine Verbindung von mechanischen Komponenten mit moderner Informationstechnik, insbesondere Software, herstellen, um einen Kommunikationsaustausch der vernetzten Komponenten in Echtzeit zu ermöglichen. Die Vernetzung erfolgt bei

---

7 Vgl. hierzu Paulus/Matzke CR 2017, 769 (772 ff.), mit konkreten Beispielen hinsichtlich der Verweigerung von Zugriffsrechten auf Smart Devices im Fall des Verzugs mit Zahlungsraten.
8 BGH Urt. v. 26.10.2022 – XII ZR 89/21.
9 Vgl. die Ausführungen von Auer-Reinsdorff ITRB 2022, 91.
10 Bräutigam/Kraul IoT-HdB/Bräutigam § 1 Rn. 10.

IoT-Anwendungen und Wertschöpfungsnetzwerken sowohl auf horizontaler als auch auf vertikaler Ebene und kann insoweit sowohl Lieferbeziehungen als auch Produktionsprozesse mit einbeziehen.[11]

Zum Wesen des Internets der Dinge gehört jedoch nicht nur die Vernetzung von Komponenten, sondern insbesondere auch die Verarbeitung der übermittelten Informationen/Daten durch Software in einer technischen Infrastruktur. Diese kann zentral über eine bereitgestellte Software erfolgen, zB im Rahmen einer Server-seitigen Verarbeitung (**Cloud-Lösungen**), aber auch in dezentralisierter Form wie beim Edge-Computing oder der Verarbeitung über eine Blockchain (vgl. hierzu unter dem Schlagwort Blockchain). 14

Blockchains können insbesondere hinsichtlich der automatisierten Erfüllung von Vertragspflichten innerhalb von IoT-Anwendungen ein wesentlicher Bestandteil von Wertschöpfungsketten sein, indem diese aufgrund ihrer dezentralen Datenbankstruktur den Konsens über Transaktionen unveränderlich dokumentieren.[12] 15

b) Blockchain

Eine Blockchain ist eine dezentrale Datenbankstruktur in Form eines verteilten Registers, welches in chronologischer Reihenfolge Informationen über Transaktionen speichert, also Datensätze über die Transaktion in einem Block zusammenfasst (→ *Blockchain* Rn. 4).[13] Die erzeugten Datenbankeinträge (Block) werden dann mit dem nächsten Block über eine kryptographische Signatur verkettet. Auf diese Weise können Blockketten wie ein Hauptbuch verwendet werden, das von jedem mit den entsprechenden Berechtigungen geteilt und bestätigt werden kann.[14] 16

Die Blockchain fungiert insoweit im Rahmen von Legal Tech-Anwendungen bzw. IoT-Anwendungen als dezentrale Speicherebene von Informationen auf Basis eines Peer-to-Peer-Netzwerkes (→ *Blockchain* Rn. 5).[15] Kennzeichen eines solchen Netzwerkes ist, dass die Daten gleichzeitig an verschiedenen Orten aufbewahrt werden,[16] so dass ein Rückgriff auf intermediäre oder zentrale Speicher nicht notwendig ist. Die Speicherung von Transaktionen in der Blockchain erfolgt mittels aufeinander folgender Datenblöcke (blocks), die durch einen spezifischen Hash-Wert mit dem vorherigen Block verkettet sind. Hierdurch wird eine Unverfälschbarkeit der hinterlegten Informationen sichergestellt. 17

Daher wird die **Distributed Ledger Technology** (DLT) bzw. die Blockchain auch als Rückgrat für das Internet der Dinge angesehen.[17] Im Hinblick auf Anwendungen der Industrie 4.0 hat sie das Potential, Vertragsinhalte und Erfüllungsszenarien wie zB einen Vertragsschluss, Wareneingänge oder Verfügungen über immaterielle Gegenstände rechtssicher zu dokumentieren.[18] Die Blockchain bietet daher für Legal Tech-Anwendungen im Bereich des Internet of Things eine rechtssichere technische Ausführungsebene, die zum Zweck der Verifikation von Transaktionen dient. Das gilt im Übrigen auch für die Verifikation des Erfüllungsgeschäfts. 18

c) Smart Contracts

Ein **Smart Contract** ist nach der Definition[19] von Kaulartz/Heckmann eine Software, die rechtlich relevante Handlungen (insbesondere einen tatsächlichen Leistungsaustausch) in Abhängigkeit von digital prüfbaren 19

---

11 Ostoja-Starzewski RDi 2022, 259.
12 Eingehend hierzu Sesing/Baumann InTeR 2020, 134 (136 f.).
13 Paulus JuS 2019, 1049.
14 Distributed Ledger Technology: beyond block chain. A report by the UK Government Chief Scientific Adviser, Dezember 2015, abrufbar unter https://www.gov.uk/government/publications/distributed-ledger-technology-blackett-review.
15 Sesing/Baumann InTeR 2020, 134 (137).
16 Kaulartz CR 2016, 474, 475.
17 Näher hierzu Bräutigam/Kraul IoT-HdB/Blocher § 12 Rn. 6.
18 Sesing/Baumann InTeR 2020, 134 (136 f.).
19 Kaulartz/Heckmann CR 2016, 68.

Ereignissen steuert, kontrolliert und/oder dokumentiert, und mit dessen Hilfe unter Umständen dingliche und/oder schuldrechtliche Verträge geschlossen werden können. (vgl. Stichwort Smart Contracts)

20 Ein Smart Contract ist nach Sensig/Baumann[20] hiernach ein Programmcode, der algorithmische und selbstausführende logische Operationen abbildet, die bei Vorliegen eines bestimmten, digitalisierten Eingabewertes (Input) eine vorab definierte Ausgabe (Output) erzeugen. Als Beispiel für Smart Contracts in der analogen Welt wird regelmäßig auf Warenautomaten verwiesen.

21 Die Einbindung von Smart Contracts und Blockchain-Technologie in IoT-Umgebungen kann Transaktionskosten sowie Rechtsdurchsetzungskosten[21] minimieren und die tatsächliche Vertragserfüllung im Wege der Automatisierung vereinfachen. Durch eine Verknüpfung mit Smart-Devices wäre sogar eine Art Rechtsdurchsetzung im Vertragsverhältnis möglich, indem zB ein Gläubiger bei Säumnis des Schuldners Einfluss auf die Funktionalitäten eines Smart Device nehmen könnte.

d) Smart Agents

22 Autonome Systeme wie Smart Agents zeichnen sich dadurch aus, dass sie in einem gewissen Rahmen ihr eigenes Verhalten kontrollieren, ohne dass ein Mensch in diese Handlung eingreift. Insbesondere durch die Nutzung von Sensorik und künstlicher Intelligenz kann es zu einer eigenständigen und für den Nutzer nicht mehr im Vorhinein absehbaren Handlung des Smart Agents kommen.[22]

23 Eine eindeutige juristische Definition des Begriffs Software Agent gibt es im deutschen Recht nicht. In verschiedenen Rechtsordnungen wie dem US Uniform Electronic Transaction Act wurde der Begriff **Electronic Agent** als „computer program or an electronic or other automated means used independently to initiate an action or respond to electronic records or performances in whole or in part, without review or action by an individual" definiert.[23]

24 Sosnitza führt hierzu aus, dass sich **autonome Systeme** in gewisser Weise verselbständigen können. Durch den Einfluss von Informationen von außen und durch maschinelles Lernen könne es zu Veränderungen im Regelbestand und in der Regelauswahl kommen, was dazu führen könnte, dass für den Nutzer nicht mehr von vornherein absehbar sei, welche Entscheidungen im Einzelnen getroffen würden.[24]

25 „Smart Agents" können im Rahmen des Einsatzes von Legal Tech-Applikationen auch im Internet der Dinge erheblich an Bedeutung gewinnen, insbesondere bei automatisierten Willenserklärungen oder Vertragsverhandlungen sowie im Rahmen der Automatisierung von Vertragsabwicklungen.

26 Im Hinblick auf die Verknüpfung von IoT und Legal Tech-Komponenten erscheint eine Verknüpfung von Smart Agents mit Software zum automatisierten Vertragsschluss als sehr naheliegend. Aus technischer Sicht wäre dies ein Schritt vom E-Commerce bzw. M-Commerce hin zum IoT-Commerce.[25] Voraussetzung hierfür ist die Fähigkeit von Smart Agents, in Kombination mit Smarten Geräten ihre Umgebung anhand von Sensorik zu analysieren und somit Sachverhalte zu erkennen. Die Autonomie dieser Komponenten ermöglicht sodann, rechtlich relevante Prozesse wie eine Bestellung oder Wartung automatisiert durchzuführen. Im Gegensatz zum Softwareeinsatz auf Verkäuferseite werden im IoT-Commerce Smarte Geräte auf Kundenseite eingesetzt und dienen somit als Bindeglied zwischen den Vertragspartnern.

---

20 Sensing/Baumann InTeR 2020, 134 (138).
21 Vgl. Kaulartz/Heckmann CR 2016, 68 (69).
22 Sosnitza CR 2016, 764 (765).
23 Sesing/Baumann InTeR 2020, 134 (136 f.) mwN.
24 Sosnitza CR 2016, 764 (765).
25 Näher hierzu Bräutigam/Kraul IoT-HdB/Röglinger/Püschel/Egger § 2 Rn. 103.

e) Non Fungible Tokens (NFT)

Non Fungible Token basieren grundsätzlich auf der Blockchain-Technologie und versprechen dem Inhaber eine Art digitales Ausschließlichkeitsrecht.[26] NFT basieren auf der sogenannten Tokenisierung, also einer Verkörperung von Rechten oder Forderungen in Token als Datenbankeintrag, der ausschließlich, einzigartig und nicht vervielfältigbar ist.[27] Rein technisch gesehen ist ein Token keine als Datum bzw. Datenmenge verkörperte Information, sondern die Berechtigung an einem Datenbankeintrag zB auf der Blockchain. Eine Verfügung bzw. eine Transaktion über ein Token erfolgt dergestalt, dass die „Verfügungsmacht" über den Datenbankeintrag im Sinne einer tatsächlichen Beherrschbarkeit von einer Person auf eine andere Person übergeht. Ein Token wirkt folglich als eine Art Wertmarke, ohne dass es sich jedoch um einen körperlichen Gegenstand handelt.

Token schaffen folglich eine faktische Ausschließlichkeit auf den Zugriff einer Datenbank. Durch Token können auch Forderungen oder Rechte abgebildet werden. Insbesondere im Bereich der Vermarktung digitaler Kunstwerke werden NFT genutzt, um eine Zuordnung virtueller Werke zu einer bestimmten Person zu erreichen. Token können im Rahmen virtueller Güter dazu genutzt werden, urheberrechtliche Nutzungsrechte an einem Kunstwerk einzuräumen und über eine Blockchain diese Rechte einem Inhaber zuzuordnen.[28] Soweit mit dem Token keine Nutzungsrechte eingeräumt werden, haben NFT indes nur Identifizierungsfunktion im Rahmen des bestehenden Datenbankeintrags. Ähnlich wie bei der Diskussion um das Recht an Daten ist auch im Hinblick auf Token mangels Körperlichkeit im Sinne des § 90 BGB davon auszugehen, dass diese nicht eigentumsfähig sind.[29] Token selbst haben als Datenbankeintrag auch keinen Werkcharakter im Sinne des UrheberG, noch führt eine Verfügung zu einer urheberrechtlich relevanten Nutzungshandlung im Hinblick auf das verknüpfte Werk, soweit nicht weitere Umstände hinzutreten[30]

3. Typische Herausforderung im Internet of Things

Unabhängig von der Verknüpfung mit Legal Tech-Applikationen ist das Recht des Internets der Dinge eine Querschnittsmaterie. Dies liegt nicht zuletzt an den vielfältigen Anwendungsbereichen von IoT-Technologie. Mit dem Phänomen Internet of Things / Internet der Dinge gehen daher auch eine Reihe ungeklärter Rechtsfragen einher, die mit Blick auf das Thema Legal Tech mal mehr mal weniger ausgeprägt sind.

Im Hinblick auf Legal Tech-Applikationen bestehen insbesondere die nachfolgenden Fragestellungen.

a) Zurechnung von Willenserklärungen/Vertragsschluss

Durch die Verknüpfung von Smart Agents, Smart Contracts und IoT-Systemen entsteht die Möglichkeit von automatisiert ausgeführten Vorgängen, die in einer vertraglichen Verpflichtung münden. Dies können sowohl Bestellungen und Wartungsaufträge im Bereich der Predictive Maintainance sein, zB wenn eine Maschine aufgrund von Sensoren und Aktoren erkennt, dass ein Verschleißteil ausgetauscht oder eine Maschine gewartet werden muss, als auch Prozesse sein, um Lager aufzufüllen oder Logistikprozesse zu steuern.

Gemein ist diesen Beispielen, dass ein automatisierter bzw. ein autonomer Vertragsschluss zustande kommen soll. Bei den Begrifflichkeiten ist jedoch zu differenzieren. Vollautomatisierte Vertragsschlüsse sind dadurch gekennzeichnet, dass die eingesetzten IT-Systeme die für den Vertragsschluss notwendige Erklärung algorithmisch geleitet formulieren und abgeben.[31] Autonome Vertragsschlüsse grenzen sich von

---

26 Vgl. die Ausführungen von Rauer/Bibi ZUM 2022, 20 ff.; Guntermann RDi 2022, 200.
27 Kaulartz/Matzke NJW 2018, 3278.
28 Guntermann RDi 2022, 202.
29 Kaulartz CR 2016, 474 (478); Shmatenko/Möllenkamp MMR 2018, 495 (497); Rückert MMR 2016, 295 (296); Guntermann RDi 2022, 202.
30 Heine/Stang MMR 2021, 755 (758).
31 Vgl. hierzu Grützmacher/Heckmann CR 2019, 553. Als Beispiel führen die Autoren einen vollautomatisierten Vertragsschluss eines smarten Kühlschranks an, der Milch bestellt, sobald diese verbraucht ist.

einem automatisierten Vertragsschluss jedoch dadurch ab, dass zB aufgrund des Einsatzes von künstlicher Intelligenz nicht mehr vorhersehbar ist, auf welcher Grundlage die konkrete Willenserklärung getroffen wird. In diesen Fällen ist die Willenserklärung nicht mehr vorab technisch in der Software determiniert, sondern basiert auf einer durch KI vorgegebenen Rechenoperation.

33 Nach den Grundprinzipien des Deutschen Zivilrechts erfolgt ein **Vertragsschluss** durch den Austausch zweier Willenserklärungen, die auf einer menschlichen Handlung basieren.[32] Die Voraussetzungen der im BGB Allgemeiner Teil vorgesehenen Anforderungen an die Abgabe und den Empfang einer Willenserklärung sind auf automatisierte Prozesse jedenfalls nur bedingt anwendbar. Bei einer vollautomatisierten Erklärung wird jedoch regelmäßig eine Zurechnung zu einer natürlichen Person vorgenommen.[33]

34 Die **Zurechnung von autonomen Systemen**, die selbstständig agieren, zu einer natürlichen Person sind jedoch differenzierter zu betrachten. In diesem Zusammenhang wird eine Zurechnung einer autonomen Willenserklärung über die Regeln der Stellvertretung, der Botenschaft bzw. der Rechtsfigur der offerta ad incertas personas sowie der Blanketterklärung diskutiert.[34] Diese Fragestellung ist vom Bundesgerichtshof noch nicht abschließend geklärt. Jedenfalls hinsichtlich automatisierter Erklärungen neigt der BGH in verschiedenen Entscheidungen dazu, diese dem Verwender zuzurechnen,[35] zB wenn aufgrund einer automatisierten Bestätigungsmail eine konkludente Annahme einer Willenserklärung erfolgt.

35 Im Hinblick auf **autonome Systeme** und **autonome Softwareagenten** bleibt indes abzuwarten, wie die höchstrichterliche Rechtsprechung das Vorliegen eines Handlungs- und Erklärungswillens begründen wird. Grützmacher/Heckmann schlagen hierzu vor, die Problematik des Vertragsschlusses bereits in Rahmenverträge aufzunehmen und dort eine rechtssichere Regelung über das wirksame Zustandekommen von Verträgen über autonome Systeme zu treffen.[36]

b) Haftungsrechtliche Fragen

36 Das Internet der Dinge bringt selbstverständlich auch **Haftungsfragen** mit sich. Autonomen Systemen ist insoweit immanent, dass sie Handlungen selbst – ggf. auf Basis einer KI-Anwendung – ausführen. Aufgrund der Komplexität der Beziehungen und der Vielschichtigkeit der Akteure stellt sich somit auch die Frage, wer die Haftung bei Schäden übernimmt, die durch die Nutzung von IoT-Applikationen entstehen. Dies kann insbesondere auch bei der Einbindung von Legal Tech-Lösungen in IoT-Systeme, wie etwa der Einbindung von Smart Contracts, der Fall sein, auch wenn die Schadensverläufe in diesen Konstellationen ein deutlich anderes Ausmaß annehmen können als zB Systemfehler bei vernetzten Automobilen.

37 Kernfrage der Haftungsproblematik ist die Zurechnung des Fehlverhaltens autonomer Systeme. Da diese nach der bisherigen Dogmatik keine eigene Rechtspersönlichkeit haben, wird in der Literatur eine Anknüpfung an die Beteiligten eines IoT-Vorgangs diskutiert.[37] In Betracht kommen primär der Hersteller, der Betreiber und der Nutzer eines solchen Systems. Reusch spricht sich dafür aus, als ersten Ansatzpunkt für das Vorliegen einer Pflichtverletzung auf das einem Vertragsschluss nächstliegende Verhalten abzustellen,[38] wobei auch in diesem Rahmen zu überlegen ist, wem gegenüber eine **Haftungszurechnung** überhaupt in Betracht kommt. In der Literatur ist es umstritten, ob bei vertraglichen Pflichtverletzungen eine Zurechnung für Maschinenfehler über die Rechtsfigur des Erfüllungsgehilfen nach § 278 BGB überhaupt erfolgen kann. Zwar stellt die Nutzung von Smarten Systemen eine Art Auslagerung eines Geschäftsprozesses dar. Die Grundsätze des § 278 lassen sich nach hM aber nur eingeschränkt auf das dargestellte Szenario übertragen. Dies wird insbesondere damit begründet, dass eine Maschine weder einsichtsfähig noch urteilsfähig

---

32 Bräutigam/Kraul IoT-HdB/Bräutigam § 1 Rn. 31.
33 Zum Meinungsstand eingehend Grützmacher/Heckmann CR 2019, 553 (555); Reusch/Weidner Future Law/Reusch Teil B I. Rn. 9 ff.
34 Grützmacher/Heckmann CR 2019, 553 (555).
35 BGH Urt. v. 26.1.2005 – VIII ZR 79/04, CR 2005, 355 – Fehlerhafte Preisauszeichnung im Internet.
36 Grützmacher/Heckmann CR 2019, 553 (559).
37 Bräutigam/Kraul IoT-HdB/Bräutigam § 1 Rn. 32.
38 Reusch/Weidner Future Law/Reusch Teil B I. Rn. 53.

ist. Eine Maschine hat insoweit auch keine eigene Rechtspersönlichkeit. Zudem erscheint es nicht sachgemäß, dem Nutzer eines autonom handelnden IoT-Systems den Vorwurf mangelnder Sorgfalt zu machen, da das Fehlverhalten eines autonomen Systems für den Nutzer in der Regel nicht vorhersehbar und kontrollierbar ist. In diesem Kontext ist davon auszugehen, dass sich der Sorgfaltsmaßstab eher in den Bereich einer Überwachung der Systeme entwickeln wird.[39] Auch unter Berücksichtigung der Haftungsmaßstäbe der §§ 823 ff. BGB bleibt abzuwarten, ob bei Fehlern in der IoT-Anwendung eine Haftungszurechnung gegenüber dem ansonsten sorgfältig handelnden Verwender angenommen werden kann. Ausweg könnte eine Gefährdungshaftung sein, wobei diese, außer im Bereich der StVG, nicht allgemeine Geltung hat, so dass ein gesetzgeberisches Tätigwerden notwendig wäre.

c) Recht an Daten

Im Zusammenhang mit IoT-Applikationen spielen Datenströme und verarbeitete Daten eine zentrale Rolle, ganz gleich ob Daten zu Zwecken der Vertragsabwicklung oder für andere Zwecke wie Forschung und Entwicklung oder zum Zweck des Benchmarkings verarbeitet werden. Daten werden grundsätzlich als maschinenlesbare Informationen (digitalisierte Informationen) definiert,[40] wobei zwischen der Bedeutungsebene (Semantik) und der reinen Zeichenebene (Syntaktik) zu unterscheiden ist.

Ein gesonderter Rechtsschutz an Daten im Sinne eines eigenständigen Immaterialgüterrechts/gewerblichen Schutzrechts bzw. ein einheitliches Datenrecht zum Zwecke der Zuordnung von Daten zu einem bestimmten Rechtssubjekt kennt das deutsche Recht nicht.[41] De lege lata lässt sich feststellen, dass kein zuordnungsorientiertes Recht an Daten besteht, das Dritte von der Nutzung ausschließen würde.[42] Insoweit ist die Rechtslage hinsichtlich der rechtlichen Zuordnung von Daten ähnlich zu der Frage der rechtlichen Zuordnung von Token, da letztlich eine Exklusivität an Daten und an Token durch tatsächliche Zugriffsmöglichkeiten auf Datenbestände bzw. die Zuordnung zu Datenbankeinträgen besteht. Aus praktischer Sicht dürfte das Datenrecht im Verhältnis von Legal Tech zum Internet der Dinge eine eher untergeordnete Rolle spielen.

d) Datenschutz/Datensicherheit

Das Europäische Datenschutzrecht ist technikneutral gestaltet, so dass es IoT- und Legal Tech-Anwendungen gleichermaßen erfasst. Abhängig von der Applikation können auch bei Legal Tech-Anwendungen sensitive Daten verarbeitet werden. Insoweit gelten die allgemeinen Anforderungen, insbesondere der Grundsatz des Verbots mit Erlaubnisvorbehalts im Sinne des Art. 6 DS-GVO sowie die Grundprinzipien des Art. 5 DS-GVO, der von verantwortlichen Stellen ua angemessene Sicherheitsmaßnahmen für die Verarbeitung von personenbezogenen Daten fordert, sowie der verantwortlichen Stelle den Grundsatz der Datenminimierung und der Speicherbegrenzung auferlegt. Letztlich sind auch die Betroffenenrechte, insbesondere hinsichtlich der Transparenz für die Betroffenen, der Möglichkeit der Datenlöschung sowie der Einschränkung von technischen Systemen, die eine automatisierte Entscheidungsfindung durchführen, durchzusetzen. Diese Anforderungen sind mit Blick auf die Einhaltung in autonomen Systemen, der Blockchain und KI-Anwendungen durchaus datenschutzrechtlich problematisch, da sie aus Betroffensicht mit einem erhöhten Risiko für die Betroffenen einhergehen können, und gleichzeitig eine Administrierung der Systeme hinsichtlich der Verarbeitung personenbezogener Daten gewährleistet sein muss. Insbesondere bei der Nutzung der Blockchain bestehen diverse datenschutzrechtliche Herausforderungen hinsichtlich der Löschbarkeit von Inhalten – diese ist aus der Natur der Sache heraus in einer Blockchain technisch nicht ohne Weiteres möglich –, der Erfüllung von Betroffenenrechten im Hinblick auf Auskunft und Löschung sowie im Hinblick auf die Frage der gemeinsamen Verantwortlichkeit. In diesem Zusammenhang wird in der Literatur für eine entsprechende gesetzgeberische Gestaltung plädiert, um den Einsatz der Blockchain auch datenschutzkonform durchführen zu können.

---

39 Horner/Kaulartz CR 2016, 7 (8); so auch Reusch/Weidner Future Law/Reusch Teil B I. Rn. 59.
40 Taeger/Pohle ComputerR-HdB/Czychowski/Siesmayer Kap. 20.5 Rn. 9.
41 Remmertz/Kast Digital Escrow/Aßhoff Kap. 8 Rn. 148.
42 Kühling/Sackmann ZD 2020, 24 (25).

41 Im Hinblick auf die Anforderungen an die IT-Sicherheit ist festzustellen, dass es zum jetzigen Zeitpunkt keine allgemeine Herstellerverpflichtung zur Gewährleistung von IT-Sicherheit für Smarte Produkte gibt.[43] Dabei spielt IT-Sicherheit im Sinne der Einhaltung von Sicherheitsstandards, die die Verfügbarkeit, Integrität oder Vertraulichkeit von Informationen betreffen, durch Sicherheitsvorkehrungen in informationstechnischen Systemen, Komponenten oder Prozessen oder bei der Anwendung von informationstechnischen Systemen, Komponenten oder Prozessen selbstverständlich auch im Bereich der Digitalisierung des Rechtsbereiches eine wesentliche Rolle und ist daher bei der Implementierung von Legal Tech-Anwendungen im Bereich des Internet of Things mitzudenken.

4. Ausblick

42 Im Hinblick auf den Einsatz von IoT-Anwendungen im Bereich des Legal Tech bzw. deren Verknüpfung im Bereich der automatisierten bzw. autonomen Vertragsabwicklung ist von einer steigenden praktischen Bedeutung in der Praxis auszugehen. Insbesondere bei standardisierbaren Prozessen ermöglichen Smart Contracts über die Kommunikation mit IoT-Devices und ggf. der Blockchain als dahinter genutzte dezentrale Datenbankinstanz eine schnelle und sichere Abwicklung von Vertragsbeziehungen. Dies sieht man im Übrigen auch im Bereich der digitalen Güter, die durch Nutzung von NFT quasi personalisiert werden können.

---

43 Wiebe InTeR 2021, 66.

45. Kollektiver Rechtsschutz

Ruschemeier

I. Ausgangslage	1
II. Begriff und Abgrenzungen	4
III. Legal Tech und kollektiver Rechtsschutz	6
1. Rechtlicher Rahmen auf unionaler Ebene	7
a) Kollektiver Rechtsschutz nach der Verbandsklage-Richtlinie	8
b) Kollektiver Rechtsschutz gegen Datenschutzrechtsverstöße	12
2. Rechtsgrundlagen und Formen des kollektiven Rechtsschutzes in Deutschland	14
a) Kollektiver Rechtsschutz im Zivilprozess	15
aa) Musterfeststellungsklage, §§ 606 ff. ZPO	16
bb) Streitgenossenschaft, §§ 59 ff. ZPO	18
cc) Verbands- und Sammelklagen, UKlaG, UWG § 79 Abs. 2 Nr. 3 ZPO	19
dd) Musterverfahren nach KapMuG	20
b) Kollektiver Rechtsschutz im verwaltungsgerichtlichen Verfahren	21
3. Grenzen von Legal Tech und Legal Tech-Potenzial	23
a) Rechtliche Beschränkung durch das RDG	25
aa) Rechtsprechung zu weniger-miete.de	26
bb) Gesetz zur Förderung verbrauchergerechter Angebote im Rechtsdienstleistungsmarkt	28
cc) Rechtsprechung zu my-Right	29
dd) Inkassodefinition	32
ee) Prozessfinanzierung und Erfolgshonorare	37
b) Beschränkungen durch die Ziele des kollektiven Rechtsschutzes	38
c) Sperrwirkung der Verbandsklage-RL?	40
IV. Ausblick	42

Literatur: *Augenhofer*, Die neue Verbandsklagen-Richtlinie – effektiver Verbraucherschutz durch Zivilprozessrecht?, NJW 2021, 113; *Biard/Voet*, Collective Redress in the EU: Will It Finally Come True?, in Uzelac/Voet (Hrsg.), Class Actions in Europe, 2021, S. 287 (zit.: Uzelac/Voet Class Actions in Europe/Biard/Voet); *Brechmann*, Legal Tech und das Anwaltsmonopol, 2021; *Dikaios*, Überindividueller Umweltrechtsschutz am Beispiel der altruistischen Verbandsklage in der deutschen, griechischen und europäischen Rechtsordnung, 2018; *Dürr-Auster*, Die Qualifikation als Gruppen- oder Verbandskläger im kollektiven Rechtsschutz, 2017; *Ellerbrok*, Class actions: Neuer Zugang zum Verwaltungsrecht?, in Huggins/Herrlein/Werpers et al. (Hrsg.), Zugang zu Recht, 2021, S. 437 (zit.: Huggins/Herrlein/Werpers et al. Zugang zu Recht/Ellerbrok); *Fries*, De minimis curat mercator: Legal Tech wird Gesetz, NJW 2021, 2537; *Geiger*, Kollektiver Rechtsschutz im Zivilprozess, 2015; *Gluding*, Kollektiver und überindividueller Rechtsschutz im Zivil- und Verwaltungsprozessrecht, 2020; *Gsell*, Europäische Verbandsklagen zum Schutz kollektiver Verbraucherinteressen – Königs- oder Holzweg?, BKR 2021, 521; *Guggenberger/Guggenberger*, Die Musterfeststellungsklage – Staat oder privat? Ein verfehltes Gesetz und bessere Alternativen, MMR 2019, 8; *Hoch/Hendricks*, Das RDG und die Legal Tech-Debatte: Und wo bleibt das Unionsrecht?, VuR 2020, 254; *Hodges*, US Class Actions: Promise and Reality, 2015; *Hodges*, The reform of class and representative actions in European legal systems, 2008; *Kalajdzic*, The State of Reform in First and Second Generation Class Action Jurisdictions, in Uzelac/Voet (Hrsg.), Class Actions in Europe, 2021, S. 303 (zit.: Uzelac/Voet Class Actions in Europe/Kalajdzic); *Kilian*, Trojanische Pferde im Rechtsdienstleistungsrecht? Betrachtungen zur Renaissance von Inkassodienstleistern, NJW 2019, 1401; *Ley*, Das Instrument der Tierschutz-Verbandsklage, 2018; *Paulus*, Keine unechten Sammelklagen in Verbrauchersachen, NJW 2018, 987; *Pernice*, Umweltvölker- und europarechtliche Vorgaben zum Verbandsklagerecht und das System des deutschen Verwaltungsrechtsschutzes. Beobachtungen zur Rechtsentwicklung im Mehrebenenverbund, JZ 2015, 967; *Prütting*, Kollektiver Rechtsschutz und der Aufstieg des Legal-Tech-Inkassos: Kollektive Rechtsverfolgung vor dem Hintergrund des digitalen Zivilprozesses, AnwBl Online 3/2020, 208; *Röthemeyer*, Befugnis zur Musterfeststellungsklage: Der Narrativ der Klageindustrie, seine Folgen und Überlegungen zur Überwindung, VuR 2020, 130; *Ruschemeier*, Kollektiver Rechtsschutz und strategische Prozessführung gegen Digitalkonzerne, MMR 2021, 942; *Schlacke*, Überindividueller Rechtsschutz, 2008; *Scholl*, Die Musterfeststellungsklage nach §§ 606 ff. ZPO. Eine kritische Würdigung mit Bezügen zum französischen, niederländischen und US-amerikanischen Recht, ZfPW 2019, 317; *Stadler*, Verbraucherschutz durch die erneute Reform des Rechtsdienstleistungsgesetzes?, VuR 2021, 123; *Stadler*, Musterfeststellungsklage im deutschen Verbraucherrecht?, VuR 2018, 83; *Stürner*, Grenzüberschreitender kollektiver Rechtsschutz in der EU – internationalverfahrensrechtliche und kollisionsrechtliche Probleme, in Brömmelmeyer (Hrsg.), Die EU-Sammelklage, 2013, S. 109 (zit.: Brömmelmeyer Die EU-Sammelklage/Stürner); *Syrbe*, Die zivilgerichtliche Aufarbeitung des VW-Diesel-Abgasskandals – ein Zwischenstand, NZV 2021, 225; *Uzelac/Voet*, Collectivization of European Civil Procedure: Are We Finally Close to a (Negative) Utopia?, in Uzelac/Voet (Hrsg.), Class Actions in Europe, 2021, S. 3 (Uzelac/Voet Class Actions in Europe/Uzelac/Voet); *Wanner*, Das KapMuG als allgemeine Regelung für Massenverfahren, 2009; *Woopen*, Kollektiver Rechtsschutz – Chancen der Umsetzung. Die Europäische Verbandsklage auf dem Weg ins deutsche Recht, JZ 2021, 601; *Woopen*, Kollektiver Rechtsschutz – Ziele und Wege, NJW 2018, 133.

I. Ausgangslage

1 Kollektiver Rechtsschutz schien lange auf vorrangig unionsrechtlich geschaffene Verbandsklagen im Umweltrecht beschränkt zu sein.[1] Zunehmend werden Formen des kollektiven Rechtsschutzes auch in der deutschen Rechtsordnung präsenter. Aufgrund seiner Ausrichtung als Zwei-Parteien-Prozess erschwert das Zivilprozessrecht allerdings die kollektive Rechtsdurchsetzung; auch im Verwaltungsrecht sind kollektive Rechtsschutzformen rar. Neben pragmatischen Lösungen der Praxis innerhalb der prozessualen Systematik der ZPO durch Streitgenossenschaft oder Verbindung von Verfahren besteht weiterhin Rechtsunsicherheit bzgl. der Reichweite des kollektiven Rechtsschutzes, insbesondere bei Verbraucheransprüchen.[2] Nahezu reflexhaft wird in der deutschen Debatte auf das Missbrauchspotenzial der US-amerikanischen Class Action verwiesen.[3]

2 Dabei ist kollektiver Rechtsschutz ein umfassendes Konzept. Neben einer Vielzahl verschiedener prozessualer Konstellationen treten zudem – je nach Staat und Rechtskultur – unterschiedliche Bezeichnungen wie Class Action, Collective Redress, Collective Actions usw.[4] Gemein ist ihnen, dass aufgrund eines Ereignisses, einer oder mehrerer Schadensursachen, eine Vielzahl von Personen betroffen sind, deren Rechtsschutzgegner aber derselbe ist. Ein weites Verständnis umfasst deshalb auch die Durchsetzung verschiedener, aber inhaltlich gleich gelagerter Ansprüche, z.B. im Verbraucherschutzbereich. Diese Interessenvertretung war früher primär bei den Verbraucherzentralen angesiedelt und hat sich zunehmend in den digitalen Bereich verlagert. Legal Tech-Dienstleister haben sich von einem Nischenphänomen zu einem eigenständigen wissenschaftlich und praktisch relevanten Anwendungsbereich des Prozessrechts entwickelt.[5] Im Internet finden sich inzwischen zahlreiche Angebote zur digitalen Rechtsberatung und Rechtsdurchsetzung. Die bisherige Lücke der kollektiven Rechtsdurchsetzung wird zunehmend durch die mittels treuhänderischer Forderungsabtretung operierenden Legal Tech-Anbieter gefüllt, die so Massenschäden bewältigen können. Dieses Geschäftsmodell könnte sich nicht durchsetzen, wenn es einfachere und leicht zugänglichere Wege der Rechtsdurchsetzung gäbe. Auch deshalb ist gesetzgeberisch in diesem Bereich viel in Bewegung.[6]

3 Den Anfang dieser Entwicklung markieren die Portale zur Durchsetzung der Schadensersatzansprüche nach der Fluggastrechte-VO[7]. Dies wurde auch dadurch massiv begünstigt, dass die Flugunternehmen den berechtigten Forderungen der Verbraucherinnen ohne anwaltliche Unterstützung und Androhung eines Prozesses schlicht nicht nachgekommen sind. Hier lagen die Probleme nicht in einer defizitären Rechtslage, sondern in der Rechtsdurchsetzung begründet. Der Anbieter myright verfolgt dasselbe Prinzip: Er lässt sich Schadensersatzansprüche gegen die Volkswagen AG im Zuge des Diesel-Skandals treuhänderisch abtreten und setzt diese gegen Zahlung einer Erfolgsprovision von 35 % gerichtlich durch.[8] Erfolgreich hat sich auch weniger-miete.de im Bereich massenhafter Mietkürzungen etabliert.

---

1 Vgl. nur Dikaios, Überindividueller Umweltrechtsschutz am Beispiel der altruistischen Verbandsklage in der deutschen, griechischen und europäischen Rechtsordnung, 2018; Ley, Das Instrument der Tierschutz-Verbandsklage, 2018; Pernice JZ 2015, 967 ff.; Schlacke, Überindividueller Rechtsschutz, 2008, S. 161 ff.
2 Prütting AnwBl Online 3/2020, 208.
3 Zum Diskurs: Röthemeyer VuR 2020, 130 (131 ff.).
4 Dürr-Auster, Die Qualifikation als Gruppen- oder Verbandskläger im kollektiven Rechtsschutz, 2017, S. 5 f.
5 Fries NJW 2021, 2537 (2537).
6 Gesetz über außergerichtliche Rechtsdienstleistungen (Rechtsdienstleistungsgesetz – RDG), zuletzt geändert durch Gesetz v. 10.8.2021 (BGBl. I 3415); Richtlinie (EU) 2020/1828 des Europäischen Parlaments und des Rates v. 25.11.2020 über Verbandsklagen zum Schutz der Kollektivinteressen der Verbraucher und zur Aufhebung der Richtlinie 2009/22/EG (ABl. L 409 S. 1).
7 Verordnung (EG) Nr. 261/2004 des Europäischen Parlaments und des Rates vom 11.2.2004 über eine gemeinsame Regelung für Ausgleichs- und Unterstützungsleistungen für Fluggäste im Fall der Nichtbeförderung und bei Annullierung oder großer Verspätung von Flügen und zur Aufhebung der Verordnung (EWG) Nr. 295/91 (ABl. Nr. L 46 S. 1).
8 Dazu auch Hoch/Hendricks VuR 2020, 254 (256); Kilian NJW 2019, 1401 (1402 ff.); Stadler VuR 2021, 123 (124); Syrbe NZV 2021, 225 (228).

II. Begriff und Abgrenzungen

Kollektiver Rechtsschutz ist keine klar abgrenzbare oder fest definierte Kategorie bestimmter Methoden der Rechtsdurchsetzung, sondern ein Sammelbegriff.[9] Vom Wortsinn her sind sowohl eine gemeinschaftliche als auch eine alle Beteiligten betreffende Rechtsdurchsetzung umfasst.[10] Wertender Ausgangspunkt des kollektiven Rechtsschutzes ist es, ein potenzielles Machtgefälle zwischen einer Vielzahl Betroffener auf Klägerinnenseite und einem Unternehmen, Staat oder einer sonstigen Institution auf Beklagtenseite auszugleichen.

Oft als „Prototyp" genannt wird die US-amerikanische Class Action,[11] die sich aber durch verschiedene Merkmale wesentlich von den unionsrechtlichen und in Deutschland diskutierten Verfahren unterscheidet. Class Actions sollen die Prozessökonomie verbessern und durch „negative Generalprävention" auch eine Abschreckung für weitere Unternehmen entfalten. Das Instrument ist aber durch die liberalen Möglichkeiten der Prozessfinanzierung so kommerzialisiert, dass selektiv überhaupt nur solche Verfahren angestrebt werden, die lohnenswerte Investitionsobjekte für Drittfinanzierer wie Hedge-Fonds sind.[12] Diese Entwicklung begründet sich neben den prozessualen Vorgaben zur Finanzierung vor allem aus der materiellrechtlichen Konzeption der Punitive Damages, die erhebliche Schadensersatzzahlungen vorsehen, die dem deutschen und wohl auch dem europäischen Rechtsverständnis fremd sind.[13] Ob Class Actions überhaupt verbraucherschützend wirken, ist zweifelhaft.[14] Denn verbraucherschützende Verfahren sind nur selten Gegenstand einer Class Action; zudem profitieren vor allem die Intermediäre finanziell und nicht in jedem Fall die Geschädigten.[15] Auch im europäischen Rechtsraum sind verschiedene Formen des kollektiven Rechtsschutzes präsent. In den skandinavischen Rechtsordnungen, in Spanien und Portugal sind Gruppenklagen seit längerer Zeit etabliert.[16] Die Klägerinnen und Kläger verzichten auf Mitwirkungsrechte im Prozess zugunsten der ausgewählten Personen, die das Kollektiv repräsentieren.[17]

III. Legal Tech und kollektiver Rechtsschutz

Entscheidend für das Entwicklungspotenzial von Legal Tech und kollektivem Rechtsschutz sind die rechtlichen Grundlagen. Dabei geht es zunächst um die allgemeinen Klagemöglichkeiten und Formen des kollektiven Rechtsschutzes de lege lata und sodann um die rechtlichen Grenzen des Einsatzes von Legal Tech. Ziel des Legal Tech Einsatzes ist es, einen niedrigschwelligen Zugang zum Recht zu schaffen und die dahinterstehenden allgemeinen Ziele des kollektiven Rechtsschutzes, Verhaltenssteuerung, erfolgreiche Rechtsdurchsetzung und vertretbare Kosten, zu realisieren.[18] Die neuesten Entwicklungen zeigen, dass durch das Geschäftsfeld Legal Tech vor allem Verbraucherstreitigkeiten mit geringen Einzelstreitwerten in Massenverfahren verfolgt werden.[19]

---

9 Brömmelmeyer Die EU-Sammelklage/Stürner S. 109 (109); Konsultationspapier der Kommission v. 4.2.2011, SEK (2011) 173 endg., S. 3 f.
10 Gluding, Kollektiver und überindividueller Rechtsschutz im Zivil- und Verwaltungsprozessrecht, 2020, S. 44.
11 Dazu bspw. Fiebig GRUR-Int 2016, 313 ff.; Uzelac/Voet Class Actions in Europe/Kalajdzic S. 303 (306 ff.).
12 Kritisch dazu Woopen NJW 2018, 133 ff.
13 Uzelac/Voet Class Actions in Europe/Uzelac/Voet S. 3 (12).
14 Hodges, US Class Actions: Promise and Reality, 2015, S. 19 ff.
15 Woopen NJW 2018, 133 (133, 135 f.).
16 Hodges, The reform of class and representative actions in European legal systems, 2008, S. 37 ff.
17 Brömmelmeyer Die EU-Sammelklage/Stürner S. 109 (110).
18 Woopen NJW 2018, 133 (134).
19 Bundesrechtsanwaltskammer, Stellungnahme Nr. 51/2021 August 2021, abrufbar unter https://www.brak.de/fileadmi n/05_zur_rechtspolitik/stellungnahmen-pdf/stellungnahmen-deutschland/2021/august/stellungnahme-der-brak-20 21-51.pdf; Entschließungsentwurf des Europäischen Parlaments zur verantwortungsbewussten privaten Finanzierung von Rechtsstreitigkeiten, August 2021, 25412265365-88, S. 2 ff.

1. Rechtlicher Rahmen auf unionaler Ebene

7   Die Regelungen der EuGVVO[20] als bedeutsame Rechtsquelle des europäischen Zivilverfahrensrechts enthalten zwar explizite Vorgaben zu Streitigkeiten aus Verbraucherverträgen, aber keine Angaben zum kollektiven Rechtsschutz. Der EuGH hat im Schrems-II-Urteil der „unechten" Sammelklage in Verbraucherschutzsachen eine Absage erteilt. Max Schrems hatte sich für seine Klage gegen Facebook gleichlaufende Ansprüche verschiedener Anspruchsteller abtreten lassen, um diese dann gebündelt gelten zu machen.[21] Entscheidendes Argument gegen eine Abtretung gebündelter Ansprüche war die Empfängerperspektive; Schrems gilt selbst als Verbraucher.[22] Mittels kollektiver Sammlung kann durch die verbraucherschützenden Vorschriften der EuGVVO (Art. 16) in den Konstellationen, in denen Verbraucherinnen ihre Ansprüche an einen anderen Verbraucher abtreten, die gezielte Auswahl eines günstigen Gerichtsstands ermöglicht werden. Kollektive Verfahren im Bereich des Verbraucherschutzes waren damit im Abtretungsmodell vorbehaltlich einer gesetzlichen Regelung ausgeschlossen. Dieser Situation hilft die neue Verbandsklage-Richtlinie (Richtlinie 2020/1828 über Verbandsklagen zum Schutz der kollektiven Interessen der Verbraucher[23]) ab.

a) Kollektiver Rechtsschutz nach der Verbandsklage-Richtlinie

8   Die Richtlinie 2020/1828 über Verbandsklagen zum Schutz der kollektiven Interessen der Verbraucher[24] muss bis Ende Dezember 2022 von den Mitgliedstaaten ins nationale Recht umgesetzt werden. Ziel ist es, Verbandsklagen auf Abhilfeentscheidungen zu schaffen, die Schadensersatz, Reparatur, Ersatzleistung, Preisminderung, Vertragsauflösung oder Preiserstattung umfassen.[25] Verbraucherinnen sollen also vor Massenschadensereignissen geschützt werden, gegen die sich Einzelne nicht effektiv zur Wehr setzen.[26] Die Verbandsklage-RL strebt an, das rationale Desinteresse[27] von Verbrauchern zu überwinden, vgl. Erwgr. 9.

9   Im Anwendungsbereich der Richtlinie haben die Mitgliedstaaten weitreichende Umsetzungsspielräume; Kritikerinnen warnen vor einer Klageindustrie nach amerikanischem Vorbild, insbesondere durch die steigende Bedeutung von Legal Tech-Anbietern. Die Richtlinie begrenzt zunächst Klageziele und Prozessparteien. Klagebefugt sind nur qualifizierte Einrichtungen, Art. 3 Nr. 4 Verbandsklage-RL. Dies sind Verbände, die eine Übereinstimmung mit den von ihnen vertretenen Personen (Verbraucherinteressen) nachweisen können, wobei ein rein finanzielles Interesse nicht ausreichend ist.[28] Die genaueren Voraussetzungen des Art. 4 Verbandsklage-RL erinnern an die Kriterien der Musterfeststellungsklage (§ 606 Abs. 1 ZPO) und sollen die Unabhängigkeit der qualifizierten Einrichtungen, insbesondere hinsichtlich der Finanzkraft und im Fall der Drittfinanzierung, sicherstellen; es ist allerdings keine feste Mitgliederzahl gefordert.[29]

10 Entscheidend für eine Abgrenzung zur unerwünschten Entwicklung einer Class Action dürften zudem die Vorschriften zur Prozessfinanzierung sein. Die Bundesrechtsanwaltskammer regt bspw. an, auch Unternehmen in die Regulierung der Prozessfinanzierung miteinzubeziehen, die diese als Nebenleistung anbieten (wie einige Legal Tech-Unternehmen), und den Anwendungsbereich der Verbandsklage-RL auf den au-

---

20 Verordnung (EU) Nr. 1215/2012 des Europäischen Parlaments und des Rates vom 12.12.2012 über die gerichtliche Zuständigkeit und die Anerkennung und Vollstreckung von Entscheidungen in Zivil- und Handelssachen (ABl. L 351 S. 1, ber. 2016 L 264 S. 43).
21 Paulus NJW 2018, 987 (989).
22 EuGH Urt. v. 16.7.2020 – Az. C-311/18, ECLI:EU:C:2018:37 = NJW 2018, 1003 (1005) – Schrems-II.
23 Richtlinie (EU) 2020/1828 des Europäischen Parlaments und des Rates vom 25.11.2020 über Verbandsklagen zum Schutz der Kollektivinteressen der Verbraucher und zur Aufhebung der Richtlinie 2009/22/EG (ABl. L 409 S. 1).
24 Im Folgenden: Verbandsklage-RL.
25 Art. 9 Abs. 1, Erwgr. 37 Verbandsklage-RL.
26 Zum rechtspolitischen Hintergrund auch: Uzelac/Voet Class Actions in Europe/Biard/Voet S. 287 (288).
27 Dazu bspw. Brechmann, Legal Tech und das Anwaltsmonopol, 2021, S. 34.
28 Augenhofer NJW 2021, 113 (118).
29 Augenhofer NJW 2021, 113 (115).

ßergerichtlichen Bereich zu erweitern.³⁰ Eine Drittfinanzierung ist im Rahmen des Art. 10 Verbandsklage-RL zulässig, wobei die Entscheidung über die genauen Modalitäten letztlich in der Hand der Mitgliedstaaten liegt, Art. 10 Abs. 1. Angemerkt wird, dass die in die Verbandsklage-RL aufgenommenen Ansprüche auf Reparatur, Umtausch und Nachbesserung für Prozessfinanzierer und anwaltliche Erfolgshonorare ohnehin uninteressant seien, da nur Zahlungsansprüche unmittelbar abziehbar sind.³¹

Die rein ökonomisch ausgerichteten Inkassodienstleister im Legal Tech-Bereich erfüllen die Anforderungen der Verbandsklage-RL nicht, die voraussetzt, dass kein Erwerbszweck verfolgt wird. Umfasst sind deshalb wohl eher Verbraucherorganisationen und öffentliche Stellen, vgl. Art. 4 Abs. 4 Verbandsklage-RL. Damit stehen die Legal Tech-Inkassodienstleister vor neuen Herausforderungen, wenn sich Verbandsklagen z.B. im Bereich von Reiseverkehr wie Bahn und Flug als für Verbraucherinnen attraktive Variante entwickeln.

b) Kollektiver Rechtsschutz gegen Datenschutzrechtsverstöße

Eine kollektive Rechtsschutzmöglichkeit gegen Datenschutzrechtsverstöße durch bestimmte Verbände sieht die Öffnungsklausel des Art. 80 DS-GVO³² bereits vor. Auch in diesem Feld scheint der Einsatz von Legal Tech-Anbietern durchaus erfolgversprechend, erste Bestrebungen von Legal Tech im Bereich der DS-GVO gibt es bereits.³³ Im Bereich der DS-GVO geht es oft um Streuschäden; aufgrund geringer Streitwerte haben die Betroffenen bisher vielfach die gerichtliche Durchsetzung gescheut.³⁴ Dazu kommt, dass zumindest in Deutschland die Rechtsprechung bisher immaterielle Schadensersatzansprüche im Datenschutzrecht nur restriktiv anerkennt; darüber, ob es eine Bagatellgrenze gibt, hat der EuGH noch zu entscheiden.³⁵ Nach Art. 80 DS-GVO ist die Geltendmachung von Schadensersatzansprüchen begrenzt, da sie nur durch von Individualpersonen beauftragte gemeinnützige Datenschutzverbände nach dem Recht der Mitgliedstaaten erfolgen kann. Explizit hat Deutschland davon keinen Gebrauch gemacht.³⁶ Aufgrund des weiten Anwendungsbereichs der Verbandsklage-RL sind die Mitgliedstaaten aber nicht mehr an die begrenzte Öffnungsklausel des Art. 80 Abs. 2 DS-GVO gebunden, sondern können eine echte Verbandsklage auch im Bereich des Datenschutzrechts etablieren.³⁷

Inzwischen hat der EuGH entschieden, dass auch Art. 80 Abs. 2 DS-GVO dahingehend auszulegen ist, dass Verbraucherverbände legitimiert sind, gegen DS-GVO Verstöße zu klagen.³⁸ Damit sind Beseitigungs- und Unterlassungsklagen durch Verbraucherschutzverbände ohne entsprechenden Auftrag und unabhängig von der Verletzung konkreter Rechte betroffener Personen möglich, sofern die betreffende Datenverarbeitung die Rechte identifizierter oder identifizierbarer natürlicher Personen aus der DS-GVO betreffen kann.³⁹ Eine individuelle Rechtsverletzung zur Begründung der Klagebefugnis eines Verbands ist damit nicht erforderlich, die Verbraucherschutzorganisationen können auch im Rahmen der Öffnungsklausel des Art. 80 Abs. 2 DS-GVO aus eigenem Recht klagen. Entscheidend ist nur, dass der Verbraucherrechtsverstoß datenschutzrelevant ist. Die Vorschriften der DS-GVO können Marktverhaltensvorschriften iSd § 3a UWG und Verbraucherschutzgesetze des § 2 Abs. 2 S. 1 Nr. 11 UKlag darstellen.⁴⁰ Die Praxisrelevanz dürfte

---

30 Bundesrechtsanwaltskammer, Stellungnahme Nr. 51/2021 August 2021, abrufbar unter https://www.brak.de/zur-rechtspolitik/stellungnahmen-pdf/stellungnahmen-deutschland/2021/august/stellungnahme-der-brak-2021-51.pdf, S. 3.
31 Stadler VuR 2021, 123 (128).
32 Verordnung (EU) 2016/679 des Europäischen Parlaments und des Rates vom 27. April 2016 zum Schutz natürlicher Personen bei der Verarbeitung personenbezogener Daten, zum freien Datenverkehr und zur Aufhebung der Richtlinie 95/46/EG (ABl. L 119 S. 1, ber. L 314 S. 72, 2018 L 127 S. 2 und 2021 L 74 S. 35).
33 Vgl. https://legal-tech-verzeichnis.de/datenschutz-dsgvo/.
34 Ruschemeier MMR 2021, 942.
35 Vgl. BVerfG NJW 2021, 1005 (1007).
36 Bereits 2016 wurden datenschutzrechtliche Verstöße in den Katalog des § 2 Abs. 2 Nr. 11 UKlaG aufgenommen.
37 Diese Beschränkungen entfalten keine Sperrwirkung gegenüber der Verbandsklage-RL; näher dazu: Ruschemeier MMR 2021, 942 (944).
38 EuGH Urt. v. 28.4.2022 – C-319/20, CELEX 62020CJ0319.
39 EuGH Urt. v. 28.4.2022 – C-319/20, CELEX 62020CJ0319 – Ls.
40 Entscheidungsbesprechung bei Hense ZD 2022, 386 ff.

begrenzt sein – nach dem Ablauf der Umsetzungsfrist zur Verbandsklage-RL am 25.6.2023 dürfte der Öffnungsklausel des Art. 80 Abs. 2 DS-GVO nur noch begrenzte Bedeutung zukommen.

2. Rechtsgrundlagen und Formen des kollektiven Rechtsschutzes in Deutschland

14 Die kollektive Geltendmachung von Schadensersatzansprüchen ist in vielen europäischen Mitgliedstaaten bereits seit Langem möglich; Deutschland zählt insoweit zu einer Minderheit, da auch die Musterfeststellungsklage nur tatsächliche und rechtliche Feststellungen ermöglicht.[41] Unterschiedliche Formen des kollektiven Rechtsschutzes im weiteren Sinne finden sich aber auch im deutschen Recht. Grundsätzlich sind alle Vorgänge umfasst, mit denen gleichgerichtete Ansprüche einer Mehrzahl von Personen verfolgt werden.[42] Dazu gehört die Streitgenossenschaft nach §§ 59 ff. ZPO und § 64 VwGO i.V.m. §§ 59 ff. ZPO. Explizit als Mittel kollektiven Rechtsschutzes normiert sind die Musterfeststellungsklage nach §§ 606–614 ZPO, die Verbandsklage im UWG (§ 8), das Musterverfahren im KapMuG, das gesellschaftliche Spruchverfahren (§§ 6 ff. SpruchG) und die Aktionärsklage nach § 148 AktG sowie das Musterverfahren nach § 93a VwGO im Verwaltungsprozess.

a) Kollektiver Rechtsschutz im Zivilprozess

15 Das deutsche Zivilverfahren ist auf eine Beteiligung von zwei Prozessparteien ausgerichtet – ein Prinzip, das durch einzelne Instrumente der Einbeziehung weiterer Beteiligter durchbrochen wird.

aa) Musterfeststellungsklage, §§ 606 ff. ZPO

16 Die Musterfeststellungsklage (§§ 606 ff. ZPO) wird primär mit den Verfahren gegen die Volkswagen AG („Dieselgate") assoziiert, die aber aufgrund ihrer Konzeption nicht den erhofften Erfolg gebracht hat. Zwar hat die Musterfeststellungsklage als erstes prozessuales Instrument der kollektiven Rechtsdurchsetzung in Deutschland einen sehr weiten Anwendungsbereich. Aufgrund der Beschränkung auf Feststellungsurteile ist die anschließende Durchsetzung des Leistungsanspruchs aber weiterhin dem Einzelnen überantwortet. Das Ziel des Gesetzes, die Rechtsverfolgung für Verbraucherinnen in Fällen des rationalen Desinteresses zu verhindern, stellt auf Streuschäden ab. Dafür ist wiederum das Opt-in-Modell nur bedingt geeignet.[43] Die durch den Volkswagen-Skandal hervorgerufenen Massenschäden haben sich letztlich durch die individuellen Klagen gegen Volkswagen oder Vertragshändler aufsummiert. Die Musterfeststellungsklage beschränkt zudem die Prozessführungsbefugnis auf qualifizierte Einrichtungen, § 606 Abs. 1 ZPO, und ist damit z.B. strenger als der Kreis in § 4 UKlaG.[44] Praktisch dürften nur große Verbraucherorganisationen, die mit öffentlichen Mitteln finanziert werden, überhaupt als Kläger in Betracht kommen.

---

41 Gsell BKR 2021, 521 (521); s. Bericht der Europäischen Kommission über die Umsetzung der Empfehlung der Kommission v. 11.6.2013 über gemeinsame Grundsätze für kollektive Unterlassung- und Schadensersatzverfahren in den Mitgliedstaaten bei Verletzung von durch Unionsrecht garantierten Rechten v. 25.1.2018, COM (2018) 40 final, S. 3 ff. (unter 2.1.1): z.B. kollektive Schadenersatzklagen für alle Bereiche in Bulgarien, Dänemark, Litauen, Niederlanden, Portugal.
42 Vgl. BeckOK ZPO/Lutz ZPO § 606 Rn. 3.1; Ruschemeier MMR 2021, 942 (943).
43 Scholl ZfPW 2019, 317 (331).
44 Kritik z.B. bei Augenhofer, Stellungnahme zum Entwurf eines Gesetzes zur Einführung einer zivilprozessualen Musterfeststellungsklage (BT-Drucksache 19/2439 und 19/2507) sowie zum Entwurf eines Gesetzes zur Einführung von Gruppenverfahren (BT-Drucksache 19/243), 2018, abrufbar unter https://www.bundestag.de/resource/blob/561926/e2830003053f0ea58835d3677fd5e072/augenhofer-data.pdf, S. 5 f.; Meller-Hannich, Stellungnahme zum Entwurf eines Gesetzes zur Einführung einer zivilprozessualen Musterfeststellungsklage (BT-Drucksache 19/2439 und 19/2507) sowie zum Entwurf eines Gesetzes zur Einführung von Gruppenverfahren (BT-Drucksache 19/243), 2018, abrufbar unter https://www.bundestag.de/resource/blob/558748/7fd3b668ffe333ea6512b5f9a3a320e4/meller-hannich-data.pdf, S. 6 f.; Deutscher Anwaltverein, Stellungnahme des Deutschen Anwaltvereins (DAV) zum Gesetzentwurf der Bundesregierung für ein Gesetz zur Einführung einer zivilprozessualen Musterfeststellungsklage (Stand 9.5.2018, BR-Drs. 176/18), abrufbar unter https://anwaltverein.de/de/newsroom/sn-14-17-gesetz-zur-einfuehrung-einer-musterfeststellungsklage, S. 8; Stadler VuR 2018, 83 (84 ff.).

Die Musterfeststellungsklage ist damit keine echte Gruppenklage wie die amerikanische Class Action; sie entspricht auch nicht der Konzeption des Musterklägers nach dem KapMuG.[45] Durch den eingeschränkten Kreis der klageberechtigten Verbände, die keinen Gewinn erzielen dürfen und zudem die Anmeldung für Verbraucher kostenlos anbieten sollen, besteht kein finanzieller Anreiz zur Klageerhebung.[46] Eine Verbands-Leistungsklage ist ebenfalls nicht vorgesehen. Das Schicksal der Musterfeststellungklage nach Erlass der Verbandsklage-RL ist unklar; der Folgeprozess auf Leistung ist jedenfalls nach der Verbandsklage-RL obsolet, was einen entscheidenden Vorteil darstellt. Zudem sind die Anforderungen an die qualifizierten Einrichtungen geringer als in § 606 Abs. 1 S. 2 ZPO, § 3 UKlaG. Ein Engagement kommerziell orientierter Legal Tech-Anbieter ist bereits aufgrund der Gewinnerzielungsabsicht nicht möglich. Legal Tech könnte im Rahmen des Case Managements den erheblichen Aufwand zwar reduzieren, dürfte sich aber für die meisten Verbände nicht finanziell realisieren lassen.

17

bb) Streitgenossenschaft, §§ 59 ff. ZPO

Die Streitgenossenschaft der ZPO, §§ 59 ff., ist eine subjektive Klagehäufung aus prozessökonomischen Gründen und sowohl auf Kläger- als auch auf Beklagtenseite zulässig.[47] Die Streitgenossenschaft existiert als rechtliches Institut der notwendigen Streitgenossen, § 62 ZPO, sowie in Form der einfachen Streitgenossenschaft, eines freiwilligen Zusammenschlusses, §§ 59–61 ZPO. Dadurch ist die Streitgenossenschaft in beiden Ausprägungen ein kollektives Rechtsinstitut. § 60 ZPO setzt die Gleichartigkeit der Streitgegenstände voraus, lässt aber gleichartige tatsächliche und rechtliche Gründe ausreichen, was auch im Fall von Massenschäden zutrifft.[48] Die Streitgenossenschaft ist aufgrund ihres engen Zuschnitts aber nicht in der Lage, kollektiven Massen- oder Streuschäden effektiv zu begegnen. Denn Voraussetzung ist, dass sich die Streitgenossen untereinander kennen; bei grenzüberschreitenden Streitigkeiten ist dies nahezu ausgeschlossen.[49] Dabei bestände durchaus Legal Tech-Potenzial, um Betroffene miteinander in Kontakt zu bringen. Allerdings wird das rationale Desinteresse durch die Streitgenossenschaft nicht aufgelöst, da die jeweiligen Parteien dazu angehalten sind, den Prozess selbst zu betreiben. Aus denselben Gründen ist auch die Nebenintervention, §§ 66 ff. ZPO, für Massenverfahren kein taugliches Instrument.

18

cc) Verbands- und Sammelklagen, UKlaG, UWG § 79 Abs. 2 Nr. 3 ZPO

Bisher haben die großen Verbraucherverbände dem Legal Tech-Sektor die Durchsetzung von Fluggastschadensersatzansprüchen überlassen, obwohl bereits seit 2008 eine entsprechende prozessuale Vertretung von Verbraucherinnen nach § 79 Abs. 2 Nr. 3 ZPO möglich ist.[50] Die Einziehungsklage von Verbraucherverbänden bringt als einzigen prozessualen Vorteil aber nur mit sich, dass die Verbände im Rahmen ihrer satzungsmäßigen Tätigkeit keine anwaltliche Vertretung benötigen. § 79 ZPO adressiert damit nur Fragen des Anwaltszwangs und schafft keine Form kollektiven Rechtsschutzes. Das UKlaG konkretisiert die Anforderungen an qualifizierte Einrichtungen, ist materiell aber auf die Ansprüche auf Unterlassung und Widerruf unwirksamer AGBs beschränkt. Ähnlich formuliert ist § 8 UWG im Bereich des unlauteren Wettbewerbs.[51] Klageberechtigt sind neben Verbänden ebenfalls qualifizierte Einrichtungen zum Schutz von Verbraucherinteressen, § 8 Abs. 3 UWG; es handelt sich mithin um echte Verbandsklagen. Bei Vorsatz kann dieser Klägerkreis einen Anspruch auf Gewinnabschöpfung zugunsten des Bundeshaushalts nach § 10 Abs. 1 UWG geltend machen. Die Vorteilsabschöpfung durch Verbände im Kartellrecht regelt § 34a UWG. Diese Normen sind bisher ohne praktische Relevanz geblieben, da das Kostenrisiko beim klagenden

19

---

45 Scholl ZfPW 2019, 317 (332).
46 Scholl ZfPW 2019, 317 (334).
47 HK-ZPO/Bendtsen ZPO § 60 Rn. 1.
48 Gluding, Kollektiver und überindividueller Rechtsschutz im Zivil- und Verwaltungsprozessrecht, 2020, S. 71; Geiger, Kollektiver Rechtsschutz im Zivilprozess, 2015, S. 35 f.; Wanner, Das KapMuG als allgemeine Regelung für Massenverfahren, 2009, S. 30.
49 Gluding, Kollektiver und überindividueller Rechtsschutz im Zivil- und Verwaltungsprozessrecht, 2020, S. 72.
50 Stadler VuR 2021, 123 (128). Im Mahnverfahren können auch registrierte Personen, die Inkassodienstleistungen erbringen, nach § 79 Abs. 2 Nr. 4 ZPO tätig werden.
51 Überblick bei Scholl ZfPW 2019, 317 (321 f.).

Verband liegt und dieser im Falle des Obsiegens keinen eigenen Vorteil hat.[52] Deshalb werden diese Verfahren auch nicht für kommerzielle Legal Tech-Anbieter interessant sein.

dd) Musterverfahren nach KapMuG

20 Die Musterverfahren nach dem KapMuG schaffen eine kollektive Rechtsschutzmöglichkeit. Das Gesetz sieht ein Zwischenverfahren vor, in dem für alle Klagen relevante und identische Tatsachen- und Rechtsfragen verbindlich entschieden werden, § 325a ZPO, § 16 KapMuG. Anwendungsbereich sind Schadensersatzansprüche wegen falscher, irreführender oder unterlassener Kapitalmarktinformationen oder Anlageberatung, § 1 KapMuG. Während eines laufenden Verfahrens muss eine Partei einen Antrag nach § 2 Abs. 1 KapMuG stellen, der bei Zulässigkeit im Klageregister bekannt gemacht wird. Schließen sich mindestens neun weitere gleichgerichtete Anträge an, legt das Prozessgericht des ersten Antrags die Entscheidung dem zuständigen Oberlandesgericht vor, welches einen Musterkläger bestimmt. Die übrigen Klägerinnen sind Beigeladene, § 9 Abs. 2, 3 KapMuG. Nach Bekanntmachung als Musterverfahren, § 10 Abs. 1 KapMuG, können weitere Geschädigte ihre Ansprüche innerhalb von sechs Monaten anmelden.[53] Durch Beschluss des OLG ergeht der Musterbescheid, dessen Feststellungen gegen alle Beteiligten wirken und woran anschließend die Ausgangsverfahren fortgesetzt werden, § 22 KapMuG. Im Bereich des Kapitalmarktrechts gibt es bisher keine Interessengemeinschaften für Kleinaktionäre, die kollektiv und gebündelt Ansprüche durchsetzen könnten.[54] Zudem wird das Gesetz mit Ablauf des Jahres 2023 als Reaktion auf die Musterfeststellungsklage außer Kraft treten.

b) Kollektiver Rechtsschutz im verwaltungsgerichtlichen Verfahren

21 Kollektiver Rechtsschutz hat die längste Tradition im Umweltrecht,[55] angefangen bei überindividuellen Klagebefugnissen im Naturschutzrecht bis zu Verbandsklagen nach dem UmwRG. Die umweltrechtlichen Verbandsklagen können nur durch Vereinigungen nach dem UmwRG erhoben werden, die u.a. nach § 3 Abs. 1 S. 1 Nr. 4 UmwRG gemeinnützige Zwecke verfolgen, weshalb kommerzielle Legal Tech-Anbieter ausgeschlossen sind. Selbiges gilt für Klagen nach § 64 BNatSchG.[56]

22 Im Gegensatz zum Zivilprozess ist das verwaltungsgerichtliche Verfahren typischerweise mehrpolig angelegt, § 63 VwGO.[57] Obwohl das Beteiligtenverständnis der VwGO damit weiter ist als der Parteienbegriff des Zivilprozesses, ist die zentrale Klagebefugnis des § 42 Abs. 2 VwGO Ausfluss der verfassungsrechtlichen Systementscheidung, der Ausrichtung auf Individualrechtsschutz, Art. 19 Abs. 4 GG: Popularklagen sind damit ausgeschlossen.[58] Die Beiladung im Verwaltungsprozess, § 65 VwGO, ermöglicht die häufig in der Konstellation von Verwaltungsakten mit Drittwirkung erforderliche Einbeziehung Dritter in das Verfahren, um die Rechtsfolge des § 121 Nr. 1 VwGO zu erzielen. Wie im Zivilprozess kann eine kollektive Klageabwicklung durch die Verbindung von Prozessen nach § 93 VwGO mangels identischer Gerichtsstände nicht verwirklicht werden. Die Musterverfahren nach § 93a VwGO werden in der Praxis aufgrund des engen Anwendungsbereichs der Vorschrift ebenfalls selten genutzt.[59] Selbiges gilt für die Parallelnorm in § 114a SGG, da echte Massenverfahren im Sozialrecht selten vorkommen. Grundsätzlich ist auch Legal Tech-basierte Rechtsdurchsetzung in diesen Bereichen denkbar, aber bisher die Ausnahme geblieben. Erfolgreich am Markt etabliert hat sich bisher nur der Anbieter hartz4widerspruch.de. Die Ausgangskonstellation im Verwaltungsprozess unterscheidet sich sehr von der kollektiven Rechtsdurchset-

---

52 Scholl ZfPW 2019, 317 (322).
53 Dadurch wird auch die Verjährung nach § 204 Abs. 1 Nr. 6a BGB gehemmt.
54 Stadler VuR 2021, 123 (128).
55 Vgl. Schlacke, Überindividueller Rechtsschutz, 2008, S. 20.
56 Diskutiert wird auch die Einführung einer tierschutzrechtlichen Verbandsklage, dazu Gluding, Kollektiver und überindividueller Rechtsschutz im Zivil- und Verwaltungsprozessrecht, 2020, S. 431 ff.
57 Statt aller: Schoch/Schneider/Bier/Steinbeiß-Winkelmann VwGO § 63 Rn. 2.
58 Zum Einfluss des Unionsrechts: Gluding, Kollektiver und überindividueller Rechtsschutz im Zivil- und Verwaltungsprozessrecht, 2020, S. 307 ff.
59 Beckermann NVwZ 2017, 1431 (1434); Schoch/Schneider/Rudisile VwGO § 93a Rn. 35. Bisher vor allem in wenigen Fällen der Planfeststellung, vgl. VGH Kassel BeckRS 2015, 45494.

zung im Zivilverfahren. Die Bestandskraft, ggf. auch rechtswidriger Verwaltungsakte, sieht das öffentliche Recht ausdrücklich vor, § 43 Abs. 2 VwVfG Bund, weshalb bereits die Begründung des rationalen Desinteresses nicht übertragbar ist.[60] Eine Marktverzerrung zwischen Bürgerinnen und Staat besteht nicht, zudem ist der Staat gesetzesgebunden. Faktisch ist die Reichweite behördlicher Handlungsinstrumente meistens begrenzt.[61] Dennoch können Großvorhaben, insbesondere Planfeststellungsverfahren, eine hohe Breitenwirkung und Massenbetroffenheit aufweisen.[62] Allerdings ist unklar, ob bei diesen Verfahren ein rationales Desinteresse besteht, welches durch kollektive Formen des Rechtsschutzes aufgelöst werden kann. Dabei müssten vertieft die rechtlichen Vorgaben zur Öffentlichkeitsbeteiligung untersucht werden. Im Planfeststellungsverfahren gegen die Fehmarnbeltquerung sind bspw. 12.600 Einwendungen erhoben worden, darunter tausende von Privatpersonen.[63] Ein rationales Desinteresse mit der Folge, sich nicht gegen Verwaltungsentscheidungen, auch bei Großprojekten, zu wenden, kann deshalb wohl nicht ohne Weiteres unterstellt werden. Bei ähnlich gelagerten Massenverfahren, insbesondere der Sozialverwaltung, erscheint vor allem der Zugang zum Recht problematisch, wie auch der Erfolg von hartz4widerspruch.de zeigt. Für die Idee einer echten Class Action im Verwaltungsrecht[64] fehlen damit bisher sinnvolle Anwendungsbeispiele. Die Einführung einer digital gestützten, verwaltungsrechtlichen Verbandsklage bspw. gegen Datenschutzverstöße könnte auf prozessualer Ebene aber zumindest dem Vollzugsdefizit des Datenschutzrechts entgegenwirken. Hierbei kommt es jetzt auf die Umsetzung der Verbandsklage-RL an.

3. Grenzen von Legal Tech und Legal Tech-Potenzial

Den unterschiedlichen Formen kollektiven Rechtsschutzes kommen unterschiedliche Legal Tech-Potenziale zu. Bisher haben sich Legal Tech-Angebote in Deutschland nicht explizit auf Formen des kollektiven Rechtsschutzes im engeren Sinne erstreckt. Angebote wie fairplane und flightright konzentrieren sich auf die Durchsetzung von Schadensersatzansprüchen nach der Fluggastrechte-VO. Auch in dieser Form der Rechtsdurchsetzung finden sich aber kollektive Elemente; die Anbieter sammeln gleich gelagerte Fälle, oft von Passagieren desselben Flugs, und versuchen durch Prozessierung eines Einzelfalls eine Präzedenz für die anderen Betroffenen zu erreichen.

Zur Abwicklung von Massenverfahren, drängen sich Legal Tech-Instrumente auf. Allerdings sind sie vor allem in Kombination mit anderen rechtlichen Rahmenbedingungen effizient. Diese beschränken die Tätigkeit der Legal Tech-Anbieter vor allem durch die Vorgaben des anwaltlichen Berufsrechts.

a) Rechtliche Beschränkung durch das RDG

Die im internationalen Vergleich verhältnismäßig strenge Regulierung des Rechtsdienstleistungsmarkts determiniert auch den de lege lata möglichen Einsatzbereich von Legal Tech-Anbietern. Angebote, die sich direkt an rechtsuchende Personen wenden, stehen in Konkurrenz zur anwaltlichen Rechtsberatung, sowohl im vorprozessualen, außergerichtlichen Bereich als auch bei der Rechtsdurchsetzung. Verschiedene Online-Anbieter zielen darauf ab, als registrierte Inkassounternehmen kommerzielle Geschäftsmodelle zu etablieren, die nicht unter das anwaltliche Berufsrecht fallen. Für die Zulässigkeitsfrage sind primär die Vorgaben des RDG und der BRAO relevant.

aa) Rechtsprechung zu weniger-miete.de

Die Tätigkeit als Inkassodienstleister hat für die Unternehmen den Vorteil, dass intern Prozessfinanzierer eingeschaltet werden können, die in keinem direkten Verhältnis zu den Geschädigten stehen. Die rechtliche

---

60 Vgl. auch Gluding, Kollektiver und überindividueller Rechtsschutz im Zivil- und Verwaltungsprozessrecht, 2020, S. 356.
61 Gluding, Kollektiver und überindividueller Rechtsschutz im Zivil- und Verwaltungsprozessrecht, 2020, S. 356, die für eine Information über gleichgelagerte Verfahren bei Klageerhebung plädiert.
62 Huggins/Herrlein/Werpers et al. Zugang zu Recht/Ellerbrok S. 437 (441).
63 Siehe https://www.schleswig-holstein.de/DE/Fachinhalte/F/fehmarnbelt/fehmarnbelt_planungsstand.html.
64 Huggins/Herrlein/Werpers et al. Zugang zu Recht/Ellerbrok S. 437 ff.

Zulässigkeit nach dem RDG ist inzwischen weitestgehend gerichtlich geklärt.[65] Der BGH hat im Fall von „wenigermiete.de" mehrfach entschieden[66], dass das Geschäftsmodell der registrierten Inkassodienstleister im Onlinebereich zulässig ist, auch, wenn eine umfassende rechtliche Prüfung und Beratung stattfinde, diese aber auf die außergerichtliche Durchsetzung der Forderung beschränkt ist und die Interaktion mit Gerichten durch Rechtsanwältinnen übernommen wird.[67] Die Reichweite der Entscheidungen blieb aber umstritten.[68] Die Grundsatzentscheidung des BGH zum www.wenigermiete.de-I betont auch mehrfach, dass das konkret praktizierte Inkassomodell „gerade noch" den gesetzlichen Vorgaben entspricht.[69]

27 Kritisiert wird bei den Anbietern der Rechtsdurchsetzung vor allem die Kombination zwischen Prozessfinanzierung und Inkassodienstleistung, da in diesen Konstellationen Interessenkonflikte entstehen können, welche die Auftraggeber gefährden. Denn die Entscheidung über einen außergerichtlichen Vergleich liegt nicht allein beim Mandanten, sondern beim Inkassodienstleister. Das gilt auch für die Entscheidung über einen potenziellen Widerruf des Vergleichs bei Aufrechterhaltung des Vergütungsanspruchs des Inkassodienstleisters. Dadurch können sich die wirtschaftlichen Interessen von denen des Auftraggebers entfernen.[70] Daneben wurden viele Bedenken geäußert, ob die Legal Tech-Dienstleister sich auf die gesetzlich ursprünglich mit anderer Zielrichtung ausgestaltete Inkassotätigkeit des § 2 Abs. 2, § 10 RDG berufen können.[71] Denn die Befugnis der Inkassoerlaubnis soll nicht mehr ausreichend sein, wenn der Anspruch überhaupt erst durch Ausübung eines Gewährleistungsrechts (Kaufvertrag), Erklärung eines Widerrufs (Darlehensvertrag) oder einer anspruchsvoraussetzenden Rüge entsteht.[72]

bb) Gesetz zur Förderung verbrauchergerechter Angebote im Rechtsdienstleistungsmarkt

28 Als Reaktion auf die BGH-Rechtsprechung und die Proteste aus der Anwaltschaft wurde das Gesetz zur Förderung verbrauchergerechter Angebote im Rechtsdienstleistungsmarkt verabschiedet, welches zum 1.10.2021 in Kraft getreten ist.[73] Dabei stand der Gesetzgeber vor der Herausforderung, einerseits die erfolgreichen Legal Tech-Innovationen bei der kollektiven Verbraucherrechtsdurchsetzung nicht auszubremsen, andererseits sollten sich diese Entwicklungen in das historisch gewachsene anwaltliche Berufsrecht einfügen.[74] Neben den zwei zentralen Kritikpunkten des Inkassobegriffs sowie der Ausgestaltung von Finanzie-

---

65 BGH Urt. v. 27.11.2019 – VIII 285/18, NJW 2020, 208 (wenigermiete.de I); BGH Urt. v. 8.4.2020 – VIII ZR 130/19, NJW-RR 2020, 779 (wenigermiete.de II); BGH, Urt. v. 13.7.2021 – II ZR 84/20, NJW 2021, 3046 (Sammelklagen-Inkasso Air Berlin).
66 BGH Urt. v. 8.4.2020 – VIII ZR 130/19, ZIP 2020, 1129 – wenigermiete.de II; Urt. v. 6.5.2020 – VIII ZR 120/19, BeckRS 2020, 11460; Urt. v. 27.5.2020 – VIII ZR 45/19, NZM 2020, 551 – wenigermiete.de III; Urt. v. 27.5.2020 – VIII ZR 31/19; Urt. v. 27.5.2020 – VIII ZR 121/19,= BeckRS 2020, 16799 (VU); Urt. v. 27.5.2020 – VIII ZR 128/19, BeckRS 2020, 16800 (VU); Urt. v. 27.5.2020 – VIII ZR 129/19, ZIP 2020, 1619; Urt. v. 19.1.2022 – VIII ZR 123/21, ZIP 2022, 328.
67 BGH BeckRS 2020, 11460, Rn. 46.
68 Einschränkend: LG München I Urt. v. 7.2.2020 – 37 O 18934/17, BeckRS 2020, 841; LG Ingolstadt Urt. v. 7.8.2020 – O 1745/18, BeckRS 2020, 18773 näher beim BGH das LG Braunschweig Urt. v. 30.4.2020 – 11 O 3092/19, BeckRS 2020, 7267.
69 BGH NJW 2020, 208 (219), Rn. 97 ff.
70 Henssler NJW 2019, 545 (548 f.); Augenhofer, Stellungnahme zum Entwurf eines Gesetzes zur Einführung einer zivilprozessualen Musterfeststellungsklage (BT-Drucksache 19/2439 und 19/2507) sowie zum Entwurf eines Gesetzes zur Einführung von Gruppenverfahren (BT-Drucksache 19/243), 2018, abrufbar unter https://www.bundestag.de/resource/blob/561926/e2830003053f0ea58835d3677fd5e072/augenhofer-data.pdf, S. 5; Meller-Hannich, Stellungnahme zum Entwurf eines Gesetzes zur Einführung einer zivilprozessualen Musterfeststellungsklage (BT-Drucksache 19/2439 und 19/2507) sowie zum Entwurf eines Gesetzes zur Einführung von Gruppenverfahren (BT-Drucksache 19/243), 2018, abrufbar unter https://www.bundestag.de/resource/blob/558748/7fdb668ffe333ea6512b5f9a3a320e4/meller-hannich-data.pdf, S. 4 f.; Deutscher Anwaltverein, Stellungnahme des Deutschen Anwaltvereins (DAV) zum Gesetzentwurf der Bundesregierung für ein Gesetz zur Einführung einer zivilprozessualen Musterfeststellungsklage (Stand 9.5.2018, BR-Drs. 176/18), abrufbar unter https://anwaltverein.de/de/newsroom/sn-14-17-gesetz-zur-einfuehrung-einer-musterfeststellungsklage, S. 5.
71 ZB Kilian NJW 2019, 1401 (1401 ff.): „trojanisches Pferd".
72 Kilian NJW 2019, 1401 (1406).
73 BGBl. 2021 I 3415.
74 Fries NJW 2021, 2537 (2537 f.).

rung und Erfolgshonoraren formuliert das Gesetz neue Transparenzanforderungen für Legal Tech-Anbieter. Die Inkassodienstleister müssen ihre inhaltliche Tätigkeit bereits im Registrierungsverfahren erläutern, § 13 Abs. 2 RDG, und transparent darlegen, welche Finanzierungsmodelle sie anbieten und den Aufwand bei Erfolgshonoraren sowie unter welchen Bedingungen ein Vergleich geschlossen werden kann, §§ 13b ff. RDG. Es ist aber weiterhin zweifelhaft, dass Verbraucher bei der bündelweisen Geltendmachung von Ansprüchen die komplexe Interessenlage und die tatsächlich bestehenden eigenen Nachteile hinreichend überblicken können.[75]

cc) Rechtsprechung zu my-Right

Nach der wenigermiete.de-I-Entscheidung stellten verschiedene Gerichte fest, dass sich andere Legal Tech-Anbieter entscheidend von denen durch wenigermiete.de angebotenen Dienstleistungen unterschieden. Sie seien daher nicht mehr als unter ihre jeweilige Sammellizenz fallend zu betrachten.[76] Das LG München erachtete für die intendierte gebündelte Durchsetzung einer Vielzahl äußerst heterogener Ansprüche („fiduziarische Inkassozession") keinen Erlaubnistatbestand des RDGs als einschlägig.[77] Die streitgegenständliche Rechtsdienstleistung mit einer Vergütung der Klagepartei auf Basis einer Erfolgsbeteiligung unter Einbeziehung eines dritten Prozessfinanzierers sei nicht mehr als unter ihre jeweilige Sammellizenz fallend zu betrachten.[78] Die als Inkassodienstleisterin registrierte Klägerin ließ sich von mehr als 3200 Zedenten Schadensersatzansprüche aus dem sog. „LKW-Kartell" zur Einziehung im eigenen Namen abtreten. Aus einer Gesamtschau der vertraglichen Regeln, des Auftretens der Klagepartei gegenüber den Kundinnen und der tatsächlichen Durchführung ergibt sich nach dem LG München, dass die Vertragspflichten der Klägerin von vornherein auf gerichtliche Durchsetzung gerichtet waren.[79] 29

Das LG Ingolstadt stützte sich in der Entscheidung zu myRight, in der 2.800 Audi-Käuferinnen ihre Schadensersatzansprüche gegen Volkswagen durchsetzen wollten, argumentativ auf den Verbraucherschutz. Wenn die Verbraucher einen Vergleich widerrufen, wäre das Gerichtsverfahren nicht mehr – wie beworben – „kostenlos", sondern mit Abschlägen verbunden. Dieser wirtschaftliche Druck sei als unzumutbarer Nachteil anzusehen.[80] Im Fall einer vorfinanzierten Musterfeststellungsklage sah das OLG Braunschweig einen Verstoß gegen § 3 und § 4 RDG.[81] Im dort zugrundeliegenden Fall konnten Verbraucherinnen und Verbraucher zB nur mit einem Abschlag von 35% der Vergleichssumme den Vergleich widerrufen.[82] 30

Etwas anders gelagert ist die Entscheidung zu smartlaw, wo es um einen automatisierten Vertragsgenerator ging. Die automatische Generierung von Dokumenten macht einen Großteil der bisher im internen Einsatz befindlichen Legal Tech-Anwendungen, insbesondere in der Anwaltschaft, aus.[83] Der BGH hat entschieden, dass es sich auch bei nach außen gerichteten Angeboten, hier bei der Erstellung eines Vertragsentwurfs mithilfe des digitalen Dokumentengenerators, nicht um eine Rechtsdienstleistung i.S.d. § 2 Abs. 1 RDG handelt.[84] Anhand von Fragen der Nutzerinnen erstellt der digitale Generator Standardvertragsklauseln. Das Gericht hat diese Verwendung als Hilfsmittel, vergleichbar mit einem Formularhandbuch, eingeordnet.[85] Konkrete Verbindungen zum kollektiven Rechtsschutz bestehen hier nicht. 31

---

75 Hoeren/Sieber/Holznagel MMR-HdB/Steinrötter/Warmuth Teil 30 Rn. 37.
76 Einschränkend: LG München BeckRS 2020, 841; LG Ingolstadt BeckRS 2020, 18773.
77 LG München BeckRS 2020, 841.
78 Einschränkend: LG München BeckRS 2020, 841; LG Ingolstadt BeckRS 2020, 18773.
79 LG München BeckRS 2020, 841, Rn. 119. Dazu auch Ruschemeier LTZ 2022, 75 (79).
80 Siehe auch Ruschemeier LTZ 2022, 75 (79); LG Ingolstadt BeckRS 2020, 18773, Rn. 125.
81 OLG Schleswig BeckRS 2022, 385, Rn. 36 ff.
82 Ruschemeier LTZ 2022, 75 (79); OLG Schleswig BeckRS 2022, 385, Rn. 44.
83 Galetza/Garlin et al. MMR 2021, 20 (20).
84 BGH NJW 2021, 3125 ff.
85 BGH NJW 2021, 3125 (2127).

dd) Inkassodefinition

32 Der BGH hat den Inkassobegriff des § 2 Abs. 2 S. 1 RDG auch unter Rückgriff auf die verfassungsrechtliche Wertung des Art. 12 Abs. 1 GG weit ausgelegt.[86] Zudem stützt sich das Gericht auf die durch die Neufassung des RDG verfolgte Liberalisierung des außergerichtlichen Rechtsdienstleistungsmarktes.[87]

33 Der VIII. Senat sieht sowohl die Rückforderung von zu viel gezahlter Miete aus abgetretenem Recht als auch die Aufforderung, dass die zukünftige Miete auf den zulässigen Höchstbetrag herabgesetzt wird, von der Inkassolizenz umfasst.[88] Es handele sich nicht um eine unzulässige Anspruchsabwehr, da Rückforderung und Herabsetzungsbegehren eine nicht sinnvoll trennbare Einheit seien und es sich deshalb noch um Forderungsdurchsetzung handele.[89] In diese weite Auslegung bezieht der BGH das Verbraucherschutzrecht mit ein. § 312j Abs. 3, 4 BGB wird teleologisch reduziert. Der Button „Auftrag verbindlich erteilen" ohne expliziten Hinweis auf die Kostenpflicht soll den Schutzzweck der Norm nicht betreffen; ein Entgelt sei nur im Erfolgsfall geschuldet und bestehe nur in der Beteiligung an der Forderungsrealisierung.[90]

34 Im Hinblick auf das Unionsrecht ist diese Auslegung fraglich. Denn faktisch handelt es sich im Ergebnis auch bei einer prozentualen Zahlung der eingeklagten Schadenssumme um ein Honorar, der BGH geht allerdings schlicht von einem „acte clair" aus.[91]

35 Endgültig konturenlos wird die Abgrenzung zwischen Rechtsdienstleistung und Inkassobegriff durch eine Entscheidung des II. Zivilsenats, der auch das „Sammelklagen-Inkasso", welches vorrangig auf eine gerichtliche Einziehung der Forderung abzielt, noch als mit dem RDG vereinbar bewertet.[92]

36 Die Gesetzesänderung lässt den Inkassobegriff im Wesentlichen unverändert.[93] Die rechtliche Prüfung und Beratung rund um die Forderungseinziehung gehören nun nach § 2 Abs. 2 S. 1 RDG zum Kerngeschäft der Inkassodienstleister, weiter eingegrenzt oder konturiert wird die Tätigkeit aber nicht. Eine Unzulässigkeit bestimmter Geschäftspraktiken wird sich allein aus der gesetzlichen Formulierung damit nicht ableiten lassen, es besteht weiterhin eine gewisse Unsicherheit im Umgang mit Legal Tech-Anbietern. Im Gesetzestext fehlt zudem weiterhin ein expliziter Bezug zu automatisierten Rechtsdienstleistungen.[94] Sollte der Gesetzgeber die von vornherein auf gerichtliche Durchsetzung sowohl zedentenverschiedener als auch quasi-homogener Forderungen im Wege der Legal Tech-Plattformen als nicht wünschenswert erachten, muss er erneut tätig werden.[95]

ee) Prozessfinanzierung und Erfolgshonorare

37 Der Gesetzgeber hat den Weg gewählt, die Prozessfinanzierung bei den Inkassodienstleistern nicht einzuschränken, sondern die Möglichkeiten der Anwaltschaft auszuweiten. § 49b Abs. 2 S. 2 BRAO ermöglicht anwaltliche Prozessfinanzierung in Bereichen, in denen Inkassodienstleister tätig werden. Zudem kann nach § 4a Abs. 1 Nr. 1 RVG für Forderungen bis 2.000 EUR ein Erfolgshonorar vereinbart werden. Auch diese Neuerung ist nur eine vermeintliche, denn das Bundesverfassungsgericht hat ausdrückliche Ausnahmen vom gesetzlichen Verbot anwaltlicher Erfolgshonorare zugelassen.[96]

---

86 BGH NJW 2021, 2046 (3049).
87 BGH NJW 2020, 208 (219).
88 Zum Ganzen auch: Ruschemeier LTZ 2022, 75 (78).
89 BGH ZIP 2022, 378 (377 f.), Rn. 30 ff.
90 BGH ZIP 2022, 378 (383), Rn. 51b ff.
91 BGH ZIP 2022, 378 (384), Rn. 55.
92 BGH BeckRS 2021, 20906, Rn. 16 ff.
93 Fries NJW 2021, 2537 (2538).
94 Steinrötter/Warmut, in: Hoeren/Sieber/Holznagel (Hrsg.), Multimedia-Recht, Losebl. (Stand: 54. Erg.-Lfg.) 2021, Legal Tech, Rn. 37.
95 Ruschemeier LTZ 2022, 75 (79).
96 BVerfG Beschl. v. 12.12.2006 – 1 BvR 2576/04, NJW 2007, 979 (979 ff.).

b) Beschränkungen durch die Ziele des kollektiven Rechtsschutzes

Der Einsatz von Legal Tech ist bisher nur punktuell rechtlich klar geregelt. Ob das Gesetz zur Förderung verbrauchergerechter Angebote im Rechtsdienstleistungsmarkt die erhoffte Klarheit schafft, bleibt abzuwarten. Legal Tech und kollektive Rechtsdurchsetzung werden weiterhin Hand in Hand gehen, da sich die rein ökonomisch orientierten Dienstleister für standardisierte Massenfälle interessieren und weniger für die Breite der anwaltlichen Tätigkeit.[97]

Wird kollektive Rechtsdurchsetzung zu einem Investitionsobjekt, schmälert dies die verbraucherschützende Ausrichtung erheblich und führt aufgrund der ökonomischen Selektivität auch nicht zu einer Effektivierung des Rechtsschutzes oder der Rechtseinhaltung in der Breite. Profitable Verfahren für Prozessfinanzierer, welche die Interessen der geschädigten Personen nur nachrangig verfolgen, binden unerwünscht Ressourcen der Justiz. Deshalb ist das unveränderte Verbot der Vermittlungsprovisionen nach § 49b Abs. 3 BRAO auch weiterhin sinnvoll.

c) Sperrwirkung der Verbandsklage-RL?

Offen ist, ob die Verbandsklage-RL Legal Tech-Angebote dadurch ausschließt, dass kommerzielle Anbieter nicht von den klageberechtigten Institutionen umfasst sind. Der Schutzzweck der Richtlinie ist es, ein hohes Verbraucherschutzniveau zu gewährleisten. Daraus könnte im Umkehrschluss eine Sperrwirkung für die faktischen Formen des kollektiven Rechtsschutzes der Legal Tech-Plattformen entfaltet werden, da Einrichtungen, die einen Erwerbszweck verfolgen, gerade vom Anwendungsbereich ausgeschlossen sind.[98] Durch das Inkassomodell der Legal Tech-Dienstleister könnte eine zweite Schiene der Verbraucherrechtsdurchsetzung entstehen, die aber nicht den Vorgaben der RL unterliegt.

Die Begrenzung auf Einrichtungen ohne Gewinnerzielungsabsicht, vorrangig Verbraucherorganisationen, soll den Interessen der Verbraucherinnen gerade dienen, vgl. ErwgGr 24, 25. Im Umkehrschluss lässt sich daraus ableiten, dass kommerzielle Angebote dies zumindest nicht uneingeschränkt auch tun. Ausdrücklich weist die RL in Art. 1 Abs. 2 S. 3 darauf hin, dass sie nicht dafür herangezogen werden darf, das Verbraucherschutzniveau zu senken. Allerdings erscheinen diese Formulierungen zu allgemein, um eine konkrete Sperrwirkung für Legal Tech-Plattformen zu begründen.[99] Die RL ist ihrer Natur nach nicht abschließend formuliert. Nach ErwGr. 11 S. 3 sollen die Mitgliedstaaten auch Feststellungsentscheidungen ermöglichen können, welche die Richtlinie nicht adressiert.[100] Andererseits spricht ErwGr. 11 nur von Verbandsklageverfahren, unter die Legal Tech-Plattformen nach dem Inkassomodell gerade nicht fallen. Die Zulässigkeit von privaten Initiativen aufgrund des Effektivitätsgrundsatzes als geboten anzusehen, überzeugt nicht.[101] Schutzziel der Richtlinie ist es, einen Rahmen für nicht- kommerzielle Anbieterinnen und Anbieter zu schaffen, um den kollektiven Rechtsschutz in diesen Formen zu verbessern. Danebenstehende Inkassoangebote dürften nicht per se ausgeschlossen sein. Allerdings verkompliziert sich diese rechtliche Bewertung, je mehr sich private Anbieter dem „Sammelklagen-Inkasso" annähern, auch befeuert durch die Rechtsprechung des II. Zivilsenats. Je mehr sich beide Modelle – Verbandsklage und Inkasso – einander im Hinblick auf die rechtliche Bewertung annähern, desto naheliegender ist eine Sperrwirkung der Richtlinie anzunehmen.[102] Es liegt auch in der Hand der Mitgliedstaaten, klarstellende Vorschriften im Rahmen der Umsetzung zu schaffen.

IV. Ausblick

Legal Tech sollte als Werkzeug eingesetzt werden, welches den Zugang zum Recht verbreitet und entsprechende Hürden senkt. In Deutschland ist der Zugang zum Recht immer noch stark bei der Justiz

---

97 Fries NJW 2021, 2537 (2538).
98 Ruschemeier LTZ 2022, 75 (80).
99 Bauermeister ZIP 2021, 2625 (2628 f.).
100 Bauermeister ZIP 2021, 2625 (2628); Ruschemeier LTZ 2022, 75 (80).
101 A.A. Bauermeister ZIP 2021, 2625 (2629).
102 Ruschemeier LTZ 2022, 75 (80).

konzentriert, auch wenn sie aufgrund sinkender Eingangszahlen in der Zivilgerichtsbarkeit an Bedeutung verliert.[103] Ombudsstellen, wie die Verbraucherschlichtung, können den staatlichen Rechtsweg jedenfalls ergänzen. Diese Lösungen sollten staatlich organisiert sein.[104] Eine Legal Tech-basierte, staatlich finanzierte und hoheitliche Ombudsstelle kann strukturiert Fallgruppen erstellen, bei denen die Stelle sodann gruppenbasierte Lösungen bei den Beklagten erwirken kann.[105] Niedrigschwellige Beratungsangebote könnten ebenfalls dort angesiedelt werden. Erwägenswert ist zudem, die Erfolgsprovision der Inkassodienstleister zu begrenzen (zB auf 25 %, wie vom Bundesrat angeregt[106]) oder bestimmte Rechtsgebiete davon gänzlich auszuschließen. Als Alternative käme eine am Modell der Legal Tech-Plattformen angelehnte zentrale Anlaufstelle für Verbraucherinnen und Verbraucher, möglicherweise auch auf unionsrechtlicher Ebene in Betracht, welche die Abwicklung der Forderungen übernimmt und ggf. eine entsprechende Datenbank bereitstellt.[107]

43 Anstatt der Musterfeststellungsklage wurde das Modell eines Verbrauchergeneralanwalts vorgeschlagen, der im öffentlichen Interesse tätig wird.[108] Die Voraussetzung staatlicher Finanzierung würde Legal Tech-Anbieter dann von entsprechenden Prozessen ausschließen. Möglich ist es auch, für Legal Tech-Anbieter ein eigenes Berufsrecht zu schaffen, welches insbesondere auf die Eigenarten kollektiver Rechtsdurchsetzung eingehen könnte. Dabei besteht die Klarstellungsmöglichkeit, Legal Tech-Anbieter weder als Rechtanwältinnen noch als Inkassodienstleister, sondern als neue Angebotsform auf dem Rechtsmarkt zu qualifizieren.[109] Generell wird der Erfolg kollektiver Rechtsdurchsetzung, insbesondere im Verbraucherschutzrecht, von einer für Massenverfahren geeigneten, öffentlich-rechtlichen und justiziellen digitalen Infrastruktur abhängen.[110] Andernfalls wird sich auch das beste Legal Tech-Modell nicht durchsetzen können.

---

103 Vgl. https://www.bmjv.de/SharedDocs/Artikel/DE/2020/092520_Forschungsvorhaben_zivilgerichtliche_Verfahren.html.
104 Woopen NJW 2018, 133 (135).
105 Woopen NJW 2018, 133 (136).
106 BR-Drs. 58/1/21, 6.
107 Hoch/Hendricks VuR 2020, 254 (261); Ruschemeier LTZ 2022, 75 (80).
108 Guggenberger/Guggenberger MMR 2019, 8 (13).
109 Hoeren/Sieber/Holznagel MMR-HdB/Steinrötter/Warmuth Teil 30 Rn. 38.
110 Woopen JZ 2021, 601 (604).

46. Kollisionsrecht, allgemein

Wendelstein

I. Einführung 1
  1. Idee hinter automatisierten Rechtsberatungsprodukten 1
  2. Modelle automatisierter Rechtsberatungsprodukte 3
    a) Durchsetzungsmodell 4
    b) Abtretungsmodell 5
II. Bedeutung des Kollisionsrechts 6

Literatur: Hartung, Noch mal: Klagen ohne Risiko - Prozessfinanzierung und Inkassodienstleistung aus einer Hand als unzulässige Rechtsdienstleistung?, BB 2017, 2825-2829; Rott, Rechtsdurchsetzung durch Legal Tech-Inkasso am Beispiel der Mietpreisbremse – Nutzen oder Gefahr für Verbraucher?, VuR 2018, 443-447; Valdini, Klagen ohne Risiko – Prozessfinanzierung und Inkassodienstleistung aus einer Hand als zulässige Rechtsdienstleistung?, BB 2017, 1609-1613;

I. Einführung

1. Idee hinter automatisierten Rechtsberatungsprodukten

Infolge des zunehmenden Einsatzes von Legal Tech haben sich am Markt automatisierte Rechtsberatungsprodukte etablieren können. Im Fokus dieser Produkte stehen gut strukturierbare juristische Fragestellungen, welche rechtstatsächlich in großer Zahl vorkommen. Dabei wird der Versuch unternommen, die in solchen Konstellationen typischerweise notwendige anwaltliche Beratung in einem Ablauf- und Entscheidungsbaum darzustellen und diese sodann in einer Software abzubilden. Diese Software soll dadurch in der Lage sein, eine potenziell unbegrenzte Anzahl solcher Fälle automatisiert abzuarbeiten. Der User interagiert normalerweise nur noch mit der Software und wird ausschließlich elektronisch über den Verlauf seines Falles informiert. Anwälte sind für Anbieter automatisierter Rechtsberatungsprodukte zumeist nur im Hintergrund tätig, etwa um Ausnahmefälle zu bearbeiten, welche dann nach Möglichkeit Eingang in die Softwarelösung finden, oder – sofern aufgrund verfahrensrechtlicher Vorgaben notwendig – Dokumente zu unterzeichnen oder elektronisch zu signieren.

Die automatisierten Rechtsberatungsprodukte richten sich vor allem an Verbraucher.[1] Die Anbieter machen sich insoweit insbesondere zwei Umstände zunutze: Erstens ist das materielle Recht der verschiedenen Mitgliedstaaten auf dem Gebiet des Verbraucherschutzes durch zahlreiche Rechtsakte der EU in zahlreichen Bereichen vereinheitlicht, so dass die entwickelte Software (ggf. nach Detailanpassungen) in vielen mitgliedstaatlichen Rechtsordnungen eingesetzt werden kann. Zweitens schrecken große Teile der Verbraucher trotz ihrer Stärkung durch den europäischen Verbraucherschutz und trotz gewisser verfahrensrechtlicher Privilegien (vgl. insbesondere Art. 17, 18 Brüssel Ia-VO) noch immer vor der Durchsetzung ihrer Ansprüche gegenüber den scheinbar übermächtigen international agierenden Unternehmen zurück. Zudem haben die Ansprüche der Verbraucher, welche mittels der automatisierten Rechtsberatungsprodukte durchgesetzt werden sollen, häufig nur einen relativ geringen Wert, was das Durchsetzungsinteresse der Verbraucher deutlich reduziert. Beide Aspekte steigern die Nachfrage nach automatisierten und dadurch potenziell kostengünstigen Rechtsberatungsprodukten. Durch die Bündelung der Ansprüche von einer Vielzahl von Verbrauchern in unechten Sammelklagen[2] und deren automatischer Durchsetzung mittels Legal Tech-Anwendungen ermöglichen automatisierte Rechtsberatungsprodukte eine kostensparende Durchsetzung der Verbraucheransprüche.

---

1 Vgl. etwa Rott VuR 2018, 443 (443); Valdini BB 2017, 1609 (1609); Hartung BB 2017, 2825 (2826); Breidenbach/Glatz Legal Tech-HdB/Tobschall/Kempe 1.4 Rn. 2.
2 Echte Sammelklagen gibt es in den verschiedenen Mitgliedstaaten nur vereinzelt. Im Dezember 2020 trat aber die Richtlinie (EU) 2020/1828 des Europäischen Parlaments und des Rates „über Verbandsklagen zum Schutz der Kollektivinteressen der Verbraucher" (ABl. 2020 L 409, 1) in Kraft. Die Mitgliedstaaten haben diese Richtlinie bis zum 25.12.2022 in nationales Recht umzusetzen, das seinerseits spätestens ab 25.6.2023 anwendbar sein muss.

2. Modelle automatisierter Rechtsberatungsprodukte

3 Hinsichtlich der rechtlichen Ausgestaltung lassen sich im Rahmen automatisierter Rechtsberatungsprodukte zwei Modelle unterscheiden:

a) Durchsetzungsmodell

4 In dem einen Modell bleibt der Verbraucher Anspruchsinhaber und der Anbieter des automatisierten Rechtsberatungsprodukts setzt dieses nur gegenüber dem jeweiligen Unternehmer außergerichtlich oder gerichtlich durch (Durchsetzungsmodell). Nach erfolgreicher Durchsetzung behält der Anbieter des automatisierten Rechtsberatungsprodukts einen prozentualen Anteil ein und kehrt nur den Restbetrag an den Verbraucher aus.

b) Abtretungsmodell

5 Am Markt existieren jedoch auch Modelle, in denen der Anbieter des automatisierten Rechtsberatungsprodukts dem Verbraucher seinen Anspruch gegen den Unternehmer abkauft und sich abtreten lässt, um diesen in eigenem Namen außergerichtlich oder gerichtlich durchzusetzen (Abtretungsmodell). Der Kaufpreis ist dabei niedriger als der eigentliche Wert des Anspruchs, dafür trägt der Anbieter des automatisierten Rechtsberatungsprodukts das Durchsetzungsrisiko.

II. Bedeutung des Kollisionsrechts

6 Die Verfügbarkeit der verschiedenen automatisierten Rechtsberatungsprodukte über das Internet führt dazu, dass Sachverhalte mit grenzüberschreitendem Bezug vermehrt Bedeutung erlangen. Dadurch gewinnt auch die Frage des zur Anwendung berufenen Rechts zunehmend an Bedeutung. Die kollisionsrechtliche Dimension ist dabei besonders relevant, da sie – anders als etwa Fragen des Internationalen Zuständigkeitsrechts – auch im vorgerichtlichen oder außergerichtlichen Bereich bedeutsam ist.

7 Im Rahmen des Durchsetzungsmodells stellen sich Fragen des zur Anwendung berufenen Rechts in verschiedenen Kontexten, je nachdem aus welchem Bereich der durchzusetzende Anspruch stammt (→ *Kollisionsrecht, Durchsetzungsmodell* Rn. 2 ff.). In manchen Bereichen bestehen spezielle Kollisionsnormen, welche den allgemeinen Kollisionsnormen vorgehen. Den auftretenden Fragen des Kollisionsrechts wird anhand von acht Konstellationen (Ansprüche aus der Fluggastrechte-VO, der Bahngastrechte-VO, aus Kauf-, Darlehens-, Beförderungs-, Reise- und Mietverträgen sowie Ansprüchen von Erwerbern manipulierter Kraftfahrzeuge im Rahmen des Abgasskandals) nachgegangen, in denen automatisierte Rechtsberatungsprodukte aktuell typischerweise Anwendung finden.

8 Im Rahmen des Abtretungsmodells stellt sich auf der Ebene des Kollisionsrechts neben dem auf die abgetretene Forderung anwendbaren Recht zusätzlich die Frage, nach welchem Recht die Abtretung zu beurteilen ist (→ *Kollisionsrecht, Abtretungsmodell* Rn. 3 ff.). Im Rahmen von Verbraucherkonstellationen wird ferner die Frage aufgeworfen, ob das Verbrauchervertragsstatut durch die Abtretung beeinflusst wird (→ *Kollisionsrecht, Abtretungsmodell* Rn. 5 ff.).

9 Schließlich werden zur Durchführung der geschuldeten Leistung teilweise sogenannte smart contracts eingesetzt. Dabei handelt es sich um eine spezielle Software, die einen voll- oder teilautomatischen Vollzug der geschuldeten Leistung ermöglicht. In Fällen mit Auslandsbezug wirft der Einsatz solcher smart contracts die Frage des auf sie anwendbaren Rechts auf (→ *Kollisionsrecht, Smart Contracts* Rn. 5 ff.).

47. Kollisionsrecht, Abtretungsmodell

Wendelstein

I. Einführung 1	2. Auch kein Statutenwechsel bei Verbraucherverträgen durch Abtretung an einen Unternehmer .. 5
II. Zessionsstatut, Art. 14 Abs. 1 Rom I-VO 3	a) Unwandelbare und wandelbare Anknüpfung 9
III. Forderungsstatut, Art. 14 Abs. 2 Rom I-VO 4	b) (Verbraucher-)Vertragsstatut als unwandelbare Anknüpfung 11
1. Ermittlung des Forderungsstatuts nach den für die jeweilige Forderung maßgeblichen Kollisionsnormen 4	

Literatur: *Lüderitz*, Wechsel der Anknüpfung in bestehendem Schuldvertrag, in: Festschrift für Max Keller zum 65. Geburtstag, 1989, 459 ff.; *Wendland*, Abtretungen und Verbraucherschutz unter der Rom I-Verordnung – Zessionsbedingte Neuanknüpfung von Verbrauchervertragsforderungen?, ZVglRWiss 118, 422.

I. Einführung

Im Rahmen eines Abtretungsmodells (→ *Kollisionsrecht, allgemein* Rn. 5) stellt sich auf der Ebene des Kollisionsrechts neben dem auf die abgetretene Forderung anwendbaren Recht zusätzlich die Frage nach welchem Recht die Abtretung zu beurteilen ist (→ Rn. 4 ff.). Ferner wird im Rahmen von Verbraucherkonstellationen die Frage aufgeworfen, ob das Verbrauchervertragsstatut durch die Abtretung beeinflusst wird (→ Rn. 11 ff.). 1

Die für die Forderungsübertragung maßgebliche Kollisionsregel findet sich in Art. 14 Rom I-VO. Dieser trennt zwischen dem Zessionsstatut in Abs. 1 und dem Forderungsstatut in Abs. 2. Art. 14 Abs. 3 Rom I-VO konkretisiert den Begriff der Übertragung und damit den sachlichen Anwendungsbereich des Art. 14 Rom I-VO. 2

II. Zessionsstatut, Art. 14 Abs. 1 Rom I-VO

Das Verhältnis zwischen Zedent (Altgläubiger) und Zessionar (Neugläubiger) ist nach der bloß deklaratorischen Regelung des Art. 14 Abs. 1 Rom I-VO nach den allgemeinen Kollisionsnormen des internationalen Vertragsrechts (Art. 3 ff. Rom I-VO) anzuknüpfen. Verhältnis meint dabei das „Übertragungsgeschäft" zwischen Zedent und Zessionar als solches. Dieses Rechtsgeschäft (zB ein Forderungskauf, eine Schenkung oder ein Gesellschaftsvertrag) unterliegt also nicht dem Forderungsstatut der zu zedierenden Forderung, sondern seinem eigenen Recht. Dieses bestimmt seine Voraussetzungen, sein Zustandekommen und seine unmittelbaren Wirkungen.[1] Ferner die Haftung des Zedenten für Verität und Bonität der abgetretenen Forderung.[2] Der Rechtsgrund der zu zedierenden Forderung, auf die sich das Übertragungsgeschäft bezieht, ist für die Anwendbarkeit des Art. 14 Abs. 1 Rom I-VO irrelevant. Die Forderung kann aus Vertrag, Delikt oder einem sonstigen Schuldgrund herrühren.[3] Erwägungsgrund 38 stellt klar, dass das Zessionsgrundstatut auch für die dinglichen Aspekte der Abtretung im Verhältnis zwischen Zedent und Zessionar gilt. Folglich wird auch der Forderungsübergang *inter partes* vom Zessionsstatut umfasst. 3

III. Forderungsstatut, Art. 14 Abs. 2 Rom I-VO

1. Ermittlung des Forderungsstatuts nach den für die jeweilige Forderung maßgeblichen Kollisionsnormen

Die zu zedierende Forderung unterliegt nach Art. 14 Abs. 2 Rom I-VO dem Forderungsstatut. Das ist das Recht, welches im Zeitpunkt der Übertragung im Sinne des Art. 14 Abs. 1 Rom I-VO über die Forderung 4

---

[1] Erman/Stürner Rom I-VO Art. 14 Rn. 3.
[2] MüKoBGB/Martiny Rom I-VO Art. 14 Rn. 23; Staudinger/Magnus Rom I-VO Art. 14 Rn. 45; Erman/Stürner Rom I-VO Art. 14 Rn. 3.
[3] Erman/Stürner Rom I-VO Art. 14 Rn. 3; BeckOGK/Hübner Rom I-VO Art. 14 Rn. 16; MüKoBGB/Martiny Rom I-VO Art. 14 Rn. 23.

herrscht.[4] Art. 14 Abs. 2 Rom I-VO enthält keine Kollisionsnorm für die Ermittlung des Forderungsstatuts und unterscheidet auch nicht nach der Rechtsnatur der zu zedierenden Forderung. Es spielt insbesondere keine Rolle, ob sie vertraglicher oder außervertraglicher Natur ist. Das Verhältnis zwischen Zessionar bzw. Zedent und Schuldner wird also durch die Forderungsübertragung nicht beeinflusst, ein Statutenwechsel findet nicht statt. Das bedeutet, dass die Forderungsübertragung nicht zu einer Änderung der Anknüpfung der zedierten Forderung führt. Zum Schutz des Forderungsschuldners haben Zedent und Zessionar ohne Mitwirkung des Forderungsschuldners somit auch keine Möglichkeit, das Forderungsstatut durch eine entsprechende Rechtswahl zu verändern. Die Ermittlung des Forderungsstatuts erfolgt „rechtsobjektsbezogen".[5] Bei einer vertraglichen Forderung im Sinne des Art. 1 Rom I-VO ist das Forderungsstatut – vorbehaltlich vorrangigem Einheitsrecht (etwa dem CISG) – entsprechend nach den Art. 3 ff. Rom I-VO zu ermitteln. Bei Verbraucherverträgen ist Art. 6 Rom I-VO zu beachten. Handelt es sich – wie etwa bei den Ansprüchen der Käufer gegen den Hersteller im Abgasskandal – um eine deliktische Forderung, ist diese entsprechend grds. nach Maßgabe der Art. 4, 14 Rom II-VO anzuknüpfen.

2. Auch kein Statutenwechsel bei Verbraucherverträgen durch Abtretung an einen Unternehmer

5 Wie bereits dargestellt (→ *Kollisionsrecht, Durchsetzungsmodell* Rn. 16, 18 ff.), enthält die Rom I-VO für Verbraucherverträge in Art. 6 Rom I-VO eine spezielle Kollisionsnorm zum Schutz des Verbrauchers. Nach dieser wird bei objektiver Anknüpfung das Recht am gewöhnlichen Aufenthaltsort des Verbrauchers zur Anwendung berufen (Art. 6 Abs. 1 Rom I-VO). Eine abweichende Rechtswahl ist wegen Art. 6 Abs. 2 Rom I-VO nur beschränkt möglich (→ *Kollisionsrecht, Durchsetzungsmodell* Rn. 16. Wird im Rahmen automatisierter Rechtsberatungsprodukte das Abtretungsmodell verwendet, wird mitunter die Forderung aus einem Verbrauchervertrag von einem Verbraucher an den Betreiber des automatisierten Rechtsberatungsprodukts und damit an einen Unternehmer abgetreten. Dies wirft die umstrittene Frage auf, ob trotz der Zession bezüglich der abgetretenen Forderung das Verbrauchervertragsstatut anwendbar bleibt oder ob es infolge der Zession zu einem Statutenwechsel kommt.

6 Im Rahmen der Parallelfrage auf dem Gebiet des Internationalen Zuständigkeitsrechts hatte sich der EuGH mit dieser Frage erstmals im Jahr 1993 in der Rs. Shearson Lehman Hutton/TVB[6] zu beschäftigen. Der EuGH entschied, dass dem unternehmerisch handelnden Zessionar der besondere Verbrauchergerichtsstand nicht eröffnet sei und er entsprechend nicht an seinem Wohnsitz klagen könne.[7] Der Aktivgerichtsstand des Verbrauchers stehe einem nicht privat handelnden Zessionar nicht zu. Argumentativ stellte der EuGH auf den Wortlaut der Norm (damals Art. 14 EuGVÜ, heute Art. 17 Brüssel Ia-VO) und das Telos des zuständigkeitrechtlichen Verbraucherschutzes ab. Nach dem Wortlaut sei die besondere Zuständigkeit nur für Verbraucher eröffnet.[8] Der Anwendungsbereich der verbraucherschützenden Privilegierung dürfe nicht auf Personen ausgeweitet werden, die deren speziellen Schutzes nicht bedürfen, da es sich bei dem enthaltenen Klägergerichtsstand um eine restriktiv zu handhabende Ausnahme vom Grundsatz *actor sequitur forum rei* handle.[9] In einem späteren Urteil[10] hat der EuGH diese Rechtsprechung bestätigt und auch Verbrauchervereinen für Verbandsklagen aus zediertem Recht die Berufung auf den Verbrauchergerichtsstand versagt.

7 Würde man diese Rechtsprechung des EuGH auf dem Gebiet des internationalen Zuständigkeitsrechts auf das Kollisionsrecht übertragen, würde nach der Zession die verbraucherschützende Kollisionsnorm des Art. 6 Rom I-VO keine Anwendung mehr finden. Tritt ein Verbraucher die Forderung aus dem Verbrauchervertrag an einen Unternehmer ab, fällt die für Art. 6 Abs. 1 Rom I-VO erforderliche B2C-Beziehung weg. Eine Neuanknüpfung müsste folglich nach Maßgabe des Art. 3 und 4 Rom I-VO erfolgen. Infolge der

---

4 Erman/Stürner Rom I-VO Art. 14 Rn. 5.
5 Vgl. v. Bar/Mankowski IPR II § 7 Rn. 41.
6 EuGH Urt. v. 19.1.1993 – C-89/91, ECLI:EU:C:1993:15 – Shearson Lehman Hutton/TVB.
7 EuGH Urt. v. 19.1.1993 – C-89/91, ECLI:EU:C:1993:15 Rn. 24 – Shearson Lehman Hutton/TVB.
8 EuGH Urt. v. 19.1.1993 – C-89/91, ECLI:EU:C:1993:15 Rn. 21 ff. – Shearson Lehman Hutton/TVB.
9 EuGH Urt. v. 19.1.1993 – C-89/91, ECLI:EU:C:1993:15 Rn. 15–19 – Shearson Lehman Hutton/TVB.
10 EuGH Urt. v. 1.10.2002 – C-167/00, ECLI:EU:C:2002:555 Rn. 33 – VKI/Henkel.

Abtretung käme es also zu einer zessionsbedingten Neuanknüpfung der zedierten vertraglichen Forderung und damit zu einem Statutenwechsel.

Im Ergebnis gibt es jedoch keinen Grund die Anknüpfung des Vertrages nachträglich zu verändern.[11] Vielmehr erscheint es sach- und interessengerecht das zum Zeitpunkt des Vertragsschlusses durch Art. 6 Rom I-VO bestimmte Vertragsstatut von der Abtretung unberührt zu lassen.

a) Unwandelbare und wandelbare Anknüpfung

Im Rahmen kollisionsrechtlicher Anknüpfungen sind zwei zeitliche Grundprinzipien möglich. Bei einer **unwandelbaren bzw. starren Anknüpfung** wird das anwendbare Recht zu einem bestimmten Zeitpunkt einmalig und für die Zukunft abschließend festgelegt. Nachträgliche Veränderungen der tatsächlichen Gegebenheiten haben also keine Auswirkung auf die Anwendbarkeit der Kollisionsnorm oder die Auslegung ihres Anknüpfungsmoments. Bei einer **wandelbaren bzw. dynamischen Anknüpfung** ist es demgegenüber denkbar, dass Veränderungen der tatsächlichen Geschehnisse die Anwendung der Kollisionsnorm oder die Auslegung deren Anknüpfungsmoment dynamisch verändern und dadurch die kollisionsrechtliche Entscheidung beeinflussen.

Wegen ihrer Unwandelbarkeit tragen starre Anknüpfungen vor allem der Rechtssicherheit und Vorhersehbarkeit des zur Anwendung berufenen Rechts Rechnung. Demgegenüber ermöglichen es dynamische Anknüpfungen, die Rechtsverhältnisse in neue tatsächliche Gegebenheiten „einzupassen" und so vor allem gewandelten Partei- und Verkehrsinteressen Rechnung zu tragen. Wegen des Statutenwechsels kann es bei dynamischen Anknüpfungen aber zu teilweise recht komplexen Anpassungs- und Transpositionsproblemen kommen.[12] Zudem eröffnen wandelbare Anknüpfungen die Möglichkeit zur einseitigen Manipulation des Anknüpfungsmoments. Gleichwohl können wandelbare Anknüpfungen etwa im Bereich des Personal-, Erb- und Ehestatuts einen wichtigen Beitrag zur Integration in neue Sozialstrukturen und Gesellschaften leisten.[13]

b) (Verbraucher-)Vertragsstatut als unwandelbare Anknüpfung

Die Rom I-VO steht einer wandelbaren Anknüpfung des Vertragsstatuts nicht gänzlich ablehnend gegenüber. So lässt sie mit Art. 3 Abs. 2 (ggf. iVm Art. 6 Abs. 2) ausdrücklich eine nachträgliche Veränderung der subjektiven Anknüpfung zu. Für objektive Anknüpfungen enthält die Rom I-VO eine vergleichbare Regelung nicht. Art. 19 Abs. 3 Rom I-VO regelt aber immerhin, dass im Rahmen der Bestimmung des gewöhnlichen Aufenthalts der Zeitpunkt des Vertragsschlusses maßgeblich ist. Damit spricht sich die Verordnung ausdrücklich gegen eine Wandlung des Vertragsstatuts durch nachträgliche Aufenthalts- bzw. Sitzverlegung aus.[14]

Teilweise wird aus der Regelung des Art. 19 Abs. 3 Rom I-VO geschlossen, dass es für die Bestimmung des Vertragsstatuts nach der Rom I-VO immer auf den Zeitpunkt des Vertragsschlusses ankomme.[15] Ob dieser Schluss auch im Falle des Austauschs einer Partei infolge der Abtretung überzeugt, wird unter Hinweis darauf, dass Art. 19 Abs. 3 Rom I-VO diesen Fall nicht erwähnt, angezweifelt.[16] Dafür, dass im Rahmen der objektiven Anknüpfung nach der Rom I-VO immer der Zeitpunkt des Vertragsschlusses maßgeblich sein soll, spricht, dass auch bei der Bestimmung der Unternehmer bzw. Verbrauchereigenschaft der Vertragsparteien dieser Zeitpunkt maßgeblich ist (vgl. → *Kollisionsrecht, Durchsetzungsmodell* Rn. 19). Entscheidend ist jedoch letztlich, dass nur durch die Wahl des Vertragsschlusszeitpunktes und die dadurch bewirkte

---

11 Ferrari IntVertragsR/Staudinger Rom I-VO Art. 6 Rn. 15; Staudinger/Magnus Rom I-VO Art. 6 Rn. 49; Wendland ZVglRWiss 118 (2019), 422 (438 ff.); MüKoBGB/Martiny Rom I-VO Art. 6 Rn. 18; jurisPK-BGB/Limbach Rom I-VO Art. 6 Rn. 25; aA Ferrari/Leible Rome I/Ragno S. 136.
12 BeckOK BGB/Lorenz Einleitung zum IPR Rn. 43; MüKoBGB/v. Hein Einleitung zum IPR Rn. 78 ff.
13 MüKoBGB/v. Hein Einleitung zum IPR Rn. 77.
14 Vgl. BeckOGK/Rass-Masson Rom I-VO Art. 19 Rn. 38.
15 Reithmann/Martiny IntVertragsR/Martiny Rn. 2.299.
16 Wendland ZVglRWiss 118 (2019), 422 (441).

Unwandelbarkeit des Vertragsstatuts den kollisionsrechtlichen Parteiinteressen hinreichend Rechnung getragen werden kann. Im internationalen Vertragsrecht fehlt es an einem besonderen Bedürfnis der Parteien, das Vertragsstatut wechselnden tatsächlichen Gegebenheiten anzupassen. Insbesondere im Falle des Umzugs einer der Parteien nach Abschluss des Vertrages erscheint es nicht sach- und interessengerecht einen Statutenwechsel anzunehmen. Ein Statutenwechsel wäre mit großen Rechtsunsicherheiten verbunden. Ausweislich Erwägungsgrund 6 soll durch die Kollisionsnormen der Rom I-VO das anwendbare Recht aber gerade sicher und vorhersehbar bestimmt werden. Für die Alleinmaßgeblichkeit der Verhältnisse im Zeitpunkt des Vertragsschlusses und die daraus resultierende Unwandelbarkeit der Anknüpfung spricht zudem die Entstehungsgeschichte der Rom I-VO. So wurde bereits im Rahmen der Vorgängernormen (insbes. Art. 4 Abs. 2 EVÜ, umgesetzt in Art. 28 Abs. 2 EGBGB) im Rahmen der Bestimmung des Vertragsstatuts auf diesen Zeitpunkt abgestellt und von einer Unwandelbarkeit der Anknüpfung ausgegangen.[17] Hätte sich der Unionsgesetzgeber im Rahmen der Rom I-VO von dieser Deutung abwenden wollen, wäre zu erwarten gewesen, dass er Art. 19 Abs. 3 Rom I-VO nicht wie geschehen formuliert. Jedenfalls hätte er seinen Änderungswillen dann vermutlich in den Erwägungsgründen oder zumindest im Rahmen des Gesetzgebungsverfahrens zum Ausdruck gebracht.

13 Insgesamt sprechen die besseren Argumente dafür, den **Vertragsschluss als alleinmaßgeblichen Zeitpunkt** im Rahmen der objektiven Bestimmung des Vertragsstatuts nach der Rom I-VO anzusehen. Ein **Statutenwechsel durch Abtretung** ist damit **ausgeschlossen**. Im Interesse der Rechtssicherheit und Vorhersehbarkeit des Vertragsstatuts soll dies auch in Fällen des Günstigkeitsvergleichs des Art. 6 Abs. 2 Rom I-VO gelten.[18] Der Günstigkeitsvergleich zwischen dem gewählten Recht und dem Recht am gewöhnlichen Aufenthalt des Zedenten sei also auch dann durchzuführen, wenn es sich bei dem Zessionar um einen Unternehmer handelt.

---

17 Vgl. Staudinger/Magnus, Aufl. 2002, EGBGB Art. 28 Rn. 96 f.; MüKoBGB/Martiny, 4. Aufl. 2006, EGBGB Art. 28 Rn. 27. Lüderitz FS Keller, 1989, 459 (460), hat darauf hingewiesen, dass der Wortlaut des Art. 28 Abs. 2 EGBGB aF diesbezüglich nicht eindeutig war.
18 Staudinger/Magnus Rom I-VO Art. 6 Rn. 45; MüKoBGB/Martiny Rom I-VO Art. 6 Rn. 18; aA jurisPK-BGB/Limbach Rom I-VO Art. 6 Rn. 25.

48. Kollisionsrecht, Durchsetzungsmodell

Wendelstein

I. Einführung	1
II. Regelungsbereiche mit speziellen Kollisionsnormen	2
1. Flugverspätung oder -ausfall	2
a) Ausgleichs- und Unterstützungsmaßnahmen	2
b) Räumlicher Anwendungsbereich der Fluggastrechte-VO	3
2. Bahnverspätung oder -ausfall	6
a) Denkbare Ansprüche nach der Bahngastrechte-VO	6
b) Räumlicher Anwendungsbereich	7
III. Regelungsbereiche ohne spezielle Kollisionsnormen	8
1. Sachlicher Anwendungsbereich	8
a) Vertragliche Ansprüche nur im Verhältnis zum (vermeintlichen) Vertragspartner denkbar	11
b) Ansprüche infolge vollständiger oder teilweiser Nichterfüllung	12
2. Möglichkeit zur Rechtswahl und deren Grenzen	13
a) Grundsatz der Parteiautonomie	13
b) Rechtswahlgrenzen des Art. 3 Abs. 3 Rom I-VO	15
c) Rechtswahlgrenzen des Art. 6 Abs. 2 S. 2 Rom I-VO	16
d) Rechtswahlgrenzen des Art. 5 Abs. 2 Rom I-VO	17
3. Objektive Anknüpfung nach Art. 6 Rom I-VO	18
a) Persönlicher Anwendungsbereich	19
b) Sachlicher Anwendungsbereich	21
aa) Art. 6 Abs. 4 lit. a Rom I-VO	22
bb) Art. 6 Abs. 4 lit. b Rom I-VO	25
cc) Art. 6 Abs. 4 lit. c Rom I-VO	29
c) Situativer Anwendungsbereich	31
aa) Art. 6 Abs. 1 lit. a Rom I-VO	34
bb) Art. 6 Abs. 1 lit. b Rom I-VO	37
d) Anknüpfung an das Recht am gewöhnlichen Aufenthalt des Verbrauchers	42
4. Objektive Anknüpfung nach Art. 4 und Art. 5 Rom I-VO	43
a) Kaufverträge	44
b) Mietverträge über unbewegliche Sachen	45
c) Darlehensverträge	46
d) Personenbeförderungsverträge	47
IV. Kollisionsrechtliche Behandlung der Ansprüche in den Abgasskandalfällen	48
1. Qualifikation von Ansprüchen gegen den Vertragspartner	49
2. Qualifikation der Schadensersatzansprüche gegen den Hersteller	50
a) Wettbewerbsstatut, Art. 6 Rom II-VO	51
b) Produkthaftungsstatut, Art. 5 Rom II-VO	52
c) Deliktsstatut, Art. 4 Rom II-VO	57
3. Objektive Anknüpfung nach Art. 4 Rom II-VO	58
a) Art. 4 Abs. 1 Rom II-VO	58
aa) Erfolgsort als Ort der Rechtsverletzung	58
bb) Lokalisierung des Erfolgsortes bei Eigentumsverletzungen	59
cc) Meinungsstand hinsichtlich der Lokalisierung des allgemeinen Vermögensrechts	60
dd) Lokalisierung des Erfolgsortes in den Abgasskandalfällen	63
b) Art. 4 Abs. 2 Rom II-VO	70
c) Art. 4 Abs. 3 Rom II-VO	71
4. Möglichkeit zur (nachträglichen) Rechtswahl, Art. 14 Rom II-VO	76

Literatur: *Dauses/Ludwigs*, Handbuch des EU-Wirtschaftsrechts, Stand April 2022; *Einsele*, Auswirkungen der Rom I-Verordnung auf Finanzdienstleistungen, WM 2009, 289; *Führich*, Keine Haftung des Reiseveranstalters aus EG-Fluggastrechte-VO, LMK 2008, 266064; *Gaedtke*, Fluggastrechte: Praktische Schwierigkeiten bei der Anwendung der Verordnung (EG) Nr. 261/2004, VuR 2007, 201; *von Hein*, Kapitalanlegerschutz im Verbrauchergerichtsstand zwischen Fernabsatz und konventionellem Vertrieb: Zur Konkretisierung der „Ausrichtung" in Art. 15 Abs. 1 lit. c EuGVO, IPRax 2006, 16; *von Hein*, Der Gerichtsstand der unerlaubten Handlung bei arbeitsteiliger Tatbegehung im europäischen Zivilprozessrecht, IPRax 2013, 505; *von Hoffmann/Thorn*, Internationales Privatrecht, 9. Aufl. 2007; *Kegel/Schurig*, Internationales Privatrecht, 9. Aufl 2004; *Kleinknecht*, Verbraucherschützende Gerichtsstände, 2007; *Kluth*, Die Grenzen des kollisionsrechtlichen Verbraucherschutzes, 2009; *Klöpfer/Wendelstein*, Anmerkung zu einer Entscheidung des EuGH, Urteil vom 17.10.2013 (C-218/12; JZ 2014, 297) – Zur Eröffnung des Verbrauchergerichtsstandes gemäß Art. 15 Abs. 1 Buchst. C EGV 44/2001, JZ 2014, 298; *Labonté*, Das auf die deliktische Haftung deutscher Hersteller von Dieselkraftfahrzeugen bei Auslandssachverhalten anwendbare Recht, RIW 2020, 726; *Lehmann*, Anmerkung zur Entscheidung des EuGH, Urteil vom 09.07.2020 (C-343/19) – Zum Deliktsgerichtsstand bei Klagen von Fahrzeugverkäufen gegen Volkswagen, NJW 2020, 2872; *Lehmann/Duczek*, Grundfälle zur Rom II-VO, JuS 2012, 681; *Leible*, Binnenmarkt, elektronischer Geschäftsverkehr und Verbraucherschutz, JZ 2010, 272; *Leible/Lehmann*, Die Verordnung über das auf vertragliche Schuldverhältnisse anzuwendende Recht (Rom I), RIW 2008, 528; *Leible/Müller*, Die Bedeutung von Websites für die internationale Zuständigkeit in Verbrauchersachen, NJW 2011, 495; *Mankowski*, Überlegungen zur sach- und interessengerechten Rechtswahl für Verträge des internationalen Wirtschaftsverkehrs, RIW 2003, 2; *Mankowski*, Entwicklungen im Internationalen Privat- und Prozessrecht für Transportverträge in Abkommen und speziellen EG-Verordnungen, TranspR 2008, 177; *Mankowski*, Die Rom I-Verordnung – Änderungen im europäischen IPR für Schuldverträge, IHR 2008, 133; *Mankowski*, Neues zum „Ausrichten" unternehmerischer Tätigkeit unter

Art. 15 Abs. 1 lit. c EuGVVO, IPRax 2009, 238; *Mankowski*, Autoritatives zum „Ausrichten" unternehmerischer Tätigkeit unter Art. 15 Abs. 1 lit. c EuGVVO, IPRax 2012, 144; *Mankowski*, Deliktsrechtliche Ausweichklausel, Handlungsort und Gewichtung – Anwendbares materielles Recht bei deliktischen Schadensersatzforderungen von im EU-Ausland ansässigen Kunden im VW-Dieselskandal als Exampel, RIW 2021, 93; *Martiny*, Europäisches Internationales Vertragsrecht in Erwartung der Rom I-Verordnung, ZEuP 2008, 79; Müller, Anmerkung zu einer Entscheidung des EuGH, Urteil vom 16.06.2016 (C-12/15) – Zum Deliktsgerichtsstand am Erfolgsort bei reinen Vermögensschäden, NJW 2016, 2169; *Peterhoff/Wolf*, Die Rechte des Flugreisenden im Überblick, TranspR 2007, 103; *Plender/Wilderspin*, The European Private International Law of Obligations, 2014; *Roth*, Zur Stillschweigenden Rechtswahl in einem künftigen EU-Gemeinschaftsinstrument über das internationale Schuldvertragsrecht, in: FS Georgiades, 2006, S. 905; *Rushworth/Scott*, Rome II: Choice of law for non-contractual obligations, LMCLQ 2008, 274; *Rühl*, Rechtswahlfreiheit im europäischen Kollisionsrecht, in: FS Kropholler, 2008, S. 187; *Schmid*, Die Verordnung (EG) Nr. 261/2004 – Europäischer Verbraucherschutz mit Nachbesserungsbedarf, ZLW 2005, 373; *Schmid*, Die Bewährung der neuen Fluggastrechte in der Praxis – Ausgewählte Probleme bei der Anwendung der Verordnung (EG) Nr. 261/2004; NJW 2006, 1841; *Schmid*, Fluggastrechte in der Praxis – Ein Überblick über Entscheidungen zur Verordnung (EG) Nr. 261/2004 mit Anmerkungen, NJW 2007, 261; *Schmid*, Die Verordnung (EG) Nr. 261/2004 – eine „Sagrada familia" des Fluggastrechts?, RRa 2008, 203; *Schmidt*, Grundlagen des europäischen Internationalen Privatrechts, JURA 2011, 117; *Schulze*, Die EU-Verordnungen unter dem Arbeitstitel „Rom" – Das europäische Kollisionsrecht in weltbürgerlicher Absicht, AL 2015, 184; *Solomon*, Die Rom I-Verordnung in der deutschen ordentlichen Gerichtsbarkeit, ZVglRWiss 115 (2016) 586; *Stürner/Wendelstein*, Datenschutzrechtliche „Sammelklagen" im Zuständigkeitsregime der Brüssel Ia-VO, JZ 2018, 1083; *Stadler/Krüger*, Internationale Zuständigkeit und deliktischer Erfolgsort im VW-Dieselskandal, IPRax 2020, 512; *Sujecki*, Die Rom II-Verordnung, EWS 2009, 310; *Wagner*, Der Grundsatz der Rechtswahl und das mangels Rechtswahl anwendbare Recht (Rom I-Verordnung), IPRax 2008, 377; *Wendelstein*, Kollisionsrechtliche Probleme der Telemedizin – Zugleich ein Beitrag zur Koordination von Vertrag und Delikt auf der Ebene des europäischen Kollisionsrechts, 2012; *Wendelstein*, ZEuP 2015, 624; *Wendelstein*, Die Behandlung der Prospekthaftung des Emittenten im europäischen Zuständigkeitsrecht, GPR 2016, 140; *Wendelstein*, Eigenes und Fremdes im Kollisionsrecht, ZVglRWiss 120 (2021), 349.

I. Einführung

1 Im Folgenden werden mit der Fluggastrechte-VO, der Bahngastrechte-VO, den Kauf-, Darlehens-, Beförderungs-, Reise- und Mietverträgen sowie den Ansprüchen von Erwerbern manipulierter Kfz im Abgasskandal Regelungsbereiche untersucht, in denen derzeit automatisierte Rechtsberatungsprodukte typischerweise eingesetzt werden.

II. Regelungsbereiche mit speziellen Kollisionsnormen

1. Flugverspätung oder -ausfall

a) Ausgleichs- und Unterstützungsmaßnahmen

2 Nach der europäischen Fluggastrechte-VO[1] können Verbrauchern Ansprüche auf Ausgleichs- und Unterstützungsmaßnahmen zustehen. Bei den Ausgleichsansprüchen handelt es sich um eine pauschalierte Entschädigung, deren Höhe von der Entfernung der jeweiligen Flugstrecke abhängt. Im Einzelnen regelt die Fluggastrechte-VO die Leistungen bei Nichtbeförderung (Art. 4 Fluggastrechte-VO), Annullierung (Art. 5 Fluggastrechte-VO) und Verspätung (Art. 6 Fluggastrechte-VO). Ansprüche auf Ausgleichszahlungen richten sich immer gegen das ausführende Luftfahrtunternehmen, welches nicht zwingend der Vertragspartner des Passagiers ist.[2]

---

[1] Verordnung (EG) Nr. 261/2004 des Europäischen Parlaments und des Rates v. 11.2.2004 über eine gemeinsame Regelung für Ausgleichs- und Unterstützungsleistungen für Fluggäste im Fall der Nichtbeförderung und bei Annullierung oder großer Verspätung von Flügen und zur Aufhebung der Verordnung (EWG) Nr. 295/91 (ABl. L 46, 1).
[2] BGH NJW 2008, 2119.

b) Räumlicher Anwendungsbereich der Fluggastrechte-VO

Die Fluggastrechte-VO regelt ihren räumlichen Anwendungsbereich selbstständig, so dass ihre Regelungen unabhängig von dem über die Rom I- oder Rom II-VO zur Anwendung berufenen Rechte anzuwenden sind.[3] Bei dem insoweit maßgeblichen Art. 3 Fluggastrechte-VO handelt es sich – wie stets bei Vorschriften, die den räumlichen Anwendungsbereich von vereinheitlichtem Sachrecht auf dem Gebiet des Privatrechts umschreiben – um eine Kollisionsnorm des Internationalen Privatrechts (IPR).[4] Im Unterschied zu den meisten anderen Kollisionsnormen des europäischen IPR ist Art. 3 Fluggastrechte-VO einseitig ausgestaltet und kann daher nur die Vorschriften der Fluggastrechte-VO zur Anwendung berufen. Als *lex specialis* geht Art. 3 Fluggastrechte-VO den anderen IPR-Sekundärrechtsakten, etwa der Rom I- und II-VO, vor.

Die Fluggastrechte-VO erfasst alle Luftfahrtunternehmen, also Luftfahrtunternehmen der Union (vgl. Art. 2 Fluggastrechte-VO) und sog. Non-EU-Carrier, wenn der Fluggast seinen Flug auf einem Flughafen im Gebiet eines Mitgliedstaates antritt (Art. 3 Abs. 1 lit. a Fluggastrechte-VO). Darüber hinaus werden alle Flüge von Luftfahrtunternehmen der Union von einem Flughafen in einem Drittstaat zu einem Flughafen im Gebiet eines Mitgliedstaates erfasst (Art. 3 Abs. 1 lit. b Fluggastrechte-VO). Gemäß Art. 3 Abs. 1 lit. b Hs. 2 Fluggastrechte-VO ist die Anwendung der Verordnung aber ausgeschlossen, wenn der Fluggast an einem in einem Drittstaat gelegenen Abflugort bereits Gegen- oder Ausgleichs- und Unterstützungsleistungen erhalten hat. Nicht anwendbar ist die Fluggastrechte-VO, wenn ein Nicht-EU-Carrier einen Flug allein von einem Drittstaat in einen Mitgliedstaat durchführt.

Die Anwendbarkeit der Fluggastrechte-VO auf gleichzeitig gebuchte Flüge durch Nicht-EU-Carrier, welche aus der EU abgehen, in einen Drittstaat führen und von diesem dann zu einem späteren Zeitpunkt wieder in die EU zurückführen, ist umstritten. Der EuGH hat die Anwendbarkeit der Fluggastrechte-VO in diesen sog. „Rundflugfällen" verneint.[5] In der Literatur hat diese Entscheidung teilweise heftige Kritik erfahren.[6] Nach Auffassung des EuGH ist Art. 3 Abs. 1 lit. a Fluggastrechte-VO hinsichtlich der Rückflüge so zu verstehen, dass er sich nicht auf die Konstellation eines Hin- und Rückfluges erstrecke, bei welcher die den Hinflug auf einem EU-Flughafen antretenden Passagiere zu diesem Airport von einem drittstaatlichen Flughafen zurückfliegen. Die gemeinsame Buchung beider Strecken sei insoweit irrelevant. Aus dem Zusammenspiel von Art. 3 Abs. 1 lit. a und lit. b Fluggastrechte-VO sei zu folgern, dass die Situation, in der die Fluggäste von einem drittstaatlichen Flughafen abfliegen, allein dann unter lit. b fallen könne, wenn die dort statuierten Anforderungen erfüllt seien. Eine Zusammenfassung von Hin- und Rückflug zu einem einheitlichen Flug, welcher unter Art. 3 Abs. 1 lit. a Fluggastrechte-VO fallen könne, sei abzulehnen.

2. Bahnverspätung oder -ausfall

a) Denkbare Ansprüche nach der Bahngastrechte-VO

Nach Art. 17 Abs. 1 S. 1 Bahngastrechte-VO können dem Bahnreisenden Entschädigungsansprüche zustehen. Ab einer Verspätung von einer Stunde besteht ein Erstattungsanspruch iHv von 25 % des Fahrpreises. Ab einer Verspätung von zwei Stunden sind besteht ein Anspruch auf Erstattung von 50 % des Fahrpreises. Der Anspruch auf Fahrpreisentschädigung besteht dabei verschuldensunabhängig. Das Eisenbahnunternehmen haftet also auch dann, wenn es alles ihm Zumutbare unternommen hat, um Betriebsstörungen zu

---

3 LG Frankfurt a.M. Urt. v. 29.4.1998 – 2-1 S 4-96, NJW-RR 1998, 1589 zur VO (EWG) Nr. 295/91; Mankowski RRa 2014, 118 (123); MüKoBGB/Martiny Rom I-VO Art. 5 Rn. 58; Dauses/Ludwigs EU-WirtschaftsR-HdB/Kreuzer/Wagner/Reder R. Europäisches Internationales Privatrecht Rn. 263.
4 AA NK-BGB/Leible Rom I-VO Art. 23 Rn. 8; wie hier Schulze AL 2015, 184 (188); BeckOGK/Steinrötter Fluggastrechte-VO Art. 3 Rn. 134.
5 EuGH Urt. v. 10.7.2008 – C-173/07, ECLI:EU:C:2008:400, Rn. 53 – Emirates/Schenkel.
6 Vgl. etwa Mankowski TranspR 2008, 177 (182 f.); Führich LMK 2008, 266064; Führich/Staudinger ReiseR-HdB § 38 Rn. 58; Gaedtke VuR 2007, 201 (202); Peterhoff TranspR 2007, 103 (105); Schmid ZLW 2005, 373 (380 f.); Schmid NJW 2006, 1841 (1841 f.); Schmid NJW 2007, 261 (261 f.); Schmid RRa 2008, 202 (203 ff.); Wukoschitz RRa 2008, 242 (242 f.).

verhindern, zB in den nicht seltenen Suizidfällen und bei extremen Witterungsbedingungen.[7] Zudem können bei Verspätungen von mehr als 60 Minuten nach Art. 18 Bahngastrechte-VO Ansprüche auf Hilfeleistungen bestehen. Diese können bspw. die Bereitstellung von Mahlzeiten und Getränken, aber auch die Unterbringung in einem Hotel umfassen.

b) Räumlicher Anwendungsbereich

7 Die Bahngastrechte-VO gilt nach ihrem Art. 2 – vorbehaltlich der Ausnahmetatbestände der Abs. 4–6 Bahngastrechte-VO gemeinschaftsweit. Sie gilt demgegenüber nicht für Eisenbahnfahrten und -dienstleistungen, die ausschließlich im Hoheitsgebiet von Drittländern erbracht werden.[8] Ihre Regelungen sind aber auf grenzüberschreitende Fahrten, deren Ausgangs- oder Zielpunkt in einem Drittland liegt, anzuwenden, wenn sie durch das Hoheitsgebiet eines Mitgliedstaates führen.[9]

III. Regelungsbereiche ohne spezielle Kollisionsnormen

1. Sachlicher Anwendungsbereich

8 Nach Art. 1 Abs. 1 Rom I-VO sind vertragliche Schuldverhältnisse mit Ausnahme der in Art. 1 Abs. 2 Rom II-VO genannten Schuldverhältnisse grundsätzlich nach den Kollisionsnormen der Rom I-VO anzuknüpfen. Demgegenüber erfasst der sachliche Anwendungsbereich der Rom II-VO mit Ausnahme der in Art. 1 Abs. 2 Rom II-VO genannten Schuldverhältnisse alle außervertraglichen Schuldverhältnisse. Die Rom I- und II-VO stehen damit zueinander in einem Ausschlussverhältnis.[10] Weder das vertragliche noch das außervertragliche Schuldverhältnis werden in der Rom I- oder Rom II-VO legaldefiniert. Beide Begriffe sind anerkanntermaßen unionsautonom auszulegen. Damit hat auch die erforderliche Grenzziehung zwischen dem vertraglichen und dem außervertraglichen Bereich unionsautonom und damit unabhängig von vergleichbaren Grenzziehungen in den Sachrechtsordnungen der Mitgliedstaaten zu erfolgen. Entsprechend verläuft die Grenze nicht zwangsläufig entlang der Grenze in einer oder gar mehreren nationalen Sachrechtsordnungen, die durch historische Zufälligkeiten bedingt sein kann, jedenfalls aber auf der Abwägung sachrechtlicher Interessen beruht, welche auf der Ebene des IPR keine unmittelbare Bedeutung besitzen.[11]

9 Besonders schwierig und entsprechend umstritten ist die Grenzziehung im Bereich der Schadenshaftung und damit die Abgrenzung von Vertrag und Delikt. Es gilt, die Grenze zwischen Vertrag und Delikt anhand der unterschiedlichen Funktion dieser Rechtsinstitute und der daraus resultierenden kollisionsrechtlichen Interessenlage autonom von irgendeinem Sachrecht zu bestimmen. Für die Abgrenzung zwischen Vertrag und Delikt kann, wie die Erwägungsgründe Nr. 7 zu den Rom I- und II-VO klarstellen, grundsätzlich auf die EuGH-Rechtsprechung zur teilweise parallelen Abgrenzungsproblematik zwischen Art. 7 Nr. 1 und Nr. 2 Brüssel Ia-VO bzw. deren Vorgängern zurückgegriffen werden.[12] Der EuGH hat im Rahmen

---

7 EuGH Urt. v. 26.9.2013 – C-509/11, ECLI:EU:C:2013:613, Rn. 28 ff. – ÖBB-Personenverkehr AG; Gaedtke, Fahrgastrechte im öffentlichen Personenverkehr, 2011, S. 80 ff.; MüKoBGB/Tonner BGB § 651y Rn. 9.
8 Vgl. Mitteilung der Kommission: Leitlinien zur Verordnung (EG) Nr. 1371/2007 des Europäischen Parlaments und des Rates über die Rechte und Pflichten der Fahrgäste im Eisenbahnverkehr (ABl. 2015 C 220, 1), S. 1.
9 Vgl. Mitteilung der Kommission: Leitlinien zur Verordnung (EG) Nr. 1371/2007 des Europäischen Parlaments und des Rates über die Rechte und Pflichten der Fahrgäste im Eisenbahnverkehr (ABl. 2015 C 220, 1), S. 1.
10 Vgl. Soergel/Wendelstein Rom II-VO Art. 1 Rn. 8.
11 Vgl. Wendelstein ZVglRWiss 120 (2021), 349 (353 ff.).
12 Vgl. EuGH Urt. v. 21.1.2016 – C-359/14, ECLI:EU:C:2016:40, Rn. 43 f. – ERGO Insurance; EuGH Urt. v. 28.7.2016 – C-191/15, ECLI:EU:C:2016:612, Rn. 36 f. – Verein für Konsumenteninformationen; Wendelstein, Kollisionsrechtliche Probleme der Telemedizin, 2012, S. 143–145; Huber/Bach, Rome II Regulation: Pocket Commentary, 2011, Rom II-VO Art. 1 Rn. 15; Dickinson, The Rome II Regulation, 2008, 3.104; Garcimartín Alférez EuLF 2007, I-77 (I-80 f.); Calliess/Renner Rome Regulations/Halfmeier Rom II-VO Art. 1 Rn. 28; MüKoBGB/Junker Rom I-VO Art. 1 Rn. 14; NK-BGB/Knöfel Rom II-VO Art. 1 Rn. 3; Lehmann/Duczek JuS 2012, 681 (682); Lein YPIL 10 (2008), 177 (189); Rogerson, Collier's Conflict of Laws, 4. Aufl. 2013, S. 338; Rushworth/Scott LMCLQ 2008, 274 (299); Schmidt JURA 2011, 117 (123); BeckOK BGB/Spickhoff Rom II-VO Art. 1 Rn. 9; Sujecki EWS 2009, 310 (312); Rauscher EuZPR/EulPR/Unberath/Cziupka Rom II-VO Art. 1 Rn. 18 ff.; jurisPK-BGB/Wurmnest Rom II-VO Art. 1 Rn. 25; Erman/Stürner Rom II-VO Art. 1 Rn. 2.

der Auslegung von Art. 7 Nr. 1 und Nr. 2 Brüssel Ia-VO einen verordnungsautonomen Vertragsbegriff entwickelt. So verlangt der EuGH als Voraussetzung für einen Vertrag eine „freiwillig eingegangene Verpflichtung" der einen Partei gegenüber der anderen.[13] Entsprechend soll es an einem Vertrag in einer Situation fehlen, „in der es an einer von einer Partei gegenüber einer anderen freiwillig eingegangenen Verpflichtung fehlt"[14]. Auch den Begriff der „unerlaubten Handlung" in Art. 7 Nr. 2 Brüssel Ia-VO will der EuGH unionsautonom und zwar schlicht negativ in dem Sinn verstanden wissen, dass er sich „auf alle Klagen bezieht, mit denen eine Schadenshaftung geltend gemacht wird und die nicht an einen Vertrag im Sinne von" Art. 7 Nr. 1 Brüssel Ia-VO anknüpft.[15] Dabei kann nach Auffassung des EuGH allein aus der Existenz eines Vertrages zwischen zwei Rechtssubjekten nicht geschlossen werden, dass sämtliche Schadenshaftungsansprüche zwischen diesen Rechtssubjekten vertraglicher Natur sind.[16] Vielmehr sei dies nur dann der Fall, „wenn das vorgeworfene Verhalten als Verstoß gegen die vertraglichen Verpflichtungen angesehen werden kann, wie sie sich anhand des Vertragsgegenstandes ermitteln lassen".[17] Ein Verhalten sei vertragswidrig, wenn eine Auslegung des Vertrages „unerlässlich erscheint" bzw. „zwingend erforderlich" ist, um zu klären, ob das „Verhalten rechtmäßig oder vielmehr widerrechtlich" ist.[18]

Die rechtshistorische und -theoretische Grundlage dieser Unterscheidung von vertraglicher und außervertraglicher Schadenshaftung bilden die willensbasierten Haftungstheorien.[19] Unter deren Berücksichtigung gelangt man zu einem vergleichsweise engen Vertragsverständnis, welches den Vertrag als ein Mittel zum Güteraustausch begreift. Vertraglicher Natur sind nur solche Rechtsfragen, welche Inhalt und Umfang des durch die Parteien begründeten subjektiven Forderungsrechts betreffen oder sich infolge der Verletzung dieses subjektiven Forderungsrechts bzw. des daraus resultierenden Äquivalenzinteresses stellen.[20]

a) Vertragliche Ansprüche nur im Verhältnis zum (vermeintlichen) Vertragspartner denkbar

Entsprechend sind vertragliche Ansprüche im Sinne des Art. 1 Rom I-VO von vornherein nur im Verhältnis zum vermeintlichen Vertragspartner denkbar. Umgekehrt kommen vertragliche Ansprüche im Sinne der Rom I-VO gegenüber Nicht-Vertragspartnern nicht in Betracht. So hat der EuGH etwa entschieden, dass Ansprüche gegen den Hersteller eines Kraftfahrzeuges, welcher nicht Vertragspartner des Käufers ist und das Fahrzeug rechtswidrig mit einer Software ausgerüstet hat, die die Daten über den Abgasausstoß manipuliert, außervertraglicher Natur sind.[21] Ausgleichsansprüche nach Art. 7 Abs. 1 Fluggastrechte-VO hat der EuGH allerdings stets als vertraglich im Sinne des Art. 7 Nr. 1 bzw. Art. 17 Abs. 1 Brüssel Ia-VO qualifiziert – auch in Fällen, in denen zwischen dem Passagier und der ausführenden Fluggesellschaft gar kein Vertrag bestand (zB beim „Codesharing" oder der Buchung einer Pauschalreise).[22] Dies ist allerdings zum einen auf Besonderheiten der Fluggastrechte-VO zurückzuführen und zum anderen für die kollisionsrechtliche Behandlung der Ansprüche aus der Fluggastrechte-VO irrelevant, da diese eine eigene Kollisionsnorm besitzt (→ Rn. 3 ff.).

---

13 EuGH Urt. v. 17.6.1992 – C-26/91, ECLI:EU:C:1992:268, Rn. 15 – Handte; EuGH Urt. v. 27.10.1998 – C-51/97, ECLI:EU:C:1998:509, Rn. 17 – Réunion européenne; EuGH Urt. v. 17.9.2002 – C-334/00, ECLI:EU:C:2002:499, Rn. 23 – Tacconi; EuGH Urt. v. 5.2.2004 – C-265/02, ECLI:EU:C:2004:77, Rn. 24 – Frahuil; EuGH Urt. v. 20.1.2005 – C-27/02, ECLI:EU:C:2005:33, Rn. 29 – Engler.
14 EuGH Urt. v. 27.10.1998 – C-51/97, ECLI:EU:C:1998:509, Rn. 17 – Réunion européenne.
15 EuGH Urt. v. 27.9.1988 – C-189/87, ECLI:EU:C:1988:459, Rn. 18 – Kalfelis; EuGH Urt. v. 27.10.1998 – C-51/97, ECLI:EU:C:1998:509, Rn. 22 – Réunion européenne; EuGH Urt. v. 11.7.2002 – C-96/00, ECLI:EU:C:2002:436, Rn. 33 – Gabriel; EuGH Urt. v. 1.10.2002 – C-167/00, ECLI:EU:C:2002:555, Rn. 36 – Henkel; EuGH Urt. v. 20.1.2005 – C-27/02, ECLI:EU:C:2005:33, Rn. 29 – Engler.
16 EuGH Urt. v. 13.3.2014 – C-548/12, ECLI:EU:C:2014:148, Rn. 23 – Brogsitter.
17 EuGH Urt. v. 13.3.2014 – C-548/12, ECLI:EU:C:2014:148, Rn. 24 – Brogsitter.
18 EuGH Urt. v. 13.3.2014 – C-548/12, ECLI:EU:C:2014:148, Rn. 25 – Brogsitter.
19 Ausführlich dazu Wendelstein ZEuP 2015, 622 (627 ff.) und Soergel/Wendelstein Rom II-VO Art. 1 Rn. 11 ff.
20 Soergel/Wendelstein Rom II-VO Art. 1 Rn. 28.
21 EuGH Urt. v. 9.7.2020 – C-343/19, ECLI:EU:C:2020:534 – Verein für Konsumenteninformation/Volkswagen AG.
22 EuGH Urt. v. 7.3.2018 – C-274/16, C-447/16, C-448/16, ECLI:EU:C:2018:160 – flightright u.a.

b) Ansprüche infolge vollständiger oder teilweiser Nichterfüllung

12 Wie auch Art. 12 Abs. 1 lit. c Rom I-VO zum Ausdruck bringt, sind die Voraussetzungen und Rechtsfolgen von Leistungsstörungen als vertraglich zu qualifizieren.[23] Entsprechend unterfallen der Rom I-VO insbesondere: leistungsstörungsrechtliche Sekundäransprüche wie bspw. Nacherfüllungsansprüche, Rücktritt und Minderung wegen Schlechtleistung sowie die darauf etwaig folgende Rückgewähr bereits erbrachter Leistungen, die Kündigung, ein etwaiger Widerruf und Schadensersatzansprüche infolge der Verletzung des parteiautonom begründeten vertraglichen Forderungsrechts nebst etwaiger Ansprüche auf Verzugszinsen.[24]

2. Möglichkeit zur Rechtswahl und deren Grenzen

a) Grundsatz der Parteiautonomie

13 Die Parteien können das auf den jeweiligen Vertrag anwendbare Recht durch den Abschluss eines Rechtswahlvertrages grundsätzlich jederzeit, also auch nach Abschluss des Vertrages oder während eines Gerichtsprozesses, ausdrücklich frei festlegen. Der Vertragsschluss und dessen Wirksamkeit beurteilt sich gemäß Art. 3 Abs. 5 in Verbindung mit Art. 10 Abs. 1 Rom I-VO nach der potenziellen *lex causae* (hypothetisches Vertragsstatut). Die Rechtswahl kann schriftlich, mündlich oder in AGB vereinbart werden.[25] Art. 3 Abs. 1 Rom I-VO erlaubt eine vollkommen freie Rechtswahl, bei der es nicht Voraussetzung ist, dass das gewählte Recht einen objektiven Bezug zum Sachverhalt hat.[26] Dies lässt sich im Wege eines Umkehrschlusses aus Art. 3 Abs. 3 Rom I-VO entnehmen, der sonst keinen Anwendungsbereich hätte.[27] Nicht erforderlich ist ferner, dass eine der Vertragsparteien ein anerkennenswertes Interesse an der Anwendung des gewählten Rechts besitzt.[28]

14 Darüber hinaus besteht auch jederzeit die Möglichkeit zu einer **stillschweigenden** bzw. **konkludenten** Rechtswahl.[29] Erforderlich ist aber, dass eine tatsächliche Willensübereinkunft der Parteien vorliegt, da es sich auch bei dieser Form der Rechtswahl um einen Rechtswahlvertrag handelt.[30] Ob eine solche Willensübereinkunft vorliegt, ist durch Auslegung des Parteiverhaltens unter Berücksichtigung des Vertrages und der Begleitumstände zu ermitteln.[31] Nach Art. 3 Abs. 1 S. 2 Rom I-VO ist erforderlich, dass sich der gemeinsame Rechtswahlwillen der Parteien „eindeutig" aus den Bestimmungen des Vertrages oder aus den Umständen des Falles ergibt. Die Vertragsbestimmungen und die tatsächlichen Umstände fungieren dabei als Indizien, die auf einen gemeinsamen Rechtswahlwillen der Parteien deuten.[32] Die Berücksichtigung eines bloß hypothetischen, nicht nach außen zum Ausdruck gelangten Willens ist dagegen ausgeschlossen.[33] Die frühere Lehre[34] der Berücksichtigung des hypothetischen Parteiwillens[35] darf auch nicht dadurch in Rom I-VO transferiert werden, dass man sie in die stillschweigende Rechtswahl einbezieht.[36]

---

23 Vgl. stellvertretend nur MüKoBGB/Weller Rom I-VO Art. 12 Rn. 30.
24 Vgl. stellvertretend nur Erman/Stürner Rom I-VO Art. 12 Rn. 6 ff.
25 BeckOGK/Wendland Rom I-VO Art. 3 Rn. 118; MüKoBGB/Martiny Rom I-VO Art. 3 Rn. 43.
26 Rühl FS Kropholler, 2008, 187 (192); Grüneberg/Thorn Rom I-VO Art. 3 Rn. 4; Mankowski RIW 2003, 2 (4).
27 Dieses Ergebnis ergibt sich zudem auch aus einem Umkehrschluss zu Art. 5 Abs. 3 lit. a bis e Rom I-VO und Art. 7 Abs. 3 lit. a bis e Rom I-VO, da beide Vorschriften die wählbaren Rechtsordnungen für gewisse Situationen beschränken.
28 Mankowski RIW 2003, 2 (4).
29 Rühl FS Kropholler, 2008, 187 (197); Wagner IPRax 2008, 377 (378 f.).
30 Roth FS Georgiades, 2006, 905 (909); Reithmann/Martiny IntVertragsR/Martiny Rn. 2.77.
31 V. Hoffmann/Thorn IPR § 10 Rn. 32; Reithmann/Martiny IntVertragsR/Martiny Rn. 2.78.
32 Roth FS Georgiades, 2006, 906 (907). Ausführlich zu den verschiedenen Indizien BeckOGK/Wendland Rom I-VO Art. 3 Rn. 141–188 und MüKoBGB/Martiny Rom I-VO Art. 3 Rn. 49–65.
33 V. Hoffmann/Thorn IPR § 10 Rn. 32; Reithmann/Martiny IntVertragsR/Martiny Rn. 2.79; Wagner IPRax 2008, 377 (378); Looschelders IPR EGBGB Art. 27 Rn. 17.
34 Vgl. nur BGH Urt. v. 28.10.1965 – VII ZR 171/63, BGHZ 44, 183 (186); BGH Urt. v. 13.6.1996 – IX ZR 172/95, NJW 1996, 2569 (2569); OLG Hamburg Urt. v. 1.3.1979 – 6 U 89/78, VersR 1979, 812 (812).
35 Der hypothetische Parteiwille „das, was die Parteien gewollt hätten, wenn sie etwas gewollt hätten"; vgl. dazu Kegel/Schurig IPR § 18 I d) S. 658 f.; Rauscher IPR Rn. 1085.
36 V. Hoffmann/Thorn IPR § 10 Rn. 32.

b) Rechtswahlgrenzen des Art. 3 Abs. 3 Rom I-VO

Liegen alle Sachverhaltselemente in einem Staat und haben die Parteien ausdrücklich oder konkludent vereinbart, dass das Recht eines anderen Staates gelten soll, umfasst die Rechtswahl nach Art. 3 Abs. 3 Rom I-VO nicht die zwingenden Bestimmungen des ersten Staates. Damit enthält die Rom I-VO das Modell einer eingeschränkten Rechtswahlmöglichkeit bei reinen Binnensachverhalten. Die Vorschrift des Art. 3 Abs. 3 Rom I führt zu einem *law mix*, der aus den Bestimmungen des gewählten Rechts und dem zwingenden Recht des Staates besteht, zu dem der Sachverhalt die einzige Beziehung aufweist.[37]

c) Rechtswahlgrenzen des Art. 6 Abs. 2 S. 2 Rom I-VO

Sofern zwischen einem Unternehmer und einem Verbraucher wirksam eine Rechtswahl[38] vereinbart wurde, besitzt diese aufgrund des in Art. 6 Abs. 2 Rom I-VO geregelten Günstigkeitsvergleichs nur eine beschränkte Wirkung, da dem Verbraucher durch die Rechtswahl nicht das ihm günstigere zwingende Recht seines Aufenthaltsstaates entzogen werden darf. Es kommt dann zu einem „lawmix" aus dem subjektiv gewählten Recht und dem verbrauchergünstigeren zwingenden Recht am gewöhnlichen Aufenthaltsort des Verbrauchers. Diese Beschränkung greift jedoch nur ein, sofern die Voraussetzungen des Art. 6 Abs. 1 Rom I-VO erfüllt sind (vgl. → Rn. 18 ff.).

d) Rechtswahlgrenzen des Art. 5 Abs. 2 Rom I-VO

Auch im Rahmen von Personenbeförderungsverträgen besteht die Möglichkeit einer Rechtswahl. Allerdings wird der Kreis der wählbaren Rechtsordnungen durch Art. 5 Abs. 2 Rom I-VO stark eingeschränkt. Nach dieser Vorschrift stehen den Vertragsparteien (potenziell) nur fünf verschiedene Rechtsordnungen zur Wahl bereit: 1. Das Recht des Staats des gewöhnlichen Aufenthalts der zu befördernden Person, 2. Das Recht des Staats des gewöhnlichen Aufenthalts des Beförderers (vgl. Art. 19 Rom I-VO), 3. Das Recht des Staats der Hauptverwaltung des Beförderers, 4. Das Recht des Staats des Abgangsortes und 5. Das Recht des Staats des Bestimmungsortes. Ausweislich des Erwägungsgrunds 32 soll diese Beschränkung der Wahlfreiheit ein angemessenes Schutzniveau für die zu befördernde Person gewährleisten.

3. Objektive Anknüpfung nach Art. 6 Rom I-VO

Wurde das anwendbare Sachrecht nicht durch Rechtswahl bestimmt, ist die anwendbare Rechtsordnung subsidiär nach Art. 4 ff. Rom I-VO objektiv zu bestimmen, sofern nicht die verbraucherschützenden Sonderregeln des Art. 6 Abs. 1 Rom I-VO eingreifen. Da sich die am Markt derzeit etablierten Legal Tech-Anwendungen ganz überwiegend an Verbraucher richten, wird im Folgenden schwerpunktmäßig das Verbraucherkollisionsrecht beleuchtet.

a) Persönlicher Anwendungsbereich

Art. 6 Rom I-VO findet ausweislich seines Wortlauts nur auf Verbraucherverträge, also auf Verträge zwischen einem Unternehmer und einem Verbraucher Anwendung. Zur Abgrenzung zwischen Unternehmer- und Verbrauchereigenschaft ist nach Art. 6 Abs. 1 Rom I-VO darauf abzustellen, ob das konkrete Rechtsgeschäft dem privaten oder dem beruflichen beziehungsweise gewerblichen Bereich der betreffenden Person zuzuordnen ist. Ob eine natürliche Person als Verbraucher agiert, hängt folglich davon ab, ob der Zweck des jeweiligen Vertrages ihrem beruflich-gewerblichen oder ihrem privaten Bereich zuzurechnen ist. Der Zweck des Geschäfts ist dabei aus der subjektiven Sicht des vermeintlichen Verbrauchers zu bestimmen,

---

[37] Rühl FS Kropholler, 2008, 187 (203).
[38] Eine Unwirksamkeit der Rechtswahl zwischen einem Unternehmer und einem Verbraucher kann sich insbesondere aus einer nach der Rspr. des EuGH durchzuführenden Missbrauchskontrolle ergeben. So hat der EuGH mit Urt. v. 28.7.2016 – C-191/15, ECLI:EU:C:2016:612, Rn. 66 ff. – Amazon, entschieden, dass Rechtswahlklauseln in AGB missbräuchlich sind, sofern sie beim Verbraucher für den Eindruck erwecken, indem sie den Eindruck vermitteln, auf den Vertrag sei ausschließlich das Recht dieses Mitgliedstaats anwendbar, ohne ihn darüber zu unterrichten, dass er nach Art. 6 Abs. 2 Rom I-VO auch den Schutz der zwingenden Bestimmungen des Rechts genießt, das ohne diese Klausel anzuwenden wäre.

was jedoch dadurch zu relativieren ist, dass es auf die objektive Erkennbarkeit für den Unternehmer ankommt.[39] Maßgeblich ist grundsätzlich der Zeitpunkt des Vertragsschlusses.[40] Allerdings soll sich nach wenig überzeugender Auffassung des EuGH bei Verträgen mit Dauerschuldcharakter eine Person, die den Vertrag ursprünglich für einen privaten Zweck schließt, nur dann auf ihre Verbrauchereigenschaft berufen können, wenn die im Wesentlichen nicht berufliche Nutzung im Laufe der Zeit keinen in der Hauptsache beruflichen Charakter erlangt hat.[41]

20 In Anwendung dieser Kriterien auf die am Markt derzeit befindlichen automatisierten Rechtsberatungsprodukte dürfte der persönliche Anwendungsbereich des kollisionsrechtlichen Verbraucherschutzes ganz überwiegend eröffnet sein.

b) Sachlicher Anwendungsbereich

21 Im Grundsatz erfasst Art. 6 Rom I-VO in sachlicher Hinsicht sämtliche Vertragstypen.[42] In Art. 6 Abs. 4 lit. a–e Rom I-VO sind jedoch diverse Ausnahmen von diesem Grundsatz enthalten. Von Bedeutung können im Rahmen der verschiedenen automatisierten Rechtsberatungsprodukte insbesondere die Ausnahmen in Art. 6 Abs. 4 lit. a, b und c sein.

aa) Art. 6 Abs. 4 lit. a Rom I-VO

22 Die Ausnahme nach Art. 6 Abs. 4 lit. a Rom I-VO ist erfüllt, wenn die vertraglich geschuldete **Dienstleistung vollständig im Ausland** zu erbringen ist. Dabei ist das Merkmal der „ausschließlichen Erbringung" – seines Ausnahmecharakters entsprechend – sehr restriktiv auszulegen. Bereits die Verwirklichung des kleinsten Dienstleistungselements im Verbraucherstaat sollte daher eine Verneinung des Ausschlusses nach Art. 6 Abs. 4 lit. a Rom I-VO nach sich ziehen.[43]

23 Vergleichsweise unproblematisch ist Art. 6 Abs. 4 lit. a Rom I-VO erfüllt, wenn sich der Verbraucher physisch ins Ausland begibt und der Vertrag dort in dem Sinne vollständig erfüllt wird, dass der Verbraucher die geschuldete Leistung vollständig entgegennimmt, bevor er wieder nach Hause zurückkehrt.[44] Diese Sichtweise wird durch die vom Gesetzgeber ins Auge gefassten Musterfälle des Art. 6 Abs. 4 lit. a Rom I-VO, namentlich dem Beherbergungsvertrag mit einem ausländischen Hotel und Unterrichtsverträgen (zB Sprach-, Ski- oder Segelkurse), sofern deren Erfüllung im Ausland erfolgt, gestützt.[45] Das gemeinsame Charakteristikum dieser Musterfälle liegt darin, dass die Dienstleistung im persönlichen Kontakt mit dem Verbraucher erbracht wird und der Verbraucher hierzu aktiv seinen Aufenthaltsstaat verlässt. Dies deutet darauf hin, dass das Telos des Art. 6 Abs. 4 lit. a Rom I-VO darin liegt, dass der Verbraucher jedenfalls dann nicht mehr mit der Anwendung seines Heimatrechts rechnen können soll, wenn er sich bewusst ins Ausland begibt und dort die geschuldete Dienstleistung empfängt.[46] Gemessen an diesem Telos sollten Vorbereitungshandlungen, welche den Empfang der Dienstleistung im Ausland erst ermöglichen (etwa die Zusendung eines Zugangstickets oder -codes) die Annahme einer ausschließlich im Ausland erbrachten Dienstleistung nicht hindern.

---

39 MüKoBGB/Martiny Rom I-VO Art. 6 Rn. 16; BeckOK BGB/Spickhoff Rom I-VO Art. 6 Rn. 20; Bitterich RIW 2006, 262 (266); Staudinger/Magnus Rom I-VO Art. 6 Rn. 46; BeckOGK/Rühl Rom I-VO Art. 6 Rn. 68; Grüneberg/Thorn Rom I-VO Art. 6 Rn. 5; Wendelstein, Kollisionsrechtliche Probleme der Telemedizin, 2012, S. 206.
40 BeckOGK/Rühl Rom I-VO Art. 6 Rn. 63.
41 EuGH Urt. v. 25.2.2018 – C-498/16, ECLI:EU:C:2018:37 – Schrems, mablAnm Stürner/Wendelstein JZ 2018, 1083 (1089 f.).
42 Ferrari/Leible IntVertrR/Solomon S. 89 (96); Mankowski IHR 2008, 133 (141); MüKoBGB/Martiny Rom I-VO Art. 6 Rn. 13; BeckOGK/Rühl Rom I-VO Art. 6 Rn. 95.
43 Vgl. etwa BeckOGK/Rühl Rom I-VO Art. 6 Rn. 118.
44 Vgl. MüKoBGB/Martiny Rom I-VO Art. 6 Rn. 25; BeckOGK/Rühl Rom I-VO Art. 6 Rn. 119; jurisPK-BGB/Limbach Rom I-VO Art. 6 Rn. 31; Grüneberg/Thorn Rom I-VO Art. 6 Rn. 4; Staudinger/Magnus Rom I-VO Art. 6 Rn. 73.
45 Vgl. zum EVÜ Giuliano/Lagarde, BT-Drs. 10/503, 57.
46 Remien FS Siehr, 2010, 497 (508); MüKoBGB/Martiny Rom I-VO Art. 6 Rn. 25; Ferrari/Leible IntVertrR/Solomon S. 89 (103); Wendelstein, Kollisionsrechtliche Probleme der Telemedizin, 2012, S. 215.

Schwierigkeiten bereitet die Anwendung von Art. 6 Abs. 4 lit. a Rom I-VO, wenn der Unternehmer die aus 24
dem Dienstvertrag geschuldete Leistungshandlung zwar vollständig im Ausland vornimmt, der Verbraucher
die Ergebnisse der Leistung allerdings ganz oder zumindest teilweise in seinem Heimatstaat empfängt.
Dies kann insbesondere bei digital erbrachten Dienstleistungen (etwa telefonische oder über das Internet
erbrachte Beratungsleistungen) der Fall sein, wenn der Verbraucher diese in seinem Heimat- oder einem
anderen als dem Staat, in dem die Dienstleistungshandlung erbracht wird, „empfängt". Richtigerweise
verlangt Art. 6 Abs. 1 lit. a Rom I-VO nicht zwingend, dass die Dienstleistung in persönlichem Kontakt mit
dem Verbraucher im Ausland erfolgt.[47] Genaugenommen spielt nach dem Wortlaut des Art. 6 Abs. 4 lit. a
Rom I-VO der physische Aufenthaltsort des Verbrauchers im Zeitpunkt des Leistungsempfangs überhaupt
keine Rolle. Vielmehr stellt sich nach dem Telos des Art. 6 Abs. 4 lit. a Rom I-VO die Frage, wann
die Dienstleistungshandlung eine hinreichend relevante Berührung zum Aufenthaltsstaat des Patienten
oder einem anderen Staat aufweist. Dies ist immer dann der Fall, wenn ein wesentlicher Bestandteil der
vertraglich vereinbarten Dienstleistung tatsächlich in einem anderen Staat als dem Staat, in dem die Dienstleistungshandlung vorgenommen wird, empfangen wird. Damit eine Dienstleistung im Sinne des Art. 6
Abs. 4 lit. a Rom I-VO ausschließlich im Ausland erbracht wird, ist daher erforderlich, dass sowohl die
Dienstleistungshandlung als auch der Ort des Empfangs einer wesentlichen Leistung im Ausland liegen.[48]
Für ein aus dieser Sichtweise resultierendes restriktives Verständnis des Merkmals „ausschließlich" spricht
neben dem Telos, dass nur so der nach Erwägungsgrund Nr. 24 zu Rom I-VO gewünschte Gleichlauf
zwischen anwendbarem Sachrecht und internationaler Zuständigkeit bestmöglich erreicht werden kann, da
Art. 17 Brüssel Ia-VO keine dem Art. 6 Abs. 4 lit. a Rom I-VO vergleichbare Ausschlussklausel enthält.
Vielmehr kann der Verbraucher nach Art. 18 Abs. 1 Abs. 2 Brüssel Ia-VO in den in Art. 17 Brüssel Ia-VO
genannten Situationen stets an seinem Wohnsitz klagen und verklagt werden.

bb) Art. 6 Abs. 4 lit. b Rom I-VO

Nach Art. 6 Abs. 1 lit. b Rom I-VO sind **Beförderungsverträge** aus dem sachlichen Anwendungsbereich 25
des kollisionsrechtlichen Verbraucherschutzes ausgenommen. Für sie gilt mit Art. 5 Rom I-VO eine eigenständige, spezielle Kollisionsnorm. Der Vorrang des Art. 5 Rom I-VO ergibt sich zudem auch aus den
einleitenden Worten von Art. 6 Abs. 1 Rom I-VO („unbeschadet der Artikel 5 und 7").

Der Begriff des Beförderungsvertrages ist unionsautonom zu verstehen. Er umfasst alle Verträge, durch 26
den sich ein Beförderer dazu verpflichtet, Personen oder Güter von einem Ort an einen anderen oder auch
zurück zum Ausgangspunkt zu verbringen.[49] Die Art und Weise der Beförderung ist dabei unerheblich.
Sie kann zu Lande, zu Wasser oder durch die Luft erfolgen. Auch unentgeltliche Beförderungen können
unter die Ausnahme des Art. 6 Abs. 4 lit. b Rom I-VO fallen.[50] Verträge über Beförderungsmittel, etwa
über ein Auto oder ein Segelboot, stellen hingegen keine Beförderungsverträge dar und können daher dem
sachlichen Anwendungsbereich des Art. 6 Rom I-VO unterfallen.[51]

Die Ausnahme nach Art. 6 Abs. 4 lit. b Rom I-VO gilt im Wege der Rückausnahme nicht für Pauschal- 27
reiseverträge im Sinne der RL 90/314/EWG des Rates über Pauschalreisen (Pauschalreiserichtlinie 1990)
v. 13.6.1990.[52] Diese Rückausnahme wurde nicht dadurch obsolet, dass die Pauschalreiserichtlinie 1990
zwischenzeitlich durch die Pauschalreiserichtlinie 2015[53] (Pauschalreiserichtlinie) ersetzt wurde, da nach
Art. 29 Pauschalreiserichtlinie 2015 Verweise auf die Pauschalreiserichtlinie 1990 als Verweise auf die
Pauschalreiserichtlinie 2015 gelten. Die Ausnahme des Art. 6 Abs. 4 lit. b Rom I-VO ist deshalb so zu
verstehen, dass Pauschalreiseverträge im Sinne der Pauschalreiserichtlinie nicht von ihr erfasst werden.

---

47 Wendelstein, Kollisionsrechtliche Probleme der Telemedizin, 2012, S. 215.
48 Wendelstein, Kollisionsrechtliche Probleme der Telemedizin, 2012, S. 215 f.; BeckOGK/Rühl Rom I-VO Art. 6 Rn. 120; NK-BGB/Leible Rom I-VO Art. 6 Rn. 36.
49 EuGH Urt. v. 6.10.2009 – C-133/08 – Intercontainer Interfrigo; MüKoBGB/Martiny Rom I-VO Art. 6 Rn. 28; Plender/Wilderspin, The European Private International Law of Obligations, 2014, Rn. 8–033.
50 Staudinger/Magnus Rom I-VO Art. 6 Rn. 77; BeckOGK/Rühl Rom I-VO Art. 6 Rn. 128.
51 BeckOGK/Rühl Rom I-VO Art. 6 Rn. 129; vgl. auch jurisPK-BGB/Limbach Rom I-VO Art. 6 Rn. 33.
52 ABl. 1990 L 158, 59.
53 ABl. 2015 L 326, 1.

Als Pauschalreisen sind Verträge einzustufen, bei denen eine Kombination von mindestens zwei Reiseleistungen vorliegt. Reiseleistungen sind 1. die Beförderung von Personen, 2. die Unterbringung von Personen und 3. andere touristische Dienstleistungen (etwa die Vermietung von Kraftfahrzeugen). Die Rückausnahme von Art. 6 Abs. 4 lit. b Rom I-VO greift jedoch nur ein, wenn der Pauschalreisevertrag eine Beförderungsleistung zum Gegenstand hat, da die Ausnahme nur Beförderungsleistungen erfasst. Unter die Rückausnahme fallen daher bspw. Kreuzfahrten und Frachtschiffreisen.[54]

28 Pauschalreisen unterfallen nach herrschender Meinung auch dann dem kollisionsrechtlichen Verbraucherschutz des Art. 6 Rom I-VO, wenn die Reiseleistungen ausschließlich im Ausland erbracht oder jedenfalls im Ausland begonnen werden.[55] Art. 6 Abs. 4 lit. a Rom I-VO könne solche Fälle nicht erfassen, da er im Wege der Spezialität durch Art. 6 Abs. 4 lit. b Rom I-VO verdrängt sei. Andere Stimmen gehen demgegenüber davon aus, dass Art. 6 Abs. 4 lit. a durch Art. 6 Abs. 4 lit. b Rom I-VO nur insoweit verdrängt sei als die jeweilige Pauschalreise ein Beförderungselement aufweise. Bei Pauschalreisen ohne Beförderungselement sei daher ein Ausschluss nach Art. 6 Abs. 4 lit. a Rom I-VO denkbar.[56] Denkbar wäre ein solcher Ausschluss etwa in Fällen eines Pauschalreisevertrages über den Zutritt zu einem Event in Kombination mit der Miete eines Kraftfahrzeugs um zum Event zu kommen oder an diesem teilzunehmen (bspw. Oldtimerrallye).

cc) Art. 6 Abs. 4 lit. c Rom I-VO

29 Für Verträge, die ein **dingliches Recht** an einem Grundstück oder die Miete bzw. Pacht eines Grundstücks zum Gegenstand haben, ist aufgrund der Ausnahme des Art. 6 Abs. 4 lit. c Rom I-VO der kollisionsrechtliche Verbraucherschutz nicht eröffnet. Die Verbindung zum Recht des Belegenheitsortes der Immobilie (vgl. Art. 4 Abs. 1 lit. c Rom I-VO) ist hier so stark, dass verbraucherschützende Überlegungen gänzlich in den Hintergrund treten. Eine Rückausnahme für die kurzeitige Miete von Ferienwohnungen, wie sie etwa im Zusammenhang mit der internationalen Zuständigkeit gemäß Art. 24 Nr. 1 Brüssel Ia-VO vorgesehen ist, kennt die Rom I-VO nicht, obwohl die Verbindung zum Belegenheitsort in diesen Fällen deutlich weniger stark ausgeprägt ist.[57] Ferienhausverträge können nach Maßgabe des Art. 4 Abs. 1 lit. d Rom I-VO nach dem Recht am gemeinsamen Aufenthaltsort von Mieter und Vermieter zu beurteilen sein. In allen anderen Fällen bleibt es jedoch bei der Anwendung des Belegenheitsrechts nach Art. 4 Abs. 1 lit. c Rom I-VO. Zudem haben Vermieter und Mieter nach Maßgabe des Art. 3 ff. Rom I-VO die Möglichkeit einer Rechtswahl.

30 Die Miete eines im Ausland belegenden Zimmers, einer Wohnung oder eines Hauses durch einen deutschen Verbraucher über Plattformen wie bspw. booking.com, airbnb oder expedia fällt daher nicht in den sachlichen Anwendungsbereich des Art. 6 Rom I-VO und ist daher nach Maßgabe des Art. 4 Rom I-VO objektiv anzuknüpfen (vgl. → Rn. 43 ff.).

c) Situativer Anwendungsbereich

31 Der Anwendungsbereich des kollisionsrechtlichen Verbraucherschutzes nach Art. 6 Rom I-VO ist nicht nur in persönlicher und sachlicher, sondern auch in situativer Hinsicht begrenzt, da eine kollisionsrechtliche Überprivilegierung des Verbrauchers vermieden werden soll. Ein Verbraucher, der unter physischer Anwesenheit im Ausland Waren einkauft oder Dienstleistungen in Anspruch nimmt, kann grundsätzlich nicht erwarten, dass ihn sein Heimatrecht auch dort schützt. Nur bei einer hinreichend engen räumlichen

---

54 Vgl. EuGH Urt. v. 7.12.2010 – C-585/08 Rn. 46 – Pammer und Alpenhof; BeckOGK/Rühl Rom I-VO Art. 6 Rn. 132.
55 Vgl. jurisPK-BGB/Limbach Rom I-VO Art. 6 Rn. 34; Erman/Stürner Rom I-VO Art. 6 Rn. 34; MüKoBGB/Martiny Rom I-VO Art. 6 Rn. 30.
56 BeckOGK/Rühl Rom I-VO Art. 6 Rn. 81, die in diesen Fällen dann aber eine teleologische Reduktion des Art. 6 Abs. 4 lit. a Rom I-VO erwägt; vgl. auch Plender/Wilderspin, The European Private International Law of Obligations, 2014, Rn. 9–024.
57 Das Fehlen einer Rückausnahme wird daher kritisiert von Kluth, Die Grenzen des kollisionsrechtlichen Verbraucherschutzes, 2009, S. 278; Ferrari/Leible IntVertrR/Solomon S. 89 (100 f.).

Verknüpfung sind Verbraucherverträge in besonderem Maße mit dem Aufenthaltsstaat des Verbrauchers verbunden und rechtfertigen deshalb einen besonderen kollisionsrechtlichen Verbraucherschutz.[58]

Eine solche hinreichende Verbindung soll nach dem Willen des Gesetzgebers in zwei Fällen bestehen. Nach Art. 6 Abs. 1 lit. a Rom I-VO, wenn der Unternehmer seine berufliche oder gewerbliche **Tätigkeit in dem Staat ausübt**, in dem der Verbraucher seinen gewöhnlichen Aufenthalt hat und gemäß Art. 6 Abs. 1 lit. b Rom I-VO in Fällen, in denen der Unternehmer seine berufliche oder gewerbliche „**Tätigkeit** auf irgendeine Weise **auf diesen Staat** oder auf mehrere Staaten, einschließlich dieses Staates, **ausrichtet**". Damit wird der situative Anwendungsbereich des kollisionsrechtlichen Verbraucherschutzes demjenigen des europäischen Zivilverfahrensrechts nach Art. 17 Abs. 1 lit. c Brüssel Ia-VO angeglichen, um den erstrebten Gleichlauf von anwendbarem Recht und gerichtlicher Zuständigkeit zu erreichen.[59]

32

Irrelevant ist, ob der Verbraucher die Abschlusshandlung in seinem Heimatstaat oder in einem anderen Staat vorgenommen hat. Alleinentscheidend ist vielmehr, dass es infolge einer beruflichen oder gewerblichen Tätigkeit des Unternehmers zu einem Vertragsschluss zwischen diesem und dem Verbraucher kam.[60] Erforderlich ist ein kausaler Zusammenhang zwischen der „Ausübung" im Sinne des Art. 6 Abs. 1 lit. a Rom I-VO bzw. der „Ausrichtung" im Sinne des Art. 6 Abs. 1 lit. b Rom I-VO und dem konkreten Verbrauchervertrag.[61] Nicht ausreichend ist es deshalb, wenn eine Ausrichtung zwar besteht, der Verbraucher jedoch ohne Kenntnis von dieser mit dem Unternehmer kontrahiert.[62] In Ermangelung des Kausalitätszusammenhangs greift der kollisionsrechtliche Verbraucherschutz auch nicht ein, wenn der Unternehmer erst aufgrund des Vertrages zum Zweck der Vertragserfüllung verpflichtet ist, eine berufliche oder gewerbliche Tätigkeit im Verbraucherstaat zu entfalten.[63] Vielmehr ist notwendig, dass die „Ausübung" beziehungsweise die „Ausrichtung" schon vor Vertragsschluss stattgefunden hat. Der EuGH hat in einer Entscheidung zum verfahrensrechtlichen Verbraucherschutz ein solches Kausalitätserfordernis hingegen verneint.[64] Argumentativ hat er sich im Wesentlichen auf den Wortlaut und auf drohende Beweisschwierigkeiten gestützt. Die Entscheidung des EuGH überzeugt nicht, da sie zu einer Überprivilegierung des individuellen Verbrauchers führen würde.[65] Die vom EuGH befürchteten unsachgerechten Beweisprobleme infolge der Annahme eines Kausalitätserfordernisses bestehen nicht[66] oder könnten jedenfalls besser durch beweisrechtliche Regelungen gelöst werden.[67] Im Anwendungsbereich der Rom-VO steht der Sichtweise des EuGH zudem der in Erwägungsgrund 25 zum Ausdruck kommende Wille des EU-Gesetzgebers entgegen.

33

aa) Art. 6 Abs. 1 lit. a Rom I-VO

Der **Begriff der „Ausübung"** („pursues his commercial or professional activities"; „exerce son activité professionnelle") findet sich nicht nur in Art. 6 Abs. 1 lit. a Rom I-VO sondern auch in Art. 17 Abs. 1 lit. c Brüssel Ia-VO. In keiner dieser Verordnungen wurde er jedoch legaldefiniert. Bei der Auslegung des Begriffs geht es insbesondere um die Abgrenzung zum Begriff der „Ausrichtung" in Art. 6 Abs. 1 lit. b Rom I-VO bzw. Art. 17 Abs. 1 lit. c Brüssel Ia-VO. Im Rahmen der notwendigen Auslegung sollte die

34

---

58 Juristische Studiengesellschaft 2007/Solomon S. 77 (92).
59 Siehe Erwgr. 24 Rom I-VO.
60 Erwgr. 25 aE Rom I-VO verlangt ausdrücklich, dass der Vertragsschluss mit dem Verbraucher auf die Tätigkeit des Unternehmers zurückzuführen ist; vgl. auch Ferrari/Leible IntVertrR/Solomon S. 89 (102).
61 Mankowski IHR 2008, 133 (142); Mankowski IPRax 2009, 238 (245); Lagarde/Tenenbaum Rev. crit. dr. int. pr. 97 (2008), 727 (744 ff.); Leible JZ 2010, 272 (277); Leible/Lehmann RIW 2008, 528 (538); Magnus IPRax 2010, 27 (39); BeckOGK/Rühl Rom I-VO Art. 6 Rn. 209; Rühl GPR 2013, 122 (131); Wendelstein, Kollisionsrechtliche Probleme der Telemedizin, 2012, S. 217 f.; aA MüKoBGB/Martiny Rom I-VO Art. 6 Rn. 52; Staudinger jM 2014, 229 (234); Solomon ZVglRWiss 115 (2016), 586 (600 f.).
62 Vgl. Pfeiffer EuZW 2008, 622 (627); Mankowski IHR 2008, 133 (142); Leible EuZW 2009, 26 (28).
63 Vgl. BGH NJW 2006, 1672 (1672).
64 EuGH Urt. v. 17.10.2013 – C-218/12 Rn. 32 – Emrek.
65 Vgl. Klöpfer/Wendelstein JZ 2014, 298 (302 f.).
66 Klöpfer/Wendelstein JZ 2014, 298 (300 ff.).
67 BeckOGK/Rühl Rom I-VO Art. 6 Rn. 211.

Auslegung der Parallelbegriffe in der Brüssel Ia-VO nach Möglichkeit berücksichtigt werden, damit der erstrebte Gleichlauf[68] von forum und ius nicht unnötig gefährdet wird.

35 Für eine „Ausübung" der beruflichen und gewerblichen Tätigkeit im Verbraucherstaat ist erforderlich, dass der Unternehmer **unter physischer Präsenz** im Heimatstaat des Verbrauchers tätig ist.[69] Übt der Unternehmer seine berufliche oder gewerbliche Tätigkeit unter physischer Präsenz im Verbraucherstaat aus, ist für den Verbraucher häufig nicht erkennbar, dass er mit einem Ausländer kontrahiert. Aus diesem Grund wird ihm in diesen Fällen der kollisionsrechtliche Verbraucherschutz zugestanden. In den Fällen, in denen der Unternehmer jedoch im Zeitpunkt des Vertragsschlusses seine berufliche oder gewerbliche Tätigkeit im Verbraucherstaat nicht unter physischer Präsenz, sondern grenzüberschreitend aus dem Ausland ausübt, fehlt es an diesem Erkennbarkeitsdefizit auf Seiten des Verbrauchers. In derartigen Fällen kann der Verbraucher erkennen, dass er es mit einem ausländischen Unternehmer zu tun hat. Zumindest wird er hierdurch gewarnt, so dass eine kollisionsrechtliche Privilegierung des Verbrauchers nicht mehr gerechtfertigt wäre.

36 Richtigerweise stehen Art. 6 Abs. 1 lit. a und Art. 6 Abs. 4 lit. a-VO Rom I-VO nicht in einem Verhältnis echter Alternativität zueinander. Es ist also denkbar, dass eine Tätigkeit ausschließlich im Ausland im Sinne des Art. 6 Abs. 4 lit. a Rom I-VO vorgenommen wird, ohne dass sie zugleich zwangsläufig auch im Verbraucherstaat im Sinne des Art. 6 Abs. 1 lit. a Rom I-VO ausgeübt wird. Entscheidend ist letztlich das Telos des Art. 6 Abs. 1 lit. a Rom I-VO. Dieser möchte den Verbraucher als potenziell schwächere Vertragspartei schützen.[70] Infolge der vom Unternehmer gewählten Vermarktungstechnik kann der Verbraucher unter Umständen nicht erkennen, dass auf die unternehmerische Vertragsleistung fremdes Recht zur Anwendung gelangt, da er unter Umständen weder positiv weiß noch wissen kann, dass er es mit einem ausländischen Unternehmer zu tun hat. Dennoch darf der Verbraucher nicht überprivilegiert werden, so dass eine Ausübung in dem Verbraucherstaat nicht schon dann angenommen werden darf, wenn der Unternehmer erst aufgrund des mit dem Verbraucher geschlossenen Vertrages eine Tätigkeit im Verbraucherstaat entfaltet. Vielmehr ist notwendig, dass der Unternehmer bereits vor dem Vertragsschluss mit dem Verbraucher oder unabhängig von diesem eine berufliche oder gewerbliche Tätigkeit im Wohnsitzstaat ausgeübt hat.[71] So fällt bspw. ein Vertrag über den Erwerb von Konzertkarten durch einen in Deutschland lebenden Verbraucher bei einem niederländischen Tickethändler nicht schon deshalb unter Art. 6 Abs. 1 lit. a Rom I-VO weil das Konzert in Deutschland stattfinden soll. Sofern bereits an anderen Orten in Deutschland Konzerte stattgefunden haben, werden diese regelmäßig nicht kausal für den Ticketerwerb gewesen sein.[72] Unter Art. 6 Abs. 1 lit. a Rom I-VO fallen sog. Kaffeefahrten, wenn die Kaffeefahrt im Verbraucherstaat startet und vom Unternehmer selbst organisiert und durchgeführt wurde.

bb) Art. 6 Abs. 1 lit. b Rom I-VO

37 Eine weitere Möglichkeit zur Eröffnung des situativen Anwendungsbereichs des kollisionsrechtlichen Verbraucherschutzes stellt die „**Ausrichtung**" nach Art. 6 Abs. 1 lit. b Rom I-VO dar. Auch der Begriff des „Ausrichtens" findet sich nicht nur in Art. 6 Abs. 1 lit. b Rom I-VO sondern auch in Art. 17 Abs. 1 lit. c Brüssel Ia-VO. Sinn der Übernahme dieses Kriteriums in den kollisionsrechtlichen Verbraucherschutz der Rom I-VO ist der Wunsch nach einem Gleichlauf von *forum* und *ius*. Der Gesetzgeber entschied sich für das Kriterium der Ausrichtung insbesondere mit Blick auf das Internet und den elektronischen Geschäftsverkehr.[73] Legt man das Merkmal „Ausrichten" nach seinem Wortlaut aus, stellt man fest, dass diesem Merkmal ein aktives Moment inne wohnt. Gleiches ergibt sich aus dem französischen Pendant

---

68 Siehe nur Erwgr. 7 Rom I-VO.
69 BeckOGK/Rühl Rom I-VO Art. 6 Rn. 183; Leible/Lehmann RIW 2008, 528 (538); Mankowski IHR 2008, 133 (142).
70 Siehe dazu KOM(1999) 348 endg., 17.
71 Vgl. Nagel/Gottwald IntZivilProzR Rn. 113; Wendt jurisPR-BGHZivilR 19/2006 Anm. 4 unter C.
72 AA offensichtlich AG Dortmund NJW-RR 2018, 1208 ff.
73 Kleinknecht, Verbraucherschützende Gerichtsstände, 2007, S. 105; v. Hein IPRax 2006, 16 (18); KOM(1999) 348 endg., 17 f.

„diriger" und dem englischen „to direct". Dieses Aktivmoment fordert ein zielgerichtetes[74], absichtliches[75], willentliches[76] oder planmäßiges[77] Handeln des Unternehmers. Hierzu sind sämtliche vom Unternehmer ausgehenden Aktivitäten zu betrachten. Unerheblich ist demgegenüber das Verhalten des Verbrauchers. Insbesondere spielt es keine Rolle in welchem Staat der Verbraucher seine zum Vertragsschluss führende Willenserklärung abgegeben hat. Ein Ausrichten der unternehmerischen Tätigkeit liegt jedenfalls dann vor, wenn der Unternehmer im Aufenthaltsstaat des Verbrauchers – ohne in diesem physisch präsent zu sein (sonst Art. 6 Abs. 1 lit. a Rom I-VO) – Angebote unterbreitet oder Werbung (bspw. durch Presseerzeugnisse, Radio, Fernsehen) macht.

Schwierigkeiten bereitet die Handhabung des Ausrichtungsmerkmals in Art. 6 Abs. 1 lit. b Rom I-VO bei Vertragsschlüssen im elektronischen Geschäftsverkehr. Insbesondere stellt sich die Frage, ob und unter welchen Voraussetzungen das Betreiben einer Internetseite eine Ausrichtung der unternehmerischen Tätigkeit auf den Verbraucherstaat darstellt. Einigkeit besteht darüber, dass der Betrieb einer weltweit abrufbaren Webseite durch einen Unternehmer für sich genommen nicht ausreicht, um den kollisionsrechtlichen Verbraucherschutz des Art. 6 Rom I-VO in situativer Hinsicht zu aktivieren.[78] Im Übrigen wurde unter Hinweis auf Erwägungsgrund 24 und der darin in Bezug genommenen gemeinsamen Erklärung des Rates und der Kommission zu Art. 15 Abs. 1 lit. c Brüssel I-VO (heute: Art. 17 Abs. 1 lit. c Brüssel Ia-VO) lange Zeit davon ausgegangen, dass zwischen aktiven und passiven Webseiten zu differenzieren sei.[79] Bei aktiven bzw. interaktiven Internetseiten, die einen Onlinevertragsabschluss erlauben, sei ohne Weiteres von einem Ausrichten der unternehmerischen Tätigkeit auszugehen. Bei passiven Internetseiten liege eine Ausrichtung hingegen nur vor, wenn sie zu einem Vertragsschluss per Telefon, E-Mail, Post, Fax oder anderer Kommunikationsmedien auffordert.

Die Unterscheidung zwischen aktiven und passiven Webseiten hat von Anfang an Widerspruch im rechtswissenschaftlichen Diskurs erfahren.[80] Zwischenzeitlich ist auch der EuGH in der Rs. Pammer und Alpenhof dieser Differenzierung in Teilen entgegengetreten.[81] Von einer Ausrichtung sei immer – aber auch nur dann – auszugehen, wenn der Wille des Unternehmers darauf gerichtet sei, Verträge mit Verbrauchern aus anderen Staaten zu schließen.[82] Es ist also zwischen einem aktiven und einem passiven Unternehmer zu differenzieren. Maßgeblich seien dabei sämtliche Umstände des Einzelfalls, die Ausdruck des Willens sein könnten, Verbraucher aus anderen Staaten als Kunden zu gewinnen.[83] Zu den offenkundigen Formen eines solchen Willens gehört die Angabe, dass der Unternehmer seine Leistung in einem oder mehreren namentlich genannten Staaten anbietet.[84] Weitere denkbare Anhaltspunkte seien der internationale Charakter der unternehmerischen Tätigkeit, die Angabe von Telefonnummern mit internationaler Vorwahl, die Verwendung einer anderen Top Level Domain als der des Niederlassungsstaates, die Verwendung neutraler oder internationaler Top Level Domains wie „.com" oder „.eu", Anfahrtsbeschreibungen von einem oder mehreren anderen Mitgliedstaaten aus zum Ort der Dienstleistung oder die Erwähnung einer internationalen Kundschaft, die sich aus in verschiedenen Mitgliedstaaten wohnhaften Kunden zusammensetzt. Auch aus der auf der Internetseite verwendeten Sprache und der dort angegebenen Zahlungswährung könnten

---

74 V. Hoffmann/Thorn IPR § 3 Rn. 236b; Worldwide Volkswagen Corp. v. Woodson 444 U.S. 286, 297, Supreme Court (1980); Thomas/Putzo/Hüßtege EuGVO Art. 15 Rn. 8.
75 Buchner EWS 2000, 147 (150).
76 Wernicke/Hoppe MMR 2002, 643 (646); MüKoBGB/Martiny Rom I-VO Art. 6 Rn. 33.
77 Ören ICLQ 2003, 665 (687).
78 V. Hein JZ 2011, 954 (955); Borchers NILR 2003, 401 (417 f.); Wendelstein, Kollisionsrechtliche Probleme der Telemedizin, 2012, S. 234.
79 Vgl. stellvertretend Leible JZ 2010, 272 (275 ff., 278).
80 Ausführlich zu dieser Kritik Wendelstein, Kollisionsrechtliche Probleme der Telemedizin, 2012, S. 231 ff.
81 EuGH Urt. v. 7.12.2010 – C-585/08, C-144/09, ECLI:EU:C:2010:740, – Pammer und Alpenhof.
82 EuGH Urt. v. 7.12.2010 – C-585/08, C-144/09, ECLI:EU:C:2010:740, Rn. 79 – Pammer und Alpenhof. Kritisch zu dieser ausschließlich auf den Willen des Unternehmers abstellenden Formulierung Kieninger FS Magnus, 2014, 449 (452 ff.).
83 EuGH Urt. v. 7.12.2010 – C-585/08, C-144/09, ECLI:EU:C:2010:740, Rn. 76 ff. – Pammer und Alpenhof.
84 EuGH Urt. v. 7.12.2010 – C-585/08, C-144/09, ECLI:EU:C:2010:740, Rn. 81 – Pammer und Alpenhof.

Rückschlüsse auf den Willen des Unternehmers gezogen werden, seine Tätigkeit auf einen anderen Staat auszurichten, wenn der Unternehmer eine Sprache oder eine Währung verwende, die in seinem Heimatland nicht verwendet würde.[85] Die Unterscheidung zwischen aktiven und passiven Webseiten sei demgegenüber unerheblich.[86]

40 Aus der Entscheidung des EuGH in der Rs. Pammer und Alpenhof folgt damit, dass der **situative Anwendungsbereich von Art. 6 Rom I-VO im elektronischen Geschäftsverkehr nicht schematisch bestimmbar ist**. Vielmehr muss wertend entschieden werden, ob der jeweilige Internetauftritt eine Ausrichtung im Sinne des Art. 6 Rom I-VO darstellt. Wie jede Wertungsentscheidung geht dies mit einem gewissen Maß an Rechtsunsicherheit einher. Gleichwohl ist dies der richtige Weg.[87] Nur so behält Art. 6 Rom I-VO auch im Rahmen neuer Technologien und Vertriebswege seine notwendige Flexibilität. Dem Interesse an Rechtssicherheit kann durch die Verwendung eines Kriterienkatalogs ein Stück weit Rechnung getragen werden. Einen solchen hat der EuGH zwar gebildet, leider hat er es jedoch versäumt die genannten Kriterien zu gewichten. Auch lässt sich der Entscheidung in der Rs. Pammer und Alpenhof nicht entnehmen, ob einzelne Faktoren allein oder nur in der Gesamtschau mit anderen geeignet sind, ein Ausrichten zu bejahen. In der Rechtspraxis hat dies dazu geführt, dass der Wille des Unternehmers, mit einem ausländischen Verbraucher zu kontrahieren, recht schnell und häufig ohne tiefere Analyse der konkreten Fallumstände angenommen wird.[88] Dieses Vorgehen widerspricht dem Sinn und Zweck des Ausrichtungskriteriums, das den weiten sachlichen Anwendungsbereich des kollisionsrechtlichen Verbraucherschutzes sach- und interessengerecht beschränken soll. Es sollte zukünftig daher mehr Wert auf eine restriktivere Handhabung des Kriteriums der Ausrichtung gelegt werden.[89]

41 Durch den Einsatz sog. „**disclaimer**" kann der Unternehmer zum Ausdruck bringen, dass er an einem Vertragsschluss mit ausländischen Verbrauchern im Allgemeinen oder zumindest mit Verbrauchern aus bestimmten Staaten nicht interessiert ist. Hierdurch kann er eine Ausrichtung im Sinne des Art. 6 Rom I-VO jedenfalls dann vermeiden, wenn er sich an seinen eigenen „disclaimer" hält und den Vertragsschluss mit den betroffenen Verbrauchern tatsächlich verweigert.[90] Schließt der Unternehmer demgegenüber entgegen seines „disclaimer" mit einem ausländischen Verbraucher einen Vertrag, ist zu differenzieren: Kontrahiert der Unternehmer mit dem Verbraucher in dem Vertrauen, dass es sich um einen heimischen Verbraucher oder einen Verbraucher aus einem Staat handelt mit denen er zum Abschluss von Verträgen bereit ist, findet Art. 6 Rom I-VO mangels Ausrichten keine Anwendung.[91] In diesen Fällen fehlt es an dem für eine Ausrichtung notwendigen Aktivmoment des Unternehmers. Denkbar sind solche Situationen, insbesondere wenn der Verbraucher bewusst seinen gewöhnlichen Aufenthalt – etwa durch Angabe falscher Kontaktdaten oder Personalien – verschleiert. Erkennt der Unternehmer hingegen, dass er mit einem Verbraucher aus einem Staat kontrahiert, dessen Verbraucher er nach seinem „disclaimer" ausgeschlossen hat und beruft sich dennoch auf seinen „disclaimer", verhält er sich treuwidrig und widersprüchlich, da er einerseits nach außen zu erkennen gibt, dass er mit einer unbestimmten Anzahl von Verbrauchern aus bestimmten Staaten

---

85 EuGH Urt. v. 7.12.2010 – C-585/08, C-144/09, ECLI:EU:C:2010:740, Rn. 83 f. – Pammer und Alpenhof.
86 EuGH Urt. v. 7.12.2010 – C-585/08, C-144/09, ECLI:EU:C:2010:740, Rn. 79 – Pammer und Alpenhof.
87 Wendelstein, Kollisionsrechtliche Probleme der Telemedizin, 2012, S. 232 ff.; Mankowski IPRax 2012, 144 (146); Leible/Müller NJW 2011, 495 (497); Rühl GPR 2013, 122 (130); Würdinger FS Gottwald, 2014, 693 (699 f.); kritisch v. Hein JZ 2011, 954 (955 ff.); v. Hein RIW 2013, 97 (103); Clausnitzer EuZW 2011, 104 (105); Hess IPRax 2011, 125 (128); Hess C.M.L.Rev. 49 (2012), 1075 (1093); Leible/Lehman RIW 2008, 528 (538).
88 Vgl. etwa LG Berlin Urt. v. 30.4.2014 – 15 O 92/12 Rn. 24; AG Braunschweig Urt. v. 8.1.2014 – 118 C 3557/13 Rn. 12; LG Berlin Urt. v. 17.12.2015 – 20 O 172/15 DNotZ 2016, 537 (537).
89 Wendelstein, Kollisionsrechtliche Probleme der Telemedizin, 2012, S. 231 ff.; BeckOGK/Rühl Rom I-VO Art. 6 Rn. 197; Bisping ERPL 2014, 513 (542 ff.), welcher zum Begriff des „passiven" Verbrauchers zurückkehren will; Kieninger FS Magnus, 2014, 449 (456 f.), und v. Hein/Rühl Kohärenz im Internationalen Privat- und Verfahrensrecht/Kieninger S. 307 (318) plädiert dafür, den Begriff des Ausrichtens auf ein „zielgerichtetes Ansprechen bzw. Werben" zurückzuführen.
90 Wendelstein, Kollisionsrechtliche Probleme der Telemedizin, 2012, S. 233 f.; BeckOGK/Rühl Rom I-VO Art. 6 Rn. 198; aA Mankowski IPRax 2012, 144 (149).
91 Wilke ZIP 2015, 2706 (2708); BeckOGK/Rühl Rom I-VO Art. 6 Rn. 199.

nicht kontrahieren möchte, andererseits dann aber doch Verträge mit solchen Verbrauchern abschließt. Somit verhindert der „disclaimer" in solchen Fällen die Anerkennung einer Ausrichtung im Sinne des Art. 6 Abs. 1 lit. b Rom I-VO nicht.[92]

d) Anknüpfung an das Recht am gewöhnlichen Aufenthalt des Verbrauchers

Liegen die Voraussetzungen des kollisionsrechtlichen Verbraucherschutzes vor, wird für die vertraglichen Aspekte das Recht am gewöhnlichen Aufenthaltsort des Verbrauchers zur Anwendung berufen, Art. 6 Abs. 1 Rom I-VO. Zudem greifen zum Schutz des Verbrauchers nach Art. 6 Abs. 2 Rom I-VO besondere Rechtswahlgrenzen ein (vgl. → Rn. 16).

4. Objektive Anknüpfung nach Art. 4 und Art. 5 Rom I-VO

Greift der kollisionsrechtliche Verbraucherschutz nicht ein, enthält Art. 4 Rom I-VO acht spezielle Anknüpfungsregeln für unterschiedliche Vertragskategorien. Diese stellen überwiegend eine gesetzliche Ausformung der Lehre von der charakteristischen Leistung dar, da sie den Vertrag an den gewöhnlichen Aufenthalt des Erbringers der charakteristischen Leistung im Zeitpunkt des Vertragsschlusses (vgl. Art. 19 Abs. 3 Rom I-VO) anknüpfen.[93] Auf Verträge, die nicht diesen acht Anknüpfungsregeln unterfallen, wird gemäß Art. 4 Abs. 2 Rom I-VO das Sachrecht des Staates zur Anwendung berufen, in dem die Partei, welche die charakteristische Leistung erbringt, zum Zeitpunkt des Vertragsschlusses ihren gewöhnlichen Aufenthalt hat.

a) Kaufverträge

Kaufverträge über bewegliche Sachen unterliegen nach Art. 4 Abs. 1 lit. a Rom I-VO grundsätzlich dem Recht des Staates in dem der Verkäufer zum Zeitpunkt des Vertragsschlusses seinen gewöhnlichen Aufenthalt (vgl. Art. 19 Rom I-VO) hat.

b) Mietverträge über unbewegliche Sachen

Auf Verträge über die Miete unbeweglicher Sachen wird nach Art. 4 Abs. 1 lit. c Rom I-VO grundsätzlich das Recht am Belegenheitsort der Immobilie zur Anwendung berufen. Allerdings enthält Art. 4 Abs. 1 lit. d Rom I-VO eine spezielle Sonderregelung für **Kurzraummietverträge** über Immobilien für höchstens sechs aufeinanderfolgende Monate. Diese sind nach dem Recht am gewöhnlichen Aufenthaltsort des Vermieters zu beurteilen, sofern der Vermieter und der Mieter ihren gewöhnlichen Aufenthalt in demselben Staat haben und der Mieter eine natürliche Person ist. Solche Konstellationen sind in der Rechtspraxis insbesondere für Mietverträge über **Ferienhäuser bzw. Ferienwohnungen** denkbar.

c) Darlehensverträge

Darlehensverträge sind nach der Lehre von der vertragscharakteristischen Leistung grundsätzlich nach dem Recht am gewöhnlichen Aufenthalt des Darlehensgebers im Zeitpunkt des Vertragsschlusses zu beurteilen. Umstritten ist lediglich, ob es sich bei Darlehensverträgen um Dienstleistungen im Sinne Art. 4 Abs. 1 lit. b Rom I-VO handelt oder ob sie – in Ermangelung einer über die Hingabe der Darlehensforderung hinausgehende Tätigkeit des Darlehensgebers – nach Maßgabe des Art. 4 Abs. 2 Rom I-VO anzuknüpfen sind.[94]

---

92 Wendelstein, Kollisionsrechtliche Probleme der Telemedizin, 2012, S. 234; Staudinger/Magnus Rom I-VO Art. 6 Rn. 118; Wilke ZIP 2015, 2706 (2709).
93 Mankowski IPRax 2006, 101 (103); Mankowski IHR 2008, 133 (136); Martiny ZEuP 2008, 79 (89); Leible/Lehmann RIW 2008, 528 (535); Clausnitzer/Woopen BB 2008, 1798 (1799); Einsele WM 2009, 289 (291).
94 Vgl. zum Streitstand MüKoBGB/Martiny Rom I-VO Art. 4 Rn. 50; BeckOGK/Köhler Rom I-VO Art. 4 Rn. 78.

d) Personenbeförderungsverträge

47 Soweit die Parteien in Bezug auf ihren Personenbeförderungsvertrag keine wirksame Rechtswahl getroffen haben (zu den Einschränkungen → Rn. 17), ist nach Art. 5 Abs. 2 S. 1 Rom I-VO das anzuwendende Recht das Recht des Staates, in dem die zu befördernde Person ihren gewöhnlichen Aufenthalt hat, sofern sich in diesem Staat auch der Abgangsort oder der Bestimmungsort befindet. Anderenfalls ist nach Art. 5 Abs. 2 S. 2 Rom I-VO das Recht des Staates zur Anwendung berufen, in dem der Beförderer seinen gewöhnlichen Aufenthalt hat. Für Ansprüche aus der Fluggastrechte-VO und der Bahngastrechte-VO bestehen eigene Kollisionsregeln (vgl. → Rn. 2 ff.).

IV. Kollisionsrechtliche Behandlung der Ansprüche in den Abgasskandalfällen

48 Der Einsatz automatisierter Rechtsberatungsprodukte kommt auch bei deliktischen Schadensersatzansprüchen in Betracht. Exponierte Stellung nehmen rechtspraktisch dabei aktuell Schadensersatzansprüche im Abgasskandal ein. Die dadurch aufgeworfenen kollisionsrechtlichen Fragen werden im Folgenden näher beleuchtet.

1. Qualifikation von Ansprüchen gegen den Vertragspartner

49 Ansprüche des Erwerbs eines manipulierten Kfz gegen den Verkäufer spielen in den Abgasskandalfällen bislang nur eine sehr untergeordnete Rolle. Bei diesen Ansprüchen handelt es sich grds. um vertragliche Ansprüche im Sinne der Rom I-VO. Ihre kollisionsrechtliche Anknüpfung beurteilt sich daher nach den Art. 6, 3 und 4 Abs. 1 lit. a Rom I-VO (vgl. → Rn. 8 ff., 43 ff.). Nach dem zur Anwendung berufenen Recht beurteilt sich insbesondere die Verjährung der denkbaren Ansprüche (Art. 12 Abs. 1 lit. b Rom I-VO).

2. Qualifikation der Schadensersatzansprüche gegen den Hersteller

50 Einigkeit besteht darüber, dass es sich bei den Schadensersatzansprüchen des Erwerbers eines manipulierten Kfz gegen dessen Hersteller um außervertragliche Ansprüche im Sinne des Art. 1 Rom II-VO handelt, da zwischen diesen beiden Privatrechtssubjekten regelmäßig überhaupt kein Vertragsverhältnis im Sinne des Art. 1 Rom I-VO besteht.[95] Jedenfalls ist dessen Auslegung nicht zur Feststellung der Widerrechtlichkeit der Manipulation des Kfz durch den Hersteller erforderlich (ausführlich dazu → Rn. 8 ff.). Außervertragliche Ansprüche im Sinne des Art. 1 Rom II-VO werden grundsätzlich nach den Kollisionsnormen der Rom II-VO angeknüpft. Art. 1 Abs. 2 Rom II-VO enthält einen Katalog von insgesamt sieben Ausnahmetatbeständen, durch die der sachliche Anwendungsbereich der Rom II-VO negativ begrenzt wird. Aufgrund ihres Charakters als Bereichsausnahmen sind die einzelnen Tatbestände eng auszulegen. Im Rahmen der Abgasskandalfälle ist jedoch keine der Bereichsausnahmen einschlägig.

a) Wettbewerbsstatut, Art. 6 Rom II-VO

51 Die Qualifikation der denkbaren Schadensersatzansprüche gegen den Hersteller der manipulierten Fahrzeuge ist umstritten. Der EuGH hat derartige Ansprüche als Auswuchs eines unlauteren Wettbewerbsverhaltens angesehen und daher unter die Sonderkollisionsnorm des Art. 6 Abs. 1 Rom II-VO qualifiziert.[96] Insoweit verkennt der EuGH, dass es sich bei solchen Ansprüchen – anders als bei dem zum Vergleich herangezogenen Urteil in der Rs. Amazon[97] – nicht um Ansprüche aus der Verwendung missbräuchlicher Vertragsklauseln handelt. Deshalb ist Art. 6 Rom II-VO nicht die einschlägige Kollisionsnorm.[98]

---

95 Vgl. Labonté RIW 2020, 726 (727 f.); Rauscher EuZPR/EuIPR/Papst Rom II-VO Art. 5 Rn. 35.
96 EuGH Urt. v. 9.7.2020 – C-343/19 Rn. 39 – Volkswagen.
97 EuGH Urt. v. 28.7.2016 – C-191/15 – Amazon.
98 Staudinger/Beiderwieden DAR 2021, 544 (545); Lehmann NJW 2020, 2869 (2872); Wagner EuZW 2020, 724 (728); Mankowski RIW 2021, 93 (93); Labonté RIW 2020, 726 (727, 728).

b) Produkthaftungsstatut, Art. 5 Rom II-VO

Anerkanntermaßen ist der durch den Passus „Schaden durch ein Produkt" umschriebene Anknüpfungsgegenstand des Art. 5 Rom II-VO im Interesse einer einheitlichen Auslegung in den verschiedenen Mitgliedstaaten autonom zu bestimmen. Ein Rückgriff auf nationale Auslegungsmethoden oder gar die Begriffsbestimmung der *lex fori* oder der *lex causae* ist daher nicht zulässig. Teilweise wird vertreten, dass Schadensersatzansprüche des Erwerbers eines manipulierten Kfz gegen dessen Hersteller nach Maßgabe des Art. 5 Abs. 1 Rom II-VO anzuknüpfen seien.[99] Andere Stimmen gehen hingegen davon aus, dass solche Ansprüche unter Art. 4 Rom II-VO zu subsumieren seien.[100] Im Kern geht es bei diesem Streit darum, ob Art. 5 Rom II-VO auch Ansprüche gegen den Hersteller infolge der Schädigung des Produktes selbst erfasst.[101] Dies wird – teilweise unter Hinweis auf die englische Sprachfassung („damage caused by a product") – bestritten.[102]

52

Das aus der englischen Sprachfassung gewonnene Wortlautargument hat schon deshalb nur wenig Gewicht, weil die verschiedenen Sprachfassungen gleichberechtigt sind und nicht alle Sprachfassungen ein solches Normverständnis indizieren. So lassen es bspw. die deutsche[103] und die französische Sprachfassung ohne Weiteres zu, auch Ansprüche infolge eines Schadens am Produkt selbst unter Art. 5 Rom II-VO zu subsumieren. Gegen die Qualifikation von Ansprüchen infolge von Schäden am Produkt selbst spricht, dass diese nach Art. 9 lit. b Produkthaftungsrichtlinie[104] nicht Gegenstand der europäischen Produkthaftung sein sollen. Andererseits rekurriert der historische Verordnungsgeber auf die Produkthaftungsrichtlinie nur, aber immerhin im Rahmen der Konkretisierung des Produktbegriffs und des Begriffs „fehlerhaftes Produkt".[105] Zudem sind rechtsaktübergreifende Auslegungen im Rahmen des europäischen Privatrechts generell mit erheblichen Unsicherheiten verbunden.

53

Zur Beantwortung der Qualifikationsfrage kann und muss daher auf die kollisionsrechtliche Interessenlage abgestellt werden.[106] Diese spricht im Ergebnis dafür, dass Ansprüche infolge der Schädigung des Produktes selbst nicht unter Art. 5 Rom II-VO qualifiziert werden sollten. Richtigerweise erfasst Art. 5 Rom II-VO daher nur Schäden, die außerhalb des Produktes selbst entstanden sind. Nur für solche Schäden ist die in Art. 5 Rom I-VO enthaltene Anknüpfungsleiter geeignet, die widerstreitenden kollisionsrechtlichen Interessen des Produzenten und des Geschädigten auszugleichen. Die Anknüpfungsleiter der Art. 5 Abs. 1 lit. a–c Rom II-VO trägt dem Umstand Rechnung, dass bei Produkthaftungsfällen der Ort der Herstellung, der Ort des Inverkehrbringens des Produktes und der Ort des Schadenseintritts typischerweise nicht in dem gleichen Staat liegen. Die verschiedenen Anknüpfungsregelungen versuchen, die unterschiedlichen kollisionsrechtlichen Interessen, insbesondere diejenigen des Produzenten und des Geschädigten, bestmöglich auszutarieren und so eine internationalprivatrechtliche Anknüpfungsgerechtigkeit zu erreichen.[107] Hierzu

54

---

99 LG Braunschweig Urt. v. 7.10.2021 – 8 U 40/21 Rn. 105 ff.; BeckOGK/M. Müller Rom II-VO Art. 5 Rn. 30.
100 Thomale ZVglRWiss 119 (2020), 59 (69 f.); Armbrüster EWiR 2020, 573 (574); Stadler/Krüger IPRax 2020, 512 (518); Rieländer RabelsZ 85 (2021), 579 (614); Mankowski RIW 2021, 93 (93); Labonté RIW 2020, 726 (728).
101 Davon, dass Art. 5 Rom II-VO auch Ansprüche infolge der Schädigung des Produktes selbst umfasst, gehen aus: MüKoBGB/Junker Rom II-VO Art. 5 Rn. 15; BeckOGK/M. Müller Rom II-VO Art. 5 Rn. 29; Calliess/Renner Rome Regulations/Schmid/Pinkel Rom II-VO Art. 5 Rn. 20; zweifelnd, im Ergebnis aber auch Plender/Wilderspin, The European Private International Law of Obligations, 3. Aufl. 2009, Rn. 19–041; Grundsätzlich auch NK-BGB/ Lehmann Rom II-VO Art. 5 Rn. 33, der allerdings entsprechend der deutschen Rspr. zum „Weiterfresserschaden" nach der Trennbarkeit des schadhaften Teils vom Produkt differenzieren und nur bei Trennbarkeit Art. 5 Rom II-VO anwenden möchte.
102 Erman/Stürner Art. 5 Rom II-VO Rn. 2; Thomale ZVglRWiss 119 (2020), 59 (69 f.); Brière Clunet 135 (2008), 31 (47); Légier, Le règlement ‚Rome II' sur la loi Applicable aux Obligations Non Contractuelles, J.C.P. – Edition Générale, 21.11.2007, I-207, para 55(3); Kozyris, Am.J.Comp.L. 56 (2008), 471 (488).
103 So ausdrücklich auch BeckOGK/M. Müller Rom II-VO Art. 5 Rn. 29.
104 Richtlinie 85/374/EWG des Rates v. 25.7.1985 zur Angleichung der Rechts- und Verwaltungsvorschriften der Mitgliedstaaten über die Haftung für fehlerhafte Produkte (ABl. L 210, 29).
105 KOM(2003) 427 endg., 14.
106 Ausführlich zur Qualifikation Wendelstein ZVglRWiss 120 (2021), 349 (353 ff.) mwN.
107 Vgl. Erwgr. 20 Rom II-VO.

enthalten die Kollisionsnormen der Art. 5 Abs. 1 lit. a–c Rom II-VO jeweils eine Kombination von Anknüpfungsmerkmalen, von denen immer eines den Interessen des Produzenten und eines den Interessen des Geschädigten Rechnung trägt. Aufgrund der nahezu unbegrenzten globalen Vernetzung sind die heutigen Vertriebswege für den Produzenten kaum mehr überschaubar. Insbesondere den Weitervertrieb von gebrauchten Produkten über Gebrauchtwarenmärkte und digitale Handelsplattformen kann der Produzent weder überblicken noch steuern. Im Hinblick darauf, dass der Produzent durch diese Vertriebsformen bei einer Anknüpfung nach Art. 4 Rom I-VO mit einer Vielzahl von Rechtsordnungen an den aus seiner Sicht beliebigen Erfolgsorten (Art. 4 Abs. 1 Rom II-VO) konfrontiert sein könnte, schränkt Art. 5 Abs. 1 lit. a–c Rom II-VO die potenziell zur Anwendung berufenen Rechtsordnungen auf die für den Produzenten vorhersehbaren ein.[108] Hierdurch soll der Produzent in die Lage versetzt werden, zu erkennen und zu entscheiden, ob und in welchem Umfang er die rechtlichen Erwartungen der jeweils zur Anwendung berufenen Haftungsordnung an sein Produkt erfüllen kann und will. Das wiederum ist die Voraussetzung dafür sein Haftungsrisiko kalkulieren und ggf. versichern, jedenfalls aber in seiner Preisgestaltung berücksichtigen zu können.[109]

55   Dem kollisionsrechtlichen Interesse des Geschädigten an der Anwendung seines Heimatrechts oder einer für ihn zumindest vorhersehbaren Rechtsordnung tragen die Regelungen der Art. 5 Abs. 1 lit. a–c Rom II-VO auf verschiedene Art und Weise Rechnung. Die erste und zweite Stufe der Anknüpfungsleiter (Art. 5 Abs. 1 Art. 4 Abs. 2 Rom II-VO und Art. 5 Abs. 1 lit. a Rom II-VO) berücksichtigen das Interesse des Geschädigten dadurch, dass das Recht am gewöhnlichen Aufenthalt des Geschädigten zur Anwendung berufen wird. Auf der dritten Stufe (Art. 5 Abs. 1 lit. b Rom II-VO) wird sein Interesse dadurch berücksichtigt, dass der Geschädigte auf die Haftung nach dem Recht am Erwerbsort vertrauen kann. Dadurch erhält der Geschädigte die Möglichkeit, nur in einem Staat zu erwerben, dessen Rechtsordnung er im Hinblick auf das Schutzniveau der Produkthaftung für ausreichend erachtet. Erst ab der vierten Stufe (Art. 5 Abs. 1 lit. c Rom II-VO) wird das kollisionsrechtliche Interesse des Geschädigten teilweise zugunsten der kollisionsrechtlichen Interessen des Produzenten verdrängt, indem diese Anknüpfung kumulativ auf den Art. 4 Abs. 1 Rom II-VO entsprechenden Erfolgsort und das produzentenschützende Kriterium des vorhersehbaren Inverkehrbringens abstellt. Die fünfte Stufe (Art. 5 Abs. 1 S. 2 Rom II-VO) trägt dann nur noch den kollisionsrechtlichen Interessen des Produzenten Rechnung, indem das Recht am gewöhnlichen Aufenthalt des Produzenten zur Anwendung berufen wird.

56   Die soeben skizzierte kollisionsrechtliche Privilegierung des Produzenten durch die Kollisionsnorm des Art. 5 Rom II-VO gegenüber dem anderenfalls anwendbaren Art. 4 Rom II-VO erklärt sich damit vor allem daraus, dass der Produzent das auf die Produkthaftung anwendbare Recht vorhersehen und so das daraus drohende Haftungsrisiko kalkulieren können soll. Diese Privilegierung ist sach- und interessengerecht, da die durch ein fehlerhaftes Produkt verursachten Schäden den Gewinn aus der Herstellung des Produktes deutlich übersteigen können und daher potenziell existenzbedrohend für den Produzenten sein können. Dies ist insbesondere bei Massenprodukten denkbar. Aus diesem Telos des Art. 5 Rom II-VO ergibt sich aber zugleich auch die Grenze seines sachlichen Anwendungsbereichs. Diese ist dort überschritten, wo es wie bei Schäden am Produkt selbst nicht um den Ersatz potenziell unbegrenzter, sondern auf den Produktwert begrenzter Schäden geht. Bei diesen sind die kollisionsrechtlichen Interessen des Produzenten von deutlich geringerem Gewicht und daher nicht geeignet, die unter Umständen gegenläufigen kollisionsrechtlichen Interessen des Geschädigten zurückzudrängen. Ansprüche infolge der Schädigung des Produktes selbst sollten daher nicht unter Art. 5 Rom I-VO, sondern unter die allgemeine Kollisionsnorm des Art. 4 Rom II-VO qualifiziert werden. Richtigerweise sind außervertragliche Ansprüche im Abgasskandal, welche auf den Ersatz des Minderwertes des Produktes gerichtet sind, somit nach Art. 4 Rom II-VO und nicht nach Art. 5 Rom II-VO zu behandeln.[110]

---

108 Erman/Stürner Rom II-VO Art. 5 Rn. 2; BeckOGK/M. Müller Rom II-VO Art. 5 Rn. 3 ff.
109 MüKoBGB/Junker Rom II-VO Art. 5 Rn. 3.
110 So auch Thomale ZVglRWiss 119 (2020), 59 (69 f.); Armbrüster EWiR 2020, 573 (574); Stadler/Krüger IPRax 2020, 512 (518); Rieländer RabelsZ 85 (2021), 579 (614); Mankowski RIW 2021, 93 (93); Labonté RIW 2020, 726 (728).

c) Deliktsstatut, Art. 4 Rom II-VO

Auch der Anknüpfungsgegenstand „außervertragliches Schuldverhältnis aus unerlaubter Handlung" (Art. 4 Rom II-VO) ist unionsautonom zu bestimmen. In der Rom II-VO findet sich keine Legaldefinition. Ausweislich seiner Eingangsworte soll Art. 4 Rom I-VO immer einschlägig sein, wenn in der Rom II-VO nichts anderes geregelt ist. Zudem trägt Art. 4 Rom II-VO die Überschrift „allgemeine Kollisionsnorm". Da Schadensersatzansprüche des Erwerbers eines manipulierten Kfz gegen dessen Hersteller weder unter Art. 5 noch Art. 6 Rom II-VO qualifiziert werden können, sind sie daher nach Art. 4 Rom II-VO anzuknüpfen.[111]

3. Objektive Anknüpfung nach Art. 4 Rom II-VO

a) Art. 4 Abs. 1 Rom II-VO

aa) Erfolgsort als Ort der Rechtsverletzung

Art. 4 Abs. 1 Rom II-VO enthält die Grundregel des internationalen Deliktsrechts. Danach ist ein Schuldverhältnis aus unerlaubter Handlung grundsätzlich nach dem Sachrecht des Staates, in dem der Schaden eintritt, zu beurteilen. Keine Bedeutung soll hingegen den Eintrittsorten indirekter Schadensfolgen oder dem Ort des schadensbegründenden Ereignisses, also dem Handlungsort zukommen. Umschrieben ist in Art. 4 Abs. 1 Rom II-VO damit anerkanntermaßen eine Anknüpfung an den Erfolgsort, also den Ort, an dem die haftungsauslösende Rechtsverletzung (= Verletzung des subjektiven Rechts des Gläubigers) eingetreten ist.[112] Die (auch) in der deutschen Fassung verwendete Formulierung „Schaden" ist insoweit missverständlich.[113] Die Wahl des Begriffs erklärt sich wohl dadurch, dass kaum ein anderes mitgliedstaatliches Recht den juristischen Terminus der Rechtsverletzung kennt.[114] Dass mit dem Begriff des Schadens die Rechtsverletzung umschrieben sein soll, kommt von Anfang an in der englischen Sprachfassung des Erwägungsgrunds 17 zum Ausdruck.[115] Seit seiner Änderung vom 29.11.2012 folgt dies nunmehr auch aus dem klarstellend geänderten Wortlaut der deutschen Sprachfassung des Erwägungsgrunds 17 („Verletzung erlitten"). Zur Bestimmung des Erfolgsortes, also des Ortes, an dem das subjektive Recht verletzt wurde, ist es notwendig, das jeweilige subjektive Recht an einem bestimmten physischen Ort „zu lokalisieren". Diese „Lokalisierung" hat schon deshalb unabhängig von einer etwaigen Verletzung des subjektiven Rechts mit einem daraus gegebenenfalls resultierenden Schaden zu erfolgen, weil die Kollisionsnorm des Art. 4 Rom II-VO ausweislich des Art. 2 Abs. 3 Rom II-VO auch schadenspräventive Ansprüche umfassen soll.

bb) Lokalisierung des Erfolgsortes bei Eigentumsverletzungen

Einigkeit besteht darin, dass das Eigentumsrecht am Ort der Belegenheit der Sache als dessen physisches Bezugsobjekt zu verorten ist. Somit liegt auch der Erfolgsort bei Eigentumsverletzungen an diesem Ort.[116] Eine solche normative Verortung folgt nicht nur aus Art. 43 Abs. 1 EGBGB, sondern erscheint auch sach- und interessengerecht, da die gegenständlichen Grenzen des Bezugsobjekts dem Eigentumsrecht an diesem einen gewissen Grad an sozialtypischer Offenkundigkeit vermitteln.[117] Allein durch die Benennung der physisch erfassbaren Grenzen des Bezugsobjekts werden der Inhalt und Umfang des subjektiven Rechts an

---

111 Thomale ZVglRWiss 119 (2020), 59 (69 f.); Armbrüster EWiR 2020, 573 (574); Stadler/Krüger IPRax 2020, 512 (518).
112 BeckOGK/Rühl Rom II-VO Art. 4 Rn. 12, 57; MüKoBGB/Junker Rom II-VO Art. 4 Rn. 20; Sonnentag ZVglRWiss 105 (2006), 256 (266 f.); Leible/Lehmann RIW 2007, 721 (724); Dickinson, The Rome II Regulation, 2008, Rom II-VO Art. 4 Rn. 4.01; v. Hein ZVglRWiss 102 (2003), 528 (542); Stürner FS Coester-Waltjen, 2015, 843 (849); Wendelstein, Kollisionsrechtliche Probleme der Telemedizin, 2012, S. 307 f.; Wagner RabelsZ 80 (2016), 717 (739 f.); Erman/Hohloch Rom II-VO Art. 4 Rn. 6; Rauscher EuZPR/EuIPR/Unberath/Cziupka/Pabst Rom II-VO Art. 4 Rn. 35; Labonté RIW 2020, 726 (728).
113 BeckOGK/Rühl Rom II-VO Art. 4 Rn. 13; v. Hein ZEuP 2009, 6 (16); Rauscher EuZPR/EuIPR/Unberath/Cziupka/Pabst Rom II-VO Art. 4 Rn. 35.
114 Rauscher EuZPR/EuIPR/Unberath/Cziupka/Pabst Rom II-VO Art. 4 Rn. 36; Labonté RIW 2020, 726 (728).
115 Vgl. Erwgr. 17 Rom II-VO: „damage to property".
116 Vgl. BeckOGK/Rühl Rom II-VO Art. 4 Rn. 66; MüKoBGB/Junker Rom II-VO Art. 4 Rn. 21; Soergel/Wendelstein Rom II-VO Art. 4 Rn. 53; vgl. auch Erwgr. 17 Rom II-VO.
117 Ausführlich Soergel/Wendelstein Rom II-VO Art. 4 Rn. 18 ff.

diesem in gewissem Umfang beschrieben. So veranschaulicht die Physis des Bezugsobjekts plastisch den Herrschaftsbereich, welcher dem Rechtsinhaber durch das subjektive Recht am Bezugsobjekt zugewiesen ist. Ein Überschreiten dieser physischen Grenzen durch positive Einwirkung auf die gegenständliche Integrität des Bezugsobjekts geht regelmäßig mit einer Verletzung des subjektiven Rechts am Bezugsobjekt einher. Wegen der über die physischen Grenzen des Bezugsobjekts vermittelten sozialtypischen Offenkundigkeit rechnen die verschiedenen Rechtssubjekte, welche mit dem subjektiven Recht in Berührung kommen und dieses daher potenziell verletzen, damit, dass sich das subjektive Recht nach dem Belegenheitsrecht seines Bezugsobjekts beurteilt. Die kollisionsrechtlichen Interessen der Privatrechtssubjekte bzw. des Rechtsverkehrs gehen mithin dahin, dass das Belegenheitsrecht zur Anwendung gelangt.

cc) Meinungsstand hinsichtlich der Lokalisierung des allgemeinen Vermögensrechts

60 Deutlich schwieriger und entsprechend häufig umstritten ist die Lokalisierung subjektiver Rechte, die kein physisches Bezugsobjekt besitzen. Insbesondere die Lokalisierung des allgemeinen Vermögensrechts bereitet insoweit notorische Schwierigkeiten.[118]

61 Vorgeschlagen wird insoweit, dass in Ermangelung objektiv erkennbarer Anknüpfungsmomente den kollisionsrechtlichen Interessen des in seinem subjektiven Recht potenziell Verletzten der Vorzug zu geben und daher das subjektive Recht an dessen gewöhnlichen Aufenthaltsort zu verorten sei.[119] An diesem bestehe eine Art „Zentrum der Interessen" des Rechtsinhabers und der gewöhnliche Aufenthalt als objektives Kriterium sei dadurch für potenziell verletzende Privatrechtssubjekte in einem gewissen Maße erkennbar. Der Vorteil einer derartigen Lokalisierung bestehe zudem darin, dass die subjektiven Rechte aller Privatrechtssubjekte mit gewöhnlichem Aufenthalt in derselben Rechtsordnung in derartigen Fallkonstellationen nach demselben Recht beurteilt werden und daher grds. denselben Inhalt und Umfang besitzen. Ein Aspekt, der unter Gleichheits- und Diskriminierungsgesichtspunkten nicht zu unterschätzen sei.[120] Andere Stimmen wollen das allgemeine Vermögensrecht nur ausnahmsweise dann am gewöhnlichen Aufenthaltsort des Privatrechtssubjekts verorten, wenn sich der konkret geschädigte Vermögensteil nicht doch in einem anderen Staat verorten lässt.[121] Wieder andere wollen danach differenzieren, ob die vermögensschützende Pflicht ein subjektives Recht mit oder ohne Bezugsobjekt konkretisiert.[122] Konkretisiere die vermögensschützende Pflicht ein subjektives Recht mit physischem Bezugsobjekt sei das Recht an dessen Lageort maßgeblich[123]. Konkretisiere die vermögensschützende Pflicht hingegen ein subjektives Recht ohne physisches Bezugsobjekt, etwa die allgemeine Handlungsfreiheit als Teil des allgemeinen Persönlichkeitsrechts, sei der gewöhnliche Aufenthaltsort des Inhabers des allgemeinen Vermögensrechts maßgeblich.[124]

62 Der EuGH hat sich mit der Frage der Lokalisierung des allgemeinen Vermögensrechts bzw. der Frage nach dem Erfolgsort in Fällen sog. reiner Vermögensschäden intensiv bislang nur im Rahmen des Deliktsgerichtsstands des Art. 7 Nr. 2 Brüssel Ia-VO beschäftigt. Dabei hat er eine unübersichtliche Kasuistik geschaffen, welche weder eine klare Linie noch überzeugende Begründungen hervorbracht hat. In der verfahrensrechtlichen Literatur wird versucht, die notwendige Vorhersehbarkeit der Zuständigkeit durch eine fallgruppenorientierte Lösung zu gewährleisten[125] oder es wird der Verzicht auf den Erfolgsort und

---

118 Calliess/Renner Rome Regulations/v. Hein Rom I-VO Art. 4 Rn. 20 ff.; Huber/Bach, Rome II Regulation: Pocket Commentary, 2011, Rom II-VO Art. 4 Rn. 26 ff.; BeckOGK/Rühl Rom II-VO Art. 4 Rn. 68; NK-BGB/Lehman Rom II-VO Art. 4 Rn. 115; Dickinson, The Rome II-Regulation, 2008, Rom II-VO Art. 4 Rn. 4.66 ff.; Odendahl, Internationales Deliktsrecht der Rom II-VO und die Haftung für reine Vermögensschäden, 2012, passim.
119 Soergel/Lüderitz, 12. Aufl. 1996, EGBGB Art. 38 Rn. 11; Staudinger/v. Hoffmann, Bearb. 2001, EGBGB Art. 40 Rn. 282a; Rauscher EuZPR/EuIPR/Unberath/Cziupka/Pabst Rom II-VO Art. 4 Rn. 42.
120 Soergel/Wendelstein Rom II-VO Art. 4 Rn. 66.
121 Vgl. BeckOGK/Rühl Rom II-VO Art. 4 Rn. 68.1; MüKoBGB/Junker Rom II-VO Art. 4 Rn. 21; Erman/Stürner Rom II-VO Art. 4 Rn. 7; jurisPK-BGB/Lund Rom II-VO Art. 4 Rn. 14; BeckOK BGB/Spickhoff Rom II-VO Art. 4 Rn. 7; Grüneberg/Thorn Rom II-VO Art. 4 Rn. 9; Steinrötter ZIP 2015, 110 (114 f.); Einsele ZEuP 2012, 23 (27 ff.).
122 Soergel/Wendelstein Rom II-VO Art. 4 Rn. 63 ff.
123 Soergel/Wendelstein Rom II-VO Art. 4 Rn. 64.
124 Soergel/Wendelstein Rom II-VO Art. 4 Rn. 65 f.
125 Vgl. etwa Fichtinger Zak 2012, 347; Engert/Groh IPRax 2011, 4563; Wagner/Gess NJW 2009, 3481.

damit die Nichtanwendung des Ubiquitätsgrundsatzes im Fall reiner Vermögensschäden befürwortet.[126] Der EuGH hat den Gedanken der Nichtanwendung des Ubiquitätsprinzips bislang allerdings nicht aufgegriffen. Auf der Ebene des Kollisionsrechts ist ein vollständiger Verzicht auf eine objektive Anknüpfung an das Recht am Erfolgsort unmöglich, weil Art. 4 Rom II-VO anders als Art. 7 Nr. 2 Brüssel Ia-VO nicht dem Ubiquitätsprinzip folgt.[127] Vielmehr soll im Rahmen dieser Kollisionsnorm dem Recht am Handlungsort allenfalls im Rahmen der Ausweichklausel des Art. 4 Abs. 3 S. 1 Rom II-VO Bedeutung zukommen.[128] Zudem wird die EuGH-Rechtsprechung zur Lokalisierung des Erfolgsortes im Sinne des Art. 7 Nr. 2 Brüssel Ia-VO von genuin prozessualen Auslegungsmaximen und Überlegungen dominiert,[129] die für die Interpretation der Kollisionsnorm des Art. 4 Rom II-VO nicht maßgeblich sind. Den Ausgangspunkt zur Lokalisierung des Erfolgsortes bildet für den EuGH[130] die Unterscheidung zwischen direkten und indirekten bzw. – jeweils gleichbedeutend – zwischen unmittelbaren und mittelbaren Schäden bzw. Primär- und Folgeschäden.[131] Bedeutsam zur Lokalisierung des Erfolgsortes sei nur der direkte Schaden. Darunter wird der durch die Verletzung eines subjektiven Rechts herbeigeführte Schaden am Bezugsobjekt begriffen. Unter indirekten Schäden werden hingegen die sich aus dieser Rechtsverletzung ergebenden weiteren Schadensfolgen an einem anderen Rechtsgut oder am Vermögen als solchem verstanden.[132]

dd) Lokalisierung des Erfolgsortes in den Abgasskandalfällen

Die Käufer der im Abgasskandal manipulierten Pkw erleiden einen Schaden nicht an ihrem Eigentum, sondern an ihrem allgemeinen Vermögen.[133] Die Einordnung des Minderwertes der Pkw als besondere Form eines Eigentumsschadens durch den EuGH[134] überzeugt nicht, da die manipulierten Pkw von vorneherein minderwertig und deshalb den bezahlten Preis nie wert waren. Eine Bestimmung des Erfolgsortes entsprechend der für Eigentumsverletzungen geltenden Grundsätze würde daher nicht überzeugen.

Die vom EuGH im Rahmen der Lokalisierung von Vermögensschäden verfolgte Differenzierung zwischen für die Bestimmung des Erfolgsortes relevanten direkten unmittelbaren Primärschäden und irrelevanten indirekten mittelbaren Folgeschäden kann bei subjektiven Rechten ohne ein physisches Bezugsobjekt wie dem allgemeinen Vermögensrecht von vorneherein nicht funktionieren. Der jeweilige Schadensverlauf ist für sich genommen in diesen Fällen zäsurlos und damit nicht in der Lage, unter den verschiedenen „Schadensstadien" eine qualitative Abstufung zu ermöglichen. Ohne eine solche qualitative Abstufung kann die Identifikation des „Schadensstadiums", welches den direkten, unmittelbaren Primärschäden ausmachen soll, aber nicht gelingen. Entsprechend ist zwangsläufig eine – vom jeweiligen Judiz abhängige – Beliebigkeit in der lokalen Verortung des jeweiligen subjektiven Rechts bzw. der Auswahl des relevanten Schadens zu beobachten.[135] Von der nach Erwägungsgrund 6 anzustrebenden Vorhersehbarkeit und Sicherheit im

---

126 Vgl. etwa Oberhammer JBl 2018, 750 (753 f.); Stadler FS Geimer, 2017, 715; wohl auch Magnus/Mankowski/Mankowski Brussels I Art. 5 Rn. 238; siehe auch Wendelstein GPR 2018, 272 (277 ff.); GA Szpunar Schlussanträge v. 10.3.2016 – C-12/15 Rn. 38 ff. – Universal Music.
127 Mankowski RIW 2021, 93 (99).
128 Vgl. Soergel/Wendelstein Rom II-VO Art. 4 Rn. 93.
129 Insbesondere das Gebot der restriktiven Auslegung des Art. 7 Nr. 2 Brüssel Ia-VO als Ausnahme vom Grundsatz actor sequitur forum rei (EuGH Urt. v. 16.7.2009 – C-189/08 Rn. 22 – Zuid-Chemie), der Aspekt der Sach- und Beweisnähe der Gerichte am Handlungs- oder Erfolgsort (EuGH Urt. v. 1.10.2002 – C-167/00 Rn. 44 – Henkel) und die Vorhersehbarkeit der Gerichtspflichtigkeit für einen vernünftigen Beklagten (EuGH Urt. v. 10.6.2004 – C-168/02 Rn. 20 – Kronhofer).
130 St. Rspr.: EuGH Urt. v. 19.9.1995 – C-364/93 Rn. 21 – Marinari; EuGH Urt. v. 10.6.2004 – C-168/02 Rn. 19 – Kronhofer; EuGH Urt. v. 11.1.1990 – C-220/88 – Dumez France; EuGH Urt. v. 29.7.2019 – C-451/18 – Tibor-Trans; EuGH Urt. v. 9.7.2020 – C-343/19 Rn. 30 f. – Volkswagen.
131 Diese Diktion ist auch in Art. 4 Abs. 1 Rom II-VO angelegt und in der Literatur weitestgehend übernommen worden; vgl. stellvertretend nur BeckOGK/Rühl Rom II-VO Art. 4 Rn. 59 f.; MüKoBGB/Junker Rom II-VO Art. 4 Rn. 28 ff.; jurisPK-BGB/Lund Rom II-VO Art. 4 Rn. 13; NK-BGB/Lehmann Rom II-VO Art. 4 Rn. 75, 79 ff.
132 Vgl. MüKoBGB/Junker Rom II-VO Art. 4 Rn. 30; BeckOGK/Rühl Rom I-VO Art. 4 Rn. 62.
133 Mankowski RIW 2021, 93 (94, 98); Stadler/Krüger IPRax 2020, 512 (517).
134 EuGH Urt. v. 9.7.2020 – C-343/19 Rn. 32–35 – Volkswagen.
135 Besonders deutlich wird dies in der Diskussion um die „richtige" Bestimmung des Erfolgsortes bei Verletzungen des allgemeinen Vermögensrechts bzw. den „reinen Vermögensschäden". Auch die Rspr. des EuGH ist insoweit

Hinblick auf das zur Anwendung berufene Recht kann insoweit keine Rede sein.[136] Deutlich wird dies auch und gerade in den Abgasskandalfällen. In diesen bejahte der EuGH das Bestehen eines Erfolgsortes und damit die Zuständigkeit nach Art. 7 Nr. 2 Brüssel Ia-VO in demjenigen Mitgliedstaat, in dem die Endabnehmer die manipulierten Fahrzeuge „erworben" haben.[137] Der Schaden sei die „Wertminderung der fraglichen Fahrzeuge [...], die sich aus der Differenz zwischen dem Preis, den der Erwerber für ein solches Fahrzeug gezahlt hat, und dessen tatsächlichem Wert aufgrund des Einbaus einer Software, in der die Daten über den Abgasausstoß manipuliert werden, ergibt".[138] Dieser Schaden verwirkliche sich „erst zum Zeitpunkt des Erwerbs dieser Fahrzeuge [...] zu einem Preis, der über ihrem tatsächlichen Wert lag" und stelle deshalb einen „Primärschaden" und „keine mittelbare Folge des ursprünglich von anderen Personen erlittenen Schadens" dar.[139]

65 Diese Ausführungen werfen unweigerlich die Folgefrage auf, wodurch die Fahrzeuge im Sinne des EuGH „erworben" wurden, ob bereits durch Abschluss des Kaufvertrages, erst mit dessen Bezahlung oder gar erst mit Besitz- oder Eigentumserlangung an dem jeweiligen Fahrzeug. Das Urteil des EuGH enthält dazu keine Ausführungen. Die Wahl des Anknüpfungspunktes hat aber nicht nur unmittelbare Auswirkungen auf die Lokalisierung des Erfolgsortes,[140] sondern kann in der Praxis auch erhebliche Unterschiede nach sich ziehen, etwa wenn ein im Ausland wohnhafter Käufer den bei seinem regionalen Händler bestellten Pkw in Wolfsburg abholt.

66 Stellt man auf den ungünstigen Kaufvertrag ab, stellt sich die Folgefrage, wo dieser zu lokalisieren ist (Abschluss-[141] oder Erfüllungsort[142]). Ein Abstellen auf den Abschlussort ist insbesondere bei Distanzabschlüssen über das Internet problematisch.[143] Zudem stellt sich bei einem Abstellen auf den ungünstigen Kaufvertrag die Frage, warum sich die Wertminderung des jeweiligen Pkw erstmals in diesem Zeitpunkt realisiert haben soll und der Schaden deshalb keine mittelbare Folge eines ursprünglich von anderen Personen erlittenen Schadens darstellt.[144] Rein tatsächlich werden viele Endkunden die Fahrzeuge in Erfüllung ihrer Abnahmeverpflichtung aus dem Kaufvertrag ihrem Händler auch noch abgenommen haben, obwohl sie wussten oder zumindest ahnten, dass die Abgassoftware manipuliert war. Auch mag es – gerade zu Beginn des Abgasskandals – in der Praxis vorgekommen sein, dass Endkunden manipulierte Bestandsfahrzeuge noch ohne größere Preisnachlässe von Händlern oder Privatpersonen erworben haben. In diesen Fällen ist der gesamte oder zumindest ein Teil des Schadens dem Verkäufer durch den Endkunden „abgenommen" worden. Es ließ sich also durchaus argumentieren, dass der Schaden beim Endkunden nur ein mittelbarer Schaden sei, da der unmittelbare Schaden zunächst bei den Händlern eingetreten ist.

67 Hält man die Bezahlung des Kaufpreises für maßgeblich, steht man vor der Frage wo diese Vermögensposition zu lokalisieren ist. Insoweit wird teilweise angenommen, dass der – wie auch immer zu bestimmende – Belegenheitsort des geschädigten Teilvermögens heranzuziehen sei.[145] Der EuGH hat zum

---

keinesfalls konsistent. Vgl. dazu die gute Darstellung des Sach- und Streitstands bei BeckOGK/Rühl Rom II-VO Art. 4 Rn. 68, 68.1 und 68.2 sowie Stadler FS Geimer, 2017, 715 ff.; Wendelstein GPR 2016, 140 (144 ff.); Stadler/Krüger IPRax 2020, 512 ff.

136 Wendelstein GPR 2016, 140 (145).
137 EuGH Urt. v. 9.7.2020 – C-343/19 Rn. 40 – Volkswagen.
138 EuGH Urt. v. 9.7.2020 – C-343/19 Rn. 29 – Volkswagen.
139 EuGH Urt. v. 9.7.2020 – C-343/19 Rn. 30 – Volkswagen.
140 Sieht man den ungünstigen Vertragsschluss als entscheidend an, fällt es schwer, auf den Geldabfluss auf dem Bankkonto abzustellen, da dieser nur die Abwicklung des Vertrages darstellt. Vielmehr müsste man dann konsequenterweise den ungünstigen Vertrag lokalisieren. Vgl. Rieländer RabelsZ 85 (2021), 579 (608 f.).
141 Müller NJW 2016, 2169 (2170); Bach NZG 2016, 794 (795); Stadler/Krüger IPRax 2020, 512 (518); Labonté RIW 2020, 726 (730); Rieländer RabelsZ 85 (2021), 579 (609).
142 Bochove NIPR 2016, 456 (460).
143 Vgl. etwa Lehmann JPIL 7 (2011), 527 (547 f.); Labonté RIW 2020, 726 (730 f.); Bach NZG 2016, 792 (795); Müller NJW 2016, 2169 (2170); Huber/Geeier-Thieeme IPRax 2018, 155 (157).
144 Vgl. die Ausführungen des EuGH Urt. v. 9.7.2020 – C-343/19 Rn. 30 – Volkswagen.
145 Vgl. Armbrüster EWiR 2020, 573 (574).

Zuständigkeitsrecht teilweise die Auffassung vertreten, dass insoweit die Belegenheit des Abgangskontos entscheidend sei.[146]

Stellt man auf die Besitz- oder Eigentumserlangung am Fahrzeug ab, ist fraglich, ob diese nicht nur Folge des negativen Vertrages und damit unbeachtlicher „mittelbarer" Schaden sind. Zudem wirft dies die Frage auf, ob es sich dann nicht um einen besonderen Fall einer Eigentumsverletzung handelt.[147] In Anwendung der allgemeinen Grundsätze wäre dann konsequenterweise auf den Belegenheitsort des jeweiligen Zeitpunkts im Zeitpunkt des Eigentumsübergangs abzustellen (vgl. → Rn. 59). **68**

Schon allein im Interesse der Rechtssicherheit und der Vorhersehbarkeit des zur Anwendung berufenen Rechts sollte daher in den Abgasskandalfällen der Erfolgsort am Ort des gewöhnlichen Aufenthaltsortes des geschädigten Erwerbers lokalisiert werden.[148] **69**

b) Art. 4 Abs. 2 Rom II-VO

In den Abgasskandalfällen haben die geschädigten Endkunden ihren gewöhnlichen Aufenthalt, also den Schwerpunkt ihrer sozialen, familiären und wirtschaftlichen Beziehungen, typischerweise im Ausland. Die Hersteller haben ihren gewöhnlichen Aufenthalt nach Maßgabe des Art. 23 Abs. 1 S. 1 Rom I-VO demgegenüber typischerweise in Deutschland, denn sie haben dort ihre Hauptverwaltung, dh ihren effektiven Verwaltungssitz. Damit ist Art. 4 Abs. 2 Rom II-VO typischerweise nicht einschlägig.[149] **70**

c) Art. 4 Abs. 3 Rom II-VO

Art. 4 Abs. 3 S. 1 Rom II-VO ermöglicht eine Abweichung von der Anknüpfung nach Art. 4 Abs. 1 und 2 Rom II-VO, wenn sich aus der Gesamtheit der Umstände ergibt, dass die unerlaubte Handlung eine offensichtlich engere Verbindung mit einem anderen als dem in Abs. 1 und Abs. 2 bezeichneten Staat aufweist. Eine Abweichung ist sach- und interessengerecht, wenn die im konkreten Einzelfall vorherrschende kollisionsrechtliche Interessenlage so erheblich von der durch den Gesetzgeber bei der Schaffung der Art. 4 Abs. 1 und 2 zugrunde gelegten, typischen kollisionsrechtlichen Interessenlage abweicht, dass ein Festhalten an der Regelanknüpfung trotz des vorhandenen Kontinuitätsinteresses des potenziell beteiligten Rechtsverkehrs das Vertrauen in das europäische Kollisionsrechtssystem nachhaltig beeinträchtigen würde.[150] Somit dient die Ausweichklausel der Schaffung kollisionsrechtlicher Einzelfallgerechtigkeit (vgl. auch Erwägungsgrund 14).[151] **71**

Im Interesse der Rechtssicherheit und Vorhersehbarkeit des zur Anwendung berufenen Sachrechts ist eine äußerst restriktive Auslegung und Anwendung des Art. 4 Abs. 3 Rom II-VO geboten. Damit wird auch der latent vorhandenen Gefahr des „Heimwärtsstrebens" entgegengewirkt. Die hohen Anforderungen für die Anwendbarkeit der Ausweichklausel kommen auch im Wortlaut („offensichtlich engere Verbindung") zum Ausdruck. **72**

Eine vertragsakzessorische Anknüpfung nach Art. 4 Abs. 3 S. 2 Rom II-VO an das Recht, welches über den Kaufvertrag herrscht, scheidet schon deshalb aus, weil insoweit nicht die notwendige Parteienidentität **73**

---

146 Vgl. EuGH Urt. v. 10.6.2004 – C-168/02 Rn. 20 – Kronhofer; EuGH Urt. v. 28.1.2015 – C-375/13 Rn. 55 – Kolassa; so auch Thomale ZVglRWiss 119 (2020), 59 (80 ff.); kritisch dazu Wendelstein GPR 2016, 140 (140 ff.).
147 Aus Sicht des EuGH handelt es sich bei dem Minderwert der manipulierten Kfz nicht um einen „reinen Vermögensschaden, sondern um einen materiellen Schaden, der zu einem Wertverlust jedes betroffenen Fahrzeugs führt", vgl. EuGH Urt. v. 9.7.2020 – C-343/19 Rn. 31 – Volkswagen. Er schafft damit eine Art neue Kategorie eines „(reinen) Vermögensschadens mit konkretem Sachbezug".
148 So im Ergebnis auch Stadler/Krüger IPRax 2020, 512 (518); Rieländer RabelsZ 85 (2021), 579 (609) (über Art. 4 Abs. 3 S. 1 Rom II-VO).
149 Labonté RIW 2020, 726 (728).
150 Soergel/Wendelstein Rom II-VO Vor Art. 1 Rn. 20 ff.
151 Rauscher EuZPR/EuIPR/Unberath/Cziupka/Pabst Rom II-VO Art. 4 Rn. 79; NK-BGB/Lehmann Rom II-VO Art. 4 Rn. 137 f.

besteht.¹⁵² Teilweise wird in den Abgasskandalfällen aber dafür votiert, über die Ausweichklausel des Art. 4 Abs. 3 Rom II-VO das Recht am effektiven Verwaltungssitz des jeweiligen Herstellers zur Anwendung zu berufen.¹⁵³ Die im Rahmen der Bestimmung des Erfolgsortes notwendige Lokalisierung des allgemeinen Vermögensrechts sei „künstlich und fiktiv". Diese inhärente Schwäche müsste sich auf das Gewicht des Erfolgsortes im Rahmen der Abwägung nach Art. 4 Abs. 3 S. 1 Rom II-VO negativ niederschlagen.¹⁵⁴ Neben dem gewöhnlichen Aufenthalt der geschädigten Erwerber der manipulierten Pkw und dem „Opferschutzgedanken" spreche allenfalls noch der Abschlussort des Kaufvertrages und die „Belegenheit" des Abflusskontos für eine Anwendung des Rechts am Erfolgsort.¹⁵⁵ Der Vertrieb im Erfolgsortstaat sei dem Hersteller hingegen grds. nicht zurechenbar, da dieser über selbstständige Händler erfolgt sei und daher nicht geeignet sei, die Verbindung zum Recht am Erfolgsort zu stärken.¹⁵⁶ Für eine Anwendung des Rechts am effektiven Verwaltungssitz in Deutschland spreche, dass dort alle potenziell relevanten Handlungsorte (Auslösen des technischen Vorgangs der Manipulation; unternehmerische Entscheidung zum Einbau der Abschalteinrichtung; Unternehmensentscheidungen, Produktion und Erstbedatung der Abschaltvorrichtung durch Zulieferer; Zusammenbau und Programmierung der Abschaltvorrichtung durch Zulieferer) liegen. Dies habe insbesondere im Hinblick auf einen Zeugenbeweis Bedeutung.¹⁵⁷ Zudem sei die EU-Typengenehmigung bzw. die EU-Übereinstimmungsbescheinigung für die manipulierten Fahrzeuge regelmäßig beim Kraftfahrt-Bundesamt in Deutschland beantragt bzw. durch dieses ausgestellt worden.¹⁵⁸ Ferner seien etliche der Fahrzeugkäufe durch die in Deutschland ansässigen Hausbanken der Hersteller finanziert worden und die Ermittlungs- und Strafverfahren für ganz Europa seien in Deutschland gebündelt.¹⁵⁹ Von besonderem Gewicht für eine Anknüpfung an das Recht am effektiven Verwaltungssitz des Herstellers sei schließlich, dass es bei den Ansprüchen im Abgasskandal um die Durchsetzung von Massenschäden ginge.¹⁶⁰ Insoweit habe die Anwendung des Rechts am effektiven Verwaltungssitz den Vorteil, dass so ein einheitliches Statut für alle Ansprüche aus der rechtswidrigen Manipulation der Fahrzeuge bestehe, unabhängig davon, wo der jeweils Geschädigte seinen gewöhnlichen Aufenthalt hat.¹⁶¹ Das würde nicht nur eine einheitliche Anspruchsentscheidung erleichtern, sondern auch eine ökonomischere Arbeitsweise der Gerichte ermöglichen.

74 Unbestritten kann die einheitliche Anknüpfung der Ansprüche der verschiedenen Geschädigten im Abgasskandal eine homogene Sachentscheidung in den verschiedenen Fällen begünstigen. Die Anwendung des Rechts am effektiven Verwaltungssitz des jeweiligen Herstellers würde die Arbeit der Gerichte jedenfalls dann erleichtern, wenn die Klagen im allgemeinen Gerichtsstand und damit Sitzland des Herstellers erhoben wurden, da das Gericht dann sein Recht anwenden könnte. Die mitunter komplizierte und langwierige Ermittlung einer ausländischen Rechtsordnung bliebe ihm und den Verfahrensbeteiligten erspart. Ob dies, ggf. verstärkt durch die anderen angeführten schwächeren Faktoren, ausreicht, um von der Anknüpfung an den Erfolgsort abzurücken, ist allerdings schon deshalb zweifelhaft, weil diese prozessualen Effizienzüberlegungen nur dann zutreffen, wenn ein Gleichlauf von *forum* und *ius* besteht. Wird die Klage gegen den Hersteller nicht im allgemeinen Gerichtsstand (Art. 4 Brüssel Ia-VO) oder am Handlungsort (Art. 7 Nr. 2 Brüssel Ia-VO), sondern am Erfolgsort im Aufenthaltsstaat des Geschädigten erhoben (Art. 7 Nr. 2 Brüssel Ia-VO) und das Recht am gewöhnlichen Aufenthalt des Herstellers zur Anwendung berufen, besteht dieser

---

152 BeckOGK/Rühl Rom II-VO Art. 4 Rn. 119.
153 Mankowski RIW 2021, 93 (98 ff.) Ausdrücklich abgelehnt wird eine Korrektur der Regelanknüpfung zugunsten des Rechts am Handlungsort von Rieländer RabelsZ 85 (2021), 579 (609 f.); Labonté RIW 2020, 726 (732).
154 Mankowski RIW 2021, 93 (99).
155 Mankowski RIW 2021, 93 (99, 102).
156 Mankowski RIW 2021, 93 (99).
157 Mankowski RIW 2021, 93 (101 f.).
158 Mankowski RIW 2021, 93 (101 f.).
159 Mankowski RIW 2021, 93 (102).
160 Mankowski RIW 2021, 93 (97 f.).
161 Mankowski RIW 2021, 93 (97). Insgesamt zu Fällen von Massenschäden auch Wagner IPRax 2006, 372 (378); Rudolf ÖJZ 2010, 300 (302); Schaub JZ 2011, 13 (18).

Gleichlauf gerade nicht. Das Effizienzargument ist damit von der Wahl des Gerichtsstands durch den Kläger abhängig.

Letztlich dürfte die Anwendung der Ausweichklausel zugunsten des Rechts am gewöhnlichen Aufenthalt 75
des Herstellers stark davon abhängen, wie sehr man den der Anknüpfung an den Erfolgsort innewohnenden Gedanken des Schutzes des Geschädigten gewichtet. Die Anknüpfung an den Erfolgsort betont die Schutzfunktion des Deliktsrechts,[162] während eine Anknüpfung an den Handlungsort den Fokus eher auf die mittelbare Steuerungsfunktion des Deliktsrechts richten würde. Auch den Gesetzgebungsmaterialien zu Art. 4 Rom II-VO lässt sich entnehmen, dass die Anknüpfung an den Erfolgsort auch deshalb gewählt wurde, weil er rechtstatsächlich oft zum Umweltrecht des Geschädigten führt.[163] Es ist zweifelhaft, ob diese gewollte Begünstigung des Geschädigten gegenüber dem Schädiger durch den Umstand, dass es im Abgasskandal um die Durchsetzung von Massenschäden geht, zurückgedrängt wird.[164] Dagegen spricht, dass es sich nur deshalb um Massenverfahren handelt, weil die verschiedenen Hersteller eine große Zahl von manipulierten Fahrzeugen für den Weltmarkt produziert haben. Ob die kollisionsrechtliche Interessenlage in den Abgasskandalfällen daher tatsächlich so erheblich von der durch den Gesetzgeber bei der Schaffung der Art. 4 Abs. 1 und 2 zugrunde gelegten, typischen kollisionsrechtlichen Interessenlage abweicht, dass ein Festhalten an der Regelanknüpfung des Abs. 4 Abs. 1 Rom II-VO trotz des vorhandenen Kontinuitätsinteresses des potenziell beteiligten Rechtsverkehrs das Vertrauen in das europäische Kollisionsrechtssystem nachhaltig beeinträchtigen würde, ist daher überaus zweifelhaft.[165]

4. Möglichkeit zur (nachträglichen) Rechtswahl, Art. 14 Rom II-VO

Art. 14 erlaubt es den Parteien eines außervertraglichen Schuldverhältnisses innerhalb gewisser Grenzen 76
das anwendbare Recht durch Rechtswahl autonom festzulegen. Damit dient die Vorschrift der Verwirklichung der Privatautonomie auf dem Gebiet des Internationalen Privatrechts (Parteiautonomie), wodurch – wie Erwägungsgrund 31 betont – insbesondere die Rechtssicherheit, aber auch die Vorhersehbarkeit des anwendbaren Rechts gefördert werden soll. Die Gewährung von Parteiautonomie kann ferner zur Senkung von (gerichtlichen) Rechtsermittlungskosten beitragen und ist geeignet die „korrekte" Rechtsanwendung zu sichern, sofern die Parteien die Geltung der jeweiligen *lex fori* vereinbaren.[166]

Nach Eintritt des schadensbegründenden Ereignisses ist es den Parteien des außervertraglichen Schuld- 77
verhältnisses nach Art. 14 Abs. 1 S. 1 lit. a Rom II-VO stets möglich, eine formlose Rechtswahl zu vereinbaren. Wie ein Vergleich von Art. 14 Abs. 1 S. 1 lit. a und b Rom II-VO zeigt, muss die nachträgliche Rechtswahl nicht „frei ausgehandelt" sein. Dementsprechend kann sie auch wirksam in AGB vorgenommen werden. Dies gilt auch, wenn an der Rechtswahl ein Verbraucher beteiligt ist. Durch die Verbrauchereigenschaft werden auch die Wirkungen der Rechtswahl – anders als im Rahmen einer Rechtswahl im vertraglichen Bereich (vgl. Art. 6 Abs. 2 und Art. 8 Abs. 1 Rom I-VO) – nicht über die „normalen" Rechtswahlschranken (vgl. Art. 14 Abs. 2 und 3 Rom II-VO) hinaus beschränkt.

Eine **anfängliche Rechtswahl** ist nach Art. 14 Abs. 1 S. 1 lit. b Rom II-VO hingegen nur unter zwei 78
kumulativen Voraussetzungen zulässig: Beide Parteien müssen einer kommerziellen Tätigkeit nachgehen und die Rechtswahlvereinbarung muss „frei ausgehandelt" sein. An beiden Voraussetzungen dürfte es in den Abgasskandalfällen typischerweise fehlen.

---

[162] Soergel/Wendelstein Rom II-VO Art. 4 Rn. 15 ff.; Kramer NIPR 2008, 414 (420); Finkelmeier, Qualifikation der Vindikation und des Eigentümer-Besitzer-Verhältnisses, 2016, S. 21; Gomille JZ 2017, 289 (294); Wagner IPRax 2006, 372 (376); v. Hein ZEuP 2009, 9 (16).
[163] Vorschlag für eine Verordnung des Europäischen Parlaments und des Rates über das auf außervertragliche Schuldverhältnisse anzuwendende Recht, KOM(2003) 427 endg., 11.
[164] Gegen eine (generelle) Anwendung der Ausweichklausel des Art. 4 Abs. 3 Rom II-VO sprechen sich aus MüKo-BGB/Junker Rom II-VO Art. 4 Rn. 59; Grüneberg/Thorn Rom II-VO Art. 4 Rn. 14; Erman/Stürner Rom II-VO Art. 4 Rn. 19.
[165] Ablehnend Labonté RIW 2020, 726 (732 f.); Rieländer RabelsZ 85 (2021), 579 (609 f.).
[166] Rauscher EuZPR/EuIPR/Picht Rom II-VO Art. 14 Rn. 3; BeckOGK/Rühl Rom II-VO Art. 14 Rn. 3.

49. Kollisionsrecht, Smart Contracts

Wendelstein

I. Begriff und Sinn und Zweck von Smart Contracts 1	a) Qualifikation als vertraglich 9
II. Behandlung der Smart Contracts nach dem Vertragsstatut 5	b) Bestimmung des Vertragsstatuts 11
1. Code is not law – Kein eigenes Regelungsregime für Smart Contracts 6	3. Anknüpfung nach den Regelungen der Rom II-VO 12
2. Kollisionsrechtliche Behandlung nach den Regelungen der Rom I-VO 8	4. Anknüpfung nach anderen Kollisionsregeln 13

Literatur: *Allen*, Wrapped and Stacked: ‚Smart Contracts' and the Interaction of Natural and Formal Language, ERCL 2018, 307-343; *Athanassiou*, Impact of digital innovation on the processing of electronic payments and electronic contracting: an overview of legal risks, European Central Bank Working Pa-per Series Nr. 16, 30. Oktober 2017; *Heckelmann*, Zulässigkeit und Handhabung von Smart Contracts, NJW 2018, 504; *International Swaps and Derivatives Association*, Smart Contracts and Distributed Ledger – A Legal Perspective, 2017; *Martiny*, IPRax 2018, 553; Virtuelle Währungen, insbesondere Bitcoins, im Internationalen Privat- und Zivilverfahrensrecht *Stürner*, Europäisches Vertragsrecht, 2021 (zit.: Stürner Europ. VertragsR); *Zimmermann*, Blockchain-Netzwerke und Internationales Privatrecht – oder: der Sitz dezentraler Rechtsverhältnisse, IPRax 2018, 566.

I. Begriff und Sinn und Zweck von Smart Contracts

1 Eine noch recht neue Erscheinung sind sog. Smart Contracts.[1] Dabei handelt es sich nach einer gebräuchlichen Definition im Kern um eine Art von Software, die rechtsrelevante Handlungen in Abhängigkeit von bestimmten Ereignissen steuert, kontrolliert und/oder dokumentiert und mit deren Hilfe auch dingliche und/oder schuldrechtliche Verträge abgeschlossen werden können.[2] Die Idee hinter dem Einsatz von Smart Contracts ist vor allem, dass das rechtlich geschuldete Leistungsprogramm ganz oder teilweise automatisiert erfüllt wird, ohne dass es hierzu in letzter Konsequenz der Einschaltung eines Gerichts oder anderer Schlichtungsstellen bedarf.[3] Vielmehr soll insbesondere ein Vertrag durch die Verwendung des Smart Contracts selbsterfüllend sein. Hierzu wird das vertragliche Leistungsprogramm digital abgebildet und mit weiteren Datenquellen dergestalt verknüpft, dass diese als Bedingungen fungieren und die im Vertrag festgelegten Rechtsfolgen auslösen. Je nach Datenquelle ist es möglich, auch tatsächliche Ereignisse aus der realen Welt als Bedingung zu verwenden.

2 Damit ein Smart Contract seine Aufgabe erfüllen kann, müssen insbesondere zwei Aspekte sichergestellt sein: Erstens muss das digitale Abbild des geschlossenen Vertrages dem vertraglich geschuldeten Leistungsprogramm entsprechen und dieses digitale Abbild darf grds. durch keine der Vertragsparteien oder Dritte ohne Einverständnis bzw. Genehmigung der Vertragsparteien verändert werden. Zweitens muss sichergestellt sein, dass die verwendeten Datenquellen, welche als Bedingung für die Rechtsfolge fungieren, der Realität entsprechen. Anderenfalls bestünde die Gefahr, dass der Smart Contract eine Rechtsfolge auslöst, obwohl die hierfür notwendige Bedingung tatsächlich noch gar nicht eingetreten ist. Dies könnte durch eine der beiden Vertragsparteien oder Dritte auch bewusst ausgenutzt werden, um ihnen günstige Rechtsfolgen auszulösen.

---

1 Der Begriff wurde erstmals wohl von dem amerikanischen Juristen Nicolas („Nick") J. Szabo Anfang der 1990er Jahre verwendet. Vgl. Fries/Paal Smart Contracts/Finck S. 1.
2 Vgl. Braegelmann/Kaulartz Smart Contracts-HdB/Braegelmann/Kaulartz S. 8; Breidenbach/Glatz Legal Tech-HdB/Glatz 5.3 Rn. 13 f.; Stürner Europ. VertragsR § 23 Rn. 69 ff. und § 32 Rn. 59; Heckelmann NJW 2018, 504 (504); Allen ERCL 2018, 307 (313).
3 Vgl. etwa Breidenbach/Glatz Legal Tech-HdB/Glatz 5.3 Rn. 14, der davon spricht, dass Smart Contracts im Falle der zwangsweisen Durchsetzung vertraglicher Ansprüche zum Tragen kämen.

Dem ersten Aspekt wird durch den vermehrten Einsatz der Blockchaintechnologie bzw. der Distributed Ledger Technology (DLT) als Laufzeitumgebung (Host Plattform) für die verschiedenen Smart Contracts Rechnung getragen.[4] Diese ermöglicht es, den Smart Contract weitestgehend veränderungssicher zu speichern. Dies geschieht durch die dezentrale Speicherung des Smart Contracts in einem Block der Blockchain, welcher mit den anderen Blöcken durch den Einsatz kryptografischer Verfahren dergestalt verknüpft ist, dass eine Veränderung des Smart Contracts und damit des Inhalts eines Blocks Auswirkungen in den anderen Blöcken hat und damit sofort auffallen würde. Die Serverstandorte, welche das dezentrale Netzwerk bilden, sind dabei idealerweise auf der gesamten Welt verteilt.

Dem zweiten Aspekt kann auf verschiedene Weise Rechnung getragen werden. Ist die Erbringung der vertraglich geschuldeten Leistungen selbst digitaler Natur und auf der jeweiligen Blockchain zu erbringen, kann der Bedingungseintritt ohne größere Schwierigkeiten auf der Blockchain selbst überprüft werden. So kann durch den Einsatz von Smart Contracts im Rahmen des Handels einer Kryptowährung gegen eine andere Kryptowährung das Vorleistungsrisiko weitestgehend eliminiert werden, indem der Smart Contract die auszutauschenden Kryptowährungen bspw. erst dann an die public keys der beiden Handelsparteien transferiert, wenn beide Kryptowährungen auf durch den Smart Contract kontrollierten public keys eingegangen sind. Erfolgt die Leistungserbringung hingegen in der realen Welt, bedarf es einer Schnittstelle zwischen der Host-Plattform und der analogen Welt. Dabei tritt das Problem auf, dass den aus der analogen Welt stammenden Daten Vertrauen entgegengebracht werden muss, da diese durch die Host-Plattform grds. nicht selbst überprüft werden können. Diesem sog. oracel problem wird aktuell zumeist durch die Verwendung sog. Orakel-Dienste Rechnung getragen, welche Informationen aus der analogen Welt sammeln, verifizieren und dann in die verschiedenen Blockchains einspeisen.[5] Das oracel problem lässt sich dadurch abmildern. Zudem wird sich im Zuge der stetig wachsenden Digitalisierung in allen Lebensbereichen des täglichen und gesellschaftlichen Lebens (smart home, smart car, smart city und smart money) das oracle problem zukünftig weiter relativieren.

II. Behandlung der Smart Contracts nach dem Vertragsstatut

In Fällen mit Auslandsbezug[6] stellt sich die Frage, nach welchem Recht Smart Contracts zu beurteilen sind.

1. Code is not law – Kein eigenes Regelungsregime für Smart Contracts

Teilweise wird davon ausgegangen, dass die Technologie der Smart Contracts das Recht ersetze. Üblicherweise wird diese Sichtweise mit dem Terminus „code is law" umschrieben.[7] Zwar könne die hinter den Smart Contracts stehende Technologie nicht in einem rechtsfreien Raum operieren, jedoch werde der

---

4 Die aktuell bekannteste Blockchain, die die Ausführung von Smart Contracts in großem Umfang erlaubt, ist Ethereum. Das Projekt ist über https://ethereum.org/en/ erreichbar.
5 Vgl. International Swaps and Derivatives Association, Smart Contracts and Distributed Ledger – A Legal Perspective, 2017, S. 18.
6 Bei Smart Contracts, die auf einer Blockchain ausgeführt werden, wird teilweise vertreten, dass diese wegen des per se internationalen Charakters der Blockchain einen Auslandsbezug aufweisen sollen (vgl. etwa Braegelmann/Kaulartz Smart Contracts-HdB/Rühl S. 147, 150, 154). Diese Sichtweise ist jedenfalls nicht zwingend. Vielmehr lässt sich der Einsatz von Smart Contracts und der Blockchaintechnologie auch als rein technisches Medium zur Abwicklung des Vertrages begreifen, welches dem Vertrag kein besonderes Gepräge gibt. Würde man beim Einsatz einer Blockchain stets einen Auslandsbezug bejahen, könnten durch die dadurch eröffnete Möglichkeit der Rechtswahl zwingende Vorschriften des abgewählten Rechts umgangen werden, indem schlicht das Vertragswerk in der Blockchain abgelegt würde, ohne dass ansonsten irgendein Bezug zu einer ausländischen Rechtsordnung bestehen müsste (Art. 3 Abs. 3 und 4 Rom I-VO).
7 Vgl. Athanassiou, Impact of digital innovation on the processing of electronic payments and electronic contracting: an overview of legal risks, European Central Bank Working Paper Series Nr. 16, 30. Oktober 2017, abrufbar unter https://www.ecb.europa.eu/pub/research/authors/profiles/phoebus-l-athanassiou.de.html, S. 38 ff.; Möslein ZHR 183 (2019), 254 mit Fn. 79.

Rechtsrahmen durch die Technologie selbst gesetzt.[8] So seien eine Blockchain und die darauf laufenden Smart Contracts als ein autonomes System zu verstehen, welches selbstständig das leiste, was derzeit nur durch staatliche Rechtsregeln erreicht werde. Ein Rückgriff auf staatliche Rechtsregeln sei daher nicht notwendig.

7 Sowohl die Vorstellung, dass das Recht aufgrund des Einsatzes von Smart Contracts unter Einsatz der Blockchaintechnologie insgesamt unnötig sei, als auch die Vorstellung, dass der zugrunde liegende Programmcode gesetzliche Regelungen substituieren könne, überzeugen nicht. Wie alle tatsächlichen Erscheinungsformen *können* auch der Programmcode eines blockchainbasierten Smart Contracts oder die auf dessen Grundlage vorgenommenen Transaktionen den Gegenstand einer rechtlichen Beurteilung bilden. Ob der durch den Smart Contract ausgeführte Vorgang „richtig" ist, entscheidet nicht der Programmcode, sondern die Rechtsregeln, nach denen dieser zu beurteilen ist. Selbstverständlich ist es theoretisch denkbar, dass eine Rechtsordnung entsprechend dem Gedanken der Privatautonomie alle durch einen Smart Contract ausgeführten Vorgänge akzeptiert und damit als richtig anerkennt, weil die Vertragsparteien dies so wollten. In diesem Fall ist im Ergebnis tatsächlich der Programmcode das Recht. Allerdings – und dies kann nicht stark genug betont werden – nicht deswegen, weil es die Vertragsparteien oder die Schaffer des jeweiligen Smart Contracts wollten oder konnten, sondern **weil der jeweilige Gesetzgeber sich** aufgrund seiner eigenen Überzeugung dazu **entschieden hat, die privatautonome Entscheidung anzuerkennen!**[9] Insoweit unterscheidet sich die Situation nicht von der auch sonst geltenden Annahme, dass das von den Vertragsparteien im Rahmen der nach dem Vertragsstatut geltenden Rechtsregeln vertraglich vereinbarte Leistungs- oder Unterlassungsprogramm das dispositive Recht ersetzt.

2. Kollisionsrechtliche Behandlung nach den Regelungen der Rom I-VO

8 Soweit Smart Contracts der Durchführung vertraglicher Schuldverhältnisse bzw. der Erfüllung der daraus erwachsenden Ansprüche dienen, fallen diese in den sachlichen Anwendungsbereich der Rom I-VO (Art. 1 Rom I-VO). Die Ausnahme des Art. 1 Abs. 2 lit. f Rom I-VO ist nicht einschlägig.[10]

a) Qualifikation als vertraglich

9 Nach den Art. 10, 12 Rom I-VO sind die Begründung und die Erfüllung der vertraglich begründeten Verpflichtungen sowie die Ansprüche infolge der teilweisen oder vollständigen Nichterfüllung als vertraglich im Sinne der Rom I-VO zu qualifizieren. Anhaltspunkte dafür, dass etwas anderes gelten soll, wenn die Vertragsdurchführung ganz oder teilweise einem Smart Contract überantwortet ist, sind nicht ersichtlich. Entgegen teilweise vertretener Auffassung[11] lassen sich Smart Contracts auf der Ebene des Kollisionsrechts daher nicht von dem Vertragsverhältnis, dessen Durchführung sie dienen, abtrennen.[12] Entsprechend sind solche Smart Contracts als zum Vertragsstatut zugehörig zu qualifizieren.

10 Ein Rückgriff auf die Kollisionsnormen der Rom I-VO ist jedoch dann nicht möglich, wenn diese im Wege der Spezialität verdrängt sind. Dies ist etwa denkbar, wenn Smart Contracts verwendet werden, um Ansprüche von Reisenden gegen den Beförderer nach der Fluggastrechte-VO oder der Bahngastrechte-VO automatisch abzuwickeln.[13] In solchen Fällen ist das anwendbare Recht nach der jeweils einschlägigen speziellen Kollisionsnorm der Fluggastrechte-VO bzw. Bahngastrechte-VO zu bestimmen (vgl. → *Kollisionsrecht, Durchsetzungsmodell* Rn. 2 ff.).

---

8 Vgl. für Smart Contracts etwa Savelyev Information & Communications Technology Law 2017, 116 (132 f.); für die Blockchain bspw. Rodriguez Iowa Law Review 2018, 679 (679 ff., 682).
9 Vgl. Stürner Europ. VertragsR § 32 Rn. 65.
10 Zimmermann IPRax 2018, 566 (567 f.); Stürner Europ. VertragsR § 32 Rn. 66 f.
11 Vgl. Braegelmann/Kaulartz Smart Contracts-HdB/Rühl S. 147, 153: Smart Contracts seien nur dann Verträge iSd Rom I-VO, „wenn ein Programmcode nicht nur zur Vertragsabwicklung, sondern auch zum Vertragsschluss eingesetzt wird und der Vertrag auch nur in der Form des Programmcodes existiert".
12 Martiny IPRax 2018, 553 (555); Smets/Kapeller ÖJZ 2018, 293 (293); Stürner Europ. VertragsR § 32 Rn. 69.
13 Vgl. dazu Fries AnwBl 2018, 86; Blocher AnwBl 2016, 612 (618).

b) Bestimmung des Vertragsstatuts

Hinsichtlich der Bestimmung des Vertragsstatuts bestehen keine Besonderheiten. So haben die Parteien nach Art. 3 Rom I-VO grundsätzlich die Möglichkeit, das zur Anwendung berufene Sachrecht durch eine Rechtswahl zu bestimmen. Freilich sind insoweit bestehende Rechtswahlgrenzen zu beachten (vgl. → *Kollisionsrecht, Durchsetzungsmodell* Rn. 13 ff.). Haben die Parteien keine wirksame Rechtswahl getroffen, ist das anwendbare Recht im Wege einer objektiven Anknüpfung nach den Art. 4 ff. Rom I-VO zu ermitteln.

3. Anknüpfung nach den Regelungen der Rom II-VO

Soweit Smart Contracts zur Abwicklung außervertraglicher Schuldverhältnisse bzw. der Erfüllung der daraus erwachsenden Ansprüche dienen, fallen diese nicht in den sachlichen Anwendungsbereich der Rom I-VO (Art. 1 Rom I-VO), sondern in denjenigen der Rom II-VO (Art. 1 Rom II-VO). Entsprechend sind die Smart Contracts nach den dortigen Kollisionsnormen zu behandeln. Wird ein Smart Contract etwa zur Abwicklung deliktischer Ansprüche eingesetzt, ist er nach Maßgabe der Art. 14 und 4 Rom II-VO anzuknüpfen. Denkbar wäre zukünftig insoweit etwa, dass ein Smart Contract verwendet wird, um den Unterhaltsschaden eines Kindes infolge der Tötung eines Elternteils (im deutschen Recht § 844 Abs. 2 BGB) entsprechend der sich ändernden Lebensverhältnisse des Kindes automatisch anzupassen.

4. Anknüpfung nach anderen Kollisionsregeln

Denkbar ist, dass Smart Contracts in Zukunft auch zur Abwicklung anderer außervertraglicher, etwa familien- oder erbrechtlicher Schuldverhältnisse, verwendet werden. Deren kollisionsrechtliche Behandlung richtet sich in diesen Fällen nach den Kollisionsnormen, welche für das jeweilige Schuldverhältnis bzw. die daraus erwachsenden Ansprüche maßgeblich ist.

50. Konversion

Lotz

I. Konversion 1	c) Legal Research/Informationsbeschaffung 36
1. Begriffsbestimmung 1	d) Legal Practice Management 40
a) Konversion im Wortsinn 1	2. Legal Tech 2.0 44
b) Konversion mittels Legal Tech 2	a) Tatbestandsprüfung/Service Automation 48
2. Objekt der Konversion 4	b) Informations-Management 50
a) Juristische Kernarbeit 4	c) Dokumentenanalyse 52
b) Geschäftsmodell im weiteren Sinne 8	d) Dokumentenautomatisierung 55
3. Methodologie der Konversion 10	e) Dispute Resolution
a) Disruption und Legal Design Thinking als	(Schiedsverfahren, Mediation) 56
Anknüpfungspunkt 10	3. Legal Tech 3.0 58
b) Konversion als Ergebnis sowie als Mittel zur	a) KI-Applikationen 63
Disruption 13	b) Blockchain-basierte Anwendungen 68
4. Mittel der Konversion 16	c) Smart Contracts 73
5. Ziele der Konversion im engeren Sinne 21	d) Predictive Analysis 75
6. Nachhaltigkeit 22	III. Mitwirkung an der Entstehung neuartiger code-
II. Die Anpassung juristischer Kernarbeit als Folge	basierter juristischer Produkte und Prozesse in
von Legal Tech als Vehikel 26	Knowledge Management und Rechtsgestaltung 78
1. Legal Tech 1.0 29	1. Bereiche 81
a) Compliance (Governance & Compliance) 33	2. Anwendungsfelder 87
b) Dokumenten-Management 34	

Literatur: *Hartung*, Gedanken zu Legal Tech und Digitalisierung, Bucerius Law Journal, 2017, abrufbar unter https://law-journal.de/archiv/jahrgang-2017/heft-2/legal-tech/; *Kukat*, Low-Code vs. No-Code: Gemeinsamkeiten, Unterschiede und Einsatzszenarien, 2020, abrufbar unter https://www.industry-of-things.de/low-code-vs-no-code-gem...amkeiten-unterschiede-und-einsatzszenarien-a-937195/?print; *Lotz*, Von der Disruption zur Konversion, in Schulz/Schunder-Hartung (Hrsg.), Recht 2030. Legal Management in der digitalen Transformation, 2019, S. 91 (zit.: Schulz/Schunder-Hartung Recht 2030/Lotz); *Veith/Brandlow/Harnisch/Wenzler/Hartung*, How Legal Technology Will Change the Business of Law, 2016, abrufbar unter http://media-publications.bcg.com/How-legal-tech-will-change-business-of-low.pdf.

I. Konversion

1. Begriffsbestimmung

a) Konversion im Wortsinn

1 Der Begriff Konversion (vom lateinischen conversio – Umwendung, Umkehr, Umwandlung, Verwandlung) erfährt in diversen wissenschaftlichen Disziplinen Verwendung und steht für **Wandlung**. Folge einer Konversion ist in allen diesen Begriff verwendenden Wissenschaften eine Veränderung. Diese Veränderungen können herbeigeführt werden durch Änderungen in der Nutzung von Gegenständen oder Objekten, durch Umwandlungen von Interessen, durch Anpassungen an neue Gegebenheiten oder zB den Wechsel von Methoden(-lehren) oder Dogmen. Konversion im hier behandelten Sinne meint sowohl die **Anpassung juristischer Kernarbeit** unter Anwendung von Legal Tech als Vehikel als auch die unmittelbare Mitwirkung von Juristen an der Entstehung neuartiger codebasierter juristischer Produkte und Prozesse zB im Knowledge Management oder in der Rechtsgestaltung. Mit einem perspektivischen Blick nach vorne werden zukünftig im Rahmen der Konversion ggf. die Grenzen zwischen Legal Tech als Anwender-Werkzeug in der juristischen Kernarbeit auf der einen Seite und der Entwicklung von (eigenen) Legal Tech-Anwendungen oder Werkzeugen durch Juristen selbst – individuell oder institutionell – auf der anderen Seite verschwimmen.

b) Konversion mittels Legal Tech

2 Während bei der Typisierung von Legal Tech in der Regel drei Phasen unterschieden werden, (→ *Legal Tech* Rn. 5), können im Rahmen der Konversion juristischer Kernarbeit im Wesentlichen zunächst zwei Zielsetzungen von Legal Tech-Anwendungen vor dem Hintergrund des Anwenderkreises identifiziert werden: Zum einen existieren Legal Tech-Anwendungen oder Legal Tech-basierte Dienstleistungen, mittels

derer **juristische Arbeit durch eine digitale Anwendung ersetzt wird**. Durch die Bereitstellung von entsprechenden webbasierten Portalen soll dem Nutzer der Zugang zum Recht für jedermann erleichtert werden. Neue disruptive Geschäftsmodelle sollen den Zugang zum Recht effizienter und für jedermann erschwinglich gestalten. Im B2B-Bereich sollen durch Legal Tech-Anwendungen (wie zB Smart Contracts) die Abwicklung von Geschäften und Transaktionen vereinfacht und potenzielle Leistungsstörungen von vornherein vermieden bzw. automatisiert behoben werden.

Zum anderen existieren Legal Tech-Anwendungen, die nicht die juristische Arbeit als solche ersetzen, sondern Juristen **die juristische Arbeit erleichtern sollen**. Hierzu zählen **Expertensysteme** zur Auswertung von Literatur und Rechtsprechung, zur Subsumtion von Ansprüchen oder zur automatisierten Informationserfassung und -verwaltung. Die Rechtsanwendung verbleibt hier jedoch beim entsprechend ausgebildeten Juristen.

2. Objekt der Konversion

a) Juristische Kernarbeit

Ausgangspunkt für die Untersuchung der Konversion eines Objekts, einer **Methode** oder eines Zustandes muss der Blick auf den ursprünglichen Zustand des- bzw. derselben sein; dh die Untersuchung der Konversion juristischer Kernarbeit kann nicht ohne Berücksichtigung derjenigen Parameter erfolgen, die juristische Kernarbeit eigentlich ausmachen. Juristische Kernarbeit besteht im Wesentlichen aus der Beschaffung und Analyse von Information: zum einen betreffend den Sachverhalt, der einer juristischen Würdigung unterzogen werden soll und zum anderen bezüglich der zur Verfügung stehenden Rechtsquellen und Informationen und Methoden zur Anwendung derselben. Aus diesem Blickwinkel lässt sich zumindest semantisch bereits eine Brücke zur Informationstechnologie schlagen. In der Rechtspraxis sind Elemente der juristischen Kernarbeit somit die Beschaffung und Dokumentation möglichst vollständiger Informationen zum zugrunde liegenden Sachverhalt, Erarbeitung der anwendbaren Rechtsquellen, Anwendung der Methodologie zur Anwendung und Auslegung derselben (Subsumtion, → *Subsumtion* Rn. 2), die Würdigung des Sachverhalts nach den anwendbaren Normen mit dem Ziel der Entscheidung über das Ergebnis dieser Würdigung. In praktischer Hinsicht bedarf es der Dokumentation: zum einen zur Aufbewahrung und Ordnung der notwendigen Informationen und zum anderen zum Zweck der Kommunikation des juristischen Arbeitsergebnisses und im Rahmen der faktischen und rechtlichen Informationsbeschaffung.

Traditionell erfolgt die Dokumentation im Rahmen juristischer Tätigkeit in Wort und Schrift auf Papier, wobei das Konvolut aller dokumentierten Informationen für gewöhnlich (und zB für die Anwaltschaft gemäß § 55 BRAO verpflichtend) in einer Akte festgehalten wird. Die Erfassung der zur juristischen Bewertung notwendigen rechtlichen Informationen ist jedoch traditionell bereits geistige Arbeit der mit der Aufgabe befassten Juristen. Das Gleiche gilt für die Verknüpfung von sachverhaltsrelevanten Detailinformationen sowie für die Zuordnung der Sachverhaltsinformationen unter die rechtlichen Parameter. Erst recht gilt dies für die Subsumtion bzw. abschließende rechtliche Würdigung (→ *Subsumtion* Rn. 2) des zu entscheidenden Sachverhalts. Dabei soll zunächst nicht zwischen der unterschiedlichen Ausrichtung juristischer Tätigkeit (zB als anwaltlicher Vertreter, der Legislative, der Judikative oder in der Exekutive) unterschieden werden, da sich idealerweise auch stark ergebnisorientiert arbeitende Juristen erst einen allgemeinen Überblick über die Sach- und Rechtslage verschaffen würden.

Objekt der Konversion juristischer Arbeit können somit die folgenden Tätigkeiten sein:

- Erfassung und Dokumentation des zugrunde liegenden Sachverhalts;
- Erfassung der sachverhaltsrelevanten Dokumente, Aufzeichnungen, sonstiger Informationen und Beweismittel;
- Erfassung und Bewertung von transaktionsspezifischen Informationen (zB Due Diligence);
- Dokumentation weiterer eigener Sachverhaltsaufklärung (Corporate Criminal Investigations, Whistleblower etc);
- Erfassung der zur juristischen Würdigung anwendbaren Rechtsgrundlagen;

- Erfassung weiterer zur methodologischen Auswertung und Subsumtion erforderlichen Informationen (Rechtsprechung, Literatur etc);
- sachverhaltsbezogene Analyse und Auswertung der Fakten;
- rechtliche Analyse der Rechtsquellen und Auslegungshilfen;
- rechtliche Subsumtion des Sachverhalts unter die anwendbaren Rechtsgrundsätze und deren rechtliche Bewertung;
- Dokumentation des Ergebnisses der rechtlichen Würdigung;
- Kommunikation mit den diversen Stakeholdern;
- strukturierte Zusammenfassung und Aufbewahrung der erhaltenen sachverhaltsbezogenen und rechtlichen Informationen.

7 Die digitale Konversion der oben genannten Parameter ist jedoch keinesfalls ausschließlich eine Frage der Akquisition von Hard- und Software. Im Zuge eines **Legal Design Thinking-Prozesses** (→ *Legal Design* Rn. 1) sollte im Rahmen der Digitalisierung der Arbeitsabläufe zu den oben genannten Parametern eine **Workflow-Analyse** (→ *Legal Design* Rn. 3) vorangehen. Eine sinnvolle und effektive Konversion der juristischen Kernarbeit durch Einsatz von Legal Tech kann nur gelingen, wenn sowohl der Workflow der juristischen Kernarbeit als auch die gewählten oder notwendigen Legal Tech Tools optimal aufeinander abgestimmt sind (dazu → Rn. 10 ff.).

b) Geschäftsmodell im weiteren Sinne

8 **Objekt einer Konversion** ist jedoch nicht allein die juristische Kernarbeit und deren Anpassung an effizientere Legal Tech-basierte Prozesse. Objekt der Konversion kann (und wird immer jedenfalls mittelbar) auch das jeweils individuelle (Geschäfts-)Modell der jeweiligen juristischen Tätigkeit sein. Im Bereich der rechtsberatenden Berufe stehen insbesondere das sog. Legal Practice Management, **Transaktions-Management** wie auch allgemeine wirtschaftliche und betriebswirtschaftliche Aspekte wie **Wertschöpfung und Werthaltigkeit** (value proposition) im Hinblick auf Beratungs-/Dienstleistungsangebote und **Erlösmodelle** als auch das Betriebsmodell (operating model) im Hinblick auf Kosten- und Organisationsstrukturen im Fokus.[1] Aber auch die juristische Kernarbeit in anderen Bereichen – wie zum Beispiel in der Exekutive oder der Judikative – kann von technologiebasierten Effizienzsteigerungen profitieren.

9 Daneben ergeben sich insbesondere im Hinblick auf die Mitwirkung an der Entstehung neuartiger codebasierter juristischer Produkte und Prozesse für die Ausübung juristischer Tätigkeit neue Geschäftsmodelle, die weniger auf der fallbezogenen Rechtsanwendung als vielmehr auf der technologischen Umsetzung der codebasierten Methodologie und der dafür notwendigen Informationen und Daten beruhen (dazu unten → Rn. 78 ff.).

3. Methodologie der Konversion

a) Disruption und Legal Design Thinking als Anknüpfungspunkt

10 Im Rahmen einer **praktischen Umsetzung** ist Konversion ggf. eher das Ergebnis als die Voraussetzung für die Anpassung juristischer Kernarbeit mittels Legal Tech. Erst nachdem die Profilanforderungen juristischer Tätigkeit im Einzelfall untersucht wurden, ist es möglich, eine entsprechende **Konversions-Strategie** zu entwickeln und erst danach zielführende Entscheidungen über die anzuwendenden Prozesse (Arbeitsabläufe) und die zur Umsetzung dieser erforderlichen Legal Tech Tools zu treffen.[2] Hilfreich bei dieser Analyse kann auch die Anwendung der Prinzipien des **Legal Design Thinking** (→ *Legal Design* Rn. 10 ff.) sein. Die Ergebnisse der Ermittlung zu den Profilanforderungen sind in der Regel sehr individuell und selten verallgemeinerungsfähig.

---

1 Veith/Bandlow/Harnisch/Wenzler/Hartung, How Legal Technology Will Change the Business of Law, 2016, abrufbar unter http://media-publications.bcg.com/How-legal-tech-will-change-business-of-low.pdf, S. 2.
2 Schulz/Schunder-Hartung Recht 2030/Lotz S. 91 (92).

Je grundlegender diese Analyse getroffen wird und je mehr auch Selbstverständlichkeiten in der alltäglichen juristischen Kernarbeit hinterfragt werden, desto tiefer werden die einzelnen Parameter der juristischen Kernarbeit analysiert und auf ihre Konversionstauglichkeit hin überprüft. Ein streng **disruptiver Ansatz** ist hilfreich bei der Einordnung und Re-Evaluierung von etablierten Arbeitsabläufen (→ *Legal Design* Rn. 6). In der historischen Analyse wurden im Wege der Disruption etablierte Systeme nicht lediglich durch Ersetzen eines analogen Workflows durch Software nachhaltig konvertiert. Vielmehr hängt der Erfolg einer Konversion vom Überdenken (Re-Thinking) eines bestehenden Geschäftsmodells (→ *Legal Design* Rn. 6) und von dessen (auch fachlicher) vorurteilsfreier Neuausrichtung ab, die erst Voraussetzung für den Einsatz wegweisender digitaler Tools ist.[3]

Disruptive Lösungen basieren im Wesentlichen auf den Elementen Technologie, Arbeit und Methodologie. Eine erfolgreiche Konversion evaluiert den Einsatz von Legal Tech, nachdem die Aspekte der Methodologie und der juristischen Kernarbeit überdacht und ggf. neu gedacht wurden. Ein wesentlicher Aspekt im Rahmen dieser Re-Evaluierung ist die Frage nach der Vereinfachung der Abarbeitung allfälliger im Rahmen der juristischen Kernarbeit abzuarbeitender Aufgaben. Nach der Hinterfragung der eigenen Methode ist zu analysieren, auf welche Art und Weise sich disruptive Modelle unter Berücksichtigung des regulatorischen Kontexts unter Einsatz von Legal Tech umsetzen lassen.[4]

b) Konversion als Ergebnis sowie als Mittel zur Disruption

Im Ergebnis sollten die oben genannten Objekte der Konversion einer disruptiven Analyse dahin gehend unterzogen werden, ob **alternative Arbeitsabläufe**, die sodann mittels alternativer neuer (Legal Tech) Tools oder Methoden umgesetzt werden, einfacher bzw. effizienter gestaltet werden können. Beispielshaft kann hier die Vermeidung des Medienbruchs zwischen digitaler Kommunikation und analoger Papierakte, die Nutzung elektronischer Datenbanken und die webbasierte Dokumentation mit differenzierter Rechtevergabe im Team genannt werden.[5] Aber auch eine Umorganisation der internen Arbeitsabläufe – vom „Zuruf" zu einem (digitalisierten) Projekt- oder Fall-Management – kann notwendig sein, um **Prozesse zu schaffen**, mittels derer durch Einsatz von Legal Tech die erwünschten Effizienzen erzielt werden. Ohne eine disruptive Analyse der jeweiligen Anforderungen an den juristischen Workflow ist die Einlizenzierung von Software allein kein probates Mittel einer erfolgreichen Konversion. Während bestimmte Grundfunktionalitäten für entsprechend spezialisierte Juristen ggf. von essenzieller Notwendigkeit sind, benötigen andere ggf. Funktionalitäten, die im Bereich traditioneller Kanzleisoftware zumindest nicht alltäglich sind.

Im Zuge dieser konzeptionellen Betrachtung ergibt sich jedoch noch ein weiterer Gesichtspunkt der Konversion: die unmittelbare Mitwirkung von Juristen an der Entstehung neuartiger Legal Tech-Produkte. Eine solche **Mitwirkung ist auf verschiedenen Ebenen** vorstellbar. Zum einen als Impulsgeber für traditionelle Softwareproduzenten. Die Entwicklung der IT-Industrie Anfang der 1970er Jahre war geprägt von den durch die Industrie geäußerten Bedürfnissen zur digitalen Konversion von Arbeitsabläufen, wie zB der Buchhaltung oder des Inventar-Managements. Historisch haben sich die Branchen, in denen im Schwerpunkt juristische Kernarbeit verrichtet wird, nicht durch Forderungen zur Erstellung digitaler Tools hervorgetan. Denkt man den Ansatz der disruptiven Analyse weiter, ist es zum anderen ein kleiner Schritt für Juristen, eigene Legal Tech Tools zu entwickeln, um die Abarbeitung juristischer Kernarbeit professioneller und effizienter zu gestalten.

Das bedingt zum anderen die Auseinandersetzung mit neuen persönlichen, organisatorischen und technischen Anforderungen sowie entsprechenden Kenntnissen und Fähigkeiten bei den Rechtsanwendern und deren Umsetzung. Andere Wissenschaften und Branchen gehen hier bereits mit gutem **Beispiel** voran. Die begehrten Effekte werden dabei nicht ausschließlich durch Einsatz von überwältigenden Großapplikationen herbeigeführt. So ist in der Volkswirtschaft und Mathematik die **Skript-Sprache „LaTeX"** äußerst beliebt bei der Abfassung formelbasierter Texte und Veröffentlichungen, da komplexe mathematische Formeln

---

3 Beispiele bei Schulz/Schunder-Hartung Recht 2030/Lotz S. 91 (95).
4 Schulz/Schunder-Hartung Recht 2030/Lotz S. 91 (97).
5 Breidenbach/Glatz Legal Tech-HdB/Gansel/Caba S. 12 Rn. 7.

mit herkömmlichen Textverarbeitungssystemen schwerer dargestellt werden können. In der Philosophie und in den Sozialwissenschaften sind sog. **Markdown-Editoren** weit verbreitet, die es erlauben, unter Verwendung einiger weniger Steuerzeichen strukturierte Texte zu erstellen, die anschließend in verschiedenen Ausgabeformen und -dateien (zB als .docx, .pdf, .html, .epub) zur Verfügung gestellt werden können. Markdown wiederum ist eine vereinfachte Version der Skriptsprache **HTML**. Unter Verwendung von HTML und der Sprache PHP wiederum lassen sich bereits komfortable **webbasierte Anwendungen** zur Informationsgewinnung und Informationsverarbeitung im Rahmen der juristischen Kernarbeit erstellen.

4. Mittel der Konversion

16 Während die wissenschaftliche Debatte zur Definition von Legal Tech vielschichtig geführt wird (→ *Legal Tech* Rn. 15), bedeutet Konversion mittels Legal Tech in pragmatischer Hinsicht bereits dem Wortsinn nach eine Umwandlung der juristischen (Kern-)Arbeit mittels Software-Applikationen. Im Bereich des Legal Tech erfolgt eine Einordnung der entsprechenden Software-Applikationen nach Funktionalität und Komplexität mit leicht unterschiedlichen Kriterien: Während zum einen zwischen **Legal Tech auf den Stufen 1.0, 2.0, 3.0** unterschieden wird (→ *Legal Tech* Rn. 6 ff.), erfolgt auf der anderen Seite eine Einordnung in sog. „Substantive Law Solutions", „Support Process Solutions" und sog. „Enabler"-Software.[6] Ohne an dieser Stelle weiter auf die Definitionen einzugehen, ist beiden Definitionsansätzen gemein, dass sie zwischen Applikationen mit rein unterstützenden (Büro-)Funktionalitäten, solchen, die Juristen ersetzen sollen, sowie Systemen mit Künstlicher Intelligenz, die nicht nur einzelne Arbeitsschritte automatisch erledigen, unterscheiden.

17 Neben ihrer funktionalen Einordnung ist im Rahmen der Konversion jedoch auch die **Typologie der Applikationen** und ihre Ausgestaltung von Interesse. So wird zwischen „codebasierten" Tools, sog. „**Low-Code**"-Anwendungen und „**No-Code**"-Anwendungen unterschieden.

18 „**Codebasierte" Tools** sind Applikationen, die in gängigen Programmiersprachen (zB C, C++, Python) geschrieben sind. Hier werden zur Erstellung einer Legal Tech-Applikation originäre Programmierkenntnisse verlangt.[7]

19 „**Low-Code"-Anwendungen** sind Applikationen, die mithilfe von visuellen Applikationsdesign-Werkzeugen und anderen grafischen Modellierungsverfahren programmiert werden, ohne klassische textbasierte Programmiersprachen verwenden zu müssen.[8] Anders als in herkömmlichen Programmierumgebungen kommen anstelle individueller Programmcodes häufig vorgefertigte Standardsoftwaremodule zum Einsatz. Über intelligente Metadaten werden diese so verknüpft, dass das gewünschte Programmverhalten entsteht. Low-Code-Anwendungen erlauben es dem Anwender, auch **ohne tiefgreifende Programmierkenntnisse** bedarfsgerecht benutzerdefinierten Code hinzuzufügen, um die Funktionalität der Applikation auf die individuellen Bedürfnisse anzupassen, zB ein komplexes User Interface genau nach den Business-Anforderungen zu erstellen, die Standard-Integration in einen Enterprise Web Service vorzunehmen oder Business-Prozesse schnell per Drag and Drop zu modellieren. Low-Code-Anwendungen erlauben somit die interne bzw. unternehmensinterne Anpassung der entsprechenden Applikation an die eigenen Bedürfnisse der Rechtsanwender.[9] Ein simples Beispiel für eine Low-Code-Anwendung wäre die **Einrichtung eines Wikis** und dessen Kanzlei-interne Anpassung zu einem maßgeschneiderten Knowledge Management Tool.

20 Sogenannte „**No-Code"-Plattformen** ermöglichen es Entwicklern und anderen Berufsgruppen, Anwendungssoftware über **grafische Benutzeroberflächen** und Konfiguration anstelle der herkömmlichen text-

---

6 Veith/Bandlow/Harnisch/Wenzler/Hartung, How Legal Technology Will Change the Business of Law, 2016, abrufbar unter http://media-publications.bcg.com/How-legal-tech-will-change-business-of-low.pdf, S. 4.
7 Wobei sich im Open Source-Bereich Software-Anwendungen auch unter Zuhilfenahme von allg. verfügbaren Modulen erstellen lassen. Das gilt mittlerweile auch im Bereich der künstlichen Intelligenz, siehe die KI-Tools von Google (https://ai.google/tools/) und Microsoft (https://www.microsoft.com/de-de/ai/ai-platform/).
8 Siehe https://de.wikipedia.org/wiki/Low-Code-Plattform
9 Kukat, Low-Code vs. No-Code: Gemeinsamkeiten, Unterschiede und Einsatzszenarien, 2020, abrufbar unter https://www.industry-of-things.de/low-code-vs-no-code-gem...amkeiten-unterschiede-und-einsatzszenarien-a-937195/?print.

basierten Programmierung zu erstellen. Die Entwicklung einer Anwendung geschieht **per Drag and Drop**. No-Code-Anwendungen bieten für solche Unternehmen Vorteile, die Anwendungen ohne Entwickler realisieren wollen.[10] No-Code-Anwendungen haben somit nicht nur das Potenzial, Expertensysteme für Kanzleien und Beraterteams **selbst programmierbar** zu machen, sondern können es dem Rechtsanwender ermöglichen, auf recht einfache Art und Weise **individuelle und personalisierte Tools** für die individuelle juristische Kernarbeit zu erstellen. Insbesondere No-Code-Plattformen erlauben es den Rechtsanwendern darüber hinaus, von der IT-gestützten juristischen Kernarbeit zum Produzenten von Legal Tech-Anwendungen zu konvertieren.

5. Ziele der Konversion im engeren Sinne

Unabhängig von dem Umstand, dass die Konversion in der juristischen Berufsausübung bereits gegenwärtig durch eine Fülle von Legal Tech-Anwendungen unterschiedlicher Komplexität angetrieben wird, und ungeachtet der Tatsache, dass Wirtschaftskanzleien ihre Legal Tech-Kompetenzen kontinuierlich und reputationsfördernd weiterentwickeln, birgt die durch Legal Tech herbeigeführte **Konversion** juristischer Tätigkeit sehr **reale Effekte**: Die wesentlichen Effekte der Konversion zeigen sich im Bereich der Rechtsanwender auf den Gebieten der **Effizienz, der Qualitätssicherung und Qualitätssteigerung wie auch der Profitabilität**.[11] Der Einsatz von Legal Tech kann nicht nur im Bereich der **Arbeitsorganisation** (Practice Management), sondern auch im Rahmen automatisierter **Dokumentenanalyse** und **Dokumentenerstellung** bis hin zur sog. **Service Automation** zu einer wesentlich effizienteren Arbeitsweise beitragen. Der Einsatz von Legal Tech in den Bereichen **Recherche, Knowledge Management** oder Service Automation erlaubt eine juristische Arbeit auf hohem Niveau und dient gleichzeitig der Qualitätssteigerung. Die **quantitativen Aspekte** werden somit durch erhebliche qualitative Aspekte in der Ausübung juristischer Tätigkeit ergänzt. Letztlich wird hierdurch insbesondere in den rechtsberatenden Berufen infolge geringerer Aufwände bei Organisation, Personal, Rechtsrecherche und Erarbeitung des Beratungsergebnisses eine höhere Profitabilität erreicht. Zu den organisatorischen und qualitativen Punkten treten somit konkrete wirtschaftliche Aspekte hinzu.

6. Nachhaltigkeit

Einem zentralen Aspekt der Konversion wird bislang in der Diskussion um die Anwendung von Legal Tech-Applikationen noch wenig Gewicht eingeräumt: dem Aspekt der **Nachhaltigkeit** der Datengenerierung, Datenspeicherung und des Datenzugangs – und insbesondere der Datenkompatibilität. In der Vergangenheit wurde vor allem der Aspekt der mangelnden Nachhaltigkeit als einer der Hauptgründe gegen eine Konversion im Wege der Digitalisierung juristischer Kernarbeit angeführt. Papiergebundene analoge Dokumentation wurde lange Zeit als nachhaltiger und dauerhafter empfunden. Aus diesem Grund haben selbst Organisationen mit sehr fortgeschrittenen IT-Systemen Informationen parallel papiergebunden und analog dokumentiert und archiviert, zum Teil unter bewusster Inkaufnahme der durch diesen Medienbruch hervorgerufenen Ineffizienzen.

In der Tat ist im Rahmen der Konversion der Aspekt der Nachhaltigkeit der erfassten, generierten und gespeicherten digitalen Informationen und Dateien von großer Bedeutung. Das **Gebot der Nachhaltigkeit** gebietet es, dass einmal erfasste Daten auch noch nach einiger Zeit verfügbar, lesbar und bearbeitbar vorliegen. Das betrifft nicht nur die **Archivierungskapazitäten** von Datenträgern, sondern auch den Zugang zu Dateiformaten sowie die **Verfügbarkeit und Interoperabilität** von Datenbanksystemen zum Datei- bzw. Dokumenten-Management.[12] US-amerikanische Forschungseinrichtungen haben diese Problematik schon früh erkannt und **Richtlinien** aufgestellt zur Verwendung von Dateiformaten für eine nachhaltige

---

10 Kukat, Low-Code vs. No-Code: Gemeinsamkeiten, Unterschiede und Einsatzszenarien, 2020, abrufbar unter https://www.industry-of-things.de/low-code-vs-no-code-gem...amkeiten-unterschiede-und-einsatzszenarien-a-937195/?print.
11 Breidenbach/Glatz Legal Tech-HdB/Breidenbach S. 49 Rn. 25.
12 Lotz LR 2018, 25 (26 ff.).

Dokumentation und Sicherung von Informationen.[13] Diese Grundsätze können auch im juristischen Bereich Anwendung finden.

24 Darüber hinaus sind Nachhaltigkeits-Aspekte jedoch auch bei der Verwendung von Informations-Management oder Dokumenten-Management-Systemen zu berücksichtigen. Hier stellt sich insbesondere die Frage der **nachhaltigen Verfügbarkeit** der in diesen Systemen gespeicherten **Informationen** (Dateien) und der Interoperabilität dieser Systeme bzw. der effizienten Portabilität der entsprechenden Datenbankstrukturen und Informationen. Insbesondere proprietäre Systeme sind oft nicht kompatibel zu alternativen Anbietern. Zwar können Datenbankstrukturen und Inhalte ggf. zur Verwendung in anderen Systemen im Einzelfall konvertiert werden. Die Verfahren sind jedoch in der Regel aufwändig und kostenintensiv. Ferner steht die Verfügbarkeit dieser Systeme im alleinigen Ermessen des proprietären Herstellers und dessen Lizenzpolitik. **Open Source-Systeme** stellen diesbezüglich Alternativen dar: Durch deren freie (nicht notwendigerweise kostenlose) Zurverfügungstellung ist die Verfügbarkeit dieser Systeme weniger vom alleinigen Ermessen eines einzelnen Herstellers abhängig. Da sich die Applikationen ohnehin in einem „freien" Wettbewerb zueinander befinden, sind die Chancen auf Interoperabilität und Portierbarkeit der entsprechenden Datenbankstrukturen größer.[14] Teilweise können **Datenportierungen** zwischen den Systemen auch ohne die Einbeziehung von Fachpersonal vorgenommen werden. Letztlich können sie sowohl im Hinblick auf die Ausgestaltung ihrer Funktionalitäten als auch in Bezug auf ihre Datensicherheit von der Erweiterung und Prüfung einer ggf. großen Entwickler-Community profitieren. Professionelle Open Source-Entwickler loben mittlerweile sogar sogenannte „Bounty-Programme" aus, in denen die Community ermutigt wird, durch konstruktives Hacken Schwachstellen aufzudecken und somit zu einer erhöhten Datensicherheit von Open Source-Applikationen beizutragen.

25 Im Zuge der zunehmenden Konversion juristischer Kerntätigkeit durch die Anwendung von Legal Tech werden auch Nachhaltigkeitsgesichtspunkte verstärkt zu berücksichtigen sein und sollten entsprechende **Forderungen aus dem Anwenderkreis** eindeutig formuliert werden, um den Anwendern zu erlauben, auf Zeit die durch den Einsatz von Legal Tech geschaffene Wertschöpfung nachhaltig zu sichern.

II. Die Anpassung juristischer Kernarbeit als Folge von Legal Tech als Vehikel

26 Es stellt sich nun die Frage, wie im Wege der Konversion das Anforderungsprofil in der Ausübung juristischer Tätigkeit als Folge von Legal Tech verändert wird. Diese Frage betrifft sowohl den **Umgang mit Legal Tech-Anwendungen** und ihrer **Einbeziehung in die tägliche Arbeit** als auch die **Mitwirkung von Juristen an der Entstehung** von Legal Tech-Anwendungen. Auch wenn diesbezüglich bereits Perspektiven entwickelt werden, wird die vollständige Ersetzung von Juristen durch Legal Tech bzw. eine ausschließlich auf technologischer Basis erfolgende Rechtsetzung und Rechtsfindung oder gar die Ersetzung des Rechts durch „Code" sich in absehbarer Zeit höchstwahrscheinlich nicht verwirklichen. Die Frage ist vielmehr, wie sich das Tätigkeitsprofil in der Ausübung juristischer Tätigkeit aufgrund von Legal Tech als Vehikel bereits geändert hat bzw. in Zukunft ändern wird. Was werden Juristen künftig tun bzw. nicht mehr tun? Wie werden Juristen in Zukunft ihre Tätigkeit ausgestalten?

27 Legal Tech birgt das Potenzial, die Art und Weise der Ausübung juristischer Kerntätigkeit nachhaltig und grundlegend zu verändern. Die allgemeinen gesellschaftlichen **Effekte der Digitalisierung** werden auch in der Abarbeitung der juristischen Kerntätigkeit zu beobachten sein: Als **Konsequenz der Digitalisierung** werden sich Hierarchien auflösen und durch dezentrale Organisationsformen und Formen der Selbstorganisation abgelöst. Webbasierte Anwendungen und Cloud-basierte Dienste ermöglichen eine vollkommen neue Form der Zusammenarbeit und des fachlichen Austauschs über disziplinäre und geographische Gren-

---

13 Siehe hierzu die IOS-Norm 14721:2012 zum Open Archival Information System (OAIS) Reference Model; ferner die Richtlinien zur nachhaltigen elektronischen Dokumentation der Library of Congress (https://www.loc.gov/preservation/digital/formats/), der Standford University (https://library.stanford.edu/using/copyright-reminder/common-situations/publishing) oder der Universität Göttingen (http://nestor.sub.uni-goettingen.de/bestandsaufnahme/); siehe auch Lotz LR 2018, 25 (26).
14 Lotz LR 2018, 25 (32).

zen hinweg.[15] Der Zugang zum Recht und zu Informationen wird die Bedeutung des Besitzes daran überwiegen.[16] Technologien wie die Blockchain und Künstliche Intelligenz werden zu grundlegenden Veränderungen in der Rechtsberatung führen.[17] Die Möglichkeiten zur Digitalisierung und Standardisierung von Wissen werden es ermöglichen, rechtlich erhebliche Kommunikationsprozesse zu automatisieren. Die Konversion von einer Sammlung von Wissen zur **Einrichtung einer Wissensarchitektur** als Voraussetzung zur strukturierten und gezielten (automatisierten) Nutzung von Knowledge als Content in Legal Tech-Anwendungen wird die Art und Weise der Ausübung juristischer Kerntätigkeit grundlegend verändern.[18]

Im Wege einer pragmatischen Herangehensweise kann man zunächst den oben genannten Aspekten der juristischen Berufsausübung die entsprechenden Legal Tech Tools in einer Art Bestandsaufnahme gegenüberstellen. Zur Übersichtlichkeit bietet es sich an, diese entsprechend der gebräuchlichen Legal Tech-Kategorien zu beleuchten. Entsprechend der oben skizzierten Typologisierung des Begriffs „Legal Tech" (→ Rn. 16) werden nachfolgend die bereits gegenwärtig existierenden **Möglichkeiten zur Konversion** bestimmter Tätigkeiten oder Arbeitsbereiche juristischer Kernarbeit im Hinblick auf erstens Organisation von Informationen, Informationsgewinnung oder auch Kommunikation, zweitens automatisierte Rechtsdienstleistungen und Automatisierungs-Prozesse und drittens den Einsatz von Künstlicher Intelligenz, Blockchain (→ *Blockchain* Rn. 1) und Smart Contracts (→ *Smart Contracts* Rn. 5) bei Systemen, die nicht nur einzelne Arbeitsschritte automatisch erledigen, aufgezeigt. Eine kategorisierte Einteilung der Anwendungsfelder für Legal Tech findet sich zB auch in der Datenbank des Standford CodeX Techindexes.[19] Im Sinne der Konversion als Anpassung juristischer Kernarbeit soll nachfolgend in Abgrenzung zu Legal Tech-Anwendungen für den Rechtssuchenden auf Systeme zur Anwendung durch Rechtsanwender fokussiert werden.[20]

1. Legal Tech 1.0

Auf der einfachsten Stufe des Legal Tech[21] werden in der Regel **Applikationen zur Organisation von Informationen, zur Informationsgewinnung oder auch zur Kommunikation** eingeordnet.[22] Als Enabler-Software bzw. „Office-Tech" gelten Applikationen zur Büroorganisation, elektronische Akten, Spracherkennung, Dateimanagement-Systeme oder traditionelle Datenbanken. „Support Process Solutions" betreffen das Practice Management oder Back Office Solutions. Beiden Einteilungen ist gemein, dass auf der untersten Ebene des Legal Tech keine Software mit automatisierten Funktionalitäten erfasst wird (→ *Legal Tech* Rn. 6). Demnach fallen zB Applikationen zur Büroorganisation, Kanzleisoftware, Fachdatenbanken oder E-Commerce-Portale in die erste Kategorie des Legal Tech. Applikationen des **Legal Tech 1.0** betreffen den **allgemeinen digitalen Workflow**. Sie müssen deshalb nicht speziell für Rechtsanwendungen entwickelt sein, so dass auf dieser Ebene durchaus auch „branchenfremde" Applikationen in der juristischen Arbeit von Nutzen sein können.

Die Allokation der Applikationen in die Basis-Ebene des Legal Tech 1.0 soll aber nicht darüber hinwegtäuschen, dass mit dem Einsatz dieser Applikationen bereits ein erhebliches Effizienz- und wirtschaftliches Potenzial verbunden sein kann. Ferner erlaubt erst eine **konsistente Konversion auf der Grundebene des Legal Tech die volle Ausschöpfung des Potenzials** der nachfolgenden Legal Tech-Ebenen mit Appli-

---

15 Breidenbach/Glatz Legal Tech-HdB/Breidenbach/Glatz S. 1.
16 Breidenbach/Glatz Legal Tech-HdB/Breidenbach/Glatz S. 1.
17 Breidenbach/Glatz Legal Tech-HdB/Breidenbach/Glatz S. 2.
18 Breidenbach/Glatz Legal Tech-HdB/Steinbrecher/Breidenbach S. 64 Rn. 16.
19 Vgl. dazu http://techindex.law.stanford.edu/.
20 Die nachfolgend exemplarisch aufgeführten Software-Applikationen erheben keinen Anspruch auf Vollständigkeit und stellen keine Empfehlung dar. Sie werden lediglich beispielhaft für die jeweilige Produktgattung genannt und können eine eigene Marktrecherche in keinem Fall ersetzen.
21 Auch als Legal Tech 1.0 bezeichnet (→ Legal Tech Rn. 6).
22 Andere unterscheiden zwischen sogenannter „Enabler-Software" und „Support-Process Solutions": Hartung, Gedanken zu Legal Tech und Digitalisierung, Bucerius Law Journal, 2017, abrufbar unter https://law-journal.de/archiv/jahrgang-2017/heft-2/legal-tech/.

kationen höherer Komplexität. Nur wenn die grundlegenden Informationen bereits digital vorliegen und verarbeitet werden, können diese letztlich mittels automatisierter Lösungen analysiert oder im Rahmen einer Service-Automation den entsprechenden Systemen zugeführt werden.

31 Bereits die Nutzung von Legal Tech 1.0-Applikationen bedingt deutliche Änderungen in der Entstehung, Dokumentation und Kommunikation juristischer Kernarbeit und deren Ergebnissen. Das bedingt zum einen **Änderungen im Workflow** und der Zusammenarbeit von „top-down" hin zu mehr agiler Teamarbeit.[23] Die Befassung oder tägliche Arbeit mit Systemen auf der Ebene des Legal Tech 1.0 führt zu einer steigenden Sensitivierung für die Effizienzen der Arbeit mit digitalen Informationen nicht nur bezüglich der Generierung von Erkenntnissen und Informationen als solcher, sondern auch bezüglich deren Wiederholbarkeit und nachhaltiger digitaler Dokumentation. Das Arbeiten auf **einheitlich digitaler Ebene** erlaubt eine einfachere Einbindung interdisziplinärer Expertise sowohl innerhalb der unterschiedlichen juristischen Disziplinen als auch unter Einbeziehung von Expertise anderer Fachbereiche. Bereits der Einsatz von Applikationen auf der Ebene des Legal Tech 1.0 erlaubt die Schaffung und Einrichtung **persönlicher oder institutioneller individueller Wissenspools** mit der Möglichkeit zur **differenzierten Herausarbeitung hochqualitativer Fachexpertise** – auch für kleine und mittelgroße Einheiten. Im Anforderungsprofil des Rechtsanwenders wird eine verstärkte Auseinandersetzung mit IT-basierten Tools und deren Beherrschung zur unerlässlichen Zusatzqualifikation. Bereits der Einsatz von Legal Tech 1.0-Applikationen wird eine neue Qualifizierung von Institutionalität in der Rechtsberatung und Rechtsanwendung zur Folge haben mit einer Verlagerung auf kollaborative Erkenntnisgewinnung und Wissensgenerierung als essenziellem Tool für die Erbringung professioneller juristischer Kernarbeit.

32 Bereits auf der einfachsten Stufe des Legal Tech ergeben sich eine Fülle von **Anwendungsfeldern** zur Anpassung von Workflows im Zusammenhang mit der juristischen Kernarbeit als Folge von Legal Tech als Vehikel.

a) Compliance (Governance & Compliance)

33 Auf dem Gebiet der **Compliance** führt die durch Legal Tech ermöglichte skalierbare Informationsverarbeitung zu großen Effizienzen (→ *Compliance, Digital* Rn. 29). Teilweise wird die Lenkung von unternehmensweiten Compliance-Maßnahmen durch den Einsatz von Legal Tech überhaupt erst ermöglicht. Im Bereich der gelenkten Einhaltung und Überprüfung der Übereinstimmung mit Gesetzen, Richtlinien und freiwilligen Kodizes durch Unternehmen haben sich mit den Bereichen **Internal Investigations, eDiscovery und Whistleblowing** drei Bereiche herausgebildet, in denen der Einsatz von Legal Tech bereits jetzt nicht mehr wegzudenken ist. Aufgabe eines effektiven Compliance-Systems ist es zum einen, die notwendige Sorgfalt zur Verhinderung und Aufdeckung von Rechtsverstößen walten zu lassen, und zum anderen, eine Unternehmenskultur zu schaffen, die zB im Wege der Informationsvermittlung (→ *Compliance, Digital* Rn. 41) ethisches Verhalten und Rechtseinhaltung im Unternehmen fördert. Der mit diesen Aufgaben **wachsenden Komplexität** kann mit Papier-basierten Systemen nicht mehr wirksam nachgekommen werden. Bereits die Automatisierung von Entscheidungen für verschiedene strukturierte Sachverhalte und weitere technologiegestützte Tools wie zB Portal- und Workflow-Lösungen können in der Praxis erheblichen Einfluss auf die Qualität des Compliance-Systems haben (→ *Compliance, Digital* Rn. 31, 45).[24] Auch im Bereich des Whistleblowings werden webbasierte Anwendungen zur anonymen und vertraulichen Kommunikation mit Whistleblowern und dem damit verbundenen Case-Management eingesetzt. Die Bandbreite reicht hier von hochskalierbaren Anwendungen wie BKMS[25] bis zur Open Source-Applikation „GlobaLeaks".[26]

---

23 Oder anderen Organisationsformen, die eine optimale Teilung digitalen Wissens fördern, Breidenbach/Glatz Legal Tech-HdB/Steinbrecher/Breidenbach S. 64 Rn. 18.
24 Breidenbach/Glatz Legal Tech-HdB/Schemmel S. 173 Rn. 41.
25 Vgl. dazu https://www.business-keeper.com/.
26 Vgl. dazu https://www.globaleaks.org/.

b) Dokumenten-Management

Der Bereich der Aktenverwaltung bietet noch immer großes Potenzial für eine Konversion von der analogen papierbasierten Aktenverwaltung zu einem **elektronischen Dokumenten-Management** und der sog. E-Akte. Eine einheitlich elektronisch geführte Informationsverwaltung schafft allein durch die Vermeidung des Medienbruchs zwischen analoger und Dokumentation bei Aktenführung und Dokumenten(Akten)-Management in mannigfaltiger Hinsicht Vorteile und Effizienzen.

Ein professionelles digitales Dokumenten-Management erlaubt im Hinblick auf die oben skizzierten Objekte einer Konversion (→ Rn. 6) nahtlose Synergien in der kollaborativen sowie individuellen Generierung von juristischen Arbeitsergebnissen, der Informationsbeschaffung und Dokumentation, der Erfassung und juristischen Bewertung, Analyse und methodologischen Auswertung, der Kommunikation der Ergebnisse juristischer Kernarbeit wie auch eine ggf. nahtlose Integration eines maßgeschneiderten Knowledge-Managements. Ein Vorteil liegt hierbei nicht nur in der **Erfassung von Informationen auf einer einheitlichen digitalen Ebene**, sondern auch in der **Indizierbarkeit von Dateien und Informationen**,[27] in der **Möglichkeit zur Verknüpfung** bzw. Verlinkung aller im System enthaltenen Informationen zB bei webbasierten Anwendungen sowie in der Kommunikation und der kollaborativen Zusammenarbeit mit **Schnittstellen** zum Projektmanagement oder applikationsbasierter agiler Zusammenarbeit in der juristischen Projektarbeit.[28] Mit dem Einsatz eines Dokumenten-Management-Systems wird die Funktionalität einer reinen Aktenverwaltung somit weit überschritten. Das bedingt nicht nur ein Umdenken in der Aktenverwaltung, sondern eine Anpassung des gesamten Workflows in der Bearbeitung juristischer Sachverhalte. Die am Markt erhältlichen Systeme weisen unterschiedliche Schwerpunkte in ihrer Funktionalität auf. Im Sinne einer echten Konversion sollte man den Blick jedoch nicht auf die einschlägige Branchensoftware beschränken. Je nach Tätigkeitsschwerpunkt können branchenübergreifende Dokumenten-Management-Systeme[29] im Hinblick auf Informationsverwaltung und Knowledge Management Vorteile gegenüber reinen Branchenlösungen[30] bieten. Idealerweise weisen Dokumenten-Management-Systeme die entsprechenden **Schnittstellen** oder Möglichkeiten zur Herstellung von Schnittstellen zu komplexeren Legal Tech-Anwendungen wie zB Dokumentenautomatisierung oder Dokumentenanalyse auf, damit eine Möglichkeit zur nachhaltigen Wertschöpfung durch die Anbindung des Dokumenten-Managements an Applikationen auf den Stufen 2.0 und 3.0 für komplexere Aufgaben und somit eine nachhaltige Wertschöpfung digital generierter Informationen gegeben ist.

c) Legal Research/Informationsbeschaffung

Zu essenziellen Kernbereichen der juristischen Tätigkeit zählen Rechtsrecherche, Sachverhaltsaufklärung und die sonstige aufgabenrelevante **Informationsbeschaffung**. Die digitalen Arbeitsmittel der Wahl auf der 1.0-Ebene sind in dieser Hinsicht Fachdatenbanken, Rechtsquellen im Internet, spezielle applikationsbasierte Recherche-Tools, Knowledge Management-Systeme, aber auch Online-Formularsammlungen. Diese technisch recht einfach einsetzbaren Applikationen werden auf der Ebene 3.0 durch KI-Anwendungen für komplexe Anwendungsfälle ergänzt.

Der Einsatz von **Fachdatenbanken**[31] erlaubt stichwortorientierte Recherche, die in dieser Form nur auf der digitalen Ebene möglich ist. Da die Recherche-Ergebnisse ebenfalls in digitaler Form vorliegen, lassen sie sich – im Rahmen der urheberrechtlichen Schranken – leicht in eine elektronische Akte oder in ein Knowledge Management-System integrieren, indexieren und in Abhängigkeit von der Funktionalität des jeweiligen Systems mit anderen relevanten Informationen verlinken.

---

27 Allgemein als „Tags" bezeichnet.
28 Siehe dazu auch Breidenbach/Glatz Legal Tech-HdB/Gansel/Caba S. 14 Rn. 10.
29 Wie zB opentext (www.opentext.com), SharePoint (https://www.microsoft.com/de-de/microsoft-365/sharepoint/collaboration) oder Alfresco (https://www.alfresco.com/de/).
30 Wie zB Wolters Kluwer oder RA-Micro.
31 Wie zB beck-online (https://beck-online.beck.de/Home), juris (https://www.juris.de) oder Jurion (https://www.wolterskluwer-online.de/).

38 **Recherche-Tools**[32] ermöglichen eine effiziente Fundstellen-Verwaltung, fokussierte Recherche in gesammelten Fundstellen und erleichtern das Zitieren bei der Abfassung juristischer Arbeitsergebnisse.

39 Mit der Einrichtung eines **Knowledge Management-Systems** werden essenzielle Funktionalitäten in der Konversion juristischer Kernarbeit zur Verfügung gestellt. Individuelle Knowledge Management-Systeme erlauben einen effizienten Zugriff auf spezialisierte Fachinformationen, zugeschnitten auf die entsprechende Spezialisierung in der juristischen Kernarbeit. Sie dienen nicht nur der Sammlung von Informationen aus Drittquellen, sondern insbesondere der **individualisierten Generierung und Abrufbarkeit von fachspezifischen Informationen** zur Gewährleistung eines hochqualitativen Arbeitsergebnisses und effizienten Workflows. In der Historie ist die Erfahrung des Beraters – geronnen in organisch gewachsenem Work Product – eines der herausragenden Mittel zur Profilierung in der juristischen Beratung. Insbesondere in der Tradition der etablierten Kanzleien im Common Law gilt das eigengenerierte juristische Work Product als Kronjuwel. Auch wenn der Einsatz von Legal Tech es gerade erlaubt, juristisches Work Product wie zB Vertragsvorlagen, Unternehmensrichtlinien, Vorlagen und Muster zu „kommoditisieren", erlauben eigens erstellte Knowledge Management-Systeme die profilierte Erarbeitung und Dokumentation eines spezialisierten und individuellen Wissensvorsprungs am Markt. Zu diesem Zweck können spezialisierte Systeme zum Einsatz kommen. Eine recht kostengünstige und nachhaltige Alternative stellt aber auch die Verwendung eines Wikis[33] dar, das als **Low-Code-Tool** einfach einzurichten ist und auf die individuellen Informations-Bedürfnisse ausgerichtet werden kann. Im Rahmen einer stringenten digitalen Informationsverwaltung können so Knowledge Management-Systeme sozusagen „on the go" im Rahmen der täglichen juristischen Arbeiten parallel aufgebaut werden. Die Verwendung von **Open Source-Systemen** erlaubt den plattformunabhängigen nachhaltigen Aufbau eines solchen Systems. Zu Online-Formularsammlungen → *Dokumentenautomatisierung* Rn. 7.

d) Legal Practice Management

40 Ein weiterer Ansatzpunkt zur Konversion ist ein Bereich, der gerne mit der Bezeichnung **Legal Practice Management** umschrieben wird. Vereinfacht könnte man auch von „Kanzleimanagement" sprechen. Im Sinne einer Konversion vereint der Begriff jedoch mannigfaltige Aspekte des Workflows in der juristischen Sachbearbeitung. Der Begriff steht für die Organisation, Überwachung und Koordination aller Aspekte der individuellen und kollaborativen juristischen Sachbearbeitung und Beratung. Neben klassischen Software-Applikationen zu Kanzleiorganisation[34] oder der Organisation einer Rechtsabteilung[35] verschafft die Anwendung von Legal Tech in diesem Bereich Raum zur Einrichtung moderner und neuartiger Formen der Kommunikation und Zusammenarbeit in der individuellen und kollaborativen juristischen Kernarbeit.

41 Hierbei können Cloud-basierte Systeme (→ *Cloud* Rn. 10 ff.) oder Dokumenten-Management-Systeme durch die Möglichkeit des einfachen Teilens von Informationen und Dokumenten die (interdisziplinäre) Zusammenarbeit und Kommunikation in der juristischen Kernarbeit entscheidend vereinfachen. Aber auch **neue Formen der Zusammenarbeit** im juristischen Team – wie zB agile Beratung oder Kanban-orientiertes Transaktions-Management – lassen sich mit Tech-Applikationen[36] einfach umsetzen und koordinieren. Das betrifft letztlich nicht nur die Zusammenarbeit innerhalb eines juristischen Teams (wie zB innerhalb der Rechtsabteilung oder eines M&A-Teams), sondern auch die Zusammenarbeit im Verhältnis

---

32 Wie zB LeReTo (https://www.lereto.at/) oder citavi (https://www.citavi.com/de).
33 Ein Wiki (hawaiisch für „schnell") ist eine Website, deren Inhalte von den Usern nicht nur gelesen, sondern auch direkt im Webbrowser bearbeitet und geändert werden können (Web 2.0-Anwendung) – mit dem Ziel, Erfahrung und Wissen gemeinschaftlich zu sammeln (kollektive Intelligenz) und in für die Zielgruppe verständlicher Form zu dokumentieren (statt aller: https://de.wikipedia.org/wiki/Wiki). Bekannte Wiki-Plattformen sind zB Confluence (https://www.atlassian.com/software/confluence), WikiMedia (https://www.wikimedia.de/) oder DokuWiki (https://www.dokuwiki.org/dokuwiki).
34 ZB Kleos (https://www.wolterskluwer.com/de-de/solutions/kleos).
35 ZB Lecare (https://www.lecare.com/), LEGALVISIO (https://www.legalvisio.de/), WINRA (https://www.wolterskluwer.com/de-de/solutions/winra) oder Legisway (https://www.wolterskluwer.com/de-de/solutions/legisway).
36 ZB Slack (https://slack.com/intl/de-de/) oder OpenProject (https://www.openproject.org/de/).

zum Mandanten und dessen Fachabteilungen. Wenngleich im juristischen Umfeld oft noch klare vertikale Hierarchien in der Zusammenarbeit vorzufinden sind, wird sich auch in der Bewältigung der juristischen Kernarbeit zur Erreichung qualitativ hochwertiger Beratungsleistungen in eng gesetzten Zeitrahmen in Zukunft vermehrt die Notwendigkeit zu agilen Arbeitsformen ergeben. Die hieraus entstehenden Anforderungen an Kommunikation und Zusammenarbeit lassen sich in einem analogen Arbeitsumfeld, das keine interaktive Verknüpfung von Informationen zulässt, kaum bewältigen.

Aber auch andere Aspekte des Legal Practice Managements können bereits jetzt durch die Anwendung von Legal Tech effizienter und auch transparenter gestaltet werden. So erlaubt der Einsatz von Applikationen zur elektronischen Rechnungsstellung (billing)[37] transparente Systeme zur Erstellung von Stundenhonoraren und somit dem **Budget-Management und der Effizienz-Kontrolle**. E-Learning-Plattformen[38] unterstützen bei der persönlichen oder institutionellen Schulung. Darüber hinaus gibt es bereits Plattformen zur Vermittlung von Terminsvertretern[39] bei auswärtigen Gerichtsterminen oder im Fall von Verhinderungen. 42

Bereits die Beleuchtung exemplarischer Applikationen im Bereich des Legal Tech 1.0 macht die mannigfaltigen Aspekte und Möglichkeiten der Konversion juristischer Kerntätigkeit deutlich. Auf der anderen Seite gilt insbesondere für den Bereich des Legal Tech 1.0 der Grundsatz, dass sich die Notwendigkeiten zur Anpassung der juristischen Kerntätigkeit in diesem Bereich von einer voluntativen Herangehensweise zunehmend entfernen, will man von den Vorteilen der komplexeren Legal Tech-Applikationen auf den Ebenen 2.0 und 3.0 profitieren. 43

2. Legal Tech 2.0

Mit **Legal Tech 2.0** werden insbesondere Anwendungen bezeichnet, die sog. **automatisierte Rechtsdienstleistungen** zur Verfügung stellen. Legal Tech 2.0 fokussiert auf Anwendungen, mit deren Hilfe (einzelne) juristische Arbeits- und Kommunikationsschritte selbstständig und ohne Tätigkeit eines Menschen erledigt werden. Im Hinblick auf die vorgenannten „Objekte der Konversion" wäre hier beispielshaft zu denken an **automatisierte Analyse und Auswertung**, **automatisierte Dokumentation** des Ergebnisses einer rechtlichen Würdigung oder eine automatisierte Generierung eines juristischen Arbeitsergebnisses. Diese Automatisierungen kommen allerdings nicht aus dem Nichts, sondern verknüpfen Informationen, die zunächst (auch) unter Zuhilfenahme von Legal Tech 1.0-Applikationen erfasst, generiert und entsprechend aufgearbeitet werden. 44

Legal Tech 2.0-Anwendungen haben das Potenzial, die Art und Weise der juristischen Kernarbeit nachhaltig zu beeinflussen. Die Möglichkeit zum Rückgriff auf automatisierte Systeme wird mit fortschreitender Weiterentwicklung derselben zu erheblichen Erleichterungen und Effizienzsteigerungen in der Rechtsanwendung führen. Automatisierungen im Bereich der **Dokumentenanalyse** erlauben eine neue Qualität der Sachverhaltsermittlung und in der Sachverhaltsanalyse: Dieser Bereich birgt Potenziale sowohl in der Schnelligkeit als auch in der Genauigkeit der Analyse; insbesondere hier ergeben sich Potenziale für hochspezialisierte kleine und mittelgroße Kanzleien, die nicht nur die Möglichkeiten zur Weiterentwicklung der Fachexpertise, sondern auch zur Abarbeitung höhervolumiger Mandate bei geringerer Abhängigkeit von Personalstärke erhalten. 45

Automatisierung im Bereich der **Dokumentengenerierung** wird insbesondere in stark regulierten Gebieten von Relevanz werden, da hier die regulatorischen Vorgaben ohnehin eine gewisse Gleichförmigkeit von Vertragsinhalten bedingen. Mit Legal Tech 2.0 wird jedoch auch eine neue Qualität des wissenschaftlichen Arbeitens – einschließlich eines verstärkten Einsatzes von Knowledge Management-Systemen – einhergehen, da zB mittels No-Code- und Low-Code-Anwendungen neben die Schärfung neuer Rechtserkenntnisse 46

---

37 ZB Busylamp (https://www.busylamp.com/) oder LegalTracker (https://us.legaltracker.thomsonreuters.com/Tracker/Logon?szReturn=%2F).
38 Wie zB Lawpilots (https://lawpilots.com/).
39 ZB Advoassist (https://www.advo-assist.de/) oder terminsvertretung.de (https://terminsvertretung.de/).

deren direkte automatisierte Umsetzung treten kann. Ferner kann die Entwicklung automatisierter Rechtslösungen selbst zum Gegenstand rechtswissenschaftlicher Tätigkeit werden.

47 Insgesamt wird der Einsatz von – insbesondere automatisierten – Legal Tech 2.0-Anwendungen bedingen, dass mit der quantitativen Bearbeitung einfacher juristischer Fragestellungen weniger Wertschöpfung zu erreichen sein wird. Es kann deshalb nicht ausgeschlossen werden, dass sich die Marktsituation für beratende Juristen hin zur Erbringung **qualitativ hochwertiger Arbeit und Beratungsleistungen** verschieben wird. Das birgt Potenziale für die Nachfrage und Erbringung qualitativ hochwertiger individueller Beratungsleistungen, da „Standardaufgaben" – Formularverträge, Datenschutzrichtlinien etc – zunehmend automatisiert erstellt und zur Verfügung gestellt werden.

a) Tatbestandsprüfung/Service Automation

48 Ein typisches Anwendungsfeld für Legal Tech 2.0-Applikationen bildet die **automatisierte Tatbestandsprüfung**, juristische Einordnung oder Subsumtion innerhalb der juristischen Kernarbeit jeweils wiederholt auftretender Fragestellungen.[40] Typische Funktionsweise dieser Systeme ist, den zur jeweiligen automatisierten Rechtsdienstleistung benötigten Sachverhalt vom Anwender mittels eines Fragenkatalogs zu erfragen und entsprechend der eingegebenen Angaben automatisch rechtliche Tatbestandsvoraussetzungen zu prüfen bzw. juristische Zweifelsfragen durch entsprechende gelenkte Fragen zu entscheiden.[41] Diese Systeme basieren nicht in erster Linie auf Künstlicher Intelligenz, sondern ihre Qualität ist abhängig von der Expertise ihres Erstellers. Der Vorteil dieser Systeme liegt jedoch nicht nur in der effizienteren internen Abarbeitung wiederholter juristischer Kernarbeit, sondern auch in der Zurverfügungstellung solcher Systeme an den Rechtssuchenden.

49 Eine Vielzahl dieser Systeme basieren auf sog. **„No-Code"-Anwendungen** (dazu oben → Rn. 20). Gemein ist diesen Systemen, dass der Content, über den sie ihre Funktionalitäten erhalten, von den diese Systeme erstellenden Juristen auch ohne Kenntnis von Programmiersprachen – sei es intern oder extern – zur Verfügung gestellt werden kann. Dadurch soll es gerade juristischen Anwendern, die keiner Programmiersprache mächtig sind, ermöglicht werden, **Expertensysteme zur Eigen- oder Fremdanwendung** in der Bewältigung der juristischen Kernarbeit zur Verfügung zu stellen. Das Potenzial dieser gerade auf individueller Basis erstellten Systeme wird nicht nur durch die Möglichkeit der strukturierten Sammlung von spezieller Fachexpertise, sondern durch die Möglichkeit ihrer automatisierten Abarbeitung begründet. Gerade für hochspezialisierte Kanzleien kleinerer oder mittlerer Größenordnung ergeben sich durch diese Systeme nicht nur Möglichkeiten für ein hochentwickeltes Knowledge Management, sondern darüber hinaus auch Skalierungseffekte bei der Erbringung hochqualifizierter und ggf. andernfalls Recherche-intensiver Beratungsleistungen.

b) Informations-Management

50 Die oben beschriebenen Systeme eignen sich ebenfalls für ein hochentwickeltes **Informations-Management**. Im Rahmen des Umgangs mit juristischer Dokumentation[42] spielt der Gesichtspunkt der **Dokumentenlenkung** für Juristen – insbesondere Inhouse-Juristen – eine immer größere Rolle. Das betrifft zum einen die Entstehung juristischer Dokumentation sowie deren jeweilige Anpassung an Änderungen der Rechtslage als klassische Aspekte juristischer Kernarbeit. Zum anderen bergen diese Systeme jedoch auch Effizienzen bei der gelenkten Anwendung der einmal geschaffenen Dokumentation zur Umsetzung der gewünschten Rechtssicherheit. Im Rahmen der Dokumentationserstellung oder -aktualisierung haben

---

40 Das können regulatorische Fragestellungen sein, klassische arbeits- und sozialrechtliche Abgrenzungsfragen oder auch komplexere Tatbestandsprüfungen in hoch spezialisierten Systemen, dh in Systemen, die von der hoch spezialisierten Expertise ausgewiesener Experten profitieren.
41 Siehe im Einzelnen zB die Funktionsbeschreibungen von Neota Logic (https://www.neotalogic.com/), BRYTER (https://bryter.com/), evana (https://evana.ai/), Legal OS (https://www.legalos.io/), lexemo (https://lexemo.com/) oder CODIAC (https://www.codiac.de).
42 ZB mit Verträgen, Compliance-Richtlinien etc.

kollaborativ arbeitende Teams mit interdisziplinärer Expertise die Möglichkeit, ihre Expertise direkt im Gestaltungsprozess einzubringen bzw. ermöglichen diese Systeme eine Konsolidierung interdisziplinärer Expertise im Team und deren automatisierte Zurverfügungstellung. Im Rahmen der Dokumentationsanwendung erlauben diese Systeme eine – ggf. zentrale – unmittelbare Lenkung und ggf. Dokumentationsanpassung in der Anwendung, zB durch die unternehmensinternen Fachabteilungen.

Da es sich hier um Low-Code- oder No-Code-Applikationen handelt, erlauben sie eine Dokumentenlenkung durch die für den Inhalt verantwortlichen Juristen ohne Notwendigkeit des Rückgriffs auf dritte Programmierer und somit eine unmittelbare und eigenständige Einflussnahme nicht nur auf den Inhalt des juristischen Arbeitsergebnisses, sondern auch auf dessen Verwendung.

c) Dokumentenanalyse

Im Rahmen der **automatisierten Dokumentenanalyse** wird eine Vielzahl von (digitalen oder digitalisierten) Dokumenten auf bestimmte Inhalte untersucht und werden automatisierte Untersuchungsergebnisse unterschiedlicher Untersuchungstiefe generiert (→ *Dokumentenanalyse* Rn. 1). Typische Anwendungsfelder sind **eDiscovery** (→ *Dokumentenanalyse* Rn. 41), **Due Diligence**, **Vertragsanalysen** oder **Risk & Compliance Reviews**.[43] Diese Systeme basieren in der Regel auf KI-Technologien wie Natural Language Processing und Machine Learning (→ *Dokumentenanalyse* Rn. 1), die über Datenpools angelernt werden. Aus diesem Grund können die Vorteile dieser Anwendungen insbesondere dort genutzt werden, wo die Anwender bereits auf eine Legal Tech 1.0-Infrastruktur zurückgreifen können, in der die zu untersuchenden Informationen und Dokumente bereits in digitaler Form vorliegen. Die Funktionalitäten dieser Systeme konzentrieren sich auf die **Dokumentenklassifikation** (→ *Dokumentenanalyse* Rn. 8), die **Informationsextraktion** (→ *Dokumentenanalyse* Rn. 11), **Information Retrieval** (→ *Dokumentenanalyse* Rn. 19), **automatische Zusammenfassung** von Inhalten (→ *Dokumentenanalyse* Rn. 35) und das **Clustering** (→ *Dokumentenanalyse* Rn. 37).

Für die juristische Kernarbeit bedeuten diese Systeme, dass dort, wo sich früher teilweise große Anwaltsteams durch riesige Datenpools eines analogen oder elektronischen Datenraums gearbeitet haben, automatisierte Dokumentenanalyse **höhere Genauigkeiten und schnellere Ergebnisse** verspricht. Das bedingt größere Kosteneffizienzen im Transaktionsbereich. Da die Ergebnisse von Dokumentenanalysen jedoch letztlich entscheidend für ihre rechtliche Einordnung und somit das Beratungsergebnis sind, werden diese Systeme zumindest gegenwärtig den Einsatz von Juristen nicht vollständig ersetzen können (→ *Dokumentenanalyse* Rn. 5, 7). Allerdings ist auf der anderen Seite nur schwer vorstellbar, dass zukünftig Transaktionen ohne diese Tools abgewickelt werden. Das bedingt nicht nur neue Anforderungen bei den Transaktionsanwälten, sondern auch Verschiebungen in der Wertschöpfungskette im Rahmen von Due Diligence und Compliance.

Im Gegensatz zum Bereich der automatisierten Tatbestandsprüfung handelt es sich bei Systemen zur automatisierten Dokumentenanalyse in der Regel um **Expertensysteme**, also Systeme, die – in Abgrenzung zum rechtsuchenden juristischen Laien – vom juristischen Experten bei der Bewältigung juristischer Kernarbeit genutzt werden, da – zumindest gegenwärtig – das Ergebnis der Analyse oft noch der Einordnung durch einen Juristen bedarf.[44]

---

43 Siehe beispielhaft die Funktionsbeschreibungen für Applikationen wie Luminance (https://www.luminance.com/), Kira (https://kirasystems.com/), codefy (https://codefy.de/), evana (https://evana.ai/) oder semantha (https://www.semantha.de/de/).

44 Ggf. kann man sich das Anwendungsfeld dieser Systeme mit einem Blick auf web-basierte Übersetzungstools vergegenwärtigen: je besser der Nutzer eines Übersetzungstools die übersetzte Sprache beherrscht, desto effizientere Ergebnisse werden erzielt, da die Übersetzungsergebnisse nicht einfach übernommen werden müssen, sondern vor deren Übernahme vom (menschlichen) Übersetzer sowohl sprachlich also auch idiomatisch eingeordnet und ggf. angepasst werden können. Dennoch werden Übersetzer durch die Nutzung eines Übersetzungs-Tools höchstwahrscheinlich einen höheren Durchsatz erreichen, da das Gros der Arbeit vom Algorithmus erbracht wird und sich Übersetzer nur noch sprachlichen Zweifelsfragen widmen müssen.

d) Dokumentenautomatisierung

55 Einen dritten großen Bereich auf der Ebene des Legal Tech 2.0 stellt die **Dokumentenautomatisierung** (→ *Dokumentenautomatisierung* Rn. 2) dar. Insbesondere für wiederholte Aufgaben im Rahmen der juristischen Kernarbeit ergeben sich durch die Nutzung von Systemen zur Dokumentenautomatisierung[45] hier für Juristen erhebliche **Effizienzen in der (standardisierten) Dokumentenerstellung**. Begreift man den Einsatz von Legal Tech als Tool zur Qualifizierung der individuellen juristischen Kernarbeit, können gute Automationssysteme den Einsatz von hochqualifiziertem juristischem Personal in der Bearbeitung standardisierter Dokumentation erheblich reduzieren. Der Einsatz solcher Systeme – sofern im Einzelfall angebracht (→ *Dokumentenautomatisierung* Rn. 4) – birgt somit im Wesentlichen zwei Effekte: Zum einen erlauben sie Juristen, die Zeit mit der Bearbeitung standardisierter Kernaufgaben zu reduzieren. Zum anderen können durch den Einsatz guter Automationssysteme bestimmte Aufgaben aus dem juristischen Kernbereich herausgenommen und auf andere Funktionsträger kosteneffizient übertragen werden. Der Einsatz von Systemen zur Dokumentenautomatisierung ermöglicht ferner neue Geschäftsmodelle: Zum Beispiel erlauben sie Anwälten, ihren Mandanten (vor-)konfektionierte Vertragsgeneratoren anzubieten, mit denen sie selbst Verträge ohne weitere Involvierung eines Rechtsberaters erstellen können. Zum anderen lassen sich mithilfe von Legal Tech-Anwendungen Vertragsinhalte günstiger produzieren, was es Anwälten erlauben kann, ihren Markt bei ebenso günstigen Preisen in der Skalierung zu suchen (→ *Dokumentenautomatisierung* Rn. 4; zu weiteren Anwendungsbereichen siehe → *Dokumentenautomatisierung* Rn. 10).[46] Ganz gleich, mit welcher Zielrichtung (ob im Hinblick auf höchst individuelle Einzelberatung oder die Abarbeitung von Mandaten mit gleichgelagerten Sachverhalten) man die Situation betrachtet, perspektivisch bieten Legal Tech 2.0-Anwendungen mannigfaltiges Potenzial zur Profilschärfung für Rechtsanwender.

e) Dispute Resolution (Schiedsverfahren, Mediation)

56 Der Einsatz von Legal Tech im Bereich der Streitbeilegung – ganz gleich, ob Verfahren vor staatlichen Gerichten, Schiedsverfahren oder Mediation – verspricht eine Reduzierung der Rechtsverfolgungskosten und einen effektiveren Rechtsschutz. Prinzipiell lassen sich zwei Ebenen unterscheiden: Die **Ebene der Konfliktvermeidung** (im Vorfeld eines Rechtsstreits) und die **Ebene der Konfliktbeilegung oder Rechtsdurchsetzung**. Auf der Ebene der Konfliktvermeidung können Parteien durch den Einsatz von Smart Contracts (→ *Smart Contracts* Rn. 13) ihr Rechtsverhältnis durch sozusagen selbstvollziehende Verträge in Form von Code gestalten, der zB bestimmte Formen der Leistungsstörungen automatisch ausgleichen oder von vornherein verhindern kann,[47] da sie unmittelbar bei der Erbringung der Gegenleistung berücksichtigt werden können.[48]

57 Auf der **Ebene der Konfliktbeilegung** oder Rechtsdurchsetzung (→ *Alternative Streitbeilegung (ADR), Online Dispute Resolution (ODR)* Rn. 3) vermag Legal Tech in der Verfahrensorganisation, der Erfassung und Strukturierung des Parteivorbringens und ggf. auch in der Entscheidung von gleichgelagerten Fällen entsprechendes Potenzial zu entwickeln (→ *Alternative Streitbeilegung (ADR), Online Dispute Resolution (ODR)* Rn. 17; → *Smart Contracts* Rn. 23). Algorithmus-basierte Expertensysteme (→ *Alternative Streitbeilegung (ADR), Online Dispute Resolution (ODR)* Rn. 28), die den richterlichen Aufwand verringern sollen, existieren bereits in einigen Ländern. Letztlich kennt auch das deutsche Rechtssystem im Rahmen des Mahnverfahrens automatisierte Systeme für unstreitige Forderungen. Die Systeme umfassen die Möglichkeit zur digitalen Einreichung des Parteivorbringens über standardisierte Masken (Dänemark), Bots, die unter Abarbeitung eines Entscheidungsbaums Bürger bei Verkehrsordnungswidrigkeiten und Strafzetteln

---

45 ZB BRYTER (https://bryter.com), HDCM (http://www.hdcm.de/de/home), LAWLIFT (https://de.lawlift.com/index.html), wonder.legal (https://www.wonder.legal/de/), lexemo (https://lexemo.com/), hotdocs (https://www.hotdocs.com/).
46 Breidenbach/Glatz Legal Tech-HdB/Breidenbach/Glatz S. 4.
47 Fries NJW 2016, 2860 (2862).
48 Zum Beispiel könnten Entschädigungszahlungen für Flugverspätungen bereits unmittelbar im (digitalen) Flugreisevertrag angelegt und bei Vorliegen des Sachverhalts automatisch ausgelöst werden oder Kaufpreiszahlungen genau im Zeitpunkt der tatsächlichen Auslieferung der Ware automatisch getätigt werden.

unterstützen (Los Angeles), oder eine Online-Plattform, die durch Bereitstellung von rechtlichen Informationen und Kontaktaufnahmemöglichkeiten den Parteien eine einvernehmliche Streitbeilegung ermöglichen soll (Kanada).[49] Die Streitbeilegungsportale von Ebay und PayPal (→ *Alternative Streitbeilegung (ADR), Online Dispute Resolution (ODR)* Rn. 6) zeigen, dass automatisierte Streitbeilegung großes Potenzial bei gleichartigen Fällen haben kann, wenn die Streitbeilegung online durchführbar ist, strukturierter Vortrag durch Eingabemasken erfolgt, die eine automatisierte Bearbeitung des Vortrags zulassen, und Schnittstellen dem System den direkten Zugriff auf Sachverhaltsinformationen (zB Zahlungseingang, Warenversand, Eintreffen der Ware) ermöglichen.[50] Ebenso wäre es denkbar, die vorgenannten Schritte zur automatisierten Aufbereitung von Sachverhalten durchzuführen, an deren Ende keine automatisierte Entscheidung, sondern eine Entscheidung durch menschliche Richter erfolgt (zu Vorteilen und Konzepten von Online Dispute Resolution-Systemen im Einzelnen → *Alternative Streitbeilegung (ADR), Online Dispute Resolution (ODR)* Rn. 7).

3. Legal Tech 3.0

Unter **Legal Tech 3.0** (→ *Legal Tech* Rn. 8) werden im Allgemeinen **Software-Applikationen und Systeme Künstlicher Intelligenz** eingeordnet, die nicht nur einzelne Arbeitsschritte automatisch erledigen, sondern **mit denen die anwaltliche Leistungserbringung unmittelbar erbracht oder sogar ersetzt wird**.[51]

Die zum Bereich Legal Tech 3.0 zählenden **Anwendungsfelder** umfassen zB **KI-Anwendungen**, **Blockchain-basierte Anwendungen** – insbesondere Smart Contracts oder auch Anwendungen zur sog. **Predictive Analysis** (→ *Legal Prediction* Rn. 1), also dem Versuch, über algorithmisierte Fallanalysen eine Vorhersehbarkeit des Ausgangs zB von Rechtsstreitigkeiten entwickeln zu können. Sowohl der Entwicklung als auch der Anwendung von Legal Tech 3.0 liegt vielfach der Gedanke der Automatisierung von Rechtsdienstleistungen und der damit einhergehenden Vereinfachung der Rechtsanwendung zwecks Digitalisierung bzw. Algorithmisierung zugrunde. Anknüpfungspunkt im Sinne einer Automation juristischer Kerntätigkeit ist hier, dass juristische Arbeit anhand von Schemata, Tatbestandsmerkmalen und Anspruchsvoraussetzungen erledigt werde und deren Rechtsfolge im Sinne einer Wenn-Dann-Relation ein sog. juristischer Syllogismus zugrunde liege, was sie einer Digitalisierung und Automatisierung zugänglich mache.[52] Legal Tech 3.0 wird das Potenzial einer Industrialisierung der Anwaltskanzlei oder der Rechtsanwendung schlechthin zugeschrieben.[53]

Die nachfolgend beschriebenen **Legal Tech 3.0-Applikationen** haben das Potenzial, die Art und Weise der Willensbildung und somit der juristischen Begleitung von Willensbildungsprozessen nachhaltig zu ändern. **Vertragsprüfungen** sollen unter Zuhilfenahme von Algorithmen erfolgen. Visionär wird die Aufgabe von Juristen darauf konzentriert sein, das Prüfungsergebnis des Algorithmus zu überprüfen zum Zweck der Verbesserung des Algorithmus, und um im Einzelfall das Ergebnis des Algorithmus zu optimieren. **Dokumentenautomatisierung** wird es Fachabteilungen ermöglichen, auf der Online-Plattform des Unternehmens selbstständig rechtlich relevante Dokumente zu erstellen. Mittels **Smart Contracts** werden Verträge digital abgeschlossen, durchgeführt und Schlechtleistungen entweder von vornherein vermieden oder in Echtzeit ausgeglichen. Juristen werden die Aufgabe haben, zu überprüfen und sicherzustellen, dass die Smart Contracts als Code die von den Parteien getroffenen rechtlichen Vereinbarungen ohne Abweichungen umsetzen. Über **Vertragsgeneratoren** und Dokumentenautomatisierungen werden Verträge und andere Dokumentation automatisch erstellt und entsprechend in Code als Smart Contract umgesetzt. Aufgabe der Juristen wird es sein, nicht nur auf interessengerechte Vereinbarung von Vertragsparteien

---

49 Siehe dazu: Quarch/Hähnle NJOZ 2020, 1282.
50 Quarch/Hähnle NJW 2020, 1282.
51 Auch bezeichnet als Substantive Law Solutions, siehe Veith/Bandlow/Harnisch/Wenzler/Hartung, How Legal Technology Will Change the Business of Law, 2016, abrufbar unter http://media-publications.bcg.com/How-legal-tech-will-change-business-of-low.pdf, S. 5.
52 Breidenbach/Glatz Legal Tech-HdB/Friedmann S. 390 Rn. 14.
53 Breidenbach/Glatz Legal Tech-HdB/Friedmann S. 390 Rn. 14.

hinzuwirken, sondern auch auf eine möglichst weitgehende Synchronisation dieser Abreden mit dem vertragsvollziehenden Smart Contract bedacht zu sein,[54] sowie die Systeme entsprechend der Rechtsordnung auszugestalten und aufzusetzen.

61 Über Tools zur sogenannten **Predictive Analysis** (→ *Legal Prediction* Rn. 21) werden Juristen die Erfolgsaussichten eines geltend zu machenden Anspruchs im Voraus online bestimmen und Kanzleien werden mittels Software diejenigen Informationen lokalisieren, sichern und auswerten, die als Beweismittel im gerichtlichen Verfahren notwendig sind.

62 Hierdurch erfährt nicht nur das Anforderungsprofil im Rahmen der juristischen Kernarbeit, sondern die **juristische Kernarbeit selbst eine deutliche Modifikation**. Neben die Beherrschung des Rechts tritt die notwendige Qualifikation zum Umgang mit den entsprechenden Expertensystemen. In Erweiterung des gegenwärtigen juristischen Tätigkeitsprofils werden die klassischen juristischen Berufe durch neue Tätigkeitsprofile wie zB Legal Engineers, Legal Designers etc ergänzt und in der Bearbeitung der juristischen Kernarbeit unerlässlich werden.

a) KI-Applikationen

63 **KI-Applikationen** bieten Rechtsanwendern nicht nur größere Effizienzen in der quantitativen Bearbeitung gleichgelagerter Fälle, sondern bergen für Rechtsanwender das Potenzial zur Entwicklung hochspezialisierter differenzierter Expertise in der Ausübung juristischer Kernarbeit.

64 Der Einsatz von **KI-Applikationen und Machine Learning-Verfahren** wird es Rechtsanwendern zukünftig ermöglichen, große Textmengen zu klassifizieren sowie relevante Informationen schnell zu sichten und effizienter zu analysieren.[55] Die Anwendungsgebiete von KI-Applikationen (→ *Künstliche Intelligenz (KI)* Rn. 39 ff.) im Rahmen der Ausübung juristischer Kernarbeit lassen sich dabei in drei Kategorien einteilen: Erstens **Suchtechnologien** zur Identifikation relevanter Dokumente oder Textstellen, zweitens Werkzeuge zur **Extraktion strukturierter Informationen**, sowie drittens **Entscheidungsvorhersage und Risikobewertung**.[56]

65 **Systeme zur automatisierten Identifikation relevanter Dokumente oder Textstellen** (wie zB anlässlich einer Due Diligence) sind bereits jetzt in der Lage, schlagwortbasierte Suchen und synonym- bzw. ontologieunterstützte Suchen durchzuführen bzw. in Ansätzen Sinnzusammenhänge aus Texten zu extrahieren und relevante Textstellen im Vorhinein zu klassifizieren.[57] Für die Zukunft erhoffen sich die Entwickler in diesem Bereich eine deutliche Verbesserung im Hinblick auf die semantische Tiefe einer Suche. Im Kontrast zu den Industrialisierungs- und Vereinheitlichungsgedanken vieler Legal Tech-Entwickler haben diese Systeme jedoch das Potenzial, individuelle Berater- oder Rechtsanwenderexpertise unterscheidungsrelevant zu generieren: Gelingt es Kanzleien, sich hier von Technologieanbietern unabhängig zu machen, bergen diese Systeme die Möglichkeit, wertvolles proprietäres Wissen und Erfahrung in Form von Daten eigenständig zu sammeln und anzuwenden.[58]

66 Applikationen zur **Extraktion strukturierter Informationen** (→ *Künstliche Intelligenz (KI)* Rn. 40) erlauben es, für bestimmte Informationstypen die relevanten Informationen aus einem Fließtext zu extrahieren und systematisch aufzuarbeiten (zB die Kündigungsmodalitäten aus einer Masse an Einzelverträgen eines bestimmten Vertragstypus).[59]

67 Das Hochreck von KI-Anwendungen bilden schließlich Systeme zur **Entscheidungsvorhersage und Risikobewertung** (→ *Legal Prediction* Rn. 25). Diese Systeme befinden sich momentan noch in der Entwick-

---

54 Breidenbach/Glatz Legal Tech-HdB/Sandner/Voigt/Fries S. 156 Rn. 38.
55 Breidenbach/Glatz beck.digitax 2020, 18 (20); Kögl LR 2020, 37.
56 Breidenbach/Glatz Legal Tech-HdB/v. Bünau S. 79 Rn. 33 ff.
57 Breidenbach/Glatz Legal Tech-HdB/v. Bünau S. 80 Rn. 33.
58 Breidenbach/Glatz Legal Tech-HdB/v. Bünau S. 80 Rn. 34.
59 Breidenbach/Glatz Legal Tech-HdB/v. Bünau S. 80 Rn. 35.

lung. Es handelt sich hierbei um datenbankgestützte Applikationen, die historisch Fälle nach bestimmten Eigenschaften kategorisieren und strukturiert erfassen. Anschließend wird für einen zu bewertenden Fall eine bestimmte Menge an vergleichbaren, historischen Fällen identifiziert und anhand der relativen Häufigkeit der Erfolgsfälle eine Bewertung abgegeben.[60]

b) Blockchain-basierte Anwendungen

Blockchain-basierte Anwendungen (→ *Blockchain* Rn. 2, 4) verdeutlichen das Potenzial der Konversion der juristischen Kernarbeit wie auch des zukünftigen Anforderungsprofils der Rechtsanwender wie kein anderer Bereich des Legal Tech.[61] Die **Blockchain** erlaubt es, Transaktionen über Wirtschaftsobjekte transparent und fälschungssicher zu protokollieren wie auch zu standardisieren und dadurch den Austausch von Werten weitgehend zu automatisieren.[62] Sie ist gleichzeitig eine **Plattform** für weitere Technologien und Anwendungen wie zB die **Distributed Ledger-Technologie** oder **Smart Contracts**. Hieraus ergeben sich neue Anwendungen und Transaktionsformen, die tiefgreifende Auswirkungen auf die Art und Weise der Ausübung der juristischen Kernarbeit haben (werden). 68

Die Bedeutung der Blockchain ist jedoch nicht auf digitale Transaktionen oder Registrierungen beschränkt. Sozusagen als **Vertrauensinfrastruktur** bietet sie ebenfalls eine Plattform für **kollaborative Entscheidungsfindung** in Gremien, Organisationen und Unternehmen. Sie bietet ein einheitliches Umfeld für eine **transparente und fälschungssichere Willensbildung** und deren Protokollierung, auf der Verträge nicht nur eingegangen und umgesetzt, sondern auch gelebt werden.[63] 69

Aufgrund ihrer **Protokollierungsfunktion** bietet sich die Blockchain zunächst für die Durchführung von Transaktionen zur Übertragung von registrierten oder verbrieften Rechten an.[64] Aber auch im Rahmen der Einräumung von nicht verbrieften Rechten, an deren Existenz dennoch ein berechtigtes wirtschaftliches Interesse besteht, kann die Nutzung der Blockchain-Technologie eine valide digitale Alternative darstellen. Zu denken ist etwa an Verfügungen über Rechte des gewerblichen Rechtsschutzes und des Urheberrechts, die zwar keiner Registrierung bedürfen, an deren Existenz im Rahmen von Projektfinanzierungen dennoch großes Interesse besteht. So wurde zB für die Filmindustrie, deren Finanzierungsmodelle insbesondere auf Rechteeinräumungen beruhen, mit dem Motion Protocol eine industriespezifische Blockchain-Anwendung geschaffen. Die zugrunde liegenden Protokolle dieser Blockchain sind geeignet, die Einräumung von IP-Rechten und Zahlungen von Lizenzgebühren auf allen Stufen der Wertschöpfungskette abzubilden.[65] Zu den Anwendungsgebieten der Blockchain-Technologie → *Blockchain* Rn. 19. 70

Die Möglichkeit der transparenten fälschungssicheren Protokollierung bietet auch im Bereich der Verwaltung mannigfaltige Anwendungsfelder: Zu denken ist hier an **Blockchain-basierte Identitätslösungen**, die es Bürgern ermöglichen, Identitätsnachweise ohne die Preisgabe identitätsbezogener Daten zu erbringen. Ferner können Blockchain-basierte Lösungen als **Plattform zur Koordination behördenübergreifender Verwaltungsvorgänge** dienen. Da die Blockchain es ermöglicht, den Aussteller eines elektronischen Dokuments eindeutig zu identifizieren, erlaubt sie eine qualifizierte Verwaltung von Dokumenten. Schließlich lassen sich über ihre Protokollierungsfunktion öffentliche Register effizient in transparenter Weise führen.[66] 71

Für die Rechtsabteilung bieten Blockchain-basierte Technologien neue technische Möglichkeiten zur Dokumentenerstellung, -lenkung und für den Vertragsabschluss. Über die Blockchain können **Verträge** 72

---

60 Breidenbach/Glatz Legal Tech-HdB/v. Bünau S. 81 Rn. 37.
61 Zu den technischen Charakteristika der Blockchain-Technologie siehe → *Blockchain* Rn. 4.
62 Breidenbach/Glatz beck.digitax 2020, 18 (21).
63 Breidenbach/Glatz beck.digitax 2020, 18 (22).
64 ZB Grundstücksübertragungen, aber auch Schuldverschreibungen; siehe Breidenbach/Glatz Legal Tech-HdB/Matzke S. 197 Rn. 1 ff, zur Möglichkeit der Durchführung von sog. tokenisierten Schuldverschreibungen über die Blockchain.
65 Breidenbach/Glatz Legal Tech-HdB/Glatz S. 209.
66 Breidenbach/Glatz Legal Tech-HdB/Danninger/Gaul/Glatz/Nehrenheim/Papp/Rieger/Wagner S. 222 Rn. 11, 12.

digital und automatisiert erstellt und abgeschlossen werden.[67] Ferner kann Dokumentation kontrolliert und rechtssicher einer großen Anzahl an Mitarbeitern zur Verfügung gestellt und ortsunabhängig nutzbar gemacht werden.[68] Hierdurch werden Kapazitäten der Rechtsabteilung für andere Mehrwert schaffende Aufgaben und Tätigkeiten freigesetzt zB als strategischer Berater und sachkundiger Mitgestalter der Unternehmensentwicklung.[69]

c) Smart Contracts

73 **Smart Contracts** (→ *Smart Contracts* Rn. 1) sind **Skripte** (zB Programmcodes oder Computeranweisungen), die **basierend auf der Distributed Ledger-Technologie** in der Lage sind, selbstständig über wirtschaftliche Güter zu verfügen, mithin **Transaktionen zu automatisieren**. Smart Contracts stellen jedoch selbst **keine Verträge im juristischen Sinne** dar, sondern sind Regelungen für Abläufe und Datenflüsse in der Programmlogik.[70] Einsatzbereiche für Smart Contracts finden sich im **Vertragsrecht** (→ *Smart Contracts* Rn. 11), bei der Durchsetzung gesetzlicher Ansprüche (→ *Smart Contracts* Rn. 17), im Rahmen der **privaten Rechtsdurchsetzung** (→ *Smart Contracts* Rn. 18), sowie im Rahmen der **Online Dispute Resolution** (→ *Smart Contracts* Rn. 23). Ein Smart Contract kann die Transaktionslogik von bekannten Vertragstypen – zB einem Kaufvertrag – abbilden und selbstständig durchsetzen. Die Dispositionen der Software stehen insofern stets unter dem Vorbehalt des schriftlich oder mündlich geschlossenen Vertrags.[71] Im Unterschied zum „nicht smarten" Vertrag schafft ein Smart Contract, der auf einer öffentlichen Blockchain (wie zB Ethereum[72]) ausgeführt wird, eine gesicherte Verbindlichkeit, die kein geschriebener Vertrag zu leisten vermag: Während man im Recht in der Regel erst ex post erfährt, ob ein Versprechen tatsächlich auch bindend erfüllt wird, kehrt der Smart Contract dieses Prinzip um: Hier ist schon ex ante klar, dass die Parteien ihre Obligationen erfüllen werden.[73] Denn ein Smart Contract wird innerhalb seiner Laufzeitumgebung dergestalt automatisiert ausgeführt, dass er den Vertrag selbstständig ausführen und eine Vertragserfüllung auch automatisch erzwingen kann, ohne dass es der Mitwirkung der Parteien bedarf.[74] Er ist somit nicht nur in der Lage, die Gegenleistung (zB Zahlung von Geld) selbstständig einzuziehen, sondern kann die Leistung (zB Zurverfügungstellung des Kaufgegenstandes) verweigern[75], sofern der Vertragspartner seinerseits (zB wegen Zahlungsunfähigkeit) nicht zur Gegenleistung fähig ist (zu Leistungsstörungen bei *Smart Contracts* → Smart Contracts Rn. 15). Auf der anderen Seite bietet ein auf einer Blockchain laufender Smart Contract den Vorteil der Unveränderlichkeit und Manipulationssicherheit (→ *Smart Contracts* Rn. 7).

74 Aufgrund dieser einem Smart Contract inhärenten technischen „Leistungsversicherung" birgt die Durchführung insbesondere von **Massengeschäften** oder Verträgen im Bereich **Internet of Things** (→ *Smart Contracts* Rn. 5) in Form von Smart Contracts für den Wirtschaftsverkehr große Attraktivität. Für die juristische Kernarbeit hat dieser Umstand im Wesentlichen zwei **Konsequenzen**: Im Rahmen individualvertraglicher Vereinbarungen wird zukünftig neben den „analogen" Vertragsschluss der Aspekt dessen korrekter digitalisierter Umsetzung in Form eines Smart Contracts treten. Die Synchronisierung der vertraglichen Absprache mit dem Code des Smart Contracts gelingt nur dort, wo neben der juristischen auch eine programmiertechnische Fachexpertise herrscht. Zum anderen ist es mehr als wahrscheinlich, dass zukünftig über das Internet of Things Allgemeine Geschäftsbedingungen über Massenverträge im Wege von Smart Contracts abgewickelt werden (zur AGB-Problematik bei Smart Contracts → *Smart Contracts* Rn. 14). Auch hier obliegt es Juristen, sicherzustellen, dass der verwendete Code die (Verbraucher-)Rechte des Vertragspartners im gesetzlichen Rahmen wahrt. Ein Grundverständnis über die Blockchain, die Distri-

---

67 Breidenbach/Glatz Legal Tech-HdB/Steinbrecher S. 244 Rn. 11.
68 Breidenbach/Glatz Legal Tech-HdB/Steinbrecher S. 243 Rn. 9.
69 Breidenbach/Glatz Legal Tech-HdB/Steinbrecher S. 253 Rn. 38.
70 Urbach/Völter LR 2020, 119 (123).
71 Breidenbach/Glatz Legal Tech-HdB/Sandner/Voigt/Fries S. 156 Rn. 35.
72 Wobei die Ausführung auf einer Blockchain nicht zwingend notwendig ist (→ Smart Contracts Rn. 1).
73 Breidenbach/Glatz Legal Tech-HdB/Glatz S. 144 Rn. 24.
74 Breidenbach/Glatz Legal Tech-HdB/Glatz S. 138 Rn. 6.
75 Freilich nur im Rahmen des rechtlich Zulässigen (→ Smart Contracts Rn. 18).

buted Ledger-Technologie und deren Skriptsprachen wird zukünftig ggf. genauso unerlässlich für einen Wirtschaftsanwalt sein wie gegenwärtig verhandlungssichere fließende Fremdsprachenkenntnisse.

d) Predictive Analysis

Der Bereich der **Predictive Analysis** berührt eine der Grundsehnsüchte aller Rechtsuchenden und ihrer Berater: Wer würde nicht gerne wissen, wie ein antizipierter Rechtsstreit ausgehen würde, bevor man diesen entfacht bzw. dessen Risiko billigend in Kauf nimmt? In Rechtsordnungen, die Beratungsvergütungen aufgrund von Erfolgshonoraren erlauben, hat ein solcher Blick in die gläserne Kugel handfeste wirtschaftliche Bedeutung. Nicht umsonst beschäftigen bekannte, auf sog. „contingency basis" agierende US-Kanzleien wissenschaftliche Abteilungen zur eingehenden rechtlichen Analyse eines Sachverhalts auf Erfolgsaussichten, bevor der Fall auf Basis eines Erfolgshonorars angenommen wird.

Das Prinzip der Predictive Analysis im Rahmen des **Legal Tech 3.0** ist ähnlich, nur dass hier versucht wird, unter Zuhilfenahme von entsprechend angelernten Algorithmen verlässlicher und wesentlich schneller zu einer Vorhersage zu kommen (→ *Legal Prediction* Rn. 31 ff.). Bei der hier verwendeten Technologie handelt es sich im Wesentlichen um Datenbanken, die historische Fälle nach bestimmten Eigenschaften kategorisieren und strukturiert erfassen. Anschließend wird für einen zu bewertenden Fall eine bestimmte Menge an vergleichbaren historischen Fällen identifiziert und anhand der relativen Häufigkeit der Erfolgsfälle eine Bewertung abgegeben.[76] Diese Technologie ist jedoch nicht nur aus Sicht der Interessenvertreter interessant, sondern auch für diejenigen Juristen verführerisch, die über zur Entscheidung gestellte Sachverhalte richten müssen. Demnach wird auch davon ausgegangen, dass zukünftig die Prozessführung vor staatlichen Gerichten und privaten Schiedsgerichten in großem Maße von entsprechenden Algorithmen unterstützt wird.[77]

Die Technologie befindet sich gegenwärtig noch in der Entwicklung mit unterschiedlich optimistischen Zukunftsprognosen.[78] Sollte sie sich jedoch durchsetzen, wäre der Zugriff auf diese Technologie zumindest für Anwälte ggf. aus Gründen anwaltlicher Sorgfaltspflichten von besonderer Relevanz. Die weiteren Fragestellungen wären ggf. ethischer und rechtsmethodologischer Natur (→ *Legal Prediction* Rn. 44). Insbesondere, wenn sich auch die Entscheidungsfinder maßgeblich an den prediktiven Algorithmen orientieren würden, könnte sich die Frage stellen, ob wirklich noch Recht und Gesetz und nicht vielmehr der Algorithmus in Zukunft den Ausgang von Rechtsstreitigkeiten und – fast schlimmer noch – die Frage der rechtlichen Vertretung dominiert.

III. Mitwirkung an der Entstehung neuartiger codebasierter juristischer Produkte und Prozesse in Knowledge Management und Rechtsgestaltung

Die oben genannten Beispiele zeigen die Chancen, deuten jedoch auch bereits die Risiken der Konversion an. Auf operativer und pragmatischer Ebene erscheinen die Aspekte der Konversion insbesondere in organisatorischer Hinsicht als Ergebnis einer Eigendisruption im Wege eines Legal Design Thinking (→ *Legal Design* Rn. 2) eher als Bürde. Deutlich wird jedoch auch, dass ohne eine Konversion auf der Ebene des Legal Tech 1.0 die Vorteile der weiteren Legal Tech-Ebenen nicht in Anspruch genommen werden können. Die Aufgabe einer individuell durchzuführenden Konversion ist also keine Frage des „Ob", sondern eher eine Frage des „Wie".

Den situationsbedingten oder marktbedingten Notwendigkeiten stehen aber auch deutliche Chancen gegenüber. Diese voll auszuschöpfen, ist eine Frage der **Mitwirkung der Rechtsanwender an der Entstehung**

---

76 Breidenbach/Glatz Legal Tech-HdB/v. Bünau S. 81 Rn. 37.
77 Breidenbach/Glatz Legal Tech-HdB/Steinbrecher S. 252 Rn. 35.
78 Nach Breidenbach/Glatz Legal Tech-HdB/v. Bünau S. 81 Rn. 37 befindet sich die Entscheidungsvorhersage noch in den Kinderschuhen. Breidenbach/Glatz Legal Tech-HdB/Steinbrecher S. 252 Rn. 35 hingegen berichtet, dass Algorithmen bereits heute in der Lage seien, die Erfolgsaussichten einer Klage auf der Grundlage von online eingegebenen Sachverhaltsinformationen zu bestimmen.

neuartiger codebasierter juristischer Produkte und Prozesse. Insbesondere auf der Ebene des Legal Tech 3.0 befindet sich die Entwicklung noch im Fluss, so dass sich ausreichend Raum für Impulse aus der juristischen (Anwender-)Sicht bietet. Dies gilt jedoch nicht nur in individueller oder wirtschaftlicher Hinsicht, sondern auch im Hinblick auf die gesellschaftliche Verantwortung aller Juristen. Das Rechtssystem ist keine beliebig substituierbare Fiktion, sondern ein sehr reales, auf einem demokratischen Willensbildungsprozess basierendes System. Auch wenn durch die Schaffung von Code effiziente automatisierte Systeme in der Rechtsanwendung geschaffen werden können, ist der Aspekt der Mitwirkung nicht nur Chance, sondern gleichzeitig auch Verpflichtung aller Rechtsanwender, dafür Sorge zu tragen, dass sich Code immer im Rahmen der verfassungsrechtlichen Prinzipien einer von Menschen gewählten und geschaffenen freiheitlichen demokratischen Grundordnung bewegt und – wie in anderen Wissenschaften auch – die ethischen und rechtlichen Grenzen nicht dem technisch Möglichen durch die Hintertür weichen.

80 Mit den nachfolgenden Beispielen werden bestimmte **Möglichkeiten der Mitwirkung an der Entstehung neuer codebasierter Produkte** angesprochen. Jedoch soll das nicht darüber hinwegtäuschen, dass alle Rechtsanwender berufen sind, konkrete Anforderungen an Legal Tech-Anwendungen zu formulieren, damit nicht nur abstrakt technisch Mögliches, sondern auch pragmatisch Unabdingbares eine professionelle digitale Umsetzung erfährt.

1. Bereiche

81 Im Rahmen der Entstehung und Weiterentwicklung von Legal Tech stellt sich schon fast zwangsläufig die Frage, welche **Möglichkeiten** – aber ggf. auch **Notwendigkeiten** – sich für Juristen zur Mitwirkung bei der Entstehung und digitalen Umsetzung neuartiger Produkte und Prozesse ergeben. Welche **Anforderungen** stellen sich und welche Kenntnisse werden notwendig sein? Die Vision, dass Anwälte zukünftig Legal Tech-Prozesse und Systeme designen werden,[79] ist nicht neu. Auch wenn man versucht ist, in dieser Hinsicht direkt in die technischen Anwendungsfelder einzutauchen, ergeben sich ggf. übergeordnete Bereiche, die Raum für Mitwirkung auch ohne detaillierte Programmierkenntnisse bieten.

82 Ein Stichwort, das in der Befassung mit der Entwicklung von Legal Tech immer wieder zur Sprache kommt, ist der Begriff des Workflows. Das erscheint aus traditioneller Sicht eher als neumodische Terminologie für Abläufe, die für traditionelle Gerichts-, Verwaltungs-, und Kanzleiabläufen nicht zu passen scheint. Allerdings setzen genau hier die **disruptiven Potenziale** an. Zwar erscheint diesbezügliche Kreativität von weniger den traditionellen Prozessen behafteten Menschen einfacher zu entfalten zu sein. Auf der anderen Seite werden Rechtsanwender in Ausübung ihrer juristischen Kerntätigkeit in einem regulatorischen Umfeld tätig, das nicht einfach weggedacht werden kann. Juristischer Input im kreativen Workflow-Design ist deshalb notwendig. Workflow-Analyse und Legal Design Thinking begleitet von Juristen erscheint als ein Key Enabler der Konversion.

83 Im Zusammenhang mit der Entstehung neuartiger codebasierter juristischer Expertensysteme bieten sich **Mitwirkungsmöglichkeiten** sowohl in der **Applikations- und Plattform-Entwicklung** als auch im Zusammenhang mit der **Durchführung digitalisierter Transaktionen** (im Wege von Smart Contracts). Jedoch ergeben sich zunächst Schnittstellen zwischen klar formulierten Anwender-Expektanzen und der technischen Mitwirkung im Entstehungs- und Anwendungsprozess. Gegenwärtig fallen Expektanz und Kreation von Legal Tech-Anwendungen oft zusammen: Legal Tech-Entwickler entwickeln idR eigene Lösungen für die von ihnen selbst identifizierten **Anwendungs-Expektanzen**. Zwar wird der Kreis der Anwender hierdurch in der Applikations-Vielfalt bereichert, allerdings gibt es insgesamt im Rechtsbereich eher unterproportional repräsentierte Foren zur Diskussion von gewünschten oder ggf. sogar dringend benötigten Softwarefunktionalitäten. Auf der anderen Seite wird jeder Leser Kollegen oder Kolleginnen kennen, die sich mehr als einmal über fehlende Funktionalitäten der von ihnen eingesetzten Software beklagt haben. Demgegenüber werden zB in der Medienindustrie (zB Foto, Film, Musik, Content Management) und im Bereich der Open Source-Entwicklung Anwender-Expektanzen zuhauf in öffentlichen Foren

---

[79] Breidenbach/Glatz beck.digitax 2020, 18 (19).

geäußert und diskutiert. Rechtsanwender sollten sich hier nicht die Möglichkeiten nehmen lassen, Legal Tech-Entwicklern klare Anforderungen zu formulieren.

Auf der Ebene der **Compliance** ergeben sich nicht nur Gesichtspunkte zur Mitwirkung von Juristen im Rahmen der Analysemöglichkeiten von großen Datenmengen. In übergeordneter Hinsicht ergeben sich Mitwirkungsmöglichkeiten beim rechtlichen Monitoring zB von Legal Tech 3.0-Entwicklungen. Insbesondere das Beispiel der Smart Contracts zeigt, dass die juristische Kerntätigkeit selbst im Rahmen der Konversion einem Wandel unterzogen ist. 84

Da juristisches Wirken regelbasiert erfolgt, liegt die Annahme nahe, dass sich das, was regelbasiert ist, auch automatisieren lässt.[80] Und die Versuchung liegt nahe, den Schritt technisch weiterzugehen unter der Prämisse, das Schicksal von Regeln sei Code. Die Vertreter der „code is law"-Bewegung führen den Gedanken dahin gehend fort, dass durch die Ersetzung des Rechts durch Code die Involvierung von Juristen entbehrlich wird. Ein gewisser Zirkelschluss sollte jedoch überwunden werden: Selbst wenn mittels Smart Contracts (→ *Smart Contracts* Rn. 10) neue Regelungsformen entstehen bzw. Lebenssachverhalte von Künstlicher Intelligenz eigenständig entschieden werden, bleibt zu beachten, dass – zumindest dem demokratischen Grundverständnis folgend – alle Gewalt vom Volke – und somit vom Menschen – ausgeht. Freilich können durch die automatische codebasierte Abwicklung rechtsgeschäftlicher Erklärungen Störungen in der Ausführung des Rechtsgeschäfts von vornherein vermieden werden (→ Rn. 73). Dennoch setzt das geltende Recht dort Grenzen, wo eine automatisierte Abwicklung eines Rechtsgeschäfts im Wege eines Smart Contracts unter Missachtung des geltenden Rechts vorgenommen wird (→ *Smart Contracts* Rn. 1). Auch wenn durch die Zurverfügungstellung von Blockchains durch Zusammenschlüsse in der Privatwirtschaft im Wege von Smart Contracts Klausel- oder Transaktionsstandards herausgebildet werden sollten, bleibt die Überprüfung derselben mit (zukünftig) geltendem Recht Aufgabe von Juristen. Ggf. wird zB der Rechtsgedanke zur Verwendung Allgemeiner Geschäftsbedingungen eine Renaissance erfahren. Ferner wird es auch in Zukunft neben der Abwicklung von Massengeschäften des täglichen Bedarfs die Notwendigkeit für individuell getroffene und verhandelte vertragliche Absprachen geben und damit einhergehend die Notwendigkeit der (juristischen) Kontrolle deren Umsetzung in Code. Zumindest erscheint unter dem gegenwärtigen Demokratieverständnis eine geordnete Sozialstruktur anders nur schwer möglich. 85

Auch wenn sich die Rechtswissenschaften und Naturwissenschaften in ihrer strukturierten Herangehensweise ähneln, sollten Juristen **ethische und rechtsmethodologische Grundsätze** im Blick behalten (→ *Subsumtion* Rn. 24 ff.), um sicherzustellen, dass auch automatisierte Systeme im Einklang mit den gesellschaftlichen und verfassungsrechtlichen Vorgaben arbeiten und die Praktikabilität technischer Lösungen nicht die Grundwerte einer demokratischen Grundordnung verwässert. Der Bedarf an von Menschen geleisteter juristischer Kernarbeit wird deshalb bis auf Weiteres bleiben. Die Art und Weise der Ausübung befindet sich jedoch im Wandel. 86

2. Anwendungsfelder

Für die **Mitwirkung im technischen Entstehungsprozess** von Legal Tech ergeben sich auf den unterschiedlichen technischen „Ebenen" des Legal Tech verschiedene Ansatzpunkte: zum Beispiel im Bereich der klassischen **Applikationsentwicklung**, der Durchführung **digitaler Transaktionen** (Smart Contracts) und der **Entwicklung persönlicher Tools**. Die Beschäftigung mit **Low-Code- bzw. No-Code-Tools** kann in diesem Zusammenhang die Möglichkeiten der **direkten Mitwirkung von Rechtsanwendern** an der Entstehung codebasierter Produkte auch ohne detaillierte Programmierkenntnisse erheblich erweitern. Mit diesen Tools können Rechtsanwender individuell digitale Prozesse zum Knowledge Management oder Dokumenten-Management wie auch Prozessabläufe zB für eine online-gestützte Dispute Resolution erstellen und zur Verfügung stellen. Hierdurch können zB Kanzleien ihr Produktportfolio zum einen erweitern, aber auch ihre individuellen Beratungsleistungen qualifizieren und verbessern. Das betrifft nicht nur die 87

---

80 Breidenbach/Glatz Legal Tech-HdB/Breidenbach/Glatz S. 4.

Arbeit im Kollektiv, sondern auch die Möglichkeiten zur Erstellung oder Adaptierung einer individuellen Tech-basierten Arbeitsumgebung für die Ausübung juristischer Kerntätigkeit.

88   Gerade im Bereich der **Low-Code- und No-Code-Anwendungen** auf dem Level des Legal Tech 1.0 besteht großes Potenzial für eine – auch schrittweise – individuelle oder Kanzlei-interne Konversion der Arbeitsabläufe hin zu einer durch Legal Tech unterstützten juristischen Kerntätigkeit. Flankiert werden die Möglichkeiten durch Open Source-Applikationen, die gegenwärtig in der Rechtsanwendung noch wenig Beachtung finden. Bereits die Einrichtung eines Kanzlei-internen Open Source-Wikis zum Knowledge Management oder einer Open Source-Plattform zur agilen Projektarbeit[81] kann wertvolle Weichen für eine effiziente Änderung des Workflows und der Zusammenarbeit auf digitaler kollaborativer Basis stellen, die letztlich ein Tor zu weiteren Applikationen auf den Ebenen des Legal Tech 2.0 oder 3.0 öffnet. Abgesehen von No-Code-Applikationen ist die Befehlssyntax von Low-Code-Applikationen wie zB Wikis recht übersichtlich und auch für weniger Coding-affine Rechtsanwender durchaus in kurzer Zeit erlernbar. Neben den Möglichkeiten der „institutionellen" Mitwirkung an der Entstehung komplexer branchenumfassender Legal Tech-Systeme bieten sich auch im individuellen Bereich viele Möglichkeiten, mit relativ geringem Aufwand die Ausübung der eigenen juristischen Kernarbeit mithilfe von (Legal) Tech effizienzsteigernd zu optimieren.

89   Die **Verschmelzung von juristischer und programmiertechnischer Fachexpertise** führt bereits jetzt zu neuen Berufen wie Legal Engineers und Legal Designern. In diesem Zusammenhang ist nicht ausgeschlossen, dass Knowledge Manager mit entsprechender IT-Expertise zu Schlüsselfaktoren für die kanzlei- oder verwaltungsinternen digital geführten Arbeitsprozesse und die Qualität der damit verbundenen Arbeitsergebnisse konvertieren. Auch für Anwender, die den Automatisierungs- und Industrialisierungsgedanken weg vom Expertensystem mit Blick auf eine selbstständige Anwendung durch die Rechtssuchenden verfolgen, ergibt sich die Notwendigkeit, dass die in diesen Systemen notwendigen Informationen zunächst entsprechend aufbereitet werden müssen, damit sie automatisiert digital prozessiert werden können. Das klassische juristische Berufsbild wird ggf. auch durch Legal Content Manager ergänzt, die zumindest zum gegenwärtigen Stand der KI im Legal Tech dafür Sorge tragen, dass die verwendeten Systeme mit entsprechend aufbereiteten fachlichen Inhalten gefüllt werden. Demgegenüber ist es nicht ausgeschlossen, dass zukünftig ebenfalls KI-gestützte Softwarelösungen ggf. auch für Juristen einfacher zu entwickeln sein werden. Bereits jetzt stellen sowohl Google als auch Microsoft KI-Bausteine als Open Source im Internet zur Verfügung[82] und beschreiten Juristen neue Wege von der Rechtsanwendung hin zur Entwicklung von Software-Applikationen. Wer könnte Applikationen für Rechtsanwender besser entwickeln als Juristen selbst? Die Mitwirkung an der Entstehung codebasierter juristischer Produkte im Bereich des Legal Tech bietet somit mannigfaltige Möglichkeiten der Konversion bis hin zur Konvergenz von juristischen Berufsbildern.

90   Ein großes Betätigungsfeld ergibt sich zweifelsohne im Bereich der Entwicklung und Anwendung der **Distributed Ledger-Technologie** und von **Smart Contracts** (→ *Smart Contracts* Rn. 18). Das betrifft zum einen das **Spannungsfeld zwischen algorithmischer und juristischer Logik** im Zusammenhang mit der (ggf. sogar automatisierten) Erstellung von Smart Contracts. Ferner bedarf es der Synchronisation der automatisierten (vereinbarten) Programmabläufe mit den gesetzlichen bzw. vereinbarten rechtlichen Rahmenbedingungen.[83] Hinzu kommt die rechtliche Beratung im Fall der fehlenden Synchronisation oder von Programmierfehlern, die es Smart Contracts ermöglichen, über den Rahmen der gesetzlichen oder vereinbarten rechtlichen Rahmenbedingungen hinaus zu agieren. Das bedingt nicht nur die Notwendigkeit von **Zusatzqualifikationen** in Form von Code-Kenntnissen zumindest in gängigen Script-Sprachen, sondern

---

[81] In den Parametern juristischer Tätigkeit: agile Fallbearbeitung oder agile Strukturierung von Acquisitions Teams bei M&A oder anderen interdisziplinären Transaktionen.

[82] Siehe https://ai.google/tools/; https://www.microsoft.com/en-us/ai/responsible-ai-resources.

[83] Siehe hierzu auch das vom Bundesministerium für Wirtschaft und Klimaschutz geförderte Projekt „Industrie 4.0 Recht-Testbed", ein digitales Experimentierfeld für automatisierte Geschäftsprozesse, um offene Rechtsfragen zu klären und wesentliche Geschäftsvorfälle rechtssicher zu gestalten: https://legaltestbed.org/.

auch eine **neue Interdisziplinarität in der Arbeitsweise** weg von der klassischen Zusammenarbeit von Rechtsanwendern mit verschiedener juristischer Fachexpertise hin zur engen Kooperation mit eigentlich fachfremden Wissenschaften in Verbindung mit der digitalen Umsetzung des Workflows und der Kommunikation (zB mit Designern, Programmierern und anderen IT-Experten) in der juristischen Kernarbeit.

Die Möglichkeiten zur Mitwirkung von Rechtsanwendern bei der Entstehung neuer codebasierter juristischer Produkte und Prozesse sind mannigfaltig. Legal Tech ändert nicht nur die Art und Weise, wie Rechtsanwender zukünftig ihre juristische Kernarbeit ausüben – Legal Tech wird mittel- bis langfristig die Art der juristischen Kernarbeit selbst ändern. Auch wenn außerhalb der Rechtswissenschaften ggf. entsprechende Vorurteile herrschen, ist das Recht kein statisches Element. Es ändert sich mit dem sozialen und technologischen Wandel in der Gesellschaft. Es ist deshalb nur sachlogisch, dass somit auch die Art und Weise der Rechtsanwendung und der juristischen Kerntätigkeit einer ständigen Änderung unterworfen ist. 91

51. Kryptowährungen

Kratzer

I. Einführung	1
II. Begriffsbestimmung	5
1. Kategorien von Token	5
2. Kryptowährungen und der Geldbegriff	10
a) Ökonomischer und juristischer Geldbegriff	11
aa) Ökonomischer Geldbegriff	11
bb) Der juristische Geldbegriff	12
(1) Staatliche Theorie des Geldes	12
(2) Geld nach der deutschen und europäischen Rechtsordnung	13
(3) Kritik	17
cc) Währungen	19
b) Kryptowährungen und das staatliche Geldmonopol	20
c) CBDC (Central Bank Digital Currency)	21
d) Die Facebook-Währung Diem	23
3. ICO	25
III. Rechtliche Einordnung: Aufsichtsrecht	27
1. Finanzinstrumente nach KWG	27
2. Wertpapiere nach dem WpHG und DepotG	35
3. E-Geld nach ZAG/E-Geld-Richtlinie	38

Literatur: *Auffenberg*, E-Geld auf Blockchain-Basis, BKR 2019, 341; *Hahn/Häde*, Währungsrecht, 2. Aufl. 2010; *Herrmann*, Währungshoheit, Währungsverfassung und subjektive Rechte, 2010; *Hicks*, Critical Essays in Monetary Theory, 1967; *Hoch/Lerp*, in: Kunschke/Schaffelhuber (Hrsg.), FinTech, 2018, Teil VI, Initial Coin Offerings (zit. Kunschke/Schaffelhuber FinTech/Hoch/Lerp); *Kaulartz/Matzke*, Die Tokenisierung des Rechts, NJW 2018, 3278; *Kleinert/Mayer*, Elektronische Wertpapiere und Krypto-Token, Aktuelle Rechtslage und die Blockchain-Strategie der Bundesregierung vom 18.9.2019, EuZW 2019, 857; *Knapp*, Staatliche Theorie des Geldes, 2. Aufl. 1918; *Langer*, Libra und des Pudels Kern, IRZ 2019, 509; *Larenz*, Lehrbuch des Schuldrechts, Bd. I, Allgemeiner Teil, 12. Aufl. 1979; *Savigny*, Das Obligationenrecht als Theil des heutigen römischen Rechts, Bd. I, 1851; *Manger-Nestler*, in: Omlor/Link (Hrsg.), Kryptowährungen und Token, 2021, Währungsrecht, S. 406; *Mann*, The Legal Aspect of Money, 5. Aufl. 1992; *McCall*, How El Salvador Has Changed U.S. Law by a Bit: The Consequences for the UCC of Bitcoin Becoming Legal Tender, Oklahoma Law Review (74) (2021–2022), 313; *Meier/Kotovskaia*, Das Machtpotenzial der Kryptowährungen von BigTechs, BKR 2021, 348; *Nathmann*, Token in der Unternehmensfinanzierung– Rechtliche Einordnung von Initial Coin Offerings (ICO), BKR 2019, 540; *Omlor*, Grund und Grenzen einer Annahmepflicht von Euro-Bargeld, EuZW 2021, 480; *Omlor*, Geld und Währung als Digitalisate, JZ 2017, 754; *Omlor*, Geldprivatrecht, 2014; *Omlor/Birne*, Digitales Zentralbankgeld im Euroraum, RDi 2020, 1; *Schäfer* in: Boos/Fischer/Schulte-Mattler/Schäfer, KWG Kommentar, 5. Aufl. 2016, § 1 (zit. Boos/Fischer/Schulte-Mattler/Schäfer KWG); Schwennicke, in: Omlor/Link (Hrsg.), Kryptowährungen und Token, 2021, Bankaufsichtsrecht, S. 355; *Simitis*, Bemerkungen zur rechtlichen Sonderstellung des Geldes, AcP (159), 1960/1961, 406; *Strobel*, Digitaler Euro? Ein Überblick über die rechtlichen und wirtschaftlichen Fragen, BKR 2021, 556; *Terres*, Die Logik einer wettbewerblichen Geldordnung, 1999; Ukrow, Libra im Lichte des Europarechts – Vom digitalen Binnenmarkt zum digitalen Währungskondominium? – Teil 1, EuZW 2019, 726; *Weber* (Hrsg.), Währung und Wirtschaft: das Geld im Recht, Festschrift für Prof. Dr. Hugo J. Hahn zum 70. Geburtstag, 1997; *Weitenauer*, Initial Coin Offerings (ICOs): Rechtliche Rahmenbedingungen und regulatorische Grenzen, BKR 2018, 231; *Varmaz/Varmaz/Günther/Poddig* in: Omlor/Link (Hrsg.), Kryptowährungen und Token, 2021, Rechtliche und finanzökonomische Grundlagen, S. 1

I. Einführung

1 Seitdem der Wert von **Bitcoins** im Herbst 2017 zum ersten Mal rasant anstieg, begann sich ein größerer öffentlicher Fokus auf das technologische Phänomen **Kryptowährungen** zu richten. Neben den von einer Goldgräberstimmung getragenen rasanten Kursanstiegen geriet auch die technische Grundlage von Kryptowährungen, die **Blockchain-Technologie** (→ *Blockchain* Rn. 4), in das Blickfeld von Unternehmen, der Wissenschaft und der Politik. Aus der im Jahr 2009 entstandenen Idee Bitcoin, der bis heute bekanntesten und wohl relevantesten Kryptowährung, hat sich ein Ökosystem aus breit gefächerten technischen und wirtschaftlichen Angeboten entwickelt. Mittlerweile können über 14.900 Kryptowährungen gezählt werden, die insgesamt eine Marktkapitalisierung von über 2,5 Billionen USD erreicht haben.[1]

2 Diese Entwicklung wird auch als sog. **Token-Ökonomie** bezeichnet. Unter **Token** kann allgemein ein digitalisierter Wert verstanden werden, dem eine bestimmte Funktion zugeordnet werden kann und der bei

---

1 Vgl. dazu: https://coinmarketcap.com/.

entsprechender Nachfrage auch einen Wert erhalten kann.² Token kann daher als Wertmarke übersetzt werden, die einen digitalen, über die Blockchain als dezentrale Datenbank verwalteten Wert symbolisiert und die zwischen den Nutzern des konkreten Blockchain-Systems transferiert und aufbewahrt werden kann. Im Fall von Kryptowährungen kann der Token im weitesten Sinn mit einer virtuellen Münze verglichen werden, wobei meist auch nur ein beliebiger Bruchteil einer solchen virtuellen Münze transferiert werden kann. Dieser Token wird im technischen System der Bitcoin-Blockchain als Bitcoin bezeichnet.

Die **Transaktion** eines Bitcoins läuft nicht dergestalt ab, dass ein Datenpaket zwischen Nutzern verschoben wird, die dieses dann speichern und nutzen können. Es wird vielmehr jede Übertragung eines Tokens von der ersten Transaktion an in der Blockchain als Datum über die Transaktion (vereinfacht gesagt über den Sender, Empfänger und Wert) gespeichert, sodass die Abwicklung einer solchen Token-Transaktion allein dadurch bewirkt wird, dass der jeweiligen Blockchain eine weitere Transaktion hinzugefügt wird, die mit allen vorherigen Transaktionen dieses Tokens übereinstimmt (zur technischen Grundlage einzelner Transaktionen → *Blockchain* Rn. 6). Die Blockchain ist damit vereinfacht ausgedrückt ein Kontobuch, in dem alle Transaktionen aufgeführt und nachvollzogen werden können. Anhand der meist öffentlichen Blockchain kann also jeder Token im System einem aktuellen Nutzer eindeutig zugeordnet werden. Wie bereits erwähnt, ist ein Blockchain-System die basale Technologie, durch die Nutzer Zugang zu einem bestimmten Token-System erhalten und diese virtuellen Werte empfangen, speichern und transferierten können.

Die **Technik der Blockchain** ist grundsätzlich **offen** ausgestaltet, so dass den jeweils dort erzeugten und verwendeten Token gänzlich frei bestimmbare Funktionen und Zwecke zugeordnet werden können – die **Token** sind lediglich der virtuelle Anker, mit dem die Funktionen und Zwecke einem Nutzer zugeordnet werden können. Eine Blockchain ermöglicht den teilnehmenden Nutzern eine sichere, meist **pseudonyme** und **effiziente** Verwaltung von Werten in der virtuellen Welt des Internets. Vorteil dieser Verwaltung ist die eindeutige Zuordnung der Werte zu einem Nutzer und dessen Möglichkeit zur Übertragung der Werte an andere Nutzer. Sicherheit gewährleisten die meisten Blockchain-Systeme dadurch, dass sie auf einer **kryptografischen Verschlüsselung** basieren und dadurch, dass die Transaktionen durch eine dezentrale Verwaltung der Nutzer im Konsens erfolgt (→ *Blockchain* Rn. 7 f., 9 ff.). Eine zentrale Instanz, die bisher für die Verwaltung von Werten nötig war, um zB einzelne Transaktionen auf ihre Richtigkeit hin zu überprüfen und den sicheren Transfer zu gewährleisten, wird obsolet.

II. Begriffsbestimmung

1. Kategorien von Token

Token verkörpern abstrakt lediglich einen digitalen Anker, der einem Nutzer fest zugeordnet ist und der nur durch eine Transaktion nach den Regeln der jeweiligen Blockchain und der darauf programmierten **smart contracts** (→ *smart contracts* Rn. 5) zwischen Nutzern sicher und eindeutig übertragen werden kann.³ Im Anwendungsfall von Kryptowährungen verkörpern die Token virtuelles Geld. Die Idee einer dezentral verwalteten Datenbank, wie sie die Blockchain-Technologie ermöglicht, lässt sich jedoch von einem reinen **Zahlungssystem** mit Geldwerten – wie im Fall der Kryptowährungen – abstrahieren und für andere **Zuordnungssysteme von Werten** nutzbar machen. Immer dann, wenn eine irreversible Übertragung von Inhalten, die in Form von digitalisierten Daten darstellbar sind, sicher und effizient ohne zentrale Instanz abgewickelt werden muss, kann die Blockchain-Technologie genutzt werden. Abhängig davon, was für Werte die Token verkörpern, lassen sich **Currency-, Utility- und Security-Token** unterscheiden. Unter welchen Bedingungen die jeweiligen Token eingesetzt werden können, wird in einem sog. **White Paper** vor dem **ICO** (→ Rn. 25) mit allen technischen Details beschrieben.

---

2 BaFin, Merkblatt: Zweites Hinweisschreiben zu Prospekt- und Erlaubnispflicht im Zusammenhang mit der Ausgabe von sogenannten Krypto-Token, Geschäftszeichen WA 51-Wp 7100–2019/0011, 16.08.2019, abrufbar unter https://www.bafin.de/SharedDocs/Downloads/DE/Merkblatt/WA/dl_wa_merkblatt_ICOs.html;jsessionid=D65483ACF7EE546DB26730C19DBFACB9.1_cid502?nn=9021442, S. 1.
3 Kleinert/Mayer EuZW 2019, 857 (858).

6 Als **Currency-Token** werden Token bezeichnet, die nach ihrem Zweck die Grundfunktionen von Geld erfüllen sollen, also als Tausch-, Wertaufbewahrungs-, Rechen- und Zahlungsmittel eingesetzt werden können. Zu diesen Currency-Token gehören die klassischen Kryptowährungen wie Bitcoins. Ob Kryptowährungen diese Geldfunktionen tatsächlich erfüllen können, ist umstritten.[4]

7 Hingegen verkörpern **Utility-Token** ein Recht auf Zugang zu Produkten oder Dienstleistungen, vergleichbar mit herkömmlichen Gutscheinen eines Unternehmens oder einer Institution, die solche Utility-Token frei nach den eigenen Bedürfnissen entwickeln und ausgeben können.[5] Diese Token repräsentieren virtuell also einen konkreten vom Emittenten festgelegten Wert, der meist ein Anspruch auf eine Dienstleistung oder ein Produkt verkörpert. Dieser Anspruch kann dann durch Übertragung des entsprechenden Tokens geltend gemacht werden – der Token wird also für die begehrte Leistung eingetauscht. Auch können Token bspw. als virtuelle Stimmrechte eingesetzt werden, um etwa Entscheidungen über die Ausgestaltung von Produkten oder Investments herbeizuführen.[6]

8 Schließich können Token auch als sog. **Security-Token** (teilweise als Equity- oder Investment-Token bezeichnet) genutzt werden. Solche Token werden verwendet, um zukünftige Kapitalflüsse in Form von Zinszahlungen oder Gewinnbeteiligungen virtuell darzustellen und werden daher häufig mit Unternehmensbeteiligungen verglichen.[7] Insbesondere ist die Ausgabe solcher Security-Token bei der Kapitalbildung von Start-ups beliebt geworden, weil sie einerseits zukünftige Gewinnbeteiligungen des wachsenden Unternehmens repräsentieren können und andererseits die Partizipation an einer Blockchain ermöglichen, die auch Teil des weiteren Angebots oder Geschäftskonzepts des Unternehmens sein kann.[8]

9 Viele Blockchain-Anwendungen, wie etwa die Bitcoin-Blockchain, laufen aufgrund **öffentlich zugänglicher Progammcodes** ab, sodass sich eine Blockchain frei gestalten lässt und deren Fortentwicklung nur wenige Grenzen gesetzt sind. Die grundlegende Funktion dieser Systeme besteht darin, eine virtuelle Repräsentanz von Werten zu ermöglichen, die sicher, schnell und ausschließlich allein virtuell transferiert werden können und daher allein virtuell und dezentral verwaltet werden.

2. Kryptowährungen und der Geldbegriff

10 Um Kryptowährungen unter rechtlich relevanten Aspekten zu untersuchen, bedarf es zunächst einer geldrechtlichen Einordnung der Currency-Token.

a) Ökonomischer und juristischer Geldbegriff
aa) Ökonomischer Geldbegriff

11 Der ökonomische Geldbegriff stellt die Funktion von Geld in den Vordergrund. Erfüllt eine Sache, unabhängig ob körperlich oder unkörperlich, die vier Funktionen als **Tauschmittel, Wertaufbewahrungsmittel, Rechnungseinheit und Zahlungsmittel** kann sie als Geld im ökonomischen Sinn bezeichnet werden.[9] Daher lässt sich der ökonomische Geldbegriff mit dem Aperçu „**money is what money does**" gut zusammenfassen.[10] Letztendlich entscheidet die **Gesellschaft** durch die Verwendung bestimmter Gegenstände darüber, was als Geld entsprechend der vier Funktionen verwendet wird.[11] Wann von einer solchen gesellschaftlichen Verbreitung, also einer breiten Akzeptanz eines Gegenstandes etwa als Zahlungsmittel und Wertaufbewahrungsmittel ausgegangen werden kann, ist ein gradueller Prozess, der keinen festen Grenzwerten folgt. Folglich kann die Erfüllung der vier Geldfunktionen unterschiedlich bewertet werden,

---

4 Kaulartz/Matzke NJW 2018, 3278 (3279).
5 Weitnauer BKR 2018, 231 (232).
6 Weitnauer BKR 2018, 231 (232).
7 Kaulartz/Matzke NJW 2018, 3278 (3280).
8 Kunschke/Schaffelhuber FinTech/Hoch/Lerp Teil VI Rn. 11.
9 Siehe dazu Herrmann, Währungshoheit, Währungsverfassung und subjektive Rechte, 2010, S. 40 ff.
10 Hicks, Critical Essays in Monetary Theory, 1967, S. 1.
11 Herrmann, Währungshoheit, Währungsverfassung und subjektive Rechte, 2010, S. 61.

sodass dem ökonomischen Geldbegriff faktisch ein fluides Begriffsverständnis zugrunde liegt und je nach Perspektive der Begriff Geld verwendet wird oder (noch) nicht.[12]

bb) Der juristische Geldbegriff
(1) Staatliche Theorie des Geldes

Der **juristische Geldbegriff** folgt im Wesentlichen aus der **Staatlichen Theorie des Geldes** von Georg Friedrich Knapp. Danach ist Geld „ein Geschöpf der Rechtsordnung" und der Staat kann definieren, was als Geld im Rechtssinne gilt.[13] Diese Festlegung kann der Staat etwa dadurch treffen, dass er bestimmt, welches Geld als **gesetzliches Zahlungsmittel** gilt und von **öffentlichen Kassen** mit schuldbefreiender Wirkung angenommen werden muss.[14] Diese zentralen Kriterien der staatlichen Theorie des Geldes werden teilweise durch weitere Kriterien ergänzt, wie zB die zwingende **staatliche Emission** des Geldes.[15] 12

(2) Geld nach der deutschen und europäischen Rechtsordnung

Nimmt man die **staatliche Emission** als Kriterium, um Geld im Rechtssinne zu definieren, ist lediglich das **Euro-Bargeld** Geld im Rechtssinne. Gem. Art. 128 Abs. 1 S. 2 AEUV geben die EZB und die nationalen Zentralbanken, wie die Bundesbank in Deutschland, nach § 14 Abs. 1 S. 1 BBankG Euro-Banknoten aus. Mit Genehmigung der EZB geben die Mitgliedstaaten nach Art. 128 Abs. 2 S. 1 AEUV die Euro-Münzen aus (vgl. § 1 MünzG). 13

Die auf **Euro lautenden Banknoten** sind primärrechtlich in Art. 128 Abs. 1 S. 3 AEUV und im nationalen Recht in § 14 Abs. 1 S. 2 BbankG als das **alleinige unbeschränkte Zahlungsmittel** festgelegt. Auch **Euro-Münzen** sind gem. Art. 11 der VO (EG) Nr. 974/98 vom 3.5.1998 über die Einführung des Euro ebenfalls das einzige gesetzliche Zahlungsmittel. 14

Die Europäische Kommission hat in unverbindlichen Empfehlungen dargelegt, was unter einem **gesetzlichen Zahlungsmittel** nach dem Unionsrecht zu verstehen ist. Danach sind Vertragsparteien stets verpflichtet, das gesetzliche Zahlungsmittel anzunehmen, wenn sie sich nicht auf andere Zahlungsmittel geeinigt haben und dessen Annahme erfolgt immer zum vollen Nennwert, sodass ein Schuldner von Zahlungsverpflichtungen entbunden wird, indem der Schuldner dem Zahlungsempfänger eine Zahlung mit Euro-Banknoten und -Münzen anbietet.[16] Besonderer Bedeutung kommt vor allem der verpflichtenden Annahme des gesetzlichen Zahlungsmittels zu. Zunächst obliegt es den Vertragsparteien, den Gegenstand einer vereinbarten Geldschuld festzulegen. So können die Parteien darüber entscheiden, ob eine Geldschuld durch Bar- oder Buchgeld beglichen werden soll. Erst wenn diese Abrede fehlt, also die Auslegung der Parteiabreden gem. §§ 133, 157 BGB keinen Willen dahin gehend offenbart, dass ein Zahlungsmittel bestimmt worden ist, muss auf das gesetzliche Zahlungsmittel zurückgegriffen werden.[17] Allein für diese Fälle hat das gesetzliche Zahlungsmittel und der entsprechende Annahmezwang eine Bedeutung, folglich kommt ihm lediglich eine Auffangfunktion zu. Damit lässt sich die normative Wirkung der Festlegung eines gesetzlichen Zahlungsmittels auf die rechtstheoretisch nicht überzeugende Formel bringen, dass die Festlegung eines gesetzlichen Zahlungsmittels „nicht etwa eine absolute, sondern nur eine grundsätzliche Annahme" als Zahlungsmittel erfordert.[18] Zu beachten ist, dass die unionsrechtlichen Vorgaben zur Annahmepflicht bei Geldschulden kompetenzrechtlich hoch umstritten sind, da sich diese Vorgaben auf die Privatrechtsordnung der Mitgliedstaaten auswirkt.[19] 15

---

12 So auch schon Savigny, Das Obligationenrecht als Theil des heutigen römischen Rechts, Bd. I, 1851, S. 408.
13 Knapp, Staatliche Theorie des Geldes, 2. Aufl. 1918, S. 1.
14 Knapp, Staatliche Theorie des Geldes, 2. Aufl. 1918, S. 86.
15 Mann, The Legal Aspect of Money, 5. Aufl. 1992, S. 24.
16 Empfehlung der Kommission v. 22.3.2010 über den Geltungsbereich und die Auswirkungen des Status der Euro-Banknoten und -Münzen als gesetzliches Zahlungsmittel (2010/191/EU) (ABl. L 83, 70) Nr. 1–4.
17 Dazu Omlor JZ 2017, 754 (756 f.); MüKoBGB/Grundmann BGB § 245 Rn. 111.
18 EuGH Urt. v. 26.1.2021 – C-422/19, C-423/19, ECLI:EU:C:2021:63 Rn. 55 – Hessischer Rundfunk; dazu Omlor EuZW 2021, 480 (482).
19 Omlor/Link Kryptowährungen und Token/Manger-Nestler Kap. 9 Währungsrecht Rn. 43.

16 Grundsätzlich verpflichtet die Festlegung eines **gesetzlichen Zahlungsmittels** durch den Staat diesen zugleich, das gesetzliche Zahlungsmittel selbst anzunehmen.[20] Der Gesetzgeber kann davon jedoch Ausnahmen festlegen, um etwa die Effizienz und Wirtschaftlichkeit des Verwaltungshandelns im Hinblick auf **Massenzahlungen** zu gewährleisten.[21] Buchgeldzahlungen sind etwa für Zahlungen an Finanzbehörden in § 224 Abs. 3 S. 1 AO vorgesehen und die unbare Leistung von Geldschulden ist auch in § 13 Abs. 1. S. 2 Nr. 1 Kraftfahrzeugsteuergesetz vorgesehen.

(3) Kritik

17 Dass allein Bargeld als Geld im juristischen Sinn gelten soll, wird meist stark kritisiert, weil Geldzahlungen in der wirtschaftlichen Praxis nach Anzahl und Umfang weit überwiegend mit **Buchgeld** abgewickelt werden und Bargeld damit keine bedeutende Rolle mehr spielt.[22] Die Fokussierung auf staatlich ausgegebenes Bargeld lässt sich historisch allein damit erklären, dass staatliches Geld am Ende des 19. Jahrhunderts auch mit privaten Inhaberschuldpapieren als Zahlungsmittel konkurrierte, die von Privatbanken ausgegeben wurden. Ein vom Verkehr nicht umfassend genutztes Tauschmittel, wie **staatliche Banknoten**, konnte durch die staatliche „Aufwertung" zum **gesetzlichen Zahlungsmittel** stärker verbreitet werden. Das gesetzliche Zahlungsmittel stellt damit ein zentrales Instrument des Staates dar, um das **Vertrauen** in ein bestimmtes Geld, meist sein eigenes, zu erhöhen. Staatliches Geld, das keinen genuin eigenen Wert mehr hat, konnte vor allem durch den hoheitlichen Annahmezwang verbreitet werden, um andere Geldformen zu verdrängen.[23]

18 Die **Einengung des Geldbegriffs** auf **Bargeld** überzeugt heute immer weniger. Aus juristischer Perspektive sollte der Geldbegriff konkret anhand der jeweiligen Norm, deren Tatbestandsmerkmale einen Bezug zu Geld herstellt, ausgelegt werden. In unserer Rechtsordnung gibt es daher faktisch keinen einheitlichen Geldbegriff mehr, sondern nur einen **relativen Geldbegriff**, der sich konkret aus den jeweiligen Normen des Öffentlichen, Zivil- oder Strafrechts, die auf den Begriff Geld zurückgreifen, ergibt.[24]

cc) Währungen

19 Der Begriff **Währung** lässt sich von Geld nicht immer trennscharf abgrenzen. Wie bereits dargelegt kann Geld immer über die vier Kernfunktionen und/oder über die konkreten gesetzlichen Regelungen etwa zur Emission oder zum gesetzlichen Zahlungsmittel bestimmt werden. Als **Währungsrecht** werden konkret die staatlichen Regelungen verstanden, welche die Emission, also die Geldschöpfung eines bestimmten Geldes, festlegen. Das BVerfG hat dazu festgestellt: Das Währungswesen „umfasst nicht allein die besondere institutionelle Ordnung der Geldrechnung und der in ihr gültigen Zahlungsmittel, sondern auch die tragenden Grundsätze der **Währungspolitik**."[25] An dieser Stelle sei angemerkt, dass die meisten Währungsordnungen als staatliches Monopol ausgestaltet sind. Wie bereits gesehen haben im Euroraum allein die EZB und die nationalen Zentralbanken das Recht, das ausschließliche gesetzliche Zahlungsmittel, Euro-Bargeld, auszugeben. Hinzu kommt, dass § 35 BBankG die unbefugte Ausgabe und Verwendung von **Geldzeichen** unter Strafe (bis zu 5 Jahre Freiheitsstrafe oder Geldstrafe) stellt, wobei umstritten ist, ob damit nur solche Geldzeichen gemeint sind, die einem gesetzlichen Annahmezwang unterliegen.[26] Jedenfalls fallen unter dieses Verbot nur Geldzeichen und unverzinsliche Inhaberschuldverschreibungen, also körperliche Gegenstände. Virtuelle Werte wie Currency-Token fallen daher nicht unter das Verbot von § 35 BBankG. Die Etablierung privater **Alternativwährungen** zum staatlichen Geldsystem wird also de lege lata nur sanktioniert, wenn es sich um Bargeldäquivalente handelt.[27]

---

20 So etwa auch BVerwG Beschl. v. 27.3.2019 – 6 C 6/18 Rn. 22, NVwZ 2019, 974.
21 Omlor EuZW 2021, 480 (483); EuGH Urt. v. 26.1.2021 – C-422/19, C-423/19, ECLI:EU:C:2021:63 Rn. 66 – Hessischer Rundfunk.
22 So bereits schon Larenz, Lehrbuch des Schuldrechts, Bd. I, Allgemeiner Teil, 12. Aufl. 1979, S. 138.
23 Vgl. dazu Hahn/Häde, Währungsrecht, 2. Aufl. 2010, § 5 S. 32, Rn. 2; Herrmann, Währungshoheit, Währungsverfassung und subjektive Rechte, 2010, S. 71.
24 Omlor, Geldprivatrecht, 2014, S. 69 ff.; Samm FS Hahn, 1997, 227 (232 f.); Simitis AcP 159 (1960), 406 (408).
25 BVerfG Urt. v. 21.10.1954 – 1 BvL 52/52, BVerfGE 4, 60 (73).
26 Omlor EuZW 2021, 480 (481).
27 Omlor/Link Kryptowährungen und Token/Manger-Nestler Kap. 9 Währungsrecht Rn. 61.

b) Kryptowährungen und das staatliche Geldmonopol

Neben dem auf **Currency-Token** nicht anwendbaren § 35 BBankG wird auch die europarechtliche Bestimmung, wonach nur Euro-Bargeld das einzige **gesetzliche Zahlungsmittel** ist, als ein Verbot an die Mitgliedstaaten verstanden, zusätzlich nationale Zahlungsmittel als gesetzliche Zahlungsmittel, die auch als **nationale Parallelwährungen** bezeichnet werden, zuzulassen.[28] Private Currency-Token würden nach dieser Argumentation nicht von den Regeln zum gesetzlichen Zahlungsmittel betroffen sein, weil kein Mitgliedstaat des Euro-Raums diese zum gesetzlichen Zahlungsmittel erklärt hat. Hingegen hat El Salvador den Bitcoin als gesetzliches Zahlungsmittel anerkannt.[29] Auch wird vertreten, dass das Entstehen der Currency-Token in den letzten Jahren nicht das Währungsmonopol der EZB verletze.[30] Danach sei der Euro nicht davor geschützt, dass Parteien **alternative Zahlungsmittel** vereinbarten. Nach Art. 128 Abs. 1 S. 1 AEUV hat die EZB das ausschließliche Recht, die Ausgabe von Euro-Banknoten zu genehmigen und gem. Art. 128 Abs. 1 S. 2 AEUV sind die EZB und die nationalen Zentralbanken zur Ausgabe dieser Euro-Banknoten berechtigt. Ferner bedarf der Umfang der durch die Mitgliedstaaten ausgegebenen Euro-Münzen der Genehmigung durch die EZB. Im Ergebnis können diese Vorschriften so verstanden werden, dass sie allein die Emission vom gesetzlichen Zahlungsmittel (Euro-Bargeld) durch private Banken – wie die Bank of Scotland im Vereinigten Königreich – verhindern. Danach soll die Ausgabe allein vom gesetzlichen Zahlungsmittel durch die EZB gesteuert werden. Selbst wenn die Entstehung und Verwendung im Einklang mit dem Währungs- und Geldrecht des Euro-Raums stünde, kann die Verbreitung und faktische Ersetzung des staatlich emittierten Geldes durch private Currency-Token die staatliche Hoheit über Geld und Währung – nicht zuerst in Fragen der Emission von Bargeld oder der Festlegung eines gesetzlichen Zahlungsmittels, sondern in Fragen der Geldpolitik und des Ziels der Preisstabilität nach Art. 127 Abs. 1 S. 1 AEUV – untergraben. Auch der Fortbestand des § 35 BBankG zeigt den Willen des Staates, sein **Währungsmonopol** aufrechtzuerhalten, in dem er gegen **Parallelwährungen** vorgeht.[31] Eine Neuordnung des Geld- und Währungsrechts vor dem Hintergrund eines faktischen Wettbewerbs zwischen der staatlichen Geldordnung und einer auf Currency-Token beruhenden privaten Geldordnung erscheint notwendig.

c) CBDC (Central Bank Digital Currency)

Auch Staaten versuchen die Vorteile der Blockchain-Technologie zu nutzen, um das eigene Geldsystem um die Vorteile von Currency-Token technologisch zu erweitern. Verschiedene **Zentralbanken** haben daher angekündigt, die Einführung virtuellen Zentralbankgeldes zu prüfen. Dieses, auch als **Central Bank Digital Currency (CBDC)** bezeichnete Geld, würde von Zentralbanken emittiert werden und als gesetzliches Zahlungsmittel anerkannt werden. Auch die EZB kündigte die Entwicklung eines digitalen Euros an, welcher nach den ersten Planungen auch auf der Blockchain-Technologie basieren sollte – was mittlerweile jedoch aufgegeben wurde.[32] Nach diesen jüngsten Plänen soll jedem Nutzer ein Konto bei der EZB zur Verfügung gestellt werden, auf dem er das **digitale Zentralbankgeld** verwahren kann (sog. **Retail-Lösung**). In alternativen Szenarien könnte der digitale Zentralbank-Euro nur Geschäftsbanken im Interbankenverkehr (sog. **Wholesale-Lösung**) oder den Verbrauchern mittelbar über die Geschäftsbanken (sog. **Hybrid-Lösung**) zur Verfügung gestellt werden.[33] Vorteile eines solchen digitalen Zentralbankgeldes wären für Nutzer die besonders hohe Sicherheit ihrer de facto insolvenzsicheren Einlagen im

---

28 So etwa Meier/Kotovskaia BKR 2021, 348 (351).
29 Decreto No. 57, 8 June 2021, Ley Bitcoin, Diario Oficial, tomo 431, 9 June 2021, at 13 (El Sal.), englische Übersetzung des Bitcoin-Gesetzes abrufbar unter: https://freopp.org/el-salvadors-bitcoin-law-full-proposed-english-text-9a2153ad1d19; vgl. dazu einführend McCall, Oklahoma Law Review (74) (2021-2022), 313.
30 Omlor JZ 2017, 754 (757).
31 Vgl. dazu erneut Omlor/Link Kryptowährungen und Token/Manger-Nestler Kap. 9 Währungsrecht Rn. 61.
32 EZB, Report on a digital euro, Oktober 2020, abrufbar unter https://www.ecb.europa.eu/pub/pdf/other/Report_on_a_digital_euro~4d7268b458.en.pdf; Siedenbiedel, Die EZB macht den Weg frei für den digitalen Euro, F.A.Z. online, 14.7.2021, abrufbar unter https://www.faz.net/aktuell/finanzen/die-ezb-macht-den-weg-frei-fuer-den-digitalen-euro-17436959.html.
33 Omlor/Birne RDi 2020, 1 (2 f.); Strobel BKR 2021, 556 (559 f.).

Vergleich zu Einlagen (Buchgeld auf Konten) bei Geschäftsbanken.[34] Durch einen solchen direkten Zugang zu Zentralbankgeld könnten geldpolitische Maßnahmen wie die Geldmengensteuerung über negative Zinsen oder sog. Helikoptergeld vergleichsweise einfach und mit unmittelbarer Wirkung durchgesetzt werden.[35] Auch die **Kriminalitätsbekämpfung** erhofft sich durch ein digitales Zentralbankgeld Vorteile bei der Aufklärung von Geldwäsche und Terrorismusfinanzierung, da alle Transaktionen mit digitalem Zentralbankgeld für den Staat sichtbar und nachprüfbar würden.[36] Damit könnte die durch den Bargeldverkehr gewährte Privatsphäre im Zahlungsverkehr weiter reduziert werden.

22 Weitere Staaten entwickeln ebenfalls Konzepte zu digitalem Zentralbankgeld (CBDC) wie Schweden seit 2017[37] oder haben es bereits flächendeckend wie die Bahamas[38] oder testweise wie China[39] eingeführt. Im Wesentlichen geht es den Zentralbanken darum, eine **digitale Version von Zentralbankgeld** zu schaffen, die Unternehmer und Verbraucher nutzen können. Dabei soll der Staat die Emission und den Transfer des Geldes vollständig überwachen, sodass faktisch vor allem das Bargeld in eine digitale Version überführt würde. Konzeptuell unterscheidet sich digitales Zentralbankgeld daher fundamental von Kryptowährungen, die sich gerade durch ihre genuine Staatsferne und den Verzicht auf zentrale Steuerungsinstanzen auszeichnen.

d) Die Facebook-Währung Diem

23 Am 18.6.2019 kündigte das Technologieunternehmen **Facebook**, heute **Meta**, an, eine eigene Kryptowährung zu emittieren.[40] Facebook gründete dafür die nach eigenen Angaben nicht gewinnorientierte, unabhängige und gemeinnützige **Diem Association** mit Sitz in Genf, die vor November 2020 **Libra** hieß.[41] Anders als bei Bitcoin soll sich jedoch der Wert des Diem-Token nicht auf einem Markt nach Angebot und Nachfrage bilden. Der Wert der emittierten Diem-Token soll an einen Währungskorb bestehend aus verschiedenen staatlichen Währungen gekoppelt werden.[42] Diese Vorgehensweise wird von vielen Regierungen kritisiert, die um ihre staatliche Souveränität im Währungswesen fürchten.[43] Nach aktuellen Plänen soll der **Diem-Token** gegen einzelne staatliche Währungen ausgegeben werden, die dann vollständig mit Bar- oder Buchgeld einer staatlichen Währung oder mit kurzfristigen Staatsanleihen in der entsprechenden Währung hinterlegt werden.[44] Meta scheint allein die technischen Vorteile einer Transaktion über die Blockchain nutzen zu wollen und will daher keine eigene, autonome und private Geldordnung schaffen.[45] Aufgrund der angestrebten Wertstabilität durch vollständige Hinterlegung mit staatlichem Geld wird Diem auch als sog. **Stable-Coin** bezeichnet, der als virtuelle Repräsentanz einer staatlichen Währung nach den Regeln der Diem-Blockchain transferiert werden kann.[46] Damit kann über das Diem-System keine zusätzliche Geldschöpfung durch die Association erfolgen. Schließlich betont Diem, dass das System auf

---

34 Strobel BKR 2021, 556 (557 f.).
35 Strobel BKR 2021, 556 (559).
36 Strobel BKR 2021, 556 (559).
37 Schwedische Reichsbank, E-Krona Pilot Phase 1, Report April 2021, abrufbar unter https://www.riksbank.se/globalassets/media/rapporter/e-krona/2021/e-krona-pilot-phase-1.pdf.
38 Vgl. dazu https://www.sanddollar.bs.
39 People's Bank of China, Progress of Research & Development of E-CNY in China, Juli 2021, abrufbar unter http://www.pbc.gov.cn/en/3688110/3688172/4157443/4293696/2021071614584691871.pdf.
40 Libra Association Members, Diem White Paper 2.0, April 2020, abrufbar unter https://wp.diem.com/en-US/wp-content/uploads/sites/23/2020/04/Libra_WhitePaperV2_April2020.pdf; Ukrow EuZW 2019, 726 (727).
41 Einführend dazu Ukrow EuZW 2019, 726, Langer IRZ 2019, 509.
42 Libra Association Members, Diem White Paper 2.0, April 2020, abrufbar unter https://wp.diem.com/en-US/wp-content/uploads/sites/23/2020/04/Libra_WhitePaperV2_April2020.pdf.
43 Siehe etwa den Arbeitsbericht der G7 Working Group on Stablecoins aus dem Oktober 2019, abrufbar unter https://www.bis.org/cpmi/publ/d187.pdf.
44 Ukrow EuZW 2019, 726 (728).
45 Libra Association Members, Diem White Paper 2.0, April 2020, Economics and the Libra Reserve, S. 10 ff., abrufbar unter https://wp.diem.com/en-US/wp-content/uploads/sites/23/2020/04/Libra_WhitePaperV2_April2020.pdf.
46 Langer IRZ 2019, 509.

dritte Finanzdienstleister angewiesen sei, um staatliches Geld in die Diem-Token zu tauschen, da es selbst keine entsprechenden Umtauschvorgänge anbieten will.[47]

Die dem Projekt zugrundeliegende Diem-Blockchain ist anders als bei Bitcoin keine öffentliche Blockchain. Verwaltet wird diese sog. „**Consortium-Blockchain**" daher nur von einer begrenzten Anzahl von Mitgliedern der **Diem-Association** in der Schweiz, so dass entgegen der eigentlichen Konzeption von Bitcoin und anderen Kryptowährungen eine zentrale Instanz besteht, die faktisch den Zahlungsverkehr mit Diem steuert. Zu den Mitgliedern sollen Unternehmen, internationale Organisationen und wissenschaftliche Einrichtungen gehören.[48] Die meisten Staaten bewerteten die Initiative von Meta, einen Zahlungsverkehr mit einem Stable-Coin aufzubauen, insgesamt kritisch.[49]

3. ICO

Neben der Abwicklung des Zahlungsverkehrs mit Kryptowährungen, wie etwa das Beispiel des Bitcoin-Systems zeigt, kann auf der Grundlage der Blockchain-Technologie auch eine Kapitalbeschaffung durch sog. **Initial Coin Offering (ICO)** abgewickelt werden.[50] Dabei handelt es sich um die Schöpfung der oben beschriebenen Token in einer eigenen Blockchain oder etwa mittels einer programmierten Anwendung wie Smart Contracts (→ *Smart Contracts* Rn. 5 ff.) auf der beliebig nutzbaren Ethereum-Blockchain oder andere dafür entwickelte Blockchains.[51] Als ICO wird also nur der Start einer neuen Token-Schöpfung auf einer Blockchain bezeichnet, bei der Nutzer die neu emittierte Token unter besonderen Voraussetzungen erhalten können und diese dann nach den jeweils festgelegten Nutzungsmöglichkeiten eintauschen können.[52] Welche Voraussetzungen erfüllt werden müssen, um von dem Emittenten Token zu erhalten, ist genauso frei gestaltbar wie die Bedingungen der späteren Nutzung der Token. Je nachdem, wie diese neu ausgegeben Token verwendet werden können, lassen sie sich dann auch unter die beschriebenen Kategorien der **Currency-, Utility- und Security-Token** einordnen.

Weil die Blockchain als basale Technologe frei zugänglich und nutzbar ist und die bestehenden Anwendungen häufig auf **Open-Source-Software** basieren, sind der Ausgestaltung der Token-Systeme und damit der ICO nur wenige Grenzen gesetzt. Gerade diese offene Entwicklung führt zu unzähligen rechtlichen Herausforderungen, weil Sachverhalte durch diese technische Entwicklung zwangsläufig global und durch die Verbindung der Nutzer im Internet an keine staatlichen Grenzen einzelner Rechtsordnungen gebunden sind.[53]

III. Rechtliche Einordnung: Aufsichtsrecht

1. Finanzinstrumente nach KWG

Im Anfangsstadium der Token-Ökonomie hat die **BaFin** die Currency-Token in Übereinstimmung mit ihrer langjährigen Verwaltungspraxis als sog. **Rechnungseinheiten** und damit Finanzinstrumente iSv § 1 Abs. 1 S. 1 Nr. 7 KWG angesehen.[54] Der Tatbestand der Rechnungseinheit wird von der BaFin weit ausgelegt und soll mit **Devisen**[55] vergleichbar sein, ohne zugleich ein gesetzliches Zahlungsmittel zu sein, also wie

---

47 Libra Association Members, Diem White Paper 2.0, April 2020, Economics and the Libra Reserve, S. 10 ff., abrufbar unter https://wp.diem.com/en-US/wp-content/uploads/sites/23/2020/04/Libra_WhitePaperV2_April2020.pdf.
48 Vgl. Ukrow EuZW 2019, 726 (728).
49 Arbeitsbericht der G7 Working Group on Stablecoins aus dem Oktober 2019, abrufbar unter https://www.bis.org/cpmi/publ/d187.pdf; Ukrow EuZW 2019, 726 (727).
50 Nathmann BKR 2019, 540; Omlor/Link Kryptowährungen und Token/Varmaz/Varmaz/Günther/Poddig Kap. 1 Rechtliche und finanzökonomische Grundlagen Rn. 36 ff.
51 Weitnauer BKR 2018, 231; Kaulartz/Matzke NJW 2018, 3278 f.; Kleinert/Mayer EuZW 2019, 858.
52 Kleinert/Mayer EuZW 2019, 857 (858).
53 Siehe weiterführend zu den rechtlichen Herausforderungen Nathmann BKR 2019, 540.
54 Siehe https://www.bafin.de/DE/Aufsicht/FinTech/VirtualCurrency/virtual_currency_node.html.
55 Devisen sind auf fremde Währungen lautende Zahlungsmittel, mit Ausnahme von Sorten, womit Bargeld auf fremde Währungen gemeint ist.

etwa vor Einführung des Euro die ECU[56], die Sonderziehungsrechte des IWF oder E-Geld. Mit **Urteil vom 25.9.2018 ist das KG Berlin** der Auslegung der BaFin nicht gefolgt.[57] Nach Auffassung des Senats habe der Gesetzgeber mit der Regelung zu Rechnungseinheiten im KWG zum Ausdruck bringen wollen, dass diese mit Devisen vergleichbar sein müssen, also etwa mit **Rechnungseinheiten** auch Waren und Dienstleistungen zwischen verschiedenen Währungsräumen verglichen werden können müssen.[58] Diesen Zweck könnten Currency-Token wie Bitcoins nicht erfüllen, weil deren Wert zu großen Schwankungen unterliege.[59] Trotz der Maßregelung durch das KG Berlin, wonach Bundesbehörden nicht durch Einschätzungen in Merkblättern rechtsgestaltend Strafnormen ausweiten dürfen[60], sondern diese Aufgabe allein dem Gesetzgeber obliege, weist das Urteil des KG eine zentrale Schwäche auf, an der auch andere Analysen zu Kryptowährungen leiden. Wird allein auf die **Volatilität** des Wertes von Currency-Token abgestellt, um sie nicht unter bestimmte Begriffe wie Rechnungseinheiten subsumieren zu müssen oder um die Erfüllung der ökonomischen Geldfunktionen abzulehnen, ist die entsprechende Bewertung zeitlich immer auf den Status quo der Volatilität beschränkt. Fragen zur Wertstabilität von Currency-Token sollten nicht voreilig beantwortet werden, insbesondere weil die **Token** im **Wettbewerb** zueinander stehen und daher **Wertstabilität** auch auf dem Markt für Currency-Token eintreten kann.[61] Auch eine rechtliche Einordnung sollte sich zunächst abstrakt aus der Funktion der Gegenstände und nicht aus der Qualität der Funktionserfüllung ergeben.

28 Der Gesetzgeber reagierte auf die Rechtsprechung und fügte in § 1 Abs. 11 S. 1 Nr. 10 KWG mit **Kryptowerten** ein **neues Finanzinstrument** ein. Diese werden nach § 1 Abs. 11 S. 4 KWG als „digitale Darstellungen eines Wertes, der von keiner Zentralbank oder öffentlichen Stelle emittiert wurde oder garantiert wird und nicht den gesetzlichen Status einer Währung oder von Geld besitzt, aber von natürlichen oder juristischen Personen aufgrund einer Vereinbarung oder tatsächlichen Übung als Tausch- oder Zahlungsmittel akzeptiert wird oder Anlagezwecken dient und der auf elektronischem Wege übertragen, gespeichert oder gehandelt werden kann." Diese neue Definition wurde durch Gesetz vom 12.12.2019 (BGBl. 2019 I 2602) in Umsetzung der **5. Geldwäsche Richtline (RL 2018/843/EU)** ins KWG aufgenommen und umfasst nunmehr Currency-Token sowie Utility- und Security-Token.[62]

29 Security-Token können hingegen je nach Ausgestaltung auch **aktienähnliche Anlagen** nach § 1 Abs. 11 S. 1 Nr. 1 KWG sein, wenn sie aktienähnliche Mitgliedschaftsrechte in Form von Verwaltungs- und Vermögensrechten vermitteln. Eine Verbriefung ist dafür nicht erforderlich, sie müssen nur übertragbar und handelbar sein.[63] Auch können diese Token **Schuldtitel** nach § 1 Abs. 11 S. 1 Nr. 3 KWG sein, wenn sie Zahlungsansprüche gegen Emittenten darstellen, ohne dabei Verwaltungsrechte wie Aktien zu vermitteln und an Kapitalmärkten handelbar zu sein.[64] Utility-Token sind meist aufgrund ihrer Verwendung als Zugangsrecht für bestimmte Waren oder Dienstleistungen kein Finanzinstrument iSd KWG, wobei die Abgrenzung zu Security-Token und damit zu Finanzinstrumenten iSd KWG schwer fallen kann.[65] Die BaFin tendiert ähnlich wie die US-amerikanische Securities and Exchange Commisson (SEC) dazu, bei der Abgrenzung von Security- und Utility-Token auf den Begriff des „**investment contract**" abzustellen (sog.

---

56 Mit der European Currency Unit wurde bspw. der Haushalt der EU 1998 aufgestellt.
57 KG Berlin Urt. v. 25.9.2018 – (4) 161 Ss 28/18 (35/18), NJW 2018, 3734.
58 KG Berlin Urt. v. 25.9.2018 – (4) 161 Ss 28/18 (35/18), NJW 2018, 3734, Rn. 9.
59 KG Berlin Urt. v. 25.9.2018 – (4) 161 Ss 28/18 (35/18), NJW 2018, 3734, Rn. 12.
60 KG Berlin Urt. v. 25.9.2018 – (4) 161 Ss 28/18 (35/18), NJW 2018, 3734, Rn. 14 f.
61 Vgl. zur Wertstabilität in wettbewerblich organisierten Geldordnungen Terres, Die Logik einer wettbewerblichen Geldordnung, 1999, S. 261 ff.
62 Vgl. dazu die Gesetzesbegründung: BT-Drs. 19/13827, 110; Omlor/Link Kryptowährungen und Token/Schwennicke Kap. 8 Bankaufsichtsrecht Rn. 15.
63 Boos/Fischer/Schulte-Mattler/Schäfer KWG § 1 Rn. 279.
64 Omlor/Link Kryptowährungen und Token/Schwennicke Kap. 8 Bankaufsichtsrecht Rn. 28; bei fehlender Handelbarkeit können auch Vermögensanlagen iSv § 1 Abs. 2 VermAnlG vorliegen, vgl. Omlor/Link Kryptowährungen und Token/Schwennicke Kap. 8 Bankaufsichtsrecht Rn. 29 ff.
65 Omlor/Link Kryptowährungen und Token/Schwennicke Kap. 8 Bankaufsichtsrecht Rn. 32 ff.

Howey-Test).[66] Danach muss bei Eingehung des Vertrags eine begründete Gewinnerwartung bestehen und diese Gewinne aus Anstrengungen Dritter entstehen.[67] Ob diese beiden Voraussetzungen erfüllt sind, muss bei jedem Utility-Token gesondert untersucht werden.

Gem. § 32 Abs. 1 S. 1 KWG braucht, wer im Inland gewerbsmäßig oder in einem Umfang, der einen in kaufmännischer Weise eingerichteten Geschäftsbetrieb erfordert, **Bankgeschäfte** (§ 1 Abs. 1 S. 2 KWG) betreibt oder **Finanzdienstleistungen** (§ 1 Abs. 1a S. 2 KWG) erbringen will, eine schriftliche **Erlaubnis** der Aufsichtsbehörde. 30

Nicht erlaubnispflichtige Tätigkeiten sind die reine Emission von Token oder das Erlangen von Token durch Mining (eine Erlaubnispflicht kann jedoch für sog. **Mining-Pools** bestehen) sowie das Anbieten von Unterstützungsleistungen wie Wallets oder Servern.[68] Eine Erlaubnispflicht kann sich allerdings für **Walletanbieter** oder **Tauschbörsen** dann ergeben, wenn Verwahrer oder Tauschbörsen auch nur kurzfristig Zugriff auf die privaten Schlüssel der Currency-Token haben, denn in diesem Fall kann ein **Kryptoverwahrgeschäft** iSv § 1 Abs. 1a S. 2 Nr. 6 KWG vorliegen, welches zu den neuen Finanzdienstleistungen nach dem KWG gehört.[69] 31

Der Verkauf von Kryptowerten nach dem KWG kann im Einzelfall ebenfalls die Voraussetzungen für das erlaubnispflichtige Erbringen von Finanzdienstleistungen erfüllen, wenn ein **Platzierungsgeschäft** nach § 1 Abs. 1a S. 2 Nr. 1c KWG, **Eigenhandel** nach § 1 Abs. 1a S. 2 Nr. 4 KWG oder bei gewerbsmäßigem Handel ein **Eigengeschäft** nach § 1 Abs. 1a S. 3 KWG vorliegt.[70] 32

Wird eine **Handelsplattform für Kryptowerte** betrieben, kann je nach Einzelfall ein **Bankgeschäft** (etwa in Form eines Finanzkommissionsgeschäfts nach § 1 Abs. 1 S. 2 Nr. 4 KWG) oder eine **Finanzdienstleistung** (zB in Form der Anlagevermittlung und Abschlussvermittlung nach § 1 Abs. 1a S. 2 Nr. 1, 2 KWG oder des Betriebs eines **multilateralen Handelssystems** nach § 1 Abs. 1a S. 2 Nr. 1b KWG) vorliegen, wodurch die Erlaubnispflicht nach § 32 Abs. 1 KWG ausgelöst wird.[71] 33

Eine Erlaubnispflicht nach dem KWG ist nicht erforderlich, wenn etwa der Vertrieb von Kryptowerten nach dem **Kapitalanlagegesetzbuch** (KAGB) zulässig ist. Eine Erlaubnispflicht kann nach § 20 KAGB dann in Frage kommen, wenn Kryptowerte als Anteil an einem **Investmentvermögen** nach § 1 Abs. 1 oder 6 KAGB ausgestaltet sind.[72] 34

2. Wertpapiere nach dem WpHG und DepotG

Gem. § 2 Abs. 1 WpHG sind **Zahlungsinstrumente** explizit keine **Wertpapiere**, sodass Currency-Token auch nicht als Wertpapiere gelten können. Ähnliches gilt für Utility-Token, die nur Rechte auf bestimmte Waren oder Dienstleistungen darstellen und deshalb nicht mit den in § 2 Abs. 1 WpHG aufgezählten handelbaren Finanzinstrumenten – wie **Aktien**, **Genussscheine** und **Inhaberschuldverschreibungen** – vergleichbar sind.[73] Allein die Spekulation, dass Currency- und Utility-Token zu einem späteren Zeitpunkt gewinnbringend weiterveräußert werden können, löst noch nicht die Anwendung **kapitalmarktrechtlicher Vorschriften** etwa des WpHG aus.[74] 35

---

66 Omlor/Link Kryptowährungen und Token/Schwennicke Kap. 8 Bankaufsichtsrecht Rn. 35.
67 Vgl. dazu SEC vs. W.J. Howey Co., 328 U.S. 293, 298 f.
68 Vgl. ausführlich mwN Omlor/Link Kryptowährungen und Token/Schwennicke Kap. 8 Bankaufsichtsrecht Rn. 76 ff., siehe insbesondere zur Erlaubnispflicht von Mining-Pools Rn. 80 ff.
69 BaFin, Merkblatt zu Kryptoverwahrgeschäften, 2.3.2020, abrufbar unter https://www.bafin.de/SharedDocs/Veroeffentlichungen/DE/Merkblatt/mb_200302_kryptoverwahrgeschaeft.htm.
70 Omlor/Link Kryptowährungen und Token/Schwennicke Kap. 8 Bankaufsichtsrecht Rn. 92 ff.
71 Omlor/Link Kryptowährungen und Token/Schwennicke Kap. 8 Bankaufsichtsrecht Rn. 106 ff.
72 Vgl. zu dieser Erlaubnispflicht Omlor/Link Kryptowährungen und Token/Schwennicke Kap. 8 Bankaufsichtsrecht Rn. 134 ff.
73 Weitnauer BKR 2018, 231 (233).
74 Omlor/Link Kryptowährungen und Token/Schwennicke Kap. 8 Bankaufsichtsrecht Rn. 46.

36 Lediglich Security-Token, die Verwaltungs- oder Vermögensrechte darstellen und deswegen vergleichbare **Beteiligungsrechte** an Gewinnen und Renditen eines Unternehmens oder **Zahlungsansprüche gegen Emittenten** darstellen, wie die in § 2 Abs. 1 WpHG aufgezählten **Finanzinstrumente**, können als **Wertpapiere** gelten.[75] Auch von der notwendigen Übertragbarkeit von Security-Token ist jedenfalls bei einem entsprechenden Markt, auf dem die Token gehandelt werden können, auszugehen.[76] Fehlt es an der Übertragbarkeit, können Security-Token jedoch **Vermögensanlagen** gem. § 1 Abs. 2 VermAnlG sein.

37 Grundsätzlich besteht eine **Prospektpflicht** nach Art. 3 Prospekt-Verordnung[77], wenn Wertpapiere öffentlich angeboten werden. Diese Pflicht trifft damit auch Emittenten von Security-Token, wenn sie unter die oben genannte Definition eines Wertpapiers fallen. Für ein solches **öffentliches Angebot** reicht auch ein öffentlich zugängliches Angebot im Internet aus.[78] Von der Prospektpflicht sind Ausnahmen vorgesehen, u.a. wenn nur Token ausgegeben werden, deren Gesamtwert nicht mehr als 8 Mio. EUR im EWR innerhalb von 12 Monaten beträgt (§ 3 Nr. 2 WpPG) oder wenn sich das Angebot nur an qualifizierte Anleger (Art. 1 Abs. 4 lit. a, Art. 2 lit. e Prospekt-VO) oder an weniger als 150 juristische und natürliche Personen pro Mitgliedstaat richtet (Art. 1 Abs. 4 lit. a Prospekt-VO).

3. E-Geld nach ZAG/E-Geld-Richtlinie

38 Currency-Token sind meist kein **E-Geld** im Sinne von § 1 Abs. 2 S. 3 ZAG und Art. 2 Nr. 2 der zugrundeliegenden E-Geld-Richtlinie RL (EU) 2009/110[79]. Danach ist E-Geld jeder elektronisch gespeicherte **monetäre Wert** in Form einer Forderung an den Emittenten, der gegen Zahlung eines Geldbetrags ausgestellt wird, um Zahlungsvorgänge iSv § 675f Abs. 4 S. 1 BGB durchzuführen. Currency-Token können zunächst zwar gespeicherte monetäre Werte in diesem Sinn darstellen, aber es fehlt in den meisten Fällen von Currency-Token an einer Forderung an den Emittenten.

39 Zunächst stellen Token gespeicherte monetäre Werte iSd E-Geld-Definition dar, obwohl der Wert als solcher nicht in der Blockchain gespeichert ist, sondern nur die Zuordnung von Werten an Inhaber. Nach den Vorschriften der **E-Geld-Richtlinie** RL (EU) 2009/110 und des **ZAG** kommt es nämlich gerade nicht darauf an, dass die monetären Werte an einem spezifischen Ort gespeichert sind.[80] Jedoch fehlt bei Currency-Token eine Forderung an einen Emittenten, die der monetäre Wert repräsentieren muss. Allein weil die meisten Currency-Token keinen **Emittenten** haben, fallen sie nicht unter das E-Geld. Ohne Emittent kann auch niemand der Pflicht nach § 33 Abs. 1 S. 1 ZAG nachkommen und E-Geld zum Nennwert in gesetzliche Zahlungsmittel zurücktauschen.[81] Durch diese Vorgabe bindet der deutsche Gesetzgeber E-Geld faktisch an das gesetzliche Zahlungsmittel. Nur wenn Currency-Token so ausgestaltet sind, dass sie ausschließlich gegen die Annahme eines **gesetzlichen Zahlungsmittels** emittiert werden und in ein solches zurückgetauscht werden können, kann dieser Currency-Token unter den Tatbestand des E-Geldes iSd ZAG fallen. Für diesen Fall sei kritisch angemerkt, dass auch der Begriff des Zahlungsvorgangs nach § 675f Abs. 4 S. 1 BGB, in dessen Rahmen E-Geld nach § 1 Abs. 2 S. 3 ZAG verwendet werden können muss, auf die Übertragung eines „Geldbetrags" abstellt. Currency-Token mit den zuvor beschriebenen Eigenschaften können also nur dann als E-Geld gelten, wenn sie als Geld gelten – was wie gesehen sehr umstritten ist. Da jedoch § 675c Abs. 2 BGB explizit klarstellt, dass § 675f BGB als Regel über den **Zahlungsverkehr** auch

---

75 Weitnauer BKR 2018, 231 (233); mwN Omlor/Link Kryptowährungen und Token/Schwennicke Kap. 8 Bankaufsichtsrecht Rn. 58 ff.
76 MwN Omlor/Link Kryptowährungen und Token/Schwennicke Kap. 8 Bankaufsichtsrecht Rn. 52 ff.
77 Verordnung (EU) 2017/1129 des Europäischen Parlaments und des Rates v. 14.6.2017 über den Prospekt, der beim öffentlichen Angebot von Wertpapieren oder bei deren Zulassung zum Handel an einem geregelten Markt zu veröffentlichen ist und zur Aufhebung der Richtlinie 2003/71/EG (ABl. L 168, 12).
78 Omlor/Link Kryptowährungen und Token/Schwennicke Kap. 8 Bankaufsichtsrecht Rn. 72.
79 Richtlinie 2009/110/EG des Europäischen Parlaments und des Rates v. 16.9.2009 über die Aufnahme, Ausübung und Beaufsichtigung der Tätigkeit von E-Geld-Instituten, zur Änderung der Richtlinien 2005/60/EG und 2006/48/EG sowie zur Aufhebung der Richtlinie 2000/46/EG (ABl. L 267, 7).
80 Auffenberg BKR 2019, 341 (342 f.).
81 Auffenberg BKR 2019, 341 (344).

auf E-Geld anwendbar ist, kann auch mit Currency-Token, die alle sonstigen Voraussetzungen von E-Geld-erfüllen, ein Zahlungsvorgang iSv § 675f BGB vorgenommen werden – auch wenn dieser Zahlungsvorgang die Übertragung eines Geldbetrags regelt. Die Ausgestaltung eines Currency-Token als E-Geld ist unter der Voraussetzung, dass es einen Emittenten gibt, der die Currency-Token gegen Zahlung eines Geldbetrags ausgibt, nicht von vornherein ausgeschlossen. Diese unter den E-Geld-Begriff fallenden Currency-Token gelten dann auch als Geld iSv § 675f BGB.[82] Für den Betrieb eines E-Geld-Geschäfts, also die Ausgabe von E-Geld (§ 1 Abs. 2 S. 2 ZAG), bedarf es einer Erlaubnis nach § 11 Abs. 1 S. 1 ZAG.

---

82 So auch überzeugend Auffenberg BKR 2019, 341 (344).

52. Künstliche Intelligenz (KI)

Yuan

I. Einführung	1
II. Verständnisbildung und Definitionsansätze	8
1. Verständnisbildung	10
2. Definitionsansätze	11
a) Menschlich „denken"	12
b) Menschlich „handeln"	13
c) Rational „denken"	14
d) Rational „handeln"	15
III. Funktionsweisen und Einsatzbereiche	16
1. Funktionsweisen	17
a) Problemlösung durch Suchen	19
b) Symbolische KI und Expertensysteme	21
c) Neuronale KI und Maschinelles Lernen	23
2. Einsatzbereiche	25
a) Data Science	26
b) Recommender Systems	27
c) Image Recognition und Machine Vision	28
d) Robotik und autonome Systeme	29
e) Natural Language Processing	30
IV. KI im Bereich Legal Tech	31
1. B2C Legal Tech	33
2. B2B Legal Tech	38
3. Legal Tech in der Justiz	42
V. Recht und Regulierung	46
1. Geltendes Recht	47
2. Einzelne Rechtsgebiete im Überblick	50
a) Vertragsgestaltung	50
b) Deliktische Haftung und Produkthaftung	51
c) Gewerblicher Rechtsschutz	52
d) Datenschutzrecht	53
e) Arbeitsrecht	54
f) Anwaltliches Berufsrecht	55
g) Einsatz durch Gerichte	56
h) Strafrecht	57
3. KI-Verordnungsentwurf der EU	58
VI. Fazit und Ausblick	63

Literatur: *Baer*, Understand, Manage, and Prevent Algorithmic Bias, 2019; *Clark/Perrault et al.*, Artificial Intelligence Index Report 2022, 2022 (zit.: Stanford University AI Index Report 2022); *Devlin et al.*, BERT: Pre-training of Deep Bidirectional Transformers for Language Understanding, 2018, abrufbar unter https://doi.org/10.48550/arXiv.1810.04805; *Dickert et al.*, Einsatz von KI und algorithmischen Systemen in der Justiz, Grundlagenpapier zur 74. Jahrestagung der Präsidentinnen und Präsidenten der Oberlandesgerichte, des Kammergerichts, des Bayerischen Obersten Landesgerichts und des Bundesgerichtshofs vom 23. bis 25.5.2022 in Rostock (zit.: Dickert et al. KI in der Justiz); *Frick et al.* (Hrsg.), Data Science, 2021 (zit.: Frick et al. Data Science); *Hoppe*, Semantische Suche, 2020; *Joerden*, Logik im Recht, 3. Aufl. 2018; *Jurafsky/Martin*, Speech and Language Processing, 3. Aufl. 2021; *Klahold*, Empfehlungssysteme, 2009; *Kurth et al.*, Exascale Deep Learning for Climate Analytics, 2018, abrufbar unter https://doi.org/10.48550/arXiv.1810.01993; *Liu et al.*, Computing Systems for Autonomous Driving: State-of-the-Art and Challenges, 2020, abrufbar unter https://doi.org/10.48550/arXiv.2009.14349; *Myers*, Psychologie, 3. Aufl. 2014; *Olbrich/Bongers/Pampel*, Urheberrechtsschutz für Kunstwerke künstlicher Intelligenz?, GRUR 2022, 870; *Ritter/Grübder/Gabriel* (Hrsg.), Historisches Wörterbuch der Philosophie, 2017 (zit.: Ritter/Grübder/Gabriel Wörterbuch Philosophie); *Rosenthal et al.*, Praxishandbuch für interne Untersuchungen und eDiscovery, 2021; *Russel/Norvig*, Artificial Intelligence, 4. Aufl. 2021 (zit.: Russel/Norvig Artificial Intelligence); *Stephan/Walter* (Hrsg.), Handbuch Kognitionswissenschaft, 2013 (zit.: Stephan/Walter HdB Kognitionswissenschaft); *Yuan*, Lernende Roboter und Fahrlässigkeitsdelikt, RW 2018, 477; *Yuan*, Digitales Wissensmanagement, in Halft/Henning (Hrsg.), Die digitale Zukunft der Rechtsabteilung, 2021, S. 93 (zit.: Halft/Henning Digitale Rechtsabteilung/Yuan); *Yuan*, Legal Tech und juristische Entscheidungsautomatisierung – praktische Wege zum Roboterjuristen?, in Fateh-Moghadam/Zech (Hrsg.), Transformative Technologien, 2021, S. 153 (zit.: Fateh-Moghadam/Zech Transformative Technologien/Yuan); *Yuan*, Recht automatisieren und Automatisierung regulieren, REthinking: Law Heft 2/2021, 4.

I. Einführung

1 Schon heute sind Systeme, in denen Künstliche Intelligenz (**KI**) zum Einsatz kommt, derart Teil des Alltags, dass sie kaum mehr als solche auffallen. Nach dem Aufstehen wird das Smartphone über die Gesichtserkennung entsperrt (**Computer Vision**), auf dem Weg zur Arbeit berechnet das Navigationssystem unter Berücksichtigung der aktuellen Verkehrslage den schnellsten Weg (**Route Optimization**), im Büro helfen Spracherkennungsprogramme beim schnellen Abfassen von Texten (**Speech Recognition**), Übersetzungsprogramme überführen ganze Textabschnitte von einer Sprache in eine andere (**Machine Translation**) und am Abend legen Sprachassistenzsysteme im Smart Home die passende Musik auf (**Recommender System**).

Bei einem Blick in die Zukunft kann prognostiziert werden, dass die Bedeutung von KI und deren Einsatzmöglichkeiten weiter zunehmen wird.[1] Dieser wachsende Bedeutungsgewinn wird auch in akademischer Hinsicht veranschaulicht: Von 2010 bis 2021 hat sich die jährliche Zahl der englisch-sprachigen **wissenschaftlichen Publikationen** zum Thema KI von etwa 150.000 auf über 330.000 mehr als verdoppelt. Noch deutlicher fallen die Entwicklungen im wirtschaftlichen Bereich aus: Von 2015 bis 2021 haben sich **Patentanmeldungen** mit Bezug zur KI von unter 5.000 auf über 140.000 mehr als verdreißigfacht. Die jährlichen privatwirtschaftlichen Investitionen in KI sind von etwa 5 Mrd. USD in 2013 auf über 175 Mrd. USD in 2021 angestiegen.[2]

Nach zwei Phasen enttäuschter Erwartungen mit Beginn der 1970er und am Ende der 1980er Jahre (sog. **KI-Winter**) erlebt das Feld in den letzten zehn Jahren einen Sommer, der womöglich länger anhalten wird. Die Anfänge dieser KI-Blütezeit werden mit eindrucksvollen Erfolgen im Bereich der Brett- und Computerspiele markiert. Dies begann 1997 mit dem erstmaligen Sieg eines Computers gegen den amtierenden Schachweltmeister.[3] 2016 folgte der erste Sieg eines Computerprogramms gegen den stärksten menschlichen Spieler der Welt im Brettspiel Go.[4] In der darauffolgenden Zeit wurde bei weiteren Computerspielen gezeigt, wie KI-Algorithmen eigenständig Strategien entwickeln und übermenschliche Erfolge erzielen konnten.[5]

Aber auch außerhalb der Spielewelt hat der KI-Einsatz Erfolge gezeigt: So konnte Anfang 2020 erstmals durch KI eine gegen multiresistente Bakterien wirkende Molekülstruktur entdeckt werden, die als **neuartiges Breitbandantibiotikum** zum Einsatz kommen kann.[6] 2021 hat eine KI das seit über 50 Jahren offene Problem der **Vorhersage der Proteinfaltung** gelöst. Dadurch wurden neue Möglichkeiten für ein besseres Verständnis von Proteinfunktionen geschaffen, was etwa die Erforschung von Krankheiten und Medikamenten beschleunigen kann.[7] Im Bereich des automatisierten Fahrens werden Fortschritte in Richtung **autonomes Fahren** gemacht.[8]

Im näheren Umfeld juristischer Tätigkeiten, in welchem die gesprochene und geschriebene Sprache das zentrale Werkzeug sind, wurde der Einsatz von KI ebenfalls vorgeführt: 2019 hat eine KI eine Publikumsdebatte auf Augenhöhe gegen einen anerkannten Debattierer bestritten.[9] Mit **GPT 3** existiert seit 2020 eine KI, die neue Texte verfassen, Konversationen führen und programmieren kann.[10] KI hat also unter Beweis gestellt, dass sie Standpunkte vertreten, Argumente vortragen sowie auf Gegenargumente eingehen kann, und das in gesprochener und geschriebener Sprache. Damit wird ihr Einsatzpotenzial für juristische Anwendungsfälle und Legal Tech deutlich.

Allein dieser kursorische Blick zeigt, welches **wirtschaftliche und gesellschaftliche Potenzial** hinter KI-Technologien steckt. Entsprechend bedeutsam ist auch die Frage, wie Verwertungsmöglichkeiten rechtlich gestaltet und geschützt und damit der Zugang zu KI ausgestaltet wird. Mit Größe und Vielfalt des Einsatzpotenzials korrespondieren auch die **Risiken**, welche mit dem unverständigen oder missbräuchlichen Einsatz von KI einhergehen. Insoweit haben der Schutz vor Gefahren, die sich aus dem KI-Einsatz ergeben, und Fragen der Haftung für Schadensfälle rechtlich und regulatorisch an Bedeutung gewonnen. Dies spiegelt sich auch darin wider, dass 2021 die EU mit dem Vorschlag für eine „Verordnung des Europäischen

---

1 Sundar Pichai, CEO von Alphabet (Google), geht davon aus, dass KI größere Veränderungen bewirken wird als die Entdeckung des Feuers oder die Erfindung des Internets, s. https://www.bbc.com/news/technology-57763382.
2 Stanford University AI Index 2022 Report S. 17, 36, 151.
3 Zum Deep Blue-Projekt s. https://www.ibm.com/ibm/history/ibm100/us/en/icons/deepblue/.
4 Zum AlphaGo-Projekt s. https://www.deepmind.com/research/highlighted-research/alphago.
5 Zum Agent57-Projekt s. https://www.deepmind.com/blog/agent57-outperforming-the-human-atari-benchmark.
6 Zur Entdeckung von Halicin s. https://www.nature.com/articles/d41586-020-00018-3.
7 Zum AlphaFold-Projekt s. https://www.deepmind.com/blog/alphafold-a-solution-to-a-50-year-old-grand-challenge-in-biology.
8 Zu den aktuellen Entwicklungen im Bereich autonomes Fahren Liu et al., Computing Systems for Autonomous Driving: State-of-the-Art and Challenges, 2020, abrufbar unter https://doi.org/10.48550/arXiv.2009.14349.
9 Zum Debater-Projekt s. https://research.ibm.com/interactive/project-debater/.
10 Zu GPT3 s. https://openai.com/api.

Parlaments und des Rates zur Festlegung harmonisierter Vorschriften für Künstliche Intelligenz (**Gesetz über Künstliche Intelligenz**) und zur Änderung bestimmter Rechtsakte der Union" (**KI VO-E**) einen europaweit harmonisierten Rechtsrahmen zum Einsatz von KI formuliert hat (→ Rn. 58 ff., → *Regulierung (EU), KI-Verordnung* Rn. 1 ff.).[11]

7 Dieses Kapitel beginnt mit Erläuterungen zum Verständnis von KI und Definitionsansätzen. Anschließend werden Funktionsprinzipien und allgemeine Einsatzmöglichkeiten von KI erläutert. Dem folgt eine Übersicht, wie KI in der heutigen Rechtspraxis in Form von Legal Tech-Lösungen zum Einsatz kommen kann. Anschließend werden im Überblick rechtliche und regulatorische Fragestellungen behandelt.

II. Verständnisbildung und Definitionsansätze

8 Ein Blick in die erste Kommissionsfassung der KI VO-E gibt Aufschluss darüber, wie der Begriff KI verstanden und definitorisch umschrieben werden kann. So bezeichnet nach Art. 3 Nr. 1 des Verordnungsentwurfs der Ausdruck „*System der künstlichen Intelligenz (KI-System) eine Software, die mit einer oder mehreren der in Anhang I aufgeführten Techniken und Konzepte entwickelt worden ist und im Hinblick auf eine Reihe von Zielen, die vom Menschen festgelegt werden, Ergebnisse wie Inhalte, Vorhersagen, Empfehlungen oder Entscheidungen hervorbringen kann, die das Umfeld beeinflussen, mit dem sie interagieren*".

9 Anhang I des Entwurfs gliedert die zum Einsatz kommenden KI-Techniken in:
a) Konzepte des maschinellen Lernens, mit beaufsichtigtem, unbeaufsichtigtem und bestärkendem Lernen unter Verwendung einer breiten Palette von Methoden, einschließlich des tiefen Lernens (Deep Learning);
b) Logik- und wissensgestützte Konzepte, einschließlich Wissensrepräsentation, induktiver (logischer) Programmierung, Wissensgrundlagen, Inferenz- und Deduktionsmaschinen, (symbolischer) Schlussfolgerungs- und Expertensysteme;
c) Statistische Ansätze, Bayessche Schätz-, Such- und Optimierungsmethoden.

1. Verständnisbildung

10 Die vorstehende Auflistung der Methoden verdeutlicht, wie facettenreich KI sein kann. Gerade ob dieser Vielfalt ist für die **Verständnisbildung** hilfreich, sich zunächst bewusst schlicht begrifflich dem Konzept anzunähern, indem die Bedeutung der Begriffe „künstlich" und „Intelligenz" betrachtet werden. Dabei fällt die **Interpretation des Künstlichen** nicht schwer. So bezieht sich „künstlich" in diesem Verwendungskontext auf einen Vorgang oder ein Ergebnis, das nicht natürlich, sondern durch Menschen unter Einsatz bestimmter Techniken geschaffen wird und damit ein Artefakt ist.[12] Die Auslegung des Begriffs der **Intelligenz** offenbart dagegen schon bei erster Annäherung, dass es zum Verständnis mehr als nur weniger Sätze bedarf. So kann Intelligenz die Fähigkeit meinen, „abstrakt und vernünftig zu denken und daraus zweckvolles Handeln abzuleiten"[13] oder die Fähigkeit zu lernen, zu verstehen, und Urteile zu fällen sowie Meinungen zu vertreten, die auf Vernunft gründen. Damit setzen beide Definitionsansätze jedenfalls voraus, zu wissen, was **Vernunft** bedeutet, was allein aus philosophischer Perspektive kein leichtes Unterfangen ist.[14] Nähert man sich der Intelligenz aus psychologischer Perspektive und damit aus dem Blickwinkel einer empirisch arbeitenden Disziplin, ist festzustellen, dass auch in der **Psychologie** keine Einigkeit herrscht, ob Intelligenz als eine einzige menschliche Fähigkeit existiert oder ob darunter nicht eine Mehrzahl von Fähigkeiten fällt. Einige psychologische Studien haben einen pragmatischen Ausweg darin gesucht, unter Intelligenz das zu verstehen, was durch **Intelligenztests** messbar ist. Damit wird der Intelligenzbegriff mit den Hypothesen aufgeladen, welche Gegenstand der jeweiligen Studie

---

11 Verordnungsvorschlag der EU-Kommission COM(2021) 206 final, abrufbar unter https://eur-lex.europa.eu/legal-content/DE/TXT/?uri=CELEX%3A52021PC0206.
12 Zu Bedeutung und Gebrauch vgl. https://www.duden.de/rechtschreibung/kuenstlich.
13 Zu Bedeutung und Gebrauch vgl. https://www.duden.de/rechtschreibung/Intelligenz.
14 Zum Vernunftbegriff im historischen Kontext Ritter/Grübder/Gabriel Wörterbuch Philosophie/Rapp et al. Eintrag zu „Vernunft; Verstand".

sind. Insgesamt scheint aber ein gewisser Konsens in der Psychologie darin zu bestehen, dass unter Intelligenz ein oder mehrere Fähigkeiten verstanden werden, die Menschen erlauben, sich basierend auf Erfahrungswissen an verschiedene Situationen anzupassen und unterschiedliche Probleme zu lösen.[15]

2. Definitionsansätze

Deshalb verwundert es nicht, dass die Unsicherheiten im Verständnis von Intelligenz sich auch in der KI-Forschung fortsetzen. Hier werden unterschiedliche **Definitionsansätze** verfolgt, die sich in vier Gruppen anhand der Dimensionen „**menschlich**" und „**rational**" sowie „**denken**" und „**handeln**" einteilen lassen. Dabei ist zu berücksichtigen, dass „denken" und „handeln" im übertragenen Sinne verwendet werden: Es geht nur um eine technische Nachbildung und Annäherung an menschliche Denkprozesse und Handlungen. Gerade mit Blick auf das Handeln soll aber nicht im Sinne der Handlungslehre suggeriert werden, dass eine KI über einen **freien Willen** verfügt und im menschlichen Sinne **autonome Entscheidungen** treffen kann.[16]

a) Menschlich „denken"

Um KI-Systeme zu schaffen, die menschlich „denken" können, müsste zunächst verstanden werden, wie Menschen denken. Erst dann kann dieses Verständnis als Grundlage für die Programmierung von Maschinen dienen. Die Erforschung menschlicher Denkprozesse ist insbesondere Gegenstand der **Kognitionswissenschaft**, welche Mitte des 20. Jahrhunderts entstanden ist und unterschiedliche Disziplinen vereinigt, darunter Anthropologie, Informatik, Linguistik, Neurowissenschaft, Philosophie und Psychologie. Die Vielfalt der wissenschaftlichen Einflüsse legt bereits offen, dass es unterschiedliche Theorien menschlichen Denkens gibt, die auch im Wandel begriffen sind.[17] Insoweit stehen KI-Ansätze, die menschliches Denken nachbilden wollen, auf einem dynamischen Fundament und müssen sich im Rahmen der Umsetzung für eine bestimmte theoretische Basis entscheiden.

b) Menschlich „handeln"

Prägend für das KI-Verständnis als Maschinen, die menschlich handeln können, ist der sog. **Turing-Test**.[18] Nach diesem sei eine Maschine dann eine KI, wenn sie im Rahmen einer Konversation einen Menschen dazu verleiten kann, zu glauben, dass sie ein Mensch ist. Hier zeigt sich bereits, über welche Eigenschaften eine solche Maschine zumindest verfügen muss: Sie muss natürliche Sprache verarbeiten (**Natural Language Processing**), kommunizierte Inhalte aufnehmen und speichern (**Knowledge Representation**), Antworten geben und dabei Schlussfolgerungen ziehen (**Automated Reasoning**) und sich an die jeweilige Situation anpassen können (**Machine Learning**).[19] Je nachdem welche Anforderungen an die Art der Konversation bestehen, muss die Maschine über ein entsprechendes Interface verfügen. Das können bei rein elektronischer Kommunikation schlicht eine Tastatur für die Aufnahme des Inputs und ein Bildschirm für die Anzeige des Outputs sein. Sobald etwa geschriebene oder gesprochene Sprache im Rahmen der Konversation eine Rolle spielen soll, muss die Maschine auf Input-Seite über Bild- oder Spracherkennung (**Computer Vision**, **Speech Recognition**) und auf Output-Seite über Robotikkomponenten zur Schrifterzeugung oder Systeme zur Sprachsynthese (**Natural Language Generation**) verfügen.

c) Rational „denken"

Aus praktischer Perspektive sind Ansätze relevanter, die nicht den Menschen, sondern **Vernunft und Rationalität** als Maßstab für KI definieren.[20] Die Erforschung des rationalen Denkens hat eine lange Tradition und bildet auch die Grundlage für das Denken im Recht. Schwerpunktmäßig geht es um Logik, insbeson-

---

15 Myers, Psychologie, 3. Aufl. 2014, S. 400 ff.
16 Yuan RW 2018, 477 (480 f.).
17 Im Überblick Stephan/Walter HdB Kognitionswissenschaft/Sturm/Gundlachin S. 7 ff.
18 Russel/Norvig Artificial Intelligence S. 1035.
19 Russel/Norvig Artificial Intelligence S. 20.
20 Russel/Norvig Artificial Intelligence S. 21.

re in Form der **Syllogistik**.[21] Im Recht ist der Syllogismus in Form des **modus ponens** verbreitet, welcher aus den Prämissen 1. „Wenn A, dann B" und 2. „A ist der Fall" die Aussage 3. „B" herleitet: Z.B. 1. „Wer einen anderen schlägt (= wenn A), wird bestraft (= dann B)" und 2. „X hat einen anderen geschlagen (= A ist der Fall)". Also folgt 3. X wird bestraft (= B). Dieser kurze Blick auf die Aussagenlogik zeigt, wo die Möglichkeiten und **Limitationen** der Logik im Recht liegen. Während die Schlussfolgerungen logisch abgeleitet werden können, kann Logik nicht die **Wahrheit ihrer Prämissen** beweisen. Konkret: Während 3. logisch zwingend aus 1. und 2. folgt, gibt die Logik keinen Aufschluss darüber, ob 1. und 2. wahr oder gegeben sind. So kann hinsichtlich 1. der darin aufgestellte Rechtssatz falsch sein, weil er im obigen Beispiel etwa unvollständig ist, weil die Ergänzung „rechtswidrig und schuldhaft" fehlt. Und hinsichtlich 2. stellt sich die Frage, ob dieser Fall tatsächlich erfüllt ist, dh ob etwa der betrachtete Sachverhalt den Tatbestand erfüllt, was eine rechtsfehlerfreie Subsumtion voraussetzt.

d) Rational „handeln"

15   Schließlich lässt sich KI auch danach definieren, ob ein KI-System rationale „Handlungen" ausführen kann, welche die Umwelt beeinflussen. Dies erfordert in der Regel, dass das System kontinuierlich seine **Umwelt wahrnimmt** und die eigenen **Aktionen derart an die sich verändernde Umwelt anpassen kann, dass ein bestimmtes Ziel möglichst gut erreicht** wird.[22] Am Beispiel eines Navigationsprogramms veranschaulicht: Dieses erfasst kontinuierlich über GPS den Standort des Fahrzeugs und bezieht über das Internet Daten zur aktuellen Verkehrslage, verarbeitet diese und zeigt an, auf welchem Weg das Ziel am schnellsten erreicht werden kann. Das Interface zur Außenwelt ist in der Regel ein Bildschirm. Der das Fahrzeug führende Mensch ist Teil der Aktorik und führt die vom Navigationssystem vorgegebenen Aktionen aus.[23] Durch dieses Alltagsbeispiel wird deutlich, dass der KI-Einsatz natürlich damit verbunden sein kann, dass bestimmte Aspekte vormals menschlicher Entscheidungen durch maschinelle Entscheidungen ersetzt werden, welchen dann der Mensch Folge leistet. Allerdings zeigt das Beispiel auch, **wo menschliche Ziele weiterhin entscheidend sind** und zum aktuellen Zeitpunkt **durch eine KI nicht ersetzt werden können**. Dies betrifft zunächst die Zielsetzung selbst. Die KI entscheidet nicht, dass ein Mensch zu einer bestimmten Uhrzeit an einen bestimmten Ort fahren soll. Auch entscheidet die KI nicht, was „möglichst gut" bedeutet, dh wonach optimiert werden soll. Am Beispiel des Navigationssystems ist dies in der Regel die Optimierung der Reisezeit. „Möglichst gut" kann aber genauso bedeuten, dass die zurückgelegte Strecke oder der Energieverbrauch minimiert oder eine landschaftlich möglichst schöne Strecke gewählt werden soll. All dies gibt weiterhin ein Mensch vor.

III. Funktionsweisen und Einsatzbereiche

16   Schon die Auseinandersetzung mit den Definitionsansätzen zeigt die Vielfalt, in der KI in Erscheinung treten und zum Einsatz kommen kann. Abstrakt betrachtet, bezweckt der Einsatz von KI-Systemen, dass diese mit gewisser Eigenständigkeit bestimmte Probleme lösen. Dabei wird in Ansehung der Problemlösungsfähigkeiten häufig zwischen **schwacher KI (Weak AI)** und **starker KI (Strong AI)** unterschieden. KI-Systeme werden als schwach bezeichnet, wenn sie lediglich in einem eng umgrenzten und vordefinierten Bereich bestimmte Probleme lösen können. Eine starke KI ist dagegen gegeben, wenn sie wie ein Mensch eine Vielzahl von Problemen in unterschiedlichsten Umgebungen lösen kann, so dass auch von künstlicher allgemeiner Intelligenz (**Artificial General Intelligence**) gesprochen wird.[24] So faszinierend die Idee einer Artificial General Intelligence sein mag, gehört diese in den Bereich der Philosophie und Phantasie, und ist häufiger Ausgangspunkt enttäuschter Erwartungen. Dagegen sind KI-Systeme, die sich bisher als nützlich und praxistauglich erwiesen haben, dem Bereich Weak AI zuzuordnen.

---

21 Joerden, Logik im Recht, 3. Aufl. 2018, S. 287 ff.
22 Russel/Norvig Artificial Intelligence S. 21 f.
23 Im Falle des autonomen Fahrens kämen noch weitere Dimensionen an Sensorik und Datenverarbeitung hinzu und auch die Aktorik, also das Führen des Fahrzeugs im Straßenverkehr, würde von der Maschine übernommen.
24 Russel/Norvig Artificial Intelligence S. 1032.

1. Funktionsweisen

Trotz der dynamischen **Entwicklungsgeschichte der KI** im Wechselspiel zwischen wissenschaftlichen Erkenntnissen und praktischer Umsetzung seit den 1950ern,[25] lassen sich bestimmte Entwicklungslinien nachzeichnen, um die Funktionsweise zentraler KI-Ansätze zu erläutern. Dabei verfolgt die Praxis idR das Ziel, Rationalität in das „Denken" und „Handeln" von Maschinen zu bringen, als zu versuchen, menschliche Intelligenz-Eigenschaften nachzuahmen.

Im Zentrum praxisorientierter KI-Vorhaben steht häufig die Idee eines sog. Rationalen Agenten (**Rational Agent**), der Aktionen ausführen können soll, welche als intelligent qualifiziert werden. Dieser verfügt grundsätzlich über (i) **Sensoren**, welche die Umwelt erfassen (**Input**), (ii) ein internes System, das die sensorisch erfassten Informationen verwertet (**Datenverarbeitung**), und (iii) **Aktoren**, um Aktionen auszuführen, welche auf die Umwelt einwirken (**Output**). Ein solcher Agent handelt „rational", wenn er die richtigen Aktionen ausführt. Was „richtig" ist, wird anhand eines Leistungsmaßes (**Performance Measure**) definiert, das wünschenswerte Zustände beschreibt und worauf der Rational Agent seine Aktionen optimieren soll.[26] Dieses Leistungsmaß wird durch Menschen festgelegt. Damit liegt hier ein wesentlicher Punkt, an dem menschliche Zielsetzungen in KI-Systeme einprogrammiert werden und dadurch die Aktionen des KI-Systems prägen.

a) Problemlösung durch Suchen

Eine grundlegende und schon seit den Anfängen der KI zum Einsatz kommende Methode, wie Rationale Agenten bei einer Vielzahl von Möglichkeiten Aktionen planen und ausführen können, die das Leistungsmaß maximieren und damit Probleme lösen, besteht in der Durchführung einer – im technischen Sinne verstandenen – **Suche**. Eine Problemlösung durch Suchen setzt voraus, dass ein Ziel festgelegt und das Problem dergestalt beschrieben wird, dass ein Rationaler Agent im Wege der Suche einen **optimalen Lösungsweg** finden kann. Dabei erfordert die Beschreibung des Problems, dass mögliche Zustände des Rationalen Agenten einschließlich des Ausgangs- und des Zielzustands, verfügbare Aktionen, ein Übergangsmodell zwischen den Aktionen (**Transition Model**) sowie die Kostenfunktion für Aktionen (**Action Cost Function**) definiert werden. Auf dieser Grundlage kann der Rationale Agent nach unterschiedlichen Lösungswegen suchen, diese anhand der Kostenfunktion bewerten und, sofern Lösungswege existieren, Aktionen ausführen, die dem besten Lösungsweg entsprechen.[27]

Eine augenscheinliche Einsatzmöglichkeit eines solchen KI-Ansatzes liegt bei der optimalen Routenauswahl in einem Navigationssystem, bei dem Start- und Zielorte definiert werden und das Kartenmaterial sowohl die verfügbaren Aktionen als auch das Übergangsmodell (zB welche Straßen für PKW befahrbar sind) enthält. Als Kostenfunktion kommt in der Praxis eine Optimierung nach Fahrzeit oder nach zurückgelegter Wegstrecke in Betracht, was im Falle der Optimierung nach Fahrzeit wesentlich mehr Informationen voraussetzt, wie etwa Geschwindigkeitsbegrenzungen oder die aktuelle Verkehrslage.

b) Symbolische KI und Expertensysteme

Wenngleich eine Suche bereits dazu geeignet ist, eine Vielzahl von Problemen zu lösen, stößt sie schnell an Grenzen, wenn von Rationalen Agenten verlangt wird, sich ein detaillierteres Bild von der **Komplexität der Realität** zu verschaffen und darauf basierend Aktionen auszuführen. Deshalb wurden insbesondere seit den 1970er Jahren Ansätze entwickelt, welche unter der Bezeichnung „**Symbolische KI**" zusammengefasst werden können. Hier werden Rationale Agenten mit einer Repräsentation der Welt (**Wissensbasis, Knowledge Base**) ausgestattet, auf Grundlage derer sie über **logische Schlussfolgerungen** anhand der sensorisch erfassten Informationen bestimmte Aktionen ausführen können. Der Weg über eine „**top-down**" durch

---

25 Zur Entwicklung und Geschichte der Künstlichen Intelligenz in Wissenschaft und Praxis Russel/Norvig Artificial Intelligence S. 35 ff.
26 Russel/Norvig Artificial Intelligence S. 54 ff.
27 Russel/Norvig Artificial Intelligence S. 82 ff.

Menschen vordefinierte Wissensbasis hat den Vorteil, dass Rationale Agenten von Anfang an mit einem erheblichen Maß an Weltwissen ausgestattet sind, um regelbasiert entsprechende Aktionen auszuführen.

22 Eine zentrale Ausprägung Symbolischer KI sind sog. **Expertensysteme** (→ *Expertensystem* Rn. 6 ff.), welche in den 1970ern und 1980ern eine Blütezeit erlebten. In ihnen wird das Wissen von menschlichen Experten eingebettet und logisch verknüpft, so dass **auf Basis eines bestimmten Inputs ein logisch abgeleiteter Output deduktiv erzeugt** werden kann. Symbolische KI-Systeme haben insbesondere den Vorteil, dass die Wissensbasis und die logischen Verknüpfungen explizit und ihre regelbasierten Aktionen deshalb nachvollziehbar und damit erklärbar sind (→ *Transparenz und Erklärbarkeit* Rn. 1 ff.). Die Vorteile Symbolischer KI zeigen zugleich auch ihre Einschränkungen auf: Die Einsatzbreite einer Wissensbasis ist von der Qualität und Quantität des menschlichen Inputs abhängig. Ferner muss das zu lösende Problem explizierbar sein, was voraussetzt, dass Menschen die entsprechenden Zusammenhänge und Muster für die jeweilige Aufgabenstellung hinreichend erkennen und beschreiben können.

c) Neuronale KI und Maschinelles Lernen

23 Im Lichte der Einschränkungen Symbolischer KI gehen KI-Ansätze, welche als Neuronale KI bezeichnet werden können, einen anderen Weg: Basierend auf Daten soll ein Rationaler Agent **Zusammenhänge und Muster erkennen**, um wünschenswerte Aktionen auszuführen. Dieser „**bottom-up**" Ansatz von den Daten zu den Aktionen ist als induktives Vorgehen charakterisierbar, bei dem aus einzelnen Fällen auf allgemeine Regeln geschlossen wird. Diese Ansätze haben in den letzten drei Jahrzehnten mit der immensen Zunahme der Zahl und Rechenleistung von Computern sowie der schnellen Verbreitung des Internets und digitaler Sensoren erheblich an Bedeutung gewonnen. Mit diesem Anstieg an Datenverarbeitungskapazitäten, Datenübertragungsmöglichkeiten und erfassten und damit erzeugten Daten (→ *Big Data* Rn. 1 ff.) konnten neue Algorithmen erfunden und auf diese großen Datenmengen angewendet werden.[28]

24 Insbesondere Big Data hat die praktische Relevanz einer Art von KI-Ansätzen befördert, welche als **Maschinelles Lernen** bezeichnet wird. Wie der Begriff bereits eröffnet, befasst sich Machine Learning damit, wie Rationale Agenten ähnlich wie Menschen auf Grundlage neuer Erfahrungen ihre Aktionen derart anpassen können, um mit wachsender Erfahrung bessere Aktionen ausführen zu können (→ *Machine Learning* Rn. 1 ff.).

2. Einsatzbereiche

25 Die Vielfalt der Formen und Funktionsweisen von KI spiegelt sich auch in den möglichen Einsatzbereichen wider. Bereits heute gibt es kaum einen Bereich, in dem Informationstechnologien zum Einsatz kommen, bei denen nicht auch der Einsatz von KI stattfindet oder zumindest erprobt wird. Deshalb **beschränkt sich der folgende Blick auf größere Einsatzbereiche und exemplarische Anwendungsformen**.

a) Data Science

26 Wie kaum ein anderes Gebiet eignet sich der Bereich Data Science für den Einsatz von KI. Allgemein gesprochen befasst sich Data Science mit der **Extraktion von Wissen aus Daten**. Mit dem immensen Anstieg an verfügbaren Daten im Zuge der zunehmenden Digitalisierung wurde erkannt, dass durch die KI-gestützte **Auswertung der gesammelten Daten nützliche Zusammenhänge aufgedeckt** werden können.[29] So wird dadurch bspw. für den pharmazeutischen Bereich die Entdeckung neuer Molekülstrukturen oder Wirkzusammenhänge für die Medikamentenentwicklung möglich (→ Rn. 4). Denkt man an nutzergenerierte Inhalte wie Kommentare auf Social Media oder Produktbewertungen auf digitalen Handelsplattformen, können mit KI zB Stimmungsbilder zu bestimmten Themen oder Produkten erkannt werden (**Sentiment Analysis**).[30] Auch im Bereich der Klimaforschung konnten durch KI-Einsatz zusätzliche

---

[28] Russel/Norvig Artificial Intelligence S. 44 ff.
[29] Frick et al. Data Science/Maierhofer S. 158.
[30] Jurafsky/Martin, Speech and Language Processing, 3. Aufl. 2021, S. 60 ff.

Erkenntnisse, zB über Extremwetterereignisse, auf Basis bestehender Wetter- und Klimadaten gewonnen werden.[31]

b) Recommender Systems

Im Kontext digitaler Plattformen und einer für Menschen nicht mehr überschaubaren Vielfalt an Angeboten und Auswahlmöglichkeiten haben KI-basierte Empfehlungsdienste (**Recommender Systems**) an Bedeutung gewonnen. Diese verfolgen das Ziel, Menschen bestimmte Objekte zu empfehlen, wie etwa Produkte, Videos, Musik, Beiträge oder andere Inhalte, die für den jeweiligen Nutzer von Interesse sein können. Dabei wird das Nutzerverhalten häufig danach ausgewertet, inwieweit Objekte, die in der Vergangenheit von positivem Interesse waren, ähnlich mit den Objekten sind, die sodann vorgeschlagen werden (**inhaltsbasierte Empfehlungsdienste**) oder es wird analysiert, welche Objekte für andere Nutzer mit ähnlichen Eigenschaften interessant waren und diese dann dem Nutzer vorgeschlagen (**kollaborative Empfehlungsdienste**).[32]

c) Image Recognition und Machine Vision

Mit der Etablierung digitaler Kamerasysteme in Mobiltelefonen, Fahrzeugen und anderen Maschinen sowie an Straßen, Gebäuden und anderen Bauwerken ist eine sehr große Menge an Bild- und Videodaten entstanden. Diese können mit Methoden der KI-gestützten Bilderkennung (**Image Recognition**) und des maschinellen Sehens (**Machine Vision**) ausgewertet werden, um unterschiedlichste Ziele zu verfolgen.[33] Eine zentrale Fähigkeit der hier zum Einsatz kommenden Algorithmen besteht darin, bestimmte Objekte in den Bildern zu erkennen und auch über Bildsequenzen hinweg zu verfolgen. Daran anknüpfend können die im Datenmaterial enthaltenen Informationen interpretiert und aufgrund von bestimmten Modellen eine Einschätzung über möglicherweise eintretende Ereignisse abgegeben werden.

d) Robotik und autonome Systeme

Die Fähigkeit von KI-Systemen, durch Image Recognition und Machine Vision die Welt sensorisch zu erfassen, kann um die Dimension der physikalischen Einwirkung auf die Umwelt mittels einer Aktorik ergänzt werden. Dadurch wird die Domaine reiner Software-Agenten in Richtung physikalisch verkörperter Agenten, dh **Roboter**, verlassen.[34] Sowohl die Einsatzbereiche als auch die Wirkmechanismen robotischer Systeme sind breit gefächert. Den historischen Anfang haben Industrieroboter in Produktionsstraßen gemacht, welche in einer eng vordefinierten Umgebung nach festgelegten Mustern Aktionen ausführten. Heute sind Roboter, etwa in Form von Staubsaugerrobotern oder Rasenmäherrobotern, zunehmend Teil des Alltags geworden. Diese zeichnen sich dadurch aus, dass sie auch in einer weniger vordefinierten und sich zT verändernden Umgebung die gewünschten Aktionen ausführen können. Damit werden diese Roboter zunehmend zu autonomen Systemen, welche ihre Aktionen in Abhängigkeit der jeweiligen Umgebung optimieren können. Ein besonders einprägsames Beispiel eines solchen KI-gestützten autonomen Roboters stellt das **autonome Fahrzeug** dar. Dieses muss alle erdenklichen Verkehrssituationen sensorisch erfassen, diese Daten zur Planung der jeweils optimalen Aktion verarbeiten und anschließend durch die Aktorik ausführen können.

e) Natural Language Processing

Natural Language Processing (**NLP**) befasst sich mit der KI-gestützten Verarbeitung natürlicher Sprache in geschriebener oder gesprochener Form (→ *Natural Language Processing (NLP)* Rn. 1 ff.). Die Themengebiete von NLP sind im Wesentlichen so vielfältig, wie Sprache im zwischenmenschlichen Gebrauch zum Einsatz kommt. Beispielsweise befasst sich **Machine Translation** mit der maschinellen Übersetzung

---

31 Kurth et al., Exascale Deep Learning for Climate Analytics, 2018, abrufbar unter https://doi.org/10.48550/arXiv.1810.01993.
32 Klahold, Empfehlungssysteme, 2009, S. 2.
33 Stanford University AI Index 2022 Report S. 52 ff.
34 Zum Roboterbegriff Yuan RW 2018, 477 (479 f.).

von Texten von einer Sprache in eine andere. Mit **Named Entity Recognition** werden in Dokumenten bestimmte Aspekte wie zB Personen, Orte oder bestimmte Gegenstände automatisch erkannt. **Text Classification** befasst sich mit der automatisierten Zuordnung von Inhalten zu einer bestimmten Kategorie. **Speech Recognition** widmet sich der maschinellen Erfassung gesprochener Sprache. **Natural Language Understanding** befasst sich mit dem Sprachverstehen durch technische Systeme. **Natural Language Generation** ermöglicht die maschinelle Erzeugung natürlich sprachlicher Inhalte. All diese Techniken lassen sich grundsätzlich sowohl auf geschriebene als auch gesprochene Sprache anwenden.

IV. KI im Bereich Legal Tech

31 Die **praktische Anwendung von KI im Rahmen von Legal Tech-Lösungen** (→ *Legal Tech* Rn. 1 ff.), welche als für juristische Arbeitsabläufe spezialisierte Softwarelösungen zum Einsatz kommen,[35] ist ebenfalls facettenreich, wenngleich auch hier der Rechtsbereich keine Vorreiterrolle einnimmt und das Potenzial noch bei Weitem nicht ausgeschöpft ist. Aus Datenperspektive betrachtet befassen sich Legal Tech-Lösungen zum Großteil mit der Verarbeitung von **Textinhalten als Input** und haben in der Regel ebenfalls einen **Text als Output**, wie etwa einen Schriftsatz oder Vertrag. Die Datenverarbeitung richtet sich nach den jeweils relevanten Rechtsnormen und anderen juristischen Prüfungsmaßstäben, während das Leistungsmaß sich an einer vertretbaren Subsumtion im Sinne der Stelle orientiert, die das Leistungsmaß definiert. Aufgrund der besonderen Bedeutung von Textinhalten für Legal Tech spielen Natural Language Processing-Methoden in der Praxis eine wichtige Rolle (→ *Natural Language Processing (NLP)* Rn. 1 ff.).

32 Im Folgenden werden die Anwendungsmöglichkeiten von KI im Bereich Legal Tech anhand der übergeordneten Einsatzfelder von Legal Tech im Rahmen der Erbringung von Rechtsdienstleistungen, als Lösungen für Kanzleien und Unternehmen sowie in der Justiz dargestellt.

1. B2C Legal Tech

33 Wesentliche Treiber des in den letzten Jahren neu aufgekommenen Interesses an Legal Tech sind Legal Tech-Anbieter, welche häufig in Form von **Inkassodienstleistungen** (§ 2 Abs. 2 S. 1 RDG), aber auch als **Kanzlei** organisiert, Rechtsdienstleistungen insbesondere an Verbraucher zur Durchsetzung bestimmter Ansprüche erbringen (→ *B2C und B2B (Geschäftsmodelle)* Rn. 27 ff.). Diese Legal Tech-Rechtsdienstleister sind in der Regel auf bestimmte Sachverhalte spezialisiert, wie zB auf die Durchsetzung von Fluggastrechten[36], Ansprüchen aus Mietverträgen[37] oder infolge des Dieselabgasskandals,[38] die in einer Vielzahl auftreten und keiner zu komplexen rechtlichen Beurteilung bedürfen.[39]

34 Der Einsatz von KI im Rahmen der Erbringung solcher B2C Legal Tech-Rechtsdienstleistungen beschränkt sich im Verhältnis des Rechtsuchenden zum Rechtsdienstleister in der Regel auf **Expertensystem-Ansätze** (→ *Expertensystem, juristisches* Rn. 1 ff.), bei denen die jeweilige Anspruchsgrundlage in Form eines Entscheidungsbaums umgesetzt und über die Webseite des Anbieters bereitgestellt wird. Am Beispiel des Entschädigungsanspruchs nach Art. 7 VO (EG) Nr. 261/2004 (Fluggastrechteverordnung) werden über den Entscheidungsbaum in der Regel die Flugdaten, das aufgetretene Problem, wie etwa eine Verspätung von mehreren Stunden, die Ursache des Problems sowie die persönlichen Daten des Rechtsuchenden abgefragt, um basierend auf den Eingaben automatisch eine erste **Einschätzung über die Erfolgsaussichten** abgeben zu können.

35 Neben dem Einsatz im Rahmen der **Kundenakquise** und der **Sachverhaltserfassung** werden regelbasierte Expertensystem-Ansätze auch bei der Vertragsgestaltung durch **Vertragsgeneratoren** von Legal Tech-

---

35 Zu diesem Definitionsansatz Fateh-Moghadam/Zech Transformative Technologien/Yuan S. 153 (156 ff.).
36 Beispiel eines solchen B2C Legal Tech-Anbieters: https://www.flightright.de/.
37 Beispiel eines solchen B2C Legal Tech-Anbieters: https://conny.de/; ursprünglich https://www.wenigermiete.de/.
38 Beispiel eines solchen B2C Legal Tech-Anbieters: https://baum-reiter.de/abgasskandal/.
39 Ein Überblick über geeignete Sachverhalte findet sich zB beim Legal Tech-Rechtsdienstleister https://www.rightnow.de/.

Anbietern eingesetzt.[40] Die Ausgestaltung des Einsatzes entspricht im Wesentlichen jener zur Anspruchsdurchsetzung. Rechtssuchende werden durch eine Entscheidungsbaumstruktur geführt, macht Angaben und erhält als Ergebnis ein entsprechend angepasstes Vertragsmuster, das aus zu den Angaben passenden Textbausteinen zusammengesetzt ist (→ *Dokumentenautomatisierung* Rn. 1 ff.).

In beiden Fällen liegt – wie bei symbolischer KI typisch – die Kunst darin, die jeweilige **Anspruchsgrundlage** bzw. den typisierten **Vertragswunsch** derart zu **operationalisieren**, dass alle relevanten Fallgestaltungen abgebildet sind und komplexere rechtliche Konzepte derart konkretisiert und erläutert werden, dass sie **für Laien verständlich** sind, so dass diese zutreffende Angaben machen können. 36

Im Kontext der Erbringung von Rechtsdienstleistungen sind ferner Legal Tech-Anbieter zu erwähnen, welche als Intermediäre Rechtssuchende mit Rechtsdienstleistern verbinden (**B2B2C Legal Tech**).[41] In diesem Prozess findet KI jedenfalls in Form von **Suchalgorithmen** und regelbasierten **Recommender Systemen** bei der automatisierten Zuordnung zwischen Rechtsfrage und geeignetem Rechtsdienstleister statt. Auch der Einsatz **Neuronaler KI-Methoden** zB in Form von **Question Answering-Systemen** ist geeignet, um die Zuordnung zu optimieren. 37

2. B2B Legal Tech

Während B2C Legal Tech-Lösungen bisweilen mehr mediale Aufmerksamkeit genießen, liegen die Anfänge von Legal Tech bei Softwarelösungen für Kanzleien und Unternehmen (→ *B2C und B2B (Geschäftsmodelle)* Rn. 75 ff.). 38

Den Anfang haben **juristische Datenbanken** gemacht, um die **Recherche** in Rechtsprechung und Literatur zu erleichtern.[42] Hier kommen KI-Methoden vorrangig in Form von Suchmöglichkeiten zum Einsatz. Angefangen bei einer bloßen Stichwortsuche gehen die heutigen Möglichkeiten deutlich weiter und ermöglichen die Berücksichtigung des Kontexts sowie **syntaktischer und semantischer Variationen**.[43] Aktuelle Arbeiten konzentrieren sich insbesondere auf sog. **Question-Answering-Systeme**, bei denen Nutzer natürlich-sprachliche Suchanfragen stellen können, welche das System interpretiert und entsprechende Suchergebnisse liefert. Hier kommt in der Regel **Machine Learning** (→ *Machine Learning* Rn. 1 ff.) zum Einsatz, um die dafür erforderlichen Sprachmodelle (**Language Models**) zu schaffen.[44] 39

Im Bereich vertragsbezogener Tätigkeiten und des Vertragsmanagements (**Contract Lifecycle Management**, → *Vertragsmanagement* Rn. 1 ff.) sind zunächst Programme zur automatisierten Erstellung von angepassten Vertragsvorlagen (→ *Dokumentenautomatisierung* Rn. 1 ff.) zu erwähnen, welchen ebenso wie bei den Vertragsgeneratoren im Bereich B2C Legal Tech regelbasierten KI-Methoden zugrunde liegen.[45] In den letzten Jahren sind zunehmend Funktionalitäten zur **automatischen Dokumentenanalyse** (→ *Dokumentenanalyse* Rn. 1 ff.) in den Fokus gerückt, um Vertragsinformationen wie zB Parteien oder Adressen durch **Named Entity Recognition** auszulesen oder bestimmte kritische Vertragsklauseln durch **Text Classification** zu erkennen.[46] Für diese Aufgaben können je nach Komplexität der Aufgabe und Verfügbarkeit der Daten eine Vielzahl unterschiedlicher KI-Methoden einschließlich Machine Learning zum Einsatz 40

---

40 Beispielsweise https://www.smartlaw.de/. Hierbei handelt es zwar um eine Dienstleistung für einen Rechtssuchenden, aber nicht um eine Rechtsdienstleistung iSd § 2 RDG, vgl. BGH Urt. v. 9.9.2021 – I ZR 113/20, NJW 2021, 3125 – Smartlaw.
41 Beispiel eines solchen Rechtsdienstleistungsmarktplatzes: https://www.anwalt.de/.
42 So wird an der Juris-Datenbank bereits seit den 1980er Jahren gearbeitet und die Beck-Online Datenbank existiert seit 2001.
43 Zur semantischen Suche Hoppe, Semantische Suche, 2020, S. 3 ff.
44 Das bekannteste Question-Answering-System ist Google. Insbesondere das von Google entwickelte Transformer Language-Modell BERT (Bidirectional Encoder Representations from Transformers) ist Basis vieler Praxisprojekte; grundlegend dazu: Devlin et al., BERT: Pre-training of Deep Bidirectional Transformers for Language Understanding, 2018, abrufbar unter https://doi.org/10.48550/arXiv.1810.04805.
45 Beispiel einer solchen Softwarelösung: https://de.lawlift.com/.
46 Beispiel einer solchen Softwarelösung: https://www.evisort.com/.

kommen. Insbesondere bei **Due Diligence**-Prüfungen im Kontext von **Transaktionen** hat der Einsatz von Softwarelösungen zur Dokumentenanalyse, bei denen KI-Methoden zum Einsatz kommen, zugenommen.[47] In Ansehung der zT sehr großen zu analysierenden Dokumentenmengen wird häufig eine automatisierte Klassifikation von Dokumenten (**Document Classification**) mithilfe von Machine Learning-Methoden (→ *Machine Learning* Rn. 16 ff.) vorgenommen, bevor dann die inhaltliche Analyse beginnt, welche sich im Wesentlichen mit den Arbeitsschritten einer herkömmlichen Vertragsanalyse deckt, aber innerhalb einer beschränkten Zeit auf einer deutlich größeren Menge von Dokumenten erfolgen muss.

41 Im Bereich **Compliance** (→ *Compliance, Digital* Rn. 1 ff.) werden zur Gewährleistung der Regeleinhaltung zT Entscheidungsunterstützungssysteme eingesetzt, mithilfe derer Mitarbeiter eigenständig nachprüfen können, ob ihr Verhalten bestimmten Compliance-Regelungen entspricht. Hier kommen häufig **Expertensystem-Ansätze** (→ *Expertensystem, juristisches* Rn. 1 ff.) zum Einsatz.[48] Sinnvoll und mit größerer Flexibilität einsetzbar erscheint auch eine Lösung über einen Wissensmanagement-Ansatz, bei der eine Wissensdatenbank über Compliance-Fragen erstellt und mit Suchmethoden zugänglich gemacht wird.[49]

3. Legal Tech in der Justiz

42 Wenngleich womöglich unerwartet, werden KI-Methoden in Kernprozessen der Justiz bereits seit vielen Jahren eingesetzt.[50] Besonders verbreitet ist das im Jahre 2000 gestartete länderübergreifende Projekt **forumSTAR**, bei welchem Methoden der **symbolischen KI** zum Einsatz kommen. So liefert forumSTAR sowohl eine Entscheidungsprozessunterstützung als auch Möglichkeiten zur Dokumentenautomatisierung für bestimmte Fachverfahren.[51] Eine entsprechende Lösung namens **web.sta** existiert ebenfalls seit 2000 für den Einsatz in der Staatsanwaltschaft.[52]

43 Mit dem häufiger werdenden Auftreten von **Massenverfahren** wie im Zusammenhang mit den Abgasmanipulationen bei Dieselfahrzeugen (Dieselskandal), welche infolge der zunehmenden Technologisierung der Parteivertreter nicht nur in der Zahl, sondern auch im Umfang zugenommen haben (zu den Möglichkeiten kollektiven Rechtsschutzes → *Kollektiver Rechtsschutz* Rn. 1 ff.),[53] ist der Bedarf an Softwarelösungen zur Unterstützung der Justiz angestiegen, wobei KI-Methoden eine zentrale Rolle spielen. Insbesondere **Named Entity Recognition** und **Text Classification** werden für die Schriftsatzanalyse eingesetzt, um Richter beim Auffinden entscheidungsrelevanter Sachverhaltsaspekte im umfangreichen Vortrag, welcher häufig in großen Teilen für die Entscheidung des Falles nicht relevant ist, zu unterstützen (→ *Dokumentenanalyse* Rn. 19 ff.).[54] Zur Beschleunigung der Urteilserstellung kommen dabei entweder Funktionen zur Dokumentenautomatisierung (→ *Dokumentenautomatisierung* Rn. 1 ff.) zum Einsatz oder ein Vorlagen- und Wissensmanagement mit Suchmöglichkeiten.

44 Neben Massenverfahren stellen auch **sehr umfangreiche Verfahren** die Zivil- und Strafjustiz vor Probleme, denen mithilfe von KI-Methoden begegnet werden kann. Die zentrale Herausforderung liegt nicht nur in der Diversität der zu analysierenden Dokumente, sondern insbesondere in ihrem Umfang, der nicht

---

47 Beispiel einer solchen Softwarelösung: https://kirasystems.com/.
48 Beispiel einer solchen Softwarelösung: https://bryter.com/.
49 Zum Wissensmanagement in Rechtsabteilungen mit Bezügen zum Einsatz von Legal Tech Halft/Henning Digitale Rechtsabteilung/Yuan S. 93 ff.
50 Überblick über die aktuell in der Justiz im Einsatz befindlichen KI-Lösungen: Dickert et al. KI in der Justiz Teil E: Anhang.
51 Zu forumSTAR: https://www.justiz.bayern.de/media/pdf/forumstar.pdf.
52 Zu web.sta: https://www.justiz.bayern.de/media/gesch%C3%A4ftsstellenautomt.pdf.
53 Insoweit sind Massenverfahren auch eine Folge der zunehmenden Verbreitung von B2C Legal Tech-Angeboten: Insbesondere über Internet-Werbung wird eine große Zahl von möglichen Anspruchsinhabern erreicht, die Betreuung erfolgt größtenteils digital und möglich in einem automatisierten Prozess, und durch Dokumentenautomatisierung können in kurzer Zeit viele sehr umfangreiche Schriftsätze erzeugt werden. Auch auf der Beklagtenseite werden solche Verfahren mit einem möglichst hohen Grad an Automatisierung bearbeitet.
54 Beispiel einer solchen Softwarelösung: https://codefy.de/.

selten viele Millionen Dokumente und damit mehrere Terabyte an Daten umfasst. Hier helfen insbesondere Suchmethoden, um schnell aus der Datenmenge relevante Informationen herauszufiltern.[55] Zum Teil werden auch **Clustering-Verfahren** (→ *Machine Learning* Rn. 16) angewendet, um die Daten automatisch vorzustrukturieren, damit die inhaltliche Analyse fokussierter durchgeführt werden kann. Insgesamt weisen die Arbeitsweise und das Vorgehen Parallelen zum aus dem angloamerikanischen Raum stammenden **eDiscovery-Verfahren** auf.[56]

Sowohl für das gerichtsübergreifende Wissensmanagement als auch für die Bereitstellung von Urteilen für juristische Datenbanken und neuerdings zum Training von Machine Learning-Modellen müssen Urteile anonymisiert bzw. pseudonymisiert werden, damit sie bereitgestellt oder weiterverarbeitet werden können. Hierbei können sowohl regelbasierte Ansätze als auch Methoden des Maschinellen Lernens zum Einsatz kommen, um automatisch die Textstellen zu identifizieren, die anschließend unkenntlich gemacht werden sollen.[57]

V. Recht und Regulierung

Es ist mittlerweile auch im Technologiesektor allgemein anerkannt, dass der Einsatz von KI in Ansehung des immensen Anwendungs- und damit auch Risikopotenzials reguliert werden muss.[58] Im Folgenden soll im Überblick dargestellt werden, wie das geltende Recht den KI-Einsatz reguliert und wo Regelungslücken existieren. Anschließend werden ausgewählte Rechtsgebiete behandelt. Schließlich wird auch ein Blick auf die sich in Vorbereitung befindliche KI VO-E geworfen.

1. Geltendes Recht

Bereits eine einfache Suche im BGB nach „KI" liefert 581 Treffer. Allerdings beziehen sich diese ausschließlich auf Kind und Kirche, nicht aber auf Künstliche Intelligenz; dies gilt auch für die 96 „KI"-Treffer im StGB. Dieser Umstand und die allgemein vorherrschende Einschätzung von KI als vermeintlich neue technologische Entwicklung verleiten schnell zur Annahme, dass das geltende Recht erhebliche **Regelungslücken** aufweise, welche in Ansehung der **erheblichen Risiken** geschlossen werden müssen. Tatsächlich ist dies im Allgemeinen **nicht der Fall**. Denn die **Technologieneutralität** des Großteils der bestehenden Vorschriften führt gerade dazu, dass sie auch den Einsatz von KI-Methoden erfassen.

Am Beispiel des deliktischen Schadensersatzanspruchs gem. § 823 Abs. 1 BGB setzt der **deskriptive Teil der Norm**, welcher die Anspruchsvoraussetzungen in Form eines typisierten Sachverhalts beschreibt, die schuldhafte und rechtswidrige Verletzung eines dort aufgezählten Rechtsguts voraus, während der **präskriptive Teil der Norm** als Rechtsfolge den Ersatz des daraus entstehenden Schadens vorsieht und damit ebenso typisiert einen im Falle des Vorliegens der Anspruchsvoraussetzungen normativ idealen Zustand beschreibt. Wenn jetzt etwa infolge eines schuldhaften Programmierfehlers in vorhersehbarer Weise ein Mensch durch ein autonomes Fahrzeug am Körper verletzt wird, ist es in Ansehung des § 823 Abs. 1 BGB unschädlich, dass der Wortlaut nicht „Wer vorsätzlich oder fahrlässig durch Einsatz einer Künstlichen Intelligenz das Leben, den Körper ... verletzt, ..." lautet. Denn durch die bloße Verwendung des Verbs „verletzt" wird bewusst keine Einschränkung gemacht, wodurch die Schädigungshandlung herbeigeführt

---

55 Beispiel einer solchen Softwarelösung: https://codefy.de/.
56 Dazu aus praktischer Perspektive Rosenthal et al., Praxishandbuch für interne Untersuchungen und eDiscovery, 2021.
57 Beispiel einer solchen Softwarelösung: https://naix.ai/de/; in der Bayerischen Justiz wird ein auf dem Transformer-Modell BERT basierender Machine Learning-Algorithmus in Zusammenarbeit mit der FAU Erlangen-Nürnberg erprobt.
58 Stellvertretend der CEO von Alphabet (Google) Sundar Pichai in einem Kommentar in der Financial Times aus 2020: „Now there is no question in my mind that artificial intelligence needs to be regulated. It is too important not to. The only question is how to approach it.", abrufbar unter https://www.ft.com/content/3467659a-386d-11ea-ac3c-f68c10993b04.

wird.⁵⁹ Entsprechendes gilt auch im strafrechtlichen Bereich, wenn etwa zu beurteilen ist, ob dadurch auch die Voraussetzungen der Körperverletzung, § 223 Abs. 1 StGB, erfüllt werden. Denn der Wortlaut des § 223 Abs. 1 StGB spricht von „körperlich mißhandelt oder an der Gesundheit geschädigt" und lässt bewusst offen, ob dies durch einen Faustschlag, Fußtritt oder durch Einsatz einer KI geschieht.⁶⁰

49 **Im Ergebnis erfasst das geltende Recht ohne weiteres Zutun auch den Einsatz von KI**, sofern keine Einschränkungen hinsichtlich der Art und Weise des Verhaltens bzw. hinsichtlich des Einsatzes bestimmter Werkzeuge und Technologien gemacht werden. Das bedeutet natürlich nicht, dass Fälle, bei denen der KI-Einsatz eine entscheidende Rolle spielt, einfach zu beurteilen wären. In Ansehung der **technologischen Komplexität** und des **arbeitsteiligen Zusammenwirkens vieler Personen** wird in der Praxis regelmäßig die Mitwirkung eines Sachverständigen erforderlich sein, um insbesondere **Kausalitäts- und Zurechnungsfragen** zu klären.⁶¹

2. Einzelne Rechtsgebiete im Überblick

a) Vertragsgestaltung

50 Ein wesentlicher privatautonom zu regelnder Aspekt im Rahmen der vertraglichen Gestaltung von KI-Sachverhalten wird sich darauf beziehen, ob ein KI-Anbieter, dessen KI-Modell mithilfe von Daten des Vertragspartners optimiert wurde, das so **optimierte KI-Modell auch anderen Kunden anbieten darf**, die womöglich sogar in einem Konkurrenzverhältnis stehen.⁶² Die Frage der **Haftungsvorsorge** (→ *Haftung des Legal Tech-Unternehmens ggü. Kunden* Rn. 61 f.) des KI-Einsatzes lässt sich zum einen durch eine entsprechend konservative Gestaltung der Leistungsbeschreibung adressieren und zum anderen durch Regelungen zum Haftungsausschluss, welche in der Regel einer **AGB-Prüfung** standhalten müssen, wobei wie üblich insbesondere § 309 Nr. 7 BGB zu beachten ist.⁶³

b) Deliktische Haftung und Produkthaftung

51 Insbesondere die im Rahmen von § 823 Abs. 1 BGB durch die Rechtsprechung ausgearbeiteten Fallgruppen der **Produzentenhaftung** sind auch auf den KI-Einsatz entsprechend anwendbar, so dass eine pflichtgemäße **Konstruktion**, **Fabrikation**, **Instruktion** und **Marktbeobachtung** durch den Hersteller des KI-Systems zu gewährleisten ist.⁶⁴ Sofern auch reine Softwarelösungen als Produkt iSd § 2 ProdHaftG angesehen werden, kann sich eine **Produkthaftung** aus § 1 I ProdHaftG ergeben, wenn durch eine fehlerhaft programmierte KI eine Person oder Sache zu Schaden kommt.⁶⁵

c) Gewerblicher Rechtsschutz

52 Im Bereich des gewerblichen Rechtsschutzes (→ *Gewerblicher Rechtsschutz* Rn. 1 ff.) stellt sich insbesondere die Frage, ob die persönliche schöpferische Kraft des menschlichen Erschaffers des KI-Systems auf die automatisch durch die KI-geschaffenen Ergebnisse „durchgreift", so dass diese als **Werke iSd § 2 UrhG** zu qualifizieren sind.⁶⁶ Der **Schutz der KI als Computerprogramm** wird dagegen wie auch

---

59 Gerade die genannte Ergänzung des § 823 Abs. 1 BGB um „durch Einsatz einer Künstlichen Intelligenz" würde den Anwendungsbereich auf diese Begehungsform verengen und damit § 823 Abs. 1 BGB auf eine Anspruchsgrundlage für die deliktische Sonderhaftung für KI-Schäden reduzieren.
60 Ausführlich zu strafrechtlichen Fragestellungen im Zusammenhang mit dem Fahrlässigkeitsdelikt Yuan RW 2018, 477 (492 ff.).
61 Vgl. Kaulartz/Braegelmann AI und Machine Learning-HdB/Wöbbeking S. 158.
62 Mehr dazu Kaulartz/Braegelmann AI und Machine Learning-HdB/Braegelmann S. 165 ff.
63 Ausführlich Kaulartz/Braegelmann AI und Machine Learning-HdB/Behrendt/von Enzberg S. 165 ff.
64 Ausführlich Kaulartz/Braegelmann AI und Machine Learning-HdB/Reusch S. 83 ff.
65 Sobald KI in ein physikalisches Produkt eingebettet ist, stellt sich das Problem nicht. Auch zum Streitstand, ob vom Produktbegriff nach § 2 ProdHaftG bloße Software erfasst wird, Kaulartz/Braegelmann AI und Machine Learning-HdB/Reusch S. 113 ff.
66 Olbrich/Bongers/Pampel GRUR 2022, 870 ff.

bei Software im Allgemeinen durch §§ 2 Abs. 1 Nr. 1, 69a ff. UrhG gewährleistet.[67] Mit Blick auf das **Patentrecht** sind bei KI-Lösungen insbesondere die Ausschlussgründe „mathematische Methoden" und „Programme für Datenverarbeitungsanlagen" gem. § 1 Abs. 3 Nr. 1 und Nr. 3 iVm Abs. 4 PatG zu beachten. Sofern diese Hürde genommen ist, muss die Erfindung, wie im Zusammenhang mit Software üblich, eine hinreichende **Technizität** aufweisen.[68]

d) Datenschutzrecht

Sobald durch KI-Systeme personenbezogene Daten verarbeitet werden, sind grundsätzlich alle datenschutzrechtlichen Anforderungen, insbesondere die **DS-GVO**, zu beachten (→ *Datenschutz* Rn. 1 ff.). Erhebliche praktische Probleme stellen sich, wenn personenbezogene Daten zum **Training von KI-Modellen** (→ *Machine Learning* Rn. 39) genutzt werden und ein individuelles Entfernen dieser personenbezogenen Daten aus dem Modell nicht mehr möglich ist. Dann könnte etwa das **Recht auf Vergessen** nach Art. 17 DS-GVO zur Folge haben, dass das KI-Modell insgesamt zu löschen ist. Deshalb ist für die Praxis insbesondere das **Freihalten der Trainingsdaten von personenbezogenen Daten durch Anonymisierung und Pseudonymisierung** relevant, um nicht in den Anwendungsbereich datenschutzrechtlicher Regelungen zu fallen.[69]

53

e) Arbeitsrecht

Sollen KI-Systeme bei der Auswahl von Arbeitgebern eingesetzt werden, ist vor dem Hintergrund von § 3 AGG insbesondere zu beachten, dass etwaige Trainingsdaten keine diskriminierenden Tendenzen (**Algorithmic Bias**) aufweisen, wobei auf Umstände mittelbarer Diskriminierung besonders zu achten ist. Ferner ist datenschutzrechtlich zu berücksichtigen, dass regelmäßig ein Fall des „**Profiling**" gem. Art. 4 Nr. 4 DS-GVO vorliegt, so dass die Einschränkungen nach Art. 22 DS-GVO zu beachten sind.[70]

54

f) Anwaltliches Berufsrecht

Werden KI-Systeme für die juristische Arbeit eingesetzt, ist auf anwaltlicher Seite wie auch bei der Auswahl anderer Softwarelösungen § 43e BRAO zu beachten, wozu insbesondere eine **sorgfältige Auswahl des Dienstleisters gem. § 43e Abs. 2 S. 1 BRAO** gehört (→ *Rechtsanwalt, Berufsrecht* Rn. 1 ff.). Der Rechtsbeistand muss sich von der fachlichen Eignung und Zuverlässigkeit des Dienstleisters überzeugen. Dies kann durch entsprechende Zertifizierungen und die Einhaltung datenschutzrechtlicher Anforderungen, insbesondere durch die etablierten technischen und organisatorischen Maßnahmen zum Schutz personenbezogener Daten (Art. 32 DSVGO), gewährleistet werden.[71] Besonders praxisrelevant ist unter Berücksichtigung des § 52 BRAO die Ausgestaltung einer adäquaten **Haftungsvereinbarung** im Rahmen des Mandatsvertrags (→ *Haftung des Rechtsanwalts gegenüber seinem Mandanten beim Einsatz von Legal Tech Tools* Rn. 59 f.).

55

g) Einsatz durch Gerichte

Der gerichtliche Einsatz (→ *Richter* Rn. 1 ff.) von KI-Systemen muss insbesondere **verfassungsrechtlichen Anforderungen** genügen. Dazu gehört in institutioneller Hinsicht, dass nach Art. 92 Hs. 1 GG die **rechtsprechende Gewalt den Gerichten anvertraut** ist, was bedeutet, dass die **Entscheidungsverantwortung** bei den Gerichten bleiben muss. Ferner garantiert Art. 97 Abs. 1 GG die **richterliche Unabhängigkeit**. Daraus folgt, dass die gerichtliche Rechtsfindung ohne sachfremde Einflussnahme vollzogen werden können muss (→ *Richter* Rn. 1 ff.). Aus der Perspektive der Rechtssuchenden verbürgt Art. 101 Abs. 1 S. 2 GG das Recht auf den **gesetzlichen Richter** und Art. 103 Abs. 1 den **Anspruch auf rechtliches Gehör**. All dies hat zur Folge, dass der Einsatz von **KI-Systemen nur als unterstützende Assistenzsysteme**

56

---

67 Kaulartz/Braegelmann AI und Machine Learning-HdB/Nägele/Apel S. 299 ff.
68 Kaulartz/Braegelmann AI und Machine Learning-HdB/Tochtermann S. 323 f.
69 Mehr dazu Kaulartz/Braegelmann AI und Machine Learning-HdB/Kaulartz S. 462 ff.
70 Ausführlich Kaulartz/Braegelmann AI und Machine Learning-HdB/Hinz S. 543 ff.
71 Vgl. die amtliche Begründung zu § 43e Abs. 2 BRAO, BT-Drs. 18/11936, 34.

verfassungsrechtlichen Anforderungen genügt.[72] Auf grundrechtlicher Ebene sind insbesondere vor dem Hintergrund des Allgemeinen Persönlichkeitsrechts in der Ausprägung als **Recht auf informationelle Selbstbestimmung** (Art. 2 Abs. 1 GG iVm Art. 1 Abs. 1 GG) und auch unter Beachtung der DS-GVO **datenschutzrechtliche Anforderungen** zu beachten (→ *Entscheidungsfindung, automatisierte* Rn. 47 ff.),[73] und in Ansehung des **Diskriminierungsverbots** nach Art. 3 Abs. 1, 3 GG müssen Trainingsdaten auf diskriminierende Tendenzen (**Algorithmic Bias**) überprüft werden[74].

h) Strafrecht

57 Da das Strafrecht jedenfalls hinsichtlich der **Grundtatbestände technikneutral** ist, steht der Tatbestandsverwirklichung unter Einsatz eines KI-Systems insoweit nichts entgegen. Die Einschätzung, ob die Einsatzweise eines bestimmten KI-Systems auch **Qualifikationstatbestände** erfüllt, wie zB als gemeingefährliches Mittel gem. § 211 StGB oder gefährliches Werkzeug gem. § 224 Abs. 1 Nr. 2 StGB, muss im Einzelfall beurteilt werden. In der Praxis werden wahrscheinlich Fragen zur **Kausalität** und **Zurechnung** sowie **Fahrlässigkeitsdelikte** eine größere Rolle spielen.[75]

3. KI-Verordnungsentwurf der EU

58 Obgleich das geltende Recht etwa durch Haftungstatbestände und Strafnormen bereits zumindest ein Stück weit präventiv dazu motiviert, nur sichere KI-Systeme zu entwickeln und in Betrieb zu nehmen, **bleiben dennoch Fragen offen**: Soll der Einsatz von KI-Systemen überall erlaubt sein? Wie soll der Prozess der Schaffung und des Betriebs von KI-Systemen ausgestaltet sein, damit ein sicherer Einsatz gewährleistet wird? Insbesondere in Ansehung dieser Fragen hat die EU-Kommission im Frühjahr 2021 den **ersten Vorschlag einer europäischen KI-Verordnung** veröffentlicht.

59 Neben einer **Definition von KI-Systemen**, Art. 3 Nr. 1 iVm Anhang I, sieht der Verordnungsentwurf zunächst vor, dass **bestimmte Praktiken des KI-Einsatzes verboten sind, Art. 6 KI-VO E**. Dazu gehören die schädliche unterschwellige Beeinflussung insbesondere von schutzbedürftigen Personen, bestimmte Profiling-Praktiken und bestimmte Verwendungsweisen von Systemen zur biometrischen Personenfernidentifizierung.

60 Der regulatorische Schwerpunkt der KI-VO E liegt in der Regulierung sog. **Hochrisiko-KI-Systeme**, welche durch bestimmte, risikosensible Einsatzbereiche definiert werden, Art. 6 KI-VO E iVm Anhang II und III. **Anhang II** enthält eine Aufzählung in der EU harmonisiert regulierter, technologisch geprägter Bereiche wie die Zivilluftfahrt, Schiffsausrüstung, diverse Fahrzeugarten und das Eisenbahnsystem. **Anhang III** definiert weitere Einsatzgebiete wie die biometrische Identifizierung und Kategorisierung natürlicher Personen, die Verwaltung und der Betrieb kritischer Infrastrukturen, den Zugang zu Bildung und Beschäftigung, die Inanspruchnahme grundlegender privater und öffentlicher Dienste und Leistungen, und unterschiedliche Bereiche von Justiz und Verwaltung.

61 Ist qua Einsatzbereich ein KI-System als Hochrisiko-KI-System zu qualifizieren, sehen die Art. 8 ff. KI-VO E im Wesentlichen vor, dass ein **Risiko- und Qualitätsmanagementsystem** unter Berücksichtigung der **IT-Sicherheit** und der **Nachprüfbarkeit** und bei Gewährleistung **menschlicher Aufsicht** eingeführt werden muss. Insbesondere sind gem. Art. 11 bis 13 KI-VO E **Dokumentations-, Aufzeichnungs- und Transparenzpflichten** zu erfüllen, um die Nachprüfbarkeit dieser Systeme praktisch zu ermöglichen. Ferner ist ein **Konformitätsbewertungsverfahren** mit Pflicht zur **CE-Kennzeichnung** (Art. 16 lit. i) iVm Art. 49 KI-VO E) durchzuführen, Art. 40 ff. KI-VO E.

---

72 Vgl. Nink Justiz und Algorithmen S. 288 ff., 349 ff. mwN.
73 Grundlegend dazu das Volkszählungsurteil des Bundesverfassungsgerichts, BVerfG Urt. v. 15.12.1983 – 1 BvR 209/83 Rn. 143 ff. = NJW 1984, 419 (421 ff.).
74 Zur praktischen Vermeidung eines solchen Algorithmic Bias Baer, Understand, Manage, and Prevent Algorithmic Bias, 2019, S. 107 ff.
75 Dazu im Kontext des Fahrlässigkeitsdelikts Yuan RW 2018, 477 (492 ff.); zu strafrechtlichen Fragestellungen im Allgemeinen: Kaulartz/Braegelmann AI und Machine Learning-HdB/Peters S. 559 ff.

Die in Art. 71 f. KI-VO E enthaltenen **Sanktionen** bei Verstößen gegen die jeweiligen Vorschriften der Verordnung sind mit den Sanktionen gem. Art. 83 f. DS-GVO vergleichbar. Insgesamt sieht der Verordnungsentwurf regulatorisch konsequent Mechanismen vor, die zur Regulierung potenziell gefährlicher Technologien typisch sind.[76]

VI. Fazit und Ausblick

Es ist absehbar, dass KI-Systeme überall eine Rolle spielen werden, wo Informationstechnologien zum Einsatz kommen. Bereits heute sind die Einsatzbereiche und die **Entwicklungsdynamik** von KI schwer zu überblicken. In Ansehung dieser **Anwendungsbreite** und des Umstands, dass IT-Systeme **kostengünstig skalierbar** sind und damit schnell einer großen Zahl von Menschen zugänglich gemacht werden können, werden KI-Systeme zu bedeutsamen Begleitern in Beruf und Alltag. Auch im Bereich Legal Tech halten KI-Methoden Einzug, wenngleich sie in ihrer heutigen Ausprägung als Neuronale KI (Rn. 23 ff.) noch nicht verbreitet im Einsatz sind.

Aufgrund dieser **großen gesellschaftlichen Durchdringung** und des damit verbundenen **erheblichen Risikopotenzials**, wird die Regulierung von KI-Systemen zu einer zentralen Aufgabe an der Schnittstelle zwischen Technik und Recht werden.[77] Durch die Software-typische Skalierbarkeit können unsichere KI-Systeme großflächig Schäden anrichten. Deshalb ist die **präventive Gewährleistung sicherer KI-Systeme** eine zentrale Regulierungsaufgabe, welche auch durch den Verordnungsentwurf der EU zur Regulierung von KI-Systemen wahrgenommen wird. In praktischer Hinsicht wird insbesondere die Bedeutung der Schaffung von KI-Systemen zunehmen, bei denen regulatorische Vorgaben bereits in das System technisch eingebettet sind (**Embedded Law**), wodurch das wünschenswerte Ideal einer **KI-Compliance by Design** (→ *Compliance, Digital* Rn. 1 ff.) verwirklicht werden kann.

---

76 Vgl. zB die regulatorischen Parallelen in der Medizinprodukteverordnung, VO (EU) 2017/745 vom 5.4.2017.
77 Aus praktischer Perspektive Yuan REthinking: Law Heft 2/2021, 4 ff.

53. Legal Chatbot

Reimann

I. Was sind Chatbots?	1	IV. Einsatz von Chatbots im juristischen Bereich	26
II. Einzug in die juristische Welt	6	V. Rechtliche Aspekte	29
III. Technische Grundlagen	11	1. Datenschutz	32
1. Regelbasiert vs. selbstlernend	11	2. Urheberrecht	33
2. No Code vs. Low Code	15	3. Haftung, Verbraucherschutz	36
3. NLP und Künstliche Intelligenz	18	4. Regulierungsbedarf	43
4. Design von Legal Chatbots	22	VI. Ausblick	44

Literatur: *Dale*, Law and Word Order – NLP in Legal Tech, Natural Language Engineering 25 (2018), 211; *Eliot*, Topnotch Essays on AI and Law, 2021; *Faber*, Chatbots and Consumer Protection, Tilburg Institute for Law, Technology and Society, Master's Thesis, 2019; *Friedmann*, Automating Legal Advice: AI and Expert Systems, Bloomberg Big Law Business, Januar 2016, abrufbar unter https://news.bloomberglaw.com/business-and-practice/automating-legal-advice-ai-and-expert-systems; *Goodman*, The Rise of the Chatbots, The Law Society Gazette, 2017, abrufbar unter https://www.lawgazette.co.uk/features/legal-technology-the-rise-of-the-chatbots/5060310.article; *Hoffmann*, Chatbots, 2019; *Hume/Tylor*, Why AI That Teaches Itself to Achieve a Goal Is the Next Big Thing, Harvard Business Review, 2021, abrufbar unter https://hbr.org/2021/04/why-ai-that-teaches-itself-to-achieve-a-goal-is-the-next-big-thing; *Jassova*, Natural Language Processing Chatbots, 2020, abrufbar unter https://landbot.io/blog/natural-language-processing-chatbot; *Kelli/Tavast/Linden*, Building a Chatbot, Juridica 2020, 345; *Kelli/Tavast/Linden*, Building a Chatbot – Challenges under Copyright and Data Protection Law, in Ebers/Poncibó/Zou (Hrsg.), Contracting and Contract Law in the Age of Artificial Intelligence, 2022, S. 115 (zit.: Ebers/Poncibó/Zou Contracting and Contract Law/Kelli/Tavast/Linden); *Khan/Das*, Build Better Chatbots, 2018; *Krayewski*, How NLP Text-Based Chatbots Work, 2022, abrufbar unter https://www.ultimate.ai/blog/ai-automation/how-nlp-text-based-chatbots-work; *Leith*, The Rise and Fall of the Legal Expert System, European Journal of Law and Technology 2010, 94; *Mittal*, Getting Started with Chatbots, 2019; *Navas*, The Provision of Legal Services to Consumers Using Law Tech Tools, Open Journal of Social Sciences 2019, 79; *Oloyede*, Chatbot Mastery, 2018; *Queudot/Charton/Meurs*, Improving Access to Justice with Legal Chatbots, Stats 2020, 3(3), 356; *Reimann*, „State 2000" – ein Expertensystem im Völkerrecht. Implikationen für den rechtswissenschaftlichen Dialog, CR 1994, 246; *Reimann*, The Bolt from the Blue and You – Legal Innovation in the New Legal World, The Impact Lawyers v. 23.11.2020, abrufbar unter https://theimpactlawyers.com/articles/the-bolt-from-the-blue-and-you-legal-innovation-in-the-new-legal-world; *Sein*, Concluding Consumer Contracts via Smart Assistants, EuCML 2018, 179; *Shevat*, Designing Bots, 2017.

I. Was sind Chatbots?

1   Chatbots, kurz Bots, werden auch bezeichnet als Virtual Agents (virtuelle Agenten), Conversational Interfaces (Konversations-Schnittstellen) oder Conversational AI (Konversations-KI).[1] Eine einheitliche Definition gibt es nicht. Nach klassischem Verständnis handelt es sich um **Computerprogramme, mit denen der Nutzer einen Dialog führen kann**.[2] Dabei erkennt und verarbeitet das Programm eine in natürlicher Sprache gemachte Nutzereingabe und erzeugt dazu eine Antwort, die es an den Nutzer zurücksendet. Input und Output können schriftlich erfolgen oder sprachlich (Voicebot).

2   Gartner definiert wie folgt: ein Chatbot ist eine bereichsspezifische **Konversationsschnittstelle, die eine App, eine Messaging-Plattform, ein soziales Netzwerk oder eine Chat-Lösung für ihre Unterhaltungen nutzt**.[3] Chatbots sind unterschiedlich ausgefeilt, von einfachen, auf Entscheidungsbäumen basierenden

---

1   Hoffmann, Chatbots, 2019, S. 20.
2   Definitionen: „A computer program designed to simulate conversation with human users, especially over the Internet" (English Oxford Living Dictionaries, https://en.oxforddictionaries.com/definition/chatbot); „elektronisches Dialogsystem, das einen natürlichen Chatteilnehmer imitiert" (Duden, https://www.duden.de/rechtschreibung/Chatbot); eine umfangreiche Sammlung weiterer in der Literatur anzutreffender Chatbot-Definitionen findet sich bei Faber, Chatbots and Consumer Protection, Tilburg Institute for Law, Technology and Society, Master's Thesis, 2019, S. 29 ff.
3   Siehe https://www.gartner.com/en/information-technology/glossary/chatbot.

Marketingaktionen bis hin zu Implementierungen, die auf funktionsreichen Plattformen aufbauen. Sie haben immer einen engen Anwendungsbereich. Ein Chatbot kann text- oder sprachbasiert sein, oder eine Kombination aus beidem. Betrieben werden Chatbots durch AI Engines (KI Motoren), die meist regelbasiert vorgegebene logische Programmschritte abarbeiten und mit Benutzern über ein textbasiertes Interface kommunizieren. Als unabhängige Computerprogramme können sie mit Plattformen wie etwa Microsoft Teams, Slack oder Skype verbunden werden.[4]

Chatbots existieren schon seit Menschen Computer bauen und mit ihnen interagieren. Joseph Weizenbaum entwickelte Eliza am MIT AI Lab im Jahr 1966, also bereits bevor es den ersten PC gab. Eliza stellte Fragen und gab Antworten als Psychotherapist.[5] Eliza inspirierte auch Richard Wallace, 1995 A.L.I.C.E oder Alicebot zu bauen.

„Bots are the new apps", sagt Microsoft-CEO Satya Nadella.[6] Sie werden immer häufiger in Servicecentern eingesetzt, zum Beispiel im Bank- und Versicherungsbereich. Auch im Retail trifft man immer häufiger auf Chatbots. Amazon geht auch auf dem deutschen Markt von formularbasierten Eingabemasken zunehmend auf Servicebots über, etwa bei Fragen und Reklamationen zu Bestellungen.

Abzugrenzen sind Chatbots von Dialogsystemen, die ähnlich aussehen können, bei denen aber am anderen Ende der Konversation ein Mensch und kein automatisches Programm „sitzt" und mit dem Benutzer kommuniziert. Dort fehlt die maschinelle Komponente und damit das (Ro-)Bot-Element. Es handelt sich dann um einen sog. Mechanischen Türken (Mechanical Turk), benannt nach dem österreichischen scheinbaren Schachroboter aus dem 18. Jahrhundert, bei dem sich in Wirklichkeit ein menschlicher Schachspieler in der Maschine versteckte.

II. Einzug in die juristische Welt

Anfang der Neunzigerjahre kam ich bei meinem Studium an der University of Edinburgh zum ersten Mal mit juristischen Chatbots in Berührung. Damals hießen sie noch **Expertensysteme**. Richard Susskind hatte mit seinem Latent Damage System versucht, ein auf Logik basierendes einfaches Dialogsystem für das englische Schadensersatzrecht zu entwickeln. Das Betriebssystem hierzu beruhte noch auf einer sehr einfachen Anwendung und kam auf einer Floppy Disk daher.

Fasziniert von der Idee, juristische Prüfungen zu automatisieren, erstellte ich als Teil meiner Examensarbeit ein ähnliches Expertensystem. „State 2000" erlaubte einen Frage-und-Antwort-Dialog zu den einzelnen Voraussetzungen, ob eine Klage beim Internationalen Gerichtshof zulässig und möglicherweise begründet war.[7]

Dann geschah bei den Chatbots 30 Jahre quasi nichts.[8] Computer wurden besser und schneller. Datenvolumen wurden größer. Die Benutzeroberfläche wurde besser, sowohl das Design des Dialogs an sich als auch die Eingabemasken für die im Hintergrund laufenden Dialogskripten. Entscheidend blieb aber, dass aus Kundensicht der Chat mit einem Bot das Gespräch mit einem juristischen Berater nicht ersetzen konnte. Viele Mandanten konnten sich nicht vorstellen, überhaupt juristische Themen mit einem Computersystem besprechen zu wollen.

---

4 Mittlerweile gibt es hierzu umfangreiche Do It Yourself-Anleitungen, siehe zB Oloyede, Chatbot Mastery, 2018; siehe auch https://www.chatbot.com/help/build-your-chatbot/how-to-build-your-chatbot/; https://docs.microsoft.com/en-us/learn/modules/how-build-basic-chatbot/.
5 ELIZA selbst ausprobieren: https://katzlberger.ai/2018/08/31/eliza-der-erste-chatbot/.
6 Siehe https://eu.usatoday.com/story/tech/news/2016/03/30/microsof-ceo-nadella-bots-new-apps/82431672/; siehe auch https://www.oreilly.com/ideas/bots-what-you-need-to-know.
7 Reimann CR 1994, 246 ff.
8 Einen neuen Impuls bekam die Entwicklung dann ca. 2014 mit IBM Watson, vgl. den guten Überblick bei Friedmann, Automating Legal Advice: AI and Expert Systems, Bloomberg Big Law Business, Januar 2016, abrufbar unter https://news.bloomberglaw.com/business-and-practice/automating-legal-advice-ai-and-expert-systems.

9   Heute befindet sich der Rechtsmarkt an einer Innovationsschwelle. Die Covid-19-Pandemie hat die Akzeptanz digitaler Kommunikation beschleunigt.[9] Anders als noch vor fünf Jahren akzeptieren Mandanten und Anwälte heute nahezu selbstverständlich Videokonferenzen. Die Bereitschaft wächst, juristische Dienstleistungen über Webseiten zu finden und dort Angaben zum Sachverhalt einzugeben. Viele der jüngeren Digital Natives können sich kaum mehr vorstellen, wegen einer rechtlichen Beratung den Anwalt in der Bahnhofstraße aufzusuchen, wenn sie 24/7 Feedback in vergleichbarer oder besserer Qualität online bekommen.

10 Die Nutzerpräferenz weg von den heute noch viel verbreiteten formularbasierten Eingabemasken hin zu den stärker an den natürlichen Beratungsdialog angelehnten Chatbots bleibt somit nur eine Frage der Zeit. Hinzu kommt, dass der technische Fortschritt schon bald bessere Chatbots ermöglichen wird als ihre relativ „dummen" Vorfahren der letzten 30 Jahre.

III. Technische Grundlagen

1. Regelbasiert vs. selbstlernend

11 Generell gibt es zwei verschiedene Arten von Chatbots: die erste Generation steht in ihrer Programmierung fest und ist daher auf eine regelmäßige Anreicherung und Ergänzung der Wissensdatenbanken durch den Betreiber angewiesen. Die zweite Generation von Chatbots basiert auf einem selbstlernenden Algorithmus und ist damit in der Lage, ab einem bestimmten Punkt ohne weitere menschliche Anleitung immer besser mit den eingehenden Daten umzugehen.

12 Ein Chatbot, der auf einer **simpleren regelbasierten Programmierung** mit festgelegten Antworten und Erkennungsmustern (Satzbestandteilen und Keywords) basiert, **bleibt** daher **auf seinem ursprünglichen Entwicklungsstand**. Für Upgrades muss er erweitert oder mit geänderten Logikbäumen versehen werden. Vergleichbar wäre ein Grundschulkind, das ein einziges Buch gelesen hat und sich nun bis ans Ende seiner Tage nur über dieses eine Buch unterhalten kann.

13 Ein **selbstlernender Chatbot** hingegen vermag anhand jeder Eingabe neue Muster zu lernen.[10] Dies geschieht, indem er die Eingaben analysiert, mit bisherigen Mustern abgleicht und neue Antwort- und Verstehensmöglichkeiten hieraus entwickelt. Auch bei den selbstlernenden Chatbots ist es allerdings noch notwendig, den Bot durch Anlerngespräche und reale Kommunikation mit Nutzern zu trainieren. Hierdurch erweitert sich die Wissensdatenbank des Chatbots, er erkennt Fehler bei Anfragen und gibt die richtige Antwort aus. Der Prozess des Lernens und die Qualität der Interaktionen werden somit ständig verbessert. Wie das Grundschulkind neue Bücher, Eindrücke und Erfahrungen braucht, benötigt auch der Bot immer neue Daten, um verständiger zu werden.

14 Wer sich die Entwicklung im Computerschach und kürzlich beim Strategiespiel GO anschaut, erkennt ein weiteres „Erwachen" der selbstlernenden Chatbots.[11] Musste der menschliche Programmierer in der ersten Generation die Regeln festlegen und in der zweiten Generation den Bot anlernen, so genügt es, die neueste Generation der Chatbots einfach großen Datenmengen auszusetzen. Dieses scheinbare Chaos ordnet die hinter dem Bot liegende Intelligenz dann eigenständig und **schafft sich selbst Struktur und die Ausgangsbasis für zukünftige Dialoge**. Das Grundschulkind wächst auf allein mit Neugier und ständigem Austausch mit seiner Umgebung – eine Freude für manche Anthroposophen und ein Horror für viele Pädagogen.

---

9   Reimann, The Bolt from the Blue and You – Legal Innovation in the New Legal World, The Impact Lawyers v. 23.11.2020, abrufbar unter https://theimpactlawyers.com/articles/the-bolt-from-the-blue-and-you-legal-innovation-in-the-new-legal-world.
10 Hoffmann, Chatbots, 2019, S. 120 ff.
11 Siehe Hume/Tylor, Why AI That Teaches Itself to Achieve a Goal Is the Next Big Thing, Harvard Business Review, 2021, abrufbar unter https://hbr.org/2021/04/why-ai-that-teaches-itself-to-achieve-a-goal-is-the-next-big-thing.

2. No Code vs. Low Code

Die **erste Generation** der Chatbots ist auf Vorgabe inhaltlicher Regeln angewiesen. Menschliche Juristen erstellen dazu sog. Logikbäume, Flussdiagramme oder Wireframes, in denen juristische Prüfvorgaben – soweit dies allgemeingültig möglich ist – dokumentiert werden. Das so aufbereitete strukturelle „Domain-Knowledge" muss dann kodifiziert, dh in eine maschinell erfassbare Form gebracht werden.

Dieser Kodifizierungsschritt kann einfach oder mühsam sein. Während ursprünglich nur Informatiker mit Kenntnis der entsprechenden Programmiersprachen den Transfer vornehmen konnten, erlauben viele technische Anbieter von sog. Flow-Software heute auch Anwendern mit geringen bis überhaupt keinen Programmierkenntnissen, ihre eigenen Chatbots und Automatisierungsroutinen zu erstellen. Im äußersten Fall ist ein Automatisierungstool **No Code, kann** also als **Do It Yourself-Baukasten völlig ohne Schreiben von Computercode** bedient werden.[12] Manche Anbieter vergleichen ihre Baukästen insofern mit „Lego". Vor dem Hintergrund verfügbaren Wagniskapitals sind in jüngster Zeit viele **NCDPs (No Code Development Platforms)** in den Rechtsmarkt gekommen.[13] Aus Nutzersicht sind solche Baukästen allerdings sehr schnell ein enges Korsett, das Anpassung auf den eigenen Bedarf und individuelle Weiterentwicklung nicht erlaubt. Wenn die No-Code Plattform dann auch noch inselartig in sich geschlossen ist und keinen offenen Datenaustausch nach außen zulässt, weicht die anfängliche spielerische Gestaltungsfreude oftmals recht schnell der Überzeugung „No Code – no Benefit".

Neben No Code gibt es im Hintergrund juristischer Chatbots **Low Code**. Low Code bietet auch fertige Bausteine an, **erfordert** aber an manchen Stellen das **Hinzufügen von eigenem Code**. Dies kann sinnvoll sein, wenn ein bestimmtes Unternehmen individuelle Sonderlösungen braucht, die sich in die sonstige IT-Architektur einpassen. Jeder Schritt weg vom No Code wird allerdings erkauft durch den Bedarf weiterer Berater oder geschulter Legal Engineers. Während „Lego" noch für Grundschulkinder ist, richtet sich Low Code-Automatisierungssoftware an Jugendliche und Erwachsene mit entsprechenden Fachkenntnissen. Die aktuell am Markt verbreiteten Plattformen wie ServiceNow[14] oder UIPath[15] können ohne Weiteres mehrere externe Beratungen und Experten erforderlich machen, um das System für einen bestimmten Anwendungsfall zu konfigurieren.

3. NLP und Künstliche Intelligenz

Auch wenn einige Marketingbroschüren dies behaupten, sind Chatbots nicht wirklich intelligent, solange sie nur starren Regeln folgen. Auch solche Bots der ersten Generation können jedoch Komponenten von Künstlicher Intelligenz enthalten, nämlich in Form eines Sprach- oder Texterkennungsmoduls. Die großen Tech-Unternehmen Google, Microsoft, IBM und Facebook haben solche Module entwickelt und auf Basis der ihnen jeweils verfügbaren sehr großen Datenmengen angelernt und stetig verbessert. Diese Unternehmen bieten meist auch Entwicklerplattformen an, auf denen sich eigene Chatbots erstellen lassen (wie zB IBM Watson) oder die über entsprechende Schnittstellen (Application Programming Interfaces, APIs) genutzt werden können.

Ein wichtiges Element in der Interaktion zwischen Mensch und Maschine ist die sog. natürliche Sprachverarbeitung (**Natural Language Processing**, **NLP**).[16] Ein NLP-basierter Chatbot ist ein Computerprogramm oder eine Künstliche Intelligenz, die mit einem Kunden **über Text- oder Soundmethoden kommuniziert**.[17] Solche Programme werden oft entwickelt, um Kunden auf Webseiten oder per Telefon zu unterstüt-

---

12 Siehe zum Beispiel Neota Logic (https://www.neotalogic.com/) und Josef Legal (https://joseflegal.com/).
13 Vgl. Eliot, Topnotch Essays on AI and Law, 2021, Kap. 15, S. 93 ff.
14 Siehe https://www.servicenow.com/products/legal-service-delivery.html.
15 Siehe https://www.uipath.com/solutions/department/legal-automation.
16 Dazu im Detail → *Natural Language Processing (NLP)* Rn. 1 ff.
17 Zu Details vgl. Krayewski, How NLP Text-Based Chatbots Work, 2022, abrufbar unter https://www.ultimate.ai/blog/ai-automation/how-nlp-text-based-chatbots-work.

zen. Die Chatbots werden auch in Kommunikations-Anwendungen wie Slack, Facebook Messenger oder Telegram verwendet. Auch die juristische Welt sieht mehr und mehr NLP-Chatbots.[18]

20 Die NLP-Chatbots arbeiten mit verschiedenen Kategorien (Fragen oder Absichten), die explizit von den Kunden mitgeteilt werden, während die regelbasierten Chatbots von einem vordefinierten Satz von Regeln abhängen. Dem regelbasierten Bot fällt es schwer, Wörter zu erkennen, die nicht in den Schlüsselwörtern aufgeführt sind. NLP dagegen kann Fragen verstehen, auch wenn es Rechtschreibfehler oder unvollständige Sätze gibt. Die NLP-Fähigkeit macht einen Chatbot eleganter und erlaubt eine größere Bandbreite in der Kommunikation mit dem menschlichen Dialogpartner.[19] Fraglich ist allerdings, inwieweit dieses Mehr gegenüber einem regelbasierten Chatbot mit vorgegebenen Dialogskripten und Knöpfen den weitaus größeren Aufwand rechtfertigt, den die Herstellung eines guten NLP-Chatbots heutzutage noch erfordert. Oftmals dürfte ein regelbasierter Bot noch ausreichen.[20]

21 Neue Entwicklerplattformen wie RASA verringern bereits diesen Aufwand, indem sie einen **Automatisierungsbaukasten für NLP-Chatbots** mit „AI as a Service" bereitstellen.[21] Dieses „Lego für Fortgeschrittene" erfordert allerdings noch vertiefte Computerkenntnisse und die Fähigkeit, zumindest einige Routinen oder Versatzstücke selbst zu programmieren. Neben der Erkennung von Sprache und Text werden durch Künstliche Intelligenz auch die Möglichkeiten bei der Erzeugung von Sprache und Text immer besser. Hier sei auf die geradezu revolutionären Entwicklungen in den Bereichen Voicebot[22] und GPT-3/GPT-4 (Generative Pre-trained Transformer)[23] verwiesen.

4. Design von Legal Chatbots

22 Neben der eingesetzten Technologie ist das Design ein zentraler Faktor beim Bau und der Nutzung eines juristischen Chatbots.[24] Dabei ähneln sich die Bots im tatsächlichen Dialogmodus mit dem Nutzer recht stark. Größere Unterschiede ergeben sich dagegen im „Backend", also dort, wo die juristischen Logikmuster eingegeben bzw. antrainiert werden.

23 In den letzten Jahren habe ich mit vielen verschiedenen Systemen Chatbots gebaut, die alle ohne eigenes Coding auf Programmiersprachenebene zu bedienen waren. IBM Watson beispielsweise erlaubt mit einigem Spezialwissen das Design von NLP-Mustern wie Absichten (Intents), wodurch relativ freie Dialoge über exakt vorgegebene Frage-Antwort-Logiken hinaus möglich werden.[25] Botdesigns auf rein regelbasierten Plattformen wie Form.One kommen ganz ohne Programmierkenntnisse aus. Sie erfordern in erster Linie logisches Denken und lassen beliebig komplizierte Wenn-Dann-Strukturen entstehen.[26] Einige Unternehmen haben diese Automatisierung so weit getrieben, dass sich einzelne Chatbots untereinander vernetzen lassen. Je umfangreicher solche Logikbäume werden, desto größer wird allerdings die Gefahr, dass am Ende niemand aus dem juristischen Team mehr komplett durchsteigt oder bei Personalwechsel im Team die Gesamtübersicht verloren geht.

---

18 Vgl. Dale Natural Language Engineering 25 (2018), 211 ff.
19 Jassova, Natural Language Processing Chatbots, 2020, abrufbar unter https://landbot.io/blog/natural-language-processing-chatbot.
20 Ähnlich die Einschätzung bei Jassova, Natural Language Processing Chatbots, 2020, abrufbar unter https://landbot.io/blog/natural-language-processing-chatbot.
21 Siehe https://rasa.com.
22 Übersicht der beliebtesten Voicebot-Plattformen: https://aimultiple.com/voice-bots.
23 Siehe https://gpt3.website; https://towardsdatascience.com/gpt-4-will-have-100-trillion-parameters-500x-the-size-of-gpt-3-582b98d82253.
24 Vgl. Shevat, Designing Bots, 2017; Khan/Das, Build Better Chatbots, 2018; Mittal, Getting Started with Chatbots, 2019; zu den Herausforderungen nach Urheber- und Datenschutzrecht siehe Kelli/Tavast/Linden Juridica 2020, 345; siehe auch Linardatos Robo Advice-HdB.
25 Zu Einzelheiten des IBM Watson Assistant vgl. die Produkterläuterungen: How to Build a Chatbot, abrufbar unter https://www.ibm.com/products/watson-assistant/docs-resources.
26 Siehe https://form.one/legal.

Der wichtigste Unterschied im Design von regelbasierten Legal Chatbots ist die Frage, inwieweit der Aufbau der Wissensarchitektur zentral oder dezentral erfolgen soll. Viele Softwarefirmen bieten Chatbots als Teil von unternehmensweiter Management Software (Enterprise Service Management Software, ESM) an. Solche Lösungen haben den Vorteil, dass Wissen einheitlich geordnet und in standardisierten Prozessen abgelegt werden kann. Dies ist gut für Qualitätssicherung, geht aber zulasten von Spontanität und individueller Gestaltungsform. Meist werden diese Unternehmens-Bots als Teil von Change Management-Projekten entwickelt und dann im Unternehmen „ausgerollt". Vergleichbar ist der zentrale Ansatz der Einführung eines einheitlichen Betriebssystems für die Computer aller Anwender.

Auf der anderen Seite ist es auch möglich, regelbasierte Chatbots in einem zunächst dezentralen Ansatz – also eher „bottom-up" als „top-down" – einzuführen. Dazu muss der Träger des relevanten Domain Knowledge, also zum Beispiel der juristische Experte, selbst in die Lage versetzt werden, schnell und einfach eigene Chatbots bauen zu können. Anstelle eines für alle gleichen Betriebssystems oder starrer Mustervorlagen kann sich damit jeder Mitarbeiter im eigenen Arbeitsbereich „Shortcuts" anlegen. Er selbst weiß am besten, welche Tätigkeiten wiederholt anfallen und sich sinnvoll automatisieren lassen. Auf diese Weise können aus der direkten Praxis viele Chatbots entstehen, die sich dann zu Clustern oder allgemeineren Tools zusammenfassen lassen.

IV. Einsatz von Chatbots im juristischen Bereich

Legal Chatbots sind ein recht neues Phänomen.[27] Sie machen juristische Beratung effizienter, zugänglicher und tragen zur Qualitätssicherung bei.[28] Es steht in engem Zusammenhang mit dem Thema der Automatisierung von Rechtsdienstleistungen, das auch im Rahmen der beschleunigten Digitalisierung durch die Pandemie eine Renaissance erfahren hat. Reale Anwendungsfälle in der Praxis finden sich etwa bei internationalen Kanzleien wie Clifford Chance[29] oder in Australien bei kleineren Kanzleien[30] und gemeinnützigen Einrichtungen.[31]

Im anglo-amerikanischen Bereich wurde DoNotPay[32] schon 2015 der Öffentlichkeit vorgestellt. Ursprünglich sollte die App helfen, Knöllchen zu widersprechen. Autofahrer gaben den Grund für die Anfechtung des Strafzettels ein und die App füllte die entsprechenden Widerspruchsformulare für sie aus. Mittlerweile möchte das Unternehmen nicht nur die Kosten für Strafzettel abschaffen, sondern am liebsten auch gleich die für menschliche Anwälte.[33] Auch in Kanada werden Legal Chatbots vermehrt genutzt.[34] In Russland ist das Gerichtssystem in hohem Maße automatisiert – hierbei kommen auch Chatbots zum Einsatz.[35] In Deutschland ist Lia, die virtuelle Assistentin im Arbeitsrecht, ein Beispiel für den aktiven Einsatz von Legal Chatbots.[36]

In den oben genannten Beispielsfällen erledigen die Legal Chatbots erst noch relativ einfache Aufgaben aus dem Vorfeld der eigentlichen juristischen Beratung. NDA-Generatoren, Auskunft zu Standardfragen

---

27 Goodman, The Rise of the Chatbots, The Law Society Gazette, 2017, abrufbar unter https://www.lawgazette.co.uk/features/legal-technology-the-rise-of-the-chatbots/5060310.article.
28 Zu den Vorteilen von Legal Chatbots: https://botscrew.com/blog/chatbots-legal-industry-innovations/; https://www.21stcenturylp.com/bots/.
29 Siehe VIMA Suite, https://www.cliffordchance.com/innovation-hub/innovation/innovation-insights/case-study/vima-solutions.html.
30 Beispielsweise die Morris Legal Group setzt einen Chatbot für juristische Angebote ein: https://www.morrislegalgroup.com.au/services/conveyancing/quote/.
31 Consumer Action Law Centre, https://consumeraction.org.au/.
32 Heute https://donotpay.com/.
33 Dabei ging das Unternehmen allerdings selbst nach US-Standard recht aggressiv vor, was ihm rechtliche Auseinandersetzungen einbrachte: https://www.technewsworld.com/story/robot-lawyer-faces-legal-troubles-of-its-own-86956.html.
34 Queudot/Charton/Meurs Stats 2020, 3(3), 356.
35 Siehe https://court.one/.
36 Siehe https://bouclier.legal/lia/.

und die Ausgabe von Basisdokumenten lassen sich mit den marktüblichen einfachen regelbasierten Systemen abbilden. Mit dem Fortschritt im Bereich der Künstlichen Intelligenz (KI) und deren zunehmender Verfügbarkeit werden auch die im Rahmen von Legal Chatbot-Dialogen erzielbaren Beratungsergebnisse immer höherwertiger. Dies bezieht sich einerseits auf die inhaltliche Komponente, also die Komplexität von Fragestellungen und juristischen Sachverhalten, die sich sinnvoll mit einem Chatbot erörtern lassen. Andererseits führen die allgemeinen technischen Fortschritte bei der Sprach- und Texterkennung sowie der automatischen Sprach- und Texterstellung dazu, dass auch die Unterhaltung als solche als flüssiger und immer näher am realen menschlichen Dialog wahrgenommen wird. Der Weg zum „Robo Lawyer" ist also vorgezeichnet.

V. Rechtliche Aspekte

29 Dieser Beitrag hat sich bislang damit beschäftigt, was Chatbots sind und wie sie in der juristischen Welt zum Einsatz kommen (**Chatbots angewendet auf Recht**). Daneben lässt sich fragen, wie sich die geltenden rechtlichen Vorschriften auf das Phänomen der neuen Legal Chatbots auswirken und inwieweit diese Vorschriften gegebenenfalls anzupassen sind (**Recht angewendet auf Chatbots**).

30 Da der Chatbot als Kommunikationskanal letztlich nur ein Interface („das Frontend") der jeweils darunterliegenden KI-Lösung ist, ergeben sich dieselben rechtlichen Implikationen wie generell für Dienste, die auf Basis von Algorithmen und digitalen Plattformen erbracht werden. Hierzu entsteht gerade eine umfangreiche Literatur mit Bezug auf die einschlägigen EU-Normen und nationalen Regelungen.[37]

31 Welche Rechtsbereiche sind insbesondere für die Legal Chatbots relevant? Wichtig sind hier vor allem regulatorische und Haftungsfragen.

1. Datenschutz

32 Sofern Chatbots personenbezogene Daten verwenden, müssen sie mit dem geltenden Datenschutzrecht konform sein.[38] Die Nutzer müssen wissen oder erfahren können, welche ihrer Daten wo gespeichert und verarbeitet werden. Mit der Verwendung ihrer Daten müssen sie einverstanden sein. In der Praxis stellt sich insbesondere bei anspruchsvolleren NLP-Chatbots die Frage, auf welche Server die sprachbezogenen Subroutinen Zugriff nehmen. Da die meisten fortschrittlichen KI Systeme aktuell auf US Servern liegen (Google, Amazon, Microsoft etc), werden Fragen der Cloud-Architektur und Datenübertragungsprotokolle relevant.

2. Urheberrecht

33 Informationen, die ein Chatbot weitergibt, können urheberrechtlich geschützt sein. Fotos, Texte, Audio- oder Videodateien dürfen daher nur in Umlauf gebracht werden, wenn der Betreiber des Chatbots dazu ohne entgegenstehende Rechte Dritter befugt ist.

34 In der Praxis dürfte das darauf hinauslaufen, dass Chatbots Angaben zum verantwortlichen Betreiber ähnlich des Impressums einer Webseite angeben müssen. Verbreitet ein Chatbot unerlaubt geschützte Inhalte, wäre dies urheberrechtswidrig und wettbewerbsrechtlich abmahnfähig.

35 Interessant wird es dann, wenn die einem Chatbot zugrundeliegenden Routinen selbstständig Informationen erarbeiten, zB bestimmte Daten aus dem Internet „scrapen" und in neuem Kontext zusammensetzen. Hier wird man im Einzelfall näher hinschauen und darauf abstellen müssen, inwieweit auf öffentlich zugängliche Ausgangsdaten zugegriffen wird und ob eine schützenswerte „neue Werktiefe" entsteht oder Daten nur (unzulässigerweise) verknüpft werden.

---

37 Vgl. Linardatos Robo Advice-HdB; Ebers/Navas Algorithms and Law.
38 Siehe im Detail Ebers/Poncibó/Zou Contracting and Contract Law/Kelli/Tavast/Linden S. 115 ff.

3. Haftung, Verbraucherschutz

Welche Folgen hat es, wenn sich Verbraucher auf Informationen verlassen, die sie im Dialog mit Chatbots erhalten haben? Ähnlich wie in einem Buch oder auf einer Webseite werden regelmäßig Disclaimer angebracht sein, die darauf hinweisen, inwiefern auf Aussagen eines Bots Verlass sein soll und wer dann im Zweifel dafür einsteht bzw. welche Informationen nur unverbindlich „ohne Gewähr" gelten sollen. Setzen Rechtsanwälte Legal Chatbots auf ihrer Webseite ein, sollten sie klarstellen, dass es sich lediglich um Angebote handelt, die einer menschlichen Rechtsberatung vorgeschaltet sind.[39]

Bei zunehmend cleveren Bots dürfte es aber bald sehr schwierig sein, zwischen solchen bloß vorgeschalteten Bestandteilen (Erfassen des Sachverhalts, Abgabe genereller Empfehlungen, Ausgabe von Mustertexten) und Kernelementen menschlicher Rechtsberatung zu unterscheiden.

Beispiel 1: Ein Bot sagt mir aufgrund einer großen Datenmenge an Vergleichsfällen, dass ich meine Klage mit 90 %iger Wahrscheinlichkeit gewinnen werde. Ich vertraue dieser Prognose und klage (automatisiert oder mit einem Anwalt). Folge ich damit einem Rechtsrat?

Beispiel 2: Nach einem Dialog mit einem Legal Chatbot gibt mir dieser ein automatisch erstelltes und auf meinen individuellen Einzelfall angepasstes Vertragsdokument aus. Es enthält weniger Fehler als das Produkt eines Rechtsanwalts, den ich das letzte Mal in ähnlicher Angelegenheit konsultiert hatte. Vorgeschalteter Bestandteil oder komplettes Beratungsergebnis?

Europarechtlich sind weiterhin die E-Commerce-Richtlinie[40] und die Digitale-Inhalte-Richtlinie (EU) 2019/770[41] relevant.[42] Auch diese Regelungen tragen den Besonderheiten von Legal Chatbots allerdings noch nicht explizit Rechnung.

Ein anderes großes Thema beim Einsatz von Algorithmen ist das sog. „**Black Box-Problem**". Konversationen mit Chatbots können wirtschaftliche Konsequenzen haben, etwa wenn der Bot ein Kaufangebot erstellt. In den meisten Richtlinien und Best Practices-Guidelines zur Künstlichen Intelligenz wird daher gefordert, dass die **Arbeitsweise der eingesetzten Algorithmen nachvollziehbar** sein muss. Auch die europäische Digitale-Inhalte-Richtlinie (EU) 2019/770 und der deutsche Entwurf zur Modernisierung des Rechtsdienstleistungsrechts sehen ein entsprechendes **Transparenzgebot** vor.[43]

Diese Transparenz mag noch bei regelbasierten Systemen funktionieren. Sobald selbstlernende Systeme im Einsatz sind oder sogar „AI that creates AI", dürfte der Geist die Flasche verlassen und die jeweils angewendete Entscheidungslogik im Einzelfall auch von den Menschen nicht mehr verstanden werden, die das System ursprünglich initiiert haben. Sind solche Systeme deshalb rechtswidrig und zu verbieten?

4. Regulierungsbedarf

Im Ergebnis wird der bestehende Rechtsrahmen anzupassen bzw. zu ergänzen sein, jedenfalls dann, wenn Chatbots im B2C Kontext eingesetzt werden.[44] Neben den dogmatischen Aspekten ergeben sich eine

---

39 So auch Breunig → Haftung des Legal Tech-Unternehmens ggü. Kunden, Rn. 6.
40 Richtlinie 2000/31/EG des europäischen Parlaments und des Rates vom 8.6.2000 über bestimmte rechtliche Aspekte der Dienste der Informationsgesellschaft, insbesondere des elektronischen Geschäftsverkehrs, im Binnenmarkt („Richtlinie über den elektronischen Geschäftsverkehr") (ABl. L 178/1 vom 17.7.2000).
41 Richtlinie (EU) 2019/770 des europäischen Parlaments und des Rates vom 20.5.2019 über bestimmte vertragsrechtliche Aspekte der Bereitstellung digitaler Inhalte und digitaler Dienstleistungen (ABl. L 136/1 vom 22.5.2019).
42 Vgl. dazu Sein EuCML 2018, 179 ff.
43 Siehe im Einzelnen Navas Open Journal of Social Sciences 2019, 79 (96); vertieft zu Datenschutz- und Haftungsfragen auch → Algorithmus Rn. 18 ff. und 66 ff.
44 So auch Faber, Chatbots and Consumer Protection, Tilburg Institute for Law, Technology and Society, Master's Thesis, 2019, S. 81 ff.

Reihe rechtspolitisch-ethischer Fragen. Die **EU** hat im April 2021 bereits einen ersten **Ansatz für ein KI-Rechtsregime** vorgestellt.[45] Den faktischen Marktstandard setzen allerdings die USA und China.

VI. Ausblick

44 In der ersten Welle der Automatisierung sprach man von juristischen Expertensystemen als „Subsumtionsautomaten" oder „Legal Fruit Machines." Werden sich die Legal Chatbots dieses Mal durchsetzen oder droht ihnen dasselbe Schicksal wie ihren Vorgängern Anfang der neunziger Jahre des vergangenen Jahrhunderts?[46] Im Bereich der Künstlichen Intelligenz gab es nach dem frühen Enthusiasmus eine Phase der Ernüchterung, den „AI Winter". Auch der in den letzten Jahren aufgekommene erneute Hype hat sich mittlerweile gelegt: Die Grundlagen und das Versprechen der KI-Technologie sind zunehmend bekannt, nun geht es um die Umsetzung in konkreten Anwendungsfällen.

45 Ein solcher Anwendungsfall betrifft unmittelbar die Chatbots. KI führt bereits heute zu erheblichen Verbesserungen bei Erkennen und Erzeugen von Sprache und Texten – damit wird Kommunikation zwischen Mensch und Maschine in nie dagewesenem Umfang möglich. Performante Übersetzungsalgorithmen lassen dabei auch die Sprachbarrieren zunehmend verschwinden – in Echtzeit. Kombiniert man dies mit der Tendenz zu selbstlernenden Systemen, öffnen sich im juristischen Bereich zahlreiche Möglichkeiten.

46 Technisch bestehen daher wohl kaum Zweifel, dass sich Legal Chatbots auf der Basis solcher Fortschritte als juristische Robo-Adviser auf einem Niveau etablieren können, das der Qualität menschlicher Berater entspricht oder diese sogar übersteigt (**Supra Legal Advisor**). Ob es einen „Legal Chatbot Winter" geben wird, dürfte daher in erster Linie von der **gesellschaftlichen Akzeptanz** abhängen. Einige Rechtsanwälte sehen ihre menschliche Beratung schon gefährdet und halten diese aufgrund von Empathie und komplexem Verständnis für einzigartig und maschinellen Lösungen für überlegen. Auch hier wird sich langfristig durchsetzen, was für die Mandantschaft den größten Nutzen bringt. Wen würden Sie konsultieren, wenn Sie die Wahl hätten zwischen einem empathischen Anwalt, der aber ein relevantes Urteil übersieht und damit dummerweise Ihren Einzelfall falsch berät, und einem Bot, der fachlich richtig abbiegt und erfolgreich Ihr wirtschaftliches Ergebnis sichert? Bereits vor Corona hat Gartner vorausgesagt, dass Legal Chatbots schon 2023 ein Viertel aller unternehmensinternen Rechtsanfragen bearbeiten würden.[47] Selbst wenn es etwas länger dauern sollte, die Richtung ist klar. Wahrscheinlich werden – wie bereits im Schach oder beim Go-Spiel gezeigt – Kombiteams aus Bots und Menschen auch im juristischen Bereich ultimativ überlegen sein und nach Aufwand-Kosten-Qualität die beste Rechtsberatung sowohl im Highend als auch im Volumengeschäft anbieten können.

---

45 Europäische Kommission, Europe fit for the Digital Age: Commission proposes new rules and actions for excellence and trust in Artificial Intelligence, 21.4.2021, abrufbar unter https://ec.europa.eu/commission/presscorner/detail/en/ip_21_1682.
46 Dazu auch Leith European Journal of Law and Technology 2010, 94, auch veröffentlicht in International Review of Law Computers & Technology 2016, S. 94 ff.
47 Siehe https://www.gartner.com/en/newsroom/press-releases/2020-01-30-gartner-predicts-that-by-2023-lawbots-will-handle-a-quarter-of-internal-legal-request.

54. Legal Design

Kohlmeier/Krawietz

I. Einleitung: Was ist Legal Design?	1
1. Definition	1
2. Anwendungsbereiche	3
3. Hintergrund	4
4. Bedeutung für Legal Tech	6
5. Bedeutung für den Rechtsmarkt	8
II. Das Legal Design-Framework im Detail	9
1. Der Legal Design-Prozess – Ablauf eines typischen Legal Design-Projekts	10
a) Den Problembereich abstecken	10
b) Den Lösungsbereich eingrenzen	14
aa) Ideen finden	15
bb) Ideen werden zu Prototypen	17
cc) Prototypen werden getestet	18
c) Iteration von Prototypen	20
2. Team	21
a) Zusammensetzung	21
b) Mindset	22
3. Rahmenbedingungen	23
III. Legal Design-Formate	24
1. Workshop	25
2. Sprint	26
3. Legal Design-Projekt	28
4. Legal Design-Strategie als Booster für die Innovationskultur	31
IV. Legal Design in der Praxis	32
1. Legal Design in Rechtsabteilungen	33
a) Einleitung	33
b) Airbus Defence & Space GmbH	34
c) Implenia AG	38
d) Hugo Boss AG	41
2. Legal Design in Kanzleien	43
a) Clifford Chance	44
b) GSK Stockmann & Kollegen	47
3. Legal Design in der Justiz	51
a) Die Bedeutung von Legal Design für den Zivilprozess	52
b) Praxisbeispiel: BMJV & Tech 4 Germany	56
V. Fazit	57

Literatur: *Andert/Dörr*, Der Zivilprozess der Zukunft – Legal Design Thinking für mehr Zugang zum Recht, Legal Tribune Online, 25.11.2020, abrufbar unter https://www.lto.de/recht/justiz/j/justiz-digitalisierung-buergerzentriert-zugang-zum-recht-legal-design-thinking/; *Brown*, Change by Design – How Design Thinking Transforms Organizations and Inspires Innovation, 2019 (zit.: Brown Change by Design); *Brückner/Mittag/Meyer/Kohlmeier/Krawietz*, Mietverträge digital & nutzerfreundlich – So gelingt Innovation in der Immobilienwirtschaft, REthinking: Law Heft 3/2022, 45; *Doherty/C. Compagnucci/Haapio/Hagan*, A new attitude to law's empire: the potentialities of legal design, in Doherty/C. Compagnucci/Haapio/Hagan (Hrsg.), Legal Design – Integrating Business, Design and Legal Thinking with Technology, 2021, S. 1 (zit.: Doherty et al. Legal Design/Doherty et al.); *Hoffmann*, Human Centered Design – Innovationen entwickeln, statt Trends zu folgen, 2017 (zit.: Hoffmann Human Centered Design); *Knapp*, Sprint: How to solve big problems and test new ideas in just five days, März 2016; *Kohlmeier*, Re-Designing Contracts – Die innovative Neugestaltung von Non Disclosure Agreements für AIRBUS Defence & Space, REthinking: Law Heft 1/2020, 44; *Kohlmeier/Klemola*, Das Legal Design Buch, 2021 (zit.: Kohlmeier/Klemola Legal Design Buch); *Krawietz*, Legal Design: So gelingt Legal Tech, LTZ 2022, 38; *Krawietz/Kohlmeier*, Legal Operations Design im Baukonzern – Nutzerfreundliche Legal Services und effective Richtlinien, Rethinking: Law Heft 3/2022, 32; *Santuber/Krawietz/Owoyele/Edelman*, A Framework Theory of Legal Design for the Emergence of Change in the Digital Legal Society, RT 50 (2019), 41; *West/Rikner*, Design Thinking – The Key to Enterprise Agility, Innovation and Sustainability, 2018 (zit.: West/Rikner Design Thinking).

I. Einleitung: Was ist Legal Design?

1. Definition

Bei Legal Design handelt es sich um einen agilen, menschen-zentrierten und interdisziplinären Ansatz zur strukturierten Gestaltung innovativer, juristischer Lösungen – ganz gleich ob analog oder digital. Dabei werden die Design-Lehre und -Praxis, insbesondere der Design Thinking-Ansatz zur Bewältigung von Herausforderungen im Rechtsbereich herangezogen.[1] Die Anwendung zahlreicher Design-Instrumente stellt sicher, dass Innovationsvorhaben ganzheitlich effektive Ergebnisse hervorbringen, die aufgrund einer hohen Nutzerfreundlichkeit besonders gut funktionieren und einen spürbaren Mehrwert entfalten.

---

1 Kohlmeier/Klemola Legal Design Buch S. 51.

2 So wie es jedoch keine einheitliche Definition von Design und Design Thinking gibt[2], existiert auch keine allgemeingültige Definition von „Legal Design".[3] Der Begriff ist sehr weit zu verstehen und erstreckt sich von Entwicklungen im Grafik- und Produktdesign über das Dienstleistungs-, Informations-, Interface- und Human-Computer-Interaction-Design bis hin zum Design von Systemen, Umwelten und Organisationen mit rechtlichem Bezug.[4] Kern von Legal Design ist es jedoch stets, rechtlich geprägte Gegenstände und Kontexte so zu gestalten, dass sie möglichst nutzerfreundlich sind, dh dem Bedarf ihrer unterschiedlichen Nutzer passgenau gerecht werden, etwa indem sie zum relevanten Zeitpunkt mühelos zugänglich sind, schnell erfasst und einfach verstanden werden können. Gleichzeitig sollen Nutzer in die Lage versetzt werden, den für sie individuell richtigen, nächsten Handlungsschritt zu gehen. **Nutzer** sind dabei alle Personen, die Berührungspunkte mit einer juristischen Fragestellung oder einem juristischen Vorgang haben, bzw. davon adressiert werden. In einem Legal Design Prozess werden regelmäßig komplexe Vorgänge und bestehende Systeme aufgebrochen und neu strukturiert oder – wenn eine völlig neue Lösung geschaffen wird – von Anfang an transparent, logisch und passend zum Ökosystem entwickelt. Es geht also nicht nur darum, ein Ergebnis „schön aussehen zu lassen", sondern vielmehr darum, die Gesamtheit einer Aufgabenstellung unter die Lupe zu nehmen und einer nützlichen Lösung zuzuführen.

2. Anwendungsbereiche

3 Gegenstand von Legal Design-Vorhaben sind typischerweise:
- Das Entwickeln oder Überarbeiten (Re-Design) rechtlicher Dokumente jeder Art, wie zB Verträge, Templates oder Direktiven, mit dem Ziel, dass sie von allen relevanten Stakeholdern im entscheidenden Moment verstanden und richtig umgesetzt werden.
- Das nutzerzentrierte Formen effizienter Prozesse und Abläufe, wie zB die Optimierung von Workflows innerhalb rechtlich geprägter Organisationen.
- Das Entwickeln von einfach verständlichen und zugänglichen Kommunikationskonzepten, die zB die Interaktionen und den Wissensaustausch zwischen Anwälten und Mandanten optimal ermöglichen.
- Das Konzipieren, Gestalten und Implementieren von digitalen Tools und damit Legal Tech-Anwendungen aller Art.
- Das Transformieren bestehender Ökosysteme und Geschäftsmodelle, wie zB das auf unterschiedliche Bedarfe abgestimmte Einbetten rechtlicher Themen in unternehmerische Strukturen.
- Das Ermöglichen eines bürgerzentrierten Zugangs zum Recht, womit alle Themen rund um die öffentliche Verwaltung aber auch optimierte Zugänge zu den Gerichten umfasst sind.

Die Auflistung ist nicht abschließend, bietet aber einen ersten Überblick zu den derzeit relevantesten Legal Design-Anwendungsgebieten. Legal Design stellt damit einen wichtigen Baustein für die Gestaltung der digitalen Transformation der Rechtsbranche dar.[5]

3. Hintergrund

4 Legal Design hat sich innerhalb des vergangenen Jahrzehnts zu einem etablierten Innovationsansatz entwickelt. Eine erste Verwendung des Begriffs wird auf das Jahr 2013 datiert[6], wo er im Rahmen einer Veranstaltung der Stanford University gebraucht wird. Damit ist Legal Design eine noch sehr junge Disziplin, die von einer stetig wachsenden sog. „Legal Design Community" kontinuierlich und weltweit weiterentwickelt wird. Die Community besteht aus akademischen Forschern und Entwicklern wie zB Margaret Hagan (US), Helena Haapio (FI) oder Colette Brunschwig (CH) und Praktikern (sog. Legal Designer und Designerinnen) wie zB die beiden Verfasserinnen dieses Beitrags, aber auch Marie Potel-Saville (FR), Lieke Beelen (NL), Jose Torres (COL) und vielen anderen. Der Ausbildungshintergrund von Legal Designern ist

---

2 West/Rikner Design Thinking S. 26 f.
3 Doherty et al. Legal Design/Doherty et al. S. 3.
4 Doherty et al. Legal Design/Doherty et al. S. 3.
5 Krawietz LTZ 2022, 38.
6 Vgl. http://legaldesignjam.com/who/.

derzeit noch vorwiegend rechtlicher Natur, ergänzt um darauf aufbauende Expertise in Design und/oder Design Thinking. Doch auch originäre Designer wagen sich immer häufiger in diesen hybriden Beruf, um Rechtsinhalte und rechtliche Dienstleistungen zugänglicher und verständlicher zu gestalten.

Dass der Legal Design-Begriff seinen Ursprung in Stanford hat, überrascht insofern nicht, als dass auch der von Legal Designern adaptierte Design Thinking-Ansatz ebenfalls maßgeblich an diesem Ort geprägt wurde.[7] Design Thinking ist eine Kreativitätstechnik, die sich die spezifischen Denk- und Arbeitsweisen von Designern zunutze macht, um über klassische Bereiche der Gestaltung hinaus komplexe Probleme jeder Art zu lösen.[8] So nun auch im Rechtsbereich.

4. Bedeutung für Legal Tech

Legal Tech erfüllt keinen Selbstzweck. Dennoch lassen sich Juristen oft von der Grundannahme, Innovation erfordere in jedem Fall eine rein digitale Lösung, in die Irre führen. Legal Design hilft mit Blick auf Legal Tech dabei, herauszufinden, welches Problem man überhaupt für wen lösen möchte, ob sich tatsächlich eine technische Lösung dafür anbietet und wie eine solche ggf. aussehen müsste, um dem identifizierten Problem effektiv zu begegnen. Erst nach einer gründlichen Bedarfsanalyse in Form einer qualitativen Nutzer-Recherche und dem Experimentieren mit verschiedenen Ideen kann die Frage danach, ob und inwieweit eine digitale Lösung angeraten ist, qualifiziert beantwortet werden. Wer den Bedarf unter Berücksichtigung des jeweiligen Kontextes hinreichend definiert hat, ist sodann in der Lage, eine informierte „Make-or-Buy"-Entscheidung zu treffen, dh festzustellen, ob es bereits das eine oder andere geeignete Tool gibt, das eingekauft werden könnte, oder ob etwas Neues entwickelt werden muss. Entscheidet man sich für den Einkauf einer Legal Tech-Lösung, kann mithilfe des Legal Design-Ansatzes der erfolgreiche Einsatz des Tools gefördert werden, etwa durch eine individuelle Anpassung an die ermittelten Bedarfe oder die Entwicklung einer Implementierungsstrategie. Soll ein eigenes Legal Tech-Tool entwickelt werden, lässt sich mit Legal Design-Instrumenten systematisch erarbeiten, wie eine solche technische Lösung im Detail aussehen müsste, damit sie den größtmöglichen Nutzen entfaltet und gerne genutzt wird. Dabei wird das gesamte Gestaltungsspektrum eingesetzt, das der Bereich Design bietet. Vom visuellen Grafikdesign bis hin zu gerade im Legal Tech-Umfeld wichtigen sog. Human-Computer-Interaction-Design. Durch den Einsatz etwa visueller Elemente lassen sich Rechtsausführungen verständlicher aufbereiten. Wie gut eine Software für ihre Nutzer funktioniert, hängt von der Nutzerfreundlichkeit des sog. User-Experience- und des User-Interface-Designs[9] ab.

Der Einsatz der Legal Design-Methodik gleich zu Beginn eines Legal Tech-Projekts verhindert, dass technische Lösungen an Stellen entwickelt werden, an denen sie eigentlich keinen Sinn machen. Zudem werden technische Lösungen von vornherein so gestaltet, dass sie nicht nur aus technischer und rechtlicher Sicht funktionieren, sondern auch aus Nutzerperspektive als nützlich und nutzerfreundlich wahrgenommen werden.

5. Bedeutung für den Rechtsmarkt

Die Notwendigkeit für den Einsatz einer Methode wie Legal Design, um rechtlich geprägte Herausforderungen zu lösen, hat sich in den vergangenen Jahren verschärft. Zum einen ergibt sich das aus der Tatsache, dass rechtliche Sachverhalte und Ausführungen für Menschen ohne juristische Ausbildung häufig schwer zu verstehen sind. Darüber hinaus führen eine wachsende Komplexität durch eine Vielzahl von Regularien sowie die kontinuierlich fortschreitende Digitalisierung und ihre Folgen zu immer neuen rechtlichen, praktischen und technischen Herausforderungen. Damit sind nahezu alle in der Rechtsbranche tätigen Personen konfrontiert, wie zB Anwälte in Kanzleien, Unternehmensjuristen in internen Rechtsabteilungen aber auch Richter, Staatsanwälte, Gesetzgeber und Angestellte in der öffentlichen Verwaltung. Mit juristischen, betriebswirtschaftlichen und technischen Mitteln allein kann man dieser Komplexitäten nicht Herr werden.

---

7 Vgl. https://de.wikipedia.org/wiki/Design_Thinking.
8 Hoffmann Human Centered Design S. 140 f.; Brown Change by Design S. 13 f.
9 Vgl. Kohlmeier/Klemola Legal Design Buch Kap. 2.

Es bedarf eines diese Disziplinen verbindenden Legal Design-Frameworks, um sicherzustellen, dass die richtigen Probleme angegangen und am jeweils zugrundeliegenden menschlichen Bedarf ausgerichtet werden.[10]

II. Das Legal Design-Framework im Detail

9 Legal Design bietet Innovationsvorhaben einen strukturierten Rahmen sowie ein flexibles, methodisches Vorgehen. Im Folgenden zeigen wir einen typischen Ablauf der Methodik.

1. Der Legal Design-Prozess – Ablauf eines typischen Legal Design-Projekts
a) Den Problembereich abstecken

10 In der ersten Phase eines Legal Design-Projekts bewegt man sich innerhalb des sogenannten Problembereichs (Problem Space).[11] In dieser Phase geht es zunächst ausschließlich darum, das zugrundeliegende Problem aus Sicht aller relevanten Stakeholder zu analysieren, zu verstehen und zu definieren.

11 Der **erste Schritt** einer Legal Design-Aufgabenstellung besteht daher immer darin, zu analysieren, in welchem Kontext und speziellen Ökosystem eine Rechtsfrage oder ein rechtlicher Vorgang stattfindet und welchen Verständnishintergrund Beteiligte mit Blick auf eine Fragestellung mitbringen. Diese initiale Analyse führt zu den entscheidenden Erkenntnissen über die jeweils relevante Umgebung, in dem ein Vorgang stattfindet sowie darüber, welche Hürden etwaige rechtliche Implikationen für die Akteure dieses Systems mit sich bringen.

12 Um den tatsächlich relevanten Bedarf unterschiedlicher Personengruppen zu ermitteln, werden verschiedene Research-Techniken[12] eingesetzt. Ziel ist es, Empathie mit denjenigen zu entwickeln, für die man eine Lösung und einen Mehrwert gestalten möchte, und mehr über ihre Aufgaben, Motivationen, Gewohnheiten, Herausforderungen etc zu erfahren.
Dafür werden zB qualitative Nutzer-Interviews durchgeführt und Nutzer im Kontext der jeweils gegebenen Herausforderung beobachtet. Auch etwa die sogenannte „Immersion", bei der man sich selbst in die Problemsituation versetzt und versucht, das zu lösende Problem aus Sicht eines Betroffenen zu betrachten, kann wichtige und überraschende Erkenntnisse hervorbringen.

13 Schließlich gilt es, das zu lösende Problem aus Perspektive einer oder mehrerer konkreter Nutzergruppen, idealerweise in Form einer Fragestellung zu formulieren. Diese bildet den Ausgangspunkt für die zweite Phase des Legal Design-Prozesses und gewährleistet den für ein effektives Design entscheidenden Nutzerfokus.

b) Den Lösungsbereich eingrenzen

14 In einer **zweiten Phase** bewegt man sich im sogenannten Lösungsbereich (Solution Space).[13] Dabei werden mithilfe verschiedener Kreativitätstechniken passgenaue Lösungsideen für das zuvor identifizierte Problem erarbeitet, prototypisiert, getestet und basierend auf den hierdurch gewonnenen Erkenntnissen weiterentwickelt.

aa) Ideen finden

15 Im Rahmen der Ideenfindung geht es darum, so viele kreative Ideen wie möglich zu generieren. Die Wahrscheinlichkeit einer guten Idee steigt mit der Anzahl an Ideen. Neben dem klassischen Brainstorming kommen im Legal Design viele verschiedene Kreativitätstechniken zum Einsatz, mithilfe derer gewohnte Denkmuster durchbrochen werden und neue Gedanken und Ideen entstehen können.

---

10 Santuber et al. RT 50 (2019), 41.
11 Santuber et al. RT 50 (2019), 41 (54).
12 Kohlmeier/Klemola Legal Design Buch S. 125 ff.
13 Santuber et al. RT 50 (2019), 41 (54).

Wichtig: Kritik an den entstandenen Ideen ist in diesem Prozessschritt zwingend zurückzustellen, so dass sich die Beteiligten nicht selbst bzw. gegenseitig im Denken einschränken. In einem nächsten Schritt geht es dann darum, die Ideen, die man für brauchbar hält, weiter zu konkretisieren und greifbar zu machen.

bb) Ideen werden zu Prototypen

Dafür werden die wesentlichen Funktionen einer Idee („conditio sine qua non") bestimmt und in erste, einfache Prototypen übersetzt. Das können etwa händisch angefertigte Skizzen (mit Papier und Stift) von Benutzeroberflächen einer angedachten Software (Wireframes) sein, aber auch die Abbildung eines Prozesses, ein Storyboard, ein Rollenspiel oder ein 3D-Gegenstand, der aus Pappe gebildet wird.

cc) Prototypen werden getestet

Welche Form sich für einen Prototypen eignet, hängt letztendlich davon ab, wie man ihn testen möchte. Beim Testen geht es darum, Nutzern die Möglichkeit zu geben, eine Idee nicht nur theoretisch zu durchdenken, sondern praktisch zu erleben. Daher sollte der Prototyp so realistisch wie möglich sein. Im Legal Tech-Bereich eignen sich dafür zB sog. Klickdummies, die mit entsprechender Prototypisierungs-Software[14] angefertigt werden. Die noch unprogrammierte Form eines Klick-Prototypen simuliert die „echte" Anwendung, erfordert jedoch noch keine (kostspielige) Programmierung. Dieses Vorgehen sichert den vernünftigen Einsatz von Ressourcen.

Im Test entscheidet das (möglichst unbeeinflusste) Feedback der Anwender darüber, welche Elemente einer Idee weiterverfolgt bzw. verworfen werden. Auf diese Weise wird vermieden, dass man eine Lösung am eigentlichen Nutzerbedarf vorbei entwickelt. Wichtig: Führt der Test zu der Erkenntnis, dass eine Idee nicht wirklich funktioniert, kann sie entweder angepasst oder ganz aufgegeben werden.

c) Iteration von Prototypen

Der Legal Design-Prozess verläuft nicht linear und ist lediglich als Heuristik zu verstehen. Es handelt sich mehr um ein System sich überschneidender Phasen als um eine Abfolge von geordneten Schritten.[15] Die darin eingebetteten Phasen und Schritte werden iterativ, dh wiederholt durchlaufen. Mit welcher Phase man beginnt und welche Methoden innerhalb einer Phase zur Anwendung kommen, sollte in der Regel von oder mit einem erfahrenen Legal Design-Coach einzelfallspezifisch entschieden werden.

2. Team

a) Zusammensetzung

Ein Legal Design-Team besteht idealerweise aus fünf bis sieben Personen und ist möglichst divers und interdisziplinär besetzt. Ein heterogenes Team trägt dazu bei, dass Probleme umfassender verstanden und ganzheitlichere Lösungen entwickelt werden.

b) Mindset

Ob Legal Design-Methoden funktionieren, hängt zudem davon ab, mit welchem Mindset das Team diese anwendet. Ohne eine empathische, ergebnisoffene und kreative Grundhaltung in Verbindung mit einer gelebten Fehlerkultur, bleibt der benötigte Erkenntnisgewinn oft aus. Die Teammitglieder sollten bereit sein, ihr Wissen sowie ihre Gedanken und Ideen miteinander zu teilen. Sie brauchen den Mut, zu experimentieren und zu scheitern, die Größe, sich Fehler überhaupt einzugestehen und den Ehrgeiz aus ihnen zu lernen.

3. Rahmenbedingungen

Die externen Rahmenbedingungen eines Legal Design-Projekts sollten eine gewisse Flexibilität zulassen. So benötigen die einzelnen Teammitglieder genug zeitlichen und organisatorischen Spielraum, um sich

---

14 ZB FIGMA, CANVA oder auch MS Powerpoint uÄ.
15 Brown Change by Design S. 13.

hinreichend auf das Projekt fokussieren zu können. Darüber hinaus ist ein gemeinsamer Arbeitsraum förderlich – ganz gleich ob physisch, virtuell oder hybrid – in dem das Team das Projekt sowohl durchführen als auch über einen längeren Zeitraum dokumentieren kann.

III. Legal Design-Formate

24 Der Legal Design-Ansatz findet in unterschiedlichen Formaten Anwendung.
Je nach Zielsetzung erfolgt Legal Design in Form
- von einem oder mehreren Workshops
- einem komprimierten Sprint
- eines monatelangen Projekts oder
- einer langfristigen Strategie zur Etablierung einer design-orientierten Innovationskultur.

Sämtliche Legal Design-Formate lassen sich sowohl virtuell als auch in persona durchführen.

1. Workshop

25 Legal Design-Workshops haben eine Länge von wenigen Stunden bis hin zu mehreren Tagen. Sie können Teil eines Projekts sein, aber auch für sich stehen. Einzeln durchgeführt bieten sie vor allem eine Gelegenheit, sich Legal Design als agilem Innovationsansatz zu nähern, zu identifizieren, wo ggf. ungenutzte Innovationspotenziale liegen und erste Ideen zu entwickeln, wie man die damit verbundenen Herausforderungen angehen könnte. Während eines Workshops erhalten die Teilnehmenden methodischen Input, aber auch direkt die Möglichkeit, die vorgestellten Herangehensweisen praktisch anzuwenden und zu verinnerlichen. Gearbeitet wird in kleinen Teams unter Anleitung durch Legal Design-Experten. Auch ein kurzer Workshop von wenigen Stunden kann bereits Ideen hervorbringen, die im Anschluss schnell und einfach prototypisiert und umgesetzt werden können.

2. Sprint

26 In einem Legal Design-Sprint[16] wird der typische Legal Design-Prozess (→ Rn. 9 ff.) innerhalb von wenigen Tagen durchlaufen, wobei jeder Tag einen Designprozess-Schritt abbildet. Der Sprint bietet sich an, wenn man so schnell wie möglich erste Erkenntnisse und Ergebnisse produzieren und validieren möchte, um darauf basierend strategische Entscheidungen treffen zu können bzw. eine Legal Tech-Strategie zu entwickeln.

27 Zudem lassen sich auch einzelne Projektphasen als Sprint durchführen. So kann es sinnvoll sein, eine Nutzer-Recherche, die sich andernfalls über mehrere Wochen ziehen würde, innerhalb nur weniger Tage durchzuführen. Dies bietet den Vorteil, dass die Gespräche, die man in dieser Zeit führt, und Beobachtungen, die man macht, gleich im Team zusammen auswerten und problematische Zusammenhänge erkennen zu können.

3. Legal Design-Projekt

28 Ein Legal Design-Projekt durchläuft das gesamte Legal Design-Framework und dauert je nach Umfang der Problemstellung mehrere Wochen oder Monate. Es eignet sich als Format vor allem dann, wenn ein Problem umfassend erforscht und eine Lösung bis zur Implementierungsreife entwickelt werden soll.

29 In jeder Projektphase entstehen wertvolle Ergebnisse, die für sich genommen bereits einen Mehrwert liefern. So bieten die Erkenntnisse aus einer umfassenden Nutzer-Recherche in der Regel eine solide Wissensgrundlage für Entscheidungen und Vorhaben, die weit über den Scope des gegebenen Projekts hinausgehen. Als Nebenprodukt entdecken Legal Design-Teams meist eine Vielzahl an Quick-Fixes, die sofort umgesetzt werden können, zudem entstehen im Rahmen der Ideenfindung zahlreiche Lösungsansätze, die sich möglicherweise nicht ad-hoc, aber dennoch später weiterverfolgen lassen.

---

16 Knapp, Sprint: How to solve big problems and test new ideas in just five days, März 2016.

Ein Legal Design-Projekt kann parallel zum Tagesgeschäft stattfinden, indem externe Legal Design-Berater hinzugezogen werden. Es muss jedoch in jedem Fall gewährleistet werden, dass die internen und externen Stakeholder, auf deren Wissen und Nutzerperspektiven es ankommt, diesen für einzelne Workshops, Interviews und Tests zur Verfügung stehen.

4. Legal Design-Strategie als Booster für die Innovationskultur

Legal Design fördert auf Dauer das kollaborative und interdisziplinäre Mindset und damit die Fähigkeiten, auf die es für eine Innovationskultur ankommt. Insbesondere entwickeln diejenigen, die aktiv Teil eines Legal Design-Vorhabens sind, eine neue Perspektive auf die Art und Weise, wie sie und die verschiedenen Beteiligten der eigenen Organisation allgemein arbeiten und kommunizieren. Legal Design kann das Selbstverständnis von Juristen dahin gehend verändern, dass sie ein Bewusstsein dafür entwickeln, wie sie Innovation (auch ohne Programmierkenntnisse) proaktiv und erfolgreich mitgestalten können.

Durch das Erlernen der Legal Design-Methode wird klar, dass Teamarbeit deutlich mehr als nur eine Summe individueller Arbeitsbeiträge hervorbringt und agile Methoden auch für den Rechtsbereich hohe Mehrwerte liefern.

IV. Legal Design in der Praxis

Legal Design kommt in allen Kontexten zum Einsatz, in denen Menschen rechtliche Berührungspunkte haben. Sowohl Rechtsabteilungen und Kanzleien als auch die Justiz und öffentliche Verwaltungen machen sich den Legal Design-Ansatz zunutze, um sich und ihre Wirkbereiche zukunftsgerecht weiterzuentwickeln.

1. Legal Design in Rechtsabteilungen

a) Einleitung

In Rechtsabteilungen kommt Legal Design vor allen Dingen zum Einsatz, um der steigenden Komplexität und Geschwindigkeit, mit welchen Unternehmen heutzutage konfrontiert sind, innovative Lösungen entgegenzusetzen, mit denen sich Risiken weiterhin effektiv abwehren und die zahlreichen Aufgaben als Business Partner effizient durchführen lassen. Dreh- und Angelpunkt sind die unterschiedlich ausgeprägten Herausforderungen der in bzw. mit den jeweiligen Unternehmen agierenden Einheiten und dort tätigen Menschen. Legal Design hilft Rechtsabteilungen dabei, zu verstehen, wie Services, Dokumente und Tools gestaltet sein müssen, damit Richtlinien von Mitarbeitern einer Organisation verstanden und eingehalten, Vorgänge beschleunigt und digitale Hilfsmittel richtig genutzt werden. Somit bietet Legal Design auch eine Antwort darauf, wie Rechtsabteilungen zB eine Legal Operations-Funktion erfolgreich realisieren können und wie typische Aufgabenstellungen mit effizienten Mitteln gelöst werden können. Nachfolgend werden einige Beispiele aufgezeigt.

b) Airbus Defence & Space GmbH[17]

Das Contract Innovators-Team von Airbus Defence & Space hat im Rahmen eines Legal Design-Projektes einen Vertrag neugestaltet. Im Fokus stand ein Non Disclosure Agreement (NDA), das regelmäßig mit Startups abgeschlossen wird, mit denen das Unternehmen kollaboriert.

Die Herausforderungen und Erkenntnisse des Research-Prozesses:
Im umfassenden Research-Prozess mit verschiedenen Stakeholdern stellte sich heraus, dass Start-up Unternehmen häufig (noch) keine eigene Rechtsabteilung haben und rechtliche Anforderungen generell große Hürden darstellen. Schon das Bearbeiten und Unterschreiben eines relativ umfangreichen NDAs führt häufig dazu, dass, durch das mangels eigener Ressourcen erforderliche Einholen externen Rechtsrates, wertvolle Zeit aufgewendet werden muss, um überhaupt in ein Businessgespräch eintauchen zu können. Zudem fühlten sich die Firmen durch die bestehende Marktmacht eines Großkonzerns verunsichert und

---

17 Kohlmeier REthinking: Law Heft 1/2020, 44–48.

hatten große Schwierigkeiten, das ihnen vorgelegte Dokument zu verstehen. Sie hatten auch nicht das Gefühl, dass der vorhandene NDA ihre Idee ausreichend schützen würde, da die Interessen des global agierenden Konzerns bevorzugt würden.

36 Der Ideen- und Prototypisierungsprozess erstreckte sich über mehrere Wochen und enthielt die komplette Neufassung und Umgestaltung des ursprünglichen Vertrages. Es wurden mehrere Prototypen erarbeitet und mit Betroffenen getestet. Heraus kam ein vollkommen neuer Vertrag, der inhaltlich auf das Wesentliche reduziert und visuell ansprechend gestaltet wurde.

37 Ergebnis: Das neue NDA gewährte inhaltlich optimalen Schutz der IP-Interessen beider Vertragsparteien, zugleich entstand ein maximal effizienter und nutzerfreundlicher Vertrag, der auch für juristische Laien transparent und verständlich war und keine zusätzliche Einbindung externer Rechtsberater erforderte. Die eingebetteten Visualisierungen unterstützten die Nutzer darin, komplexe rechtliche Ausführungen auf Anhieb zu durchdringen. Die Durchführung erfolgte unter Leitung der Legal Designerinnen Astrid Kohlmeier und Lieke Beelen.

c) Implenia AG[18]

38 Die Rechtsabteilung des Schweizer Baukonzerns Implenia AG hat 2021 damit begonnen, seine Richtlinien und Prozesse in nutzerfreundliche, digital gestützte Services zu übersetzen. Das Mittel der Wahl auch hier: Legal Design. Für die Leitung des Projekts wurden die Legal Designerinnen die Verfasserinnen dieses Beitrags hinzugezogen. In einer groß angelegten Nutzer-Recherche entwickelte das Projektteam ein ganzheitliches Verständnis davon, wo das größte Innovationspotential liegt und welche Bedarfe in der Entwicklung einer neuen Art, rechtlich relevante Themen im Unternehmen zu kommunizieren, berücksichtigt werden müssen.

39 Erkenntnisse: Es stellte sich heraus, dass Direktiven nur in bestimmten Kommunikationskanälen gesucht werden und sie aus verschiedenen Gründen nicht komplett gelesen bzw. häufig missverstanden werden. Gleichzeitig zeigte ein Test der vorhandenen Richtlinien, dass unterschiedliche Rollen im Unternehmen nicht nur unterschiedliche Informationen benötigen, sondern teilweise auch gleiche Informationen in unterschiedlicher Aufbereitung.

40 Im Ergebnis wurden Direktiven entwickelt, die in die bestehenden Workflows der betroffenen Stakeholder derart eingebaut wurden, dass die rechtlichen Implikationen eines Vorgangs intuitiv und im richtigen Moment erkannt und im Unternehmenssinn selbstständig gelöst werden konnten.

d) Hugo Boss AG[19]

41 Mit einer rapide steigenden Anzahl an Influencer-Aktivierungen durch die *Hugo Boss AG* stand das zuständige Legal Marketing-Team 2021 vor der Herausforderung, diese auch in Zukunft effektiv und schnell juristisch begleiten zu können. In einem Legal Design-Projekt mit der auf den Rechtsbereich spezialisierten Innovationsberatung *This is Legal Design*, wurde zunächst der Prozess wie er zur damaligen Zeit ablief im Detail erfasst und bestehende Ineffizienzen und Pain Points (auf Seiten von Legal Marketing und Influencern) sichtbar gemacht. Das dadurch gewonnene Problemverständnis machte es möglich, eine passgenaue Lösung zu entwickeln. Der Vertragsprozess wurde dabei stark verschlankt sowie ein nutzerfreundliches Vertragsdokument entwickelt, das Rückfragen von Marketing sowie Änderungswünsche von Influencern auf ein Minimum reduzierte. Marketing war damit in der Lage, in Standardfällen eigenständig die Commercial Terms von Influencer Verträgen zu verhandeln. Der Vertrag wurde bewusst so standardisiert und gestaltet, dass er schnell und einfach automatisiert werden konnte.

42 Auch im Bereich der Unterschrift fanden sich Möglichkeiten, den Vertragsprozess zu optimieren. So war dieser Vorgang zwar bereits digitalisiert worden, jedoch gab es nach wie vor zu viele Fälle, in denen die

---

18 Krawietz/Kohlmeier REthinking: Law Heft 3/2022, 32–35.
19 Krawietz LTZ 2022, 38.

Unterzeichnung weiterhin analog erfolgte. Grund war, wie sich herausstellte, nicht die technische Umsetzung selbst, sondern die Art und Weise wie der Vorgang gegenüber Influencern kommuniziert wurde. Auch hier konnte, basierend auf den Erkenntnissen, die der Legal Design-Prozess hervorgebracht hatte, zielgenau nachgebessert werden. Der neugestaltete Vertragsprozess ist seit 2022 im Einsatz und wird kontinuierlich weiterentwickelt.

2. Legal Design in Kanzleien

Kanzleien, insbesondere Großkanzleien stehen immer häufiger vor der Herausforderung, ihre Dienstleistungsangebote im Sinne ihrer Mandantschaft neu zu denken. Die Anforderungen, die gerade Rechtsabteilungen großer Unternehmen an sie stellen, haben sich in den vergangenen Jahren massiv verändert. Gefordert wird eine gesteigerte Effizienz, mehr Transparenz, ein sinnvoller Einsatz digitaler Hilfsmittel und insgesamt ein ganzheitlicher Blick auf die Interessen und Ziele der Unternehmen; Und das alles zu einem möglichst attraktiven und pauschal kalkulierten Preis.

a) Clifford Chance

Um die sich ändernden Erwartungen der Mandanten optimal begleiten zu können, initiierte der Standort Deutschland der internationalen Großkanzlei Clifford Chance[20] ein Legal Design-Projekt. Damit sollte die richtige Strategie für den sogenannten Best Delivery Hub geschärft und sichergestellt werden, dass die Innovationsaktivitäten auch tatsächlich den Bedarf der Mandanten treffen. Das Initialprojekt erstreckte sich über mehrere Wochen und beinhaltete eine Research-Phase sowie eine Reihe ganztägiger Workshops.

In einer breit angelegten Nutzer-Recherche wurden alle relevanten Stakeholder gleich zu Beginn befragt und in die spätere Lösungsfindung einbezogen. Inhaltlich wurden vor allem Legal Tech-Lösungen, die Digitalisierung allgemein und die Berührungspunkte der Stakeholder mit diesen untersucht. Die aus der Analyse abgeleiteten Erkenntnisse wiesen das Legal Design-Team in die entscheidende Richtung und klärten, welche Schwerpunktthemen der Best Delivery Hub verfolgen sollte und wie die Zusammenarbeit zwischen Anwälten und Mitarbeitern des Hubs effizient und mandantenzentriert ausgestaltet werden musste.

Das Ergebnis des Legal Design-Projekts war die Ausformulierung einer bedarfsorientierten Innovationsstrategie, an der sich alle Maßnahmen orientieren konnten, sowie ein konkreter Maßnahmenkatalog mit umsetzbaren Ideen, um den Fokusthemen bestmöglich begegnen zu können, wie interaktive Kommunikations-Plattformen oder andere digitale Instrumente.

b) GSK Stockmann & Kollegen

Die Kanzlei GSK Stockmann[21] hat sich im Rahmen eines großen Legal Design-Projekts damit befasst, eine digitale Plattform zur Unterstützung von Mietvertragsprozessen zu entwickeln. Im Fokus stand dabei die Arbeit von Immobilien Asset Managern über den gesamten Lebenszyklus einer Immobilie hinweg.

Research: GSK legte von Anfang an großen Wert darauf, dass die Plattform im Ergebnis einen echten Mehrwert für Mandanten entfalten sollte und ermöglichte daher dem Legal Design-Team zahlreiche Gespräche mit Mandanten. Ein Schritt, der nicht für jede Kanzlei selbstverständlich ist.

Die Mandanten wurden von Anfang an in den Entwicklungsprozess einbezogen und so konnten entscheidende Punkte offengelegt werden, die für den Erfolg der Plattform essenziell waren: Die Vertragsbearbeitung und damit die User-Journey begann aus Sicht der Mandanten weit vor dem Einschalten der beratenden Kanzlei. Das eröffnete und erforderte ein ganz anderes Servicespektrum als anfangs angenommen. Nur durch das Herausfinden dieser Sichtweise konnte im Ergebnis ein Tool entwickelt werden, das die Nutzer genau an dem Zeitpunkt abholte, an dem ihr „Problem" anfing. Den größten Lerneffekt übte auf die Beteiligten des Projekts aus, dass die frühe Einbindung und damit die Auseinandersetzung mit dem

---

20 Kohlmeier/Klemola Legal Design Buch S. 182 ff.
21 Brückner et al. REthinking: Law Heft 3/2022, 45–48.

echten Bedarf der Klienten dazu verhalf, die richtigen Schwerpunkte zu setzen und nur solche Ideen ins Leben zu rufen, die auch wirklich Aussicht auf Erfolg hatten. Die nach Entwicklung erster Prototypen durchgeführten frühzeitigen Nutzertests zeigten dann in der Betaphase noch einmal weitere Stellschrauben, um das digitale Tool zu optimieren. Schließlich erlernte das innerhalb der Kanzlei heterogen besetzte Entwicklungsteam, was die Implementierung eines Legal Tech-Tools erfordert: Es muss sich permanent an die sich ändernden Bedürfnisse anpassen lassen. Was im Umkehrschluss bedeutet, dass Legal Tech-Tools eine stetige Betreuung und Weiterentwicklung erfordern und dass es nicht damit getan ist, ein Tool einmal zu entwickeln und dann darauf zu hoffen, dass es immer funktionieren wird.

50 Das Fazit dieses Projekts kann im Übrigen auf alle digitalen Lösungen im Recht übertragen werden: sie müssen so flexibel gestaltet werden, dass sie sich stets anpassen lassen. Legal Tech-Tools sind daher nie „final", sondern erfordern dauerhaft eine ständige Verbesserung. Bei den neuen Anpassungen kann man durch konsequente Anwendung der Legal Design-Idee aber stets sicherstellen, dass die jeweils aktuellen Probleme der einzelnen Akteure zufriedenstellend und mehrwertstiftend gelöst werden.

3. Legal Design in der Justiz

51 Legal Design ist nicht nur im öffentlichen Sektor, sondern insbesondere auch in der deutschen Justiz angekommen. Der Innovationsansatz wird in den Blick genommen, um effiziente und bürgerzentrierte Angebote und Lösungen für einen zukunftsfähigen (Rechts-)Staat zu schaffen. Während es andere Länder schon vorgemacht haben[22], denkt man mittlerweile auch in Deutschland darüber nach, den Zivilprozess mit Legal Design neu zu gestalten.

a) Die Bedeutung von Legal Design für den Zivilprozess

52 Unter dem Stichwort *Zugang zum Recht* gibt es bereits verschiedene Initiativen, die sich ua mit der Digitalisierung der Zivilgerichte auseinandersetzen. Vor dem Hintergrund, dass sich die Justiz den veränderten Erwartungshaltungen der Bürger stellen und Wege eröffnen muss, die Zivilverfahren einfacher zugänglich machen, drängt sich der Legal Design-Ansatz geradezu auf. Dies kann nämlich nur gelingen, wenn die unterschiedlichen Schwachstellen des bestehenden Systems, aber vor allem auch die Bedarfe aller Verfahrensbeteiligten und der in einen Prozess involvierten Personen sichtbar gemacht und gezielt angegangen werden. Zu beachten sind etwa die Perspektiven von Bürgern, Anwälten, Richtern und Rechtspflegern. Nur so lassen sich die relevanten Herausforderungen im Kontext eines Zivilverfahrens in ihrer Komplexität greifen und verstehen. Eine derartige Analyse, wie sie der Legal Design-Ansatz explizit vorsieht, schafft die notwendige Wissensgrundlage, um sodann im nächsten Schritt Entscheidungen darüber treffen zu können, welche (digitalen) Workflows und Instrumente idealerweise eingesetzt werden sollten, um Ineffizienzen, Zugangshürden und der derzeit herrschenden Unzufriedenheit gegenüber der Justiz zu begegnen. Die im Rahmen eines Legal Design-Vorhabens entwickelten Ideen und Prototypen können in einem rechtlich eigens dafür geschaffenen Rahmen auch getestet werden. Zu denken wäre hier an sogenannte „Sandboxes", in denen unter echten Bedingungen mit Freiwilligen neue Services mit veränderten Regelungen ausprobiert werden können.

53 Ein Ansatzpunkt für einen verbesserten Zugang zum Recht könnte zum Beispiel darin liegen, Angebote für die automatisierte Bearbeitung von Fällen mit niedrigen Streitwerten, die von Bürgern aufgrund ihres rationalen Desinteresses regelmäßig gar nicht erst verfolgt werden, zu schaffen. Derzeit werden entsprechende Lösungen in nutzerfreundlicher Form nur von Seiten privatwirtschaftlich organisierter Unternehmen aus der Legal Tech-Branche angeboten, zB im Bereich der Fluggastrechte.

54 Darüber hinaus kann ein verbesserter Zugang zu den Zivilgerichten beispielsweise auch in einem rein digitalen Informationsaustausch bestehen. Damit würde man dem derzeit bestehenden Problem begegnen, dass Verfahren lange dauern und sich für Bürger als sehr kompliziert darstellen. Denkbar sind zudem

---

22 Vgl. zB die Justice Innovation-Projekte des Legal Design Lab in Stanford, USA: https://justiceinnovation.law.stanford.edu/.

auch rein digitale Plattformen, die das gesamte Gerichtsverfahren und den jeweiligen Nutzerzugang digital begleiten. Die Initiativen aus der Justiz befinden sich noch in den Kinderschuhen und scheitern nicht selten an noch bestehenden rechtlichen Hürden.

Insgesamt kann mit Legal Design im Rahmen der Weiterentwicklung der Justiz sichergestellt werden, dass wirklich nützliche und intuitive Lösungen entstehen, die die richtigen Probleme lösen und nicht nur eine digitale Abbildung analoger, komplexer Prozesse sind.[23] Der Einsatz von Technik sollte gerade bei der Rechtswahrnehmung den Zugang zum Recht beschleunigen und erleichtern. Das gelingt nur, wenn die besonderen Interessen der Bürger ganz und gar im Fokus stehen.

b) Praxisbeispiel: BMJV & Tech 4 Germany

In der Theorie bietet das deutsche Rechtssystem den Bürgern einen guten Rechtsschutz. Es ist jedoch an vielen Stellen so komplex, dass Bürger ihre Ansprüche oft nicht geltend machen. Um diesem Problem zu begegnen, hat das BMJV im Jahr 2021, zusammen mit Tech4Germany[24], einem Fellowship-Programm des Bundes für nutzerzentrierte Softwareentwicklung, eine Vision für ein Justizportal entwickelt. Dies geschah in einem Design Thinking-Prozess. Ursprünglich war vorgesehen, ein Online-Klage-Tool zu entwickeln. Experten-Interviews mit Richtern, Vertretern der Legal Tech-Szene und Legal Designern haben jedoch gezeigt, dass die Lösung deutlich breiter gedacht werden muss. Es wurde festgestellt, dass das Problem nämlich schon damit anfängt, dass Bürger sich ihrer Rechte oft gar nicht bewusst sind bzw. diese nicht verstehen. Das Justizportal soll für Bürger mit typischen verbraucherrechtlichen Problemen eine erste Anlaufstelle bieten, die Rechtsinformationen und Handlungsoptionen in einfacher Sprache zugänglich macht. Sollten sie dies für notwendig erachten, haben Bürger die Möglichkeit, über die Beantwortung einfacher Fragen und mit wenigen Klicks selbst Klage zu erheben. Damit Bürger eine informierte Entscheidung für oder gegen das Erheben einer Klage treffen können, informiert das Justizportal – ebenfalls in einfacher Sprache – zum Ablauf und den Kosten eines Prozesses. Nutzer des Justizportals sollen auch Hinweise zu Anlaufstellen für eine umfassendere Rechtsberatung sowie zu möglichen Finanzierungshilfen erhalten. Ziel ist dabei, den Zugang zum Recht auch für strukturell benachteiligte Personen zu verbessern. Das Justizportal bildet damit einen wichtigen Baustein für die Modernisierung des Zivilprozesses, im Rahmen derer der Legal Design-Ansatz noch eine wichtige Rolle spielen wird.

V. Fazit

Legal Design ist bereits heute aus dem Rechtsbereich nicht mehr wegzudenken. Rechtsabteilungen und Kanzleien, aber auch der öffentliche Sektor – insbesondere die Justiz – kommen nicht umhin, sich diesem Innovationsansatz zu öffnen. Legal Design ist der Schlüssel für erfolgreiche Veränderungsprozesse und eine zwingende Vorstufe zu Digitalisierungsvorhaben jeder Art. Legal Tech *ohne* Legal Design macht nach Auffassung der Verfasserinnen dieses Beitrages wenig Sinn, denn die Methode, die den Bedarf der Nutzer einer digitalen Lösung in den Mittelpunkt stellt, liefert die Antwort auf die Frage des *„Ob"* und des *„Wie"* der Digitalisierung im Rechtsbereich.

Während ein zu früher Fokus auf rein technische Aspekte die Gefahr birgt, dass eine Legal Tech-Lösung entwickelt oder eingekauft wird, die am eigentlichen Problem vorbei geht, bietet Legal Design die Möglichkeit, zunächst das richtige Problem zu identifizieren und darauf aufbauend eine passgenaue, ganzheitliche Antwort zu entwickeln. Ob diese dann tatsächlich technischer Natur sein sollte, richtet sich nach dem identifizierten Bedarf. Nicht jeder Workflow muss digitalisiert und nur solche Ergebnisse technisch unterstützt werden, die auch tatsächlich digital einen Mehrwert für die Nutzer erzeugen. Für erfolgreiche Legal Tech-Projekte sollte genau darauf geachtet werden.

---

23 Andert/Dörr, Der Zivilprozess der Zukunft – Legal Design Thinking für mehr Zugang zum Recht, Legal Tribune Online, 25.11.2020, abrufbar unter https://www.lto.de/recht/justiz/j/justiz-digitalisierung-buergerzentriert-zugang-zum-recht-legal-design-thinking/.

24 Vgl. von Tech4Germany & BMJV die „Fallstudie: Digitale Klagewege", November 2021, abrufbar unter https://tech.4germany.org/project/digitale-klagewege-bmjv/.

55. Legal Prediction

Lein/Raymond

I. Einführung	1	3. Prognose von Tatsachen und Ergebnissen	30
1. Überblick	1	a) Voraussage entscheidungsrelevanter Tatsachen	31
2. Abgrenzung	6	b) Entscheidungsprognose	32
II. Kommentierung im Einzelnen	7	4. Grenzen und Risiken	37
1. Algorithmus, Künstliche Intelligenz und Machine Learning	7	5. Systemtransparenz und Nutzervertrauen	40
2. Einordnung der Prognosetools	11	6. Sprache	41
a) Tools zur Sicherstellung von Due Diligence	13	7. Ethik und Legalität	44
b) Tools zur Beweisfindung	21	**III. Zusammenfassung und Ausblick**	50
c) Tools zur Entscheidungsfindung	25		

Literatur: *Aletras/Tsarapatsanis et al.*, Predicting judicial decisions of the European Court of Human Rights: A natural language processing perspective, PeerJ Computer Science 2 (2016), 93, abrufbar unter https://peerj.com/articles/cs-93.pdf; *Ashley*, A Brief History of the Changing Roles of Case Prediction in AI and Law, Law in Context, 36 (1) (2019), 93, abrufbar unter https://journals.latrobe.edu.au/index.php/law-in-context/article/view/88/168; *Barraud*, Un algorithme capable de prédire les décisions des juges : vers une robotisation de la justice ?, Les Cahiers de la justice, 1 (2017), 121, abrufbar unter https://www.cairn.info/revue-les-cahiers-de-la-justice-2017-1-page-121.htm; *Battelli*, Robo-Decision: Algorithms, Legal Interpretation, Predictive Justice, Revista Derecho Privado (40) (2021), 45; *Belloso Martin*, Algoritmos predictivos al servicio de la justicia: una forma de minimizer el riesgo y la incertidumbre, Revista da Faculdade Mineira de Direito, Puc Minas / Dossie – Jorge Eduardo Douglas Price e Raffaele De Giorgi, vol. 22, n.° 43 (2019), 1, abrufbar unter https://fdocuments.ec/document/la-decisin-robtica-algoritmos-interpretacin-y-.html; *Bex/Prakken*, The legal prediction industry: meaningless hype or useful development? De juridische voorspelindustrie: onzinnige hype of nuttige ontwikkeling?, Ars Aequi 69 (2020), 255, abrufbar unter https://webspace.science.uu.nl/~prakk101/pubs/BexPrakkenAA2020.pdf; *Bex/Prakken*, On the relevance of algorithmic decision predictors for judicial decision making, Proceedings of the Eighteenth International Conference on Artificial Intelligence and Law (ICAIL '21), Association for Computing Machinery, New York, NY, USA, 2021, 175, abrufbar unter https://dl.acm.org/doi/10.1145/3462757.3466069; *Bex/Prakken/Schweighofer*, Can predictive justice improve the predictability and consistency of judicial decision-making?, 2021, abrufbar unter https://www.researchgate.net/publication/356846419_Can_Predictive_Justice_Improve_the_Predictability_and_Consistency_of_Judicial_Decision-Making/link/61b07ef3c2e267424d1092f8/download (zit.: Bex/Prakken/Schweighofer Predictive justice); *Brenner/Gersen et al.*, Constitutional dimensions of predictive algorithms in criminal justice, Harvard Civil Rights – Civil Liberties Law Review 55 (2020), 267, abrufbar unter https://harvardcrcl.org/wp-content/uploads/sites/10/2020/09/Brenner-et-al.pdf; *Bruguès-Reix/Pacquetet*, La justice prédictive: un «outil» pour les professionnels du droit, Archives de philosophie du droit 60(1) (2018), 279, abrufbar unter https://www.cairn.info/revue-archives-de-philosophie-du-droit-2018-1-page-279.htm; *Buckner*, Empiricism without magic: transformational abstraction in deep convolutional neural networks, Synthese 195(12) (2018), 5339, abrufbar unter https://doi.org/10.1007/s11229-018-01949-1; *Burrell*, How the machine ‚thinks': Understanding opacity in machine learning algorithms, Big Data & Society 3(1) (2016), 17 abrufbar unter https://doi.org/10.1177/2053951715622512; *Cuatrecasas*, Legal Challenges of Artificial Intelligence (AI), Global Privacy Law Review 1(1) (2020), 6; *Dipshan*, With Analytics Tools, Law Firms Are Adding Predictive Power to Their Advice, 3.6.2022, abrufbar unter https://www.law.com/americanlawyer/2022/06/03/with-analytics-tools-law-firms-are-adding-predictive-power-to-their-advice/?slreturn=20220920113935; *Embroker*, What Is Legal Analytics and How You Can Use It to Benefit Your Law Firm, 2.9.2022, abrufbar unter https://www.embroker.com/blog/what-is-legal-analytics/; *Hildebrandt*, Law as Computation in the Era of Artificial Legal Intelligence: Speaking Law to the Power of Statistics, University Toronto Law Journal, 68 (1) (2018), 12; *Hoch*, Big Data und Predictive Analytics im Gerichtsprozess, MMR 2020, 295; *Iftimiei/Iftimiei*, Law and IT Technologies. Predictive justice, Perspectives of Law and Public Administration 11(1) (2022), 169; *Karyda/Tzanou*, Privacy International and Quadrature du Net: One Step Forward Two Steps Back in the Data Retention Saga?, European Public Law 28(1) (2022), 123; *Katz/Bommarito/Blackman*, A general approach for predicting the behavior of the Supreme Court of the United States, PLOS ONE 12(4) (2017), abrufbar unter https://doi.org/10.1371/journal.pone.0174698; *Krueger*, Natural Language Processing First Steps: How Algorithms Understand Text 1, 2022, abrufbar unter https://developer.nvidia.com/blog/natural-language-processing-first-steps-how-algorithms-understand-text; *Licoppe/Dumoulin*, Judges, Algorithms, and Jurisprudence. Initial Analyses of a Predictive Justice Experiment in France, Droit et société 103 (2019), 535, abrufbar unter https://

www.cairn.info/revue-droit-et-societe-2019-3-page-535.htm-xd_co_f=ZjI2ZTRhMGEtOGEyNi00NGJiLWExND EtYmU4ZjhlOGNiZWFk~; *Kort*, Predicting Supreme Court Decisions Mathematically: A Quantitative Analysis of the "Right to Counsel" Cases, American Political Science Review, 51(1) (1957), 1; *Maramot*, Keeping up with Legal Technology: The Impact of the Use of Predictive Justice Tools on an Arbitrator's Impartiality and Independence in International Commercial Arbitration, ITA Review 1(2) (2019), 37 abrufbar unter https://itainreview.org/articles/Fall2019/keeping-up-with-legal-technology.html; *Martini*, Blackbox Algorithmus – Grundfragen einer Regulierung Künstlicher Intelligenz, 2019; *Matthes*, Regelbasierte Expertensysteme als zentraler Baustein zukünftiger Legal Tech Plattformen, Rethinking: Law 2019, 28; *Medvedeva/Vols/Wieling*, Using machine learning to predict decisions of the European Court of Human Rights, Artificial Intelligence and Law 28 (2020), 237, abrufbar unter https://link.springer.com/article/10.1007/s10506-019-09255-y; *Murphy*, Machine Learning: A Probabilistic Perspective, 2012, abrufbar unter http://noiselab.ucsd.edu/ECE228/Murphy_Machine_Learning.pdf; *Nevelow Mart*, The Algorithm as a Human Artifact: Implications for Legal [Re]Search, Law Library Journal 109 (2017), 387, abrufbar unter https://lawlibrary.colorado.edu/sites/default/files/images/the_algorithm_as_a_human_artifact_implications_for_legal_resea.pdf; *Pasquale/Cashwell*, Prediction, persuasion, and the jurisprudence of behaviourism, University of Toronto Law Journal 68, supplement 1 (2018), 63; *Scherer*, Artificial Intelligence and Legal Decision-Making: The Wide Open?, Journal of international arbitration 36(5) (2019), 539, abrufbar unter https://sifocc.org/app/uploads/2020/04/Artificial-Intelligence-and-Legal-Decision-Making-The-Wide-Open-Maxi-Scherer-041119.pdf; *Schraagen et al.*, Argumentation-driven information extraction for online crime reports, CKIM 2018 International Workshop on Legal Data Analysis and Mining (LeDAM 2018), CEUR Workshop Proceedings 2019, abrufbar unter https://ceur-ws.org/Vol-2482/paper32.pdf; *Skitka/Mosier/Markburdick*, Does automation bias decision-making?, International Journal of Human-Computer Studies 51(5) (1999), 991, abrufbar unter https://lskitka.people.uic.edu/AutomationBias.pdf; *Sourdin*, Judge v Robot?: Artificial intelligence and judicial decision-making, University of New South Wales Law Journal, 41(4) (2019), 1114, abrufbar unter https://www.unswlawjournal.unsw.edu.au/wp-content/uploads/2018/12/Sourdin.pdf; *Stazi*, „Legal Big Data": From Predictive Justice to Personalised Law?, Comparative Law Review 11 (2020), 139; *Ugwudike*, Predictive algorithms in justice systems and the limits of tech-reformism, International Journal for Crime, Justice and Social Democracy 11(1) (2022), 85, abrufbar unter https://doi.org/10.5204/ijcjsd.2189; *Van Der Haegen*, Quantitative Legal Prediction: the Future of Dispute Resolution?, in De Bruyne/Vanleenhove (Hrsg.), Artificial Intelligence and the Law, 26.05.2021, abrufbar unter https://www.cambridge.org/core/books/abs/artificial-intelligence-and-the-law/quantitative-legal-prediction-the-future-of-dispute-resolution/B6AE64EDFE0447F0D3FD21F265AA7DB2 (zit.: De Bruyne/Vanleenhove AI and the Law/Van der Haegen); *Wachter/Mittelstadt/Russell*, Counterfactual Explanations without Opening the Black Box: Automated Decisions and the GDPR, Harvard Journal of Law and Technology 31 (2018), 841, abrufbar unter https://jolt.law.harvard.edu/assets/articlePDFs/v31/Counterfactual-Explanations-without-Opening-the-Black-Box-Sandra-Wachter-et-al.pdf; *Yarkov/Branovitsky*, Some procedural aspects of the introduction of predictive justice in the civil procedure, SHS Web of Conferences, 2022, abrufbar unter https://www.shs-conferences.org/articles/shsconf/abs/2022/04/shsconf_eac-law2021_00002/shsconf_eac-law2021_00002.html; *Zweig*, AlgorithmWatch, 2. Arbeitspapier: Überprüfbarkeit von Algorithmen, 7.6.2016, abrufbar unter https://algorithmwatch.org/de/zweites-arbeitspapier-ueberpruefbarkeit-algorithmen/; *Zweig*, Wo Maschinen irren können, 2018, abrufbar unter https://www.bertelsmann-stiftung.de/de/publikationen/publikation/did/wo-maschinen-irren-koennen; *Zweig*, Algorithmische Entscheidungen: Transparenz und Kontrolle, Januar 2019, abrufbar unter https://www.kas.de/documents/252038/4521287/AA338+Algorithmische+Entscheidungen.pdf/533ef913-e567-987d-54c3-1906395cdb81?version=1.0&t=1548228380797%3E,%20%5Baccessed.

I. Einführung

1. Überblick

Der Begriff Legal Prediction bezeichnet den Einsatz von Prognosetools im rechtlichen Umfeld, die auf Künstlicher Intelligenz basieren. Es handelt sich um algorithmische Entscheidungsprognosen, die entweder die Prozessparteien bei der Einschätzung der Erfolgschancen eines Verfahrens unterstützen oder den Einfluss fremder, nicht juristischer Faktoren auf die juristische Entscheidungsfindung untersuchen.[1] Algorithmen in Legal Tech-Anwendungen erkennen zB bestimmte Muster in ergangenen Gerichtsentscheidungen und können Verhaltensweisen von Richtern und Prozessparteien analysieren, und es dadurch ermöglichen, zukünftige Entscheidungen vorauszusagen. Man spricht auch von ‚quantitative or algorithmic legal predic-

---

1 Bex/Prakken Ars Aequi 69 (2020), 255 (256); Bex/Prakken/Schweighofer Predictive justice.

tion',[2] einer Entscheidungsprognose auf der Basis statistischer Daten, die von einem Computerprogramm ausgewertet werden.

2 Der Begriff Legal Prediction umfasst damit Entscheidungsprognosen durch automatisierte Expertensysteme. Der eigentlichen Entscheidungsprognose begrifflich vorgeschaltet, aber häufig im Zusammenhang verwendet, wird der Begriff Legal Analytics.[3] Die Grenze zwischen der Entscheidungsvorbereitung bzw. -unterstützung und der Entscheidungsfindung kann dabei fließend sein,[4] zumal predictive technology auch die Basis für ODR-Mechanismen bilden kann, die einem Gerichtsverfahren entweder vorgeschaltet sind, oder ein solches gänzlich entbehrlich machen. Die Nutzung von algorithmischen *prediction tools* durch die Justiz (Gerichte, Richter) wird jedoch kritisch hinterfragt (automatisierte Entscheidungsfindung, Rn. 25 ff.).

3 Zwar ist es einem trainierten Juristen auch ohne Algorithmus möglich, die Erfolgschancen eines Falles auf Grundlage früherer Entscheidungen und der Beweislage abzuschätzen. Allerdings ist ein wesentliches Merkmal der *predictive technology*, dass sie deutlich leistungsfähiger und vielfältiger ist. Die verfügbare Datenmenge wächst seit Jahren stetig und die Weiterentwicklung der auf Algorithmen basierenden Technologie ermöglicht wesentlich umfassendere Möglichkeiten der Datenanalyse in den verschiedenen Phasen eines Rechtsstreits, als sie ein menschlicher Entscheidungsträger jemals bewältigen könnte.[5]

4 Der Einsatz von Prognoseinstrumenten im juristischen Umfeld ist dennoch ein sensibles Thema, da *predictive technology* die menschliche Analyse und Entscheidungsfindung jedenfalls bis zu einem gewissen Grad ersetzt. Hier stellen sich grundlegende Fragen der Rechtmäßigkeit und Ethik, die es notwendig machen, die Parameter prädiktiver Technologien genau zu prüfen und die eine gewisse Vorsicht beim Einsatz der Künstlichen Intelligenz im Bereich des Justizwesens erfordern.

5 Zudem hat der Einsatz von *predictive tools* unterschiedlich weitreichende Auswirkungen, je nachdem, um welchen juristischen Sachverhalt es sich handelt. In einem Fall mit geringer Komplexität, relativ einfacher Beweislage und niedrigem Streitwert ist der Einsatz eines Algorithmus weniger problematisch als in einem komplexen Fall mit hohem Streitwert, in sensibleren Rechtsbereichen wie etwa dem Familienrecht bzw. in Fällen, in denen ein Entscheidungsermessen besteht. Legal Prediction hat daher eine Tragweite, die vom jeweiligen Sachverhalt abhängt.[6] Eine Entscheidungsprognose kann daher mit größerer Wahrscheinlichkeit zutreffend sein, wenn es sich um ein Szenario handelt, das einfachere Fragen aufwirft, die mit ja und nein zu beantworten sind. Erfordert der Fall jedoch eine komplexe Analyse und ist die Entscheidungsfindung an ein Ermessen geknüpft, stellt sich die Sachlage anders dar (automatisierte Entscheidungsfindung, → Rn. 25 ff.).

2. Abgrenzung

6 Der Begriff Legal Prediction ist eng mit den Begriffen der Entscheidungsvorbereitung und -unterstützung (Decision Support Systems) bzw. dem Begriff Legal Analytics verbunden. Er umfasst die verschiedenen Kategorien der KI-basierten Technologie im juristischen Bereich, dh. quantitative or algorithmic legal

---

2 De Bruyne/Vanleenhove AI and the Law/Van der Haegen; Bex/Prakken Ars Aequi 69 (2020), 255; Bex/Prakken/Schweighofer Predictive justice.
3 Vgl. Embroker, What Is Legal Analytics and How You Can Use It to Benefit Your Law Firm, 2.9.2022, abrufbar unter https://www.embroker.com/blog/what-is-legal-analytics/; Dipshan, With Analytics Tools, Law Firms Are Adding Predictive Power to Their Advice, 3.6.2022, abrufbar unter https://www.law.com/americanlawyer/2022/06/03/with-analytics-tools-law-firms-are-adding-predictive-power-to-their-advice/?slreturn=20220920113935.
4 Iftimiei/Iftimiei Perspectives of Law and Public Administration 11(1) (2022), 169.
5 Zweig, Algorithmische Entscheidungen: Transparenz und Kontrolle, Januar 2019, abrufbar unter https://www.kas.de/documents/252038/4521287/AA338+Algorithmische+Entscheidungen.pdf/533ef913-e567-987d-54c3-1906395cdb81?version=1.0&t=1548228380797%3E,%20%5Baccessed.
6 S. zB Brenner/Gersen et al. Harvard Civil Rights – Civil Liberties Law Review 55 (2020), 267.

prediction, die teilweise mit dem Begriff der predictive justice gleichgesetzt wird.[7] Er umfasst weniger den technischen Hintergrund des Automatisierungsprozesses als solchen, dh. die technischen Grundlagen und den Funktionsmechanismus von Algorithmen, als vielmehr die Funktionsweise und Reichweite konkreter Legal Tech-Anwendungen, die eine automatisierte Entscheidungsfindungsprognose vorsehen. Abzugrenzen ist der Begriff der Legal Prediction dennoch von der vollautomatischen Entscheidungsfindung, bei der nicht nur Entscheidungsalternativen oder -vorschläge gemacht werden, sondern eine Entscheidung mit konkreter Regelungswirkung getroffen wird, dh von den eigentlichen sogenannten Robo-Richtern. Allerdings werden die abzugrenzenden Begriffe in der Praxis teils überlappend verwendet, da auch die Grenzen zwischen Entscheidungsprognose und Entscheidungsfindung fließend sein können.

II. Kommentierung im Einzelnen
1. Algorithmus, Künstliche Intelligenz und Machine Learning
a) Algorithmus

Algorithmen bilden die Grundlage von Legal Analytics bzw. Legal Prediction. Sie automatisieren die Lösung mathematisch beschreibbarer Probleme, die sich in bestimmten Anwendungssituationen wiederholen. Sie sind Handlungsanweisungen, die sich auf einen Datensatz stützen und zu einem Ergebnis mit vorgegebenen Eigenschaften führen.[8] Ein Algorithmus definiert eine Folge von Handlungen, die abhängig von den eingegebenen Daten eine Ausgabe mit den gewünschten Eigenschaften ermittelt. Ein Beispiel ist ein Programm, das den kürzesten Weg von A nach B berechnet, basierend auf Kartenmaterial und dem Start- und Zielpunkt und gegebenenfalls unter Berücksichtigung der Straßenverhältnisse.[9]

7

b) Künstliche Intelligenz und Machine Learning

Der Begriff „Künstliche Intelligenz" wird als Fähigkeit von Algorithmen verstanden, bestimmte Aufgaben auszuführen, für die normalerweise eine menschliche Intelligenz erforderlich ist. Diese können etwa das Erkennen von Sprache und Objekten, das Übersetzen von Sprachen und schließlich auch das Treffen von Entscheidungen auf der Grundlage von Daten umfassen.[10] Dabei spielt der Begriff des *machine learnings*, des „maschinellen Lernens", eine wesentliche Rolle, da Prognosesysteme heute immer häufiger in der Lage sind, mithilfe von Algorithmen, die in der jeweiligen Software verankert sind, aus Daten zu lernen und ihre Entscheidungen an diese Erfahrung anpassen können.[11] Zeitraubende Aufgaben, für die Anwälte und Richter bisher manuelle Ressourcen aufgewendet haben, können dank der fortschreitenden Automatisierung und der Möglichkeit des *machine learnings* schneller und billiger erledigt werden.[12] Die maschinelle Analyse großer Datenmengen und die Möglichkeit einer Entscheidungsprognose ersetzen in der Rechtspraxis wesentliche Arbeitsschritte.

8

---

7 De Bruyne/Vanleenhove AI and the Law/Van der Haegen; Battelli Revista Derecho Privado (40) (2021), 45; Yarkov/Branovitsky, Some procedural aspects of the introduction of predictive justice in the civil procedure, SHS Web of Conferences, 2022, abrufbar unter https://www.shs-conferences.org/articles/shsconf/abs/2022/04/shsconf_eac-law2021_00002/shsconf_eac-law2021_00002.html.
8 Licoppe/Dumoulin Droit et societé 103 (2019), 535; Ugwudike International Journal for Crime, Justice and Social Democracy 11(1) (2022), 85.
9 Zweig, Algorithmische Entscheidungen: Transparenz und Kontrolle, Januar 2019, abrufbar unter https://www.kas.de/documents/252038/4521287/AA338+Algorithmische+Entscheidungen.pdf/533ef913-e567-987d-54c3-1906395cdb81?version=1.0&t=1548228380797%3E,%20%5Baccessed, 3.
10 Zweig, Algorithmische Entscheidungen: Transparenz und Kontrolle, Januar 2019, abrufbar unter https://www.kas.de/documents/252038/4521287/AA338+Algorithmische+Entscheidungen.pdf/533ef913-e567-987d-54c3-1906395cdb81?version=1.0&t=1548228380797%3E,%20%5Baccessed, 3.
11 Murphy, Machine Learning: A Probabilistic Perspective, 2012; Burrell Big Data & Society 3(1) (2016); Ashley Law in Context, 36 (1) (2019), 95.
12 Barraud Les Cahiers de la justice, 1 (2017), 135.

9   Bei Prognosetools spricht man auch von *supervised machine-learning*.[13] Ein Algorithmus muss zunächst mit einem umfassenden Datensatz aus früheren Entscheidungen trainiert werden, die bestimmte Muster und Ergebnisse aufweisen. Der Algorithmus erkennt durch die Analyse der „Trainingsdaten", wie sich bestimmte Muster auf das Ergebnis eines Falles auswirken und lernt dadurch, Zusammenhänge zu erkennen. Er kann Wörter und Sätze analysieren, die in einem Gerichtsverfahren verwendet wurden. Auf der Grundlage dieser Analyse „lernt" ein Computer, die Entscheidung des Gerichts in einem neuen Fall vorherzusagen. Später wird der Algorithmus mit weiteren Testfällen präsentiert, ohne das Ergebnis vorzugeben, und dahingehend getestet, wie gut er Zusammenhänge rekonstruieren und wie akkurat er das Ergebnis dieser Fälle vorhersagen kann. Schließlich wird er in neuen Verfahren eingesetzt, um deren Ergebnisse zu prognostizieren. Künstliche Intelligenz kann so auch eine Entscheidung im Einzelfall treffen (automatisierte Entscheidung, → Rn. 25 ff.) oder einen Anwalt ersetzen. Anwendungen wie *Do not Pay*, die als „The world's. first robot lawyer" beworben werden,[14] existieren bereits und können Verbrauchern in London und New York durch einen KI-gestützten Chatbot helfen, Strafzettel anzufechten. In 21 Monaten bearbeitete die Software 250.000 Fälle, davon 160.000 erfolgreich, die anderweitig mangels Ressourcen und Aufwand gar nicht behandelt worden wären (automatisierte Entscheidungsfindung, → Rn. 25 ff.).

10 Da Künstliche Intelligenz Muster in Daten erkennen und Worte und Objekte finden kann, die von Menschen definierte Kriterien erfüllen, können Computerprogramme auch von Menschen vorgegebene Regeln anwenden und bestimmte Maßnahmen ergreifen. Künstliche Intelligenz kann zB Verträge mit automatischen Verlängerungsklauseln finden und in einem definierten Zeitabstand, vor deren Verlängerung, automatisch eine Benachrichtigung schicken oder analysieren, ob es sich bei einem Dokument um eine bestimmte Art von Vereinbarung handelt, und diese dann standardmäßig zur Überprüfung weiterleiten (*Predictive Tools*, → Rn. 11 ff.). Für die Anwaltspraxis ist dies von großem Nutzen.[15] Allerdings stößt die Künstliche Intelligenz dort an ihre Grenzen, wo entweder langwierige Vertragsverhandlungen oder das Verfassen von Schriftsätzen erforderlich sind, bzw. komplexe Entscheidungen mit Ermessensspielraum getroffen werden müssen.

2. Einordnung der Prognosetools

11 Der Einsatz von Technologie in Rechtsbeziehungen und -streitigkeiten dient den Juristen zunächst im Wesentlichen dazu, zeitaufwändige Aufgaben zu minimieren, um Ressourcen für weniger mechanische Aufgaben zu gewinnen, wie zB für Gespräche mit den Mandaten,[16] oder seine Entscheidung durch *predictive tools* abzusichern und zu überprüfen. Viele existierende *tools* im Legal Analytics-Bereich werden zur Aufdeckung von Hintergrundinformationen eingesetzt, dh. um Informationen über Personen, Institutionen, Organisationen und/oder das Recht und die Rechtsprechung zu finden oder, um Verträge zu überprüfen. Prädiktive Software kann abschätzen, wie lange ein Fall dauern wird, die Gewinnchancen vorhersagen und spezifische Trends, Erkenntnisse, Korrelationen und Unregelmäßigkeiten aufdecken und ermöglichen, Prozessstrategien zu entwickeln.[17]

12 Die Modelle und Ansätze jedes Programms werden vom Systemdesign und den dem Programm zur Verfügung gestellten Daten beeinflusst. Eine Software basiert immer auf dem Vorwissen der Einzelpersonen, die die Technologie entwickelt haben und auf ihrem Vorverständnis des Rechtsbereichs, für den die Software entwickelt wurde. Selbst einfachere Technologien müssen daher stets mit einer gewissen Vorsicht und vor dem Hintergrund des Rechtsumfelds betrachtet werden, in dem sie entwickelt wurden.

---

13 Bex/Prakken Ars Aequi 69 (2020), 255; Bex/Prakken/Schweighofer Predictive justice.
14 Siehe https://donotpay.com.
15 Barraud Les Cahiers de la justice, 1 (2017), 137.
16 Legal Analytics und Legal Prediction verändern den Anwaltsberuf drastisch. Es wird erwartet, dass etwa US-amerikanische Anwaltskanzleien bis 2028 mehr als 9 Milliarden US-Dollar für juristische Analysetechnologie ausgeben werden.
17 Battelli Revista Derecho Privado (40) (2021), 45; Dipshan, With Analytics Tools, Law Firms Are Adding Predictive Power to Their Advice, 3.6.2022, abrufbar unter https://www.law.com/americanlawyer/2022/06/03/with-analytics-tools-law-firms-are-adding-predictive-power-to-their-advice/?slreturn=20220920113935.

a) Tools zur Sicherstellung von Due Diligence

Die Weiterentwicklung der Technologie ermöglichte es, grundlegende juristische Such- und Recherchemöglichkeiten in Datenbanken auf Bereiche der *Due Diligence* auszuweiten, zB auf die Prüfung von Verträgen. *Legal Analytics*-Technologie gestattet es, die Gültigkeit von Verträgen zu überprüfen und Rechtsprobleme vorherzusehen und zu vermeiden. Programme können sich durch *machine learning* heute weitgehend an die Nutzer anpassen und dadurch spezifischer auf deren Bedürfnisse zugeschnitten werden. Mittlerweile werden sehr viele Produkte angeboten, von welchen im Folgenden einige Beispiele dargestellt werden.[18]

Kira Systems[19] ist ein Beispiel für eine Software, die Verträge prüft, indem sie relevante Inhalte sucht, hervorhebt und für eine Analyse extrahiert. Das Programm enthält bereits bestimmte *smart fields*, die eine umfangreiche Recherche zu bestimmten Themen ermöglichen. Der Anwender kann jedoch die Software darauf trainieren, bestimmte Begriffe und Konzepte zu suchen, die für seinen spezifischen Rechtsbereich von Bedeutung sind und das System an die Bedürfnisse des Nutzers anpassen.

Ein weiteres Beispiel für eine solche Software ist das Programm *Ross Intelligence*,[20] das es Anwälten ermöglicht, Informationen wie relevante Rechtsprechung, empfohlene Literatur sowie weitere Sekundärquellen zu erhalten, oder Informationen über Gerichtsentscheidungen zu bekommen, die durch die höheren Instanzen aufgehoben wurden. Das Programm nutzt eine, auf natürlicher Sprache basierende Suchfunktion, die eine *question based search* ermöglicht. Es stellt zudem *question focused overviews* zusammen, um fallrelevante Informationen zu strukturieren.

MRI contract intelligence (vormals Leverton)[21] nutzt Künstliche Intelligenz, um fallrelevante Daten zu extrahieren, Dokumente zu verwalten, bestimmte Transaktionen vorzubereiten und Verträge zu prüfen. Der Nutzer lädt Dokumente hoch, die dann durch einen OCR-Engine (*Optical Character Recognition*) in einen maschinenlesbaren Text umgewandelt werden. Das Programm extrahiert aus diesen Dokumenten, mithilfe Künstlicher Intelligenz die Schlüsseldaten und verknüpft jeden extrahierten Datenpunkt mit seiner Quelle. Das Programm kann diese Aufgaben in mehr als 25 Sprachen bewältigen (ua Chinesisch, Japanisch, Koreanisch und Russisch). Durch Überprüfung und Korrektur der extrahierten Daten innerhalb der Anwendung verbessert sich das Programm (*machine learning*). Die Daten können strukturiert, geordnet und analysiert bzw. in Tabellen dargestellt werden und Einblick in die Erfolgsaussichten eines Falles geben.

eBrevia nutzt sowohl die Verarbeitung natürlicher Sprache als auch maschinelles Lernen, um relevante Textdaten aus Verträgen und anderen Dokumenten zu extrahieren und Anwälte bei der Analyse, Due-Diligence-Prüfung und Formulierung von Vertragsklauseln zu unterstützen.

Im Bereich der Vertragsanalyse bietet auch *Legartis* die Möglichkeit der Prüfung von Verträgen durch Algorithmen, *machine learning* und *natural language processing*.[22] Jupus automatisiert die gesamte Chronologie des Mandanten-Anwaltsverhältnisses, von der Kontaktaufnahme bis zum Prozess.[23]

Zudem gibt es weitere, teils weniger bekannte Projekte, wie etwa *Claudette* (automated CLAUse DETecter)[24], das von Verbraucherrechtlern des European University Institute entwickelt wurde. Das Projekt versucht mithilfe maschinellen Lernens und grammatikbasierter Ansätze die Übereinstimmung von Online-Verbraucherverträgen mit der GDPR und dem EU-Recht zum Schutz vor missbräuchlichen Vertragsklauseln zu prüfen. Das Projekt richtet sich an Juristen aber auch an die Verbraucher selbst und unterstützt sie bei der Entscheidung, ob ein Vertrag, den sie online schließen möchten, fair und/oder rechtmäßig ist. Dies soll zudem in mehreren Sprachen möglich sein.

---

18 S. auch Matthes Rethinking: Law 2019, 28; Maramot, ITA Review 1 (2019), 37.
19 Siehe https://kirasystems.com.
20 Siehe https://rossintelligence.com.
21 Siehe https://mricontractintelligence.com.
22 Siehe https://www.legartis.ai/de/legal-ai?hsLang=de#demo.
23 Siehe https://website.jupus.de.
24 Siehe http://claudette.eui.eu.

20 Diese Technologien führen alle Funktionen aus, die, wenn von Anwälten ausgeführt, aus einer Vielzahl von Gründen, wie etwa schlichter Ermüdung, wahrscheinlich einige Fehler enthalten würden. Die untersuchten Systeme nutzen jedoch weiterhin den *human in the loop* - ein Jurist wird auf gewisse relevante Muster und/oder sprachliche Probleme aufmerksam gemacht. Der Mensch wird durch die Technologie bei der Analyse und Entscheidungsfindung ergänzt. Dies ermöglicht ihm, besser informierte Entscheidungen zu treffen, aber gleichzeitig auch, die sich wiederholenden und möglicherweise fehlerbehafteten Aufgaben auszulagern, was die Effizienz erhöht und letztendlich Fehler reduzieren sollte.[25]

b) Tools zur Beweisfindung

21 In den letzten Jahren ist auch die Zahl der Hersteller von E-Discovery-Produkten, die sich Künstliche Intelligenz und maschinelles Lernen zunutze machen, gestiegen. E-Discovery ist eine Form der digitalen Ermittlung, bei der versucht wird, Beweise in E-Mails, Geschäftskommunikation und anderen Daten zu finden, die in Rechtsstreitigkeiten oder Strafverfahren verwendet werden könnten. In den meisten Fällen untersucht die Künstliche Intelligenz Inhalte und Metadaten und nutzt diese Informationen zur Klassifizierung von Dokumenten.

22 *Everlaw*[26] nutzt beispielsweise prädiktive Kodierungsfunktionen, um Prognosemodelle zu erstellen. Das Programm verarbeitet hunderte von Dokumenten, die vom Nutzer kategorisiert und als relevant oder irrelevant eingestuft wurden. Auf diese Weise kann die Software mithilfe eines *prediction models* feststellen, welche Dokumente für den Fall am relevantesten sind. Das Programm erkennt über 100 Sprachen und ermöglicht dadurch weitgehende Analysen, die entscheidende Informationen zu internationalen Fällen liefern können. Das Programm wirbt damit, die menschliche Intelligenz mit Dokumenten-Clustering und prädiktiver Codierung zu verstärken, dass es dem Nutzer möglich ist, buchstäblich „die Nadel im Heuhaufen zu finden".

23 Ein weiteres Beispiel ist *Brainspace Discovery*[27]. Die Software clustert und sortiert die verschiedenen im Programm hochgeladenen Dokumente so, dass sie genau der Dokumentensuche des Benutzers entsprechen. Die Künstliche Intelligenz der Software nutzt sowohl die Konzeptsuche (Suche nach Dokumenten, die sich im Konzept, aber nicht unbedingt in Wörtern oder Phrasen ähneln), die Begriffs- oder Phrasenextension (Anweisung an die Software, fälschlicherweise mit den Ergebnissen assoziierte Begriffe zu entfernen) und die Klassifizierung (Angabe weiterer Kategorien zur Verfeinerung der Suche).

24 Auch diese Programme ersetzen den Juristen nicht, sondern unterstützen ihn nur bei der Entscheidungsfindung, indem sie ihm die dafür notwendige Basis liefern.

c) Tools zur Entscheidungsfindung

25 Die Prognose von Gerichtsentscheidungen wurde bereits im Jahr 2004 von der Universität Washington mittels eines Algorithmus erprobt, der Entscheidungen des US Supreme Courts vorhersagen kann.[28] Die Software wurde an allen im Jahr 2002 verhandelten 628 Fällen getestet und mit den Erkenntnissen eines Expertenteams verglichen. Die Genauigkeit des Algorithmus lag bei 75 % und war damit wesentlich größer als die Vorhersagen der Experten (lediglich 59 %).[29] Ähnliche Ergebnisse erzielte ein Algorithmus, der 584 Falltexte des Europäischen Gerichtshofs für Menschenrechte analysiert. Auch hier liegt die Trefferquote bei 79 %.[30]

---

25 Bex/Prakken Ars Aequi 69 (2020), 255.
26 Siehe https://www.everlaw.com.
27 Siehe https://brainspace.revealdata.com.
28 See also Kort American Political Science Review, 51(1) (1957), 1.
29 Katz/Bommarito/Blackman PLOS ONE 12(4) (2017); Ashley Law in Context, 36 (1) (2019), 103.
30 Aletras/Tsarapatsanis et al. PeerJ Computer Science 2 (2016), 93; Barraud Les Cahiers de la justice, 1 (2017), 121; Medvedeva/Vols/Wieling Artificial Intelligence and Law 28 (2019), 237.

Heute werten mittlerweile gängige Softwareanwendungen, wie zB *Lex Machina*,[31] Daten vergangener Rechtsstreitigkeiten aus, zeigen Zusammenhänge zwischen den Verfahren und treffen Vorhersagen über Richter, Anwälte, Parteien und über den Gegenstand des Rechtsstreits. Lex Machina analysiert zB, wie riskant das Verhalten des Klägers oder Beklagten in vergangenen Fällen war und in wie vielen Verfahren die Parteien involviert waren, um eine Vorhersage des zukünftigen Prozessverhaltens zu ermöglichen.

Premonition[32] nutzt eine umfassende Datenbank, die in der Lage ist, 50000 Dokumente pro Sekunde zu analysieren. Das Programm ermöglicht es, die Erfolgsquoten von Anwälten generell und vor bestimmten Gerichten bzw. Richtern zu analysieren, Informationen über das Prozessverhalten von Richtern zu erhalten, und Experten nach ihrer Überzeugungskraft in früheren Prozessen auszuwählen. Das Programm analysiert sogar, soweit öffentlich zugänglich, ergangene Schiedssprüche und das Verhalten von Schiedsrichtern[33] bzw. deren Vorgeschichte und Erfolgsquoten in bestimmten Rechtsbereichen. Basierend auf den Daten im Einzelfall kann das Programm die Erfolgsaussichten einer Klage voraussehen.

In ähnlicher Weise operiert auch *LexPredict*.[34] Das Programm ermöglicht unter anderem eine Segmentierung und Klassifikation von Dokumenten und Klauseln, die Extraktion von Fakten nach bestimmten Schlüsselwörtern, die Suche nach wiederkehrenden Daten, Vorschriften und Zitaten und die Möglichkeit zur Erstellung neuer Cluster- und Klassifizierungsmethoden.

Die Ergebnisse der genannten Softwareanwendungen können auf verschiedene Weisen erzielt werden. Dabei kann es sich um Algorithmen handeln, die fallspezifische rechtliche Faktoren, wie zB die Art der Beweise zur Grundlage nehmen oder auch außerrechtliche Faktoren, wie zB die ideologische Ausrichtung des Gerichts. Die Analyse kann auch auf der Basis von bestimmten Wörtern oder Wortkombinationen vorgenommen werden, nach deren Häufigkeit der Algorithmus sucht.

3. Prognose von Tatsachen und Ergebnissen

Bei der Entscheidungsprognose wird danach differenziert, ob ein Algorithmus Einschätzungen auf der Grundlage bestimmter Tatsachen vornimmt und damit die Antwort auf Sachfragen vorgibt, die für eine Entscheidung von Bedeutung sind, oder ob er den Ausgang eines Verfahrens prognostiziert. *Bex* und *Prakken* unterscheiden in diesem Zusammenhang die Begriffe *algorithmic experts* und *algorithmic outcome predictors*.[35]

a) Voraussage entscheidungsrelevanter Tatsachen

Wird ein Algorithmus eingesetzt, um entscheidungsrelevante Tatsachen vorauszusehen, dann übernimmt er die Rolle eines menschlichen Experten, der einen bestimmten Sachverhalt evaluiert (*algorithmic expert*). Beispiele, die neben den erwähnten *e-discovery tools* zur Illustration angeführt werden, sind die Systeme, die die relevanten Fakten für eine Entscheidung herausfiltern oder Algorithmen, die die Wahrscheinlichkeit des Rückfalls eines Straftäters voraussagen können.[36] Statt einen menschlichen Experten mit dieser Frage zu betrauen, kann im letztgenannten Fall ein *algorithmic expert*, eine Künstliche Intelligenz, zum Einsatz kommen, die die Besonderheiten und Umstände im Zusammenhang mit dem Verhalten eines Straftäters analysiert und eine Risikoanalyse vornimmt. Diese Analyse der Rückfallwahrscheinlichkeit kann dann von einem Strafrichter als Grundlage seiner Entscheidungsfindung herangezogen werden. Die Analyse

---

31 Siehe https://lexmachina.com.
32 Siehe https://premonition.ai/legal_analytics/.
33 Maramot ITA Review 1 (2019), 37.
34 Siehe https://www.lexpredict.com.
35 Bex/Prakken Ars Aequi 69 (2020), 255 (256). In Bex/Prakken, Association for Computing Machinery, New York, NY, USA, 2021, 175, benutzen die Autoren den Begriff *algorithmic decision predictor* anstatt *algorithmic outcome predictor*.
36 Bex/Prakken Ars Aequi 69 (2020), 255 (256); Schraagen et al., Argumentation-driven information extraction for online crime reports, CKIM 2018 International Workshop on Legal Data Analysis and Mining (LeDAM 2018), CEUR Workshop Proceedings 2019.

durch einen Algorithmus informiert einen Entscheidungsträger bei der Entscheidungsfindung, sieht die Entscheidung aber selbst nicht voraus.

b) Entscheidungsprognose

32   Algorithmen, die das Ergebnis eines Rechtsstreits voraussehen (*algorithmic outcome predictors*), können ihre Prognose auf der Basis ganz unterschiedlicher Daten, Metadaten und Datenanalysen treffen.

33   Algorithmen können ihre Prognosen auf bestimmte Merkmale eines Sachverhalts stützen, die nicht mit dem eigentlich rechtlichen Inhalt des Falles zusammenhängen, sich aber zB auf die Person des Richters, das zuständige Gericht oder das betreffende Rechtsgebiet stützen. Die vorhergesagten Entscheidungen lassen sich in diesem Fall nicht unbedingt rechtlich erklären bzw. werden unabhängig vom konkreten Sachverhalt getroffen, da die Grundlage der Vorhersage nicht mit der Begründetheit der Klage zusammenhängen.[37] Algorithmen können dennoch eine hohe Trefferquote bei der Entscheidungsprognose erzielen. Ein Algorithmus kann zB die Art des Falles, die beteiligten Instanzgerichte und Richter oder das Entscheidungsdatum als Analysekriterium wählen und eine Prognose erstellen, die auf der Annahme beruht, dass ein Gericht die Entscheidung der unteren Instanz bestätigen wird, da dies häufig in wettbewerbsrechtlichen Streitigkeiten der Fall ist, in denen Richter X den Fall für die Berufungsinstanz entscheidet.[38]

34   Algorithmen können auch eine statistische Analyse der Häufigkeit bestimmter Begriffe und Wortkombinationen und deren Korrelationen mit früheren Gerichtsentscheidungen zur Grundlage ihrer Prognose machen.[39] Zwar kann ein solcher Algorithmus die Verfahrensgeschichte und faktischen Hintergründe sowie die rechtlichen Argumente vorhergehender Entscheidungen nach bestimmten Wortkombinationen durchsuchen und damit im Ergebnis eine hohe Prognosequote erzielen. Allerdings können trotz der scheinbar fallgerechten Analyse die ermittelten statistischen Korrelationen uU nichts mit den rechtlich relevanten Gründen für den Ausgang eines Falles zu tun haben. Die Korrektheit der Prognose lässt sich dann nicht rechtlich erklären.[40]

35   Schließlich können die Ergebnisse auch auf der Grundlage rechtlich relevanter Faktoren vorausgesagt werden. Für die Testfälle und den zu prognostizierenden Fall werden die rechtlich relevanten Faktoren dann vorab manuell eingegeben.[41] Diese Faktoren werden anschließend mit früher entschiedenen Fällen in Beziehung gesetzt. Die Ermittlung dieser Zusammenhänge kann wiederum manuell erfolgen aber auch durch *machine learning*, durch das der Algorithmus die Korrelationen zwischen bestimmten Faktoren und Ergebnissen automatisch erlernt.[42] Ein solcher Algorithmus kann ein Ergebnis inhaltlich erklären und rechtfertigen, da die Vorhersage auf der Grundlage rechtlich relevanter Faktoren getroffen wurde. Außerdem kann der Algorithmus als weitere Erklärung auf ähnliche Präzedenzfälle mit demselben Ergebnis verweisen. Solche Algorithmen konnten hohe Trefferraten erzielen, zB zwischen 88 % und 92 % der Entscheidungen in Fällen des Missbrauchs von Geschäftsgeheimnissen.[43]

36   Manuelle Codierung rechtlich relevanter Faktoren ist allerding arbeitsintensiv und ihre Qualität hängt von der Eingabe der Daten und damit von einem menschlichen Faktor ab, was zu Systemfehlern führen kann.[44]

---

37 Bex/Prakken Ars Aequi 69 (2020), 255 (256); Bex/Prakken, Association for Computing Machinery, New York, NY, USA, 2021, 176.
38 Katz/Bommarito/Blackman PLOS ONE 12(4) (2017).
39 Ein Beispiel ist der Algorithmus, der vorhersagt, ob der EGMR die Verletzungen eines Artikels der EMRK bejahen wird, s. Aletras/Tsarapatsanis et al. PeerJ Computer Science 2 (2016), 93; siehe auch Pasquale/Cashwell University of Toronto Law Journal 68, supplement 1 (2018), 68 ff.
40 Bex/Prakken Ars Aequi 69 (2020), 255 (257); Bex/Prakken, Association for Computing Machinery, New York, NY, USA, 2021, 176.
41 Bex/Prakken, Association for Computing Machinery, New York, NY, USA, 2021, 176.
42 Ashley Law in Context, 36 (1) (2019), 95 ff.
43 Bex/Prakken, Association for Computing Machinery, New York, NY, USA, 2021, 176.
44 Schraagen et al., Argumentation-driven information extraction for online crime reports, CKIM 2018 International Workshop on Legal Data Analysis and Mining (LeDAM 2018), CEUR Workshop Proceedings 2019.

4. Grenzen und Risiken

Algorithmische Ergebnisvorhersagen weisen noch eine beträchtliche Anzahl von Grenzen auf. Entweder sind die Vorhersagen nicht vollständig erklärbar, da sie auf Entscheidungsparametern beruhen, die ihre Grundlage nicht in der Rechtslage finden, oder sie erfordern eine umfangreiche manuelle Vorverarbeitung von Daten, die fehleranfällig sein kann.

Besonders bei der Analyse und Bewertung komplexer Rechtsfälle kann der Einsatz von Algorithmen zu Fehlern führen, da der Computer möglicherweise nicht in jedem Rechtsstreit alle Faktoren richtig bewertet, die für eine gerichtliche Entscheidung potenziell wichtig sein können. Dies kann etwa der Fall sein, wenn in einem neuen Verfahren nicht dieselben Schlagworte verwendet werden oder bestimmte Worte und Muster missgedeutet und überinterpretiert werden, die für den Ausgang eines Verfahrens keine Relevanz haben, aber in vielen Entscheidungen vorkommen.[45]

Zudem sind die Systeme retrospektiv, dh. sie verwerten eine neue Änderung der Rechtslage nicht und können sich auch nicht automatisch an gesellschaftliche Normen anpassen.[46] Ihr Systemdesign beruht auf dem Hintergrundwissen und den Wertvorstellungen ihrer Programmierer, dh. es besteht die Gefahr, dass logische Fehler oder Vorurteile der Designer die Systeme beeinflussen. Auch fehlendes Fachwissen oder ein anderes Verständnis einer bestimmten Materie können sich auf die Systeme auswirken.[47] Die Qualität des Algorithmus hängt von der Masse und Qualität der eingegebenen Trainingsdaten ab.[48] Sind Trainingsdaten in nicht ausreichender Menge vorhanden oder enthalten sie Diskriminierungen, wirkt sich dies uU stark auf die Prognosen aus.[49] Auch wenn ein automatisiertes System in einer Weise konzipiert ist, die menschliche Fehler gerade vermeiden soll, kann ihr Programmdesign menschliche Fehler enthalten und perpetuieren. Besonders problematisch ist dies in sensiblen Rechtsbereichen, wo ein Programmfehler zu Diskriminierungen bei der Prognose führen kann und eine solche Prognose als Grundlage der Entscheidungsfindung nicht nur unzuverlässig und inkorrekt, sondern ethisch zweifelhaft ist.[50] Zudem ist die Wirkung einer falschen Prognose eines automatisierten Systems besonders gravierend, da das System den Fehler beliebig oft wiederholen kann.[51] Problematisch ist es auch, wenn das Programm nicht auf die Besonderheiten des konkreten Einzelfalls eingehen kann oder eine Ermessensentscheidung zu treffen ist, für die es der Erfahrung, der Menschenkenntnis und des Feingefühls eines menschlichen Entscheidungsträgers bedarf.[52] Schliesslich spielen auch die technischen und statistischen Kenntnisse des Nutzers eine Rolle. Ohne derartige Grundkenntnisse birgt die Nutzung von legal prediction tools ein zusätzliches Fehlerrisiko.[53]

5. Systemtransparenz und Nutzervertrauen

Systeme, die Legal Analytics und Legal Prediction ermöglichen, können wie gesehen einprogrammierte Fehler enthalten oder die Entscheidungsprognose auf der Grundlage von Begriffen oder Wörtern treffen, die aus rechtlicher Sicht im Einzelfall keine Entscheidungsrelevanz haben. Problematisch ist hierbei, dass das automatisierte Systemdesign eine Fehlerkontrolle nahezu unmöglich macht, da uU weder die

---

45 Bex/Prakken/Schweighofer Predictive justice.
46 Martini, Blackbox Algorithmus – Grundfragen einer Regulierung Künstlicher Intelligenz, 2019, 27; Zweig, Wo Maschinen irren können, 2018, 15 abrufbar unter https://www.bertelsmann-stiftung.de/de/publikationen/publikation/did/wo-maschinen-irren-koennen; Bex/Prakken, Association for Computing Machinery, New York, NY, USA, 2021, 177; Stazi, Comparative Law Review 11 (2020), 156.
47 Hildebrandt University Toronto Law Journal, 68 (1) (2018), 18; Sourdin University of New South Wales Law Journal, 41(4) (2019), 1128.
48 Bruguès-Reix/Pacquetet Archives de philosophie du droit 60(1) (2018), 279; Burrell Big Data & Society 3(1) (2016).
49 Siehe zB Belloso Martin Revista da Faculdade Mineira de Direito, vol. 22, n.° 43 (2019), 19 ff.
50 Martini, Blackbox Algorithmus – Grundfragen einer Regulierung Künstlicher Intelligenz, 2019, S. 47; Barraud, Les Cahiers de la justice, 1 (2017), 137.
51 Cuatrecasas Global Privacy Law Review 1(1) (2020), 6.
52 Pasquale/Cashwell University of Toronto Law Journal 68, supplement 1 (2018), 72.
53 Hoch MMR 2020, 295 (299).

Datensätze der Systeme noch der Algorithmus für den Nutzer zugänglich sind.[54] Die Prognose kann daher gegebenenfalls nicht nachvollzogen werden und es kann nicht erkannt werden, ob es sich um eine Fehlentscheidung handelt oder nicht. Prädiktive Systeme müssen daher gewährleisten, dass relevante Informationen, die als Entscheidungsgrundlage herangezogen werden, für den Nutzer nachvollziehbar sind.[55] Transparenz ist umso wichtiger, da die Nutzer den computergesteuerten Entscheidungsprognosen großes Vertrauen schenken und ihre eigene Entscheidungsfindung durch die Prognose eines prädiktiven Systems sehr stark beeinflusst wird. Wird ein Prognosetool zur Kontrolle einer menschlichen Entscheidung eingesetzt, ist die Wahrscheinlichkeit sehr groß, dass der menschliche Entscheidungsträger die Vorgaben der Legal Tech Programme zur Lösung eines Rechtsstreits, zur Kontrolle eines Vertrages oder zur Klassifizierung von Beweismaterial schlichtweg übernimmt, ohne sie ausreichend zu hinterfragen. Selbst wenn er daran gewisse Zweifel hat, werden sie ihm objektiver und zuverlässiger erscheinen als seine eigenen Prognosen.[56] Dieses Phänomen wird als Automation Bias bezeichnet.[57]

6. Sprache

41   Bei Legal Tech Anwendungen, die Entscheidungen durch umfassende Dokumentenanalyse voraussagen, stellen sich im Bereich der Sprache mehrere Probleme – die Mehrdeutigkeit natürlicher Sprache, Dokumente in verschiedenen Fremdsprachen und die Übertragung von natürlicher Sprache in die Maschinensprache.[58]

42   In den verschiedenen Rechtsordnungen werden diverse Systeme angeboten, die Legal Analytics vornehmen. Die dem jeweiligen System zur Verfügung gestellten Daten können dabei in einer Sprache oder mehreren Fremdsprachen vorliegen. Analysiert ein System zB frühere Entscheidungen des US Supreme Court, um für amerikanische Anwälte eine Entscheidungsprognose in einem aktuellen Fall zu treffen, gibt es kein Fremdsprachenproblem. Die Systeme basieren auf *Natural Language Processing* und sind so programmiert, dass sie große Mengen von Daten in natürlicher Sprache so verarbeiten und analysieren können, dass sie den Inhalt von Dokumenten einschließlich der kontextuellen Nuancen verstehen können.[59] Sie können die in den Dokumenten enthaltenen Informationen und Erkenntnisse extrahieren und die Dokumente kategorisieren und ordnen. Dennoch kann es zu Fehlern kommen, wenn Begriffe in einer Sprache mehrere Bedeutungen haben, die sich nur aus dem Kontext ergeben. Automatisierte Systeme ordnen diese möglicherweise falsch zu, und übertragen sie falsch in die Maschinensprache, weil das System den Zusammenhang nicht erkennt, in welchem der Begriff genutzt wird.

43   Komplexer wird es zudem bereits bei Entscheidungen des EGMR oder des EuGH, die zusätzlich noch in mehreren Sprachfassungen vorliegen. Die Übersetzungen von Gerichtsentscheidungen im internationalen Raum und den ihnen zugrundeliegenden Rechtsbegriffen sollten in sich jedoch relativ kohärent sein. Wenn aber Dokumente in mehreren Sprachen verarbeitet werden müssen, die sehr spezifische und von nationalem Verständnis geprägte juristische Begriffe enthalten, können sich leicht Fehler einschleichen. Dies gilt zB für *e-discovery*-Systeme, die gegebenenfalls mehrsprachige Dokumente analysieren und mittels *prediction models* die relevantesten Beweismaterialien herausfiltern. Ein falsches Verständnis von nationalen Rechtsbegriffen kann schwerwiegende Folgen für den Prozessverlauf haben.

---

54   Scherer Journal of international arbitration 36(5) (2019), 539; Martini, Blackbox Algorithmus – Grundfragen einer Regulierung Künstlicher Intelligenz, 2019, S. 48.
55   Siehe zB die britischen Bestrebungen zur Transparenz von Algorithmen, abrufbar unter https://www.gov.uk/government/collections/algorithmic-transparency-standard.
56   Martini, Blackbox Algorithmus – Grundfragen einer Regulierung Künstlicher Intelligenz, 2019, S. 48.
57   Skitka/Mosier/Markburdick International Journal of Human-Computer Studies 51(5) (1999), 991.
58   Vgl. auch Krueger Natural Language Processing First Steps: How Algorithms Understand Text 1, 2022, abrufbar unter https://developer.nvidia.com/blog/natural-language-processing-first-steps-how-algorithms-understand-text; Buckner Synthese 195(12) (2018), 5339.
59   Vgl. auch Aletras/Tsarapatsanis et al. PeerJ Computer Science 2 (2016), 93.

7. Ethik und Legalität

Mangelnde Transparenz und Automation Bias sind zentrale Themen in der Datenethik. Dies liegt vor allem daran, dass KI-Systeme, die prädiktive Analysen vornehmen, Verfahrensfragen und Bedenken im Hinblick auf eine Rechenschaftspflicht bzw. Kontrollmöglichkeiten dieser Systeme aufwerfen.[60] Je mehr automatisierte Legal Analytics-Systeme ein Teil unseres täglichen Lebens werden, desto mehr wird eine neue Machtstruktur geschaffen, in der Entscheidungsprozesse mit eingeschränkter menschlicher Beteiligung getroffen werden. Problematisch ist dabei auch, dass es dem Betroffenen meist unmöglich ist, den eigentlichen Entscheidungsfindungsprozess des Systems nachzuvollziehen, was viele als Blackbox-Problem bezeichnen.[61] Manche Systeme sind nicht einmal für den Systemdesigner völlig transparent und selbst er bleibt im Unklaren darüber, wie ein bestimmtes Muster in vorangegangenen Entscheidungen ermittelt wurde bzw. um welches Muster es sich handelt. Wenn eine Entscheidungsprognose auf der Grundlage ergangener Gerichtsentscheidungen getroffen wird, ist es zudem zentral, ob eine ausreichende Menge an Entscheidungen im betreffenden Rechtsgebiet als Datensatz zur Verfügung steht, ob diese Entscheidungen erst- oder letztinstanzliche Entscheidungen sind oder sich die Rechtsprechung uU geändert hat.[62]

44

Selbst Online-Recherchen können im Hinblick auf den Datensatz von Datenbanken ein Thema für eine ethische Diskussion sein. Im Jahr 2017 untersuchte Susan Nevelow Mart in einer Forschungsarbeit, ob Online-Datenbanken für denselben Rechtsfall die gleichen relevanten Suchergebnisse liefern würden.[63] Ihre Recherchen ergaben, dass die Programmdesigner, die die Algorithmen für Falldatenbanken wie Casetext, Google Scholar, Lexis Advance und Westlaw entwickelten, bei der Frage voreingenommen waren, welcher Fall für den Nutzer relevant ist. Aufgrund einer *Bias* der Systemdesigner sollten die Nutzer idealerweise mehrere Datenbanken konsultieren, um die für sie relevanten Fälle herauszufinden, da die Ergebnisse nicht übereinstimmen.

45

Diese Inkohärenzen liegen teilweise am KI-System selbst, da sich viele Systeme auf *machine learning* stützen. Das System versucht, aus einem vorgegebenen Datensatz Muster zu extrahieren, wobei richtige oder erwartete Lösungen vorgegeben werden können. *Machine learning* ermöglicht das Erfassen von Mustern in den Daten, die dann so kategorisiert werden, dass sie für die vom System getroffene Entscheidung nützlich erscheinen, während der Programmierer nicht unbedingt weiß, welche Muster das System verwendet hat.[64]

46

Die EU hat diese Probleme teils mit der Datenschutzgrundverordnung[65] aufgegriffen, die vorsieht, dass Verbraucher, die mit einer auf Datenverarbeitung basierenden Entscheidung konfrontiert werden, ein gesetzliches Auskunftsrecht haben (Art. 12; Art. 22 gilt im Rahmen von Legal Prediction nicht, aber automatisierte Entscheidung, → Rn. 25 ff.). Es wird jedoch kritisiert, wie weit dieses Recht geht und durchsetzbar ist. Darüber hinaus wird möglicherweise zu Recht argumentiert, dass bei maschinellen Entscheidungen ein höheres Maß an Information verlangt wird, als dies bei menschlichen Entscheidungsträgern der Fall ist.

47

Zudem hängt die Qualität des Programms stark von der Qualität der bereitgestellten Daten ab und davon, für welchen Zweck ein Algorithmus eingesetzt wird und wie schwerwiegend bestimmte Fehler sind (→ Rn. 37, 39, 45). Werden Daten verzerrt, wird das Programm diese Verzerrung reproduzieren. Voreinge-

48

---

60 Zweig, Algorithmische Entscheidungen: Transparenz und Kontrolle, Januar 2019, abrufbar unter https://www.kas.de/documents/252038/4521287/AA338+Algorithmische+Entscheidungen.pdf/533ef913-e567-987d-54c3-1906395cdb81?version=1.0&t=1548228380797%3E,%20%5Baccessed; Zweig, Wo Maschinen irren können, 2018, abrufbar unter https://www.bertelsmann-stiftung.de/de/publikationen/publikation/did/wo-maschinen-irren-koennen; Zweig, AlgorithmWatch, 2. Arbeitspapier: Überprüfbarkeit von Algorithmen, 7.6.2016, abrufbar unter https://algorithmwatch.org/de/zweites-arbeitspapier-ueberpruefbarkeit-algorithmen.
61 Burrell Big Data & Society 3(1) (2016); Wachter/Mittelstadt/Russell Harvard Journal of Law and Technology 31 (2018), 841; Hildebrandt University Toronto Law Journal, 68 (1) (2018), 25.
62 Hoch MMR 2020, 295 (298).
63 Nevelow Mart Law Library Journal 109 (2017), 387.
64 Burrell Big Data & Society 3(1) (2016); Murphy Machine Learning: A Probabilistic Perspective, 2012.
65 Verordnung (EU) 2016/679 des Europäischen Parlaments und des Rates vom 27.4.2016 zum Schutz natürlicher Personen bei der Verarbeitung personenbezogener Daten, zum freien Datenverkehr und zur Aufhebung der Richtlinie 95/46/EG (Datenschutz-Grundverordnung). Siehe auch Karyda/Tzanou European Public Law 28(1) (2022), 123.

nommenheit kann zu diskriminierenden Entscheidungen führen, weil der Entscheidungsträger von einem Merkmal beeinflusst wird, das für die betreffende Angelegenheit irrelevant ist, häufig ein diskriminierendes Vorurteil, zB über Mitglieder einer Gruppe.[66]

49 Die EU geht derzeit das Problem mit dem Vorschlag einer Verordnung an, die harmonisierte Vorschriften für künstliche Intelligenz festgelegt (der sogenannte AI Act).[67] 2017 forderte der Europäische Rat bereits „ein Bewusstsein für die Dringlichkeit der Auseinandersetzung mit neuen Trends", das Themen wie künstliche Intelligenz einschließt. Gleichzeitig wurde bejaht, dass „ein hohes Niveau in Bezug auf Datenschutz, digitale Rechte und ethische Standards gewahrt werden muss".[68] Durch den AI-Act soll die EU die Entwicklung einer sicheren, vertrauenswürdigen und ethisch vertretbaren, künstlichen Intelligenz fördern und weltweit eine Führungsrolle einnehmen.[69]

III. Zusammenfassung und Ausblick

50 Die genannten Systeme zur Entscheidungsprognose und -vorbereitung werden in der Praxis immer beliebter und sind mittlerweile auch der Mandantschaft bekannt. Ein informierter Mandant wird seinen Anwalt möglicherweise sogar bitten, Legal Analytics zu nutzen bzw. eine automatische Entscheidungsprognose vorzunehmen, um sein Prozess- und Kostenrisiko einschätzen zu können.

51 Algorithmus-basierte Systeme können Datenmengen bewältigen, die für den Menschen unerreicht sind. Allerdings ist ihre Analyse nicht ganz zuverlässig. Das System kann Vorurteilen unterliegen oder einem Algorithmus folgen, dessen Entscheidungsparameter nicht nachvollziehbar sind und nicht mit den eigentlichen rechtlichen Fragen des Falles korrelieren. Es besteht zudem ein weltweites Bedürfnis nach einer Einführung von harmonisierten Standards, Qualitätskontrollen und Rechenschaftspflichten sowie ethischen Richtlinien für *predictive tools*.[70]

52 In Deutschland hat die Bundesregierung in ihrem Gutachten vom 23. Oktober 2019 einen (europäischen) Regulierungsansatz für Algorithmus-basierte Systeme und Künstliche Intelligenz gefordert, der Systeme je nach Anwendung abstuft.[71] Die EU hat mit ihrem Vorschlag für einen AI-Act aus dem Jahr 2021 diesem Wunsch vieler Mitgliedstaaten auf europäischer Ebene Rechnung getragen und einen Rechtsakt vorgeschlagen, der KI-Anwendungen je nach Risikograd einstuft und in manchen Bereichen Verbote vorsieht. Der AI-Act fordert Transparenz und Bereitstellung von Informationen für die Nutzer sowie das Einhalten ethischer Grundsätze.

53 Die EU hat zudem einen Vorschlag für ein Gesetz über Digitale Dienste (Digital Services Act) vorgelegt.[72] Letzterer bezieht gem. Art. 2 o des Digital Service Act ua Regelungen zu Online-Empfehlungssystemen mit ein. Unter einem Empfehlungssystem wird ein vollständig oder teilweise automatisiertes System verstanden, das von einer Online-Plattform verwendet wird, um auf ihrer Online-Schnittstelle den Nutzern bestimmte Informationen vorzuschlagen, auch infolge einer vom Nutzer veranlassten Suche oder, das

---

66 Brenner/Gersen et al. Harvard Civil Rights – Civil Liberties Law Review 55 (2020), 267.
67 Vorschlag für eine Verordnung des Europäischen Parlaments und des Rates zur Festlegung harmonisierter Vorschriften für Künstliche Intelligenz (Gesetz über Künstliche Intelligenz) und zur Änderung bestimmter Rechtsakte der Union, COM(2021) 206 final.
68 Europäischer Rat, Tagung des Europäischen Rates vom 19.10.2017 – Schlussfolgerung, EUCO 14/17, 7.
69 Entschließung des Europäischen Parlaments vom 20.10.2020 mit Empfehlungen an die Kommission zu dem Rahmen für die ethischen Aspekte von künstlicher Intelligenz, Robotik und damit zusammenhängenden Technologien, 2020/2012 (INL).
70 Siehe zB die „European Ethical Charter on the Use of Artificial Intelligence in Judicial Systems and their Environment" der European Commission for the Efficiency of Justice, abrufbar unter https://rm.coe.int/ethical-charter-en-for-publication-4-december-2018/16808f699c.
71 Abrufbar unter https://www.bmjv.de/SharedDocs/Downloads/DE/Themen/Fokusthemen/Gutachten_DEK_DE.pdf?_blob=publicationFile&v=2.
72 Verordnung (EU) 2022/2065 des Europäischen Parlaments und des Rates vom 19.10.2022 über einen Binnenmarkt für digitale Dienste und zur Änderung der Richtlinie 2000/31/EG (Gesetz über digitale Dienste).

auf andere Weise die relative Reihenfolge oder Hervorhebung der angezeigten Informationen bestimmt. Algorithmus-basierte Systeme könnten diese Definition erfüllen.

In der näheren Zukunft werden daher EU-weite Regeln gelten, die hoffentlich einige der oben genannte 54 Probleme obsolet machen und dem Einsatz der *predictive technology* einen Rechtsrahmen geben der sie (noch) verlässlicher und nachvollziehbarer macht. Zudem wird sich eine Gesetzgebung auf EU-Ebene indirekt auch auf Nicht-EU-Staaten auswirken und die Regulierung dieser Materie weltweit voranbringen.

56. Legal Tech, Begriff

Herberger

I. Terminologische Vorbemerkung	1
II. Zur Entstehung des Begriffs in den USA	3
III. Die Arbeit am Begriff „Legal Technology" in Deutschland	10
1. Die Anfänge	10
2. Die heutige Lage	15
IV. „Legal Tech" in Rechtstexten	19
1. Texte von normativer Relevanz auf EU-Ebene	19
a) Vorschlag für eine VO zum Programm „Digitales Europa" (2021–2027)	20
b) Strategie für die E-Justiz (2019–2023)	22
c) Mitteilung der Kommission zu einer europäischen Datenstrategie	24
d) Verordnung zum Programm „Digitales Europa"	27
2. Rechtsprechung auf europäischer Ebene	31
3. Deutsches Recht	33
a) Parlamentarische Präsenz des Themas	33
aa) Anfragen im Bundestag	33
bb) Das Gesetz zur Förderung verbrauchergerechter Angebote im Rechtsdienstleistungsmarkt	35
b) Rechtsprechung	39
c) Rechtspolitischer Diskurs	44
V. Wissenschaftstheoretische Orientierung	48
VI. Legal Tech und Rechtsinformatik	51

Literatur: *Brechmann*, Legal Tech und das Anwaltsmonopol. Die Zulässigkeit von Rechtsdienstleistungen im nationalen, europäischen und internationalen Kontext, 2021 (zit.: Brechmann Legal Tech); *Bues*, Was ist „Legal Tech"?, 2015, abrufbar unter http://legal-tech-blog.de/was-ist-legal-tech (zit.: Bues Legal Tech); *Degen/Krahmer*, Legal Tech: Erbringt ein Generator für Vertragstexte eine Rechtsdienstleistung?, GRUR-Prax 2016, 363; *Fries*, Legal Tech, 2018, abrufbar unter https://www.jura.uni-muenchen.de/personen/f/fries_engel_martin/dateien/01-legal-tech-einfuehrung.pdf (zit.: Fries Legal Tech); *Goodenough*, Legal Technology 3.0, 2015, abrufbar unter https://www.huffpost.com/entry/legal-technology-30_b_6603658 (zit.: Goodenough Legal Technology); *Grupp*, Legal Tech – Impulse für Streitbeilegung und Rechtsdienstleistung. Informationstechnologische Entwicklung an der Schnittstelle von Recht und IT, AnwBl 2014, 660; *Herberger*, Dogmatik. Zur Geschichte von Begriff und Methode in Medizin und Jurisprudenz, 1981 (zit.: Herberger Dogmatik); *Herberger*, Can computing in the law contribute to more justice?, JurPC Web-Dok. 84/1998, abrufbar unter https://www.jurpc.de/jurpc/show?id=19980084 (zit.: Herberger JurPC Web-Dok. 84/1998); *Herberger*, „Künstliche Intelligenz" und Recht. Ein Orientierungsversuch, NJW 2018, 2825; *Vogelsang/Krüger*, Legal Tech und die Justiz – ein Zukunftsmodell?, jM 2019, 398; *Vogelsang/Krüger*, Legal Tech und die Justiz – ein Zukunftsmodell?, jM 2020, 90; *Weberstaedt*, Online-Rechts-Generatoren als erlaubnispflichtige Rechtsdienstleistung?, AnwBl 2016, 535.

I. Terminologische Vorbemerkung

1 Die beiden Termini „Legal Tech" und „Legal Technology" sind in ihrer englischsprachigen Form Teil des juristischen Diskurses in Deutschland geworden, wobei „Legal Tech" einheitlich als Kurzform für „Legal Technology" verstanden wird.

2 Bei einer solchen Übernahme englischer Begriffe in die deutsche Fachterminologie droht allerdings die Gefahr, dass aus der Wortähnlichkeit irrigerweise auf die Ähnlichkeit der Wortbedeutung geschlossen wird. Diese Sachlage ist bei „Legal Technology" gegeben. „Technology" hat nämlich nicht denselben Bedeutungsgehalt wie „Technologie". „Technology" bezieht sich auf „methods, systems, and devices which are the result of scientific knowledge being used for practical purposes."[1] „Technologie" hingegen wird verstanden als „Umwandlung von Roh- und Werkstoffen in fertige Produkte und Gebrauchsartikel, indem naturwissenschaftliche und technische Erkenntnisse angewendet werden."[2] Der wesentliche Unterschied besteht darin, dass im Englischen die wissenschaftsbasierte Entwicklung von Methoden und Systemen neben der Entwicklung von Geräten zum Tätigkeitsbereich von „Technology" gehört, im Deutschen hingegen nur „Produkte und Gebrauchsartikel" als Arbeitsergebnis von „Technologie" angesehen werden. Zwar zeichnet sich im Deutschen eine Annäherung der Bedeutung an das englische Verständnis ab, wenn „Technologie" verstanden wird als „Wissenschaft von der rationellen, auf den neuesten Erkenntnissen der Naturwissenschaft, Mathematik, Technik und Ökonomie beruhenden Gestaltung von Prozessen und

---

[1] Collins Online-Wörterbuch Englisch, abrufbar unter https://www.collinsdictionary.com/de/worterbuch/englisch/technology.
[2] Duden, abrufbar unter https://www.duden.de/rechtschreibung/Technologie.

deren Abläufen, besonders des Arbeitsprozesses und Produktionsprozesses".[3] Trotzdem besteht nach wie vor die Gefahr von Missverständnissen, so dass man hinsichtlich des Technologiebegriffs nicht von einer geglückten terminologischen Ausgangslage sprechen kann.[4]

II. Zur Entstehung des Begriffs in den USA

„Legal Tech" und „Legal Technology" sind – auch unter diesen Bezeichnungen – in den USA seit Längerem ein Thema. Bereits 1983 startete der auf eine monatliche Erscheinungsweise angelegte „Leader's Legal Tech Newsletter".[5] Der seit 2008 jährlich durch die Law Practice Management Section der American Bar Association herausgegebene „Solo and small firm legal technology guide"[6] deckte dann dieses Spektrum mit Breitenwirkung in der Anwaltschaft ab.

Diese frühen amerikanischen Ansätze waren sehr pragmatisch und praxisnah angelegt. Sie zielten auf die anwaltliche Tätigkeit ab und – was ein besonders bemerkenswerter Akzent ist – fassten die Situation der kleinen Anwaltskanzlei mit oder gar primär ins Auge. Der „Legal Technology Guide" von 2008 nannte als Ziel, Informationen zu geben über Computer, Server, Netzwerk-Ausrüstung, „legal" Software, „cool gadgets for lawyers" und mehr.[7] Diese Herangehensweise zeigt, dass die Auswahl sich daran orientierte, was – mit dem Computer im Mittelpunkt – für die anwaltliche Tätigkeit nützlich sein kann. Eine über diesen Ansatz hinausgehende Definition von „legal technology" erschien allem Anschein nach nicht nötig, weil offensichtlich die Überzeugung vorherrschte, insofern auf einen allgemeinen Konsens und ein gemeinsames Verständnis rekurrieren zu können.

In dieser gewachsenen Vorstellungswelt hat Goodenough 2015 den Versuch einer Kategorisierung verschiedener Typen von „Legal Technology" unternommen.[8] Er hat dabei drei Varianten unterschieden und diese mit „1.0", „2.0" und „3.0" bezeichnet.[9]

In der Phase 1.0 stattet die Technologie die menschlichen Akteure mit zusätzlichen Möglichkeiten im Rahmen des bestehenden Systems aus. Als Beispiele werden computerunterstützte Recherchen, Dokumentenerstellung und Kanzleimanagement genannt.

In der Phase 2.0 ersetzt die Technologie eine zunehmende Anzahl der menschlichen Akteure und wird „disruptiv". So können beispielsweise Techniken des Maschinenlernens dazu beitragen, die in Stufe 1.0 mithilfe gesteigerter Recherchemöglichkeiten gewonnenen Dokumentenmengen zu bewältigen. Oder es werden Textverarbeitungsprogramme mit Expertensystemen so kombiniert, dass eine Textgenerierung stattfindet. Dies geschieht noch innerhalb des bestehenden Systems.

In der Phase 3.0 erscheint ein vollständiger Ersatz des bestehenden Systems als möglich. In Computercode gefasste Gesetze erlauben es zusammen mit einer guten technologischen Parsing Engine beispielsweise, in steuerrechtlichen Fällen automatisch Rechtsrat zu erteilen. Es soll möglich sein, regulatorische Compliance direkt in „computational objects" zu kapseln.

---

3 Digitales Wörterbuch der Deutschen Sprache (DWDS), https://www.dwds.de/wb/Technologie.
4 Auf das Problem weist auch Timmermann hin, allerdings mit einem Vergleich der Termini „Technik" und „Technologie" (Timmermann Legal Tech-Anwendungen S. 56 f.). Eine vergleichbare Problematik besteht übrigens, wenn man „intelligence" aus „artificial intelligence" mit „Intelligenz" gleichsetzt, vgl. Herberger NJW 2018, 2825 f.
5 LCCN Permalink: https://lccn.loc.gov/83647159.
6 Nelson/Simek/Maschke, The 2008 solo and small firm legal technology guide, 2008; aktuell: The 2020 solo and small firm legal technology guide, 2019.
7 Nelson/Simek/Maschke, The 2008 solo and small firm legal technology guide, 2008, S. XVIII, XIX.
8 Goodenough Legal Technology. Der kompakte Beitrag von Goodenough hat in der deutschen Debatte eine außerordentlich breite Resonanz gefunden. Kaum ein Beitrag zum Thema „Legal Tech" kommt ohne eine Bezugnahme auf Goodenough aus.
9 Eine gewisse Zurückhaltung gegenüber dem „1.0"-„2.0"-„3.0"-Schema lässt Goodenoughs Bemerkung „now clichéd, but still useful" (Goodenough Legal Technology) erkennen.

9 Betrachtet man Goodenoughs Charakterisierung der drei Typen und Phasen von „Legal Technology", so fällt auf, dass der primäre Bezugspunkt durchgehend das Handeln von – hauptsächlich anwaltlichen – Akteuren im Rechtssystem ist. Alles, was an „computing power" jeweils zur Verfügung steht, wird auf das Potenzial hin geprüft, das es an Unterstützungs- oder Ersatzmöglichkeiten bieten kann. Dieses Universum wird „Legal Technology" genannt. Die Bezeichnung ist damit zu einem übergeordneten Sammelbegriff für alle Synergiemöglichkeiten geworden, die sich aus dem Zusammenwirken von rechtsorientierten Dienstleistungen und den jeweils aktuell verfügbaren Instrumenten der Informationstechnologie ergeben. Der Begriff folgt damit den Entwicklungen auf diesen beiden Bezugsfeldern und hängt in seiner Ausprägung von diesen ab. Eine eigene ordnende oder ausgrenzende Funktion hat er darüber hinaus nicht.

III. Die Arbeit am Begriff „Legal Technology" in Deutschland

1. Die Anfänge

10 Der Sache nach war das, was in den USA als „Legal Tech" bezeichnet wurde, auch in Deutschland gar nicht so sehr zeitversetzt Teil der Rechtspraxis. Es dauerte aber einige Zeit, bis man hierzulande begann, von „Legal Tech" zu sprechen. 2013 wies Grupp darauf hin, dass sich in Deutschland „unter dem Begriff Legal Tech (auch Legal/Litigation Technologies)" eine eigene Szene etabliert habe. Der noch nicht fest definierte Begriff sei „bislang Sammelbecken jeglicher juristisch nutzbarer Software".[10] Der erste Definitionsvorschlag dürfte von Bues stammen. Er formulierte 2015:

> „Legal Tech beschreibt den Einsatz von modernen, computergestützten, digitalen Technologien, um Rechtsfindung, -anwendung, -zugang und -verwaltung durch Innovationen zu automatisieren, zu vereinfachen und – so die Hoffnung – zu verbessern."[11]

11 Im Jahr 2016 wurde „Legal Tech" dann zum populären Begriff. Er fand Eingang in erste Zeitungsartikel.[12] Im gleichen Jahr erörterte die Arbeitsgemeinschaft Kanzleimanagement auf dem Deutschen Anwaltstag Anfang Juni die Frage „Legal Tech vs. Anwälte?".[13] Der 68. Deutsche Anwaltstag in Essen stand dann 2017 sogar insgesamt unter dem Motto „Innovationen & Legal Tech".[14]

12 Zugleich begann konsequenterweise unter Verwendung der Legal Tech-Terminologie die Debatte darüber, ob und gegebenenfalls wie derart geprägte Anwendungen Gegenstand von Regulierung im Rechtsdienstleistungsrecht sein können.[15] Die damit 2016 gesetzten Themen stehen auch heute noch zur Debatte.

13 Am 25.1.2017 erschien schließlich in Wikipedia der – seitdem regelmäßig fortgeschriebene – Beitrag „Legal Technology".[16] Als Begründung wurde vom Verfasser angegeben: „Legal Tech wird auch in Deutschland zunehmend relevant."

14 In den Jahren danach wurde „Legal Tech" ein dominanter Topos und nahm rhetorisch Fahrt auf. Seitdem lässt sich mit Brechmann konstatieren: „Kaum ein Begriff sorgt zurzeit in der juristischen Welt für so viel Furore wie der Begriff ‚Legal Tech'."[17]

---

10 Grupp AnwBl 2014, 660.
11 Bues Legal Tech.
12 ZB Wieduwilt, Algorithmen für die Anwälte, F.A.Z. v. 18.6.2016, S. 24 („‚Legal Tech', also neue Softwaretechnologie für die Rechtsberatung"); Brandhoff, Das Digitale im Juristen, F.A.Z. v. 9.11.2016, S. 16 („‚Legal-Tech'-Branche").
13 Bericht bei Zunker AnwBl 2016, 560 f.
14 Siehe https://anwaltstag.de/de/informationen/vergangene-anwaltstage/id-68-deutscher-anwaltstag-in-essenhttps://anwaltstag.de/de/informationen/vergangene-anwaltstage/id-68-deutscher-anwaltstag-in-essen.
15 Degen/Krahmer GRUR-Prax 2016, 363 ff.; Weberstaedt AnwBl 2016, 535 ff. Die Debatte selbst ist, wie von Weberstaedt dargelegt, älter, wurde allerdings mit anderer Terminologie geführt.
16 Siehe https://de.wikipedia.org/w/index.php?title=Legal_Technology&oldid=161971374. Der Artikel „Legal Technology" in der englischsprachigen Wikipedia stammt vom 10.12.2016 (https://en.wikipedia.org/w/index.php?title=Legal_technology&oldid=754049759).
17 Brechmann, Legal Tech, 2021, S. 1.

2. Die heutige Lage

In der aktuellen Debatte zum Verständnis von „Legal Tech" ist kein Grundkonsens auszumachen. Dies zeigt die Vielfalt der Systematisierungsversuche, die nötig erscheinen, weil die Semantik von „Legal Tech" so breitgefächert ist. Leeb unterscheidet in analytischer Absicht Kategorisierungen nach Wirkungsphasen, technischen Lösungsebenen, Themenfeldern und Auswirkungen auf den Kern der juristischen Tätigkeit.[18] Brechmann diskutiert die Möglichkeit einer produktbezogenen Differenzierung, einer Differenzierung nach Themenbereichen, einer Differenzierung anhand des Disruptionspotenzials sowie des technologischen Entwicklungsgrads einer Anwendung, einer Differenzierung nach den Auswirkungen auf das anwaltliche Geschäftsmodell und den Kernbereich juristischer Tätigkeit.[19]

Leeb und Brechmann plädieren im Ergebnis dafür, als „Legal Tech" nur das zu bezeichnen, was mit dem anwaltlichen Tätigkeitsbereich in Verbindung steht. Leeb begründet dies damit, dass Digitalisierungsbestrebungen in anderen Bereichen bereits fest mit anderen Begriffen wie zB „E-Justice" assoziiert seien. Deswegen würde die Einbeziehung dieser Tätigkeitsfelder zu einer „Verwässerung der bereits etablierten Begriffe" führen.[20] Brechmann kommt zu der Einschätzung, dass eine funktionale Differenzierung am besten das Regelungsbedürfnis von Legal Tech zum Ausdruck bringe. Als Konsequenz bezieht sich in seiner Sicht „Legal Tech" auf „technologische Anwendungen […], die als automatisierte Rechtsberatungsangebote unmittelbar die juristische Leistungserbringung betreffen".[21]

Den Gegenpol zu diesem auf den anwaltlichen Tätigkeitsbereich fokussierten exklusiven Verständnis bilden Ansätze, die „Legal Tech" auf *alle* rechtlich relevanten Handlungskontexte beziehen. Für Fries ist „Legal Tech" ein „Oberbegriff für die Nutzung von moderner Technologie in der juristischen Arbeit".[22] Wagner formuliert entsprechend: „Legal Tech bezeichnet im weitesten Sinne Informationstechnik (IT), die im juristischen Bereich zum Einsatz gelangt."[23] Und Rollberg resümiert, „dass unter den Begriff ‚Legal Tech' digitale Anwendungen gefasst werden, die die juristische Arbeit betreffen."[24]

Für die weitere Auffassung, Legal Tech über den anwaltlichen Tätigkeitsbereich hinaus auf den Gesamtbereich der juristischen Arbeit zu beziehen, spricht letzten Endes der Umstand, dass es im Rahmen des elektronischen Rechtsverkehrs zunehmend durchgehende Geschäftsprozesse aus dem Anwaltsbüro hinaus hin zum Gericht (und zurück) gibt. Dieser Gesamtzusammenhang würde artifiziell segmentiert, wenn man auf der Anwaltsseite von „Legal Tech" sprechen würde, auf der Seite des Gerichts aber dann von „e-justice".[25]

---

18 Leeb Digitalisierung S. 51 ff.
19 Brechmann Legal Tech S. 6 ff.
20 Leeb Digitalisierung S. 59. Zum Versuch eines konzeptuellen Brückenschlags zwischen Legal Tech und Justiz vgl. Vogelgesang/Krüger jM 2019, 398–404 und Vogelgesang/Krüger jM 2020, 90–95.
21 Brechmann Legal Tech S. 10.
22 Fries Legal Tech S. 3.
23 Wagner Legal Tech und Legal Robots S. 2.
24 Rollberg Algorithmen in der Justiz S. 24.
25 Leeb sieht die Notwendigkeit der Überbrückung, wenn sie mit Blick auf den elektronischen Rechtsverkehr zu Recht darauf hinweist, dass dieser „naturgemäß ein Zusammenspiel von Empfänger- und Absenderseite erfordert" (Leeb Digitalisierung S. 59). Ein über Absenden und Empfangen hinausgehendes kooperatives Szenario ergibt sich, wenn man Vorschlägen wie denen der Arbeitsgruppe „Modernisierung des Zivilprozesses" folgt, die das gemeinsame Erstellen eines Basisdokuments „als eine von den Parteien gemeinsam nacheinander auf einer Justizplattform zu bearbeitende Relationstabelle, aber zugleich ihre freie Gestaltbarkeit für Anwälte, Fachverlage und LegalTech-Unternehmen" vorsieht (Arbeitsgruppe „Modernisierung des Zivilprozesses", Diskussionspapier, 7.1.2021, abrufbar unter https://www.justiz.bayern.de/media/images/behoerden-und-gerichte/oberlandesgerichte/nuernberg/diskussions papier_ag_modernisierung.pdf, S. 43).

IV. „Legal Tech" in Rechtstexten

1. Texte von normativer Relevanz auf EU-Ebene

19 In EU-Dokumenten ist in letzter Zeit verschiedentlich von „legal tech" die Rede. Dass dies hauptsächlich in Verbindung mit Zukunftsstrategien der Fall ist, unterstreicht, dass der Begriff „Legal Tech" neben der deskriptiven Komponente auch eine rhetorische Dimension aufweist, die ihn als Transportbegriff für Modernitätserwartungen fungieren lässt.

a) Vorschlag für eine VO zum Programm „Digitales Europa" (2021–2027)

20 Der „Vorschlag für eine Verordnung des Europäischen Parlaments und des Rates zur Aufstellung des Programms ‚Digitales Europa' für den Zeitraum 2021–2027" vom 6.6.2018 verortete „legal tech" bei den Tätigkeiten im Zusammenhang mit dem digitalen Wandel in Bereichen von öffentlichem Interesse unter „Justiz":

> „Ermöglichung einer nahtlosen und sicheren grenzüberschreitenden elektronischen Kommunikation innerhalb der Justiz sowie zwischen der Justiz und anderen zuständigen Stellen im Bereich Zivil- und Strafjustiz. Verbesserung des Zugangs zu Gerichten, juristischen Informationen und Verfahren für Bürger, Unternehmen, Angehörige der Rechtsberufe und Mitglieder der Justiz mithilfe semantisch interoperabler Verbindungen zu nationalen Datenbanken und Registern sowie Erleichterung der außergerichtlichen Online-Streitbeilegung. Förderung der Entwicklung und Umsetzung innovativer Technologien für Gerichte und Angehörige der Rechtsberufe auf der Grundlage künstlicher Intelligenz, die Verfahren wahrscheinlich straffen und beschleunigen werden (zB ‚Legal-tech'-Anwendungen)."[26]

21 „Legal-tech"-Anwendungen werden hier als KI-basiert angesehen und als Unterfall von „Künstlicher Intelligenz" verstanden. Damit gerät das Konzept in Abhängigkeit zum KI-Begriff. Nicht KI-basierte „Legal-tech"-Anwendungen sind bei strenger Lesart nicht denkbar. Zugleich wird den erwünschten Anwendungen eine Hoffnungsdividende eingeräumt: Sie werden „wahrscheinlich" die Bearbeitungsgeschwindigkeit erhöhen. Man kann daraus extrapolieren, dass „Legal-tech"-Implementationen der gemeinten Art an diesem Anspruch zu messen sind. Es besteht so gesehen eine entsprechende Zweckerwartung.

b) Strategie für die E-Justiz (2019–2023)

22 Am 13.3.2019 legte der Rat eine „Strategie für die E-Justiz (2019–2023)" vor. Unter „Grundsätze der E-Justiz" wird darin festgehalten:

> „Legal-Tech-Bereiche wie beispielsweise künstliche Intelligenz (KI), Blockchain-Technologie, elektronische Übersetzung oder virtuelle Realität, sollten aufmerksam beobachtet werden, um die Möglichkeiten erkennen und nutzen zu können, die sich positiv auf den elektronischen Rechtsverkehr auswirken könnten."[27]

23 Hier wird die Verfahrensweise gewählt, Legal Tech durch die Aufzählung von relevanten Bereichen zu charakterisieren. Dabei fällt auf, dass Künstliche Intelligenz als ein Bereich von Legal Tech erscheint, was mit der eben betrachteten Systematisierung (Legal Tech als Anwendungsfall von KI) nicht kompatibel ist. Abgesehen von dieser Unstimmigkeit ist es aber bemerkenswert, dass in der gesamten Strategie-Beschreibung das E-Justiz (e-justice-)Paradigma als leitend festgehalten wird. Legal Tech ist im Zusammenhang damit lediglich eine Hilfstechnologie, die instrumentell in Erscheinung tritt.

c) Mitteilung der Kommission zu einer europäischen Datenstrategie

24 Bei der Mitteilung der Kommission an das Europäische Parlament, den Rat, den Europäischen Wirtschafts- und Sozialausschuss und den Ausschuss der Regionen vom 19.2.2020 zu einer europäischen Datenstrategie wird Legal Tech an zwei Stellen als relevantes Architekturelement angesprochen. Generell sollen

---

26 COM(2018) 434 final, Anhang 1, Spezifisches Ziel 5, I 3.
27 2019/C 96/04, Nr. 30 (ABl. C 96, 3 (6)).

über gemeinsame europäische Datenräume „innovative Anwendungen für IT-gestütztes Regierungshandeln („Gov-Tech'), IT-gestützte Regulierung („Reg-Tech') und IT-gestützte Rechtspflege („Legal-Tech') zur Unterstützung der praktischen Nutzer sowie anderer Dienste von öffentlichem Interesse" ermöglicht werden.[28] Sodann wird eine Grundvoraussetzung für innovative „Legal-Tech"-Anwendungen folgendermaßen beschrieben:

> „Ein nahtloser Zugang zu den Rechtsvorschriften der EU und der Mitgliedstaaten, zur einschlägigen Rechtsprechung sowie zu Informationen über den elektronischen Rechtsverkehr (E-Justiz-Dienste) und die einfache Weiterverwendung all dieser Informationen sind nicht nur für die wirksame Anwendung des EU-Rechts entscheidend, sondern ermöglichen auch innovative ‚Legal-Tech'-Anwendungen zur Unterstützung der Angehörigen der Rechtsberufe (Richter, Beamte, Unternehmensberater und Anwälte in der Privatpraxis)."[29]

Dieser Text ist unter zwei Aspekten systematisch gehaltvoll. Zum einen wird nicht nur „Legal Tech" implizit definiert („IT-gestützte Rechtspflege („Legal-Tech')"), sondern es wird zusätzlich ein Zusammenhang zu anderen Handlungsfeldern hergestellt, die ebenfalls mit dem Zusatz „-Tech" versehen werden. Bei näherer Betrachtung zeigt sich aber, dass es sich im Grunde um eine semantisch äquivalente Strategie zu der früheren Verfahrensweise handelt, bereichsbezogene Termini mit dem Zusatz „e-" zu versehen (wie zB e-government, e-justice etc).

Auf jeden Fall verdeutlicht die von der Kommission gewählte Terminologie, dass in allen genannten Bereichen Tech-Assistenz im Sinne von IT-Unterstützung erwünscht und notwendig ist. Eines neuen Zuschnitts oder einer neuen systemtheoretischen Beschreibung der betroffenen Bereiche (Regierungshandeln, Regulierung, Rechtspflege) bedarf es aber nicht. Zum anderen wird ergänzend klargestellt, dass alle Angehörigen von Rechtsberufen mit Legal Tech-Anwendungen befasst sind.

d) Verordnung zum Programm „Digitales Europa"

In der Verordnung (EU) 2021/694 des Europäischen Parlaments und des Rates vom 29.4.2021 zur Aufstellung des Programms „Digitales Europa" wird „Legal Tech" beiläufig, aber doch in gehaltvoller Weise angesprochen.

Die Verordnung geht auf den „Vorschlag für eine Verordnung des Europäischen Parlaments und des Rates zur Aufstellung des Programms ‚Digitales Europa' für den Zeitraum 2021–2027" vom 6.6.2018[30] zurück. Der Passus, der Legal Tech erwähnt, ist aus dem Vorschlag in den Verordnungstext übernommen worden, allerdings mit einer nicht nebensächlichen Modifikation, die auf das Europaparlament zurückgeht.[31] Statt „Förderung der Entwicklung und Umsetzung innovativer Technologien für Gerichte und Angehörige der Rechtsberufe auf der Grundlage künstlicher Intelligenz, die Verfahren wahrscheinlich straffen und beschleunigen werden (z. B. ‚Legal-tech'-Anwendungen)" heißt es nunmehr „Förderung der Entwicklung und Umsetzung innovativer Technologien für Gerichte und Angehörige der Rechtsberufe, ***unter anderem*** auf der Grundlage von KI-Lösungen, die Verfahren wahrscheinlich straffen und beschleunigen werden (zB ‚Legal-Tech'-Anwendungen)".[32]

Dass das Parlament den Zusatz „unter anderem" für wichtig hielt, bringt zum Ausdruck, dass es Innovation für Gerichte und Angehörige der Rechtsberufe nicht allein an KI-Lösungen und Legal Tech binden wollte.

---

28 COM(2020) 66 final, 27.
29 COM(2020) 66 final, 38.
30 COM(2018) 434 final.
31 Legislative Entschließung des Europäischen Parlaments v. 17.4.2019 zu dem Vorschlag für eine Verordnung des Europäischen Parlaments und des Rates zur Aufstellung des Programms „Digitales Europa" für den Zeitraum 2021–2027 (COM(2018)0434 – C8-0256/2018 – 2018/0227(COD)) (Ordentliches Gesetzgebungsverfahren: erste Lesung) (2021/C 158/50) (ABl. 2021 C 158, 424 (454)).
32 Hervorhebung nicht im Original.

30 Da für eine Interpretation der Verordnung nicht nur der deutsche Text maßgeblich ist, ist ein Blick auf andere Sprachfassungen unumgänglich. Man findet dort den Terminus „legal tech" beispielsweise auch im Italienischen („applicazioni di tecnologia legale — legal tech"). Er fehlt aber im Spanischen („aplicaciones de tecnología al servicio del derecho") und im Französischen („technologies numériques au service du droit"). Das zeigt, dass der Terminus „legal tech" im Regelungskontext der Verordnung nicht zwingend benötigt wird, was zur Konsequenz hat, dass er die Auslegung nicht dominieren darf.

2. Rechtsprechung auf europäischer Ebene

31 Bei der Behandlung eines (letztlich gescheiterten) Antrags auf Eintragung der Wortmarke „Legal Tech Academy" beschrieb die 5. Beschwerdekammer beim Amt der Europäischen Union für Geistiges Eigentum die Bedeutung von „Legal Tech" als „an expression referring to the use of technology in the legal field".[33] Ergänzt wurde diese Feststellung durch Ausführungen zum allgemeinen Sprachgebrauch einer englischsprachigen Öffentlichkeit und zum fachsprachlichen Verständnis von Experten:

> „However, the Board considers that the relevant English-speaking public will generally understand the expression ‚LEGAL TECH' in its basic meaning, namely ‚lawful technology', such as the use of technology and software to provide legal services and support the legal industry.
>
> Part of the relevant public, which consists of a professional public or whose level of attention is still high, will attribute a more specific meaning to the expression ‚LEGAL TECH', namely the use of technology in order to facilitate the provision of legal services by optimising workflows and improving overall knowledge and information management within a law firm or company."[34]

32 Die verwendete Formel bewegt sich im Umfeld der semantischen Umschreibungen, die „Legal Tech" mit Objekten („technology and software") in Verbindung bringen und deren Gebrauch mit Zweckzuschreibungen zur Verwendung („to provide legal services") versehen. In der erweiterten fachsprachlichen Version tritt mit der Wendung „by optimising workflows" etwas hinzu, das man als qualitative Aufladung des Legal Tech-Begriffs beschreiben könnte. Eine solche Begriffsstrategie ist bedenklich. Denn in der Konsequenz der Koppelung an die Optimierung von Workflows würde es liegen, dass – bei Realisierung aller sonstigen Charakteristika – einer Anwendung der Legal Tech-Charakter abgesprochen werden müsste, wenn sie den Workflow nicht optimiert.

3. Deutsches Recht

a) Parlamentarische Präsenz des Themas

aa) Anfragen im Bundestag

33 In deutschen Gesetzen konnte der Begriff „Legal Tech" nicht gefunden werden.[35] Er ist also allem Anschein nach noch nicht explizit zu einem nationalen Rechtsbegriff geworden. Das bedeutet allerdings nicht, dass im parlamentarischen Raum und in Gesetzgebungsverfahren nicht von „Legal Tech" die Rede gewesen wäre. 2018 befassten sich zwei Anfragen der FDP-Bundestagsfraktion mit dem Thema. Die erste trug den Titel „Legal Tech – Rechtsgrundlagen"[36], die zweite „Legal Tech in der Justiz"[37]. In beiden Fällen wurde von allen Beteiligten „Legal Tech" gewissermaßen als undefinierter Grundbegriff vorausgesetzt. Man kann zwar aus den Fragen und den Antworten der Bundesregierung Hypothesen über den Bedeutungsgehalt ableiten. Eine expliziter Definitionsversuch findet sich jedoch nicht. Möglicherweise waren alle Beteiligten der Meinung, dass eine extensionale Aufzählung ausreichend sei.

34 In der Antwort des Parlamentarischen Staatssekretärs Lange vom 6.12.2019 auf die Anfrage des Abgeordneten Müller-Böhm war das dann anders. Hier wurde eine explizite Definition gegeben:

---

33 EUIPO Entsch. v. 26.8.2021 – R 1058/2021–5, GRUR-RS 2021, 24468 Rn. 28.
34 EUIPO Entsch. v. 26.8.2021 – R 1058/2021–5, GRUR-RS 2021, 24468 Rn. 30.
35 Juris-Recherche v. 30.12.2021.
36 Anfrage mit Antwort der Bundesregierung, BT-Drs. 19/5438 v. 1.11.2018.
37 Anfrage mit Antwort der Bundesregierung, BT-Drs. 19/6429 v. 12.12.2018.

„Der Begriff ‚Legal Tech' beschreibt nach allgemeinem Verständnis den Einsatz digitaler Technologien, um juristische Arbeitsprozesse und Verfahren zu unterstützen und zu automatisieren."[38]

bb) Das Gesetz zur Förderung verbrauchergerechter Angebote im Rechtsdienstleistungsmarkt

Die Begründung des Regierungsentwurfs eines Gesetzes zur Förderung verbrauchergerechter Angebote im Rechtsdienstleistungsmarkt spricht häufig von „Legal Tech-Unternehmen". Das hat dem Gesetz dann auch die nicht-offizielle Bezeichnung „Legal Tech-Gesetz" eingetragen.[39] In der Begründung wird das Geschäftsmodell von Legal Tech-Unternehmen wie folgt charakterisiert:

„Legal-Tech-Unternehmen ist gemein, dass sie standardisierte und digitale Rechtsdienstleistungen für ihre Kundschaft erbringen oder juristische Tätigkeiten in eine digitale Arbeitsweise überführen."[40]

Auf diese Weise wird das Verständnis von „Legal Tech" an das Verständnis von Digitalisierung rückgekoppelt und kann als Kurzformel für „Erbringung standardisierter und digitaler Rechtsdienstleistungen" *oder* „Überführung juristischer Tätigkeiten in eine digitale Arbeitsweise" dienen.

Bemerkenswert ist, dass das Regelungsziel einer Verbesserung der rechtlichen Rahmen-bedingungen für Rechtsanwältinnen und Rechtsanwälte sowie Legal Tech-Unternehmen als Beitrag zur nachhaltigen Entwicklung im Sinne der Deutschen Nachhaltigkeitsstrategie verstanden wird. Die Erweiterung der Möglichkeiten zur Rechtsdurchsetzung diene „mittelbar der Wahrung und Verbesserung des sozialen Zusammenhaltes im Sinne des Prinzips 5 der Prinzipien einer nachhaltigen Entwicklung der deutschen Nachhaltigkeitsstrategie."[41]

Hinter diesem Gedanken steht die richtige Erkenntnis, dass der Einsatz von Legal Tech kein Selbstzweck sein darf. Deswegen besteht ein Begründungsbedarf mit Blick auf übergeordnete Zielsetzungen.

b) Rechtsprechung

In der deutschen Rechtsprechung taucht die Bezeichnung „legal tech" verschiedentlich auf, wenn ein Unternehmen sich als „Legal Tech"-Unternehmen bezeichnet oder angibt, „Legal Tech"-Tools einzusetzen.[42] Das gibt für den Bedeutungsgehalt von „Legal Tech" nur wenig her, außer dass man aus dem jeweils angesprochenen Tätigkeitsbereich verallgemeinernd auf einen möglichen unternehmensspezifischen Sprachgebrauch und dort praktizierte Geschäftsmodelle schließen kann. Eine begriffliche Konturierung und rechtliche Einordnung durch das Gericht sind darin nicht zu sehen.

Einen Schritt weiter führt es, wenn ein Gericht sich inhaltlich mit dem Begriff „Legal Tech" auseinandersetzt, und sei es auch nur ansatzweise. Ein entsprechender Passus findet sich in einem Beschluss des Landgerichts Berlin vom 3.7.2018. Dort heißt es, „dass die Klägerin ihre Prüfung in Form einer computerbasierten und standardisierten Fallanalyse (sog. legal tech) vorgenommen hat".[43] Angesprochen sind damit mögliche Bausteine für eine Legal Tech-Konzeption: Die Computerbasierung (was Software

---

38 BT-Drs. 19/15716, 40. Zugleich werden Informationen zur Einrichtung der Projektgruppe „Legal Tech und Zugang zum Recht" im BMJV und zu deren Aufgaben gegeben.
39 Vgl. zB https://brak.de/zur-rechtspolitik/newsletter/nachrichten-aus-berlin/2021/ausgabe-17-2021-v.-2582021/legal-tech-gesetz-tritt-am-1-oktober-in-kraft/.
40 BT-Drs.19/27673, 14. Im Gesetz selbst kommt die Wortfolge „Legal Tech" nicht vor, s. BGBl. 2021 I 3415.
41 BT-Drs. 19/27673, 25.
42 Vgl. zB LG Hamburg Urt. v. 10.10.2017 – 312 O 477/16, juris Rn. 3 („Die Beklagte betreibt als so genanntes Legal-Tech-Unternehmen eine Website."); LG Düsseldorf Hinweisbeschl. v. 5.7.2021 – 22 O 133/20, ECLI:DE:LGD: 2021:0705.22O133.20.0A, Rn. 55, BeckRS 2021, 20151 („dass die Klägerin bundesweit als Legal-Tech-Unternehmen etwa 6.000 gleichgelagerte Rechtsstreitigkeiten gegen die Beklagte führe"); LG Bielefeld Urt. v. 12.12.2017 – 15 O 67/17, juris Rn. 2 („Bei der Verfügungsbeklagten [...] handelt es sich um ein [...] Unternehmen aus dem Legal-Tech-Segment.").
43 LG Berlin Beschl. v. 3.7.2018 – 67 S 157/18, ECLI:DE:LGBE:2018:0703.67S157.18.00, Rn. 6 (https://gesetze.berlin.de/bsbe/document/KORE218632018), BeckRS 2018, 16848 Rn. 6.

einschließt), die Standardisierung (also eine Verallgemeinerung über gleichgelagerte Situationen hinweg) und die Fallanalyse (also die fallbasierte Input-Output-Behandlung).

41 Einen Legal Tech-Konnex gab es in dem Verfahren zum smartlaw-Vertragsgenerator. Das LG Köln hatte in erster Instanz ua zu entscheiden, ob durch das Anbieten dieses Generators der Anwendungsbereich von § 2 Abs. 1 RDG eröffnet ist. Dabei verwendet das Gericht den Legal Tech-Begriff in seiner Entscheidungsbegründung argumentationsrelevant. „Legal Tech" wird verstanden als „Dienstleistungen, die unter Einsatz vollständig automatisierter Systeme erfolgen (sog. ‚Legal Tech')". In der Subsumtion wird anschließend (mit bejahendem Ergebnis) die Frage geprüft, „ob Dienstleistungen im Bereich des Legal Tech in den Anwendungsbereich von § 2 Abs. 1 RDG fallen".[44]

42 Im Berufungsurteil des OLG Köln, das abweichend von der Vorinstanz keine unerlaubte Rechtsdienstleistung als gegeben ansah, spielt der Terminus „Legal Tech" dann im Gegensatz zur erstinstanzlichen Entscheidung keine argumentationsrelevante Rolle mehr, er wird nur noch eher beiläufig referierend verwendet.[45] In dem Revisionsurteil des BGH, das im Ergebnis das Berufungsurteil bestätigte, kommt schließlich die Wortfolge „Legal Tech" nicht mehr vor.[46] Man wird in diesem terminologischen Verlauf über die Instanzen hinweg die abnehmende Neigung erkennen können, mit der Einstufung eines Phänomens als „Legal Tech" zu operieren.

43 Da im Markenrecht der Bedeutungsgehalt von Zeichen eine Rolle spielt, ist es nicht verwunderlich, dass der Legal Tech-Begriff auch insoweit zur Sprache kam. Das BPatG hatte sich in seinem Beschluss vom 26.11.2020 betreffend der Anmeldung des Zeichens „law machine" mit einer die Anmeldung zurückweisenden Entscheidung der Markenstelle auseinanderzusetzen. Diese hatte argumentiert, dass „im Geschäftsbereich der ‚Legal Technology' schon seit Längerem eine standardisierte bzw. (teil-)automatisierte Rechtsanwendung durch Computerprogramme angeboten" werde. Offensichtlich ging die Markenstelle dabei von einer intensionalen Gleichheit der Worte „law machine" und „legal tech" aus. Das BPatG hielt dem entgegen, es könne nicht festgestellt werden, „dass sich der Begriff Law Machine abweichend von seiner ursprünglichen Bedeutung im Inland zu einer gebräuchlichen Bezeichnung bzw. zu einem Schlagwort für (‚automatisierte') Rechtsdienstleistungen entwickelt hätte". Damit ist implizit gesagt, dass „legal tech" für „automatisierte Rechtsdienstleistungen" steht. Zurückgewiesen wird nicht diese Feststellung der Markenstelle, sondern lediglich deren Gleichsetzung der Bedeutung von „law machine" und „legal tech".[47]

c) Rechtspolitischer Diskurs

44 Auf der Herbstkonferenz der Justizministerinnen und Justizminister am 9.11.2017 wurde „die fortschreitende Entwicklung von Legal Tech-Anwendungen in Justiz, Anwaltschaft und Wirtschaft" erörtert.[48] Es wurde beschlossen, eine länderoffene Arbeitsgruppe zum Studium dieses Praxisfelds einzusetzen. In dem Abschlussbericht dieser Arbeitsgruppe mit dem Titel „Legal Tech: Herausforderungen für die Justiz" wird mit der folgenden Begründung auf eine Definition für „Legal Tech" verzichtet:

> „Eine allgemeingültige Definition existiert nicht und scheint im derzeitigen Stadium auch nicht wünschenswert, da sie die Gefahr einer unnötigen Einengung der sich rasant fortentwickelnden technischen Innovationen auf bestimmte Bereiche birgt. In dem vorliegenden Bericht soll daher von einer weiten

---

44 LG Köln Urt. v. 8.10.2019 – 33 O 35/19, ECLI:DE:LGK:2019:1008.33O35.19.00 (https://www.justiz.nrw.de/nrwe/lgs/koeln/lg_koeln/j2019/33_O_35_19_Urteil_20191008.html), MMR 2020, 56. Rn. 18, 20.
45 OLG Köln Urt. v. 19.6.2020 – 6 U 263/19, ECLI:DE:OLGK:2020:0619.6U263.19.00 (https://www.justiz.nrw.de/nrwe/olgs/koeln/j2020/6_U_263_19_Urteil_20200619.html), Rn. 25, 93, 106.
46 BGH Urt. v. 9.9.2021 – I ZR 113/20, ECLI:DE:BGH:2021:090921UIZR113.20.0 (https://juris.bundesgerichtshof.de/cgi-bin/rechtsprechung/document.py?Gericht=bgh&Art=en&nr=122560), NJW 2021, 3125.
47 BPatG Beschl. v. 26.11.2020 – 30 W (pat) 30/19, ECLI:DE:BPATG:2020:261120B30Wpat30.19.0 (https://juris.bundespatentgericht.de/cgi-bin/rechtsprechung/document.py?Gericht=bpatg&Art=en&Datum=2020&Sort=1&Seite=41&nr=40314&pos=625&anz=666&Blank=1.pdf), S. 4, 9.
48 Siehe https://www.justiz.nrw.de/JM/jumiko/beschluesse/2017/Herbstkonferenz-2017/TOP-I_-9.pdf.

Auffassung des Begriffs Legal Tech ausgegangen werden, der insbesondere als Sammelbegriff von IT-Produkten verstanden wird, die das juristische Arbeitsgebiet betreffen."[49]

Das Dilemma, das den Hintergrund für diese Kompromiss-Idee bildet, existiert. Trotzdem wird mit „Sammelbegriff von IT-Produkten [...], die das juristische Arbeitsgebiet betreffen" im Ergebnis eine produktfokussierte Begriffsbestimmung vorgelegt.

Unbeschadet der mit dem Legal Tech-Verständnis einhergehenden Unwägbarkeiten hat die Herbstkonferenz 2020 der JuMiKo einen Beschluss gefasst, der die Bundesregierung um Prüfung der Möglichkeiten bittet, „den Unternehmen verbindlich Legal-Tech-Anwendungen für die Abwicklung von Fahrgastansprüchen bei Verspätungen im Flug- und Bahnverkehr sowie beim Ausfall bzw. der Annullierung von Flügen vorzuschreiben."[50]

Sollte dies als Vorschlag zu verstehen sein, die Einführung von „Legal-Tech-Anwendungen" als Gegenstand rechtlicher Verpflichtungen zu normieren, würde dies eine ausreichende Präzision im Verständnis von „Legal Tech" voraussetzen. Ansonsten wäre dem Grundsatz der Normklarheit nicht Genüge getan.

V. Wissenschaftstheoretische Orientierung

In der terminologisch unübersichtlichen Lage rund um das Verständnis von „Legal Technology" kann eine wissenschaftstheoretische Vergewisserung hilfreich sein. Diese lässt sich darauf stützen, dass in dem Wort „technology" das antike Konzept der „téchne" anklingt. Natürlich kann die Etymologie kein Argument für das aktuell relevante Verständnis von Rechtsbegriffen liefern. Eine nähere Betrachtung zeigt aber, dass über etymologische Erwägungen hinaus der antike téchne-Begriff, der eine lange Wirkungsgeschichte in der juristischen Methodenlehre nach sich gezogen hat, auch heute noch seine Brauchbarkeit entfalten kann.[51]

Am Anfang einer téchne-Konstitution steht der Konsens über einen Zweck, der in einem bestimmten Tätigkeitsbereich als erstrebenswert angesehen wird. Es wird dann beschrieben, durch Einsatz welcher Mittel dieser Zweck erreicht werden kann. Die Gesamtheit dieser rational orientierten Zweck-Mittel-Beschreibungen wird zu einem widerspruchsfreien System geordnet.

Aus diesem Konzept folgt, dass auf dem Weg zur téchne die Benennung von Gegenständen, deren Gebrauch bestimmten Akteuren in Praxis-Situationen empfohlen wird, nur ein erster rudimentärer Ansatz in heuristischer Absicht sein kann. Hinzutreten muss die Weiterentwicklung dieses Ansatzes durch Einbettung in ein zweckorientiertes System. Das bedeutet für ein Legal Tech-Konzept, dass vor jeder Betrachtung von Akteuren und Objekten ein Konsens über die anzustrebenden Zwecke herzustellen ist. Für „Legal Tech"-Anwendungen kommen insoweit die von Susskind genannten Ziele substantive justice (fair decisions), procedural justice (fair process), open justice (transparent), distributive justice (accessible to all), proportionate justice (appropriately balanced), enforceable justice (backed by the state) und sustainable justice (sufficiently resourced) in Betracht.[52] Eine darauf bezogene Legal Tech-Theorie lässt sich begreifen als das System derjenigen Regeln, die – bezogen auf das Handeln von Akteuren in rechtsrelevanten Bereichen – gewährleisten können, dass die angestrebten Ziele bestmöglich erreichbar sind. Ein derartiger Ansatz hätte im Übrigen den Vorteil, dass eine praxisorientierte Jurisprudenz sich strukturäquivalent zur „legal téchne" begreifen lässt. Man erkennt das daran, dass Prinzipien wie die von Susskind benannten nicht „legal tech"-generiert sind, sondern sich als allgemeine Zielvorgaben für juristisches Handeln darstellen. „Legal Tech" käme insoweit „nur" als zusätzliches Instrumentarium hinzu, das es im besten Falle erlaubt, den

---

49 Siehe https://www.schleswig-holstein.de/DE/Landesregierung/II/Minister/Justizministerkonferenz/Downloads/1906 05_beschluesse/TOPI_11_Abschlussbericht.pdf?__blob=publicationFile&v.=1, S. 6.
50 Siehe https://www.justiz.bremen.de/jumiko-2020/beschluesse-der-herbstkonferenz-2020-15475.
51 Vgl. dazu Herberger Dogmatik S. 36 ff.
52 Susskind Online Courts S. 73. Eine auf vergleichbarer Abstraktionshöhe liegende Darlegung von Zielen bietet in kompakter Form der CEPEJ Action Plan „Digitalisation for a better justice" 2022–2025 (CEPEJ(2021)12Final) v. 8./12.12.2021, abrufbar unter https://rm.coe.int/cepej-2021-12-en-cepej-action-plan-2022-2025-digitalisation-justice/1 680a4cf2c.

gerechtigkeitsorientierten Zielgrößen besser nahezukommen als dies mit herkömmlichen Mitteln möglich ist.[53]

VI. Legal Tech und Rechtsinformatik

51 Zum Verhältnis von Legal Tech und Rechtsinformatik → Rechtsinformatik.

---

53 Vgl. zu einem solchen Ansatz Herberger JurPC Web-Dok. 84/1998.

57. Mahnverfahren, automatisiertes

Meller-Hannich/Timmermann

I. Gemeinsamkeiten und Unterschiede zwischen Legal Tech und Mahnverfahren	1
II. Gerichtliches Mahnverfahren nach §§ 688 ff. ZPO	4
1. Ziel und Entwicklung	4
2. Zuständigkeit	5
3. Interaktive Formulare	6
a) Bestehende Formulare	6
b) Nutzungspflicht	9
c) Elektronische Übermittlung	10
d) Folgen einer Missachtung der Nutzungspflicht und Übermittlungsvorgaben	12
4. Online-Mahnantrag	13
a) Konkretisierung des Streitgegenstandes durch Beifügung von Anlagen?	13
b) Vorverlagerung der Monierung	16
5. Maschinelle Bearbeitung des Mahnantrags mit Aussteuerung	17
a) Beschränkte Schlüssigkeitsprüfung	17
b) Vereinbarkeit mit Unionsrecht	20
6. Sofortige Beschwerde gegen Zurückweisung	21
7. Online-Widerspruch und Vollstreckungsbescheid	22
8. Europäisches Mahnverfahren	25
III. Außergerichtliches Mahnverfahren	26
1. Erlaubnisbedürftigkeit	27
a) Rechtsdienstleistung mittels Computerprogramm	29
b) Wirtschaftliche Fremdheit der Angelegenheit	30
c) Bloße Rechnungserstellung erlaubnisfrei	33
2. Reichweite des Inkassobegriffs	34
3. Informationspflichten	40
a) Informationspflichten der Inkassodienstleister für rechtsuchende Verbraucher, § 13b RDG	41
aa) Ziel und Anwendungsbereich der Norm	41
bb) Inhalt der Informationspflichten	42
cc) Art und Weise der Information	46
b) Informationspflichten gegenüber Privatpersonen als Schuldner, § 13a RDG, § 43d BRAO	47
IV. Kostenrecht	49
1. Gerichtskostengesetz	50
2. Erfolgshonorar	52
3. Umgang mit Fremdgeldern	55
4. Gesetzliche RVG-Vergütung	56
a) Geltung für Inkassodienstleister im Außenverhältnis	56
b) Außergerichtliche Geschäftsgebühr	58
aa) Sonderregelung für Inkassodienstleistungen, die unbestrittene Forderungen betreffen	59
bb) Folgeprobleme der Differenzierung	61
cc) Ermäßigte Geschäftsgebühr bei Beschränkung des Auftrags auf ein Schreiben einfacher Art	62
dd) Folgerungen für die Praxis	65
c) Post- und Telekommunikationsdienstleistungen	67
d) Gerichtliche Mahnverfahrensgebühr	68
e) Teilanrechnung verschiedener Gebühren und Geltendmachung	69
f) Geltendmachung	72
5. Beauftragung eines Rechtsanwalts und Inkassounternehmers	74

Literatur: *Degen*, Mahnen und Klagen per E-Mail – Rechtlicher Rahmen und digitale Kluft bei Justiz und Anwaltschaft?, NJW 2008, 1473; *Engel*, Algorithmische Rechtsfindung als juristische Arbeitshilfe, JZ 2014, 1096; *Halm*, Erreicht das neue Inkassogesetz das gesteckte Ziel?, BRAK-Mitt. 2021, 282; *Kluth*, Die Auswirkungen der Digitalisierung auf die Abgrenzung freiberuflicher und gewerblicher Tätigkeiten, GewArch 2021, 302; *Mayer*, Die Änderung der Anwaltsvergütung durch das Gesetz zur Verbesserung des Verbraucherschutzes im Inkassorecht, NJW 2021, 2313; *Meller-Hannich*, Rechtshängigkeit im Mahnverfahren, wenn nach Widerspruch nicht „alsbald" in das streitige Verfahren abgegeben wird, JR 2010, 139; *Olzen*, Wieczorek/Schütze, ZPO-Kommentar, Band 8, 4. Aufl. 2013; *Remmertz*, Legal Tech – Rechtliche Beurteilung nach dem RDG, BRAK-Mitt. 2017, 55; *Remmertz*, Aktuelle Entwicklungen im RDG, BRAK-Mitt. 2021, 288; *Sujecki*, Das Online-Mahnverfahren in Deutschland, MMR 2006, 369; *Timmermann/Gelbrich*, Können Algorithmen subsumieren? Möglichkeiten und Grenzen von Legal Tech, NJW 2022, 25; *Timmermann/Hundertmark*, Smartlaw und der Rechtsdienstleistungsbegriff, RDi 2021, 269; *Wendenburg*, Anm. zu EuGH Urt. v. 14.6.2012 – C-618/10, EuZW 2012, 758; *Wessels*, Anm. zu LG Köln Urt. v. 8.10.2019 – 33 O 35/19 (smartlaw), MMR 2020, 59.

I. Gemeinsamkeiten und Unterschiede zwischen Legal Tech und Mahnverfahren

Legal Tech ist ein Sammelbegriff für algorithmische Systeme, die dem Zugang zum Recht dienen. Bildlich ausgedrückt sind Legal Tech-Anwendungen **algorithmische „Fertigungsstraßen"**, die für gleich gelagerte und damit standardisierbare Fälle (zB Massenschäden) eine kostengünstige und schnelle Bearbeitung ermöglichen (→ *Legal Tech, Begriff* Rn. 1 ff.). Damit können sie insbesondere bei geringen Streitwerten (Streuschäden) das sogenannte rationale Desinteresse an der Rechtsverfolgung überwinden.

Das gerichtliche Mahnverfahren weist einige **Gemeinsamkeiten** mit Legal Tech-Anwendungen auf, weil es aus wirtschaftlicher Perspektive ebenfalls einen kostengünstigen und schnellen Weg zum Recht bietet und aus juristischer Perspektive das materielle Recht im gerichtlichen Mahnverfahren – genauso wie beim Einsatz von Legal Tech-Anwendungen – weder intra legem konkretisiert noch praeter legem fortgebildet wird. Der Rechtsuchende kann sowohl mit dem außergerichtlichen als auch mit dem gerichtlichen elektronischen Mahnverfahren die Rechtsdurchsetzung gegenüber einem streitigen Verfahren beschleunigen, mittels Technik aussteuerbare Flüchtigkeitsfehler weitgehend vermeiden und dadurch letztlich Kosten sparen.[1] Bemerkenswert ist freilich, dass sich die Anzahl jedenfalls der gerichtlichen Mahnverfahren im Zeitraum von 2005 bis 2018 fast halbiert hat.[2] Für außergerichtliche Mahnverfahren sind keine Zahlen ersichtlich.

3 Die Bezüge zwischen Legal Tech und Mahnverfahren sind im außergerichtlichen Bereich leichter erkennbar, weil der Legal Tech-Begriff hier von Inkassounternehmen als **Marketingbegriff** verwendet wird. Funktional ist der Bezug zu algorithmischen Systemen im gerichtlichen Mahnverfahren allerdings genauso groß wie außergerichtlich. Der Schwerpunkt des Beitrags liegt auf den Besonderheiten des gerichtlichen und außergerichtlichen automatisierten Mahnverfahrens, wobei einige der praxisrelevanten Fragen gesetzliche Bestimmungen betreffen, die, zumindest dem ersten Anschein nach, technikneutral sind.

II. Gerichtliches Mahnverfahren nach §§ 688 ff. ZPO

1. Ziel und Entwicklung

4 Das Mahnverfahren stellt ein **kostengünstiges und schnelles Verfahren** zur Erlangung eines Vollstreckungstitels zur Verfügung.[3] Die Vereinfachungsnovelle 1976 hat zudem eine gesetzliche Grundlage für die maschinelle Bearbeitung des Mahnverfahrens geschaffen.[4] Einen „Verfahrensablaufplan" (§ 703b Abs. 2 ZPO) für eine einheitliche maschinelle Bearbeitung hat das Bundesministerium der Justiz allerdings nie erlassen. Heute wäre ein solcher freilich auch nicht mehr erforderlich, weil das Ziel der Rationalisierung und Standardisierung auch ohne Verfahrensablaufplan erreicht werden konnte.[5] Das gerichtliche Mahnverfahren zu nutzen, bietet sich auch für Geschäftsmodelle des standardisierten Masseninkassos an. Generell profitieren registrierte Inkassodienstleister insoweit von der Regelung des § 79 Abs. 2 S. 2 Nr. 4 ZPO, wonach im Mahnverfahren ohne Weiteres eine Vertretungs-/Einziehungsbefugnis besteht.

2. Zuständigkeit

5 Für Mahnverfahren ist das **Amtsgericht** sachlich zuständig, § 689 Abs. 1 S. 1 ZPO. Die örtliche Zuständigkeit richtet sich nach dem Gläubigersitz und ist eine ausschließliche, § 689 Abs. 2 ZPO. Von der in § 689 Abs. 3 ZPO eröffneten Möglichkeit einer **Zuständigkeitskonzentration** haben alle Bundesländer Gebrauch gemacht.[6] Dadurch wurde dem Antragsteller ermöglicht, eine Vielzahl von Mahnanträgen auf einem Datenträger beim zuständigen Mahngericht einzureichen.[7] Da inzwischen die elektronische Übermittlung des Mahnantrags möglich und für Rechtsdienstleister verpflichtend (→ Rn. 10) ist, trägt dieser Grund heute nicht mehr. Die Zuständigkeitskonzentration ist für eine maschinelle Bearbeitung technisch nicht erforderlich, aber wegen der (für ausgesteuerte Mahnanträge, → Rn. 18) erforderlichen Sachkunde des Gerichts sowie aus Gründen des Datenschutzes und der Informationssicherheit angezeigt (→ *Cybersecurity* Rn. 4). In funktionaler Hinsicht ist der **Rechtspfleger** (→ *Rechtspfleger* Rn. 14) für das maschinelle Mahnverfahren zuständig, § 3 Nr. 3a iVm § 20 Abs. 1 Nr. 1 RPflG, wobei die Landesregierungen ermächtigt sind, die Aufgabe dem Urkundsbeamten der Geschäftsstelle zu übertragen, § 36b Abs. 1 S. 1 Nr. 2 RPflG.

---

1 Ähnlich Degen NJW 2008, 1473 (1478).
2 Im Jahr 2005 haben die Amtsgerichte 8,6 Mio. Mahnverfahren durchgeführt, im Jahr 2018 lediglich 4,8 Mio. (Statistisches Bundesamt, Fachserie 10, Reihe 2.1, 2018, abrufbar unter https://www.destatis.de/DE/Themen/Staat/Justiz-Rechtspflege/Publikationen/Downloads-Gerichte/zivilgerichte-2100210187004.pdf;jsessionid=ABD7B22C150AFC3EF7ICEE0ED98D3454.live742?__blob=publicationFile, S. 12 f.).
3 Meller-Hannich JR 2010, 139 (140).
4 Gesetz zur Vereinfachung und Beschleunigung gerichtlicher Verfahren (Vereinfachungsnovelle) v. 3.12.1976 (BGBl. I 3281); zu den Hintergründen u.a. Sujecki MMR 2006, 369 (370).
5 So auch MüKoZPO/Schüler ZPO § 703b Rn. 2.
6 Eine Übersicht bietet MüKoZPO/Schüler ZPO § 689 Rn. 20.
7 Sujecki MMR 2006, 369 (370).

3. Interaktive Formulare

a) Bestehende Formulare

Das Bundesministerium der Justiz hat von der Ermächtigung des § 703c Abs. 1 S. 2 Nr. 1 ZPO Gebrauch gemacht und durch Rechtsverordnung[8] **Formulare eingeführt**, und zwar für den Antrag auf Erlass eines Mahnbescheids, die Ausfertigung des Mahnbescheids, den Widerspruch, die Nachricht über die Zustellung des Mahnbescheids und den Antrag auf Erlass des Vollstreckungsbescheids, die Ausfertigung des Vollstreckungsbescheids, den Antrag über die Nichtzustellung eines Mahn- oder Vollstreckungsbescheids sowie den Antrag auf Neuzustellung eines Mahn- oder Vollstreckungsbescheids. 6

In technischer Hinsicht arbeitet das hinter dem Formular verborgene algorithmische System anhand der Eingaben des Nutzers eine **regelbasierte Baumstruktur** ab. Das stellt keine KI-Anwendung dar – sofern der KI-Begriff gegenüber dem Begriff des Computeralgorithmus überhaupt eine Eingrenzungsfunktion erfüllen kann[9] (→ *Künstliche Intelligenz (KI)* Rn. 16 ff., 59; → *Algorithmus* Rn. 5). Die im Internet abrufbare[10] Informationsschrift und Anwendungshilfe der Justizverwaltungen der Bundesländer ist nutzerfreundlich und hilfreich. 7

Sofern man in der Bereitstellung der Formulare eine Rechtsdienstleistung iSd § 2 Abs. 1 RDG erkennen möchte (was nach dem BGH-Urteil zu smartlaw[11] eher fernliegend erscheint), wäre die Tätigkeit jedenfalls nach § 8 Abs. 1 RDG erlaubt. 8

b) Nutzungspflicht

Inzwischen haben alle Bundesländer automatisierte gerichtliche Mahnverfahren eingeführt.[12] Es besteht eine weitgehende **Verwendungspflicht** der bereitgestellten Formulare, § 703c Abs. 2 ZPO. Eine partielle **Ausnahme** vom Formularzwang gilt für den **Widerspruch**, bei dem der Formularzwang lediglich für Rechtsanwälte, nicht aber für Rechtsuchende gilt, § 692 Abs. 1 Nr. 5 ZPO. Es besteht zudem die Möglichkeit, Anträge und Erklärungen vor dem Urkundsbeamten der Geschäftsstelle mündlich vorzubringen, der das einschlägige Formular ausfüllt, § 702 Abs. 1 ZPO,[13] so dass alle Rechtsuchenden Zugang zum automatisierten Mahnverfahren haben. 9

c) Elektronische Übermittlung

Rechtsuchende können ihre Anträge und Erklärungen in maschinell lesbarer Form übermitteln, mithin steht ihnen ein Wahlrecht zu, § 702 Abs. 2 S. 1 ZPO. Demgegenüber sind **Rechtsanwälte und Inkassodienstleister** (auch in eigener Sache[14]) zur Übermittlung in maschinell lesbarer Form verpflichtet, § 702 Abs. 2 S. 2 ZPO. Ihnen ist insbesondere die elektronische Einreichung von eingescannten Papierformularen nicht mehr möglich.[15] Dadurch soll im Hinblick auf § 689 Abs. 1 S. 3 ZPO, der für maschinelle Bearbeitungen eine Erledigung aller Eingänge bis zum Ablauf des Folgetages vorsieht, eine Verfahrensbeschleunigung erreicht und der elektronische Rechtsverkehr gefördert werden.[16] Die Pflicht gilt nicht für das arbeitsgerichtliche Mahnverfahren, § 46a Abs. 1 S. 2 ArbGG. 10

Eine elektronische Antragsübermittlung kann auf zwei Wegen erfolgen: Beim **Barcodeverfahren** wird der Mahnantrag ausgedruckt (Nachteil Medienbruch) und bedarf der handschriftlichen Unterzeichnung, 11

---

8 Verordnung zur Einführung von Vordrucken für das Mahnverfahren bei Gerichten, die das Verfahren maschinell bearbeiten v. 6.6.1978 (BGBl. I 705); zuletzt geändert durch Art. 7 des Gesetzes v. 27.7.2001 (BGBl. I 1887).
9 Der Vorschlag der Europäischen Kommission für eine KI-Verordnung sieht hingegen eine sehr weite Legaldefinition des KI-Begriffs vor, mithin soll er auch regelbasierte Systeme umfassen (COM(2021) 206 final, Anhang I).
10 Siehe https://www.mahngerichte.de/wp-content/uploads/Infobroschuere_2021.pdf.
11 BGH Urt. v. 9.9.2021 – I ZR 113/20, NJW 2021, 3125.
12 § 703c Abs. 3 ZPO; https://www.mahngerichte.de/.
13 Wieczorek/Schütze/Olzen ZPO § 702 Rn. 5.
14 Thomas/Putzo/Hüßtege ZPO § 702 Rn. 7.
15 BT-Drs. 18/9416, 79.
16 BT-Drs. 18/9416, 35; HK-ZPO/Gierl ZPO § 702 Rn. 8.

§ 690 Abs. 2 ZPO. Sodann wird das Dokument per Post versendet und vom Gericht maschinell eingelesen. Eine Übermittlung per Fax oder als E-Mail-Anhang kann dazu führen, dass der Antrag nicht mehr maschinell lesbar ist und daher nach § 691 Abs. 1 S. 1 Nr. 1 ZPO zurückgewiesen wird.[17] Bei der alternativen **Online-Antragstellung** wird ein Medienbruch vermieden. Weil der digitale Antrag nicht handschriftlich unterzeichnet werden kann, ist in anderer Weise zu gewährleisten, dass die Erklärung vom Antragsteller herrührt, § 702 Abs. 2 S. 4 ZPO. In Betracht kommen die Verwendung des besonderen elektronischen Anwaltspostfachs (beA), einer qualifizierten elektronischen Signatur oder die Nutzung des elektronischen Identitätsnachweises nach § 18 des Personalausweisgesetzes, § 702 Abs. 2 S. 3 ZPO.[18]

d) Folgen einer Missachtung der Nutzungspflicht und Übermittlungsvorgaben

12 Gebraucht der Mahnantragsteller das eingeführte Formular nicht oder übermittelt ein Rechtsanwalt oder Inkassodienstleister einen Antrag nicht in maschinell lesbarer Form, weist das Gericht den Antrag kostenpflichtig als unzulässig zurück, § 691 Abs. 1 S. 1 Nr. 1, § 703c Abs. 2, § 702 Abs. 2 ZPO. Ein unzulässiger Antrag hat grundsätzlich keine **verjährungshemmende Wirkung**.[19] § 691 Abs. 2 ZPO macht insofern deutlich, dass der zurückgewiesene Mahnantrag keine verjährungshemmende Wirkung haben kann. Anders sieht es freilich aus, wenn trotz Unzulässigkeit ein Mahnbescheid zugestellt wird; die Zustellung wirkt dann verjährungshemmend nach § 204 Abs. 1 Nr. 3 BGB.[20] Wird aufgrund der Unzulässigkeit des Antrags kein Mahnbescheid zugestellt, so wird die Verjährung gleichwohl ex tunc mit Einreichung des Mahnantrags gehemmt, wenn innerhalb eines Monats seit der Zustellung der Zurückweisung des Antrags Klage eingereicht und diese demnächst zugestellt wird, § 691 Abs. 2 ZPO.[21] Dadurch soll vermieden werden, dass dem Antragsteller durch die Wahl des automatisierten Mahnverfahrens (anstatt einer Klage) Nachteile entstehen, wenn der Mahnantrag als unzulässig zurückgewiesen wird.[22]

4. Online-Mahnantrag

a) Konkretisierung des Streitgegenstandes durch Beifügung von Anlagen?

13 Die mit dem Mahnantrag geltend gemachten Ansprüche müssen hinreichend **individualisiert** werden, so dass sie von anderen Ansprüchen zu unterscheiden sind, § 690 Abs. 1 Nr. 3 ZPO. Die Anforderungen an die Konkretisierung entsprechen denjenigen bei der Klageschrift im Hinblick auf den zu individualisierenden Streitgegenstand.[23] Andernfalls wird der Antrag zurückgewiesen (§ 691 Abs. 1 S. 1 Nr. 1 ZPO) und die Verjährung nicht gehemmt (§ 204 Abs. 1 Nr. 3 ZPO). Der Streitgegenstand kann durch Bezugnahme auf Dokumente (zB Rechnungen) konkretisiert werden.[24] Die generellen Anforderungen an die Konkretisierung des Streitgegenstandes gelten auch im automatisierten Mahnverfahren; sie dürfen nicht gesenkt werden, auch wenn das Formular zu unzureichenden Angaben verleitet.[25]

14 Umstritten ist, ob dem maschinellen Antrag **Anlagen** beigefügt werden dürfen, weil dadurch der Charakter der nur maschinell lesbaren Form verloren geht und der Antrag deshalb für eine maschinelle Bearbeitung nicht mehr geeignet ist. Das AG Hagen hat daher einen solchen Antrag für unzulässig erachtet.[26] Die Entscheidung ist in der Literatur auf ein geteiltes Echo gestoßen.[27] Einerseits können die gesetzlichen

---

17 Siehe https://www.mahngerichte.de/wp-content/uploads/Infobroschuere_2021.pdf, S. 11.
18 Auch Klagen können nach Maßgabe von § 253 Abs. 4, § 130a ZPO durch Übermittlung eines elektronischen Dokuments erhoben werden.
19 Wieczorek/Schütze/Olzen ZPO § 690 Rn. 30.
20 BeckOGK/Meller-Hannich BGB § 204 Rn. 135.
21 MüKoZPO/Schüler ZPO § 703c Rn. 13 mit einigen Rspr.-Quellen; Wieczorek/Schütze/Olzen ZPO § 703c Rn. 10.
22 Thomas/Putzo/Hüßtege ZPO § 691 Rn. 12.
23 BeckOGK/Meller-Hannich BGB § 204 Rn. 138.
24 BGH Urt. v. 10.7.2008 – IX ZR 160/07, NJW 2008, 3498; BeckOGK/Meller-Hannich BGB § 204 Rn. 142.
25 LG Düsseldorf Urt. v. 25.1.2007 – 21 S 430/05, NZM 2007, 599; Thomas/Putzo/Hüßtege ZPO § 690 Rn. 9 aE.
26 AG Hagen Beschl. v. 12.2.2009 – 08–5555627/05/N, NJW-RR 2010, 71.
27 Dem AG Hagen zustimmend HK-ZPO/Gierl ZPO § 690 Rn. 32; Prütting/Gehrlein/Sommer ZPO § 690 Rn. 20; abwägend und iE kritisch MüKoZPO/Schüler ZPO § 690 Rn. 16.

Formvorschriften auch bei einer Beifügung von Anlagen gewahrt werden, andererseits ist das automatisierte Mahnverfahren ein für diese Konstellation ungeeigneter Weg zum Recht. Gewissheit kann erst eine künftige Entscheidung des BGH bringen, bis dahin besteht an dieser Stelle eine erhebliche Rechtsunsicherheit.

Daraus folgt für die **Praxis**: Der Antragsteller muss auch komplexe Forderungen im Mahnantrag hinreichend konkretisieren. Lässt der Vordruck eine hinreichende Konkretisierung nicht zu, so kann auf ein dem Schuldner bereits zugegangenes Dokument (zB Rechnung) Bezug genommen werden, sofern der Zugang des Schriftstücks bewiesen werden kann. Ist das nicht möglich, so empfiehlt sich als Gebot des sichersten Weges eine Klageerhebung oder der Versuch des Eintritts in Verhandlungen (§ 203 BGB) (→ *Haftung des Legal Tech-Unternehmens bei Inkassodienstleistungen* Rn. 3 ff.).[28] Eine Klage ist auch dann erforderlich, wenn der Gläubiger das Vollstreckungsprivileg des § 850f Abs. 2 ZPO genießen möchte, weil der Nachweis eines deliktischen Schuldgrundes („vorsätzlich begangene unerlaubte Handlung") nicht durch die Vorlage eines Vollstreckungsbescheids geführt werden kann.[29]

b) Vorverlagerung der Monierung

Das Gesetz sieht eine gerichtliche Prüfung des Mahnantrags nach dessen Übermittlung vor. Sofern der Antrag einen Mangel enthält, wird dieser durch eine gerichtliche Zwischenverfügung bzw. ein sog. **Monierungsschreiben** beanstandet,[30] mittels dessen die in § 691 Abs. 1 S. 2 ZPO vorgesehene Anhörung durchgeführt wird.[31] Tatsächlich werden weite Teile der Prüfung aber **bereits während der Erstellung des Mahnantrags** durch das algorithmische System durchgeführt, indem dieses auf Fehler hinweist, die behoben werden müssen, weil andernfalls mit der Erstellung des Antrags nicht fortgefahren werden kann.[32]

5. Maschinelle Bearbeitung des Mahnantrags mit Aussteuerung

a) Beschränkte Schlüssigkeitsprüfung

Der übermittelte Mahnantrag wird vom Amtsgericht (teil)automatisch überprüft. Der Antrag kann nur insgesamt zulässig oder unzulässig sein. Ist der Mahnantrag zulässig, so sind die Angaben des Antragstellers ohne Änderung in den Mahnbescheid zu übernehmen.[33] Ist der Antrag unzulässig, so ist er nach Anhörung des Antragstellers – wobei es im pflichtgemäßen Ermessen des Rechtspflegers steht, in welcher Weise er dem Antragsteller **rechtliches Gehör** gewährt[34] – gemäß § 691 Abs. 1 ZPO zurückzuweisen. Die Norm bestimmt zugleich das **Prüfungsprogramm**. Daneben sind lediglich die in § 56 ZPO genannten Prozessvoraussetzungen zu prüfen.[35]

Die vom Gesetzgeber vorgesehene „**beschränkte Schlüssigkeitsprüfung**"[36] wird mittels regelbasierter Systeme vollautomatisch durchgeführt. Das System prüft die Angaben „auf Vollständigkeit, Zulässigkeit und, soweit allein aufgrund des Antrags möglich, auf Richtigkeit. Zusätzlich sind im System sogenannte Grenzwerte vorgegeben, durch die zB Beträge erkannt werden, die den Durchschnittswert deutlich übersteigen und deshalb nicht ohne weitere Prüfung durch das Gericht zugesprochen werden können."[37] Das algorithmische System führt dabei ausschließlich kausale Subsumtionsschritte[38] durch, beispielsweise, ob das Mahnverfahren nach § 688 Abs. 2 Nr. 1 ZPO unzulässig ist, weil ein Anspruch aus einem Verbraucher-

---

28 So iE auch BeckOGK/Meller-Hannich BGB § 204 Rn. 146; Thomas/Putzo/Hüßtege ZPO § 690 Rn. 9 aE.
29 BGH Beschl. v. 4.9.2019 – VII ZB 91/17, openJur 2019, 31414 Rn. 10.
30 OLG Frankfurt Entsch. v. 28.11.2008 – 19 U 185/08, BeckRS 2011, 14412.
31 HK-ZPO/Gierl ZPO § 691 Rn. 8.
32 So auch MüKoZPO/Schüler ZPO § 691 Rn. 3.
33 Thomas/Putzo/Hüßtege ZPO § 692 Rn. 1, 5.
34 BGH Urt. v. 16.9.1999 – VII ZR 307–98, NJW 1999, 3717 (3718).
35 Thomas/Putzo/Hüßtege ZPO § 691 Rn. 2–4.
36 BT-Drs. 7/2729, 47 f.
37 Siehe https://www.mahngerichte.de/wp-content/uploads/Infobroschuere_2021.pdf, S. 24 f.
38 Zur Differenzierung zwischen kausalen und normative Subsumtionsschritten Timmermann Legal Tech-Anwendungen S. 75 ff.; Timmermann/Gelbrich NJW 2022, 25 ff.

darlehensvertrag geltend gemacht wird, bei dem der effektive Jahreszins den bei Vertragsschluss geltenden Basiszinssatz nach § 247 BGB um mehr als zwölf Prozentpunkte übersteigt. Sofern im Programmcode determinierte Maximalangaben überschritten werden, steuert das System den Antrag zur manuellen Bearbeitung aus.[39] Eine normativ wertende Prüfung des im Antrag geltend gemachten Anspruchs findet nicht statt.

19 Die in die Antragstellung integrierte (Vor-)Prüfung wird zwar oftmals verhindern, dass unsinnige oder unklagbare Forderungen zum Erlass eines Mahnbescheids oder gar eines Vollstreckungsbescheids führen.[40] Soweit allerdings gefordert wird, dass der Rechtspfleger mittels der Software Fälle ausfiltern soll, in denen der Antragsteller das **Mahnverfahren rechtsmissbräuchlich** betreibt,[41] vermag die Software diesen Wunsch mangels Verständnis der Semantik der Sprache nur partiell zu erfüllen. Weil die Software das Bestehen des Anspruchs nicht prüft (§ 692 Abs. 1 Nr. 2 ZPO), nimmt sie keine Rechtskonkretisierungen oder gar Rechtsfortbildungen vor.[42]

b) Vereinbarkeit mit Unionsrecht

20 Die Verpflichtung aus Art. 4 Abs. 3 EUV, das nationale Recht so auszugestalten, dass (materiellrechtliche) Vorgaben des Unionsrechts ihre volle praktische Wirksamkeit (effet utile)[43] entfalten können, gebietet keine umfassendere Schlüssigkeitsprüfung. In der Rechtssache „Banco Español de Crédito SA/Joaquín Calderón Camino"[44] hat der EuGH die RL 93/13/EWG über missbräuchliche Klauseln in Verbraucherverträgen[45] mit Bezug auf ein Mahnverfahren ausgelegt. Danach steht die Richtlinie einer mitgliedstaatlichen Regelung entgegen, wonach ein mit einem Antrag auf Erlass eines Mahnbescheids befasstes Gericht, sofern der Verbraucher keinen Widerspruch erhebt, weder a limine noch in irgendeiner anderen Phase des Verfahrens von Amts wegen prüfen darf, ob eine Verzugszinsklausel in einem Vertrag zwischen einem Gewerbetreibenden und einem Verbraucher missbräuchlich ist, obwohl es über die hierzu erforderlichen rechtlichen und tatsächlichen Grundlagen verfügt. Diese Entscheidung ist wegen des **effet utile-Grundsatzes** auf andere materiellrechtliche Unionsakte transferierbar, sie wirkt sich aber für Spanien und Deutschland unterschiedlich aus, weil die §§ 688 ff. ZPO ein deutlich höheres Verbraucherschutzniveau als das (damalige) spanische Prozessrecht gewähren.[46] In der Sache nahm der EuGH eine Prüfpflicht nur bei Vorliegen der „erforderlichen rechtlichen und tatsächlichen Grundlagen"[47] an. Weil sich die Umstände eines möglichen Rechtsmissbrauchs aber nicht aus dem Mahnantrag ergeben, muss und kann das Gericht bzw. dessen Software keine entsprechende Prüfung durchführen. Folglich obliegt es dem Schuldner, gegen ein rechtsmissbräuchliches Mahnverfahren Widerspruch zu erheben und damit den Erlass eines Vollstreckungstitels zu verhindern. Ist ein Vollstreckungsbescheid bereits ergangen, so steht dem Vollstreckungsschuldner in eng begrenzten Ausnahmefällen, etwa wenn der Vollstreckungsgläubiger den Titel durch das automatisierte Mahnverfahren rechtsmissbräuchlich erschlichen hat, ein Anspruch auf Unterlassung der Zwangsvollstreckung aus § 826 BGB zu.[48]

6. Sofortige Beschwerde gegen Zurückweisung

21 Sofern das Gericht den Mahnantrag nach § 691 Abs. 1 ZPO zurückweist, ist die Entscheidung gemäß Abs. 3 S. 2 grundsätzlich unanfechtbar. **Ausnahmsweise** findet nach Abs. 3 S. 1 die sofortige Beschwerde statt, wenn der Antrag in einer nur maschinell lesbaren Form übermittelt und mit der Begründung zurückgewie-

---

39 Siehe https://www.mahngerichte.de/wp-content/uploads/Infobroschuere_2021.pdf, S. 113.
40 MüKoZPO/Schüler ZPO § 691 Rn. 21.
41 So Musielak/Voit/Voit ZPO § 691 Rn. 2.
42 Die Software leiste keinen Beitrag zur Rechtsdogmatik: Engel JZ 2014, 1096 (1100).
43 Calliess/Ruffert/Calliess/Kahl/Puttler EUV Art. 4 Rn. 118.
44 EuGH Urt. v. 14.6.2012 – C-618/10, EuZW 2012, 754.
45 Richtlinie 93/13/EWG des Rates v. 5.4.1993 über mißbräuchliche Klauseln in Verbraucherverträgen (ABl. L 95, 29).
46 Wendenburg EuZW 2012, 758 (759).
47 EuGH Urt. v. 14.6.2012 – C-618/10, EuZW 2012, 754 Rn. 57; zu den Gefahren der Automatisierung von Gerichtsentscheidungen vor dem Hintergrund der EuGH-Rechtsprechung https://fra.europa.eu/sites/default/files/fra_uploads/fra-ai-project-estonia-country-research_en.pdf, S. 25 f.
48 BGH Urt. v. 9.2.1999 – IV ZR 9–98, NJW 1999, 1257; Grüneberg/Sprau BGB § 826 Rn. 52 ff.

sen worden ist, dass diese Form dem Gericht für seine maschinelle Bearbeitung nicht geeignet erscheint. In diesem Fall kann die Zurückweisung für den Antragsteller erhebliche wirtschaftliche Bedeutung haben, insbesondere wenn ein konkurrierendes Unternehmen sich dieser Form der Antragstellung bereits bedient und deshalb ein Wettbewerbsnachteil entsteht.[49] Die sofortige Beschwerde hat in der Sache keinen Erfolg, wenn der (Datei-)Fehler in die Sphäre des Antragstellers fällt. Das Gericht muss weder ein algorithmisches System zur Behebung des Fehlers bereithalten noch das maschinelle Verfahren in ein schriftliches Verfahren überleiten.[50] Der praktische Anwendungsbereich der Norm ist gering.[51]

7. Online-Widerspruch und Vollstreckungsbescheid

Wurde ein Mahnbescheid erlassen, so können Rechtsanwälte auch den **Widerspruch** nur elektronisch erheben, § 702 Abs. 2 S. 2 ZPO. Das Gericht teilt dem Antragsteller mit, dass Widerspruch eingelegt wurde, § 695 ZPO. Sofern eine Partei die Durchführung des streitigen Verfahrens beantragt, gibt das Mahngericht den Rechtsstreit von Amts wegen an das Gericht ab, das in dem Mahnbescheid als für das streitige Verfahren zuständig bezeichnet worden ist, § 696 Abs. 1 S. 1 ZPO. Mit Eingang der Akten bei dem Gericht endet die Vertretungsbefugnis eines Inkassodienstleisters auf Klägerseite, § 696 Abs. 1 S. 4, § 79 Abs. 1 S. 2, Abs. 2 S. 2 Nr. 4 ZPO.

22

Erhebt der Antragsgegner nicht rechtzeitig Widerspruch, so erlässt das Gericht auf Antrag einen **Vollstreckungsbescheid** auf Grundlage des Mahnbescheids (§ 699 Abs. 1 ZPO), aus dem die Zwangsvollstreckung stattfindet (§ 794 Abs. 1 Nr. 4 ZPO). Rechtsanwälte und Inkassodienstleister können auch den Vollstreckungsbescheid ausschließlich elektronisch beantragen, § 702 Abs. 2 S. 2 ZPO. Wegen der maschinellen Bearbeitung braucht der Antragsteller die bisher entstandenen Kosten des Verfahrens nicht zu berechnen, sondern muss lediglich tatsächliche Angaben machen, § 699 Abs. 3 S. 2 ZPO.

23

Vollstreckungsbescheide bedürfen einer (qualifizierten) **Vollstreckungsklausel** nur, wenn die Zwangsvollstreckung für einen anderen als den im Bescheid bezeichneten Gläubiger oder gegen einen anderen als den im Bescheid bezeichneten Schuldner erfolgen soll, § 796 Abs. 1 ZPO. Es geht also um Fälle titelübertragender Klauseln. Eine etwaig erforderliche Vollstreckungsklausel bedarf bei maschineller Bearbeitung keiner Unterschrift, § 703b Abs. 1 Hs. 2 ZPO.

24

8. Europäisches Mahnverfahren

Das einstufige Europäische Mahnverfahren nach der Verordnung (EG) Nr. 1896/2006[52] (EuMahnVO) wird in den §§ 1087 ff. ZPO durchgeführt. Es gilt nur für grenzüberschreitende Mahnverfahren (Art. 2, 3 EuMahnVO). Die internationale Zuständigkeit richtet sich grundsätzlich nach dem Sitz des Antragsgegners, Art. 6 Abs. 1 EuMahnVO iVm Art. 4 Abs. 1 der Verordnung (EU) Nr. 1215/2012[53] (Brüssel Ia-VO). Bei Verfahren gegen einen Verbraucher besteht eine ausschließliche Zuständigkeit an dessen Wohnsitz, Art. 6 Abs. 2 EuMahnVO. Die sachliche und örtliche Zuständigkeit ist beim **AG Wedding** in Berlin konzentriert. Eine maschinelle Bearbeitung nach § 1088 ZPO bietet das AG Wedding bisher nur für Großkunden an.[54] Unabhängig davon sieht die EuMahnVO in ihrem Anhang eine Reihe von verpflichtenden Formblättern, etwa für die Antragstellung und den Einspruch, vor.[55]

25

---

49 BT-Drs. 7/2729, 98.
50 LG Stuttgart Beschl. v. 16.3.1993 – 2 T 71/93, NJW-RR 1994, 1280.
51 Ähnlich Wieczorek/Schütze/Olzen ZPO § 691 Rn. 35.
52 Verordnung (EG) Nr. 1896/2006 des Europäischen Parlaments und des Rates v. 12.12.2006 zur Einführung eines Europäischen Mahnverfahrens (ABl. L 399, 1).
53 Verordnung (EU) Nr. 1215/2012 des Europäischen Parlaments und des Rates v. 12.12.2012 über die gerichtliche Zuständigkeit und die Anerkennung und Vollstreckung von Entscheidungen in Zivil- und Handelssachen (ABl. L 351/1).
54 Siehe https://www.berlin.de/gerichte/amtsgericht-wedding/das-gericht/zustaendigkeiten/mahngericht/artikel.418729.php; HK-ZV/Netzer ZPO § 1088 Rn. 2.
55 HK-ZV/Netzer vor EuMahnVO Rn. 6.

III. Außergerichtliches Mahnverfahren

26 Zentraler Bestandteil eines außergerichtlichen Mahnverfahrens ist die Erstellung eines Dokuments, in dem der Schuldner zur Zahlung aufgefordert wird (→ *Dokumentenautomatisierung* Rn. 9). Insbesondere die Standardisierung von wiederholt notwendigen Abläufen führt hier zur Effizienzsteigerung. Deshalb lagern Unternehmen das außergerichtliche Mahnverfahren oftmals an Legal Tech-Anbieter aus. Diese werden als Inkassodienstleister tätig, das heißt sie ziehen fremde oder zum Zweck der Einziehung abgetretene Forderungen ein. Die meisten Legal Tech-Inkassodienstleister haben sich auf gleich gelagerte Fälle spezialisiert, bei denen die individuellen Zahlungsaufforderungen auf abstrakten **Textbausteinen** basieren.

1. Erlaubnisbedürftigkeit

27 Das Rechtsdienstleistungsgesetz (RDG) normiert zum Schutz der Rechtsuchenden, des Rechtsverkehrs und der Rechtsordnung vor unqualifizierten Rechtsdienstleistungen (§ 1 Abs. 1 S. 2) in seinem § 3 ein **präventives Verbot mit Erlaubnisvorbehalt** für die Erbringung außergerichtlicher Rechtsdienstleistungen (→ *Rechtsanwalt, Monopol* Rn. 2 ff.).

28 Nach § 2 Abs. 1 RDG ist jede Tätigkeit in konkreten fremden Angelegenheiten als Rechtsdienstleistung zu qualifizieren, sobald sie eine rechtliche Prüfung des Einzelfalls erfordert. Eine Inkassodienstleistung, mithin die Einziehung fremder oder zum Zweck der Einziehung auf fremde Rechnung abgetretener Forderungen, ist nach § 2 Abs. 2 RDG stets als Rechtsdienstleistung anzusehen. Die Inkassodienstleistung stellt somit einen **Unterfall der Rechtsdienstleistung** dar.

a) Rechtsdienstleistung mittels Computerprogramm

29 Eine Rechtsdienstleistung kann nach der Rechtsprechung des BGH und den überwiegenden Literaturstimmen **mittels eines Computerprogramms** erbracht werden (→ *Rechtsanwalt, Monopol* Rn. 15 ff.).[56] Dieses Ergebnis entspricht dem unionsrechtlichen Kohärenzgebot, welches gebietet, Dienstleistungen in ihrem gesamten Spektrum *einer* Regulierung zugrunde zu legen.[57] Für eine entsprechende deklaratorische Klarstellung in § 2 Abs. 1 RDG besteht vor diesem Hintergrund kein Bedarf.[58]

b) Wirtschaftliche Fremdheit der Angelegenheit

30 Die Differenzierung des § 2 RDG zwischen fremden und eigenen Angelegenheiten ist angezeigt, weil der Rechtsuchende seinen Fall nicht in ungeeignete, fremde Hände legen soll, er hingegen keines Schutzes vor sich selbst bedarf.[59] Für die Abgrenzung zwischen eigenen und fremden Angelegenheiten ist die **wirtschaftliche Fremdheit** der einzuziehenden Forderung entscheidungserheblich, und nicht, ob der Rechtsuchende oder der Rechtsdienstleister Gläubiger der Forderung ist.[60]

31 Das Erstellen von Schreiben durch den Gläubiger oder die **unternehmensinterne Mahnabteilung** ist folglich erlaubnisfrei. Weil beim Forderungsankauf (echtes Factoring) der Zessionar das wirtschaftliche Risiko des Forderungsausfalls übernimmt, wird der Zessionar in wirtschaftlich eigener Angelegenheit tätig und benötigt aus diesem Grund keine Erlaubnis. Hingegen stellt das unechte Factoring, bei dem die Forderung lediglich zum Zweck der Einziehung abgetreten wird, der Zedent aber weiterhin das wirtschaftliche Risiko des Forderungsausfalls trägt, eine erlaubnisbedürftige Inkassodienstleistung dar.

---

[56] BGH Urt. v. 9.9.2021 – I ZR 113/20, NJW 2021, 3125 (3127); HK-RDG/Krenzler/Krenzler RDG § 2 Rn. 14, 44; Remmertz BRAK-Mitt. 2017, 55 (57 f.); Wessels MMR 2020, 59 (59); Timmermann/Hundertmark RDi 2021, 269 (273); aA Deckenbrock/Henssler/Deckenbrock/Henssler RDG § 2 Rn. 54b.
[57] So allgemein zum Kohärenzgebot Kluth GewArch 2021, 302 (305).
[58] Die FDP-Bundestagsfraktion hat 2019 vorgeschlagen, § 2 Abs. 1 RDG folgenden Satz 2 anzufügen: „Eine Tätigkeit im Sinne des Satz 1 kann ganz oder teilweise automatisiert erbracht werden." (BT-Drs. 19/9527, 5).
[59] Deckenbrock/Henssler/Deckenbrock/Henssler RDG § 2 Rn. 19.
[60] BT-Drs. 16/3655, 48.

Ein (oftmals bestehendes) **mittelbares Eigeninteresse an der Datengewinnung** zur Verbesserung der algorithmischen Systeme vermag eine erlaubnisbedürftige wirtschaftlich fremde Angelegenheit nicht zu einer erlaubnisfreien eigenen Angelegenheit zu machen.[61]

c) Bloße Rechnungserstellung erlaubnisfrei

Das bloße Erstellen von Rechnungen für ein anderes Unternehmen (**Outsourcing der Buchhaltung**) ist erlaubnisfrei, sofern der Rechnungsersteller gegenüber dem Schuldner nicht im Außenverhältnis auftritt, da er in diesem Fall keine fremde Forderung einzieht und demnach keine Inkassodienstleistung erbringt, § 2 Abs. 2 RDG. Darüber hinaus stellt die Tätigkeit keine Rechtsdienstleistung iSd § 2 Abs. 1 RDG gegenüber der Auftraggeberin dar, weil sie keine rechtliche Prüfung des Einzelfalls erfordert.

2. Reichweite des Inkassobegriffs

Mit der Rechtsanwaltschaft einerseits und den Inkassodienstleistern andererseits gibt es zwei unterschiedliche **Rechtsdienstleistungsberufe**. Rechtsanwälte üben einen freien Beruf aus und sind die berufenen unabhängigen Berater und Vertreter in allen Rechtsangelegenheiten, § 2 Abs. 1, § 3 Abs. 1 Bundesrechtsanwaltsordnung (BRAO). Demgegenüber dürfen registrierte Inkassodienstleister lediglich Inkassodienstleistungen iSd § 2 Abs. 2 S. 1 RDG als gewerbliche Tätigkeit erbringen, § 10 Abs. 1 S. 1 Nr. 1 RDG.[62]

Die Reichweite der Inkassoerlaubnis war und ist Gegenstand einer lebendigen rechtsdogmatischen und rechtspolitischen Diskussion. Aus zwei grundlegenden BGH-Entscheidungen[63] und dem Gesetz zur Förderung verbrauchergerechter Angebote im Rechtsdienstleistungsmarkt[64] kann eine **Tendenz zu einem weiten Verständnis der Inkassoerlaubnis** abgeleitet werden:

Eine Inkassoerlaubnis umfasst die (automatisierte) rechtliche **Prüfung** der Verität einer Forderung und die **Beratung** des Rechtsuchenden, wie das Bundesverfassungsgericht in den Jahren 2002 und 2004 entschieden hat.[65] Weil die Bindungswirkung der Verfassungsgerichtsentscheidungen mitunter verneint wurde,[66] hat der Gesetzgeber die Entscheidungen nun im Wortlaut des § 2 Abs. 2 S. 1 RDG nachvollzogen.[67]

Der BGH hat 2019 im Lexfox-Urteil entschieden, dass auch Hilfsansprüche wie der Auskunftsanspruch des § 556g Abs. 3 BGB durch den Inkassodienstleister geltend gemacht werden können. Gleiches gilt für einen Rügeausspruch, der – wie § 556g Abs. 2 BGB – die Forderung erst zur Entstehung bringt.[68] Diese Einschätzung wird vom Gesetzgeber tendenziell geteilt. Hingegen sollen **weitergehende Tätigkeiten**, die sich nicht auf die Einziehung der im konkreten Fall gegenständlichen Forderung beziehen, nicht mehr unter den Begriff der Inkassodienstleistung gefasst werden. Die Gesetzesbegründung weicht insoweit ausdrücklich von der Entscheidung des BGH im Verfahren Lexfox ab. So soll etwa die Aufforderung, zukünftig keine überhöhte Miete mehr zu verlangen, nicht vom Inkassobegriff umfasst sein.[69]

---

61 Timmermann Legal Tech-Anwendungen S. 397.
62 Der 2021 vorgestellte Entwurf eines Berichts des Europäischen Parlaments mit Empfehlungen an die Kommission zur verantwortungsbewussten privaten Finanzierung von Rechtsstreitigkeiten (2020/2130(INL)) sieht die Einführung eines Zulassungssystems für Prozessfinanzierer vor, wobei die Zulassung als Inkassodienstleister formelle Konzentrationswirkung entfalten soll (Art. 4). Die Frage, in welchen Konstellationen ein Inkassodienstleister überhaupt als Prozessfinanzierer anzusehen ist (dazu Timmermann Legal Tech-Anwendungen S. 535 ff.), kann deshalb dahinstehen.
63 BGH Urt. v. 27.11.2019 – VIII ZR 285/18, NJW 2020, 208 – Lexfox; BGH Urt. v. 13.7.2021 – II ZR 84/20, NZG 2021, 1175 – Air-Berlin; im weiteren Kontext zu § 2 RDG auch BGH Urt. v. 9.9.2021 – I ZR 113/20, NJW 2021, 3125 – smartlaw.
64 Gesetz zur Förderung verbrauchergerechter Angebote im Rechtsdienstleistungsmarkt v. 10.8.2021 (BGBl. I 3415).
65 BVerfG Beschl. v. 20.2.2002 – 1 BvR 423/99 u.a., NJW 2002, 1190; BVerfG Beschl. v. 14.8.2004 – 1 BvR 725/03, NJW-RR 2004, 1570.
66 Insbes. LG Berlin Beschl. v. 26.7.2018 – 67 S 157/18, NJW 2018, 2901 Rn. 10.
67 BT-Drs. 19/27673, 37.
68 BGH Urt. v. 27.11.2019 – VIII ZR 285/18, NJW 2020, 208 (227 f.).
69 BT-Drs. 19/27673, 37.

38 Indem das Rechtsanwaltsvergütungsgesetz (RVG) seit 2021 besondere Regelungen für Inkassodienstleistungen vorhält, die eine unbestrittene Forderung betreffen,[70] hat der Gesetzgeber implizit klargestellt, dass auch Tätigkeiten, die auf die Einziehung einer **bestrittenen Forderung** gerichtet sind, von der Inkassoerlaubnis umfasst sind. Eine Inkassodienstleistung liegt schließlich auch dann vor, wenn die Tätigkeit vorrangig oder ausschließlich auf eine **gerichtliche Durchsetzung** der abgetretenen Forderungen gerichtet ist.[71]

39 Sofern (automatisierte) Tätigkeiten nicht dem Inkassobegriff unterfallen, darf daraus nicht die pauschale Annahme einer unerlaubten Rechtsdienstleistung konkludiert werden. Vielmehr ist die Tätigkeit **erlaubnisfrei**, wenn sie nicht dem Rechtsdienstleistungsbegriff des § 2 Abs. 1 RDG (→ Rn. 28) unterfällt,[72] etwa weil sie keine rechtliche Prüfung des Einzelfalls erfordert. Und auch wenn die Tätigkeit eine nicht vom Inkassobegriff umfasste Rechtsdienstleistung darstellt, kann sie als **Nebenleistung zur Inkassodienstleistung** zulässig sein, wenn die Voraussetzungen des § 5 Abs. 1 RDG erfüllt sind.[73] Das Merkmal der „Nebenleistung" ist freilich inhaltlich wenig bestimmt, so dass dadurch die gewünschte Rechtssicherheit vermutlich nicht eintreten wird (→ *Rechtsanwalt, Monopol* Rn. 6).[74]

3. Informationspflichten

40 Die Berufspflichten der Rechtsanwaltschaft sind insbesondere in der BRAO normiert, während das RDG die Berufspflichten von Inkassodienstleistern regelt. Am 1.10.2021 sind das Gesetz zur Verbesserung des Verbraucherschutzes im Inkassorecht und das Gesetz zur Förderung verbrauchergerechter Angebote im Rechtsdienstleistungsmarkt in Kraft getreten. Hiermit wurden registrierten Inkassounternehmern neue Informationspflichten gegenüber rechtsuchenden Verbrauchern als Auftraggeber auferlegt, § 13b RDG. Zudem müssen Inkassodienstleister *und* Rechtsanwälte mit der ersten Geltendmachung einer Forderung gegenüber einer Privatperson bestimmte Informationen übermitteln, § 13a RDG, § 43d BRAO.[75]

a) Informationspflichten der Inkassodienstleister für rechtsuchende Verbraucher, § 13b RDG

aa) Ziel und Anwendungsbereich der Norm

41 Inkassodienstleister, die für einen Verbraucher tätig werden, müssen diesem vor Abgabe seiner Vertragserklärung über eine Inkassodienstleistung die in § 13b RDG normierten Informationen zur Verfügung stellen. Der Gesetzgeber beabsichtigt damit, die **Vergleich- und Bewertbarkeit von Inkassodienstleistungen** zu fördern.[76] Die Bestimmungen dienen somit der Stärkung der materiellen Vertragsfreiheit der betroffenen Verbraucher. Nicht nachvollziehbar ist, warum der Anwendungsbereich der Norm auf **Inkassodienstleistungen für Verbraucher** beschränkt ist, schließlich soll das RDG ausweislich seines § 1 Abs. 1 S. 2 dem Schutz aller Rechtsuchenden dienen.[77] Zudem geht die Bundesregierung zutreffend davon aus, dass die Unternehmen für die Erfüllung kein einzelfallbezogenes Schreiben erstellen werden.[78] Auch unter dieser Prämisse besteht für eine Differenzierung zwischen Verbrauchern und Unternehmern als Empfänger der Dienstleistung kein sachlicher Grund, weil den Normverpflichteten durch eine Ausweitung des sachlichen Anwendungsbereichs keine nennenswerten Mehrkosten entstehen würden. Schließlich erschließt sich nicht,

---

70 S. § 13 Abs. 2 RVG, Nr. 2300 Abs. 1 VV RVG: Gesetz zur Verbesserung des Verbraucherschutzes im Inkassorecht und zur Änderung weiterer Vorschriften v. 22.12.2020 (BGBl. I 3320).
71 BGH Urt. v. 13.7.2021 – II ZR 84/20, NZG 2021, 1175 – Air Berlin.
72 Timmermann Legal Tech-Anwendungen S. 506, 633 f.
73 BT-Drs. 19/27673, 18.
74 So auch BeckRA-HdB/Remmertz § 64 Rn. 108.
75 Gesetz zur Verbesserung des Verbraucherschutzes im Inkassorecht und zur Änderung weiterer Vorschriften v. 22.12.2020 (BGBl. I 3320); Gesetz zur Förderung verbrauchergerechter Angebote im Rechtsdienstleistungsmarkt v. 10.8.2021 (BGBl. I 3415).
76 BT-Drs. 19/27673, 41.
77 So auch BRAK, Stellungnahme Nr. 81, Dezember 2020, abrufbar unter https://www.brak.de/fileadmin/05_zur_rechtspolitik/stellungnahmen-pdf/stellungnahmen-deutschland/2020/dezember/stellungnahme-der-brak-2020-81.pdf, S. 24; Remmertz BRAK-Mitt. 2021, 288 (291).
78 BT-Drs. 19/27673, 23.

warum für **Rechtsanwälte, die Inkassodienstleistungen erbringen**, nicht die gleichen Informationspflichten (in der BRAO) verankert wurden. Die Informationspflichten sollten daher künftig allen Rechtsdienstleistern auferlegt und zugunsten aller Rechtsuchenden erweitert werden.

bb) Inhalt der Informationspflichten

Sofern Inkassodienstleister ein grundsätzlich zulässiges (→ Rn. 52 ff.) **Erfolgshonorar** vereinbaren möchten, haben sie den Verbraucher darauf hinzuweisen, welche anderen Möglichkeiten zur Durchsetzung der Forderung bestehen, insbesondere, wenn diese es dem Verbraucher ermöglichen, die Forderung in voller Höhe zu realisieren, § 13b Abs. 1 Nr. 1 RDG. Zu denken ist an die Inanspruchnahme anwaltlicher Hilfe auf Basis einer gesetzlichen Vergütung, die im Erfolgsfall eine vollständige Kompensation ermöglicht, an Prozesskostenhilfe, Schlichtungsstellen oder die Teilnahme an Verbandsklagen.[79] 42

Zu informieren ist ferner über etwaig getroffene Vereinbarungen zwischen dem Inkassodienstleister und einem **Prozessfinanzierer**, § 13b Abs. 1 Nr. 2 RDG. 43

Falls der Inkassodienstleister zum Abschluss eines **Vergleichs** berechtigt sein soll, hat er dem Verbraucher insbesondere zu erläutern, ob der Vergleichsschluss seiner vorherigen Zustimmung bedarf oder ob und unter welchen Voraussetzungen er ihn widerrufen kann, § 13b Abs. 1 Nr. 3 RDG. 44

Sofern Inkassodienstleister einen Vertragsschluss im Einzelfall ablehnen, haben sie dem Verbraucher die wesentlichen Gründe dafür in Textform mitzuteilen. In der Mitteilung ist darauf hinzuweisen, ob eine **rechtliche Prüfung der Forderung stattgefunden hat** und ob diese ganz oder teilweise **automatisiert vorgenommen** wurde, § 13b Abs. 2 RDG. Durch die Information soll dem Eindruck einer abschließenden und vollständigen Prüfung entgegengewirkt werden. Der Dienstleister muss also konkretisieren, ob die Ablehnung auf einer rechtlichen Prüfung beruht oder Folge einer statistischen Auswertung der Erfolgswahrscheinlichkeit ist.[80] Weil algorithmische Systeme keine normativen Subsumtionsschritte[81] durchführen können (→ *Subsumtion* Rn. 27), wird in aller Regel lediglich eine statistische Auswertung über das Gesetz der großen Zahlen vorgenommen.[82] Der Verbraucher soll reflektieren, dass eine rechtliche Prüfung durch eine qualifizierte natürliche Person bisher nicht stattgefunden hat.[83] Dadurch wird er zu einer informierten Entscheidung befähigt, ob er den Anspruch anderweitig weiterverfolgen möchte. 45

cc) Art und Weise der Information

Die genannten Informationen müssen dem Verbraucher **in klarer und verständlicher Weise zur Verfügung gestellt** werden. Ausweislich der Gesetzesbegründung „müssen sie daher so dargestellt werden, dass sie von durchschnittlich verständigen Verbraucherinnen und Verbrauchern ohne unzumutbaren Aufwand aufgefunden und ohne rechtliche Beratung verstanden werden können".[84] Sofern die Aufsichtsbehörden (siehe zu ihren Aufgaben und Befugnissen § 13h RDG) den eindeutigen gesetzgeberischen Willen ernst nehmen, werden viele Legal Tech-Inkassodienstleister ihre Produktdarbietung im Internet (inklusive der AGB) erheblich nachbessern müssen (eine Übergangsfrist besteht nicht).[85] 46

---

79 BT-Drs. 19/27673, 42 f.
80 BT-Drs. 19/27673, 46.
81 Timmermann Legal Tech-Anwendungen S. 75 ff.; Timmermann/Gelbrich NJW 2022, 25 ff.
82 Die Qualität einer Rechtsdienstleistung kann prinzipiell durch zwei Staatsexamina oder das Gesetz der großen Zahlen gewährleistet werden: Timmermann Legal Tech-Anwendungen S. 574.
83 BT-Drs. 19/27673, 46.
84 BT-Drs. 19/27673, 41.
85 Ein Praxistest der Autoren beim Marktführer flightright hat am 20.6.2022 ergeben, dass der Hinweis auf andere Möglichkeiten zur Durchsetzung der Forderung (§ 13b Abs. 1 Nr. 1 RDG) in den AGB (Nr. 9.5) unter der Überschrift „Vertragsdauer, Kündigung und Streitbeilegung" so versteckt ist, dass er für einen durchschnittlichen Verbraucher nicht mit zumutbarem Aufwand aufgefunden werden kann. Zudem sind die Informationen unvollständig, weil ein Hinweis auf die Möglichkeit einer Vollkompensation durch die Inanspruchnahme anwaltlicher Hilfe mit gesetzlicher Vergütung fehlt. Informationen darüber, ob eine rechtliche Prüfung der Forderung stattgefunden hat und ob diese ganz oder teilweise automatisiert vorgenommen wurde (§ 13b Abs. 2 RDG), sind weder der Website noch den AGB zu entnehmen. Stattdessen heißt es auf der Website: „Häufig nutzen Fluggesellschaften bei Flugverspätungen angebliche außergewöhnliche Umstände als Ausrede, um keine Entschädigung zahlen zu müssen. Lassen

b) Informationspflichten gegenüber Privatpersonen als Schuldner, § 13a RDG, § 43d BRAO

47 Inkassodienstleister und auch Rechtsanwälte, die Inkassodienstleistungen erbringen, müssen mit der ersten Geltendmachung einer Forderung gegenüber einer Privatperson dieser die in § 13a RDG bzw. § 43d BRAO aufgelisteten Informationen klar und verständlich in **Textform** übermitteln. Die Normen entsprechen im Wesentlichen dem § 11a RDG aF. Eine Missachtung des § 13a RDG ist bußgeldbewehrt, § 20 RDG.

48 Informationen über das **Innenverhältnis** zwischen Rechtsdienstleister und Auftraggeber braucht der Rechtsdienstleister dem Schuldner nicht zu gewähren. Wünschenswert wäre de lege ferenda insbesondere eine Nachweispflicht, dass der rechtsuchende Auftraggeber Inkassokosten tatsächlich bezahlt hat (Schaden als Vermögenseinbuße anstatt „fiktiver Schaden").[86]

IV. Kostenrecht

49 Die kostenrechtlichen Bestimmungen für das gerichtliche Mahnverfahren sind technikneutral ausgestaltet. Allerdings wurden einige der zum 1.10.2021 in Kraft getretenen Änderungen[87] ausweislich der Gesetzgebungsmaterialien auch vor dem Hintergrund des standardisierten Masseninkassos vorgenommen.

1. Gerichtskostengesetz

50 Für das gerichtliche Mahnverfahren werden Kosten nach dem Gerichtskostengesetz (GKG) erhoben.[88] Die zunächst vom Antragsteller geschuldete (§ 22 Abs. 1 GKG) Verfahrensgebühr wird mit Einreichung des Mahnantrags **fällig** (§ 6 Abs. 1 S. 1 Nr. 1 GKG). Von der Zahlung der fälligen Gebühr darf im Fall eines maschinell erstellten Mahnbescheids allerdings erst der Erlass des Vollstreckungsbescheids abhängig gemacht werden, § 12 Abs. 3 S. 2 GKG. Die Vorschrift findet ausweislich § 12 Abs. 4 S. 1 GKG auf das Europäische Mahnverfahren keine entsprechende Anwendung, weshalb der Europäische Zahlungsbefehl[89] erst nach Zahlung der Gebühr erlassen werden soll, § 12 Abs. 3 S. 1 GKG.[90]

51 Für das Verfahren über den Antrag auf Erlass eines **Mahnbescheids** oder Europäischen Zahlungsbefehls entsteht eine **0,5 Gebühr** (Nr. 1100 KV GKG). Die Höhe einer Gebühr richtet sich nach dem Streitwert (sog. **Wertgebühr**) und ist der Gebührentabelle zu entnehmen, die dem GKG als Anlage 2 beigefügt ist, § 34 Abs. 1 GKG. Sie beträgt jedoch für das Verfahren über den Antrag auf Erlass eines Mahnbescheids derzeit mindestens 36 EUR (Nr. 1100 KV GKG). Sofern später eine 3,0 Gebühr für ein streitiges Verfahren entsteht, wird die Gebühr für das Mahnverfahren auf jene angerechnet (Nr. 1210 Abs. 1 KV GKG).

2. Erfolgshonorar

52 Das Kostenrecht wurde für Rechtsanwälte und Inkassodienstleister zum 1.10.2021 aus verfassungsrechtlichen Gründen (Gleichbehandlung) **vereinheitlicht**, soweit die beiden Berufsgruppen die gleiche Inkassodienstleistung erbringen.[91] Die Möglichkeit, Erfolgshonorare zu vereinbaren, wurde dabei für die Rechtsanwälte ausgeweitet und die Vertragsfreiheit der Inkassodienstleister leicht beschnitten:

Sie Fluggasthelfer wie Flightright Ihren Anspruch und die Angaben der Airline überprüfen. Sie greifen bei der Fallprüfung auf detaillierte Flugdatenbanken zurück und können beurteilen, ob eine Flugverspätung tatsächlich auf außergewöhnliche Umstände zurückzuführen ist oder die Fluggesellschaft eine Entschädigungszahlung zu Unrecht verweigert." (https://www.flightright.de/ihre-rechte/flugverspaetung-entschaedigung). Die Information erfolgte auch nicht, nachdem der Vertragsschluss im Einzelfall abgelehnt wurde.

86 So auch Halm BRAK-Mitt. 2021, 282 (286).
87 Gesetz zur Verbesserung des Verbraucherschutzes im Inkassorecht und zur Änderung weiterer Vorschriften v. 22.12.2020 (BGBl. I 3320); Gesetz zur Förderung verbrauchergerechter Angebote im Rechtsdienstleistungsmarkt v. 10.8.2021 (BGBl. I 3415).
88 § 1 Abs. 1 S. 1 Nr. 1 GKG.
89 Art. 12 EuMahnVO.
90 BeckOK KostR/Toussaint GKG § 12 Rn. 31.
91 BT-Drs. 19/20348, 51.

So dürfen **Rechtsanwälte** für außergerichtliche Inkassodienstleistungen und ihre Tätigkeit im gerichtlichen Mahnverfahren bis zur Abgabe an das Streitgericht stets ein Erfolgshonorar vereinbaren, § 49b Abs. 2 S. 1 BRAO, § 4a Abs. 1 S. 1 Nr. 2 RVG. Dagegen ist die Vereinbarung eines Erfolgshonorars nach wie vor unzulässig, soweit sich der Auftrag auf eine Forderung bezieht, die der Pfändung nicht unterworfen ist, § 4a Abs. 1 S. 2 RVG.[92] Die Änderung ist zu begrüßen, weil durch die klare Regelung die Rechtssicherheit gegenüber der bisher nach § 4a RVG aF vorzunehmenden Einzelfallbetrachtung gestärkt wird.[93]

Inkassodienstleister durften nach der alten Rechtslage bei jeder Art von Forderung Erfolgshonorare vereinbaren.[94] Soweit sich die Inkassodienstleistung auf eine unpfändbare Forderung bezieht, ist die Vereinbarung eines Erfolgshonorars nach der neuen Rechtslage unzulässig, § 13c Abs. 4 RDG.

3. Umgang mit Fremdgeldern

Rechtsanwälte haben fremde Gelder gemäß § 43a Abs. 5 BRAO, § 4 Berufsordnung für Rechtsanwälte (BORA) unverzüglich an eine empfangsberechtigte Person weiterzuleiten oder auf ein gesondertes Anderkonto einzuzahlen. Vor dem Hintergrund der neuen Legal Tech-Geschäftsmodelle wurde diese Verpflichtung nun auch Inkassodienstleistern auferlegt, § 13g RDG. Verbraucher werden dadurch vor einem **Insolvenzrisiko des Legal Tech-Unternehmers** besser geschützt.

4. Gesetzliche RVG-Vergütung

a) Geltung für Inkassodienstleister im Außenverhältnis

Die nachfolgenden Ausführungen zum Rechtsanwaltsvergütungsgesetz gelten im Außenverhältnis zum Schuldner einer Hauptforderung **gleichermaßen für Rechtsanwälte wie Inkassodienstleister**, weil ein Gläubiger Kosten, die ihm ein Inkassodienstleister für seine Tätigkeit berechnet hat, von seinem Schuldner nur bis zu der Höhe als Schaden ersetzt verlangen kann, die einem Rechtsanwalt für diese Tätigkeit nach dem RVG zustehen würde, § 13e Abs. 1 RDG.[95]

Die vorgeschlagene pauschale gebührenrechtliche Differenzierung zwischen „**Legal Tech-Masseninkasso**" und „**Einzelfallinkasso**" hat der Gesetzgeber zu Recht nicht aufgegriffen, weil zum einen rechtssichere Abgrenzungskriterien schwierig definierbar sind und zum anderen den Schuldnern nicht vermittelbar ist, warum sie, je nachdem, welches Inkassounternehmen ihr Gläubiger beauftragt, unterschiedliche Rechtsverfolgungskosten bezahlen sollen.[96]

b) Außergerichtliche Geschäftsgebühr

Die Kontaktierung des Schuldners durch den Rechtsanwalt oder Inkassodienstleister ist eine nach außen gerichtete Tätigkeit, die eine **Geschäftsgebühr** (Nr. 2300 Abs. 1 VV RVG) auslöst. Dagegen wird keine Geschäftsgebühr, sondern allenfalls eine Beratungsgebühr nach § 34 RDG begründet, wenn der Dienstleister lediglich ein Schreiben entwirft, das der Rechtsuchende selbst versendet.[97]

---

[92] Diese Ausnahme war den Fraktionen CDU/CSU und Bündnis 90/Die Grünen wichtig, s. Beschlussempfehlung des Ausschusses für Recht und Verbraucherschutz, BT-Drs. 19/30495, 14.

[93] Hingegen lehnt die BRAK die Änderung wegen einer Gefährdung der anwaltlichen Unabhängigkeit ab: BRAK, Stellungnahme Nr. 81, Dezember 2020, abrufbar unter https://www.brak.de/fileadmin/05_zur_rechtspolitik/stellungnahmen-pdf/stellungnahmen-deutschland/2020/dezember/stellungnahme-der-brak-2020-81.pdf, S. 10.

[94] § 4 Abs. 2 S. 2 RDGEG aF findet keine analoge Anwendung auf Inkassodienstleister, wie der BGH unter Verweis auf den Wortlaut und die Systematik zutreffend entschieden hat: BGH Urt. v. 27.11.2019 – VIII ZR 285/18, NJW 2020, 230 – Lexfox.

[95] Die für die Praxis sehr bedeutende Vorschrift war bisher in § 4 Abs. 5 RDGEG aF „versteckt" (BT-Drs. 19/20348, 51).

[96] BT-Drs. 19/20348, 24; dazu u.a. Halm BRAK-Mitt. 2021, 282 (285); Die rechtspolitische Diskussion geht nun in Bezug auf gerichtliche Verfahren weiter. So heißt es im Beschluss der 93. Justizministerkonferenz (Frühjahrskonferenz 1./2.6.2022) unter TOP I.6 Nr. 3 lit. e: „Der aufgrund weitgehend deckungsgleicher Sachverhalte in großen Teilen identische Parteivortrag in Massenverfahren rechtfertigt es, Anpassungen der Rechtsanwaltsgebühren, wenn ein Prozessbevollmächtigter in einer Vielzahl von gleichgelagerten Verfahren tätig wird, zu prüfen".

[97] OLG Nürnberg Urt. v. 26.7.2010 – 14 U 220/10, NJW 2011, 621; BeckOK KostR/v. Seltmann RVG VV 2300 Rn. 4.

aa) Sonderregelung für Inkassodienstleistungen, die unbestrittene Forderungen betreffen

59 Seit dem 1.10.2021 gelten Besonderheiten für den Gebührensatz, wenn Gegenstand der Tätigkeit eine Inkassodienstleistung ist, die eine **unbestrittene Forderung** betrifft. Dadurch sollen Schuldner vor unangemessen hohen Inkassokosten geschützt werden.[98] In einfachen Fällen kann nach Nr. 2300 Abs. 2 VV RVG nur eine Gebühr von 0,5 gefordert werden, wobei ein einfacher Fall in der Regel vorliegt, wenn die Forderung auf die erste Zahlungsaufforderung hin beglichen wird. Mehr als die Schwellengebühr von 0,9 kann nur gefordert werden, wenn die Inkassodienstleistung besonders umfangreich oder besonders schwierig war. Der Gebührensatz beträgt höchstens 1,3. Bei bestrittenen Forderungen bleibt es bei den bisherigen RVG-Gebühren. Ausweislich der Gesetzesbegründung setzt ein **Bestreiten** ein aktives Tun des Schuldners voraus. Dies muss in aller Regel auch auf die konkrete Forderung bezogen sein. Es erscheint allerdings nicht ausgeschlossen, dass ein Schuldner gegenüber einem Gläubiger eine bestimmte Art gegen ihn erhobener Forderungen generell bestreitet.[99]

60 Die Höhe einer Gebühr richtet sich nach dem Gegenstandswert (sog. **Wertgebühr**) und ist der Gebührentabelle zu entnehmen, die dem RVG als Anlage 2 beigefügt ist, § 13 Abs. 1 RVG. Davon abweichend beträgt die Geschäftsgebühr für eine außergerichtliche Inkassodienstleistung, die eine unbestrittene Forderung bei einem Gegenstandswert bis 50 EUR betrifft, nur 30 EUR (anstatt 49 EUR), § 13 Abs. 2 RVG.

bb) Folgeprobleme der Differenzierung

61 Die Änderungen sind **systemwidrig**, weil für Gebühren bislang der Gegenstandswert und der erteilte Auftrag, nicht aber der Inhalt der Forderung („unbestrittene Forderung") maßgeblich war. In der Praxis kann die Gebühr zwar (theoretisch) nach wie vor als Verzugsschaden in einem Aufforderungsschreiben oder gerichtlichen Mahnverfahren geltend gemacht werden. Weil aber noch nicht feststeht, ob eine bislang unbestrittene Forderung noch bestritten werden wird, kann die **Schadenshöhe erst ex post beziffert** werden.[100] Problematisch ist zudem, dass die – im RDG schon immer bestehenden – Rechtsunsicherheiten zur **Reichweite des Inkassobegriffs** (→ Rn. 34 ff.) nun in das RVG Eingang gefunden haben. Mithin wird die Diskussion über die Reichweite des Inkassobegriffs in den kommenden Jahren wahrscheinlich auch in vergütungsrechtliche Streitigkeiten eingekleidet werden.

cc) Ermäßigte Geschäftsgebühr bei Beschränkung des Auftrags auf ein Schreiben einfacher Art

62 Sofern sich der **Auftrag auf ein Schreiben einfacher Art beschränkt**, sieht Nr. 2301 VV RVG lediglich eine Gebühr von 0,3 vor.

63 Laut Legaldefinition handelt es sich um ein Schreiben einfacher Art, „wenn dieses weder schwierige rechtliche Ausführungen noch größere sachliche Auseinandersetzungen enthält". Legal Tech-Inkassodienstleister erstellen **in der Regel Schreiben einfacher Art**, weil der BGH Nr. 2301 VV RVG für standardisierte Formularschreiben, die unter Verwendung elektronischer Datensätze automatisiert erstellt und an die Schuldner versendet werden, bejaht.[101]

64 Für die gebührenrechtliche Einordnung ist somit entscheidungserheblich, ob sich der Auftrag auf die Erstellung eines Schreibens einfacher Art **beschränkt**. Die Gesetzesbegründung führt zu Inkassotätigkeiten generell aus, dass oftmals „zumindest eine Schlüssigkeitsprüfung der übergebenen Forderung und […] nicht selten mehrere Schreiben zu fertigen oder Telefonate zu führen sowie Zahlungseingänge zu überwachen"[102] sind. Auf Geschäftsmodelle des Legal Tech-Masseninkassos treffen diese Erwägungen jedoch oftmals nicht zu. Vielmehr sieht der BGH eine Vielzahl von Beitreibungsfällen als Indiz für das Unterlassen einer (juristischen) Schlüssigkeitsprüfung an.[103] Der Auftrag an Legal Tech-Inkassodienstleister ist daher oftmals auf die Erstellung eines Schreibens einfacher Art beschränkt.

---

[98] BT-Drs. 19/20348, 84.
[99] BT-Drs. 19/20348, 52, 64.
[100] Mayer NJW 2021, 2313 (2314 ff.).
[101] BGH Urt. v. 14.3.2019 – 4 StR 426/18, NJW 2019, 1759 (1761).
[102] BT-Drs. 19/20348, 23.
[103] BGH Urt. v. 14.3.2019 – 4 StR 426/18, NJW 2019, 1759 (1761).

dd) Folgerungen für die Praxis

Eine **Geschäftsgebühr** wird nur durch eine nach außen gerichtete Tätigkeit ausgelöst. Dann ist zu prüfen, ob sich der Auftrag auf ein Schreiben einfacher Art beschränkt (in diesem Fall ist lediglich eine 0,3 Geschäftsgebühr entstanden). Beschränkt sich der Auftrag nicht auf ein Schreiben einfacher Art, so ist im Anschluss zu untersuchen, ob Gegenstand der Tätigkeit eine Inkassodienstleistung ist, die eine unbestrittene Forderung betrifft (wenn ja: Nr. 2300 Abs. 2 VV RVG; wenn nein: Nr. 2300 Abs. 1 VV RVG).

Die Geltendmachung einer überhöhten Gebühr kann einen strafbaren **Betrug** darstellen.[104] Gleiches gilt, wenn dem behaupteten Anspruch keine Zahlungspflicht im Innenverhältnis gegenübersteht.[105]

c) Post- und Telekommunikationsdienstleistungen

Entgelte für Post- und Kommunikationsdienstleistungen können entweder konkret in voller Höhe berechnet (Nr. 7001 VV RVG) oder als Pauschale in Höhe von 20 Prozent der Gebühren, höchstens aber 20 EUR, geltend gemacht werden (Nr. 7002 VV RVG). Voraussetzung für die Erhebung der Pauschale ist allerdings, dass **zumindest ein Entgelt tatsächlich angefallen** ist.[106]

d) Gerichtliche Mahnverfahrensgebühr

Für seine Tätigkeiten im **Mahnverfahren** kann der Rechtsdienstleister eine 1,0-Verfahrensgebühr nach Nr. 3305 VV RVG erheben. Für den Antrag auf Erlass eines **Vollstreckungsbescheids** kommt eine weitere 0,5-Gebühr hinzu, sofern kein Widerspruch innerhalb der Frist erhoben oder der Widerspruch gemäß § 703a Abs. 2 Nr. 4 ZPO beschränkt worden ist, Nr. 3308 VV RVG. Die Bestimmungen gelten gemäß § 13e Abs. 1 RVG auch für Inkassodienstleister. Die ehemalige Begrenzung auf 25 EUR (§ 4 Abs. 4 S. 2 RDGEG aF) wurde gestrichen.

e) Teilanrechnung verschiedener Gebühren und Geltendmachung

Wenn eine Geschäftsgebühr für ein außergerichtliches Mahnverfahren (Nr. 2300 VV RVG) und/oder eine Verfahrensgebühr für ein gerichtliches Mahnverfahren (Nr. 3305 VV RVG) und/oder eine Verfahrensgebühr für ein streitiges Verfahren (Nr. 3100 VV RVG) ausgelöst wird, ist eine **Teilanrechnung** vorzunehmen:

In der Konstellation eines außergerichtlichen *und* gerichtlichen Mahnverfahrens *oder* streitigen Verfahrens wird die Geschäftsgebühr zur Hälfte, jedoch höchstens mit einem Gebührensatz von 0,75, auf die gerichtliche (Mahn-)Verfahrensgebühr angerechnet, Vorb. 3 Abs. 4 S. 1 zu Nr. 3100 VV RVG.

Werden ein außergerichtliches Mahnverfahren *und* ein gerichtliches Mahnverfahren *und* ein streitiges Verfahren durchgeführt, so ist von der Mahnverfahrensgebühr (Nr. 3305 VV RVG) die halbe Geschäftsgebühr abzuziehen und zusätzlich von der Gebühr für das streitige Verfahren (Nr. 3100 VV RVG) die volle Mahnverfahrensgebühr (also nicht nur die verbliebene Mahnverfahrensgebühr) abzuziehen. Dieses Vorgehen begründet der BGH zutreffend mit dem Wortlaut der Anrechnungsregel in Nr. 3305 VV RVG.[107] Der Rechtsanwalt erhält somit insgesamt nur die Gebühren, die er auch erhalten hätte, wenn er nach dem außergerichtlichen Mahnverfahren direkt das streitige Verfahren betrieben hätte.

f) Geltendmachung

Der **prozessuale Kostenerstattungsanspruch** für die Gebühren des gerichtlichen Mahnverfahrens und/oder streitigen Verfahrens wird im Kostenfestsetzungsverfahren (§§ 103 ff. ZPO) geltend gemacht. Hinge-

---

104 Der Rechtsverkehr kann dem Einfordern einer konkreten Gebühr die Erklärung beilegen, dass die tatsächlichen Voraussetzungen ihrer Entstehung erfüllt sind; mithin ist die Geltendmachung einer überhöhten Gebühr nicht als bloße (unzutreffende) Rechtsmeinung zu klassifizieren: BGH Urt. v. 14.3.2019 – 4 StR 426/18, NJW 2019, 1759 (1761).
105 Halm BRAK-Mitt. 2021, 282 (286).
106 HK-RVG/Kroiß RVG VV 7000 Rn. 14.
107 BGH Beschl. v. 28.10.2010 – VII ZB 116/09, NJW 2011, 1368 (1369); ein anschauliches Rechenbeispiel bietet OLG Köln Beschl. v. 27.4.2009 – 17 W 249/08, BeckRS 2009, 15799.

gen muss die Geschäftsgebühr, soweit diese auf die Verfahrensgebühr anrechnungsfrei bleibt, als **materiellrechtlicher Verzugsschaden** geltend gemacht werden.[108]

73 Aufgrund der Rechtsunsicherheiten bei der korrekten Bestimmung der Höhe außergerichtlicher Geschäftsgebühren (→ Rn. 58 ff.) ist in den kommenden Jahren mit einer Zunahme von Streitigkeiten über Verzugsschäden zu rechnen.

5. Beauftragung eines Rechtsanwalts und Inkassounternehmers

74 Zu **Kostendoppelungen**, die aus der Beauftragung sowohl eines Rechtsanwalts als auch eines Inkassodienstleisters herrühren, wurde in § 13f RDG eine sinnvolle Regelung aufgenommen. Danach kann der Auftraggeber grundsätzlich nur jene Kosten als Schadensersatz verlangen, die entstanden wären, wenn er nur einen Rechtsanwalt beauftragt hätte. Der Gläubiger kann also maximal *eine* Geschäftsgebühr und *eine* gerichtliche Mahnverfahrensgebühr (wobei ggf. eine Teilanrechnung (→ Rn. 69 ff.) vorzunehmen ist) ersetzt verlangen. Eine Ausnahme gilt nach Satz 3, wenn der Schuldner die Forderung erst nach der Beauftragung eines Inkassodienstleisters bestritten und das Bestreiten Anlass für die Beauftragung eines Rechtsanwalts gegeben hat. Ausweislich der Gesetzesbegründung setzt ein **Bestreiten ein aktives Tun** des Schuldners voraus. Selbst wenn ein Schuldner mehrfach an seine Verpflichtungen erinnert wurde, kann deshalb allein aus einer fehlenden Reaktion nicht darauf geschlossen werden, dass er die Forderung nicht anerkennt.[109] Die Neuerung von 2021 ist eine gesetzliche Ausprägung der allgemeinen Schadensminderungsobliegenheit (vgl. § 254 Abs. 2 S. 1 BGB; § 91 Abs. 1 S. 1 ZPO[110]).

---

108 Thomas/Putzo/Hüßtege ZPO § 103 Rn. 1, vor § 91 Rn. 13 ff.
109 BT-Drs. 19/20348, 52.
110 Zur fehlenden Erstattungsfähigkeit der durch Beauftragung eines Rechtsbeistands im Mahnverfahren entstandenen Mehrkosten: BGH Beschl. v. 20.10.2005 – VII ZB 53/05, NJW 2006, 446 ff.

58. Maschinelles Lernen

Yuan/Szypulka

I. Einführung 1	f) Evaluieren 34
II. Grundlegende Konzepte und Funktionsprinzipien 5	3. Best Practices beim Betrieb 35
1. Definition und grundlegende Konzepte 5	a) Wartbarkeit 36
a) Klassifikation und Regression 6	b) Ausfallsicherheit 37
b) Erfahrung und Feedback 7	c) Qualitätssicherung 38
c) Leistungsmaß und Evaluation 8	d) Datenschutz 39
d) Generalization, Underfitting, Overfitting 11	e) Datensouveränität 40
2. Arten und Funktionsweisen 13	f) Erklärbarkeit 41
a) Supervised Learning 14	4. Praktischer Einsatz und Anwendungsbereiche im Recht 42
b) Unsupervised Learning 16	a) Vorverarbeitung von Dokumenten 42
c) Reinforcement Learning 18	b) Semantische Suche 43
3. Künstliche Neuronale Netze und Deep Learning ... 20	c) Question-Answering 44
III. Praktische Umsetzung und Einsatzbereiche 23	d) Faktenextraktion 45
1. Voraussetzungen des Einsatzes 24	e) Themenerkennung 46
a) Repetitiver Prozess 25	f) Spracherkennung 47
b) Mindestmaß an Komplexität 26	g) Texterkennung 48
c) Viele Trainingsdaten verfügbar 27	h) Smart Sentencing 49
2. Schritte zur Einführung 28	i) Predictive Policing 50
a) Projektumfang festlegen 29	IV. Recht durch maschinelles Lernen? 51
b) Erfolgsindikator setzen 30	1. Auswahl des Datenmaterials 54
c) Trainingsdaten zusammentragen 31	2. Feedback, Werturteil und Rechtsfortbildung 56
d) ML-Modell trainieren 32	3. Nachvollziehbarkeit und Begründung 58
e) In die IT-Landschaft einbetten 33	V. Regulierung und Fazit 59

Literatur: *Bishop*, Pattern Recognition and Machine Learning, 2013; *Bostrom*, Ethical Issues in Advanced Artificial Intelligence. Cognitive, Emotive and Ethical Aspects of Decision Making in Humans and in Artificial Intelligence, 2003; *Bostrom*, Superintelligence, 2014; *Brown et al.*, Language Models are Few-Shot Learners, 2020, abrufbar unter https://doi.org/10.48550/arXiv.2005.14165; *Cohen/Hutter/Osborne*, Advanced artificial agents intervene in the provision of reward, AI Magazine 2022, 282, abrufbar unter https://doi.org/10.1002/aaai.12064; *Coupette/Fleckner*, Quantitative Rechtswissenschaft, JZ 2018, 379; *Darms*, Fusion umfelderfassender Sensoren, in Winner et al. (Hrsg.), Handbuch Fahrerassistenzsysteme, 3. Aufl. 2015, S. 439 (zit.: Winner et al. HdB Fahrerassistenzsysteme/Darms); *Elkan/Noto*, Learning classifiers from only positive and unlabeled data, in Proceedings of the 14th ACM SIGKDD International Conference on Knowledge Discovery and Data Mining, 2008, S. 213; *Haake*, Prognose von Wohnungseinbrüchen mit Hilfe von Machine-Learning-Algorithmen, 2021; *Hoppe*, Semantische Suche, 2020; *Huyen*, Designing Machine Learning Systems, Sebastopol CA, 2022; *Jurafsky/Martin*, Speech and Language Processing, 3. Aufl. 2021 (zit.: Jurafsky/Martin Speech and Language Processing); *Kohn*, Künstliche Intelligenz und Strafzumessung, 2021; *Küper*, Die „Sache mit den Tieren" oder: Sind Tiere strafrechtlich noch „Sachen?", JZ 1993, 435; *Landthaler*, Improving Semantic Search in the German Legal Domain with Word Embeddings, 2020; *Langr/Bok*, GANs in Action, 2021; *Masood et al.*, Deepfakes generation and detection: state-of-the-art, open challenges, countermeasures, and way forward, Applied Intelligence, 2022, abrufbar unter https://doi.org/10.1007/s10489-022-03766-z; *Maturo/Verde*, Combining unsupervised and supervised learning techniques for enhancing the performance of functional data classifiers, Computational Statistics, 2022, abrufbar unter https://doi.org/10.1007/s00180-022-01259-8; *Murphy*, Probabilistic Machine Learning, 2022 (zit.: Murphy Probabilistic ML); *Myers*, Psychologie, 3. Aufl. 2014; *Ousterhout*, A Philosophy of Software Design, 2018; *Riehm*, Abwägungsentscheidungen in der praktischen Rechtsanwendung, 2006; *Russell/Norvig*, Artificial Intelligence, 4. Aufl. 2021 (zit.: Russell/Norvig Artificial Intelligence); *Ryle*, The Concept of Mind, 1949, aus 60th Anniversary Edition, 2009; *Schuhr*, Zur Vertretbarkeit einer rechtlichen Aussage, JZ 2008, 603; *Wennker*, Künstliche Intelligenz in der Praxis, 2020; *Yuan*, Lernende Roboter und Fahrlässigkeitsdelikt, RW 2018, 477; *Yuan*, Legal Tech und juristische Entscheidungsautomatisierung – praktische Wege zum Roboterjuristen?, in Fateh-Moghadam/Zech (Hrsg.), Transformative Technologien, 2021, S. 153 (zit.: Fateh-Moghadam/Zech Transformative Technologien/Yuan); *Yuan*, Recht automatisieren und Automatisierung regulieren, REthinking: Law, 2021, 4; *Zhang/Lee*, Learning classifiers without negative examples, in Third International Conference on Digital Information Management, IEEE, 2008, S. 638; *Zhu*, Semi-Supervised Learning with Graphs, 2005; *Zimbardo/Gerrig*, Psychologie, 18. Aufl. 2013.

I. Einführung

1 Wahrscheinlich wirft kein anderes Kapitel in diesem Werk schon zu Beginn die Frage auf, ob das hier beschriebene Konzept das Ende der Menschheit bedeuten kann. Zu dieser Einschätzung gelangen regelmäßig Vertreter aus Wissenschaft und Praxis, wenn sie über **maschinelles Lernen (Machine Learning, ML)** nachdenken.[1] Wenn beispielsweise selbstlernende Maschinen hocheffizient ihre Aktionen einem einzigen Ziel, wie der Produktion von Büroklammern, unterordnen, könnten auf diesem Weg als Nebeneffekt die Grundlagen menschlichen Lebens auf der Strecke bleiben.[2]

2 Aber nicht nur zur **Risikovermeidung**, sondern auch aus **produktiven Gründen** lohnt sich eine Befassung mit ML. Denn auf diesem Teilgebiet der Künstlichen Intelligenz (→ *Künstliche Intelligenz* Rn. 1 ff.) wurden in den letzten Jahren wichtige Durchbrüche erzielt.[3] Die Bedeutsamkeit der Fragestellung, wie **Maschinen mit Lernfähigkeiten** ausgestattet werden können, wird deutlich, wenn sich vor Augen geführt wird, dass eine zentrale Eigenschaft digitaler Systeme ihre Skalierbarkeit ist. Schlicht ausgedrückt: Was ein **Rationaler Agent** (zum Begriff: → *Künstliche Intelligenz* Rn. 18) einmal gelernt hat, bleibt nicht nur dauerhaft erhalten, sondern kann ohne größeren Aufwand sofort auch allen anderen Agenten des Systems zugänglich gemacht werden. Um diesen Gedanken auf Menschen zu übertragen: Stellen Sie sich vor, Sie würden einmal Gelerntes nicht nur nicht mehr vergessen, sondern würden mühelos auch von den Lernerfolgen aller Personen profitieren, die Teil Ihrer Organisation sind.

3 Nähert man sich dem **Verständnis** von ML zunächst begrifflich an und beginnt mit dem **Maschinellen**, liegt der Schwerpunkt des Interesses nicht auf der physikalischen Seite, dh aus robotischer Perspektive betrachtet, nicht bei der **Sensorik** und **Aktorik**, sondern bei der **Datenverarbeitung** und den dabei zum Einsatz kommenden Algorithmen (→ *Algorithmus* Rn. 1 ff.). Gleichwohl spielt ML natürlich auch bei verkörperten Rationalen Agenten, wie autonomen Fahrzeugen oder humanoiden und anderen Robotern, eine wichtige Rolle.[4] Mit **Lernen** wird im allgemeinen Sprachgebrauch das Aneignen von Wissen oder das Einprägen im Gedächtnis bezeichnet.[5] Aus psychologischer Perspektive wird unter Lernen die durch **Erfahrung** ermöglichte und relativ konsistente Veränderung im **Verhalten** eines Organismus verstanden.[6] Soweit Lernen mit Wissen in Bezug gesetzt wird, ist die Unterscheidung zwischen **deklarativem und prozeduralem Wissen** (bzw. deklarativem und prozeduralem Gedächtnis) hilfreich. Deklaratives Wissen umfasst das Wissen über Fakten und Ereignisse. Prozedurales Wissen bezieht sich auf die Art und Weise, wie Dinge getan werden.[7] Zusätzlich zum „bloßen" Wissen ist auch der Aspekt der Verhaltensänderung relevant, da technische Lösungen regelmäßig auf eine Einwirkung und Veränderung der Umwelt abzielen. Insoweit lässt sich ML als Befähigung Rationaler Agenten zum Erwerb von Wissen und zur Veränderung ihrer Aktionen basierend auf dem erworbenen Wissen verstehen.

4 In diesem Kapitel werden zunächst **grundlegende Konzepte** und **Funktionsprinzipien** (→ Rn. 5 ff.) des maschinellen Lernens dargestellt. Anschließend wird die **praktische Umsetzung** (→ Rn. 23 ff.) von ML-Methoden am Beispiel und im Kontext juristischer Tätigkeiten beschrieben und Bereiche dargestellt, in denen ML im Recht zum Einsatz kommen kann. Sodann wird die Frage aufgeworfen, inwieweit mithilfe von ML **rechtliche Entscheidungen automatisiert** (→ *Entscheidungsfindung, automatisierte* Rn. 51 ff.) werden können. Das Kapitel schließt mit einem Blick auf **regulatorische Fragestellungen** (→ Rn. 59 ff.).

---

1 ZB Bostrom, Superintelligence, 2014, S. 140 ff.
2 Jüngst halten dies nicht nur für möglich, sondern für wahrscheinlich Cohen/Hutter/Osborne AI Magazine 2022, 282 (287 f.); zum Beispiel mit der Büroklammer-KI: Bostrom, Ethical Issues in Advanced Artificial Intelligence, 2003, S. 12 ff.
3 Zu den neueren Ansätzen Murphy Probabilistic ML S. 621 ff.
4 Zum Roboterbegriff Yuan RW 2018, 477 (479 f.).
5 Zu Bedeutung und Gebrauch vgl. https://www.duden.de/rechtschreibung/lernen#bedeutungen.
6 Myers, Psychologie, 3. Aufl. 2014, S. 290.
7 Es wird auch von „wissen, dass" (deklaratives Wissen) und „wissen, wie" (prozedurales Wissen) gesprochen; grundlegend Ryle, The Concept of Mind, 1949, aus 60th Anniversary Edition, 2009, S. 14 ff.; vgl. auch Zimbardo/Gerrig, Psychologie, 18. Aufl. 2013, S. 234.

II. Grundlegende Konzepte und Funktionsprinzipien

1. Definition und grundlegende Konzepte

Aus informatischer Perspektive wird ML geläufig wie folgt definiert: Ein Computerprogramm lernt durch **Erfahrung (Experience)** E in Bezug auf eine Klasse von **Aufgaben (Task)** T und ein **Leistungsmaß (Performance)** P, wenn sich seine Leistung bei Aufgaben in T, gemessen durch P, mit der Erfahrung E verbessert.[8] Bereits an dieser **Definition** zeigt sich, dass ML eine Vorgehensweise ist, die auf unterschiedliche Aufgaben angewendet werden kann. Mit der Vielfalt der möglichen Aufgaben korreliert auch die Zahl der unterschiedlichen Methoden, welche zum Einsatz kommen können.[9] Deshalb kann die hiesige Darstellung nur eine bedachte Auswahl von Entwicklungslinien nachzeichnen, welche allerdings zur besseren Veranschaulichung möglichst mit juristischen Tätigkeiten in Bezug gesetzt werden.

a) Klassifikation und Regression

Im Allgemeinen sind zwei Arten von Aufgaben bzw. Problemen zu unterscheiden, die durch ML gelöst werden können: Durch Klassifikation werden Probleme behandelt, bei denen die Lösung ein **diskreter Wert aus einer endlichen Menge von Werten** ist. Durch Regression werden Probleme adressiert, deren Lösung ein **Zahlenwert** ist.[10] Wenngleich Klassifikation und Regression nicht Teil des üblichen juristischen Sprachgebrauchs sind, werden auch im Rahmen juristischer Entscheidungen Klassifikations- und Regressionsaufgaben gelöst. Denn die **Subsumtion** eines Sachverhalts unter die Voraussetzungen einer Rechtsnorm (→ *Subsumtion* Rn. 1 ff.) ist die **Klassifikation** des jeweiligen Sachverhalts hinsichtlich eines juristischen Konzepts.[11] Die **Regression** spielt beim juristischen Entscheiden überall dort eine Rolle, wo das Recht als Antwort einen Zahlenwert vorsieht. Dies ist beispielsweise im Zivilrecht bei der Berechnung der **Höhe des Schadensersatzes** oder im Strafrecht bei der **Bestimmung des Strafmaßes** der Fall. Mit Blick auf den juristischen Anwendungsfall geht es in beiden Fällen darum, das System mit dem notwendigen deklarativen Wissen auszustatten, um die jeweilige Aufgabe zu bewältigen.

b) Erfahrung und Feedback

Die Summe der Erfahrungen eines Rationalen Agenten wird durch seine **Wissensbasis (Knowledge Base)** abgebildet, welche zB Informationen über Objekte, Ereignisse, Zeit und Überzeugungen enthalten kann. Ein auch für juristische Anwendungen zentraler Bestandteil ist eine Strukturierung der Informationen, so dass Zusammenhänge hergestellt und Schlussfolgerungen gezogen werden können.[12] Wesentlich für die Einteilung des MLs in unterschiedliche Arten ist die **Form des Feedbacks**, welches dazu führt, dass neue Erfahrungen in das System eingegliedert werden und damit die Knowledge Base erweitert wird.[13] Im Ergebnis wird durch die sukzessive Eingliederung neuer Erfahrungswerte ein **ML-Modell** trainiert, das die jeweilige Aufgabe möglichst gut bewältigen können soll.

---

8 Vgl. Murphy Probabilistic ML S. 1.
9 Im Überblick Bishop, Pattern Recognition and Machine Learning, 2013, S. 137 ff.; Russell/Norvig Artificial Intelligence S. 669 ff.; mit Schwerpunkt Natural Language Processing Jurafsky/Martin Speech and Language Processing S. 56 ff.
10 Russell/Norvig Artificial Intelligence S. 670.
11 Wenngleich die Entscheidungsfindung selbst mitnichten stets einfach verläuft, ist im Ergebnis schlicht nur die Frage zu beantworten, ob der betrachtete Sachverhalt das juristische Konzept erfüllt oder nicht. Das Ergebnis der Klassifikation kann also nur „Ja" oder „Nein" lauten. Entsprechendes gilt auch auf übergeordneter Ebene; wenn zB im Zivilrecht eine Prüfung der Anspruchsvoraussetzungen erfolgt ist, kann auch die Antwort auf die Frage, ob die Anspruchsgrundlage erfüllt ist, nur „Ja" oder „Nein" lauten, sofern man sich einer Entscheidung nicht mit einem „Es kommt darauf an" enthält und auf Voraussetzungen verweist, über die man keine eindeutige Aussage zu treffen vermag. Vgl. auch Yuan RW 2018, 477 (486).
12 Dieser Vorgang, der häufig im Ergebnis die Erzeugung von Ontologien zum Ziel hat, wird auch als Ontological Engineering bezeichnet, Russell/Norvig Artificial Intelligence S. 332 ff.
13 Zur Einteilung der unterschiedlichen Arten von ML in Supervised, Unsupervised und Reinforcement Learning → Rn. 13 ff.

c) Leistungsmaß und Evaluation

8   Wie bei Künstlicher Intelligenz im Allgemeinen bestimmt das Leistungsmaß (**Performance Measure**, → *Künstliche Intelligenz* Rn. 18), welches Ziel das ML-System verfolgen soll und ob die Aktionen der Zielerreichung dienlich sind. Häufig wird dafür eine **Nutzenfunktion (Utility Function)** definiert, deren Wert das System zu maximieren bestrebt ist, indem es die im Sinne des Leistungsmaßes richtigen Aktionen ausführt.[14]

9   Zur Überprüfung, inwieweit das System durch seine Aktionen das definierte Leistungsmaß erfüllt, ist eine **Evaluation von ML-Modellen** erforderlich.[15] Ein für Klassifikationsaufgaben gängiges Bewertungsschema ist die sog. **Konfusionsmatrix (Confusion Matrix)**. In ihr wird abgebildet, inwieweit die durch das ML-Modell getroffenen Klassifikationen (**System Output Labels**) mit den tatsächlich zutreffenden Klassifikationen (**Gold Standard Labels**) übereinstimmen. Dabei wird mit **True Positive (TP)** die Zahl der richtig als positiv klassifizierten Instanzen, mit **False Positive (FP)** die Zahl der fehlerhaft als positiv klassifizierten Instanzen, mit **True Negative (TN)** die Zahl der richtig als negativ klassifizierten Instanzen und mit **False Negative (FN)** die Zahl der falsch als negativ klassifizierten Instanzen bezeichnet. Anschließend wird die Zahl der TP, FP, TN und FN-Klassifikationen zur Bewertung des Modells in bestimmte Verhältnisse gesetzt. In der Praxis findet regelmäßig eine Bewertung anhand von **Precision**, **Recall**, **Accuracy** und **Fβ-Score** statt, woraus sich Zahlenwerte zwischen 0 und 1 ergeben, wobei die Bewertung umso besser ist, je näher das Ergebnis bei 1 liegt.[16]

		Gold Standard Labels		
		Gold Positive	Gold Negative	
System Output Labels	System Positive	True Positive	False Positive	Precision = TP / (TP + FP)
	System Negative	False Negative	True Negative	
		Recall = TP / (TP + FN)		Accuracy = (TP + TN) / (TP + FP + TN + FN)

Abb.: Confusion Matrix.

10 **Precision** beschreibt das Verhältnis von allen TP-Instanzen und der Summe aller als positiv klassifizierten Instanzen (TP + FP). Hohe Precision-Werte bedeuten, dass das Modell wenig negative Instanzen fälschlicherweise als positiv klassifiziert. **Recall** beschreibt das Verhältnis von allen TP-klassifizierten Instanzen und der Summe aller positiven Instanzen (TP + FN). Hohe Recall-Werte zeigen, dass das Modell gut darin ist, alle tatsächlich positiven Instanzen zu erkennen. **Accuracy** ist das Verhältnis von allen richtigen Klassifikationen (TP + TN) und der Summe aller vorgenommenen Klassifikationen (TP + FP + TN + FN), was als allgemeines Gütemaß interpretiert werden kann. Der **Fβ-Score** (auch Fβ-Measure) setzt Precision und Recall in ein mit der Variable β gewichtetes Verhältnis und ermöglicht eine bessere Interpretation der Klassifikationsgüte, wenn positive und negative Instanzen im Datensatz ungleich gewichtet sind.[17]

d) Generalization, Underfitting, Overfitting

11 Insgesamt wird das Ziel verfolgt, ein **ML-Modell** zu schaffen, das die zu lösende Aufgabe in möglichst allen Ausprägungen gut bewältigen kann. Wenn ein Modell diese Anforderung erfüllt, wird es als **gut generalisierend** bezeichnet.[18] Die Schaffung eines gut generalisierenden Modells ist eine **Optimierungs-**

---

14 Russell/Norvig Artificial Intelligence S. 58 ff., 73 ff.; auch die Ausgestaltung in Form einer Kostenfunktion (Cost Function), bei der das System bestrebt ist, verlustreiche Aktionen zu minimieren, ist möglich, Bishop, Pattern Recognition and Machine Learning, 2013, S. 60.
15 Zur Evaluation in der Praxis Huyen, Designing Machine Learning Systems, Sebastopol CA, 2022, S. 181 ff.
16 Jurafsky/Martin Speech and Language Processing S. 66 ff.
17 Mit Bezug zu juristischen Anwendungsfällen Ashley Artificial Intelligence and Legal Analytics S. 113 ff.
18 Russell/Norvig Artificial Intelligence S. 672.

aufgabe, bei der es zu negativen Abweichungen im Sinne eines **Underfitting** und **Overfitting** kommen kann. Im Falle eines Underfitting ist das Modell unterkomplex bzw. schafft es nicht, in den zu verarbeitenden Daten ein die Aufgabe lösendes Muster zu finden. Beim Overfitting ist das Modell überangepasst und erkennt nur die Fälle, mit denen es trainiert wurde, kann daraus aber kein generalisierendes Muster ableiten.[19]

Eine **Analogie aus dem Juristischen** zu Generalization, Underfitting und Overfitting lässt sich wie folgt ziehen: In Ansehung des Verständnisses der körperlichen Misshandlung gem. § 223 Abs. 1 StGB wäre ein ML-Modell, das entsprechend der herkömmlichen Definition Vorgänge erkennt, welche eine „nicht unerhebliche Beeinträchtigung des körperlichen Wohlempfindens oder der körperlichen Unversehrtheit"[20] darstellen, ein gut generalisierendes Modell des Merkmals körperliche Misshandlung. Underfitting würde vorliegen, wenn das Modell beispielsweise statt der soeben genannten Definition sämtliche Situationen der „Beeinträchtigung des Wohlempfindens oder der Unversehrtheit" als körperliche Misshandlung erkennt. Dagegen läge ein Overfitting vor, wenn das Modell lediglich Einzelfälle in Form von Faustschlägen und Fußtritten erkennen würde, nicht dagegen alle anderen Formen der körperlichen Misshandlung. 12

2. Arten und Funktionsweisen

Herkömmlich wird ML in Abhängigkeit des Feedbacks, welches das System erhält, in überwachtes Lernen (Supervised Learning), unüberwachtes Lernen (Unsupervised Learning), und bestärkendes Lernen (Reinforcement Learning) eingeteilt.[21] Dabei findet in der Praxis zur Lösung komplexerer Probleme häufig eine Kombination unterschiedlicher Arten von ML im Rahmen eines Datenverarbeitungsprozesses statt. So kann zB zunächst eine Vorsortierung im Wege des Unsupervised Learning stattfinden, während anschließend Supervised Learning eine granularere Einteilung ermöglicht und dann durch Reinforcement Learning feinjustiert wird.[22] Im Folgenden sollen diese drei Arten des ML konzeptionell dargestellt und anhand der Aufgabe des juristischen Subsumierens (→ *Subsumtion* Rn. 1 ff.) veranschaulicht werden. 13

a) Supervised Learning

Supervised Learning kann als **Lernen anhand von Beispielen** verstanden werden. Das Modell wird mit Daten trainiert, bei denen **Input** (auch **Features**, **Covariates** oder **Predictors**) und **Output** (**Labels**) bereits feststehen (**gelabelte Daten**).[23] Anhand dieser **Trainingsdaten**, welche das Feedback darstellen, soll das Modell eine Funktion finden, welche die **Input-Output-Relation** der Daten möglichst generalisierend beschreibt und im Falle eines neuen Input-Datums, das nicht Teil der Trainingsdaten ist, den Output bestimmen.[24] Als eine der am meisten praktizierten Arten maschinellen Lernens ist der Anwendungsbereich von Supervised Learning äußerst vielfältig. So kann Supervised Learning beispielsweise bei der Objektklassifikation in Bilddaten[25] oder der Sentimentanalyse in Textdaten eingesetzt werden[26]. 14

Soll im Wege des Supervised Learning einem Modell das juristische Subsumieren beigebracht werden, würden diesem – wenn der Input etwa in Form von Bilddaten vorliegt – Beispiele von Bildern als 15

---

19 Vgl. aus Perspektive des Supervised Learning Russell/Norvig Artificial Intelligence S. 672 f.; Murphy Probabilistic ML S. 12 f.
20 BGH in ständiger Rechtsprechung, vgl. in neuerer Zeit BGH Beschl. v. 11.7.2012 – 2 StR 60/12, NStZ-RR 2012, 340 mwN.
21 Russell/Norvig Artificial Intelligence S. 671.
22 ZB Maturo/Verde, Combining unsupervised and supervised learning techniques for enhancing the performance of functional data classifiers, Computational Statistics, 2022, abrufbar unter https://doi.org/10.1007/s00180-022-01259-8.
23 Vgl. Murphy Probabilistic ML S. 1 ff.
24 Im Englischen wird von „Predicition" gesprochen, wobei die Übersetzung ins Deutsche als „Vorhersage" irreführend sein kann. Das Modell trifft keine Vorhersage in dem Sinne, dass es Zukunft vorhersagt, sondern es geht schlicht um das Lösen einer Klassifikations- oder Regressionsaufgabe, vgl. Yuan RW 2018, 477 (484 f.).
25 Murphy Probabilistic ML S. 2 ff.
26 Jurafsky/Martin Speech and Language Processing S. 410 ff.

Trainingsdaten zur Verfügung gestellt werden, die ein bestimmtes juristisches Konzept erfüllen (und nicht erfüllen).[27] Daraus soll das Modell lernen, ob ein neues Datum dem juristischen Konzept zugehörig zu klassifizieren ist. So würde nach diesem Ansatz einem **Supervised Learning-Subsumtionsmodell** beispielsweise für den Begriff der „Sache" iSd § 303 Abs. 1 StGB Bilddaten zu allen erdenklichen Sachen zur Verfügung stellen, womit das Modell trainiert wird. In Ansehung der Mannigfaltigkeit der als „Sachen" zu qualifizierenden Gegenstände zeigt sich bereits, dass dieser Ansatz zwar theoretisch durchführbar, praktisch allerdings sehr aufwändig ist.

b) Unsupervised Learning

16 Unsupervised Learning kann als eine Art **agnostisches Lernen** angesehen werden. Das System soll ohne Feedback eigenständig Aktionen ausführen. Technischer gesprochen geht es beim Unsupervised Learning darum, dass das System anhand des Inputs eine Zuordnung zu einem noch unbekannten Output (die Labels stehen initial nicht fest) treffen soll, wobei angenommen wird, dass es eine Input-Output-Relation gibt.[28] Eine der verbreitetsten Aufgaben, bei denen Unsupervised Learning-Methoden zum Einsatz kommen, ist das automatische **Clustering** einer großen Zahl von Daten in Kategorien, die erst durch das Clustering herausgebildet werden. So kann beispielsweise ein Datensatz bestehend aus tausenden Bilddaten von Tieren durch Clustering automatisch in Gruppen eingeteilt werden, welche der Mensch im Nachhinein als Bilddaten von Katzen, Hunden und anderen Tieren erkennt, die in dem Datensatz enthalten sind.[29]

17 Würde man in Anknüpfung an obiges Beispiel zur Subsumtion unter den Sachbegriff nach § 303 Abs. 1 StGB **mit Unsupervised Learning ein Subsumtionsmodell schaffen** wollen, stellt sich die wahrscheinlich mit „**Ausgeschlossen**" zu beantwortende Frage, wie etwa ein Clustering Algorithmus in einem Bilddatensatz von Sachen und Nicht-Sachen all jene Bilder automatisch einer Gruppe zuordnet, die dem strafrechtlichen Sachbegriff entsprechen, und alle anderen Bilder anderen Gruppen. Denn besteht der Input allein aus den Bilddaten, kann eine automatische Ähnlichkeitsanalyse im Sinne eines Clusterings nur anhand der Pixelstruktur der Bilder vorgenommen werden und nicht in Form einer juristischen Ähnlichkeitsanalyse im Sinne einer Subsumtion unter den Sachbegriff.

c) Reinforcement Learning

18 Reinforcement Learning ist **Lernen durch Zuckerbrot und Peitsche**, wobei allerdings nicht erklärt wird, warum man sich die ein oder andere Behandlung verdient hat.[30] Ein Reinforcement Learning-Modell lernt, indem es eine Aktion ausführt und anschließend **als Feedback** eine **Belohnung** oder **Bestrafung** im technischen Sinn erhält. Dies wird regelmäßig dadurch realisiert, dass das System über eine Utility Function verfügt, bei welcher eine Belohnung die Addition und eine Bestrafung die Subtraktion eines Wertes darstellt. Aus dieser Aktion-Feedback-Schleife soll das System lernen, welche Aktionen die Utility Function möglichst maximieren.[31]

19 Am Beispiel des obigen **Sachsubsumtionsautomaten** würde ein **Reinforcement Learning-Modell** beispielsweise die Aktion ausführen, dass es das Bild eines Fahrzeugs als Sache subsumiert und dafür als Feedback eine Belohnung erhält. Anschließend subsumiert es das Bild eines Wasserfalls als Sache und erhält dafür eine Bestrafung. Schließlich subsumiert es das Bild einer Katze als Sache iSd § 303 Abs. 1 StGB und erhält als Feedback auch eine Bestrafung. Dieser sofort ein nicht unerhebliches Störgefühl

---

27 Klassischerweise wird sowohl mit Positiv- als auch mit Negativ-Beispielen bzw. mit mehr als zwei Labels trainiert. Allerdings existieren auch Ansätze, welche ein Training auch ohne Negativ-Beispiele ermöglichen, Elkan/Noto, Learning classifiers from only positive and unlabeled data, in Proceedings of the 14th ACM SIGKDD International Conference on Knowledge Discovery and Data Mining, 2008, S. 213 ff.; Zhang/Lee, Learning classifiers without negative examples, in Third International Conference on Digital Information Management, IEEE, 2008, S. 638 ff.
28 Murphy Probabilistic ML S. 14 f.
29 Russell/Norvig Artificial Intelligence S. 671, 790 ff.
30 In didaktischer Hinsicht hat Reinforcement Learning gewisse Ähnlichkeiten mit unzureichenden juristischen Klausurkorrekturen, bei denen ohne weitere Begründung eine Note vergeben wird.
31 Russell/Norvig Artificial Intelligence S. 840 ff.

erzeugende letzte Satz veranschaulicht zwei wesentliche Aspekte, wenn über ML juristische Entscheidungen automatisiert werden sollen: Zum einen kann durch **fehlerhaftes Feedback**, dh der fehlerhaften Nicht-Subsumtion der Katze unter den Sachbegriff, auch das ML-Modell fehlerhaft werden.[32] Zum anderen findet die **Wertung**, ob etwas unter ein bestimmtes juristisches Konzept zu subsumieren ist, außerhalb des ML-Modells statt (→ Rn. 56 f.). Im Falle der Nicht-Subsumtion der Katze unter den strafrechtlichen Sachbegriff hätte die Ursache auch darin liegen können, dass der menschliche Feedbackgeber keinen Fehler gemacht hat, sondern mit fester Überzeugung eine kaum anschlussfähige Auffassung vertritt.[33]

3. Künstliche Neuronale Netze und Deep Learning

Unter den etlichen **algorithmischen Ansätzen**, wie **ML in der Praxis** umgesetzt werden kann,[34] hat seit 2010 der Einsatz **künstlicher Neuronaler Netze** insbesondere in Gestalt des **Deep Learning** große Fortschritte gemacht, so dass bisweilen von einer „Deep Learning Revolution" die Rede ist.[35] Heute ist Deep Learning für etliche Aufgabenstellungen der am weitesten verbreitete ML-Ansatz.[36]

20

Wie der Begriff künstliches Neuronales Netzwerk bereits zeigt, soll diese Gruppe von Algorithmen die **Funktionsweise biologischer Neuronen mathematisch nachbilden**. Das künstliche neuronale Netzwerk besteht bildlich gesprochen aus Neuronen, welche die **Knoten** eines Netzwerks bilden und durch **Kanten** verbunden sind, welche die Signale übertragen. Ein Neuron kann mehrere Input-Signale aufnehmen, die jeweils ein bestimmtes Gewicht (**Weight**) aufweisen, welches als Übertragungsstärke interpretiert wird. Die Steuerung des Neurons erfolgt über eine Aktivierungsfunktion (**Activation Function**), die mit einem variablen **Bias** ausgestattet ist. Durch den Bias wird bestimmt, wie stark das Übertragungssignal sein muss, damit das Neuron aktiviert wird und einen Output erzeugt. Das einfachste künstliche Neuronale Netzwerk ist das **Perzeptron**, bei welchem der Input nur über eine Schicht von Neuronen, welche das Netzwerk bilden, den Output erzeugt (**Single-Layer**). Sobald das algorithmische Modell zwischen Input-Layer und Output-Layer über weitere Schichten von Neuronen verfügt, ist von **Deep Learning** die Rede.[37]

21

Unter den vielen Spielarten des Deep Learning sind **Generative Adversarial Networks (GANs)** und **Transformer-Modelle** als besonders praxisrelevante Beispiele hervorzuheben. GANs bestehen aus zwei künstlichen Neuronalen Netzwerken, bei denen bildlich gesprochen die Netzwerke gegeneinander antreten und das eine Netzwerk (**Generator**) versucht, mit selbst generierten Daten das andere Netzwerk (**Discriminator**), welches darauf trainiert ist, die vom Generator erzeugten Daten von echten Daten zu unterscheiden, zu täuschen. Hierdurch trainieren sich die Netzwerke gegenseitig und werden besser in ihrer jeweiligen Aufgabe.[38] Im Bereich der algorithmischen Sprachverarbeitung (→ *Natural Language Processing (NLP)* Rn. 1 ff.) hat die Entwicklung von Transformer-Modellen zu erheblichen Qualitätssprüngen geführt.[39]

22

---

32 So sind nach ganz herrschender Meinung Tiere wie Katzen natürlich unter den Sachbegriff nach § 303 Abs. 1 StGB zu subsumieren; statt vieler Schönke/Schröder/Hecker StGB § 303 Rn. 3. Der hier im Rahmen des Reinforcement Learning aufgezeigte Fehler kann auch beim Supervised Learning auftreten, wenn die Trainingsdaten fehlerhaft sind.
33 Zur Diskussion, ob nach Einführung des § 90a BGB Tiere im Strafrecht weiterhin als Sachen anzusehen sind: Küper JZ 1993, 435.
34 Im Überblick: Yuan RW 2018, 477 (488 ff.) mwN.
35 Murphy Probabilistic ML S. 429.
36 Russell/Norvig Artificial Intelligence S. 801. Zur Bandbreite der praktischen Einsatzmöglichkeiten vgl. Wennker, Künstliche Intelligenz in der Praxis, 2020, S. 39 ff.
37 Russell/Norvig Artificial Intelligence S. 801 f.
38 Russell/Norvig Artificial Intelligence S. 831. Im Zusammenhang mit der Erzeugung von Deep Fakes (maschinell generierte, täuschend echte Fälschungen von Bildern und Videos) haben GANs in den letzten Jahren Aufmerksamkeit erregt, Masood et al., Deepfakes generation and detection: state-of-the-art, open challenges, countermeasures, and way forward, Applied Intelligence, 2022, abrufbar unter https://doi.org/10.1007/s10489-022-03766-z; zu den produktiven Einsatzmöglichkeiten: Langr/Bok, GANs in Action, 2021, S. 181 ff.
39 Jurafsky/Martin Speech and Language Processing S. 194 ff.; besonders bekannt sind die GPT-Modelle von Open AI, abrufbar unter https://openai.com/api/.

III. Praktische Umsetzung und Einsatzbereiche

23 Sobald bei einem IT-Vorhaben erwogen wird, ML einzusetzen, sollte zunächst kritisch und offen hinterfragt werden, ob es wirklich das richtige Werkzeug für den konkreten Anwendungsfall ist. ML kann „magische" Ergebnisse produzieren, kommt aber **nur in bestimmten Fallkonstellationen** überhaupt erst in Frage. Gerade in der kommerziellen Anfangsphase eines IT-Projekts ist es häufig die beste Entscheidung, gerade **kein ML einzusetzen** und stattdessen – jedenfalls zunächst – auf andere Methoden zurückzugreifen, wie zB Heuristiken oder sogar die manuelle Verarbeitung von Daten.

1. Voraussetzungen des Einsatzes

24 Der Einsatz von ML bei einem IT-Vorhaben kann dann sinnvoll sein, wenn die folgenden Voraussetzungen vorliegen:

a) Repetitiver Prozess

25 Zunächst sollte es sich um einen **auf Dauer angelegten** Anwendungsfall handeln, der durch **repetitive Prozesse** gekennzeichnet ist. Bereits durch die **hohen Initialkosten**, die mit der Einführung eines ML-Systems verbunden sind, kommt individuell programmierte ML-Software typischerweise nicht für einmalige Vorhaben in Frage. Sehr wohl denkbar ist jedoch der einmalige Einsatz von standardisierten und kommerziell verfügbaren ML-Lösungen. Beispiel: Eine Gemeinde digitalisiert einmalig den gesamten Bestand an Papierakten und verwendet hierbei ML-basierte Texterkennungs-Software[40], um die eingescannten Seiten maschinenlesbar zu machen (→ *Dokumentenanalyse* Rn. 2).

b) Mindestmaß an Komplexität

26 Einfache Logiken, zB die Zuordnung einer Postleitzahl zu einem Ort, benötigen kein ML, sondern können durch herkömmliche Programmierung, zB Wenn-Dann-Bedingungen oder Nachschlagetabellen, abgebildet werden. ML kommt dann infrage, wenn etwa so viele Wenn-Dann-Bedingungen oder Nachschlagetabellen notwendig wären, dass es **für einen Menschen unzumutbar** wäre, diese **händisch zu erstellen und zu pflegen**. Wann dies der Fall ist, ist für nicht direkt an der Programmierung Beteiligte **häufig schwer einzuschätzen**. Dieses Problem kann durch einen frühen Austausch zwischen den beteiligten Gruppen mit der IT-Abteilung gelöst werden.

c) Viele Trainingsdaten verfügbar

27 Schließlich sollte es sich um einen Anwendungsfall handeln, für den **viele Trainingsdaten** beschafft werden können. Der Begriff **„viel" ist hierbei relativ** und vom konkreten Einsatz abhängig. Als Daumenregel muss mindestens eine zweistellige Anzahl an Trainingsdaten vorliegen, um überhaupt in eine Experimentierphase starten zu können. Im Echtbetrieb werden häufig zigtausende Trainingsdaten notwendig sein, um ein akzeptables Qualitätsniveau zu erreichen. Gerade bei ML-Projekten im Bereich des deutschen Rechts wird häufig mit **Datenarmut** zu kämpfen sein, da beispielsweise nur ein geringer Teil aller Gerichtsurteile öffentlich zur freien Verfügung steht.[41] Hier können in geeigneten Fällen synthetische Daten, dh, künstlich geschaffene Daten, sowohl hinsichtlich der Zahl der Trainingsdaten als auch der ihrer Varianz Abhilfe schaffen (→ *Algorithmus* Rn. 23 ff.).[42]

---

40 Zum Beispiel die Software-Bibliothek tesseract, deren Quellcode frei verfügbar ist, abrufbar unter https://github.com/tesseract-ocr/tesseract.
41 Selbst der juristischen Fachdatenbank „juris" steht nur ein geringer Bruchteil der existierenden Urteile zur Verfügung, Coupette/Fleckner JZ 2018, 379 (381 f.).
42 Russell/Norvig Artificial Intelligence S. 1022 f.

2. Schritte zur Einführung

Die Einführung von ML-Systems in der Praxis erfolgt typischerweise in den folgenden Schritten: 28

a) Projektumfang festlegen

Wie in jedem (IT-)Projekt sind zunächst die verfügbaren Ressourcen den gewünschten Zielen gegenüberzustellen. Ob und wie weit ML überhaupt in Frage kommt, ist entscheidend von den **personellen, monetären und zeitlichen Mitteln** abhängig. Verfügt beispielsweise die öffentliche Verwaltung einer kleinen Gemeinde lediglich über eine einzige Person, die auch nur in Teilzeit für IT-Themen zuständig ist, so wird sich das „ML-Projekt" voraussichtlich höchstens auf die Recherche und Auswahl bereits existierender, kommerzieller Standard-ML-Lösungen beschränken können. Hingegen sind bei einem dedizierten Team aus Experten im Bereich IT und ML mit ausreichendem Budget und Rechenkapazität für das Training von ML-Modellen maßgeschneiderte Lösungen möglich. 29

b) Erfolgsindikator setzen

Mit den verfügbaren Ressourcen im Hinterkopf sollte nun festgehalten werden, was genau durch den Einsatz von ML besser werden soll, also im Bereich **welcher konkreten Metrik** Verbesserungen erzielt werden sollen. Im juristischen Bereich handelt es sich hierbei typischerweise um Verbesserungen der Qualität und/oder der Geschwindigkeit von Arbeitsprozessen. Beispiel: Durch den Einsatz von ML-Software soll erreicht werden, dass weniger Rechtsmittel gegen fehlerhafte Urteile eingelegt werden, oder dass ein Richter weniger Zeit braucht, um ein Urteil zu verfassen. 30

c) Trainingsdaten zusammentragen

Im Hinblick auf die zu optimierende Metrik sind sodann etwa im Rahmen eines Supervised Learning-Ansatzes (→ Rn. 14 f.) möglichst viele und qualitativ hochwertige **Trainingsdaten zu beschaffen**. Unter Trainingsdaten sind in vielen Fällen nicht lediglich diejenigen Daten gemeint, die später in das ML-System eingegeben werden (beispielsweise eine Bilddatei einer Katze), sondern auch die dazugehörigen Ausgaben des ML-Systems, dh der Labels (an das vorige Beispiel anknüpfend: die Information „Dieses Bild ist eine Katze"). Erst mit diesen mit Ausgabeinformationen verknüpften Eingabeinformationen, also **gelabelten Daten**, können viele ML-Modelle etwas anfangen. Diese Kennzeichnung der Daten (**Labelling**) ist häufig der Knackpunkt bei der Beschaffung von qualitativ hochwertigem Trainingsmaterial. In manchen Fällen liegen die Labels bereits vor oder können mit überschaubarem Aufwand automatisiert extrahiert werden. Um beispielsweise Gerichtsurteile mit den Labeln „zusprechend" und „abweisend" zu versehen, könnte im Urteilstext automatisiert nach Phrasen wie „Die Klage wird abgewiesen" gesucht werden. In vielen Fällen bleibt jedoch nichts anderes übrig, als die Eingabedaten **manuell** durch Menschen zu labeln. Dies ist mit beachtlichen Personalkosten verbunden und kann lange Zeit in Anspruch nehmen. So dauert das Labeln einer Tonbandaufnahme von einer Stunde zum Training eines ML-Modells für Spracherkennung mitunter 400 Stunden.[43] Zudem müssen die beteiligten Personen die Echtdaten sehen, wodurch sich Datenschutzprobleme ergeben können (→ *Künstliche Intelligenz (KI)* Rn. 53). 31

d) ML-Modell trainieren

Sobald genügend Trainingsdaten vorhanden sind, können **ML-Modelle trainiert und deren Qualität evaluiert** (→ Rn. 8 ff.) werden. Zu diesem Zeitpunkt zeigt sich, ob genügend Trainingsdaten beschafft wurden, mit welcher Endqualität realistischerweise gerechnet werden kann und welche zusätzlichen Mechanismen (zB Einarbeitung von Nutzerfeedback) für den Echtbetrieb notwendig sein werden. Besonders im Bereich der maschinellen Textverarbeitung (→ *Natural Language Processing (NLP)* Rn. 1 ff.) wird in den meisten Fällen kein ML-Modell komplett von Neuem trainiert, sondern es wird auf bereits existierenden, aufwändig auf großen, allgemeinen Datenmengen trainierten Modellen aufgebaut, welche dann für den eigenen Anwendungsfall lediglich angepasst werden (**Finetuning**). Um die Qualität des ML-Modells evaluieren zu 32

---

43 Zhu, Semi-Supervised Learning with Graphs, 2005, S. 1.

können, werden die Trainingsdaten in zwei Gruppen aufgeteilt: die eigentlichen **Trainingsdaten** und die sog. **Testdaten**. Mit den Trainingsdaten wird das ML-Modell trainiert. Sodann werden die Testdaten in das Modell eingegeben und die durch das Modell ausgegebenen Labels mit den tatsächlichen Labels der Testdaten verglichen.[44]

e) In die IT-Landschaft einbetten

33 Sobald das ML-Modell feststeht, muss es in den Rest der IT-Architektur eingebettet werden. Der Nutzer interagiert typischerweise nicht mit dem ML-Modell direkt, sondern mit einer **grafischen Benutzeroberfläche**, die wiederum typischerweise mit einem Rechner im Hintergrund kommuniziert, welcher Zugriff auf das ML-Modell hat. All das muss im Rahmen herkömmlicher – also nicht ML-bezogener – IT-Entwicklung umgesetzt werden.

f) Evaluieren

34 Nachdem das Gesamtsystem in Betrieb genommen wurde, sollte in regelmäßigen Zyklen die Qualität der ML-Komponente evaluiert werden. Gegebenenfalls kann Nutzerfeedback in automatisierter Form zurück in das ML-Modell gespeist werden.

3. Best Practices beim Betrieb

35 Das ML-System sollte die folgenden Voraussetzungen erfüllen, um in den Echtbetrieb gehen zu können:

a) Wartbarkeit

36 Da ML-Vorhaben typischerweise auf Dauer ausgelegt sind, ist unumgänglich, dass die gesamte IT-Architektur, einschließlich der ML-Komponente, wartbar ist. **Wartbarkeit** bedeutet, dass der Programmcode nicht nur die heutigen Anforderungen erfüllt, sondern auch in Zukunft **weiterentwickelt** und an sich ändernde Bedürfnisse **angepasst** werden kann. Dies muss insbesondere auch durch Programmierer geschehen können, die nicht an der ursprünglichen Entwicklung beteiligt waren. Einen wartbaren Programmcode zu schreiben, ist eine Kunst für sich. Der Code ist umso wartbarer, je sauberer die einzelnen Bestandteile des Gesamtsystems in abgekapselte Module eingeteilt sind,[45] je simpler die einzelnen Module und Logiken sind, und je mehr **Dokumentation** und **automatisierte Tests** für den Code vorhanden sind. Als Daumenregel sollte als Ziel gesetzt werden, dass der Programmcode, mag er im Ergebnis noch so bahnbrechend sein, auch von einem anderen Programmierer verstanden und weiterentwickelt werden kann, der lediglich durchschnittliche Kenntnisse und Erfahrungen mit den einschlägigen Technologien hat.

b) Ausfallsicherheit

37 Jedes IT-System, auch solche ohne ML-Komponente, muss bestimmte Erwartungen hinsichtlich der Ausfallsicherheit erfüllen. Welche diese genau sind, hängt vom konkreten Vorhaben ab. Zu beachten ist, dass eine **höhere Ausfallsicherheit** immer mit größeren finanziellen (zB mehr Server) und personellen (zB durchgehende Rufbereitschaft) **Kosten** verbunden ist.

c) Qualitätssicherung

38 Wie bei jedem IT-System im Echtbetrieb muss auch bei ML-basierten IT-Systemen einer der Schritte im Entwicklungszyklus die **Qualitätssicherung** sein, dh es muss getestet werden, ob die erwartete Funktionalität auch tatsächlich vorhanden ist. Je nach Bedarf sollten gerade bei IT-Systemen mit ML-Komponenten **Belastungstests** durchgeführt werden. Dies bedeutet, dass hunderte oder tausende Anfragen gleichzeitig an das System gesendet werden und geprüft wird, ob die Antwortzeiten auch bei paralleler Nutzung durch viele Personen innerhalb des gewünschten Rahmens liegen. Im Rahmen der **Überwachung** von ML-Systemen im Echtbetrieb ist zu berücksichtigen, dass sich Fehler häufig nicht direkt als solche erkennen lassen.

---

44 Russell/Norvig Artificial Intelligence S. 684.
45 Ausführlich: Ousterhout, A Philosophy of Software Design, 2018, S. 19 ff.

Während bei herkömmlichen IT-Anwendungen Fehler im Programmcode zum Abbruch der Ausführung einer Prozedur führen, was automatisiert erkannt werden kann, so läuft bei ML-basierten IT-Anwendungen der Programmcode häufig problemlos durch, nur wurde dabei die Katze als Hund erkannt. Diesem Problem kann entgegengetreten werden, indem die Qualitätssicherung der ML-Ergebnisse Teil von automatisierten Tests wird, dh in dem vor jeder Einführung einer neuen Programmversion automatisiert überprüft wird, ob ein konkretes Bild weiterhin korrekt als Katze erkannt wird.

d) Datenschutz

Das Thema Datenschutz tangiert das Aufsetzen eines ML-Systems in der Praxis primär an zwei Stellen: Beim manuellen Aufbereiten von Trainingsdaten müssen diese denklogisch von einem Menschen wahrgenommen werden. Dieser Aspekt kann durch eine Verpflichtungserklärung zur Wahrung des Datengeheimnisses gelöst werden. Schwieriger ist es, wenn ein ML-Modell im Bereich der Textgenerierung, das auf Dokumenten trainiert wurde, die personenbezogene Daten enthalten (beispielsweise ungeschwärzte Urteile), anfängt, personenbezogene Daten auszugeben. Diesem Problem kann durch gesondertes Bereinigen der Trainingsdaten durch Anonymisierung oder Pseudonymisierung entgegengetreten werden. 39

e) Datensouveränität

Zu oft wird bei ML-Vorhaben unbedachter Weise die Funktionsfähigkeit der Anwendung von der dauerhaften Verfügbarkeit eines Dienstes von einem Drittanbieter abhängig gemacht. Es handelt sich hierbei um ein **existenzielles Risiko** für das gesamte Vorhaben. Häufig wird die ganze ML-Komponente, oder gar die gesamte IT-Infrastruktur, an einen (häufig ausländischen) Cloudanbieter ausgelagert.[46] Da ML-Vorhaben typischerweise auf Dauer ausgelegt sind, ist bei Projekten in der Privatwirtschaft bereits aus unternehmerischen Gesichtspunkten von einer Abhängigkeit von Drittanbietern abzuraten.[47] Bei **Hochrisiko-KI-Systemen** (→ *Künstliche Intelligenz* Rn. 60; → *Regulierung (EU), KI-Verordnung* Rn. 1 ff.), insbesondere ML-Vorhaben in Justiz und Verwaltung, müssen dauerhafte Abhängigkeiten von Drittanbietern kritisch evaluiert werden. 40

f) Erklärbarkeit

Ein ebenfalls häufig zu sehr vernachlässigter Aspekt eines ML-Systems ist die Erklärbarkeit der Ergebnisse (→ *Transparenz und Erklärbarkeit* Rn. 1 ff.). Die grundlegende technische Herausforderung ist dabei, dass ML-Systeme gerade dann eingesetzt werden, wenn die dahinterstehenden Programmlogiken zu umfangreich und kompliziert werden, um von einem Menschen händisch eingestellt zu werden. Daher ist es schwierig, dem Nutzer anschaulich zu erklären, warum das ML-System gerade ein solches Ergebnis produziert hat, und nicht ein anderes. Gerade für die „Entscheidung" eines ML-Systems unter Verwendung von Deep Learning-Methoden (→ Rn. 20 ff.) ist ein Zusammenspiel zigtausender Gewichtungen, dh Zahlen wie 0.2312 oder 0.1601, verantwortlich, deren Einfluss auf das Ergebnis kaum zu erklären sind. 41

4. Praktischer Einsatz und Anwendungsbereiche im Recht

a) Vorverarbeitung von Dokumenten

Textdokumente, insbesondere PDFs, beinhalten oft **Kopf- und Fußzeilen**, beispielsweise die Angabe einer Seitenzahl oder des aktuellen Kapitels in einem Buch. Diese Elemente müssen erkannt und entfernt werden, um den Fluss des eigentlichen Textinhaltes nicht zu unterbrechen. Beispiel: In einem Beitrag zum Thema „Künstliche Intelligenz in der Praxis" wurde die Phrase „maschinelles Lernen" verwendet. Im PDF-Dokument beginnt sie am Ende einer Seite mit dem Wortbruchteil „Maschinel-", gefolgt von der Angabe der Seitenzahl „Seite 5/10", sodann auf der nächsten Seite gefolgt von einer Kopfzeile, beispiels- 42

---

[46] Verbreitet sind Angebote von Amazon (Amazon Web Services), IBM (IBM Watson Studio), Google (Google Cloud Platform) und Microsoft (Microsoft Azure).

[47] Vgl. nur https://killedbygoogle.com/, wo eine Auflistung von Google-Diensten zu finden ist, die im Laufe der Zeit oft ohne nennenswerte Vorwarnung eingestellt wurden.

weise dem Titel des Beitrags „Künstliche Intelligenz in der Praxis", sodann gefolgt von „les Lernen". Ohne Vorverarbeitung wird der Text als „Maschinel- Seite 5/10 Künstliche Intelligenz in der Praxis les Lernen" erkannt. Dies führt zu einer Reihe von **Folgeproblemen**. Beispielsweise wird eine herkömmliche Suche nach „maschinelles" keine Treffer produzieren, da nur die beiden Wortbruchteile „maschinel-" und „les" als Wörter erkannt wurden. Auch wird die Anwendung eines ML-Modells zur Themenerkennung oder Faktenextraktion schlechte Ergebnisse liefern. Die Qualität des Erkennens, ob ein Element auf einer Seite zur Kopf- oder Fußzeile gehört, kann unter Einsatz von ML-Methoden gelöst werden.

b) Semantische Suche

43   Die semantische Suche ermöglicht es, in einem Dokument ein „weißes Auto" zu finden, obwohl nach einem „hellen Fahrzeug" gesucht wurde.[48] Ein möglicher Ansatz hierfür ist es, den Text des Dokuments über ein ML-Modell in Zahlen zu verwandeln, auf denen dann mathematische Rechenoperationen ausgeführt werden können. Die Zahlen **repräsentieren** hierbei die Bedeutung des Textes. Die Kunst liegt hierbei darin, qualitativ hochwertige Repräsentationen (**Embeddings**) berechnen zu können.[49]

c) Question-Answering

44   Eng verwandt mit der semantischen Suche sind sog. Question-Answering-Systeme, welche ermöglichen, dass der Nutzer eine Frage stellen kann, zB „Welche Farbe hatte das verunfallte Fahrzeug?", und als Antwort „weiß" erhält (→ *Dokumentenanalyse* Rn. 33 f.).

d) Faktenextraktion

45   Mit ML-basierter Eigennamenerkennung (**Named Entity Extraction**) können aus einem Textdokument Fakten in strukturierter Form extrahiert werden, zB können aus einer Gerichtsakte im Bereich Fluggastrechte der **Name** des Klägers, das **Datum** des Fluges, der Name der Fluglinie und die Flugnummer extrahiert werden, um Teile des Tatbestands im Urteil vorzubereiten.

e) Themenerkennung

46   Mit ML-basierten Klassifikatoren können Systeme gebaut werden, die zB die bei einem Gericht eingehenden Klagen automatisch **nach Rechtsgebiet sortieren** und dadurch die Geschäftsstellen entlasten, oder zB sämtliche Mietverträge eines Unternehmens auffinden können.

f) Spracherkennung

47   Spracherkennungssoftware ist schon seit vielen Jahren in allen juristischen Bereichen im praktischen Einsatz. Allerdings konnten erst durch ML-basierte Modelle die Fehlerrate wesentlich verbessert werden.

g) Texterkennung

48   Ein eingescanntes Blatt Papier ist für den Computer lediglich eine Bilddatei. Damit der Text durchsuchbar und kopierbar wird, muss er erkannt werden (**Optical Character Recognition, OCR**). In den letzten Jahren konnten die Fehlerraten durch den Einsatz von ML-Modellen deutlich reduziert werden.

h) Smart Sentencing

49   Welche konkrete Strafe ein Verurteilter in einem Strafprozess erhält, hängt von einer Vielzahl an Strafzumessungsfaktoren ab, die der Strafrichter im Zusammenhang betrachtet, §§ 46 ff. StGB. Das **„Empfehlen" von konkreten Strafen** ist daher technisch betrachtet sehr gut für ML geeignet, obwohl sich die gesellschaftspolitische Brisanz nahezu aufdrängt. Womöglich ist das Thema jedoch sogar eine Chance, eine

---

48 Ausführlich: Hoppe, Semantische Suche, 2020.
49 Vertiefend zu den einzelnen Ansätzen konkret für die deutsche juristische Sprache: Landthaler, Improving Semantic Search in the German Legal Domain with Word Embeddings, 2020.

gerechtere Strafjustiz zu erreichen, da Faktoren wie die „Tagesform" des Strafrichters (Ausgeschlafen? Hungrig?) keine Rolle spielen und bestimmte Faktoren wie beispielsweise Geschlecht oder Hautfarbe bewusst von den Eingabedaten ausgeschlossen werden können.[50]

i) Predictive Policing

Straftaten wie Einbrüche werden häufig in einem räumlichen (ca. 500m) und zeitlichen (ca. eine Woche) Zusammenhang wiederholt (sog. **Near-Repeat-Phänomen**).[51] Durch die Auswertung von Polizeidatenbanken mithilfe von ML können kriminelle Brennpunkte entdeckt und vorsorglich, beispielsweise durch erhöhtes Polizeiaufkommen, entschärft werden (→ *Predictive Policing* Rn. 1 ff.). Da hierbei eine Vielzahl verschiedener Faktoren als Eingabedaten in Frage kommen, eignet sich ML besonders gut.

IV. Recht durch maschinelles Lernen?

Wenngleich die existierenden technologischen Möglichkeiten weit davon entfernt sind, mithilfe des maschinellen Lernens **für die juristische Praxis taugliche Subsumtionsautomaten** (→ *Entscheidungsfindung, automatisierte* Rn. 41 ff. und → *Subsumtion* Rn. 23 ff.) zu schaffen, lohnt sich in Ansehung des großen Potenzials dennoch ein zumindest überblicksweises Nachdenken darüber, inwieweit durch ML juristische Entscheidungen im Sinne einer Subsumtion unter Rechtsbegriffe automatisiert werden können und wo die Grenzen liegen.[52] Dieses Nachdenken kann allerdings an dieser Stelle nur dergestalt ausfallen, dass bestimmte Herausforderungen und Probleme beschrieben werden, ohne aber eine Lösung anbieten zu können.

Im Ausgangspunkt ist positiv festzustellen, dass sich die durch ML lösbaren **Klassifikations- und Regressionsprobleme** auch bei der juristischen Entscheidungsfindung stellen (→ Rn. 6). Mit Blick auf die verschiedenen Arten des ML scheint insbesondere Supervised Learning, aber auch Reinforcement Learning zumindest prinzipiell geeignet zu sein (→ Rn. 14 ff.).

Soweit die Subsumtion eines bestimmten Sachverhalts unter ein juristisches Konzept betrachtet wird, ist zunächst festzustellen, **dass für jedes juristische Konzept ein ML-Modell trainiert werden müsste**, sofern die Automatisierung nach dem Vorbild menschlicher juristischer Entscheidungsfindung erfolgen soll.[53] Wenngleich mühsam, wäre dies eine grundsätzlich bewältigbare Aufgabe, zumal in der Praxis ein schrittweises Vorgehen gewählt werden würde, bei dem bestimmte Sachverhalte priorisiert werden, bei denen genügend Datenmaterial existiert und das zur Anwendung kommende Recht nicht zu komplex ist.[54]

1. Auswahl des Datenmaterials

Der Blick auf das zur Verfügung stehende Datenmaterial wirft die Frage auf, mit welchen Daten das Modell trainiert werden soll. In Ansehung der zivilprozessualen Praxis im Anwaltsprozess würde der Blick intuitiv zunächst auf die **Schriftsätze** fallen, in denen der relevante Sachverhalt beschrieben wird. Allerdings offenbart sich hier bereits eine Einschränkung, weil Schriftsätze eben nur eine Beschreibung des Sachverhalts enthalten. Sie sind nicht der Sachverhalt, der sich regelmäßig in der Vergangenheit ereignet hat. Diese Beschreibung folgt aus dem Blick des jeweiligen Rechtsbeistands und enthält bereits eine Auswahl und Sortierung des Sachverhalts vor dem Hintergrund seiner juristischen Einschätzung des Falls. Dh bei der Anknüpfung an den Sachverhalt würde die Subsumtionsautomatisierung anhand eines Textes

---

50 Kohn, Künstliche Intelligenz und Strafzumessung, 2021, S. 114 ff.
51 Haake, Prognose von Wohnungseinbrüchen mit Hilfe von Machine-Learning-Algorithmen, 2021.
52 Vgl. Breidenbach/Glatz Legal Tech-HdB/Yuan S. 371 ff. Rn. 1 ff.
53 Eine Entscheidung basierend auf juristischen Konzepten ist nicht zwangsläufig. Es können auch mithilfe anderer Daten Schlussfolgerungen gezogen und Entscheidungen getroffen werden, wie zB im Falle des Predictive Policing (→ Rn. 50).
54 Denkbar wäre dies insbesondere im Bereich der sog. Massenklagen, wobei sich in Ansehung der Komplexität zB Fluggastrechte-Klagen eher eignen als Dieselklagen.

erfolgen, der dadurch entstanden ist, dass bereits ein anderer Jurist subsumiert hat.[55] Vor dem Hintergrund des **Beibringungsgrundsatzes** und mit Blick auf die zivilrichterliche Arbeit, welche in der Praxis im Wesentlichen anhand des schriftsätzlich Vorgetragenen vollzogen wird, kann dennoch eine Anknüpfung an dieses Datenmaterial sinnvoll sein. Gerade bei unbestrittenen Tatsachen könnte eine Subsumtionsautomatisierung unmittelbar vollzogen werden. Bei erheblich bestrittenen Tatsachen müsste überlegt werden, wie mit der **Beweiswürdigung** umzugehen ist, welche nach freier richterlicher Überzeugung (§ 286 Abs. 1 S. 1 ZPO) stattfindet, was im Falle einer technologischen Umsetzung bedeuten würde, dass der Überzeugungsbildungsprozess maschinell nachgebildet werden muss.[56]

55 Soweit die bloße Anknüpfung an Schriftsätze als nicht genügend angesehen wird, ist naheliegend, dass zusätzlich auch **Beweismittel** etwa in Form von weiterem Schriftgut wie Verträgen und anderen Urkunden oder Bild- und Videomaterial verarbeitet werden. Beweismittel eröffnen zwar einen unvermittelteren Blick auf den Sachverhalt, sind aber dennoch gleichsam das Ergebnis eines Auswahlprozesses.[57] Zudem erfordert die hierdurch entstehende **Multimedialität des Datenmaterials** die Schaffung eines Systems, das unterschiedliche Datentypen nicht nur verarbeiten, sondern auch fusionieren kann, um auf dem Ergebnis der **Datenfusion** weitere Verarbeitungsschritte durchführen zu können.[58]

2. Feedback, Werturteil und Rechtsfortbildung

56 In Ansehung des Feedbacks, woraus das ML-Modell lernt, kann das **Problem fehlerhaften Feedbacks** (→ Rn. 19) dadurch gelöst werden, dass ein **Qualitätsmanagement-System** eingeführt wird. Damit in Verbindung steht auch das Problem der **Werturteilsabhängigkeit** des Feedbacks. Wird unter juristische Konzepte subsumiert, sind in den meisten Fällen Werturteile zu treffen. Diese sind in etlichen Fällen nicht eindeutig, sondern unterschiedliche Lesarten sind vertretbar.[59] Dies bedeutet, dass für das Training des ML-Modells im Vorfeld eine Entscheidung getroffen werden muss, welcher der unterschiedlichen vertretbaren Auffassungen das Feedback folgen soll.

57 Diese Abhängigkeit des Feedbacks von vordefinierten Werturteilen verdeutlicht auch eine allgemeine Limitation von ML-Modellen. Nicht nur ihr Lernen, sondern auch die Aktionen, welche auf das Lernen folgen, sind durch das Feedback limitiert. Dh ML-Modelle können bei juristischen Entscheidungen zwar gut darin werden, die im Feedback enthaltenen Werturteile in Ansehung ähnlicher neuer Sachverhalte zu reproduzieren. Eine Weiterentwicklung der Werte im Sinne einer Rechtsfortbildung können sie dagegen nicht eigenständig leisten.[60] Sobald sich rechtliche Wertvorstellungen verändern, muss auch das Modell entsprechend angepasst werden.

3. Nachvollziehbarkeit und Begründung

58 In der Rechtspraxis zeichnet sich eine juristische Entscheidung dadurch aus, dass sie intersubjektiv nachvollziehbar sein muss, was durch die Begründung der Entscheidung erfolgt.[61] Diese ermöglicht auch die Nachprüfung der Entscheidung, etwa durch ein Gericht höherer Instanz. Diese Anforderungen wären auch an ein ML-System zu stellen, um nachprüfen zu können, ob die Entscheidung auf Grundlage eines

---

55 Dazu auch im Kontext der Subsumtionsautomatisierung durch Legal Tech: Fateh-Moghadam/Zech Transformative Technologien/Yuan S. 168 ff.
56 Die Einteilung in bestrittene und unbestrittene Tatsachen zeigt auch, dass ein Automat im Wege des Natural Language Understanding fähig sein muss, eine solche Unterscheidung zu treffen.
57 Eine Subsumtionsautomatisierung im Zivilprozess, welche dem Begriff noch gerechter wird, müsste an das ungefilterte Datenmaterial anknüpfen, welches seitens der Parteien geliefert wird.
58 Zur Datenfusion aus Perspektive des autonomen Fahrens Winner et al. HdB Fahrerassistenzsysteme/Darms S. 439 ff.
59 Näher dazu Schuhr JZ 2008, 603.
60 Das soll keineswegs bedeuten, dass es wünschenswert wäre, den Rechtsfortbildungsprozess als rechtspolitische Aufgabe auf Maschinen zu übertragen. Vielmehr geht es darum, sich dieser Limitation bewusst zu sein, wenn mit ML gearbeitet wird.
61 Ausführlich insbesondere im Zusammenhang mit Abwägungsentscheidungen, Riehm, Abwägungsentscheidungen in der praktischen Rechtsanwendung, 2006, S. 4 ff.

Wertungsfehlers zustande gekommen ist oder ob einer anderen Auslegung zu folgen ist. Auf technischer Ebene steht diese Anforderung auch im Zusammenhang mit der Frage der Transparenz und Erklärbarkeit von ML-Systemen (→ *Transparenz und Erklärbarkeit* Rn. 1 ff.). Hier wird aber darüber hinausgehend ein zusätzlicher Output in Form einer für Menschen lesbaren Begründung erfordert, für die das maschinelle Lernen selbst mit generativen Sprachmodellen grds. die Lösung bereithält.[62]

V. Regulierung und Fazit

Wenngleich neue technologische Entwicklungen zur Annahme verleiten, man befände sich auf regulatorisch unkartiertem Grund, ist dies, wie auch in Sachen Künstlicher Intelligenz im Allgemeinen nicht der Fall, solange die betreffenden Rechtsvorschriften keine Einschränkungen hinsichtlich der Art und Weise des Verhaltens bzw. des Einsatzes bestimmter Werkzeuge und Technologien aufweisen (→ *Künstliche Intelligenz* Rn. 47 ff.).

Soll ML in der Rechtspraxis eingesetzt werden, ist auf rechtsberatender Seite grundsätzlich die Gewährleistung einer gewissenhaften Berufsausübung nach § 43 S. 1 BRAO zu beachten, woraus sich bisweilen sogar eine Pflicht zum Einsatz fortschrittlicher technologischer Arbeitsmittel ergeben kann (→ *Rechtsanwalt, Berufsrecht* Rn. 1 ff.).[63] Jedenfalls ist auf eine sorgfältige Auswahl des Dienstleistungsunternehmens gem. § 43e Abs. 2 S. 1 BRAO zu achten. Der gerichtliche Einsatz (→ *Richter* Rn. 1 ff.) von ML-Softwarelösungen muss insbesondere verfassungsrechtlichen Anforderungen genügen, was im Ergebnis lediglich den Einsatz als Assistenzsystem zulässt (→ *Künstliche Intelligenz* Rn. 56).

De lege ferenda ist absehbar, dass auf europäischer Ebene mit einer KI-Verordnung der Einsatz künstlicher Intelligenz reguliert wird (→ *Regulierung (EU), KI-Verordnung* Rn. 1 ff.).[64] Nach Anhang I lit. a) des 2021 publizierten ersten Vorschlags der EU-Verordnung über Künstliche Intelligenz (KI VO-E) werden ML-Systeme als „System der künstlichen Intelligenz" iSd Art. 3 Nr. 1 KI VO-E qualifiziert, so dass sie in den Anwendungsbereich der Verordnung fallen werden (→ *Künstliche Intelligenz (KI)* Rn. 58 ff.).

Insgesamt ist festzustellen, dass bereits hinsichtlich des geltenden Rechts, und umso mehr, sobald eine KI-Verordnung in Kraft tritt, die Regulierung des Einsatzes maschinellen Lernens an praktischer Relevanz gewinnen wird. Die auf absehbare Zeit steigende Regulierungsdichte wird von einer noch stärkeren Verbreitung des Einsatzes maschinellen Lernens begleitet, so dass nicht nur das Recht, sondern auch die zu regulierenden Vorgänge zunehmen werden.[65] Während der Einsatz von ML-Methoden in traditionell datengeprägten Domänen bereits heute weit verbreitet ist, besteht hinsichtlich ihres Einsatzes in Legal Tech-Lösungen noch ungenutztes Potenzial.

---

62 Im Kontext von GPT 3: Brown et al., Language Models are Few-Shot Learners, 2020, abrufbar unter https://doi.org/10.48550/arXiv.2005.14165.
63 Kaulartz/Braegelmann AI und Machine Learning-HdB/Fries S. 658.
64 Verordnungsvorschlag der EU-Kommission, COM(2021) 206 final, abrufbar unter https://eur-lex.europa.eu/legal-content/DE/TXT/?uri=CELEX%3A52021PC0206.
65 Aus praktischer Perspektive Yuan REthinking: Law 2021, 4.

59. Natural Language Processing (NLP)*

Grabmair

I. Definition & Überblick 1	1. Techniken zur Feature-Repräsentation von Text 22
II. Standard-Aufgaben von NLP 4	2. N-Gram Repräsentationen 23
1. Vorverarbeitung 5	3. Word Embeddings 27
2. Satztrennung 6	4. Klassifikation & Sequenz-Labeling 29
3. Tokenisierung & Vokabular 7	5. Neuronale Netzwerke, Deep Learning und
4. Part-Of-Speech-Tagging, Stemming, Lemmatization 9	Transformer 41
5. Parsing & Grammatiken 12	V. Aktuelle Entwicklungen im Bereich NLP auf Rechtstexten 43
III. Regelbasierte Sprachverarbeitung 15	1. Language Models & Transfer Learning 43
1. Reguläre Ausdrücke 16	2. LLMs auf Rechtstexten 45
2. Musterbeschreibungssprachen zur Textannotation 19	3. Erklärbare Juristische Textanalyse 46
3. Vorteile und Herausforderungen von regelbasierten Verfahren 20	4. Semantische Analyse 47
IV. ML-basierte Sprachverarbeitung 21	5. Chatbots & Dialogsysteme 49
	6. Multilingualität 50
	VI. Ausblick 52

Literatur: Siehe das Literaturverzeichnis zu → *Dokumentenanalyse*.

I. Definition & Überblick

1 „Natural Language Processing" (NLP) ist die Disziplin der Verarbeitung natürlicher Sprache durch Computer. Es beinhaltet eine Vielzahl von Techniken, mit denen bestimmte Zielfunktionalitäten für fachspezifische Anwendungen entwickelt werden können. Es kann als Teilgebiet der Computerlinguistik betrachtet werden und hat große Schnittmengen mit angewandter künstlicher Intelligenz sowie angewandtem maschinellen Lernen (ML, → *Maschinelles Lernen* Rn. 1 ff.). Obgleich auch die Erkennung gesprochener Sprache zum Bereich des NLP gehört, werden im Kontext von Legal Tech hauptsächlich Texte verarbeitet. In technischer Sicht wird meist zwischen **regelbasiertem** und **ML-basiertem** NLP unterschieden. Regelbasierte Methoden bestehen aus speziellen Algorithmen und Mustererkennungsmechanismen, die von NLP- und Fachexperten oft sehr aufwendig entwickelt werden. Im Gegensatz hierzu können für immer mehr NLP-Aufgaben auch universelle ML-Modelle eingesetzt werden, die die Zielfunktionalität aus (uU sehr großen) Datensätzen lernen. In diesem Fall wird der zu analysierende Text (bzw. seine Elemente) in eine sog. Feature-Repräsentation (engl. *Featurization*) überführt, die meistens quantitativer Natur ist (zB in Form sog. Feature-Vektoren oder *Encodings*) und die Anwendung von generischen ML-Verfahren ermöglicht.

2 Zielfunktionalitäten für NLP beinhalten ua das gezielte Suchen nach Inhalten in großen Dokumentenmengen (*Information Retrieval*, → *Dokumentenanalyse* Rn. 19 ff.), maschinelle Übersetzung (*Machine Translation*), das gezielte Extrahieren einzelner Informationselemente aus Freiformdokumenten (*Information Extraction*, → *Dokumentenanalyse* Rn. 11 ff.) sowie natursprachliche Dialogsysteme, die es einem Benutzer erlauben, mit einem System mittels Natursprache Informationen auszutauschen (→ *Legal Chatbot* Rn. 1 ff.). Es existieren eine Reihe typischer **NLP-Aufgaben** (*Tasks*), die je nach Implementierung für diese Funktionalitäten elementar sein und analytische Zwischenschritte komplexer Systeme bilden können. Beispiele für solche Komponenten sind Wort- und Satztrennung, die Erkennung grammatischer Rollen einzelner Worte oder auch die Strukturierung des Aufbaus von Sätzen mithilfe von Graphen. Die Performanz von NLP-Systemen hängt dabei von den Texten ab, anhand derer sie entwickelt bzw. auf denen sie trainiert wurden. Die verschiedenen Arten von juristischen Texten (Urteile, Gesetze, Schriftsätze usw) können sich von den im NLP-„Mainstream" verwendeten Texten (zB Wikipedia, Nachrichten, Internetforen etc) bisweilen strukturell und inhaltlich stark unterscheiden. Dies stellt die Entwicklung von

---

* Der Autor ist ehemaliger Mitarbeiter der Forschungsabteilung der SINC GmbH, einem Entwickler von juristischer Dokumentanalysesoftware. Der Autor dankt Klaas Schmidt der SINC GmbH und Dr. Isabella Risini der Ruhr-Universität Bochum für die Durchsicht des Manuskripts und wertvolle Anmerkungen.

NLP-basierten Systemen zur Unterstützung der Rechtspraxis regelmäßig vor Herausforderungen und wird auch im wissenschaftlichen Kontext aktiv beforscht.[1]

Im Folgenden werden zunächst die wichtigsten NLP-Aufgaben funktional beschrieben und der regel- sowie der ML-basierte NLP-Ansatz erläutert. Dieser Eintrag fokussiert sich schließlich auf **Textklassifikation** und **Sequence-Labeling** als die auf Rechtstexten am meisten angewendeten Methoden. Dabei werden einschlägige Quellen aus dem Bereich der automatischen Verarbeitung juristischer Texte behandelt. Es wird insbesondere auf tiefe neuronale Netze und moderne Transformer-Modelle eingegangen. Es folgen kurze Erläuterungen zur Erklärbarkeit von automatischer Textanalyse und zur Multilingualität. Dem Kontext des Stichwortkommentars entsprechend liegt der inhaltliche Schwerpunkt auf der Verknüpfung von konzeptionellen Grundlagen mit ausgewählten, für Legal Tech relevanten Forschungsarbeiten. Hierbei sei angemerkt, dass NLP zwar bereits einige Aufgaben im juristischen Bereich wertschöpfend und kommerziell produktreif erfüllen kann, aber auch noch sehr vielen ungelösten Problemen und unausgeschöpften Potenzialen gegenübersteht. Der Eintrag schließt mit einem kurzen Ausblick auf offene Fragen und künftige Entwicklungsmöglichkeiten, insbesondere im Bereich der semantischen Analyse. 3

II. Standard-Aufgaben von NLP

Obgleich viele NLP-Techniken flexibel anwendbar sind, existieren eine Reihe von Standardaufgaben, die regelmäßig Teile komplexer Systeme sind und entsprechend eigene Arbeits- und Forschungsbereiche bilden. 4

1. Vorverarbeitung

Typischerweise werden Texte mit dem Ziel einer vereinheitlichenden Aufbereitung vorverarbeitet (**Preprocessing**). Die genauen Schritte unterscheiden sich zwischen verschiedenen Kontexten, doch in den meisten Fällen soll zumindest sichergestellt werden, dass ein möglichst störsignalfreier linearer Text hergestellt wird. Hierbei werden beispielsweise nicht druckbare Zeichen entfernt, Sonderzeichen durch Standardzeichen ersetzt, identifizierbare Artefakte eliminiert (zB laufende Seitenzahlen) oder auch ggf. der ganze Text der Einfachheit wegen in Kleinschreibung transformiert. Siehe auch → *Dokumentenanalyse* Rn. 2 ff. 5

2. Satztrennung

Die Zerlegung von zusammenhängendem Text in einzelne Sätze ist regelmäßig ein wichtiger Schritt zur Vereinfachung der Verarbeitung und Zerlegung des Textes in inhaltlich abgeschlossene Teile. Viele NLP-Modelle können oft nur auf Segmente von begrenzter Länge angewendet werden. Eine einfache Trennung kann **regelbasiert auf Satzzeichen** erfolgen („.", „?", „!" etc) und dabei mit einer manuell erstellten sog. *Whitelist* von Ausnahmemustern den zu bearbeitenden Daten angepasst werden („Nr.", „Dr.", „usw", „dh" etc). Die Erstellung und Wartung solcher Ausnahmelisten kann jedoch arbeitsintensiv und fehleranfällig sein, insbesondere durch die Abhängigkeit zu Sprache und Fachgebiet. Eine flexiblere, unüberwachte[2] Methode kann daher die Verteilung der Worte in der Umgebung der Satzendzeichen nutzen, um wiederkehrende Muster als Ausnahmen zu identifizieren.[3] Juristische Texte stellen regelmäßig eine besondere Herausforderung dar. Zum einen werden Satztrennzeichen nicht nur häufig, sondern außerdem 6

---

1 Siehe zB Beiträge zu einschlägigen Konferenz- und Workshopreihen wie der International Conference on Artificial Intelligence & Law (ICAIL), der International Conference on Legal Knowledge & Information Systems (Jurix), dem Natural Legal Language Processing Workshop (NLLP) und dem Workshop on Automated Semantic Analysis of Information in Legal Text (ASAIL). Zunehmend wird NLP-Forschung auf Rechtstexten auch im Kontext von Mainstream-NLP-Konferenzen veröffentlicht (zB Annual Meeting of the Association for Computational Linguistics (ACL), Conference on Empirical Methods in Natural Language Processing (EMNLP) sowie die Conference of the North American Chapter of the Association for Computational Linguistics (NAACL)).
2 Der Begriff „unüberwacht" (*unsupervised*) bezeichnet hier die Arbeitsweise eines Modells ohne explizites Signal von „richtigen" Satztrennungen allein aus in den Textdaten und ihrer Verteilung. (*Unsupervised Learning* → *Maschinelles Lernen* Rn. 16 f.).
3 Kiss & Strunk 2006.

in stark variierenden Mustern in Zitationen verwendet, was freilich in Rechtssystemen auf unterschiedliche Weise geschieht. Zum anderen folgen Gesetze, Verordnungen sowie andere normative und vertragliche Texte nicht notwendigerweise einem linearen Textfluss, sondern enthalten kaskadierende Strukturen, partielle Sätze und Aufzählungen. Forschungsarbeiten beispielsweise begegnen dieser Herausforderung durch die Nutzung von **speziell annotierten Datensätzen** und trainierten Modellen.[4]

3. Tokenisierung & Vokabular

7   Die Verarbeitung von Text durch NLP-Systeme setzt voraus, dass dieser als eine **Sequenz von Worten** (sog. *Tokens*) vorliegt, die dem Modell als Eintrag eines endlichen Vokabulars bekannt sind. Die Trennung einzelner Worte wird entsprechend als „Tokenisierung" bezeichnet. Intuitiv kann ein Text nach Leerzeichen in Worte zerlegt werden (sog. *Whitespace Tokenization*). Diese Technik ist weit verbreitet und in vielen Kontexten durchaus angebracht. Jedoch ist sie nicht in allen Sprachen sachgerecht, erfordert oft eine spezielle Behandlung von Interpunktionszeichen und kann zu einem sehr umfangreichen **Gesamtvokabular** führen.[5] Die Leerzeichentrennung wird daher generell durch komplexitätsreduzierende Schritte erweitert, wie zB die universelle Transformation in Kleinschreibung. Auch werden Worte oft erst ab einer Mindestanzahl von Vorkommnissen in das Vokabular aufgenommen. Trifft das Modell dann auf unbekannte Worte (sog. *out-of-vocabulary*), müssen diese gesondert behandelt werden, bspw. durch ein spezielles *unknown* Token.[6] Die Wahl des Schwellenwertes ist entsprechend eine Abwägung zwischen Vokabularkomplexität (und damit Modellkomplexität) einerseits und Informationsverlust andererseits.

8   Im Zusammenhang mit modernen neuronalen Modellen sind sog. *Byte-Pair*-**Encodings** verbreitet.[7] Diese werden algorithmisch gebildet, indem zunächst Einzelzeichen (zB Buchstaben, Zahlen, Interpunktion etc oder gar die den Textdaten zugrunde liegende Bytes) als Pseudo-Worte behandelt werden. Auf der Basis eines Trainingsdatensatzes wird dann das häufigste Wortpaar gruppiert und als neues Wort dem Vokabular hinzugefügt. Beispielsweise kommen in deutschen Texten „u" und „n" häufig nebeneinander vor und können zu einem neuen Pseudo-Wort „un" gepaart werden. Die **frequenzbasierte Paarung** wird wiederholt, bis das Vokabular eine Maximalgröße erreicht hat. Das Ergebnis ist ein flexibles Vokabular, das die allermeisten Phänomene in realem Text kodieren kann, allerdings ggf. lange Worte durch Sequenzen mehrerer Tokens darstellen muss. Zum Beispiel kann „un" durch weitere Häufigkeits-Paarung mit „d" zu „und" erweitert werden, womit dieses ein natürliches Wort im Vokabular wird. Gleichzeitig bleibt aber das Pseudo-Wort „un" erhalten, um mit anderen Worten als Präfix kombiniert zu werden. Wenn das System das Wort „unnatürlich" nicht kennt, aber „un" sowie „natürlich" im Vokabular vorhanden sind, kann es dieses als zwei aufeinander folgende Worte kodieren. So werden komplexe Worte zwar uU fragmentiert, jedoch muss das System nicht mit einem unbekannten Wort arbeiten und es gehen vergleichsweise wenig Informationen verloren.

4. Part-Of-Speech-Tagging, Stemming, Lemmatization

9   Nach Zerlegung eines Satzes in eine Sequenz von Tokens können diesen ihre **grammatischen Rollen** zugewiesen werden, die sog. *Part-of-Speech*- bzw. *POS*-Tags. Die relevanten grammatischen Rollen können von Sprache zu Sprache variieren, jedoch existiert ein universeller Satz von 12 POS-Tags.[8] Auf einen Beispielsatz angewendet ergeben sich folgende Tags:[9]

Wort	Wer	eine	fremde	bewegliche	Sache	einem	anderen	in	der	Absicht	wegnimmt	,
POS	PRON	DET	ADJ	ADJ	NOUN	DET	ADJ	ADP	DET	NOUN	VERB	PUNCT

---

4   ZB im amerikanischen Kontext Savelka et al. 2017.
5   Jurafsky & Martin 2009, Kapitel 3.9.
6   Jurafsky & Martin 2009, Kapitel 4.3.2.
7   ZB Sennrich et al. 2016.
8   Petrov et al. 2012.
9   Erstellt per online-Version des Stanford CoreNLP Toolkits (https://corenlp.run).

Im Beispiel verwendete Tags: *PRON* (Pronomen), *DET* (Artikel von engl. „Determiner"), *ADJ* (Adjektiv), *NOUN* (Nomen), *ADP* (Präposition), *VERB* (Verb), *PUNCT* (Interpunktion). Entscheidende Bedeutung erlangen POS-Tags insbesondere dann, wenn identische Worte je nach Kontext verschiedene grammatische Rollen annehmen können (zB, „Stahl" als Nomen oder als Verb am Satzanfang). POS-Tagging wird regelmäßig als Komponente in komplexen NLP-Systemen verwendet und es existieren zahlreiche regel- wie ML-basierte POS-Tagger für gängige Sprachen.

Um die Größe und Variabilität des Vokabulars weiter zu reduzieren, können Worte nach der Tokenisierung **auf ihren Wortstamm reduziert** werden. Bei diesem sog. *Stemming* kann zB „verpflichtet", „verpflichtend", „Verpflichtung" usw, auf „verpflicht" gekürzt werden. Dies vereinfacht das Vokabular, da die Kurzfassung nun statistisch alle Vorkommnisse seiner Varianten in den Dokumenten vereint. Dies ist u.a. bei Suchmaschinen nützlich, da der Abgleich mit Suchbegriffen einfacher wird. Eine spezielle Form dieser Kürzungstechnik ist die sog. *Lemmatisierung*, bei der Worte zu einer **kanonischen Form normalisiert** werden.[10] Neben morphologischen Informationen können hierbei auch grammatische Rollen berücksichtigt werden. Bspw. kann im Englischen das Wort „*service*" sowohl ein Nomen (zB im Sinne einer Dienstleistung) als auch ein Verb sein (zB im Sinne einer Wartungsarbeit). Durch eine Lemmatisierung können beide grammatische Formen getrennt im Vokabular geführt werden, was Informationsverlust reduziert. Einzelne Lemmata können dennoch weiterhin verschiedene Bedeutungen (*Word Senses*) haben[11] (zB das Verb „schließen" iSv etwas verschließen oder hinsichtlich bindender Absprachen/Verträge), die ggf. separat im Modell abgebildet werden können.

5. Parsing & Grammatiken

Mithilfe des *Syntax-Parsing* (auch „*constituency parsing*") kann durch Computer die **grammatische Struktur eines Satzes** generiert werden bzw. getestet werden, ob sich ein Text unter Anwendung der grammatischen Regeln einer Sprache bilden lässt.[12] Dabei entsteht eine **Baumstruktur**, die ausgehend von einem Anfangs-Satzelement (S) schrittweise über Teilsätze, Verb-Phrasen (VP), Nomen-Phrasen (NP) und Ähnliches zu den Attributen „Verb", „Nomen", „Präposition", „Artikel", „Interpunktion" etc (also die POS-Tags) und schließlich den Worten als Endelemente gelangt. Die folgende Grafik gibt ein Beispiel eines *Parse Tree*[13] auf Grundlage von § 433 I 1 BGB wieder:

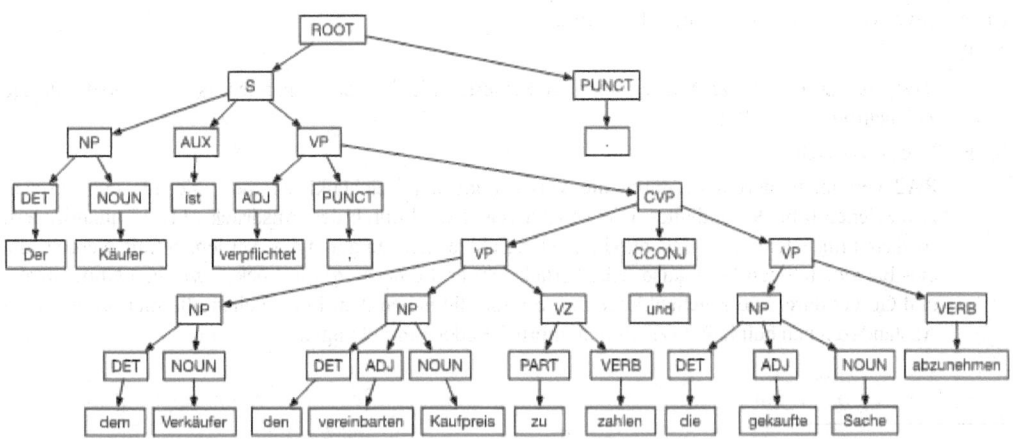

Abb.: Beispiel eines *Constituency Parse Tree*.

---

10 Jurafksy & Martin 2009, Einleitung zu Kapitel 19.
11 Jurafksy & Martin 2009, Kapitel 19.1.
12 Eisenstein 2019, S. 215.
13 Erstellt mit dem Stanford CoreNLP Toolkit unter https://corenlp.run und grafisch angepasst.

59 Natural Language Processing (NLP)

13 Eine weitere oft verwendete Form ist das sog. *Dependency Parsing*, welches die **Abhängigkeiten der Worte eines Satzes untereinander mittels gerichteter Verbindungen** strukturiert und ggf. typisiert.[14] Das meistbenutzte Typensystem ist das sog. *Universal Dependency Framework*,[15] welches mit dem Ziel der größtmöglichen Kompatibilität zu verschiedenen Sprachen entwickelt wurde. Die folgende Grafik zeigt einen *Dependency Parse Graph*[16] von § 433 I 1 BGB, in dem zB Abhängigkeiten als Artikel („det" für *Determiner*), Konjunktion („conj") oder die Modifikation durch Adjektive („amod") zu sehen sind:

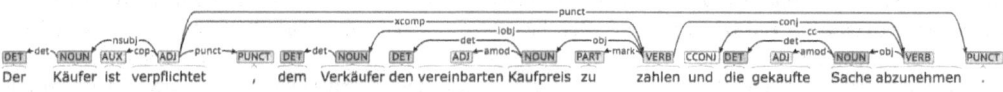

Abb.: Beispiel eines „Dependency Parse Graph".

14 Parse Trees können aus Text mittels verschiedener Techniken (regelbasiert oder ML-basiert) generiert werden. Sie ermöglichen die Gewinnung von bestimmten Informationen, die dann von NLP-Systemen genutzt werden können. Insbesondere Dependency Parse Graphs werden oft zur **Ergänzung von n-gram-basierten Feature-Vektoren** (siehe unten) herangezogen.[17]

III. Regelbasierte Sprachverarbeitung

15 Die beiden praktisch bedeutendsten technischen Ansätze zur regelbasierten Verarbeitung von Texten bilden reguläre Ausdrücke und spezielle regelbasierte Annotations- bzw. Analysesprachen.

1. Reguläre Ausdrücke

16 Unter regulären Ausdrücken (engl. *Regular Expressions*) versteht man eine **formale Sprache zur Beschreibung von Textmustern**, die in verschiedenen technischen Kontexten Anwendung findet. Sie besteht aus konkreten Textelementen und abstrakten Zeichenklassen, die mittels einer speziellen Syntax, Operatoren und sog. „Quantifikatoren" zu Mustern zusammengesetzt werden, mit denen sich passende Textstellen finden und in definierte Komponenten zerlegen lassen.

17 Wir veranschaulichen im Folgenden die Grundlagen anhand von vier Beispiel-Ausdrücken[18] zur Erkennung von Normverweisen mit zunehmender Flexibilität.
- RA1: 433 BGB
  - RA1 ist das einfachste Muster, in dem keinerlei Flexibilität vorhanden ist. Es findet nur die Zeichenfolge „433 BGB".
- RA2: \d{1,4}\sBGB
  - RA2 verallgemeinert RA1 durch die Verwendung der Zeichenklasse „\d", die alle numerischen Zahlzeichen 0 bis 9 beinhaltet. Die Zeichenklasse wird durch den Ausdruck „{1,4}" quantifiziert, so dass mindestens eine und maximal vier Zahlzeichen eingefangen werden. Somit werden alle ein- bis vierstelligen Normausdrücke berücksichtigt. Ferner wird die Lücke zwischen Normangabe und Gesetz durch die Zeichenklasse „\s" erfasst, die neben dem Leerzeichen alle nicht-druckbaren Abstandszeichen beinhaltet (zB Zeilenumbrüche oder Einrückungen).

---

14 Eisenstein 2019, S. 243.
15 S. https://universaldependencies.org.
16 Erstellt mit dem Stanford CoreNLP Toolkit unter https://corenlp.run.
17 ZB bei der Unterscheidung von Fakten und Rechtsregeln in englischsprachigen Urteilen mittels Textklassifikation Shulayeva et al. 2017.
18 Wir verwenden hier Syntax und Elemente von regulären Ausdrücken gemäß der Implementierung in der re-Bibliothek der verbreiteten Programmiersprache Python in der Versionsfamilie 3. Die Syntax und Sprachelemente von regulären Ausdrücken variieren geringfügig zwischen verschiedenen Implementierungen in gängigen Programmiersprachen.

- RA3: \d{1,4}\w?\s(BGB|StGB)
  - RA3 ergänzt RA2 durch einen optionalen Buchstabenzusatz „\w?" an der Normangabe. Hierbei steht „\w" für ein alphanumerisches Zeichen (dh Buchstaben oder Zahl), das durch den Quantifikator „?" als optional markiert wird. Somit wird auch „126a BGB" durch den Ausdruck erfasst. Ferner wird die Gesetzesangabe mittels Klammern gruppiert und durch den Alternativ-Operator „|" erweitert, so dass der Ausdruck bspw. auch „263a StGB" einfängt.
- RA4: (?P<Norm>\d{1,4}\w?(\sAbs\.\s\d)?)\s(?P<Gesetz>BGB|StGB)
  - RA4 erweitert RA3 um zwei Elemente. Zum einen wird mittels „(\sAbs\.\s\d)?" eine optionale Gruppe zur Absatzangabe eingefügt. Außerdem werden die geklammerten Gruppen zur Norm- und Gesetzerkennung mit den Bezeichnern „Norm" und „Gesetz" versehen, mit denen die eingefangenen Textsegmente später gezielt weiterverarbeitet werden können. Somit wird auch zB „263a Abs. 3 StGB" erkannt.

Anhand dieser Beispielübung wird deutlich, wie ein einfaches **Erkennungsmuster schrittweise erweitert** werden kann, um eine größere Vielfalt an Normangaben zu erfassen. Gleichzeitig wird deutlich, dass auch seltene Textphänomene (zB Buchstabensuffixe an Normzahlen) bedacht werden müssen. Bei fachkundiger Anwendung erlauben reguläre Ausdrücke eine sehr feingliedrige Suche nach Textelementen sowie deren Extraktion, Zerlegung und Weiterverarbeitung in zahlreichen Systemen der *Dokumentenanalyse*. Gerade im Kontext der Zitationserkennung finden sie regelmäßig Anwendung auf juristischen Texten.[19]

2. Musterbeschreibungssprachen zur Textannotation

Zur Konstruktion umfangreicher Systeme zur regelbasierten Erkennung von Mustern in Text existieren **spezielle formale Sprachen und zugehörige Entwicklungswerkzeuge**. Ein erstes Beispiel ist hier die Sprache JAPE[20], die ein Teil der GATE[21]-Umgebung ist und bereits in der Forschung auf Anwendung zur Analyse von Sachverhaltsangaben fand.[22] Ein weiteres, weit entwickeltes Werkzeug ist die Sprache Apache UIMA Ruta[23], die eine Komponente der umfangreichen Sprachanalysebibliothek Apache UIMA[24] bildet. Ruta wurde ebenfalls bereits in der Recht-&-KI-Forschung eingesetzt.[25] Diese Musterbeschreibungssprachen erweitern den Funktionsumfang von regulären Ausdrücken insbesondere durch die Möglichkeit, einzelne Muster modular zu komplexen Konstrukten zusammenzusetzen. Ferner bieten sie eine effektive Unterstützung der Programmierung, Wartung und Erweiterung regelbasierter NLP-Systeme durch spezialisierte Entwicklungssoftware.

3. Vorteile und Herausforderungen von regelbasierten Verfahren

Neben regulären Ausdrücken und Mustererkennungssprachen lassen sich regelbasierte Systeme auch in beliebigen Programmiersprachen und -umgebungen als spezielle Algorithmen entwickeln, die Dokument- und Textelemente auffinden und weiterverarbeiten. Ungeachtet der Implementierung ist diesen Verfahren jedoch gemeinsam, dass sie sehr auf die **Regelmäßigkeit des Zieltextes** angewiesen sind und durch Störsignale in ihrer Funktionalität stark eingeschränkt werden können (suboptimale Texterkennung aus Seitenbildern, Paginierungselemente wie Seitenzahlen etc). Auch benötigt ihre Erstellung und Wartung sowohl ein hohes Maß an technischer Expertise als auch umfassende Kenntnis der Daten sowie der Textphänomene, die durch die Muster eingefangen werden sollen.

---

19 Siehe beispielsweise bei der Normalisierung von Zitationen in Opijnen 2010 und Huang et al. 2021.
20 Thakker et al. 2009.
21 Abk.: „General Architecture for Text Engineering" (https://gate.ac.uk).
22 ZB Wyner & Peters 2010.
23 Abk.: „Rule-based Text Annotation" (https://uima.apache.org/ruta.html).
24 Abk.: „Unstructured Information Management Architecture" (https://uima.apache.org).
25 ZB Grabmair et al. 2015, Waltl 2018.

IV. ML-basierte Sprachverarbeitung

21 Funktionalitäten der Sprachverarbeitung können auch mittels **maschinellem Lernen** entwickelt werden, wobei verschiedene Formen von *Supervised* und *Un-* sowie *Self-Supervised Learning* zur Anwendung kommen (→ *Maschinelles Lernen* Rn. 13 ff.). Hierbei wird meist zunächst eine **Feature-Repräsentation des Textes** erstellt, welche dann als Eingabe für ein Modell dient, das schließlich anhand eines Fehlersignales optimiert wird. In der jüngsten Vergangenheit dominieren neuronale Netzwerke in verschiedenen Formen die Modellentwicklung in Forschung und Industrie, ohne jedoch andere ML-Methoden dabei vollends zu verdrängen.

1. Techniken zur Feature-Repräsentation von Text

22 Im Folgenden werden grundlegende Techniken zur Darstellung von Worten und Texten als Feature-Repräsentation erläutert. Grundlage für diese bildet meist ein *Vokabular*, dh eine abschließende Liste aus bekannten Worten und Wort-Teilen.

2. N-Gram Repräsentationen

23 Eine traditionelle Feature-Repräsentation von Text sind sog. ***n-Grams***.[26] Hierbei wird ein Text als eine **Menge von Wort-Tupeln einer bestimmten Länge** *n* dargestellt. Ein Beispielsatz aus § 433 I BGB: *„Durch den Kaufvertrag wird der Verkäufer einer Sache verpflichtet, dem Käufer die Sache zu übergeben und das Eigentum an der Sache zu verschaffen."* Im einfachsten Fall von *Unigrams* (dh n=1) wird der Text als eine ungeordnete Menge von Einzelworten abgebildet. Dies wird auch als sog. *Bag of Words* bezeichnet (im Beispiel: „an" „Kaufvertrag", „Sache", „der" etc) und enthält entsprechend **keine Information über die Wortreihenfolge**. Bei *Bigrams* (n=2) besteht die Repräsentation aus benachbarten Wortpaaren (im Beispiel: „Durch-den", „den-Kaufvertrag", „Kaufvertrag-wird" etc) und bei *Trigrams* (n=3) aus Tripeln (im Beispiel: „Durch-den-Kaufvertrag", „den-Kaufvertrag-wird" etc). Mit höheren Werten von *n* erhalten die Tupel entsprechend lange Sequenzen von im Text aufeinander folgenden Worten. Dies vermittelt dem Modell Information über die Wortreihenfolge und verbessert die Abbildung von aus mehreren Worten zusammengesetzten Begriffen, erhöht aber auch die kombinatorische Komplexität des Gesamtvokabulars möglicher n-Grams.

24 Wenn aus einem Text die darin enthaltenen n-Grams extrahiert wurden, kann mit diesen ein sog. ***Feature Vector*** (→ *Maschinelles Lernen* Rn. 14) erstellt werden, den ML-Algorithmen verarbeiten können. Dabei handelt es sich um einen aus Variablen bestimmten Typs (meist Ganz- oder Gleitkommazahlen) bestehenden Vektor einer bestimmten Länge, der Informationen über den Text für das ML-Modell beinhaltet. Im Fall von einfachen n-Gram-Repräsentationen können der Feature-Vektor und das Vokabular die gleiche Größe haben. Dabei wird jedem Vektorelement ein Wert zuordnet, der vom Text für dieses n-Gram abgeleitet wird. Dies kann beispielsweise ein binärer 1/0-Wert sein, der die Anwesenheit des n-grams im Text markiert. Alternativ kann auch ein Zahlenwert angeben, wie oft das n-Gram im Text vorkommt. Die häufigste Feature-Wert-Funktion in n-Gram-Modellen ist die im Information Retrieval entwickelte sog. **TFIDF**-Metrik (→ *Dokumentenanalyse* Rn. 24). Diese quantifiziert, wie charakteristisch ein Wort für ein bestimmtes Dokument ist. Auch POS-Tagging, Stemming und Lemmatisierung finden regelmäßig Anwendung in n-Gram-Systemen zur Optimierung des Vokabulars und/oder Erweiterung der Feature-Vektoren. Ferner können omnipräsente Worte wie Artikel, Präpositionen etc entfernt werden (sog. *Stopwords*), da diesen uU aufgrund ihrer weiten Verbreitung wenig Bedeutung für den Dokumentinhalt beigemessen wird.

25 Die Effektivität von n-Gram-basierten Repräsentationen wird durch diverse Faktoren beeinflusst. Durch die Zerteilung des Textes in Wort-Tupel geht beispielsweise der **narrative Charakter verloren** und die Repräsentation wird weitestgehend durch seine **charakteristischen Begriffe** bestimmt. Dies kann zB für Suchmaschinen erwünscht sein, aber für semantisch anspruchsvollere Funktionen (zB die Klassifikation von AGB-Vorschriften als fair oder unfair) alleine nicht ausreichend sein. N-Gram-basierte Feature-Vektoren werden deshalb oft um Elemente erweitert, die über Wortfrequenzinformationen hinausgehende Informatio-

---

[26] Jurafksy & Martin 2009, Kapitel 4.

nen in das Modell einbringen. Beispielsweise können grammatische Informationen über das Vorkommen bestimmter POS-Tags und Strukturen eines Dependency Parse Trees in zusätzliche Features kodiert werden.[27] Die **Auswahl und Entwicklung neuer Features** erfordert meist Fachwissen über die durch das Modell zu erfüllende Aufgabe sowie die Verteilung der Daten. Features und ihre möglichen Werte im Vektor werden dabei aus den Rohdaten extrahiert unter der Annahme, dass sie ein „Signal" für das Vorhersageziel des ML-Modells beinhalten. Dieses *Feature Engineering* kann sehr arbeitsintensiv sein. Moderne tiefe neuronale Netze und die Verfügbarkeit von sehr großen Trainingsdatensätzen können es allerdings uU ermöglichen, über weite Strecken auf manuellen Aufwand zur Feature-Entwicklung zu verzichten (→ Rn 41 ff.).

Die Überführung eines langen Textes in einen Vektor mit festgelegter Größe und darin enthaltene Feature-Werte mittels n-Grams bietet dennoch eine **effiziente Basisimplementierung** für diverse NLP-Aufgaben, sofern die technischen Annahmen adäquat sind (zB Kodierung nach charakteristischen Worten, Unschädlichkeit von Vereinfachungen wie Stemming etc). N-Gram-basierte NLP Modelle gehören zu Standardverfahren in der Recht-&-KI-Forschung[28] und der Industrie, sind jedoch in komplexeren Anwendungen zunächst von Word Embeddings und zuletzt von Byte-Pair-Kodierungen in Kombination mit neuronalen Modellen abgelöst worden. Man begegnet ihnen inzwischen meistens als Vergleichsmaßstab (sog. *Baseline*) bei der Evaluierung von moderneren Verfahren.

3. Word Embeddings

Um die **semantische Bedeutung einzelner Worte** abzubilden, können auch diese durch Vektoren repräsentiert und so als Eingabe für ML-Modelle verwendet werden. Einen wesentlichen Meilenstein bilden hier die bereits um 2013 entwickelten sog. *Skipgram-* und *Continuous-Bag-of-Words*-Methoden. Diese wurden im bekannten Word2Vec-Modell implementiert und ordnen einem bestimmten Wort einen Vektor in einem hochdimensionalen Raum zu – das sog. *Word Embedding*.[29] Die Berechnung des Vektors basiert auf der Annahme von sog. „**verteilter Semantik**" (engl. *Distributional Semantics*), nach der Worte, die in ähnlichen Kontexten vorkommen, dazu tendieren, ähnliche Bedeutungen zu haben.[30] Dementsprechend sollten Worte mit ähnlichen bzw. verschiedenen Verteilungen im Embedding-Vektorraum nahe beieinander bzw. voreinander entfernt liegen. Hierfür existieren verschiedene Berechnungsmethoden. Im Skipgram-Modell wird der Vektor eines Wortes anhand der Verteilung der benachbarten Worte in einem **lokalen Kontext-Fenster** nach einem bestimmten Verfahren errechnet.[31] Beispielsweise werden sich in der Nachbarschaft des Wortes „Käufer" in vielen rechtlichen Texten ähnliche Worte finden wie um die Begriffe „Erwerber", „Abnehmerin" oder „Kundin". Der Annahme gemäß sollten ihre Wortvektoren ebenfalls benachbart sein. Dieses rein auf lokalen Wortverteilungen basierende Verfahren kann jedoch auch zu unerwünschten Ergebnissen führen. Beispielsweise unterscheiden sich in auf englischen Rechtstexten trainierten Embedding-Modellen die häufigen Umgebungsworte zu „agree" (zustimmen) und „disagree" (nicht zustimmen) möglicherweise nur wenig. Dies liegt daran, dass sie typischerweise in sehr ähnlich formulierten Sätzen vorkommen, was sich in benachbarten Embedding-Vektoren niederschlägt. Dies steht im Widerspruch zu ihrer gegensätzlichen semantischen Bedeutung.[32]

Neben Word2Vec existieren noch weitere Embedding-Modelle, die Erweiterungen bzw. Varianten der Grundfunktionalität bieten. Die wohl bekanntesten sind GloVe[33] und FastText[34]. Word Embeddings wur-

---

27 ZB Shulayeva et al. 2017.
28 ZB Şulea et al. 2017, Shulayeva et al. 2017, auf deutschen Texten siehe zB Waltl et al. 2019.
29 Mikolov et al. 2013. Der Begriff „Embedding" bezeichnet technisch neutral die Repräsentation als Vektor und ist nicht zwangsläufig an eine Berechnung aufgrund mittels verteilter Semantik gebunden. Dennoch werden im üblichen Begriffsgebrauch „Word Embeddings" typischerweise hiermit assoziiert, weswegen dieser Text sie entsprechend verwendet.
30 Harris 1954.
31 Mikolov et al. 2013a.
32 Branting et al. 2021.
33 Pennington et al. 2014.
34 Bojanowski et al. 2017.

den ebenfalls für die Nutzung auf Rechtstexten in der akademischen Forschung aufgegriffen.[35] Das Berechnungsverfahren kann außerdem erweitert werden, um verteilte **Vektorrepräsentationen von ganzen Texten** zu produzieren, was unter dem Begriff *doc2vec* bekannt wurde.[36] Wie im Folgenden dargelegt werden wird, können Vektorrepräsentationen von Worten und Dokumenten allerdings auch durch trainierte neuronale Netze wie zB BERT-Modelle berechnet werden.

4. Klassifikation & Sequenz-Labeling

29 Zu den meistbenutzten Techniken des NLP auf Rechtstexten gehören die Textklassifikation und das sog. *Sequence Labeling*. Bei der Textklassifikation wird einem Text entweder mit einem regelbasierten Modell oder (nach Kodierung in eine Vektorrepräsentation) mit einem ML-basierten *Classifier* **eine oder mehrere Klassen (auch *Labels*) zugeordnet**. Im Falle von ML-basierter Klassifikation lernt das System die Korrespondenz zwischen der Klassenzuordnung und einem Teil des Feature-Raumes anhand statistischer Kriterien (→ *Maschinelles Lernen* Rn. 5 ff.). Hierbei kommen regelmäßig verschiedene ML-Algorithmen zum Einsatz, von linearen Modellen über Entscheidungsbäume bis hin zu modernsten *Deep Learning*-Verfahren. In der jüngeren Vergangenheit dominieren tiefe neuronale Netze auf so gut wie allen NLP-Arbeitsgebieten, bedingt durch die Verfügbarkeit von großen Datenmengen und vortrainierten Modellen.

30 Funktional ist die Textklassifikation eine sehr vielseitige Methode, die in verschiedensten Kontexten Anwendung findet. Im Folgenden finden sich einige Beispiele aus der Forschung, wobei die Genauigkeit und Fehleranfälligkeit dieser Modelle dabei sehr unterschiedlich ausfällt; die Liste ist keineswegs als Aufzählung „gelöster Probleme" zu verstehen.

31 a) Dokument-Kategorisierungen: Das **Rechtsgebiet**, aus dem ein Urteil stammt, kann mittels Klassifikation automatisiert ermittelt werden.[37] EU-Rechtsakte können auf der Basis ihres Textes Termini des **EuroVoc Thesaurus** zugeordnet werden.[38] In beiden Projekten konnte das vorherzusagende Label (dh das Rechtsgebiet bzw. die einschlägigen EuroVoc-Stichworte) aus den Metadaten der Dokumente extrahiert werden, womit keine weitere manuelle Annotation nötig war.

32 b) Satztypklassifikation: Einzelne Sätze eines Dokuments können nach ihren vorgegebenen Rollen klassifiziert werden, zB entsprechend ihrer **rhetorischen Funktion in Urteilstexten** (Rhetorical Role Labeling"). Ein einfaches Beispiel ist die Unterscheidung von Fakten und rechtlichen Prinzipien[39] anhand eines **manuell annotierten Datensatzes**. Komplexere Typensysteme können Klassen für Argumente, Referenzen auf kodifiziertes Recht und Fallrecht sowie Zusammenfassungen niederinstanzlicher Entscheidungen enthalten, wobei auch hier von Experten erstellte Datensätze notwendig sind.[40] Textsegmente in Gesetzen können ebenfalls auf diese Art kategorisiert werden (zB in Verpflichtungen, Verbote, Erlaubnisse, Definitionen etc.).[41] Diese satzweise Nutzung von Textklassifikation nach rechtlich bedeutsamen Inhaltstypen findet sich auch als Komponente in größeren Systemen wie zB der automatischen Erstellung von Fallzusammenfassungen durch die Komposition von Sätzen verschiedener Typen.[42]

33 c) Rechtliche Bewertung: Einzelne Elemente der Benutzungsbedingungen von Software können mittels Klassifikation auf der Basis ihres Textes in verschiedene **Stufen von Fairness** gegenüber dem Benutzer kategorisiert werden.[43] Ebenso können auf diese Weise **ungültige Klauseln** in Allgemeinen Geschäftsbedingungen von Online-Händlern gefunden werden.[44] Beide Projekte beinhalteten die Annotation

---

35 Für einen Überblick siehe zB Chalkidis & Kampas 2019; im deutschen Kontext siehe zB Landthaler et al. 2016.
36 Le & Mikolov 2014.
37 Şulea et al. 2017.
38 Chalkidis et al. 2019.
39 ZB Shulaeva et al. 2017.
40 ZB auf Gerichtsurteilen aus Indien und dem vereinigten Königreich Bhattacharya et al. 2021.
41 ZB Waltl et al. 2019.
42 ZB Agarwal et al. 2022, Bhattacharya et al. 2021a.
43 Lippi et al. 2019.
44 Braun & Matthes 2021.

eines entsprechenden Korpus von einschlägigen Dokumenten durch Experten für Modelltraining und -evaluation.

d) Fallausgangsklassifikation (s. auch → *Legal Prediction*): Auf der Basis des **Faktenabschnitts von Urteilen** des Europäischen Gerichtshofs für Menschenrechte (EGMR) kann klassifiziert werden, ob diese von einem Urteil stammen, in dem eine Konventionsverletzung festgestellt wurde.[45] Auch kann klassifiziert werden welche **Artikel der Konvention** von den Parteien als verletzt geltend gemacht bzw. seitens des Gerichts als verletzt angesehen wurden.[46] Die Klasseninformation von vorgebrachten und festgestellten Verletzungen wurden dabei aus den **Metadaten der EGMR-Rechtsprechungsdatenbank** HUDOC extrahiert. Ähnliche akademische Arbeiten existieren beispielsweise auch im Bereich nationaler Gerichtsurteile verschiedener Rechtsgebiete aus der Schweiz[47] oder im chinesischen Strafrecht[48]. Die Klassifikation von Aspekten des Fallausgangs wird gelegentlich auch als „Legal Judgment Prediction" bezeichnet. Dies trifft bisweilen auf Kritik,[49] weil die Systeme den Fallausgang oft auf der Basis von Faktenbeschreibungen klassifizieren, die dem Urteilsdokument entnommen wurden und deren Formulierung durch die Kenntnis des Ergebnisses beeinflusst wurde. Somit findet nicht wirklich eine vorwärtsblickende Voraussage statt, wie sie beispielsweise auf der Basis von a priori verfügbaren Schriftsätzen geschehen könnte.[50] Außerdem besteht das Risiko, dass ML-Modelle (insbes. tiefe neuronale Netze) den Fallausgang auf der Basis von Informationen vorhersagen, die zwar statistisch in den Trainingsdaten mit ihm korrelieren, jedoch rechtlich bedeutungslos sind.[51]

e) Zitationsempfehlungen: Klassifikation kann auch verwendet werden, um für ein Textsegment eines Entscheidungstextes eine **Quellenreferenz auf Vorschriften oder Rechtsprechung zu empfehlen**.[52] Da der Fließtext von Entscheidungen bereits Zitationen enthält, können diese im Wege der Vorverarbeitung mittels einer Mustererkennung automatisch identifiziert werden, womit keine manuelle Annotation notwendig ist.

Beim *Sequence-Labeling* (auch *Sequence Tagging*) handelt es sich um eine Variante der Klassifikation, bei der einzelnen **Elementen einer geordneten Sequenz** von Datenpunkten (im NLP-Fall: einer Sequenz von Tokens eines Textes) eine oder mehrere Klassen zugeordnet werden. Für jedes Wort im Text ermittelt das Modell sukzessive ein Label aus einem vorgegebenen Schema und kann so Textspannen verschiedener Länge **flexibel markieren**. Ein typisches solches Schema ist das sog. *BIO-Tagging*, bestehend aus *Begin-*, *Inside-* und *Outside*-Klassen. Eine relevante Textspanne beginnt mit dem ersten Wort und einem *Begin*-Label, gefolgt von einer Reihe von folgenden Worten mit *Inside*-Labels. Worte außerhalb relevanter Spannen erhalten *Outside*-Labels. Das folgende Beispiel dient der Veranschaulichung: In einer BGH-Entscheidung[53] soll ein hypothetisches Modell Verweise auf Rechtsprechung identifizieren. Hierbei ergeben sich folgende Zuordnungen von Worten zum BIO-Schema:

Token	...	unter	Hinweis	auf	einen	Beschluss	des	Bundesgerichtshofs
Label		O	O	O	O	B	I	I

Token	vom	28.	Januar	2020	(VIII	ZR	57/19)	ausgeführt	...
Label	I	I	I	I	I	I	I	O	

---

45 ZB Medvedeva et al. 2020.
46 Die beiden Klassifikationsaufgaben sind Teil der LexGLUE Benchmark in Chalkidis et al. 2022a.
47 Niklaus et al. 2021.
48 ZB Zhong et al. 2018.
49 ZB Medvedeva et al. 2021.
50 Siehe zB Branting et al. 2020.
51 Siehe zB eine Fallstudie im Kontext des EGMR T.Y.S.S. et al. 2022.
52 Huang et al. 2021.
53 Text stammt aus BGH Beschl. v. 21.3.2022 – VIa ZB 4/21.

37 Hier enthält der Auszug eine Spanne von Interesse („Beschluss des Bundesgerichtshofs vom 28. Januar 2020 (VIII ZR 57/19)") und die Tokensequenz ist entsprechend markiert. ML-Modelle können aus so geformten Trainingsdaten statistisch erlernen, relevante Spannen mit den passenden Tags zu versehen. Jedes Wort (bzw. jedes Token) wird durch Features kodiert (zB mittels Word Embeddings, → Rn. 27 f.) und es findet eine **per-Wort Kategorisierung** statt. Die Zuordnung eines Wortes zu einer Klasse hängt dabei entsprechend auch von den umliegenden Worten und deren Zuordnungen ab. Um diese Dependenz effektiv zu nutzen, kommen hier spezialisierte ML-Algorithmen (zB *Conditional Random Fields*), rekurrente neuronale Netze (zB *Long-Short-Term-Memory Networks*) oder Transformer-basierte Modelle zum Einsatz.

38 Sequence Labeling wird regelmäßig auf Rechtstexten zur Implementierung diverser Funktionalitäten angewendet, sowohl in der Forschung als auch in der Industrie. Im Folgenden wird auf ausgewählte Beispielanwendungen verwiesen. Wie zuvor beinhalten diese Experimente und Modelle aus verschiedenen Rechtsgebieten sowie von verschiedener Komplexität und Performanzniveau.

39 1. Named Entity Recognition & Linking: *Named Entity Recognition* bezeichnet das **Lokalisieren und Klassifizieren** von **namentlich genannten Entitäten** in Text.[54] In typischen NLP-Entwicklungsdomänen (zB Nachrichten) werden Entitätstypen wie *Personen, Orte, Organisationen, Geldbeträge* oder *Datumsangaben* aus Texten in Form von Spannen über ggf. mehrere Tokens zwischen einer Anfangs- und Endposition extrahiert.[55] In Vertragstexten können mit ähnlichen Techniken Elemente von Interesse identifiziert werden (zB Vertragsparteien, vertragsspezifische Datumsangaben, Informationen über die Gerichtsbarkeit etc).[56] Es ist davon auszugehen, dass sich Varianten solcher Modelle auch in kommerziellen Angeboten zur Vertragstextanalyse finden. Auch auf deutschen Texten wurden Named Entity Recognition Modelle mit **spezifisch juristischen Klassen** entwickelt (zB Referenzen auf verschiedene Rechtsquellen, Gerichte etc) und auf einem großen, manuell annotierten Datensatz trainiert.[57] In einem weiteren, deutlich schwierigeren Schritt können die erkannten Erwähnungen auch mit einer Wissensontologie (dh einer graphbasierten Repräsentation der Entitäten und Konzepte in der Domäne sowie ihrer Relationen zueinander) verbunden werden.[58]

40 2. Tatbestandsmerkmale & Rechtsfolgen: In der Forschung wurden Sequence-Labeling-Modelle zur Erkennung von **Spannen** in Gesetzestexten erprobt, die **Tatbestandsmerkmale und Rechtsfolgen** enthalten.[59] Diese Analyseaufgabe ist zum gegenwärtigen Zeitpunkt allerdings ein in der Forschung noch ungelöstes Problem und vergleichsweise weit von kommerzieller Produktreife entfernt.

5. Neuronale Netzwerke, Deep Learning und Transformer

41 Im NLP kommen traditionell verschiedene Algorithmen aus dem Bereich des maschinellen Lernens zum Einsatz, ua sog. *neuronale Netzwerke* (NN; → *Maschinelles Lernen* Rn. 20 ff.). Hierbei handelt es sich um ein von dem Aufbau menschlicher Gehirnzellen inspiriertes mathematisches Modell, mit dem aus einer Menge an Eingabevariablen über verschiedene, teils nichtlineare Rechenoperationen mit lernbaren Parametern die Werte von Ausgabevariablen berechnet werden. Fokales Strukturelement sind dabei **Schichten (engl.** *Layer*) sogenannter *Neuronen*, die in bestimmten Strukturmustern aufgebaut sind. Ab einer bestimmten Komplexität spricht man von „tiefen" NN und folglich von *Deep Learning*. Es ergeben sich verschieden Typen von Netzen, die unterschiedliche Eigenschaften haben und sich für bestimmte Typen von Aufgaben und Daten eignen. Um diese effektiv zu trainieren, benötigt es allerdings sowohl **sehr große Datensätze**[60] (aber s. Transfer Learning → Rn. 43) als auch erhebliche Mengen an **Rechenkapazität**.

---

54 Jurafsky & Martin, Kapitel 22.1.
55 Eisenstein 2019, Kapitel 8.3.
56 ZB Chalkidis et al. 2017, siehe auch Hendrycks et al. 2021.
57 Leitner et al. 2019.
58 Cardellino et al. 2017.
59 Nguyen et al. 2018.
60 Beispiel zur Veranschaulichung der Größenordnung: Das erfolgreiche Stanford Question Answering Dataset (SQuAD) erlaubt ein direktes Training von tiefen neuronalen Modellen zur Extraktion von Antwortsegmenten

Mit der zunehmenden Verfügbarkeit großer Mengen von Texten und spezialisierter Hardware wurde ihre breite Anwendung für Aufgaben der Bild- und Sprachverarbeitung im Laufe der 2010er-Jahre möglich.[61] Mittlerweile dominieren NN die NLP-Forschung und gelten auch in der Industrie für viele Anwendungen als Mainstream – ausreichende Ressourcen vorausgesetzt.

Für NLP sind insbesondere rekurrente neuronale Netze (insbesondere des Typs *Long-Short-Term-Memory* (LSTM) sowie *Gated-Recurrent-Unit* (GRU) Modelle) und **transformerbasierte Architekturen**[62] von besonderer Bedeutung, da sie lineare Textdaten in der Form einer Tokensequenz effektiv verarbeiten und Tokens über Distanzen innerhalb des Textes miteinander in Beziehung setzen können. Transformer haben gegenüber rekurrenten Modellen ua den Vorteil, dass sich ihre Implementierung sehr gut parallelisieren lässt, was eine effizientere Nutzung von Rechenkapazitäten erlaubt. Hierbei spielt die sog. **„Attention"-Funktionalität** eine zentrale Rolle. Durch diese kann das Modell verschiedene Elemente seiner Eingabedaten miteinander in Beziehung setzen und ermitteln, welche Teile des Textes für die zu erfüllende Inferenz die meiste „Aufmerksamkeit" benötigen, dh in die weitere Berechnung einfließen sollen.[63] Eine Beschreibung der technischen Details verließe den hiesigen Rahmen. Es kann jedoch darauf hingewiesen werden, dass zum gegenwärtigen Zeitpunkt Transformer-Modelle als die **dominante Architektur** in der Entwicklung moderner NLP-Methoden angesehen werden, obgleich in vielen Kontexten (insbesondere bei beschränkten Daten- und Rechenressourcen) weiterhin auch nicht-neuronale Modelle zum Einsatz kommen.

V. Aktuelle Entwicklungen im Bereich NLP auf Rechtstexten
1. Language Models & Transfer Learning

In den vergangenen Jahren hat die NLP-Forschung durch die Nutzung sogenannter „(Large) Language Models" (LLM) signifikante Fortschritte gemacht. LLMs sind Modelle, die auf großen Mengen an Texten „vortrainiert" werden (**Pretraining**) mit dem Ziel, Elemente des Textes selbst vorherzusagen (zB das nächstfolgende Token am Ende eines Textsegments oder lückentextartige Ergänzungen maskierter Worte). Bemerkenswert ist, dass der für das Training herangezogene Text auf diese Weise ohne weiteres Aufbereiten zum Gegenstand kontinuierlicher Voraussage wird, womit die **Notwendigkeit manueller Annotationen entfällt** und große Datenmengen aus dem Internet oder speziellen Sammlungen vergleichsweise einfach herangezogen werden können. Zu den bekanntesten Meilensteinmodellen gehören hier ELMO[64] (basierend auf rekurrenten LSTM Netzen), die GPT-Modellserie[65] (Transformer-basierte Architektur zur autoregressiven „vorwärts"-Vorhersage von Tokens) sowie die Modell-Familie auf Grundlage von BERT[66] (Transformer-basierte Architektur zum primären Training mit einem maskierten Lückentext; *Masked Language Objective*). Derart vortrainierte generische Modelle können als **Ausgangspunkt für spezialisierte Modelle** benutzt werden, deren Entwicklung meistens deutlich weniger Trainingsdaten benötigt. Bei dieser Methode des sog. **Transfer Learning** kann das vortrainierte Modell dann als Komponente einer größeren Architektur entweder ohne weiteres Training verwendet werden (als *Feature Extractor* oder *Encoder*) oder ggf. auf spezifischen Daten weitertrainiert werden (sog. *fine-tuning*).

Durch die Nutzung von LLMs und Transfer Learning wurden NLP-Modelle stark verbessert und in vielen Bereichen auf beeindruckendes Niveau gehoben. Beispielsweise fand die Fähigkeit von GPT-3[67],

---

für vorgegebene Fragen aus Wikipedia-Texten. In seiner ersten Fassung 1.1 beinhaltete der Datensatz 107.785 Frage-Antwort-Paare auf insgesamt 536 Wikipedia-Auszügen (Rajpurkar et al. 2016). Eine aktuellere Fassung des Datensatzes inklusive dem Leaderboard der besten Modelle findet sich auf: https://rajpurkar.github.io/SQuAD-explorer

61 Rajat et al. 2009.
62 Vaswani et al. 2017.
63 Eisenstein 2019, Kapitel 18.3.1.
64 Peters et al. 2018.
65 Beginnend mit Radford et al. 2018.
66 Devlin et al. 2019.
67 Brown et al. 2020.

Textangaben durch **natürlich aussehenden Text** zu ergänzen, große mediale Aufmerksamkeit.[68] Durch das statistische Training von LLMs auf freiem Text besteht allerdings auch das Risiko, dass **sozial problematische Textinhalte**, den Sprachgebrauch beeinflussende Stereotypen oder andere unerwünschte Muster beim Training in das Modell einfließen und sein Verhalten in verschiedenen Anwendungskontexten beeinflussen können.[69] Angesichts der **hohen Rechenkapazitätsanforderungen** sind auch der Energieverbrauch und der konsequente CO_2-Ausstoß durch die Entwicklung dieser großen neuronalen Modelle verstärkt in den Fokus der NLP-Gemeinde gerückt.[70]

2. LLMs auf Rechtstexten

45 LLMs werden in der Forschung inzwischen regelmäßig auf Rechtstexten trainiert, um per Transfer Learning höhere Genauigkeit auf diversen Analyseaufgaben zu erzielen.[71] Angesichts der zahlreichen technischen Vorzüge und funktionalen Vielseitigkeit kann davon ausgegangen werden, dass **LLMs auch in kommerziellen Produkten** ebenfalls vermehrt zum Einsatz kommen. Die dabei erzielten Verbesserungen sind teilweise aber nur marginal und rechtfertigen den sehr intensiven Berechnungsaufwand nicht immer.[72] Öffentliche **Benchmark-Datensätze** ermöglichen eine kontinuierliche Evaluation verschiedener Pretraining-Strategien und Architekturen im Hinblick auf ihren möglichen Mehrwert für bestimmte Aufgabenstellungen. Im Rahmen des aus amerikanischen Urteilstexten erstellten *CaseHOLD*-Datensatzes soll ein Modell beispielsweise klassifizieren, welches *Holding Statement* (eine kurze aspektbezogene Zusammenfassung eines zitierten Urteils) zu einem vorgegebenen textuellen Kontextausschnitt aus einem Urteil passt.[73] Zusammen mit anderen etablierten Datensätzen (zB Fallausgangsvorhersage auf der Basis von Faktenbeschreibungen von Urteilen des EGMR, Klassifikation von Online-Benutzungsbedingungen, Stichwortklassifikation von EU-Rechtsakten etc) ist so der übergreifende „Legal General Language Understanding Evaluation" (LexGLUE)-Benchmark-Datensatz gebildet worden, der als Referenzpunkt die weitere Entwicklung von NLP-Kapazitäten auf englischen Rechtstexten unterstützen soll.[74]

3. Erklärbare Juristische Textanalyse

46 Der Einsatz komplexer ML-Techniken bei der Textanalyse hat zur Folge, dass viele trainierte Modelle sog. ***Black Boxes*** sind, dh es lässt sich nicht intuitiv nachvollziehen, wie das System intern funktioniert und zu seinen Vorhersagen kommt. Im Fall von tiefen neuronalen Netzen handelt es sich um **unüberschaubare Mengen von lernbaren Modellparametern**, die in ihrer unmittelbaren Form nicht menschlich interpretiert werden können. Um diesem Problem zu begegnen, wird in dem als ***Explainable AI***[75] bezeichneten Gebiet an Techniken geforscht, mit denen KI-Systeme ihre Entscheidung einem Benutzer erklären können und sich hieraus das Verhalten des Systems auf andere Eingaben extrapolieren lässt. Diese Vision ist bei Weitem noch nicht erreicht und in verschiedenen KI-Kontexten Gegenstand intensiver Forschung.[76] Der prominenteste Anwendungsfall im Bereich von NLP auf Rechtstexten ist die Erklärung der Vorhersagen von Klassifikationsmodellen. Dabei stellt sich ua die Kernfrage, ob Modelle ihre Vorhersagen aus solchen Elementen und Aspekten der Daten ableiten, die auch von menschlichen Entscheidern herangezogen würden. Bei der automatischen Kategorisierung von deutschen Rechtsnormen in verschiedene semantische Typen wurde beispielsweise die Nutzung von sog. „lokalen linearen Erklärungen" zur **Ermittlung des**

---

68 ZB: Alexander Graf, „Multitalent für Sprache", Spektrum der Wissenschaft – Die Woche, Ausgabe 33/2020; Bernhard Marr, „What Is GPT-3 And Why Is It Revolutionizing Artificial Intelligence?", Forbes.com, 5.10.2020.
69 Bommasani et al. 2021.
70 Strubell et al. 2019.
71 ZB Chalkidis et al. 2020, Zheng et al. 2021.
72 Zheng et al. 2021.
73 Zheng et al. 2021.
74 Chalkidis et al. 2022a.
75 Gunning 2019; die Definition im englischen Wortlaut: „DARPA defines explainable AI as AI systems that can explain their rationale to a human user, characterize their strengths and weaknesses, and convey an understanding of how they will behave in the future."
76 ZB Linardatos et al. 2020.

Einflusses einzelner Worte auf das Vorhersageergebnis erprobt.[77] Im Ergebnis wurden im Hinblick auf kategorisierungsrelevante Worte beträchtliche Übereinstimmungen zwischen statistischen ML-Systemen und einem manuell erstellten regelbasierten System beobachtet.[78] Bei Experimenten zur Vorhersage von angeblich verletzten Artikeln der Europäischen Konvention für Menschenrechte (basierend auf der Faktensektion von EGMR-Urteilen) mittels tiefer neuronaler Netze wurde ein Modell so konstruiert, dass es automatisch eine Maskierung mitlernte, um **für das Ergebnis prädiktive Absätze** von irrelevanten zu unterscheiden.[79] Die binäre Maske markiert, ob ein Textabsatz für das Klassifikationsergebnis entscheidend ist oder nicht, was als eine Form der Erklärbarkeit zu verstehen ist. Hierbei wurde allerdings festgestellt, dass die vom Modell als für die Voraussage als relevant eingestuften Absätze nur teilweise mit denen übereinstimmten, die ein Experte zuvor ausgewählt hatte.[80] Dem kann in begrenztem Maß entgegengewirkt werden, indem man das Modell mit technischen Mitteln daran hindert, seine Klassifikation auf der Basis von bestimmten rechtlich irrelevanten Elementen zu treffen (zB die Identität des Beklagtenstaates). Ein gutes Übereinstimmungsniveau zwischen Modell und Rechtsexperte konnte aber bislang (im EGMR-Kontext) nicht erreicht werden.[81] Im Bereich der Analyse von Entscheidungstexten von *World Intellectual Property Organization* Domain Name Disputes wurde eine Fallstudie zur praktischen Nutzung von Explainable AI-Techniken in Kombination mit tiefen neuronalen Netzen durchgeführt. Sie kam zu dem Ergebnis, dass Benutzer bei der Ergebnis-Vorhersage einer Rechtsfrage nicht messbar davon profitieren, wenn ihnen solche Inhalte im Text hervorgehoben wurden, die von einem neuronalen Netz als statistisch prädiktiv ermittelt wurden.[82] Zum Zeitpunkt des Verfassens dieser Kommentierung stellen daher sowohl die Entwicklung von erklärbaren NLP-Systemen auf Rechtstexten und die **Übereinstimmung statistisch korrelierender Inhalte mit Einschätzungen von Rechtsexperten** als auch die Gestaltung der praktischen Nutzung von solchen Erklärungsprodukten offene Forschungsfragen dar.

4. Semantische Analyse

Die semantische Analyse mittels NLP hat zum Ziel, den Text in eine **formale Abbildung seiner inhaltlichen Bedeutung** zu überführen. Diese kann dann in einer strukturierten Datenbank gespeichert werden und zB zur gezielten Informationsabfrage verwendet werden. Zu den bekanntesten Repräsentationstechniken gehören neben klassischen Prädikat-Argument-Strukturen auch sog. *frame*-basierte Formalismen.[83] Beispielsweise wurden in einem Experiment auf indischen Urteilen Beweisinformationen automatisch aus Texten extrahiert und in semantische Strukturen überführt.[84] Die Autoren definierten zum einen *Observation Frames*, in denen ein *Agent* (zB eine Bank) in Bezug auf ein Beweisobjekt (zB ein bestimmtes Schriftstück) eine wahrnehmende Handlung ausführt (zB dessen Auffinden). Zum anderen enthalten *Evidence Frames* Aussagen hinsichtlich des Beweisinhalts: Ein Agent (zB der Angeklagte) vollführt eine Handlung (zB eine Körperverletzung) in Richtung eines Empfängers („Patient", zB der Geschädigte) unter weiteren qualifizierenden Angaben (Zeit, Ort etc).[85] Die Aufgabe, mittels NLP-Techniken aus einem natursprachlichen Satz passende Textsegmente zu extrahieren und den passenden Rollen des Frames zuzuordnen wird **Semantic Role Labeling** genannt.[86] Es bildet eine Unterform des schwierigeren **Semantic Parsing**, welches die Übersetzung von natursprachlichem Text in eine formal-logische Repräsentation bezeichnet.[87] Technisch können diese Aufgaben je nach Schwierigkeit und Datenlage sowohl mittels regel- als auch mit ML-basierten Modellen implementiert werden.

---

77 Waltl et al. 2019.
78 Waltl et al. 2019.
79 Chalkidis et al. 2021.
80 Chalkidis et al. 2021.
81 T.Y.S.S. et al. 2022.
82 Branting et al. 2021.
83 Eisenstein 2019, Kapitel 12 und 13.
84 Ali et al. 2021.
85 Ali et al. 2021.
86 Eisenstein 2019, S. 290.
87 Eisenstein 2019, S. 274, 290.

48 Neben der eigentlichen Sprachverarbeitung bringt die Entwicklung von semantischen Analysesystemen auch Herausforderungen bei der **Gestaltung geeigneter Wissensrepräsentationen** mit sich. Typische funktionale Anforderungen an diese sind ua die Eindeutigkeit der in ihr abgebildeten Informationen, eine ausreichende Expressivität für die zu erfüllende Funktion sowie die Möglichkeit, einzelne Repräsentationselemente miteinander zu neuen Konstrukten zu kombinieren.[88] Hier besteht eine thematische Verbindungen zu den KI-verwandten Gebieten **Knowledge Representation** und **Knowledge Engineering**.[89] Zwar existiert eine große Menge an Arbeiten im Bereich der Repräsentation juristischer Information (insbesondere mittels Ontologien[90]) sowie des juristischen Schließens[91], jedoch bleibt die NLP-gestützte Generierung von großen Mengen formalisierter rechtlicher Informationen trotz bestehender Forschungsbemühungen[92] bislang eine weitestgehend ungelöste Herausforderung.

5. Chatbots & Dialogsysteme

49 Siehe dazu die Ausführungen unter → *Legal Chatbot*.

6. Multilingualität

50 Im internationalen Diskurs überwogen bislang Publikationen von Forschungsarbeit auf englischen Texten und die Präsentation von kommerziellen Produkten aus englischsprachigen Rechtsystemen. Dies ist ua mit der **Dominanz der englischen Sprache** in der allgemeinen NLP-Forschung und der **größeren Verfügbarkeit von Ressourcen** zu erklären (Dokumentation, Programmcode, Datensätze, vortrainierte Modelle). Dennoch gibt es substanzielle Forschungsarbeit zu NLP auf Rechtstexten auch in anderen Sprachen; ebenso produktive Systeme und kommerzielle Produkte aus verschiedenen nationalen Rechtsordnungen. Entsprechende Veröffentlichungen finden sich auf internationalen Konferenzen und Workshops.[93] Als Beispiele für Projekte und Arbeiten, die sich spezifisch mit Multilingualität im juristischen Kontext NLP beschäftigen, können die **multilinguale Stichwort-Klassifikation** von EU-Rechtsakten[94], die strukturelle Segmentierung von Urteilstexten aus verschiedenen Rechtsordnungen mithilfe **mehrsprachiger Word Embeddings**[95] oder die Analyse von Dokumenten zur Konstruktion eines **multilingualen Wissensgraphen** zur Unterstützung von Compliance-Services[96] als Bsp. genannt werden.

51 **Maschinelle Übersetzungen** sind ebenfalls ein sehr aktives Teilgebiet von NLP, das jüngst durch die verstärkte Nutzung von tiefen neuronalen Netzen und Transformer-Netzwerken geprägt wurde.[97] Neben diversen Forschungsrichtungen in diesem Bereich gibt es auch zahlreiche kommerzielle Anbieter von Übersetzungssoftware. Obgleich davon ausgegangen werden kann, dass diese Technologie in der Rechtspraxis regelmäßig Anwendung findet, ist sie aktuell in der speziell auf juristischen Texten arbeitenden NLP-Forschung wenig vertreten.

---

88 Eisenstein 2019, S. 269.
89 Siehe zB die jährliche Conference on Principles of Knowledge Representation and Reasoning (KR); Website für 2022: https://kr2022.cs.tu-dortmund.de.
90 Siehe als Übersicht Leone et al. 2020.
91 Siehe als Einstieg Branting 2017.
92 ZB Ali et al. 2021, McCarty 2007.
93 Beispielsweise finden sich wissenschaftliche Artikel über NLP auf nicht-englischen Rechtstexten in den Proceedings der 2021 International Conference on Artificial Intelligence & Law (ICAIL, https://dl.acm.org/doi/proceedings/10.1145/3462757) und im Workshop-Programm des 2021 Workshop on Natural Legal Language Processing (NLLP 2021, https://aclanthology.org/events/emnlp-2021/#2021-nllp-1).
94 Chalkidis et al. 2022b.
95 Savelka et al. 2021.
96 Siehe zB das von der EU geförderte LYNX-Projekt; https://lynx-project.eu.
97 Das Transformer-Modell wurde im Kontext von maschinellen Übersetzungsmodellen erstmals erprobt, Vaswani et al. 2017.

VI. Ausblick

Es ist zu erwarten, dass sich rechtliche Texte in Zukunft immer stärker als **prominente Anwendungsdomäne** in der allgemeinen NLP-Forschung und -entwicklung etablieren. Ferner ist zu erwarten, dass tiefe neuronale Netze und Pretrained Large Language Models bis auf weiteres die dominante Technologie bleiben.

Ein naheliegendes Forschungsziel wird es daher sein, das **Verhalten dieser Modelle auf juristischen Texten** besser zu verstehen und große Mengen geeigneter Trainingsdaten zusammenzustellen.[98] Aktuell können sie auch bspw. nur vergleichsweise kurze Textsegmente verarbeiten und werden bei langen Dokumenten oft in sog. „hierarchischen" Arrangements verwendet, deren genaues Verhalten ebenfalls noch nicht gut bekannt ist.[99] LLMs erlauben ferner eine Interaktion durch Benutzer und Systeme auch mittels des sog. „**Prompting**".[100] Dabei soll das trainierte Modell einen Anfangstext vervollständigen und dabei die gewünschte Ausgabe produzieren. So kann ein System bspw. komplexe Vertragsbedingungen „lesen" und anhand einer in der Eingabe enthaltenen Aufforderung (sinngemäß zB: „Vereinfacht bedeutet dies:") in verständlicherer Form wiedergeben.[101] Durch solche mittels Aufforderungen (*Prompts*) gesteuerte Textgeneration können Funktionen wie Textklassifikation und -zusammenfassung neuartig implementiert werden. Obgleich solche Systeme erste, teils erstaunliche Phänomene in der Rechtsdomäne produzieren können, sind ihre genauen Kapazitäten und Limitierungen noch weitgehend unbekannt. Es ist daher künftig mit weiteren Entwicklungen in diesem Bereich zu rechnen.

Es scheint wahrscheinlich, dass neben klassischer Klassifikation und Sequence Labeling in Zukunft **komplexere NLP-Funktionen auf Rechtstexten** zunehmend an Bedeutung gewinnen werden. Semantische Modelle juristischer Materie (zB **Wissensgraphen**) sind mächtige Werkzeuge zur Gewinnung von Einsicht aus Daten. Eine effiziente Extraktion solcher Strukturen aus echten juristischen Texten ist daher als Schlüsseltechnologie sehr erstrebenswert. Ein weiteres Ziel kann außerdem sein, den argumentativen Diskurs in Urteilen und Schriftsätzen mittels des sog. „**Argument Mining**" zu strukturieren. Hierbei werden aus Prämissen und Schlussfolgerungen bestehende Argumente in Texten erkannt und zueinander in Beziehung gebracht. Nach frühen Pionierarbeiten[102] ist diese Forschungsrichtung in jüngster Zeit wieder in den Fokus gerückt.[103]

Im Bereich praktischer NLP-basierter Anwendungen im rechtlichen Bereich ist zu erwarten, dass bestehende Technologien (Klassifikation, Sequence-Labeling, Topic Models, Verschlagwortung etc → Dokumentenanalyse) **sektorspezifisch weiterentwickelt** und in immer mehr Arbeitsabläufe integriert werden. Eine wichtige Rolle kommt der Portierung und Adaption von in englischer Sprache entwickelten Methoden für andere Sprachen und Rechtsordnungen zu. Insbesondere ist dabei zu prüfen, ob und wie bereits entwickelte (bzw. trainierte) Modelle auf neue Kontexte und Rechtsgebiete „generalisieren".

Wenn KI-basierte-Systeme (einschließlich NLP) in der Rechtspraxis zur Recherche und zur Entscheidungsunterstützung benutzt werden, können sich ethisch und rechtlich relevante Risiken ergeben. Die rechtlichen Anforderungen an solche Systeme werden aktuell diskutiert,[104] doch bedarf es vielerorts weiterer **Konkretisierung für spezifische Kontexte und Anwendungsfälle**. Das Ziel von transparenter und erklärbarer KI wird zwar auch in NLP intensiv verfolgt, jedoch bedarf es hier zwischen Informatik und Rechtswissenschaft noch substanzieller künftiger Forschungs-, Entwicklungs- und Kommunikationsarbeit. Eine detaillierte Betrachtung dieser Problembereiche liegt außerhalb der Möglichkeiten dieses Beitrags.

---

98 S. zB aktuell Henderson et al. 2022.
99 Für aktuelle Arbeit siehe Dai et al. 2022.
100 Radford et al. 2019.
101 Für eine Diskussion über GPT-3 im rechtlichen Kontext siehe Cyphert 2021.
102 Mochales & Moens 2011.
103 ZB Yamada et al. 2019.
104 ZB im Justizkontext Grundlagenpapier-KI-Justiz 2022.

60. Notar

Schmidt/Christopher

I. Einführung	1	cc) Elektronische Vermerkurkunden	32	
II. Bestellungsverfahren	2	dd) Beglaubigung elektronischer signierter Dokumente	33	
1. Einführung	2	ee) Beglaubigung elektronischer Signaturen	34	
2. Bestellungsvoraussetzungen	3	3. Beurkundung	35	
3. Bewerbung auf eine ausgeschriebene Notarstelle	8	a) Grundsatz	35	
4. Bestellung	9	b) Niederschrift	36	
5. Notarvertreterbestellung	10	c) Vorlesen	37	
III. Beurkundungsverfahren	13	aa) Vorlesen vom Bildschirm	38	
1. Vorbereitung der Urkunde	13	bb) Vorlesen mit technischer Unterstützung?	41	
a) Auftrag	13	cc) Vorlesen bei Neuausdrucken	45	
b) Sachverhaltsermittlung	14	d) Exkurs: Covid	49	
c) Entwurfserstellung	20	4. Online-Gründung von Gesellschaften mit beschränkter Haftung	52	
2. Beglaubigungen	23	**IV. Abwicklung**	60	
a) Grundsatz	23	1. Elektronisches Urkundenarchiv	60	
b) Beglaubigungen von Unterschriften	24	2. Elektronischer Rechtsverkehr	69	
c) Elektronische Abschriften und Zeugnisse	25	3. Notaranderkonten	75	
aa) Elektronische Signatur	25			
bb) Elektronisch beglaubigte Abschriften	28			

Literatur: *Armbrüster/Preuß/Renner* (Hrsg.), Beurkundungsgesetz und Dienstordnung für Notarinnen und Notare – BeurkG DONot, Kommentar, 8. Aufl. 2020 (zit.: Armbrüster/Preuß/Renner); *Battis* (Hrsg.), Kommentar zum Bundesbeamtengesetz, 6. Aufl. 2022 (zit.: Battis BBG); *Bormann*, Vierte Satzung zur Änderung der Satzung über die Gebühren in Angelegenheiten des Prüfungsamtes für die notarielle Fachprüfung bei der Bundesnotarkammer, DNotZ 2021, 919; *Bundesnotarkammer*, Vorlesungspflicht gemäß § 13 BeurkG – Rundschreiben Nr. 19/1997 vom 3.7.1997 (zit.: BNotK Rundschreiben Nr. 19/1997); *Bundesnotarkammer*, Änderung der Sonderbedingungen für Anderkonten und Anderdepots von Notaren, DNotZ 2019, 801; *Bundesnotarkammer*, Pressemitteilung der BNotK vom 18.12.2020, abrufbar unter https://www.bnotk.de/aktuelles/details/das-gesellschaftsrecht-wird-digital-die-online-gruendung-made-in-germany; *Bundesnotarkammer*, Corona-Virus-Pandemie, berufs- und beurkundungsrechtliche Zulässigkeit bestimmter Maßnahmen (FAQ Corona – Berufsrecht), 28.4.2021, abrufbar unter https://www.bnotk.de/aktuelles/details/merkblaetter-zu-sars-cov-2-coronavirus-02 (zit.: BNotK FAQ Corona – Berufsrecht); *Bundesnotarkammer*, FAQ Corona – Organisatorisches, 28.4.2021, abrufbar unter https://www.bnotk.de/aktuelles/details/merkblaetter-zu-sars-cov-2-coronavirus-02 (zit.: BNotK FAQ Corona – Organisatorisches); *Bundesnotarkammer*, Die notarielle Fachprüfung/schriftliche und mündliche Prüfung, 9.1.2022, abrufbar unter https://www.pruefungsamt-bnotk.de/die-notarielle-fachpruefung/schriftliche-und-muendliche-pruefung/schriftliche-pruefung (zit.: BNotK Notarielle Fachprüfung/schriftliche und mündliche Prüfung); *Bundesnotarkammer*, FAQ der Bundesnotarkammer, abrufbar unter https://www.onlineverfahren.notar.de/; *Deutsches Notarinstitut*, Verlesung nicht geänderter Teile einer Niederschrift bei Neuausdruck ganzer Seiten, DNotI-Gutachten Nr. 11458 v. 1.1.2007 (zit.: DNotI-Gutachten Nr. 11458); *Deutsches Notarinstitut*, Kein Vorlesen der Niederschrift durch Spracherkennungssysteme oder Sprachautomaten, DNotI-Gutachten Nr. 88758 v. 31.1.2009 (DNotI-Gutachten Nr. 88758); *Deutsches Notarinstitut*, Originär elektronische Eigenurkunde des Notars; Formerfordernis nach § 29 Abs. 1 GBO, DNotI-Report 2017, 147; *Deutsches Notarinstitut*, Großbritannien: Keine Gleichwertigkeit einer im Ausland vorgenommenen Fernbeglaubigung per Video-Verfahren, DNotI-Report 2020, 121; *Eylmann/Vaasen* (Hrsg.), Bundesnotarordnung, Beurkundungsgesetz Richtlinienempfehlung der BNotK Dienstordnung für Notarinnen und Notare, 4. Aufl. 2016 (zit.: Eylmann/Vaasen); *Frenz/Miermeister* (Hrsg.), Kommentar zur Bundesnotarordnung mit BeurkG, Richtlinienempfehlungen BNotK, DONot, 5. Aufl. 2022 (zit.: Frenz/Miermeister); *Frohn/Primaczenko*, Das besondere elektronische Notarpostfach (beN), notar 2017, 329; *Gaul*, Das Elektronische Urkundenarchiv – technische Grundlagen, DNotZ-Sonderheft 2016, 130; *Gebele/Scholz* (Hrsg.), Beck'sches Formularbuch Bürgerliches, Handels- und Wirtschaftsrecht, 14. Aufl. 2022 (zit.: BeckFormB BHW); *Genske*, Beurkundungs- und Berufsrecht, notar 2019, 153; *Grüner/Köhler*, Falschbeurkundung im Amt und notarielle Sprachkundigkeitsprüfungs- und Identifizierungspflichten, notar 2018, 105; *Hähnchen/Schrader/Weiler/Wischmeyer*, Legal Tech. Rechtsanwendung durch Menschen als Auslaufmodell?, JuS 2020, 625; *Hauschild/Kallrath/Wachter* (Hrsg.), Notarhandbuch Gesellschafts- und Unternehmensrecht, 3. Aufl. 2022 (zit.: Hauschild/Kallrath/Wachter Notar-HdB); *Hecht*, Notariat 4.0 und Blockchain-Technologie, MittBayNot 2020, 314; *Heckschen/Herrler/Münch* (Hrsg.), Beck'sches Notar-Handbuch, 7. Aufl. 2019 (zit.: BeckNotar-HdB); *Herrler* (Hrsg.), Gesellschaftsrecht in der Notar- und Gestaltungspraxis, 2. Aufl. 2021 (zit.:

Herrler GesR-NotGP); *Kanzleiter*, Das Vorlesen der Niederschrift, DNotZ 1997, 261; *Keller/Schümmer*, Digitale GmbH-Gründung, NZG 2021, 573; *Kienzle*, Die Videobeurkundung nach dem DiRUG, DNotZ 2021, 590; *Kilian/ Sandkühler/vom Stein* (Hrsg.), Praxishandbuch Notarrecht, 3. Aufl. 2018 (zit.: Kilian/Sandkühler/vom Stein Praxis-HdB Notarrecht); *Kirchner*, Schreiben analog, Schreiben digital – Wandel und Konstanz im Notarberuf durch IT, MittBayNot 2015, 294; *Omlor/Meister*, (Digital-)Reform der juristischen Ausbildung, ZRP 2021, 59; *Sandkühler*, Novellierung der Bundesnotarordnung, NJW 2021, 2614; *Schöner/Stöber*, Handbuch der Rechtspraxis, Band 4 Grundbuchrecht, 16. Aufl. 2020 (zit.: Schöner/Stöber GrundbuchR); *Stelmaszczyk*, Digitalisierung mit Augenmaß: Die Online-Gründung der GmbH kommt, EuZW 2021, 513; *Suliak*, „Vorreiter der Digitalisierung", 31.5.2022, abrufbar unter https://www.lto.de/recht/juristen/b/notare-deutscher-notartag-digitalisierung-bundesnotarkammer-online-gmbh-gruendung-elektronisches-urkundenarchiv/; *Thelen*, Das elektronische Urkundenarchiv – kostenrechtliche Fragen, DNotZ 2022, 105; *Wagner*, Legal Tech und Legal Robots in Unternehmen und den diese beratenden Kanzleien, BB 2017, 898; *Weingärtner* (Begr.), Dienstordnung für Notarinnen und Notare/Verordnung über die Führung notarieller Akten und Verzeichnisse mit Praxisteil zum Kostenrecht, 14. Aufl. 2021 (zit.: Weingärtner); *Winkler*, Kommentar zum Beurkundungsgesetz, 20. Aufl. 2022 (zit.: Winkler BeurkG).

I. Einführung

Notare sind als unabhängige Träger eines öffentlichen Amtes für die Beurkundung von Rechtsvorgängen und anderen Aufgaben auf dem Gebiet der vorsorgenden Rechtspflege in den Ländern bestellt. Von zentraler Bedeutung sind hierbei die Schaffung und Erhaltung von Rechtssicherheit, was sich in den eher konservativen Regelungen zum Beurkundungsverfahren widerspiegelt. Demgegenüber steht die Herausforderung, die die dynamische Entwicklung der Digitalisierung an die Fortentwicklung des Notariats stellt. Der Gesetzgeber findet im Austausch mit den berufsständischen Vertretungen für das Beurkundungs- und notarielle Berufsrecht Kompromisse zwischen Sicherheit und Beständigkeit der Beurkundungstätigkeit und dem fortschreitenden Einsatz digitaler Produkte. Insofern versteht sich der Berufsstand der Notarinnen und Notare als Vorreiter bzw. **Motor der Digitalisierung**[1] und wird als solcher bezeichnet. Diese viel gepriesene Digitalisierung beschränkt sich in weiten Bereichen auf die Verwendung moderner, computergestützter Technologien. Damit greift das Notarwesen im Wesentlichen eher auf Legal Tech 1.0 (→ *Legal Tech, Begriff* Rn. 6) zurück. Nur vereinzelt finden sich in der täglichen Praxis Legal Tech-Tools zur intelligenten Automatisierung, zB in Form der Verwendung von Vertragsgeneratoren und damit Legal Tech 2.0 (→ *Legal Tech, Begriff* Rn. 7, 20). Vor diesem Hintergrund soll im Folgenden die Digitalisierung des Notarwesens beleuchtet werden.

II. Bestellungsverfahren

1. Einführung

Einzelne Aspekte des Bestellungsverfahrens zum Notar werden digitalisiert, auch wenn wesentliche Bestandteile wie die Erteilung des Bescheids über das Ergebnis der notariellen Fachprüfung oder die Aushändigung der Bestellungsurkunde noch analog bleiben.

2. Bestellungsvoraussetzungen

Nach § 5 Abs. 1 BNotO darf nur zum Notar bestellt werden, wer persönlich und fachlich für das Amt geeignet ist. **Hauptamtlichen Notare** erwerben ihre fachliche Qualifikation grundsätzlich im Rahmen eines dreijährigen Anwärterdienstes, § 5a BNotO. Im Sinne der erforderlichen Bestenauslese[2] bei der Auswahl mehrerer geeigneter Kandidaten wird zur Beurteilung der fachlichen Eignung daher für den hauptamtlichen Notar im Wesentlichen auf das Ergebnis der zweiten juristischen Prüfung sowie die erbrachten Leistungen im Rahmen des Anwärterdienstes als Notarassessor abgestellt.[3]

---

1 Vgl. Suliak, „Vorreiter der Digitalisierung", 31.5.2021, abrufbar unter https://www.lto.de/recht/juristen/b/notare-deutscher-notartag-digitalisierung-bundesnotarkammer-online-gmbh-gruendung-elektronisches-urkundenarchiv/.
2 BVerfG Beschl. v. 20.4.2004 – 1 BvR 838/01, DNotZ 2004, 560 (562).
3 BeckOK BNotO/Teschner BNotO Vor §§ 7a–7i Rn. 3; Sandkühler NJW 2021, 2614 Rn. 6.

4 Für **Anwaltsnotare**, die keinen Anwärterdienst durchlaufen, sieht § 5b BNotO **ergänzende Bestellungsvoraussetzungen** vor. So soll nur zum Anwaltsnotar bestellt werden, wer bei Ablauf der Bewerbungsfrist (Nr. 1) mindestens fünf Jahre in nicht unerheblichem Umfang für verschiedene Auftraggeber rechtsanwaltlich tätig war, (Nr. 2) die Tätigkeit nach Nr. 1 seit mindestens drei Jahren ohne Unterbrechung in dem vorgesehenen Amtsbereich ausübt, (Nr. 3) die notarielle Fachprüfung nach § 7a BNotO bestanden hat und (Nr. 4) ab dem auf das Bestehen der notariellen Fachprüfung folgenden Kalenderjahr im Umfang von jährlich mindestens 15 Zeitstunden an notarspezifischen Fortbildungsveranstaltungen der Notarkammern oder der Berufsorganisationen teilgenommen hat.

5 Die notarielle Fachprüfung dient dem Nachweis, dass und in welchem Grad ein Rechtsanwalt für die Ausübung des notariellen Amts als Anwaltsnotar fachlich geeignet ist, § 7a Abs. 2 S. 1 BNotO. Sie gliedert sich in einen schriftlichen und einen mündlichen Teil, § 7a Abs. 2 Abs. 2 S. 2 BNotO. Der schriftliche Teil umfasst vier fünfstündige Aufsichtsarbeiten, § 7b Abs. 1 S. 1 BNotO. Mit dem Gesetz zur Modernisierung des notariellen Berufsrechts (BGBl. 2021 I 2154), das zum 1.8.2021 in Kraft getreten ist, hat der Gesetzgeber mit § 7b Abs. 1 S. 3 BNotO erstmals eine eindeutige gesetzliche Grundlage dafür geschaffen, den schriftlichen Teil elektronisch durchzuführen.[4] Der Gesetzgeber wollte mit **Einführung der „E-Prüfung"** einerseits der Digitalisierung der heutigen Arbeitswelt Rechnung tragen. Andererseits hält er digitale Prüfungsformate insofern für vorteilhaft, als die Einheitlichkeit des Schriftbilds Korrekturtätigkeiten erleichtert und die Korrekturgeschwindigkeit erhöht sowie mangels Möglichkeit des Rückschlusses aus der Handschrift die Chancengleichheit erhöht.[5]

6 Nach Mitteilung des Prüfungsamts bei der Bundesnotarkammer ist der schriftliche Teil erstmals in der **Prüfungskampagne 2022/II in Berlin** als **E-Prüfung** durchgeführt worden.[6] Dass zunächst nur an einem Prüfungsort sog. E-Klausuren angeboten werden, steht im Einklang mit der Notarfachprüfungsverordnung (NotFV), obgleich ein umfassenderes Angebot wünschenswert wäre. Grundsätzlich sind Prüfungen zwar an verschiedenen Orten im Gebiet des Anwaltsnotariats durchzuführen. Nach § 7 Abs. 1 S. 4 NotFV gilt dies jedoch nicht für elektronisch durchgeführte schriftliche Prüfungen.

7 Geplant ist insofern, dass die schriftlichen Klausuren und die „E-Klausur" parallel durchgeführt werden, dh dieselben vier fünfstündigen Klausuren an denselben vier Wochentagen angefertigt werden.[7] Das Prüfungsamt bei der Bundesnotarkammer beabsichtigt hierfür, die Kandidaten hinreichend auszustatten, da die Verwendung eigener Laptops nicht zugelassen wird. Den Kandidaten werden daher als Hardware Laptops und eine Maus sowie als Software entsprechende Schreib- und Textverarbeitungsprogramme zur Verfügung gestellt. Sonstige Programme wie Browser sollen zur Gewährleistung der Chancengleichheit deaktiviert sein.[8] Für die Abnahme der notariellen Fachprüfung mit elektronischer Durchführung der schriftlichen Prüfung erhebt die Bundesnotarkammer gegenwärtig Gebühren in Höhe von 4.100 EUR, § 2 Abs. 1 Nr. 1 der Satzung über die Gebühren in Angelegenheiten des Prüfungsamts für die notarielle Fachprüfung bei der Bundesnotarkammer (NotFGebS),[9] gegenüber den Gebühren in Höhe von 3.700 EUR für die Teilnahme an der einfach schriftlichen Prüfung.

3. Bewerbung auf eine ausgeschriebene Notarstelle

8 Teildigitalisiert wurde zudem das Verfahren zur Bewerbung auf eine ausgeschriebene Notarstelle. Anders als der Antrag auf Zulassung zur notariellen Fachprüfung, der gemäß § 8 Abs. 1 NotFV schriftlich zu erfolgen hat, kann der **Antrag auf Bestellung zum Notar** auch über das EGVP des Kammergerichts eingereicht werden, Abschnitt II Ziffer 3. Abs. (2) Satz 2 der Allgemeinen Verfügung über Angelegenheiten der

---

[4] Begr., BT-Drs. 20/21, 107, 113; Sandkühler NJW 2021, 2614 Rn. 14.
[5] Begr., BT-Drs. 20/21, 112.
[6] Vgl. dazu BNotK Notarielle Fachprüfung/schriftliche und mündliche Prüfung.
[7] Zu Recht kritisch zur Vergleichbarkeit des Klausurschreibens per Hand und per Computer: Omlor/Meister ZRP 2021, 59 (61).
[8] Vgl. dazu BNotK Notarielle Fachprüfung/schriftliche und mündliche Prüfung.
[9] Bormann DNotZ 2021, 919.

Notarinnen und Notare (AVNot). Im Fall der Übersendung über das EGVP sind dabei das Formblatt, der Personalbogen, die beizufügenden Anlagen und die abzugebenden Erklärungen elektronisch zu signieren. Jedoch sind die Anlagen, die in beglaubigter Abschrift vorgelegt werden müssen, nach Abschnitt II. Ziffer 5. Satz 3 AVNot zusätzlich noch postalisch einzureichen.

4. Bestellung

Die Bestellung zum Notar selbst erfolgt klassisch analog. Notare werden nach § 12 S. 1 BNotO von der Landesjustizverwaltung nach Anhörung der Notarkammer durch **Aushändigung einer Bestellungsurkunde** bestellt. Aushändigung ist die willentliche Verschaffung des körperlichen Besitzes der Originalurkunde seitens der zur Ernennung zuständigen Behörde oder einer von ihr beauftragten Stelle an den vorbehaltlos annehmenden zu Ernennenden.[10] Nach Aushändigung der Bestellungsurkunde hat der Notar vor dem Präsidenten des Landgerichts, in dessen Bezirk er seinen Amtssitz hat, den Eid nach § 13 Abs. 1, 3 BNotO zu leisten.

5. Notarvertreterbestellung

Grundsätzlich hat der Notar sein Amt persönlich auszuüben. Die Aufsichtsbehörde kann jedoch nach § 39 Abs. 1 S. 1 BNotO einem Notar auf seinen Antrag für die Zeit seiner Abwesenheit oder Verhinderung eine Notarvertreterin oder einen Notarvertreter (Notarvertretung) bestellen. Die Bestellung ist der Notarvertretung unbeschadet einer anderweitigen Bekanntmachung schriftlich zu übermitteln. In der Praxis erfolgen zur Beschleunigung der Notarvertreterbestellung zumeist sowohl der Antrag als auch die **Bestellung selbst (vorab) per Fax**. Für den elektronischen Rechtsverkehr hatte dies zur Folge, dass die Verfügung mit der Notarvertreterbestellung, sei es als Fax, sei es als Schriftstück, eingescannt und vom zu vertretenden Notar selbst oder einem sonstigen Notar elektronisch beglaubigt[11] und bei XNP im Modul für die Notarvertreterverwaltung hinterlegt werden musste. Dies diente dazu, für die Notarvertretung, die nicht selbst Notar ist, bei Verwendung ihrer eigenen Signaturkarte das für die Signatur nach § 39a Abs. 2 S. 1 BeurkG erforderliche Notarattribut zu ersetzen.[12]

Demgegenüber waren wohl einige Landgerichte dazu übergegangen, die **Vertreterbestellungsurkunden nur noch elektronisch** zu erstellen, so dass der Prozess um die Digitalisierung des Originals des Papierdokuments entfällt.[13] Soweit beglaubigte Abschriften in Papierform der rein elektronischen Vertreterbestellung erforderlich sind, zB für die Generalakte des vertretenen Notars, könnten diese nach § 42 Abs. 4 BeurkG (→ Rn. 33) gefertigt werden. Die Digitalisierung der Notarvertreterbestellungen in Papierform, ihre Beglaubigung und Hinterlegung in XNP ist durch die Ausgabe neuer N-Karten für Notarvertretungen seitens der Bundesnotarkammer nunmehr obsolet und mit der zum 30.11.2022 angekündigten Abschaltung des XNP-Moduls zur Notarvertreterverwaltung nicht mehr möglich. Mit den neuen N-Karten kann der im Notarverzeichnis der zuständigen Notarkammer erfasste Notarvertreter für den jeweiligen Vertretungszeitraum ein entsprechendes Fernsignaturzertifikat herunterladen, das seine Vertretereigenschaft nachweist.[14]

Die **Vereidigung der Notarvertretung** erfolgt nach §§ 40 Abs. 2 S. 1, 13 BNotO demgegenüber rein analog.

---

10 Frenz/Miermeister/Frenz BNotO § 12 Rn. 10, 14; OVG Saarlouis Beschl. v. 12.6.1985 – 3 W 1283/85, ZBR 1985, 274 f.; Battis BBG/Battis BBG § 10 Rn. 5.
11 Zur damit verbundenen Frage eines Mitwirkungsverbots: Armbrüster/Preuß/Renner/Armbrüster BeurkG § 3 Rn. 5.
12 Kilian/Sandkühler/vom Stein Praxis-HdB Notarrecht/Püls § 15 Rn. 85.
13 Armbrüster/Preuß/Renner/Kruse BeurkG § 39a Rn. 17; kritisch: BeckOK BNotO/Frisch BNotO § 40 Rn. 3, 5. Edition, Stand: 31.7.2021; Frenz/Miermeister/Wilke BeurkG § 40 Rn. 2 Fn. 1.
14 Vgl. Merkblatt zur Nutzung der N-Karten für Notarvertretungen der Bundesnotarkammer, Stand: 15.9.2022.

III. Beurkundungsverfahren

1. Vorbereitung der Urkunde

a) Auftrag

13 Ein Beurkundungsverfahren wird durch das Beurkundungsersuchen des bzw. der Beteiligten eröffnet, das **in der Regel per Telekommunikationsmittel** wie E-Mail oder Telefon gestellt wird. Die klassische Beauftragung des Notars per Brief dürfte die vernachlässigbare Ausnahme darstellen.

b) Sachverhaltsermittlung

14 Nach § 17 Abs. 1 S. 1 BeurkG soll der Notar den **Willen der Beteiligten erforschen und den Sachverhalt klären**. Sowohl die Erforschung des Willens der Beteiligten als auch die Sachverhaltsermittlung ist in weiten Teilen durch Digitalisierung vereinfacht worden.[15]

15 Für die Sachverhaltsermittlung können zB aufgrund der nach § 8 Abs. 1 HGB **elektronischen Führung der Handelsregister** Registerinformationen über das Registerportal online eingesehen, Handelsregisterauszüge heruntergeladen und beim Handelsregister eingereichte Dokumente eingesehen werden. Soweit Altunterlagen, dh Dokumente, die mehr als zehn Jahre vor dem Zeitpunkt der Antragsstellung zum Handelsregister gereicht worden sind, nur in Papierform vorliegen, ist das Registergericht nicht verpflichtet, diese elektronisch zur Verfügung zu stellen. Zumeist lassen sich diese auf entsprechende Anfrage zumindest per Fax vom Handelsregister beschaffen.

16 Ein wenig anders verhält es sich (noch) mit dem Grundbuch. Die Grundbuchblätter können durch den Notar im **automatisierten Verfahren** elektronisch eingesehen werden (§§ 133 GBO, 80 ff. GBV). Seit dem 1.10.2009 erlauben die §§ 135 ff. GBO, 94 ff. GBV den Grundbuchämtern zudem, die **Grundakten elektronisch zu führen**. Die Landesregierungen sind insofern ermächtigt, durch Rechtsverordnung den Zeitpunkt zu bestimmen, ab dem die Grundakten elektronisch geführt werden. So sieht zB die Niedersächsische Elektronische Grundaktenverordnung für die Amtsgerichte Aurich, Braunschweig und Hameln den 1.3.2022 und die Bayrische Verordnung über den elektronischen Rechtsverkehr bei den ordentlichen Gerichten für das Amtsgericht Kelheim den 1.7.2021 als Beginn der elektronischen (Weiter-)Führung der Grundakten vor. Mit diesem Beginn ist jedoch noch nicht die Digitalisierung des zum Zeitpunkt der Anlegung der elektronischen Grundakte in Papierform vorliegenden Inhalts einer Grundakte in elektronische Dokumente verbunden. Eine flächendeckende, umfassende Umstellung auf elektronische Grundakten steht insofern noch aus.[16] Zumeist ist daher (noch) eine separate Einsicht beim entsprechenden Grundbuchamt vor Ort erforderlich, sofern es die Ermittlung des Inhalts der den Eintragungen zugrunde liegenden Urkunden geht.[17]

17 Ggf. kommt es bei der Ermittlung des Sachverhalts auf weitere grundstücksbezogene Daten an. Viele Gemeinden haben insofern ihre **Allgemeinen Liegenschaftskataster- und Informationssysteme (ALKIS)**[18] online gestellt, in denen ua amtliche Flurkarten eingesehen werden können.

18 Steht ein Kataloggeschäft iSd Geldwäschegesetzes im Raum, ist zu berücksichtigen, dass der Notar seine **geldwäscherechtlichen Verpflichtungen** grundsätzlich vor Übernahme des Mandats zu erfüllen hat (Rechtsanwalts- und Notarfachangestellte → Rn. 20). Hierbei gewährt insbesondere die Einsichtnahme in das elektronisch geführte Transparenzregister (www.transparenzregister.de) eine Arbeitserleichterung. Soweit sich zudem eine Pflicht zur Meldung der geplanten Transaktion zur Financial Intelligence Unit insbesondere nach der Geldwäschegesetzmeldepflichtverordnung-Immobilien (GwGMeldV-Immobilien) ergibt, hat diese elektronisch zu erfolgen. Nur zur Vermeidung unbilliger Härten kann insofern eine Ausnahmegenehmigung erteilt werden, die Meldung auf dem Postweg durchzuführen.

---

15 Zum Ganzen: Kirchner MittBayNot 2015, 294 (296).
16 Schöner/Stöber GrundbuchR Rn. 198d.
17 Zur Digitalisierung des Grundbuchs und Blockchain-Technologie: Hecht MittBayNot 2020, 314 (317 ff.).
18 Zum Berliner ALKIS: https://fbinter.stadt-berlin.de/fb/index.jsp.

Darüber hinaus hat der Notar sicherzustellen, dass er nicht für Personen, die auf einer **Sanktionsliste des** 19
Rats der EU stehen, tätig wird. Eine entsprechende Überprüfung der Beteiligten kann über die Datenbank des Justizportals des Bundes und der Länder unter www.finanz-sanktionsliste.de erfolgen.

c) Entwurfserstellung

Sobald der Wille der Beteiligten hinreichend festgestellt und der Sachverhalt ermittelt ist, gilt es diese 20 in einem entsprechenden **Entwurf einer notariellen Urkunde** umzusetzen, in dem die Erklärungen der Beteiligten klar und unzweideutig wiedergegeben werden. Dafür kann einerseits auf klassische Formularbücher und Mustersammlungen zurückgegriffen werden. Andererseits bietet entsprechende Software bereits Lösungen, um effizient zu einem ersten Entwurf zu kommen (→ *Dokumentenautomatisierung* Rn. 7 ff.). Dabei gehen die Reichweiten der Lösungen von Programmen, die selbstständig die zuvor erfassten Beteiligten und sonstigen Informationen wie Grundbuchdaten in zuvor im Programm hinterlegte Muster einpflegen, bis hin zu sogenannten Vertragsgeneratoren, die einen vollständigen Vertragsentwurf liefern. Auch wenn hiermit eine erhebliche Arbeitsentlastung verbunden sein kann, können diese smarten Lösungen lediglich einen ersten Entwurf liefern, der im Nachgang an die individuellen Bedürfnisse der Beteiligten angepasst werden muss.[19]

Rechtliche Detailfragen sowie Rechtsprechung können bei der Erstellung und Überarbeitung des Urkunds- 21 entwurfs effizient über **Online-Datenbanken** und Suchmaschinen recherchiert werden.

Besprechungen mit den Beteiligten zur Klärung offener Fragen und zur Erörterung des Urkunds-entwurfs 22 im Vorfeld der Beurkundung finden immer seltener als Präsenztermine statt. Vielfach werden **Telefon- oder Videokonferenzen** anberaumt, bei deren Durchführung der Notar standesrechtlichen Anforderungen gerecht werden muss. Nach Auffassung der Bundesnotarkammer sollte insofern bei Telefonkonferenzen der Eindruck vermieden werden, dass der Notar außerhalb seines Amtsbezirks tätig wird. Daher sollte darauf geachtet werden, dass die Vorwahl der übermittelten Telefonnummer des Notars dem Amtsbezirk bzw. Amtsbereichs entspricht, soweit dies technisch möglich ist.[20] Gegen die Nutzung von Videokonferenzsystemen äußert sich die Bundesnotarkammer insbesondere mit Blick auf den hoheitlichen Charakter der notariellen Tätigkeit und aus datenschutzrechtlichen Gründen kritischer, obgleich sie sie mit Einwilligung der Beteiligten für vertretbar hält.[21]

2. Beglaubigungen

a) Grundsatz

Für bestimmte Rechtsgeschäfte schreibt das Gesetz die **öffentliche Beglaubigung** vor (zB § 29 GBO, 23 § 12 HGB, §§ 77, 371, 403, 411, 1560, 1945, 1955 BGB, § 55 GmbHG). Nach § 20 Abs. 1 S. 1 BNotO ist grundsätzlich der Notar für öffentliche Beglaubigungen zuständig. Mit der öffentlichen Beglaubigung bezeugt der Notar, dass eine Unterschrift oder ein Handzeichen echt ist, mithin von einer bestimmten Person stammt.[22] Mit Blick auf Gepflogenheiten in anderen Ländern, aber auch durch die Coronapandemie mehren sich die Anfragen, ob auch Beglaubigungen mithilfe moderner Kommunikationsmittel, zB per Videokonferenzsystem, durchgeführt werden können. Das Beurkundungsgesetz lässt für die Digitalisierung von Beglaubigungen nur einen begrenzten Raum (zur Online-Gründung einer GmbH → Rn. 52).

b) Beglaubigungen von Unterschriften

Gemäß § 40 Abs. 1 BeurkG soll eine Unterschrift nur beglaubigt werden, wenn sie in Gegenwart des Notars 24 vollzogen oder anerkannt wird. Bei einer Beglaubigung in diesem Sinne handelt es sich um ein Zeugnis

---

19 Vgl. Hähnchen/Schrader/Weiler/Wischmeyer JuS 2020, 625 (626 ff.).
20 BNotK FAQ Corona – Organisatorisches Ziff. 2.4.
21 BNotK FAQ Corona – Organisatorisches Ziff. 2.4.
22 Winkler BeurkG § 40 Rn. 2; Kilian/Sandkühler/vom Stein Praxis-HdB Notarrecht/Struppi/Tykwer § 11 Rn. 157.

über die Wahrnehmung des Notars.[23] Es ist nach der gesetzlichen Konzeption daher erforderlich, dass der Beteiligte vor dem Notar körperlich erscheint, dieser sich von seiner Identität hinreichend überzeugt, und der Beteiligte sodann **in Gegenwart des Notars** selbst die Unterschrift eigenhändig fertigt oder anerkennt.[24] Nicht ausreichend ist daher, wenn ein Abwesender telefonisch oder über Videokonferenz „seine" Unterschrift auf einem dem Notar vorliegenden Dokument anerkennt,[25] zumal der Notar sich hier auch nicht mit der gleichen Sicherheit wie bei der persönlichen Anwesenheit von der Identität des Beteiligten überzeugen könnte.[26] Würde der Notar in diesem Fall dennoch im Beglaubigungsvermerk bestätigen, dass die betreffende Unterschrift vor ihm vollzogen oder anerkannt worden ist, handelt der Notar amtspflichtwidrig und macht sich zudem einer Falschbeurkundung im Amt schuldig.[27]

c) Elektronische Abschriften und Zeugnisse
aa) Elektronische Signatur

25 Vom Urkundsgewähranspruch wird nunmehr die Errichtung von **elektronischen Urkunden** im Sinne der §§ 39a, 42 Abs. 4 BeurkG uneingeschränkt erfasst.[28] Nach § 15 Abs. 3 BNotO aF war der Notar berechtigt, in diesen Fällen seine Amtstätigkeit zu verweigern, sofern er bis zum 1.4.2006 nicht über die notwendigen technischen Einrichtungen verfügte.

26 § 39a BeurkG erlaubt es, Beglaubigungen und sonstige Zeugnisse im Sinne des § 39 BeurkG elektronisch zu errichten. Das hierzu erstellte Dokument muss mit einer **qualifizierten elektronischen Signatur** versehen werden. Diese soll auf einem Zertifikat beruhen, das auf Dauer prüfbar ist. Mit dem Zeugnis muss eine Bestätigung der Notareigenschaft durch die zuständige Stelle verbunden sein. Das Zeugnis soll zudem Ort und Tag der Ausstellung angeben. Die qualifizierte elektronische Signatur ersetzt dabei die eigenhändige Unterschrift des Notars und das Notarattribut das Dienstsiegel.[29] Gemäß § 33 Abs. 1 S. 1 BNotO ist jeder Notar verpflichtet, über ein entsprechendes Zertifikat eines qualifizierten Vertrauensdiensteanbieters und über die technischen Mittel für die Erzeugung und Validierung elektronischer Signaturen zu verfügen. Entsprechende Signaturkarten gibt die Zertifizierungsstelle der Bundesnotarkammer auf Antrag aus.

27 Der Notar hat die Signatur nach § 39a Abs. 1 BeurkG selbst zu erzeugen, dh er muss das Dokument selbst durch Eingabe der PIN signieren.[30] Diese **Höchstpersönlichkeit der Verwendung** folgt zwanglos aus der Gleichsetzung von qualifizierter elektronischer Signatur und eigenhändiger Unterschrift. Eine Überlassung der Signaturkarte nebst PIN zur Verwendung an Mitarbeiter oder Dritte ist damit unzulässig[31] und würde zur Unwirksamkeit der Signatur führen.[32] Im Übrigen wäre die Überlassung an Mitarbeiter oder Dritte nach § 33 Abs. 4 BNotO standeswidrig.

bb) Elektronisch beglaubigte Abschriften

28 Der **Hauptanwendungsfall** von § 39a BeurkG liegt in der Praxis bislang in der Fertigung elektronisch beglaubigter Abschriften insbesondere für den Verkehr mit Handelsregistern sowie im elektronischen

---

23 BeckOGK/Scheller BGB § 129 Rn. 28.
24 DNotI-Report 2020, 121 (123).
25 Staudinger/Hertel BGB § 129 Rn. 69; vgl. BeckOGK/Scheller BGB § 129 Rn. 28.
26 DNotI-Report 2020, 121 (123).
27 Staudinger/Hertel BGB § 129 Rn. 69; BeckNotar-HdB/Kindler § 31 Rn. 374; Kilian/Sandkühler/vom Stein Praxis-HdB Notarrecht/Struppi/Tykwer § 11 Rn. 159; BeckFormB BHW/Weidmann I.53 Anm. 1; BGH Beschl. v. 17.12.1962 – NotZ 8/ 62, NJW 1963, 1010 (1012); OLG Köln Urt. v. 24.3.1976 – 2 X (Not) 1/75 Rn. 88, DNotZ 1977, 763 (765); OLG Frankfurt Urt. v. 19.4.1985 – 5 Ss 608/84, DNotZ 1986, 421 (422 f.); vgl. auch BGH Beschl. v. 10.8.1987 – NotZ 6/87, DNotZ 1988, 259; BGH Urt. v. 21.3.1977 – NotSt (Brfg) 2/76, DNotZ 1977, 762; eine Falschbeurkundung im Amt ablehnend: BGH Urt. v. 5.1.1968 – 4 StR 432/67, BGHSt 22, 32, NJW 1968, 607; Schönke/Schröder/Hecker StGB § 348 Rn. 12; Grüner/Köhler notar 2018, 105 (107).
28 Kilian/Sandkühler/vom Stein Praxis-HdB Notarrecht/Stuppi/Tykwer § 11 Rn. 173; vgl. zu § 15 Abs. 3 BNotO in der bis 17.5.2017 geltenden, jedoch seit 1.4.2006 gegenstandslosen Fassung.
29 Frenz/Miermeister/Limmer BNotO § 39a Rn. 4.
30 BeckOK BeurkG/Frohn BeurkG § 39a Rn. 20 f.
31 Frenz/Miermeister/Limmer BNotO § 39a Rn. 4.
32 BeckOK BeurkG/Frohn BeurkG § 39a Rn. 21.

Grundbuchverkehr.[33] Darüber hinaus hat die Fertigung elektronisch beglaubigter Abschriften mit dem Start der elektronischen Urkundensammlung (→ Rn. 60 ff.) an Bedeutung gewonnen.

In der Regel wird hierzu ein in Papierform errichtetes Dokument gescannt und sodann vom Notar **vollständig oder auszugsweise elektronisch beglaubigt**. Bei dem zu beglaubigenden Dokument muss es sich nicht um öffentliche Urkunden handeln, auch privatschriftliche Urkunden können elektronisch beglaubigt werden.[34] Bei der Beglaubigung selbst wird zunächst das eingescannte Dokument mit einem die inhaltliche Übereinstimmung mit Ausgangsdokument bestätigenden Beglaubigungsvermerk versehen und sodann elektronisch signiert. Hierdurch entstehen unter Verwendung von XNotar zwei Dateien, die Hauptdatei mit dem gescannten Dokument nebst Beglaubigungsvermerk und die Signaturdatei, die jedoch nicht miteinander verbunden sind. Nur beide Dateien gemeinsam bilden die beglaubigte Abschrift.[35]

Durch den Scanprozess können Fehler wie inhaltliche Abweichungen zwischen dem Ausgangsdokument und der elektronisch beglaubigten Fassung größtenteils vermieden werden.[36] Denkbar ist auch, dass eine solche elektronische Beglaubigung auf **originär elektronischen Weg** erfolgt, soweit das zu beglaubigende Dokument dies zulässt. Der Notar könnte so eine elektronische Abschrift des zu beglaubigenden Dokuments erstellen, diese mit dem Beglaubigungsvermerk versehen und elektronisch signieren. Auf eine optische Übereinstimmung der gefassten Dokumente kommt es insofern nicht an, lediglich die inhaltliche Identität ist maßgeblich.[37]

Von § 39a BeurkG erfasst ist die elektronische **Beglaubigung elektronischer Dokumente**. Insofern kann bei einer elektronischen Beglaubigung ein Medienwechsel erfolgen, muss jedoch nicht.[38]

cc) Elektronische Vermerkurkunden

Obgleich die Fertigung beglaubigter Abschriften derzeit den Hauptanwendungsfall von § 39a BeurkG darstellt, erlaubt die Norm auch die **elektronische Errichtung sämtlicher Zeugnisse** iSv § 39 BeurkG. Denkbar ist daher auch die rein elektronische Errichtung von Vertretungs- und Registerbescheinigungen nach § 21 BNotO, Satzungsbescheinigungen nach § 54 Abs. 1 S. 2 Hs. 2 GmbHG und § 181 Abs. 1 S. 2 AktG bzw. § 248 Abs. 2 AktG, Bescheinigungen zu Gesellschafterlisten nach § 40 Abs. 2 S. 2 GmbHG[39] oder sonstigen Zeugnissen.[40]

dd) Beglaubigung elektronischer signierter Dokumente

§ 42 Abs. 4 BeurkG erlaubt die Beglaubigung eines **Abdrucks oder einer Abschrift eines elektronischen Dokuments**, das mit einer qualifizierten elektronischen Signatur versehen ist. Hierzu wird der Notar zunächst die Signatur des elektronischen Dokuments prüfen, dieses sodann, wenn ein Medienwechsel gewünscht ist, ausdrucken und anschließend neben der inhaltlichen Übereinstimmung auch das Ergebnis der Signaturprüfung dokumentieren und bestätigen. Falls kein Medienwechsel gewünscht ist, handelt es sich um einen rein elektronischen Vorgang.[41] Anders als bei der Herstellung elektronisch beglaubigter Abschriften nach § 39a BeurkG ist die Bedeutung von Beglaubigungen nach § 42 Abs. 4 BeurkG bislang gering. Dies könnte sich jedoch durch die Einführung der Online-Gründung von GmbHs ändern (→ Rn. 57).[42]

---

33 BeckOK BeurkG/Frohn BeurkG § 39a Rn. 11.
34 Winkler BeurkG § 39a Rn. 15; BeckOGK/Theilig BeurkG § 39a Rn. 13.
35 Armbrüster/Preuß/Renner/Kruse BeurkG § 39a Rn. 22.
36 BeckOGK/Theilig BeurkG § 39a Rn. 12.
37 BeckOGK/Theilig BeurkG § 39a Rn. 12; BeckOK BeurkG/Frohn BeurkG § 39a Rn. 12.
38 Armbrüster/Preuß/Renner/Kruse BeurkG § 39a Rn. 21.
39 Winkler BeurkG § 39a Rn. 35.
40 BeckOK BeurkG/Frohn BeurkG § 39a Rn. 15.
41 Winkler BeurkG § 39a Rn. 25.
42 BeckOGK/Theilig BeurkG § 42 Rn. 25.

ee) Beglaubigung elektronischer Signaturen

34 § 39a BeurkG erfasst auch die **Beglaubigung qualifizierter elektronischer Signaturen**, obgleich dies in der Praxis bislang nicht relevant geworden ist.[43] Hierbei kann der Notar beglaubigen, dass eine qualifizierte elektronische Signatur in seiner Gegenwart erzeugt oder anerkannt worden ist. Aufgrund der Nähe zur Unterschriftsbeglaubigung ist § 40 BeurkG zu beachten. Zudem hat der Notar die erzeugte oder anerkannte Signatur zu prüfen und das Ergebnis festzuhalten.[44]

3. Beurkundung

a) Grundsatz

35 Bei der Beurkundung von Willenserklärungen muss nach § 8 BeurkG eine **Niederschrift** über die Verhandlung erfolgen. Auch für die Beurkundung anderer Erklärungen als Willenserklärungen sowie sonstiger Tatsachen oder Vorgänge muss eine Niederschrift aufgenommen werden, soweit in § 39 BeurkG nichts anderes bestimmt ist, mithin ein Vermerk ausreichend ist.

b) Niederschrift

36 Der Begriff der Niederschrift ist nicht gesetzlich definiert. Mit Blick auf die Zielrichtung, eine öffentliche Urkunde im Sinne von § 415 ZPO herzustellen,[45] lassen sich jedoch zwei wesentliche Kriterien ableiten: die **Schriftlichkeit und die Verkörperung** einer rechtserheblichen Erklärung.[46] Die Niederschrift wird daher in Papierform errichtet.[47] Solange die zu beurkundende Erklärung demgegenüber nur mündlich, zB in Form eines Diktats auf Tonband, oder rein elektronisch besteht, fehlt es an der erforderlichen Verkörperung.[48] Eine Beurkundung rein elektronischer Texte, zB durch Vorlesen eines Texts vom Bildschirm ohne eine körperliche Niederschrift, scheidet daher (noch) von vornherein aus.[49] Dem Gesetzgeber steht es jedoch frei, verkörperte und elektronische Erklärungen gleichzustellen,[50] was er im Rahmen der Umsetzung der Digitalisierungsrichtlinie bereits für die Beurkundung von bestimmten GmbH-Gründungen ab dem 1.8.2022 vorgesehen hat.

c) Vorlesen

37 Die Niederschrift muss nach § 13 Abs. 1 S. 1 Hs. 1 BeurkG in Gegenwart des Notars den Beteiligten vorgelesen, von ihnen genehmigt und eigenhändig unterschrieben werden. Durch das Vorlesen wird der Inhalt der Niederschrift **den Beteiligten unmittelbar zu Gehör** gebracht.[51] Dies setzt zwar nicht voraus, dass der Notar selbst die Niederschrift vorliest. Er kann sich insofern auch Hilfspersonen bedienen.[52] Jedoch setzt dieses Erfordernis des Vorlesens den Digitalisierungsbemühungen gegenwärtig Grenzen.

---

43 Armbrüster/Preuß/Renner/Kruse BeurkG § 39a Rn. 25.
44 Winkler BeurkG § 39a Rn. 28 ff.; BeckOK BeurkG/Frohn BeurkG § 39a Rn. 13.
45 BeckOGK/Bord BeurkG § 8 Rn. 11.
46 BeckOGK/Bord BeurkG § 8 Rn. 11; Armbrüster/Preuß/Renner/Piegsa BeurkG § 8 Rn. 11; Frenz/Miermeister/Limmer BeurkG § 8 Rn. 6; BeckOK BeurkG/Bremkamp BeurkG § 8 Rn. 52; Eylmann/Vaasen/Limmer BeurkG § 8 Rn. 6.
47 Armbrüster/Preuß/Renner/Piegsa BeurkG § 8 Rn. 11; BeckOK BGB/Wendtland BGB § 128 Rn. 4; OLG Düsseldorf Beschl. v. 22.1.2020 – I-3 Wx 52/19, FGPrax 2020, 178 (179).
48 BeckOGK/Bord BeurkG § 8 Rn. 11; Eylmann/Vaasen/Limmer BeurkG § 8 Rn. 6; vgl. Staudinger/Hertel BeurkG § 13 Rn. 362.
49 BeckOGK/Bord BeurkG § 8 Rn. 11; Armbrüster/Preuß/Renner/Piegsa BeurkG § 8 Rn. 11; Eylmann/Vaasen/Limmer BeurkG § 13 Rn. 7.
50 BeckOGK/Bord BeurkG § 8 Rn. 11; Frenz/Miermeister/Limmer BeurkG § 8 Rn. 6.
51 Armbrüster/Preuß/Renner/Piegsa BeurkG § 13 Rn. 7; Winkler BeurkG § 13 Rn. 12.
52 Staudinger/Hertel BeurkG § 13 Rn. 359; Winkler BeurkG § 13 Rn. 8; DNotI-Gutachten Nr. 88758; Eylmann/Vaasen/Limmer BeurkG § 13 Rn. 4.

aa) Vorlesen vom Bildschirm

Das LG Stralsund hielt in seinem Urteil vom 5.6.1996[53] das Erfordernis des Vorlesens für erfüllt, sofern der Notar einen eingegebenen **Text vom Computerbildschirm** vorlese. Maßgebend sei, dass der Vertragstext den vertragsschließenden Parteien zu Gehör gebracht werde. In welcher Form dieser Text vorliege, ob als bereits vollständiges, im Zusammenhang bestehendes Schriftstück oder als in einem Computer gespeicherter Text, der im Nachhinein ausgedruckt werde, sei unerheblich.

Diese Auffassung wird **allgemein abgelehnt**.[54] § 13 Abs. 1 BeurkG setzt voraus, dass der vorgelesene und die unterschriebene Niederschrift identisch sind.[55] Maßgebend ist daher, dass der später zu unterzeichnende, verkörperte Text verlesen wird. Würde ein Text am Computerbildschirm vorgelesen, im Anschluss ausgedruckt und zur Unterzeichnung vorgelegt, käme es dagegen zu einem unzulässigen Medienbruch.[56] Das Vorlesen eines inhaltsgleichen Texts genügt insofern nicht.[57] Diese Auffassung kann sich auf die Ausnahmeregelung des § 13 Abs. 2 S. 1 BeurkG stützen. Hiernach genügt es bei der Aufnahme mehrerer Niederschriften, die ganz oder teilweise übereinstimmen, wenn der übereinstimmende Inhalt den Beteiligten einmal nach § 13 Abs. 1 S. 1 BeurkG vorgelesen oder anstelle des Vorlesens zur Durchsicht vorgelegt wird. Der Gesetzgeber hat insofern von dem Erfordernis der Identität von vorgelesener und unterschriebener Niederschrift abgesehen. Hätte der Gesetzgeber dies auch für die Errichtung einer Urkunde mittels EDV und Verlesens am Bildschirm gewünscht, hätte er insofern eine weitere Ausnahmeregelung geschaffen (→ zur Online-Gründung von GmbHs Rn. 53).[58]

Keinen Bedenken wäre es demgegenüber ausgesetzt, würde der Notar auf die Verteilung von Leseabschriften in Papierform verzichten und stattdessen den Beteiligten zum **Mitlesen** den Inhalt der Urkunde **über Tablets oder einen Beamer** zur Verfügung stellen.[59]

bb) Vorlesen mit technischer Unterstützung?

Zur Vereinfachung des Beurkundungsverfahrens könnte erwogen werden, den Inhalt der Niederschrift über einen **Tonträger** abzuspielen oder die Niederschrift über sogenannte **Vorlesegeräte** zu verlautbaren.

Vor Inkrafttreten des Beurkundungsgesetzes war strittig, ob das Vorlesen der Niederschrift durch das **Abspielen eines Tonbands** ersetzt werden könnte.[60] Nunmehr wird dies einhellig abgelehnt.[61] Das bloße Abspielen eines Tonträgers wird dem Begriff des Vorlesens nicht gerecht. Das Vorlesen erschöpft sich nicht in der akustischen Wiedergabe eines Textes. Vielmehr erfordert das Vorlesen, dass ein Text durch wörtliches Ablesen aus der Niederschrift den Beteiligten zu Gehör gebracht wird.[62] Auch insofern bedarf es der Identität des Mediums. Sofern jedoch eine Aufnahme abgespielt würde, würde nicht die konkrete Niederschrift vorgelesen, so dass es an dieser Identität fehlen würde.[63] Gegen die Zulässigkeit des Abspie-

---

53 LG Stralsund Urt. v. 5.6.1996 – 7 O 185/96, NJW 1997, 3178 (3179).
54 OLG Frankfurt Beschl. v. 30.8.1999 – 1 Not 1/98, DNotZ 2000, 513; OLG Brandenburg Urt. v. 9.5.2012 – 4 U 92/10, RNotZ 2012, 525; Staudinger/Hertel BeurkG § 13 Rn. 362; Winkler BeurkG § 13 Rn. 12; DNotI-Gutachten Nr. 88758; Eylmann/Vaasen/Limmer BeurkG § 13 Rn. 7; BeckOGK/Seebach/Rachlitz BeurkG § 13 Rn. 44.
55 Winkler BeurkG § 13 Rn. 12; DNotI-Gutachten Nr. 88758.
56 Winkler BeurkG § 13 Rn. 12; DNotI-Gutachten Nr. 88758; OLG Frankfurt Beschl. v. 30.8.1999 – 1 Not 1/98, DNotZ 2000, 513 (513); Kanzleiter DNotZ 1997, 261 (265).
57 Winkler BeurkG § 13 Rn. 12; DNotI-Gutachten Nr. 88758.
58 Armbrüster/Preuß/Renner/Piegsa BeurkG § 13 Rn. 6; OLG Frankfurt Beschl. v. 30.8.1999 – 1 Not 1/98, DNotZ 2000, 513 (514).
59 Vgl. Armbrüster/Preuß/Renner/Piegsa BeurkG § 13 Rn. 7; Eylmann/Vaasen/Limmer BeurkG § 13 Rn. 7; BeckOGK/Seebach/Rachlitz BeurkG § 13 Rn. 45.
60 Zusammenfassend zum damaligen Streitstand: OLG Hamm Beschl. v. 19.10.1977 – 15 W 113/77, NJW 1978, 2604 (2605).
61 OLG Hamm Beschl. v. 19.10.1977 – 15 W 113/77, NJW 1978, 2604 (2605); Armbrüster/Preuß/Renner/Piegsa BeurkG § 13 Rn. 6; Staudinger/Hertel BeurkG § 13 Rn. 362; Kanzleiter DNotZ 1997, 261 (264); DNotI-Gutachten Nr. 88758; Winkler BeurkG § 13 Rn. 9.
62 Armbrüster/Preuß/Renner/Piegsa BeurkG § 13 Rn. 7; OLG Hamm Beschl. v. 19.10.1977 – 15 W 113/77, NJW 1978, 2604 (2605).
63 OLG Hamm Beschl. v. 19.10.1977 – 15 W 113/77, NJW 1978, 2604 (2605).

lens eines Tonträgers spricht auch die Gesetzeshistorie. Dem Gesetzgeber waren die Diskussionen vor Erlass des Beurkundungsgesetzes bewusst. Dennoch entschied er sich, Besonderheiten für die Serienbeurkundungen gemäß § 13 Abs. 2 BeurkG, nicht aber die Verwendung von Tonträgeraufnahmen zu regeln.[64] Dem Sinn und Zweck nach dient das Vorlesen der Qualitätssicherung.[65] Durch das Vorlesen soll daher nicht nur der Urkundstext verlautbart werden, sondern die Beteiligten und der Notar sollen die Möglichkeit erhalten zu kontrollieren, ob der Wille der Beteiligten in der Niederschrift fehlerfrei wiedergegeben wird.[66] Diese Kontrolle würde verhindert, würde lediglich ein Tonband abgespielt.

43 Vor diesem Hintergrund könnte die **Verlautbarung der Niederschrift durch Vorlesegeräte** anders zu beurteilen sein. Hierbei würde mittels eines elektronischen Geräts die konkrete ausgedruckte Niederschrift gescannt und laut sprachlich wiedergegeben. Der verlautbarte Text würde sich daher unmittelbar von der (später) unterschriebenen Niederschrift ableiten, so dass die Identität des Mediums gewahrt würde.[67] Insoweit würde der Kontrollfunktion Rechnung getragen.

44 Dennoch wird die Verwendung von Vorlesegeräten oder Sprachausgabesoftware für **unzulässig** gehalten.[68] Der Begriff des Vorlesens wird in Anlehnung an die Entscheidung des OLG Hamm vom 19.10.1977 als „das laute Verlesen einer Niederschrift durch eine Person",[69] nicht aber durch technische Geräte verstanden.[70] Diese Auffassung wird auch auf den Sinn und Zweck des Vorlesens, die Qualitätskontrolle, gestützt. Für die Kontrolle, ob der Wille der Beteiligten fehlerfrei in der Niederschrift wiedergegeben ist, muss der Notar auf die Bedürfnisse der Beteiligten eingehen und die Art und Weise des Vorlesens entsprechend anpassen, um Unsicherheiten feststellen und den Beteiligten Raum für Fragen zu geben.[71] Dem aber kann (noch) nicht durch automatisiertes Verlautbaren Rechnung getragen werden.

cc) Vorlesen bei Neuausdrucken

45 Im Rahmen der Beurkundungsverhandlung kommt es nicht selten zu Änderungen des Urkundstexts, sei es, um redaktionelle Fehler zu beseitigen oder weil sich die Beteiligten während der Verhandlung über eine abweichende Regelung abstimmen. Je nach Umfang der Änderungen und Art der zu beurkundenden Erklärungen kann es sich dabei anbieten, dass der Notar die Datei der Niederschrift an den gewünschten Stellen ändert, die geänderten Seiten neu ausdruckt und diese **Neuausdrucke** anstelle derjenigen handschriftlich geänderten Seiten zur Niederschrift nimmt. Dem Notar steht es insofern auch frei, den Neuausdruck auf die geänderte Seite zu beschränken, sämtliche Seiten ab der geänderten Seite oder aber die Urkunde insgesamt neu auszudrucken.[72]

46 Bei einem Neuausdruck hat der Notar zunächst sicherzustellen, dass die geänderten Textstellen den zuvor vorgenommenen **handschriftlichen Änderungen** entsprechen. Sodann stellt sich die Frage, ob der Notar den Neuausdruck vollständig vorzulesen hat oder das Vorlesen auf die geänderten Textstellen begrenzen kann.

47 Für das vollständige Vorlesen des Neuausdrucks spricht der **Wortlaut von § 13 Abs. 1 BeurkG** (→ Rn. 39). § 13 Abs. 1 BeurkG fordert, dass die Niederschrift vorgelesen wird. Bei einem Neuausdruck stimmen jedoch das vorgelesene Exemplar und die Niederschrift nicht mehr überein.[73] Hinzukommt, dass der Notar bei einem nicht noch einmal vorgelesenen Neuausdruck nicht im gleichen Maße Willenserklärungen der

---

64 Armbrüster/Preuß/Renner/Piegsa BeurkG § 13 Rn. 6.
65 Statt vieler: Winkler BeurkG § 13 Rn. 2.
66 Kanzleiter DNotZ 1997, 261 (264).
67 Winkler BeurkG § 13 Rn. 9.
68 DNotI-Gutachten Nr. 88758; Winkler BeurkG § 13 Rn. 9; Armbrüster/Preuß/Renner/Piegsa BeurkG § 13 Rn. 6; BeckOGK/Seebach/Rachlitz BeurkG § 13 Rn. 46, 47.1.
69 OLG Hamm Beschl. v. 19.10.1977 – 15 W 113/77, NJW 1978, 2604 (2605).
70 Winkler BeurkG § 13 Rn. 9; Armbrüster/Preuß/Renner/Piegsa BeurkG § 13 Rn. 6; DNotI-Gutachten Nr. 88758.
71 Winkler BeurkG § 13 Rn. 9; DNotI-Gutachten Nr. 88758.
72 BeckOGK/Seebach/Rachlitz BeurkG § 13 Rn. 58.3; Armbrüster/Preuß/Renner/Piegsa BeurkG § 13 Rn. 10.
73 BNotK Rundschreiben Nr. 19/1997 Ziff. 2.a; BeckOK BGB/Lietzenburger BeurkG § 13 Rn. 1.

Beteiligten in der Niederschrift auf Richtigkeit und Vollständigkeit kontrollieren und prüfen kann, obgleich bei einem Neuausdruck Abweichungen unwahrscheinlich sind.[74]

Nach herrschender Meinung genügt demgegenüber das Vorlesen der geänderten Textstellen.[75] Begründet wird dies im Wesentlichen mit einer **Analogie zu § 13 Abs. 2 BeurkG**. Im Rahmen einer Sammelbeurkundung nach § 13 Abs. 2 BeurkG genügt es, wenn der übereinstimmende Inhalt den Beteiligten einmal vorgelesen wird. Das BeurkG erlaubt es somit, dass nicht in jedem Fall die vorgelesene mit der genehmigten und unterschriebenen Niederschrift identisch ist,.[76] Entscheidend ist vielmehr, dass die vorgelesene mit der genehmigten und unterschriebenen Niederschrift inhaltlich übereinstimmt.[77] Diese Wertungen sind entsprechend auf bereits verlesene, anschließend geänderte und neu ausgedruckte Seiten der Niederschrift anwendbar. Soweit das Verlesen der ersten Niederschrift nebst anschließendem Neuausdruck der Niederschrift ggf. fehleranfälliger sein könnte, wird dem durch erhöhte Überprüfungspflichten des Notars analog § 13 Abs. 2 BeurkG Rechnung getragen. Er hat insofern sicherzustellen und gemäß § 19 Abs. 1 BNotO dafür einzustehen, dass die vorgelesene und neuausgedruckte Niederschrift inhaltlich übereinstimmen und dass die geänderten Passagen vorgelesen werden.[78]   48

d) Exkurs: Covid

Vorbesprechungen zur Erforschung des Willens der Beteiligten (§ 17 BeurkG) sowie erste Belehrungen konnten im Vorfeld der Beurkundung telefonisch oder – wohl häufiger – über Videokonferenzsysteme vorgenommen werden (→ Rn. 22). Insbesondere ältere bzw. besonders vulnerable Beteiligte baten darüber hinaus darum, **Kontaktzeiten auf das zwingend erforderliche Minimum zu begrenzen.** Vor diesem Hintergrund sind manche Notare dazu übergegangen, die Beurkundungen selbst regelmäßig mit vollmachtlosen Vertretern vorzunehmen, die Beteiligten über Videokonferenzsysteme zuzuschalten, um diese hinreichend belehren zu können, und die Beteiligten sodann die beurkundeten Erklärungen genehmigen zu lassen, soweit erforderlich in sehr kurzen Beglaubigungsterminen.   49

Die Bundesnotarkammer hat dieses Vorgehen mit Blick auf den regelmäßigen Einsatz vollmachtloser Vertreter und die Videoübertragung kritisch gesehen. Nach Auffassung der Bundesnotarkammer haben sich Maßnahmen wie das Tragen von Masken, die räumliche Trennung der Beteiligten und der Einsatz technischer Hilfsmittel wie Luftfilter bewährt, um das Infektionsrisiko bei der Wahrnehmung eines Notartermins deutlich zu reduzieren.[79] Sofern es im Einzelfall erforderlich sein sollte, das Infektionsrisiko weiter zu senken, könnte ausnahmsweise der Einsatz vollmachtloser Vertreter gerechtfertigt sein. Die Pandemielage entbinde jedenfalls nicht vom **Verbot der systematischen Beurkundung mit vollmachtlosen Vertretern.**[80]   50

Die **Übertragung einer Beurkundung mittels Videokonferenzsystem** hält die Bundesnotarkammer für unzulässig.[81] Die notarielle Beurkundung und Beglaubigung seien gesetzlich als nichtöffentliche Präsenzverfahren ausgestaltet, wovon auch nicht im Einverständnis der Beteiligten abgewichen werden könne. Die gesetzliche Regelung erlaube Ausweitungen des Teilnehmer- bzw. Zuhörerkreises nicht. Insofern musste mit dem Gesetz zur Umsetzung der Digitalisierungsrichtlinie (DiRUG) ein abweichendes Verfah-   51

---

74 BNotK Rundschreiben Nr. 19/1997 Ziff. 2.b.
75 BNotK Rundschreiben Nr. 19/1997 Ziff. 2.c; BeckOK BeurkG/Bremkamp BeurkG § 13 Rn. 30; Armbrüster/Preuß/Renner/Piegsa BeurkG § 13 Rn. 9; Kilian/Sandkühler/vom Stein Praxis-HdB Notarrecht/Stuppi/Tykwer § 11 Rn. 88; BeckNotar-HdB/Kindler § 31 Rn. 280; Hauschild/Kallrath/Wachter Notar-HdB/Burmeister § 23 Rn. 87; DNotI-Gutachten Nr. 11458.
76 BeckOK BeurkG/Bremkamp BeurkG § 13 Rn. 29.
77 BNotK Rundschreiben Nr. 19/1997 Ziff. 2.c; BeckOK BeurkG/Bremkamp BeurkG § 13 Rn. 29; Winkler BeurkG § 13 Rn. 17.
78 BNotK Rundschreiben Nr. 19/1997 Ziff. 2.c; BeckOK BeurkG/Bremkamp BeurkG § 13 Rn. 29; Staudinger/Hertel BeurkG B. Beurkundungsverfahren Rn. 381.
79 BNotK FAQ Corona – Berufsrecht Ziff. 5.
80 BNotK FAQ Corona – Berufsrecht Ziff. 5 (1).
81 BNotK FAQ Corona – Berufsrecht Ziff. 6; aA Kirchner MittBayNot 2015, 294 (298).

rensrecht für die Online-Gründung von GmbHs sowie für Online-Registeranmeldungen geschaffen werden (→ Rn. 52). Ferner könne mit einer Übertragung die hinreichende Belehrung der Beteiligten nicht sichergestellt werden, da Übertragungsfehler nicht sicher vermieden werden könnten. Darüber hinaus könne der unrichtige Eindruck entstehen, es werde eine der gegenwärtigen Rechtslage nicht entsprechende Verhandlung per Übertragung durchgeführt. Weiterhin erhebt die Bundesnotarkammer Bedenken dahin gehend, dass die Übertragung über ausländische Server erfolgen könnte, was im Widerspruch zur Beurkundung als öffentlich-rechtlichen, hoheitlichen und geheimhaltungsbedürftigen Verfahren stünde, zudem der erforderliche Grad an Datensicherheit durch die marktgängigen Anbieter nicht gewährleistet würde und eine unbemerkte Teilnahme Dritter nicht ausgeschlossen werden könnte.[82]

4. Online-Gründung von Gesellschaften mit beschränkter Haftung

52 Mit dem Gesetz zur Umsetzung der Digitalisierungsrichtlinie (DiRUG) schuf der Gesetzgeber erstmals die auf Bargründungen von Gesellschaften mit beschränkter Haftung begrenzte Möglichkeit, **Online-Beurkundungen** durchzuführen.[83] § 2 Abs. 3 GmbHG in der ab dem 1.8.2022 gültigen Fassung erlaubt daher, dass die notarielle Beurkundung des Gesellschaftsvertrags sowie im Rahmen der Gründung der Gesellschaft gefasste Beschlüsse der Gesellschafter im Fall einer Gründung ohne Sacheinlagen auch mittels Videokommunikation gemäß den §§ 16a bis 16e BeurkG erfolgen können.[84] Die Unterzeichnung des Gesellschaftsvertrags durch alle Gesellschafter wird insofern durch qualifizierte elektronische Signaturen der an der online-Beurkundung teilnehmenden Gesellschafter ersetzt. Der Gesellschaftsvertrag selbst kann entweder individuell oder unter Rückgriff auf die für die Online-Gründung ergänzten Musterprotokolle ausgestaltet werden.

53 Für die Online-Gründung ist auf das von der Bundesnotarkammer nach § 78p BNotO betriebene **Videokommunikationssystem** zurückzugreifen, § 16a Abs. 1 BeurkG. Die Verwendung von anderen Videokommunikationssystemen, insbesondere solcher privater Dritter, ist mithin unzulässig.[85] Hierdurch soll der hoheitliche Charakter des Verfahrens gewahrt werden und ein unberechtigtes Zugreifen Dritter auf sensible Inhalte verhindert werden.[86]

54 Das von der Bundesnotarkammer betriebene Videokommunikationssystem ist so ausgelegt, dass der beteiligte Bürger es mit einem Laptop, PC, einem Tablet mit Webcam und/oder einem Smartphone nutzen kann.[87] Es besteht insofern aus einer **Internetseite und einer App**. Über die kostenfreie App der Bundesnotarkammer kann der Bürger sich mithilfe der eID-Funktion seines Personalausweises registrieren und sein Lichtbild auslesen lassen,[88] wodurch die Feststellung des Beteiligten nach § 16c BeurkG nF ermöglicht wird. In der Videokonferenz zur Beurkundung kann der Notar sodann gemäß § 16c S. 1 Hs. 1 BeurkG nF auf Grundlage des so übermittelten Lichtbildes die Identität des Beteiligten überprüfen.[89] Hieraus folgt, dass ein bloßes Filmen des Ausweises durch eine Webcam den gesetzlichen Anforderungen nicht genügt. Über das System der Bundesnotarkammer wird dem Bürger zudem die elektronische Signatur, mit der er seine Unterschrift auf der Niederschrift ersetzt, sowie eine Plattform für den sicheren Austausch von Informationen und Dokumenten mit dem Notar zur Verfügung gestellt.[90] Soweit ein Beteiligter aufgrund Vollmacht auftreten möchte, ist zu beachten, dass nach § 2 Abs. 2 GmbHG eine notariell errichtete oder

---

82 BNotK FAQ Corona – Berufsrecht Ziff. 6.
83 Stelmaszczyk EuZW 2021, 513 (514).
84 Zum Anwendungsbereich: MüKoGmbHG/Heinze GmbHG § 2 Rn. 334 ff.; Kienzle DNotZ 2021, 590 (593 f.).
85 Kienzle DNotZ 2021, 590 (595).
86 Referentenentwurf des BMJV v. 18.12.2020, Entwurf eines Gesetzes zur Umsetzung der Digitalisierungsrichtlinie (RefE DiRUG), S. 111; Keller/Schümmer NZG 2021, 573 (574); vgl. auch Pressemeldung der BNotK vom 18.12.2020, abrufbar unter https://www.bnotk.de/aktuelles/details/das-gesellschaftsrecht-wird-digital-die-online-gruendung-made-in-germany.
87 Stelmaszczyk EuZW 2021, 513.
88 FAQ der Bundesnotarkammer, abrufbar unter https://www.onlineverfahren.notar.de/.
89 Herrler GesR-NotGP/Kienzle § 18a Rn. 43; RegE DiRUG, BT-Drs. 19/28177, 121.
90 FAQ der Bundesnotarkammer, abrufbar unter https://www.onlineverfahren.notar.de/.

zumindest beglaubigte Vollmacht erforderlich ist. Die Übermittlung eines Scans der notariell errichteten bzw. beglaubigten Vollmacht würde hierfür nicht genügen. Diese wäre vielmehr im Original vorzulegen, auch um die Wirkung des § 172 BGB in Anspruch nehmen zu können.[91] Entsprechendes gilt für sonstige Vertretungsnachweise, zB für ausländische Gesellschaften.

Der Notar kann über ein Modul in XNP auf den jeweiligen Vorgang zugreifen und die Beurkundungsverhandlung mittels Videokonferenz durchführen. Bei der Beurkundung mittels Videokommunikation muss sodann eine **elektronische Niederschrift** aufgenommen werden, die als elektronisches Dokument errichtet wird. Für die Online-Gründung wird insofern auf das Erfordernis der Verkörperung der Niederschrift grundsätzlich verzichtet und das Verlesen vom Bildschirm zwingend festgeschrieben.[92] Soweit der Notar eine gemischte Beurkundung vornimmt, mithin sowohl Beteiligte über die Videokommunikation teilnehmen als auch Beteiligte vor ihm körperlich erschienen sind, hat der Notar neben der elektronischen auch eine inhaltsgleiche Niederschrift nach § 8 BeurkG aufzunehmen, dies in beiden Niederschriften zu vermerken und beide Niederschriften zusammen zu verwahren. 55

Auf die elektronische Niederschrift sind die Regelungen über die Niederschrift anzuwenden, soweit sich aus den §§ 16b bis 16e BeurkG nF nichts anderes ergibt. Insofern ist insbesondere der Ort anzugeben, an dem die elektronische Niederschrift aufgenommen wird, und es soll festgestellt werden, dass die Verhandlung per Videokommunikation durchgeführt worden ist. Am Schluss der elektronischen Niederschrift sind die Namen der Personen anzugeben, die diese, anstatt sie zu unterschreiben, **qualifiziert elektronisch signieren**. Wie auch bei der klassischen Niederschrift ist die Amtsbezeichnung dem Namen des Notars beizufügen. Vorgelegte Vollmachten oder sonstige Vertretungsnachweise sollen in elektronisch beglaubigter Abschrift der Niederschrift beigefügt werden. 56

Weiterhin kann der Notar ab dem 1.8.2022 bestimmte **E-Beglaubigungen** vornehmen, §§ 39a Abs. 1 S. 1 Hs. 2, 40a nF BeurkG, was insbesondere für die Beglaubigung von Handelsregisteranmeldungen relevant ist. Das Verfahren entspricht im Wesentlichen dem der Online-Beurkundung.[93] Eine qualifizierte elektronische Signatur soll nach § 40a Abs. 1 nF BeurkG nur beglaubigt werden, wenn sie in Gegenwart des Notars oder mittels des von der Bundesnotarkammer nach § 78p BNotO betriebenen Videokommunikationssystems anerkannt worden ist. Letzteres kann nur erfolgen, soweit dies nach § 12 nF HGB zugelassen ist, insbesondere für Handelsregisteranmeldungen von Einzelkaufleuten, für GmbH, AG oder KGaA sowie für Zweigniederlassungen für vorbenannte Gesellschaften, die dem Recht eines anderen Mitgliedstaates der Europäischen Union oder eines anderen Vertragsstaates des Abkommens über den Europäischen Wirtschaftsraum unterliegen. 57

Auch für die Online-Beglaubigung hat sich der Notar **Gewissheit über die anerkennende Person** zu verschaffen und diese im Beglaubigungsvermerk so genau zu bezeichnen, dass Zweifel und Verwechslungen ausgeschlossen sind. Darüber hinaus ist anzugeben, ob die qualifiziert elektronische Signatur vor ihm oder mittels Videokommunikation anerkannt wurde. Eine Signaturprüfung nach § 39a Abs. 3 BeurkG hat der Notar demgegenüber nicht vorzunehmen. 58

Bei der Vornahme von Online-Gründung bzw. -Beglaubigungen hat der Notar das **Amtsbereichsprinzip** zu beachten.[94] § 10a Abs. 2 BNotO bestimmt, dass der seine Urkundstätigkeit nur innerhalb seines Amtsbereichs ausüben soll, sofern nicht ein berechtigtes Interesse der Rechtsuchenden ein Tätigwerden außerhalb des Amtsbereichs gebieten. Die Vornahme von Urkundstätigkeiten nach §§ 16a bis 16e und 40a BeurkG mittels Videokommunikation erfordert daher einen Anknüpfungspunkt zum Amtsbereich des Notars. Nach § 10a Abs. 3 S. 1 BeurkG nF gilt eine entsprechende Urkundstätigkeit nur dann als im Amtsbereich ausgeübt, wenn der Sitz der Gesellschaft, die Hauptniederlassung oder der Wohnsitz des Einzelkaufmanns, bei einer Gesellschaft mit Sitz im Ausland oder einem Einzelkaufmann mit Hauptniederlassung im Ausland 59

---

91 Kienzle DNotZ 2021, 590 (600).
92 MüKoGmbHG/Heinze GmbHG § 2 Rn. 344.
93 BeckOGK/Stelmaszczyk AktG § 36 Rn. 8.
94 Zum Hintergrund: MüKoGmbHG/Heinze GmbHG § 2 Rn. 342 f.

der Sitz oder die Geschäftsanschrift der betroffenen Zweigniederlassung oder der Wohnsitz oder Sitz eines Gesellschafters der betroffenen Gesellschaft sich im Amtsbereich befindet.

IV. Abwicklung

1. Elektronisches Urkundenarchiv

60 Bislang registrierte der Notar fast alle seine Amtsgeschäfte in der häufig nur noch für die Aufsicht papiergeführten[95] **Urkundenrolle**. Einzutragen waren nach § 8 Abs. 2 DONot iVm dem Muster 2 zur DONot jeweils unter einer laufenden Nummer der Tag der Ausstellung der Urkunde, der Ort des Amtsgeschäfts, Informationen zu den nach § 8 Abs. 5 DONot aF aufzuführenden Personen, insbesondere die Beteiligten, und der Gegenstand des Geschäfts. Die Führung der Urkundenrolle erschwert zum einen Manipulationen, zum anderen erleichtert sie als Inhaltsverzeichnis der Urkundenrolle sowohl das spätere Auffinden von Urkunden, die Kontrolle durch die Aufsicht als auch die Feststellung relevanter Geschäftsvorgänge für die Bedürfnisprüfung nach § 4 BNotO.[96]

61 Seit dem 1.1.2022 ersetzt das **elektronisch geführte Urkundenverzeichnis** die Urkundenrolle. Das Urkundenverzeichnis ist im elektronischen Urkundenarchiv nach § 78h BNotO zu führen, wobei weiterhin jeder Notar für sich ein Urkundenverzeichnis führt.[97] Hierfür steht nach kleineren anfänglichen Schwierigkeiten in XNP ein entsprechendes neues Modul zur Verfügung. Die nach § 9 NotAktVV in das Urkundenverzeichnis aufzunehmenden Informationen sind an diejenigen der Dienstordnung angelehnt, gehen zum Teil jedoch darüber hinaus (vgl. §§ 10–17 NotAktVV). So sind zB nach § 12 Abs. 2 NotAktVV nunmehr stets Vornamen und Geburtsdaten anzugeben, obgleich dies unter der DONot lediglich zur Vermeidung von Verwechslungen bei häufigen Familiennamen der Fall war. Neu ist zudem, dass nach § 13 S. 2 NotAktVV die in der Software vorgegebene Formulierung des Geschäftsgegenstands zu verwenden ist. Darüber hinaus ist nach §§ 15 NotAktVV, 49 Abs. 4 BeurkG nF zu vermerken, wem und an welchem Tag eine Ausfertigung erteilt worden ist. Nach § 16 NotAktVV ist bei Verfügungen von Todes wegen das Datum der Abgabe in die besondere amtliche Verwahrung aufzunehmen.

62 Am 1.7.2022 startete zudem die **elektronische Urkundensammlung** (§ 76 Abs. 5 BeurkG). Die Bundesnotarkammer hat hierfür eine zentrale, hohen Sicherheitsanforderungen entsprechende Infrastruktur errichtet, auf die die Notare seit dem 1.7.2022 über ein speziell gesichertes Netzwerk angeschlossen werden.[98] Dieser Anschluss erfolgt durch ein weiteres Modul in XNP, das am Stichtag freigeschaltet worden ist. Darüber hinaus hat die Bundesnotarkammer den Zugang zum elektronischen Urkundenarchiv zusätzlich durch die Verwendung von personalisierten Chipkarten nebst dazugehöriger PIN gesichert. Insofern sieht § 5 Abs. 3 und 4 NotAktVV vor, dass der Notar körperliche Zugangsmittel, die er für den Zugang zum Elektronischen Urkundenarchiv verwendet, sicher zu verwahren hat und keiner anderen Person überlassen darf, sowie dass er entsprechende Wissensdaten keiner weiteren Person preisgeben darf. Darüber hinaus muss der Notar durch geeignete Vorkehrungen sicherstellen, dass die bei ihm beschäftigten Personen mit den ihnen überlassenen Zugangsmitteln und mit ihren Wissensdaten entsprechend umgehen, § 5 Abs. 5 NotAktVV. Hieraus lässt sich ableiten, dass beschäftigten Personen des Notars personalisierte Zugänge zum Elektronischen Urkundenarchiv eingeräumt werden können; ein einheitlicher Zugang für sämtliche Mitarbeiter scheidet insofern aus.[99]

63 Seit dem 1.7.2022 sind Dokumente in elektronischer Form in der elektronischen Urkundensammlung somit zu **verwahren**, die nach § 31 NotAktVV in der Urkundensammlung verwahrt werden. Dies betrifft insbesondere Niederschriften (§§ 8, 36, 38 BeurkG) und Vermerke nach § 39 BeurkG. Soweit diese nicht bereits

---

95 Armbrüster/Preuß/Renner/Eickelberg DONot § 8 Rn. 4.
96 Frenz/Miermeister/v. Campe DONot § 8 Rn. 1; Armbrüster/Preuß/Renner/Eickelberg DONot § 8 Rn. 2 f.
97 Weingärtner/Löffler NotAktVV Einleitung Rn. 4.
98 Siehe https://www.elektronisches-urkundenarchiv.de/.
99 BeckOK BeurkG/Eble NotAktVV § 5 Rn. 7; Weingärtner/Löffler NotAktVV § 5 Rn. 6.

elektronisch errichtet wurden (→ Rn. 26), sind die entsprechenden Papierdokumente zu digitalisieren.[100] Eine Ausnahme gilt für Urschriften einer Verfügung von Todes wegen, die nach § 34 Abs. 4 BeurkG nicht in die elektronische Form übertragen werden darf.

Die Digitalisierung erfolgt zumeist durch **Scannen der Urkunde**, wobei das Format PDF/A-1b[101] zu erzielen ist. Das elektronische Dokument kann sodann in dem elektronischen Urkundenarchiv individuell verschlüsselt verwahrt werden.[102] Sollte die Übertragung in ein elektronisches Dokument aufgrund der Beschaffenheit des Dokuments jedoch unmöglich oder unzumutbar sein, unterbleibt gemäß § 37 Abs. 1 NotAktVV die Einstellung in das elektronische Urkundenarchiv. Der Notar hat sodann einen entsprechenden Vermerk zu erstellen und das Dokument, dessen Digitalisierung unterblieben ist, in einer gesonderten Sammlung zu verwahren (§ 37 Abs. 2,3 NotAktVV).

Wird die Urschrift einer notariellen Urkunde nach § 56 BeurkG in ein elektronisches Dokument übertragen und in der elektronischen Urkundensammlung verwahrt, so steht die **elektronische Fassung der Urschrift** derjenigen in Papierform gemäß § 45 Abs. 2 BeurkG gleich. Dies erlaubt nicht nur die Erteilung von Ausfertigungen oder beglaubigten Abschriften auf Grundlage des elektronischen Dokuments. Nach § 46 Abs. 2 S. 2 BeurkG kann die elektronische Fassung zur Wiederherstellung der nicht mehr vorhandenen Urschrift genutzt werden.

Seit dem 1.8.2022 gilt nach § 45 Abs. 3 BeurkG nF zudem das nach § 16b oder § 39a BeurkG nF **erstellte elektronische Dokument**, das in der elektronischen Urkundensammlung verwahrt wird, als Urschrift im Sinne des Beurkundungsgesetzes.

Die **Aufbewahrungsfrist** für die Papierdokumente der Urkundensammlung ist mit Blick auf die Gleichstellung der elektronischen Dokumente und deren sicherer elektronischer Verwahrung auf 30 Jahre reduziert worden. Demgegenüber sind die elektronischen Dokumente in der elektronischen Urkundensammlung für 100 Jahre aufzubewahren.

Weiterhin wurde die doppelte Aufzeichnung von Verwahrgeschäften in Verwahrungsbuch und Massebuch sowie die Führung der Anderkontenliste und des Namensverzeichnisses zum Massenbuch durch ein **einheitliches Verwahrungsverzeichnis** ersetzt, das ebenfalls im elektronischen Urkundenarchiv zu führen ist.[103]

2. Elektronischer Rechtsverkehr

Seit dem 1.1.2018 erhält jeder Notar seitens der Bundesnotarkammer ein **besonderes elektronisches Notarpostfach** (beN), welches ihm eine verschlüsselte und damit sichere Kommunikation im Sinne des § 130a Abs. 4 ZPO mit Gerichten, Behörden und Dritten erlaubt.[104] Das beN trat an die Stelle der bis dahin verwendeten EGVP-Postfächer[105] und ist in XNP eingebunden.

Ein wesentlicher Teil des zunächst über EGVP, nunmehr über die beN abzuwickelnden elektronischen Rechtsverkehrs erfolgt im Verhältnis zu den seit dem 1.1.2007 elektronisch geführten **Handels-, Genossenschafts- und Partnerschaftsregister**. § 12 Abs. 2 S. 1 HGB verlangt ergänzend die elektronische Einreichung von Dokumenten. Dem Notar obliegt es daher, die erforderlichen Dokumente in die elektronische Form zu überführen und soweit erforderlich nach § 39a BeurkG zu behandeln. Soweit einfach elektronische Dokumente von den Beteiligten übersandt werden, zB nicht beurkundungsbedürftige Beschlüsse der Gesellschafter einer GmbH, die einzureichen sind, ist Folgendes zu berücksichtigen. Bereits seit vor der Coronapandemie – mit dieser aber in einem deutlich größeren Umfang – sind Beteiligte bestrebt, ihren

---

100 Thelen DNotZ 2022, 105 (106).
101 Bekanntmachung der Bundesnotarkammer gemäß § 35 Abs. 4 S. 2 NotAktVV, DNotZ 2021, 916.
102 Gaul DNotZ-Sonderheft 2016, 130 (132).
103 Weingärtner/Löffler NotAktVV Einleitung Rn. 4; Weingärtner/Frohn NotAktVV § 2 Rn. 4.
104 Frenz/Miermeister/Frohn BNotO § 78n Rn. 1; BeckOK BNotO/Hushahn BNotO § 78n Rn. 1.
105 Frenz/Miermeister/Frohn BNotO § 78n Rn. 1.

Rechtsverkehr elektronisch abzuwickeln. In der Praxis werden insofern zB immer häufiger nicht formbedürftige Gesellschafterbeschlüsse über e-Signaturprogramme signiert und dem Notar vorgelegt. Dabei verwenden die wenigsten Beteiligten qualifizierte elektronische Signaturen von Vertrauensdiensteanbietern[106] im Sinne der eIDAS-Verordnung. Zumeist handelt es sich bei den Programmen um solche, die dem Nutzer erlauben, eine zuvor eingescannte Unterschrift auf dem elektronischen Dokument aufzubringen, wobei das Programm das Dokument automatisch mit einem entsprechenden Zeitstempel versieht. Obgleich sich diese Art der elektronischen Signatur von Dokumenten zunehmender Beliebtheit erfreut und die jeweiligen Anbieter damit werben, dass mit ihren Programmen rechtssichere Dokumente erstellt werden können, werden diese vereinzelt von Registergerichten kritisch gesehen. Beanstandet wird insofern, dass nicht von einer wirksamen Unterschrift ausgegangen werden könne, da die elektronische Signatur in Abwesenheit des vermeintlichen Unterzeichners durch einen Dienstleister vorgenommen werde.[107] Es bleibt abzuwarten, ob sich weitere (Register-) Gerichte dieser Auffassung anschließen. Sofern das Registergericht die eingereichten Dokumente beanstandet, übermittelt es seine Hinweise oder Zwischenverfügungen über das beN[108] an den Notar. Andernfalls übermittelt es entsprechend die Eintragungsmitteilung oder teilt mit, dass das eingereichte Dokument im Registerordner aufgenommen worden ist, obgleich letzteres als Service der Registergerichte seltener wird.

71 Die **Abwicklung in Grundbuchsachen** erfolgt zum Teil digitalisiert. So lässt sich das Vorliegen naturschutzrechtlicher Vorkaufsrechte zB in Nordrhein-Westphalen und Brandenburg online überprüfen.[109] Zudem können seit dem 1.1.2022 Kaufvertragsabschriften an Gutachterausschüsse in Brandenburg auf elektronischem Wege übermittelt werden.[110]

72 Nach § 135 Abs. 1 S. 1 GBO können Anträge, sonstige Erklärungen sowie Nachweise über andere Eintragungsvoraussetzungen dem Grundbuchamt nach Maßgabe der folgenden Bestimmungen als elektronische Dokumente übermittelt werden. Den konkreten Zeitpunkt, ab dem die elektronische Übermittlung zulässig ist, bestimmen die Landesregierungen per Rechtsverordnung allgemein oder auf einzelne Grundbuchämter beschränkt. Sie können ebenfalls durch Rechtsverordnung den Notaren die **Pflicht zur elektronischen Einreichung** auferlegen und den Umfang der Pflicht nach § 135 Abs. 1 S. 2 Nr. 4 GBO bestimmen. Hiervon ist bislang noch nicht flächendeckend Gebrauch gemacht worden, so dass sich der Notar vor der Einreichung von Unterlagen zum Grundbuchamt über die Form vergewissern muss.[111] Soweit die elektronische Übermittlung zugelassen ist, können zur Eintragung erforderliche Erklärungen oder sonstige durch eine öffentliche oder öffentlich beglaubigte Urkunde nachzuweisende Voraussetzungen der Eintragung als ein mit einem einfachen elektronischen Zeugnis nach § 39a BeurkG (→ Rn. 29) versehenes elektronisches Dokument übermittelt werden. Für Eigenurkunden des Notars zB zur Bewilligung der Eigentumsumschreibung bedeutet dies, dass diese dann rein elektronisch erstellt und übermittelt werden können.[112] Nach § 137 Abs. 1 S. 3 GBO bleibt jedoch ein etwaiges Erfordernis, dem Grundbuchamt den Besitz der Urschrift oder einer Ausfertigung einer Urkunde nachzuweisen, unberührt. Somit muss auch bei zugelassenem elektronischem Rechtsverkehr mit dem Grundbuchamt zB der Grundschuldbrief für den Vollzug einer Rangrücktrittserklärung durch den Grundschuldgläubiger physisch vorgelegt werden. Unabhängig davon, ob der elektronische Rechtsverkehr nach § 135 GBO insgesamt zugelassen wurde, teilen die Grundbuchämter Eintragungen zumeist vorab elektronisch an das beN des Notars mit.

73 Bei der Errichtung erbfolgerelevanter Urkunden hat der Notar die entsprechenden Verwahrangaben unverzüglich elektronisch an die das **Zentrale Testamentsregister** führende Registerbehörde mitzuteilen (§ 34a Abs. 1 BeurkG). Die (elektronische) Bestätigung hat der Notar sodann zur Urkundensammlung als

---

106 Vgl. zur Auflistung der Vertrauensdiensteanbieter: https://esignature.ec.europa.eu/efda/tl-browser/#/screen/home.
107 AG Charlottenburg Verf. 26.11.2021 – A 1196708/2021, unveröffentlicht; aA Wagner BB 2017, 898 (899).
108 Frohn notar 2017, 329.
109 Siehe www.vokar.nrw.de bzw. Vorkaufsrechtsanfrage (bnotk.de).
110 Rundschreiben der Notarkammer Berlin vom 6.1.2022 und 20.4.2022.
111 Schöner/Stöber GrundbuchR Rn. 198e.
112 OLG Stuttgart Beschl. v. 21.3.2018 – 8 W 437/16, MMR 2018, 528; DNotI-Report 2017, 147 (149); Genske notar 2019, 153 (156).

Ausdruck zu nehmen (§ 31 Abs. 1 Nr. 1 b) NotAktVV) sowie in die elektronische Urkundensammlung einzustellen.

Ebenso elektronisch kann der Notar im Auftrag der Beteiligten die Registrierung vorsorgerelevanter Urkunden zum nach § 78a Abs. 1 S. 1 BNotO von der Bundesnotarkammer **geführten Zentralen Vorsorgeregister** bzw. Änderungen, Ergänzungen oder Löschungen bereits erfolgter Registrierungen beantragen, §§ 2 Abs. 2 S. 1, 5 Abs. 1 VRegV. 74

3. Notaranderkonten

Zu den Amtsgeschäften gehört die **notarielle Verwahrung** nach §§ 57 ff. BeurkG, 23 BNotO. Wohl das Regelbeispiel dürfte die Verwahrung des Kaufpreises auf einem Notaranderkonto sein. Trotz rascher Digitalisierung von Bankgeschäften in der Wirtschaft hat die Digitalisierung von Notaranderkonten noch Hürden zu überwinden. 75

Bis zum 28.2.2017 war die Führung eines Notaranderkontos mittels Datenfernübertragung[113] ausdrücklich verboten. Erst mit der DONot-Reform 2017 wurden mit § 27 Abs. 3 DONot aF die Voraussetzungen geregelt, unter denen Notaranderkonten elektronisch geführt werden durften. Nach § 27 Abs. 3 S. 1 DONot aF war die Führung eines Notaranderkontos mittels Datenfernübertragung zulässig, wenn dem jeweiligen Stand der Technik entsprechende technische und organisatorische Maßnahmen zur Gewährleistung der Vertraulichkeit, Integrität und Authentizität der Überweisungen sowie der Umsatzdaten getroffen sind (elektronische Notaranderkontenführung). § 27 Abs. 3 S. 2 DONot aF ergänzte, dass das System der **elektronischen Notaranderkontenführung** nur durch solche informationstechnische Netze zugänglich ist, die durch die Bundesnotarkammer oder in deren Auftrag betrieben werden und die mit den Systemen der im Inland zum Geschäftsbetrieb befugten Kreditinstitute oder der Deutschen Bundesbank gesichert verbunden sind. Nach § 10 Abs. 3 S. 1 DONot müssen Notaranderkonten, sofern sie mittels Datenfernübertragung geführt werden (elektronische Notaranderkontenführung), nunmehr entsprechend den von der Generalversammlung der Bundesnotarkammer beschlossenen ergänzenden Sonderbedingungen für die elektronische Notaranderkontenführung eingerichtet und geführt werden. Diese ergänzenden Sonderbedingungen müssen nach § 10 Abs. 3 S. 2 DONot angemessene Vorkehrungen zur Gewährleistung der Vertraulichkeit, Integrität und Authentizität der Datenübermittlung zwischen der Notarin oder dem Notar und dem Kreditinstitut vorsehen und dabei die zulässigen Sicherheitsverfahren zur Autorisierung des Zahlungsvorgangs nennen. Die flächendeckende Umsetzung der Regelungen zur elektronischen Notaranderkontenführung steht in der Praxis noch aus.[114] Derzeit ist ein von der Notarkammer zur Verfügung gestelltes Tool in der Erprobung. Nach erfolgreicher Erprobung wird es über ein Modul in XNP eingepflegt, so dass alle Notarinnen und Notaren dieses Tool nutzen können werden.[115] 76

Geringeren Anforderungen unterliegt demgegenüber die **Eröffnung eines Notaranderkontos** auf elektronischem Weg. Nach Nr. 2 S. 2 der Sonderbedingungen für Anderkonten und Anderdepots von Notaren[116] kann die Bank auf Wunsch des Notars auch ohne schriftlichen Kontoeröffnungsantrag Notaranderkonten einrichten. 77

---

113 Zur Unterscheidung zum regulären Onlinebanking: BeckOK BNotO/Bracker DONot § 27 Rn. 7.
114 Zum Stand und Pilotprojekt: Armbrüster/Preuß/Renner/Renner DONot § 27 Rn. 9; BeckOK BeurkG/Kämper DONot § 27 Rn. 23; Kirchner MittBayNot 2015, 294 (300).
115 Weingärtner/Weingärtner/Ulrich DONot § 27 Rn. 16.
116 BNotK DNotZ 2019, 801 ff.

61. PayTech

Zahrte

I. PayTech-Begriff	1
1. Institutioneller/funktionaler PayTech-Begriff	4
a) Wesensmerkmale	5
b) Aufsichtsrechtliche Einordnung	6
c) Aufsichtsfreie Dienstleistungen	8
2. Technischer PayTech-Begriff	9
3. Eigenname	12
II. PayTech-Geschäftsmodelle	13
1. Online-Überweisungsverfahren	14
a) Technisch-organisatorischer Rahmen	16
b) Rechtliche Rahmenbedingungen	18
c) Beispiele	20
aa) Klassisches Online-Banking	20
bb) Mobile-Banking	21
cc) SEPA-Echtzeit-Überweisung	22
dd) Sofortüberweisung	24
ee) Giropay	27
ff) Alipay	28
2. Lastschriftbasierte Verfahren	29
a) Technisch-organisatorischer Rahmen	31
b) Rechtliche Rahmenbedingungen	32
c) Beispiele	33
aa) SEPA-ELV am POS	33
bb) SEPA-ELV im Internet	34
3. Kartenbasierte Zahlungsverfahren	35
a) Technisch-organisatorischer Rahmen	38
b) Rechtliche Rahmenbedingungen	39
c) Beispiele	41
aa) Debitkarte (Girocard)	41
bb) Kreditkarte (MasterCard, VISA, American Express, Diner's Club)	42
cc) Prepaidkarte	44
dd) Google Pay	46
ee) Apple Pay	50
ff) Karten von Drittemittenten	51
gg) Sonstige Karten	52
4. E-Geld-Verfahren	53
a) Technisch-organisatorischer Rahmen	53
b) Rechtliche Rahmenbedingungen	55
c) Beispiele	57
aa) PayPal	57
bb) Amazon Pay	58
cc) Geldkarte	59
5. Kryptowerte	62
a) Technisch-organisatorischer Rahmen	65
b) Rechtliche Rahmenbedingungen	67
c) Beispiele	69
aa) Bitcoin	69
bb) Ether	70
6. Peer-To-Peer-Zahlungen	71
III. Grundzüge des Zahlungsdiensterechts	74
1. Vertragsbeziehungen	75
2. Anspruchsgrundlagen	76
IV. Ausblick	77

Literatur: *Auer-Reinsdorff/Conrad*, Handbuch IT- und Datenschutzrecht, 3. Aufl. 2019 (zit.: Auer-Reinsdorff/Conrad IT- und DatenschutzR-HdB); *Auffenberg*, E-Geld auf Blockchain-Basis, BKR 2019, 341; *Baumbach/Hefermehl/Casper*, Wechselgesetz, Scheckgesetz, Recht des Zahlungsverkehrs, 24. Aufl. 2020 (zit.: Baumbach/Hefermehl/Casper); *Bautsch/Zahrte*, Die „SEPA-Migrationsverordnung" – Revolution des deutschen Massenzahlungsverkehrs in 2014?, BKR 2012, 229; *Bitkom*, Digital Finance 2021 – Die Transformation der Finanzindustrie in Zahlen, Oktober 2021, abrufbar unter https://www.bitkom.org/sites/main/files/2021-10/20210909_chartbericht_digitalfinance2021_vfinal-1.pdf; *Bräutigam/Rücker*, E-Commerce, 1. Aufl. 2017 (zit.: Bräutigam/Rücker E-Commerce-HdB); *Bunte/Zahrte*, AGB Banken, AGB Sparkassen, Sonderbedingungen, 5. Aufl. 2019 (zit.: Bunte/Zahrte); *Casper/Terlau*, ZAG, 2. Aufl. 2020 (zit.: Casper/Terlau); *Chishti/Craddock/Courtneidge/Zacharides*, The PayTech Book, 2020; *Conreder*, Neue Zahlungsdienste nach dem Entwurf des neuen Zahlungsdiensteaufsichtsgesetzes und deren Ausnahmen – Wen geht es an?, BKR 2017, 226; *Deutsche Bundesbank*, Digitales Geld: Optionen für den Zahlungsverkehr, Monatsbericht April 2021, abrufbar unter https://www.bundesbank.de/resource/blob/864372/8dd7e83c9ce700c93693dc0c061ffd51/mL/2021-04-digitales-geld-data.pdf, S. 61; *Dieckmann*, Die Echtzeit-Überweisung – Paradigmenwechsel im Recht des Zahlungsverkehrs, BKR 2018, 276; *Europäische Zentralbank*, Report on a digital euro, Oktober 2020, abrufbar unter https://www.ecb.europa.eu/pub/pdf/other/Report_on_a_digital_euro~4d7268b458.en.pdf; *Fandrich/Karper*, Münchener Anwaltshandbuch Bank- und Kapitalmarktrecht, 2. Aufl. 2018 (zit.: MAH BankR); *Föhlisch/Staridireff*, Zahlungsmittel und Vertragsschluss im Internet, NJW 2016, 353; *Harman*, Neue Instrumente des Zahlungsverkehrs: PayPal & Co., BKR 2018, 457; *Hübner*, Rechtsprobleme des Bildschirmtextes, 1986; *Göbel*, Geldbörse im Smartphone, RdZ 2021, 27; *Herresthal*, Die SEPA Instant-Überweisung (SCT Inst), ZIP 2019, 895; *Kaulartz*, Die Blockchain-Technologie – Hintergründe zur Distributed Ledger Technologie und zu Blockchains, CR 2016, 474; *Korschinowski*, Auto – technische Devices zum Bezahlen und Datensammeln, RdZ 2020, 66; *Kümpel*, Rechtliche Aspekte der neuen Geldkarte als elektronische Geldbörse, WM 1997, 1037; *Lange*, Die Regulatory Sandbox für FinTechs, in FS Schwintowsky, 2017, S. 331; *Langenbucher/Bliesener/Spindler*, Bankrechts-Kommentar, 3. Aufl. 2020 (zit.: Langenbucher/Bliesener/Spindler); *Linardatos*, Rollende Kreditkarten – zahlungsdiensterechtliche Fragen bei In-Car-Payments, RdZ 2020, 36; *Lordt/Renning*, FinTech in der zivilrechtlichen Klausur, JuS 2019, 311; *Martiny*, Virtuelle Währungen, insbesondere Bitcoins, im Internationalen Privat- und Zivilverfahrensrecht, IPRax 2018, 553; *McKinsey & Company*, Fintech Decoded – Capturing the opportunity in capital markets infrastructure, März 2018, abrufbar unter https://www.m

ckinsey.com/~/media/mckinsey/industries/financial%20services/our%20insights/fintech%20decoded%20the%20capital%20markets%20infrastructure%20opportunity/fintech-decoded-capturing-the-opportunity-in-capital-markets-infrastructure-final-web-version.pdf; *Möslein/Omlor*, Die europäische Agenda für innovative Finanztechnologien (FinTech), BKR 2018, 236; *Omlor*, Digitales Zentralbankgeld im Euroraum, RDi 2020, 1; *Omlor*, Online-Banking unter Geltung der Zweiten Zahlungsdiensterichtlinie (PSD II), BKR 2019, 105; *Omlor*, FinTech – Versuch einer begrifflichen und rechtssystematischen Einordnung, JuS 2019, 306; *Omlor*, Digitaler Zahlungsverkehr, JuS 2019, 289; *Paefgen*, Bildschirmtext aus zivilrechtlicher Sicht, 1988; *Rennig*, FinTech-Aufsicht im künftigen EU-Recht, ZBB 2020, 385; *Riepl*, Das Nachrichtenwesen des Altertums, 1913; *Sassenberg/Faber*, Rechtshandbuch Industrie 4.0 und Internet of Things, 2. Aufl. 2020 (zit.: Sassenberg/Faber Industrie 4.0 und Internet-HdB); *Schäfer/Omlor/Mimberg*, ZAG, 2021 (zit.: Schäfer/Omlor/Mimberg); *Schimansky/Bunte/Lwowski*, Bankrechts-Handbuch, 5. Aufl. 2017 (zit.: Schimansky/Bunte/Lwowski BankR-HdB); *Schneider*, Das Lastschriftverfahren im Internet, BKR 2002, 384; *Scholz-Fröhling*, FinTechs und die bankaufsichtsrechtlichen Lizenzpflichten, BKR 2017, 133; *Schoele*, Das Einziehungsverfahren, ZV 1920, 153; *Schoele.*, Das Einziehungsverfahren, ZV 1920, 153 und 184; *Schwennicke/Auerbach*, Kreditwesengesetz (KWG) mit Zahlungsdiensteaufsichtsgesetz (ZAG), 4. Aufl. 2021 (zit.: Schwennicke/Auerbach); *Sprengnether/Wächter*, Aufsichtsrechtliche Hürden für „virtuelle Währungen" am Beispiel von Bitcoin, RdF 2014, 114; *Terlau*, Die zweite Zahlungsdiensterichtlinie – zwischen technischer Innovation und Ausdehnung des Aufsichtsrechts, ZBB 2016, 122; *Walter*, Neuregelungen zu SEPA-Lastschrift und SEPA-Überweisung, DB 2013, 385; *Werner*, Das Lastschriftverfahren im Internet, BKR 2002, 11; *Zahrte*, Aktuelle Entwicklungen im Zahlungsdiensterecht (2019–2020), BKR 2021, 79; *Zahrte*, Die „zweite Stufe" der PSD-2-Umsetzung, BKR 2019, 484; *Zahrte*, Zur Wirksamkeit sog. „Internet-Mandate" im SEPA-Basis-Lastschriftverfahren, MMR 2014, 211; *Zahrte*, Änderungen im ZAG durch das SEPA-Begleitgesetz, WM 2013, 1207.

I. PayTech-Begriff

Der Begriff PayTech ist ein Kompositum aus den englischen Begriffen payment (Zahlung) und technology (Technik/Technologie). Teilweise findet sich im Deutschen eine Schreibweise ohne Binnenmajuskel („Paytech"), seltener die Variante mit zwei Wörtern („Pay Tech"). 1

In der **juristischen Literatur** ist die Terminologie PayTech noch weitgehend unbekannt. Anfang 2021 liefert die Wortsuche in deutschen Rechtsdatenbanken keinen Treffer.[1] Ebenso wenig findet sich der Begriff in gängigen Wörterbüchern der deutschen Sprache,[2] in Online-Enzyklopädien[3] oder im FinTech Action Plan der EU-Kommission.[4] **Sprachgebräuchlich** hat sich PayTech dagegen – zumindest in der Zahlungsverkehrsbranche – bereits etabliert. Allerdings wird die Bezeichnung dort mit unterschiedlicher Bedeutung verwendet. Zu trennen sind ein enger (institutioneller/funktioneller, → Rn. 4) und ein weiter (technischer, → Rn. 9) PayTech-Begriff. 2

Beiden ist gemein, dass sie jeweils als auf den Zahlungsverkehr ausgerichtete Unterkategorie der → *FinTech* Rn. 14 zu betrachten sind. Diese definiert die Bundesanstalt für Finanzdienstleistungsaufsicht (BaFin)[5] in Anlehnung an den Finanzstabilitätsrat (Financial Stability Board – FSB)[6] als „technologiegestützte Innovationen im Finanzdienstleistungssektor, die neue Geschäftsmodelle, Anwendungen, Prozesse oder Produkte hervorbringen und die Finanzmärkte und Institute sowie die Art und Weise, wie Finanzdienstleistungen erbracht werden, beeinflussen könnten". Ersetzt man hierbei „Finanzdienstleistungssektor" durch **Zahlungsverkehrsdienstleistungssektor**, so kann dies eine erste begriffliche Annäherung darstellen. 3

---

1 27.2.2021: 0 Treffer bei Beck-Online, 2 Treffer bei Juris.
2 Vgl. Dudenredaktion, Die deutsche Rechtschreibung, Bd. 1, 28. Aufl. 2020; Wahrig, Wörterbuch der deutschen Sprache, 2018.
3 Vgl. http://www.wikipedia.de „paytech".
4 Abrufbar unter https://eur-lex.europa.eu/resource.html?uri=cellar:6793c578-22e6-11e8-ac73-01aa75ed71a1.0001.02/DOC_1&format=PDF.
5 BaFin, Jahresbericht 2018, 7.5.2019, abrufbar unter https://www.bafin.de/SharedDocs/Downloads/DE/Jahresbericht/dl_jb_2018.pdf, S. 55.
6 Vgl. Financial Stability Board, Financial Stability Implications from FinTech: Supervisory and Regulatory Issues that Merit Authorities' Attention, 27.6.2017, abrufbar unter http://www.fsb.org/2017/06/financial-stability-implications-from-fintech/, S. 7.

1. Institutioneller/funktionaler PayTech-Begriff

4 Der enge PayTech-Begriff ist institutioneller oder funktionaler Natur und bezeichnet ein Fintech-**Unternehmen**, welches technische Dienstleistungen im Zahlungsverkehrs-Kontext erbringt, also einen **Rechtsträger**.[7]

a) Wesensmerkmale

5 Folgende Merkmale sind für PayTechs charakteristisch:[8]
- Die Dienstleistungen arbeiten mit **Algorithmen** (Software) und weisen einen gewissen Grad an **Innovation** auf. Das bezieht sich idR entweder auf das Zahlverfahren (zB mittels App via Mobiltelefon) oder auf das Zahlungsmittel (zB E- oder Krypto-Geld).[9]
- Die Produkte und Entwicklungen des Unternehmens weisen eine **hohe Fokussierung** auf und besetzen infolgedessen **enge Marktfelder** oder -nischen. Dieses Kriterium schließt sowohl Vollbanken als auch große global agierende Akteure wie SAP oder die DATEV aus.
- **Kunden** des PayTechs sind idR Verbraucher (B2C), etwa Zahlungsdienstnutzer in ihrer Rolle als Zahler oder Zahlungsempfänger.
- Das Unternehmen tritt nach außen als PayTech in Erscheinung, unterstreicht also auch in seiner **Selbstdarstellung** den innovativen und auf Wachstum angelegten Charakter.
- Bankrechenzentren oder sonstige technische **Dienstleister, die nicht beim Bezahlvorgang, sondern erst nachgelagert** bei Abwicklung oder Verrechnung agieren, also für den Bezahlenden nicht sichtbar in Erscheinung treten, werden idR nicht als PayTech bezeichnet.

b) Aufsichtsrechtliche Einordnung

6 PayTechs unterliegen de lege lata keiner einheitlichen Aufsicht.[10] Allerdings benötigen sie, sofern sie **Zahlungsdienste** aus dem Katalog des § 1 Abs. 1 S. 2 ZAG erbringen, eine Genehmigung durch die BaFin (§ 10 ZAG).

7 Wenn es sich bei dem PayTech sogar um einen **Zahlungsdienstleister** (§ 1 Abs. 1 ZAG) – auch in Gestalt eines Zahlungsauslöse- oder Kontoinformationsdienstes (→ Rn. 24) – handelt, so untersteht er in Deutschland der Aufsicht durch die BaFin (§ 4 Abs. 1 ZAG). Dasselbe gilt für E-Geld-Emittenten (→ Rn. 53) iSd § 1 Abs. 2 ZAG. Daneben gelangen zahlreiche weitere zahlungsdiensteaufsichtsrechtliche Vorschriften des ZAG zur Anwendung. Zu nennen sind insbesondere Vorgaben zur **Eigenkapitalausstattung** (§§ 15, 16 ZAG), **Sicherungsanforderungen** (§§ 17, 18 ZAG), **Registerpublizität** (§§ 43, 44 ZAG), spezielle Regelungen zum **Datenschutz** (§ 59 ZAG) und die obligatorische Anbindung an eine Streitschlichtungsstelle (§ 62 ZAG).

c) Aufsichtsfreie Dienstleistungen

8 In der Regel hat das PayTech-Unternehmen allerdings ein Interesse daran, sein Dienstleistungsspektrum gerade so zu begrenzen, dass es damit nicht in den Anwendungsbereich des ZAG gelangt.[11] Auf diese Weise kann es Ressourcen voll auf sein Produkt und dessen Vermarktung konzentrieren und hat bei der Produktgestaltung **größere Handlungsspielräume**. Die daraus resultierenden geringeren Selbstkosten oder höhere Nutzerfreundlichkeit (Usability) können dem PayTech innerhalb seiner Marktnische einen Vorteil

---

7 Vgl. Omlor JuS 2019, 306.
8 Vgl. Sassenberg/Faber Industrie 4.0 und Internet-HdB/Weber § 20 Rn. 4; Scholz-Fröhling BKR 2017, 133; McKinsey & Company, Fintech Decoded – Capturing the opportunity in capital markets infrastructure, März 2018, abrufbar unter https://www.mckinsey.com/~/media/mckinsey/industries/financial%20services/our%20insights/fintech%20decoded%20the%20capital%20markets%20infrastructure%20opportunity/fintech-decoded-capturing-the-opportunity-in-capital-markets-infrastructure-final-web-version.pdf, S. 16 f.
9 Vgl. Sassenberg/Faber Industrie 4.0 und Internet-HdB/Weber § 20 Rn. 6.
10 Vgl. Rennig ZBB 2020, 385 ff.; Möslein/Omlor BKR 2018, 236 ff.; Scholz-Fröhling BKR 2017, 133 (135 f.).
11 Sassenberg/Faber Industrie 4.0 und Internet-HdB/Weber § 20 Rn. 86 ff.; Scholz-Fröhling BKR 2017, 133 (138 f.).

im Wettbewerb mit der Kreditwirtschaft und sonstigen regulierten Zahlungsdienstleistern bringen.[12] Solche Nischen werden von **§ 2 Abs. 1 Nr. 9 ZAG** kreiert. Diese Vorschrift nimmt technische Dienstleister, die zu keiner Zeit in den Besitz des übermittelten Geldes gelangen, aus dem Anwendungsbereich des Zahlungsdiensterechts.[13] Aufsichtsfreie Dienstleistungen sind danach die Verarbeitung und Speicherung von Daten, vertrauensbildende Maßnahmen und Dienste zum Schutz der Privatsphäre, Nachrichten- und Instanzenauthentisierung, **Bereitstellung von Informationstechnologie- und Kommunikationsnetzen** sowie Bereitstellung und Wartung der für Zahlungsdienste genutzten **Endgeräte** und Einrichtungen. Nach der Gesetzesbegründung kann die Bereichsausnahme auch dann greifen, wenn der Dienstleister in direkte Vertragsbeziehung zum Endnutzer (Zahler) tritt.[14] Weitere mögliche Ausnahmetatbestände für PayTech-Unternehmen können **§ 2 Abs. 1 Nr. 10 und 11 ZAG** enthalten.[15] Gelingt es dem PayTech nicht, sich auf eine dieser Ausnahmen zu stützen, so kommt eine Kooperation mit einer Vollbank nach § 25b KWG in Betracht.[16] Außerdem existieren in einigen Staaten sog. regulatory sandboxes, innerhalb derer Innovationen im FinTech-Bereich durch ein gelockertes Aufsichtsregime gefördert werden sollen.[17]

2. Technischer PayTech-Begriff

Verfahren im (Massen-)Zahlungsverkehr bedürfen, um zu funktionieren und auch wirtschaftlich zu tragen, regelmäßig mindestens dreier Elemente: einer **technischen Basis**, einer ausreichenden Anzahl **teilnehmender Stellen** und verbindlicher **Verfahrensregeln**. Im Folgenden wird der weite PayTech-Begriff als **Oberbegriff** für das erstgenannte dieser drei Elemente verstanden, nämlich der technischen **Systeme, Verfahren und Hilfsmittel, die der Übertragung von Werteinheiten im bargeldlosen Zahlungsverkehr unter Einsatz elektronischer Medien dienen**. Diese Definition ist eng verwandt mit dem hierzulande geläufigeren Begriff des **elektronischen Zahlungsverkehrs**. Er umschreibt „die Übertragung von Buchgeld im bargeldlosen Zahlungsverkehr unter Einsatz elektronischer Medien".[18] Allerdings trifft die hierin angelegte Begrenzung auf Giralgeld auf den PayTech-Begriff, der auch E-Geld (§ 1 Abs. 2 S. 3 ZAG) und Blockchain-basierte Verfahren[19] (→ Rn. 65, → *Blockchain* Rn. 1 ff.) umfasst, nicht zu.

Die Ersetzung des **Buchgeldes** durch den rechtlich und technisch neutralen Begriff der **Werteinheiten** stellt insofern klar, dass der PayTech-Begriff weder Kontobindung voraussetzt noch einen Transfer von Geld iS eines gesetzlichen Zahlungsmittels. Ausreichend ist vielmehr eine faktische Nutzung zum **Zweck der Bezahlung** oder des Tausches. Dabei spielt es keine Rolle, ob die Dienstleistungen, Systeme oder Verfahren von beaufsichtigten Instituten (zB Banken) erbracht werden oder sonstigen technischen Dienstleistern.

Oftmals wird die Zahlungstechnologie auch direkt **in Gegenstände integriert**, insbesondere solche mit einem hohen **Lifestyle-Faktor** wie Smartdevices,[20] Spielkonsolen[21] oder Kraftfahrzeuge.[22] Die Hersteller partizipieren auf diese Weise weitergehend an der Wertschöpfungskette, können Informationen zum Kundenverhalten auswerten und erzeugen eine besondere Kundenbindung.

---

12 Sassenberg/Faber Industrie 4.0 und Internet-HdB/Weber § 20 Rn. 89.
13 Casper/Terlau/Casper ZAG § 2 Rn. 42 ff.; Sassenberg/Faber Industrie 4.0 und Internet-HdB/Weber § 20 Rn. 86.
14 BT-Drs. 18/11495, 115; BaFin, Merkblatt ZAG, 29.11.2017, abrufbar unter https://www.bafin.de/SharedDocs/Veroeffentlichungen/DE/Merkblatt/mb_111222_zag.html, sub 3. I); Schäfer/Omlor/Mimberg/Mimberg ZAG § 2 Rn. 80.
15 Ausf. Schäfer/Omlor/Mimberg/Mimberg ZAG § 2 Rn. 86 ff.
16 Scholz-Fröhling BKR 2017, 133 (138 f.).
17 Lange FS Schwintowski, 2017, 331 ff.; Möslein/Omlor BKR 2018, 236 (238).
18 Hoeren/Sieber/Holznagel MMR-HdB/Werner Teil 13.5 Rn. 1; Gramlich CR 1997, 12.
19 Blockchain-basierte Zahlverfahren sind nach Auffassung der BaFin keine E-Geld-Verfahren, krit. dazu Auffenberg BKR 2019, 341.
20 Beispiel: Apple Pay → Rn. 50.
21 Vgl. PlayStation Store.
22 Dazu Linardatos RdZ 2020, 36; Korschinowski RdZ 2020, 66.

3. Eigenname

12 Weltweit **firmieren** mehrere Unternehmen unterschiedlicher Rechtsform und Ausrichtung unter dem Namen PayTech oder Paytec. Die deutsche paytec GmbH ist ein Vertreiber von Kartenlesegeräten.[23]

II. PayTech-Geschäftsmodelle

13 Geschäftsmodelle und Verfahren, die unter den weiten PayTech-Begriff fallen, sind extrem vielfältig. Die folgende Darstellung kann insofern nur ein grobes Raster sein. Sie unterscheidet Verfahren, die auf klassische Bankprodukte wie Überweisung (→ Rn. 14) und Lastschrift (→ Rn. 29) aufsetzen, Kartenzahlungen (→ Rn. 35), elektronisches Geld (→ Rn. 53), Kryptowerte (→ Rn. 62) und Peer-to-Peer-Verfahren (→ Rn. 71).

1. Online-Überweisungsverfahren

14 Die Überweisung bildet den **Grundtypus des unbaren Geldtransfers**. Es handelt sich dabei um eine sog. **Push-Zahlung**, dh die Initiative zur Zahlung geht vom Zahler aus (nicht vom Zahlungsempfänger). Innerhalb des Europäischen Wirtschaftsraums (EWR) wird heute vor allem die standardisierte **SEPA-Überweisung** genutzt, deren Regelwerk, das SEPA Credit Transfer Rulebook,[24] vom European Payments Council (EPC) in Brüssel entwickelt wurde und weiterhin gepflegt wird. Auch wenn das Überweisungsverfahren in Gironetzen der Kreditinstitute schon weit über 100 Jahre nicht mehr manuell, sondern mit technischer Unterstützung betrieben wird, findet der PayTech-Begriff nach hiesigem Verständnis im Grundsatz keine Anwendung darauf.

15 Das ändert sich jedoch, wenn die Beauftragung der Überweisung auf **innovativem technischem Weg** erfolgt, dh insbesondere beleglos unter Nutzung des Internets. Viele PayTech-Verfahren setzen dabei auf die von der Kreditwirtschaft bereitgestellte (Online-Banking-)Infrastruktur auf. Vorläuferformen des Online-Bankings existieren in Deutschland seit rund vier Jahrzehnten: 1984 kam ein standardisiertes Verfahren auf den Markt, welches auf dem **Bildschirmtext-Standard (Btx)** der deutschen Bundespost basierte.[25] Dieser Zeitpunkt kann insofern als die **Geburtsstunde des deutschen PayTech** gelten, als sich erstmals die Banken – seinerzeit noch alleinige Zahlungsverkehrsdienstleister – (Pay) mit dem technischen Kommunikationsdienstleister Post (Tech) zusammentaten,[26] um ein neues, von Ort und Zeit (weitgehend) unabhängiges Zahlverfahren auf den Markt zu bringen. Das Btx-Verfahren basierte allerdings noch auf einem **abgeschlossenen Netz**.[27] Ab 1997 sprach man dabei von Online-Banking. Diesem Begriff stand Home- oder Internetbanking gegenüber, wenn die Kommunikation über **offene Netze** (Internet) erfolgte. Mittlerweile gilt der Online-Banking-Begriff übergreifend, erstreckt sich also auf geschlossene Netze ebenso wie auf internetbasierte Verfahren.[28] Mit der Einführung des SEPA-Überweisungsverfahrens ist Online-Banking innerhalb des EWR auch **grenzüberschreitend** problemlos möglich und erfährt eine **hohe Akzeptanz**: 2020 wurden 73 % der privaten Girokonten in Deutschland online geführt.[29] In anderen Staaten liegt die Verbreitung sogar noch deutlich darüber.

---

23 Vgl. die Unternehmensdarstellung auf https://pay-tec.de/cms/ec-terminal/unternehmen/paytec/.
24 Abrufbar unter https://www.europeanpaymentscouncil.eu/sites/default/files/kb/file/2020-11/EPC125-05%202021%20SCT%20Rulebook%20version%201.0_0.pdf.
25 Ellenberger/Bunte BankR-HdB/Maihold § 33 Rn. 6; MAH BankR/Zahrte § 5 Rn. 508.
26 Vgl. das zwischen den kreditwirtschaftlichen Spitzenverbänden und der Deutschen Bundespost geschlossene Abkommen über den Bildschirmtext, abgedr. in WM 1984, 1070; allg. zum Btx-Verfahren: Hübner, Rechtsprobleme des Bildschirmtextes, 1986; Paefgen, Bildschirmtext aus zivilrechtlicher Sicht, 1988.
27 Ellenberger/Bunte BankR-HdB/Maihold § 33 Rn. 6.
28 MüKoHGB/Herresthal Bankvertragsrecht Rn. A 157; MüKoHGB/Linardatos Bankvertragsrecht Rn. K 1 ff.
29 Vgl. Bitkom, Digital Finance 2020. Die Transformation der Finanzindustrie in Zahlen, Januar 2021, abrufbar unter https://www.bitkom.org/sites/default/files/2021-01/20210113_digitalfinance2020_final_0.pdf, S. 8.

a) Technisch-organisatorischer Rahmen

Um Überweisungen online beauftragen zu können, benötigen Zahler und Zahlungsempfänger jeweils ein **Konto**, das bei einem Zahlungsdienstleister geführt und idR über eine IBAN angesteuert wird. Die Zahlungsdienstleister von Zahler und Zahlungsempfänger müssen technisch und rechtlich verbunden sein, zB durch Teilnahme am SEPA- oder TARGET-Verfahren. Wenn keine direkte Verbindung besteht, werden Stellen (andere Institute oder Clearer) dazwischengeschaltet, so dass sich eine Abwicklungskette bildet.

Der Zahler greift über den Internetauftritt der Bank oder mittels spezieller Software unter Nutzung einer standardisierten offenen **Schnittstelle** (engl. application programming interface – API) wie HBCI/FinTS[30] oder die PSD-2-Schnittstelle[31] auf sein Konto zu.[32] Hierzu benötigt er zuvor vereinbarte **personalisierte Sicherheitsmerkmale** (§ 1 Abs. 25 ZAG), mit denen er sich selbst und den Zahlungsauftrag authentisieren kann (vgl. § 1 Abs. 23 ZAG).[33] Beispiele hierfür sind etwa die Persönliche Identifikationsnummer (**PIN**) und eine einmalig verwendbare Transaktionsnummer (**TAN**).[34] Außerdem kommen oft **Zahlungsinstrumente** iSv § 1 Abs. 20 ZAG zum Einsatz, etwa spezielle Karten, Apps oder Hardwaretoken.[35] **Dritte**, die auf das Verfahren mit PayTech-Zusatzdiensten aller Art aufsetzen wollen, benötigen dazu neben dem Schnittstellenzugang auch Zugriff auf das jeweilige Authentifizierungsverfahren.

b) Rechtliche Rahmenbedingungen

Das Überweisungsgeschäft stellt gem. § 1 Abs. 1 S. 2 Nr. 3 lit. c ZAG einen Zahlungsdienst dar, so dass **aufsichtsrechtlich** eine Lizenz der BaFin erforderlich ist. Da es sich bei Online-Überweisungen um Fernzahlungsvorgänge iSv § 1 Abs. 19 ZAG handelt, sind außerdem die Anforderungen von § 55 Abs. 2 ZAG iVm Art. 5 DV PSD2-RTS[36] an eine **starke Kundenauthentifizierung** (strong customer authentication – SCA) zu beachten.[37] Hierzu gehört insbesondere eine **dynamische Verknüpfung** des Authentifizierungscodes (zB TAN) mit dem Zahlungsvorgang (**Transaktionsbindung**).[38]

Zivilrechtlich greifen die §§ 675c-676c BGB (→ Rn. 76) sowie die **Informationspflichten** des Art. 248 EGBGB. Die vertragliche Grundlage im Kunde-Bank-Verhältnis bilden die **Girokontoverträge** sowie deren Konkretisierung in den Sonderbedingungen für den Überweisungsverkehr.[39] Sofern spezielle Methoden der Auftragserteilung zum Einsatz gelangen, sind auch diese vertraglich zu regeln (zB in einem speziellen Online-Banking-Vertrag). Im Interbankenverhältnis greifen die **Regelwerke des Verfahrens**, zB das SEPA Credit Transfer Rulebook[40] in Bezug auf die konventionelle SEPA-Überweisung und das SEPA Instant Credit Transfer Rulebook[41] hinsichtlich der SEPA-Echtzeit-Überweisung (→ Rn. 22). Art. 5

---

30 Spezifikation unter https://www.hbci-zka.de/spec/spezifikation.htm.
31 Beschreibung unter https://die-dk.de/zahlungsverkehr/electronic-banking/psd2-kontoschnittstelle/.
32 Ellenberger/Bunte BankR-HdB/Maihold § 33 Rn. Rn. 18 ff.; Langenbucher/Bliesener/Spindler/Herresthal Vor §§ 675j–676c Rn. 60 ff.; MAH BankR/Zahrte § 5 Rn. 511 f.; Bräutigam/Rücker E-Commerce-HdB/Kunz 12. Teil Rn. E 4.
33 Bräutigam/Rücker E-Commerce-HdB/Kunz 12. Teil Rn. E 5.
34 Vgl. Casper/Terlau/Casper ZAG § 1 Rn. 437 ff.
35 Weitere Beispiele bei Casper/Terlau/Casper ZAG § 1 Rn. 94 ff.
36 Delegierte Verordnung (EU) 2018/389 der Kommission vom 27.11.2017 zur Ergänzung der Richtlinie (EU) 2015/2366 des Europäischen Parlaments und des Rates durch technische Regulierungsstandards für eine starke Kundenauthentifizierung und für sichere offene Standards für die Kommunikation, ABl. 2018 L 69 S. 23, ber. 2020 ABl. L 88 S. 11.
37 Dazu Casper/Terlau/Zahrte ZAG § 55 Rn. 53 ff.
38 Dazu Casper/Terlau/Nasarek ZAG Anh. § 55 Rn. 23 ff.
39 Kommentiert bei Bunte/Zahrte/Zahrte 4. Teil IV. SB Üb.
40 Abrufbar unter https://www.europeanpaymentscouncil.eu/sites/default/files/kb/file/2020-11/EPC125-05%202021%20SCT%20Rulebook%20version%201.0_0.pdf.
41 Abrufbar unter https://www.europeanpaymentscouncil.eu/sites/default/files/kb/file/2020-11/EPC004-16%202021%20SCT%20Instant%20Rulebook%20v1.0.pdf.

Abs. 2 SEPA-VO[42] erklärt das SEPA-Überweisungsverfahren de facto zum **verbindlichen Standard** für den Überweisungsverkehr im EWR.[43]

c) Beispiele

aa) Klassisches Online-Banking

20 **Online-Banking** (welches iwS auch das **Telefon-Banking** umfasst[44]) stellt keine eigene Kategorie des Zahlungsdienstes dar, sondern bezeichnet eine zwischen Zahlungsdienstleister und Kunde vereinbarte **Kommunikationsform**.[45] Dabei gelangen neben allgemeinen Vorschriften des **Fernabsatzrechts** (§§ 312b ff. BGB) und zum **Datenschutz** (DS-GVO, BDSG, § 59 ZAG) spezielle Vorschriften zur Anwendung, die in Abhängigkeit von der **konkreten Transaktion** stehen. Auf Überweisungsaufträge, die via Online-Banking vom Zahler an seinen Zahlungsdienstleister, das kontoführende Institut, übermittelt werden, finden **die BGB-Vorschriften über Zahlungsdienste** Anwendung (§§ 675c-676c BGB, → Rn. 76), welche den zivilrechtlichen Teil der beiden europäischen Zahlungsdiensterichtlinien[46] umsetzen. Sie werden konkretisiert durch die einheitlichen **Sonderbedingungen zum Überweisungsverkehr**.[47] Neben Fragen zur Ausführung[48] und Haftung[49] regelt das Zivilrecht insbesondere die maximale Bearbeitungszeit[50] des Auftrags (§§ 675s, 675t BGB). Auch wenn diese inzwischen relativ stark gedeckelt ist, kann noch nicht von einem dem Präsenzhandel entsprechenden Prinzip „Ware gegen Geld" gesprochen werden. Die Akteure im E-Commerce-Sektor versuchen, diesen Nachteil mit technischen Lösungen wirtschaftlich zu kompensieren.

bb) Mobile-Banking

21 Unter Mobile-Banking werden Zahlungen zusammengefasst, die über eine **App** auf dem **Smartphone oder Tablet** beauftragt werden, sofern nicht lediglich das klassische Online-Banking-Angebot über den Web-Browser des mobilen Endgerätes genutzt wird.[51] Technisch verwenden Anbieter von Mobil-Produkten im Hintergrund allerdings oftmals ebenfalls die Online-Banking-Infrastruktur (→ Rn. 16 ff.) der Banken und das **Internet**. Insofern liegt der innovative Kern des Mobile-Banking zumeist nicht in der Bereitstellung neuer Funktionalitäten; vielmehr werden bestehende Systeme um den mobilen Kanal erhöht,[52] was insbesondere zu einer stärkeren Ortsunabhängigkeit (**Ubiquität**) führt. Abzugrenzen ist das Mobile-Banking vom **Mobile-Payment**, bei dem das Mobiltelefon ohne eine Bankumgebung zum Bezahlen von Kleinbeträgen (zB Fahrscheinen im ÖPNV) genutzt wird.[53]

cc) SEPA-Echtzeit-Überweisung

22 Mit der SEPA-Echtzeit-Überweisung (teilweise auch **Instant-Überweisung**) versuchen die europäischen Kreditinstitute Marktanteile im E-Commerce-Sektor von anderen PayTech-Unternehmen zurückzuge-

---

42 VO (EU) Nr. 260/2012 des Europäischen Parlaments und des Rates vom 14.3.2012 zur Festlegung der technischen Vorschriften und der Geschäftsanforderungen für Überweisungen und Lastschriften in Euro und zur Änderung der Verordnung (EG) Nr. 924/2009 (ABl. L 94, 22).
43 Bautsch/Zahrte BKR 2012, 229 f.
44 MüKoHGB/Linardatos Bankvertragsrecht Rn. K 1.
45 MAH BankR/Zahrte § 5 Rn. 513; Bräutigam/Rücker E-Commerce-HdB/Kunz 12. Teil Rn. E 3.
46 PSD 1: Richtlinie 2007/64/EG des Europäischen Parlaments und des Rates vom 13.11.2007 über Zahlungsdienste im Binnenmarkt (Zahlungsdiensterichtlinie) (ABl. L 319 S. 1);
PSD 2: Richtlinie (EU) 2015/2366 des Europäischen Parlaments und des Rates vom 25.11.2015 über Zahlungsdienste im Binnenmarkt, zur Änderung der Richtlinien 2002/65/EG, 2009/110/EG und 2013/36/EU und der Verordnung (EU) Nr. 1093/2010 sowie zur Aufhebung der Richtlinie 2007/64/EG (ABl. L 337 S. 35).
47 Abgedr. u. kommentiert bei Bunte/Zahrte/Zahrte 4. Teil IV. SB Üb.
48 Dazu Bunte/Zahrte/Zahrte 4. Teil IV. SB Üb. Rn. 61 ff.
49 Bunte/Zahrte/Zahrte 4. Teil IV. SB Üb. Rn. 107 ff.
50 Bunte/Zahrte/Zahrte 4. Teil IV. SB Üb. Rn. 102 ff., 143 f.
51 MüKoHGB/Linardatos Bankvertragsrecht Rn. K 1.
52 Lordt/Rennig JuS 2019, 311 (313).
53 MüKoHGB/Linardatos Bankvertragsrecht Rn. K 1.

winnen. Die auf dem **SEPA Instant Credit Transfer Rulebook (SICT RB)**[54] basierende Echtzeit-Überweisung[55] unterscheidet sich von der konventionellen SEPA-Überweisung durch eine Abwicklung, die 24/7 und in Sekundenschnelle erfolgt. Dazu ist allerdings – anders als bei der herkömmlichen Überweisung – zwingend ein **online geführtes Konto** erforderlich, weil die vollautomatisierte und medienbruchfreie Verarbeitung das Einlesen papierhafter Belege denknotwendig ausschließt. Außerdem ist der Überweisungsbetrag je Transaktion ist auf **100.000 EUR** begrenzt.[56] Dies und die teilweise höheren Transaktionspreise haben bislang dazu geführt, dass die Echtzeit-Überweisung die klassische SEPA-Überweisung noch nicht vom Markt verdrängt hat.

Die Teilnahme an dem Verfahren ist für Zahlungsdienstleister freiwillig, allerdings sind in Deutschland inzwischen fast alle Institute angeschlossen. EU-weit liegt die Durchdringung deutlich darunter. Da es sich um ein **Überweisungsverfahren** handelt, sind die gesetzlichen Rahmenbedingungen der beiden Zahlungsdiensterichtlinien[57] bzw. ihrer nationalen Umsetzungen vollumfänglich auf SEPA-Instant-Überweisungen anwendbar.

dd) Sofortüberweisung

Bei der Sofortüberweisung handelt es sich um einen **Zahlungsauslösedienst** (ZAD).[58] Hierunter versteht § 1 Abs. 33 ZAG einen „Dienst, der auf Antrag eines Zahlungsdienstnutzers einen Zahlungsauftrag in Bezug auf ein bei einem anderen Zahlungsdienstleister geführtes Zahlungskonto auslöst". Genutzt werden also die Infrastruktur der Hausbank und ein dort online geführtes Zahlungskonto. Auf der Internetseite des Online-Händlers wählt der Kunde den ZAD Sofortüberweisung als Bezahlmethode aus. Anhand der IBAN überprüft Sofortüberweisung zunächst, ob das genannte Konto für Online-Banking freigeschaltet ist. Wenn dies der Fall ist, wird die dem Zahler von seiner kontoführenden Stelle zugeteilte **Online-Banking-PIN** oder das **Passwort** erfragt, mit denen sich Sofortüberweisung über eine spezielle Schnittstelle (sog. PSD2-Kontoschnittstelle[59]) in das Kundenkonto einloggt und nach Maßgabe des Händlers einen Online-Überweisungsauftrag generiert, den der Kunde mit der von seiner Hausbank zur Verfügung gestellten TAN freigibt.

Der Online-Händler profitiert von einer sofort finalen Vorauszahlung des Kunden und entrichtet hierfür eine Vergütung an den Zahlungsauslösedienstleister. Diese darf er seinem Kunden wieder in Rechnung stellen (sog. Surcharging). § 270a BGB gelangt insoweit nicht zur Anwendung.[60]

§ 1 Abs. 1 S. 2 Nr. 7 ZAG qualifiziert den ZAD als Zahlungsdienst, so dass die §§ 675c-676c BGB Anwendung finden. Der **Zahlungsauslösedienstleister** war vor Inkrafttreten der PSD2 ein nicht regulierter PayTech und unterliegt nun als Zahlungsdienstleister gem. § 1 Abs. 1 Nr. 1 ZAG dem Regime des Zahlungsdiensteaufsichtsgesetzes.[61] Kontoführende Kreditinstitute werden von den § 48, § 55 Abs. 4 ZAG zur **unentgeltlichen Kooperation** mit dem Zahlungsauslösedienstleister verpflichtet.

---

54 Abrufbar unter https://www.europeanpaymentscouncil.eu/sites/default/files/kb/file/2020-11/EPC004-16%202021%20SCT%20Instant%20Rulebook%20v1.0.pdf.
55 Ausf. dazu Bunte/Zahrte/Zahrte 4. Teil V. SB Echtzeit-Üb Rn. 1 ff.; Dieckmann BKR 2018, 276; Herresthal ZIP 2019, 895.
56 European Payments Council, Maximum Amount for Instructions under the SCT Inst Scheme Rulebook. Version 2.0, abrufbar unter https://www.europeanpaymentscouncil.eu/sites/default/files/kb/file/2020-11/EPC023-16%20Max%20Amount%20for%20Instructions%20under%202021%20SCT%20Inst%20Rulebook%20v1.0.pdf.
57 S. Fn. 47.
58 Ausf. dazu MüKoHGB/Linardatos Bankvertragsrecht Rn. K 262 ff.; MAH BankR/Zahrte § 5 Rn. 576 ff.; Casper/Terlau/Terlau ZAG § 1 Rn. 142 ff.; Hoeren/Sieber/Holznagel MMR-HdB/Werner Teil 13.5 Rn. 88 ff.
59 Beschreibung unter https://die-dk.de/zahlungsverkehr/electronic-banking/psd2-kontoschnittstelle/.
60 BGH Urt. v. 25.3.2021 – I ZR 203/19, ZIP 2021, 1003 = DB 2021, 1008; Zahrte BKR 2021, 79 (80 f.).
61 Ausf. Casper/Terlau/Terlau ZAG § 1 Rn. 151 ff.

ee) Giropay

27 Unter der Marke Giropay wurden ab 2020 verschiedene von der Deutschen Kreditwirtschaft betriebene Bezahlverfahren zusammengeführt.[62] Giropay funktioniert in der klassischen Version aus Benutzersicht ähnlich der Sofortüberweisung (→ Rn. 24). Allerdings wird der Zahler direkt auf die Online-Banking-Seite seines **kontoführenden Kreditinstituts** weitergeleitet.[63] Sensible Daten wie Umsatzinformationen oder die persönlichen Kontozugangsdaten geraten somit nicht in den Zugriff eines zwischengeschalteten Dritten. Entsprechend ist Giropay auch kein Zahlungsauslösedienst iSd § 1 Abs. 33 ZAG.[64] Seit 2021 umfasst Giropay auch einen Peer-to-Peer-Bezahldienst (→ Rn. 71, ehemals **Kwitt**[65]) und ein Verfahren, das einer Wallet-Zahlung (→ Rn. 53) ähnelt (ehemals **Paydirekt**[66]). Darin liegt der Versuch der Kreditwirtschaft, sich mit einem inländischen, bankbetriebenen Bezahlverfahren am Markt ggü. E-Geld-Instituten und sonstigen PayTechs zu behaupten.

ff) Alipay

28 Das Bezahlverfahren Alipay der chinesischen Alibaba-Group ist hierzulande noch recht unbekannt, stellt aber in der bevölkerungsreichen Volksrepublik China mit 80 % Marktanteil das **Standard-POS-Verfahren** dar und ist deswegen nach Eigenangaben mit mehr als einer Milliarde Kunden das Verfahren mit den meisten Nutzern weltweit.[67] Kassensysteme generieren dabei nach dem Kaufvorgang einen **QR-Code**, den der Kunde mit seinem Smartphone scannt und über das Gerät dann direkt einen Bezahlvorgang auslöst.[68] Es handelt sich somit um eine Variante des Mobile-Payment, die ohne NFC-Technologie (→ Rn. 36) funktioniert. Der Anbieter wirbt auch um Kunden in Europa. In Regionen mit hohem Anteil chinesischer Touristen bieten Händler mittlerweile auch hierzulande die Alipay-Zahlung an, außerdem einige Ketten wie etwa die Drogeriemärkte Rossmann[69] und DM[70].

2. Lastschriftbasierte Verfahren

29 Gem. § 1 Abs. 21 ZAG ist die Lastschrift ein „Zahlungsvorgang zur Belastung des Zahlungskontos des Zahlers, bei dem der Zahlungsvorgang vom Zahlungsempfänger aufgrund der Zustimmung des Zahlers gegenüber dem Zahlungsempfänger, dessen Zahlungsdienstleister oder seinem eigenen Zahlungsdienstleister ausgelöst wird". Es handelt sich also um eine sog. **Pull-Zahlung**, bei der die Initiative vom Zahlungsempfänger ausgeht.[71] Früher wurde deswegen auch von **rückläufiger Überweisung** gesprochen.[72]

30 Vorläufer des Lastschriftverfahrens existieren in Deutschland seit über 100 Jahren.[73] Im letzten Drittel des 20. Jahrhunderts entwickelte sich die Lastschrift zu einem der meistverbreiteten Zahlverfahren im Massenzahlungsverkehr. Im Fokus standen dabei zunächst wiederkehrende Zahlungen mit schwankender Betragshöhe, zB für Strom oder Wasser. Hinzu kamen regelmäßige Zahlungen fixer Beträge (zB GEZ, Zeitschriftenabonnements), soweit die Zahlungspflichtigen keine Daueraufträge nutzen wollten. Erst später hat sich die Nutzung des Lastschriftverfahrens auch für **Einmalzahlungen** etablieren können, insbesondere im Fernabsatz und an der Ladenkasse. Der europaweite Lastschriftverkehr wurde durch das SEPA-

---

62 Abrufbar unter https://www.giropay.de/ueber-uns/news/beitrag/startschuss-fuer-das-neue-giropay.
63 Harman BKR 2018, 457 (458); Föhlisch/Stariradeff NJW 2016, 363 (356).
64 Casper/Terlau/Terlau ZAG § 1 Rn. 518; Terlau ZBB 2016, 122 (133); Harman BKR 2018, 457 (461); Zahrte BKR 2021, 79 (81).
65 Dazu BeckOGK/Köndgen BGB § 675c Rn. 127.3.
66 Dazu MüKoHGB/Herresthal Bankvertragsrecht Rn. A 98 ff.; MüKoHGB/Linardatos Bankvertragsrecht Rn. K 273 f.; MAH BankR/Zahrte § 5 Rn. 639 ff.; Baumbach/Hefermehl/Casper, Zahlungsverkehr, Rn. E 687 ff.
67 Vgl. Internetauftritt https://intl.alipay.com.
68 MüKoBGB/Casper BGB § 675f Rn. 149; Harman BKR 2018, 457 (459).
69 Vgl. https://www.faz.net/aktuell/finanzen/digital-bezahlen/alibaba-startet-bezahldienst-alipay-in-deutschland-14962483.html.
70 Vgl. https://newsroom.dm.de/images/alipay-bei-dm-1700783.
71 MüKoBGB/Zetzsche BGB § 675y Rn. 32 ff.; MAH BankR/Zahrte § 5 Rn. 203.
72 BGH Urt. v. 28.2.1977 – II ZR 52/75, BGHZ 69, 82 = BGH NJW 1977, 1916; vgl. auch bereits Schoele ZV 1920, 153; Schoele ZuB 1929, 77 (78).
73 Vgl. Schoele ZV 1920, 153; Schoele ZuB 1929, 77 (78).

Lastschriftverfahren vorangetrieben, das an die Stelle der unterschiedlichen nationalen Verfahren getreten ist.[74] Als Ansatzpunkt für PayTech-Verfahren eignet sich hier v.a. die **SEPA-Basis-Lastschrift**,[75] die für den Verbraucherbereich konzipiert wurde.

a) Technisch-organisatorischer Rahmen

Zahler und Zahlungsempfänger benötigen für die Teilnahme am SEPA-Lastschriftverkehr jeweils ein **Zahlungskonto**, das bei einem **Zahlungsdienstleister** geführt wird, der technisch und organisatorisch an das Verfahren angeschlossen ist, dh die Lastschriften entsprechend den Vorgaben des SEPA Direct Debit Rulebooks[76] verarbeitet. Der Zahler erteilt sodann im Valutaverhältnis dem Zahlungsempfänger ein Mandat, auf dessen Basis der Zahlungsempfänger die konkrete Lastschriftziehung bei seinem Zahlungsdienstleister beauftragt. Neben den für die Zuordnung der Zahlung notwendigen Kontoinformationen enthält der Lastschriftdatensatz ein Fälligkeitsdatum.

b) Rechtliche Rahmenbedingungen

Als Zahlungsdienst gem. § 1 Abs. 1 S. 2 Nr. 3 lit. a ZAG unterliegen Lastschriftzahlungen **zivilrechtlich** dem Reglement der §§ 675c-676c BGB. Von besonderer Bedeutung ist dabei § 675x Abs. 2 BGB, der dem Zahler, dessen Konto aufgrund einer SEPA-Lastschrift belastet wurde, einen achtwöchigen unbedingten Erstattungsanspruch gegen die Zahlstelle einräumt. Damit sollen die Risiken des „Selbstbedienungsverfahrens" abgemildert werden.

c) Beispiele

aa) SEPA-ELV am POS

Das vom deutschen Handel entwickelte sogenannte **Elektronische Lastschriftverfahren** (ELV) stellt sich aus Zahlersicht wie eine Kartenzahlung dar: An der Ladenkasse werden durch Auslesen der Zahlkarte des Zahlers die für ein SEPA-Mandat benötigten Kontoinformationen generiert. Die Karte fungiert dabei als reines Informationsmedium und nicht als Zahlungsinstrument iSv § 1 Abs. 20 ZAG.[77] Entsprechend greifen auch keine Vorgaben zur **starken Kundenauthentifizierung**.[78] Der Zahler unterschreibt lediglich – physisch oder auf einem elektronischen Pad – das Mandat, und der Händler bringt es selbst oder über einen dazwischengeschalteten PayTech-Dienstleister zum Einzug. Der Lastschriftdatensatz im SEPA-Format erhält dabei die **Codierung CDG** (Card Data Generated Mandate).[79] Über diese Berücksichtigung in den SEPA-Regelwerken hinaus wird das „wilde Lastschriftverfahren"[80] von den kartenausgebenden Instituten nicht aktiv unterstützt. Der Unterschied zur „echten" Kartenzahlung liegt damit vor allem darin, dass **keine Zahlungsgarantie** des Kartenausgebers greift. Vielmehr steht dem Zahler der Erstattungsanspruch aus § 675x Abs. 2 BGB zu. Allerdings bieten einige PayTechs, die Kartenleseterminals vertreiben, auch spezielle Garantien oder Ausfallversicherungen an.[81]

bb) SEPA-ELV im Internet

Das SEPA-ELV (→ Rn. 33) existiert auch in der Online-Variante. Allerdings werden hier mangels physischen Zusammentreffens von Zahler und Zahlungsempfänger keine Kartendaten ausgelesen, sondern der Nutzer trägt die für die Erzeugung des SEPA-Mandats notwendigen Daten (insbes. IBAN) selbst in eine Maske ein. Anschließend wird dem Zahler ein SEPA-Mandat angezeigt, in welches er einwilligt.

---

74 In Umsetzung der VO (EU) Nr. 260/2012 – SEPA-VO, dazu Bautsch/Zahrte BKR 2012, 229; Zahrte WM 2013, 1207.
75 Das entsprechende Regelwerk ist abrufbar unter https://www.europeanpaymentscouncil.eu/document-library/rulebooks/2021-sepa-direct-debit-core-rulebook-version-10.
76 Abrufbar unter https://www.europeanpaymentscouncil.eu/what-we-do/sepa-payment-schemes/sepa-direct-debit/sepa-direct-debit-core-rulebook-and.
77 MüKoHGB/Haertlein Bankvertragsrecht Rn. E 279; Casper/Terlau/Zahrte ZAG § 55 Rn. 42.
78 Casper/Terlau/Nasarek ZAG Anh. § 55 Rn. 91.
79 Casper/Terlau/Nasarek ZAG Anh. § 55 Rn. 88.
80 MüKoHGB/Haertlein Bankvertragsrecht Rn. E 274.
81 MüKoHGB/Haertlein Bankvertragsrecht Rn. E 278.

Teilweise ist bezweifelt worden, dass solche **Internet-Mandate** ohne händische Unterschrift oder qualifizierte elektronische Signatur verfahrenskonform sind.[82] Allerdings machen die SEPA-Regelwerke **keine** gegenteiligen **Formvorgaben**.[83] Insofern greift § 127 Abs. 2 BGB.[84] Das Mandat muss lediglich beim Zahlungsempfänger **archivierbar** sein (Art. 5 Abs. 3 lit. a SEPA-VO).[85] Dieser ist iÜ beweisbelastet, wenn der Zahler die ordnungsgemäße Mandatierung bestreitet. Wenn das Mandat ohne eine irgendwie geartete Authentifizierung des Zahlers erfolgt, ist dieser Beweis indes kaum zu erbringen.[86]

3. Kartenbasierte Zahlungsverfahren

35 Spätestens in den 1980er Jahren haben sich Zahlkarten hierzulande zu **Multifunktionsinstrumenten** entwickelt, die vielfältig einsetzbar sind. Neben der Bargeldbeschaffung am Geldausgabeautomaten kann mit der Karte an der Ladenkasse oder im Netz bargeldlos bezahlt werden. Insbesondere Banken betreiben außerdem spezielle Terminals, die Überweisungen oder sonstige Serviceleistungen aller Art unter Nutzung der Karte anbieten.[87]

36 All diesen Angeboten ist gemein, dass die Karte quasi als **Schlüssel** verwendet wird, mit dessen Verwendung sich der Inhaber als berechtigter Nutzer gegenüber einer Akzeptanzstelle ausweist (authentisiert). Das Auslesen der Karte geschah zu Beginn durch die Verwendung eines Magnetstreifens. Dieser wurde zunächst durch einen fälschungssicheren Chip (sog. EMV-Chip, benannt nach den Kartenstandards Eurocard, Mastercard und VISA) ersetzt, der anfangs – wie der Magnetstreifen – noch eines physischen Kontaktes zum Lesegerät bedurfte.[88] Heute sind die meisten Kartenchips mit **NFC-Technologie** (near field communication) ausgestattet. Diese ermöglicht den **kontaktlosen Karteneinsatz** unter Nutzung von Induktionsspannung.

37 Bereits 2020 waren in Deutschland nach Angaben der Bundesbank[89] rund 160 Mio. Zahlkarten im Umlauf. Das andauernde Pandemiegeschehen der Jahre 2021 bis 2022 dürfte die Popularität der Kartenzahlung noch gesteigert haben.

a) Technisch-organisatorischer Rahmen

38 Voraussetzung einer Kartenzahlung ist, dass die **Akzeptanzstelle** die notwendige **Infrastruktur** vorhält, um die Karte auszulesen und im jeweiligen System zu verarbeiten. Im Präsenzhandel werden dazu **Kartenleser** verwendet, die entweder mit dem Internet verbunden sind oder offline arbeiten. Beim Karteneinsatz im Internet wird die physische Karte entweder abfotografiert oder der Karteninhaber muss die Kartendaten eingeben oder aus einer früheren Speicherung laden. Die verschiedenen Verfahren haben sehr unterschiedliche technische Anforderungen und Regeln, die Gegenstand komplexer multilateraler Vertragswerke sind.[90]

b) Rechtliche Rahmenbedingungen

39 Das Zahlungskartengeschäft, legaldefiniert als die Ausführung von Zahlungsvorgängen mittels einer Zahlungskarte oder eines ähnlichen Zahlungsinstruments, stellt gem. § 1 Abs. 2 S. 2 Nr. 3 lit. b ZAG einen **Zahlungsdienst** dar. **Zivilrechtlich** greifen deswegen die §§ 675c-676c BGB sowie die Informationspflichten des Art. 248 EGBGB. In aller Regel schließt das kartenausgebende Institut mit dem Karteninhaber einen

---

82 Walter DB 2013, 385 ff.; Werner BKR 2002, 11 ff.; dem zu Recht widersprechend Schneider BKR 2002, 384.
83 Baumbach/Hefermehl/Casper, Recht des Zahlungsverkehrs, Rn. E 640; Zahrte MMR 2014, 211 (212 f.).
84 Vgl. BT-Drs. 17/11395, 11; Zahrte MMR 2014, 211 (212 f.).
85 MüKoHGB/Omlor Bankvertragsrecht Rn. 49; Zahrte MMR 2014, 211 (212).
86 Zahrte MMR 2014, 211 (213).
87 MAH BankR/Zahrte § 55 Rn. 310.
88 Bunte/Zahrte 4. Teil II. SB Debitkarte Rn. 29.
89 S. https://www.bundesbank.de/dynamic/action/de/statistiken/zeitreihen-datenbanken/zeitreihen-datenbank/759778/759778?listId=www_s13b_zvs02.
90 Dazu ausf. Göbel RdZ 2021, 27 ff.

Vertrag gem. § 675f Abs. 2 BGB, der die Grundlage für den Einsatz der Karte darstellt. Der Karteninhaber wird darin zur Einhaltung der Verfahrensregeln verpflichtet, insbesondere zum sorgsamen Umgang mit der Karte (§ 675l BGB).[91] Gem. § 38 Abs. 2 Nr. 2 lit. c. ZKG ist eine Zahlungskarte **obligatorischer Bestandteil des Basiskontovertrags**. Diese gesetzgeberische Wertung unterstreicht die Relevanz des Kartenzahlungsverkehrs in Europa.

Erfolgt der Karteneinsatz am POS oder Geldausgabeautomaten, liegt kein Fernzahlungsvorgang vor, so dass **aufsichtsrechtlich** eine Authentifizierung durch **PIN-Eingabe** (§ 55 Abs. 1 ZAG) ausreicht.[92] Bei der kontaktlosen Zahlung von **Kleinbeträgen** kann sogar gänzlich auf die Authentifizierung verzichtet werden (Art. 11 DV PSD2-RTS[93]). Dagegen gebietet § 55 Abs. 2 ZAG iVm Art. 5 DV PSD2-RTS die Nutzung einer starken Kundenauthentifizierung mit zusätzlicher **Transaktionsbindung**, wenn die Karte zur Zahlung im Distanzgeschäft (zB im Internet) genutzt wird.[94] Die entsprechenden Verfahren sind sehr heterogen. Oftmals wird mit **dynamischen TANs** oder speziellen **Apps** unter Nutzung **biometrischer Erkennungsverfahren** des Endgerätes gearbeitet.[95]

c) Beispiele

aa) Debitkarte (Girocard)

Debitkarten werden traditionell kontogebunden von **Kreditinstituten** ausgegeben und zeichnen sich dadurch aus, dass ein Zahlungskonto unmittelbar belastet wird, wenn der Inhaber die Karte einsetzt. In Deutschland ist vor allem das **Girocard**-/ec-cash-System der Kreditwirtschaft verbreitet. Banken und Sparkassen geben die entsprechenden Debitkarten – oft unter einem gebrandeten Namen wie Sparkassencard – als obligatorisches Instrument bei Abschluss eines Girokonto-Vertrags aus. Entsprechend sind über 100 Mio. der rund 160 Mio. hierzulande im Umlauf befindlichen Zahlkarten Girocards.[96] Neben der Debitkartenfunktion enthalten die Karten der großen Institutsgruppen in aller Regel diverse **Zusatzfunktionen**,[97] um so eine Produktdifferenzierung auf dem stark regulierten Markt zu erreichen.

bb) Kreditkarte (MasterCard, VISA, American Express, Diner's Club)

Die vier großen Kreditkartenunternehmen vertreiben über ihre Partner (zB Kreditinstitute, Automobilclubs, Warenhausketten usw) Zahlungskarten, bei denen dem Karteninhaber der Zahlungsbetrag nicht unmittelbar belastet wird. Stattdessen erfolgt eine **periodische Abrechnung** (zB monatlich). Bis dahin erfährt der Zahler in wirtschaftlicher Hinsicht einen Zahlungsaufschub, der einer **Kreditgewährung** gleichkommt.[98] Deswegen sind zivilrechtlich neben den zahlungsdiensterechtlichen Normen auch die Vorschriften zum Verbraucherkreditrecht zu beachten.

Kreditkartenunternehmen unterhalten ein **weltweites Netz von Akzeptanzstellen**. Die Karten sind dabei am Geldausgabeautomaten, am Point of Sale oder im Fernabsatzgeschäft (zB via Internet) einsetzbar.

cc) Prepaidkarte

Prepaidkarten werden vor der Nutzung mit einem Betrag **aufgeladen**, der dann sukzessive durch den Karteneinsatz abverfügt wird. Das Aufladen erfolgt idR per **Überweisung** (→ Rn. 14 ff.) oder **Lastschrift** (→ Rn. 29 ff.) von einem konventionellen Konto. Alle Anbieter von Kreditkarten haben auch Prepaid-

---

91 Zu den Sorgfaltspflichten Bunte/Zahrte/Zahrte 4. Teil II. SB Debitkarte Rn. 63a ff.
92 BT-Drs. 18/11495, 140; Casper/Terlau/Zahrte ZAG § 55 Rn. 42; Zahrte BKR 2019, 484 (488 ff.).
93 Delegierte Verordnung (EU) 2018/389 der Kommission vom 27.11.2017 zur Ergänzung der Richtlinie (EU) 2015/2366 des Europäischen Parlaments und des Rates durch technische Regulierungsstandards für eine starke Kundenauthentifizierung und für sichere offene Standards für die Kommunikation, ABl. 2018 L 69 S. 23, ber. 2020 ABl. L 88 S. 11.
94 Schäfer/Omlor/Mimberg/Omlor ZAG § 55 Rn. 39; Casper/Terlau/Zahrte ZAG § 55 Rn. 56; Zahrte BKR 2019, 484 (488 ff.).
95 Zahrte BKR 2019, 484 (489).
96 Göbel RdZ 2021, 27.
97 Dazu Bunte/Zahrte/Zahrte 4. Teil II. SB Debitkarte Rn. 150 ff.
98 MAH BankR/Zahrte § 5 Rn. 416.

Varianten im Portfolio. Diese richten sich an Kunden, die keine Kreditgewährung wünschen oder aus rechtlichen (zB Minderjährigkeit) oder Bonitätsgründen (zB Einkommenslosigkeit) keine Kreditkarte erhalten können. Die von Kreditkartenunternehmen ausgegebenen Prepaidkarten können allerdings im Rahmen des aufgeladenen Betrags genauso eingesetzt werden wie eine Kreditkarte, also zur **Bargeldverfügung**, im **Netz** oder am **POS**.

45 Daneben existieren Prepaidkarten als **Waren- oder Dienstleistungsgutscheine** von Drogerieketten, Baumärkten, Gärtnereien usw. Sie können vom Erwerber oder einem Dritten wie Bargeld für (anonyme) Zahlungen genutzt werden. Die Akzeptanzstellen beschränken sich dabei aber idR auf die Angehörigen einer Warenhausgruppe (→ Rn. 52).

dd) Google Pay

46 Von **virtuellen Karten** wird gesprochen, wenn eine Karte nicht zum Einsatz kommt, in technischer Hinsicht aber die Infrastruktur eines Kartenzahlungsverfahrens genutzt wird. Die physische Karte wird dabei zB durch ein NFC-fähiges Smartphone substituiert.[99]

47 Google Pay ist eine Lösung für **Android-basierte Smartgeräte**, die seit Sommer 2018 in Deutschland verfügbar ist.[100] Im Endgerät wird eine Bezahlkarte (Debit- oder Kreditkarte, → Rn. 41 ff.) digital „hinterlegt". Das Bezahlen via Google Pay ist dann nicht nur im Netz oder innerhalb von Apps möglich, sondern auch **kontaktlos** über die **NFC-Schnittstelle** des Devices an entsprechend ausgestatteten POS-Terminals.[101] Alternativ zu einer vom Kreditinstitut ausgegebenen Karte kann außerdem ein Paypal-Konto (→ Rn. 57) als Zahlungsquelle hinterlegt werden. Auch in diesem Fall nutzt Google Pay aber nicht die Infrastruktur der Wallet (→ Rn. 53), sondern die Karteninfrastruktur von MasterCard.

48 Anders als in den USA enthält Google Pay innerhalb der EU bislang noch keine Funktion zum Peer-to-Peer-Bezahlen (→ Rn. 71).

49 Durch das obligatorische Verknüpfen der Zahlfunktion mit dem Google-Nutzerkonto des Zahlers wird Google in die Lage versetzt, Informationen zum Bezahlverhalten seiner Kunden im Präsenzhandel mit dem Online-Nutzungsverhalten zu verknüpfen. Das Geschäftsmodell besteht also vor allem in der Optimierung der Möglichkeiten der **Marktanalyse** und gewerblichen **Datennutzung**. Darüber hinaus ist das Verfahren für den Zahler unentgeltlich.

ee) Apple Pay

50 Apple Pay[102] ist kurz nach Google Pay in den deutschen Markt eingetreten und bietet ein von den Funktionalitäten her vergleichbares Produkt zur Virtualisierung von Bezahlkarten für **Apple**-Mobiltelefone und -**Smartwatches** mit iOS-Betriebssystem an.[103]

ff) Karten von Drittemittenten

51 Bislang keine nennenswerte Verbreitung haben **Karten nicht kontoführender Anbieter** gefunden, die an vorhandene Zahlungskonten „andocken" können (vgl. §§ 45 f. ZAG, § 675m Abs. 3 BGB). Die Zurückhaltung am Markt mag daher rühren, dass eine „echte" Deckungsanfrage mit anschließender Betragsreservierung auf dem verbundenen Konto ausgeschlossen ist (§ 45 ZAG). Der Kartenemittent müsste also einen vergleichsweise hohen technischen Aufwand betreiben, ohne dafür Gewissheit über den Erfolg der Zahlung oder ein werblich sinnvoll nutzbares Datum zu erhalten. Das Konzept trägt somit wirtschaftlich weder ein datenfinanziertes Modell noch ein Geschäftsmodell, welches auf dem Verkauf von Quasi-Zahlungsgarantien basiert.

---

[99] Dazu Göbel RdZ 2021, 27 (28 ff.).
[100] BeckOGK/Köndgen BGB § 675c Rn. 127.1.
[101] Vgl. die Eigendarstellung unter https://pay.google.com/intl/de_de/about/.
[102] Vgl. die Eigendarstellung unter https://www.apple.com/de/apple-pay/.
[103] BeckOGK/Köndgen BGB § 675c Rn. 127.2.

gg) Sonstige Karten

Neben den Multifunktionskarten existieren **Zahlkarten innerhalb geschlossener Systeme** oder Warenhausgruppen. Beispiele sind **Tankkarten, Rabattkarten, Gutscheinkarten** oder die IKEA Family Card. Solche Karten werden oft durch Bonussysteme incentiviert. Der Vorteil für den Emittenten liegt in der **Kundenbindung** und der Auswertbarkeit der Zahlungsströme zu **Marketingzwecken**.

4. E-Geld-Verfahren

a) Technisch-organisatorischer Rahmen

Der E-Geld-Emittent führt für den Zahler ein **virtuelles Konto** (oft als **Wallet** – Brieftasche bezeichnet), das – idR nach dem Prinzip eines Prepaid-Verfahrens – durch konventionelle Zahlungen mit einem Guthaben aufgeladen werden kann.[104] Für den Privatnutzer erfolgt diese Kontoführung typischerweise unentgeltlich. Das Guthaben (E-Geld) kann zur Bezahlung ggü. Dritten (insbes. Online-Händlern) genutzt werden, die in vertraglicher Beziehung mit dem E-Geld-Emittenten stehen und diesen für seine Dienstleistung vergüten.[105] Benötigt wird hierfür lediglich ein **Online-Zugang** und die Einrichtung des virtuellen Kontos. Der Vorteil für den Zahler liegt in der Einfachheit des Verfahrens. Das gilt insbesondere auch im Bereich der **Fremdwährungszahlungen**. Der Zahlungsempfänger profitiert von der schnellen Abwicklung und Finalität. Das Geschäftsmodell des E-Geld-Emittenten umfasst neben dem Erhalt der vom Händler geschuldeten Vergütung oftmals noch die wirtschaftliche (werbliche) Nutzung der **Umsatzdaten**.

Im E-Geld-Sektor herrscht eine hohe **Marktkonzentration**. Auch den inländischen Markt beherrschen die wenigen **Global Player**, ohne dass ihnen eines der gerade einmal acht BaFin-registrierten deutschen E-Geld-Institute[106] ernsthaft Konkurrenz machen würde.

b) Rechtliche Rahmenbedingungen

E-Geld wird in § 1 Abs. 2 S. 3 ZAG legaldefiniert als „jeder elektronisch, darunter auch magnetisch, gespeicherte monetäre Wert in Form einer Forderung an den Emittenten, der gegen Zahlung eines Geldbetrags ausgestellt wird, um damit Zahlungsvorgänge im Sinne des § 675f Absatz 4 Satz 1 des Bürgerlichen Gesetzbuchs durchzuführen, und der auch von anderen natürlichen oder juristischen Personen als dem Emittenten angenommen wird". Damit ist auch klargestellt, dass die §§ 675c–676c BGB **zivilrechtlich** zur Anwendung gelangen.

E-Geld-Institute sind Zahlungsdienstleister gem. § 1 Abs. 1 S. 1 Nr. 2 ZAG und unterliegen daher in Deutschland dem Regime des **Zahlungsdiensteaufsichtsgesetzes**. Die §§ 31 ff. ZAG enthalten dabei spezielle aufsichtsrechtliche Vorgaben für das E-Geld-Geschäft. Besonders relevant sind die Verpflichtung, das E-Geld jederzeit zum Nennwert in ein gesetzliches Zahlungsmittel zurückzutauschen (§ 33 ZAG) und das Zinsverbot (§ 3 Abs. 2 S. 2 Nr. 2 ZAG).[107] Außerdem ist bei nicht bankgebundenen Verfahren sowie solchen, bei denen der Zahler ein Pseudonym verwenden kann, ein besonderes Augenmerk auf Fragestellungen aus dem **Geldwäsche-Recht** zu legen.

c) Beispiele

aa) PayPal

PayPal ist nicht nur der wohl bekannteste E-Geld-Emittent, sondern damit bereits seit Jahren zugleich einer der wichtigsten Anbieter von Zahlungsdienstleistungen im Internet.[108] Neben der klassischen Prepaid-

---

104 Harman BKR 2018, 457 (458).
105 Bräutigam/Rücker E-Commerce-HdB/Steinacker/Krauß 13. Teil B. III. Rn. 30 ff.; Auer-Reinsdorff/Conrad IT- und DatenschutzR-HdB/Kociok § 27 Rn. 61; Harman BKR 2018, 457 (458).
106 Laut E-Geld-Instituts-Register nach § 44 ZAG, abrufbar unter https://www.bafin.de/SharedDocs/Downloads/DE/Liste/Unternehmensdatenbank/dl_li_zag_e-geld-institute.html.
107 Auer-Reinsdorff/Conrad IT- und DatenschutzR-HdB/Kociok § 27 Rn. 65.
108 Schäfer/Omlor/Mimberg/Mimberg ZAG § 1 Rn. 237; Bräutigam/Rücker E-Commerce-HdB/Kaufhold 3. Teil B. VII. Rn. 129; Auer-Reinsdorff/Conrad IT- und DatenschutzR-HdB/Kociok § 27 Rn. 62.

Variante des E-Geld-Geschäfts bietet PayPal auch die Möglichkeit, das Konto **transaktionsbezogen** aufzuladen, zB per Lastschrift oder Kreditkarte. Außerdem werden ein spezieller **Käuferschutz**[109] und **Ratenzahlungsmodelle**[110] angeboten.

bb) Amazon Pay

58 Amazon Pay ist das E-Geld-Bezahlverfahren des Versandhändlers Amazon. Es funktioniert ähnlich wie PayPal:[111] Angeschlossene **Webshops** führen bei Amazon ein E-Geld-Konto, worauf E-Geld von einem bei Amazon geführten Konto des Kunden transferiert werden kann. Anders als PayPal bietet Amazon den angeschlossenen Händlern zusätzlich die Möglichkeit zur Nutzung der Shop-Funktion.[112] Durch die **Fremdwährungsfunktion**[113] können auch Mittelständler ihre Produkte weltweit auf diese Weise vertreiben.

cc) Geldkarte

59 **Aufsichtsrechtlich** handelt es sich auch um E-Geld, wenn Geldkarten mit einem Zahlungsbetrag aufgeladen werden können.[114] Dem steht nicht entgegen, dass sich der Bezahlvorgang aus Nutzersicht als **Prepaid-Kartenzahlung** darstellt (→ Rn. 44).

60 Das von der Deutschen Kreditwirtschaft geförderte Projekt **GeldKarte**[115] setzte die Idee eines Kleinbetragszahlungsinstruments (vgl. § 675i BGB) um, bei dem der Chip auf die von den Instituten ausgegebene Debitkarte aufgebracht war. Da die GeldKarte trotz mehr als zwei Jahrzehnten intensiven Marketings und mehrerer Innovationszyklen nicht die von den Betreibern erhoffte Akzeptanz erfahren hat, wurde die Einstellung des Verfahrens bekannt gegeben.[116]

61 Die Technologie kommt allerdings noch **kontoungebunden**[117] und lokal zum Einsatz, etwa als **Bargeldersatz** in Stadien, Freizeiteinrichtungen oder bei Großveranstaltungen, wo in kurzer Zeit zahlreiche Kleinbetragszahlungen möglichst schnell abgewickelt werden müssen.[118]

5. Kryptowerte

62 Die Zahl unterschiedlicher Kryptowerte wurde 2008 noch mit rund 1.500 angegeben.[119] Inzwischen (2021) listen einschlägige Portale bereits fast 7.000 solcher Kryptowerte,[120] von denen nur die größten wie Bitcoin, Ether, LiteCoin, PPCoin oder Ripple allgemein bekannt sind. Sie alle erfüllen eine **Geldfunktion**, wenn sie als Tausch-, Wertaufbewahrungs- und Wertübertragungsmittel genutzt werden. Deswegen hat sich die Bezeichnung als „virtuelle Währung" oder „virtuelles Geld" durchgesetzt.[121] Beides geht streng genommen fehl: Die herrschende Literaturmeinung[122] will nicht von **Geld im rechtlichen Sinne** sprechen, da entsprechende Werteinheiten nicht physisch übertragbar sind, die Geldfunktion (Wertaufbewahrungs-

---

109 Vgl. https://www.paypal.com/de/smarthelp/article/was-ist-der-paypal-k%C3%A4uferschutz-faq1269.
110 Vgl. https://www.paypal.com/de/smarthelp/article/paypal-ratenzahlung-faq4170.
111 BeckOGK/Foerster BGB § 675c Rn. 276; Schäfer/Omlor/Mimberg/Mimberg ZAG § 1 Rn. 403; Omlor JuS 2019, 289 (292).
112 Vgl. https://pay.amazon.de/sicheres-bezahlen.
113 Vgl. https://pay.amazon.de/blog/die-fremdwaehrungsfunktion-von-amazon-pay?ld=ELLPA-midway-auth.amazon.com.
114 MüKoBGB/Casper BGB § 675i Rn. 17; Casper/Terlau/Casper ZAG § 1 Rn. 75; Casper/Terlau/Terlau ZAG § 1 Rn. 235.
115 Dazu Kümpel WM 1997, 1037 ff.
116 Als letzte Institutsgruppe haben die Sparkassen den Ausstieg bekannt gegeben, vgl. https://www.sparkasse.de/unsere-loesungen/privatkunden/karten/geldkarte.html.
117 Dazu Langenbucher/Bliesener/Spindler/Borges/Sesing BGB § 675f Rn. 13 f.
118 MAH BankR/Zahrte § 5 Rn. 502.
119 Martiny IPRax 2018, 553 ff.
120 Vgl. die Listung unter https://coinmarketcap.com/.
121 Ellenberger/Bunte BankR-HdB/Terlau § 35 Rn. 178.
122 MüKoHGB/Zahrte Bankvertragsrecht Rn. M 376; MAH BankR/Zahrte § 5 Rn. 648 ff.; Eckert DB 2013, 2108 (2110); Boehm/Pesch MMR 2014, 75 (78); vorsichtiger Spindler/Bille WM 2014, 1357 (1361).

und Übertragungsmittel) also nur **innerhalb des virtuellen Raums** übernehmen können.[123] Damit stellen Kryptowerte insbesondere auch kein **E-Geld** (→ Rn. 53 ff.) gem. § 1a Abs. 3 ZAG dar (vgl. auch § 1 Abs. 11 S. 1 Nr. 10, S. 5 Nr. 1 KWG).[124]

Und der **Währungsbegriff** bezeichnet nach traditionellem Verständnis ein von Hoheitsträgern emittiertes und von einer Zentralbank gesteuertes Zahlungsmittel.[125] Bislang (2021) existiert noch keine „echte" virtuelle Währung in dieser Form, wobei die EZB ihr Projekt eines virtuellen Euros vorantreibt.[126] Ähnliches planen die Schwedische Riksbank für die Schwedenkrone und die People's Bank of China bezüglich eines digitalen Yuan.[127]

Obwohl es immer mehr Akzeptanzstellen für Kryptowerte gibt und diese zunehmend auch das Interesse von Spekulanten auf sich ziehen, dürfte die wichtigste Bedeutung deswegen im zukünftigen Zusammenspiel mit → *Smart Contracts* Rn. 1 ff. liegen, also programmierbaren Verträgen, die sich selbst vollziehen.[128]

a) Technisch-organisatorischer Rahmen

Die meisten Kryptowerte stellen in technischer Hinsicht die Lösung komplexer mathematischer Aufgaben dar, die in einer Datenbank gespeichert und mittels kryptografischer Schlüssel einem (ggf. anonymen) Inhaber zugeordnet sind. Hinsichtlich der Funktionsweise der Distributed-Ledger-Technologie im Allgemeinen und der Datenbank Blockchain im Speziellen sei auf die entsprechende Kommentierung verwiesen. Die Übertragung der Werteinheiten erfolgt idR **peer-to-peer** an pseudonyme Adressen. Zur Absicherung der Transaktion existieren unzählige dezentrale Kopien der Datenbank auf den Rechnern der Teilnehmer des Bezahlnetzes.

Jeder Nutzer benötigt also vor allem einen entsprechenden Account und ein internetfähiges Endgerät mit ausreichend Speicherplatz.

b) Rechtliche Rahmenbedingungen

§ 1 Abs. 11 Nr. 10 S. 4 KWG definiert Kryptowerte als „digitale Darstellungen eines Wertes, der von keiner Zentralbank oder öffentlichen Stelle emittiert wurde oder garantiert wird und nicht den gesetzlichen Status einer Währung oder von Geld besitzt, aber von natürlichen oder juristischen Personen aufgrund einer Vereinbarung oder tatsächlichen Übung als Tausch- oder Zahlungsmittel akzeptiert wird oder Anlagezwecken dient und der auf elektronischem Wege übertragen, gespeichert und gehandelt werden kann". Solche Kryptowerte gelten gem. § 1 Abs. 11 S. 1 Nr. 10 KWG als **Finanzinstrumente**, so dass der gewerbsmäßige Handel mit ihnen in Deutschland **genehmigungspflichtig** ist (§ 32 Abs. 1 KWG).[129] Diese bankaufsichtsrechtliche Einordnung betrifft aber nur Handelsplattformen, gewerbliche Drittverwahrer und verwandte Geschäftsmodelle.[130] Sie hat keine Auswirkungen auf die **Nutzung** durch private Käufer und

---

123 Vgl. Auer-Reinsdorff/Conrad IT- und DatenschutzR-HdB/Kociok § 27 Rn. 93.
124 Schäfer/Omlor/Mimberg/Mimberg ZAG § 1 Rn. 219; Auer-Reinsdorff/Conrad IT- und DatenschutzR-HdB/Kociok § 27 Rn. 99; Bräutigam/Rücker E-Commerce-HdB/Boehm/Bruns 13. Teil Rn. E 10; Spindler/Bille WM 2014, 1357 (1360); Sprengnether/Wächter RdF 2014, 114 (115 f.).
125 Lerch ZBB 2015, 190 (191 ff.).
126 Dazu Europäische Zentralbank, Report on a digital euro, Oktober 2020, abrufbar unter https://www.ecb.europa.eu/pub/pdf/other/Report_on_a_digital_euro~4d7268b458.en.pdf; Omlor RDi 2020, 1 ff.
127 Deutsche Bundesbank, Digitales Geld: Optionen für den Zahlungsverkehr, Monatsbericht April 2021, abrufbar unter https://www.bundesbank.de/resource/blob/864372/8dd7e83c9ce700c93693dc0c061ffd51/mL/2021-04-digitales-geld-data.pdf, S. 61 (74).
128 Dazu Deutsche Bundesbank, Digitales Geld: Optionen für den Zahlungsverkehr, Monatsbericht April 2021, abrufbar unter https://www.bundesbank.de/resource/blob/864372/8dd7e83c9ce700c93693dc0c061ffd51/mL/2021-04-digitales-geld-data.pdf, S. 61 (66).
129 Zust. Auer-Reinsdorff/Conrad IT- und DatenschutzR-HdB/Kociok § 27 Rn. 99.
130 Schwennicke/Auerbach/Schwennicke KWG § 1 Rn. 133a ff.

Verkäufer.[131] Ebenfalls unberührt bleiben das **Mining** und der **nicht gewerbsmäßige An- und Verkauf** der Kryptowerte.[132]

68 Kryptowerte fallen als rein virtuelle Objekte nicht unter den **zivilrechtlichen Sachbegriff** des § 90 BGB,[133] so dass ein **Sacheigentum** (§§ 903 ff. BGB) daran nicht möglich ist.[134] Die Qualifikation als **Forderung** scheidet in Ermangelung eines Forderungsgegners ebenfalls aus.[135] Ebenso wenig kommen **Immaterialgüterrechte** in Betracht,[136] da nur mathematische Aufgaben gelöst werden, so dass es an einer persönlichen geistigen Schöpfung fehlt, die für einen Urheberrechtsschutz nach § 2 Abs. 2 UrhG notwendig wäre. Folglich kommt nur – subsidiär – die Einordnung als **Gegenstand** in Betracht,[137] denn der Begriff des Gegenstands setzt eine Verkörperung ausweislich § 90 BGB nicht voraus.[138] Gegenstände können zivilrechtlich **Objekt eines Verpflichtungsgeschäfts** sein.[139]

c) Beispiele

aa) Bitcoin

69 Bitcoin ist die bekannteste Kryptowährung. Das Bitcoin-Verfahren wurde im Jahr 2008 von einem unbekannten Entwickler mit dem Pseudonym Satoshi Nakamoto präsentiert und 2009 als **Open Source** gestartet.[140] Der Wert eines Bitcoins unterliegt – in Abhängigkeit von Angebot und Nachfrage – einer **hohen Volatilität**.[141] Allein 2021 bewegt er sich bislang zwischen rund 29.000 und 61.000 USD, was einer Marktkapitalisierung von bis zu 773 Mrd. USD entspricht. Jede Einheit ist beliebig teilbar.[142] Diese Möglichkeit zur Losgrößentransformation ist Grundvoraussetzung für den Einsatz als Zahlungsmittel.

bb) Ether

70 Ether, die Kryptowährung des **Ethereum-Netzwerks**, ist bei Bearbeitungsstand nach Bitcoin diejenige mit der zweitgrößten Marktkapitalisierung (rund 306 Mrd. USD).[143]

6. Peer-To-Peer-Zahlungen

71 Peer-to-peer oder kurz P2P (engl. für Gleichrangiger zu Gleichrangigem) ist der Oberbegriff für Zahlverfahren, bei denen der Zahlbetrag nicht über einen Dritten (zB die Bank), sondern **unmittelbar** zwischen Zahler und Zahlungsempfänger fließt. Das geschieht zumeist mit vergleichsweise kleinen Beträgen in einem **geschlossenen Netz** im Freundes- oder Familienkreis. Zur Beauftragung kann zB ein Mobiltelefon mit App oder ein Webservice im Sozialen Netzwerk genutzt werden. Kreditinstitute bauen dabei auf die Überweisungs-/Online-Banking-Infrastruktur auf. Möglich sind aber auch andere Verfahren, zB über die

---

131 Schwennicke/Auerbach/Schwennicke KWG § 1 Rn. 133j.
132 Auer-Reinsdorff/Conrad IT- und DatenschutzR-HdB/Kociok § 27 Rn. 103.
133 BGH Urt. v. 13.10.2015 – VI ZR 271/14, BGHZ 207, 163 (165 Rn. 20) = NJW 2016, 1094 (1095); MAH BankR/Zahrte § 5 Rn. 654; Langenbucher/Bliesener/Spindler/Langenbucher/Hoche/Wentz Kap. 11 Rn. 35; Bräutigam/Rücker E-Commerce-HdB/Boehm/Bruns 13. Teil Rn. E 4; Boehm/Pesch MMR 2014, 75 (77); Spindler/Bille WM 2014, 1357 (1359).
134 MAH BankR/Zahrte § 5 Rn. 654; Boehm/Pesch MMR 2014, 75 (77); Spindler/Bille WM 2014, 1357 (1359).
135 Ellenberge/Bunte BankR-HdB/Terlau § 35 Rn. 205 ff.; Boehm/Pesch MMR 2014, 75 (77); Spindler/Bille WM 2014, 1357 (1360).
136 Bräutigam/Rücker E-Commerce-HdB/Boehm/Bruns 13. Teil Rn. E 8; Boehm/Pesch MMR 2014, 75 (77).
137 Bräutigam/Rücker E-Commerce-HdB/Boehm/Bruns 13. Teil Rn. E 9; Spindler/Bille WM 2014, 1357 (1360).
138 BeckOGK/Mössner BGB § 90 Rn. 1; MüKoBGB/Stresemann BGB § 90 Rn. 1; Staudinger/Jickeli/Stieper BGB Vor §§ 90–103 Rn. 4 ff.
139 MüKoBGB/Stresemann BGB § 90 Rn. 3; MAH BankR/Zahrte § 5 Rn. 655.
140 Schimansky/Bunte/Lwowski BankR-HdB/Terlau § 55a Rn. 131; MAH BankR/Zahrte § 5 Rn. 649; Deutsche Bundesbank, Digitales Geld: Optionen für den Zahlungsverkehr, Monatsbericht April 2021, abrufbar unter https://www.bundesbank.de/resource/blob/864372/8dd7e83c9ce700c93693dc0c061ffd51/mL/2021-04-digitales-geld-data.pdf, S. 61 (62).
141 Schimansky/Bunte/Lwowski BankR-HdB/Terlau § 55a Rn. 130.
142 Bräutigam/Rücker E-Commerce-HdB/Steinacker/Krauß 13. Teil Rn. B 63.
143 Vgl. https://coinmarketcap.com/.

Mobilfunkrechnung. P2P existiert als Push- oder Pull-Verfahren und ersetzt funktional oft die **Bargeldzahlung im privaten Umfeld**.

Vorteil der P2P-Zahlung ist v.a. die Bequemlichkeit. Der Zahler wird nicht über eine vielstellige IBAN angesteuert, sondern zB über eine Mobilfunknummer oder seine E-Mail-Adresse. Die **Beauftragung** ist oftmals sogar mündlich via Siri, Alexa oder Cortana möglich. Dabei ist eine TAN-Eingabe nicht erforderlich und die Zahlung erfolgt nahezu in Echtzeit sowie ohne oder nur mit geringem Transaktionsentgelt. Für den Zahler birgt das aber auch Risiken, da die Zahlung **sofort final** ist, dh keine Möglichkeit zur Rückgängigmachung ohne Mitwirkung des Empfängers besteht. Zahler und Zahlungsempfänger müssen sich also in besonderem Maße **vertrauen**. Außerdem basiert das Geschäftsmodell vieler Anbieter auf der gewerblichen Nutzung der Umsatzdaten.[144]

Nationales Beispiel für ein P2P-Verfahren war **Kwitt** der Sparkassen und Volksbanken, welches mittlerweile Bestandteil von Giropay geworden ist (→ Rn. 27). International verbreitet sind **Wise** (UK), **Currencyfair** (Irland), **Circle** (Irland) und **Cookies** (USA).

III. Grundzüge des Zahlungsdiensterechts

Bei PayTech bedingen sich technische Determinismen und rechtliche Vorgaben gegenseitig. Insofern ist es von höchster Wichtigkeit, bereits bei der Produktkonzeption präzise Vorstellungen von der rechtlichen Verortung zu haben. Umgekehrt erfordert die rechtliche Bewertung auch ein technisches Verständnis. Die nachstehenden Rechtsbegriffe sind von besonderer Relevanz.

1. Vertragsbeziehungen

Im **Zahlungsverkehr** sind typischerweise (mindestens) vier Parteien an der Ausführung einer Zahlung beteiligt, namentlich der Absender des Geldes (Zahler), der Empfänger und jeweils ein Dienstleister auf Zahler- und Empfängerseite. Deswegen ist es besonders wichtig, die einzelnen Vertragsbeziehungen sauber zu trennen:
- Das Grundgeschäft, in dem Zahler und Zahlungsempfänger den Rechtsgrund für die Zahlung legen (zB ein Kaufvertrag), wird als **Valutaverhältnis** bezeichnet.
- Die Rechtsbeziehung zwischen einem Zahlungsempfänger und seinem Zahlungsdienstleister heißt **Inkassoverhältnis**;
- diejenige zwischen Zahler und Zahlungsdienstleister **Deckungsverhältnis**.
- Zwischen zwei oder mehreren Zahlungsdienstleistern wird traditionell vom **Interbankenverhältnis** gesprochen, unabhängig davon, ob der jeweilige Zahlungsdienstleister eine Bank iSd § 1 KWG ist.

2. Anspruchsgrundlagen

Die wichtigsten Anspruchsgrundlagen in zahlungsdiensterechtlichen Streitverfahren sind:
- §§ 675c, 670 BGB: Aufwendungsersatzanspruch des ausführenden Zahlungsdienstleisters gegen den Zahler.
- § 675u S. 2 BGB: Anspruch des Zahlers gegen seinen Zahlungsdienstleister auf Wiedergutschrift des Zahlungsbetrags bei fehlender Autorisierung.
- § 675v BGB: Schadensersatzanspruch des Zahlungsdienstleisters gegen den Zahler im Fall des Missbrauchs von Zahlungsinstrumenten.
- § 675y BGB: Ansprüche des Zahlungsdienstnutzers gegen den Zahlungsdienstleister bei Störungen im Rahmen der Ausführung von Zahlungsaufträgen.
- § 676a BGB: Ausgleichsansprüche im Interbankenverhältnis.

---

144 Vgl. Europäische Kommission, Sondierungsstudie zu Verbraucheraspekten in den Online-Märkten von Peer-to-Peer-Plattformen, Mai 2017, abrufbar unter https://ec.europa.eu/info/sites/default/files/executive_summaryde.pdf, S. 14.

IV. Ausblick

77 Nur noch ein sehr kleiner Anteil am weltweiten Zahlungsverkehr wird durch Übergabe physischen Geldes geleistet. Der überwiegende Rest erfolgt unter Nutzung von PayTech-Instrumenten.[145]

78 Dabei ist derzeit von einer weiteren Ausdifferenzierung auszugehen. Bereits im Jahr 1913 formulierte der deutsche Journalist Wolfgang Riepl sein berühmtes „Rieplsches Gesetz".[146] Es besagt, dass kein Instrument der Information und des Gedankenaustauschs, das einmal eingeführt wurde und sich bewährt hat, von anderen vollkommen ersetzt oder verdrängt wird. Die Medienentwicklung verlaufe also kumulativ, nicht substituierend (sog. Komplementärthese).

79 Noch nach über einem Jahrhundert hat das seine Gültigkeit behalten[147] – auch im Zahlungsverkehr als einer speziellen Unterform des Austauschs von (Zahlungs-)Informationen: Weder hat die Überweisung den Scheck gänzlich verdrängen können noch das Online-Banking die beleghafte Überweisung. Insofern scheint es aus heutiger Sicht auch sehr unwahrscheinlich, dass in naher Zukunft die Blockchain-Technologie zu einem völligen Verschwinden des bank- und kontogebundenen Zahlungsverkehrs führen wird.

80 Hieraus folgt zwangsläufig, dass die schon jetzt enorme Bandbreite an technischen Geräten und Verfahren zum Bezahlen weiter zunehmen wird.[148]

---

145 Chishti/Craddock/Courtneidge/Zacharides, The Paytech Book, 2020, S. 14.
146 Riepl, Das Nachrichtenwesen des Altertums, 1913, passim.
147 Weder hat der Hörfunk die Zeitung verdrängt noch das Fernsehen den Hörfunk oder das Internet das lineare Fernsehen. Dasselbe gilt für das Telefon, welches den klassischen Brief nicht verdrängen konnte und seinerzeit weder von E-Mail noch von Videokommunikation verdrängt wurde. Selbst für sehr atavistische Kommunikationsformen gibt es bis heute Nischen, so etwa die Steinritzung auf Friedhöfen, das Pfeifsignal des Schiedsrichters oder den berittenen Boten auf autofreien Nordseeinseln.
148 So auch Deutsche Bundesbank, Digitales Geld: Optionen für den Zahlungsverkehr, Monatsbericht April 2021, abrufbar unter https://www.bundesbank.de/resource/blob/864372/8dd7e83c9ce700c93693dc0c061ffd51/mL/2021-04-digitales-geld-data.pdf, S. 61 (62 ff.).

62. Plattformen, allgemein

Schaper/Wolters

I. Einleitung	1	2. Definitionen im DSA und DMA	10
II. Begriff der Plattform	2	3. Legal Tech-Plattformen	13
1. Plattformen als zwei- oder mehrseitige Märkte	3		

I. Einleitung

Nachfolgend wird zunächst erläutert, welche Definitionsansätze für den Plattformbegriff existieren und wie sich dies auch auf die Definition von sogenannten „Legal Tech-Plattformen" auswirkt. Im Anschluss wird auf die besonderen Pflichten für Plattformen, und damit auch Legal Tech-Plattformen eingegangen, bevor abschließend ein eigenes Kapitel zu dem wichtigen Thema der Sperrung von Inhalten auf Plattformen folgt. 1

II. Begriff der Plattform

Obwohl die Bezeichnung „Plattform" im Rechtsbereich verstärkt genutzt wird, hat sich eine einheitliche Definition bislang nicht herausgebildet. Im Zuge der jahrelangen Diskussionen in Politik und Literatur zur Regulierung von Online-Diensten hat sich allerdings sowohl auf europäischer Ebene als auch in Deutschland die Gesetzgebung verstärkt mit dem Begriff befasst und bietet eine themenspezifische Orientierung. Auf die zahlreichen rechtsgebietsorientierten Definitionen des Gesetzgebers wird jeweils im Zusammenhang mit den sich daraus für Plattformbetreiber ergebenden Pflichten eingegangen (→ *Plattformen, Pflichten* Rn. 1 ff.). 2

1. Plattformen als zwei- oder mehrseitige Märkte

Die Bundesregierung hat sich im Rahmen der 9. GWB-Novelle ebenfalls mit dem Plattform-Begriff auseinandergesetzt und verwendet diesen teilweise synonym zum kartellrechtlichen und eher wirtschaftlich orientierten Begriff der mehrseitigen Märkte.[1] Auch das Bundeskartellamt bezeichnet Plattformen als „Unternehmen, die als Intermediäre die direkte Interaktion zweier oder mehr Nutzerseiten, zwischen denen indirekte Netzwerkeffekte bestehen, ermöglichen".[2] 3

In der klassischen Definition eines (einseitigen) Marktes geht man vom geplanten Zusammentreffen von Anbietern und Nachfragern aus. Einer Gruppe von Anbietern steht demnach eine Gruppe von Nachfragern gegenüber. Anbieter richten ihr marktstrategisches Verhalten an den Interessen der Nachfrager aus und durch die Interaktion von Anbietern und Nachfragern wird der Preis eines Produktes oder einer Leistung bestimmt. Diese eindimensionale Perspektive erscheint allerdings in der immer komplexeren digitalen Ökonomie nicht mehr allein sachgerecht. Insbesondere dort, wo die jeweiligen Beiträge der Beteiligten nicht mehr eindeutig der Anbieter- oder Nachfragerrolle zugeordnet werden können, wird ein komplexeres Marktverständnis notwendig. 4

Situationen, in denen einzelne Marktteilnehmer zwei (oder mehr) Seiten bedienen und direkte Interaktionen zwischen diesen Seiten ermöglichen, bilden zwei- oder mehrseitigen Märkte ab. Derartige Marktteilnehmer können als Plattformen bezeichnet werden. Dabei dominierte bislang der Kerngedanke, dass eine Plattform die Interaktion zwischen den verschiedenen Seiten zwar ermöglicht, allerdings selbst an der Interaktion nicht direkt beteiligt ist. 5

Einfache Beispiele derartiger Modelle sind klassische Online-Verkaufsplattformen/-Marktplätze wie Immobilien- und Gebrauchtwagenportale. Die Plattformen bieten die technische Infrastruktur für das Zusammenkommen von Verkäufern und Käufern, ohne selbst an den Transaktionen beteiligt zu sein. 6

---

1 Vgl. BT-Drs. 18/10207, 47.
2 BKartA, Arbeitspapier „Marktmacht von Plattformen und Netzwerken", Juni 2016, abrufbar unter https://www.bundeskartellamt.de/SharedDocs/Publikation/DE/Berichte/Think-Tank-Bericht.pdf;jsessionid=FCC2729E0242B0FFA1AEEBDF397E06BF.2_cid378?__blob=publicationFile&v=2, S. 14.

7 Die Annahme, dass Plattformen grundsätzlich neutral sein sollten, ist allerdings von der wirtschaftlichen Entwicklung schon lange überholt worden. Gerade im eCommerce weiten die technischen Plattformanbieter ihren Beitrag immer weiter aus. So finden sich auf Online-Auktionsplattformen zunehmend Eigenangebote des Plattformanbieters in lukrativen Segmenten. Gleichzeitig bauen ehemalige Händler ihre eigenen Online-Angebote zu Marktplätzen aus, die einer Vielzahl von anderen Händlern Zugang zur eigenen Kundenbasis bieten und gleichzeitig das verfügbare Angebotssortiment für die Nachfrager verbreitern.

8 Aufgrund der Komplexität der denkbaren Marktmodelle kann man zur Definition auf eine Vielzahl von Merkmalen zurückgreifen, beispielsweise unter Bezugnahme auf direkte und indirekte Netzwerkeffekte (zB bei Betriebssystemen), die Art der Preisstruktur (zB bei Marktplätzen) sowie die Unterscheidung nach dem Businessmodell, beispielsweise die Einordnung in Transaktions- und Vermittlungsplattformen.

9 Alle Definitionsmerkmale vereinen die Idee einer Plattform als Intermediär zwischen mindestens zwei Nutzergruppen. Die unterschiedlichen Ansätze tragen dabei überwiegend den zugrunde liegenden, vielfältigen Geschäftsmodellen der jeweiligen Plattform – beispielsweise einer Finanzierung über Provisionen oder bezahlte Werbung – Rechnung.

2. Definitionen im DSA und DMA

10 Derzeit ergeben sich die Regelungen für Plattformen aus verschiedenen deutschen Gesetzen und europäischen Regelungen. Dazu (→ *Plattformen, Pflichten* Rn. 1 ff.). Als Blick in die Zukunft lohnt eine Durchsicht der Entwürfe zum „Digital Services Act" (DSA) und zum „Digital Markets Act" (DMA), gemeinsam bilden sie das große anstehende Gesetzespaket zur Plattformregulierung der Europäischen Union, wobei der DSA der rechtliche Nachfolger der E-Commerce-Richtlinie 2000/31 ist.

11 Der Entwurf zum „Digital Markets Act" (COM/2020/842 final) definiert in Art. 2 Nr. 2 einen „zentralen Plattformdienst" und benennt zur Definition exemplarisch verschiedene Online-Dienste, namentlich Online-Vermittlungsdienste, Online-Suchmaschinen, Online-Dienste sozialer Netzwerke, Video-Sharing-Plattform-Dienste, nummernunabhängige interpersonelle Kommunikationsdienste, Betriebssysteme, Cloud-Computing-Dienste und Werbedienste, einschließlich Werbenetzwerken, Werbebörsen und sonstiger Werbevermittlungsdienste, die von dem Betreiber eines der unter den Buchstaben a bis g genannten zentralen Plattformdienste betrieben werden;

12 Der Entwurf zum „Digital Services Act" (COM/2020/825 final) definiert in Art. 2 lit. h eine „Online-Plattform" als einen Hosting-Diensteanbieter, der im Auftrag eines Nutzers/einer Nutzerin Informationen speichert und öffentlich verbreitet.

3. Legal Tech-Plattformen

13 In Bezug auf Legal-Tech im Besonderen erscheint es sinnvoll, eine Begriffsbestimmung vorzunehmen, die sich an den aktuellen Regelungsansätzen orientiert.

14 Angebote, die primär zur Arbeitsunterstützung eingesetzt werden (zB Software zur Dokumentenverwaltung, Kanzleiorganisation, Online-Datenbanken), bilden keinen mehrseitigen Markt ab und kommen nicht als Plattform in Betracht, da die Geschäftsbeziehung hier ausschließlich zwischen Anbieter und Nutzer/Nutzerin besteht. Entsprechendes gilt für Technologien und deren Anbieter, welche die Arbeit in einzelnen Bereichen lediglich (teil-)automatisieren oder vereinfachen (zB Dokumentenanalyse-Tools, Vertragsgeneratoren oder Chatbots).

15 Anders sieht es bei Legal Tech-Angeboten aus, die Dienstleistungen zwischen Rechtsratanbietern und Rechtsratsuchenden vermitteln oder die Zusammenarbeit zwischen diesen organisieren. Hierzu gehören Anwaltsvermittlungsportale, juristische Q&A-Webseiten und sonstige Dienste, die mindestens zwei oder mehr Nutzerseiten anbieten. Auch Portale, die ein Anspruchsmanagement zwischen Anspruchstellern und Anspruchsgegnern organisieren, dürften als Plattform in diesem Sinne in Betracht kommen. Hierunter

fallen beispielsweise die prominenten Portale zur Klärung von Flug- und Fahrgastrechten gegenüber Transportdienstleistern.

Nach alledem sind als Legal Tech-Plattformen solche Anbieter anzusehen, die als Intermediäre die direkte Interaktion zweier oder mehr Nutzerseiten bereitstellen oder ermöglichen. 16

63. Plattformen, Pflichten

Schaper/Wolters

I. Einleitung	1
II. Bürgerliches Gesetzbuch (BGB)	3
III. Datenschutzgrundverordnung (DS-GVO)	6
IV. „Platform-to-Business-Verordnung" (VO (EU) 2019/1150)	9
1. Marktplätze	10
a) AGB-Gestaltung	11
aa) Allgemeine Vorgaben	12
bb) Ranking	15
cc) Nebenwaren	16
dd) Unterschiedliche Behandlung von Angeboten	17
ee) Datenzugang	18
ff) Vertragsbeendigung	19
gg) Einschränkung der Vertriebswege	20
hh) Zugang zum plattforminternen Beschwerdeverfahren	21
ii) Transparenzpflichten	22
jj) Mediation	23
b) Angebotsgestaltung auf Marktplätzen	26
2. Suchmaschinen	27
a) Rankingparameter	28
b) Unterschiedlicher Behandlung von Suchergebnissen	30
V. Gesetz gegen den unlauteren Wettbewerb (UWG)	31
VI. Markengesetz (MarkenG)	40
1. Adwords	41
2. Verwendung einer Marke als Suchwort	47
3. Automatische Suchwortergänzung	48
4. Aufnahme verwechslungsfähiger Zeichen in den Quelltext	52
VII. Telemediengesetz (TMG)	53
VIII. Gesetz über den Datenschutz und den Schutz der Privatsphäre in der Telekommunikation und bei Telemedien (TTDSG)	61
IX. Medienstaatsvertrag (MStV)	64
1. Vorschriften für Medienintermediäre	65
2. Spezialvorschriften für soziale Netzwerke	70
3. Spezialvorschriften für Videosharing-Dienste	71
X. Jugendschutzgesetz (JuSchG)	77
1. Vorsorgemaßnahmen	78
2. Bestellung eines inländischen Empfangsbevollmächtigten	79
XI. Netzwerkdurchsetzungsgesetz (NetzDG)	80
1. Rechtswidrige Inhalte im Sinne des NetzDG	83
2. Transparenzpflichten	86
3. Bestellung eines inländischen Zustellungsbevollmächtigten	88
4. Meldepflicht gegenüber dem Bundeskriminalamt (BKA)	89
5. Auskunftspflicht gegenüber Forschung	91
6. Vertragsgestaltungspflicht für Videosharing-Anbieter	94
XII. Urheberrechts-Diensteanbieter-Gesetz (UrhDaG)	95
1. Pflicht zum Lizenzerwerb	99
2. Vergütungspflicht	103
a) Direktanspruch des Urhebers	104
b) Vergütungspflichtige Schranken	105
3. Verpflichtung zur Sperrung von Inhalten	107
4. Bestellung eines inländischen Zustellungsbevollmächtigten	108
XIII. Digital Services Act (DSA) ab 2024	110
1. Allgemeine Verpflichtungen	111
a) Kontaktstellen für die Behörden der Mitgliedstaaten, die Kommission und das „European Board for Digital Services" (Art. 11)	112
b) Kontaktstellen für Nutzer (Art. 12 DSA)	113
c) Gestaltung der AGB (Art. 14 DSA)	114
aa) Formale Vorgaben	115
bb) Inhaltsvorgaben	116
(1) Informationen über Beschränkungen der Plattformdienste	117
(2) Informationen über Empfehlungssysteme	119
d) Transparenzpflichten	121
e) Meldung von Straftaten	126
f) Irreführungsverbot	127
g) Kennzeichnungspflichten für Werbung	128
aa) Kennzeichnungspflichten der Plattform	129
bb) Eröffnung von Kennzeichnungsmöglichkeiten die der Nutzer/Nutzerinnen	130
h) Auswahl der Empfehlungssysteme	131
i) Verpflichtung zum Jugendschutz	132
2. Besondere Verpflichtungen für Marktplätze	133
a) Rückverfolgbarkeit der Beteiligten	134
b) Gestaltung von Marktplatzangeboten	139
c) Information bei illegalen Produkten	142
3. Besondere Pflichten für sehr große Plattformen	144
a) Allgemeine Geschäftsbedingungen (AGB)	145
b) Risikoeinschätzung	146
c) Risikominderungsmaßnahmen	147
d) Empfehlungssysteme ohne Profiling	148
e) Werbearchiv	149
f) Compliance Abteilung	152
g) Transparenzberichte	153

Literatur: *Flamme,* Schutz der Meinungsvielfalt im digitalen Raum, Transparenzpflichten für Intermediäre im nationalen und europäischen Vergleich, MMR 2021, 770; *Hofmann,* Das neue Urheberrechts-Diensteanbieter-Gesetz, NJW 2021, 1905; *Pukas,* Die lauterkeitsrechtliche Zulässigkeit des Erwerbs positiver Kundenbewertungen durch das Bieten finanzieller Anreize oder die Gewährung sonstiger Entgelte, WRP 2019, 1421; *Waiblinger/Pukas,* Die urheberrechtlichen Haftung von Onlineplattformen nach dem Urheberrechts-Diensteanbieter-Gesetz (UrhDaG), MDR 2021, 1489.

I. Einleitung

Für Plattformen gelten zunächst die allgemeinen Pflichten, welche für alle Webseiten gelten, wie etwa die Impressumspflicht nach § 5 TMG oder Informationspflichten nach der DS-GVO im Hinblick auf die Verarbeitung personenbezogener Daten. Daneben können selbstverständlich spezialgesetzliche Pflichten zur Anwendung kommen, wenn die Tätigkeiten der Plattform über den reinen Plattformbetrieb hinausgehen, bspw. wenn Versicherungen vermittelt werden.[1]

Nachfolgend soll jedoch vor allem auf Pflichten der Plattformen eingegangen werden, welche sie gerade aufgrund ihrer Eigenschaft als Plattformen treffen, dh die spezifisch auf Plattformen zugeschnitten sind und eben nicht ohnehin für alle Webseitenbetreiber gelten. Solche finden sich zum Teil im BGB, zum Teil in der DS-GVO und für Marktplatz- und Bewertungsplattformen zudem vor allem in der VO (EU) 2019/1150 („Platform-to-Business-Verordnung"), im UWG und dem MarkenG, für soziale Netzwerke, Videosharing- und Sharehosting-Plattformen vor allem im TMG, dem MStV, dem NetzDG und dem UrhDaG. Besondere Pflichten von Online-Suchmaschinen als eine spezielle Form der Plattformen werden nur am Rande behandelt.

II. Bürgerliches Gesetzbuch (BGB)

Die mit dem 1.1.2022 in Umsetzung der Richtlinie (EU) 2019/770 in das BGB eingeführten §§ 327 bis 327r BGB sehen spezielle Vorschriften für digitale Produkte vor (vgl. § 327 Abs. 1 BGB). Wichtig zu wissen ist dabei, dass diese Vorschriften gem. § 327 Abs. 3 BGB auch dann gelten, wenn ein Verbraucher/eine Verbraucherin kein Entgelt zahlt, sondern stattdessen personenbezogene Daten bereitstellt oder sich zu deren Bereitstellung verpflichtet. Dies gilt nicht, wenn die bereitgestellten personenbezogenen Daten ausschließlich verarbeitet werden, um einer Leistungspflicht nachzukommen oder rechtliche Anforderungen zu erfüllen und sie zu keinem anderen Zweck verarbeitet werden (vgl. § 312 Abs. 1a S. 2 BGB).

Besonders beachten sollten Plattformen aufgrund der spezifischen Plattformkonstellation und der damit verbundenen Einbindung nutzergenerierter Inhalte den § 327p BGB. Nach Abs. 2 der Vorschrift dürfen nutzergenerierte Inhalte, die keine personenbezogenen Daten enthalten,[2] nach Vertragsbeendigung nicht mehr genutzt werden, es sei denn die Inhalte

- haben außerhalb des Kontextes der Plattform keinen Nutzen,
- hängen ausschließlich mit der Nutzung der Plattform durch den Verbraucher/die Verbraucherin zusammen,
- wurden vom Plattformbetreiber mit anderen Daten aggregiert und können nicht oder nur mit unverhältnismäßigem Aufwand disaggregiert werden oder
- wurden vom Verbraucher/von der Verbraucherin gemeinsam mit anderen Verbrauchern/Verbraucherinnen erzeugt, sofern andere Verbraucher/Verbraucherinnen die Inhalte weiterhin nutzen können.

Nach Abs. 3 S. 1 der Vorschrift hat der Plattformbetreiber die Inhalte des Verbrauchers/der Verbraucherin, welche nicht mehr genutzt werden dürfen, dem Verbraucher/der Verbraucherin nach Vertragsbeendigung zudem bereitzustellen. Dies muss nach S. 3 unentgeltlich, ohne Behinderung durch die Plattform und innerhalb einer angemessenen Frist sowie in einem gängigen und maschinenlesbaren Format erfolgen.

III. Datenschutzgrundverordnung (DS-GVO)

Obwohl für Plattformen wie angesprochen selbstverständlich dieselben gesetzlichen Vorgaben bzgl. der Erhebung und Verarbeitung personenbezogener Daten gelten wie für andere Webseiten, muss an dieser Stelle dennoch erwähnt werden, dass der BGH sich in der Vergangenheit besonders mit der Einhaltung dieser Vorgaben durch Vergleichsportale wie dem Ärztebewertungsportal „Jameda" beschäftigt hat, bei denen auch Personen gelistet und verglichen werden, die in die Listung im Portal nicht eingewilligt haben,

---

1 OLG Karlsruhe Urt. v. 22.9.2021 – 6 U 82/20, MMR-Aktuell 2021, 443080, zur Anwendbarkeit des VVG.
2 In diesem Fall fielen sie unter die insoweit vorrangige DS-GVO und deren Vorschriften zur Datenübertagbarkeit.

deren Daten aber bspw. über ihre Webseite frei verfügbar sind. Der BGH hat für diesen Fall folgende Grundsätze aufgestellt:

7 Die Datenverarbeitung durch Vergleichsportale ist grundsätzlich zulässig.[3] Der Kommunikationsfreiheit im Netz ist eine zentrale Bedeutung beizumessen. Demgegenüber müssen Persönlichkeitsschutz und informationelle Selbstbestimmung zurücktreten. Zudem besteht gerade bei Arztportalen ein ganz erhebliches Interesse der Öffentlichkeit an Informationen über ärztliche Dienstleistungen.

8 Etwas anderes ergibt sich allerdings dann, wenn die Vergleichsplattformen ihre Stellung als „neutrale" Informationsvermittler verlassen. Dies ist bei Arztportalen etwa dann der Fall, wenn einzelne – zahlende – Ärzte durch die Art der Werbung, die ihnen auf dem Portal zuteilwird, verdeckte Vorteile erhalten.[4] Entscheidend ist daher stets die konkrete Ausgestaltung der Vergleichsplattform.[5]

IV. „Platform-to-Business-Verordnung" (VO (EU) 2019/1150)

9 Die VO (EU) 2019/1150 („Platform-to-Business-Verordnung"), die unmittelbar in allen Mitgliedstaaten gilt, macht zahlreiche Vorgaben für Online-Vermittlungsdienste und Online-Suchmaschinen.

1. Marktplätze

10 Ein Online-Vermittlungsdienst im Sinne der Verordnung ist eine Plattform, die es gewerblichen Nutzern/Nutzerinnen ermöglicht, Verbrauchern/Verbraucherinnen Waren oder Dienstleistungen anzubieten, also dem Grunde nach ein Online-Marktplatz.

a) AGB-Gestaltung

11 Marktplätze müssen bei der Gestaltung ihrer AGB verschiedene Aspekte berücksichtigen.

aa) Allgemeine Vorgaben

12 Nach Art. 3 Abs. 1 VO (EU) 2019/1150 müssen sie im Hinblick auf Ihre AGB sicherstellen, dass diese
- klar und verständlich formuliert sind;
- für gewerbliche Nutzer/Nutzerinnen zu jedem Zeitpunkt leicht verfügbar sind,
- die Gründe benennen, bei deren Vorliegen entschieden werden kann, die Bereitstellung des Marktplatzes für gewerbliche Nutzer/Nutzerinnen vollständig oder teilweise auszusetzen oder zu beenden oder sie in irgendeiner anderen Art einzuschränken;
- Informationen über zusätzliche Vertriebskanäle oder etwaige Partnerprogramme enthalten, über die der Marktplatz die vom/von der gewerblichen Nutzer/Nutzerin angebotenen Waren und Dienstleistungen vermarkten könnte und
- Allgemeine Informationen zu den Auswirkungen der AGB auf die Inhaberschaft und die Kontrolle von Rechten des geistigen Eigentums gewerblicher Nutzer/Nutzerinnen enthalten.

13 Über vorgeschlagene Änderungen der AGB muss der Marktplatz gewerbliche Nutzer/Nutzerinnen auf einem dauerhaften Datenträger informieren. Die Änderungen dürfen erst nach einer angemessenen Frist von mindestens 15 Tagen ab der Information umgesetzt werden, es sei denn, ein schnelleres Handeln ist gesetzlich vorgeschrieben oder zur Abwehr einer unvorhergesehenen und unmittelbar drohenden Gefahr und zum Schutz vor Betrug, Schadsoftware, Spam, Verletzungen des Datenschutzes oder anderen Cybersicherheitsrisiken erforderlich. Innerhalb der Frist bis zur Umsetzung kann der Vertrag mit dem Marktplatz gekündigt werden. Die Kündigung entfaltet spätestens 15 Tage nach Eingang Wirkung, wenn nicht vertraglich bereits eine kürzere Frist gilt. Die gewerblichen Nutzer/Nutzerinnen können jedoch auf die angemessene Frist für das Wirksamwerden der vorgeschlagenen AGB-Änderungen verzichten. Das

---

3 BGH Urt. v. 23.9.2014 – VI ZR 358/13, NJW 2015, 489 – Jameda II.
4 BGH Urt. v. 20.2.2018 – VI ZR 30/17, NJW 20218, 1884 – Jameda III.
5 Vgl. auch BGH Urt. v. 12.10.2021 – VI ZR 488/19, NJW 2022, 1098 – Ungleiche Darstellung auf Ärztebewertungsportal, und BGH Urt. v. 12.10.2021 – VI ZR 489/19, GRUR 2022, 258 – Ärztebewertung V.

Einstellen neuer Waren oder Dienstleistungen auf dem Marktplatz vor Ablauf der Frist gilt als eindeutige bestätigende Handlung, durch die auf die Frist verzichtet wird, außer in den Fällen, in denen die angemessene und verhältnismäßige Frist mehr als 15 Tage beträgt. Wird das vorgehend beschriebene Procedere nicht eingehalten, treten die vorgeschlagenen Änderungen der AGB nicht in Kraft (Art. 3 Abs. 3 VO (EU) 2019/1150).

Nach Art. 8 lit. a VO (EU) 2019/1150 ist es Marktplätzen zudem verboten, rückwirkende Änderungen an den AGB vorzunehmen, es sei denn, dies geschieht in Erfüllung einer gesetzlichen oder behördlich angeordneten Verpflichtung oder die rückwirkenden Änderungen sind für die gewerblichen Nutzer/Nutzerinnen von Vorteil.

bb) Ranking
Zudem muss der Marktplatz in seinen AGB die das Ranking der Angebote bestimmenden Hauptparameter und die Gründe für die relative Gewichtung dieser Hauptparameter gegenüber anderen Parametern darstellen (Art. 5 Abs. 1 VO (EU) 2019/1150). Enthalten die Hauptparameter die Möglichkeit, dass die gewerblichen Nutzer/Nutzerinnen das Ranking beeinflussen können, indem sie direkt oder indirekt ein Entgelt entrichten, so muss diese Möglichkeit erläutert und dargelegt werden, wie sich derartige Entgelte auf das Ranking auswirken (Art. 5 Abs. 3 VO (EU) 2019/1150). Die Erläuterungen und Darstellungen zum Ranking müssen nach Art. 5 Abs. 5 VO (EU) 2019/1150 ein angemessenes Verständnis der Frage ermöglichen, ob und gegebenenfalls wie und in welchem Umfang der Rankingmechanismus Folgendes berücksichtigt:
- die Merkmale der Waren und Dienstleistungen, die Verbrauchern/Verbraucherinnen angeboten werden;
- die Relevanz dieser Merkmale für die Verbraucher/Verbraucherinnen.[6]

cc) Nebenwaren
Wenn Verbrauchern/Verbraucherinnen über den Marktplatz entweder durch den Marktplatz selbst oder durch Dritte Nebenwaren und -dienstleistungen, einschließlich Finanzprodukten, angeboten werden, beschreibt der Marktplatz in seinen AGB die Art der angebotenen Nebenwaren und -dienstleistungen und gibt an, ob und unter welchen Bedingungen der/die gewerbliche Nutzer/Nutzerin ebenfalls berechtigt ist, eigene Nebenwaren und -dienstleistungen anzubieten (Art. 6 VO (EU) 2019/1150).

dd) Unterschiedliche Behandlung von Angeboten
Ein Marktplatz muss in seinen AGB erläutern, warum Waren und Dienstleistungen, die Verbrauchern/Verbraucherinnen vom Marktplatz selbst (oder von gewerblichen Nutzern/Nutzerinnen, die vom Marktplatz kontrolliert werden) angeboten werden, einerseits und Angebote von sonstigen gewerblichen Nutzern/Nutzerinnen andererseits ggf. anders behandelt werden. Diese Erläuterung bezieht sich auf die wichtigsten wirtschaftlichen, geschäftlichen oder rechtlichen Erwägungen, die einer solchen differenzierten Behandlung zugrunde liegen. Die Erläuterung umfasst nach Art. 7 Abs. 3 VO iVm Art. 7 Abs. 1 (EU) 2019/1150 gegebenenfalls insbesondere Angaben zu jeglicher differenzierten Behandlung durch konkrete Maßnahmen oder durch das Verhalten des Marktplatzes in Bezug auf
- etwaigen Zugang zu personenbezogenen oder sonstigen Daten oder beidem,
- Ranking oder andere Einstellungen, die den Zugang der Verbraucher/Verbraucherinnen zu Waren oder Dienstleistungen beeinflussen,
- etwaige direkte oder indirekte Entgelte,
- Zugang zu den Diensten, Funktionen oder technischen Schnittstellen und die Bedingungen und die direkt oder indirekt erhobene Vergütung für die Nutzung dieser Dienste, Funktionen und technischen Schnittstellen.

---

6 Es besteht keine Verpflichtung zur Offenlegung von Algorithmen oder Informationen, die mit hinreichender Sicherheit dazu führen würden, dass eine Täuschung oder Schädigung von Verbrauchern/Verbraucherinnen durch die Manipulation von Suchergebnissen möglich wird.

Schaper/Wolters

ee) Datenzugang

18 Der Marktplatz muss nach Art. 9 VO (EU) 2019/1150 in seinen AGB den technischen und vertraglichen Zugang oder das Fehlen eines solchen Zugangs für gewerbliche Nutzer/Nutzerinnen zu personenbezogenen oder sonstigen Daten erläutern. Das sind Daten, die gewerbliche Nutzer/Nutzerinnen oder Verbraucher/Verbraucherinnen für die Nutzung des Marktplatzes zur Verfügung stellen oder die im Zuge der Bereitstellung des Marktplatzes generiert werden. Der Marktplatz muss insbesondere darüber informieren,

- ob bzw. inwieweit und zu welchen Bedingungen der Marktplatz Zugang zu den oben genannten Daten hat; falls ein Zugang besteht, sind die Kategorien der Daten, zu denen Zugang besteht ausdrücklich zu benennen;
- ob diese Daten Dritten zur Verfügung gestellt werden und – wenn die Bereitstellung dieser Daten für Dritte für das ordnungsgemäße Funktionieren des Marktplatzes nicht erforderlich ist – zu welchen Zwecken die Datenweitergabe erfolgt sowie welche Möglichkeiten bestehen, die Datenweitergabe abzulehnen und
- ob bzw. inwieweit und zu welchen Bedingungen die gewerblichen Nutzer/Nutzerinnen Zugang haben zu personenbezogenen oder sonstigen Daten, die gewerbliche Nutzer/Nutzerinnen im Zusammenhang mit der Nutzung des Marktplatzes durch den/die gewerblichen/gewerbliche Nutzer/Nutzerin zur Verfügung gestellt hat oder die im Zuge der Bereitstellung des Marktplatzen für diese/diesen und die Verbraucher/Verbraucherinnen der Waren oder Dienstleistungen des- oder derselben generiert wurden; falls ein Zugang besteht, sind die Kategorien der Daten, zu denen Zugang besteht, ausdrücklich zu benennen. Auch ist anzugeben, ob die Daten in aggregierter Form zugänglich sind.

ff) Vertragsbeendigung

19 Nach Art. 8 lit. b VO (EU) 2019/1150 müssen die AGB zudem Informationen über Bedingungen der Beendigung der Vertragsbeziehung zwischen dem/der gewerblichen Nutzer/Nutzerin und dem Marktplatz enthalten. Ergänzend ist nach Art. 8 lit. c VO (EU) 2019/1150 eine Beschreibung des vorhandenen oder nicht vorhandenen technischen und vertraglichen Zugangs zu den von dem/der gewerblichen Nutzer/Nutzerin bereitgestellten oder generierten Informationen auch nach Vertragsbeendigung aufzunehmen (vgl. dazu ergänzend Art. 9 VO (EU) 2019/1150).

gg) Einschränkung der Vertriebswege

20 Untersagt der Marktplatz, gewerblichen Nutzern/Nutzerinnen, ihre Waren und Dienstleistungen zu anderen Bedingungen auf anderem Wege als über den Marktplatz anzubieten, muss er in seinen AGB die Gründe für diese Einschränkung angeben und diese öffentlich leicht verfügbar machen. Hierbei sind die wichtigsten wirtschaftlichen, geschäftlichen oder rechtlichen Gründe für die Einschränkungen anzugeben (Art. 10 VO (EU) 2019/1150).

hh) Zugang zum plattforminternen Beschwerdeverfahren

21 Der Marktplatz muss in seinen AGB alle einschlägigen Informationen zur Verfügung stellen, die sich auf den Zugang zum internen Beschwerdemanagementsystem und dessen Funktionsweise beziehen (Art. 11 Abs. 3 VO (EU) 2019/1150; → *Plattformen, Sperrung von Inhalten* Rn. 35 ff.

ii) Transparenzpflichten

22 Im Zusammenhang mit dem internen Beschwerdeverfahren muss der Marktplatz auch Informationen zur Funktionsweise und Wirksamkeit des Beschwerdesystems erstellen und diese öffentlich leicht verfügbar machen. Hierbei sind die Anzahl der eingereichten Beschwerden, die wichtigsten Arten von Beschwerden, der durchschnittliche Zeitbedarf für die Bearbeitung der Beschwerden und aggregierte Informationen über das Ergebnis der Beschwerden anzugeben. Die Informationen sind mindestens einmal jährlich zu überprüfen (Art. 11 Abs. 4 VO (EU) 2019/1150).

jj) Mediation

23 Der Marktplatz muss in seinen AGB zwei oder mehr Mediatoren angegeben, mit denen er zusammenarbeitet, um mit gewerblichen Nutzern/Nutzerinnen eine außergerichtliche Beilegung etwaiger Streitigkeiten zu erzielen (Art. 12 Abs. 1 VO (EU) 2019/1150). Art. 12 Abs. 2 VO (EU) 2019/1150 konkretisiert die Voraußet-

zungen, die Mediatoren erfüllen müssen.[7] Der Marktplatz muss zudem einen angemessenen Anteil an den Gesamtkosten der Mediation tragen (Art. 12 Abs. 4 VO (EU) 2019/1150).[8]

Ungeachtet einer Mediation können zu jeder Zeit auch gerichtliche Schritte eingeleitet werden (Art. 12 Abs. 5 VO (EU) 2019/1150). Auf Aufforderung der gewerblichen Nutzer/Nutzerinnen muss der Marktplatz vor oder während einer Mediation Informationen über das Funktionieren und die Wirksamkeit der Mediation im Zusammenhang mit dem Marktplatz bereitstellen (Art. 12 Abs. 6 VO (EU) 2019/1150). 24

Die Verpflichtung zur Nennung von Mediatoren besteht nicht für kleine Unternehmen im Sinne des Anhangs zur Empfehlung 2003/361/EG, dh für Unternehmen mit weniger als 50 Beschäftigten und einem Jahresumsatz bzw. einer Jahresbilanz von höchstens 10 Mio. EUR (Art. 2 Abs. 2 Anhangs zur Empfehlung 2003/361/EG). 25

b) Angebotsgestaltung auf Marktplätzen

Marktplätze stellen zudem sicher, dass die Identität der gewerblichen Nutzer/Nutzerinnen, die Waren und Dienstleistungen über den Marktplatz anbieten, klar erkennbar ist (Art. 3 Abs. 4 VO (EU) 2019/1150). 26

2. Suchmaschinen

Als kurzer Exkurs soll nachfolgend auch auf die Verpflichtungen eingegangen werden, welche die VO (EU) 2019/1150 für Online-Suchmaschinen vorsieht. 27

a) Rankingparameter

Suchmaschinen müssen die Hauptparameter, die einzeln oder gemeinsam für die Festlegung des Rankings der Ergebnisse am wichtigsten sind, und die relative Gewichtung dieser Hauptparameter darstellen. Deshalb müssen Suchmaschinen klar und verständlich formulierte Erläuterungen bereitstellen, die öffentlich und leicht verfügbar sind. Sie sorgen dafür, dass diese Beschreibungen stets aktuell sind (Art. 5 Abs. 2 VO (EU) 2019/1150). Enthalten die Hauptparameter die Möglichkeit, dass die Nutzer/Nutzerinnen mit Unternehmenswebseite das Ranking beeinflussen können, indem sie direkt oder indirekt ein Entgelt entrichten, so muss diese Möglichkeit erläutert und dargelegt werden, wie sich derartige Entgelte auf das Ranking auswirken (Art. 5 Abs. 3 VO (EU) 2019/1150). Die Erläuterungen und Darstellungen zum Ranking müssen nach Art. 5 Abs. 5 VO (EU) 2019/1150 ein angemessenes Verständnis davon ermöglichen, ob und gegebenenfalls wie und in welchem Umfang der Rankingmechanismus Folgendes berücksichtigt: 28

- die Merkmale der Waren und Dienstleistungen, die Verbrauchern/Verbrauchern angeboten werden;
- die Relevanz dieser Merkmale für die Verbraucher/Verbraucherinnen und
- die Gestaltungsmerkmale der Webseite, die von Nutzern/Nutzerinnen mit Unternehmenswebseite verwendet werden.[9]

Ändert die Suchmaschine die Reihenfolge des Rankings der Ergebnisse in einem konkreten Fall oder listet sie eine bestimmte Webseite infolge der Mitteilung eines Dritten aus, bietet sie dem Nutzer/der Nutzerin mit Unternehmenswebseite die Möglichkeit, den Inhalt der Mitteilung einzusehen. 29

---

7 Mediatoren außerhalb der EU dürfen nur dann benannt werden, wenn den gewerblichen Nutzern/Nutzerinnen daraus kein Nachteil entsteht.
8 Der angemessene Anteil an den Gesamtkosten wird ausgehend von einem Vorschlag des Mediators unter Berücksichtigung aller einschlägigen Elemente des jeweiligen Falls, insbesondere der Stichhaltigkeit der Forderungen der Streitparteien, des Verhaltens der Parteien sowie der Größe und der Finanzstärke der Parteien im Verhältnis zueinander bestimmt.
9 Es besteht keine Verpflichtung zur Offenlegung von Algorithmen oder Informationen, die mit hinreichender Sicherheit dazu führen würden, dass eine Täuschung oder Schädigung von Verbrauchern/Verbraucherinnen durch die Manipulation von Suchergebnissen möglich wird.

b) Unterschiedlicher Behandlung von Suchergebnissen

30 Die Suchmaschine muss zudem jede differenzierende Behandlung von Waren und Dienstleistungen, die Verbrauchern/Verbraucherinnen von der Suchmaschine selbst oder von durch die Suchmaschine kontrollierten Nutzern/Nutzerinnen mit Unternehmenswebseite angeboten werden, einerseits und von Waren und Dienstleistungen von sonstigen Nutzern/Nutzerinnen mit Unternehmenswebseite andererseits erläutern.

Die Erläuterung umfasst nach Art. 7 Abs. 3 iVm Art. 7 Abs. 2 VO (EU) 2019/1150 gegebenenfalls insbesondere Angaben zu jeglicher differenzierten Behandlung durch konkrete Maßnahmen oder durch das Verhalten der Suchmaschine in Bezug auf
- einen etwaigen Zugang zu personenbezogenen oder sonstigen Daten oder beidem,
- ein Ranking oder andere Einstellungen, die den Zugang der Verbraucher/Verbraucherinnen zu Waren oder Dienstleistungen beeinflussen,
- etwaige direkte oder indirekte Entgelte,
- einen Zugang zu den Diensten, Funktionen oder technischen Schnittstellen und die Bedingungen und die direkt oder indirekt erhobene Vergütung für die Nutzung dieser Dienste, Funktionen und technischen Schnittstellen.

V. Gesetz gegen den unlauteren Wettbewerb (UWG)

31 Viele der Regelungen, welche die VO (EU) 2019/1150 bereits seit 2021 für die Mitgliedstaaten verbindlich im Verhältnis zwischen Plattform und Unternehmer/Unternehmerin vorschreibt, wurden wenig später durch Neuerungen im UWG auch im Verhältnis zwischen Plattform und Verbraucher/Verbraucherin festgeschrieben. Mit der Umsetzung der RL (EU) 2019/2161 („Omnibus-Richtlinie") unter anderem durch das Gesetz zur Stärkung des Verbraucherschutzes im Wettbewerbs- und Gewerberecht wurden für Bewertungsportale und Online-Marktplätze[10] neue Transparenzpflichten eingeführt:[11]

32 Der neue § 2 Abs. 1 UWG nF definiert in Nr. 7 zunächst den Begriff „Ranking". Die Definition lautet wie folgt:

„Ranking" ist „die von einem Unternehmer veranlasste relative Hervorhebung von Waren oder Dienstleistungen, unabhängig von den hierfür verwendeten technischen Mitteln".

33 Im Falle des Rankings handelt nach § 5b Abs. 2 iVm § 5a Abs. 1 UWG unlauter, wer es unterlässt, dem Verbraucher/der Verbraucherin Informationen über die Hauptparameter zur Festlegung des Rankings und die relative Gewichtung dieser Hauptparameter im Vergleich zu anderen Parametern bereitzustellen. Da die Informationen von der Anzeige der Suchergebnisse aus unmittelbar und leicht zugänglich sein müssen (§ 5b Abs. 2 S. 2 UWG), genügt eine Bereitstellung in den AGB nicht.[12]

34 Parallel dazu ist es nach § 3 Abs. 3 UWG iVm Nr. 11a des Anhangs zu § 3 Abs. 3 UWG stets unzulässig, bei einer Anfrage eines Verbrauchers/einer Verbraucherin Suchergebnisse anzuzeigen, ohne dass etwaige bezahlte Werbung eindeutig offengelegt wird. Das gleiche gilt, wenn Zahlungen nicht offengelegt werden, die dazu dienen, ein höheres Ranking der jeweiligen Waren oder Dienstleistungen zu erreichen.

---

10 Eine Definition von Online-Marktplätzen findet sich in § 2 Abs. 1 Nr. 6 UWG, wonach ein Online-Marktplatz ein Dienst ist, der es Verbrauchern/Verbraucherinnen ermöglicht, durch die Verwendung von Software, die von einem Unternehmer/einer Unternehmerin oder in dessen Namen betrieben wird, einschließlich einer Webseite, eines Teils einer Webseite oder einer Anwendung, Fernabsatzverträge mit anderen Unternehmern/Unternehmerinnen oder Verbrauchern/Verbraucherinnen abzuschließen.
11 Für Online-Suchmaschinen im Sinne des Art. 2 Nr. 6 VO (EU) 2019/1150 (ABl. 2020 C 424, 1) („P2B-VO") gilt die Definition der wesentlichen Informationen im Sinne des § 5 Abs. 2 UWG nicht, vgl. § 5b Abs. 2 S. 3 UWG.
12 Weitere Auslegungshilfen für § 5b Abs. 2 UWG bieten die Leitlinien zur Transparenz des Rankings gemäß der Verordnung (EU) 2019/1150.

Nach § 5b Abs. 3 UWG muss bei Zugänglichmachung von Bewertungen von Verbrauchern/Verbraucherinnen zudem darüber informiert werden, ob und wie der Unternehmer/die Unternehmerin sicherstellt, dass die veröffentlichten Bewertungen von Verbrauchern/Verbraucherinnen stammen, welche die Waren oder Dienstleistungen tatsächlich genutzt oder erworben haben. 35

Parallel dazu ist es wiederum nach § 3 Abs. 3 UWG iVm Nr. 23b des Anhangs zu § 3 Abs. 3 UWG stets unzulässig, zu behaupten, dass Bewertungen einer Ware oder Dienstleistung von Verbrauchern/Verbraucherinnen stammen, welche diese Ware oder Dienstleistung tatsächlich erworben oder genutzt haben, ohne dass angemessene und verhältnismäßige Maßnahmen zur Überprüfung ergriffen wurden, ob die Bewertungen tatsächlich von solchen Verbrauchern/Verbraucherinnen stammen. Ebenso ist es nach § 3 Abs. 3 UWG iVm Nr. 23c des Anhangs zu § 3 Abs. 3 UWG stets zulässig, gefälschte Bewertungen oder Empfehlungen von Verbrauchern/Verbraucherinnen zu beauftragen oder auch nur zu übermitteln sowie Bewertungen oder Empfehlungen von Verbrauchern/Verbraucherinnen zum Zwecke der Verkaufsförderung in sozialen Medien falsch darzustellen. Schließlich verstößt es gegen § 5a Abs. 4 UWG, wenn Bewertungen zwar echt, aber gekauft sind (zB durch Beilegung eines Gutscheins) und kein Hinweis darauf erfolgt, dass es sich um „bezahlte" Rezensionen handelt.[13] 36

Marktplätze müssen zudem darüber informieren, ob eine Ware oder Dienstleistung nach eigener Erklärung von einem Unternehmer/einer Unternehmerin stammt (§ 5b Abs. 1 Nr. 6 UWG). 37

Neben den Transparenz- und Informationspflichten ist für Marktplätze angesichts der immer häufiger werdenden Fälle von Identitätsdiebstahl insbesondere auch das Verbot des § 3 Abs. 3 UWG iVm Nr. 29 des Anhangs zu § 3 Abs. 3 UWG relevant. Danach ist es verboten, zur Bezahlung nicht bestellter, aber gelieferter Waren oder erbrachter Dienstleistungen aufzufordern. Verboten ist auch die Aufforderung, solche Waren aufzubewahren oder zurückzusenden. Praktisch problematisch ist daran, dass es für Marktplätze zwar möglich ist, durch Sicherungsmaßnahmen wie eine Bestätigung (bspw. über ein zweites Mobilgerät) Identitätsdiebstähle zu erschweren. Absolut ausschließen lassen sie sich aber so gut wie nie. Bei einem Kauf auf Rechnung besteht für Marktplätze damit immer ein Restrisiko. 38

Werden Pflichten nach dem UWG nicht eingehalten, drohen insbesondere Abmahnungen auf Unterlassung durch Wettbewerber oder Verbände. Überdies kann der Abmahnende Kostenerstattung verlangen (§ 13 Abs. 3 UWG). Abmahnungen auf Unterlassung sind in der Praxis häufig zu beobachten. Des Weiteren droht die Geltendmachung von Schadensersatzansprüchen bei Vorsatz oder Fahrlässigkeit. Schadensersatzansprüche drohen sowohl von Mitbewerbern als auch von Verbrauchern/Verbraucherinnen. Seit dem Gesetz zur Stärkung des Verbraucherschutzes im Wettbewerbs- und Gewerberecht können auch Verbraucher/Verbraucherinnen gem. § 9 Abs. 2 S. 1 UWG nF Schadensersatz verlangen, wenn sie durch eine unzulässige geschäftliche Handlung zu einer geschäftlichen Entscheidung veranlasst wurden, die sie sonst nicht getroffen hätten. Der Anspruch verjährt gem. § 11 Abs. 1 UWG nF in einem Jahr.[14] In der Praxis kommt Schadensersatzansprüchen aber nur ausnahmsweise Bedeutung zu. 39

VI. Markengesetz (MarkenG)

Auch markenrechtlich müssen Marktplatz- und Bewertungsplattformen einiges beachten. Die Problematik der Adwords ist darüber hinaus auch für Online-Suchmaschinen relevant. 40

1. Adwords

Soweit es sich bei dem hinterlegten Begriff um eine beschreibende Bezeichnung handelt, liegt in der Verwendung als Adword zwar noch keine Markenverletzung. Dies gilt auch dann, wenn der Hinterleger bei dem Suchmaschinenbetreiber zugleich die Einstellung „weitgehend passende Keywords" wählt mit der 41

---

13 Vgl. OLG Frankfurt a. M. Beschl. v. 22.2.2019 – 6 W 9/19, MMR 2019, 314 – Unlautere Veröffentlichung „gekaufter" Kundenbewertungen auf Internet-Plattform, besprochen u.a. in Pukas WRP 2019, 1421 ff.
14 Gem. § 14 Abs. 4 UWG gelten die allgemeinen Zuständigkeitsregeln der ZPO, es besteht damit für die Schadensersatzansprüche von Verbrauchern/Verbraucherinnen keine spezielle Zuständigkeit der Wettbewerbsgerichte.

Folge, dass auch bei Eingabe ähnlicher Suchbegriffe – einschließlich geschützter Marken, die das Keyword als Bestandteil enthalten – die hinterlegte Anzeige erscheint.[15]

42 Jedoch kann die Hinterlegung fremder Marken als Adword eine Markenverletzung darstellen. Nach den grundlegenden Entscheidungen des EuGHs[16] ist insoweit in erster Linie entscheidend, ob eine Beeinträchtigung der Herkunftsfunktion vorliegt.[17] Dies ist der Fall, wenn aus der Anzeige für einen normal informierten und angemessen aufmerksamen Internetnutzer nicht oder nur schwer zu erkennen ist, ob die in der Anzeige beworbenen Waren oder Dienstleistungen von dem Inhaber der Marke oder einem mit ihm wirtschaftlich verbundenen Unternehmen stammen oder von einem Dritten.[18]

43 Dass die Ware von einem Dritten stammt, kann der normal informierte und angemessen aufmerksame Internetnutzer nach dem BGH dann erkennen, wenn die Anzeige deutlich als Anzeige gekennzeichnet ist und von den eigentlichen Suchtreffern eindeutig räumlich getrennt erscheint.[19] Nach der Rechtsprechung erwartet der verständige Internetnutzer in einem deutlich von der Trefferliste räumlich, farblich oder auf andere Weise abgesetzten und mit dem Begriff „Anzeigen" gekennzeichneten Werbeblock nicht ausschließlich Angebote des Markeninhabers oder mit ihm verbundener Unternehmen.[20] Dem Verbraucher/der Verbraucherin sei die Trennung von Werbung und der nachgefragten Leistung aus anderen Bereichen bekannt; er/sie wisse auch, dass Dritte bezahlte Anzeigen bei Suchmaschinen wie Google schalten. Dies gelte insbesondere dann, wenn der Domain-Name auf eine andere betriebliche Herkunft hinweise.[21]

44 Wenn jedoch die Anzeige einen Hinweis auf das Markenwort, den Markeninhaber oder die von ihm angebotenen Waren oder Dienstleistungen enthält, kann die Herkunftsfunktion der Marke trotz eindeutiger räumlicher Trennung und Platzierung in einem deutlich abgesetzten und entsprechend gekennzeichneten Werbeblock beeinträchtigt sein.[22] Dies gilt insbesondere, wenn der Verkehr aufgrund der konkreten Gestaltung der Anzeige (zB mit einer selektiv wiedergegebenen URL) nur mit spezifisch zur Anzeige passenden Angeboten rechnet und sogar dann, wenn in der mit der Anzeige verlinkten Ergebnisliste neben anderen auch Produkte des Markeninhabers gezeigt werden.[23]

45 Ebenso ist die Herkunftsfunktion der Marke beeinträchtigt, wenn der angesprochene Verkehr aufgrund eines ihm bekannten Vertriebssystems des Markeninhabers vermutet, dass es sich bei dem Dritten um ein Partnerunternehmen des Markeninhabers handelt.[24]

---

15 BGH Urt. v. 22.1.2019 – I ZR 139/07, GRUR 2009, 502 – pcb.
16 EuGH Urt. v. 23.3.2010 – C-236/08 bis C-238/08, GRUR 2010, 445 – Google und Google France; EuGH Urt. v. 25.3.2010 – C-278/08, GRUR 2010, 451 – BergSpechte.
17 Bei Vorliegen von „Doppelidentität" iSv Art. 5 Abs. 1 lit. a RL 2008/95/EG (§ 14 Abs. 2 Nr. 1 MarkenG) sind zudem auch die Beeinträchtigung der Werbefunktion sowie, laut EuGH Urt. v. 22.9.2011 – C-323/09, GRUR 2011, 1124 – Interflora, der Investitionsfunktion zu prüfen.
18 BGH Urt. v. 13.1.2011 – I ZR 46/08, MMR 2011, 608 – Impuls II; BGH Urt. v. 13.1.2011 – I ZR 125/07, GRUR 2011, 828 – Bananabay II; BGH Urt. v. 13.12.2012 – I ZR 217/10, GRUR 2013, 290 – MOST-Pralinen; BGH Urt. v. 28.6.2018 – I ZR 236/16, GRUR 2019, 165 – keine-vorwerk-vertretung; BGH Urt. v. 25.7.2019 – I ZR 29/18, GRUR 2019, 1053 – ORTLIEB II; BGH Urt. v. 5.10.2020 – I ZR 210/18, GRUR 2020, 1311 – Vorwerk; BeckOK MarkenR/Mielke MarkenG § 14 Rn. 213–224; Ingerl/Rohnke/Nordemann/Dustmann/Engels MarkenG Nach § 15 Rn. 194 ff.
19 BGH Urt. v. 13.1.2011 – I ZR 46/08, MMR 2011, 608 – Impuls II.
20 OLG Düsseldorf Urt. v. 23.4.2013 – 20 U 159/12, MMR 2013, 655; BeckOK MarkenR/Mielke MarkenG § 14 Rn. 222.
21 BGH Urt. v. 13.1.2011 – I ZR 125/07, GRUR 2011, 828 – Bananabay II; BGH Urt. v. 13.12.2012 – I ZR 217/10, GRUR 2013, 290 – MOST-Pralinen.
22 BGH Urt. v. 13.12.2012 – I ZR 217/10, GRUR 2013, 290 – MOST-Pralinen; BGH Urt. v. 28.6.2018 – I ZR 236/16, GRUR 2019, 165 – keine-vorwerk-vertretung.
23 BGH Urt. v. 25.7.2019 – I ZR 29/18, GRUR 2019, 1053 – ORTLIEB II.
24 BGH Urt. v. 27.6.2013 – I ZR 53/12, GRUR 2014, 182 – Fleurop; vgl. auch OLG Frankfurt a. M. Beschl. v. 27.8.2019 – 6 W 56/19, MMR 2020, 40; die Beeinträchtigung der Herkunftsfunktion kann ggf. durch einen Hinweis auf das Fehlen einer wirtschaftlichen Verbindung zwischen dem Markeninhaber und dem Dritten ausgeräumt werden.

Schließlich sind bei bekannten Marken Besonderheiten zu beachten. Für die Frage der Beeinträchtigung von bekannten Marken durch Buchung als Adword für Waren oder Dienstleistungen, die mit denjenigen identisch sind, für welche die jeweilige bekannte Marke eingetragen ist und genutzt wird, durch einen Dritten sind folgende Grundsätze der Rechtsprechung zu berücksichtigen: Eine solche Buchung kann dazu führen, dass die Internetnutzer/Internetnutzerinnen, die diese Marke als Suchwort eingeben, nicht nur auf die vom Inhaber dieser Marke herrührenden angezeigten Links klicken, sondern auch auf den Werbelink des Werbenden. Bekannte Marken werden auch häufiger als Suchwort eingegeben. Daher kann die Auswahl einer bekannten Marke als Adword im Rahmen einer Suchmaschine durch Mitbewerber dazu dienen, die Unterscheidungskraft und Wertschätzung der Marken auszunutzen.[25] Es bedarf daher für die Zulässigkeit der Zeichenbenutzung eines „rechtfertigenden Grundes".[26] Ein solcher liegt immer dann vor, wenn lediglich Alternativen zu den Waren oder Dienstleistungen des Inhabers der bekannten Marke vorgeschlagen werden. Er fehlt hingegen, wenn die Benutzung der Marke dem Angebot von Nachahmungen oder der Verwässerung oder Verunglimpfung der bekannten Marke dient.[27] 46

2. Verwendung einer Marke als Suchwort

Des Weiteren liegt eine markenverletzende Nutzung durch eine seiteninterne Suchmaschine vor, wenn im Rahmen einer solchen Suchmaschine ein als Suchwort verwendetes Zeichen dazu benutzt wird, die Trefferliste zu beeinflussen und den Nutzer/die Nutzerin zu einem bestimmten Produktangebot auf einer Internetseite zu führen,[28] ohne dass die Anbieter der in den Ergebnislisten angezeigten Waren auf den Inhalt der Trefferliste Einfluss nehmen können.[29] Eine Ausnahme besteht jedoch dann, wenn als Ergebnis einer Suche eine große Anzahl unterschiedlicher, nicht mit dem Suchbegriff gekennzeichneter Produkte erscheint. In diesem Fall wird das fragliche Zeichen nach wie vor als das vom Nutzer/von der Nutzerin selbst eingegebene Zeichen erkannt und es wird kein konkreter Produktbezug hergestellt.[30] 47

3. Automatische Suchwortergänzung

Die Speicherung einer Marke zum Zweck der automatischen Suchwortergänzung stellt ebenfalls grundsätzlich eine markenmäßige Nutzung dar. Ob letztlich eine Markenverletzung vorliegt, hängt jedoch von den konkreten Umständen ab.[31] 48

Zu bejahen ist eine Markenrechtsverletzung bspw. bei Zuweisung des Suchbegriffs zu einem ganz bestimmten Suchergebnis[32] oder wenn als Suchtreffer ausschließlich Waren oder Dienstleistungen einer einzigen Kategorie angezeigt werden (etwa bei einer Suchmaschine eines Reisedienstleisters, bei der auf die Eingabe eines konkreten Reiseveranstalters hin lediglich Reisen von Mittbewerbern angezeigt werden).[33] 49

Eine Markenrechtsverletzung scheidet jedoch aus, wenn eine Marke für bestimmte automatische Suchwortergänzungen gespeichert wird, sofern dem Nutzer/der Nutzerin dadurch lediglich Alternativen zu den 50

---

25 EuGH Urt. v. 22.9.2011 – C-323/09, GRUR 2011, 1124 – Interflora; BGH Urt. v. 20.2.2013 – I ZR 172/11, GRUR 2013, 1044 – Beate Uhse.
26 Art. 5 Abs. 2 RL 2008/95/EG (§ 14 Abs. 2 Nr. 3 MarkenG); BGH Urt. v. 20.2.2013 – I ZR 172/11, GRUR 2013, 1044 – Beate Uhse; BeckOK MarkenR/Mielke MarkenG § 14 Rn. 224.
27 EuGH Urt. v. 22.9.2011 – C-323/09, GRUR 2011, 1124 – Interflora; BGH Urt. v. 20.2.2013 – I ZR 172/11, GRUR 2013, 1044 – Beate Uhse.
28 BGH Urt. v. 4.2.2010 – I ZR 51/08, GRUR 2010, 835 Rn. 25 – POWER BALL; BGH Urt. v. 7.10.2009 – I ZR 109/06, GRUR 2009, 1167 Rn. 14 – Partnerprogramm; BeckOK MarkenR/Mielke MarkenG § 14 Rn. 210.
29 BGH Urt. v. 15.2.2018 – I ZR 138/16, GRUR 2018, 924 Rn. 36 ff. – ORTLIEB; BGH Urt. v. 15.2.2018 – I ZR 201/16, GRUR 2018, 935 – goFit; BeckOK MarkenR/Mielke MarkenG § 14 Rn. 210; Ingerl/Rohnke/Nordemann/Dustmann/Engels MarkenG Nach § 115 Rn. 197. sowie Anahng D.1 Rn. 194 ff..
30 Vgl. hierzu auch OLG Frankfurt a. M. Urt. v. 21.2.2019 – 6 U 16/ 18, GRUR-RR 2019, 365 Rn. 19 – Schwimmende aufblasbare Sitzmöbel; BeckOK MarkenR/Mielke MarkenG § 14 Rn. 210.
31 Ingerl/Rohnke/Nordemann/J.B. Nordemann MarkenG Vor §§ 14–19d Rn. 115 sowie Anahng D.1 Rn. 194 ff..
32 BGH Urt. v. 4.2.2010 – I ZR 51/08, GRUR 2010, 835 – POWER BALL.
33 OLG München Urt. v. 19.12.2013 – 6 U 5235/12, BeckRS 2015, 18275; BeckOK MarkenR/Mielke MarkenG § 14 Rn. 211.

gesuchten Waren oder Dienstleistungen vorgeschlagen werden sollen, die ggf. teilweise, aber jedenfalls nicht ausschließlich derselben Waren- oder Dienstleistungskategorie angehören, und die Funktion der Marke nicht beeinträchtigt wird, als Hinweis auf das Unternehmen zu dienen.[34] Dies gilt selbst dann, wenn die Waren des Kennzeicheninhabers letztlich überhaupt nicht angezeigt werden.[35]

51 Ebenso scheidet eine Markenrechtsverletzung aus, wenn auf die Eingabe von beschreibenden Begriffen, aus denen eine Marke zusammengesetzt ist, ein Produkt angezeigt wird, in dessen Beschreibung die eingegebenen Begriffe enthalten sind.[36]

4. Aufnahme verwechslungsfähiger Zeichen in den Quelltext

52 Eine markenmäßige Nutzung liegt auch dann vor, wenn der Plattformbetreiber die auf seiner Webseite vorhandene interne Suchmaschine so programmiert, dass mit der Marke eines Dritten identische oder verwechselbare Suchwörter in den Quelltext der Webseite aufgenommen werden, so dass diese daraufhin von einer externen Suchmaschine als Treffer aufgeführt wird.[37]

VII. Telemediengesetz (TMG)

53 Das TMG gilt für alle elektronischen Informations- und Kommunikationsdienste, soweit sie nicht reine Telekommunikationsdienste oder Rundfunk sind (§ 1 Abs. 1 S. 1 TMG). Ausgenommen sind lediglich solche, die ausschließlich zum Empfang in Drittstaaten bestimmt sind und weder unmittelbar noch mittelbar von der Allgemeinheit mit handelsüblichen Verbraucherendgeräten in einem Mitgliedstaat empfangen werden können (§ 1 Abs. 6 TMG). Das Gesetz hat damit einen sehr weiten Anwendungsbereich.

54 Für Plattformen enthält das TMG zunächst Vorschriften zur Haftung für fremde Inhalte bzw. den dafür vorzusehenden Beschwerdeverfahren (→ *Plattformen, Sperrung von Inhalten* Rn. 53 ff. Darüber hinaus existieren im TMG aber nur wenige gerade auf Plattformen zugeschnittene Vorschriften. Es gibt jedoch einige spezielle Pflichten für Videosharing-Dienste.

55 Video-Sharing-Plattform-Dienste im Sinne von § 2 Nr. 10 TMG sind Telemedien, bei denen der Hauptzweck oder eine wesentliche Funktion darin besteht, Sendungen oder nutzergenerierte Videos, für die der Diensteanbieter keine redaktionelle Verantwortung trägt, der Allgemeinheit bereitzustellen, wobei der Diensteanbieter die Organisation der Sendungen oder der nutzergenerierten Videos, auch mit automatischen Mitteln, bestimmt (nachfolgend kurz „Videosharing-Dienste"; vgl. die identische Definition in § 2 Abs. 2 Nr. 22 MStV und § 3d Abs. 1 Nr. 1 NetzDG).[38]

56 Videosharing-Dienste sind nach § 6 Abs. 3 und 4 TMG verpflichtet, eine Funktion bereit-zu -stellen, mit der für Videos angegeben werden kann, ob sie audiovisuelle kommerzielle Kommunikation enthalten. Erlangen die Videosharing-Dienste auf diese oder andere Weise Kenntnis von nutzergenerierten Videos, die audiovisuelle kommerzielle Kommunikation enthalten, müssen sie die Videos entsprechend kennzeichnen.

---

34 BGH Urt. v. 15.2.2018 – I ZR 201/16, GRUR 2018, 935 Rn. 54 – goFit, zur entsprechenden Verwendung eines Unternehmenskennzeichens.
35 BGH Urt. v. 15.2.2018 – I ZR 201/16, GRUR 2018, 935 Rn. 54 – goFit; BeckOK MarkenR/Mielke MarkenG § 14 Rn. 211.
36 OLG Köln Urt. v. 20.11.2015 – 6 U 40/15, GRUR-RR 2016, 240 – Trefferliste bei Amazon; BeckOK MarkenR/Mielke MarkenG § 14 Rn. 211.
37 BGH Urt. v. 30.7.2015 – I ZR 104/14, GRUR 2015, 1223 – Posterlounge; BeckOK MarkenR/Mielke MarkenG § 14 Rn. 210.
38 Videosharingplattform-Dienste können auch trennbare Teile von Telemedien sein, wenn für den trennbaren Teil der Hauptzweck oder eine wesentliche Funktion ebenfalls darin besteht, Sendungen oder nutzergenerierte Videos, für die der Diensteanbieter keine redaktionelle Verantwortung trägt, der Allgemeinheit bereitzustellen, wobei der Diensteanbieter die Organisation der Sendungen oder der nutzergenerierten Videos bestimmt.

Zudem sind Videosharing-Dienste nach § 10c TMG verpflichtet, mit ihren Nutzern/Nutzerinnen wirksam zu vereinbaren, dass diesen die Verbreitung spezifisch rechtswidriger audiovisueller kommerzieller Kommunikation verboten ist. Nach § 10c Abs. 2 TMG betrifft das: 57

- § 20 des Tabakerzeugnisgesetzes sowie
- § 10 des Heilmittelwerbegesetzes.

Behördlicherseits zu beachten ist, dass nach § 2b Abs. 1 TMG eine Liste der audiovisuellen Medien-Dienste-Anbieter und der Videosharing-Dienste erstellt wird, deren Sitzland Deutschland ist oder für die Deutschland als Sitzland gilt. Nach § 2b Abs. 3 TMG werden diese Informationen auch an die Europäische Kommission weitergeleitet. § 2a TMG trifft einige Vorgaben zur Ermittlung des Sitzlandes und geht dabei auch detailliert auf Videosharing-Dienste ein: 58

Grundsätzlich gilt als Sitzland eines Videosharing-Dienstes der Mitgliedstaat der EU, in dem er niedergelassen ist (zu Einzelheiten und Ausnahmen vgl. § 2a Abs. 2 und 3 TMG). Ist ein Videosharing-Dienst jedoch nicht in der EU niedergelassen, so gilt derjenige Mitgliedstaat der EU als Sitzland, in dessen Hoheitsgebiet 59

- ein Mutterunternehmen oder ein Tochterunternehmen des Dienstes oder
- ein anderes Unternehmen einer Gruppe, von welcher der Dienst ein Teil ist,

niedergelassen ist. Sind das Mutterunternehmen, das Tochterunternehmen oder die anderen Unternehmen der Gruppe jeweils in verschiedenen Mitgliedstaaten der EU niedergelassen, so gilt der Videosharing-Dienst als in dem Mitgliedstaat niedergelassen,

- in dem sein Mutterunternehmen niedergelassen ist oder
- mangels einer solchen Niederlassung in dem sein Tochterunternehmen niedergelassen ist, oder
- mangels einer solchen Niederlassung in dem das oder die anderen Unternehmen der Gruppe niedergelassen ist oder sind.

Gibt es mehrere Tochterunternehmen und ist jedes dieser Tochterunternehmen in einem anderen Mitgliedstaat niedergelassen, so gilt der Videosharing-Dienst als in dem Mitgliedstaat niedergelassen, in dem eines der Tochterunternehmen zuerst seine Tätigkeit aufgenommen hat, sofern eine dauerhafte und tatsächliche Verbindung mit der Wirtschaft dieses Mitgliedstaats besteht (§ 2a Abs. 6 TMG). Gleiches gilt, wenn eines von mehreren anderen Unternehmen, die Teil der Gruppe sind und von denen jedes in einem anderen Mitgliedstaat niedergelassen ist, zuerst seine Tätigkeit aufgenommen hat (§ 2a Abs. 7 TMG). 60

VIII. Gesetz über den Datenschutz und den Schutz der Privatsphäre in der Telekommunikation und bei Telemedien (TTDSG)

Das TTDSG sieht für Plattformen eine Auskunftspflicht über Bestandsdaten gegenüber den Rechteinhabern vor, soweit dies zur Durchsetzung der Rechte Geistigen Eigentums erforderlich ist (§ 21 Abs. 1 TTDSG). Bestandsdaten sind nach § 2 Abs. 2 Nr. TTDSG die personenbezogenen Daten, deren Verarbeitung zum Zweck der Begründung, inhaltlichen Ausgestaltung oder Änderung eines Vertragsverhältnisses zwischen der Plattform und dem Nutzer/der Nutzerin über die Nutzung der Plattform erforderlich ist. 61

Des Weiteren sieht das TTDSG eine entsprechende Auskunftspflicht vor bei Verletzung absolut geschützter Rechte (wie insbesondere dem allgemeinen Persönlichkeitsrecht) durch rechtswidrige Inhalte, die von § 10a Abs. 1 TMG (→ *Plattformen, Sperrung von Inhalten* Rn. 53 oder § 1 Abs. 3 NetzDG (→ Rn. 83 erfasst werden (§ 21 Abs. 2 TTDSG).[39] Obwohl Plattformen grundsätzlich nach den allgemeinen Regeln der DS-GVO und der Datenschutzgesetze zum Schutz der Daten ihrer Nutzer/Nutzerinnen verpflichtet sind, darf und muss die Plattform Auskunft über vorhandene Bestandsdaten erteilen, soweit dies zur Durchset- 62

---

39 Ein bekannter Fall zu diesem Anspruch war die Klage der Politikerin Renate Künast aufgrund von Beleidigungen auf Facebook: s. BVerfG Beschl. v. 19.12.2021 – 1 BvR 1073/20, NJW 2021, 680 (Verfahrensgang: LG Berlin Beschl. v. 9.9.2019 und 21.1.2020 – 27 AR 17/29, MMR 2019, 754; KG Beschl. v. 11.3.2020 – 10 W 13/20, MMR 2020, 867).

zung zivilrechtlicher Ansprüche wegen der Verletzung absolut geschützter Rechte aufgrund rechtswidriger Inhalte erforderlich ist.

63 Für die Erteilung der Auskunft nach § 21 Abs. 2 TTDSG ist gem. § 21 Abs. 3 S. 1 TTDSG jedoch eine vorherige gerichtliche Anordnung über die Zulässigkeit der Auskunftserteilung erforderlich, die vom Verletzten zu beantragen ist. Über diesen Antrag entscheidet das Landgericht ohne Rücksicht auf den Streitwert. Örtlich zuständig ist das Gericht, in dessen Bezirk der Verletzte seinen Wohnsitz, seinen Sitz oder eine Niederlassung hat. Die Kosten der richterlichen Anordnung muss der Verletzte tragen.

IX. Medienstaatsvertrag (MStV)

64 Der Medienstaatsvertrag (MStV) enthält zahlreiche Vorschriften für Angebote von Telemedien (zum Begriff der Anbieter von Telemedien vgl. §§ 2 Nr. 1 iVm § 1 Abs. 1 S. 1 TMG). Auch im Rahmen von Plattformen können Telemedien angeboten werden. Darauf geht der MStV an einigen Stellen ein. In den §§ 91–99 finden sich Vorschriften für „Medienintermediäre"[40].

1. Vorschriften für Medienintermediäre

65 Medienintermediär ist nach § 2 Abs. 2 Nr. 16 MStV jedes Telemedium, das auch journalistisch-redaktionelle Angebote Dritter, also auch Inhalte von Nutzern/Nutzerinnen, aggregiert, selektiert und allgemein zugänglich präsentiert, ohne diese zu einem Gesamtangebot zusammenzufassen.[41] Dies erfasst auch soziale Netzwerke und Video-Sharing-Dienste, so dass für diese Plattformen sowohl die nachfolgend aufgeführten allgemeinen Pflichten für Medienintermediäre als auch die speziellen Vorschriften für soziale Netzwerke bzw. Videosharing-Dienste gelten.

66 Voraussetzung ist, dass der Medienintermediär zur Nutzung in Deutschland bestimmt ist (§ 1 Abs. 8 S. 1 MStV). Dies ist dann der Fall, wenn das Telemedium sich in der Gesamtschau, insbesondere durch die verwendete Sprache, die angebotenen Inhalte oder Marketingaktivitäten, an Nutzer/Nutzerinnen in Deutschland richtet oder in Deutschland einen nicht unwesentlichen Teil seiner Refinanzierung erzielt (§ 1 Abs. 8 S. 2 MStV).

67 Ausgenommen von den Verpflichtungen nach dem MStV sind – mit Ausnahme der Pflicht zur Vorlage von Unterlagen gegenüber den Landesmedienanstalten gem. § 95 MStV – Medienintermediäre, die
1. im Durchschnitt von sechs Monaten in Deutschland weniger als eine Million Nutzer/Nutzerinnen pro Monat erreichen oder in ihrer prognostizierten Entwicklung erreichen werden,
2. auf die Aggregation, Selektion und Präsentation von Inhalten mit Bezug zu Waren oder Dienstleistungen spezialisiert sind oder
3. ausschließlich privaten oder familiären Zwecken dienen (§ 91 Abs. 2 MStV).

68 Zu den wichtigsten Verpflichtungen der Medienintermediäre zählen:
- Bestellung eines inländischen Zustellungsbevollmächtigten gem. § 92 MStV für die Zustellung von Schriftstücken in Ordnungswidrigkeitsverfahren,
- Transparenzpflichten[42] bzgl. der Kriterien, die über den Zugang eines Inhalts zu einem Medienintermediär und über den Verbleib entscheiden und der zentralen Kriterien der Aggregation, Selektion und

---

40 Zu beachten ist, dass „Medienplattformen" iSd MStV – anders als „Medienintermediäre" – keine Plattformen mit User-generated Content sind, sondern die Mediatheken der einzelnen Inhalteanbieter, die ihre Inhalte zu einem Gesamtangebot zusammenfassen.
41 Ausgenommen sind lediglich solche Plattformern, deren Inhalte ausschließlich auf ihre Nutzer zurückgehen wie etwa Wikipedia, vgl. BeckOK InfoMedienR/Martini MStV § 2 Rn. 121.
42 Die Pflichten sind nur erfüllt, wenn die Informationen leicht wahrnehmbar, unmittelbar erreichbar und ständig verfügbar sind.

- Präsentation von Inhalten und ihrer Gewichtung, einschließlich Informationen über die Funktionsweise der eingesetzten Algorithmen in verständlicher Sprache.[43]
- Diskriminierungsverbot von journalistisch-redaktionell gestalteten Angeboten, auf deren Wahrnehmbarkeit sie besonders hohen Einfluss haben (§ 94 Abs. 1 MStV)[44].

Weitere Konkretisierungen der Pflichten der Medienintermediäre können gem. § 96 MStV durch Satzungen und Richtlinien der Länder erfolgen.[45]

2. Spezialvorschriften für soziale Netzwerke

Medienintermediäre, die soziale Netzwerke[46] anbieten, haben ebenfalls dafür Sorge zu tragen, dass Telemedien im Sinne von § 18 Abs. 3 MStV gekennzeichnet werden (§§ 93 Abs. 4 iVm 18 Abs. 3 MStV). § 18 Abs. 3 MStV sieht bei mittels eines Computerprogramms automatisiert erstellten Inhalten oder Mitteilungen vor, dass der Umstand der Automatisierung kenntlich gemacht wird, sofern das hierfür verwandte Nutzerkonto seinem äußeren Erscheinungsbild nach für die Nutzung durch natürliche Personen bereitgestellt wurde.[47] Die Vorschrift zielt auf sogenannte „Social Bots" ab.

3. Spezialvorschriften für Videosharing-Dienste

Der MStV gilt für Videosharing-Dienste (→ Rn. 55 die zur Nutzung in Deutschland bestimmt oder in Deutschland niedergelassen sind (§ 1 Abs. 8 S. 3 MStV).

Videosharing-Dienste müssen nach dem MStV sicherstellen, dass keine Schleichwerbung und Themenplatzierung erfolgt (§§ 98 Abs. 1, 2 iVm 7 MStV; zur Ausnahme der zulässigen Produktplatzierung vgl. § 8 Abs. 7 S. 2–6 MStV);

Videosharing-Dienste müssen zudem sicherstellen, dass Werbung[48]
- nicht die Menschenwürde verletzt, Diskriminierungen aufgrund von Geschlecht, Rasse oder ethnischer Herkunft, Staatsangehörigkeit, Religion oder Glauben, Behinderung, Alter oder sexueller Orientierung beinhaltet oder fördert, irreführt oder den Interessen der Verbraucher/Verbraucherinnen schadet oder Verhaltensweisen fördert, welche die Gesundheit oder Sicherheit sowie in hohem Maße den Schutz der Umwelt gefährdet (§§ 98 Abs. 1, 2 iVm 8 Abs. 1 MStV);
- als Werbung leicht erkennbar und vom redaktionellen Inhalt unterscheidbar ist (§§ 98 Abs. 1, 2 iVm 8 Abs. 3 S. 1 MStV) und
- keine Techniken der unterschwelligen Beeinflussung einsetzt (§§ 98 Abs. 1, 2 iVm 8 Abs. 3 S. 2 MStV).

Bei Werbung für alkoholische Getränke müssen Videosharing-Dienste schließlich auch sicherstellen, dass sie den übermäßigen Genuss solcher Getränke nicht fördert (§§ 98 Abs. 1, 2 iVm 10 MStV).

Schließlich müssen Videosharing-Dienste gem. § 98 Abs. 1 MStV iVm § 6 Abs. 2 JMStV sicherstellen, dass Werbung Kinder und Jugendliche weder körperlich noch seelisch beeinträchtigt und

---

43 Anbieter von Medienintermediären, die eine thematische Spezialisierung aufweisen, sind dazu verpflichtet, diese Spezialisierung durch die Gestaltung ihres Angebots wahrnehmbar zu machen.
44 Flamme MMR 2021, 770 (772).
45 Eine Vorlage für eine Satzung zur Regulierung von Medienintermediären gemäß § 96 MStV (MI-Satzung) ist auf der Webseite des Dachverbands der Medienanstalten zu finden: https://www.die-medienanstalten.de/service/rechtsgrundlagen/satzungen.
46 Zum Begriff des sozialen Netzwerks unten näher im Rahmen der Ausführungen zum NetzDG (→ Rn. 80).
47 Dem Inhalt oder der Mitteilung ist der Hinweis gut lesbar bei- oder voranzustellen, dass dieser oder diese unter Einsatz eines das Nutzerkonto steuernden Computerprogramms automatisiert erstellt und versandt wurde, vgl. § 18 Abs. 3 S. 2 MStV.
48 Es kommt nicht darauf an, ob die Werbung von dem Diensteanbieter selbst vermarktet, verkauft oder zusammengestellt wird oder nicht; falls keine eigene Vermarktung, eigener Verkauf oder eigene Zusammenstellung erfolgt, konkretisiert § 98 Abs. 3 MStV, wie die Sicherstellung erfolgen kann.

- keine direkten Aufrufe zum Kaufen oder Mieten von Waren oder Dienstleistungen an Kinder oder Jugendliche enthält, die deren Unerfahrenheit und Leichtgläubigkeit ausnutzen,
- Kinder oder Jugendliche nicht unmittelbar auffordert, ihre Eltern oder Dritte zum Kauf der beworbenen Waren oder Dienstleistungen zu bewegen,
- nicht das besondere Vertrauen ausnutzt, das Kinder oder Jugendliche zu Eltern, Lehrern und anderen Personen haben, und
- nicht ohne berechtigten Grund Kinder oder Jugendliche in gefährlichen Situationen zeigt.

76 Des Weiteren müssen Videosharing-Dienste gem. § 98 Abs. 1 MStV iVm § 6 Abs. 7 JMStV geeignete Maßnahmen treffen, um die Einwirkung von im Umfeld von Kindersendungen verbreiteter Werbung für Lebensmittel, die Nährstoffe und Substanzen mit ernährungsbezogener oder physiologischer Wirkung enthalten, insbesondere Fett, Transfettsäuren, Salz, Natrium, Zucker, deren übermäßige Aufnahme im Rahmen der Gesamternährung nicht empfohlen wird, auf Kinder wirkungsvoll zu verringern.

X. Jugenschutzgesetz (JuSchG)

77 Das Jugendschutzgesetz (JuSchG) gilt wie das TMG für alle elektronischen Informations- und Kommunikationsdienste, soweit sie nicht reine Telekommunikationsdienste oder Rundfunk sind (§ 1 Abs. 6 JuSchG iVm § 1 Abs. 1 S. 1 TMG). Das JuSchG hat außerhalb der Haftung für fremde Inhalte bzw. den dafür vorzusehenden Beschwerdeverfahren, auf die unten noch eingegangen wird, nur wenige gerade auf Plattformen zugeschnittene Vorschriften. Es müssen ua jedoch einige Vorsorgemaßnahmen getroffen werden.

1. Vorsorgemaßnahmen

78 Plattformen müssen nach § 24a Abs. 2 Nr. 3 bis 8 JuSchG folgende Maßnahmen ergreifen:
- Bereitstellung eines Einstufungssystems für nutzergenerierte audiovisuelle Inhalte, mit dem Nutzer/Nutzerinnen im Zusammenhang mit der Generierung standardmäßig insbesondere dazu aufgefordert werden, die Eignung eines Inhalts entsprechend der Altersstufe „ab 18 Jahren" als nur für Erwachsene zu bewerten;
- Bereitstellung technischer Mittel zur Altersverifikation für nutzergenerierte audiovisuelle Inhalte, welche der Nutzer/die Nutzerin im Zusammenhang mit der Generierung entsprechend der Altersstufe „ab 18 Jahren" als nur für Erwachsene geeignet bewertet hat;
- leicht auffindbarer Hinweis auf anbieterunabhängige Beratungsangebote, Hilfe- und Meldemöglichkeiten;
- Bereitstellung technischer Mittel zur Steuerung und Begleitung der Nutzung der Angebote durch personensorgeberechtigte Personen;
- Einrichtung von Voreinstellungen, die Nutzungsrisiken für Kinder und Jugendliche unter Berücksichtigung ihres Alters begrenzen, indem insbesondere ohne ausdrückliche anderslautende Einwilligung
  – Nutzerprofile weder durch Suchdienste aufgefunden werden können noch für nicht angemeldete Personen einsehbar sind,
  – Standort- und Kontaktdaten und die Kommunikation mit anderen Nutzern/Nutzerinnen nicht eröffentlicht werden,
  – die Kommunikation mit anderen Nutzern/Nutzerinnen auf einen vorab selbst gewählten Kreis eingeschränkt ist und
  – die Nutzung anonym oder unter Pseudonym erfolgt;
- Verwendung von Bestimmungen in den Allgemeinen Geschäftsbedingungen, welche die für die Nutzung wesentlichen Bestimmungen der Allgemeinen Geschäftsbedingungen in kindgerechter Weise darstellen.

2. Bestellung eines inländischen Empfangsbevollmächtigten

Nach § 24d JuSchG haben alle Plattformen unabhängig von ihrem Sitzland zudem sicherzustellen, dass ein Empfangsbevollmächtigter im Inland benannt ist und auf ihn in ihrem Angebot in leicht erkennbarer und unmittelbar erreichbarer Weise aufmerksam gemacht wird. An diesen Empfangsbevollmächtigten kann die Bundeszentrale für Kinder- und Jugendmedienschutz Bekanntgaben oder Zustellungen bewirken.

XI. Netzwerkdurchsetzungsgesetz (NetzDG)

Das Netzwerkdurchsetzungsgesetz (NetzDG) gilt gem. § 1 NetzDG für Telemedien-Dienste-Anbieter, die mit Gewinnerzielungsabsicht Plattformen im Internet betreiben, welche dazu bestimmt sind, dass Nutzer/Nutzerinnen beliebige Inhalte mit anderen Nutzern/Nutzerinnen teilen oder der Öffentlichkeit zugänglich machen („soziale Netzwerke"). Nicht als soziale Netzwerke iSd NetzDG gelten Plattformen mit journalistisch-redaktionell gestalteten Angeboten, die vom Diensteanbieter selbst verantwortet werden (§ 1 Abs. 1 S. 2 NetzDG) sowie Plattformen, die zur Individualkommunikation oder zur Verbreitung spezifischer Inhalte bestimmt sind (§ 1 Abs. 1 S. 3 NetzDG). Außen vor sind damit E-Mail- und Messenger-Dienste, berufliche Netzwerke[49], Fachportale, Onlinespiele und Verkaufsplattformen bzw. Marktplätze[50]. Bewertungsplattformen hingegen sind erfasst.

Das NetzDG statuiert für soziale Netzwerke in §§ 2, 3 und 3b NetzDG Transparenzpflichten (→ Rn. 86 f.) und Pflichten zum Umgang mit Beschwerden und Gegenvorstellungen (→ *Plattformen, Sperrung von Inhalten* Rn. 44 ff.). § 5 NetzDG enthält zudem die Verpflichtung einen inländischen Zustellungsbevollmächtigten zu bestellen (→ Rn. 88). Seit dem 1.2.2022 sieht das Gesetz zudem in § 3a eine Meldepflicht gegenüber dem Bundeskriminalamt (→ Rn. 89) und in § 5a eine Auskunftspflicht gegenüber der Forschung vor (→ Rn. 91 ff.). Schließlich enthält das NetzDG einige besonderes Vorschriften für Videosharing-Anbieter (→ Rn. 94).

Soziale Netzwerke iSd NetzDG jedoch, die weniger als 2 Mio. registrierte Nutzer/Nutzerinnen im Inland haben, sind von den Pflichten nach §§ 2 bis 3b und 5a NetzDG befreit (§ 1 Abs. 2 NetzDG).

1. Rechtswidrige Inhalte im Sinne des NetzDG

Die Pflichten der sozialen Netzwerke iSd NetzDG setzen stets voraus, dass ein (potenziell) rechtswidriger Inhalt im Sinne des NetzDG vorliegt. Rechtswidrige Inhalte im Sinne dieses Gesetzes sind nach § 1 Abs. 3 NetzDG[51] Inhalte, die den Tatbestand einer der folgenden Normen erfüllen und nicht gerechtfertigt sind:[52]

- § 86 StGB (Verbreiten von Propagandamitteln verfassungswidriger Organisationen),
- § 86a StGB (Verwenden von Kennzeichen verfassungswidriger Organisationen),
- § 89a StGB (Vorbereitung einer schweren staatsgefährdenden Gewalttat),
- § 91 StGB (Anleitung zur Begehung einer schweren staatsgefährdenden Gewalttat),
- § 100a StGB (Landesverräterische Fälschung),
- § 111 StGB (Öffentliche Aufforderung zu Straftaten),
- § 126 StGB (Störung des öffentlichen Friedens durch Androhung von Straftaten),
- §§ 129 bis 129b StGB (Bildung krimineller Vereinigungen, Bildung terroristischer Vereinigungen, kriminelle und terroristische Vereinigungen im Ausland; Einziehung),
- § 130 StGB (Volksverhetzung),
- § 131 StGB (Gewaltdarstellung),
- § 140 StGB (Belohnung und Billigung von Straftaten),

---

49 BT-Drs. 18/12356, 19.
50 BeckOK InfoMedienR/Hoven/Gersdorf NetzDG § 1 Rn. 16, 28; BT-Drs. 18/13013, 18; Spindler/Schmitz/Liesching NetzDG § 1 Rn. 62.
51 Zweifel an der Verfassungsmäßigkeit des § 1 Abs. 3 NetzDG aufgrund Verstoßes gegen die Kompetenzordnung der Art. 70 ff. GG äußern BeckOK InfoMedienR/Hoven/Gersdorf NetzDG § 1 Rn. 35.
52 Auf die im Strafrecht für eine Verurteilung grundsätzlich erforderliche Schuld des Verfassers, bspw. seine Schuldfähigkeit, kommt es vorliegend nicht an.

- § 166 StGB (Beschimpfung von Bekenntnissen, Religionsgesellschaften und Weltanschauungsvereinigungen),
- § 184b StGB (Verbreitung, Erwerb und Besitz kinderpornografischer Inhalte),
- §§ 185 bis 187 StGB (Beleidigung, üble Nachrede, Verleumdung),
- § 201a StGB (Verletzung des höchstpersönlichen Lebensbereichs und von Persönlichkeitsrechten durch Bildaufnahmen),
- § 241 StGB (Bedrohung) oder
- § 269 StGB (Fälschung beweiserheblicher Daten).

84 Die Auflistung der Tatbestände ist abschließend.[53] Am häufigsten werden wohl die Tatbestände der Beleidigung (§ 185 StGB), der üblen Nachrede (§ 186 StGB), der Verleumdung (§ 187 StGB) und der Verletzung des höchstpersönlichen Lebensbereichs und von Persönlichkeitsrechten durch Bildaufnahmen (§ 201a StGB) erfüllt.

85 Auf den durch das NetzDG vorgeschriebenen Umgang mit Beschwerden und Gegenvorstellungen wird weiter unten in Abgrenzung zu den entsprechenden Regelungen des TMG und des UrhDaG eingegangen. Zu den übrigen Pflichten der sozialen Netzwerke nachfolgend:

2. Transparenzpflichten

86 In Bezug auf die Transparenzpflichten[54] besteht gem. § 2 Abs. 1 NetzDG eine Pflicht zu halbjährlichen Transparenzberichten, wenn soziale Netzwerke im Kalenderjahr mehr als 100 Beschwerden über rechtswidrige Inhalte erhalten. Die Berichte müssen deutschsprachig sein und im Bundesanzeiger sowie auf der eigenen Homepage spätestens einen Monat nach Ende eines Halbjahres veröffentlicht werden. Der auf der eigenen Homepage veröffentlichte Bericht muss leicht erkennbar, unmittelbar erreichbar und ständig verfügbar sein. § 2 Abs. 1 NetzDG konkretisiert die Mindestinhalte der Transparenzberichte:

- Allgemeine Ausführungen darüber, welche Anstrengungen das soziale Netzwerk unternimmt, um strafbare Handlungen zu unterbinden,
- Angaben über Art, Grundzüge der Funktionsweise und Reichweite von gegebenenfalls eingesetzten Verfahren zur automatisierten Erkennung von Inhalten, die entfernt oder gesperrt werden sollen,[55]
- Darstellung der Mechanismen zur Übermittlung von Beschwerden über rechtswidrige Inhalte, Darstellung der Entscheidungskriterien für die Entfernung und Sperrung von rechtswidrigen Inhalten und Darstellung des Prüfungsverfahrens einschließlich der Reihenfolge der Prüfung, ob ein rechtswidriger Inhalt vorliegt oder ob gegen vertragliche Regelungen zwischen Anbieter und Nutzer/Nutzerin verstoßen wird (zum Beschwerde- und Gegenvorstellungsverfahren → *Plattformen, Sperrung von Inhalten* Rn. 44 ff.),
- Angabe der Anzahl der im Berichtszeitraum eingegangenen Beschwerden über rechtswidrige Inhalte, aufgeschlüsselt nach Beschwerden von Beschwerdestellen und Beschwerden von Nutzern/Nutzerinnen und nach dem Beschwerdegrund,
- Angaben über Organisation, personelle Ausstattung, fachliche und sprachliche Kompetenz der für die Bearbeitung von Beschwerden zuständigen Arbeitseinheiten und Schulung und Betreuung der für die Bearbeitung von Beschwerden zuständigen Personen,
- Angaben über Mitgliedschaften in Branchenverbänden mit Hinweis darauf, ob in diesen Branchenverbänden eine Beschwerdestelle existiert,

---

53 Spindler/Schmitz/Liesching NetzDG § 1 Rn. 77; NK-MedienR/Liesching NetzDG § 1 Rn. 12.
54 Bewertungsplattformen treffen sowohl Transparenzpflichten nach dem UWG als auch nach dem NetzDG; Medienintermediäre (also etwa soziale Netzwerke und Video Sharing-Dienste) treffen Transparenzpflichten sowohl nach dem MStV als auch nach dem NetzDG.
55 Einschließlich allgemeiner Angaben zu verwendeten Trainingsdaten und zu der Überprüfung der Ergebnisse dieser Verfahren, sowie Angaben darüber, inwieweit Kreise der Wissenschaft und Forschung bei der Auswertung dieser Verfahren unterstützt werden und diesen zu diesem Zweck Zugang zu Informationen des sozialen Netzwerks gewährt wurde.

Plattformen, Pflichten 63

- Angaben über Anzahl der Beschwerden, bei denen eine externe Stelle konsultiert wurde, um die Entscheidung vorzubereiten,
- Angaben über Anzahl der Beschwerden, die im Berichtszeitraum zur Löschung oder Sperrung des beanstandeten Inhalts führten, nach der Gesamtzahl sowie aufgeschlüsselt nach Beschwerden von Beschwerdestellen und von Nutzern/Nutzerinnen, nach dem Beschwerdegrund, ob ein Fall des § 3 Abs. 2 Nr. 3a NetzDG[56] vorlag, ob in diesem Fall eine Weiterleitung an den Nutzer/die Nutzerin erfolgte, welcher Schritt der Prüfungsreihenfolge nach § 2 Abs. 2 Nr. 3 NetzDG zur Entfernung oder Sperrung geführt hat[57] sowie ob eine Übertragung an eine anerkannte Einrichtung der Regulierten Selbstregulierung (§ 3 Abs. 2 Nr. 3b NetzDG) erfolgte,
- Jeweils die Anzahl der Beschwerden über rechtswidrige Inhalte, die nach ihrem Eingang innerhalb von 24 Stunden, innerhalb von 48 Stunden, innerhalb einer Woche oder zu einem späteren Zeitpunkt zur Entfernung oder Sperrung des rechtswidrigen Inhalts geführt haben, zusätzlich aufgeschlüsselt nach Beschwerden von Beschwerdestellen und von Nutzern/Nutzerinnen sowie jeweils aufgeschlüsselt nach dem Beschwerdegrund,
- Angaben über Maßnahmen zur Unterrichtung des Beschwerdeführers/der Beschwerdeführerin sowie des Nutzers/der Nutzerin, für den/die der beanstandete Inhalt gespeichert wurde, über die Entscheidung über die Beschwerde,
- Angaben über Anzahl der im Berichtszeitraum eingegangenen Gegenvorstellungen nach § 3b Abs. 1 S. 2 NetzDG, nach der Gesamtzahl sowie aufgeschlüsselt nach Gegenvorstellungen von Beschwerdeführern/Beschwerdeführerinnen und von Nutzern/Nutzerinnen, für die der beanstandete Inhalt gespeichert wurde, jeweils mit Angaben, in wie vielen Fällen der Gegenvorstellung abgeholfen wurde,
- Angaben über Anzahl der im Berichtszeitraum eingegangenen Gegenvorstellungen nach § 3b Abs. 3 S. 1 NetzDG, jeweils mit Angaben, in wie vielen Fällen von einer Überprüfung gem. § 3b Abs. 3 S. 3 NetzDG (in Einzelfällen kann von einer Überprüfung der Entscheidung durch eine mit der ursprünglichen Entscheidung nicht befasste Person abgesehen werden, → *Plattformen, Sperrung von Inhalten* Rn. 44 ff. abgesehen wurde und in wie vielen Fällen der Gegenvorstellung abgeholfen wurde,
- Angaben darüber, ob und inwieweit Kreisen der Wissenschaft und Forschung im Berichtszeitraum Zugang zu Informationen des Anbieters gewährt wurde, um ihnen eine anonymisierte Auswertung zu ermöglichen, inwieweit
  - entfernte oder gesperrte rechtswidrige Inhalte an Eigenschaften im Sinne des § 1 des Allgemeinen Gleichbehandlungsgesetzes (AGG) anknüpfen[58],
  - die Verbreitung von rechtswidrigen Inhalten zu spezifischer Betroffenheit bestimmter Nutzerkreise führt und
- organisierte Strukturen oder abgestimmte Verhaltensweisen der Verbreitung zugrunde liegen,
- Angaben über sonstige Maßnahmen des sozialen Netzwerks zum Schutz und zur Unterstützung der von rechtswidrigen Inhalten Betroffenen,
- Eine Zusammenfassung mit einer tabellarischen Übersicht, welche die Gesamtzahl der eingegangenen Beschwerden über rechtswidrige Inhalte, den prozentualen Anteil der auf diese Beschwerden hin entfernten oder gesperrten Inhalte, die Anzahl der Gegenvorstellungen jeweils nach § 3b Abs. 1 S. 2 NetzDG[59] und nach § 3b Abs. 3 S. 1 NetzDG[60] sowie jeweils den prozentualen Anteil der auf diese Gegenvorstellungen hin abgeänderten Entscheidungen den entsprechenden Zahlen für die beiden

---

56 Rechtswidrigkeit des Inhalts hängt von der Unwahrheit einer Tatsachenbehauptung oder erkennbar von anderen tatsächlichen Umständen ab.
57 Nach dieser Regelung muss mitgeteilt werden, ob eine Löschung nach dem NetzDG oder nach den AGB der Plattform erfolgt ist.
58 Solche sind: ethnische Herkunft, Geschlecht, Religion oder Weltanschauung, Behinderung, Alter und sexuelle Identität.
59 Gegenvorstellungsverfahren nach einer Beschwerde durch einen Nutzer/eine Nutzerin.
60 Gegenvorstellungsverfahren nach Sperrung eines Inhalts auf eigene Initiative der Plattform ohne vorherige Beschwerde.

vorangegangenen Berichtszeiträume gegenübergestellt, verbunden mit einer Erläuterung erheblicher Unterschiede und ihrer möglichen Gründe und
- Erläuterung der Bestimmungen in den AGB über die Zulässigkeit der Verbreitung von Inhalten auf dem sozialen Netzwerk und Darstellung, inwiefern die AGB mit den Vorgaben der §§ 307 bis 309 des BGB[61] und dem sonstigen Recht in Einklang stehen.

87 Verstöße gegen die Berichtspflicht sind gem. § 4 Abs. 1 Nr. 1 NetzDG bußgeldbewehrt. Höchstgrenze sind gem. § 4 Abs. 2 S. 1 NetzDG fünf Mio. EUR Bußgeld.

3. Bestellung eines inländischen Zustellungsbevollmächtigten

88 Gem. § 5 Abs. 1 S. 1 NetzDG besteht die Pflicht, im Inland einen Zustellungsbevollmächtigten zu benennen und auf der Plattform in leicht erkennbarer und unmittelbar erreichbarer Weise auf ihn aufmerksam zu machen. Für viele Plattformen ergibt sich damit die Pflicht zur Bestellung eines inländischen Zustellungsbevollmächtigten sowohl aus § 92 MStV als auch aus § 5 Abs. 1 NetzDG. Zu beachten ist jedoch, dass an einen gem. § 5 Abs. 1 NetzDG bestellten inländischen Zustellungsbevollmächtigten anders als nach § 92 MStV nicht lediglich Schriftstücke im Rahmen eines Bußgeldverfahrens, sondern auch Schriftstücke im Rahmen eines aufsichtsrechtlichen Verfahrens (vgl. § 4a NetzDG) und vor allem im Rahmen eines deutschen Gerichtsverfahrens über die potenzielle Verbreitung rechtswidriger Inhalte im Sinne des NetzDG zugestellt werden können.[62] Dies gilt insbesondere, aber nicht nur, wenn die Wiederherstellung gesperrter oder entfernter Inhalte begehrt wird (§ 5 Abs. 1 S. 2 2. Hs. NetzDG).

4. Meldepflicht gegenüber dem Bundeskriminalamt (BKA)

89 Seit dem 1.2.2022 besteht zudem die Pflicht, das Bundeskriminalamt (BKA) über gemeldete, rechtswidrige Inhalte zu informieren, bei denen konkrete Anhaltspunkte für die Tatbestände der §§ 86a, 89a, 91, 126, 129 bis 129b, 130, 131, 140, 184b StGB oder des § 241 StGB (zum Inhalt dieser Straftatbestände → Rn. 83 in Form der Bedrohung mit einem Verbrechen gegen das Leben, die sexuelle Selbstbestimmung, die körperliche Unversehrtheit oder die persönliche Freiheit bestehen.

90 Das soziale Netzwerk muss unverzüglich, nachdem es einen Inhalt entfernt oder den Zugang zu diesem gesperrt hat, prüfen, ob diese Voraussetzungen vorliegen und unverzüglich danach den Inhalt an das BKA übermitteln. § 3a Abs. 4 NetzDG konkretisiert den erforderlichen Inhalt der Übermittlungsnachricht. Vier Wochen nach der Übermittlung muss das soziale Netzwerk den Nutzer/die Nutzerin über die Übermittlung informieren, es sei denn, das BKA trifft eine abweichende Anordnung (§ 3a Abs. 6 NetzDG). Google hat jedoch in Bezug auf diese Vorschrift eine Feststellungsklage beim VG Köln angestrengt. Dem Hauptsacheverfahren hat Google noch ein Eilverfahren vorangestellt (Az. 6 L 1277/21 und Az. 6 K 3769/21). Das VG Köln hat daraufhin nach summarischer Prüfung im Eilverfahren vorläufig beschlossen, dass die Meldepflicht mit der E-Commerce-Richtlinie 2000/31 nicht vereinbar ist. Die Meldepflicht ist daher derzeit ausgesetzt.[63]

5. Auskunftspflicht gegenüber Forschung

91 Ebenso besteht seit dem 1.2.2022 die Pflicht, einem Forscher (Definition des Forschers in § 5a Abs. 2 NetzDG) auf Verlangen Auskunft zu erteilen über
- den Einsatz und die konkrete Wirkweise von Verfahren zur automatisierten Erkennung von Inhalten, die entfernt oder gesperrt werden sollen, insbesondere zu Art und Umfang eingesetzter Technologien und den Zwecken, Kriterien und Parametern für deren Programmierung sowie zu den eingesetzten Daten und

---

61 Dies sind die allgemein geltenden Bestimmungen, anhand derer alle AGB überprüft werden.
62 Die Norm gilt auch für die Zustellung von Schriftstücken, die solche Verfahren einleiten, für Zustellungen von gerichtlichen Endentscheidungen sowie für Zustellungen im Vollstreckungs- oder Vollziehungsverfahren.
63 VG Köln Beschl. v. 1.3.22 – 6 L 1277/21, MMR 2022, 330.

- die Verbreitung von Inhalten, die Gegenstand von Beschwerden über rechtswidrige Inhalte waren oder die vom Anbieter entfernt oder gesperrt worden sind, insbesondere die entsprechenden Inhalte sowie Informationen darüber, welche Nutzer/Nutzerinnen in welcher Weise mit den Inhalten interagiert haben,

soweit diese Auskünfte für Vorhaben einer im öffentlichen Interesse liegenden wissenschaftlichen Forschung zu Art, Umfang, Ursachen und Wirkungsweisen öffentlicher Kommunikation in sozialen Netzwerken und den Umgang der Anbieter hiermit erforderlich sind. Es muss gegenüber dem sozialen Netzwerk iSd NetzDG zudem ein Schutzkonzept dargelegt werden, das die Voraussetzungen des § 5a Abs. 4 S. 2 NetzDG erfüllt.

Es dürfen zum Zwecke der Auskunftserteilung an die Forschung folgende personenbezogene Daten übermittelt werden: die verbreiteten Inhalte, Beschwerden über rechtswidrige Inhalte, Nutzernamen der an der Verbreitung Beteiligten, die näheren Umstände der Interaktionen der an der Verbreitung Beteiligten im Hinblick auf die jeweiligen Inhalte, Trainingsdaten von Verfahren zur automatisierten Erkennung von Inhalten, die entfernt oder gesperrt werden sollen, sowie Angaben zur Wirkweise, zu Zwecken, Kriterien und Parametern für die Programmierung dieser Verfahren (§ 5a Abs. 6 S. 1 NetzDG).

Die Daten sind grundsätzlich anonymisiert oder zumindest pseudonymisiert zu übermitteln (§ 5a Abs. 6 S. 2 NetzDG). Die Plattform hat Anspruch auf Erstattung der durch die Auskunftserteilung entstehenden Kosten in angemessener Höhe. Bei der Bestimmung der angemessenen Höhe ist zu berücksichtigen, dass die Kosten kein wesentliches Hindernis für die Inanspruchnahme des Auskunftsrechts darstellen dürfen (§ 5a Abs. 8 S. 2 NetzDG). Die erstattungsfähigen Kosten dürfen außerdem höchstens 5.000 EUR betragen, es sei denn, durch die Erteilung der Auskunft entsteht ein außergewöhnlich hoher Aufwand (§ 5a Abs. 8 S. 5 NetzDG). Nach Vorlage des Schutzkonzepts nach Abs. 4 kann der Forscher vom Anbieter die Vorlage eines unentgeltlichen Kostenanschlags innerhalb einer angemessenen Frist verlangen (§ 5a Abs. 8 S. 6 NetzDG). Die Auskunft kann verweigert werden, wenn die schutzwürdigen Interessen des Plattformbetreibers das öffentliche Interesse an der Forschung erheblich überwiegen oder die schutzwürdigen Interessen der von der Datenübermittlung betroffenen Personen beeinträchtigt werden und das öffentliche Interesse an der Forschung das Geheimhaltungsinteresse der betroffenen Personen nicht überwiegt (§ 5a Abs. 5 NetzDG).

6. Vertragsgestaltungspflicht für Videosharing-Anbieter

Videosharing-Dienste sind schließlich gem. § 3e Abs. 4 NetzDG verpflichtet, mit den Nutzern/Nutzerinnen wirksam zu vereinbaren, dass diesen die Verbreitung von Videos und Sendungen mit öffentlichen Aufforderungen zu Straftaten, volksverhetzenden Inhalten, Gewaltdarstellungen im Sinne des § 131 StGB, mit Inhalten betreffend die Belohnung oder Billigung von Straftaten gem. § 140 StGB, mit Beschimpfung von Bekenntnissen, Religionsgesellschaften und Weltanschauungsvereinigungen oder mit kinderpornografischen Inhalten verboten ist.

XII. Urheberrechts-Diensteanbieter-Gesetz (UrhDaG)

Das UrhDaG regelt gem. § 2 Abs. 1 UrhDaG die Verletzung von Urheberrechten und verwandten Schutzrechten (vgl. § 21 Abs. 1 UrhDaG) durch Plattformen, die
1. es als Hauptzweck ausschließlich oder zumindest auch verfolgen, eine große Menge an von Dritten hochgeladenen urheberrechtlich geschützten Inhalten zu speichern und öffentlich zugänglich zu machen,
2. die Inhalte im Sinne der Nummer 1 organisieren,
3. die Inhalte im Sinne der Nummer 1 zum Zweck der Gewinnerzielung bewerben und
4. mit Online-Inhalte-Diensten um dieselben Zielgruppen konkurrieren.

96 Nicht erfasst sind gem. § 3 UrhDaG
- nicht gewinnorientierte Online-Enzyklopädien,
- nicht gewinnorientierte bildungsbezogene oder wissenschaftliche Repositorien,
- Entwicklungs- und Weitergabe-Plattformen für quelloffene Software,
- Anbieter elektronischer Kommunikationsdienste,
- Online-Marktplätze,
- Cloud-Dienste, die zwischen Unternehmen erbracht werden, und
- Cloud-Dienste, die ihren Nutzern/Nutzerinnen das Hochladen von Inhalten für den Eigengebrauch ermöglichen.

97 Kurz gefasst richtet sich das UrhDaG damit an alle Plattformen, deren Hauptziel es ist, kreativen Content Dritter öffentlich zugänglich zu machen. Dies kann soziale Netzwerke miteinschließen.

98 Das UrhDaG sieht neben den unten (im Rahmen der Ausführungen zur Haftung von Plattformen) näher dargestellten Vorschriften zum bereitzustellenden Beschwerdeverfahren Vorschriften zum Lizenzerwerb, zur Vergütungspflicht sowie zur Bestellung eines inländischen Zustellungsbevollmächtigten vor.

1. Pflicht zum Lizenzerwerb

99 Nach § 4 Abs. 1 UrhDaG müssen Plattformen bestmögliche Anstrengungen zum Lizenzerwerb unternehmen, dh insbesondere in drei Fällen Lizenzen erwerben:
- wenn sie ihnen angeboten werden,
- wenn sie über repräsentative Rechteinhaber verfügbar sind, welche die Plattformen kennen, oder
- wenn sie über im Inland ansässige Verwertungsgesellschaften oder abhängige Verwertungseinrichtungen erworben werden können.

100 Die gem. § 4 Abs. 1 S. 2 UrhDaG zu erwerbenden Lizenzen müssen alle folgenden vier Voraussetzungen kumulativ erfüllen. Sie müssen danach
- für Inhalte gelten, welche die Plattform ihrer Art nach offensichtlich in mehr als geringfügigen Mengen öffentlich wiedergibt,
- in Bezug auf Werke und Rechteinhaber/Rechteinhaberinnen ein erhebliches Repertoire umfassen,
- den räumlichen Geltungsbereich des UrhDaG, also die Bundesrepublik Deutschland, abdecken und
- die Nutzung zu angemessenen Bedingungen ermöglichen. Als angemessene Bedingung dürfte es nach dem Urteil des BGH vom 9.9.2021, Az.: I ZR 113/18, auch gelten, wenn eine Verwertungsgesellschaft die Lizenzierung davon abhängig macht, dass der Lizenznehmer, also hier der Plattformbetreiber, wirksame technische Maßnahmen gegen Framing ergreift.[64]

101 Ist der Plattform die öffentliche Wiedergabe eines Werkes erlaubt, so wirkt diese Erlaubnis nach § 6 Abs. 1 UrhDaG auch zugunsten der Nutzer/Nutzerinnen der Plattform, sofern diese nicht kommerziell handeln oder zumindest keine erheblichen Einnahmen erzielen.

102 Der Urheber kann nach § 19 Abs. 1 UrhDaG Auskunft über die nach § 4 UrhDaG erworbenen Lizenzen verlangen.

2. Vergütungspflicht

103 Die Plattformen treffen nach dem UrhDaG gegenüber den Urhebern/Urheberinnen und Leistungsschutzberechtigten zusätzliche Vergütungspflichten.[65]

---

64 Aufbauend auf EuGH Urt. v. 9.3.2021 – C-392/19, GRUR 2021, 706 Rn. 46 – VG Bild-Kunst/SPK.
65 Dazu Hofmann NJW 2021, 1905 Rn. 20 ff.; v. Welser GRUR-Prax 2021, 463 (465 f.); Waiblinger/Pukas MDR 2021, 1489 (1492).

a) Direktanspruch des Urhebers

Es besteht nach § 4 Abs. 3 UrhDaG (iVm § 21 Abs. 2 UrhDaG) für Urheber/Urheberinnen, Lichtbilder/Lichtbildnerinnen und ausübender Künstler/Künstlerinnen ein – gem. § 4 Abs. 4 unabdingbarer und verwertungsgesellschaftspflichtiger – Direktanspruch auf angemessene Vergütung für jede öffentliche Wiedergabe durch Plattformen, und zwar selbst dann, wenn sie dieses Recht eigentlich schon einem Dritten eingeräumt haben. Es besteht kein Vergütungsanspruch, wenn der Dritte eine Verwertungsgesellschaft ist oder der Urheber den Dritten als Digitalvertrieb einschaltet (§ 4 Abs. 3 S. 2 UrhDaG). Die Regelung dient dazu, die Berechtigten ungeachtet vertraglicher Konstruktionen am wirtschaftlichen Erfolg der Plattformen teilhaben zu lassen. 104

b) Vergütungspflichtige Schranken

Grundsätzlich sind bestimmte urheberrechtliche Nutzungen auch ohne Erlaubnis gestattet (sog. Schranken des Urheberrechts). Dies richtet sich nach Teil 1 Abschn. 6 des UrhG[66] und gilt auch im UrhDaG (§ 5 Abs. 1 UrhDaG). Vor Erlass des UrhDaG war jedoch nur die gestattete Vervielfältigung zu privaten Zwecken vergütungspflichtig. Das UrhDaG sieht nunmehr in § 5 Abs. 2 S. 1 UrhDaG vor, dass Plattformen auch als Karikaturen, Parodien und Pastiches gestattete Nutzungen angemessen vergüten müssen.[67] Der Anspruch muss gem. § 5 Abs. 2 S. 3 UrhDaG durch eine Verwertungsgesellschaft wahrgenommen werden. 105

Im Hinblick auf die Ausgestaltung der AGB muss die Plattform gem. § 5 Abs. 3 UrhDaG auf die gesetzlich erlaubten Nutzungen urheberrechtlich geschützten Materials hinweisen. 106

3. Verpflichtung zur Sperrung von Inhalten

Nach §§ 7, 8 UrhDaG treffen die Plattform Pflichten zur Blockierung von Inhalten, die Urheberrechte oder Leistungsschutzrechte verletzen (→ *Plattformen, Sperrung von Inhalten* Rn. 59 ff.). 107

4. Bestellung eines inländischen Zustellungsbevollmächtigten

Nach § 20 UrhDaG besteht für Plattformen die Verpflichtung, nach den Vorgaben des § 5 Abs. 1 NetzDG für das Gerichtsverfahren einen inländischen Zustellungsbevollmächtigten zu bestellen. Das heißt auch auf den Zustellungsbevollmächtigte für Gerichtsverfahren nach dem UrhDaG muss „in leicht erkennbarer und unmittelbar erreichbarer Weise" aufmerksam gemacht werden. 108

Für Plattformen, deren Hauptziel es ist, kreativen Content Dritter öffentlich zugänglich zu machen, besteht damit, da sie typischerweise auch unter das NetzDG und den MStV fallen, 109
- nach § 92 MStV die Pflicht zur Bestellung eines inländischen Zustellungsbevollmächtigten für Bußgeldverfahren,
- nach § 24d JuSchG die Pflicht zur Bestellung eines inländischen Zustellungsbevollmächtigten für Zustellungen der Bundeszentrale für Kinder- und Jugendmedienschutz,
- nach § 5 Abs. 1 NetzDG die Pflicht zur Bestellung eines inländischen Zustellungsbevollmächtigten für Bußgeldverfahren, aufsichtsrechtliche Verfahren und Gerichtsverfahren aufgrund von Rechtsverletzungen nach dem NetzDG sowie
- nach § 20 UrhDaG die Pflicht zur Bestellung eines inländischen Zustellungsbevollmächtigten für Gerichtsverfahren aufgrund von Rechtsverletzungen nach dem UrhDaG.

XIII. Digital Services Act (DSA) ab 2024

Der DSA gilt neben anderen Intermediären auch für Hosting-Anbieter und damit für Plattformen. An einigen Stellen wird sogar konkret auf Online-Plattformen Bezug genommen. Im DSA werden viele 110

---

66 Zu diesen urheberrechtlich erlaubten Nutzungen zählen bspw. die Nutzung im Wege des Zitats, als Karikatur, Parodie oder Pastiche, als private Vervielfältigung oder für Unterricht, Wissenschaft, Archive, Museen und andere Bildungseinrichtungen.
67 Dies ist sehr umstritten; vgl. zB BeckOK UrhR/Oster UrhDaG § 5 Rn. 9.

Verpflichtungen aufgegriffen, die derzeit bereits nach deutschem Recht bestehen. Zum Teil werden diese Verpflichtungen aber auch ergänzt. Der DSA sieht zudem ein eigenes Durchsetzungssystem vor, nach dem – zusammengefasst – vor allem der Sitzstaat der Plattform oder – bei außereuropäischen Plattformen – der Staat, in dem der nach dem DSA verpflichtend zu benennende gesetzliche Vertreter ansässig ist, die Einhaltung diese Pflichten einfordern kann. Ob dies praktikabel ist, ist eine angemessene Zeit nach Einführung des DSA zu überprüfen.

1. Allgemeine Verpflichtungen

111 Neben zahlreichen allgemeinen Verpflichtungen sieht der DSA auch besondere Verpflichtungen für Marktplätze und für besonders große Plattformen vor.

a) Kontaktstellen für die Behörden der Mitgliedstaaten, die Kommission und das „European Board for Digital Services" (Art. 11)

112 Plattformen müssen eine einheitliche Kontaktstelle einrichten, die eine direkte Kommunikation mit den Behörden der Mitgliedstaaten, der Kommission und dem nach Art. 61 einzurichtenden „European Board for Digital Services" ermöglicht (Art. 11 Abs. 1 DSA). Die Kontaktdaten dieser Stellen müssen so veröffentlicht werden, dass sie leicht zugänglich sind, und müssen zudem stets auf dem neuesten Stand gehalten werden (Art. 11 Abs. 2 DSA). Die Kontaktdaten müssen verbunden werden mit der Angabe der Amtssprache, welche zur Kommunikation genutzt werden kann. Es können mehrere sein, eine muss allerdings die des Sitzstaates bzw. des gesetzlichen Vertreters sein. Ebenso soll die Kommunikation in einer Sprache möglich sein, die von der größtmöglichen Zahl von Unionsbürgern verstanden wird (Art. 11 Abs. 3). Dies dürfte Englisch sein.

b) Kontaktstellen für Nutzer (Art. 12 DSA)

113 Plattformen müssen zudem eine einheitliche Kontaktstelle einrichten, die es den Nutzern/Nutzerinnen ermöglicht, direkt und schnell mit ihnen zu kommunizieren, und zwar auf elektronischem Wege und in einer benutzerfreundlichen Weise, indem sie den Nutzern/Nutzerinnen auch die Wahl der Kommunikationsmittel überlassen, die nicht ausschließlich auf automatisierten Instrumenten beruhen dürfen (Art. 12 Abs. 1 DSA). Chatbots allein dürften daher nicht ausreichen. Die Kontaktdaten dieser Stellen müssen so veröffentlicht werden, dass sie leicht zugänglich sind und müssen zudem stets auf dem neuesten Stand gehalten werden (Art. 12 Abs. 2 DSA). Bereits Art. 5 Abs. 1c der RL 2000/31/EU sieht vor, dass Internetdienstleistungsanbieter und damit auch Plattformen eine E-Mail-Adresse veröffentlichen müssen, über die sie direkt kontaktiert werden können. Diese Regelung soll durch den DSA lediglich ergänzt werden, insbesondere wohl durch die Vorgabe, dass es sich um eine einheitliche Stelle handeln muss, die in jeder Angelegenheit kontaktiert werden kann, und der Nutzer nicht gezwungen ist, aus einer Vielzahl von Adressen erst die für sein Anliegen passende auszuwählen.

c) Gestaltung der AGB (Art. 14 DSA)

114 Für die Gestaltung der AGB trifft der DSA sowohl formale als auch inhaltliche Regelungen.

aa) Formale Vorgaben

115 Die Informationen müssen nach Art. 14 Abs. 1 DSA in einer klaren, einfachen, verständlichen, benutzerfreundlichen und unmissverständlichen Sprache abgefasst und in einem leicht zugänglichen und maschinenlesbaren Format öffentlich zur Verfügung gestellt werden. Darüber hinaus muss über jede wesentliche Änderung der AGB informiert werden (Art. 14 Abs. 2 DSA). Richtet sich das Angebot primär an Minderjährige, müssen die AGB in einer für Minderjährige verständlichen Form gefasst werden (Art. 14 Abs. 3 DSA).

bb) Inhaltsvorgaben

Der DSA sieht auch einige inhaltliche Vorgaben für die Gestaltung der AGB vor, insbesondere Informationspflichten bzgl. Beschränkung der Plattformdienste gegenüber Nutzern/Nutzerinnen und bzgl. Empfehlungssystemen.

(1) Informationen über Beschränkungen der Plattformdienste

Nach Art. 14 Abs. 1 DSA müssen Plattformen in ihren AGB die Gründe benennen, bei deren Vorliegen entschieden werden kann, die Bereitstellung der Plattform für Nutzer/Nutzerinnen vollständig oder teilweise auszusetzen oder zu beenden oder sie in irgendeiner anderen Art einzuschränken. Diese Informationen umfassen Angaben zu allen Richtlinien, Verfahren, Maßnahmen und Werkzeugen, die für die Moderation von Inhalten eingesetzt werden, einschließlich algorithmischer Entscheidungsfindung und menschlicher Überprüfung, sowie zu den Verfahrensregeln für das plattforminternes Beschwerdesystem (vgl. dazu Art. 20 DSA).

Plattformen legen zudem in ihren AGB grundsätzlich eindeutig und ausführlich ihre Regeln für den Umgang mit einem Missbrauch der Melde- und Beschwerdesysteme dar, einschließlich Beispielen für die Tatsachen und Umstände, die sie bei der Beurteilung, ob ein bestimmtes Verhalten einen Missbrauch darstellt, berücksichtigen, und der Dauer der Aussetzung der Plattformdienste (Art. 23 Abs. 4 DSA). Zu beachten ist, dass diese Pflicht nach Art. 23 Abs. 4 DSA gem. Art. 19 Abs. 1 DSA nicht für kleine und Kleinstunternehmen gilt, solange es sich dabei nicht um sehr große Plattformen im Sinne des Art. 33 DSA handelt[68] (Art. 19 Abs. 2 DSA). Sie gilt zudem nach Art. 19 Abs. 1 DSA auch innerhalb von 12 Monaten nach Verlust des Status als kleines oder als Kleinstunternehmen nicht. Es handelt sich darüber hinaus um eine spezifische Verpflichtung für Online-Plattformen im Sinne des DSA, was nach der Definition des Art. 3 Abs. 1 (i) DSA bedeutet, dass keine Angebote erfasst sind, bei denen die Plattformdienste nur eine unbedeutende und mit einem anderen Dienst verbundene reine Nebenfunktion darstellen oder eine unbedeutende Funktionalität des Hauptdienstes sind und aus objektiven und technischen Gründen nicht ohne diesen anderen Dienst genutzt werden können.

(2) Informationen über Empfehlungssysteme

Empfehlungssysteme sind vollständig oder teilweise automatisierte Systeme, die von einer Plattform verwendet werden, um auf ihrer Website und weiteren Online-Schnittstellen den Nutzern/Nutzerinnen bestimmte Inhalte vorzuschlagen, auch infolge einer vom Nutzer/von der Nutzerin veranlassten Suche, oder die auf andere Weise die relative Reihenfolge oder Hervorhebung der angezeigten Inhalte bestimmen (Art. 3 (p) DSA).

Plattformen, die Empfehlungssysteme einsetzen, legen nach Art. 27 DSA in ihren AGB in klarer und verständlicher Sprache die in ihren Empfehlungssystemen verwendeten Hauptparameter dar sowie alle Möglichkeiten für die Nutzer/Nutzerinnen, diese Hauptparameter zu ändern oder Einfluss auf diese Hauptparameter zu nehmen. Es ist zu erläutern, warum dem Nutzer/der Nutzerin bestimmte Inhalte vorgeschlagen werden. Mindestens muss Folgendes dargelegt werden:
- die Kriterien, die für die Bestimmung der Inhalte, die dem Nutzer/der Nutzerin vorgeschlagen werden, am wichtigsten sind und
- die Gründe für die relative Bedeutung/Gewichtung dieser Parameter.

d) Transparenzpflichten

Nach dem DSA müssen einmal jährlich klare, leicht verständliche Berichte über von Plattformen im Laufe des Jahres vorgenommene Inhaltemoderation in einem maschinenlesbaren Format und in leicht zugänglicher Form öffentlich zugänglich gemacht werden. Entsprechende Transparenzpflichten ergeben sich sowohl aus Art. 15 DSA als auch aus Art. 24 DSA (dazu sogleich).

---

[68] Nach Erwägungsgrund (76) Plattformen mit mindestens 45 Millionen Nutzern/Nutzerinnen durchschnittlich im Monat.

122 Zu beachten ist, dass die Transparenzpflichten für kleine und Kleinstunternehmen nur eingeschränkt gelten: Die Transparenzpflichten nach Art. 15 DSA betreffen gem. Art. 15 Abs. 2 DSA keine kleinen oder Kleinstunternehmen, solange es sich dabei nicht um sehr große Plattformen im Sinne des Art. 33 DSA handelt.[69] Dasselbe ist für die Transparenzpflichten nach Art. 24 DSA in Art. 19 Abs. 1 DSA festgeschrieben, so dass diese ebenfalls nicht für kleine und Kleinstunternehmen gelten, solange es sich dabei nicht um sehr große Plattformen im Sinne des Art. 33 DSA handelt.

123 Kleine Unternehmen sind nach der Empfehlung (EU) 2003/361 solche, die weniger als 50 Personen beschäftigen und deren Jahresumsatz bzw. Jahresbilanz 10 Mio. EUR nicht übersteigt. Kleinstunternehmen sind nach der Empfehlung (EU) 2003/361 solche, die weniger als 10 Personen beschäftigen und deren Jahresumsatz bzw. Jahresbilanz 2 Mio. EUR nicht überschreitet. Die Transparenzpflichten nach Art. 24 DSA sind nach Art. 19 Abs. 1 DSA zudem auch innerhalb von 12 Monaten nach Verlust des Status als kleines oder als Kleinstunternehmen nicht anwendbar.

124 Die Pflichten nach Art. 24 DSA sind darüber hinaus keine allgemeinen Verpflichtungen für Hosting-Anbieter, sondern spezifische Verpflichtungen für Online-Plattformen im Sinne des DSA, was nach der Definition des Art. 3 Abs. 1 (i) DSA bedeutet, dass keine Angebote erfasst sind, bei denen die Plattformdienste nur eine unbedeutende und mit einem anderen Dienst verbundene reine Nebenfunktion darstellen oder eine unbedeutende Funktionalität des Hauptdienstes sind und aus objektiven und technischen Gründen nicht ohne diesen anderen Dienst genutzt werden können.

125 Die Transparenzberichte der Plattformen enthalten insbesondere Informationen über Folgendes:
- Nach Art. 15 Abs. 1a DSA die Zahl der von den Behörden der Mitgliedstaaten erhaltenen Anordnungen, aufgeschlüsselt nach der Art der betroffenen illegalen Inhalte, des Mitgliedstaates, der die Anordnung erlässt, und die durchschnittliche Zeit für die Unterrichtung über den Eingang der Anordnung und den Vollzug der Anordnung;
- Nach Art. 15 Abs. 1b DSA die Zahl der über das interne Meldesystem übermittelten Beanstandungen, aufgeschlüsselt nach der Art der mutmaßlich illegalen Inhalte, die Zahl der von vertrauenswürdigen Hinweisgebern[70] übermittelten Beanstandungen, alle aufgrund der Beanstandungen ergriffenen Maßnahmen – wobei danach zu unterscheiden ist, ob die Maßnahmen auf der Grundlage des Gesetzes oder der AGB der Plattform erfolgt sind –, die Anzahl der mit automatisierten Mitteln bearbeiteten Beanstandungen und wie viel Zeit im Durchschnitt für die ergriffene Maßnahme benötigt wurde;
- Nach Art. 15 Abs. 1c DSA aussagekräftige und verständliche Informationen über die von den Plattformen auf eigene Initiative durchgeführte Inhaltemoderationen, einschließlich der Verwendung automatisierter Hilfsmittel, der Maßnahmen zur Schulung und Unterstützung der mit der Moderation von Inhalten betrauten Personen sowie die Anzahl und die Art der Maßnahmen, welche die Verfügbarkeit, die Sichtbarkeit und die Zugänglichkeit der von den Nutzern/Nutzerinnen eingestellten Informationen, betreffen, aufgeschlüsselt nach der Art des illegalen Inhalts, danach ob es sich um einen Gesetzesverstoß oder einen Verstoß gegen AGB handelt, nach der Art der Ermittlung und nach der Art der angewandten Beschränkung;
- Nach Art. 15 Abs. 1d DSA die Zahl der Beschwerden über Entscheidungen der Plattform (zum vorgeschriebenen Beschwerdesystem für Plattformen vgl. Art. 20 DSA), die Grundlagen dieser Beschwerden, die aufgrund dieser Beschwerden getroffenen erneuten Entscheidungen, die für diese Entscheidungen durchschnittlich benötigte Zeit und die Anzahl der Fälle, in denen die Entscheidungen später aufgehoben wurden;
- Nach Art. 15 Abs. 1e DSA jede Verwendung automatisierter Mittel zum Zweck der Moderation von Inhalten, einschließlich der qualitativen Beschreibung, der Spezifizierung der genauen Zwecke, der Indikatoren für die Genauigkeit der automatisierten Mittel und die mögliche Fehlerquote sowie etwaige Sicherheitsvorkehrungen.

---

[69] Nach Erwägungsgrund (76) Plattformen mit mindestens 45 Millionen Nutzern/Nutzerinnen durchschnittlich im Monat.
[70] Sog. „trusted flaggers"; Def. in Art. 22 DSA.

- Nach Art. 24 Abs. 1a DSA die Zahl der Streitigkeiten, die den außergerichtlichen Streitbeilegungsstellen gem. Art. 21 DSA vorgelegt wurden, die Ergebnisse der Streitbeilegung und die durchschnittlich benötigte Zeit für den Abschluss der Streitbeilegungsverfahren sowie den Anteil der Streitfälle, bei denen die Plattform die Entscheidungen der Streitbeilegungsstelle umgesetzt hat und
- Nach Art. 24 Abs. 1b DSA die Anzahl der Beschränkungen der Plattformdienste gegenüber Nutzen/Nutzerinnen Art. 20 DSA, wobei zwischen Beschränkungen wegen offensichtlich illegaler Inhalte, wegen Übermittlung offensichtlich unbegründeter Meldungen und wegen Einreichung offensichtlich unbegründeter Beschwerden zu unterscheiden ist.

Weitere Transparenzpflichten für sehr große Plattformen ergeben sich aus Art. 42 DSA (Rn. 121).

e) Meldung von Straftaten

Art. 18 DSA beinhaltet die Pflicht zur Meldung des Verdachts auf Straftaten, ähnlich der kürzlich in das NetzDG aufgenommen Pflicht zur Meldung gegenüber dem BKA. Nach Art. 18 DSA muss eine Plattform, wenn sie Kenntnis von Inhalten erhält, die den Verdacht begründen, dass eine schwere Straftat, die eine Gefahr für das Leben oder die Sicherheit einer oder mehrerer Personen darstellt, begangen wurde, begangen wird oder begangen werden könnte, den Verdacht unverzüglich den Strafverfolgungs- oder Justizbehörden der betreffenden Mitgliedstaaten (Ort der Straftat oder Wohnsitz oder Aufenthaltsort des Verdächtigen oder des Opfers) mitteilen und alle vorliegenden Informationen zur Verfügung stellen. Kann die Plattform den/die betreffenden/den Mitgliedstaat/en nicht mit hinreichender Gewissheit ermitteln, so unterrichtet sie die Strafverfolgungsbehörden des Mitgliedstaats, in dem sie niedergelassen ist oder ihren Rechtsvertreter hat, oder Europol oder beide (Art. 18 Abs. 2 DSA).

f) Irreführungsverbot

Nach Art. 25 Abs. 1 DSA dürfen Plattformen nicht in einer Art und Weise gestaltet, organisiert oder betrieben werden, die täuscht, manipuliert oder anderweitig die Fähigkeit der Nutzer/Nutzerinnen, freie und informierte Entscheidungen zu treffen, verfälscht oder beeinträchtigt.[71]

g) Kennzeichnungspflichten für Werbung

Besonderheiten für die Kennzeichnung von Werbung ergeben sich aus Art. 26 DSA. Auch diese Pflichten gelten gem. Art. 19 Abs. 1 DSA jedoch nicht für kleine und Kleinstunternehmen, solange es sich dabei nicht um sehr große Plattformen im Sinne des Art. 33 DSA handelt[72] (Art. 19 Abs. 2 DSA). Diese Freistellung erstreckt sich auch auf 12 Monate nach Verlust des Status als kleines oder als Kleinstunternehmen. Die Pflichten sind zudem nach der Definition des Art. 3 Abs. 1 (i) DSA nicht auf solche Angebote anwendbar, bei denen die Plattformdienste nur eine unbedeutende und mit einem anderen Dienst verbundene reine Nebenfunktion darstellen oder eine unbedeutende Funktionalität des Hauptdienstes sind und aus objektiven und technischen Gründen nicht ohne diesen anderen Dienst genutzt werden können.

aa) Kennzeichnungspflichten der Plattform

Plattformen müssen nach Art. 26 Abs. 1 DSA bei jeder Werbung klar, prägnant und in Echtzeit angeben,
- dass es sich bei den angezeigten Informationen um Werbung handelt, ggf. auch durch auffällige Kennzeichnungen,[73]
- die natürliche oder juristische Person, in deren Namen die Werbung dargestellt wird;

---

71 Auch bzgl. dieser Verpflichtung gibt es Einschränkungen, wenn es sich um kleine oder Kleinstunternehmen handelt. Da sich diese Verpflichtungen jedoch ebenso aus dem deutschen Recht und insbesondere aus den allgemeinen Regelungen des UWG und dort ohne Berücksichtigung der Größe der Plattform ergeben, wird darauf an dieser Stelle nicht näher eingegangen.
72 Nach Erwägungsgrund (76) Plattformen mit mindestens 45 Millionen Nutzern/Nutzerinnen durchschnittlich im Monat.
73 Diese Kennzeichnungen können gemäß Art. 44 DSA vereinheitlicht werden.

- die natürliche oder juristische Person, welche die Werbung bezahlt hat, wenn diese Person sich von der unter Buchstabe b) genannten natürlichen oder juristischen Person unterscheidet und
- aussagekräftige Informationen über die wichtigsten Parameter zur Bestimmung des Nutzers/der Nutzerin, dem/der die Werbung angezeigt wird, und gegebenenfalls darüber, wie diese Parameter geändert werden können. Die Informationen müssen von der Anzeige ausgehend direkt und leicht zugänglich sein.

bb) Eröffnung von Kennzeichnungsmöglichkeiten für die Nutzer/Nutzerinnen

130 Plattformen müssen nach Art. 26 Abs. 2 DSA den Nutzern/Nutzerinnen zudem eine Funktion zur Verfügung stellen, mit der sie erklären können, ob es sich bei den von ihnen bereitgestellten Inhalten um kommerzielle Kommunikation handelt oder ob sie kommerzielle Kommunikation beinhalten. Bei entsprechender Erklärung müssen die Inhalte von den Plattformen als Werbung gekennzeichnet werden.

h) Auswahl der Empfehlungssysteme

131 Stehen mehrere Empfehlungssysteme (zur Definition vgl. → Rn. 119) zur Verfügung, muss die Plattformen von der Seite aus, auf der die priorisierten Inhalte erscheinen, direkt und leicht zugänglich die Möglichkeit eröffnen, das bevorzugte Empfehlungssystem auszuwählen (Art. 27 Abs. 3 DSA). Weitere Regelungen zu den Empfehlungssystemen, zwischen denen bei sehr großen Plattformen eine Wahlmöglichkeit zur Verfügung gestellt werden muss, ergeben aus Art. 38 DSA.

i) Verpflichtung zum Jugendschutz[74]

132 Plattformen, die für Minderjährige zugänglich sind, müssen geeignete und verhältnismäßige Maßnahmen ergreifen, um ein hohes Maß an Privatsphäre, Sicherheit und Schutz von Minderjährigen zu gewährleisten (Art. 28 Abs. 1 DSA). Werbung darf nicht aufgrund von Profiling im Sinne von Art. 4 Nummer 4 der Verordnung (EU) 2016/679 geschaltet werden, wenn der Plattform mit hinreichender Sicherheit bekannt ist, dass der Nutzer/die Nutzerin des Dienstes minderjährig ist (Art. 28 Abs. 2 DSA). Allerdings sind Plattformen nicht verpflichtet, zusätzliche personenbezogene Daten zu verarbeiten, um festzustellen, ob der Nutzer/die Nutzerin minderjährig ist (Art. 28 Abs. 3 DSA).

2. Besondere Verpflichtungen für Marktplätze

133 Besondere Verpflichtungen für Marktplätze ergeben sich aus Art. 30 bis Art. 32 DSA. Auch diese Pflichten gelten gem. Art. 29 Abs. 1 DSA jedoch nicht für kleine und Kleinstunternehmen. Diese Freistellung erstreckt sich auch auf 12 Monate nach Verlust des Status als kleines oder als Kleinstunternehmen, vorausgesetzt der Marktplatz ist keine sehr große Plattform im Sinne des Art. 33 DSA.[75] Die Pflichten sind zudem nach der Definition des Art. 3 Abs. 1 (i) DSA nicht auf solche Angebote anwendbar, bei denen die Plattform-/Marktplatzdienste nur eine unbedeutende und mit einem anderen Dienst verbundene reine Nebenfunktion darstellen oder eine unbedeutende Funktionalität des Hauptdienstes sind und aus objektiven und technischen Gründen nicht ohne diesen anderen Dienst genutzt werden können.

a) Rückverfolgbarkeit der Beteiligten

134 Ein Marktplatz muss nach Art. 30 Abs. 1 DSA sicherstellen, dass Unternehmen seine Dienste nur nutzen können, wenn sie, soweit anwendbar, vorab die folgenden Angaben hinterlegt haben:
- Name, Anschrift, Telefonnummer und E-Mail-Adresse des Händlers/der Händlerin,
- Kopie des Ausweises oder eine andere elektronische Identifizierungsmöglichkeit,

---

[74] Auch diese Pflichten gelten gem. Art. 19 Abs. 1 DSA formal nicht für kleine und Kleinstunternehmen, solange es sich dabei nicht um sehr große Plattformen im Sinne der Art. 33 DSA handelt (Art. 19 Abs. 2 DSA). Es dürfte allerdings auch in Zukunft bei weitgehend inhaltsgleichen nationalen Verpflichtungen bleiben, so dass auf diesen Punkt hier nicht näher eingegangen wird.

[75] Nach Erwägungsgrund (76) Plattformen mit mindestens 45 Millionen Nutzern/Nutzerinnen durchschnittlich im Monat.

- Kontoverbindung,
- falls der Händler/die Händlerin in einem Handelsregister oder einem ähnlichen öffentlichen Register eingetragen ist, das Handelsregister, in dem er/sie eingetragen ist, und seine/ihre Handelsregisternummer oder eine gleichwertige in diesem Register verwendete Kennung und
- Selbstbescheinigung des Händlers/der Händlerin, in der sich dieser/diese verpflichtet, nur Produkte oder Dienstleistungen anzubieten, die den geltenden Vorschriften des Unionsrechts entsprechen.

Nach Erhalt der genannten Angaben und vor der Zulassung des betreffenden Händlers/der betreffenden Händlerin muss die Plattform größtmögliche Bemühungen unternehmen, um zu prüfen, ob die übermittelten Angaben verlässlich und vollständig sind, indem sie frei zugängliche amtliche Online-Datenbanken abfragt oder Online-Schnittstellen nutzt, die von einem Mitgliedstaat oder der Union zur Verfügung gestellt werden, oder indem sie Nachweise aus verlässlichen Quellen verlangt. 135

Wird der Marktplatz bei Inkrafttreten des DSA durch den Händler/die Händlerin bereits genutzt, sind die genannten Angaben nachträglich binnen 12 Monaten ab Inkrafttreten des DSA einzuholen und, sollten sie nicht einholbar sein, der Zugang zum Marktplatz zu sperren, bis alle Angaben vollständig sind. 136

Hat die Plattform Grund zu der Annahme, dass eine der übermittelten Angaben unrichtig, unvollständig oder nicht auf dem neuesten Stand ist, so fordert sie den Händler/die Händlerin auf, die Informationen zu korrigieren. Korrigiert oder vervollständigt der Händler/die Händlerin diese Informationen nicht, so muss die Plattform unverzüglich ihre Dienste aussetzen, bis die Daten korrigiert bzw. vervollständigt sind (Art. 30 Abs. 3 DSA). Die Angaben des Händlers/der Händlerin müssen von der Plattform noch 6 Monate nach Vertragsende gespeichert, danach müssen sie gelöscht werden (Art. 30 Abs. 5 DSA). 137

Die Plattform stellt Name, Anschrift, Telefonnummer und E-Mail-Adresse des Händlers/der Händlerin, ggf. Name des Registers und Registernummer oder eine gleichwertige Möglichkeit zur Identifizierung in dem Register und die Selbstverpflichtung den Nutzern/Nutzerinnen in einer klaren, leicht zugänglichen und verständlichen Weise zur Verfügung, 138

b) Gestaltung von Marktplatzangeboten

Der Marktplatz muss nach Art. 31 Abs. 1 DSA so gestaltet sein, dass die Händler/Händlerinnen ihren Verpflichtungen in Bezug auf vorvertragliche Informationen, Compliance und Produktsicherheit nachkommen können. 139

Insbesondere muss es der Marktplatz es nach Art. 31 Abs. 1 und Abs. 2 DSA ermöglichen, folgende Informationen bereitzustellen 140
- Name, Anschrift, Telefonnummer und E-Mail-Adresse des Händlers/der Händlerin,
- Informationen für eine klare und eindeutige Identifizierung der angebotenen Produkte oder Dienstleistungen,
- alle Zeichen zur Identifizierung des Unternehmens, wie zB die Marke, das Symbol oder das Logo und
- gegebenenfalls erforderliche Kennzeichnungen gemäß den Vorschriften des geltenden Unionsrechts über Produktsicherheit und Produkt-Konformität.

Nach Art. 31 Abs. 3 DSA muss der Marktplatz bestmöglich vorab prüfen, ob diese Informationen bereitgehalten werden. Sind die Angebote bereits online muss der Marktplatz stichprobenartig prüfen, ob die angebotenen Produkte oder Dienstleistungen in einer offiziellen, frei zugänglichen und maschinenlesbaren Online-Datenbank oder Online-Schnittstelle als illegal gekennzeichnet sind. 141

c) Information bei illegalen Produkten

Erfährt der Marktplatz von einer illegalen Ware oder Dienstleistung, welche über den Marktplatz angeboten wird, muss er Verbraucher/Verbraucherinnen, welche die Ware oder die Dienstleistung innerhalb von sechs Monaten ab dem Zeitpunkt, zu dem der Marktplatz Kenntnis erlangt hat, erworben haben, über die Illegali- 142 tät des Produkts bzw. der Dienstleistung, die Identität des Händlers/der Händlerin und alle einschlägigen Rechtsbehelfe informieren (Art. 32 Abs. 1 DSA).

143 Wenn dem Marktplatz nicht die Kontaktdaten aller betroffenen Verbraucher/Verbraucherinnen bekannt sind, hat er die Informationen über das illegale Produkt oder die illegale Dienstleistung auf seiner Website und weiterer Online-Schnittstellen öffentlich verfügbar und leicht zugänglich zu machen ebenso wie Informationen über die Identität des Händlers/der Händlerin und über alle einschlägigen Rechtsbehelfe (Art. 32 Abs. 2 DSA).

3. Besondere Pflichten für sehr große Plattformen

144 Nachfolgend werden zusammengefasst besondere Pflichten für sehr große Plattformen dargestellt. Dabei handelt es sich nach Art. 33 Abs. 1 DSA in der Regel um Plattformen mit mindestens 45 Millionen Nutzern/Nutzerinnen durchschnittlich im Monat. Plattformen veröffentlichen spätestens drei Monate nach Inkrafttreten des DSA und danach mindestens einmal alle sechs Monate in einem öffentlich zugänglichen Bereich Informationen über die durchschnittlich monatlich aktiven Nutzer/Nutzerinnen in jedem Mitgliedstaat (Art. 24 Abs. 2 DSA). Der Status einer sehr großen Plattform muss durch die Kommission festgestellt werden (Art. 33 Abs. 4–6 DSA).

a) Allgemeine Geschäftsbedingungen (AGB)

145 Sehr große Plattformen müssen den Nutzern/Nutzerinnen nach Art. 14 Abs 5 DSA in klarer und unmissverständlicher Sprache eine knappe, leicht zugängliche und maschinenlesbare Zusammenfassung der AGB zur Verfügung stellen, einschließlich der verfügbaren Rechtsbehelfe und Rechtsbehelfsmechanismen. Sie müssen ihre AGB darüber hinaus in den Amtssprachen aller Mitgliedstaaten, in denen sie ihre Dienste anbieten, veröffentlichen (Art. 14 Abs. 6 DSA).

b) Risikoeinschätzung

146 Art. 34 DSA legt fest, dass sehr große Plattformern alle systemischen Risiken, die sich aus der Konzeption, einschließlich der algorithmischen Systeme, der Funktionsweise und der Nutzung ihrer Dienste in der Union ergeben, sorgfältig ermitteln, analysieren und bewerten müssen. Diese Risikobewertung soll mindestens einmal jährlich erfolgen, auf jeden Fall aber vor der Einführung von Funktionalitäten, die kritische Auswirkungen auf die gem. Art. 34 DSA ermittelten Risiken haben könnten. Die Plattformen sollen sich dabei auch mit den Auswirkungen ihrer Dienste auf in der Grundrechte-Charta verankerte Rechte wie den Schutz der Menschenwürde, des Privat- und Familienlebens, personenbezogener Daten und der Meinungs- und Informationsfreiheit, einschließlich der Freiheit und des Pluralismus der Medien, auseinandersetzen. Ebenso sind Auswirkungen auf die gesellschaftliche Debatte und auf Wahlen sowie auf die öffentliche Sicherheit zu berücksichtigen.

c) Risikominderungsmaßnahmen

147 Art. 35 DSA legt fest, dass außerdem angemessene, verhältnismäßige und wirksame Risikominderungsmaßnahmen zu ergreifen sind, die den gemäß Art. 34 DSA ermittelten besonderen systemischen Risiken entgegenwirken. Zu solchen Maßnahmen können gegebenenfalls gehören:
- Anpassung des Designs, der Merkmale oder der Funktionsweise der Plattformdienste,
- Anpassung der AGB und deren Durchsetzung,
- Anpassung der Verfahren zur Moderation von Inhalten, einschließlich der Geschwindigkeit und Qualität der Bearbeitung von Meldungen über bestimmte Arten illegaler Inhalte und gegebenenfalls der raschen Entfernung der gemeldeten Inhalte oder der Sperrung des Zugangs zu ihnen, insbesondere bei illegaler Hassrede oder Cybergewalt, sowie Anpassung der einschlägigen Entscheidungsprozesse und der für die Moderation von Inhalten vorgesehenen Ressourcen,
- Prüfung und Anpassung algorithmischer Systeme, einschließlich Empfehlungssystemen (zur Definition vgl. → Rn. 119),

- Anpassung des Werbesystems und Ergreifung gezielter Maßnahmen zur Beschränkung oder Anpassung der Anzeige von Werbung,
- Stärkung der internen Prozesse, Ressourcen, Tests, Dokumentation oder Beaufsichtigung der Tätigkeiten, insbesondere im Hinblick auf die Erkennung systemischer Risiken,
- Beginn oder Anpassung der Zusammenarbeit mit vertrauenswürdigen Hinweisgebern gem. Art. 22 DSA und die Umsetzung der Entscheidungen außergerichtlicher Streitbeilegungsstellen gem. Art. 21 DSA,
- Beginn oder Anpassung der Zusammenarbeit mit anderen Plattformen anhand bestimmter Verhaltenskodizes bzw. Krisenprotokolle (Art. 45 und 48 DSA),
- Ergreifung von Sensibilisierungsmaßnahmen und Anpassung ihrer Website und weiterer Online-Schnittstellen für eine bessere Information der Nutzer,
- Ergreifung gezielter Maßnahmen zum Schutz der Rechte von Kindern, einschließlich Altersüberprüfung und Instrumente zur elterlichen Kontrolle sowie Funktionen, die Minderjährigen helfen, einen Missbrauch zu melden oder gegebenenfalls Unterstützung zu erhalten,
- Sicherstellung, dass Inhalte, die existierenden Personen, Gegenständen, Orten oder anderen Einrichtungen oder Ereignissen ähneln und fälschlicherweise als authentisch oder wahrheitsgetreu erscheinen (Fake), durch auffällige Markierungen erkennbar sind sowie
- Bereitstellung einer einfach zu nutzenden Funktion, die es ermöglicht, einen Fake anzuzeigen.

d) Empfehlungssysteme ohne Profiling

Zusätzlich zu den Anforderungen nach Art. 27 DSA verpflichtet Art. 38 DSA sehr großer Plattformen, die Empfehlungssysteme verwenden, für jedes ihrer Empfehlungssysteme mindestens eine Option anzubieten, die nicht auf Profiling im Sinne von Art. 4 Nr. 4 der Verordnung (EU) 2016/679 beruht.

e) Werbearchiv

Art. 39 DSA sieht vor, dass sehr große Plattformen, die Werbung auf ihrer Website und weiterer Online-Schnittstellen anzeigen, die folgenden Angaben über eine Werbung in einem Archiv zusammenstellen und diese über ein durchsuchbares und zuverlässiges Tool, das multikriterielle Abfragen ermöglicht, ein Jahr lang nach der letzten Anzeige der Werbung öffentlich zugänglich machen. Sie stellen sicher, dass das Archiv keine personenbezogenen Daten der Nutzer enthält, denen die Werbung angezeigt wurde oder hätte angezeigt werden können, und unternehmen angemessene Anstrengungen, um sicherzustellen, dass die Informationen richtig und vollständig sind.

Das Archiv muss zumindest alle folgenden Angaben enthalten:

- Inhalt der Werbung, einschließlich des Namens des Produkts, der Dienstleistung oder der Marke und des Themas der Werbung,
- die Person, in deren Namen die Werbung angezeigt wird,
- die Person, welche die Anzeige bezahlt hat, sofern es sich um eine andere Person handelt,
- Zeitraum, in dem die Werbung angezeigt wurde,
- Information darüber, ob die Werbung gezielt einer oder mehreren bestimmten Gruppen von Nutzern/Nutzerrinnen angezeigt werden sollte, und falls ja, welche Hauptparameter zu diesem Zweck verwendet wurden, gegebenenfalls auch einschließlich der wichtigsten Parameter, die zum Ausschluss bestimmter Gruppen verwendet wurden,
- Zugehörige von Nutzern/Nutzerrinnen bereitgestellte Inhalte, die nach Angabe der Nutzer/Nutzerrinnen gem. Art. 26 Abs. 2 DSA kommerzielle Kommunikationen enthielten und
- die Gesamtzahl der Nutzer/Nutzerrinnen der Plattform und gegebenenfalls die aggregierten Zahlen in jedem Mitgliedstaat für die Gruppe oder Gruppen von Nutzern/Nutzerrinnen, an die die Werbung gerichtet wurde.

Wenn eine Plattform den Zugang zu einer bestimmten Anzeige wegen angeblicher Illegalität oder Unvereinbarkeit mit den AGB gesperrt oder die Anzeige entfernt hat, muss das Archiv diese Informationen nicht enthalten. In diesem Fall nimmt das Archiv für die betreffende Werbung die in der Begründung der Entscheidung Plattform zur Sperrung oder ggf. einer entsprechenden staatlichen Anordnung genannten Informationen auf.

f) Compliance Abteilung

152 Art. 41 DSA bestimmt, dass sehr große Plattformen eine von den operativen Funktionen unabhängige Compliance-Abteilung einrichten, die sich aus einem oder mehreren Compliance-Beauftragten zusammensetzt. Die Compliance-Abteilung muss über ausreichende Befugnisse, Kompetenzen und Ressourcen sowie Zugang zum Leitungsorgan der Plattform verfügen, um die Einhaltung dieser Verordnung zu überwachen. Die Unabhängigkeit der Abteilung muss von der Plattform durch entsprechende interne Regelungen und durch klare Aufgabentrennung beim Betrieb der Plattform sichergestellt werden.

g) Transparenzberichte

153 Gem. Art. 42 DSA veröffentlichen sehr große Plattformen die in Art. 15 DSA genannten Transparenzberichte spätestens zwei Monate nachdem die Vorschriften für sehr große Plattformen auf sie anwendbar sind. Dies ist nach Art. 33 Abs. 6 DSA vier Monate nachdem die Plattform von der Kommission darüber benachrichtigt wurde, dass die Kommission sie als sehr große Plattform ansieht, der Fall. Danach erfolgt die Veröffentlichung mindestens alle sechs Monate.

154 In den Berichten sind zusätzlich zu den in Art. 15 Abs. 1 und Art. 24 Abs. 1 DSA genannten Informationen folgende Informationen anzugeben:
- die personellen Ressourcen, die für die Moderation von Inhalten eingesetzt werden, und zwar für jede Amtssprache der Union, auch im Hinblick auf die Einhaltung der in den Art. 16 DSA (Meldesystem) und 22 DSA (Zusammenarbeit mit vertrauenswürdigen Hinweisgebern) genannten Verpflichtungen, sowie die Einhaltung der in Art. 20 DS (Beschwerdesystem) genannten Verpflichtungen,
- die Qualifikationen und Sprachkenntnisse des Personals, das die genannten Tätigkeiten ausübt, sowie die Schulung und Unterstützung dieses Personals und
- die Indikatoren für die Genauigkeit automatisierter Mittel zur Inhaltemoderation gem. Art. 15 Abs. 1 (e) für jede der anwendbaren Amtssprachen der Union.

155 Die Berichte sollen in mindestens einer der Amtssprachen der Union veröffentlicht werden. Zusätzlich nehmen die Plattformen Informationen über die durchschnittlichen monatlichen Nutzer/Nutzerinnen des Dienstes für jeden Mitgliedstaat auf.

156 Die Plattformen machen gem. Art. 42 Abs. 4 DSA spätestens drei Monate nach Erhalt eines jeden Prüfberichts der verpflichtend vorgeschriebenen regelmäßigen Überprüfung durch unabhängige Prüfer (Art. 37 Abs. 3 DSA) folgende Unterlagen öffentlich zugänglich:[76]
- einen Bericht über die Ergebnisse der Risikobewertung gem. Art. 34 DSA,
- die gem. Art. 35 DSA ermittelten und umgesetzten Risikominderungsmaßnahmen,
- den in Art. 37 Abs. 4 DSA genannten Prüfbericht,
- den gem. Art. 37 Abs. 6 DSA vorgeschriebenen Bericht der Plattform über die Umsetzung der im Prüfbericht enthaltenden Empfehlungen (falls die Prüfung nicht positiv ausgefallen ist) und
- gegebenenfalls Informationen über die von der Plattform durchgeführten Beratungen zur Unterstützung der Risikobewertungen und der Konzeption der Risikominderungsmaßnahmen.

157 Ist eine Plattform der Auffassung, dass die Veröffentlichung von Informationen gem. Art. 42 Abs. 4 DSA zur Offenlegung vertraulicher Informationen führt, erhebliche Schwachstellen für die Sicherheit der Plattform verursacht, die öffentliche Sicherheit beeinträchtigt oder Nutzern schadet, so kann sie diese Informationen aus den öffentlich zugänglichen Berichten entfernen.

---

[76] Die Daten werden zudem der Kommission übermittelt und bzw. dem sog. „Koordinator für digitale Dienste", ein durch den DSA ebenfalls neu geschaffenes Amt, zugänglich gemacht.

64. Plattformen, Sperrung von Inhalten

Schaper/Wolters

I. Einleitung	1
II. Virtuelles Hausrecht/AGB der Plattformen	2
III. Rechtswidrige Inhalte	9
1. Grundsätze der Plattformhaftung	10
2. Notice-and-Take-Down-Verfahren	18
a) Löschungsaufforderung	20
b) Materiellrechtlich eindeutige Rechtsverletzung	23
c) Pflichten im Notice-and-Take-Down-Verfahren	29
d) Sperrung von Angeboten auf Marktplätzen	30
3. Plattforminterne Beanstandungsverfahren	34
a) Beschwerdesystem nach der „Platform-to-Business-Verordnung" (VO (EU) 2019/1150))	35
b) Soziale Netzwerke und Videosharing-Dienste	37
aa) Regelungen des Netzwerkdurchsetzungsgesetzes (NetzDG) zum plattforminternen Beanstandungsverfahren	44
(1) Beschwerdeverfahren	45
(2) Gegenvorstellungsverfahren	49
bb) Regelungen des Telemediengesetzes (TMG) zum plattforminternen Beanstandungsverfahren	53
cc) Regelungen des Jugendschutzgesetzes (JuSchG) zum plattforminternen Beanstandungsverfahren	55
4. Regelungen des Urheberrechts-Diensteanbieter-Gesetz (UrhDaG)	56
a) Qualifizierte Blockierung nach § 7 UrhDaG	59
b) Einfache Blockierung nach § 8 UrhDaG	62
c) Mutmaßlich erlaubte Nutzungen §§ 9–11 UrhDaG	65
aa) Geringfügige Nutzung nach § 10 UrhDaG	70
bb) Kennzeichnung als gesetzlich erlaubt nach § 11 UrhDaG	71
cc) Entgegenstehende Erklärung eines vertrauenswürdigen Rechteinhabers	74
d) Urheberpersönlichkeitsrechtsverletzungen	75
e) Plattforminternes Beschwerdesystem nach § 14 UrhDaG	76
IV. Regelungen nach dem Digital Services Act (DSA) ab 2024	81
1. Plattforminterne Meldeverfahren	82
2. Entscheidungsbegründung	86
3. Plattforminterne Beschwerdeverfahren	88
4. Hinweis auf Möglichkeiten der außergerichtlichen Streitbeilegung	94
5. Vorkehrungen gegen Missbrauch der Melde- und Beschwerdeverfahren	96

Literatur: *Holznagel*, Melde- und Abhilfeverfahren zur Beanstandung rechtswidrig gehosteter Inhalte nach europäischem und deutschem Recht im Vergleich zu gesetzlich geregelten notice and take-down-Verfahren, GRUR Int. 2014, 105; *Jaworski/J.B. Nordemann*, Gehilfenhaftung von Intermediären bei Rechtsverletzungen im Internet, BGH-Rechtsprechung und neueste Entwicklungen in den Instanzen GRUR 2017, 567; *Knöfel*, Zustellung privater Schriftstücke über die Europäische Zustellungsverordnung?, IPRax 2017, 245; *Lüdemann*, Grundrechtliche Vorgaben für die Löschung von Beiträgen in sozialen Netzwerken Private Ordnung digitaler Kommunikation unter dem Grundgesetz, MMR 2019, 297; *Mankowski*, Zivilverfahrensrecht: Zustellung außergerichtlicher Schriftstücke nach der EuZVO, EuZW 2015, 947; *Metzger*, Die finale Version des UrhDaG – Auf die Plätze, filtern, los?, ZUM 2021, 755; *Spindler*, Die Umsetzung von Art. 17 DSM-Richtlinie in deutsches Recht – Das UrhDaG (Teil 1), WRP 2021, 1111; *Stieper*, Die Schranken des Urheberrechts im Gesetz zur Anpassung des Urheberrechts an die Erfordernisse des digitalen Binnenmarktes, ZUM 2021, 776; *Waiblinger/Pukas*, Die urheberrechtlichen Haftung von Onlineplattformen nach dem Urheberrechts-Dienstanbiert-Gesetz (UrhDaG), MDR 2021, 1489.

I. Einleitung

Die Sperrung von Inhalten oder ganzen Nutzerkonten kann gesetzlich vorgeschrieben sein oder aufgrund der AGB der Plattform auf vertraglicher Grundlage erfolgen. Da faktisch die meisten Sperrungen nach den AGB der Plattformen erfolgen, soll zunächst auf diesen Aspekt näher eingegangen werden.

II. Virtuelles Hausrecht/AGB der Plattformen

Neben den gesetzlichen Vorschriften gelten selbstverständlich auch die AGB der Plattformbetreiber, welche zwar der AGB-Kontrolle nach den §§ 307 ff. BGB unterliegen, grundsätzlich aber von den Plattformen frei gestaltet werden können. Sie können daher vorsehen, dass auch Inhalte gesperrt werden, für die weder nach dem TMG noch nach dem NetzDG noch nach dem UrhDaG eine Sperrpflicht besteht, welche aber möglicherweise gegen andere Gesetze wie das MarkenG oder UWG verstoßen oder gar nicht rechtswidrig sind, aber nach Auffassung der Plattform geeignet sind, den freien Meinungsaustausch auf der Plattform zu beeinträchtigen.[1] Die AGB der Plattformen können nicht nur die Sperrung einzelner Inhalte, sondern auch ganzer Nutzerkonten vorsehen.[2]

3 Die Sperrung von Nutzerkonten kann zudem nach dem „virtuellen Hausrecht" der Plattformen erfolgen, dessen Ausübung jedoch nicht weiter gehen darf als auch die AGB zulässigerweise ausgestaltet werden dürften. Es gelten damit in jedem Fall die unten näher dargelegten Grundsätze des BGH.

4 Auch in rein privatrechtlichen Konstellationen wie bei der Nutzung einer durch private Unternehmen betriebenen Plattform können die Grundrechte mittelbar Wirkung entfalten. Man spricht von der sogenannten „Drittwirkung" der Grundrechte, welche grundsätzlich lediglich im Verhältnis zwischen Staat und Bürger Anwendung finden.

5 Aus diesem Grund hat der BGH entschieden, dass die Plattformen bei der Sperrung von Inhalten unterhalb der Rechtswidrigkeitsschwelle die nachfolgend genannten Voraussetzungen erfüllen müssen:[3]

6 Für einen interessengerechten Ausgleich der kollidierenden Grundrechte und damit für die Wahrung der Angemessenheit im Sinne von § 307 Abs. 1 S. 1 BGB sei es erforderlich, dass sich die Plattformen in ihren Geschäftsbedingungen verpflichteten,
- über die Entfernung eines Beitrags zumindest nachträglich und über eine beabsichtigte Sperrung eines Kontos vorab zu informieren,
- den Grund für die (avisierte) Maßnahme mitzuteilen[4] und
- eine Möglichkeit zur Gegenäußerung einzuräumen, an die sich eine Neubescheidung anschließt.[5]

7 Zur Begründung führt der BGH aus, bei der Prüfung, ob eine AGB-Klausel unangemessen im Sinne von § 307 Abs. 1 S. 1 BGB sei, bedürfe es einer umfassenden Würdigung und Abwägung der wechselseitigen Interessen. Bei den AGB der Plattformen seien die kollidierenden Grundrechte der Parteien – die Meinungsäußerungsfreiheit aus Art. 5 Abs. 1 S. 1 GG und die Berufsausübungsfreiheit aus Art. 12 Abs. 1 S. 1 GG – zu erfassen und nach dem sogenannten Grundsatz der „praktischen Konkordanz" so in Ausgleich zu bringen, dass sie für alle Beteiligten möglichst weitgehend wirksam werden. Diese Abwägung ergäbe, dass Plattformen grundsätzlich berechtigt seien, die Einhaltung bestimmter Kommunikationsstandards vorzugeben, die über die strafrechtlichen Vorgaben (zB Beleidigung, Verleumdung oder Volksverhetzung) hinausgehen. Sie dürften sich das Recht vorbehalten, bei Verstoß gegen die Kommunikationsstandards Beiträge zu entfernen und das betreffende Nutzerkonto zu sperren. Dabei seien jedoch bestimmte Verfahrensweisen einzuhalten.

---

1 Der Anbieter eines sozialen Netzwerks ist grundsätzlich berechtigt, den Nutzern seines Netzwerks in Allgemeinen Geschäftsbedingungen die Einhaltung objektiver, überprüfbarer Kommunikationsstandards vorzugeben, die über die gesetzlichen Vorgaben hinausgehen (BGH Urt. v. 29.7.2021 – III ZR 179/20, NJW 2021, 3179 – Unwirksame Nutzungsbedingungen eines sozialen Netzwerks für Hassrede).
2 Vgl. bspw. zum Ausschluss von „Hassorganisationen" OLG Dresden Urt. v. 16.6.2020 – 4 U 2890/19, MMR 2021, 58 – Soziale Netzwerke dürfen „Hassorganisationen" ausschließen.
3 BGH Urt. v. 29.7.2021 – III ZR 179/20, NJW 2021, 3179 – Unwirksame Nutzungsbedingungen eines sozialen Netzwerks für Hassrede und BGH Urt.v. 29.7.2021 – III ZR 192/20 – Ansprüche eines Nutzers gegen die Anbieterin eines sozialen Netzwerks wegen Löschens von Beiträgen und Sperrung des Kontos.
4 Zur Begründungpflicht vgl. LG Köln Beschl. v. 11.10.2021 – 28 O 351/21, GRUR-RS 2021, 30078. YouTube hatte nicht ausreichend begründet, warum Videos gegen Schutzmaßnahmen zur Eindämmung der Corona-Pandemie gegen YouTube-Richtlinien verstießen. Eine Löschung ohne konkrete Begründung sei jedoch nur bei „einer offensichtlichen, auf den ersten Blick erkennbaren medizinischen Fehlinformation" zulässig.
5 Pressemitteilung des BGH v. 29.7.2021 zu den Verfahren III ZR 179/20 (BGH Urt. v. 29.7.2021 – III ZR 179/20, NJW 2021, 3179 – Unwirksame Nutzungsbedingungen eines sozialen Netzwerks für Hassrede) und III ZR 192/20 (BGH Urt. v. 29.7.2021 – III ZR 192/20, ZUM-RD 2021, 612 – Ansprüche eines Nutzers gegen die Anbieterin eines sozialen Netzwerks wegen Löschens von Beiträgen und Sperrung des Kontos).

Die Vorgaben des BGH ähneln den im TMG, NetzDG und UrhDaG vorgesehenen (dort allerdings noch etwas detaillierter normierten) Beschwerde- und Gegenvorstellungsverfahren.[6]

III. Rechtswidrige Inhalte

Heute gibt es viele gesetzliche vorgesehene Beschwerdeverfahren für rechtswidrige Inhalte. Die Plattformen müssen entsprechende Beschwerdemechanismen bereithalten. Bevor jedoch auf die gesetzlich vorgeschriebenen Beschwerdeverfahren für rechtswidrige Inhalte näher eingegangen wird, sollen zunächst die vor allem von der Rechtsprechung entwickelten Grundsätze zur Haftung von Plattformen für nutzergenerierte rechtswidrige Inhalte geschildert werden. Diese gelten weiterhin und können jederzeit auf dem Zivilrechtswege geltend gemacht werden. Die Beschreitung dieses Weges kann sich bspw. dann anbieten, wenn es den Betroffenen ohnehin nicht nur um Unterlassung, sondern auch um Schadensersatz geht.

1. Grundsätze der Plattformhaftung

Plattformen, die Host-Provider fremder Inhalte sind, können als Täter haften.[7] Haftet die Plattform täterschaftlich, haftet sie nicht nur auf Unterlassung und Beseitigung, sondern auch auf Schadensersatz (§ 97 UrhG). Diese täterschaftliche Haftung erfolgt neben dem Nutzer/den Nutzerinnen, der zusätzlich als Täter haftet.

Die Frage, ob eine Haftung als Täter gegeben ist, beurteilt sich zunächst nach strafrechtlichen Grundsätzen.[8] Das Gleiche gilt für die Haftung als Teilnehmer; vor allem bei Kenntnis von der konkreten Verletzung und dem Bewusstsein der Rechtswidrigkeit kommt die Haftung der Plattform als Gehilfe in Betracht.[9] Besondere zivilrechtliche Zurechnungsregeln können eine täterschaftliche Haftung aber auch wegen Zueigenmachens der fremden (Nutzer-/Nutzerinnen-)Inhalte[10] oder aufgrund von Rechtsscheins[11] auslösen.

Offen ist noch, ob im Bereich der Rechte des geistigen Eigentums auch eine (täterschaftliche) Haftung von Plattformen (als mittelbarer Verursacher) bei Verkehrspflichtverletzung angenommen werden kann. Im Urheberrecht hat der EuGH das für die rechtsverletzende öffentliche Wiedergabe anerkannt.[12] Danach haften die in Anspruch genommenen Plattformen, wenn sie nicht lediglich neutral handeln, sondern erstens eine „zentrale Rolle" bei der Vermittlung der Inhalte übernommen und zweitens Verkehrspflichten verletzt haben. Die „zentrale Rolle" ist im Regelfall für Plattformen gegeben, weil ohne ihr Tätigwerden die Nutzer das (rechtsverletzend) öffentlich wiedergegebene Werk grundsätzlich nicht abrufen könnten oder dies

---

6 Zu einzelnen Fragen bzgl. der Ausgestaltung der AGB sozialer Netzwerke vgl. ferner OLG München Urt. v. 24.8.2018 – 18 W 1294/18, MMR 2018, 753; OLG Dresden Urt. v. 8.8.2018 – 4 W 577/18, MMR 2018, 756; OLG Dresden Urt. v. 7.2.2017 – 4 U 1419/16, MMR 2017, 542 und OLG Frankfurt a. M. Urt. v. 26.11.2015 – 16 U 64/15, MMR 2016, 489; OLG München Urt. v. 7.1.2020 – 18 U 1491/19, MMR 2021, 79; OLG Dresden Urt. v. 12.5.2020 – 4 U 1523/19, MMR 2021, 64; OLG Dresden Urt. v. 16.6.2020 – 4 U 2890/19, MMR 2021, 58; OLG München Urt. v. 18.2.2020 – 18 U 3465/19, MMR 2021, 71, sowie LG Frankenthal Urt. v. 8.9.2020 – 6 O 23/20, MMR 2021, 85, beim Verdacht auf Hassrede (nicht rechtskräftig); Lüdemann MMR 2019, 279.
7 Eingehend zur Plattformhaftung Ingerl/Rohnke/Nordemann/J.B. Nordemann MarkenG Nach§ 15 Rn. 213 ff.
8 BGH Urt. v. 6.5.2021 – I ZR 61/20, GRUR 2021, 1303 Rn. 30 – Die Filsbacher mwN.
9 BGH GRUR 2015, 689 Rn. 22, 33 – Parfumflakon III; BGH GRUR 2013, 1229 Rn. 32 – Kinderhochstühle im Internet II; BGH GRUR 2012, 1065 Rn. 18 f. – Parfümflakon II; Jaworski/J.B. Nordemann GRUR 2017, 567 (568) mwN.
10 BGH GRUR 2021, 1303 Rn. 24 – Die Filsbacher; BGH GRUR 2020, 543 Rn. 13, 16 – Kundenbewertung bei Amazon.
11 BGH GRUR 2012, 304 Rn. 46 – Basler Haar-Kosmetik; BGH GRUR 2010, 633 Rn. 14 – Sommer unseres Lebens; BGH GRUR 2009, 597 Rn. 16 ff. – Halzband.
12 EuGH GRUR 2021, 1054 Rn. 68, 102 – YouTube und uploaded; EuGH GRUR 2017, 790 Rn. 36 ff. – Brein/Ziggo; BGH GRUR 2017, 610 Rn. 49 – Brein/Wullems. Auch der BGH bestätigt auf der Grundlage dieser EuGH-Rechtsprechung für Betreiber von Sharehosting-Plattformen dieselben Haftungsgrundsätze wie für den Betreiber einer Video Sharing-Plattform, siehe BGH Urt. v. 2.6.2022 – I ZR 140/15, I ZR 53/17, I ZR 54/17, I ZR 55/17, I ZR 56/17, I ZR 57/17 und I ZR 135718, vgl. alle Entscheidungen zusammenfassend MMR aktuell 2022, 449224 – YouTube und uploaded.

zumindest komplexer wäre.¹³ Die Pflichtverletzung hat der EuGH alternativ wie folgt definiert:¹⁴ (1) Nach Kenntniserlangung (zB über eine ausreichende Mitteilung) erfolgt keine unverzügliche Löschung der konkret beanstandeten Inhalte. (2) Die Plattform weiß oder müsste wissen, dass über sie im Allgemeinen durch Nutzer dieser Plattform geschützte Inhalte rechtswidrig öffentlich zugänglich gemacht werden, und die Plattform ergreift nicht die geeigneten technischen Maßnahmen, die von einem die übliche Sorgfalt beachtenden Wirtschaftsteilnehmer in ihrer Situation erwartet werden können, um Rechtsverletzungen auf dieser Plattform glaubwürdig und wirksam zu bekämpfen. (3) Die Plattform ist an der Auswahl geschützter Inhalte, die rechtswidrig öffentlich zugänglich gemacht werden, beteiligt, sie bietet Hilfsmittel an, die speziell zum unerlaubten Teilen solcher Inhalte bestimmt sind, oder sie fördert ein solches Teilen wissentlich; für ein solches wissentliches Fördern kann der Umstand sprechen, dass der Betreiber ein Geschäftsmodell gewählt hat, das die Nutzer seiner Plattform dazu verleitet, geschützte Inhalte auf dieser Plattform rechtswidrig öffentlich zugänglich zu machen.¹⁵ Ob diese Grundsätze auch für die anderen Geistigen Eigentumsrechte gelten, ist bislang nicht entschieden.

13 Im Urheberrecht ist darüber hinaus zu berücksichtigen, dass seit Umsetzung der RL (EU) 2019/790 in das deutsche Recht durch das UrhDaG für alle unter dieses Gesetz fallenden Plattformen statt den oben genannten Grundsätzen nunmehr die speziellen Regelungen des UrhDaG gelten (→ Rn. 56 ff.).

14 Subsidiär zur Täter- und Gehilfenhaftung greift die Störerhaftung. Daraus können sich nur Unterlassungs- oder Beseitigungsansprüche ergeben.

15 Zwar besteht für Plattformen, die Host-Provider fremder Inhalte sind, grundsätzlich ein Haftungsprivileg („safe harbour"): Die Plattform haftet gem. Art. 14 Abs. 1 der E-Commerce-RL umgesetzt in § 10 TMG nicht als Täter oder Teilnehmer für nutzergenerierte Inhalte. Voraussetzung ist jedoch, dass die Plattform einen rein technischen, automatischen und passiven Dienst erbringt¹⁶ und

- keine tatsächliche Kenntnis von der rechtswidrigen Tätigkeit oder Information hat oder
- sobald sie eine entsprechende Kenntnis erlangt, unverzüglich tätig wird, um die Information zu entfernen oder den Zugang zu ihr zu sperren.¹⁷

16 Gem. Art. 15 Abs. 1 der E-Commerce-RL, umgesetzt in § 7 Abs. 2 TMG, hat die Plattform keine allgemeine Verpflichtung, die von ihr übermittelten oder gespeicherten Informationen zu überwachen oder aktiv nach Umständen zu forschen, die auf eine rechtswidrige Tätigkeit hinweisen. Nach einem Hinweis auf einen rechtswidrigen Inhalt ist die Plattform jedoch verpflichtet, tätig zu werden.

17 Dieses Verfahren wird allgemein bezeichnet als „Notice-and-Take-Down-Verfahren", wobei die Verpflichtung der Plattform über einen bloßen Take-Down hinausgeht. Zum Notice-and-Take-Down im Einzelnen sogleich (→ Rn. 18 ff.).

2. Notice-and-Take-Down-Verfahren

18 Werden Plattformen auf Rechtsverletzungen hingewiesen, kann das Pflichten der Plattform auslösen, bei deren Verletzung zu haften.

19 Nach der Rechtsprechung muss es sich bei der Rechtsverletzung, auf welche hingewiesen wird, um eine „klare", unschwer zu bejahende Rechtsverletzung" handeln.¹⁸ Die Haftung tritt damit erst ein, wenn auch

---

13 EuGH GRUR 2021, 1054 Rn. 77 – YouTube und uploaded.
14 EuGH GRUR 2021, 1054 Rn. 102 – YouTube und uploaded; LG München I GRUR-RR 2022, 160 Rn. 168 ff. – Forschernetzwerk.
15 Die Störerhaftung ist durch die „safe harbours" nicht ausgeschlossen.
16 Vgl. statt vieler EuGH Urt. v. 22.6.2021 – C-682/18, C-683/18, ECLI:EU:C:2021:503 Rn. 105 – Frank Peterson/ YouTube u.a. und Elsevier Inc./Cyando.
17 Diese grundsätzliche Haftungsfreistellung wird auch durch den DSA nicht verändert werden.
18 BGH GRUR 2021, 63 Rn. 24 – Störerhaftung des Registrars; BGH Urt. v. 17.8.2011 – I ZR 57/09, GRUR 2011, 1038 Rn. 20 ff. – Stiftparfüm, in Fortführung von BGH Urt. v. 12.7.2007 – I ZR 18/04, GRUR 2007, 890 Rn. 20 – Jugendgefährdende Medien bei Ebay; Spindler/Schuster/Spindler/Volkmann BGB § 1004 Rn. 36.

nach Kenntniserlangung von einer klaren Rechtsverletzung eine Pflichtverletzung gegeben ist.[19] Die Pflicht der Plattform ist dreifach: (1) Take-Down der Verletzung; (2) Gewährleistung, dass die konkrete Verletzung sich nicht wiederholt („staydown"); (3) Vorsorge, dass es möglichst nicht zu weiteren gleichartigen Rechtsverletzungen kommt.[20] Die Bezeichnung „Notice-and-Take-Down" greift damit eigentlich zu kurz.

a) Löschungsaufforderung

In formeller Hinsicht ist aus der Anforderung der „unschwer zu bejahenden Rechtsverletzung" zu schließen, dass die in der Löschungsaufforderung gemachten Angaben konkret und unmissverständlich sein müssen. Der Hinweis muss der Plattform ermöglichen, sich ohne eingehende rechtliche Prüfung davon zu überzeugen, dass die Wiedergabe rechtswidrig und nicht von der Meinungsfreiheit gedeckt ist.[21] Entsprechend heißt es in der *Stiftparfüm*-Entscheidung des BGH, die Funktion des Hinweises auf eine Rechtsverletzung bestehe darin, eine Internethandelsplattform in die Lage zu versetzen, in der Vielzahl der ohne ihre Kenntnis von den registrierten Mitgliedern der Plattform mithilfe der zur Verfügung gestellten Plattform-Software eingestellten Inhalte diejenigen auffinden zu können, die Rechte Dritter verletzen.[22]

Nach diesem Grundsatz muss die Löschungsaufforderung wohl mindestens das verletzte Recht, seinen Schutzbereich (einschließlich fehlender Rechtfertigungstatbestände) und die URL(s), unter der/denen der rechtsverletzende Inhalt abrufbar ist, bzw. andere konkrete Angaben enthalten, die es der Plattform ohne erheblichen Aufwand ermöglichen, die rechtsverletzenden Inhalte zu identifizieren.[23] Erforderlich ist auch, dass die Löschungsaufforderung eine Anspruchsberechtigung in klarer Weise darlegt, ohne dass Nachweise vorgelegt werden müssen.[24]

Sprachlich sollte die Löschungsaufforderung zumindest bei den großen Marktplätzen auf Deutsch erfolgen können. Bei einem Unternehmen, das in einem bestimmten Staat Geschäfte in größerem Umfang betreibt, kann grundsätzlich davon ausgegangen werden, dass es Mitarbeiter hat, die sich um rechtliche Auseinandersetzungen mit den in diesem Staat ansässigen Kunden kümmern und jedenfalls über ausreichende Kenntnisse der Sprache verfügen, in der die Geschäfte mit den betreffenden Kunden abgewickelt werden. Weitere Indizien für ausreichende Sprachkenntnisse sind die Anwendbarkeit deutschen Rechts, deutsche Gerichtsstände und die Abrufbarkeit der Plattform in deutscher Sprache. Diese von der deutschen Rechtsprechung mit Blick auf Facebook entwickelte Argumentation lässt sich auch auf andere weltweite Plattformen übertragen.[25]

---

19 Im Wettbewerbsrecht spricht man in diesen Fällen vom Täter, da die Figur des Störers im Wettbewerbsrecht abgeschafft wurde. In den übrigen Rechtsgebieten spricht man von einer Störerhaftung, vgl. zu den Einzelheiten Hoeren/Sieber/Holznagel MMR-HdB/Hoeren Teil 18, 2 Rn. 21 ff.
20 BGH GRUR 2013, 1129 Rn. 44 – Alone in the Dark; Fromm/Nordemann/J. B. Nordemann UrhG § 97 Rn. 162 mwN; im Einzelnen unten → Rn. 29.
21 EuGH Urt. v. 22.6.2021 – C-682/18 und C-683/18, GRUR 2021, 1054 Rn. 116 – YouTube/Cyando.
22 BGH Urt. v. 17.8.2011 – I ZR 57/09, GRUR 2011, 1038 Rn. 28 – Stiftparfüm.
23 OLG Dresden Urt. v. 1.4.2015 – 4 U 1296/14, NJW 2015, 36; LG Hamburg Urt. v. 27.8.2010 – 310 O 197/10, ZUM-RD 2011, 187; Spindler/Schuster/Hoffmann TMG § 10 Rn. 19; Fromm/Nordemann/J. B. Nordemann UrhG § 97 Rn. 162.
24 Fromm/Nordemann/J. B. Nordemann UrhG § 97 Rn. 161 ff.; einschränkend Holznagel GRUR-Int 2014, 105 (108).
25 OLG München Beschl. v. 14.10.2019 – 14 W 1170/19, openJur 2019, 34068; OLG Köln Beschl. v. 9.5.2019 – 15 W 70/18, NJW-RR 2019, 1213; OLG Düsseldorf Beschl. v. 18.12.2019 – I-7 W 66/19, MMR 2020, 182; die Entscheidungen ergingen zur EuZVO. Obwohl dies zunächst umstritten war, hat der EuGH bestätigt, dass die EuZVO auch Schriftstücke von Privatpersonen erfasst, wenn „deren förmliche Übermittlung an ihren im Ausland ansässigen Empfänger zum Geltendmachung, zum Beweis oder zur Wahrung eines Anspruchs in Zivil- oder Handelssachen erforderlich ist", vgl. EuGH Urt. v. 11.11.2015 – C-223/14, EuZW 2015, 947 Ls. 1 – Tecom Mican/Arias Dominguez mAnm Mankowski EuZW 2015, 950 (951) mwN zur Auslegung des Begriffs des „außergerichtlichen Schriftstücks"; ablehnend Knöfel IPRax 2017, 245 (253 f.).

b) Materiellrechtlich eindeutige Rechtsverletzung

23 Auch materiellrechtlich muss es sich offenbar um eine rechtlich relativ eindeutige Fallgestaltung handeln. Der BGH führt in seiner Entscheidung zum Vertrieb von Kinderhochstühlen über eine Internetauktionsplattform und damit verbundene Markenverletzungen, aus:

> „Die Bekl. als Diensteanbieter ist nicht verpflichtet, komplizierte Beurteilungen im Einzelfall durchzuführen, ob ein als rechtsverletzend beanstandetes Angebot ein Schutzrecht tatsächlich verletzt oder sich als wettbewerbswidrig erweist. Dies würde ansonsten die Hinzuziehung eines mit der Materie vertrauten Juristen erfordern, was der Bekl. nicht zuzumuten ist."[26]

24 In dieselbe Richtung deutet auch die ein Jahr später ergangene *Stiftparfüm*-Entscheidung. Ein haftungsbegründender Hinweis sei nur dann erfolgt, wenn der Adressat des Hinweises den Rechtsverstoß unschwer – dh ohne eingehende rechtliche oder tatsächliche Überprüfung – feststellen könne.[27] In Rn. 28 subsumiert der BGH den konkreten Sachverhalt dann wie folgt:

> „Dabei hängt das Ausmaß des insoweit vom Betreiber einer Internethandelsplattform zu verlangenden Prüfungsaufwands von den Umständen des Einzelfalls ab, insbes. vom Gewicht der angezeigten Rechtsverletzungen auf der einen und den Erkenntnismöglichkeiten des Betreibers auf der anderen Seite. Die Abmahnschreiben der Kl. [...] genügen diesen Anforderungen. Gegenstand der Beanstandung waren Verletzungen der Marken „Echo Davidoff" und „Davidoff Cool Water Deep" durch das Angebot von mit diesen Marken gekennzeichneten Duftwässern mit der Füllmenge 20 ml. In rechtlicher Hinsicht geht es damit nicht um die Prüfung einer markenrechtlichen Verwechslungsgefahr, sondern um die ohne weiteres festzustellende Verwendung eines mit der Marke identischen Zeichens für eine Ware, die mit den Waren identisch ist, für die die fragliche Marke Schutz genießt. Dadurch, dass die Kl. der Bekl. weiter mitgeteilt hat, dass es sich bei Angeboten dieser Art ausnahmslos um Fälschungen handelt, ergab sich für die Bekl., dass entsprechend gekennzeichnete Parfüms mit der konkret bestimmten Füllmenge von 20 ml niemals Originalprodukte sein können. Damit enthielten die Abmahnschreiben alle rechtlichen und tatsächlichen Umstände, welche die Bekl. in die Lage versetzten, ohne aufwendige rechtliche oder tatsächliche Wertungen derartige Angebote allein anhand der in den Angebotsbeschreibungen benannten und daher für Kaufinteressenten und damit auch für die Bekl. selbst mittels der Suchfunktion der Plattform auffindbaren Markennamen, der Füllmenge und ggf. der Produktkategorie als markenverletzend zu identifizieren."

25 Diese Aussage des BGH deutet an, dass die rechtlich komplizierte Frage der markenrechtlichen Verwechslungsgefahr von der Plattform nicht zu prüfen gewesen wäre. Eine rechtlich und tatsächlich unschwer zu bejahende Rechtsverletzung wurde nur deshalb angenommen, weil die streitgegenständliche Marke in identischer Form verwendet wurde und die Löschungsaufforderung es dem Provider leicht ermöglichte, gefälschte Ware zu erkennen und zu beseitigen (Flaschen mit einer Füllmenge von 20 ml und den Kennzeichen „Echo Davidoff" und „Davidoff Cool Water Deep" waren allesamt Fälschungen). Bei der Plattform konnte kein Zweifel darüber aufkommen, was zu tun war. Offen ist allerdings, ob im Fall von Rechtsverletzungen, die nicht unschwer zu erkennen sind, trotzdem zumindest verringerte Pflichten entstehen können.[28]

26 Auch der EuGH hat sich mehrmals mit der Plattformhaftung auseinandergesetzt, bspw. in den Entscheidungen *L'Oréal/eBay*[29] und *SABAM/Netlog*[30]. Darin bestätigt der EuGH im Einklang mit der E-Commerce-Richtlinie, dass ein Host-Provider nicht jedes Angebot vor der Veröffentlichung auf eine mögliche Rechts-

---

26 BGH Urt. v. 22.7.2010 – I ZR 139/08, GRUR 2011, 152 Rn. 48 – Tripp Trapp Stuhl.
27 BGH Urt. v. 17.8.2011 – I ZR 57/09, GRUR 2011, 1038 Rn. 28 – Stiftparfüm.
28 Keine Pflichten der Plattform: OLG München ZUM 2012, 344 (347); für Takedown- und Staydown-Pflicht nach Hinweis, wenn Verletzer anonym: Fromm/Nordemann/J. B. Nordemann UrhG § 97 Rn. 162a.
29 EuGH Urt. v. 12.7.2011 – C-329/09, ECLI:EU:C:2011:474 – L'Oréal/eBay.
30 EuGH Urt. v. 16.2.2012 – C-360/10, GRUR 2012, 382 – SABAM/Netlog.

verletzung zu untersuchen hat.[31] Er setzt zudem seine Linie aus dem Google-Urteil[32] fort, indem er wie bereits für „Google" für die Plattform „ebay" ausführt, um in den Genuss der Haftungsprivilegierung zu kommen, dürfe der Diensteanbieter keine „aktive Rolle" spielen, die ihm eine Kenntnis der von seinen Nutzern/Nutzerinnen eingestellten Daten oder eine Kontrolle darüber verschaffen könne. Schließlich führt der EuGH zur Kenntnis der Plattform bzw. ihrer Unkenntnis (Art. 14 E-Commerce-Richtlinie, § 10 TMG) aus:

„Hat der Betreiber des Online-Marktplatzes keine aktive Rolle im Sinne der vorstehenden Rn. gespielt und fällt die Erbringung seines Dienstes folglich in den Anwendungsbereich von Art. 14 der Richtlinie 2000/31, kann er sich in einer Rechtssache, die zu einer Verurteilung zur Zahlung von Schadensersatz führen kann, gleichwohl nicht auf die in dieser Bestimmung vorgesehene Ausnahme von der Verantwortlichkeit berufen, wenn er sich etwaiger Tatsachen oder Umstände bewusst war, auf deren Grundlage ein sorgfältiger Wirtschaftsteilnehmer die Rechtswidrigkeit der fraglichen Verkaufsangebote hätte feststellen müssen und er, falls ein solches Bewusstsein gegeben war, nicht unverzüglich nach Art. 14 I lit. b dieser Verordnung tätig geworden ist."[33]

Für den EuGH ist damit entscheidend, ob ein sorgfältiger Wirtschaftsteilnehmer die Rechtsverletzung erkennen konnte. Dieser Maßstab dürfte etwas weitgehender sein als das von der deutschen Rechtsprechung angewandte Kriterium der „unschwer zu bejahenden" Rechtsverletzung.

Liegt jedoch eine Rechtsverletzung vor, die in jedem Fall einer eingehenden Prüfung bedarf, und führt auch die Nutzung des Beschwerdesystems von Amazon nicht weiter, bleibt nur ein Vorgehen gegen den Anbieter selbst. Sollte dieser unbekannt sein, muss ein Auskunftsanspruch gegen die Plattform geltend gemacht werden, bspw. nach § 21 TTDSG oder nach § 242 BGB.

c) Pflichten im Notice-and-Take-Down-Verfahren

Die Plattformen triff eine dreifache Prüfpflicht:
- Wegen Wiederholungsgefahr besteht die Pflicht, die (klare) Verletzung zu löschen (sog. Takedown).
- Zweitens besteht die Pflicht, dass sich die identische Verletzung nicht wiederholt (sog. Staydown).
- Drittens besteht die Pflicht, (präventiv) Vorsorge dafür zu treffen, dass es möglichst nicht zu weiteren gleichartigen Rechtsverletzungen kommt[34] (zur Verpflichtung, nach Hinweis auf eine Persönlichkeitsrechtsverletzung gleichartige Rechtsverletzungen zu verhindern, auch → Rn. 52).

d) Sperrung von Angeboten auf Marktplätzen

Sperrt der Marktplatz ein oder mehrere Angebote eines gewerblichen Nutzers/einer gewerblichen Nutzerin, muss er vor oder gleichzeitig mit dem Wirksamwerden der Aussetzung oder Einschränkung auf einem dauerhaften Datenträger eine Begründung dieser Entscheidung übermitteln (Art. 4 Abs. 1 VO (EU) 2019/1150).

Beschließt der Marktplatz, für einen gewerblichen Nutzer/eine gewerbliche Nutzerin gar nicht mehr tätig zu werden, muss er mindestens 30 Tage vor dem Wirksamwerden der Beendigung des Vertrages auf einem dauerhaften Datenträger eine Begründung dieser Entscheidung mitteilen (Art. 4 Abs. 2 VO (EU) 2019/1150), es sei denn, eine schnellere Beendigung des Vertrages ist gesetzlich oder behördlich vorgegeben, es liegen Gründe für eine außerordentliche Kündigung vor oder der Marktplatz kann belegen, dass wiederholt gegen die geltenden allgemeinen Geschäftsbedingungen verstoßen wurde. In diesen letztgenannten Fällen muss die Begründung unverzüglich zur Verfügung gestellt werden.

---

31 Vgl. Art. 15 Abs. 1 E-Commerce-Richtlinie.
32 EuGH Urt. v. 22.9.2011 – C-323/09, MMR 2011, 804 – Google Adwords.
33 EuGH Urt. v. 12.7.2011 – C-329/09, ECLI:EU:C:2011:474 Rn. 124 – L'Oréal/eBay.
34 Zur Erfüllung dieser Pflichten stehen der Plattform verschiedene Werkzeuge zur Verfügung, vgl. dazu Fromm/Nordemann/ J. B. Nordemann UrhG § 97 Rn. 163 f.

32 In seiner Begründung gibt der Marktplatz die konkreten Tatsachen oder Umstände an, einschließlich des Inhalts der Mitteilungen Dritter, die ihn zu seiner Entscheidung bewogen haben, es sei denn, er darf dies aufgrund gesetzlicher oder behördlich angeordneter Verpflichtungen nicht offenlegen oder er kann nachweisen, dass der betroffene gewerbliche Nutzer/die gewerbliche Nutzerin wiederholt gegen die geltenden allgemeinen Geschäftsbedingungen verstoßen hat, was zur vollständigen Beendigung der betreffenden Online-Vermittlungsdienste geführt hat.

33 In beiden Fällen (Sperrung einzelner Angebote oder vollständige Beendigung der Zusammenarbeit) muss dem Betroffenen Zugang zu einem Beschwerdeverfahren nach Art. 11 VO (EU) 2019/1150 gewährt werden,[35] es sei denn, der Marktplatz ist ein kleines Unternehmen im Sinne des Anhangs zur Empfehlung 2003/361/EG (Art. 11 Abs. 5 VO (EU) 2019/1150), dh ein Unternehmen mit weniger als 50 Beschäftigten und einem Jahresumsatz bzw. einer Jahresbilanz von höchstens 10 Mio. (Art. 2 Abs. 2 Anh. zur Empfehlung 2003/361/EG).

3. Plattforminterne Beanstandungsverfahren

34 Nachfolgend wird auf die gesetzlich vorgesehenen plattforminternen Beanstandungsverfahren näher eingegangen.

a) Beschwerdesystem nach der „Platform-to-Business-Verordnung" (VO (EU) 2019/1150))

35 Bei Marktplätzen muss der Zugang zu einem Beschwerdesystem leicht zugänglich und kostenfrei sein. Ferner muss eine Bearbeitung innerhalb eines angemessenen Zeitrahmens sichergestellt sein (Art. 11 Abs. 1 VO (EU) 2019/1150). Das Verfahren muss für folgende Probleme bereitstehen:
- die mutmaßliche Nichteinhaltung einer der in der VO (EU) 2019/1150 festgelegten Verpflichtungen (dazu → *Plattformen, Pflichten* Rn. 9 ff. durch den Marktplatz, die sich auf den Betroffenen auswirkt,
- technische Probleme, die in direktem Zusammenhang mit der Bereitstellung des Marktplatzes stehen und die sich auf den Betroffenen auswirken und
- Maßnahmen oder Verhaltensweisen des Marktplatzes, die in direktem Zusammenhang mit der Bereitstellung des Marktplatzes stehen und die sich auf den Betroffenen auswirken.

36 Der Marktplatz ist verpflichtet, die eingereichten Beschwerden sorgfältig zu prüfen und sie möglicherweise weiter zu bearbeiten, um eine angemessene Lösung für das Problem herbeizuführen. Die Bearbeitung muss (unter Berücksichtigung der Komplexität des Problems) zügig und wirksam erfolgen. Anschließend ist der Betroffene klar und verständlich über das Ergebnis der Prüfung zu informieren (Art. 11 Abs. 2 VO (EU) 2019/1150).

b) Soziale Netzwerke und Videosharing-Dienste

37 Für soziale Netzwerke und Videosharing-Dienste richtet sich das plattforminterne Beanstandungsverfahren nach dem NetzDG, dem TMG sowie dem JuSchG. Für Urheberrechtsverletzungen, die unter das UrhDaG fallen, gelten seine spezielleren Regeln (→ Rn. 56 ff.).

38 Das NetzDG unterscheidet in seiner Regelungssystematik zwischen sozialen Netzwerken und Videosharing-Diensten (zur Definition → *Plattformen, Pflichten* Rn. 55). Des Weiteren unterscheidet das NetzDG nach der Größe der Plattform (§ 1 Abs. 2 NetzDG) und nach ihrem Sitzland (§ 3d Abs. 2 NetzDG).

39 Für das Beanstandungsverfahren bei Videosharing-Diensten sieht zudem auch das TMG einige besondere Vorschriften vor (§§ 10a-10c TMG). Diese greifen jedoch lediglich dann, wenn nicht bereits eine Verpflich-

---

35 Wird die Einschränkung, Aussetzung oder Beendigung aufgehoben, wird der/die betroffene gewerbliche Nutzer/Nutzerin umgehend wieder eingesetzt, wozu auch der Zugang zu personenbezogenen oder sonstigen Daten oder beiden gehört, die durch die Nutzung des Marktplatzes vor dem Wirksamwerden der Einschränkung, Aussetzung oder Beendigung generiert wurden.

tung nach dem NetzDG besteht, vgl. § 10a Abs. 1 TMG. Für Beanstandungen aus Gründen des Kinder- und Jugendschutzes sieht das JuSchG besondere Regelungen vor.

Zur Vereinfachung findet sich nachfolgend eine Übersicht über die Regelungen in Bezug auf Beanstandungsverfahren im NetzDG und im TMG sowie im JuSchG und ihre Anwendbarkeit auf verschiedene Plattformarten.

Zu beachten ist, dass einige soziale Netzwerke wie Facebook oder Instagram gleichzeitig auch Videosharing-Dienste sind.[36] In diesem Fall müssen sie sich neben den Vorschriften für soziale Netzwerke auch nach den Vorschriften für Videosharing-Dienste richten.

Soziale Netzwerke:

Gesetz/ Plattform	Soziale Netzwerke mit weniger als 2 Mio. registrierten Nutzern/Nutzerinnen im Inland, die zudem keine Videosharing-Dienste sind	Soziale Netzwerke mit mehr als 2 Mio. registrierten Nutzern/Nutzerinnen im Inland, die zudem keine Videosharing-Dienste sind
TMG	-	-
NetzDG	-	§§ 3, 3b NetzDG für rechtswidrige Inhalte nach dem NetzDG
JuSchG	§ 24a Abs. 2 Nr. 1, 2 JuSchG sofern mindestens 1 Mio. Nutzer/Nutzerinnen im Inland (§ 24a Abs. 3 JuSchG) für unzulässige Inhalte gem. § 4 JMStV oder entwicklungsbeeinträchtigende Inhalte gem. § 5 JMStV ohne Schutzmaßnahmen gem. § 5 Abs. 3–5 JMStV	§ 24a Abs. 2 Nr. 1,2 JuSchG für unzulässige Inhalte gem. § 4 JMStV oder entwicklungsbeeinträchtigende Inhalte gem. § 5 JMStV ohne Schutzmaßnahmen gem. § 5 Abs. 3–5 JMStV

Videosharing-Dienste (einschl. sozialer Netzwerke, falls sie auch Videosharing-Dienste sind):

Gesetz/ Plattform	Videosharing-Dienste mit mehr als 2 Mio. registrierten Nutzern/ Nutzerinnen im Inland	Videosharing-Dienste, die im Inland weniger als zwei Mio. registrierte Nutzer/Nutzerinnen haben, für die aber die Bundesrepublik Deutschland nach § 3d Abs. 2 und 3 NetzDG Sitzland ist oder als Sitzland gilt.	Videosharing-Dienste, für welche die Bundesrepublik Deutschland nach § 3d Abs. 2 und 3 NetzDG nicht Sitzland ist und auch nicht als Sitzland gilt.
TMG	Nur für rechtswidrige Inhalte außerhalb des NetzDG, außerhalb des JuSchG und außerhalb des UrhDaG	Nur für rechtswidrige Inhalte außerhalb des NetzDG,[37] außerhalb des JuSchG und außerhalb des UrhDaG	Für rechtswidrige Inhalte außerhalb des UrhDaG, außerhalb des JuSchG und (im Fall behördlicher Anordnung) außerhalb des NetzDG

---

36 Dies ist abhängig davon, inwieweit den Nutzern die Möglichkeit geboten wird, Videos einzubinden und dieser Dienst nicht nur von untergeordneter Bedeutung ist oder nur einen untergeordneten Teil der Tätigkeit darstellt; BeckOK InfoMedienR/Martini TMG § 2 Rn. 59–59b.
37 Dies meint außerhalb des Anwendungsbereichs des NetzDG gem. § 1 Abs. 3 NetzDG.

NetzDG	§§ 3, 3b NetzDG	§§ 3, 3b NetzDG mit Ausnahme von § 3 Abs. 2 S. 1 Nr. 3[38] und 4[39] sowie Abs. 4[40] und nur für Inhalte, die folgende Tatbestände des StGB erfüllen: §§ 111 (Öffentliche Aufforderung zu Straftaten), 130 Abs. 1 oder 2 (Volksverhetzung), §§ 131 (Gewaltdarstellung), 140 (Belohnung und Billigung von Straftaten), 166 (Beschimpfung von Bekenntnissen, Religionsgesellschaften und Weltanschauungsvereinigungen) oder 184b (Verbreitung, Erwerb und Besitz kinderpornografischer Inhalte) (vgl. § 3e Abs. 2 NetzDG)	§§ 2, 3, 3b NetzDG nur nach behördlicher Anordnung[41] (vgl. § 3e Abs. 3 NetzDG)
JuSchG	§ 24a Abs. 2 Nr. 1,2 JuSchG	§ 24a Abs. 2 Nr. 1, 2 JuSchG sofern mindestens 1 Mio. Nutzer/Nutzerinnen im Inland (§ 24a Abs. 3 JuSchG)	§ 24a Abs. 2 Nr. 1,2 JuSchG sofern mindestens 1 Mio. Nutzer/Nutzerinnen im Inland (§ 24a Abs. 3 JuSchG)

aa) **Regelungen des Netzwerkdurchsetzungsgesetzes (NetzDG) zum plattforminternen Beanstandungsverfahren**

44 § 3 Abs. 1 NetzDG verpflichtet dazu, ein wirksames, transparentes Beschwerdeverfahren vorzuhalten, welches bei der Wahrnehmung des rechtswidrigen Inhalts leicht erkennbar, unmittelbar erreichbar, leicht bedienbar und ständig verfügbar ist.

(1) Beschwerdeverfahren

45 Nach § 3 Abs. 2 NetzDG muss dieses Verfahren gewährleisten, dass die Plattform
- unverzüglich von der Beschwerde Kenntnis nimmt und prüft, ob der in der Beschwerde gemeldete Inhalt rechtswidrig und zu entfernen oder der Zugang zu ihm zu sperren ist,
- einen offensichtlich rechtswidrigen Inhalt innerhalb von 24 Stunden nach Eingang der Beschwerde entfernt oder den Zugang zu ihm sperrt;[42]
- jeden rechtswidrigen Inhalt unverzüglich, in der Regel innerhalb von sieben Tagen nach Eingang der Beschwerde entfernt oder den Zugang zu ihm sperrt; die Frist von sieben Tagen kann überschritten werden, wenn
  a) die Entscheidung über die Rechtswidrigkeit des Inhalts von der Unwahrheit einer Tatsachenbehauptung oder erkennbar von anderen tatsächlichen Umständen abhängt; die Plattform kann in diesen Fällen dem Nutzer/der Nutzerin vor der Entscheidung Gelegenheit zur Stellungnahme zu der Beschwerde geben; oder

---

38 Sieben-Tages-Frist für Entfernung und Sperrung.
39 Sicherungs- und Speicherungspflichten.
40 Monatliche Kontrolle des Beschwerdeverfahrens sowie halbjährliche Schulungs- und Betreuungsangebote.
41 Im Fall einer solchen Anordnung ist der Videosharing-Dienst gem. § 3e Abs. 4 NetzDG zudem verpflichtet, mit seinen Nutzern wirksam zu vereinbaren, dass diesen die Verbreitung von Videos gem. § 3 Abs. 2 S. 2 NetzDG und von Sendungen verboten ist.
42 Dies gilt nicht, wenn der Anbieter mit der zuständigen Strafverfolgungsbehörde einen längeren Zeitraum für die Löschung oder Sperrung des rechtswidrigen Inhalts vereinbart hat.

b) die Plattform die Entscheidung über die Rechtswidrigkeit innerhalb von sieben Tagen nach Eingang der Beschwerde einer nach den Abs. 6–8 anerkannten Einrichtung der Regulierten Selbstregulierung – welche Einrichtungen als solche anzuerkennen sind spezifizieren § 3 Abs. 6–11 NetzDG – überträgt und sich deren Entscheidung unterwirft[43]; nach § 3 Abs. 2 S. 3 NetzDG führt eine etwaige Unrichtigkeit der von der anerkannten Einrichtung der Regulierten Selbstregulierung getroffenen Entscheidung nicht zu einem Verstoß der Plattform gegen § 3 Abs. 1 S. 1 NetzDG;

- im Falle der Entfernung den Inhalt zu Beweiszwecken sichert und zu diesem Zweck für die Dauer von zehn Wochen speichert;
- den Beschwerdeführer/die Beschwerdeführerin und den Nutzer/die Nutzerin über jede Entscheidung unverzüglich informiert und ihre Entscheidung ihnen gegenüber begründet;
- auf die Möglichkeit der Gegenvorstellung nach § 3b Abs. 1 S. 2 NetzDG, das hierfür zur Verfügung gestellte Verfahren einschließlich einer Möglichkeit zur Kontaktaufnahme (§ 3b Abs. 1 S. 4 NetzDG), die Antragsfrist von 2 Wochen nach § 3b Abs. 1 S. 2 NetzDG sowie darauf hinweist, dass der Inhalt der Gegenvorstellung im Rahmen des Gegenvorstellungsverfahrens weitergegeben werden kann; und
- den Beschwerdeführer/die Beschwerdeführerin darauf hinweist, dass er/sie in Bezug auf den beanstandeten Inhalt Strafanzeige und erforderlichenfalls Strafantrag stellen kann und auf welchen Internetseiten hierüber weitere Informationen abgerufen werden können.

Aufgrund der unterschiedlichen Fristen stellt sich auch in diesem Zusammenhang wie in der Terminologie der zum gewerblichen Rechtsschutz ergangenen Rechtsprechung die Frage nach der Definition eines „offensichtlich rechtswidrigen Inhalts" bzw. einer „unschwer zu bejahenden Rechtsverletzung" (dazu → Rn. 23 ff.) Es dürften aber auch hier die von der Rechtsprechung erarbeiteten Grundsätze gelten. Es muss sich in materieller Hinsicht damit um eine ohne eingehende rechtliche oder tatsächliche Überprüfung festzustellende Rechtsverletzung handeln. In formeller Hinsicht muss die Beanstandung so erfolgen, dass die zu entfernenden bzw. zu sperrenden Inhalte ohne erheblichen Aufwand zu identifizieren sind.

Das Verfahren muss zudem vorsehen, dass jede Beschwerde und die zu ihrer Abhilfe getroffene Maßnahme dokumentiert wird (§ 3 Abs. 3 NetzDG). Schließlich muss der Umgang mit Beschwerden von der Leitung des Anbieters durch monatliche Kontrollen überwacht werden und müssen den Bearbeitern der Beschwerden halbjährlich Schulungs- und Betreuungsangebote gemacht werden (§ 3 Abs. 4 NetzDG).

(2) Gegenvorstellungsverfahren
Ist eine Entscheidung getroffen, so muss das soziale Netzwerk ein wirksames und transparentes Verfahren zur Überprüfung dieser Entscheidung bereitstellen (§ 3b Abs. 1 S. 1 NetzDG), es sei denn, dass das soziale Netzwerk die Entscheidung über die Rechtswidrigkeit des Inhalts innerhalb von sieben Tagen nach Eingang der Beschwerde einer anerkannten Einrichtung der Regulierten Selbstregulierung (vgl. § 3 Abs. 6–8 NetzDG) überträgt und sich deren Entscheidung unterwirft (§ 3b Abs. 1 S. 1 2. Hs. NetzDG).[44]

Der Antrag auf Überprüfung der Entscheidung muss binnen zwei Wochen gestellt werden und muss unter Angabe von Gründen erfolgen (§ 3b Abs. 1 S. 1 NetzDG). Für die Antragstellung muss das soziale Netzwerk ein leicht erkennbares Verfahren zur Verfügung stellen, dass eine einfache elektronische Kontaktaufnahme und eine unmittelbare Kommunikation mit ihm ermöglicht.

---

43 Der Anbieter des sozialen Netzwerks darf der anerkannten Einrichtung der Regulierten Selbstregulierung zur Durchführung dieses Verfahrens den beanstandeten Inhalt, Angaben zum Zeitpunkt des Teilens oder der Zugänglichmachung des Inhalts und zum Umfang der Verbreitung sowie mit dem Inhalt in erkennbarem Zusammenhang stehende Inhalte übermitteln. Die Einrichtung der Regulierten Selbstregulierung ist befugt, die betreffenden personenbezogenen Daten in dem für die Prüfung erforderlichen Umfang zu verarbeiten.
44 Die Freiwillige Selbstkontrolle Multimedia-Diensteanbieter e. V. (FSM) wurde vom Bundesamt für Justiz als erste Einrichtung der Regulierten Selbstregulierung nach dem Netzwerkdurchsetzungsgesetz (NetzDG) anerkannt; Facebook und YouTube haben sich der Selbstregulierung angeschlossen, vgl. dazu https://www.presseportal.de/pm/66501/4536021.

51 Zu beachten ist jedoch, dass die nachfolgend dargestellten Grundsätze für das Gegenvorstellungsverfahren gem. § 3b Abs. 3 NetzDG auch dann gelten, wenn ein rechtswidriger Inhalt ohne Antrag oder auf Beanstandung eines Dritten nach dem NetzDG gesperrt wurde.[45] Entfallen kann eine Überprüfung jedoch dann, wenn es sich um erkennbar unerwünschte oder gegen die AGB des sozialen Netzwerks verstoßende kommerzielle Kommunikation handelt, die in einer Vielzahl von Fällen mit anderen Nutzern/Nutzerinnen geteilt oder der Öffentlichkeit zugänglich gemacht wurde und die Gegenvorstellung offensichtlich keine Aussicht auf Erfolg hat (§ 3b Abs. 3 S. 3 NetzDG).

52 Weitere Vorgaben zum Gegenvorstellungsverfahren macht § 3b Abs. 2 Nr. 1–5 NetzDG. Die Gegenvorstellung muss an die andere Partei weitergeleitet werden, wenn die Absicht der Abhilfe besteht, und ihr eine Gelegenheit zu Stellungnahme innerhalb einer angemessenen Frist gegeben werden. Zudem muss die ursprüngliche Entscheidung unverzüglich einer Überprüfung durch eine mit der ursprünglichen Entscheidung nicht befasste Person unterzogen werden. Die Überprüfungsentscheidung muss den Beteiligten anschließend unverzüglich übermittelt und einzelfallbezogen begründet werden. Schließlich muss sichergestellt werden, dass eine Offenlegung der Identität der Beteiligten nicht erfolgt[46] (zur Verpflichtung, nach Hinweis auf eine klare Rechtsverletzung gleichartige Rechtsverletzungen zu verhindern, auch → Rn. 29).

bb) Regelungen des Telemediengesetzes (TMG) zum plattforminternen Beanstandungsverfahren

53 Nachfolgend wird das Meldeverfahren des TMG skizziert. Das TMG verpflichtet Videosharing-Dienste (zur Definition → *Plattformen, Pflichten* Rn. 55) zu einem Meldeverfahren, das

- bei der Wahrnehmung des Inhalts leicht erkennbar und bedienbar, unmittelbar erreichbar und ständig verfügbar ist (§ 10a Abs. 2 Nr. 1 TMG; insoweit Gleichlauf mit § 3 Abs., 1 NetzDG),
- dem Beschwerdeführer die Möglichkeit gibt, die Beschwerde näher zu begründen (§ 10a Abs. 2 Nr. 2 TMG) und
- gewährleistet, dass der Videosharing-Dienst Beschwerden unverzüglich zur Kenntnis nehmen und prüfen kann (§ 10 a Abs. 2 Nr. 2 TMG; insoweit Gleichlauf mit § 3 Abs. 2 NetzDG).

54 Das Verfahren muss gem. § 10b TMG gewährleisten, dass der Videosharing-Dienst

- unverzüglich (dh ohne schuldhaftes Zögern) nach Eingang der Beschwerde prüft, ob ein rechtswidriger Inhalt vorliegt (insoweit Gleichlauf mit § 3 Abs. 2 Nr. 1 NetzDG),
- unverzüglich (im NetzDG gilt eine Vierundzwanzigstunden- bzw. Siebentagefrist) nach Eingang der Beschwerde einen rechtswidrigen Inhalt entfernt oder den Zugang zu diesem Inhalt sperrt (anders als im NetzDG wird nicht zwischen rechtswidrigen und offensichtlich rechtswidrigen Inhalten differenziert),
- im Falle der Entfernung eines rechtswidrigen Inhalts den Inhalt zu Beweiszwecken sichert und für die Dauer von zehn Wochen speichert (insoweit Gleichlauf mit § 3 Abs. 4 NetzDG),

---

45 In der Praxis scheint es sogar die Regel, dass die Löschung von Beiträgen regelmäßig zunächst durch eine algorithmusgesteuerte Künstliche Intelligenz (KI) erfolgt. Kommt es in diesen Fällen zu einer unrechtmäßigen Löschung, steht auch dagegen grundsätzlich der Zivilrechtsweg offen. In seinem Urteil vom 4.10.2021 entschied das OLG Dresden jedoch, dass ein Unterlassungsanspruch ausscheidet, wenn auf eine Beschwerde hin der betroffene Inhalt unmittelbar wieder eingestellt wird (OLG Dresden Urt. v. 4.10.2021 – 4 W 625/21, GRUR-RS 2021, 30311 – Fehlende Wiederholungsgefahr bei lediglich automatisierter Löschung eines Beitrages).

46 Ergänzend soll auf die folgende Entscheidung hingewiesen werden: EuGH Urt. v. 3.10.2019 – C-18/18, GRUR 2019, 1208 – Löschungspflichten für Hosting-Anbieter sinngleicher ehrverletzender Kommentare – Eva Glawischnig-Pieszek/Facebook. In diesem Verfahren ging es um Beleidigungen auf Facebook. Die Klägerin wollte erreichen, dass Facebook die Kommentare nicht nur sperrt, sondern auch selbst nach wort- und sinngleichen Beiträgen sucht. Nach einer Vorlage aus Österreich durch den Obersten Gerichtshof stellte der EuGH klar, dass die Mitgliedstaaten Plattformen dazu verpflichten dürfen, nicht nur rechtswidrige Äußerungen zu löschen, sondern auch nach weiteren wort- bzw. sinngleichen Inhalten zu suchen und diese ebenfalls zu entfernen. Das NetzDG sieht eine solche Verpflichtung derzeit allerdings nicht vor. Bei Beschreitung des Zivilrechtsweges außerhalb des Beschwerde- und Gegenvorstellungsverfahrens des NetzDG dürften die Gerichte nach allgemeinen Rechtsprechungsgrundsätzen aber dennoch auf eine solche Verpflichtung erkennen; vgl. BGH Urt. v. 12.7.2007 – I ZR 18/04, BGHZ 173, 188 = NJW 2008, 758 = GRUR 2007, 890 Rn. 43 – Jugendgefährdende Medien auf eBay; BGH Urt. v. 12.7.2012 – I ZR 18/11, BGHZ 194, 339 = NJW 2013, 784 = GRUR 2013, 370 Rn. 29 – Alone in the dark.

- den Beschwerdeführer/die Beschwerdeführerin und den Nutzer/die Nutzerin, für den/die der beanstandete Inhalt gespeichert wurde, unverzüglich über seine Entscheidung informiert und diese begründet (insoweit Gleichlauf mit § 3 Abs. 5 NetzDG),
- den Beschwerdeführer/die Beschwerdeführerin und den Nutzer/die Nutzerin, für den/die der beanstandete Inhalt gespeichert wurde, über die Möglichkeit der Teilnahme an einem unparteiischen Schlichtungsverfahren informiert,[47]
- dem Beschwerdeführer/der Beschwerdeführerin und dem Nutzer/der Nutzerin, für den/die der beanstandete Inhalt gespeichert wurde, die Gelegenheit gibt, unter Angabe von Gründen eine Überprüfung der ursprünglichen Entscheidung zu verlangen, wenn der Antrag auf Überprüfung (Gegenvorstellung) innerhalb von zwei Wochen nach Information über die Entscheidung gestellt wird (insoweit Gleichlauf mit § 3b Abs. 1 NetzDG, wobei das NetzDG weiter formale Vorgaben für die Verschaffung der Möglichkeit zur Antragstellung macht, bspw. „einfache elektronische Kontaktaufnahme"),
- darauf hinweist, dass der Inhalt einer Stellungnahme des Nutzers/der Nutzerin an den Beschwerdeführer/die Beschwerdeführerin weitergegeben werden kann und umgekehrt (insoweit Gleichlauf mit § 3b Abs. 2 Nr. 2 NetzDG),
- im Falle einer Gegenvorstellung des Beschwerdeführers/der Beschwerdeführerin den Nutzer/die Nutzerin bei Abhilfe über den Inhalt der Gegenvorstellung unverzüglich informiert und ihm/ihr Gelegenheit zur Stellungnahme innerhalb einer angemessenen Frist gibt und umgekehrt (insoweit Gleichlauf mit § 3b Abs. 2 Nr. 1 NetzDG),
- seine ursprüngliche Entscheidung unverzüglich einer Überprüfung unterzieht, das Ergebnis den Beteiligten unverzüglich übermittelt und einzelfallbezogen begründet (insoweit Gleichlauf mit § 3b Abs. 2 Nr. 4 NetzDG),
- sicherstellt, dass eine Offenlegung der Identität der Beteiligten nicht erfolgt (insoweit Gleichlauf mit § 3b Abs. 2 Nr. 5 NetzDG), und
- jede Beschwerde, das Ergebnis ihrer Prüfung, die zu ihrer Abhilfe getroffene Maßnahme sowie jede verlangte Überprüfung der Entscheidung und deren Ergebnis dokumentiert (insoweit Gleichlauf mit § 3 Abs. 3 NetzDG).

cc) Regelungen des Jugendschutzgesetzes (JuSchG) zum plattforminternen Beanstandungsverfahren

Nach § 24a Abs. 2 Nr. 1, 2 JuSchG müssen Plattformen folgende Verfahren bereitstellen: 55
- Melde- und Abhilfeverfahren, mit dem Beschwerden übermittelt werden können, über
    1. unzulässige Angebote nach § 4 JMStV oder
    2. entwicklungsbeeinträchtigende Angebote nach § 5 Abs. 1 und 2 JMStV ohne Schutzmaßnahmen nach § 5 Abs. 3 bis 5 JMStV und
- Melde- und Abhilfeverfahrens mit einer für Kinder und Jugendliche geeigneten Benutzerführung, im Rahmen dessen insbesondere minderjährige Nutzer/Nutzerinnen Beeinträchtigungen ihrer persönlichen Integrität durch nutzergenerierte Informationen melden können.

4. Regelungen des Urheberrechts-Diensteanbieter-Gesetz (UrhDaG)

Nach dem UrhDaG nehmen die von dem Gesetz erfassten Plattformen[48] in jedem Fall selbst eine urheberrechtlich relevante Nutzungshandlung vor.[49] Art. 17 der RL (EU) 2019/790, umgesetzt in § 1 Abs. 1 UrhDaG, sieht vor, dass die erfassten Plattformen beim Teilen von Online-Inhalten diese selbst öffentlich wiedergeben und damit eine urheberrechtlich relevante Nutzungshandlung vornehmen. Zukünftig 56

---

47 Nach § 99 MStV richten die Landesmedienanstalten eine gemeinsame Stelle für die Schlichtung von Streitigkeiten im Zusammenhang mit §§ 10a und 10b des TMG ein. Die Satzung findet sich hier: https://www.die-medienanstalten.de/service/rechtsgrundlagen/satzungen sind am 15.4.2021 in Kraft.
48 Dies sind wie dargelegt solche, die es als Hauptzweck ausschließlich oder zumindest auch verfolgen, eine große Menge an von Dritten hochgeladenen urheberrechtlich geschützten Inhalten zu speichern und öffentlich zugänglich zu machen, was auch für die meisten sozialen Netzwerke zutrifft.
49 Zusammenfassend zu den neuen Regelungen des UrhDaG auch Waiblinger/Pukas MDR 2021, 1489.

nehmen daher sowohl die Nutzer/Nutzerinnen der Plattform[50] als auch die Plattform selbst beim Teilen von Online-Inhalten urheberrechtlich relevante Handlungen vor. Plattformen haften deshalb als Täter für Urheberrechtsverletzungen ihrer Nutzer. Die täterschaftliche Haftung der Nutzer/Nutzerinnen bleibt davon unberührt.

57 Die Plattformen können sich jedoch gem. § 1 Abs. 2 UrhDaG exkulpieren, dh die Haftung verhindern, wenn sie nachweisen können, bestimmte Schutzmaßnahmen ergriffen zu haben. Nach § 1 Abs. 2 UrhDaG muss die Plattform dafür ihre Pflichten nach § 4 UrhDaG und nach den §§ 7 bis 11 UrhDaG nach Maßgabe hoher branchenüblicher Standards unter Beachtung des Grundsatzes der Verhältnismäßigkeit erfüllen. Hierbei sind insbesondere zu berücksichtigen
1. die Art, das Publikum und der Umfang des Dienstes,
2. die Art der von den Nutzern/Nutzerinnen des Dienstes hochgeladenen Werke,
3. die Verfügbarkeit geeigneter Mittel zur Erfüllung der Pflichten sowie
4. die Kosten, die der Plattform für Mittel nach Nummer 3 entstehen.

58 Auf die Pflichten nach § 4 UrhDaG wurde oben bereits Bezug genommen (→ *Plattformen, Pflichten* Rn. 99 ff.), weshalb sich die nachfolgenden Ausführungen auf die Verpflichtungen nach §§ 7 bis 11 UrhDaG konzentrieren.

a) Qualifizierte Blockierung nach § 7 UrhDaG

59 Nach § 7 des UrhDaG (qualifizierte Blockierung) sind auf Verlangen der Berechtigten urheberrechtsverletzende Nutzungen ihrer Werke zu blockieren, dh so zu sperren oder zu entfernen, dass sie auch in Zukunft nicht mehr verfügbar sind, sobald die hierfür erforderlichen Informationen zur Verfügung gestellt werden. Es handelt sich dabei um eine allgemeine Blockierungsaufforderung ohne Bezug zu einer konkreten (rechtswidrigen) Nutzung. Eine solche Blockierung dürfte nur durch Upload-Filter realisierbar sein.[51] Wird ein Inhalt blockiert, so muss die Plattform hierüber sofort informieren und auf das nach § 14 UrhDaG zur Verfügung zu stellende Beschwerdesystem hinweisen (§ 7 Abs. 3 UrhDaG).

60 Die Pflicht zur qualifizierten Blockierung gilt nicht für Start-up-Plattformen, also solche mit einem jährlichen Umsatz innerhalb der Europäischen Union von bis zu 10 Mio. EUR, deren Dienste der Öffentlichkeit in der Europäischen Union seit weniger als drei Jahren zur Verfügung stehen (§ 2 Abs. 2 UrhDaG), solange die durchschnittliche monatliche Anzahl unterschiedlicher Besucher/Besucherinnen[52] der Plattform 5 Mio. nicht übersteigt. Für kleine Plattformen, also solche mit einem jährlichen Umsatz innerhalb der Europäischen Union von bis zu 1 Mio. EUR (§ 2 Abs. 3 UrhDaG), wird widerleglich vermutet, dass sie aus Gründen der Verhältnismäßigkeit ebenfalls nicht nach § 7 Abs. 1 UrhDaG verpflichtet sind.[53]

61 Speicherpflichten sieht das UrhDaG anders als das NetzDG und das TMG (10 Wochen) für gesperrte Inhalte nicht vor.

---

50 Beim Upload erfolgt typischerweise eine Vervielfältigung des Werkes.
51 Spindler WRP 2021, 1111 (1115); Waiblinger/Pukas MDR 2021, 1489 (1493).
52 Es kommt damit nicht auf die Klickzahl, sondern auf die Anzahl der Besucher an.
53 Durch seine Differenzierung zwischen einfacher und qualifizierter Blockierung berücksichtigt der deutsche Gesetzgeber, dass Startup-Plattformen nach Art. 17 Abs. 6 der RL (EU) 2019/790 lediglich verpflichtet sind, sich um eine Nutzungserlaubnis zu bemühen und im Übrigen nach Erhalt eines hinreichend begründeten Hinweises von den Rechteinhabern unverzüglich zu handeln, um den Zugang zu den entsprechenden Werken und sonstigen Schutzgegenständen zu sperren bzw. die entsprechenden Werke und sonstigen Schutzgegenstände von ihren Internetseiten zu entfernen. Zu einer Blockierung allein durch Angabe eines Werkes durch den Rechteinhaber ohne Hinweis auf eine konkrete Rechtsverletzung oder zu Anstrengungen, um nach Hinweis auf eine Rechtsverletzung allgemein das künftige Hochladen dieser Werke oder sonstigen Schutzgegenstände zu verhindern, sind sie hingegen nicht verpflichtet.

b) Einfache Blockierung nach § 8 UrhDaG

Zudem ist nach § 8 des UrhDaG (einfache Blockierung) auf Verlangen der Berechtigten die Wiedergabe 62 eines Werkes zu beenden, sofern ein hinreichend begründeter Hinweis auf eine unerlaubte öffentliche Wiedergabe vorliegt. Im Gegensatz zur qualifizierten Blockierung erfolgt die einfache Blockierung also erst nach Hinweis auf eine konkrete Verletzung. Für einen solchen Hinweis gelten die oben dargestellten Regeln (→ Rn. 20 ff.).

Eine Frist, binnen derer ein Inhalt gesperrt werden muss, oder ein unverzügliches Handeln sieht das 63 UrhDaG anders als das NetzDG und das TMG nicht vor. Wird ein Inhalt blockiert, so muss die Plattform hierüber sofort informieren und auf das nach § 14 UrhDaG zur Verfügung zu stellende Beschwerdesystem hinweisen (§§ 8 Abs. 3 iVm 7 Abs. 3 UrhDaG).

Speicherpflichten sieht das UrhDaG anders als das NetzDG und das TMG (10 Wochen) für gesperrte 64 Inhalte, wie dargelegt, ebenfalls nicht vor.

c) Mutmaßlich erlaubte Nutzungen §§ 9–11 UrhDaG

Der Gegenpart oder die „Schwester" der Blockierungspflichten der Plattform ist das gleichzeitige Verbot, 65 erlaubte Nutzungen zu sperren. Dazu treffen die §§ 9–11 UrhDaG weitere Regelungen.

Nach §§ 7 Abs. 2 S. 2, 9 UrhDaG sind bei automatisierten Verfahren, dh bei einem qualifizierten Blockier- 66 verlangen (§ 7 UrhDaG), die stets ohne Bezug zu einer konkreten Nutzung erfolgen, mutmaßlich erlaubte Nutzungen nicht zu blockieren. Mutmaßlich erlaubte Nutzungen sind nach § 9 Abs. 2 S. 1 UrhDaG solche, die

- weniger als die Hälfte des Werkes eines Dritten oder mehrerer Werke Dritter enthalten,
- diese Werkteile mit einem anderen Inhalt kombinieren und
- alternativ entweder die Werke Dritter nur geringfügig nutzen (§ 10 UrhDaG) oder als gesetzlich erlaubt gekennzeichnet sind (§§ 5 Abs. 1, 11 Abs. 1 Nr. 3 UrhDaG) und für die keine der Erlaubtheit der Nutzung entgegenstehende Erklärung eines vertrauenswürdigen Rechteinhabers gem. § 14 Abs. 4 UrhDaG vorliegen.

Keine mutmaßlich erlaubten Nutzungen gibt es nach § 7 Abs. 2 S. 3 UrhDaG bei Filmwerken oder 67 Laufbildern bis zu ihrer erstmaligen öffentlichen Wiedergabe, insbesondere nicht bei der Live-Übertragung von Sportveranstaltungen.

Für Abbildungen gelten diese Vorgaben in der Form, dass sie vollständig verwendet werden dürfen (§ 9 68 Abs. 2 S. 2 UrhDaG), wobei sie jedoch weiterhin mit einem anderen Inhalt kombiniert werden und die Voraussetzungen des § 10 UrhDaG bzw. der §§ 5 Abs. 1, 11 Abs. 1 Nr. 3 UrhDaG erfüllt sein müssen. Es muss also entweder eine geringfügige Nutzung vorliegen oder die Nutzung muss als gesetzlich erlaubt markiert sein.

Wenn ein Inhalt trotz qualifizierten Blockierverlangens öffentlich verfügbar bleibt, weil eine mutmaßlich 69 erlaubte Nutzung nach §§ 9 bis 11 UrhDaG vorliegt, sind die Berechtigten gem. § 9 Abs. 3 UrhDaG hierüber sofort zu informieren und auf das nach § 14 UrhDaG von der Plattform zur Verfügung zu stellende Beschwerdesystem hinzuweisen.

aa) Geringfügige Nutzung nach § 10 UrhDaG

Eine geringfügige Nutzung liegt nach § 10 UrhDaG vor, wenn sie erstens nicht zur kommerziellen Nutzung 70 oder nur zur Erzielung geringfügiger Einnahmen dient und zweitens folgende Grenzen eingehalten werden:

- Nutzungen bis zu 15 Sekunden je eines Filmwerkes oder Laufbildes,
- Nutzungen bis zu 15 Sekunden je einer Tonspur,

- Nutzungen bis zu 160 Zeichen je eines Textes und
- Nutzungen bis zu 125 Kilobyte je eines Lichtbildwerkes, Lichtbildes oder einer Grafik.[54]

bb) Kennzeichnung als gesetzlich erlaubt nach § 11 UrhDaG

71 Als gesetzlich erlaubt kann eine Nutzung gem. §§ 5 Abs. 1, 11 Abs. 1 Nr. 3 UrhDaG bei folgenden Zwecken gekennzeichnet werden:
1. Zitate nach § 51 UrhG,
2. Karikaturen, Parodien und Pastiches[55] nach § 51a UrhG und
3. sonstige von den Nummern 1 und 2 nicht erfasste gesetzlich erlaubte Fälle der öffentlichen Wiedergabe nach dem Urheberrechtsgesetz (Teil 1 Abschn. 6 UrhG).[56]

72 Die Plattform muss über das qualifizierte Blockierverlangen informieren, auf das Erfordernis einer gesetzlichen Erlaubnis gem. § 5 UrhDaG hinweisen und die Möglichkeit geben, den betreffenden Inhalt als gesetzlich erlaubt im Sinne des § 5 UrhDaG zu kennzeichnen. Liegt das qualifizierte Blockierverlangen bereits beim Hochladen eines Inhalts vor, muss eine etwaige Kennzeichnung als gesetzlich erlaubt unmittelbar erfolgen (§ 11 Abs. 1 UrhDaG).

73 Liegen die für eine qualifizierte Blockierung erforderlichen Informationen erst nach Hochladen eines Inhalts vor, so gilt der betreffende Inhalt in den ersten 48 Stunden nach dem Blockierverlangen unabhängig von einer entsprechenden Kennzeichnung zunächst als gesetzlich erlaubt (§ 11 Abs. 2 UrhDaG). Der Nutzer/die Nutzerin hat damit 48 Stunden Zeit, seinen Inhalt als gesetzlich erlaubt zu kennzeichnen, ohne befürchten zu müssen, dass sein/ihr Inhalt bis zur Kennzeichnung blockiert wird. Fraglich ist, ob diese Regelung des UrhDaG unionsrechtskonform ist. Da diese Regelung keine Entsprechung in Art. 17 der Richtlinie (EU) 2019/790 findet, könnte sie eine unerlaubte Schrankenregelung gem. Artikel 5 der Richtlinie (EU) 2001/29 darstellen.

cc) Entgegenstehende Erklärung eines vertrauenswürdigen Rechteinhabers

74 In einem Ausnahmefall wird in Abweichung von § 9 Abs. 1 UrhDaG ein Inhalt für die Dauer des Beschwerdeverfahrens trotz mutmaßlich erlaubter Nutzung dennoch blockiert: Wenn ein vertrauenswürdiger Rechteinhaber[57] nach Prüfung durch eine natürliche Person erklärt, die Vermutung nach § 9 Abs. 2 UrhDaG sei widerlegt und die fortdauernde öffentliche Wiedergabe beeinträchtige die wirtschaftliche Verwertung des Werkes erheblich (§ 9 Abs. 4 UrhDaG).

d) Urheberpersönlichkeitsrechtsverletzungen

75 Zu beachten ist, dass der Schutz der Berechtigten vor Entstellung ihrer Werke nach § 14 UrhG unberührt bleibt. Der Urheber/die Urheberin kann auch im Anwendungsbereich der §§ 9 bis 11 UrhDaG jederzeit die einfache Blockierung nach § 8 UrhDaG aufgrund einer Verletzung des Urheberpersönlichkeitsrechts gem. § 14 UrhG verlangen (§ 13 Abs. 3 UrhDaG).

e) Plattforminternes Beschwerdesystem nach § 14 UrhDaG

76 Das den Nutzern/Nutzerinnen und den Berechtigten zur Verfügung zu stellende Beschwerdeverfahren muss wirksam, kostenfrei und zügig sein (§ 14 Abs. 1 UrhDaG). Die Teilnahme ist freiwillig (§ 13 Abs. 1 UrhDaG). Das Recht, die Gerichte anzurufen, bleibt nach § 13 Abs. 4 UrhDaG unberührt.

77 Die ordnungsgemäße Durchführung des Beschwerdeverfahrens bewahrt den Plattformbetreiber vor einer Haftung auf Schadensersatz (§ 12 Abs. 2 S. 2 UrhDaG). Unterlassungs- und Beseitigungsansprüche bleiben

---

54 An diesen gesetzlichen Grenzen wird vielfach Kritik geübt; bspw. kann ein Lichtbild mit „nur" 125 KB nicht nur ein Thumbnail, sondern auch ein qualitativ ansprechendes Digitalfoto sein. Diesem sollte der urheberrechtliche Schutz nicht entzogen werden.
55 Zum Pastichebegriff vgl. beispielsweise Stieper ZUM 2021, 776 (778 f.), und Spindler WRP 2021, 1111 (1112).
56 Nach § 5 Abs. 3 UrhDaG hat der Plattformbetreiber den Nutzer in seinen AGB auf die gesetzlichen Erlaubnisse hinzuweisen.
57 Vgl. dazu Metzger ZUM 2021, 755 (759).

jedoch unberührt.[58] Systematisch entsprechen die Blockierungsanträge im UrhDaG den Beschwerden nach NetzDG und TMG und das Beschwerdeverfahren im UrhDaG dem Gegenvorstellungsverfahren im NetzDG und TMG.[59]

Eine Beschwerde muss begründet werden (§ 14 Abs. 2 UrhDaG). Zu Länge und Ausführlichkeit der Begründung macht der Gesetzgeber jedoch keine Vorgaben.[60]

Die Plattform ist verpflichtet, die Beschwerde und deren Begründung allen Beteiligten zugänglich zu machen und ihnen Gelegenheit zur Stellungnahme zu geben (§ 14 Abs. 3 Nr. 1, 2 UrhDaG). Binnen einer Woche[61] ab Beschwerdeeinlegung muss die Plattform über die Beschwerde entscheiden (§ 14 Abs. 3 Nr. 3 UrhDaG). Dies bedeutet, dass Stellungnahmen der Beteiligten schnell, binnen weniger Tage, eingereicht werden sollten, damit die Plattform sie noch in die Entscheidung einbeziehen kann. Die Entscheidung muss von natürlichen Personen getroffen werden[62], welche unparteiisch sind (§ 14 Abs. 5 UrhDaG). Die Plattform kann sich zur Erfüllung ihrer Pflichten einer anerkannten externen Beschwerdestelle bedienen (§ 15 Abs. 1 UrhDaG).[63]

Anders als das TMG und das NetzDG enthält das UrhDaG kein Verbot der Offenlegung der Identität der beteiligten Parteien und auch keine Dokumentationspflichten bzgl. des Beschwerdeverfahrens. Ebenso wenig ist eine Begründungspflicht für die Beschwerdeentscheidung vorgesehen.

IV. Regelungen nach dem Digital Services Act (DSA) ab 2024

Die grundsätzliche Haftungsfreistellung von Plattformen wird auch durch den DSA nicht verändert werden. Die Möglichkeiten der Meldung illegaler Inhalte bleiben damit von entscheidender Bedeutung. Der DSA greift in seinen Regelungen zu zwingend vorzusehenden plattforminternen Meldesystemen und anderen Konfliktlösungsmechanismen vieles auf, das sich an verschiedenen Stellen bereits jetzt im deutschen Recht findet. Der DSA wird die Reglungen jedoch vereinheitlichen.

1. Plattforminterne Meldeverfahren

Art. 16 DSA sieht vor, dass Plattformen ein leicht zugängliches und benutzerfreundliches Meldesystem bereithalten müssen, das eine Übermittlung von Meldungen auch auf elektronischem Weg erlaubt.

Plattformen sollen nach Art. 16 Abs. 2 DSA alle notwendigen Maßnahmen ergreifen, um die Übermittlung von Meldungen zu ermöglichen und zu vereinfachen, die folgenden Informationen enthalten:
- eine hinreichend substantiierte Begründung, warum der gemeldete Inhalt illegal ist,
- eine eindeutige Angabe des genauen elektronischen Speicherorts des Inhalts, insbesondere die präzise(n) URL-Adresse(n), und nötigenfalls weitere Angaben zur Ermittlung der illegalen Inhalte,
- den Namen und die E-Mail-Adresse des Melders/der Melderin[64] und

---

58 § 16 UrhDaG schließlich eröffnet die Möglichkeit einer privatrechtlichen und § 17 UrhDaG die Möglichkeit einer behördlichen Schlichtungsstelle, welche gegenüber einer privatrechtlichen Schlichtungsstelle, sofern eine solche besteht, jedoch nur subsidiär zum Einsatz kommen soll.
59 Der Begriff „Beschwerde" wird insoweit im NetzDG und TMG einerseits und im UrhDaG andererseits anders verwendet.
60 BeckOK UrhR/Grübler UrhDaG § 14 Rn. 3.
61 Eine entsprechende Frist für die Entscheidung über die Gegenvorstellung existiert im TMG und dem NetzDG nicht; dort ist lediglich festgehalten, dass die ursprüngliche Entscheidung „unverzüglich", dh ohne schuldhaftes Zögern, überprüft werden muss.
62 Ein automatisiertes Verfahren ist damit unzulässig.
63 Zu den näheren Voraussetzungen vgl. § 15 Abs. 2 UrhDaG.
64 Es sei denn, es handelt sich um Inhalte, bei denen davon ausgegangen wird, dass sie eine in den Artikeln 3 bis 7 der Richtlinie 2011/93/EU genannten Straftat betreffen, dh Versuch oder Vollendung von Straftaten im Zusammenhang mit sexuellem Missbrauch, sexueller Ausbeutung oder Kinderpornographie oder Kontaktaufnahme zu Kindern für sexuelle Zwecke sowie die Teilnahme an einer solchen Straftat.

- eine Erklärung darüber, dass die meldende natürliche oder juristische Person in gutem Glauben davon überzeugt ist, dass die in der Meldung enthaltenen Angaben und Anführungen richtig und vollständig sind.

Enthält eine Meldung die Kontaktinformationen des Melders/der Melderin, so hat die Plattform unverzüglich eine Empfangsbestätigung zu versenden (Art. 16 Abs. 4 DSA).

84 Meldungen, die von sog. vertrauenswürdigen Hinweisgebern/Hinweisgeberinnen („Trusted Flaggers") kommen, müssen nach Art. 22 Abs. 1 DSA vorrangig und unverzüglich bearbeitet werden. Der Status eines „Trusted Flaggers" wird auf Antrag verliehen, wenn folgende Voraussetzungen erfüllt sind:
- besondere Sachkenntnis und Kompetenz in Bezug auf die Erkennung, Feststellung und Meldung illegaler Inhalte,
- Unabhängigkeit von Plattformen und
- sorgfältige, genaue und objektive Meldungen.

Die Kommission führt nach Art. 22 Abs. 3, 4 DSA eine öffentlich zugängliche Datenbank der vertrauenswürdigen Hinweisgeber. Diese soll leicht zugänglich und maschinenlesbar sein.

85 Sobald eine Entscheidung gefallen ist, hat die Plattform den Melder/die Melderin unverzüglich darüber zu informieren und zudem auf die möglichen Rechtsbehelfe hinzuweisen (Art. 16 Abs. 5 DSA). Die Entscheidung muss in zeitnaher, sorgfältiger, objektiver und nicht willkürlicher Weise getroffen werden (Art. 16 Abs. 6 DSA). Hat die Plattform zur Bearbeitung der Beanstandung oder zur Entscheidungsfindung automatisierte Mittel eingesetzt, ist darüber ebenfalls zu informieren.

2. Entscheidungsbegründung

86 Plattformen müssen jedem betroffenen Nutzer/jeder betroffenen Nutzerin, soweit die elektronischen Kontaktdaten bekannt sind, gem. Art. 17 DSA eine klare und spezifische Begründung für jede der folgenden Beschränkungen spätestens bei ihrer Auferlegung bekanntgeben:
- Einschränkung der Sichtbarkeit von Inhalten, einschließlich der Entfernung, der Sperrung des Zugangs oder der Herabstufung,
- Aussetzung, Beendigung oder sonstige Einschränkung von Geldzahlungen (Monetarisierung),
- vollständige oder teilweise Aussetzung oder Kündigung des Plattformdienstes oder
- Aussetzung oder Schließen von Konten.

87 Die Begründung muss eindeutig und leicht verständlich sein und gleichzeitig so präzise und spezifisch, wie dies unter den jeweiligen Umständen nach vernünftigem Ermessen möglich ist, die nachfolgend dargestellten Angaben (Art. 17 (3) (a)-(f) DSA) enthalten und dem Nutzer /der Nutzerin gem. Art. 17 (4) DSA insbesondere ermöglichen, Rechtsbehelfe einzulegen:
- Inhalt der Entscheidung wie eben dargestellt (vollständige oder teilweise Sperrung von Inhalten oder Konten etc) und gegebenenfalls räumlicher Geltungsbereich der Zugangssperrung und ihre Dauer,
- Tatsachen und Umstände, auf denen die Entscheidung beruht, und gegebenenfalls, ob die Entscheidung infolge einer nach Art. 16 DSA gemachten Meldung oder auf der Grundlage freiwilliger Untersuchungen aus eigener Initiative getroffen wurde und, sofern unbedingt erforderlich, die Identität des Melders/der Melderin,
- gegebenenfalls Angaben über die Verwendung automatisierter Mittel zur Entscheidungsfindung und ob die Entscheidung in Bezug auf Inhalte getroffen wurde, die mit automatisierten Mitteln erkannt oder festgestellt wurden,
- falls die Entscheidung mutmaßlich illegale Inhalte betrifft, einen Verweis auf die Rechtsgrundlage und Erläuterungen, warum die Inhalte als illegale Inhalte angesehen werden,
- falls die Entscheidung auf der mutmaßlichen Unvereinbarkeit der Inhalte mit den AGB der Plattform beruht, einen Verweis auf die betreffende vertragliche Bestimmung und Erläuterungen, warum der Inhalt als damit unvereinbar angesehen wird sowie

- eindeutige und nutzerfreundliche Informationen über die dem Nutzer/der Nutzerin gegen die Entscheidung zur Verfügung stehenden Rechtsbehelfe, insbesondere, sofern anwendbar, interne Beschwerdeverfahren, außergerichtliche Streitbeilegungsmöglichkeiten und gerichtliche Rechtsmittel.

3. Plattforminterne Beschwerdeverfahren

Die Pflicht zu einem plattforminternen Beschwerdesystem gilt gem. Art. 19 Abs. 1 DSA nicht für kleine und Kleinstunternehmen, solange es sich dabei nicht um sehr große Plattformen im Sinne des Art. 25 DSA handelt[65] (Art. 19 Abs. 2 DSA). Sie gilt zudem nach Art. 19 Abs. 1 DSA auch innerhalb von 12 Monaten nach Verlust des Status als kleines oder als Kleinstunternehmen nicht. Es ist darüber hinaus eine spezifische Verpflichtung für Online-Plattformen im Sinne des DSA, was nach der Definition des Art. 3 Abs. 1 (i) DSA bedeutet, dass keine Angebote erfasst sind, bei denen die Plattformdienste nur eine unbedeutende und mit einem anderen Dienst verbundene reine Nebenfunktion darstellen oder eine unbedeutende Funktionalität des Hauptdienstes sind und aus objektiven und technischen Gründen nicht ohne diesen anderen Dienst genutzt werden können. 88

Solange jedoch keine der Ausnahmen des Art. 19 DSA bzw. Art. 3 Abs. 1 (i) DSA greift, müssen Plattformen den Nutzern/Nutzerinnen während eines Zeitraums von mindestens sechs Monaten gem. Art. 20 Abs. 1 DSA nach einer der nachfolgend genannten Entscheidungen Zugang zu einem effektiven, internen Beschwerdesystem gewähren, das eine elektronische und kostenlose Einreichung von Beschwerden ermöglicht. 89

Dies gilt für Entscheidungen, die nach Eingang einer Meldung getroffen wurden und Entscheidungen, die damit begründet worden sind, dass die bereitgestellten Inhalte illegale Inhalte darstellen oder mit den AGB der Plattform unvereinbar sind und regeln 90

- ob Inhalte entfernt oder ob der Zugang zu Inhalten gesperrt oder ob die Sichtbarkeit von Inhalten eingeschränkt wird oder
- ob der Plattformdienst gegenüber Nutzern/Nutzerinnen vollständig oder teilweise ausgesetzt oder gekündigt wird oder
- ob Konten von Nutzern/Nutzerinnen zeitweise oder vollständig geschlossen werden oder
- ob die Möglichkeit, Inhalte zu monetarisieren, zeitweise ausgesetzt, vollständig beendet oder anderweitig eingeschränkt wird.

Das Beschwerdesystem muss leicht zugänglich und benutzerfreundlich sein und die Einreichung hinreichend präziser und angemessen begründeter Beschwerden ermöglichen und erleichtern. 91

Plattformen müssen Beschwerden, die über ihr internes Beschwerdesystem eingereicht werden, zeitnah, diskriminierungsfrei, sorgfältig und in objektiver Weise bearbeiten. Beschwerdeentscheidungen dürfen nach Art. 20 Abs. 6 DSA nicht durch automatisierte Systeme getroffen werden. Es bedarf einer menschlichen Prüfung durch qualifiziertes Personal. Enthält eine Beschwerde ausreichende Gründe für die Annahme, dass eine Entscheidung der Plattform – sei es für oder gegen die Einschränkung von Inhalten oder Konten – nicht gerechtfertigt war, so muss die Plattform die Entscheidung unverzüglich rückgängig machen (Art. 20 Abs. 4 DSA). 92

Beschwerdeentscheidungen müssen den Beschwerdeführern/Beschwerdeführerinnen unverzüglich mitgeteilt werden und diese müssen auf die Möglichkeit der außergerichtlichen Streitbeilegung gem. Art. 21 DSA und auf andere verfügbare Rechtsbehelfe hingewiesen werden (Art. 20 Abs. 5 DSA). 93

4. Hinweis auf Möglichkeiten der außergerichtlichen Streitbeilegung

Gem. Art. 21 Abs. 1 DSA ist es die Pflicht von Plattformen, auf zertifizierte, außergerichtliche Streitbeilegungsstellen hinzuweisen. Die Zertifizierung erfolgt gem. Art. 21 Abs. 3 DSA. Die Informationen über 94

---

65 Nach Erwägungsgrund (76) Plattformen mit mindestens 45 Millionen Nutzern/Nutzerinnen durchschnittlich im Monat.

die Möglichkeit der außergerichtlichen Streitbeilegung bei den genannten Stellen müssen Plattformen eindeutig, benutzerfreundlich und leicht zugänglich auf ihrer Website und anderen Online-Schnittstellen bereitstellen.[66]

95 Die Pflicht gilt gem. Art. 19 Abs. 1 DSA ebenfalls nicht für kleine und Kleinstunternehmen, solange es sich dabei nicht um sehr große Plattformen im Sinne des Art. 33 DSA handelt[67] (Art. 19 Abs. 2 DSA). Sie gilt zudem nach Art. 19 Abs. 1 DSA auch innerhalb von 12 Monaten nach Verlust des Status als kleines oder als Kleinstunternehmen nicht. Es handelt sich darüber hinaus auch in diesem Fall um eine spezifische Verpflichtung für Online-Plattformen im Sinne des DSA, was nach der Definition des Art. 3 Abs. 1 (i) DSA bedeutet, dass keine Angebote erfasst sind, bei denen die Plattformdienste nur eine unbedeutende und mit einem anderen Dienst verbundene reine Nebenfunktion darstellen oder eine unbedeutende Funktionalität des Hauptdienstes sind und aus objektiven und technischen Gründen nicht ohne diesen anderen Dienst genutzt werden können.

5. Vorkehrungen gegen Missbrauch der Melde- und Beschwerdeverfahren

96 Gem. Art. 23 DSA müssen Plattformen folgende Maßnahmen zum Schutz vor Missbrauch ergreifen:
- Aussetzen der Erbringung ihrer Dienste für Nutzer/Nutzerinnen, die häufig und offensichtlich illegale Inhalte bereitstellen für einen angemessenen Zeitraum nach vorheriger Warnung und
- Aussetzen der Bearbeitung von Meldungen und Beschwerden von Personen, die häufig offensichtlich unbegründete Meldungen oder Beschwerden einreichen für einen angemessenen Zeitraum nach vorheriger Warnung.

97 Bei der Beurteilung, ob ein Missbrauch gem. Art. 23 DSA vorliegt, soll die Plattform in jedem Fall folgende Aspekte berücksichtigen:
- die Anzahl der offensichtlich illegalen Inhalte bzw. der offensichtlich unbegründeten Meldungen oder Beschwerden, die in einem bestimmten Zeitraum eingereicht wurden,
- deren relativer Anteil an der Gesamtzahl der in diesem Zeitraum hochgeladenen Inhalte bzw. erfolgten Meldungen oder Beschwerden,
- die Schwere der Missbräuche, unter Berücksichtigung der Art der illegalen Inhalte, und ihrer Folgen und
- soweit erkennbar, die Absicht der die Melde- und Beschwerdesysteme missbrauchenden Person.

98 Hier muss jedoch erneut der Hinweis erfolgend, dass auch diese Pflicht gem. Art. 19 Abs. 1 DSA nicht für kleine und Kleinstunternehmen gilt, solange es sich dabei nicht um sehr große Plattformen im Sinne des Art. 33 DSA handelt[68] (Art. 19 Abs. 2 DSA). Sie gilt zudem nach Art. 19 Abs. 1 DSA auch innerhalb von 12 Monaten nach Verlust des Status als kleines oder als Kleinstunternehmen nicht. Es handelt sich darüber hinaus auch in diesem Fall um eine spezifische Verpflichtung für Online-Plattformen im Sinne des DSA, was nach der Definition des Art. 3 Abs. 1 (i) DSA bedeutet, dass keine Angebote erfasst sind, bei denen die Plattformdienste nur eine unbedeutende und mit einem anderen Dienst verbundene reine Nebenfunktion darstellen oder eine unbedeutende Funktionalität des Hauptdienstes sind und aus objektiven und technischen Gründen nicht ohne diesen anderen Dienst genutzt werden können.

---

66 Entscheidet die Streitbeilegungsstelle zugunsten des Nutzers, so trägt die Plattform alle von der Streitbeilegungsstelle auferlegten Kosten und entschädigt den Nutzer/die Nutzerin zudem für alle sonstigen angemessenen Kosten, die im Zusammenhang mit der Streitbeilegung entstanden sind. Entscheidet die Streitbeilegungsstelle zugunsten der Plattform, so ist der Nutzer/die Nutzerin grundsätzlich nicht verpflichtet, Gebühren oder sonstige Kosten zu erstatten, die der Plattform entstanden sind.
67 Nach Erwägungsgrund (76) Plattformen mit mindestens 45 Millionen Nutzern/Nutzerinnen durchschnittlich im Monat.
68 Nach Erwägungsgrund (76) Plattformen mit mindestens 45 Millionen Nutzern/Nutzerinnen durchschnittlich im Monat.

65. Predictive Policing

Ruschemeier

I. Einführung	1	bb) Grundrechtseingriffe durch Abschreckungseffekte	31
II. Begriff, Technik und Anwendungsbeispiele	3	b) Gleichbehandlungsgrundsatz und Diskriminierungsverbote	33
1. Terminologie und Abgrenzung	4	c) Unschuldsvermutung und Recht auf ein faires Verfahren	35
a) Personenbezogenes Predictive Policing	7	d) Demokratie- und Rechtsstaatsprinzip: Transparenz	37
b) Ortsbezogenes Predictive Policing	8	e) Europäische Grundrechte	38
2. Rechtlicher Ausgangspunkt de lege lata	10	2. Datenschutzrecht	42
3. Weitere Anwendungsbeispiele in Deutschland	14	3. Polizeirecht	45
a) Personenbezogenes Predictive Policing	15	**IV. Rechtsvergleich**	49
b) Ortsbezogenes Predictive Policing	17	**V. Ausblick**	51
4. Technische Grundlagen	21		
III. Rechtliche Grenzen	24		
1. Verfassungsrecht	25		
a) Grundrechte und personenbezogenes Predictive Policing	26		
aa) Recht auf informationelle Selbstbestimmung	28		

Literatur: *Egbert*, Siegeszug der Algorithmen? Predictive Policing im deutssprachigen Raum, APuZ 67 (2017), 17; *Hofmann*, Predictive Policing, 2020; *Knobloch*, Vor die Lage kommen: Predictive Policing in Deutschland, 2018; *Martini/Nink*, Mit der algorithmischen Kristallkugel auf Tätersuche? Predictive Policing auf dem Prüfstand des deutschen Rechts, in Bertelsmann Stiftung (Hrsg.), Automatisch erlaubt? Fünf Anwendungsfälle algorithmischer Systeme auf dem juristischen Prüfstand, 2020, abrufbar unter https://www.bertelsmann-stiftung.de/fileadmin/files/BSt/Publikationen/GrauePublikationen/Automatisch_erlaubt_final.pdf, S. 32; *Ostermeier*, Der Staat in der prognostischen Sicherheitsgesellschaft, in Singelnstein/Puschke (Hrsg.), Der Staat und die Sicherheitsgesellschaft, 2018, S. 101 (zit.: Singelnstein/Puschke Der Staat und die Sicherheitsgesellschaft/Ostermeier); *Perry/McInnis et al.*, Predictive Policing, 2013; *Singelnstein*, Predictive Policing: Algorithmenbasierte Straftatprognosen zur vorausschauenden Kriminalintervention, NStZ 2018, 1; *Sommerer*, Personenbezogenes Predictive Policing, 2020; *Tischbirek*, Artificial Intelligence and Discrimination, in Wischmeyer/Rademacher (Hrsg.), Regulating Artificial Intelligence, 2020, S. 103 (zit.: Wischmeyer/Rademacher Regulating Artificial Intelligence/Tischbirek); *Trute/Kuhlmann*, Predictive Policing als Formen polizeilicher Wissensgenerierung, GSZ 2021, 103; *Wischmeyer*, Predictive Policing – Nebenfolgen der Automatisierung von Prognosen im Sicherheitsrecht, in Kulick/Goldhammer (Hrsg.), Der Terrorist als Feind?, 2020, S. 193 (zit.: Kulick/Goldhammer Der Terrorist als Feind?/Wischmeyer).

I. Einführung

Das Gefahrenabwehrrecht ist präventiv konzipiert und zielt auch auf die Vermeidung von Delinquenz. Darauffolgend greift Strafrecht zwar als repressive Sanktion, strebt aber gleichzeitig auch präventive Zwecke an. Im Polizei- und Sicherheitsrecht spielt Prävention deshalb eine besondere Rolle. Untrennbar damit verbunden ist die stets zu treffende Prognoseentscheidung, welcher Kausalverlauf in der Zukunft mit welcher Wahrscheinlichkeit eintreten kann. Rechtlicher Angelpunkt ist im besonderen Verwaltungsrecht die polizeirechtliche Gefahr, um deren rechtliche Grenzen wieder verstärkt gerungen wird.[1] Aber auch die Änderung normativer Voraussetzungen kann im Kern nicht von der konkreten Entscheidung über künftige Ereignisse entbinden. Die Qualität dieser Zukunftsentscheidung und damit u.U. auch ihre Rechtmäßigkeit hängt maßgeblich von den verfügbaren Informationen ab. Alle entscheidenden Fakten zu erheben und zu berücksichtigen, ist Kernaufgabe jeder Polizeiarbeit. Hier setzt das Konzept des Predictive Policing[2] an, als softwaregestützte Prognosetechnologie im Bereich der Vorhersage kriminellen Verhaltens. Die Technik wertet softwaregestützt Daten aus, um so eine möglichst breite und akkurate Informationsbasis zu erzeugen, auf deren Grundlage Straftaten verhindert werden sollen, bevor sie begangen werden. Dabei handelt

---

[1] Ruschemeier KrimJ 2020, 122 ff.; BeckOK PolR Bayern/Holzner PAG Art. 11a Rn. 16; Leisner-Egensperger DÖV 2018, 677; Shirvani DVBl 2018, 1393; Wehr JURA 2019, 940; BeckOK PolR Bayern/Goldhammer PAG Art. 4 Rn. 11a; Holzner DÖV 2018, 946.

[2] Oder auch: vorausschauende Kriminalintervention, Singelnstein NStZ 2018, 1 ff. Kritisch dazu: Egbert APuZ 67 (2017), 17 (19).

es sich um prädiktive Algorithmen, die in Kombination mit entsprechender Rechenleistung leistungsfähiger als die traditionellen statistischen Verfahren[3] sein sollen. Diese fallbasierten algorithmischen Prognosen benötigen dafür eine breite Trainingsdatenbasis, z.T. Big Data und eine große Diversität der Datenquellen.

2 Das Konzept stammt aus den USA, wo Predictive Policing bereits seit 2008 in der regulären Polizeiarbeit eingesetzt und von einem Großteil der Polizeibehörden genutzt wird.[4] Diese Mustererkennung ist dabei nicht auf bestimmte Straftaten beschränkt, sondern wird eingesetzt, um Diebstähle, organisierte Kriminalität oder Schusswaffendelikte zu verhindern und die generelle Gefährlichkeit von Personen und Orten einzuschätzen.[5] Die Anwendungen werden zudem nicht nur zur Verbrechensvorhersage eingesetzt, sondern auch, um die Polizeiarbeit zu überwachen, zu steuern und zu regulieren.[6] Predictive Policing wird mithin nicht nur als Softwarelösung verstanden, sondern als genereller Ansatz der Polizeiarbeit.[7] Wie bei vielen als „neu" rezipierten digitalen Technologien werden US-amerikanische Anwendungsbeispiele oft als Referenzen für eine rechtliche Beurteilung in Deutschland herangezogen.[8] Im Bereich von Datenanalysetechniken zur Gefahrenabwehr sollte das unterschiedliche Verständnis und der grundlegend divergierende rechtliche Rahmen des Polizeirechts und des Datenschutzes zwischen den USA und der Europäischen Union nicht aus dem Blick geraten. Entscheidend ist deshalb stets auch der konkrete Anwendungskontext.

II. Begriff, Technik und Anwendungsbeispiele

3 Unter dem Begriff des Predictive Policing werden verschiedene Zielkonzepte und Techniken diskutiert.[9] Die deutsche Rechtsordnung hat bisher nur singulär auf die technischen Möglichkeiten reagiert, was auch darin begründet liegt, dass der tatsächliche Anwendungsbereich von Predictive Policing in deutscher Polizeiarbeit bisher überschaubar ist.[10] Die realistische Erfolgsquote der eingesetzten Anwendungen ist dabei noch nicht klar empirisch nachgewiesen, die Studienlage gar widersprüchlich.[11]

1. Terminologie und Abgrenzung

4 Predictive Policing als Teil der Predictive Analysis beschreibt generell die Praxis, mithilfe datenbasierter Analysen präventiv orts- oder personenbezogene Wahrscheinlichkeitsaussagen über Straftaten in der Zukunft zu treffen,[12] um so ein rechtzeitiges Eingreifen von Polizei- und Sicherheitsbehörden zu ermöglichen. Dahinterstehendes Ziel ist auch eine effiziente Ressourcenallokation.[13] Es handelt sich um vorsagenbasier-

---

3 Dazu Sommerer, Personenbezogenes Predictive Policing, 2020, S. 46 ff.
4 Singelnstein NStZ 2018, 1 (2); Sommerer, Personenbezogenes Predictive Policing, 2020, S. 74; Knobloch, Vor die Lage kommen: Predictive Policing in Deutschland, 2018, S. 8; Hofmann, Predictive Policing, 2020, S. 45.
5 Rademacher AöR 142 (2017), 366 (370); Anwendungsfälle z.B.: Vorhersage von Supreme Court Entscheidungen, vgl. Hoch MMR 2020, 295; vgl. Perry/McInnis et al., Predictive policing, 2013: Clustering für Einbrüche (S. 38), Classification für eine Einstufung des Risikos für eine Umgebung (S. 39), ProMap für Einbrüche (S. 44), GIS mapping tools für Autounfälle (S. 72), Beware-Projekt zur anlasslosen Risikobewertung, HART-Projekt zur Risikobewertung aller in Polizeigewahrsam Genommenen, Strategic Subject List zur anlasslosen Risikobewertung aller ehemalig Festgenommenen, vgl. Sommerer, Personenbezogenes Predictive Policing, 2020, S. 75 f.
6 Benbouzid Big Data & Society 6 (2019), 1 ff.
7 Benbouzid Big Data & Society 6 (2019), 1 (5).
8 Martini/Nink, Mit der algorithmischen Kristallkugel auf Tätersuche? Predictive Policing auf dem Prüfstand des deutschen Rechts, in Bertelsmann Stiftung (Hrsg.), Automatisch erlaubt? Fünf Anwendungsfälle algorithmischer Systeme auf dem juristischen Prüfstand, 2020, abrufbar unter https://www.bertelsmann-stiftung.de/fileadmin/files/BSt/Publikationen/GrauePublikationen/Automatisch_erlaubt_final.pdf, S. 32 (35 ff.).
9 Überblick zu Terminologie und Konzepten bei: Hofmann, Predictive Policing, 2020, S. 36 ff.
10 Knobloch, Vor die Lage kommen: Predictive Policing in Deutschland, 2018, S. 13 f.
11 Kulick/Goldhammer Der Terrorist als Feind?/Wischmeyer S. 193 (194); Knobloch, Vor die Lage kommen: Predictive Policing in Deutschland, 2018, S. 27 ff., mit umfangreichen Nachweisen zu den entsprechenden Studien.
12 Vgl. Martini/Nink, Mit der algorithmischen Kristallkugel auf Tätersuche? Predictive Policing auf dem Prüfstand des deutschen Rechts, in Bertelsmann Stiftung (Hrsg.), Automatisch erlaubt? Fünf Anwendungsfälle algorithmischer Systeme auf dem juristischen Prüfstand, 2020, abrufbar unter https://www.bertelsmann-stiftung.de/fileadmin/files/BSt/Publikationen/GrauePublikationen/Automatisch_erlaubt_final.pdf, S. 32 (32).
13 Sommerer, Personenbezogenes Predictive Policing, 2020, S. 37.

te[14] oder vorhersagenbasierte[15] Polizeiarbeit, die vom Grundkonzept her – der statistischen Auswertung von Daten – seit Jahrzehnten Bestandteil der polizeilichen Arbeit ist. Das prognostische Element allein eignet sich deshalb nicht als Abgrenzungskriterium zum „analog" gefällten polizeilichen Gefahrenurteil, sondern Predictive Policing funktioniert nur in Kombination mit der leistungsfähigen softwarebasierten Datenanalyse. Uneinigkeit besteht darüber, welche Daten verwendet werden können und sollten und welche Konsequenzen die Prognoseergebnisse haben können.[16] Predictive Policing sollte als flexibles, technikoffenes Konzept verstanden werden, welches begrifflich auch neue Entwicklungen abbilden kann.[17] Von einer präzisen Vorhersage konkreter Kausalverläufe sind die heute eingesetzten Predictive Policing-Anwendungen jedoch weit entfernt; sie erstellen probabilistisch hergeleitete Risikoerwartungen, die z.B. ein grobes Gebiet für Einbruchsrisiken von 400 Haushalten ausweisen.[18]

Der Einsatz von Predictive Policing erfordert eine im Vorfeld zugeschnittene Problemstellung auf entweder raumbezogene, sich wiederholende gleiche Delikte oder auf gefahrindizierende Merkmale bei Personen. Um überhaupt sinnvoll Daten sammeln und später auswerten zu können, sind Kenntnisse über diese potenziellen Merkmale, die im Sinne der zugrunde gelegten kriminologischen Theorie zur Prognose herangezogen werden können, zwingend erforderlich.[19] Predictive Policing-Anwendungen nutzen diese Kenntnisse, kreieren sie aber nicht selbst. Ein eindeutiger Vorsprung hinsichtlich Effizienz, Ressourceneinsparung oder Präzision durch Predictive Policing gegenüber menschlicher Polizeiarbeit ist zudem bisher nicht nachgewiesen.[20]

Technologien zur Datenanalyse, die keine Vorhersage über zukünftige Straftaten treffen, sondern bestehende Gefahrenlagen oder begangene Delikte erkennen und sodann Alarm auslösen, sind keine Predictive Policing-Anwendungen im engeren Sinne.[21] Dazu gehört z.B. intelligente Videoüberwachung, die auf bestimmte Bewegungsmuster reagiert.[22] Eine klare Abgrenzung zwischen Prognose und Straftaterkennung wird sich jedoch nicht immer trennscharf vornehmen lassen.

a) Personenbezogenes Predictive Policing

Personenbezogenes Predictive Policing soll die Wahrscheinlichkeit bestimmen, dass bestimmte Personen zukünftig Straftaten begehen, als potenzielle oder konkrete Täter.[23] Zudem ist die Kehrseite der Kriminalitätsopferermittlung, die Vorhersage der Opferwahrscheinlichkeit bestimmter Personen und Gruppen, ebenfalls ein Unterfall des personenbezogenen Predictive Policing.[24] Dabei werden Daten, die in Verbindung mit der Person stehen, auf gefahrindizierende Merkmale analysiert, welche sich wiederum aus der Auswertung von in der Vergangenheit straffälligen Personen ergeben. Eine hohe Übereinstimmung mit den aus historischen Daten generierten Mustern führt zur Qualifikation einer erhöhten Kriminalitätswahrscheinlichkeit in Form eines Risikoscores oder der Zuordnung zu einer Risikokategorie.[25] Die nicht mehr genutzte „Strategic Subject List" der Polizei Chicago kategorisierte bspw. Personen nach einem Risikoscore, der sich aus acht Merkmalen wie Vorstrafen, Delikten im sozialen Nahfeld oder Alter bei Verhaftungen zusammensetzte, und wurde primär gegen Waffenkriminalität im Bandenkontext angewandt.[26] Die Erfolgsquote

---

14 Singelnstein/Puschke Der Staat und die Sicherheitsgesellschaft/Ostermeier S. 101 (106).
15 Trute/Kuhlmann GSZ 2021, 103 (104).
16 Überblick bei Hofmann, Predictive Policing, 2020, S. 40 ff.
17 Egbert APuZ 67 (2017), 17 (19).
18 Egbert APuZ 67 (2017), 17 (18 f.).
19 Trute/Kuhlmann GSZ 2021, 103 (104).
20 Kulick/Goldhammer Der Terrorist als Feind?/Wischmeyer S. 193 (195).
21 Trute/Kuhlmann GSZ 2021, 103 (107).
22 Kulick/Goldhammer Der Terrorist als Feind?/Wischmeyer S. 193 (201) ordnet Predictive Policing und intelligente Videoüberwachung in die Kategorie der automatisierten Prognosesysteme ein.
23 Rademacher AöR 142 (2017), 366 (368).
24 Perry/McInnis et al., Predictive policing, 2013, S. 8.
25 Sommerer, Personenbezogenes Predictive Policing, 2020, S. 37.
26 Siehe https://www.opendatanetwork.com/dataset/data.cityofchicago.org/4aki-r3np.

des Programms war gering, von 398.648 aufgenommenen Personen wurden nur 16,3 % einem kriminellen Bandenumfeld zugeordnet.[27]

b) Ortsbezogenes Predictive Policing

8 Praxisrelevanz für den deutschen Rechtsraum entfaltet bisher vor allem das ortsbezogene Predictive Policing in Bezug auf Wohnungseinbruchdiebstähle. Diese Prognosen sollen Orte identifizieren, an denen mit höherer Wahrscheinlichkeit Straftaten begangen werden. In Deutschland werden dazu die Methoden „Hotspot", „Near Repeat" sowie „Risk Terrain Analysis" eingesetzt.[28] Hotspots weisen einen überdurchschnittlichen Anteil von Kriminalitätsereignissen im Vergleich zu einem Gesamtreferenzgebiet auf.[29] Near Repeat ist die geographische Ausprägung des Repeat Victimization-Ansatzes.[30] Bestimmten Deliktsarten kommt eine geographische Indizfunktion zu, denn zum einen treten sie gehäuft an bestimmten Orten auf und zum anderen erhöht sich die Wahrscheinlichkeit, dass es im räumlichen Umfeld zu einer Wiederholung oder Begehung ähnlicher Straftaten kommt. Exemplarisch steht dafür der Wohnungsdiebstahl.[31] Nach empirischen Untersuchungen ist die Wahrscheinlichkeit für Wiederholungstaten in einem abgegrenzten räumlichen Gebiet 48 Stunden nach der Ursprungstat am höchsten. Durch den gezielten Einsatz von Polizeiressourcen sollen weitere Taten verhindert – z.B. durch Kontrollfahrten, Streifen – oder Täter vor Ort gefasst werden.[32] Risk Terrain Analysis zielt darauf ab, Prognosen aufgrund geografischer Merkmale, die sich nicht nur aus polizeilichen Daten speisen, sondern Infrastruktur und sozio-ökonomische Faktoren mitumfassen, zu erstellen.[33] Dieser holistische Ansatz versteht Kriminalität nicht nur als räumliches, sondern in der konkreten Umgebung (sozial) kontextualisiertes Phänomen.[34]

9 Ortsbezogenes Predictive Policing wird, obwohl keine personenbezogenen Prognosen getroffen werden, aufgrund des „objektivierenden, mechanischen" Menschenbildes kritisiert, das sich im personenbezogenen Predictive Policing manifestiere.[35] Es ist zutreffend, dass soziale und gesamtgesellschaftliche Kriminalitätsursachen in den Hintergrund zu geraten drohen, wenn sich Straftaten als rein berechenbare Phänomene darstellen; denn potenzielle Täterinnen können sich stets gegen eine Tat entscheiden. Allerdings ist der Anwendungsbereich auch des nicht-personenbezogenen Predictive Policing begrenzt und die angesprochenen Risiken sind insbesondere im speziellen Bereich organisierter Kriminalität weniger überzeugend, da deren Strukturen nicht auf gesamtgesellschaftliche Hintergründe übertragbar sind. Problematisch ist aber, dass die räumliche Stigmatisierung einzelner Gebiete durch sich selbst reproduzierende Prognosen verfestigt werden kann.[36]

2. Rechtlicher Ausgangspunkt de lege lata

10 Es existiert bisher keine rechtliche Legaldefinition von Predictive Policing, auch explizite Ermächtigungsgrundlagen oder Verfahrensvorschriften sind rar. Ausnahmen, unter die auch Predictive Policing-Anwendungen theoretisch subsumierbar sind, finden sich in § 25a des Hessischen Gesetzes über die öffentliche Sicherheit und Ordnung (HSOG), der eine Rechtsgrundlage für automatisierte Datenanalyse schafft, und der gleich gelagerten Norm des § 49 im Gesetz über die Datenverarbeitung der Polizei (PolDVG) in Hamburg. Rechtspolitischer Hintergrund in Hessen ist die erforderliche Legitimation von „HessenDATA", ein Programm, das auf einer Analysesoftware des umstrittenen amerikanischen Konzerns

---

27 Siehe https://filtermag.org/chicago-crime-prediction/; https://igchicago.org/wp-content/uploads/2020/01/OIG-Advisory-Concerning-CPDs-Predictive-Risk-Models-.pdf.
28 Povalej/Volkmann Informatik Spektrum 44 (2021), 57 (58); Egbert APuZ 67 (2017), 17 (23 ff.).
29 Ausführlich zu den unterschiedlichen Theorien des crime mapping: Hofmann, Predictive Policing, 2020, S. 64 ff.
30 Hofmann, Predictive Policing, 2020, S. 89 ff.
31 Siehe dazu auch: Perry/McInnis et al., Predictive policing, 2013, S. 42; Egbert APuZ 67 (2017), 17 (20).
32 Kritisch zu den dahinterstehenden Annahmen über Täterinnen und Täter: Sommerer, Personenbezogenes Predictive Policing, 2020, S. 36 f.
33 Perry/McInnis et al., Predictive policing, 2013, S. 50; dazu gehören: Bars, Restaurants, Autobahnanschlüsse etc.
34 Bachner, Predictive Policing: Preventing Crime with Data and Analytics, 2013, S. 20.
35 Sommerer, Personenbezogenes Predictive Policing, 2020, S. 36.
36 Egbert APuZ 67 (2017), 17 (22).

Palantir beruht.[37] Die Normen sprechen zwar nicht von Predictive Policing,[38] adressieren aber die Funktionsweise, nämlich eine automatisierte Datenanalyse. Diese bereichsspezifische Rechtsgrundlage in Hessen war bei Einführung die einzige dieser Art in Deutschland, inzwischen ist in Nordrhein-Westfalen ebenfalls eine ähnliche Norm in Kraft, die aber strengere Vorgaben trifft.[39] Der neue § 23 Abs. 6 S. 3 PolG NRW erlaubt eine Zusammenführung von Daten, untersagt aber, dass die Daten sodann mittels statistisch-mathematischer Verfahren oder in sonstiger Weise selbstständig auf Zusammenhänge analysiert werden.[40] Neue Datenerhebungen hingegen können nicht auf die Ermächtigungen zur automatisierten Datenanalyse gestützt werden, es geht allein um die Vernetzung und Verarbeitung bereits rechtmäßig erhobener Daten durch die Polizeibehörden.[41] Unklar ist, ob breit angelegte Datenanalysen zur Generierung eines Verdachts über den Einzelfall hinreichend durch solche Normen der Polizeigesetze legitimiert werden können. Der Beschluss des Bundesverfassungsgerichts zum „Datamining" fordert tatsächliche Ansatzpunkte einer konkreten Gefahr;[42] eine Eingriffsschwelle, welche die Landesgesetze nicht vorsehen.[43] Allerdings ging es an dieser Stelle der Entscheidung um den wechselseitigen grundrechtsintensiven Datenaustausch von Polizei und Geheimdiensten, wohingegen rechtmäßig erhobene Daten durch die Polizei selbst keine vergleichbar hohe Eingriffsschwelle bezüglich des Austausches erfordern; durch die engen Ermächtigungsgrundlagen zur Datenerhebung ist die Grundrechtsintensität entsprechend reflektiert.[44]

Soweit ersichtlich werden bei den bisher in Deutschland eingesetzten ortsbezogenen Predictive Policing-Anwendungen in den Bundesländern keine personenbezogenen Daten von den Landespolizeibehörden verwendet, weshalb entsprechende Ermächtigungsgrundlagen nicht erforderlich sind.

Grundrechtssensibel sind aber insbesondere solche Systeme, die Daten aus unterschiedlichsten Kontexten zusammenführen und Rückschlüsse auf einzelne Personen zulassen. Dogmatisch fordert jeder Schritt der personenbezogenen Datenverarbeitung als eigenen Eingriff in das Recht auf informationelle Selbstbestimmung eine gesonderte gesetzliche Ermächtigungsgrundlage.[45] Wenn bereits existierende Datensätze analysiert werden, ist entscheidend, ob die Auswertung durch die Predictive Policing-Anwendung vom ursprünglichen Zweck der Datenerhebung umfasst ist. Falldaten aus Ermittlungsverfahren bspw. sind grundsätzlich zur Strafverfolgung erhoben worden, wohingegen die Prognose zur Verhinderung von Straftaten durchgeführt wird. Für die Analyse personenbezogener Daten im Rahmen von Predictive Policing-Anwendungen wird deshalb regelmäßig eine eigenständige Ermächtigungsgrundlage erforderlich sein.[46] Wurden die Daten umgekehrt von den Polizeibehörden erhoben, sehen die Polizeigesetze der Länder regelmäßig weiterreichende Weiternutzungsbefugnisse vor.

---

37 Das gesamte Verfahren der Softwarebeschaffung, vergaberechtliche Fragen sowie Zweifel an der Gewährleistung der Sicherheits- und Geheimhaltungsinteressen des Landes haben erhebliche Kritik hervorgerufen, die zur Einberufung eines Untersuchungsausschusses des Landtags führte, vgl. zum Zwischenbericht LT-Drs. 19/6864.
38 Trute/Kuhlmann GSZ 2021, 103 (107), sehen die Möglichkeiten der automatisierten Datenanalyse durch die Software „Gotham" nicht als Verdachtsgenerierungstechnologie und dadurch nicht als Predictive Policing. Dies ist jedoch allein von den aus der Datenprognose gezogenen Schlüssen der Polizei abhängig und nicht in der Technologie begründet.
39 BeckOK PolR Hessen/Möstl/Bäuerle HSOG § 25a Rn. 11.
40 Arzt meint, Data-Mining werde durch die Vorschriften nicht verhindert, da sie zwar automatisierte Entscheidungen verbiete, aber nicht die Wissensgenerierung aufgrund verknüpfter Datenbestände, BeckOK PolR NRW/Möstl/Kugelmann/Arzt PolG NRW § 23 Rn. 50w.
41 BeckOK PolR Hessen/Möstl/Bäuerle HSOG § 25a Rn. 8.
42 BVerfG Beschl. v. 11.11.2020 – 1 BvR 3214/15, BVerfGE 156, 11 (55, Rn. 118).
43 Gemäß § 49 Abs. 1 PolDVG und § 25a Abs. 1 HSOG sind die Datenanalysen zur vorbeugenden Bekämpfung von Straftaten des in § 100a Abs. 2 StPO enthaltenen Katalogs möglich.
44 BVerfG Beschl. v. 11.11.2020 – 1 BvR 3214/15, BVerfGE 156, 11 (52, Rn. 106).
45 Statt aller: BVerfG Urt. v. 11.3.2008 – 1BvR 2074/05, BVerfGE 120, 378 (399).
46 Trute/Kuhlmann GSZ 2021, 103 (109 f.).

13 Prädiktive Mustererkennung ist auf Bundesebene bereits mit Personenbezug im Einsatz. In Umsetzung der Richtlinie 2016/681[47] wurde das Fluggastdatengesetz (FlugDaG) 2017 verabschiedet. Das FlugDaG ist weiter als die bisherigen Möglichkeiten der Datenerhebung zu präventiven Zwecken und verpflichtet die Luftfahrtunternehmen zur Übermittlung sämtlicher erhobener Passagierdaten an die Fluggastdatenstelle. § 4 FlugDaG ermächtigt diese beim BKA angesiedelte Fluggastdatenstelle dazu, durch Musterabgleich Personen zu identifizieren, bei denen tatsächliche Anhaltspunkte zur Begehung bestimmter Straftaten vorliegen.[48] Ziel ist es, insbesondere solche Personen zu identifizieren, die den Sicherheitsbehörden noch nicht bekannt waren.[49] Dabei handelt es sich um personenbezogenes Predictive Policing. Denn ein konkreter Anlass ist zur Datenverarbeitung nicht mehr erforderlich und das FlugDaG geht über die Vorratsdatenspeicherung des § 113c TKG und die auf die Erforderlichkeit zur Aufgabenerfüllung begrenzten Überwachungsbefugnisse wie z.B. in § 22 PaßG hinaus.[50] Aus der nationalen Rechtsprechung sind bisher nur zwei Entscheidungen des AG Köln[51] und des VG Wiesbaden[52] zu § 4 FlugDaG ergangen, in denen dem EuGH die Norm zur Vorabentscheidung vorgelegt wurde.

3. Weitere Anwendungsbeispiele in Deutschland

14 In Deutschland wären viele der im Ausland eingesetzten Predictive Policing-Systeme nicht verfassungskonform einsetzbar. Der Anwendungsbereich ist deshalb noch beschränkt. Durch den erheblichen Investitionsaufwand ist eventuell zu erwarten, dass sich Predictive Policing technisch weiterentwickeln und auf weitere Einsatzgebiete ausgeweitet wird.[53] Die rechtspolitischen Bestrebungen deuten darauf hin, dass vor allem die Verknüpfung und Vernetzung unterschiedlicher Daten und Plattformen sowie der Einsatz weniger theorie- als datengetriebener Algorithmen im Mittelpunkt stehen wird.[54]

a) Personenbezogenes Predictive Policing

15 Auf Bundesebene ist das FlugDaG bisher der einzige Anwendungsfall des konkreten personenbezogenen Predictive Policing geblieben. Ähnliche Ermächtigungen zur strukturellen Datenanalyse finden sich vereinzelt in anderen Gesetzen. § 6a Antiterrordateigesetz (ATDG) und § 7 Abs. 5 Rechtsextremismus-Datei-Gesetz (RED-G) enthalten ähnliche Formulierungen, insbesondere was die Komplexität der Datenanalysetools betrifft.[55] Die §§ 16, 18 Bundeskriminalamtgesetz (BKAG) ermächtigen zur Weiterverarbeitung von Daten zur Erstellung einer polizeilichen Prognose, ob bei einer Person tatsächliche Anhaltspunkte zur Begehung einer Straftat in naher Zukunft vorliegen, ermöglichen aber keine anlasslose Datenverarbeitung zur Generierung von Verdachtsmomenten. Das Prognosesystem „RADAR-iTE"[56] des BKA ist eine Vorstu-

---

47 Richtlinie (EU) 2016/681 des Europäischen Parlaments und des Rates v. 27.4.2016 über die Verwendung von Fluggastdatensätzen (PNR-Daten) zur Verhütung, Aufdeckung, Ermittlung und Verfolgung von terroristischen Straftaten und schwerer Kriminalität (ABl. L 119, 132).
48 Das VG Wiesbaden hat dem EuGH die Norm zur Vorabentscheidung vorgelegt: VG Wiesbaden Beschl. v. 15.5.2020 – 6 K 806/19.WI, BeckRS 2020, 9115.
49 BT-Drs. 18/11501, 28.
50 Trute/Kuhlmann GSZ 2021, 103 (108). Dazu sogleich.
51 AG Köln Beschl. v. 20.1.2020 – 142 C 330/19, BeckRS 2020, 1306.
52 VG Wiesbaden Beschl. v. 15.5.2020 – 6 K 806/19.WI, BeckRS 2020, 9115.
53 Egbert/Krasmann, Predictive Policing. Eine ethnographische Studie neuer Technologien zur Vorhersage von Straftaten und ihre Folgen für die polizeiliche Praxis, 30.4.2019, abrufbar unter https://www.wiso.uni-hamburg.de/fachbereich-sowi/professuren/hentschel/forschung/predictive-policing/egbert-krasmann-2019-predictive-policing-projektabschlussbericht.pdf, S. 3 f.
54 Egbert/Krasmann, Predictive Policing. Eine ethnographische Studie neuer Technologien zur Vorhersage von Straftaten und ihre Folgen für die polizeiliche Praxis, 30.4.2019, abrufbar unter https://www.wiso.uni-hamburg.de/fachbereich-sowi/professuren/hentschel/forschung/predictive-policing/egbert-krasmann-2019-predictive-policing-projektabschlussbericht.pdf, S. 3.
55 Den Normen kommt zudem eine noch höhere Eingriffsintensität zu, da sie eine gemeinsame Datennutzung von Polizei und Geheimdiensten ermöglichen, dazu: Ruschemeier, Eingriffsintensivierung durch Technik, 16.12.2020, abrufbar unter https://verfassungsblog.de/eingriffsintensivierung-durch-technik/; Golla NJW 2021, 667 (671).
56 Regelbasierte Analyse potenziell destruktiver Täter zur Einschätzung des aktuellen Risikos islamischen Terrorismus.

fe personenbezogenen Predictive Policing. Ziel ist es zwar, eine bundeseinheitliche Bewertungsgrundlage für islamistische „Gefährder" zu schaffen, allerdings findet keine algorithmenbasierte Prognose statt. Der Fragenkatalog, den „RADAR-iTE" nutzt, setzt keine algorithmische Berechnung oder gar digitale Verarbeitung voraus.[57] Es handelt sich damit nicht um ein automatisiertes statistisches Prognoseinstrument. Das Bundesverwaltungsgericht hat in diesem Zusammenhang betont, dass „RADAR-iTE" für die gerichtliche Beurteilung der Gefährlichkeitseinschätzung keine Rolle spielt.[58]

In den Bundesländern ist „HessenDATA" ein Sonderfall, da die Software Informationen aus verschiedenen Datenquellen automatisiert miteinander verknüpft, um Verbindungen und Muster abzubilden; zurzeit können aber wohl noch keine einzelfallbezogenen Risikoscores erstellt werden – auch wenn die Funktionsweise generell auf ein personenbezogenes Vorhersagesystem abzielt.[59]

b) Ortsbezogenes Predictive Policing

Viele Bundesländer haben ortsbezogene Predictive Policing-Anwendungen im Rahmen von Pilotprojekten getestet, mit unterschiedlichem Ausgang: Zum Teil sind die Programme weitergeführt worden, andernorts wurde von einer Anwendung als Prognoseinstrument abgesehen.

Die deutschen Polizeibehörden nutzen Predictive Policing bisher ausschließlich ortsbezogen zur Vorhersage von Wohnungseinbruch- und Kfz-Diebstählen im Bereich der organisierten Kriminalität.[60] Diese Anwendungsbereiche sind besonders für Predictive Policing geeignet, da sie kriminologisch nachgewiesen[61] oft in Serien begangen werden und organisierte Banden ein bestimmtes Tatmuster verfolgen, was sie dann in räumlicher Nähe weiter fortsetzen. Ein Personenbezug besteht bisher nicht.

In Bayern wurde seit dem Jahr 2015 „PRECOBS" als Mittel vorausschauender Polizeiarbeit bei Einbruchdiebstählen eingesetzt.[62] Inzwischen ist die Zahl der Wohnungseinbrüche so stark zurückgegangen, dass nur noch eine quantitativ erheblich geminderte Datengrundlage zur Verfügung steht. Eine gezielte Einsatzsteuerung war nicht mehr möglich und die ursprünglich geplante Ausweitung auf andere Delikte erwies sich als nicht umsetzbar; die bayerische Polizei hat den Einsatz von „PRECOBS" inzwischen eingestellt.[63]

Hessen nutzt „KLB-operativ" bereits seit dem Jahr 2017. Niedersachsen verwendet „PreMAP"[64] seit 2018, Berlin setzt „KrimPro" seit 2019 ein. Nordrhein-Westfalen hat „SKALA"[65] bezogen auf Wohnungseinbruchdiebstahl entwickelt. Baden-Württemberg verzichtete nach einer Testphase aufgrund einer fehlenden hinreichenden Datengrundlage auf den Einsatz der bayerischen Software – es gab schlicht zu wenig

---

57 Sommerer, Personenbezogenes Predictive Policing, 2020, S. 85 ff.; Kulick/Goldhammer Der Terrorist als Feind?/ Wischmeyer S. 193 (199).
58 BVerwG Urt. v. 27.3.2018 – 1 A 5.17, juris Rn. 51.
59 Sommerer, Personenbezogenes Predictive Policing, 2020, S. 91 ff. mwN.
60 Überblick bei: Algorithmwatch Automating Society Report, 2020, abrufbar unter https://automatingsociety.algorith mwatch.org/, S. 44.
61 Vgl. https://www.bka.de/SharedDocs/Downloads/DE/Publikationen/JahresberichteUndLagebilder/KfzKriminalitae t/kfzKriminalitaetBundeslagebild2020.pdf;jsessionid=B99570C53CD30BCC83505485E56B6407.live0611?__blob =publicationFile&v.=3.; Perry/McInnis et al., Predictive policing, 2013, S. 42, 44; Johnson Journal of Experimental Criminology 4 (8), 215; Johnson/Bernasco et al. J. Quant. Criminol. 23 (2007), 201; Mohler/Short et al. Journal of the American Statistical Association 106 (2011), 100.
62 Siehe http://www.ifmpt.de/project_bayern.html.
63 Siehe https://www.polizei.bayern.de/aktuelles/pressemitteilungen/018804/index.html.
64 Siehe https://www.mi.niedersachsen.de/aktuelles/presse_informationen/zweite-pilotphase-startet-einsatz-der-progno sesoftware-premap-wird-zum-1-november-weiter-intensiviert-170622.html.
65 Siehe https://polizei.nrw/artikel/projekt-skala-predictive-policing-in-nrw-ergebnisse. Dazu: Bode/Seidensticker Kriminalistik 2018, 537 ff.

Straftaten.⁶⁶ Belastbare Aussagen über den Erfolg und die Effektivität der eingesetzten Systeme in den Bundesländern gibt es bisher nur begrenzt.⁶⁷

4. Technische Grundlagen

21 Predictive Policing ist eine methodische Kombination kriminologischer Theorien und ihrer Prämissen als Grundlage algorithmischer Berechnungen durch leistungsfähige IT-Systeme. Deshalb setzt Predictive Policing den Zugriff auf große Datenmengen voraus, um entsprechend verwertbare Prognoseergebnisse zu erzielen. Die Funktionsweise beruht auf dem Konzept der Predictive Analysis, die historische Big Data für zukunftsgerichtete Analysen nutzt.⁶⁸ Big Data beschreibt quantitativ erhebliche, aber unstrukturierte Datenmengen, deren Verarbeitung und Nutzung ohne leistungsfähige, maschinell lernende Systeme nur schwer möglich ist. Dadurch sind Analysen in die Tiefe und Breite möglich, also zB um bisher unerkannte Zusammenhänge aufzudecken, woraus Erkenntnisse für zukünftige Sachverhalte ermittelt werden können.⁶⁹

22 Der effektive Einsatz von Predictive Policing-Software ist untrennbar mit der Datengrundlage verbunden. Je mehr Daten über menschliches Verhalten produziert werden, desto präziser können Prognosemodelle arbeiten – so zumindest in der Theorie. Grundsätzlich basieren die Analysen auf umfangreichen Datenmengen spezieller Lagebilder und aktueller Ereignisse, allgemein zugänglichen Daten und ggf. perspektivisch auch auf sensorischen Daten.⁷⁰ Predictive Policing ist letztlich softwaregestützte Mustererkennung, weshalb Trainings- und Testdaten zur Identifikation gefahrindizierender Merkmale erforderlich sind. Trainingsdaten speisen sich aus (verschiedenen) Datenbeständen der Vergangenheit und werden nach gefahrbegründenden und gefahrentlastenden Faktoren analysiert.⁷¹ Der Output sind Hypothesen über Gefahrzusammenhänge, was in der Grundstruktur der polizeilichen Sachverhaltsermittlung entspricht. Darüber hinaus soll Predictive Policing aber Zusammenhänge offenlegen, die durch menschliche Informationsanalyse nicht erkannt werden, und nicht nur bereits bekannte Hypothesen belegen.⁷²

23 Die Technik entfaltet nur in Kombination mit den kriminologischen theoretischen Grundlagen ihre Wirkungskraft. Raumbezogene Predictive Policing-Modelle folgen u.a. dem empirisch bestätigten Near Repeat-Ansatz⁷³, der von dem Auftreten weiterer Delikte in einem abgegrenzten geographischen Bereich innerhalb von 72 Stunden ausgeht.⁷⁴ Dafür ist folglich eine rational handelnde Täterin erforderlich, die Wissen über die räumlichen Verhältnisse zu Anschlussstaten nutzt, so dass ein begrenztes Cluster entsteht. In Bezug auf Einbruchdiebstähle unter Anwendung des Near Repeat-Ansatzes ist die erforderliche Datenlage nicht besonders komplex: Es geht schlicht darum, Daten über angezeigte Einbrüche, Ort und Zeit der Delikte zu erfassen. Durch diese Begrenzung wird aber wohl das Potenzial des ortsbezogenen Predictive Policing nicht voll ausgeschöpft, da nur Vorhersagevariablen berücksichtigt werden, deren Relevanz für das Delikt vorher vermutet wurde. Komplexer sind Risk Terrain-Analysen, die nicht nur polizeiliche Falldaten,

---

66 Siehe https://www.stuttgarter-nachrichten.de/inhalt.aus-fuer-die-einbruchvorhersage-software-strobl-entscheidet-sich-gegen-precobs.19a18735-9c8f-4f1a-bf1b-80b6a3ad0142.html.
67 Kaulartz/Braegelmann AI und Machine Learning-HdB/Peters, Kapitel 12 Rn. 69. Zu den Evaluationsergebnissen des Predictive Policing-Projekts in Baden Württemberg Gerstner, Predictive Policing als Instrument zur Prävention von Wohnungseinbruchdiebstahl, 2017.
68 Hartung/Bues/Halbleib Legal Tech/Vogl Rn. 197.
69 Zu Predictive Justice Tools im Zivilprozess: Hoch MMR 2020, 295 (296 ff.).
70 Povalej/Volkmann Informatik Spektrum 44 (2021), 57 f.
71 Rademacher AöR 142 (2017), 366 (373 ff.), mit detaillierter Erklärung zur Funktionsweise von machine learning und den Unterschieden von supervised und unsupervised learning.
72 Rademacher AöR 142 (2017), 366 (374); Heitmüller, Predictive Policing: Die deutsche Polizei zwischen Cyber-CSI und Minority Report, heise online v. 17.4.2017, abrufbar unter https://www.heise.de/newsticker/meldung/Predictive-Policing-Die-deutsche-Polizei-zwischen-Cyber-CSI-und-Minority-Report-3685873.html.
73 Kritische Reflexion bei: Bode/Seidensticker (Hrsg.), Predictive Policing, 2020, S. 30 ff.
74 Institut für musterbasierte Prognosetechnik (IfmPt), Near Repeat Prediction, abrufbar unter https://web.archive.org/web/20150430012833/http://www.ifmpt.de/prognostik/. Zur empirischen Auswertung des Near Repeat-Ansatzes im ländlichen Raum: Suckow Kriminalistik 2018, 347 ff.

sondern sozioökonomische und infrastrukturelle Daten miteinbeziehen.[75] Die tatsächlichen Grenzen von Predictive Policing liegen in der Fehlerquote der technischen Ausführung und den inhärenten Limitierungen theoretischer Modelle begründet:[76] Sie können nur Korrelationen und keine Kausalitäten abbilden. Ursache-Wirkungs-Zusammenhänge werden teilweise in besonders offensichtlichen Fällen aufgrund des menschlichen Erfahrungswissens wesentlich besser erkannt. Historische Datenanalyse kann schwerer auf kurzfristige Veränderungen reagieren und zur Verfestigung des Status quo führen.[77] Zudem können nur Prognosen bezüglich solcher Deliktsarten überhaupt erfolgen, die einem bestimmten repetitiven Muster folgen, wohingegen Affekttaten außerhalb des Erkenntnisrahmens der bisherigen Mustererkennung liegen.

III. Rechtliche Grenzen

Stets geltende rechtliche Grenze des Predictive Policing ist die Gesetzesbindung aus Art. 1 Abs. 3, Art. 20 Abs. 3 GG. Der Einsatz intelligenter Technologien, die Effizienzsteigerungen verheißen, entbindet nicht von der Vorgabe rechtmäßigen Verwaltungshandelns („keine Flucht in die Digitalisierung"). 24

1. Verfassungsrecht

Nur personenbezogenes Predictive Policing ist unmittelbar grundrechtsrelevant; ortsbezogene Analysen sind aufgrund der Kompetenz der Polizei ohne Weiteres zulässig, soweit keine personenbezogenen Daten verarbeitet werden – diese Gefahreinschätzung entspricht der analogen Streifenfahrt, die ebenfalls kein Grundrechtseingriff ist.[78] Mittelbare Auswirkungen können sich aber u.U. aus Abschreckungseffekten ergeben, z.B. für die Versammlungsfreiheit.[79] 25

a) Grundrechte und personenbezogenes Predictive Policing

Predictive Policing-Anwendungen sind nicht per se grundrechtsintensiver als andere Methoden der Datenauswertung, entscheidend ist die Ausgestaltung der Datenverarbeitung und -speicherung. Nichttrefferfälle können und sollten rückstandslos gezielt gelöscht werden. Predictive Policing darf sich nicht durch eine Speicherung von Nichttrefferfällen zu einer versteckten Vorratsdatenspeicherung ausweiten. Im Gegensatz zur menschlichen Polizistin kann das System damit gezielt vergessen.[80] Es verspricht dadurch Selektivität und ein Mittel gezielter Gefahrerkennung – im Gegensatz z.B. zur undifferenzierten Videoüberwachung.[81] 26

Selbst wenn dies zukünftig der technischen Realität entspricht, sind dadurch nicht alle grundrechtlichen Probleme gelöst, insbesondere das der Streubreite des Einsatzes z.B. im öffentlichen Raum. Zudem müssen für eine hinreichende Funktionsweise schlicht große Mengen an Daten gesammelt werden; Sicherheitsrisiken und Missbrauchspotenzial sind dabei nicht aus den Augen zu verlieren. Unzulässige Diskriminierung oder absolut geschützte Bereiche dürfen auch nicht durch Predictive Policing unterwandert werden. Deshalb unterliegt die Entscheidung über die konkreten Einsatzbereiche von Predictive Policing dem Parlamentsvorbehalt.[82] Denn der Gesetzgeber muss entscheiden, welche Gefahren für das Gemeinwohl so schwer wiegen, dass er eine verdachtsunabhängige Datenanalyse für angezeigt hält. Zudem kann Predictive Policing mit anderen Grundrechtseingriffen zusammenwirken und dadurch eine erhöhte Eingriffsintensität entfalten.[83] 27

---

75 Trute/Kuhlmann GSZ 2021, 103 (105).
76 Dazu auch Trute/Kuhlmann GSZ 2021, 103 (106).
77 Trute/Kuhlmann GSZ 2021, 103 (106); Kaufmann/Egbert et al. The British Journal of Criminology 59 (2019), 674 (685 f.).
78 Singelnstein NStZ 2018, 1 (7); Kulick/Goldhammer Der Terrorist als Feind?/Wischmeyer S. 193 (202).
79 Hofmann, Predictive Policing, 2020, S. 165 ff.
80 Rademacher AöR 142 (2017), 366 (386).
81 Rademacher AöR 142 (2017), 366 (399 ff.).
82 Rademacher AöR 142 (2017), 366 (409).
83 Dazu Ruschemeier, Der additive Grundrechtseingriff, 2019 – passim.

aa) Recht auf informationelle Selbstbestimmung

28 Personenbezogenes Predictive Policing unter Verarbeitung personenbezogener Daten steht in Deutschland vor konkreten verfassungsrechtlichen Hürden: Jeder Verarbeitungsschritt personenbezogener Daten stellt einen Eingriff in das Recht auf informationelle Selbstbestimmung, Art. 2 Abs. 1 i.V.m. Art. 1 Abs. 1 GG, dar.

29 Die Rechtsprechung des Bundesverfassungsgerichts fordert zudem grundsätzlich bei einem Einsatz von personenbezogenen Mustern die Eingriffsschwelle der konkreten Gefahr.[84] Die anlass- und verdachtslose personenbezogene Datenauswertung im Rahmen des § 4 FlugDaG erscheint vor diesem Hintergrund problematisch; das Predictive Policing des FlugDaG entspricht konzeptionell der Rasterfahndung als „Verdächtigengewinnungseingriff".[85] Gegen eine Vergleichbarkeit spricht nicht, dass die Rasterfahndung faktisch aufgrund der geringen Leistungsfähigkeit des Instruments selbst gar keine Gefahren erkennen konnte.[86] Zwar sind die im Rahmen des § 4 FlugDaG eingesetzten Techniken wohl präziser als die Rasterfahndung. Entscheidend für die Eingriffsintensität ist aber die Streubreite bzw. Anlasslosigkeit der Datenverarbeitung.[87] Zudem ist die Musterauswertung nach dem FlugDaG als Dauermaßnahme angelegt und geht damit bereits zeitlich über die Rasterfahndung hinaus.[88] Die doppelfunktionale Maßnahme dient der Strafverfolgung und Gefahrenabwehr zugleich – die präventive Musteranalyse ist aber nur mit dem Grundrecht auf informationelle Selbstbestimmung vereinbar, wenn eine konkrete Gefahr für hochrangige Rechtsgüter wie den Bestand oder die Sicherheit des Bundes oder eines Landes oder für Leib, Leben oder Freiheit einer Person gegeben ist.[89] Allgemeine Bedrohungslagen im Hinblick auf terroristische Anschläge sind nach der Entscheidung des Bundesverfassungsgerichts zur Rasterfahndung gerade nicht ausreichend; es muss sich aus vorliegenden Tatsachen eine konkrete Gefahr ergeben.[90] Dies ist auch der Knackpunkt des FlugDaG: Der Zusammenhang zwischen den ganz allgemein gehaltenen Prädiktoren (den erhobenen Flugdaten nach § 2 FlugDaG) und den gesuchten Gefahren (den in Anhang II aufgeführten Delikten) ist nicht erkennbar. Dort sind Kapitaldelikte, Computerbetrug und Umweltstraftaten aufgeführt, ohne dass eine Verbindung zu einer Flugreise erkennbar wäre.[91] Damit ist der Flug nicht der Grund, sondern Gelegenheit der Datenerhebung, da sich die Erfassung dort leicht durchführen lässt.[92] Die Gelegenheit allein kann aber nicht ausreichen, andernfalls wird Predictive Policing grenzenlos; das Konnexitätserfordernis der dem Predictive Policing zugrunde liegenden kriminologischen Theorien wird gänzlich aufgelöst.

30 Durch die neue Qualität dieser softwaregestützten Ermittlungsmaßnahmen erhöht sich zudem die Eingriffsintensität: Es können viel mehr Daten in kürzerer Zeit ausgewertet werden, wodurch sich die Breitenwirkung der Maßnahme potenziert und zudem bei einer Trefferquote von 0,1 %[93] anlasslos personenbezogene Daten analysiert werden. Die Daten können de-personalisiert werden (§ 5 FlugDaG), wobei die Frage der Irreversibilität offenbleibt, und bis zu fünf Jahre gespeichert werden. Dies rückt das Predictive Policing des FlugDaG in die Nähe der Vorratsdatenspeicherung, § 13 Abs. 1 FlugDaG. Wurden die Daten bereits nach § 6

---

84 BVerfG Urt. v. 11.3.2008 – 1 BvR 2074/05, BVerfGE 120, 378 – Kennzeichen I; BVerfG Beschl. v. 18.12.2018 – 1 BvR 2795/09, BVerfGE 150, 309 – Kennzeichen II; BVerfG Beschl. v. 4.4.2006 – 1 BvR 518/02, BVerfGE 115, 320.
85 Arzt DÖV 2017, 1023 (1026). Dafür auch: Sommerer, Personenbezogenes Predictive Policing, 2020, S. 152.
86 Rademacher AöR 142 (2017), 366 (396).
87 Zur Breitenwirkung von Grundrechtseingriffen: Ruschemeier RW 2020, 450 (462 ff.).
88 Sommerer, Personenbezogenes Predictive Policing, 2020, S. 152.
89 BVerfG Beschl. v. 4.4.2006 – 1 BvR 518/02, BVerfGE 115, 320 (Ls., 346).
90 BVerfG Beschl. v. 4.4.2006 – 1 BvR 518/02, BVerfGE 115, 320 (Ls.).
91 § 129 StGB; § 232, § 232 Abs. 3 Nr. 1 iVm Abs. 1 Nr. 1 lit. a StGB; § 184 Abs. 1 Nr. 1, § 184b, § 108b Abs. 2, § 108e Abs. 1 StGB; § 299 Abs. 1 Nr. 1 und 2, § 299a StGB; § 52 Abs. 1 Nr. 1 und Nr. 2 lit. c und Nr. 3, Abs. 3 Nr. 1 WaffG; § 29 Abs. 1 Nr. 1, Abs. 3 Nr. 3, § 29a Abs. 1 Nr. 2, § 30 Abs. 1 Nr. 1 und 2, § 30a Abs. 1, 2, § 30b BtMG; §§ 263 bis 265e StGB; § 261, § 261 iVm § 246 StGB; §§ 202a, 202b, 202c, 202d, 303a, 303b StGB; §§ 324, 324a, 325, 325a, 326, 327, 328, 329, 330a StGB; § 71 Abs. 1 iVm § 69 Abs. 3 Nr. 21, § 71 Abs. 2, 3, § 71a Abs. 1 Nr. 3, Abs. 2 BNatSchG; § 95 Abs. 1 Nr. 1, 2 und 3, Abs. 2 Nr. 1 AufenthG iVm § 27 StGB; §§ 212, 226 StGB; § 17 TPG; §§ 239, 239a, 239b StGB; § 242, § 243 Abs. 1 Nr. 3, § 244 Abs. 1 Nr. 1 und 2, § 244a StGB; § 242, § 243 Abs. 1 Nr. 4 und 5 StGB, §§ 106, 107, 108, 108a UrhG, §§ 143 ff. MarkG; §§ 348, 271, 273, 276 bis 281 StGB; § 177 StGB; §§ 6, 7, 8–12, 13 VStGB; § 316c Abs. 1 Nr. 1 StGB; § 88 StGB; § 259 iVm § 260 Abs. 1 Nr. 1 StGB; § 203 StGB.
92 Arzt DÖV 2017, 1023 (1028).
93 BT-Drs. 18/11501, 24.

FlugDaG an andere Behörden übermittelt, gelten die spezialgesetzlichen Vorschriften, deren Speicherdauer bis zu 15 Jahre betragen kann.[94] Die einzige Norm, welche personenbezogenes Predictive Policing in Deutschland erlaubt, ist damit aufgrund der niedrigen Eingriffsschwelle, der langen Speicherfristen und der fehlenden Bestimmtheit der Katalogstraftaten nicht mit dem Recht auf informationelle Selbstbestimmung vereinbar.

bb) Grundrechtseingriffe durch Abschreckungseffekte

Aufgrund der anlasslosen Datenerhebung bei Flugreisen, der man sich nur durch Vermeidung des Verkehrsmittels Flugzeug, aber nicht durch gesetzeskonformes Verhalten entziehen kann, besteht ein potenzieller Abschreckungseffekt auf die Grundrechtsausübung der Bürgerinnen und Bürger.[95] Trotz der Einschränkung auf den Flugverkehr kommt der Maßnahme eine erhebliche Breitenwirkung zu. Das Verfassungsgericht hat dies in seiner Rechtsprechung insbesondere bei großflächigen Datenerhebungen anerkannt.[96] Auch Predictive Policing-Anwendungen nehmen pauschalisierte Risikoeinstufungen vor, so dass Einschüchterungseffekte durch pauschale Verdächtigungen zumindest nicht auszuschließen sind.[97] 31

Das ortsbezogene Predictive Policing ist aus diesem Blickwinkel nicht per se verfassungsrechtlich problematisch, wenn es auf ein konkretes Delikt begrenzt bleibt, dessen Zusammenhang mit den Prädiktoren sich kriminologisch erklären lässt und welches in tatsächlicher Hinsicht wegen steigender Fallzahlen und geringer Aufklärungsquote mit „analoger" Polizeiarbeit nicht erfolgreich bekämpft wurde. Räumliche, unerwünschte Segregationseffekte lassen sich jedoch nicht ausschließen.[98] 32

b) Gleichbehandlungsgrundsatz und Diskriminierungsverbote

Automatisierte Prognosen dürfen nicht gegen verfassungsrechtliche Diskriminierungsverbote verstoßen. Dabei stellen sich auf Tatbestands- und Vollzugsebene unterschiedliche Probleme: § 4 Abs. 3 S. 7 FlugDaG verbietet ausdrücklich, dass Merkmale i.S.d. Art. 9 DS-GVO Gegenstand eines Prüfungsmerkmals werden dürfen. Das Problem der Proxy Discrimination[99] ist aber selbst durch die Löschung entsprechender Daten nicht ausgeräumt; d.h. die verbotenen Merkmale können mit anderen Eigenschaften, wie dem Wohnort, überproportional korrelieren.[100] Die beschriebenen Risiken sind nicht nur rechtlich relevant, sondern führen auch dazu, dass die Leistungsfähigkeit des Programms geschmälert wird, wenn diskriminierte Gruppen und Faktoren nicht hinreichend abgebildet[101] werden und so ein Dunkelfeld produzieren. Deshalb ist es wichtig, zu unterstreichen, dass eine ganzheitliche, umfassende Prognose durch statistische Mustererkennung ohnehin nicht gelingen kann. 33

Predictive Policing kann andererseits auch dazu beitragen, die Rechtsanwendungsgleichheit zu fördern, wenn es gebietsübergreifend eingesetzt wird. Die maschinelle Mustererkennung ist steuerbar, d.h. die Vorhersagevariablen können auch wieder geändert werden.[102] Besondere persönliche Merkmale können auch gezielt ausgeschlossen werden, um Diskriminierungen und intensive Persönlichkeitseingriffe zu vermeiden, siehe auch § 4 Abs. 3 S. 7 FlugDaG. 34

---

94 Arzt DÖV 2017, 1023 (1029).
95 Staben, Der Abschreckungseffekt auf die Grundrechtsausübung, 2017 – passim; Zanger, Freiheit von Furcht, 2016 – passim.
96 BVerfGE 150, 244 (283); BVerfGE 154, 152 (242 f.); BVerfGE 155, 119 (160).
97 Hofmann, Predictive Policing, 2020, S. 173, 187.
98 Martini/Nink, Mit der algorithmischen Kristallkugel auf Tätersuche? Predictive Policing auf dem Prüfstand des deutschen Rechts, in Bertelsmann Stiftung (Hrsg.), Automatisch erlaubt? Fünf Anwendungsfälle algorithmischer Systeme auf dem juristischen Prüfstand, 2020, abrufbar unter https://www.bertelsmann-stiftung.de/de/publikationen/publikation/did/automatisch-erlaubt, S. 32 (33).
99 Prince/Schwarcz Iowa Law Review 2019, 1257 (1259 ff.).
100 Zur Diskriminierung durch intelligente Systeme: Wischmeyer/Rademacher Regulating Artificial Intelligence/ Tischbirek S. 103 ff.
101 Rademacher AöR 142 (2017), 366 (376).
102 Rademacher AöR 142 (2017), 366 (375).

c) Unschuldsvermutung und Recht auf ein faires Verfahren

35 Strafprozessuale und verfassungsrechtliche Implikationen des Rechts auf ein faires Verfahren sind eng miteinander verknüpft. Aus dem Rechtsstaatsprinzip und Art. 6 Abs. 2 EMRK folgt die Vermutung der Unschuld des Beschuldigten bis zum rechtskräftigen Schuldnachweis in einem gesetzlich determinierten Verfahren.[103] Die Unschuldsvermutung bezieht sich allerdings allein auf das strafrechtliche Verfahren, so dass sie gegen Beschuldigte bereits im Ermittlungsverfahren greift,[104] allerdings nicht im Bereich der präventiven Gefahrenabwehr. Andernfalls wäre der handlungsleitende Grundsatz der Effektivität der Gefahrenabwehr auch hinfällig.[105] Zum Beweis einer vergangenen Tat ist ein hoher Risikoscore nicht geeignet; er kann allenfalls als Spurenansatz dienen und entsprechende Schwerpunktsetzung während der Ermittlungen ermöglichen.[106]

36 Bereits erstellte personenbezogene Predictive Policing-Prognosen könnten auch im Bereich der Strafverfolgung von Interesse sein, z.B. als Ansatzpunkt für weitere Ermittlungen.[107] Neben dem zweifelhaften Nutzen der Heranziehung entsprechender Prognosen ist ein pauschaler Datenzugriff für Ermittlungen „ins Blaue hinein" nicht zulässig.[108] Personen mit einem hohen Risikoscore könnten unter dauernden Verdacht geraten, insbesondere wenn sie in einer ebenfalls als risikoreich qualifizierten Umgebung leben. Die betroffene Person könnte sich ggf. erst im anschließenden Strafverfahren verteidigen. Eine Möglichkeit, den durch das Predictive Policing generierten Verdachtsmoment zu widerlegen, besteht bisher nicht – die Rechtsverteidigung setzt erst im Ermittlungsverfahren ein. Dieses kann nicht präventiv abgewendet werden.[109] Von einem Einsatz durch Predictive Policing erzeugter Risikoscores sollte deshalb aus rechtlichen und tatsächlichen Gründen abgesehen werden: Im Ermittlungsverfahren wird er in einem frühen Stadium nicht zulässig sein, wenn keine weiteren konkreten Anhaltspunkte bestehen, die dann den Risikoscore entbehrlich machen, später sinkt der Informationsgehalt immer weiter.[110]

d) Demokratie- und Rechtsstaatsprinzip: Transparenz

37 Das rechtsstaatlich verankerte Kriterium der Transparenz wird durch die technische Funktionsweise von Predictive Policing herausgefordert. Bei maschinell lernenden Systemen ist es unmöglich – schon aufgrund der verarbeiteten Datenmengen –, den Weg der Entscheidungsfindung nachzuvollziehen. Inzwischen erreichen aber auch logikbasierte Systeme erhebliche Komplexitätsstufen. Sinnvoller Maßstab kann deshalb nicht sein, jeden Berechnungsschritt des Programms nachzuvollziehen. Fraglich ist, ob die Gefahrenprognose plausibel sein muss, also das Ergebnis durch die Vorhersagevariablen stichprobenartig erklärbar ist, oder das Ergebnis nur rechnerisch zutreffend sein soll. Für ein Mindestmaß an Plausibilität spricht, dass Entscheidungen der Gefahrenabwehr eine inhaltliche Bewertung fordern, die begründbar sein muss. Das reine Wissen, dass ein Predictive Policing-System funktioniert, reicht dafür nicht aus.[111] Materiellrechtlich lässt sich dies auch im Demokratieprinzip verankern, wonach die Entscheidung einem menschlichen Amtsträger zugerechnet werden muss.[112] Deshalb müssen zumindest die zugrunde liegenden Parameter benannt werden können. Der Vorschlag, eine „score-blinde" Prognose stets durch einen Menschen allein anhand der zentralen Prädiktoren zu überprüfen und nur einen Gefahrenverdacht anzunehmen, wenn menschliche Einschätzung und Systemoutput sich decken,[113] erscheint im Bereich der Gefahrenabwehr aber

---

103 BVerfG Beschl. v. 26.3.1987 – 2 BvR 589/79, BVerfGE 74, 358 (371); Jarass/Pieroth/Jarass GG Art. 20 Rn. 150.
104 BeckOK StPO/Valerius EMRK Art. 6 Rn. 31.
105 Siehe auch: Sommerer, Personenbezogenes Predictive Policing, 2020, S. 243.
106 Sommerer, Personenbezogenes Predictive Policing, 2020, S. 245.
107 Sommerer, Personenbezogenes Predictive Policing, 2020, S. 244 ff.
108 BVerfG Beschl. v. 4.4.2006 – 1 BvR 518/02, MMR 2006, 531 (536); BVerfG Beschl. v. 18.12.2018 – 1 BvR 142/15, NJW 2019, 827 (834).
109 Hofmann, Predictive Policing, 2020, S. 142, hält dies für unproblematisch.
110 Sommerer, Personenbezogenes Predictive Policing, 2020, S. 249 ff., zudem auch zu den „Doppeltüren" der Datenverarbeitung.
111 Rademacher AöR 142 (2017), 366 (390).
112 Dazu im Haftungskontext: Martini/Ruschemeier et al. VerwArch 2021, 1 (12 ff.).
113 Rademacher AöR 142 (2017), 366 (391).

nicht praktikabel und würde die Effizienzvorteile des Softwareeinsatzes wohl in zeitlicher Hinsicht wieder relativieren.

e) Europäische Grundrechte

Die zum Recht auf informationelle Selbstbestimmung angeführte Argumentation ist auf die Unionsgrundrechte Art. 7, 8 GRCh übertragbar; auch an der Vereinbarkeit mit der Grundrechtecharta bestehen erhebliche Zweifel.[114] Insbesondere die unterschiedslose Dauer der Speicherung weckt Zweifel an der Grundrechtskonformität, gerade im Hinblick auf die Rechtsprechung des EuGH zur Vorratsdatenspeicherung.[115]

38

Der EuGH hat inzwischen im Wege der Vorabentscheidung geurteilt, dass die Befugnisse nach der PNR-RL[116] auf das absolut Notwendigste zu beschränken sind, um mit Art. 7, 8 GRCh im Einklang zu stehen.[117] Im Ergebnis hatte die Richtlinie Bestand, die Mitgliedstaaten müssen die Regeln zur Datenauswertung aber aufgrund der erheblichen Fehlerquote der automatisierten Datenauswertung präzisieren.[118] Explizit adressierte der EuGH die Unzulässigkeit automatisierter Verarbeitungsvorgänge: Potenziell nachteilige Entscheidungen von Behörden dürfen „unter keinen Umständen" allein auf der Grundlage der automatisierten Datenverarbeitung der PNR-Daten erfolgen.[119]

39

Die Mitgliedstaaten müssen zudem durch klare und präzise Regeln sicherstellen, dass der Datenabgleich allein im Bereich der schweren Kriminalität erfolgt und den Bereich der gewöhnlichen Kriminalität ausschließt.[120] Zu Konnexität zwischen Flugreise und erfassten Delikten fordert der EuGH einen zumindest mittelbaren objektiven Zusammenhang zwischen den im Anhang II der Richtlinie aufgeführten Straftaten und der Flugreise, der auf nicht automatisierte Art und Weise überprüft werden muss.[121] Damit ist der Anwendungsbereich der Datenverarbeitung immer noch extrem weit, da sich der objektive Zusammenhang auf hypothetische Szenarien bezieht. Data Mining ist im Rahmen der Richtlinie unzulässig; der Abgleich der PNR-Daten mit anderen Datenbanken muss in nicht diskriminierender Weise erfolgen und anhand von behördlich aufgestellten und regelmäßig überprüften Kriterien erfolgen. Die Datenbanken müssen zu der Bekämpfung terroristischer Straftaten und schwerer Kriminalität zumindest in einem mittelbaren objektiven Zusammenhang mit der Beförderung von Fluggästen betrieben werden.[122] Eine allgemeine, für alle Fluggäste unterschiedslose Speicherungsfrist von fünf Jahren vorzusehen ist unzulässig, insbesondere, wenn es keine objektiven Anhaltspunkte für Zusammenhänge zwischen der Flugreise und einer Gefahr im Bereich terroristischer Straftaten gäbe.[123]

40

Im Ergebnis hat der EuGH damit die anlasslose Massenüberwachung von Fluggästen trotz erheblicher Fehlerquoten gebilligt. Interessant sind die Ausführungen zur vollautomatisierten Datenanalyse und zur Begrenzung der Speicherfristen, insbesondere vor dem Hintergrund weiterer geplanter Überwachungsgesetzgebung auf unionsrechtlicher Ebene, wie die Chatkontrolle.[124]

41

---

114 Bundesrat, Empfehlungen der Ausschüsse, BR-Drs. 161/1/17; Arzt DÖV 2017, 1023 (1027). Die Frage nach der Vereinbarkeit der (PNR-)RL (EU) 2016/681 mit Art. 7, 8 GRCh hat das AG Köln dem EuGH zur Vorabentscheidung vorgelegt AG Köln Beschl. v. 20.1.2020 – 142 C 329/19, BeckRS 2020, 1310.
115 EuGH Gerichtsmitteilung v. 2.3.2021 – C-746/18, BeckEuRS 2021, 678813.
116 Richtlinie (EU) 2016/681 des Europäischen Parlaments und des Rates v. 27.4.2016 über die Verwendung von Fluggastdatensätzen (PNR-Daten) zur Verhütung, Aufdeckung, Ermittlung und Verfolgung von terroristischen Straftaten und schwerer Kriminalität (ABl. L 119, 132).
117 EuGH Urt. v. 21.6.2022 – C-817/19.
118 EuGH Urt. v. 21.6.2022 – C-817/19, ECLI:EU:C:2022:491, Rn. 124.
119 EuGH Urt. v. 21.6.2022 – C-817/19, ECLI:EU:C:2022:491, Rn. 179.
120 EuGH Urt. v. 21.6.2022 – C-817/19, ECLI:EU:C:2022:491, Rn. 148.
121 EuGH Urt. v. 21.6.2022 – C-817/19, ECLI:EU:C:2022:491, Rn. 157.
122 EuGH Urt. v. 21.6.2022 – C-817/19, ECLI:EU:C:2022:491, Rn. 189.
123 EuGH Urt. v. 21.6.2022 – C-817/19, ECLI:EU:C:2022:491, Rn. 262.
124 Zurawski ZD-Aktuell 2022, 01240.

2. Datenschutzrecht

42 Predictive Policing wird oft mit der Gefahr übermäßiger staatlicher Überwachung in Verbindung gebracht.[125] Die Anwendungen arbeiten in Deutschland bisher nur mit Daten, welche durch die Sicherheitsbehörden selbst erhoben wurden. Die Analysen dürfen nicht durch den Einsatz von großen Datenbeständen aus der privaten Digitalwirtschaft ergänzt werden,[126] auch wenn andernfalls keine hinreichende Datengrundlage für einen erfolgversprechenden Einsatz des Systems besteht.

43 Für die datenschutzrechtliche Beurteilung ist eine Differenzierung zwischen den unterschiedlichen Anwendungsfeldern entscheidend. Bisher entfaltet auf europäischer Ebene nur das personenbezogene Predictive Policing datenschutzrechtliche Relevanz. Das Datenschutzrecht ist hingegen bei den bisherigen ortsgebundenen Predictive Policing-Anwendungen der deutschen Polizei nicht anwendbar, denn es werden keine personenbezogenen Daten verarbeitet, soweit auf eine parzellenscharfe Vorhersage verzichtet wird.

44 Grundsätzlich unterfällt personenbezogenes Predictive Policing nicht der DS-GVO, auch wenn es der Wortlaut des Art. 22 DS-GVO („Profiling") anders vermuten lässt, sondern fällt in den spezielleren Anwendungsbereich der JI-RL[127]. Profiling aufgrund besonderer Kategorien personenbezogener Daten ist nach Art. 11 Abs. 3 i.V.m. Art. 19 JI-RL verboten. Eine spezialgesetzliche Ermächtigungsgrundlage für personenbezogenes Predictive Policing findet sich auch nicht in den Datenschutzgesetzen des Bundes und der Länder, die allgemeine Aufgabenzuteilung in § 3 BDSG ist dafür nicht ausreichend.[128]

3. Polizeirecht

45 Besonders relevant ist die Einordnung von Predictive Policing-Prognosen im Polizei- und Sicherheitsrecht für das Verhältnis zur Eingriffsschwelle der konkreten Gefahr. Denn dafür ist entscheidend, ob rechtmäßig menschliche Folgemaßnahmen als Reaktion auf die Prognose ergriffen werden können. Nur wenn die Predictive Policing-Prognose selbst eine Gefahr begründen kann, dürfen kausalunterbrechende Maßnahmen ergriffen werden. Handelt es sich hingegen um eine bloße Gefahrenlage oder einen Gefahrverdacht, sind nur weitere Ermittlungen zur Sachverhaltserforschung rechtmäßig. Zwar wird bei einem Gefahrverdacht der Eintritt eines Schadens für wahrscheinlich gehalten, die subjektive Überzeugung von einer Gefahr fehlt aber. Es besteht dennoch ein Handlungserfordernis.[129] Predictive Policing-Hypothesen können richtigerweise nie allein eine polizeirechtliche Gefahr begründen. Denn die Abgrenzung zwischen Gefahr und Gefahrverdacht ist eine normative Entscheidung. Sie erfordert eine Abwägung nach den Grundsätzen der Verhältnismäßigkeit. Bereits die Wissensgrundlage der polizeilichen Prognoseentscheidung ist beim Predictive Policing zwingend eingeschränkt, da die Datenanalyse zwar auf alle im Programm verfügbaren Daten zugreifen kann, diese aber nie alle Umstände einer realen Situation abbilden, sie ist notwendig fragmentarisch.[130] Tatsächliche Umstände, die von der Software nicht verarbeitet werden, können nicht in die Prognose einfließen. Bei Predictive Policing handelt es sich deshalb nicht um „Gefahrenaufklärung", sondern um Gefahrerkennung, da die Prognose spezifisch keine Aufklärungsmaßnahmen als Reaktion auf bereits vorliegende erste Erkenntnisse ergreift, sondern diese eben erst produziert.[131] Die zugrunde liegenden kriminologischen Theorien reichen ohne die Kombination mit konkreten Daten noch nicht aus,

---

125 Guggenberger NVwZ 2019, 844 (848).
126 Barczack DÖV 2020, 997 (999).
127 Richtlinie (EU) 2016/680 des Europäischen Parlaments und des Rates v. 27.4.2016 zum Schutz natürlicher Personen bei der Verarbeitung personenbezogener Daten durch die zuständigen Behörden zum Zwecke der Verhütung, Ermittlung, Aufdeckung oder Verfolgung von Straftaten oder der Strafvollstreckung sowie zum freien Datenverkehr und zur Aufhebung des Rahmenbeschlusses 2008/977/JI des Rates (ABl. L 119, 89).
128 § 31 BDSG zum Scoring umfasst nur privatwirtschaftliche Prognosen und ist deshalb im Bereich der staatlichen Gefahrenabwehr nicht anwendbar.
129 Poscher NVwZ 2001, 141 (142).
130 Rademacher AöR 142 (2017), 366 (383).
131 Rademacher AöR 142 (2017), 366 (392).

um von gefahrträchtigen Umständen auszugehen. Predictive Policing entbindet weder vom Erfordernis einer Rechtsgrundlage noch von der Ermittlung konkreter Anhaltspunkte.[132]

Als Konsequenz sind gefahrerforschende Handlungen ohne Eingriffscharakter, wie z.B. die Streifenfahrt, beim ortsbezogenen Predictive Policing zulässig, aber mangels Grundrechtsrelevanz keine Frage der Rechtmäßigkeit, sondern der Zweckmäßigkeit.[133] Gefahrerforschungseingriffe dürfen zudem nicht vollautomatisiert durch das Predictive Policing-Programm selbst erfolgen, § 1 Abs. 4, § 54 BDSG, Art. 11 Abs. 1 JI-RL. Predictive Policing kann deshalb nur einen Gefahrverdacht erzeugen oder bestätigen. Hegt die Polizei beim personenbezogenen Predictive Policing bereits die Vermutung einer potenziellen Straffälligkeit (z.B. bei extremistischen Gefährdern) und führt dann eine Straftatprognose durch, kann diese den Gefahrverdacht verstärken.[134] Ob sie ihn entkräften kann, erscheint allerdings fraglich, da das Verdachtsmoment bereits ohne die Datenanalyse des Programms bestand und sich deshalb ggf. auf Faktoren bezieht, die durch die Software ohnehin nicht abgebildet werden. Für eine nachvollziehbare und ermessensfehlerfreie menschliche Entscheidung auf der Grundlage der Predictive Policing-Analyse sind Informationen darüber erforderlich, welche Daten über welche Vorhersagevariablen zu der hohen Schadenswahrscheinlichkeit geführt haben, mithin die Gewichtung, welche zum konkreten Berechnungswert geführt hat.[135]

46

Im Zusammenspiel mit den sich stetig ausweitenden Eingriffsbefugnissen der Polizei- und Sicherheitsbehörden birgt Predictive Policing grundrechtlich relevantes Risikopotenzial. Bereits bestehende verdachtsunabhängige Eingriffsbefugnisse wie Maßnahmen an „gefährlichen Orten"[136] könnten durch Predictive Policing-Prognosen etabliert oder ausgeweitet werden.[137] Andererseits kann Predictive Policing auch dazu führen, dass konkretere und präzisere Bestimmungen die Beeinträchtigung von Grundrechten reduzieren.[138]

47

Der Ausgangspunkt polizeirechtlicher Eingriffsbefugnisse war lange Zeit die konkrete Gefahr, strukturiert durch den Verhältnismäßigkeitsgrundsatz („je-desto-Formel").[139] Risiken im Vorfeld einer Gefahr werden über den Gefahrverdacht durch Risikoaufklärung bewältigt. Zu massiven Abgrenzungsproblemen führen die legislativen Bestrebungen, eine neue Kategorie der „drohenden Gefahr" in die Polizeigesetze zu implementieren.[140] Die Grenzen zwischen Risikovorsorge und Gefahrenabwehr werden zunehmend verwässert, denn es kommt nicht mehr auf den drohenden Schaden als Ausgangspunkt der Gefahrenabwehr an, sondern auf die Gefahr des Schadens.[141] In Kombination mit Predictive Policing-Techniken potenziert sich die Problematik. Denn es muss geklärt werden, wie sich verdachtserzeugende Prognosen zur (verfassungswidrigen) Kategorie der „drohenden Gefahr" verhalten.

48

IV. Rechtsvergleich

Neben den andernorts ausführlich besprochenen Beispielen aus dem angelsächsischen Raum nutzen die deutschen Nachbarländer Predictive Policing-Anwendungen. In der Schweiz werden Risikoprognosen und Gefährderdatenbanken in den Bereichen häusliche Gewalt, Drohungen gegen Schulen und gewalttätiger Extremismus eingesetzt.[142] Das in Deutschland entwickelte „DyRiAS" (Dynamisches Risiko-Analyse Sys-

49

---

132 Vgl. auch Martini/Nink, Mit der algorithmischen Kristallkugel auf Tätersuche? Predictive Policing auf dem Prüfstand des deutschen Rechts, in Bertelsmann Stiftung (Hrsg.), Automatisch erlaubt? Fünf Anwendungsfälle algorithmischer Systeme auf dem juristischen Prüfstand, 2020, abrufbar unter https://www.bertelsmann-stiftung.de/de/publikationen/publikation/did/automatisch-erlaubt, S. 32 (34).
133 Rademacher AöR 142 (2017), 366 (386).
134 Sommerer, Personenbezogenes Predictive Policing, 2020, S. 39.
135 Rademacher AöR 142 (2017), 366 (387). Dazu bereits oben → Rn. 21 ff.
136 ZB § 20d Abs. 1 Nr. 2 BKAG, § 23 Abs. 2 Nr. 1 BPolG, § 12 Abs. 1 Nr. 2 PolG NRW, § 21 Abs. 2 Nr. 1 lit. a ASOG Bln, s. Hofmann, Predictive Policing, 2020, S. 187.
137 Dazu Hofmann, Predictive Policing, 2020, S. 313 ff.
138 Hofmann, Predictive Policing, 2020, S. 313.
139 Dazu ausführlich Ruschemeier KrimJ 2020, 122 (124).
140 Ruschemeier KrimJ 2020, 122 ff.
141 Ehlers/Fehling/Pünder BesVerwR/Pünder § 69 Rn. 195, 69 ff.
142 Sommerer, Personenbezogenes Predictive Policing, 2020, S. 92.

tem) gewichtet verschiedene wissenschaftlich entwickelte Risikofaktoren. Eine Studie zur Treffgenauigkeit des Systems deutet auf eine überschießende Risikoeinschätzung hin: Zwei Dritteln der bewerteten Personen wurde fälschlicherweise ein hohes Rückfallrisiko attestiert,[143] andere Einschätzungen attestieren eine hohe Validität bei der Identifikation von Hochrisiko-Intimpartnern.[144] Das Programm „PRECOBS" kommt ebenfalls im Bereich von Wohnungseinbruchdiebstahl zur Anwendung.[145]

50 In Österreich wird „PRECOBS" ebenfalls genutzt. Die Fluggastdatenübermittlung nach § 2 Abs. 1 PNR-Gesetz entspricht im Wesentlichen dem FlugDaG und wird auch in Österreich im Schrifttum als verfassungswidrig beurteilt.[146] Seit 2006 ist in § 58a Sicherheitspolizeigesetz (SPG) der Sicherheitsmonitor (SI-MO) gesetzlich geregelt, auf dessen Datenbasis ein Trend-Monitoring-System entwickelt wurde, welches für bestimmte Kriminalitätskategorien wie Kfz-Diebstahl und Wohnungseinbruch wöchentliche Prognosen liefert.[147] Besonders umstritten ist das Projekt „INDECT", in dem personenbezogene Daten aus sozialen Medien mit Vorratsdaten und Videoaufnahmen kombiniert werden, um „abnormales Verhalten" frühzeitig erkennen zu können; aktuelle Informationen zum Projekt finden sich nicht mehr.[148]

V. Ausblick

51 Die Nutzung neuer Technologien durch Polizei- und Sicherheitsbehörden wurde in den letzten Jahren massiv ausgebaut. In Kombination mit den auch zunehmend ausgeweiteten rechtlichen Befugnissen drängen sich verfassungsrechtliche Bedenken auf, die sich auch in den zahlreichen Entscheidungen des Bundesverfassungsgerichts finden, welches wiederholt Sicherheitsgesetzgebung für verfassungswidrig erklärt hat.[149] Die allgegenwärtig diskutierte „Künstliche Intelligenz" steht auch hier im Fokus. Konkret formulierte Eingriffsschwellen sind deshalb umso wichtiger, um im Vorfeld rechtliche Grenzen neuer technischer Hilfsmittel zu ziehen, damit diese sich nicht nur nach selbst geschaffener Evidenz richten.[150]

52 Finden Predictive Policing-Anwendungen flächendeckend Einzug in den Polizeialltag, ergeben sich potenzielle systemische und mittelbare Risiken. Zum einen werden Bedenken formuliert, dass Predictive Policing zu einer Entpersonalisierung der staatlichen Rechtsanwendung führe.[151] Ein konstantes Wachstum von Datenbeständen der Sicherheitsbehörden und ihre Vernetzung untereinander ermögliche es, Informationen zu verknüpfen und so verdichtete Überwachungssysteme entstehen zu lassen.[152] Zutreffend wird auch auf die Gefahr einer schleichenden Anpassung der Aufgabenwahrnehmung der Polizei hingewiesen: Erfolgreiche Predictive Policing-Anwendungen, die auf bestimmte Delikte begrenzt sind, bieten faktische Anreize, solche Fälle prioritär zu bearbeiten und schwerer aufklärbare Delikte zu vernachlässigen.[153] Die zugrunde liegende Theorie des Near Repeat-Ansatzes des ortsbezogenen Predictive Policing fokussiert

---

143 Gerth, Risk-Assessment bei Gewalt- und Sexualdelinquenz – Standardisierte Risk-Assessment Instrumente auf dem Prüfstand, 2015, S. 44.
144 Hoffmann/Glaz-Ocik Polizei & Wissenschaft 2012, 45 (54).
145 Leese Bulletin zur schweizerischen Sicherheitspolitik 2018, 57 ff.
146 Adensamer/Klausner juridikum 2019, 419 (426).
147 Marouschek SIAK-Journal 2008, 88 (93).
148 Adensamer/Klausner juridikum 2019, 419 (429); Laub, INDECT: Anonymous macht gegen totale Überwachung mobil, derStandard.at, 20.7.2012, abrufbar unter https://derstandard.at/1342139631592/INDECT-Totale-Ueberwachungals-EU-Projekt.
149 BVerfG Urt. v. 20.4.2016 – 1 BvR 966/09, BVerfGE 141, 220; Vorratsdaten: BVerfG Urt. v. 2.3.2010 – 1 BvR 256/08, BVerfGE 125, 260; Bestandsdatenauskunft: BVerfG Beschl. v. 24.1.2012 – 1 BvR 1299/05, BVerfGE 130, 151 – Bestandsdaten I; BVerfG Beschl. v. 27.5.2020 – 1 BvR 1873/13, BVerfGE 155, 119 – Bestandsdaten II; BVerfG Urt. v. 24.4.2013 – 1 BvR 1215/07, BVerfGE 133, 277 – Antiterrordateigesetz I; BVerfG Beschl. v. 10.11.2020 – 1 BvR 3214/15 – Antiterrordateigesetz II; BVerfG Urt. v. 11.3.2008 – 1 BvR 2074/05, BVerfGE 120, 378 – Kennzeichen I; BVerfG Beschl. v. 18.12.2018 – 1 BvR 2795/09, BVerfGE 150, 309 – Kennzeichen II.
150 Golla NJW 2021, 667 (672).
151 Ferguson, The rise of big data policing, 2017, S. 127; Kulick/Goldhammer Der Terrorist als Feind?/Wischmeyer S. 193 (206).
152 Kulick/Goldhammer Der Terrorist als Feind?/Wischmeyer S. 193 (208).
153 Kulick/Goldhammer Der Terrorist als Feind?/Wischmeyer S. 193 (208 f.).

sich auf rational, kalkulierend vorgehende Täterinnen und Täter, weshalb Taten im nichtorganisierten Kontext oder Gelegenheits- und Affekttaten ohnehin nicht vorhersagbar sind.[154] Nicht-personenbezogenes Predictive Policing kann deshalb in einem eng gezogenen Anwendungsbereich ein sinnvolles Werkzeug werden, es sollte aber nicht schleichend Einzug in den Alltag der Polizeiarbeit finden.

---

154 Egbert APuZ 67 (2017), 17 (20).

66. Privacy Tech

Struck/Aßhoff

I. Einführung	1
1. Definition	1
2. Hintergrund	4
3. Abgrenzung	7
4. Überblick Privacy Tech	16
a) Historische Entwicklung	16
aa) Privacy Tech 1.0 (2016)	18
bb) Privacy Tech 2.0 (2018)	19
cc) Privacy Tech 3.0 (seit 2020)	23
b) Markt und Anbieter	28
II. Welche Privacy Tech-Anwendungsfälle existieren in der Praxis?	32
1. Verzeichnis von Verarbeitungstätigkeiten (VVT) / Dokumentation	34
2. Risikomanagement/Datenschutz-Folgenabschätzung (DSFA)	35
3. Abwicklung von Betroffenenanfragen (DSR)	36
4. Abwicklung von Datenschutzvorfällen	37
5. Management von Auftragsverarbeitern und Verträgen	38
6. Schulung und Sensibilisierung	39
7. Workflows, Reporting und Kommunikation	40
8. Audits, Maßnahmen und Zertifizierung	41
9. Dokumenten-Generatoren	42
10. Überwachung von Aktivitäten	43
11. Data Governance, Data Mapping und Data Discovery	44
12. Cookie Consent/Einwilligungsmanagement	45
13. Webseiten Compliance	46
14. Technische und Organisatorische Maßnahmen (TOM)/Datensicherheit	47
15. Anonymisierung und Pseudonymisierung	48
16. Datenlöschung	49
17. Ganzheitliche integrierte Plattformen zum Datenschutzmanagement	51
18. Technische Speziallösungen	53
a) Anonymisierung und Pseudonymisierung	54
b) Data Mapping und Data Discovery	55
c) Datenlöschung	56
III. Welche Privacy Tech-Lösung passt zu welcher Organisation?	58
1. Vorgehen	58
2. Herausforderungen bei der Auswahl der „passenden" Lösungen	63
IV. Fazit und Ausblick	66
1. Trends und Wachstumstreiber	69
2. Herausforderungen für Privacy Tech-Anbieter	71

Literatur: *Deparis*, The Rise of Privacy Techs in CPO Magazine, abrufbar unter https://www.cpomagazine.com/data-privacy/the-rise-of-the-privacytechs/ zuletzt; *Ingelheim/Paal*, Privacy Tech – technologieunterstütztes Datenschutzmanagement für Unternehmen jeder Größe abrufbar unter https://www.beck-stellenmarkt.de/ratgeber/rund-um-die-kanzlei/it-special-recht/privacy-tech-technologieunterstuetztes-0.

I. Einführung

1. Definition

1 Der Begriff Privacy Tech wird in der Praxis für zwei Bereiche komplementär verwendet.

- Einerseits werden als Privacy Tech technische **Anwendungen (Tools)** bezeichnet, die Organisationen bei der Einhaltung datenschutzrechtlicher Pflichten mit automatisierten Lösungen und Workflows unterstützen.[1]
- Andererseits definiert Privacy Tech einen neuen **Markt der Technologie- und Datenindustrie**, der durch den Bedarf an og Technologien zwischen 2016 und 2017 geschaffen wurde.[2]

2 Privacy Tech besteht aus der Wortkombination **Privacy**, was für Datenschutz bzw. den Schutz der Privatsphäre steht, und „Tech" für **Technologie**. Startups, die darauf abzielen, Märkte oder Teilmärkte durch Technologie zu bedienen oder disruptiv zu revolutionieren, werden als „Techs" bezeichnet.[3] Techs haben viele traditionelle Funktionen und Sektoren stark beeinflusst. Bekannte Formen stellen FinTech (Finanzbereich + Technologie), AgriTech (Agrarwirtschaft und Technologie) oder LegalTech (Law/Recht + Technologie) dar.

---

1 Vgl. dazu Ingelheim/Paal, Privacy Tech – technologieunterstütztes Datenschutzmanagement für Unternehmen jeder Größe, 2020, abrufbar unter https://www.beck-stellenmarkt.de/ratgeber/rund-um-die-kanzlei/it-special-recht/privacy-tech-technologieunterstuetztes-0.
2 Vgl. dazu Deparis, The Rise of the PrivacyTechs, CPO Magazine, 2020, abrufbar unter https://www.cpomagazine.com/data-privacy/the-rise-of-the-privacytechs/.
3 Vgl. dazu Deparis, The Rise of the PrivacyTechs, CPO Magazine, 2020, abrufbar unter https://www.cpomagazine.com/data-privacy/the-rise-of-the-privacytechs/.

Mit der „**Tech**"-**Revolution** ist nicht unbedingt und ausschließlich der Einsatz von Technologie gemeint, denn alle Branchen und Märkte haben bereits auf die eine oder andere Weise Technologie eingesetzt. Primär geht es um neue Technologien, die in Art und Umfang die Abläufe im Vergleich zu traditionellen Wegen – sei es digital oder analog – signifikant erleichtern, optimieren oder sogar neu definieren mit dem Ziel, Kosten zu senken, Gewinne zu steigern und bessere Arbeitsergebnisse in der digitalen Welt zu erreichen.[4]

2. Hintergrund

Datenschutzrechtliche Compliance gewinnt mit strengen **Datenschutzgesetzen** weltweit zunehmend an Bedeutung.[5] Weiterhin wird die Erfüllung der datenschutzrechtlichen Anforderungen aufgrund zunehmender globaler **Datenübermittlungen**, der **digitalen Transformation** mit Nutzung datenintensiver Geschäftsmodelle sowie der stetig steigenden **Technologisierung** immer relevanter, komplexer und auch technischer.

Datenverstöße in Unternehmen nehmen zu und werden auch von den Aufsichtsbehörden mit hohen Bußgeldern sanktioniert. Trotz der Corona-Pandemie ist beispielsweise die Zahl der **Millionen-Bußgelder**, die seit 2020 infolge von DS-GVO-Verstößen ausgesprochen wurden, mit 43 so hoch wie nie.[6] Datenschutz ist eng mit der Digitalisierung verknüpft. Kunden und Nutzer müssen neuen Geschäftsmodellen, Produkten und Services schließlich vertrauen können.

Vor diesem Hintergrund steigt der **Bedarf** an digitalen und automatisierten Lösungen zum Management und zur Umsetzung von Datenschutz in den Unternehmen, um die umfangreichen Dokumentations-, Nachweis- und Rechenschaftspflichten systematisch in der Praxis zu unterstützen und zu erfüllen. Neben der Compliance sind es auch das Bewusstsein und die geschärften Erwartungen der Verbraucher, die die Nachfrage und das Wachstum des Marktes antreiben. Privacy Tech-Lösungen tragen zur Implementierung eines geeigneten und wirksamen **Datenschutzmanagementsystems** bei, um die Rechtmäßigkeit der Datenverarbeitung nachzuweisen und Haftungsrisiken der Verantwortlichen durch Transparenz und Steuerung der Datenschutzrisiken zu minimieren.

3. Abgrenzung

Privacy Tech deckt mit dem Datenschutz ein wichtiges **Rechtsgebiet** ab und stellt thematisch einen Unterbereich von **Legal Tech** (→ *Legal Tech, Begriff* Rn. 15 ff.) dar. Legal Tech bezeichnet dabei den Bereich der Informationstechnik, der sich mit der Automatisierung von juristischen Tätigkeiten befasst, mit dem Ziel, die Effizienz des rechtlichen Arbeitens zu erhöhen.[7] Insofern kann der Datenschutz als Teilbereich der juristischen Tätigkeiten angesehen werden, wenngleich die Einhaltung datenschutzrechtlicher Pflichten im Gegensatz zu Legal Tech auch viele nicht-juristische Tätigkeiten außerhalb des Rechtswesens umfasst, zB Umsetzung der Anforderungen in Geschäftsprozessen und IT.

Damit unterstützen Privacy Tech-Anwendungen in der Praxis nicht nur die **Rechtsabteilungen** (zB zur Vertrags-/Dokumentenerstellung mittels Vorlagen und Generatoren) und die Organisation des/der **Datenschutzbeauftragten** in der 2. Linie im Drei-Linien-Modell des IIA[8] zum Risikomanagement,[9] sondern decken vor allem auch die für die Umsetzung der Compliance verantwortliche 1. Linie der **Fachbereiche,** Abteilungen und der **IT** als Zielgruppe ab.

---

4 Vgl. dazu Deparis, The Rise of the PrivacyTechs, CPO Magazine, 2020, abrufbar unter https://www.cpomagazine.com/data-privacy/the-rise-of-the-privacytechs/.
5 Insbesondere: EU-Datenschutz-Grundverordnung (DS-GVO, 2018), Brasilien Lei Geral de Proteção de Dados (LGPD, 2020), US-Bundesstaat Kalifornien California Consumer Privacy Act (CCPA, 2018).
6 Vgl. dazu https://www.dsgvo-portal.de/dsgvo-bussgeld-datenbank.php.
7 Vgl. dazu https://de.wikipedia.org/wiki/Legal_Technology.
8 The Institute of Internal Auditors.
9 Vgl. dazu https://www.diir.de/fileadmin/fachwissen/downloads/Three-Lines-Model-Updated-German.PDF.

9 Die **Einsatzbereiche** der Anwendungen von Privacy Tech sind vielschichtig und werden in Kapitel II. beleuchtet. Diese können beispielsweise als technische Plattform Technische und Organisatorische Maßnahmen (TOM) unterstützen, wie beispielweise das Einwilligungsmanagement, die Pseudonymisierung oder die Abwicklung von Betroffenenanfragen. Die Umsetzung geeigneter und detaillierter TOM für die konkreten Verarbeitungstätigkeiten nach Art. 32 DS-GVO zur Sicherstellung der Vertraulichkeit, Integrität, Verfügbarkeit und Belastbarkeit der Systeme und Dienste erfolgt idR außerhalb von Privacy Tech-Anwendungen.

10 Privacy Tech-Anwendungen unterstützen in einigen ausgewählten Anwendungsbereichen und -fällen die datenschutzkonforme **Technikgestaltung** (Privacy by Design) und datenschutzfreundliche **Voreinstellungen** (Privacy by Default) nach Art. 25 DS-GVO für den Verantwortlichen. Die datenschutzkonforme Gestaltung der originär in Organisationen für die Prozesse eingesetzten Softwareprodukte und -prozesse, wie beispielsweise ERP- oder CRM-Systeme oder Anwendungsentwicklungsprozesse, ist jedoch von Privacy Tech abzugrenzen.

11 Privacy Tech wird häufig auch zusammen mit **Privacy Enhancing Technologies (PET)** genannt. PET sind Technologien, die grundlegende Datenschutzprinzipien unterstützen, indem sie die Nutzung personenbezogener Daten minimieren, die Datensicherheit maximieren und es Nutzern ermöglichen, die Privatsphäre ihrer persönlich identifizierbaren Informationen (PII) zu schützen, die sie Diensten oder Anwendungen zur Verfügung stellen und von diesen verarbeitet werden.[10] PET haben sich seit ihrem Erscheinen in den 1980er Jahren weiterentwickelt und nutzen Techniken, um den Besitz persönlicher Daten zu minimieren, ohne die Funktionalität des zugrunde liegenden Systems zu beeinträchtigen.

12 PET bildet als Begrifflichkeit somit den **Ursprung** von Privacy Tech. Aus dem enorm steigenden Bedarf an PET zwischen 2016 und 2017 wurde „PrivacyTech" mit eigenständigen Anwendungen (Tools) und Lösungen geschaffen. Damit wird ein Unterschied zwischen PET und Privacy Tech deutlich. Während Privacy Enhancing Technologies, wie der Begriff „Enhancing" anmutet, sich primär auf technische Lösungen für Datenschutz durch Technikgestaltung sowie datenschutzfreundliche Voreinstellungen in bestehenden System- und Prozessumgebungen bezieht, sind Privacy Tech durch eigenständige Anwendungen mit neuen Technologien gekennzeichnet.

13 Privacy Tech-Anwendungen sind von technischen Lösungen zur **Informationssicherheit** und **IT-Sicherheit** zur Abdeckung der Cybersecurity-Anforderungen (→ *Cybersecurity* Rn. 2) abzugrenzen. Zwar lässt sich über die Sicherheit der Verarbeitung mit den Sicherheitszielen Vertraulichkeit, Integrität, Verfügbarkeit und Belastbarkeit nach Art. 32 DS-GVO grundsätzlich eine Zielkongruenz feststellen, bei der risikoorientierten Umsetzung dieser Grundsätze und Sicherheitsziele in der Praxis ergibt sich aus der unterschiedlichen Risikosicht jedoch häufig ein Zielkonflikt. Während die Informationssicherheit den Schutz der Organisationswerte als Kernziel sieht und somit mögliche Schäden von der Organisation fernhalten will (Organisationssicht), liegt dem Datenschutz der Schutz der Grundrechte und Grundfreiheiten natürlicher Personen und insbesondere deren Recht auf Schutz personenbezogener Daten zugrunde (Betroffenensicht).

14 Einige Privacy Tech-Anbieter verfügen neben Datenschutzlösungen, insbesondere zur Unterstützung eines ganzheitlichen Datenschutzmanagementsystems, auch über Module und Lösungen zur Informationssicherheit oder des Risikomanagements, um die gemeinsame Datenbasis und Synergien auf einer Plattform zu nutzen. Die Lösungen sind jedoch idR logisch, fachlich und methodisch getrennt, um den unterschiedlichen Zielen und Verantwortlichkeiten gerecht zu werden. **Synergien** werden primär für die Managementprozesse genutzt (zB Planung, Reporting, Überwachung oder das Tracking von Maßnahmen).

15 In Einzelfällen gibt es technische **Speziallösungen** von Privacy Tech-Anbietern, die Datenschutz und Informationssicherheit gleichermaßen adressieren, wie beispielsweise die Abwicklung von Sicherheitsvorfällen inkl. Datenpannen, Datenlöschung oder Data Mapping & Data Discovery.

---

10 Vgl. dazu https://en.wikipedia.org/wiki/Privacy-enhancing_technologies.

4. Überblick Privacy Tech

a) Historische Entwicklung

Privacy Tech als **neuer Markt** der Technologie- und Datenindustrie ist durch den enormen Bedarf an Technologien zur Einhaltung der immer komplexeren datenschutzrechtlichen Pflichten in Organisationen zwischen 2016 und 2017 entstanden.[11]

Der Privacy Tech-Markt lässt sich mit Blick auf die historische Entwicklung des bezüglich des Rechtsgebietes Datenschutz übergeordneten Legal Tech-Marktes[12] in drei Entwicklungsphasen beschreiben.

aa) Privacy Tech 1.0 (2016)

Die am Markt verfügbaren Softwarelösungen unterstützten primär ausgewählte administrative Tätigkeiten der Funktion des Datenschutzbeauftragten oder der Rechtsabteilung mit isolierter Dokumentenverwaltung, statischen **Vorlagen** und abgelegten Recherche-Dokumenten und Positionspapieren von Aussichtsbehörden, des Europäischen Datenschutzausschusses (EDSA, engl. European Data Protection Board, EDPB) und großen Kanzleien. Die abgebildeten Bereiche, wie beispielsweise das Verarbeitungsverzeichnis oder die Technischen und Organisatorischen Maßnahmen (TOM) wurden ausschließlich zur **Dokumentationsablage** häufig mit Upload von separat bearbeiteten Office-Dokumenten genutzt. Zwar konnten die Arbeitsabläufe der Datenschutz- oder Rechtsabteilung vereinfacht werden, die Funktionalitäten waren jedoch nicht als integrierte, automatisierte und interaktive Prozesse aufgesetzt.

bb) Privacy Tech 2.0 (2018)

Mit Einführung der DS-GVO investierten Organisationen hohe Summen in Beraterkosten, technologische Neuerungen und organisatorische Veränderungen zur Erreichung der **DS-GVO-Compliance** und setzten umfassende Programme und Projekte um. Laut einer Studie aus 2019 investierten mehr als ein Drittel der befragten Unternehmen weltweit mehr als eine Million US-Dollar in 2019 und 2020.[13] Ein Problemfeld bestand darin, dass viele Organisationen bereits vor der DS-GVO das Management zum Datenschutz vernachlässigt und in vielen Bereichen selbst nach bisherigen Anforderungen nicht „ihre Hausaufgaben gemacht" haben. Zudem wurde erkannt, dass die DS-GVO-Compliance nicht nur eine rein rechtliche Herausforderung ist, sondern viel Aufwand in der Umsetzung der Anforderungen in den Fachprozessen und IT erfordert. Dementsprechend hoch war und ist der Compliance-Aufwand zur DS-GVO.

Im Zuge dessen stiegen auch die Anforderungen an die unterstützenden technischen Privacy Tech-Anwendungen zur Einhaltung der datenschutzrechtlichen Pflichten der Organisationen. Die Privacy Tech-Anwendungen haben ihren Einfluss über die Datenschutz- und Rechtsabteilung hinaus gefunden.[14] Ohne automatisierte Prozesse und Workflows sind die umfassenden Dokumentations-, Nachweis- und Rechenschaftspflichten sowie die Komplexität des Datenschutzmanagements vor allem in der operativen Umsetzung und Steuerung des Datenschutzes in den Fachbereichen und Abteilungen kaum zu erfüllen. Viele etablierte Anbieter entwickelten ihre Lösungen zu einer **integrierten Software-Plattform** zur Datenschutz-Compliance mit vordefinierten automatisierten **Workflows**, integrierten Funktionalitäten, Vorlagen, **Assistenten** und Katalogen. Diese können viele Arbeitsschritte in den Prozessen automatisch ausführen, wie beispielsweise die Generierung von Berichten, Datenschutzerklärungen oder weiteren Dokumenten, vordefinierten Online-Schulungen, die Bearbeitung von Betroffenenanfragen, die Abwicklung von Datenschutzvorfällen, das Einwilligungsmanagement oder Compliance-Checks. Ein weiteres Entwicklungsfeld bestand in der zusätzlichen **Integration** mit anderen Anwendungen via Online-Diensten oder leistungsfähiger einfach zu realisierender Schnittstellen.

---

11 Vgl. dazu Deparis, The Rise of the PrivacyTechs, CPO Magazine, 2020, abrufbar unter https://www.cpomagazine.com/data-privacy/the-rise-of-the-privacytechs/.
12 Vgl. dazu https://de.wikipedia.org/wiki/Legal_Technology.
13 Vgl. dazu https://www.capgemini.com/de-de/news/dsgvo_gdpr_studie_umfrage_2019/.
14 IAPP, 2021 Privacy Tech Vendor Report, S. 34.

21 Weiterhin entstanden in dieser Entwicklungsphase neben ganzheitlichen Lösungen zum Datenschutzmanagement viele Einzellösungen zu spezifischen Anforderungen. Ein Feld stellt **Data Mapping** und **Data Discovery** dar, dh die automatische Identifizierung, Ist-Analyse und Klassifizierung der real verarbeiteten personenbezogenen Daten in den Datenflüssen operativer Systeme sowie von unstrukturierten Datenquellen. Weitere Beispiele sind technische Lösungen zur **Anonymisierung, Pseudonymisierung** oder **Datenlöschung**.

22 Der Privacy Tech-Markt wurde heterogener und die Anzahl der Anbieter nahm rasant zu. Zählte der Markt 2017 noch überschaubare 44 Anbieter, so waren es 2019 schon 214.[15]

cc) Privacy Tech 3.0 (seit 2020)

23 Mit Einsatz von Technologien für RPA (Robotics Process Automation, robotergestützte **Prozessautomatisierung**) und IPA (Intelligent Process Automation), also der Verbindung der Robots mit **Künstlicher Intelligenz** (KI), sind neue innovative Anwendungsfälle für Privacy Tech-Anbieter und deren Kunden möglich.

24 Mit der gewonnenen Transparenz und Reife der Datenschutzprozesse als wichtige Basis lassen sich diese intelligent mit lernender Logik automatisieren. In vielen Organisation stellt beispielsweise der Prozess zur Abwicklung von Betroffenenanfragen (engl. Data Subject Requests, DSR) einen aufwendigen Massenprozess mit überwiegend manuellen Tätigkeiten dar, deren Fallmanagement nach Prüfung der klaren Gründe und Voraussetzungen der Betroffenenrechte nach Art. 15–22 DS-GVO sowie unter Einbezug historischer Bearbeitungsergebnisse mittels RPA/IPA effizient gestaltet werden kann. Die Privacy Tech-Anbieter haben den **Anwendungsfall DSR** erkannt und haben Lösungen am Markt etabliert.[16] Die Lösungen erfordern die Einbindung der Daten aus der datenverarbeitenden Umgebung, was den attraktiven Zugang zu weiteren Stakeholdern, wie beispielsweise den Chief Data Officer (CDO) oder den Chief Information Officer (CIO) ermöglicht, die über weitaus höhere Budgets für solche Anwendungen verfügen.[17] Technische Lösungen zum Datenschutz rücken damit mehr und mehr in den Mittelpunkt.

25 Weitere Anwendungsfälle für RPA/IPA sind die Auswertung der Ergebnisse von Data Mapping & Data Discovery sowie von Geschäftsprozess- und Architektur-Tools, um automatisiert grenzüberschreitende **Datenflüsse** und -transfers (insbesondere in unsichere **Drittländer**) zu identifizieren, Verzeichnisse von Verarbeitungstätigkeiten (VVT) nach Art. 30 DS-GVO zu erstellen und kontinuierlich zu pflegen sowie die automatisierte Erstellung standardisierter Auftragsverarbeitungsverträge nach Art. 28 DS-GVO. Sogar die Durchführung von Risikobewertungen für die Verarbeitungstätigkeiten (zB Schwellwertanalyse) und der **Datenschutz-Folgenabschätzung** nach Art. 35 DS-GVO können mittels RPA/IPA unterstützt oder sogar intelligent vollautomatisiert umgesetzt werden. Diese Anwendungsfälle stehen aktuell im Fokus der **Investitionen** und Entwicklungstätigkeiten der Privacy Tech-Anbieter.

26 Mit Privacy Tech 3.0 werden viele Aufgaben und Abläufe nicht nur automatisiert umgesetzt, sondern Inhalte menschlicher Arbeit zur Umsetzung der Datenschutzanforderungen mittels KI abgebildet und verändert. Viele etablierte Anbieter mit ganzheitlichen Lösungen fokussieren aktuell ihre **Entwicklungsarbeit** mit einem großen **Schwerpunkt** auf den Einsatz von RPA/IPA Technologien und arbeiten intensiv mit den führenden Technologieanbietern zusammen.

27 Da diese Weiterentwicklungen neuartig und komplex sind, existiert aktuell eine überschaubare Anzahl ausgereifter Privacy Tech 3.0-Anwendungen, auch weil viele Organisationen noch nicht über die erforderliche **Prozessreife** und **Transparenz** verfügen. Die Lösungen sind schlicht weiter als die Unternehmen als Anwender. Es geht weniger um die Reife des Privacy Tech-Marktes als um die Reife des Datenschutzes in Organisationen als Ganzes, die aufgrund der dynamischen Entwicklungen von Gesetzen, aktuellen

---

15 IAPP, 2021 Privacy Tech Vendor Report, S. 31.
16 IAPP, 2021 Privacy Tech Vendor Report, S. 35.
17 IAPP, 2021 Privacy Tech Vendor Report, S. 35.

Datenpannen und der digitalen Transformation kurzfristig kaum erzwungen werden kann.[18] Dieses **Spannungsfeld** wird Privacy Tech 3.0 begleiten.

b) Markt und Anbieter

Der noch relativ junge Privacy Tech-Markt entstand zwischen 2016 und 2017.[19] Zählte die IAPP (International Association of Privacy Professionals) im Rahmen ihres jährlichen Vendor Report **2017** noch überschaubare **44 Anbieter**, so sind es **2021** bereits über **350 Anbieter** mit zahlreichen Produkten und Lösungen.[20] Die Anbieter haben in den letzten Jahren Unterstützung von über 10 Milliarden US-Dollar (Venture Capital) über diverse **Investitionsrunden** eingesammelt. Führende Privacy Tech-Anbieter haben auf diese Weise beträchtliche finanzielle Investitionen erhalten, um ihr kontinuierliches Wachstum und ihre **Expansion** zu unterstützen, was das enorme Potenzial an Größe und Umfang des Privacy Tech-Marktes weltweit widerspiegelt. Beispielsweise hat OneTrust, einer der Marktführer, in den USA zwischen 2019 und 2020 in zwei Runden Venture Capital-Finanzierungen[21] von über 500 Millionen US-Dollar erhalten, was den geschätzten Unternehmenswert auf 5,1 Milliarden US-Dollar im Dezember 2020 steigen ließ.[22] Die Anbieter verwendeten die Investitionen, um signifikant bestehende Lösungen weiterzuentwickeln oder neue innovative Lösungen über Einzellösungen zur reinen Compliance hinaus zu entwickeln. Die Investitionen kamen der Qualität, Reife und dem Funktionsumfang der Lösungen zugute. Es entstanden vollumfängliche **Plattformen**, die **das Datenschutzmanagementsystem** ganzheitlich mit den erforderlichen Prozessen und Aufgaben abbilden. Durch die prozessuale Einbindung der Betroffenen, insbesondere der Mitarbeiter und Kunden, sind die Unternehmen durch die Privacy Tech-Anwendungen zudem in der Lage, den vertrauensvollen und professionellen Umgang mit sensiblen Daten und den Rechten der Betroffenen zu zeigen, was im Rahmen der digitalen Transformation in vielen Geschäftsmodellen im Wettbewerb differenziert.[23]

Die meisten Anbieter fokussieren **cloudbasierte** Lösungen als **Software-as-a-Service (SaaS)** mit flexiblem monatlichem **Abonnement-Preismodell** (engl. subscription). Als Alternative bieten einige Anbieter, insbesondere etablierte Anbieter für ganzheitliche Plattformen, auch eine Variante mit Installation auf eigenen Servern (engl. on-premise) mit einmaligen bzw. jährlichen Lizenzkosten an.

Trotz hoher Geldbußen und der hohen Aufmerksamkeit in Presse, Öffentlichkeit und Unternehmen für Datenschutz-Compliance ist **Budget** für Privacy Tech-Anwendungen und -Anbieter immer noch ein **Problemfeld**.[24] Zwar sind sich die Verantwortlichen in den Organisationen dessen bewusst, was sich jedoch nicht sofort in den Budgets widerspiegelt. Es ist viel **Überzeugungsarbeit** zu leisten, einhergehend mit einem **Kulturwandel** zum Verständnis von Datenschutz von einem reinen Rechtsrahmen mit reaktiven einzelfallgetriebenen Tätigkeiten hin zu einem strukturierten und transparenten **Managementansatz**. Viele Entscheider haben noch nicht hinreichend verstanden, dass die umfassenden Managementlösungen mit über die Jahre mittels hoher Investitionen entwickelten smarten Funktionalitäten und integrierter Logik und Methodik zur Adressierung der komplexen Anforderungen ein bestimmtes Budget erfordern. Eine der Kern-Herausforderung besteht darin, dass der Mehrwert von Datenschutz nicht durchgehend verstanden wird und nicht konkret genug ist. Häufig fällt das Budget für Privacy Tech-Anwendungen dann durch die regelmäßigen Priorisierungs- und Konsolidierungsrunden in den Organisationen. Es sei denn, es wurde schon direkt eine signifikante Datenpanne, Verletzung oder Geldbuße erfahren. In diesen Fällen wird das

---

18 IAPP, 2021 Privacy Tech Vendor Report, S. 40.
19 Vgl. dazu Deparis, The Rise of the PrivacyTechs, CPO Magazine, 2020, abrufbar unter https://www.cpomagazine.com/data-privacy/the-rise-of-the-privacytechs/.
20 IAPP, 2021 Privacy Tech Vendor Report, S. 31.
21 Risiko-/Wagniskapital (zeitlich begrenzte Mittelüberlassungen in Form von Eigenkapital).
22 IAPP, 2021 Privacy Tech Vendor Report, S. 32.
23 IAPP, 2021 Privacy Tech Vendor Report, S. 34.
24 Vgl. dazu Deparis, The Rise of the PrivacyTechs, CPO Magazine, 2020, abrufbar unter https://www.cpomagazine.com/data-privacy/the-rise-of-the-privacytechs/.

Momentum in der Praxis häufig genutzt und der Datenschutz zunehmend als **Unternehmenswert** im Zeitalter der **Digitalisierung** gesehen.

31 Der Privacy Tech-Markt ist durch vielfältige, **heterogene** und kontinuierlich steigende digitale **Lösungen** gekennzeichnet, deren Anwendungsfälle nachfolgend skizziert werden.

II. Welche Privacy Tech-Anwendungsfälle existieren in der Praxis?

32 Aus dem breiten und schnell wachsenden Angebot der Privacy Tech-Lösungen lassen sich mit Blick auf die Praxis eine **Vielzahl von Anwendungsfällen** (engl. use cases) ableiten.

33 In Anlehnung an die Produktkategorien der IAPP[25] hat der Autor unter Einbindung von Praxiserfahrungen und Befragungen ausgewählter Privacy Tech-Anbieter[26] ein eigenes flexibles **Wabenmodell** mit **16 Kern-Anwendungsfällen** definiert:

Neue oder veränderte Anwendungsfälle lassen sich in diesem Modell flexibel abbilden und ergänzen. Die einzelnen Anwendungsfälle werden nachfolgend kurz erläutert.

1. Verzeichnis von Verarbeitungstätigkeiten (VVT) / Dokumentation

34 Das Verzeichnis von Verarbeitungstätigkeiten (VVT) stellt nach Art. 30 DS-GVO die **Dokumentationsbasis** und das „Rückgrat" für viele weitere Datenschutzprozesse und -aufgaben dar, wie beispielsweise Informationspflichten, Löschkonzepte, Datenschutz-Folgenabschätzung (DSFA) oder Datenübermittlungen. Häufig wird das VVT über die gesetzlichen Anforderungen hinaus aktiv als **Steuerungsinstrument** für

---

25 Vgl. IAPP, 2021 Privacy Tech Vendor Report.
26 Kurzfragebogen Privacy Tech des Autors Matthias Struck, 24.8.2021 (Antworten führender Anbieter v. 5.10.2021 und 26.10.2021).

das Datenschutzmanagement verwendet. Mittels Technologien für RPA (Robotics Process Automation) und IPA (Intelligent Process Automation) arbeiten einige Anbieter bereits an automatisierten Lösungen zur Umsetzung und Aktualisierung der Dokumentationspflicht. Als Dokumentationsbasis werden in vielen Lösungen darüber hinaus zahlreiche Vorlagen, Kataloge und Anleitungen bereitgestellt.

2. Risikomanagement/Datenschutz-Folgenabschätzung (DSFA)

Für die in der Organisation bestehenden Verarbeitungen ist grundsätzlich eine standardisierte Risikobetrachtung (**Schwellwertanalyse** oder DSFA-Erforderlichkeitsprüfung) hinsichtlich des Verarbeitungsrisikos durchzuführen. Häufig erfolgt dies bereits im Rahmen des VVT. Hat eine Form der Verarbeitung voraussichtlich ein hohes Risiko für die Rechte und Freiheiten natürlicher Personen zur Folge, ist nach Art. 35 DS-GVO eine **DSFA** durchzuführen. Die Durchführung einer DSFA ist insbesondere bei komplexen Verarbeitungen aufwendig in Bezug auf Methodik und Dokumentationsanforderungen und richtet sich idR nach Anforderungen der DS-GVO, Umsetzungshinweisen der Aufsichtsbehörden sowie in der Praxis etablierten Standards. Mittels Technologien für RPA und IPA arbeiten die Anbieter aktuell an intelligenten automatisierten Lösungen für Risikobewertungen und DSFA, insbesondere für die Schwellwertanalyse nach den klaren Kriterien der Aufsichtsbehörden und des EDSA, die nach Abschluss der Dokumentation nach Art. 30 DS-GVO automatisiert umgesetzt wird.

3. Abwicklung von Betroffenenanfragen (DSR)

Die Abwicklung von Betroffenenanfragen (engl. Data Subject Requests, DSR) stellt einen **Kernprozess** im Datenschutz dar. Die meisten Anfragen beziehen sich in der Praxis auf Auskunft nach Art. 15 DS-GVO, jedoch idR kombiniert mit weiteren Anfragen, wie beispielsweise Berichtigung, Löschung oder Widerspruch. Häufig handelt es sich in Organisationen um einen aufwendigen Massenprozess mit überwiegend manuellen Tätigkeiten unter Einbindung vieler Beteiligter (zB Datenschutz, Recht, Kundenservice, IT) zur rechtskonformen Prüfung und Beantwortung der Anfragen. Bereits 2020 haben die Privacy Tech-Anbieter das Potenzial von DSR für automatisierte Lösungen erkannt und erste Lösungen am Markt etabliert. Das **Fallmanagement** nach Prüfung der klaren Gründe und Voraussetzungen der Betroffenenrechte nach Art. 15–22 DS-GVO sowie unter Einbezug historischer Bearbeitungsergebnisse kann durch Technologien für RPA und IPA effizient gestaltet werden.

4. Abwicklung von Datenschutzvorfällen

Lösungen zur Abwicklung von Datenschutzvorfällen unterstützen Organisationen bei der zeitnahen und strukturierten **Reaktion** auf eine **Datenschutzverletzung**.[27] Es werden nach Art. 33 und 34 DS-GVO methoden- und vorlagengestützt Informationen und Daten über Schadensart, -quellen und -ausmaß sowie erforderliche Maßnahmen aufbereitet, bewertet und notwendige **Meldepflichten** unterstützt. Einige Anbieter bieten integrierte Lösungen für Datenschutz- und Informationssicherheitsvorfälle an.

5. Management von Auftragsverarbeitern und Verträgen

Die **Identifizierung** und **Steuerung** von Auftragsverarbeitern nach Art. 28 DS-GVO vom Vertragsabschluss über die operative Einbindung in Datenschutzprozesse (zB Datenpannen, Betroffenenanfragen, Vorgaben) bis hin zur Dokumentation, **Auditierung** und Überwachung mittels KPI wird für die Organisationen in den vernetzten **Ecosystemen** immer wichtiger. Privacy Tech-Lösungen stellen hierzu Funktionalitäten mit Schnittstellen zu anderen Systemen (zB **Vertragsmanagement** in der Rechtsabteilung) bereit. In der Praxis wird dieser Anwendungsfall häufig direkt an das Verzeichnis von Verarbeitungstätigkeiten (VVT) zur Dokumentation gekoppelt. Die Identifizierung, Risikobewertung und Kontrolle von **Drittländertransfers** stellt insbesondere seit dem Schrems II-Urteil des EuGH[28] einen weiteren Anwendungsbereich dar.

---

27 IAPP, 2021 Privacy Tech Vendor Report, S. 7.
28 EuGH Urt. v. 16.7.2020 – C-311/18, ECLI:EU:C:2020:559 = NJW 2020, 1080.

6. Schulung und Sensibilisierung

39 Die Bereitstellung von zielgruppenspezifischen Online-Maßnahmen zur Schulung und Sensibilisierung stellt einen wichtigen präventiven organisatorischen **Maßnahmenbereich** zum Datenschutz dar. Viele Privacy Tech-Lösungen bieten Lösungen, welche direkt in den Organisationen effizient eingesetzt und schnell individualisiert werden können. Neue **Formate** wie beispielsweise **Spielformen**, Live-Events oder Inhouse-Schulungen zu **Spezialthemen** zielen auf die Erhöhung der Wirksamkeit ab.

7. Workflows, Reporting und Kommunikation

40 Eine Kernfunktionalität zur **Automatisierung** sind Workflows für **Datenschutz-Routinetätigkeiten** innerhalb der Privacy Tech-Anwendungen. Diese sind insbesondere bei den umfassenden integrierten Plattformlösungen zum Datenschutzmanagement Grundlage für Effizienz, Genauigkeit sowie **Vernetzung** der Anwender und Themen. Ziel ist es, Zeit zu sparen und den manuellen Aufwand für E-Mail-Versand, Erinnerungen, Genehmigungen, Ablehnungen, Zuweisung von Aufgaben an andere, Terminierung, Nachverfolgung und weitere Routinetätigkeiten zu minimieren. Einen weiteren Vorteil stellt ein nachvollziehbarer Audit-Trail der Tätigkeiten dar. Die Privacy Tech-Lösungen stellen vordefinierte Workflows sowohl für die serielle als auch für die parallele Verarbeitung bereit und bieten Möglichkeiten zur schnellen und flexiblen Gestaltung individueller Workflows. Mittels automatisierter Workflows wird **die Kommunikation** im Datenschutzmanagement unterstützt. Darüber hinaus bieten viele Privacy Tech-Lösungen zahlreiche **Standardberichte** (zB automatisiert erstellter jährlicher Tätigkeitsbericht) in unterschiedlichen Formaten sowie **Berichtstools**, um individuelle Berichte zu generieren.

8. Audits, Maßnahmen und Zertifizierung

41 Gemäß dem **PDCA-Zyklus** (Plan-Do-Check-Act)[29] im Datenschutzmanagement werden in der Überprüfungsphase (Check) der aktuelle **Umsetzungsstand** zum Datenschutz geprüft und in Abhängigkeit von den Ergebnissen kontinuierliche **Verbesserungsmaßnahmen** initiiert. Im Rahmen eines Datenschutzmanagementsystems sind Fachprozesse bzw. Verarbeitungstätigkeiten, IT-Systeme, Datenschutzorganisation/-prozesse, Auftragsverarbeiter sowie technische und organisatorische Maßnahmen geeignete Audit-Objekte. Privacy Tech-Lösungen unterstützen Organisationen bei der Audit-Planung sowie Audit-Durchführung mittels automatisierter **Prüfprogramme** und **Workflows** sowie Standards für Methodik und **Reporting**. Einige Anbieter bieten auch vollumfängliche toolgestützte **Managed Services** für Organisationen und Dritte (zB Auftragsverarbeiter) oder kontinuierliche automatisierte Prüfungen festgelegter Kontrollbereiche mittels Continuous Controls Monitoring (CCM),[30] beispielsweise für die IT-Sicherheit.

9. Dokumenten-Generatoren

42 Einen großen **Stellhebel** zur effizienten und regelkonformen **Standardisierung** und **Automatisierung** von datenschutzrelevanten Dokumenten stellen sogenannte Generatoren mit hinterlegten Textbausteinen je nach Rahmenbedingungen und Abhängigkeiten dar. Mittels Anforderungsabfrage wird das Dokument nach Angabe der erforderlichen Informationen automatisiert erstellt und auch verteilt. Typische Anwendungsbereiche stellen **Datenschutzerklärungen** nach Art. 13 und 14 DS-GVO, **Auftragsverarbeitungsverträge** nach Art. 28 DS-GVO, **Einwilligungstexte** oder auch **Berichte** dar.

10. Überwachung von Aktivitäten

43 Die Aktivitätsüberwachung unterstützt Organisationen in der Feststellung, wer Zugang zu welchen personenbezogenen Daten hat und wann ein **Zugriff** oder eine Verarbeitung auf Applikations-, Datenbank- oder Netzwerkebene erfolgte. Ziel ist die frühzeitige Erkennung von unautorisierten oder verdächtigen Aktivitäten mittels **Logging**, automatisierter **Auswertung** und **Benachrichtigung.** Häufig werden aktiv

---

29 Vgl. dazu https://de.wikipedia.org/wiki/Demingkreis: Vier Phasen im kontinuierlichen Verbesserungsprozess (KVP) als Grundlage aller Qualitätsmanagement-Systeme.
30 Vgl. dazu https://en.wikipedia.org/wiki/Continuous_auditing.

Kontroll- und Dokumentationsmechanismen bereitgestellt, um insbesondere Anforderungen im regulierten Umfeld oder des **Internen Kontrollsystems (IKS)** zu erfüllen.

11. Data Governance, Data Mapping und Data Discovery

Data Governance bezeichnet ein Konzept zum **Datenmanagement** einer Organisation, um eine hohe Datenqualität während des gesamten Datenlebenszyklus zu gewährleisten.[31] Hauptschwerpunkte der Data Governance stellen Verfügbarkeit, Nutzbarkeit, Konsistenz, Datenintegrität und Datensicherheit dar. Darüber hinaus wird im Rahmen der Data Governance sichergestellt, dass alle rechtlichen Vorgaben, wie beispielsweise der Datenschutz, eingehalten werden. Datengetriebene Privacy Tech-Lösungen, die Data Mapping und Data Discovery in den operativen Prozessen abbilden, unterstützen dieses Konzept in Bezug auf personenbezogene Daten. Einige Anbieter bieten zudem integrierte Research Tools an, mit denen die Vielzahl an globalen komplexen Datenschutzgesetzen und aktueller Gerichtsurteile (zB Schrems II) in ihrer Entwicklung und Auswirkungen auf die Organisationen aufbereitet und analysiert werden, um das globale Datenschutzprogramm stets auf dem Laufenden zu halten. **Data Mapping** Lösungen können manuell oder automatisiert Organisationen bei der **Bestimmung** von relevanten personenbezogenen **Datenflüssen** unterstützen.[32] Dies erfolgt durch Verknüpfung einzelner Datentypen oder -kategorien über mehrere Prozesse und IT-Systeme hinweg, um den Datenfluss zwischen Verarbeitungstätigkeiten und -umgebungen darzustellen. So kann beispielsweise bei einem Datenschutzvorfall schnell geprüft werden, welche Prozesse, IT-Systeme, Personen und Organisationsteile betroffen sind. **Data Discovery** ist in der Regel eine automatisierte **Technologie**, die Unternehmen hilft zu bestimmen und zu klassifizieren, welche Arten von personenbezogenen Daten wo in welcher Form verarbeitet werden, um Datenschutzrisiken effektiv zu managen sowie die Einhaltung der Datenschutzvorgaben zu unterstützen.[33] Durch den Einsatz von sog. Agenten auf Servern und Endgeräten werden die klassifizierten personenbezogenen Daten in strukturierten (zB IT-Systeme mit Applikation, Middleware, Datenbank und Betriebssystem) und **unstrukturierten Umgebungen** (zB Fileserver, E-Mails) durchsucht und ermittelt. Es werden dabei nicht nur textuelle, sondern auch binäre Daten (ua Fotos, Sprachaufzeichnungen) durchsucht. Bei modernen Lösungen kommen künstliche Intelligenz (KI) und **maschinelles Lernen** zum Einsatz.

12. Cookie Consent/Einwilligungsmanagement

Diese Lösungen helfen Organisation, die **Einwilligung** der Betroffenen zu erfassen, zu verwalten und nachzuverfolgen. **Cookies**[34] stellen seit dem Urteil des EuGH C-673/17 in Sachen Planet49 GmbH vom 1.10.2019 einen großen **Schwerpunkt** der Lösungen mit dynamischen und technisch mit der entsprechenden Webseite integrierten Cookie- bzw. Einwilligungsbanner dar.

13. Webseiten Compliance

Mittels Compliance Scanning werden **automatisiert** und kontinuierlich Webseiten einer Organisation geprüft. Ziel ist die Feststellung, welche **Cookies**, Web Beacons und andere Tracker dort eingebettet sind, um die die Einhaltung verschiedener Cookie-Anforderungen, Gesetze und Vorschriften zu gewährleisten.[35] Auf diese Weise wird die Erfüllung der Transparenz-, Informations- und Einwilligungspflichten der Organisation dynamisch und automatisiert unterstützt. In der Praxis wird dieser Anwendungsfall als Voraussetzung häufig mit dem Anwendungsfall „Cookie Consent/Einwilligungsmanagement" integriert umgesetzt, indem

---

31 Vgl. dazu https://en.wikipedia.org/wiki/Data_governance.
32 IAPP, 2021 Privacy Tech Vendor Report, S. 7.
33 IAPP, 2021 Privacy Tech Vendor Report, S. 7.
34 Vgl. dazu Siepermann, Cookie, in Gabler Wirtschaftslexikon, 2018, abrufbar unter https://wirtschaftslexikon.gabler.de/definition/cookie-27577/version-251226: „[I]n einer Datei auf einem lokalen Rechner abgelegte Daten einer Website, die den Anwender, der an diesem Rechner das World Wide Web nutzt, eindeutig identifizieren und Informationen über sein Surf-Verhalten speichern können, sodass zwischen zwei Verbindungen des Anwenders zur Website die bisherigen Aktionen, die für die Website von Interesse sind, zwischengespeichert werden können. Ein Cookie kann dazu dienen, HTML-Seiten individuell an den Benutzer anzupassen."
35 IAPP, 2021 Privacy Tech Vendor Report, S. 7.

die Ergebnisse und Informationen aus dem Compliance Scanning der Webseiten automatisch in die Cookie- bzw. Einwilligungsbanner per hinterlegter Datenbank überführt werden.

14. Technische und Organisatorische Maßnahmen (TOM)/Datensicherheit

47 Lösungen in diesem Bereich unterstützen Organisationen beim Management ihrer datenschutzbezogenen Technischen und Organisatorischen Maßnahmen (TOM) nach Art. 32 DS-GVO über den gesamten **Datenlebenszyklus** hinweg. Im Mittelpunkt stehen die **Dokumentation, Auditierung** und ggf. kontinuierliche **Nachbesserung** der TOM in allen Bereichen des Datenschutzes, ua für Standorte/Gebäude, IT-Systeme, IT-Infrastruktur, Prozesse, Arbeitsabläufe und Verfahren sowie Auftragsverarbeiter. Dieser Anwendungsfall beinhaltet eine signifikante **Wechselwirkung** mit dem **Informationssicherheitsmanagementsystem** (ISMS) einer Organisation.

15. Anonoymisierung und Pseudonymisierung

48 Technische Lösungen zur Umsetzung von sicheren Verfahren zur Anonymisierung und Pseudonymisierung unterstützen insbesondere **Wissenschaftler, Forscher** und **Analysten** bei der datenschutzkonformen Nutzung von Datensätzen.[36] Bei Vorliegen einer Anonymisierung finden die datenschutzrechtlichen Anforderungen keine Anwendung, da sich diese Daten nicht auf eine identifizierte oder identifizierbare natürliche Person beziehen.[37]

16. Datenlöschung

49 Diese Lösungen unterstützen bei der technischen Umsetzung der **Löschpflichten** nach Art. 17 DS-GVO sowie der Datenschutzgrundsätze nach Art. 5 Abs. 1 DS-GVO (insbesondere Datenminimierung und Speicherbegrenzung). Zu löschende Datenobjekte werden durch definierte **Löschregeln** automatisiert in den Verarbeitungsumgebungen identifiziert und softwarebasiert (zB mittels mehrfachen Überschreibens) sicher gelöscht. Die Löschung wird technisch nachvollziehbar protokolliert. Viele Systeme bieten herstellerseitig Lösungen an (zB SAP mittels Information Lifecycle Management, ILM).

50 Mit Blick auf die Datenschutzpraxis sowie die am Markt agierenden Privacy Tech-Anbieter und die Marktentwicklung lassen sich die aufgeführten 16 Anwendungsfälle in zwei **Cluster** von Privacy Tech-Lösungen einordnen:

17. Ganzheitliche integrierte Plattformen zum Datenschutzmanagement

51 Hierbei handelt es sich um technologische Plattformen, mit der möglichst **alle Anwendungsfällen** zum Datenschutzmanagement integriert und ganzheitlich mit deren Wechselwirkungen in der Organisation abgedeckt werden. Diese **Plattformlösungen** als **Management-Tool** bilden Prozesse und Maßnahmen ab, mit denen der datenschutzkonforme Umgang mit personenbezogenen Daten im Unternehmen systematisch gemanaged werden kann. In der Regel wird der gesamte PDCA-Zyklus (Plan-Do-Check-Act) abgedeckt. Große etablierte Privacy Tech-Anbieter, die von Beginn an den Markt geprägt haben, sind primär diesem Cluster zuzuordnen. Die folgenden zehn etablierten Privacy Tech-Anbieter für holistische integrierte Plattformen können bis auf wenige, wie beispielsweise Anonymisierung und Pseudonymisierung, Data Discovery oder die Abwicklung von Betroffenenanfragen (DSR), alle Anwendungsfälle integriert durch die Funktionen und Module der Lösungen abbilden:

1. 2B Advice
2. AvePoint
3. BigID
4. CompLions
5. DataGuard

---

36 IAPP, 2021 Privacy Tech Vendor Report, S. 7.
37 Vgl. Erwägungsgrund 26 DS-GVO.

6. Ethyca
7. OneTrust
8. Proteus-Cyber
9. Protiviti
10. SECURITI

Der Marktführer OneTrust und der Anbieter SECURITI decken beispielsweise nach IAPP alle Produktkategorien ab.[38] Diese Anbieter entwickeln Ihre Plattformen kontinuierlich weiter, um neue **Trends** und Anforderungen im Privacy Tech-Markt frühzeitig zu erkennen und in den Lösungen umzusetzen, was **Finanzkraft**, Fokus und regelmäßige Unternehmensakquisitionen erfordert.

18. Technische Speziallösungen

Neben den Anbietern für ganzheitliche integrierte Plattformen existieren eine Reihe von Privacy Tech-Anbietern, die sich auf einen oder wenige Anwendungsfälle spezialisiert haben. Erfolgreiche Anbieter von **Speziallösungen**, die noch eigenständig agieren, haben sich als **Nische** auf primär technisch orientierte Anwendungsfälle im **operativen Datenmanagement** der Organisationsprozesse fokussiert, die entweder durch die großen etablierten Anbieter für integrierte Plattformen nicht oder nicht vollumfänglich abgedeckt werden können. Drei dieser Anwendungsfälle sind technische Lösungen zur **Anonymisierung** und **Pseudonymisierung**, zur **Datenlöschung** sowie hinsichtlich **Data Mapping** und **Data Discovery**. Mit erforderlichem Spezialwissen, Erfahrung und technisch hochgradig integrationsfähigen Lösungen sind die Eintrittsbarrieren für andere Anbieter relativ hoch. Etablierte ausgewählte Anbieter nach IAPP[39] sind:

a) Anonymisierung und Pseudonymisierung

Anonomatic, Anonos, Cybernetica, Hazy, integrate.ai, LeadYear Technologies, MENTIS, Privacy Analytics, Protegrity, Statice

b) Data Mapping und Data Discovery

CipherCloud, Egnyte, Global IDs, GTB Technologies, Miner Eye, NetApp, Nortal, Nuix, Segment, Veritas, ZLTech

c) Datenlöschung

ActiveNav, ardent, Blancco Technologies Group, NICE, ObservePoint, Segment, Sherpa Software, KLDiscovery Ontrack.

Nachfolgend wird anhand von Orientierungs- und Beratungshinweisen dargestellt, wie die geeigneten Privacy Tech-Lösungen aus Sicht der Organisation ausgewählt werden können und welche Herausforderungen sich dabei für die Organisationen ergeben.

III. Welche Privacy Tech-Lösung passt zu welcher Organisation?

1. Vorgehen

Die unter Kapitel II. skizzierten **Anwendungsfälle** stellen für Organisationen wichtige mögliche **Anforderungsbereiche** dar und dienen sowohl einer standardisierten Kategorisierung als auch als **Startpunkt** für die Auswahl von Privacy Tech-Lösungen. Anhand der Anwendungsfälle lassen sich die passenden Privacy Tech-Lösungen basierend auf den individuellen Anforderungen aus Sicht der Organisationen identifizieren. Möglicherweise sucht eine Organisation eine möglichst holistische Abdeckung der Anwendungsfälle, wohingegen eine andere Organisation eher einzelne spezifische Anwendungsfälle mit einer Privacy Tech-Lösung abdecken möchte.

---

38 IAPP, 2021 Privacy Tech Vendor Report, S. 17–29.
39 IAPP, 2021 Privacy Tech Vendor Report, S. 17–29.

59 Bevor ein systematischer Auswahlprozess nach klar definierten Kriterien erfolgt, ist es zunächst wichtig, folgende zentrale Fragen aus Sicht der Organisation im Sinne einer kurzen **Bestandsaufnahme** zu beantworten:
- Welche Anwendungsfälle (s. Kapitel II.) sollen abgedeckt werden?
- Wie ist die Ist-Situation zu den Anwendungsfällen in der Organisation?
- Welche inhaltlichen Kernanforderungen und Fokusbereiche leiten sich hieraus für die Organisation individuell ab?

60 Es empfiehlt sich, die Ergebnisse und Antworten in einer **Übersicht** zu strukturieren und mit den relevanten Stakeholdern in der Organisation sorgfältig abzustimmen. Nachfolgend findet sich ein **Praxisbeispiel**:[40]

Kat.	Anwendungsfall	Nr.	Anforderung	Prio	Ist-Situation
1.	Risikomanagement/ Datenschutz-Folgenabschätzung (DSFA)	2.1	Abbildung Erforderlichkeitsprüfung für Verarbeitungen mit Risikowert und auswert-/prüfbarem Ergebnis	1	▪ Separate Excel-Checkliste mit Bewertungslogik ▪ Ergebnis wird manuell weiterverarbeitet ▪ Keine übergreifenden Auswertungen und Übersichten möglich ▪ Aufwendiger Kontrollprozess (Vollständigkeit, Qualität) für die Verarbeitungen
		2.2	Abbildung DSFA-Prozess und -Methodik: ▪ Zentrales Dashboard mit Ergebnissen über alle Verarbeitungen ▪ Tracking der Maßnahmen per Workflow ▪ Integration und Verlinkung mit TOM Dokumentation ▪ Upload-Möglichkeiten für detaillierte Risikoanalysen (Details)	2	▪ Separate Methodik mit vier Vorlagen (Excel und Word) ▪ Hochgradig manueller Prozess, kaum wiederverwend-/skalierbar ▪ Manuell erstellter DSFA-Bericht pro Verarbeitung
		2.3	...		

61 Diese Analyse ist in der Praxis wichtig, da hierdurch die **Grundlage** für die passgenaue Auswahl der geeigneten Privacy Tech-Lösung(en) erarbeitet wird. Mit den Ergebnissen lässt sich mit wenig Aufwand ein **Fachkonzept** mit den individuellen Anforderungen der Organisation zusammenfassen.

62 Für die Auswahl und Bewertung der unterschiedlichen Privacy Tech-Lösungen kann anhand der individuellen Anforderungen grundsätzlich auf die gewährten „klassischen" **Bewertungskriterien** zurückgegriffen werden. Nachfolgend wird eine beispielhafte Struktur dargestellt:[41]

---

40 Quelle: Beratungspraxis des Autors.
41 Quelle: Beratungspraxis des Autors.

1. Qualitative Bewertungskriterien	
1.1 Nutzen	■ Unterstützungs-/Abdeckungsgrad der individuellen Anforderungen und der Anwendungsfälle
1.2 Umfang einmaliger Vorarbeiten	■ Prozessanpassungen ■ Kurzkonzepte für Workflows etc ■ Interne Abstimmungen ■ Schulung und Einarbeitungen ■ Methodische Anpassungen
2. Quantitative Bewertungskriterien*	
2.1 Lösung	■ Entwicklungsgeschwindigkeit ■ Verfügbarkeit, Flexibilität und Skalierbarkeit ■ Usability ■ Komplexität ■ Kosten (einmalig und laufend für 3 oder 5 Jahre) ■ Erfüllung technischer Anforderungen ■ Migration ■ Zeit-, Investitions- und Datenrisiken (Einführung, Exit)
2.2 Anbieter	■ Referenzen ■ Globale Präsenz ■ Kooperation & Zusammenarbeit ■ Support ■ Software-Konzept
Ergebnis Qualitative Bewertung	z.B. Ranking verschiedener Lösungen
Ergebnis Quantitative Bewertung	z.B. Gesamt-Ist-Punktwert (gemittelt oder gewichtet nach Kriterien) im Verhältnis zum Sollwert

* zB 5-/10-stufige Punkteskala oder Ist-/Soll-Punkte pro Kriterium

2. Herausforderungen bei der Auswahl der „passenden" Lösungen

In der Praxis konzentrieren sich Organisationen häufig ausschließlich auf fachliche und sachliche Fakten bei der Auswahl der passenden Privacy Tech-Lösungen. Im Ergebnis scheitern erfahrungsgemäß Vorhaben zur Einführung von Privacy Tech-Lösungen regelmäßig. Dies zeigt sich darin, dass der Leistungs- und Funktionsumfang der Lösungen nicht hinreichend bekannt ist und nur ein geringer Anteil wirklich toolgestützt umgesetzt wird. In der Folge sinkt die Akzeptanz der Lösung und die Frustration bei den Nutzern und Verantwortlichen steigt. Die menschlichen und „weichen" Faktoren sowie die Konsequenz für einen nachhaltigen **Fahrplan** und Ausbau der Privacy Tech-Lösungen nach erfolgter Einführung werden häufig stark vernachlässigt.

Die Nutzung der vollen Leistungsfähigkeit und Möglichkeiten einer Privacy Tech-Lösung durch intelligente Automatisierung und zunehmende Vernetzung der Tätigkeiten ist **komplex** und erfordert nicht selten einen großen **Kulturwandel** und **Veränderungswillen** in der Art des Arbeitens in der – häufig stark juristisch geprägten – Datenschutzpraxis. Es gilt, „alte Zöpfe abzuschneiden" sowie liebgewonnene und gewohnte Arbeitsweisen mit vielen manuellen Tätigkeiten mittels lokaler isolierter Dokumentation hin zu integrierten Methodiken und automatisierten Workflows mit auswertbarem Status und hoher Transparenz für das komplexe Management des Datenschutzes aufzulösen. Dies stellt eine enorme Veränderung für die Organisation und der handelnden Menschen, die sich mit Datenschutz beschäftigen, dar. Daher sollte dies in der Organisation offen und frühzeitig adressiert und durch effektive **Change- und Kommunikationsmaßnahmen**, wie beispielsweise moderierte Workshops und 1:1-Gespräche mit den Stakeholdern, begleitet werden. Auf diese Weise kann ein offener Dialog entstehen, um sich einzubringen und Bedenken zu äußern, was dann im Vorhaben und der Ausgestaltung der Privacy Tech-Lösung berücksichtigt werden kann.

65 Hinzu kommt, dass viele Organisationen für das Datenschutzmanagement noch nicht über die erforderliche **Prozessreife** und Transparenz verfügen. Die Privacy Tech-Lösungen mit Ihrem komplexen Funktionsumfang sind schlicht weiter als die Anwender. Die Weiterentwicklung der Prozessreife zum Datenschutzmanagement erfolgt nicht von heute auf morgen und automatisch mit der Tooleinführung, sondern benötigt einen Fahrplan mit mehreren **Entwicklungsschritten**, in welchem die passenden Privacy Tech-Lösungen als „Enabler" sowie zentrale Technologie- und Datenplattform agieren. Das Fehlen eines konkreten Fahrplans zum weiteren Ausbau der Privacy Tech-Lösung nach Einführung einhergehend mit der Weiterentwicklung des Datenschutzmanagements stellt mit Blick in die Datenschutzpraxis einen weiteren üblichen „Fallstrick" dar.

IV. Fazit und Ausblick

66 Trotz des sprunghaften Wachstums und der Transformation innerhalb der letzten fünf Jahre befindet sich der aufstrebende Privacy Tech-Markt noch im Anfangsstadium.[42] In der **Konsolidierungsphase** des Privacy Tech-Marktes ist zu erwarten, dass Anbieter mit holistischen und integrierten **Plattformen** mit hoher Finanzkraft sowie **hochspezialisierte Anbieter** von Einzellösungen den Markt zukünftig prägen. Viele Anbieter, insbesondere mit austauschbarer Spezialisierung, werden verschwinden oder durch andere übernommen und integriert. Die Entwicklung der Anzahl der Anbieter seit 2017 scheint grundsätzlich ihren Höhepunkt erreicht zu haben.

67 Weiterhin ist zu beobachten, dass etablierte und **„themenfremde" Anbieter** für Lösungen im Bereich Risikomanagement, GRC[43] und Informationssicherheit ihre Expertise für integrierte Managementsysteme nutzen und ein Produkt für ein Datenschutzmanagementsystem (DSMS) ergänzt haben. IdR erfolgt dies in einer Architektur, dh eine Datenbank (Datenmodell) und eine Applikation. Die verschiedenen Module oder Domänen unterstützen holistische Anwendungsfälle.

68 Einerseits machen die Privacy Tech-Lösungen klassischen **Beratungshäusern** und **Anwaltskanzleien** Konkurrenz, da mit den automatisierten und intelligenten Anwendungsfällen, wie beispielsweise Dokumenten-Generatoren oder die Abwicklung von Betroffenenanfragen, der Aufwand von Beratern und Anwälten zum Teil signifikant reduziert werden kann. Andererseits drängen klassische Beratungsgesellschaften, wie beispielsweise die sogenannten „Big 4",[44] oder Anwaltskanzleien mit eigenen Lösungen zum Datenschutzmanagement in den Privacy Tech-Markt und **vertikalisieren ihr Portfolio** mit toolbasierten Lösungen zur integrierten Datenschutzberatung, ua mit **Managed Services**. Managed Services sind toolgestützte Leistungen, die für einen fest definierten Zeitraum von einem spezialisierten Anbieter über einen Rahmenvertrag bereitgestellt werden, wie beispielsweise Audits, Schulungen oder sogar die Wahrnehmung der Aufgabe als externer Datenschutzbeauftragter oder -koordinator. Im Vorfeld definierte Leistungen können zu jeder Zeit nach Bedarf abgerufen werden.[45]

1. Trends und Wachstumstreiber

69 Organisationen sehen sich durch das veränderte **Verbraucher- und Kundenverhalten**, die sich ständig weiterentwickelnden **cloudbasierten Technologien** und die sich stark verändernden und diversifizierten

---

42 IAPP, 2021 Privacy Tech Vendor Report, S. 36.
43 Governance, Risk & Compliance, vgl. dazu https://de.wikipedia.org/wiki/Governance,_Risk_&_Compliance.
44 Definiert als das Oligopol der vier weltweit größten Prüfungs- und Beratungsgesellschaften: Deloitte, EY (Ernst & Young), KPMG und PricewaterhouseCoopers (PwC).
45 Vgl. dazu https://de.wikipedia.org/wiki/Outsourcing#Managed_Services.

Arbeitsweisen – auch durch die weltweite **Covid-19-Pandemie** – einem stark beschleunigten **Wandel** in eine digitale Geschäftswelt ausgesetzt. Infolgedessen haben viele Organisationen ihre Zeitpläne für die **digitale Transformation** beschleunigt. Mehr denn je sind Transparenz und Verständnis für Organisationen darüber wichtig, welche personenbezogene Daten von welchen Kunden, Verbrauchern, Nutzern und Beschäftigen wo und wie verarbeitet werden, und wie die Verarbeitungen effektiv geschützt werden können. Einerseits gilt es, die sich stetig ändernden gesetzlichen und regulatorischen Anforderungen zum Datenschutz und der Informationssicherheit mit der hohen **Komplexität** zu erfüllen. Andererseits wird **Vertrauen** im digitalen Geschäftsleben immer wichtiger. Digitalisierung, Datenschutz und Informationssicherheit sind dabei eng zu verknüpfen. Kunden und Nutzer müssen neuen Geschäftsmodellen, Produkten und Services vertrauen können.

Diese Entwicklung wird auch das Wachstum des Privacy Tech-Marktes weiter vorantreiben. Im Privacy Tech-Markt sind nachfolgende **Megatrends** und Wachstumstreiber für die nächsten 2–3 Jahre erkennbar:[46]

- Die Technologien **IPA (Intelligent Process Automation)** und **Künstliche Intelligenz (KI)** bilden die technischen **Treiber** zur weiteren innovativen Digitalisierung, Automatisierung und Integration von Anwendungsfällen im Datenschutzmanagement.
- Einen weiteren Megatrend für Privacy Tech-Anbieter stellt das **integrierte Risikomanagement** zum Datenschutz dar, welches sich über das reine Datenschutzmanagement hinaus entwickelt. Bis jetzt wurden Datenschutzrisiken toolgestützt durch Privacy Tech-Lösungen nach den DS-GVO-Anforderungen primär aus der Betroffenensicht mit Auswirkungen auf die Rechte und Freiheiten natürlicher Personen aus der Datenschutzfunktion heraus identifiziert und bewertet. Aus einer Schwellwertanalyse wird die Erforderlichkeit einer Datenschutz-Folgenabschätzung (DSFA) nach Art. 35 DS-GVO für die relevanten Verarbeitungen strukturiert geprüft und abgeleitet. Viele Privacy Tech-Lösungen bieten hierzu automatisierte Risikoberichte und Risiko-Scores an. Die detaillierten Risikoanalysen betrachten jedoch nicht die Organisationssicht, also mögliche Schäden für die Organisation, und sind in der Regel auch nicht im unternehmensweiten operativen Risikomanagement integriert. Dadurch ergibt sich in der Praxis aktuell eine große Lücke, da operative Datenschutzrisiken aus Sicht der 1. Linie im Modell im Drei-Linien-Modell des IIA zum Risikomanagement[47] überwiegend gar nicht oder nicht hinreichend betrachtet werden. Doch genau hier erfolgt die konkrete Verarbeitung und Nutzung der personenbezogenen Daten. Die Ursachen und Folgen von Datenschutzverletzungen liegen idR hier verborgen. Bußgeldbehaftete Datenpannen mit hohem Reputationsschaden und Vertrauensverlust als Folgen für die Organisation werden erfahrungsgemäß nicht durch fehlende Dokumentation, Richtlinien und Vorgaben alleinig verursacht, sondern weil konkrete erforderliche Kontrollen für Risiken in den operativen Prozessen nicht bekannt oder eingehalten werden oder für das konkrete Umfeld schlicht nicht funktionsfähig und angemessen sind. Die Hintergründe und Ursachen aktuell verhängter Bußgelder der Aufsichtsbehörden weltweit belegen dies. Aus dem integrierten Risikomanagement für Datenschutz in der Organisation ergeben sich weitere Anwendungsfälle für Privacy Tech-Lösungen. Die Datenschutzorganisation benötigt Know-how und integrierte Lösungen für die vielschichtigen Anwendungsfälle und Anforderungen. Eine rein rechtliche oder nur technologische Herangehensweise zum Risikomanagement von Datenschutz wird nicht mehr reichen.[48]
- Führende Privacy Tech-Anbieter werden den **Bedarf an noch umfassenderen Technologieplattformen** adressieren und realisieren, die über die Einhaltung von Datenschutz-Compliance hinausgehen. Es ist davon auszugehen, dass diese Plattformen ganzheitlich die Themenfelder Datenschutz, Informationssicherheit, Data Governance, Drittanbieter-Risiken, Unternehmensethik und ESG[49] (Environmental,

---

46 Kurzfragebogen Privacy Tech des Autors Matthias Struck, 24.8.2021 (Antworten führender Anbieter v. 5.10.2021 und 26.10.2021) sowie eigene Sichtweise des Autors.
47 Vgl. dazu https://www.diir.de/fileadmin/fachwissen/downloads/Three-Lines-Model-Updated-German.PDF.
48 Kurzfragebogen Privacy Tech des Autors, 24.8.2021 (Antworten führender Anbieter v. 5.10.2021 und 26.10.2021) sowie eigene Sichtweise des Autors.
49 Vgl. dazu https://www.euramco-asset.de/glossar/environmental-social-governance-esg/.

Social and Governance) als Teil des Themenfeldes Corporate Governance und Nachhaltigkeit in Unternehmen mit einheitlichen Lösungen und Abläufen integrieren.
- Mit fortschreitender Spezifizierung der Rahmenbedingungen und inhaltlichen Anforderungen einer **Datenschutzzertifizierung** nach Art. 42 DS-GVO öffnet sich ein weiterer lukrativer Anwendungsfall für die Privacy Tech-Anbieter. Einige Anbieter arbeiten bereits an integrierten Privacy Tech-Lösungen mit automatisierten Anforderungen, Prüfkatalogen, Nachweisen sowie Kooperationen in einem Ecosystem mit Beratungshäusern, um diesen Anwendungsfall modular aus einer Hand anbieten zu können.
- Halbleitermangel und Lieferkettenprobleme treffen aktuell viele Branchen und Märkte schmerzlich und unvorbereitet. In vielen Organisationen sind die integrierten Wertschöpfungsketten mit den hohen Abhängigkeiten von Lieferanten und Verflechtung mit weiteren Dritten, wie beispielsweise Unterauftragnehmerketten, sowie den daraus resultierenden Risiken nicht hinreichend transparent. Auch aus Datenschutz-Sicht haben das Schrems II-Urteil des EuGH und die Auswirkungen mit Interpretationen der Aufsichtsbehörden die integrierten **Lieferantenketten** mit globalen **Datenübermittlungen** getroffen. Infolgedessen müssen die Organisationen aufwendige Bestandsaufnahmen zur Übermittlung personenbezogener Daten in **Drittländer** sowie sogenannte „Transfer Impact Assessments (TIA)" bei Datenübermittlungen in unsichere Drittländer auf Grundlage von Standarddatenschutzklauseln nach Art. 46 Abs. 2 lit. c durchführen. Aufgrund der Risikobewertung sind insbesondere bei Datenübermittlungen in die USA häufig weiterführende Schutzmaßnahmen für die Verarbeitungen notwendig, die es mit den Beteiligten zu vereinbaren und aus Sicht des Verantwortlichen auch zu auditieren gilt. Das kontinuierliche **Risikomanagement** von Dritten und Lieferanten mit den integrierten Anforderungen (ua Datenschutz) wird zukünftig immer bedeutsamer. Die Ecosysteme der Abhängigkeiten in der Wertschöpfung und Leistungserbringung sind komplex und enorm vernetzt. Integrierte toolbasierte Lösungen, die über den Anwendungsbereich einer Organisation hinausgehen, stellen einen weiteren Trend und möglichen Wachstumstreiber für den Privacy Tech-Markt dar.

2. Herausforderungen für Privacy Tech-Anbieter

71 In der Realisierung der Megatrends und Wachstumstreiber für den Privacy Tech-Markt sehen sich die Privacy Tech-Anbieter aktuell folgenden **Kern-Herausforderungen** ausgesetzt:[50]

- Privacy Tech-Lösungen werden sich vom reinen Datenschutzmanagement hin **zu Data Governance** entwickeln. Die Lösungen müssen zukünftig mehr sein als nur von den operativen Abläufen entkoppelte Workflow-, Rechenschafts-, Dokumentations- und Berichts-Engines. Sie müssen sich mehr in den **operativen Betrieb** und die Nutzung von Daten in den Organisationen integrieren, um die Automatisierung und Durchsetzung konkreter Data Governance-Vorgaben, beispielsweise zur Aufbewahrung und Löschung, zum Zugriff oder zur Datenminimierung, zu leisten.
- Mit den neuen **innovativen Technologien** zur Datenhaltung und -auswertung, wie beispielsweise IPA (Intelligent Process Automation), KI (Künstliche Intelligenz) oder Data Lakes und Data Analytics entstehen eine **Vielzahl** neuer möglicher **Anwendungsfälle** zur Digitalisierung und Automatisierung. Einhergehend damit steigt allerdings auch die **Komplexität** der Anforderungen an die Privacy Tech-Lösung. Diese Anforderungen einfach bedien-, anpass- und beherrschbar bereitstellen zu können bedarf neuartiger Ansätze und einer **Transformation** der technologischen **Plattformen** (zB No-Code[51], Drag and Drop Funktionen). Es gilt mehr denn je, modulare Lösungen mit einfach auf die Nutzer und Unternehmenskultur anpassbarem **Nutzererlebnis** und flexiblen Integrationsmöglichkeiten und Kommunikation mit anderen relevanten Systemen bereitzustellen.
- Datenschutz als **Querschnittsaufgabe** in der Organisation mit dem Dreiklang Rechtskonformität, Fachprozesse und IT-Integration weist eine immens hohe Komplexität und Vielschichtigkeit der Anforderungen auf. Diese in Privacy Tech-Lösungen vollumfänglich, möglichst einfach und auf den Punkt abzubilden ist eine weitere große Herausforderung für die Privacy Tech-Anbieter.

---

50 Kurzfragebogen Privacy Tech des Autors, 24.8.2021 (Antworten führender Anbieter v. 5.10.2021 und 26.10.2021).
51 Vgl. dazu https://de.wikipedia.org/wiki/No-Code-Plattform.

- Die effektive Umsetzung des Datenschutzes wird zunehmend **regionaler und branchenspezifischer**. Es bedarf Privacy Tech-Lösungen, die individuell spezielle Anforderungen der Region oder einer Branche mit spezifischen Lösungen abbilden können (zB Branchenlösungen für Krankenhäuser oder Banken). Diese Herausforderungen betreffen in der Komplexität insbesondere global tätige Privacy Tech-Anbieter für integrierte ganzheitliche Plattformen.
- Im weltweiten lukrativen Privacy Tech-Markt wächst die **Konkurrenz mit neuen Marktteilnehmern**, wie beispielsweise Anwaltskanzleien oder Beratungshäusern. Intelligente automatisierte Bewertungen, Dokumenten-Generatoren und über die Jahre gereifte und in der Praxis bewährte Datenschutz-Standards der Privacy Tech-Lösungen reduzieren bereits aktuell in einigen Organisationen signifikant den Aufwand für Berater und Anwälte. Doch auch die Anwaltskanzleien und Beratungshäuser nutzen vermehrt automatisierte und technisch unterstützte Lösungen und setzen die etablierten Privacy Tech-Anbieter vermehrt unter Druck.

67. Produkt- und Softwareentwicklung

Grupp/Bues

I. Einführung	1
II. Kurzer Entwicklungsabriss: wesentliche Entwicklungen seit den 1980er Jahren, wesentliche Konzepte und Herangehensweisen	4
1. Die frühen Anfänge	4
2. Entwicklungen in den 1990er Jahren	8
3. Entwicklungen seit 2000	10
III. Überblick über Entwicklungskonzepte und Ansätze	13
1. Klassische Produktentwicklung	14
2. Agile Produktentwicklung	15
3. Dynamische Systementwicklungsmethode (DSDM)	16
4. Scrum	17
5. Crystal	21
6. Extreme Programming (XP)	22
7. Iterative und inkrementelle Entwicklung	23
8. Modellgetriebene Entwicklung	27
9. DevOps	28
IV. Wesentliche Schritte bei der Entwicklung	32
1. Lastenheft	36
2. Pflichtenheft	39
3. Software Development Lifecycle	43
a) Analyse und Planung	44
b) Anforderungen	45
c) Entwurf und Prototyping	46
d) Software-Entwicklung	47
e) Testen	48
f) Deployment	49
g) Wartung und Updates	50
V. Wesentliche Komponenten	51
1. Programmiersprachen	52
2. Plattformen	61
3. Framework	63
4. Softwarebibliothek	65
VI. Moderne Entwicklungen, vor allem: Low Code und No Code	67
1. Platform as a Service	68
2. Low Code/No Code	70

Literatur: *Agile Alliance*, What is Agile Software Development, 2013, abrufbar unter https://www.agilealliance.org/agile101/; *Andresen*, Komponentenbasierte Softwareentwicklung mit MDA, UML und XML, 2003; *Bass/Weber/Zhu*, DevOps: A Software Architect's Perspective, 2015; *Beck/Andres*, Extreme Programming Explained, 2. Aufl. 2004; *Beedle/van Bennekum/Cockburn/Cunningham/Fowler/Highsmith/Hunt/Jeffries/Kern/Marick/Martin/Schwabler/Sutherland/Thomas*, Manifest für Agile Softwareentwicklung, 2001, abrufbar unter https://agilemanifesto.org/iso/de/manifesto.html; *Benington*, Production of Large Computer Programs, IEEE Annals of the History of Computing 1983, 350; *Bloomberg*, The Low-Code/No-Code Movement: More Disruptive Than You Realize, Forbes, 2017, abrufbar unter https://www.forbes.com/sites/jasonbloomberg/2017/07/20/the-low-codeno-code-movement-more-disruptive-than-you-realize/?sh=7c3c4e5722a3; *Butler*, PaaS Primer: What is platform as a service and why does it matter?, Networkworld, 2013, abrufbar unter https://www.networkworld.com/article/2163430/paas-primer--what-is-platform-as-a-service-and-why-does-it-matter-.html; *Cockburn*, Agile Softwareentwicklung, 2003; *Davis/Daniels*, Effective DevOps: Building a culture of collaboration, affinity, and tooling at scale, 2016; *Forsgren/Humble/Kim*, Accelerate: The Science of Lean Software and DevOps: Building and Scaling High Performing Technology Organizations, 2018; *Johannessen/Davenport*, When Low-Code/No-Code Development Works – and When It Doesn't, HBR 2021, abrufbar unter https://hbr.org/2021/06/when-low-code-no-code-development-works-and-when-it-doesnt; *Kay*, The Early History of Smalltalk, 1993, abrufbar unter http://propella.sakura.ne.jp/earlyHistoryST/EarlyHistoryST.html; *Kim/Debois/Willis/Humble/Allspaw*, The DevOps Handbook: How to create world-class agility, reliability, and security in technology organizations, 2015; *Kroll/Kruchten*, The Rational Unified Process Made Easy: A Practitioner's Guide to the RUP, 2003; *Kruchten*, The Rational Unified Process: An Introduction, 3. Aufl. 2004; *Larman*, Agile and Iterative Development: A Manager's Guide, 2004; *Ludewig/Lichter*, Software Engineering. Grundlagen, Menschen, Prozesse, Technik, 3. Aufl. 2013; *McConnell*, Rapid Development: Taming Wild Software Schedules, 1996; *Schwaber*, Agile Project Management with Scrum, 2004; *Schwaber/Sutherland*, The Scrum Guide: The Definitive Guide to Scrum: The Rules of the Game, 2017, abrufbar unter https://scrumguides.org/scrum-guide.html; *Stahl/Völter/Efftinge*, Modellgetriebene Softwareentwicklung: Techniken, Engineering, Management, 2. Aufl. 2007.

I. Einführung

1 Software besteht aus Programmieranweisungen und Daten, die dem Computer mitteilen, wie verschiedene Aufgaben ausgeführt werden sollen. Heutzutage werden Anweisungen im Allgemeinen in einer höheren Programmiersprache („high-level programming language") geschrieben, die Elemente der natürlichen Sprache enthalten kann und insofern für Programmierer einfacher zu verwenden ist. Diese Anweisungen werden dann auf niedriger Ebene in Maschinencode konvertiert, den der Rechner direkt „verstehen" bzw. verarbeiten kann. Die Entwicklung von Software für den juristischen Bereich unterscheidet sich dabei

grundsätzlich nicht von der Softwareentwicklung im Allgemeinen. Im Folgenden wird jedoch besonders auf solche Aspekte eingegangen, die bei der Entwicklung juristischer Softwareanwendungen von Bedeutung sind. Bei diesen liegt der Schwerpunkt in der Regel auf der Abbildung von Prozessen, Logiken und der Texterstellung. Ferner ist die juristische Arbeit meistens datenbanklastig, da häufig Datenbanken und Suchfunktionen genutzt werden. Insofern spielen etwa Query Languages (QL)[1] eine wichtige Rolle. Demgegenüber werden visuelle Aspekte, welche zB bei Software für Ingenieure oder für die Gaming-Industrie von besonderer Bedeutung sind, im juristischen Bereich selten relevant, sodass auf die hierfür erforderlichen Entwicklungssprachen nur beiläufig eingegangen wird.

Bei einem Softwareentwicklungsprozess wird die Softwareentwicklungsarbeit in kleinere, parallele oder aufeinanderfolgende Schritte oder Unterprozesse aufgeteilt, um Design, Produktmanagement und Projektmanagement zu verbessern. Der gesamte Prozess wird auch als **„Software Development Life Cycle" (SDLC)** bezeichnet (dazu eingehend unter → Rn. 43 ff.). 2

Generell kann die Softwareentwicklung in vier grundlegende Kategorien eingeteilt werden: 3
- die **Anwendungsentwicklung**, die Benutzern Funktionen zum Ausführen von Aufgaben bietet (zB die Office-Produktivitätssuiten);
- die Entwicklung von **Systemsoftware** zur Bereitstellung der Kernfunktionen wie Betriebssysteme, Speichersysteme, Datenbanken, Netzwerke und Hardwareverwaltung;
- die Entwicklung von **Tools**, mit denen Softwareentwickler ihre Arbeit erledigen können, einschließlich Code-Editoren, Compilern, Debuggern und Test-Harnesses;
- und die **Webentwicklung**, die Websites oder webbasierte Applikationen entwickelt.

II. Kurzer Entwicklungsabriss: wesentliche Entwicklungen seit den 1980er Jahren, wesentliche Konzepte und Herangehensweisen

1. Die frühen Anfänge

In den frühen Tagen der Computer galt das Programmieren in der öffentlichen Wahrnehmung als eine Art „schwarze Kunst", die von verrückten Wissenschaftlern ausgeführt wurde. Diese tüftelten an Großrechnern und seltsamen Computercodes, die als Programme bezeichnet wurden und für jeden Außenstehenden unverständlich waren. Diese frühen Programmierer folgten bei der Konstruktion ihrer Programme keinen Methoden. Programme wurden oft willkürlich zusammengewürfelt, ohne dass man sich wirklich um ihre Strukturierung kümmerte. Tatsächlich hatte der Bereich der Elektronischen Datenverarbeitung (EDV) in den ersten Jahrzehnten seines Aufkommens seine Wahrnehmung als Wissenschaft erst zu erstreiten. Informationstechnologische Untersuchungen galten als „Anwendungswissenschaften" und lange als lediglich praxisbezogene Anleitungen mathematischer (logischer) und elektrotechnischer Theorie, nicht unähnlich von Tüftlerkursen. 4

Bis Anfang der 1980er Jahre war das Programmieren auch besonders anspruchsvoll, da es zwar eine Vielzahl von Programmiersprachen gab, aber keine Standardsprache, ganz zu schweigen von standardisierten Entwicklungsprozessen und -modellen. Mit der zunehmenden Größe der Programme wuchsen auch die Komplexität und die Notwendigkeit, diese Komplexität zu beherrschen. 5

Erst die 1980er Jahre zeigten dann die ersten großen Veränderungen. Neue Sprachen und Tools halfen dabei, den Weg zu einem besseren Engineering zu beginnen. So wurde 1982 **„Computer-aided Software Engineering" (CASE)** entwickelt, um die Qualität des Systems zu verbessern und gleichzeitig Kosten und Entwicklungszeit zu reduzieren. Anfang der 1980er Jahre wurde auch die ursprünglich als Methodik veröffentlichte sog. **„Structured Systems Analysis and Design Method" (SSADM)** als Systemansatz für die Analyse und den Entwurf von Informationssystemen entwickelt. 1981 kommt die **„Soft-System-Methodology (SSM)"**, ein Ansatz zur Modellierung organisatorischer Prozesse in Form eines Clusters von 6

---

[1] Bei einer sog. Query Language (QL), auch Data Query Language (DQL) genannt, handelt es sich um eine Abfrage- bzw. Datenbanksprache, die zur Suche nach Informationen eingesetzt wird.

sieben Aktivitäten in einem zirkulären Lernprozess auf den Markt, die als siebenstufiges Modell bezeichnet wird.

7 Unterstützt wurden die neuen Entwicklungsmethoden Mitte der 1980er Jahre durch die sog. **„objektorientierte Programmierung"** (**OOP**),[2] die immer populärer wurde, hauptsächlich durch den Einfluss der 1983 vorgestellten Programmiersprache C++, die als syntaktische Erweiterung der Sprache C konzipiert war. Viele existierende Programmiersprachen erhielten seit dieser Zeit objektorientierte Erweiterungen wie Pascal oder LISP. Das führte allerdings wiederum zu Problemen mit der Kompatibilität und Wartbarkeit von bereits geschriebenem Quelltext, der mit einer Sprache erstellt wurde, die nicht für objektorientierte Erweiterungen entworfen worden war. Insgesamt entwickelte sich die objektorientierte Programmierung Mitte der 1990er Jahre zu einem dominanten Programmieransatz. In den folgenden Jahren kam es zu einer stetigen Verfeinerung, die zu den Programmiersprachen führte, die wir heute noch verwenden. Die objektorientierte Programmierung bildete auch die Basis der sog. **komponentenbasierten Programmierung**. Die Grundidee der komponentenbasierten Entwicklung war die Unterteilung von Anwendungen in wiederverwendbare Komponenten, um so wenig Code wie möglich neu zu programmieren.[3]

2. Entwicklungen in den 1990er Jahren

8 Parallel dazu wurde das Konzept der **Software-Architektur** entwickelt, das wiederholten Code und Denkstrukturen in den Mittelpunkt des Designs stellte, die unabhängig von der Programmiersprache waren und zur Strukturierung großer Systeme verwendet werden konnten. Die 1990er Jahre waren auch geprägt von einer ganzen Reihe neuer methodischer Ansätze. Besonders herauszuheben ist dabei das **„Rapid Application Development"** (**RAD**), eine ab 1991 beliebte Reaktion auf die in den 1970er und 1980er Jahren entwickelten plangesteuerten Wasserfallprozesse wie zB die SSADM, die die Softwareentwicklung in lineare aufeinanderfolgende Phasen aufteilten, wobei jede Phase von den Ergebnissen der vorherigen Phase abhängt. Der RAD-Ansatz für die Softwareentwicklung legte dabei weniger Wert auf Planung und mehr auf einen adaptiven Prozess. Andere Ansätze für RAD umfassten agile oder spiralförmige Modelle.[4] Ansätze des RAD entwickelten sich später zu den als Low Code und No Code bezeichneten Ansätzen konfektionierter oder konfigurierfähiger Software (dazu unter → Rn. 67 ff).

9 Die **„dynamische Systementwicklungsmethode"** (kurz **DSDM** für „Dynamic Systems Development Method") von 1994 ist ein agiles Projektabwicklungsframework, das einen iterativen und inkrementellen Ansatz verfolgt, der die Prinzipien der agilen Entwicklung umfasst, einschließlich der kontinuierlichen Einbeziehung von Benutzern und Kunden (dazu eingehend unter → Rn. 16). Ein Jahr später betritt mit „**Scrum**" ein Framework die Software-Bühne, das eine agile Denkweise für die Entwicklung, Bereitstellung und Aufrechterhaltung komplexer Softwareprodukte verwendet (ausführlich unter → Rn. 17 ff.). Die Entwicklungsarbeit wird unter den maximal zehn Team-Mitgliedern in Ziele aufgeteilt, die innerhalb von Time-Boxed-Iterationen, „Sprints" genannt, abgeschlossen werden sollen. Der **„Rational Unified Process"** (**RUP**) von 1998 ist ein iterativer Rahmen für den Software-Entwicklungsprozess, der auf einer Reihe von Bausteinen und Inhaltselementen basiert. Diese beschreiben was produziert werden soll, welche Fähigkeiten hierzu erforderlich sind und wie bestimmte Entwicklungsziele schrittweise erreicht werden sollen.[5] Mit **„Extreme Programming"** (**XP**) wird 1999 ein agiles Softwareentwicklungsframework geschaffen, das darauf abzielt, qualitativ hochwertigere Software und eine höhere Lebensqualität für das Entwicklungsteam zu erstellen (vgl. eingehend → Rn. 22).

---

[2] Vgl. zur Entwicklung der OOP und zu ersten Definitionsversuchen anhand der Programmiersprache „Smalltalk" Kay, The Early History of Smalltalk, 1993, abrufbar unter http://propella.sakura.ne.jp/earlyHistoryST/EarlyHistoryST.html; vgl. auch Kays Korrekturen unter https://www.purl.org/stefan_ram/pub/doc_kay_oop_en.
[3] Eingehend dazu Andresen, Komponentenbasierte Softwareentwicklung mit MDA, UML und XML, 2003.
[4] Ausführlich dazu McConnell, Rapid Development: Taming Wild Software Schedules, 1996.
[5] Einführung bei Kroll/Kruchten, The Rational Unified Process Made Easy: A Practitioner's Guide to the RUP, 2003.

3. Entwicklungen seit 2000

In den 2000er Jahren rückten Sprachen und Werkzeuge immer mehr in den Hintergrund. Der Schwerpunkt lag jetzt auf der Methodik, da die Entwickler den Prozess an die Kundenbedürfnisse anpassen sowie ihn rentabler und einfacher gestalten wollten. 2001 wurde das **„Manifest für agile Softwareentwicklung"**[6] veröffentlicht, welches die Werte und Prinzipien der agilen Softwareentwicklung behandelt, die sich auf die Entwicklung in Zusammenarbeit von funktionsübergreifenden Teams und Kunden konzentriert.

Mit **„Agile Unified Process" (AUP)** kommt 2005 eine vereinfachte Version des „Rational Unified Process" auf den Markt. AUP wendet agile Techniken an, darunter testgetriebene Entwicklung, agile Modellierung, agiles Änderungsmanagement und Datenbank-Refactoring, um die Produktivität zu verbessern. 2008 führt ein Treffen von Entwicklern und Betriebsleitern, die die organisatorische und funktionale Trennung zwischen Personen, die Code schreiben und denen, die Code bereitstellen und unterstützen, auflösen wollten, zum Konzept der „Developer Operations" – kurz **„DevOps"**. DevOps ist ein Ansatz, der die Prozesse zwischen Softwareentwicklung und operationalen IT-Teams automatisiert und optimiert, damit Software schneller und zuverlässiger erstellt, getestet und freigegeben werden kann. Bei DevOps geht es darum, die Barrieren zwischen traditionell isolierten Entwicklungs- und operationellen IT-Teams zu beseitigen (ausführlich unter → Rn. 28 ff.).

2011 wird das **„Scaled Agile Framework" (SAFe)** bestehend aus einer Reihe von Organisations- und Workflow-Mustern veröffentlicht, das Unternehmen bei der Skalierung schlanker und agiler Softwareentwicklung unterstützen soll. 2013 entsteht aus verschiedenen Scrum-Experimenten **„Large-Scale Scrum" (LeSS)**, ein Produktentwicklungsframework, das Scrum um Skalierungsregeln und -richtlinien erweitert. 2015 wird das Framework für **„Disciplined Agile Delivery" (DAD)** entwickelt, mit dem Entwicklerteams vereinfachte Prozessentscheidungen zur inkrementellen und iterativen Lösungsbereitstellung treffen können.

III. Überblick über Entwicklungskonzepte und Ansätze

Softwareentwicklungsmethoden spielen eine wichtige Rolle bei der Entwicklung von Software. Sie liefern das Framework, mit dem die Prozessentwicklung eines Informationssystems strukturiert, geplant und gesteuert wird. Um Software zu entwickeln, stehen dem Entwickler verschiedene Methoden zur Verfügung, von der traditionellen sog. „Wasserfall-Methode" bis zur agilen Entwicklung. Seit dem letzten Jahrzehnt erfreuen sich agile Methoden in der Softwareentwicklung immer größerer Beliebtheit und werden immer häufiger eingesetzt.

1. Klassische Produktentwicklung

In der klassischen Produktentwicklung kommen traditionelle, sequenzielle Modelle wie die **Wasserfall-Methode** zum Einsatz. Bei diesem Modell wird die Softwareentwicklung in einzelne eigenständige Phasen unterteilt, die aufeinander aufbauen, wobei jede Phase erst beginnt, wenn die vorhergehende abgeschlossen ist. Jede Phase hat fest definierte Start- und Endpunkte. Ein Produkt gilt dann als fertig, wenn alle Phasen erfolgreich abgeschlossen wurden.[7] Bei diesem Ansatz mangelt es allerdings an Flexibilität. Da die Entwicklung als linearer Prozess durchgeführt wird, erlaubt der Wasserfallprozess keine Wiederholung früherer Phasen der Entwicklung, ohne die gesamte Schrittfolge zu wiederholen oder jedenfalls die Organisationsstruktur des Gesamtprojekts neu zu ordnen. Sollten Änderungen vorgenommen oder Fehler in der Endphase behoben werden, erfordert die Wasserfall-Methode oft einen vollständigen Neustart. Historisch gesehen war dies jedoch der früheste Softwareentwicklungsprozess, der weithin anerkannt und angewendet wurde.

---

6 Beedle et al., Manifest für Agile Softwareentwicklung, 2001, abrufbar unter https://agilemanifesto.org/iso/de/manifesto.html.
7 Zum Einsatz des Wasserfallmodells im Bereich der Softwareentwicklung etwa Benington IEEE Annals of the History of Computing 1983, 350; zu Schwierigkeiten mit dem Wasserfallmodell etwa Ludewig/Lichter, Software Engineering. Grundlagen, Menschen, Prozesse, Technik, 3. Aufl. 2013, S. 158 ff.

2. Agile Produktentwicklung

15 Diese Schwächen versucht die Agile Produktentwicklung zu beheben: **„Agile Development"** ist ein Oberbegriff für mehrere iterative Softwareentwicklungsmethoden. Bei diesem Ansatz ist das eigentliche Ziel – das fertige Produkt – meist noch nicht klar definiert. Agile Entwicklungsmethoden kommen ohne sog. Pflichtenhefte (dazu sogleich unter → Rn. 39 ff.) aus. Bei dem agilen Produktentwicklungsprozess ist vielmehr der (transparente und flexible) Weg das Ziel. Während der Entwicklungsreise werden die Ziele ständig angepasst. Ein im engeren Sinne „fertiges" Produkt gibt es nicht. Softwareprodukte befinden sich häufig in einem dauerhaften Beta-Status, da sie über Updates ständig weiterentwickelt werden. Klassische PEP (Planung/Entwicklung/Produktion)- Modelle greifen hier nicht.[8]

Statt wie bei der klassischen Produktentwicklung einen Projektplan detailliert zu erfüllen, geht es bei den agilen Methoden also darum, sich iterativ mit regelmäßigen Releases in kurz aufeinanderfolgenden Zeiträumen der Produktvision zu nähern. So können Unternehmen in Kürze auf wechselnde Anforderungen des Marktes und der Konsumenten reagieren. Zu den bekanntesten Softwareentwicklungsmethoden der agilen Entwicklung zählen Dynamische Systementwicklungsmethode (DSDM), Scrum, Crystal und Extreme Programming (XP).

3. Dynamische Systementwicklungsmethode (DSDM)

16 Die „Dynamic Systems Development Method" ist ein agiles Framework, das den gesamten Projektlebenszyklus und seine Auswirkungen auf das Geschäft berücksichtigt. DSDM ist ein iterativer Ansatz für die Softwareentwicklung, der davon ausgeht, dass jedes Projekt auf klar definierte strategische Ziele ausgerichtet sein und sich darauf konzentrieren muss, frühzeitig einen echten Nutzen für das Unternehmen zu liefern. Das Framework basiert auf **vier Prinzipien**:

(1) der Machbarkeits- und Geschäftsstudie,
(2) dem Funktionsmodell und der Prototyp-Iteration,
(3) der Design- und Build-Iteration und
(4) der Implementierung.

DSDM gibt eine umfassende Struktur vor, die definiert und modifiziert wird, um den Ablauf der Softwareentwicklung zu planen, durchzuführen, zu verwalten und zu skalieren. Basierend auf einem geschäftsorientierten Ansatz geht die DSDM davon aus, dass Änderungen am Projekt immer zu erwarten sind und die Qualität auch mit Blick auf eine termingerechte Lieferung nie verhandelt werden darf.

4. Scrum

17 Scrum basiert auf der Hypothese, dass Teams bzw. Entwickler intensiv und täglich zusammenarbeiten sollten. Mit Scrum wird Software unter Verwendung eines iterativen Ansatzes entwickelt, bei dem das Team im Vordergrund steht. Erfahrene und disziplinierte Mitarbeiter in kleineren Teams von in der Regel bis zu zehn Personen können mit dieser Methode den größten Erfolg erzielen, da sie Selbstorganisation und Selbstverwaltung erfordert. Die Teammitglieder teilen die Endziele zu Beginn in kleinere, nach Priorität sowie zeitlich-sachlogisch geordnete Etappenziele auf und arbeiten diese in Iterationen mit festgelegter Länge – sog. „Sprints" – durch.

18 Meetings spielen eine wichtige Rolle im Scrum-Ansatz. Während jedes Sprints finden tägliche, ebenfalls zeitlich begrenzte Planungsmeetings und Demos der bisher erstellten Software statt (sog. „Daily Scrums"), um den Entwicklungsfortschritt zu verfolgen und Feedback zu sammeln.

---

[8] Ein Überblick zum „Agile Development" findet sich bei Ludewig/Lichter, Software Engineering. Grundlagen, Menschen, Prozesse, Technik, 3. Aufl. 2013, S. 218 ff.; Agile Alliance, What is Agile Software Development, 2013, abrufbar unter https://www.agilealliance.org/agile101/; siehe auch vertiefend Cockburn, Agile Software-Entwicklung, 2003.

Am Ende eines Sprints folgt das sog. „Sprint Review", bei dem die Software den Stakeholdern vorgestellt und weiteres Feedback gesammelt wird. Außerdem findet das sog. „Sprint Retrospective"-Meeting statt, in dem das Team den Sprint reflektiert.⁹

Diese inkrementelle Methode fördert schnelle Änderungen und Entwicklungen und bietet einen besonderen Mehrwert für komplexe Projekte. Scrum vereint die Struktur und Disziplin traditioneller Softwareentwicklungsmethoden mit der Flexibilität und den iterativen Praktiken des modernen Agile Development.

5. Crystal

Crystal umfasst eine Gruppe kleinerer agiler Entwicklungsmethoden, die unter anderem aus Crystal Yellow, Crystal Clear, Crystal Red und Crystal Orange bestehen. Jede hat ihren eigenen und exklusiven Rahmen, der durch Faktoren wie Systemkritikalität, Teamgröße und Projektprioritäten gekennzeichnet ist. Ähnlich wie bei anderen Agile-Methoden geht es auch bei Crystal um die prompte Lieferung von Software, um Regelmäßigkeit, um weniger Administration bei hoher Beteiligung der Anwender und um Kundenzufriedenheit. Crystal liegt die Philosophie zugrunde, dass jedes System oder Projekt unnachahmlich ist und die Anwendung verschiedener Praktiken, Prozesse und Richtlinien erfordert, um die besten Ergebnisse zu erzielen. Dies brachte ihr den Ruf ein, eine der leichtesten Methoden der agilen Methodik zu sein.

6. Extreme Programming (XP)

„Extreme Programming" konzentriert sich auf die Erstellung von Software höherer Qualität unter Verwendung der Best Practices in der Softwareentwicklung. XP ist eine Methode, bei der Teamarbeit, Kommunikation und Feedback im Vordergrund stehen. Sie konzentriert sich auf konstante Entwicklung und Kundenzufriedenheit. Ähnlich wie Scrum verwendet auch diese Methode Sprints (dazu bereits unter → Rn. 9, 17 ff.) oder kurze Entwicklungszyklen. Diese werden von einem Team festgelegt, um eine produktive und hocheffiziente Umgebung zu schaffen. Die XP-Technik ist besonders geeignet in einer Situation mit ständigen und wechselnden Anforderungen seitens der Kunden. Sie motiviert die Entwickler, Änderungen der Kundenanforderungen zu akzeptieren, auch wenn sie in einer fortgeschrittenen Phase des Entwicklungsprozesses auftauchen. Bei XP wird das Projekt von Anfang an getestet, wobei Rückmeldungen gesammelt werden, die den Output des Systems voranbringen. Dies stellt auch eine stichprobenartige Überprüfung dar, um etwaige Kundenanforderungen leicht umzusetzen.¹⁰

7. Iterative und inkrementelle Entwicklung

Iterative und inkrementelle Entwicklungsprozesse entstanden als Reaktion auf die bekannten Einschränkungen der „Wasserfall"-Methode (zu dieser → Rn. 14). Bei iterativen und inkrementellen Prozessen sind immer noch Analyse-, Design-, Implementierungs- und Testaktivitäten erforderlich, aber diese Aktivitäten werden auf flexiblere Weise als im Wasserfallprozess durchgeführt. In die Kategorie der iterativen und inkrementellen Methode fallen Modelle wie das Spiralmodell, der „Unified Process" und das „Rapid Application Development". Diese Modelle sind „iterativ" in dem Sinne, dass eine oder mehrere Aktivitäten wiederholt werden können. Ferner sind sie „inkrementell", weil die Softwareentwicklung von einer anfänglichen Teilmenge der Anforderungen zu immer vollständigeren Teilmengen fortschreitet, bis das gesamte System fertig ist.

Die **Spiralentwicklung** kombiniert einige Schlüsselaspekte des Wasserfall-Modells und der Rapid Application Development-Methode. Sie legt den Schwerpunkt auf eine gezielte iterative Risikoanalyse, indem sie ein Projekt in kleinere Segmente aufteilt, einfachere Änderung während des Entwicklungsprozesses sowie die Möglichkeit, Risiken zu bewerten und die Projektfortsetzung während des gesamten Lebenszyklus abzuwägen. Jeder Zyklus beinhaltet einen Fortschritt durch dieselbe Abfolge von Schritten für jeden Teil

---

9 Vertiefend zu Scrum etwa Schwaber/Sutherland, The Scrum Guide: The Definitive Guide to Scrum: The Rules of the Game, 2017, abrufbar unter https://scrumguides.org/scrum-guide.html; Schwaber, Agile Project Management with Scrum, 2004.
10 Vertiefend Beck/Andres, Extreme Programming Explained, 2. Aufl. 2004.

des Produkts und für jede seiner Ausarbeitungsstufen, von einem Gesamtdokument des Betriebskonzepts bis hin zur Codierung jedes einzelnen Programms.

25 **„Rapid Application Development"** (RAD) verfolgt den Ansatz einer schnellen Entwicklung und Lieferung eines hochwertigen Systems durch iteratives Prototyping (in jeder Entwicklungsphase) mittels computergestützter Entwicklungstools und eine aktive Benutzerbeteiligung (vgl. zu RAD auch → Rn. 8) Diese Tools bieten Builder für grafische Benutzeroberflächen (GUI)[11], CASE-Tools („Computer-aided Software Engineering"), DBMS („Database Management Systems"), Programmiersprachen der vierten Generation, Codegeneratoren und objektorientierte Techniken. Dabei soll das inhärente Projektrisiko reduziert werden, indem ein Projekt in kleinere Segmente unterteilt und während des Entwicklungsprozesses einfacher geändert werden kann.[12]

26 Der **„Unified Process"** (UP) oder „Unified Software Development Process" ist ein iteratives und inkrementelles Softwareentwicklungsframework, aus dem ein angepasster Prozess definiert werden kann. Es ist risikofokussiert und betont, dass Faktoren mit dem höchsten Risiko so früh wie möglich berücksichtigt werden. Es handelt sich um ein Use-Case- und UML („Unified Modeling Language")-Modell, bei dem nahezu alle Anforderungen in einer dieser Formen dokumentiert werden.[13]

8. Modellgetriebene Entwicklung

27 Zum gleichen Zeitpunkt wie die „Agile Entwicklung" entstand auch die modellgetriebene Entwicklung. Dieser Ansatz sieht Modelle und nicht Code als die wichtigsten Artefakte in der Softwareentwicklung an. Diesem Ansatz zufolge erlauben Modelle dem Entwickler, auf einer viel höheren Abstraktionsebene als Code zu arbeiten und damit näher am Geschäft und seinen Prozessen zu sein. Außerdem sind Modelle plattformunabhängig und damit von einer bestimmten Technologie entkoppelt. Eine gut definierte Syntax – wie Modelle zu definieren sind – und Semantik – wie sie zu interpretieren sind – ermöglichen die Ableitung von Code aus Modellen durch Transformationen.[14] Zur Unterstützung dieses Ansatzes werden eine Reihe von automatisierten Tools entwickelt. Bei der modellgetriebenen Entwicklung verschwimmt die Grenze zwischen Analyse und Design, da die Entwicklung nahtlos durch transformierte Modelle fortschreitet.

9. DevOps

28 „DevOps" – ein Akronym aus „Development" und „Operations" – ist die Kombination von Praktiken und Tools, die darauf abzielen, die Barrieren zwischen den traditionell getrennten Entwicklungs- und Betriebsteams zu beseitigen. In einem DevOps-Modell arbeiten Entwicklungs- und Betriebsteams über den gesamten Lebenszyklus einer Softwareanwendung hinweg zusammen, von der Entwicklung und dem Test über die Bereitstellung bis hin zum Betrieb (vgl. dazu auch schon unter → Rn. 11).[15]

29 DevOps ist der direkte Nachkomme der agilen Softwareentwicklung, geboren aus der Notwendigkeit, mit der erhöhten Softwareentwicklungsgeschwindigkeit und dem Durchsatz agiler Methoden Schritt zu halten. Fortschritte in der agilen Entwicklung haben die Notwendigkeit eines ganzheitlicheren Ansatzes für den Lebenszyklus der Softwarebereitstellung hervorgehoben, was zu DevOps führte.

---

11 GUI meint „Graphical User Interface".
12 Dazu vertiefend McConnell, Rapid Development: Taming Wild Software Schedules, 1996.
13 Dazu Kroll/Kruchten, The Rational Unified Process Made Easy: A Practitioner's Guide to the RUP, 2003; Kruchten, The Rational Unified Process: An Introduction, 3. Aufl. 2004; Larman, Agile and Iterative Development: A Manager's Guide, 2004.
14 Ausführlich Stahl/Völter/Efftinge, Modellgetriebene Softwareentwicklung: Techniken, Engineering, Management, 2. Aufl. 2007.
15 Vertiefend Kim/Debois/Willis/Humble/Allspaw, The DevOps Handbook: How to create world-class agility, reliability, and security in technology organizations, 2015; Davis/Daniels, Effective DevOps: Building a culture of collaboration, affinity, and tooling at scale, 2016; Forsgren/Humble/Kim, Accelerate: The Science of Lean Software and DevOps: Building and Scaling High Performing Technology Organizations, 2018; Bass/Weber/Zhu, DevOps: A Software Architect's Perspective, 2015.

DevOps geht davon aus, dass durch die Automatisierung und Rationalisierung des Softwareentwicklungsmanagementprozesses Unternehmen das Innovationstempo erhöhen können. Die grundlegende DevOps-Praxis sieht dabei die Durchführung sehr häufiger, aber kleiner Updates vor. Diese Updates sind in der Regel inkrementeller als die Updates, die unter traditionellen Release-Praktiken durchgeführt werden. Organisationen, die ein DevOps-Modell verwenden, stellen Updates viel häufiger bereit als Organisationen, die traditionelle Softwareentwicklungspraktiken nutzen.

Kommunikation und Zusammenarbeit sind die Grundpfeiler der DevOps-Praktiken. Die Automatisierung des Softwarebereitstellungsprozesses stellt die Zusammenarbeit her, indem die Arbeitsabläufe und Verantwortlichkeiten von Entwicklung und Betrieb physisch zusammengeführt werden. Die Kommunikation zwischen den Entwicklern, dem Betrieb und sogar anderen Teams wie Marketing und Vertrieb ermöglicht es allen Teilen des Unternehmens, sich bei Zielen und Projekten besser abzustimmen. DevOps-Praktiken wie „Continuous Integration" und „Continuous Delivery" ermöglichen es DevOps-Teams, schnell, sicher und zuverlässig zu liefern. Überwachung und Protokollierung helfen DevOps-Teams, die Leistung von Anwendungen zu verfolgen, so dass sie schnell auf Probleme reagieren können.

IV. Wesentliche Schritte bei der Entwicklung

Ein Software-Entwicklungsprozess lässt sich grob in **sechs wesentliche Schritte** unterteilen. (1) Die **Analyse** beinhaltet das Verstehen des Problems, das die Software lösen soll. (2) Das **Design** ist die konzeptionelle Beschreibung einer Softwarelösung, die die Anforderungen des Problems erfüllt. (3) Die **Implementierung** stellt die Umsetzung einer solchen Lösung in Software dar. (4) Beim **Testen** wird sichergestellt, dass die Lösung bestimmte inhärente Qualitäten aufweist. Dabei dient die Verifikation als Mittel, um die Angemessenheit in Bezug auf die spezifizierten Anforderungen zu überprüfen. Die Validierung dient der Überprüfung, ob die Lösung das Problem tatsächlich löst. (5) Das **Deployment** beinhaltet schließlich die Bereitstellung der entwickelten Lösung in ihrem Betriebs- und Nutzungskontext. (6) Ab der Implementierung wird die Wartung von Software nötig, die sog. Maintenance. Neben der rein technisch-funktionalen Inbetriebhaltung der ursprünglich entwickelten Software (sog. Bugfixing) enthält die Maintenance auch das Aufspielen von Aktualisierungen, die generelle Überprüfung und die Weiterentwicklung. Auch sie erfolgt wieder in dem klassischen Entwicklungsprozess unter Durchlaufung der sechs Schritte. Dieser Zyklus wird regelmäßig wiederholt.

Eine klare Beschreibung der beabsichtigten Funktionen und des Erscheinungsbilds sowie der Umsetzung der gewünschten Funktionen sind das Fundament eines jeden Softwareprojekts und helfen Entwicklungsteams, das richtige Softwareprodukt zu erstellen. Dabei beschreibt das Lastenheft aus Sicht des Auftraggebers die gesamte Funktionalität, die eine Software erfüllen soll, und dient als Grundlage für die Einholung von Angeboten. Das Lastenheft ist damit die Grundlage für das Pflichtenheft. Das Pflichtenheft stellt die Softwarelösung des Software-Entwicklers dar und beschreibt, wie und womit er die im Lastenheft gewünschten Funktionen umsetzen will.

Einfach ausgedrückt beschreibt das Lastenheft aus Sicht des Auftraggebers was gemacht werden muss, das Pflichtenheft beschreibt aus Sicht des Software-Entwicklers wie die Software-Anforderungen umgesetzt werden.

Der typische Ablauf eines Software-Projekts umfasst dabei folgende Schritte:
- der Kunde erstellt ein Lastenheft,
- der Kunde reicht das Lastenheft an den potenziellen Software-Entwickler weiter und bittet ihn, auf der Basis des Lastenhefts ein Angebot abzugeben,
- der potenzielle Software-Entwickler prüft das Lastenheft und erstellt ein Pflichtenheft, das auch verschiedene Abschätzungen zu Aufwand, Dauer und Kosten enthält,
- auf der Basis der Angaben im Pflichtenheft erstellt der Software-Entwickler einen Vertrag,
- Pflichtenheft und Vertrag gehen an den Kunden,

- der Kunde prüft Pflichtenheft und Vertrag und erteilt den Auftrag,
- nach Auftragserteilung wird das Software-Projekt gestartet.

1. Lastenheft

36 Ein Lastenheft enthält nicht nur die Beschreibung der zu entwickelnden Software, sondern auch den Zweck, dem sie dienen soll, was die Software tun und wie sie funktionieren soll. Das Lastenheft bietet dem Auftraggeber die Möglichkeit, all seine Vorstellungen, Wünsche und Erwartungen schriftlich festzuhalten. So entsteht ein Gesamtbild des Software-Projektes in einem strukturierten Dokument, woraus ein Anforderungskatalog abgeleitet werden kann.

37 Ein Lastenheft bzw. der Anforderungskatalog beschreibt
- die Zielsetzungen des Software-Projekts,
- den Sinn und Zweck der zu entwickelnden Software,
- die Funktionalität der Software,
- die funktionalen Anforderungen wie zB Benutzeranmeldung etc,
- die Leistung der Software in einer Produktionssituation,
- nicht-funktionale Anforderungen wie Zuverlässigkeit, Wartbarkeit, Benutzbarkeit,
- die Definition von Zuständigkeiten und Schnittstellen, also wie die Software mit Hardware oder anderer Software interagieren soll, mit der sie eine Verbindung herstellen muss,
- die Entwurfsbeschränkungen oder die Einschränkungen der Umgebung, in der die Software ausgeführt wird,
- und die zeitlichen Vorgaben, Projektorganisation und Meilensteine.

38 Mit einem Lastenheft lassen sich verschiedene Angebote bei potenziellen Auftraggebern einholen. Es kann freilich nur präzise kalkuliert und erst recht umgesetzt werden, was klar, vollständig und widerspruchsfrei spezifiziert wurde. Die klare Definition der messbaren Ziele ermöglicht aus Sicht des Softwarelieferanten erst eine klare Projektbeschreibung. Generell werden die Anforderungen in einem Lastenheft durch eine Kombination von Textbeschreibungen, Bildern, Zeichnungen, Tabellen oder Ablaufdiagrammen dargestellt.

2. Pflichtenheft

39 Auf der Basis des theoretischen Lastenhefts erstellt der Software-Entwickler das praktische Pflichtenheft, in dem er definiert, wie er das Software-Projekt konkret umzusetzen bzw. die Anforderungen des Auftraggebers zu lösen gedenkt. Dabei stehen vor allem die Art und Weise der Umsetzung und die zu verwendenden Mittel im Vordergrund. Das Pflichtenheft bildet damit die Grundlage der konkreten Softwareentwicklung – und hilft, Missverständnisse zu vermeiden. Das Pflichtenheft sollte dazu eine Reihe von Informationen enthalten, die es allen Beteiligten erlaubt, sich einen Überblick über die zu entwickelnde Software und allem Zugehörigen zu verschaffen.

40 Was konkret und zwingend in ein Pflichtenheft gehört ist nicht explizit geregelt. Der Industriestandard **DIN-Normen Reihe 69901** beschreibt Grundlagen, Prozesse, Prozessmodell, Methoden, Daten, Datenmodell und Begriffe im Projektmanagement und definiert das Pflichtenheft als „vom Auftragnehmer erarbeitete Realisierungsvorgaben aufgrund der Umsetzung des vom Auftraggeber vorgegebenen Lastenhefts". Vor diesem Hintergrund wird das Zusammenwirken von Lasten- und Pflichtenheft deutlich.

41 Auch wenn der Inhalt nicht verbindlich festgeschrieben ist, hat sich folgender inhaltlicher Aufbau bewährt:
- eine Kurzbeschreibung der zu entwickelnden Software,
- eine detaillierte Beschreibung aller Funktionen und Features,
- die Plattform, für die die Software entwickelt wird samt möglicher Mindestvoraussetzungen,
- Software, die für die Entwicklung eingesetzt wird,

- die Struktur der Programmierung (zB Hauptgruppen von Codemodulen, die eine ähnliche Funktion unterstützen), einzelne Codemodule und ihre Beziehungen sowie die Datenparameter, die sie aneinander übergeben,
- Schnittstellen und Interfaces für In- und Output,
- Drittanbieter-Lösungen, die ggf. eingebunden werden müssen,
- Vorleistungen, die der Auftraggeber erbringen muss,
- verwendete Hard- und Software sowie eventuell benötigte Lizenzen,
- Termine zur Fertigstellung, Abnahme und Deployment.

Die schriftliche Fixierung der Softwarelösung im Pflichtenheft macht den Weg zum Produkt oder Service transparent und erleichtert es in Kombination mit Grafiken, Tabellen oder Modellen dem Kunden, die Verwirklichung seiner Wünsche nachvollziehen zu können.

3. Software Development Lifecycle

Jede Software durchläuft einen ähnlichen Weg von der Idee bis zum Deployment. Die Schritte dieses Weges werden zusammenfassend als **„Software Development Life Cycle" (SDLC)** bezeichnet. Jeder Softwareentwicklungsprozess durchläuft dabei sieben Phasen[16]:

a) Analyse und Planung

Sobald ein Kunde ein Projekt beauftragt hat, ist der erste Schritt die Planung. Dies bedeutet in der Regel, wie sich das Projekt in die Ziele des Unternehmens einfügt, welche Ressourcen und Werkzeuge für die Durchführung des Projekts benötig werden, wie viel das Projekt kostet und wer in das Projekt eingebunden werden muss.

b) Anforderungen

Der nächste Schritt besteht darin, die technischen Anforderungen des Projekts zu klären. Jede Software – egal ob es sich um eine App, ein Website-Redesign oder eine neue Funktion handelt – muss ein Kundenproblem lösen.

c) Entwurf und Prototyping

Wenn die Anforderungen feststehen, ist es an der Zeit zu entwerfen, wie die Software aussehen und funktionieren wird. Abhängig von dem jeweils verfolgten Softwareentwicklungsansatz kann diese Phase des SDLC bedeuten, dass einfache Wireframes oder sogar vollwertige Prototypen erstellt werden. Wireframes stellen dar, wie die Interaktionen in der Software funktionieren werden, wohingegen Prototypen von Benutzern getestet werden können. Wird mehr Benutzer-Feedback benötigt, können Design-Sprints durchgeführt werden, um dem Auftraggeber eine Funktion oder eine Idee schnell zu demonstrieren und wertvolles Feedback zu erhalten, bevor die Ideen in Code umgesetzt werden.

d) Software-Entwicklung

Wenn alle Beteiligten mit der vorgeschlagenen Funktionalität und dem Design der Software einverstanden sind, ist es an der Zeit, sie gemäß den Anforderungen zu entwickeln. Diese Phase ist die schwierigste und potenziell risikoreichste Phase des SDLC. Denn egal ob der Entwickler in agilen Sprints arbeitet, ein „Minimum Viable Product" (MVP) entwickelt oder die traditionelle Wasserfall-Methode verwendet – das Ziel ist es, sich an die Leistungsbeschreibung, das sogenannte „Statement of Work" (SOW), zu halten, eine Ausweitung des Umfangs zu vermeiden und eine saubere, effiziente Software zu entwickeln.

---

16 Vgl. etwa Ludewig/Lichter, Software Engineering. Grundlagen, Menschen, Prozesse, Technik, 3. Aufl. 2013, S. 153 ff.

e) Testen

48 Sobald Funktionen fertiggestellt sind und das Produkt als einsatzbereit angesehen wird, werden die fertiggestellten Teile eingehenderer Tests unterzogen. Das kann durch eine kleine Gruppe von Beta-Testern geschehen oder mittels User Experience (UX)-Tools, um zu verfolgen, wie die Benutzer mit dem Produkt interagieren. Umfangreiche Test sind wichtig, um zu verhindern, dass fehlerhafte Software an Kunden ausgeliefert wird.

f) Deployment

49 Nachdem die Programmierarbeiten abgeschlossen sind und das Softwareprodukt marktreif ist, wird die Software für die Benutzer in einer Produktivumgebung bereitgestellt.

g) Wartung und Updates

50 Das Ende der Entwicklungsphase ist der Beginn einer neuen Phase – nämlich der Wartung und des Updates („Maintenance"). Denn mit dem Deployment ist der SDLC nicht beendet. Die Software muss gewartet und gepflegt werden und weitere Kundenwünsche nach neuen oder mehr Funktionen befriedigt werden. Hauptbestandteil der Wartung ist zunächst das „Bugfixing" genannte Beheben von Softwarefehlern („Bugs"). Dabei geht es zunächst um die Sicherstellung der Funktionsweise der ursprünglichen Softwareentwicklung. Zusätzlich zur reinen Fehlerbehebung ist aber auch das Aufspielen von Aktualisierungen und die Aktualisierung oder Neukonfiguration bestimmter Teilaspekte (zB Schnittstellen) nötig. Zusätzlich wird die Software – vor allem in den agilen Entwicklungsmodellen – stetig weiterentwickelt, so dass innerhalb des Wartungsschritts wiederum der SDLC neu begonnen wird. In moderner Softwareentwicklung machen deshalb die Aufwände und Kosten der initialen Entwicklung häufig nur einen kleinen Teil des Gesamtprojekts aus. Häufig werden Teile von Wartung und Weiterentwicklung auch durch den Einsatz von Editorensoftware (bekannt vor allem aus der Webentwicklung mit den gebräuchlichen Content-Management-Systemen (CMS)) an Dritte Übertragen, um Aufwände gering zu halten.

V. Wesentliche Komponenten

51 Das Ziel eines jeden Softwareentwicklungsprozesses ist die Bereitstellung von Programmen. Dazu bedarf es aber grundlegender Entwicklungskomponenten.

1. Programmiersprachen

52 Wenn eine Anwendung erstellt wird, muss ein Entwickler eine Sprache auswählen, mit der der Projektcode geschrieben werden soll. Eine Programmiersprache ist eine Notation zum Erteilen von Anweisungen an eine Maschine oder einen Computer. Programmiersprachen werden hauptsächlich verwendet, um die Leistung einer Maschine zu steuern oder Algorithmen auszudrücken. Es gibt zahlreiche Programmiersprachen, die entweder in einer **imperativen Form** oder einer **deklarativen Form** verwendet werden. Gerade letztere, die sog. logischen Programmiersprachen, bieten bei der Softwareentwicklung für den juristischen Bereich einige Vorteile, da sie dem juristischen Denken strukturell sehr ähnlich sind. Daher wurden sie schon in den frühen Tagen der aufkeimenden Legal Tech-Szene zur Entwicklung erster Anwendungen eingesetzt. Ferner machten sich auch die frühen Bestrebungen der Rechtsinformatik (zu den Anfängen und der historischen Entwicklung → *Rechtsinformatik* Rn. 1 ff.) die ihnen zugrundeliegende Konditionallogik zunutze.

53 Die sog. **prozedurale Programmiersprache** wird eingesetzt, wenn es darum geht, eine Reihe von Anweisungen auszuführen, die zu einem Ergebnis führen, zB Informationen auszudrucken. Die **funktionale Programmiersprache** verwendet normalerweise gespeicherte Daten. Sie konzentriert sich in erster Linie auf die Rückgabewerte von Funktionen und Seiteneffekte und andere Vorschläge, die den Zustand speichern. Funktionale Sprachen sind in der Regel einfach und machen es leicht, abstrakte Sachverhalte zu erfassen. Diese Programmiersprache betrachtet die Welt als eine Gruppe von Objekten mit internen Daten und externem Zugriff auf Teile dieser Daten. Sie besteht aus einer Sammlung von

Objekten, die Dienste anbieten, mit denen ein bestimmtes Problem gelöst werden kann. Die **Scripting-Programmiersprache** ist häufig prozedural und kann objektorientierte Sprachelemente umfassen. Es handelt sich aber nicht um eine vollwertige Programmiersprache, die die Entwicklung großer Systeme unterstützt. Mit der **Logik-Programmiersprache** können Programmierer deklarative Anweisungen abgeben. Die Logik-Programmiersprache sagt dem Computer nicht, „wie" er etwas tun soll, sondern wendet Einschränkungen an, „was" er tun muss.

Die **Programmiersprache C++** hat eine objektorientierte Struktur. C++ ist eine leistungsstarke Allzweck-Programmiersprache, mit der Betriebssysteme, Browser, GUI-basierte Anwendungen, Datenbanksoftware, Compiler, Embedded Systems, Cloud-Anwendungen oder auch Spiele entwickelt werden können. Sie unterstützt prozedurale, objektorientierte und funktionale Programmiermethoden.

Die **Programmiersprache C** ist eine allgemeine, betriebssystemunabhängige und prozedurale Sprache, die strukturierte Programmierung unterstützt und Low-Level-Zugriff auf den Systemspeicher bietet. Viele spätere Sprachen haben Syntax und Funktionen direkt oder indirekt aus der C-Sprache entlehnt. Wie die Syntax von Java basieren PHP, JavaScript und viele andere Sprachen hauptsächlich auf der Sprache C.

Pascal ist eine prozedurale High-Level-Programmiersprache, die einerseits als Sprache zum Erlernen allgemeiner Programmierkonzepte verwendet wird und sich andererseits gut eignet, um technische Probleme zu lösen. Die Programmiersprache Pascal hat eine ähnliche Programmierstruktur und Syntax wie die Programmiersprache C. Die Nachfolgesprache von Pascal ist **Delphi** – die objektorientierte Version von Pascal.

Fortran ist eine Programmiersprache, die von der Wissenschaft für numerische, wissenschaftliche Berechnungen, aber auch von Organisationen für Wettervorhersage, Finanzhandel und technische Simulationen verwendet wird. Fortran-Programme können stark optimiert werden, um auf Hochleistungscomputern zu laufen. Im Allgemeinen eignet sich diese Sprache zur Erstellung von Code, bei dem Leistung wichtig ist.

Java ist eine plattformübergreifende Programmiersprache, die beim Networking besonders hilfreich ist. Sie wird zum Entwerfen plattformübergreifender Programme verwendet, da sie in Struktur und Syntax C++ ähnelt.

Perl ist eine Dateiverwaltungssprache für UNIX, die gerne für Suchfunktionen, Serverfunktionen und Datenbanken verwendet wird.

PHP wurde für die Entwicklung einer schnellen Website entwickelt und enthält daher Funktionen, die das Generieren von HTTP-Headern und das Verknüpfen mit Datenbanken vereinfachen. Als Skriptsprache enthält sie eine Reihe von Komponenten, mit denen der Programmierer problemlos auf den neuesten Stand gebracht werden kann. PHP verfügt jedoch über komplexere objektorientierte Funktionen.

2. Plattformen

Ob es sich um einen Desktop- oder Notebook-Computer, ein Smartphone oder ein Videospielsystem handelt, jeder moderne Computer benötigt ein Betriebssystem. Im allgemeinen Sprachgebrauch wird die Software-Plattform mit dem Betriebssystem gleichgesetzt. So spricht man auch von einer Windows-Plattform oder einer Linux-Plattform. Das Betriebssystem ist die Kernsoftware auf dem Computer, die zwischen der Anwendungssoftware und der Hardware sitzt, Speicher und Rechenressourcen an Anwendungen verteilt, Dateien verwaltet und Sicherheitsregeln durchsetzt. Zu den beliebtesten Software-Plattformen gehören Linux, Mac OS, Windows, Android und iOS.

Die Software muss so entwickelt werden, dass sie auf allen Zielsystemen in kompatibler Form und ohne zusätzlichen Aufwand verfügbar ist. Softwareentwickler müssen sich daher entscheiden, auf welchem Betriebssystem sie die Ausführung ihrer entwickelten Anwendung verfügbar machen möchten. Denn die Plattformen dienen als Grundlage für die Ausführung.

3. Framework

63 Ein Framework ist eine Plattform für die Entwicklung von Software-Anwendungen. Es bietet eine Grundlage, auf der Softwareentwickler Programme für eine bestimmte Plattform erstellen können. Ein Framework kann zB vordefinierte Klassen und Funktionen enthalten, die zur Verarbeitung von Eingaben, zur Verwaltung von Hardwaregeräten und zur Interaktion mit der Systemsoftware verwendet werden können. Dadurch wird der Entwicklungsprozess rationalisiert, da die Programmierer auf bestehenden und allgemeingültigen Vorarbeiten in Form von wesentlichen Programmkomponenten aufbauen können, wenn sie eine neue Anwendung entwickeln. Ein Framework kann auch Code-Bibliotheken, einen Compiler und andere Programme enthalten, die im Softwareentwicklungsprozess verwendet werden.

64 Es gibt mehrere verschiedene Arten von Frameworks. Beliebte Beispiele sind ActiveX und .NET für die Windows-Entwicklung, Cocoa für Mac OS X, Cocoa Touch für iOS und das Android Application Framework für Android. Für jedes dieser Frameworks gibt es Software Development Kits (SDKs), die speziell für das jeweilige Framework entwickelte Programmierwerkzeuge enthalten. Die Apple-Entwicklungssoftware Xcode enthält zB ein Mac OS X-SDK, das für das Schreiben und Kompilieren von Anwendungen für das Cocoa-Framework entwickelt wurde.

4. Softwarebibliothek

65 Eine Softwarebibliothek ist eine Sammlung von Daten und Programmiercodes, die zur Entwicklung von Softwareprogrammen und -anwendungen verwendet wird. Bibliotheken sind im Unterschied zu Programmen keine eigenständig lauffähigen Einheiten, sondern sie enthalten Hilfsmodule, die von Programmen angefordert werden. Sie dienen dazu, sowohl den Programmierer als auch den Compiler der Programmiersprache bei der Erstellung und Ausführung von Software zu unterstützen. Softwarebibliotheken bestehen im Allgemeinen aus vorgefertigtem Code, Klassen, Prozeduren, Skripten und Konfigurationsdaten. In der Regel fügt ein Entwickler manuell eine Softwarebibliothek zu einem Programm hinzu, um mehr Funktionalität zu erreichen oder einen Prozess zu automatisieren, ohne dafür Code zu schreiben. Zum Beispiel kann ein Entwickler bei der Entwicklung eines mathematischen Programms oder einer Anwendung eine Mathematik-Softwarebibliothek zum Programm hinzufügen, um das Schreiben komplexer Funktionen zu vermeiden. Alle verfügbaren Funktionen innerhalb einer Software-Bibliothek können einfach innerhalb des Programmkörpers aufgerufen und verwendet werden, ohne sie explizit zu definieren. In ähnlicher Weise kann ein Compiler zur Laufzeit eines Programms automatisch eine entsprechende Softwarebibliothek hinzufügen.

66 Viele Code-Bibliotheken (oder auch häufig englisch „Libraries") sind zunehmend öffentlich zugänglich. Ihre Inhalte, von kleinen Programmschnipseln etwa für grafische Elemente bis hin zu komplexen Rechenmodellen zB für Machine Learning-Anwendungen (zu diesen → *Maschinelles Lernen* Rn. 5 ff.), werden zunehmend als vorkonfektionierte Teile von mehreren Software-Entwicklern genutzt und weiterentwickelt. Dadurch bedeutet die moderne Softwareentwicklung zunehmend weniger das „Schreiben von Programmcode", sondern die Kombination verschiedener Programmbausteine zu neuen Einheiten. Modernes Programmieren ist deshalb in der Regel schneller und leichter möglich.

VI. Moderne Entwicklungen, vor allem: Low Code und No Code

67 Die zunehmende digitale Transformation stellt für viele Unternehmen eine immer größere Herausforderung hinsichtlich ihrer Reaktionsgeschwindigkeit auf Kundenanforderungen und die Bereitstellung von kundenfreundlichen Services dar. Die Nachfrage nach Software übersteigt mittlerweile bei weitem das Angebot an Programmierern. Neue Technologien und Plattformen beschleunigen nicht nur den reinen Entwicklungsprozess, sondern erweitern auch den Kreis derjenigen, die Software entwickeln können, um sogenannte **„Citizen Developer"**. Gerade die Entwicklung von juristischer Software zeichnet in der Praxis maßgeblich aus, dass die juristischen Expertinnen und Experten häufig auch an der nachträglichen Programmgestaltung beteiligt werden müssen, etwa um eine Anwendung an neue Begebenheiten wie eine

geänderte Rechtslage anzupassen. Hierzu werden meist die gängigen CRUD[17]-Funktionen benötigt. Zur Ermöglichung einer solchen Beteiligung an der Softwareentwicklung bzw. -gestaltung sind insbesondere sog. No Code-, Low Code- oder Editorenanwendungen geeignet. Die Konzepte von No Code/Low Code (dazu sogleich eingehend unter → Rn. 70 ff.) sind heute in nahezu allen Industriebereichen etabliert, ihre Vorzüge kommen jedoch insbesondere in wissensbezogenen Bereichen wie beim Umgang mit Recht bzw. Regeln zur Geltung.

1. Platform as a Service

„Platform as a Service" (PaaS) ist eine komplette Entwicklungsumgebung, die in der Cloud gehostet wird und es Anwendungsentwicklern ermöglicht, Apps schnell und einfach zu erstellen (ausf. zu PaaS → *Cloud Computing, allgemein* Rn. 56 ff.). Sie umfasst in der Regel ein Betriebssystem, einen Webserver, Tools, eine Programmiersprache, eine Datenbank, ein Netzwerk, Server, Speicher und mehr. Der PaaS-Anbieter hostet und pflegt das System und erstellt oft eine Lösung, die auf die individuellen Bedürfnisse des Kunden zugeschnitten ist. Der Kunde behält die Kontrolle über seine Anwendungen.[18] Viele Anbieter bieten „Pay-as-you-go"- und andere Online-Preismodelle an. 68

PaaS ermöglicht Unternehmen die Entwicklung und Bereitstellung von Software, ohne eine unterstützende Infrastruktur kaufen und warten zu müssen. PaaS-Lösungen skalieren in der Regel automatisch, um der Nachfrage gerecht zu werden, und beschleunigen Prozesse durch die Automatisierung und Standardisierung von Entwicklungs- und Bereitstellungsaufgaben. Dies kann zu einer schnelleren Entwicklung und Bereitstellung von Anwendungen führen – ein großes Plus für Unternehmen, die sich einen Wettbewerbsvorteil verschaffen wollen oder Produkte schnell auf den Markt bringen müssen. 69

2. Low Code/No Code

Die „Low Code"/„No Code"-Plattformen wurden entwickelt, um es Benutzern relativ einfach zu machen, Anwendungen schnell zu entwerfen, zu erstellen und zu starten, ohne sich um das zugrunde liegende Betriebssystem, die Programmiersprache, den Entwicklungsprozess, die Entwicklungsmethode oder die Skalierbarkeitsanforderungen kümmern zu müssen. 70

Die Low Code/No Code-Entwicklung kann man als stark vereinfachte Weiterentwicklung von Code-Libraries (dazu unter → Rn. 65 f.) verstehen: Sie ersetzen die zeitaufwendigere, komplexere und fehleranfälligere individuelle Programmierung von Anwendungen durch die einfache Konfiguration bestehender Programmteile. Low Code/No Code-Entwicklungsplattformen ermöglichen es anhand von visuellen Programmierschnittstellen bzw. grafischen Benutzeroberflächen (GUI), mittels Drag & Drop Apps mit vorab geschriebenen Codes sowie Vorlagen und vorgefertigten Bausteinen Programme schneller und einfacher zu erstellen, als dies mit herkömmlicher Softwareentwicklung möglich wäre. Dank der heutigen Low Code- und No Code-Plattformen ist es nunmehr einfacher, Anwendungen mit geringem, zum Teil sogar nahezu vernachlässigbarem Codierungsaufwand zu erstellen. Das Geheimnis liegt in leistungsstarken, KI-fähigen Tools, die API-Kataloge, vorgefertigte Vorlagen und Automatisierung in vollem Umfang nutzen. Zudem bieten diese Plattformen Tools zum „Debuggen", Bereitstellen und Verwalten von Low Code/No Code-Anwendungen, damit Benutzer sie auf dem neuesten Stand halten können. 71

Low Code und No Code werden oft synonym verwendet, allerdings wird im professionellen Sprachgebrauch unterschieden: Mit **Low Code** können Entwickler Anwendungen aller Schwierigkeitsgrade schnell und mit minimaler Handcodierung entwerfen, indem sie visuelle Blöcke vorhandener Codes in einen Workflow ziehen und dort ablegen, um Anwendungen zu erstellen. Dabei richten sich Low Code-Baukästen oder -Plattformen dennoch an spezialisierte Software-Entwickler. Sie setzen in Konzeption, Herangehensweise 72

---

17 „CRUD" steht für: Create, Read, Update and Delete.
18 Siehe eingehend auch Butler, PaaS Primer: What is platform as a service and why does it matter?, Networkworld, 2013, abrufbar unter https://www.networkworld.com/article/2163430/paas-primer--what-is-platform-as-a-service-and-why-does-it-matter-.html.

und Entwicklung Programmierkenntnisse, zum Beispiel zur Softwarearchitektur oder zum Zusammenspiel verschiedener Programmteile, voraus. Oft ist bei der Verwendung von Low Code-Plattformen auch tatsächliches syntaktisches Programmieren nötig.

73 **No Code-Lösungen** bieten auch eine visuelle Entwicklung per Drag & Drop. Im Gegensatz zu Low Code richten sie sich hauptsächlich an Geschäftsleute oder andere IT-Mitarbeiter, die möglicherweise keine Programmiersprachen kennen, aber eine Anwendung für einen bestimmten Anwendungsfall entwickeln möchten – häufig für ihre Abteilung. Da für die Bedienung von No Code-Plattformen kein Programmcode nötig ist und auch konzeptionelle Kenntnisse der Softwareprogrammierung nicht erforderlich sind, sehen die Anwendungen sehr benutzerfreundliche und selbsterklärende Bedienungsschnittstellen und Oberflächen vor. No Code-Plattformen ermöglicht es Unternehmen, Teams mit den Tools auszustatten, die sie zum Erstellen von Anwendungen ohne jegliche Programmierkenntnisse benötigen.[19]

74 Vor allem No Code-Plattformen haben dafür gesorgt, dass immer mehr regulatorische Entscheider aus den Bereichen Recht, Compliance, Finance oder HR, die in der Regel mit anspruchsvollen, komplexen Entscheidungsstrukturen arbeiten, das komplexe Expertenwissen in bestehende Prozesse einbringen und so von der Automatisierung von Entscheidungsprozessen profitieren können. Mit No Code-Plattformen können regulatorische Experten schnell und günstig Erfolge bei der Automatisierung von Prozessen und Entscheidungsstrukturen erzielen und so an der digitalen Transformation teilhaben, da Wissen, Entscheidungen und Services jetzt skalierbar sind.[20]

75 Analysten prognostizieren den „visuellen Entwicklungskonzepten" Low Code/No Code erhebliche Marktrelevanz und gehen nach starkem Wachstum 2015–2022 davon aus, dass bis 2025–2030 ein Großteil der Unternehmensanwendungen auf Grundlage von Low Code- bzw. No Code-Plattformen basiert und sich das Paradigma als eigenes Konzept – zusätzlich zu den syntaktischen Programmiersprachen – etabliert.[21]

76 No Code-Plattformen lösen das Problem der physischen, örtlichen und medialen Gebundenheit von Expertenwissen und machen dadurch Organisationen schlauer und effektiver. Regulatorische Entscheider sind nicht mehr auf chronisch überlastete IT-Abteilungen oder externe Dienstleister angewiesen. Die Kluft zwischen den Unternehmenseinheiten und der Produktentwicklung wird geschlossen, da diese Unternehmenseinheiten die Entwicklung benötigter Programme selbst in der Hand haben.

77 Business und Fach-Mitarbeiter können häufig nicht programmieren, gleichzeitig kennen Entwickler die inhaltlichen Anforderungen an professionelle Anwendungen nicht so gut wie das Geschäftsteam. No Code-Plattformen lösen dieses Problem, indem einfach jedem in der Organisation eine gemeinsame Sprache in Form visueller Bausteine zur Verfügung gestellt wird. No Code-Entwicklungstools lösen damit einen Paradigmen-Wechsel in der Anwendungsentwicklung aus, da sie den **Citizen Developer** – den motivierten Problemlöser – mit wenig bis gar keinen Programmierkenntnissen in die Lage versetzen, Ideen für eine App mit minimalem Zeitaufwand selbst umzusetzen.

78 Neben dem Vorteil des „Enablements" der Geschäftsteams werden No Code-Plattformen auch zunehmend als ressourcenschonende Alternativen bei der Verwaltung und Instandhaltung stark wissensbezogener Anwendungen eingesetzt. Wo Aufwand nicht nur bei der Erstellung von Anwendungen, sondern vor allem beim kleinteiligen und regelmäßigen Warten von Programminhalten entsteht, erlaubt der Einsatz von No Code kostengünstige Wartung durch die Geschäftsteams selbst. Sie sind dann in der Lage die Anwendungen eigenständig zu warten, Programmelemente auszutauschen und Inhalte eigenständig einzupflegen.

---

19 Vgl. auch Johannessen/Davenport, When Low-Code/No-Code Development Works – and When It Doesn't, HBR 2021, abrufbar unter https://hbr.org/2021/06/when-low-code-no-code-development-works-and-when-it-doesnt.
20 Ein Beispiel auf dem Rechtsmarkt ist etwa der Anbieter BRYTER (www.bryter.com).
21 Vgl. dazu die Studie von Gartner, Magic Quadrant for Low-Code Application Platforms, 2021, wonach bis 2025 70 % aller neuen Enterprise Applications mit No Code-/ Low Code-Technologien entwickelt werden; zum disruptiven Potenzial von Low Code/No Code-Anwendungen zudem Bloomberg, The Low-Code/No-Code Movement: More Disruptive Than You Realize, Forbes, 2017, abrufbar unter https://www.forbes.com/sites/jasonbloomberg/2017/07/20/the-low-codeno-code-movement-more-disruptive-than-you-realize/?sh=7c3c4e5722a3.

Ganz ähnlich wie bei „Content-Management-Systemen" (CMS) bei der Webseitenprogrammierung können Business Teams Inhalte und Programmlogik wissensbezogener Anwendungen nämlich selbst verwalten.

Ein weiterer Grund für die Verbreitung von No Code-Anwendungen ist die stark reduzierte **Quote des Scheiterns** bei der Softwareentwicklung. Nach Statistiken von Analysten sind Softwareentwicklungsprojekte im Unternehmensumfeld überwiegend (!) nicht erfolgreich. Es werden Budgets nicht eingehalten, Zeitvorgaben gesprengt oder – etwa durch den Abgang von Mitarbeitern oder Veränderung der Projekt-Rahmenbedingungen – Projekte insgesamt gestoppt.[22] Wichtiger Risikofaktor dabei ist die zwangsläufig nötige Kommunikation zwischen beteiligten Teams, Abteilungen und Stakeholdern. Bei No Code-Anwendungen sind die Fehlschlagsquoten signifikant niedriger, da die Einbindung verschiedener Stakeholder vereinfacht wird oder sogar ganz unterbleiben kann. Zudem ermöglichen No Code-Anwendungen erheblich beschleunigte Entwicklungen, so dass zeitbezogene Risiken weitgehend verringert werden.

Moderne No Code-Entwicklungsplattformen sehen auch die **Erweiterbarkeit von Anwendungen** vor. So erlauben Schnittstellen und sog. „Software-Development-Kits" (SDKs), dass bei gesteigerten, veränderten Anforderungen oder stark individuellen Anforderungen, die durch No Code-Plattformen nicht abgedeckt werden, No Code-basierte Anwendungen mit zusätzlichem, individuellem Programmcode kombiniert werden.

In Unternehmen, in denen No Code-Plattformen zum Einsatz kommen, sind IT-Abteilungen allerdings nicht vollständig außen vor. Sie sind in der Regel mindestens bei Bezug, Implementierung und Konnektierung der Schnittstellen involviert. Zudem haben IT-Abteilungen häufig ein regulatorisches Interesse, die Entwicklungslandschaft zu überwachen, um das Aufkommen einer sog. Schatten-IT zu verhindern bzw. zu verwalten.

---

22 Vgl. dazu die Studie zum Scheitern von IT-Projekten von Gartner, ERP Implementation: To Avoid Project Failure, Assess the Impact of Change Before Starting Configuration, 2010.

68. PropTech

Heinrich

I. Allgemeines	1	1. Finanzierung und Immobilienbewertung	16
II. Quellenlage	7	2. Planen und Bauen	17
III. Marktentwicklung	10	3. Bewirtschaftung und Vermarktung	20
IV. Finanzierungsarten	14	VI. Ausblick	22
V. Einzelne Bereiche	15		

Literatur: *Bonick*, European PropTech Trends 2020, Februar 2020, abrufbar unter https://static1.squarespace.com/static/5a2931b47131a5d63c8357d3/t/5e5f8bbd9979957341b62aaf/1583320009394/European+PropTech+Trends_EN_web.pdf; *Bundesministerium für Verkehr und digitale Infrastruktur*, Stufenplan Digitales Planen und Bauen, 15.12.2015, abrufbar unter https://www.bmvi.de/SharedDocs/DE/Publikationen/DG/stufenplan-digitales-bauen.html; *v. Ditfurth*, PropTech: Markt und Trends 2019, abrufbar unter https://www2.deloitte.com/de/de/pages/financial-services/articles/proptech-markt-trends-2019.html; *Donati*, The 5 basic things you need to know about ConTech, 24.11.2018, abrufbar unter https://www.forbes.com/sites/angelicakrystledonati/2018/11/24/the-5-basic-things-you-need-to-know-about-contech/?sh=d83d6a543f9f.; *Heinrich*, Eignungs- und Zuschlagskriterien bei BIM-Vergaben, Build-Ing. 01/2019, 54–55; *Kemper*, BIM und HOAI, BauR 2016, 426; *Koenen*, Die BIM-Methode – eine Herausforderung, auch für Baujuristen, IBR 2016, 1072; *Messerschmidt*, BIM – Von der Reformkommission zur Vertragspraxis, Festschrift für Kratzenberg, 2016, S. 131; *Nolan*, Technologie trifft Gebäudesektor – PropTech in Deutschland 2021, abrufbar unter https://blackprintbooster.de/wp-content/uploads/2021/09/mission-proptech-blackprint-seannolan-1.pdf; *Roth*, PropTech Map Juni 2021 – auf dem Weg zur 500er Marke, 5.7.2021, abrufbar unter https://proptech.de/proptech-map-juni-2021-auf-dem-weg-zur-500er-marke/; *Schüppler*, Europa wartet weiter auf sein erstes Proptech-Unicorn, Immobilienzeitung 29/2019, 14; *Statistisches Bundesamt*, Digitale Abwicklung von Immobilienkaufverträgen, 19.12.2019, abrufbar unter https://www.destatis.de/DE/Themen/Staat/Buerokratiekosten/Publikationen/Downloads-Buerokratiekosten/abwicklung-immobilienkaufvertraege.pdf?__blob=publicationFile.

I. Allgemeines

1 PropTech ist eine Begriffsbildung aus dem englischen Begriff **property technology** (property = Immobilie; technology = Technologie). Andere Begriffe für diesen Bereich sind RETech, RealTech oder ConTech.

2 PropTech stellt einen Oberbegriff dar für **moderne und innovative technische Lösungen und Dienstleistungen in der Immobilienbranche**. Der Begriff weist bislang jedoch keine festen Konturen und Abgrenzungen auf, zB zum Bereich → FinTech Rn. 3 ff. (hierzu auch → Rn. 16).

3 Üblicherweise wird der Begriff **weit gefasst** und beinhaltet insbesondere immobilienbezogene Finanzierungslösungen (→ Rn. 16), computerunterstützte Werkzeuge für die Planung und Abwicklung von Bauvorhaben (→ Rn. 17–19), die Immobilienbewirtschaftung einschließlich Smart Home-Lösungen sowie die Vermietung oder den Verkauf von Immobilien (→ Rn. 20 f.). Die angebotenen technischen Lösungen können hard- und/oder softwarebasiert sein. Teilweise werden die Planung und Abwicklung von Bauvorhaben gesondert unter den Begriff ConTech (construction technology) gefasst.[1] Hardwarebasierte Lösungen finden sich insbesondere im Bereich Smart Home, also etwa bei der digitalen und vernetzten Ausführung von Abläufen der Haustechnik. Gängige Lösungen umfassen dabei die Steuerung von Haushaltsgeräten, Licht-, Lüftungs- sowie Klimaanlagen (zB Homematic IP, Bosch Smart Home). Bei softwarebasierten PropTech-Lösungen existiert ein breites Spektrum unterschiedlicher Lösungsansätze: In den Bereichen Finanzierung, Vermietung und Verkauf von Immobilien sind webbasierte Portale bzw. Online-Marktplätze die Regel (zB ImmobilienScout24, Immowelt). In den Bereichen Immobilienverwaltung und -bewirtschaftung sowie bei der Visualisierung und Planung von Bauprojekten sind softwarebezogene Lösungen weit verbreitet. Es handelt sich dabei beispielsweise um Apps oder Programme aus dem Bereich des CAD (computer-aided design) zur rechnerunterstützten Planung und Konstruktion von Bauwerken als 2D- oder 3D-Modelle (zB Allplan, AutoCAD).

---

[1] Donati, The 5 basic things you need to know about ConTech, 24.11.2018, abrufbar unter https://www.forbes.com/sites/angelicakrystledonati/2018/11/24/the-5-basic-things-you-need-to-know-about-contech/?sh=d83d6a543f9f.

Bei PropTech handelt sich um einen global relevanten wirtschaftlichen Sektor, der in den vergangenen Jahren von erheblichem Wachstum und erheblicher digitaler Innovation geprägt ist.

Federführend in diesem Bereich sind insbesondere **Startup-Unternehmen**. Üblicherweise stammen die Protagonisten aufseiten der Startup-Unternehmen nicht aus der Immobilienbranche. Häufig verfolgen Startup-Unternehmen dabei sog. disruptive Lösungsansätze, die tradierte Herangehensweisen des Immobiliensektors infrage stellen.

PropTech-Lösungen richten sich überwiegend an Unternehmen im Business-to-Business-Bereich (B2B) und in geringerem Maße an Endverbraucher im Business-to-Consumer-Bereich (B2C) (→ *B2C und B2B (Geschäftsmodelle)* Rn. 1 ff.).

II. Quellenlage

Der Bereich PropTech als solcher ist bislang durch Wissenschaft und Fachliteratur nicht erschlossen. Auch eine einheitliche Datengrundlage zu den wirtschaftlichen Strukturen dieses Sektors existiert nicht.

Sofern von rechtlicher Relevanz, werden einzelne Themen innerhalb des Bereichs PropTech von den in Betracht kommenden **rechtlichen Spezialdisziplinen** behandelt, zB dem Schuldrecht, dem Gesellschaftsrecht, dem IT-Recht oder dem Gewerblichen Rechtsschutz (→ *Gewerblicher Rechtsschutz* Rn. 1). Berührungspunkte des Bereichs PropTech bestehen insbesondere zu → *Big Data* Rn. 1, → *Blockchain* Rn. 3 ff., → *Cloud Computing* Rn. 2 ff., → *Crowdfunding* Rn. 6 ff., → *Datenzugang* Rn. 4 ff. und → *Smart Contracts* Rn. 5 ff.

Aus dem Bereich der Planung und Abwicklung von Bauvorhaben hat sich die juristische Literatur insbesondere der Methode des **Building Information Modeling (BIM)** (→ Rn. 18 f.), also der digitalen Abwicklung von Planungs- und Bauaufgaben, bei der sämtliche Projektbeteiligte in einer integrierten Software arbeiten, zugewandt.

III. Marktentwicklung

Die verstärkte Digitalisierung in der Immobilienbranche setzte ab den Jahren 2011/2012 ein und dauert seitdem fort. Der Sektor hatte insbesondere in den Jahren **2014 bis 2015** die stärksten Zuwächse zu verzeichnen. Der Begriff PropTech taucht ungefähr im Jahr 2016 auf.

Was das **Investitionsvolumen** (Stand 2020) anbelangt, liegt im europäischen Bereich das Vereinigte Königreich deutlich vor dem DACH-Gebiet Deutschland, Österreich und Schweiz, gefolgt von Frankreich.[2] Im deutschsprachigen Raum wurden in den Jahren 2020 und 2021 jeweils etwa 285 Mio. EUR investiert, wobei mit 26 % anteilsmäßig die größten Investitionen im Bereich „Planen, Bauen und Refurbishment" vorgenommen wurden.[3]

Die Datenlage über die **aktuelle Anzahl** der PropTech-Unternehmen im Gebiet Deutschland, Österreich und Schweiz ist schwankend: Die Angaben reichen von 489[4] Unternehmen bis hin zu 824[5] Unternehmen für das Jahr 2021. Dies mag auch darauf zurückzuführen sein, dass keine festen Kriterien für die Zurechnung eines Unternehmens zu dem PropTech-Sektor existieren.

---

2 Bonick, European PropTech Trends 2020, Februar 2020, abrufbar unter https://static1.squarespace.com/static/5a2931b47131a5d63c8357d3/t/5e5f8bbd9979957341b62aaf/1583320009394/European+PropTech+Trends_EN_web.pdf.
3 Nolan, Technologie trifft Gebäudesektor – PropTech in Deutschland 2021, abrufbar unter https://blackprintbooster.de/wp-content/uploads/2021/09/mission-proptech-blackprint-seannolan-1.pdf.
4 Roth, PropTech Map Juni 2021 – auf dem Weg zur 500er Marke, 5.7.2021, abrufbar unter https://proptech.de/proptech-map-juni-2021-auf-dem-weg-zur-500er-marke/.
5 Nolan, Technologie trifft Gebäudesektor – PropTech in Deutschland 2021, abrufbar unter https://blackprintbooster.de/wp-content/uploads/2021/09/mission-proptech-blackprint-seannolan-1.pdf.

13 Im bundesdeutschen Markt stellt im Jahr 2021 **Berlin** mit 181 PropTechs insgesamt und 4,95 PropTechs pro 100.000 Einwohnern den Standort mit der höchsten PropTech-Dichte dar.[6] Dieser Aspekt ist wahrscheinlich auf die ohnehin hohe Startup-Dichte in der Stadt zurückzuführen.

IV. Finanzierungsarten

14 Die Finanzierung für PropTech-Unternehmen entspricht im Wesentlichen **den bei Startups anzutreffenden Finanzierungsarten**. In Betracht kommen Anschubfinanzierungen aus dem Familienbereich („family and friends") und weitergehende Finanzierungen von Business Angels, zB in Form von Darlehen oder Unternehmensbeteiligungen. Großvolumige und komplexe Finanzierungen (zB Series A-, B- oder C-Finanzierung) erfolgen über Venture Capital-Fonds, bei denen regelmäßig eine Beteiligung an dem jeweiligen Startup die Voraussetzung ist. Teilweise erfolgt die Finanzierung unmittelbar durch Unternehmen aus dem Bereich der Bau- und Immobilienwirtschaft.

V. Einzelne Bereiche

15 PropTech stellt einen nicht fest umrissenen Sammelbegriff für unterschiedliche innovative technische Lösungen mit Bezug zur Immobilienbranche dar. Betrachtet man die einzelnen **Asset-Klassen**, ist festzustellen, dass PropTechs vorrangig im Bereich von Wohnimmobilien, Büroimmobilien und Mixed-Use-Immobilien operieren. Bezogen auf den **Lebenszyklus einer Immobilie** sind dabei insbesondere folgende Bereiche zu unterscheiden: Finanzierung, Planen und Bauen, Bewirtschaftung und Vermarktung.

1. Finanzierung und Immobilienbewertung

16 Der Bereich Finanzierung umfasst ein weites **Spektrum**, das beispielsweise Dienstleistungen von FinTech-Unternehmen (→ *FinTech* Rn. 3 ff.) zur Immobilienfinanzierung (auch auf Crowdfunding-Basis (→ *Crowdfunding* Rn. 5 ff.)), Kreditgeberportale, Marktanalysedaten und Immobilienbewertungen einschließt. Verbreitet in diesem Marktsegment sind Portale, die Standorte oder einzelne Immobilien (teilweise mithilfe von Künstlicher Intelligenz (→ *Künstliche Intelligenz (KI)* Rn. 8 ff.) und Big Data (→ *Big Data* Rn. 1 ff.)) analysieren. Auf diese Weise können beispielsweise Gebäudedaten zu Bausubstanz, Wert der Immobilie, Fläche, Stockwerken, Nutzungsart, Nutzerstruktur und zu eventuellen Risiken (zB Gefährdung des Objekts durch Hochwasser) gewonnen werden.

2. Planen und Bauen

17 Global und auch im deutschsprachigen Raum zeichnete sich in den letzten Jahren **ein starker Fokus** der Investoren auf Startups in der Baubranche ab.[7]

18 Im Bereich Planen und Bauen ist insbesondere das Thema des Building Information Modeling (BIM) von Relevanz.[8] Es handelt sich dabei um eine softwaregesteuerte Methode, bei der Bauherr, Planer und ausführende Bauunternehmen das zu errichtende Objekt zunächst in einem **virtuellen 3D-Datenmodell** bearbeiten. Mittels der BIM-Software lässt sich auf diese Weise der Planungsprozess optimieren und es lassen sich planerische und technische Anforderungen und Qualitäten in das 3D-Modell integrieren. Das virtuelle Modell kann auch um weitere Attribute ergänzt werden, etwa als **4D-Modell** um Angaben zur Bauzeit und zum Bauablauf, als **5D-Modell** um Kostenangaben und als **6D-Modell** um ergänzende Angaben für die Bewirtschaftung (→ Rn. 20 f.; zB für das Facility Management). Der Austausch der

---

[6] Nolan, Technologie trifft Gebäudesektor – PropTech in Deutschland 2021, abrufbar unter https://blackprintbooster.de/wp-content/uploads/2021/09/mission-proptech-blackprint-seannolan-1.pdf.
[7] V. Ditfurth, PropTech: Markt und Trends 2019, abrufbar unter https://www2.deloitte.com/de/de/pages/financial-services/articles/proptech-markt-trends-2019.html.
[8] Bundesministerium für Verkehr und digitale Infrastruktur, Stufenplan Digitales Planen und Bauen, 15.12.2015, abrufbar unter https://www.bmvi.de/SharedDocs/DE/Publikationen/DG/stufenplan-digitales-bauen.html; Messerschmidt FS Kratzenberg, 2016, S. 131–141.

Projektbeteiligten erfolgt dabei entweder über eine einheitliche Softwarelösung (sog. closed BIM) oder über eine einheitliche (IFC-)Datenschnittstelle (sog. open BIM).

Rechtliche Fragestellungen in Zusammenhang mit BIM-Modellen betreffen bei öffentlichen Auftraggebern im Sinne der vergaberechtlichen Regelungen des § 99 GWB die Ausgestaltung des **Vergabeverfahrens**, insbesondere die Festlegung von Eignungs- und Zuschlagskriterien.[9] Hier muss vor allem sichergestellt werden, dass die vom Auftraggeber im Vergabeverfahren aufgestellten Anforderungen mit dem Auftragsgegenstand in Verbindung und zu diesem in einem angemessenen Verhältnis stehen (vgl. § 122 Abs. 4 GWB). Darüber hinaus stellt sich bei BIM-Vertragsmodellen die grundsätzliche Frage der Implementierung von **Mehrparteien-Verträgen** in das Werkvertragsrecht (§§ 631 ff. BGB) und das Bauvertragsrecht (§§ 650a ff. BGB) des BGB sowie der Implementierung von Mehrparteien-Verträgen in die Vergabe- und Vertragsordnung für Bauleistungen – Teil B (VOB/B).[10] Aus planerischer Sicht ist insbesondere die Frage der Vergütung von BIM-Leistungen und deren Verhältnis zur **Honorarordnung für Architekten und Ingenieure (HOAI)** von Bedeutung.[11]

3. Bewirtschaftung und Vermarktung

Im Bereich der Bewirtschaftung ist wiederum eine erhebliche **Bandbreite** an technischen Lösungen festzustellen. Diese umfasst beispielsweise die Digitalisierung des Vermietungs- und Verkaufsprozesses, immobilienspezifische Dokumentationssysteme (zB Vertragsmanagementsysteme zu Mietverträgen, Verträgen mit Dienstleistern (→ *Vertragsmanagement* Rn. 1 ff.); hierzu auch → *Dokumentenautomatisierung* Rn. 4 ff.), die Digitalisierung von Leistungen der Hausverwaltung, Evaluierung des Gebäudebetriebs und Generierung von gebäudespezifischen Datensätzen, Leistungen des Facility Managements und aus dem Bereich des SmartHome. Zu dem Bereich der Vermarktung sind insbesondere die internetbasierten Immobilienplattformen von Immobilienmaklern zu zählen.

Im Bereich Vermietungen und sonstige **formlos abschließbare Verträge** ist die Digitalisierung der Vertragsanbahnung und des -abschlusses, zB durch den Einsatz von digitalen Signaturen, rechtlich möglich (→ *Smart Contracts* Rn. 5 f.). Bestrebungen bestehen – nicht zuletzt auch in Anbetracht der COVID-19-Pandemie –, auch **Immobilientransaktionen** zu digitalisieren.[12] Allerdings verlangt § 311b BGB für die Eigentumsübertragung von Immobilien die Beurkundung durch einen Notar (→ *Notar* Rn. 1 ff.), wobei nach der bestehenden Rechtslage die persönliche Anwesenheit der Parteien oder entsprechend bevollmächtigter Vertreter notwendig ist.

VI. Ausblick

Nachdem der deutsche Markt für PropTechs seit den Jahren 2011/2012 von einem steten Wachstum geprägt war, setzt seit dem Jahr 2017 eine **Phase der Konsolidierung** ein.[13] Zum jetzigen Zeitpunkt steht eine Evaluation noch aus, ob und inwiefern PropTechs in der Lage sein werden, den deutschen Immobilien- und Baubereich nachhaltig zu beeinflussen – dies auch vor dem Hintergrund, dass dieser Sektor allgemein von einem relativ geringen Grad der Digitalisierung sowie Bereitschaft zur Digitalisierung geprägt ist. Zumindest im europäischen Bereich steht das erste sog. **PropTech-Unicorn**, also ein Startup, das mit mindestens einer Milliarde USD bewertet wird, noch aus.[14]

---

9 Heinrich Build-Ing. 01/2019, 54–55; Vergabekammer Westfalen Beschl. v. 7.3.2019 – VK 1–4/19, IBR 2019, 342.
10 Koenen IBR 2016, 1072.
11 Kemper BauR 2016, 426–428.
12 Statistisches Bundesamt, Digitale Abwicklung von Immobilienkaufverträgen, 19.12.2019, abrufbar unter https://www.destatis.de/DE/Themen/Staat/Buerokratiekosten/Publikationen/Downloads-Buerokratiekosten/abwicklung-immobilienkaufvertraege.pdf?__blob=publicationFile.
13 Nolan, Technologie trifft Gebäudesektor – PropTech in Deutschland 2021, abrufbar unter https://blackprintbooster.de/wp-content/uploads/2021/09/mission-proptech-blackprint-seannolan-1.pdf.
14 Schüppler Immobilienzeitung 29/2019, 14.

69. Prozessfinanzierung

Kerstges

I. Grundlagen 1	c) (Sicherungs-)Abtretung der Forderung 24
1. Die Kosten der Rechtsdurchsetzung 2	d) Regelung zu (Prozess-)Vergleichen 25
2. Der wirtschaftliche Wert der Rechtsposition 5	e) Sonstiges 27
3. (Echtes) Factoring als Grundmodell des Massengeschäfts mit Rechtspositionen 6	**IV. Zulässigkeit der Prozessfinanzierung** 28
	1. Erlaubnispflichtigkeit gem. § 8 VAG 29
II. Die Prozessfinanzierung 7	2. Erlaubnispflichtigkeit gem.
1. Begriff und Konstrukt der Prozessfinanzierung .. 7	§ 32 Abs. 1 S. 1 KWG 30
2. Die klassische Prozessfinanzierung als Nischenprodukt 8	3. Sittenwidrigkeit zulasten des Beklagten 31
3. Legal Tech und die Inkasso-Prozessfinanzierung als Massengeschäft 9	4. Grenzen des anwaltlichen Berufsrechts 32
a) Legal Tech 10	a) Erfolgshonorarvereinbarungen 33
b) Rechtliche Faktoren 11	b) Übernahme von Prozesskosten 34
aa) Stärkung der Verbraucherrechte auf materiellrechtlicher Ebene 11	c) Beteiligung von Anwälten an Prozessfinanzierungsunternehmen 35
bb) Eigenheiten des deutschen Rechtsdienstleistungsrechts und die „Flucht in die Inkassolizenz" 12	5. Erlaubnispflichtigkeit nach dem RDG 36
	6. Reichweite der Inkassolizenz gem. § 10 Abs. 1 S. 1 Nr. 1 RGD 38
c) Gesellschaftliche Faktoren 14	7. Unzulässigkeit gem. § 4 RDG 41
III. Der Prozessfinanzierungsvertrag 18	8. Finanzierung von Verbandsklagen 42
1. Rechtsnatur 18	a) Gewinnabschöpfungsklage 43
2. Typische Regelungsinhalte und vertragsrechtliche Grenzen 20	b) EU-Verbandsklage-RL 44
a) Kostenübernahme 20	**V. Grenzüberschreitende Prozessfinanzierung** 45
b) Vergütung (Quote der Erlösbeteiligung) 22	1. Das auf den Prozessfinanzierungsvertrag anwendbare Recht 46
	2. Zessions- und Forderungsstatut 48
	3. Räumlicher Anwendungsbereich des RDG 50

Literatur: *Augenhofer,* Die neue Verbandsklagen-Richtlinie – effektiver Verbraucherschutz durch Zivilprozessrecht?, NJW 2021, 113; *Bruns,* Das Verbot der quota litis und die erfolgshonorierte Prozeßfinanzierung, JZ 55 (2000), 232; *Buschbell,* Prozessfinanzierung als Instrument der Anspruchsverfolgung, AnwBl. 2006, 825; *Frechen/Kochheim,* Fremdfinanzierung von Prozessen gegen Erfolgsbeteiligung, NJW 2004, 1213; *Fries,* Recht als Kapital, AcP 221 (2021), 108; *Fritzsche/Schmidt,* Eine neue Form der Versicherung?, NJW 1999, 2998; *Grunewald,* Prozessfinanzierungsvertrag mit gewerbsmäßigem Prozessfinanzierer – ein Gesellschaftsvertrag, BB 2000, 729; *Hähnchen/Schrader/Weiler/Wischmeyer,* Legal Tech – Rechtsanwendung durch Menschen als Auslaufmodell?, JuS 2020, 625; *Hartung,* Legal Tech Sandboxes – Perspektive aus dem „Maschinenraum", RDi 2021, 421; *Hartung,* Noch mal: Klagen ohne Risiko – Prozessfinanzierung und Inkassodienstleistung aus einer Hand als unzulässige Rechtsdienstleistung?, BB 2017, 2825; *Hartung/Weberstaedt,* Die Beteiligung von Anwälten an Prozessfinanzierern, AnwBl. 2015, 840; *Henssler,* Aktuelle Praxisfragen anwaltlicher Vergütungsvereinbarungen, NJW 2005, 1537; *Henssler,* Prozessfinanzierende Inkassodienstleister – Befreit von den Schranken des anwaltlichen Berufsrechts?, NJW 2019, 545; *Hoffmann,* Gewerbliche Prozessfinanzierung in internationalen Investitionsschiedsverfahren, 2018; *Homberg,* Erfolgshonorierte Prozessfinanzierung, 2006; *Kerstges,* Funktionale Sammelklagen durch Inkassodienstleister als Motor der Prozessökonomie in Verbraucherstreitigkeiten?, GVRZ 2020, 15; *Kerstges,* Brexit, Auslandsgesellschaften und die BRAO-Reform, AnwBl. 2021, 116; *Kerstges,* Sammelklagen-Inkasso bei Schweizer Ansprüchen: Wie viel RDG lässt das IPR zu?, AnwBl. Online 2021, 347; *Kilian,* Die Zukunft der Juristen, NJW 2017, 3043; *Kilian,* Das Verbot der Finanzierung fremder Rechtsverfolgungskosten, NJW 2010, 1845; *v. Lewinski/Kerstges,* Interessenkonflikte zwischen der Tätigkeit als Prozessfinanzierer und Inkassounternehmen im Lichte des § 4 RDG, ZZP 2019, 177; *Lieberknecht,* Die materiell-rechtliche Ersatzfähigkeit von Kosten der Prozessfinanzierung, NJW 2022, 3318; *Loschelder,* Prozessfinanzierung bei Gewinnabschöpfungsansprüchen unzulässig, GRUR-Prax 2018, 534; *Maubach,* Gewerbliche Prozessfinanzierung gegen Erfolgsbeteiligung, 2002; *Morell,* Rage against the machine: Verstößt Legal-Tech-Inkasso gegen das Rechtsdienstleistungsverbot?, WM 2019, 1822; *Römermann/Günther,* Legal Tech als berufsrechtliche Herausforderung, NJW 2019, 551; *Scherer,* Gewerbliche Prozessfinanzierung, VuR 2020, 83; *Siebert-Reimer,* Der Anspruch auf Erstattung der Kosten der Prozessfinanzierung, 2017; *Tonner,* Aktuelle Entwicklungen im Flug- und Fahrgastrecht, VuR 2010, 209; *Wehling,* Finanzierung von Zivilverfahren, 2009.

I. Grundlagen

„Wenn du im Recht bist, kannst du es dir leisten, die Ruhe zu bewahren." Diese oftmals (aber wohl fälschlicherweise) Mahatma Ghandi zugeschriebene Aussage[1] mag für viele Lebenslagen ein guter Ratschlag sein. Besteht das „Recht" allerdings in einer zivilrechtlichen Forderung, drängt sich eher die Frage auf: Kannst du es dir leisten, zu klagen, bevor dein Anspruch verjährt? 1

1. Die Kosten der Rechtsdurchsetzung

Gerichtsverfahren sind teuer. Im deutschen Zivilprozessrecht gilt gem. § 91 Abs. 1 S. 1 ZPO zwar der Grundsatz, dass die unterlegene Partei die Kosten des Rechtsstreits trägt. Für den (potenziellen) Kläger ist dies aber zunächst nicht viel mehr als eine Taube auf dem Dach. Vorschüsse für Gerichtskosten und den eigenen Rechtsanwalt werden regelmäßig schon vor Klageerhebung fällig.[2] Hinzu kommen die **Risiken** des (zumindest teilweisen) Unterliegens im Prozess und der abweichenden Kostenentscheidung sowie nicht zuletzt das Risiko der Insolvenz des Beklagten. Selbst wenn sich keines dieser Risiken realisiert, bleibt der Prozess für den Kläger nur dann kostenneutral, wenn er mit dem eigenen Rechtsanwalt keine höhere als die gesetzliche Vergütung vereinbart hat und ihm keine **Opportunitätskosten** mit Blick auf das für die Dauer der Rechtsdurchsetzung gebundene Kapital entstanden sind.[3] 2

Der Erhebung einer Klage geht daher regelmäßig (jedenfalls in vermögensrechtlichen Angelegenheiten) eine **wirtschaftliche Abwägung** von Kosten, Nutzen und Risiken voraus.[4] Das BVerfG hat dazu in der Erfolgshonorar-Entscheidung erkannt: „Nicht wenige Betroffene werden das Kostenrisiko aufgrund verständiger Erwägungen scheuen und daher von der Verfolgung ihrer Rechte absehen."[5] 3

Das deutsche Recht kennt verschiedene Instrumente, die es dem Gläubiger und potenziellen Kläger ermöglichen, sein Kostenrisiko und seine Vorschusslast zu senken. Eines dieser Instrumente ist die **Prozessfinanzierung**.[6] 4

2. Der wirtschaftliche Wert der Rechtsposition

Der finanziellen Last und dem Risiko der Rechtsdurchsetzung steht der wirtschaftliche Wert der Rechtsposition als Inhaber einer vermögensrechtlichen Forderung gegenüber. Dieser wirtschaftliche Wert entspricht auch im Fall einer auf Geldzahlung gerichteten Forderung nicht dem Nominalwert der Forderung. Er ist geringer und berechnet sich anhand des Nominalwertes unter Berücksichtigung der Realisierungswahrscheinlichkeit, der Realisierungskosten, der Forderungslaufzeit (bzw. Realisierungsdauer) und der Bonität des Schuldners.[7] Da diese Faktoren allesamt **dynamisch** sind, unterliegt der wirtschaftliche Wert einer Forderung Veränderungen. Mit einer Steigerung des Kapitals des Gläubigers etwa geht typischerweise eine erhöhte Realisierungswahrscheinlichkeit einher.[8] Dementsprechend kann auch der Wechsel der Inhaberschaft 5

---

1 Ob Ghandi diese Aussage tatsächlich getätigt hat, ist ungewiss. Ursprünglich stammt sie jedenfalls aus George H. Lorimer, Letters from a self-made merchant to his son, 1903, S. 83: „Remember that when you're in the right you can afford to keep your temper, and that when you're in the wrong you can't afford to lose it."
2 Zu dieser Rechtsdurchsetzungshürde, die nicht nur Verbraucher, sondern auch kleine und mittlere Unternehmen betreffen kann, vgl. auch Scherer VuR 2020, 83.
3 Dazu auch Lieberknecht NJW 2022, 3318 (3319 f.).
4 Zu weiteren Abwägungsfaktoren → Rn. 5.
5 BVerfG Beschl. v. 12.12.2006 – 1 BvR 2576/04, NJW 2007, 979 (984).
6 Auf die anderen Instrumente wird im Folgenden nur am Rande eingegangen. Zu nennen sind insoweit insbesondere die Rechtsschutzversicherung und Erfolgshonorarvereinbarungen.
7 Die Bonität des Schuldners kann auch (neben dem Risiko des Prozessverlustes) als Unteraspekt der Realisierungswahrscheinlichkeit verstanden werden.
8 Die Realisierungswahrscheinlichkeit erhöht sich, weil das Risiko sinkt, auf die Durchsetzung einer streitigen Forderung aus finanziellen Gründen verzichten oder diese abbrechen zu müssen.

den wirtschaftlichen Wert einer Rechtsposition beeinflussen – oder anders gewendet: der wirtschaftliche Wert ist zu einem gewissen Grad relativ.[9]

3. (Echtes) Factoring als Grundmodell des Massengeschäfts mit Rechtspositionen

6 Dass sich Märkte entwickeln, die den Handel mit Rechtspositionen zum Gegenstand haben, ist deshalb naheliegend. Schon Mitte des 20. Jahrhunderts sind in Deutschland die ersten Factoring-Institute in Erscheinung getreten. Mittlerweile ist das Factoring ein Konzept von erheblicher volkswirtschaftlicher Relevanz.[10] Das Grundprinzip des (echten) Factorings ist ein simpler **Forderungskauf**. Der Vorteil für den Forderungsverkäufer besteht in erster Linie in der Verringerung der Forderungslaufzeit.[11] Zwar werden dem Forderungsverkäufer in rechtlicher Hinsicht auch das Realisierungsrisiko, die Realisierungskosten und das Insolvenzrisiko des Schuldners abgenommen. Dies fällt wirtschaftlich aber weniger ins Gewicht, da ein Factoring-Institut regelmäßig ohnehin nur solche Forderungen kaufen wird, die unstreitig, einredefrei und gegen einen Schuldner mit ausreichender Bonität bestehen. Typischer Anwendungsfall sind Forderungen aus einseitig erfüllten Warenlieferungsverträgen. Die Divergenz zwischen dem Nominalwert und dem wirtschaftlichen Wert der Forderung ist in diesen Fällen gering. Entsprechend gering ist auch die Marge des Factoring-Instituts pro Forderung, weshalb die Rentabilität dieses Geschäftsmodells erhebliche **Skaleneffekte** voraussetzt. Üblicherweise wird daher ein Rahmenvertrag zwischen dem Factoring-Institut und dem Kunden geschlossen mit dem Ziel, eine möglichst große Zahl ähnlich gelagerter Forderungen zu verkaufen. Das funktioniert freilich nur, wenn der Kunde Inhaber einer hinreichenden Menge an Forderungen ist, was praktisch ausschließlich bei Unternehmern der Fall ist. Der Kunde profitiert im Rahmen des Factorings dann von den typischerweise damit einhergehenden Service-Leistungen[12] und der Finanzierungsfunktion des planmäßigen und strukturierten Verkaufes von Forderungsbündeln.[13] Das Factoring wird damit im Idealfall zu einem in den Betrieb des Unternehmens integrierten Prozess.

II. Die Prozessfinanzierung

1. Begriff und Konstrukt der Prozessfinanzierung

7 Mit der Prozessfinanzierung trat Ende der 1990er Jahre[14] dann ein weiteres Geschäftsmodell auf den Plan, das darauf abzielt, durch eine Beteiligung am wirtschaftlichen Wert von Rechtspositionen Profit zu erzielen. **Geschäftsgrundlage** ist auch insoweit die Divergenz zwischen dem Nominalwert und dem wirtschaftlichen Wert von Geldforderungen. Eine Prozessfinanzierung ist typischerweise dadurch gekennzeichnet, dass der Prozessfinanzierer sich gegenüber dem Anspruchsgläubiger und potenziellen Kläger verpflichtet, die gesamten Verfahrenskosten zu tragen. Im Gegenzug erhält der Prozessfinanzierer im Fall des Obsiegens eine erfolgsabhängige Erlösbeteiligung, die üblicherweise zwischen 20 und 50 % liegt

---

9 Ähnlich Fries AcP 221 (2021), 108 (111); das gilt umso mehr hinsichtlich des Wertes anderer Rechtspositionen als Geldforderungen, wie etwa der Inhaberschaft einer Marke, eines Patents oder eines Urheberrechts, da insoweit auch die tatsächlichen Nutzungs- und Kapitalisierungsmöglichkeiten zu berücksichtigen sind.
10 2021 betrug das Volumen der durch Factoring-Institute in Deutschland angekauften Forderungen 8,7 % des deutschen Bruttoinlandsproduktes, vgl. Deutscher Factoring-Verband e.V., Jahresbericht, 2021, abrufbar unter https://www.factoring.de/sites/default/files/JB%202021.pdf, S. 8.
11 Dazu passt der Befund, dass die Factoring-Quote im Verhältnis zum BIP vor allem in den Ländern höher ist als in Deutschland, in denen im Durchschnitt längere Forderungslaufzeiten zu erwarten sind, vgl. dazu Steidte-Megerlin, Rechtsdienstleistungen durch Factoringinstitute, 2019, S. 60 f.
12 Zu dieser Dienstleistungsfunktion des Factorings Homberg, Erfolgsorientierte Prozessfinanzierung, 2006, S. 45.
13 Steidte-Megerlin, Rechtsdienstleistungen durch Factoringinstitute, 2019, S. 38, stellt fest: „Factoring gehört mittlerweile in Europa zu einem der bedeutendsten alternativen Finanzierungsinstrumente für mittelständische Unternehmen."
14 Die erste Prozessfinanziererin auf dem deutschen Markt war die 1996 gegründete Foris AG, vgl. dazu Mohr, Hilfe beim Streit um Omas Erbe, F.A.Z. v. 13.6.1998, S. 19; laut der Kurzbeschreibung des Buches „Das Recht und sein Preis – Der Fall Foris" von L. Müller-Güldemeister war die Foris AG sogar „das erste Unternehmen weltweit, das planmäßig Gerichtsprozesse gegen Erfolgsbeteiligung finanziert".

(→ Rn. 22 f.).¹⁵ Ist die Prozessfinanzierung ein auf Dauer angelegtes und mit Gewinnerzielungsabsicht betriebenes Geschäft, wird auch von gewerblicher Prozessfinanzierung gesprochen. Im Folgenden ist mit Prozessfinanzierung ausschließlich ebendiese gemeint. Denkbar – wenngleich in der Praxis wohl erheblich seltener – ist auch eine Prozessfinanzierung des Beklagten (dazu auch → Rn. 31).

2. Die klassische Prozessfinanzierung als Nischenprodukt

Anders als beim Factoring steht bei der klassischen Prozessfinanzierung nicht das hochskalierbare Massengeschäft mit unbestrittenen Forderungen im Vordergrund. Vielmehr geht es dabei um Forderungen, bei denen die Divergenz zwischen Nominalwert und wirtschaftlichem Wert (jedenfalls für den Forderungsinhaber) aufgrund der Rechtsdurchsetzungshürden besonders hoch ist. Das trifft typischerweise auf Forderungen zu, die nicht nur streitig, sondern in rechtlicher und/oder tatsächlicher Hinsicht so komplex sind, dass sie einer intensiven einzelfallbezogenen Behandlung seitens des Prozessfinanzierers bedürfen. Da eine Skalierung durch die gebündelte Behandlung einer Vielzahl von Forderungen also mangels hinreichender Gleichartigkeit ausscheidet, muss der Prozessfinanzierer eine **höhere Marge pro Forderung** erzielen. Profitabel sind mit Blick auf die erfolgsorientierte Vergütung des Prozessfinanzierers (→ Rn. 22) deshalb nur Forderungen mit einem **hohen Nominalwert**, regelmäßig mindestens im sechsstelligen Bereich.¹⁶ Hinzu kommt, dass das vom Finanzierer übernommene Prozesskostenrisiko bei höheren Streitwerten prozentual geringer ist.¹⁷ Auch für den Forderungsinhaber ist die Prozessfinanzierung attraktiver, je höher der Streitwert ist, da in diesen Fällen das aus seiner Sicht regelmäßig maßgebliche absolute Prozesskostenrisiko höher ist und die Durchsetzung der Forderung eine höhere Kapitalbindung bedeuten würde. Aufgrund dieser Faktoren ist die Menge der für eine klassische Prozessfinanzierung in Betracht kommenden Forderungen deutlich geringer als etwa beim (echten) Factoring. Andererseits ist die Prozessfinanzierung deshalb schon ihrem Wesen nach nicht auf Ansprüche aus dem unternehmerischen Verkehr beschränkt, sondern bietet sich gerade auch für speziell gelagerte Ansprüche von Privatpersonen an.¹⁸ Insgesamt war und ist die klassische Prozessfinanzierung in Deutschland aber ein Nischenprodukt mit geringer Breitenwirkung.¹⁹

3. Legal Tech und die Inkasso-Prozessfinanzierung als Massengeschäft

Neben der soeben skizzierten klassischen Prozessfinanzierung konnten sich in den letzten Jahren Geschäftsmodelle am deutschen Markt etablieren, die im Folgenden unter dem Begriff „**Inkasso-Prozessfinanzierung**" zusammengefasst werden (dazu auch → *Inkassodienstleistungen* Rn. 1 f.). Auf dem bestehenden Grundkonstrukt (→ Rn. 7 f.) aufbauend wurden neue Konzepte erarbeitet, die Forderungsdurchsetzung zu bündeln. Dadurch konnten Lebensbereiche als Anwendungsfelder erschlossen werden, die für die klassische Prozessfinanzierung nicht attraktiv sind. Aufgrund der durch die **Bündelung** erzielbaren **Skaleneffekte** kann es nun rentabel sein, die Durchsetzung von Forderungen mit wesentlich geringerem Nominalwert zu finanzieren (siehe auch → *Rechtsanwalt, Monopol* Rn. 40). Ermöglicht wurde diese Entwicklung durch technische, rechtliche und gesellschaftliche Faktoren, die in Wechselbeziehung zueinander stehen.

---

15 Vgl. dazu etwa die Übersicht über Prozessfinanzierer in Deutschland bei AnwBl Online 2021, 223.
16 Wie die Übersicht in AnwBl Online 2021, 223, zeigt, hat sich dies bis heute nicht grundlegend verändert, wenngleich einzelne Anbieter klassische Prozessfinanzierungen auch bei geringeren Streitwerten anbieten.
17 Bei einem Prozess mit einem Streitwert von 20.000 EUR, der über zwei Instanzen (ohne vorherige außergerichtliche Vertretung) geführt wird, beträgt das Prozesskostenrisiko, wenn der eigene Anwalt nach RVG vergütet wird, ca. 13.000 EUR, also 65 %. Bei einem entsprechenden Prozess mit einem Streitwert von 200.000 EUR beträgt das Prozesskostenrisiko ca. 41.500 EUR, also 20,75 ‰; dazu auch Homberg, Erfolgshonorierte Prozessfinanzierung, 2006, S. 10.
18 Gegenstand einer der ersten Prozesse, den die Foris AG Ende der 1990er Jahre finanziert hat, war der Anspruch auf Auszahlung der Versicherungssumme einer Risikolebensversicherung, vgl. Müller-Güldemeister, Das Recht und sein Preis, 2005, S. 75.
19 Kilian AnwBl 2012, 244 (245).

a) Legal Tech

10 Die Gesamtheit der technischen Faktoren kann entsprechend dem Titel dieses Gesamtwerkes mit dem Schlagwort Legal Tech bezeichnet werden. Gemeint sind damit einerseits **Software-Entwicklungen** speziell im und für den Bereich der Rechtsdienstleistungsbranche, aber auch die Auswirkungen der fortschreitenden Digitalisierung im Allgemeinen, die auf alle Lebensbereiche inklusive des Rechtsdienstleistungsmarktes und der Rechtspflege ausstrahlen. Im Hinblick auf die Prozessfinanzierung spielt dies zunächst bei der **Kundenakquise** eine Rolle. Gezieltes Keyword-Advertising und Mikrotargeting ermöglichen es, mit einem moderaten Kostenaufwand die Inhaber bestimmter Forderungen anzusprechen.[20] So kann ein Prozessfinanzierer, der sich auf die Durchsetzung von Fluggastrechten spezialisiert, etwa Social-Media-Werbung schalten, die dann Nutzer angezeigt bekommen, die zuvor die Begriffe „Verspätung" und „Flug" in eine Suchmaschine eingeben und daraufhin einschlägige Websites angeklickt haben. Neben dieser im Vergleich zur analogen Werbung deutlich erhöhten Treffgenauigkeit bietet das digitale Marketing die Möglichkeit, die Hemmschwelle des Kunden erheblich zu senken. Für die Durchsetzung eines möglicherweise bestehenden Anspruches in Höhe von 100 EUR die Zeit (und das Geld) aufzuwenden, einen Anwalt aufzusuchen, ist aus Sicht eines Durchschnittsverdieners kaum rational und setzt fast schon eine querulatorische Neigung voraus. Anders verhält es sich, wenn lediglich ein paar Minuten Zeit erforderlich sind, um eine Eingabemaske auf dem Smartphone oder dem PC auszufüllen.[21] An dieser Stelle gehen Legal Tech im weiteren Sinne und im engeren Sinne fließend ineinander über. Denn die zeit- und **kostentechnisch niedrigschwellige Vorprüfung** etwaig bestehender Ansprüche wird durch Software ermöglicht, die das Bestehen bestimmter Tatbestandsvoraussetzungen zu einem gewissen Grad automatisiert abfragen kann (zu den rechtlichen Faktoren, die dies begünstigen → Rn. 11 ff.). Außerdem erlaubt die fortschreitende Technologisierung der Rechtsdienstleistungstätigkeit, Arbeitsprozesse im Zusammenhang mit der Durchsetzung von Forderungen (wie etwa das Erstellen von Schriftsätzen[22]) zu standardisieren.[23]

b) Rechtliche Faktoren

aa) Stärkung der Verbraucherrechte auf materiellrechtlicher Ebene

11 Die Technisierung der Rechtsdurchsetzung, die dem Modell der Inkasso-Prozessfinanzierung den Weg bereitet hat, wurde durch rechtliche Umstände begünstigt – insbesondere durch bestimmte Maßnahmen des Verbraucherschutzes auf materiellrechtlicher Ebene. Denn die automatisierte (Vor-)Prüfung zivilrechtlicher Ansprüche und auch die Standardisierung von Arbeitsprozessen im Rahmen der Rechtsdurchsetzung lassen sich vornehmlich dort umsetzen, wo der Gesetzgeber die anspruchsbegründenden Tatsachen klar definiert hat und es wertungsbedürftigen Abwägungsentscheidungen durch den Rechtsanwender kaum bis gar nicht bedarf.[24] Paradebeispiele sind die unionsrechtlich vorgesehenen **Entschädigungsansprüche** bei Flug- oder Bahnverspätungen.[25] Ähnlich engmaschig determiniert, wenn auch feingliedriger hinsichtlich der einzelnen Voraussetzungen konstruiert sind die Ansprüche von Mietern im Zusammenhang mit der sog.

---

20 Dazu auch Kilian NJW 2017, 3043 (3048 f.); Fries AcP 221 (2021), 108 (110 ff.).
21 Hartung RDi 2020, 421 (422); die Eingabemasken der (mittlerweile zahlreichen) Unternehmen, die sich auf die Durchsetzung von Fluggastrechten spezialisiert haben, sind etwa mit den Flugdaten sämtlicher relevanter Airlines verknüpft; flightright gibt an, über eine selbstprogrammierte Datenbank zu verfügen, die über 80 Millionen Datensätze erfasst und neben Flugdaten auch Informationen zu Streiks, Wetterangaben und Rechtsprechung enthält, https://www.flightright.de/ueber-uns.
22 Gegen das Beispiel mag eingewandt werden, dass das Erstellen von Schriftsätzen eine originäre Aufgabe des Rechtsanwalts und gerade nicht des Prozessfinanzierers ist. Allerdings ist es üblich (und das gilt sowohl für die klassische als auch für die neuartigeren Formen der Prozessfinanzierung), dass die Rechtsabteilung des Prozessfinanzierers maßgeblich an der Erstellung der Schriftsätze mitwirkt.
23 Im Kontext der „Sammelklagen" der financialright GmbH gegen den Volkswagen-Konzern Römermann NJW 2019, 551.
24 Hähnchen/Schrader/Weiler/Wischmeyer JuS 2020, 625 (627).
25 Überblick dazu bei Tonner VuR 2010, 209.

Mietpreisbremse. Dass die Wiege der Inkasso-Prozessfinanzierung gerade in diesen Bereichen liegt,[26] ist also kein Zufall. Denn hier findet sich die Schnittmenge aus simpel strukturiertem Recht einerseits und Anspruchsinhabern, die auch bei guten Erfolgsaussichten oft vor dem Kostenrisiko und dem Aufwand einer Rechtsdurchsetzung zurückschrecken (→ Rn. 14 f.)[27] andererseits.

bb) Eigenheiten des deutschen Rechtsdienstleistungsrechts und die „Flucht in die Inkassolizenz"

Obgleich zwischen den Geschäftsmodellen, die hier als Inkasso-Prozessfinanzierung bezeichnet werden, Unterschiede bestehen, weisen sie Parallelen auf, die auf bestimmte Ausgestaltungen des deutschen Rechtsdienstleistungsrechts zurückzuführen sind. 12

So durften Rechtsanwälte seit 2008 zwar **Erfolgshonorare** vereinbaren, allerdings nur unter den Voraussetzungen des § 4a RVG (aF), insbesondere also nur im Einzelfall.[28] Die Prozessfinanzierung war Rechtsanwälten bis 2021 sogar gänzlich verboten und ist es auch heute noch weitgehend (→ Rn. 34 f.).[29] Das Angebot einer „**Null-Risiko-Rechtsdurchsetzung**" seitens des Rechtsanwalts scheidet also aus. Für die klassische Prozessfinanzierung war und ist dies kein Hindernis. Der Forderungsinhaber sucht sich in der Regel den Anwalt aus, trifft eine Honorarvereinbarung (oder auch nicht) und der Finanzierer verpflichtet sich gegenüber dem Forderungsinhaber zur Übernahme der Kosten. Während des Verfahrens stimmen sich Finanzierer, Forderungsinhaber und Rechtsanwalt untereinander ab. Bei der auf das Massengeschäft ausgerichteten Inkasso-Prozessfinanzierung ist diese Vorgehensweise aus Sicht des Finanzierers indes unpraktikabel. Denn die effizienzsteigernden Synergieeffekte lassen sich ebenso wie die Standardisierung der Rechtsdurchsetzungsprozesse kaum verwirklichen, wenn 20.000 Fälle von ebenso vielen unterschiedlichen Anwälten bearbeitet werden und die Kommunikation mit dem jeweiligen Anwalt noch dazu über den Forderungsinhaber als Mandant des Anwalts vermittelt werden muss.[30] Die Lösung der Prozessfinanzierer besteht darin, sich die Forderungen ihrer Kunden abtreten zu lassen[31] und diese dann im eigenen Namen geltend zu machen und ggf. gerichtlich durchzusetzen. Darin liegt der für die **Bündelung** zentrale Vorgang. Ein echter Forderungskauf scheidet insoweit allerdings aus, da der Prozessfinanzierer dem Kunden zwar das Kostenrisiko für die Rechtsdurchsetzung abnehmen will, anders als beim echten Factoring nicht aber das Realisierungs- bzw. Ausfallrisiko. Die Forderungsdurchsetzung erfolgt aus Sicht des Finanzierers daher zwar in eigenem Namen, aber auf fremde Rechnung und stellt deshalb gem. der unwiderleglichen Vermutung des § 2 Abs. 2 S. 1 RDG eine Rechtsdienstleistung im Sinne des RDG dar. Gem. § 3 RDG bedarf die Erbringung von Rechtsdienstleistungen eines speziellen Erlaubnistatbestandes (näher → Rn. 36 f.). Die Zulassung zur Rechtsanwaltschaft begründet zwar gem. § 3 Abs. 1 BRAO einen solchen Erlaubnistatbestand, scheidet als Grundlage für das Geschäftsmodell der Prozessfinanzierer jedoch aufgrund der eben genannten Restriktionen des anwaltlichen Berufsrechts aus. Deshalb haben sich die Prozessfinanzierer als RDG-Inkassodienstleister registriert, um ihre Tätigkeit auf den **Erlaubnistatbestand** des § 10 Abs. 1 S. 1 Nr. 1 RDG stützen zu können. Das ist insofern naheliegend, als die Tätigkeit gerade wegen des Inkassobegriffes des RDG erlaubnispflichtig ist. Anderseits weicht das Leistungsportfolio von flightright, myright, wenigermiete.de und Co. Deutlich von dem ab, was gemeinhin unter Inkassodienstleistungen verstanden wird. Hinzu kommen Bedenken hinsichtlich einer gezielten Umgehung der Vorschriften des anwaltlichen Berufsrechts. Über die Zulässigkeit der Inkasso-Prozessfinanzierung entfachte sich ein breit geführter Meinungsstreit (→ Rn. 38 ff.) und die „Flucht in die Inkassolizenz" wurde zum geflügelten Wort.[32] 13

---

26 Die Plattform flightright, die sich auf die Durchsetzung von Ansprüchen aus der Fluggastrechte-VO spezialisiert hat, gilt als Pionier auf dem Gebiet der Verbraucherprozessfinanzierung, wenngleich die Konkurrenz freilich stetig zunimmt.
27 Zu den Ausprägungen und Ursachen dieser „Konfliktscheu" bei Verbrauchern und strukturell vergleichbaren Personen vgl. Fries, Verbraucherrechtsdurchsetzung, 2016, S. 36 ff.
28 Vgl. § 49b Abs. 2 S. 1 BRAO iVm § 4a Abs. 1 RVG aF.
29 Vgl. § 49b Abs. 2 S. 2 BRAO aF.
30 Dazu auch Kerstges GVRZ 2020, 15 (16 f.).
31 Eine Forderungsabtretung findet typischerweise auch bei der klassischen Prozessfinanzierung statt. Dort allerdings im Wege einer stillen Zession als Sicherheit (→ Rn. 24).
32 Erstmalige Verwendung wohl: Gesetzentwurf der FDP-Fraktion zur Modernisierung des Rechtsdienstleistungsrechts v. 18.4.2019, BT-Drs. 19/9527, 9.

c) Gesellschaftliche Faktoren

14 Dass Modelle der Inkasso-Prozessfinanzierung sich einer offensichtlich starken Nachfrage in den letzten Jahren erfreuen können, ist neben den neuen Möglichkeiten der Kundenakquise infolge der Digitalisierung vor allem auch einigen gesellschaftlichen Faktoren geschuldet. Der Kundenkreis, auf den sich diese Prozessfinanzierer in erster Linie fokussieren, besteht aus Verbrauchern und anderen Personengruppen (wie Mietern), die regelmäßig von der klageweisen Durchsetzung ihrer Rechte absehen. Die Gründe dafür sind vielfältig.[33] Einige davon sind: mangelnde Rechtskenntnis, geringe finanzielle Risikobereitschaft und die Aversion gegen die mit einem Gerichtsverfahren verbundenen emotionalen und zeitlichen Belastungen. Letzteres gilt umso mehr im Hinblick auf die **Durchsetzung geringerwertiger Forderungen**.[34] Für die Durchsetzung höherer Forderungen kann es auch schlicht an der erforderlichen finanziellen Leistungsfähigkeit (→ Rn. 2) fehlen.

15 Diese Umstände, die unter dem Begriff **„Zugang zum Recht"** diskutiert werden, führen dazu, dass die Anreize für die Vertragspartner von Verbrauchern und Mietern, ihren gesetzlichen oder vertraglichen (Zahlungs-)Pflichten nachzukommen, tendenziell gering sind. In dem Wissen, dass der Anspruchsteller mit großer Wahrscheinlichkeit nicht klagen wird, fällt es leicht, die außergerichtliche Geltendmachung (auch offensichtlich berechtigter) Ansprüche abzuschmettern. Dieser Effekt wird dadurch verstärkt, dass freiwillige Rechtstreue ökonomisch gesehen irrational ist, wenn sich eine Vielzahl von Konkurrenten nicht an das geltende Recht hält und sich dadurch Wettbewerbsvorteile verschafft. Dass sich in einigen Branchen eine **Kultur der Rechtsbrüchigkeit** entwickelt hat,[35] darf deshalb nicht verwundern.

16 Der Erfolg der Inkasso-Prozessfinanzierung beruht daher auch zu einem nicht geringen Teil auf der Tatsache, dass Personengruppen wie Verbrauchern und Mietern lange Zeit nur unzureichend Zugang zum Recht gewährt wurde. Einerseits ist dadurch ein unmittelbares **Bedürfnis an neuen Rechtsdurchsetzungsmöglichkeiten** entstanden, andererseits hat dies mittelbar dazu geführt, dass die Motivation der freiwilligen Anspruchserfüllung gegenüber diesen Personengruppen tendenziell geringer ist, was die hohe Zahl der für diese neuen Rechtsdurchsetzungsmöglichkeiten in Betracht kommenden Fälle erklärt.

17 Abschließend ist insoweit noch hervorzuheben, dass ein **strukturelles Gefälle** der eben beschriebenen Art nicht nur zwischen Verbrauchern (oder anderen Privatpersonen) und Unternehmern, sondern auch im Business-to-Business (B2B-)Verkehr bestehen kann. Die Prozessfinanzierung kann daher auch für kleine und mittlere Unternehmen (KMU) ein probates Mittel zur Rechtsdurchsetzung sein. Kommt es im unternehmerischen Verkehr etwa zu einer Vielzahl in rechtlicher Hinsicht ähnlich gelagerter Schädigungen, bietet sich auch hier die gebündelte Rechtsdurchsetzung im Stil der Inkasso-Prozessfinanzierung an. Das Zusammentreffen dieser Faktoren (strukturelles Gefälle und Vielzahl ähnlich begründeter Forderungen im unternehmerischen Verkehr) ist bislang vor allem im Kartellrecht sichtbar geworden.[36]

---

33 Ausführlich dazu Fries, Verbraucherrechtsdurchsetzung, 2016, S. 30 ff.
34 In extremen Fällen, in denen rechtswidrige Geschäftspraktiken von Unternehmen zu einer Vielzahl von Schäden führen, die sich im Einzelfall aber nur auf Cent- oder geringe Eurobeträge belaufen, wird von „Streuschäden" und einem „rationalen Desinteresse" der Geschädigten an der Rechtsdurchsetzung gesprochen, vgl. statt vieler nur Gsell BKR 2021, 521. Die Bewältigung dieser Streuschäden ist jedoch eine von der hier behandelten zu trennende Thematik und wird an dieser Stelle nicht weiter vertieft.
35 Anders lässt sich – unterstellt, diese Angabe ist zutreffend – nicht erklären, wie etwa flightright innerhalb von gut 10 Jahren Ansprüche in Höhe von 350.000.000 EUR durchgesetzt hat und vor Gericht eine Erfolgsquote von 99 % vorweisen kann, https://www.flightright.de/ueber-uns. Auch der Automobilbranche sind systematische Rechtsbrüche bekanntermaßen nicht fremd. Vgl. zum Zusammenhang eines offenen Zugangs zum Recht und Rechtstreueanreizen für Unternehmen auch Fries AcP 221 (2021), 108 (127).
36 Bekannt sind etwa die „Sammelklagen" im Zusammenhang mit dem „LKW-Kartell" (vgl. etwa LG München I Urt. v. 7.2.2020 – 37 O 18934/17, EuZW 2020, 279) und mit dem „Zucker-Kartell" (vgl. etwa LG Hannover Urt. v. 4.5.2020 – 18 O 50/16, NZKart 2020, 398).

III. Der Prozessfinanzierungsvertrag

1. Rechtsnatur

Prozessfinanzierungsverträge sind nach hM Gesellschaftsverträge.[37] Kläger und Prozessfinanzierer gründen eine **Gesellschaft bürgerlichen Rechts** (GbR) gem. der §§ 705 ff. BGB mit dem gemeinsamen Zweck der Forderungsrealisierung. Der Beitrag des Klägers ist die Einlage des Forderungswertes, Beitrag des Finanzierers ist die Übernahme der Prozesskosten. 18

Eine andere Einordnung ist hinsichtlich der Modelle der Inkasso-Prozessfinanzierung geboten. In wirtschaftlicher Hinsicht ist die Interessenlage der Parteien zwar ähnlich und auch die typischen Vertragsinhalte sind zu einem gewissen Teil deckungsgleich. Allerdings wird formal eben eine **Inkassodienstleistung** erbracht, die nach ganz hM eine entgeltliche Geschäftsbesorgung im Sinne des § 675 BGB darstellt (zur Haftung des Inkasso-Prozessfinanzierers gegenüber dem Kunden → *Haftung des Legal Tech-Unternehmens bei Inkassodienstleistungen* Rn. 3 ff.).[38] Aufgrund der weitreichenden Gestaltungsautonomie auch im Personengesellschaftsrecht ist die Zuordnung zu einem bestimmten Vertragstypus grundsätzlich von eher geringer Bedeutung, kann aber im Rahmen der grenzüberschreitenden Prozessfinanzierung für die Bestimmung des anwendbaren Rechts relevant werden (→ Rn. 45 ff.). 19

2. Typische Regelungsinhalte und vertragsrechtliche Grenzen

a) Kostenübernahme

Erforderlich ist zunächst eine Vereinbarung darüber, welche Kosten der Prozessfinanzierer übernimmt. Mag die **Übernahme sämtlicher Prozesskosten** auch der Regelfall sein, ist dies keineswegs zwingend durch die Natur der Prozessfinanzierung vorgegeben.[39] Gestaltungsmodelle, in denen der Prozessfinanzierer einen bestimmten Pauschal- oder Maximalbetrag beisteuert, sind ebenso denkbar wie eine anteilige Kostenübernahme. Bei großen Verfahren, etwa im Zusammenhang mit gebündelten Forderungspaketen, kommt zudem eine Beteiligung mehrerer Prozessfinanzierer im Wege einer Ko- oder Rückfinanzierung in Betracht.[40] 20

Die Einbeziehung eines weiteren Prozessfinanzierers zur **Rückfinanzierung** ist jedenfalls für die Inkasso-Prozessfinanzierung (→ Rn. 9 ff.) die wohl typische Konstruktion. Das als Inkassodienstleister registrierte Unternehmen tritt gegenüber dem ursprünglichen Forderungsinhaber sowohl als Inkassodienstleister als 21

---

37 Homberg, Erfolgsorientierte Prozessfinanzierung, 2006, S. 102 ff.; Maubach, Gewerbliche Prozessfinanzierung gegen Erfolgsbeteiligung, 2002, S. 95 ff.; Grunewald BB 2000, 729 (731); Buschbell AnwBl 2006, 825 (829); BeckRA-HdB/Scholl § 54 Rn. 248; aA (patriarchischer Austauschvertrag sui generis): LG Bonn Urt. v. 25.8.2006 – 15 O 198/06, NJW-Spezial 2006, 575 (576); Wehling, Finanzierung von Zivilverfahren, 2009, S. 377 ff.; Siebert-Reimer, Der Anspruch auf Erstattung der Kosten der Prozessfinanzierung, 2017, S. 471 f.
38 BeckOGK/Teichmann BGB § 675 Rn. 89. Gerechtfertigt erscheint die unterschiedliche Einordung der Prozessfinanzierungsverträge auch deshalb, weil im Rahmen der Inkasso-Prozessfinanzierung der Kunde seine Forderung offen und zur Einziehung an den Prozessfinanzierer abtritt (→ Rn. 24). Daher kann nicht mehr davon gesprochen werden, dass der Kunde die Forderung als Beitrag in eine gemeinsame Gesellschaft einbringen würde. Er hat sie vielmehr dem Prozessfinanzierer vollständig „übergeben", der diese nun im Interesse des Kunden gegen Entgelt (Erfolgsbeteiligung) zu realisieren versucht, ohne dass ein bestimmter Erfolg geschuldet wäre.
39 So wird es allerdings im Schrifttum häufig dargestellt, vgl. etwa BeckRA-HdB/Scholl § 54 Rn. 247.
40 Dazu auch PHdB-VersProz/Eversberg § 3 Rn. 131, 182 f.

auch als Prozessfinanzierer auf[41] und lässt sich die Prozessführung wiederum selbst durch einen Dritten finanzieren.[42]

b) Vergütung (Quote der Erlösbeteiligung)

22 Die Vergütung des Prozessfinanzierers erfolgt in aller Regel durch eine erfolgsabhängige **Beteiligung am Prozesserlös** des Anspruchsinhabers.[43] Die Quote liegt üblicherweise zwischen 20 und 50 %.[44] Prozesserlös meint dabei den tatsächlich vom Schuldner an den Gläubiger gezahlten Betrag, abzüglich sämtlicher Verfahrenskosten, die der Prozessfinanzierer übernommen hat.[45] Das heißt, wenn zwar ein rechtskräftiger Titel erwirkt wird, mangels Bonität des Schuldners aber dennoch kein Geld an den Gläubiger fließt, muss dieser auch nichts an den Prozessfinanzierer auskehren.[46] Andererseits löst nicht nur ein gerichtliches Urteil den Vergütungsanspruch des Prozessfinanzierers aus, sondern auch Zahlungen, die auf Grundlage eines (Prozess-)Vergleiches oder gar „freiwillig" erfolgen.

23 Dass diese Art der Vergütung aus vertragsrechtlichen Gesichtspunkten für sich genommen unproblematisch ist, dürfte allgemein anerkannt sein. Diskussionspotenzial besteht hinsichtlich der Frage, ob bei einer bestimmten Quotenhöhe die Grenze zur **Sittenwidrigkeit** gem. § 138 Abs. 1 BGB überschritten ist. Teilweise wird angenommen, jedenfalls bei einer Quote von 50 % liege Sittenwidrigkeit vor.[47] Zu Recht wird diese Ansicht überwiegend abgelehnt und betont, dass die Beurteilung der Sittenwidrigkeit einer bestimmten Erfolgsquote nur unter Berücksichtigung aller Umstände des Einzelfalls möglich sei und Quoten von 50 % oder mehr nicht generell sittenwidrig seien.[48] Die Faktoren, anhand derer die Sittenwidrigkeit zu beurteilen ist, sind dabei insbesondere die Komplexität der Sach- und Rechtslage,[49] die Erfolgsaussichten[50] sowie die Höhe des Streitwertes.[51] Insgesamt dürfte eine Sittenwidrigkeit wegen der Höhe der Beteiligungsquote nur selten anzunehmen sein. Denn die Entscheidung des Forderungsinhabers für die Prozessfinanzierung erfolgt typischerweise gerade aufgrund des Umstandes, ohne Einschaltung des Prozessfinanzierers gänzlich auf die Forderungsdurchsetzung verzichten zu müssen.[52] Zudem hat sich mittlerweile – sowohl für die klassische Prozessfinanzierung als auch für die Inkasso-Prozessfinanzierung – ein Markt mit verschiedenen Anbietern gebildet, so dass der Forderungsinhaber nicht dem Diktat eines Monopolisten ausgesetzt ist.

---

41 Einige dieser Unternehmen bieten Ihren Kunden auch verschiedene Varianten an, so dass der Kunde zwischen einer „Abtretungslösung" und einer „Vollmachtlösung" wählen kann. Bei letzterer Variante erfolgt dann keine Abtretung der Forderung zur Einziehung (→ Rn. 24). Der Prozessfinanzierer handelt dann schlicht im Namen des Forderungsinhabers. Soweit dies im Rahmen der außergerichtlichen Geltendmachung der Forderung geschieht, handelt es sich gleichwohl um eine Tätigkeit in konkreten fremden Angelegenheiten, die eine rechtliche Prüfung des Einzelfalls erfordert und somit um eine Rechtsdienstleistung im Sinne des RDG.
42 Prominentes Beispiel ist die Kooperation von myright und dem britischen Prozessfinanzierer Burford Capital, vgl. dazu Rohwetter/Tatje, Viele Opfer ein Gegner, Die Zeit v. 26.1.2017, S. 23; unabhängig davon sind natürlich alle Prozessfinanzierer, auch die „klassischen", auf Investoren angewiesen.
43 Zur materiell-rechtlichen Ersatzfähigkeit der Kosten einer Prozessfinanzierung Lieberknecht NJW 2022, 3318 (3319 ff.).
44 Vgl. den Überblick bei AnwBl Online 2021, 223.
45 Homberg, Erfolgsorientierte Prozessfinanzierung, 2006, S. 22.
46 Das ist freilich nur eine Beschreibung der tatsächlichen Praxis. Rechtlich wären – in den Grenzen der §§ 138, 242 BGB – auch andere Gestaltungen möglich.
47 Bruns JZ 2000, 232 (237).
48 Homberg, Erfolgshonorierte Prozessfinanzierung, 2006, S. 171; Maubach, Gewerbliche Prozessfinanzierung gegen Erfolgsbeteiligung, 2002, S. 119; Grunewald BB 2000, 729 (732).
49 Davon hängt ab, wie sicher der Prozessfinanzierer den Prozessausgang prognostizieren kann. Je höher die Komplexität ist, desto höher liegt die Grenze zur Sittenwidrigkeit.
50 Je niedriger die Erfolgschancen sind, desto höher ist das Risiko des Prozessfinanzierers und desto höher liegt die Grenze zur Sittenwidrigkeit.
51 Je höher der Streitwert ist, desto geringer ist das relative finanzielle Risiko des Prozessfinanzierers (→ Rn. 8). Bei höheren Streitwerten ist die Grenze zur Sittenwidrigkeit daher tendenziell schon bei niedrigeren Quoten überschritten.
52 Das räumt auch Bruns JZ 2000, 232 (237), ein.

c) (Sicherungs-)Abtretung der Forderung

Oben wurde dargelegt, dass im Rahmen der Inkasso-Prozessfinanzierung (→ Rn. 9 ff.) häufig eine Abtretung der Forderung zur Einziehung an den Prozessfinanzierer, der dann zugleich als Inkassodienstleister fungiert, erfolgt, was vor allem durch **Praktikabilitätserwägungen** hinsichtlich einer effizienteren Bearbeitung einer Vielzahl ähnlicher Verfahren begründet ist. Auch bei der klassischen Prozessfinanzierung tritt der Kunde seine Forderung typischerweise an den Finanzierer ab. Dies geschieht dann regelmäßig im Wege einer **stillen Zession**[53] und die abgetretene Forderung dient dem Prozessfinanzierer als Sicherheit. Der Zedent bleibt zur Einziehung der Forderung und zur Prozessführung in eigenem Namen befugt.[54] Von der Ausgestaltung der Forderungsabtretung hängen die Modalitäten der Erfüllung des Vergütungsanspruches des Prozessfinanzierers ab. Im Falle einer stillen Zession wird der Schuldner an den (ursprünglichen) Forderungsinhaber leisten, was gem. § 407 Abs. 1 BGB auch als Erfüllung gegenüber dem Zessionar gilt. Der Zedent kehrt dann den entsprechenden Erlösanteil sowie die bisher entstandenen Prozesskosten an den Prozessfinanzierer aus. Andersherum läuft es im Falle einer **offenen Abtretung**. Der Schuldner zahlt in diesem Fall an den Zessionar, also den Prozessfinanzierer. Dieser behält einen Betrag in Höhe der entstandenen Prozesskosten und seines Erlösanteils ein und zahlt den Rest auf Grundlage der schuldrechtlichen Prozessfinanzierungsvereinbarung an den Zedenten.

24

d) Regelung zu (Prozess-)Vergleichen

Ein für die Interessenharmonie von Prozessfinanzierer und Kunde neuralgischer Punkt ist der Umgang mit gerichtlichen und außergerichtlichen Vergleichsangeboten der Gegenseite. Denn ein Vergleich ist durch das gegenseitige Nachgeben auf Gläubiger- und Schuldnerseite gekennzeichnet. Ob ein Vergleichsschluss im konkreten Fall ökonomisch sinnvoll ist, hängt deshalb insbesondere von den Erfolgsaussichten und dem Aufwand einer weitergehenden Anspruchsdurchsetzung im Wege der Prozessführung ab. Werden diese Faktoren von den Parteien unterschiedlich beurteilt, kann dies auch zu einer unterschiedlichen Bewertung vorliegender Vergleichsangebote führen. Dementsprechend enthalten – soweit ersichtlich – sämtliche Prozessfinanzierungsverträge **spezifische Klauseln** zum Umgang mit Vergleichsangeboten. Wer im Verhältnis zwischen Prozessfinanzierer und Kunde die faktische **Letztentscheidungskompetenz** über Annahme oder Ablehnung eines Vergleichsschlusses hat, hängt davon ab, wer im Außenverhältnis prozessführungsbefugt ist. Erfolgt die Prozessführung durch den Kunden, also den (ursprünglichen) Forderungsinhaber, weil die Forderung lediglich im Wege der stillen Zession an den Finanzierer abgetreten wurde (→ Rn. 24), hängt das Zustandekommen des Vergleichs letztlich von der Entscheidung des Kunden ab. Anders verhält es sich, wenn die Forderung (wie bei der Inkasso-Prozessfinanzierung üblich) an den Prozessfinanzierer/Inkassodienstleister zur Einziehung abgetreten wurde. Prozessführende Partei und rechtlich vollwertiger Forderungsinhaber ist dann der Finanzierer und für die Wirksamkeit des Vergleichs ist im Außenverhältnis allein dessen Willenserklärung (bzw. Prozesserklärung) maßgeblich. Um nun der jeweils anderen Partei des Prozessfinanzierungsvertrags ein Mitspracherecht im Hinblick auf Vergleichsschlüsse einzuräumen, gibt es unterschiedliche Mechanismen.[55] So kann die prozessführende Partei sich etwa verpflichten, Vergleiche nur unter bestimmten Voraussetzungen zu schließen, Vergleiche nur unter der aufschiebenden Bedingung der Zustimmung der jeweils anderen Partei zu schließen oder vor dem Vergleichsschluss die Zustimmung der jeweils anderen Partei einzuholen. Im Ergebnis wirken all diese Beschränkungen jedoch nur schuldrechtlich. Vertragswidrig geschlossene Vergleiche der prozessführenden Partei sind daher im Außenverhältnis dennoch wirksam, lösen aber uU **Schadensersatzansprüche** der jeweils anderen Partei aus.

25

Sollten sich Prozessfinanzierer und Kunde hinsichtlich eines Vergleichsschlusses uneinig sein, bedarf es schließlich auch für diesen Fall einer Regelung. Eine insoweit recht übliche und dem **Interessenausgleich**

26

---

53 Bei der klassischen Prozessfinanzierung ist es nicht unüblich, dass nicht nur die Abtretung im Wege der stillen Zession erfolgt, sondern hinsichtlich der gesamten Finanzierung eine Geheimhaltung vereinbart wird, vgl. dazu kritisch Maubach, Gewerbliche Prozessfinanzierung gegen Erfolgsbeteiligung, 2002, S. 143 ff.
54 Dazu und zu den damit zusammenhängenden zivilprozessualen Fragen Wehling, Finanzierung von Zivilverfahren, 2009, S. 343 f.
55 Ausführlich dazu auch v. Lewinski/Kerstges ZZP 2019, 177 (200 ff.).

dienliche Lösung besteht darin, dass die Partei, die den Vergleich nicht wünscht, der anderen Partei die Summe zahlt, die diese im Falle des Vergleichsschlusses erhalten würde. Die Partei, die den Vergleich nicht wünscht, kann den Prozess dann auf eigene Kosten und auf eigene Rechnung fortsetzen. Problematisch ist dabei augenscheinlich, dass dieses Herauskaufen aus dem Vergleich regelmäßig nur für den Prozessfinanzierer, nicht aber für den Kunden eine realistische Option darstellt. Denn dieser hatte sich ja gerade deshalb an den Prozessfinanzierer gewandt, weil er selbst die Prozesskosten nicht tragen kann oder will.[56] Eine im rechtlichen Sinne unangemessene Benachteiligung des Kunden muss daraus freilich nicht folgen, stellt die geschilderte Lösung doch jedenfalls in formaler Hinsicht beide Parteien gleich. Zudem hat der Kunde die Möglichkeit, den Rechtsstreit unter Hinzuziehung eines anderen Prozessfinanzierers fortzuführen.[57] Sollte sich kein Prozessfinanzierer finden, der die weitere Finanzierung übernimmt, ist dies wiederum ein Indiz für die Rationalität des im Raum stehenden Vergleichsschlusses.

e) Sonstiges

27 Untereinander sind Prozessfinanzierer und Kunde zu Rücksichtnahme und Kooperation verpflichtet. Dies wird regelmäßig etwa durch gegenseitige **Informationspflichten** und Vorgaben hinsichtlich ordnungsgemäßer Prozessführung konkretisiert.[58] Für den Fall, dass eine der Parteien ihre Pflichten aus dem Vertrag verletzt, etwa die Gegenseite nicht über für die Prozessführung relevante Umstände informiert, werden üblicherweise Lösungsrechte und Entschädigungsansprüche vorgesehen. Der Prozessfinanzierer lässt sich zudem typischerweise das Recht einräumen, die weitere Finanzierung einzustellen, wenn Umstände bekannt werden, die sich negativ auf die Bewertung der Erfolgsaussichten auswirken. Als Beispiele werden hier Rechtsprechungsänderungen sowie ein Vermögensverfall beim Schuldner angeführt.[59] Teilweise müssen sich die Kunden gegenüber dem Prozessfinanzierer zur **Geheimhaltung** der Prozessfinanzierung verpflichten. Eine Klausel, über deren Sinnhaftigkeit sich streiten lässt,[60] die rechtlich aber nicht zu beanstanden ist.[61]

IV. Zulässigkeit der Prozessfinanzierung

28 Hinsichtlich der Zulässigkeit der Prozessfinanzierung lässt sich differenzieren zwischen allgemeinen Aspekten, die alle gängigen Formen der Prozessfinanzierung betreffen (1. Bis 4.), und solchen, die speziell mit Blick auf die Inkasso-Prozessfinanzierung diskutiert werden (5. Bis 7.). Abschließend wird kurz auf die Finanzierung von Verbandsklagen eingegangen (8.).

1. Erlaubnispflichtigkeit gem. § 8 VAG

29 In den **Anfangszeiten der Prozessfinanzierung** auf dem deutschen Markt wurde die Ansicht vertreten, es handele sich bei einem Prozessfinanzierungsvertrag um einen Versicherungsvertrag. Dementsprechend würde die Tätigkeit eines Prozessfinanzierers dem Erlaubnisvorbehalt des § 8 VAG (damals § 5 VAG aF)

---

56 Bruns JZ 2000, 232 (237).
57 Der Prozessfinanzierer Profin ist 2020 aktiv auf Geschädigte des Dieselskandals zugegangen, die sich einer Musterfeststellungsklage des Verbraucherzentrale Bundesverbands angeschlossen hatten, und hat diesen angeboten, sie aus dem mit VW ausgehandelten Vergleich herauszukaufen. Hintergrund war, dass Profin die Erfolgsaussichten auf eine weitergehende Anspruchsdurchsetzung höher bewertet hat als der Verbraucherzentrale Bundesverband, vgl. dazu Dunkel, Neue Runde in der VW-Klageschlacht, Capital v. 18.3.2020, abrufbar unter https://www.capital.de/wirtschaft-politik/neue-runde-in-der-vw-klageschlacht, und auch Fries AcP 221 (2021), 108 (112).
58 Bruns JZ 2000, 232 (233).
59 Homberg, Erfolgshonorierte Prozessfinanzierung, 2006, S. 282 f.
60 Kritisch Maubach, Gewerbliche Prozessfinanzierung gegen Erfolgsbeteiligung, 2002, S. 143 ff.
61 Homberg, Erfolgshonorierte Prozessfinanzierung, 2006, S. 299 ff.

unterliegen.⁶² Diese Ansicht konnte sich allerdings zu Recht nicht durchsetzen.⁶³ Es liegt auf der Hand, dass die Interessenlagen der Parteien bei einem Versicherungsvertrag völlig andere sind als bei einem Prozessfinanzierungsvertrag.⁶⁴

2. Erlaubnispflichtigkeit gem. § 32 Abs. 1 S. 1 KWG

Ebenso abzulehnen ist die Auffassung, Prozessfinanzierungen seien als Darlehen zu qualifizieren und stellten daher **Bankgeschäfte** im Sinne des § 1 Abs. 1 S. 2 Nr. 2 KWG dar, die gem. § 32 Abs. 1 S. 1 KWG erlaubnispflichtig sind.⁶⁵ Es ist ein wesentliches Charakteristikum des Gelddarlehens, dass der Darlehensbetrag auf Zeit zur Verfügung gestellt wird und in jedem Fall zurückzuzahlen ist. Genau daran fehlt es aber bei der Prozessfinanzierung, wenn der Kunde den Finanzierungsbetrag bei Prozessverlust gerade nicht zurückzahlen muss.⁶⁶

3. Sittenwidrigkeit zulasten des Beklagten

Ein häufig gegen die Prozessfinanzierung ins Feld geführtes Argument ist die vermeintliche Benachteiligung des Beklagten. Sofern diese Einwände über rechtspolitische Kritik hinausgehen, werden sie mit § 138 BGB verknüpft und eine Sittenwidrigkeit des Prozessfinanzierungsvertrags zulasten Dritter angenommen.⁶⁷ Begründet wird die Sittenwidrigkeit dann konkret mit einer vermeintlichen Aushebelung des Grundsatzes der **prozessualen Waffengleichheit**. Dadurch dass der Kläger von jeglichem Kostenrisiko im Prozess freigestellt ist, sei die „prozeßökonomische und „prozeßpsychologische Gewichtslage [...] ganz empfindlich gestört".⁶⁸ Der Beklagte, der keine Möglichkeit habe, ein Prozessfinanzierungsunternehmen einzuschalten, unterliege quasi einem faktischen Zwang, eine Rechtsschutzversicherung vorzuhalten.⁶⁹ Diese Argumentation kann aus mehreren Gründen nicht überzeugen: Erstens entfällt das Kostenrisiko auf Klägerseite nicht, es wird lediglich im Innenverhältnis zwischen Prozessfinanzierer und Kunde (schuldrechtlich) verlagert. Dass der Prozessfinanzierer regelmäßig mit einer höheren Kapitalkraft ausgestattet ist als der (ursprüngliche) Forderungsinhaber, kann eine Beeinträchtigung der prozessualen Waffengleichheit nicht begründen.⁷⁰ Andernfalls wäre diese schon immer dann gestört, wenn zwei Parteien unterschiedlicher Kapitalkraft vor Gericht streiten. Auch das Argument, dem Beklagten stehe das Instrument der Prozessfinanzierung nicht zur Verfügung, greift nicht durch. Die Verteidigungsmöglichkeiten des Beklagten werden in keiner Weise eingeschränkt durch eine verbesserte Kapitalausstattung auf Klägerseite. Zudem ist die Behauptung, eine Prozessfinanzierung auf Beklagtenseite sei nicht denkbar,⁷¹ unzutreffend. Tatsächlich mag es insoweit (noch) weitgehend an Angeboten in der Praxis fehlen. Ausgeschlossen ist eine erfolgshonorierte **Prozessfinanzierung auf Beklagtenseite** indes keineswegs.⁷² So können Beklagter und Prozessfinanzierer etwa eine

---

62 So etwa Fritzsche/Schmidt NJW 1999, 2998 (3001 f.); die Ansicht schlug immerhin so hohe Wellen, dass die Gründer der Foris AG 1999 zu einer Anhörung des Bundesaufsichtsamtes für Versicherungswesen beordert wurden, Müller-Güldemeister, Das Recht und sein Preis, 2005, S. 92 ff.
63 Ausführlich zu den Argumenten, die gegen eine Einordnung als Versicherungsvertrag sprechen, Homberg, Erfolgshonorierte Prozessfinanzierung, 2006, S. 72 ff.
64 Obgleich auch im Rahmen einer Prozessfinanzierung kein völliger Interessengleichlauf bestehen muss (dazu v. Lewinski/Kerstges ZZP 2019, 176 (191)), sind die Interessen tendenziell auf das gleiche Ziel ausgerichtet. Ein Versicherungsvertrag hingegen gleicht mehr einer Wette hinsichtlich des Eintritts oder Nichteintritts eines bestimmten Ereignisses, ähnlich Wehling, Finanzierung von Zivilverfahren, 2009, S. 368, und Grunewald BB 2000, 729 (730).
65 So Bruns JZ 2000, 232 (240).
66 Grunewald BB 2000, 729 (730).
67 Bruns JZ 2000, 232 (237 f.).
68 Bruns JZ 2000, 232 (237).
69 Bruns JZ 2000, 232 (237).
70 Dazu auch Maubach, Gewerbliche Prozessfinanzierung gegen Erfolgsbeteiligung, 2002, S. 67.
71 So nicht nur Bruns JZ 2000, 232 (237), sondern auch Maubach, Gewerbliche Prozessfinanzierung gegen Erfolgsbeteiligung, 2002, S. 65 f.; Grunewald BB 2000, 729 (731 f.); Homberg, Erfolgshonorierte Prozessfinanzierung, 2006, S. 173.
72 So auch Hoffmann, Gewerbliche Prozessfinanzierung im internationalen Investitionsschiedsverfahren, 2018, S. 32.

quotale Beteiligung des Finanziers an der Differenz zwischen dem ursprünglich geltend gemachten und letztlich an den Kläger gezahlten Betrag vereinbaren.[73]

4. Grenzen des anwaltlichen Berufsrechts

32 Hinsichtlich der für die Prozessfinanzierung relevanten Regelungen des anwaltlichen Berufsrechts ist zunächst zu differenzieren: Soweit versucht wird, die Beschränkungen des anwaltlichen Berufsrechts auf Nichtanwälte zu übertragen mit der Begründung, dass das Gesetz nichts Gegenteiliges anordne,[74] ist dem nicht zu folgen.[75] Mit Blick auf die gem. Art. 12 Abs. 1 GG gewährleistete **Berufsfreiheit** gilt vielmehr umgekehrt, dass Nichtanwälte nur dann den Vorschriften der BRAO und des RVG unterliegen, wenn eine entsprechende gesetzliche Verweisnorm existiert. Im Folgenden geht es daher ausschließlich um die Beschränkungen des Berufsrechts im Hinblick auf die Mitwirkung von Rechtsanwälten an Prozessfinanzierungen.

a) Erfolgshonorarvereinbarungen

33 Bis 2008 war es Rechtsanwälten gänzlich versagt, Erfolgshonorare zu vereinbaren. Nachdem das BverfG dieses ausnahmslose Verbot für verfassungswidrig erklärt hatte, wurde es gelockert. Erfolgshonorare waren seitdem **im Einzelfall erlaubt**, wenn der Mandant ansonsten aufgrund seiner wirtschaftlichen Verhältnisse von der Rechtsverfolgung abgehalten würde. Zu weiteren Lockerungen sah sich der Gesetzgeber dann 2021 veranlasst. Grund dafür waren Inkohärenzen im bestehenden Rechtsdienstleistungsrecht (→ *Rechtsanwalt, Berufsrecht* Rn. 56), die durch die verstärkte Präsenz der Inkasso-Prozessfinanzierung in der öffentlichen Wahrnehmung sichtbar wurden.[76] Dass Rechtsanwälten Erfolgshonorarvereinbarungen auch in den Fällen verboten sein sollen, in denen Inkassodienstleister auf Erfolgshonorarbasis tätig werden können, war rechtspolitisch nicht mehr zu rechtfertigen. So bleibt es regelungstechnisch zwar bei dem grundsätzlichen Verbot des § 49b Abs. 2 S. 1 BRAO, der Ausnahmekatalog des § 4a RVG wurde jedoch erweitert (näher → *Honorar, anwaltliches* Rn. 1 ff.).

b) Übernahme von Prozesskosten

34 Die Übernahme von (über das eigene Honorar hinausgehenden) Prozesskosten war Rechtsanwälten bis 2021 vollumfänglich **verboten** und ist ihnen nunmehr gem. § 49b Abs. 2 S. 1 BRAO gestattet, soweit in der Angelegenheit gem. § 4a Abs. 1 S. 1 Nr. 2 RVG die Vereinbarung eines Erfolgshonorars zulässig ist. De facto beschränkt sich die Erlaubnis auf die Übernahme von Prozesskosten im Rahmen eines gerichtlichen Mahnverfahrens gem. § 688 ZPO. Ein großer Wurf ist das nicht (näher zu weiteren Reformbestrebungen → *Rechtsanwalt, Berufsrecht* Rn. 56).

c) Beteiligung von Anwälten an Prozessfinanzierungsunternehmen

35 Das berufsrechtliche Verbot, selbst Prozessfinanzierungen anzubieten, warf bald die Frage auf, inwieweit es Rechtsanwälten denn gestattet ist, sich an Prozessfinanzierungsunternehmen zu beteiligen. Schließlich könnte darin eine Umgehung der berufsrechtlichen Regelungen liegen. Dabei ist zunächst klarzustellen, dass eine Beteiligung aus berufsrechtlicher Sicht überhaupt nur dann problematisch sein kann, soweit

---

73 In diesem Kontext lässt sich ein recht kurioses Beispiel aus der schweizerischen Rechtsprechung anführen: Ein mexikanischer Unternehmer wurde vom mexikanischen Staat zu einer Zahlung in Höhe von 100.000.000 USD aufgefordert. Mit einem schweizerischen Anwalt vereinbarte der Schuldner ein Erfolgshonorar dahin gehend, dass der Anwalt 6,5 % des erfolgreich abgewehrten Betrages erhalten sollte. Der Rechtsanwalt wehrte die Forderung vollständig ab, indem er Verjährung geltend machte, und sicherte sich so mit geringfügigem Aufwand ein Honorar in Höhe von 6.500.000 USD. Vor das schweizerische Bundesgericht kam der Fall im Rahmen eines Anerkennungsverfahrens, nachdem die mexikanischen Gerichte den Mandanten zur Zahlung des Honorars verurteilt hatten, Bundesgericht Urt. v. 11.7.2005 – 5P.128/2005/blb.
74 So Henssler NJW 2019, 545 (548).
75 Zu den systematischen Erwägungen, die speziell gegen eine Übertragung der Vorschriften des anwaltlichen Berufsrechts auf Inkassodienstleister sprechen, vgl. v. Lewinski/Kerstges ZZP 2019, 177 (193 f.).
76 RegE, BT-Drs. 19/27673, 11 f.

das Unternehmen Prozesse finanziert, an denen der Anwalt als Parteivertreter mitwirkt. Denn Zweck der Regelungen des § 49b Abs. 2 BRAO ist es nicht, bestimmte Erwerbsquellen des Rechtsanwalts zu pönalisieren, sondern ein **wirtschaftliches Eigeninteresse** am Ausgang der von ihm bearbeiteten Mandate auszuschließen.[77] Unter diesem Gesichtspunkt kann es auch nicht überzeugen, die Zulässigkeit der Beteiligung anhand gesellschaftsrechtlicher Einflüsse des Rechtsanwalts auf das Prozessfinanzierungsunternehmen oder gar anhand bestimmter Anteilsquoten zu bemessen.[78] Der einzig entscheidende Faktor ist vielmehr die (berufsrechtlich unerwünschte) finanzielle Anreizwirkung[79] und die relevante Stellschraube ist nicht die (teilweise) Aufgabe der Beteiligung, sondern die **Mandatsniederlegung**. Das heißt: Ein Rechtsanwalt, der in irgendeiner Form am Gewinn eines Prozessfinanzierungsunternehmens beteiligt ist, darf keine Mandate bearbeiten, die von diesem Unternehmen finanziert werden. Wird der Prozessfinanzierer eingeschaltet, nachdem der Anwalt das Mandat übernommen hat, so hat er es unverzüglich niederzulegen. Rechtspolitisch lässt sich diese strenge Sichtweise sicherlich kritisieren, de lege lata ist sie jedoch mit Blick auf den Zweck der Verbotsnormen des § 49b Abs. 2 BRAO unausweichlich.

5. Erlaubnispflichtigkeit nach dem RDG

Die Erbringung von Rechtsdienstleistungen unterliegt gem. § 3 RDG einem allgemeinen Verbot mit Erlaubnisvorbehalt. Gem. § 2 Abs. 1 RDG stellt jede Tätigkeit in konkreten fremden Angelegenheiten eine Rechtsdienstleistung dar, sobald sie eine rechtliche Prüfung des Einzelfalls erfordert. Die klassische Prozessfinanzierung ist demnach **keine Rechtsdienstleistung** im Sinne des RDG. Denn die Leistung des Prozessfinanzierers, zu der dieser sich gegenüber dem Kunden verpflichtet, besteht in der Zurverfügungstellung von Geldmitteln (unabhängig davon, welche Rechtsnatur dem Prozessfinanzierungsvertrag zugesprochen wird). Daran ändert auch die Tatsache nichts, dass Prozessfinanzierer in aller Regel eine umfassende rechtliche Prüfung vornehmen. Denn zu der rechtlichen Prüfung verpflichten sie sich gerade nicht gegenüber ihrem Kunden. Diese Prüfung erfolgt ausschließlich im eigenen Interesse, um zu beurteilen, ob eine Prozessfinanzierung übernommen oder fortgeführt wird. 36

Anders verhält es sich bei der **Inkasso-Prozessfinanzierung**. Wie oben bereits dargelegt (→ Rn. 24), lassen sich die Prozessfinanzierer im Rahmen dieses Modells die Forderungen der Kunden zur Einziehung abtreten und erbringen damit kraft der unwiderleglichen Vermutung des § 2 Abs. 2 S. 1 RDG eine erlaubnispflichtige Rechtsdienstleistung (dazu auch → *Inkassodienstleistungen* Rn. 4 ff.). 37

6. Reichweite der Inkassolizenz gem. § 10 Abs. 1 S. 1 Nr. 1 RGD

Dementsprechend registrieren sich diese Prozessfinanzierer als Inkassodienstleister gem. § 10 Abs. 1 S. 1 Nr. 1 RDG. Die Tätigkeiten, die nun auf Grundlage der Inkassolizenz erbracht wurden, sorgten in der juristischen Fachwelt teilweise für Unbehagen. Denn bei Inkassodienstleistungen ging es üblicherweise (insoweit ähnlich dem Factoring) um einfach gelagerte, unbestrittene Forderungen von Unternehmern gegen Kunden. Typischer Anwendungsfall ist die unbezahlte Rechnung nach einer Katalog- oder Onlinebestellung. Die nun gleichzeitig als Prozessfinanzierer auftretenden Inkassodienstleister haben es jedoch auf andere Forderungen abgesehen (ausführlich → Rn. 9 ff.). Nach verbreiteter Auffassung in Schrifttum und Rechtsprechung war diese Tätigkeit nicht mehr von der Inkassolizenz gem. § 10 Abs. 1 S. 1 Nr. 1 RDG gedeckt (zu den Rechtsfolgen unerlaubter Inkassotätigkeiten → *Haftung des Legal Tech Unternehmens bei Inkassodienstleistungen* Rn. 6 ff.).[80] Hauptsächlich wurde dies damit begründet, dass es entgegen dem klassischen Modell der Inkassodienstleistung erstens um von vornherein streitige Forderungen gehe, deren Durchsetzung zweitens regelmäßig eine komplexe Prüfung der Sach- und Rechtslage erfordere, und 38

---

77 Vgl. nur Kilian NJW 2010, 1845 (1846).
78 So Henssler NJW 2005, 1537 (1540), der unter Heranziehung der Wertung des § 29 Abs. 2 WpÜG wohl eine Beteiligung von bis zu 30 % für zulässig hält.
79 In diese Richtung auch Hartung/Weberstaedt AnwBl 2015, 840 (844), und OLG München NJW 2012, 2207.
80 LG Berlin NJW 2018, 2901; LG München I EuZW 2020, 279; Henssler NJW 2019, 545 (546 f.); Greger MDR 2018, 897 (899); Valdini BB 2017, 1609 (1612); aA LG Berlin VuR 2018, 466; Römermann/Günther NJW 2019, 551 (552); Hartung BB 2017, 2825 (2829); Morell WM 2019, 1822.

drittens dieses neuartige Inkassomodell deshalb gar nicht auf eine Titulierung im Wege des gerichtlichen Mahnverfahrens (§ 79 Abs. 2 S. 1 Nr. 4 ZPO), sondern auf die Prozessführung im streitigen Verfahren ausgerichtet sei. In der mit Spannung erwarteten **„LexFox"-Entscheidung**[81] hat der BGH den Streit dann weitgehend zugunsten der Inkassodienstleister entschieden. Der Gesetzgeber hat § 2 Abs. 2 S. 1 RDG ergänzt und damit zu verstehen gegeben, der Rechtsprechung des BGH zu folgen.[82]

39 Wenig später wies das Kammergericht jedoch die **„Sammelklage"** eines Inkassounternehmens mit der Begründung zurück, das Geschäftsmodell der Klägerin sei gar nicht auf Inkassodienstleistungen ausgerichtet, sondern auf „eine Art Sammelklageorganisation". Dies sei nicht mehr von der Inkassolizenz gedeckt und es liege daher ein Verstoß gegen § 3 RDG vor.[83] Auch dem ist der BGH allerdings entgegengetreten und hat klargestellt, dass der Inkassobegriff auch Sammelklageinkasso umfasst.[84]

40 Vor dem LG Braunschweig hat sich schließlich ein weiterer Streitpunkt hinsichtlich der Reichweite der Inkassolizenz aufgetan. Das Gericht nahm einen Verstoß gegen § 3 RDG an, soweit sich das klagende Inkassounternehmen Forderungen hatte abtreten lassen, die (aus deutscher Sicht) schweizerischem Recht unterlagen.[85] Für ausländisches Recht habe der Inkassodienstleister durch die Registrierung nach § 10 Abs. 1 S. 1 Nr. 1 RDG jedoch nicht die erforderliche Sachkunde nachgewiesen. Es hätte vielmehr einer zusätzlichen Registrierung nach § 10 Abs. 1 S. 1 Nr. 3 RDG bedurft. Das OLG Braunschweig hat sich dem angeschlossen.[86] Der BGH ist dem mittlerweile entgegengetreten und hat ausgeführt, dass sich aus der Systematik und den Zwecken des RDG ergebe, dass die Inkassolizenz nach § 10 Abs. 1 S. 1 Nr. 1 RDG auch zur Einziehung von Forderungen berechtige, die einem ausländischen Sachrecht unterfallen.[87]

7. Unzulässigkeit gem. § 4 RDG

41 Unabhängig von der Frage nach der Reichweite der Inkassolizenz wurde im Hinblick auf die Tätigkeit der Inkassodienstleister im Rahmen der Inkasso-Prozessfinanzierung ein Verstoß gegen § 4 RDG diskutiert (→ *Inkassodienstleistungen* Rn. 21 ff.).[88] Die Norm dient dem Schutz von Rechtsdienstleistungskunden vor **Interessenkollisionen** bei dem Rechtsdienstleister in bestimmten Konstellationen. Eine solche Interessenkollision bei dem (gegenüber dem Kunden zugleich als Prozessfinanzierer agierenden) Inkassodienstleister ist nun dann denkbar, wenn dieser seinerseits einen (weiteren) Prozessfinanzierer eingeschaltet hat, dem gegenüber er vertraglich im Hinblick auf Prozessführungsentscheidungen gebunden sein kann. Der Inkassodienstleister muss dann zugleich die Interessen des (anderen) Prozessfinanzierers und die des Zedenten wahren. Diese Interessen laufen zwar grundsätzlich in die gleiche Richtung, können aber in bestimmten Fällen, insbesondere wenn es um Vergleichsschlüsse geht, divergieren.[89] Dies hat der BGH allerdings nicht für einen Verstoß gegen § 4 RDG ausreichen lassen[90] (auch nicht in „Sammelklage"-Konstellationen).[91] Der Gesetzgeber hat mittlerweile ebenfalls reagiert und den Wortlaut von § 4 RDG durch die Einfügung des neuen S. 2 angepasst.[92]

---

81 BGH NJW 2020, 208.
82 Gesetz v. 10.8.2021 (BGBl. I 3415).
83 KG Urt. v. 3.4.2020 – 14 U 156/19.
84 BGH NJW 2021, 3046 (3048 f.).
85 LG Braunschweig WM 2020, 1743.
86 OLG Braunschweig Urt. v. 7.10.2021 – 8 U 40/21, MDR 2022, 335.
87 BGH Urt. v. 13.6.2022 – Via ZR 418/21.
88 Für einen Verstoß gegen § 4 RDG aF: Henssler NJW 2019, 545 (550); Valdini BB 2017, 1609 (1612); v. Lewinski/Kerstges ZZP 2019, 177; Greger MDR 2018, 897 (900); aA Römermann/Günther NJW 2019, 551 (555); Hartung BB 2017, 2825 (2829).
89 Ausführlich dazu v. Lewinski/Kerstges ZZP 2019, 177 (194 f.).
90 BGH NJW 2020, 208 (220).
91 BGH NJW 2021, 3046 (3048).
92 Gesetz v. 10.8.2021 (BGBl. I 3415).

8. Finanzierung von Verbandsklagen

Spezielle Fragen stellen sich hinsichtlich der Zulässigkeit der Finanzierung von Verbandsklagen. 42

a) Gewinnabschöpfungsklage

Die Gewinnabschöpfungsklage gem. § 10 UWG ist ein Instrument, um zu verhindern, dass Unternehmen durch **unlauteres Verhalten** erzielte Gewinne behalten, weil die Geschädigten aufgrund ihres **rationalen Desinteresses** ihre zivilrechtlichen Ansprüche in aller Regel nicht durchsetzen. Klagebefugt sind ausschließlich Verbände, qualifizierte Einrichtungen und öffentliche Körperschaften (im Folgenden nur: Verbände) im Sinne des § 8 Abs. 3 Nr. 2 bis 4 UWG. Das Problem ist, dass es diesen Verbänden oft an der für erfolgreiche Gewinnabschöpfungsklagen erforderlichen Ausstattung fehlt.[93] Die Idee, Prozessfinanzierer einzuschalten, ließ nicht lange auf sich warten. Zwischen dem klagenden Verband und dem Prozessfinanzierer wurde (unter Zustimmung des BMJV) vereinbart, dass der Prozessfinanzierer im Erfolgsfall einen Teil der eigentlich an den Bundeshaushalt abzuführenden Gewinnabschöpfungssumme erhält. Der BGH schob dem jedoch einen Riegel vor und entschied, dieses Prozessfinanzierungsmodell verstoße gegen das Verbot unzulässiger Rechtsausübung nach § 242 BGB und die Klage sei daher als unzulässig abzuweisen.[94] Begründet wurde dies vor allem damit, dass die Klage zu sachfremden Zwecken erhoben worden sei, da sie hauptsächlich dem Erwerbsinteresse des Prozessfinanzierers und nicht der Sanktionierung unlauteren Verhaltens diene. Im Schrifttum wurden Begründung und Ergebnis der Entscheidung überwiegend kritisiert[95] und konstatiert, „dass die Gewinnabschöpfung wieder totes Recht wird".[96] Hier dürfte der Gesetzgeber gefragt sein. 43

b) EU-Verbandsklage-RL

Gesetzgeberischer Handlungsbedarf besteht auch im Hinblick auf die Umsetzung der jüngst erlassenen EU-Verbandsklage-RL.[97] Diese verpflichtet die Mitgliedstaaten, auf Leistungsurteile gerichtete Verbandsklagen zu ermöglichen. Die Frage der Zulässigkeit einer Prozessfinanzierung überlässt die Richtlinie im Rahmen der in Art. 10 genannten Voraussetzungen den Mitgliedstaaten.[98] Wie der deutsche Gesetzgeber sich entscheidet, bleibt abzuwarten. Begrüßenswert wäre es, den klagebefugten Verbänden – wie Art. 9 Abs. 7 EU-Verbandsklage-RL den Mitgliedstaaten wohl freistellt – die von Verbrauchern nicht abgerufenen Abhilfebeträge zuzusprechen und den Verbänden zu erlauben, Prozessfinanzierern eine Beteiligung daran zu versprechen.[99] 44

V. Grenzüberschreitende Prozessfinanzierung

Spezielle Fragestellungen und Besonderheiten können sich in Fällen grenzüberschreitender Prozessfinanzierung ergeben. Aus deutscher Sicht betrifft das insbesondere Konstellationen, in denen der Prozessfinanzierer und/oder der Kunde im Ausland ansässig sind und ein Prozess vor einem deutschen Gericht finanziert werden soll. 45

1. Das auf den Prozessfinanzierungsvertrag anwendbare Recht

Das auf den Prozessfinanzierungsvertrag anwendbare Recht bestimmt sich nach den Regeln des internationalen Privatrechts. Der klassische Prozessfinanzierungsvertrag, der nach hM einen Gesellschaftsvertrag 46

---

93 Scherer VuR 2020, 83.
94 BGH NJW 2018, 3581 (3585); bestätigt durch BGH VuR 2019, 26.
95 Wolf/Flegler NJW 2018, 3581 (3586); Feck VuR 2019, 26, (27); Loschelder GRUR-Prax 2018, 534; dem BGH zustimmend: Köhler/Bornkamm/Feddersen/Köhler UWG § 10 Rn. 19.
96 Scherer VuR 2020, 83 (87).
97 Richtlinie (EU) 2020/1828 des Europäischen Parlaments und des Rates v. 25.11.2020 über Verbandsklagen zum Schutz der Kollektivinteressen der Verbraucher und zur Aufhebung der Richtlinie 2009/22/EG (ABl. L 409, 1).
98 Kritisch dazu Gsell BKR 2021, 521 (527): „Ein verlässlich konturiertes Modell europäischer Verbandsklagenfinanzierung ist das alles nicht und erst recht kein großer Wurf."
99 Augenhofer NJW 2021, 113 (117 f.).

darstellt (→ Rn. 18), unterliegt den (im deutschen Recht ungeschriebenen) Regelungen des **internationalen Gesellschaftsrechts**. Nach der insoweit grundsätzlich anzuwendenden Sitztheorie sind die gesellschaftsrechtlichen Regelungen des Staates maßgeblich, in dem die Gesellschaft ihren tatsächlichen Geschäftsmittelpunkt hat. Das dürfte regelmäßig der Staat sein, in dem der Prozessfinanzierer operiert. Liegt der Gründungsort der Gesellschaft allerdings in einem EU- oder EWR-Staat (oder in den USA), ist aufgrund unions- bzw. völkerrechtlicher Regelungen die Gründungstheorie anzuwenden und die Gesellschaft unterliegt den Regelungen des Staates, in dem sie gegründet wurde.[100]

47 Ist die Prozessfinanzierung – wie bei der Inkasso-Prozessfinanzierung – in eine Inkassodienstleistung gekleidet, handelt es sich bei dem zugrunde liegenden Vertrag nach hM um einen Geschäftsbesorgungsvertrag (→ Rn. 18). Das anwendbare Recht können die Parteien dann frei wählen gem. Art. 3 Abs. 1 Rom I-VO (→ *Kollisionsrecht, Durchsetzungsmodell* Rn. 13 ff.). Sollten sie – was wohl unüblich wäre – keine **Rechtswahl** getroffen haben, unterliegt der Vertrag gem. Art. 4 Abs. 1 lit. b Rom I-VO dem Recht des Staates, in dem der Prozessfinanzierer ansässig ist.

2. Zessions- und Forderungsstatut

48 Zessionsstatut, also das auf den **Abtretungsvertrag** zwischen Kunde und Prozessfinanzierer anwendbare Recht, ist gem. Art. 14 Abs. 1 Rom I-VO das Recht, das auch auf den Prozessfinanzierungsvertrag anwendbar ist (ausführlich → *Kollisionsrecht, Abtretungsmodell* Rn. 3). Ob dieser sich nach der Rom I-VO oder den Regelungen des internationalen Gesellschaftsrechts bestimmt, ist unerheblich.[101] Das gilt sowohl für die im Rahmen der klassischen Prozessfinanzierung typischerweise erfolgende stille Zession als auch für die Abtretung zum Zwecke der Einziehung (→ Rn. 24).

49 Das Recht, das für die dingliche Übertragbarkeit und etwaige Abtretungshindernisse maßgeblich ist, ist gem. Art. 14 Abs. 2 Rom I-VO zu ermitteln (ausführlich → *Kollisionsrecht, Abtretungsmodell* Rn. 4 ff.). Dieser verweist auf das Forderungsstatut, also das Recht, dem die abgetretene Forderung unterliegt.[102] Weitgehend ungeklärt ist bislang allerdings, inwieweit dies auch für **Abtretungshindernisse** gilt, die nicht dem Schuldnerschutz dienen. Insoweit wird teilweise eine Anknüpfung an den Wohnsitz des Zedenten, teilweise eine Anwendung des Zessionsstatus und mit Blick auf Abtretungshindernisse, die öffentlichen Interessen dienen, auch eine Anwendung als Eingriffsnorm im Sinne des Art. 9 Rom I-VO vertreten.[103]

3. Räumlicher Anwendungsbereich des RDG

50 Abgesehen von den eben skizzierten internationalprivatrechtlichen Gesichtspunkten, stellt sich im Rahmen grenzüberschreitender Inkasso-Prozessfinanzierung aus deutscher Sicht die Frage nach dem räumlichen Anwendungsbereich des RDG (zur Erlaubnispflichtigkeit nach dem RDG → Rn. 36 ff.). Auch hier ist noch einiges **ungeklärt**. Die räumliche Anwendbarkeit dürfte jedenfalls zu bejahen sein, wenn der Prozessfinanzierer oder Inkassodienstleister seinen Sitz in Deutschland hat.[104] Wie sich der Regelung des § 1 Abs. 2 RDG entnehmen lässt, die speziell mit Blick auf grenzüberschreitende Inkassodienstleistungen geschaffen wurde,[105] ist das RDG auch dann anwendbar, wenn eine Forderung eines ausländischen Gläubigers durch ein im Ausland ansässiges Inkassounternehmen gegen einen in Deutschland ansässigen Schuldner geltend gemacht wird und die Forderung deutschem Recht unterliegt. Umgekehrt soll das RDG jedenfalls dann nicht anwendbar sein, wenn in gleicher Konstellation eine Forderung geltend gemacht wird, die ausländischem Recht unterliegt. Nicht überzeugen kann der Ansatz, auch in diesen Fällen das RDG anzuwenden,

---

100 Dazu näher Kerstges AnwBl Online 2021, 116 (118 ff.).
101 BeckOGK/Hübner Rom I-VO Art. 14 Rn. 10.
102 Ist Gegenstand der Prozessfinanzierung also die Durchsetzung eines (vermeintlichen) Anspruches, der in einem Rechtsverhältnis begründet ist, das französischem Recht unterliegt, so ist das französische Recht gem. Art. 14 Abs. 2 Rom I-VO maßgeblich für die Übertragbarkeit dieses Anspruches auf den Prozessfinanzierer.
103 Näher dazu Kerstges AnwBl 2021, 347 (348) mwN.
104 LG Braunschweig WM 2020, 1743 (1745).
105 RegE, BT-Drs. 18/9521, 204.

wenn eine Klage vor einem deutschen Gericht eingereicht wird.[106] Die Anwendbarkeit des RDG würde sich dann durch einen nach Abtretung eingetretenen Umstand begründen. Das ist systematisch fragwürdig und mit Blick auf die Rechtssicherheit nicht sachgemäß.

---

106 So aber de Barros Fritz IPRax 2020, 499 (504).

70. Rechtsanwalt, Berufsrecht

Remmertz

I. Allgemeines und Überblick	1
II. Einzelne Berufspflichten mit Bezug zu Legal Tech	7
1. Einleitung	7
2. Gebot der gewissenhaften Berufsausübung (§ 43 BRAO)	8
3. Einhaltung der Kernwerte der anwaltlichen Tätigkeit	10
a) Wahrung der anwaltlichen Unabhängigkeit (§ 43a Abs. 1 BRAO)	11
b) Verschwiegenheitsverpflichtung in § 43a Abs. 2 BRAO	12
c) Verbot der Vertretung widerstreitender Interessen (§ 43a Abs. 4 BRAO)	17
4. Berufspflichten bei der Kanzlei- und Mandatsführung	21
a) Einrichtung und Unterhaltung einer Kanzlei (§§ 27 BRAO, 5 BORA)	21
b) Einrichtung und Unterhaltung eines besonderen elektronischen Anwaltspostfachs (§ 31a Abs. 6 BRAO) und eines Gesellschaftspostfachs (§ 31b BRAO nF)	24
c) Berufspflichten bei der Führung von Handakten (§ 50 BRAO)	26
d) Mitteilung der Ablehnung eines Auftrags (§ 44 BRAO)	27
e) Vereinbarung von Erfolgshonoraren und Kostenübernahme (§ 49b Abs. 2 BRAO iVm § 4a RVG)	28
aa) Erfolgshonorar (§ 49b Abs. 2 S. 1 BRAO)	29
bb) Kostenübernahme (§ 49b Abs. 2 S. 2 BRAO)	36
f) Provisionsverbot (§ 49b Abs. 3 S. 1 BRAO)	38
g) Sorgfaltspflichten im Umgang mit anvertrauten Vermögenswerten (§ 43a Abs. 5 BRAO)	39
h) Sachlichkeitsgebot der anwaltlichen Werbung (§ 43b BRAO)	40
i) Darlegungs- und Informationspflichten bei Inkassodienstleistungen (§ 43d BRAO)	41
j) Inanspruchnahme von Dienstleistungen Dritter (§ 43e BRAO)	45
5. Bestimmte Tätigkeitsverbote (§ 45 BRAO)	47
6. Funktion des § 43 BRAO als „Auffangnorm" für weitere Berufspflichten	49
III. Überblick zu den Besonderheiten im neuen anwaltlichen Gesellschaftsrecht	51
IV. Überblick zu Sanktionen bei Berufspflichtverletzungen	54
V. Reformbestrebungen	56
VI. Fazit in zehn Thesen	59

Literatur: *Cosack*, Digitalisierung erfolgreich umsetzen, 2020; *Christoph, Jürgen*, Finanzierung von Anwaltskanzleien, AnwBl. Online 2022, 94; *Christoph, Juliane*, Berufspflichten in der Berufsausübungsgesellschaft: Wie sie künftig einhalten?, AnwBl 2021, 606; *Deckenbrock*, Einige Bemerkungen zur Neufassung von § 3 BORA, BRAK-Mitt. 2022, 6; *Deckenbrock*, Die große BRAO-Reform (Teil 1) – alles neu im anwaltlichen Berufsrecht, DB 2021, 2200; *Deckenbrock*, Die große BRAO-Reform (Teil 2): Neuregelung der Tätigkeitsverbote, Vorgaben für Syndikusanwälte und Pflicht zum Erwerb von Berufsrechtskenntnissen, DB 2021, 2270; *Deckenbrock/Markworth*, Berufsrechtsreport, ZAP 2022, 103; *Fries*, De minimis curat mercator: Legal Tech wird Gesetz, NJW 2021, 2537; *Gasteyer/Hermesmeier*, Dürfen Rechtsanwälte mit ihren Mandanten via unverschlüsselter E-Mail kommunizieren?, BRAK-Mitt. 2019, 227; *Golland*, Datenschutzrechtliche Anforderungen an internationale Datentransfers, NJW 2020, 2593; *Günther*, Das neue „Legal Tech"-Gesetz – eine Zwischenlösung für den Rechtsdienstleistungsmarkt, MMR 2021, 764; *Hähnchen/Kuprian*, Verbot von Erfolgshonorarvereinbarungen – Tradition ohne Rechtfertigung, AnwBl Online 2020, 423; *Halm*, Erreicht das neue Inkassogesetz das gesteckte Ziel?, BRAK-Mitt. 2021, 282; *Härting*, Das Gesetz gegen unseriöse Geschäftspraktiken – kein Glanzstück des Gesetzgebers, AnwBl 2013, 879; *Henssler*, Legal Tech-Inkasso: Der Gesetzgeber ist gefordert, AnwBl Online 2021, 180; *Henssler*, Vom Anwaltsmarkt zum Markt für Rechtsdienstleistungen?, AnwBl 2020, 154; *Hinne*, Die Neuregelungen der Rechtsanwaltsvergütung im Jahr 2021, BRAK-Mitt. 2021, 278; *Islam*, Die Finanzierung von Legal-Tech-Kanzleien, AnwBl. Online 2020, 202; *Kilian*, Das reformierte Berufsrecht der Anwaltschaft, NJW 2021, 2385; *Kilian*, Erfolgshonorare – eine Zeitenwende, AnwBl 2021, 544; *Kilian*, Hybride Regulierung im reformierten Berufsrecht, AnwBl 2021, 294; *Kilian*, Verbrauchergerechte Angebote im Rechtsdienstleistungsmarkt, AnwBl Online 2021, 102; *Kilian*, Brennpunkte des anwaltlichen Berufsrechts, NJW 2018, 1656; *Kleine-Cosack*, Berufsrechtspolitische Don Quichotterie der Bundesrechtsanwaltskammer, AnwBl Online 2021, 139; *Mayer*, Das neue Erfolgshonorar – was die Praxis jetzt wissen muss, AnwBl Online 2021, 246; *Möller*, Neue Informationspflichten für Rechtsanwälte – § 43d BRAO tritt in Kraft, BRAK-Mitt. 2014, 308; *Müller*, E-Justice 2022 – Aktive Nutzungspflicht und neue Übermittlungswege, NJW 2021, 3281; *Müller*, E-Justice reloaded – Der Gesetzgeber justiert den elektronischen Rechtsverkehr nach, RDi 2021, 486; *Nitschke*, Die große BRAO-Reform im Überblick, BRAK-Mitt. 2021, 218; *Offermann-Burckart*, Das Verbot der Vertretung widerstreitender Interessen im Vorher-Nachher-Check, AnwBl. 2022, 90; *Remmertz*, Fremdkapitalbeteiligung an Kanzleien – Moderate Öffnung zur Finanzierung in Legal Tech?, AnwBl. 2022, 534; *Remmertz*, Mehr Digitalisierung wagen – Chancen für die Anwaltschaft durch die Berufsrechtsreform 2021, ITRB 2021, 140; *Remmertz*, Aktuelle Entwicklungen im RDG –

Nach der Reform ist vor der Reform, BRAK-Mitt. 2021, 288; *Remmertz*, Automatisierte Rechtsdienstleistungen im RDG, ZRP 2019, 139; *Römermann*, Anwaltliche Core Values: Eine Abrechnung, AnwBl. Online 2021, 297; *Römermann*, BRAO- und RDG-Reformen 2021 im Praxis-Check: Wie groß werden sie?, AnwBl Online 2020, 588; *Römermann*, Die anwaltliche Unabhängigkeit – Entmythologisierung eines Core Value, NJW 2019, 2986; *Sandkühler*, Der elektronische Rechtsverkehr zum Jahreswechsel – Rückblick und Ausblick, BRAK-Mitt. 2022, 2; *Schmidt/Roschek*, Datenschutz im anwaltlichen Home- und Mobile-Office, NJW 2021, 367; *Schnee-Gronauer*, Erfolgshonorare aus betriebswirtschaftlicher Sicht: Wie kalkulieren?, AnwBl Online 2021, 242; *Skupin*, Auf dem Weg zu einem Rechtsdienstleistungsmarkt 2.0?, GRUR-Prax 2020, 581 u. 603; *Schöttle*, Licht im datenschutzrechtlichen Dunkel?, BRAK-Mitt. 2021, 77; *Schumacher*, Datenschutzrecht und anwaltliches Berufsrecht, BRAK-Mitt. 2021, 353; *Siegmund*, Die anwaltliche Verschwiegenheit in der berufspolitischen Diskussion, 2014; *von Galen*, Die Interessenkollision in einer sich wandelnden Rechtsberatungswelt, BRAK-Mitt. 2020, 2; *von Lewinski*, Berufsrecht der Rechtsanwälte, Patentanwälte und Steuerberater, 5. Aufl. 2022 (zit.: v. Lewinski Berufsrecht); *Zuck*, Die berufsrechtliche Beurteilung des anwaltlichen Masseninkassos, BRAK-Mitt. 2013, 58.

I. Allgemeines und Überblick

Nach § 1 Abs. 1 der Berufsordnung für Rechtsanwälte (BORA) übt der Rechtsanwalt seinen Beruf „frei, selbstbestimmt und unreglementiert" aus, soweit Gesetz oder Berufsordnung ihn nicht besonders verpflichten. Damit kommt der Grundsatz zum Ausdruck, dass Eingriffe in die **anwaltliche Berufsausübungsfreiheit** nach Art. 12 GG nur durch Gesetz oder aufgrund eines Gesetzes zulässig sind.[1] Dieser Grundsatz ist auch immer wieder Ausgangspunkt vieler Entscheidungen des BVerfG. Ein Meilenstein sind die sog. „Bastille"-Beschlüsse des BVerfG vom 14.7.1987[2], mit denen die damals geltenden Standesrichtlinien für unvereinbar mit der Berufsausübungsfreiheit erklärt wurden.

Die **anwaltlichen Berufspflichten** ergeben sich im Wesentlichen aus der **Bundesrechtsanwaltsordnung (BRAO)**[3] und der **Berufsordnung für Rechtsanwälte (BORA)**.[4] Die wichtigsten Berufspflichten sind in den §§ 43 ff. BRAO geregelt, die teilweise durch das Gesetz zur Neuregelung des Berufsrechts der anwaltlichen und steuerberatenden Berufsausübungsgesellschaften sowie zur Änderung weiterer Vorschriften im Bereich der rechtsberatenden Berufe vom 7.7.2021[5] neu gefasst wurden. Die BORA ist aufgrund einer Satzungsermächtigung in § 59b BRAO entstanden. Sie enthält Näheres zu den beruflichen Rechten und Pflichten. Zusätzlich ergeben sich weitere Berufspflichten aus anderen Gesetzen wie zB aus dem Rechtsanwaltsvergütungsgesetz (RVG) oder aus allgemeinen Gesetzen wie dem Strafgesetzbuch (StGB).

Die Berufspflichten in der BRAO und der BORA gelten allgemein und unabhängig davon, ob und wenn ja, mit welchen technischen Mitteln ein Rechtsanwalt[6] seinen Beruf ausübt. Sie gelten somit auch für die **Berufsausübung mithilfe von IT und Legal Tech-Tools**. Es gibt nur vereinzelt Normen wie § 31a BRAO (Verpflichtung zur Nutzung des besonderen elektronischen Postfachs – beA), die sich mit technischen Sachverhalten befassen. Im Legal Tech-Kontext haben allerdings einige der Normen eine größere Bedeutung als andere wie etwa § 43e BRAO beim sog. Non-Legal-Outsourcing oder § 2 Abs. 2 BORA bei der Verpflichtung von technischen Maßnahmen zum Schutz der anwaltlichen Verschwiegenheit.

Im Folgenden werden nur solche **Berufspflichten** näher behandelt, die **im Legal Tech-Umfeld** besonders relevant werden können.

---

1 Henssler/Prütting/Busse BRAO Einl. Rn. 26; Hartung/Scharmer/Hartung BORA § 1 Rn. 61; Kilian/Koch AnwBerufsR Kap. A Rn. 29 f.
2 BVerfG Beschl. v. 14.7.1987 – 1 BvR 537/81 ua, NJW 1988, 191; BVerfG Beschl. v. 14.7.1987 – 1 BvR 362/79, NJW 1988, 194; siehe dazu Henssler/Prütting/Busse BRAO Einl. Rn. 21 ff.; Kilian/Koch AnwBerufsR Kap. A Rn. 15 f.
3 Vom 1.8.1959 (BGBl. I 565); zuletzt geändert durch Art. 8 des Gesetzes zur Ergänzung der Regelungen zur Umsetzung der Digitalisierungsrichtlinie und zur Änderung weiterer Vorschriften v. 15.7.2022 (BGBl. I 1146).
4 Zuletzt geändert durch Beschluss der Satzungsversammlung v. 29./30.4.2022, BRAK-Mitt. 2022, 266.
5 BGBl. I 2363.
6 Im Folgenden wird zur besseren Lesbarkeit nur die maskuline Form gewählt, die auch die weibliche Form miteinschließt.

5 In der BRAO sind dies die folgenden Vorschriften:
- Gebot der gewissenhaften Berufsausübung (§ 43 BRAO)
- Unabhängigkeit der anwaltlichen Berufsausübung (§ 43a Abs. 1 BRAO)
- Verschwiegenheitsverpflichtung (§ 43a Abs. 2 BRAO)
- Verbot der Vertretung widerstreitender Interessen (§ 43a Abs. 4 BRAO)
- Einrichtung und Unterhaltung einer Kanzlei (§ 27 Abs. 1 BRAO) und eines besonderen elektronischen Anwaltspostfachs (§ 31a Abs. 6 BRAO)
- Berufspflichten bei der Führung von Handakten (§ 50 BRAO)
- Mitteilung der Ablehnung eines Auftrags (§ 44 BRAO)
- Vereinbarung von Erfolgshonoraren und Kostenübernahme (§ 49b Abs. 2 BRAO iVm § 4a RVG)
- Provisionsverbot (§ 49b Abs. 3 BRAO)
- Sorgfaltspflicht im Umgang mit anvertrauten Vermögenswerten (§ 43a Abs. 5 BRAO)
- Sachlichkeitsgebot der anwaltlichen Werbung (§ 43b BRAO)
- Darlegungs- und Informationspflichten bei Inkassodienstleistungen (§ 43d BRAO)
- Inanspruchnahme von Dienstleistungen Dritter (§ 43e BRAO)
- Bestimmte Tätigkeitsverbote (§ 45 BRAO)

In der BORA werden diese Berufspflichten zT näher konkretisiert.

6 Dem **anwaltlichen Berufsrecht** unterliegen alle zugelassenen Rechtsanwältinnen und Rechtsanwälte einschließlich der **Syndikusrechtsanwälte** nach § 46 Abs. 2 BRAO. Lange Zeit waren die Berufspflichten an die **natürliche Person** geknüpft, sieht man von dem Einzelfall der Rechtsanwalts-GmbH nach § 59c ff. BRAO einmal ab.[7] Die BRAO von 1959 ging damals noch vom Typus des **Einzelanwalts** aus. Das hat sich durch die sog. „große" **BRAO-Reform 2021**, die mit dem Gesetz zur Neuregelung des Berufsrechts der anwaltlichen und steuerberatenden Berufsausübungsgesellschaften sowie zur Änderung weiterer Vorschriften im Bereich der rechtsberatenden Berufe vom 7.7.2021[8] zum 1.8.2022 in Kraft getreten ist, grundlegend geändert. Hierbei geht es in erster Linie um eine umfassende Reform des **Rechts der Berufsausübungsgesellschaften**.[9] Nach § 59e Abs. 1 BRAO nF gelten die wesentlichen Berufspflichten für zugelassene Berufsausübungsgesellschaften sinngemäß.[10] Diese muss die berufsrechtlichen Regelungen selbst einhalten und auch Vorkehrungen treffen, um die Einhaltung durch ihre Gesellschafterinnen und Gesellschafter sicherzustellen.[11] Daneben bleibt die persönliche berufsrechtliche Verantwortlichkeit der in der Gesellschaft tätigen Rechtsanwältinnen und Rechtsanwälte unberührt (§ 59e Abs. 4 BRAO nF). Gegen **zugelassene Berufsausübungsgesellschaften** können nach neuem Recht **berufsrechtliche Sanktionen** verhängt werden, wenn eine Leitungsperson gegen Berufspflichten verstößt oder ein Verstoß innerhalb der Gesellschaft auf einem **Organisationsverschulden** beruht. Damit hat der Gesetzgeber der Tatsache Rechnung getragen, dass heute viele Rechtsanwältinnen und Rechtsanwälte in Gesellschaften organisiert sind. Sie sollen selbst **Träger von beruflichen Rechten und Pflichten** sein.[12]

II. Einzelne Berufspflichten mit Bezug zu Legal Tech

1. Einleitung

7 Nach Erfahrungen der Rechtsanwaltskammern werden bestimmte **Berufspflichten bei Legal Tech-Aktivitäten** häufiger verletzt. Kanzleien, die auf **Massenverfahren** wie die Dieselgate-Affäre oder Verbraucherrechtsfälle spezialisiert sind, setzen zur Akquisition und Bearbeitung der Fälle regelmäßig auch **Legal Tech-Tools** ein. Einige kooperieren dabei mit Inkassodienstleistern und Vermittlungsplattformen.

---

7 Begr. Gesetzentwurf zur „großen" BRAO-Reform, BT-Drs. 19/27670, 127; Kilian/Koch AnwBerufsR Kap. A Rn. 39.
8 BGBl. I 2363.
9 Begr. Gesetzentwurf, BT-Drs. 19/27670, 127; dazu im Überblick Deckenbrock/Markworth, ZAP 2022, 103, 104 f.; Deckenbrock, DB 2021, 2200 (Teil 1), 2270 (Teil 2); Nitschke BRAK-Mitt. 2021, 218; Kilian NJW 2021, 2385.
10 Ausführlich zu dieser Reform Kilian AnwBl 2021, 294 f.
11 Begr. Gesetzentwurf, BT-Drs. 19/27670, 128; siehe dazu näher Kilian NJW 2021, 2385; Kilian AnwBl 2021, 478.
12 Begr. Gesetzentwurf, BT-Drs. 19/27670, 128 ff.

Nicht selten sind die Kanzleien mit der Bewältigung der Mandate aber überfordert. Dies schlägt sich in entsprechenden **Beschwerden der Mandanten** nieder, beispielsweise wegen nicht ordnungsgemäßer Mandatsbearbeitung in angemessener Zeit, Nichterreichbarkeit und Nichtunterrichtung nach § 11 BORA, fehlerhafte Handaktenführung (§ 50 BRAO), Nichtrücksendung von Empfangsbekenntnissen nach § 14 BORA (insbesondere in Massengerichtsverfahren), Fremdgeldverstöße (§ 4 BORA) oder Verletzungen der Verschwiegenheit nach § 43a Abs. 2 BRAO. In diesen Fällen stellt sich auch regelmäßig die Frage, ob der Anwaltsberuf noch „gewissenhaft" ausgeübt wird iSv § 43 BRAO und die Kanzlei die für die Bearbeitung von Massenverfahren erforderlichen sachlichen, personellen und organisatorischen Voraussetzungen nach § 5 BORA noch erfüllt (dazu näher unten → Rn. 21).

2. Gebot der gewissenhaften Berufsausübung (§ 43 BRAO)

Bei der standardisierten Mandatsbearbeitung, insbesondere in Massenverfahren, kann der Rechtsanwalt mit dem **Gebot der gewissenhaften Berufsausübung** in Konflikt geraten. Dieses Gebot ist allgemein in § 43 S. 1 BRAO geregelt. Zum Teil wird in der Literatur in Abrede gestellt, dass dieser Norm neben den spezialgesetzlich ausgestalteten Berufspflichten in der BRAO und der BORA noch eigenständige Bedeutung zukommt.[13] Jedenfalls dient § 43 BRAO der Funktion als **Auffang- bzw. Transportnorm** für die Begründung von Berufspflichten, die sich aus anderen Gesetzen als der BRAO und der BORA ergeben.[14]

Das Zurückdrängen des höchstpersönlichen Charakters durch **„industrielle" Rechtsdienstleistungen und Outsourcing** wirft die Frage auf, ob die Leistungen noch „gewissenhaft" erbracht werden. Insoweit könnten die Entwicklungen durch Legal Tech zu einer „Renaissance" der bisher eher vernachlässigten Allgemeinklausel in § 43 BRAO führen. Es ist nicht von der Hand zu weisen, dass die standardisierte Bearbeitung von Massenverfahren mithilfe von Legal Tech-Tools eine gewisse **Gefahr der Kommerzialisierung und Gewinnmaximierung** der anwaltlichen Tätigkeit birgt,[15] so dass sich die Frage stellt, ob dies noch mit dem „anwaltlichen Berufsethos" vereinbar ist. Das Gebot der gewissenhaften Berufsausübung zeichnet sich durch die Eigenschaften der **Freiberuflichkeit** und der **Eigenverantwortlichkeit** aus. Eng verknüpft ist diese allgemeine Berufspflicht mit § 2 BRAO, wonach der Rechtsanwalt einen „freien" Beruf ausübt und seine Tätigkeit kein Gewerbe ist. Daraus leitet sich die allgemeine Anforderung ab, dass der Rechtsanwalt seine Leistungen grundsätzlich „höchstpersönlich" zu erbringen hat. Hier besteht ein deutliches **Spannungsverhältnis** zwischen der grundsätzlichen und aus § 43 BRAO abgeleiteten[16] **Verpflichtung zur persönlichen Leistungserbringung** einerseits und **der standardisierten Mandatsbearbeitung** andererseits.[17]

3. Einhaltung der Kernwerte der anwaltlichen Tätigkeit

Das Gebot der anwaltlichen Unabhängigkeit (§ 43a Abs. 1 BRAO), die Verschwiegenheitsverpflichtung in § 43a Abs. 2 BRAO und das in § 43a Abs. 4 BRAO verankerte Verbot der Vertretung widerstreitender Interessen bilden die sog. „core values", also die **Kernwerte der anwaltlichen Tätigkeit**. Sie prägen

---

13 ZB BeckOK BRAO/Römermann/Praß BRAO § 43 Rn. 4 ff.; zum Ganzen Weyland/Träger BRAO § 43a Rn. 9 ff. mwN.
14 BGH Urt. v. 3.11.2014 – AnwZ (Brfg) 72/13, NJW-RR 2015, 186, AGH NRW Urt. v. 7.1.2011 – 2 AGH 48/10, BRAK-Mitt. 2011, 150; Kleine-Cosack BRAO § 43 Rn. 11 ff.; Hartung/Scharmer/Peitscher BRAO § 43 Rn. 11 ff.; Henssler/Prütting/Prütting BRAO § 43 Rn. 21 und 24; Weyland/Träger BRAO § 43 Rn. 13 ff.; dazu unten → Rn. 49.
15 Siehe dazu auch das Positionspapier des BRAK-Präsidiums „Digitalisierung und Zugang zum Recht – Keine Gewinnmaximierung auf Kosten des Verbraucherschutzes" v. 26.10.2020, abrufbar unter https://www.brak.de/zur-rechtspolitik/stellungnahmen-pdf/stellungnahmen-deutschland/2020/oktober/positionspapier-der-brak-digitalisierung-und-zugang-zum-recht.pdf.
16 Gaier/Wolf/Göcken/Zuck BRAO § 43 Rn. 48a.
17 Henssler AnwBl 2020, 154; näher zu einzelnen Fallkonstellationen Remmertz Legal Tech-Strategien/Remmertz § 2 Rn. 419 ff.

das **Leitbild des Anwaltsberufs**[18] und sind für das durch die persönliche und eigenverantwortliche Dienstleistung charakterisierte Vertrauensverhältnis zum Mandanten, zum Schutz der Interessen des Mandanten und zur Aufrechterhaltung einer funktionsfähigen Rechtspflege unerlässlich.[19] Diese Kernwerte sind auch **Alleinstellungsmerkmal gegenüber anderen Dienstleistern,** die Rechtsdienstleistungen anbieten,[20] was angesichts der Legal Tech-Anbieter, allen voran der Inkassodienstleister, wieder sehr aktuell geworden ist. Daneben betreffen die meisten der anderen im Bereich Legal Tech relevanten Berufspflichten die Kanzlei- und Mandatsführung. Diese Berufspflichten gelten nicht nur für den einzelnen Rechtsanwalt, sondern auch für die zugelassene Berufsausübungsgesellschaft entsprechend (§ 59e Abs. 1 BRAO nF).

a) Wahrung der anwaltlichen Unabhängigkeit (§ 43a Abs. 1 BRAO)

11 § 43a Abs. 1 BRAO postuliert allgemein, dass der Rechtsanwalt keine Bindungen eingehen darf, die seine **berufliche Unabhängigkeit** gefährden. Dies wird abgesichert durch § 1 und § 3 Abs. 1 BRAO. Danach ist der Rechtsanwalt ein unabhängiges **Organ der Rechtspflege** und der berufene unabhängige Berater und Vertreter in allen Rechtsangelegenheiten. Damit kommt zum Ausdruck, dass der Rechtsanwalt die rechtlichen Interessen seines Mandanten losgelöst von tatsächlichen, rechtlichen oder wirtschaftlichen Einflussfaktoren vertreten soll.[21] Nach § 1 Abs. 3 BORA hat der Rechtsanwalt u.a. die Aufgabe, seine Mandanten vor Rechtsverlust zu schützen und vor Fehlentscheidungen durch Gerichte und Behörden zu bewahren. Dieses Ideal ist in der Realität verschiedenen Risiken unterworfen, so dass **Abhängigkeiten** bis zu einem gewissen Grad toleriert werden, vor allem in wirtschaftlicher Hinsicht.[22] So ist beispielsweise anerkannt, dass der Rechtsanwalt von Groß-Mandanten oder Dritten, mit denen er kooperiert und die ihm Mandanten vermitteln wie zB Rechtsschutzversicherer, wirtschaftlich abhängig sein kann.[23] Solche **Konstellationen** sind auch im Legal Tech-Umfeld möglich, wenn der Rechtsanwalt mit Inkassodienstleistern, Prozessfinanzierungsgesellschaften oder Vermittlungsplattformen zusammenarbeitet, die ihm regelmäßig neue Mandate beschaffen oder versuchen, in ihrem Sinne **Einfluss auf die Mandatsführung** zu nehmen. Bedenklich wird es dann, wenn die Legal Tech-Partner dazu übergehen, dem Rechtsanwalt konkret **Vorgaben in der Mandatsführung** und Abrechnungspraxis zu machen, wie dies zT bei Vermittlungsplattformen zu beobachten ist.[24] Werden dadurch die **Interessen der Mandanten** beeinträchtigt, kann ein Verstoß gegen § 43a Abs. 1 BRAO vorliegen. Die anwaltliche Unabhängigkeit dürfte auch tangiert sein, wenn Rechtsanwälte direkt mit Prozessfinanzierungsgesellschaften Vereinbarungen schließen, die über den zulässigen Umfang der Kostenübernahme nach § 49b Abs. 2 S. 2 BRAO (dazu → Rn. 36 f.) hinausgehen. Es besteht dann die Gefahr, dass der Prozessfinanzierer Einfluss auf die Mandatsführung nimmt.[25]

b) Verschwiegenheitsverpflichtung in § 43a Abs. 2 BRAO

12 Nach § 43a Abs. 2 BRAO ist der Rechtsanwalt zur **Verschwiegenheit** verpflichtet. Die **unbefugte Offenbarung** eines dem Rechtsanwalt anvertrauten fremden **Geheimnisses** ist sogar strafbar nach § 203 Abs. 1 Nr. 3 StGB. Die Pflicht nach § 43a Abs. 2 BRAO bezieht sich auf alles, was ihm in Ausübung seines Berufes bekannt geworden ist, gilt aber nicht für Tatsachen, die offenkundig sind oder ihrer Bedeutung nach keiner Geheimhaltung bedürfen (§ 43a Abs. 2 S. 2 und 3 BRAO). Da grundsätzlich „alles" aus einem Mandat erfasst wird, sind auch Namen von Mandanten und die Tatsache, dass überhaupt ein Mandat erteilt

---

18 Siehe auch die Thesen der deutschen Rechtsanwaltskammern zur anwaltlichen Selbstverwaltung: BRAK-Mitt. 2008, 91; kritisch zu den Core Values aus heutiger Sicht Römermann AnwBl. Online 2021, 297.
19 BT-Drs. 12/4993, 27 f.
20 Henssler/Prütting/Henssler BRAO § 43a Rn. 1.
21 Henssler/Prütting/Busse BRAO § 1 Rn. 40.
22 Zum Spannungsverhältnis der anwaltlichen Unabhängigkeit zwischen Ideal und Wirklichkeit Römermann NJW 2019, 2986.
23 Hartung/Scharmer/Scharmer BRAO § 43a Rn. 9; BeckOK BRAO/Römermann/Praß BRAO § 43a Rn. 22.
24 Siehe dazu ausführlicher Remmertz Legal Tech-Strategien/Remmertz § 2 Rn. 423 f.
25 Siehe zum Parallelproblem nach § 4 RDG für Inkassodienstleister, die mit Prozessfinanzierern kooperieren, Remmertz BRAK-Mitt. 2021, 288 (290).

wurde, von der **Verschwiegenheitsverpflichtung** umfasst.[26] Sie wird in § 2 BORA näher konkretisiert. § 2 Abs. 1 S. 2 BORA stellt klar, dass sie auch nach Beendigung des Mandats gilt. Als „Herr" des Mandats kann der Mandant seinen Rechtsanwalt von der Pflicht zur Verschwiegenheit entbinden (§ 2 Abs. 4 a) BORA).

Die Wahrung der anwaltlichen Verschwiegenheit ist vor allem auch im **digitalen Umfeld** zu beachten.[27] Bei der Kommunikation über **soziale Netzwerke** beispielsweise dürfen Mandate und Mandanten nicht ohne deren Einwilligung genannt werden, soweit die Informationen nicht offenkundig sind, also darüber zB bereits in den Medien wie JUVE berichtet wurde. Die bloße Pflege von Mandanten als **Kontakte oder Follower** ist unproblematisch, wenn daraus allein ein Mandatsverhältnis nicht ersichtlich wird.

13

Für den Einsatz von IT wurde § 2 BORA reformiert.[28] Nach § 2 Abs. 2 BORA ist der Rechtsanwalt verpflichtet, die zum Schutz des **Mandatsgeheimnisses** erforderlichen **organisatorischen und technischen Maßnahmen** zu ergreifen, die risikoadäquat[29] und für den Anwaltsberuf zumutbar sind (§ 2 Abs. 2 S. 1 BORA). **Technische Maßnahmen** sind hierzu ausreichend, soweit sie im Falle der Anwendbarkeit der DS-GVO und des BDSG deren Anforderungen entsprechen (§ 2 Abs. 2 S. 2 BORA). Das zeigt, dass technische und organisatorische Maßnahmen zum **Schutz personenbezogener Daten** und zur Wahrung des Mandatsgeheimnisses Hand in Hand gehen.[30] Im Übrigen müssen sonstige technische Maßnahmen dem jeweiligen **Stand der Technik** entsprechen. Ein Verstoß ist nach § 2 Abs. 4 c) BORA ausgeschlossen, wenn die Maßnahmen im Rahmen der Arbeitsabläufe der Kanzlei, die außerhalb des Anwendungsbereichs des § 43e BRAO liegen (dazu → Rn. 45 f.), objektiv einer üblichen, von der Allgemeinheit gebilligten Verhaltensweise im sozialen Leben entsprechen, also „sozialadäquat" sind. Dazu gehören zB **technische Schutzmaßnahmen** gegen den unbefugten Zugang Dritter, wenn ein Rechtsanwalt auf seiner Webseite seinen Mandanten Zugang zu elektronischen Akten gewährt.[31]

14

Ist die **Kommunikation mit Mandanten** mit **Risiken für die Vertraulichkeit** verbunden[32], wie dies allgemein für die **unverschlüsselte E-Mail-Kommunikation** angenommen wird[33], aber auch bei der Kommunikation über ein **Online-Kontaktformular** oder mithilfe eines **Chat-Bots** vorliegen kann, so ist sie nach § 2 Abs. 2 S. 5 BORA erlaubt, wenn der Mandant ihr zustimmt. Von einer Zustimmung ist auszugehen, wenn der Mandant diesen Kommunikationsweg vorschlägt oder beginnt und ihn, nachdem der Rechtsanwalt zumindest pauschal und ohne technische Details auf die Risiken hingewiesen hat, fortsetzt. In dem häufigen Fall, dass der Rechtsanwalt von einem potenziellen Mandanten per E-Mail kontaktiert wird, reichen **Hinweise zu den Risiken der unverschlüsselten E-Mail-Kommunikation** aus.[34] Der Rechtsan-

15

---

26 Henssler/Prütting/Henssler BRAO § 43a Rn. 45; näher zur Verschwiegenheitspflicht auch Siegmund, Die anwaltliche Verschwiegenheit in der berufspolitischen Diskussion, 2014, Rn. 292 ff.
27 Siehe insbesondere zur Einhaltung des Datenschutzes im Home- und Mobile-Office Schmidt/Roschek NJW 2021, 367.
28 In der seit 1.1.2020 gültigen Fassung; siehe zu § 2 BORA ausführlich Remmertz Legal Tech-Strategien/Offermann-Burckart § 2 Rn. 138 ff.
29 Risikofreiheit ist nicht geschuldet, siehe Hartung/Scharmer/Gasteyer BORA § 2 Rn. 67; Remmertz Legal Tech-Strategien/Offermann-Burckart § 2 Rn. 144 ff.
30 Beispiele für organisatorische und technische Schutzmaßnahmen bei Hartung/Scharmer/Gasteyer BORA § 2 Rn. 66; Remmertz Legal Tech-Strategien/Offermann-Burckart § 2 Rn. 143.
31 Zu weiteren technischen Schutzmaßnahmen in der Kanzlei und in der elektronischen Kommunikation, zB durch Verschlüsselung, siehe Remmertz Legal Tech-Strategien/Siegmund § 2 Rn. 290 ff. und Remmertz Legal Tech-Strategien/Auer-Reinsdorff § 4 Rn. 34 ff.; Beispiele aus der Praxis bei Cosack, Digitalisierung erfolgreich umsetzen, 2020, § 5 Rn. 85.
32 Siehe zu Zugangsrisiken bei der E-Mail-Kommunikation mit Mandanten BGH Beschl. v. 18.11.2021 – I ZR 125/21, MMR 2022, 288; LAG Köln Urt. v. 11.01.2022 – 4 Sa 315/21, BeckRS 2022, 1700.
33 Hartung/Scharmer/Gasteyer BORA § 2 Rn. 69; Gasteyer/Hermesmeier BRAK-Mitt. 2019, 227; dazu im Übrigen ausführlich Remmertz Legal Tech-Strategien/Offermann-Burckart § 2 Rn. 162 ff.
34 Hartung/Scharmer/Gasteyer BORA § 2 Rn. 76 f.

walt ist nicht verpflichtet, mit seinen Mandanten nur verschlüsselt über E-Mail zu kommunizieren.[35] Entsprechendes gilt für Hinweise zu den Risiken der Nutzung von Kontaktformularen, Chat-Funktionen und Fax[36]. Ergänzend gelten die allgemeinen Informationspflichten nach § 13 DS-GVO in Form von Datenschutzhinweisen, die nach § 2 Abs. 5 BORA unberührt bleiben.

16 Bei der Nutzung externer Dienstleister wie Telefon-, Sekretariats- oder Cloud-Dienste (sog. **Non-Legal-Outsourcing**) ist zusätzlich § 43e BRAO zu beachten.[37]

c) Verbot der Vertretung widerstreitender Interessen (§ 43a Abs. 4 BRAO)

17 Der Rechtsanwalt muss bei online akquirierten Mandaten auch darauf achten, nicht im **widerstreitenden Interesse** tätig zu werden. Dies umfasst auch die (standardmäßige) Beratung bzw. Erstkommunikation mit dem Mandanten. Das gilt auch beim **Einsatz technischer Hilfsmittel** wie Chatbots oder Online-Formulare und entbindet ihn nicht von der gewissenhaften Prüfung, ob ein **Interessenwiderstreit** vorliegen könnte. Anderenfalls läuft er Gefahr, dass der von ihm geschlossene Anwaltsvertrag nach § 134 BGB **nichtig** ist.[38] Diese Gefahr ist auch gegeben, wenn zahlreiche Mandate in (vermeintlich) gleichgelagerten, standardisierten Fällen übernommen werden.[39] § 43a Abs. 4 BRAO nF und § 3 BORA konkretisieren dieses Verbot zu einem allgemeinen **Tätigkeitsverbot** dahin gehend, dass der Rechtsanwalt nicht tätig werden darf, wenn er eine andere Partei bzw. Mandanten in derselben Rechtssache im widerstreitenden Interesse bereits beraten oder vertreten hat. Die Vorschrift wurde durch die „große" BRAO-Reform erweitert und Regelungen aus der Satzungsnorm in § 3 BORA in § 43a Abs. 4 BRAO nF aufgenommen.[40] Nach § 43a Abs. 4 BRAO aF hieß es nur knapp, dass keine widerstreitenden Interessen vertreten werden dürfen. Nach neuem Recht ist auch die Beratung ausdrücklich erwähnt.[41]

18 Grundlage der Regelungen sind das **Vertrauensverhältnis zum Mandanten**, die Wahrung der anwaltlichen Unabhängigkeit und die im Interesse der Rechtspflege gebotene Gradlinigkeit der anwaltlichen Berufsausübung.[42] Entgegen dem Wortlaut „[...] bereits beraten oder vertreten hat" gilt dieses Verbot auch (und erst recht), wenn er zwei Parteien nicht nur nacheinander, sondern gleichzeitig anwaltlich berät oder vertritt.[43] Voraussetzung ist aber, dass der Rechtsanwalt bei beiden Tätigkeiten im Kern **anwaltlich** tätig wird.[44] Besteht bei der Zusammenarbeit mit Inkassodienstleistern oder Vermittlungsplattformen die Gefahr der Rücksichtnahme auf deren wirtschaftliche Interessen, so ist dies mangels anwaltlicher Vertretung kein Fall von § 43a Abs. 4 BRAO. Es kann aber die **anwaltliche Unabhängigkeit** nach § 43a Abs. 1 BRAO gefährdet sein (dazu → Rn. 11).

19 Erkennt der Rechtsanwalt, dass er im widerstreitenden Interesse tätig ist, ist er verpflichtet, die Mandanten davon unverzüglich zu **unterrichten** und alle Mandate in derselben Rechtssache zu **beenden** (§ 3 Abs. 2 BORA). Er kann sich also nicht aussuchen, welches der Mandate er weiterführt. Nach § 43a Abs. 4 S. 2 BRAO nF gilt dieses Tätigkeitsverbot auch für einen Rechtsanwalt, der selbst in eigener Person

---

35 Zwischenzeitlich ganz hM, Leeb Digitalisierung S. 136 ff. mwN.; Schumacher, BRAK-Mitt. 2021, 353, 359 f.; anders bei der Verarbeitung sensibler Daten VG Mainz Urt. 17.12.2020 – 1 K 778/19.MZ, BRAK-Mitt. 2021, 104; siehe dazu auch Schöttle BRAK-Mitt. 2021, 77.
36 Nach Auffassung von Datenschutzbehörden nicht mehr datenschutzkonform, siehe Stellungnahme v. 22.2.2022, abrufbar unter https://datenschutz.hessen.de/datenschutz/it-und-datenschutz/zur-%C3%BCbermittlung-personenbezogener-daten-per-fax. Zum Risiko der Kenntnisnahme durch Dritte Remmertz Legal Tech-Strategien/Offermann-Burckart § 2 Rn. 158.
37 Remmertz Legal Tech-Strategien/Offermann-Burckart § 2 Rn. 175 und 187 ff.; zu § 43e BRAO → Rn. 45 f.
38 BGH Urt. v. 12.5.2016 – IX ZR 241/14, NJW 2016, 2561.
39 Vertiefend dazu Remmertz Legal Tech-Strategien/Remmertz § 2 Rn. 429.
40 Zur Neufassung insb. Offermann-Burckart, AnwBl. 2022, 90; Deckenbrock, BRAK-Mitt. 2022, 6.
41 Kilian NJW 2021, 2385, 2390; Deckenbrock DB 2021, 2270.
42 BGH Urt. v. 17.9.2020 – III ZR 283/18, NJW 2020, 3451 (3453 Rn. 14).
43 BT-Drs. 19/27670, 161.
44 BGH Urt. v. 17.9.2020 – III ZR 283/18, NJW 2020, 3451 (3453 Rn. 15 ff.).

zwar nicht im widerstreitenden Interesse tätig geworden ist oder tätig wird, aber mit einem Rechtsanwalt gemeinschaftlich seinen Beruf ausübt, der seinerseits dem Tätigkeitsverbot unterliegt.

Neu ist auch § 43a Abs. 6 BRAO. Danach gilt das **Verbot der Vertretung widerstreitender Interessen** nach § 43a Abs. 4 S. 1 BRAO nF entsprechend für ein berufliches Tätigwerden des Rechtsanwalts *außerhalb des Anwaltsberufs*. Insoweit wurde der bisherige Regelungsgehalt von § 45 Abs. 2 BRAO aF in das Verbot der Vertretung widerstreitender Interessen aufgenommen. Die Regelung gilt – wie bisher § 45 Abs. 2 BRAO aF – nur für die sog. *anwaltliche Vorbefassung* und im Gegensatz zu § 45 BRAO nur dann, wenn auch ein Interessenwiderstreit vorliegt, er mithin für den Gegner beruflich tätig wird.[45] Der Gesetzgeber hat mit der Reform die Kritik[46] an der Vorschrift des § 45 BRAO aF aufgegriffen, dass es nicht gerechtfertigt erscheint, wenn ein Rechtsanwalt einen Mandanten anwaltlich vertritt und dasselbe Interesse hinterher in anderer beruflicher Eigenschaft weiterverfolgt. Diese Konstellationen können auch im Legal Tech-Umfeld vorkommen, wenn ein Rechtsanwalt dem Interesse seines (ehemaligen) Mandanten auch nach Beendigung der anwaltlichen Tätigkeit oder im Zweitberuf als Legal Tech-Unternehmer oder Inkassodienstleister weiterhin dient.[47] Das war bisher nach § 45 Abs. 2 BRAO aF verboten und ist nunmehr zu Recht erlaubt.

4. Berufspflichten bei der Kanzlei- und Mandatsführung

a) Einrichtung und Unterhaltung einer Kanzlei (§§ 27 BRAO, 5 BORA)

Nach § 27 Abs. 1 BRAO muss ein Rechtsanwalt im Bezirk der Rechtsanwaltskammer, deren Mitglied er ist, eine **Kanzlei** einrichten und unterhalten. Welche **Mindestanforderungen** an eine „Kanzlei" zu stellen sind, ist in der BRAO nicht näher geregelt. Eine Kanzlei wird allgemein definiert als Räumlichkeit, die durch Kommunikationsmittel (zB Praxisschild[48], Briefkopf, Internetauftritt) als Niederlassung eines Anwalts für das rechtsuchende Publikum kenntlich gemacht ist und die nach ihrer Ausstattung eine anwaltliche Arbeit einschließlich eines Mandantengesprächs zulässt.[49] § 5 BORA bestimmt lediglich allgemein, dass der Rechtsanwalt in seiner Kanzlei[50] „die für seine Berufsausübung erforderlichen **sachlichen, personellen und organisatorischen Voraussetzungen** vorzuhalten" hat. Zu den Voraussetzungen der Einrichtung einer Kanzlei zählt zumindest noch eine **postalische Adresse**, unter der er für Postzustellungen und Besuche – nach außen erkennbar durch ausreichende Kennzeichnung des Briefkastens und eines Klingelschilds[51] – erreichbar ist.[52] Sofern die Erreichbarkeit über moderne Kommunikationsmittel gewährleistet ist, besteht **keine Präsenzpflicht** mehr.[53] Anforderungen an die **räumliche Ausstattung** einer Kanzlei werden ebenso wenig gestellt wie – mit Ausnahme der Einrichtung[54] eines beA nach § 31a Abs. 6 BRAO – an bestimmte

---

45 BT-Drs. 19/27670, 166; im Gegensatz dazu kam es für § 45 BRAO aF nicht auf einen Interessengegensatz an, vgl. Henssler/Prütting/Kilian BRAO § 45 Rn. 12a.
46 Henssler/Prütting/Kilian BRAO § 45 Rn. 11a ff. und 44.
47 Siehe zu Legal Tech-Fallgestaltungen ausführlich Remmertz Legal Tech-Strategien/Remmertz § 3 Rn. 38 ff.
48 Das allerdings heute nicht mehr erforderlich ist, siehe v. Lewinski Berufsrecht Kap. 10 Rn. 15 mwN und dem zutreffenden Hinweis, dass sich dies auch aus der „negativen Werbefreiheit" ableitet; aA Henssler/Prütting/Pütting BRAO § 27 Rn. 6. Bei der strengeren Rspr., zB BGH Beschl.v. 6. 7. 2009 - AnwZ (B) 26/09, NJW-RR 2009, 1577 (1578), ist zu beachten, dass die aktuellen Entwicklungen noch nicht berücksichtigt werden konnten.
49 Henssler/Prütting/Pütting BRAO § 27 Rn. 7.
50 Entsprechendes gilt nach § 5 BORA für eine Zweigstelle. Durch Beschluss der 2. Sitzung der 7. Satzungsversammlung v. 6.12.2021 wurde § 5 BORA auf „weitere Kanzleien" erweitert. Die Änderung ist zum 1.6.2022 in Kraft getreten, vgl. BRAK-Mitt. 2022, 94.
51 Remmertz Legal Tech-Strategien/Offermann-Burckart § 2 Rn. 39; Kilian/Koch AnwBerufsR Kap. B. Rn. 238.
52 Henssler/Prütting/Pütting BRAO § 27 Rn. 6; Remmertz Legal Tech-Strategien/Offermann-Burckart § 2 Rn. 21; zT werden in der berufsrechtlichen Kommentierung noch weitergehende Anforderungen gestellt, zB Weyland/Weyland BRAO § 27 Rn. 5g ff.; diese sind angesichts moderner Kommunikationsmittel aber nicht zeitgemäß.
53 v. Lewinski Berufsrecht Kap. 10 Rn. 11; aA BGH Beschl. v. 21.3.2017 - AnwZ (Brfg) 3/17, NJW-RR 2017, 684 (685); BGH Beschl. v. 6.7.2009 - AnwZ (B) 26/09, NJW-RR 2009, 1577 (1578), nach dem der Rechtsanwalt zu „angemessenen Zeiten" anwesend sein muss (zw.).
54 Daran gekoppelt ein Internetanschluss sowie ein PC oder ein mobiles Endgerät.

Kommunikationsmittel. Die Angabe einer Handy-Nummer genügt.[55] Ein Fax-Anschluss ist nicht erforderlich.

22 Es stellt sich die Frage, wie lange angesichts der technischen Möglichkeiten noch an dem **Erfordernis einer physischen Räumlichkeit**[56] für eine ordnungsgemäße Kanzlei iSv §§ 27 BRAO, 5 BORA festgehalten werden kann.[57] Die **Corona-Krise** hat gezeigt, dass vertrauliche Mandantengespräche auch online, insbesondere über **Video-Dienste** geführt werden können.[58] Schon jetzt ist der Rechtsanwalt nicht mehr verpflichtet, Mandanten in seiner Kanzlei persönlich zu empfangen. Je nach Tätigkeit genügt für § 5 BORA, wenn der Rechtsanwalt für Mandanten per E-Mail und/oder telefonisch erreichbar ist und er Posteingänge überprüft.[59] Nach BGH[60] dient die Kanzlei (nur noch) dazu, die Erreichbarkeit des Anwalts für Rechtsuchende, Gegner, Gerichte und Behörden sicherzustellen. Solange aber noch nicht ausnahmslos mit Gerichten und Behörden über das beA kommuniziert werden kann, ist eine postalische Zustelladresse für eine Kanzlei iSv § 5 BORA weiterhin erforderlich.[61] Eine rein „**virtuelle**" oder „**Cyber-Kanzlei**" ist gegenwärtig (noch) nicht zulässig.[62] Eine flächendeckende elektronische Kommunikation mit allen Beteiligten im Rechtsverkehr ist aber nur eine Frage der Zeit. Spätestens dann wird man für eine Kanzlei keine festen Büroräumlichkeiten mehr fordern können. Einer Änderung im Wortlaut der §§ 27 BRAO, 5 BORA bedarf es dazu nicht.

23 Da § 5 BORA den Rechtsanwalt verpflichtet, die für „seine" Berufsausübung erforderlichen Voraussetzungen einzuhalten, hängen diese von der Art der jeweiligen anwaltlichen Tätigkeit ab. Für Kanzleien, die sich auf die Bearbeitung von **standardisierten Massenverfahren** spezialisieren, kann dies nach § 5 BORA eine Verpflichtung zum Einsatz bestimmter Software, praktisch also eine **Pflicht zum Einsatz von Legal Tech** bedeuten.[63] In Teilbereichen ist das schon heute unstreitig der Fall, etwa bei der Nutzung des beA nach § 31a Abs. 6 BRAO oder bei der Verpflichtung zur Einreichung elektronischer Schutzschriften nach § 49c BRAO.

b) Einrichtung und Unterhaltung eines besonderen elektronischen Anwaltspostfachs (§ 31a Abs. 6 BRAO) und eines Gesellschaftspostfachs (§ 31b BRAO nF)

24 Nach § 31a Abs. 6 BRAO[64] ist jeder Rechtsanwalt verpflichtet, ein **besonderes elektronisches Anwaltspostfach (beA)** einzurichten und empfangsbereit zu halten (sog. **passive Nutzungspflicht**).[65] Seit dem 1.1.2022 gilt auch eine *aktive* **Nutzungspflicht** für die Kommunikation mit Gerichten u.a. gemäß § 130d

---

55 Remmertz Legal Tech-Strategien/Offermann-Burckart § 2 Rn. 40; Kilian/Koch AnwBerufsR Kap. B. Rn. 250.
56 Allg. zu den Anforderungen einer Räumlichkeit Kilian/Koch AnwBerufsR Kap. B. Rn. 242 ff.
57 Remmertz Legal Tech-Strategien/Offermann-Burckart § 2 Rn. 24; zum Ganzen auch Leeb Digitalisierung S. 274 ff.
58 Nach einer zwischen November 2020 und März 2021 durchgeführten Umfrage hat sich die Corona-Krise bei mehr als der Hälfte der Befragten als Digitalisierungsschub ausgewirkt, siehe dazu näher unter https://www.legal-tech.de/die-ergebnisse-der-grossen-legal-tech-umfrage-2021/.
59 Remmertz Legal Tech-Strategien/Offermann-Burckart § 2 Rn. 74.
60 BGH Beschl. v. 21.3.2017 – AnwZ (Brfg) 3/17, NJW-RR 2017, 684 (685) – Ausübung des Anwaltsberufs und Betreiben einer Immobilienverwaltung in einer Kanzlei.
61 Henssler/Prütting/Pütting BRAO § 27 Rn. 6 f.; Remmertz Legal Tech-Strategien/Offermann-Burckart § 2 Rn. 24; Kilian/Koch AnwBerufsR Kap. B. Rn. 282.
62 Henssler/Prütting/Prütting BRAO § 27 Rn. 13; Weyland/Weyland BRAO § 27 Rn. 6; v. Lewinski Berufsrecht Kap. 10 Rn. 4.
63 Feuchtinger, Technologie als Anwaltspflicht, LTO v. 30.10.2019, abrufbar unter https://www.lto.de/recht/juristen/b/anwalt-pflicht-technologie-ki-legal-tech-sachverhalt-ermittlung-mandate/.
64 Geschaffen auf der Grundlage des Gesetzes zur Förderung des elektronischen Rechtsverkehrs mit den Gerichten („eJustice-Gesetz") v. 10.10.2013 (BGBl. I 3786); näher zum Zweck und zur Historie Henssler/Prütting/Prütting BRAO § 31a Rn. 1 ff.; Gaier/Wolf/Göcken/Siegmund BRAO § 31a Rn. 1 ff.; Remmertz Legal Tech-Strategien/Siegmund § 2 Rn. 249 ff.
65 Gaier/Wolf/Göcken/Siegmund BRAO § 31a Rn. 51 ff.

ZPO.⁶⁶ Der BGH⁶⁷ hat die Kommunikation über das beA als ausreichend sicher eingestuft. Ein Verstoß gegen die *passive* Nutzungspflicht nach § 31a Abs. 6 BRAO hat nicht nur **haftungsrechtliche Konsequenzen**⁶⁸, sondern kann auch berufsrechtlich geahndet werden.⁶⁹ Wird über das beA ein Empfangsbekenntnis angefordert und nicht unverzüglich erteilt, kommt (auch) ein Verstoß gegen § 14 BORA in Betracht. Ob eine Verletzung der aktiven Nutzungspflicht seit 1.1.2022 ebenfalls als **Berufsrechtsverstoß** zu qualifizieren ist, ist noch ungeklärt, da diese nicht direkt in der BRAO und BORA geregelt ist. Für die **Einreichung von Schutzschriften** im gewerblichen Rechtsschutz gibt es hingegen die Sondernorm nach § 49c BRAO, wonach diese ausschließlich elektronisch zum Schutzschriftenregister nach § 945a ZPO einzureichen sind. Eine Verletzung dieser Sondernorm ist auch berufsrechtswidrig.⁷⁰

Mit dem Inkrafttreten der sog. „großen" **BRAO-Reform** am 1.8.2022⁷¹ wurde parallel zum beA für alle zugelassenen Berufsausübungsgesellschaften ein verpflichtendes **„Gesellschaftspostfach (GePo)"** mit § 31b BRAO nF eingeführt.⁷² Das Gesellschaftspostfach wird das für jeden zugelassenen Rechtsanwalt verpflichtende und personenbezogene beA nicht ersetzen, sondern ergänzen. Für Zweigstellen kann nach § 31b Abs. 4 BRAO nF zusätzlich ein weiteres Gesellschaftspostfach auf freiwilliger Basis beantragt werden.

c) Berufspflichten bei der Führung von Handakten (§ 50 BRAO)

Nach § 50 Abs. 1 BRAO muss ein Rechtsanwalt durch das Führen von **Handakten** ein „geordnetes und zutreffendes Bild" über die Bearbeitung seiner Aufträge geben können. Diese Handakten müssen für eine Dauer von sechs Jahren aufbewahrt werden, wobei diese Frist mit Ablauf des Kalenderjahres beginnt, in dem der Auftrag beendet wurde (§ 50 Abs. 1 S. 2 und 3 BRAO). Diese Handakten können auch vollständig **elektronisch** geführt werden. Das ergibt sich aus § 50 Abs. 4 BRAO, wonach die Vorschriften zur Führung von Handakten dann entsprechend gelten. Der Rechtsanwalt ist nicht (mehr) verpflichtet, Papierakten zu führen.⁷³ Das beA ersetzt eine digitale Aktenführung allerdings nicht, da es nicht über eine Archivierungsfunktion verfügt und Nachrichten regelmäßig systemseitig gelöscht werden. An die Verarbeitung ausschließlich elektronischer Akten sind aber keine geringeren **Sorgfaltsanforderungen** zu stellen als an die Führung einer Papierakte.⁷⁴ Die **Speicherdauer** von 6 Jahren ist eine Mindestdauer. Es können sich aus anderen Vorschriften längere Aufbewahrungsfristen ergeben (§ 50 Abs. 5 BRAO).⁷⁵ Liegt kein Grund für eine Speicherung der Handakten mehr vor, ist der Rechtsanwalt nach Art. 17 Abs. 1 a) DS-GVO verpflichtet, zumindest die **personenbezogenen Daten** der Mandanten und anderer Dritter aus der Handakte zu löschen bzw. zu anonymisieren.⁷⁶

---

66 Entsprechende Vorschriften finden sich auch in weiteren Prozess- und Verfahrensordnungen, siehe dazu insgesamt Müller RDi 2021, 486 (487, 493); zur aktiven Nutzungspflicht näher Gaier/Wolf/Göcken/Siegmund BRAO § 31a Rn. 48 f.; Müller NJW 2021, 3281.
67 BGH Urt. v. 22.3.2021 – AnwZ (Brfg) 2/20, NJW 2021, 2206 mAnm Degen/Emmert.
68 Zu Haftungsfragen siehe Remmertz Legal Tech-Strategien/Siegmund § 2 Rn. 281 ff.
69 AnwG Nürnberg Urt. v. 31.1.2020 – AnwG I 19/19, BRAK-Mitt. 2020, 166 (Ls.); v. Lewinski Berufsrecht Kap. 10 Rn. 13; siehe dazu ferner Remmertz Legal Tech-Strategien/Winkler § 6 Rn. 20; Remmertz Legal Tech-Strategien/Siegmund § 2 Rn. 278. Zum Überblick über die berufsrechtlichen Sanktionen → Rn. 54 f.
70 Henssler/Prütting/Kilian BRAO § 49c Rn. 14; Gaier/Wolf/Göcken/Siegmund BRAO § 49c Rn. 8.
71 BGBl. 2021 I 2363.
72 Sandkühler BRAK-Mitt. 2022, 2; Müller NJW 2021, 3281 (3283).
73 Henssler/Prütting/Offermann-Burckart BRAO § 50 Rn. 17; Leeb Digitalisierung S. 181 ff.
74 BGH Beschl. v. 23.6.2020 – VI ZB 63/19, NJW 2020, 2641 (2642 Rn. 11).
75 Henssler/Prütting/Offermann-Burckart BRAO § 50 Rn. 30 ff.
76 Remmertz Legal Tech-Strategien/Offermann-Burckart § 2 Rn. 60.

d) Mitteilung der Ablehnung eines Auftrags (§ 44 BRAO)

27 Will der Rechtsanwalt ein ihm angetragenes Mandat nicht annehmen[77], so ist er nach § 44 S. 1 BRAO verpflichtet, die **Ablehnung** unverzüglich zu erklären. Unverzüglich heißt ohne schuldhaftes Zögern. Dies gilt zB bei eingehenden E-Mails[78] oder auch bei der Benutzung von Online-Tools, über die massenhaft Anfragen eingehen. Der Rechtsanwalt ist dann verpflichtet, durch **technische und organisatorische Maßnahmen** eine unverzügliche Ablehnung sicherzustellen. Das kann auch **automatisiert** erfolgen, zB durch automatische Anrufbeantworter oder E-Mails (Autoresponder). Dies ist auch bei der Zusammenarbeit mit Vermittlungsplattformen, zB im Falle längerer Abwesenheit, zu gewährleisten.

e) Vereinbarung von Erfolgshonoraren und Kostenübernahme (§ 49b Abs. 2 BRAO iVm § 4a RVG)

28 Mit dem am 1.10.2021 in Kraft getretenen Gesetz zur Förderung verbrauchergerechter Angebote im Rechtsdienstleistungsmarkt (auch „**Legal Tech-Gesetz**" genannt)[79] hat der Gesetzgeber einen neuen Rechtsrahmen für **Inkassodienstleister** geschaffen. Obwohl das Gesetz allgemein für alle Inkassodienstleister gilt, hat der Gesetzgeber dabei vor allem die Legal Tech-Anbieter („**Legal Tech-Inkasso**") im Blick. Das Gesetz sieht neben neuen Regelungen zur Regulierung von Inkassodienstleistungen im RDG auch Liberalisierungen im anwaltlichen Berufsrecht, u.a. eine **Lockerung des Verbots von Erfolgshonoraren** und der (zuletzt allerdings eingeschränkten) Möglichkeit der **Kostenübernahme** durch Rechtsanwälte vor.[80] Mit dem neuen Gesetz sollen gleiche Wettbewerbsbedingungen zwischen der Anwaltschaft und Inkassodienstleistern geschaffen und Forderungen nach mehr Kohärenz Rechnung getragen werden.[81] Dadurch soll insbesondere auch der Anwaltschaft ermöglicht werden, mit Inkassodienstleistern im Bereich Legal Tech zu konkurrieren.

aa) Erfolgshonorar (§ 49b Abs. 2 S. 1 BRAO)

29 Durch das Legal Tech-Gesetz wurde Rechtsanwälten in größerem Umfang die Vereinbarung von Erfolgshonoraren erlaubt.[82] An dem **grundsätzlichen Verbot** in § 49b Abs. 2 S. 1 BRAO wurde aber festgehalten. Danach sind Vereinbarungen, durch die eine Vergütung oder ihre Höhe vom Ausgang der Sache oder vom Erfolg der anwaltlichen Tätigkeit abhängig gemacht wird oder nach denen der Rechtsanwalt einen Teil des erstrittenen Betrages als Honorar erhält (**Erfolgshonorar**), unzulässig, soweit das Rechtsanwaltsvergütungsgesetz (RVG) nichts anderes bestimmt. Aus dieser Vorschrift ergibt sich folglich die Berufspflicht, die Grenzen nach dem RVG einzuhalten.[83]

30 Die **Ausnahmevorschrift nach § 4a RVG** sieht nunmehr **drei Tatbestände** vor. Ein Erfolgshonorar kann dann vereinbart werden, wenn

a) sich der Auftrag auf eine pfändbare Geldforderung von höchstens 2.000 EUR bezieht (§ 4a Abs. S. 1 Nr. 1 RVG),

b) es sich – vereinfacht formuliert – um eine Inkassodienstleistung handelt (§ 4a Abs. 1 S. 1 Nr. 2 RVG oder

c) wenn der Auftraggeber im Einzelfall bei verständiger Würdigung ohne die Vereinbarung eines Erfolgshonorars von der Verfolgung seiner Ansprüche abgehalten würde (§ 4a Abs. 1 S. 1 Nr. 3 RVG).

---

77 Und trifft ihn auch nach den Vorschriften der Beratungshilfe und Prozesskostenhilfe gemäß §§ 48, 49a BRAO keine Verpflichtung zur Annahme eines Mandats.
78 Näher dazu, insbesondere zu den angemessenen Reaktionszeiten, Leeb Digitalisierung S. 141 ff.
79 Das Gesetz wurde am 17.8.2021 im BGBl. I 3415 veröffentlicht.
80 Zum Gesetzentwurf insgesamt Fries NJW 2021, 2537; Günther MMR 2021, 764; Skupin GRUR-Prax 2020, 581 (Teil 1) und 603 (Teil 2); Römermann AnwBl Online 2020, 588; Kilian AnwBl 2021, 102 (104).
81 Begr. RegE, BT-Drs. 19/27673, 1 und 13.
82 Kilian AnwBl 2021, 544, insbesondere zu den praktischen Auswirkungen der Reform.
83 Siehe auch den Überblick von Günther MMR 2021, 764 (766); Hinne BRAK-Mitt. 2021, 278 (279); Mayer AnwBl Online 2021, 246; zur betriebswirtschaftlichen Kalkulation von Erfolgshonoraren Schnee-Gronauer AnwBl Online 2021, 242.

Bei der **ersten Alternative** kann das Erfolgshonorar – im Gegensatz zu Inkassodienstleistungen – auch die **Abwehr von Forderungen** sowie die **gerichtliche Tätigkeit** umfassen.[84] Die Grenze von 2.000 EUR hat man gewählt, um den niedrigschwelligen Bereich der Forderungen zu erfassen, die von Anspruchsinhabern häufig aus Kostengründen nicht in die Hände der Anwaltschaft gelegt werden (sog. „**rationales Desinteresse**").[85] Nach § 4a Abs. 1 S. 2 RVG muss es sich um eine **pfändbare Geldforderung** handeln. Damit soll sichergestellt werden, dass vor allem im Bereich des Sozial- und Familienrechts Erfolgshonorarvereinbarungen ausgeschlossen sind.[86]

31

Bei der **zweiten Alternative** gibt es keine Streitwertbegrenzung, allerdings beschränken sich die **Inkassodienstleistungen** nur auf den außergerichtlichen Bereich und auf die in § 79 Abs. 2 S. 2 Nr. 4 ZPO genannten Mahn- und Vollstreckungsverfahren. Auch bei diesem Tatbestand gilt die Einschränkung nach § 4a Abs. 1 S. 2 RVG, wonach die einzuziehende Forderung der Pfändung unterliegen muss. Die gegenwärtig wichtige Einschränkung in § 4a RVG, dass ein Erfolgshonorar nur für den Einzelfall vereinbart werden darf, entfällt bei beiden neu eingeführten Ausnahmen, so dass es künftig auch für die Anwaltschaft erlaubt ist, ähnlich wie die Legal Tech-Inkassoanbieter massenhaft und automatisiert Fälle zu akquirieren und auf Erfolgshonorarbasis geltend zu machen. Da diese zweite Fallgruppe an eine Inkassodienstleistung nach § 2 Abs. 2 RDG anknüpft, profitiert die Anwaltschaft zwar einerseits von der **Ausweitung der Inkassolizenz** für Inkassodienstleister durch die Rechtsprechung des BGH[87] (→ *Inkassodienstleistungen* Rn. 10 ff.) und durch das Legal Tech-Gesetz. Andererseits bedeutet die **Unschärfe des Inkassobegriffs** für die Anwaltschaft auch eine gewisse Rechtsunsicherheit, in welchen Fällen ein Erfolgshonorar vereinbart werden darf und in welchen nicht.

32

Die **dritte Alternative** hat gegenüber der bisherigen Regelung in § 4a Abs. 1 S. 1 RVG die wichtige Änderung, dass es für die Frage, ob der Auftraggeber von der Rechtsverfolgung abgehalten würde, nicht mehr auf seine **wirtschaftlichen Verhältnisse** ankommt, so dass Rechtsanwälte auch mit finanzkräftigen Auftraggebern im Einzelfall ein Erfolgshonorar vereinbaren dürfen, wenn sie zB aufgrund zu hoher Prozessrisiken von der Rechtsverfolgung absehen würden. Dabei kommt es aber auf eine verständige Würdigung im Einzelfall an, so dass sich diese Alternative für Massenverfahren eher nicht eignet.

33

Die Tatbestände nach § 4a Abs. 1 S. 1 Nr. 1 und 2 RVG haben als gemeinsame Schnittmenge die außergerichtliche Geltendmachung einer pfändbaren Geldforderung bis 2.000 EUR. In diesem Korridor kann die Vereinbarung eines Erfolgshonorars wahlweise auf beide Varianten gestützt werden, was für den Anwalt den Vorteil hat, nicht prüfen zu müssen, ob seine Tätigkeit von der Inkassobefugnis gedeckt ist.

34

Zusätzlich sieht das neue Gesetz in § 4a Abs. 2 RVG die Verpflichtung zur Vereinbarung eines **angemessenen Zuschlags** auf das vereinbarte Erfolgshonorar vor, wenn für den Fall des Misserfolgs keine oder nur eine geringere als die gesetzliche Vergütung („no win – no fee" oder „no win – less fee") vereinbart ist. Dies gilt aber nicht für den wichtigsten Anwendungsfall der Vereinbarung eines Erfolgshonorars nach § 4a Abs. 1 S. 1 Nr. 2 RVG.[88]

35

bb) Kostenübernahme (§ 49b Abs. 2 S. 2 BRAO)

Der Anwaltschaft ist es in Kombination mit einem Erfolgshonorar nach § 4a Abs. 1 Nr. 2 RVG auch erlaubt, Kosten für ihre Auftraggeber (Gerichtskosten, Verwaltungskosten oder Kosten anderer Beteiligter) zu übernehmen (§ 49b Abs. 2 S. 2 BRAO). Da sich dies nach § 79 Abs. 2 S. 2 Nr. 4 ZPO auch auf das Mahnverfahren bis zur Abgabe an das Streitgericht erstreckt, darf eine (1) Gerichtsgebühr übernommen werden.[89] Der Gesetzgeber will damit der Anwaltschaft ermöglichen, in Wettbewerb mit Legal

36

---

84 Begr. Legal Tech-Gesetz, BT-Drs. 19/27673, 35.
85 Nach einer aktuellen Studie der ROLAND Rechtsschutzversicherung liegt die Grenze bei knapp 3.700 EUR, siehe dazu ROLAND Rechtsreport 2022, Version v. 3.3.2022, abrufbar unter https://www.roland-rechtsschutz.de/unternehmen/presse/roland-rechtsreport-2022.html, S. 7.
86 Etwa familienrechtliche Unterhaltsansprüche.
87 BGH Urt. v. 27.11.2019 – VIII ZR 285/18, NJW 2020, 208 – wenigermiete.de.
88 Siehe dazu im Überblick Günther MMR 2021, 764 (766 f.).
89 Siehe dazu mit Berechnungsbeispielen Hinne BRAK-Mitt. 2021, 278 (280).

Tech-Inkassoanbieter zu treten, die im niedrigschwelligen Bereich bei der Rechtsdurchsetzung häufig auch eine **Prozessfinanzierung** (→ *Prozessfinanzierung* Rn. 7 ff.) anbieten. Gerade die Kombination von Erfolgshonorar und Prozessfinanzierung ist nach der Gesetzesbegründung für Verbraucher häufig Anreiz, ihre Ansprüche auch durchzusetzen.[90]

37 Die **Kostenübernahme** durch die Anwaltschaft ist Neuland und war als gewerbliche Tätigkeit bislang verboten. Sie stößt zu Recht auf Kritik, weil die **anwaltliche Unabhängigkeit** dadurch beeinträchtigt werden kann.[91] Ursprünglich war vorgesehen, die Kostenübernahme auch bei der gerichtlichen Geltendmachung von Geldforderungen bis 2.000 EUR (§ 4a Abs. 1 S. 1 Nr. 1 RVG) zu erlauben. Davon wurde aber zum Ende des Gesetzgebungsverfahrens wieder Abstand genommen. Der Gesetzgeber hat vorgesehen, die Auswirkungen dieser neuen Regelung zu überprüfen und bei Bedarf anzupassen.[92]

f) Provisionsverbot (§ 49b Abs. 3 S. 1 BRAO)

38 § 49b Abs. 3 S. 1 BRAO enthält noch ein weiteres Verbot für Rechtsanwälte, nämlich das der Gewährung und Entgegennahme von Vorteilen für die Vermittlung von Aufträgen. Das Verbot will verhindern, dass Rechtsanwälte in einen Wettbewerb um den Ankauf von Mandaten treten und diese wie eine Ware „gekauft und verkauft" werden.[93] Dieses Verbot wird nach BGH[94] weit verstanden und erfasst jede Art von Belohnung, insbesondere umsatzabhängige Zahlungen für die **Vermittlung von Mandaten**. Einschränkend wird aber vorausgesetzt, dass der Vorteil „für die Vermittlung von Mandaten" gewährt wird. Werden Anwälten von einer Agentur nur Interessenten, sog. „**Leads**" zwecks Akquisition bereitgestellt, liegt nach Ansicht des OLG München[95] kein Verstoß gegen § 49b Abs. 3 BRAO vor. Allerdings kann es insoweit zu Abgrenzungsproblemen kommen. Auch bei der Nutzung von **Vermittlungsplattformen** kann man mit dem **Provisionsverbot** in Konflikt geraten, wenn umsatzabhängige Vergütungen für die Vermittlung von Mandaten gezahlt werden.[96] Zulässig sind hingegen Vergütungsmodelle, die nicht an die Vermittlung, sondern an die Nutzung der **Vermittlungs- bzw. Verkaufsplattformen** gekoppelt sind.[97] Auch dies wirft Umgehungs- und Abgrenzungsprobleme auf.[98]

g) Sorgfaltspflichten im Umgang mit anvertrauten Vermögenswerten (§ 43a Abs. 5 BRAO)

39 § 43a Abs. 5 BRAO verpflichtet den Rechtsanwalt allgemein zu der erforderlichen Sorgfalt beim **Umgang mit Mandantengeldern** und anderen ihm anvertrauten Vermögenswerten. Fremde Gelder sind entweder unverzüglich an den Empfangsberechtigten weiterzuleiten oder auf ein **Anderkonto** einzuzahlen (§ 43a Abs. 5 S. 2 BRAO). Daraus folgt iVm § 4 BORA, dass Anderkonten lediglich dann zu führen sind, wenn **Fremdgelder** nicht unverzüglich weitergeleitet werden können.[99] Dies kann bei der Bearbeitung von **Massenverfahren im Legal Tech-Umfeld** aber leicht passieren, wenn zunächst eine Zuordnung der eingegangenen Gelder erfolgen muss und sich dadurch eine unverzügliche Weiterleitung verzögert. Dann sind Anderkonten zu führen.[100] So wird nach den Erfahrungen der Rechtsanwaltskammern gegen diese Verpflichtung aufgrund von organisatorischen und/oder technischen Mängeln in einer Kanzlei immer wieder

---

90 BT-Drs. 19/27673, 14.
91 BT-Drs. 19/27673, 16; Henssler/Prütting/Kilian BRAO § 49b Rn. 70.
92 Siehe Entschließungsantrag Nr. 3 in BT-Drs. 19/30495, 8.
93 BGH NJW 2016, 3105 (3106 Rn. 18); OLG Düsseldorf Urt. 11.01.2022 – I-24 U 184/19, BRAK-Mitt. 2022, 95 (97); Henssler/Prütting/Kilian BRAO § 49b Rn. 159; Kilian NJW 2018, 1656.
94 BGH NJW 2016, 3105 (3106 Rn. 18).
95 OLG München Urt. v. 13.10.2021 – 7 U 5998/20, BeckRS 2021, 30758.
96 Dazu näher Remmertz Legal Tech-Strategien/Nitschke § 2 Rn. 522 ff.
97 Grundlegend BVerfG NJW 2008, 1298 – Versteigerung von Beratungsleistungen auf eBay.
98 Remmertz Legal Tech-Strategien/Nitschke § 2 Rn. 527 ff.
99 Dem hat nunmehr die Satzungsversammlung in ihrer 3. Sitzung vom 29./30.4.2022 durch Streichung von § 4 Abs. 1 BORA Rechnung getragen (vgl. BRAK-Mitt. 2022, 266), so dass sich der Streit, ob stets Anderkonten zu führen sind, vgl. dazu Hartung/Scharmer/Scharmer BORA § 4 Rn. 17 ff.; Kilian/Koch AnwBerufsR Kap. B Rn. 937, erledigt hat.
100 Hartung/Scharmer/Scharmer BORA § 4 Rn. 20.

verstoßen. Häufig sind eine zu lange Verwahrdauer oder Zuordnungsprobleme, meist in Kombination mit einer Nichtbearbeitung oder Nichterreichbarkeit nach § 11 BORA. Bei einem grundlegenden Problem kann auch ein **Verstoß gegen die Kanzleipflicht** nach § 5 BORA in Betracht kommen (→ Rn. 21).

h) Sachlichkeitsgebot der anwaltlichen Werbung (§ 43b BRAO)

Für **Vertrieb und Marketing** anwaltlicher Legal Tech-Dienstleistungen sind § 43b BRAO und §§ 6 ff. BORA einschlägig. Nach § 43b BRAO ist **Werbung** dem Rechtsanwalt nur erlaubt, soweit sie über die berufliche Tätigkeit in Form und Inhalt sachlich unterrichtet und nicht auf die Erteilung eines Auftrags im Einzelfall gerichtet ist. Entgegen dem Wortlaut in § 43b BRAO („[...] nur erlaubt, soweit [...]") ist die Werbung dem Rechtsanwalt heute grundsätzlich erlaubt.[101] Da der **Begriff der Werbung** weit auszulegen ist[102], sind sämtliche Marketing- und Vertriebsaktivitäten im Online- und Legal Tech-Bereich grundsätzlich nach § 43b BRAO und den näher in §§ 6 ff. BORA ausgestalteten Vorschriften zu beurteilen.[103] Besondere Bedeutung kommt dabei § 6 Abs. 3 BORA zu. Danach darf ein Rechtsanwalt nicht daran mitwirken, dass Dritte für ihn Werbung betreiben, die ihm selbst verboten ist. Diese Vorschrift ist insbesondere bei der **Zusammenarbeit mit Legal Tech-Anbietern**, zB bei Kooperationen mit Anwalts- und Vermittlungsplattformen oder anderen Legal Tech-Portalen zu beachten.[104]

i) Darlegungs- und Informationspflichten bei Inkassodienstleistungen (§ 43d BRAO)

Für alle Rechtsanwältinnen und Rechtsanwälte, die **Inkassodienstleistungen** erbringen, gelten bestimmte **Darlegungs- und Informationspflichten** nach § 43d BRAO. Davon betroffen sind vor allem Geschäftsmodelle, bei denen eine Vielzahl von Forderungen mithilfe von Legal Tech-Tools geltend gemacht werden. Diese rechtspolitisch umstrittene[105] Berufspflicht wurde aufgrund des **Gesetzes gegen unseriöse Geschäftspraktiken**[106] eingeführt[107]. Die einzelnen Darlegungs- und Informationspflichten wurden mit dem **Gesetz zur Verbesserung des Verbraucherschutzes im Inkassorecht**[108], das zeitgleich mit dem sog. **Legal Tech-Gesetz** zum 1.10.2021 in Kraft getreten ist, nochmals erweitert. Für Inkassodienstleister gelten entsprechende Aufklärungspflichten nach § 13a RDG.

Die Vorschrift hat einen weiten **Anwendungsbereich**, weil für die Frage, ob eine Inkassodienstleistung vorliegt, die Definition nach § 2 Abs. 2 RDG gilt. Danach ist **Inkassodienstleistung** die Einziehung fremder oder zum Zwecke der Einziehung auf fremde Rechnung abgetretener Forderungen, wenn die Forderungseinziehung als eigenständiges Geschäft betrieben wird, einschließlich der auf die Einziehung bezogenen rechtlichen Prüfung und Beratung. Nach der Rechtsprechung des BGH[109] ist der **Begriff der Inkassodienstleistung** weit auszulegen, so dass Rechtsanwältinnen und Rechtsanwälte bei jeder Geltendmachung von Forderungen prüfen müssen, ob sie den Darlegungs- und Informationspflichten nach § 43d BRAO unterliegen. Der weite Inkassobegriff und die Tatsache, dass der Umfang der Inkassobefugnis bisher nicht rechtssicher geklärt ist, führen daher auch zu entsprechenden **Rechtsunsicherheiten bei der Anwendbarkeit** des § 43d BRAO. Umstritten ist insbesondere, ob dem Tatbestandsmerkmal des „eigenständigen Geschäfts" in § 2 Abs. 2 S. 1 RDG in § 43d BRAO einschränkende Bedeutung zukommt oder § 43d BRAO bei jeglichem Forderungseinzug zu beachten ist.[110] Bei der regelmäßigen und standardisierten Einziehung einer Vielzahl an Forderungen dürfte dieses Merkmal aber erfüllt sein.

---

101 BGH NJW 2001, 2087 (2088) – Anwaltswerbung II; BGH NJW 2001, 2886 – Anwaltsrundschreiben.
102 St. Rspr. BGH NJW 1992, 45; BGH NJW 2001, 2087 (2089) – Anwaltswerbung II.
103 Siehe dazu ausführlich Remmertz Legal Tech-Strategien/Remmertz § 2 Rn. 311 ff.
104 Siehe dazu näher Remmertz Legal Tech-Strategien/Remmertz § 2 Rn. 359.
105 Vgl. Henssler/Prütting/Kilian BRAO § 45d Rn. 7 ff.; Möller BRAK-Mitt. 2014, 308; Härting AnwBl 2013, 879.
106 Das Gesetz ist am 9.10.2013 in Kraft getreten (BGBl. 2013 I 3174).
107 § 43d BRAO ist erst später am 1.11.2014 in Kraft getreten.
108 BGBl. 2020 I 3320; zum Gesetz siehe Halm BRAK-Mitt. 2021, 282.
109 BGH Urt. v. 27.11.2019 – VIII ZR 285/18, NJW 2020, 208 – wenigermiete.de.
110 Siehe dazu Henssler/Prütting/Kilian BRAO § 45d Rn. 16; einschränkende Bedeutung: Möller BRAK-Mitt. 2014, 308 (309); keine Bedeutung: Weyland/Kilimann BRAO § 43d Rn. 11.

43 Die Vorschrift des § 43d BRAO enthält andererseits aber auch eine wichtige Einschränkung: Die Darlegungs- und Informationspflichten gelten nach § 43d Abs. 1 BRAO nämlich nur bei der ersten Geltendmachung einer Forderung gegenüber einer **„Privatperson"**. Das sind nach § 43d Abs. 5 BRAO nur natürliche Personen, gegen die eine Forderung geltend gemacht wird, die nicht im Zusammenhang mit ihrer gewerblichen oder selbstständigen beruflichen Tätigkeit steht.[111] In den unter der Bezeichnung **„Legal Tech-Inkasso"** bekannt gewordenen Fällen wie dem Dieselskandal, der Fluggastentschädigung und den LKW-Kartellfällen, bei denen eine Vielzahl von Ansprüchen gegenüber *Unternehmen* geltend gemacht werden, gilt die Vorschrift somit nicht.

44 Die **Darlegungs- und Informationspflichten** umfassen nach dem Katalog in § 43d Abs. 1 Nr. 1 bis 8 BRAO u.a. nicht nur Angaben zum Gläubiger (Mandant), zu Grund und Höhe von Haupt- und Nebenforderungen, Inkassokosten, Umsatzsteuer etc, sondern auch, soweit die Anschrift der Privatperson nicht vom Mandanten mitgeteilt, sondern anderweitig ermittelt wurde, einen Hinweis hierauf sowie darauf, wie eventuell aufgetretene Fehler geltend gemacht werden können. Ferner hat der Rechtsanwalt Bezeichnung, Anschrift und elektronische Erreichbarkeit der für ihn zuständigen Rechtsanwaltskammer anzugeben. All diese Informationen sind mit der ersten Geltendmachung der Forderung „klar und verständlich" in Textform mitzuteilen.

j) Inanspruchnahme von Dienstleistungen Dritter (§ 43e BRAO)

45 Für den Einsatz von Legal Tech-Lösungen Dritter bestimmt § 43e BRAO, unter welchen Voraussetzungen Dritten **Zugang zu Informationen** eröffnet werden darf, die der anwaltlichen Verschwiegenheit unterliegen. Man kann daher § 43e BRAO als **besondere Berufspflicht zur Wahrung der anwaltlichen Verschwiegenheitsverpflichtung** ansehen, wenn Dienstleistungen Dritter in Anspruch genommen werden.[112] Dies gilt vor allem für den Kanzleibetrieb, wenn Dienstleistungen wie Telefon, Sekretariatsarbeiten, Buchhaltung etc an Dritte outgesourct und externe IT-Dienstleister für Cloudlösungen, Videokonferenzen und Plattformen für die Datenablage in Anspruch genommen werden (sog. **Non-Legal-Outsourcing**).[113] Umstritten ist, ob die Vorschrift auch für das **„Legal Outsourcing"** gilt, also wenn externe Dienstleister für die Erstellung von Anwaltsrechnungen, Zwangsvollstreckungsmaßnahmen, Rechtsgutachten und Schriftsätze, die uU als Rechtsdienstleistung nach § 2 Abs. 1 RDG angesehen werden können[114], in Anspruch genommen werden.[115] Hält man § 43e BRAO im Fall von Legal Outsourcing nicht für anwendbar, richtet sich deren Zulässigkeit dann aber nach § 2 Abs. 4 c) BORA (dazu → Rn. 14).[116]

46 Nach § 43e Abs. 1 S. 1 BRAO darf der Rechtsanwalt externen Dienstleistern den Zugang zu **Mandatsgeheimnissen** eröffnen, soweit dies für die Inanspruchnahme der Dienstleistung erforderlich ist. Insoweit hat der Rechtsanwalt einen Spielraum für eine verantwortliche unternehmerische Entscheidung. Die „Erforderlichkeit" ist nicht deshalb zu verneinen, weil es auch ohne Outsourcing mit eigenen Angestellten gehen könnte.[117] Er ist aber nach § 43e Abs. 2 und 3 BRAO verpflichtet, mit dem Dienstleister nach

---

111 Die Definition ist ähnlich der eines Verbrauchers iSv § 13 BGB, geht aber darüber hinaus, vgl. Henssler/Prütting/Kilian BRAO § 45d Rn. 18.
112 Dazu insgesamt Remmertz Legal Tech-Strategien/Offermann-Burckart § 2 Rn. 187 ff.; Schumacher BRAK-Mitt. 2021, 353 (358 f.).
113 Siehe dazu auch Hartung/Scharmer/Gasteyer BORA § 2 Rn. 145; v. Lewinski Berufsrecht Kap. 10 Rn. 55 ff.; Leeb Digitalisierung S. 200 ff.
114 Zur Problematik der Zulässigkeit von Legal Outsourcing nach dem RDG Deckenbrock/Henssler/Deckenbrock/Henssler RDG § 2 Rn. 20c.
115 Dazu Hartung/Scharmer/Gasteyer BORA § 2 Rn. 145; Remmertz Legal Tech-Strategien/Offermann-Burckart § 2 Rn. 194; bejahend Kilian/Koch AnwBerufsR Kap. B. Rn. 914a.
116 Deckenbrock/Henssler/Deckenbrock/Henssler RDG § 2 Rn. 20e fordert im Fall des Legal Outsourcing eine ausdrückliche Einwilligung des Mandanten.
117 BT-Drs. 18/11936, 34; Henssler/Prütting/Henssler BRAO § 43e Rn. 7; Remmertz Legal Tech-Strategien/Offermann-Burckart § 2 Rn. 201.

dessen sorgfältiger Auswahl[118] einen Vertrag zumindest in Textform abzuschließen, der einen bestimmten Mindestinhalt nach § 43e Abs. 3 Nr. 1 bis 3 BRAO enthalten muss.[119] Dazu gehört die **Verpflichtung zur Verschwiegenheit** mit Belehrung auf die strafrechtlichen Folgen einer Pflichtverletzung und die Verpflichtung auf den Grundsatz der Zweckgebundenheit der Kenntniserlangung. Nimmt der Rechtsanwalt Dienstleistungen in Anspruch, die im **Ausland** erbracht werden, muss der dort bestehende Geheimnisschutz nach § 43e Abs. 4 BRAO dem hiesigen grundsätzlich vergleichbar sein. Das betrifft vor allem **Cloudlösungen** von Anbietern, die in den USA oder anderen Drittländern wie China oder Indien ansässig sind, die nach dem sog. „Schrems II"-Urteil des EuGH[120] kein vergleichbares Datenschutzniveau aufweisen. Das verpflichtet zu besonderen Schutzmaßnahmen.[121] Werden externe Dienstleister für ein einzelnes Mandat genutzt wie beispielsweise für eine Übersetzung von Rechtsdokumenten, ist eine Einwilligung des betreffenden Mandanten erforderlich (§ 43e Abs. 5 BRAO).

5. Bestimmte Tätigkeitsverbote (§ 45 BRAO)

Die Vorschrift des § 45 BRAO regelt **Tätigkeitsverbote** bei nichtanwaltlicher Vorbefassung, wobei hier im Bereich Legal Tech nur der Tatbestand des § 45 Abs. 1 Nr. 3 BRAO praktisch relevant werden kann. Die Vorschrift wurde durch das Gesetz zur Neuregelung des Berufsrechts der anwaltlichen und steuerberatenden Berufsausübungsgesellschaften sowie zur Änderung weiterer Vorschriften im Bereich der rechtsberatenden Berufe vom 7.7.2021[122] neu gefasst.[123] Geregelt werden nunmehr im Gegensatz zu § 45 BRAO aF nur noch Tätigkeitsverbote, wenn der Rechtsanwalt zuvor in derselben Angelegenheit bereits nichtanwaltlich tätig ist oder war (**nicht anwaltliche Vorbefassung**).[124]

Nach § 45 Abs. 1 Nr. 3 BRAO darf ein Rechtsanwalt nicht tätig werden, wenn er in **derselben Angelegenheit**[125] bereits außerhalb seiner Tätigkeit als Rechtsanwalt für eine andere Partei im **widerstreitenden Interesse** beruflich tätig geworden ist. Im Gegensatz zu § 45 Abs. 2 BRAO aF ist der Anwendungsbereich des § 45 Abs. 1 Nr. 3 BRAO nF somit auf Fälle widerstreitender Interessen beschränkt.[126] Daher sind auch **zweitberufliche Tätigkeiten** für Legal Tech-Unternehmen im Gegensatz zum früheren Recht[127] nur noch dann problematisch, wenn nacheinander gegenläufige Interessen vertreten werden. Somit ist zB zulässig, wenn ein Rechtsanwalt zunächst außerhalb seiner anwaltlichen Tätigkeit für einen Kunden als **Inkassodienstleister** mit der Möglichkeit der Kostenübernahme auf Erfolgshonorarbasis tätig war und für diesen Kunden die Ansprüche dann im Anschluss als Anwalt gerichtlich geltend macht.

6. Funktion des § 43 BRAO als „Auffangnorm" für weitere Berufspflichten

Die allgemeine Berufspflicht des § 43 BRAO, wonach der Rechtsanwalt seinen Beruf gewissenhaft auszuüben und sich innerhalb und außerhalb des Berufs der Stellung seines Berufs entsprechend als würdig zu erweisen hat, dient auch als **Auffang- bzw. Transportnorm** für Gesetzesverstöße außerhalb von BRAO und BORA.[128] Darunter fallen vor allem Verstöße gegen **Strafvorschriften**, zB wegen Betrug nach § 263 StGB oder Untreue nach § 266 StGB, aber auch **Zivilrechtsverstöße** mit besonderem Unrechtsgehalt wie

---

118 Zur außerordentlichen Kündigung aus wichtigem Grund im Fall von Unzuverlässigkeit siehe LG Köln Urt. v. 16.2.2022 – 28 O 303/20, GRUR-RS 2022, 3541.
119 Ein Mustertext ist veröffentlicht von Remmertz Legal Tech-Strategien/Offermann-Burckart § 2 Rn. 248.
120 EuGH Urt. v. 16.7.2020 – C-311/18 (Facebook Ireland u. Schrems), NJW 2020, 2613 – Schrems II.
121 Insbesondere zum Abschluss von sog. Standardvertragsklauseln, siehe dazu allg. Golland NJW 2020, 2593; siehe im Übrigen Leeb Digitalisierung S. 209 ff.
122 BGBl. I 2363.
123 Siehe dazu Deckenbrock BRAK-Mitt. 2022, 6, (13 f.); Deckenbrock DB 2021, 2270 (2273 f.).
124 BT-Drs. 19/27670, 166 f. Zur Eingliederung der nichtanwaltlichen Nachbefassung in § 43a Abs. 4 BRAO → Rn. 20.
125 Auszulegen wie bei § 43a Abs. 4 BRAO, vgl. Gaier/Wolf/Göcken/Bormann BRAO § 45 Rn. 40; nach BGH NJW 2020, 3451 (3457 Rn. 51), ist wegen des Eingriffs in die Berufsfreiheit aber eine restriktive Auslegung geboten.
126 Deckenbrock DB 2021, 2270 (2273).
127 Siehe dazu Remmertz Legal Tech-Strategien/Remmertz § 3 Rn. 38 ff.
128 Siehe allg. dazu Weyland/Träger BRAO § 43 Rn. 13 ff.

zB wegen vorsätzlicher sittenwidriger Schädigung nach § 826 BGB.[129]. Solche Fälle wurden im Bereich des **Masseninkasso** bereits entschieden.[130] Die massenhafte Geltendmachung von unberechtigten Inkasso- oder Anwaltsgebühren in standardisierten Verfahren ist nach BGH[131] wegen Betrug (§ 263 StGB) strafbar. Aber auch wenn Forderungen massenhaft ohne Einzelfallprüfung vorgenommen werden, bei denen ein Rechtsanwalt damit rechnen muss, dass ein Großteil von ihnen nicht berechtigt sind, kann ein Verstoß gegen § 43 BRAO vorliegen.[132]

50 Neben Verstößen gegen Strafrechtsvorschriften und § 826 BGB zählen auch einige Verstöße gegen die **DS-GVO**[133] sowie **Verstöße gegen Kennzeichnungs- und Informationspflichten** bei der Gestaltung von Webseiten nach dem TMG oder der Dienstleistungs-Informationspflichten-Verordnung (DL-Info-VO)[134] zu den Vorschriften, die über § 43 BRAO als Berufspflichtverletzung geahndet werden können.[135]

III. Überblick zu den Besonderheiten im neuen anwaltlichen Gesellschaftsrecht

51 Durch die „große" **BRAO-Reform**[136] sind die **Berufsausübungsgesellschaften** selbst Träger von beruflichen Rechten und Pflichten geworden.[137] § 59e Abs. 1 BRAO bestimmt, dass u.a. die §§ 43 bis 43b, 43d, 43e, 44, 45 Abs. 1 Nr. 3 und die §§ 49b, 50 BRAO für Berufsausübungsgesellschaften sinngemäß gelten. Nach § 59e Abs. 2 BRAO hat eine Berufsausübungsgesellschaft durch geeignete Maßnahmen sicherzustellen, dass berufsrechtliche Verstöße frühzeitig erkannt und abgestellt werden. Geeignete Maßnahmen können organisatorischer Art wie zB die Bestimmung eines **Compliance**-Verantwortlichen[138], die Einführung eines Vier-Augen-Prinzips und/oder technischer Art sein.

52 Zusätzlich unterliegen Berufsausübungsgesellschaften eigenen Berufspflichten, die sich im Einzelnen aus §§ 59b ff. BRAO nF ergeben. Dazu gehört, dass der **Unternehmensgegenstand** der Gesellschaft auf die Beratung und Vertretung in Rechtsangelegenheiten beschränkt sein muss (§ 59c Abs. 2 BRAO nF). Dies kann bei **Legal Tech-Tätigkeiten** problematisch werden, wenn sie als **gewerblich** einzustufen sind.[139] Besteht die Berufsausübungsgesellschaft auch aus weiteren nichtanwaltlichen Gesellschaftern, kann auch deren Tätigkeit als Unternehmenszweck mit aufgenommen werden (§ 59c Abs. 2 S. 2 BRAO nF). Nach § 59c Abs. 1 Nr. 4 BRAO nF kann eine **Berufsausübungsgesellschaft mit Trägern sog. freier Berufe** iSv § 1 Abs. 2 PartGG gegründet werden (→ *Rechtsanwalt, Beteiligungsverhältnisse* Rn. 18 ff.). Dazu können auch **IT-Fachleute und Legal Tech-Spezialisten** gehören, so dass mit diesen nach neuem Recht auf Partnerebene zusammengearbeitet werden kann.[140]

53 Für Berufsausübungsgesellschaften bestimmt § 59m BRAO nF, dass sie an ihrem Sitz eine **Kanzlei** unterhalten muss, in der zumindest ein geschäftsführender Rechtsanwalt tätig ist. Die Anforderungen an eine „Kanzlei" richten sich nach §§ 27 BRAO, 5 BORA (dazu → Rn. 21 f.). Bei Berufspflichtverstößen können

---

129 Henssler/Prütting/Prütting BRAO § 43 Rn. 25; Weyland/Träger BRAO § 43 Rn. 16.
130 AGH NRW Urt. v. 7.1.2011 – 2 AGH 48/10, BRAK-Mitt. 2011, 150; Zuck BRAK-Mitt. 2013, 58; Gaier/Wolf/Göcken/Zuck BRAO § 43 Rn. 48a.
131 BGH Urt. v. 14.3.2019 – 4 StR 426/18, NJW 2019, 1759.
132 AGH Urt. v. 7.1.2011 – 2 AGH 48/10, NRW BRAK-Mitt. 2011, 150.
133 Dazu ausführlich Remmertz Legal Tech-Strategien/Winkler § 6 Rn. 28 ff.; Schumacher BRAK-Mitt. 2021, 353 (357 f.).
134 Vom 12.3.2010 (BGBl. I 267), zuletzt geändert durch Artikel 2 Absatz 2 der Verordnung vom 12.11.2021 (BGBl. I 4921).
135 Kleine-Cosack BRAO § 43 Rn. 6 (zum TMG); Weyland/Träger BRAO § 43 Rn. 16a (zur DL-Info-VO); str., aA sowohl zu § 5 TMG als auch zur DL-Info-VO Remmertz Legal Tech-Strategien/Winkler § 6 Rn. 39 f.
136 BGBl. 2021 I 2363.
137 Siehe im Überblick Kilian NJW 2021, 2385 (2386); Deckenbrock DB 2021, 2200 (2204 f.); Nitschke, BRAK-Mitt. 2021, 218 (219).
138 BT-Drs. 19/27670, 185; Christoph AnwBl 2021, 606.
139 Siehe dazu im Einzelnen Remmertz Legal Tech-Strategien/Remmertz § 3 Rn. 83 ff.
140 Remmertz ITRB 2021, 140.

gegen Berufsausübungsgesellschaften nach § 114 Abs. 2 BRAO nF selbst **Sanktionen** (dazu → Rn. 54 f.) bis zur Aberkennung der Rechtsdienstleistungsbefugnis (§ 114 Abs. 2 Nr. 5 BRAO) verhängt werden.

IV. Überblick zu Sanktionen bei Berufspflichtverletzungen

Als Ausdruck der **Selbstverwaltung der Anwaltschaft**[141] wird die berufsrechtliche **Aufsicht** nach § 73 Abs. 2 Nr. 4 BRAO durch den Vorstand einer **Rechtsanwaltskammer** wahrgenommen.[142] Zuständig ist die Rechtsanwaltskammer, die den betreffenden Rechtsanwalt oder die Berufsausübungsgesellschaft zugelassen hat. Anlass ist häufig eine Beschwerde eines (ehemaligen) Mandanten, eines Kollegen oder Dritten[143], die zu einer Rüge, der Einleitung eines anwaltsgerichtlichen Verfahrens oder einer Einstellung des Aufsichtsverfahrens führen kann. Die Rechtsanwaltskammer kann in Verdachtsfällen auch von sich aus, also von „Amts wegen" ein berufsrechtliches Aufsichtsverfahren einleiten. Liegt ein Berufsrechtsverstoß vor und ist die Schuld des betroffenen Rechtsanwalts gering, kann der Vorstand der Rechtsanwaltskammer eine **Rüge**, das ist eine Missbilligung eines berufsrechtlichen Verhaltens, nach § 74 Abs. 1 BRAO erteilen. Stattdessen kann in geeigneten Fällen auch eine sog. **missbilligende Belehrung** (auch „belehrender Hinweis" genannt) gemäß § 73 Abs. 2 Nr. 1 BRAO ausgesprochen werden.[144] In erforderlichen Fällen kann der Vorstand einen **Antrag auf Einleitung eines anwaltsgerichtlichen Verfahrens** stellen, der nach § 114 Abs. 1 BRAO zu einer Warnung, einem Verweis, einer Geldbuße bis zu 50.000 EUR, einem auf bestimmte Rechtsgebiete eingeschränkten und zeitlich befristetem Tätigkeitsverbot bis zur Ausschließung aus der Anwaltschaft als ultima ratio führen können.[145] Entsprechende Sanktionen sind nach § 114 Abs. 2 BRAO nF auch gegen **Berufsausübungsgesellschaften** bis zur Aberkennung der Rechtsdienstleistungsbefugnis möglich, wobei eine Geldbuße bis zu 500.000 EUR betragen kann.[146] Eine **Unterlassungsverfügung** kann der Kammervorstand hingegen nicht erlassen.[147]

54

Gegen eine Rüge kann der betroffene Rechtsanwalt nach § 74 Abs. 5 binnen eines Monats nach Zustellung **Einspruch** einlegen. Das Verbot der Schlechterstellung gilt bei einem Einspruch nicht, so dass der Kammervorstand nach erneuter Würdigung des Falles auch entscheiden kann, ein **anwaltsgerichtliches Verfahren** einzuleiten. Wird der Einspruch vom Kammervorstand zurückgewiesen, kann dagegen nach § 74a BRAO innerhalb eines Monats nach Zustellung Antrag auf Entscheidung durch das zuständige Anwaltsgericht (§ 92 BRAO) gestellt werden.[148] Rechtsmittelinstanz ist der beim Oberlandesgericht eingerichtete Anwaltsgerichtshof (AGH, § 100 BRAO). Dritte Instanz ist der Senat für Anwaltssachen beim BGH (§ 145 BRAO). Anders als in diesen Disziplinarangelegenheiten besteht der Instanzenzug in Verwaltungssachen nur aus zwei Instanzen. Gegen Verwaltungsakte der Kammern, wozu auch der belehrende Hinweis mit Handlungsverbot gehört, kann Anfechtungsklage vor dem Anwaltsgerichtshof (AGH) erhoben werden.[149] Letzte Instanz ist wiederum der BGH, Senat für Anwaltssachen.[150]

55

V. Reformbestrebungen

Der zunehmende **Wettbewerb mit Legal Tech-Anbietern**, vor allem mit Inkassodienstleistern, führt dazu, dass der **Reformdruck** zur Abschaffung oder zumindest Lockerung von anwaltlichen Berufspflichten

56

---

141 Kilian/Koch AnwBerufsR Kap. C. Rn. 57.
142 Kilian/Koch AnwBerufsR Kap. C. Rn. 58; zu den Einzelheiten des Verfahrens, das je nach Zuständigkeit einer Rechtsanwaltskammer variieren kann, Remmertz Legal Tech-Strategien/Winkler § 6 Rn. 42 ff.
143 Kilian/Koch AnwBerufsR Kap. C. Rn. 61.
144 Kilian/Koch AnwBerufsR Kap. C. Rn. 87 f.; Henssler/Prütting/Hartung BRAO § 73 Rn. 27 ff.; Weyland/Weyland BRAO § 74 Rn. 7.
145 Siehe dazu im Einzelnen Remmertz Legal Tech-Strategien/Winkler § 6 Rn. 53 ff.
146 Siehe auch Deckenbrock/Markworth ZAP 2022, 103 (105).
147 BGH Beschl. v. 25.11.2002 – AnwZ (B) 8/02, NJW 2003, 504 – rechtsanwaelte-notar.de.
148 Kilian/Koch AnwBerufsR Kap. C. Rn. 85.
149 BGH Urt. v. 3.7.2017 – AnwZ (Brfg) 45/15, NJW 2017, 2556; zu Abgrenzungsfällen näher Kilian/Koch AnwBerufsR Kap. C. Rn. 85.
150 Dazu näher Kilian/Koch AnwBerufsR Kap. C. Rn. 37 ff.

wächst. Durch die Erweiterung der Inkassobefugnis durch die Rechtsprechung des BGH und durch das Legal Tech-Gesetz (→ *Inkassodienstleistungen* Rn. 10 ff.) ist eine deutliche **Inkohärenz** im Regelungsgefüge zwischen der Anwaltschaft einerseits und den Inkassodienstleistern andererseits entstanden.[151] Der Gesetzgeber hat dies selbst erkannt und vor dem Hintergrund eines Entschließungsantrags im Legal Tech-Gesetz[152] einen Reformprozess angestoßen, der zu weiteren **Liberalisierungen im anwaltlichen Berufsrecht** führen könnte. Zunehmend wird in Frage gestellt, warum Rechtsanwälten weiterhin verboten sein soll, was Inkassodienstleistern erlaubt ist. Das Legal Tech-Gesetz hat das anwaltliche Berufsrecht im Bereich **Erfolgshonorare** und **Kostenübernahme** nach § 49b BRAO, § 4a RVG nur teilweise liberalisiert (dazu → Rn. 28 ff.). Manchen geht das nicht weit genug und sie fordern eine vollständige Freigabe.[153] Im Fokus steht aber auch das **Provisionsverbot** nach § 49b Abs. 3 BRAO, dessen Lockerung bereits vorgeschlagen[154], im Legal Tech-Gesetz aber unangetastet blieb.

57 Kritisiert wird auch die **Werbevorschrift** nach § 43b BRAO und teilweise deren Abschaffung gefordert[155], da Inkassoanbieter insoweit keinen Werbebeschränkungen unterliegen. Für Berufsausübungsgesellschaften werden Stimmen laut, die **Fremdkapitalbeteiligungen** (→ *Rechtsanwalt, Beteiligungsverhältnisse* Rn. 33 ff.) im begrenzten Umfang zulassen wollen.[156] Das BMJV hatte sich in einem Eckpunktepapier[157] im Vorfeld der BRAO-Reform zur Finanzierung von Legal Tech-Investitionen dafür offen gezeigt, wurde aber aufgrund der Kritik der Berufsverbände[158] nicht weiterverfolgt. Nach dem Koalitionsvertrag 2021–2025[159] will man das Thema wieder aufgreifen.

58 Auf der anderen Seite werden Überlegungen angestellt, **Inkassodienstleistern** ähnliche Berufspflichten aufzuerlegen wie der Anwaltschaft. Dies hat mit dem Legal Tech-Gesetz bereits begonnen.[160] Diskutiert werden darüber hinaus u.a. eine eigene Verschwiegenheitsverpflichtung,[161] eine über § 4 RDG hinausgehende Pflicht zur Vermeidung von Interessenkollisionen und ein an § 12 BORA angelehntes Verbot der Umgehung des Gegenanwalts. Ob sich diese Entwicklung für die Anwaltschaft als vorteilhaft erweisen wird, bleibt abzuwarten. Denn eine **Erweiterung von Berufspflichten für Inkassodienstleister** nach dem

---

151 Deckenbrock/Henssler/Henssler Einl. Rn. 47p; Henssler AnwBl Online 2021, 180 (181); Kilian AnwBl Online 2021, 102 (106).
152 BT-Drs. 19/30495, 7 (Ziff. 1).
153 Art. 2 Nr. 1 des Gesetzentwurfs zur Modernisierung des Rechtsdienstleistungsrechts der FDP-Fraktion v. 18.4.2019, BT-Drs. 19/9527; von Galen BRAK-Mitt. 2020, 2 (4); Kleine-Cosack AnwBl Online 2021, 139 (145); Hähnchen/Kuprian AnwBl Online 2020, 423.
154 Art. 2 Nr. 2 des Gesetzentwurfs zur Modernisierung des Rechtsdienstleistungsmarkts der FDP-Fraktion v. 18.4.2019, BT-Drs. 19/9527; kritisch dazu Remmertz ZRP 2019, 139; siehe dazu näher Remmertz Legal Tech-Strategien/Remmertz § 8 Rn. 14 f.
155 Ausführlich dazu Remmertz Legal Tech-Strategien/Remmertz § 8 Rn. 19 ff.
156 Remmertz AnwBl. 2022, 534; Christoph AnwBl. Online 2022, 94; Islam AnwBl. Online 2020, 202.
157 Eckpunkte für eine Neuregelung des Berufsrechts der anwaltlichen Berufsausübungsgesellschaften v. 27.8.2019, abrufbar unter https://www.bmj.de/SharedDocs/Gesetzgebungsverfahren/DE/Berufsrecht_anwaltl_Berufsaus%C3%BCbungsgesellschaften.html, Ziff. 7.
158 BRAK-Stellungnahme 25/2019, (Oktober 2019), abrufbar unter https://www.brak.de/fileadmin/05_zur_rechtspolitik/stellungnahmen-pdf/stellungnahmen-deutschland/2019/oktober/stellungnahme-der-brak-2019-25.pdf, S. 7; DAV-Stellungnahme 37/2019 v. 9.10.2019, abrufbar unter https://anwaltverein.de/de/newsroom/sn-37-19-eckpunkte-des-bmjv-zur-grossen-brao-reform?file=files/anwaltverein/downloads/newsroom/stellungnahmen/2019/dav-sn_37-19_-eckpunkte-bmjv-brao-reform-final.pdf, S. 7 = AnwBl Online 2019, 257 (272).
159 Koalitionsvertrag zwischen SPD, Bündnis 90/Die Grünen und FDP, „Mehr Fortschritt wagen", 2021, abrufbar unter https://www.bundesregierung.de/breg-de/service/gesetzesvorhaben/koalitionsvertrag-2021-1990800, Rn. 3796.
160 Siehe dazu im Überblick Remmertz BRAK-Mitt. 2021, 288 ff.; Fries NJW 2021, 2537; Skupin GRUR-Prax 2020, 581 (Teil 1) und 603 (Teil 2); Römermann AnwBl Online 2020, 588; Kilian AnwBl 2021, 102 (104).
161 Vorgeschlagen bereits vom Bundesrat im Gesetzgebungsverfahren zum Legal Tech-Gesetz, Stellungnahme in BT-Drs. 19/27673, 54.

Muster von BRAO und BORA führt zu einer Angleichung von Anwaltschaft mit Inkassodienstleistern und könnte zu einer Verwässerung der Alleinstellungsmerkmale der Anwaltschaft beitragen.[162]

VI. Fazit in zehn Thesen

1. Das anwaltliche Berufsrecht ist „technologieneutral". Es gibt nur wenige Berufsvorschriften, die Legal Tech-Sachverhalte unmittelbar regeln. Das wird sich in Zukunft vermutlich ändern. Konkretisierungen in Bezug auf Legal Tech-Besonderheiten sind künftig vor allem in der BORA zu erwarten.
2. Legal Tech könnte zu einer „Renaissance" des Gebots der gewissenhaften Berufsausübung in § 43 S. 1 BRAO führen. Hier gibt es ein deutliches Spannungsverhältnis zwischen dem Gebot der höchstpersönlichen Leistungserbringung und der standardisierten Mandatsbearbeitung.
3. Aus der Kanzleipflicht in § 5 BORA kann sich eine Verpflichtung zum Einsatz von Legal Tech ergeben, etwa bei der Akquisition und Bearbeitung von Massenverfahren.
4. Die weite Auslegung des Begriffs der Inkassodienstleistung nach § 2 Abs. 2 RDG durch die Rechtsprechung des BGH führt im anwaltlichen Berufsrecht zu einem entsprechend weiten Anwendungsbereich der Zulässigkeit von Erfolgshonoraren nach § 4a Abs. 1 S. 1 Nr. 2 RVG einerseits, aber auch der Darlegungs- und Informationspflichten nach § 43d BRAO andererseits. Dies ist ein Beispiel für die Verzahnung von RDG und BRAO im Bereich Legal Tech. Ausweitung und Rechtsunsicherheit beim Inkassobegriff sind für die Anwaltschaft „Fluch und Segen" gleichermaßen.
5. Das Legal Tech-Gesetz hat die fehlende Kohärenz berufsrechtlicher Verpflichtungen der Rechtsanwälte einerseits und der Legal Tech-Inkassodienstleister andererseits nicht beseitigt, so dass, bedingt durch den zunehmenden Wettbewerb mit Legal Tech-Anbietern, Rufe nach einer Abschaffung oder zumindest Lockerung bestimmter berufsrechtlicher Pflichten lauter werden. Der Reformprozess dazu ist bereits im vollen Gange.
6. Legal Tech muss nicht zwangsläufig zu einer Kommerzialisierung der Anwaltschaft führen. Den Gefahren durch die standardisierte Bearbeitung von Massenverfahren kann durch eine konsequente Anwendung des Berufsrechts begegnet werden.
7. Legal Tech ist nicht zuletzt auch eine Chance für die Anwaltschaft. Das anwaltliche Berufsrecht erlaubt schon jetzt mehr als viele denken. Es gilt, die für die Ausrichtung einer Kanzlei geeignete Legal Tech-Strategie nach eigenen Bedürfnissen zu entwickeln, um auch in Zukunft wettbewerbsfähig zu bleiben.
8. Legal Tech kann den Rechtsanwalt nicht ersetzen, sondern bei der Bearbeitung standardisierter Abläufe nur unterstützen. Die anwaltlichen Kernkompetenzen und vor allem die Fähigkeit zur emotionalen Intelligenz und Empathie sind nicht automatisierbar.
9. Die Digitalisierung hat den positiven Effekt, dass der Rechtsanwalt sich stärker auf seine Kernkompetenzen besinnen und standardisierte Prozesse mit Legal Tech bearbeiten und outsourcen kann.
10. Durch die Digitalisierung wächst die Bedeutung für interdisziplinäre Fähigkeiten, vor allem in den Bereichen Betriebswirtschaft, Informatik und Technik.

---

162 Siehe dazu die Stellungnahme der BRAK 02/2022; abrufbar unter https://www.brak.de/fileadmin/05_zur_rechtspolitik/stellungnahmen-pdf/stellungnahmen-deutschland/2022/stellungnahme-der-brak-2022-02.pdf.

71. Rechtsanwalt, Beteiligungsverhältnisse

Römermann

I. Einführung	1	a) Suche nach einem System	15
II. Sozietätsfähige Berufe	5	b) Angehörige freier Berufe	18
1. Historisch geprägtes Vorverständnis	5	c) Ausnahmen	25
2. Stand bis 31.7.2022 auf Grundlage von § 59a BRAO aF	8	5. Aktive Mitarbeit	31
		III. Investoren	33
3. Neuregelung seit 1.8.2022 durch § 59c BRAO	12	IV. Umgehung von Beteiligungsverboten	35
4. Erweiterung auf Angehörige freier Berufe, § 59c Abs. 1 S. 1 Nr. 4 BRAO	15	V. Ausblick	41

Literatur: *Henssler*, BRAO-Reformen: Neue Spielräume und dennoch Reformbedarf: Der anwaltliche Beratungsmarkt wandelt sich, AnwBl 2022, 152; *Henssler*, Die große BRAO-Reform kommt – ein gelungener Gesetzesentwurf!, AnwBl Online 2021, 69; *Henssler*, Das Verbot der Sternsozietät gem. § 31 Berufsordnung der Rechtsanwälte – eine reformbedürftige Norm, ZIP 1998, 2121; *Kilian*, Das reformierte Berufsrecht der Anwaltschaft, NJW 2021, 2385; *Römermann*, Anwaltliche Core Values: Eine Abrechnung, AnwBl 2021, 297; *Römermann*, Die anwaltliche Unabhängigkeit – Entmythologisierung eines Core Value, NJW 2019, 2986; *Römermann*, Reformbedarf bei anwaltlichen Gesellschaftsformen, AnwBl 2009, 681; *Römermann*, 30 Jahre Anwaltsrecht und Anwaltsmarkt (1990–2020): Wo steht die Anwaltschaft?, AnwBl 2007, 823; *Römermann/Zimmermann*, Verfassungswidrigkeit der berufsrechtlichen Beschränkungen interprofessioneller Partnerschaften für Rechtsanwälte, DStR 2016, 990; *Singer*, Die Zukunft des Fremdbesitzverbots für Anwaltssozietäten, AnwBl 2010, 79.

I. Einführung

1 **Beteiligungsverhältnisse**, das ist ein Leidensthema. Ein Leidensthema für die Anwaltschaft. Ein Leidensthema für deren Klientel. Aber keines für gewerbliche Legal Tech-Unternehmen.

2 In wenigen Bereichen des anwaltlichen Berufsrechts herrscht so viel Begriffsverwirrung wie hier. Da ist von „auswärtiger" **Kapitalbeteiligung** die Rede, wo doch die potenziellen Gesellschafter erörtert werden, also gerade das Gegenteil von „auswärtig". Da werden ganz unterschiedliche Kapitel aufgemacht, wenn es um Gesellschaftereignung geht: Einerseits unter der Überschrift „(auswärtige) Kapitalbeteiligung", andererseits unter „Sozietätsfähigkeit". Eigentlich geht es um dasselbe. Auch Wortzusammensetzungen mit „fremd", etwa in „**Fremdbesitz**" oder „**Fremdbeteiligung**", prägen die Debatte, obgleich dem Gesellschafter nichts ferner liegt, als sich dem Unternehmen, dem er zugehört oder doch zugehören müsste, gegenüber „fremd" zu fühlen.

3 Die Verwirrung wird nicht geringer durch Inkohärenzen, die ebenfalls für das anwaltliche Berufsrecht charakteristisch sind. Gewerbliche **Legal Tech-Unternehmen mit Inkassolizenz** müssen nämlich keinerlei Restriktionen beachten, wenn es um ihre Kapitaleigner geht. Anwaltskanzleien, auch wenn sie im Kern zuweilen das Gleiche anbieten, nämlich die Durchsetzung von Ansprüchen, unterliegen hingegen vielfältigen Beschränkungen. Wie ist das zu verstehen? Nüchtern betrachtet: rein historisch. An inhaltlicher Rechtfertigung fehlt es und deswegen erweisen sich **die Verbote**, die noch im anwaltlichen Berufsrecht anzutreffen sind, gerade in diesem Bereich nicht selten als **evident verfassungswidrig**. Die freiheitliche Verfassung duldet Einschränkungen nur, wenn sie – was gelegentlich in Vergessenheit gerät – durch ein gewichtiges Gemeinwohlinteresse gedeckt sind. Fehlen derartige Interessen aber bei gewerblichen Legal Techs, dann ist nichts dafür ersichtlich, woher sie just bei dem abstrakt deutlich besser ausgebildeten und überwachten Anwaltsberuf kommen sollten.

4 Ein Drittes hindert oft den Überblick über die geltende Lage im Berufsrecht. Kaum eine Materie ist in den vergangenen Jahren – eigentlich schon seit dem 14.7.1987[1] – in so starker Bewegung, ist so unablässig im Fluss wie das anwaltliche Berufsrecht. Was gilt eigentlich aktuell noch? Wo setzt der Gesetzgeber gerade

---

1 BVerfG Beschl. v. 14.7.1987 – 1 BvR 537/81 u. a., NJW 1988, 191 (193).

den Hebel an und wo hinterlässt die Rechtsprechung des BVerfG womöglich Lücken im Normengeflecht, die sich ausweiten? Fragen, die auch für denjenigen, der seit Jahrzehnten den Rechtsmarkt beobachtet, im Detail nicht immer eindeutig zu beantworten sind. In der folgenden Darstellung wird insbesondere der 1.8.2022 einen wiederkehrenden Einschnitt markieren: Die **BRAO-Reform vom 1.8.2022** hat insbesondere das anwaltliche Gesellschaftsrecht erheblich verändert.

II. Sozietätsfähige Berufe

1. Historisch geprägtes Vorverständnis

Normen, die allgemein die Beteiligung an Anwaltsunternehmen beschreiben und ermöglichen würden, gleichermaßen gültig für alle Rechtsformen und in allen Konstellationen der Rechtswirklichkeit, fehlen bislang. Erst seit 1994 ist überhaupt eine Regelung im Gesetz feststellbar, § 59a BRAO aF. Das ist historisch zu verstehen.[2] In früherer Zeit, bis in das beginnende 20. Jahrhundert hinein, war umstritten, ob Rechtsanwälte sich überhaupt mit anderen Berufsträgern zusammenschließen dürften, und damals ging es ausschließlich um andere Rechtsanwälte. Erst nachdem sich der Beruf des Steuerberaters herausgebildet hatte, wurden zaghafte Anstalten unternommen, sich nicht nur mit einigen wenigen Angehörigen des eigenen, sondern dann sogar eines anderen, indes nahestehenden Berufes – denn die Beratung im Steuerrecht ist bloße Rechtsberatung – zusammenzutun. Die Geschichte eines jahrzehntelangen Kampfes um die Anerkennung sog. sozietätsfähiger Berufe soll hier nicht nachgezeichnet werden. Festzuhalten gilt in unserem Zusammenhang lediglich, dass zu keinem Zeitpunkt eine Konzeption möglicher Beteiligungsverhältnisse von einem Zustand ausgegangen wäre, der keine Beschränkungen enthalten hätte, um sodann in einem sinnvollen System Abgrenzungen vorzunehmen. Vielmehr war es so, dass über Generationen hinweg die Vorstellung herrschte, jede auch noch so marginale Zulässigkeit beruflicher Verbindung eines Rechtsanwalts mit einem Angehörigen eines anderen Berufes sei eine „Öffnung", müsse mit besonderem Misstrauen und mit außerordentlicher Vorsicht beobachtet, im Zweifel unterbunden werden.

Für den heutigen Betrachter, der sich erstmals mit den Rahmenbedingungen für Gesellschaftsverhältnisse bei Anwaltskanzleien auseinandersetzt, erfordert das eine große Umstellung gegenüber der „natürlichen" Betrachtungsweise. Eigentlich würde man auf dem Boden nicht zuletzt der Berufsfreiheit aus Art. 12 GG davon ausgehen, dass aufgrund eines erkannten Bedarfes irgendwann Schranken in die allgemeine Zusammenschlussfähigkeit eingefügt worden wären, um Missständen zu begegnen. Das wäre ein völliges Fehlverständnis. Vielmehr ging die Entwicklung von „gefühlter", gesetzlich im Grunde gar nicht statuierter Unfreiheit in kleinen Schritten zu einer Öffnung, welche jeweils einer besonderen Begründung bedurfte, so jedenfalls sahen es die jeweiligen Zeitgenossen.

Diese Betrachtungsweise, welche die verfassungsrechtlichen Vorgaben auf den Kopf stellt, beherrscht noch heute die rechtliche und rechtspolitische Debatte über mögliche Zusammenschlüsse von Rechtsanwälten. Lässt man die Diskussionen auch noch der letzten Jahre und der Gegenwart Revue passieren, dann kann man sich bei unbefangener Betrachtung nur wundern, wie oft angebliche Gefahren einer möglichen Öffnung postuliert wurden und wie oft die Abwehrfront gegen die Liberalisierung just mittels abstrakter Denkansätze potenzieller Risiken gehalten werden konnte, und das praktisch durchweg ohne jeden empirischen Beleg.

2. Stand bis 31.7.2022 auf Grundlage von § 59a BRAO aF

„Rechtsanwälte dürfen sich mit Mitgliedern einer Rechtsanwaltskammer und der Patentanwaltskammer, mit Steuerberatern, Steuerbevollmächtigten, Wirtschaftsprüfern und vereidigten Buchprüfern zur gemeinschaftlichen Berufsausübung im Rahmen der eigenen beruflichen Befugnisse verbinden." So lautet der entscheidende erste Satz des § 59a Abs. 1 BRAO aF. Die weiteren Inhalte dieses Paragrafen boten Klarstel-

---

2 Näher Römermann AnwBl 2009, 681.

lungen, die Integration entsprechender Berufe aus dem Ausland und eine (wundersame)[3] Erstreckung auf Bürogemeinschaften.

9 Seit Inkrafttreten des § 59a BRAO aF und damit der ersten gesetzlichen Regelung dieses Themenfeldes im **anwaltlichen Berufsrecht** und bis zur Änderung am 18.12.2007 stellte die Norm darauf ab, dass der Zusammenschluss „in einer Sozietät" erfolgte. Daraus folgerte die damals ganz hM (zu Unrecht)[4] eine **zahlenmäßige** Begrenzung. Vor dem Hintergrund dieser (Fehl-)Einschätzung sah sich der Gesetzgeber dazu aufgerufen, im Jahre 2007 den Zusatz zu entfernen. Seither gibt es den Begriff der **Sozietät** im Wortlaut der Bundesrechtsanwaltsordnung nicht mehr. Die Verwendung des Begriffs „Sozietät" hat das überdauert, auch wenn noch heute niemand wirklich präzise sagen kann, was darunter konkret zu verstehen ist und welche Gesellschaftsformen hiervon umfasst sind – in der Diskussion werden zuweilen lediglich die Personengesellschaften darunter gefasst, zum anderen Teil sämtliche Unternehmensformen. Durch den Verzicht des Gesetzes auf den Topos „Sozietät" hat dieser Meinungsstreit an praktischer Bedeutung eingebüßt. Auch das Wort „Sozietätsfähigkeit" ist vor diesem Hintergrund eher als Schlagwort für die Diskussion über mögliche Ein- und Ausgrenzungen zu verstehen.

10 Die ausdrückliche Nennung der **Steuerberater, Wirtschaftsprüfer und Patentanwälte** in § 59a BRAO aF war weniger darauf zurückzuführen, dass hinsichtlich aller übrigen Berufe nach deren sorgsamer Analyse eine Entscheidung gegen ihre Sozietätsfähigkeit getroffen worden wäre und diese drei Berufe übrig geblieben wären. Sondern es bedurfte jeweils punktuell aufgrund einer gerade angestoßenen Debatte einer Entscheidung über einen einzelnen Beruf und die Entscheidungsträger für die Vorauswahl, de facto also insbesondere die Bundesrechtsanwaltskammer, fühlten sich mit den anderen sog. rechts- und wirtschaftsberatenden freien Berufen in gewisser Weise verbunden, vielleicht sogar „verwandt". In der Tat erstreckt sich das jeweilige Beratungsfeld der vier Berufe Patentanwälte, Rechtsanwälte, Steuerberater und Wirtschaftsprüfer zumindest auch auf Rechtsfragen, dort liegt eine Schnittmenge. Die Frage indes, warum die berufsübergreifende Beschäftigung – mehr oder minder großer Intensität – mit rechtlichen Fragestellungen ausschlaggebend sein müsste und warum Gemeinwohlbelange die Verbindung zu Berufsträgern mit anderen Beratungsschwerpunkten deswegen verhindert hätten, blieb bis zum heutigen Tage offen.

11 Auf die Probe gestellt wurde dieses System gefühlter Verwandtschaft als Abgrenzungskriterium durch einen Münchener Rechtsanwalt, der eine Sozietät mit seiner Ehefrau, einer Ärztin und Apothekerin, eingegangen war und gegen das Verbot den Weg durch die Instanzen antrat. In einer Entscheidung von 2016 ließ das BVerfG[5] dazu wissen, dass einer derartigen Verbindung verfassungskonforme Verbotsnormen nicht entgegenstünden. Wie in der Ära des damals zuständigen Berichterstatters im Senat des BVerfG üblich, wurde daraus indes keine Grundsatzentscheidung abgeleitet, sondern das Gericht bemühte sich, es wie eine Einzelfallentscheidung aussehen zu lassen, die lediglich für Ärzte und Apotheker und auch nur in der Rechtsform der Partnerschaft Gültigkeit zu beanspruchen hätte. Damit war ein Torso hinterlassen und der Gesetzgeber musste irgendwann eingreifen, um die Versäumnisse des BVerfG, für klare Verhältnisse zu sorgen, zu kompensieren. Dieses Eingreifen geschah fünf Jahre später.

3. Neuregelung seit 1.8.2022 durch § 59c BRAO

12 Das Gesetz zur Neuregelung des Berufsrechts der anwaltlichen und steuerberatenden Berufsausübungsgesellschaften sowie zur Änderung weiterer Vorschriften im Bereich der rechtsberatenden Berufe vom 7.7.2021[6] bringt eine grundlegende Neuerung auch im anwaltlichen Gesellschaftsrecht mit sich.

---

3 Bürogemeinschaften haben nämlich ihrem Charakter nach nichts mit Sozietäten zur gemeinschaftlichen Berufsausübung gemein.
4 Römermann AnwBl 2007, 823; vgl. Henssler ZIP 1998, 2121.
5 BVerfG, Beschluss vom 12.01.2016 – 1 BvL 6/13, BB 2016, 2691 mit Anm. Römermann/ Zimmermann, DStR 2016, 990 – Wieland Horn, dazu weiter Römermann NJW 2016, 682.
6 BGBl. I 2363.

Der bisherige § 59a BRAO wurde aufgehoben und durch einen neuen § 59c BRAO ersetzt, der unter der Überschrift steht „Berufsausübungsgesellschaften mit Angehörigen anderer Berufe" und wie folgt lautet:

(1) Die Verbindung zur gemeinschaftlichen Berufsausübung in einer Berufsausübungsgesellschaft nach § 59b ist Rechtsanwälten auch gestattet
1. mit Mitgliedern einer Rechtsanwaltskammer, Mitgliedern der Patentanwaltskammer, Steuerberatern, Steuerbevollmächtigten, Wirtschaftsprüfern und vereidigten Buchprüfern,
2. mit Angehörigen von Rechtsanwaltsberufen aus anderen Staaten, die nach dem Gesetz über die Tätigkeit europäischer Rechtsanwälte in Deutschland oder nach § 206 berechtigt wären, sich im Geltungsbereich dieses Gesetzes niederzulassen,
3. mit Patentanwälten, Steuerberatern, Steuerbevollmächtigten, Wirtschaftsprüfern und vereidigten Buchprüfern anderer Staaten, die nach der Patentanwaltsordnung, dem Steuerberatungsgesetz oder der Wirtschaftsprüferordnung ihren Beruf mit Patentanwälten, Steuerberatern, Steuerbevollmächtigten, Wirtschaftsprüfern oder vereidigten Buchprüfern im Geltungsbereich dieses Gesetzes gemeinschaftlich ausüben dürfen,
4. mit Personen, die in der Berufsausübungsgesellschaft einen freien Beruf nach § 1 Absatz 2 des Partnerschaftsgesellschaftsgesetzes ausüben, es sei denn, dass die Verbindung mit dem Beruf des Rechtsanwalts, insbesondere seiner Stellung als unabhängigem Organ der Rechtspflege, nicht vereinbar ist oder das Vertrauen in seine Unabhängigkeit gefährden kann.

Eine Verbindung nach Satz 1 Nummer 4 kann insbesondere dann ausgeschlossen sein, wenn in der anderen Person ein Grund vorliegt, der bei einem Rechtsanwalt nach § 7 zur Versagung der Zulassung führen würde.

(2) Unternehmensgegenstand der Berufsausübungsgesellschaft nach Absatz 1 ist die Beratung und Vertretung in Rechtsangelegenheiten. Daneben kann die Ausübung des jeweiligen nichtanwaltlichen Berufs treten. Die §§ 59d bis 59q gelten nur für Berufsausübungsgesellschaften, die der Ausübung des Rechtsanwaltsberufs dienen.

Die Bestimmungen des § 59c BRAO geben in Absatz 1 Satz 1 Nummern 1 bis 3 im Wesentlichen die aktuelle berufsrechtliche Situation wieder und ziehen in Absatz 2 den notwendigen Schluss auf die Reichweite des Unternehmensgegenstandes. Spannend ist § 59c Abs. 1 S. 1 Nr. 4 BRAO, der die wesentliche Neuerung enthält.

4. Erweiterung auf Angehörige freier Berufe, § 59c Abs. 1 S. 1 Nr. 4 BRAO

a) Suche nach einem System

Im Gefolge der Entscheidung des BVerfG von 2016 zu Ärzten und Apothekern wurde die Diskussion über eine Erweiterung und ein kohärentes System wieder aufgenommen. In einem Diskussionspapier[7] vom 27.8.2019 erwog das BMJV eine partielle Öffnung für anwaltliche Legal Tech-Unternehmen, die mit neuen Geschäftsmodellen an den Markt zu treten beabsichtigen.[8] Offenbar war man von dem Gedanken inspiriert, jedenfalls auf einem Gebiet eine Chancengleichheit mit gewerblichen Legal Techs zu gestatten: zu Beginn. Dass das zu Abgrenzungsschwierigkeiten hätte führen müssen und es für Anwälte mit traditioneller Ausrichtung unbefriedigend gewesen wäre, die Abenteurer ihrer Zunft berufsrechtlich an sich vorbeiziehen zu sehen, hätten die Verfasser womöglich in Kauf genommen. Es kam aber nicht dazu. Schon im Referentenentwurf des BMJV[9] wurde der Ansatz wieder aufgegeben.

---

7 BMJV, Eckpunkte für eine Neuregelung des Berufsrechts der anwaltlichen Berufsausübungsgesellschaften, 27.08.2019, abrufbar unter https://www.bmjv.de/SharedDocs/Gesetzgebungsverfahren/Dokumente/Eckpunkte_Berufsrecht_Berufsaus%C3%BCbungsgesellschaften.pdf;jsessionid=336C7692AFF1E91C9CE600EEC82627D2.1_cid334?__blob=publicationFile&v=1.
8 Nr. 7 des Eckpunktepapiers lautete: „Es wird auch geprüft, ob reine Kapitalbeteiligungen mit dem Ziel erlaubt werden können, alternative Finanzierungswege durch Wagniskapital für solche Rechtsanwältinnen und -anwälte zu eröffnen, die z. B. im Bereich von legal tech hohe Anfangsinvestitionen erbringen müssen, um neue Rechtsdienstleistungsangebote erbringen zu können."
9 Dazu umfassend Römermann AnwBl Online 2020, 588.

16 Irgendwie war zu erweitern, das stand nach den Durchbrechungen des bisherigen (Schein-)Systems durch das BVerfG fest. Gleichermaßen unübersehbar war indes der geharnischte politische Widerstand der BRAK und der Spitze des DAV gegen jede substanzielle Liberalisierung. In der Suche nach einer Lösung griff das BMJV schließlich zu einer Konstruktion, die auf den Charakter als freier Beruf abstellt.

17 „Personen, die in der Berufsausübungsgesellschaft einen freien Beruf nach § 1 Absatz 2 des Partnerschaftsgesellschaftsgesetzes ausüben", sollen danach ab 1.8.2022 sozietätsfähig sein, „es sei denn, dass die Verbindung mit dem Beruf des Rechtsanwalts, insbesondere seiner Stellung als unabhängigem Organ der Rechtspflege, nicht vereinbar ist oder das Vertrauen in seine Unabhängigkeit gefährden kann".

b) Angehörige freier Berufe

18 Angehörige freier Berufe sind in § 1 Abs. 2 PartGG erwähnt.[10] „Die Freien Berufe haben im allgemeinen auf der Grundlage besonderer beruflicher Qualifikation oder schöpferischer Begabung die persönliche, eigenverantwortliche und fachlich unabhängige Erbringung von Dienstleistungen höherer Art im Interesse der Auftraggeber und der Allgemeinheit zum Inhalt", heißt es in dessen Satz 1.

19 Was sich auf den ersten Blick wie eine **handfeste Legaldefinition** ausnehmen könnte, erweist sich doch spätestens auf den zweiten bereits als **politische Tendenzbeschreibung** ohne harten, justiziablen Inhalt. Nicht generelle Kriterien werden dort nämlich aufgelistet, sondern die Berufsangehörigen wiesen „im allgemeinen" bestimmte Eigenschaften auf. „Im allgemeinen", das ist noch weniger als das im juristischen Sprachgebrauch bekannte „grundsätzlich", das nur punktuell von Ausnahmen durchbrochen wird. „Im allgemeinen" ist eine Wendung des Gesetzgebers, der achselzuckend und resigniert die Unmöglichkeit der selbst übernommenen, allzu ambitionierten Aufgabe erkennt, aber dennoch etwas niederschreiben möchte, um den Angehörigen der Zielgruppe eine „politische Wohltat" zukommen zu lassen, die ihn nichts kostet.[11]

20 In § 1 Abs. 2 S. 2 PartGG wird sodann eine Aufzählung von Berufen unternommen, die lautet: „Ausübung eines Freien Berufs im Sinne dieses Gesetzes ist die selbständige Berufstätigkeit der Ärzte, Zahnärzte, Tierärzte, Heilpraktiker, Krankengymnasten, Hebammen, Heilmasseure, Diplom-Psychologen, **Mitglieder der Rechtsanwaltskammern, Patentanwälte, Wirtschaftsprüfer, Steuerberater**, beratenden Volks- und Betriebswirte, vereidigten Buchprüfer (vereidigte Buchrevisoren), Steuerbevollmächtigten, Ingenieure, Architekten, Handelschemiker, Lotsen, hauptberuflichen Sachverständigen, Journalisten, Bildberichterstatter, Dolmetscher, Übersetzer und ähnlicher Berufe sowie der Wissenschaftler, Künstler, Schriftsteller, Lehrer und Erzieher."[12] Immerhin, die sog. sozietätsfähigen Berufe aus der Zeit vor dem 1.8.2022 kommen dort sogar explizit vor (hier fett gesetzt).

21 Was aber auffällt, ist die Wendung „und ähnlicher Berufe", die indes nicht – wie zu erwarten gewesen wäre – am Schluss steht, sondern nur gegen Ende. Auch die Aufzählung bietet damit eine offene Flanke, sie ist nicht statisch, sondern lebt.

22 Nimmt man die Öffnung durch „im allgemeinen" im ersten und durch „und ähnlicher Berufe" im zweiten Satz des § 1 Abs. 2 PartGG zusammen, so erweist sich: Die freien Berufe sind als Leitbild erkennbar, aber eine trennscharfe Abgrenzung zu anderen Berufen ist bislang nicht gelungen und soll nach diesen Öffnungsklauseln im Wortlaut des Gesetzes auch nicht gelingen.

23 Die Erweiterung sozietätsfähiger Berufe durch § 59c BRAO ist damit notwendigerweise nur ein Zwischenschritt, eine Etappe auf dem weiteren Weg der Erweiterung von Zusammenschlussmöglichkeiten von Rechtsanwälten.

24 Aber auch schon vor dieser vorhersehbaren Erweiterung sind die Möglichkeiten, den „freien Beruf" als Einfallstor für eine weitergehende Beteiligung an Sozietäten zu nutzen, nicht zu übersehen. Einigen

---

10 Zum Definitionsproblem ausführlich Römermann PartGG § 1 Rn. 47 ff.
11 So der damalige Referatsleiter im BMJ Ulrich Seibert, Die Partnerschaft, 1994, S. 55.
12 Hervorhebung nur hier.

stark regulierten, insbesondere verkammerten und mit einem – gelegentlich hypertrophen – Berufsrecht ausgestatteten Professionen stehen nämlich andere gegenüber, die ebenfalls anerkannt, aber überraschend leicht zugänglich sind. Der Journalist etwa oder der Bildberichterstatter sind ausweislich des Wortlautes in der Aufzählung des § 1 Abs. 2 S. 2 PartGG ohne Zweifel freie Berufe. Weder ist hier eine besondere, spezifische Ausbildung vorgeschrieben, noch sind berufsbezogene Aufsichtsorgane ersichtlich. Mit anderen Worten: Journalist ist im Wesentlichen, wer sich so nennt und in irgendeiner Form berichtend publiziert. Diese Hürde ist, wenn man es darauf anlegt, rasch zu überwinden. Künstler gehören auch in diese Kategorie offener Berufe, weitere sind ohne größere Recherchen leicht zu identifizieren.

c) Ausnahmen

In § 59c BRAO finden sich auch nach dem 1.8.2022 weitere Einschränkungen: „es sei denn, dass die Verbindung mit dem Beruf des Rechtsanwalts, insbesondere seiner Stellung als unabhängigem Organ der Rechtspflege, nicht vereinbar ist oder das Vertrauen in seine Unabhängigkeit gefährden kann". **25**

Das „unabhängige Organ der Rechtspflege" ist ein Topos, der programmatisch der BRAO als deren erster Paragraf vorangestellt wurde. Ein präziser juristischer Inhalt ist – wenn überhaupt – nur mit Mühe erkennbar. „Unabhängigkeit" erweist sich bei näherem Hinsehen als Mythos. Das ist an anderer Stelle im Einzelnen dargelegt worden und soll hier nicht wiederholt werden.[13] Nur so viel, weil es zum Verständnis des Grundproblems mit dieser Rechtsfigur unabdingbar erscheint: Die „Unabhängigkeit" in Reinkultur existiert nicht und kann nicht existieren. Angestellte Rechtsanwälte sind abhängig, da weisungsunterworfen. Partner von Sozietäten sind abhängig von Gremienentscheidungen, insbesondere Mehrheitsbeschlüssen in der Gesellschafterversammlung. Strafverteidiger oder Insolvenzverwalter sind abhängig vom Staat, da ihre beruflichen Erfolge oder Misserfolge maßgeblich von kaum kontrollierten, oft subjektiv gefärbten Auswahl- und Bestellungsentscheidungen des Staates abhängen. Niemand ist in einer arbeitsteiligen Welt wirklich „unabhängig" von anderen Personen. Das Berufsrecht soll und kann derartige, oft beherrschende Einflussnahmen anderer Personen nicht ausschließen. Im Gegenteil, der Gesetzgeber weiß natürlich im Grundsatz um all diese Grenzen der Unabhängigkeit und nimmt hin, dass es die Unabhängigkeit nicht gibt. Die „Unabhängigkeit" ist eine gerne gesprochene, gerne gehörte Formel, der es im konkreten Anwendungsfall an Wirkung gebricht. **26**

Das „Organ der Rechtspflege" soll tendenziell die Gleichordnung der Anwaltschaft insbesondere mit Richtern und Staatsanwälten symbolisieren. Ein Topos, der in der Vergangenheit immer wieder mit Pflichten unterschiedlicher, zuweilen gar politischer Couleur aufgeladen wurde, die sich aber bei methodisch korrekter Interpretation dort gar nicht entdecken lassen. Das „Organ" ist im Ergebnis ein Symbol für staatsorganisatorische Gleichordnung, weniger nicht, aber mehr eben auch nicht. **27**

Ein konkreter Bezug der Unabhängigkeit oder der politischen Einordnung als Organ der Rechtspflege zur Verbindung mit Angehörigen anderer Berufe ist nicht erkennbar. Vor diesem Hintergrund ist nicht ersichtlich, wie aus diesem weiteren Halbsatz in § 59c Abs. 1 S. 1 Nr. 4 BRAO in konkreten Fällen eine Einschränkung der Sozietätsfähigkeit resultieren könnte. **28**

Erst recht gilt das für die zweite nach dem Wortlaut dort vorhandene Beschränkung. Das „Vertrauen in die Unabhängigkeit" könnte eingeschränkt werden mit der Folge, dass ein Zusammenschluss nicht in Betracht käme. Da aber schon die Unabhängigkeit als solche nicht existiert, kann aus einer Bedrohung des – etwaigen, im Grunde: irrigen – Vertrauens in sie erst recht nichts abgeleitet werden. **29**

Die Betrachtung der Ausnahmen zeigt: Daraus lassen sich Einschränkungen für Zusammenschlüsse von Rechtsanwälten mit Angehöriger freier Berufe nicht begründen. **30**

---

13 Römermann NJW 2019, 2986; Römermann FS 190 Jahre Rechtsanwalts- und Notarverein Hannover, 2021, 99 (103 ff.), in aktualisierter Fassung erschienen in AnwBl 2021, 297.

5. Aktive Mitarbeit

31 Als wäre es der Einschränkungen noch nicht genug, statuieren die berufsrechtlichen Vorschriften zunehmend deutlich das Erfordernis aktiver Mitarbeit der Gesellschafter. Dieser Trend begann mit Inkrafttreten des PartGG im Jahre 1995, als der dortige § 1 Abs. 1 in der Lesart der (verfehlten) herrschenden Meinung eine solche Pflicht festzulegen schien.[14] In den letzten Jahren findet sich eine solche Anordnung immer öfter gleich ausdrücklich im Text der Normen. Die BRAO-Reform hat das für die neuen Vorschriften nicht zuletzt durch die durchgängige Bezeichnung als „Berufsausübungsgesellschaften" (schon im Titel der BRAO-Reform) zum Ausdruck gebracht.

32 Was allerdings konkret eine „Aktivität" sein soll, die noch als hinreichend betrachtet wird, vermag auch die Meinung, welche die Voraussetzung befürwortet, nicht zu sagen.[15] Das Kriterium wird abstrakt in den Raum gestellt, um zum Ausdruck zu bringen, dass Angehörige freier Berufe stets selbst arbeiteten und nicht wie ein gewerbliches Unternehmen durch Kapital beteiligt seien. Derartige Überlegungen zur Abgrenzung gehen von einem überholten Berufsverständnis aus, das schon heute in vielen Fällen die Realität nicht mehr zutreffend abbildet und für das es auch keine Notwendigkeit gibt. Professionelle, größere Strukturen zeichnen sich durch Arbeits- und Verantwortungsteilung aus und nicht dadurch, dass jeder Gesellschafter operativ am Kunden arbeitet. Unabhängig von dieser Grundsatzfrage, ist ein Mindestmaß an Aktivität jedenfalls nicht festgelegt und deswegen ist das Kriterium in der Praxis ungeeignet, einen Zweck zu erfüllen oder gar berufsrechtliche Maßnahmen zu stützen.

III. Investoren

33 Investoren gibt es nicht. „Auswärtige Kapitalbeteiligung", wie das kurioserweise in der traditionellen berufsrechtlichen Diskussion heißt, kommt nicht vor.

34 Müßig, die Argumente aufzuzählen, die gegen eine finanzielle Beteiligung von Gesellschaftern jenseits des Kreises sozietätsfähiger Personen aufgeboten werden.[16] Sie tragen allesamt nicht, erschöpfen sich fast ausnahmslos in Leerformeln und diffusen – behaupteten – Ängsten. Die Unabhängigkeit – als wenn es sie gäbe – der Rechtsanwälte sei in Gefahr. Mandanten könnten übervorteilt werden. Sicherung der „Integrität" der Anwaltschaft heißt es dann, hübsch formuliert, in Gesetzesbegründungen.[17] Es scheint darum zu gehen, dass Gewerbetreibende in den Augen der Verteidiger des Status Quo stets dazu neigten, Gesetze zu brechen und Mandanten in ihr Unglück zu stürzen, wenn sie die Macht in einer Anwaltskanzlei hätten und konkreten Einfluss auf die Wahrnehmung der Aufträge ausüben könnten. Dass das ein künstlich herbeiargumentiertes Zerrbild ist, eine bloße Chimäre ohne jegliches Indiz empirischer Grundlage, versteht sich schon bei dieser Schilderung von selbst und bedarf keiner weiteren Erläuterung.

IV. Umgehung von Beteiligungsverboten

35 Durch eine Reihe von Bestimmungen soll die Umgehung der Beteiligungsverbote verhindert werden. Eine solche Umgehung könnte eintreten, indem über Treuhand- oder sonstige Beherrschungsverhältnisse der formale Nichtgesellschafter doch auf die Geschicke der Sozietät wie ein Gesellschafter einwirken und Gewinn daraus ziehen könnte.

36 Zu nennen ist etwa § 59i Abs. 3 BRAO: „Anteile an der Berufsausübungsgesellschaft dürfen nicht für Rechnung Dritter gehalten werden. Dritte dürfen nicht am Gewinn der Berufsausübungsgesellschaft beteiligt werden."

37 Siehe ferner § 59i Abs. 5 BRAO mit der im Grunde unzumutbaren Einengung: „Gesellschafter können nur stimmberechtigte Gesellschafter zur Ausübung von Gesellschafterrechten bevollmächtigen." In Zeiten

---

14 Näher Römermann PartGG § 1 Rn. 8 ff.
15 Vgl. Römermann PartGG § 1 Rn. 9 ff.
16 Näher noch Römermann AnwBl 2009, 681 (684 ff.).
17 Vgl. Römermann AnwBl Online 2020, 588 (598 ff.).

der Harmonie mag das nachvollziehbar sein. Kommt es zwischen den Gesellschaftern zu Auseinandersetzungen, so kann aber nicht sinnvoll verlangt werden, dass sich ein Gesellschafter nur durch einen anderen vertreten lassen kann.

Die Unabhängigkeit, die es schon nach außen hin bei kritischer Betrachtung nicht gibt, soll durch besondere Normen sogar nach innen hin gesichert werden, so durch § 59j Abs. 6 BRAO: „Die Unabhängigkeit der Rechtsanwälte, die dem Geschäftsführungsorgan der Berufsausübungsgesellschaften angehören oder in sonstiger Weise die Vertretung der Berufsausübungsgesellschaft wahrnehmen, bei der Ausübung ihres Rechtsanwaltsberufs ist zu gewährleisten. Einflussnahmen durch die Gesellschafter, insbesondere durch Weisungen oder vertragliche Bindungen, sind unzulässig." Das Spannungsverhältnis dieser Vorschrift, welche geschäftsführende Partner offenbar von dem Weisungsrecht der Gesellschafter zumindest teilweise freistellen soll, zum allgemeinen Weisungsrecht als Ausfluss der gesellschaftsrechtlichen Direktionsrechte der Inhaber ist offenkundig und wird vom Gesetz nicht aufgelöst.[18]

Kooperations- und Dienstleistungsverträge sind Rechtsanwälten nicht untersagt. In der Praxis finden sich auf dieser Basis immer wieder Konstruktionen, die im wirtschaftlichen Ergebnis Investoren eine Beteiligung am Erfolg von Anwaltskanzleien erlauben sollen, auch wenn sie weder formal noch über Treuhandverhältnisse Anteile halten.

Dem liegt die Einsicht in wirtschaftliche Gegebenheiten zugrunde. Rechtsanwälte benötigen Kapital und Betriebsmittel, wenn sie ihre Leistungen am Markt platzieren möchten. Je stärker die Entwicklung hingeht zu Legal Tech, desto größer wird tendenziell der finanzielle und technologische Aufwand. Wird hierzu durch externe Investoren ein Beitrag geleistet, so ist das zu vergüten.

V. Ausblick

Das anwaltliche Berufsrecht zeigt sich gegenüber der Beteiligung anderer Personen als Rechtsanwälten traditionell verschlossen. Es hat ein Jahrhundert gedauert, um zu drei als „verwandt" betrachteten sog. sozietätsfähigen Berufen zu gelangen: Patentanwälten, Steuerberatern und Wirtschaftsprüfern.

Mit der BRAO-Reform trat zum 1.8.2022 eine wesentliche Öffnung in Kraft. Nun dürfen sich Angehörige freier Berufe an Anwaltsunternehmen beteiligen. Da der Begriff des freien Berufes weder eingegrenzt noch eingrenzbar ist, ist das Tor zur Beteiligung von Teilhabern aufgestoßen. Die Einhegung durch das zusätzliche Kriterium der Berufsausübungsgesellschaft und die von einem früheren Berufsbild ausgehende Forderung nach aktiver Berufstätigkeit (mit unbestimmtem Umfang) wird vom Gesetzgeber versucht, kann aber nicht gelingen.

Damit ist vorhersehbar, dass sich die Möglichkeiten einer Beteiligung am Ergebnis anwaltlicher Unternehmen in nächster Zeit faktisch spürbar ausweiten werden. Der Gesetzgeber wird gefordert sein, fortlaufend nachzuziehen.

Am Ende dieser Entwicklung wird eine Freigabe der Investition in Anwaltskanzleien stehen.[19] Eine ernsthafte Gefährdung der Anwälte oder ihrer Mandanten ist darin nicht zu sehen. Im Gegenteil: Rechtsanwälte erhielten erst durch eine konsequente Freigabe die Möglichkeit, auf Augenhöhe zu gewerblichen Rechtsdienstleistern in den Wettbewerb um die Gunst potenzieller Mandanten einzutreten – level playing field. Das ist aus Sicht der Anwaltschaft wie auch ihrer Klienten zu befürworten, auch wenn die Anwaltsorganisationen das im Moment noch nicht erkennen.

---

18 Siehe BeckOK BRAO/Römermann BRAO § 59f Rn. 12.
19 Früher war das schon für Minderheitsbeteiligungen von Nicht-Berufsträgern befürwortet worden, so etwa für die Aktiengesellschaft Römermann, Entwicklungen und Tendenzen bei Anwaltsgesellschaften, 1995, S. 187 ff.; für derartige Sicherheitsüberlegungen ist nach dem heute erreichten Stand der Erkenntnis kein Raum mehr.

72. Rechtsanwalt, Monopol

Remmertz

I. Einleitung	1
II. Überblick zum RDG	4
1. Verbotsgesetz mit Erlaubnisvorbehalt	4
2. Begriff der Rechtsdienstleistung	8
a) Tätigkeit in konkreten fremden Angelegenheiten	14
aa) Tätigkeit unter Einsatz von Software	15
bb) Konkrete fremde Angelegenheit	20
b) Erfordernis einer rechtlichen Prüfung im Einzelfall	28
aa) Subsumtion durch Software	30
bb) Schwelle zur Rechtsdienstleistung	32
3. Inkassodienstleistung nach § 2 Abs. 2 RDG	38
a) Entscheidung des BGH im Fall wenigermiete.de	42
b) Legal Tech-Gesetz	43
c) Entscheidungen des BGH zum Sammelklage-Inkasso	45
III. Zulassung zur Rechtsanwaltschaft und Anwaltsmonopol	46
1. Allgemeines	46
2. Zurückdrängen des Anwaltsmonopols durch Legal Tech-Anwendungen	49
IV. Ausblick	51

Literatur: *Blum*, Rechtsauskünfte von Bekannten und Fremden in sozialen Netzwerken, AnwBl Online 2018, 901; *Breun-Goerke,* Legal Tech – Ist nun alles geklärt?, WRP 2020, 1403; *Deckenbrock/Markworth*, Berufsrechtsreport, ZAP 2022, 103; *Deckenbrock*, Stärkung der Aufsicht bei Rechtsdienstleistungen, ZRP 2022, 170; *Deckenbrock*, Wann wird Legal Tech zur Rechtsdienstleistung?, AnwBl Online 2020, 178; *Deckenbrock*, Freie Fahrt für Legal Tech-Inkasso?, DB 2020, 321; *Degen/Krahmer*, Legal Tech: Erbringt ein Generator für Vertragstexte eine Rechtsdienstleistun?, GRUR-Prax 2016, 363; *Dux-Wenzel/Quaß*, Gebündelte Klagen statt Sammelklagen – Möglichkeiten kollektiven Rechtsschutzes nach deutschem Prozessrecht, DB 2021, 717; *Engel*, Erwiderung: Algorithmisierte Rechtsfindung als juristische Arbeitshilfe, JZ 2014, 1096; *Frese*, Recht im zweiten Maschinenzeitalter, NJW 2015, 2090; *Fries*, De minimis curat mercator: Legal Tech wird Gesetz, NJW 2021, 2537; *Fries*, Staatsexamen für Roboteranwälte? – Optionen für die Regulierung von Legal-Tech-Dienstleistern, ZRP 2018, 161; *Fries*, PayPal Law und Legal Tech – Was macht die Digitalisierung mit dem Privatrecht?, NJW 2016, 2860; *Galetzka/Garling/Partheymüller*, Legal Tech – „smart law" oder Teufelszeug? – Übersicht der aktuellen Rechtsprechung zu Legal Tech zwischen Rechtspolitik und technischer Entwicklung, MMR 2021, 20; *Gounalakis,* Rechtsinformationsprogramme im Internet, UFITA 2001, 757; *Greger*, Das „Rundum-sorglos-Modell": Innovative Rechtsdienstleistung oder Ausverkauf des Rechts?, MDR 2018, 897; *Günther*, Legal Tech auf dem Vormarsch an den Grenzen des Wettbewerbs- und Berufsrechts, GRUR-Prax 2020, 96; *Hähnchen/Schrader/Weiler/Wischmeyer*, Legal Tech – Rechtsanwendung durch Menschen als Auslaufmodell?, JuS 2020, 625; *Hähnchen/Bommel*, Digitalisierung und Rechtsanwendung, JZ 2018, 334; *Hartung*, Legal Tech Sandboxes – Perspektive aus dem „Maschinenraum", RDi 2021, 421; *Hartung*, Inkasso, Prozessfinanzierung und das RDG, AnwBl Online 2019, 353; *Henssler*, Die Zukunft des Rechtsberatungsgesetzes, AnwBl 2001, 525; *Henssler*, Legal Tech-Inkasso – Der Gesetzgeber ist gefordert, AnwBl Online 2021, 180; *Henssler*, Prozessfinanzierende Inkassodienstleister – Befreit von den Schranken des anwaltlichen Berufsrechts?, NJW 2019, 545; *Henssler/Kilian*, Rechtsinformationssysteme im Internet, CR 2001, 682; *Kilian*, Legal Tech: Gefühlter oder tatsächlicher Wettbewerb?, AnwBl 2021, 608; *ders.*, Legal Tech – wo findet der Wettbewerb statt?, AnwBl. 2021, 676; *Kilian*, Die asymmetrische Regulierung des Rechtsdienstleistungsmarkts, AnwBl. 2022, 40; *Kilian*, Die künftige Regulierung des Rechtsdienstleistungsmarkts, AnwBl. 2022, 164; *Kilian*,Verbrauchergerechte Angebote im Rechtsdienstleistungsmarkt, AnwBl Online 2021, 102; *Kilian*, Die Regulierung von Erfolgshonorar und Inkassodienstleistung, AnwBl Online 2021, 213; *Kilian*, Digitaler Generator für Rechtsdokumente als Rechtsdienstleistung?, DStR 2020, 1278; *Kilian*, Trojanische Pferde im Rechtsdienstleistungsrecht? – Betrachtungen zur Renaissance von Inkassodienstleistern, NJW 2019, 1401; *Kotsoglou*, Subsumtionsautomat 2.0 – Über die (Un-)Möglichkeit der Algorithmisierung der Rechtserzeugung, JZ 2014, 451; *Krenzler*, Der Rechtsdienstleistungsbegriff in Zeiten von Legal Tech, BRAK-Mitt. 2020, 119; *Larenz*, Methodenlehre der Rechtswissenschaft, 6. Aufl. 1991; *Lemke*, Legal Tech Gesetz: Vom Ansatz verfehlt und nicht verbrauchergerecht, RDi 2021, 224; *Nuys/Gleitsmann*, Unwirksame Abtretungen von Schadensersatzansprüchen – das RDG als Stolperstein für Klagevehikel, BB 2020, 2441; *Rack*, Legal Tech – nur mit Anwälten, CB 2021, (Sonderbeilage 1/2021); *Remmertz*, Aktuelle Entwicklungen im RDG – Legal Tech Quo Vadis?, BRAK-Mitt. 2022, 247; *Remmertz*, Aktuelle Entwicklungen im RDG – Nach der Reform ist vor der Reform, BRAK-Mitt. 2021, 288; *Remmertz*, Aktuelle Entwicklungen im RDG – Rechtsdienstleistungen in Krisenzeiten, BRAK-Mitt. 2020, 264; *Remmertz*, Legal Tech-Anbieter als Inkassounternehmen, AnwBl 2020, 186; *Remmertz*, Aktuelle Entwicklungen im RDG – Alternative Rechtsdienstleister auf dem Vormarsch, BRAK-Mitt. 2019, 219; *Remmertz*, Aktuelle Entwicklungen im RDG – In dubio pro libertate?, BRAK-Mitt. 2018, 231; *Remmertz*, Legal Tech – Rechtliche Beurteilung nach dem RDG, BRAK-Mitt. 2017, 55; *Remmertz*, Aktuelle Entwicklungen im RDG

– Neue Geschäftsmodelle auf dem Prüfstand, BRAK-Mitt. 2015, 266; *Riehm,* Nein zur ePerson! – Gegen die Anerkennung einer digitalen Rechtspersönlichkeit, RDi 2020, 42; *Römermann,* BRAO- und RDG-Reformen im Praxis-Check: Wie groß werden sie?, AnwBl Online 2020, 588; *Römermann,* Anmeldung gewerblicher Schutzrechte für Dritte, GRUR-Prax 2016, 464; *Römermann,* Rechtsanwendung ohne rechtliche Prüfung?, NJW 2014, 1777; *Römermann/Günther,* Legal Tech als berufsrechtliche Herausforderung – Zulässige Rechtsdurchsetzung mit Prozessfinanzierung und Erfolgshonorar, NJW 2019, 551; *Schrader,* Automatisierung der Rechtsanwendung, BRAK-Mitt. 2020, 62; *Seitz,* Inkasso-Handbuch, 4. Aufl. 2015, Skupin, Legal Tech im Urheber- und Medienrecht – Nichtanwaltliche Leistungsangebote im Kontext der Reform des Rechtsdienstleistungsrechts, ZUM 2021, 365; *Skupin,* Vertragsstrafenmonitoring und -durchsetzung – ein Spielfeld für Legal-Tech-Dienstleister?, GRUR-Prax 2021, 622; *Skupin,* Die Entwicklung der Legal-Tech-Rechtsprechung im Jahr 2020, GRUR-Prax 2021, 74; *Skupin,* Auf dem Weg zu einem Rechtsdienstleistungsmarkt 2.0? – Verbraucherschutz bei Legal Tech auf der rechtspolitischen Agenda, GRUR-Prax 2020, 581; *Skupin,* Auf dem Weg zu einem Rechtsdienstleistungsmarkt 2.0? – Erfolgshonorare und Möglichkeiten zur Kostenrisikoübernahme durch Rechtsanwälte, GRUR-Prax 2020, 603; *Stadler,* Zulässigkeit von Inkasso-Bündelungs- und Finanzierungsmodellen nach RDG – Ein notwendiges Machtwort des Bundesgerichtshofs, RDi 2021, 513; *Tilch/Arloth,* Deutsches Rechts-Lexikon, 3. Aufl. 2001, Band 3; *Timmermann/Hundertmark,* Smartlaw und der Rechtsdienstleistungsbegriff – Auslegungsschwierigkeiten des BGH und Notwendigkeit eines systematischen legislativen Ansatzes, RDi 2021, 269; *Timmermann,* Notwendige Entwicklung des Begriffs der algorithmischen Rechtsdienstleistung, InTeR 2020, 194; *Tolksdorf,* Das „Lexfox-Urteil" des BGH und die Bedeutung des § 3 RDG für registrierte Inkassodienstleister, MDR 2021, 1233; *Weberstaedt,* Online-Rechts-Generatoren als erlaubnispflichtige Rechtsdienstleistung? – Legal-Tech-Innovationen: Kein Objekt der Regulierung für Rechtsdienstleistungsrecht, AnwBl 2016, 535; *Wessels,* Vertragsgenerator ist keine erlaubnispflichtige Rechtsdienstleistung, MMR 2020, 618; *Wettlaufer,* Vertragsgestaltung, Legal Techs und das Anwaltsmonopol – Bewertung von Angeboten automatisierter Vertragsgestaltung durch das RDG, MMR 2018, 55; *Wolf/Künnen,* Verbraucherschutz bleibt eine Aufgabe des RDG – trotz Legal Tech, BRAK-Mitt. 2019, 274.

I. Einleitung

Rechtsdienstleistungen werden in der Bundesrepublik Deutschland[1] durch das **Rechtsdienstleistungsgesetz (RDG)**[2] reguliert. Dieses Gesetz ist am 1.7.2008 in Kraft getreten und hat das Rechtsberatungsgesetz (RBerG)[3] abgelöst. Die Digitalisierung hat längst auch den Markt für Rechtsdienstleistungen erreicht und für einen Wandel gesorgt.[4] **Legal Tech-Anbieter**, die Rechtsdienstleistungen unter Einsatz von Software erbringen, sind auf dem Vormarsch und machen der Anwaltschaft in einigen, vor allem von Verbrauchern nachgefragten Rechtsbereichen Konkurrenz (siehe zu den Vorteilen von Legal Tech-Anwendungen aus Nachfragesicht → *B2C und B2B (Geschäftsmodelle)* Rn. 11 ff.).[5] Viele nutzen dabei die **Inkassoerlaubnis** und treten mit dem Anspruch an, den **Zugang zum Recht** in bestimmten Fällen schneller und kostengünstiger gewährleisten zu können als die Anwaltschaft. Der Gesetzgeber hat diese Entwicklung aufgegriffen und im Sommer 2021 das Gesetz zur Förderung verbrauchergerechter Angebote im Rechtsdienstleistungsmarkt (auch **„Legal Tech-Gesetz"** genannt) beschlossen.[6] Dieses Gesetz ist am 1.10.2021 in Kraft getreten und soll für Legal Tech-Inkassodienstleister einen rechtssicheren Rahmen schaffen.[7] Dazu wurden neue Regelungen zur Regulierung von Inkassodienstleistungen im RDG aufgenommen. Daneben sieht das neue Gesetz **Liberalisierungen im anwaltlichen Berufsrecht**, u.a. eine Lockerung des Verbots von Erfolgshonoraren und der (zuletzt allerdings eingeschränkten) Möglichkeit der Kostenübernahme durch

1

---

1 Siehe den rechtsvergleichenden Überblick bei Deckenbrock/Henssler/Henssler Einl. Rn. 18 ff.; Brechmann Legal Tech und Anwaltsmonopol S. 100 ff.; Begr. Gesetzentwurf zum RDG, BT-Drs. 16/3655, 28 ff.
2 Rechtsdienstleistungsgesetz v. 12.12.2007 (BGBl. I 2840); zuletzt geändert durch Art. 32 des Gesetzes v. 10.8.2021 (BGBl. I 3436).
3 Gesetz zur Verhütung von Mißbräuchen auf dem Gebiet der Rechtsberatung (Rechtsberatungsmißbrauchsgesetz) v. 13.12.1935 (RGBl. I 1478, BGBl. III 303–12).
4 Fries ZRP 2018, 161; Überblick über aktuelle Entwicklungen im RDG zuletzt bei Deckenbrock/Markworth ZAP 2022, 103 (107 f.); Remmertz BRAK-Mitt. 2022, 247.
5 Siehe dazu die Umfrage zur Wettbewerbssituation und zur künftigen Regulierung bei Kilian AnwBl 2021, 608 und 676, AnwBl. 2022, 40 und 164.
6 In der vom Rechtsausschuss des Bundestages zuletzt am 9.6.2021 empfohlenen Fassung, BT-Drs. 19/30495 v. 9.6.2021; siehe dazu Remmertz BRAK-Mitt. 2021, 288.
7 Das Gesetz wurde am 17.8.2021 im BGBl. I 3415 veröffentlicht.

Rechtsanwälte vor (näher dazu → *Rechtsanwalt, Berufsrecht* Rn. 28 ff.).[8] Mit dem neuen Gesetz sollen gleiche Wettbewerbsbedingungen zwischen der Anwaltschaft und Inkassodienstleistern geschaffen und der Anwaltschaft ermöglicht werden, in größerem Umfang wie Inkassodienstleister Legal Tech-Angebote zu entwickeln.[9] Der Reformprozess ist mit dem Legal Tech-Gesetz aber nicht abgeschlossen. Im Sommer 2022 wurde ein weiteres Gesetz zur Zentralisierung der Aufsicht[10] über Inkassodienstleister auf den Weg gebracht.

2 Das RDG ist eine Art Rahmengesetz für **außergerichtliche Rechtsdienstleistungen** in der Bundesrepublik Deutschland. Dieses stellt mit § 3 RDG den Grundsatz auf, dass Rechtsdienstleistungen nur erbracht werden dürfen, wenn es dafür eine **Erlaubnisnorm** gibt, die sich entweder aus dem RDG selbst oder aus anderen Gesetzen ergeben kann. Die Erlaubnisnormen sind „personenbezogen", dh sie knüpfen an die Befähigung der Person an, die eine Rechtsdienstleistung erbringen will. Für die Anwaltschaft folgt eine solche Erlaubnisnorm aus § 3 Abs. 1 BRAO. Danach ist der Rechtsanwalt der berufene unabhängige Berater und Vertreter in *allen Rechtsangelegenheiten*. Aus dem Normgefüge des RDG und der BRAO leitet sich zugleich das sog. **Anwaltsmonopol** (auch Rechtsberatungsmonopol genannt) ab.[11] Es ist grundsätzlich nur die Anwaltschaft befugt, unbeschränkt Rechtsdienstleistungen zu erbringen.[12] Für andere Rechtsdienstleister sehen die Erlaubnisnormen nur *sachlich beschränkte* Befugnisse vor, deren Umfang sich aus der jeweiligen Norm ergibt, zB für Inkassodienstleister aus § 2 Abs. 2 RDG.

3 Das RDG regelt aber nur den außergerichtlichen Bereich. Die Befugnis zur Erbringung von Rechtsdienstleistungen vor Gericht[13] ergibt sich aus den jeweiligen Prozessgesetzen (u.a. ZPO, ArbGG, VwGO, SGG, PatG, MarkenG).[14]

II. Überblick zum RDG

1. Verbotsgesetz mit Erlaubnisvorbehalt

4 Das RDG regelt die Befugnis, in der Bundesrepublik Deutschland außergerichtliche Rechtsdienstleistungen zu erbringen. Es dient dazu, die Rechtsuchenden, den Rechtsverkehr und die Rechtsordnung vor unqualifizierten Rechtsdienstleistungen zu schützen (§ 1 Abs. 1 RDG). Es ist ein **Verbotsgesetz mit Erlaubnisvorbehalt**[15], dh außergerichtliche Rechtsdienstleistungen sind grundsätzlich verboten, es sei denn, sie sind ausdrücklich erlaubt. Erlaubnispflichtig sind (nur) **Rechtsdienstleistungen**. Das sind nach der Legaldefinition in § 2 Abs. 1 RDG Tätigkeiten in konkreten fremden Angelegenheiten, sobald sie eine rechtliche Prüfung des Einzelfalls erfordern. Dreh- und Angelpunkt für die Frage, ob eine Erlaubnis nach dem RDG notwendig ist, ist daher, ob eine Rechtsdienstleistung nach § 2 Abs. 1 RDG erbracht wird.

5 Wichtigste Erlaubnisnorm im Bereich Legal Tech ist aktuell die Erlaubnis, **Inkassodienstleistungen** nach § 2 Abs. 2 RDG zu erbringen (dazu näher → Rn. 38 ff.). Davon haben in der Vergangenheit zahlreiche Legal Tech-Anbieter Gebrauch gemacht, so dass ein lebhafter Streit entstand, welche Tätigkeiten (noch) von der **Inkassobefugnis** gedeckt sind (siehe dazu näher → *Inkassodienstleistungen* Rn. 8 ff. und zu den Folgen unerlaubter Inkassodienstleistungen → *Haftung des Legal Tech-Unternehmens bei Inkassodienstleistungen*

---

8 Zum Gesetzentwurf insgesamt Fries NJW 2021, 2537; Skupin GRUR-Prax 2020, 581 (Teil 1) und 603 (Teil 2); Römermann AnwBl Online 2020, 588; Kilian AnwBl Online 2021, 102 (104).
9 Begr. RegE, BT-Drs. 19/27673, 1 und 13.
10 Entwurf eines Gesetzes zur Stärkung der Aufsicht bei Rechtsdienstleistungen und zur Änderung weiterer Vorschriften des Rechts der rechtsberatenden Befugnisse vom 27.7.2022, abrufbar unter https://www.bmj.de/SharedDocs/Gesetzgebungsverfahren/DE/Staerkung_Aufsicht_Rechtsdienstleistungen.html.
11 Gaier/Wolf/Göcken/Wolf, Anwaltliches Berufsrecht, RDG, Vor § 1 Rn. 4; Siehe dazu vertiefend und rechtsvergleichend Brechmann Legal Tech und Anwaltsmonopol.
12 Deckenbrock/Henssler/Seichter RDG § 3 Rn. 13.
13 Zur Abgrenzung siehe HK-RDG/Remmertz RDG § 1 Rn. 18 ff.
14 BT-Drs. 16/3655, 33.
15 HK-RDG/Remmertz RDG § 1 Rn. 6; Deckenbrock/Henssler/Seichter RDG § 3 Rn. 1; Gaier/Wolf/Göcken/Wolf RDG § 3 Rn. 23 ff.

Rn. 6 ff.).[16] Der BGH sah sich daher im Fall „wenigermiete.de" veranlasst, Ende 2019 ein Grundsatzurteil[17] zu erlassen, das die Inkassobefugnis erheblich zugunsten der Legal Tech-Anbieter ausgeweitet und ein Jahr später den Gesetzgeber dazu bewogen hat, die Inkassobefugnis durch das sog. **Legal Tech-Gesetz** neu zu regeln.[18] Nach der seit dem 1.10.2021 gültigen Fassung ist eine Inkassodienstleistung nach § 2 Abs. 2 S. 1 RDG definiert als „Einziehung fremder oder zum Zweck der Einziehung auf fremde Rechnung abgetretener Forderungen, wenn die Forderungseinziehung als eigenständiges Geschäft betrieben wird, einschließlich der auf die Einziehung bezogenen rechtlichen Prüfung und Beratung."

Für nichtanwaltliche Rechtsdienstleister ist neben der Inkassobefugnis § 5 RDG wichtigster Erlaubnistatbestand im RDG. Dieser erlaubt Rechtsdienstleistungen, wenn sie als **Nebenleistung** zu einer anderen, in der Regel nicht juristischen Hauptleistung erbracht werden. Das bedeutet, dass die Rechtsdienstleistung nur eine untergeordnete Rolle gegenüber einer nicht juristischen, zB wirtschaftlich geprägten Hauptleistung spielen darf.[19] Für Legal-Tech-Unternehmen ist die Bedeutung der Vorschrift durch das Legal Tech-Gesetz stark gestiegen, vor allem für Inkassodienstleister. Nach § 5 Abs. 1 S. 3 RDG in der seit 1.10.2021 gültigen Fassung kann Hauptleistung auch eine andere Rechtsdienstleistung sein. Mit dieser Ergänzung sollen nach dem Willen des Gesetzgebers[20] Inkassodienstleister befugt sein, bestimmte, nicht mehr unter die Inkassoerlaubnis nach § 2 Abs. 2 RDG fallende Rechtsdienstleistungen als Nebenleistung nach § 5 RDG zu erbringen. 6

Daneben gibt es innerhalb und außerhalb des RDG noch **weitere Erlaubnisnormen**,[21] die aber im Bereich Legal keine oder nur eine untergeordnete Rolle spielen. Forderungen nach einem eigenen **Erlaubnistatbestand für automatisierte Rechtsdienstleistungen** im RDG haben sich bisher[22] nicht durchsetzen können. Stattdessen hat der Gesetzgeber mit dem Legal Tech-Gesetz die Inkassobefugnis als wichtigste Erlaubnisnorm für Legal Tech-Anbieter gefestigt. In der Literatur werden aber auch andere Vorschläge zur Regulierung von Legal Tech-Anwendungen im RDG gemacht, so zB von *Timmermann*, der nicht – wie bisher – einen personenbezogenen, sondern einen produktbezogenen Erlaubnistatbestand im RDG[23] vorschlägt. Möglich wäre auch, Rechtsdienstleistungen als gesonderten Vertragstyp im BGB zu regeln.[24] 7

2. Begriff der Rechtsdienstleistung

Nach § 2 Abs. 1 RDG ist **Rechtsdienstleistung** jede Tätigkeit in konkreten fremden Angelegenheiten, sobald sie eine rechtliche Prüfung des Einzelfalls erfordert. Abzustellen ist dabei nicht auf die berufliche oder geschäftliche Gesamttätigkeit, sondern auf die jeweils erbrachte *einzelne* Dienstleistung.[25] Im Gegensatz zum früheren Recht[26] kommt es somit für die Frage, ob eine Rechtsdienstleistung vorliegt, nicht (mehr) darauf an, ob eine berufliche oder geschäftliche Tätigkeit insgesamt dem Schwerpunkt nach als rechtliche oder nicht-rechtliche wie zB wirtschaftliche Angelegenheit einzustufen ist. Der BGH hat in der Grundsatzentscheidung „smartlaw" vom 9.9.2021[27] auch noch einmal entgegen OLG Köln[28] ausdrücklich bestätigt, dass der Begriff der Rechtsdienstleistung in § 2 Abs. 1 RDG **grundsätzlich weit auszulegen** ist 8

---

16 Siehe den Überblick bei Deckenbrock/Henssler/Deckenbrock/Henssler RDG § 2 Rn. 95a ff.; Deckenbrock/Henssler/Rillig RDG § 10 Rn. 45c ff.
17 BGH Urt. v. 27.11.2019 – VIII ZR 285/18, NJW 2020, 208 – wenigermiete.de.
18 BGBl. 2021 I 3415.
19 BGH Urt. v. 6.10.2011 – I ZR 54/10, NJW 2012, 1589 (1590 Rn. 23) – Kreditkontrolle; bestätigt durch BGH Urt. v. 11.2.2021 – I ZR 227/19, GRUR 2021, 758 (762 Rn. 47) – Rechtsberatung durch Architektin.
20 Begr. RegE, BT-Drs. 19/27673, 20 f.; siehe zur Reform Remmertz BRAK-Mitt. 2021, 288 ff.
21 Überblick bei HK-RDG/Offermann-Burckart RDG § 3 Rn. 32 ff.; Deckenbrock/Henssler/Seichter RDG § 3 Rn. 10 ff.
22 Siehe dazu Remmertz Legal Tech-Strategien/Remmertz § 3 Rn. 22 mwN.
23 Timmermann Legal Tech-Anwendungen S. 675 ff.; siehe dazu auch die Zusammenfassung von Timmermann InTeR 2020, 194 ff.
24 Siehe dazu Kilian AnwBl Online 2021, 102 (110).
25 BGH Urt. 9.9.2021 – I ZR 113/20, NJW 2021, 3125 (3126 Rn. 18) mwN.
26 HK-RDG/Krenzler RDG § 2 Rn. 3 ff., 12 f.
27 BGH Urt. 9.9.2021 – I ZR 113/20, NJW 2021, 3125 (3126 Rn. 21).
28 OLG Köln Urt. v. 19.6.2020 – 6 U 263/19, NJW 2020, 2734 (2735 Rn. 21).

und eine Korrektur des Anwendungsbereiches des RDG über die Erlaubnistatbestände zu erfolgen hat, wie zB über § 5 RDG, der Rechtsdienstleistungen als Nebenleistung erlaubt. Etwas anderes ergebe sich nach BGH[29] auch nicht aus der Entscheidung zu „wenigermiete.de"[30] Der VIII. Senat des BGH[31] habe lediglich eine weite Auslegung der Inkassodienstleistung nach § 2 Abs. 2 RDG für geboten erachtet.[32]

9   **Inkassodienstleistungen** werden *per definitionem* gemäß § 2 Abs. 2 RDG als Rechtsdienstleistung behandelt, unabhängig davon, ob die Voraussetzungen nach § 2 Abs. 1 RDG vorliegen.

10 Bestimmte Tätigkeiten sind nach § 2 Abs. 3 RDG vom **Begriff der Rechtsdienstleistung ausgenommen,** wobei im Bereich Legal Tech insbesondere die Nr. 1, 5 und 6 des § 2 Abs. 3 RDG eine Rolle spielen können.

11 Dazu gehört nach § 2 Abs. 3 Nr. 1 RDG die **„Erstattung wissenschaftlicher Gutachten"**. Diese stellen in der Regel schon keine Prüfung in einem bestimmten Einzelfall dar, wenn lediglich abstrakt Rechtsfragen wissenschaftlich begutachtet werden. Die Ausnahme wird aber bedeutsam, wenn in dem Gutachten auch einzelfallbezogene Rechtsfragen behandelt werden.[33] An die **Person des Gutachters** werden nach dem Wortlaut keine näheren Anforderungen gestellt, so dass sich die Frage stellt, ob auch Legal Tech-Unternehmen als Gutachter auftreten könnten. Die Vorstellung des Gesetzgebers ist aber, dass die Gutachten von wissenschaftlich geschultem Personal wie insbesondere Hochschulangehörige, also von Einzelpersonen und nicht von Unternehmen erstellt werden.[34] Dieser Tatbestand birgt daher ein Missbrauchspotenzial, wenn gewerbliche Unternehmen im „Gewand" eines wissenschaftlichen Gutachtens für Dritte konkret Rechtsrat erteilen. Dies ist verknüpft mit dem Problem des sog. **„Legal Outsourcing"**, wenn sich Unternehmen darauf spezialisieren, für Dritte, wozu auch Rechtsanwälte und Rechtsabteilungen von Unternehmen gehören können, Rechtsgutachten bei Spezialproblemen zu erstellen.[35]

12 Die weitere Ausnahme nach § 2 Abs. 3 Nr. 5 RDG betrifft die an die Allgemeinheit gerichtete **Darstellung und Erörterung von Rechtsfragen und Rechtsfällen in den Medien**. Umfasst ist nicht nur die generell-abstrakte Behandlung von Rechtsfragen in Presse und Rundfunk, sondern auch die aus Gründen der Veranschaulichung und Vertiefung erfolgende Darstellung einzelner konkreter Streitfälle.[36] Ausgangspunkt für diese Rechtfertigung ist die Presse- und Rundfunkfreiheit nach Art. 5 Abs. 1 S. 2 GG, so dass sich die Frage stellt, ob dies auch für die sog. neuen Medien wie soziale Netzwerke[37], YouTube & Co. gilt, die gerade im Legal Tech-Umfeld eine besondere Rolle spielen. Hierzu bleibt die weitere Entwicklung in Rechtsprechung und Literatur abzuwarten.

13 Die dritte Ausnahme, die im Bereich Legal Tech relevant werden kann, ist nach § 2 Abs. 3 Nr. 6 RDG die Erledigung von Rechtsangelegenheiten **innerhalb verbundener Unternehmen** iSv § 15 AktG. Dies ist lediglich klarstellend, weil bereits keine „fremde", sondern eine eigene Angelegenheit vorliegt und somit eine Rechtsdienstleistung nach § 2 Abs. 1 RDG ausscheidet.[38] Die Ausnahme gilt somit auch für Konzernstrukturen von Legal Tech-Unternehmen, die sich gegenseitig Rechtsrat erteilen oder wenn zB eine Tochtergesellschaft für ihre Muttergesellschaft bestimmte Rechtsdienstleistungen im Bereich Legal Tech erbringt.

---

29 BGH Urt. 9.9.2021 – I ZR 113/20, NJW 2021, 3125 (3127 Rn. 22).
30 BGH Urt. v. 27.11.2019 – VIII ZR 285/18, NJW 2020, 208 – wenigermiete.de.
31 BGH Urt. v. 27.11.2019 – VIII ZR 285/18, NJW 2020, 208 (225 Rn. 141).
32 BGH Urt. 9.9.2021 – I ZR 113/20, NJW 2021, 3125 (3127 Rn. 22).
33 Deckenbrock/Henssler/Deckenbrock/Henssler RDG § 2 Rn. 98.
34 BGH Urt. v. 9.4.2002 – X ZR 228/00, NJW 2002, 2104 (2105) zu Art. 1 § 2 RberG – verneint für einen Diplom-Ingenieur; HK-RDG/Offermann-Burckart RDG § 2 Rn. 197 ff. (str.); aA Deckenbrock/Henssler/Deckenbrock/Henssler RDG § 2 Rn. 109 mwN.
35 LG Hamburg Urt. v. 18.3.2015 – 315 O 82/15, BRAK-Mitt. 2015, 260 – secopio.de mAnm Remmertz; zum Ganzen Deckenbrock/Henssler/Deckenbrock/Henssler RDG § 2 Rn. 20c; Remmertz BRAK-Mitt. 2015, 266 (267 f.).
36 Deckenbrock/Henssler/Deckenbrock/Henssler RDG § 2 Rn. 134.
37 Zu Rechtsauskünften in sozialen Netzwerken Blum AnwBl Online 2018, 901.
38 Deckenbrock/Henssler/Deckenbrock/Henssler RDG § 2 Rn. 140.

a) Tätigkeit in konkreten fremden Angelegenheiten

Die Definition der Rechtsdienstleistung in § 2 Abs. 1 RDG verlangt zunächst eine **„Tätigkeit"**, wobei implizit damit eine menschliche Tätigkeit gemeint ist. Dies folgt aus dem Begriff der Dienstleistung, die letztlich auf einen Menschen zurückgeführt werden muss.[39] Diese Frage spielt im Bereich Legal Tech eine wichtige Rolle. Es stellt sich nämlich die Frage, inwieweit eine menschliche Tätigkeit vorliegt, wenn Rechtsdienstleistungen **softwarebasiert** erbracht werden.[40] Dabei ist zu unterscheiden, ob Rechtsdienstleistungen nur „mit Hilfe von" Software erbracht werden oder ob Software gar selbst in der Lage ist, eine solche Tätigkeit zu übernehmen. Der zuerst genannte Fall ist an sich unproblematisch: Es liegt eine menschliche Tätigkeit vor. Software dient nur als Werkzeug. Es spielt keine Rolle, mit welchen technischen Mitteln Rechtsdienstleistungen erbracht werden.[41] Der zweite Fall ist Zukunftsmusik, solange Software noch nicht in der Lage ist, autonom eigene Entscheidungen treffen zu können. Zum Teil wird dies unter dem Begriff **„Künstliche Intelligenz"** (KI) diskutiert. Beide Fallgruppen werden in der Diskussion nicht immer auseinandergehalten und werfen Abgrenzungsprobleme auf.

aa) Tätigkeit unter Einsatz von Software

Gegen den Anwendungsbereich der Rechtsdienstleistung iSv § 2 Abs. 1 RDG wird teilweise eingewandt, es fehle bereits deshalb an einer „Tätigkeit", weil diese gar nicht vom Anbieter, sondern **vom Nutzer ausgehe**. Tätig werde nur der Nutzer, der seine Daten über eine Eingabemaske übermittle.[42] Ein Transfer von abstrakt-generellen Informationen auf einen konkreten Lebenssachverhalt erfolge, ebenso wie bei der Konsultation eines Printmediums, allein durch den Portalnutzer.[43] Die Software selbst könne somit keine Rechtsdienstleistung iSv § 2 Abs. 1 RDG erbringen.[44]

Entsprechend hatte noch das OLG Köln[45] im Fall des Vertragsgenerators „smartlaw" entschieden und die Vorinstanz[46] aufgehoben. Tätigkeit sei zwar das Entwickeln und Bereitstellen der Software durch den Anbieter. Davon müsse man aber die Anwendung der Software durch den Nutzer unterscheiden.

Dem ist der BGH in seiner Grundsatzentscheidung vom 9.9.2021 zu Recht nicht gefolgt und hat damit eine umstrittene Grundsatzfrage entschieden. Im Fall des Vertragsgenerators „smartlaw" umfasse die Tätigkeit nicht nur die – zweifellos durch einen Menschen erfolgte – Programmierung und Bereitstellung der Software, sondern auch deren Verwendung zur Erzeugung des Rechtsdokuments.[47] Das seien nur **unselbständige Bestandteile** einer einheitlichen Tätigkeit, die nicht in eigenständige Vorgänge aufgespalten werden können. Vielmehr bestehe die Dienstleistung des Anbieters gegenüber den Kunden darin, mithilfe der Software ein individuelles Rechtsdokument zu erstellen (siehe zu Dokumenten- und Vertragsgeneratoren auch → *B2C und B2B (Geschäftsmodelle)* Rn. 72 ff.).[48]

---

39 BT-Drs. 16/3655, 46; Krenzler BRAK-Mitt. 2020, 119 (120).
40 Siehe dazu auch ausführlich Brechmann Legal Tech und Anwaltsmonopol S. 54 ff. mwN.
41 BT-Drs. 16/3655, 47 f.
42 So bereits Henssler/Kilian CR 2001, 682 (687), mangels Interaktion zwischen Nutzer und Anbieter, wobei damals freilich noch keine interaktiven Portale wie heute verfügbar waren; ebenso Henssler AnwBl 2001, 525 (528); Gounalakis UFITA 2001, 757 (765); Weberstaedt AnwBl 2016, 535 (536); ebenso Deckenbrock AnwBl Online 2020, 178 (179 f.).
43 Henssler/Kilian CR 2001, 682 (687); Wagner Legal Tech und Legal Robots S. 29.
44 Weberstaedt AnwBl 2016, 535 (536).
45 OLG Köln Urt. v. 19.6.2020 – 6 U 263/19, NJW 2020, 2734 (2735); zustimmend Wessels MMR 2020, 618 (621); zuvor bereits Deckenbrock AnwBl Online 2020, 178 (179).
46 LG Köln Urt. v. 8.10.2019 – 33 O 35/19, BRAK-Mitt. 2019, 311 mzustAnm Wolf/Künnen BRAK-Mitt. 2019, 274.
47 BGH Urt. 9.9.2021 – I ZR 113/20, NJW 2021, 3125 (3127 Rn. 26).
48 Ebenso zuvor Remmertz BRAK-Mitt. 2017, 55 (57 f.); Remmertz BRAK-Mitt. 2018, 231 (232); Rack CB 2021 (Sonderbeilage), 10; Timmermann/Hundertmark RDi 2021, 269 (273 Rn. 28); HK-RDG/Krenzler RDG § 2 Rn. 14, 44; Wolf/Künnen BRAK-Mitt. 2019, 274 (275); Degen/Krahmer GRUR-Prax 2016, 363 ff.; Fries ZRP 2018, 161 (162); Leeb Digitalisierung S. 259 f.

18 Auch in anderen Fällen wie beispielsweise der automatisierten Generierung von AGB, Datenschutzerklärungen oder vorformulierten Kündigungs- oder Beschwerdeschreiben scheitert die Anwendbarkeit von § 2 Abs. 1 RDG somit jedenfalls nicht an dem Erfordernis der Tätigkeit.

19 Das OLG Köln hat in seiner Entscheidung[49] ausdrücklich offengelassen, wie die Rechtslage beim **Einsatz von KI** zu beurteilen ist. Der BGH geht auf diese Frage nicht ein. Wenn künftig vermehrt KI-basierte Anwendungen zum Einsatz kommen, stellt sich die Frage, ob diese anstatt eines Menschen selbst Rechtsdienstleister sein können.[50] Das hängt eng mit der umstrittenen Frage zusammen, ob man autonom agierenden Softwaresystemen eine **eigene Rechtspersönlichkeit** in Form einer „E-Person" zuerkennen soll.[51] Nach dem aktuellen Stand der Technik kann davon jedenfalls noch nicht ausgegangen werden. Solange Software keine autonomen Entscheidungen treffen kann[52], ist das Ergebnis einer Programmierung immer einem Menschen zurechenbar.

bb) Konkrete fremde Angelegenheit

20 Die Definition der Rechtsdienstleistung nach § 2 Abs. 1 RDG setzt nicht nur eine „Tätigkeit" voraus. Diese muss auch in einer **„konkreten fremden Angelegenheit"** erfolgen. Tätigkeiten in eigenen Angelegenheiten sind stets zulässig. Ein Rechtsuchender, der seinen Rechtsfall selbst prüft, zB anhand von Informationen aus dem Internet, muss nicht vor sich selbst geschützt werden. Er kann seine eigenen Rechtsangelegenheiten außergerichtlich selbst erledigen.[53]

21 Die Frage, ob eine Tätigkeit in einer fremden Angelegenheit erfolgt, ist aus der Sicht des Dienstleisters zu beurteilen. Er muss nämlich für einen anderen, also in einer für ihn fremden Angelegenheit tätig werden.[54] Ob sich die Tätigkeit auf eine eigene oder fremde Angelegenheit bezieht, richtet sich grundsätzlich danach, in wessen **wirtschaftlichem Interesse** die Besorgung der Angelegenheit liegt.[55]

22 Das Merkmal der Fremdheit bereitet auch bei Legal Tech-Anwendungen in der Regel wenig Probleme. Erfolgt die Tätigkeit im wirtschaftlichen Interesse der Kunden, liegt eine **fremde Angelegenheit** vor. Im Fall des Vertragsgenerators hat der BGH[56] die Fremdheit bejaht, weil das Online-Angebot darauf abziele, dem Kunden ein anhand seiner Vorgaben erzeugtes Vertragsdokument zur Verfügung zu stellen.

23 Schwierigkeiten bereitet aber das Merkmal der **„Konkretheit"**. Ergänzt wird dieses Kriterium mit dem Erfordernis der **Einzelfallprüfung** in § 2 Abs. 1 RDG. Beide Tatbestandsmerkmale überlappen sich und werden nicht immer sauber auseinandergehalten. Charakteristisch für Software ist, dass sie in der Regel für eine Vielzahl von Sachverhalten programmiert wird. Darin liegt das Problem bei Legal Tech-Anwendungen, wenn sie für beliebig viele Fälle eingesetzt werden können.

24 Diesem Problem hat sich der BGH ebenfalls in der Grundsatzentscheidung vom 9.9.2021[57] angenommen und das Merkmal der Konkretheit im Fall des Vertragsgenerators „smartlaw" und damit im Ergebnis eine Rechtsdienstleistung nach § 2 Abs. 1 RDG verneint.

---

49 OLG Köln Urt. v. 19.6.2020 – 6 U 263/19, NJW 2020, 2734 (2739 Rn. 31); siehe vertiefend zum Vertragsgenerator BeckRA-HdB/Remmertz § 64 Rn. 60.
50 Kaulartz/Braegelmann AI und Machine Learning-HdB/Fries Kap. 15.1 Rn. 19 ff.
51 Das Europäische Parlament hat dies Anfang 2017 ins Spiel gebracht, vgl. seine Entschließung v. 16.2.2017, 2015/2103 (INL), was aber zu Recht abzulehnen ist, siehe dazu Riehm RDi 2020, 42 ff., auch mit aktuellem Überblick zum Streitstand.
52 Siehe dazu näher Timmermann Legal Tech-Anwendungen S. 394.
53 Deckenbrock/Henssler/Deckenbrock/Henssler RDG § 2 Rn. 19 f.
54 HK-RDG/Krenzler RDG § 2 Rn. 53.
55 St. Rspr. BGH Urt. 9.9.2021 – I ZR 113/20, NJW 2021, 3125 (3127 Rn. 30) – Vertragsdokumentengenerator; BGH GRUR 2021, 758 (761 Rn. 32) – Rechtsberatung durch Architektin; BGH Urt. 31.3.2016 – I ZR 88/15, NJW 2016, 3441 (3443 Rn. 26) – Rechtsberatung durch Entwicklungsingenieur.
56 BGH Urt. 9.9.2021 – I ZR 113/20, NJW 2021, 3125 (3127 Rn. 30) – Vertragsdokumentengenerator.
57 BGH Urt. 9.9.2021 – I ZR 113/20, NJW 2021, 3125 mAnm Thole.

Die als Rechtsdienstleistung einzuordnende Tätigkeit muss auf einen **konkreten Sachverhalt** gerichtet sein, der nicht fingiert[58], sondern „real" ist in dem Sinne, dass es sich um eine wirkliche, sachverhaltsbezogene Rechtsfrage einer bestimmten ratsuchenden Person handelt.[59] Es sollen Fälle ausgeschieden werden, in denen nur ein fiktiver oder abstrakter Fall zu beurteilen ist.[60]

Im Fall eines Vertragsgenerators nimmt der BGH lediglich eine abstrakte Fallgestaltung an. Die Software sei nicht auf einen individuellen realen Fall zugeschnitten, sondern erfasse lediglich **allgemeine Sachverhalte** mit üblicherweise auftretenden Fragen, zu denen der Anbieter Antworten in Form von **standardisierten Vertragsklauseln und Textbausteinen** entwickelt habe. Dies diene einer Vielzahl möglicher Kombinationen von Textbausteinen zur Lösung fiktiver Einzelfälle eines **unbestimmten Personenkreises**.[61] Der BGH zieht insoweit eine Parallele zu einem Vertragsmusterhandbuch, indem dem Nutzer für bestimmte Sachverhaltskonstellationen bestimmte Vertragsklauseln empfohlen werden.[62] Eine solch **abstrakte Angelegenheit** wird nach BGH nicht dadurch zu einer konkreten Angelegenheit, indem der Nutzer durch die Beantwortung von vorgegebenen Fragen Angaben zu einem realen Sachverhalt mache. Denn die Angaben bewirkten lediglich, dass die Textbausteine, die der Anbieter den Antworten bereits zugeordnet hat, abgerufen und zu einem Vertragsdokument zusammengestellt würden. Das auf diese Weise individualisierte Dokument werde nicht aufgrund eines dem Anbieter unterbreiteten konkreten Sachverhalts, sondern aufgrund von vorneherein konzipierten fiktiven Einzelfällen erstellt.[63]

Bei der Verneinung der Konkretheit der Angelegenheit bewegt sich der BGH auf einem schmalen Grat. Fest steht, dass der Nutzer konkret Angaben zu „seinem Fall" macht und er dafür einen individualisierten Vertragstext für seine Zwecke erhält.[64] Würden die Fragen von einem Rechtsanwalt per Chat oder E-Mail automatisiert gestellt und vom Nutzer beantwortet, würde vermutlich niemand daran zweifeln, dass der Rechtsanwalt in einer konkreten Angelegenheit der Nutzer tätig wird. Der vom BGH gezogene Vergleich mit einem zulässigen (elektronischen) **Formularbuch**[65] hinkt. Denn das Formularbuch wird käuflich erworben. Der Käufer ist dann auf sich allein gestellt, sich selbst das für ihn passende Dokument zusammenzustellen, ohne dass er den Verkäufer dafür zur Verantwortung ziehen könnte. Beim Vertragsgenerator haben wir es hingegen mit einer Dienstleistung zu tun, für die der Anbieter auch grundsätzlich haftet. Hierzu hat das LG Köln zu Recht ausgeführt, dass dem Rechtsuchenden die Entscheidung über die richtige Wahl der Vertragsklauseln vom Anbieter abgenommen wird. Insoweit liegt die Verantwortung beim Anbieter.[66]

b) Erfordernis einer rechtlichen Prüfung im Einzelfall

Das Erfordernis einer **rechtlichen Prüfung im Einzelfall** bildet sozusagen das Herzstück der Definition der Rechtsdienstleistung und steht neben dem Tatbestandsmerkmal der „Tätigkeit" im Mittelpunkt der streitigen Diskussion um Legal Tech-Anwendungen.[67]

---

58 Wie zB bei juristischen Klausuren.
59 BT-Drs. 16/3655, 48; BGH Urt. 9.9.2021 – I ZR 113/20, NJW 2021, 3125 (3127 Rn. 32) – Vertragsdokumentengenerator.
60 BGH Urt. 9.9.2021 – I ZR 113/20, NJW 2021, 3125 (3127 Rn. 30) – Vertragsdokumentengenerator; BGH Urt. v. 4.11.2010 – I ZR 1187/09, GRUR 2011, 539 (542 Rn. 30) – Rechtsberatung durch Lebensmittelchemiker.
61 BGH Urt. 9.9.2021 – I ZR 113/20, NJW 2021, 3125 (3127 Rn. 34) – Vertragsdokumentengenerator; ebenso zuvor Deckenbrock AnwBl Online 2020, 178 (179); Wettlaufer MMR 2018, 55 (56).
62 BGH Urt. 9.9.2021 – I ZR 113/20, NJW 2021, 3125 (3127 Rn. 30) – Vertragsdokumentengenerator.
63 BGH Urt. 9.9.2021 – I ZR 113/20, NJW 2021, 3125 (3127 Rn. 35) – Vertragsdokumentengenerator.
64 Zweifelnd insoweit auch Thole NJW 2021, 3125 (3129); wie hier auch Brechmann Legal Tech und Anwaltsmonopol S. 60 f.
65 Deckenbrock AnwBl Online 2020, 178 (182); Kilian DStR 2020, 1278 (1279 f.).
66 LG Köln Urt. v. 8.10.2019 – 33 O 35/19, BRAK-Mitt. 2019, 311 (314); Wolf/Künnen BRAK-Mitt. 2019, 274 (275); zuvor bereits HK-RDG/Krenzler RDG § 2 Rn. 43; Krenzler BRAK-Mitt. 2020, 119 (121); Fries ZRP 2018, 161 (162); Wessels MMR 2020, 59; Remmertz BRAK-Mitt. 2020, 264 (266 f.).
67 Siehe dazu vertiefend auch Brechmann Legal Tech und Anwaltsmonopol S. 61 ff.

29 Der BGH[68] hat Anfang 2016 in zwei Fällen, die nichts mit Legal Tech zu tun haben, die Anforderungen an eine rechtliche Prüfung iSv § 2 Abs. 1 RDG gesenkt und damit eine wichtige Streitfrage[69] entschieden. Danach erfasst die Vorschrift des § 2 Abs. 1 RDG jede konkrete **Subsumtion** eines Sachverhalts unter die maßgeblichen rechtlichen Bestimmungen, die über eine lediglich **schematische Anwendung** von Rechtsnormen ohne weitere rechtliche Prüfung hinausgeht. Dabei kommt es nicht darauf an, ob es sich um einfache oder schwierige Rechtsfragen handelt. Das Erfordernis einer rechtlichen Prüfung iSv § 2 Abs. 1 RDG wird also nicht dadurch ausgeschlossen, dass auf Legal-Tech-Portalen mitunter nur einfache Rechtsfragen beantwortet werden oder die Prüfung der konkreten Ansprüche der Nutzer rechtlich einfach sind. Unbeachtlich ist auch, ob die Rechtsfragen des Nutzers abschließend beantwortet werden oder nur eine rechtliche Vorfrage betreffen.[70] Selbst ein Rechtsrat oder eine Anspruchsprüfung mit der Empfehlung, einen Rechtsanwalt zu beauftragen, erfüllt wie jeder Rechtsrat grundsätzlich alle Voraussetzungen einer Rechtsdienstleistung. Das gilt auch für Rechtsrat auf Legal Tech-Plattformen.

aa) Subsumtion durch Software

30 Da eine rechtliche Prüfung iSv § 2 Abs. 1 RDG eine Subsumtion erfordert, rückt die Frage in den Vordergrund, ob dies eine **Software** leisten kann (kritisch zur Automatisierbarkeit einer Subsumtion → *Subsumtion* Rn. 23 ff.; ferner zu automatisierten Entscheidungsprozessen → *Entscheidungsfindung, automatisierte* Rn. 6 ff.). Der BGH hat im Grundsatzurteil vom 9.9.2021[71] dazu nicht Stellung genommen, da es darauf in dem Fall nicht mehr ankam. Da nach Auffassung des BGH nur abstrakte **Textbausteine** zur Verfügung gestellt wurden, musste der BGH nicht mehr zu der Frage Stellung nehmen, ob die Dienstleistung eine rechtliche Prüfung erfordert.

31 Nach herkömmlicher Definition ist eine **Subsumtion** die Anwendung einer Rechtsnorm auf einen Lebenssachverhalt (näher dazu → *Subsumtion* Rn. 4 ff.).[72] Wendet man diese einfache Definition zB bei Vertragsgeneratoren oder auch bei Software an, die automatisiert Ansprüche für Kunden verfolgen, kann eine Subsumtion angenommen werden[73], weil mithilfe von **Algorithmen** (→ *Algorithmus* Rn. 2) Rechtsnormen auf einen konkreten Lebenssachverhalt angewandt werden.[74] Zwar haben wir es im Fall von Vertragsgeneratoren und der automatisierten Anspruchsbegründung mit einfachen Subsumtionsvorgängen zu tun und es besteht kein Zweifel, dass sich viele Subsumtionsprozesse, die semantische Probleme[75] aufwerfen und bei denen Wertungsfragen[76] eine Rolle spielen, sich (noch)[77] nicht durch Algorithmen darstellen lassen.[78] Aber auch die Abfolge von simplen **Wenn-Dann-Entscheidungsbäumen** ist *per definitionem*

---

68 BGH Urt. v. 14.1.2016 – I ZR 107/14, GRUR 2016, 820 (824 Rn. 43) – Schadensregulierung durch Versicherungsmakler; BGH Urt. 31.3.2016 – I ZR 88/15, NJW 2016, 3441 (3443 Rn. 23) – Rechtsberatung durch Entwicklungsingenieur.
69 Zum Streitstand siehe ebenfalls BGH Urt. v. 14.1.2016 – I ZR 107/14, GRUR 2016, 820 (824 Rn. 40 ff.) – Schadensregulierung durch Versicherungsmakler; ergänzend Deckenbrock/Henssler/Deckenbrock/Henssler RDG § 2 Rn. 34 ff.
70 Deckenbrock/Henssler/Deckenbrock/Henssler RDG § 2 Rn. 18.
71 BGH Urt. 9.9.2021 – I ZR 113/20, NJW 2021, 3125 – Vertragsdokumentengenerator mAnm Thole.
72 Siehe nur: Tilch/Arloth, Deutsches Rechts-Lexikon, 3. Aufl. 2001, Band 3, Subsumtion; zum logischen Vorgang der Schlussfolgerung durch Subsumtion vor allem: Larenz, Methodenlehre der Rechtswissenschaft, 6. Aufl. 1991, S. 273.
73 Wenngleich nur in Form einer sog. „kausalen" Subsumtion, vgl. zur wichtigen Unterscheidung zwischen kausaler und normativer Subsumtion Timmermann Legal Tech-Anwendungen S. 76 ff.
74 Fries NJW 2016, 2860 (2862), spricht in diesem Zusammenhang zu Recht von „Subsumtionsautomaten"; aA Weberstaedt AnwBl 2016, 535 (536).
75 Ein anschauliches Beispiel ist in dem Report „Anwälte essen Hühner" von Gersemann (NJW-aktuell 31/2016, 18 (19)) zu lesen: „Aus ‚Anwälte sind Füchse, Füchse essen Hühner' würde ein Computer heute noch ‚Anwälte essen Hühner' bilden. Sauber subsummiert!".
76 In diese Kategorie ist auch das von Weberstaedt gewählte Beispiel „Kind als Schaden" einzuordnen AnwBl 2016, 535 (536).
77 Man arbeitet aber bereits daran, auch diese Probleme mithilfe künstlicher Intelligenz (KI) bald in den Griff zu bekommen, siehe Frese NJW 2015, 2090 (2091).
78 Kritisch insbesondere Kotsoglou JZ 2014, 451 ff.; Timmermann Legal Tech-Anwendungen S. 82 geht davon aus, dass dies eine Software nie zu leisten imstande sein wird.

eine Subsumtion, die Software zu leisten imstande ist.[79] Das Tatbestandsmerkmal der rechtlichen Prüfung in § 2 Abs. 1 RDG stellt keine qualitativen Anforderungen an eine „Subsumtion", so dass auch einfache Wenn-Dann-Entscheidungsabläufe im Rahmen eines kausalen Subsumtionsvorgangs[80] ausreichen.[81]

bb) Schwelle zur Rechtsdienstleistung

Ein Subsumtionsvorgang allein reicht für eine Rechtsdienstleistung aber noch nicht aus. Nach BGH[82] ist es auch erforderlich, dass dieser über eine bloß **schematische Anwendung** von Rechtsnormen ohne weitere rechtliche Prüfung *hinausgeht*.[83] Das Problem ist, dass jede – auch nur schematische – Rechtsanwendung bereits alle Voraussetzungen einer **Subsumtion** erfüllt.[84] Es ist aber mehr erforderlich als eine „bloß schematische Anwendung von Rechtsnormen", nämlich eine **„weitere rechtliche Prüfung"**. Wie man dieses „Mehr" nennt, ob „erforderliche Prüfungstiefe" oder **„spezifisch juristischer Subsumtionsvorgang"**[85], ist eher zweitrangig. Entscheidend ist, und dieses Problem stellt sich hier insbesondere im Bereich Legal Tech, wann diese „Schwelle" erreicht wird. Anders formuliert: Handelt es sich bei den softwarebasierten Wenn-Dann-Entscheidungsabläufen stets nur um „schematische Rechtsanwendung" oder können sie auch darüber hinausgehen und eine rechtliche Prüfung erfordern? Hierzu lässt der BGH bisher klare Abgrenzungskriterien vermissen.[86] Geht man von der bisherigen „Offline"-Rechtsprechung aus, die etwa die Vertragsgestaltung, die Durchsetzung von Ansprüchen oder den Entwurf von Schriftsätzen grundsätzlich als Rechtsdienstleistung nach § 2 Abs. 1 RDG qualifiziert[87], so dürfte die **Schwelle zur Rechtsdienstleistung** auch bei so manchen Legal-Tech-Geschäftsmodellen erreicht sein.[88] Dies gilt umso mehr, als die Anforderungen für das Erreichen dieser „Schwelle" vom BGH gesenkt wurden. Dass es sich bei den Ansprüchen von Verbrauchern häufig um Bagatellbeträge handelt, ist kein taugliches Ausschlusskriterium. Denn die Frage, ob eine Rechtsdienstleistung erbracht wird, ist nicht streitwertabhängig.

Die Abfolge einfacher Wenn-Dann-Entscheidungsbäume wie etwa das Abfragen bestimmter vertraglicher Eckpunkte dürften sich aber noch im Bereich der schematischen Anwendung von Rechtsnormen bewegen.[89] Eine generelle Beurteilung ist nicht möglich, sondern kann angesichts der Vielgestaltigkeit der Legal Tech-Geschäftsmodelle nur im Einzelfall erfolgen.[90]

Bei der Beurteilung der Frage, ob eine **rechtliche Prüfung** erforderlich ist, wird häufig übersehen, dass diese nicht tatsächlich durchgeführt werden muss.[91] Es reicht nach dem klaren Wortlaut in § 2 Abs. 1 RDG aus, wenn sie – objektiv betrachtet – *erforderlich* ist.[92] Dies kann bei einer Tätigkeit mit Rechtsbezug von Anfang an der Fall sein oder sich erst im Verlauf dieser Tätigkeit ergeben. Dabei sind die Grenzen von der (einfachen) Rechtsanwendung zur – erforderlichen – rechtlichen Prüfung häufig fließend. Ab einer bestimmten Grenze kommt es darauf an, ob die weitere Tätigkeit dann eine grundsätzlich Rechtsanwältinnen und Rechtsanwälten vorbehaltene Beratung oder Vertretung zum Schutz der Rechtsuchenden (§ 1 I 2 RDG) erfordert.

---

79 Ebenso und überzeugend Engel JZ 2014, 1096 (1097); aA Weberstaedt AnwBl 2016, 535 (536).
80 Siehe dazu und zur Unterscheidung zwischen kausaler und normativer Subsumtion Timmermann Legal Tech-Anwendungen S. 76 ff.; allg. zur formalen Logik und Rechtsanwendung durch Software Hähnchen/Schrader/Weiler/Wischmeyer JuS 2020, 625 (626 f.); Hähnchen/Bommel JZ 2018, 334 (335); Schrader BRAK-Mitt. 2020, 62.
81 Ebenso zuletzt Brechmann Legal Tech und Anwaltsmonopol S. 64.
82 BGH Urt. 31.3.2016 – I ZR 88/15, NJW 2016, 3441 (3443 Rn. 23) – Rechtsberatung durch Entwicklungsingenieur.
83 So schon die Gesetzesbegründung BT-Drs. 16/3655, 46.
84 Gaier/Wolf/Göcken/Johnigk RDG § 2 Rn. 34; Römermann NJW 2014, 1777 (1779); wenngleich in der Regel nur in Form der einfachen „kausalen" Subsumtion.
85 BT-Drs. 16/3655, 46.
86 Römermann GRUR-Prax 2016, 464.
87 Siehe dazu näher Remmertz BRAK-Mitt. 2017, 55 (58).
88 Für Vertragsgeneratoren bereits: Degen/Krahmer GRUR-Prax 2016, 363 (364); siehe zu einzelnen Legal Tech-Anwendungen BeckRA-HdB/Remmertz § 64 Rn. 55 ff.; Brechmann Legal Tech und Anwaltsmonopol S. 64 ff.
89 In Bezug auf Vertragsgeneratoren Hartung/Bues/Halbleib Legal Tech/Hartung 6. Kap. Rn. 1041.
90 Beispiele bei BeckRA-HdB/Remmertz § 64 Rn. 55 ff.
91 Krenzler BRAK-Mitt. 2020, 119 (122); Fries ZRP 2018, 162 (163 Fn. 22).
92 Gaier/Wolf/Göcken/Johnigk RDG § 2 Rn. 37.

35 Kommt es mithin nur auf die Erforderlichkeit einer solchen rechtlichen Prüfung an, so folgt daraus auch, dass es keine Rolle spielen kann, *auf welche Art und Weise* sie dann tatsächlich durchgeführt wird, ob durch einen Menschen oder **softwarebasiert**.[93] Daraus folgt, dass softwarebasierte Anwendungen grundsätzlich Rechtsdienstleistungen iSv § 2 Abs. 1 RDG sein können, auch wenn Software nach aktuellem Stand der Technik nur „kausal", aber nicht „normativ" subsummieren kann.[94] Das RDG ist **technologieneutral**. Es spielt keine Rolle, mit welcher Technik letztlich Rechtsdienstleistungen erbracht werden.[95]

36 § 2 Abs. 1 RDG setzt schließlich voraus, dass eine rechtliche Prüfung **„im Einzelfall"** erforderlich ist. Dieses Tatbestandsmerkmal ist eng verknüpft mit der **„konkreten Angelegenheit"**. Liegt eine konkrete Angelegenheit vor, ist auch der erforderliche Einzelfallbezug zu bejahen, so dass sich die Frage stellt, ob dem Merkmal „im Einzelfall" daneben eigenständige Bedeutung zukommt. Gemeint ist bei beiden, dass sich die rechtliche Prüfung auf einen realen Einzelfall eines einzelnen Rechtsuchenden beziehen muss.[96] Portale, die sich darauf beschränken, nur allgemeine rechtliche Hinweise wie Rechtstipps oder Rechtsnews zu erteilen, kollidieren nicht mit dem RDG, weil die an die Allgemeinheit gerichtete Darstellung und Erörterung von Rechtsfragen nach § 2 Abs. 3 Nr. 5 RDG aus dem Verbotsbereich ausgenommen ist. Es fehlt dann an einer rechtlichen Beratung *im Einzelfall*, so dass keine Rechtsdienstleistung iSv § 2 Abs. 1 RDG vorliegt.

37 Der BGH hat in der Grundsatzentscheidung zu smartlaw vom 9.9.2021 auch noch einmal klargestellt, dass bereits die **Bewerbung** oder das **Angebot** einer unerlaubten Rechtsdienstleistung – insbesondere auf einer Webseite – unzulässig ist.[97] Es kommt nicht darauf an, ob die Rechtsdienstleistung tatsächlich erbracht wird. Der BGH[98] begründet dies zu Recht damit, dass bereits die Bewerbung oder das Angebot die Gefahr begründet, dass sich die Adressaten mit ihren Rechtsangelegenheiten an den Werbenden oder den Anbieter wenden werden.

3. Inkassodienstleistung nach § 2 Abs. 2 RDG

38 Die **Inkassodienstleistung** nach § 2 Abs. 2 RDG hat sich im Bereich Legal Tech zum mit Abstand wichtigsten Erlaubnistatbestand entwickelt (zu Inkassodienstleistungen ausführlich → *Inkassodienstleistungen* Rn. 3 ff.). Viele Anbieter, die auf die Rechtsdurchsetzung von Ansprüchen in Massenverfahren spezialisiert sind, lassen sich als Inkassodienstleister registrieren. Das gilt nicht nur für Ansprüche von Verbrauchern[99], sondern auch von Unternehmen.[100] Um eine Erlaubnis zur Erbringung von Inkassodienstleistungen zu erhalten, ist eine Registrierung erforderlich, deren Voraussetzungen im Einzelnen in den §§ 10 ff. RDG geregelt sind.[101]

39 Die Inkassodienstleistung wird in § 2 Abs. 2 S. 1 RDG als **Rechtsdienstleistung** angesehen, ohne dass es darauf ankommt, ob die Voraussetzungen nach § 2 Abs. 1 RDG vorliegen. Sie ist in § 2 Abs. 2 S. 1 RDG definiert als „Einziehung fremder oder zum Zwecke der Einziehung auf fremde Rechnung abgetretener Forderungen, wenn die Forderungseinziehung als eigenständiges Geschäft betrieben wird, einschließlich der auf die Einziehung bezogenen rechtlichen Prüfung und Beratung".

---

93 Zutreffend ebenso Wettlaufer MMR 2018, 55 (57); HK-RDG/Schmidt RDG § 6 Rn. 38.
94 Timmermann im Interview in LR 2020, 284 (287 Rn. 6).
95 BT-Drs. 16/3655, 47; ebenso Wettlaufer MMR 2018, 55.
96 HK-RDG/Krenzler RDG § 2 Rn. 48.
97 BGH Urt. 9.9.2021 – I ZR 113/20, NJW 2021, 3125 (3126 Rn. 16) mwN.
98 BGH Urt. 9.9.2021 – I ZR 113/20, NJW 2021, 3125 (3126 Rn. 16).
99 Prominente Beispiele sind „flightright.de" für Fluggastentschädigungen und „conny.de" für die Durchsetzung von mietrechtlichen Ansprüchen.
100 Beispiele sind die LKW-Kartellschadensersatzansprüche, die gebündelt gegen Fahrzeughersteller geltend gemacht werden.
101 Statt vieler: Deckenbrock/Henssler/Rillig RDG Vor §§ 10–15b Rn. 1 ff.

Ursprünglich diente das **klassische Inkasso**[102] dazu, Unternehmen durch darauf spezialisierte Dienstleister eine effektive Möglichkeit der Durchsetzung fälliger und in der Regel unstreitiger Geldforderungen gegen säumige Schuldner zur Verfügung stellen.[103] Dies hat sich durch das Aufkommen der Legal Tech-Unternehmen grundlegend geändert, seit Inkassodienstleister unter Einsatz von Legal Tech-Anwendungen **massenhaft Verbraucheransprüche** akquirieren, um gegen einzelne, meist marktmächtige Unternehmen vorzugehen, und zwar häufig kombiniert mit einer **Prozessfinanzierung** auf **Erfolgshonorarbasis** (siehe zu den Geschäftsmodellen des sog. **Legal Tech-Inkasso** auch → *B2C und B2B (Geschäftsmodelle)* Rn. 30 ff.). Damit kann den Verbrauchern ein „Rund-um-Sorglos"-Paket[104] angeboten werden. Neben Verbraucheransprüchen gehen Inkassodienstleister auch dazu über, Ansprüche von Unternehmen gebündelt im Wege einer **unechten Sammelklage** geltend zu machen.[105] Während im Verbraucherinkasso hauptsächlich Bagatell- und Streuschäden (nicht selten auch nur für einzelne Anspruchsinhaber) geltend gemacht werden, geht es beim Sammelklage-Inkasso um die gebündelte Geltendmachung von Forderungen einer Vielzahl von Anspruchsstellern in komplexen Rechtsfragen, wie die Beispiele der Kartellschadensersatzfälle belegen. Charakteristisch für das Verbraucherinkasso sind ein ausgeprägtes Online-Marketing, ein hoher Automatisierungsgrad und eine digitale Erreichbarkeit. Im Gegensatz dazu zeichnet sich das Sammelklageinkasso durch eine strategische Rechtsdurchsetzung aus, die dazu dient, die Verhandlungsposition der Anspruchsinhaber gegen marktmächtige Gegner zu stärken. Der Automatisierungsgrad und damit der Einsatz von Legal Tech ist hier geringer als beim Verbraucherinkasso. In beiden Bereichen haben sich etliche Geschäftsmodelle im Rechtsdienstleistungsmarkt etabliert.[106] Es kommen auch ständig neue Rechtsgebiete hinzu, in der jüngeren Vergangenheit zB aus dem Urheberrecht oder dem Datenschutzrecht.[107]

Beide Modelle haben, bildhaft gesprochen, die **Inkassolizenz** als „trojanisches Pferd"[108] genutzt, den Rechtsdienstleistungsmarkt zu erobern. Mangels anderweitiger Erlaubnis blieb nur die „Flucht in die Inkassolizenz".[109] Es war daher nicht verwunderlich, dass zur Zulässigkeit dieser neuartigen Inkassodienstleistungen (auch **„Legal Tech-Inkasso"** genannt) ein heftiger Meinungsstreit entstand,[110] so dass sich nach Ausweitung der Inkassoerlaubnis durch die Rechtsprechung[111] der Gesetzgeber veranlasst sah, durch das sog. **„Legal Tech-Gesetz"**[112] regulierend einzugreifen. Die Probleme wurden jedoch auch in der Folge durch die Rechtsprechung[113] nur teilweise gelöst.[114] Unklar ist nicht nur der zulässige Umfang der Inkassolizenz (siehe zu Grenzfällen zulässiger Inkassotätigkeit → *Inkassodienstleistungen* Rn. 8 ff.). Auch die Fragen einer Vereinbarkeit von Inkasso und Prozessfinanzierung nach § 4 RDG[115] und der

---

102 Abgeleitet aus dem italienischen „incassare" für „einkassieren" bzw. „Geld einziehen", vgl. dazu Seitz Inkasso-HdB/Berg/Gaub/Ohle Kap. 1 Rn. 1; nach allgemeinem Wortverständnis wird unter „Inkasso" die Einziehung von fälligen Geldforderungen im eigenen oder fremden Namen verstanden, vgl. https://de.wikipedia.org/wiki/Inkasso.
103 Begr. Gesetzentwurf zum RDG, BT-Drs. 16/3655, 48; siehe zur Historie Seitz Inkasso-HdB/Berg/Gaub/Ohle Kap. 1 Rn. 3 ff.; Kilian NJW 2019, 1401 (1404).
104 Greger MDR 2018, 897.
105 Prominente Beispiele sind die LKW-Kartellschadensersatzprozesse und Ansprüche aus dem sog. Dieselskandal gegen namhafte Automobilhersteller.
106 Siehe zum Marktüberblick BeckRA-HdB/Remmertz § 64 Rn. 23 ff.; Breidenbach/Glatz Legal Tech-HdB/Tobschall/Kempe Kap. 1.4.
107 Skupin GRUR-Prax 2021, 622, zum Vertragsstrafenmonitoring durch Legal Tech-Anbieter; Skupin ZUM 2021, 365, zu Einsatzmöglichkeiten im Urheber- und Medienrecht.
108 So der treffende Titel „Trojanische Pferde im Rechtsdienstleistungsrecht?" von Kilian NJW 2019, 1401.
109 BT-Drs. 19/27673, 15.
110 Aus der Vielzahl an Literaturstimmen vgl. nur Henssler NJW 2019, 545 ff.; Römermann/Günther NJW 2019, 551 ff.; Kilian NJW 2019, 1401 ff.; Hartung AnwBl Online 2019, 353 ff.; Remmertz AnwBl 2020, 186 ff.
111 BGH Urt. v. 27.11.2019 – VIII ZR 285/18, NJW 2020, 208 – wenigermiete.de.
112 BGBl. 2021 I 3415.
113 Siehe dazu die weitere Grundsatzentscheidung des BGH Urt. v. 13.7.2021 – II ZR 84/20, NJW 2021, 3046, zum Sammelklage-Inkasso, nachfolgend unter → Rn. 45.
114 Beispiel OLG Schleswig Urt. 11.01.2022 – 7 U 130/21, RDi 2022, 217 mit Bespr. Timmermann/Engler im Fall der Geltendmachung heterogener Forderungen; zuletzt Remmertz BRAK-Mitt. 2022, 547.
115 Zum Ganzen Deckenbrock/Henssler/Deckenbrock RDG § 4 Rn. 16a, 16b; Deckenbrock/Henssler/Rillig RDG § 10 Rn. 46p ff.; Remmertz AnwBl Online 2020, 186 (189).

Nichtigkeitsfolge nach § 134 BGB (siehe dazu näher → *Haftung des Legal Tech-Unternehmens bei Inkassodienstleistungen* Rn. 6 ff.).[116] sind nicht befriedigend geklärt, so dass diese Streitthemen weiterhin die Gerichte beschäftigen werden (zur Haftung bei unerlaubter Inkassotätigkeit insbesondere → *Haftung des Legal Tech-Unternehmens bei Inkassodienstleistungen* Rn. 14 ff.). Die wichtigsten Meilensteine auf dem Weg zur Zulässigkeit des sog. Legal Tech-Inkasso werden im Folgenden kurz vorgestellt:

a) Entscheidung des BGH im Fall wenigermiete.de

42 Aufgrund von divergierenden Entscheidungen des LG Berlin zur Zulässigkeit des Inkassomodells bei der Durchsetzung der sog. **Mietpreisbremse** („wenigermiete.de") seit 2018[117] sah sich der u.a. für das Wohnraummietrecht zuständige VIII. Senat des BGH veranlasst, dazu in einer Grundsatzentscheidung vom 27.11.2019[118] Stellung zu nehmen (ferner → *Inkassodienstleistungen* Rn. 12). Der BGH kam zu dem Ergebnis,[119] dass das Geschäftsmodell in *seiner konkreten Ausgestaltung* vor dem Hintergrund der Rechtsprechung des BVerfG[120] und gemessen an der Zielsetzung des Gesetzgebers, den Rechtsdienstleistungsmarkt zu deregulieren und zu liberalisieren sowie neue Berufsbilder zu ermöglichen, *noch* von der Inkassoerlaubnis nach § 2 Abs. 2 RDG gedeckt sei. Der Senat betonte aber auch, dass eine generelle Beurteilung nicht möglich, sondern bei jedem Geschäftsmodell stets auf die **Umstände des Einzelfalls** abzustellen sei.[121] Bei Überschreitung der Inkassobefugnis führe dies bei nicht nur geringfügigem Verstoß trotz Registrierung nach §§ 2, 10 RDG zur Nichtigkeit sowohl des Inkassogeschäfts als auch der Forderungsabtretung nach § 3 RDG, § 134 BGB.[122] Derselbe BGH-Senat hat diese Rechtsprechung seit Frühjahr 2020 in weiteren Verfahren im Wesentlichen bestätigt.[123] In der Folge hat dies gleichwohl nicht zur Rechtssicherheit beigetragen. Trotz Ausweitung der Inkassoerlaubnis durch den BGH gab es Entscheidungen, die die Inkassolizenz als überschritten ansahen und/oder einen Verstoß gegen § 4 RDG angenommen haben.[124]

b) Legal Tech-Gesetz

43 Der Gesetzgeber sah sich aufgrund der anhaltenden Diskussion um die **Zulässigkeit des Legal Tech-Inkasso** veranlasst, im Herbst 2020 einen in der Folge sehr umstrittenen Gesetzentwurf zur „Förderung verbrauchergerechter Angebote im Rechtsdienstleistungsmarkt"[125] vorzulegen. Das Gesetz ist am 1.10.2021 in Kraft getreten und soll für Legal Tech-Inkassodienstleister einen rechtssicheren Rahmen schaffen.[126] Obwohl die Änderungen im Inkassorecht für alle Inkassodienstleister gleichermaßen gelten, hatte der Gesetzgeber primär die Legal Tech-Anbieter im Blick.[127] Dazu wurden neue Regelungen zur **Regulierung von Inkassodienstleistungen im RDG** aufgenommen, u.a. neue Informationspflichten und eine Stärkung der Aufsichtsbefugnisse.[128] Daneben sieht das neue Gesetz Liberalisierungen im anwaltlichen Berufsrecht, u.a. eine Lockerung des Verbots von Erfolgshonoraren und der (zuletzt allerdings eingeschränkten) Mög-

---

116 Deckenbrock/Henssler/Seichter RDG § 3 Rn. 29a, 33a; zuletzt Tolksdorf MDR 2021, 1233.
117 Siehe dazu im Überblick Remmertz BRAK-Mitt. 2019, 219.
118 BGH Urt. v. 27.11.2019 – VIII ZR 285/18, NJW 2020, 208.
119 Zu den Gründen ausführlich Remmertz AnwBl Online 2020, 186 ff.
120 BVerfG Beschl. v. 20.2.2002 – 1 BvR 423/99, 1 BvR 821/00 und 1 BvR 1412/01, NJW 2002, 1190 – Inkasso I; BVerfG Beschl. v. 14.8.2004 – 1 BvR 725/03, NJW-RR 2004, 1570 – Inkasso II.
121 BGH Urt. v. 27.11.2019 – VIII ZR 285/18, NJW 2020, 208 (Ls. 2 und 221 Rn. 109 f.).
122 BGH Urt. v. 27.11.2019 – VIII ZR 285/18, NJW 2020, 208 (Ls. 3 und 213 Rn. 42 ff.).
123 U.a. BGH Urt. v. 8.4.2020 – VIII ZR 130/19, NJW-RR 2020, 779; BGH Urt. v. 6.5.2020 – VIII ZR 120/19, BeckRS 2020, 11460; BGH Urt. v. 27.5.2020 – VIII ZR 129/19, BeckRS 2020, 15829; zuletzt bestätigt mit Urt. v. 30.3.2022 – VIII ZR 256/21, BeckRS 2022, 11747; Urt. v. 18.5.2022 – VIII ZR 382/21, BeckRS 2022, 13835.
124 Überblick: Deckenbrock/Henssler/Rillig RDG § 10 Rn. 45c ff.; Skupin GRUR-Prax 2021, 74 ff.; Breun-Goerke WRP 2020, 1403 (1405 ff.); Nuys/Gleitsmann BB 2020, 2441 ff.; Deckenbrock DB 2020, 321 ff.; Günther GRUR-Prax 2020, 96; Remmertz BRAK-Mitt. 2020, 264 (265 f.); zuletzt Remmertz BRAK-Mitt. 2022, 547 (252).
125 Siehe Entwurf in BT-Drs. 19/27673 v. 17.3.2021, 1 ff.
126 Das Gesetz wurde am 17.8.2021 im BGBl. I 3415 veröffentlicht.
127 BT-Drs. 19/27673, 13 ff.
128 Siehe dazu auch Remmertz BRAK-Mitt. 2021, 288 (289 f.).

lichkeit der Kostenübernahme durch Rechtsanwälte vor.[129] Mit dem neuen Gesetz sollen gleiche Wettbewerbsbedingungen zwischen der Anwaltschaft und Inkassodienstleistern geschaffen und Forderungen nach mehr Kohärenz Rechnung getragen werden.[130]

Zur Begrenzung der Inkassobefugnis wurde die Definition in § 2 Abs. 2 S. 1 RDG klarstellend dahin gehend ergänzt, dass sie die auf die Einziehung bezogene **rechtliche Prüfung und Beratung** umfasst.[131] Darüber hinausgehende Rechtsdienstleistungen sollen nach der Vorstellung des Gesetzgebers nicht mehr von der Inkassobefugnis gedeckt sein. Sie können allerdings dann, wenn die Voraussetzungen des § 5 Abs. 1 RDG erfüllt sind, als **Nebenleistungen** zulässig sein.[132] Zu diesem Zweck wurde § 5 Abs. 1 RDG dahin gehend ergänzt, dass Hauptleistung auch eine Rechtsdienstleistung sein kann.[133]   44

c) Entscheidungen des BGH zum Sammelklage-Inkasso

Lange umstritten war auch die Frage, ob die Geschäftsmodelle des sog. **Sammelklage-Inkasso**, die vor allem in den Diesel-Skandal-Fällen und bei Kartellschadensersatzklagen bekannt geworden sind, von der Inkassolizenz gedeckt sind (siehe dazu auch → *Inkassodienstleistungen* Rn. 16).[134] Problematisch dabei ist, dass diese Modelle von vornherein auf eine **gerichtliche Geltendmachung** der Ansprüche ausgerichtet sind, die Inkassobefugnis nach § 2 Abs. 2 RDG aber nur für eine außergerichtliche Tätigkeit konzipiert ist (dazu auch → *B2C und B2B (Geschäftsmodelle)* Rn. 39). Zunächst vertraten noch einige Landgerichte, dass die Inkassoerlaubnis dafür nicht dienen könne.[135] Der BGH hingegen entschied nach Verabschiedung des Legal Tech-Gesetzes in einer weiteren Grundsatzentscheidung zum Legal Tech-Inkasso im Sommer 2021, dass der Begriff des Inkasso Geschäftsmodelle umfasse, die ausschließlich oder vorrangig auf eine gerichtliche Einziehung der Forderung abzielen und dies auch in Fällen des sog. Sammelklage-Inkasso gelte.[136] Es gebe keine Gründe, sie von der Inkassobefugnis auszunehmen. Inkassodienstleister könnten auch bisher schon als Partei im eigenen Namen Ansprüche gerichtlich geltend machen, wenn sie sich dabei anwaltlich vertreten lassen. Der Rechtsuchende sei somit ausreichend geschützt.[137] Die Zulässigkeit des Sammelklage-Inkasso ist nach BGH[138] auch dann von der Inkassobefugnis gedeckt, wenn ausländische Forderungen geltend gemacht werden.[139]   45

III. Zulassung zur Rechtsanwaltschaft und Anwaltsmonopol

1. Allgemeines

Der **Zugang zum Beruf des Rechtsanwalts** setzt nach § 4 Abs. 1 Nr. 1 BRAO – abgesehen von den besonderen Voraussetzungen für europäische Rechtsanwälte nach dem EuRAG[140] – die Befähigung zum Richteramt, also den erfolgreichen Abschluss des ersten und zweiten Staatsexamens voraus (§ 5 Abs. 1   46

---

129 Zum Gesetzentwurf insgesamt Fries NJW 2021, 2537; Skupin GRUR-Prax 2020, 581 (Teil 1) und 603 (Teil 2); Römermann AnwBl Online 2020, 588; Kilian AnwBl Online 2021, 102 (104).
130 Begr. RegE, BT-Drs. 19/27673, 1 und 13.
131 Begr. RegE, BT-Drs. 19/27673, 20 und 39.
132 Begr. RegE, BT-Drs. 19/27673, 20 f.
133 Kritisch zu diesen Ergänzungen Remmertz BRAK-Mitt. 2021, 288 (289).
134 Dazu im Überblick und zum Meinungsstand Deckenbrock/Henssler/Rillig RDG § 10 Rn. 46g ff.; allg. dazu Dux-Wenzel/Quaß DB 2021, 717 ff.
135 LG Augsburg Urt. v. 27.10.2020 – 11 O 3715/18, BeckRS 2020, 30625 Rn. 26 ff.; LG Ingolstadt Urt. v. 7.8.2020 – 41 O 1745/18, BeckRS 2020, 18773; LG Ansbach Urt. v. 29.3.2021 – 3 O 16/21, RDi 2021, 348 mAnm Skupin; ebenso ferner LG Ravensburg BeckRS 2020, 37580; LG Trier BeckRS 2021, 9041; LG Hannover BRAK-Mitt. 2021, 174 mzustAnm Lemke.
136 BGH Urt. v. 13.7.2021 – II ZR 84/20, NJW 2021, 3046 (Ls. 1); zustAnm Stadler RDi 2021, 513; zu Recht kritisch hingegen Prütting EWiR 2021, 549.
137 BGH Urt. v. 13.7.2021 – II ZR 84/20, NJW 2021, 3046 (3048 Rn. 13 ff.).
138 BGH, Urt. v. 13.06.2022 – VIa ZR 418/21, BRAK-Mitt. 2022, 277 – financialright; kritisch dazu Remmertz BRAK-Mitt. 2022, 247 (250).
139 AA noch OLG Braunschweig Urt. 7.10.2021 – 8 U 40/21, BeckRS 2021, 29486.
140 Siehe dazu Henssler/Prütting/Henssler BRAO § 4 Rn. 26 ff.

DRiG). Grund für diese Gleichbehandlung mit der Qualifikation als Richter ist, dass der Rechtsanwalt als Organ der Rechtspflege nach § 1 BRAO die Belange seiner Mandanten vor Gericht „auf Augenhöhe" mit Richtern und Staatsanwälten verteidigen soll.[141] Der Antrag auf **Zulassung zur Rechtsanwaltschaft** nach § 6 BRAO ist bei der Rechtsanwaltskammer zu stellen, in dessen Bezirk die Kanzlei eingerichtet werden soll. Nach Zulassung durch die Rechtsanwaltskammer kann die Berufsbezeichnung „Rechtsanwältin" bzw. „Rechtsanwalt" geführt werden (§ 12 Abs. 4 BRAO).

47 Nach § 3 Abs. 1 BRAO ist der Rechtsanwalt der berufene unabhängige Berater und Vertreter in allen Rechtsangelegenheiten. Als Erlaubnisnorm iSv § 3 RDG folgt aus § 3 Abs. 1 BRAO die Befugnis für die Anwaltschaft, „in allen Rechtsangelegenheiten", also sachlich unbeschränkt, außergerichtlich zu beraten und zu vertreten.[142] Aus dem Zusammenspiel zwischen dem RDG und der BRAO leitet sich das sog. **Anwalts- oder Beratungsmonopol** ab.[143] Schutzzweck ist nach § 1 Abs. 1 S. 2 RDG, die Rechtsuchenden, den Rechtsverkehr und die Rechtsordnung vor unqualifizierten Rechtsdienstleistungen zu schützen. Zwar ist der Schutz der Anwaltschaft (vor Konkurrenz) unstreitig kein Schutzzweck des RDG.[144] Gleichwohl bietet grundsätzlich nur die Anwaltschaft die Gewähr für ausreichend qualifizierte Rechtsdienstleistungen zum Schutz der Rechtsuchenden. Verfassungsrechtlich ist dieses Monopol im **Anspruch der Rechtsuchenden auf rechtliches Gehör** nach Art. 103 Abs. 1 GG und im **Justizgewährleistungsanspruch** nach Art. 19 Abs. 4 GG iVm dem Rechtsstaatsprinzip verankert.[145] Eine effektive Durchsetzung des rechtlichen Gehörs setzt ausreichend qualifizierte Rechtsvertreter voraus. Der Justizgewährleistungsanspruch soll gewährleisten, dass den Bürgern durch ausreichend qualifizierte Rechtsberater zu ihrem Recht verholfen wird und ihnen durch unqualifizierte Rechtsdienstleistungen keine Nachteile entstehen.[146] Daher sind grundsätzlich nur Rechtsanwälte befugt, Rechtsdienstleistungen zu erbringen, da sie die notwendige Sachkunde und Qualifikation zum Schutz der Rechtsuchenden erfüllen.[147] Der Gesetzgeber hat sich aus diesem Grund bei der Einführung des RDG auch bewusst dagegen entschieden, einen allgemeinen Rechtsdienstleister unterhalb der Anwaltschaft einzuführen.[148]

48 Dieses Anwaltsmonopol darf nicht verwechselt werden mit dem sog. **„Anwaltszwang"**, der sich aus den §§ 78, 79 ZPO ergibt und besagt, dass sich Anspruchsteller vor bestimmten Gerichten durch einen Rechtsanwalt vertreten lassen müssen.[149] Vor den Zivilgerichten ist dies nach § 78 Abs. 1 ZPO das Landgericht und das Oberlandesgericht.

2. Zurückdrängen des Anwaltsmonopols durch Legal Tech-Anwendungen

49 Das **„Anwaltsmonopol"** wird im Anwendungsbereich des RDG, also bei der außergerichtlichen Beratung und Vertretung, durch Legal Tech-Anbieter immer mehr zurückgedrängt. Nur im Bereich der Tätigkeit vor Gericht[150] ist das Anwaltsmonopol noch weitgehend unangetastet, da eine Prozessvertretung nach den jeweils geltenden Verfahrensvorschriften (wie §§ 78 ff. ZPO) durch Legal Tech-Anbieter[151] nicht zulässig ist.

50 Das Anwaltsmonopol gerät vor allem durch die **Ausweitung der Inkassoerlaubnis** nach § 2 Abs. 2 RDG (→ Rn. 40 f.) in Gefahr. Dies betrifft zum einen die Ausweitung der Befugnisse aufgrund der

---

141 Kilian/Koch AnwBerufsR Kap. B. Rn. 8 ff.
142 Deckenbrock/Henssler/Seichter RDG § 3 Rn. 13.
143 Kilian/Koch AnwBerufsR Kap. B Rn. 17.
144 Siehe HK-RDG/Remmertz RDG § 1 Rn. 66; zuletzt bestätigt durch BGH Urt. v. 13.7.2021 – II ZR 84/20, NJW 2021, 3046 (3051 Rn. 40).
145 HK-RDG/Remmertz RDG § 1 Rn. 65.
146 BVerfGE 50, 217 (231); BVerfGE 81, 347 (356); Gaier/Wolf/Göcken/Wolf RDG § 1 Rn. 14.
147 Das wird auch in der amtl. Begründung des Gesetzes zur Umsetzung der Berufsanerkennungsrichtlinie und zur Änderung weiterer Vorschriften im Bereich der rechtsberatenden Berufe (BT-Drs. 18/9521 v. 5.9.2016, 92) noch einmal besonders bekräftigt.
148 BT Drs. 16/3655, 31 f.
149 Siehe zur Unterscheidung auch Brechmann Legal Tech und Anwaltsmonopol S. 16.
150 Zur Abgrenzung außergerichtlich/gerichtlich siehe HK-RDG/Remmertz RDG § 1 Rn. 18 ff.
151 Abgesehen von der Sondererlaubnis nach § 79 Abs. 2 S. 2 Nr. 4 ZPO.

"wenigermiete.de"-Rechtsprechung des BGH[152] und zum anderen die Erlaubnis, auch die Fälle des sog. Sammelklage-Inkasso auf die Inkassobefugnis stützen zu können.[153] Diese Erweiterungen wurden durch das sog. Legal Tech-Gesetz mit den Änderungen in § 2 und § 5 RDG im Wesentlichen bestätigt. Dabei bleibt unklar, ob sich die Inkassoerlaubnis auf bereits bestehende Forderungen beschränkt oder diese auch im Vorfeld Tätigkeiten erlaubt, die eine Forderung erst künftig entstehen lassen.[154] Gerade in diesem Bereich der außergerichtlichen Beratung und Vertretung zeigt sich, dass das anwaltliche Beratungsmonopol immer weiter zurückgedrängt wird und die Anwaltschaft mit Inkassodienstleistern im Wettbewerb steht. Ein weiteres Beispiel für das Zurückdrängen des Anwaltsmonopols ist die **Vertragsgestaltung**, die jedenfalls bei der Benutzung von Textbausteinen im Fall eines Vertragsgenerators aufgrund der Entscheidung des BGH[155] nicht mehr der Anwaltschaft vorbehalten ist.

IV. Ausblick

Die **Digitalisierung des Rechtsdienstleistungsmarkts** und die Entwicklungen rund um Legal Tech sind von einer hohen Dynamik geprägt und mit der Verabschiedung des Legal Tech-Gesetzes noch lange nicht abgeschlossen. Die mit dem Gesetz verabschiedeten Entschließungsanträge[156] haben bereits gezeigt, dass Nachbesserungsbedarf besteht. Dem hat der Gesetzgeber im Sommer 2022 mit einem Gesetzentwurf zur Stärkung der Aufsicht über Inkassodienstleister[157] Rechnung getragen. Das Problem, wie ein insgesamt **kohärentes** System der Rechtsdienstleistungen durch Anwaltschaft und Legal Tech-Anbieter auf Dauer gewährleistet werden kann, wird damit aber noch nicht gelöst (siehe auch → *B2C und B2B (Geschäftsmodelle)* Rn. 41).[158] Es zeichnet sich ab, dies durch mehr **Liberalisierung** für die Anwaltschaft einerseits und mehr **Regulierung** für Legal Tech-Inkassodienstleister andererseits erreichen zu wollen.[159] Damit würde der durch das Legal Tech-Gesetz vorgezeichnete Weg fortgesetzt und zu einer weiteren Annäherung der unterschiedlichen Berufsgruppen führen. Denkbar ist, dass dabei die Diskussion um einen eigenen (neuen) Erlaubnistatbestand für Legal Tech-Anwendungen wieder an Fahrt aufnimmt[160] oder andere Reformansätze[161] zum Zuge kommen. Sog. **„Reallabore"** (auch „Regulatory Sandboxes" genannt) bieten dabei die Gelegenheit, die Auswirkungen einer Reform vorab zu testen.[162] Die weitere Entwicklung bleibt somit spannend. Doch eines ist gewiss: Legal Tech wird den Anwalt nie ganz ersetzen können.

---

152 BGH Urt. v. 27.11.2019 – VIII ZR 285/18, NJW 2020, 208 – wenigermiete.de.
153 BGH Urt. v. 13.7.2021 – II ZR 84/20, NJW 2021, 3046 – Sammelklage-Inkasso.
154 Kritisch dazu Lemke RDi 2021, 224 (228); Henssler AnwBl Online 2021, 180 (181); Kilian AnwBl Online 2021, 213 (218).
155 BGH Urt. 9.9.2021 – I ZR 113/20, NJW 2021, 3125 – Vertragsgenerator mAnm Thole.
156 BT-Drs. 19/30495, 7 f.
157 Entwurf eines Gesetzes zur Stärkung der Aufsicht bei Rechtsdienstleistungen und zur Änderung weiterer Vorschriften des Rechts der rechtsberatenden Befugnisse vom 27.7.2022, abrufbar unter https://www.bmj.de/SharedDocs/Gesetzgebungsverfahren/DE/Staerkung_Aufsicht_Rechtsdienstleistungen.html. Siehe zu diesem Gesetzentwurf Deckenbrock ZRP 2022, 170; Remmertz BRAK-Mitt. 2022, 247 (252).
158 Henssler/Sossna BB 2022, Heft 27 (Die erste Seite); siehe zum Problem der Kohärenz auch die BRAK-Stellungnahme Nr. 02/2022.
159 Dazu → Rechtsanwalt, Berufsrecht Rn. 56, und die vorgesehene Erweiterung des Rechtsrahmens für Legal Tech-Unternehmen im Koalitionsvertrag 2021–2025 zwischen SPD, Bündnis 90/Die Grünen und FDP, „Mehr Fortschritt wagen", 2021, Rn. 3792 ff.
160 Kilian AnwBl Online 2021, 213 (220); wie auch bereits vom Autor befürwortet, siehe Remmertz Legal Tech-Strategien/Remmertz § 3 Rn. 22 mwN; für eine gesetzliche Regulierung von Legal Tech-Anwendungen auch Gaier/Wolf/Göcken/Wolf, Anwaltliches Berufsrecht, RDG, Vor § 1 Rn 20.
161 Timmermann Legal Tech-Anwendungen S. 675 ff.; siehe dazu auch die Zusammenfassung von Timmermann InTeR 2020, 194 ff.; Kilian AnwBl Online 2021, 102 (110), zu einem eigenen Vertragstyp Rechtsdienstleistungen im BGB.
162 Siehe dazu Brügmann im Interview RDi 2021, 8; Hartung RDi 2021, 421; Galetzka/Garling/Partheymüller MMR 2021, 20 (25). Das BMWi hat im Herbst 2021 bereits ein Konzept für ein Reallabore-Gesetz entwickelt, das auch für digitale Rechtsdienstleistungen und -verfahren eingesetzt werden soll, siehe https://www.bmwi.de/Redaktion/DE/Pressemitteilungen/2021/09/20210903-neue-raeume-fuer-innovationen-bmwi-legt-konzeptvorschlag-fuer-reallabore-gesetz-vor.html.

73. Rechtsanwalts- und Notarfachangestellte (ReNo)

Tietje/Schrader

I. Einführung 1	2. Veränderungen im Anwaltsbereich 13
II. Ausbildung nach ReNoPatAusbV 2	3. Veränderungen im Notariatsbereich 19
III. Der Arbeitsplatz im Wandel 7	IV. Perspektive des Berufsbildes und der Mitarbei-
1. Neue Anforderungen an Mitarbeitende 7	tenden 23

I. Einführung

1   Rechtsanwalts- und Notarfachangestellte (ReNo) sind Mitarbeitende in Kanzleien, die zusammen mit Rechtsanwaltsfachangestellten, Notarfachangestellten sowie Patentanwaltsfachangestellten eine gemeinsame Berufsgruppe darstellen. Sie bilden in Kanzleien das nichtjuristische Fachpersonal, unterstützen die Berufsträger auf umfangreiche und hochqualifizierte Weise und tragen damit als eine Säule des Unternehmens zum wirtschaftlichen Erfolg der Kanzlei entscheidend bei.

II. Ausbildung nach ReNoPatAusbV

2   Mit Inkrafttreten der modernisierten Verordnung über die Berufsausbildungen zum Rechtsanwaltsfachangestellten und zur Rechtsanwaltsfachangestellten, zum Notarfachangestellten und zur Notarfachangestellten zum Rechtsanwalts- und Notarfachangestellten und zur Rechtsanwalts- und Notarfachangestellten sowie zum Patentanwaltsfachangestellten und zur Patentanwaltsfachangestellten (ReNoPat-Ausbildungsverordnung – ReNoPatAusbV)[1] per 1.8.2015 wurde die duale dreijährige Ausbildung dieser Berufsgruppe auf neue, moderne Füße gestellt. Nachdem die bis dahin gültige Ausbildungsverordnung seit 1988 inhaltlich praktisch unverändert galt, und nicht nur mit Blick auf die immer weiter voranschreitende Digitalisierung, war dringender Handlungsbedarf gegeben. Schon allein aufgrund des technischen Fortschritts in diesem Zeitraum (1988 gab es faktisch noch keine elektronische Kommunikation) war es dringend geboten, den Berufsstand in die moderne Zeit zu befördern und zukunftsweisend zu gestalten.

3   Nicht nur inhaltliche Änderungen, sondern auch Veränderungen in den Abläufen und der Struktur der Ausbildung wurden vorgenommen. Grundsätzlich ist es allerdings bei der dualen Ausbildung geblieben. Das heißt, dass sowohl Kanzlei als auch Berufsschule paritätisch an der Ausbildung beteiligt sind. Im Zuge der Neuordnung wurde im Schulunterricht das Fächersystem aufgehoben und durch einen lernfeldorientierten Unterricht ersetzt. Dies sollte dazu beitragen, dass Auszubildende neben der reinen Wissensvermittlung verstärkt geschult werden, über Methodenkompetenz strukturiert eigenständig Lösungen zu juristischen (oder allgemeinen) Fragestellungen zu finden, aufzubereiten und zu präsentieren. Die Verantwortung für den eigenen Lernerfolg ist eine der maßgeblichen Herausforderungen innerhalb der Ausbildungszeit – stellt damit aber auch sicher, dass künftige Fachangestellte diese Kompetenzen derart verinnerlicht haben, dass sie ihr gesamtes immer digitaler werdendes Berufsleben lang davon profitieren und damit in der Lage sind, sich neue Technologien zu erschließen und für den eigenen Arbeitsbereich effizient anzuwenden.

4   Die von der Kanzlei als Ausbilder zu vermittelnden Ausbildungsinhalte ergeben sich aus dem Ausbildungsrahmenplan (Anlage zur ReNoPatAusbV[2]). Die Inhalte für die berufsschulische Ausbildung sind im Rahmenlehrplan (Beschluss der Kultusministerkonferenz vom 27.6.2014[3]) festgeschrieben.

5   Neben der Aufnahme von neuen Ausbildungsinhalten in die novellierte ReNoPatAusbV, wie beispielsweise das Europarecht, Anwendung der englischen Sprache oder Arbeits-, Gesundheits- und Umweltschutz, sind daneben die Themen Datenschutz und Datensicherheit, Kommunikation, serviceorientierte Mandanten- und Beteiligtenbetreuung, elektronischer Rechtsverkehr, Nutzung von elektronischen Datenbanken und Registern und auch Zeit- und Selbstmanagement hinzugekommen. Die Komplexität und Variabilität der

---

1 BGBl. I 1490.
2 Abrufbar unter http://www.gesetze-im-internet.de/renopatausbv_2015/anlage.html.
3 Abrufbar unter https://www.kmk.org/fileadmin/pdf/Bildung/BeruflicheBildung/rlp/ReNoPat14-06-27-E.pdf.

Ausbildungsinhalte macht deutlich, dass es sich um eine hoch qualifizierte Ausbildung handelt und – daraus folgend – welche wertvollen Mitarbeitenden durch eine qualitativ gute Ausbildung gewonnen werden können und wie breit das Einsatzspektrum von gut ausgebildeten Fachangestellten innerhalb der Kanzleihierarchie ist.

Die Frage, warum Kanzleien beruflichen Nachwuchs durch die eigene Ausbildung von Fachangestellten generieren sollten, ist leicht beantwortet: Allein der Fachkräftemangel sorgt vielerorts für eine Personalunterdeckung und führt damit zu einer hohen Arbeitsbelastung von Mitarbeitenden. Gut qualifizierte Mitarbeitende zu finden, ist in der heutigen Zeit nicht einfach.

III. Der Arbeitsplatz im Wandel

1. Neue Anforderungen an Mitarbeitende

Die fortschreitende Digitalisierung in den Kanzleien sorgt für veränderte Prozessabläufe, weg von analogen Tätigkeiten und hin zu neuen Möglichkeiten der Arbeits(platz)gestaltung – in vielerlei Hinsicht. Mobiles oder dezentrales Arbeiten ist genauso gut möglich wie die Hinzuziehung von projektbezogenen Freelancern, die mit dem Kanzleiteam nur zeitweise zusammenarbeiten. Neben dem „klassischen" Personal mit juristischem Background wird es weitere Mitarbeitende geben, die unerlässlich für erfolgreiche Kanzleien sind. Dazu gehören Spezialisten für IT allgemein, Datenbanken, Künstliche Intelligenz, Netzwerkauf- und -ausbau etc. Mitarbeitende finden neben sich ganz selbstverständlich Personen aus gänzlich anderen Branchen, die für die Zusammenarbeit (zeitweise) ins Team integriert werden müssen. Es erfordert eine Akzeptanz auf beiden Seiten und Fähigkeiten zur gelungenen Kommunikation, die zwischen technischer und juristischer Sichtweise vermittelt oder übersetzt. Dies setzt voraus, dass Mitarbeitende inhaltlich verstehen, was sämtliche technischen Möglichkeiten in der Lage sind zu leisten und wie diese die tägliche Arbeit unterstützen. Mitarbeitende benötigen ein sehr viel höheres Maß an technischem Verständnis und die Fähigkeit zum abstrakten Denken. Nur auf diese Weise wird es ihnen möglich sein, Anwendungen nicht nur effizient zu nutzen, sondern auch ggf. Fehler oder Optimierungsbedarf zu erkennen und zu kommunizieren.

Es bedarf eines veränderten Mindsets der Mitarbeitenden. Sie müssen große Aufgeschlossenheit gegenüber rasanten Veränderungen in ihrem gesamten Berufsleben zeigen, flexibel Arbeitsweisen und -schritte sowie Kompetenzen anpassen und ausbauen können, dabei große Frustrationstoleranz, Selbstreflexion und Ausdauer zeigen. Es gilt, Veränderungen „auszuhalten" und zu akzeptieren, dass kontinuierlicher Wandel das Berufsleben prägt. Mitarbeitende sind dabei zunehmend in der Lage, (digitale) Lernangebote zu ermitteln und passgenaue Fort- und Weiterbildungen zu absolvieren. Mitarbeitende halten sich an eine strukturierte Arbeitsweise, sind neben dem Vollzug von standardisierten Abläufen allerdings auch jederzeit in der Lage, auf Abweichungen kreativ und lösungsorientiert im Sinne des gemeinsamen Kanzleierfolgs und zum Wohle der Mandanten und Beteiligten zu reagieren. Ein Kanzleiteam der Zukunft wird außerdem davon profitieren, wenn Mitarbeitende ein hohes Maß an Eigeninitiative und Selbstständigkeit zeigen, weil auf diese Weise zB Führungspersonen entlastet werden können. Gelungene, moderne Führung wird in Kanzleien Einzug halten, die sich nicht mehr als „Aufgabenverteiler" und hierarchisch denkenden und handelnden Vorgesetzten sieht, sondern Mitarbeitende gezielt und individuell fördert, zur selbstständigen Arbeit anregt, insgesamt motiviert und Mentor des Kanzleiteams ist.

Weil aber, wie bereits erwähnt, neue, kollaborative Arbeitsweisen selbstverständlich sein werden, müssen Mitarbeitende teamfähig sein, integrativ kommunizieren und sicher sowie professionell unterschiedliche Möglichkeiten der Kommunikation nutzen, wie zB die persönliche Ansprache, Telefongespräch, Videomeeting, Chat, rein schriftlich/per Mail.

Die sich verändernden Anforderungen an Mitarbeitende sorgen dafür, dass sie bereits jetzt entsprechend vorbereitet, geschult und gefördert werden müssen. Bei der Personalsuche zur Besetzung von Stellen haben Kanzleien die Aufgabe, entsprechende Kompetenzen, wenn bereits vorhanden, zielgerichteter bei Bewerbern herauszufiltern und zu selektieren, wer den großen Herausforderungen der Zukunft wohl am ehesten positiv entgegengetreten wird. Wenn die Kanzlei genau definiert hat, welches Stellen- und Persönlichkeitsprofil neue Mitarbeitende erfüllen sollen, wird die Personalsuche verbessert bzw. Fehlbesetzungen weitestgehend vermieden. Die Personalentwicklung bekommt in Kanzleien einen viel höheren Stellenwert als bisher.

11 Trotz Digitalisierung werden Fachangestellte in den Kanzleien nicht gänzlich durch den Einsatz von Legal Tech bzw. Künstlicher Intelligenz ersetzt werden können. Allerdings trägt neue Technologie sehr wohl dazu bei, dass die Mitarbeitenden entlastet werden und sich (wieder) vermehrt auf die Bearbeitung juristischer Sachverhalte und die serviceorientierte Mandanten- und Beteiligtenbetreuung fokussieren können. Ein entscheidender Vorteil von Legal Tech, den die Kanzleien bewusst wahrnehmen und einsetzen sollten.

12 Die Zerlegung von Tätigkeiten auf unterschiedliche Mitarbeitende oder unter (teilweiser) Nutzung von automatisierten Prozessen durch Softwarelösungen ist unerlässlich. So sollte eine Kanzlei genau prüfen, welche Aufgaben ausschließlich von ausgebildeten Fachangestellten übernommen werden müssen und welche Aufgaben auch auf branchenfremdes Personal übertragen werden können – dies nicht nur aus wirtschaftlichen Gesichtspunkten. Das Unterstützungs- und Entlastungspotenzial durch technische Lösungen ist riesengroß.

2. Veränderungen im Anwaltsbereich

13 Nicht erst seit der Einführung der verbindlichen Nutzung des beA zum 1.1.2022 und des elektronischen Rechtsverkehrs nutzen viele Kanzleien Softwarelösungen für die tägliche Arbeit. Jedoch herrscht vielfach noch die Nutzung sog. „Hybridlösungen" vor, also die parallele Nutzung von Papierhandakten sowie elektronischen Akten. Es kommt zu zeit- und ressourcenraubenden Medienbrüchen und unnötigem Mehraufwand, indem zB Posteingänge sowohl in Papierform als auch in elektronischer Form verarbeitet werden. Zur Steigerung von effizienten, standardisierten Abläufen und zur Entlastung des Backoffice sollten Kanzleien den großen Freiraum zur rein elektronischen Mandatsführung zügig nutzen. Im Anwaltsbereich herrscht schon lange die Freiheit der rein elektronischen Mandatsführung. Lediglich in wenigen Ausnahmefällen sind noch Originaldokumente in Papierform zur Akte zu nehmen oder zeitweise vorzuhalten (zB Heirats- oder Geburtsurkunden in Familiensachen, Vollmachten, Kündigungen, Originaltitel in Papierform für die Zwangsvollstreckung etc). Diese Ausnahmen werden perspektivisch gesehen wohl auch immer weniger, weil digitale/elektronische Lösungen zugelassen werden.

14 Für Mitarbeitende im Anwaltsbereich steht und fällt die effiziente Mandatsführung mit einer sorgfältigen Datenerfassung unter Berücksichtigung der DS-GVO in einer Kanzleisoftware. Diese ist die Basis zur Erstellung von Korrespondenz, Nutzung eines Dokumenten-Management-Systems oder vieler weiterer Funktionen einer Software, wie der Verknüpfung zu Terminen, Fristen, Wiedervorlagen, Zeiterfassung, aber auch der Rechnungserstellung, des Forderungseinzugs oder der automatisierten Bearbeitung von gerichtlichen Mahnverfahren. Mitarbeitende müssen wissen, welche Daten an welcher Stelle der Software genutzt werden, welche Auswirkungen ggf. Fehler oder Lücken in der Datenerfassung haben, wie diese vermieden oder behoben werden und wann sie ggf. welche Daten nicht (mehr) erfassen oder speichern dürfen. Ein Beispiel ist hier das Löschen einer Vermögensauskunft aus der elektronischen Akte gemäß § 802d Abs. 1 S. 3 ZPO.

15 Kanzleisoftware wird vermehrt unterschiedliche Schnittstellen einbeziehen und auf diese Weise Abläufe automatisieren können. Hier ist das technische und abstrakte Verständnis der Mitarbeitenden gefragt. Sie müssen nachvollziehen, was eine Software „im Hintergrund" leistet, um ggf. Fehler zu erkennen oder im Vorfeld entscheiden zu können, welche Auswirkungen welche Datenerfassung hat und welche Automatismen ggf. angestoßen werden.

16 Viele digitale Abläufe erleichtern Mitarbeitenden die tägliche Arbeit. Unerlässlich wird dabei aber der professionelle Kontakt zu Mitarbeitenden oder Dritten sein. Ein direkter persönlicher Mandantenkontakt ist vielfach gar nicht mehr nötig, weil Mandate bundesweit über elektronische Wege angetragen werden und man wichtige Fragen telefonisch, per Mail oder im Videomeeting klärt. Gerichtstermine werden immer

häufiger auch als Videoverhandlung geführt. Zu den Kompetenzen der Mitarbeitenden wird es gehören, sicher die technischen Voraussetzungen und Anwendungen für diese Art der Kommunikation zu nutzen und Führungspersonen bereitzustellen, wie zB die Terminsvorbereitung eines Videomeetings.

Manche Rechtsgebiete erfordern allerdings vermehrt Kommunikationsgeschick, Empathie und Einfühlungsvermögen, wie zB das Familienrecht oder Arbeitsrecht. Hier kommt Mitarbeitenden neben der „unpersönlichen" Kommunikation, die rein technisch abläuft, ein hohes Maß an Verantwortung zu. Mandanten in diesen Bereichen erwarten keine distanzierte, automatisierte Abarbeitung ihrer „Sache", sondern ganz konkret das offene Ohr, die persönliche, menschliche Ansprache und individuelle Lösungen. 17

Zur fortschreitenden Digitalisierung gehört auch die Tatsache, dass perspektivisch manche Tätigkeiten oder Rechtsgebiete nicht mehr von klassischen Anwaltskanzleien übernommen werden, sondern die Konkurrenz im Rahmen von Legal Tech-Lösungen und (Internet-)Portalen, die Künstliche Intelligenz zur Fallbearbeitung einsetzen, Geschäft übernimmt. Diese Konkurrenz kann auch dafür sorgen, dass Fachkräfte ein weiteres neues Betätigungsfeld hinzugewinnen und ihre Arbeitskraft dorthin verlegen. 18

3. Veränderungen im Notariatsbereich

Auch wenn die notariellen Urkunden derzeit noch zum überwiegenden Teil in Papierform vorliegen, schreitet die Digitalisierung mit Änderung der DONot und Einführung der NotAktVV auch im Notarbereich mit großen Schritten voran. Das hat auch direkte Auswirkungen auf den Mitarbeiterbereich, so dass Fachkräfte, die sich für diesen Beruf entscheiden, mittlerweile eine hohe Affinität zu digitalen Prozessen haben müssen, um in dem Beruf mitzuhalten und Spaß zu haben. Schon zu Beginn eines neuen Auftrages kommt die Digitalisierung ins Spiel: Die Beteiligtendaten müssen DS-GVO-und NotAktVV-konform erfasst, verarbeitet und zur Akte gespeichert werden (§§ 5 und 6 NotAktVV). Gem. § 43 NotAktVV ist die Führung einer elektronischen Akte zulässig. Je nach Auftragslage muss zur weiteren Bearbeitung des Auftrages nach aktuellen Grundbuch- bzw. Registerauszügen im jeweils elektronisch geführten Register recherchiert, die entsprechenden Dokumente im Anschluss heruntergeladen und zur elektronischen Akte gespeichert werden. Die dabei entstehenden Kosten für Grundbuchauszüge (Handelsregisterauszüge sind seit dem 1.8.2022 kostenfrei) sollten als steuerpflichtiger Aufwand zur Akte erfasst werden, damit diese bei Abrechnung der Akte entsprechend berücksichtigt werden. 19

Sind Gesellschaften am Notarauftrag beteiligt, kommen weitere Prüfpflichten nach dem GWG und der GwGMeldV-Immobilien auf das Notariatsteam zu und weitere Maßnahmen müssen veranlasst werden, zB die Einsicht ins elektronisch geführte Transparenzregister (www.transparenzregister.de). Ist die Urkunde im Entwurf erstellt, wird sie den Parteien in der Regel auf elektronischem Weg zur Verfügung gestellt. Hier gilt es, die Vorschriften der DS-GVO zu kennen, anzuwenden und dementsprechend einen sicheren elektronischen Übermittlungsweg zu beschreiten. Die Vereinbarung eines Beurkundungstermins läuft ebenfalls über die Mitarbeiterebene und auch das Terminmanagement läuft digital über die jeweiligen elektronischen Besprechungskalender der Berufsträger. Ist eine Kanzlei technisch gut aufgestellt, ist die Telefonsoftware mit der Kanzleisoftware verbunden und bei einem Anruf sieht der Mitarbeitende direkt, wer anruft und mit welcher Akte er verknüpft ist. Eine elektronische Telefonnotiz kann erstellt und dem jeweiligen internen Empfänger zugesendet werden. Ist die Beurkundung erfolgt und liegt die Urkunde in Papierform vor, erhält diese gem. § 31 NotAktVV eine UVZ-Nummer. Diese fortlaufende Nummernvergabe erfolgt über einen Dienst der Bundesnotarkammer im sog. elektronisches Urkundenarchiv. Seit Juli 2022 werden die Urkunden digitalisiert, qualifiziert elektronisch signiert und verschlüsselt im elektronischen Urkundenarchiv der Bundesnotarkammer abgelegt. Bis auf das Signieren der Urkunden wird die korrekte Archivierung der Urkunden eine Aufgabe der Mitarbeitenden sein. Die Nutzung und Pflege der weiteren Dienste der Notarkammer, wie zB das ZVR bzw. das ZTR, stellt ebenfalls eine Mitarbeiteraufgabe dar. Erfolgt in einer liegenschaftsrechtlichen Angelegenheit die Zahlung eines Kaufpreises nicht per Direktzahlung, sondern durch Hinterlegung beim Notar, kommt gem. § 21 NotAktVV ein weiterer elektronischer Dienst der Bundesnotarkammer zum Einsatz, das elektronisch geführte Verwahrungsverzeichnis. Die – soweit bereits eingeführt – digitale Kommunikation zu Gerichten und Behörden erfolgt über das beN (besonderes 20 elektronisches Notarpostfach) und die Nutzung der entsprechenden Client-Software XNP. Auch an dieser Stelle ist die Registrierung der Vorgänge und Anfügen der elektronischen Dateien eine Aufgabe der Mitarbeitenden. Die Vollzugstätigkeit von Urkunden, zB bei einem Grundstückskaufvertrag die Versendung von Vertragsabschriften an Behörden, Vertragsbeteiligte etc, erfolgt vielfach auf elektronischem Wege und unter Nutzung der im Einsatz befindlichen Software. Ist der Auftrag erledigt, werden die Notargebühren über die Software abgerechnet und die Kostenrechnung erstellt. Die Rechnungsnummernvergabe erfolgt in der Regel automatisch durch die Software.

21 Und die Digitalisierung geht weiter: So ist zum 1.8.2022 das Gesetz zur Umsetzung der Digitalisierungsrichtlinie (DiRUG) bundesweit in Kraft getreten. Danach sind seit diesem Zeitpunkt GmbH-Gründungen und bestimmte Handelsregisteranmeldungen auch online (mittels Videokonferenz) möglich.

22 Aus alldem wird erkennbar, dass bei der Ausübung des Berufs des ReNo die Digitalisierung eine große Rolle spielt und perspektivisch den analogen Bearbeitungsvorgang verdrängen wird.

IV. Perspektive des Berufsbildes und der Mitarbeitenden

23 Fachkräfte werden auch in Zukunft aus den Kanzleien nicht wegzudenken sein. Sie sind wie bisher eine maßgebliche Säule einer wirtschaftlich erfolgreichen Kanzlei. Nach dem erfolgreichen Abschluss der Ausbildung stehen Fachangestellten viele Möglichkeiten zur Verfügung, sich fortzubilden und zu spezialisieren. So gibt es derzeit die bundesweit anerkannte Fortbildung zur/m Rechtsfachwirt/in und daneben verschiedene Fortbildungsmöglichkeiten im Notarbereich, wie zB den leitenden Notarmitarbeiter oder den/die Notarfachwirt/in. Im Notarbereich fehlt derzeit noch eine bundesweit anerkannte Fortbildungsmöglichkeit. Auch begleitende Studiengänge, wie der Bachelor of Law (LLB), oder spezielle Zertifikatslehrgänge für bestimmte Rechtsgebiete (Familienrecht, Verkehrsunfallschadenregulierung) sind nur eine kleine Auswahl der großen Vielfalt. Die Umsetzung der neuen Fortbildungsstufen nach dem BBiG (§ 53a) steht bei den Dachorganisationen noch als Projekt an, so dass es künftig nach Einigung der Dachorganisationen auf Arbeitgeber- und -nehmerseite und dem anschließenden Erlass durch das Ministerium ebenfalls eine entsprechende Fortbildungsverordnung für die Berufsgruppe geben wird. Für die Kanzlei ist von entscheidender Bedeutung, dass jede Art von Fort- und Weiterbildung nicht nur der persönlichen und fachlichen Entwicklung von Mitarbeitenden dient, sondern maßgeblich auch zu einer dauerhaften Bindung der Mitarbeitenden an die Kanzlei führt.

74. Rechtsinformatik

Herberger

I. Die Anfänge ... 1	4. Die Methodenfrage ... 14
II. „Rechtsinformatik" in Deutschland – die konzeptuellen Ansätze ... 4	III. Der Versuch eines Neustarts ... 17
1. Die Integrationsthese: Rechtsinformatik als Datenverarbeitung im Recht mit Informationsrecht ... 5	IV. Wissenschaftstheoretische Verortung ... 19
a) Wilhelm Steinmüller ... 5	1. Ausscheren aus dem Verbund der „Bindestrich-Informatiken" ... 20
b) Herbert Fiedler ... 8	2. Divergenz zum internationalen Rechtsinformatik-Verständnis ... 24
2. Die Trennungsthese: Rechtsinformatik ohne Informationsrecht ... 11	3. Praktische Folge-Probleme ... 26
3. Ein möglicher analytischer Konsens ... 13	V. Das Verhältnis von Rechtsinformatik und Legal Tech ... 27

Literatur: *Brechmann*, Legal Tech und das Anwaltsmonopol. Die Zulässigkeit von Rechtsdienstleistungen im nationalen, europäischen und internationalen Kontext, 2021 (zit.: Brechmann Legal Tech); *Bull*, Was ist Informationsrecht?, IuR 1986, 287, abrufbar unter https://www.jurpc.de/jurpc/show?id=iur_1986_0000_0007_0007_0 013&type=pdf; *Bund*, Einführung in die Rechtsinformatik, 1991 (zit.: Bund Rechtsinformatik); *Erdelez/O'Hare*, Legal Informatics: Application of Information Technology in Law, Annual Review of Information Science and Technology (ARIST) vol. 32 (1997), 367, abrufbar unter https://www.researchgate.net/publication/234627056_Legal_Informatics_Application_of_Information_Technology_in_Law; *Fiedler*, Automatisierung im Recht und juristische Informatik, JuS 1970, 432; *Fiedler*, Automatisierung im Recht und juristische Informatik, JuS 1971, 228; *Fiedler*, Rechtsinformatik und juristische Tradition, in Stratenwerth/Kaufmann/Schreiber/Jakobs (Hrsg.), Festschrift für Hans Welzel zum 70. Geburtstag, 1974, S. 167; *Fiedler*, Functional Relations between Legal Regulations and Software, in Niblett (Hrsg.), Computer Science and Law, 1980, S. 137 (zit.: Niblett Computer Science and Law/Fiedler);*Fiedler*, Rechtsinformatik – Die Chance einer zweiten Geburt. Zur Tagung in Marburg 23.–25.09.93, JurPC 1993, 2211, abrufbar unter https://www.jurpc.de/jurpc/show?id=1993_08_60000; *Fiedler*, Die Notwendigkeit informationeller Garantien und die zweite Geburt der Rechtsinformatik, JurPC 1993, 2346, abrufbar unter https://www.jurpc.de/jurpc/show?id=1993_11_64000&type=pdf; *Freed*, Materials and cases on computers and law, 1968, abrufbar unter https://lccn.loc.gov/73005646; *Gantner*, „Der Berg kreißte und gebar eine Maus" – Rechtsinformatik nach ihrer zweiten Geburt, JurPC 1995, 2987, abrufbar unter https://www.jurpc.de/jurpc/show?id=1995_01_80600&type=pdf; *Haft*, Einführung in die Rechtsinformatik, 1977 (zit.: Haft Rechtsinformatik); *Herberger*, Rechtsinformatik. Anmerkungen zum Verständnis von Fach und Forschungsgebiet, in Schweighofer et al. (Hrsg.), Effizienz von e-Lösungen in Staat und Gesellschaft. Aktuelle Fragen der Rechtsinformatik. Tagungsband des 8. Internationalen Rechtsinformatik-Symposions/IRIS, 2005, S. 29 (zit.: Schweighofer et al. Effizienz von e-Lösungen/Herberger); *Herberger*, Ein akademisch-traumatischer Streit um die Rechtsinformatik, in Hötzendorfer/Tschohl/Kummer (Hrsg.), International Trends in Legal Informatics – Festschrift Erich Schweighofer, 2020, S. 489, abrufbar unter https://jusletter-it.weblaw.ch/en/issues/2020/fses/23_s_489_498_herberg_b0b4d2d88b.html; *Hinson*, Legal Informatics: Opportunities for Information Science, Journal of Education for Library and Information Science (JELIS) vol. 46 No. 2 (2005), 134, abrufbar unter https://www.jstor.org/stable/40323866; *Hoeren/Bohne*, Rechtsinformatik – Von der mathematischen Strukturtheorie zur Integrationsdisziplin, in Traunmüller (Hrsg.), Informatik in Recht und Verwaltung: Gestern – heute – morgen. Ehrenband Prof. Dr. Dr. Fiedler zum Achtzigsten Geburtstag, 2010, S. 23, abrufbar unter https://dl.gi.de/bitstream/handle/20.500.12116/33382/23.pdf; *Hopt*, Entwicklungen der Rechtsinformatik in den USA, DSWR 1 (1971/72), 235; *Hopt*, Entwicklungen der Rechtsinformatik in den USA, DSWR 1 (1971/72), 280; *Hopt*, Entwicklungen der Rechtsinformatik in den USA, DSWR 1 (1971/72), 304; *Hopt*, Rechtsinformatik, in Grimm (Hrsg.), Rechtswissenschaft und Nachbarwissenschaften, Bd. 2, 1976, S. 143 (zit.: Grimm Rechtswissenschaft und Nachbarwissenschaften/Hopt); *Kilian*, Warum Rechtsinformatik?, CR 2001, 132; *Koitz/Kemper*, Rechtsinformatik. Informationstechnologien zur Rationalisierung von Rechtsbildung und Rechtsanwendung, 1989 (zit.: Koitz/Kemper Rechtsinformatik); *Linant de Bellefonds*, L´Informatique et le Droit, 1981 (zit.: Linant de Bellefonds L´Informatique et le Droit); *Mehl*, Automation in the Legal World. From the Machine Processing of Legal Information to the „Law Machine", 1959, abrufbar unter https://aitopics.org/download/classics:97D0 F0CA; *Mehl*, Informatique, juridique et droit comparé, Revue internationale de droit comparé (R.I.D.C.) 1968, 617, abrufbar unter https://www.persee.fr/doc/ridc_0035-3337_1968_num_20_4_17222; *Paliwala*, A history of Legal Informatics: An introduction, in Paliwala (Hrsg.), A history of legal informatics, 2010, S. 11 (zit.: Paliwala History of legal informatics/Paliwala); *Reisinger*, Strukturwissenschaftliche Grundlagen der Rechtsinformatik,

1987 (zit.: Reisinger Strukturwissenschaftliche Grundlagen); *Scheer*, Wirtschaftsinformatik. Referenzmodelle für industrielle Geschäftsprozesse, 6. Aufl. 1995 (zit.: Scheer Wirtschaftsinformatik); *Steinmüller*, Gegenstand, Grundbegriffe und Systematik der Rechtsinformatik. Ansätze künftiger Theoriebildung, DvR 1972, 113; *Susskind*, Legal Informatics – A Personal Appraisal of Context and Progress, European Journal of Law and Technology (EJLT) vol. 1 (2010), abrufbar unter https://ejlt.org/index.php/ejlt/article/view/18/7; *Waltl/Jacob/Schindler*, Legal Tech – interdisziplinär und kollaborativ, WuM 12 (2020), 422; *Wolf*, Thesen zur „2. Geburt" der Rechtsinformatik, JurPC 1994, 2432, abrufbar unter https://www.jurpc.de/jurpc/show?id=1994_01_68200&type=pdf.

I. Die Anfänge

1 In den sechziger Jahren des letzten Jahrhunderts entstand in Europa ein Konzept von Rechtsinformatik. Zwar gab es in den USA in dieser Zeit bereits Universitätskurse zu „Information science, computers, and law".[1] Die sich in dieser Bezeichnung andeutende Möglichkeit eines Brückenschlags zwischen einer Wissenschaftsdisziplin („information science") und einem computerbezogenen Rechtsszenario („computers and law") führte dort zunächst allerdings nicht zur Herausbildung einer Bezeichnung für eine Verbundwissenschaft mit explizitem Informatikbezug.

2 Anders verlief die Entwicklung in Europa. Als Beispiel seien Überlegungen von Mehl in einem Vortrag aus dem Jahr 1967 genannt. Er knüpfte an die Informatik an, die er im Wesentlichen als die Wissenschaft und die Technik der logischen und automatischen Behandlung von Information begriff *(*„la science et la technique du traitement logique et automatique de l'information"). Von diesem Ausgangspunkt her schlug er eine gedankliche Brücke zur Rechtsinformatik („l'informatique juridique"). Die so verstandene Rechtsinformatik diene in erster Linie der Suche nach juristischen Informationen und der Erfassung derselben. Sie könne aber darüber hinaus noch den – wenn auch begrenzten – Anspruch haben, das juristische Denken zu automatisieren *(*„peut aussi avoir pour ambition, nécessairement limitée, l'automatisation du raisonnement juridique").[2] Gestützt auf diese Ausgangsprämissen entwarf Mehl ein weitreichendes Programm für den durch die Rechtsinformatik ausgelösten methodologischen Fortschritt. So könne die Maschine so programmiert werden, dass sie im Stande sei, aus einem System komplexer Regeln logische Folgerungen zu deduzieren („La machine peut être programmée de telle sorte qu'elle soit capable de déduire les conséquences d'un ensemble de règles complexes"). Auf diese Weise sei es beispielsweise auch möglich, Regelungssysteme auf interne Kohärenz zu überprüfen.[3]

3 Die Bezeichnung „L'informatique juridique" mit der Bedeutung „science du traitement logique et automatique de l'information" hat sich dann in Frankreich – von „droit de l'informatique" unterschieden – etabliert.[4]

II. „Rechtsinformatik" in Deutschland – die konzeptuellen Ansätze

4 Der Rückblick auf den Entstehungszusammenhang eines als „Rechtsinformatik" bezeichneten Faches ist nicht nur von historischem Interesse. Diese originären Überlegungen sind wissenschaftstheoretisch noch immer von Belang. Damals vorgenommene Weichenstellungen wirken bis in die Gegenwart fort. Alte Argumentationsmuster haben sich gehalten oder tauchen wieder neu auf. Dies betrifft insbesondere die Frage nach dem Verhältnis von Rechtsinformatik und Informationsrecht.

---

1 Vgl. zB Freed, Materials and cases on computers and law, 1968. Zu der seinerzeitigen Entwicklung in den USA siehe im Einzelnen Hopt DSWR 1 (1971/1972), 235; Hopt DSWR 1 (1971/1972), 280; Hopt DSWR 1 (1971/1972), 304.
2 Mehl R.I.D.C. 1968, 617 (617 f.). Der konzeptuelle Gesamtentwurf findet sich bereits bei Mehl, Automation in the Legal World, 1959. Dort wird aber der Terminus „informatique juridique" noch nicht verwendet.
3 Mehl R.I.D.C. 1968, 617 (622 f.).
4 Vgl. Linant de Bellefonds L'Informatique et le Droit S. 3, 5 f., 73.

1. Die Integrationsthese: Rechtsinformatik als Datenverarbeitung im Recht mit Informationsrecht

a) Wilhelm Steinmüller

Für die deutsche Diskussion folgenreich waren die Überlegungen Steinmüllers zum Gegenstandsbereich von „Rechtsinformatik":

> „Gegenstand der Rechtsinformatik ist nach gegenwärtiger Auffassung die wechselseitige Relation zwischen EDV und Recht. Ihr Ziel ist, eine zugehörige Theorie zu bilden, die möglichen Anwendungen zu erforschen und ihre Rechtsprobleme zu lösen. Rechtsinformatik behandelt also zunächst die Relation EDV – Recht, aber auch die umgekehrte Relation Recht – EDV. Erstere heißt kurz ‚Juristische Datenverarbeitung' (dh Anwendungsprobleme der EDV im Rechtsbereich, zB Rechts-, Verwaltungsautomation), letztere meist ‚EDV-Recht' (dh Rechtsfragen aus Anlass der elektronischen Datenverarbeitung, wie zB Datenschutzrecht), gelegentlich auch ‚Informationsrecht'."[5]

Auf diese Weise wurde der Rechtsinformatik neben der Befassung mit der „juristischen Datenverarbeitung", die allerdings nur unter dem Aspekt der „Anwendungsprobleme" angesprochen wurde, auch die Bearbeitung aller durch die EDV aufgeworfenen Rechtsfragen zugewiesen. Das musste konsequenterweise zu der Frage führen, ob nicht die auf die EDV zurückgehenden Rechtsfragen besser in den jeweils dafür zuständigen rechtswissenschaftlichen Fächern erörtert werden sollten. *Steinmüller* erklärte dazu explizit, dass er diese Frage nicht behandeln wolle:

> „Unerörtert, weil praktisch unergiebig, bleibe die Frage, ob diese Problematik nicht besser von der klassischen Jurisprudenz abgehandelt werden sollte: Sie möge es ebenfalls tun, und bis dahin sollte darum kein wissenschaftlicher Streit ausbrechen."[6]

Abgesehen davon, dass diese Doppelbearbeitung gleichgelagerter Fragestellungen in unökonomischer Weise dem Grundsatz der disziplinären Arbeitsteilung widerspricht, ist Steinmüllers Wunsch, es solle darüber kein wissenschaftlicher Streit ausbrechen, nicht in Erfüllung gegangen. Über die Frage, ob das Informationsrecht (mit dem besonderen Schwerpunkt Datenschutz) zur Rechtsinformatik gehören soll, wird in Deutschland seit den Anfängen der „Rechtsinformatik" bis heute gestritten. Es handelt sich allerdings um eine deutsche Sonderdebatte, die in anderen europäischen Ländern so nicht geführt wird.

b) Herbert Fiedler

Fiedler, über Jahrzehnte hinweg einer der maßgeblichen Vordenker zum Thema „Informatik und Recht" in Deutschland, hat 1970 einen konzeptuellen Vorschlag zur Begründung des Faches „Rechtsinformatik" vorgelegt. Er knüpfte dabei an die von Steinmüller vorgeschlagene Bezeichnung an. Jedoch scheint es auf den ersten Blick so, als würde „Rechtsinformatik" inhaltlich anders bestimmt. In der Rechtsinformatik als Disziplin gehe es „nicht mehr nur um die Sammlung einzelner Anwendungsbeispiele der Datenverarbeitung in Recht und Verwaltung [...], sondern um eine in sich geschlossene Methodik, welche mit den speziellen Bedingungen ihres Anwendungsgebiets eine systematische Einheit bilden kann".[7]

Wenn man so ansetzt, scheint das Informationsrecht daneben eine eigene getrennte Disziplin zu sein, die sich nicht mehr als Teil der Rechtsinformatik verstehen lässt. Fiedler deutet diese mögliche Konsequenz an, indem er konstatiert, dass die Strukturfragen der DV und der DV-Anwendung von deren positivrechtlicher Normierung zu trennen seien. Er folgert daraus: „Hier deutet sich eventuell eine methodische Trennung an: Rechtsinformatik – Dogmatik des Informationsrechts".[8] Allerdings wird diese Trennung dann sogleich wieder relativiert. Weil die DV-Anwendungen und deren positivrechtliche Normierung in einer Wechsel-

---

5 Steinmüller, DvR 1972, 113 (S. 114).
6 Steinmüller DvR 1972, 113 (141).
7 Fiedler JuS 1970, 432 (433). Fiedler hielt damals auch noch die Bezeichnung „juristische Informatik" für erwägenswert und verwendet sie verschiedentlich, versteht sie aber als Synonym zu „Rechtsinformatik" (Fiedler JuS 1971, 228 (229)).
8 Fiedler JuS 1971, 228 (231).

wirkung zueinander stünden, gehöre auch diese Wechselwirkung „zu den Gegenständen der juristischen Informatik".[9]

10 Weil die Rede von der Wechselwirkung die praktischen Konsequenzen noch etwas im Ungefähren ließ, hat Fiedler dazu sogleich 1974 eine Präzisierung hinzugefügt. Er legte eine Gliederung der Rechtsinformatik vor, die neben der an die Datenverarbeitung anknüpfenden allgemeinen und speziellen Rechtsinformatik die „Dogmatik des Rechts der Datenverarbeitung und eines allgemeinen Informationsrechts" als Teil der Rechtsinformatik aufführte. Es sei wegen der engen Wechselwirkung zwischen dogmatischen und strukturellen Methoden zweckmäßig, diese dogmatische Disziplin in den Bereich der Rechtsinformatik einzubeziehen.[10] Allerdings sei nicht zu verkennen, dass das Recht der Datenverarbeitung eher juristische Dogmatik sei. Es gehöre daher „zur Rechtsinformatik nur im weiteren Sinne".[11] Damit war die danach immer wieder aufgegriffene Differenzierung zwischen „Rechtsinformatik im engeren Sinn" und „Rechtsinformatik im weiteren Sinn" begründet. Die „Rechtsinformatik im engeren Sinn" befasst sich danach mit Informatik-Auswirkungen im Rechtswesen. Die „Rechtsinformatik im weiteren Sinn" nimmt noch das Informationsrecht (und hier vor allem das Datenschutzrecht) mit hinzu.[12]

2. Die Trennungsthese: Rechtsinformatik ohne Informationsrecht

11 Gegen die Integrationsthese (Rechtsinformatik = Datenverarbeitung im Recht + Informationsrecht) wurde früh dafür plädiert, Rechtsinformatik und Informationsrecht zu unterscheiden und nicht in einer Disziplin zusammenzufassen. Hopt hielt es für ausgeschlossen, mit Blick auf die Gesamtheit der EDV-bezogenen rechtlichen Regelungen „eine eigene Rechtsinformatik begründen zu können". Der Sache nach handele es sich bei der Befassung mit diesen Regelungen „um eine ganz normale Rechtsdogmatik, die nicht punktuell und damit notwendigerweise dilettantisch der Rechtsinformatik inkorporiert, sondern dem Verfassungs-, Verwaltungs-, Urheber- und Wettbewerbsrecht usw. belassen werden sollte".[13] In gleichem Sinne hat Bull dafür argumentiert, zwischen Rechtsinformatik und Informationsrecht zu differenzieren. Die Rechtsinformatik sei ein Teil der Informatik, beziehe sich also von vornherein auf Methoden und Techniken der Datenverarbeitung.[14] Drastisch zugespitzt formulierte Wolf: „‚Informationsrecht' und Rechtsinformatik sind zweierlei. Sie haben etwa soviel miteinander zu tun wie dogmatische Fragen des ärztlichen Haftungsrechts mit der Benutzung eines Skalpells bei einer Blinddarmoperation."[15]

12 Die Trennungsthese voraussetzend wurden in der Nuancierung unterschiedliche, aber doch weitgehend in dieselbe Richtung zielende Definitionen für Rechtsinformatik vorgeschlagen:
- Rechtsinformatik als „Wissenschaft von der Erfassung und Veränderung der Informations- und Entscheidungsstrukturen in rechtlichen Regelungssystemen mittels formalisierender Methoden insbesondere unter Einsatz der EDV".[16]
- Rechtsinformatik als „Anwendung der Informatik bei der Rechtsbildung und Rechtsverwirklichung".[17]
- Rechtsinformatik als „Wissenschaft von der Anwendung informatischer Methoden auf Informations- und Entscheidungsstrukturen im Rechtssystem und in der Rechtswissenschaft. Sie ist wie alle Anwendungen der Informatik auf bestimmte Sachgebiete eine Methodenwissenschaft und unterstützt die Methoden juristischer Tätigkeit auf allen Stufen."[18]

---

9 Fiedler JuS 1971, 228 (231).
10 Fiedler FS Welzel, 1974, 167 (176).
11 Fiedler FS Welzel, 1974, 167 (183).
12 Die „enger/weiter"-Differenzierung wurde dann teilweise noch weiter ausdifferenziert, was zu vielfältigen terminologischen Friktionen führt; vgl. dazu Schweighofer et al. Effizienz von e-Lösungen/Herberger S. 29 (31 ff.).
13 Grimm Rechtswissenschaft und Nachbarwissenschaften/Hopt S. 143 (160); zustimmend Haft Rechtsinformatik S. 16; Koitz/Kemper Rechtsinformatik S. 27.
14 Bull IuR 1986, 287 (290).
15 Wolf JurPC 1994, 2432 (2434).
16 Grimm Rechtswissenschaft und Nachbarwissenschaften/Hopt S. 143 (155); zust. Haft Rechtsinformatik S. 17.
17 Koitz/Kemper Rechtsinformatik S. 30.
18 Bund Rechtsinformatik S. 11.

- Rechtsinformatik als „Wissenschaft der Beziehungen zwischen Informationstechnologie und juristischen Arbeitsorganisationen bzw. -verfahren. Als Wissenschaft wendet sie die Methoden der Angewandten Informatik an und versteht sich als systemgestaltende Disziplin. Ihr Fachbereich, an dessen Gestaltung sie mitwirkt, ist das Rechtsleben, dessen Organisationen und die juristische Arbeit."[19]

„‚Rechtsinformatik' kann deshalb als Wissenschaft von den Voraussetzungen, Anwendungen und Folgen der Informationstechnologie im Recht definiert werden."[20]

3. Ein möglicher analytischer Konsens

Sucht man angesichts der durch Steinmüllers Definition für „Rechtsinformatik" angestoßenen Terminologie-Kontroverse nach einem Ausgangspunkt für einen möglichen Konsens, so ist es dieser: Steinmüller geht – wie Fiedler – davon aus, dass die beiden möglichen Teilbereiche der Rechtsinformatik („Juristische Datenverarbeitung" vs. „EDV-Recht") analytisch präzise unterschieden werden können. Der Streit wäre dann lediglich einer um die „richtige" Benennung zweier Erkenntnis- und Anwendungsfelder, über deren Zuschnitt grundsätzlich ein Konsens besteht. Auch darauf muss Aufmerksamkeit verwendet werden. Eine Debatte um die angemessene und zweckmäßige Bezeichnung genau konturierter Teildisziplinen folgt aber anderen Regeln als die (vorgelagerte) Debatte um die Konturierung der betroffenen Disziplinen selbst. Rückblickend hat übrigens Steinmüller selbst an der Zweckmäßigkeit der Wortwahl „Rechtsinformatik" in dem von ihm entworfenen Begriffsraster gezweifelt.[21]

4. Die Methodenfrage

Die Konstituierung eines Faches setzt nicht nur Einigkeit über den zu bearbeitenden Gegenstandsbereich voraus, sondern zusätzlich einen Konsens über die einzusetzenden Methoden. Die Methodendebatte hat konsequenterweise die Entwicklung der Rechtsinformatik von Anfang an begleitet.

Da die Wahl der wissenschaftlichen Methode davon abhängt, ob sie dem gewählten Gegenstandsbereich angemessen ist, fanden die unterschiedlichen Auffassungen zum Gegenstandsbereich der Rechtsinformatik ihre Fortsetzung in der Methodendiskussion. Sollen unter der Bezeichnung „Rechtsinformatik" in Gestalt von „Datenverarbeitung im Recht" und „Informationsrecht" zwei heterogene Bereiche zusammengefasst werden, muss dem ein heterogenes Methodenarsenal entsprechen. Denn die Methoden für die wissenschaftliche Arbeit mit dem Bereich „Datenverarbeitung im Recht" sind der Informatik zu entnehmen, die Methoden für die wissenschaftliche Arbeit im Bereich „Informationsrecht" hingegen der Rechtswissenschaft. Das führt notwendigerweise zu der Frage, ob es sinnvoll ist, *eine* Wissenschaft mit *zwei unterschiedlichen* Methodenarsenalen zu konzipieren. Die Auffassung, die das Informationsrecht nicht zur Rechtsinformatik zählt, hat dieses Problem nicht.

Angesichts dieser methodischen Sachlage wurden Konzepte auf einer höheren Abstraktionsebene vorgeschlagen, die auf eine Unifizierung als Strukturwissenschaft hinausliefen. In diesem Sinne unternahm es Fiedler, „die juristische Informatik in einer Strukturtheorie rechtlicher Zusammenhänge fortzusetzen".[22] Dieser Ansatz erlaube es, die „Theorie der Datenverarbeitung im Recht" und die „Strukturtheorie der juristischen Information und Entscheidung" im Sinne einer „stufenartigen Erweiterung" zur juristischen Infor-

---

19 Gantner, JurPC 1995, 2987 (S. 2999).
20 Kilian CR 2001, 132 (133).
21 „Das war 1969. Und habe – die Assistenten haben mir alles Material beigetragen, was es über EDV und Recht gab, EDV und Staat – und dann habe ich den Aufsatz fertig gemacht, und als ich fertig war, habe ich überlegt: Wie heißt er denn? Und dann – ‚Rechtskybernetik' klang zu sehr nach DDR, ‚Rechtsinformationswissenschaft' ist ein Zungenbrecher – kurz: ich habe dann einen falschen Titel darübergeschrieben, nämlich ‚Rechtsinformatik'. Und das hat sich dann weltweit durchgesetzt, das Wort stammt von mir." (Interview v. März 2009, Transkript abrufbar unter https://www.maroki.de/pub/video/steinmueller/interview_steinmueller_pub_v1_transkription_v1.pdf bei 00:07:15–1. Video mit dem Interview abrufbar unter https://www.maroki.de/pub/video/steinmueller/start_video_steinmueller.html.
22 Fiedler JuS 1971, 228.

matik zu rechnen.[23] Zusätzlich wurde angeregt, diese Fragestellungen in einen noch weiteren Zusammenhang einzubetten, nämlich in eine „Strukturtheorie der Gesellschaft, insbesondere der gesellschaftlichen Information und Entscheidung".[24] Bei Betrachtung dieses Ansatzes wird deutlich, dass die Hinzunahme von auf den ersten Blick inhomogenen Ansätzen zur Rechtsinformatik auf der Generalisierungsebene ihren Preis hat: Die innerfachliche Homogenität kann nur hergestellt werden, indem die Abstraktionshöhe immer weiter nach oben getrieben wird.

III. Der Versuch eines Neustarts

17 Ein auf den Zuschnitt und den Zustand der Rechtsinformatik bezogenes Krisenbewusstsein hat Fiedler veranlasst, einen wissenschaftlichen Diskurs über eine „Zweite Geburt" der Rechtsinformatik anzustoßen. Ort des diesbezüglichen Gedankenaustauschs war 1993 eine Tagung in Marburg. Fiedler sah eine „Notlage der Rechtsinformatik" und führte „diese Dramatik" darauf zurück, „daß die Rechtsinformatik allzulange unreflektiert ihren Anfangsparadigmen verhaftet geblieben ist". Das Anfangsparadigma sei wesentlich gekennzeichnet gewesen durch „ein großes Gewicht der informationsrechtlichen Komponente der Rechtsinformatik und der Intention vor allem des Schutzes gegen den ‚Leviathan' Staat".[25]

18 Wie angesichts der bisherigen divergierenden Linien in der Entwicklung des Faches „Rechtsinformatik" nicht anders zu erwarten, konnte ein innerfachlicher Konsens über den künftigen Zuschnitt weder in Marburg noch danach gefunden werden. Der Warnruf Fiedlers hat aber im Sinne einer heilsamen Provokation dazu geführt, ein frisches Nachdenken in Gang zu setzen, das – wenn auch immer noch kontrovers – bis heute andauert. Die Lebendigkeit dieser Diskussion beweist, dass die Rechtsinformatik – anders als verschiedentlich insinuiert – keineswegs tot ist. Vielleicht darf sie sich sogar als neugeboren empfinden, obwohl ihr im Konzert der Fächer in Gestalt von „Legal Tech" eine scheinbar übermächtige Konkurrenz erwachsen ist.

IV. Wissenschaftstheoretische Verortung

19 Bei der Konstituierung von wissenschaftlichen Fächern geht es nicht um Wahrheitsfragen. Die Frage „Was *ist* Rechtsinformatik?" wäre also von vornherein falsch gestellt.[26] Vielmehr hat man es mit Zweckmäßigkeitsfragen zu tun. Es kommt darauf an, ob ein Fach mit Blick auf die Gegebenheiten seiner Zeit einen sinnvollen Beitrag zur Erfassung und Bearbeitung anstehender Erkenntnis- und Handlungsprobleme leisten kann und sollte. Von diesem Beurteilungshorizont her sprechen die folgenden Gründe dafür, Rechtsinformatik unter Ausklammerung des Informationsrechts als ein Informatik-Fach zu begreifen.

1. Ausscheren aus dem Verbund der „Bindestrich-Informatiken"

20 Rechnete man das Informationsrecht, also eine genuin juristische Disziplin, zur Rechtsinformatik, würde man sich vom Fächerverständnis der anderen „Bindestrich-Informatiken" entfernen. Beispielsweise wird in der Medizininformatik nicht die Frage untersucht, welche gesundheitlichen Folgen der Computereinsatz nach sich ziehen kann und welche medizinischen Behandlungen dann angezeigt sind. Vielmehr wird untersucht, welche Informatik-Instrumente für die medizinische Arbeit von Nutzen sein können. Gleiches gilt *mutatis mutandis* für die Wirtschaftsinformatik, die Bioinformatik etc.[27] Die Beschreibungen, die

---

23 Fiedler JuS 1971, 228 (229).
24 Fiedler JuS 1971, 228 (230). Detaillierte Nachzeichnung der gedanklichen Entwicklung Fiedlers bei Hoeren/Bohne FS Fiedler, 2010, 23. Zur Weiterführung der strukturtheoretischen Gedanken Fiedlers vgl. Reisinger Strukturwissenschaftliche Grundlagen S. 37 f.
25 Fiedler JurPC 1993, 2211. Näher ausgeführt dann in Fiedler JurPC 1993, 2346.
26 Gleiches gilt übrigens für die Frage „Was ist Legal Tech?" (Waltl/Jacob/Schindler WuM 12 (2020), 422 (423)).
27 So auch Kilian CR 2001, 132 (133 f.): „Ähnlich wie bei der Wirtschaftsinformatik oder der Medizininformatik bilden [...] auch bei der Rechtsinformatik die Anwendung der Kerninformatik innerhalb eines Wissensgebietes und die Betrachtung der Folgen ihrer Anwendung die Interessenschwerpunkte."

für wissenschaftstheoretisch verwandte „Bindestrich-Informatiken" gegeben werden, bestätigen diese Einschätzung.

Beispielsweise legt der Fachbereich „Medizinische Informatik" der GMDS folgende Definition vor:

> „Die Medizinische Informatik ist die Wissenschaft der systematischen Erschließung, Verwaltung, Aufbewahrung, Verarbeitung und Bereitstellung von Daten, Informationen und Wissen in der Medizin und im Gesundheitswesen. [...] Zu diesem Zweck setzt sie Theorien und Methoden, Verfahren und Techniken der Informatik und anderer Wissenschaften ein und entwickelt eigene. Mittels dieser beschreiben, modellieren, simulieren und analysieren Medizinische Informatiker/innen Informationen und Prozesse [...]".[28]

Die Wirtschaftsinformatik positionierte sich von Anfang an als „Wissenschaft von Entwurf, Entwicklung und Einsatz computergestützter betriebswirtschaftlicher Informationssysteme."[29]

Eine bereichsspezifische Auffassung von Rechtsinformatik, die von diesem ansonsten wissenschaftstheoretisch einheitlichen Verständnis des Zusammenhangs von Informatik und Anwendungsdisziplin abweicht, kann dem interdisziplinären Gedankenaustausch nicht förderlich sein.

2. Divergenz zum internationalen Rechtsinformatik-Verständnis

Die Terminologie „Rechtsinformatik" wurde der frühen Phase der Begriffsbildung im angloamerikanischen Sprachgebrauch nicht als „legal informatics" rezipiert. Das änderte sich aber bald, gewissermaßen im Wege eines Terminologie-Exports von Europa in die USA.[30] „Legal informatics" wurde nun auch dort – unter ausdrücklicher Betonung der europäischen Herkunft – verstanden als Anwendung der Informatik in juristischen Umgebungen („Legal informatics [...] pertains to the application of informatics within the context of the legal environment and as such involves law related organizations (e.g., law offices, courts, and law schools) and users of information and information technologies within these organizations").[31] Paliwala knüpft an diesen Sprachgebrauch an und betont die darin liegende Unterscheidung von „Information Technology Law or the substantive law relating to the use of information technology" von „Legal Informatics [...] involving the application of information and communication technologies to law".[32]

Strebt man also eine international orientierte Terminologie-Harmonie an, empfiehlt sich ein deutscher semantischer Sonderweg nicht.

3. Praktische Folge-Probleme

Jede gewählte Terminologie zieht vielfältige praktische Konsequenzen nach sich. Das ist beispielsweise im akademischen Betrieb zu sehen. Dort werden Venien mit der Bezeichnung „Rechtsinformatik" erteilt, und Lehrstühle tragen diese Bezeichnung.[33] Förderpreise werden für Rechtsinformatik-Leistungen vergeben.[34]

---

28 Siehe https://web.archive.org/web/20220101000000/https://www.gmds.de/aktivitaeten/medizinische-informatik/.
29 Scheer Wirtschaftsinformatik S. 1.
30 Niblett Computer Science and Law/Fiedler S. 137 (144).
31 Erdelez/O´Hare, ARIST vol. 32 (1997), S. 367–402; weiterführend Hinson, JELIS vol. 46, No. 2 (2005), 134 (S. 137). Der Beitrag ist eine umfassende empirische Untersuchung zur Terminologie-Entwicklung. Vgl. zum Sprachgebrauch noch „Legal informatics", Wikipedia (Version v.om 25.11.2021, abrufbar unter https://en.wikipedia.org/w/index.php?title=Legal_informatics&oldid=1057094198https://en.wikipedia.org/w/index.php?title=Legal_informatics&oldid=1057094198)).
32 Paliwala History of legal informatics/Paliwala S. 11 (12).
33 Vgl. zum Problem der Denomination „Rechtsinformatik" Herberger FS Schweighofer, 2020, 489.
34 Ein Beispiel ist der von juris und dem Deutschen EDV-Gerichtstag seit 2003 vergebene „Dieter Meurer Preis Rechtsinformatik", siehe https://web.archive.org/web/20211203214643/https://www.edvgt.de/engagement/dieter-meurer-preis-rechtsinformatik/. Bei jeder Auswahl eines Preisträgers tauchte die Frage auf, ob die zu würdigende Leistung ein Rechtsinformatik-Profil aufwies. Dies war für den EDV-Gerichtstag Anlass, in einem Online-Symposium am 18.8.2020 der Frage nachzugehen, wie man Rechtsinformatik heute denken könnte und sollte. Dabei zeigte sich, dass man gegenwärtig, was die deutsche Debatte angeht, nicht auf ein konsonantes Ver-

Ausschreibungen beziehen sich auf der Rechtsinformatik zuzuschreibende Aufgabenstellungen. Das Fachkollegiatenwesen der DFG knüpft an Fächerbezeichnungen an.[35] Dort ist von „Grundlagen des Rechts und der Rechtswissenschaft" die Rede. Es fragt sich, wie hier ein Antrag eingeordnet werden kann, der eine nicht-informationsrechtliche Rechtsinformatik-Orientierung verfolgt. Im Ergebnis zeigt sich so: Ordnet man Informatik-Anwendungen im Recht und Informationsrecht einheitlich dem Oberbegriff „Rechtsinformatik" unter, entsteht mit Blick auf jedes dieser Praxisfelder jeweils Präzisierungsbedarf hinsichtlich der Frage, welche Teilkomponente der Rechtsinformatik gemeint ist. Das kann Quelle von Missverständnissen sein. Jedenfalls dient ein solches Verfahren nicht der begrifflichen Einfachheit und Ökonomie.[36]

V. Das Verhältnis von Rechtsinformatik und Legal Tech

27 Legal Tech und Rechtsinformatik zueinander ins Verhältnis zu setzen, ist deswegen nicht einfach, weil über das Verständnis beider Disziplinen keine Einigkeit besteht. Daraus ergibt sich eine geradezu verwirrende Vielfalt von Kombinationsmöglichkeiten. Bei aktuellen Versuchen, insoweit Klarheit zu schaffen, ist immer wieder erkennbar, dass alte Topoi des Rechtsinformatik-Diskurses bei der Bestimmung des fachlichen Zusammenhanges mit Legal Tech herangezogen werden. Wenn etwa gesagt wird, die Rechtsinformatik umfasse „vor allem das Informations- beziehungsweise Informationstechnologierecht (IT-Recht)"[37], sind damit die Weichen für eine Einordnung von Legal Tech so gestellt, dass Überlegungen zu einer möglichen Synonymität von „Rechtsinformatik" und „Legal Tech" von vornherein abgeschnitten werden. Das gleiche Argumentationsmuster ist gegeben, wenn aus der Wortkombination von „Legal" und „Technology" gefolgert wird, dass der Begriff „Legal Tech" mit dem Begriff „Rechtsinformatik" nicht deckungsgleich sein könne, weil für den Begriff „Rechtsinformatik" gelte, dass er „über den Bereich der ‚Technik im Recht' hinaus auch das IT-Recht und das Datenschutzrecht umfasst".[38] In eine divergierende Richtung führt es im Ergebnis auch, wenn zwar inhaltliche Parallelen zwischen Rechtsinformatik und Legal Tech „durch die Fokussierung auf den Technikeinsatz im Recht und die rechtliche Durchdringung des Technikeinsatzes" konstatiert werden, dann aber einschränkend hinzugefügt wird: „Wenngleich auch in der Rechtsinformatik noch fokussiert auf Datenverarbeitungsanlagen, sprich Computer."[39]

28 Es ist also keine glückliche Ausgangslage für eine Selbstbehauptung des Faches „Rechtsinformatik" zu konstatieren. Deswegen verwundert es nicht, dass das „undankbare Ende, das die Rechtsinformatik schon gefunden hat" beschworen wird, und sich Legal Tech im gleichen Atemzug mit beachtlichem rhetorischem Schwung als neuer Hoffnungsträger für die angeblich entstandene Leerstelle anbietet.[40] Die Ausgangsprämisse für dieses Plädoyer lautet:

> „Legal Tech ist nicht die Fortführung dessen, was man einst unter Rechtsinformatik verstand. Legal Tech geht darüber hinaus und beschreibt das Zusammenwirken von Konzepten und Fortschritten der Informatik mit der Rechtswissenschaft und Rechtspraxis, womit bestehende Prozesse verbessert und neue Geschäftsfelder erschlossen werden können."[41]

29 Was hier für Legal Tech in Anspruch genommen wird, bildet genau das Kernprofil ab, mit dem eine Denkrichtung in der Rechtsinformatik angetreten war. So hatte denn auch Susskind kein Problem damit,

---

ständnis von Rechtsinformatik setzen kann. Diese dissonante Meinungslage bildet sich auch im Wikipedia-Artikel „Rechtsinformatik" ab (Version v. 8.11.2021, abrufbar unter https://de.wikipedia.org/w/index.php?title=Rechtsinformatik&oldid=217090450).

35 Liste der Fachkollegiaten abrufbar unter https://web.archive.org/web/20220111122650/https://www.dfg.de/dfg_profil/gremien/fachkollegien/fachkollegiaten/index.jsp. Das Fach „Rechtsinformatik" fehlt.
36 Vgl. zu diesem Beurteilungskriterium Schweighofer et al. Effizienz von e-Lösungen/Herberger S. 29 (32 f.).
37 Timmermann Legal Tech-Anwendungen S. 55.
38 Brechmann Legal Tech S. 5.
39 Leeb Digitalisierung S. 69.
40 Waltl/Jacob/Schindler WuM 12 (2020), 422 (430).
41 Waltl/Jacob/Schindler WuM 12 (2020), 422 (430).

„legal technology" und „legal informatics" als gleichbedeutend zu behandeln und „legal informatics" eine Zukunft zu geben.[42]

Trotzdem empfiehlt sich eine Differenzierung. Es spricht nämlich vieles dafür, Legal Tech als téchne (und nicht als Wissenschaft) einzustufen (→ *Legal Tech, Begriff* Rn. 48 ff.). Das impliziert keine „Herabstufung" der mit Legal Tech verbundenen nützlichen und zukunftsweisenden Aktivitäten. Dadurch wird nur verdeutlicht, dass eine téchne als zweckorientierte Klugheitslehre einen anderen Status als eine Wissenschaft hat (und im eigenen Interesse der disziplinären Selbstvergewisserung haben sollte). Die Wissenschaft, die durch das Methodenarsenal der Informatik inspiriert wird, sollte hingegen die Rechtsinformatik bleiben. Aus dieser Arbeitsteilung kann sich dann ein gedeihliches Nebeneinander von Legal Tech und Rechtsinformatik ergeben. Wissenschaftstheoretisch betrachtet dürfte also das Totenglöcklein für die Rechtsinformatik zu früh geläutet worden sein. Totgesagte leben eben manchmal länger.

30

---

42 Susskind EJLT vol. 1 (2010).

75. Rechtspfleger

Drehsen

I. Einführung 1	(1) Amtspflicht zur Verwendung justizinterner Fachanwendungen nebst Hardware 35
II. Allgemeines 2	
1. Rechtsgrundlagen 2	
2. Ausbildung 3	(2) Keine Amtspflicht zur Verwendung juristischer Informationssysteme 36
3. Status 9	
4. Aufgaben 10	bb) Verwendung vorgefertigter Texte oder Textbausteine 37
III. Derzeitiger Einsatz von Legal Tech 15	cc) Umgang mit der elektronischen Akte 39
1. Ausbildung 15	3. Fortbildung 40
a) Fachstudium 16	IV. Künftige Einsatzmöglichkeiten von Legal Tech .. 41
b) Berufspraktische Studienzeiten 20	1. Sammlung und Durchdringung des Prozessstoffs 42
2. Aufgabenerledigung 21	
a) Informationstechnische Programme 21	2. Dokumentenanalyse 45
aa) Justizinterne Fachanwendungen 22	3. Automatisierte Entscheidungsfindung 46
(1) Allgemeine Fachanwendungen 23	a) Bedenken gegen eine allgemeine Verwendung von automatisierter Entscheidungsfindung 47
(2) Stand-alone Fachanwendungen 26	
(a) Stand-alone Fachanwendungen im Bereich der Grundbuchsachen 27	b) Vorstellbare Einsatzbereiche 50
(b) Stand-alone Fachanwendungen im Bereich der Registersachen 29	aa) Von § 36b RPflG erfasste Geschäfte 51
(c) Stand-alone Fachanwendungen im Bereich der Insolvenzverfahren 31	bb) Automatisierte Kosten- und Vergütungsfestsetzung 52
bb) Juristische Informationssysteme 32	4. Aufnahme von Erklärungen und Anträgen auf der Rechtsantragstelle 54
b) Rechtsfragen im Zusammenhang mit Legal Tech 33	5. Mögliche künftige Auswirkungen auf das Arbeitsumfeld 57
aa) Verwendung von Legal Tech 34	

Literatur: *Geiger/Göttlinger/Kobes*, Die Konzeption des Computer-Grundbuchs, Rpfleger 1973, 193; *Greger*, Der Zivilprozess auf dem Weg in die digitale Sackgasse, NJW 2019, 3429; *Hähnchen/Schrader/Weiler/Wischmeyer*, Legal Tech – Rechtsanwendung durch Menschen als Auslaufmodell?, JuS 2020, 625; *Heinemann*, Der Rechtsanwalt und die neuen Medien, NZFam 2015, 438; *Krafka*, Registerrecht, 11. Aufl. 2019 (zit.: Krafka RegisterR); *Schilken*, Gerichtsverfassungsrecht, 4. Aufl. 2007 (zit.: Schilken GerichtsVerfR); *Schnabl*, Juristische Online-Datenbanken im Lichte der Anwaltshaftung, NJW 2007, 3025; *Zwickel*, Jurastudium 4.0? – Die Digitalisierung des juristischen Lehrens und Lernens, JA 2018, 881.

I. Einführung

1 In der Bundesrepublik Deutschland werden diverse gerichtliche Aufgaben von **Rechtspflegern** wahrgenommen. Da der Beruf des Rechtspflegers in den meisten anderen Staaten in dieser Form nicht bekannt und auch innerhalb Deutschlands weniger populär als derjenige des Richters ist, werden zunächst die allgemeinen Grundlagen dargestellt (→ Rn. 2 ff.), bevor darauf aufbauend der derzeitige Einsatz von Legal Tech in Ausbildung (→ Rn. 15 ff.), praktischer Aufgabenerledigung (→ Rn. 21 ff.) nebst den in diesem Zusammenhang auftretenden Rechtsfragen (→ Rn. 33 ff.) sowie Fortbildung (→ Rn. 40) erläutert und sodann künftige Einsatzmöglichkeiten von Legal Tech (→ Rn. 41 ff.) erörtert werden.

II. Allgemeines

1. Rechtsgrundlagen

2 Rechtspfleger sind Beamte des gehobenen[1] Justizdienstes, die Aufgaben der Rechtspflege wahrnehmen. Funktion und Stellung der Rechtspfleger innerhalb der Rechtspflege werden im **RPflG** geregelt, das insoweit eine abschließende Regelung beinhaltet.[2]

---

[1] AMRHG/Georg RPflG § 1 Rn. 16; Bassenge/Roth/Roth RPflG Einleitung Rn. 7, Vor §§ 1 ff. Rn. 6; Nomos-BR/Schmid RPflG § 1 Rn. 2. Vgl. auch Dörndorfer RPflG § 1 Rn. 5, 80.

[2] Nomos-BR/Schmid RPflG § 1 Rn. 1. Vgl. auch Dörndorfer RPflG Vor § 1 Rn. 3 f.

Dabei betrifft das RPflG an sich nur **Aufgaben der ordentlichen Gerichtsbarkeit**,[3] was sich daran zeigt, dass zum einen § 9 Abs. 3 S. 1 ArbGG eben davon ausgeht und deswegen die für die ordentliche Gerichtsbarkeit geltenden Regelungen des RPflG für alle Rechtszüge der Arbeitsgerichtsbarkeit für entsprechend anwendbar erklärt und zum anderen § 23 RPflG für Verfahren vor dem Patentgericht eine besondere Regelung enthält. Obwohl es keine entsprechende Vorschrift gibt, nehmen Rechtspfleger zudem beim Bundesverfassungsgericht qua Richterrecht die dort für Rechtspfleger in Betracht kommenden Aufgaben der Rechtspflege, insbesondere Kosten- und Vergütungsfestsetzungen, wahr.[4] Demgegenüber kennen die Verwaltungs-, die Finanz- und die Sozialgerichtsbarkeit keine Rechtspfleger,[5] so dass hier Beamte des gehobenen Dienstes, die in der Regel eine Rechtspflegerausbildung (→ Rn. 3 ff.) haben, als Urkundsbeamte der Geschäftsstelle eingesetzt werden.[6]

2. Ausbildung

Für die **Ausbildung der Rechtspfleger** enthält § 2 RPflG demgegenüber nur Mindestvorgaben, die gem. § 2 Abs. 6 RPflG durch entsprechende Landesregelungen[7] näher ausgestaltet werden. Grundsätzlich darf gemäß § 2 Abs. 1 S. 1 RPflG als Rechtspfleger nur tätig werden, wer einen Vorbereitungsdienst von drei Jahren abgeleistet und die Rechtspflegerprüfung bestanden hat. 3

Die **Bewerbung für die Zulassung** zum sowie die Einstellung in den Vorbereitungsdienst erfolgt bei dem Oberlandesgericht, in dessen Bezirk der jeweilige Bewerber später als Rechtspfleger tätig werden möchte (vgl. exemplarisch für NRW §§ 3 Abs. 2, 4 Abs. 1 RpflAO NRW). Zugelassene Bewerber werden in das Beamtenverhältnis auf Widerruf berufen, der jeweils zuständigen Fachhochschule als deren Studierende zugewiesen und führen während des Vorbereitungsdienstes die Dienstbezeichnung „Rechtspflegeranwärter" (vgl. exemplarisch für NRW § 6 Abs. 1 und 2 RpflAO NRW). 4

Zugelassen zum Vorbereitungsdienst kann gemäß § 2 Abs. 2 S. 1 RPflG, wer eine zu einem Hochschulstudium berechtigende Schulbildung besitzt oder einen als gleichwertig anerkannten Bildungsstand nachweist. Darüber hinaus können gemäß § 2 Abs. 2 S. 2 RPflG Beamte des mittleren Justizdienstes zur Rechtspflegerausbildung zugelassen werden, wenn sie nach der Laufbahnprüfung mindestens drei Jahre im mittleren Justizdienst tätig waren und nach ihrer Persönlichkeit sowie ihren bisherigen Leistungen für den Dienst als Rechtspfleger geeignet erscheinen (sog. Aufstiegsbeamte[8]). 5

Der **Vorbereitungsdienst** selbst wird gemäß § 2 Abs. 1 S. 2 RPflG in einem Studiengang an einer Fachhochschule[9] absolviert, in dem die wissenschaftlichen Erkenntnisse und Methoden sowie die berufsprakti- 6

---

[3] Dörndorfer RPflG Vor § 1 Rn. 1; AMRHG/Georg RPflG § 1 Rn. 4; Bassenge/Roth/Roth RPflG Einleitung Rn. 6, § 1 Rn. 3; Schilken GerichtsVerfR Rn. 17, 343, 543.
[4] AMRHG/Georg RPflG Vor § 1 Rn. 26, § 1 Rn. 5; Bassenge/Roth/Roth RPflG § 1 Rn. 3, § 21 Rn. 1; Dörndorfer RPflG Vor § 1 Rn. 1. Vgl. auch BVerfG Beschl. v. 3.4.1990 – 1 BvR 269/83, BVerfGE 81, 387 (387 ff.); BVerfG Beschl. v. 5.3.1991 – 1 BvR 440/83, BVerfGE 84, 6 (6 ff.).
[5] Dörndorfer RPflG Vor § 1 Rn. 1; AMRHG/Georg RPflG Vor § 1 Rn. 26, § 1 Rn. 4; AMRHG/Hintzen RPflG § 21 Rn. 2; Bassenge/Roth/Roth RPflG § 1 Rn. 3, § 21 Rn. 1; Schilken GerichtsVerfR Rn. 17.
[6] AMRHG/Georg RPflG Vor § 1 Rn. 26; Bassenge/Roth/Roth RPflG § 21 Rn. 1. Vgl. auch AMRHG/Hintzen RPflG § 21 Rn. 2, 4.
[7] Exemplarisch sei hier die Verordnung über die Ausbildung und Prüfung der Rechtspflegerinnen und Rechtspfleger des Landes Nordrhein-Westfalen (RpflAO NRW) genannt. Eine Übersicht über alle Landesregelungen findet sich bei AMRHG/Georg RPflG § 2 Rn. 95.
[8] Bassenge/Roth/Roth RPflG § 2 Rn. 14. Siehe auch AMRHG/Georg RPflG § 2 Überschrift vor Rn. 82.
[9] Derzeit gibt es acht Fachhochschulen in Deutschland, an denen der Studiengang Rechtspflege absolviert werden kann. Für jedes Bundesland ist jeweils nur eine Fachhochschule zuständig, während umgekehrt eine Fachhochschule für mehrere Bundesländer zuständig sein kann. Die acht Fachhochschulen sind: (1) Fachhochschule für öffentliche Verwaltung, Polizei und Rechtspflege des Landes Mecklenburg-Vorpommern mit Standort in Güstrow für Mecklenburg-Vorpommern; (2) Fachhochschule für öffentliche Verwaltung und Rechtspflege in Bayern mit Standort in Starnberg für Bayern; (3) Fachhochschule für Rechtspflege Nordrhein-Westfalen mit Standort in Bad Münstereifel für Nordrhein-Westfalen; (4) Fachhochschule für Rechtspflege Schwetzingen mit Standorten in Schwetzingen und Ulm für Baden-Württemberg, Rheinland-Pfalz und das Saarland; (5) Hessische Hochschule für Finanzen und Rechts-

schen Fähigkeiten und Kenntnisse vermittelt werden, die zur Erfüllung der Aufgaben eines Rechtspflegers erforderlich sind. Er besteht gemäß § 2 Abs. 1 S. 3 RPflG aus einem Fachstudium von mindestens 18 Monaten sowie berufspraktischen Studienzeiten bei Gerichten und Staatsanwaltschaften, die gemäß § 2 Abs. 1 S. 4 RPflG mindestens ein Jahr betragen und die Ausbildung in den Schwerpunktbereichen der Aufgaben eines Rechtspflegers umfassen.

7 Anders als der Vorbereitungsdienst wird die **Rechtspflegerprüfung** nicht an einer Fachhochschule, sondern vor dem Landesjustizprüfungsamt abgelegt (vgl. exemplarisch für NRW § 18 RpflAO NRW). Die Prüfung besteht aus einem schriftlichen und einem mündlichen Teil (vgl. exemplarisch für NRW § 22 Abs. 1 S. 1 RpflAO NRW).

8 Auch **ohne** einen wie vorstehend beschriebenen **Vorbereitungsdienst absolviert und ohne** die **Rechtspflegerprüfung abgelegt zu haben**, kann eine Person Aufgaben eines Rechtspflegers wahrnehmen. So kann zum einen gemäß § 2 Abs. 3 RPflG mit den Aufgaben eines Rechtspflegers auf seinen Antrag auch betraut werden, wer die Befähigung zum Richteramt besitzt. Zudem können gemäß § 2 Abs. 5 RPflG Referendare mit der zeitweiligen Wahrnehmung der Geschäfte eines Rechtspflegers beauftragt werden. Für die Arbeitsgerichtsbarkeit regelt § 9 Abs. 3 S. 2 ArbGG als lex specialis, dass ohne Vorbereitungsdienst und Rechtspflegerprüfung auch solche Personen in Betracht kommen, die die Prüfung für den gehobenen Dienst bei der Arbeitsgerichtsbarkeit bestanden haben.

3. Status

9 Über die beamtenrechtliche Stellung der Rechtspfleger hinaus gewährt § 9 RPflG den Rechtspflegern eine **sachliche Unabhängigkeit**. Rechtspfleger sind hiernach bei der Wahrnehmung ihrer Aufgaben (→ Rn. 10 ff.) – ähnlich wie Richter[10] – nur an Recht und Gesetz gebunden. Bei den von § 3 Nr. 4 RPflG erfassten Aufgaben (→ Rn. 14) sind Rechtspfleger gemäß § 32 RPflG jedoch nicht sachlich unabhängig. Zudem sind Rechtspfleger als Beamte anders als Richter **nicht persönlich unabhängig**. Rechtspfleger sind daher ab- und versetzbar.[11]

4. Aufgaben

10 Nach § 1 RPflG nimmt der Rechtspfleger die ihm durch das RPflG übertragenen **Aufgaben der Rechtspflege** wahr. Der Begriff der Rechtspflege wird im RPflG nicht näher definiert, sondern vorausgesetzt.[12] Er ist ein Oberbegriff, der sowohl den grundgesetzlichen Begriff der Rechtsprechung als (Haupt-)Teil der Rechtspflege, daneben aber auch die nicht eigentlich rechtsprechenden Funktionen der Gerichte wie Teile der freiwilligen Gerichtsbarkeit und die Justizverwaltung, aber auch die Tätigkeiten der Staatsanwaltschaften sowie unter anderem das Tätigwerden des nichtrichterlichen Justizpersonals und der Gerichtsvollzieher umfasst.[13]

---

pflege in Rotenburg an der Fulda mit Standort in Rotenburg an der Fulda für Hessen und Thüringen; (6) Hochschule für Wirtschaft und Recht Berlin mit Standort in Berlin für Berlin, Brandenburg und Sachsen-Anhalt; (7) Hochschule Meißen (FH) und Fortbildungszentrum mit Standort in Meißen für Sachsen; (8) Norddeutsche Hochschule für Rechtspflege mit Standort in Hildesheim für Bremen, Hamburg, Niedersachen und Schleswig-Holstein.

10 Schilken GerichtsVerfR Rn. 544.
11 Dörndorfer RPflG § 1 Rn. 66, 87. Vgl. auch Schilken GerichtsVerfR Rn. 544, 546.
12 Vgl. Dörndorfer RPflG § 1 Rn. 4; Bassenge/Roth/Roth RPflG Vor §§ 1 ff. Rn. 2. Teilweise wird der Begriff der Rechtspflege auch als Rechtsprechung im weiteren Sinne oder als Rechtsprechung im formellen Sinne verstanden, dem die Rechtsprechung im materiellen Sinne gegenübergestellt wird. Da aber der Begriff der Rechtsprechung im materiellen Sinne hoch umstritten ist und auch unter dem Begriff der Rechtsprechung im formellen Sinne, insbesondere im Verhältnis zwischen Prozessrecht einerseits und Verfassungsrecht andererseits, etwas anderes verstanden wird, wird für die hiesige Kommentierung auf diese Begriffe und die hiermit zusammenhängenden Streitigkeiten verzichtet (vgl. zu den verschiedenen Rechtsprechungsbegriffen und ihrer sehr streitigen Einordnung etwa AMRHG/Georg RPflG § 1 Rn. 37 ff.; Dürig/Herzog/Scholz/Hillgruber GG Art. 92 Rn. 31 ff.; BeckOK GG/Morgenthaler GG Art. 92 Rn. 4 ff.; MüKoZPO/Pabst GVG § 1 Rn. 3 ff.; Schilken GerichtsVerfR Rn. 45 ff., 48 ff., 65, 69).
13 Hömig/Wolff/Wolff GG Vor Art. 92 Rn. 3. Vgl. auch Bassenge/Roth/Roth RPflG Vor §§ 1 ff. Rn. 8. Wohl im Ergebnis auch Dörndorfer RPflG § 1 Rn. 11.

Nach Art. 92 Hs. 1 GG ist die rechtsprechende Gewalt – allein[14] – den Richtern (→ *Richter* Rn. 1 ff.) anvertraut. Gemäß der Überschrift des IX. Abschnitts des GG wird der Begriff der rechtsprechenden Gewalt synonym mit dem Begriff der **Rechtsprechung** gebraucht.[15] Die Begriffe der „Rechtsprechung" bzw. der „rechtsprechenden Gewalt" und der „Richter" werden im GG nicht näher definiert, sondern sind anhand des grundgesetzlichen Verständnisses auszulegen,[16] wobei hier dem Begriff des Richters ein besonderes Augenmerk zukommt. Nach herrschender Meinung zeichnen sich Richter durch ihre nach Art. 97 GG statusrechtlich und organisatorisch abgesicherte persönliche und sachliche Unabhängigkeit aus.[17] Da Rechtspfleger nicht persönlich unabhängig sind (→ Rn. 9), fallen sie nicht unter Art. 97 GG und damit insgesamt nicht unter den grundgesetzlichen Begriff des Richters.[18] Rechtsprechung (im Sinne des IX. Abschnitts des GG) nehmen sie folglich nicht wahr. 11

Rechtspfleger nehmen daher **nur nichtrechtsprechende Geschäfte aus dem Bereich der Rechtspflege der Gerichte** wahr. Diese Geschäfte sind in § 3 RPflG aufgezählt, wobei zwischen vier verschiedenen Arten von Geschäften unterschieden wird: Erstens ganze Sachgebiete der Rechtspflege, die Rechtspfleger in vollem Umfang ohne Vorbehalte wahrnehmen (§ 3 Nr. 1 RPflG); zweitens ganze Sachgebiete der Rechtspflege, die Rechtspfleger grundsätzlich zwar in vollem Umfang wahrnehmen, von denen einzelne Geschäfte jedoch den Richtern vorbehalten bleiben (§ 3 Nr. 2 RPflG); drittens einzelne Aufgaben der Rechtspflege (§ 3 Nr. 3 RPflG); viertens sonstige einzelne Aufgaben, die früher dem Urkundsbeamten der Geschäftsstelle beziehungsweise dem Strafvollstreckungsrechtspfleger zugewiesen waren (§ 3 Nr. 4 RPflG). Darüber hinaus können gemäß § 37 RPflG die Länder den Rechtspflegern solche Aufgaben übertragen, die den Gerichten durch Landesrecht zugewiesen sind. 12

Soweit Rechtspfleger Geschäfte aus dem Bereich der Rechtspflege der Gerichte wahrnehmen, treffen sie gemäß § 4 Abs. 1 RPflG **alle zur Erledigung erforderlichen Maßnahmen**, soweit sie nicht in § 4 Abs. 2 RPflG aufgezählt sind, für welche sie die Sache gemäß § 4 Abs. 3 RPflG dem Richter zur Entscheidung vorlegen. Darüber hinaus enthält § 5 RPflG weitere Vorlagepflichten für den Rechtspfleger an den Richter. 13

Zu den **konkreten Geschäften aus dem Bereich der Rechtspflege der Gerichte**, die von den Rechtspflegern wahrgenommen werden, zählen insbesondere die gesamten Vereinssachen (§ 3 Nr. 1 lit. a RPflG), die gesamten Grundbuchsachen (§ 3 Nr. 1 lit. h RPflG), das gesamte Zwangsversteigerungs- und die Zwangsverwaltungsverfahren (§ 3 Nr. 1 lit. i RPflG), ein Großteil der Kindschafts- und Adoptionssachen (§§ 3 Nr. 2 lit. a, 14 RPflG), ein Großteil der Betreuungssachen (§§ 3 Nr. 2 lit. b, 15 RPflG), ein Großteil der Nachlass- und Teilungssachen (§§ 3 Nr. 2 lit. c, 16 RPflG), Handels-, Genossenschafts- und Partnerschaftsregistersachen, soweit sie nicht bestimmte Sachen aus dem Handelsregister Abteilung B betreffen[19] (§§ 3 Nr. 2 lit. d, 17 RPflG),[20] das Insolvenzverfahren mit Ausnahme des Eröffnungsverfahrens, des Er- 14

---

14 BVerfG Beschl. v. 18.1.2000 – 1 BvR 321/96, BVerfGE 101, 397 (404) = NJW 2000, 1709 (1709).
15 Vgl. BeckOK GG/Morgenthaler GG Art. 92 Rn. 4. Vgl. auch Dörndorfer RPflG § 1 Rn. 16.
16 Sachs/Detterbeck GG Art. 92 Rn. 2, 25; Dörndorfer RPflG § 1 Rn. 17 f., 61.
17 BVerfG Beschl. v. 18.1.2000 – 1 BvR 321/96, BVerfGE 101, 397 (405) = NJW 2000, 1709 (1709); Sachs/Detterbeck GG Art. 92 Rn. 25; Dörndorfer RPflG § 1 Rn. 61 ff.; aA Dürig/Herzog/Scholz/Hillgruber GG Art. 92 Rn. 66 ff.
18 Bassenge/Roth/Roth RPflG Einleitung Rn. 7, Vor §§ 1 ff. Rn. 8, 13 f., § 9 Rn. 1; Schilken GerichtsVerfR Rn. 72, 545. Vgl. BVerfG Beschl. v. 18.1.2000 – 1 BvR 321/96, BVerfGE 101, 397 (405) = NJW 2000, 1709 (1709); Sachs/Detterbeck GG Art. 92 Rn. 27; Hömig/Wolff/Wolff GG Art. 92 Rn. 5; Dörndorfer RPflG § 1 Rn. 70, 78. Vgl. auch Arbeitsgruppe „Einsatz von Künstlicher Intelligenz und algorithmischen Systemen in der Justiz", Einsatz von KI und algorithmischen Systemen in der Justiz - Grundlagenpapier von 2022 (S. 6, 8), abrufbar unter https://www.justiz.bayern.de/media/images/behoerden-und-gerichte/oberlandesgerichte/nuernberg/einsatz_von_ki_und_algorithmischen_systemen_in_der_justiz.pdf. Im Ergebnis, wenn auch an die fehlende rechtswissenschaftliche Universitätsausbildung anknüpfend, ebenso Dürig/Herzog/Scholz/Hillgruber GG Art. 92 Rn. 56, 70. Unklar, wohl jedenfalls de lege ferrenda aA AMRHG/Georg RPflG § 1 Rn. 34 ff., 68 ff., 97 ff., § 9 Rn. 58 ff.
19 Aufgrund von § 19 RPflG haben einige Bundesländer auch diese Sachen dem Rechtspfleger übertragen. Zu den einzelnen Ländern siehe Dörndorfer RPflG § 19 Rn. 18 ff.; AMRHG/Rellermeyer RPflG § 19 Rn. 15 ff.; Bassenge/Roth/Roth RPflG § 19 Rn. 1.
20 Ab dem 1.1.2024 werden gem. Art. 30, 137 des Personengesellschaftsrechtsmodernisierungsgesetzes v. 10.8.2021 (BGBl. I 3450, 3482) die Genossenschafts- und Partnerschaftsregistersachen sowie die neu geschaffenen Gesell-

öffnungsbeschlusses inklusive der Insolvenzverwalterbestellung, des Schuldenbereinigungsplanverfahrens, der Entscheidung über einen gläubigerseitig gestellten Antrag auf Versagung der Restschuldbefreiung und des Widerruf derselbigen im Restschuldbefreiungsverfahren, von Maßnahmen im Rahmen ausländischer Insolvenzverfahren sowie solcher Einzelfälle, die sich der Richter im Rahmen seines Revokationsrechts vorbehalten hat (§§ 3 Nr. 2 lit. e, 18 RPflG), die Mahnverfahren[21] (→ *Mahnverfahren, automatisiertes* Rn. 1 ff.), jedoch ohne ein hieran gegebenenfalls anknüpfendes Streitverfahren (§§ 3 Nr. 3 lit. a, 20 Abs. 1 Nr. 1 RPflG), die Erteilung qualifizierter und weiterer Vollstreckungsklauseln[22] (§§ 3 Nr. 3 lit. a, 20 Abs. 1 Nr. 12 und 13 RPflG), die Geschäfte des Vollstreckungsgerichts im Zwangsvollstreckungsverfahren (§§ 3 Nr. 3 lit. a, 20 Abs. 1 Nr. 17 RPflG), das Kostenfestsetzungs- und das Vergütungsfestsetzungsverfahren (§§ 3 Nr. 3 lit. b, 21 RPflG) sowie die Aufnahme von Anträgen auf der Rechtsantragstelle (§§ 3 Nr. 3 lit. e, 24 Abs. 2 RPflG).

III. Derzeitiger Einsatz von Legal Tech

1. Ausbildung

15   Während der **Ausbildung** ist im Hinblick auf Legal Tech zwischen dem Fachstudium und den berufspraktischen Studienzeiten zu unterscheiden.

a) Fachstudium

16   Da während des **Fachstudiums** den Studierenden auf wissenschaftlicher Grundlage in Lehrveranstaltungen die für den angestrebten Beruf erforderlichen theoretischen Kenntnisse vermittelt werden sollen (vgl. exemplarisch für NRW § 9 Abs. 1 S. 1 RpflAO NRW), steht dort nicht die Arbeit mit Legal Tech im Vordergrund. Zwar werden die im Rechtspflegeraufgabenfeld anzuwendenden informationstechnischen Programme in die Lehrveranstaltungen der jeweils betroffenen Fächer einbezogen (vgl. exemplarisch für NRW § 9 Abs. 1 S. 3 RpflAO NRW).

17   Doch betrifft diese Einbeziehung in der Regel nicht die praktische Arbeit mit **justizinternen Fachanwendungen** (→ Rn. 22 ff.), sondern bloß die theoretische Umschreibung mit deren Umgang. So wird etwa in Registersachen den Studierenden das originale elektronisch geführte Handelsregister über das Registerportal der Länder auf der Internetseite www.handelsregister.de zwar live in den Lehrveranstaltungen gezeigt. Wie jedoch die dort gezeigten Eintragungen mittels der jeweiligen Fachanwendung verändert werden, wird nicht anhand der einschlägigen Fachanwendung geübt, sondern bloß mittels händisch zu schreibender Verfügungen nachgestellt. Hintergrund für dieses Vorgehen ist zweierlei: Zum einen stünden einer Einübung, sofern bei Verwendung der einschlägigen Fachanwendung auf die originale Datenbank zurückgegriffen würde, aufgrund der damit zwangsläufig bedingten Änderung der darin enthaltenen originalen Daten in mehreren Hinsichten rechtliche Probleme entgegen. So würde – auch wenn es nur zu Übungszwecken erfolgte – die Abarbeitung fiktiver, einzutragen beantragter Anmeldungen die Gefahr in sich bergen, dass diesen fiktiven Änderungen Rechtsscheinwirkung nach § 15 HGB zukäme. Diese Gefahr bestünde zwar bei der Abarbeitung realer, einzutragen beantragter Anmeldungen nicht. Doch würde dann die Fachhochschule ohne gesetzliche Kompetenzzuweisung Geschäfte aus dem Bereich der Rechtspflege einzelner Amtsgerichte (vgl. § 23a Abs. 1 S. 1 Nr. 2, Abs. 2 Nr. 3 GVG iVm § 374 Nr. 1 FamFG) wahrnehmen. Zu Übungszwecken wäre daher nicht auf die originale, sondern auf eine Demodatenbank zurückzugreifen. Eine solche besteht für die meisten juristischen Fachanwendungen zwar auch und es gibt an den Fachhochschulen in der Regel auch eine entsprechende Schulungsumgebung, mit der auf die

---

schaftsregistersachen gem. § 3 Nr. 1 lit. n RPflG nF in vollem Umfang ohne Vorbehalte auf dem Rechtspfleger übertragen und verbleiben dann nur noch die Handelsregistersachen in §§ 3 Nr. 2 lit. d, 17 RPflG nF.

21 Aufgrund von § 36b RPflG haben einige Bundesländer das Mahnverfahren auf den Urkundsbeamten der Geschäftsstelle übertragen. Zu den einzelnen Ländern siehe Dörndorfer RPflG § 36b Rn. 2; AMRHG/Rellermeyer RPflG § 36b Rn. 10 ff.; Bassenge/Roth/Roth RPflG § 36b Rn. 2.

22 Aufgrund von § 36b RPflG haben einige Bundesländer die Erteilung weiterer vollsteckbarer Ausfertigungen auf den Urkundsbeamten der Geschäftsstelle übertragen. Zu den einzelnen Ländern siehe Dörndorfer RPflG § 36b Rn. 2; AMRHG/Rellermeyer RPflG § 36b Rn. 10 ff.; Bassenge/Roth/Roth RPflG § 36b Rn. 2.

entsprechenden Demodatenbanken zugegriffen werden kann. Doch hat sich zum anderen gezeigt, dass die Einübung anhand der einschlägigen Fachanwendungen effektiver während der berufspraktischen Studienzeiten (→ Rn. 20) erfolgt. Erstens kann dort die Einübung anhand der Abarbeitung realer, einzutragen beantragter Anmeldungen erfolgen. Zweitens besteht bei den jeweiligen Gerichten zu Fortbildungszwecken (→ Rn. 40) ebenfalls eine entsprechende Schulungsumgebung, so dass dort vor der Abarbeitung realer, einzutragen beantragter Anmeldungen auch eine vorherige, im zeitlichen Zusammenhang stehende Einübung anhand fiktiver, einzutragen beantragter Anmeldungen erfolgen kann.

Eine größere Rolle kommt während des Fachstudiums Legal Tech jedoch zu, wenn es um die Verwendung **juristischer Informationssysteme** (hierzu auch → Rn. 32) wie „beck-online" und „juris" geht. Auf diese können und sollen die Studierenden für Referate sowie Haus- und Seminararbeiten zurückgreifen. Denn die Recherche in juristischen Informationssystemen gehört mittlerweile derart selbstverständlich zum späteren Arbeitsalltag, dass eine effektive Arbeit von Justizbediensteten wie Rechtspflegern ohne juristische Informationssysteme nicht mehr denkbar erscheint.[23] 18

Kürzlich wurde in NRW zwar zum 1.5.2021 eine **Forschungsgruppe „Digitale Lehre"** an der Fachhochschule für Rechtspflege Nordrhein-Westfalen gegründet. Dieses auf insgesamt ein Jahr angelegte Projekt gliedert sich in zwei Teilbereiche, die zum einen die Umfrage und Auswertung der durch die Corona-Pandemie abgenötigten digitalen Lehre und zum anderen den Einsatz mobiler Endgeräte in der Hochschullehre zum Gegenstand haben.[24] Inwieweit hiermit auch eine größere Einbeziehung der im Rechtspflegeraufgabenfeld anzuwendenden informationstechnischen Programme verbunden ist, bleibt indes abzuwarten. 19

b) Berufspraktische Studienzeiten

Bei den **berufspraktischen Studienzeiten** verhält es sich bzgl. der Arbeit mit Legal Tech demgegenüber anders. Hier sollen die Studierenden lernen, die im Fachstudium (→ Rn. 16 ff.) erworbenen Kenntnisse in der Praxis anzuwenden, um am Schluss der Ausbildung imstande zu sein, Rechtspflegeraufgaben selbstständig zu erledigen (vgl. exemplarisch für NRW § 10 Abs. 1 S. 1 und 2 RpflAO NRW). Die Studierenden sollen daher mit allen Arbeiten des jeweiligen Sachgebiets beschäftigt werden und so häufig, wie dies im Interesse der Ausbildung liegt und den Umständen nach möglich ist, am beruflichen Tagesablauf der ausbildenden Beamtinnen oder Beamten teilnehmen. Hierzu sollen ihnen so frühzeitig und so weitgehend, wie nach der Befähigung und dem Ausbildungsstand möglich, Aufgaben zur selbstständigen Bearbeitung übertragen werden (vgl. exemplarisch für NRW § 10 Abs. 4 S. 1, 2 und 4 RpflAO NRW). Aufgrund dessen bearbeiten die Studierenden während der berufspraktischen Studienzeiten reale Fälle mithilfe der in der Justiz verwendeten informationstechnischen Programme, was sowohl die justizinternen Fachanwendungen (zum Ablauf bereits → Rn. 17) als auch die juristischen Informationssysteme umfasst, so dass hier dieselbe Arbeit mit Legal Tech wie bei der späteren Aufgabenerledigung (→ Rn. 21 ff.) als Rechtspfleger erfolgt. 20

2. Aufgabenerledigung

a) Informationstechnische Programme

Während der **Aufgabenerledigung** verwenden Rechtspfleger in diverser Hinsicht informationstechnische Programme. Dies betrifft einerseits den Einsatz von justizinternen Fachanwendungen, auf die Nichtjustizangehörige entweder keinen oder nur einen Lesezugriff haben, sowie andererseits die in der Regel nicht mit Schreibrechten verbundene Recherche in juristischen Informationssystemen externer Anbieter, auf die auch Nichtjustizangehörige im selben oder zum Teil auch größeren Umfang zugreifen können. 21

---

23 Vgl. den EDV-Länderbericht von Brandenburg von August 2021 (S. 11), abrufbar unter https://justiz.de/laender-bund-europa/BLK/laenderberichte/index.php.
24 Vgl. den Bericht der Forschungsgruppe „Digitale Lehre" von Dezember 2021, abrufbar unter https://fhoed.iliasnet.de/ilias.php?ref_id=2997816&cmd=render&cmdClass=ilrepositorygui&cmdNode=xj&baseClass=ilRepositoryGUI.

aa) Justizinterne Fachanwendungen

22 Rechtspflegern stehen zur Aufgabenerledigung diverse in der Justiz zum Einsatz kommende **justizinterne Fachanwendungen** zur Verfügung. Diese Fachanwendungen sind jedoch nicht bundeseinheitlich. Die Länder verwenden vielmehr teilweise unterschiedliche Fachanwendungen. Ferner können diese Fachanwendungen danach unterschieden werden, ob sie im Sinne einer allgemeinen Fachanwendung für – nahezu – alle Aufgaben bei Gericht, sog. allgemeine Fachanwendungen, oder ob sie bloß für bestimmte Aufgaben zum Einsatz kommen und von der allgemeinen Fachanwendung selbstständig funktionieren, sog. Stand-alone Fachanwendungen. Folgend seien die für Rechtspfleger in der ordentlichen Gerichtsbarkeit wesentlichsten Fachanwendungen und deren geplante Weiterentwicklungen überblicksartig vorgestellt.

(1) Allgemeine Fachanwendungen

23 Zur **Basisunterstützung** von Richtern, Servicekräften und eben auch Rechtspflegern gibt es in jedem Bundesland eine Fachanwendung, die allgemein zur Bearbeitung der anfallenden Aufgaben die Nutzung der dort gespeicherten Daten über Personen, Verfahren, Termine und Fristen ermöglicht, um Verfügungen zu erstellen, aus denen automatisiert die versendungsreifen Reinschriften erzeugt werden. Für die ordentlichen Gerichte kommen hier die Fachanwendungen (1) „ForumSTAR" und das hieran angeschlossene Textsystem „ForumSTAR-Text" im Länderverbund von Baden-Württemberg, Bayern, Berlin, Brandenburg, Hamburg, Mecklenburg-Vorpommern, Rheinland-Pfalz, Sachsen, Schleswig-Holstein und Thüringen, (2) „EUREKA" und das hieran angeschlossene Textsystem „EUREKA-Text" im Länderverbund von Bremen, Hessen, Niedersachsen, Saarland und Sachsen-Anhalt sowie (3) „JUDICA" und das hieran angeschlossene Textsystem „TSJ" in Nordrhein-Westfalen zum Einsatz.[25]

24 Neben einem jeweiligen Basismodul enthalten die vorgenannten allgemeinen Fachanwendungen sukzessiv entwickelte **fachspezifische Module**, die auf die Datenbank des Basismoduls zugreifen und für spezifische Aufgaben entwickelt wurden. Zu diesen spezifischen Aufgaben gehören zum Teil auch von den Rechtspflegern wahrzunehmende Geschäfte wie das Zwangsversteigerungs- und Zwangsverwaltungsverfahren (→ Rn. 14), die Kindschafts- und Adoptionssachen (→ Rn. 14) aus dem Bereich der Familiensachen, die Betreuungssachen (→ Rn. 14), die Nachlasssachen (→ Rn. 14), das Insolvenzverfahren (→ Rn. 14) und das Zwangsvollstreckungsverfahren (→ Rn. 14).[26] Allerdings ist zu beachten, dass die Bundesländer hier noch uneinheitlicher vorgehen. So ist etwa in Nordrhein-Westfalen derzeit erst geplant, die noch als Stand-alone bestehende Fachanwendung „IT-ZVG" für Zwangsversteigerung und Zwangsverwaltungsverfahren durch Integration entsprechender Funktionalitäten mit einem fachspezifischen Modul in „JUDICA" abzulösen[27] und nutzt etwa Hamburg trotz Verwendung der allgemeinen Fachanwendung „ForumSTAR" für Insolvenzverfahren das fachspezifische Modul „JUDICA-InsO" inklusive des hieran angeschlossenen Textsystems „TSJ"[28]. Zudem gibt es für Insolvenzverfahren in einigen Bundesländern eine besondere Stand-alone Fachanwendung (→ Rn. 31).

25 Mit der Einführung der elektronischen Akte (→ *E-Justice* Rn. 2 ff.) und des elektronischen Rechtsverkehrs (→ *E-Justice* Rn. 9 ff.) wurde 2017 zwischen allen Landesjustizverwaltungen ein Verwaltungsabkommen geschlossen, wonach ein **gemeinsames Fachverfahren (GeFa)** entwickelt werden soll, um die in den Ländern eingesetzten Fachanwendungen der Gerichte und Staatsanwaltschaften so weit wie möglich zu

---

25 Vgl. die jeweiligen EDV-Länderberichte, abrufbar unter https://justiz.de/laender-bund-europa/BLK/laenderberichte/index.php.

26 Vgl. für ForumSTAR die EDV-Länderberichte von Baden-Württemberg von Juli 2019 (S. 15), Bayern von Juli 2020 (S. 2), Berlin von August 2021 (S. 8), Brandenburg von August 2021 (S. 8), Rheinland-Pfalz von Juli 2020 (S. 6) und Sachsen von September 2020 (S. 7), für EUREKA die EDV-Länderberichte von Bremen von Juli 2021 (S. 6), Hessen von Juli 2021 (S. 15) und Niedersachsen von Juli 2021 (S. 12 f.) und für JUDICA den EDV-Länderbericht von Nordrhein-Westfalen von Juli 2021 (S. 3), alle abrufbar unter https://justiz.de/laender-bund-europa/BLK/laenderberichte/index.php.

27 Vgl. den EDV-Länderbericht von Nordrhein-Westfalen von Juli 2021 (S. 3), abrufbar unter https://justiz.de/laender-bund-europa/BLK/laenderberichte/index.php.

28 Vgl. den EDV-Länderbericht von Hamburg von Juli 2021 (S. 5), abrufbar unter https://justiz.de/laender-bund-europa/BLK/laenderberichte/index.php.

vereinheitlichen und so die Qualität der Zusammenarbeit innerhalb und mit der Justiz weiter zu verbessern und das Kostensenkungspotenzial der Digitalisierung zu nutzen.[29] Diese gemeinsame Fachanwendung soll jedoch nicht die Bereiche Grundbuch, Handelsregister und Mahnverfahren (→ *Mahnverfahren, automatisiertes* Rn. 1 ff.) umfassen, da hier bereits einheitliche Entwicklungen von selbstständigen besonderen Fachanwendungen bestehen bzw. anlaufen.[30]

(2) Stand-alone Fachanwendungen

Stand-alone Fachanwendungen funktionieren selbstständig von den allgemeinen Fachanwendungen (→ Rn. 23 ff.). Diese Selbstständigkeit erreichen sie dadurch, dass sie nicht auf die Datenbank der allgemeinen Fachanwendung zurückgreifen, sondern vielmehr über eine eigene Datenbank verfügen. Damit unterscheiden sie sich von den fachspezifischen Modulen (→ Rn. 24), die deshalb zu der allgemeinen Fachanwendung zählen, weil sie auf deren Datenbank zurückgreifen. 26

(a) Stand-alone Fachanwendungen im Bereich der Grundbuchsachen

Für Grundbuchsachen stehen – insbesondere (→ Rn. 14) – Rechtspflegern besondere Stand-alone Fachanwendungen für die **elektronische Grundbuchführung** zur Verfügung. Zum Einsatz kommen hier die Fachanwendungen (1) „FOLIA" im Länderverbund von Baden-Württemberg und Schleswig-Holstein sowie (2) „SolumSTAR" im Länderverbund aller anderen Bundesländer.[31] 27

Während in „FOLIA" die Grunddaten bereits digital für die Bearbeitung in den Grundbuchämtern und für die Auskunft externer berechtigter Nutzerinnen und Nutzer bereitgestellt werden,[32] wird „SolumSTAR" noch mit eingescannten Bilddateien der Grundbuchblätter betrieben, weswegen jenes nur bedingt für den – derzeit allerdings auch noch nicht eröffneten – elektronischen Rechtsverkehr geeignet ist[33]. Als gemeinsames Projekt aller Länder wird daher seit 2016 die Realisierung eines neuen **datenbankgestützten EDV-Grundbuchs (dabag)** betrieben, das die Bearbeitung, Speicherung und Darstellung eines rechtsgültigen Grundbuchs in vollständig strukturierter elektronischer Form auf Basis einer Datenbank zum Gegenstand hat und damit beispielsweise neue bürgerfreundlichere Darstellungsformen des Grundbuches (zB aktueller Auszug, grundstücksbezogene Ansicht, Belastungsübersicht), Verbesserungen des Datenaustausches mit anderen Behörden (beispielsweise den Vermessungsverwaltungen) und einen optimalen Einsatz des elektronischen Rechtsverkehrs im Grundbuch (elektronische Antragstellung, elektronische Grundakte) ermöglichen soll.[34] 28

(b) Stand-alone Fachanwendungen im Bereich der Registersachen

Für Registersachen stehen – insbesondere (→ Rn. 14) – Rechtspflegern besondere Stand-alone Fachanwendungen für die **elektronische Führung des Handels-, Genossenschafts-, Partnerschafts- und Vereinsregisters** – sowie ab dem 1.1.2024 auch für die elektronische Führung des Gesellschaftsregisters[35] – zur 29

---

29 Vgl. die EDV-Länderberichte von Bayern von Juli 2020 (S. 6), Brandenburg von August 2021 (S. 8), Bremen von Juli 2021 (S. 6), Hamburg von Juli 2021 (S. 4), Hessen von Juli 2021 (S. 11), Niedersachsen von Juli 2021 (S. 10 f.), Saarland von August 2020 (S. 1), Sachsen von September 2020 (S. 7), Sachsen-Anhalt von Juni 2020 (S. 4), Schleswig-Holstein von August 2020 (S. 4) und Thüringen von September 2020 (S. 6), alle abrufbar unter https://justiz.de/laender-bund-europa/BLK/laenderberichte/index.php.
30 Vgl. den EDV-Länderbericht von Niedersachsen von Juli 2021 (S. 11), abrufbar unter https://justiz.de/laender-bund-europa/BLK/laenderberichte/index.php.
31 Vgl. die jeweiligen EDV-Länderberichte, abrufbar unter https://justiz.de/laender-bund-europa/BLK/laenderberichte/index.php.
32 Vgl. die EDV-Länderberichte von Baden-Württemberg von Juli 2019 (S. 7) und Schleswig-Holstein von August 2020 (S. 4), alle abrufbar unter https://justiz.de/laender-bund-europa/BLK/laenderberichte/index.php.
33 Vgl. die EDV-Länderberichte von Berlin von August 2021 (S. 12) und Hessen von Juli 2021 (S. 10), alle abrufbar unter https://justiz.de/laender-bund-europa/BLK/laenderberichte/index.php.
34 Vgl. die EDV-Länderberichte von Baden-Württemberg von Juli 2019 (S. 7), Bayern von Juli 2020 (S. 6), Berlin von August 2021 (S. 9, 12), Brandenburg von August 2021 (S. 10), Bremen von Juli 2021 (S. 6), Hamburg von Juli 2021 (S. 2), Hessen von Juli 2021 (S. 10 f.), Niedersachsen von Juli 2021 (S. 15 f.), Sachsen-Anhalt von Juni 2020 (S. 5) und Thüringen von September 2020 (S. 6), alle abrufbar unter https://justiz.de/laender-bund-europa/BLK/laenderberichte/index.php.
35 Vgl. Art. 30, 137 des Personengesellschaftsrechtsmodernisierungsgesetzes v. 10.8.2021 (BGBl. I 3450, 3482).

Verfügung. Zum Einsatz kommen hier die Fachanwendungen (1) „AUREG" im Länderverbund von Berlin, Brandenburg, Bremen und Schleswig-Holstein sowie (2) „RegisSTAR" im Länderverbund aller anderen Bundesländer.[36]

30 Im Zuge eines Modernisierungsvorhabens wurde bereits Anfang der 2010er Jahre der Beschluss gefasst, die beiden bestehenden Fachanwendungen durch ein neues, **bundesweit einheitliches Registerfachverfahren (AuRegis)** abzulösen und die jeweiligen elektronischen Aktensysteme der Länder anzubinden.[37] Die erste Pilotierung erfolgt im Jahr 2022 in Nordrhein-Westfalen.[38]

(c) Stand-alone Fachanwendungen im Bereich der Insolvenzverfahren

31 Für **Insolvenzverfahren** stehen – insbesondere (→ Rn. 14) – Rechtspflegern in den allgemeinen Fachanwendungen „ForumSTAR" und „JUDICA" fachspezifische Module (→ Rn. 24) zur Verfügung, so dass es hier grundsätzlich keiner besonderen Stand-alone Fachanwendung bedarf. Die allgemeine Fachanwendung „EUREKA" kennt demgegenüber kein fachspezifisches Modul, so dass im Länderverbund von Bremen, Hessen, Niedersachsen, Rheinland-Pfalz und Sachsen-Anhalt mit „EUREKA-WINSOLVENZ" eine besondere Stand-alone Fachanwendung zum Einsatz kommt.[39] An diesem Länderverbund ist bemerkenswert, dass zum einen das Saarland, das „EUREKA" ebenfalls als allgemeine Fachanwendung nutzt, nicht beteiligt ist, so dass es für Insolvenzverfahren das fachspezifische Modul „JUDICA-InsO" inklusive des hieran angeschlossenen Textsystems „TSJ" verwendet.[40] Zum anderen gehört diesem Länderverbund mit Rheinland-Pfalz auch ein die allgemeine Fachanwendung „ForumSTAR" nutzendes Bundesland an, wo insoweit das entsprechende fachspezifische Modul von „ForumSTAR" nicht zum Einsatz kommt.[41] Ebenfalls kommt trotz Nutzung der allgemeinen Fachanwendung „ForumSTAR" das entsprechende fachspezifische Modul von „ForumSTAR" in Hamburg nicht zum Einsatz, da dort stattdessen das fachspezifische Modul „JUDICA-InsO" inklusive des hieran angeschlossenen Textsystems „TSJ" genutzt wird.[42]

bb) Juristische Informationssysteme

32 In allen Bundesländern können Justizbedienstete und damit auch Rechtspfleger durch entsprechende vertragliche Vereinbarungen der Länder[43] in einer Reihe von von externen Anbietern betriebenen **juristischen Informationssystemen** recherchieren. Im Vordergrund stehen hier aufgrund ihres Umfangs insbesondere die in allen Bundesländern den Rechtspflegern jedenfalls in den Grundmodulen zugänglichen juristischen Informationssysteme „beck-online" und „juris". Ein Zugang zu diesen ist auch zwingend erforderlich. Da sich Rechtspfleger bei ihrer Aufgabenerledigung auch mit Rechtsfragen auseinandersetzen und diese auch

---

36 Vgl. die jeweiligen EDV-Länderberichte, abrufbar unter https://justiz.de/laender-bund-europa/BLK/laenderberichte/index.php.
37 Vgl. die EDV-Länderberichte von Baden-Württemberg von Juli 2019 (S. 9), Bayern von Juli 2020 (S. 3), Berlin von August 2021 (S. 9), Brandenburg von August 2021 (S. 7), Bremen von Juli 2021 (S. 6), Hamburg von Juli 2021 (S. 3), Hessen von Juli 2021 (S. 11, 19), Niedersachsen von Juli 2021 (S. 16), Sachsen von September 2020 (S. 8), Schleswig-Holstein von August 2020 (S. 4) und Thüringen von September 2020 (S. 7), alle abrufbar unter https://justiz.de/laender-bund-europa/BLK/laenderberichte/index.php.
38 Vgl. den EDV-Länderbericht von Brandenburg von August 2021 (S. 7), abrufbar unter https://justiz.de/laender-bund-europa/BLK/laenderberichte/index.php.
39 Vgl. die EDV-Länderberichte von Bremen von Juli 2021 (S. 6), Hessen von Juli 2021 (S. 16), Niedersachsen von Juli 2021 (S. 13 ff.) und Sachsen-Anhalt von Juni 2020 (S. 4 f.), alle abrufbar unter https://justiz.de/laender-bund-europa/BLK/laenderberichte/index.php.
40 Vgl. den EDV-Länderbericht vom Saarland von August 2020 (S. 6), abrufbar unter https://justiz.de/laender-bund-europa/BLK/laenderberichte/index.php.
41 Vgl. den EDV-Länderbericht von Rheinland-Pfalz von Juli 2020 (S. 7), abrufbar unter https://justiz.de/laender-bund-europa/BLK/laenderberichte/index.php.
42 Vgl. den EDV-Länderbericht von Hamburg von Juli 2021 (S. 5), abrufbar unter https://justiz.de/laender-bund-europa/BLK/laenderberichte/index.php.
43 Vgl. die EDV-Länderberichte von Baden-Württemberg von Juli 2019 (S. 12), Bayern von Juli 2020 (S. 1), Berlin von August 2021 (S. 3), Brandenburg von August 2021 (S. 11 f.), Bremen von Juli 2021 (S. 4), Mecklenburg-Vorpommern von August 2021 (S. 1), Niedersachsen von Juli 2021 (S. 28 f.), Rheinland-Pfalz von Juli 2020 (S. 18 f.), Saarland von August 2020 (S. 11), Sachsen von September 2020 (S. 5) und Thüringen von September 2020 (S. 5), alle abrufbar unter https://justiz.de/laender-bund-europa/BLK/laenderberichte/index.php.

gegenüber den – in vielen Fällen – anwaltlich vertretenen Parteien bzw. Beteiligten überzeugend begründen müssen, ist es im Wege der Waffengleichheit zwischen Rechtsuchenden einerseits und Rechtspflegenden andererseits zwingend erforderlich, sich die notwendigen Rechtskenntnisse durch eine Recherche in juristischen Informationssystemen zu beschaffen. Eine solche Recherche ist nämlich, auch wenn derzeit keine entsprechende Berufspflicht der Rechtsanwälte angenommen wird,[44] aufgrund ihrer weitgehenden Vorteile insbesondere in zeitlicher Hinsicht längst so selbstverständlich geworden, dass eine effektive Arbeit von Justizbediensteten wie Rechtspflegern ohne juristische Informationssysteme nicht mehr denkbar erscheint.[45]

b) Rechtsfragen im Zusammenhang mit Legal Tech

Soweit Rechtspfleger bei ihrer Aufgabenerledigung Legal Tech einsetzen, stellen sich bereits an den im heutigen Umfang betriebenen Einsatz **verschiedene Rechtsfragen**. 33

aa) Verwendung von Legal Tech

Bereits die **bloße Verwendung von Legal Tech** wirft angesichts der jeweiligen Zeit- und Personalersparnis für den Dienstherrn die Frage auf, ob Rechtspfleger im Innenverhältnis gegenüber ihrem Dienstherrn eine Amtspflicht zur Nutzung trifft. 34

(1) Amtspflicht zur Verwendung justizinterner Fachanwendungen nebst Hardware

Eine solche **Amtspflicht** ist jedenfalls für die Verwendung der dem Rechtspfleger zur Verfügung gestellten **justizinternen Fachanwendungen** (→ Rn. 22 ff.) nebst der zur Bedienung dieser Fachanwendungen erforderlichen Hardware ob der damit verbundenen Vorteile, insbesondere der Effizienz und Schnelligkeit, anzunehmen.[46] Folglich kann ein Rechtspfleger im Wege der Dienstaufsicht zur Nutzung der entsprechenden Fachanwendungen nebst der erforderlichen Hardware angewiesen werden. Eine Ausnahme hierzu kann sich jedoch aus der sachlichen Unabhängigkeit (→ Rn. 9) ergeben.[47] Deren Beeinträchtigung ist zum einen dann anzunehmen, wenn eine Fachanwendung nur eingegrenzt bestimmte Entscheidungen in der Sache vorgeben oder eine bestimmte Entscheidung in der Sache nicht erlauben würde. Denn dann würde die Amtspflicht zur Verwendung der Fachanwendung einer unzulässigen Anweisung entsprechen, im Einzelfall eine bestimmte Entscheidung zu treffen bzw. einer bestimmten Rechtsmeinung zu folgen. Zum anderen liegt eine Beeinträchtigung der sachlichen Unabhängigkeit vor, wenn die Fachanwendung über nicht abänderbare Texte oder Textbausteine (→ Rn. 37 f.) verfügt.[48] 35

(2) Keine Amtspflicht zur Verwendung juristischer Informationssysteme

Ob eine solche Amtspflicht auch hinsichtlich der Verwendung **juristischer Informationsprogramme** besteht, erscheint fraglich. Während der Gedanke der effektiven Arbeit vordergründig zunächst dafür zu sprechen scheint (→ Rn. 32), liegt es angesichts dessen, dass für Rechtsanwälte derzeit eine entsprechende Berufspflicht nicht angenommen wird (→ Rn. 32), wiederum nahe, spiegelbildlich **keine entsprechende Amtspflicht** anzunehmen. Letzteres überzeugt auch mit Rücksicht darauf, dass das händische Nachblättern in griffbereiten Fachbüchern sowohl in zeitlicher als auch in personeller Hinsicht gegenüber der Recherche in juristischen Informationssystemen nicht nachteilig ist. Dem Rechtspfleger kommt insoweit ein Wahlrecht zwischen den juristischen Informationssystemen und der im Gericht verfügbaren Literatur zu. Hiermit 36

---

44 BeckOGK/Teichmann BGB § 675 Rn. 1044; Heinemann NZFam 2015, 438 (441); Zwickel JA 2018, 881 (881 f.). Zum ganzen auch Schnabl NJW 2007, 3025.
45 Vgl. den EDV-Länderbericht von Brandenburg von August 2021 (S. 11), abrufbar unter https://justiz.de/laender-bund-europa/BLK/laenderberichte/index.php.
46 Dörndorfer RPflG § 9 Rn. 62; AMRHG/Georg RPflG § 9 Rn. 48; Bassenge/Roth/Roth RPflG § 9 Rn. 15.
47 Dörndorfer RPflG § 9 Rn. 62.
48 AMRHG/Georg RPflG § 9 Rn. 52. Vgl. auch Arbeitsgruppe „Einsatz von Künstlicher Intelligenz und algorithmischen Systemen in der Justiz", Einsatz von KI und algorithmischen Systemen in der Justiz - Grundlagenpapier von 2022 (S. 12 f.), abrufbar unter https://www.justiz.bayern.de/media/images/behoerden-und-gerichte/oberlandesgerichte/nuernberg/einsatz_von_ki_und_algorithmischen_systemen_in_der_justiz.pdf.

korrespondiert es, dass der Rechtspfleger im Wege der Dienstaufsicht auch nur allgemein angewiesen werden kann, bei seiner Aufgabenerledigung die üblichen und anerkannten Hilfsmittel zu benutzen.[49]

bb) Verwendung vorgefertigter Texte oder Textbausteine

37 Soweit in den an die jeweiligen justizinternen Fachanwendungen angeschlossenen Textsystemen (→ Rn. 23) **vorgefertigte Texte oder Textbausteine** vorhanden sind, kann aufgrund seiner sachlichen Unabhängigkeit (→ Rn. 9) dem Rechtspfleger im Einzelfall deren Verwendung nicht vorgeschrieben werden.[50] Im Rahmen seiner sachlichen Unabhängigkeit kommt dem Rechtspfleger nämlich die alleinige Verantwortung für die Gesetzmäßigkeit seiner Eintragungen zu.[51] Dies gilt insbesondere für Grundbuch- und Registereintragungstexte.[52] Soweit der Rechtspfleger im Einzelfall über den konkreten Inhalt wie den konkreten Wortlaut entscheiden kann, spricht jedoch nichts dagegen, wenn dem Rechtspfleger zur Erleichterung des Geschäftsbetriebs vorgefertigte, jedoch in jeder Hinsicht frei abänderbare Texte oder Textbausteine zur Verfügung gestellt werden.[53]

38 Erst Recht darf ob des Vorstehenden eine Fachanwendung keine derart **starre Datenbank- oder Textstruktur** enthalten, dass es dem Rechtspfleger nicht möglich ist, für eine Entscheidung erforderliche, aber bisher nicht vorgesehene Texte zu verwenden.[54] Falls doch muss der Rechtspfleger dann von der Verwendung der Fachanwendung gegebenenfalls absehen und die gebotenen Texte von Hand erstellen.[55] In diesem Fall ist es dann nicht Aufgabe des Rechtspflegers, sondern der Geschäftsstelle und damit letztlich der Justizverwaltung, dafür Sorge zu tragen, dass von den so abgefassten Entscheidungen im Wortlaut entsprechende Ausfertigungen erstellt und den Verfahrensbeteiligten übermittelt werden.[56]

cc) Umgang mit der elektronischen Akte

39 Soweit seit der Einführung der **elektronischen Akte** auch Rechtspfleger mit jener arbeiten, handelt es sich bei den insoweit stellenden Rechtsfragen um allgemein in der elektronischen Akte begründete Rechtsfragen, so dass auf die entsprechende Kommentierung verwiesen sei (→ *E-Justice* Rn. 2 ff.).

3. Fortbildung

40 Neben der alltäglichen Aufgabenerledigung nehmen ausgebildete Rechtspfleger auch an unregelmäßigen **Fortbildungsveranstaltungen** zu jenen Geschäften teil, mit denen sie im Alltag konkret zu tun haben. So gibt es beispielsweise für die in den Betreuungsabteilungen tätigen Rechtspfleger Fortbildungsveranstaltungen hinsichtlich der in den Betreuungsabteilungen anfallenden Geschäfte oder für die in den Insolvenzabteilungen tätigen Rechtspfleger Fortbildungsveranstaltungen hinsichtlich der in den Insolvenzabteilungen anfallenden Geschäfte. Diese Fortbildungsveranstaltungen werden vor Ort an den Gerichten und Staatsanwaltschaften abgehalten, an denen die jeweils fortzubildenden Rechtspfleger tätig sind. Zu diesem Zweck verfügen alle Gerichte und Staatsanwaltschaften über eine entsprechende Schulungsumgebung, die mit entsprechender Hard- und Software ausgestattet ist, um Übungen mit den justizinternen Fachanwendungen (→ Rn. 22 ff.) unter Einbeziehung der elektronischen Akte (→ Rn. 39) durchzuführen. Zur Durchführung der Übungen greifen die Fachanwendungen auf speziell zu Übungszwecken angelegte Demodatenbanken zurück. Im Übrigen unterscheidet sich die Arbeit an den Fachanwendungen innerhalb der Fortbildungsveranstaltungen nicht von derjenigen während der alltäglichen Aufgabenerledigung (→ Rn. 21 ff.). Hierfür

---

49 Vgl. Dörndorfer RPflG § 9 Rn. 68.
50 Dörndorfer RPflG § 9 Rn. 62, 67; AMRHG/Georg RPflG § 9 Rn. 50, 52; Bassenge/Roth/Roth RPflG § 9 Rn. 15.
51 Dörndorfer RPflG § 9 Rn. 67. Vgl. auch AMRHG/Georg RPflG § 9 Rn. 51.
52 Dörndorfer RPflG § 9 Rn. 67. Vgl. auch AMRHG/Georg RPflG § 9 Rn. 53.
53 Dörndorfer RPflG § 9 Rn. 62, 67; Bassenge/Roth/Roth RPflG § 9 Rn. 15. Vgl. auch AMRHG/Georg RPflG § 9 Rn. 48, wo jedoch nur auf eine inhaltliche Abänderung eingegangen wird. Vom vorgenannten Sinn gingen wohl auch Geiger/Göttlinger/Kobes Rpfleger 1973, 193 (195), aus.
54 OLG Köln Beschl. v. 4.2.2004 – 2 Wx 36/03, NZG 2004, 416 (418 f.); AMRHG/Georg RPflG § 9 Rn. 53. Vgl. auch entsprechend für Richter OLG Köln Beschl. v. 14.6.2000 – 2 W 85/00, NZI 2000, 480 (484).
55 OLG Köln Beschl. v. 4.2.2004 – 2 Wx 36/03, NZG 2004, 416 (418 f.); AMRHG/Georg RPflG § 9 Rn. 51 f. Vgl. auch entsprechend für Richter OLG Köln Beschl. v. 14.6.2000 – 2 W 85/00, NZI 2000, 480 (484).
56 Vgl. entsprechend für Richter OLG Köln Beschl. v. 14.6.2000 – 2 W 85/00, NZI 2000, 480 (484).

IV. Künftige Einsatzmöglichkeiten von Legal Tech

Die Entwicklung im Bereich von Legal Tech schreitet mittlerweile schnell fort. Daher soll der Blick abschließend noch auf **künftige Einsatzmöglichkeiten von Legal Tech** im Bereich der Tätigkeit der Rechtspfleger gerichtet werden. 41

1. Sammlung und Durchdringung des Prozessstoffs

Auch die Rechtspfleger sehen sich mit dem Problem konfrontiert, dass sie wie Richter **Prozessstoff sammeln und durchdringen** müssen (→ E-Justice Rn. 38 ff.). 42

Dies ist **sogar auch in nicht kontradiktorischen Verfahren** vor dem Rechtspfleger erforderlich. So kommt exemplarisch bei Anmeldungen zum Handelsregister dem Rechtspfleger ein Prüfungsrecht und eine -pflicht hinsichtlich der Rechtmäßigkeit und materiellen Richtigkeit der angemeldeten Tatsachen zu.[57] Hierfür sollen bei Anmeldungen gem. § 23 Abs. 1 S. 2 und 4 FamFG mit dem verfahrenseinleitenden Antrag zugleich die zur Begründung dienenden Tatsachen und Beweismittel angegeben sowie die Personen benannt werden, die als Beteiligte in Betracht kommen und Urkunden, auf die Bezug genommen wird, in Urschrift oder Abschrift beigefügt werden. Freilich wird in diesen Fällen der Rechtspfleger zumeist nur eine Schlüssigkeitsprüfung vorzunehmen haben[58] und wird der Prozessstoff aufgrund der gem. § 378 Abs. 3 S. 1 FamFG erforderlichen vorherigen Eintragungsfähigkeitsprüfung durch einen Notar für den anschließend prüfenden Rechtspfleger bereits gefiltert.[59] Doch ist der Rechtspfleger an diese notarielle Prüfung nicht gebunden, so dass sie seine materielle Schlüssigkeitskontrolle des Prozessstoffs nicht einzuschränken vermag.[60] 43

Daher wird es auch bezüglich der von Rechtspflegern zu erledigenden Geschäfte nicht ausgeschlossen sein, dass dort über die Einführung von **Formularen für häufig vorkommende Fälle** (→ E-Justice Rn. 40) oder – soweit es sich um Verfahren handelt, bei denen sich mehrere Beteiligte kontradiktorisch gegenüberstehen, wie exemplarisch die Feststellung des Stimmrechts eines Gläubigers, dessen Forderung bestritten wird, nach § 77 Abs. 2 S. 2 InsO, soweit sich in der Gläubigerversammlung der Insolvenzverwalter und die erschienenen stimmberechtigten Gläubiger nicht über dieses Stimmrecht einigen konnten – gar die Erstellung eines gemeinsamen **Basisdokuments** (→ E-Justice Rn. 39) nachgedacht werden wird. Hierbei werden sich die gleichen Rechtsprobleme stellen wie bei Richtern (→ E-Justice Rn. 39 f., 43). Darüber hinaus ist es vorstellbar, dass in Verfahren, in denen (auch) eine formelle Prüfung stattfindet, etwa bei Register- oder Grundbuchanträgen oder bei vereinfachten Vollstreckungsanträgen bei Vollstreckungsverfahren, Assistenz-Systeme zum Einsatz kommen, die das Vorliegen der formellen Voraussetzungen vorprüfen.[61] 44

2. Dokumentenanalyse

Systeme zur **Analyse von Dokumenten**, die etwa die E-Akten permanent scannen und ihnen einschlägige Entscheidungen und Literaturquellen automatisch zuordnen, könnten für Rechtspfleger genauso hilfreich und nutzbar sein, wie sie es für Richter sein könnten, weswegen auf die diesbezüglichen Ausführungen (→ Richter Rn. 37 f.) ohne Einschränkung verwiesen werden kann. 45

---

57 Baumbach/Hopt/Merkt HGB § 8 Rn. 8; Koller/Kindler/Roth/Drüen/Roth HGB § 8 Rn. 23a.
58 Krafka RegisterR Rn. 154; BeckOK HGB/Müther HGB § 8 Rn. 37; Ebenroth/Boujong/Joost/Strohn/Schaub HGB § 8 Rn. 140.
59 Vgl. MüKoFamFG/Krafka FamFG § 378 Rn. 21; BeckOK FamFG/Otto FamFG § 378 Rn. 77.
60 Vgl. MüKoFamFG/Krafka FamFG § 378 Rn. 25; BeckOK FamFG/Otto FamFG § 378 Rn. 77.
61 Vgl. Arbeitsgruppe „Einsatz von Künstlicher Intelligenz und algorithmischen Systemen in der Justiz", Einsatz von KI und algorithmischen Systemen in der Justiz - Grundlagenpapier von 2022 (S. 11, 28 ff.), abrufbar unter https://www.justiz.bayern.de/media/images/behoerden-und-gerichte/oberlandesgerichte/nuernberg/einsatz_von_ki_und_algorithmischen_systemen_in_der_justiz.pdf.

3. Automatisierte Entscheidungsfindung

46 Soweit es um den Einsatz von Legal Tech zwecks automatisierter Entscheidungsfindung geht, ist zu beachten, dass der **Kreis der von Rechtspflegern zu erledigenden Geschäfte sehr vielfältig** ist (→ Rn. 14), so dass hier zu **differenzieren** ist.

a) Bedenken gegen eine allgemeine Verwendung von automatisierter Entscheidungsfindung

47 So gibt es zunächst viele Geschäfte, in denen Rechtspfleger auch **materiell-rechtliche Entscheidungen** treffen müssen. In diesen Fällen wird eine automatisierte Entscheidungsfindung, sei es durch ein determiniertes System oder durch ein KI-System, die gleichen Chancen und Risiken mit sich bringen wie bei Richtern (→ *Richter* Rn. 8 ff.; vgl. auch allgemein: → *Entscheidungsfindung, automatisierte* Rn. 19 f., 32 ff., 41 ff.)[62]. Dies gilt insbesondere in den Fällen, in denen die Geschäftszuweisung an Rechtspfleger deswegen bedenklich erscheint, weil hier solche materiell-rechtlichen Entscheidungen zu treffen sind, die eine sehr große Nähe zu dem Kreis der nach Art. 92 GG eigentlich vom Richter zu erledigenden Geschäfte aufweisen, wie etwa die Erteilung qualifizierter Vollstreckungsklauseln nach §§ 726 ff. ZPO, die Vollstreckungsschutzentscheidungen nach § 765a ZPO oder der Zuschlagsbeschluss nach § 90 ZVG.[63] Gerade – aber nicht nur – in diesen Geschäften werden automatisierte Entscheidungen wie bei Richtern auf methodische Probleme (→ *Richter* Rn. 12 ff.; vgl. auch allgemein: → *Entscheidungsfindung, automatisierte* Rn. 41 ff.)[64], systematische Gefahren (→ *Richter* Rn. 17 ff.; vgl. auch allgemein: → *Entscheidungsfindung, automatisierte* Rn. 19 f., 32 ff.)[65] und rechtliche Hürden (→ *Richter* Rn. 21 ff.)[66] treffen.

48 Dabei ist jedoch hinsichtlich der letztgenannten zu beachten, dass aus dem Umstand, dass Rechtspfleger nicht persönlich unabhängig und damit keine Richter sind (→ Rn. 9, 11), jedenfalls vom BVerfG gefolgert wird, dass das sich aus Art. 103 Abs. 1 GG ergebende Grundrecht auf **rechtliches Gehör** aufgrund seiner systematischen Stellung im IX. Abschnitts des Grundgesetzes damit auch nicht vor den Rechtspflegern gilt, sondern dass stattdessen vor den Rechtspflegern das **Recht auf ein rechtsstaatliches, faires Verfahren** aus Art. 2 Abs. 1 GG iVm Art. 20 Abs. 3 GG greift.[67] Hierdurch dürften sich die sich aus dem Grundrecht auf rechtliches Gehör ergebenden Bedenken gegen den Einsatz von automatisierten Entscheidungen auf Richterebene (→ *Richter* Rn. 27 ff.) für die Rechtspflegerebene jedoch nur auf das Recht auf ein rechtsstaatliches, faires Verfahren verlagern, ohne dass sich hierbei inhaltliche Änderungen ergeben.[68]

49 Aufgrund der vorerwähnten Probleme ist aus hiesiger Sicht selbst die Zurverfügungstellung von Systemen zur automatisierten Entscheidungsfindung zur **freiwilligen Nutzung hoch bedenklich**. So besteht selbst bei einer freiwilligen Nutzung bei Richtern die Gefahr, dass sie einem sog. Automation Bias (also ein zu hohes Vertrauen in die vermeintliche Unfehlbarkeit technischer Systeme) und/oder einem

---

62 Vgl. auch jurisPK-ERV/Biallaß Kap. 8 Rn. 144 ff.; Hähnchen/Schrader/Weiler/Wischmeyer JuS 2020, 625 (626 f.); Arbeitsgruppe „Einsatz von Künstlicher Intelligenz und algorithmischen Systemen in der Justiz", Einsatz von KI und algorithmischen Systemen in der Justiz - Grundlagenpapier von 2022 (S. 6 ff.), abrufbar unter https://www.justiz.bayern.de/media/images/behoerden-und-gerichte/oberlandesgerichte/nuernberg/einsatz_von_ki_und_algorithmischen_systemen_in_der_justiz.pdf.
63 Vgl. Schilken GerichtsVerfR Rn. 72. Vgl. zu weiteren dem Rechtspfleger übertragenen Geschäften, die jedenfalls nicht auf den ersten Blick eindeutig erscheinen, Dürig/Herzog/Scholz/Hillgruber GG Art. 92 Rn. 56.
64 Vgl. auch Hoeren/Sieber/Holznagel MMR-HdB/Steinrötter/Warmuth Teil 30 Rn. 64 ff., 71.
65 Vgl. auch Hoeren/Sieber/Holznagel MMR-HdB/Steinrötter/Warmuth Teil 30 Rn. 68, 70; jurisPK-ERV/Biallaß Kap. 8 Rn. 155 ff.
66 Vgl. auch Hoeren/Sieber/Holznagel MMR-HdB/Steinrötter/Warmuth Teil 30 Rn. 69.
67 BVerfG Beschl. v. 18.1.2000 – 1 BvR 321/96, BVerfGE 101, 397 (405 f.) = NJW 2000, 1709 (1709 f.). AA Bassenge/Roth/Roth RPflG Vor §§ 1 ff. Rn. 16; Schilken GerichtsVerfR Rn. 135. Wohl auch aA AMRHG/Georg RPflG § 1 Rn. 87 ff., 118 ff. Die vorgenannten anderen Ansichten würden dementsprechend auch bei Rechtspflegern direkt auf das sich aus Art. 103 Abs. 1 GG ergebende Grundrecht auf rechtliches Gehör als rechtliche Hürde zurückgreifen.
68 Vgl. auch Arbeitsgruppe „Einsatz von Künstlicher Intelligenz und algorithmischen Systemen in der Justiz", Einsatz von KI und algorithmischen Systemen in der Justiz - Grundlagenpapier von 2022 (S. 13 ff.), abrufbar unter https://www.justiz.bayern.de/media/images/behoerden-und-gerichte/oberlandesgerichte/nuernberg/einsatz_von_ki_und_algorithmischen_systemen_in_der_justiz.pdf.

sog. Default-Effekt (also einer geringen Bereitschaft, eine abweichende Entscheidung zu treffen, insbesondere, aber nicht nur, wenn dies mit zusätzlichem (Argumentations-)Aufwand verbunden ist) erliegen und daher zwecks schnellerer und bequemerer Bearbeitung automatisierte Entscheidungsvorschläge ohne eine abschließende Prüfung übernehmen.[69] Gleiches gilt für Rechtspfleger, die einem vergleichbaren Arbeitspensum gegenüberstehen. Sofern Rechtspflegern dennoch in Zukunft Systeme zur automatisierten Entscheidungsfindung zur freiwilligen Nutzung zur Verfügung gestellt werden sollten, ist jedenfalls zu verlangen, dass sie nur in den konkreten Fällen verwendet werden dürfen, in denen eine tatsächliche Prüfung des automatisierten Entscheidungsvorschlags vorgenommen wurde (vgl. in diesem Sinne entsprechend für Richter → *Richter* Rn. 24 f., 31).

b) Vorstellbare Einsatzbereiche

Unabhängig von den vorstehenden Bedenken gegen eine automatisierte Entscheidungsfindung gibt es jedoch **zwei Bereiche**, in denen eine solche **eher in Betracht** kommen kann. Es handelt sich hierbei einerseits um die Geschäfte, die nach § 36b RPflG durch landesrechtliche Regelungen vom Rechtspfleger auf den Urkundsbeamten der Geschäftsstelle übertragen werden können, sowie andererseits um Fälle der Kosten- und Vergütungsfestsetzung.

aa) Von § 36b RPflG erfasste Geschäfte

Mit der in § 36b RPflG enthaltenen **Öffnungsklausel** hat der Gesetzgeber für die dort genannten Geschäfte den Ländern die Möglichkeit eröffnet, sie vom Rechtspfleger auf den Urkundsbeamten der Geschäftsstelle zu übertragen. Hiermit ist ein ökonomischer Einsatz der Personalressourcen bezweckt, indem solche Aufgaben auf die Beamten des mittleren Justizdienstes und die Justizfachangestellten delegiert werden, die dem Grunde nach keine besonderen rechtlichen Schwierigkeiten aufweisen und daher auch dem Ausbildungsstand des mittleren Dienstes entsprechen.[70] Da hier grundsätzlich nur Aufgaben ohne besondere rechtliche Schwierigkeit erfasst werden sollen, könnte es sich hierbei um solche Geschäfte handeln, die – unabhängig davon, ob ein Land von der Öffnungsklausel Gebrauch gemacht hat – auch einer automatisierten Entscheidungsfindung eher zugänglich sind. Allerdings ist insoweit zu beachten, dass der Gesetzgeber es den Ländern nach ihren individuellen Bedürfnissen überlassen hat, bestimmte Tätigkeiten unter anderem auch wegen ihrer besonderen rechtlichen Schwierigkeit aus dem an sich von § 36b RPflG erfassten Aufgabenkreis herauszunehmen.[71] Insoweit ist der Gesetzgeber selbst davon ausgegangen, dass nicht alle von § 36b RPflG erfassten Geschäfte rechtlich unproblematisch sind. Daher kann § 36b RPflG nur erste Anhaltspunkte für mögliche Einsatzgebiete einer automatisierten Entscheidungsfindung geben, ohne dass die gesamten von § 36b RPflG erfassten Geschäfte blind übernommen werden können.

bb) Automatisierte Kosten- und Vergütungsfestsetzung

Soweit Rechtspfleger nach § 3 Nr. 3 lit. b, § 21 RPflG Geschäfte im Kosten- und das Vergütungsfestsetzungsverfahren erledigen, spricht aus hiesiger Sicht nichts dagegen, wenn in Zukunft die **Berechnung der festzusetzenden Kosten automatisiert** erfolgen würde, da dort mathematische Rechenoperationen im Vordergrund stehen (→ *Richter* Rn. 39).[72] Auch heute werden schon an bestimmten Stellten entsprechende von Justizangehörigen selbst entwickelte Programme eingesetzt (→ *Richter* Rn. 26). Zudem enthalten auch manche justizinternen Fachanwendungen (→ Rn. 22 ff.) mittlerweile entsprechende Komponenten. So gibt es etwa in „JUDICA" (→ Rn. 23) einen Prozesskostenhilferechner.

---

69 Vgl. das Gutachten der Datenethikkommission von 2019 (S. 213), abrufbar unter https://www.bmi.bund.de/SharedDocs/downloads/DE/publikationen/themen/it-digitalpolitik/gutachten-datenethikkommission.pdf?__blob=publicationFile&v=6; wohl auch jurisPK-ERV/Biallaß Kap. 8 Rn. 152 f.
70 Vgl. Begründung des Bundesrates in BT-Drs. 14/6457, 6, 8 f.
71 Begründung des Bundesrates in BT-Drs. 14/6457, S. 6, 8 f.
72 Vgl. Arbeitsgruppe „Einsatz von Künstlicher Intelligenz und algorithmischen Systemen in der Justiz", Einsatz von KI und algorithmischen Systemen in der Justiz - Grundlagenpapier von 2022 (S. 30), abrufbar unter https://www.justiz.bayern.de/media/images/behoerden-und-gerichte/oberlandesgerichte/nuernberg/einsatz_von_ki_und_algorithmischen_systemen_in_der_justiz.pdf.

53 Allerdings ist hierbei zu beachten, dass vor der Berechnung vom Rechtspfleger noch **bestimmte vorgelagerte Entscheidungen** vorzunehmen sind, so etwa im Rahmen der Prüfung der Zulässigkeit des Kostenfestsetzungsantrags oder etwa im Rahmen einer gegebenenfalls erforderlichen Beweiserhebung und -würdigung.[73] Da es sich bei diesen Prüfungen nicht um bloße Berechnungen handelt, gilt hier nichts anderes als auch sonst bezüglich automatisierter Entscheidungen (→ Rn. 47 ff.).

4. Aufnahme von Erklärungen und Anträgen auf der Rechtsantragstelle

54 Besondere Bedeutung kommt der **Aufnahme von Erklärungen und Anträgen auf der Rechtsantragstelle** zu. Hier protokollieren Rechtspfleger Erklärungen und Anträge, wozu gem. § 24 Abs. 2 Nr. 2 Alt. 1 RPflG auch Klagen zählen. Da es sich hierbei vordergründig um bloße Protokollierung handelt, liegt es auf den ersten Blick nahe, dass diese Tätigkeit in Zukunft durch online zugängliche Formulare für häufig vorkommende Fälle, die via Eingabemasken auch online ausgefüllt werden können, ersetzt und die Beteiligten hierbei durch digitale Eingabehilfen und Chatbots (dazu auch → *E-Justice* Rn. 38 f., 48 ff.) ohne Beteiligung eines Rechtspflegers unterstützt werden können, sog. Online-Rechtsantragstellen.[74] Doch darf nicht übersehen werden, dass es sich hier letztlich doch nicht bloß um reine Protokollierung handelt. So bezieht sich einerseits die Tätigkeit des Rechtspflegers für die in § 24 Abs. 1 RPflG genannten Erklärungen und Anträge auf alles, was zur ordnungsgemäßen Erledigung des Geschäfts notwendig ist, wie etwa über Form und Frist eines Rechtsbehelfs zu belehren oder auf den Inhalt der Erklärungen gestaltend einzuwirken und insbesondere für diesen Inhalt Verantwortung zu übernehmen.[75] Andererseits dürfen Rechtspfleger in den in § 24 Abs. 2 RPflG genannten Fällen aufgrund ihrer Neutralitätspflicht den Antragstellern zwar keinen Rechtsrat bezüglich der Erfolgsaussichten ihres Antrags geben.[76] Ebenso wenig treffen sie eine Entscheidung über den protokollierten Antrag. Doch hat der Rechtspfleger hier immerhin auch Zulässigkeit und Schlüssigkeit der dort aufgeführten Anträge und Erklärungen zu prüfen.[77] Folglich geht es bei der Tätigkeit auf der Rechtsantragstelle nicht um bloße Protokollierung. Im Hinblick auf die in § 24 Abs. 2 RPflG genannten Fällen stehen einer reinen automatisierten Protokollierung jedenfalls dieselben Bedenken entgegen, wie sie auch einer automatisierten Entscheidungsfindung (→ Rn. 46 ff.) entgegenstehen. Soweit es gar um die Tätigkeit des Rechtspflegers nach § 24 Abs. 1 RPflG geht, wird eine Protokollaufnahme ohne Mitwirkung eines Rechtspflegers ob der hier zu übernehmenden Verantwortung für den Protokollinhalt überhaupt nicht möglich sein, da eine Computeranwendung, selbst wenn sie über eine weit entwickelte KI verfügen sollte, eben keine entsprechende Verantwortung übernehmen kann.

55 Eine **Online-Rechtsantragstelle** ist daher nur insoweit vorstellbar, als zunächst nur solche Anfragen herausgefiltert werden, die durch einfache Auskunftserteilungen erledigt werden können und eben keiner Protokollierung nach § 24 RPflG bedürfen. Da es sich hierbei um nicht wenige Anfragen handeln dürfte, dürfte bereits diese Vorabfilterung zu einer wesentlichen Entlastung der Rechtsantragstellen führen.[78] Hinsichtlich der dann noch übrig bleibenden Erklärungen und Anträge müsste das Computerprogramm

---

73 Vgl. dazu exemplarisch für das Kostenfestsetzungsverfahren nach §§ 103 ff. ZPO MüKoZPO/Schulz ZPO § 104 Rn. 21 ff.

74 Vgl. Arbeitsgruppe „Modernisierung des Zivilprozesses", Modernisierung des Zivilprozesses – Diskussionspapier von 2020 (S. 7 f.), abrufbar unter https://www.justiz.bayern.de/media/images/behoerden-und-gerichte/oberlandesgerichte/nuernberg/diskussionspapier_ag_modernisierung.pdf; vgl. auch Arbeitsgruppe „Einsatz von Künstlicher Intelligenz und algorithmischen Systemen in der Justiz", Einsatz von KI und algorithmischen Systemen in der Justiz - Grundlagenpapier von 2022 (S. 5, 15, 40), abrufbar unter https://www.justiz.bayern.de/media/images/behoerden-und-gerichte/oberlandesgerichte/nuernberg/einsatz_von_ki_und_algorithmischen_systemen_in_der_justiz.pdf. Vgl. dazu auch jurisPK-ERV/Biallaß Kap. 8 Rn. 78.

75 Dörndorfer RPflG § 24 Rn. 16; AMRHG/Hintzen RPflG § 24 Rn. 9, 14, 17; Bassenge/Roth/Roth RPflG § 24 Rn. 6. Vgl. auch BVerfG Beschl. v. 17.5.1983 – 2 BvR 731/80, NJW 1983, 2762 (2764); BayObLG Beschl. v. 3.7.1991 – 2 Z 56/91, Rpfleger 1991, 450.

76 Dörndorfer RPflG § 24 Rn. 23.

77 Vgl. Dörndorfer RPflG § 24 Rn. 23.

78 Vgl. Arbeitsgruppe „Modernisierung des Zivilprozesses", Modernisierung des Zivilprozesses – Diskussionspapier von 2020 (S. 7 f.), abrufbar unter https://www.justiz.bayern.de/media/images/behoerden-und-gerichte/oberlandesgerichte/nuernberg/diskussionspapier_ag_modernisierung.pdf.

einen Kontakt mit einem Rechtspfleger herstellen, der dann – wie auch heute schon – seine Aufgaben auf der Rechtsantragstelle wahrnimmt.[79]

Ob ein solcher Kontakt auch in einem **audiovisuellen Online-Kontakt** liegen kann, erscheint ob des vom BGH noch 2009 aufgestellten Satzes, dass es dem nicht anwaltlich vertretenen Rechtsuchenden ohne Weiteres zuzumuten sei, entweder ein Schreiben aufzusetzen oder sich persönlich zu einem Amtsgericht zu begeben,[80] fraglich. Für die Zulassung eines audiovisuellen Online-Kontakts spricht, dass der BGH augenscheinlich – und vollkommen zu Recht – bloß rein telefonische Erklärungen zu Protokoll ausschließen wollte.[81] Denn zum einen hatte der BGH nur über einen solchen Fall zu befinden. Und zum anderen hat er sich auf eine Entscheidung des BVerwG aus dem Jahre 1963 gestützt, welches mit Blick auf den damaligen Stand der technischen Entwicklung der Telekommunikation – ebenfalls auch aus heutiger Sicht noch vollkommen zu Recht – die Rechtsmitteleinlegung via Telefon nicht genügen ließ.[82] Darüber hinaus ist zu berücksichtigen, dass einem audiovisuellen Online-Kontakt anders als dem Telefon nicht der Einwand einer erhöhten Identitätsnachweisproblematik entgegensteht und auch die Gefahr von Missverständnissen nicht höher als bei einem Gespräch von Angesicht zu Angesicht erscheint. So ist es heutzutage auch in anderen nicht gerade unsensiblen Bereichen des Lebens geläufig, Identitätsnachweise im Rahmen von audiovisuellen Online-Kontakten zu erbringen, wie etwa zur Eröffnung von Girokonten bei Online-Banken. Es ist daher unproblematisch, wenn im Rahmen der Online-Rechtsantragstelle der Antragsteller nach positivem Durchlaufen eines Vorabfilters dem Rechtspfleger nur in einen audiovisuellen Online-Kontakt gegenübertritt.[83]

5. Mögliche künftige Auswirkungen auf das Arbeitsumfeld

Zuletzt darf nicht übersehen werden, dass sich künftige weitere Einsatzmöglichkeiten von Legal Tech auch auf das **Arbeitsumfeld der Rechtspfleger** auswirken werden. Hierbei dürfte es sich letztlich jedoch um dieselben Auswirkungen handeln, wie sie auch bei Richtern zu spüren sein werden, so dass bezüglich der Gerichtsorganisation (→ *Richter* Rn. 4), dem sozialen Kontakt (→ *Richter* Rn. 6) und den gesellschaftlichen Erwartungen (→ *Richter* Rn. 7) auf die dortigen Ausführungen verwiesen werden kann.

---

79 So letztlich auch Arbeitsgruppe „Modernisierung des Zivilprozesses", Modernisierung des Zivilprozesses – Diskussionspapier von 2020 (S. 5 ff.), abrufbar unter https://www.justiz.bayern.de/media/images/behoerden-und-gerichte/oberlandesgerichte/nuernberg/diskussionspapier_ag_modernisierung.pdf.
80 BGH Beschl. v. 12.3.2009 – V ZB 71/08, NJW-RR 2009, 852 Rn. 12.
81 Vgl. BGH Beschl. v. 12.3.2009 – V ZB 71/08, NJW-RR 2009, 852 Rn. 8 ff.
82 BVerwG Urt. v. 22.11.1963 – BVerwG IV C 76/63, NJW 1964, 831 (831 f.).
83 Ebenso Arbeitsgruppe „Modernisierung des Zivilprozesses", Modernisierung des Zivilprozesses – Diskussionspapier von 2020 (S. 6 f.), abrufbar unter https://www.justiz.bayern.de/media/images/behoerden-und-gerichte/oberlandesgerichte/nuernberg/diskussionspapier_ag_modernisierung.pdf. In diesem Sinne wohl auch Greger NJW 2019, 3429 (3431 f.).

76. Rechtsschutzversicherung

Wendt

I. Allgemeines	1
II. Gesetzliche Rahmenbedingungen für Rechtsschutzversicherungen	3
1. Privatversicherungsrechtliche Vorgaben	3
a) Europäische Vorgaben	3
b) Nationale Vorgaben	6
aa) Versicherungsvertragsrecht	6
(1) Entwicklung	6
(2) Aktuelle Vorgaben	8
(a) Regelung zum Vertragszweck	9
(aa) Vereinbarter Umfang	10
(bb) Erforderlichkeit	12
(cc) Wahrnehmung rechtlicher Interessen	13
(dd) Versicherungsnehmer und Versicherter	14
(b) Weitere Regelungen	15
(aa) Schadenabwicklungsunternehmen	15
(bb) Freie Anwaltswahl	16
(cc) Gutachterverfahren	17
(c) Abweichende Vereinbarungen	18
bb) Versicherungsaufsichtsrecht	19
2. Rechtsdienstleistungsgesetz	20
3. Sonstige Vorgaben	23
III. Legal Tech-Anwendungen	24
1. Legal Tech	25
2. Anwendungsbezogene Kategorisierung	26
a) Automatisierte Rechtsdurchsetzung	27
b) Automatisierte Dokumentenerstellung	28
c) Legal Process Outsourcing	29
d) Dokumentenanalyse	30
e) Marktplätze und Expertenportale	31
f) Office Tech	32
g) eJustice und eGovernment	34
3. Nutzung Künstlicher Intelligenz	35
IV. Ausblick	38

Literatur: *Armbrüster*, Freie Anwaltswahl für rechtsschutzversicherte Mandanten in Deutschland? Rechtliche Bewertung von Empfehlungen, Selbstbehalten und gespaltenen Tarifen, AnwBl 2012, 218; *Armbrüster*, Freie Anwaltswahl und Rechtsschutzversicherung, VuR 2012, 167; *Armbrüster*, Privatversicherungsrecht, 2. Aufl. 2019 (zit.: Armbrüster PrivVersR); *Cornelius-Winkler*, Schadenmanagement der Rechtsschutzversicherer im Verkehrsrecht, SVR 2013, 201; *Eberhardt*, Rechtsschutzversicherung im Wandel, VersR 2013, 802; *Hacker*, Europäische und nationale Regulierung von Künstlicher Intelligenz, NJW 2020, 2142; *Harbauer*, Rechtsschutzversicherung: ARB, 9. Aufl. 2018 (zit.: Harbauer); *Hartung/Meising*, Legal Tech im Familienrecht, NZFam 2019, 982; *Hoeren/Pinelli*, KI, Ethik und Recht: Herausforderungen und Perspektive, in Hoeren/Pinelli (Hrsg.), Künstliche Intelligenz – Ethik und Recht, 2022, S. 1 (zit.: Hoeren/Pinelli KI – Ethik und Recht/Hoeren/Pinelli); *Janssen/Vennmanns*, The Effects of Technology on Legal Practice, in DiMatteo/Janssen/Ortolani/Cannarsa/Durovic (Hrsg.), The Cambridge Handbook of Lawyering in the Digital Age, 2021, S. 38 (zit.: DiMatteo et al. Lawyering in the Digital Age/Janssen/Vennmanns); *Kaulbach/Bähr/Pohlmann* (Hrsg.), VAG-Kommentar, 6. Aufl. 2019 (zit.: Kaulbach/Bähr/Pohlmann); *Kilian*, Die Zukunft der Juristen, NJW 2017, 3043; *Klowait/Gläßer* (Hrsg.), HK-Mediationsgesetz, 2. Aufl. 2018 (HK-MediationsG); *Langheid/Rixecker/Gal/Grote/Muschner* (Hrsg.), Versicherungsvertragsgesetz, 6. Aufl. 2019 (zit.: Langheid/Rixecker); *Lensing*, Schadenfreiheitsrabatt in der Rechtsschutzversicherung bei Verzicht auf freie Anwaltswahl, VuR 2012, 97; *Looschelders/Pohlmann* (Hrsg.), VVG-Kommentar, 3. Aufl. 2016 (zit.: Looschelders/Pohlmann); *Plote*, Rechtsschutzversicherung, 2. Aufl. 2010 (zit.: Plote RSVers); *Prölss/Dreher* (Hrsg.), Versicherungsaufsichtsgesetz, 13. Aufl. 2018 (zit.: Prölss/Dreher); *Prölss/Martin* (Hrsg.), Versicherungsvertragsgesetz, 31. Aufl. 2021 (zit.: Prölss/Martin); *Schwintowski/Brömmelmeyer/Ebers* (Hrsg.), Praxiskommentar zum Versicherungsvertragsgesetz, 4. Aufl. 2021 (zit.: Schwintowski/Brömmelmeyer/Ebers); *Stadler*, Verbraucherschutz durch die erneue Reform des Rechtsdienstleistungsgesetzes, VuR 2021, 123; *Staudinger/Halm/Wendt* (Hrsg.), Versicherungsrecht Kommentar, 3. Aufl. 2022 (zit.: Staudinger/Halm/Wendt); *van Bühren/Plote*, ARB – Rechtsschutzversicherung, Kommentar, 3. Aufl. 2013 (zit.: van Bühren/Plote); *Graf von Westphalen/Pamp/Thüsing* (Hrsg.), Vertragsrecht und AGB-Klauselwerke, 47. Aufl. 2022 (zit.: v. Westphalen/Thüsing VertrR/AGB-Klauselwerke); *Wendt*, Leistungspflichten des Rechtsschutzversicherers nach § 125 VVG – Mit Anmerkungen zur Alternativen Streitbeilegung, VersR 2014, 420; *Wendt*, Schadenabwicklungsunternehmen in der Versicherungswirtschaft – Mit Anmerkungen zu Beherrschungsverträgen i.S.d. § 291 AktG –, DB 2014, 1241; *Wendt/Jung*, Rechtsrahmen für Legal Technology – zugleich Besprechung von OLG Köln, Urt. v. 19.6.2020 – 6 U 263/19 –, ZIP 2020, 2201; *Wendt/Jung*, Europäischer Rechtsrahmen für Künstliche Intelligenz – Risikobasierter Regulierungsansatz und technologische Anwendungen im Rechtsverkehr (Teil I), LRZ 2021, 36; *Werber*, Schadensregulierung durch Versicherungsmakler, VersR 2015, 1321.

I. Allgemeines

Die Rechtsschutzversicherung gilt als dynamische Versicherungssparte.[1] Die Leistungskataloge der in Deutschland tätigen Rechtsschutzversicherungen sind in der Tat bereits seit Längerem nicht mehr nur auf die Erstattung der im Rahmen der Rechtsdurchsetzung notwendigerweise anfallenden Kosten beschränkt. Vielmehr haben Rechtsschutzversicherer in der jüngeren Vergangenheit einige bemerkenswerte Produktinnovationen etabliert[2] und sich damit zu einem Dienstleister ihrer Versicherungsnehmer[3] entwickelt. Aus dieser Perspektive betrachtet liegt es nahe, dass Rechtsschutzversicherer Interesse an Legal Tech-Anwendungen zeigen, die einen hohen Nutzen für ihre Versicherungsnehmer bieten; sie könnten eine sinnvolle Erweiterung des Leistungskatalogs einer Rechtsschutzversicherung sein.[4] Wie bei allen anderen Leistungsbestandteilen einer Rechtsschutzversicherung auch sind hierbei die gesetzlichen Rahmenbedingungen in den Blick zu nehmen. Der folgende Beitrag soll in diesem Sinne einen Überblick über Möglichkeiten und Grenzen im Themenfeld Legal Tech und Rechtsschutzversicherungen geben.[5]

Grundlage für den Leistungsumfang einer Rechtsschutzversicherung ist der zwischen Versicherer und Versicherungsnehmer geschlossene Versicherungsvertrag. Dieser muss den im Versicherungsvertragsgesetz (VVG) festgelegten rechtlichen Rahmenbedingungen Rechnung tragen, die auch im Kontext europarechtlicher Vorgaben zu betrachten sind. Darüber hinaus sind insbes. die Grenzen des Rechtsdienstleistungsgesetzes (RDG) zu berücksichtigen. Weitere Bestimmungen zur Rechtsschutzversicherung finden sich im Versicherungsaufsichtsgesetz (VAG). Diese gesetzlichen Vorgaben werden im Folgenden skizziert (unter II.). Anschließend werden etablierte Legal Tech-Anwendungen in einer anwendungsbezogenen Kategorisierung dargestellt und relevante rechtspolitische Entwicklungen beschrieben (unter III.). Der Ausblick soll schließlich auf mögliche zukünftige Entwicklungen eingehen (unter IV.).

II. Gesetzliche Rahmenbedingungen für Rechtsschutzversicherungen

1. Privatversicherungsrechtliche Vorgaben

a) Europäische Vorgaben

Vorgaben zu den Leistungen in der Rechtsschutzversicherung trifft auf europäischer Ebene die Richtlinie 87/344/EWG des Rates vom 22.6.1987 zur Koordinierung der Rechts- und Verwaltungsvorschriften für die Rechtsschutzversicherung.[6] Mit der Rechtsschutzversicherungs-RL hat der Europäische Gesetzgeber Bestimmungen auf dem Gebiet der Rechtsschutzversicherung koordiniert.[7] Ziel der Richtlinie ist der umfassende Schutz der Versicherteninteressen.[8] Nach Art. 1 der Rechtsschutzversicherungs-RL sollen die Vorgaben Interessenkollisionen vermeiden, die daraus erwachsen können, dass ein Versicherer neben der Rechtsschutzversicherung andere Versicherungszweige betreibt. Die deutsche Versicherungsaufsicht hatte

---

1 Vgl. etwa MüKoVVG/Obarowski VVG Anh. zu § 125 Rn. 1; Looschelders/Pohlmann/Vogel VVG § 125 Rn. 2; Staudinger/Halm/Wendt/Brünger VVG § 125 Rn. 3; Eberhardt VersR 2013, 802 (802).
2 Vgl. hierzu eingehend Eberhardt VersR 2013, 802 (805 f.); van Bühren/Plote/Wendt VVG § 125 Rn. 1.
3 Vgl. Plote RSVers S. 1; van Bühren/Plote/Wendt VVG § 125 Rn. 3.
4 Vgl. etwa die Initiativen KLUGO (DEVK), Hellolaw (ARAG), Atornix (Auxilia), MEINRECHT (ÖRAG).
5 Das aufgrund höchstrichterlicher Rechtsprechung mögliche Sammelinkasso (→ Inkassodienstleistungen Rn 1 ff.) und die damit entstehenden wirtschaftlichen Herausforderungen für Rechtsschutzversicherer sollen hier nicht behandelt werden.
6 ABl. L 185, 77; im Folgenden: Rechtsschutzversicherungs-RL; siehe auch VerBAV (Veröffentlichungen des Bundesaufsichtsamtes für das Versicherungswesen) 1987, 442; vgl. hierzu etwa Müller VW 1988, 1354; zu den Zielen der Richtlinie vgl. EuGH Urt. v. 7.11.2013 – C-422/12, VersR 2013, 1530 (1532).
7 So bereits vorgesehen in Art. 7 Abs. 2 lit. c der Ersten Richtlinie 73/239/EWG des Rates v. 24.7.1973 zur Koordinierung der Rechts- und Verwaltungsvorschriften betreffend die Aufnahme und Ausübung der Tätigkeit der Direktversicherung (mit Ausnahme der Lebensversicherung) (ABl. L 228, 3); die Richtlinie bezweckt keine vollständige Harmonisierung der Rechtsschutzversicherungsverträge der Mitgliedstaaten, vgl. auch EuGH Urt. v. 10.9.2009 – C-199/08, NJW 2010, 355.
8 EuGH Urt. v. 7.11.2013 – C-422/12, VersR 2013, 1530 (1532); vgl. auch EuGH Urt. v. 26.5.2011 – C-293/10, NJW 2011, 3077; EuGH Urt. v. 10.9.2009 – C-199/08, NJW 2010, 355.

dem zuvor durch das sog. Spartentrennungsgebot Rechnung getragen.[9] Dies untersagte einem Versicherer, zugleich in der Rechtsschutzversicherung und einer anderen Versicherungssparte tätig zu sein.[10] Solch strenge nationale Vorgaben waren nach Art. 8 der Rechtsschutzversicherungs-RL jedoch nicht länger möglich. Sie standen dem weiteren Zweck der Rechtsschutzversicherungs-RL entgegen, nämlich der Erleichterung der Niederlassungsfreiheit.[11] Die europarechtliche Lösung bestand insbesondere in den Art. 3 bis 7 der Rechtsschutzversicherungs-RL. Die Vorgaben der Rechtsschutzversicherungs-RL gingen in Art. 198 bis 205 der Richtlinie 2009/138/EG des Europäischen Parlaments und des Rates vom 25.11.2009 betreffend die Aufnahme und Ausübung der Versicherungs- und Rückversicherungstätigkeit – Solvabilität II[12] auf. Die Regelungen sind weitgehend inhaltsgleich. Mit der Aufnahme in die Solvency II-RL strahlt das in Art. 27 ausdrücklich angesprochene Hauptziel der Regulierung, namentlich der Schutz der Versicherungsnehmer und der Begünstigten von Versicherungsleistungen, allerdings auch in die Vorgaben der Rechtsschutzversicherung hinein.[13]

4 Aussagen dazu, welche Leistungen aus Sicht des Unionsgesetzgebers Rechtsschutzversicherungen charakterisieren, finden sich in Art. 2 Abs. 1 der Rechtsschutzversicherungs-RL (nunmehr Art. 198 Solvency II-RL). Danach kann eine Rechtsschutzversicherung vorsehen, dass gegen Zahlung einer Prämie die Verpflichtung eingegangen wird, die Kosten eines Gerichtsverfahrens zu übernehmen und andere sich aus dem Versicherungsvertrag ergebende Leistungen zu erbringen, insbesondere um dem Versicherten den Schaden auf außergerichtlichem Wege oder durch ein Zivil- oder Strafverfahren zu ersetzen bzw. den Versicherten in einem Zivil-, Straf-, Verwaltungs- oder anderen Verfahren oder im Fall einer gegen ihn gerichteten Forderung zu verteidigen oder zu vertreten. Der europäische Gesetzgeber spannt den Rahmen möglicher Rechtsschutzversicherungsleistungen damit sehr weit. Neben der Erstattung der Kosten eines Gerichtsverfahrens sind „andere sich aus dem Versicherungsvertrag ergebende Leistungen" angesprochen. Diese erkennt der Unionsgesetzgeber beispielhaft im Ersatz des auf außergerichtlichem Weg oder durch ein Zivil- oder Strafverfahren dem Versicherungsnehmer entstehenden Schadens sowie darin, den Versicherten in Gerichts- oder anderen Verfahren oder im Fall einer gegen ihn gerichteten Forderung zu verteidigen oder zu vertreten. Das „insbesondere" legt fest, dass die Aufzählung keinesfalls abschließend ist.[14] Maßgeblich ist danach, welche Leistung im Rechtsschutzversicherungsvertrag festgelegt wird. Bei der Ausgestaltung des konkreten Vertrags sind die Parteien im Grundsatz frei.[15]

5 Eine bemerkenswerte Einschränkung erfährt die in Art. 2 Abs. 1 der Rechtsschutzversicherungs-RL (nunmehr Art. 198 der Solvency II-RL) statuierte Gestaltungsfreiheit durch Art. 4 Abs. 1 lit. a der Rechtsschutzversicherungs-RL (nunmehr Art. 201 der Solvency II-RL). Diese Regelung ist Grundlage der sog. „freien Anwaltswahl".[16]

---

9 Vgl. hierzu etwa Staudinger/Halm/Wendt/Brünger VVG § 126 Rn. 6.
10 Hierzu ausführlicher Harbauer/Schmitt Teil A. Einleitung; van Bühren/Plote/Wendt VVG § 126 Rn. 3.
11 Vgl. hierzu etwa EuGH Urt. v. 10.9.2009 – C-199/08, NJW 2010, 355.
12 ABl. L 335, 1; im Folgenden: Solvency II-RL.
13 Erwgr. 2 der Solvency II-RL erinnert gleichwohl an das Regulierungsziel, die Aufnahme und Ausübung des Versicherungs- und Rückversicherungsgeschäfts im Binnenmarkt zu erleichtern.
14 Harbauer/Schmitt Teil A. Einleitung Rn. 2; Wendt VersR 2014, 420 (423).
15 Vgl. Harbauer/Schmitt VVG § 125 Rn. 3; Wendt VersR 2014, 420, (423).
16 Vgl. hierzu insbes. EuGH Urt. v. 7.11.2013 – C-442/12, VersR 2013, 1530; EuGH Urt. v. 26.5.2011 – C-293/10, NJW 2011, 3077; EuGH Urt. v. 10.9.2009 – C-199/08, NJW 2010, 355; BGH Urt. v. 26.10.1989 – I ZR 242/87, NJW 1990, 578; MüKoVVG/Richter VVG § 127 Rn. 1 ff.; Prölss/Martin/Piontek VVG § 127 Rn. 1 ff.; Staudinger/Halm/Wendt/Brünger VVG § 127 Rn. 1 ff.; Langheid/Rixecker/Rixecker VVG § 127 Rn. 1 ff.; Schwintowski/Brömmelmeyer/Ebers/Hillmer-Möbius VVG § 127 Rn. 1 ff.; Harbauer/Schmitt VVG § 127 Rn. 1; van Bühren/Plote/Wendt VVG § 127 Rn. 1 ff.; Armbrüster PrivVersR § 34 Rn. 1784; Armbrüster AnwBl 2012, 218; Armbrüster VuR 2012, 167; Lensing VuR 2012, 97 ff.; Eberhardt VersR 2013, 802 (813 f.).

b) Nationale Vorgaben
aa) Versicherungsvertragsrecht
(1) Entwicklung

Der nationale Gesetzgeber hat die Vorgaben der Rechtsschutzversicherungs-RL im Jahr 1991 mit dem Gesetz zur Durchführung versicherungsrechtlicher Richtlinien des Rates der Europäischen Gemeinschaften[17] in den §§ 158l bis 158o VVG aF umgesetzt. In der Begründung zum Gesetzentwurf greift der Gesetzgeber ausdrücklich den Zweck der Richtlinienvorgaben auf und stellt klar, dass die das materielle Versicherungsvertragsrecht betreffenden Richtlinienbestimmungen in deutsches Recht umgesetzt werden, ohne die Rechtsschutzversicherung umfassend zu regeln.[18] Darin zeigt sich der gesetzgeberische Wille, die konkrete Ausgestaltung von Rechtsschutzversicherungsverträgen weitestgehend der Privatautonomie zu unterstellen.[19] Die Regelungen in den §§ 158l bis 158o VVG aF dienten somit vorrangig der Vermeidung jener Interessenkollisionen, die aufgrund des Wegfalls des Spartentrennungsgebots möglich wurden.[20] Die aufgrund Art. 4 der Rechtsschutzversicherungs-Richtlinie erforderliche Einschränkung wurde in § 158m VVG aF iVm § 158o VVG aF geregelt.

Bei der späteren umfassenden Novellierung folgten zunächst die VVG-Reformkommission und später der nationale Gesetzgeber dem Ansatz, den dynamischen Entwicklungsprozess der Rechtsschutzversicherung nicht einschränken zu wollen. Die VVG-Reformkommission stellt in ihrem Abschlussbericht[21] fest, dass sich die Rechtsschutzversicherung mit einer Vielzahl von Vertragstypen und Deckungsformen als eine der dynamischsten Versicherungssparten entwickelt hat. Die Kommission sprach sich ausdrücklich dafür aus, angesichts der „Vielfalt der vorhandenen und vor allem künftigen Lebenssachverhalte und der zunehmenden Bereitschaft der Verbraucher, sich vor der immer komplizierter werdenden Rechtswelt mit einer Rechtsschutzversicherung zu schützen", keine bestimmte Definition der Rechtsschutzversicherung im Gesetz festzuschreiben, um Produktentwicklungen nicht zu hemmen.[22] Von einer Definition des Versicherungsfalls in der Rechtsschutzversicherung hat die Kommission ebenfalls abgeraten.[23] Sie hat aber empfohlen, zum leichteren Verständnis des Verbrauchers den mit einer Rechtsschutzversicherung verfolgten wirtschaftlichen Zweck im Gesetz grob zu umreißen.[24] Der Gesetzgeber ist dieser Empfehlung gefolgt[25] und hat mit § 125 VVG eine Regelung in das Versicherungsvertragsrecht eingeführt, die Rechtsschutzversicherern weitgehende Freiheiten bei der Produktgestaltung einräumen soll.[26] Weitere Regelungen zur Rechtsschutzversicherung sind in den §§ 126 bis 129 VVG enthalten.

(2) Aktuelle Vorgaben

Im Hinblick auf die versicherungsvertraglichen Vorgaben sollen hier vornehmlich die Regelungen zum Vertragszweck in § 125 VVG erörtert werden. Sie bieten einen Anknüpfungspunkt für den allgemeinen Maßstab, der bei der Gestaltung des im Versicherungsvertrag geregelten Leistungsversprechens anzulegen ist. Die übrigen versicherungsvertragsrechtlichen Bestimmungen zur Rechtsschutzversicherung werden anschließend kurz skizziert.

---

17 Zweites Durchführungsgesetz/EWG zum VAG v. 28.6.1990 (BGBl. I 1249).
18 BT-Drs. 11/6341, 36; zur Begründung des eingefügten § 8a VAG vgl. auch BT-Drs. 11/6341, 22; auch zum Folgenden.
19 Wendt VersR 2014, 420 (422 f.).
20 BT-Drs. 11/6341, 36, ferner auch 22.
21 Vgl. Abschlussbericht der VVG-Expertenkommission v 19.4.2004 (abrufbar unter https://www.jura.uni-hamburg.de/media/einrichtungen/sem-versicherungsrecht/gesetzesaenderungen/abschlussbericht-der-vvg-kommission-2004-04-19.pdf), S. 83 ff.
22 Vgl. Abschlussbericht der VVG-Expertenkommission v 19.4.2004, S. 83 ff.
23 Vgl. Abschlussbericht der VVG-Expertenkommission v 19.4.2004, S. 84 f. unter Ziff. 1.3.1.2.2 Versicherungsfall: „Wegen dieser heute schon bestehenden Vielzahl von Versicherungsfallarten, die nicht in einem einheitlichen Begriff zusammengefasst werden können, empfiehlt es sich nicht, den Versicherungsfall der Rechtsschutzversicherung im Gesetz zu regeln."
24 Vgl. Abschlussbericht der VVG-Expertenkommission v 19.4.2004, S. 84 unter Ziff. 1.3.1.2.1 Gesetzliches Leitbild.
25 BT-Drs. 16/3945, 91.
26 Vgl. auch Langheid/Rixecker/Rixecker VVG § 125 Rn. 1.

(a) Regelung zum Vertragszweck

9 Nach § 125 VVG ist der Rechtsschutzversicherer verpflichtet, die für die Wahrnehmung der rechtlichen Interessen des Versicherungsnehmers oder des Versicherten erforderlichen Leistungen im vereinbarten Umfang zu erbringen. In Anlehnung an das bis dahin vertraglich geprägte Leitbild[27] beschreibt § 125 VVG den hauptsächlich mit einer Rechtsschutzversicherung verfolgten wirtschaftlichen Zweck[28] und damit auch den Vertragszweck.[29] Die Vorschrift definiert dagegen die Rechtsschutzversicherung nicht,[30] um künftige Produktentwicklungen nicht zu bremsen.[31] Neue Versicherungs- und Leistungsformen sollen möglich bleiben.[32] § 125 VVG spricht damit auch die Vertragsfreiheit an.[33]

(aa) Vereinbarter Umfang

10 Die Regelung des § 125 VVG knüpft am vereinbarten Umfang an. Die Leistungspflicht des Rechtsschutzversicherers richtet sich damit nach der vertraglichen Absprache mit dem Versicherungsnehmer. Maßgeblich sind der zwischen Versicherer und Versicherungsnehmer geschlossene Rechtsschutzversicherungsvertrag und die dem Vertrag zugrunde liegenden Allgemeinen Versicherungsbedingungen (AVB),[34] namentlich die Allgemeinen Bedingungen für die Rechtsschutzversicherungen (ARB). Viele Versicherer orientieren sich bei der Bedingungsgestaltung an den vom Gesamtverband der Versicherungswirtschaft (GDV) unverbindlich bekanntgegebenen Bedingungswerken.[35] Ältere ARB unterscheiden zwischen Leistungsarten und Formen des Versicherungsschutzes (vgl. etwa ARB 2010). Die Leistungsarten (vgl. § 2 ARB 2010) beschreiben versicherbare Rechtsgebiete; die Formen des Versicherungsschutzes (vgl. §§ 21 bis 29 ARB 2010) knüpfen an Lebensbereiche des Versicherungsnehmers an und umfassen bestimmte Kombinationen von Leistungsarten. Die ARB 2012, die eine Erhöhung der Transparenz durch sprachliche und strukturelle Optimierungen zum Ziel hatten,[36] sprechen von „versicherten Lebensbereichen", die in Ziff. 2.1.1 ARB 2012 definiert werden.[37] Die zuvor üblichen Vertragsformen sind in den ARB 2012 nicht mehr vorgesehen.[38] Die strukturell identen ARB 2019 und ARB 2021 enthalten lediglich Änderungen in einzelnen Regelungen.

11 Zu den vertraglich zugesicherten Kernleistungen der in Deutschland tätigen Rechtsschutzversicherer zählt der Kostenersatz.[39] Daneben finden sich zunehmend Assistance-Leistungen in den Leistungskatalogen, wie etwa eine telefonische Rechtsberatung oder die außergerichtliche Konfliktlösung.[40]

(bb) Erforderlichkeit

12 Nach § 125 VVG ist die Leistungspflicht auf die Erbringung der erforderlichen Leistungen beschränkt. Damit greift die Vorschrift die auf die Schadenversicherung Anwendung findenden Regelungen des § 82 VVG auf.[41] Hiernach trifft den Versicherungsnehmer eine allgemeine Schadenminderungspflicht. Der Versicherer hat somit nur objektiv notwendige Leistungen zu erbringen.[42]

---

27 Harbauer/Schmitt VVG § 125 Rn. 3; Wendt VersR 2014, 420, (423).
28 BGH Beschl. v. 14.1.2016 – I ZR 98/15, r+s 2016, 235.
29 Langheid/Rixecker/Rixecker VVG § 125 Rn. 1; Wendt VersR 2014, 420 (422).
30 So etwa auch Staudinger/Halm/Wendt/Brünger VVG § 125 Rn. 1; Harbauer/Schmitt VVG § 125 Rn. 3; anders Cornelius-Winkler SVR 2011, 41 (42).
31 BT-Drs. 16/3945, 91.
32 BT-Drs. 16/3945, 91; MüKoVVG/Obarowski VVG § 125 Rn. 3.
33 BGH Beschl. v. 14.1.2016 – I ZR 98/15, r+s 2016, 235; Wendt VersR 2014, 420 (422).
34 Prölss/Martin/Piontek VVG § 125 Rn. 1.
35 Die aktuellen Empfehlungen sind abrufbar unter www.gdv.de.
36 Van Bühren/Plote/Hillmer-Möbius ARB 2012 Rn. 1 ff.
37 Hierzu etwa Armbrüster PrivVersR Rn. 1947.
38 Schwintowski/Brömmelmeyer/Ebers/Hillmer-Möbius VVG Vor §§ 125–129 Rn. 6.
39 Prölss/Martin/Piontek VVG § 125 Rn. 3; van Bühren/Plote/Wendt VVG § 125 Rn. 4.
40 Vgl. Prölss/Martin/Piontek VVG § 125 Rn. 3; van Bühren/Plote/Wendt VVG § 125 Rn. 4.
41 Vgl. MüKoVVG/Obarowski VVG § 125 Rn. 12.
42 MüKoVVG/Obarowski VVG § 125 Rn. 12; zu entsprechenden vertraglichen Bestimmungen: BGH Urt. v. 4.5.2005 – IV ZR 135/04, VersR 2005, 936.

(cc) Wahrnehmung rechtlicher Interessen

Nach Maßgabe des § 125 VVG beziehen sich die zu erbringenden Leistungen auf die „Wahrnehmung rechtlicher Interessen". Darunter wird zum Teil allein die Verfolgung oder Abwehr von Ansprüchen sowie die Besorgung von Rechtsangelegenheiten verstanden.[43] Gegen ein solch enges Verständnis von „Wahrnehmung rechtlicher Interessen" im Rahmen der gesetzlichen Vorgabe in § 125 VVG spricht allerdings, dass eine rechtliche Interessenwahrnehmung regelmäßig auch wirtschaftlichen oder anderen Interessen dient.[44] Der BGH hat in dem Begriff „rechtliche Interessen" daher keine sinnvolle Einschränkung der Versicherungsleistung gesehen.[45] Vielmehr bestehe der vertraglich vereinbarte Schutz für die Verfolgung rechtlicher Interessen etwa auch dann, wenn im Schwerpunkt wirtschaftliche Zwecke verwirklicht werden sollen.[46] Nur ein entsprechend weites Verständnis von „Wahrnehmung rechtlicher Interessen" iSd § 125 VVG trägt den erörterten europarechtlichen Vorgaben sowie den dargestellten Motiven des nationalen Gesetzgebers ausreichend Rechnung.[47] Zudem hat der BGH betont, dass ein Rechtsschutzversicherer nach dem in § 125 VVG niedergelegten Grundsatz der Vertragsfreiheit nicht daran gehindert ist, sein Angebot, die Kosten eines Gerichts- oder Verwaltungsverfahrens zu tragen, zu erweitern.[48] Im konkreten Fall hatte der BGH festgestellt, dass der Versicherer daher zusätzlich anbieten könne, zwar nicht alle Kosten der sonstigen Wahrnehmung der rechtlichen Interessen, aber immerhin jene Kosten zu tragen, die durch ein Mediationsverfahren entstehen.[49]

13

(dd) Versicherungsnehmer und Versicherter

§ 125 VVG umfasst nicht nur den Versicherungsnehmer als Vertragspartner des Rechtsschutzversicherers. Die im Vertrag mitversicherten Personen werden in der Vorschrift ebenfalls angesprochen. Damit stellt § 125 VVG klar, dass auch Fälle der Versicherung für fremde Rechnung von der Rechtsschutzversicherung (§ 43 VVG) erfasst sind.[50]

14

(b) Weitere Regelungen
(aa) Schadenabwicklungsunternehmen

§ 126 VVG sieht Dokumentationspflichten vor und trifft Regelungen im Zusammenhang mit sog. Schadenabwicklungsunternehmen. Die Bestimmungen setzen Vorgaben der Rechtsschutzversicherungs-RL[51] um und dienen der Vermeidung von Interessenkollisionen.[52] Die Vorgabe flankiert die für Schadenabwicklungsunternehmen geltenden versicherungsaufsichtsrechtlichen Bestimmungen (vgl. 164 VAG). § 126 Abs. 1 VVG legt fest, welche Angaben der Versicherungsschein enthalten muss. § 126 Abs. 2 VVG sieht eine gesetzliche Prozessstandschaft des Schadenabwicklungsunternehmens vor[53] und regelt die Wirkung eines erstrittenen Titels.

15

---

43 Vgl. aber Schwintowski/Brömmelmeyer/Ebers/Hillmer-Möbius VVG § 125 Rn. 8 unter Hinweis auf BGH Urt. v. 5.2.1992 – IV ZR 94/91, VersR 1992, 487 Rn. 8 (zu § 29 ARB: „Wahrnehmung rechtlicher Interessen aus Miet- und Pachtverhältnissen und aus dinglichen Rechten …").
44 Vgl. BGH Urt. v. 22.5.1991 – IV ZR 183/90, NJW 1991, 2644 (zu § 1 ARB: „Die Verfolgung rechtlicher Interessen, die nicht auch der Wahrnehmung sonstiger Interessen dient, etwa familiärer, wirtschaftlicher, wissenschaftlicher, religiöser oder staatspolitischer Art, ist nur schwer vorstellbar."); vgl. auch MüKoVVG/Obarowski VVG § 125 Rn. 11.
45 BGH Urt. v. 22.5.1991 – IV ZR 183/90, NJW 1991, 2644 (zu § 1 ARB); OLG Frankfurt a.M. Urt. v. 18.11.2009 – 7 U 52/09, VersR 2010, 1310; MüKoVVG/Obarowski VVG § 125 Rn. 11; vgl. aber Prölss/Martin/Piontek ARB 2010 § 1 Rn. 23.
46 BGH Urt. v. 22.5.1991 – IV ZR 183/90, NJW 1991, 2644 (zu § 1 ARB).
47 Wendt VersR 2014, 420 (422).
48 BGH Beschl. v. 14.1.2016 – I ZR 98/15, r+s 2016, 235; vgl. auch Wendt VersR 2014, 420 (422).
49 BGH Beschl. v. 14.1.2016 – I ZR 98/15, r+s 2016, 235.
50 Vgl. MüKoVVG/Obarowski VVG § 125 Rn. 15.
51 Nunmehr Art. 199 f. Solvency II-RL.
52 Vgl. Langheid/Rixecker/Rixecker VVG § 126 Rn. 1.
53 BT-Drs. 11/6341, 37.

(bb) Freie Anwaltswahl

16 § 127 VVG regelt die sog. „freie Anwaltswahl". Sie geht auf Art. 4 Abs. 1 lit. a der Rechtsschutzversicherungs-Richtlinie zurück.[54] § 127 Abs. 1 VVG legt fest, dass der Versicherungsnehmer berechtigt ist, zu seiner Vertretung in Gerichts- und Verwaltungsverfahren den Rechtsanwalt grundsätzlich frei zu wählen. Die Vorgabe beschränkt die Auswahl allerdings auf den Kreis der Rechtsanwälte, deren Vergütung der Versicherer nach dem Versicherungsvertrag trägt. § 127 Abs. 2 VVG stellt die in einem EU-Mitgliedstaat niedergelassenen Rechtsanwälte den Rechtsanwälten iSd BRAO gleich.

(cc) Gutachterverfahren

17 § 128 VVG sieht ein sog. „Gutachterverfahren" für den Fall vor, in dem der Versicherer seine Leistungspflicht verneint. Die Vorschrift regelt zudem eine damit verknüpfte Hinweispflicht. Die Bestimmungen sind im Zusammenhang mit den europäischen Vorgaben in Art. 6 der Rechtsschutzversicherungs-RL bzw. Art. 203 der Solvency II-RL zu sehen.

(c) Abweichende Vereinbarungen

18 Im Grundsatz stehen die Vorgaben des VVG zur Disposition der Vertragsparteien. Für die §§ 126 bis 128 VVG gilt dies eingeschränkt; nach § 129 VVG kann von ihnen nicht zum Nachteil des Versicherungsnehmers abgewichen werden. Weicht eine vertragliche Vereinbarung von einer halbzwingenden Vorschrift ab, ist sie nicht nichtig,[55] vielmehr tritt die gesetzliche Regelung an ihre Stelle.[56] Für § 125 VVG gelten diese Einschränkungen nicht. Die Vertragsparteien können daher frei über die im Rechtsschutzversicherungsvertrag versicherte Leistung disponieren, soweit dem keine anderen gesetzlichen Vorgaben entgegenstehen.

bb) Versicherungsaufsichtsrecht

19 Eine hier noch erwähnenswerte spezielle versicherungsaufsichtsrechtliche Vorgabe zur Rechtsschutzversicherung enthält § 164 VAG. Die Vorschrift geht ebenfalls auf die aufgezeigten europarechtlichen Vorgaben zurück.[57] Sie regelt insbes. wann die Schadenabwicklung in der Rechtsschutzversicherung durch ein Schadenabwicklungsunternehmen zu erfolgen hat, welche Aufgaben davon umfasst sind und welche Maßstäbe für Geschäftsleiter und Mitarbeiter des Schadenabwicklungsunternehmens gelten.[58] § 164 VAG wird auf versicherungsvertraglicher Ebene durch die Vorgaben des § 126 VVG ergänzt.

2. Rechtsdienstleistungsgesetz

20 Neben den vorgenannten versicherungsrechtlichen Vorgaben haben Rechtsschutzversicherer insbes. die Grenzen des RDG zu beachten. § 4 S. 1 RDG sieht vor, dass Rechtsdienstleistungen, die unmittelbaren Einfluss auf die Erfüllung einer anderen Leistungspflicht haben können, nicht erbracht werden dürfen, wenn hierdurch die ordnungsgemäße Erbringung der Rechtsdienstleistung gefährdet wird. § 4 S. 2 RDG stellt klar, dass eine solche Gefährdung nicht schon deshalb anzunehmen ist, weil aufgrund eines Vertrags mit einem Prozessfinanzierer Berichtspflichten gegenüber diesem bestehen. § 4 RDG stellt zum Schutz der Rechtsuchenden den allgemeinen, für das gesamte RDG geltenden Grundsatz auf, dass Rechtsdienstleistungen nicht erbracht werden dürfen, wenn sie mit einer anderen Leistungspflicht des Erbringers unvereinbar sind.[59]

---

54 Nunmehr Art. 201 Solvency II-RL, vgl. zur Regelung insbes. EuGH Urt. v. 7.11.2013 – C-422/12, VersR 2013, 1530; EuGH Urt. v. 26.5.2011 – C-293/10, NJW 2011, 3077; EuGH Urt. v. 10.9.2009 – C-199/08, NJW 2010, 355; BGH Urt. v. 26.10.1989 – I ZR 242/87, NJW 1990, 578; MüKoVVG/Richter VVG § 127 Rn. 1 ff.; Prölss/Martin/Piontek VVG § 127 Rn. 1 ff.; Staudinger/Halm/Wendt/Brünger VVG § 127 Rn. 1 ff.; Schwintowski/Brömmelmeyer/Ebers/Hillmer-Möbius VVG § 127 Rn. 1 ff.; Langheid/Rixecker/Rixecker VVG § 127 Rn. 1 ff.; van Bühren/Plote/Wendt VVG § 127 Rn. 1 ff.; Armbrüster PrivVersR § 34 Rn. 1784; Armbrüster AnwBl 2012, 218 ff.; Armbrüster VuR 2012, 167 ff.; Lensing VuR 2012, 97 ff.; Eberhardt VersR 2013, 802 (813 f.).
55 BGH Urt. v. 22.6.1967 – II ZR 183/64, NJW 1967, 2205.
56 BGH Urt. v. 10.1.1951 – II ZR 21/50, NJW 1951, 231; Bruck/Möller/Beckmann Einf. A Rn. 128; van Bühren/Plote/Wendt VVG § 129 Rn. 3.
57 Vgl. Prölss/Dreher/Präve VAG § 164 Rn. 3; Wendt DB 2014, 1241 (1242 f.).
58 Vgl. hierzu etwa Prölss/Dreher/Präve VAG § 164 Rn. 4 ff.; Kaulbach/Bähr/Pohlmann/Goertz VAG § 164 Rn. 3 ff.
59 BT-Drs. 16/3655, 39; Stadler VuR 2021, 123 (124) mwN.

Eine Rechtsdienstleistung ist nach § 2 RDG jede Tätigkeit in konkreten fremden Angelegenheiten, sobald sie eine rechtliche Prüfung des Einzelfalls erfordert. Der Begriff Rechtsdienstleistung ist nach höchstrichterlicher Rechtsprechung nicht restriktiv auszulegen.[60] Der Gesetzgeber habe mit dem Rechtsdienstleistungsgesetz das Ziel verfolgt, das Berufsrecht zu deregulieren und zu liberalisieren und das Rechtsdienstleistungsrecht für künftige Entwicklungen neuer Dienstleistungsberufe zu öffnen.[61] Aus Sicht des BGH wollte der Gesetzgeber der systematischen Neuausrichtung des Rechtsdienstleistungsgesetzes allerdings nicht im Rahmen der Definition der Rechtsdienstleistung in § 2 Abs. 1 RDG, sondern im Rahmen des Erlaubnistatbestands des § 5 RDG Rechnung tragen.[62] Der durch den Begriff der Rechtsdienstleistung eröffnete Anwendungsbereich des Rechtsdienstleistungsgesetzes sollte deshalb weit gefasst und erst innerhalb des für zulässige Nebenleistungen geschaffenen Erlaubnistatbestands des § 5 Abs. 1 RDG unter Berücksichtigung der Schutzzwecke des Rechtsdienstleistungsgesetzes entschieden werden, ob eine Tätigkeit als Nebenleistung zulässig ist.[63] Der BGH stellt klar, dass in einer früheren Entscheidung der Begriff Rechtsdienstleistung nicht eng ausgelegt, sondern eine großzügige Auslegung des Begriffs der registrierungsfähigen Inkassodienstleistung (§ 2 Abs. 2 S. 1, § 10 Abs. 1 S. 1 Nr. 1 RDG) für geboten erachtet worden sei.[64]

21

Unvereinbar ist eine Rechtsdienstleistung iSd § 4 RDG nur dann, wenn sie unmittelbar gestaltenden Einfluss auf den Inhalt der bereits begründeten Hauptleistungspflicht des Leistenden haben kann. Gerade hierdurch kann die ordnungsgemäße Erfüllung der Rechtsdienstleistungspflicht gefährdet sein[65] Die im Auftrag des Versicherers erfolgte Schadensregulierung eines Versicherungsmaklers, der zuvor dem Versicherungsnehmer einen Haftpflichtversicherungsvertrag vermittelt und nach einem Schadensfall mehrfach nach Rücksprache mit dem Versicherer mit dem Geschädigten korrespondiert hat, wertet der BGH als Verstoß gegen §§ 2 Abs. 1, 4 RDG.[66] Bewertet ein Rechtsschutzversicherer einen ihm vom Versicherungsnehmer mitgeteilten Versicherungsfall rechtlich und erteilt seinem Versicherungsnehmer Auskunft darüber, in welchem Umfang Versicherungsschutz besteht, fehlt es an einer „fremden Angelegenheit"[67] iSd § 2 RDG, weil der Versicherer lediglich seine eigene Einstandspflicht prüft und dem Versicherungsnehmer mitteilt.[68] Im Innenverhältnis zum Versicherungsnehmer können Rechtsschutzversicherungen uneingeschränkt rechtsberatend tätig sein.[69]

22

3. Sonstige Vorgaben

Neben den vorgenannten Bestimmungen sind bei der Gestaltung von Rechtsschutzversicherungsverträgen zum einen die allgemeinen Vorgaben des Bürgerlichen Gesetzbuches (BGB) zu beachten, insbes. die Regelungen des AGB-Rechts in den §§ 305 ff. BGB.[70] Zum anderen sind solche Vorgaben zu beachten, die einzelne im Leistungskatalog aufgeführte Leistungen betreffen. So sind im Fall etwaiger versicherungsvertraglich zugesicherter Leistungen im Zusammenhang mit alternativen Konfliktlösungen beispielsweise die maßgeblichen Vorgaben des Mediationsgesetzes (MediationsG) einzuhalten.[71]

23

---

60 BGH Urt. v. 9.9.2021 – I ZR 113/20, NJW 2021, 3125; aA etwa OLG Köln Urt. v. 19.6.2020 – I-6 U 236/19, NJW 2020, 2734 = ZIP 2020, 1666; Wendt/Jung ZIP 2020, 2201 (2207); vgl. ferner auch Werber VersR 2015, 1321 (1323), zum Begriff „rechtliche Prüfung".
61 BGH Urt. v. 9.9.2021 – I ZR 113/20, NJW 2021, 3125 unter Hinweis auf BT-Drs. 16/3655, 38, 42; Wendt/Jung ZIP 2020, 2201 (2207).
62 BGH Urt. v. 9.9.2021 – I ZR 113/20, NJW 2021, 3125 unter Hinweis auf BT-Drs. 16/3655, 37.
63 BGH Urt. v. 9.9.2021 – I ZR 113/20, NJW 2021, 3125 unter Hinweis auf BT-Drs. 16/3655, 37, 51 f.
64 BGH Urt. v. 9.9.2021 – I ZR 113/20, NJW 2021, 3125.
65 BT-Drs. 16/3655, 39, 51.
66 BGH Urt. v. 14.1.2016 – I ZR 107/14, VersR 2016, 1118.
67 Vgl. hierzu BGH Urt. v. 28.6.1962 – I ZR 32/61, BGHZ 38, 71 = VersR 1963, 158; BGH 30.3.2000 – I ZR 289/97, VersR 2001, 80.
68 BT-Drs. 16/3655, 39, 51.
69 Harbauer/Schmitt Teil A. Einleitung Rn. 49 mwN.
70 Vgl. hierzu umfassend v. Westphalen/Thüsing VertrR/AGB-Klauselwerke/Präve AVB Rn. 1 ff.; für einen Überblick vgl. Staudinger/Wendt BGB Anhang zu §§ 305–310 AGB-Recht 2 J. Versicherungsverträge Rn. 19 ff.
71 Vgl. hierzu etwa HK-MediationsG/Wendt Teil 3 J. Rn. 8 ff.

III. Legal Tech-Anwendungen

24 Nachstehend wird zunächst der Begriff Legal Tech umgrenzt und anschließend davon erfasste Instrumente in anwendungsorientierte Kategorien eingegliedert. Daran knüpfen kurze Ausführungen zu der Nutzung Künstlicher Intelligenz an.

1. Legal Tech

25 Legislative und Judikatur geben bislang bekanntlich keine finale Antwort auf die Frage, was der Begriff Legal Tech (→ *Legal Tech, Begriff* Rn. 1 ff.) umfasst.[72] Das Schrifttum ist hier auskunftsfreudiger.[73] Nach einem weiten Ansatz bezeichnet der Begriff Informationstechnologien, die im juristischen Bereich zum Einsatz gelangen.[74] Aus praktischer Perspektive betrachtet ist Legal Tech damit grundsätzlich die Summe aller automatisiert funktionierenden Anwendungen, die juristische Tätigkeiten unterstützen oder übernehmen können.[75]

2. Anwendungsbezogene Kategorisierung

26 Im Hinblick auf eine mögliche Kategorisierung der einzelnen Legal Tech-Anwendungen lassen sich im Schrifttum unterschiedliche Ansätze nachvollziehen.[76] Folgt man einer *anwendungsorientierten Kategorisierung*,[77] können insbes. nachstehende Kategorien unterschieden werden.

a) Automatisierte Rechtsdurchsetzung

27 Die Kategorie *automatisierte Rechtsdurchsetzung* erfasst insbesondere Anwendungen, deren Ziel es ist, Rechte der Nutzer teil- oder vollautomatisiert zu bestimmen und durchzusetzen. Hierbei kann zwischen der Geltendmachung von Ansprüchen und der Abwehr von Ansprüchen unterschieden werden. Nach höchstrichterlicher Rechtsprechung ist zwischenzeitlich geklärt, dass ein „Sammelklage-Inkasso" möglich ist.[78]

b) Automatisierte Dokumentenerstellung

28 Unter die Kategorie *automatisierte Dokumentenerstellung* fallen Anwendungen, die im Rechtsverkehr nutzbare Dokumente automatisiert generieren, nachdem Nutzer über ein integriertes Fragesystem hierfür erforderliche Informationen zur Verfügung gestellt haben.[79] Die Dokumente werden demnach mithilfe eines vorgegebenen Ablauf- und Entscheidungsbaums erstellt. Innerhalb dieser Kategorie kann zwischen Anwendungen zur Generierung einseitiger Willenserklärungen (zB Erstellung einer Kündigung oder eines Testaments) und mehrseitiger Willenserklärungen (zB Vertragsgeneratoren) unterschieden werden. Davon zu trennen sind Anwendungen, die automatisiert Verfahrenshandlungen durchführen (zB Handelsregisteranmeldungen). Nach höchstrichterlicher Rechtsprechung sind Vertragsgeneratoren grundsätzlich keine Rechtsdienstleistungen iSd § 2 RDG.[80] Ob auch andere denkbare rechtliche Beratungstools, die nicht

---

[72] Vgl. aber BT-Drs. 19/9527, 1: „Legal-Tech-Anwendungen, d. h. von Algorithmen zur Unterstützung und Automatisierung von Rechtsdienstleistungen".
[73] Vgl. nur Breidenbach REthinking Law 0/2018, 6 (6); Breun-Goerke WPR 2020, 1403 (1404); Fiedler/Grupp DB 2017, 1071 (1071); Fries NJW 2016, 2860 (2862 Fn. 32); Hartung/Meising NZFam 2019, 982 (983); Solmecke/Arends-Paltzer/Schmitt Legal Tech/Solmecke/Arends-Paltzer/Schmitt S. 25; Wagner BB 2017, 898 (898).
[74] Vgl. Wagner BB 2017, 898 (898); Wendt/Jung ZIP 2020, 2201 (2202).
[75] Wendt/Jung ZIP 2020, 2201 (2202).
[76] Siehe etwa Breidenbach REthinking Law 0/2018, 6 (6); Fiedler/Grupp DB 2017, 1071 (1072 ff.); Hartung/Bues/Halbleib Legal Tech/Hartung Rn. 28 ff.; Kilian NJW 2017, 3043 (3048 ff.).
[77] Wendt/Jung ZIP 2020, 2201 (2202 ff.), auch zum Folgenden.
[78] BGH Urt. v. 13.7.2021 – II ZR 84/20, NJW 2021, 3046 = BGHZ 230, 255; vgl. auch BGH Urt. v. 27.11.2019 – VIII ZR 285/18, NJW 202, 208; BGH Urt. v. 8.4.2020 – VIII ZR 130/19, ZIP 2020, 1129; BGH Urt. v. 27.5.2020 – VIII ZR 45/19, NZM 2020, 551.
[79] Vgl. auch Hartung/Meising NZFam 2019, 982 (983).
[80] BGH Urt. v. 9.9.2021 – I ZR 113/20, NJW 2021, 3125.

auf individuelle Kundeninteressen zugeschnitten sind, entsprechend zu behandeln sind, wird die Zukunft zeigen.

c) Legal Process Outsourcing

Unter *Legal Process Outsourcing (LPO)* wird die Auslagerung juristischer Tätigkeiten verstanden. LPO bietet Unternehmen die Möglichkeit, für bestimmte Tätigkeitsfelder juristisch geschultes Personal oder juristische Dienstleistungen (etwa die Vorbereitung von Gesellschafterversammlungen oder die Gutachtenerstellung) zu nutzen.[81]

29

d) Dokumentenanalyse

Der Kategorie *Dokumentenanalyse* (gebräuchlich sind auch die Begriffe *e-discovery*, *document review* und *document analysis*) können Anwendungen zugeordnet werden, die Nutzer bei der Suche nach Dokumenten bzw. Texten mit bestimmtem Inhalt unterstützen.[82]

30

e) Marktplätze und Expertenportale

Spezifische *Marktplätze und Expertenportale* sollen Nutzer dabei unterstützen, Rechtsanwälte bzw. Kanzleien zu finden. Die Anwendungen bieten häufig weitere Funktionen an, etwa die Veröffentlichung von Rechtstipps oder die Möglichkeit, die erbrachte Dienstleistung zu bewerten.

31

f) Office Tech

Sogenannte *Office Tech*-Anwendungen (Büroorganisationssoftware wie etwa Zeiterfassungsprogramme und Dokumentenverwaltung) sollen grundsätzlich nicht unter den Begriff Legal Tech gefasst werden.[83] Hierfür spricht, dass die insoweit genutzten Informationstechnologien nicht nur bei juristischen Tätigkeiten eingesetzt werden. Ein Schreibprogramm wird nicht zur Legal Tech-Anwendung, weil ein Jurist es verwendet.

32

Davon abzugrenzen sind juristische Recherchesysteme, die dem Nutzer einen systematischen Zugriff auf fachspezifische Literatur, Rechtstexte und Urteile ermöglichen. Wie die Anwendungen der aufgezeigten Kategorie Dokumentenanalyse sind diese Recherchetools gerade auf juristische Tätigkeiten zugeschnitten. Dasselbe kann auch für Chatbots gelten.[84]

33

g) eJustice und eGovernment

Bei eJustice und eGovernment werden ebenfalls Informationstechnologien im juristischen Bereich genutzt. Die Begriffe bezeichnen jedoch keine Legal Tech-Kategorien im vorgenannten Sinn. Die eJustice-Initiative soll vielmehr den elektronischen Austausch von Dokumenten zwischen Behörden und Gerichten bzw. Anwälten befördern. Die eGovernment-Initiative soll Bürgern und Unternehmen eine medienbruchfreie elektronische Durchführung von Verwaltungsverfahren ermöglichen.

34

3. Nutzung Künstlicher Intelligenz

Der mittlerweile allgegenwärtige Begriff *Künstliche Intelligenz* (KI) wird auch im Zusammenhang mit Legal Tech-Anwendungen genannt.[85] Der Begriff ist nicht selbsterklärend. Im deutschen Recht findet sich noch keine

35

---

81 Vgl. Hartung/Bues/Halbleib Legal Tech/Hartung Rn. 30.
82 Vgl. etwa Kaulartz/Braegelmann AI und Machine Learning-HdB/Rühl Kap. 14.1 Rn. 4; vgl. Hartung/Bues/Halbleib Legal Tech/Goodman Rn. 254; Hartung/Bues/Halbleib Legal Tech/Krause/Becker Rn. 307.
83 Vgl. Hartung/Bues/Halbleib Legal Tech/Hartung Rn. 21 f.
84 Vgl. Hartung/Bues/Halbleib Legal Tech/Hartung Rn. 1042 ff.
85 Vgl. etwa DiMatteo et al. Lawyering in the Digital Age/Janssen/Vennmanns S. 38 (46 f.).

umfassende Definition,[86] im Schrifttum dagegen eine Reihe verschiedener Ansätze.[87] Die Europäischen Kommission hat im Laufe der letzten Jahre mehrere Definitionsversuche unternommen bzw. fortentwickelt.[88] Der zwischenzeitlich vorgelegte Vorschlag für eine Verordnung zur Festlegung harmonisierter Vorschriften für Künstliche Intelligenz[89] (im Folgenden: KI-VO-E) enthält in Art. 3 Ziff. 1 die Definition des Begriffs „System der künstlichen Intelligenz" (KI-System). Danach ist ein KI-System eine

> „Software, die mit einer oder mehreren der in Anhang I aufgeführten Techniken und Konzepte entwickelt worden ist und im Hinblick auf eine Reihe von Zielen, die vom Menschen festgelegt werden, Ergebnisse wie Inhalte, Vorhersagen, Empfehlungen oder Entscheidungen hervorbringen kann, die das Umfeld beeinflussen, mit dem sie interagieren".

36 Der nach dem Verordnungsvorschlag recht kurz gefasste Anhang I nennt ausdrücklich

> „a) Konzepte des maschinellen Lernens, mit beaufsichtigtem, unbeaufsichtigtem und bestärkendem Lernen unter Verwendung einer breiten Palette von Methoden, einschließlich des tiefen Lernens (Deep Learning);
>
> b) Logik- und wissensgestützte Konzepte, einschließlich Wissensrepräsentation, induktiver (logischer) Programmierung, Wissensgrundlagen, Inferenz- und Deduktionsmaschinen, (symbolischer) Schlussfolgerungs- und Expertensysteme;
>
> c) Statistische Ansätze, Bayessche Schätz-, Such- und Optimierungsmethoden."

37 Der weit gefasste Definitionsansatz in Art. 3 Ziff. 1 KI-VO-E ermöglicht es, ein breites Feld an bereits technologisch Entwickeltem und zukünftigen technologischen Entwicklungen in den Anwendungsbereich der Verordnungsvorgaben einzugliedern. In diesem Sinne ist wohl auch der regulatorische Ansatz zu verstehen, die Definition mit einem veränderbaren Anhang (vgl. Art. 4 KI-VO-E) zu verknüpfen; hierdurch werden spätere gesetzgeberische Reaktionen auf weitere Entwicklungen erleichtert. Sollte das Ergebnis des rechtspolitischen Diskussionsprozesses dem vorgeschlagenen Ansatz folgen, haben Betreiber von Legal Tech-Anwendungen zumindest zu prüfen, ob sie die zu erwartenden zusätzlichen europäischen regulatorischen Anforderungen erfüllen müssen. Dabei ist insbes. an die vorgeschlagenen Transparenzpflichten (Art. 52 KI-VO-E) zu denken.

IV. Ausblick

38 Es steht zu erwarten, dass Rechtsschutzversicherungen im Hinblick auf die Erweiterungen ihrer Leistungskataloge vermehrt prüfen, inwieweit Legal Tech-Anwendungen bzw. deren Funktionsweisen als Assistance-Leistungen hierzu geeignet sind. In diesem Sinne interessant dürften insbesondere Anwendungen zur automatisierten Dokumentenerstellung bzw. sonstige automatisierbare Beratungstools sein, die im Lichte der dargestellten höchstrichterlichen Rechtsprechung und etwaigen Liberalisierungen des RDG zu betrachten sind.

39 Davon unabhängig dürfte auch e-Justice den in Deutschland tätigen Rechtsschutzversicherern interessante Entwicklungsmöglichkeiten bieten. Zu denken ist hier an das Potenzial der digitalen Schadenabwicklung, die neue Lösungen im Prozessmanagement erlaubt, zB über Kundenplattformen, die implementierte KI-Systeme nutzen.

---

86 Siehe aber § 44b UrhG, der in Umsetzung der Richtlinie (EU) 2019/790 das „Text und Data Mining" definiert als „die automatisierte Analyse von einzelnen oder mehreren digitalen oder digitalisierten Werken, um daraus Informationen insbesondere über Muster, Trends und Korrelationen zu gewinnen."

87 Vgl. etwa den Überblick bei Kaulartz/Braegelmann AI und Machine Learning-HdB/Kaulartz/Braegelmann Kap. 1 Rn. 2 ff.; kritisch aber Hacker NJW 2020, 2142 (2142 f.), der von Techniken maschinellen Lernens sprechen möchte; vgl. auch Hoeren/Pinelli KI – Ethik und Recht/Hoeren/Pinelli S. 1 (2), die darauf hinweisen, dass es keine wirkliche abschließende Definition von KI gibt.

88 Hierzu etwa Wendt/Jung ZIP 2020, 2201 ff.; Wendt/Jung LRZ 2021, 36 ff.

89 COM(2021) 206 final.

77. RegTech

Ebers

Literatur: *Arner/Barberis/Buckley*, The Emergence of Regtech 2.0: From Know Your Customer to Know Your Data, Journal of Financial Transformation 44 (2016), 79; *Auer*, Embedded Supervision: How to Build Regulation into Blockchain Finance, CEPR Discussion Paper 14095, 2019, abrufbar unter https://www.bis.org/publ/work811.pdf (zit.: Auer Embedded Supervision); *Bauer/Hinz/Weber*, KI in der Finanzbranche: Im Spannungsfeld zwischen technologischer Innovation und regulatorischer Anforderung, SAFE White Paper No. 80, 2021, abrufbar unter https://safe-frankfurt.de/fileadmin/user_upload/editor_common/Policy_Center/SAFE_White_Paper_80.pdf (zit.: Bauer/Hinz/Weber KI in der Finanzbranche); *Bauguess*, The Role of Big Data, Machine Learning, and AI in Assessing Risks: a Regulatory Perspective, 2017, abrufbar unter www.sec.gov/news/speech/bauguess-big-data-ai (zit.: Bauguess The Role of Big Data, Machine Learning, and AI in Assessing Risks); *Beaucamp*, Rechtsdurchsetzung durch Technologie, 2022 (zit.: Beaucamp Rechtsdurchsetzung durch Technologie); *Bernzen/Kehrberger*, Rechtsdurchsetzung durch Technologie, RW 2019, 374; *Bräutigam/Habbe*, Digitalisierung und Compliance – Rechtliche Herausforderung für die Geschäftsleitung, NJW 2022, 809; *Contratto*, „RegTech": Digitale Wende für Aufsicht und Compliance, Jusletter, 15.8.2016, abrufbar unter https://www.finreg.uzh.ch/dam/jcr:0830521a-6eb4-4077-a984-c30671252769/Jusletter_RegTech.pdf (zit.: Contratto RegTech); *Eidenmüller/Wagner*, Law by Algorithm, 2021 (zit.: Eidenmüller/Wagner Law by Algorithm); *Machachek*, Die Antwort auf DeFi. Was kann der MiCA-VO-E leisten und gibt es Alternativen?, RDi 2021, 572; *Spindler*, Regulierung durch Technik, Kurzgutachten für den Sachverständigenrat für Verbraucherfragen, Dezember 2016, abrufbar unter https://www.svr-verbraucherfragen.de/wp-content/uploads/Spindler-Gutachten.pdf (zit.: Spindler Regulierung durch Technik); *Ulbricht/Yeung*, Algorithmic regulation: A maturing concept for investigating regulation of and through algorithms, Regulation & Governance 16 (2022), 3; *World Economic Forum*, Regulatory Technology for the 21st Century, 2022, abrufbar unter https://www3.weforum.org/docs/WEF_Regulatory_Tech_for_the_21st_Century_2022.pdf (zit.: World Economic Forum Regulatory Technology for the 21st Century).

RegTech oder „Regulatory Technology" steht – allgemein gesprochen – für den Einsatz digitaler Technologien zur **Überwachung und Erfüllung regulatorischer Anforderungen** durch private Unternehmen sowie Regulierungsbehörden.[1]

Davon abzugrenzen ist die „**Regulierung durch (digitale) Technik**",[2] „**algorithmic regulation**"[3] bzw. „**embedded regulation**",[4] bei der Technologie für die Umsetzung eines Normbefehls sorgt, ohne dass es einer gesonderten Vollstreckung oder Durchsetzung durch Zwangsmaßnahmen oder Sanktionen wie Bußgelder bedürfte, so wie dies beispielsweise bei → *Blockchain* Rn. 33; → *Smart Contracts* Rn. 1 ff., privacy by design (→ *PrivacyTech* Rn. 1 ff., 10), digitalen Verkehrsleitsystemen sowie bei hochautomatisierten ADR-Verfahren (→ *Alternative Streitbeilegung (ADR), allgemein* Rn. 1 ff.) der Fall ist. Die Grenze zwischen RegTech und algorithmischer Regulierung ist freilich fließend, da digitale Technologie mit zunehmender → *Automatisierung und Autonomie* Rn. 4 ff. kein reines Hilfsmittel mehr ist, sondern für einen „Selbst-Vollzug" sorgt.

Der Begriff RegTech wird im Schrifttum und offiziellen Dokumenten häufig auf Compliance-Prozesse in **privaten Unternehmen** (insbes. im Finanzsektor) bezogen (→ *Compliance, Digital*; → *FinTech*). So definiert die Europäische Kommission RegTech etwa als „FinTech-Teilbereich mit Schwerpunkt auf Tech-

---

[1] Vgl. World Economic Forum Regulatory Technology for the 21st Century S. 4: „For the purposes of this paper, RegTech is defined as: The application of various new technological solutions that assist highly regulated industry stakeholders, including regulators, in setting, effectuating and meeting regulatory governance, reporting, compliance and risk management obligations". Ferner Arner/Barberis/Buckley Journal of Financial Transformation 44 (2016), 79 (79): „‚RegTech' – the use of technology, particularly information technology, in the context of regulatory monitoring, reporting and compliance". Vgl. auch Contratto RegTech S. 5, die bei Verwendung digitaler Tools durch private Unternehmen von „RegTech ieS" und bei der Verwendung durch Aufsichts- und Regulierungsbehörden von „RegTech iwS" spricht.
[2] Spindler Regulierung durch Technik. Ferner Beaucamp Rechtsdurchsetzung durch Technologie; Bernzen/Kehrberger RW 2019, 374.
[3] Ulbricht/Yeung Regulation & Governance 16 (2022), 3; Eidenmüller/Wagner Law by Algorithm.
[4] Auer Embedded Supervision S. 2 f.

nologien, die die Erfüllung regulatorischer Anforderungen effizienter und wirksamer unterstützen können als bestehende Techniken".[5] Allgemeiner formuliert geht es beim Einsatz von RegTech im Privatsektor vor allem um den Einsatz digitaler Hilfsmittel zur Einhaltung der geltenden rechtlichen Bestimmungen (**compliance**), zur Leitung und Überwachung von Unternehmen (**corporate governance**) sowie zur Beurteilung und Bewältigung von Risiken (**Risikomanagement**).

4 Vor allem für Compliance-Aufgaben finden sich am Markt vielfältige Tools, die von Unternehmen in der Praxis eingesetzt werden, so insbes. **Informationssoftware** zur Schulung von Mitarbeitern, **Prozesstools** zur Steuerung von Aufgaben und Aktivitäten, **Analysesoftware** zur Aufdeckung von Compliance-Verstößen, **Dashboards** zur grafischen Visualisierung von Daten, **GRC-Anwendungen** („Governance, Risk & Compliance"-Anwendungen) zur kontinuierlichen Betrachtung und Steuerung aller Funktionen einer Organisation sowie **Wistleblowersysteme**, die Mitarbeitern von Unternehmen die Möglichkeit eröffnen, Hinweise zu möglichem Fehlverhalten anonym abzugeben.[6] Über diese einzelnen Compliance-Tools hinaus hat sich im Zuge der Digitalisierung mittlerweile eine ganze **RegTech-Branche** herausgebildet, die darauf ausgerichtet ist, Compliance-Prozesse digitaler zu gestalten.[7]

5 Der Begriff RegTech steht ferner für den Einsatz technischer Hilfsmittel **durch den Staat**, insbesondere durch Aufsichtsbehörden sowie sonstige Regulierungsbehörden im Finanzsektor. Teils wird insofern auch von **RegTech iwS**[8] oder von **SupTech** bzw. **Supervisory Technology**[9] gesprochen. RegTech- bzw. SupTech-Tools können von Aufsichtsbehörden dazu eingesetzt werden, um die eigenen Arbeitsabläufe zu optimieren und um Verstöße von Marktteilnehmern gegen rechtliche Vorgaben aufzudecken.[10] Ein prominentes Beispiel ist die US Securities and Exchange Commission (SEC), die kapitalmarktrechtliche Pflichtmitteilungen mittels eines KI-Systems auf Unregelmäßigkeiten hin auswertet.[11] Auch die **deutsche BaFin** versteht KI mittlerweile als zentrales Werkzeug zur Beaufsichtigung von Unternehmen.[12]

6 Die **Europäische Kommission** setzt sich in ihrer **Digital Finance Strategy** zum Ziel, **bis zum Jahre 2024** die notwendigen Voraussetzungen zu schaffen, um bei der aufsichtsrechtlichen Berichterstattung durch beaufsichtigte Unternehmen und der behördlichen Aufsicht den Einsatz innovativer Technologien, einschließlich **RegTech- und SupTech-Tools,** zu ermöglichen.[13] Im Zuge dessen soll insbesondere der Datenaustausch zwischen den Aufsichtsbehörden gefördert werden.

---

5 Mitteilung der Europäischen Kommission über eine Strategie für ein digitales Finanzwesen in der EU, 24.9.2020, COM(2020) 591 final, 15; dazu Machachek RDi 2021, 572 (573).
6 Ausf. Bräutigam/Habbe NJW 2022, 809 (811 f.).
7 Bräutigam/Habbe NJW 2022, 809 (812 f.).
8 Contratto RegTech S. 5.
9 Mitteilung der Europäischen Kommission über eine Strategie für ein digitales Finanzwesen in der EU, 24.9.2020, COM(2020) 591 final, 15.
10 Ebers/Heinze/Krügel/Steinrötter KI/Wischmeyer § 20 Rn. 24.
11 Bauguess The Role of Big Data, Machine Learning, and AI in Assessing Risks.
12 Bauer/Hinz/Weber KI in der Finanzbranche S. 18 f.
13 COM(2020) 591 final, 15.

78. Regulierung (Deutschland)

Ebers

I. Einleitung ... 1	V. Legal Tech-Unternehmen ohne RDG-Lizenz ... 37
II. Übergreifende Aspekte ... 4	1. Consumer Claim Purchasing ... 38
1. Anwaltsmonopol ... 4	2. Zusammenarbeit mit Partnerkanzleien ... 39
2. Datenschutz und Datenethik ... 9	3. Legal Tech-Vermittlungsplattformen ... 43
3. Verbraucherschutz ... 14	4. Do-It-Yourself-Software, insbes. Dokumenten- und Vertragsgeneratoren ... 46
4. Haftung für Legal Tech ... 18	VI. Ausblick ... 50
III. Anwaltliche Tätigkeit mittels Legal Tech ... 22	
IV. Legal Tech-Inkasso ... 30	

Literatur: *Bennett/Miller/Webb/Bosua/Lodders/Chamberlain*, Current State of Automated Legal Advice Tools, University of Melbourne Networked Society Institute Discussion Paper 1/2018, abrufbar unter https://apo.org.au/node/143431 (zit.: Bennett et al. Current State); *CDR-Initiative*, Corporate Digital Responsibility-Kodex, 2021, abrufbar unter https://cdr-initiative.de/uploads/files/2022-02_Kodex_CDR-Initiative.pdf; *Datenethikkommission*, Gutachten, 2019, abrufbar unter https://www.bmi.bund.de/SharedDocs/downloads/DE/publikationen/themen/it-digitalpolitik/gutachten-datenethikkommission.pdf (zit.: Datenethikkommission, Gutachten); *Deckenbrock*, Freie Fahrt für Legal-Tech-Inkasso?, DB 2020, 321; *Deichsel*, Digitalisierung der Streitbeilegung. Der Einsatz technikbasierter Streitbeilegungsinstrumente in Deutschland, 2022; *Ebers*, Legal Tech and EU Consumer Law, in diMatteo/Janssen/Ortolani/de Elizalde/Cannarsa/Durovic (Hrsg.), The Cambridge Handbook of Lawyering in the Digital Age, 2021, S. 195 (zit.: diMatteo et al. Lawyering in the Digital Age/Ebers); *Ebers/Tupay*, Artificial Intelligence and Machine Learning Powered Public Service Delivery in Estonia, 2023; *Eifert*, Electronic Government, 2006; *Floridi/Taddeo*, What is data ethics?, Philosophical Transactions of the Royal Society A, 374 2083, 2016; *Fries*, De minimis curat mercator: Legal Tech wird Gesetz, NJW 2021, 2537; *Gartner*, Gartner Glossary, 2022, abrufbar unter https://www.gartner.com/en/information-technology/glossary/data-governance; *Guckelberger*, Öffentliche Verwaltung im Zeitalter der Digitalisierung. Analysen und Strategien zur Verbesserung des E-Governments aus rechtlicher Sicht, 2019; *Hartung*, Inkasso, Prozessfinanzierung und das RDG, AnwBl Online 2019, 353; *Hartung*, Der Regierungsentwurf zum Legal Tech Inkasso – hält er, was er verspricht? Die Zukunft des Verbraucher- und Unternehmerinkassos und der Zugang zum Recht, AnwBl Online 2021, 152; *Hartung*, Smartlaw und GPT-3. Über die Haltbarkeit von Gerichtsentscheidungen angesichts der technischen Entwicklung, LTZ 2022, 63; *Henssler*, Prozessfinanzierende Inkassodienstleister – Befreit von den Schranken des anwaltlichen Berufsrechts?, NJW 2019, 545; *Henssler*, Legal Tech-Inkasso: Der Gesetzgeber ist gefordert, AnwBl Online 2021, 180; *Herden et al.*, Corporate Digital Responsibility, NachhaltigkeitsManagementForum 29, 2021, abrufbar unter http://link.springer.com/10.1007/s00550-020-00509-x (zit.: Herden et al., „Corporate Digital Responsibility"); *Hook*, The Use and Regulation of Technology in the Legal Sector beyond England and Wales, Research Paper for the Legal Services Board 6, 2019, abrufbar unter www.legalservicesboard.org.uk/our-work/current-work/lsb-technology-project/attachment/international-ah-report-vfp-4-jul-2019 (zit.: Hook The use and Regulation of Technology in the Legal Sector); *IEEE*, Ethically Aligned Design, 2019, abrufbar unter https://ethicsinaction.ieee.org/wp-content/uploads/ead1e.pdf; *Kilian*, Trojanische Pferde im Rechtsdienstleistungsrecht? Betrachtungen zur Renaissance von Inkassodienstleistern, NJW 2019, 1401; *Kilian*, Verbrauchergerechte Angebote im Rechtsdienstleistungsmarkt. Warum der Gesetzentwurf nicht das erreicht, was er vorgibt, erreichen zu wollen, AnwBl Online 2021, 102; *Kraetzig/Krawietz*, Vertragsgeneratoren als Subsumtionsautomaten, RDi 2022, 145; *Lemke*, Legal Tech-Gesetz: Vom Ansatz verfehlt und nicht verbrauchergerecht, RDi 2021, 224; *von Lewinski/Kerstges*, Nichtigkeit treuhänderischer Abtretungen an Inkassodienstleister bei Verstößen gegen das RDG, MDR 2019, 705; *Makatsch/Kacholdt*, Kartellschadensersatz und Bündelungsmodelle im Lichte von Prozessökonomie, Grundrechten und effektivem Rechtsschutz – Wie geht es weiter nach dem Airdeal-Urteil des BGH?, NZKart 2021, 486; *Martini*, Blackbox Algorithmus. Grundfragen einer Regulierung Künstlicher Intelligenz, 2019; *Nuys/Gleitsmann*, Unwirksame Abtretungen von Schadensersatzansprüchen – das RDG als Stolperstein für Klagevehikel, BB 2020, 2441; *Quarch/Engelhardt*, LegalTech – essentials –, 2021; *Remmertz*, Legal Tech im anwaltlichen Zivilprozess: Risiken und Nebenwirkungen, AnwBl 2020, 186; *Quarch/Neumann*, „Und täglich grüßt das Murmeltier": Zum Legal Tech (Sammelklage-) Inkasso, LTZ 2022, 220; *Remmertz*, Aktuelle Entwicklungen im RDG, BRAK-Mitt. 2021, 288; *Rott*, Mehr Rechtssicherheit für Legal-Tech-Inkasso durch das Mietpreisbremsen-Urteil des BGH, WuM 2020, 185; *Römermann*, Legal Tech: Geschäftsmodell nun doch untersagt?, AnwBl Online 2020, 588; *Römermann/Günther*, Legal Tech als berufsrechtliche Herausforderung, NJW 2019, 551; *Sadighi*, Die Haftung von Nichtanwälten unter der Geltung des Rechtsdienstleistungsgesetzes, 2014; *Seckelmann* (Hrsg.), Digitalisierte

Verwaltung – Vernetztes E-Government, 2. Aufl. 2019; *Simmler* (Hrsg.), Smart Criminal Justice. Der Einsatz von Algorithmen in der Polizeiarbeit und Strafrechtspflege, 2021, abrufbar unter https://library.oapen.org/handle/20.5 00.12657/49886; *Singer*, Vertragsgeneratoren als „smarte" Formularhandbücher? – Erweiterte Betätigungsfelder für nichtanwaltliche Dienstleister nach dem „Smartlaw"-Urteil des BGH und ihre Grenzen, RDi 2022, 53; *Skupin*, Auf dem Weg zu einem Rechtsdienstleistungsmarkt 2.0? (Teil 1), GRUR-Prax 2020, 581; *Skupin*, Auf dem Weg zu einem Rechtsdienstleistungsmarkt 2.0? (Teil 2), GRUR-Prax 2020, 603; *Skupin*, Die Entwicklung der Legal-Tech-Rechtsprechung im Jahr 2020, GRUR-Prax 2021, 74; *Solmecke*, Veränderung im Rechtsmarkt: Wir brauchen einen besseren Rechtsrahmen für Legal Tech, Cologne Technology Review and Law Heft 1/2022, 128; *Sommerer*, Personenbezogenes Predictive Policing – Kriminalwissenschaftliche Untersuchung über die Automatisierung der Kriminalprognose, 2020; *Stadler*, Zulässigkeit von Inkasso-Bündelungs- und Finanzierungsmodellen nach RDG – Ein notwendiges Machtwort des Bundesgerichtshofs, RDi 2021, 513; *Thole*, Anmerkung zu BGH, 09.09.2021 - I ZR 113/20, NJW 2021, 3125; *Tolksdorf*, Der Umfang der Inkassoerlaubnis nach dem „Lexfox-Urteil" des Bundesgerichtshofs, ZIP 2021, 2049.

I. Einleitung

1 Legal Tech – verstanden als IT-gestützte Optimierung rechtlicher Handlungsfelder (→ *Legal Tech, Begriff* Rn. 15 ff.) – ist derzeit **weder in der EU** (→ *Regulierung (EU), allgemein* Rn. 1 ff.) **noch in Deutschland** ein **Rechtsbegriff** oder gar **spezialgesetzlich geregelt**. Dafür ist das Phänomen „Legal Tech" letztlich zu divers – sowohl in technischer Hinsicht (→ *Expertensystem, juristisches* Rn. 4 ff.; → *Künstliche Intelligenz (KI)* Rn. 31 ff.) als auch mit Blick auf die vielfältigen Anwendungsmöglichkeiten sowie die zugrundeliegenden Geschäftsmodelle (→ *B2C und B2B (Geschäftsmodelle)* Rn. 27 ff.). Der nachfolgende Überblick zur Regulierung von Legal Tech in Deutschland betrachtet demzufolge die verschiedenen Einsatzformen von Legal Tech in ihrem jeweiligen regulatorischen Umfeld.

2 Behandelt wird nur die Verwendung von Legal Tech im Privatsektor. Die Regulierung von Legal Tech-Anwendungen, die im **öffentlichen Sektor** eingesetzt werden – also insbesondere in der Verwaltung,[1] in der Staatsanwaltschaft[2] sowie in der Justiz[3] –, wird demgegenüber in anderen Stichwörtern erörtert (vgl. vor allem → *E-Government* Rn. 18 ff.; → *E-Justice* Rn. 2 ff.; → *Haftung des Staates* Rn. 6 ff.; → *Richter* Rn. 12 ff.; → *Staatsanwalt* Rn. 11 ff.).

3 Im **Privatsektor** ist in regulatorischer Hinsicht vor allem danach zu unterscheiden, ob der Einsatz von Legal Tech durch einen **Rechtsanwalt** (→ Rn. 22 ff.), durch ein **Inkassounternehmen** (→ Rn. 30 ff.) oder **ohne RDG-Lizenz** (→ Rn. 37 ff.) erfolgt. Darüber hinaus gibt es übergreifende Gesichtspunkte, die stets beim Einsatz von Legal Tech zu beachten sind und daher vorab behandelt werden, nämlich die Aspekte **Anwaltsmonopol** (→ Rn. 4 ff.), **Datenschutz** und **Datenethik** (→ Rn. 9 ff.), **Verbraucherschutz** (→ Rn. 14 ff.) sowie **Haftung für Legal Tech-Tools** (→ Rn. 18 ff.).

---

1 Dazu Eifert, Electronic Government, 2006; Guckelberger, Öffentliche Verwaltung im Zeitalter der Digitalisierung, 2019; Martini, Blackbox Algorithmus, 2019; Seckelmann (Hrsg.), Digitalisierte Verwaltung – Vernetztes E-Government, 2019. Zu den europäischen Rahmenbedingungen sowie zur Rechtslage in Estland bei Einsatz von Künstlicher Intelligenz in der öffentlichen Verwaltung vgl. zudem Ebers/Tupay, Artificial Intelligence and Machine Learning Powered Public Service Delivery in Estonia, 2023.
2 Dazu Simmler (Hrsg.), Smart Criminal Justice, 2021, abrufbar unter https://library.oapen.org/handle/20.500.12657/49 886; Sommerer, Personenbezogenes Predictive Policing, 2020.
3 Dazu Deichsel, Digitalisierung der Streitbeilegung, 2022; Nink Justiz und Algorithmen; Rollberg Algorithmen in der Justiz.

II. Übergreifende Aspekte

1. Anwaltsmonopol

In Deutschland regelt das **Rechtsdienstleistungsgesetz (RDG)**[4] vom 1.7.2008 als Nachfolger des Rechtsberatungsgesetzes (RBerG)[5] den Bereich der **außergerichtlichen Rechtsdienstleistungen**. Unter einer Rechtsdienstleistung ist gemäß § 2 Abs. 1 RDG jede Tätigkeit in konkreten fremden Angelegenheiten zu verstehen, die eine rechtliche Prüfung des Einzelfalls erfordert. Maßgeblich ist dabei nicht eine Gesamtschau aller erbrachten Tätigkeiten. Es kommt vielmehr darauf an, ob die konkrete einzelne Tätigkeit als rechtliche Angelegenheit einzuordnen ist (→ *Rechtsanwalt, Monopol* Rn. 8 ff.).[6]

Nach dem RDG sind außergerichtliche Rechtsdienstleistungen grundsätzlich verboten. Eine Ausnahme gilt, soweit es eine entsprechende **Erlaubnisnorm** gibt (sog. „Verbotsgesetz mit Erlaubnisvorbehalt").[7] § 3 BRAO bestimmt, dass die Anwaltschaft in allen Rechtsangelegenheiten tätig werden darf.[8] Das RDG und die BRAO statuieren mithin den Grundsatz, dass nur die Anwaltschaft uneingeschränkt Rechtsdienstleistungen erbringen kann (**sog. „Anwaltsmonopol" bzw. „Rechtsberatungsmonopol"**).[9] Andere Rechtsdienstleister unterliegen dagegen Beschränkungen, die sich aus der jeweiligen Erlaubnisnorm ergeben. Die wichtigste Erlaubniskategorie im Legal Tech-Bereich sind dabei Inkassodienstleistungen iS der §§ 2 Abs. 2 S. 1, 10 Abs. 1 S. 1 Nr. 1 RDG (→ *Inkassodienstleistungen* Rn. 1 ff.).

Während das Anwaltsmonopol im gerichtlichen Bereich weitgehend unangefochten geblieben ist, wird es im außergerichtlichen Bereich durch Legal Tech-Unternehmen zunehmend relativiert. Diese Entwicklung wird vor allem durch die **Legal Tech-affine BGH-Rechtsprechung** befördert. Zum einen fallen eine Reihe von Legal Tech-Anwendungen nicht in den Anwendungsbereich des RDG, weil sie schon gar nicht als Rechtsdienstleistungen iSd § 2 Abs. 1 RDG zu qualifizieren sind. Dies gilt insbesondere für Software, sofern sie (wie gängige Vertragsgeneratoren) nicht dem individuellen Fall Rechnung trägt, sondern anhand automatisierter Frage-Antwort-Prozesse und Textbausteinen nur fiktive Einzelfälle berücksichtigt (→ Rn. 47).[10] Zum anderen sind viele Tätigkeiten von Legal Tech-Anbietern nach der aktuellen BGH-Rechtsprechung (noch) von der Inkassolizenz des § 2 Abs. 2 RDG gedeckt (→ Rn. 34 f.).[11]

Mit dem am 1.10.2021 in Kraft getretenen **Legal Tech-Gesetz**[12] reagierte der Gesetzgeber auf den zunehmenden **Wettbewerb zwischen Anwaltschaft und Legal Tech-Inkassounternehmen** (→ *Wettbewerb, allgemein* Rn. 18 ff.), die nach der Rechtsprechung des BGH rechtsberatend tätig werden dürfen, ohne dabei berufsrechtlichen Verboten zu unterliegen, die mit denen, die für Rechtsanwälte gelten, vergleichbar sind.[13] Das Legal Tech-Gesetz soll für einen gleichen Wettbewerb zwischen der Anwaltschaft und den Inkasso-

---

4 Rechtsdienstleistungsgesetz v. 12.12.2007 (BGBl. I 2840); zuletzt geändert durch Art. 32 des Gesetzes v. 10.8.2021 (BGBl. I 3436).
5 Gesetz zur Verhütung von Mißbräuchen auf dem Gebiet der Rechtsberatung (Rechtsberatungsmißbrauchsgesetz) v. 13.12.1935 (RGBl. I 1478, BGBl. III 303–12).
6 BGH Urt. v. 9.9.2021 – I ZR 113/20, NJW 2021, 3125 (3126 Rn. 18) mwN.
7 Gaier/Wolf/Göcken/Wolf RDG § 3 Rn. 23 ff.; HK-RDG/Remmertz RDG § 1 Rn. 6.
8 Deckenbrock/Henssler/Seichter RDG § 3 Rn. 13.
9 Kilian/Koch AnwBerufsR Kap. B Rn. 17.
10 Vgl. insbes. BGH 9.9.2021 – I ZR 113/20, NJW 2021, 3125 – SmartLaw: Bereitstellung eines Vertragsgenerators stellt keine Rechtsdienstleistung dar, da es an einer „konkreten" fremden Angelegenheit fehlt. Siehe ferner (obiter dictum) BGH 27.11.2019 – VIII ZR 285/18, NJW 2020, 208 Rn. 148 – LexFox I: Annahme einer Rechtsdienstleistung ist bei einem Mietpreisrechner „eher fernliegend".
11 Vgl. BGH 27.11.2019 – VIII ZR 285/18, NJW 2020, 208 – Lexfox I. Bestätigt u.a. von BGH 8.4.2020 – VIII ZR 130/19, NJW-RR 2020, 779 – Lexfox II; BGH 6.5.2020 – VIII ZR 120/19, BeckRS 2020, 11460 – Lexfox III; BGH 27.5.2020 – VIII ZR 45/19, BGHZ 225, 352- Lexfox IV; BGH 13.7.2021 – II ZR 84/20, NJW 2021, 3046 – Airdeal; BGH 13.6.2022 – VIa ZR 418/21, BeckRS 2022, 20036 – financialright.
12 Gesetz zur Förderung verbrauchergerechter Angebote im Rechtsdienstleistungsmarkt (sog. „Legal Tech-Gesetz") (BGBl. 2021 I 3415).
13 Aus der Vielzahl an Literaturstimmen vgl. nur Hartung AnwBl Online 2019, 353; Henssler NJW 2019, 545; Kilian NJW 2019, 1401; Remmertz AnwBl 2020, 186; Römermann/Günther NJW 2019, 551.

dienstleistern sorgen und den Rechtsanwälten die Möglichkeit eröffnen, ähnlich wie Inkassodienstleister, Legal Tech-Anwendungen zu etablieren.[14] Es sieht sowohl **neue Regelungen für Inkassodienstleistungen** als auch eine **Liberalisierung des anwaltlichen Berufsrechts** vor (→ *Rechtsanwalt, Monopol* Rn. 43 f.).[15]

8 Die **notwendigen Reformen** des Rechtsdienstleistungsrechts sind damit **nicht abgeschlossen**. Zum einen wird zu Recht darauf hingewiesen, dass trotz des Legal Tech-Gesetzes **weiterhin ungleiche Wettbewerbsbedingungen** für Anwälte einerseits und nichtanwaltliche Legal Tech-Unternehmen andererseits bestehen (→ *Rechtsanwalt, Berufsrecht* Rn. 56 ff.).[16] Zum anderen stellt die zunehmende Verbreitung **softwarebasierter Rechtsdienstleistungen** das Rechtsdienstleistungsrecht **insgesamt auf den Prüfstand**, da die personenbezogenen Erlaubnistatbestände des RDG die Qualität algorithmisch erbrachter Rechtsdienstleistungen nicht gewährleisten können (→ Rn. 50 ff.).

2. Datenschutz und Datenethik

9 Der Einsatz von Legal Tech-Anwendungen erfordert idR die Erhebung, Speicherung und Verarbeitung personenbezogener Daten. Legal Tech-Anwendungen unterliegen dementsprechend der **DS-GVO** (→ *Datenschutz, allgemein* Rn. 4 ff.). Daneben sind das **BDSG** sowie das **TTDSG** zu beachten. Die Einhaltung datenschutzrechtlicher Vorgaben obliegt den **zuständigen Aufsichtsbehörden**, die zur **Untersuchung** und **Abhilfe** befugt sind und gegebenenfalls auch **Geldbußen** verhängen können (→ *Datenschutz, allgemein* Rn. 100 ff.). Daneben sieht die DS-GVO eine Vielzahl von **Betroffenenrechte** vor, die sich in Pflichtenrechte und Antragsrechte untergliedern (→ *Datenschutz, Rechte der betroffenen Personen* Rn. 2 ff.).

10 Im Legal Tech-Bereich stellen sich eine Reihe datenschutzrechtlicher Fragen, so insbesondere, wer **Verantwortlicher** und wer **Auftragsverarbeiter** iSd DS-GVO ist (→ *Datenschutz, allgemein* Rn. 22 ff.), wie bei Big Data-Analysen grundlegende **Verarbeitungsprinzipien** des Art. 5 DS-GVO (insbesondere der Grundsatz der Zweckbindung sowie Datenminimierung) eingehalten (→ *Datenschutz, allgemein* Rn. 39 ff.) und welche **Rechtsgrundlagen** für die Verarbeitung herangezogen werden können (→ *Datenschutz, allgemein* Rn. 55 ff.)

11 Sowohl für den Verantwortlichen als auch für den Auftragsverarbeiter statuiert die DS-GVO eine Vielzahl von **Compliance-Pflichten** (→ *Datenschutz, Compliance* Rn. 1). Die Einführung eines **Datenschutzmanagements** kann dazu dienen, datenschutzrechtliche Belange effizient und effektiv zu berücksichtigen (→ *Datenschutzmanagement* Rn. 10 ff.). **Data Governance** kann durch die Integrierung von Richtlinien, Prozessen und Verfahren in einem Unternehmen sicherstellen, dass Daten sowohl korrekt erfasst als auch im anschließenden Prozess ordnungsgemäß gehandhabt werden (→ *Datengovernance* Rn. 5 f.).[17] Der Aufbau eines Data Governance Programms sollte sich vor allem an **Effizienz und Effektivität** orientieren (→ *Datenschutzmanagement* Rn. 21 f.).

12 Die Verwendung von Daten in algorithmischen Modellen bringt eine Vielzahl rechtlicher, aber auch **ethischer Probleme** mit sich. Der Bereich der **Datenethik** analysiert und bewertet diese Probleme, um Lösungen zu finden und zu fördern (→ *Datenethik* Rn. 3 ff.).[18] Auf europäischer Ebene hat die von der Europäischen Kommission eingesetzte hochrangige Expertengruppe für KI (High Level Expert Group on Artificial Intelligence) im Jahre 2018 **Ethik-Leitlinien für eine vertrauenswürdige KI** veröffentlicht,[19] die grundlegend für den KI-VO-Vorschlag waren (→ *Regulierung (EU), KI-Verordnung*). In Deutschland

---

14 Begr. RegE, BT-Drs. 19/27673, 1 und 13.
15 Zum Gesetzentwurf insgesamt Fries NJW 2021, 2537; Kilian AnwBl Online 2021, 102 (104); Römermann AnwBl Online 2020, 588; Skupin GRUR-Prax 2020, 581 (Teil 1) und 603 (Teil 2).
16 Henssler AnwBl Online 2021, 180 (181); Kilian AnwBl Online 2021, 102 (106).
17 Vgl. Definition bei Gartner, abrufbar unter https://www.gartner.com/en/information-technology/glossary/data-governance.
18 Floridi/Taddeo, What is data ethics?, Philosophical Transactions of the Royal Society A, 374 2083, 2016, S. 3.
19 Hochrangige Expertengruppe für Künstliche Intelligenz, Ethik-Leitlinien für eine vertrauenswürdige KI, 2018, abrufbar unter https://op.europa.eu/de/publication-detail/-/publication/d3988569-0434-11ea-8c1f-01aa75ed71a1.

hat die von der Bundesregierung einberufene **Datenethikkommission** ebenfalls Vorschläge erarbeitet.[20] Daneben beschäftigen sich auch Unternehmen und Berufsverbände mit Themen der Datenethik, wie zB IEEE[21] sowie die Corporate Digital Responsibility-Initiative.[22]

Im Bereich datenethischer Lösungsansätze können nicht nur hoheitliche Regulierung, sondern auch **Ko- und Selbstregulierung,** wie etwa der Deutsche Corporate Governance Kodex (DCGK), eine bedeutende Rolle spielen (→ *Datenethik* Rn. 39 ff.).[23] Das Bundesministerium für Justiz und für Verbraucherschutz hat zudem die **Corporate Digital Responsibility (CDR)** Initiative ins Leben gerufen, die die Verantwortung einzelner Unternehmen im Hinblick auf ethische Herausforderungen erweitert (→ *Datenethik* Rn. 16 ff.).[24] Im Zuge dessen haben einzelne Unternehmen digitalethische Leitlinien oder Datenethikboards eingeführt. Anwendungsbereiche der CDR finden sich mittlerweile vor allem in der Informationstechnologie, im Gesundheits- und Versicherungswesen und in der Automobilbranche (→ *Datenethik* Rn. 22 ff.).

3. Verbraucherschutz

Verwendet ein Unternehmer im Verhältnis zu einem Verbraucher Legal Tech-Anwendungen, so unterliegt dieses Rechtsverhältnis den zwingenden verbraucherschützenden Normen, die vor allem im BGB, EGBGB und im UWG sowie in einigen Verordnungen geregelt sind. Die meisten Vorschriften gehen dabei auf das EU-Recht zurück (→ *Regulierung (EU), Verbraucherrecht* Rn. 1 ff.).

Als **Verbraucher** gilt nach § 13 BGB jede natürliche Person, die ein Rechtsgeschäft zu Zwecken abschließt, die überwiegend weder ihrer gewerblichen noch ihrer selbstständigen beruflichen Tätigkeit zugerechnet werden können. Spiegelbildlich hierzu definiert § 14 Abs. 1 BGB einen **Unternehmer** als jede natürliche oder juristische Person oder rechtsfähige Personengesellschaft, die in Ausübung ihrer gewerblichen oder selbstständigen beruflichen Tätigkeit handelt. **Unternehmer** können daher sowohl **anwaltliche** als auch **nicht-anwaltliche Legal Tech-Unternehmen** sein (→ *Regulierung (EU), Verbraucherrecht* Rn. 9 ff.). Unter bestimmten Bedingungen sind zudem **Legal Tech-Vermittlungsplattformen** an das Verbraucherrecht gebunden (→ *Regulierung (EU), Verbraucherrecht* Rn. 12 ff.).

Zu den zentralen verbraucherschützenden Vorschriften zählen vor allem das **Verbot unlauterer Geschäftspraktiken** (→ *Regulierung (EU), Verbraucherrecht* Rn. 18 ff.; → *Wettbewerb, unlauterer*), **vorvertragliche Informationspflichten** (→ *Regulierung (EU), Verbraucherrecht* Rn. 31 ff.), **Widerrufsrechte** (→ *Regulierung (EU), Verbraucherrecht* Rn. 35 ff.), **Vorschriften über die Erbringung digitaler Inhalte und Dienstleistungen** (→ *Regulierung (EU), Verbraucherrecht* Rn. 38 ff.) sowie die **AGB-Inhaltskontrolle** (→ *Regulierung (EU), Verbraucherrecht* Rn. 60 ff.). Weitere verbraucherschützende Normen finden sich im → *Kollisionsrecht, Abtretungsmodell* Rn. 11, → *Kollisionsrecht, Durchsetzungsmodell* Rn. 18 ff. sowie bei der → *Zuständigkeit, gerichtliche* Rn. 48 ff.

Besondere verbraucherschützende Regeln gelten zudem für **Inkassodienstleistungen.** Nach § 43d BRAO muss ein Rechtsanwalt, der Inkassodienstleistungen erbringt, **besondere Darlegungs- und Informationspflichten** gegenüber einer **Privatperson** erfüllen, die mit der Zahlungsaufforderung konfrontiert wird. Gleiche Pflichten treffen nach § 13a RDG registrierte Legal Tech-Inkassounternehmen. Der in §§ 43d Abs. 5 BRAO, 13a Abs. 5 RDG legal definierte **Begriff der Privatperson** geht dabei **über den Verbraucherbegriff des § 13 BGB hinaus.** Während sich der Verbraucherbegriff des § 13 BGB allein auf rechtsgeschäftliches Handeln bezieht, erfassen §§ 43d Abs. 5 BRAO, 13a Abs. 5 RDG auch Forderungen aus gesetzlichen Anspruchsgrundlagen (etwa unerlaubter Handlung und ungerechtfertigter Bereicherung).[25] Registrierte Legal Tech-Inkassounternehmen, die für einen Verbraucher (§ 13 BGB) tätig werden, müssen

---

20 *Datenethikkommission*, Gutachten.
21 IEEE, Ethically aligned design, 2019, abrufbar unter https://ethicsinaction.ieee.org/wp-content/uploads/eadle.pdf.
22 CDR-Initiative, Corporate Digital Responsibility-Kodex, 2021, abrufbar unter https://cdr-initiative.de/uploads/files/2022-02_Kodex_CDR-Initiative.pdf.
23 *Datenethikkommission*, Gutachten, S. 15.
24 *Herden et al.*, „Corporate Digital Responsibility", S. 5.
25 *Weyland/Kilimann* BRAO § 43d Rn. 15.

zudem die in § 13b RDG normierten Darlegungs- und Informationspflichten beachten (→ *Inkassodienstleistungen* Rn. 25 ff.).

4. Haftung für Legal Tech

18 Im Bereich der Haftung für Legal Tech-Anwendungen ist danach zu unterscheiden, wer mit Legal Tech-Anwendungen in Berührung kommt (→ *Haftung, allgemein* Rn. 1).

19 Interagiert der Rechtssuchende direkt mit einem nicht-anwaltlichen Legal Tech-Anbieter bzw. dem Legal Tech-Tool, so kommt bei Schlechtleistung vor allem eine **vertragliche Haftung** des Legal Tech-Unternehmens in Betracht (→ *Haftung des Legal Tech-Unternehmens ggü. Kunden* Rn. 14 ff.). Daneben ist an eine **deliktische, wettbewerbs- und datenschutzrechtliche Haftung** zu denken (→ *Haftung des Legal Tech-Unternehmens ggü. Kunden* Rn. 56 ff.; → *Wettbewerb, unlauterer* Rn. 17 ff.; → *Datenschutz, allgemein* Rn. 100 ff.). Um sich haftungsrechtlich abzusichern, können Legal Tech-Anbieter vertragliche **Haftungsbeschränkungen** in den Grenzen der §§ 307 ff. BGB vereinbaren (→ *Regulierung (EU), Verbraucherrecht* Rn. 63, 65 ff.) und zudem eine **Rechtsschutzversicherung** abschließen (→ *Rechtsschutzversicherung* Rn. 1 ff.).

20 Bei Durchsetzung von Forderungen auf der Basis einer Inkassolizenz sind Besonderheiten bei der Haftung zu beachten (→ *Haftung des Legal Tech-Unternehmens bei Inkassodienstleistungen* Rn. 3 ff.).

21 Kommuniziert der Rechtssuchende nicht mit einem Legal Tech-Anbieter bzw. dessen Tool, sondern stattdessen mit einem Rechtsanwalt, der sich eines Legal Tech-Tools bedient, so kommt bei Schlechtleistung eine (meist vertragliche) **Anwaltshaftung** infrage (→ *Haftung des Rechtsanwalts ggü. Mandanten* Rn. 4 ff.). Hat der Rechtsanwalt von einem Legal Tech-Anbieter eine mangelhafte Software erworben, kann er ggf. **Regress** nehmen.

III. Anwaltliche Tätigkeit mittels Legal Tech

22 Bedient sich ein Rechtsanwalt im Rahmen seiner Tätigkeit eines Legal Tech-Tools, so muss er vor allem das **anwaltliche Berufsrecht** beachten. Dieses findet seine Grundlage hauptsächlich in der Bundesrechtsanwaltsordnung (**BRAO**)[26] und der Berufsordnung für Rechtsanwälte (**BORA**).[27] Die Regelwerke der BRAO und der BORA gelten auch für die anwaltliche Berufsausübung mittels **Legal Tech-Tools**, nehmen aber bislang nur in geringem Maße ausdrücklich Bezug auf solche Anwendungen. Daneben enthalten das Rechtsanwaltsvergütungsgesetz (**RVG**) und das **StGB** weitere Berufsregeln (→ *Rechtsanwalt, Berufsrecht* Rn. 2). Weitere anwaltliche Sorgfaltspflichten ergeben sich aus dem **Mandatsvertrag** und der hierzu entwickelten Rechtsprechung.

23 **Die Verwendung von Legal Tech-Anwendungen** kann im Einzelfall eine **Verletzung anwaltlicher Pflichten** nach sich ziehen (→ *Rechtsanwalt, Berufsrecht* Rn. 7 ff.). Zu beachten sind insbes. das **Gebot der gewissenhaften Berufsausübung (§ 43 S. 1 BRAO)** sowie der vom BGH entwickelte Grundsatz, dass ein Rechtsanwalt die **Interessen des Mandanten umfassend wahrnehmen** muss sowie zur allgemeinen, **umfassenden Aufklärung** und **Beratung** verpflichtet ist.[28] Diese **anwaltlichen Sorgfaltspflichten** werden **verletzt**,

- wenn ein Rechtsanwalt ein **Formular über das Internet** bereitstellt und die Eingaben des Mandanten ohne weitere Nachfrage und Aufklärung übernimmt,[29]
- wenn sich ein Rechtsanwalt auf einen **elektronischen Fristenkalender** verlässt, ohne dass eine Kontrolle (zB durch einen Ausdruck der eingegebenen Einzelvorgänge oder eines Fehlerprotokolls)

---

[26] BGBl. I 1959, 565; zuletzt geändert durch Art. 22 des Gesetzes zum Ausbau des elektronischen Rechtsverkehrs mit den Gerichten und zur Änderung weiterer Vorschriften v. 5.10.2021 (BGBl. I 4607).
[27] Zuletzt geändert durch Beschluss der Satzungsversammlung v. 6.5.2019 (BRAK-Mitt. 2019, 245 f.).
[28] BGH Urt. v. 16.9.2021 – IX ZR 165/19, NJW 2021, 3324.
[29] LG Berlin Urt. v. 5.6.2014 – 14 O 395/13, MMR 2015, 415 (416) – zu einem Online-Scheidungsformular.

erfolgt;[30] eine Kanzlei kann sich bei Fehlern in der Fristennotierung in diesen Fällen insbes. nicht damit entlasten, dass eine Überprüfung der Fristen aufgrund der auf Massenverfahren ausgerichteten elektronischen Aktenführung nicht möglich gewesen sei;[31]

- wenn ein Rechtsanwalt in **Massenverfahren Schriftsätze aus Textbausteinen** erstellt, ohne dem Einzelfall ausreichend Rechnung zu tragen, und deswegen gesetzliche Anforderungen verletzt.[32]

Andererseits kann in besonderen Fällen eine **Pflicht zum Einsatz von Legal Tools** bestehen, so insbes., wenn die **Nutzung gesetzlich angeordnet** ist (wie zB beim besonderen elektronischen Anwaltspostfach, beA)[33] oder wenn eine **Mandatsbearbeitung ohne den Einsatz von IT** (zB bei standardisierten Massenverfahren) **nicht gewährleistet** werden kann.[34]   24

Darüber hinaus sind beim Einsatz von Legal Tech-Tools sowie bei der Zusammenarbeit mit Legal Tech-Unternehmen eine Reihe weiterer Berufspflichten zu beachten. Das Gebot der **anwaltlichen Unabhängigkeit (§ 43a Abs. 1 BRAO)** wird durch eine Zusammenarbeit mit Inkassodienstleistern, Prozessfinanzierungsgesellschaften oder Vermittlungsplattformen wohl nicht gefährdet, da wirtschaftliche Abhängigkeiten in bestimmtem Umfang toleriert werden (→ *Rechtsanwalt, Berufsrecht* Rn. 11 f.). Eine Ausnahme gilt dann, wenn Vermittlungsplattformen dem Rechtsanwalt konkrete Vorschriften zur Ausübung seines Mandats machen.[35] Auch die **Verschwiegenheitspflicht (§ 43a Abs. 2 BRAO)** spielt eine Rolle im digitalen Umfeld. So dürfen unverschlüsselte E-Mail-Kommunikationen, Chatbots oder Online-Kontaktformulare nur eingesetzt werden, wenn der Mandant zustimmt (→ *Rechtsanwalt, Berufsrecht* Rn. 12 ff.). Zudem gilt das **Verbot der Vertretung widerstreitender Interessen (§ 43a Abs. 4 BRAO)** auch für den Einsatz von Legal Tech-Tools (→ *Rechtsanwalt, Berufsrecht* Rn. 17 ff.).   25

Die Vereinbarung von **Erfolgshonoraren** und **Kostenübernahmen (§ 49b Abs. 2 BRAO)** ist nur in begrenztem Umfang zulässig (→ *Rechtsanwalt, Berufsrecht* Rn. 29 ff., 36 ff.; → *Prozessfinanzierung* Rn. 33 f.). Ein Rechtsanwalt darf zudem keine Mandate bearbeiten, die von einem **Prozessfinanzierungsunternehmen** finanziert werden, an dem er beteiligt ist (→ *Prozessfinanzierung* Rn. 35). Zudem gilt das **Provisionsverbot** gem. § 43b Abs. 3 S. 1 BRAO (→ *Rechtsanwalt, Berufsrecht* Rn. 38).   26

Neben diese Regelungen treten Pflichten zum **sorgfältigen Umgang mit anvertrauten Vermögenswerten** gem. § 43a Abs. 5 BRAO (→ *Rechtsanwalt, Berufsrecht* Rn. 39), das **Sachlichkeitsgebot anwaltlicher Werbung** gem. § 43b BRAO (→ *Rechtsanwalt, Berufsrecht* Rn. 40) sowie **Darlegungs- und Informationspflichten bei Inkassodienstleistungen** gem. § 43d BRAO (→ *Rechtsanwalt, Berufsrecht* Rn. 41 ff.).   27

Für **Berufsausübungsgesellschaften** gelten viele dieser Vorschriften sinngemäß, hinzu kommen aber auch noch eigene Berufspflichten (→ *Rechtsanwalt, Berufsrecht* Rn. 51 ff.).   28

Auch die **sozietätsfähigen Berufe** waren zunächst erheblich eingeschränkt (→ *Rechtsanwalt, Beteiligungsverhältnisse* Rn. 5 ff.). Die am 1.8.2022 in Kraft getretene BRAO-Reform[36] brachte zwar eine Öffnung dahin gehend, dass Rechtsanwälte sich nun neben den dort aufgezählten sozietätsfähigen Berufen auch mit Angehörigen freier Berufe in Berufsausübungsgesellschaften verbinden können (→ *Rechtsanwalt, Beteiligungsverhältnisse* Rn. 15 ff.). Gleichwohl bleibt eine Beteiligung nicht-sozietätsfähiger Personen an Anwaltsunternehmen weiterhin unzulässig. Eine Vielzahl von Vorschriften soll sicherstellen, dass diese **Beteiligungsverbote** nicht umgangen werden (→ *Rechtsanwalt, Beteiligungsverhältnisse* Rn. 35 ff.).   29

---

30 BGH Beschl. v. 28.2.2019 – III ZB 96/18, NJW 2019, 1456 (1457).
31 BGH Beschl. v. 23.6.2020 – VI ZB 63/19, NJW 2020, 2641 (2642).
32 BGH Beschl. v. 21.7.2020 – VI ZB 68/19, NJW-RR 2020, 1187 (1188); OLG Köln Beschl. v. 18.8.2020 – 15 U 171/19, BeckRS 2020, 20925 (zur Berufungsbegründung); s. dazu auch Remmertz RDi 2020, 56 (56 f.).
33 Vgl. § 130d ZPO nF, § 32d StPO nF, § 55d VwGO nF, § 46g ArbGG nF, § 52d FGO nF, § 65d SGG nF.
34 Remmertz Legal Tech-Strategien/Remmertz § 2 Rn. 421.
35 Remmertz Legal Tech-Strategien/Remmertz § 2 Rn. 423 f.
36 Gesetz zur Neuregelung des Berufsrechts der anwaltlichen und steuerberatenden Berufsausübungsgesellschaften sowie zur Änderung weiterer Vorschriften im Bereich der rechtsberatenden Berufe (BGBl. 2021 I 2363).

IV. Legal Tech-Inkasso

30 Viele nicht-anwaltliche Legal Tech-Unternehmen werden auf der Grundlage einer **Inkassolizenz** iSd §§ 2 Abs. 2 S. 1, 10 Abs. 1 S. 1 Nr. 1 RDG tätig. Eine Inkassodienstleistung ist nach § 2 Abs. 2 S. 1 RDG eine Rechtsdienstleistung. Damit eine Inkassodienstleistung vorliegt, muss eine **wirtschaftlich fremde Forderung eingezogen** werden.[37] Dadurch unterscheidet sie sich vom Forderungskauf[38] und von einer Sicherungszession.[39]

31 Bei der einzuziehenden Forderung kann es sich um Ansprüche von Verbrauchern[40] oder Unternehmern[41] handeln. In der Praxis haben sich **zwei Arten der Forderungseinziehung** herausgebildet (→ *B2C und B2B (Geschäftsmodelle)* Rn. 31). Zum einen kann der Inkassodienstleister von den Gläubigern bevollmächtigt werden, Ansprüche im fremden Namen geltend zu machen (sog. **Vollmachtsmodell**). Zum anderen kann sich der Inkassodienstleister die Ansprüche aber auch gänzlich nach § 398 BGB abtreten lassen, wobei die Gläubiger wirtschaftlich Inhaber der Forderung bleiben und das Ausfallrisiko tragen, während das Inkassounternehmen gleichwohl nach außen im eigenen Namen auftritt (sog. **Inkassozession**).

32 Die Zulässigkeit einer Inkassodienstleistung richtet sich zunächst nach § 10 Abs. 1 S. 1 RDG. Nur registrierte Personen dürfen aufgrund besonderer **Sachkunde** Inkassodienstleistungen vornehmen (→ *Inkassodienstleistungen* Rn. 17 f.).[42] Inkassounternehmen haben nach § 12 Abs. 1 Nr. 3 RDG für die **Registrierung** eine **Berufshaftpflichtversicherung** mit einer Mindestversicherungssumme von 250.000 Euro nachzuweisen. Ferner sind gem. § 13 Abs. 2 RDG Angaben darüber zu machen, auf welchen **Rechtsgebieten** die Tätigkeiten erbracht werden sollen.[43] Soweit sich nach der Registrierung Änderungen ergeben, sind diese gem. § 13 Abs. 4 S. 1 RDG der zuständigen Behörde unverzüglich **anzuzeigen**.[44] Die Erlaubnis umfasst die uneingeschränkte Durchsetzung in den angegebenen Rechtsgebieten, so dass es keine einzelnen Bereichsausnahmen gibt.[45] Die **Aufsicht über Inkassounternehmen** obliegt derzeit nach § 19 Abs. 1 RDG den **Landesjustizverwaltungen**, die diese Aufgabe auf zahlreiche Gerichte und Staatsanwaltschaften übertragen haben. Die daraus resultierende Zersplitterung der Aufsicht soll durch das geplante Gesetz zur Stärkung der Aufsicht bei Rechtsdienstleistungen[46] beseitigt werden, indem Registrierung und Aufsicht beim **Bundesamt für Justiz** zentralisiert werden. Eine solche Bündelung würde zukünftig für eine einheitliche Bewertung der Zulässigkeit von Legal Tech Geschäftsmodellen sorgen.[47]

33 Äußerst umstritten ist die **Reichweite einer Inkassoerlaubnis**. Für die Praxis ist diese Frage von besonderer Brisanz. Nach ständiger Rechtsprechung sind gegen § 3 RDG verstoßende **schuldrechtliche Vereinbarungen**, aber auch **Verfügungen** (wie die Abtretung einer Forderung), im Regelfall **nach § 134 BGB nichtig**, wenn diese auf die Erbringung einer nicht erlaubten Rechtsdienstleistung zielen.[48] Ein solcher Verstoß kommt nicht nur in Betracht, wenn ein Legal Tech-Unternehmen eine Inkassodienstleistung **ohne die erforderliche Registrierung** anbietet, sondern auch dann, wenn es seine **Inkassoerlaubnis**

---

37 Sadighi, Die Haftung von Nichtanwälten unter der Geltung des Rechtsdienstleistungsgesetzes, 2014, S. 271.
38 Skupin GRUR-Prax 2021, 74 (75); Deckenbrock/Henssler/Deckenbrock/Henssler RDG § 2 Rn. 75 f.
39 BT-Drs. 16/3655, 48; BGH Urt. v. 11.9.2012 – VI ZR 297/11, NJW 2013, 62 (63 Rn. 12); Deckenbrock/Henssler/Deckenbrock/Henssler RDG § 2 Rn. 73.
40 ZB „flightright" und „mietright".
41 ZB LKW-Kartellschadensersatzansprüche.
42 Deckenbrock/Henssler/Rillig RDG § 10 Rn. 1 f.
43 Dazu Tolksdorf ZIP 2021, 2049 (2056 f.).
44 Vgl. auch Tolksdorf ZIP 2021, 2049 (2056 f.).
45 BGH Urt. v. 27.11.2019 – VIII ZR 285/18, NJW 2020, 208 (235 Rn. 223) – Lexfox; BT-Drs. 19/27673, 62; Deckenbrock DB 2020, 321 (325); Makatsch/Kacholdt NZKart 2021, 486 (490); aA Nuys/Gleitsmann BB 2020, 2441 (2442).
46 Regierungsentwurf eines Gesetzes zur Stärkung der Aufsicht bei Rechtsdienstleistungen und zur Änderung weiterer Vorschriften des Rechts der rechtsberatenden Berufe v. 27.7.2022, abrufbar unter https://www.bmj.de/SharedDocs/Gesetzgebungsverfahren/Dokumente/RegE_Staerkung_Aufsicht_Rechtsdienstleistungen.pdf;jsessionid=6EC5422C3693D4D87660FA74F343B291.2_cid334?__blob=publicationFile&v=2.
47 Quarch/Neumann LTZ 2022, 220 (223).
48 BGH 27.11.2019 – VIII ZR 285/18, BGHZ 224, 89, NJW 2020, 208 Rn. 58 mwN – LexFox I.

überschreitet.⁴⁹ Klagen von Legal Tech-Inkassounternehmen sind in einem solchen Fall wegen fehlender Aktivlegitimation **abzuweisen**.⁵⁰

Weitgehend Einigkeit besteht darüber, dass eine **allgemeine rechtliche Beratung** nicht von der Inkassoerlaubnis gedeckt wird.⁵¹ Erlaubt ist demgegenüber die **Forderungsprüfung** und die **Beratung** der Kundschaft über den Forderungsbestand (→ *Inkassodienstleistungen* Rn. 11 ff.).⁵² Damit einher geht auch die Ausübung von **Gestaltungsrechten** und die Geltendmachung von **Auskunftsansprüchen** (→ *Rechtsanwalt, Monopol* Rn. 42 ff.).⁵³ Nach dem AirDeal-Urteil des BGH kann eine Inkassodienstleistung auch von vornherein auf eine **gerichtliche Durchsetzung** gerichtet sein.⁵⁴ Nach dem financialright-Urteil des BGH umfasst die Inkassoerlaubnis zudem den Einzug von Forderungen, die ausländischem Sachrecht unterfallen.⁵⁵ Eine **reine Abwehr** von Ansprüchen ist demgegenüber nicht mehr von der Inkassoerlaubnis gedeckt (→ *Inkassodienstleistungen* Rn. 14 f.).⁵⁶ 34

Eine Inkassodienstleistung ist zudem nur dann zulässig, wenn sie nicht zu einer **Interessenkollision iSd § 4 RDG** führt. Wie der BGH in den Fällen **Lexfox** und **AirDeal** entschieden hat, besteht eine solche Gefahr jedenfalls nicht bei Vereinbarung von **Erfolgshonoraren**, wenn gleichzeitig eine **Kostenübernahme** im Falle einer erfolglosen Forderungsdurchsetzung erfolgt (→ *Inkassodienstleistungen* Rn. 22).⁵⁷ Zulässig ist gemäß § 4 S. 2 RDG auch die **passive Prozessfinanzierung durch Dritte** (→ *Inkassodienstleistungen* Rn. 24). Eine aktive Prozessfinanzierung durch Dritte kann demgegenüber im Einzelfall eine Interessenkollision begründen (→ *Inkassodienstleistungen* Rn. 25 f.).⁵⁸ Nach Ansicht des BGH sind zudem eine Bündelung von Ansprüchen im Wege des **Sammelklageinkasso** sowie ein **Vergleichsabschluss** durch Legal Tech-Unternehmen zulässig (→ *Inkassodienstleistungen* Rn. 28 ff.; → *Prozessfinanzierung* Rn. 39.; → *Rechtsanwalt, Monopol* Rn. 45).⁵⁹ Auch die Vereinbarung eines **Erfolgshonorars** in Verbindung mit einem **Vergleichsabschluss** ist nach dem BGH zulässig, soweit dem Kunden ein Widerrufsrecht eingeräumt wird (→ *Inkassodienstleistungen* Rn. 31 ff.).⁶⁰ Im AirDeal-Urteil entwickelte der BGH diesen Grundsatz noch weiter und hielt sogar die Vereinbarung **unwiderruflicher Vergleiche** verbunden mit einer **Kostenfreistellung** und einer **erfolgsbasierten Vergütung** für zulässig.⁶¹ 35

Trotz der erwähnten BGH-Urteile ist die **Reichweite der Inkassoerlaubnis** für viele Legal Tech-Angebote **immer noch ungeklärt**. Dies liegt vor allem daran, dass sich nach Ansicht des BGH gerade keine allgemeingültigen Maßstäbe aufstellen lassen, so dass stets eine **einzelfallbezogene Zulässigkeitsbeurteilung** 36

---

49 BGH 27.11.2019 – VIII ZR 285/18, BGHZ 224, 89, NJW 2020, 208 Rn. 90 ff. – LexFox I.
50 v. Lewinski/Kerstges MDR 2019, 705 (712); Hartung AnwBl Online 2021, 152 (154); so etwa: LG Braunschweig Urt. v. 30.4.2020 – 11 O 3092/19, BeckRS 2020, 7267 Rn. 46; LG München I Urt. v. 7.2.2020 – 37 O 18934/17, BeckRS 2020, 841 Rn. 100 – LKW-Kartell; LG Ingolstadt Urt. v. 7.8.2020 – 41 O 1745/18, BeckRS 2020, 18773 Rn. 108; LG Hannover Urt. v. 4.5.2020 – 18 O 50/16, BeckRS 2020, 12818 Rn. 75.
51 BT-Drs. 19/27673, 20; Remmertz BRAK-Mitt. 2021, 288 (289).
52 BVerfG Beschl. v. 20.2.2002 – 1 BvR 423/99, 1 BvR 821/00, 1 BvR 1412/01, NJW 2002, 1190; BVerfG Beschl. v. 14.8.2004 – 1 BvR 725/03, NJW-RR 2004, 1570; BGH Urt. v. 27.11.2019 – VIII ZR 285/18, NJW 2020, 208 Rn. 96 – Lexfox.
53 BGH Urt. v. 13.7.2021 – II ZR 84/20, NJW 2021, 3046 Ls. 1 – Airdeal; BGH Urt. v. 27.5.2020 – VIII ZR 45/19, NZM 2020, 551 (554 Rn. 44) – wenigermiete.de III; Makatsch/Kacholdt NZKart 2021, 486 (487).
54 BGH Urt. v. 13.7.2021 – II ZR 84/20, NJW 2021, 3046 (Ls. 1); zustAnm Stadler RDi 2021, 513.
55 BGH 13.6.2022 – VIa ZR 418/21, BeckRS 2022, 20036 – financialright.
56 BGH Urt. v. 27.11.2019 – VIII ZR 285/18, NJW 2020, 208 Rn. 96 – Lexfox; Deckenbrock DB 2020, 321 (323); Rott WuM 2020, 185 (188).
57 BGH Urt. v. 27.11.2019 – VIII ZR 285/18, NJW 2020, 208 (231 Rn. 187 ff.) – Lexfox; BGH Urt. v. 13.7.2021 – II ZR 84/20, NJW 2021, 3046 (3052 Rn. 47 f.) – Airdeal.
58 BT-Drs. 19/27673, 20, 40.
59 BGH Urt. v. 13.7.2021 – II ZR 84/20, NJW 2021, 3046 Ls. 1, Rn. 16 – Airdeal; Makatsch/Kacholdt NZKart 2021, 486.
60 BGH Urt. v. 27.11.2019 – VIII ZR 285/18, NJW 2020, 208 Rn. 207 – Lexfox; Makatsch/Kacholdt NZKart 2021, 486 (489).
61 BGH Urt. v. 13.7.2021 – II ZR 84/20, NJW 2021, 3046 (3053 Rn. 58) – Airdeal.

angezeigt ist.⁶² Auch die in § 2 Abs. 2 S. 1 RDG durch das Legal Tech-Gesetz eingefügte Ergänzung, dass eine Inkassodienstleistung eine „auf die Forderungseinziehung bezogen[e] rechtlich[e] Prüfung und Beratung" umfasst, sorgt letztlich nicht für Rechtssicherheit, da weiterhin unbestimmt bleibt, was eine zulässige Inkassodienstleistung eigentlich umfasst.⁶³

V. Legal Tech-Unternehmen ohne RDG-Lizenz

37 Neben dem Legal Tech-Inkasso gibt es Legal Tech-Unternehmen, die ohne eine RDG-Lizenz tätig werden. Im deutschen Markt haben sich dabei vor allem vier Geschäftsmodelle herausgebildet, nämlich das Consumer Claim Purchasing (→ Rn. 38), die Zusammenarbeit von Legal Tech-Unternehmen mit Partnerkanzleien (→ Rn. 39 ff.), reine Legal Tech-Vermittlungsplattformen (→ Rn. 43 ff.) sowie Legal Tech-Unternehmen, die einem Kunden zur Lösung seiner rechtlichen Probleme eine **Do-It-Yourself-Software**, wie zB Dokumenten- und Vertragsgeneratoren anbieten (→ Rn. 46 ff.).

1. Consumer Claim Purchasing

38 Beim sog. Consumer Claim Purchasing kaufen Legal Tech-Unternehmen Ansprüche des Verbrauchers, um sie anschließend **eigenständig durchzusetzen** (→ *B2C und B2B (Geschäftsmodelle)* Rn. 42). Kennzeichnend für dieses Geschäftsmodell ist, dass die in Rede stehende Forderung im Wege der Vollabtretung gem. § 398 BGB auf das Legal Tech-Unternehmen übergeht und das Unternehmen das **Ausfalls- und Bonitätsrisiko** für die erworbene Forderung trägt.⁶⁴ Da es sich um einen echten Forderungskauf handelt, bei dem „eigene Ansprüche" geltend gemacht werden, findet das RDG bei diesem Modell keine Anwendung (→ Rn. 30).

2. Zusammenarbeit mit Partnerkanzleien

39 Daneben gibt es Legal Tech-Unternehmen, die zwar nach außen gegenüber dem Kunden häufig den Eindruck vermitteln, als käme die Rechtsbesorgung von diesen Unternehmen, die jedoch im Innenverhältnis mit verschiedenen Partnerkanzleien kooperieren (→ *B2C und B2B (Geschäftsmodelle)* Rn. 45, 50 f.).⁶⁵

40 Die Tätigkeit des Legal Tech-Unternehmens besteht in diesen Fällen vornehmlich in der Prozessfinanzierung, in der Kundenakquise, in der Kommunikation mit den Kunden, in der Strukturierung der Falldaten sowie in der Unterstützung der Partnerkanzleien durch eine selbst entwickelte Software, für deren Nutzung zumeist eine bestimmte Pauschale erhoben wird. Die kooperierenden Partnerkanzleien übernehmen demgegenüber – auf der Grundlage eines Mandatsvertrags mit dem Kunden – sowohl die Rechtsberatung als auch die Rechtsdurchsetzung.

41 Wird die Rechtsberatung und Anspruchsdurchsetzung komplett auf Anwälte verlagert, so benötigen die mit ihnen kooperierenden Legal Tech-Unternehmen **keine Erlaubnis nach § 3 RDG**. Rechtlich unzulässig wäre dieses Geschäftsmodell allerdings dann, wenn es sich um eine „versteckte Inkassotätigkeit" handelt oder die Anwälte bei wertender Betrachtung als Erfüllungsgehilfen der Unternehmen⁶⁶ tätig werden (→ *B2C und B2B (Geschäftsmodelle)* Rn. 52).

42 Dass die kooperierenden Anwaltskanzleien dem Legal Tech-Unternehmen eine **Vergütung für die Nutzung der Plattform** zahlen, dürfte nach der Rechtsprechung des BVerfG⁶⁷ ebenfalls zulässig sein und

---

62 BGH Urt. v. 27.11.2019 – VIII ZR 285/18, NJW 2020, 208 (Ls. 2 und 221 Rn. 109 f.).
63 Lemke RDi 2021, 224 (228).
64 Quarch/Engelhardt, Legal Tech – essentials –, 2021, S. 12.
65 Chibanguza/Kuß/Steege KI-HdB/Quarch § 8 Rn. 22 ff.
66 Dazu BGH 30.7.2019 – VI ZR 486/18, NJW-RR 2019, 1524 Rn. 21; BGH 12.11.2015 – I ZR 211/14, NJW 2016, 693; BGH 29.7.2009 – I ZR 166/06, GRUR 2009, 1077 – Finanz-Sanierung.
67 BVerfG 19.2.2008 – 1 BvR 1886/06, NJW 2008, 1298: Zahlungen eines Anwalts für die Nutzung von Infrastruktur und anderer Dienstleistungen sind grundsätzlich zulässig.

keinen Verstoß gegen § 49b Abs. 3 BRAO oder § 27 BORA begründen, sofern kein Ankauf von Mandaten stattfindet (→ *B2C und B2B (Geschäftsmodelle)* Rn. 66 ff.).

3. Legal Tech-Vermittlungsplattformen

Darüber hinaus gibt es viele Legal Tech-Unternehmen, die als **reine Vermittlungsplattformen** auftreten, indem sie Kunden die Möglichkeit geben, anhand bestimmter Suchkriterien den für ihr Rechtsproblem **passenden Anwalt** zu finden. Im Unterschied zu anderen Geschäftsmodellen arbeitet das Legal Tech-Unternehmen nicht mit Partnerkanzleien zusammen. Vielmehr findet nur eine **klassische Vermittlung** zwischen Kunde und Anwalt statt (→ *B2C und B2B (Geschäftsmodelle)* Rn. 60 ff.). 43

Bei der Inanspruchnahme einer solchen Vermittlungsplattform kommt dementsprechend kein Mandatsvertrag zwischen dem Kunden und der Plattform zustande, da der Zweck nur in der **Vermittlung** liegt. Nutzer zahlen grundsätzlich lediglich das **Anwaltshonorar**, aber nichts für die Benutzung der Plattform. Soweit Anwälte dem Legal Tech-Unternehmen eine Vergütung für die Nutzung der Plattform zahlen, liegt darin nach der bereits zuvor zitierten Rechtsprechung des BVerfG (→ Rn. 42) kein Verstoß gegen § 49b Abs. 3 BRAO. 44

Für Vermittlungsplattformen gelten eine Reihe von Pflichten, die sich aus deutschem sowie europäischem Recht ergeben. Zu nennen sind insbesondere die Vorschriften der §§ 327 ff. BGB über digitale Produkte (→ *Plattformen, Pflichten* Rn. 3 ff.), die **DS-GVO** (→ *Plattformen, Pflichten* Rn. 6 ff.), die „**Platform-to Business-Verordnung**" (P2B-VO) 2019/1150 (→ *Plattformen, Pflichten* Rn. 9 ff.) sowie das UWG, MarkenG, TMG, MStV, NetzDG und UrhDaG (→ *Plattformen, Pflichten* Rn. 53 ff.). Zukünftig werden darüber hinaus sowohl der „**Digital Services Act**"[68] als auch der „**Digital Markets Act**"[69] eine übergeordnete Rolle in der Plattformregulierung spielen. 45

4. Do-It-Yourself-Software, insbes. Dokumenten- und Vertragsgeneratoren

Ein weiteres Geschäftsmodell von Legal Tech-Unternehmen besteht darin, dem Rechtssuchenden eine Do-It-Yourself-Software anzubieten, die in der Lage ist, allgemeine **Rechtsinformationen** zur Verfügung zu stellen, **rechtliche Fragen zu beantworten**, **Verträge** oder sonstige rechtlich relevante **Dokumente zu generieren** oder **bestimmte rechtliche Schritte in die Wege** zu leiten. 46

Ein derartiges Angebot verstößt nach dem smartlaw-Urteil des BGH[70] nicht gegen § 3 RDG, da **keine Rechtsdienstleistung iSd § 2 Abs. 1 RDG** vorliegt, sofern die **Software nicht dem individuellen Fall Rechnung** trägt, sondern anhand automatisierter Frage-Antwort-Prozesse und Textbausteinen nur fiktive Einzelfälle berücksichtigt. Zwar handele es sich, so der BGH, bei den von der Software erzeugten Ergebnissen (hier: Erstellung eines Vertragsdokuments) um eine „Tätigkeit" des Legal Tech-Unternehmens iSd § 2 Abs. 1 RDG, da diese nicht nur die Programmierung und Bereitstellung der Software umfasse, sondern auch die Generierung von Ergebnissen.[71] Auch sei die Erstellung der vom Nutzer gewünschten Ergebnisse eine „fremde" Angelegenheit, da diese in erster Linie dem wirtschaftlichen Interesse des Nutzers dienten.[72] Durch die von der Software erzeugten Ergebnisse werde das Legal Tech-Unternehmen jedoch nicht iSd § 2 Abs. 1 RDG in „konkreten" fremden Angelegenheiten tätig.[73] Das hierzu verwendete Computerprogramm sei nicht, so der BGH, auf einen individuellen realen Fall zugeschnitten, sondern erfasse allgemeine 47

---

68 Verordnung (EU) 2022/2065 des Europäischen Parlaments und des Rates vom 19.10.2022 über einen Binnenmarkt für digitale Dienste und zur Änderung der Richtlinie 2000/31/EG (Gesetz über digitale Dienste) (ABl. L 277, 1).
69 Verordnung (EU) 2022/1925 des Europäischen Parlaments und des Rates vom 14.9.2022 über bestreitbare und faire Märkte im digitalen Sektor und zur Änderung der Richtlinien (EU) 2019/1937 und (EU) 2020/1828 (Gesetz über digitale Märkte) (ABl. L 265, 1).
70 BGH Urt v. 9.9.2021 – I ZR 113/20, NJW 2021, 3125.
71 BGH Urt v. 9.9.2021 – I ZR 113/20, NJW 2021, 3125 (3127 Rn. 23 ff.).
72 BGH Urt v. 9.9.2021 – I ZR 113/20, NJW 2021, 3125 (3127 f. Rn. 30).
73 BGH Urt v. 9.9.2021 – I ZR 113/20, NJW 2021, 3125 (3128 Rn. 31 ff.).

48 Wenngleich die BGH-Entscheidung zu Recht auf **scharfe Kritik** gestoßen ist,[74] schafft das Urteil für den Vertrieb von Legal Tech-Software, die nach einem strikten Wenn-Dann-Schema (→ *Expertensystem, juristisches* Rn. 11 ff.) aufgrund vorgegebener Parameter zu einem vordefinierten Ergebnis kommt, vorerst Rechtssicherheit.

49 Weiterhin **ungeklärt** bleibt demgegenüber, wie Softwaresysteme einzuordnen sind, die über ein regelbasiertes System hinausgehen (→ *Expertensystem, juristisches* Rn. 15 ff.; → *Künstliche Intelligenz (KI)* Rn. 21 ff.; → *Maschinelles Lernen* Rn. 5 ff.).[75] Für derartige (insbesondere lernende) Systeme dürfte das RDG nach der Argumentation des BGH wohl anwendbar sein. Die eigentlichen Probleme, die sich beim Einsatz rechtsberatender Software stellen, werden durch das RDG indessen gerade nicht gelöst (dazu → Rn. 50 ff.).

VI. Ausblick

50 Die zunehmende Verbreitung **softwarebasierter Rechtsdienstleistungen** stellt das **Rechtsdienstleistungsrecht** in Deutschland, aber auch in anderen Ländern[76] **auf den Prüfstand**. Ein Grundproblem des geltenden Rechtsdienstleistungsrechts besteht darin, dass sämtliche RDG-Erlaubnistatbestände personenbezogen an die Qualifikation desjenigen anknüpfen, der eine Rechtsdienstleistung erbringt. Eine solche **personenbezogene Erlaubnis** kann jedoch **nicht gewährleisten**, dass die betreffende **Software eine ausreichende Qualität** aufweist.[77] Schließlich wird die Qualität einer algorithmischen Rechtsdienstleistung durch den Programmcode und nicht durch die geistigen Fähigkeiten des dahinterstehenden Menschen bestimmt.[78] *Timmermann* formuliert insoweit treffend: „Ist der Programmcode unzureichend, so ist dem rechtssuchenden Internetnutzer nicht geholfen, wenn der Softwareanbieter ein 18-Punkte-Examen erzielt hat."[79]

51 **De lege ferenda** in Betracht zu ziehen ist daher – neben anderen Maßnahmen[80] – die **Einführung eines produktbezogenen Genehmigungsverfahrens**, in der insbesondere die Qualität der Software sowie der Trainingsdaten geprüft wird.

52 Die **geplante KI-VO**[81] geht einen ersten Schritt in diese Richtung, indem sie bestimmte Legal Tech-Anwendungen insbesondere im öffentlichen Sektor als Hochrisiko-KI-Systeme qualifiziert und einem produktbezogenen Genehmigungsverfahren unterwirft, in dessen Rahmen zwingende Anforderungen zu beachten sind (dazu → *Regulierung (EU), KI-Verordnung* Rn. 9 ff.). Zu diesen Anforderungen gehören vor allem (i) Qualitätskriterien für Daten (Trainings-, Validierungs- und Testdatensätze), (ii) technische Dokumentation und Aufzeichnungen; (iii) Transparenz von KI-Systemen und Informationen für die Nutzer, (iv) Gewährleistung menschlicher Aufsicht, sowie (v) Verpflichtungen bzgl. Genauigkeit, Robustheit und Cybersicherheit.

53 Die KI-VO liefert insofern einen wichtigen Diskussionsbeitrag, wie algorithmische Rechtsdienstleistungen künftig in der Europäischen Union, aber auch in Deutschland reguliert werden könnten.

---

74 Hartung LTZ 2022, 63; Kraetzig/Krawietz RDi 2022, 145; Singer RDi 2022, 53; Solmecke Cologne Technology Review and Law Heft 1/2022, 128; Thole NJW 2021, 3125.
75 Hartung LTZ 2022, 63 (67); Solmecke Cologne Technology Review and Law Heft 1/2022, 128.
76 Ausführlich diMatteo et al. Lawyering in the Digital Age/Ebers S. 195 (203 f.); Bennett et al. Current State; Hook, The Use and Regulation of Technology in the Legal Sector.
77 Timmermann Legal Tech-Anwendungen S. 572 ff.
78 Timmermann Legal Tech-Anwendungen S. 576.
79 Timmermann Legal Tech-Anwendungen S. 576.
80 Zu den verbraucherrechtlichen Fragestellungen bei Legal Tech → *Regulierung (EU), Verbraucherrecht* Rn. 5 ff.
81 Vorschlag für eine Verordnung zur Festlegung harmonisierter Vorschriften für Künstliche Intelligenz (Gesetz über Künstliche Intelligenz) und zur Änderung bestimmter Rechtsakte der Union, COM(2021) 206 final.

79. Regulierung (EU), allgemein

Ebers

I. Stand der europäischen Harmonisierung 1
  1. Berufsrecht 1
  2. Verbraucherrecht 6
3. Sonstige Sekundärrechtsakte 8
II. Folgen für das deutsche Recht 11

Literatur: *Ahrens*, Berufsrecht der Rechtsanwälte, 2017; *Beurskens*, So gut wie ein Anwalt? – Chancen und Grenzen der Werbung für Legal Tech Angebote, LTZ 2022, 207; *Busch/Schulte-Nölke/Wiewiórowska-Domagalska/Zoll*, The Rise of the Platform Economy: A New Challenge for EU Consumer Law?, EuCML 2016, 3; *Claessens/van Haeften/Philipsen et al.*, Evaluation of the Legal Framework for the Free Movement of Lawyers, Final Report, 2012 (zit.: Claessens et al. Evaluation); *Deckenbrock*, Die „kleine BRAO-Novelle" im Überblick, NJW 2017, 1425; *Duivenvoorde*, The Protection of Vulnerable Consumers under the Unfair Commercial Practices Directive, EuCML 2013, 69; *Ebers*, The notion of „consumer", in Schulte-Nölke/Twigg-Flesner/Ebers (Hrsg.), EC Consumer Law Compendium, 2008, S. 453 (zit.: Schulte-Nölke/Twigg-Flesner/Ebers EC Consumer Law Compendium/Ebers); *Ebers*, Legal Tech and EU Consumer Law, in Cannarsa/di Matteo/Durovic/de Elizalde/Janssen/Ortolani (Hrsg.), The Cambridge Handbook of Lawyering in the Digital Age, 2021, abrufbar unter https://papers.ssrn.com/sol3/papers.cfm?abstract_id=3694346, S. 195 (zit.: Cannarsa et al. Lawyering in the Digital Age/Ebers); *Ebers*, Standardisierung Künstlicher Intelligenz und KI-Verordnungsvorschlag, RDi 2021, 588; *Ebers/Hoch/Rosenkranz/Ruschemeier/Steinrötter*, Der Entwurf für eine EU-KI-Verordnung: Richtige Richtung mit Optimierungsbedarf, RDi 2021, 528; *Enchelmaier/Oliver*, Free movement of goods: Recent developments in the case law, CMLR 2007, 649; *Engelmann/Brunotte/Lütkens*, Regulierung von Legal Tech durch die KI-Verordnung, RDi 2021, 317; *Engler/Renda*, Reconciling the AI Value Chain with the EU's Artificial Intelligence Act, CEPS In-Depth Analysis, 2022, abrufbar unter https://www.ceps.eu/download/publicatio n/?id=37654&pdf=CEPS-In-depth-analysis-2022-03_Reconciling-the-AI-Value-Chain-with-the-EU-Arti ficial-Intelligence-Act.pdf (zit.: Engler/Renda Reconciling the AI Value Chain); *Europäische Kommission*, Communication from the Commission to the European Parliament, the Council, the European Economic and Social Committee and the Committee of the Regions on Reform Recommendations for Regulation in Professional Services, 2017, abrufbar unter https://eur-lex.europa.eu/legal-content/EN/TXT/PDF/?uri=CELEX:52016DC0 820&from=en (zit.: Europäische Kommission Reform Recommendations); *Europäische Kommission*, Leitlinien zur Auslegung und Anwendung der Richtlinie 2005/29/EG des Europäischen Parlaments und des Rates über unlautere Geschäftspraktiken von Unternehmen gegenüber Verbrauchern im Binnenmarkt, 2021 (ABl. C 526, 1); *Europäischer Wirtschafts- und Sozialausschuss*, Die Lage der freien Berufe in ihrer Funktion und Bedeutung für die europäische Zivilgesellschaft, 2017, abrufbar unter https://www.eesc.europa.eu/sites/default/files/res ources/docs/qe-01-14-700-de-c.pdf (zit.: Europäischer Wirtschafts- und Sozialausschuss Die Lage der freien Berufe); *Flory*, Grenzen inkassodienstlicher Rechtsdienstleistungen – Berufsrechtliche und verfassungsrechtliche Rahmenbedingungen von Online-Plattformen, 2022; *Gebauer*, Grundfragen der Europäisierung des Privatrechts, 1998; *Gebauer*, Die Grundfreiheiten des EG-Vertrags als Gemeinschaftsgrundrechte, 2004; *Grundmann*, Europäisches Schuldvertragsrecht – Das europäische Recht der Unternehmensgeschäfte, ZGR-Sonderheft 15/1999; *Hacker*, Datenprivatrecht, 2020; *Helberger/Zuiderveen Borgesius/Reyna*, The Perfect Match? A Closer Look at the Relationship between EU Consumer Law and Data Protection Law, CMLR 2017, 1427; *Hellwig*, Unterschiede der nationalen Berufsrechte – Notwendigkeit von Kollisionsnormen und Harmonisierung, BRAK-Mitt. 2002, 52; *Hellwig*, BGH zu Lexfox: BRAO, RDG und das unionsrechtliche Kohärenzerfordernis – Neue Freiheiten für Anwältinnen und Anwälte bei der Berufsausübung, AnwBl Online 2020, 260; *Hellwig/Ewer*, Keine Angst vor Legal Tech, NJW 2020, 1783; *Henssler*, Das Berufsbild des europäischen Rechtsanwalts – Harmonisierung durch Deregulierung?, AnwBl 2004, 458; *Henssler*, Der Europäische Rechtsanwalt – Zwischen Rechtspflege und Dienstleistung, ZZP 2002, 321; *Henssler*, Legal Tech-Inkasso: Der Gesetzgeber ist gefordert, AnwBl Online 2021, 180; *Henssler/Kilian*, Die Berufsregeln der Rechtsanwälte der Europäischen Union (CCBE-Regeln) in der Rechtsprechung deutscher Gerichte, BRAK-Mitt. 2011, 178; *Herrmann*, Richtlinienumsetzung durch die Rechtsprechung, 2003; *Kieninger*, Informations-, Aufklärungs- und Beratungspflichten beim Abschluß von Versicherungsverträgen, AcP 1999, 190; *Kilian*, Anwaltliche Erfolgshonorare in Zeiten von Legal Tech, AnwBl 2020, 157; *Kilian*, Verbrauchergerechte Angebote im Rechtsdienstleistungsmarkt, AnwBl Online 2021, 102; *Kilian*, Die Regulierung von Erfolgshonorar und Inkassodienstleistung, AnwBl Online 2021, 213; *Loos*, The case for a uniform and efficient right of withdrawal from consumer contracts in European Contract Law, ZEuP 2007, 5; *Micklitz/Reich*, The Court and the Sleeping Beauty: the Rival of the Unfair Contract Terms Directive (UCTD), CMLR 2014, 771; *Navas*, The Provision of Legal Services to Consumers Using LawTech Tools: From „Service" to „Legal Product", Open Journal of Social Sciences 2019, 79; *Pfeiffer*, Der Vertragsschluss im Gemeinschaftsrecht, in Schulze/Ebers/Grigoleit (Hrsg.), Informationspflichten und Vertragsschluss im Acquis communautaire, 2003, S. 103 (zit.: Schulze/Ebers/Grigoleit Informationspflichten/Pfeiffer); *Pfeiffer*, Unternehmereigenschaft eines Vermittlers, LMK 2022, 809216; *Podszun*, Der Verbraucher als Marktakteur: Kartellrecht und Datenschutz in der „Facebook"-Entscheidung des BGH, GRUR 2020, 1268; *Pohl*, Unionsrechtliches Kohärenzgebot und anwaltliches Berufsrecht, BRAK-Mitt. 2020, 258; *Ranieri*, Juristen für Europa. Voraussetzungen und Hindernisse für ein „europäisches" juristisches Ausbildungsmodell, 2006 (zit.: Ranieri Juristen für Europa); *Schäfer*, Anmerkung zur Entscheidung vom 4.7.2019 – C-377/17, EuZW 2019, 663; *Sein*, Legal Tech Solutions as Digital Services under the Digital Content Directive and E-Commerce Directive, in Ebers/Poncibó/Zou (Hrsg.), Contracting and Contract Law in the Age of Artificial Intelligence, 2022, S. 135 (zit.: Ebers/Poncibó/Zou Contracting and Contract Law in the Age of AI/Sein); *Seyfarth*, Über die Auswirkungen neuester europäischer Einflüsse auf Berufszugangsregelungen, EuZW 2019, 1005; *Skupin*, Legal Tech im Urheber- und Medienrecht – Nichtanwaltliche Leistungsangebote im Kontext der Reform des Rechtsdienstleistungsrechts, ZUM 2021, 365; *Staudenmayer*, The Directives on Digital Contracts: First Steps Towards the Private Law of the Digital Economy, ERPL 2020, 219; *Tommasi*, The ‚New Deal' for Consumers: Towards More Effective Protection?, ERPL 2020, 311; *Wendehorst*, Platform Intermediary Services and Duties under the E-Commerce Directive and the Consumer Rights Directive, EuCML 2016, 30; *Wendehorst*, Die neuen Regelungen im BGB zu Verträgen über digitale Produkte, NJW 2021, 2913; *Wissenschaftliche Dienste des Bundestages*, Sachstand: Rechtsdienstleistungsgesetz und Legal Tech, 2019, abrufbar unter https://www.bundestag.de/resource/blob/654316/ad2c5f4740d04d817ba6f7b6f18074cf/WD-7-111-19-pdf-data.pdf; *Zimmermann*, Legal Tech – Vielfalt der Anwendungen und richtige Haftungsvorsorge, AnwBl Online 2019, 815.

I. Stand der europäischen Harmonisierung

1. Berufsrecht

1 Bislang sind in der Europäischen Union (EU) weder der traditionelle Rechtsdienstleistungsmarkt noch der Legal Tech-Markt harmonisiert worden. Soweit Rechtsdienstleistungen sowie sonstige freie Berufe Gegenstand von Harmonisierungsbemühungen waren, zielen die betreffenden Richtlinien bei grenzüberschreitenden Sachverhalten vornehmlich auf eine **gegenseitige Anerkennung** der unterschiedlichen Rechtsordnungen ab (ausführlich → *Regulierung (EU), Rechtsdienstleistungsrecht* Rn. 2 ff.).

2 In der EU bestehen daher nach wie vor **große Unterschiede** bei der **Juristenausbildung**,[1] beim **Zugang zum Rechtsdienstleistungsmarkt**[2] sowie – aufgrund unterschiedlicher Berufsregeln[3] – bei der **Berufsausübung**. Diese sind ua darauf zurückzuführen, dass das **Berufsbild des Rechtsanwalts** von Land zu Land variiert.

3 Vereinfacht dargestellt stehen sich in Europa (mindestens) **zwei Systeme** gegenüber.[4] Zum einen gibt es eine Reihe von Ländern, die – wie v.a. die skandinavischen Länder (insbes. Finnland und Schweden) sowie mit gewissen Einschränkungen auch das Vereinigte Königreich – bei den anwaltlichen Berufspflichten v.a. auf das **vertragliche Mandatsverhältnis** abstellen. Viele Berufspflichten (wie zB die Verschwiegenheitspflicht sowie die Regeln zu Interessenkonflikten) stehen dementsprechend zur Disposition des Mandanten. Die Rechtsberatungsmärkte sind in diesen Ländern kaum reguliert. Zum anderen gibt es Staaten – wie zB Deutschland, Österreich, Griechenland sowie die romanischen Rechtsordnungen Frankreich, Belgien, Italien, Spanien und Portugal –, in denen der Rechtsanwalt die Stellung eines **Rechtspflegeorgans** hat. Anwaltliche Berufspflichten stehen in diesen Ländern aufgrund der institutionellen Absicherung grds.

---

1 Ranieri Juristen für Europa.
2 Claessens et al. Evaluation, S. 40 ff.; Europäischer Wirtschafts- und Sozialausschuss Die Lage der freien Berufe, S. 123 ff.
3 Zwar gibt es die vom Rat der Anwaltschaften der Europäischen Gemeinschaft (französisch: Commission de Conseil des Barreaux européens, kurz CCBE) ausgearbeiteten „Berufsregeln der Rechtsanwälte der Europäischen Union". Diese stellen jedoch kein harmonisiertes Einheitsrecht dar, da es sich bei der CCBE um einen privaten Verband handelt, der weder durch Staatsvertrag noch von der EU mit Rechtsetzungsbefugnissen ausgestattet wurde; Hensler/Kilian BRAK-Mitt. 2011, 178 (179).
4 Hellwig BRAK-Mitt. 2002, 52 (53); Henssler AnwBl 2004, 458 (459); Henssler ZZP 2002, 321 (321 f.).

nicht zur Disposition des Mandanten, sondern gelten als öffentlich-rechtliche Pflichten unabhängig vom vertraglichen Pflichtenprogramm.

Dies hat zugleich Auswirkungen auf das **Anwaltsmonopol** und insbes. die Frage, inwieweit **nicht-** 4 **anwaltliche Legal Tech-Unternehmen** außergerichtliche sowie gerichtliche Rechtsdienstleistungen erbringen dürfen. Insoweit finden sich in Europa **drei Modelle:**[5]

- Erstens gibt es Rechtsordnungen, die sowohl **für gerichtliche** als auch **außergerichtliche Rechtsdienstleistungen** ein **Anwaltsmonopol** vorsehen, so zB Deutschland, Österreich, Griechenland und Zypern, Frankreich, Italien, Spanien, Portugal, Dänemark, Luxemburg, Malta sowie Kroatien, Polen, Rumänien, Tschechien, Slowakei und Ungarn.
- Zweitens finden sich Rechtsordnungen, die **nur für gerichtliche Rechtsdienstleistungen** ein **Anwaltsmonopol** kennen, während außergerichtliche Rechtsdienstleistungen nicht besonders reguliert werden, wie zB in England, Irland, Finnland, in den Niederlanden, in Belgien, in Litauen, Lettland und Estland sowie in Bulgarien und Slowenien.
- Und schließlich gibt es drittens auch noch Staaten, wie zB Schweden, in denen **überhaupt kein Anwaltsmonopol** besteht, also weder für außergerichtliche noch für gerichtliche Rechtsdienstleistungen.[6]

Wenngleich im Berufsrecht dementsprechend noch **keine positive Rechtsangleichung** stattgefunden hat, 5 könnten die Grundfreiheiten sowie die im Bereich des Berufsrechts ergangenen Sekundärrechtsakte eine **Deregulierung** der Rechtsdienstleistungsmärkte im Wege der **negativen Rechtsangleichung** bewirken.[7] Insbes. in Deutschland wird – angesichts neuerer BGH-Entscheidungen zu Legal Tech[8] – darüber diskutiert, inwieweit Anwaltsmonopol sowie anwaltliches Berufsrecht mit den **Grundfreiheiten sowie Sekundärrechtsakten** und dabei insbes. mit dem **unionsrechtlichen Kohärenzgebot** vereinbar sind (ausführlich → *Regulierung (EU), Rechtsdienstleistungsrecht* Rn. 15 ff.).

2. Verbraucherrecht

Während bislang weder das anwaltliche Berufsrecht noch die Voraussetzungen für die Erbringung von Legal Tech-Dienstleistungen in der Europäischen Union harmonisiert worden sind, ist der Bestand **verbraucherschützender EU-Richtlinien** während der letzten Jahrzehnte beständig gewachsen.[9] Diese enthalten zwar keine Regeln, die speziell auf Legal Tech-Anwendungen zugeschnitten sind. Verbraucherschützende EU-Rechtsakte sowie die zu ihrer Umsetzung in Deutschland erlassenen Normen sind dessen ungeachtet **von erheblicher Relevanz**, da sie immer dann zur Anwendung gelangen, wenn Rechtsanwälte sowie nichtanwaltliche Legal Tech-Unternehmen im Verhältnis zu einem Verbraucher auf Legal Tech-Dienstleistungen zurückgreifen. 6

Im regulierten Rechtsdienstleistungsmarkt spielt das Verbraucherrecht eine eher untergeordnete Rolle, da 7 das anwaltliche Berufsrecht ebenfalls dazu dient, den Verbraucher als Rechtssuchenden vor unqualifizierten

---

5 Brechmann Legal Tech und Anwaltsmonopol S. 102 ff.; vgl. zum Folgenden zudem Claessens et al. Evaluation, S. 40 ff.; Europäische Kommission, Reform Recommendations, S. 17 ff.
6 Voraussetzung für das Auftreten vor Gericht ist nach Kap. 12 § 2 Abs. 1 iVm Kap. 12 § 22 schwedische Prozessordnung allein, dass die betreffende Person geeignet, rechtschaffen und geschäftskundig ist; BT-Drs. 16/3655, 28; Deckenbrock/Henssler/Henssler Einleitung Rn. 20.
7 Von negativer Rechtsangleichung wird gesprochen, wenn das EU-Recht einer nationalen Regelung entgegensteht, die den grenzüberschreitenden Verkehr behindert; das EU-Recht wirkt in diesem Fall als „negativer Standard"; vgl. Gebauer, Grundfragen der Europäisierung des Privatrechts, 1998, S. 84; Grundmann ZGR-Sonderheft 15/1999, 38.
8 Vgl. insbes. BGH Urt. v. 27.11.2019 – VIII ZR 285/18, NJW 2020, 208 Rn. 148 – LexFox I. Dazu Hellwig AnwBl Online 2020, 260 (260) („Lexfox-Urteil des BGH von 2019 könnte genauso weitreichende Folgen haben, wie die Bastille-Beschlüsse des BVerfG von 1987, mit denen die BRAK-Standesrichtlinien für verfassungswidrig erklärt wurden"). Ferner BGH Urt. v. 13.6.2022 – VIa ZR 418/21, MDR 2022, 1152 – financialright sowie BGH Urt. v. 13.7.2021 – II ZR 84/20, BGHZ 230, 255 = NJW 2021, 3046 – Airdeal.
9 Überblick über die Entwicklung des EU-Verbraucherrechts bei Ebers Rechte, Rechtsbehelfe und Sanktionen im Unionsprivatrecht S. 735 ff.

Rechtsdienstleistungen zu schützen (vgl. § 1 Abs. 1 S. 2 RDG),[10] dabei jedoch weit strengere Regeln vorsieht als das Verbraucherrecht.[11] **Nicht-anwaltliche Legal Tech-Unternehmen** unterliegen demgegenüber nicht dem anwaltlichen Berufsrecht. Das europäische Verbraucherrecht könnte die dadurch entstehenden Schutzlücken schließen und eine **Auffangfunktion** in Fällen entfalten, in denen Verbraucher auf Legal Tech-Tools nichtanwaltlicher Unternehmen zurückgreifen (ausführlich → *Regulierung (EU), Verbraucherrecht* Rn. 1 ff.).

3. Sonstige Sekundärrechtsakte

8   Neben dem Verbraucherrecht existieren weitere Sekundärrechtsakte, die für Legal Tech-Anwendungen **im privaten Sektor** relevant sind. Verwiesen sei insofern auf die Stichwörter → *Alternative Streitbeilegung (ADR), allgemein;* → *Cybersecurity;* → *Datenschutz, allgemein;* → *Datenzugang;* → *FinTech;* → *Gewerblicher Rechtsschutz;* → *Kollektiver Rechtsschutz;* → *Kollisionsrecht, allgemein;* → *PayTech;* → *Plattformen, allgemein;* → *Robo Advice;* → *Wettbewerb, Kartellrecht;* → *Wettbewerb, unlauterer;* → *Zuständigkeit, gerichtliche.*

9   Für den Einsatz von Legal Tech-Tools im **öffentlichen Sektor** gibt es dagegen bislang nur sehr **wenige unionsrechtliche Vorgaben**. Neben den europäischen Grundrechten und dem Datenschutzrecht sind hier v.a. die Single Digital Gateway Gateway-VO (EU) 2018/1724 sowie die eIDAS-VO (EU) 10/2014 (zu beiden → *E-Government* Rn. 34) zu nennen. Dies könnte sich mit der geplanten KI-VO jedoch bald ändern, denn diese enthält eine Vielzahl von Vorgaben für den hoheitlichen Einsatz von Legal Tech (→ *Regulierung (EU), KI-Verordnung* Rn. 7 ff.).

10 Zu erwähnen sind schließlich noch die im September 2022 von der Kommission veröffentlichten Vorschläge, mit denen die Haftungsvorschriften an das digitale Zeitalter angepasst werden und die ergänzend neben die KI-VO treten sollen, nämlich zum einen der **Vorschlag für eine überarbeitete Produkthaftungs-RL**[12] und zum anderen der **Vorschlag für eine KI-Haftungs-RL**.[13]

II. Folgen für das deutsche Recht

11 Unionsrechtliche Vorgaben entfalten im Verhältnis zwischen Privaten und Mitgliedstaat eine **unmittelbare vertikale Wirkung**. Die betreffende EU-Vorschrift führt in diesem Fall wegen des Anwendungsvorrangs zur **Unanwendbarkeit nationalen Rechts (Ausschlusswirkung)**; daraus entstehende Lücken können ggf. geschlossen werden, indem die entsprechende Unionsnorm direkt anwendbar wird (**Ersetzungswirkung**).[14] Sollten bestimmte, im deutschen Recht vorgesehene **berufsrechtliche Pflichten** oder sonstige Beschränkungen gegen das Primär- oder Sekundärrecht verstoßen, dürfen diese daher wegen des unionsrechtlichen Vorrangs nicht mehr angewendet werden.

12 Im Unterschied hierzu sind die für Legal Tech-Anwendungen relevanten **verbraucherschützenden Richtlinien nicht unmittelbar anwendbar**, soweit sie das privatrechtliche Horizontalverhältnis (Rechtsverhältnis zwischen Kunde und Legal Tech-Anbieter) betreffen. Denn anderenfalls müssten einer Vertragspartei uU die vom nationalen Recht gewährten Rechte genommen oder neue Pflichten auferlegt werden, obwohl

---

10 Die Begriffe „Verbraucher" und „Rechtssuchender" sind selbstverständlich nicht deckungsgleich. Während das Verbraucherrecht dem Schutz von natürlichen Personen dient, die zu privaten Zwecken handeln (§ 13 BGB), dient das anwaltliche Berufsrecht auch dem Schutz sonstiger (potenzieller) Mandanten.
11 Dazu Cannarsa et al. Lawyering in the Digital Age/Ebers S. 200 ff.
12 Vorschlag für eine Richtlinie des Europäischen Parlaments und des Rates über die Haftung für fehlerhafte Produkte, COM(2022) 495 final.
13 Vorschlag für eine Richtlinie des Europäischen Parlaments und des Rates zur Anpassung der Vorschriften über außervertragliche zivilrechtliche Haftung an künstliche Intelligenz (Richtlinie über KI-Haftung), COM(2022) 496 final.
14 Grundlegend Herrmann, Richtlinienumsetzung durch die Rechtsprechung, 2003, S. 58 ff.

diese selbst keine Verantwortung für das staatliche Versagen bei der Umsetzung trifft.¹⁵ Die unionsrechtlichen Vorgaben sind jedoch bei der **Auslegung der deutschen Umsetzungsnormen** so weit wie möglich zu berücksichtigen.

Ergeben sich Zweifel, ob deutsches Recht gegen das Unionsrecht verstößt, müssen letztinstanzlich entscheidende deutsche Gerichte ein **Vorabentscheidungsverfahren** beim EuGH einleiten (Art. 267 Abs. 3 AEUV). Dies gilt sowohl für etwaige Verstöße des deutschen Rechtsdienstleistungsrechts gegen die Grundfreiheiten als auch für die (richtlinienkonforme) Auslegung von Sekundärrecht. Da viele verbraucherschützende Richtlinien mittlerweile auf dem **Prinzip der Vollharmonisierung** beruhen, besteht häufig eine **Vorlagepflicht**: Da für die Auslegung europäischen Rechts allein der EuGH zuständig ist und die Mitgliedstaaten das in einer vollharmonisierenden Richtlinie festgelegte Schutzniveau weder unter- noch überschreiten dürfen, müssen letztinstanzlich entscheidende Gerichte Fragen zur Auslegung nicht nur – wie im Falle der Mindestharmonisierung – vorlegen, wenn diese zulasten der Verbraucher geht, sondern auch dann, wenn zugunsten des Verbrauchers ausgelegt werden soll.

13

---

15 Vgl. EuGH Urt. v. 5.10.2004 – C-397–403/01, ECLI:EU:C:2004:584 – Pfeiffer; EuGH Urt. v. 26.9.2000 – C-443/98, ECLI:EU:C:2000:496 – Unilever Italia; EuGH Urt. v. 7.3.1996 – C-192/94, ECLI:EU:C:1996:88 – El Corte Inglés; EuGH Urt. v. 14.7.1994 – C-91/92, ECLI:EU:C:1994:292 – Faccini Dori; EuGH Urt. v. 26.2.1986 – C-152/84, ECLI:EU:C:1986:84 – Marshall I.

80. Regulierung (EU), KI-Verordnung

Ebers

I. Überblick	1	IV. Hochrisiko-KI-Systeme	9
II. Anwendungsbereich	4	V. KI-Systeme mit geringem Risiko	13
III. Verbotene KI-Systeme	7	VI. Bewertung	15

Literatur: Siehe das Literaturverzeichnis zu → *Regulierung (EU), allgemein* Rn. 1 ff.

I. Überblick

1 Der im April 2021 von der Europäischen Kommission publizierte Vorschlag für eine KI-Verordnung,[1] der zurzeit sowohl im Rat[2] als auch im Europäischen Parlament[3] kontrovers diskutiert wird, betrifft aufgrund des weit gefassten Anwendungsbereichs zwar eine Reihe von Legal Tech-Anwendungen (→ Rn. 4). Nach gegenwärtigem Verhandlungsstand werden aber vor allem **Legal Tech-Anwendungen** in der **öffentlichen Verwaltung** und **Justiz** als sog. Hochrisikosysteme von der Regulierung betroffen sein.

2 Der Verordnungsvorschlag folgt einem **risikobasierten Ansatz**. Während KI-Systeme mit „**unannehmbarem Risiko**" verboten werden sollen (→ Rn. 7 f.), müssen **Hochrisiko-KI-Systeme** zwingende Anforderungen erfüllen, bevor sie auf den Markt gebracht werden dürfen (→ Rn. 9 ff.). Für **KI-Systeme mit geringem Risiko** gelten demgegenüber lediglich besondere Transparenzanforderungen (→ Rn. 13 f.), während alle übrigen Systeme als **KI-Systeme mit minimalem Risiko** angesehen werden, die keiner besonderen Regulierung unterliegen.

3 **Durchgesetzt** werden soll die Verordnung vor allem durch die Mitgliedstaaten, die in Art. 71 KI-VO-E dazu verpflichtet werden, die Nichteinhaltung der Vorgaben aus der KI-VO zu verfolgen und Geldbußen in Höhe von bis zu 30.000.000 EUR oder in Höhe von bis zu 6 % des gesamten weltweiten Jahresumsatzes des vorangegangenen Geschäftsjahres zu verhängen.

II. Anwendungsbereich

4 Der sachliche Anwendungsbereich des KI-VO-Entwurfs ist denkbar weit gefasst, denn in Anhang I werden als KI-Techniken und -Konzepte nicht nur **maschinelle Lernverfahren** genannt, sondern zudem **logik- und wissensgestützte Konzepte**, einschließlich **Expertensysteme** sowie **statistische Ansätze**.[4] Dementsprechend fällt **nahezu jede (Legal Tech-)Software unter den Anwendungsbereich**,[5] was allerdings durch den risikobasierten Ansatz (→ Rn. 2) im Ergebnis wiederum relativiert wird.

5 In **persönlicher Hinsicht** treffen die meisten Pflichten, die insbs. für Hochrisikosysteme vorgesehen sind, den **Anbieter**, der nach Art. 3 Nr. 2 des Vorschlags eine **natürliche oder juristische Person, Behörde, Einrichtung oder sonstige Stelle** sein kann, die ein **KI-System entwickelt** oder **entwickeln lässt**, um es unter ihrem eigenen Namen oder ihrer eigenen Marke – entgeltlich oder unentgeltlich – in Verkehr zu bringen oder in Betrieb zu nehmen. Entsprechend dem **Marktortprinzip** gilt die KI-VO dabei auch für Legal Tech-Anbieter, die in einem Drittland niedergelassen oder ansässig sind, wenn das vom System hervorgebrachte Ergebnis in der Union verwendet wird (Art. 2 Abs. 1 lit. c KI-VO-E).

6 Daneben sind auch **Nutzer** zur Einhaltung bestimmter Anforderungen verpflichtet, wenn die betreffende Anwendung als Hochrisiko-KI-System eingestuft wird. Der Ausdruck „Nutzer" bezeichnet dabei nach

---

1 Vorschlag für eine Verordnung zur Festlegung harmonisierter Vorschriften für Künstliche Intelligenz (Gesetz über Künstliche Intelligenz) und zur Änderung bestimmter Rechtsakte der Union, COM(2021) 206 final.
2 Letzte Ratsfassung bei Fertigstellung des Manuskripts: Preparation for Coreper, 3.11.2022, 13955/22.
3 Vgl. insbes. den IMCO/LIBE-Draft v. 20.4.2022, PE731.563v01–00. Für einen detaillierten Überblick über die Verhandlungen s. https://www.kaizenner.eu/post/aiact-part3.
4 Derzeit ist offen, ob diese überaus weite Definition im Gesetzgebungsverfahren eingeschränkt werden wird.
5 Dazu Ebers et al. RDi 2021, 528 (529); Engelmann/Brunotte/Lütkens RDi 2021, 317 (318).

Art. 3 Nr. 4 KI-VO-E **natürliche oder juristische Personen, Behörden**, Einrichtungen oder sonstige Stellen, die ein **KI-System in eigener Verantwortung verwenden**. Dementsprechend können auch Anwaltskanzleien, die KI-basierte Legal Tech-Anwendungen nutzen, erfasst sein. Die KI-VO gilt demgegenüber **nicht für private Nutzer**, die ein KI-System im Rahmen einer persönlichen, nicht beruflichen Tätigkeit verwenden.

III. Verbotene KI-Systeme

Art. 5 KI-VO-E verbietet bestimmte KI-Systeme in besonders grundrechtsrelevanten Bereichen. Dazu zählen **manipulativ wirkende KI-Systeme, biometrische Echtzeit-Fernidentifizierungssysteme** sowie Systeme, die zu **Social-Scoring** Zwecken Verwendung finden.

Legal Tech-Anwendungen werden nicht direkt erfasst. Inwieweit Anbieter sicherstellen müssen, dass ihre Anwendungen, die zu anderen Zwecken bestimmt sind (zB Legal Tech), nicht zu den in Art. 5 beschriebenen Zwecken eingesetzt werden können,[6] wird derzeit im Gesetzgebungsverfahren kontrovers diskutiert.[7]

IV. Hochrisiko-KI-Systeme

Der Schwerpunkt der KI-VO liegt in der Regulierung von sog. Hochrisiko-KI-Systemen. Anhang III enthält eine Liste von **Anwendungsfällen**, bei denen die Kommission derzeit von einem hohen Risiko ausgeht. Einige Kategorien betreffen auch **Legal Tech-Anwendungen**, wobei vor allem solche erfasst werden, die von **Behörden (einschl. Strafverfolgungsbehörden)** sowie in der **Justiz** eingesetzt werden, nämlich:

- **Schul- oder Berufsausbildung**, wenn der Zugang einer Person zur Bildung und zum Berufsleben beeinträchtigt werden könnte, zB **Bewertung von Prüfungen**;
- Zugänglichkeit und Inanspruchnahme **grundlegender privater und öffentlicher Dienste und Leistungen**, insbes. KI-Systeme, die bestimmungsgemäß von Behörden oder im Namen von Behörden verwendet werden sollen, um zu beurteilen, ob natürliche Personen Anspruch auf **öffentliche Unterstützungsleistungen und -dienste** haben;
- **Strafverfolgung**, insbes. Systeme, die von Strafverfolgungsbehörden für folgende Zwecke eingesetzt werden: Einschätzung des Risikos, dass eine natürliche Person Straftaten begeht; Lügendetektoren; Aufdeckung von Deepfakes; Bewertung der Verlässlichkeit von Beweismitteln; Vorhersage des Auftretens von Straftaten; Erstellung von Profilen natürlicher Personen zur Aufdeckung, Ermittlung oder Verfolgung von Straftaten;
- **Migration, Asyl und Grenzkontrolle**, zB Lügendetektoren sowie Überprüfung der Echtheit von Reisedokumenten;
- **Rechtspflege und demokratische Prozesse**: KI-Systeme, die bestimmungsgemäß Justizbehörden bei der Ermittlung und Auslegung von Sachverhalten und Rechtsvorschriften und bei der Anwendung des Rechts auf konkrete Sachverhalte unterstützen sollen.

Nach Art. 7 KI-VO-E ist die Europäische Kommission ermächtigt, die Liste der Hochrisiko-KI-Systeme durch den Erlass delegierter Rechtsakte zu ändern. Legal Tech-Anbieter sowie Nutzer müssen daher etwaige **Aktualisierungen dieser Liste** im Blick behalten.[8]

Soweit Legal Tech-Anwendungen unter die Kategorie der Hochrisiko-KI-Systeme fallen, ergeben sich aus Titel III, Kapitel 2 des Vorschlags **umfangreiche zwingende Anforderungen**, die eingehalten werden müssen, bevor ein solches System auf den Markt gebracht werden darf. Zu den zwingenden Mindestanforderungen gehören:

---

6 So Engelmann/Brunotte/Lütkens RDi 2021, 317 (319).
7 Nämlich im Rahmen der Debatte rund um die sog. „General-Purpose AI models"; dazu Engler/Renda Reconciling the AI Value Chain, S. 16 ff.
8 Engelmann/Brunotte/Lütkens RDi 2021, 317 (320).

- die Einrichtung eines **Risikomanagementsystems** (Art. 9 KI-VO-E);
- **Qualitätskriterien** für Trainings-, Validierungs- und Testdatensätze (Art. 10 KI-VO-E);
- Verfügbarkeit **technischer Dokumentationen** (Art. 11, Anhang IV KI-VO-E) und Führung von **Aufzeichnungen** (Art. 12 KI-VO-E);
- Vorschriften zur **Transparenz** und Bereitstellung von Informationen für die Nutzer (Art. 13 KI-VO-E);
- Maßnahmen zur **Gewährleistung menschlicher Aufsicht** unter Einbeziehung einer „Mensch-Maschine-Schnittstelle", damit KI-Systeme während der Dauer ihrer Verwendung von natürlichen Personen wirksam beaufsichtigt werden können (Art. 14 KI-VO-E);
- Verpflichtungen in Bezug auf **Genauigkeit, Robustheit und Cybersicherheit** der Systeme (Art. 15 KI-VO-E).

12 Diese Anforderungen werden im Verordnungsentwurf nur allgemein formuliert. Anstatt die zwingenden Anforderungen an Hochrisiko-KI-Systeme zu substantiieren, beschränkt sich der KI-VO-E auf eine unbestimmte Statuierung dieser Pflichten, während die **inhaltliche Konkretisierung** dieser Anforderungen den Anbietern sowie den **europäischen Normungsorganisationen** CEN, CENELEC und ETSI überlassen bleibt.[9] Folgt ein Anbieter den (in den nächsten Jahren erst noch zu entwickelnden) harmonisierten technischen Normen, so greift nach Art. 40 des Entwurfs eine Konformitätsvermutung und er kann ohne Bedenken die CE-Kennzeichnung an das betreffende Produkt anbringen.

V. KI-Systeme mit geringem Risiko

13 Für KI-Systeme mit geringem Risiko, zu denen vor allem **Chatbots** zählen, gelten lediglich **besondere Transparenzanforderungen**. Nach Art. 52 Abs. 1 KI-VO-E müssen die Anbieter sicherstellen, dass KI-Systeme, die für die Interaktion mit natürlichen Personen bestimmt sind, so konzipiert und entwickelt werden, dass natürlichen Personen mitgeteilt wird, dass sie es mit einem KI-System zu tun haben, es sei denn, dies ist aufgrund der Umstände und des Kontexts der Nutzung offensichtlich.

14 Zu diesen interaktiven Systemen zählen juristische Chatbots, aber auch sonstige Anwendungen zur Automatisierung von Dokumenten sowie Legal-Tech-Anwendungen zur Automatisierung von Entscheidungsbäumen.[10]

VI. Bewertung

15 Die KI-VO wird – 24 Monate nach Veröffentlichung im Amtsblatt (Art. 85 KI-VO-E) – von grundlegender Bedeutung sein, sowohl für Anbieter, die KI-Systeme in der EU in den Verkehr bringen oder in Betrieb nehmen, als auch für Nutzer, die sich in der Union befinden.

16 Die für Hochrisiko-KI-Systeme vorgesehenen strengen Anforderungen gelten allerdings in erster Linie für Legal Tech-Anwendungen in der **öffentlichen Verwaltung** und **Justiz** (→ Rn. 9).

17 KI-basierte Legal-Anwendungen, die zur **Nutzung durch Unternehmen, Kanzleien und Rechtsuchende** bestimmt sind, müssen dagegen als KI-Systeme mit **geringem Risiko** in der Regel nur die besonderen Transparenzanforderungen des Art. 52 KI-VO-E erfüllen (→ Rn. 13 f.). Die KI-VO wird dementsprechend für den Einsatz von Legal Tech-Tools **im Privatsektor keine nennenswerten Auswirkungen** haben.

---

9 Kritisch dazu Ebers RDi 2021, 588 (593 ff.).
10 Engelmann/Brunotte/Lütkens RDi 2021, 317 (321).

81. Regulierung (EU), Rechtsdienstleistungsrecht

Ebers

I. Einführung ... 1	3. Rechtfertigung der Beeinträchtigung ... 22
II. Keine positive Harmonisierung durch das Sekundärrecht ... 2	4. Unionsrechtliches Kohärenzgebot ... 25
1. Rechtsanwalts-RL 77/249/EWG und 98/5/EG ... 3	5. Mögliche Konsequenzen ... 30
2. Berufsanerkennungs-RL 2005/36/EG ... 6	IV. Kontrolle am Maßstab der Verhältnismäßigkeits-RL 2018/958/EU ... 32
3. Dienstleistungs-RL 2006/123/EG ... 10	1. Regelungsgehalt der Richtlinie ... 33
4. E-Commerce-RL 2000/31/EG ... 12	2. Anwendbarkeit auf reine Inlandssachverhalte ... 36
III. Kontrolle am Maßstab der Grundfreiheiten ... 15	3. Verstoß gegen das Kohärenzgebot? ... 38
1. Schutzbereich der Grundfreiheiten ... 15	V. Bewertung ... 39
2. Beeinträchtigung des Schutzbereichs ... 20	

Literatur: Siehe das Literaturverzeichnis zu → *Regulierung (EU), allgemein* Rn. 1 ff.

I. Einführung

Derzeit gibt es **keine Sekundärrechtsvorschriften**, welche die Voraussetzungen zur **Erbringung von Rechtsdienstleistungen** positiv regeln (im Einzelnen → Rn. 3 ff.). Jedoch könnten die Grundfreiheiten sowie einige Sekundärrechtsakte eine **Deregulierung** der Rechtsdienstleistungsmärkte im Wege der **negativen Rechtsangleichung** bewirken, wenn man mit einem Teil des Schrifttums davon ausgeht, dass das Anwaltsmonopol (Erlaubnisvorbehalt des § 3 RDG)[1] oder bestimmte berufsrechtliche Vorschriften der BRAO[2] gegen Unionsrecht verstoßen, insbes. gegen das **unionsrechtliche Kohärenzgebot**, das den Grundfreiheiten zugrunde liegt (→ Rn. 25 ff.) und in der Verhältnismäßigkeits-RL 2018/958/EG kodifiziert wurde (→ Rn. 32 ff.). Teilt man diese Einschätzung, so könnte es ausländischen und sogar inländischen (→ Rn. 36 f.) Legal Tech-Anbietern aufgrund des Anwendungsvorrangs des Unionsrechts freistehen, außergerichtliche Rechtsdienstleistungen frei von (bestimmten) berufsrechtlichen Restriktionen zu erbringen. Eine genaue Analyse zeigt indessen, dass es gute Argumente gibt, die für eine EU-Rechtskonformität des deutschen Rechtsdienstleistungsrechts sprechen (→ Rn. 39 ff.). 1

II. Keine positive Harmonisierung durch das Sekundärrecht

Wie bereits erwähnt, sind auf der Ebene des Unionsrechts die Voraussetzungen zur **Erbringung von Rechtsdienstleistungen** sowie sonstigen Legal Tech-Dienstleistungen bislang nicht positiv harmonisiert worden. 2

1. Rechtsanwalts-RL 77/249/EWG und 98/5/EG

Anforderungen an den Zugang ergeben sich insbes. nicht aus der **Rechtsanwalts-Dienstleistungs-RL 77/249/EWG**[3] sowie aus der **Rechtsanwalts-Niederlassungs-RL 98/5/EG**.[4] Beide Richtlinien regeln nur die Anerkennung der in einem Herkunftsstaat erworbenen Qualifikation als Rechtsanwalt durch den betreffenden Aufnahmestaat, nicht aber die inhaltlichen Anforderungen an die Ausbildung, Qualifikation oder die Berufsausübung. 3

---

1 So Brechmann Legal Tech und Anwaltsmonopol S. 193.
2 So Hellwig AnwBl Online 2020, 260 (260 ff.); Hellwig/Ewer NJW 2020, 1783 (1783 f.).
3 Richtlinie 77/249/EWG des Rates vom 22.3.1977 zur Erleichterung der tatsächlichen Ausübung des freien Dienstleistungsverkehrs der Rechtsanwälte (ABl. L 78, 17).
4 Richtlinie 98/5/EG des Europäischen Parlaments und des Rates vom 16.2.1998 zur Erleichterung der ständigen Ausübung des Rechtsanwaltsberufs in einem anderen Mitgliedstaat als dem, in dem die Qualifikation erworben wurde (ABl. L 77, 36).

4 Art. 4 der Rechtsanwalts-Dienstleistungs-RL 77/249/EWG hebt hervor, dass der Rechtsanwalt bei der **Berufsausübung** sowohl die **Berufsregeln des Aufnahmestaates** wie auch diejenigen **des Herkunftsstaates** zu beachten hat.[5]

5 Gleichermaßen gilt nach Art. 6 Abs. 1 Rechtsanwalts-Niederlassungs-RL 98/5/EG, dass Rechtsanwälte, die unter ihrer ursprünglichen Berufsbezeichnung praktizieren, ohne die Zulassung zur Rechtsanwaltschaft im Aufnahmestaat zu beantragen, den **Berufsregeln des Herkunftsstaates** und denen **des Aufnahmestaats** unterliegen. Beantragt der Rechtsanwalt nach Ablauf der erforderlichen dreijährigen Berufsausübung nach Art. 10 Abs. 1 Rechtsanwalts-Niederlassungs-RL 98/5/EG die Zulassung zur Rechtsanwaltschaft im Aufnahmestaat, so unterliegt er nach der Aufnahme dem Berufsrecht des Aufnahmestaats. Wie der EuGH klargestellt hat, steht die Richtlinie dabei einer im Aufnahmestaat etwaig vorgesehenen Pflichtmitgliedschaft in einer Rechtsanwaltskammer nicht entgegen.[6]

2. Berufsanerkennungs-RL 2005/36/EG

6 Auch die Berufsanerkennungs-RL 2005/36/EG[7] bezweckt keine EU-weite Rechtsangleichung der Berufszugangs- und Berufsausübungsbedingungen. Gegenstand der Richtlinie ist vielmehr die **Anerkennung von im Ausland erworbenen Berufsqualifikationen** für reglementierte Berufe, worunter die Richtlinie berufliche Tätigkeiten versteht, deren Aufnahme oder Ausübung durch mitgliedstaatliche Rechts- und Verwaltungsvorschriften an den Besitz bestimmter Berufsqualifikationen gebunden sind (vgl. Art. 3 Abs. 1 lit. a RL).

7 Begibt sich ein Dienstleister zur **vorübergehenden und gelegentlichen Ausübung** in den Aufnahmemitgliedstaat, so gelten die Art. 5–9 Berufsanerkennungs-RL 2005/36/EG. Zentrale Vorschrift ist dabei Art. 5 Abs. 1 der RL. Danach dürfen die Mitgliedstaaten die Dienstleistungsfreiheit nur einschränken, wenn sie nach Art. 6 f. BARL oder nach spezifischen Unionsrechtsakten dazu befugt sind. Voraussetzung ist, dass der Dienstleister zur Ausübung desselben Berufs rechtmäßig in einem anderen Mitgliedstaat niedergelassen ist und, falls der Beruf dort nicht reglementiert ist, er ein Jahr Berufserfahrung vorweisen kann. In Deutschland wurden diese Bestimmungen ua in § 15 RDG umgesetzt.

8 Daneben enthält die RL in Art. 10 ff. Regelungen zur Anerkennung von Berufsqualifikationen, wenn sich der Dienstleister im Aufnahmestaat **dauerhaft niederlässt**. Die betreffenden Regelungen gelten auch für **Rechtsanwälte**, die sich im Aufnahmestaat niederlassen und die Berufsbezeichnung des Aufnahmestaates führen wollen, ohne eine dreijährige Berufsausübung im Aufnahmestaat vorweisen zu können.[8]

9 Seit der Novellierung durch die RL 2013/55/EU[9] enthält Art. 4f Berufsanerkennungs-RL zudem eine Regelung über den **partiellen Zugang zu reglementierten Berufen**, die in Deutschland ua für Inkassodienstleistungen in § 10 Abs. 1 S. 2 RDG umgesetzt wurde.[10] Ein partieller Zugang zum Beruf des Rechtsanwalts wurde dagegen vom deutschen Gesetzgeber bei Richtlinienumsetzung ausdrücklich abgelehnt.[11] Nicht-anwaltliche Legal Tech-Anbieter, die auf ein bestimmtes Rechtsgebiet (wie zB Datenschutzrecht oder Steuerrecht) spezialisiert sind, können daher in Deutschland **keinen partiellen Zugang zum Beruf des Rechtsanwalts** beantragen. Soweit darin vereinzelt ein Verstoß gegen die Berufsanerkennungs-RL ge-

---

5 Ungeklärt ist, welche Standesregeln der Anwalt zu beachten hat, wenn die Vorschriften des Herkunftsstaats und die des Aufnahmestaates kollidieren. Größtenteils wird vorgeschlagen, das strengere Recht anzuwenden; Weyland/Nöker EuRAG § 11 Rn. 12; aA Ahrens, Berufsrecht der Rechtsanwälte, 2017, Rn. 1070.
6 EuGH Urt. v. 3.2.2011 – C-359/09, ECLI:EU:C:2011:44 – Ebert.
7 Richtlinie 2005/36/EEG des Europäischen Parlaments und des Rates vom 7.9.2005 über die Anerkennung von Berufsqualifikationen (ABl. L 255, 22).
8 Im Einzelnen Schulze/Janssen/Kadelbach EuropaR-HdB/v. Lewinski § 28 Rn. 55 und 87.
9 Richtlinie 2013/55/EU des Europäischen Parlaments und des Rates vom 20.11.2013 zur Änderung der Richtlinie 2005/36/EG über die Anerkennung von Berufsqualifikationen und der Verordnung (EU) Nr. 1024/2012 über die Verwaltungszusammenarbeit mithilfe des Binnenmarkt-Informationssystems („IMI-Verordnung") (ABl. L 354, 132).
10 Dazu BT-Drs. 18/9521, 94, 205 f.; Deckenbrock NJW 2017, 1425 (1429 f.).
11 BT-Drs. 18/9521, 91 ff.

sehen wird,[12] ist dem nicht zu folgen. Der partielle Berufszugang ist nach Art. 4f Abs. 1 lit. c der RL nur zu gewähren, wenn sich die Tätigkeit objektiv von anderen Tätigkeiten trennen lässt, die im Aufnahmestaat unter den reglementierten Beruf fallen. Gerade dies ist beim Beruf des Rechtsanwalts jedoch grds. nicht der Fall, da es letztlich keine Rechtsgebiete gibt, die sich trennscharf von anderen Rechtsgebieten abtrennen lassen.[13] Dies zeigt sich plastisch an der DS-GVO mit ihren vielfältigen Wechselwirkungen mit anderen Rechtsgebieten, wie zB dem allgemeinen Schuldrecht,[14] dem Verbraucherrecht[15] sowie dem Kartellrecht.[16]

3. Dienstleistungs-RL 2006/123/EG

Auch die Dienstleistungs-RL 2006/123/EG[17] hat nicht zu einer Harmonisierung des Rechtsdienstleistungsrechts geführt. Zwar erfasst die Richtlinie nach ihrem Art. 4 Abs. 1 grds. sämtliche **selbstständigen Tätigkeiten iSd Art. 57 AEUV**, die von einem in einem Mitgliedstaat niedergelassenen Dienstleister angeboten werden und damit sowohl Rechtsanwälte als auch nicht-anwaltliche Legal Tech-Anbieter. 10

Die Dienstleistungs-RL 2006/123/EG ist indessen nur **subsidiär zu anderen Vorschriften des Unionsrechts** anzuwenden und tritt insbes. hinter die Berufsanerkennungs-RL 2005/36/EG zurück (Art. 3 Abs. 1 S. 2 lit. d Dienstleistungs-RL 2006/123/EG). Soweit der Anwendungsbereich dieser Richtlinie eröffnet ist (dazu → Rn. 6 ff.) kann dementsprechend nicht auf die Regelungen der Dienstleistungs-RL 2006/123/EG zurückgegriffen werden.[18] Die in Art. 16 der Richtlinie verankerten Regelungen zur Dienstleistungsfreiheit finden zudem weder Anwendung auf Angelegenheiten, die unter die Rechtsanwalts-Dienstleistungs-RL 77/249/EWG fallen (Art. 17 Nr. 4 Dienstleistungs-RL 2006/123/EG) noch auf Anforderungen im Mitgliedstaat der Dienstleistungserbringung, die eine Tätigkeit den Angehörigen eines bestimmten Berufs vorbehalten (Art. 17 Nr. 6 Dienstleistungs-RL 2006/123/EG). Sowohl das in Deutschland geltende **Anwaltsmonopol** als auch die in der BRAO normierten **Berufsausübungsregeln unterliegen daher nicht** den Regelungen des **Art. 16 Dienstleistungs-RL 2006/123/EG**.[19] 11

4. E-Commerce-RL 2000/31/EG

Für Dienstleistungen, die ausschließlich über elektronische Kommunikations- und Informationsdienste, also über das Internet oder via E-Mail, erbracht werden, enthält § 3 Abs. 2 TMG in richtlinienkonformer Umsetzung von Art. 3 Abs. 2 E-Commerce-RL 2000/31/EG,[20] das sog. **Herkunftslandprinzip**. Nach diesem Prinzip unterliegen ausländische Dienstleistungserbringer, die ihre Dienstleistung über Telemedien in Deutschland geschäftsmäßig anbieten oder erbringen, **nur den Anforderungen ihres Heimatrechts**. 12

---

12 Brechmann Legal Tech und Anwaltsmonopol S. 179 ff.
13 BT-Drs. 18/9521, 93.
14 Dazu Hacker, Datenprivatrecht, 2020, S. 313 ff.
15 Helberger et al. CMLR 2017, 1427 (1427).
16 Podszun GRUR 2020, 1268 (1268); vgl. ferner die Schlussanträge von GA Rantos v. 20.9.2022 – C-252/21, ECLI: EU:C:2022:704.
17 Richtlinie 2006/123/EG des Europäischen Parlaments und des Rates vom 12.12.2006 über Dienstleistungen im Binnenmarkt (ABl. L 376, 36).
18 Ausführlich Brechmann Legal Tech und Anwaltsmonopol S. 188 ff.
19 Im Einzelnen Brechmann Legal Tech und Anwaltsmonopol S. 189 f. Im Ergebnis auch Deckenbrock/Henssler/Glindemann RDG § 15 Rn. 19, mit dem Hinweis, dass Korrespondenzdienstleistungen von Angehörigen vergleichbarer Berufe aus anderen Mitgliedstaaten nicht pauschal versagt werden dürften, sondern nach der EuGH-Rechtsprechung vom Zielstaat geprüft werden müsse, dass „die in anderen Mitgliedstaaten erworbene Qualifikation ihrem Wert entsprechend anerkannt und angemessen berücksichtigt" werde (EuGH Urt. v. 17.12.2015 – C-342/14, ECLI:EU:C: 2015:827 Rn. 54), andererseits daraus aber keine Verpflichtung folge, Kenntnisse im Recht eines anderen Mitgliedstaats solchen im Recht des Aufnahmemitgliedstaats gleichzustellen (EuGH Urt. v. 10.12.2009 – C-345/08, ECLI: EU:C:2009:771 Rn. 45 f.).
20 Richtlinie 2000/31/EG des Europäischen Parlaments und des Rates vom 8.6.2000 über bestimmte rechtliche Aspekte der Dienste der Informationsgesellschaft, insbes. des elektronischen Geschäftsverkehrs, im Binnenmarkt („Richtlinie über den elektronischen Geschäftsverkehr") (ABl. L 178, 1).

13 **Umstritten ist, ob § 3 Abs. 2 TMG das RDG verdrängt.** Dies wird im Schrifttum teils bejaht.[21] Konsequenz dieser Ansicht wäre die Nichtanwendbarkeit des RDG auf Legal Tech-Anbieter, die in einem anderen EU-Mitgliedsland niedergelassen sind und von diesem Mitgliedstaat aus Rechtsdienstleistungen in Deutschland über das Internet anbieten. Nach **aA** ergibt sich aus Art. 4 Abs. 2 E-Commerce-RL und § 4 TMG, dass Zulassungserfordernisse, die nicht an die Art der Leistungserbringung, sondern an deren Inhalt anknüpfen, nach deutschem RDG zulassungspflichtig sein dürfen.[22] Dies überzeugt. Es wäre kaum einleuchtend, warum eine an sich regulierte Dienstleistung nur deshalb zulassungsfrei sein soll, weil sie über ein elektronisches Medium erbracht wird. Auch der **BGH** unterwirft die Erbringung von Teledienstleistungen eines ausländischen Inkassounternehmens innerstaatlichen Zulassungsbeschränkungen und beruft sich dafür auf Art. 3 Abs. 4 lit. a, Art. 4 Abs. 2 E-Commerce-RL 2000/31/EG sowie die entsprechenden Ausnahmeregelungen des TDG (jetzt § 3 Abs. 4 und Abs. 5 S. 1 Nr. 1 TMG).[23]

14 **EU-ausländische Legal Tech-Unternehmen**, die ihre Dienstleistungen in Deutschland anbieten, **unterliegen** daher nach Art. 4 Abs. 2 E-Commerce-RL 2000/31/EG und § 4 TMG auch dann dem **RDG**, wenn die betreffende Leistung ausschließlich online erbracht wird.

III. Kontrolle am Maßstab der Grundfreiheiten

1. Schutzbereich der Grundfreiheiten

15 Solange es an einer Harmonisierung der Voraussetzungen zu einem Beruf fehlt, dürfen die Mitgliedstaaten nach ständiger EuGH-Rechtsprechung selbst festlegen, welche Kenntnisse und Fähigkeiten zu dessen Ausübung notwendig sind.[24] Gleichzeitig hebt der Gerichtshof hervor, dass diese Befugnis unter Beachtung der primärrechtlichen Grundfreiheiten ausgeübt werden muss.[25] Auch die deutschen Vorschriften zur Zulässigkeit von Rechtsdienstleistungen (insbes. RDG und BRAO) sind daher am Maßstab der **Dienstleistungsfreiheit (Art. 56 AEUV)** und der **Niederlassungsfreiheit (Art. 49 AEUV)** zu messen.

16 Welche Grundfreiheit einschlägig ist, richtet sich danach, ob derjenige, der die Dienstleistung erbringt, in die nationale Volkswirtschaft des Aufnahmemitgliedstaates eingegliedert ist.[26] Soweit Legal Tech-Dienstleistungen durch einen Anbieter mit Niederlassung in einem anderen EU-Mitgliedstaat in Deutschland lediglich vorübergehend und gelegentlich erbracht werden, ist der Schutzbereich der Dienstleistungsfreiheit eröffnet. Hat das Legal Tech-Unternehmen dagegen eine Niederlassung in Deutschland, finden die Vorschriften zur Niederlassungsfreiheit Anwendung.

17 Auch die **Warenverkehrsfreiheit (Art. 34 AEUV)** kann einschlägig sein, nämlich dann, wenn Legal Tech-Software auf einem physischen Datenträger nach Deutschland verkauft wird.[27] Keine Ware ist demgegenüber Software, die durch das Herunterladen aus dem Internet oder durch die Überspielung über

---

21 Deckenbrock/Henssler/Deckenbrock RDG § 1 Rn. 44 f.; Wissenschaftliche Dienste des Bundestages, Sachstand: Rechtsdienstleistungsgesetz und Legal Tech, 2019, abrufbar unter https://www.bundestag.de/resource/blob/6543 16/ad2c5f4740d04d817ba6f7b6f18074cf/WD-7-111-19-pdf-data.pdf, S. 4. Im Ergebnis wie Ebers/Poncibó/Zou Contracting and Contract Law in the Age of AI/Sein S. 149 ff., allerdings zugleich mit Verweis darauf, dass der Dienstleistungsverkehr unter den Voraussetzungen des Art. 3 Abs. 4 E-Commerce-RL 2000/43/EG (§ 3 Abs. 5 TMG) eingeschränkt werden kann.
22 Ebers/Heinze/Krügel/Steinrötter KI/Werthmann § 22 Rn. 76; HK-RDG/Remmertz RDG § 1 Rn. 100.
23 BGH Urt. v. 5.10.2006 – I ZR 7/04, NJW 2007, 596 (597).
24 EuGH Urt. v. 6.10.2015 – C-298/14, ECLI:EU:C:2015:652 – Brouillard; EuGH Urt. v. 10.12.2009 – C-345/08, ECLI:EU:C:2009:771 – Pesla; EuGH Urt. v. 7.5.1991 – C-340/89, ECLI:EU:C:1991:193 – Vlassopoulou.
25 EuGH Urt. v. 6.10.2015 – C-298/14, ECLI:EU:C:2015:652 – Brouillard; EuGH Urt. v. 10.12.2009 – C-345/08, ECLI:EU:C:2009:771 – Pesla.
26 Grabitz/Hilf/Nettesheim/Forsthoff AEUV Art. 49 Rn. 127.
27 Vgl. EuGH Urt. v. 18.4.1991 – C-79/89, ECLI:EU:C:1991:153 – Brown Boveri; EuGH Urt. v. 11.7.1985 – C 60/84 und C-61/84, ECLI:EU:C:1985:329 – Cinéhèque; zu Tonträgern, Videokassetten und sonstigen Datenträgern: EuGH Urt. v. 20.1.1981 – C-55/80 und C-57/80, ECLI:EU:C:1981:10 – Musik-Vertrieb Membran.

eine sonstige Verbindung in das Gebiet der Union gelangt.[28] In diesem (in der Praxis wohl häufiger auftretenden) Fall ist allein der Schutzbereich der Dienst- oder Niederlassungsfreiheit eröffnet.

Sämtliche Grundfreiheiten setzen stets einen **grenzüberschreitenden Sachverhalt** voraus.[29] Reine Inlandssachverhalte, bei denen keine relevanten Beziehungen zu einem anderen Mitgliedstaat bestehen, werden demgegenüber nicht erfasst. Zwar hat das Erfordernis des grenzüberschreitenden Bezugs in der Grundfreiheiten-Rechtsprechung des EuGH einen Erosionsprozess durchlaufen. Der Gerichtshof hat die Begriffe „Grenzübertritt" und „grenzüberschreitende Tätigkeit" in einer Reihe von Entscheidungen sehr extensiv ausgelegt und lässt es mitunter genügen, dass selbst hypothetische Beeinträchtigungen ausreichen.[30] Dennoch hält der EuGH weiterhin am Erfordernis eines grenzüberschreitenden Bezugs fest, indem er in ständiger Rechtsprechung betont, dass die Bestimmungen des Vertrags über den freien Dienstleistungsverkehr und die Niederlassungsfreiheit nicht auf Betätigungen anwendbar sind, deren „Merkmale sämtlich nicht über die Grenzen eines Mitgliedstaats hinausweisen".[31]

Berät daher ein **deutscher Rechtsanwalt** oder ein **deutsches Legal Tech-Unternehmen** in **Deutschland** einen **deutschen Kunden**, so können die **Grundfreiheiten nicht zur Anwendung** gelangen.

2. Beeinträchtigung des Schutzbereichs

Nach der EuGH-Rechtsprechung liegt ein Eingriff in den Schutzbereich der Dienstleistungs- und Niederlassungsfreiheit nicht nur bei **diskriminierenden**, sondern auch bei **unterschiedslos anwendbaren Maßnahmen** bzw. Vorschriften vor, soweit diese die Ausübung dieser Freiheiten „verbieten, behindern oder **weniger attraktiv machen**".[32] Dies ist bei den meisten deutschen Vorschriften zur Zulässigkeit von Rechtsdienstleistungen durch ausländische Legal Tech-Anbieter der Fall.[33]

Angesichts des weiten Beschränkungsbegriffs sollte eine Beeinträchtigung des Schutzbereichs allerdings erst dann angenommen werden, wenn die (ansonsten diskriminierungsfreie) mitgliedstaatliche Maßnahme den Marktzugang für ausländische Unternehmen **spürbar beeinträchtigt**.[34]

---

28 EuGH Urt. v. 15.10.2009 – C-275/08, ECLI:EU:C:2009:632 – Kommission/Deutschland; EuGH Urt. v. 16.11.2006 – C-306/04, ECLI:EU:C:2006:716 – Compaq; EuGH Urt. v. 18.4.1991 – C-79/89, ECLI:EU:C:1991:153 – Brown Boveri.
29 Schulze/Janssen/Kadelbach EuropaR-HdB/v. Lewinski § 28 Rn. 7 ff.
30 Detaillierte Rechtsprechungsanalyse bei Gebauer, Die Grundfreiheiten des EG-Vertrags als Gemeinschaftsgrundrechte, 2004, S. 83 ff.; Enchelmaier/Oliver CMLR 2007, 649 (650 ff.). Der EuGH äußert sich zuweilen auch zur Vereinbarkeit nationaler Vorschriften mit den Grundfreiheiten, selbst wenn das Vorabentscheidungsverfahren keine grenzüberschreitenden Bezüge aufweist; vgl. zB EuGH Urt. v. 5.12.2006 – C-94/04 und 202/04, ECLI:EU:C:2006:758 – Cipolla (zur italienischen Gebührenordnung für Rechtsanwälte).
31 EuGH Urt. v. 22.12.2022 – C-245/09, ECLI:EU:C:2010:808 – Omalet (zu Art. 56 AEUV); EuGH Beschl. v. 19.6.2008 – C-104/08, ECLI:EU:C:2008:357 – Kurt (zu Art. 18, 49, 56 AEUV); EuGH Urt. v. 16.1.1997 – C-134/95, ECLI:EU:C:1997:16 – USSL (zu Art. 45, 49, 56 AEUV); EuGH Urt. v. 16.2.1995 – C-29–35/94, ECLI:EU:C:1995:39 – Aubertin (zu Art. 49 AEUV).
32 St. Rspr.; EuGH Urt. v. 29.3.2011 – C-565/08, ECLI:EU:C:2011:188 – Kommission/Italien.
33 Brechmann Legal Tech und Anwaltsmonopol S. 190 f. Besonders weitgehend Timmermann Legal Tech-Anwendungen S. 349 („Folglich ist jede nationale LT-Regulierung als Eingriff in die Grundfreiheiten zu qualifizieren und bedarf einer unionsrechtlichen Rechtfertigung"). Nach Hellwig AnwBl Online 2020, 260 (264), soll eine Beschränkung dagegen bei Pflichten verneint werden können, die sich nicht auf die Berufsausübung, sondern auf den Status als Rechtsanwalt beziehen (so zB nach § 56 BRAO: besondere Pflichten gegenüber dem Vorstand der Rechtsanwaltskammer) oder ihre Wurzel im schuldrechtlichen Mandatsverhältnis haben (wie zB die Pflichten zur gewissenhaften Berufsausübung, zur beruflichen Unabhängigkeit, zur Verschwiegenheit und zur Freiheit von Interessenkollisionen sowie zur erforderlichen Sorgfalt bei der Behandlung der dem Rechtsanwalt anvertrauten Vermögenswerte, §§ 43 und 43a BRAO).
34 Vertiefend zur Konkretisierung des Marktzugangskriteriums durch ein Spürbarkeitserfordernis Ebers Rechte, Rechtsbehelfe und Sanktionen im Unionsprivatrecht S. 469 ff., 477 ff.

3. Rechtfertigung der Beeinträchtigung

22 Mitgliedstaatliche Beschränkungen von Berufszugang und Berufsausübung sind nach der EuGH-Rechtsprechung nur dann mit dem Unionsrecht vereinbar, wenn sie (i) **diskriminierungsfrei**, (ii) **erforderlich**, also durch zwingende Gründe des Allgemeininteresses gerechtfertigt, und (iii) **geeignet** sind, die Verwirklichung der verfolgten Ziele zu gewährleisten, sowie (iv) nicht weitergehen, als zur Erreichung des verfolgten Zieles erforderlich ist (**Verhältnismäßigkeit im engeren Sinne**).[35]

23 Für das früher geltende deutsche Rechtsberatungsgesetz hat der EuGH bereits mehrfach entschieden, dass dieses mit dem europäischen Recht, insbes. der Dienstleistungsfreiheit (jetzt Art. 59 AEUV) vereinbar war.[36] Das **deutsche Rechtsberatungsmonopol** wird vom Gerichtshof **grds. nicht beanstandet**, sofern sichergestellt ist, dass von einem Dienstleistenden nicht eine berufliche Qualifikation gefordert wird, die zu der Art seiner Leistung und den Bedürfnissen der Empfänger der Dienstleistung außer Verhältnis steht.[37]

24 Henssler konstatiert daher zu Recht, dass das EU-Recht bislang nur wenig Druck auf das deutsche anwaltliche Berufsrecht ausgeübt hat.[38]

4. Unionsrechtliches Kohärenzgebot

25 In letzter Zeit mehren sich Stimmen, die davon ausgehen, dass das im deutschen Recht bestehende **unterschiedliche Regulierungsniveau** von **Rechtsanwälten** einerseits und **Inkassodienstleistern** andererseits gegen das den Grundfreiheiten zugrundeliegende Kohärenzgebot verstößt.[39]

26 Nach dem vom EuGH entwickelten **Grundsatz der Kohärenz** kann eine nationale Regelung nur dann zur Zielerreichung, also zum Schutz der geltend gemachten Allgemeininteressen, geeignet und hierdurch gerechtfertigt sein, wenn die Erreichung des vom Mitgliedstaat geltend gemachten Ziels in der fraglichen Rechtsmaterie in kohärenter und systematischer Weise angestrebt wird.[40]

27 Gerade dies wird bezweifelt. Zwar sollte das am 1.10.2021 in Kraft getretene **Legal Tech-Gesetz** die Wettbewerbsbedingungen für Anwälte einerseits und nichtanwaltliche Legal Tech-Unternehmen andererseits angleichen. Nach wie vor werden jedoch nicht-anwaltliche **Legal Tech-Unternehmen**, die eine **Inkassoerlaubnis** besitzen, in sehr viel **geringerem Umfang** reguliert als Rechtsanwälte.[41] Gleichzeitig führt die extensive Auslegung des § 10 RDG durch die neuere BGH-Rechtsprechung[42] dazu, dass Inkassounternehmen und Anwälte auf den gleichen Märkten zu ungleichen Wettbewerbsbedingungen miteinander konkurrieren.

28 Besonders gravierende **Unterschiede** bestehen einerseits beim **Berufszugang**, da die Ausbildung zum Rechtsanwalt ca. sieben Jahre in Anspruch nimmt und zwei Staatsexamina erfordert, während die Re-

---

35 St. Rspr. seit EuGH Urt. v. 30.11.1995 – C-55/94, ECLI:EU:C:1995:411 – Gebhard.
36 EuGH Urt. v. 12.12.1996 – C-3/95, ECLI:EU:C:1996:487 – Reisebüro Broede; EuGH Urt. v. 25.7.1991 – C-76/90, ECLI:EU:C:1991:331 – Säger. Zur Vereinbarkeit des RBerG mit der EMRK vgl. EGMR Entsch. v. 20.4.1999 – 35394/97, NJW 2001, 1555 (1555 f.).
37 EuGH Urt. v. 25.7.1991 – C-76/90, ECLI:EU:C:1991:331 – Säger.
38 Deckenbrock/Henssler/Henssler Einleitung Rn. 17.
39 Brechmann Legal Tech und Anwaltsmonopol S. 191 ff.; Hellwig AnwBl Online 2020, 260 (261); Kilian AnwBl 2020, 157 (159).
40 EuGH Urt. v. 10.3.2009 – C-169/07, ECLI:EU:C:2009:141 – Hartlauer; EuGH Urt. v. 17.7.2008 – C-500/06, ECLI:EU:C:2008:421 – Corporación Dermoestética; EuGH Urt. v. 6.3.2007 – C-338/04, C-359/04 und C-360/04, ECLI:EU:C:2007:133 – Placanica.
41 Henssler AnwBl Online 2021, 180 (181); Kilian AnwBl Online 2021, 102 (106); vgl. auch → *Rechtsanwalt, Berufsrecht* Rn. 56 ff.
42 Vgl. insbes. BGH Urt. v. 27.11.2019 – VIII ZR 285/18, NJW 2020, 208 – LexFox I. Dazu Hellwig AnwBl Online 2020, 260 (260) („Lexfox-Urteil des BGH von 2019 könnte genauso weitreichende Folgen haben, wie die Bastille-Beschlüsse des BVerfG von 1987, mit denen die BRAK-Standesrichtlinien für verfassungswidrig erklärt wurden"). Ferner BGH Urt. v. 13.6.2022 – VIa ZR 418/21, MDR 2022, 1152 – financialright sowie BGH Urt. v. 13.7.2021 – II ZR 84/20, BGHZ 230, 255 = NJW 2021, 3046 – Airdeal.

gistrierung zum Inkassodienstleister bereits innerhalb von zwei Jahren erlangt werden kann und auch hinsichtlich der geforderten Sachkunde weit hinter der anwaltlichen Qualifikation zurückbleibt.

Unterschiede zeigen sich andererseits bei der **Berufsausübung**, da Anwälte an die strengen berufsrechtlichen Regelungen der BRAO und BORA gebunden sind, während Legal Tech-Anbieter derzeit keinen vergleichbaren Anforderungen unterliegen. Als besonders problematisch und **mit dem unionsrechtlichen Kohärenzverbot nicht mehr vereinbar** angesehen[43] werden dabei v.a. Beschränkungen der anwaltlichen Berufsausübung beim **Erfolgshonorar** (§ 49b Abs. 2 S. 1 BRAO, § 4a Abs. 1 S. 1 RVG),[44] beim **Verbot der Prozessfinanzierung** (§ 49 Abs. 2 S. 2 BRAO), beim **Verbot einer Eigenkapitalfinanzierung** durch nichtsozietätsfähige Gesellschafter (§ 59a Abs. 1 S. 1 BRAO), beim **Provisionsverbot** (§ 49b Abs. 2 BRAO) sowie bei der **Werbung** (§ 43b BRAO). 29

5. Mögliche Konsequenzen

Geht man mit einem Teil des Schrifttums davon aus, dass diese und andere Einschränkungen gegen das Unionsrecht verstoßen, da die Normen der BRAO und des RDG nicht mehr länger kohärent sind (vgl. aber die grundlegenden Bedenken hiergegen unter → Rn. 39 ff.), so könnten sich **ausländische Legal Tech-Anbieter**, die in ihrem Herkunftsland außergerichtliche Rechtsdienstleistungen erbringen dürfen und von ihrer Dienstleistungs- oder Niederlassungsfreiheit in Deutschland Gebrauch machen, darauf berufen, dass das **RDG**[45] bzw. die **zuvor genannten Vorschriften der BRAO**[46] aufgrund des Anwendungsvorrangs des Unionsrechts **nicht angewendet werden dürfen**. 30

Sollte diese Ansicht vom EuGH bestätigt werden, so müsste der deutsche Gesetzgeber entscheiden, ob er die daraus folgende **Inländerdiskriminierung** beseitigt, indem er rechtsanwaltliche Pflichten bzw. Verbote auf Inkassounternehmen erstreckt, das anwaltliche Berufsrecht liberalisiert oder insgesamt eine kohärentere Neuregelung des Rechtsdienstleistungsrechts vornimmt. 31

IV. Kontrolle am Maßstab der Verhältnismäßigkeits-RL 2018/958/EU

Noch weitergehender wären die Folgen bei einem Verstoß gegen die Verhältnismäßigkeits-RL 2018/958/EU,[47] da viel dafür spricht, dass diese nach neuerer EuGH-Rechtsprechung auch für reine Inlandssachverhalte gilt (→ Rn. 36 f.). 32

1. Regelungsgehalt der Richtlinie

Die Verhältnismäßigkeits-RL 2018/958/EU enthält Regeln für eine Verhältnismäßigkeitsprüfung, die vor der Einführung von neuen oder der Änderung von bestehenden Rechts- oder Verwaltungsvorschriften, die den Zugang zu reglementierten Berufen oder deren Ausübung beschränken, durchzuführen ist. 33

Bei der Einführung neuer oder der Änderung bestehender Vorschriften müssen die Mitgliedstaaten insbes. sicherstellen, dass die betreffenden Vorschriften **nichtdiskriminierend** (Art. 5 RL) und durch **zwingende Gründe des Allgemeininteresses** gerechtfertigt (Art. 6 RL) sind. In diesem Rahmen müssen die Mitgliedstaaten insbes. den **Grundsatz der Verhältnismäßigkeit** beachten (Art. 7 RL) und dafür sorgen, dass die mitgliedstaatlichen Vorschriften dem angestrebten Ziel „tatsächlich in kohärenter und systematischer Weise gerecht werden" (Art. 7 Abs. 2 lit. c und Erwägungsgrund (22) RL). Die Verhältnismäßigkeits-RL 2018/958/EU **kodifiziert** damit das in der EuGH-Rechtsprechung entwickelte **Kohärenzgebot**. 34

---

43 Vgl. insbes. Hellwig AnwBl Online 2020, 260 (260); Hellwig/Ewer NJW 2020, 1783 (1783f.).
44 Rechtsanwälte können nur ein „angemessenes" Honorar vereinbaren, während für Inkassodienstleister nur die Grenze des § 138 BGB gilt; vertiefend zu weiteren Unterschieden Kilian AnwBl Online 2021, 213 (214 f.); Skupin ZUM 2021, 365 (369).
45 So Brechmann Legal Tech und Anwaltsmonopol S. 193.
46 So Hellwig AnwBl Online 2020, 260 (260 ff.); Hellwig/Ewer NJW 2020, 1783 (1784).
47 Richtlinie (EU) 2018/958 des Europäischen Parlaments und des Rates vom 28.6.2018 über eine Verhältnismäßigkeitsprüfung vor Erlass neuer Berufsreglementierungen (ABl. L 173, 25).

35 Die Verhältnismäßigkeits-RL gilt allerdings nach ihrem Art. 1 nur für die Einführung neuer Vorschriften bzw. die Änderung bestehender Vorschriften. Nach Art. 13 Abs. 1 RL endete die **Umsetzungsfrist** am **30.7.2020**. Dementsprechend sind nur solche Vorschriften des deutschen Rechtsdienstleistungsrechts am Maßstab der Richtlinie zu messen, die nach diesem Zeitpunkt erlassen worden sind.

2. Anwendbarkeit auf reine Inlandssachverhalte

36 Seit dem EuGH-Urteil *X. und Visser*[48] steht fest, dass das III. Kapitel der Dienstleistungs-RL 2006/123/EG betreffend die Niederlassungsfreiheit von Dienstleistungserbringern auch auf **rein innerstaatliche Sachverhalte** Anwendung findet. Zur Begründung verweist der Gerichtshof v.a. darauf, dass die vollständige Ausgestaltung des Binnenmarkts für Dienstleistungen die Beseitigung von Beschränkungen erfordert, „auf die Dienstleistungserbringer bei der Niederlassung in Mitgliedstaaten – sei es ihr eigener oder ein anderer Mitgliedstaat – stoßen".[49] Der EuGH widerspricht zudem dem Argument, dass die Dienstleistungs-RL 2006/123 nur für Inlandssachverhalte gelte, da ja auch die Grundfreiheiten einen grenzüberschreitenden Bezug ausdrücklich fordern. Stattdessen hebt der Gerichtshof in seinem Urteil ausdrücklich hervor, dass die Dienstleistungs-RL auf Art. 53 Abs. 1 und Art. 62 AEUV gestützt worden sei und in diesen Bestimmungen – anders als in den Art. 49 und 56 AEUV – gerade nicht von einem Auslandsbezug die Rede sei.[50]

37 Aus diesen Passagen wird im Schrifttum überwiegend gefolgert, dass Entsprechendes **auch für die Verhältnismäßigkeits-RL 2018/958/EU** gelten müsse: Da diese RL ebenfalls auf Art. 53 Abs. 1 AEUV (iVm Art. 62 AEUV) gestützt worden ist, sei eine umfassende Überprüfung bestehender Berufsreglementierungen auch im Hinblick auf **reine Inlandssachverhalte** vorzunehmen.[51]

3. Verstoß gegen das Kohärenzgebot?

38 Folgte man dieser Argumentation, so unterlägen sämtliche berufsreglementierenden Vorschriften, die seit dem 31.7.2020 erlassen bzw. geändert worden sind, auch für reine Inlandssachverhalte einer Überprüfung nach dem Kohärenzgebot. Mit Blick auf das am 1.10.2021 in Kraft getretene Legal Tech-Gesetz könnte demzufolge geltend gemacht werden, dass das nach wie vor bestehende **unterschiedliche Regulierungsniveau** von **Rechtsanwälten** einerseits und **Inkassodienstleistern** andererseits (siehe → Rn. 27 ff.) gegen das **Kohärenzverbot der Verhältnismäßigkeits-RL 2018/958/EU verstößt**.[52] In der Konsequenz könnten sich dann Rechtsanwälte sowie Legal Tech-Unternehmen ohne RDG-Zulassung, die in Deutschland einen deutschen Kunden beraten, darauf berufen, dass die betreffenden **RDG- bzw. BRAO-Vorschriften nicht angewendet** werden dürfen.[53]

V. Bewertung

39 Ob diese Argumentation trägt und das Anwaltsmonopol sowie die zuvor erwähnten RDG- und BRAO-Vorschriften wirklich aufgrund des Anwendungsvorrangs des Unionsrechts wegen Verstoßes gegen das den Grundfreiheiten und der Verhältnismäßigkeits-RL 2018/958/EU zugrundeliegende Kohärenzgebot nicht angewendet werden dürfen, ist zweifelhaft.

40 Für die **Verhältnismäßigkeits-RL 2018/958/EU** ist zunächst zu bedenken, dass diese nach ihrem Art. 1 nur für die „Einführung neuer oder der Änderung bestehender Rechts- und Verwaltungsvorschriften" gilt,

---

48 EuGH Urt. v. 30.1.2018 – C-360/15 und C-31/16, ECLI:EU:C:2018:44 – X und Visser; bestätigt u.a. durch EuGH Urt. v. 4.7.2019 – C-377/17, ECLI:EU:C:2019:562 – Kommission/Deutschland.
49 EuGH Urt. v. 4.7.2019 – C-377/17, ECLI:EU:C:2019:562 – Kommission/Deutschland.
50 EuGH Urt. v. 4.7.2019 – C-377/17, ECLI:EU:C:2019:562 – Kommission/Deutschland.
51 Schäfer EuZW 2019, 663 (663); Seyfarth EuZW 2019, 1005 (1007 f.).
52 So bereits Kilian AnwBl 2020, 157 (159), zum Verbot anwaltlicher Erfolgshonorare vor Inkrafttreten des Legal Tech-Gesetzes.
53 So ausdrücklich Hellwig AnwBl Online 2020, 260 (261): Bei fehlender Kohärenz iSd Verhältnismäßigkeits-RL dürfen mitgliedstaatliche Zugangs- und Ausübungsbeschränkungen wegen Unionsrechtswidrigkeit nicht angewendet werden.

mit denen der Zugang oder die Ausübung reglementierter Berufe „beschränkt" wird. Nach dem Wortlaut, aber auch nach Sinn und Zweck dieser Vorschrift unterliegt damit nicht jedwede Änderung bestehender Vorschriften einer Verhältnismäßigkeitsprüfung. Vielmehr sollen nur solche Vorschriften einer Prüfung unterzogen werden, die zu **neuen Beschränkungen beim Berufszugang** und **bei der Berufsausübung** führen. Anderenfalls unterläge das gesamte Recht der reglementierten Berufe bei jeder Änderung einer umfassenden Kontrolle am Maßstab des Kohärenzgebots – und dies sowohl für Fälle mit Auslandsbezug als auch für reine Inlandskonstellationen. Das Legal Tech-Gesetz 2021 hat indessen nicht zu neuen Beschränkungen und Inkohärenzen geführt, sondern vielmehr (wenngleich nur unvollständig) dafür gesorgt, dass die Wettbewerbsbedingungen von Inkassounternehmen und Rechtsanwälten weiter angeglichen worden sind. Die durch das Legal Tech-Gesetz vorgenommenen Änderungen sind deswegen nicht am Maßstab der Verhältnismäßigkeits-RL zu kontrollieren.

Unabhängig hiervon streiten Argumente dafür, dass sich das nach wie vor bestehende ungleiche Regulierungsniveau von Inkassodienstleistern einerseits und Rechtsanwälten andererseits sowohl iRd **Grundfreiheiten** als auch iRd **Verhältnismäßigkeits-RL 2018/958/EU** aus **Gründen des Allgemeininteresses** rechtfertigen lässt. Aus der Sicht des nationalen Gesetzgebers haben Rechtsanwälte gerade nicht dieselbe Funktion wie Inkassodienstleister. Sie nehmen als **unabhängiges Organ der Rechtspflege (§ 1 BRAO)** vielmehr eine besondere Stellung ein, die Beschränkungen bei der Berufsausübung gegenüber Inkassodienstleistern durchaus rechtfertigen können.[54] Auch aus der Sicht der Rechtsuchenden bestehen wesentliche Unterschiede zwischen Inkassounternehmen und Rechtsanwälten. Der **Rechtssuchende** kann **bei Beauftragung eines Inkassounternehmens** grds. **nicht dieselbe Qualität** und denselben Umfang von Rechtsinformation und -rat erwarten, wie bei anwaltlichen Dienstleistungen. Genau aus diesem Grund unterliegen Inkassodienstleister gegenüber Verbrauchern nach § 13b RDG besonderen Transparenz- und Informationspflichten, die sich bei Ablehnung eines Inkassoauftrags ua auf den Umfang der vorgenommen rechtlichen Prüfung beziehen (dazu → *Transparenz und Erklärbarkeit* Rn. 47). 41

Die ungleiche bzw. inkohärente Regulierung von Rechtsanwälten und Inkassodienstleistern ließe sich demzufolge damit rechtfertigen, dass die Rechtsanwaltschaft im Unterschied zu Inkassodienstleistern zur **Wahrung der Rechtspflege** berufen ist. Auch der **EuGH** erkennt die **Förderung der Rechtspflege** ausdrücklich als einen Rechtfertigungsgrund für eine Ungleichbehandlung an.[55] 42

Inwieweit die betreffenden Berufsregeln der Förderung der Rechtspflege dienen, unterliegt außerdem, wie der EuGH in seiner Grundfreiheiten-Rechtsprechung betont, der **Einschätzungsprärogative der Mitgliedstaaten.**[56] In diesem Sinne hebt auch Erwägungsgrund (18) Verhältnismäßigkeits-RL 2018/958/EU hervor, dass es grds. den Mitgliedstaaten obliegt, „in den Grenzen der Verhältnismäßigkeit zu bestimmen, welches Maß an Schutz der Ziele des Allgemeininteresses sie gewährleisten möchten und welches das angemessene Regulierungsniveau ist." Der Umstand, dass einige Mitgliedstaaten für außergerichtliche Rechtsdienstleistungen weniger strenge Bestimmungen als ein anderer Mitgliedstaat (hier: Deutschland) haben (→ *Regulierung (EU), allgemein* Rn. 4) bedeutet nach Erwägungsgrund (18) dabei gerade nicht, „dass die Bestimmungen des letztgenannten Mitgliedstaats unverhältnismäßig und daher mit dem Unionsrecht unvereinbar sind." 43

Ob der EuGH dieser Argumentation folgt und bereit wäre, der besonderen Stellung des Rechtsanwalts im deutschen Berufsrecht dieselbe Bedeutung beizumessen wie der deutsche Gesetzgeber, ist freilich offen und kann letztlich nur im Rahmen eines **Vorabentscheidungsverfahrens** (→ *Regulierung (EU), allgemein* Rn. 13) oder eines **Vertragsverletzungsverfahrens** geklärt werden.[57] 44

---

54 So auch Flory, Grenzen inkassodienstlicher Rechtsdienstleistungen, 2022, S. 234 f. (zum deutschen Willkürmaßstab), S. 244 f. (zum unionsrechtlichen Kohärenzgebot); im Ergebnis auch Pohl BRAK-Mitt. 2020, 258 (258 f.).
55 EuGH Urt. v. 5.12.2006 – C-94/04 und C-202/04, ECLI:EU:C:2006:758 – Cipolla; EuGH Urt. v. 12.12.1996 – C-3/95, ECLI:EU:C:1996:487- Reisebüro Broede.
56 EuGH Urt. v. 12.12.1996 – C-3/95, ECLI:EU:C:1996:487 – Reisebüro Broede.
57 So auch Flory, Grenzen inkassodienstrechtlicher Rechtsdienstleistungen, 2022, S. 246.

82. Regulierung (EU), Verbraucherrecht

Ebers

I. Bestand der verbraucherschützenden EU-Rechtsakte ... 1
II. Verbraucherrechtliche Fragestellungen bei Legal Tech ... 5
III. Anwendbarkeit des EU-Verbraucherrechts auf Legal Tech ... 8
   1. Persönlicher Schutzbereich ... 9
   2. Anwendbarkeit des EU-Verbraucherrechts auf Legal Tech-Vermittlungsplattformen? ... 12
   3. „Kostenlose" Legal Tech-Angebote ... 15
IV. Unlautere Geschäftspraktiken ... 18
   1. Überblick ... 18
   2. Irreführende Geschäftspraktiken ... 21
   3. Aggressive Geschäftspraktiken ... 26
   4. Bewertung ... 29
V. Vorvertragliche Informationspflichten ... 31
VI. Widerrufsrechte ... 35
VII. Digitale Inhalte und digitale Dienstleistungen ... 38
   1. Umsetzung der Digitalen Inhalte-RL 2019/770/EU in den §§ 327 ff. BGB ... 38
   2. Anwendbarkeit der §§ 327 ff. BGB auf Legal Tech ... 42
      a) Legal Tech-Anwendungen als digitale Dienstleistungen? ... 42
      b) Gemischte Legal Tech-Dienstleistungen mit automatisierter und persönlich erbrachter Leistung ... 47
      c) Differenzierung zwischen technischer Bereitstellung und Inhalt/Ergebnis von Legal Tech? ... 49
   3. Konsequenzen für Legal Tech-Unternehmen ... 53
      a) Objektive Konformitätskriterien ... 53
      b) Beweislastumkehr ... 58
      c) Beschränkung und Ausschluss des Anspruchs auf Schadensersatz ... 59
VIII. AGB-Inhaltskontrolle ... 60
   1. Anwaltliche Tätigkeit mittels Legal Tech ... 61
   2. Nicht-anwaltliche Legal Tech-Anbieter ... 64
IX. Bewertung ... 70

Literatur: Siehe das Literaturverzeichnis zu → *Regulierung (EU), allgemein* Rn. 1 ff.

I. Bestand der verbraucherschützenden EU-Rechtsakte

1 Während Legal Tech-Dienstleistungen sowie das anwaltliche Berufsrecht auf europäischer Ebene bislang nicht Gegenstand positiver Rechtsangleichung waren (→ *Regulierung (EU), Rechtsdienstleistungsrecht* Rn. 2 ff.), gibt es eine **Reihe verbraucherschützender Richtlinien**, die über die entsprechenden deutschen Umsetzungsnormen auf das Rechtsverhältnis zwischen einem Verbraucher (Rechtssuchenden) und einem Legal Tech-Unternehmen einwirken.

2 Als Verbraucher wird im EU-Recht dabei jede natürliche Person verstanden, die zu Zwecken handelt, die außerhalb ihrer beruflichen oder gewerblichen Tätigkeit liegt.[1]

3 Zu den **zentralen Verbraucherschutzinstrumenten** gehören vor allem **vorvertragliche Pflichten**, so insbes. das **Verbot unlauterer Geschäftspraktiken** sowie **Informationspflichten**, die sich heutzutage – dem Informationsparadigma entsprechend[2] – in nahezu jeder Verbraucherrichtlinie finden und ihrer Zielsetzung nach sicherstellen sollen, dass der Verbraucher eine informierte Entscheidung treffen kann, bevor er einen Vertrag abschließt. Andere Richtlinien zielen auf den Schutz **nach Vertragsabschluss** ab. Dazu zählen zum einen Richtlinien, die wie die Digitale Inhalt-RL 2019/770 dem Verbraucher bestimmte **zwingende Rechte gegenüber dem Unternehmer** einräumen, zum anderen aber auch Richtlinien wie die Klausel-RL 93/13/EWG, die eine richterliche Kontrolle nicht im Einzelnen ausgehandelter, also vorformulierter Klauseln ermöglichen. Daneben gibt es schließlich noch eine Reihe von Richtlinien, die zum Schutze der Verbraucher nicht den individuellen Rechtsschutz betreffen, **sondern Fragen der kollektiven Rechtsdurchsetzung**, indem sie „qualifizierten Einrichtungen" zum Schutz der Kollektivinteressen der Verbraucher einen Anspruch bzw. ein Klagerecht auf Unterlassung sowie auf Abhilfe in Form von Schadensersatz, Reparatur, Ersatzleistung, Preisminderung, Vertragsauflösung oder Erstattung des gezahlten Preises gewähren (→ *Rechtsschutz, kollektiver* Rn. 8 ff.).[3]

---

[1] Im Einzelnen Schulte-Nölke/Twigg-Flesner/Ebers EC Consumer Law Compendium/Ebers S. 453 ff. Zur Frage, inwieweit die deutsche Definition in § 13 BGB hiervon abweicht, vgl. MüKoBGB/Micklitz BGB § 13 Rn. 4 ff.
[2] Zum Informationsparadigma Ebers Rechte, Rechtsbehelfe und Sanktionen im Unionsprivatrecht S. 799 ff.
[3] Richtlinie (EU) 2020/1828 vom 25.11.2020 über Verbandsklagen zum Schutz der Kollektivinteressen der Verbraucher und zur Aufhebung der Richtlinie 2009/22/EG (ABl. L 409, 1).

Mit dem **„New Deal for Consumers"**[4] wurden die Rechtsdurchsetzungsmechanismen verbraucherschützender Richtlinien in den Jahren ab 2018 noch weiter gestärkt.[5] Daneben hat der europäische Gesetzgeber im Jahre 2019 mit den beiden Richtlinien über digitale Verträge[6] weitere Schritte unternommen, um das Verbraucherrecht an das digitale Zeitalter anzupassen.[7] Selbst die Digitale Inhalte-RL 2019/770/EU enthält dabei jedoch **keine speziell auf Legal Tech-Anwendungen zugeschnittenen Vorschriften**. Sie regelt – in Übereinstimmung mit dem Grundsatz der Technikneutralität[8] – keine bestimmte digitale Technologie, sondern stattdessen allgemein „digitale Inhalte" sowie „digitale Dienstleistungen". 4

II. Verbraucherrechtliche Fragestellungen bei Legal Tech

Mit Blick auf Legal Tech-Anwendungen stellt sich vor allem die Frage, inwieweit das **Verbraucherrecht** für einen **ausreichenden Schutz von Kunden** gegenüber Legal Tech-Unternehmen sorgen kann.[9] Virulent wird diese Frage vor allem bei nicht-anwaltlichen Legal Tech-Unternehmen, da diese nicht an die strengen Berufspflichten der BRAO und BORA gebunden sind. 5

Ein **besonderer Schutzbedarf bei Inanspruchnahme von Legal Tech-Anwendungen** besteht aus Verbrauchersicht vor allem hinsichtlich folgender Aspekte: 6

- **Zugangs- und Auswahlprobleme**: Ausschluss „analoger" Verbraucher, die keinen Zugang zu digitalen Technologien haben; Ausschluss unwirtschaftlicher Klagen;
- **Intransparenz**: Mangelnde Kenntnis der Verbraucher darüber, inwieweit Legal Tech-Anbieter an die strikten Berufsregeln der BRAO gebunden sind; mangelnde Transparenz von Legal Tech-Anwendungen aufgrund des Black Box-Problems (→ *Transparenz und Erklärbarkeit* Rn. 1 ff.);
- **Qualität der angebotenen Leistung**: Wie kann sichergestellt werden, dass das Recht fehlerfrei in Code überführt wird? Wie können Verbraucher die Qualität der angebotenen Leistung beurteilen?
- **Fairness**: Welche neuen Macht- und Informationsasymmetrien entstehen im Verhältnis zwischen Verbrauchern und Anbietern durch Legal Tech-Anwendungen? Wie kann verhindert werden, dass Legal Tech-Unternehmen suboptimales Verbraucherverhalten ausnutzen?
- **Rechtsdurchsetzung**: Unter welchen Voraussetzungen haften Legal Tech-Unternehmen gegenüber Verbrauchern? Gilt für die Haftung ein ähnlich strenger Maßstab wie für Rechtsanwälte? Sollte de lege ferenda eine Berufshaftpflichtversicherung für Legal Tech-Anbieter eingeführt werden? Welche Hürden bestehen bei der grenzüberschreitenden Rechtsdurchsetzung?

Diese und eine Reihe weiterer Fragen sind bislang offen. Auch die folgenden Ausführungen können keine abschließende Antwort geben. Stattdessen werden die anwendbaren verbraucherrechtlichen Vorschriften auf **Schutzlücken** untersucht, um den bestehenden **Reformbedarf** aufzuzeigen. 7

III. Anwendbarkeit des EU-Verbraucherrechts auf Legal Tech

Vorab ist zu klären, unter welchen Voraussetzungen das EU-Verbraucherrecht auf Legal Tech-Tools anwendbar ist. 8

---

4 Europäische Kommission, Neugestaltung der Rahmenbedingungen für die Verbraucher, 2018, COM(2018) 183 final, 1 ff.
5 S. Tommasi ERPL 2020, 311 (311 ff.).
6 Richtlinie (EU) 2019/770 des Europäischen Parlaments und des Rates vom 20.5.2019 über bestimmte vertragsrechtliche Aspekte der Bereitstellung digitaler Inhalte und digitaler Dienstleistungen (ABl. L 136, 1); Richtlinie (EU) 2019/771 des Europäischen Parlaments und des Rates vom 20.5.2019 über bestimmte vertragsrechtliche Aspekte des Warenkaufs, zur Änderung der Verordnung (EU) 2017/2394 und der Richtlinie 2009/22/EG sowie zur Aufhebung der Richtlinie 1999/44/EG (ABl L 136, 28).
7 Dazu Staudenmayer ERPL 2020, 219 (219).
8 Vgl. Erwgr. 10 Digitale-Inhalte-RL: „Sowohl der Anwendungsbereich dieser Richtlinie als auch ihre materiellrechtlichen Vorschriften sollten technologieneutral und zukunftssicher sein".
9 Allgemein zum Schutzbedarf von Kunden gegenüber Legal Tech-Anbietern Cannarsa et al. Lawyering in the Digital Age/Ebers S. 199 f.

1. Persönlicher Schutzbereich

9 Mit Blick auf den **persönlichen Anwendungsbereich** hat der EuGH in mehreren Urteilen hervorgehoben, dass verbraucherschützende Richtlinien auch Verträge über juristische Dienstleistungen zwischen einem **Verbraucher** und einem **Rechtsanwalt** erfassen. In diesem Sinne führte der EuGH bereits in der Rechtssache Šiba zur Klausel-RL 93/13/EWG aus:[10]

> „In Bezug auf Verträge über juristische Dienstleistungen [besteht] (…) grundsätzlich eine Ungleichheit zwischen den „Verbrauchern als Mandanten" und den Rechtsanwälten (..), die insbesondere auf eine Asymmetrie der Information zwischen diesen Parteien zurückzuführen ist. Die Rechtsanwälte verfügen nämlich über ein hohes Maß an Fachkenntnissen, die die Verbraucher nicht zwangsläufig haben, so dass es Letzteren schwerfallen kann, die Qualität der ihnen erbrachten Dienstleistungen zu beurteilen (…). Daher ist ein Rechtsanwalt, der wie im Ausgangsverfahren im Rahmen seiner beruflichen Tätigkeit einer zu privaten Zwecken handelnden natürlichen Person juristische Dienstleistungen gegen Entgelt erbringt, ein „Gewerbetreibender" im Sinne des Art. 2 Buchst. c der Richtlinie 93/13."

10 Im Ergebnis besteht demzufolge kein Zweifel, dass die das EU-Verbraucherrecht umsetzenden nationalen Vorschriften **im Verhältnis zwischen einem Verbraucher** und einem (anwaltlichen oder nichtanwaltlichen) **Unternehmer**, der auf **Legal Tech** zurückgreift, anwendbar sind.

11 Dem EuGH zufolge können sich sogar **Rechtsanwälte** auf verbraucherschützende Vorschriften berufen, sofern sie für private Zwecke handeln.[11] Nimmt ein Rechtsanwalt dagegen Dienstleistungen von einem Legal Tech-Unternehmen zu beruflichen Zwecken in Anspruch, so wird er nicht als Verbraucher geschützt.

2. Anwendbarkeit des EU-Verbraucherrechts auf Legal Tech-Vermittlungsplattformen?

12 Eine weitere Frage ist, inwieweit das EU-Verbraucherrecht auch gegenüber **Legal Tech-Vermittlungsplattformen** greift. Kommt der Vertrag zwischen einem Verbraucher und einem Unternehmer über eine Online-Plattform zustande, so wird die Plattform in der Regel nicht Partei dieses Vertrags. Vielmehr bestehen in einer solchen „Dreieckssituation" normalerweise drei verschiedene Vertragsbeziehungen, nämlich zwischen dem Verbraucher und dem Unternehmer, der Plattform und dem Verbraucher sowie zwischen der Plattform und dem Unternehmer. In einer derartigen Konstellation stellt sich die Frage, ob das EU-Verbraucherrecht auch auf das Rechtsverhältnis zwischen dem Verbraucher und der Plattform Anwendung findet.[12]

13 Für die **UGP-RL 2005/29/EG** urteilte der EuGH im Fall *Verband Sozialer Wettbewerb*,[13] dass eine Plattform, die als Gewerbetreibender einzustufen ist, in Bezug auf ihre eigenen Geschäftspraktiken stets die Richtlinie einhalten muss, und zwar auch dann, wenn diese Praktiken möglicherweise Produkte betreffen, die von Dritten geliefert werden. Nach den Ausführungen des EuGH im Fall *Tiketa*[14] gelten darüber hinaus die in der **Verbraucherrechte-RL 2011/83/EU** normierten **Informationspflichten** nicht nur für den (Haupt-)Unternehmer, der die geschuldete Hauptleistung (Sach- oder Dienstleistung) erbringt, sondern **auch für den Online-Vermittler**, der im Namen oder im Auftrag eines Hauptunternehmers tätig wird. Auch dieser Online-Vermittler ist als „Unternehmer" im Sinne der Verbraucherrechte-RL 2011/83/EU einzustufen, ohne dass dafür eine doppelte Dienstleistung vorliegen muss.

---

10 EuGH Urt. v. 15.1.2015 – C-537/13, ECLI:EU:C:2015:14 – Šiba. Vgl. auch EuGH Urt. 10.7.2014 – C-421/12, ECLI:EU:C:2014:2064 – Kommission: Unter den Begriff des „Gewerbetreibenden" iSd RL 2005/29 über unlautere Geschäftspraktiken fallen auch Freiberufler.
11 EuGH Urt. v. 3.9.2015 – C-110/14, ECLI:EU:C:2015:538 – Costea.
12 Vgl. Busch et al. EuCML 2016, 3 (3 f.); Wendehorst EuCML 2016, 30 (30 ff.).
13 EuGH Urt. v. 30.3.2017 – C-146/16, ECLI:EU:C:2017:243 – Verband Sozialer Wettbewerb eV.
14 EuGH Urt. v. 24.2.2022 – C-536/20, ECLI:EU:C:2022:112 – Tiketa; Pfeiffer LMK 2022, 809216.

Weitergehend ergibt sich aus dem EuGH-Urteil *Wathelet*,[15] dass **Online-Vermittlungsplattformen** wie eine **Vertragspartei** hinsichtlich der geschuldeten Leistung haften müssen, wenn sie dem Verbraucher nicht ordnungsgemäß die Identität der Person mitteilen, für die sie tätig werden. Online-Marktplätze müssen daher Maßnahmen ergreifen, um dafür Sorge zu tragen, dass der Verbraucher ordnungsgemäß über die Identität des Gewerbetreibenden informiert wird. Entsteht aufgrund unterlassener oder missverständlicher Informationen dagegen der Eindruck, dass der **Marktplatz** der tatsächliche Gewerbetreibende ist, führt dies dazu, dass er **für die Pflichten des Gewerbetreibenden haftet**.[16]

3. „Kostenlose" Legal Tech-Angebote

Wird dem Rechtssuchenden eine kostenlose (erste) Überprüfung seiner rechtlichen Situation angeboten, ist für die Anwendbarkeit von Richtlinien, die einen Vertragsschluss voraussetzen,[17] zunächst danach zu fragen, ob überhaupt ein **Vertrag** abgeschlossen wurde oder ob ein **Gefälligkeitsverhältnis** vorliegt. Diese Frage bemisst sich allein nach nationalem (deutschem) Recht, da der Vertragsschluss im EU-(Verbraucher-)Vertragsrecht bislang nicht geregelt wird.[18] Meistens wird vom Abschluss eines Vertrags auszugehen sein, denn sowohl beim Tool-Anbieter als auch beim Nutzer besteht aufgrund der rechtlichen und wirtschaftlichen Bedeutung in aller Regel ein entsprechender Rechtsbindungswille.[19]

Weitergehend ist sodann zu fragen, ob das EU-Verbraucherrecht auch für Leistungen eines Legal Tech-Unternehmens gilt, bei denen der **Verbraucher keinen Geldbetrag** zahlt, sondern stattdessen – wie so häufig – seine **personenbezogenen Daten** zur Verfügung stellt. Für die **E-Commerce-RL 2000/31/EG** hat der EuGH in den Urteilen *Papasavvas*[20] *und Mc Fadden*[21] klargestellt, dass der Begriff „Dienste der Informationsgesellschaft" im Sinne der E-Commerce-RL 2000/43 auch Online-Informationsdienste umfasst, für die der Anbieter nicht vom Nutzer, sondern durch die Einnahmen aus der auf einer Website verbreiteten Werbung vergütet wird.

Die im Jahre 2019 verabschiedete **Digitale-Inhalte-RL 2019/770/EU** enthält nunmehr eine ausdrückliche Regelung für Verträge über digitale Inhalte und Dienstleistungen. Nach Art. 3 Abs. 1 gilt die Richtlinie auch für Verträge, bei denen der Verbraucher dem Unternehmer personenbezogene Daten bereitstellt oder deren Bereitstellung zusagt. Ausgenommen hiervon sind lediglich Fälle, in denen die personenbezogenen Daten vom Unternehmer (i) ausschließlich zur Bereitstellung digitaler Inhalte oder digitaler Dienstleistungen oder (ii) zur Erfüllung von vom Unternehmer einzuhaltenden rechtlichen Anforderungen verarbeitet werden und der Unternehmer diese Daten zu keinen anderen Zwecken verarbeitet. Ein nahezu identischer Wortlaut

---

15 EuGH Urt. v. 9.11.2016 – C-149/15, ECLI:EU:C:2016:840 – Wathelet (Vermittler ist als „Verkäufer" iSd Verbrauchsgüterkauf-RL 1999/44/EG zu betrachten, wenn er dem Verbraucher/Käufer nicht ordnungsgemäß mitgeteilt hat, dass der Eigentümer der Kaufsache eine Privatperson ist).
16 Europäische Kommission, Leitlinien zur Auslegung und Anwendung der Richtlinie 2005/29/EG des Europäischen Parlaments und des Rates über unlautere Geschäftspraktiken von Unternehmen gegenüber Verbrauchern im Binnenmarkt, 2021 (ABl. C 526, 1), S. 89.
17 Dazu zählen insbes. die Digitale-Inhalte-RL 2019/770/EU; die Verbraucherrechte-RL 2011/83/EU; sowie die Klausel-RL 93/13/EWG. Die Anwendbarkeit der UGP-RL 2005/29/EG setzt demgegenüber keinen Vertragsschluss voraus.
18 Vgl. Art. 3 Abs. 10 Digitale-Inhalte-RL 2019/770/EU; Art. 3 Abs. 2 UGP-RL 2005/29/EG; Erwgr. 14 Verbraucherrechte-RL 2011/83/EU; Erwgr. 30 Verbraucherkredit-RL 2008/48/EG; Erwgr. 21 Wohnimmobilienkredit-RL 2014/17/EU. Dazu auch Schulze/Ebers/Grigoleit Informationspflichten/Pfeiffer S. 103 ff.
19 Remmertz Legal Tech-Strategien § 5 Rn. 18 mit Hinweis darauf, dass selbst dann, wenn ausdrücklich die Eingehung eines Vertrags vorbehalten wird, nicht ausgeschlossen ist, dass ein (separates) Vertragsverhältnis über die Vorprüfung besteht. Zimmermann AnwBl Online 2019, 815 (816) geht bei Akquise-Tools dagegen stets von einer invitatio ad offerendum aus.
20 EuGH Urt. v. 11.9.2014 – C-291/13, EU:C:2014:2209 – Papasavvas.
21 EuGH Urt. 15.9.2016 – C-484/14, ECLI:EU:C:2016:689 – Mc Fadden.

findet sich in Art. 3 Abs. 1 lit. a **Verbraucherrechte-RL 2011/83/EU** in der von der RL 2019/2161/EU[22] geänderten Fassung.

IV. Unlautere Geschäftspraktiken

1. Überblick

18 Nach der (vollharmonisierenden) UGP-RL 2005/29/EG, die in Deutschland im UWG umgesetzt worden ist, ist eine **Geschäftspraxis** dann **unlauter und verboten**, (i) wenn sie den **Erfordernissen der beruflichen Sorgfalt widerspricht** und dabei geeignet ist, das wirtschaftliche Verhalten des Durchschnittsverbrauchers wesentlich zu beeinflussen (Art. 5 Abs. 2 UGP-RL 2005/29/EG und § 3 Abs. 1–2 UWG), (ii) wenn sie **irreführend** ist, insbes. weil sie unwahre Angaben in der Werbung enthält (Art. 6 Abs. 1 UGP-RL 2005/29/EG und § 5 Abs. 1–2 UWG) oder (iii) wenn sie eine **aggressive geschäftliche Handlung** darstellt (Art. 8 UGP-RL 2005/29/EG und § 4a UWG).

19 Von besonderer Bedeutung sind diese Normen wiederum für nicht-anwaltliche Legal Tech-Unternehmen, da diese nicht an die in § 43b BRAO und §§ 6–10 BORA geregelten Werbebeschränkungen gebunden sind. Die Vorgaben der UGP-RL 2005/29/EG gelten dabei nicht nur für Unternehmen, die selbst Legal Tech-Dienstleistungen anbieten, sondern auch für Onlinedienste bei der Vermittlung solcher Angebote (→ Rn. 13).

20 Legal Tech-Unternehmen, die ihre Dienstleistung mit anderen Anbietern vergleichen, müssen zudem die vollharmonisierenden Vorgaben der **RL 2006/114/EG über irreführende und vergleichende Werbung** beachten, die in Deutschland in § 6 UWG und § 5 Abs. 4 UWG umgesetzt worden sind. Kein Fall der vergleichenden Werbung iSd § 6 Abs. 1 UWG liegt vor, wenn der Anbieter nur allgemein die Vorteile der Onlineleistung als solcher oder im Vergleich zu einer anwaltlichen Tätigkeit (durch eine beliebige Person) hervorhebt, ohne auf einen bestimmten Anbieter Bezug zu nehmen (→ *Wettbewerb, unlauterer* Rn. 41). Derartige Vergleiche werden nur anhand der allgemeinen Regeln zu irreführenden und aggressiven geschäftlichen Handlungen gemessen (→ Rn. 21 ff.).

2. Irreführende Geschäftspraktiken

21 Eine Geschäftspraxis ist nach Art. 6 Abs. 1 UGP-RL sowie § 5 Abs. 1 UWG irreführend, wenn sie **falsche Angaben** enthält und somit **unwahr** ist.

22 Dies ist beispielsweise dann der Fall, wenn ein Legal Tech-Anbieter behauptet, die **eigene Leistung** sei „schneller", „günstiger" oder „besser" als diejenige anderer Legal Tech-Anbieter oder eines Anwalts, ohne nachweisen zu können, dass dies tatsächlich der Fall ist.[23] Eine irreführende Werbung liegt nach § 5 Abs. 2 Nr. 1 UWG ferner dann vor, wenn über **wesentliche Merkmale der Dienstleistung** falsche Angaben gemacht werden. Dazu gehören, wie Beurskens (→ *Wettbewerb, unlauterer* Rn. 31) hervorhebt, nicht nur **vermeintliche Erfolgschancen** („Auszahlung 100 % sicher!"), sondern auch etwaige **Grenzen automatischer Systeme** („Der Vertragsgenerator schafft ihren perfekten Mietvertrag!").

23 Weitere Fälle, in denen **deutsche Gerichte** eine **Irreführung** durch Legal Tech-Unternehmen angenommen haben, betreffen folgende Konstellationen:

---

22 Richtlinie (EU) 2019/2161 des Europäischen Parlaments und des Rates vom 27.11.2019 zur Änderung der Richtlinie 93/13/EWG des Rates und der Richtlinien 98/6/EG, 2005/29/EG und 2011/83/EU des Europäischen Parlaments und des Rates zur besseren Durchsetzung und Modernisierung der Verbraucherschutzvorschriften der Union (ABl. L 328, 7).

23 Beurskens LTZ 2022, 207 (208) mit Verweis auf OLG Hamburg Beschl. v. 20.11.2002 – 5 W 80/02, GRUR-RR 2003, 202 (zum Vergleich von Waschergebnissen in der Fernsehwerbung) und BGH Urt. v. 30.6.1972 – I ZR 16/71, GRUR 1973, 78 (zur Werbung mit dem Slogan „RANK XEROX bietet bessere Produkte"); OLG Hamburg Urt. v. 7.11.2002 – 3 U 122/02, MMR 2003, 538 (zur Werbung für T-ISDN-Anschlüsse mit den Worten „Der bessere Anschluss"). Vgl. aber auch OLG Saarbrücken Urt. v. 18.12.2013 – 1 U 36/13, GRUR-RR 2014, 150 (keine Irreführung bei substanzloser Werbeanpreisung).

- Werbung mit der Aussage „Geschlaucht wegen Flugverspätung? Bei mehr als 3 Stunden zahlen wir bis zu 400 EUR", wenn tatsächlich ein **geringerer Betrag ausgezahlt** wird;[24]
- Werbung mit der Aussage, dass **Bußgeldbescheide kostenlos abgewehrt** werden, obwohl die Kosten tatsächlich nur dann übernommen werden, wenn die Rechtsverteidigung nach Einschätzung des Werbenden überwiegende Aussicht auf Erfolg verspricht und wirtschaftlich sinnvoll ist;[25]
- Werbung mit der Aussage „**250 bis zu 600 EUR pro Person**", wenn tatsächlich eine **Provision** von 20–30 % zuzüglich MwSt abgezogen wird, so dass Verbraucher im Maximalfall nur 456 Euro erhalten;[26]
- Werbung mit der Aussage „Wir setzen Ihr Recht durch – Wenn Sie uns beauftragen, holen **unsere Rechtsexperten** Ihnen Ihre Abfindung", wenn die rechtliche Prüfung der Ansprüche nicht durch Mitarbeiter des Unternehmens, sondern durch Partneranwälte vorgenommen wird.[27]

Auch pauschale Werbeaussagen unter Verwendung von Buzz-Words – wie zB „**Automatisierte Vertragserstellung durch Künstliche Intelligenz**" – können eine Irreführung darstellen, wenn der Legal Tech-Anbieter tatsächlich nur Textbausteine auf Grundlage eines schlichten Wenn/Dann-Formulars zusammenfügt.[28]

Vermittlungsplattformen, die Verbrauchern die Möglichkeit bieten, nach verschiedenen Legal Tech-Angeboten und (Rechts-)Anbietern zu suchen, müssen zudem für eine ausreichende **Transparenz von Suchergebnissen** sorgen, indem sie zum einen die in Art. 7 Abs. 4a UGP-RL (umgesetzt in § 5b Abs. 2 UWG) vorgesehenen Informationen zu den **Hauptparametern für die Festlegung des Rankings** übermitteln und zum anderen **bezahlte Werbung** gem. Anhang I Nr. 11a UGP-RL (umgesetzt in Anhang Nr. 11a UWG) offenlegen.[29] Wird gegen diese Pflichten verstoßen, so liegt eine **irreführende Geschäftspraktik** vor.

3. Aggressive Geschäftspraktiken

Aggressive geschäftliche Handlungen sind unlauter, wenn sie die Entscheidungs- oder Verhaltensfreiheit des Durchschnittsverbrauchers beeinträchtigen und diesen zu einer geschäftlichen Entscheidung veranlassen, die dieser andernfalls nicht getroffen hätte (Art. 8 UGP-RL 2005/29; § 4a Abs. 1 S. 1 UWG).

Davon erfasst wird insbes. der Einsatz nötigender Verhaltensweisen zur **Durchsetzung eigener oder Abwehr fremder Ansprüche**, so beispielsweise, wenn ein Mahnschreiben versendet wird, verbunden mit dem Hinweis, der Schuldner müsse mit der Übermittlung seiner Daten an die Schufa rechnen, wenn er nicht fristgerecht bezahle.[30]

Für die **Kundenakquise** grds. zulässig ist es demgegenüber, wenn ein **Legal Tech-Unternehmen** potenzielle Kunden in Kenntnis eines konkreten Beratungsbedarfs anspricht.[31] Unzulässig ist eine solche Verhaltensweise nur dann, wenn der potenzielle Kunde in der Ansprache belästigt, genötigt oder überrumpelt wird. Zu beachten ist zudem das in § 7 UWG geregelte **Verbot der unzumutbaren Belästigung**, das auf **Art. 13 ePrivacy-RL 2002/58/EG** beruht. Nach § 7 Abs. 2 Nr. 3 UWG ist für eine Werbung über „elektronische Post", also insbes. **E-Mail-Werbung**, die **vorherige ausdrückliche Einwilligung** des Adressaten

---

24 LG Duisburg Urt. v. 28.6.2018 – 21 O 31/18, GRUR-RS 2018, 14940.
25 LG Hamburg Urt. v. 10.10.2017 – 312 O 477/16, GRUR-RR 2018, 81.
26 OLG Düsseldorf Urt. v. 17.7.2020 – 15 U 76/19, GRUR-RS 2020, 16408.
27 LG Bielefeld Urt. v. 12.12.2017 – 15 O 67/17, MMR 2018, 549.
28 Beurskens LTZ 2022, 207 (210).
29 Näher Europäische Kommission, Leitlinien zur Auslegung und Anwendung der Richtlinie 2005/29/EG des Europäischen Parlaments und des Rates über unlautere Geschäftspraktiken von Unternehmen gegenüber Verbrauchern im Binnenmarkt, 2021 (ABl. C 526, 1), S. 90.
30 BGH Urt. v. 16.4.2015 – I ZR 27/14, GRUR 2015, 1143 – Schufa-Hinweis zu § 4 Nr. 1 aF und Art. 8, 9 UGP-RL.
31 Eine solche Verhaltensweise wird vom BGH selbst bei Rechtsanwälten nicht mehr beanstandet; BGH Urt. v. 13.11.2013 – I ZR 15/12, NJW 2014, 554; bestätigt durch BGH Urt. v. 2.7.2018 – AnwZ (Brfg) 24/17, BeckRS 2018, 17526; BGH Urt. v. 10.7.2014 – I ZR 188/12, NJW-RR 2015, 492.

notwendig, sofern sich der Legal Tech-Anbieter nicht auf die Ausnahmeregelung des § 7 Abs. 3 UWG berufen kann, demzufolge E-Mail-Werbung bei Bestandskunden unter eng auszulegenden Voraussetzungen auch ohne vorherige ausdrückliche Einwilligung möglich ist.

4. Bewertung

29 Die vorangegangenen Beispiele belegen, dass sich in der deutschen Rechtsprechung für das Verbot irreführender Werbung bereits **Fallgruppen** herausgebildet haben, anhand derer bestimmte Verhaltensweisen von Legal Tech-Unternehmen als unlauter eingestuft werden. Inwieweit diese mit der UGP-RL 2005/29/EG in Einklang stehen, kann letztverbindlich nur der EuGH entscheiden. Da die UGP-RL auf dem Prinzip der **Vollharmonisierung** beruht, müssen letztinstanzlich entscheidende Gerichte ungeklärte Fragen zur Auslegung der Richtlinie auch dann **vorlegen**, wenn zulasten des Legal Tech-Unternehmens das Vorliegen einer unlauteren Geschäftspraktik bejaht werden soll (→ *Regulierung (EU), allgemein* Rn. 13).

30 De lege ferenda ist zu überlegen, inwieweit die **schwarze Liste** der in **Anhang I der UGP-RL 2005/29/EG** normierten per-se Verbote erweitert werden sollte, um den besonderen Gefahren, die aus Verbrauchersicht bei Einsatz digitaler Technologien bestehen, effektiv begegnen zu können.

V. Vorvertragliche Informationspflichten

31 Vorvertragliche Informationspflichten eines Legal Tech-Unternehmens gegenüber (potenziellen) Kunden könnten sich aus Gründen des Verbraucherschutzes als besonders effektiv erweisen, da bei Legal Tech-Anwendungen ein **besonderes Informationsbedürfnis** besteht. Soweit (rechtlich-relevante) Entscheidungen oder Prognosen von einer Software vorbereitet oder getroffen werden, kann der Kunde häufig nicht nachvollziehen, auf welcher **Grundlage** und nach welchen **Kriterien der Algorithmus entscheidet**. Aus der Sicht des Kunden besteht daher ein Bedürfnis, über die **Eigenschaften des algorithmischen Systems** aufgeklärt zu werden, sowie darüber, wie die **konkrete Entscheidung bzw. Prognose zustande gekommen** ist und welche **Faktoren** dabei welches **Gewicht** entfaltet haben (→ *Transparenz und Erklärbarkeit* Rn. 3 ff.). Davon abgesehen ist bei Nutzung von Legal Tech-Anwendungen meist ungeklärt, ob diese als Rechtsdienstleistungen zu qualifizieren sind, von einer Inkassoerlaubnis gedeckt sind oder unter das Anwaltsmonopol fallen. Infolgedessen können Verbraucher häufig nicht beurteilen, ob sie in den Genuss der Schutzvorschriften des RDG und der BRAO gelangen oder eine unregulierte Legal Tech-Dienstleistung in Anspruch nehmen. Auch hier könnte eine entsprechende Informationspflicht für Klarheit sorgen.

32 Die im EU-Verbraucherrecht geregelten vorvertraglichen Informationspflichten tragen diesem **Informationsbedürfnis** bislang **nicht ausreichend Rechnung**.

33 Kennzeichnend für das europäische Verbraucherrecht ist, dass sich das Unionsrecht einer **Standardisierung bzw. Typisierung** bedient.[32] Weder das „ob" noch das „wie" verbraucherrechtlicher Schutzinstrumente bemisst sich in der Regel danach, ob der Verbraucher im Einzelfall schutzbedürftig ist. Verbraucherschützende Rechtsbehelfe können in Anspruch genommen werden, wenn der objektive Tatbestand der Verbraucherdefinition erfüllt ist, ohne dass es darauf ankommt, ob der Verbraucher vom Gewerbetreibenden manipuliert worden ist oder tatsächlich ein besonderes Informationsungleichgewicht vorlag.[33] Der Unternehmer muss dementsprechend nicht individuell beraten, sondern nur in **standardisierter Form** informieren, so insbes. über seine Identität, den Inhalt seiner Leistung, den Preis, die Vertragsbedingungen sowie bestimmte Rechte des Verbrauchers.[34]

34 Zwar ließe sich aus der in Art. 5 Abs. 1 lit. a Verbraucherrechte-RL 2011/83/EU (§ 312a Abs. 2 S. 1 BGB iVm Art. 246 Abs. 1 Nr. 1 EGBGB) vorgesehenen Pflicht, den Verbraucher über die **wesentlichen Eigenschaften der Dienstleistung aufzuklären**, ableiten, dass Legal Tech-Unternehmen über die Funktionswei-

---

32 Ebers Rechte, Rechtsbehelfe und Sanktionen im Unionsprivatrecht S. 753 mwN.
33 EuGH Urt. v. 25.10.2005 – C-229/04, ECLI:EU:C:2005:640 – Crailsheimer Volksbank; EuGH Urt. 22.4.1999 – C-423/97, ECLI:EU:C:1999:197 – Travel Vac.
34 Zur Unterscheidung zwischen Informations- und Beratungspflichten Kieninger AcP 1999, 190 (193).

se, über den Entscheidungsmechanismus sowie über die zugrundeliegenden Daten des algorithmischen Systems informieren müssen.[35] Bislang ist eine solche Informationspflicht jedoch nicht von der Rechtsprechung anerkannt worden. Eine derart (abstrakte, typisierte) vorvertragliche Information trüge abgesehen davon auch nicht dazu bei, dass der Verbraucher die im Einzelfall getroffene Prognose bzw. Entscheidung ex post nachvollziehen kann.

VI. Widerrufsrechte

Die in vielen Richtlinien verankerten **Widerrufsrechte** zielen ebenso wie vorvertragliche Informationspflichten darauf ab, dem Verbraucher eine präferenzkonforme, von äußeren Einflüssen freie Entscheidung für oder gegen die Geltung eines Vertrags zu ermöglichen.[36] Im Unterschied zu Informationspflichten setzen Widerrufsrechte allerdings nicht ex ante vor Vertragsschluss bei der durch Informationsasymmetrien hervorgerufenen Störung des Willensbildungsprozesses an, sondern ex post, indem sie dem Verbraucher das Recht zusprechen, sich von einer bindenden Willenserklärung oder von einem geschlossenen Vertrag ohne Angabe von Gründen zu lösen.

Das EU-Verbraucherrecht räumt Verbrauchern jedoch **kein generelles Reurecht** ein, sondern erlaubt einen Widerruf nur bei besonderen Vertragsarten[37] oder in besonderen Vertragsschlusssituationen,[38] wie dies zum Beispiel bei **Fernabsatzgeschäften** der Fall ist. Folglich kann, wie der BGH entschieden hat, ein Verbraucher-Kunde einen mit einem Rechtsanwalt geschlossenen Vertrag ohne Angabe von Gründen widerrufen, wenn dieser Vertrag im Wege des **Fernabsatzes** geschlossen wurde.[39]

Die konkreten Umstände des Einzelfalls sind für das Widerrufsrecht dagegen unerheblich.[40] Dementsprechend bieten standardisierte Widerrufsrechte keinen *spezifischen* Schutz gegenüber Legal Tech-Anbietern.

VII. Digitale Inhalte und digitale Dienstleistungen

1. Umsetzung der Digitalen Inhalte-RL 2019/770/EU in den §§ 327 ff. BGB

Seit dem 1.1.2022 gelten aufgrund der Umsetzung der Digitalen Inhalte-RL 2019/770/EU[41] für Verbraucherverträge über digitale Produkte neue Gewährleistungsregeln (§§ 327 ff. BGB), die unter bestimmten Voraussetzungen auch auf Legal Tech-Tools Anwendung finden.

Durch das deutsche Umsetzungsgesetz wurde im dritten Abschnitt des zweiten Buchs des BGB ein neuer Titel 2a eingeführt, dessen zwei neue Untertitel in den §§ 327–327u BGB-Regelungen zu Verträgen über digitale Produkte enthalten, nämlich einerseits zu Verträgen zwischen Verbrauchern und Unternehmern (§§ 327–327s BGB) und andererseits zu Verträgen zwischen Unternehmern (§§ 327t und 327u BGB). Unter

---

35 Vgl. die Parallelproblematik im Rahmen von § 2 Abs. 1, 2 DL-InfoV und Art. 246 EGBGB; dazu → *Transparenz und Erklärbarkeit* Rn. 42.
36 S. Ebers Rechte, Rechtsbehelfe und Sanktionen im Unionsprivatrecht S. 856 ff.; Loos ZEuP 2007, 5 (9 ff.).
37 Dies ist der Fall bei Art. 14–15 Verbraucherkredit-RL 2008/48/EG; Art. 6–8 Timeshare-RL 2008/122/EG; Art. 186 Solvency II-RL 2009/138/EG.
38 So insbes. bei Fernabsatz- und außerhalb von Geschäftsräumen geschlossenen Verträgen, vgl. Art. 9 Verbraucherrechte-RL 2011/83/EU; Art. 6–7 Finanzdienstleistungs-Fernabsatz-RL 2002/65/EG.
39 BGH Urt. v. 23.11.17 – IX ZR 204/16, NJW 2018, 690. Soweit Legal Tech-Anbieter in ihren AGB darauf hinweisen, dass für den Download von automatisch generierten Rechtsdokumenten kein Widerrufsrecht bestehe, da das Dokument auf die individuellen Bedürfnisse des Nutzers zugeschnitten sei, wird eine falsche Rechtsbelehrung erteilt, denn § 312g Abs. 2 Nr. 1 BGB bezieht sich nur auf die Lieferung von Waren, so dass das Widerrufsrecht beim Download von Rechtsdokumenten gerade nicht ausgeschlossen wird; Timmermann Legal Tech-Anwendungen S. 139.
40 Vgl. EuGH Urt. v. 25.10.2005 – C-229/04, ECLI:EU:C:2005:640 – Crailsheimer Volksbank; EuGH Urt. 22.4.1999 – C-423/97, ECLI:EU:1999:197 – Travel Vac.
41 Digitale-Inhalte-RL 2019/770/EU, umgesetzt in Deutschland durch das Gesetz zur Umsetzung der Richtlinie über bestimmte vertragsrechtliche Aspekte der Bereitstellung digitaler Inhalte und digitaler Dienstleistungen (BGBl. 2021 I 2123).

den Begriff des „digitalen Produkts" fallen dabei sowohl digitale Inhalte als auch digitale Dienstleistungen (§ 327 Abs. 1 S. 1 BGB).

40 Der neue Regelungsblock sieht für digitale Produkte ein **eigenständiges Gewährleistungsregime** vor. Das digitale Produkt muss den **subjektiven und objektiven Anforderungen** des § 327e Abs. 2 u. 3 BGB entsprechen und außerdem die Anforderungen an seine Integration in die digitale Umgebung des Verbrauchers nach § 327e Abs. 4 BGB erfüllen. Darüber hinaus ist in § 327f BGB die Verpflichtung des Unternehmers geregelt, das digitale Produkt zu **aktualisieren**, wenn dies zum Erhalt der Vertragsmäßigkeit erforderlich ist – und zwar entweder während des vereinbarten Bereitstellungszeitraums oder – sollte es keinen geben – für den Zeitraum, den der Verbraucher aufgrund der Art und des Zwecks des digitalen Produkts und unter Berücksichtigung der Umstände und der Art des Vertrags erwarten kann.

41 Im Fall der **Mangelhaftigkeit** stehen dem Verbraucher unter bestimmten Voraussetzungen gem. § 327i BGB ein Recht auf **Nacherfüllung**, **Minderung** und **Vertragsbeendigung** zu. Daneben gewährt das deutsche Recht – insofern über die Richtlinien hinausgehend – dem Verbraucher in § 327i Nr. 3 BGB das Recht, **Schadensersatz** nach § 280 Abs. 1 BGB oder § 327m Abs. 3 BGB oder **Ersatz vergeblicher Aufwendungen** nach § 284 BGB zu verlangen.

2. Anwendbarkeit der §§ 327 ff. BGB auf Legal Tech
a) Legal Tech-Anwendungen als digitale Dienstleistungen?

42 Inwieweit die §§ 327ff. BGB (sowie die Digitale Inhalte-RL 2019/770/EU) auch für Legal Tech-Unternehmen greifen, die ihre Angebote gegen Zahlung eines Preises (→ Rn. 17) einem Verbraucher (§ 13 BGB) zur Verfügung stellen, ist derzeit noch ungeklärt. Dies ist nur dann der Fall, wenn es sich bei der betreffenden Legal Tech-Anwendung um eine digitale Dienstleistung handelt.

43 Zwar fallen unter den Begriff der digitalen Dienstleistung nach § 327 Abs. 2 S. 2 Nr. 2 BGB-Dienstleistungen, die dem Verbraucher die Erstellung, Verarbeitung oder Speicherung von digitalen Daten oder den Zugang zu ihnen ermöglichen, sowie auch, im Verbund mit anderen, die gemeinsame Nutzung digitaler Daten oder sonstige Interaktionen mit Daten.

44 Eine Dienstleistung wird allerdings noch nicht dadurch zur digitalen Dienstleistung, dass sich der Dienstleistungserbringer **digitaler Methoden** bedient.[42] Vielmehr stellt § 327 Abs. 6 BGB in Umsetzung von Art. 3 Abs. 5 lit. a Digitale Inhalte-RL 2019/770/EU klar, dass die §§ 327 ff. BGB nicht anzuwenden sind auf „Verträge über andere Dienstleistungen als digitale Dienstleistungen, unabhängig davon, ob der Unternehmer digitale Formen oder Mittel einsetzt, um das Ergebnis der Dienstleistung zu generieren oder es dem Verbraucher zu liefern oder zu übermitteln." Erwägungsgrund (27) Satz 1 der Richtlinie hebt diesbezüglich hervor, dass Verträge, deren Hauptgegenstand „die Erbringung von freiberuflichen Dienstleistungen wie Übersetzungsleistungen, Dienstleistungen von Architekten, juristischen Dienstleistungen oder sonstigen Fachberatungsleistungen ist, die häufig vom Unternehmer persönlich erbracht werden", vom Anwendungsbereich ausgenommen werden sollen, auch wenn der Unternehmer „digitale Mittel einsetzt, um das Ergebnis der Dienstleistung zu erzeugen oder es dem Verbraucher zu liefern oder zu übermitteln".

45 Entscheidend ist somit das **Element der persönlichen Leistung**: Werden juristische Dienstleistungen persönlich erbracht, fallen sie **nicht in den Anwendungsbereich der §§ 327 ff. BGB**, selbst wenn der Rechtsanwalt einen Schriftsatz am Computer verfasst hat und diesen elektronisch dem Verbraucher oder dem Gericht übermittelt. Dasselbe gilt, wenn der Verbraucher eine persönliche Online-Rechtsberatung in Form von Videokonferenzen, Chats oder Online-Foren in Anspruch nimmt.

46 Liegt dagegen keine persönliche (dh menschliche) Leistung des Unternehmers vor und beruht die digital erbrachte Dienstleistung auf **Automatisierung**, ist der Anwendungsbereich der §§ 327 ff. BGB **eröffnet**. **Juristische Chatbots**, vollständig **automatisierte Formen der Online-Beratung** und Rechtsdurchset-

---
[42] Wendehorst NJW 2021, 2913 (2914).

zung sowie **Vertragsgeneratoren** sind daher mangels persönlicher Leistung als digitale Dienstleistungen zu klassifizieren.

b) Gemischte Legal Tech-Dienstleistungen mit automatisierter und persönlich erbrachter Leistung

Die Grenze zwischen einer digitalen und einer nicht-digitalen Dienstleistung ist naturgemäß fließend und letztlich davon abhängig, **wie hoch der menschliche Anteil ist**. Aus diesem Grunde ist es nicht möglich, eine allgemeine Aussage darüber zu treffen, ob Legal Tech-Dienstleistungen als solche in den Anwendungsbereich der §§ 327 ff. BGB fallen oder nicht.[43]

Werden automatisierte (digitale) Dienstleistungen zusammen mit einer (menschlichen) Rechtsdienstleistung erbracht, handelt es sich um einen sog. Paketvertrag iSd § 327a Abs. 1 S. 1 BGB, wenn beide Elemente in einem Vertrag zwischen denselben Vertragsparteien kombiniert werden. Dies ist beispielsweise dann der Fall, wenn ein Legal Tech-Unternehmen zur Durchsetzung von Massenansprüchen in einem ersten Schritt eine **automatische Vorprüfung** der Verbraucheransprüche **über ein Onlineformular** anbietet, während die **Anspruchsdurchsetzung** sodann **von einem Rechtsanwalt wahrgenommen** wird, der das Legal Tech-Unternehmen vertritt. In einer solche Konstellation ist nach § 327 Abs. 1 S. 2 BGB nur der digitale Teil des Vertrags nach dem spezifischen Gewährleistungsregime der §§ 327 ff. BGB zu beurteilen, während die vom Rechtsanwalt erbrachten Leistungen dem allgemeinen Leistungsstörungsrecht unterliegen.

c) Differenzierung zwischen technischer Bereitstellung und Inhalt/Ergebnis von Legal Tech?

Nach Ansicht des deutschen Gesetzgebers[44] und einem Teil des Schrifttums[45] soll bzgl. der Gewährleistung für Legal Tech-Anwendungen ferner zwischen der **technischen Bereitstellung** des digitalen Produkts einerseits und dem **Inhalt und den Ergebnissen** andererseits differenziert werden. Die Regierungsbegründung führt insoweit aus:[46]

„Sofern die Regelungen jedoch auf den entsprechenden Dienstleistungen vorgelagerte oder diese ergänzende digitale Produkte Anwendung finden, zum Beispiel bei Legal-Tech-Angeboten wie Dokumentengeneratoren oder Legal-Chatbots, ist mit Blick auf das Gewährleistungsrecht zwischen den Inhalten und den Ergebnissen der Dienstleistung einerseits und der durch den Untertitel 1 geregelten Gewährleistung für die technische Bereitstellung des digitalen Produkts andererseits zu differenzieren."

Folgt man dieser Ansicht, so wäre bei einem für Mietverträge konzipierten Vertragsgenerator hinsichtlich der Gewährleistung danach zu differenzieren, ob die Software mit einem Virus infiziert ist oder inhaltlich falsch programmiert wurde. Nur im zuerst genannten Fall wären die §§ 327 ff. BGB einschlägig, während die aus einem fehlerhaften Algorithmus resultierenden inhaltlichen Mängel nach allgemeinem Leistungsstörungsrecht zu beurteilen wären.[47]

Eine solche Unterscheidung lässt sich der Digitalen Inhalte-RL 2019/770/EU nicht entnehmen. Davon abgesehen führt eine derartige Differenzierung zu **unnötiger Komplexität** und Kontroversen. Sie widerspricht darüber hinaus dem **verbraucherschützenden Schutzzweck** der Richtlinie, da die Unterscheidung zwischen technischer Bereitstellung und Inhalt/Ergebnis für den Verbraucher zu **Beweisschwierigkeiten** führt. In der Regel kann der Verbraucher nämlich gerade nicht erkennen, worauf die mangelhaft erbrachte Dienstleistung beruht. Auch dies spricht dafür, dass die **Gewährleistung** für digital automatisierte Legal

---

43 Ebers/Poncibó/Zou Contracting and Contract Law in the Age of AI/Sein S. 136 ff.
44 Entwurf eines Gesetzes zur Umsetzung der Richtlinie über bestimmte vertragsrechtliche Aspekte der Bereitstellung digitaler Inhalte und digitaler Dienstleistungen, BT-Drs. 19/27653, 42.
45 Navas Open Journal of Social Sciences 2019, 79 (85).
46 Entwurf eines Gesetzes zur Umsetzung der Richtlinie über bestimmte vertragsrechtliche Aspekte der Bereitstellung digitaler Inhalte und digitaler Dienstleistungen, BT-Drs. 19/27653, 42.
47 Beispiel nach Ebers/Poncibó/Zou Contracting and Contract Law in the Age of AI/Sein S. 139 f.

Tech-Anwendungen **einheitlich nach den §§ 327 ff. BGB zu beurteilen** ist und nicht zwischen der technischen Bereitstellung einerseits und deren Inhalt bzw. Ergebnis andererseits differenziert werden sollte.[48]

3. Konsequenzen für Legal Tech-Unternehmen

a) Objektive Konformitätskriterien

53 Eine Konsequenz der Anwendbarkeit der §§ 327 ff. BGB auf bestimmte Legal Tech-Anwendungen besteht zunächst darin, dass sich die Vertragsmäßigkeit der erbrachten Leistung nicht – wie nach allgemeinem Leistungsstörungsrecht – vorrangig nach subjektiven Kriterien (also insbes. nach den Vertragsvereinbarungen) richtet, sondern nach **objektiven Anforderungen**. Nach § 327h BGB kann von den objektiven Anforderungen des § 327e Abs. 3 S. 1 Nr. 1–5 u. S. 2 BGB vertraglich nur dann abgewichen werden, wenn der Verbraucher vor Abgabe seiner Vertragserklärung eigens davon in Kenntnis gesetzt wurde, dass ein bestimmtes Merkmal des digitalen Produkts von diesen objektiven Anforderungen abweicht, und diese Abweichung im Vertrag ausdrücklich und gesondert vereinbart wurde. Eine solche „qualifizierte" Abbedingung erfordert nach Erwägungsgrund (49) Digitale Inhalte-RL 2019/770/EU ein „aktives und eindeutiges Verhalten".

54 **Objektive Konformitätskriterien** ergeben sich zunächst aus der „**digitalen Natur**" der angebotenen Dienstleistung. Dazu zählen nach § 327e Abs. 3 S. 1 Nr. 2 BGB insbes. die **Kompatibilität, Zugänglichkeit** und **Einhaltung von IT-Sicherheitsstandards** sowie nach Erwägungsgrund (48) Digitale Inhalte-RL 2019/770/EU[49] ggf. die Einhaltung der Grundsätze „**privacy by design**" und „**privacy by default**". Im Übrigen müssen sich Legal Tech-Anwendungen nach § 327e Abs. 3 S. 1 Nr. 1–2 BGB für die gewöhnliche Verwendung eignen und eine Beschaffenheit haben, die bei digitalen Produkten derselben Art üblich ist und die der Verbraucher unter Berücksichtigung der Art des digitalen Produkts erwarten kann. Dabei sind – wie in der Richtlinie,[50] nicht aber im BGB klargestellt wird – auch **technische Standards** sowie, in Ermangelung technischer Standards, **Verhaltenskodizes** zu berücksichtigen.

55 Zwar gibt es derzeit weder allgemeingültige objektive Konformitätskriterien noch etablierte Standards oder Verhaltenskodizes im Legal Tech-Bereich. Angesichts der unterschiedlichen Erscheinungsformen von Legal Tech-Anwendungen erscheint es auch **ausgeschlossen, einheitliche Konformitätskriterien** zu entwickeln, die für alle Arten von Legal Tech-Lösungen gelten. Abzulehnen ist des Weiteren der Vorschlag, die in einem Mitgliedstaat geltenden berufsrechtlichen Grundsätze zur Erbringung von Rechtsdienstleistungen (in Deutschland also BRAO und BORA) zur Bestimmung der Vertragsmäßigkeit von Legal Tech-Anwendungen heranzuziehen, denn diese sind auf Menschen, nicht jedoch auf Software zugeschnitten,[51] und im Übrigen je nach Mitgliedsland verschieden,[52] so dass die beabsichtigte EU-Harmonisierung vereitelt werden würde.

56 Zu erwarten ist jedoch, dass mit wachsender Verbreitung von Legal Tech-Tools im B2C-Bereich[53] sowohl die mitgliedstaatlichen Gerichte als auch der EuGH **objektive Qualitätskriterien** für spezielle Anwendungen entwickeln werden. Naheliegend ist ferner, dass sich die Legal Tech-Branche mittelfristig auf **(europaweite) Branchenkodizes** verständigt, die dann die objektiven Konformitätsanforderungen mitbestimmen.

57 Insgesamt betrachtet werden die von Legal Tech-Unternehmen zu erbringenden Leistungen damit künftig nicht mehr allein von den vertraglich vereinbarten Leistungen sowie den berechtigten Erwartungen des Verbrauchers abhängen, sondern von objektiven, europarechtlich determinierten Kriterien.

---

48 Im Ergebnis wie hier Ebers/Poncibó/Zou Contracting and Contract Law in the Age of AI/Sein S. 140.
49 Vgl. dazu auch Entwurf eines Gesetzes zur Umsetzung der Richtlinie über bestimmte vertragsrechtliche Aspekte der Bereitstellung digitaler Inhalte und digitaler Dienstleistungen, BT-Drs. 19/27653, 53.
50 Art. 8 Abs. 1 lit. a Digitale-Inhalte-RL 2019/770/EU.
51 Ausführlich Ebers/Poncibó/Zou Contracting and Contract Law in the Age of AI/Sein S. 135 ff.
52 Cannarsa et al. Lawyering in the Digital Age/Ebers S. 202 f.
53 Derzeit ist der Anteil von Legal Tech-Tools im B2C-Bereich in vielen Ländern noch sehr gering.

b) Beweislastumkehr

Eine weitere Besonderheit besteht hinsichtlich der Darlegungs- und Beweislast. Während die Darlegungs- und Beweislast für eine Pflichtverletzung des Legal Tech-Unternehmens nach allgemeinem Leistungsstörungsrecht grds. beim Kunden liegt, ordnet § 327k BGB für digitale Produkte eine Beweislastumkehr an, wobei zwischen einmaliger und wiederkehrender Bereitstellung differenziert wird. Im ersten Fall greift eine **Beweislastumkehr ein Jahr ab Bereitstellung**, im zweiten Fall gilt eine **Beweislastumkehr für den Zeitraum der Bereitstellung**. 58

c) Beschränkung und Ausschluss des Anspruchs auf Schadensersatz

Insgesamt steht dennoch nicht zu befürchten, dass Legal Tech-Unternehmen, die digitale Dienstleistungen gegenüber Verbrauchern anbieten, mit Schadensersatzklagen künftig überrannt werden. Im Unterschied zu anderen Rechtsbehelfen können Schadensersatzansprüche nämlich nach § 327s Abs. 4 BGB (in den Grenzen der §§ 307 ff. BGB; → Rn. 63, 65) durchaus beschränkt oder gänzlich ausgeschlossen werden. Ein solcher Ausschluss ist nach der Digitalen Inhalte-RL 2019/770/EU auch zulässig, da die Richtlinie Schadensersatzansprüche gerade nicht regelt.[54] 59

VIII. AGB-Inhaltskontrolle

Weitere Fragen stellen sich mit Blick auf das **vertragliche Pflichtenprogramm** sowie die **Inhaltskontrolle vorformulierter Verträge**, die mit Legal Tech-Unternehmen geschlossen werden. 60

1. Anwaltliche Tätigkeit mittels Legal Tech

Da Rechtsanwälte an das **anwaltliche Berufsrecht** gebunden sind, gelten für die anwaltliche Beratung bei Verwendung von Legal Tech-Tools relativ strenge Pflichten.[55] Zu nennen sind insbes. folgende Berufspflichten: 61

- Gebot der gewissenhaften Berufsausübung (§ 43 BRAO);
- Gebot der anwaltlichen Unabhängigkeit (§ 43a Abs. 1 BRAO);
- Gebot der Wahrung der anwaltlichen Verschwiegenheit (§ 43a Abs. 2 BRAO);
- Verbot der Vertretung widerstreitender Interessen (§ 43a Abs. 4 BRAO).

Darüber hinaus gilt der vom BGH entwickelte Grundsatz, dass ein Rechtsanwalt die **Interessen des Mandanten** ohne Rücksicht auf die Interessen Dritter **umfassend wahrnehmen** und Schädigungen des Mandanten möglichst vermeiden muss sowie zur allgemeinen, umfassenden und **möglichst erschöpfenden Aufklärung und Beratung** des Auftragsgebers verpflichtet ist,[56] auch dann, wenn ein Anwalt Rechtsdienstleistungen erbringt und dabei auf Legal Tech-Tools zurückgreift. 62

Ein **formularmäßiger Ausschluss** dieser Pflichten ist grds. **nicht möglich**, da die gesetzlichen Regelungen als Mindeststandard zu verstehen sind. Ein in Mandatsbedingungen von Rechtsanwälten enthaltener völliger Ausschluss der Haftung für leicht fahrlässiges Fehlverhalten verstößt daher gegen § 307 Abs. 2 Nr. 2 BGB.[57] Haftungsbeschränkungen im Wege vorformulierter Haftungsvereinbarungen sind zwar zulässig, allerdings nur in den Grenzen des § 52 Abs. 1 Nr. 2 BRAO. Danach dürfen Rechtsanwälte sowie Rechtsanwaltsgesellschaften ihre Haftung für fahrlässig verursachte Schäden im Wege einer vorformulierten Haftungsvereinbarung nicht unter 1.000.000 EUR beschränken. 63

2. Nicht-anwaltliche Legal Tech-Anbieter

Nicht-anwaltliche Legal Tech-Dienstleister sind an den strikten anwaltlichen Pflichtenkanon grds. **nicht gebunden**. Dementsprechend sehen viele Legal Tech-Unternehmen in ihren **AGB** vor, dass die von ihnen 64

---

54 Vgl. Erwgr. 73 sowie Art. 3 Abs. 10 Digitale-Inhalte-RL 2019/770/EU.
55 Dazu Remmertz Legal Tech-Strategien § 2 Rn. 417 ff.
56 BGH Urt. v. 16.9.2021 – IX ZR 165/19, NJW 2021, 3324.
57 MüKoBGB/Wurmnest BGB § 307 Rn. 150.

angebotenen Leistungen **keine Rechtsberatung** darstellen, der Kunde selbst die eigenverantwortliche Entscheidung darüber treffen müsse, „ob die Dokumente für seine Zwecke tauglich und richtig sind und ob Rechtsberatung ergänzend einzuholen ist" und die Eignung der beabsichtigten Verwendung nach allgemeinverständlichen Gesichtspunkten prüfen müsse, während der Legal Tech-Anbieter „**keine Gewähr für die inhaltliche Richtigkeit**, Vollständigkeit und Genauigkeit der Inhalte, Rechtsdokumente und sonstigen Leistungen" **übernimmt**.[58]

65 Ob derartige Haftungsbeschränkungen einer **Inhaltskontrolle nach Art. 3 Klausel-RL 93/13/EWG** (umgesetzt in **§ 307 BGB**) standhalten oder unwirksam sind, da sie den Kunden unangemessen benachteiligen, ist ungeklärt.

66 Fraglich ist zunächst, ob solche Klauseln überhaupt der Inhaltskontrolle unterliegen. Nach Art. 4 Abs. 2 Klausel-RL 93/13/EWG und § 307 Abs. 3 BGB sind Klauseln, die den „**Hauptgegenstand des Vertrags**" definieren bzw. eine Leistungsbeschreibung enthalten, der Inhaltskontrolle entzogen. Legal Tech-Anbieter könnten daher argumentieren, dass die Entscheidung, ob der Kunde beraten werden soll, zum „Wesen des Vertragsverhältnisses" gehört, da sie die Hauptleistung festlegt und den Vertrag als solches charakterisiert.[59]

67 Hauptleistungspflichten sind nach Art. 4 Abs. 2 Klausel-RL 93/13/EWG einer Inhaltskontrolle allerdings nur dann entzogen, sofern sie „**klar und verständlich**" abgefasst sind.[60] Vorformulierte Klauseln, die eine **Rechtsberatung ausschließen**, unterliegen daher gleichwohl der Inhaltskontrolle, wenn der Verbraucher aufgrund der tatsächlichen Umstände unter Berücksichtigung der Werbung den Eindruck gewinnt, sein Anliegen werde individuell geprüft. Klauseln, die eine **Haftung für bloße Rechtsinformation** einschränken, unterliegen nach hier vertretener Ansicht sogar stets einer Inhaltskontrolle: Das Angebot von Legal Tech-Diensten an Verbraucher impliziert zwangsläufig, dass das Unternehmen zumindest grundlegende Rechtsinformationen zur Verfügung stellt. Klauseln, die die Haftung für unrichtige Informationen einschränken, legen daher nicht den Hauptgegenstand des Vertrags fest, sondern beschränken vielmehr die vertragswesentlichen Pflichten.

68 Weitergehend stellt sich die Frage, wann ein **Haftungsausschluss** als **missbräuchlich** iSd Art. 3 und dem Anhang der Klausel-RL 93/13/EWG bzw. als „**unangemessene Benachteiligung**" iSd § 307 BGB einzustufen ist. Haftungsbeschränkende Klauseln sind nach der Klausel-RL 93/13/EWG nicht per se missbräuchlich. Nach Anhang Nr. 1b Klausel-RL 93/13/EWG sind solche Klauseln nur dann (potenziell) missbräuchlich, wenn sie Ansprüche des Verbrauchers „ungebührlich" ausschließen oder beschränken (Englisch: „inappropriately excluding or limiting the legal rights of the consumer"). Demzufolge stellt sich aus der Sicht des EU-Verbraucherrechts die Frage, wann Haftungsbeschränkungen als „ungebührlich" anzusehen sind. Nach deutschem Recht darf sich eine Haftungsbeschränkung gem. § 309 Nr. 7b BGB zudem nicht auf **Vorsatz und grobe Fahrlässigkeit** beziehen. Außerdem darf ein Haftungsausschluss nicht in Bezug auf sogenannte **Kardinalpflichten** vorgenommen werden.[61] Auch hier ist jedoch ungeklärt, wann dies bei Legal Tech-Anwendungen der Fall ist.

69 Entscheiden deutsche Gerichte über diese Frage letztinstanzlich, ist die **Einleitung eines Vorabentscheidungsverfahrens** beim EuGH in Betracht zu ziehen. Zwar hat der EuGH in früheren Judikaten noch gemeint, dass der Anhang der Klausel-RL 93/13/EWG nur einen „Hinweis- und Beispielcharakter" habe.[62]

---

58 Vgl. mit zahlreichen Nachweisen für unterschiedliche Legal Tech-Anbieter Timmermann Legal Tech-Anwendungen S. 124, 137, 138, 147, 157 f. Zu ähnlichen Haftungsbeschränkungen in den AGB der US-amerikanischen Anbieter „LegalZoom" und „DoNotPay" s. Cannarsa et al. Lawyering in the Digital Age/Ebers S. 210 f. Teilweise gibt es allerdings auch Angebote, in denen die Durchführung eines spezifischen Subsumtionsvorgangs explizit in Aussicht gestellt wird; vgl. Timmermann Legal Tech Anwendungen S. 419 ff.
59 Vgl. EuGH Urt. v. 26.2.2015 – C-143/13, ECLI:EU:C:2015:127 – Matei.
60 EuGH Urt. v. 23.4.2015 – C-96/14, ECLI:EU:C:2015:262 – Van Hove.
61 Dazu HK-BGB/Schulte-Nölke BGB § 307 Rn. 17; MüKoBGB/Wurmnest BGB § 307 Rn. 72 ff.
62 EuGH Urt. v. 7.5.2002 – C-478/99, ECLI:EU:C:2002:281 – Kommission.

Seit dem Urteil *Invitel*[63] betont der Gerichtshof indessen, dass der Anhang eine „wesentliche Grundlage" für die Inhaltskontrolle bildet. Gleichzeitig konkretisierte der Gerichtshof in einer Reihe von Entscheidungen einzelne Klauselverbote des Anhangs.[64] Diese Judikatur deutet darauf hin, dass der EuGH gewillt ist, die Voraussetzungen, unter denen vorformulierte Klauseln als missbräuchlich anzusehen sind, durch europäische Vorgaben zu konkretisieren.

IX. Bewertung

Die vorangegangene Analyse belegt, dass das EU-Verbraucherrecht derzeit an einigen Stellen (noch) **erhebliche Schutzlücken** aufweist, insbes. mit Blick auf die eingangs unter → Rn. 6 geschilderten Zugangs- und Auswahlprobleme, Informationsasymmetrien, Qualitäts- und Fairnessfragen sowie den Rechtsschutz. 70

Ein grundsätzliches Problem ist die dem EU-Verbraucherrecht zugrundeliegende **Standardisierung** und **Typisierung**, die sich insbes. beim (statischen) **Leitbild des Durchschnittsverbrauchers**,[65] bei **standardisierten Informationspflichten** sowie bei **standardisierten Widerrufsrechten** zeigt. In der Vergangenheit war dieser Regelungsansatz durchaus sinnvoll: Produkte und Dienstleistungen, die zum Zwecke des Massenkonsums standardisiert angeboten werden, erfordern letztlich eine standardisierte Antwort des Rechts. Mit der Verbreitung datengesteuerter intelligenter Produkte und Dienstleistungen ändert sich dies jedoch. Big Data und Profiling eröffnen den Unternehmen die Möglichkeit, einen detaillierten, individuellen Einblick in die persönlichen Verhältnisse des Kunden, seine Verhaltensmuster und sein Persönlichkeitsprofil, einschließlich künftiger Präferenzen zu erhalten. Künftige Legal Tech-Anwendungen werden zudem in der Lage sein, auf den individuellen Sachverhalt eines Rechtssuchenden sehr viel präziser einzugehen als dies heute noch der Fall ist. 71

Je individueller (Legal Tech-)Angebote auf den einzelnen Kunden zugeschnitten werden, desto fragwürdiger werden Schutzinstrumente, die vom Einzelfall abstrahieren und dem Verbraucher – ohne Rücksicht auf seine individuellen Eigenschaften und die konkrete Situation – standardisierte Rechtsinstrumente zur Verfügung stellen. Die auf Big Data basierende Personalisierung sollte daher in rechtlicher Hinsicht nicht durch typisierte, sondern durch **individualisierte**, auf den **Einzelfall** bezogene **Rechtsbehelfe** bewältigt werden. 72

---

63 EuGH Urt. v. 26.4.2012 – C-472/10, ECLI:EU:C:2012:242 – Invitel; bestätigt durch EuGH Urt. v. 3.4.2014 – C-342/13, ECLI:EU:C:2014:1857 – Sebestyén; EuGH Urt. v. 30.5.2013 – C-488/11, ECLI:EU:C:2013:341 – Asbeek Brusse. In EuGH Urt. v. 26.2.2015 – C-143/13, ECLI:EU:C:2015:127 – Matei, bezeichnet der EuGH den Anhang sogar als „graue Liste".
64 Ebers Rechte, Rechtsbehelfe und Sanktionen im Unionsprivatrecht S. 887 ff.; Micklitz/Reich CMLR 2014, 771 (789) (judge-made „grey list").
65 Vgl. hierzu die Kritik von Duivenvoorde EuCML 2013, 69 (69).

83. Richter

Rollberg

I. Das Berufsbild des Richters im Wandel	1
1. Wandel der richterlichen Tätigkeit	1
a) Juristisches Arbeiten	1
b) Gerichtsorganisation......................	4
c) Gesellschaftliche Erwartungen...............	7
2. Chancen und Risiken	8
a) (Scheinbare) Objektivität	8
b) Qualität, Effektivität und (In-)Transparenz ...	10
c) Vereinheitlichung contra Beeinflussung	11
II. Einsatz von Legal Tech im Gericht...............	12
1. Automatisierte gerichtliche Entscheidungsfindung...	12
a) Methodische Probleme	12
aa) Fehlendes semantisches Verständnis	12
bb) Juristische Hermeneutik	13
cc) Subsumtion..........................	15
dd) Wertungen..........................	16
b) Systemische Gefahren	17
aa) Entkopplung von rechtlichen Grundlagen......................................	17
bb) Rückwärtsgewandte Rechtsprechung....	18
cc) Diskriminierung	19
c) Rechtliche Hürden	21
aa) Justizgewährungsanspruch	21
bb) Richterliche Unabhängigkeit	24
cc) Rechtliches Gehör	27
dd) Datenschutz	30
2. Legal Tech-Tools für Richter	31
a) Automatisierte Entscheidungsvorschläge	31
aa) Vor-Urteil	31
bb) Automatisierte rechtliche Hinweise	33
cc) Automatisierter Vergleichsvorschlag	34
b) Dokumentenanalyse	37
c) Berechnungs-Tools	39
3. Ausblick......................................	41

Literatur: *Albrecht*, Roboter können wie Insekten handeln, aber nicht denken wie Menschen, 16.11.2017, abrufbar unter https://www.welt.de/wirtschaft/bilanz/article170671493/Roboter-koennen-wie-Insekten-handeln-aber-nicht-denken-wie-Menschen.html; *Alschwee*, Analyse natürlicher Sprache in einem juristischen Expertensystem, in Erdmann/Fiedler/Haft/Traunmüller (Hrsg.), Computergestützte Juristische Expertensysteme, 1986, S. 87 (zit.: Erdmann et al. Expertensysteme/Alschwee); *Arbeitsgruppe „Modernisierung des Zivilprozesses"*, Diskussionspapier, 2021, abrufbar unter https://www.justiz.bayern.de/media/images/behoerden-und-gerichte/oberlandesgerichte/nuernberg/diskussionspapier_ag_modernisierung.pdf; *Benda*, Bemerkungen zur richterlichen Unabhängigkeit, DRiZ 1975, 166; *Berlit*, Richterliche Unabhängigkeit und elektronische Akte, JurPC Web-Dok. 77/2012; *Bieresborn*, Die Auswirkungen der DS-GVO auf das gerichtliche Verfahren, DRiZ 2019, 18; *Buchholtz*, Legal Tech – Chancen und Risiken der digitalen Rechtsanwendung, JuS 2017, 955; *Castelvecchi*, Can we open the black box of AI?, Nature 538 (2016), 20 (21 f.); *Datenethikkommission*, Gutachten, 2019, abrufbar unter https://www.bmi.bund.de/SharedDocs/downloads/DE/publikationen/themen/it-digitalpolitik/gutachten-datenethikkommission.pdf?__blob=publicationFile&v=6; *Dzida/Groh*, Diskriminierung nach dem AGG beim Einsatz von Algorithmen im Bewerbungsverfahren, NJW 2018, 1917; *Enders*, Einsatz künstlicher Intelligenz bei juristischer Entscheidungsfindung, JA 2018, 721; *Engel*, Algorithmisierte Rechtsfindung als juristische Arbeitshilfe, JZ 2014, 1096; *Engisch*, Logische Studien zur Gesetzesanwendung, 2. Aufl. 1960; *Ernst*, Algorithmische Entscheidungsfindung und personenbezogene Daten, JZ 2017, 1026; *European Commission for the Efficiency of Justice (CEPEJ)*, European Ethical Charter on the Use of Artificial Intelligence in Judicial Systems and their environment, 2018, abrufbar unter https://rm.coe.int/ethical-charter-en-for-publication-4-december-2018/16 808f699c; *Fries*, PayPal Law und Legal Tech – Was macht die Digitalisierung mit dem Privatrecht?, NJW 2016, 2860; *von Graevenitz*, „Zwei mal Zwei ist Grün" – Mensch und KI im Vergleich, ZRP 2018, 238; *Grupp*, Legal Tech – Impulse für Streitbeilegung und Rechtsdienstleistung, AnwBl 2014, 660; *Guggenberger*, Einsatz künstlicher Intelligenz in der Verwaltung, NVwZ 2019, 844; *Haft*, Einführung in die Rechtsinformatik, 1977; *Haft*, Juristische Erwartungen an Expertensysteme, in Erdmann/Fiedler/Haft/Traunmüller (Hrsg.), Computergestützte Juristische Expertensysteme, 1986, S. 21 (zit.: Erdmann et al. Expertensysteme/Haft); *Haft*, Computergestützte Entscheidungsfindung, in Hoppe/Krawietz/Schulte (Hrsg.), Rechtsprechungslehre, 1992, S. 589 (zit.: Hoppe/Krawietz/Schulte Rechtsprechungslehre/Haft); *Hao/Stray*, Can you make AI fairer than a judge? Play our courtroom algorithm game, 17.10.2019, abrufbar unter https://www.technologyreview.com/s/613508/ai-fairer-than-judge-criminal-risk-assessment-algorithm/?etcc_med=newsletter&etcc_cmp=nl_algoethik_13834&etcc_plc=aufmacher&etcc_grp=; *Heilmann*, Regulierung von Suchmaschinen, MMR 2020, 162; *Herberger*, „Künstliche Intelligenz" und Recht, NJW 2018, 2825; *Hoffmann-Riem*, Verhaltenssteuerung durch Algorithmen – Eine Herausforderung für das Recht, AöR 142 (2017), 1; *Kelsen*, Allgemeine Theorie der Normen, 1979; *Kilian*, Juristische Entscheidung und elektronische Datenverarbeitung, 1974; *Koch/Rüßmann*, Juristische Begründungslehre – Eine Einführung in Grundprobleme der Rechtswissenschaft, 1982 (zit.: Koch/Rüßmann Begründungslehre); *Kotsoglou*, Subsumtionsautomat 2.0, JZ 2014, 451; *Kramer*, Juristische Methodenlehre, 5. Aufl. 2016; *Krumm*, Grundfragen des steuerlichen Datenverarbeitungsrechts, DB 2017, 2182; *Kühling/Martini/Heberlein/Kühl/Nink/Weinzierl/Wenzel*,

Die Datenschutz-Grundverordnung und das nationale Recht, 2016, abrufbar unter http://www.foev-speyer.de/files/de/downloads/Kuehling_Martini_et_al_Die_DS-GVO_und_das_nationale_Recht_2016.pdf; *Länderarbeitsgruppe „Legal Tech: Herausforderungen für die Justiz"*, Abschlussbericht, 2019, abrufbar unter https://www.schleswig-holstein.de/DE/Landesregierung/II/Minister/Justizministerkonferenz/Downloads/190605_beschluesse/TOPI_11_Abschlussbericht.pdf?__blob=publicationFile&v=1; *Larenz*, Methodenlehre der Rechtswissenschaft, 6. Aufl. 1991 (zit.: Larenz Methodenlehre); *Larenz/Canaris*, Methodenlehre der Rechtswissenschaft, 3. Aufl. 1995 (zit.: Larenz/Canaris Methodenlehre Rechtswissenschaft); *Larson/Mattu/Kirchner/Angwin*, How We Analyzed the COMPAS Recidivism Algorithm, 23.5.2016, abrufbar unter https://www.propublica.org/article/how-we-analyzed-the-compas-recidivism-algorithm; *Lehmann*, Formale Repräsentation juristischen Wissens, in Erdmann/Fiedler/Haft/Traunmüller (Hrsg.), Computergestützte Juristische Expertensysteme, 1986, S. 75 (zit.: Erdmann et al. Expertensysteme/Lehmann); *Lenzen*, Künstliche Intelligenz – Was sie kann & was uns erwartet, 2018 (zit.: Lenzen KI); *Martini*, Algorithmen als Herausforderung für die Rechtsordnung, JZ 2017, 1017; *Martini/Botta/Kolain*, Automatisch erlaubt? – Fünf Anwendungsfälle algorithmischer Systeme auf dem juristischen Prüfstand, Januar 2020, abrufbar unter https://www.bertelsmann-stiftung.de/fileadmin/files/BSt/Publikationen/GrauePublikationen/Automatisch_erlaubt_final.pdf; *Martini/Nink*, Wenn Maschinen entscheiden … – vollautomatisierte Verwaltungsverfahren und der Persönlichkeitsschutz NVwZ-Extra 10/2017, 1; *Möllers*, Juristische Methodenlehre, 2. Aufl. 2019; *Ory/Weth*, Schöpfung durch Künstliche Intelligenz?, NJW 2018, 2829; *Ott*, Ich will hier rein! Suchmaschinen und das Kartellrecht, MMR 2006, 195; *Pahlke*, Typusbegriff und Typisierung, DStR-Beih. 2011, 66; *Pariser*, The Filter Bubble – What the Internet is Hiding from You, 2011; *Quarch/Hähnle*, Zurück in die Zukunft: Gedanken zur Automatisierung von Gerichtsverfahren, NJOZ 2020, 1281; *Raabe/Wacker/Oberle/Baumann/Funk*, Recht ex machina – Formalisierung des Rechts im Internet der Dienste, 2012; *Reichertz*, Algorithmen als autonome Akteure?, 24.2.2013, abrufbar unter https://blog.soziologie.de/2013/02/algorithmen-als-autonome-akteure/; *Reichwald/Pfisterer*, Autonomie und Intelligenz im Internet der Dinge, CR 2016, 208; *Reisinger*, Rechtsinformatik, 1977; *Ring*, Computergestützte Rechtsfindungssysteme, 1994; *Röhl/Röhl*, Allgemeine Rechtslehre, 3. Aufl. 2008; *Rollberg*, Automatisierte gerichtliche Vergleichsvorschläge im Zivilprozess, ZKM 2020, 208; *Rüthers*, Geleugneter Richterstaat und vernebelte Richtermacht, NJW 2005, 2759; *Scheja*, Schutz von Algorithmen in Big Data Anwendungen, CR 2018, 485; *Scheuerle*, Rechtsanwendung, 1952; *Schreiber-Ehle*, Dokumentation in Softwareerstellungsverträgen, CR 2015, 469; *Steege*, Algorithmenbasierte Diskriminierung durch Einsatz von Künstlicher Intelligenz, MMR 2019, 715; *Strauch*, Wandel des Rechts durch juristische Datenbanken?, DVBl 2007, 1000; *Sujecki*, Das Online-Mahnverfahren in Deutschland, MMR 2006, 369; *Wiebe/Eichfeld*, Spannungsverhältnis Datenschutzrecht und Justiz – Anwendungsbereich, Verantwortlichkeit, richterliche Unabhängigkeit, NJW 2019, 2734; *Wysk*, Das Gesetz und seine Richter: Mund des Gesetzes? Rechtsbeistand des Gesetzgebers? Oder…?, in GS Brandner, 2018, S. 137; *Ziegler*, Im Namen des Algorithmus, c't 25/2017, 68; *Zippelius*, Juristische Methodenlehre, 11. Aufl. 2012; *Zweig/Krafft*, Fairness und Qualität algorithmischer Entscheidungen, in Kar/Thapa/Parycek (Hrsg.), Algorithmen und Automatisierung, 2018, S. 204 (zit.: Kar/Thapa/Parycek Algorithmen und Automatisierung/Zweig/Krafft).

I. Das Berufsbild des Richters im Wandel

1. Wandel der richterlichen Tätigkeit

a) Juristisches Arbeiten

Veränderungen in der richterlichen Tätigkeit bedeuteten in der Vergangenheit insbesondere **Erleichterungen** bei der Abfassung von Entscheidungen und bei der Literaturrecherche. Mit dem Einsatz von Computern wurde es möglich, wiederverwendbare Textbausteine digital zu speichern und mit wenigen Klicks in neue Dokumente einzufügen. Ferner entstanden digitale juristische Datenbanken wie Beck-Online und Juris, deren Angebote den Gang in die Bibliothek für viele Richter mittlerweile weitgehend ersetzen. Zugleich entfällt damit die Bindung an bestimmte Öffnungszeiten. Mit dem Aufkommen von Berechnungsprogrammen wie Prozesskostenhilferechnern und „WinFam" (→ Rn. 39 f.) verlässt der technische Einfluss allmählich den Bereich der bloßen Entscheidungsvorbereitung und beginnt bereits, auf den Bereich der Entscheidungsfindung überzugreifen.

1

Die **Sachverhaltsaufklärung** zeigt sich hingegen noch wenig modernisiert. Während Richter heutzutage die Schriftsätze der Parteien noch immer selbst auf den relevanten streitigen und nicht streitigen Sachverhalt hin prüfen, könnte ihnen diese Arbeit in Zukunft abgenommen werden. Eine Möglichkeit besteht in der Entwicklung von intelligenten Aktendurchdringungssystemen, die in der Lage sind, aus dem Partei-

2

vortrag einen Urteilstatbestand zu erstellen. Dafür müsste man Computern zunächst ein ausreichendes Textverständnis beibringen. Dies gestaltet sich bislang jedoch schwierig.[1] Eine andere Möglichkeit wäre die strukturierte Aufnahme des Parteivortrags (→ *E-Justice* Rn. 36 ff). Dieser könnte automatisiert zu einem Tatbestand zusammengefasst werden. Setzt man zur Strukturierung ein Basisdokument ein, an dem die Parteien und das Gericht gemeinsam arbeiten, um die streitigen und nicht streitigen Punkte herauszuarbeiten (→ *E-Justice* Rn. 39), könnte in der Zukunft ggf. auch auf den klassischen Urteilstatbestand verzichtet werden.[2]

3 Je besser intelligente KI-Systeme darin werden, sinnvolle **Entscheidungsvorschläge** zu produzieren, umso mehr steht zu erwarten, dass sich die Rolle des Richters hin zu einer überwachenden oder überprüfenden verschieben wird. Denkbar ist einerseits, dass Richter mit einem computergenerierten Entscheidungsentwurf arbeiten, an dem sie, sofern nötig, Anpassungen vornehmen (→ Rn. 31 f.), oder andererseits erst in zweiter Instanz tätig werden, um die verbindlichen Entscheidungen einer „KI-Eingangsinstanz" zu überprüfen (→ Rn. 21 ff.).

b) Gerichtsorganisation

4 In der Zukunft wird sich das **Arbeitsumfeld von Richtern** verändern. Der Ausbau von verschlüsselten Fernzugängen begünstigt das mobile Arbeiten. Dadurch sind Richter zunehmend nicht mehr auf einen ständig verfügbaren Büroarbeitsplatz im Gericht angewiesen. Die Abschaffung der Papierakten (→ *E-Justice* Rn. 2 ff.) kann diese Entwicklung noch befördern. Werden Präsenzarbeitsplätze in den Gerichten weniger in Anspruch genommen, können intelligente Nutzungskonzepte (insbesondere Arbeitsplatz-Sharing) zu einer optimalen Raumauslastung beitragen. Mit dem aufgrund der Einführung der E-Akte zu erwartenden Rückgang der aufwändigen Lagerung von Papierakten werden sogar noch weitere Räume für anderweitige Nutzungen zur Verfügung stehen.

5 Veränderungen sind auch im Hinblick auf die **nachgeordneten Dienste** zu erwarten. Während der IT-Support und die IT-Sicherheit[3] zunehmend bedeutender werden, ist bei den Serviceeinheiten eher mit einem Personalabbau zu rechnen. Einige Tätigkeiten, die sie heute noch ausführen, dürften in der Zukunft entfallen oder vom Computer übernommen werden. Protokollkräfte werden bereits heutzutage zunehmend durch Diktiergeräte und Spracherkennungssoftware ersetzt. Mit der Einführung der E-Akte entfällt zudem die aufwändige Führung von Papierakten. Neu eingehende (elektronische) Dokumente sollten den jeweiligen Verfahren mittels intelligenter Systeme weitgehend automatisch zugeordnet und dort eingestellt werden können. Arbeiten die Parteien zukünftig an einem gemeinsamen Basisdokument (→ *E-Justice* Rn. 39), wird nicht einmal eine automatische Zuordnung von Eingaben nötig sein. Der Eingang und Versand physischer Dokumente wird jedenfalls mit der Zeit fast vollständig zum Erliegen kommen. Werden Verfügungen, Beschlüsse und Urteile in der Zukunft ggf. nur noch auf ein Justizportal hochgeladen, entfällt auch deren postalischer Versand.

6 Die Arbeit an den Gerichten wird sich auch in **sozialer Hinsicht** verändern. Die Digitalisierung hat das Potenzial, die Kommunikation nahezu vollständig in den digitalen Raum zu verlagern. Die gerichtsinternen Arbeitsabläufe werden in Zukunft weitgehend ohne persönliche Begegnungen auskommen. Auch der zwischenmenschliche Kontakt unter den Kollegen wird aufgrund des mobilen Arbeitens abnehmen, da neben ortsgebundenen Besprechungen bspw. auch gemeinsame Mittagsrunden entfallen.

---

1 Vgl. Breidenbach/Glatz Legal Tech-HdB/von Bünau S. 54 ff.; Lenzen KI S. 120 ff.
2 S. dazu Arbeitsgruppe „Modernisierung des Zivilprozesses", Diskussionspapier, 2021, abrufbar unter https://www.justiz.bayern.de/media/images/behoerden-und-gerichte/oberlandesgerichte/nuernberg/diskussionspapier_ag_modernisierung.pdf, S. 41 f.
3 Nach einem Bericht des Tagesspiegel war das Kammergericht neun Monate nach dem im Herbst 2020 erfolgten Befall mit dem Emotet-Virus noch immer nur eingeschränkt arbeitsfähig, vgl. dazu https://www.tagesspiegel.de/berlin/die-folgen-der-emotet-attacke-wie-ein-computervirus-das-berliner-kammergericht-seit-monaten-im-griff-hat/25959200.html.

c) Gesellschaftliche Erwartungen

Da digitale Prozesse einen Effizienzzuwachs versprechen, wird mit dem Ausbau der Digitalisierung an den Gerichten die Erwartungshaltung der Gesellschaft wachsen, dass die Rechtsdurchsetzung vor staatlichen Gerichten zukünftig **zügiger und mit geringeren Kostenrisiken** möglich wird. Dies zeigt sich heute bereits im Bereich von massenhaft vorkommenden Verbraucherstreitigkeiten mit verhältnismäßig geringfügigen Streitwerten. Dort sieht sich die Justiz einem „Konkurrenzkampf" mit digitalen Plattformen (→ *Plattformen, allgemein* Rn. 15) ausgesetzt, die eine schnelle Realisierung bestimmter verbraucherrechtlicher Ansprüche ohne Kostenrisiko versprechen.[4] Diese Konzepte gehen zwar auf Kosten der vollen Verwirklichung des eigenen Anspruchs. Denn die Plattformen vereinnahmen für ihr Tätigwerden Provisionen[5], die von der Höhe des beizutreibenden Anspruchs abhängen und für die es, anders als für die Kosten eines gerichtlich ausgetragenen Rechtsstreits (§ 91 ZPO), keinen prozessualen Ausgleichsanspruch gibt.

2. Chancen und Risiken

a) (Scheinbare) Objektivität

Auf den ersten Blick versprechen automatisierte Entscheidungen einen Zuwachs an Sachlichkeit und Objektivität. Computer besitzen weder Emotionen noch Gefühle und folgen schlicht den **vorab festgelegten Regeln**.[6] Sie haben grundsätzlich keine Vorurteile.[7] Außerhalb der Programmvorgaben liegende Faktoren blenden sie aus. Genau in den Programmvorgaben verstecken sich allerdings zugleich die Probleme, die an der vermeintlichen Sachlichkeit und Objektivität von computergenerierten Entscheidungen zweifeln lassen. Denn Computersysteme werden **von Menschen entwickelt**. Das bedeutet, dass Menschen zumindest mittelbar festlegen, welche Kriterien bei einer vom Computer zu treffenden Entscheidung wie stark gewichtet werden.[8] Ihre Ansichten und Wertungen, ihre Einstellungen, Neigungen und Tendenzen setzen sich in der Funktionsweise von Algorithmen (→ *Algorithmus* Rn. 2 ff.) fort.[9] Benachteiligungen können einerseits in den **Algorithmen** zu finden sein. Andererseits beeinflussen die **Daten**, mit denen KI-Systeme trainiert werden, die Ergebnisse. Ihre Vorauswahl kann (bewusst oder unbewusst) tendenziös sein. So kann etwa ein Tool zur Bewerberauswahl, das die bisherigen Auswahlprozesse eines Unternehmens analysiert, das in der Vergangenheit vorwiegend Männer eingestellt hat, sich dies „merken" und auch in Zukunft männliche Bewerber bevorzugen.[10] Wird eine Entscheidung an einen Computer delegiert, macht sie das also nicht automatisch objektiv. Selbstlernende Systeme sind nur insofern neutral, als sie alles abbilden, was sie an Struktur im Datenpool vorfinden.[11] Erschwerend kommt hinzu, dass Algorithmen potenziell für die Anwendung auf eine Vielzahl von Fällen ausgerichtet sind, womit sich das Gefahrenpotenzial von diskriminierenden Tendenzen noch erhöht.[12]

Eine zu weitgehende Übertragung gerichtlicher Entscheidungen auf den Computer führt im wahrsten Sinne des Wortes zu einer Entmenschlichung der Justiz. Dies schließt die Gefahr ein, dass Rechtsuchende mit der Zeit zum **bloßen Objekt** von Gerichtsverfahren degradiert werden.[13] Automatisierte Entscheidungen

---

4 Die Flightright GmbH (https://www.flightright.de/) und die LexFox GmbH (https://www.wenigermiete.de/) werben auf ihren Webseiten mit einem geringen Aufwand für den Nutzer und dem Fehlen eines Kostenrisikos.
5 Die Flightright GmbH verlangt eine Erfolgsprovision von 20–30 %, vgl. dazu https://www.flightright.de/. Auch bei der LexFox GmbH orientieren sich die Preise an der Höhe des Anspruchs, vgl. dazu https://www.wenigermiete.de/preise.
6 Albrecht, Roboter können wie Insekten handeln, aber nicht denken wie Menschen, 16.11.2017, abrufbar unter https://www.welt.de/wirtschaft/bilanz/article170671493/Roboter-koennen-wie-Insekten-handeln-aber-nicht-denken-wie-Menschen.html; Lenzen KI S. 35 f.; im Hinblick auf die Zukunft aber zweifelnd: Enders JA 2018, 721 (722).
7 Dzida/Groh NJW 2018, 1917 (1917); Lenzen KI S. 173.
8 Ernst JZ 2017, 1026 (1029).
9 Ernst JZ 2017, 1026 (1028); Martini JZ 2017, 1017 (1018).
10 Dzida/Groh NJW 2018, 1917 (1917).
11 Lenzen KI S. 60.
12 Im Hinblick auf Verwaltungsentscheidungen Martini/Nink NVwZ-Extra 10/2017, 1 (10).
13 Vgl. Kaulartz/Braegelmann AI und Machine Learning-HdB/Rühl Kap. 14.1 Rn. 26; s. dazu auch BVerfG Beschl. v. 29.5.1991 – 1 BvR 1383/90, NJW 1991, 2823, juris Rn. 7.

begründen immer die Gefahr, dass die Besonderheiten des Einzelfalls aus dem Blick geraten und nur noch schematisch entschieden wird.[14]

b) Qualität, Effektivität und (In-)Transparenz

10 Die Qualität juristischer Arbeit kann durch digitale Unterstützung verbessert werden.[15] Computer sind weniger fehleranfällig als Menschen[16], arbeiten vergleichsweise schneller und sind außerdem ständig verfügbar. Gerade bei der Bewältigung standardisierbarer Aufgaben verspricht die maschinelle Bearbeitung eine erhebliche Zeitersparnis.[17] Das alles kommt einem effektiven und insbesondere **zügigen Rechtsschutz** zugute. Auf der anderen Seite stellt sich jedoch das sog. **„Blackbox"-Problem**.[18] Selbst den Entwicklern von KI-Systemen bereitet es große Schwierigkeiten, vollständig nachzuvollziehen, was zwischen der Dateneingabe und der Ausgabe des Ergebnisses passiert. Nachvollziehbar ist nur, welche Entscheidung das System getroffen hat, nicht aber, warum es sich für genau diese Lösung entschieden hat. Freilich sind auch menschliche Entscheidungsfindungsprozesse nicht im Einzelnen vorauszusehen[19], weshalb Richter gelegentlich ebenfalls als „Blackbox" bezeichnet werden.[20] Um die Qualität gerichtlicher Entscheidungen zu verbessern, müssen KI-Systeme diese aber ohnehin nicht gleich ganz übernehmen. Gewinnbringend eingesetzt werden können sie bspw. im Bereich der **Fehlerkontrolle**. KI-Systeme könnten die menschliche Arbeit beispielsweise kontrollieren und auf Widersprüche hinweisen, wobei die endgültige Entscheidung dem menschlichen Richter vorbehalten wäre (→ Rn. 21 ff.).

c) Vereinheitlichung contra Beeinflussung

11 Computersysteme, die automatisierte Entscheidungen produzieren, würden an allen Gerichten, an denen sie eingesetzt werden, zu einer Vereinheitlichung und damit einer besseren Vorhersehbarkeit instanzgerichtlicher Rechtsprechung führen. Denn die Entscheidungsregeln würden vorab festgelegt. Gleichzeitig drohte damit aber ein **„Einfrieren" des Rechts**.[21] Ferner können auch juristische Datenbanken zur Vereinheitlichung der instanzgerichtlichen Rechtsprechung beitragen. Mithilfe der Schlagwortsuche steht innerhalb kurzer Zeit in der Regel eine ganze Reihe von Gerichtsentscheidungen und Literaturquellen zum Abruf zur Verfügung. Die dort maßgeblichen Erwägungen müssen nicht einmal abgetippt, sondern können sogleich digital kopiert und in die eigene Entscheidung eingefügt werden. Diese Vorgehensweise darf allerdings nicht dazu führen, dass Textpassagen weithin ungeprüft übernommen werden. Daneben besteht bei der Stichwortrecherche die Gefahr, dass sich die Arbeit des Rechtsanwenders im Auffinden von Entscheidungen erschöpft, die einen ähnlichen Sachverhalt betreffen.[22] Die klassische juristische Arbeitsweise (Auslegung, Subsumtion) droht hier in den Hintergrund zu treten. Dies kann einer **schleichenden Beeinflussung der Entscheidungsfindung** Vorschub leisten.[23] Hinzu kommt, dass das Ranking der Ergebnisse durch Algorithmen (→ *Algorithmus* Rn. 2 ff.) bestimmt wird. Die Algorithmen können – ohne dass der Nutzer dies weiß – so programmiert sein, dass bestimmte Ergebnisse bevorzugt gelistet werden.[24] Der Listenplatz hat erhebliche Auswirkungen auf ihre Wahrnehmbarkeit.

---

14 Anders Guggenberger NVwZ 2019, 844 (847), der sich aufgrund der „Vielfalt der Daten, mit denen KI-Systeme trainiert werden, [...] individuellere Lösungen im Einzelfall" erhofft.
15 Breidenbach/Glatz Legal Tech-HdB/Breidenbach S. 45; Breidenbach/Glatz Legal Tech-HdB/Breidenbach/Glatz S. 7.
16 Ernst JZ 2017, 1026 (1028).
17 Guggenberger NVwZ 2019, 844 (846 f.).
18 Zum „Blackbox"-Problem Hartung/Bues/Halbleib Legal Tech/Bues Rn. 1198; Castelvecchi Nature 538 (2016), 20 (21 f.); Hoffmann-Riem AöR 142 (2017), 1 (29); Lenzen KI S. 77; Kaulartz/Braegelmann AI und Machine Learning-HdB/Rühl Kap. 14.1 Rn. 19.
19 Ernst JZ 2017, 1026 (1028).
20 Vgl. Erdmann et al. Expertensysteme/Haft S. 21 (25).
21 S. dazu Rollberg Algorithmen in der Justiz S. 48 ff.
22 Vgl. Strauch DVBl 2007, 1000 (1004).
23 Vgl. Berlit JurPC Web-Dok. 77/2012, Abs. 46 ff.
24 Eingehend zur Filterung von Inhalten Pariser, The Filter Bubble – What the Internet is Hiding from You, 2011; zu Regulierungsansätzen im privatwirtschaftlichen Bereich Heilmann MMR 2020, 162; zur kartellrechtlichen Problematik Ott MMR 2006, 195.

II. Einsatz von Legal Tech im Gericht

1. Automatisierte gerichtliche Entscheidungsfindung

a) Methodische Probleme

aa) Fehlendes semantisches Verständnis

Algorithmen (→ *Algorithmus* Rn. 2 ff.) bestehen aus definierten Abfolgen von Handlungsschritten zur Lösung eines bestimmten Problems.[25] Etwas vereinfacht kann man sie auch als **Handlungsanweisungen** beschreiben. Da Normen ebenfalls Handlungsanweisungen enthalten, wurde schon vielfach der Versuch unternommen, Rechtsregeln in Computersprache zu übersetzen.[26] Während aber Normen in natürlicher Sprache verfasst sind, folgen Computer den Anweisungen einer **formalen Sprache**: dem Computercode.[27] Formale Sprachen sind vollständig definiert und in ihrer Interpretation immer eindeutig.[28] Für die natürliche Sprache gilt dies nicht. Beispielsweise können mit dem Wort „Akte" ein Papierkonvolut oder aber mehrere Handlungen gemeint sein. Die in der natürlichen Sprache angelegte Unschärfe setzt sich in Gesetzestexten fort.[29] Manchmal bedient sich der Gesetzgeber sogar ganz bewusst sprachlicher Unschärfen, um einen möglichst weiten Interpretationsspielraum zu ermöglichen. Dies zeigt sich etwa dort, wo „die guten Sitten" (§ 138 BGB), „Treu und Glauben" (§ 242, § 307 Abs. 1 BGB) oder „die Verkehrssitte" (§§ 157, 242 BGB) Tatbestandsmerkmale sind oder die (Un-)Angemessenheit eines Umstands (§ 281 Abs. 1 S. 1, § 307 Abs. 1, § 314 Abs. 3, § 641 Abs. 2 S. 1 Nr. 3 BGB) zu beurteilen ist. Sprachliche Mehrdeutigkeiten können mit der strengen Logik einer formalen Sprache nicht abgebildet werden.[30] Der Sinn eines aus der natürlichen Sprache in Computersprache umgewandelten Textes bleibt dem Computer verborgen.[31] Computer können deshalb nur in Bereichen eingesetzt werden, die ihnen kein semantisches Verständnis abverlangen.

bb) Juristische Hermeneutik

Während Computer ihrer linearen Arbeitsweise verhaftet sind, ist die Deutung eines Textes von einer zirkulären Struktur geprägt. Computer sind damit bislang überfordert.[32] Denn der Verstehensprozess bei der Interpretation von Texten setzt ein **Vorverständnis** voraus.[33] Der Interpret gleicht in ständigen Wechselschritten den zu interpretierenden Text mit seinem Vorverständnis ab.[34] Sein Vorverständnis setzt sich aus seinen sämtlichen Kenntnissen und Erfahrungen zusammen.[35] Es ermöglicht insbesondere bei mehreren denkbaren Interpretationsmöglichkeiten die Einordnung in einen bestimmten Kontext. Hingegen lassen

---

[25] Buchholtz JuS 2017, 955 (955); Hoffmann-Riem AöR 142 (2017), 1 (2 f.); Reichertz, Algorithmen als autonome Akteure?, 24.2.2013, abrufbar unter https://blog.soziologie.de/2013/02/algorithmen-als-autonome-akteure/; Reichwald/Pfisterer CR 2016, 208 (209); Scheja CR 2018, 485 (486).

[26] Vgl. nur Erdmann/Fiedler/Haft/Traunmüller (Hrsg.), Computergestützte Juristische Expertensysteme, 1986; Haft, Einführung in die Rechtsinformatik, 1977; Kilian, Juristische Entscheidung und elektronische Datenverarbeitung, 1974; Raabe/Wacker/Oberle/Baumann/Funk, Recht ex machina – Formalisierung des Rechts im Internet der Dienste, 2012; Reisinger, Rechtsinformatik, 1977; Ring, Computergestützte Rechtsfindungssysteme, 1994; kritisch Kotsoglou JZ 2014, 451.

[27] Erdmann et al. Expertensysteme/Alschwee S. 87 (87 f.); Buchholtz JuS 2017, 955 (957); Erdmann et al. Expertensysteme/Lehmann S. 75 (75); Lenzen KI S. 37 f.; Raabe/Wacker/Oberle/Baumann/Funk, Recht ex machina – Formalisierung des Rechts im Internet der Dienste, 2012, S. 70.

[28] Raabe/Wacker/Oberle/Baumann/Funk, Recht ex machina – Formalisierung des Rechts im Internet der Dienste, 2012, S. 70.

[29] Zippelius, Juristische Methodenlehre, 11. Aufl. 2012, S. 35, 38 f.

[30] Kotsoglou JZ 2014, 451 (453 f.).

[31] Breidenbach/Glatz Legal Tech-HdB/Breidenbach S. 35 f.; Buchholtz JuS 2017, 955 (957).

[32] Buchholtz JuS 2017, 955 (958); Engel JZ 2014, 1096 (1097).

[33] Vgl. Larenz Methodenlehre S. 206 ff.

[34] Larenz Methodenlehre S. 207; vgl. auch Buchholtz JuS 2017, 955 (958); Kotsoglou JZ 2014, 451 (452).

[35] Larenz Methodenlehre S. 208.

Kontextvarianzen bei singulärer Betrachtung eines Satzes oder Halbsatzes keine eindeutige Interpretation zu.[36] Daran scheitert der Computer.

14 Geht es um die **Auslegung von Rechtsvorschriften**, folgt der Verständnisprozess außerdem zwar bestimmten Regeln. Es gelten die vier klassischen Auslegungsmethoden: grammatikalische, systematische, teleologische und historische Auslegung.[37] Eindeutige Vorgaben für die Gesetzesanwendung fehlen jedoch. So fehlt es bereits an einem Rangverhältnis unter den vier Auslegungsmethoden.[38] Der Versuch der Implementierung einer Vielzahl von Falllösungen in ein Computersystem erscheint daher aussichtslos. Selbst Künstliche Neuronale Netze (KNN) wären damit überfordert. Diese können sich zwar durch beständiges Lernen neuen Konstellationen stellen, „vergessen" jedoch die Lösung alter Aufgaben, wenn sie auf eine neue trainiert werden („catastrophic forgetting").[39]

cc) Subsumtion

15 Zur Subsumtion im klassischen Sinne (→ Subsumtion Rn. 4) sind Computer nicht in der Lage, weshalb sie nur Aufgaben übernehmen können, die nicht mehr als ein **rein schematisches Vorgehen** erfordern.[40] Hierzu gehören insbesondere mathematische Berechnungen. Ihre Unfähigkeit zur Subsumtion liegt zum einen daran, dass Rechtssätze und Logik unterschiedlichen Konzepten folgen. Während Rechtssätze ein Sollen beschreiben, kennzeichnet die Logik ein Sein.[41] Von einem Sollen kann aber nicht auf ein Sein und auch umgekehrt von einem Sein nicht auf ein Sollen geschlossen werden.[42] Rechtssätzen kann deshalb kein Wahrheitswert zugesprochen werden.[43] Versucht man diese gleichwohl mit den Grundsätzen der Logik darzustellen, drohen enorme Widersprüche.[44] Zum anderen lässt sich der Subsumtionsvorgang, bei dem Ober- und Unterbegriffe gebildet und abgeglichen werden[45], nicht beliebig lange fortsetzen.[46] Früher oder später erreicht der Rechtsanwender einen Punkt, an dem er ein **Elementarurteil** treffen muss, das keinen logischen Schlüssen mehr folgt, sondern auf Wahrnehmungen oder sozialen Erfahrungen beruht.[47] Ob ein Gegenstand rot oder grün erscheint oder ein Baumbestand nur eine Baumgruppe oder schon einen Wald darstellt, kann nicht mit logischen Schlüssen ermittelt werden. Ein weiteres Problem begründet der Umstand, dass Ober- und Untersatz nicht isoliert voneinander betrachtet und damit auch nicht nacheinander behandelt werden können. Dies liegt daran, dass sie in Bezug zueinander stehen und einen ständigen wechselseitigen Abgleich erfordern.[48] Die lineare Arbeitsweise des Computers kann dies nicht abbilden.

---

36 Lenzen KI S. 64; Raabe/Wacker/Oberle/Baumann/Funk, Recht ex machina – Formalisierung des Rechts im Internet der Dienste, 2012, S. 70.
37 Vgl. die Aufzählung in BVerfG Beschl. v. 17.5.1960 – 2 BvL 11/59, BVerfGE 11, 126, juris Rn. 17; Kramer, Juristische Methodenlehre, 5. Aufl. 2016, S. 60; vgl. auch Möllers, Juristische Methodenlehre, 2. Aufl. 2019, S. 206 ff.
38 Larenz/Canaris Methodenlehre Rechtswissenschaft S. 166; Wysk GS Brandner, 2018, 137 (142); **aA** Koch/Rüßmann Begründungslehre S. 176 ff., die aus der Gesetzesbindung einen Vorrang der sogenannten „subjektiven" Auslegung, also gemäß dem Willen des historischen Gesetzgebers, folgern; ebenso Röhl/Röhl, Allgemeine Rechtslehre, 3. Aufl. 2008, S. 631 f.; Rüthers NJW 2005, 2759. Das BVerfG (Urt. v. 21.5.1952 – 2 BvH 2/52, BVerfGE 1, 299, juris Rn. 56, und Beschl. v. 17.5.1960 – 2 BvL 11/59, BVerfGE 11, 126, juris Rn. 19) misst der subjektiven Auslegung hingegen nur eine untergeordnete Bedeutung bei.
39 Lenzen KI S. 62.
40 Buchholtz JuS 2017, 955 (958); Engel JZ 2014, 1096 (1098).
41 Kotsoglou JZ 2014, 451 (453); Zippelius, Juristische Methodenlehre, 11. Aufl. 2012, S. 88.
42 Kelsen, Allgemeine Theorie der Normen, 1979, S. 44 ff.; vgl. auch Röhl/Röhl, Allgemeine Rechtslehre, 3. Aufl. 2008, S. 129 f. („Gegensatz von Sein und Sollen").
43 Koch/Rüßmann Begründungslehre S. 44; Kotsoglou JZ 2014, 451 (453).
44 Näher Rollberg Algorithmen in der Justiz S. 63 ff.; Kotsoglou JZ 2014, 451 (452 f.).
45 Larenz Methodenlehre S. 273.
46 Larenz Methodenlehre S. 274.
47 Larenz Methodenlehre S. 274; **aA** Koch/Rüßmann Begründungslehre S. 67 ff.
48 Vgl. Buchholtz JuS 2017, 955 (958); Engisch, Logische Studien zur Gesetzesanwendung, 2. Aufl. 1960, S. 14 f.; Larenz Methodenlehre S. 281, 312; Möllers, Juristische Methodenlehre, 2. Aufl. 2019, S. 83, 490; Scheuerle, Rechtsanwendung, 1952, S. 23.

dd) Wertungen

Jedes Mal, wenn Rechtsvorschriften **Beurteilungsspielräume** vorsehen, können unterschiedliche Ergebnisse vertretbar sein, so dass eine streng logische Subsumtion nicht möglich ist.[49] In diesen Fällen muss der Rechtsanwender das Für und Wider ausloten, ob ein Verhalten den Tatbestand verwirklicht oder nicht, und schließlich eine Entscheidung treffen und sich damit auf ein Ergebnis festlegen.[50] **Unbestimmte Rechtsbegriffe** erfordern ebenfalls eine Wertung. Sie werden nicht definiert, sondern beschrieben, wobei die sie beschreibenden Merkmale ein Gesamtbild ergeben.[51] Dabei sind die einzelnen Merkmale austauschbar und können jeweils mehr oder weniger oder einzelne Merkmale auch gar nicht vorliegen.[52] Diese komplexen Wertungsprozesse formal abzubilden, ist nicht möglich. Denn wertende Betrachtungen sind mit Wenn-Dann-Zuordnungen, wie Computer sie vornehmen, nicht darstellbar.[53] Raum für den Computereinsatz bleibt deshalb nur dort, wo einzelne Teiloperationen aus den rechtlichen Erwägungen herausgelöst und in exakte Schritte zerlegt werden können, ohne dass eine Bewertung vorzunehmen wäre.[54]

b) Systemische Gefahren

aa) Entkopplung von rechtlichen Grundlagen

Mit dem zunehmenden Vertrauen in technische Lösungen wächst die Gefahr, von den gesetzlichen Grundlagen entkoppelte Entscheidungen herbeizuführen. Wenn eine automatisierte Anwendung entscheidet oder ein Gericht ihr Ergebnis **ohne eigene rechtliche Prüfung** in seine Entscheidung überträgt, verliert die Rechtslage an Bedeutung. Vielmehr entscheiden die Algorithmen (→ *Algorithmus* Rn. 1 ff.) des Programms. Wie das Programm funktioniert, legen keine Gesetze, sondern seine Entwickler fest.[55] Beim Einsatz von Künstlicher Intelligenz kommt das sog. „Blackbox"-Problem hinzu.[56] Sie entwickelt eigene Entscheidungsregeln, deren Nachvollziehbarkeit selbst ihre Entwickler vor große Probleme stellt. Für den einfachen Anwender ist es nahezu ausgeschlossen, zu verstehen, was zwischen der Eingabe der Daten und der Ausgabe des Ergebnisses geschieht. Daraus ergeben sich Konflikte mit der richterlichen Unabhängigkeit (→ Rn. 24 ff.) und dem Anspruch auf rechtliches Gehör (→ Rn. 27 ff.). Es gilt der Grundsatz, dass technische Hilfsmittel bei der richterlichen Entscheidungsfindung nur insoweit zum Einsatz kommen dürfen, wie sie für den Richter transparent und nachvollziehbar sind.[57]

bb) Rückwärtsgewandte Rechtsprechung

Computersysteme handeln stets innerhalb des ihnen von ihren Entwicklern vorgegebenen Rahmens.[58] Dabei kommt es nicht darauf an, ob die Programmergebnisse deterministisch vorgegeben sind oder eine Künstliche Intelligenz aus einem Pool an Daten eigene Entscheidungsregeln entwickelt und anwendet. Maschinen können sich derzeit noch nicht unabhängig von der menschlichen Programmierung weiterentwickeln und ihre eigenen Programme selbstständig weiterschreiben.[59] Damit scheidet zugleich eine

---

49 Larenz Methodenlehre S. 217.
50 Enders JA 2018, 721 (725).
51 Larenz Methodenlehre S. 221; Pahlke DStR-Beih. 2011, 66 (67).
52 Enders JA 2018, 721 (725); Hoppe/Krawietz/Schulte Rechtsprechungslehre/Haft S. 589 (595); Larenz Methodenlehre S. 221; Pahlke DStR-Beih. 2011, 66 (67).
53 Vgl. Enders JA 2018, 721 (725); Grupp AnwBl 2014, 660 (664).
54 Vgl. Zippelius, Juristische Methodenlehre, 11. Aufl. 2012, S. 91 f.; vgl. auch Kilian, Juristische Entscheidung und elektronische Datenverarbeitung, 1974, S. 252.
55 Schreiber-Ehle CR 2015, 469 (469).
56 Dazu Hartung/Bues/Halbleib Legal Tech/Bues Rn. 1198; Castelvecchi Nature 538 (2016), 20 (21 f.); Hoffmann-Riem AöR 142 (2017), 1 (29); Lenzen KI S. 77; Kaulartz/Braegelmann AI und Machine Learning-HdB/Rühl Kap. 14.1 Rn. 19.
57 Im Hinblick auf Künstliche Intelligenz: European Commission for the Efficiency of Justice (CEPEJ), European Ethical Charter on the Use of Artificial Intelligence in Judicial Systems and their environment, 2018, abrufbar unter https://rm.coe.int/ethical-charter-en-for-publication-4-december-2018/16808f699c, S. 12; Kaulartz/Braegelmann AI und Machine Learning-HdB/Rühl Kap. 14.1 Rn. 20.
58 Herberger NJW 2018, 2825 (2827).
59 Hoffmann-Riem AöR 142 (2017), 1 (3).

Rechtsfortbildung durch Computersysteme aus.[60] Sie können zur Entscheidungsfindung stets nur auf solche Daten zugreifen, die ihnen bereits zur Verfügung stehen. Gesellschaftliche oder auch rechtliche Veränderungen, die ggf. eine Rechtsprechungsänderung zur Folge haben könnten oder sogar müssten, blieben außen vor.

cc) Diskriminierung

19 Die Ansichten und Wertungen der Entwickler, ihre Einstellungen, Neigungen und Tendenzen setzen sich in den **Algorithmen** (→ *Algorithmus* Rn. 1 ff.) von Computerprogrammen fort (→ *Entscheidungsfindung, automatisierte* Rn. 34 ff.).[61] Außerdem können die **historischen Daten**, mit denen ein KI-System arbeitet, vorbelastet sein. So könnte eine Künstliche Intelligenz bei der Auswertung von Gerichtsentscheidungen anhand der historischen Daten feststellen, dass die Klagen von Personen aus einem bestimmten Wohnbezirk in der Vergangenheit überwiegend abgewiesen worden sind, und diesem Umstand für künftige Entscheidungen Relevanz beimessen. Menschen könnten auf diese Weise mittelbar aufgrund ihrer ethnischen Herkunft benachteiligt werden; dies nämlich dann, wenn diese an einem Ort besonders häufig vertreten ist.[62] Dies ist kein rein theoretisches Szenario, wie eine Auswertung des COMPAS[63]-Algorithmus zeigt. Die Software, die in mehreren Bundesstaaten der USA eingesetzt wird[64], prognostiziert anhand von 137 Parametern die Rückfallwahrscheinlichkeit von Straftätern.[65] Eine Analyse auf der Grundlage von mehr als 10.000 Fällen hat hervorgebracht, dass die Software Angeklagten mit dunkler Hautfarbe tendenziell eine höhere Rückfallwahrscheinlichkeit attestiert als solchen mit heller Hautfarbe.[66]

20 Die potenzielle Gefahr der Diskriminierung durch den Einsatz von Algorithmen ist für die Justiz ein ernstzunehmendes Problem.[67] Gerade vor staatlichen Gerichten sind **Neutralität und Gleichbehandlung** besonders wichtig.[68] Diskriminierungen in diesem Bereich könnten das Ansehen der Justiz massiv beschädigen. Einen diskriminierungsfreien Einsatz sicherzustellen, gehört deshalb zu den größten Herausforderungen beim Einsatz von Technik zur Entscheidungsfindung.[69]

c) Rechtliche Hürden

aa) Justizgewährungsanspruch

21 Der aus Art. 20 Abs. 3 iVm Art. 2 Abs. 1 GG folgende allgemeine Justizgewährungsanspruch verpflichtet den Staat, seinen Bürgern für Streitigkeiten unter Privaten eine Rechtsschutzmöglichkeit zur Verfügung zu stellen.[70] Für Streitigkeiten im Bereich der Ziviljustiz wird diese Aufgabe von den Zivilgerichten übernommen. Diese sind mit unabhängigen Richtern zu besetzen (Art. 92, 97 GG). Richter in diesem Sinne können nur Menschen sein.[71] Zuletzt mehren sich jedoch Überlegungen, Rechtsstreitigkeiten in der Ein-

---

60 Buchholtz JuS 2017, 955 (959).
61 Ernst JZ 2017, 1026 (1028); Martini JZ 2017, 1017 (1018).
62 Ernst JZ 2017, 1026 (1032).
63 Correctional Offender Management Profiling for Alternative Sanctions; dazu Ziegler c't 25/2017, 68 ff.
64 Ziegler c't 25/2017, 68 (68); Kar/Thapa/Parycek Algorithmen und Automatisierung/Zweig/Krafft S. 204 (205 f.).
65 Steege MMR 2019, 715 (716).
66 Larson/Mattu/Kirchner/Angwin, How We Analyzed the COMPAS Recidivism Algorithm, 23.5.2016, abrufbar unter https://www.propublica.org/article/how-we-analyzed-the-compas-recidivism-algorithm. Zu den Schwierigkeiten, den COMPAS-Algorithmus diskriminierungsfrei zu gestalten vgl. Hao/Stray, Can you make AI fairer than a judge? Play our courtroom algorithm game, 17.10.2019, abrufbar unter https://www.technologyreview.com/s/613508/ai-fairer-than-judge-criminal-risk-assessment-algorithm/?etcc_med=newsletter&etcc_cmp=nl_algoethik_13834&etcc_plc=aufmacher&etcc_grp=.
67 Ebenso Kaulartz/Braegelmann AI und Machine Learning-HdB/Rühl Kap. 14.1 Rn. 17 f.
68 Kaulartz/Braegelmann AI und Machine Learning-HdB/Rühl Kap. 14.1 Rn. 18.
69 Ebenso Kaulartz/Braegelmann AI und Machine Learning-HdB/Rühl Kap. 14.1 Rn. 18; vgl. auch European Commission for the Efficiency of Justice (CEPEJ), European Ethical Charter on the Use of Artificial Intelligence in Judicial Systems and their environment, 2018, abrufbar unter https://rm.coe.int/ethical-charter-en-for-publication-4-december-2018/16808f699c, S. 9.
70 BVerfG Urt. v. 30.4.2003 – 1 PBvU 1/02, NJW 2003, 1924; BeckOK GG/Huster/Rux GG Art. 20 Rn. 199.
71 Ebenso Enders JA 2018, 721 (723); von Graevenitz ZRP 2018, 238 (240); Martini/Botta/Kolain, Automatisch erlaubt? – Fünf Anwendungsfälle algorithmischer Systeme auf dem juristischen Prüfstand, Januar 2020, abrufbar

gangsinstanz **durch KI-Systeme entscheiden** und lediglich auf Antrag von einem menschlichen Richter überprüfen zu lassen.[72] Als Einsatzgebiete werden insbesondere „Standardfälle mit geringem Streitwert" und der einstweilige Rechtsschutz genannt.[73] Allerdings wird insofern zu berücksichtigen sein, dass die **richterliche Unabhängigkeit** (→ Rn. 24 ff.) **in allen Instanzen** grundsätzlich unterschiedslos gilt. Auch die Eilbedürftigkeit einer Entscheidung rechtfertigt keine Abstriche an der richterlichen Unabhängigkeit, die zur Verwirklichung des Justizgewährungsanspruchs unabdingbar ist.[74]

Soweit das in den §§ 688 ff. ZPO geregelte **automatisierte gerichtliche Mahnverfahren**[75] (→ *Mahnverfahren, automatisiertes* Rn. 4 ff.) als Vorbild für ein automatisiertes gerichtliches Verfahren herangezogen wird[76], überzeugt dies nicht. Das automatisierte Mahnverfahren kommt grundsätzlich nicht nur ohne Hinzuziehung eines menschlichen Entscheidungsorgans, sondern auch ohne Schlüssigkeitsprüfung aus. Zudem mündet das Mahnverfahren nicht in einen „typischen" gerichtlichen Titel (Beschluss oder Urteil), sondern in einen „Vollstreckungsbescheid" (§ 699 ZPO). Richterliche Tätigkeit entfaltet sich erst dann, wenn aufgrund begründungslos möglichen Widerspruchs die Sache an das Streitgericht abgegeben und dort nach Eingang der Anspruchsbegründung die Schlüssigkeit des Anspruchs geprüft wird.

Auf dem Boden des Grundgesetzes ist es also ausgeschlossen, für alle oder auch nur für bestimmte Arten von Begehren in der ersten Instanz ausschließlich „Roboterrichter" vorzuhalten. Denkbar wäre es aber, dass zB nach Eingang der Klage **alternativ zur Befassung mit einem menschlichen Richter** eine (außergerichtliche) Entscheidung des Rechtsstreits durch ein KI-System angeboten wird. Voraussetzung zum Übergang in das „KI-Verfahren" wäre, dass sich alle Parteien mit der Entscheidung durch ein KI-System einverstanden erklären und im Anschluss die Möglichkeit besteht, sie durch einen menschlichen Richter überprüfen zu lassen. Die automatisierte Alternative zur gerichtlichen Entscheidung zöge ihre Attraktivität daraus, einen schnelleren Entscheidungsprozess und damit einen zügigeren Verfahrensabschluss in Aussicht zu stellen.

bb) Richterliche Unabhängigkeit

Die Rechtsprechung ist durch ihre ausschließliche **Bindung an Gesetz und Recht** (Art. 20 Abs. 3, Art. 97 Abs. 1 GG) vor Einflussnahmen auf den Entscheidungsprozess vonseiten des Staates und der Gesellschaft geschützt.[77] Richter dürfen deshalb weder zur Nutzung noch gar zur Übernahme von maschinell erstellten Entscheidungsvorschlägen (→ *Automatisierung und Autonomie* Rn. 29 ff.) gezwungen werden.[78] Dies gilt sowohl für determinierte Systeme als auch für KI-Systeme.[79] Auch eine **freiwillige Nutzung** von determinierten Systemen oder Künstlicher Intelligenz wäre potenziell geeignet, die richterliche Unabhängigkeit zu beeinträchtigen. Die Bereitstellung solcher Systeme zur freiwilligen Nutzung kann zumindest mittelbar auf die Überzeugungsbildung des Richters durchschlagen. Insbesondere wenn sie eine schnellere Erledigung von Verfahren versprechen, kann mit ihrer Zurverfügungstellung ein latenter Verwendungsdruck einhergehen. Weicht ein Richter vom Ergebnis des vermeintlich unfehlbaren Computers ab, kann dies für ihn außerdem einen außerordentlichen Rechtfertigungsdruck bedeuten.[80] Vom Richter kann aber gleichwohl erwartet werden, dass er den Verlockungen einer schnelleren und bequemeren Bearbeitung widersteht und

---

unter https://www.bertelsmann-stiftung.de/fileadmin/files/BSt/Publikationen/GrauePublikationen/Automatisch_erlaubt_final.pdf, S. 47 f.; Kaulartz/Braegelmann AI und Machine Learning-HdB/Rühl Kap. 14.1 Rn. 22; aA Quarch/Hähnle NJOZ 2020, 1281 (1283).
72 So Buchholtz JuS 2017, 955 (959); von Graevenitz ZRP 2018, 238 (241); Quarch/Hähnle NJOZ 2020, 1281 (1283); Kaulartz/Braegelmann AI und Machine Learning-HdB/Rühl Kap. 14.1 Rn. 23.
73 Kaulartz/Braegelmann AI und Machine Learning-HdB/Rühl Kap. 14.1 Rn. 23.
74 Anders wohl Kaulartz/Braegelmann AI und Machine Learning-HdB/Rühl Kap. 14.1 Rn. 23.
75 Hierzu Sujecki MMR 2006, 369 ff.
76 So Engel JZ 2014, 1096 (1100); vgl. auch Kaulartz/Braegelmann AI und Machine Learning-HdB/Rühl Kap. 14.1 Rn. 23.
77 BeckOK GG/Morgenthaler GG Art. 97 Rn. 3.
78 Kaulartz/Braegelmann AI und Machine Learning-HdB/Rühl Kap. 14.1 Rn. 28.
79 Zur Abgrenzung Rollberg Algorithmen in der Justiz S. 24 ff.
80 Datenethikkommission, Gutachten, 2019, abrufbar unter https://www.bmi.bund.de/SharedDocs/downloads/DE/publikationen/themen/it-digitalpolitik/gutachten-datenethikkommission.pdf?__blob=publicationFile&v=6, S. 213.

eine eigene abschließende Prüfung vornimmt. Deshalb ist das Maß einer unzulässigen Einflussnahme auf die richterliche Entscheidungsfindung noch nicht erreicht, wenn Richtern ein determiniertes System oder ein KI-System zur freiwilligen Nutzung zur Verfügung gestellt wird.[81]

25 Unabdingbar ist aber, dass Richter den unterstützenden Einsatz solcher Systeme beständig und kritisch hinterfragen.[82] Denn die vom Computer vorgeschlagenen Ergebnisse können einen **„Ankereffekt"** haben, da zumindest ein Ergebnis schon im Raum steht. Mit dem zunehmenden Vertrauen in die Technik könnte es schwerfallen, sich von den Lösungen des Computers innerlich hinreichend zu distanzieren. Den automatisch generierten Entscheidungsvorschlägen würde womöglich zunehmend gefolgt, so dass sich schließlich ein Übernahmeautomatismus einstellte. Spätestens dann wäre eine Verletzung der richterlichen Unabhängigkeit zu bejahen. Da die richterliche Unabhängigkeit kein Grundrecht oder persönliches Standesprivileg des Richters ist[83], sondern dem Schutz der Verfahrensbeteiligten dient[84], darf er zudem nicht aus eigenem Antrieb auf sie verzichten, indem er computergenerierte Lösungen ungeprüft in seine Entscheidungen überträgt.[85]

26 Während KI-Systeme aufgrund ihrer Opazität (auch „Blackbox"-Effekt, → Rn. 10) aus der unmittelbaren richterlichen Entscheidungsfindung herauszuhalten sind, gilt dies für **determinierte Systeme** nicht zwingend. Anders als bei KI-Systemen ist deren Nachvollziehbarkeit zumindest theoretisch möglich. Die Hürden für ihren Einsatz zur Entscheidungsfindung sind aber hoch: Der Richter muss die Funktionsweise des determinierten Systems hinreichend, dh idR vollständig, nachvollziehen können.[86] Das ist überhaupt nur bei **Programmen von überschaubarer Komplexität** denkbar. Ist dies aber ausnahmsweise der Fall, dient der Computer lediglich als Werkzeug zur Umsetzung der vom Gericht autonom getroffenen Entscheidung. Zu denken ist insofern insbesondere an Software, die die sie einsetzenden Richter selbst programmiert haben.[87] Vom Richter selbst programmierte Software setzt seine generalisierbaren Entscheidungen in allen Fällen um, deren Konstellationen nach seiner Einschätzung dafür passend erscheinen. Es erfolgt also eine **zweistufige richterliche Bewertung**: 1. Der Richter entscheidet, wie er bestimmte, häufiger vorkommende Konstellationen (zukünftig) entscheidet. 2. Er prüft im Anschluss jeden Einzelfall darauf, ob er zur mechanischen Bearbeitung durch das Programm geeignet ist oder Besonderheiten aufweist, die die Software nicht abbilden kann. Ist die Software nicht in der Lage, eine bestimmte Konstellation zu verarbeiten, muss von der maschinellen Bearbeitung abgesehen werden.

cc) Rechtliches Gehör

27 Der Anspruch auf rechtliches Gehör (Art. 103 Abs. 1 GG) umfasst **drei Facetten**: das Recht auf Äußerung, Information und Berücksichtigung des Vorgebrachten.[88] Der Einsatz von Legal Tech an Gerichten gefährdet alle drei Facetten.

---

81 Ebenso Kaulartz/Braegelmann AI und Machine Learning-HdB/Rühl Kap. 14.1 Rn. 29; aA wohl Datenethikkommission, Gutachten, 2019, abrufbar unter https://www.bmi.bund.de/SharedDocs/downloads/DE/publikationen/themen/it-digitalpolitik/gutachten-datenethikkommission.pdf?__blob=publicationFile&v=6, S. 213.
82 Ebenso Kaulartz/Braegelmann AI und Machine Learning-HdB/Rühl Kap. 14.1 Rn. 29.
83 BGH Urt. v. 27.9.1976 – RiZ (R) 3/75, BGHZ 67, 184, juris Rn. 26; Benda DRiZ 1975, 166 (170).
84 BayVerfGH Entsch. v. 14.3.2019 – Vf. 3-VII-18, NJW 2019, 2151, juris Rn. 23 und 30 f. zu Art. 85 BayVerf.
85 So im Ergebnis auch Länderarbeitsgruppe „Legal Tech: Herausforderungen für die Justiz", Abschlussbericht, 2019, abrufbar unter https://www.schleswig-holstein.de/DE/Landesregierung/II/Minister/Justizministerkonferenz/Downloads/190605_beschluesse/TOPI_11_Abschlussbericht.pdf?__blob=publicationFile&v=1, S. 57 f.
86 S. hierzu im Einzelnen und auch zum Vorschlag eines Zertifizierungsverfahrens für determinierte Programme Rollberg Algorithmen in der Justiz S. 100 ff.
87 Es kommt gelegentlich vor, dass Richter ihre Tätigkeit betreffende Software selbst programmieren. In manchen Fällen wird diese Software auch anderen Richtern zugänglich gemacht, vgl. die Beispiele „WinFam" und „Richter-Tools". Das von RiOLG a. D. Gutdeutsch entwickelte Programm „WinFam" ermöglicht automatisierte familienrechtliche Berechnungen etwa zum Versorgungsausgleich. „Richter-Tools" ist eine von RiLG Orth entwickelte App, die verschiedene automatisierte Berechnungen mit Bezug zur ordentlichen Gerichtsbarkeit (zB zu Prozesskosten und bestimmten Fristen) ermöglicht.
88 BeckOK GG/Radtke GG Art. 103 Rn. 7; Maunz/Dürig/Remmert GG Art. 103 Abs. 1 Rn. 5 und 62.

Einem Gericht, das ein von ihm genutztes computergestütztes Entscheidungssystem nicht hinreichend nachvollziehen kann, wird es schwerfallen, auf die Entscheidung bezogene rechtliche Hinweise nach § 139 ZPO zu erteilen. Die **mangelnde Information** schlägt auf das **Äußerungsrecht** der Betroffenen durch, die ggf. noch etwas Relevantes beizutragen gehabt hätten. Das **Berücksichtigungsrecht** ist insofern betroffen, als die schematische Abwicklung von Rechtsfällen leicht zu einem Übersehen eigentlich relevanter Tatsachen führen kann. Kann ein Entscheidungssystem bestimmte Informationen nicht verarbeiten, wird es diese nicht berücksichtigen. Dass ein solches System in der Lage sein wird, jede Eventualität abzubilden, erscheint nach dem heutigen Stand ausgeschlossen. Deshalb können sich Richter grundsätzlich nicht auf die Ergebnisse eines computergestützten Entscheidungssystems verlassen. Damit zeigt sich außerdem, dass Legal Tech-Tools dem Menschen die Entscheidungsverantwortung nicht abnehmen können.

Sofern es in der Zukunft einen **strukturierten Parteivortrag** (→ *E-Justice* Rn. 36 ff.) vor den Gerichten geben wird, ist den Parteien genügend Platz einzuräumen, ihr Begehren oder ihre Verteidigung dagegen umfassend vorzubringen. Gerade der Einsatz von Eingabemasken birgt die Gefahr, die Parteien daran zu hindern, dort nicht abgebildete, aber gleichwohl wesentliche Umstände mitzuteilen. Dem Vorteil der Strukturierung steht der Nachteil eines ggf. nicht vollständigen Sachverhaltsbildes gegenüber. Mit Freitextfeldern kann man dem Nachteil entgegenwirken, was umgekehrt aber wieder einen Mangel an Strukturierung bedeutet. Auch die Einführung von Präklusionsvorschriften, um das Vorbringen außerhalb einer vorgeschriebenen Struktur zu sanktionieren, sollte wohlüberlegt sein. Rechtsanwälten wird man insoweit mehr Verantwortung übertragen können als nicht anwaltlich vertretenen Parteien.

dd) Datenschutz

Nach Art. 22 Abs. 1 iVm Art. 4 Abs. 1 DS-GVO haben natürliche Personen das Recht, nicht einer ausschließlich auf einer automatisierten Verarbeitung beruhenden Entscheidung unterworfen zu werden, die ihnen gegenüber rechtliche Wirkung entfaltet oder sie in ähnlicher Weise erheblich beeinträchtigt (→ *Algorithmus* Rn. 28 ff., → *Entscheidungsfindung, automatisierte* Rn. 47 ff.). Diese Vorgabe umfasst auch den Bereich der Justiz.[89] Der Grundsatz unterliegt allerdings mehreren Einschränkungen. Verboten sind nur solche Entscheidungen, die **ausschließlich auf einer automatisierten Verarbeitung** beruhen, also ohne jeglichen menschlichen Einfluss generiert werden, nicht hingegen die **algorithmenbasierte Unterstützung** menschlicher Entscheidungen.[90] Die algorithmenbasierte Grundentscheidung muss also, um nicht unter das Verbot zu fallen, mit einer menschlichen Entscheidung verbunden sein.[91] Insbesondere die inhaltliche Bewertung und die darauf gestützte Entscheidung müssen einer natürlichen Person vorbehalten bleiben.[92] Die Ergebnisse eines KI-Systems dürfen nach diesen Grundsätzen nicht ohne vollständige Überprüfung durch einen menschlichen Richter in eine gerichtliche Entscheidung übernommen werden. Gleiches gilt für determinierte Systeme, wenn sie nicht lediglich als Werkzeug zur Umsetzung einer vom Richter bereits

---

89 Referentenentwurf des Bundesministeriums der Justiz und für Verbraucherschutz: Entwurf eines Gesetzes zur Umsetzung der Richtlinie (EU) 2016/680 im Strafverfahren sowie zur Anpassung datenschutzrechtlicher Bestimmungen an die Verordnung (EU) 2016/679, 23.4.2018, abrufbar unter https://www.bmjv.de/SharedDocs/Gesetzgebungsverfahren/Dokumente/RefE_Umsetzung_RL-EU-2016-680_und_Anpassung_datnschutzrechtlicher_Bestimmungen.pdf;jsessionid=607B0C4022BA8850BE8766C26DFDFDFE.1_cid334?__blob=publicationFile&v=3, S. 43; Bieresborn DRiZ 2019, 18 (18); Paal/Pauly/Körffer DS-GVO Art. 55 Rn. 5; Ory/Weth NJW 2018, 2829 (2829 f.); Ehmann/Selmayr/Selmayr DS-GVO Art. 55 Rn. 13; Wiebe/Eichfeld NJW 2019, 2734 (2734 f.); Schantz/Wolff Neues DatenschutzR/Wolff Rn. 1373; **aA**, wonach Erwägungsgrund 20 der DS-GVO den Mitgliedstaaten die Möglichkeit einräume, die Gerichte vom Anwendungsbereich der DS-GVO auszunehmen: Kühling/Martini/Heberlein/Kühl/Nink/Weinzierl/Wenzel, Die Datenschutz-Grundverordnung und das nationale Recht, 2016, abrufbar unter http://www.foev-speyer.de/files/de/downloads/Kuehling_Martini_et_al_Die_DS-GVO_und_das_nationale_Recht_2016.pdf, S. 175 f.; Kühling/Buchner/Kühling/Raab DS-GVO Art. 2 Rn. 30. Im Hinblick auf das Verwaltungsrecht wird unter Verweis auf Art. 16 Abs. 2 AEUV und Art. 2 Abs. 2 lit. a DS-GVO ferner vertreten, dass die DS-GVO nur anwendbar sei, wenn die Regelungsmaterie materielles Unionsrecht betreffe (so Krumm DB 2017, 2182 (2185 ff.)).
90 Martini JZ 2017, 1018 (1020).
91 Hoffmann-Riem AöR 142 (2017), 1 (36).
92 Ernst JZ 2017, 1026 (1031).

vorab getroffenen Entscheidung dienen. Insoweit gelten die Überlegungen im Hinblick auf die richterliche Unabhängigkeit (→ Rn. 24 ff.) hier entsprechend.

2. Legal Tech-Tools für Richter
a) Automatisierte Entscheidungsvorschläge
aa) Vor-Urteil

31 Intelligente Systeme können nicht nur im unmittelbaren Zusammenhang mit der richterlichen Entscheidungsfindung, sondern auch in deren Vorfeld zum Einsatz kommen. Denkbar ist, dass solche Systeme in Zukunft **Entscheidungsvorschläge** produzieren, die das Gericht anschließend nur noch überprüft.[93] Solange daraus kein Übernahmeautomatismus resultiert, steht die richterliche Unabhängigkeit (→ Rn. 24 ff.) dem gerichtsinternen Einsatz solcher Systeme nicht entgegen.[94]

32 Anders zu beurteilen ist die Sachlage, wenn das Vor-Urteil nicht gerichtsintern bleibt, sondern den **Parteien zur Kenntnis** gebracht wird. Den Unterschied begründet Art. 22 Abs. 1 DS-GVO iVm Art. 4 Abs. 1 DS-GVO. Mit der Übersendung des Vor-Urteils würde das Gericht den Parteien eine bestimmte Entscheidung in Aussicht stellen, von der es sich auch durch den Hinweis auf seinen computergemachten Ursprung nicht mehr wirksam distanzieren könnte. Die Parteien müssten ihr Prozessverhalten mangels anderer Anhaltspunkte an den Hinweisen orientieren und ggf. kostensparende Prozesserklärungen (Rücknahme, Verzicht, Anerkenntnis) erwägen. Damit würden sie in ihrer Prozessführung erheblich beeinträchtigt iSd Art. 22 Abs. 1 DS-GVO.

bb) Automatisierte rechtliche Hinweise

33 Die materielle Prozessleitung gemäß § 139 ZPO umfasst die Verpflichtung des Gerichts, den Parteien im Bedarfsfall rechtzeitig rechtliche Hinweise zu erteilen. In der Zukunft könnten solche Hinweise auch **von einem intelligenten System erstellt** und vom Gericht – ohne eigene Prüfung – **an die Parteien weitergeleitet** werden.[95] Eine solche Praxis verstieße jedoch wie der Versand eines computergenerierten Vor-Urteils an die Parteien gegen Art. 22 Abs. 1 DS-GVO, weil die Parteien dadurch in ihrer Prozessführung erheblich beeinträchtigt würden. Sie nähmen die rechtlichen Hinweise als „richterliche" Hinweise wahr. Anders als beim automatisch generierten Vergleichsvorschlag (→ Rn. 34 ff.) hülfe insofern auch die Information, dass das Gericht die rechtlichen Hinweise nicht selbst erstellt oder geprüft hat, nicht weiter. Denn mangels anderer Anhaltspunkte müssten die Parteien ihr Prozessverhalten an den Hinweisen ausrichten und ggf. kostensparende Prozesserklärungen (Rücknahme, Verzicht, Anerkenntnis) erwägen. Nicht zuletzt wäre es prozesswirtschaftlich fragwürdig, die Parteien zu im Ergebnis irrelevanten Umständen vortragen zu lassen. Außerdem stünde aus rechtsstaatlicher Sicht die Nachvollziehbarkeit der richterlichen Entscheidungsfindung infrage. Zu allem Überfluss drohte sogar noch ein Verstoß gegen die Hinweispflicht nach § 139 Abs. 2 ZPO, was die automatisch generierten rechtlichen Hinweise ad absurdum führen würde. Dies wäre dann der Fall, wenn das Gericht seine Entscheidung ohne einen weiteren Hinweis letztlich auf einen Umstand stützte, den die Parteien und der Computer übersehen oder abweichend beurteilt haben.

cc) Automatisierter Vergleichsvorschlag

34 Ein gerichtlicher Vergleich kann nach § 278 Abs. 6 S 1 ZPO u.a. dadurch geschlossen werden, dass die Parteien einen schriftlichen Vergleichsvorschlag des Gerichts durch Schriftsatz gegenüber dem Gericht annehmen. Bislang bedeutet die Ausarbeitung eines Vergleichsvorschlags für das Gericht eine vertiefte Auseinandersetzung mit dem Prozessstoff, wobei die Prozessrisiken beider Parteien abgewogen werden müssen. In der Zukunft könnten auch KI-Systeme die Erstellung von Vergleichsvorschlägen übernehmen. Grundlage ihrer Vorschläge könnte die **statistische Auswertung einer Vielzahl von früheren Entscheidungen** sein. Ein denkbarer Zeitraum für einen solchen Vorschlag wäre die Zeit zwischen dem Eingang

---

93 Vgl. die Überlegungen bei Fries NJW 2016, 2860 (2864).
94 Ähnlich Kaulartz/Braegelmann AI und Machine Learning-HdB/Rühl Kap. 14.1 Rn. 29; **aA** wohl Datenethikkommission, Gutachten, 2019, abrufbar unter https://www.bmi.bund.de/SharedDocs/downloads/DE/publikationen/themen/it-digitalpolitik/gutachten-datenethikkommission.pdf?__blob=publicationFile&v=6, S. 213.
95 Vgl. die Überlegungen bei Fries NJW 2016, 2860 (2864).

der Klageerwiderung bei Gericht und der mündlichen Verhandlung. Die Zulässigkeit automatisierter Vergleichsvorschläge ist jedoch umstritten.[96]

Die gütliche Beilegung von Rechtsstreitigkeiten zählt zu den **bedeutungsvollsten Aufgaben des Richters** 35 und ist daher dem Kernbereich richterlicher Tätigkeit zuzuordnen.[97] Dies spiegelt sich in der Regelung des § 278 Abs. 1 ZPO wider, wonach das Gericht in jeder Lage des Verfahrens auf eine gütliche Beilegung des Rechtsstreits oder einzelner Streitpunkte bedacht sein soll. Andererseits sind aber auch die Parteivertreter oder sogar Dritte nicht gehindert, Vergleichsvorschläge in ein Verfahren einzubringen, wobei es nicht darauf ankommt, in welcher Weise sie erstellt worden sind. Zudem sind Vergleichsvorschläge – anders als Urteile und Beschlüsse – für die Parteien nicht verbindlich. Es steht ihnen frei, einem Vergleichsvorschlag zuzustimmen, ihn abzulehnen oder ihn schlicht zu ignorieren. Während verspätetes Vorbringen im Anschluss an einen gerichtlichen Hinweis als verspätet zurückgewiesen werden kann (vgl. § 296 ZPO), drohen keine vergleichbaren Nachteile, wenn einem gerichtlichen Vergleichsvorschlag nicht zugestimmt wird. Findet er keine Zustimmung, läuft der Prozess ohne jede rechtliche Konsequenz weiter.

Teilweise wird angenommen, dass ein mit der „Autorität des Gerichts" unterbreiteter Vergleichsvorschlag 36 keine belanglose Option sei, sondern **die Parteien faktisch binde** und sie schon damit iSd Art. 22 Abs. 1 DS-GVO erheblich beeinträchtige, weil infolge der Ablehnung eine tendenziöse Verfahrensleitung drohe.[98] Diese Bedenken sind aber jedenfalls dann unbegründet, wenn sich das Gericht bei der Übermittlung des computergenerierten Vergleichsvorschlags hinreichend deutlich von seinem Inhalt distanziert, indem es etwa darauf hinweist, dass der automatisch generierte Vergleichsvorschlag nicht der Rechtsauffassung des Gerichts entsprechen muss. Darin liegt der entscheidende Unterschied zu automatisierten Vor-Urteilen (→ Rn. 31 f.) und rechtlichen Hinweisen (→ Rn. 33), wo ein entsprechender Hinweis missverständlich wäre und deshalb nicht ausreichen würde.[99]

b) Dokumentenanalyse

Systeme zur Analyse von Dokumenten, die auf Technologien des maschinellen Lernens (→ *Maschinel-* 37 *les Lernen* Rn. 5 ff.) basieren, könnten in der Justiz in Zukunft gewinnbringend eingesetzt werden, um beispielsweise dem mit einem Rechtsstreit befassten Gericht **einschlägige Entscheidungen** von anderen Gerichten aufzuzeigen.[100] Ferner könnten solche Technologien sogleich passende Ausführungen in der online (zB bei Beck-Online und Juris) verfügbaren rechtswissenschaftlichen Literatur ausfindig machen. Die Einführung der E-Akte (→ *E-Justice* Rn. 2 ff.) bietet hier völlig neue Perspektiven. Lägen die in der E-Akte gespeicherten Daten in strukturierter Form vor, wozu eine Strukturierung des Vortrags durch die Parteien (→ *E-Justice* Rn. 36 ff.) beitragen könnte, wäre es denkbar, dass solche Systeme die E-Akten des Dezernats permanent scannen und ihnen einschlägige Entscheidungen und Literaturquellen automatisch zuordnen. Richter müssten dann weniger Zeit in die Recherche investieren.

Damit verbunden sind aber auch **Gefahren**. Namentlich würde eine derart weitreichende Technik zur 38 Dokumentenanalyse einem Übernahmeautomatismus (→ Rn. 24 ff.) Vorschub leisten, was einen kritischen Umgang mit ihr erfordert. Außerdem kann die Vorauswahl des KI-Systems selektiv ausfallen und insbesondere Literaturquellen, die nicht online verfügbar sind, werden ggf. an praktischer Bedeutung verlieren.

---

96 Kritisch: Länderarbeitsgruppe „Legal Tech: Herausforderungen für die Justiz", Abschlussbericht, 2019, abrufbar unter https://www.schleswig-holstein.de/DE/Landesregierung/II/Minister/Justizministerkonferenz/Downloads/190605_beschluesse/TOPI_11_Abschlussbericht.pdf?__blob=publicationFile&v=1, S. 112 f.
97 BGH Urt. v. 9.3.1967 – RiZ (R) 2/66, BGHZ 47, 275, juris Rn. 34.
98 Länderarbeitsgruppe „Legal Tech: Herausforderungen für die Justiz", Abschlussbericht, 2019, abrufbar unter https://www.schleswig-holstein.de/DE/Landesregierung/II/Minister/Justizministerkonferenz/Downloads/190605_beschluesse/TOPI_11_Abschlussbericht.pdf?__blob=publicationFile&v=1, S. 112 f.
99 Näher Rollberg ZKM 2020, 208 (211 f.).
100 Kaulartz/Braegelmann AI und Machine Learning-HdB/Rühl Kap. 14.1 Rn. 4.

c) Berechnungs-Tools

39 Möglichkeiten für den Einsatz von Technik im Zusammenhang mit der Entscheidungsfindung bieten auch einzelne, aus der Gesamtentscheidung herauslösbare Elemente oder Teilentscheidungen eines Rechtsstreits. Neben den bereits heute an den Gerichten häufig genutzten **Prozesskostenhilferechnern**, Tools zur **Fristenberechnung** oder für **familienrechtliche Berechnungen** kommt in Zukunft auch eine **automatisierte Kostenfestsetzung** (→ *Rechtspfleger* Rn. 52 f.) in Betracht. Da bei diesen Tools mathematische Berechnungen im Mittelpunkt stehen, rücken hier methodische Probleme (→ Rn. 12 ff.) in den Hintergrund.

40 Bei der Verwendung solcher Tools ist zu beachten, dass jedes einzelne Element einer insgesamt zu treffenden Entscheidung, wie etwa die Berechnung der konkreten Höhe eines Anspruchs, vom Richter selbst zu prüfen ist. Eine Auslagerung auf den Computer kommt nicht in Betracht. Die Ergebnisse von zur Entscheidungsunterstützung herangezogenen Systemen dürfen auch dann nicht blind in die (Gesamt-)Entscheidung übertragen werden, sondern sind einer **vollständigen Prüfung** durch den menschlichen Richter zu unterziehen, wenn sie nur einen Teilaspekt einer einheitlichen Entscheidung betreffen. Grundsätzlich bedenkenlos eingesetzt werden können Legal Tech-Tools aber zur schlichten Fehlerkontrolle des richterlichen Entscheidungsentwurfs. Dies gilt allerdings dann nicht, wenn ihr Einfluss auf die Entscheidung über die bloße Fehlerkontrolle hinausgeht und das Gericht sein Ergebnis an der computergenerierten Lösung auszurichten versucht. Der eigene Umgang mit Legal Tech-Tools ist daher stets kritisch zu hinterfragen.[101]

3. Ausblick

41 Trotz berechtigter Bedenken, insbesondere im Hinblick auf die Rechte des Einzelnen (→ Rn. 8 ff. und 17 ff.) sowie die juristische Methodik (→ Rn. 12 ff.), lassen sich die zukünftigen rechtlichen und tatsächlichen Grenzen technologischer Entscheidungsfindung heute noch nicht zuverlässig vorhersagen.[102] Dies liegt nicht zuletzt daran, dass sich sowohl der rechtliche Rahmen als auch die tatsächlichen Möglichkeiten in einer fortlaufenden Entwicklung befinden. Der rechtliche Rahmen wird demnächst durch das derzeit im Europäischen Parlament und im Rat der Europäischen Union beratene **Gesetz über Künstliche Intelligenz**[103] weiter konkretisiert. Der im April 2021 vorgelegte Entwurf der Europäischen Kommission ordnet „KI-Systeme, die bestimmungsgemäß Justizbehörden bei der Ermittlung und Auslegung von Sachverhalten und Rechtsvorschriften und bei der Anwendung des Rechts auf konkrete Sachverhalte unterstützen sollen", sowie bestimmte KI-Systeme im Bereich der Strafverfolgung den **Hoch-Risiko-Systemen** zu,[104] die besonders strengen Anforderungen unterliegen sollen.[105] Wenngleich mit dem Gesetz über Künstliche Intelligenz also kein ausdrückliches Verbot automatisierter gerichtlicher Entscheidungen verbunden sein wird, stünde das Erfordernis der **menschlichen Aufsicht**[106] einer vollautomatisierten Gerichtsentscheidung entgegen. Gleiches folgt de lege lata bereits aus Art. 22 Abs. 1 DS-GVO (→ Rn. 30).

42 Allerdings zeigen **Pilotprojekte** (ua an deutschen) Gerichten, dass die bestehenden und zu erwartenden Hindernisse nicht als unüberwindbar begriffen werden. Erkennbar ist dabei eine Konzentration auf Massenverfahren. Das am AG Frankfurt am Main durchgeführte Pilotprojekt „Frauke" betrifft Entschädigungs-

---

101 Vgl. Datenethikkommission, Gutachten, 2019, abrufbar unter https://www.bmi.bund.de/SharedDocs/downloads/DE/publikationen/themen/it-digitalpolitik/gutachten-datenethikkommission.pdf?__blob=publicationFile&v=6, S. 213; Kaulartz/Braegelmann AI und Machine Learning-HdB/Rühl Kap. 14.1 Rn. 29.
102 Vgl. Breidenbach/Glatz Legal Tech-HdB/von Bünau S. 48 ff.; Hoffmann-Riem AöR 142 (2017), 1 (3).
103 Vorschlag für eine Verordnung zur Festlegung harmonisierter Vorschriften für Künstliche Intelligenz und zur Änderung bestimmter Rechtsakte der Union, 21.4.2021, COM(2021) 206 final.
104 Anhang III Nr. 6 und 8 iVm Art. 6 Abs. 2 des Vorschlags für eine Verordnung zur Festlegung harmonisierter Vorschriften für Künstliche Intelligenz und zur Änderung bestimmter Rechtsakte der Union, 21.4.2021, COM(2021) 206 final.
105 Vgl. Art. 8 ff. des Vorschlags für eine Verordnung zur Festlegung harmonisierter Vorschriften für Künstliche Intelligenz und zur Änderung bestimmter Rechtsakte der Union, 21.4.2021, COM(2021) 206 final.
106 Art. 14 des Vorschlags für eine Verordnung zur Festlegung harmonisierter Vorschriften für Künstliche Intelligenz und zur Änderung bestimmter Rechtsakte der Union, 21.4.2021, COM(2021) 206 final.

ansprüche bei Flugverspätungen oder Flugausfällen nach der Fluggastrechteverordnung.[107] Ein am Landgericht Ingolstadt durchgeführtes Pilotprojekt hat Verfahren aus dem Bereich des sog. „Dieselskandals" zum Gegenstand.

---

107 Verordnung (EG) Nr. 261/2004 über eine gemeinsame Regelung für Ausgleichs und Unterstützungsleistungen für Fluggäste im Fall der Nichtbeförderung und bei Annullierung oder großer Verspätung von Flügen und zur Aufhebung der Verordnung (EWG) Nr. 295/91, ABl. 2004 L 046 S. 1.

84. Robo Advice

Linardatos

I. Einführung und Rechtstatsachen	1
1. Begriff und praktischer Ablauf	1
2. Verwendete Technik	6
II. Aufsichtsrechtliche Grundlagen des Robo Advice	7
1. Übersicht und Qualifizierung der Dienste	8
a) Anlageberatung	11
b) Finanzportfolioverwaltung	13
c) Anlage- und Abschlussvermittlung	18
d) Bedeutung der Selbstdeklaration (Disclaimer)	23
2. Erlaubnispflichten	25
3. (Wohl-)Verhaltenspflichten	29
a) Wohlverhaltenspflichten nach WpHG	29
aa) Geeignetheitsprüfung und Geeignetheitserklärung	30
bb) Produkt- und Anlegerinformation	33
cc) Angemessenheitsprüfung	34
dd) Einzelne Interessenkonflikte	35
ee) Vermeidung und Offenlegung von Interessenkonflikten	39
ff) Warnpflichten	44
b) Verhaltenspflichten nach FinVermV	50
4. Spezifische Verhaltenspflichten hinsichtlich des algorithmischen Systems	51
III. Vertragsrechtliche Grundlagen des Robo Advice	54
1. Überblick	54
2. Vertragsschluss und Vertragsinhalt	55
3. Pflichten und Vertragshaftung	60
a) Pflichtenprogramm bei der Anlageberatung	62
b) Pflichtenprogramm bei der Vermögensverwaltung	65
c) Pflichtenprogramm bei der Anlage- und der Abschlussvermittlung	69
d) Besonderheiten in Bezug auf die Software	71
e) Vermeidung von Interessenkonflikten und Warnpflichten	74
IV. Verbraucherschutzrechte und Robo Advice	77
1. Anforderungen an den Vertragsschluss	78
2. Informations- und Aufklärungspflichten	79
3. Eingabekorrektur, Bestellbestätigung und Abrufbarkeit von AGB	82
4. Widerrufsrecht	85
V. Recht auf Datenübertragbarkeit	87

Literatur: *Binder/Glos/Riepe* (Hrsg.), HdB Bankaufsichtsrecht, 2018; *Denga*, in Ebers/Heinze/Krügel/Steinrötter (Hrsg.), Rechtshandbuch KI und Robotik, § 15; *V. Lang*, Informationspflichten bei Wertpapierdienstleistungen, 2003; *Linardatos* (Hrsg.), Rechtshandbuch Robo Advice, 2020; *Lins*, Aufsichtsrechtliche Pflichten der digitalen Anlageberatung und Vermögensverwaltung, BKR 2020, 181; *Madel*, Robo Advice, 2019 (zit.: Madel Robo Advice); *Maume*, Robo-advisors, Study PE 662.928, 2021, abrufbar unter https://www.europarl.europa.eu/RegData/etudes/STUD/2021/662928/IPOL_STU(2021)662928_EN.pdf (zitiert: *Maume* Robo-advisors); *Maume*, Regulating Robo-Advisory, 55(1) Texas International Law Journal 49 (2019), 49; *Maume*, Reducing Legal Uncertainty and Regulatory Arbitrage for Robo-Advice, European Company and Financial Law Review 2019, 622; *Möslein/Omlor* (Hrsg.), FinTech-Handbuch, 2. Auflage 2021; Ringe/Ruof, A Regulatory Sandbox for Robo Advice, EBI Working Paper 2018 – no. 26, abrufbar unter https://ssrn.com/abstract=3188828 (zit.: Ringe/Ruof Sandbox for Robo Advice); *Stutz*, Haftungsfragen beim Robo Advice aus Sicht des Anlegers, ex ante 2019, 17; *Theis*, Der Einsatz automatischer und intelligenter Agenten im Finanzdienstleistungsbereich, 2021; *Theis*, Eine neue Betriebsanleitung für Robo-Advisors, ZBB 2022, 130; *van Kampen*, Der Anlageberatungsvertrag, 2020; *Vortmann*, Aufklärungs- und Beratungspflichten der Banken, 12. Aufl. 2019 (zit.: Vortmann Aufklärungs- und Beratungspflichten); *Wagner/Luyken*, Haftung für Robo Advice, in Bachmann et al. (Hrsg.), Festschrift für Christine Windbichler zum 70. Geburtstag am 8. Dezember 2020, 2020, S. 155.

I. Einführung und Rechtstatsachen

1. Begriff und praktischer Ablauf

1   Wie an anderer Stelle bereits erörtert (→ Fintech Rn. 17 ff.), ist Robo Advice ein markenähnlicher Sammelbegriff und keine Determinante juristischer Subsumtion. Dasselbe gilt für den Terminus WealthTech, der für automatisierte Finanzdienstleistungen bisweilen an Stelle von Robo Advice verwendet wird. Robo Advisor sind als **Intermediäre** zu verstehen,[1] die über Plattformstrukturen (→ Fintech Rn. 6, 22) Anbieter von Finanzdienstleistungen und Investoren mittels algorithmischer Systeme zusammenbringen (für die Definition des Algorithmusbegriffs siehe → Algorithmus Rn. 2 ff.).

---

[1] Maume Regulating Robo-Advisory 55(1) Texas International Law Journal 49 (2019), 49 (61).

Die Dienstleistung des Robo Advisor kann prinzipiell in drei Phasen[2] aufgeteilt werden: 2
  (i) Onboarding des Kunden und Exploration,
  (ii) Präsentation der Investitionsempfehlung,
  (iii) Vermögensallokation und Verwaltung des Portfolios.

In der ersten wird über ein dediziertes Interface anhand eines interaktiven und digitalen Fragenkatalogs 3
eine **Kundenexploration** durchgeführt, d.h. es wird die persönliche und finanzielle Ausgangsposition des Interessenten ermittelt.[3] Die Robo Advisor erfragen: persönliche Umstände (zB Alter, Beruf, Familienstand), Einkommenssituation und Sparpotential, Erfahrungen mit dem Anlegen, Anlageziel (zB Vermögensaufbau, Altersvorsorge), Anlagesumme (Einmalbetrag, Sparrate), die Renditeerwartung und den zeitlichen Anlagehorizont. Manche Anbieter ermitteln anhand der eingesammelten Informationen die Risikotragfähigkeit und Risikobereitschaft des potentiellen Kunden, andere überlassen diese Einordnung dem Kunden selbst. Dieser muss dann auswählen, ob er in ein Portfolio mit geringem, mittlerem oder hohem Verlustrisiko investieren will. Diese Selbsteinschätzung des Kunden wird von manchen Anbietern unkontrolliert übernommen, andere stellen sie anhand einer eigenen automatisierten Analyse auf die Probe[4] und nehmen Korrekturen vor (**Plausibilitätskontrolle**). Da die BaFin bei digitalisierten Finanzdiensten befürchtet, dass die Kunden ihre Kenntnisse und Erfahrungen überschätzen und sich dies aufgrund des fehlenden (persönlichen) Kontaktes zwischen Kunden und den Mitarbeitern des Unternehmens besonders schwerwiegend auswirkt,[5] sind solche Plausibilitätskontrollen rechtlich gesehen unverzichtbar.

Auf Basis der eingeholten Angaben wird im zweiten Schritt das Profil des Kunden einer bestimmten, 4
nach internen Kriterien definierten Kundengruppe zugeordnet (**matching**) und es wird mittels algorithmischer Berechnung automatisiert ein Vorschlag generiert. Die Robo Advisor knüpfen dabei in der Regel an vorstrukturierten Musterdepots an.[6] Der Vorschlag wird graphisch aufgearbeitet – zB in Form eines Kuchendiagramms – präsentiert und es wird illustriert, in welchem Verhältnis Aktien, Anleihen, Immobilienwerte etc zueinanderstehen müssen, damit das Portfolio den Zielen und der Risikotragfähigkeit des Kunden entspricht. Die meisten Robo Advisor schlagen überwiegend (noch) keinen Direkterwerb von einzelnen Wertpapieren vor,[7] sondern Investmentanteile wie Exchange Traded Funds (ETF).[8]

Mit dem dritten Schritt kann der Kunde durch Registrierung beim Anbieter den Anlage- oder Verwaltungs- 5
vorschlag umsetzen (lassen). Nachdem der Kunde das Verrechnungskonto mit ausreichender Deckung versehen hat, wird das vorgeschlagene Portfolio vom Robo Advisor aufgesetzt und die Investition getätigt. Die meisten Anbieter setzen nicht nur den Anlagevorschlag um, sondern sie justieren das Portfolio permanent nach und richten es auf das sich verändernde Marktumfeld und auf die aktualisierten Kundeninformationen[9] neu aus (**Rebalancing** oder **Reallocation**).[10]

---

2 Für zwei Phasen spricht sich Maume Robo-advisors S. 16 aus; für vier Phasen Stutz ex ante 2019, 17 (18 ff.).
3 Tertilt/Scholz, To Advise, or Not to Advise – How Robo-Advisors Evaluate the Risk Preferences of Private Investors, 2017, abrufbar unter https://ssrn.com/abstract=2913178, S. 1 und 4 f.; Edwards Chicago-Kent Law Review 93 (2018), 97 (98).
4 Beispiel: Der Kunde gibt an, er benötige etwa 30 % des Portfolios als Rücklage für unerwartete Ausgaben. Zugleich ordnet er sich als gewinnorientiert und risikoaffin ein. Der Algorithmus erkennt, dass die Antworten nicht zusammenpassen und korrigiert die Selbsteinschätzung des Kunden.
5 Vgl. Rundschreiben 05/2018 der BaFin (MaComp), 19.4.2018, geändert am 28.3.2022, BT 7.2 Nr. 11, BT 7.4 Nr. 7 f.
6 Herresthal in MüKoHGB Vermögensverwaltung Rn. 19.
7 Anders ist dies teilweise in der Schweiz (dort etwa mit dem Anbieter Swissquote) oder in Liechtenstein (dort der Anbieter Estably).
8 Ringe/Ruof Sandbox for Robo Advice S. 5; Fisch/Laboure/Turner, The Emergence of the Robo Adviser, 2019, S. 4. Zu den Produktmerkmalen der ETF siehe Harrer, Exchange Traded Funds (ETFs), 2016, 37 ff.
9 Zu den Anforderungen an die Aktualisierung der Kundeninformationen vgl. das Rundschreiben 05/2018 der BaFin (MaComp), 19.4.2018, geändert am 28.3.2022, BT 7.5.
10 Fein, Robo-Advisors: A Closer Look, 2015, abrufbar unter https://ssrn.com/abstract=2658701, S. 3; Ringe/Ruof, A Regulatory Sandbox for Robo Advice, EBI Working Paper 2018, No. 26, abrufbar unter https://ssrn.com/abstract=3188828, S. 6; Madel Robo Advice S. 45.

2. Verwendete Technik

6   Robo Advice ist nicht mit der Verwendung von **KI** gleichzusetzen.[11] Die WealthTech-Dienstleister setzen noch immer überwiegend regelbasierte und determinierte Algorithmen ein. Dies gilt jedenfalls für die Ausführungs- und Verwaltungsphase, also für die Zeitpunkte, in denen eine für den Kunden errechnete Anlage- oder Dispositionsentscheidung tatsächlich umgesetzt wird. Eingesetzt wird KI freilich in der Onlinestrecke für Kommunikationsvorgänge mit dem Kunden (zB Chatbot, interaktiver Fragebogen etc). Entsprechendes gilt für die Vorbereitung einer Investitionsempfehlung, insbesondere bei der Feststellung von markt-, produkt- oder kundenspezifischen Risiken, bei der Auswertung von Kundenangaben und von Informationen wie Zahlungs- und Verbindlichkeitsströmen[12], oder bei der Erstellung probabilistischer Modelle über die Wirtschaftsentwicklung.[13] Langfristig ist zu erwarten, dass darüber hinaus auch während der Investitionsentscheidung oder während des Rebalancing und der Reallocation die Verwendung von lernenden Algorithmen zunehmen wird.[14] Dies gilt insbesondere für jene Anbieter, die beabsichtigen, Echtzeitinvestitionen in Einzeltiteln anzubieten.

II. Aufsichtsrechtliche Grundlagen des Robo Advice

7   Der aufsichtsrechtliche Rahmen für Wertpapierdienste durch Robo Advisor hat in jüngster Zeit verschiedene Neugestaltungen erfahren. Mit dem **Wertpapierinstitutsgesetz (WpIG)** ist am 26.6.2021 ein neues Regime in Kraft getreten, das der Umsetzung europäischer Rechtsakte[15] und dem regulatorischen Anliegen dient, eine risikoadäquatere Aufsicht zu gewährleisten, die den unterschiedlichen Geschäftsmodellen zwischen Banken und Wertpapierinstituten sowie Wertpapierinstituten unterschiedlicher Größe entsprechend Rechnung trägt. Für große Wertpapierinstitute soll demgemäß weiterhin im Wesentlichen das KWG zur Anwendung kommen,[16] während für kleine und mittlere Wertpapierinstitute – zur Kategorisierung siehe § 2 Abs. 16 ff. WpIG – das WpIG maßgeblich ist.

1. Übersicht und Qualifizierung der Dienste

8   Es besteht ein breites Spektrum von Wertpapier- und Finanzdienstleistungen, die automatisiert und digitalisiert erbracht werden.[17] In der Praxis weit verbreitet sind die digitalisierte Anlage- oder Abschlussvermittlung (§ 2 Abs. 2 Nr. 3, 5 WpIG; § 1 Abs. 1a S. 1 Nr. 1, Nr. 2 KWG; § 2 Abs. 8 Nr. 3, Nr. 4 WpHG)[18] und insbesondere die digitalisierte Finanzportfolioverwaltung (§ 2 Abs. 2 Nr. 9 WpIG; § 1 Abs. 1a S. 2 Nr. 3 KWG; § 2 Abs. 2 Nr. 7 WpHG). Viele Anbieter wollen sich zwar nicht als **Anlageberater** (§ 2 Abs. 2 Nr. 4 WpIG; § 1 Abs. 1a Nr. 1a KWG; § 2 Abs. 8 Nr. 10 WpHG) verstehen, sondern als Finanzportfolioverwalter. Tatsächlich sind die Tatbestandsmerkmale der Anlageberatung gleichwohl oftmals erfüllt: Dies ist immer der Fall, wenn ein WealthTech-Anbieter (aus Absatzgründen) dem Kunden *suggeriert*, eine individualisierte Anlageempfehlung auszusprechen, und er dadurch einen entsprechenden **Vertrauenstatbestand** schafft.

---

11 Anders Denga in HdB KI und Robotik § 15 Rn. 21, der von KI-Agenten spricht (vgl. dort Fn. 41); anders auch Ringe/Ruof Sandbox for Robo Advice S. 20 f.; Becker/Meister Compliance & Finance 2017, 2; Oster UFITA 2018, 14 (18); Omlor JuS-Sonderheft 2019, 306 und 307.
12 Siehe etwa das Angebot von contovista (www.contovista.com).
13 Linardatos in Robo Advice-HdB § 1 Rn. 46 f.
14 Maume Robo-advisors S. 19, dort mit der Einschränkung, dass ETF immer häufiger von KI-Systemen zusammengestellt und verwaltet werden, wodurch es am Anreiz auf Seiten der Robo Advisor fehlt, für die eigene Investition in ETF eine KI zu verwenden.
15 Verordnung (EU) 2019/2033 über Aufsichtsanforderungen an Wertpapierfirmen und Richtlinie (EU) 2019/2034 über die Beaufsichtigung von Wertpapierfirmen.
16 Vgl. aber ergänzend § 4 S. 1 WpIG.
17 Siehe etwa Krimphove BB 2018, 2691 (2693).
18 Enger Theis ZBB 2022, 130 (131, 132), die jedoch im Wesentlichen begrifflich und nicht materiellrechtlich argumentiert.

Im Gesetz heißt es nämlich, eine Anlageberatung sei die Abgabe einer Empfehlung, die entweder „auf eine Prüfung der persönlichen Umstände des Anlegers gestützt oder *als für ihn geeignet dargestellt* wird".[19]

Praktisch seltener verbreitet sind Geschäfte wie das automatisierte Einlagen- (§ 1 Abs. 1 S. 2 Nr. 1 KWG), Kredit- (§ 1 Abs. 1 S. 2 Nr. 2 KWG) und Finanzkommissionsgeschäft (§ 2 Abs. 2 Nr. 1 WpIG, § 1 Abs. 1 S. 2 Nr. 4 KWG) sowie Drittstaateneinlagenvermittlung[20] (§ 2 Abs. 4 Nr. 2 WpIG, § 1 Abs. 1a Nr. 5 KWG). Ebenfalls nur selten angeboten werden digitale Garantie- (§ 1 Abs. 1 S. 2 Nr. 8 KWG) oder Emissionsgeschäfte (§ 2 Abs. 2 Nr. 2 WpIG, § 1 Abs. 1 S. 2 Nr. 10 KWG). Diese Dienstleistungsformen werden nachfolgend deswegen ausgeklammert.

Robo Advisor sind Marktintermediäre mit dem Ziel, unterschiedliche Marktparteien zusammenzubringen (→ Rn. 1). Um eine nahtlose Abwicklung der verschiedenen Dienste sicherzustellen, werden von den Dienstleistern bisweilen verschiedene Zahlungsverpflichtungen abgewickelt,[21] ohne dass sie dabei ein Zahlungskonto[22] (§ 1 Abs. 17 ZAG) für den Kunden unterhalten. Sofern vom Anbieter etwaige Geldbeträge – gleich ob bar oder unbar[23] – eines Zahlers an einen Zahlungsempfänger oder an einen für den Zahlungsempfänger handelnden Dienstleister übermittelt (Übermittlung eines Geldbetrags, Alt. 1) oder Inkassoleistungen angeboten und Forderungen für einen Zahlungsempfänger eingezogen (Entgegennahme eines Geldbetrags, Alt. 2) werden, liegt ein Finanztransfergeschäft iSd § 1 Abs. 1 S. 2 Nr. 6 ZAG vor.[24] Deswegen betreiben jene Online-Plattformen ein **Finanztransfergeschäft**, die empfangene Anlagegelder an eine Depotbank weiterleiten oder einen „Investitionssparplan" anbieten und monatlich eine Anlagesumme beim Kunden einziehen, um diese Gelder sodann der Depotbank weiterzugeben.

a) Anlageberatung

Eine wichtige Finanzdienstleistungsform im tradierten Geschäft ist die Anlageberatung. Ihr Zweck besteht darin, eine informierte Dispositionsentscheidung des Anlegers zu ermöglichen. Während der Beratung werden dem Beratungssuchenden alle Informationen und Tatsachen mitgeteilt (**Informationskomponente**),[25] die zur Vorbereitung einer rechtsgeschäftlichen Entscheidung von wesentlicher Bedeutung sind. Die Mitteilung des Beraters enthält eine eigene, wertungsbehaftete Stellungnahme und mündet in eine konkrete Handlungsempfehlung (**Empfehlungskomponente**).[26] Um eine Anlageberatung handelt es sich bereits, wenn beim Kunden der *Eindruck* einer persönlichen Empfehlung entsteht (Vertrauenstatbestand → Rn. 8); abzustellen ist auf den **objektiven Empfängerhorizont**.[27] Ein Vertrauenstatbestand kann – bei entsprechender Ausgestaltung der Kundenstrecke – auch bei Robo Advice-Diensten anzunehmen sein. Bezogen sein muss die Empfehlung auf Geschäfte mit bestimmten Finanzinstrumenten (§ 2 Abs. 2 Nr. 4 WpIG, § 2

---

19 Hervorhebung hier hinzugefügt. Vgl. dazu auch schon Linardatos in Robo Advice-HdB § 4 Rn. 24; ähnlich iE auch Maume Regulating Robo-Advisory 55(1) Texas International Law Journal 49 (2019), 49 (66).
20 Dazu Darányi in FinTech-HdB § 30 Rn. 61 ff.
21 Weiter Scholz-Fröhling BKR 2017, 133 (135) („immer").
22 Das fehlende Zahlungskonto ist konstitutives Tatbestandsmerkmal; siehe Casper in Casper/Terlau ZAG § 1 Rn. 67; BaFin, Merkblatt – Hinweise zum Zahlungsdiensteaufsichtsgesetz (ZAG), 29.11.2017, abrufbar unter https://www.bafin.de/SharedDocs/Veroeffentlichungen/DE/Merkblatt/mb_111222_zag.html.
23 LG Köln Urt. v. 29.9.2011 – 81 O 91/11, MMR 2011, 815 (816); Casper in Casper/Terlau ZAG § 1 Rn. 68; Auerbach in Schwennicke/Auerbach KWG § 1 Rn. 49.
24 Siehe schon Linardatos in Robo Advice-HdB § 4 Rn. 4 mit Bezug auf Scholz-Fröhling BKR 2017, 133 (135); allgemein zum Finanztransfergeschäft Casper in Casper/Terlau ZAG § 1 Rn. 66 ff.; Mimberg in Schäfer/Omlor/Mimberg ZAG § 1 Rn. 118 ff.
25 Linardatos in Robo Advice-HdB § 4 Rn. 17.
26 Linardatos in Robo Advice-HdB § 4 Rn. 17; V. Lang Informationspflichten bei Wertpapierdienstleistungen S. 34; Horn WM 1999, 1 (4); Vortmann Aufklärungs- und Beratungspflichten Rn. 2 ff.; weiter differenzierend definiert Heese, Beratungspflichten, 2015, S. 13 ff.
27 Seyfried WM 2006, 1375 (1381); Balzer ZBB 2007, 333 (335).

Abs. 8 Nr. 10 WpHG, § 1 Abs. 1a S. 2 Nr. 1a KWG); es gilt also ein **Individualisierungserfordernis**.[28] Generische Vorschläge über die Portfoliostruktur führen mithin nicht zur Anlageberatung.[29]

12 Der Beratung geht eine Kundenexploration voraus, also eine Informationssammlung und -auswertung, die sowohl die persönlichen Umstände des betreffenden Kunden als auch das anvisierte Geschäft einbezieht.[30] Am Ende der Anlageberatung steht die Vermögensdisposition, die vom Anleger selbst ausgeht.[31] Für die Einordnung des Dienstes als Anlageberatung unerheblich oder zumindest von untergeordneter Bedeutung ist, ob eine besondere Vergütung für die Beratungsleistung verlangt oder erbracht wird.[32] Da über jede Kommunikationsform eine Anlageberatung erbracht werden kann,[33] darf der Dienstleister auch jeden Verbreitungskanal (Telefon, Internet, Smartphone, Video-Telefonie etc) dafür nutzen.[34] Erfasst ist somit auch die digitale Kundenstrecke der Robo Advisor. Ein automatisierter Beratungsprozess ist folglich denkbar. In der Praxis überwiegen indes die **hybriden Angebote**, bei denen die persönliche Beratung durch digitale Prozesse unterstützt, aber nicht gänzlich übernommen wird.[35]

b) Finanzportfolioverwaltung

13 Die Finanzportfolioverwaltung ist gemäß § 2 Abs. 2 Nr. 9 WpIG, § 2 Abs. 8 S. 1 Nr. 7 WpHG, § 1 Abs. 1a S. 2 Nr. 3 KWG „die Verwaltung einzelner oder mehrerer in Finanzinstrumenten angelegter Vermögen für andere mit Entscheidungsspielraum". Demnach ist die Finanzportfolioverwaltung von einer **Dispositionsfreiheit** des Dienstleisters geprägt. Nach Ansicht der *BaFin* erfasst der Tatbestand der Finanzportfolioverwaltung auch Erstanlageentscheidungen.[36] Somit unterfällt die erstmalige Übernahme von Geldern, die sodann in Finanzinstrumente angelegt werden, dem Anwendungsbereich der Finanzportfolioverwaltung.[37] Übernimmt der Robo Advisor nicht nur die Verwaltung des Anlegerportfolios, sondern auch die Verwahrung der Finanzinstrumente, dann erfüllt er die Tatbestände des **Depotgeschäfts** gemäß § 2 Abs. 9 Nr. 1 WpHG oder des Finanzkommissionsgeschäfts gemäß § 2 Abs. 2 Nr. 1 WpIG, § 2 Abs. 8 S. 1 Nr. 1 WpHG.

14 Verwaltet wird das Vermögen, wenn der Dienstleiter eine Tätigkeit erbringt, die für eine gewisse Dauer[38] auf eine laufende Überwachung und eine Anlage von Vermögensobjekten gerichtet ist.[39] Dies kann auch

---

28 Möslein/Lordt ZIP 2017, 793 (795); Maume Regulating Robo-Advisory 55(1) Texas International Law Journal 49 (2019), 49 (65 f.); Loff in Klebeck/Dobrauz-Saldapenna, Dig. Finanzdienstleistungen-HdB, 2018, 3. Kapitel Rn. 63 ff.
29 Konkretisierend dazu Linardatos in Robo Advice-HdB § 4 Rn. 29 ff.; vgl. auch Maume European Company and Financial Law Review 2019, 622 (631 f.).
30 Siehe BGH, Urteil vom 6.7.1993 – XI ZR 12/93, BGHZ 123, 126 = NJW 1993, 2433 – Bond; BGH, Urteil vom 22.3.2011 – XI ZR 33/10, BGHZ 189, 13 = ZIP 2011, 756 (758); Heese Beratungspflichten S. 13, 72; Zahrte in MüKoHGB Anlageberatung Rn. 139 ff.
31 Möllers WM 2008, 93 (93 f.); so i.E. auch Oppenheim/Lange-Hausstein WM 2016, 1966 (1967); Baumanns BKR 2016, 366 (369).
32 BGH, Urteil vom 4.3.1987 – IV a ZR 122/85, BGHZ 100, 117 = ZIP 1987, 500 (502); Zahrte in MüKoHGB Anlageberatung Rn. 118; Herresthal in BeckOGK BGB § 311 Rn. 650.
33 Seyfried WM 2006, 1375 (1381).
34 Linardatos in Robo Advice-HdB § 4 Rn. 18; Maume Regulating Robo-Advisory 55(1) Texas International Law Journal 49 (2019), 49 (66).
35 Darányi in FinTech-HdB § 30 Rn. 17.
36 BaFin, Merkblatt „Finanzportfolioverwaltung", Ziff. 1. a), 25.7.2018, abrufbar unter https://www.bafin.de/SharedDocs/Veroeffentlichungen/DE/Merkblatt/mb_091208_tatbestand_finanzportfolioverwaltung.html; vgl. im Übrigen auch BVerwG, Urteil vom 22.9.2004 – 6 C 29/03, BVerwGE 122, 29 (35); Herresthal in MüKoHGB Vermögensverwaltung Rn. 62.
37 Linardatos in Robo Advice-HdB § 4 Rn. 49 mit Bezug auf Assmann in Assmann/Schneider/Mülbert WpHG § 2 Rn. 149; Kumpan in Schwark/Zimmer WpHG § 2 Rn. 79.
38 Theis Der Einsatz automatischer und intelligenter Agenten im Finanzdienstleistungsbereich S. 114; anders BaFin, Merkblatt „Finanzportfolioverwaltung", Ziff. 1. a), 25.7.2018, abrufbar unter https://www.bafin.de/SharedDocs/Veroeffentlichungen/DE/Merkblatt/mb_091208_tatbestand_finanzportfolioverwaltung.html: Einmaligkeit kann genügen.
39 BVerwG, Urteil vom 22.9.2004 – 6 C 29/03, BVerwG ZIP 2005, 385 (387); Zahrte in MüKoHGB Anlageberatung Rn. 462; Lang Informationspflichten bei Wertpapierdienstleistungen § 21 Rn. 2.

rein algorithmisch geschehen. In Deutschland ist es üblich, dem Verwalter im Wege der Vollmacht eine Verfügungsbefugnis zu erteilen, damit er als Vertreter des Anlegers agiert (**Vollmachtsverwaltung**); der Verwalter erhält kein Eigentum an den Vermögensgegenständen und nimmt daher fremde Vermögensinteressen nicht treuhänderisch wahr (Treuhandverwaltung).[40]

Gemäß Art. 4 Abs. 1 Nr. 8 MiFID II[41] hat die Vermögensverwaltung individuell – also auf **Einzelkundenbasis** – zu erfolgen („discretionary client-by-client basis"). Die Praxis der Robo Advisor, Anleger einer bestimmten Kundengruppe zuzuordnen und die Kundendepots *gruppenweit* zu verwalten, ist mit diesen gesetzlichen Vorgaben vereinbar.[42] Zwar ist eine kollektive Vermögensverwaltung keine Finanzportfolioverwaltung i.S.v. § 2 Abs. 2 Nr. 9 WpIG, § 2 Abs. 8 S. 1 Nr. 7 WpHG und § 1 Abs. 1a S. 2 Nr. 3 KWG oder Art. 4 Abs. 1 Nr. 8 MiFID II.[43] Das Merkmal der Individualität soll jedoch nur eine solche kollektive Vermögensverwaltung abgrenzen, bei der das verwaltete Vermögen von einer Gesamthand oder einer juristischen Person im eigenen Namen gehalten und investiert wird.[44] In solchen Fällen können nämlich individuelle Kundenangaben vom Robo Advisor nicht berücksichtigt werden und der einzelne Anleger hat keine Bedeutung für das vorgeschlagene Anlagemodell. Auch ist es in solchen Kollektiven nicht möglich, die Anlagestrategie individuell anzupassen, wenn sich die Präferenzen des einzelnen Kunden verändern.[45] Robo Advisor bieten allerdings keine kollektivierte, sondern – über Musterportfolien – eine **standardisierte Finanzportfolioverwaltung** an. Die Vermögenswerte bleiben den einzelnen Kunden während der gesamten Vertragslaufzeit persönlich zugeordnet; ändern sich individuell die Verhältnisse, können diese durch eine angepasste Strategie berücksichtig werden, ganz gleich, wie sich die Verhältnisse der anderen Peer-Group-Mitglieder entwickelt haben.[46] Eine standardisierte Verwaltung ist deswegen von Art. 4 Abs. 1 Nr. 8 MiFID II gedeckt.[47]

In Abgrenzung zur Anlageberatung und Anlagevermittlung ist für die Finanzportfolioverwaltung der Entscheidungsspielraum des Dienstleisters kennzeichnend.[48] Der Verwalter kann über das Vermögen des Kunden disponieren und eigene Anlageentscheidungen treffen,[49] während bei der Anlageberatung der Anleger selbst zu entscheiden hat.[50] Da dem Kunden die als geeignet befundenen Instrumente mitzuteilen sind, kann die Finanzportfolioverwaltung allerdings schnell den Eindruck der Anlageberatung erwecken. Obgleich die besonderen Verhaltenspflichten wegen des parallelen Kernelements der Beratung gemäß § 64 WpHG sowie der erforderlichen BaFin-Erlaubnis (§ 33 Abs. 1 Nr. 1 lit. a KWG) bei der Anlageberatung sowie bei der Finanzportfolioverwaltung ähnlich ausgestaltet sind, erscheint die Abgrenzung aus Praxissicht wichtig, etwa wenn die Privilegierung des § 2 Abs. 6 S. 1 Nr. 8 KWG geltend gemacht werden soll; denn diese greift nur bei der Anlageberatung, nicht bei der Finanzportfolioverwaltung (→ Rn. 25, 28).

---

40 Linardatos in Robo Advice-HdB § 4 Rn. 50; Fuchs in ders. WpHG § 2 Rn. 100; Theis Der Einsatz automatischer und intelligenter Agenten im Finanzdienstleistungsbereich S. 115.
41 Richtlinie 2014/65/EU des Europäischen Parlaments und des Rates vom 15. Mai 2014 über Märkte für Finanzinstrumente sowie zur Änderung der Richtlinien 2002/92/EG und 2011/61/EU, ABl. 12.6.2014, L 173/349.
42 Linardatos in Robo Advice-HdB § 4 Rn. 52; Madel Robo Advice S. 109 ff.
43 Benicke, Wertpapiervermögensverwaltung, 2006, S. 301 ff.; Schäfer in Schwintowski Bankrecht Kapitel 18 Rn. 14; Kumpan in Schwark/Zimmer WpHG § 2 Rn. 82; Herresthal in MüKoHGB Vermögensverwaltung Rn. 8; Schneider WM 2008, 285 (288); Madel Robo Advice S. 110; anders Eßer WM 2008, 671 (675, 676 f.).
44 Siehe nur Herresthal in MüKoHGB Vermögensverwaltung Rn. 8.
45 Madel Robo Advice S. 110; Lang Informationspflichten bei Wertpapierdienstleistungen § 21 Rn. 4.
46 Theis Der Einsatz automatischer und intelligenter Agenten im Finanzdienstleistungsbereich S. 116.
47 Herresthal in MüKoHGB Vermögensverwaltung Rn. 19; Madel Robo Advice S. 111 f., 222.
48 BaFin, Merkblatt „Finanzportfolioverwaltung", Ziff. 1. d), 25.7.2018, abrufbar unter https://www.bafin.de/SharedDocs/Veroeffentlichungen/DE/Merkblatt/mb_091208_tatbestand_finanzportfolioverwaltung.html.
49 BGH, Urteil vom 28.10.1997 – XI ZR 260/96, BGHZ 137, 69 = NJW 1998, 449 f.; BGH, Urteil vom 23.10.2007 – XI ZR 423/06, NJW-RR 2008, 1269 (1270); BaFin, Merkblatt „Finanzportfolioverwaltung", Ziff. 1. d), 25.7.2018, abrufbar unter https://www.bafin.de/SharedDocs/Veroeffentlichungen/DE/Merkblatt/mb_091208_tatbestand_finanzportfolioverwaltung.html; Zahrte in MüKoHGB Anlageberatung Rn. 462; Oppenheim/Lange-Hausstein WM 2016, 1966 (1967 f.); Fuchs in ders. WpHG § 31 Rn. 287; Möllers WM 2008, 93 (93 f.).
50 Möllers WM 2008, 93 (93 f.); Baumanns BKR 2016, 366 (369).

17 Eine Finanzportfolioverwaltung findet statt, wenn der Anbieter ohne Rückfrage beim Kunden ein Rebalancing oder eine Reallocation durchführt (→ Rn. 5). Hat der Kunde nach einer Anlageberatung die Weisung zur Zusammenstellung eines bestimmten Portfolios erteilt und im Übrigen den Robo Advisor ermächtigt, die Portfoliostruktur zu überwachen und eigenständig an die **Anlagerichtlinien**[51] anzupassen, dann liegt ein Beratungsdienst mit angeschlossener Portfolioverwaltung vor. Eine Finanzportfolioverwaltung scheidet hingegen aus, wenn die konkrete Anlageentscheidung einem Zustimmungsvorbehalt des Kunden unterliegt.[52] Unschädlich ist es, wenn Anlagerichtlinien vereinbart worden sind, an die sich der Dienstleister zu halten hat, solange ihm ein Entscheidungsspielraum verbleibt.[53] An diesem Spielraum fehlt es, wenn der Robo Advisor – gemäß Anlagerichtlinien – ausschließlich auf Weisung des Vermögensinhabers handeln darf.[54] Ein bloßes Vetorecht schließt eine Finanzportfolioverwaltung nicht aus.[55]

c) Anlage- und Abschlussvermittlung

18 Unter dem Begriff der **Anlagevermittlung** gemäß § 2 Abs. 2 Nr. 3 WpIG, § 1 Abs. 1a S. 2 Nr. 1 KWG und § 2 Abs. 8 Nr. 4 WpHG ist jede „final auf den Abschluss von Geschäften über die Anschaffung und die Veräußerung von Finanzinstrumenten gerichtete Tätigkeit" zu verstehen.[56] Für die Anlagevermittlung prägend ist, dass der Vermittler als Bote die Willenserklärung des Anlegers, die auf die Anschaffung oder die Veräußerung von Finanzinstrumenten gerichtet ist, an denjenigen weiterleitet, mit dem der Anleger ein solches Geschäft abschließen will.[57] Beim Anlagevermittlungsvertrag steht zudem das werbende und anpreisende Verhalten des Anbieters, das eine Abschlussbereitschaft des Kunden herbeiführen soll, im Vordergrund.[58]

19 Vom Tatbestand der Anlagevermittlung nicht erfasst ist die bloße Nachweistätigkeit. Eine solche Tätigkeit ist anzunehmen, wenn der Dienstleister dem Auftraggeber lediglich Kenntnis von der Gelegenheit eines Vertragsabschlusses über ein bestimmtes Instrument verschafft, sich aber im Übrigen jeder weiteren Förderung des Vertragsschlusses enthält.[59] Weiterhin nicht unter den Gesetzestatbestand fallen diejenigen Geschäfte, die vom Dienstleister aufgrund einer vorausgegangenen Anlageberatung durchgeführt werden, weil diese nicht auf einer Vermittlung beruhen.[60]

20 Bei der Anlagevermittlung bleibt die Einzeltitelauswahl dem Kunden überlassen.[61] Der Vermittler schuldet dabei richtige und vollständige Informationen über diejenigen tatsächlichen Umstände, die für den Anlageentschluss des Interessenten von besonderer Bedeutung sind.[62]

---

51 Dazu Theis Der Einsatz automatischer und intelligenter Agenten im Finanzdienstleistungsbereich S. 115.
52 BaFin, Merkblatt „Finanzportfolioverwaltung", Ziff. 1. d), 25.7.2018, abrufbar unter https://www.bafin.de/SharedDocs/Veroeffentlichungen/DE/Merkblatt/mb_091208_tatbestand_finanzportfolioverwaltung.html; Möslein/Lordt ZIP 2017, 793 (796); Loff in Klebeck/Dobrauz-Saldapenna Dig. Finanzdienstleistungen-HdB 3. Kapitel Rn. 84; Theis Der Einsatz automatischer und intelligenter Agenten im Finanzdienstleistungsbereich S. 114.
53 Assmann in Assmann/Schneider/Mülbert WpHG § 2 Rn. 153; u.a. mit Bezug auf U. Schäfer in Assmann/Schütze/Buck-Heeb KapAnlR-HdB § 23 Rn. 71 ff.; siehe auch Fuchs in ders. WpHG § 2 Rn. 108; zustimmend Linardatos in Robo Advice-HdB § 4 Rn. 55.
54 BVerwG NZG 2005, 265 (269); BaFin, Merkblatt „Finanzportfolioverwaltung", Ziff. 1. d), 25.7.2018, abrufbar unter https://www.bafin.de/SharedDocs/Veroeffentlichungen/DE/Merkblatt/mb_091208_tatbestand_finanzportfolioverwaltung.html.
55 Theis Der Einsatz automatischer und intelligenter Agenten im Finanzdienstleistungsbereich S. 114.
56 Siehe auch BGH, Urteil vom 30.10.2014 – III ZR 493/13, BKR 2015, 250 (253); BGH, Urteil vom 5.12.2013 – III ZR 73/12, NJW-RR 2014, 307 (308).
57 BaFin, Merkblatt „Anlagevermittlung", Ziff. 1. a), 13.7.2017, abrufbar unter https://www.bafin.de/SharedDocs/Veroeffentlichungen/DE/Merkblatt/mb_091204_tatbestand_anlagevermittlung.html.
58 BGH, Urteil vom 13.5.1993 – III ZR 25/92, WM 1993, 1238 (1239).
59 BaFin, Merkblatt „Anlagevermittlung", Ziff. 1 a), 13.7.2017, abrufbar unter https://www.bafin.de/SharedDocs/Veroeffentlichungen/DE/Merkblatt/mb_091204_tatbestand_anlagevermittlung.html.
60 Assmann in Assmann/Schneider/Mülbert WpHG § 2 Rn. 129.
61 Linardatos in Robo Advice-HdB § 4 Rn. 58.
62 BGH, Urteil vom 25.11.1981 – IVa ZR 286/80, ZIP 1982, 169 (170); BGH, Urteil vom 13.5.1993 – III ZR 25/92, WM 1993, 1238 (1239).

Unter der **Abschlussvermittlung** ist die Anschaffung und Veräußerung von Finanzinstrumenten im fremden Namen für fremde Rechnung zu verstehen.[63] Während der Anlagevermittler als Bote des Kunden tätig wird, gibt der Abschlussvermittler eine eigene Willenserklärung als Stellvertreter seines Kunden ab.[64] Ein Handeln für fremde Rechnung ist gegeben, wenn das vom Dienstleister abgeschlossene Geschäft „auch wirtschaftlich den Kunden betreffen" soll.[65] Nach umstrittener Ansicht handelt nicht als Abschlussvermittler, wer in organschaftlicher oder gesetzlicher Vertretung die Finanzinstrumente für den Vertretenen erwirbt oder veräußert.[66] In diesen Fällen fehlt es nämlich am Dienstleistungscharakter. 21

Auch bei der Abschlussvermittlung ist lediglich eine **Auskunft** geschuldet. Der werbende Charakter ist dieser Dienstleistungsform – ebenso wie bei der Anlagevermittlung – immanent. In der Praxis wird die Abschlussvermittlung deswegen – ähnlich wie bei der Anlagevermittlung (→ Rn. 18) – nur in Rede stehen, wenn dem Kunden die endgültige Einzeltitelauswahl überlassen bleibt. 22

d) Bedeutung der Selbstdeklaration (Disclaimer)

Robo Advisor versuchen in der Praxis vielfach, ihre Dienstleistung mittels Selbstdeklaration (Disclaimer) gegenüber Kunden als Finanzportfolioverwaltung zu qualifizieren. Dabei sind drei Disclaimertypen zu beobachten: 23
  (i) der einer Exploration oder Empfehlung nachgeschaltete,
  (ii) der nur in den AGB des Anbieters niedergelegte und
  (iii) der jedem Kundenkontakt mittels Pop-up-Fenster vorgeschaltete Disclaimer.

Robo Advisor möchten mit diesen Disclaimern insbesondere dem Anschein entgegentreten, der Anleger erhalte eine auf seine persönlichen Verhältnisse zugeschnittene Anlageempfehlung (→ Rn. 8); ihnen ist also vor allem daran gelegen, die Qualifizierung als Anlageberater zu verhindern.

Unabhängig von der Antwort auf die Frage, ob solche Disclaimer zivilrechtlich wirksam sind, sind sie aufsichtsrechtlich allesamt nicht tonangebend;[67] die ESMA hat dies in ihren Leitlinien zur MiFID II bereits treffend herausgestellt.[68] Ein Robo Advisor kann aufsichtsrechtlich im allgemeinen Interesse der Marktintegrität von einer widersprüchlichen Selbstdeklaration nicht profitieren.[69] Während ihrer Aufgabenwahrnehmung prüft die Aufsichtsbehörde ohnehin nicht die Einlassung des Robo Advisor, sondern ob dessen tatsächlicher Funktionsumfang bestimmten gesetzlichen Kategorien entspricht und die regulatori- 24

---

63 Vgl. BaFin, Merkblatt „Abschlussvermittlung", Ziff. 1, 11.9.2014, abrufbar unter https://www.bafin.de/SharedDocs/Veroeffentlichungen/DE/Merkblatt/mb_091207_tatbestand_abschlussvermittlung.html; Schäfer in Boos/Fischer/Schulte-Mattler KWG § 1 Rn. 157.
64 BaFin, Merkblatt „Abschlussvermittlung", Ziff. 1 a), 11.9.2014, abrufbar unter https://www.bafin.de/SharedDocs/Veroeffentlichungen/DE/Merkblatt/mb_091207_tatbestand_abschlussvermittlung.html; U. Schäfer in Assmann/Schütze/Buck-Heeb KapAnlR-HdB § 23 Rn. 11.
65 BaFin, Merkblatt „Abschlussvermittlung", Ziff. 1 b), 11.9.2014, abrufbar unter https://www.bafin.de/SharedDocs/Veroeffentlichungen/DE/Merkblatt/mb_091207_tatbestand_abschlussvermittlung.html.
66 Linardatos in Robo Advice-HdB § 4 Rn. 60; Assmann in Assmann/Schneider/Mülbert WpHG § 2 Rn. 122; aA Fülbier in Boos/Fischer/Schulte-Mattler KWG § 1 Rn. 124.
67 Madel Robo Advice S. 98 ff., 287; Maume 55(1) Texas International Law Journal 49 (2019), 49 (66); Maume Robo-advisors S. 25. Anders als hier Denga in HdB KI und Robotik § 15 Rn. 60 mit Verweis auf eine Stellungnahme des Committee of European Securities Regulators (CESR/05-290b); zur abweichenden Einordnung des CESR-Standpunktes Linardatos in Robo Advice-HdB § 4 Rn. 44. Anders als hier auch Baumanns BKR 2016, 366 (370) zu Pop-up-Disclaimern.
68 ESMA, Final Report: Guidelines on certain aspects of the MiFID II suitability requirements vom 28.5.2018, ESMA35-43-869, S. 35 f. (Nr. 19), abrufbar unter https://www.esma.europa.eu/press-news/esma-news/esma-publishes-final-guidelines-mifid-ii-suitability-requirements.
69 Eine größere Bedeutung sollen Eigenerklärungen im Prospektrecht haben und einer Gefahr der Verwechslung von Werbematerialien mit einem Prospekt entgegenwirken, indem angenommen wird, der Disclaimer lasse die Schutzbedürftigkeit entfallen; vgl. Schlitt/Landschein ZBB 2019, 103 (112).

schen Anforderungen erfüllt.[70] Ist die Selbstdeklaration aufsichtsrechtlich fehlerhaft, so wird sie von der BaFin nicht bloß ignoriert, sondern sie kann sogar Grundlage für reagierende Verwaltungsmaßnahmen sein, denn der insoweit irreführende Disclaimer tangiert die kollektiven Verbraucherinteressen (§ 4 Abs. 1a S. 1 FinDAG) negativ.

2. Erlaubnispflichten

25 Wird der Robo Advice von einer Universalbank erbracht, dann ist dieser Dienst von der bestehenden **Banklizenz** gemäß § 1 Abs. 1 iVm § 32 KWG abgedeckt und es bedarf keiner weiteren Lizenzierung durch die BaFin. Fehlt eine Banklizenz, wird je nach Geschäftsmodell des Robo Advisor entweder besagte Lizenz oder eine (subsidiäre)[71] **Finanzdienstleistungslizenz** nach § 1 Abs. 1a iVm § 32 KWG fällig. Freilich gehen damit hohe Anforderungen einher, die u.a. aus dem notwendigen Anfangskapital (§ 33 Abs. 1 S. 1 Nr. 1 KWG), den organisatorischen Pflichten (vgl. u.a. → Rn. 35 ff.) und aus dem Erfordernis der Eignung und Zuverlässigkeit der Geschäftsleiter (§ 25c KWG) erwachsen.[72] Diese Anforderungen können gerade für junge Fintech-Unternehmen eine erhebliche Markteintrittsbarriere darstellen, weshalb den Anbietern bisher vor allem daran gelegen war, von der **Bereichsausnahme des § 2 Abs. 6 S. 1 Nr. 8 KWG** (→ Rn. 28) zu profitieren.[73] Durch das risikoorientierte WpIG besteht nun für kleine und mittlere Wertpapierinstitute die Möglichkeit, unter der **Lizenz des § 15 WpIG** zu agieren, womit insbesondere Erleichterungen durch die dem Proportionalitätsgrundsatz verschriebenen Anforderungen an das Risikomanagement einhergehen.[74] Eine mit § 2 Abs. 6 S. 1 Nr. 8 KWG vergleichbare **Bereichsausnahme** besteht auch hier, nämlich in **§ 3 Abs. 1 Nr. 1 WpIG**.

26 Weiterhin bedeutsam ist der Ausschlusstatbestand des § 2 Abs. 10 KWG für „vertraglich gebundene Vermittler".[75] Der digitale Dienstleister kann sich danach unter das „**Haftungsdach**"[76] eines bereits beaufsichtigten CRR-Kreditinstituts oder eines Wertpapierhandelsunternehmens stellen, das typischerweise über eine Vollkonzession verfügt, und auf diese Weise einer eigenen Erlaubnispflicht entgehen.[77] Relevant ist das u.a. für Depotgeschäfte, die nach § 1 Abs. 1 S. 2 Nr. 5 WpHG iVm § 32 KWG der Erlaubnispflicht unterliegen, sowie für das Einlagengeschäft gemäß § 1 Abs. 1 Nr. 1 KWG, das ebenfalls erlaubnispflichtig ist, wenn der Dienstleister für den Kunden ein Verrechnungskonto für die angebotene Dienstleistung führt und damit unbedingt rückzahlbare Kundengelder entgegennimmt.[78] Weit verbreitet ist auch die Auslagerung wesentlicher Geschäfte gemäß § 25b KWG durch eine Bank mit Volllizenz auf ein WealthTech-Unternehmen (→ *Fintech* Rn. 17 ff.).

27 Inwieweit auf Seiten des Dienstleisters weitere Lizenzpflichten nach § 1 Abs. 2 Nr. 6 iVm § 8 ZAG wegen eines Finanztransfergeschäfts[79] oder gemäß § 8a ZAG wegen eines E-Geld-Geschäfts bestehen, hängt von seinem Geschäftsmodell ab.[80] Werden auch Komponenten einer Schwarmfinanzierung angeboten (Crowdlending, Crowdinvesting oder Crowdfunding → *Fintech* Rn. 20 f.), ist bisher an eine Lizenzpflicht nach

---

70 Grischuk, Robo-Advice – Automatisierte Anlageberatung in der Aufsichtspraxis, BaFin Fachartikel vom 16.08.2017, abrufbar unter www.bafin.de/SharedDocs/Veroeffentlichungen/DE/Fachartikel/2017/fa_bj_1708_RoboAdvice.html.
71 Vgl. BT-Drs. 13/7142, 66; Binder in Binder/Glos/Riepe BankenaufsichtsR-HdB § 3 Rn. 49.
72 Näher dazu Dárányi in FinTech-HdB § 30 Rn. 29 ff.; vgl. auch Denga in HdB KI und Robotik § 15 Rn. 18, der darüber hinaus den Beratungsaufwand im Vorfeld der Geschäftsaufnahme nennt.
73 Ausführlich Madel Robo Advice S. 122 ff.
74 Theis ZBB 2022, 130 (133 f.).
75 Dazu Loff in Klebeck/Dobrauz-Saldapenna Dig. Finanzdienstleistungen-HdB 3. Kapitel Rn. 113; Baumanns BKR 2016, 366 (373).
76 Allgemein hierzu siehe Knop BKR 2011, 89 (zur damals noch die Abschlussvermittlung mitumfassende Fassung des § 2 Abs. 10 KWG).
77 Dazu schon Linardatos in Robo Advice-HdB § 4 Rn. 6.
78 Siehe dazu wiederum schon Linardatos in Robo Advice-HdB § 4 Rn. 6.
79 Siehe oben bei Fn. 20.
80 Im Überblick dazu siehe etwa Scholz-Fröhling BKR 2017, 133 (136).

§ 1 Abs. 1 Nr. 2 oder § 1 Abs. 1a KWG zu denken gewesen, die seit Inkrafttreten der Verordnung 2020/1503[81] aus Art. 12 ECSP-VO folgt. Banken, Zahlungsdienstleister, Wertpapierfirmen und andere Finanzdienstleister, die für ihre jeweiligen Zahlungs-, Finanz- oder Wertpapierhandelsdienste von der zuständigen Behörde mit einer Bewilligung bereits bedacht sind, durchlaufen gemäß Art. 12 Abs. 14 f. ECSP-VO ein vereinfachtes Verfahren, wenn sie (zusätzlich) die Zulassung als Schwarmfinanzierungsdienstleister beantragen.

Sind die Voraussetzungen der Bereichsausnahme gemäß § 2 Abs. 6 S. 1 Nr. 8 KWG oder § 3 Abs. 1 Nr. 1 WpIG (s. auch → Rn. 25) erfüllt,[82] dann können Robo Advisor unter einer gewerberechtlichen **Erlaubnis nach § 34f GewO** agieren und bedürfen keiner BaFin-Erlaubnis. Zudem gelten dann anstelle der Wohlverhaltenspflichten des WpHG jene der §§ 11 ff. FinVermV[83] (→ Rn. 50). Ziel der Bereichsausnahme ist es, die Erbringung von Dienstleistungen zu erleichtern, die (i) stark standardisierte Finanzanlagen (zB Investmentanteile) betreffen und die (ii) von einem Berater oder Vermittler erbracht werden für Institute oder Unternehmen, die ihrerseits der BaFin-Aufsicht (§§ 6 ff. KWG) unterliegen.[84] Erteilt wird die Gewerbeerlaubnis gemäß § 155 Abs. 2 GewO vom nach Landesrecht zuständigen Gewerbeaufsichtsamt oder von den Industrie- und Handelskammern.

28

3. (Wohl-)Verhaltenspflichten

a) Wohlverhaltenspflichten nach WpHG

Die Finanzmarktregulierung ist prinzipiell technologieneutral.[85] Robo Advisor müssen die Verhaltens- und Organisationspflichten der §§ 63 ff. WpHG beachten, welche durch die Vorgaben der DelVO (EU) 2017/565[86] näher konkretisiert werden. Dies gilt auch für jene Dienstleister, die dem WpIG unterfallen (→ Rn. 7), weil Wertpapierinstitute gemäß § 2 Abs. 1 WpIG Wertpapierdienstleistungen iSd § 1 Abs. 1 Nr. 1 WpHG erbringen, wodurch der Anwendungsbereich der §§ 63 ff. WpHG eröffnet ist. Die allgemeinen Wohlverhaltenspflichten des § 63 WpHG, wonach sämtliche Geschäftshandlungen eines Wertpapierdienstleistungsunternehmens **ehrlich, redlich**[87] **und professionell im bestmöglichen Interesse der Kunden**[88] zu erbringen sind,[89] werden durch § 64 WpHG ergänzt, der ausschließlich für die Anlageberatung und die Finanzportfolioverwaltung gilt. Die Dienstleister sind an diese Pflichten gebunden, unabhängig davon, in welchem Umfang ihr Angebot digitalisiert ist. Die Pflichten sind funktional zu übertragen[90] und es besteht im Einzelfall nur eine Adressatenverlagerung: Während das tradierte Wertpapierdienstleistungsunternehmen bei der Auswahl seiner Berater, Vermittler etc die aufsichtsrechtlichen Anforderungen erfüllen muss, bezieht sich das bei Robo Advisor vor allem auf diejenigen Personen im Unternehmen, die für die Programmierung, Systemwartung usw. verantwortlich sind.

29

---

81 Verordnung (EU) 2020/1503 des Europäischen Parlaments und des Rates vom 7. Oktober 2020 über Europäische Schwarmfinanzierungsdienstleister für Unternehmen und zur Änderung der Verordnung (EU) 2017/1129 und der Richtlinie (EU) 2019/1937 (**ECSP-VO**).
82 Für eine nähere Kommentierung der Einzelvoraussetzungen siehe Linardatos in Robo Advice-HdB § 4 Rn. 8 mwN.
83 Finanzanlagenvermittlungsverordnung vom 2. Mai 2012 (BGBl. I S. 1006), zuletzt durch Artikel 1 der Verordnung vom 9. Oktober 2019 (BGBl. I Nr. 36, S. 1434) geändert.
84 BT-Drs. 16/4028, 91 (rechte Spalte).
85 Maume Robo-advisors S. 22.
86 Delegierte Verordnung (EU) 2017/565 der Kommission vom 25. April 2016 zur Ergänzung der Richtlinie 2014/65/EU des Europäischen Parlaments und des Rates in Bezug auf die organisatorischen Anforderungen an Wertpapierfirmen und die Bedingungen für die Ausübung ihrer Tätigkeit sowie in Bezug auf die Definition bestimmter Begriffe für die Zwecke der genannten Richtlinie, ABl. 31.3.2017, L 87/1.
87 Dazu gehört es im hier interessierenden Kontext u.a. auch, algorithmengesteuerte Verhaltenssteuerung zu unterlassen; zu den möglichen Folgen von solchem Microtargeting siehe zB Ebers MMR 2018, 423.
88 Damit ist aber nicht gemeint, es müsse stets das Maximum an Rendite für den Kunden herausgeholt werden (aA wohl Stutz ex ante 2019, 17 [21]). Dieses Maximum ist bei Börsengeschäften im Vorfeld naturgemäß nicht bestimmbar, weshalb es auch keine Maxime des Anlageverhaltens sein kann.
89 Für nähere Erläuterungen siehe Koller in Assmann/Schneider/Mülbert WpHG § 63 Rn. 16 ff.; spezifisch in Bezug auf die Informationspflichten Lins BKR 2020 181 (184).
90 Ähnlich Theis Der Einsatz automatischer und intelligenter Agenten im Finanzdienstleistungsbereich S. 165 f.

aa) Geeignetheitsprüfung und Geeignetheitserklärung

30 Gemäß § 64 Abs. 3 WpHG hat ein Wertpapierdienstleistungsunternehmen bei der Erbringung einer Anlageberatung oder Finanzportfolioverwaltung eine **Geeignetheitsprüfung** durchzuführen. Dies stellt sicher, dass nur Produkte empfohlen werden, die für den Kunden geeignet sind. Gewährleistet wird dies durch eine hinreichende Kundenexploration. Gemäß Art. 54 Abs. 1 UAbs. 2 DelVO (EU) 2017/565 besteht die Pflicht zur Durchführung der Eignungsbeurteilung beim Einsatz halb- oder vollautomatisierter Systeme uneingeschränkt; es existieren demnach grundsätzlich keine Unterschiede in den Anforderungen zwischen persönlichem Gespräch und digitaler Kundenstrecke. Notwendige Voraussetzung einer Geeignetheitsprüfung ist gemäß Art. 54 Abs. 7 lit. d DelVO (EU) 2017/565 die **Kohärenzprüfung der Kundeninformationen** und -antworten während der Kundenexploration. Auf diese Weise werden Input-Fehler frühzeitig aufgedeckt und sie erhalten keinen Eingang in die Anlageempfehlung. Ausreichend ist es, wenn der Robo Advisor bei der Kohärenzprüfung mit standardisierenden Verfahren operiert,[91] da die Algorithmen der Anbieter noch nicht so weit sind, um (in Echtzeit) kundenindividuelle Kohärenzprüfungen eigenständig zu entwickeln. Vom Anbieter sicherzustellen ist jedenfalls, dass klare Widersprüche erkannt werden.[92]

31 Gemäß Art. 54 Abs. 8 DelVO (EU) 2017/565 darf ein Wertpapierdienstleistungsunternehmen die Anlageberatung oder die Finanzportfolioverwaltung nicht erbringen, wenn es die für die Geeignetheitsprüfung notwendigen Informationen vom Kunden nicht erhält. Daher darf im Fragenkatalog die Option nicht bestehen, einzelne – wesentliche – Fragen unbeantwortet zu lassen.[93] Robo Advisor haben zudem regelmäßig die Aktualität der eingeholten Kundeninformationen zu überprüfen;[94] dies ist insbesondere für die Finanzportfolioverwaltung wichtig.[95]

32 Die Geeignetheitsprüfung schließt mit der **Geeignetheitserklärung** gemäß § 64 Abs. 4 WpHG (Art. 54 Abs. 12 DelVO (EU) 2017/565) ab; diese Pflicht gilt auch für Robo Advisor.[96] Die Erklärung dient gegenüber dem Privatkunden (§ 67 Abs. 3 WpHG) dazu, die Anlageempfehlung zu begründen. Die Erklärung muss dem Kunden auf einem dauerhaften Datenträger (→ Rn. 80) iSd § 2 Abs. 43 WpHG (Speicherung, Möglichkeit der unveränderlichen Wiedergabe) vor Abschluss des auf der Beratung beruhenden Geschäfts zugehen und einen Überblick über die erbrachte Beratung sowie über die erteilte Empfehlung enthalten. Ausnahmsweise darf der Anbieter gemäß § 64 Abs. 4 S. 4 WpHG die Geeignetheitserklärung unmittelbar nach Vertragsschluss zur Verfügung stellen, wenn der Kunde einverstanden ist. Dem Kunden ist zu erläutern, warum die Empfehlung als geeignet eingestuft wurde.[97] Auch muss das Wertpapierdienstleistungsunternehmen die Beurteilungsbasis referieren,[98] also u.a. Bezug auf die Antworten des Kunden im Explorationskatalog nehmen. Zudem ist vom Anbieter anzugeben, ob das empfohlene Investment einer fortlaufenden Überprüfung bedarf.[99] Die Geeignetheitserklärung ist auf den konkreten Kunden zu beziehen, nicht auf eine grob gegliederte Gruppe von Kunden.[100] Textbausteine sind zulässig;[101] graphische Aufarbeitungen sind erlaubt und geboten.

---

91 Linardatos in Robo Advice-HdB § 4 Rn. 74 mit Verweis auf Spoerr in Assmann/Schneider/Mülbert WpHG § 120 Rn. 201.
92 Madel Robo Advice S. 182; Müssig in Robo Advice-HdB § 5 Rn. 45; Waldkirch in Robo Advice-HdB § 18 Rn. 41. Vgl. auch Rundschreiben 05/2018 der BaFin (MaComp), 19.4.2018, geändert am 28.3.2022, BT 7.2 Nr. 11.
93 Theis Der Einsatz automatischer und intelligenter Agenten im Finanzdienstleistungsbereich S. 189.
94 Theis Der Einsatz automatischer und intelligenter Agenten im Finanzdienstleistungsbereich S. 191.
95 Madel Robo Advice S. 185.
96 Madel Robo Advice S. 187.
97 Für Näheres siehe Koller in Assmann/Schneider/Mülbert WpHG § 64 Rn. 48 ff.
98 Koller in Assmann/Schneider/Mülbert WpHG § 64 Rn. 48; siehe auch Rundschreiben 05/2018 der BaFin (MaComp), 19.4.2018, geändert am 28.3.2022, BT 7.1 Nr. 6.
99 Roth/Blessing CCZ 2016, 258 (263).
100 Koller in Assmann/Schneider/Mülbert WpHG § 64 Rn. 49; ebenso Linardatos in Robo Advice-HdB § 4 Rn. 75.
101 Madel Robo Advice S. 189.

bb) Produkt- und Anlegerinformation

Der Robo Advisor hat bei der Anlageberatung einem Privatkunden rechtzeitig vor dem Abschluss eines Geschäfts über Finanzinstrumente, für die kein Basisinformationsblatt nach der Verordnung (EU) 1286/2014 (PRIIP-VO)[102] erstellt werden muss,[103] ein **Produktinformationsblatt** zur Verfügung zu stellen. Da es sich bei dem Dienst der Robo Advisor typischerweise um eine Anlageberatung unter Abwesenden handelt und die Kunden eine bruchlose elektronische Kommunikation erwarten, kann das Informationsblatt während des Beratungsgespräches auch auf elektronischem Weg zur Verfügung gestellt werden; es muss lediglich die Kenntnisnahme durch den Kunden technisch sichergestellt sein.[104] Vertreibt der Robo Advisor Investmentanteile, sind **wesentliche Anlegerinformationen** gemäß §§ 164, 297 KAGB geschuldet, die gemäß § 64 Abs. 2 Nr. 1 WpHG an die Stelle des Informationsblattes treten.

cc) Angemessenheitsprüfung

Außerhalb von Anlageberatung und Finanzportfolioverwaltung ist gemäß § 63 Abs. 10 WpHG ein Angemessenheitstest durchzuführen. Die gesetzlichen Anforderungen fallen hier niedriger aus als bei der Geeignetheitsprüfung, der Gesetzeszweck bleibt gleichwohl der (konkrete) **Kundenschutz**. Zwingende Voraussetzungen sind demnach die Kundenexploration und die Kohärenzprüfung (→ Rn. 30), wenngleich mit niedrigerem Prüfungsumfang. Denn nicht einbezogen werden bei der Angemessenheitsprüfung die Anlageziele und die Risikotragfähigkeit des Kunden. **Gegenstand der Angemessenheitsprüfung** ist vielmehr nur, ob der Kunde über die erforderlichen Kenntnisse und Erfahrungen verfügt, um die Risiken verstehen und beurteilen zu können, die mit der Art der zu erwerbenden Finanzinstrumente oder Wertpapierdienstleistungen zusammenhängen (Art. 56 Abs. 1 DelVO (EU) 2017/565). Keine Angemessenheitsprüfung ist beim reinen Ausführungsgeschäft erforderlich,[105] welches jedoch die Ausnahme beim Robo Advice ist.

dd) Einzelne Interessenkonflikte

Robo Advisor sind besonders anfällig für strukturelle und vertriebsbezogene Interessenkonflikte.[106] Kernherausforderung bei der Vermeidung solcher Interessenkonflikte ist die richtige **Programmierung** des Algorithmus.[107] Diese muss mit Blick auf ihre potenzielle Breitenwirkung besonders umsichtig erfolgen: Während ein menschlicher Berater oder Vermögensverwalter einen begrenzten Kundenstamm bedient, können in die Form des Programms gefasste Interessenkonflikte die Gesamtheit der Kundenportfolien betreffen. Gelingt eine austarierte und rechtskonforme Programmierung, so können die oftmals proklamierten Vorteile von algorithmischen Systemen, frei von menschlicher Willkür und subjektiven Präferenzen zu sein, tatsächlich zugunsten der Kunden gehoben werden; misslingt sie, dann werden die Interessen der gesamten Kundengemeinschaft ungleich höher als bei den tradierten Finanzdienstleistungen beeinträchtigt.[108]

Ein Beispiel ist der Einsatz eines Robo Advisor durch eine vermögensverwaltende Gesellschaft, die selbst Anlageprodukte vertreibt, oder die mit einem Unternehmen verbunden ist, das solche Produkte andient

---

102 Verordnung (EU) Nr. 1286/2014 des Europäischen Parlaments und des Rates vom 26. November 2014 über Basisinformationsblätter für verpackte Anlageprodukte für Kleinanleger und Versicherungsanlageprodukte (PRIIP), ABl. 9.12.2014, L 352/1.
103 Die Basisinformationsblätter sind für sog. „verpackte Anlageprodukte" erforderlich (BaFin, Basisinformationsblatt, 17.8.2015, abrufbar unter https://www.bafin.de/SharedDocs/Veroeffentlichungen/DE/Fachartikel/2015/fa_bj_1508_basisinformationsblatt_priips_verordnung.html). Das sind Produkte, bei denen der Rückzahlungsbetrag aufgrund der Abhängigkeit von Referenzwerten oder eines oder mehrerer Vermögenswerte besonderen Schwankungen unterliegt und die auf irgendeine Art zusammengefasst (verpackt) sind, um neue Investitionsmöglichkeiten zu eröffnen (zB Derivate und bestimmte strukturierte Anleiheformen). Nicht darunter fallen hingegen Aktien und „einfache" Bonds (Zahrte in MüKoHGB Anlageberatung Rn. 59).
104 BaFin, Rundschreiben 4/2013 – Produktinformationsblätter, 26. 9. 2013, Ziff. 2.2, abrufbar unter https://www.bafin.de/SharedDocs/Veroeffentlichungen/DE/Rundschreiben/rs_1304_produktinformationsblaetter_wa.html.
105 Rothenhöfer in Schwark/Zimmer § 63 Rn. 304.
106 Dazu instruktiv Herresthal in Robo Advice-HdB § 9; siehe auch Maume Robo-advisors S. 31; Müssig in Robo Advice-HdB § 5 Rn. 18; Möslein/Lordt ZIP 2017, 793 (801).
107 Herresthal in Robo Advice-HdB § 9 Rn. 11 ff.
108 Vgl. Ji Columbia Law Review 117 (2017), 1543 (1578).

(**hauseigene Anlageprodukte**).[109] Solche Bevorzugungen eigener oder konzerneigener Produkte und andere **wirtschaftliche Verflechtungen** können im Widerspruch zur **vorrangigen Erwartung des Kunden** stehen, dass seine Anlageziele und die aktuellen Marktgegebenheiten geeignet berücksichtigt werden im Sinne einer **optimalen Investitionsentscheidung**.[110] Entsprechendes gilt für Vertriebskooperationen, insbesondere wenn diese mit einer Abrede über Absatzziele einhergehen.[111] Etwaige Interessenkonflikte können in diesen Fällen aufgelöst werden durch geeignete **Vorrangregeln**:[112] Beispielsweise indem die hauseigenen Interessen oder die Interessen der Kooperationspartner nur berücksichtigt werden, wenn dies nicht zulasten der Ertragsaussichten auf Kundenseite geht (interessenwahrende Vorrangregel), oder wenn damit zugleich eine Besserstellung des Kunden verbunden ist (defensive Vorrangregel). Ein beachtlicher Interessenkonflikt läge dagegen vor, wenn die Wahrnehmung der hauseigenen Interessen oder der Kooperationspartner aus Sicht eines objektiven Investors keine optimale Investitionsentscheidung darstellen – etwa, weil andere Produkte eine bessere Leistungskennzahl haben etc.[113]

37 Relevante Interessenkonflikte können weiterhin durch die Annahme monetärer und nicht-monetärer Zuwendungen (→ Rn. 42 f.) entstehen. Indes bestehen für Wertpapierdienstleistungsunternehmen nach dem WpHG weitreichende Verbote, monetäre oder nicht-monetäre Zuwendungen entgegenzunehmen (vgl. §§ 64 Abs. 7, 70 Abs. 1 S. 1 WpHG). Eine Entgegennahme ist nur ausnahmsweise möglich, nämlich bei nicht-monetären Zuwendungen, sofern mit diesen eine Qualitätsverbesserung des Dienstes zugunsten des Kunden einhergeht. In solchen Sachverhalten besteht tatsächlich gesehen schon kein Interessenkonflikt.

38 Beim Robo Advice werden Portfolien mit zahlreichen Schnittmengen automatisiert verwaltet, wodurch es auf Anbieterseite aus Effizienzgründen naheliegend ist, mehrere Aufträge zusammenzufassen (**Blockorder**). Eine solche Vorgehensweise ist nicht unzulässig, sondern sie kommt im Gegenteil dem Kundeninteresse entgegen, weil dadurch Kosten gespart werden können. Es sind allerdings die Vorgaben des § 69 Abs. 3 WpHG iVm Art. 68 f. DelVO (EU) 2017/565 zu beachten. Die Kunden müssen insbesondere zu gleichen Teilen an den erzielten Effizienzen partizipieren.

ee) Vermeidung und Offenlegung von Interessenkonflikten

39 Robo Advisor, verbundene Unternehmen und Personen sind gemäß Art. 23 MiFID II, § 80 Abs. 1 S. 2 Nr. 2 WpHG verpflichtet, Interessenkonflikte[114] bei der Erbringung von Wertpapierdienstleistungen zu erkennen und durch geeignete organisatorische Maßnahmen und Vorkehrungen zu vermeiden oder zu regeln. Interessenkonflikten ist demnach durch **präventive Maßnahmen** vorzubeugen (zB mittels Chinese Walls),[115] und sie sind dort, wo sie ex ante unvermeidbar sind, soweit möglich **auszuschalten**.[116] Jedenfalls besteht die Pflicht, die Interessenkonflikte zu minimieren. Näheres regeln die Artt. 33 ff. DelVO (EU) 2017/565, u.a. auch die **Dokumentationspflichten**.

40 Die denkbaren Interessenkonflikte sind vielgestaltig (vgl. beispielhaft → Rn. 35 ff.). Gekennzeichnet sind sie, aus Kundensicht, durch ein benachteiligendes Element; bloße Vorteile aufseiten des Robo Advisor ohne Benachteiligung des Kunden sind nicht ausreichend.[117] Dabei handelt es sich in der Regel um situative Interessenkonflikte. Bei WealthTech-Diensten wie Robo Advice haben die Interessenkonflikte, wie gesehen, zusätzlich eine strukturelle Dimension, denn die Interessen des Wertpapierdienstleistungsunternehmens sind im Programmcode als Zielvorgaben eingepflegt. Dem Anbieter kommt demnach eine besondere

---

109 Herresthal in Robo Advice-HdB § 9 Rn. 1 f., 14.
110 Herresthal in Robo Advice-HdB § 9 Rn. 8; Näheres zum erwarteten Idealzustand aufseiten des Kunden Baker/Dellaert Iowa Law Review 103 (2018), 714 (746).
111 Herresthal in Robo Advice-HdB § 9 Rn. 18.
112 Herresthal in Robo Advice-HdB § 9 Rn. 24 f. mit entsprechender Begriffswahl, die hier aufgegriffen wird.
113 Herresthal in Robo Advice-HdB § 9 Rn. 28.
114 Näher zur Vermeidung und Offenlegung von Interessenkonflikten Herresthal in Robo Advice-HdB § 9; Theis Der Einsatz automatischer und intelligenter Agenten im Finanzdienstleistungsbereich S. 166 ff.
115 Dazu etwa Rothenhöfer in Kümpel/Mülbert/Früh/Seyfried, Bank- und Kapitalmarktrecht, 2022, Rn. 13.253 f.
116 Koller in Assmann/Schneider/Mülbert WpHG § 80 Rn. 23.
117 Herresthal in Robo Advice-HdB § 9 Rn. 50 f.

Verantwortung bei der inhaltlich-strukturellen Gestaltung des algorithmischen Systems zu. Dabei sind die Vorgaben des § 63 Abs. 1 WpHG zu beachten: Die Leistung ist „ehrlich, redlich und professionell im bestmöglichen Interesse seiner Kunden zu erbringen"; der Algorithmus ist nach diesem Koordinatensystem zu konzipieren. Gemäß §§ 80 Abs. 1 S. 2 Nr. 2, 63 Abs. 2 WpHG hat der Robo Advisor die „allgemeine Art und Herkunft von Interessenkonflikten" zu identifizieren sowie „auf Dauer wirksame Vorkehrungen für angemessene Maßnahmen [zu] treffen, um Interessenkonflikte bei der Erbringung von [Leistungen] zwischen einerseits ihm selbst einschließlich seiner Geschäftsleitung, seiner Mitarbeiter, seiner vertraglich gebundenen Vermittler und der mit ihm direkt oder indirekt durch Kontrolle [iSd Art. 4 Abs. 1 Nr. 37 der VO (EU) 575/2013] verbundenen Personen und Unternehmen und andererseits seinen Kunden oder zwischen seinen Kunden untereinander zu erkennen und zu vermeiden oder zu regeln".

Können die Interessenkonflikte nicht wirksam vermieden werden, sind sie gemäß § 63 Abs. 2 S. 1 WpHG vor Durchführung des Geschäfts gegenüber dem Kunden **unmissverständlich offenzulegen**. Art. 34 Abs. 4 UAbs. 1 DelVO (EU) 2017/565 macht dabei deutlich, dass die Offenlegung **ultima ratio** ist. Sie ist geschuldet, wenn nicht mit hinreichender Sicherheit gewährleistet werden kann, dass die Interessen des Kunden trotz der Vermeidungsmaßnahmen nicht geschädigt werden. 41

Bei monetären Zuwendungen gilt gemäß § 64 Abs. 7 WpHG, dass diese schon nicht entgegengenommen werden sollten, alternativ, dass sie (unverzüglich) an den Kunden auszukehren sind. Das algorithmische System ist geeignet zu gestalten, damit diese Zuwendungen dem Kunden zugewiesen und weitergegeben werden (§ 80 Abs. 8 WpHG). Da monetäre Zuwendungen letztlich dem Kunden zugutekommen, darf sie der Robo Advisor bei der Investitionsbewertung berücksichtigen.[118] 42

Nicht-monetäre Zuwendungen dürfen nur entgegengenommen werden, wenn sie zu einer Qualitätsverbesserung (§ 6 Abs. 2 WpDVerOV) der Dienstleistung führen und dem Kunden diese Zuwendungen unmissverständlich offengelegt werden. Beispielhaft aufgezählt werden die besagten Zuwendungen in § 6 Abs. 1 WpDVerOV. 43

ff) Warnpflichten

Warnpflichten sind Informationspflichten besonderer Ausprägung mit konkretem Gefahrenbezug.[119] Eine trennscharfe materiell-rechtliche Unterscheidung zwischen Information oder Aufklärung einerseits und Warnung andererseits ist in der Regel nicht möglich. Robo Advisor müssen sich jedenfalls bewusst sein, dass manche Hinweise dem Kunden mit ausreichendem Nachdruck zu übermitteln sind, damit sie in der Masse der allgemeinen Informationen nicht untergehen und ihren Zweck nicht verfehlen (s. a. → Rn. 49). 44

Der Robo Advisor hat wie jedes Wertpapierdienstleistungsunternehmen vor der Erbringung der Dienstleistung eine Kundenexploration durchzuführen und jene Informationen einzuholen, die erforderlich sind, um die Angemessenheit eines Finanzinstruments oder einer Wertpapierdienstleistung für den Kunden beurteilen zu können (→ Rn. 34). An diese Angemessenheitsprüfung knüpft bei negativem Ergebnis die gesetzliche Pflicht, den Kunden gemäß § 63 Abs. 10 S. 3 WpHG **bei Unangemessenheit** des Instruments oder der Dienstleistung zu **warnen**. Dies gilt insbesondere, wenn der Anleger von der individuell ermittelten Anlagestrategie oder vom festgestellten Risikoprofil mit seiner Investitionsentscheidung abweichen will.[120] Der Kunde ist im Bedarfsfall weiterhin darüber zu informieren, dass die eingeholten Informationen nicht hinreichend sind, um die Angemessenheitsbeurteilung durchzuführen (§ 63 Abs. 10 S. 4 WpHG).[121] Ein Gefahrenbezug entsteht in den besagten Fällen des § 63 Abs. 10 S. 3, 4 WpHG durch den Umstand, dass außerhalb von Anlageberatung und Finanzportfolioverwaltung der Kunde stärker auf sich gestellt und zugleich die Prüftiefe auf Anbieterseite geringer ist. Zudem ist die Pflicht zur Fremdinteressenwah- 45

---

118 Näher dazu Herresthal in Robo Advice-HdB § 9 Rn. 42 f.
119 Oppenheim in Robo Advice-HdB § 10 Rn. 1, 5; Assmann/Sethe in FS Harm Peter Westermann, 2008, S. 67 (77).
120 Stutz ex ante 2019, 17 (19); Darányi in FinTech-HdB § 30 Rn. 72.
121 Der europäische Richtlinientext bringt in Art. 25 Abs. 3 UAbs. 2, 3 MiFID II den Charakter des Hinweises als Warnung zum Ausdruck, weshalb § 63 Abs. 10 S. 3, 4 WpHG in diesem Lichte auszulegen ist; vgl. Oppenheim in Robo Advice-HdB § 10 Rn. 8 mwN.

rung bei Wertpapierdienstleistungen, die nicht Anlageberatung oder Finanzportfolioverwaltung sind, per se schwächer, weshalb die gesetzlich angeordneten Warnpflichten notwendig erscheinen. Informationen und Hinweise mit Warncharakter sind bei der Anlageberatung und bei der Finanzportfolioverwaltung im Vergleich dazu bereits vertragstypeneigen und somit – kundenbezogen – selbstverständlich.

46 Sind Anlageprodukte oder Wertpapierdienstleistungen unangemessen, so müssen Anlageberater und Finanzportfolioverwalter den Kunden fallbezogen darauf hinweisen. Vorsorglich erteilte und pauschal abgefasste Hinweise relativieren die Warnfunktion solcher Erklärungen und sind aufsichtsrechtlich unzureichend.[122] Hinweise in standardisierter Form sind zulässig (vgl. etwa Art. 25 Abs. 3 UAbs. 2 S. 2 und UAbs. 3 S. 2 MiFID II), sofern der Kundenbezug gewahrt bleibt.

47 Eine besonders wichtige Ausprägung der Warnungen sind die Berichte von Finanzportfolioverwaltern: Dazu zählt neben den periodischen Informationen (Art. 60 Abs. 1–3 DelVO (EU) 2017/565; § 63 Abs. 12 S. 2 WpHG) die gemäß Art. 60 Abs. 1 DelVO (EU) 2017/565 ad hoc geschuldete Information über den Gesamtwertverlust des Portfolios von 10 % und mehr spätestens am Ende des Geschäftstags des jeweiligen Berichtszeitraums, an dem diese Grenze überschritten wurde (**Verlustschwellenreporting**).[123]

48 Art. 44 Abs. 4–6 DelVO (EU) 2017/565 enthält Anforderungen an die **Darstellung der Wertentwicklung** eines Finanzinstruments, eines Index oder einer Wertpapierdienstleistung. Bezieht sich beispielsweise ein Hinweis oder eine Simulation des Robo Advisor auf eine historische Wertentwicklung, so muss gegenüber dem Kunden eine Warnung dahingehend erfolgen, dass die historischen Daten kein verlässlicher Indikator für künftige Ergebnisse sind (Art. 44 Abs. 4 lit. d, Abs. 5 lit. c DelVO (EU) 2017/565). Im Ergebnis wird durch Art. 44 DelVO (EU) 2017/565 der gemäß § 63 Abs. 6 S. 1 WpHG allgemein geltende Grundsatz konkretisiert, dass Hinweise **redlich** sowie **eindeutig** sein müssen und **nicht irreführend** sein dürfen.

49 Durch **graphische Gestaltung** muss sichergestellt sein, dass alle **Angaben für den Kunden leicht erkennbar** sind. Zudem dürfen durch erteilte Informationen „Warnungen nicht verschleiert, abgeschwächt oder unverständlich" gemacht werden (Art. 44 Abs. 2 lit. c DelVO (EU) 2017/565). Warnungen und Risikohinweise der Robo Advisor sind digital innerhalb der Kundenstrecke zu erteilen; die Warnung in Papierform genügt nicht.[124] Zu verwenden sind geeignete Mittel wie interaktive Text- oder Chatelemente, PopUp-Fenster etc.[125]

b) Verhaltenspflichten nach FinVermV

50 Die neue FinVermV ist am 1. August 2020 in Kraft getreten. Die Anpassung wurde erforderlich, weil die Vorgängerfassung nicht den Anforderungen der MiFID II genügte und daher unionsrechtswidrig war.[126] Der Gesetzgeber hat die Verhaltenspflichten der §§ 11 ff. FinVermV an die Vorgaben der MiFID II angepasst, wodurch zwischen den §§ 63 ff. WpHG und den Verhaltenspflichten der FinVermV kaum noch Unterschiede bestehen.[127]

4. Spezifische Verhaltenspflichten hinsichtlich des algorithmischen Systems

51 Das für den Robo Advisor verwendete algorithmische System ist vor Inbetriebnahme in einer Testumgebung auf Konformität und Geeignetheit für den Verwendungszweck zu überprüfen.[128] Während des Betriebs ist eine **laufende, algorithmisch unterstützte Überwachung** der verschiedenen Prozesse notwendig und angezeigt.[129] Davon erfasst sind nicht nur die digitale Kundenstrecke – das „Front-End" –,

---

122 Oppenheim in Robo Advice-HdB § 10 Rn. 12.
123 Näher dazu Darányi in FinTech-HdB § 30 Rn. 73 f.
124 Oppenheim in Robo Advice-HdB § 10 Rn. 23.
125 Rundschreiben 05/2018 der BaFin (MaComp), 19.4.2018, geändert am 28.3.2022, BT 7.1 Nr. 7.
126 Madel Robo Advice S. 278.
127 Näher zu den §§ 11 ff. FinVermV: Glückert in Landmann/Rohmer, Gewerbeordnung, 86. EL 2021, Kapitel 267.
128 Stutz ex ante 2019, 17 (22).
129 Kritisch Stutz ex ante 2019, 17 (22).

sondern auch die Systeme, die für etwaige Datenanalysen, für die initiale Investition, für das Rebalancing oder für die Reallocation zuständig sind. Inwieweit im Rahmen von laufenden Selbstbeurteilungs- und Validierungsprozessen auch etwaige **Stresstests** durchzuführen sind (zur entsprechenden Pflicht im *Algorithmischer Handel* → Rn. 18), ist offen, erscheint freilich sinnvoll.

Der Anbieter muss regelmäßig konformitätsrelevante **Updates** entwickeln und einspielen.[130] Dies gilt nicht nur, um etwaige festgestellte Fehlfunktionen zu beseitigen, sondern auch, soweit sich die (aufsichts-)rechtlichen Rahmenbedingungen geändert haben.

52

Dem Kunden sind **grundlegende Informationen** über die Funktionsweise des Algorithmus **offenzulegen**[131] und über die dafür verwendeten Informationsquellen.[132] Denn der Kunde muss gemäß § 63 Abs. 7 WpHG informierte Entscheidungen treffen können und die Informationen über die Eigenschaften des algorithmischen Systems und der verarbeiteten Daten haben Bedeutung dafür. Geschuldet sind nur grundlegende Erläuterungen über die Funktionsweise des eingesetzten Systems.[133] Weiterhin wird von der ESMA eine Information über den Umfang der menschlichen Beteiligung gefordert.[134] Ein Verstoß gegen diese Informationspflichten ist bußgeldbewehrt, wenn die Informationen objektiv falsch und zur Täuschung bestimmt oder geeignet sind (§ 120 Abs. 8 Nr. 31 WpHG).[135]

53

III. Vertragsrechtliche Grundlagen des Robo Advice

1. Überblick

Die Vertragsverhältnisse im WealthTech-Sektor sind vielgestaltig und die konkrete Ausgestaltung des Vertrages variiert in der Praxis stark – abhängig vom angebotenen Finanzprodukt und vom Geschäftsmodell des Anbieters. Allgemeingültige Eckpunkte lassen sich aber formulieren, wenn man den zeitlichen Ablauf der Dienstleistung betrachtet. Zu Beginn steht die (meist kostenlose) **Explorationsphase**, in der Informationen über den Kunden gesammelt werden und die auf die Herbeiführung eines kostenpflichtigen Anschlussvertrages abzielt. Es folgt die Investitions- oder **Erwerbsphase**, in der vom Kunden oder für den Kunden ein Finanzprodukt erworben wird. Diese Phase kann nahtlos in eine **Verwaltungsphase** übergehen, welche darauf gerichtet ist, das Portfolio bei Bedarf an das aktuelle Marktumfeld oder auf veränderte persönliche Verhältnisse des Kunden neu auszurichten (Rebalancing oder Reallocation).[136]

54

2. Vertragsschluss und Vertragsinhalt

WealthTech-Dienste wie Robo Advice werden über das Internet angeboten. Der Vertragsschluss kommt deswegen mittels Fernkommunikationsmitteln zustande. Die allgemeinen Regeln der Rechtsgeschäftslehre sind hierbei unproblematisch anwendbar und mithilfe der gefestigten Regeln über **elektronische Willenserklärungen**[137] ist das Zustandekommen eines Vertrages ohne Schwierigkeiten begründbar.

55

Hingegen unklarer ist die Rechtslage, wenn es darum geht, den genauen **Zeitpunkt des Vertragsschlusses** zu bestimmen.[138] Das Bereitstellen des Dienstes zur Nutzung verbunden mit der Abrufbarkeit der jeweili-

56

---

130 Stutz ex ante 2019, 17 (22).
131 Linardatos in Robo Advice-HdB § 4 Rn. 87 ff.; Denga in HdB KI und Robotik § 15 Rn. 44, a.A. Herresthal in Robo Advice-HdB § 9 Rn. 60, 65.
132 Rundschreiben 05/2018 der BaFin (MaComp), 19.4.2018, geändert am 28.3.2022, BT 7.1 Nr. 6.
133 Madel Robo Advice S. 174.
134 ESMA, Guidelines on certain aspects on the MiFID II suitability requirements, ESMA35-43-869, 29.5.2018, Rn. 20 f.; ähnlich Rundschreiben 05/2018 der BaFin (MaComp), 19.4.2018, geändert am 28.3.2022, BT 7.1 Nr. 6.
135 Siehe dazu Spoerr in Assmann/Schneider/Mülbert WpHG § 120 Rn. 197.
136 Siehe dazu etwa Fein, Robo-Advisors: A Closer Look, abrufbar unter https://ssrn.com/abstract=2658701, S. 3; Ringe/Ruof Sandbox for Robo Advice S. 6; Madel Robo Advice S. 45.
137 Näher dazu Spindler in Spindler/Schuster, Recht der elektronischen Medien, 2019, Vorbemerkungen zu §§ 116 ff., Rn. 1 ff.
138 Dazu im Zusammenhang mit Robo Advisor instruktiv Rosenkranz in Robo Advice-HdB § 2 Ziff. IV.

gen Webseite, Applikation oder des Fragebogens kann nicht der maßgebliche Zeitpunkt sein,[139] weil in dem Moment vor allem beim Kunden erkennbar nicht der Wille zum Ausdruck kommt, eine Leistung des Anbieters anzunehmen. Als Zeitpunkt für die Entstehung eines Schuldverhältnisses kommt aber der Moment in Betracht, in dem der Kunde den Explorationsvorgang in Gang setzt.[140] In diesem Augenblick kann entweder ein vorvertragliches Schuldverhältnis iSd § 311 Abs. 2 BGB oder ein Vertrag iSd § 311 Abs. 1 BGB entstehen. Von letzterem ist insbesondere auszugehen, wenn der Kunde den Explorationsvorgang erst nach einer Registrierung starten kann.[141] Welcher Art das Schuldverhältnis im Moment der Exploration ist, hängt somit davon ab, wie der Onboarding-Vorgang auf der Webseite oder in der App des Anbieters ausgestaltet ist. Ist eine Explorationsphase ausnahmsweise nicht vorgesehen, etwa weil eine individualisierte Informationsbasis für den konkreten Dienst nicht erforderlich ist, so ist in der uneingeschränkten Bereitstellung der Dienstleistung ein Vertragsangebot i.S.v. § 145 BGB an alle Nutzer der Webseite oder der App zu sehen (invitatio ad incertas personas).

57 Der **Inhalt** der vertraglichen Pflichten ist nach allgemeinen Auslegungsregeln zu bestimmen. Nicht die Bezeichnung des Vertrages als Beratungs-, Vermittlungs-, Verwaltungsvertrag etc ist entscheidend, sondern maßgeblich sind die konkreten Pflichten, auf die sich die Parteien geeinigt haben. Wie regelmäßig ist für das Verständnis der Erklärungen der Eindruck maßgeblich, den ein objektiver Dritter unter Berücksichtigung aller der den Parteien bekannten Umstände erlangen musste (objektiver Empfängerhorizont). Etwaige Falschbezeichnungen sind nach dem Grundsatz *falsa demonstratio non nocet*[142] unschädlich und bewusster Widerspruch kann gemäß § 242 BGB nach der Regel *protestatio facto contraria non valet* unbeachtlich sein.[143] Die zivilrechtliche Qualifikation der jeweiligen Vertragsbeziehung ist zwar nach vorherrschender Ansicht rechtstechnisch von der aufsichtsrechtlichen Einordnung unabhängig,[144] doch die Qualifikationskriterien sind und konkret so ähnlich gelegen, dass aufsichts- wie auch zivilrechtliche Einordnung parallel verlaufen.[145]

58 Anders als bei den klassischen Finanzdienstleistungen schuldet der Betreiber eines Robo Advisor zusätzlich noch die Inbetriebnahme und Inbetriebhaltung eines algorithmischen Systems, das geeignet ist, einen passenden Anlagerat zu erteilen, das Vermögen zu verwalten oder Investitionsmöglichkeiten zu vermitteln.[146]

59 Anhand des so bestimmten Pflichtenkanons hat die vertragstypologische Einordnung der konkreten Dienstleistung des Robo Advisor zu erfolgen. Zwischen dem Robo Advisor und dem Kunden wird in der Regel ein **Dauerschuldverhältnis** begründet, bei dem der Anbieter eine selbstständige Tätigkeit wirtschaftlicher Art im fremden Interesse schuldet,[147] sodass regelmäßig von einem **Geschäftsbesorgungsvertrag** gemäß § 675 BGB auszugehen sein wird. Die allgemeine Interessenwahrungspflicht durch diesen Geschäftsbesorgungsvertrag wird näher spezifiziert durch die konkret geschuldete Tätigkeit (Beratung, Vermittlung, Verwaltung etc).

---

139 Rosenkranz in Robo Advice-HdB § 2 Rn. 69; Lordt/Renning JuS 2019, 311 (314).
140 Rosenkranz in Robo Advice-HdB § 2 Rn. 70.
141 AA Theis Der Einsatz automatischer und intelligenter Agenten im Finanzdienstleistungsbereich S. 222 f., die zum Anlageberatungsvertrag argumentiert, es komme auf den Beginn von Beratungsgesprächen an, dabei aber übersieht, dass sich die Rechtsprechung (grundlegend BGH, Urteil vom 6.7.1993 – XI ZR 12/93, BGHZ 123, 126 = NJW 1993, 2433 – Bond) auf den Zeitpunkt der Kundenexploration bezieht.
142 Theis Der Einsatz automatischer und intelligenter Agenten im Finanzdienstleistungsbereich S. 225; Krimphove BB 2018, 2691 (2693).
143 So Schwarz in Robo Advice-HdB § 7 Rn. 31; zustimmend Theis Der Einsatz automatischer und intelligenter Agenten im Finanzdienstleistungsbereich S. 222; ebenso Wagner/Luyken in FS Windbichler, 2020, S. 155 (161).
144 Zum streitigen Verhältnis zwischen Aufsichts- und Zivilrecht siehe etwa Schäfers Korrelative Systeminterferenzen, 2022 (im Erscheinen).
145 Vgl. Wagner/Luyken in FS Windbichler, 2020, S. 155 (161).
146 Theis Der Einsatz automatischer und intelligenter Agenten im Finanzdienstleistungsbereich S. 226.
147 Vgl. BGH, Urteil vom 9.11.2017 – III ZR 610/16, BeckRS 2017, 132370 (Rn. 15); BGH, Urteil vom 17.10.1991 – III ZR 352/89, NJW-RR 1992, 560.

3. Pflichten und Vertragshaftung

Ein Robo Advisor macht sich schadensersatzpflichtig, wenn er seine vertraglichen Pflichten schuldhaft verletzt. Anwendbar sind die Regeln des allgemeinen Leistungsstörungsrechts (§§ 280 ff. BGB). Für etwaige Programmierfehler und ähnlicher Fehlleistungen eines Dritten, die zu einer Nicht- oder Schlechterfüllung der Wertpapierdienstleistung führen, ist der Anbieter nach § 241 BGB verantwortlich. Anders als im Schrifttum teilweise vertreten,[148] kommt es auf § 278 BGB in der Regel gar nicht an. Denn der Anbieter bedient sich des Programmierers und anderer Dritter nicht unmittelbar „zur Erfüllung seiner Verbindlichkeit", sondern diese werden (teilweise weit) im Vorfeld der Kundenbeziehung tätig. 60

Der genaue Pflichteninhalt folgt nicht nur aus dem Geschäftsbesorgungsvertrag, sondern wird mitentscheidend vom aufsichtsrechtlichen Pflichtenprogramm (→ Rn. 29 ff.) beeinflusst.[149] Der Kunde darf nämlich berechtigterweise davon ausgehen, dass der Anbieter seine aufsichtsrechtlichen Pflichten einhält.[150] Diese legitime Erwartungshaltung des Kunden wirkt sich auf den Inhalt des Vertrages aus. Möchte der Anbieter von seinen aufsichtsrechtlichen Pflichten im Verhältnis zum konkreten Kunden zivilrechtlich abweichen, so muss er dies mit diesem – in den Grenzen der §§ 134, 138, 305 ff. BGB – explizit vereinbaren. 61

a) Pflichtenprogramm bei der Anlageberatung

Die zentrale aus dem Anlageberatungsvertrag folgende Pflicht ist jene der **anlage- und anlegergerechten Beratung**.[151] Damit soll sichergestellt werden, dass der Kunde eine ausreichend informierte, eigenverantwortliche Dispositionsentscheidung treffen kann. 62

Für eine **anlegergerechte Beratung** sind entscheidend der Wissensstand und die Erfahrungen, die Risikobereitschaft, das Anlageziel und die finanziellen sowie persönlichen Verhältnisse des Kunden.[152] Deswegen muss – wie bei jeder Anlageberatung – der Robo Advisor im ersten Schritt einer **Explorationspflicht** nachkommen. Die aufsichtsrechtlichen Pflichten nach § 64 Abs. 3 S. 1 WpHG strahlen hierher aus. Diese gesetzlichen Vorgaben werden gemäß § 64 Abs. 3 S. 3 WpHG in den Artt. 54, 55 DelVO (EU) 2017/565 näher konkretisiert. Macht der Kunde während der Informationsabfrage widersprüchliche Angaben, so ist er vom Robo Advisor darauf hinzuweisen und der Widerspruch ist – soweit möglich – aufzulösen.[153] 63

Der Robo Advisor hat mit Blick auf die individuellen Verhältnisse des Kunden geeignete Anlageprodukte auszuwählen und vorzustellen.[154] Er hat den Kunden **anlagegerecht zu beraten**, worunter die Information über die Spezifika des konkret in Rede stehenden Anlageobjekts zu verstehen ist.[155] Inhalt und Umfang der anlagegerechten Information hängen nicht vom Wissensstand des Anlageberaters ab[156] – somit auch nicht von den technischen „Fähigkeiten" des Robo Advisor. Zu den relevanten Informationen gehören neben den Prognosen über zukünftige Kursentwicklungen etwaige Angaben über Markt- und Branchenentwicklungen, über die Entwicklung ähnlicher Produkte oder über den Emittenten. Bei der Informationsbeschaffung darf der Anlageberater die Angaben von Dritten nicht ungeprüft übernehmen.[157] Dies bedeutet ganz praktisch für Robo Advisor, dass sie sich bei der algorithmischen Verarbeitung von etwaigen Drittinformationen nicht mit haftungsbefreiender Wirkung darauf berufen können, die verarbeiteten Daten habe man nicht 64

---

148 So etwa van Kampen Der Anlageberatungsvertrag S. 197.
149 Wagner/Luyken in FS Windbichler, 2020, S. 155 (163).
150 Zahrte in MüKoHGB Anlageberatung Rn. 105, 109 ff.; Linardatos in MüKoHGB Online-Banking Rn. 159; in diese Richtung auch schon BGH, Urteil vom 3.6.2014 – XI ZR 147/12, BGHZ 201, 310 (Rn. 36 ff.) = BKR 2014, 370.
151 Ausführlich Zahrte in MüKoHGB Anlageberatung Rn. 139 ff. mwN.
152 Herresthal in BeckOGK BGB § 311 BGB Rn. 651; Dietrich WM 2016, 199.
153 BGH, Urteil vom 25.10.2007 – III ZR 100/06, NZG 2008, 117 (119).
154 BGH, Urteil vom 6.7.1993 – XI ZR 12/93, BGHZ 123, 126, (129) = NJW 1993, 2433 – Bond; Zahrte in MüKoHGB Anlageberatung Rn. 186.
155 BGH, Urteil vom 6.7.1993 – XI ZR 12/93, BGHZ 123, 126 (129) = NJW 1993, 2433 – Bond; Clouth ZHR 177 (2013), 212 (232).
156 Zahrte in MüKoHGB Anlageberatung Rn. 205.
157 BGH, Urteil vom 8.2.1978 – VIII ZR 20/77, BGHZ 70, 356 (362) = NJW 1978, 997.

selbst erhoben. Vielmehr sind die einbezogenen Daten vor Prozessierung mit kritischem Sachverstand[158] – dies kann ggf. auch algorithmisch geschehen – zu prüfen.

b) Pflichtenprogramm bei der Vermögensverwaltung

65 Ein Vermögensverwaltungsvertrag ist ein entgeltlicher Dienstvertrag in Form eines **Geschäftsbesorgungsvertrages**, der den Verwalter zur Verwaltung des Vermögens eines Kunden in dessen Interesse verpflichtet.[159] Der Inhalt des Verwaltungsvertrages richtet sich nach der Person des Kunden, weshalb der Vermögensverwalter, im Hinblick auf das „Ob" und die Ausgestaltung der Vermögensverwaltung, eine **Exploration** vorzuschalten hat.[160] Der Vermögensverwalter hat mit der erforderlichen Sachkenntnis und der gebotenen Sorgfalt und Gewissenhaftigkeit zu agieren.[161] Vom Robo Advisor wird keine erfolgreiche Vermögensmehrung geschuldet, da er keinen Einfluss auf die zukünftige Wertentwicklung der Anlageobjekte hat.[162] Er hat bei den regelmäßig zu treffenden Anlageentscheidungen die vereinbarten **Anlagerichtlinien zu beachten**.[163] Damit gemeint ist die Ausrichtung der Transaktionen an das nach der Kundenexploration strukturierte Musterportfolio und an die festgelegte Gewichtung der einzelnen Anlageklassen.[164] Die Investition in ausschließlich „hauseigene" Produkte (→ Rn. 36) darf vereinbart werden.[165] Zu beachten sind weiterhin das **Spekulationsverbot** sowie die **Gebote der produktiven Vermögensverwaltung** und der Risikoreduktion durch **Diversifikation**.[166]

66 Zum vertraglichen Pflichteninhalt gehört es, in regelmäßigen Zeitabständen zu überprüfen, ob eine Veränderung der Risikotragfähigkeit des Kunden oder seiner Anlageziele eingetreten ist.[167]

67 Wegen des spezifischen Geschäftsmodells der Robo Advisor – die automatisierte Verwaltung des Kundenportfolios – besteht auf Seiten des Anbieters nicht die Pflicht, Einzelweisungen des Kunden zu beachten; d.h. der Kunde kann nicht die Investition in einen bestimmten Einzeltitel nach Belieben anweisen. Schon technisch fehlt es in der Regel an einer solchen Möglichkeit und zudem wird in den Vertragsbestimmungen das Recht des Kunden, solche Weisungen zu erteilen, AGB-rechtlich wirksam[168] ausgeschlossen. Davon zu trennen ist die Befugnis und Pflicht des Kunden, neue Umstände hinsichtlich seiner Vermögenslage, Risikotragfähigkeit und -bereitschaft dem Robo Advisor mitzuteilen und entsprechend eine Neustrukturierung seines Portfolios zu ersuchen oder zu veranlassen.

68 Aus §§ 675 Abs. 1, 666 BGB folgen verschiedene **Benachrichtigungs-, Auskunfts-, Rechenschafts-** und **Auskehrpflichten**[169] des Robo Advisor.[170] Praktisch besonders wichtig ist die Pflicht des Verwalters, den

---

158 Dazu siehe etwa BGH, Urteil vom 6.7.1993 – XI ZR 12/93, BGHZ 123, 126 (130) = NJW 1993, 2433 – Bond; BGH, Urteil vom 7.10.2008 – XI ZR 89/07, BGHZ 178, 149 (Rn. 13) = NJW-RR 2009, 687; BGH, Urteil vom 27.10.2009 – XI ZR 338/08, ZIP 2009, 2380 (Rn. 17); BGH, Urteil vom 1.12.2011 – III ZR 56/11, NJW 2012, 380 (Rn. 10).
159 So ausdrücklich BGH, Urteil vom 28.10.1997 – XI ZR 260/96, BGHZ 137, 69, 73 = NJW 1998, 449; ausführlich Herresthal in MüKoHGB Vermögensverwaltung Rn. 28 ff.
160 U. Schäfer in Assmann/Schütze/Buck-Heeb KapAnlR-HdB § 23 Rn. 30.
161 Herresthal MüKoHGB Vermögensverwaltung Rn. 61 mwN.
162 Rosenkranz in Robo Advice-HdB § 2 Rn. 49; einschränkend Herresthal in MüKoHGB Vermögensverwaltung Rn. 60: es sei denn, ein bestimmter finanzieller Erfolg ist vereinbart worden.
163 BGH, Urteil vom 28.10.1997 – XI ZR 260/96, BGHZ 137, 69 (73) = NJW 1998, 449; Herresthal in MüKoHGB Vermögensverwaltung Rn. 41 ff., 60.
164 Theis Der Einsatz automatischer und intelligenter Agenten im Finanzdienstleistungsbereich S. 237.
165 Herresthal in Robo Advice-HdB § 9 Rn. 17, 21, 55.
166 Theis Der Einsatz automatischer und intelligenter Agenten im Finanzdienstleistungsbereich S. 238 ff.; siehe auch Rosenkranz in HdB Robo Advice, § 2 Rn. 49; U. Schäfer in Assmann/Schütze/Buck-Heeb KapAnlR-HdB § 23 Rn. 63 ff. mwN.
167 Herresthal in MüKoHGB Vermögensverwaltung Rn. 68.
168 Dazu siehe Theis Der Einsatz automatischer und intelligenter Agenten im Finanzdienstleistungsbereich S. 237.
169 Siehe dazu Herresthal in MüKoHGB Vermögensverwaltung Rn. 79 in Bezug auf **Kick-Backs**.
170 Im Einzelnen dazu siehe Herresthal in MüKoHGB Vermögensverwaltung Rn. 80 ff.; vgl. auch Theis Der Einsatz automatischer und intelligenter Agenten im Finanzdienstleistungsbereich S. 241 ff.

Anleger über den Eintritt „erheblicher" Verluste zu informieren.[171] Diese von der Rechtsprechung in der Regel nicht konturierte Pflicht wird näher ausgestaltet durch die aufsichtsrechtliche Pflicht des Art. 62 Abs. 1 DelVO (EU) 2017/565, den Kunden zu benachrichtigen, wenn der Gesamtwert des Portfolios um 10 % fällt (→ Rn. 47); weitere Benachrichtigungen sind in Zehnprozentschritten fällig.[172]

c) Pflichtenprogramm bei der Anlage- und der Abschlussvermittlung

Inhalt der vertraglichen Pflichten des Anbieters bei der Anlagevermittlung ist die richtige und vollständige Information des Kunden über diejenigen tatsächlichen Umstände, die für dessen Anlageentschluss von besonderer Bede"tung'sind.[173] 69

Die Pflichten des Anbieters sind bei der Abschlussvermittlung identisch mit jenen bei der Anlagevermittlung.[174] Der Unterschied besteht nur darin, dass der Abschlussvermittler gegenüber den Anbietern der Finanzprodukte eine eigene Willenserklärung abgibt, während bei der Anlagevermittlung der Kunde selbst den Vertrag über Erwerb oder Veräußerung eines Anlageprodukts schließt. 70

d) Besonderheiten in Bezug auf die Software

Webseiten, Algorithmen, Applikationen etc, die der Anbieter für seine Finanzdienstleistung verwendet, müssen **geeignet programmiert** und gestaltet sein, um eine pflichtgemäße Leistungserbringung sicherzustellen. Dabei ist es in der Praxis eine besondere Herausforderung für den Anbieter, die Kundenstrecke ohne gleichzeitigen Qualitätsverlust maximal zu automatisieren und dem **Vorbild des persönlichen Gesprächs** gerecht zu werden.[175] Führt der Anbieter beispielhaft mithilfe eines automatisierten Fragenkatalogs online eine Kundenexploration durch, so besteht bei der Programmierung die Schwierigkeit darin sicherzustellen, dass 71

(i) ausreichende und geeignete Informationen über den Kunden eingeholt und
(ii) etwaige Widersprüche in den Angaben aufgedeckt und beseitigt werden,
(iii) der Kunde hinreichend mit notwendigen Informationen versorgt wird und
(iv) die explorierten Kundendaten mit der richtigen Gewichtung in die Finanzdienstleistung einfließen.

Inwieweit **Aufklärungspflichten** hinsichtlich der verwendeten Software bestehen, ist vertragsrechtlich noch ungeklärt. Während im Aufsichtsrecht entsprechende Informationen geschuldet sind (→ Rn. 53), ist die Sachlage aus vertragsrechtlicher Perspektive vor allem deswegen offener, weil für eine Aufklärungspflicht nach § 241 Abs. 2 BGB ein bloßes Informationsgefälle nicht genügt.[176] Die Rechtsprechung nimmt eine Pflicht zur Aufklärung allerdings an, wenn „der andere Teil nach Treu und Glauben unter Berücksichtigung der Verkehrsanschauung redlicherweise die Mitteilung von Tatsachen erwarten durfte, die für die Willensbildung des anderen Teils offensichtlich von ausschlaggebender Bedeutung sind."[177] Der Kunde muss demnach besonders **aufklärungsbedürftig** und die Aufklärung muss dem Schuldner auch **zumutbar** sein. Nimmt man hier an, dass die Wertungen des Aufsichtsrechts in Form gegossene allgemeine Rechtsprinzipien sind,[178] dann müssen mit Blick darauf auch auf vertraglicher Ebene gleichlautende Offenlegungs- und Aufklärungspflichten bestehen. Nicht anders fällt die Bewertung aus, sofern man es mit einer älteren Entscheidung des XI. Zivilsenats hält, nach der die aufsichtsrechtlichen Pflichten „für 72

---

171 BGH, Urteil vom 29.3.1994 – XI ZR 31/93, NJW 1994, 1861 (1862).
172 Restriktiver Theis Der Einsatz automatischer und intelligenter Agenten im Finanzdienstleistungsbereich S. 241 f., die bei konservativen Anlagestrategien eine Benachrichtigung bereits bei unter 10 % befürwortet.
173 BGH, Urteil vom 5.3.2009 – III ZR 17/08, NZG 2009, 471 (Rn. 11); BGH, Urteil vom 12.2.2004 – III ZR 359/02, BGHZ 158, 110 = NJW 2004, 1732 (1733).
174 Oppenheim/Lange-Hausstein WM 2016, 1966 (1970).
175 Für die Vorbildfunktion des persönlichen Kundengesprächs siehe etwa Rundschreiben 05/2018 der BaFin (MaComp), 19.4.2018, geändert am 28.3.2022, BT 7.1 Nr. 6 f., 7.2 Nr. 11, wo das Merkmal der Interaktion mehrfach betont wird.
176 Bachmann in MüKoBGB § 241 Rn. 136.
177 BGH, Urteil vom 11.8.2010 – XII ZR 192/08, NJW 2010, 3362 (Rn. 22) mit zahlreichen Nachweisen.
178 In diese Richtung BGH, Urteil vom 3.6.2014 – XI ZR 147/12, BGHZ 201, 310 = BKR 2014, 370 (Rn. 37).

Inhalt und Reichweite (vor-)vertraglicher Aufklärungs- und Beratungspflichten von Bedeutung" seien, sobald ihnen „auch anlegerschützende Funktion zukommt".[179] Allerdings ist es auf aufsichtsrechtlicher Ebene gerade streitig, inwieweit Informationen über den Computeralgorithmus nach Maßgabe des WpHG bereitzustellen sind (siehe nochmals → Rn. 53). Der Streit dort trägt sich hier fort.

73 Nach hier bevorzugter Position sind **grundlegende Informationen** über die Funktionsweise des Algorithmus auch vertragsrechtlich geschuldet. Ein Verstoß hiergegen kann zu einem Schadensersatzanspruch führen, obgleich ein kausaler Schaden nur in Ausnahmefällen in Betracht kommen wird.

e) Vermeidung von Interessenkonflikten und Warnpflichten

74 Aus dem fremdnützigen Charakter des Geschäftsbesorgungsvertrages, welcher der Anlageberatung wie auch der Finanzportfolioverwaltung unterliegt, folgt die Pflicht des Geschäftsbesorgers, Interessenkonflikte (→ Rn. 35 ff.) zu vermeiden.[180] Unvermeidbare Interessenkonflikte sind den betroffenen Kunden auch vertragsrechtlich offenzulegen.[181] Ein Verstoß gegen die aufsichtsrechtlichen Pflichten hat keine unmittelbaren Konsequenzen. Die dortigen Wertungen sind allerdings konkretisierend zu berücksichtigen, jedenfalls soweit sie kundenschützend sind und ein allgemeines Rechtsprinzip (→ Rn. 72) normieren. Etwaige Verstöße gegen die so konkretisierten Pflichten können zu Schadensersatzansprüchen gemäß **§§ 280 Abs. 1, 311 Abs. 1, 2 BGB** führen.[182]

75 Aus der Rechtsprechung zu Discount-Brokern ist bekannt, dass der Dienstleister nach den Umständen des Einzelfalls zu einer **Warnung des Kunden** verpflichtet sein kann – beispielsweise, wenn die Aufträge des Kunden von den zuvor erklärten Zielvorstellungen deutlich abweichen oder wenn erkennbar ist, dass Tragweite und Risiko eines Auftrags vom Kunden falsch eingeschätzt werden.[183] Eine Aufklärungspflicht komme ferner in Betracht, wenn der Discount-Broker eine tatsächlich bestehende Aufklärungsbedürftigkeit des Kunden erkannt oder infolge grober Fahrlässigkeit nicht erkannt hat.[184] Diese Grundsätze sind auf die Dienste der Robo Advisor übertragbar. Die Warnpflichten sind **vertragliche Nebenpflichten** (§ 241 Abs. 2 BGB) und damit gemäß § 280 Abs. 1 BGB schadensersatzbewehrt.

76 Ausgehend von dem Grundsatz, dass der mündige Anleger selbst verantwortlich ist, sich die für seine Anlageentscheidung notwendigen Informationen zu beschaffen,[185] beziehen sich weitergehende zivilrechtliche Warnpflichten jedenfalls immer nur auf „konkret vorhandenes [oder jedenfalls aufdrängendes] Wissen" des Verpflichteten.[186] Ändert der Kunde nachträglich und einseitig die Anlagerichtlinie oder über die Eingabemaske des Robo Advisor die Investitionsparameter, dann ist jedenfalls dann eine Warnung auszusprechen, wenn dadurch eine Unvereinbarkeit mit den im Zuge der Kundenexploration entwickelten Anlagerichtlinien entsteht.[187] Die Warnpflicht kann so weit gehen, dass sie ihrem Inhalt nach in einem konkreten Abraten bestehen muss.

IV. Verbraucherschutzrechte und Robo Advice

77 Robo Advisor haben verschiedene verbraucherschutzrechtliche Pflichten zu erfüllen, sofern sie ihre Dienste als Unternehmer (§ 14 BGB) gegenüber einem Verbraucher iSd § 13 BGB anbieten oder erbringen. Da

---

179 BGH, Urteil vom 19.2.2008 – XI ZR 170/07, BGHZ 175, 276 = BKR 2008, 294 (295).
180 Siehe dazu etwa Buck-Heeb/Lang in BeckOGK BGB § 675 Rn. 767 ff.
181 Herresthal in MüKoHGB Vermögensverwaltung Rn. 66.
182 Vgl. Buck-Heeb/Lang in BeckOGK BGB § 675 Rn. 770 (dort aber nur hinsichtlich der Offenlegungspflichten).
183 BGH, Urteil vom 13.7.2004 – XI ZR 178/03, BGHZ 160, 58 = NJW 2004, 2967 (2968); BGH, Urteil vom 19.3.2013 – XI ZR 431/11, BGHZ 196, 370 = NJW 2013, 3293 (3295).
184 BGH, Urteil vom 19.3.2013 – XI ZR 431/11, BGHZ 196, 370 = NJW 2013, 3293 (3295).
185 BGH, Urteil vom 11.11.2003 – XI ZR 21/03, NJW-RR 2004, 484 zur Entscheidungsfreiheit des Kunden; Grundmann in MüKoBGB § 276 Rn. 118; Assmann/Sethe in FS Harm Peter Westermann, 2008, S. 67 (78 f.).
186 BGH, Urteil vom 17.10.2006 – XI ZR 205/05, WM 2007, 114 (115) im Hinblick auf die Kreditvergabe; Assmann/Sethe in FS Harm Peter Westermann, 2008, 67 (80); Grundmann in MüKoBGB § 276 Rn. 119.
187 Ähnlich Herresthal in MüKoHGB Vermögensverwaltung Rn. 65 (dort allgemein zur Vermögensverwaltung).

der entgeltliche[188] **Verbrauchervertrag** iSd §§ 312 Abs. 1 und 1a, 310 Abs. 3 BGB beim Robo Advice die Regel ist, sind die Vorgaben der §§ 312 ff. BGB zu beachten. Dies gilt auch bei den mitunter hohen Mindestanlagesummen.[189]

1. Anforderungen an den Vertragsschluss

Robo Advisor haben die Pflicht zur **Button-Lösung** zu beachten, die in **§ 312j Abs. 3 BGB** normiert ist: Danach hat der Unternehmer bei Abschluss eines Vertrages, der eine entgeltliche Leistung des Unternehmers zum Gegenstand hat, einer Bestellung die Schaltfläche mit der gut lesbaren Beschriftung „zahlungspflichtig bestellen" oder einer gleichwertigen Formulierung vorzuschalten.[190] Dem Verbraucher muss die vertragliche Bindung sowie die Zahlungspflicht deutlich vor Augen geführt werden. Bei Verstoß gegen diese Pflicht kommt gemäß § 312j Abs. 4 BGB ein Vertrag nicht zustande. Der Verbraucher hat kein Wahlrecht dahingehend, am Vertrag festzuhalten.[191] Ist der Vertrag nicht zustande gekommen, dann sind die ausgetauschten Leistungen rückabzuwickeln und der Unternehmer kann vom Verbraucher das Entgelt nicht verlangen.[192]

78

2. Informations- und Aufklärungspflichten

Verträge über Robo Advice-Dienste werden im elektronischen Geschäftsverkehr abgeschlossen, sodass gemäß § 312i Abs. 1 S. 1 Nr. 2 BGB der Anbieter rechtzeitig vor Abgabe der Bestellungserklärung des Kunden die **Informationspflichten des Art. 246c EGBGB** in klarer und verständlicher Form zu erfüllen hat. Da der Vertrag zwischen dem Anbieter und dem Kunden mittels Fernkommunikationsmitteln zustande kommt und eine Finanzdienstleistung zum Gegenstand hat, gelten ergänzend die Informationspflichten der §§ 312c, 312d Abs. 2 BGB iVm Art. 246 EGBGB. In der Praxis werden diese verbraucherrechtlichen Informationen aus Gründen der Vereinfachung und Übersichtlichkeit auf einem Informationsblatt gemeinsam mit den aufsichtsrechtlich geschuldeten Informationen bereitgestellt. Ein solches Vorgehen ist nach allgemeiner Auffassung zulässig[193], insbesondere schon deswegen, weil zwischen den verbraucherrechtlichen Informationspflichten einerseits und den aufsichtsrechtlichen andererseits eine große Schnittmenge besteht.

79

Die Anbieter müssen für die Bereitstellung der Informationen einen **dauerhaften Datenträger** wählen. Eine bloße Anzeige der Informationen auf der Webseite des Anbieters genügt den Anforderungen eines dauerhaften Datenträgers iSd § 126b S. 2 BGB mangels Speichermöglichkeit nicht.[194] Das Formerfordernis ist hingegen erfüllt bei der Übermittlung der Information auf Papier, auf anderen Datenträgern (USB-Sticks usw) sowie **per E-Mail**.[195]

80

Die Informationen können darüber hinaus wirksam in das **Kundenpostfach** eingestellt werden.[196] Denn das Kundenpostfach weist eine ähnliche Funktion auf wie ein herkömmliches E-Mail-Postfach. Allerdings gilt es zu beachten, dass der Anbieter – anders als beim E-Mail-Konto – eine dauernde Verfügungsgewalt über das Kundenpostfach innehat sowie die tatsächliche Kenntnisnahme durch den Kunden sein aktives Einloggen in das Postfach voraussetzt und dem Kunden nicht zuzumuten ist, alle Kundenpostfächer in

81

---

188 Näher dazu Schwarz in Robo Advice-HdB § 7 Rn. 12, 15, insbesondere zu indirekten Vergütungsformen und zu Rückvergütungen.
189 Schwarz in Robo Advice-HdB § 7 Rn. 18; zustimmend Theis Der Einsatz automatischer und intelligenter Agenten im Finanzdienstleistungsbereich S. 231; ebenso van Kampen Der Anlageberatungsvertrag S. 199.
190 EuGH NJW 2022, 1439 – Fuhrmann-2-GmbH/B.
191 Grüneberg in Grüneberg BGB § 312j Rn. 8; Weiss JuS 2013, 590 (592).
192 BT-Drs. 17/7745, 12.
193 Möslein/Lordt ZIP 2017, 793 (799); Schwarz in Robo Advice-HdB § 7 Rn. 45.
194 Schwarz in Robo Advice-HdB § 7 Rn. 48; siehe allgemein Ellenberger in Grüneberg BGB § 126b Rn. 3.
195 BT-Drs. 17/12637, S. 44; Arnold in Erman BGB § 126b Rn. 6; Ellenberger in Grüneberg BGB § 126b Rn. 3.
196 Bejahend schon Schwarz in Robo Advice-HdB § 7 Rn. 48; Möslein/Lordt ZIP 2017, 793 (799); in anderem Zusammenhang siehe auch Linardatos in BeckOGK BGB § 43 Rn. 8 f.; offen gelassen in EuGH NJW 2012, 2637 (Rn. 48).

regelmäßigen Abständen abzufragen, die er bei verschiedenen Dienstleistern unterhält.[197] Deswegen muss das Kundenpostfach, wie der EuGH es formuliert hat, spezifischen Anforderungen genügen, um annehmen zu können, die Informationen seien formgerecht übermittelt:
- (i) die Daten müssen für eine angemessene Dauer eingesehen werden können,[198]
- (ii) ihre unveränderte Wiedergabe muss möglich und
- (iii) die einseitige Änderung durch den Dienstleister ausgeschlossen sein und
- (iv) der Kunde muss auf einem Wege außerhalb des Kundenpostfachs über den Eingang der Informationen – insbesondere per regulärer E-Mail – in Kenntnis gesetzt werden.[199]

3. Eingabekorrektur, Bestellbestätigung und Abrufbarkeit von AGB

82 Gemäß § 312i Abs. 1 S. 1 Nr. 1 BGB muss der Anbieter „angemessene, wirksame und zugängliche technische Mittel zur Verfügung […] stellen, mit deren Hilfe der Kunde Eingabefehler vor Abgabe seiner Bestellung erkennen und berichtigen kann". Der Begriff der Bestellung ist primär auf den Zeitpunkt gerichtet, in dem der Verbraucher seine auf einen Vertragsschluss gerichtete Willenserklärung abgibt. Weil allerdings dieser Augenblick für einen Laien nicht stets klar bestimmbar ist, kann der Tatbestand erweiternd dahingehend ausgelegt werden, dass jede Datenübermittlung vom Kunden zum Unternehmer, die aus der Sicht des Kunden unmittelbar eine Reaktion des Empfängers zur Folge haben kann oder muss, bereits erfasst ist.[200] Aufsichtsrechtlich ist der Robo Advisor allerdings verpflichtet, für die Zuverlässigkeit der Kundeneingaben zu sorgen. Er muss deswegen während der Kundenexploration verhindern, dass der Kunde seine Antworten im Fragebogen nachträglich auf eine Weise anpasst, die ein unzutreffendes Bild seiner persönlichen Verhältnisse, seiner Risikobereitschaft etc zur Folge hat.[201] Es ist also § 312i Abs. 1 S. 1 Nr. 1 BGB insoweit einschränkend auszulegen und nur die **Korrektur von tatsächlichen Fehleingaben** zu ermöglichen.

83 Nach **§ 312i Abs. 1 S. 1 Nr. 3 BGB** ist der Robo Advisor verpflichtet, dem Verbraucher den Zugang der Bestellung unverzüglich (§ 121 Abs. 1 BGB) auf elektronischem Wege – in der Regel per E-Mail – zu bestätigen. Die Verwendung eines sog. Autoresponders ist zulässig, sinnvoll und ausreichend,[202] da die Eingangsbestätigung des Unternehmers eine bloße **Wissenserklärung** ist.

84 Der Robo Advisor hat gemäß § 312i Abs. 1 S. 1 Nr. 4 BGB dem Kunden die Möglichkeit zu verschaffen, die (individuell-vertraglichen) Vertragsbestimmungen einschließlich der AGB bei Vertragsschluss elektronisch abzurufen und zu speichern. Die gesamten Vertragsbestimmungen müssen geschlossen zusammengestellt abrufbar und speicherbar sein.[203] Da der für § 312i Abs. 1 S. 1 Nr. 4 BGB maßgebliche Zeitpunkt der Moment ist, indem der Vertrag zustande kommt, müssen die Vertragsbestimmungen nicht bereits mit der Bestellbestätigung (→ Rn. 83) verschickt werden, sondern spätestens zusammen mit der Annahmeerklärung.[204]

4. Widerrufsrecht

85 Das Widerrufsrecht des Verbrauchers folgt aus §§ 312g Abs. 1, 355 iVm § 312c BGB. Zu beachten ist hierbei, dass der Verbraucher oftmals nicht nur mit dem Robo Advisor einen Vertrag abschließt, sondern

---

197 Schlussantrag des Generalanwalts vom 15.09.2016 – C-375/16, BeckRS 2016, 82233 (Rn. 75 ff.).
198 Bezüglich der „angemessenen Dauer" kann man auf das Kundeninteresse abstellen: Dauer des die Informationspflicht begründenden Vertrages zzgl. der Verjährungsfrist für nachvertragliche Ansprüche; siehe Zahrte BKR 2017, 279 (281) mwN.
199 EuGH NJW 2017, 871 (Rn. 44, 50 f.) – BAWAG/VKI; siehe dazu Freitag ZIP 2018, 1805 (1810 ff.).
200 Wendehorst in MüKoBGB § 312i Rn. 66 mwN.
201 Siehe nur Müssig in Robo Advice-HdB § 5 Rn. 56 mit Bezug auf die Leitlinien zu einigen Aspekten der MiFID II-Anforderungen an die Eignung, ESMA 35-43-1163 DE vom 6.11.2018, Allgemeine Leitlinie 5, Nr. 55.
202 Wendehorst in MüKoBGB § 312i Rn. 92, 97.
203 Wendehorst in MüKoBGB § 312i Rn. 103 f.
204 Wendehorst in MüKoBGB § 312i Rn. 105.

daneben einen zweiten mit einer depotführenden Bank.[205] Bei solchen separaten Vertragsbeziehungen besteht auf Seiten des Verbrauchers für jeden Vertrag ein selbstständiges Widerrufsrecht.[206] Der Verbraucher ist über jedes der beiden Widerrufsrechte gesondert zu belehren.[207] Ist im Einzelfall unklar, auf welchen der beiden Verträge sich eine Belehrung bezieht, dann ist die Belehrung insgesamt unwirksam.[208] Wird der Verbraucher über das Widerrufsrecht (nur) hinsichtlich eines der beiden Verträge belehrt, dann folgt aus § 360 Abs. 1 BGB, dass der Widerruf beider Verträge dergestalt möglich ist, als wäre gar nicht belehrt worden. Die Vorschrift sieht nämlich bei **zusammenhängenden Verträgen** eine Verknüpfung vor und der Verbraucher, der eine Willenserklärung wirksam widerrufen hat, ist auch an den zusammenhängenden Vertrag nicht mehr gebunden. Es findet ein **Durchgriff des Widerrufs kraft Gesetzes** statt und eine gesonderte Erklärung des Verbrauchers ist nicht notwendig.[209] Der für einen zusammenhängenden Vertrag erforderliche Bezug zwischen den beiden Verträgen liegt hinsichtlich des Vertrages mit dem Robo Advisor auf der einen und dem Vertrag über die Depotführung auf der anderen Seite typischerweise vor, denn die vom Robo Advisor empfohlene Investition ist nur über ein Depot möglich und umgekehrt wird das spezifische Depot nur deswegen eröffnet, weil der Robo Advisor die Erbringung seiner Dienste davon abhängig macht.[210] Etwas anderes gilt nur, wenn der Robo Advisor seine Dienste über ein Bestandsdepot des Kunden abwickelt.

In der Regel keine Bedeutung kommt dem Ausschlusstatbestand des **§ 312g Abs. 2 Nr. 8 BGB** zu. Danach besteht ein gesetzliches Widerrufsrecht bei Verträgen nicht, deren Gegenstand die Lieferung von Waren oder die Erbringung von Dienstleistungen sind, „deren Preis von Schwankungen auf dem Finanzmarkt abhängt, auf die der Unternehmer keinen Einfluss hat und die innerhalb der Widerrufsfrist auftreten können (…)". Finanzdienstleistungen werden explizit einbezogen („einschließlich"). Der Robo Advisor hat allerdings aus seinem Vertrag mit dem Kunden in der Hauptsache „nur" Beratungs-, Verwaltungs- oder Vermittlungsleistungen zu erbringen. Zwar werden als Folge der Beratung oder der Vermögensverwaltung Finanzinstrumente erworben, die Preisschwankungen unterliegen. Dieser Zusammenhang alleine führt aber nicht dazu, dass der Vertrag mit dem Robo Advisor dem § 312g Abs. 2 Nr. 8 BGB zu unterwerfen ist.[211] Eine Widerrufsmöglichkeit muss aus teleologischen Gründen nur insoweit ausgeschlossen werden, wie aufgrund des aleatorischen Charakters des Vertrages ein Widerruf des Verbrauchers den Unternehmer unangemessen benachteiligen würde, weil der Verbraucher im Falle einer für ihn günstigen Preisentwicklung des Instruments den Gewinn einstreichen, im Falle einer ungünstigen Entwicklung dagegen von einem einseitigen Reuerecht Gebrauch machen könnte.[212] Vor diesem Hintergrund ist auch der gesonderte Depotvertrag zu sehen, der widerruflich bleibt, während etwas anderes nur für den unmittelbaren Vertrag über den Erwerb der Finanzinstrumente gilt.

V. Recht auf Datenübertragbarkeit

Aus Kundensicht von erheblicher Bedeutung kann die Möglichkeit sein, die Explorations- und Investitionsdaten von einem Anbieter auf einen anderen übertragen zu können. Die vom Kunden während der Kundenexploration zur Verfügung gestellten Daten wie auch jene während der gelebten Vertragsbeziehungen weisen einen Personenbezug auf und sind vom Recht auf Datenübertragung gemäß Art. 20 Abs. 1 DS-GVO erfasst.[213] Diese personenbezogenen Daten müssen jedoch, um tatsächlich dem Recht auf Datenübertragbarkeit zu unterliegen, vom Betroffenen bereitgestellt worden sein. Dies ist zu verneinen, wenn

---

205 Schwarz in Robo Advice-HdB § 7 Rn. 22, 23.
206 Schwarz in Robo Advice-HdB § 7 Rn. 73.
207 Ebenso Möslein/Lordt ZIP 2017, 793 (800); Oppenheim/Lange-Hausstein WM 2016, 1966 (1971).
208 Schwarz in Robo Advice-HdB § 7 Rn. 73.
209 Grüneberg in Grüneberg BGB § 360 Rn. 4; Rosenkranz in BeckOGK BGB § 360 Rn. 78 f.
210 Schwarz in Robo Advice-HdB § 7 Rn. 74.
211 Schwarz in Robo Advice-HdB § 7 Rn. 77 mit Bezug auf u.a. Möslein/Lordt ZIP 2017, 793 (799); Wendehorst in MüKoBGB § 312g Rn. 40; aA Oppenheim/Lange-Hausstein WM 2016, 1966 (1972).
212 Wendehorst in MüKoBGB § 312g Rn. 39 mwN.
213 Specht-Riemenschneider/Bienemann in Robo Advice-HdB § 11 Rn. 5.

die Daten vom Verantwortlichen in einem (eigenständigen) Verarbeitungsschritt selbst erzeugt wurden. Bei WealthTech-Diensten wie Robo Advice gehören dazu vor allem statistische Daten, die kundenunabhängig generiert und verwendet werden mit dem Ziel, die Software der Kundenstrecke oder die Analysetools anzupassen.

88 Das Recht auf Datenübertragbarkeit besteht für solche personenbezogene Daten, deren Verarbeitung auf den Erlaubnistatbeständen der Einwilligung oder Vertragserfüllung beruht. Davon ist bei Robo Advice-Diensten in der Regel auszugehen. Auch das nach Art. 20 Abs. 1 DS-GVO erforderliche Merkmal der automatisierten Datenverarbeitung ist typischerweise erfüllt.[214] Das Recht auf Datenübertragbarkeit besteht freilich nicht schrankenlos; es ist eingeschränkt, wenn **Rechte** und **Freiheiten anderer Personen** beeinträchtigt werden könnten. Beim Robo Advice kommt dies insbesondere dann in Betracht, wenn durch die Datenübertragung etwaige Betriebs- und **Geschäftsgeheimnisse** des Robo Advisor offengelegt würden. Allerdings kann dieser Einwand vom Robo Advisor nicht per se erhoben werden, weil es seine Gestaltungsaufgabe ist, die Daten frei von solchen Geheimnissen zu halten. Entsprechend können gemäß Art. 20 Abs. 4 DS-GVO die Inhalte, die als Betriebs- und Geschäftsgeheimnisse geschützt sind, aus dem zu übertragenen Datensatz entfernt werden und eine vollständige Zurückweisung des Rechts auf Datenübertragbarkeit kann der Robo Advisor somit nicht rechtfertigen.

89 Der Robo Advisor hat die Daten entweder an den Betroffenen (indirekte Übermittlung) oder an den anderen Dienstanbieter (direkte Übermittlung) herauszugeben. Eine **Pflicht** des anderen Anbieters, die **Daten** in seinen Bestand **aufzunehmen, besteht** nach allgemeiner Auffassung datenschutzrechtlich **nicht**.[215] Allerdings kann eine solche Pflicht zivilrechtlich aus dem Vertrag zwischen dem Kunden und dem zweiten Robo Advisor folgen.

90 Das **Recht auf Löschung** bleibt vom Recht auf Datenübertragbarkeit unberührt (Art. 20 Abs. 3 S. 1 DS-GVO). Die Löschungspflicht nach Art. 17 Abs. 1 DS-GVO wird nicht automatisch mit dem Antrag auf Datenübertragbarkeit der bereitgestellten personenbezogenen Daten ausgelöst. Ohne einen Antrag auf Löschung werden die besagten Daten vielmehr für die Übermittlung vervielfältigt.[216] Die bereitgestellten personenbezogenen Daten verbleiben beim ersten Robo Advisor und der neue Anbieter erhält zusätzlich einen Datensatz in einem strukturierten, gängigen und maschinenlesbaren Format. Das Recht auf Datenübertragbarkeit ermöglicht folglich nicht nur einen Anbieterwechsel, sondern auch eine Parallelnutzung mehrerer Dienste.[217]

---

214 Dazu von Lewinsik in BeckOK DatenschutzR Art. 20 Rn. 29.
215 Specht-Riemenschneider/Bienemann in Robo Advice-HdB § 11 Rn. 35.
216 Krause PinG 2019, 13 (16); Richter PinG 2017, 231 (232); Dix in Simitis/Hornung/Spiecker, Datenschutzrecht, 2019, Art. 20 Rn. 12.
217 Specht-Riemenschneider/Bienemann in Robo Advice-HdB § 11 Rn. 33; Peitz/Schweitzer NJW 2018, 275 (277); Hennemann PinG 2017, 5 (7); Sydow/Wilhelm in Sydow, Europäische Datenschutzgrundverordnung, 2018, Art. 20 Rn. 21.

85. Smart Contracts

Steinrötter/Stamenov

I. Idee und begriffliche Annäherung	1	2. Gesetzliche Ansprüche	17
II. Funktionsweise und technische Grundlagen	5	3. Private Rechtsdurchsetzung – Gratwanderung zur „Selbstjustiz"?	18
III. Smart Contracts und Blockchain	7	4. „Smart Enforcement" gesetzlicher Ge- und Verbote	22
IV. Smart Contracts als Legal Tech-Tool und rechtliche Bewertung	9	5. Smart Contract Dispute Resolution	23
1. Vertragsrecht	11		

Literatur: *Allen/Lane/Poblet*, The governance of blockchain dispute resolution, Harvard Negotiation Law Review 25(1) (2019), 75; *Anzinger*, Smart Contracts in der Sharing Economy, in Fries/Paal (Hrsg.), Smart Contracts, 2019, S. 33 (zit.: Fries/Paal Smart Contracts/Anzinger); *Ast/Deffains*, When online dispute resolution meets blockchain: the birth of decentralized justice. Stanford Journal of Blockchain Law & Policy 4(2) (2021), 1; *Barenkamp/Schaaf*, Blockchain und Smart-Contracts am Beispiel der Grundstücksübereignung, ZdiW 2021, 339; *Bernzen*, Smart Contracts. Können „kluge Verträge" zum Konfliktmanagement beitragen?, ZKM 2021, 219; *Bernzen/Kehrberger*, Rechtsdurchsetzung durch Informationstechnik, RW 2019, 374; *Beurskens*, Privatrechtliche Selbsthilfe – Rechte, Pflichten und Verantwortlichkeit bei digitalen Zugangsbeschränkungs- und Selbstdurchsetzungsbefugnissen, 2017; *Blocher*, C2B statt B2C? – Auswirkungen von Blockchain, Smart Contracts & Co. auf die Rolle des Verbrauchers, in Kenning/Lamla (Hrsg.), Entgrenzungen des Konsums, 2018, S. 87 (zit.: Kenning/Lamla Entgrenzungen des Konsums/Blocher); *Blocher*, The next big thing: Blockchain – Bitcoin – Smart Contracts, AnwBl 2016, 612; *Börding/Jülicher/Röttgen/v. Schönfeld*, Neue Herausforderungen der Digitalisierung für das deutsche Zivilrecht, CR 2017, 134; *Buterin*, Ethereum Whitepaper, 2013, abrufbar unter https://ethereum.org/en/whitepaper/; *Cappiello/Carullo*, Blockchain, Law and Governance, 2021; *De Caria*, Definitions of Smart Contracts: Between Law and Code, in DiMatteo/Cannarsa/Poncibò (Hrsg.), The Cambridge Handbook of Smart Contracts, Blockchain Technology and Digital Platforms, 2020, S. 19 (zit.: DiMatteo/Cannarsa/Poncibò Handbook Smart Contracts/De Caria); *Eidenmüller*, Frankfurter Allgemeine Woche 22/2017, 55; *Einy/Katsch*, Blockchain and the Inevitability of Disputes: The Role for Online Dispute Resolution, Journal of Dispute Resolution 2019 (2) (2019), 47; *Eschenbruch/Gerstberger*, Smart Contracts. Planungs-, Bau- und Immobilienverträge als Programm?, NZBau 2018, 3; *Finck*, Grundlagen und Technologie von Smart Contracts, in Fries/Paal (Hrsg.), Smart Contracts, 2019, S. 1 (zit.: Fries/Paal Smart Contracts/Finck); *Fraunhofer Gesellschaft*, Blockchain und Smart Contracts, 2017, abrufbar unter https://www.sit.fraunhofer.de/fileadmin/dokumente/studien_und_technical_reports/Fraunhofer-Positionspapier_Blockchain-und-Smart-Contracts.pdf?_=1516641660; *Fries*, Smart Contracts: Brauchen schlaue Verträge noch Anwälte?, AnwBl 2018, 86; *Gaier*, Versorgungssperre bei Beitragsrückständen des vermietenden Wohnungseigentümers, ZWE 2004, 109; *Gatteschi/Lamberti/Demartini*, Technology of Smart Contracts, in DiMatteo/Cannarsa/Poncibò (Hrsg.), The Cambridge Handbook of Smart Contracts, Blockchain Technology and Digital Platforms, 2020, S. 37 (zit.: DiMatteo/Cannarsa/Poncibò Handbook Smart Contracts/Gatteschi/Lamberti/Demartini); *Guggenberger*, The Potential of Blockchain Technology for the Conclusion of Contracts, in Schulze/Staudenmayer/Lohsse (Hrsg.), Contracts for the Supply of Digital Content: Regulatory Challenges and Gaps, 2017, S. 83 (zit.: Schulze/Staudenmayer/Lohsse Contracts for the Supply of Digital Content/Guggenberger); *Heckelmann*, Zulässigkeit und Handhabung von Smart Contracts, NJW 2018, 504; *Heudebert/Leveneur*, Blockchain, disintermediation and the future of the legal professions, Cardozo International & Comparative Law Review 4(1) (2020), 275; *Hippeli*, Smart Contracts, JSE 2020, 90; *Hofmann*, Smart contracts und Overenforcement, in Fries/Paal (Hrsg.), Smart Contracts, 2019, S. 125 (zit.: Fries/Paal Smart Contracts/Hofmann); *Jacobs/Lange-Hausstein*, Blockchain und Smart Contracts: zivil- und aufsichtsrechtliche Bedingungen, ITRB 2017, 10; *Junghöfer*, Verbraucherverträge als Smart Contracts, Leipzig Law Journal 1/2021, 2; *Kaulartz*, Blockchain und Smart Contracts, in Briner/Funk (Hrsg.), DGRI Jahrbuch 2017, 2017, S. 179 (zit.: Briner/Funk DGRI Jahrbuch 2017/Kaulartz); *Kaulartz*, Herausforderungen bei der Gestaltung von Smart Contracts, InTeR 2016, 201; *Kaulartz*, Smart Contract Dispute Resolution, in Fries/Paal (Hrsg.), Smart Contracts, 2019, S. 73 (zit.: Fries/Paal Smart Contracts/Kaulartz); *Kaulartz/Heckmann*, Smart Contracts – Anwendungen der Blockchain-Technologie, CR 2016, 618; *Kipker/Birreck/Niewöhner/Schnorr*, Rechtliche und technische Rahmenbedingungen der „Smart Contracts", MMR 2020, 509; *Klever*, „Smart Enforcement" und die Grenzen erlaubter Selbsthilfe in Beyer et al. (Hrsg.), Privatrecht 2050 – Blick in die digitale Zukunft, 2020, S. 379 (zit.: Beyer et al. Privatrecht 2050/Klever); *Köhler*, Die Problematik automatisierter Rechtsvorgänge, insbesondere von Willenserklärungen, AcP 182 (1982), 129; *Koulu*, Blockchains and Online Dispute Resolution: Smart Contracts as an Alternative to Enforcement SCRIPTed 13(1) (2016), 40; *Kuhlmann*, Smart Enforcement bei

Smart Contracts, in Fries/Paal (Hrsg.), Smart Contracts, 2019, S. 117 (zit.: Fries/Paal Smart Contracts/Kuhlmann); *Kuschel*, Digitale Eigenmacht, AcP 220 (2020), 98; *Lange-Hausstein*, Blockchain und Smart Contracts in der Anwaltspraxis, ITRB 2017, 93; *Lesaege/Ast/George*, Kleros – Short Paper v1.0.7, 2019, abrufbar unter https://kleros.io/whitepaper.pdf; *Linardatos*, Smart Contracts – einige klarstellende Bemerkungen, K&R 2018, 85; *Magnus*, Fernkontrolle im Internet der Dinge, 2022, abrufbar unter https://digitalrecht-z.uni-trier.de/index.php/drz/catalog/view/9/6/17; *Matzke*, Smart Contracts statt Zwangsvollstreckung?, in Fries/Paal (Hrsg.), Smart Contracts, 2019, S. 99 (zit.: Fries/Paal Smart Contracts/Matzke); *Metzger* Can the Blockchain Decentralize Dispute Resolution?, Dispute Resolution Magazine 26(2) (2020), 15; *Metzger*, The Current Landscape of Blockchain-Based, Crowdsourced Arbitration, Macquarie Law Journal 19 (2019), 81; *Meyer*, Stopping the Unstoppable: Termination and Unwinding of Smart Contracts, EuCML 2019, 17; *Otto*, Bermudadreieck Ethereum – wo Recht derzeit baden geht: Grenzen der Nutzung von Smart Contracts, Ri 2017, 86; *Paulus*, Die automatisierte Willenserklärung, JuS 2019, 960; *Paulus*, Unzulässigkeit technischer Absperrvorrichtungen zur Unterbindung von weiterem Gebrauch, EWiR 2021, 752; *Paulus/Matzke*, Digitalisierung und private Rechtsdurchsetzung, CR 2017, 769; *Paulus/Matzke*, Smart Contracts und das BGB – Viel Lärm um nichts?, ZfPW 2018, 431; *Pesch*, Blockchain, Smart Contracts und Datenschutz, in Fries/Paal (Hrsg.), Smart Contracts, 2019, S. 13 (zit.: Fries/Paal Smart Contracts/Pesch); *Potel/Hessel*, Rechtsprobleme von Smart Contracts – automatisierte Abwicklung von Verträgen, jM 2020, 354; *Raskin*, The Law and Legality of Smart Contracts, Georgetown Law Technology Review 1(2) (2017), 305; *Regenfuß*, Zulässigkeit einer Versorgungssperre im Mietrecht, LMK 2009, 284570; *Riehm*, Smart Contracts und verbotene Eigenmacht, in Fries/Paal (Hrsg.), Smart Contracts, 2019, S. 85 (zit.: Fries/Paal Smart Contracts/Riehm); *Schawe*, Blockchain und Smart Contracts in der Kreativwirtschaft – mehr Probleme als Lösungen?, MMR 2019, 218; *Scheidacker*, Wasser abstellen erlaubt? Eine aktuelle Untersuchung zur Sperrung von Versorgungsleitungen und anderen Besitzstörungen in der Miete und im Wohnungseigentum, NZM 2005, 281; *Scholz*, Algorithmic Contracts, Stanford Technology Law Review 20(2) (2017), 128-170; *Schrepel*, Smart Contracts and the Digital Single Market Through the Lens of a ‚Law + Technology' Approach, 21.10.2021, abrufbar unter https://ssrn.com/abstract=3947174; *Schrey/Thalhofer*, Rechtliche Aspekte der Blockchain, NJW 2017, 1431; *Schurr*, Anbahnung, Abschluss und Durchführung von Smart Contracts im Rechtsvergleich, ZVglRWiss 118 (2019), 257; *Sillaber/Waltl*, Life Cycle of Smart Contracts in Blockchain Ecosystems, DuD 2017, 497; *Simmchen*, Blockchain (R)Evolution, MMR 2017, 162; *Söbbing*, Smart Contracts und Blockchain-Technologie, ITRB 2018, 43; *Specht/Herold*, Roboter als Vertragspartner?, MMR 2018, 40; *Steinrötter*, Legal Tech im Reiserecht, RRa 2020, 259; *Szabo*, Smart Contracts Glossary, 1995, abrufbar unter https://www.fon.hum.uva.nl/rob/Courses/InformationInSpeech/CDROM/Literature/LOTwinterschool2006/szabo.best.vwh.net/smart_contracts_glossary.html); *Szabo*, Smart Contracts, 1994, abrufbar unter https://www.fon.hum.uva.nl/rob/Courses/InformationInSpeech/CDROM/Literature/LOTwinterschool2006/szabo.best.vwh.net/smart.contracts.html); *Szabo*, The Idea of Smart Contracts, 1997, abrufbar unter https://www.fon.hum.uva.nl/rob/Courses/InformationInSpeech/CDROM/Literature/LOTwinterschool2006/szabo.best.vwh.net/idea.html; Szabo First Monday Volume 2 Number 9 (1997); *Tavakoli*, Automatische Fluggast-Entschädigung durch smart contracts, ZRP 2020, 46; *Timmermann*, Legal Tech-Anwendungen, 2020; *Unsworth*, Smart Contract This! An Assessment of the Contractual Landscape and the Herculean Challenges it Currently Presents for „Self-executing" Contracts, in Corrales/Fenwick/Haapio (Hrsg.), Legal Tech, Smart Contracts and Blockchain Legal Tech, 2019, S. 17 (zit.: Corrales/Fenwick/Haapio Legal Tech/Unsworth); *van der Linden*, Trust me: Combining online dispute resolution, law and blockchain technology, Indian Journal of Law and Technology 15(2) (2019), 454-469; *Voshmgir*, What Is the Token Economy?, 2019; *Wagner*, Algorithmisierte Rechtsdurchsetzung, AcP 222 (2022), 56; *Waldhauser/Rümmler*, Kein rechtsfreier Raum, AnwaltSpiegel Ausgabe 2 v. 19.1.2022, abrufbar unter https://www.deutscheranwaltspiegel.de/anwaltspiegel/smart-contracts/kein-rechtsfreier-raum-27367/; *Wendzel/Olschewski*, Internet of Things und Smart Contracts: Risiken bei der Digitalisierung von Unternehmen, in Barton/Müller/Seel (Hrsg.), Digitalisierung in Unternehmen, 2018, S. 291 (zit.: Barton/Müller/Seel Digitalisierung in Unternehmen/Wendzel/Olschewski); *Wolf*, Verbotene Eigenmacht, JA 2009, 735.

I. Idee und begriffliche Annäherung

1 Bereits 1994 hat der US-amerikanische Informatiker und Rechtswissenschaftler **Nick Szabo** den aus juristischer sowie technischer Sicht gleichermaßen **missverständlichen Begriff** des „Smart Contract" geprägt: „A smart contract is a computerized transaction protocol that executes the terms of a contract."[1]

---

1 Als Ziele formuliert Szabo: „The general objectives of smart contract design are to satisfy common contractual conditions (such as payment terms, liens, confidentiality, and even enforcement), minimize exceptions both malicious and accidental, and minimize the need for trusted intermediaries. Related economic goals include lowering fraud loss,

Begrifflich sind Smart Contracts aber eine „Mogelpackung".[2] Denn sie sind weder stets smart[3] noch (zwingend) Verträge[4]. Sie bieten vielmehr (in technischer Umsetzung) eine „bloße" Abfolge von Wenn-Dann-Anweisungen[5] und damit „allenfalls eine neue Form der Vertragsgestaltung"[6]. Wichtig ist dabei die Erkenntnis, dass Smart Contracts keine Alternative zum Recht im Allgemeinen und zum Vertrag im Besonderen darstellen, auch wenn Beteiligte mitunter die Absicht hegen mögen, sich „rechtsfrei" zu verständigen.[7] Vielmehr sind Smart Contracts **als Fakten (Lebenssachverhalt) stets am geltenden Recht zu messen**.[8] Oftmals werden Smart Contracts im gleichen Atemzug mit der Blockchain-Technologie und dabei insbesondere mit dem System „Ethereum" genannt, dessen Gründer Vitalik Buterin sie als „cryptographic 'boxes' that contain value and only unlock it if certain conditions are met" sowie als „applications involving having digital assets being directly controlled by a piece of code implementing arbitrary rules" beschreibt.[9] Da sich der Begriff zusehends zu einem Schlagwort entwickelt hat, es aber an einer einheitlichen technischen oder juristischen Definition mangelt, bedarf es der weiteren begrifflichen Annäherung.[10] Im Ausgangspunkt verdient Beachtung, dass Smart Contracts zwar auf einer Blockchain implementiert sein können (sog. „decentralized smart contracts"[11]), dies jedoch keineswegs zwingend der Fall sein muss, es sich vielmehr um ein **technikneutrales Konstrukt** handelt.[12]

---

arbitration and enforcement costs, and other transaction costs" (Szabo, Smart Contracts, 1994, abrufbar unter https://www.fon.hum.uva.nl/rob/Courses/InformationInSpeech/CDROM/Literature/LOTwinterschool2006/szabo.best.vwh.net/smart.contracts.html); siehe auch Szabo, The Idea of Smart Contracts, 1997, abrufbar unter https://www.fon.hum.uva.nl/rob/Courses/InformationInSpeech/CDROM/Literature/LOTwinterschool2006/szabo.best.vwh.net/idea.html; Szabo First Monday Volume 2 Number 9 (1997).

2 Otto Ri 2017, 86 (87).
3 Dass namentlich keine Form von Künstlicher Intelligenz zum Einsatz kommt, hat bereits Szabo herausgestellt: „Smart Contract: A set of promises, including protocols within which the parties perform on the other promises. The protocols are usually implemented with programs on a computer network, or in other forms of digital electronics, thus these contracts are ‚smarter' than their paper-based ancestors. No use of artificial intelligence is implied" (Szabo, Smart Contracts Glossary, 1995, abrufbar unter https://www.fon.hum.uva.nl/rob/Courses/InformationInSpeech/CDROM/Literature/LOTwinterschool2006/szabo.best.vwh.net/smart_contracts_glossary.html); aA wohl Söbbing ITRB 2018, 43 (44). Ein Smart Contract mag man in einen Roboter implementieren können; eine Gleichsetzung mit Robotik verbietet sich aber; aA wohl Heckelmann NJW 2018, 504 (506).
4 Blocher AnwBl 2016, 612 (618); Briner/Funk DGRI Jahrbuch 2017/Kaulartz S. 179 Rn. 1, 11; Linardatos K&R 2018, 85 (91); Schrey/Thalhofer NJW 2017, 1431; Heudebert/Leveneur Cardozo International & Comparative Law Review 4(1) (2020), 275 (280); Fries/Paal Smart Contracts/Hofmann S. 125 (128); siehe auch Fries/Paal Smart Contracts/Anzinger S. 33 (55) mit dem Hinweis, dass ein Smart Contract als Vertrag qualifiziert und sein Vertragsinhalt allein in einer Programmiersprache formuliert werden könnte, was jedoch von Fragen des Zustandekommens, der Auslegung und des Verhältnisses zur Privatrechtsordnung zu trennen sei. Dann müsste man jedoch konsequenterweise auch das Papierstück, auf dem ein Vertrag verschriftlicht ist, selbst als Vertrag ansehen, was jedoch nicht überzeugt, da das Rechtsgeschäft ein bloßes gedankliches Rechtsgebilde ist und bleibt, losgelöst von dessen „Verkörperung". Vorzugswürdig erscheint aber, den Vertrag als bloßes Rechtsgebilde nicht mit einer Art von dessen Verschriftlichung gleichzusetzen; gleichsinnig Fries/Paal Smart Contracts/Riehm S. 85 (87); siehe auch Djazayeri jurisPR-BKR 12/2016 Anm. 1: „im Wesentlichen internetbasierte Verträge"; Kaulartz InTeR 2016, 201 (202): „programmierte Verträge".
5 Fries/Paal Smart Contracts/Finck S. 1 (8); vgl. Fries/Paal Smart Contracts/Matzke S. 99 (100): „Gemeint und verstanden wird der Begriff [in der Software-Entwicklung] nicht im juristischen Sinne eines Vertrags, sondern als abzuwickelnde Transaktion im eher wirtschaftlich-tatsächlichen Sinne."
6 Potel/Hessel jM 2020, 354.
7 Zutreffend MüKoBGB/Ernst Einl. SchuldR Rn. 68.
8 Djazayeri jurisPR-BKR 12/2016 Anm. 1; Wagner AcP 222 (2022), 56 (75); beachte die rechtsvergleichende Aufbereitung bei: Schurr ZVglRWiss 118 (2019), 257.
9 Buterin, Ethereum Whitepaper, https://ethereum.org/en/whitepaper/, abrufbar unter https://ethereum.org/en/whitepaper/.
10 Fries/Paal Smart Contracts/Kuhlmann S. 117; DiMatteo/Cannarsa/Poncibò Handbook Smart Contracts/De Caria S. 19 (21); siehe die Definitionsvorschläge bei DiMatteo/Cannarsa/Poncibò Handbook Smart Contracts/De Caria S. 19 (22 ff.) mwN, der einige Definitionen aus dem englischsprachigen Schrifttum präsentiert; aus der deutschen Literatur siehe etwa Kaulartz/Heckmann CR 2016, 618; Linardatos K&R 2018, 85 (91); vgl. ferner Paulus/Matzke CR 2017, 769 (771 f.).
11 DiMatteo/Cannarsa/Poncibò Handbook Smart Contracts/De Caria S. 19 (23).
12 Fries/Paal Smart Contracts/Finck S. 1–8; Potel/Hessel jM 2020, 354.

2   Die dahinterstehende Idee (im Zusammenhang mit einem Rechtsgeschäft) ist, dass sich Vertragsbestimmungen dergestalt in Hard- und Software einbetten lassen, dass ein **Vertragsbruch** zumindest **wirtschaftlich ineffizient oder gar sinnlos** gerät (prohibitiver Aufwand).[13] Dies kann das Vertrauen in die Vertragstreue des Vertragspartners de facto stärken sowie – durch die automatisierte Vertragsdurchführung – en passant zur Senkung der Transaktionskosten führen.[14] Auch wenn die ursprüngliche Beschreibung durch Szabo (→ Rn. 1) die Vertragsausführung ausdrücklich nennt und eine vertragsrechtliche Relevanz oft gegeben ist,[15] erscheint es vorzugwürdig, den Betrachtungsgegenstand „technischer" und weiter zu verstehen.[16] Es geht eher um einen **Prozess, „bei dem ein digital prüfbares [= binäres] Ereignis durch einen Programmcode verarbeitet wird und zu einer rechtlich relevanten Handlung führt"**.[17] Letztere kann in einem Geldtransfer, in der Freischaltung oder Sperrung eines Online-Dienstes oder eines IoT (Internet of Things/Internet der Dinge)-Produkts oder im Erwerb eines digitalen Gutes liegen.[18] Sie muss in jedem Fall digital abbildbar bzw. durchführbar sein, weshalb Leistungen aus der „realen Welt", zB die physische Reparatur eines Elektrogerätes, nicht via Smart Contract erbracht werden können.[19]

3   Es handelt sich regelmäßig vordergründig um **M2M-Kommunikation**,[20] wenngleich „eine generelle Einwilligung desjenigen, in dessen Namen gehandelt wird, vorgeschaltet" wird.[21] Sobald eine natürliche Person die rechtlich relevante Handlung aber unmittelbar initiiert, zB beim Dash Button oder einem Sprachassistenten, handelt es sich nicht um einen Smart Contract.[22]

4   Auch das zweite Element des Begriffs – die „Smartness" – weckt potenziell zu hohe Erwartungen. Denn Smart Contracts müssen **nicht „smart" etwa iSv Künstlicher Intelligenz** sein.[23] So stellen die meisten Smart Contracts regelbasierte Algorithmen dar (→ *Algorithmus* Rn. 2 ff.). Freilich gibt es komplexere Smart Contracts, zB solche, die für ICOs verwendet werden oder sog. dezentrale Applikationen (sog.

---

13 Szabo, The Idea of Smart Contracts, 1997, abrufbar unter https://www.fon.hum.uva.nl/rob/Courses/InformationInSpeech/CDROM/Literature/LOTwinterschool2006/szabo.best.vwh.net/idea.html; Linardatos K&R 2018, 85 f., auch mit dem berechtigten Hinweis auf die fehlende vertragsrechtliche Präzision in Szabos Paper.
14 Vgl. Szabo, Smart Contracts, 1994, abrufbar unter https://www.fon.hum.uva.nl/rob/Courses/InformationInSpeech/CDROM/Literature/LOTwinterschool2006/szabo.best.vwh.net/smart.contracts.html; Linardatos K&R 2018, 85; vgl. Kaulartz/Heckmann CR 2016, 618.
15 Fries/Paal Smart Contracts/Finck S. 1 (5 ff.).
16 IdS auch Linardatos K&R 2018, 85 (87 f., 90); vgl. auch Fries/Paal Smart Contracts/Kuhlmann S. 117 (118); aA etwa Söbbing ITRB 2018, 43 (44), wonach „als Minimaldefinition festgehalten werden" könne, „dass Smart Contracts durch eine Software erzeugte Verträge sind und die gleiche Software auch überprüft, ob die Verträge eingehalten werden"; ebenfalls auf Rechtsgeschäfte beschränkend Börding/Jülicher/Röttgen/v. Schönfeld CR 2017, 134 (138); Raskin Georgetown Law Technology Review 1(2) (2017), 305 (309): „A smart contract is an agreement whose execution is automated"; Heudebert/Leveneur Cardozo International & Comparative Law Review 4(1) (2020), 275 (315); vgl. auch Corrales/Fenwick/Haapio Legal Tech/Unsworth S. 17 (20 f.).
17 Potel/Hessel jM 2020, 354; idS auch Kaulartz/Heckmann CR 2016, 618; Kaulartz InTeR 2016, 201 (203); Linardatos K&R 2018, 85 (91); Paulus/Matzke CR 2017, 769 (771 f.); beachte auch die Definition in Art. 2 Nr. 16 des Kommissionsentwurfs für einen Data Act (COM(2022) 68 final): „a computer program stored in an electronic ledger system wherein the outcome of the execution of the program is recorded on the electronic ledger".
18 Börding/Jülicher/Röttgen/v. Schönfeld CR 2017, 134 (138).
19 Kaulartz/Heckmann CR 2016, 618 (619 f.); mit Blick auf den digital überprüfbaren Bedingungseintritt sowie die digitale Auslösung der Rechtsfolgen spricht Lange-Hausstein ITRB 2017, 93 (94), von „doppelt digitalen Fällen".
20 Vgl. Kaulartz/Heckmann CR 2016, 618; Kaulartz InTeR 2016, 201 (203).
21 Börding/Jülicher/Röttgen/v. Schönfeld CR 2017, 134 (138).
22 AA Heckelmann NJW 2018, 504.
23 Siehe etwa Kaulartz/Heckmann CR 2016, 618 f.; Paulus/Matzke CR 2017, 769 (772); Heudebert/Leveneur Cardozo International & Comparative Law Review 4(1) (2020), 275 (280, 314); Fries/Paal Smart Contracts/Finck S. 1 (7 f.); Fries/Paal Smart Contracts/Hofmann S. 125 (128); vgl. Fries/Paal Smart Contracts/Anzinger S. 33 (54) mwN und dem Hinweis, dass Smart Contracts mit entsprechender Aus- und Vertragsgestaltung sowohl smart als auch Verträge sein könnten; siehe auch DiMatteo/Cannarsa/Poncibò Handbook Smart Contracts/De Caria S. 19 (23 f.); aA Eidenmüller Frankfurter Allgemeine Woche 22/2017, 55: „Verträge, die unter Einsatz von künstlicher Intelligenz geschlossen werden".

dApps) auf einer Blockchain ermöglichen,[24] gar Computerprotokolle, welche die Regeln zur Verwaltung dezentralisierter autonomer Organisationen (DAOs) in Code überführen.[25] Darüber hinaus erscheint es keinesfalls ausgeschlossen, dass Smart Contracts mit KI-Technologie, namentlich solche des Machine Learnings versehen werden können, was ihnen potenziell sogar ermöglichen dürfte, als autonome Agenten zu (inter-)agieren.[26]

II. Funktionsweise und technische Grundlagen

Smart Contracts sind nach bestimmten Wenn-Dann-Regeln automatisch ausgeführte und in Software und/oder Hardware implementierte Computerprotokolle, also **in Programmiersprache verfasste Algorithmen** (→ *Algorithmus* Rn. 2 ff.).[27] Man mag die Funktionsweise von Smart Contracts in einer ersten, groben Annäherung mit der eines Verkaufsautomaten veranschaulichen, der eine Ware ausgibt, wenn diese vorhanden ist, der Kaufpreis bezahlt wird und der Automat ordnungsgemäß funktioniert.[28] In durchaus vergleichbarer Weise definieren Smart Contracts Bedingungen und Folgen der Ausführung von Code im Voraus, wobei die Ausführung, also die Vornahme bestimmter Handlungen oder Transaktionen v.a. dann „angehalten" werden kann, sofern der Code dies vorsieht.[29] Als konkretes Beispiel erscheint es etwa denkbar, den Inhalt eines Testaments in einen Smart Contract einzubetten. Die Bedingung (Wenn) bildete hier der Tod des Testierenden, wobei auch zusätzliche Bedingungen in Betracht kommen, beispielsweise das Erreichen eines Universitätsabschlusses durch (potenzielle) Erben. Die Folge (Dann) könnte etwa in der Auszahlung der Erbschaft (oder Teilen davon) liegen (auch in Form einer Kryptowährung).[30] Weitere bereits diskutierte und plastische Beispiele sind die automatisierte Auszahlung von Entschädigungen bei Zug-[31] oder Flugverspätungen[32], die Freischaltung oder Sperrung eines Leasingautos oder eines Hotelzimmers in Abhängigkeit von der jeweils rechtzeitigen Zahlung.[33] Der letztgenannte Fall veranschaulicht, dass Smart Contracts **auch und gerade im Bereich des IoT** einen **potenziell sinnvollen Einsatz** finden können.[34]

Sofern besagte Bedingungen Ereignisse aus der realen Welt darstellen, welche nicht bereits in der dem Smart Contract typischerweise zugrunde liegenden Blockchain abgebildet sind – etwa der Tod einer Person, der Universitätsabschluss oder die Zugverspätung –, müsste jene reale Begebenheit über IT-Schnittstellen ins System eingespeist werden. Auf diese Weise erhält der Algorithmus maW die

---

24 DiMatteo/Cannarsa/Poncibò Handbook Smart Contracts/Gatteschi/Lamberti/Demartini S. 37 (45): „Dapps could be seen as web applications where the code is run, instead of on a centralized server owned by a company, on the decentralized blockchain network."
25 DiMatteo/Cannarsa/Poncibò Handbook Smart Contracts/Gatteschi/Lamberti/Demartini S. 37 (45).
26 Siehe dazu Fries/Paal Smart Contracts/Anzinger S. 33 (54 f.); vgl. DiMatteo/Cannarsa/Poncibò Handbook Smart Contracts/De Caria S. 19 (24).
27 Linardatos K&R 2018, 85 (86, 91); Otto Ri 2017, 86 (87); instruktiv auch Schrepel, Smart Contracts and the Digital Single Market Through the Lens of a ‚Law + Technology' Approach, 21.10.2021, abrufbar unter https://ssrn.com/abstract=3947174.
28 Szabo, Smart Contracts, 1994, abrufbar unter https://www.fon.hum.uva.nl/rob/Courses/InformationInSpeech/CDROM/Literature/LOTwinterschool2006/szabo.best.vwh.net/smart.contracts.html; Linardatos K&R 2018, 85 f.; DiMatteo/Cannarsa/Poncibò Handbook Smart Contracts/Gatteschi/Lamberti/Demartini S. 37 (42); Fries/Paal Smart Contracts/Anzinger S. 33 (58); Hippeli JSE 2020, 90 (91 f.).
29 Fries/Paal Smart Contracts/Finck S. 1 (7); Linardatos K&R 2018, 85 (86); vgl. auch Raskin Georgetown Law Technology Review 1(2) (2017), 305 (310), mit einer Differenzierung zwischen „weak" und „strong" Smart Contracts.
30 Siehe dazu DiMatteo/Cannarsa/Poncibò Handbook Smart Contracts/Gatteschi/Lamberti/Demartini S. 37 (43 f.).
31 Linardatos K&R 2018, 85 (86).
32 Dazu Steinrötter RRa 2020, 259 (262 ff.).
33 Linardatos K&R 2018, 85 (86, 90); Kaulartz/Heckmann CR 2016, 618; Hippeli JSE 2020, 90 (92). Ein mietrechtliches Beispiel findet sich bei Potel/Hessel jM 2020, 354 (355 ff.).
34 Djazayeri jurisPR-BKR 12/2016 Anm. 1; Jacobs/Lange-Hausstein ITRB 2017, 10 (12 ff.); Paulus/Matzke CR 2017, 769 (772); Barton/Müller/Seel Digitalisierung in Unternehmen/Wendzel/Olschewski S. 291; vgl. Fries/Paal Smart Contracts/Pesch S. 13 (16 f.); vgl. auch Fries/Paal Smart Contracts/Kuhlmann S. 117 (118), der (im Zusammenhang mit Smart Enforcement) im IoT und nicht in der Blockchain die technische Grundvoraussetzung von Smart Contracts erblickt.

notwendigen Daten aus externen Quellen.[35] Im Zusammenhang mit Blockchain-Infrastrukturen werden diese verbindenden Schnittstellen **Oracles** genannt.[36] Software Oracles sammeln Informationen aus dem Internet, während Hardware Oracles mittels Sensoren Daten in der realen Welt erheben. Darüber hinaus kann man Oracles nach der Richtung der Verbindung unterscheiden. So gibt es Inbound Oracles, die etwa im Testament-Beispiel Daten in die Blockchain einfügen könnten, sowie Outbound Oracles, die – wie im Leasingauto-Beispiel – die Blockchain-Lage, nämlich die (Nicht-)Zahlung der Rate mittels einer Blockchain-Transaktion, der realen Welt, also dem Auto, „mitteilen".[37] Oracles ermöglichen ggf. auch die Einbindung von Künstlicher Intelligenz.[38]

III. Smart Contracts und Blockchain

7 Smart Contracts iSv regelbasierten Algorithmen (→ *Algorithmus* Rn. 2 ff.) mit rechtlichen Auswirkungen können grundsätzlich losgelöst von der Blockchain (→ *Blockchain* Rn. 3 ff.) gedacht werden.[39] Gerade von der **Kombination der beiden Technologien** verspricht man sich aber gemeinhin einen **substanziellen Mehrwert**. So vermögen Smart Contracts die Nützlichkeit von Blockchain-Anwendungen zu steigern. Eine der größten Blockchains, Ethereum, wurde mit der Idee entwickelt, als eine gestaltungsoffene Plattform[40] für Softwareprogramme zu dienen und vielseitigere Anwendungsmöglichkeiten als die Bitcoin-Blockchain anzubieten, wozu auch der mögliche Einsatz von Smart Contracts zählt.[41] Mittlerweile existieren freilich weitere offene und geschlossene Blockchains, auf denen Smart Contracts „laufen" können.[42] Bestimmte Eigenschaften der Blockchain-Technologie eignen sich besonders für eine Implementierung von Smart Contracts. Eine Blockchain ist ein dezentrales Netzwerk und ermöglicht es, Verträge oder Transaktionen automatisiert abzuwickeln – und zwar ohne Einschaltung von Intermediären.[43] Einen Smart Contract kann man insofern als Adresse oder Account auf der Blockchain begreifen.[44] Den größten Vorteil bietet die Blockchain Smart Contracts aber mit Blick auf ihre weitgehende Unveränderlichkeit und Manipulationssicherheit – Eigenschaften, die Beweis(sicherungs)funktionen erfüllen können.[45] Denn nur wenn ihr Code unveränderlich ist, vermögen es Smart Contracts, ihren Hauptzweck – das Vertrauen in die Vertragstreue zu fördern – zu erfüllen.[46] Schließlich gilt die Blockchain als transparent, was zur Vorhersehbarkeit des Ablaufs von Smart Contracts führt.[47]

8 Smart Contracts, die auf einer Blockchain implementiert werden, weisen regelmäßig einen vierphasigen „Lebenszyklus" auf.[48] Zunächst kommt es in der Schaffensphase zur Definierung und Codierung des Smart Contracts. Es folgt dessen „Einfrierung", bis die Software iRd jeweiligen Konsensmechanismus zur Kette hinzugefügt wird. In der Ausführungsphase lesen die Nodes den Smart Contract und implementieren ihn.

---

35 Alternativ können dies auch die Parteien selbst vornehmen, Linardatos K&R 2018, 85 (87); Kaulartz/Heckmann CR 2016, 618 (620).
36 Linardatos K&R 2018, 85 (87); Potel/Hessel jM 2020, 354 f.
37 Siehe zu den Oracles DiMatteo/Cannarsa/Poncibò Handbook Smart Contracts/Gatteschi/Lamberti/Demartini S. 37 (44).
38 Schäfers im Rahmen seines Vortrags am 4.2.2022 iRd Artificial Decision-Making Conference, Münster.
39 Fries/Paal Smart Contracts/Finck S. 1 (6); siehe auch Heckelmann NJW 2018, 504 (504); Scholz Stanford Technology Law Review 20(2) (2017), 128 (128 ff.).
40 Ethereum ist universell programmierbar, also Turing-vollständig, Fries/Paal Smart Contracts/Pesch S. 13 (15).
41 Fries/Paal Smart Contracts/Finck S. 1 (2 f.) passim; Linardatos K&R 2018, 85 (86).
42 Etwa die offenen Blockchains Tezos (https://tezos.com/) und Cardano (https://cardano.org/) sowie die geschlossenen Blockchains von IBM (https://www.ibm.com/blockchain) und Hyperledger (https://www.hyperledger.org/); für weitere Plattformen siehe die folgende Liste https://github.com/Overtorment/awesome-smart-contracts; vgl. auch Fries/Paal Smart Contracts/Pesch S. 13 (15).
43 Fries/Paal Smart Contracts/Finck S. 1 (2).
44 Otto Ri 2017, 86 (87).
45 Linardatos K&R 2018, 85 (86 f.).
46 Börding/Jülicher/Röttgen/v. Schönfeld CR 2017, 134 (138 f.); Linardatos K&R 2018, 85 (86 f.); Paulus/Matzke ZfPW 2018, 431 (437 f.).
47 DiMatteo/Cannarsa/Poncibò Handbook Smart Contracts/Gatteschi/Lamberti/Demartini S. 37 (42).
48 Sillaber/Waltl DuD 2017, 497 ff.; Fries/Paal Smart Contracts/Finck S. 1 (4); Hippeli JSE 2020, 90 (91).

Dem schließt sich die Abschlussphase an: Die neuen Zustandsinformationen und Transaktionen werden validiert und ebenfalls nach dem Konsensmechanismus auf der „Chain" gespeichert.[49]

IV. Smart Contracts als Legal Tech-Tool und rechtliche Bewertung

Losgelöst davon, ob man Smart Contracts als regelbasierte Algorithmen mit (vertrags-)rechtlichen Auswirkungen, als automatisierte Vertragsausführung oder sich selbst vollziehende Verträge definiert – sie scheinen prima facie ungeachtet ihres konkreten Einsatzgebiets per se eine Form von Legal Tech (zum Begriff Legal Tech → *Legal Tech, Begriff* Rn. 10 ff.) darzustellen.[50] Vor diesem Hintergrund erscheinen sie sowohl für Kanzleien und Rechtsabteilungen attraktiv[51] als auch für Rechtssuchende wie zB Verbraucher relevant. Insofern stellen sich ggf. gar berufsrechtliche Fragen.[52]

Ein Smart Contract ist dabei **stets ein Faktum**, kein irgend geartetes eigenständiges Recht oder ein Rechtssatz. Da es freilich typischerweise zu rechtlich relevanten Vorgängen kommt, ist ein Smart Contract stets **am geltenden Recht zu messen**.[53] Vor dem Hintergrund der nicht selten gegebenen grenzüberschreitenden Sachverhalte stellt sich regelmäßig die Frage nach dem anwendbaren Recht. Dieses wird durch das Kollisionsrecht (→ *Kollisionsrecht, allgemein* Rn. 1 ff.) bestimmt. Nachfolgend wird unterstellt, dass deutsches materielles Recht Anwendung findet. Die dabei aufgeworfenen Fragen sind dabei keineswegs (durchgängig) neu.[54] Es zeigt sich, dass das geltende Recht weitgehend ausreicht, um das Phänomen der Smart Contracts zu erfassen und sinnvollen Lösungen zuzuführen.[55] Nachfolgend werden einige (potenzielle) Einsatzmöglichkeiten von Smart Contracts kategorisiert, dargestellt und rechtlich bewertet, wobei es sich um keine abschließende Erörterung handelt.

1. Vertragsrecht

Die potenzielle Relevanz im rechtsgeschäftlichen Bereich liegt nahe. Dies gilt bereits für den Vertragsschluss selbst (dazu eingehend → *Vertragsschluss* Rn. 4 ff.).[56] Zwar können Willenserklärungen als Willensäußerungen eines Rechtssubjekts, die auf Herbeiführung einer Rechtsfolge abzielen,[57] nicht vom Smart Contract „selbst" abgegeben werden. Auch die Regeln der Stellvertretung (§§ 164 ff. BGB) sowie die Grundsätze der Botenschaft helfen für die Zurechnung in Richtung der „dahinterstehenden" natürlichen oder juristischen Person nicht weiter. Dogmatisch bedarf es hierfür des **Rückgriffs auf die Grundsätze über Computererklärungen** (automatisiert erzeugte und übermittelte Erklärungen werden als Willenserklärung derjenigen Person angesehen, die sich des technischen Systems bedient und die insofern einen generellen Willen aufweist, entsprechende Rechtsfolgen auszulösen)[58] oder notfalls, nämlich bei – wohl erst in Zukunft denkbaren – autonom agierenden Smart Contracts, auf die Prinzipien zu Blanketterklärungen (hiernach führt selbst ein abredewidrig ausgefülltes, aber zunächst bewusst aus der Hand gegebenes

---

49 Zu diesem Absatz Sillaber/Waltl DuD 2017, 497 ff.; Fries/Paal Smart Contracts/Finck S. 1 (4).
50 Beachte demgegenüber aber jurisPK-ERV/Biallaß Kap. 8 Rn. 62, 71 ff.
51 Zur Implementierung von Smart Contracts in der juristischen Praxis Corrales/Fenwick/Haapio Legal Tech/Unsworth S. 17–61; vgl. auch Heudebert/Leveneur Cardozo Cardozo International & Comparative Law Review 4(1) (2020), 275 (314 ff.).
52 Kaulartz/Heckmann CR 2016, 618 (624).
53 Potel/Hessel jM 2020, 354 (357).
54 Siehe v.a. bereits Köhler AcP 182 (1982), 129.
55 Paulus/Matzke ZfPW 2018, 431 (436).
56 Vgl. Fries/Paal Smart Contracts/Anzinger S. 33 (58 f.); Heckelmann NJW 2018, 504 (505 f.); Linardatos K&R 2018, 85 (88); Potel/Hessel jM 2020, 354 (356); Söbbing ITRB 2018, 43 (44 ff.).
57 Siehe nur BGH Urt. v. 17.10.2000 – X ZR 97/99, BGHZ 145, 343 = NJW 2001, 289 (290).
58 Der innere Erklärungstatbestand der Willenserklärung wird gleichsam „vorgelagert"; zum Ganzen nur jurisPK-InternetR/Paschke Kap. 4.2 Rn. 134 ff.; Paulus JuS 2019, 960; Paulus/Matzke ZfPW 2018, 431 (439 ff.).

Blankett zu einer Zurechnung, was dann – erst recht – bei einem autonomen System gelten muss)[59].[60] Sowohl der Smart Contract selbst als auch dessen archetypischer Vorläufer – der Warenautomat – sind dabei im Grundsatz nicht selbst Willenserklärungen. Man kann indessen aus deren Existenz, deren Inhalt und den äußeren Umständen auf Willenserklärungen mittels Auslegung (§§ 133, 157 BGB) schließen.[61]

12 Auch für die **Anfechtung** gelten sodann die allgemeinen Regeln. So kann die fehlerhafte Dateneingabe einen Erklärungsirrtum iSd § 119 Abs. 1 Var. 2 BGB begründen, wohingegen die Verwendung von bereits fehlerhaftem Datenmaterial ebenso wie Programm- oder Programmierfehler (falsche Berechnung bei Eingabe richtiger Daten) als unbeachtliche Motiv- bzw. Kalkulationsirrtümer einzuordnen sind.[62] Macht sich der Betroffene eine falsche Vorstellung vom Inhalt des Rechtsgeschäfts, kommt ein Inhaltsirrtum nach § 119 Abs. 1 Var. 1 BGB wohl selbst dann in Betracht, wenn jener den in Programmcode gegossenen Vertragsinhalt nicht „gelesen" hat.[63] Ferner ist denkbar, dass die **Regeln des E-Commerce-Rechts**, namentlich §§ 312i f. BGB zu beachten sind.[64]

13 Aber auch für die Erledigung des Leistungsaustausches bzw. die **Erfüllung von Leistungspflichten** können Smart Contracts eingesetzt werden.[65] Dies hat jedoch keineswegs irgend geartete Einflüsse auf den Vertragstypus.[66] Ein denkbares Beispiel für die automatisierte Pflichterfüllung stellt die Freischaltung des Zugangs zu digitalen Inhalten, zB bei Streamingdiensten, in Abhängigkeit vom Zahlungseingang dar.[67] Ein anderes Beispiel bildet die automatisierte Erfüllung reiseversicherungsrechtlicher Ansprüche mittels eines Smart Contracts,[68] ein weiteres betrifft die Automatisierung des Wertpapierhandels – genauer: das Zustandekommen von Wertpapierhandelsgeschäften ohne die Einschaltung von Intermediären wie Banken und Clearingstellen.[69]

14 Neben dem Vertragsschluss (→ *Vertragsschluss* Rn. 4 ff.) können Smart Contracts auch **vertragliche Erklärungen** zur Konkretisierung rahmenvertraglicher Pflichten sowie den Abruf von Einzelleistungen **automatisieren**.[70] So erlaubt besagter Mechanismus dem Kunden mancher Carsharing-Unternehmen, Mietautos über ihr Smartphone freizuschalten, wenn bestimmte Bedingungen erfüllt sind; die Abrechnung erfolgt sodann automatisiert.[71] Denkbar ist auch, dass Computerprotokolle im Bereich des Internets der Dinge zB Werkverträge anbahnen und Ersatzteile bestellen, so etwa dann, wenn ein smartes Gerät einer

---

59 Überzeugend Ebers/Heinze/Krügel/Steinrötter KI/Schwarze § 8 Rn. 45; siehe auch Paulus/Matzke ZfPW 2018, 431 (442 ff.).
60 Zum Themenkomplex auch Börding/Jülicher/Röttgen/v. Schönfeld CR 2017, 134 (139); Specht/Herold MMR 2018, 40.
61 Ähnlich Djazayeri jurisPR-BKR 12/2016 Anm. 1; Kaulartz/Heckmann CR 2016, 618 (621); Fries/Paal Smart Contracts/Riehm S. 85 (87 ff.); Fries AnwBl 2018, 86 (87), spricht hier von zwei „Vertragsspuren".
62 Paulus/Matzke ZfPW 2018, 431 (455 f.), wonach wiederum bei einer bloßen programminternen Falschübermittlung richtig eingegebener Daten eine Anfechtung nach § 119 Abs. 1 BGB auch im Lichte der Wertung des § 120 BGB in Betracht komme.
63 Dazu Kaulartz/Heckmann CR 2016, 618 (622).
64 Dazu Paulus/Matzke ZfPW 2018, 431 (458 f.).
65 Blocher AnwBl 2016, 612 (617); vgl. Linardatos K&R 2018, 85 (90); Kaulartz/Heckmann CR 2016, 618.
66 Paulus/Matzke ZfPW 2018, 431 (449).
67 Bernzen ZKM 2021, 219 (220).
68 So hat AXA eine Versicherung angeboten, die bei einer zweistündigen Flugverspätung vollautomatisiert eine Entschädigungssumme an den Versicherungsnehmer ausgezahlt hat, wobei die Versicherungspolice auf der Ethereum-Blockchain abgelegt war, die wiederum eine Schnittstelle zu Flugverkehrsdatenbanken aufwies (siehe auch Bernzen/Kehrberger RW 2019, 374 (378)). Das Projekt konnte sich jedoch nicht am Markt etablieren und wurde eingestellt; dazu Steinrötter RRa 2020, 259 (262).
69 Gemeint ist hier, dass der Algorithmus die Handelsentscheidungen nur umsetzt und nicht selbst vornimmt; Linardatos K&R 2018, 85 (89); siehe auch Timmermann Legal Tech-Anwendungen S. 227–230.
70 Linardatos K&R 2018, 85 (90).
71 Die genaue vertragsrechtliche Einordnung ist hierbei umstritten, siehe Linardatos K&R 2018, 85 (89) mwN; siehe zu Smart Contracts in der Sharing Economy Fries/Paal Smart Contracts/Anzinger S. 33–72.

Reparatur bedarf.[72] Auch die Warennachbestellung des „smarten Kühlschranks" wird hier oft als ein Beispiel für den Kauf genannt.[73] Diskutiert werden daneben Planungs-, Bau- und Immobilienverträge als potenzielle Einsatzgebiete.[74] Hinzu tritt der Blockchain-basierte Einsatz bei der Grundstücksübertragung.[75] Weitere Beispiele bilden die nämliche Fahrradvermietung sowie die Ausgestaltung einer Pay-as-you-drive-Versicherung (risikoreicher Fahrstil führt automatisch zu höheren Versicherungsbeiträgen)[76].[77]

Schon in tatsächlicher Hinsicht warten in der Abbildung und Umsetzung des **Leistungsstörungsrechts** nicht unerhebliche Probleme auf. Zwar soll der Einsatz von Smart Contracts Leistungsstörungen gerade zu vermeiden helfen;[78] gelingt dies indes nicht, bedürfte es einer Vielzahl an Oracles, um sämtliche denkbaren Ereignisse in der realen Welt, welche Leistungsstörungen begründen könnten, abbilden zu können. Dies dürfte weitgehend bereits aus tatsächlich-technischen Gründen impraktikabel geraten.[79] Nicht unproblematisch erscheint schließlich – auch außerhalb von Leistungsstörungen – die **Beendigung und Rückabwicklung von Verträgen**. Dies gilt zwar regelmäßig nicht de iure, wohl aber de facto, wenn diese Aspekte nicht von vornherein bei der Aufsetzung des Smart Contracts mitberücksichtigt wurden[80] oder a priori nicht digital abbildbar sind (zB unbestimmte Rechtsbegriffe wie der Ablauf einer „angemessenen" Frist, Fragen des Vertretenmüssens, aber auch die Höhe von Schadensersatz oder einer Minderung).[81] Dies verdeutlicht sogleich eine der größten Schwächen jenes besagten Wenn-Dann-Prozesses: Was im Smart Contract nicht vorgesehen oder (derzeit noch) nicht abbildbar ist, kann dieser nicht ausführen, so dass insoweit Unvereinbarkeiten mit dem geltenden Recht drohen.[82] Die Rückabwicklung müsste dann „off-chain" erfolgen, zB indem derlei Fragen an einen „unabhängigen Dritten" delegiert werden.[83] Ob dies dann noch einen substanziellen Effizienzgewinn gegenüber dem Status quo darstellt, ist fraglich. Nach alledem bleibt zu resümieren, dass Smart Contracts „aufgrund der Komplexität unseres Rechtssystems sowie der nahezu unmöglichen Einbeziehung von „analogen" Begebenheiten bisher weitgehend ungeeignet für eine Großzahl der Verträge"[84] sind. In Betracht kommt daher einstweilen eine **Begrenzung auf solche Verträge**, bei denen ein **geringes Schlechtleistungsrisiko** besteht.[85] Zu resümieren bleibt ferner ganz allgemein, dass Smart Contracts Stärken beim typisierten, „möglichst wert- und abwägungsfrei[en]"[86] Leistungsaustausch, aber Schwächen bei Leistungsstörungen aufweisen.[87] Denn insofern bedürfte es nicht nur eines „einprogrammierte[n] Gesetz[es]"[88], sondern eines bereits für sämtliche Einzelfälle „ausgelegten" Gesetzes. An dieser Stelle wird die Spannung zwischen Automations- und Effizienzbestrebungen einerseits und dem Bedürfnis nach Flexibilität andererseits besonders deutlich.[89]

---

72 Sog. „predictive maintenance", Linardatos K&R 2018, 85 (89); vgl. Fries/Paal Smart Contracts/Kuhlmann S. 117 (118) sowie Fries/Paal Smart Contracts/Pesch S. 13 (16 f.).
73 Heckelmann NJW 2018, 504; Hippeli JSE 2020, 90 (92).
74 Eschenbruch/Gerstberger NZBau 2018, 3.
75 Dazu Barenkamp/Schaaf ZdiW 2021, 339 (343 f.).
76 Djazayeri jurisPR-BKR 12/2016 Anm. 1; vgl. auch – skeptisch – Linardatos K&R 2018, 85 (91 f.).
77 Timmermann Legal Tech-Anwendungen S. 219 ff., 230 ff.
78 Paulus/Matzke ZfPW 2018, 431 (434).
79 So auch Potel/Hessel jM 2020, 354 (356).
80 Dazu Hippeli JSE 2020, 90 (93 f.); Potel/Hessel jM 2020, 354 (356 f.).
81 Kaulartz/Heckmann CR 2016, 618 (620); Paulus/Matzke ZfPW 2018, 431 (463); Paulus/Matzke CR 2017, 769 (772).
82 Vgl. auch Potel/Hessel jM 2020, 354 f.
83 Vgl. Kaulartz/Heckmann CR 2016, 618 (624); Paulus/Matzke ZfPW 2018, 431 (460 f., 463).
84 Potel/Hessel jM 2020, 354 (359).
85 Jacobs/Lange-Hausstein ITRB 2017, 10 (13); Kaulartz/Heckmann CR 2016, 618 (620), nennen den Kauf von Derivaten; vgl. auch Bernzen ZKM 2021, 219 (222).
86 Jacobs/Lange-Hausstein ITRB 2017, 10 (13).
87 Kaulartz/Heckmann CR 2016, 618 (623); vgl. Bernzen ZKM 2021, 219 (221 f.).
88 So Kaulartz/Heckmann CR 2016, 618 (623).
89 Vgl. Schulze/Staudenmayer/Lohsse Contracts for the Supply of Digital Content/Guggenberger S. 83 (96).

16 Ob Vertragsinhalte in **Programmcode als maßgebende Vertragssprache** darstellbar sind (Abbildung des Vertrags durch Quellcodes), erscheint zumindest **individualvertraglich** nicht undenkbar.[90] Fraglich ist aber, ob dies auch für **AGB-Klauseln** gelten kann. Geht man richtigerweise davon aus, dass der Code dem Recht folgt, kann nur der Vertragsinhalt den Inhalt des Codes vorgeben, nicht aber umgekehrt der Codeinhalt den Vertragsinhalt.[91] Auch ist § 305 Abs. 2 Nr. 2 BGB als Grenze zu berücksichtigen.[92] Damit verbietet sich eine Klassifizierung als AGB.[93] Insofern kann allenfalls über § 306a BGB eine AGB-Kontrolle ermöglicht werden, wenn ansonsten Fakten geschaffen würden.[94] Sodann liegt bereits ein **Verstoß gegen das Transparenzgebot** des § 307 Abs. 1 S. 2 BGB idR nicht fern.[95] Freilich kann demgegenüber die Nutzung eines Smart Contracts Gegenstand von Formularabreden sein.[96]

2. Gesetzliche Ansprüche

17 Smart Contracts kommen darüber hinaus auch zur Automatisierung der Erfüllung bestimmter gesetzlicher Ansprüche in Betracht. Wiederholt findet sich als (vermeintlich) tauglicher Anwendungsfall die **automatisierte Auszahlung von Fluggastentschädigungen**[97] nach Art. 7 Fluggastrechte-VO[98].[99] Eine automatisierte Erfüllung solcher Entschädigungsansprüche ist auch bei Schiffsreisen,[100] Bahnreisen[101] und Busreisen[102] diskutabel.[103] Als große Herausforderung bleibt hierbei einstweilen die informatorische Bewältigung von unbestimmten Rechtsbegriffen, zB in Art. 5 Abs. 3 Fluggastrechte-VO („außergewöhnliche Umstände").[104] Schließlich erscheint die automatisierte Erfüllung aufsichtsrechtlicher Pflichten auf dem Kapitalmarkt denkbar.[105]

---

90 Börding/Jülicher/Röttgen/v. Schönfeld CR 2017, 134 (139); Djazayeri jurisPR-BKR 12/2016 Anm. 1; Heckelmann NJW 2018, 504 (506); Fries/Paal Smart Contracts/Riehm S. 85 (87); siehe außerdem etwa Kaulartz/Heckmann CR 2016, 618 (621 f.); Söbbing ITRB 2018, 43 (46).
91 IE ebenso Heckelmann NJW 2018, 504 (509); Paulus/Matzke ZfPW 2018, 431 (459 f.); anders wohl Fries AnwBl 2018, 86 (87 f.).
92 Zutreffend Fries/Paal Smart Contracts/Riehm S. 85 (87).
93 Heckelmann NJW 2018, 504 (507 f.); aA Kaulartz/Heckmann CR 2016, 618 (622).
94 Weiterführend Junghöfer Leipzig Law Journal 1/2021, 2 (13 f.).
95 Otto Ri 2017, 86 (89).
96 Paulus/Matzke ZfPW 2018, 431 (459).
97 Insofern handelt es sich um einen gesetzlichen Anspruch, wenn auch auf vertraglicher Grundlage: BGH Urt. v. 25.2.2016 – X ZR 36/15, BeckRS 2016, 7889 Rn. 21; BGH Beschl. v. 18.8.2015 – X ZR 2/15, RRa 2015, 297 (299 Rn. 9) mwN.
98 Verordnung (EG) Nr. 261/2004 des Europäischen Parlaments und des Rates v. 11.2.2004 über eine gemeinsame Regelung für Ausgleichs- und Unterstützungsleistungen für Fluggäste im Fall der Nichtbeförderung und bei Annullierung oder großer Verspätung von Flügen (ABl. L 46, 1).
99 BR-Drs. 571/18 v. 14.12.2018; zurückhaltender sodann BT-Drs. 19/9543, 6 f. v. 17.4.2019. Siehe dazu skeptisch Steinrötter RRa 2020, 259 (261); optimistischer wiederum Blocher AnwBl 2016, 612 (618); Kenning/Lamla Entgrenzungen des Konsums/Blocher S. 87 (104); Tavakoli ZRP 2020, 46 (48 f.).
100 Art. 19 Verordnung (EU) Nr. 1177/2010 des Europäischen Parlaments und des Rates v. 24.11.2010 über die Fahrgastrechte im See- und Binnenschiffsverkehr und zur Änderung der Verordnung (EG) Nr. 2006/2004 (ABl. L 334, 1).
101 Art. 17 ff., Anhang I Titel IV Kapitel II Verordnung (EU) 2021/782 des Europäischen Parlaments und des Rates v. 29.4.2021 über die Rechte und Pflichten der Fahrgäste im Eisenbahnverkehr (ABl. L 172, 1).
102 Art. 19 Verordnung (EU) Nr. 181/2011 des Europäischen Parlaments und des Rates v. 16.2.2011 über die Fahrgastrechte im Kraftomnibusverkehr und zur Änderung der Verordnung (EG) Nr. 2006/2004 (ABl. L 55, 1).
103 Siehe dazu Steinrötter RRa 2020, 259 (261).
104 Schulze/Staudenmayer/Lohsse Contracts for the Supply of Digital Content/Guggenberger S. 83 (95): „Yet this very example also shows that there is no claim simple enough to be determined only by objective criteria: an airline does not owe compensation in cases of force majeure which certainly challenges the automation"; idS auch Junghöfer Leipzig Law Journal 1/2021, 2 (5).
105 Dazu Linardatos K&R 2018, 85 (90).

3. Private Rechtsdurchsetzung – Gratwanderung zur „Selbstjustiz"?

Smart Contracts ermöglichen die Verwaltung des Zugriffs auf verschiedene Vermögensgegenstände[106] und können dazu eingesetzt werden, Anwendungssoftware oder die Nutzungsmöglichkeit von Sachen und Gütern elektronisch zu deaktivieren.[107] Hier finden sich als vorgebrachte Beispiele oft die „Sperrung" eines geleasten Kfz in Fällen des Zahlungsverzugs des Leasingnehmers,[108] die Unterbrechung der Stromversorgung bei Nichtzahlung des geschuldeten Betrags[109] oder die Unterbindung der Nutzung einer lizensierten Anwendungssoftware nach Vertragsende.[110] Der BGH hatte unlängst einen Fall zu entscheiden, der die Ankündigung der Sperre der Wiederauflademöglichkeit einer vermieteten Batterie für Elektroautos und die sich daran anschließende automatisierte Realisierung jener Sperre zum Gegenstand hatte.[111] In diesen Fällen gilt, dass man sich beim Einsatz eines Smart Contracts sowohl das gerichtliche Erkenntnisverfahren als auch die ansonsten erforderliche Zwangsvollstreckung spart.[112] Insofern wird davor gewarnt, dass das Gewaltmonopol des Staates nicht „per Code" konterkariert werden darf.[113] Es handele sich um eine **„rechtliche Grauzone zwischen verbotener Eigenmacht[114] und zulässiger Sicherungsabrede".**[115] Besitzrechtliche Probleme ergeben sich bei alledem dann, wenn der Smart Contract eine Einwirkung auf körperliche Gegenstände (§ 90 BGB) zur Folge hat – namentlich im IoT-Kontext –, nicht hingegen bei der automatisierten Einwirkung auf immaterielle Güter wie zB Token o.ä.[116]

18

In der Tat stellen sich vorstehende Beispiele als Fälle privater Rechtsdurchsetzung dar, die im Ausgangspunkt gesetzlich in Form von Ansprüchen und Rechten ausgestaltet ist[117] und die entsprechend bestimmten Voraussetzungen sowie rechtlichen Grenzen unterliegt, etwa den Vorschriften des Besitzschutzes, §§ 858 ff. BGB.[118] Kommt aber nun Technologie zum Einsatz, die qua Design solche Fakten schafft, welche ansonsten erst nach Abschluss eines gesetzlich vorgesehenen Verfahrens vorliegen, mag dies für den Gläubiger attraktiv und erfreulich sein – er kommt schneller zum Ziel –, **dem Schuldner wird** auf diese Weise aber zunächst entgegen dem traditionellen Rechtsdurchsetzungsdogma **faktisch das Prozessrisiko bzw. die Initiativ- bzw. Klage- und Beweislast aufgebürdet**, ohne dass der Gesetzgeber dies so vorgesehen

19

---

106 Fries/Paal Smart Contracts/Matzke S. 99.
107 Timmermann Legal Tech-Anwendungen S. 237 ff.
108 Linardatos K&R 2018, 85 (90); Timmermann Legal Tech-Anwendungen S. 239.
109 Fries/Paal Smart Contracts/Matzke S. 99; vertiefend zu Smart Contracts und „Smart Meter": Paulus/Matzke NJW 2018, 1905.
110 Timmermann Legal Tech-Anwendungen S. 238.
111 BGH Urt. v. 26.10.2022 – XII ZR 89/21 (Volltext bei Redaktionsschluss noch nicht verfügbar); zuvor OLG Düsseldorf Urt. v. 7.10.2021 – 20 U 116/20, BeckRS 2021, 35003; dazu Möslein RDi 2022, 296; Paulus EWiR 2021, 752; Waldhauser/Rümmler AnwaltSpiegel Ausgabe 2 v. 19.1.2022, 11.
112 Wagner AcP 222 (2022), 56 (68 f.): „Im Grunde wird das gesamte judizielle Rechtsschutzsystem ‚umgangen' – mit dem Vorbehalt, dass die auf diese Weise erlangten Leistungen ggf. rückabgewickelt werden können"; Kaulartz/Heckmann CR 2016, 618 (619): „Diese Durchführung der Leistung […] muss also nicht vollstreckt werden."
113 Potel/Hessel jM 2020, 354 (359); Fries/Paal Smart Contracts/Riehm S. 85 (86 f.).
114 Kuschel AcP 220 (2020), 98 (99), spricht von „digitaler Eigenmacht".
115 Djazayeri jurisPR-BKR 12/2016 Anm. 1. Schon früh und monographisch zur Thematik Beurskens, Privatrechtliche Selbsthilfe – Rechte, Pflichten und Verantwortlichkeit bei digitalen Zugangsbeschränkungs- und Selbstdurchsetzungsbefugnissen, 2017; beachte die lesenswerten Abhandlungen von Kuschel AcP 220 (2020), 98, und Wagner AcP 222 (2022), 56; vgl. jüngst Magnus, Fernkontrolle im Internet der Dinge, 2022, abrufbar unter https://digitalrecht-z.uni-trier.de/index.php/drz/catalog/view/9/6/17; im deutsch-österreichischen Rechtsvergleich: Beyer et al. Privatrecht 2050/Klever S. 379.
116 Zu Recht betont von Möslein RDi 2022, 296 (298).
117 Vgl. etwa §§ 273, 320, 229, 230, 539 Abs. 2, 997 BGB.
118 Fries/Paal Smart Contracts/Matzke S. 99 (102 ff.); Timmermann Legal Tech-Anwendungen S. 237; siehe auch Raskin Georgetown Law Technology Review 1(2) (2017), 305 (333 ff.); Fries/Paal Smart Contracts/Matzke S. 99 (107–106).

hätte.[119] Es kommt gewissermaßen zu einer **Automatisierung der Zwangsvollstreckung**.[120] Abgesehen davon, dass diese Umkehr einer rechtspolitisch tragfähigen Begründung bedarf,[121] kann es bei unsicherem Prozesserfolg ökonomisch durchaus als rational erscheinen, auf die Geltendmachung vermeintlicher Rechte zu verzichten.[122] Der Anspruchsteller sieht sich dem Risiko gegenüber, dass nunmehr er derjenige ist, der auf Rückzahlung verklagt wird.[123]

20 Außerdem stehen sodann – privatrechtlich – verbotene Eigenmacht gemäß § 858 BGB[124] und – strafrechtlich – ggf. Hausfriedensbruch, Nötigung oder gar Erpressung (§§ 123, 240, 253 StGB) in Rede.[125] Im Beispiel eines Mietvertrages dürfte der Mieter den Besitz mithin sofort wieder kehren (§ 859 Abs. 3 BGB). Demgegenüber kann sich der Vermieter im Lichte des § 863 BGB auch nicht erfolgreich auf ein Zurückbehaltungsrecht berufen (§§ 320, 273 BGB).[126] Denn dieses setzt voraus, dass sich der Gegenstand noch in der Hand des Berechtigten befindet. Insoweit kann es auch nicht zu einem Konflikt mit dem Besitzschutzrecht kommen. Mit der Annahme, die Vornahme einer derartigen „elektronischen Selbsthilfe" sei im Hinblick auf die Vertragsfreiheit ohne Weiteres „rechtlich abgesichert" – der Schuldner habe sich im Vorfeld hiermit schließlich einverstanden erklärt –,[127] ist Vorsicht geboten, da die Gefahr besteht, dass man insoweit verschiedene Ebenen verwischt, zumal die Besitzschutzregeln zwingendes Recht darstellen. Zwar muss die verbotene Eigenmacht gegen den Willen des Besitzers erfolgen. Hier reicht aber ein natürlicher Wille aus, wohingegen es weder einer rechtsgeschäftlichen Erklärung noch der Geschäftsfähigkeit des Erklärenden bedarf.[128] Eine – grundsätzlich zulässige – **vorherige Zustimmung kann** dabei aber jederzeit **besitzrechtlich frei widerrufen werden**.[129] Auch wenn dies abredewidrig geschieht, liegt dennoch eine verbotene Eigenmacht vor.[130] **AGB, die** eine solche **Selbsthilfe bzw. Besitzstörung ermöglichen sollen**, verstoßen gegen das gesetzliche Leitbild der Besitzschutznormen und sind – jedenfalls auch – daher **unwirksam**.[131] Abseits von Verbandsklageverfahren sind derlei Klauseln als Verstöße gegen zwingendes Recht freilich grds bereits von sich aus – ipso iure – nichtig.[132] Dass es iRd Besitzschutzes eine gewisse Dispositionsfreiheit des Besitzers gibt, wurde jedoch soeben aufgezeigt.[133] Daher bietet es sich für die Praxis auch aus diesem Grund an, weiterhin die AGB-Kontrolle in Ansatz zu bringen. Teilweise wird hingegen unter Berufung auf die **„Ausfrieren"-Rechtsprechung des BGH**[134] im gewerblichen Mietrecht dahin gehend differenziert, dass der Leasingnehmer bzw. Mieter beispielsweise das Leasing-/Mietauto öffnen und einsteigen können dürfen müsse, der Leasinggeber bzw. Vermieter bei Zahlungsverzug aber

---

119 Bernzen/Kehrberger RW 2019, 374 (398 f.); Fries AnwBl 2018, 86 (88); Junghöfer Leipzig Law Journal 1/2021, 2 (6 ff.); Paulus/Matzke CR 2017, 769 (770); Fries/Paal Smart Contracts/Riehm S. 85 (89); Wagner AcP 222 (2022), 56 (76 ff.).
120 Dazu Paulus/Matzke CR 2017, 769.
121 Eine solche kann man aber wohl darin sehen, dass der Einsatz von Smart Contracts das zweifellos bestehende Rechtsdurchsetzungsdefizit im Segment der niedrigen Streitwerte zu überwinden helfen könnte; vgl. Kenning/Lamla Entgrenzungen des Konsums/Blocher S. 87.
122 Bernzen/Kehrberger RW 2019, 374 (399).
123 Zu den EU-Passagierrechten Steinrötter RRa 2020, 259 (261).
124 Instruktiv dazu Fries/Paal Smart Contracts/Riehm S. 85 (89 ff.).
125 Paulus/Matzke CR 2017, 769 (772 ff., 776 ff.) mwN zur insoweit in Betracht zu ziehenden Judikatur.
126 Vgl. LG Heilbronn Urt. v. 18.12.2007 – 2 O 448/07, BeckRS 2008, 7808 Rn. 14 ff.; Gaier ZWE 2004, 109 (113); vgl. zudem Fries/Paal Smart Contracts/Matzke S. 99 (103); aA wohl Fries/Paal Smart Contracts/Riehm S. 85 (92); offengelassen von KG Berlin Urt. v. 6.9.2007 – 8 U 49/07, NZM 2007, 923.
127 IdS Djazayeri jurisPR-BKR 12/2016 Anm. 1.
128 BeckOGK/Götz BGB § 858 Rn. 37.
129 BeckOGK/Götz BGB § 858 Rn. 41; Fries/Paal Smart Contracts/Riehm S. 85 (91).
130 BeckOGK/Götz BGB § 858 Rn. 41 gerade mit Beispielen von Miet- und Sicherungsverträgen; Fries/Paal Smart Contracts/Riehm S. 85 (91 f.).
131 OLG Düsseldorf Urt. v. 7.10.2021 – 20 U 116/20, BeckRS 2021, 35003; dazu Möslein RDi 2022, 296; Paulus EWiR 2021, 752; Waldhauser/Rümmler AnwaltSpiegel Ausgabe 2 v. 19.1.2022, 11.
132 Möslein RDi 2022, 296 (297), allerdings mit Rekurs auf § 134 BGB.
133 So auch Möslein RDi 2022, 296 (297).
134 BGH Urt. v. 6.5.2009 – XII ZR 137/07, BGHZ 180, 300 = NJW 2009, 1947; dazu Regenfuß LMK 2009, 284570; Wolf JA 2009, 735; vgl. auch Scheidacker NZM 2005, 281 (286 f.).

sehr wohl den Startvorgang unterbrechen können dürfe.[135] Es sei gewissermaßen ein Unterschied, ob direkt auf einen körperlichen Gegenstand zugegriffen (Besitzstörung an einer Sache) oder „lediglich" die jeweilige Steuerungssoftware gesperrt würde. Der Besitzschutz verschaffe lediglich ein Abwehrrecht, hingegen keine Leistungsansprüche.[136] Dem ist jedoch entgegenzuhalten, dass die Möglichkeit, das Kfz zu bewegen, dem Besitz gewissermaßen inhärent ist, es insoweit keiner zusätzlichen Leistungen des Eigentümers mehr bedarf, weshalb die Einschränkung der Fahrmöglichkeit sich als Eingriff in dasjenige darstellt, was der Besitzer mit der Bewegungsmöglichkeit bereits hat, wohingegen die der BGH-Judikatur zugrunde liegende Frage der Versorgung mit Strom, Gas usw Aspekte betrifft, welche der Besitzer noch nicht hatte und die ihm ebenfalls nicht qua seines Besitzes zustehen.[137] Zudem kann „auch ein kalter Raum noch benutzt werden", ein stillgelegter Pkw hingegen nicht.[138] Allerdings bleibt die präzise, v.a. verallgemeinerungsfähige Abgrenzung des Eigenmachtverbots von der bloßen Leistungsverweigerung ein diffiziler Aspekt der rechtlichen Prüfung,[139] zumal ein Besitzschutz gegen die bloße Störung des Besitzes nicht greift, wenn der Fernzugriff etwa des Vermieters zu einem Mitbesitz führt; denn dann bestünde gemäß § 866 BGB ein Besitzschutz allein gegen eine vollständige Besitzentziehung.[140]

Somit verbleiben als rechtskonforme Anwendungsbereiche für Smart Contracts v.a. vermögensbezogene Transaktionen.[141]

4. „Smart Enforcement" gesetzlicher Ge- und Verbote

Smart Contracts kommen des Weiteren bei der automatisierten Durchsetzung gesetzlicher Ge- und Verbote durch Hoheitsträger in Betracht (teilw. sog. „Smart Enforcement").[142] Denkbar erscheint hier ein mehrstufiger Ansatz. Zunächst würde der Handelnde auf den Verstoß gegen ein Verbot oder auf ein Gebot hingewiesen, zB via audiovisueller Warnhinweise in Pkw bei der Überschreitung der zulässigen Höchstgeschwindigkeit oder der Nichtbeachtung der Anschnallpflicht. In einem zweiten Schritt könnte die für den jeweiligen Verstoß zuständige Stelle eine entsprechende Information erhalten, etwa das Kraftfahrt-Bundesamt. Schließlich erfolgte auf einer weiteren Stufe eine unmittelbare Durchsetzung des Ge- oder Verbots, zB indem es zu einer automatischen Reduzierung auf die zulässige Höchstgeschwindigkeit käme. Plastische Anwendungsbeispiele bieten außerdem Drucker oder Scanner, bei denen iRd Vervielfältigung urheberrechtlich geschützter Werke vorstehendes Stufenprogramm entsprechend abläuft.[143]

5. Smart Contract Dispute Resolution

Viele Rechtsstreitigkeiten mit einem geringen Streitwert, vor allem im Bereich des (grenzüberschreitenden) E-Commerce werden aus rationalem Desinteresse nicht gerichtlich anhängig.[144] Dieses Vakuum hat zur

---

135 Paulus/Matzke CR 2017, 769 (775); aA insoweit Fries/Paal Smart Contracts/Riehm S. 85 (96); Junghöfer Leipzig Law Journal 1/2021, 2 (10).
136 Vgl. Paulus/Matzke CR 2017, 769 (775), die sodann für die Erweiterung des Sachbegriffs plädieren (S. 776 f.).
137 Überzeugend Fries/Paal Smart Contracts/Riehm S. 85 (96).
138 Skeptisch zu dieser Differenzierung Paulus EWiR 2021, 752 (753), wonach insofern „Spitzfindigkeiten und Zufälle" das Ergebnis der Beurteilung bestimmten.
139 Beyer et al. Privatrecht 2050/Klever S. 379 (404).
140 BGH Urt. v. 26.10.2022 – XII ZR 89/21 (Volltext bei Redaktionsschluss noch nicht verfügbar).
141 Fries/Paal Smart Contracts/Riehm S. 85 (98); offengelassen von Waldhauser/Rümmler AnwaltSpiegel Ausgabe 2 v. 19.1.2022, 11 (13).
142 Ausführlich dazu Fries/Paal Smart Contracts/Kuhlmann S. 117 (119 ff.); Timmermann Legal Tech-Anwendungen S. 243 ff.; siehe auch Linardatos K&R 2018, 85 (90), zur automatisierten Erfüllung von gesetzlichen und aufsichtsrechtlichen Verhaltenspflichten; Fries/Paal Smart Contracts/Pesch S. 13 (17) zur Überwachung der Einhaltung regulatorischer Vorgaben in Lieferketten durch Smart Contracts (Supply Chain Transparency); siehe auch Fraunhofer Gesellschaft, Blockchain und Smart Contracts, 2017, abrufbar unter https://www.sit.fraunhofer.de/fileadmin/dokumente/studien_und_technical_reports/Fraunhofer-Positionspapier_Blockchain-und-Smart-Contracts.pdf?_=1516641660, S. 23.
143 Siehe zu den zuvor beschriebenen Stufen und den Beispielen Fries/Paal Smart Contracts/Kuhlmann S. 117 (119 ff.); zu weiteren Beispielen auf der Stufe der Durchsetzung siehe Timmermann Legal Tech-Anwendungen S. 245 ff.
144 Vgl. Koulu SCRIPTed 13(1) (2016), 40 (41), die von „low intensity disputes" spricht.

Entwicklung der sogenannten Online Dispute Resolution (ODR) oder Online-Streitbeilegung (OS) geführt (allgemein zur alternativen Streitbeilegung → *Alternative Streitbeilegung (ADR), allgemein* Rn. 1 ff.) die europarechtlich geregelt ist und insbesondere kleine Streitigkeiten und Massenverfahren aufzufangen vermag.[145] Dabei geht es um Schlichtungsplattformen, die meist von privaten Unternehmen betrieben werden und außergerichtliche Konfliktlösungsmöglichkeiten bieten,[146] auch wenn diese nicht unbedingt formale Schiedsverfahren im Sinne der §§ 1025 ff. ZPO darstellen müssen.[147] Darüber hinaus stellt auch die Europäische Kommission eine eigene OS-Plattform für Streitfälle im B2C-Verhältnis zur Verfügung.[148] In manchen Ländern, zB Großbritannien, ist OS direkt in justizielle Verfahren integriert.[149]

24 Als zentrales Problem der (grenzüberschreitenden) außergerichtlichen Online-Streitbeilegung stellt sich die Vollstreckbarkeit der erzielten Konfliktlösung, ohne die OS-Verfahren praktisch wirkungslos blieben.[150] In diesem Zusammenhang bieten Smart Contracts zumindest in Fällen mit geringer Störungswahrscheinlichkeit, die keine rechtlichen Wertungen erfordern,[151] ggf. eine Alternative zur Online-Streitbeilegung, indem sie durch die Automatisierung der Vertragsdurchführung Konflikten bereits vorbeugen.[152] Gerade vor dem Hintergrund, dass Smart Contracts jedoch nur bedingt imstande sind, die vertragsmäßige Pflichterfüllung auch in Abhängigkeit von Leistungsstörungen zu automatisieren (dazu → Rn. 14 ff.),[153] erscheint ihr Konfliktvermeidungspotenzial zurzeit noch eher gering.[154] Ein Programm kann beispielsweise die Qualität der gelieferten Waren nicht überprüfen.[155] Daher stellt sich derzeit eher die Frage, ob Smart Contracts zumindest den Weg für die vollstreckbare *Lösung* jener Konflikte eröffnen können, die sich nicht vermeiden lassen. Eine vollautomatisierte oder gar autonome Streitentscheidung wird man wohl allenfalls in ferner Zukunft erleben können, in welcher KI-basierte „Robo Judges" komplexe faktische und juristische Fragen lösen.[156]

25 Allerdings vermögen Smart Contracts bereits heutzutage einen Mehrwert zu schaffen, indem ein Zugangspunkt zur Konfliktlösung durch Menschen in die Software integriert wird.[157] Naheliegend erscheint dabei insbesondere eine **Smart Contract Dispute Resoution**,[158] also die Verknüpfung des Smart Contracts mit einem Schiedsgericht.[159]

---

145 Richtlinie 2013/11/EU des Europäischen Parlaments und des Rates vom 21.5.2013 über die alternative Beilegung verbraucherrechtlicher Streitigkeiten und zur Änderung der Verordnung (EG) Nr. 2006/2004 und der Richtlinie 2009/22/EG (ABl. L 165, 63) (Richtlinie über alternative Streitbeilegung in Verbraucherangelegenheiten – ADR-RL) sowie Verordnung (EU) Nr. 524/2013 des Europäischen Parlaments und des Rates vom 21.5.2013 über die Online-Beilegung verbraucherrechtlicher Streitigkeiten und zur Änderung der Verordnung (EG) Nr. 2006/2004 und der Richtlinie 2009/22/EG (ABl. L 165, 1) (Verordnung über Online-Streitbeilegung in Verbraucherangelegenheiten – ODR-VO).
146 Exemplarisch: eBay Resolution Center, https://resolutioncenter.ebay.com; vgl. Koulu SCRIPTed 13(1) (2016), 40 (43); Metzger Macquarie Law Journal 19 (2019), 81.
147 Fries/Paal Smart Contracts/Kaulartz S. 73 (82).
148 Vgl. Art. 1 ODR-VO; siehe auch https://europa.eu/youreurope/business/dealing-with-customers/solving-disputes/online-dispute-resolution/index_de.htm.
149 Metzger Macquarie Law Journal 19 (2019), 81 (81 f.); siehe auch https://www.gov.uk/guidance/online-court-and-tribunal-services-for-professional-users-and-the-public.
150 Koulu SCRIPTed 13(1) (2016), 40 (44).
151 Bernzen ZKM 2021, 219 (221 f.).
152 Koulu SCRIPTed 13(1) (2016), 40 (41, 54 ff., 65 ff.).
153 Siehe auch Bernzen ZKM 2021, 219 (221 f.).
154 Bernzen ZKM 2021, 219 (223).
155 Koulu SCRIPTed 13(1) (2016), 40 (66).
156 Siehe Bernzen ZKM 2021, 219 (222) mwN; siehe Fries/Paal Smart Contracts/Kaulartz S. 73 (80) zur Frage, ob die Parteien eine Software als Schiedsrichter benennen können; vgl. die Skepsis bei Hoeren/Sieber/Holznagel MMR-HdB/Steinrötter/Warmuth Teil 30 Rn. 60 ff.
157 Siehe Metzger Macquarie Law Journal 19 (2019), 81 (87); Metzger Dispute Resolution Magazine 26(2) (2020), 15 (16 f.).
158 Fries/Paal Smart Contracts/Kaulartz S. 73 ff.
159 Bernzen ZKM 2021, 219 (222); siehe auch Eschenbruch/Gerstberger NZBau 2018, 3 (6); Kaulartz/Heckmann CR 2016, 618 (624); Fries/Paal Smart Contracts/Kaulartz S. 73 (74 ff.); Meyer EuCML 2019, 17 (23 f.).

26 Voraussetzung hierfür ist nach deutschem Recht der Abschluss einer wirksamen Schiedsvereinbarung nach § 1029 Abs. 1 ZPO, auf deren Grundlage Streitigkeiten im Zusammenhang mit der Ausführung von Smart Contracts – alternativ zur ordentlichen Gerichtsbarkeit (vgl. § 1032 Abs. 1 ZPO) – einem privaten Gericht unterworfen werden können.[160] Gemäß § 1029 Abs. 2 ZPO kann die Schiedsvereinbarung eine selbstständige Schiedsabrede darstellen oder in Form einer Klausel in einem Vertrag (Schiedsklausel) geschlossen werden, wobei letztere der Regelfall sein wird und iRv Smart Contracts als ein in natürlicher Sprache verfasster Kommentar im Code integriert sein könnte.[161] Im B2C-Verhältnis bedarf die Schiedsvereinbarung nach § 1031 Abs. 5 S. 1 ZPO allerdings der Schriftform. Überdies darf sie nach S. 3 nur als selbstständiger Vertrag geschlossen werden. Im B2C-Bereich scheidet eine wirksame Schiedsvereinbarung auf Basis eines Smart Contracts demnach grundsätzlich aus.[162] § 1031 Abs. 6 ZPO eröffnet indes die Möglichkeit zur Heilung von Formmängeln, sobald sich der Verbraucher auf die schiedsgerichtliche Verhandlung zur Hauptsache einlässt. Vor dem Hintergrund, dass ein privates Schiedsverfahren Effizienzgewinne und Kostenvorteile verspricht, werden Verbraucher an einem solchen wohl dann interessiert sein, wenn jenes durch eine „nutzerfreundliche" Ausgestaltung gerade auch bei niedrigeren Streitwerten „access to justice" bietet.[163] Im B2B-Verhältnis muss nach § 1054 Abs. 1 S. 1 ZPO allein der Schiedsspruch schriftlich sein, während der Nachweis der Schiedsvereinbarung gemäß § 1031 Abs. 1 ZPO auch in anderer Form, etwa durch elektronische Nachrichtenübermittlung, erfolgen darf.[164]

27 Liegt eine wirksame Schiedsvereinbarung vor, erlaubt der Smart Contract in technischer Hinsicht die Durchführung des Schiedsverfahrens. Zudem ermöglicht die Technologie – und gerade hier findet man den größten Vorteil für Konfliktlösungen – die **„Vollstreckung" des Schiedsspruchs** unabhängig vom Wohnsitz der Parteien.[165] In technischer Hinsicht erfolgt zunächst ein „Pausieren" der Ausführung des Codes bei Einleitung des Schiedsverfahrens.[166] In einem zweiten Schritt fällen die Schiedsrichter sodann – nach Beweisaufnahme und Parteianhörung – ihre Entscheidung.[167] Schließlich wird der Schiedsspruch an die Software übermittelt, die „reaktiviert" wird und das Ergebnis des Schiedsverfahrens „vollstreckt", indem der Smart Contract die programmierte Transaktion automatisch anpasst und ausführt.[168] Letztendlich wird also auch hier (→ Rn. 18 ff.) die sonst notwendige Vollstreckung durch den Staat obsolet (vgl. §§ 1060 f. ZPO).[169]

28 Im Rahmen einer neueren Marktentwicklung sind bereits dezentrale OS-Plattformen entstanden, die auf einer Blockchain basieren[170] und **Online-Streitbeilegung für dezentralisierte Applikationen, Plattformen und Organisationen im Web3**[171] anbieten.[172] Ob es sich bei diesen OS-Verfahren auch um formale Schiedsverfahren im Sinne der Zivilprozessordnung handelt, die den ordentlichen Rechtsweg ausschließen,

---

160 Fries/Paal Smart Contracts/Kaulartz S. 73 (75); siehe auch Bernzen ZKM 2021, 219 (222) mwN.
161 Fries/Paal Smart Contracts/Kaulartz S. 73 (75 f.).
162 Fries/Paal Smart Contracts/Kaulartz S. 73 (76); Bernzen ZKM 2021, 219 (223).
163 Fries/Paal Smart Contracts/Kaulartz S. 73 (76 f.) nennt als Beispiel für einen gelungenen Streitbeilegungsmechanismus den PayPal-Käuferschutz.
164 Fries/Paal Smart Contracts/Kaulartz S. 73 (77 f.).
165 Vgl. Bernzen ZKM 2021, 219 (222 f.); Fries/Paal Smart Contracts/Kaulartz S. 73 (79).
166 Siehe zur technischen Umsetzung Fries/Paal Smart Contracts/Kaulartz S. 73 (78); siehe auch Bernzen ZKM 2021, 219 (222); Metzger Macquarie Law Journal 19 (2019), 81 (87); Metzger Dispute Resolution Magazine 26(2) (2020), 15 (16 f.).
167 Fries/Paal Smart Contracts/Kaulartz S. 73 (79); vgl. Metzger Macquarie Law Journal 19 (2019), 81 (87).
168 Fries/Paal Smart Contracts/Kaulartz S. 73 (79); Bernzen ZKM 2021, 219 (222).
169 Bernzen ZKM 2021, 219 (222); Fries/Paal Smart Contracts/Kaulartz S. 73 (79).
170 Siehe zu einzelnen Plattformen wie Kleros, Jur, Aragon, RHUBarb u.a. Metzger Macquarie Law Journal 19 (2019), 81 (88–100); Einy/Katsch Journal of Dispute Resolution 2019 (2) (2019), 47 (59–71); Allen/Lane/Poblet Harvard Negotiation Law Review 25(1) (2019), 75 (89–96).
171 Voshmgir, What Is the Token Economy?, 2019, S. 1: „Blockchain technology seems to be the driving force of the next-generation internet, what many refer to as Web3."
172 Grundlegend zur Blockchain-Streitbeilegung Ast/Deffains Stanford Journal of Blockchain Law & Policy 4(2) (2021), 1; Allen/Lane/Poblet Harvard Negotiation Law Review 25(1) (2019), 75; Einy/Katsch Journal of Dispute Resolution 2019 (2) (2019), 47; van der Linden Indian Journal of Law and Technology 15(2) (2019), 454; zu Smart

erscheint zweifelhaft. Ziel der folgenden Ausführungen ist es dessen ungeachtet, einen beispielhaften Einblick in das tatsächliche Marktangebot zu geben. Die Blockchain-basierten OS-Plattformen ermöglichen den Parteien nach dem beschriebenen Modell, einen Mechanismus zur Streitbeilegung unmittelbar im Smart Contract zu integrieren. Dieser hat nach seiner Einschaltung im Konfliktfall zunächst eine „aufschiebende Wirkung" und reaktiviert den Vollzug des Smart Contracts erst nach Abschluss des OS-Verfahrens, wobei der Code dann die Transaktion entsprechend der Entscheidung umsetzt. Die eigentliche Streitbeilegung variiert je nach Plattform.[173]

29 Als Beispiel mag das Geschäftsmodell von Kleros[174] dienen. Das Unternehmen bietet kontrahierenden Personen die Möglichkeit, ihren Vertrag mit einem auf dem Kleros-Protokoll basierenden Smart Contract zu verbinden. Im Streitfall können die Parteien ein OS-Verfahren einleiten. Sie müssen zunächst den Fall registrieren und die Gebühr für die Streitbeilegung in der Kryptowährung ETH zahlen. Die konkrete Art des „Gerichts", das den Streit entscheiden wird, ist im Smart Contract festgelegt. In Kleros finden sich sowohl allgemeinere als auch spezialisierte „Gerichte" für Bereiche, die eine bestimmte Expertise der „Richter" erfordern.[175] Die Parteien können Beweismaterial und Schriftsätze hochladen.[176] Schließlich entscheiden die für das Verfahren gewählten „Richter" den Streit mittels Abstimmung, wobei – je nach Art des Gerichts und Spezifikationen im Smart Contract – auch eine Begründung erforderlich sein kann. Die OS-Gebühr der verlierenden Partei wird an die „Richter" ausgezahlt. Kleros sieht dabei grundsätzlich auch eine zweite Instanz vor.[177]

30 Regelmäßig setzen die Plattformen eigene Token ein, die zwei Funktionen erfüllen. Erstens müssen potenzielle „Richter" diese Token erwerben und bei ihrem gewünschten „Gericht" hinterlegen, um für Verfahren gewählt zu werden. Die Auswahl der „Richter" erfolgt durch die Software und per Los. Kandidaten, die mehr Token beim „Gericht" hinterlegt haben, haben eine größere Chance, gewählt zu werden.[178] Zweitens fungieren die Token als „kryptoökonomische" und spieltheoretische Anreize für die bereits gewählten „Richter", damit diese informierte, gut durchdachte und ehrliche Entscheidungen treffen.[179] Diese müssen in einem konkreten Verfahren oft einige ihrer Token hinterlegen und erhalten diese nur dann zurück, wenn

---

Contracts und Streitbeilegung siehe auch die Beiträge in Cappiello/Carullo, Blockchain, Law and Governance, 2021, S. 159–231.

173 Metzger Macquarie Law Journal 19 (2019), 81 (87); Metzger Dispute Resolution Magazine 26(2) (2020), 15 (16 f.).
174 Siehe https://kleros.io/.
175 Es existieren ein General Court sowie weitere speziellere Sub-Courts etwa für E-Commerce, Versicherung und Transport. Innerhalb dieser Bereiche gibt es dann weitere speziellere Sub-Courts zB für Freelancing innerhalb des E-Commerce oder für den Luftverkehr innerhalb des Transportsektors, siehe Lesaege/Ast/George, Kleros – Short Paper v1.0.7, 2019, abrufbar unter https://kleros.io/whitepaper.pdf, S. 10.
176 Metzger Dispute Resolution Magazine 26(2) (2020), 15 (17); siehe auch Fries/Paal Smart Contracts/Kaulartz S. 73 (81 f.).
177 Siehe zum ganzen Absatz Metzger Dispute Resolution Magazine 26(2) (2020), 15 (17); Lesaege/Ast/George, Kleros – Short Paper v1.0.7, 2019, abrufbar unter https://kleros.io/whitepaper.pdf, S. 10.
178 Ausführlich zum Auswahlprozess etwa Metzger Dispute Resolution Magazine 26(2) (2020), 15 (17 f.); Metzger Macquarie Law Journal 19 (2019), 81 (100); Lesaege/Ast/George, Kleros – Short Paper v1.0.7, 2019, abrufbar unter https://kleros.io/whitepaper.pdf.
179 Metzger Dispute Resolution Magazine 26(2) (2020), 15 (18 f.). Insbesondere spielt dabei das Schelling Point Concept eine zentrale Rolle, Metzger Dispute Resolution Magazine 26(2) (2020), 15 (18): „A Schelling Point assumes that there will be a consensus result that independent actors, absent communication, would arrive at because it is a logical outcome. For example, a simple Schelling Point would be that if a person were meeting a stranger in New York City and neither party had suggested a meeting time and place, both parties might independently assume a meeting at noon at Grand Central Terminal because that would be a natural and common time and place. The Schelling Point is thus used as a basis for supposing that independent actors will be able to coalesce around a common answer. In the case of resolving disputes on the blockchain, that common answer is the resolution chosen by a majority of jurors. However, the dispute resolution platforms take this hypothesis further by positing that this common answer is the ‚correct' resolution for the dispute."; siehe auch Lesaege/Ast/George, Kleros – Short Paper v1.0.7, 2019, abrufbar unter https://kleros.io/whitepaper.pdf, S. 2: „We expect agents to vote the true answer because they expect others to vote the true answer, because they expect others to vote for the true answer… In this simple case, the Schelling Point is honesty."

sie urteilen wie die Mehrheit. Andernfalls verlieren sie ihre Token (und ihren Anteil an der OS-Gebühr) an die Mehrheit. Die Hinterlegung von Token soll einen Anreiz dafür schaffen, dass man nur bei entsprechender Expertise an einem bestimmten Gericht teilnimmt sowie ein redliches Verhalten im Verfahren fördern.[180] Ein konkretes Beispiel für einen solchen Token ist Pinakion (PNK) von Kleros, der mittlerweile auch auf diversen Kryptobörsen erwerbbar ist.[181]

Denkt man dieses Prinzip weiter, gelangt man unweigerlich zu der Frage, ob es nicht auch iRd staatlichen Justiz in Betracht kommen könnte.[182] Bis dahin wäre aber noch ein langer Weg zu gehen.

31

---

[180] Vgl. Metzger Macquarie Law Journal 19 (2019), 81 (99).
[181] Metzger Dispute Resolution Magazine 26(2) (2020), 15 (17).
[182] Bernzen ZKM 2021, 219 (223); Kaulartz/Heckmann CR 2016, 618 (624); Kipker/Birreck/Niewöhner/Schnorr MMR 2020, 509 (513); Schawe MMR 2019, 218 (222 f.); Simmchen MMR 2017, 162 (164); vgl. die Skepsis bei Hoeren/Sieber/Holznagel MMR-HdB/Steinrötter/Warmuth Teil 30 Rn. 60 ff.

86. Staatsanwalt

Engelhart

I. Die Digitalisierung in der Justiz 1	b) Digitale Beweismittel 43
II. Anwendungsfelder der Digitalisierung 11	c) Online-Verfahren 47
1. Digitale Recherche- und Arbeitsmöglichkeiten .. 12	d) Prognosen 52
2. Digitaler Rechtsverkehr 14	e) Beweistransfer Ausland 53
3. Digitale Verfahrensakte 21	6. Vollzug 55
4. Digitale Dokumenten-/Texterstellung 28	7. Schulung und Fortbildung 58
5. Digitale Ermittlungsmaßnahmen 37	III. Schlussbemerkungen 59
a) Technische Ermittlungsmaßnahmen 39	

Literatur: *Bernhardt*, Quo vadis Ampel? – Digitalisierung der Justiz, jM 2022, 90; *Brodowski*, Verdeckte technische Überwachungsmaßnahmen im Polizei- und Strafverfahrensrecht, 2016; *Growe/Gutfleisch*, Die Strafakte im Zeitalter ihrer digitalen Reproduzierbarkeit, NStZ 2020, 633; *Gründler*, Die elektronische Akte, in Hoven/Kudlich (Hrsg.), Digitalisierung und Strafverfahren, 2020, S. 39 (zit.: Hoven/Kudlich Digitalisierung und Strafverfahren/Gründler); *Hartmann*, Verfolgung und Bekämpfung von Straftaten im Internet, jM 2017, 481; *Jahn/Brodowski*, Digitale Beweismittel im deutschen Strafprozess – Ermittlungsverfahren, Hauptverhandlung und Revision, in Hoven/Kudlich (Hrsg.), Digitalisierung und Strafverfahren, 2020, S. 67 (zit.: Hoven/Kudlich Digitalisierung und Strafverfahren/Jahn/Brodowski); *Krause*, Ermittlungen im Darknet – Mythos und Realität, NJW 2018, 678; *von Mandach*, Digitale Transformation im Justizvollzug, NK 2019, 13; *Momsen*, Zum Umgang mit digitalen Beweismitteln im Strafprozess, in Fahl/Müller/Satzger/Swoboda (Hrsg.), Ein menschengerechtes Strafrecht als Lebensaufgabe. Festschrift für Werner Beulke, 2015, S. 871; *Müller*, Internetermittlungen und der Umgang mit digitalen Beweismitteln im (Wirtschafts-)Strafverfahren, NZWiSt 2020, 96; *Paschke*, Digitale Gerichtsöffentlichkeit, 2018; *Paschke*, Digitale Gerichtsöffentlichkeit und Determinierungsgesamtrechnung. Macht automatisierte Rechtsdurchsetzung die Dritte Gewalt entbehrlich?, MMR 2019, 563; *Rostalski*, Iudex ex machina? Zum Einsatz neuer Technologien in der Rechtsfindung, in Hoven/Kudlich (Hrsg.), Digitalisierung und Strafverfahren, 2020, S. 263 (zit.: Hoven/Kudlich Digitalisierung und Strafverfahren/Rostalski); *Rückert*, Zwischen Online-Streife und Online-(Raster-)Fahndung – Ein Beitrag zur Verarbeitung öffentlich zugänglicher Daten im Ermittlungsverfahren, ZStW 129 (2017), 302; *Rückert*, Herausforderungen der Digitalisierung für das Strafverfahren, in Hoven/Kudlich (Hrsg.), Digitalisierung und Strafverfahren, 2020, S. 9 (zit.: Hoven/Kudlich Digitalisierung und Strafverfahren/Rückert); *Staffler/Jany*, Künstliche Intelligenz und Strafrechtspflege – eine Orientierung, ZIS 2020, 164; *Streng*, Digitalisierung und Strafzumessung, in Hoven/Kudlich (Hrsg.), Digitalisierung und Strafverfahren, 2020, S. 205 (zit.: Hoven/Kudlich Digitalisierung und Strafverfahren/Streng); *Urbaniok*, FOTRES – Forensisches Operationalisiertes Therapie-Risiko-Evaluations-System, 3. Aufl. 2016; *Vogelgesang/Krüger*, Legal Tech und die Justiz – ein Zukunftsmodell? (Teil 1), jM 2019, 398; *Weigend*, Audio-visuelle Aufzeichnung von Beschuldigtenvernehmungen, in Hoven/Kudlich (Hrsg.), Digitalisierung und Strafverfahren, S. 49 (zit.: Hoven/Kudlich Digitalisierung und Strafverfahren/Weigend); *Wickel*, Die Pflicht zur audiovisuellen Aufzeichnung von Beschuldigtenvernehmungen im Ermittlungsverfahren und ihre Bedeutung im Zusammenhang mit Beweisverwertungsverboten, ZIS 2020, 311.

I. Die Digitalisierung in der Justiz

1 Die Justiz, und damit auch die Staatsanwaltschaft, befindet sich mitten in einem umfassenden Prozess der Digitalisierung, der die Tätigkeit und das Berufsbild von Staatsanwaltschaft und Richterschaft deutlich verändert (dazu auch → Richter Rn. 1 ff.). Die Digitalisierung betrifft zahlreiche Aspekte von der **Recherche** über **Ermittlungen** bis hin zu **Beweis- und Vollzugsfragen**. Im Mittelpunkt der derzeitigen Entwicklung stehen dabei fünf Hauptaspekte:

2 In erster Linie geht es um den **digitalen Informationsaustausch** zwischen den verschiedenen Verfahrensbeteiligten. In zweiter Linie geht es um die **elektronische Speicherung** von Informationen, einschließlich der Speicherung der elektronischen Kommunikation, was in besonderer Weise eine digitale Infrastruktur erfordert und Fragen des geeigneten Datenbankaufbaus aufwirft sowie die Frage, wer wann und in welchem Umfang Zugang zu diesen Daten hat. Ein dritter Aspekt berührt den **Austausch von Informationen**, die auch als Beweis infrage kommen. Dies betrifft Fragen der Beweiserhebung (mit den vielfältigen Konstellationen der elektronischen Beweiserhebung und vor allem des Einsatzes von – meist geheimen –

elektronischen Überwachungsmaßnahmen) und der Beweisregeln. Digitale Beweise werfen die Frage nach ihrer Überprüfbarkeit und Verwertbarkeit im Verfahren auf. Dies ist eng verbunden mit der Frage, wie sie gespeichert werden sollen und wie eine sichere digitale Infrastruktur zumindest die gleichen Standards erreichen kann wie das herkömmliche Verfahren mit Papierakten und nicht-digitalen Beweismitteln.

Ein vierter Punkt betrifft die **Struktur des Strafverfahrens**, das klassischerweise weitgehend auf dem persönlichen Zusammentreffen der beteiligten Parteien oder Personen (wie Zeugen und Sachverständigen) in der Hauptverhandlung beruht. Die Digitalisierung bietet Möglichkeiten für virtuelle und Remote-Meetings (virtueller Gerichtssaal), so dass persönliche Treffen durch eine Form der elektronischen Kommunikation ersetzt werden. Dies wirft die Frage auf, in welchen Fällen, in welchem Umfang und unter welchen Bedingungen derartige Fernsitzungen zulässig sein sollten, um weiterhin ein gerechtes und faires Verfahren zu gewährleisten.

Fünftens: Nicht zuletzt kann die Digitalisierung für die **Entscheidungsfindung in Strafverfahren** von Nutzen sein. Insbesondere der Einsatz von Künstlicher Intelligenz (mit der Möglichkeit, auf riesige Datenmengen zurückzugreifen) könnte Anhaltspunkte für rationale und fundierte staatsanwaltschaftliche (Robo-Staatsanwalt) sowie richterliche Entscheidungen liefern (Robo-Richter). Dieser Aspekt der Entscheidungsfindung wirft wichtige Fragen eines **fairen Verfahrens** auf: Wenn Algorithmen im Rahmen eines Strafverfahrens eingesetzt werden, muss die Einhaltung des Grundsatzes der Waffengleichheit und der Unschuldsvermutung (vgl. nur Art. 6 EMRK) in vollem Umfang gewährleistet bleiben. Dazu gehört, dass der Betroffene grundsätzlich Zugang zu einem Algorithmus haben und dessen wissenschaftliche Validität, die Gewichtung seiner verschiedenen Elemente und etwaige fehlerhafte Schlussfolgerungen anfechten können muss. Dieses Recht auf Zugang deckt sich mit Grundprinzipien des Schutzes personenbezogener Daten: Jede Person hat das Recht, dass Entscheidungen, die sie wesentlich betreffen, nicht allein auf der Grundlage einer automatisierten Datenverarbeitung getroffen werden.[1]

Diese fünf Hauptaspekte zeigen bereits, dass sich die Digitalisierung im Strafverfahren insgesamt komplexer ausnimmt, als dies regelmäßig in anderen Gerichtsverfahren (insbesondere im Zivilverfahren) der Fall ist. Die **Komplexität** ergibt sich dabei zum einen aus den beteiligten Akteuren, die in der Regel zahlreicher sind als in anderen staatlichen Verfahren.

An Strafverfahren sind mindestens vier **Hauptakteure** beteiligt:
- die **Polizei** (oder andere spezialisierte Behörden wie in Steuerstrafsachen) als wichtigste Ermittlungsbehörde (wobei hier verschiedene Polizeibehörden auf Landes- und Bundesebene beteiligt sein können);
- die **Staatsanwaltschaft** als hauptverantwortliche Behörde, die die Ermittlungen leitet, die Anklageentscheidung trifft und ggf. die Anklageschrift erstellt (und damit das Verfahren in den Gerichtssaal bringt);
- die **Gerichte** als die Justizbehörden, die über den untersuchten Fall entscheiden, und
- die **Verteidigung** als Vertreterin des Angeklagten zumindest im Hauptverfahren, oft auch in früheren Phasen des Verfahrens.

Hinzu können **weitere Beteiligte** kommen wie beispielsweise verschiedene Verwaltungsbehörden auf Kommunal-, Landes- und Bundesebene (v.a. im Zusammenhang mit Sonderzuständigkeiten und mit Ordnungswidrigkeiten), registerführende Behörden (Bundeszentralregister, Verkehrszentralregister, Einwohnermeldeamt usw), professionelle Einreicher (vgl. § 174 ZPO) wie Rechtsanwälte, Notare, Steuerberater und Gerichtsvollzieher sowie Privatpersonen (bspw. als Zeugen oder Nebenbeteiligte).

Zum anderen ergibt sich die **Komplexität** im Strafverfahren aus den besonderen Garantien, die in Strafsachen gelten und die über die Schutzmechanismen in anderen (zivil- oder verwaltungsrechtlichen) Verfahren

---

[1] In Europa ist der Rechtsrahmen aufgrund Art. 22 DS-GVO sowie Art. 11 RL (EU) 2016/680, die nachteilige Rechtsfolgen allein aufgrund einer automatisierten Entscheidung verbieten, strenger als in anderen (außereuropäischen) Staaten.

hinausgehen, wie bspw. Art. 6 EMRK zeigt. Insofern müssen bei der Digitalisierung alle etablierten **Verfahrensgarantien** gewährleistet bleiben.

9 Die Digitalisierung kann hierbei Strafverfahren **beschleunigen** und damit effizienter und effektiver machen (vor allem, wenn die Maßnahmen zeitkritisch sind, was in der Ermittlungsphase häufig der Fall ist). Zudem können auch grundsätzlich bestimmte **Rechte des Beschuldigten** besser gewahrt werden (zB das Recht auf ein zügiges Verfahren, Waffengleichheit, vollständiger und transparenter Zugang zu Beweismitteln usw).

10 Von diesen zahlreichen Facetten der Digitalisierung werden im Folgenden die derzeitigen **wesentlichen Entwicklungslinien** herausgegriffen. Auch wenn in der Digitalisierung der Justiz bereits deutliche Fortschritte zu verzeichnen sind, so ist diese große Umwälzung bei Weitem noch nicht abgeschlossen. Auch steht sie bislang nicht so sehr im Fokus wie die Veränderungen in der Anwaltschaft, bei der insbesondere Legal Tech-Anwendungen schon aus ökonomischen Gründen ein wesentlicher Motor für die (dynamische) Entwicklung sind.[2]

II. Anwendungsfelder der Digitalisierung

11 Im Folgenden werden die einzelnen Bereiche der Digitalisierung, die den Bereich der Staatsanwaltschaft betreffen, näher betrachtet. Hier wird zunächst ein Blick auf die Recherche- und Arbeitsmöglichkeiten geworfen (→ Rn. 12), wobei sich insbesondere die traditionelle papierorientierte Arbeitsweise mit dem digitalen Rechtsverkehr (→ Rn. 14), der digitalen Aktenführung (→ Rn. 21) und der zunehmenden digitalen Dokumentenerstellung (→ Rn. 28) deutlich verändert hat. Für die Arbeit der Staatsanwaltschaft sind zudem die verschiedenen Aspekte digitaler Ermittlungsmaßnahmen von zentraler Bedeutung (→ Rn. 37). Zum Schluss wird noch ein kurzer Blick auf die Digitalisierung im Vollzug (→ Rn. 55) und den Aspekt der Schulung (→ Rn. 58) geworfen.

1. Digitale Recherche- und Arbeitsmöglichkeiten

12 **Digitale Recherchemöglichkeiten** – allen voran juris und beck-online – gehören inzwischen bei der Staatsanwaltschaft (nicht anders als bei den Gerichten und in der Anwaltschaft) zum Arbeitsalltag. Diese machen auch hier oftmals einen Bibliotheksbesuch überflüssig und ermöglichen eine unmittelbare Einbindung von relevanten Nachweisen in einen Text. Gerade an kleineren Staatsanwaltschaften, bei denen die eigene Bibliothek sowie die Ausstattung des Arbeitsplatzes nur begrenzte Recherchemöglichkeiten bot oder bei denen man ohnehin darauf angewiesen war, die Bibliothek des Landgerichts aufzusuchen, ist dies ein zentraler Aspekt, um zeitnah an wichtige Gerichtsentscheidungen, Literatur etc heranzukommen.

13 Wichtig für die Zukunft ist hier vor allem, dass tatsächlich auch ausreichende Recherchemöglichkeiten in den **Datenbanken**, die vielfach auch die Anschaffung gedruckter Literatur abgelöst haben, bestehen (bleiben) oder ermöglicht werden. Dies wird teilweise zunehmend dadurch be- oder gar verhindert, dass Datenbankanbieter immer mehr Spezialbereiche als eigene Module ausgestalten, die dann nicht mehr allgemein (für die Justiz) lizensiert sind. Dadurch wird die Recherche in spezielleren Bereichen (wie dem Umwelt- oder Lebensmittelstrafrecht), in denen typischerweise Spezialliteratur nicht an den Staatsanwaltschaften und Gerichten vorhanden ist, nicht unerheblich erschwert und kann dazu führen, dass die Staatsanwaltschaften nicht auf Augenhöhe mit den Verteidigern agieren.[3]

2. Digitaler Rechtsverkehr

14 Bei den Staatsanwaltschaften wird, wie bei den Gerichten und insgesamt der öffentlichen Verwaltung, zunehmend auf eine **Digitalisierung des Rechtsverkehrs**, also den Austausch rechtlich erheblicher Erklä-

---

[2] Siehe zum Unterschied Legal Tech/Anwaltschaft und Legal Tech/Justiz bspw. Vogelsang/Krüger jM 2019, 398 ff.
[3] In der Praxis fügen Verteidiger relevante Literatur teilweise bei, da das Defizit bei den Justizbehörden bekannt ist. Allerdings erfolgt dies oftmals erst nach Akteneinsicht (grundsätzlich nach dem Abschlussvermerk der Staatsanwaltschaft), so dass die Informationen bei den Staatsanwaltschaften zu spät ankommen, um noch in die Sachbearbeitung einzufließen.

rungen, Informationen und Dokumente auf elektronischem Weg, gesetzt. Anders als im Zivilverfahren ist im Strafverfahren die Lage jedoch deutlich komplexer, da es nicht lediglich um die Einreichung der relevanten Schriftsätze durch die Anwaltschaft bei Gericht geht, sondern es eine Vielzahl von Beteiligten schon im Ermittlungsverfahren und – soweit das Strafverfahren weitergeführt wird – auch im gerichtlichen Verfahren gibt.

Die **elektronische Kommunikation** mit der Justiz, deren Grundlage im Strafverfahrensbereich v.a. § 32a StPO (iVm der Elektronischer-Rechtsverkehr-Verordnung[4]) ist, ist seitens bestimmter Beteiligter gesetzlich nunmehr auch auf elektronischen Übermittlungswegen zugelassen oder auch bereits vorgeschrieben. Eine einfache Übersendung von Unterlagen per E-Mail ist dabei nicht möglich, da dies die Anforderungen an die Integrität und Vertraulichkeit der Übermittlung und eine Identifizierung des Kommunikationspartners nicht erfüllt.

15

Grundsätzlich bestehen folgende Möglichkeiten für eine **formwirksame Übermittlung**, die auf Basis des schon seit 2004 etablierten elektronischen Gerichts- und Verwaltungspostfachs (EGVP) erfolgt, das eine elektronische Kommunikationsinfrastruktur für die doppelt-verschlüsselte Übertragung von einzelnen Dokumenten, ganzen Akten oder einzelnen Fachdaten zwischen authentifizierten Teilnehmern bietet:[5]

16

- für die Anwaltschaft das **besondere elektronische Anwaltspostfach** (beA) nach § 31a BRAO, wobei hier bereits seit dem 1.1.2018 eine passive Nutzungspflicht gilt, die zum 1.1.2022 um die generelle aktive Nutzungspflicht erweitert worden ist;
- für Notare das **besondere elektronische Notarpostfach** (beN);
- für Behörden und juristische Personen des öffentlichen Rechts das **besondere elektronische Behördenpostfach** (beBPo);
- v.a. für Bürger und Organisationen der Versand einer absenderbestätigten **De-Mail** (wobei hier grundsätzlich das Dokument im PDF-Format eingereicht werden muss, also Angaben im Nachrichtenfeld in der Regel nicht formwirksam sind);[6] und
- sowie seit dem 1.1.2022 (wobei die dazu notwendigen Computerprogramme seit 1.6.2022 funktionsfähig sind[7]) für Bürger und Organisationen das **besondere elektronische Bürger- und Organisationenpostfach** (eBO), das die bisher mögliche Kommunikation mit der Justiz v.a. durch das kostenfreie Programm „Governikus Communicator Justiz Edition" im Rahmen des EGVP-Verbunds ersetzen soll. Das eBO ermöglicht sowohl den schriftformersetzenden Versand elektronischer Dokumente als auch deren Empfang.

Allerdings kann derzeit noch von keinem echten elektronischen Rechtsverkehr gesprochen werden, da die Staatsanwaltschaft und die Gerichte nicht gleichermaßen dazu verpflichtet sind, **Außenkommunikation** elektronisch durchzuführen. Insoweit verbleibt es oftmals noch bei der „klassischen" papiernen Zustellung nach § 37 Abs. 1 S. 1 StPO iVm § 174 Abs. 3 ZPO. Ausgenommen ist davon seit dem 1.1.2022 die Tätigkeit der Staatsanwaltschaften (und Gerichte), soweit sie nicht in ihrer Funktion als Organ der Rechtspflege, sondern in der Funktion **als Verwaltungsbehörde** agieren. Dann gilt die aktive Nutzungspflicht des elektronischen Rechtsverkehrs auch für die Justizbehörden selbst. Daher haben Gerichte und Staatsanwaltschaften (neben dem EGVP) auch ein besonderes elektronisches Behördenpostfach (beBPo) eingerichtet,

17

---

4 Verordnung über die technischen Rahmenbedingungen des elektronischen Rechtsverkehrs und über das besondere elektronische Behördenpostfach (Elektronischer-Rechtsverkehr-Verordnung – ERVV) v. 24.11.2017 (BGBl. I 3803), geändert durch Art. 1 der VO v. 9.2.2018 (BGBl. I 200).
5 Siehe dazu https://egvp.justiz.de/. In der Justiz ist das EGVP seit 2004 im Einsatz; 2016 wurde das besondere elektronische Anwaltspostfach (beA) und 2018 wurden das besondere Behördenpostfach (beBPo) und das besondere Notarpostfach (beN) Teil der EGVP-Infrastruktur.
6 Die De-Mail Adressen der Gerichte und Staatsanwaltschaften sind in dem öffentlichen Verzeichnisdienst im Sinne des § 7 De-Mail-Gesetz v. 28.4.2011 (BGBl. I 666) hinterlegt.
7 Derzeit stehen drei Anbieter zur Verfügung: Governikus COM Vibilia eBO Edition (https://www.governikus.de/com-vibilia/); Mentana Gateway (https://www.mentana-claimsoft.de/egvp-bebpo); Procilon eBO mit proDESK Framework 3 (https://www.procilon.de/ebo). Siehe dazu auch https://egvp.justiz.de/buerger_organisationen/.

das zur Teilnahme dieser Dienststellen am elektronischen Rechtsverkehr in Verwaltungsangelegenheiten genutzt wird.

18 Darüber hinaus sind auch zahlreiche weitere Personen nicht zur digitalen Einreichung verpflichtet: beispielsweise Personen, die nicht als sog. **professionelle Einreicher** gelten (wie Bürger, aber auch Sachverständige, Dolmetscher und Übersetzer). Diese dürfen weiterhin alles wie gehabt in Papierform einreichen.

19 Für die **interne Kommunikation** sieht § 32b StPO eine elektronische Kommunikation innerhalb der Strafverfolgungsbehörden und Gerichte vor, soweit eine elektronische Aktenführung (dazu näher → Rn. 21) erfolgt. Die flächendeckende Nutzung des elektronischen Rechtsverkehrs wird technisch v.a. durch den Einsatz der Software „**VIS-Justiz**" ermöglicht.[8] Bislang ist § 32b StPO v.a. als „Soll"-Vorschrift ausgestaltet, nur bei besonders bedeutsamen Dokumenten (Antrag auf Erlass eines Strafbefehls außerhalb einer Hauptverhandlung, Berufung und ihre Begründung, Revision, ihre Begründung und die Gegenerklärung sowie als elektronisches Dokument erstellte gerichtliche Entscheidungen) ist die elektronische Übermittlung verpflichtend.

20 Zu diesem nur teilweise digitalisierten Rechtsverkehr kommt allerdings hinzu, dass die Staatsanwaltschaft in der Praxis inzwischen in weitem Umfang (bspw. mit der Polizei, den Gerichten aber auch mit der Anwaltschaft) per **E-Mail** kommuniziert, soweit es v.a. nicht um den Austausch formalisierter Entscheidungen, sondern v.a. um Verfahrensfragen, Zwischenberichte, oder die Klärung offener Fragen geht. Dabei werden zahlreiche Dokumente wie der polizeiliche Abschlussbericht in digitaler Form ausgetauscht, so dass diese beispielsweise unproblematisch in die digitale Justizakte aufgenommen werden können. Die Infrastruktur für eine sichere Kommunikation (Behörden-E-Mail-Accounts etc) besteht. In den letzten Jahren hat zudem die Pandemie auch vermehrt mobile Arbeitsmöglichkeiten (wie die Arbeit aus dem Homeoffice heraus) eröffnet und damit die Fallbearbeitung deutlich flexibilisiert.

3. Digitale Verfahrensakte

21 Die **digitale Verfahrensakte** bietet nicht nur für das Zivilverfahren neue Möglichkeiten, sondern auch für das Strafverfahren, wie dies schon 2007 die Große Strafrechtskommission des Deutschen Richterbundes festgestellt hat.[9] Inzwischen hat auch für die Staatsanwaltschaften tatsächlich in der Praxis das Zeitalter der elektronischen Verfahrensakte begonnen.[10] Mit dem Gesetz zur Einführung der elektronischen Akte in der Justiz und zur weiteren Förderung des elektronischen Rechtsverkehrs von 2017 wurde als Enddatum der 1.1.2026 vorgesehen, zu dem die elektronische Akte eingeführt sein soll.[11] Danach ist bei allen neu angelegten Verfahren die elektronische Aktenführung obligatorisch. Bis dahin ermöglicht § 32 Abs. 1 StPO schon jetzt die elektronische Aktenführung;[12] diese tritt zur Möglichkeit der klassischen Aktenführung hinzu. Die Vorgaben der §§ 32 ff. StPO werden durch die Bundesstrafaktenführungsverordnung,[13] die Strafaktenübermittlungsverordnung,[14] die Dokumentenerstellungs- und -übermittlungsverordnung[15] und die Strafakteneinsichtsverordnung[16] näher konkretisiert.

---

[8] Siehe https://www.pdv.de/ecm-software/vis-justiz.
[9] Gutachten der Großen Strafrechtskommission des Deutschen Richterbundes, Die elektronische Akte im Strafverfahren, 2007.
[10] Dazu bspw. Hoven/Kudlich Digitalisierung und Strafverfahren/Gründler S. 39 ff.
[11] BGBl. I 2208.
[12] Für die anderen Rechtsbereiche sehen § 298a Abs. 1a ZPO, § 46e Abs. 1a ArbGG, § 55b Abs. 1a VwGO, § 52b Abs. 1a FGG, § 65b Abs. 1a SGG Regelungen vor.
[13] Bundesstrafaktenführungsverordnung v. 9.12.2019 (BGBl. I 2140).
[14] Strafaktenübermittlungsverordnung v. 14.4.2020 (BGBl. I 799).
[15] Dokumentenerstellungs- und -übermittlungsverordnung – DokErstÜbV v. 28.2.2020 (BGBl. I 244); zuletzt geändert durch Art. 10 des Gesetzes v. 25.6.2021 (BGBl. I 2099).
[16] Strafakteneinsichtsverordnung – StrafAktEinV v. 24.2.2020 (BGBl. I 242); zuletzt geändert durch Art. 11 des Gesetzes v. 25.6.2021 (BGBl. I 2099).

Bis die bundesweite **Verpflichtung** zur Führung der elektronischen Gerichtsakte in Kraft tritt, basiert die 22
Einführung an den einzelnen Staatsanwaltschaften und Gerichten noch auf entsprechenden Bundes- und
Landesverordnungen. Da allerdings seit dem 1.1.2022 Rechtsanwälte, Behörden und juristische Personen
des öffentlichen Rechts (einschließlich der von ihnen zur Erfüllung ihrer öffentlichen Aufgaben gebildeten
Zusammenschlüsse) grundsätzlich verpflichtet sind, Schriftsätze und schriftlich einzureichende Anträge
und Erklärungen in elektronischer Form zu übermitteln, besteht ein Anreiz und ein justizinterner Druck,
bereits zum jetzigen Zeitpunkt die elektronische Aktenführung in größerem Umfang vorzunehmen, vor
allem um nicht parallel verschiedene Medien für eine Akte nutzen zu müssen.

Bestehende Akten müssen aber grundsätzlich nicht digitalisiert werden, dh diese können in Papierform 23
weitergeführt werden. Allerdings werden von den Staatsanwaltschaften seit geraumer Zeit bereits Akten
eingescannt, um mit diesen digital weiterarbeiten zu können.

Zur Umsetzung der elektronischen Akte werden derzeit bundesweit v.a. drei **E-Akten-Systeme** etabliert, 24
bei denen sich jeweils mehrere Bundesländer zur gemeinsamen Softwareentwicklung zusammengeschlossen haben. Das System „e2A" (ergonomischer elektronischer Arbeitsplatz) ist eine individuelle Neuentwicklung und wird von den Bundesländern Bremen, Hessen, Niedersachsen, Nordrhein-Westfalen, Saarland
und Sachsen-Anhalt betrieben (und soll auch am Bundesarbeitsgericht verwendet werden).[17] In Baden-Württemberg, Sachsen, Schleswig-Holstein und Thüringen wird dagegen auf „eAS" (E-Akte as a Service)
gesetzt; dieses System soll auch beim Bundesgerichtshof, beim Bundessozialgericht, beim Bundespatentgericht sowie in der Generalbundesanwaltschaft herangezogen werden. Bayern wiederum entwickelt gemeinsam mit Berlin, Brandenburg, Hamburg, Mecklenburg-Vorpommern und Rheinland-Pfalz das elektronische
Integrationsportal („eIP"), das auch Grundlage für das österreichische System sein soll.

Dieser föderale Flickenteppich führt dazu, dass die Systeme für die Staatsanwaltschaft nicht nur an verschiedene (Fach-)Gerichte angebunden werden müssen (so dass die Einbeziehung der Akten anderer Fachgerichtsbarkeiten möglich ist), sondern auch **Schnittstellen** für einen reibungslosen Austausch zwischen 25
den drei E-Akten-Systemen (wie bei länderübergreifenden Ermittlungen mit Kontakt zu Dienststellen
der Polizei und der Staatsanwaltschaft in anderen Bundesländern, Abgabe von Verfahren an ein anderes
Bundesland oder die Aktenübersendung an den Generalbundesanwalt) etabliert werden müssen. Dies wird
technisch grundsätzlich über den einheitlichen Datensatz X-Justiz der Bund-Länder-Kommission für Informationstechnik in der Justiz und dessen Anschluss an X-Polizei (das einheitliche fachliche Datenmodell
und technische Austauschformat der deutschen Polizeien) gewährleistet.[18]

Neben der Kommunikation ist auch die **Aktenführung** im Strafverfahren grundsätzlich komplexer als 26
beispielsweise im Zivilverfahren, das mit der Einreichung bei Gericht beginnt. Das aktenmäßige Strafverfahren beginnt traditionell formal mit der offiziellen Justizakte, die von der Staatsanwaltschaft angelegt
wird und die (abgesehen von der Handakte) an das Gericht weitergereicht wird. Faktisch hat das Verfahren
oftmals aber nicht bei der Staatsanwaltschaft, sondern bei den Polizeien oder auch den Verwaltungsbehörden mit ihren Spezialzuständigkeiten (bspw. im Steuer-, Zoll- oder Kartellrecht sowie für die zahlreichen
ordnungswidrigkeitenrechtlichen Verfahren) seinen Ausgangspunkt. Eine umfassende elektronische Aktenführung setzt daher voraus, dass bereits bei der ermittelnden Polizei oder Verwaltungsbehörde eine entsprechende elektronische Anlage mit Dokumenten und erforderlichen Metadaten erfolgt und dann der für die
Staatsanwaltschaft relevante Aktenteil (dh ohne die originär polizeiliche Akte) ohne Medienbrüche von der
Staatsanwaltschaft übernommen werden kann. Dies ist auch für einen weiteren Austausch von Dokumenten
wie bei Rückläufern, oder Nachermittlungen von Relevanz. Insoweit erfordert eine E-Akte eine sichere Datendrehscheibe zunächst zwischen der Ermittlungsakte der Polizei (oder der Verwaltungsbehörde) und der
Ermittlungsakte der Staatsanwaltschaft sowie sodann eine Weiternutzung der staatsanwaltschaftlichen Akte

---

17 Siehe https://www.sinc.de/elektronische-akte/.
18 Näher https://xjustiz.justiz.de/; siehe auch Hoven/Kudlich Digitalisierung und Strafverfahren/Gründler S. 39 ff.

bei Gericht. Für die Umsetzung dieser komplexen Dateninfrastruktur bestehen inzwischen kommerzielle Angebote,[19] eine flächendeckende Einführung ist jedoch noch nicht erfolgt.

27 Eine weitere besondere Herausforderung im Strafverfahren ist, dass die Aktenführung durch die **verschiedenen Aktenbestandteile** sehr komplex werden kann. So führen bspw. Aufzeichnungen von Vernehmungen zu entsprechend großen Dateien (oftmals über 50 GB).[20] Dies wird erst recht für die geplante Aufnahme von gerichtlichen Verhandlungen über die schon bestehenden Möglichkeiten der § 58a, § 273 Abs. 2 S. 2 StPO hinaus gelten. Neben PDF-Dokumenten bestehen so oftmals weitere Dateien, die nicht in PDF umwandelbar sind, v.a. Audio- und Videodateien. Das wirft die grundsätzliche Frage auf, was **Aktenbestandteil** ist oder werden soll. Diese Frage ist bereits für die Papierakte nicht völlig geklärt, stellt sich aber v.a. bei einer digitalen Akte: Nicht alles, was zu einem Verfahren gehört und auch elektronisch verfügbar ist, ist auch Aktenbestandteil. Dies gilt bspw. für Metadaten oder „elektronische Anmerkungen", die einzelne Nutzer an Dokumenten anbringen können.[21] Auch die Frage, wie Beweismittel zu behandeln sind (Trennung von Akteninhalt und Beweisstück?), ist zu klären,[22] weil dies bspw. Auswirkung auf die Frage der Akteneinsicht hat.[23]

4. Digitale Dokumenten-/Texterstellung

28 Eng verbunden mit der Digitalisierung des Aktenwesens ist die **digitale Dokumentenerstellung** bei der Bearbeitung der Strafakte. Hierzu gehören verschiedene Bestrebungen zur Modernisierung der Arbeitsplätze, die in der Pandemie noch einmal verstärkt wurden, so dass beispielsweise vermehrt Möglichkeiten der Arbeit im Homeoffice (mit entsprechendem Zugang zum elektronischen System) geschaffen wurden. Auch der Einsatz von Spracherkennungssoftware wie „Dragon Naturally Speaking Legal" wird teilweise ermöglicht. Allerdings besteht bislang nicht durchgehend eine entsprechende Infrastruktur, um die Fallbearbeitung außerhalb der Räumlichkeiten der Staatsanwaltschaften vorzunehmen. Auch schließt die Digitalisierung hier nicht durchweg die Arbeit von Geschäftsstellenbeamten mit ein.

29 Einen wesentlichen Fortschritt hat die Digitalisierung durch die Möglichkeiten der Dokumentenerstellung mithilfe **elektronischer Vorlagen** und entsprechender **Textbausteine** gebracht. So sind nunmehr fast durchweg in den Staatsanwaltschaften standardisierte Formulare mit Textbausteinen für typische Delikte (bspw. fahrlässige Gefährdung des Straßenverkehrs) und die entsprechenden (Abschluss-)Verfügungen vorhanden.

30 Bei den Staatsanwaltschaften wird dazu in mehreren Bundesländern das Programm „**web.sta**" eingesetzt,[24] das bspw. auch Schnittstellen zum E-Akten-System „**VIS-Justiz**" hat. Dieses Programm dient zunächst primär der Vorgangsbearbeitung, Organisation (zB Aktenkontrolle, Sitzungseinteilung, Berichtskontrolle), Verwaltung, Strafzeitberechnung sowie für Registeranfragen und Mitteilungen (BZR/FAER). Mit dem Programm „**eStA**" wird es um die eigentliche Textverarbeitung erweitert. Zudem gibt es weitere Elemente zur automatischen Geldstrafenvollstreckung und Erzeugung von Konten (GeKo), zur Verwaltung von Generalakten (GAIS), für statistische Auswertungen, für die Verwaltung von Umfangsverfahren, für die

---

19 Vgl. bspw. die von PDV angebotenen Systeme „VIS-Justiz" (einheitliches System für die elektronische Verfahrens- und Verwaltungsakte) sowie „VIS-Polizei" (Ermittlungs-, Kriminal- und Verwaltungsakte auf einer digitalen Plattform) und für die Verwaltung „VIS für die allgemeine Verwaltung" (modulares System für die Digitalisierung allgemeiner interner Verwaltungsprozesse) sowie „VIS-Kommune" (vorkonfigurierte Plattform für Fachverfahren und E-Akte); näher https://www.pdv.de/ecm-software/branchenloesungen.
20 Bei den Videovernehmungen ist zwischen den asynchronen Vernehmungen eines Zeugen/Beschuldigten während des Ermittlungsverfahrens und der späteren Wiedergabe in der Hauptverhandlung und der synchronen Vernehmung mittels Videokonferenztechnik an einem anderen Ort (im Gerichtsgebäude, auswärts, häufig im Ausland) zu unterscheiden, vgl. nur Hoven/Kudlich Digitalisierung und Strafverfahren/Gründler S. 39 (47).
21 Eingehend dazu Growe/Gutfleisch NStZ 2020, 633.
22 Growe/Gutfleisch NStZ 2020, 633 (634 f.).
23 Growe/Gutfleisch NStZ 2020, 633 (636 f.).
24 Das Programm wird im Länderverbund Bayern, Baden-Württemberg, Bremen, Niedersachsen, Rheinland-Pfalz, Saarland, Sachsen, Sachsen-Anhalt und Thüringen entwickelt.

Erstellung und Einbindung von Textbausteinen und zur Administration des Textverarbeitungsprogramms. Dabei nutzt die „eStA"-Textverwaltung die über „web.sta" erfassten Daten, so dass zB Namen, Anschriften und Verfahrensdaten nicht erneut zu erfassen sind, sondern aus der Datenbank direkt in den Text übernommen werden können.

In den letzten Jahren wurde eine **Neuprogrammierung der Textverarbeitung** auf Basis des Programms „forumSTAR Text" vorgenommen, so dass seit der Version „web.sta 3.0" u.a. die neu erstellte Textlösung „**TV-StA**" zum Einsatz kommt. Hier besteht dann die Brücke zur Software „**ForumSTAR**", die unter Federführung der Landesjustizverwaltung Bayern in Gerichten von insgesamt zehn Bundesländern[25] genutzt wird. Die Anwendung besteht aus einem Basismodul und fachspezifischen Einzelmodulen wie bspw. für Strafgerichte. 31

Die bestehenden Programme werden bereits weiterentwickelt, so soll „ForumSTAR" durch die Programme „**gefa**" (Gemeinsames Fachverfahren) und „**bk.text**" (Neues Textsystem) abgelöst werden. Das gemeinsame Fachverfahren „gefa" wird zunächst für die ordentliche Gerichtsbarkeit einschließlich der freiwilligen Gerichtsbarkeit entwickelt, soll aber auch auf die Fachgerichtsbarkeiten und die Staatsanwaltschaften ausgeweitet werden. Dabei soll auch ein medienbruchfreier Datenaustausch zwischen den Staatsanwaltschaften und den polizeilichen Dienststellen ermöglicht werden. 32

Insgesamt bestehen damit bereits zahlreiche **elektronische Hilfestellungen** für die Erstellung von Texten, insbesondere in Massenverfahren und typisierbaren Konstellationen. Die Digitalisierung kann hier allerdings noch weitere Fortschritte machen. 33

So gibt es beispielsweise bislang keine besondere **Erfassung von Entscheidungen** der Staatsanwaltschaft. Hier wäre ein erster hilfreicher Schritt eine systematischere Erfassung der Art und des Inhalts von Entscheidungen der Staatsanwaltschaft wie bspw. bei der Einstellung gegen Auflagen (§ 153a StPO). Bislang werden die staatsanwaltschaftlichen Entscheidungen (abgesehen etwa von der statistischen Auswertung in den Justizstatistiken) nicht systematisch inhaltlich dokumentiert, obwohl gerade im Bereich der Einstellungen nach § 153 StPO eine wesentliche Reduktion eingeleiteter Strafverfahren stattfindet und damit eine Vielzahl von Verfahren nicht über dieses Stadium hinausgelangt. Ähnlich wie ein Strafzumessungs-Informationssystem für die Gerichte könnte ein staatsanwaltschaftliches Informationssystem Staatsanwälten eine Orientierung auch auf empirischer Grundlage und für (einheitlichere) Leitlinien im Umgang mit ähnlich gelagerten Fällen geben.[26] 34

Über eine derartige Datenbankfunktion mit Leitlinien hinaus sind **noch weitere Automatisierungen** denkbar (wenn auch in der Praxis noch in weiter Ferne), bei denen beispielsweise ein IT-System insbesondere Abschlussverfügungen selbstständig entwirft (indem es auf Entscheidungen in vergleichbaren Fällen zurückgreift); diese könnten dann von der Staatsanwaltschaft als Entscheidungsentwürfe weitergenutzt werden (näher zur Thematik allgemein → *Entscheidungsfindung, automatisierte* Rn. 6 ff.; sowie speziell → *Richter* Rn. 12 ff. und → *Rechtspfleger* Rn. 46 ff.).[27] Hierzu müssten jedoch v.a. auch Alltags-Entscheidungen automatisiert erfasst werden (also eine Art des vorgenannten (→ Rn. 34) staatsanwaltschaftlichen Informationssystems vorhanden sein), wobei eine entsprechende Verschlagwortung hier die Basis für derartige automatisierte Recherchen bilden könnte.[28] In diesem Bereich ist auch der Einsatz lernfähiger Algorithmen und Künstlicher Intelligenz denkbar, mit der eine Sichtung der gesamten Akte und eine juristische Analyse (unter Einbeziehung der vorhandenen Beweise) automatisiert erfolgen könnte. 35

---

25 Baden-Württemberg, Bayern, Berlin, Brandenburg, Hamburg, Mecklenburg-Vorpommern, Rheinland-Pfalz, Sachsen, Schleswig-Holstein und Thüringen.
26 Vgl. zum Ansatz eines Strafzumessungs-Informationssystems für gerichtliche Entscheidungen bspw. Hoven/Kudlich Digitalisierung und Strafverfahren/Streng S. 205 (211 ff.).
27 Vgl. Vogelsang/Krüger jM 2019, 398 (402 f.), zur Vorbereitung gerichtlicher Entscheidungen auch mit dem Vergleich, dass dies der Praxis in Kollegialgerichten entspreche, bei denen der Berichterstatter einen Entwurf zur Beratung vorlegt. Siehe auch Hoven/Kudlich Digitalisierung und Strafverfahren/Rückert S. 9 (31) sowie Hoven/Kudlich Digitalisierung und Strafverfahren/Rostalski S. 263 ff.
28 Vogelsang/Krüger jM 2019, 398 (403); siehe auch Wagner Legal Tech und Legal Robots S. 32 f.

36 Eine derartige Automatisierung hin zum **Robo-Staatsanwalt** (s. auch → Rn. 4) wirft nicht nur die gleichen Probleme wie in anderen juristischen Bereichen (bspw. beim Umgang mit unbestimmten Rechtsbegriffen) oder Berufsgruppen (wie bspw. bei Richtern → *Richter* Rn. 12 ff.) auf, sondern zudem die Frage, inwieweit der – durchaus weite – Entscheidungsspielraum der Staatsanwaltschaft im Hinblick auf die verschiedenen Möglichkeiten der Verfahrensdurchführung und -beendigung überhaupt automatisiert werden kann und darf (eingehend zu den technischen Möglichkeiten → *Entscheidungsfindung, automatisierte* Rn. 12 ff.). Dabei spielen datenschutzrechtliche Vorgaben wie das Verbot automatisierter Entscheidungen eine nicht unbedeutende Rolle.[29] Auch wenn bei der Staatsanwaltschaft nicht gleichermaßen wie bei richterlichen Entscheidungen die richterliche Unabhängigkeit (→ *Richter* Rn. 24) tangiert ist, so ist doch die informierte und fundierte (und grundsätzlich – selbst wenn in der Struktur der Staatsanwaltschaft Weisungs- und Substitutionsrechte bestehen – eine unabhängige) Entscheidung der Staatsanwaltschaft im Strafverfahren (v.a. über eine Anklageerhebung oder Einstellung) Teil eines rechtsstaatlichen Verfahrens. Mit der Automatisierung besteht das Risiko einer Trivialisierung juristischer Bewertungsdimensionen, da die Staatsanwaltschaft (wie auch die Richterschaft) eine Bewertung emotionaler und sozialer Sachverhalte vornimmt, was neben juristischer Sachkenntnis ein hohes Maß an Empathie und Fingerspitzengefühl für persönliche Schicksale und Situationen bedingt (zu den Risiken auch → *Entscheidungsfindung, automatisierte* Rn. 32 ff.).

5. Digitale Ermittlungsmaßnahmen

37 Die **Digitalisierung der Ermittlungsmaßnahmen** und deren Ausbau durch den Gesetzgeber hat die Arbeit der Staatsanwaltschaft als „Herrin des Ermittlungsverfahrens" wie die der Polizei als ausführendem Organ (da die technischen Maßnahmen fast ausschließlich durch die Polizeien angewandt werden können) stark verändert. Hinzu kommen die umfangreichen Möglichkeiten, Daten aufgrund der massenhaften Verbreitung von Informations- und Kommunikationssystemen (wie PCs, Laptops, Tablets, Mobiltelefonen und allen voran Smartphones) zu gewinnen, die eine Vielzahl von Informationen aus E-Mails und anderen Arten der Kommunikation (Messenger-Dienste und Social Media Accounts) über Bewegungsdaten bis hin zu persönlichen Gesundheitsdaten speichern. So wird die Arbeit der Staatsanwaltschaft seit den letzten Jahrzehnten durch eine zunehmende Verfügbarkeit von Daten über Personen und Ereignisse geprägt, die neue Ermittlungs- und Tatnachweismöglichkeiten bietet.[30]

38 Insoweit zeigt sich die **Digitalisierung** zunächst bei den technischen Ermittlungsmaßnahmen (a)), die zu digitalen Beweismitteln führen (b)). Darüber hinaus stellt sich aber bei der Staatsanwaltschaft (wie im gerichtlichen Verfahren) die Frage der Online-Durchführung von Verfahrensschritten (c)) sowie des Einsatzes von Technik bei Prognoseentscheidungen (d)) und des Beweistransfers aus dem Ausland (e)).

a) Technische Ermittlungsmaßnahmen

39 **Technische Ermittlungsmaßnahmen** stellen inzwischen einen bedeutenden Teil der Beweisgewinnungsmaßnahmen dar und werfen naturgemäß die meisten Fragen im Rahmen der Digitalisierung auf. Jedoch werden auch weiterhin zahlreiche Informationen mit „klassischen" Ermittlungsmaßnahmen (v.a. Durchsuchung und Beschlagnahme) gewonnen, bei denen die technische Entwicklung vereinzelt ebenfalls neue Probleme schafft, wie beispielsweise die (umstrittene) Frage nach der zutreffenden Rechtsgrundlage für die Beschlagnahme von E-Mails.[31] Im Zentrum der politischen, rechtlichen und auch technischen Diskussion stehen aber die v.a. seit den 1990er Jahren stetig ausgebauten **(verdeckten) technischen Überwachungsmaßnahmen** wie die akustische Wohnraumüberwachung, der Einsatz von IMSI-Catcher oder die Online-Durchsuchung.[32] Das Strafprozessrecht steht hier – nicht anders als das Polizeirecht bei

---

29 Zum Verbot automatisierter Entscheidungen s. die für die Justiz relevante Vorschrift in Art. 11 RL (EU) 2016/680 (sowie die Parallelvorschrift in Art. 22 DS-GVO), näher dazu → *Entscheidungsfindung, automatisierte* Rn. 71 ff. iVm. Rn. 47 ff.
30 So Hoven/Kudlich Digitalisierung und Strafverfahren/Rückert S. 9 (12).
31 Vgl. nur Hoven/Kudlich Digitalisierung und Strafverfahren/Jahn/Brodowski S. 67 (73 ff.).
32 Vgl. näher Brodowski, Verdeckte technische Überwachungsmaßnahmen im Polizei- und Strafverfahrensrecht, 2016, S. 157 ff.

präventiven Gefahrabwehrmaßnahmen – fortlaufend vor der Problematik der dynamischen technischen Weiterentwicklung. Dies führt immer wieder dazu, dass einzelne Maßnahmen (wie der Einsatz von Web-Crawlern oder die automatische Datenauswertung) ggf. nicht vom Anwendungsbereich der als numerus clausus konzipierten strafprozessualen (und auch polizeilichen) Eingriffsregelungen umfasst sind. Der naheliegende Ansatz, hier verschiedene Ermittlungsmaßnahmen zu kombinieren,[33] verstößt allerdings gegen den Gesetzesvorbehalt (und auch den Grundsatz der Normenklarheit bzw. -bestimmtheit) und scheidet daher als Rechtfertigungsgrundlage aus.[34]

Insoweit obliegt es bei technischen Neuerungen dem **Gesetzgeber**, für zeitgemäße Eingriffsmaßnahmen zu sorgen und eine Abwägung zwischen staatlichen Ermittlungsinteressen und den Interessen Betroffener (deren grundrechtliche Positionen durch Erweiterungen wie durch das IT-Grundrecht, das Grundrecht auf Gewährleistung der Vertraulichkeit und Integrität informationstechnischer Systeme,[35] fortlaufend „modernisiert" werden) vorzunehmen.

Der Einsatz technischer Lösungen muss dabei nicht zwingend zu mehr Eingriffen führen, sondern kann grundsätzlich auch zu einem verbesserten Grundrechtsschutz beitragen: So sieht § 100d StPO den Schutz des **Kernbereichs privater Lebensgestaltung** bei Eingriffsmaßnahmen nach den §§ 100a–100c StPO vor. Die akustische Wohnraumüberwachung ist dabei nach Abs. 4 zu unterbrechen, wenn Äußerungen diesem privaten Kernbereich zuzuordnen sind. Mit einer technischen Lösung, die bei einer Überwachung fortlaufend eine Inhaltsanalyse vornimmt, könnte bereits die Aufnahme solcher geschützten Äußerungen unterbleiben, ohne dass ein Mensch (im Regelfall ein mithörender Beamter) diese zur Kenntnis nimmt, erst dann die Aufnahme stoppt und weiter zuhört, um zum passenden Augenblick die Aufnahme wieder weiterlaufen zu lassen.

Ein immer noch an Bedeutung zunehmender Bereich der Digitalisierung betrifft die Ermittlungen zu den sog. **Cybercrime-Delikten**,[36] die Computer- und Internetdelikte umfassen. Hier spielen die technischen Aspekte bereits für den Nachweis des Tatbestands sowie in Bezug auf die möglichen Ermittlungsmaßnahmen eine große Rolle, wobei sowohl die Auswertung von elektronischen Beweismitteln als auch die Strafverfolgung von Aktivitäten im Internet eine besondere Herausforderung darstellt. In diesen Bereichen ist die Staatsanwaltschaft in umfangreicher Weise auf die Hilfe der Polizeien bei den Ermittlungen angewiesen, da sie selbst im Regelfall weder die technischen Möglichkeiten noch die ausreichende Expertise aufweist,[37] um beispielsweise Ermittlungen im Darknet oder Online-Durchsuchungen vorzunehmen,[38] Verschlüsselungen und Anonymisierungen aufzulösen oder auch nur den Zugriff auf Cloud-Speicher zu erlangen und diese zu durchsuchen. Gerade bei Nutzung des Internets zur Straftatbegehung kommen oftmals noch Jurisdiktionsfragen hinzu, wenn ausländische Server betroffen sind oder auch eine Begehung aus dem Ausland erfolgt (hierzu auch → Rn. 53).

b) Digitale Beweismittel

Die Technisierung der Ermittlungsmaßnahmen und die Verbreitung digitaler Geräte haben zur **Zunahme von Beweismitteln digitaler Art** geführt. Dabei spielen insbesondere elektronische Speichermedien und die darin enthaltenen Informationen eine große Rolle.[39] Derartige Beweismittel können grundsätzlich wie Papiere bei einer Durchsuchung aufgefunden und auch beschlagnahmt werden. Da von diesen regelmäßig großen Datenmengen nur ein kleiner Teil beweiserheblich ist und beschlagnahmt wird, sieht § 110 Abs. 3 StPO vor, dass diese Datenträger durchgesehen werden können. Die Durchsuchung ist erst abgeschlossen,

---

33 So bspw. BGH Ermittlungsrichter Beschl. v. 21.2.2006 – 3 BGs 31/06, wistra 2007, 28 ff., zur (damals noch nicht geregelten) Online-Durchsuchung.
34 So klar BGH Ermittlungsrichter Beschl. v. 31.1.2007 – StB 18/06, BGHSt 51, 211 (219).
35 Siehe dazu BVerfG Urt. v. 27.2.2008 – 1 BvR 370/07, 1 BvR 595/07, BVerfGE 120, 274.
36 Müller NZWiSt 2020, 96.
37 Vgl. bspw. aus der Praxis Hartmann jM 2017, 481.
38 Vgl. nur Krause NJW 2018, 678.
39 Momsen FS Beulke, 2015, 871 ff.

wenn die **Durchsicht** vorbei ist. Diese Durchsicht stellt die Ermittlungsbehörden angesichts der Datenmenge (und weiteren Problemen wie Passwörtern und Verschlüsselungen) vor große Herausforderungen, so dass Gerichte immer wieder die zügige Durchsicht dieser Unterlagen anmahnen.[40]

44 Die Durchsicht und Analyse im Hinblick auf die Gewinnung von Beweismitteln ist bei technischen Überwachungsmaßnahmen sowie bei der Untersuchung technischer Geräte aufgrund der anfallenden großen Datenmengen zeit- und ressourcenintensiv. Dies gilt vor allem, wenn die Sichtung von Hand erfolgt. Jedoch können hier auch technische Lösungen bei der **Datensichtung** eingesetzt werden, beispielsweise eine hybride Cloud-Lösung zur automatisierten Erkennung und Kategorisierung von Kinder- und Jugendpornografie im Hinblick darauf, ob es Anhaltspunkte für eine strafrechtliche Verfolgung gibt.[41] Die Automatisierung der Datenverarbeitung erlangt so gerade angesichts der Datenmengen immer größere Bedeutung, sowohl für die Analyse im Ermittlungsverfahren als auch im Prozess (beispielsweise bei der Sichtung von Vernehmungen durch den Richter).[42] Hierzu bestehen bislang allerdings nur bedingt klare Rechtsgrundlagen.[43]

45 Der **Zweck des Einsatzes von Automatisierung** und Künstlicher Intelligenz ist hierbei, in (großen) Informationsmengen einzelne strafrechtlich relevante Informationen zu erkennen, sie in Verbindung zu setzen und Zusammenhänge offenzulegen (siehe auch → *Richter* Rn. 37 ff.; → *Rechtspfleger* Rn. 42 ff.). Dabei geht es v.a. um das Verstehen von Inhalten, bei der die technische Analyse teilweise einen neuen Blick auf die Daten ermöglichen kann. So kann ein umfassender **Wissensaufbau** durch Software hinsichtlich des Ermittlungsstandes erfolgen, der eine wesentlich raschere Durchdringung des Datenbestands mit vollständigeren Ergebnissen als die manuelle Sichtung ermöglicht. Ebenso können Unterlagen – trotz unterschiedlicher Schreibweisen von Namen, Zeitangaben und Begriffen, Texterkennungs- und Rechtschreibfehlern – einfacher einem Verfahren zugeordnet werden. Auch ist die schnelle und klare **Klassifikation** (nach Informationstypus oder anhand eines Katalogs an Ordnungsstrukturen und Dokumenttypen wie Rechnungen, Angebote, Buchhaltung, Kontoauszüge, Jahresabschlüsse, Bilanzen, Testate, E-Mails, Kalender, Reisedokumente, Chats, etc) möglich und zwar im Hinblick sowohl auf originär elektronische Daten als auch auf Scans von Dokumenten.

46 Der größte Vorteil ist aber die **Mustererkennung** und **Entitätenextraktion**, die es ermöglicht, aus den Informationen nicht nur bspw. Personen, Adressen, Organisationen, E-Mail-Adressen, Telefonnummern, Kontonummern oder spezifizierte Daten herauszufiltern, sondern auch bestimmte Muster (inklusive Ähnlichkeitssuchen) zu erkennen, wie beispielsweise auffällige Kontenbewegungen, Aktivitäten bestimmter Personen oder an bestimmten Tagen. Die Software kann hierbei zudem eine Einordnung in Strukturen und eine Gewichtung der Relevanz vornehmen. Mit maschinellen Lernverfahren ist eine regelgeleitete Erkennung möglich (heuristisches Verfahren, wie bspw., dass viele Beträge in einem Dokument wahrscheinlich eine Rechnung darstellen, lange Nummern mit DE davor wahrscheinlich eine IBAN). Darüber hinaus ermöglicht die Software aber auch durch Training anhand ausreichender Datenmengen und Korrekturen durch den Nutzer eine bessere **Erkennung im Datenbestand**. Damit ist schließlich selbst eine automatisierte Entscheidungsfindung durch Software anhand Wahrscheinlichkeiten/Konfidenzen nicht ausgeschlossen (hierzu bereits → Rn. 36). Je nach Bedarf kann die Software auch an spezielle Analysen angepasst werden, so beispielsweise an die Analyse von Transaktionen (Wertpapiertransaktionen mit Analyse von Orders, Depotauszügen etc oder Geldbetragstransaktionen mit Analyse strukturierter Kontodaten), die Auswertung von Fernmeldekommunikation (Telefonüberwachungsergebnisse mit Analyse von extrahierten

---

40 Vgl. nur OLG Koblenz Beschl. v. 30.3.2021 – 5 Ws 16/21, MMR 2021, 834, das konstatiert, dass auch ein mit der Durchsicht umfangreicher Datenbestände verbundener erhöhter Auswertungsaufwand nicht von der Pflicht zur zügigen Durchsicht entbindet.
41 Vgl. zu diesem Forschungsprojekt des Ministeriums der Justiz des Landes Nordrhein-Westfalen, der Zentral- und Ansprechstelle Cybercrime (ZAC), der Staatsanwaltschaft Köln und von Microsoft Deutschland https://news.microsoft.com/de-de/kuenstliche-intelligenz-im-einsatz-gegen-kinderpornografie/.
42 Dazu Rückert ZStW 129 (2017), 302 ff.; Hoven/Kudlich Digitalisierung und Strafverfahren/Rückert S. 9 (12).
43 Rückert ZStW 129 (2017), 302 (329 ff.).

Ergebnissen der Telefonüberwachung, auch einer Mobilauswertung) oder die Analyse in Bezug auf Fahrzeuge (Kfz-Daten, Kfz-Verträge, Kfz-Dokumente).

c) Online-Verfahren

Auch die Staatsanwaltschaft führt im Strafverfahren einzelne Maßnahmen durch, bei denen sich die Frage stellt, ob sie nicht online (als **virtuelle Verfahren**) durchgeführt werden können. Zudem ist die Staatsanwaltschaft regelmäßig von der gerichtlichen Durchführung von Online-Verfahren betroffen, da sie notwendiger Verfahrensteilnehmer ist. In diesen Fällen wird der Austausch elektronischer Dokumente zwischen den Verfahrensbeteiligten um die Möglichkeit virtueller Verfahren in Form von (hybriden) Videokonferenzen ergänzt.

Anders als im Zivilverfahren (vgl. dort § 128a ZPO)[44] ist ein virtuelles Verfahren im Strafrecht allerdings bislang nur bedingt möglich. So sieht die StPO vor allem Möglichkeiten einer **audio-visuellen Aufzeichnung** vor.[45] § 136 Abs. 4 StPO hat die bisher weitreichendste Regelung zur Aufzeichnung von Vernehmungen eingeführt, die die Aufzeichnung aller Beschuldigtenvernehmungen im Ermittlungsverfahren ermöglicht. Hier besteht sogar eine grundsätzliche Aufzeichnungspflicht in Fällen, in denen ein vorsätzlich begangenes Tötungsdelikt im Raum steht (§ 136 Abs. 4 Nr. 1 StPO) oder wenn dies der besseren Wahrung schutzwürdiger Interessen von Minderjährigen dient oder von Beschuldigten, die erkennbar unter eingeschränkten geistigen Fähigkeiten oder einer schwerwiegenden seelischen Störung leiden (§ 136 Abs. 4 Nr. 2 StPO).

Zudem können **Zeugenvernehmungen** auf Video aufgezeichnet werden, so unter dem Aspekt des Zeugenschutzes außerhalb der Hauptverhandlung durch Richter und Staatsanwalt (§ 58a, § 161a Abs. 1 S. 2 StPO). In den Fällen des § 58a Abs. 1 S. 3 StPO ist dies zwingend, wenn die schutzwürdigen Interessen von Opfern bei Sexualdelikten so besser gewahrt werden können. § 255a StPO ermöglicht dann die „Vorführung einer aufgezeichneten Vernehmung" eines Zeugen, nach Abs. 2 kann hier diese Vorführung in bestimmten Verfahren (wie Straftaten gegen die sexuelle Selbstbestimmung) auch die Vernehmung vollständig ersetzen, wenn der Zeuge unter 18 Jahren ist, der Angeklagte und sein Verteidiger Gelegenheit hatten, an der aufgezeichneten Vernehmung mitzuwirken und wenn der Zeuge der vernehmungsersetzenden Vorführung dieser Aufzeichnung in der Hauptverhandlung nicht unmittelbar nach der aufgezeichneten Vernehmung widersprochen hat. Die Videoübertragung (und teilweise auch die Aufzeichnung einer Vernehmung, vgl. § 247a Abs. 1 S. 4 StPO) einer Zeugenvernehmung ist nach §§ 168e, 247a StPO außerhalb und in der Hauptverhandlung aus Zeugenschutzgründen zulässig.

Insoweit bietet die StPO bislang nur eine sehr begrenzte Möglichkeit der Durchführung von virtuellen Verfahren. Daran werden auch die Pläne der in der Koalitionsvereinbarung vorgesehenen durchgängigen **Aufzeichnung** von Vernehmungen und der Hauptverhandlung nur bedingt etwas ändern,[46] auch wenn die bislang bestehende Zurückhaltung der StPO (und des § 169 S. 2 GVG) gegenüber dem Technikeinsatz deutlich aufgeweicht werden würde. Offen sind hier zudem noch viele Fragen wie etwa der Charakter der Aufzeichnungen „in Bild und Ton" (nur zur Abfassung von Protokolldokumenten oder als Ersatz für ein Vernehmungsprotokoll?), die Beifügung zur Verfahrensakte oder die Auswirkung von Aufzeichnungsmängeln.[47] Eine echte Videoverhandlung würde damit aber immer noch nicht ermöglicht.

---

44 Siehe auch die Regelungen in den § 91a FGO, § 102a VwGO, § 110a SGG sowie die Verweisung in § 32 Abs. 3 FamFG.
45 Siehe bspw. Hoven/Kudlich Digitalisierung und Strafverfahren/Weigend S. 49; Wickel ZIS 2020, 311.
46 Koalitionsvertrag von SPD, Bündnis 90/Die Grünen und FDP „Mehr Fortschritt wagen – Bündnis für Freiheit, Gerechtigkeit und Nachhaltigkeit", Dezember 2021, abrufbar unter www.bundesregierung.de/breg-de/service/gesetzesvorhaben/koalitionsvertrag-2021-1990800, S. 106.
47 Näher zu dieser Thematik der Bericht der Expertinnen- und Expertengruppe zur Dokumentation der strafgerichtlichen Hauptverhandlung (Hauptband und Anlagenband), der 2020 vom BMJV initiiert wurde, abrufbar unter www.bmj.de/SharedDocs/Artikel/DE/2021/0701_Dokumentation_Hauptverhandlung.html.

51 Wie im Zivilverfahren hätte eine **Videoverhandlung** durchaus Vorteile für die Beteiligten (neben Richtern, Staatsanwälten und Anwälten auch für Sachverständige und Zeugen), da sich Verfahren effektiv, mit weniger Terminverlegungsanträgen etc bewerkstelligen lassen. Allerdings bedarf es hierfür nicht nur einer ausreichenden technischen Ausstattung (aller Beteiligten) und der Berücksichtigung von Datenschutzbelangen (wie der Nutzung nicht-deutscher Anbieter von Videokonferenzen bzw. der Nutzung von Servern außerhalb Deutschlands), sondern es stellt sich insbesondere die Frage, ob sich die Hauptverhandlung, die maßgeblich vom persönlichen Eindruck v.a. vom Beschuldigten, den Zeugen und den Sachverständigen geprägt ist, in mindestens vergleichbarer Weise online bewerkstelligen lässt. Zudem: Wie lassen sich hier die Rechte der Beteiligten (die beim Beschuldigten weit über die Garantien der Beteiligten etwa im Zivilverfahren hinausgehen) ausreichend schützen? Wie kann eine ausreichende Öffentlichkeit sichergestellt werden, ohne dass beispielsweise Beweismittel und einzelne Teile der Verhandlung sich online im Internet wiederfinden?[48] Angesichts dieser noch offenen fundamentalen Fragen ist ein umfassendes Online-Strafverfahren in nächster Zukunft nicht zu erwarten. Für einzelne Verfahrensteile wie Vernehmungen oder Anhörungen im Ermittlungsverfahren kann dies jedoch eine sinnvolle Ergänzung zum traditionellen Verfahrensablauf darstellen.

d) Prognosen

52 Auch wenn die Staatsanwaltschaft nicht in gleicher Weise wie die Richterschaft Entscheidungen, die **Gefährlichkeitsprognosen** umfassen (wie die Anordnung der Untersuchungshaft aufgrund von Wiederholungsgefahr, die Aussetzung des Vollzugs der Untersuchungshaft, die Anordnung der Sicherungsverwahrung, die Aussetzung einer Freiheitsstrafe zur Bewährung oder auch die vorzeitige Haftentlassung), zu treffen hat, so ist die Staatsanwaltschaft doch insoweit (eng) in diese Entscheidungen involviert, als sie diese beantragt (ggf. sogar schon einen Entwurf der gerichtlichen Entscheidung übersendet) oder zu einem Vorschlag des Gerichts Stellung nimmt. Insoweit ist bereits auf staatsanwaltschaftlicher Ebene die Beurteilung der Gefährlichkeit, der Wiederholungsgefahr etc von großer Bedeutung. Für derartige Prognosen und eine Risikobewertung haben sich in den letzten Jahren insbesondere in den USA technische Analyse- und Bewertungssysteme etabliert, die im deutschsprachigen Raum (abgesehen vom Bereich des personenbezogenen Predictive Policing, dazu → *Predictive Policing* Rn. 7, 26 ff.) bislang allerdings kaum Verwendung finden.[49] Insoweit handelt es sich v.a. noch um ein Zukunftsfeld des Einsatzes von digitalen Risikobewertungssystemen im Rahmen der justiziellen Entscheidungen.

e) Beweistransfer Ausland

53 Die Struktur des Internets führt dazu, dass zahlreiche Dienstleistungen und Daten wie beim Cloud Computing nicht in Deutschland, sondern auf Datenträgern **im Ausland** gespeichert sind. Auf derartige Daten können deutsche Behörden grundsätzlich nicht zugreifen, da ihnen Ermittlungen auf fremdem Hoheitsgebiet verwehrt sind.[50] Für solche Beweise im Ausland greift grundsätzlich das Rechtshilferecht, das jedoch mit seinen klassischen Wegen des Beweistransfers oftmals zu langsam für derart flüchtige Datenbestände und damit für eine effektive Strafverfolgung ist.

54 Um den Schwierigkeiten der klassischen Rechtshilfe entgegenzutreten, hat die EU zahlreiche Maßnahmen zur grenzüberschreitenden Zusammenarbeit ergriffen, zu denen im digitalen Bereich bspw. das Europäische Justizportal und die Entwicklung von **e-CODEX** (e-Justice Communication via Online Data Exchange) für die Justizkommunikation und den Dokumentenaustausch, für die Verknüpfung der Justizregister und für den Einsatz für strafprozessuale Zwecke (wie bspw. im Rahmen der Europäischen Ermittlungsanordnung)

---

48 Vorschläge für Konzepte einer digitalen Öffentlichkeit gibt es vereinzelt, vgl. nur Paschke MMR 2019, 563; ausführlich Paschke, Digitale Gerichtsöffentlichkeit, 2018, S. 260 ff.
49 Eine Ausnahme ist bspw. der Einsatz von „FOTRES" (Forensisches Operationalisiertes Therapie-Risiko-Evaluations-System) u.a. im Strafvollzug des Kantons Zürich, vgl. Staffler/Jany ZIS 2020, 164 (171). Zum Evaluationssystem ausführlich Urbaniok, FOTRES – Forensisches Operationalisiertes Therapie-Risiko-Evaluations-System, 3. Aufl. 2016.
50 Hoven/Kudlich Digitalisierung und Strafverfahren/Rückert S. 9 (22 ff.).

gehören.⁵¹ Die 2018 von der EU-Kommission auf den Weg gebrachte sog. **E-Evidence-Verordnung**⁵² würde dazu beitragen, dass Strafverfolgungsorgane effektiver auf elektronische Beweismittel zugreifen können. Die vorgeschlagene Sicherungsanordnung würde es mitgliedstaatlichen Justizbehörden ermöglichen, Diensteanbieter mit Niederlassung in der EU oder deren Vertreter in einem anderen Mitgliedstaat aufzufordern, bestimmte Daten für die Strafverfolgungsbehörden zu speichern, ohne die entsprechenden nationalen Justizbehörden einzuschalten. Diese auf Basis der Sicherungsanordnung gespeicherten Daten könnten dann direkt von dem jeweiligen Serviceprovider etc aufgrund eines formalisierten EPOC-Formblatts (European Production Order Certificate) angefordert werden. Hierbei würde grundsätzlich bereits der Verdacht einer Straftat seitens der Staatsanwaltschaft ausreichen, um die Herausgabe von Verkehrsdaten verlangen zu können. Für die Herausgabe von Inhaltsdaten soll dagegen als rechtsstaatliche Schutzmaßnahme ein Richtervorbehalt greifen.

6. Vollzug

Die Staatsanwaltschaft ist (neben ihren Hauptaufgaben als Ermittlungsbehörde und der Vertretung der Anklage im Hauptverfahren) für zahlreiche Fragen des **Vollzugs strafrechtlicher Entscheidungen** zuständig. Daher sind die neueren Entwicklungen der Digitalisierung im Justizvollzug durchaus von Belang für die Staatsanwaltschaft, auch wenn sie primär die Justizvollzugsanstalten und deren Verwaltung betreffen.⁵³

Bei der Digitalisierung im Vollzug steht zunächst die **effizientere Verwaltung** und Durchführung der verschiedenen Justizvollzugsaufgaben im Vordergrund.⁵⁴ Dazu gehört die Verwaltung von Gefangenendaten, die Kammer-, Besuchs- und Haftraumverwaltung, die Abwesenheits- und Terminkontrolle, das Gefangenen-Transportwesen. Hinzukommen können die Verwaltung der persönlichen Gegenstände und Gelder der Gefangenen (Zahlstelle) sowie als Lohnmodul Gefangenenlohn- und Beschäftigungsdaten. Ein eigener Bereich ist die (elektronische) Gesundheitsakte sowie auch die Erhebung und Verarbeitung der für den Sozialdienst erforderlichen Daten. Auch die Erfassung und Auswertung außerordentlicher Vorkommnisse in den Anstalten ist technisch möglich (und kann bspw. im Ministerium zentral einen Vergleich der verschiedenen Anstalten ermöglichen). **Videokonferenzsysteme** erleichtern bspw. die Kommunikation mit fremdsprachlichen Gefangenen (Video-Dolmetschen) oder eröffnen Online-Arztbesuche („Telemedizin") zB auch zu sicherheitskritischen Zeiten (Abend- und Nachtstunden, Wochenende) und bei nicht am Ort verfügbaren Fachärzten.

Weitergehend sind Anwendungen, die die zahlreichen **prognostischen Entscheidungen** beim Vollzug der Freiheitsstrafe oder beim Übergang in die Freiheit (Freigang, Bewährung, Vollzugslockerungen etc) betreffen. Hier bieten Software-Module zu Dokumentation, Prognose, Planung und Evaluation eine Absicherung dieser Vollzugsentscheidungen.

7. Schulung und Fortbildung

Die Frage der **Schulung** in digitalen Entwicklungen hat bei der Staatsanwaltschaft besondere Bedeutung. Dies gilt nicht nur, weil es notwendig ist, die Staatsanwaltschaft zu befähigen, die digitalen Möglichkeiten selbst zu nutzen, sondern vor allem, weil sie als formale Herrin des Ermittlungsverfahrens auch auf Augenhöhe mit der Polizei agieren muss. Die Wahrnehmung der **Sachleitungsbefugnis** setzt eine entsprechende

---

51 S. bspw. Bernhardt jM 2022, 277 (278 f.).
52 Vorschlag für eine Verordnung des Europäischen Parlaments und des Rates über Europäische Herausgabeanordnungen und Sicherungsanordnungen für elektronische Beweismittel in Strafsachen, COM(2018) 225.
53 Vgl. bspw. v. Mandach NK 2019, 13.
54 Vgl. bspw. das Projekt BASIS-Web der Bundesländer Berlin, Brandenburg, Bremen, Hamburg, Hessen, Mecklenburg-Vorpommern, Niedersachsen, Nordrhein-Westfalen (federführend), Rheinland-Pfalz, Saarland, Sachsen, Sachsen-Anhalt und Schleswig-Holstein sowie des Großherzogtums Luxemburg: https://www.justiz.nrw.de/JM/doorpage_online_verfahren_projekte/projekte_d_justiz/basis/index.php. Siehe für Baden-Württemberg die Übersicht des Ministeriums der Justiz und für Europa, Bericht über den Stand der IT-Ausstattung in der Justiz Baden-Württemberg, Stand Juli 2019, abrufbar unter https://justiz.de/laender-bund-europa/BLK/laenderberichte/baden_wuerttemberg.pdf;jsessionid=D19B666DD882F20714A01C2032167860.

eigene Sachkunde (zumindest hinsichtlich der grundlegenden Art der digitalen Anwendungen sowie auch hinsichtlich der Einsatzmöglichkeiten, der Grenzen und der damit verbundenen Risiken) voraus. Da die Durchführung technischer Ermittlungsmaßnahmen vorwiegend von der Polizei wahrgenommen wird, ist es wichtig, dass die Staatsanwaltschaft versteht, wie bestimmte Ergebnisse mit digitalen Methoden erlangt wurden.[55] Denn dies kann Auswirkungen auf den Beweiswert haben. Die Fortschritte bei der Digitalisierung bedingen hier eine entsprechende Fortbildung und Qualifizierung des staatsanwaltschaftlichen Personals.[56] Gleiches gilt für die Gerichte, die Entscheidungen auf Grundlage digitaler Beweise etc zu treffen haben. Der Koalitionsvertrag erkennt diese Notwendigkeit, wenn er „in Zeiten des digitalen und demografischen Wandels" eine gezielte „Nationale Weiterbildungsstrategie" als wesentliche Voraussetzung dafür ansieht, die wirtschaftlichen und gesellschaftlichen Ziele zu erreichen.[57]

III. Schlussbemerkungen

59   Die Digitalisierung betrifft die Staatsanwaltschaft inzwischen in den verschiedensten Bereichen. Unverkennbar ist jedoch, dass es hierbei vor allem um eine **Beschleunigung und Standardisierung** der Arbeitsabläufe geht. Mit dem digitalen Rechtsverkehr und der digitalen Verfahrensakte wäre ein großer Schritt erreicht, wenn diese Aspekte von der polizeilichen Ermittlung bis zum Ende der Vollstreckung umgesetzt werden. Hier wird das Hauptaugenmerk in den nächsten Jahren darauf liegen, eine funktionierende Infrastruktur zu schaffen, denn bei Weitem ist noch nicht flächendeckend die technische Struktur vorhanden; darüber hinaus fehlt es an entsprechender Schulung. Die Vorteile durch diese Neuerungen sind nicht zu unterschätzen, da die Arbeit der Staatsanwaltschaft durch ihre **Filterfunktion** geprägt ist. Nur ein kleiner Teil der polizeilich angezeigten/ermittelten Straftaten führt auch zu einem gerichtlichen Strafverfahren. Der Großteil wird auf andere Weise (wie bspw. durch Einstellungen) erledigt. Bei dieser Masse an Verfahren können selbst kleinere Erleichterungen zu einer besseren Erledigung führen (die dann auch Zeit schaffen kann für komplexere Ermittlungen).

60   Neben dieser Verbesserung der Arbeitsabläufe, die die derzeitigen Hauptressourcen binden, sollte jedoch nicht aus dem Blick verloren werden, dass die Digitalisierung auch für die **inhaltliche Arbeit** wesentliche Fortschritte bringen kann. Dies gilt zunächst für die Analyse umfangreicher Datenbestände in einzelnen Verfahren, deren Auswertung durch entsprechende Software nicht nur beschleunigt, sondern auch inhaltlich wertvolle Ermittlungshinweise und Beweise liefern kann. Diese Entwicklung hat gerade erst begonnen, da die Suche nach Hinweisen auf Straftaten in Datenbeständen keineswegs trivial ist. Neben dieser Ermittlungsfunktion kann **Automatisierung** auch dort besonders hilfreich sein, wo eine Vielzahl ähnlich gelagerter Fälle vorhanden sind (Ladendiebstahl oder Verkehrsdelikte). Hier kann die Entscheidung der Staatsanwaltschaft durch eine automatische Analyse der Akten und eine Vorbereitung des Entscheidungsvorschlags deutlich erleichtert werden. Dies wäre eine Fortentwicklung des derzeit bestehenden Modulsystems mit Standardformularen und Textbausteinen. Solange hier die Entscheidung nicht auf „die Maschine" übertragen wird, sondern eine inhaltliche Kontrolle und Schlussentscheidung durch den Staatsanwalt erhalten bleibt, bestehen keine grundlegenden Bedenken, sich dieser Technik zu bedienen.

---

55 Siehe auch Hoven/Kudlich Digitalisierung und Strafverfahren/Rückert S. 9 (35 ff.).
56 Vgl. auch Bernhardt jM 2022, 90 (96).
57 Koalitionsvertrag von SPD, Bündnis 90/Die Grünen und FDP „Mehr Fortschritt wagen – Bündnis für Freiheit, Gerechtigkeit und Nachhaltigkeit", Dezember 2021, abrufbar unter www.bundesregierung.de/breg-de/service/gesetz esvorhaben/koalitionsvertrag-2021-1990800, S. 67.

87. Subsumtion

Nink

I. Einführung	1	b) Unterschiede	13
1. Überblick	1	4. Formalisierung und Formalisierbarkeit – Modellierung von Subsumtion und Argumentation	16
2. Abgrenzung	3	a) Überblick – Modellierung, Text Mining, Argument Mining	16
II. Im Einzelnen – Hintergründe, Entwicklungen	4	b) Modelle und Formalisierung	19
1. Begriffe	4	c) Keine Präjudizienwirkung	22
a) Subsumtion	4	5. Automatisierbarkeit der Subsumtion?	23
b) Norm	5	a) Verstehen	23
c) Syllogismus	6	b) Hürden der Automatisierung	24
d) Argumentation, Argument, Semantik	7	c) Subsumtion als Klassifikation	26
2. Justizsyllogismus bzw. juristischer Syllogismus	8	d) Subsumtionsmodelle und juristisches Denken – Automationshindernisse	27
a) Grundsätze	8	e) Zwischenergebnis	32
b) Teilweise Komplexität	10	**III. Fazit und Ausblick**	33
3. Logik und Justizsyllogismus – Parallelen, aber keine Kongruenz	12		
a) Strukturelle Vergleichbarkeit	12		

Literatur: *Adomeit/Hähnchen*, Rechtstheorie mit Juristischer Methodenlehre, 7. Aufl. 2018 (zit.: Adomeit/Hähnchen Rechtstheorie); *Adrian*, Der Richterautomat ist möglich – Semantik ist nur eine Illusion, Rechtstheorie 48 (2017), 77; *Adrian*, Grundprobleme einer juristischen (gemeinschaftsrechtlichen) Methodenlehre, 2009 (zit.: Adrian Methodenlehre); *Anan/Singh*, Argumentation Mining Models and Method for better Perspective of AI in Emerging Markets, Journal of Critical Reviews 7 (2020), 4234; *Beaucamp/Beaucamp*, Methoden und Technik der Rechtsanwendung, 4. Aufl. 2019 (zit.: Beaucamp/Beaucamp Methoden); *Borges/Grabmair/Krupkal/Schäfer/Schweighofer/Sorge/Waltl*, Technische und rechtliche Betrachtungen algorithmischer Entscheidungsverfahren. Gutachten der Fachgruppe Rechtsinformatik der Gesellschaft für Informatik e.V. im Auftrag des Sachverständigenrats für Verbraucherfragen, 2018, abrufbar unter https://www.svr-verbraucherfragen.de/wp-content/uploads/GI_Studie_Algorithmenregulierung.pdf (zit.: Borges/Grabmair et al. Algorithmische Entscheidungsverfahren); *Dreyer/Schmees*, Künstliche Intelligenz als Richter?, Wo keine Trainingsdaten, da kein Richter – Hindernisse, Risiken und Chancen der Automatisierung gerichtlicher Entscheidungen, CR 2019, 758; *Engel*, Algorithmisierte Rechtsfindung als juristische Arbeitshilfe, JZ 2014, 1096; *Engisch*, Einführung in das juristische Denken, 12. Aufl. 2018 (zit.: Engisch Einführung); *Engisch*, Logische Studien zur Gesetzesanwendung, 3. Aufl. 1963; *Ertel*, Grundkurs Künstliche Intelligenz, 4. Aufl. 2016; *Feldman/Sanger*, The Text Mining Handbook – Advanced Approaches in Analyzing Unstructured Data, 2007, abrufbar unter https://dl.icdst.org/pdfs/files/25a6d982ee80e1db7a4ebf7eeca4e0ec.pdf; *Fiedler*, Rechenautomaten in Recht und Verwaltung, JZ 1966, 689; *Gabriel*, Der Sinn des Denkens, 2. Aufl. 2019; *Gast*, Juristische Rhetorik, 5. Aufl. 2015 (zit.: Gast Rhetorik); *Hähnchen/Schrader/Weiler/Wischmeyer*, Legal Tech. Der Mensch als Auslaufmodell?, JuS 2020, 625; *Heck*, Gesetzesauslegung und Interessenjurisprudenz, AcP 112 (1914), 1; *Hill*, Die Kunst des Entscheidens, Neue Strategien für veränderte Umwelten, DÖV 2017, 433; *Janier/Saint-Dizier*, Argument Mining, 2019; *Kelsen*, Reine Rechtslehre, 1934; *Kotsoglou*, Subsumtionsautomat 2.0. Über die (Un-)Möglichkeit einer Algorithmisierung der Rechtserzeugung, JZ 2014, 451; *Kotsoglou*, „Subsumtionsautomat 2.0" reloaded? – Zur Unmöglichkeit der Rechtsprüfung durch Laien, Schlusswort, JZ 2014, 1100; *Larenz/Canaris*, Methodenlehre der Rechtswissenschaft, 3. Aufl. 1995 (zit.: Larenz/Canaris Methodenlehre); *Laue*, Vorgangsbearbeitungssysteme der Verwaltung, 2010; *Lenk*, Die neuen Instrumente der weltweiten digitalen Governance, Verwaltung und Management 22 (2016), 227; *Lessig*, Code And Other Laws of Cyberspace, 2. Aufl. 2006; *Matthes*, Stehen regelbasierte Expertensysteme vor einer Renaissance im Bereich Legal Tech?, Rethinking Law 2/2019, 28; *Mochales/Moens*, Argumentation Mining, Artificial Intelligence and Law 19 (1) 2011, 1; *Ogorek*, Richterkönig oder Subsumtionsautomat? Zur Justiztheorie im 19. Jahrhundert, 2. Aufl. 2008; *Polomski*, Der automatisierte Verwaltungsakt, 1993; *Prakken/Bistarelli/Santini/Taticchi* (Hrsg.), Computational Models of Argument: Tagungsband der Konferenz für Computational Models of Argument (COMMA), 2020; *Raabe/Wacker/Oberle/Baumann/Funk*, Recht ex machina – Formalisierung des Rechts im Internet der Dienste, 2012 (zit.: Raabe/Wacker et al. Recht ex machina); *Russell/Norvig*, Künstliche Intelligenz, 3. Aufl. 2012; *Rüthers/Fischer/Birk*, Rechtstheorie und Juristische Methodenlehre, 11. Aufl. 2020 (zit.: Rüthers/Fischer/Birk Rechtstheorie); *Tober*, Ist Normanwendung automatisierbar?, MMR 2021, 779; *Wank*, Die Auslegung von Gesetzen, 6. Aufl. 2015 (zit.: Wank Auslegung); *Xu/Šavelka/Ashley*, Using Argument Mining for Legal Text Summarization, in Villata/Harašta/Křemen (Hrsg.), Legal Knowledge and Information Systems: JURIX 2020 Tagungsband, 2020, S. 184 (zit.: Villata/Harašta/Křemen Legal Knowledge and Information Systems/Xu/Šavelka/Ashley); *Zantwijk*, Subsumtion in aristotelischer Tradition – Juristischer Syllogismus oder rhetorisches

Argument?, in Gabriel/Gröschner (Hrsg.), Subsumtion – Schlüsselbegriff der juristischen Methodenlehre, 2012, S. 25 (zit.: Gabriel/Gröschner Subsumtion/Zantwijk).

I. Einführung

1. Überblick

1 **Rechtsanwendung** vollzieht sich grundsätzlich **in vier Schritten**:[1] Sachverhaltsfeststellung, Finden der maßgeblichen Rechtsnorm, Subsumtion des Sachverhalts unter die einschlägige Norm und schließlich Ausspruch der Rechtsfolge und Akzeptanz (zu den Phasen der Entscheidungsfindung → *Entscheidungsfindung, automatisierte* Rn. 7).

2 Mit der Subsumtion ermittelt der Rechtsanwender, ob und wie ein **Lebenssachverhalt rechtlich zu bewerten oder einzuordnen** ist. Die Subsumtion nimmt in der juristischen Ausbildung einen großen Stellenwert ein. In der Praxis der Rechtsberatung, Rspr. oder Verwaltung ist die klassische Subsumtionstechnik weiterhin ein wichtiger Bestandteil der juristischen Tätigkeit, aber ihre Bedeutung nimmt – jedenfalls mit Blick auf den zeitlichen Anteil an der Tätigkeit – dort ab, wo Wertungen und Interpretationen an Relevanz gewinnen. Für die Entwicklung und Nutzung von Legal Tech-Anwendungen stellt sich insbes. die Frage der Parallelität zwischen juristischer Subsumtionstechnik und der Funktionsweise informationstechnischer Systeme (dazu → Rn. 12 ff.).

2. Abgrenzung

3 Die Subsumtion ist **Teil der juristischen Entscheidungsfindung** im Rahmen der Rechtsanwendung und Rechtsfindung; zur Frage der Automatisierung von (juristischen) Entscheidungen sowie zur Entscheidungsfindung als solcher → *Entscheidungsfindung, automatisierte* Rn. 7 ff. Zu technischen Hintergründen der Formalisierbarkeit von Rechtsanwendung sowie zu praktischen Anwendungsfällen von Assistenzsystemen → *Expertensystem, juristisches* Rn. 11 ff., 29 ff. In der richterlichen Entscheidungsfindung, auch hinsichtlich der Begründung von Gerichtsentscheidungen, bedarf es methodisch sauberer Subsumtionsschritte; zur richterlichen Unabhängigkeit beim Einsatz von Legal Tech sowie dem sich wandelnden Berufsbild → *Richter* Rn. 1 ff., 24 ff.

II. Im Einzelnen – Hintergründe, Entwicklungen

1. Begriffe

a) Subsumtion

4 Der Begriff „**Subsumtion**" entstammt dem Lateinischen und setzt sich zusammen aus „sub" (unter) und „sumere" bzw. „sumptum" (nehmen). Im Allgemeinen ist damit die hierarchische Ordnung von Begriffen gemeint. Im Recht geht es um die Unterordnung des Sachverhaltes unter die Voraussetzungen der Rechtsnorm (dazu im Einzelnen sogleich → Rn. 8 f.).[2]

b) Norm

5 Der Begriff „**Norm**" entstammt dem Lateinischen „norma" (Winkelmaß, Richtschnur, Regel, Vorschrift) und bezog sich ursprünglich auf das Richtmaß des Handwerkers („eine Sachen normen" als „nach einem Vorbild, Muster einheitlich festsetzen"). Zweck einer **gesetzlichen Norm** ist es, menschliches Handeln zu regulieren. Gesetzliche Bestimmungen sind meist abstrakt-generell formuliert, um möglichst viele Lebenssachverhalte in den verschiedensten Konstellationen zu umfassen. Aufgrund ihrer abstrakt-generellen Natur bedarf es für die Einordnung eines konkreten Lebenssachverhalts unter eine gesetzliche Bestimmung eines Zwischenschritts – der Subsumtion.[3]

---

1 Vgl. Rüthers/Fischer/Birk Rechtstheorie Rn. 661 ff.
2 Statt vieler Engisch Einführung S. 70 ff.
3 Vgl. Beaucamp/Beaucamp Methoden Rn. 122.

c) Syllogismus

Der **Syllogismus** als logische Figur verknüpft drei Sätze miteinander: zwei **Prämissen** (etwa „Obersatz" und „Untersatz") folgt eine **Conclusio** (Schlussfolgerung).[4] Eines der bekanntesten Beispiele für das Grundschema des Syllogismus lautet: „Alle Menschen sind sterblich. Sokrates ist ein Mensch. Somit ist Sokrates sterblich." Der Justizsyllogismus ist ein Anwendungsfall dieser logischen Schlussform: Der Syllogismus ist das gedanklich-logische Gerüst der juristischen Subsumtion.[5]

d) Argumentation, Argument, Semantik

Die Begriffe „**Argumentation**" bzw. „**Argument**" finden ihre Grundlage im Lateinischen „argumentum" (Darlegung; Gehalt, Beweismittel, Beweisgrund; dem Wortstamm nach bedeutet es allerdings „was der Erhellung und Veranschaulichung dient") und „arguere" (deutlich zu erkennen geben, behaupten, beweisen, zeigen). Ein Argument wird typischerweise dazu verwendet, etwas zu begründen oder jemanden zu überzeugen. In Sprachwissenschaft und Philosophie versteht man unter einem Argument eine Abfolge von Aussagen, die aus einer Konklusion und möglicherweise mehreren Prämissen besteht, wobei die Konklusion diejenige Aussage ist, die durch die Prämissen begründet bzw. gestützt werden soll.[6] In Subsumtion und Argumentation kommt es auch auf die **Semantik** an, also die Bedeutung von Zeichen, Zeichenfolgen, Wörtern und Sätzen.

2. Justizsyllogismus bzw. juristischer Syllogismus

a) Grundsätze

Eine Schlussfolgerung ist logisch folgerichtig, wenn sich der abstrakte Obersatz mit einem konkreten Untersatz in Einklang bringen lässt. Beim **juristischen Syllogismus** ist in der Regel der Obersatz der Tatbestand einer Norm und der Untersatz der jeweilige Lebenssachverhalt. Die Conclusio ist sodann die Rechtsfolge der Norm des Obersatzes. Im Rahmen der Subsumtion wird also unter eine **abstrakt-generelle gesetzliche Bestimmung als Obersatz** der **konkrete Lebenssachverhalt als Untersatz** gestellt, wobei im Falle einer Übereinstimmung für den konkreten Lebenssachverhalt die Rechtsfolge des abstrakten Tatbestandes als Conclusio eintritt:[7] Der Mörder wird mit lebenslanger Freiheitsstrafe bestraft (§ 211 Abs. 1 StGB); T ist ein Mörder; also wird T mit lebenslanger Freiheitsstrafe bestraft. Die Subsumtion ist dabei für jedes Tatbestandsmerkmal einer gesetzlichen Bestimmung gesondert durchzuführen, auch für die ungeschriebenen Tatbestandsmerkmale. Nur wenn eine Übereinstimmung zwischen Tatbestand und Lebenssachverhalt in allen Merkmalen vorliegt, tritt die Rechtsfolge der Norm als logisch fehlerfreie Schlussfolgerung ein. Sowohl Ziel als auch Gegenstand des Justizsyllogismus ist also die Zuordnung der konkreten Lebenswirklichkeit (Sachverhalt) zur Norm oder präziser: zu den Rechtsbegriffen der Norm.

Der Rechtsanwender prüft also die **Übereinstimmung des konkreten Sachverhalts mit dem Tatbestand der gesetzlichen Vorschrift(-en)** und leitet gerade daraus die Rechtsfolge nach einem „Wenn-dann"-Schema ab.[8] Dem Bedingungssatz (Tatbestand) folgt ein Hauptsatz (Rechtsfolge). Am Beispiel des § 108 Abs. 1 BGB: Wenn der Minderjährige einen Vertrag ohne die erforderliche Einwilligung des gesetzlichen Vertreters schließt, dann hängt die Wirksamkeit dieses Vertrags von der Genehmigung des Vertreters ab.

b) Teilweise Komplexität

Die Subsumtion ist dabei nur **einer von mehreren Bestandteilen der Rechtsanwendung**, weil den juristischen Regelungen Interessen und **Interessenkonflikte** zugrunde liegen, die über die Durchführung

---

4 Beaucamp/Beaucamp Methoden Rn. 123. Häufig wird der heutige juristische Syllogismus in der Methodenlehre auf Aristoteles (383–322 v. Chr.) zurückgeführt.
5 Gast Rhetorik S. 25.
6 Digitales Wörterbuch der deutschen Sprache, abrufbar unter https://www.dwds.de/wb/Argument, Stichwort Argument.
7 Wank Auslegung S. 16.
8 Vgl. auch Hill DÖV 2017, 433 (434).

der Subsumtion hinaus Wertungen notwendig machen.[9] Vielfach enthält insbes. der ausformulierte Hauptsatz nicht genau ein konkretes, punktgenaues „Ergebnis", sondern eröffnet einen Interpretations-, eben Entscheidungsspielraum.[10] Aber auch der juristische Syllogismus selbst ist in seiner praktischen Anwendung **vielfältig und bisweilen komplex**.[11] Es wäre ein Trugschluss zu glauben, ein Richter oder eine Rechtsanwältin würde, ähnlich wie ein Computer, lediglich logische Schlussfolgerungen überprüfen. Die Schwierigkeit der Subsumtion besteht darin, dass es keine Identität zwischen einer abstrakten Norm und einem konkreten Lebenssachverhalt gibt, sondern solche Diskrepanzen im Rahmen der Rechtsanwendung zu überwinden sind. So können sich derartige **Diskrepanzen etwa durch** vom Normgeber bewusst verwendete **unbestimmte Rechtsbegriffe** ergeben. Hinzu kommt, dass häufig viele Jahre zwischen dem Erlass einer Rechtsnorm und dem konkreten Anwendungszeitpunkt liegen, so dass auch der gesellschaftliche Wandel der allgemeinen Wertvorstellungen zu Schwierigkeiten bei der Subsumtion führen kann. Schließlich können gesetzliche Tatbestände auch mehrdeutig, ungenau oder sogar fehlerhaft formuliert sein. Um eine einheitliche Rechtsanwendung und somit Rechtssicherheit zu gewährleisten, darf nicht jedes Tatbestandsmerkmal stets als den konkreten Sachverhalt mittels Subsumtion erfassend angesehen werden. Unbestimmte Tatbestandsmerkmale einer Norm müssen vielmehr zunächst **ausgelegt und definiert** werden, bevor ihnen ein konkreter Lebenssachverhalt untergeordnet werden kann.[12] Dabei enthalten die Definitionen bisweilen selbst weitere unbestimmte Begriffe, die dann ebenfalls zunächst zu konkretisieren sind. Jedoch sind andererseits regelmäßig nicht alle Tatbestandsmerkmale einer Norm zu problematisieren, sondern nur solche, deren Auslegung im Hinblick auf den konkreten Lebenssachverhalt Verständnisfragen aufwirft.[13]

11 Die vier **Schritte der Rechtsanwendung** – Sachverhaltsfeststellung, Suche der Rechtsnormen, Subsumtion und Ausspruch der Rechtsfolgen – erfolgen **nicht isoliert voneinander**, sondern durch einem fließenden, zweck- und wertungsbezogenen, verbundenen Vorgang.[14] Daher stehen auch Anbieter von Legal Tech-Anwendungen, mit denen Rechtsanwendung automatisiert werden soll, vor der Herausforderung der zweckgerichteten, wertenden Beurteilung, weil die Subsumtion eben kein reines „juristisches Logik-Handwerk" ist (dazu sogleich → Rn. 13 ff., 23 ff.).

3. Logik und Justizsyllogismus – Parallelen, aber keine Kongruenz

a) Strukturelle Vergleichbarkeit

12 Die Datenverarbeitung in informationstechnischen Systemen und die Rechtsanwendung in Form des Justizsyllogismus weisen eine **ähnliche Struktur** auf.[15] Programmiersprachen nutzen die formale Logik, um in **Konditionalschemata („Wenn ..., dann..., sonst...")** Arbeitsschritte festzulegen.[16] Das Ergebnis einer einzelnen Datenverarbeitung ist in der Regel in binärer Logik abbildbar – Eins oder Null. Auch beim maschinellen Lernen (vgl. ausführlich → *Künstliche Intelligenz (KI)* Rn. 1. ff.) erfolgt anhand von Ausgangsdaten eine automatisierte Erkennung von Mustern, die noch nicht bewertete bzw. noch nicht in den Ausgangsdaten vorhandene Fragen und Situationen anhand der gefundenen Muster steuern oder bewerten; dies erfolgt zwar nicht vollständig auf einer vorab (vom Programmierer) festgelegten Struktur, basiert aber dennoch auf den Gesetzen der formalen Logik.[17] Auf Logik und Konditionalschemata beruhen auch Rechtsnormen: *Wenn* die (tatbestandlichen) Voraussetzungen der Rechtsnorm vorliegen, *dann* tritt die gennannte Rechtsfolge ein. Aufgrund dieser **Parallelen** liegt es nahe, die Logik von Datenverarbeitungs-

---

9 Hähnchen/Schrader et al. JuS 2020, 625 (626).
10 Dazu Nink Justiz und Algorithmen S. 38 f.
11 Vgl. Rüthers/Fischer/Birk Rechtstheorie Rn. 682.
12 Beaucamp/Beaucamp Methoden Rn. 129, 145.
13 Wank Auslegung S. 16.
14 Rüthers/Fischer/Birk Rechtstheorie Rn. 666 ff.
15 Dazu und zum Folgenden Hähnchen/Schrader et al. JuS 2020, 625 (626 ff.); zur Parallele zwischen Verwaltungsvorschriften und Automatisierung Laue, Vorgangsbearbeitungssysteme der Verwaltung, 2010, S. 202; vgl. auch Polomski, Der automatisierte Verwaltungsakt, 1993, S. 56 ff.
16 Vgl. bereits Buchholtz JuS 2017, 955 ff.; Lessig, Code And Other Laws of Cyberspace, 2. Aufl. 2006, S. 1 ff.
17 Ertel, Grundkurs Künstliche Intelligenz, 4. Aufl. 2016, S. 3; Ashley Artificial Intelligence and Legal Analytics S. 114, 234 ff., 251 ff.

systemen mit der des Justizsyllogismus zu vergleichen (zur Frage der Automatisierbarkeit der Subsumtion sogleich → Rn. 16 ff., 23 ff.).[18]

b) Unterschiede

Trotz dieser Parallelen und Vergleichbarkeit besteht **keine Kongruenz**. Denn das juristische Vorgehen als solches setzt **Wertungen** voraus, die nicht „wahr" oder „falsch" sind, sondern insbes. „vertretbar" oder „nicht vertretbar".[19] Die reine, abstrakt betrachtete Subsumtionstechnik basiert zwar zum großen Teil auf einer logischen Herangehensweise, aber das Erkennen, Bewerten und Lösen von wirtschaftlichen, gesellschaftlichen oder politischen **Interessenkonflikten** sind stets Gegenstand der Rechtsanwendung, auch des Subsumtionsschritts: Rechtspolitische Entscheidungen fließen so in die **Norminterpretation (Auslegung)** und die Rechtsanwendung (Argumentation im Einzelfall) ein.[20]

Zudem sind bei der **vorgelagerten Entscheidung** darüber, *ob* eine Norm überhaupt Anwendung findet und *wie*, bereits Wertungen erforderlich – insbes. bei unbestimmten Rechtsbegriffen, Generalklauseln oder auch in komplexen Sachverhalten. **Auslegung, Abwägung, Argumentation** und im Bereich der Anwaltschaft besonders die **bedürfnis-, handlungs- und konsequenzenorientierte Beratung** sind jeweils Kernbestandteile der juristischen Tätigkeit. Die hierbei notwendigen Wertungen verlaufen oft in einem „Dazwischen" statt in eindeutigen „und/oder"-Kategorien[21] (s. aber zur Fuzzy-Logik → *Algorithmus* Rn. 10 f. sowie → *Entscheidungsfindung, automatisierte* Rn. 22 ff.).

Die Rechtsanwendung im Einzelfall beschränkt sich zudem in aller Regel nicht auf die Subsumtion unter eine einzelne Rechtsnorm, sondern umfasst zugleich die Einordnung in und damit die Anwendung der **Rechtsordnung insgesamt**.[22] Zwar sind die systematischen Erwägungen bei der Auslegung identifizierter Normen logisch determiniert, aber auch dabei können wertende Aspekte zu berücksichtigen sein, die bisweilen nicht auf den ersten Blick klar konturiert in Erscheinung treten.[23]

4. Formalisierung und Formalisierbarkeit – Modellierung von Subsumtion und Argumentation

a) Überblick – Modellierung, Text Mining, Argument Mining

Legal Tech-Anwendungen, die auch die Subsumtion als Teil der juristischen Tätigkeit umfassen, können sich eine **Modellierung des juristischen Denkens und der rechtlichen Argumentation**, etwa in Begründungen in juristischen Texten, Urteilen, Schriftsätzen oder Gesetzesbegründungen, zunutze machen. Die Modelle sollen Argumente in Texten finden und verwerten, dabei Zusammenhänge und Kontext von Zeichenfolgen und Begriffen erkennen und Ereignisse oder Zeitangaben in Texten, Zitaten oder (Zeugen-)Aussagen treffend einordnen. Sog. **Argument Mining** (wörtlich engl. mining = Fördern, Graben, Abbauen), einem Anwendungsbereich des Natural Language Processing (dazu ausführlich → *Natural Language Processing (NLP)* Rn. 1 ff., 46 ff.), extrahiert argumentative Textteile und analysiert ihre Relevanz für die Gesamtaussage, etwa für die Entscheidungsformel eines Urteils.[24]

Beim etwas allgemeineren **Text Mining** soll eine statistische und (computer-)linguistische Aufbereitung von (zumeist un- oder wenig strukturierten) Texten **relevante Informationen in Textdaten finden und**

---

18 Teilweise wird bereits aus dieser Vergleichbarkeit von Rechtssätzen und klassischem Softwarecode eine „Notwendigkeit, die juristische Arbeitsweise (Subsumtionstechnik) maschinell in Form von Software nachzubilden", angenommen, vgl. Breidenbach/Glatz Legal Tech-HdB/Krimphove/Niehaus S. 356 f.
19 Kotsoglou JZ 2014, 451 (453 f.).
20 Adomeit/Hähnchen Rechtstheorie Rn. 97 f.; Rüthers/Fischer/Birk Rechtstheorie Rn. 661 ff.
21 Hähnchen/Schrader et al. JuS 2020, 625 (627).
22 Rüthers/Fischer/Birk Rechtstheorie Rn. 659, 663.
23 Hähnchen/Schrader et al. JuS 2020, 625 (629).
24 S. dazu etwa Villata/Harašta/Křemen Legal Knowledge and Information Systems/Xu/Šavelka/Ashley S. 184 ff.; Ashley Artificial Intelligence and Legal Analytics S. 38 ff., 127 ff. Vgl. zu den logischen und linguistischen Grundlagen von Argument und Argumentation Janier/Saint-Dizier Argument Mining S. 1 ff.

zuordnen.[25] Zentrale Schritte dabei sind (i) die Auswahl der Datengrundlage (die Dokumente sollten eine Mindestkonsistenz bzgl. Sprache, Größe und Thematik haben), (ii) die Datenaufbereitung, (iii) das eigentliche Analyseverfahren (bspw. Clustering-Verfahren[26]), sowie (iv) die Darstellung der Ergebnisse (etwa per Visualisierung). Im Rahmen der Analyse werden die Textdaten etwa anhand von Schriftzeichen, Wörtern, Begriffen (engl. terms) und/oder Konzepten (engl. concepts) „tokenisiert"[27], wobei auch die Struktur analysiert wird (Wo steht ein Wort? Welche Wörter stehen davor und danach, ggf. mit welchem Bezugswort? etc). Das deutsche Recht kennt (in Umsetzung der Richtlinie (EU) 2019/790)) in § 44b Abs. 1 UrhG auch bereits eine – weniger „allgemeingültige" bzw. technische denn urheberrechtsbezogene – Legaldefinition: „Text und Data Mining ist die automatisierte Analyse von einzelnen oder mehreren digitalen oder digitalisierten Werken, um daraus Informationen insbesondere über Muster, Trends und Korrelationen zu gewinnen". Aus Anwendersicht und zusammenfassend, geht es beim Text Mining darum, zentrale oder anderweitig als relevant definierte Informationen schnell zu finden.

18 **Juristisches Argument Mining** bzw. Argumentation Mining geht über „gewöhnliches" Text Mining hinaus und zielt auf die argumentativen Teile eines (juristischen) Dokuments und die automatische Extraktion von Argumenten oder Argumentationseinheiten hieraus: **Argumente** und Argumentationsstrukturen sollen in Texten (mithilfe Künstlicher Intelligenz, insbes. maschineller Lernverfahren) **automatisch erkannt, klassifiziert und strukturiert** werden.[28] Mehr noch als das Text Mining zielt es also auf eine qualitative, inhaltliche Analyse. Das Argumentation Mining wird als Teil der Argumentationsanalyse gesehen, die das „Verstehen" der Argumente und ihrer Gewichtung sowie der Argumentationsstruktur zum Gegenstand hat: Analysiert wird der Inhalt serieller Argumente, ihre logische und sprachliche Struktur (Voraussetzungen bzw. Prämissen; Folgerungen), die Verknüpfung zwischen den vorangehenden und nachfolgenden Argumenten (oder auch Haupt- und Nebenargumenten sowie Argumenten und Gegenargumenten) und das Erkennen der zugrunde liegenden konzeptionellen Überzeugungen.[29] Dabei bestehen ua Schwierigkeiten, die relevanten Rechtsnormen (in maschinenlesbarer Form) zunächst zu finden, juristisch tragfähige Schlussfolgerungen rechtssicher zu erkennen, Ereignisse oder Fakten als entscheidungserheblich einzustufen und Beweise und Indizien korrekt einzuordnen (vgl. ergänzend auch → *Legal Prediction* Rn. 1 ff.).

b) Modelle und Formalisierung

19 Die Automatisierung der Subsumtion setzte weiter die **Formalisierung und Formalisierbarkeit** der juristischen (also natürlichen) **Sprache** voraus. Trotz vielversprechender computergestützter Argumentationsmodelle („computational models of argument") und Anwendungen zum Argumentation Mining (for legal reasons)[30] sowie großer Fortschritte im Bereich des → *Natural Language Processing (NLP)* Rn. 1 ff., 21 ff., 43 ff. konnten aber die „sprachlichen Hürden" zur Subsumtionsautomatisierung (dazu auch → *Entscheidungsfindung, automatisierte* Rn. 45 f.) noch nicht überwunden werden.[31] Die Erforschung computergestützter Argumentationsmodelle verfolgt aber weiter das theoretische Ziel, Argumentation in Computerprogrammen zu modellieren, und das praktische Ziel, computergestützte Systeme zu entwickeln, die in der Lage sind, mit menschlichen Benutzern oder untereinander argumentationsbezogen zu (inter)agieren.

---

25 Dazu und zum Folgenden Feldman/ Sanger The Text Mining Handbook S. 1 ff., 19 ff.
26 Feldman/ Sanger The Text Mining Handbook S. 82 ff., konkret zur Informationsextraktion S. 94 ff. Clustering-Verfahren nutzen oftmals Fuzzy-Logik, vgl. dazu → Entscheidungsfindung, automatisierte Rn. 22 ff.
27 Feldman/ Sanger The Text Mining Handbook S. 13 ff.
28 Villata/Harašta/Křemen Legal Knowledge and Information Systems/Xu/Šavelka/Ashley S. 184 ff.
29 Mochales/Moens Artificial Intelligence and Law 19 (1) 2011, 1 (2 ff.), vgl. dort auch die Übersichten der einzelnen Argumentationsschemata auf S. 5 f. Zu den (computer-)linguistischen Grundlagen Janier/Saint-Dizier Argument Mining S. 13 ff., insbes. S. 39 ff.
30 Vgl. dazu etwa Anan/Singh Journal of Critical Reviews 7 (2020), 4234 ff.; Villata/Harašta/Křemen Legal Knowledge and Information Systems/Xu/Šavelka/Ashley S. 184 ff.; Prakken/Bistarelli/Santini/Taticchi (Hrsg.), Computational Models of Argument: Tagungsband der Konferenz für Computational Models of Argument (COMMA), 2020; sowie Ashley Artificial Intelligence and Legal Analytics S. 38 ff., 127 ff., 236 f., 351 f.
31 Vgl. bereits Kotsoglou JZ 2014, 451 (452); vertiefend Adrian Rechtstheorie 48 (2017), 77 (91); Adrian Methodenlehre S. 690 f.; vgl. auch die weiteren Ausführungen bei Nink Justiz und Algorithmen S. 208 ff. mwN.

Ansätze der „computational models of legal argument" als Fortführung bzw. Konkretisierung der allgemeineren „computational models of legal reasoning"[32] adressieren gezielt die **Argumentation und Begründung in juristischen Dokumenten**. Modelliert werden sollen Abschnitte zur Begründung einschließlich Sachverhaltsdarstellung, rechtlicher Fragestellung sowie des Auffindens und Anwendens der relevanten Rechtsnorm. Ein Beispiel ist etwa das sog. „case-based legal reasoning", das fallbasierte Schließen bzw. Schlussfolgern, auf dessen Basis es in eng begrenzten Bereichen sogar möglich ist, das Ergebnis eines Gerichtsverfahrens mit einer gewissen Wahrscheinlichkeit vorherzusagen.[33]

Es soll also letztlich das **juristische Denken in Form der rechtlichen Argumentation modelliert** werden. Ein Argumentmodell besteht aus einer Darstellung der Elemente eines Arguments und einer Spezifikation seiner Semantik.[34] Zu den Argumentelementen gehören das Argument selbst und die Stellung einzelner Begriffe sowie ihre Beziehungen untereinander. KI-Forscher haben eine **Vielzahl von Argumentationsmodellen** entwickelt, die sich in den Aspekten der Argumente, die sie darstellen, und in der Art und Weise, wie sie den Status eines Arguments spezifizieren, unterscheiden.[35] Abstrakte Argumentationssysteme abstrahieren beispielsweise von einem Großteil der Argumentationsstruktur und stellen lediglich Argumente und Angriffsbeziehungen zwischen ihnen dar, wobei sie Kriterien für die Bestimmung des Status eines Arguments spezifizieren, dh ob ein Argument akzeptabel oder. angreifbar ist. Eine Erweiterung dieser Modelle kann komplexere Argumentationsphänomene berücksichtigen, etwa indem Prämissen und Schlussfolgerungen dargestellt und sowohl Unterstützungs- als auch Angriffsbeziehungen berücksichtigt werden. Andere Argumentationsmodelle zielen wiederum darauf ab, strukturelle Aspekte von Argumenten zu erhalten, die sie für Praktiker intuitiv zugänglicher machen können. Daneben gibt es Modelle, die Argumentationsstrukturen verwenden, welche die Behauptungen und Beweise über Begründungen und Unterstützungen in Beziehung setzen oder die klar zwischen Behauptungen und Argumenten unterscheiden können – also zwischen Abschnitten, die eine Schlussfolgerung unterstützen, und solchen, die sie angreifen.[36] Die Modelle veranschaulichen, wie Rechtsfälle so dargestellt werden können, dass ein Computerprogramm beurteilen kann, ob sie mit einem zu entscheidenden Fall vergleichbar sind. Sie veranschaulichen insbs., wie ein Programm ein Problem und Fälle vergleichen, die relevanten Fälle auswählen und durch Analogie juristische Argumente für und gegen eine Schlussfolgerung in einem neuen Fall erzeugen kann. Dabei spielen vor allem teleologische Argumente (also Argumente bezogen auf den Sinn, Zweck oder Wert der Vorschrift) eine wichtige Rolle.[37]

c) Keine Präjudizienwirkung

Beim Erstellen und auch der Anwendung solcher Modelle ist zu bedenken, dass sich das Fallrecht des common law in Rechtssystemen wie in den USA, UK etc für einige dieser Modelle (insbs. die **Modelle fallbasierten Schließens**) etwas besser eignet als das **deutsche Recht, dem Präjudizien grundsätzlich fremd** sind (mit Ausnahme von § 31 BVerfGG und vorbehaltlich der Rspr. der Großen Senate und des Gemeinsamen Senats der obersten Gerichtshöfe des Bundes, vgl. Art. 95 GG) und in dem die Rechtsanwendung zuvorderst und maßgeblich auf das kodifizierte Recht gestützt ist. Die Präjudizienwirkung vergangener Rspr. begründet einen **korrelativen Rechtsfindungsprozess** – eine Logik, die der Modellierung durch maschinelle Lernverfahren entgegenkommt, die aber im deutschen Recht nicht maßgeblich ist.[38] Neue Gesetze und ggf. auch die Gesetzesbegründungen sind bei der Rechtsanwendung ab Inkrafttreten

---

32 Vgl. Ashley Artificial Intelligence and Legal Analytics S. 2, 127 ff.
33 Vgl. etwa den „Rechtsprechungswahrsager"-Algorithmus von Aletras/Tsarapatsanis et al. PeerJ Computer Science 2 (2016), 1 (1 ff.), der Entscheidungen des EGMR mit einer gewissen Wahrscheinlichkeit vorhersagen kann und in mehr als drei Viertel der Fälle so wie die Juristen in Straßburg „entschied".
34 Dazu und zum Folgenden Ashley Artificial Intelligence and Legal Analytics S. 127 ff., dort auch mit Nachweisen zu den technischen Details der verschiedenen Modelle, die hier aufzuführen den Rahmen des Kommentars sprengte.
35 Vgl. etwa Mochales/Moens Artificial Intelligence and Law 19 (1) 2011, 2 ff., insbes. S. 4 ff.
36 Ashley Artificial Intelligence and Legal Analytics S. 127 ff.
37 Ashley Artificial Intelligence and Legal Analytics S. 73 ff.
38 Nink Justiz und Algorithmen S. 387, 412 f.

bzw. Geltung zu berücksichtigen – auch dann, wenn noch kein Gericht darüber entschieden hat und sich ein Modell maschinellen Lernens insoweit nicht an bestehender Praxis orientieren kann.

5. Automatisierbarkeit der Subsumtion?

a) Verstehen

23 Ein Problem für die Automatisierung der Subsumtion ist die Bestimmung der Grenzen der jeweiligen Rechtsbegriffe einer Norm, insbes. der tatbestandlichen Rechtsbegriffe: Denn der Rechtsanwender muss das jeweilige Tatbestandsmerkmal für den konkreten Interessenkonflikt auslegen.[39] Ob es tatsächlich erforderlich ist, den zugrunde liegenden und **zu lösenden Interessenkonflikt** hinreichend zu **verstehen**, was indes über eine bloße Musteranalyse der Häufigkeit vorheriger (wenngleich ähnlicher) Entscheidungen hinausgeht,[40] sei dahingestellt. Diese Einschätzung beschreibt eher den Idealfall der Rechtsanwendung; realistischerweise wird man hingegen annehmen müssen, dass nicht jeder Rechtsanwender jeden zu entscheidenden Interessenkonflikt verstehen kann und dass sich Menschen immer auch an ähnlichen und vergleichbaren Fällen zumindest orientieren. Zudem werden Aspekte wie Empathie oder Gerechtigkeitssinn, die für das Verständnis von Interessenkonflikten relevant sind, weder in der juristischen Ausbildung zwingend vermittelt noch in den Examina geprüft, gerade weil dies viele subjektive Komponenten beinhaltete.[41]

b) Hürden der Automatisierung

24 Allerdings stellt sich eine damit verknüpfte Hürde: Algorithmen können stochastische Schlussfolgerungen aus der Syntax der Sprache ableiten, also Verbindungen von Wörtern zu Wortgruppen und Sätzen analysieren. Die bislang verfügbaren **Legal Tech-Anwendungen subsumieren aber nicht im juristischen Sinne** und wenden **keine juristischen Auslegungsmethoden**[42] an, da hierzu (neben der Syntax auch) die Semantik der Sprache, also die Bedeutung eines Wortes oder Satzes erfasst werden müsste, was Algorithmen nicht leisten.[43] Rechtsanwendung lässt sich somit nicht auf Logik reduzieren: Juristische Schlüsse sind aus Sicht der klassischen Logik zwar trivial, aber das juristische Denken besteht vor allem darin, Begriffe zu bilden.[44] Dabei gibt die Logik lediglich den Rahmen der Entscheidungsschritte vor, allerdings ist jeweils die semantische Bedeutung in diesem Rahmen auszuwerten, etwa bei der Frage, was „Gewalt" im Normtext des Nötigungstatbestands (§ 240 Abs. 1 StGB) ist.

25 Vor diesen Hürden stünde auch ein „Subsumtionsautomat".[45] Denn die reine Aussagenlogik bezieht sich allein auf die Gültigkeit von Schlüssen und kann nichts aussagen über die Wahrheit der Prämissen.[46] Wenngleich das Gesetz selbst den Prüfungsalgorithmus vorgibt, liefern **weder der Justizsyllogismus noch die juristische Methodenlehre mit ihrem Auslegungskanon daher einen logischen Anknüpfungspunkt für eine computationelle Modellierung der Subsumtion**.[47] Am Beispiel des Gewaltbegriffs in § 240 Abs. 1 StGB: Die praktische Rechtsanwendung besteht etwa in einer Definition gesetzlicher Merkmale, unter die die Ereignisse des (ermittelten) Sachverhalts subsumiert werden. Dieser Schritt ist aber nicht allein logisch ableitbar, denn es ist nicht logisch zwingend, warum sich aus dem Wort des gesetzlichen Tatbestandes die Worte der Definition ergeben. Dies wird umso deutlicher, als sich die Definition des

---

39 Hähnchen/Schrader et al. JuS 2020, 625 (629).
40 In diese Richtung Hähnchen/Schrader et al. JuS 2020, 625 (629), unter Verweis auf Heck AcP 112 (1914), 1 (8 ff.).
41 Die Graubereiche menschlichen Lebens mit all seinen (sozialen, wirtschaftlichen und sonstigen) Interessenkonflikten sind nicht vollständig vorab programmierbar und es ist umgekehrt mindestens problematisch, dies mittels maschinellen Lernens Maschinen anzuvertrauen; ausführlich Nink Justiz und Algorithmus S. 177 ff.
42 Ob man die Auslegung zur Subsumtion (im engeren Sinne) zählt oder nicht (so wie im Sprachgebrauch der juristischen Methodenlehre von Larenz/Canaris Methodenlehre S. 11 ff.), spielt für die nachfolgenden Ausführungen keine tragende Rolle.
43 Timmermann Legal Tech-Anwendungen S. 696.
44 Tober MMR 2021, 779 (781 ff.).
45 Vgl. zum Begriff etwa Kotsoglou JZ 2014, 451 ff.; im historischen Kontext Ogorek, Richterkönig oder Subsumtionsautomat?, 2. Aufl. 2008, S. 4 ff.; vgl. auch Nink Justiz und Algorithmus S. 77 f. mwN.
46 Breidenbach/Glatz Legal Tech-HdB/Yuan S. 371 ff. Rn. 1 ff.
47 Breidenbach/Glatz Legal Tech-HdB/Yuan S. 372 f. Rn. 3 ff.

Gewaltbegriffs in der Rspr. des BGH, des BVerfG und (dies jeweils aufgreifend) der Kommentarliteratur vielfach geändert hat.[48] Aber selbst der dann folgende Subsumtionsschritt ist nicht allein logisch ableitbar, denn die Zuordnung des tatsächlichen Ereignisses zu den Wörtern der Definition entspringt nicht den Gesetzen der Logik, sondern basiert auf Semantik und aktiven Zuschreibungen.

c) Subsumtion als Klassifikation

Eine Maschine kann diese Definitions- und Wertungsschritte nicht (ohne Weiteres) berechnen.[49] Es liegt daher nahe, die Subsumtion als Klassifikation zu betrachten[50] und näherungsweise zu modellieren. Dabei werden **Ereignisse des Sachverhalts** (bzw. Begriffe, die tatsächliche Ereignisse beschreiben) **als (juristische) Klassen der Kategorie des gesetzlichen Tatbestands** angesehen (zB eine Schere als Instanz der Klasse „gefährliches Werkzeug"). Die Möglichkeit und Sinnhaftigkeit der Aufstellung von Klassenbeziehungen wird durch die Konventionalität der Bedeutung sprachlicher Zeichen und deren Kontextvarianz bedingt, denn Worte bedeuten nicht „a priori" etwas, sondern sie tragen die Bedeutung, welche die Sprachgemeinschaft ihnen jeweils zuspricht.[51] Die Klassifikation durch maschinelles Lernen[52] kann die Subsumtion insoweit modellieren – zB als überwachtes Lernen, wobei also ein Algorithmus mit gelabelten Daten (als Trainingsdaten) trainiert wird, damit er bei einem noch unbekannten Datum (Sachverhalt, Bild, Stimmenaufzeichnung etc) berechnen kann, welcher Klasse es angehört. Ein solches Datum kann zB ein gesetzliches Tatbestandsmerkmal sein.[53] Die Subsumtion wäre dabei als Klassifikation im Sinne eines induktiven, zB fallbasierten Lernens bzw. Schließens anzusehen.

d) Subsumtionsmodelle und juristisches Denken – Automationshindernisse

Subsumtion ist nicht gleich Subsumtion.[54] In der Literatur werden die **„kausale"** und die **„normative" Subsumtion** als zwei „Spielarten der Subsumtion" vorgeschlagen.[55] Die kausale Subsumtion erfordere lediglich Syntaxanalyse, die normative Subsumtion eine Berücksichtigung der Semantik. Dabei sei etwa der Sachverhalt nicht als (gegebenes) raum-zeitliches Ereignis gesehen, sondern er müsse erst begrifflich kodiert werden.[56] Bereits hierbei muss aber die anzuwendende Norm mitgedacht werden, weil der (ermittelte und begriffene) Sachverhalt ausdrückt, was genau als Anwendungsfall einer Norm in Betracht kommt, indem er mit solchen Begriffen verknüpft ist, die unter die Norm subsumiert werden können.[57] Vor diesem Hintergrund wird etwa in der Philosophie vertreten, dass das Verhältnis von künstlicher Intelligenz und menschlicher Intelligenz dem Verhältnis von Karte und Gebiet ähnele.[58] Mit Blick auf die Automatisierbarkeit der Subsumtion im Sinne eines Modellierens der menschlichen Subsumtionstätigkeit und vor dem Hintergrund, dass der Sinn eines Modells (auch) in der Reduktion von Komplexität liegt,

---

48 Vgl. die Entwicklung ab RG Urt. v. 6.5.1921, – 127/21, RGSt 56, 87 (88 f.), über BGH Urt. v. 5.4.1951 – 4 StR 129/51, BGHSt 1, 145, bis hin zu BGH Urt. v. 8.8.1969 – 2 StR 171/69, BGHSt 23, 56; zur BGH-Rechtsprechung sodann BVerfG Beschl. v. 10.1.1995 – 1 BvR 718, 719, 722, 723/89, BVerfGE 92, 1; und schließlich BVerfG Beschl. v. 24.10.2001 – 1 BvR 1190/90, NJW 2002, 1031.
49 Breidenbach/Glatz Legal Tech-HdB/Yuan S. 373.
50 S. zu Anwendungsmöglichkeiten von Klassifikations- und Regressionsmodellen im Strafrecht Nink Justiz und Algorithmen S. 394 ff.; vgl. allgemein zu Regression (Zuweisung quantitativer Werte) und Klassifikation (Einteilung eines Sachverhalts in (Risiko-)Gruppen; Ja/Nein-Einordnungen) auch Borges/Grabmair et al. Algorithmische Entscheidungsverfahren. S. 30 ff.; vgl. auch Russell/Norvig, Künstliche Intelligenz, 3. Aufl. 2012, S. 696.
51 Vgl. Breidenbach/Glatz Legal Tech-HdB/Yuan S. 374 Rn. 8.
52 Vgl. Russell/Norvig, Künstliche Intelligenz, 3. Aufl. 2012, S. 696.
53 Vgl. Breidenbach/Glatz Legal Tech-HdB/Yuan S. 375 f. Rn. 9 ff.
54 Dazu und zum Folgenden Tober MMR 2021, 779 ff.
55 Vgl. etwa Timmermann Legal Tech-Anwendungen S. 75 ff., 79; s. auch bereits Kelsen, Reine Rechtslehre, 1934, S. 22: die Rechtsnorm als „hypothetisches Urteil [...], das die spezifische Verknüpfung eines bedingenden Tatbestandes mit einer bedingten Folge ausdrückt", wobei – in Abgrenzung zur Kausalität iSd Naturgesetze – die „Rechts-/Unrechtsfolge [...] der Rechtsbedingung zugerechnet [wird]".
56 Gabriel/Gröschner Subsumtion/Zantwijk S. 25 (25 f.).
57 Tober MMR 2021, 779 (780).
58 Gabriel, Der Sinn des Denkens, 2. Aufl. 2019, S. 91 ff.; zust. Tober MMR 2021, 779 (782).

kann die computationelle Modellierung der Subsumtion nicht der vom menschlichen Rechtsanwender durchgeführten Subsumtion gleichgesetzt werden.[59] Die **kausale Berechnung eines Algorithmus ist nicht deckungsgleich mit der juristischen Subsumtion**: Ein Algorithmus kann insoweit auch keine Normen anwenden, weil er sich nicht auf Normen, sondern allenfalls syntaktisch auf Normsätze beziehen kann. Ebenso sollten digitale Technologien in der Rechtsfindung (auf der „Modellebene") nicht mit juristischem Denken selbst verwechselt werden, weil die Simulation juristischen Denkens nicht selbst juristisches Denken ist, wie gleichsam das Prüfungsschema des § 240 StGB selbst keine Nötigung ist.[60]

28 Der **Subsumtionsvorgang** vollzieht sich **nicht als zwingende Abfolge von logischen, mechanischen Rechenoperationen**, welche die Gesetze und deren Anwendung als eindeutiges Produkt auswerfen, weil die offene, abstrakte Formulierung vieler Gesetze einen auszufüllenden Spielraum vorsieht. Auf „case-based (legal) reasoning"[61] (fallbasiertem Schließen) beruhende Systeme maschinellen Lernens können zwar vertretbare Schlussfolgerungen auch in komplexen Fällen vornehmen, sofern sie anhand einer qualitativ und quantitativ ausreichend befüllten Datenbank von Urteilen trainiert und daraufhin anhand gesetzter Variablen zu einer begründeten oder jedenfalls begründbaren Schlussfolgerung kommen.[62] Dies erscheint aber dennoch vor allem dort sinnvoll, wo den zu bearbeitenden Rechtsfragen vergleichbare Sachverhalte und einfache Rechtsfragen ohne großen Wertungs- und Interpretationsspielraum zugrunde liegen.

29 Das **Finden der maßgeblichen einschlägigen Rechtsnorm** wurde einprägsam mit dem „Hin- und Herwandern des Blickes" des Rechtsanwenders zwischen Gesetz und Lebenssachverhalt beschrieben.[63] Die Möglichkeiten der Automatisierung wären in dieser Hinsicht umso höher, je mehr eine semantische Suche einbezogen werden könnte – also nicht nur gleiche oder ähnliche in eine Suchfunktion eingebundene Werte, sondern auch der jeweilige Kontext, in dem Begriffe stehen, weil der Kontext für das Verständnis des Begriffs selbst (in einer Rechtsnorm oder einer Definition) und die Zuordnung eines tatsächlichen Ereignisses zu diesem relevant sein kann. Auf diese Weise könnten nicht nur die einschlägigen Rechtsnormen, sondern auch „passende" Argumente automatisiert gefunden werden. Im Idealfall würden dadurch auch Entscheidungsbegründungen womöglich argumentreicher mit der Folge größerer Akzeptanz.[64] Die **Grenze** wäre freilich erreicht, **wo gänzlich neue Argumente zu entwickeln sind**, etwa im Rahmen von (richterlicher) **Rechtsfortbildung oder Analogienbildung**.[65] Auch das BVerfG sieht die richterliche Rechtsfindung nicht auf den Vollzug vorgegebener Normen in dem Sinne begrenzt, dass der Richter dabei als bloße „bouche de la loi" (frz. „Mund des Gesetzes"), in anderen Worten also als „Subsumtionsautomat" fungiert.[66] Vielmehr handele es sich um einen „Akt des bewertenden Erkennens, dem auch willenhafte Elemente nicht fehlen"; festgestellte Lücken seien „nach den Maßstäben der praktischen Vernunft" sowie den „fundierten allgemeinen Gerechtigkeitsvorstellungen der Gemeinschaft" zu schließen.[67]

30 Ein Problem induktiver, datenbasierter Systeme (vgl. auch → *Entscheidungsfindung, automatisierte* Rn. 15 ff., 19 f.) ist es daneben, dass die potenziellen **Trainingsdokumente in nicht standardisierten** und auch nicht ohne Weiteres standardisierbaren **Datensätzen** vorliegen.[68] Die gewinnbringende Analyse natürlicher Sprache gelingt aber umso eher, je homogener die Daten – also die juristischen Argumentationen in Urteilen und anderen Texten – zur Verfügung stehen.[69]

---

59 Tober MMR 2021, 779 (782).
60 Vergleich in adaptierter Form übernommen von Tober MMR 2021, 779 (782).
61 Vgl. dazu etwa Ashley Artificial Intelligence and Legal Analytics S. 73 ff.
62 Vgl. etwa Matthes Rethinking Law 2/2019, 28 (32).
63 Engisch, Logische Studien zur Gesetzesanwendung, 3. Aufl. 1963, S. 14 f.; Engisch Einführung S. 8 ff.
64 Hähnchen/Schrader et al. JuS 2020, 625 (629).
65 Dazu Nink Justiz und Algorithmen S. 229 ff., zu Grundlagen und Erscheinungsformen S. 110 ff. mwN.
66 BVerfG Beschl. v. 22.8.2016 – 2 BvR 2953/14, NVwZ 2016, 1630 (1631).
67 Vgl. BVerfG Beschl. v. 14.2.1973 – 1 BvR 112/65, BVerfGE 34, 269 (286 f.).
68 Dreyer/Schmees CR 2019, 758 (761 f.).
69 Nink Justiz und Algorithmen S. 216 f.

Systeme maschinellen Lernens basieren auf den Gesetzen der Logik, an die iÜ natürlich auch der Richter gebunden ist.[70] Aber **Rechtsanwendung durch den Menschen ist keine reine Deduktion.**[71] Rechtsanwendung ohne jegliche vorherige Informationswertung oder -filterung erscheint angesichts der Struktur unserer Rechtsordnung ausgeschlossen. Wegen der schieren Vielzahl an vorhandenen Informationspaketen bis hin zur molekularen, atomaren, subatomaren Ebene erscheint eine „absolute Informiertheit" nicht möglich[72] und es wäre eine Verkürzung des Tatsächlichen, setzte man die Welt als Ganzes mit der erfahrbaren und messbaren Realität gleich und verstünde man Data Mining umstandslos als Reality Mining:[73] Denn auch Daten sind nicht „die Welt an sich", sondern stets lediglich ein Modell derselben. Der potenzielle Aufwand, alle nur denkbaren möglicherweise juristisch bedeutsamen Fakten für jedweden Lebenssachverhalt zu formalisieren, ist unberechenbar.[74]

e) Zwischenergebnis

Im Ergebnis ist festzuhalten, dass Computer bei großen Datenmengen und deren Auswertung, (vor-)strukturierten Problemen und mathematisch-folgerichtigem Vorgehen nützlich oder Menschen sogar überlegen sind. Die Komplexität von tatsächlichen Lebenssachverhalten können sie aber nicht auf gleiche Weise wie Menschen erfassen. Daher lässt sich auch die **juristische Subsumtion zwar näherungsweise modellieren**, aber eben **nicht deckungsgleich automatisieren**. Insbes. soziale und emotionale Bedeutungen zu erfassen sowie Lebens- und Lernerfahrungen einzubeziehen, stellt Maschinen vor große Probleme. Gerade diese Aspekte sind aber untrennbar mit der Rechtsanwendung verbunden, weil sie stets konkrete Lebenssachverhalte betrifft und sich regelnd auf reale soziale Vorgänge auswirkt.[75] Nämliches gilt für Aspekte der Ethik, der Einzelfallgerechtigkeit, der Empathie oder von (sich wandelnden) Moralvorstellungen.

III. Fazit und Ausblick

Juristische Subsumtion ist die **Unterordnung eines Lebenssachverhalts unter die (Tatbestands-)Begriffe einer Rechtsnorm**. Beim sog. Justizsyllogismus ist in der Regel der Obersatz der Tatbestand einer Norm, der Untersatz der jeweilige Lebenssachverhalt und die Conclusio die Rechtsfolge auf Basis der abstrakt-generell formulierten Rechtsnorm.

Aufgrund der **Parallelen von Rechtsnormen und Programmcode**, die jeweils grundsätzlich in Konditionalsätzen („Wenn-dann"- bzw. „Wenn-dann-sonst"-Schema) aufgebaut sind, scheint sich die Subsumtion gut für eine Automatisierung oder jedenfalls Modellierung zu eignen. In dieser Hinsicht vielversprechend sind zB Systeme maschinellen Lernens mit Klassifikationsalgorithmen, die die Rechtslage „berechnen" können – wie es bereits einige Legal Tech-Anwendungen zeigen.[76] Der Erfolg und die Präzision solcher Anwendungen ist in großem Maße abhängig von der Verfügbarkeit und Qualität der (gelabelten Trainings-)Daten (dazu → *Entscheidungsfindung, automatisierte* Rn. 19, 26, 37).

Trotz der Parallelen zwischen Rechtsnormen und Programmcode besteht **keine Kongruenz**. Maschinen können die vom Menschen durchgeführte juristische Subsumtion zwar modellieren. Zur Rechtsanwendung gehören aber auch **Wertungs- und Interpretationsschritte** – sowohl bei der Normanwendung wie auch bereits zuvor bei der Frage, ob eine Norm überhaupt anwendbar ist. Eine Automatisierung ist vor allem dort möglich, wo häufig auftretende Rechtsprobleme ohne Wertung in ähnlicher Weise aufgelöst werden

---

70 BVerwG Beschl. v. 29.6.2005 – 1 B 185.04, BeckRS 2005, 28783 Rn. 3; BVerwG Beschl. v. 18.4.2008 – 8 B 105.07, BeckRS 2008, 34950 Rn. 10.
71 Mit Deduktion bzw. deduktiver Methode bezeichnet man eine Schlussfolgerung (vor-)gegebener Prämissen auf die logisch zwingenden Konsequenzen (vom Allgemeinen zum Besonderen), wohingegen eine induktive Methode vom Besonderen/Einzelnen zum Allgemeinen führt und aus einzelfallbezogenen bzw. besonderen Ereignissen oder Daten auf eine allgemeine Regel oder Theorie schlussfolgert.
72 Nink Justiz und Algorithmen S. 223.
73 Lenk Verwaltung und Management 22 (2016), 227 (230).
74 Vgl. auch Raabe/Wacker et al. Recht ex machina S. 11 ff.
75 Nink Justiz und Algorithmen S. 223.
76 Vgl. auch Breidenbach/Glatz Legal Tech-HdB/Yuan S. 377.

(können). Legal Tech-Anwendungen können menschliche Rechtsanwender oder Rechtssuchende hier vielfältig unterstützen. Gerade Ansätze im Bereich computational models of argument bieten bereits vielversprechende Entwicklungen für die automatisierte Auffindung, Analyse, Darstellung und auch Gestaltung von Argumenten in juristischen Texten mit dem Ziel, rechtliche Begründungen auszuwerten und sogar auf Basis von Textbausteinen neu zu erstellen oder den Ausgang gerichtlicher Verfahren in Wahrscheinlichkeiten zu berechnen bzw. vorherzusagen. Eine **vollständige Automatisierung** der juristischen Subsumtion steht vor den **Hürden der Formalisierung und Formalisierbarkeit der natürlichen (und damit juristischen) Sprache**.[77] Durch Ansätze in der informationstechnischen Forschung wird teilweise versucht, den Subsumtionsschritt der Rechtsanwendung auf den Zeitpunkt der Programmierung, des Trainings oder der Implementierung eines informationstechnischen Systems „vorzuverlegen", aber auch hierbei ist zu beachten, dass die Subsumtion abhängig von den zuvor durch Menschen gesetzten Begriffen und deren Referenzbedingungen ist. Diese festzulegen, ist kein rein logischer Vorgang, sondern bereits selbst wertend und (soziale) Auswirkungen antizipierend. Ein Computer kann zwar mit Sprache arbeiten, indem er sie als Datenpakete erfasst, die Häufigkeit von Wörtern und Sätzen misst, deren Reihenfolge und Stellung zueinander analysiert, Muster erkennt und Wahrscheinlichkeiten berechnet (s. a. → *Natural Language Processing (NLP)* Rn. 15 ff.) – den Inhalt dieser Datenpakete (insbes. ihre Aussage und ihren Sinn) verstehen kann er indes nicht.[78] Die Berücksichtigung von Semantik (Bedeutung) geht über die reine Syntax hinaus; die Übertragung des Subsumtionsvorgangs auf einen Computer ist aber kein Problem der Logik, sondern eben der Semantik.[79] Die Mindestvoraussetzung dafür, Rechtsanwendung zu automatisieren, wäre eine weder ohne Weiteres mögliche noch erstrebenswerte Standardisierung in Form einer maschinenlesbaren Beschreibung des Rechts insgesamt.[80]

36 Dabei kommt es aber **neben dem technischen Können** auch immer auf ein **gesellschaftliches und rechtliches Wollen** an (hierzu auch → *Entscheidungsfindung, automatisierte* Rn. 74, 77). Legal Tech-Anwendungen zur automatisierten Subsumtion führen keine Subsumtion oder eine exakte Kopie der menschlich-juristischen Subsumtion durch, sondern wenden (lediglich) (Denk-)Modelle auf Datensätze an.[81] Der Zielkonflikt zwischen Einzelfallgerechtigkeit auf der einen und Effizienz auf der anderen Seite sollte aber nicht einseitig zugunsten der Effizienz gelöst werden – ansonsten wäre die Rechtsanwendung „billig im Sinne von preisgünstig anstatt gerecht".[82] Die Bewältigung sozialer Konflikte mittels Recht sollte auch weiterhin durch menschliche Akteure erfolgen.[83]

---

77 Vgl. Kotsoglou JZ 2014, 1100 ff.; Engel JZ 2014, 1096 (1097 f.); vertiefend Nink Justiz und Algorithmen S. 208 ff.
78 Vgl. Mainzer, Künstliche Intelligenz, 2019, S. 55 ff.; aus philosophischer Sicht Gabriel, Der Sinn des Denkens, 2. Aufl. 2019, S. 91 ff.
79 Raabe/Wacker et al. Recht ex machina S. 6; vgl. auch Hoffmann-Riem AöR 142 (2017), 1 (27).
80 Vgl. etwa Adrian Methodenlehre S. 690; s. a. Fiedler JZ 1966, 689 (693).
81 Vgl. Tober MMR 2021, 779 (783).
82 Timmermann Legal Tech-Anwendungen S. 86 f.
83 So auch das Fazit bei Kotsoglou JZ 2014, 451 (456 f.).

88. Transparenz und Erklärbarkeit

Ebers

I. Einleitung	1
1. Die Bedeutung von Transparenz und Erklärbarkeit für die automatisierte juristische Entscheidungsfindung	1
2. Die Begriffe der Transparenz und Erklärbarkeit	6
3. Ungeklärte Fragen	12
4. Überblick	13
II. Transparenzmaßstäbe und -möglichkeiten aus technischer Sicht	14
1. Unterschiedlicher Transparenzgrad in Abhängigkeit zur KI-Anwendung	14
2. Transparenzkonzepte aus technischer Sicht	16
3. Möglichkeiten zur Erklärung algorithmischer Prognosen und Entscheidungen	18
III. Transparenzanforderungen beim Einsatz von Legal Tech durch den Staat	21
1. Menschenwürde	22
2. Rechtsstaatsprinzip	23
3. Rechtsschutzgarantie	25
4. Verwaltungsrecht	28
5. Auswertung	30
IV. DS-GVO	32
1. Art. 22 Abs. 3 DS-GVO	33
2. Art. 13–15 DS-GVO	34
3. Auswertung	37
V. Transparenzanforderungen beim Einsatz von Legal Tech durch Private	40
1. Pflichten von Rechtsanwälten	40
a) Vorvertragliche Pflichten	40
b) Vertragliche Pflichten	43
2. Informationspflichten von Inkassounternehmen nach § 13b RDG	46
3. Sonstige Pflichten nicht-anwaltlicher Legal Tech-Unternehmen	49
VI. Rechtliche Grenzen der Transparenz	50
VII. Zusammenfassende Würdigung	53
1. Ergebnisse	53
2. Der KI-VO-Vorschlag der Europäischen Kommission	55
3. Fazit	58

Literatur: *Adler/Falk/Friedler/Rybeck/Scheidegger/Smith/Venkatasubramanian*, Auditing Black-Box Models for Indirect Influence, arXiv:1602.07043v2, 2016, abrufbar unter https://arxiv.org/pdf/1602.07043.pdf (zit.: Adler et al. Auditing Black-Box Models for Indirect Influence); *Anand/Bizer/Erlei/Gadiraju/Heinze/Meub/Nejdl/Steinrötter*, Effects of Algorithmic Decision-Making and Interpretability on Human Behavior: Experiments using Crowdsourcing, 2018, abrufbar unter www.l3s.de/~gadiraju/publications/HCOMP18.pdf (zit.: Anand et al. Experiments using Crowdsourcing); *Ball*, What Is Transparency?, Public Integrity 11 (2009), 293, abrufbar unter https://doi.org/10.2753/pin1099-9922110400; *Barredo Arrieta/Díaz-Rodríguez/Del Ser/Bennetot/Tabik/Barbado/Garcia/Gil-Lopez/Molina/Benjamins/Chatila/Herrera*, Explainable Artificial Intelligence (XAI): Concepts, taxonomies, opportunities and challenges toward responsible AI, 2019, abrufbar unter https://www.researchgate.net/publication/338184751_Explainable_Artificial_Intelligence_XAI_Concepts_Taxonomies_Opportunities_and_Challenges_toward_Responsible_AI (zit.: Barredo Arrieta et al. XAI); *Blanchet*, Transparence et qualité de la législation, RTDE 1997, 915; *Borges/Grabmair/Krupkal/Schäfer/Schweighofer/Sorge/Waltl*, Technische und rechtliche Betrachtungen algorithmischer Entscheidungsverfahren, Gutachten der Fachgruppe Rechtsinformatik der Gesellschaft für Informatik e.V. im Auftrag des Sachverständigenrats für Verbraucherfragen, 2018, abrufbar unter https://www.svr-verbraucherfragen.de/wp-content/uploads/GI_Studie_Algorithmenregulierung.pdf (zit.: Borges et al. Gutachten: algorithmische Entscheidungsverfahren); *BRAK*, Entschließung/Prüfbitte des Deutschen Bundestages zum Gesetz zur Förderung verbrauchergerechter Angebote im Rechtsdienstleistungsmarkt, hier: Berufspflichten von Rechtsanwaltschaft und Inkassodienstleistern, Stellungnahme Nr. 2/2022, abrufbar unter https://www.brak.de/fileadmin/05_zur_rechtspolitik/stellungnahmen-pdf/stellungnahmen-deutschland/2022/stellungnahme-der-brak-2022-02.pdf (zit.: BRAK-Stellungnahme 2/2022); *Brkan/Bonnet*, Legal and Technical Feasibility of the GDPR's Quest for Explanation of Algorithmic Decisions: of Black Boxes, White Boxes and Fata Morganas, European Journal of Risk Regulation 11 (2020), 18; *Bröhmer*, Transparenz als Verfassungsprinzip, 2004 (zit.: Bröhmer Transparenz); *Brouwer/Borgesius*, Access to Personal Data and the Right to Good Governance During Asylum Procedures After the CJEU's YS and M and S Judgment (C-141/12 and C-372/12), European Journal of Migration and Law 17 (2015), 259; *Bryson*, Six kinds of explanation for AI (one is useless), 2019, abrufbar unter https://joanna-bryson.blogspot.com/2019/09/six-kinds-of-explanation-for-ai-one-is.html (zit.: Bryson Six kinds of explanation for AI); *Bygrave*, Automated Profiling: Minding the Machine: Article 15 of the EC Data Protection Directive and Automated Profiling, Computer Law & Security Review 17 (2001), 17; *Calliess*, Europa als Wertegemeinschaft – Integration und Identität durch europäisches Verfassungsrecht, JZ 2004, 1033; *Curtin*, Citizens' Fundamental Right to Access to EU Information: An Evolving Digital Passepartout?, Common Market Law Review 2000, 7; *Datenethikkommission*, Gutachten der Datenethikkommission, 2019, abrufbar unter https://www.bmi.bund.de/SharedDocs/downloads/DE/publikationen/themen/it-digitalpolitik/gutachten-datenethikommission.pdf;jsessionid=B49696409452928FF0D2297B750BF276.1_cid295?__blob=publicationFile&v=6 (zit.: DEK Gutachten); *Datta/Sen/Zick*, Algorithmic Transparency via Quantitative Input Influence: Theory and

Experiments with Learning Systems, 2016 IEEE Symposium on Security and Privacy (SP), 2016, abrufbar unter https://ieeexplore.ieee.org/stamp/stamp.jsp?tp=&arnumber=7546525, S. 598 (zit.: Datta/Sen/Zick 2016 IEEE Symposium on Security and Privacy); *Doshi-Velez/Kim*, A roadmap for a rigorous science of interpretability, arXiv:1702.08608v1, 2017, abrufbar unter https://arxiv.org/pdf/1702.08608v1.pdf (zit.: Doshi-Velez/Kim A roadmap for a rigorous science of interpretability); *Doshi-Velez/Kortz/Budish/Bavitz/Gershman/O'Brien/Scott/Shieber/Waldo/Weinberger/Weller/Wood*, Accountability of AI Under the Law: The Role of Explanation, arXiv:1711.01134v3, 2017, abrufbar unter https://arxiv.org/pdf/1711.01134.pdf (zit.: Doshi-Velez et al. Accountability of AI Under the Law: The Role of Explanation); *Dürig*, Der Grundrechtssatz v. der Menschenwürde: Entwurf eines praktikablen Wertsystems der Grundrechte aus Art. 1 Abs. I in Verbindung mit Art. 19 Abs. II des Grundgesetzes, AöR 81 (1956), 117; *Ebers*, Standardisierung Künstlicher Intelligenz und KI-Verordnungsvorschlag, RDi 2021, 588; *Ebers*, Explainable AI in the European Union. An Overview of the Current Legal Framework(s), in Colonna/Greenstein (Hrsg.), Nordic Yearbook of Law and Informatics 2020–2021: Law in the Era of Artificial Intelligence, The Swedish Law and Informatics Research Institute 2022, abrufbar unter https://irilaw.files.wordpress.com/2022/02/law-in-the-era-of-artificial-intelligence.pdf, S. 103 (zit.: Colonna/Greenstein Nordic Yearbook of Law and Informatics 2020–2021/Ebers); *Ebers*, Gewährleistung für Legal Tech-Anwendungen gegenüber Verbrauchern: Was gilt seit Umsetzung der Digitalen Inhalte-Richtlinie?, LTZ 2022, 5; *Ebers/Hoch/Rosenkranz/Ruschemeier/Steinrötter*, Der Entwurf für eine EU-KI-Verordnung: Richtige Richtung mit Optimierungsbedarf, RDi 2021, 528; *Ertel*, Grundkurs Künstliche Intelligenz: Eine praxisorientierte Einführung, 5. Aufl. 2021 (zit.: Ertel Grundkurs KI); *Europäische Kommission*, Europäische Gruppe für Ethik der Naturwissenschaften und der neuen Technologien, Generaldirektion Forschung und Innovation, Erklärung zu künstlicher Intelligenz, Robotik und „autonomen" Systemen, 2018, abrufbar unter https://op.europa.eu/en/publication-detail/-/publication/dfebe62e-4ce9-11e8-be1d-01aa75ed71a1/language-de/format-PDF (zit.: Europäische Kommission Erklärung zu künstlicher Intelligenz, Robotik und „autonomen" Systemen); *Felzmann/Villaronga/Lutz/Tamo-Larrieux*, Transparency you can trust: Transparency requirements for artificial intelligence between legal norms and contextual concerns, Big Data & Society, 2019, 1; *Future of Privacy Forum*, Automated Decision-Making Under the GDPR: Practical Cases from Courts and Data Protection Authorities, Mai 2022, abrufbar unter https://fpf.org/blog/fpf-report-automated-decision-making-under-the-gdpr-a-comprehensive-case-law-analysis/ (zit.: Future of Privacy Forum Automated Decision-Making); *Gervais/Hartmann/Allan/Hugenholtz/Quintais*, Trends and Developments in Artificial Intelligence – Challenges to the Intellectual Property Rights Framework: Final Report, Europäische Kommission, 2020, abrufbar unter https://www.ivir.nl/publicaties/download/Trends_and_Developments_in_Artificial_Intelligence.pdf (zit.: Gervais et al. Final Report); *Goodman/Flaxman*, European Union Regulations on Algorithmic Decision-Making and A Right to Explanation, AI Magazine 38 (2017), 50; *Heitsch*, Die Verordnung über den Zugang zu Dokumenten der Gemeinschaftsorgane im Lichte des Transparenzprinzips, 2003 (zit.: Heitsch Zugang zu Dokumenten); *Henelius/Puolamäki/Boström/Asker/Papapetrou*, A Peek Into the Black Box: Exploring Classifiers by Randomization, Data Mining and Knowledge Discovery 28 (2014), 1503; *Horstmann*, Rechtbank Den Haag: System zur Erkennung von Sozialbetrug verstößt gegen EMRK, ZD-Aktuell 2020, 07047; *Kadelbach*, Case C-349/99 P, Commission v. ADT Projekt Gesellschaft der Arbeitsgemeinschaft Deutscher Tierzüchter mbH; Joined cases C-174/98 P and C-189/98 P, Kingdom of the Netherlands and Gerard van der Wa, Common Market Law Review 38 (2001), 179; *Kischel*, Die Begründung: Zur Erläuterung staatlicher Entscheidungen gegenüber dem Bürger, 2002 (zit.: Kischel Die Begründung); *Kotsiantis*, Supervised Machine Learning: A Review of Classification Techniques, Informatica 31 (2007), 249; *Laue*, Vorgangsbearbeitungssysteme der Verwaltung, 2010 (zit.: Laue Vorgangsbearbeitungssysteme); *Leese*, The New Profiling: Algorithms, Black Boxes, and the Failure of Anti-Discriminatory Safeguards in the European Union, Security Dialogue 45 (2014), 494; *Lepri/Oliver/Letouzé/Pentland/Vinck*, Fair, Transparent, and Accountable Algorithmic Decision-making Processes: The Premise, the Proposed Solutions, and the Open Challenges, Philosophy & Technology 31 (2018), 611, abrufbar unter https://doi.org/10.1007/s13347-017-0279-x; *Lipton*, The Mythos of Model Interpretability, arXiv:1606.03490v3, 2016, abrufbar unter https://arxiv.org/pdf/1606.03490.pdf (zit.: Lipton The Mythos of Model Interpretability); *Lücke*, Begründungszwang und Verfassung: Zur Begründungspflicht der Gerichte, Behörden und Parlamente, 1987 (zit.: Lücke Begründungszwang und Verfassung); *Malgieri/Comandé*, Why a Right to Legibility of Automated Decision-Making Exists in the General Data Protection Regulation, International Data Privacy Law 7 (2017), 243; *Martini*, Blackbox Algorithmus – Grundfragen einer Regulierung Künstlicher Intelligenz, 2019 (zit.: Martini Blackbox Algorithmus); *Meuwese*, Regulating Algorithmic Decision-Making One Case at the Time: A Note on the Dutch ‚SyRI' Judgment, European Review of Digital Administration & Law 1 (2020), 209; *Miller*, Explanation in artificial intelligence: Insights from the social sciences, arXiv:1706.07269v3, 2017, abrufbar unter https://arxiv.org/pdf/1706.07269.pdf (zit.: Miller Insights from the social sciences); *Mittelstadt/Russell/Wachter*, Explaining Explanations in AI, in Association for Computing Machinery (Hrsg.), Proceedings of the conference on fairness, accountability, and transparency, 2019, S. 279 (zit.: Association for Computing Machinery Proceedings of the Conference on Fairness, Accountability, and Transparency/Mittelstadt et al.); *Molavi Vasse'i*, Transparenzanforderungen an Künstliche Intelligenz, K&R 2022, Beilage zu Heft 7/8, 8; *Reichel*, Openness and Transparency, in Cane/Hofmann/Ip/Lindseth (Hrsg.), The Oxford Handbook of Comparative Administrative Law, 2020, S. 935 (zit.: Cane/Hofmann/Ip/Lindseth The Oxford Handbook of Comparative Administrative Law/Reichel); *Ribeiro/ Singh/Guestrin*, Why Should I Trust You?: Explaining the Predictions of Any Classifier, in Association for Computing Machinery (Hrsg.), Proceedings of the 22nd ACM SIGKDD International Conference on Knowledge Discovery and Data Mining, 2016, S. 1135 (zit.: Association for Computing Machinery Proceedings of the 22nd ACM SIGKDD International Conference on Knowledge Discovery and Data Mining/Ribeiro et al.); *Riemann*, Die Transparenz der Europäischen Union: Das neue Recht auf Zugang von Dokumenten von Parlament, Rat und Kommission, 2004 (zit.: Riemann Transparenz der EU); *Sandvig/Hamilton/Karahalios/Langbort*, Auditing Algorithms: Research Methods for Detecting Discrimination on Internet Platforms, 2014, abrufbar unter http://social.cs.uiuc.edu/papers/pdfs/ICA2014-Sandvig.pdf (zit.: Sandvig et al. Auditing Algorithms: Research Methods for Detecting Discrimination on Internet Platforms); *Selbst/Powles*, Meaningful Information and the Right to Explanation, International Data Privacy Law 7 (2017), 233; *Siems*, Protecting Deep Learning: Could the New EU-Trade Secrets Directive Be an Option for the Legal Protection of Artificial Neural Networks?, in Ebers/Gamito (Hrsg.), Algorithmic Governance and Governance of Algorithms, 2021, 137 (zit.: Ebers/Gamito Algorithmic Governance and Governance of Algorithms/Siems); *Vitzthum*, Die Menschenwürde als Verfassungsbegriff, JZ 1985, 201; *Voßkuhle/Kaiser*, Grundwissen – Öffentliches Recht: Demokratische Legitimation, JuS 2009, 803; *Wachter/ Mittelstadt*, A Right to Reasonable Inferences: Re-thinking Data Protection Law in the Age of Big Data and AI, Columbia Business Law Review 2 (2019), 494; *Wachter/Mittelstadt/Floridi*, Why a Right to Explanation of Automated Decision-Making Does Not Exist in the General Data Protection Regulation, International Data Privacy Law 7 (2017), 76; *Wachter/Mittelstadt/Russell*, Counterfactual Explanations without opening the Black Box: Automated Decisions and the GDPR, Harvard Journal of Law and Technology 31 (2018) 842; *Waltl/Vogl*, Explainable artificial intelligence—the new frontier in legal informatics, Jusletter IT 22, 2018, abrufbar unter https://vmmatthes44.in.tum.de/file/13tkeaid0rhkz/Sebis-Public-Website/-/Explainable-Artificial-Intelligence-the-New-Frontier-in-Legal-Informatics/Wal8a.pdf (zit.: Waltl/Vogl Jusletter IT 22 2018); *Weller*, Challenges for transparency, arXiv:1708.01870v2, 2017, abrufbar unter https://arxiv.org/pdf/1708.01870.pdf (zit.: Weller Challenges for transparency); *Wewers*, Das Zugangsrecht zu Dokumenten in der europäischen Rechtsordnung: Die Entwicklung eines Rechts auf Transparenz zugunsten des Unionsbürgers und seine Einordnung in die Strukturprinzipien des Gemeinschaftsrechts, 2003 (zit.: Wewers Zugangsrecht zu Dokumenten in der europäischen Rechtsordnung); *Wischmeyer*, Regulierung intelligenter Systeme, AöR 143 (2018), 1; *Zweig*, 2. Arbeitspapier: Überprüfbarkeit v. Algorithmen, AlgorithmWatch, 2016, abrufbar unter https://algorithmwatch.org/de/zweites-arbeitspapier-ueberpruefbarkeit-algorithmen/ (zit.: Zweig AlgorithmWatch 2016); *Zweig*, Wo Maschinen irren können: Fehlerquellen und Verantwortlichkeiten in Prozessen algorithmischer Entscheidungsfindung; Arbeitspapier, 2018 (zit.: Zweig Wo Maschinen irren können); *Zweig/Wenzelburger/Krafft*, On Chances and Risks of Security Related Algorithmic Decision Making Systems, European Journal for Security Research 3 (2018), 181.

I. Einleitung

1. Die Bedeutung von Transparenz und Erklärbarkeit für die automatisierte juristische Entscheidungsfindung

Der Einsatz von Legal Tech-Anwendungen (→ *Legal Tech, Begriff* Rn. 15 ff.) im Rechtsdienstleistungsmarkt (→ *B2C und B2B (Geschäftsmodelle)* Rn. 1 ff.), in der öffentlichen Verwaltung (→ *E-Government* Rn. 1 ff.) sowie in der Justiz (→ *E-Justice* Rn. 1 ff.) wirft die Frage auf, welche Anforderungen an die Transparenz und Erklärbarkeit von algorithmischen Systemen (→ *Algorithmus* Rn. 1 ff.) aus rechtlicher Sicht zu stellen sind. Dieses Problem stellt sich insbesondere dann, wenn Legal Tech-Tools dazu verwendet werden, um (juristische) Entscheidungen zu unterstützen oder vollständig zu automatisieren (sog. „algorithmic/automatic decision making" – ADM; → *Entscheidungsfindung, automatisierte* Rn. 9 ff.). 1

Problematisch unter dem Gesichtspunkt der Transparenz und Erklärbarkeit sind v.a. fortgeschrittene lernende Systeme (→ *Künstliche Intelligenz (KI)* Rn. 1 ff., → *Maschinelles Lernen* Rn. 1 ff.), da diese häufig eine **Blackbox** sind, bei der – wenn überhaupt – nur die Eingangs- und Ausgangsdaten bekannt sind, ohne dass nachvollziehbar ist, welche Daten in welcher Weise in die Entscheidung eingeflossen sind und wie die Algorithmen zu bestimmten Ergebnissen gelangen. 2

3 Die Transparenz und Erklärbarkeit algorithmischer Entscheidungsprozesse ist aus einer Reihe von Gründen relevant.[1] Softwareentwickler und Hersteller müssen die Funktionsweise des betreffenden Systems verstehen, um etwaige Fehler beheben und das System verbessern zu können. Transparenz ist zudem erforderlich, damit Experten sowie Regulierungsbehörden ein **ADM-Verfahren** extern überprüfen können. Schließlich hat v.a. der Einzelne, der durch eine algorithmische Entscheidung betroffen ist, ein berechtigtes Interesse, zu verstehen, warum das System zu einer bestimmten Beurteilung gelangt ist, da nur auf diese Weise etwaige Fehler (zB bei der Entscheidungsfindung, der Entscheidungsgrundlage oder bei der Würdigung der Entscheidungsgrundlage) aufgedeckt und beseitigt werden können, wie insbesondere Diskriminierungen.

4 In aktuellen Positionspapieren hebt die **Europäische Kommission** insbesondere die beiden zuletzt genannten Aspekte hervor. So stellt die Kommission in ihrem Weißbuch zur KI[2] fest, dass bestimmte Besonderheiten der KI (wie zB ihr Blackbox-Charakter) „die Prüfung der Vereinbarkeit und die wirksame Durchsetzung von EU-Rechtsvorschriften zum Schutz der Grundrechte erschweren [können]. Strafverfolgungsbehörden und Betroffene können uU nicht nachvollziehen, wie eine bestimmte unter Einsatz von KI getroffene Entscheidung gefällt wurde, und somit auch nicht verifizieren, ob die einschlägigen Vorschriften eingehalten wurden. Natürliche wie juristische Personen könnten in Fällen, in denen sich solche Entscheidungen nachteilig auf sie auswirken, beim effektiven Zugang zur Justiz auf Schwierigkeiten stoßen". Deshalb müsse geprüft werden, so die Kommission weiter, „ob die geltenden Rechtsvorschriften den KI-Risiken gewachsen sind und wirksam durchgesetzt werden können oder ob sie angepasst werden müssen bzw. neue Rechtsvorschriften erforderlich sind."[3]

5 Auch die **deutsche Datenethikkommission** hebt in ihrem Abschlussbericht hervor, dass es für eine belastbare ethische und rechtliche Bewertung eines algorithmischen Systems essenziell ist, dass „ausreichend Informationen über dessen Reichweite, Funktionsweise, Datengrundlage und Datenauswertung zur Verfügung stehen".[4] Für den Schutz des Einzelnen sowie von Gruppen gegen die Gefahren algorithmischer Systeme seien **Kennzeichnungspflichten** darüber erforderlich, wann und in welchem Umfang („ob") algorithmische Systeme überhaupt zum Einsatz kommen, sowie **Informationspflichten** und **Auskunftsrechte** zum Entscheidungsmechanismus („wie") und den zugrunde liegenden Daten („was") des algorithmischen Systems.[5] Dies gelte aufgrund der Grundrechtsbindung sowie der Notwendigkeit einer demokratischen Rückbindung aller hoheitlichen Gewalt in besonderem Maße für staatliche Entscheidungen, die unter Nutzung algorithmischer Systeme zustande kommen.[6]

2. Die Begriffe der Transparenz und Erklärbarkeit

6 Die Begriffe der Transparenz und Erklärbarkeit sind nicht eindeutig. Abgeleitet vom lateinischen Begriff transparens (durchscheinend) steht Transparenz für Klarheit, Durchschaubarkeit und Nachvollziehbarkeit. Eine allgemeingültige Definition von Transparenz fehlt nach wie vor. Dies liegt ua daran, dass sich Bedeutung und Reichweite des Transparenzprinzips erst im jeweiligen Anwendungskontext erschließen.[7]

7 Im staatlichen Kontext kann das Transparenzgebot – verstanden als Erfordernis zur Begründung hoheitlicher Entscheidungen – als eine Ausprägung des **Rechtsstaats-** und **Demokratieprinzips** verstanden werden (ausf. → Rn. 23 f.).[8] Das Transparenzgebot ist zudem Teil des Rechts auf freie Meinungsäußerung

---

1 Anand et al. Experiments using Crowdsourcing.
2 COM(2020) 65 final, 14.
3 COM(2020) 65 final, 11–12.
4 DEK Gutachten S. 169.
5 DEK Gutachten S. 185.
6 DEK Gutachten S. 215.
7 Ball Public Integrity 11 (2009), 293 (293).
8 Zu den verfassungsrechtlichen Grundlagen der Begründungspflicht Kischel Die Begründung S. 63 ff.; Lücke Begründungszwang und Verfassung S. 37 ff.; vgl. ferner EuGH Urt. v. 30.4.1996 – C-58/94, ECLI:EU:C:1996:171 – Niederlande/Rat; Blanchet RTDE 1997, 915 (924); Bröhmer Transparenz; Calliess JZ 2004, 1033 (1033); Curtin Common Market Law Review 2000, 7 (10); Heitsch Zugang zu Dokumenten; allg. Kadelbach Common Market

und des Rechts auf Information einschließlich des Rechts auf Zugang zu amtlichen Dokumenten.[9] Für die Verarbeitung personenbezogener Daten hat der europäische Gesetzgeber die Transparenz zu einem Verarbeitungsgrundsatz erhoben (Art. 5 Abs. 1 lit. a DS-GVO) und dabei umschrieben: „in einer für die betroffene Person nachvollziehbaren Weise".

Im Kontext von KI-Systemen wird häufig zwischen Transparenz (Transparency) und Post-hoc-Erklärbarkeit (Interpretability) unterschieden.[10] Während Transparenz beschreibt, wie ein Modell in nachvollziehbarer Art und Weise erfasst werden kann, bezieht sich die Post-hoc-Erklärbarkeit darauf, wie eine Entscheidung (oder Prognose) verständlich erklärt werden kann.[11] IRd noch jungen Disziplin der sog. **„Explainable AI" (XAI)** werden seit dem Jahre 2004 Methoden und Ansätze entwickelt, die zur Erklärung lernender Systeme dienen.[12]

Inwieweit Transparenz und Erklärbarkeit in rechtlicher Hinsicht gewährleistet werden müssen, bemisst sich v.a. nach drei Faktoren:

- Erstens ist danach zu fragen, ob nach **Sinn und Zweck der jeweiligen Rechtsnorm** eine Offenlegung bzw. Begründung erforderlich ist: Warum ist eine Erklärung notwendig? Um Fairness sicherzustellen, um Glaubwürdigkeit und Vertrauen zu fördern? Um den Einzelnen dazu zu befähigen, seine Rechte durchsetzen zu können? Um Aufsichtsbehörden eine Kontrolle zu ermöglichen?
- Zweitens ist der **Informationsempfänger** in den Blick zu nehmen: Wer ist der Adressat von Erklärungen? Der von der Entscheidung Betroffene, ein fachkundiger Nutzer, ein Data Scientist, Manager, die Medien, das Parlament, Regulierungsbehörden, Gerichte?
- Wichtig ist schließlich drittens die jeweilige **institutionelle Einbettung**, in der Transparenz und Erklärbarkeit gewährleistet werden müssen: Wie können die beteiligten Institutionen (zB Verwaltungsbehörden oder Gerichte) mit KI-Systemen umgehen und das Blackbox-Problem eindämmen?

Akteur	Erklärung ist notwendig
Entwickler	■ um zu verstehen, ob das System richtig funktioniert, um Fehler im System erkennen und beseitigen zu können
Nutzer	■ um ein Gefühl dafür zu vermitteln, was das System leisten kann und warum; um unvorhergesehene Handlungen verständlich zu machen und Vertrauen in die Technologie zu fördern ■ um zu verstehen, warum eine bestimmte Entscheidung getroffen wurde ■ um zu überprüfen, ob das System ordnungsgemäß funktioniert hat ■ um eine nachvollziehbare Kontrolle zu gewährleisten (zB bei der Kreditvergabe oder der Verurteilung von Straftätern)

Law Review 38 (2001), 179 (179); Riemann Transparenz der EU; Wewers Zugangsrecht zu Dokumenten in der europäischen Rechtsordnung S. 116 ff.
9 Cane/Hofmann/Ip/Lindseth The Oxford Handbook of Comparative Administrative Law/Reichel S. 935 (935).
10 Lepri et. al. Philosophy & Technology 31 (2018), 611 (611); Lipton The Mythos of Model Interpretability.
11 Association for Computing Machinery Proceedings of the Conference on Fairness, Accountability, and Transparency/Mittelstadt et al. S. 279 (279).
12 Vgl. insbesondere Adler et al. Auditing Black-Box Models for Indirect Influence S. 1; Datta/Sen/Zick 2016 IEEE Symposium on Security and Privacy S. 598 (598); Doshi-Velez/Kim A roadmap for a rigorous science of interpretability; Henelius et al. Data Mining and Knowledge Discovery 28 (2014), 1503 (1503); Lipton The Mythos of Model Interpretability; Miller Insights from the social sciences; Association for Computing Machinery Proceedings of the 22nd ACM SIGKDD International Conference on Knowledge Discovery and Data Mining/Ribeiro et al. S. 1135 (1135).

Akteur	Erklärung ist notwendig
Gesellschaft iwS	■ um die Stärken und Grenzen des Systems verstehen zu können ■ um eine begründete Scheu vor dem Unbekannten zu überwinden
Experte/Aufsichtsbehörde	■ um eine Prognose oder eine bestimmte Entscheidung/Handlung überprüfen zu können
Anbieter	■ um dafür zu sorgen, dass ein Nutzer mit einer Prognose oder Entscheidung zufrieden ist, so dass er das System weiter nutzt

Tab.: Transparenzverständnis der Akteure[13]

11 Transparenz und Erklärbarkeit sind insofern **nicht statisch** zu verstehen. Sie sind vielmehr **dynamische Konzepte**, die durch eine Reihe von Faktoren im jeweiligen Kontext konkretisiert werden müssen (s. Tabelle in → Rn. 10).[14]

3. Ungeklärte Fragen

12 Grundlegende Fragen harren nach wie vor der Klärung: Wie transparent und nachvollziehbar müssen Entscheidungen im juristischen Bereich grundsätzlich sein und welcher Transparenzmaßstab ist an eine (vollständig oder teilweise) automatisiert getroffene Entscheidung zu legen? Liefert die Dogmatik des öffentlichen Rechts hinreichende Anhaltspunkte dafür, welche Anforderungen an die Transparenz und Erklärbarkeit von Verwaltungs- und Gerichtsentscheidungen zu stellen sind, die durch oder mithilfe von algorithmischen Systemen getroffen werden? Welche Regeln gelten für Rechtsanwälte und Legal Tech-Unternehmen? Inwieweit kann in technischer Hinsicht überhaupt Transparenz gewährleistet werden? Welche rechtlichen Argumente streiten gegen eine (vollständige) Öffnung der Blackbox?

4. Überblick

13 Im Folgenden werden die Transparenzmöglichkeiten algorithmischer Systeme zunächst aus technischer Sicht näher umrissen (→ Rn. 14 ff.). Im Anschluss werden die rechtlichen Vorgaben an die Transparenz und Erklärbarkeit erläutert, die sich beim Einsatz von Legal Tech-Anwendungen durch den Staat aus allgemeinen rechtsstaatlichen Prinzipien, den Grundrechten sowie aus dem Verwaltungsrecht ergeben (→ Rn. 21 ff.). Danach erfolgt eine Analyse der Anforderungen, die sich für staatliche sowie private Akteure aus dem Datenschutzrecht ergeben (→ Rn. 32 ff.). Der daran anschließende Teil geht sodann auf die spezialgesetzlichen Transparenzanforderungen beim Einsatz von Legal Tech-Anwendungen durch Rechtsanwälte und nicht-anwaltliche Unternehmen ein (→ Rn. 40 ff.). Abgerundet werden die Ausführungen durch eine Analyse der rechtlichen Grenzen einer Offenlegung algorithmischer Entscheidungsprozesse (→ Rn. 50 ff.), bevor in einem Fazit einige Schlussfolgerungen gezogen werden (→ Rn. 53 ff.).

II. Transparenzmaßstäbe und -möglichkeiten aus technischer Sicht
1. Unterschiedlicher Transparenzgrad in Abhängigkeit zur KI-Anwendung

14 Ein zentraler Bestandteil der meisten modernen KI-Anwendungen ist das **mL**, das aus Erfahrungswerten Wissen generiert sowie Muster und Gesetzmäßigkeiten erkennt (→ *Maschinelles Lernen* Rn 5 ff.).[15] KI-Systeme können einen Dateninput in Entscheidungen bzw. Handlungen (Output) überführen, ohne dass

---

13 Basierend auf Felzmann et al. Big Data & Society 2019, 1 (5) und Weller Challenges for transparency. Vgl. auch Molavi Vasse'i K&R 2022, Beilage 1 zu Heft 7/8, 8 (11).
14 So auch Felzmann et al. Big Data & Society 2019, 1 (1).
15 Vgl. etwa Ertel Grundkurs KI S. 3.

menschliche Programmierung jedes Detail des Arbeitsprozesses vorgezeichnet hat; die Entscheidungsfindung ist gerade durch die systemische Lernerfahrung mitkonditioniert. Der Einsatz intelligenter Systeme kann somit nicht nur unvorhergesehene, sondern auch strukturell unvorhersehbare Effekte haben.[16]

Die einzelnen Modelle bzw. Lerntechniken gehen mit unterschiedlichen Möglichkeiten (Learning Performance bzw. Leistungsfähigkeit) und unterschiedlichen Graden der (potenziellen) Erklärbarkeit (Explainability) einher (vgl. nachfolgende Abb.).[17] So sind bspw. Lernverfahren, die mit **Entscheidungsbäumen** arbeiten, vergleichsweise gut nachvollziehbar, weisen aber eine geringere Leistungsfähigkeit (Genauigkeit einer Klassifikation, Geschwindigkeit, allgemeine Performance) auf. Demgegenüber verspricht das auf künstlichen neuronalen Netzen beruhende **Deep Learning** eine hohe Leistungsfähigkeit, die Ergebnisse und Arbeitsschritte sind aber (im Vergleich) schwerer nachzuzeichnen und zu verstehen.[18] Zwischen diesen beiden „Polen" liegen weitere Lernverfahren, etwa die sog. Bayesianischen Modelle.[19]

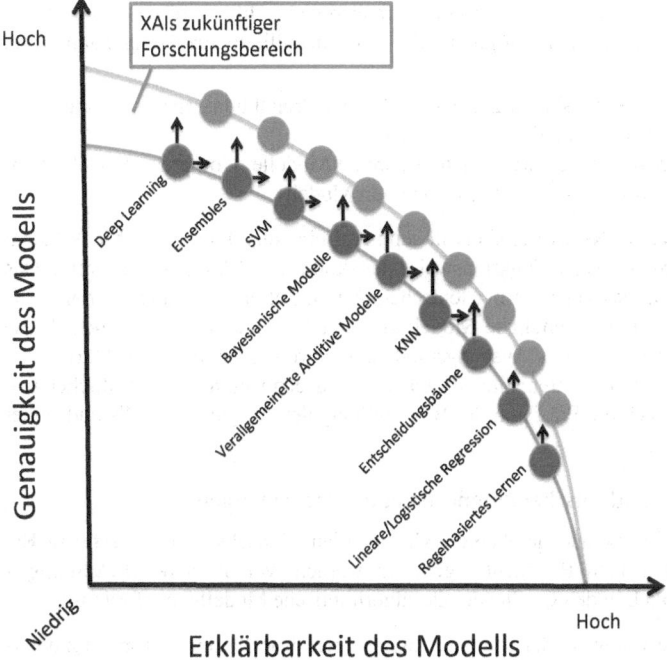

Abb.: Genauigkeit vs. Erklärbarkeit des algorithmischen Modells.[20]

2. Transparenzkonzepte aus technischer Sicht

Aus technischer Sicht bestehen verschiedene Konzepte der Transparenz bzw. Erklärbarkeit. So lassen sich insbesondere drei Arten von Erklärung bzw. von Erklärbarkeit eines KI-Systems (mit Unterkategorien) beschreiben:[21]

---

16 Wischmeyer AöR 143 (2018), 1 (3) mwN.
17 S. etwa Zweig AlgorithmWatch 2016.
18 Allerdings sind auch diese Systeme nicht indeterministisch. Ist ein Netz fertig modelliert und (mit Trainingsdaten) trainiert, sind die Entscheidungen vollständig (wenngleich sehr aufwendig) rekonstruierbar in dem Sinne, dass sich stets eine eindeutige Beziehung zwischen Input und Output herstellen lässt.
19 Vgl. die Grafik bei Barredo Arrieta et al. XAI S. 31; s. auch Kotsiantis Informatica 31 (2007), 249 (263).
20 Barredo Arrieta et al. XAI S. 31.
21 Bryson Six kinds of explanation for AI.

1. Die Erklärung der menschlichen Entscheidung, die zum Verkauf, Angebot und Einsatz des Systems geführt hat.
2. Die Erklärung, welcher Input zu welchem Output geführt hat.[22]
    a. Mit leicht variiertem Input lässt sich bspw. für eine KI-Anwendung im Bereich des Scorings oder der Kreditvergabe herausfinden, ob eine abgelehnte Person ein Darlehen erhalten hätte, wenn sie ein wenig jünger gewesen wäre oder in einem anderen Stadtteil lebte.
    b. Für Roboter kann sich eine Blackbox/Art Data Event Recorder, wie sie in Flugzeugen zum Einsatz kommt, anbieten. Diese könnte ihre Inputlogs und internen Entscheidungen aufzeichnen und damit insbesondere eine Ex-post-Fehleranalyse ermöglichen. Halter von Kraftfahrzeugen mit autonomer Fahrfunktion sind nach § 1g StVG verpflichtet, bestimmte Daten beim Betrieb des Kfz zu speichern. Ob diese ausreichen, um das Blackbox-Problem zu überwinden, muss jedoch bezweifelt werden.
3. Die genaue und detaillierte Einsicht in den systemischen Arbeitsprozess. IdR wird das, wenn überhaupt, nur den Entwicklern des KI-Systems möglich sein. Eine detaillierte Erklärung kann dabei zweierlei bedeuten:
    a. Die Darlegung aller (für Menschen) lesbaren Elemente, also der Produktionsregeln, der logischen Annahmen, der Entscheidungsbäume und des Programmcodes.
    b. Ein Anpassen transparenterer Modelle an weniger transparente Modelle: Komplexe Modelle können mit einfacheren Modellen modelliert werden (Modell von Modell).

17 Version 3.b. kann bspw. bei **Deep Neural Networks** sinnvoll sein: Auf ein solch komplexes Modell kann ein einfacheres Modell geworfen werden, das die Funktionsweise des (komplexen) Modells beschreibt. Das einfache Modell dient dann nicht dazu, passgenaue Einzelentscheidung zu treffen (also „die Welt an sich" abzubilden), sondern lediglich dazu, das ursprüngliche Modell zu verstehen bzw. zu beschreiben. Diese Vorgehensweise „verringert" die Komplexität des Ausgangsmodells und vergrößert dessen Erklärbarkeit. Theoretisch lässt sie sich immer weiter fortführen; die Systematik wird dann immer verständlicher und nachvollziehbarer, allerdings nimmt auch die Präzision der Beschreibung des Ausgangsmodells und seiner Ergebnisse ab.[23]

3. Möglichkeiten zur Erklärung algorithmischer Prognosen und Entscheidungen

18 Algorithmische Prozesse können auf verschiedene Weise erklärt werden. Zunächst können **externe Erklärungen**, die von einem außenstehenden Beobachter gemacht werden, von **internen Erklärungen** unterschieden werden, die einen Einblick in den Quellcode, das algorithmische Modell etc erfordern.[24]

19 Darüber hinaus werden, wie bereits erwähnt, in der Literatur zwei weitere Ebenen der Transparenz unterschieden: Transparenz und Post-hoc-Erklärbarkeit.[25] Während der Begriff der **Transparenz** beschreibt, wie leicht ein Modell verstanden werden kann, bezieht sich die **Post-hoc-Erklärbarkeit** darauf, wie leicht eine Entscheidung (oder Prognose) erklärt werden kann.[26] Eine Post-hoc-Erklärbarkeit kann dabei auf verschiedene Weise erreicht werden,[27] zB durch die Visualisierung dessen, was ein Modell gelernt hat

---

22 Vgl. Borges et al. Gutachten: algorithmische Entscheidungsverfahren S. 50 f. mwN.
23 Ein gewisses Maß an Abstraktion ist daher notwendig. Dieses darf aber nicht so hoch sein, dass das einfachere Modell gar keine passgenauen Aussagen zum Ausgangsmodell mehr treffen kann.
24 Brkan/Bonnet European Journal of Risk Regulation 11 (2020), 18 (20 ff.).
25 Lepri et. al. Philosophy &Technology 31 (2018), 611 (611); Lipton The Mythos of Model Interpretability. Vgl. auch Waltl/Vogl Jusletter IT 22 2018, 1 (6): „[T]ransparency means the process of making a decision-making process visible with all the phases and interactions between components of the algorithms. Complementary to that, interpretability summarize every effort that is made by humans or machines to provide descriptive information, i.e. visualizations, local explanations, that enable humans to understand the decisions made by ADM".
26 Association for Computing Machinery Proceedings of the Conference on Fairness, Accountability, and Transparency/Mittelstadt et al. S. 279 (279).
27 Lipton The Mythos of Model Interpretability.

(**Visualisierung**), durch die Analyse der Parameter für eine einzelne Entscheidung (**lokale Erklärung**) oder durch **konkrete Beispiele**.

Die englischsprachige Fachliteratur sieht insbesondere sog. **kontrafaktische Erklärungen (Counterfactual Explanations)** als zielführend an.[28] Bei diesen geht es nicht darum, den Algorithmus offenzulegen und jeden Herleitungsschritt zu erklären, sondern vielmehr darum, den Einfluss bestimmter Kriterien auf die Entscheidung bzw. Prognose zu erläutern, indem diese Kriterien verändert werden (wie zB: „Ihr Darlehensantrag wurde abgelehnt, weil Ihr Jahreseinkommen 56.000 EUR beträgt. Läge Ihr Jahreseinkommen bei mindestens 60.000 EUR, so wäre Ihr Kredit bewilligt worden").

III. Transparenzanforderungen beim Einsatz von Legal Tech durch den Staat

Das Bedürfnis nach Transparenz und Erklärbarkeit von Verwaltungs- sowie Gerichtsentscheidungen ist nicht neu. Es wurzelt – auch für „analoges" Staatshandeln sowie „analoge" Gerichtsprozesse – insbesondere in der Verfassung. V.a. **Rechtsstaatsprinzip** und **Rechtsschutzgarantie** bezwecken, dass der Bürger behördliche und gerichtliche Maßnahmen verstehen und sich im Konfliktfall auch dagegen wehren kann (vgl. → Rn. 23 ff.).

1. Menschenwürde

Den Aspekten der Erklärbarkeit und Nachvollziehbarkeit dogmatisch noch vorgelagert ist die Frage, ob dem Betroffenen ein Recht auf Kenntnis darüber, dass das Gegenüber ein algorithmisches System ist, zusteht. Ein solches Recht wird teilweise bejaht und mit der Menschenwürdegarantie begründet.[29] Zwar ist beim Ableiten konkreter Schutzgehalte aus der Menschenwürdegarantie des Art. 1 Abs. 1 GG grds. Zurückhaltung geboten.[30] Dass ein staatlicher Einsatz von Algorithmen unmittelbar und gerade die menschliche Würde eines Betroffenen in Frage stellt, ist eher fernliegend. Sinnvoll erscheint ein Recht darauf zu erfahren, ob das Kommunikationsgegenüber ein Computersystem ist, aber jedenfalls dort, wo die **Interaktion zwischen Bürger und Staat über eine reine (Alltags-)Kommunikation hinausgeht** und in Form einer Bewertung oder Beurteilung rechtliche oder vergleichbare Konsequenzen für die Person zeitigt.[31] Der Betroffene kann weitere Maßnahmen nur ergreifen und Rechte geltend machen, wenn er das **„Ob" des Einsatzes algorithmischer Systeme** kennt.

2. Rechtsstaatsprinzip

Art. 20 Abs. 3 GG bindet jedwedes Handeln des Staates an Gesetz und Recht. Neben dem Grundsatz der Gesetzmäßigkeit staatlichen Handelns liegt es im Selbstverständnis des demokratischen Rechtsstaates, jede Form seiner Machtausübung vorhersehbar[32] und rekonstruierbar auszugestalten.[33] Hoheitliches Handeln bedarf grds. der Begründung, um demokratische Transparenz und rechtsstaatliche Rationalität gewährleisten zu können.[34] Wer von der Entscheidung eines staatlichen Handlungsträgers betroffen ist,

---

28 Vgl. Wachter et al. Harvard Journal of Law & Technology 31 (2018), 842 (844 ff., insbesondere 861 ff.).
29 So etwa Europäische Kommission Erklärung zu künstlicher Intelligenz, Robotik und „autonomen" Systemen S. 16 f.
30 Vgl. die Übersicht zu den anerkannten Fallgruppen der Menschenwürdegarantie: BeckOK GG/Hillgruber GG Art. 1 Rn. 17 ff. Verstöße gegen die Menschenwürdegarantie: lediglich im Kernbereich menschlichen Daseins, mithin nur in Extremfällen; Sonderstellung im Verfassungsgefüge, die sich einer vorschnellen, ideologischen Überhöhung entzieht, vgl. Dreier GG Art. 1 Rn. 45; Dürig AöR 81 (1956), 117 (124); Laue Vorgangsbearbeitungssysteme S. 133 f.; v. Münch/Kunig GG Art. 1 Rn. 20; Vitzthum JZ 1985, 201 (203); BVerfG Urt. v. 15.12.1983 – 1 BvR 209/83, BVerfGE 65, 1 (42 f.) = NJW 1984, 419: v.a. einen Schutz vor umfassender Profilbildung.
31 Sogleich auch zu Art. 22 DS-GVO unten → Rn. 33.
32 Vgl. BVerfG Beschl. v. 5.3.2013 – 1 BvR 2457/08, BVerfGE 133, 143 (158) = NVwZ 2013, 1004; OVG Berlin-Brandenburg Urt. v. 12.12.2007 – 9 B 44/06, LKV 2008, 369 (372 f.).
33 Vgl. zur Gewährleistung gerichtlicher Kontrolle BVerfG Beschl. v. 3.3.2004 – 1 BvF 3/92, BVerfGE 110, 33 (54 f.) = NJW 2004, 2213; ausführlich zur unionsrechtlichen und grundgesetzlichen Verankerung des Transparenzgebots Martini Blackbox Algorithmus S. 68 ff.; s. zur Forderung nach einem Mehr an Transparenz auch Wischmeyer AöR 143 (2018), 1 (44 ff.).
34 Vgl. Dürig/Herzog/Scholz/Schmidt-Aßmann GG Art. 19 Abs. 4 Rn. 253 mwN; zu Art. 19 Abs. 4 GG s. sogleich.

muss daher nachvollziehen können, welche Gründe die Entscheidung geleitet haben.[35] Wenngleich im GG nicht explizit normiert, besteht somit eine **objektiv-rechtliche Verpflichtung des Staates**, die Handlungen seiner Einrichtungen **nachvollziehbar** auszugestalten.[36]

24 Exekutivisches Handeln muss zudem demokratisch legitimiert sein (Art. 20 Abs. 1, Abs. 2 S. 1 GG): Sämtliche Akte staatlicher Gewalt müssen auf den Willen des Volkes zurückgehen; hoheitliches Handeln ist dem Volk gegenüber zu verantworten.[37] Erst dieser Zurechnungszusammenhang zwischen Volk und Staat rechtfertigt staatliches Handeln.[38]

3. Rechtsschutzgarantie

25 Das Transparenzgebot wurzelt zudem in der Rechtsschutzgarantie. Denn der Betroffene kann sich nur dann effektiv gegen Staatshandeln zur Wehr setzen, wenn er es zumindest in Grundzügen nachvollziehen kann. In der verfassungsrechtlichen Dogmatik garantiert Art. 19 Abs. 4 GG ein **Grundrecht auf effektiven Rechtsschutz** bei Eingriffshandeln der öffentlichen Gewalt und Verletzung in eigenen Rechten.[39] Dem Betroffenen steht ein substanzieller Anspruch auf eine möglichst wirksame gerichtliche Kontrolle zu[40] – in tatsächlicher wie rechtlicher Hinsicht.[41]

26 Auf der Ebene des unionalen Primärrechts schlägt Art. 47 GRCh in dieselbe Kerbe und garantiert ein **Recht auf einen wirksamen Rechtsbehelf**.[42] Im Bereich behördlicher KI-Nutzung nicht einschlägig ist hingegen der **Fair-Trial-Grundsatz** aus Art. 6 Abs. 1 EMRK, dessen Garantien auf zivil- und strafrechtliche Verfahren zielen.

27 Gleichermaßen Leitlinie wie Zielrichtung der Rechtsschutzgarantie ist die Frage: Was will der Betroffene bzw. was will er nicht – und wie kann er sein Ziel erreichen? Um bspw. eine ablehnende Verwaltungsentscheidung verstehen zu können, kann er sich fragen, was er denn hätte anders machen müssen/können. Anhand dieser Frage wird auch deutlich, wem gegenüber eine auf KI gestützte Verwaltungsentscheidung transparent sein sollte: In erster Linie kann es mit Blick auf Art. 19 Abs. 4 GG bzw. Art. 47 GRCh nicht um „Expertentransparenz" gehen. Vielmehr muss (auch) der technische Laie die Entscheidung nachvollziehen können.[43]

4. Verwaltungsrecht

28 Der Unionsgesetzgeber hat (für „die Stellen der Union") eine Pflicht zur Begründung von Verwaltungsentscheidungen explizit und prominent normiert – in der Grundrechtecharta (Art. 41 Abs. 2 lit. c GRCh). Auch das deutsche Verwaltungsrecht kennt eine Konkretisierung des Transparenzgebots: **§ 39 Abs. 1 S. 2 VwVfG** verlangt eine **verständliche Darstellung** der „Kernkriterien" einer behördlichen Entscheidungsfindung.

---

35 BeckOK GG/Huster/Rux GG Art. 20 Rn. 182.
36 Vgl. VerfGH RhPf Beschl. v. 27.10.2017 – VGH B 37/16, NVwZ 2018, 492 (493 f.). Indirekt berührt das Transparenzerfordernis auch die Gleichheitsrechte sowie den Schutz vor Diskriminierung (Art. 3 GG), etwa wenn ein KI-System in juristisch gleich gelagerten Fällen unterschiedliche Entscheidungsvorschläge auswirft. Dazu auch Zweig Wo Maschinen irren können S. 15 f., 23; Zweig et al. European Journal for Security Research 3 (2018), 181 (181 ff.).
37 Voßkuhle/Kaiser JuS 2009, 803 (803).
38 In der Exekutive geschieht dies v.a. über die Weisungsgebundenheit der Verwaltung, vgl. BVerfG Beschl. v. 24.5.1995 – 2 BvF 1/92, BVerfGE 93, 37 (66) = NVwZ 1996, 574; BVerfG Urt. v. 31.10.1990 – 2 BvF 3/89, BVerfGE 83, 60 (72) = NJW 1991, 159.
39 Zu den Voraussetzungen iE BeckOK GG/Enders GG Art. 19 Rn. 55 ff.
40 BVerfG Urt. v. 18.7.2005 – 2 BvR 2236/04, BVerfGE 113, 273 (310) = NJW 2005, 2289; BVerfG Beschl. v. 16.5.1995 – 1 BvR 1087/91, BVerfGE 93, 1 (13) = NJW 1995, 2477; BVerfG Beschl. v. 29.10.1975 – 2 BvR 630/73, BVerfGE 40, 272 (275) = NJW 1976, 141.
41 V. Mangoldt/Klein/Starck/Huber GG Art. 19 Rn. 508.
42 Dazu Ebers Rechte, Rechtsbehelfe und Sanktionen im Unionsprivatrecht S. 253 ff.
43 Die Rechtsschutzgarantie zielt also bspw. nicht unmittelbar auf Zertifizierungen oder Audits, die notwendigerweise technischer sein müssen.

Die Behörde muss „die wesentlichen tatsächlichen und rechtlichen Gründe mit[...]teilen, die [sie] zu ihrer Entscheidung bewogen haben". Kann sie diesem Maßstab nicht gerecht werden bzw. den Umfang nicht selbst abbilden – zB weil „sie selbst" nicht versteht, welches die ausschlaggebenden Elemente im KI-Prozess gewesen sind, darf sie die Entscheidung nicht rechtsverbindlich treffen.

Die primäre Zielrichtung des Transparenzgrundsatzes beim hoheitlichen Handeln zeichnet auch das **Recht auf Akteneinsicht (§ 29 Abs. 1 S. 1 VwVfG)** vor: Einsicht in die das Verfahren betreffende Akten ist dem Betroffenen zu gestatten, soweit deren Kenntnis zur Geltendmachung oder Verteidigung seiner rechtlichen Interessen erforderlich ist.[44]

5. Auswertung

Eine Zusammenschau der zuvor erörterten Transparenzanforderungen ergibt, dass staatliche Entscheidungen,[45] die unter Nutzung algorithmischer Systeme zustande kommen, stets **transparent und begründbar** bleiben müssen. Staatliche Stellen müssen sich daher in besonderem Maße um Offenheit bemühen.

Erforderlich sind daher – wie sowohl die Datenethikkommission[46] als auch die Informationsfreiheitsbeauftragen in einem Positionspapier[47] hervorheben – nicht nur **Informationen** darüber, **wann und in welchem Umfang („ob")** Legal Tech-Tools zum Einsatz kommen, sowie **Informationen zum Entscheidungsmechanismus („wie")** und den **zugrundeliegenden Daten („was")**. Hoheitliche Entscheidungen müssen vielmehr dem Betroffenen gegenüber auch begründet werden, indem die „wesentlichen tatsächlichen Gründe", die für die Entscheidung im Einzelfall ausschlaggebend waren, angegeben werden (vgl. § 39 Abs. 1 S. 2 VwVfG). Ist eine solche **einzelfallbezogene Erläuterung** aufgrund der technischen Komplexität des Systems **nicht (ausreichend) möglich**, so dürfen algorithmische Systeme **nicht eingesetzt** werden.

IV. DS-GVO

Weitere Anforderungen an die Transparenz und Erklärbarkeit algorithmischer Systeme können sich sowohl für den Staat als auch für Private aus dem Datenschutzrecht, also insbesondere aus der DS-GVO ergeben.[48] Besonders umstritten ist, ob aus der DS-GVO ein Recht auf Erklärung automatisierter Entscheidungen folgt.[49]

1. Art. 22 Abs. 3 DS-GVO

Nach **Art. 22 Abs. 3 DS-GVO** muss der Verantwortliche in bestimmten Fällen der automatisierten Verarbeitung „angemessene Maßnahmen" ergreifen, „um die Rechte und Freiheiten sowie die berechtigten Interessen der betroffenen Person zu wahren, wozu mindestens das Recht auf Erwirkung des Eingreifens

---

44 Das Gebot, dem Einzelnen diese Möglichkeit zu eröffnen, folgt aus der Menschenwürde, dem Rechtsstaatsprinzip und der Rechtsschutzgarantie, vgl. BeckOK VwVfG/Herrmann VwVfG § 29 Rn. 1 mwN.
45 Etwas anderes gilt, wenn algorithmische Systeme nicht für staatliche Entscheidungen (zB für den Erlass eines Verwaltungsakts), sondern für andere Zwecke (zB für den verwaltungsinternen Gebrauch oder für die allgemeine Kommunikation mit Bürgern) eingesetzt werden. In diesen Fällen gelten nur eingeschränkte Transparenz- und Erklärungspflichten.
46 DEK Gutachten.
47 Positionspapier iRd 36. Konferenz der Informationsfreiheitsbeauftragten in Deutschland: „Transparenz der Verwaltung beim Einsatz v. Algorithmen für gelebten Grundrechtsschutz unabdingbar", 2018, abrufbar unter https://www.datenschutzzentrum.de/uploads/informationsfreiheit/2018_Positionspapier-Transparenz-v.-Algorithmen.pdf.
48 Vgl. auch (zu Art. 8 EMRK) Rechtbank Den Haag Urt. v. 5.2.2020 – C-09-550982-HA ZA 18-388, ECLI:NL:RBDHA:2020:1878: Einsatz eines intransparenten algorithmischen Systems ist wegen Verstoßes gegen das Recht auf Privatsphäre rechtswidrig. Dazu Meuwese European Review of Digital Administration & Law 1 (2020), 209; sowie Colonna/Greenstein Nordic Yearbook of Law and Informatics 2020–2021/Ebers S. 103; Horstmann ZD-Aktuell 2020, 07047.
49 Doshi-Velez et al. Accountability of AI Under the Law: The Role of Explanation; Goodman/Flaxman AI Magazine 38 (2017), 50; Malgieri/Comandé International Data Privacy Law 7 (2017), 243 (243); Selbst/Powles International Data Privacy Law 7 (2017), 233 (233); Wachter et al. International Data Privacy Law 7 (2017), 76 (76).

einer Person seitens des Verantwortlichen, auf Darlegung des eigenen Standpunkts und auf Anfechtung der Entscheidung gehört." Darüber hinaus weist **Erwägungsgrund (71) DS-GVO** darauf hin, dass die Datenverarbeitung mit angemessenen Garantien verbunden sein sollte, „einschließlich der spezifischen Unterrichtung der betroffenen Person" und des Anspruchs „auf Erläuterung der nach einer entsprechenden Bewertung getroffenen Entscheidung". Da die DS-GVO ein Recht auf Erläuterung indessen nur in ihren (nicht bindenden) Erwägungsgründen erwähnt, nicht aber im operativen Text von Art. 22 Abs. 3 DS-GVO selbst, geht das Schrifttum größtenteils davon aus, dass diese Vorschrift **kein Recht auf Erklärung von Einzelentscheidungen** einräumt.[50]

2. Art. 13–15 DS-GVO

34 Nach Art. 13 Abs. 2 lit. f und Art. 14 Abs. 2 lit. g DS-GVO muss der Verwender „über das Bestehen einer automatisierten Entscheidungsfindung einschließlich Profiling gemäß Artikel 22 Absätze 1 und 4" aufklären und „aussagekräftige Informationen über die involvierte Logik sowie die Tragweite und die angestrebten Auswirkungen einer derartigen Verarbeitung für die betroffene Person" bereitstellen. Diese Informationen sind indessen bereits zum Zeitpunkt der Datenerhebung zur Verfügung zu stellen, also **bevor eine Entscheidung getroffen wurde**.[51]

35 Ein Recht auf Erklärung einer **bereits getroffenen algorithmischen Entscheidung** ließe sich daher allenfalls aus **Art. 15 Abs. 1 lit. h DS-GVO** herleiten, demzufolge betroffene Personen im Falle einer automatisierten Verarbeitung iSd Art. 22 Abs. 1 DS-GVO einen (nachträglichen) Informationsanspruch haben, der sich auf „aussagekräftige Informationen über die involvierte Logik" bezieht. Im Schrifttum wird diese Vorschrift **unterschiedlich interpretiert**. Nach einer Ansicht kann eine Information nur dann „aussagekräftig" sein, wenn die Erklärung es der betroffenen Person ermöglicht, gegen eine Entscheidung iSd des Art. 22 Abs. 3 DS-GVO vorzugehen.[52] Demnach müssen alle Informationen erteilt werden, die zum Verständnis einer Entscheidung und zur Überprüfung ihrer Richtigkeit erforderlich sind.[53] Andere argumentieren hingegen, dass sich Art. 15 Abs. 1 lit. h DS-GVO nur auf den allgemeinen Aufbau und die Funktionsweise eines ADM-Systems bezieht, nicht aber auf die individuellen Umstände einer konkreten automatisierten Entscheidung, insbesondere nicht auf die interne Gewichtung von Variablen oder den Programmcode.[54] IdS hebt auch die Artikel-29-Datenschutzgruppe (WP29) in ihren überarbeiteten Leitlinien zu automatisierten Entscheidungen einschließlich Profiling hervor, dass der Verantwortliche nach Art. 15 Abs. 1 lit. h DS-GVO „Auskunft über die angestrebten Auswirkungen der Verarbeitung erteilen sollte, statt eine bestimmte Entscheidung zu erläutern".[55] Die DS-GVO verpflichte den Verantwortlichen – so WP29 weiter – „nicht unbedingt zu einer ausführlichen Erläuterung der verwendeten Algorithmen oder zur Offenlegung des gesamten Algorithmus".[56]

36 Zu berücksichtigen ist zudem, dass sich sowohl Art. 22 Abs. 3 DS-GVO als auch Art. 15 Abs. 1 lit. h DS-GVO nur auf ADM-Verfahren iSd Art. 22 Abs. 1 DS-GVO beziehen, also auf Entscheidungen, die

---

50 Goodman/Flaxman AI Magazine 38 (2017), 50; Ebers/Navas Algorithms and Law/Martini S. 100 (117); Paal/Pauly/Martini DS-GVO Art. 22 Rn. 39 f.; Selbst/Powles International Data Privacy Law 7 (2017), 233; Wachter et al. International Data Privacy Law 7 (2017), 76 (76).
51 Gola/Franck DS-GVO Art. 13 Rn. 36; aA Ehmann/Selmayr/Hladjk DS-GVO Art. 22 Rn. 15.
52 Gola/Franck DS-GVO Art. 15 Rn. 19; Selbst/Powles International Data Privacy Law 7 (2017), 233 (233).
53 Gola/Franck DS-GVO Art. 15 Rn. 19; Selbst/Powles International Data Privacy Law 7 (2017), 233 (233).
54 Kühling/Buchner/Buchner DS-GVO Art. 22 Rn. 27; Malgieri/Comandé International Data Privacy Law 7 (2017), 243 (243); Wachter et al. International Data Privacy Law 7 (2017), 76 (76).
55 Artikel-29-Datenschutzgruppe, Leitlinien zu automatisierten Entscheidungen im Einzelfall einschließlich Profiling für die Zwecke der Verordnung 2016/679, angenommen am 3.10.2017, zuletzt überarbeitet und angenommen am 6.2.2018, abrufbar unter https://ec.europa.eu/newsroom/article29/items/612053, S. 30.
56 Artikel-29-Datenschutzgruppe, Leitlinien zu automatisierten Entscheidungen im Einzelfall einschließlich Profiling für die Zwecke der Verordnung 2016/679, angenommen am 3.10.2017, zuletzt überarbeitet und angenommen am 6.2.2018, abrufbar unter https://ec.europa.eu/newsroom/article29/items/612053, S. 28.

„ausschließlich auf einer automatisierten Verarbeitung" beruhen.[57] KI-basierte Systeme, die den Menschen bei der Entscheidungsfindung lediglich unterstützen, fallen daher nicht in den Anwendungsbereich beider Bestimmungen.[58] Da bei den meisten algorithmisch vorbereiteten Entscheidungen immer noch ein Mensch beteiligt ist, werden viele ADM-Verfahren nicht vom Anwendungsbereich des Art. 22 Abs. 3 und Art. 15 Abs. 1 lit. h DS-GVO erfasst.[59]

3. Auswertung

Insgesamt sprechen die überwiegenden Argumente dagegen, aus der DS-GVO ein Recht auf Erklärung konkreter Entscheidungen abzuleiten. Bereits die **Gesetzgebungsgeschichte** spricht dagegen. Während der Verhandlungen zur DS-GVO wurde ein „Recht auf Erklärung" erwogen, letztlich jedoch nicht in Art. 22 Abs. 3 DS-GVO aufgenommen.[60] 37

Auch die **Rechtsprechung des EuGH zur früheren Datenschutz-RL 95/46** lässt Zweifel an einem solchen Recht aufkommen. Der EuGH hat in einer Reihe von Fällen[61] klargestellt, dass das Datenschutzrecht in erster Linie auf die Fairness der Datenverarbeitung abzielt, nicht aber die Richtigkeit der Entscheidung selbst gewährleisten soll.[62] Sollte der EuGH diese Ansicht für die DS-GVO bestätigen, erscheint es unwahrscheinlich, dass das Gericht ein „Recht auf Erklärung" für Entscheidungen annimmt, die nach dem Datenschutzrecht ohnehin nicht inhaltlich überprüft werden können. 38

Möglich wäre, dass der EuGH den **staatlichen Einsatz intransparenter algorithmischer Systeme** als einen **Verstoß gegen das Grundrecht auf Privatsphäre** (Art. 7 und 8 GRCh, Art. 8 EMRK) betrachtet, so wie dies die niederländische Rechtbank Den Haag im SyRI-Fall[63] auch getan hat. Daraus ergäbe sich indessen nur eine negative Schranke für den Einsatz algorithmischer Systeme, nicht jedoch ein positives Recht auf Erklärung. 39

V. Transparenzanforderungen beim Einsatz von Legal Tech durch Private

1. Pflichten von Rechtsanwälten

a) Vorvertragliche Pflichten

Rechtsanwälte sind vor Abschluss eines Rechtsanwaltsvertrages sowie vor Abschluss bestimmter Vereinbarungen zur Übermittlung bestimmter Informationen sowie zur Aufklärung potenzieller Mandanten verpflichtet. Diese Pflichten greifen auch dann, wenn Rechtsanwälte Legal Tech-Tools bei der Anbahnung anwaltlicher Beratungsverträge mit (potenziellen) Mandanten nutzen. 40

Nach § 2 Abs. 1, 4 der **Dienstleistungs-Informationspflichten-VO (DL-InfoV)** muss ein Rechtsanwalt jeden potenziellen Auftraggeber, egal ob Verbraucher oder Unternehmer, insbesondere über die verwendeten Allgemeinen Mandatsbedingungen, die sonstigen Vertragsklauseln sowie die **wesentlichen Merkmale der Dienstleistung aufklären**, soweit sich diese nicht bereits aus dem Zusammenhang ergeben. Ist der Auftraggeber **Verbraucher (§ 13 BGB)**, so sind zudem die in **§ 312a Abs. 2 S. 1 BGB iVm Art. 246** 41

---

57 Kühling/Buchner/Buchner DS-GVO Art. 22 Rn. 14; NK-DatenschutzR/Scholz DS-GVO Art. 22 Rn. 26; Paal/Pauly/Martini DS-GVO Art. 22 Rn. 17b. Vgl. ferner die Auswertung mitgliedstaatlicher Gerichtsentscheidungen bei Future of Privacy Forum Automated Decision-Making S. 28 ff.
58 Kühling/Buchner/Buchner DS-GVO Art. 22 Rn. 14; Martini Blackbox Algorithmus S. 112; NK-DatenschutzR/Scholz DS-GVO Art. 22 Rn. 28; Paal/Pauly/Martini DS-GVO Art. 22 Rn. 20; Wachter et al. International Data Privacy Law 7 (2017), 76 (88, 92); Wischmeyer/Rademacher Regulating Artificial Intelligence/Wischmeyer S. 83.
59 Wachter et al. International Data Privacy Law 7 (2017), 76 (92); aA Bygrave Computer Law & Security Review 17 (2001), 17.
60 Wachter et al. International Data Privacy Law 7 (2017), 76 (81).
61 EuGH Urt. v. 20.12.2017 – C-434/16, ECLI:EU:C:2017:994 – Nowak; EuGH Urt. v. 17.7.2014 – C-141/12, C-372/12, ECLI:EU:C:2014:2081 – YS u.a.
62 Vgl. auch die Rechtsprechungsanalyse von Brouwer/Borgesius European Journal of Migration and Law 17 (2015), 259; Wachter/Mittelstadt Columbia Business Law Review 2 (2019), 494 (521 ff.).
63 Rechtbank Den Haag Urt. v. 5.2.2020 – C-09-550982-HA ZA 18-388, ECLI:NL:RBDHA:2020:1878; dazu Fn. 48.

EGBGB geregelten **Informationspflichten** zu beachten, die sich zT mit jenen der DL-InfoV decken. Von Bedeutung ist hier v.a., dass gegenüber einem Verbraucher die **wesentlichen Eigenschaften der Dienstleistung** grds. anzugeben sind, so dass es nicht – wie im Falle der DL-InfoV – ausreicht, dass sich diese aus dem Zusammenhang ergeben. Darüber hinaus gelten die **berufsrechtlich geregelten Informationspflichten**, wie insbesondere § 44 BRAO (Mitteilungspflicht bei Ablehnung eines Mandats), § 49b Abs. 5 BRAO (Informationspflicht bei Tätigwerden auf Grundlage gesetzlicher Gebühren) sowie § 16 BORA (Informationspflicht bei Berechtigung zu staatlicher Kostenhilfe).

42 Zwar gibt es derzeit noch **keine besonderen Informationspflichten beim Einsatz** von Legal Tech-Anwendungen. Jedoch lässt sich aus der Pflicht, potenzielle Mandanten über die wesentlichen Eigenschaften der Dienstleistung aufzuklären, ableiten, dass Rechtsanwälte über den **Einsatz** von Legal Tech („ob") sowie über den **Entscheidungsmechanismus („wie")** und die **zugrunde liegenden Daten („was")** des algorithmischen Systems informieren müssen, sofern das Legal Tech-Tool zur Entscheidungsfindung oder Prognose eingesetzt wird.

b) Vertragliche Pflichten

43 Ein Rechtsanwalt muss die **Interessen des Mandanten** ohne Rücksicht auf die Interessen Dritter **umfassend wahrnehmen** und Schädigungen des Mandanten möglichst vermeiden.[64] Er ist zudem zu einer **umfassenden Beratung** verpflichtet. Dabei darf er sich nicht ohne Weiteres mit den Informationen begnügen, die ihm sein Auftraggeber liefert, sondern muss um zusätzliche Aufklärung bemüht sein, wenn den Umständen nach für eine zutreffende rechtliche Einordnung die Kenntnis weiterer Tatsachen erforderlich und deren Bedeutung für den Mandanten nicht ohne Weiteres ersichtlich ist.[65] Auf der Grundlage dieser Informationen ist der Rechtsanwalt zur allgemeinen, **umfassenden** und **möglichst erschöpfenden Aufklärung** und **Beratung** des Auftraggebers verpflichtet.[66]

44 Diese Pflichten gelten grds. auch dann, wenn ein Rechtsanwalt ein Legal Tech-Tool intern zur Bearbeitung seiner Mandate nutzt. In diesem Fall muss er sich durch das Tool verursachte Beratungsfehler nach § 276 BGB (bei eigenem Verschulden) oder nach § 278 BGB (bei Verschulden des Legal Tech-Unternehmens) gegenüber der Mandantschaft iRd Berufshaftung (→ *Haftung des Rechtsanwalts ggü. Mandanten* Rn. 31 f.) zurechnen lassen. Gleiches gilt, wenn Rechtsanwälte ein Legal Tech-Tool unternehmerischen Mandanten zur eigenen Nutzung zur Verfügung stellen. Auch in diesem Fall haften sie der Mandantschaft gegenüber nach allgemeinen Grundsätzen der Berufshaftung (→ *Haftung des Rechtsanwalts ggü. Mandanten* Rn. 5 ff.).

45 Da Rechtsanwälte nach der Rechtsprechung zu einer allgemeinen, umfassenden und möglichst erschöpfenden Aufklärung und Beratung des Auftraggebers verpflichtet sind, ist davon auszugehen, dass die **anwaltlichen Beratungspflichten** zugleich eine **Pflicht zur Aufklärung über die Eigenschaften des algorithmischen Systems** sowie darüber verlangen, **wie die konkrete Entscheidung zustande gekommen** ist und welche **Faktoren dabei welches Gewicht** entfaltet haben. Eine Pflicht zur detaillierten Beschreibung der Systemeigenschaften oder gar die Offenlegung des Computercodes ist demgegenüber abzulehnen, denn eine solche Aufklärung trägt weder den Verständnismöglichkeiten noch den berechtigten Interessen von Mandanten Rechnung.

2. Informationspflichten von Inkassounternehmen nach § 13b RDG

46 Besondere Informations- und Darlegungspflichten gelten nach **§ 13b RDG** für **Inkassounternehmen**, die für einen **Verbraucher (§ 13 BGB)** tätig werden. Die dort geregelten Aufklärungspflichten beziehen sich

---

[64] BGH Urt. v. 7.9.2017 – IX ZR 71/16, NJW-RR 2017, 1459 (1459); BGH Urt. v. 11.2.1999 – IX ZR 14/98, NJW 1999, 1391 (1391); BGH Urt. v. 13.3.1997 – IX ZR 81/96, NJW 1997, 2168 (2169); BGH Urt. v. 20.10.1994 – IX ZR 116/93, NJW 1995, 449 (450); BGH Urt. v. 18.3.1993 – IX ZR 120/92, NJW 1993, 1779 (1780); BGH Urt. v. 16.5.1991 – IX ZR 131/90, NJW 1991, 2079 (2079 f.).
[65] BGH Urt. v. 18.11.1999 – IX ZR 420/97, NJW 2000, 730 (731).
[66] BGH Urt. v. 1.3.2007 – IX ZR 261/03, BGHZ 171, 261 = NJW 2007, 2485 (2485).

ua auf Alternativen der Forderungsdurchsetzung bei Vereinbarung eines Erfolgshonorars, Einbindung eines Prozessfinanzierers sowie auf die Auswirkungen eines Vergleichsschlusses (auf Vergütung, bei Forderungsbündelung).

Darüber hinaus müssen Inkassodienstleister, die im Einzelfall für einen Verbraucher nicht tätig werden wollen, nach **§ 13b Abs. 2 S. 1 RDG** die hierfür **wesentlichen Gründe mit der Ablehnung der Tätigkeit in Textform mitteilen**. Nach § 13b Abs. 2 S. 2 ist in der Mitteilung darauf hinzuweisen, ob eine rechtliche Prüfung der Forderung stattgefunden hat und ob diese ganz oder teilweise automatisiert vorgenommen wurde. Damit soll Verbrauchern vor Augen geführt werden, ob die negative Entscheidung auf einer rechtlichen Prüfung des Inkassodienstleisters beruht oder nur Folge einer „statistischen Auswertung der Erfolgswahrscheinlichkeit ist und damit im Wesentlichen nur auf der Wirtschaftlichkeit der Forderungsdurchsetzung für den Inkassodienstleister beruht".[67] Mit diesem Hinweis soll dem Verbraucher deutlich vor Augen geführt werden, dass eine Prüfung durch eine qualifizierte natürliche Person bisher nicht stattgefunden hat und eine weitere Verfolgung des Anspruchs nicht aussichtslos ist.[68]

Eine weitergehende Aufklärung verlangt das RDG demgegenüber nicht. Der Gesetzgeber ist bei Verabschiedung des Legal Tech-Gesetzes[69] insbes. nicht der Empfehlung der BRAK gefolgt,[70] Inkassodienstleister zu einer Aufklärung darüber zu verpflichten, wie die Erfolgsaussichten einer Rechtsverfolgung tatsächlich eingeschätzt werden und nach welchen Kriterien dies erfolgt, insbes., ob und inwieweit dies automatisiert geschieht.

3. Sonstige Pflichten nicht-anwaltlicher Legal Tech-Unternehmen

Eine bislang ungeklärte Frage ist, welche sonstigen vorvertraglichen und vertraglichen Pflichten nicht-anwaltliche Legal Tech-Unternehmen gegenüber Kunden haben. Die in **§ 312a Abs. 2 S. 1 BGB iVm Art. 246 Abs. 1 Nr. 1 EGBGB** statuierte Pflicht, einen **Verbraucher** (§ 13 BGB) über die **wesentlichen Eigenschaften der Dienstleistung aufzuklären**, könnte zwar als Pflicht von Legal Tech-Unternehmen interpretiert werden, über die Funktionsweise des algorithmischen Systems aufzuklären; eine derart abstrakte vorvertragliche Information trüge jedoch nicht dazu bei, dass der Verbraucher/Kunde die im Einzelfall getroffene Prognose bzw. Entscheidung ex post nachvollziehen kann (→ Rn. 34). Auch das **strenge anwaltliche Pflichtenprogramm** (dazu → Rn. 43 ff.) kann nach hier vertretener Ansicht grds. **nicht auf nicht-anwaltliche Legal Tech-Unternehmen übertragen werden**.[71] Entscheidend ist vielmehr, was für eine Legal Tech-Dienstleistung in Anspruch genommen wird und welche Erwartungen von Legal Tech-Unternehmen geweckt worden sind.[72] Die Anforderungen an die Qualität der zu erbringenden Leistung richten sich dementsprechend nach dem **Einzelfall**.[73] Als Richtschnur gilt: Je eher der Kunde (aufgrund der Leistungsbeschreibung oder anderer Anhaltspunkte) von einer individuellen Rechtsprüfung ausgehen kann, desto eher greifen die anwaltlichen Pflichten, die – wie zuvor dargelegt – auch eine Aufklärung über die Eigenschaften des algorithmischen Systems sowie darüber verlangen, wie die sie konkret betreffende Entscheidung zustande gekommen ist und welche Faktoren dabei welches Gewicht entfaltet haben.

VI. Rechtliche Grenzen der Transparenz

Die vorangegangene Analyse zeigt, dass beim Einsatz von Legal Tech-Tools sowohl durch staatliche Einrichtungen als auch durch Rechtsanwälte sowie nicht-anwaltliche Legal Tech-Unternehmen zwar **Aufklärungspflichten** bestehen, der **Umfang dieser Pflichten jedoch bislang ungeklärt** ist. Dieser lässt sich

---

67 So die Gesetzesbegründung, BT-Drs. 19/27673, 48.
68 BT-Drs. 19/27673, 48.
69 Gesetz zur Förderung verbrauchergerechter Angebote im Rechtsdienstleistungsmarkt (sog. „Legal Tech-Gesetz"; BGBl. 2021 I 3415).
70 BRAK-Stellungnahme 2/2022, 7 f.
71 Vertiefend Ebers LTZ 2022, 5 (5 f.).
72 Vgl. BGH Urt. v. 9.9.2021 – I ZR 113/20, NJW 2021, 3125 (3125).
73 Vgl. BGH Urt. v. 27.11.2019 – VIII ZR 285/18, NJW 2020, 208 (208).

letztlich auch gar nicht abstrakt bestimmen. Wer wann und in welchem Umfang welche Entscheidungen begründen muss, ist im Kontext der jeweiligen Norm unter Berücksichtigung einer Reihe von Faktoren (→ Rn. 9 f.) zu entscheiden.

51 Darüber hinaus ist zu bedenken, dass eine Offenlegung algorithmischer Entscheidungsprozesse im **Widerspruch zu berechtigten Interessen** anderer Personen sowie Allgemeininteressen stehen kann. Zu berücksichtigen sind insbesondere der **Schutz geistigen Eigentums**, (→ *Gewerblicher Rechtsschutz* Rn. 2 ff.)[74] der Schutz von **Betriebs- und Geschäftsgeheimnissen**, (→ *Gewerblicher Rechtsschutz* Rn. 37 ff.)[75] datenschutzrechtliche Interessen Dritter sowie Sicherheits- und sonstige Allgemeinwohlinteressen.[76]

52 Daraus folgt indessen nicht, dass die Funktionsweise algorithmischer Systeme unter Verweis auf derartige Interessen pauschal geheim gehalten werden darf.[77] Erforderlich ist vielmehr, dass Transparenz- und Erklärungspflichten mit widerstreitenden Interessen **ausbalanciert** werden. Dafür stehen, wie *Wischmeyer*[78] zutreffend hervorhebt, eine Reihe von Möglichkeiten zur Verfügung, wie beispielsweise (i) die zeitliche Beschränkung von Informations- bzw. Zugriffsrechten, (ii) die Übermittlung von Informationen an Intermediäre, die zur Geheimhaltung verpflichtet sind, sowie (iii) die Einführung von *in camera*-Verfahren. Derartige Instrumente können die Transparenz und Erklärbarkeit von algorithmischen Systemen erhöhen, ohne dass Geheimhaltungsinteressen sowie sonstige Interessen wesentlich beeinträchtigt werden.

VII. Zusammenfassende Würdigung

1. Ergebnisse

53 Werden Legal Tech-Tools dazu verwendet, um (juristische) Entscheidungen zu unterstützen oder vollständig zu automatisieren, so bestehen sowohl für staatliche Einrichtungen als auch Rechtsanwälte sowie nichtanwaltliche Legal Tech-Unternehmen eine Reihe von **Transparenz- und Erklärungspflichten** gegenüber den von einer solchen Entscheidung (potenziell) Betroffenen. Zwar sind diese Pflichten derzeit noch nicht positivrechtlich normiert. In vielen Fällen lässt sich jedoch aus allgemeinen Prinzipien und Normen eine Pflicht des Verwenders algorithmischer Systeme ableiten, über den Einsatz algorithmischer Systeme („ob") sowie über den algorithmischen Entscheidungsprozess („wie" und „was") zu informieren. Der Umfang der betreffenden Pflichten hängt dabei von einer Reihe von Faktoren ab (→ Rn. 40 ff.). Insbesondere müssen kollidierende Rechte und Interessen Dritter sowie der Allgemeinheit berücksichtigt werden (→ Rn. 51).

54 Da die rechtlichen Anforderungen derzeit noch ungeklärt sind, wäre es wichtig, dass der Umfang von Transparenz- und Erklärungspflichten beim Einsatz algorithmischer Systeme einschließlich von Legal Tech-Tools gesetzlich normiert wird.

2. Der KI-VO-Vorschlag der Europäischen Kommission

55 Der im April 2021 von der **Europäische Kommission** vorgelegte KI-VO-Entwurf (→ *Regulierung (EU), KI-Verordnung* Rn. 9 ff.)[79] weist insofern in die richtige Richtung, als in Art. 13 KI-VO-Entwurf für sog. **„Hochrisiko-KI-Systeme"** spezielle Regeln für die Transparenz und Bereitstellung von Informationen festgelegt werden. Für KI-Systeme, die für die Interaktion mit natürlichen Personen bestimmt sind (Chatbots), muss der Anbieter zudem gem. Art. 52 KI-VO-Entwurf sicherstellen, dass natürlichen Personen

---

74 Zur Frage, ob KI-Systeme, der zugrunde liegende Code, KI-Datenbanken, KI-Trainingsdaten und/oder KI-Ergebnisse durch Rechte des geistigen Eigentums geschützt sind, s. Gervais et al. Final Report; Ebers/Navas Algorithms and Law/Navas S. 221 (221); vgl. auch die Entschließung des Europäischen Parlaments v. 20.10.2020 zu den Rechten des geistigen Eigentums bei der Entwicklung von KI-Technologien, 2020/2015/INI (2020).
75 Für die EU vgl. RL (EU) 2016/943; Ebers/Gamito Algorithmic Governance and Governance of Algorithms/Siems S. 137 (137).
76 Sandvig et al. Auditing Algorithms: Research Methods for Detecting Discrimination on Internet Platforms S. 9; Leese Security Dialogue 45 (2014), 494 (494).
77 So jedoch BGH Urt. v. 28.1.2014 – VI ZR 156/13, BGHZ 200, 38 = NJW 2014, 1235 (1235).
78 Wischmeyer/Rademacher Regulating Artificial Intelligence/Wischmeyer S. 85.
79 COM(2021) 206 final; dazu Ebers et al. RDi 2021, 528 (528).

mitgeteilt wird, dass sie es mit einem KI-System zu tun haben, es sei denn, dies ist aufgrund der Umstände und des Kontexts der Nutzung offensichtlich.

Problematisch ist, dass Art. 13 KI-VO-Entwurf **nur allgemeine Transparenzanforderungen** formuliert, ohne diese näher zu spezifizieren.[80] Die Auswahl der spezifschen Maßnahmen, die ergriffen werden müssen, um sicherzustellen, dass KI-Systeme ausreichend transparent sind, überantwortet der Entwurf im Ergebnis der **Selbsteinschätzung der Anbieter**.[81] Ein weiterer korrekturbedürftiger Aspekt ergibt sich aus dem Umstand, dass nach dem Vorschlag weder die Anbieter noch die Nutzer verpflichtet sind, die von einer algorithmischen Entscheidung betroffenen Personen über das KI-System transparent aufzuklären. Die in Art. 13 KI-VO-Entwurf normierten **Transparenzpflichten** betreffen nur die **Rechtsbeziehung** zwischen einem **Anbieter** und **(professionellen) Nutzern**. 56

Darüber hinaus sieht der Verordnungsentwurf **keine individuellen Rechte** zugunsten der von einer algorithmischen Entscheidung Betroffenen vor. Obwohl die KI-VO Grundrechte schützen soll, fehlen Rechtsbehelfe, die den Einzelnen befähigen, sich gegen widerrechtliches Verhalten zur Wehr zu setzen. Der Verordnungsentwurf gewährt den Betroffenen weder ein Recht auf Erklärung algorithmischer Entscheidungen noch ein Recht auf Einsicht in das mL-Modell oder zumindest der wichtigsten Entscheidungsfaktoren. 57

3. Fazit

Als Fazit kann festgehalten werden, dass hinsichtlich der Transparenz- und Erklärungsanforderungen sowohl auf deutscher als auch europäischer Ebene **Handlungsbedarf** besteht. Transparenzanforderungen beim Einsatz von Legal Tech-Tools (und anderer algorithmischer Systeme) sollten sowohl dem Grunde als auch dem Umfang nach künftig gesetzlich normiert werden, damit für alle Beteiligten Rechtssicherheit besteht und gewährleistet wird, dass algorithmische Entscheidungsprozesse nachvollziehbar und überprüfbar sind. 58

---

80 Colonna/Greenstein Nordic Yearbook of Law and Informatics 2020–2021/Ebers S. 103.
81 Dazu Ebers RDi 2021, 588 (588 ff.).

89. Verhandlung

Horn

I. Einführung	1	a) Assisted Negotiation	31
II. Grundlagen der Verhandlungslehre	3	b) Automated Negotiation	33
1. Principled Negotiation (Harvard-Konzept)	3	IV. Verhandlungssoftware – Anwendungsbeispiele	40
2. Phasen der Verhandlung	13	1. Verhandlungssoftware für Vertragsverhandlungen	40
3. ZOPA und BATNA	15	2. Verhandlungssoftware im Konfliktfall	45
III. Verhandlungssoftware – theoretischer Rahmen	20	3. Software für Forschung und Lehre	48
1. Negotiation Support Systems – e-Negotiation Systems – Software Agents	20	4. Sonstige Software	53
2. Differenzierung nach Aktivität und Einfluss	27		
3. Unterstützte und automatisierte Verhandlungen – Assisted and Automated Negotiation	30		

Literatur: *Baten/Hoque*, Technology-Driven Alteration of Nonverbal Cues and its Effects on Negotiation, Negotiation Journal 37(1) (2021), 35; *Braun/Brzostowski/Kersten/Kim/Kowalczyk/Strecker/Vahidov*, e-Negotiation Systems and Software Agents: Methods, Models, and Applications, in Gupta/Forgionne/Mora (Hrsg.), Intelligent Decision-Making Support Systems – Foundations, Applications and Challenges, 2006, abrufbar unter https://www.researchgate.net/publication/226889376_e-Negotiation_Systems_and_Software_Agents_Methods_Models_and_Applications (zit.: Gupta/Forgionne/Mora Intelligent Decision-Making Support Systems/Braun et al.); *Dinnar/Dede/Johnson/Straub/Korjus*, Artificial Intelligence and Technology in Teaching Negotiation, Negotiation Journal 37(1) (2021), 65; *Fisher/Ury/Patton*, Getting to Yes – Negotiating an Agreement Without Giving in, 2012, zit. nach Amazon Kindle Version 1.0, Epub ISBN 9781448136094 (zit.: Fisher/Ury/Patton Getting to Yes); *Gratch*, The Promise and Peril of Automated Negotiators, Negotiation Journal 37(1) (2021), 13; *Heetkamp*, Online Dispute Resolution bei grenzüberschreitenden Verbraucherverträgen, 2017 (zit.: Heetkamp Online Dispute Resolution); *Hennemann*, Interaktion und Patizipation, 2020; *Kaufmann-Kohler/Schultz*, Online Dispute Resolution – Challenges for Contemporary Justice, 2004 (zit.: Kaufmann-Kohler/Schultz Online Dispute Resolution); *Kersten/Lai*, Negotiation Support and E-negotiation Systems: An Overview, Group Decision and Negotiation 2007, 553; *Klowait/Gläßer* (Hrsg.), Mediationsgesetz, 2. Aufl. 2018 (zit.: HK-MediationsG); *Mik*, AI in Negotiating and Entering into Contracts, in: DiMatteo (Hrsg.), AI & Private Law, im Erscheinen, Vorabversion abrufbar unter https://papers.ssrn.com/sol3/papers.cfm?abstract_id=3873071 (zit.: DiMatteo AI & Private Law/Mik); *Shirazi/Barfouroush*, A Conceptual Framework for Modeling Automated Negotiations in Multiagent Systems, Negotiation Journal 24(1) (2008), 45; *Vetter*, Ein Multiagentensystem zur Verhandlungsautomatisierung in elektronischen Märkten, 2006; *Wheeler*, Introduction to Special Issue: Artificial Intelligence, Technology, and Negotiation, Negotiation Journal 37(1) (2021), 5.

I. Einführung

1   Der Begriff „Verhandlung" kommt in der deutschen Rechtssprache vielfach vor, etwa als mündliche Verhandlung in der ZPO (§§ 128 ff. ZPO) oder als Hauptverhandlung in der StPO (§§ 226 ff. StPO). Gegenstand dieses Beitrags ist aber die Verhandlung zwischen zwei oder mehr Parteien, verstanden als

> „back-and-forth communication designed to reach an agreement when you and the other side have some interests that are shared and others that are opposed".[1]

2   Der Beitrag geht zunächst auf Grundlagen der Verhandlungslehre ein, insbesondere das Konzept der „principled negotiation" (im Deutschen auch als „Harvard-Konzept" bekannt) (→ Rn. 3 ff.). Auf dieser Grundlage werden Ansätze für die Digitalisierung von Verhandlungen vorgestellt (→ Rn. 20 ff.).

II. Grundlagen der Verhandlungslehre

1. Principled Negotiation (Harvard-Konzept)

3   Das wohl bekannteste Standardwerk über Verhandlungslehre ist „Getting to Yes" (auch bekannt unter dem deutschen Titel „Das Harvard-Konzept") von Roger Fisher, William Ury und Bruce Patton, den

---

1 Fisher/Ury/Patton Getting to Yes S. xxvii (Introduction).

Begründern des Harvard Negotiation Program an der Harvard Law School.[2] „Getting to Yes" vermittelt als Kernanliegen das Konzept der „principled negotiation" oder auch „negotiation on the merits" als bessere Alternative zum häufig anzutreffenden positionsbezogenen Verhandeln (positional bargaining).[3] Zum Teil wird der Ansatz von „Getting to Yes" auch als interessenbezogenes Verhandeln (interestbased negotiation) bezeichnet.[4]

Positionsbezogen zu verhandeln bedeutet, eine bestimmte Position einzunehmen, zB die Höhe des Kaufpreises, und zu versuchen, sich aufgrund gegenseitiger Zugeständnisse möglichst nah an der jeweils eigenen Position zu einigen. Das bringt Nachteile mit sich: So kann es zu unklugen Ergebnissen führen, weil man als Verhandler dazu neigt, sich immer mehr mit der eigenen Position zu identifizieren und immer weniger hinterfragt, ob die eigene Position überhaupt den eigenen Interessen gerecht wird.[5] Positionsbezogenes Verhandeln ist ineffizient, weil es gerade bei sehr kleinschrittigen Zugeständnissen sehr lange dauern kann, bis klar wird, ob eine Einigung überhaupt möglich ist.[6] Zudem wird die Beziehung zu der anderen Seite gefährdet, da positionsbezogenes Verhandeln ein „Willenswettbewerb" (im engl. Original „contest of will") ist, bei dem jeder versucht, den anderen so nah wie möglich an die eigene Position heranzubringen.[7]

4

„Getting to Yes" stellt dem positionsbezogenen Verhandeln vier Prinzipien gegenüber, um die Nachteile dieser Herangehensweise zu überwinden:[8]

5

- **Personen**: Trennung von Person und Sache
- **Interessen**: Fokussierung auf Interessen, nicht Positionen
- **Optionen**: Generieren von Optionen, bevor man sich auf eine Lösung festlegt
- **Objektive Kriterien**: Ergebnisse sollten auf objektiven Kriterien basieren

Nach dem **ersten Prinzip (Personen)** muss man sich stets vor Augen führen, dass Menschen mit Gefühlen, tief verwurzelten Werten, Hintergründen und Ansichten verhandeln[9] (anderes kann aber mittlerweile bei automatisierten Verhandlungen gelten, → Rn. 33). In einer Verhandlung sollte daher strikt zwischen der Sach- und der Beziehungsebene getrennt werden.[10] Bei guter Verhandlungsführung gelingt die Trennung, indem Probleme auf der Beziehungsebene mit entsprechenden Mitteln angegangen werden und nicht versucht wird, durch Zugeständnisse auf der Sachebene, Beziehungskonflikte beizulegen.[11]

6

Das **zweite Prinzip (Interessen)** zielt darauf, sich nicht auf eine Position zu versteifen, sondern die dahinterliegenden Interessen der Parteien zu identifizieren und zum Ausgleich zu bringen.[12] Ein bekanntes Lehrbuchbeispiel ist die Orange: Zwei Geschwister wollen eine Orange jeweils ganz für sich haben. Bei einer positionsbezogenen Lösung erhält jeder die halbe Orange. Nimmt man die Interessen in den Blick, stellt sich aber möglicherweise heraus, dass die eine Saft pressen will, der andere die Schale für einen Kuchen braucht. Entsprechend kann die Orange nach Saft und Schale geteilt werden, um beide Seiten vollends zufriedenzustellen. Der Erfolg von Verhandlungen hängt daher häufig davon ab, wie gut es gelingt, sich die eigenen Interessen zu verdeutlichen und die Interessen der Gegenseite in Erfahrung zu bringen.[13] Ziel muss es daher sein, Informationen über die jeweiligen Interessen auszutauschen, ohne von den eigenen Interessen abzurücken.[14]

7

---

2 Fisher/Ury/Patton Getting to Yes unter „About the Authors".
3 Fisher/Ury/Patton Getting to Yes S. 3–15.
4 Vgl. HK-MediationsG/Klowait/Gläßler Einl. Rn. 29.
5 Fisher/Ury/Patton Getting to Yes S. 4–6.
6 Fisher/Ury/Patton Getting to Yes S. 7.
7 Fisher/Ury/Patton Getting to Yes S. 7.
8 Fisher/Ury/Patton Getting to Yes S. 10 f, 18.
9 Fisher/Ury/Patton Getting to Yes S. 20 f.
10 Fisher/Ury/Patton Getting to Yes S. 21–23.
11 Fisher/Ury/Patton Getting to Yes S. 23–41.
12 Fisher/Ury/Patton Getting to Yes S. 42–57.
13 Fisher/Ury/Patton Getting to Yes S. 44 f.
14 Fisher/Ury/Patton Getting to Yes S. 51–57.

8   **Unterschiedliche Interessen** oder deren **unterschiedliche Gewichtung** ermöglichen zudem häufig erst ein Verhandlungsergebnis, wie das Beispiel eines Schuhkaufs zeigt:[15] Sowohl der Kunde als auch der Verkäufer werden ein Interesse an Geld und Schuhen haben. Allerdings ist das Interesse des Verkäufers am Geld größer als an den Schuhen, während es beim Käufer umgekehrt ist. Nur deshalb kommt es zum Verkauf. Schafft man es, die unterschiedliche Gewichtung von Interessen sichtbar zu machen, kann dies für ein Verhandlungsergebnis genutzt werden. Hierbei kann Software zum Gewichten der eigenen Interessen helfen (→ Rn. 46).

9   Nach dem **dritten Prinzip (Optionen)** sollten die Parteien bei Verhandlungen möglichst viele Lösungsmöglichkeiten zum beiderseitigen Vorteil kreieren, bevor sie sich für ein Verhandlungsergebnis entscheiden.[16] Allzu häufig würden Verhandler nicht ausreichend kreative Lösungen entwickeln, so dass bei einer etwaigen Einigung alle Beteiligten für sich weniger erhalten, als objektiv möglich gewesen wäre.[17] Auch das verdeutlicht das Orangenbeispiel (→ Rn. 7): Erhalten beide Geschwister nur je eine halbe Orange, bekommen beide je nur die Hälfte dessen, was sie wollen (Fruchtfleisch für Saft einerseits, Schale für Kuchen andererseits), obwohl beide ihr Maximalziel erreichen können, also das ganze Fleisch bzw. die ganze Schale erhalten.[18]

10 „Getting to Yes" identifiziert **vier Gründe**, weshalb nicht ausreichend kreative Lösungen gefunden werden:[19] (1) vorschnelles Beurteilen möglicher Lösungen („premature judgement"), also vorschnell Optionen als unzulänglich auszusortieren; (2) die Suche nach einer einzigen Antwort und damit das (bewusste) Verschließen vor Kreativität aus Angst, die Verhandlungen zu verkomplizieren und in die Länge zu ziehen; (3) die (vorschnelle) Annahme, der „Kuchen" habe eine feste Größe („fixed pie"), ohne zuerst nach Möglichkeiten zu suchen, mehr Wert zu schaffen; (4) der Gedanke, die Probleme der Gegenseite zu lösen, sei allein deren Angelegenheit („solving their problem is their problem") in Verkennung des Umstands, dass eine erfolgreiche Verhandlung die Interessen aller Parteien berücksichtigt. Entsprechend müssen diese vier Teilbereiche adressiert werden, um mit kreativen Lösungen bessere Verhandlungsergebnisse zu erzielen.[20]

11 Das **vierte Prinzip (objektive Kriterien)** betrifft den Umstand, dass jede Verhandlung an einem Punkt gegenläufiger Interessen angelangt. Auch an diesem Punkt sollte versucht werden, nicht nur Positionen auszutauschen, sondern sich auf objektive Kriterien und Standards zu einigen, anhand derer das „richtige" Ergebnis für die konkrete Verhandlungssituation festgelegt werden kann.[21]

12 Ergänzend zu den genannten Prinzipien wird an anderer Stelle angemerkt, dass Verhandlungen nicht nur als „punktuelles Ereignis", sondern als „prozesshaftes Geschehen" verstanden werden sollten.[22] Wird dies missachtet, kann sich ein Verhandlungserfolg schnell als „Pyrrhus-Sieg" erweisen, da die Geschäftsbeziehung Schaden nimmt.[23] Abhilfe schafft eine Professionalisierung des Verhandlungsmanagements.[24]

2. Phasen der Verhandlung

13 Verhandlungen laufen in Phasen ab. Voraussetzung für die Digitalisierung und Automatisierung von Verhandlungen ist es, sich ein entsprechendes **Phasenmodell** zu vergegenwärtigen.[25]

---

15 Fisher/Ury/Patton Getting to Yes S. 45.
16 Fisher/Ury/Patton Getting to Yes S. 58–81.
17 Fisher/Ury/Patton Getting to Yes S. 58 f.
18 Fisher/Ury/Patton Getting to Yes S. 59.
19 Fisher/Ury/Patton Getting to Yes S. 58–61.
20 Fisher/Ury/Patton Getting to Yes S. 62–81 mit weiteren Erläuterungen.
21 Fisher/Ury/Patton Getting to Yes S. 82–95.
22 HK-MediationsG/Klowait/Gläßler Einl. Rn. 29.
23 HK-MediationsG/Klowait/Gläßler Einl. Rn. 29.
24 HK-MediationsG/Klowait/Gläßler Einl. Rn. 29.
25 Gupta/Forgionne/Mora Intelligent Decision-Making Support Systems/Braun et al. S. 3.

Mit Blick auf die Entwicklung von e-Negotiation Systems (ENS) (→ Rn. 20 ff.) wurde zB ein **Fünf-Phasen-Modell** vorgeschlagen.[26] Dieses Modell ist keineswegs zwingend, sondern nur eine mögliche Herangehensweise. Die einzelnen Phasen können zudem übersprungen oder wiederholt werden:[27]

(1) Am Anfang steht eine **Planungs- oder Vorbereitungsphase**, in der die Parteien für sich insbesondere den Verhandlungsgegenstand, ihre Ziele, Präferenzen und Interessen sowie die Problempunkte und mögliche Optionen einschließlich ihrer BATNA (→ Rn. 18) klären.[28] Diese Phase sollte nicht übersprungen werden, denn eine **gute Vorbereitung** ist Voraussetzung für zufriedenstellende Verhandlungsergebnisse. Nur wer die eigenen Interessen (→ Rn. 7) und Ziele kennt, kann diese in ein Verhandlungsergebnis umsetzen.

(2) Anschließend wird eine **Agenda** aufgestellt und die Verhandlungsgegenstände werden im **Austausch** miteinander erörtert.[29] Einen sinnvollen Prozess aufzustellen, hilft dabei insbesondere, Konflikte über den Ablauf der Verhandlung von vornherein zu vermeiden oder zu minimieren. Der Informationsaustausch über Ziele und Interessen wiederum hilft, die Interessen des Gegenübers zu verstehen und später Optionen (→ Rn. 9) für eine Einigung zu schaffen. Als Ergebnis dieser Phase müssen möglicherweise die Annahmen aus der Planungsphase ganz oder zum Teil revidiert werden.[30]

(3) Im Anschluss an das Aufstellen der Agenda werden **Angebote** und **Argumente** ausgetauscht.[31] Hierbei wird insbesondere das Verständnis für die Interessen der Gegenseite gefördert und Potenzial für Einigungen kann erkannt werden.[32]

(4) Idealerweise schließt sich eine Phase an, in der die Parteien zu einer **Einigung** gelangen und **Kompromisse** finden.[33]

(5) Ist eine Einigung gefunden, kommt es zur **Abschlussphase**.[34] Die Parteien bewerten die gefundenen Ergebnisse.[35] Zudem können weitere Gespräche stattfinden, die nicht mehr die Einigung als solche betreffen, sondern zB die Umsetzung der Vereinbarung.[36]

3. ZOPA und BATNA

Im Bereich der Verhandlungslehre fallen immer wieder die Begriffe „ZOPA" (→ Rn. 16 f.) und „BATNA" (→ Rn. 18 f.).

ZOPA steht für **„Zone of Possible Agreement"**. Sie beschreibt einen Korridor für eine mögliche Einigung. Bei der Verhandlung über einen Kaufvertrag beispielsweise wird der Käufer nur bereit sein, bis zu einem bestimmten Betrag zu zahlen, der Verkäufer will demgegenüber einen Mindestbetrag erzielen. Eine Einigung kann nur zustande kommen, wenn das Maximalgebot des Käufers höher ist als die Mindesterwartung des Verkäufers. Den so definierten Korridor nennt man Zone of Possible Agreement – ZOPA. Zur Ermittlung oder Schaffung der ZOPA sollten bezugnehmend auf die Principled Negotiation (→ Rn. 3 ff.) nicht allein die Eingangspositionen der Parteien berücksichtigt, sondern aufgrund ihrer Interessen (→ Rn. 7) kreative Lösungen (→ Rn. 9) gesucht werden. Ob eine ZOPA überhaupt besteht oder geschaffen werden kann, ist deshalb nicht immer leicht festzustellen. Das gilt umso mehr, wenn mehrere sich gegenseitig beeinflussende Variablen auftreten. Hier kann Software helfen, die es erlaubt, die eigenen Interessen verdeckt zu notieren, und anschließend mögliche Einigungsvorschläge ermittelt, wie zB Smartsettle (→ Rn. 46).

---

26 Gupta/Forgionne/Mora Intelligent Decision-Making Support Systems/Braun et al. S. 3.
27 Gupta/Forgionne/Mora Intelligent Decision-Making Support Systems/Braun et al. S. 5.
28 Gupta/Forgionne/Mora Intelligent Decision-Making Support Systems/Braun et al. S. 5.
29 Gupta/Forgionne/Mora Intelligent Decision-Making Support Systems/Braun et al. S. 4.
30 Gupta/Forgionne/Mora Intelligent Decision-Making Support Systems/Braun et al. S. 4.
31 Gupta/Forgionne/Mora Intelligent Decision-Making Support Systems/Braun et al. S. 4.
32 Gupta/Forgionne/Mora Intelligent Decision-Making Support Systems/Braun et al. S. 4.
33 Gupta/Forgionne/Mora Intelligent Decision-Making Support Systems/Braun et al. S. 4.
34 Gupta/Forgionne/Mora Intelligent Decision-Making Support Systems/Braun et al. S. 4.
35 Gupta/Forgionne/Mora Intelligent Decision-Making Support Systems/Braun et al. S. 4.
36 Gupta/Forgionne/Mora Intelligent Decision-Making Support Systems/Braun et al. S. 4.

17 Um die ZOPA zu bestimmen, können softwaregestützte Konzepte helfen. Für einfache Verhandlungen ausschließlich über einen Preis kann (Double) Blind Bidding (→ *Alternative Streitbeilegung (ADR), allgemein* Rn. 28 f.) eine Möglichkeit sein.

18 **BATNA** ist die Kurzform für „**Best Alternative to a Negotiated Agreement**".[37] Jede Partei kann eine Verhandlung ohne Einigung verlassen; sie muss dann mit ihrer besten Alternative leben, der sog. BATNA. Bei streitigen Auseinandersetzungen kann das zB eine Entscheidung durch Urteil sein; bei einer Transaktion kann das bedeuten, auf den begehrten Gegenstand zu verzichten oder ihn anderweitig zu beschaffen. Die BATNA wird häufig die ZOPA beeinflussen, denn die eigene Einigungsbereitschaft wird davon abhängen, wie gut die eigenen Alternativen sind. Sinnvoll ist es, die eigene BATNA genau zu visualisieren statt willkürlich eine „bottom line" festzulegen.[38] Nur wer die eigene BATNA genau kennt, kann anhand der eigenen Interessen bewerten, ob eine Vereinbarung zweckmäßig ist oder nicht.[39] Gerade bei komplexeren Problemlagen bietet es sich an, geeignete Software einzusetzen, um sich die eigene Lage und die BATNA zu verdeutlichen.

19 Das Konzept der BATNA kann man weiter verfeinern mit der **WATNA** („**worst alternative to a negotiated agreement**") oder **MLATNA** („**most likely alternative to a negotiated agreement**").[40]

III. Verhandlungssoftware – theoretischer Rahmen

1. Negotiation Support Systems – e-Negotiation Systems – Software Agents

20 Verhandlungssoftware wird zum Zwecke der theoretischen Betrachtung insbesondere in Negotiation Support Systems (→ Rn. 21), e-Negotiation Systems (→ Rn. 22 f.), e-Negotiation Tables (→ Rn. 24), Negotiation Software Agents und Negotiation Agent-Assistants (→ Rn. 25) eingeteilt.

21 **Negotiation Support Systems (NSS)** erfassen dabei Software, die Modelle und Prozesse implementiert, Kommunikations- und Koordinationsfunktionen aufweist und dafür designet ist, zwei oder mehr Personen und/oder eine „dritte Partei" bei Verhandlungsaktivitäten zu unterstützen.[41] Die ersten NSS wurden aus Decision Support Systems (DSS) entwickelt, indem die Unterstützung bei der Entscheidungsfindung um Kommunikations- und Kooperationsmöglichkeiten erweitert wurde.[42] Die Entwicklung von NSS aus DSS ist folgerichtig, denn Verhandlungen können auch als dezentralisierter Entscheidungsprozess verstanden werden, der dazu dient, eine Vereinbarung zu treffen, die die Bedürfnisse von zwei oder mehr Parteien erfüllt.[43] DSS können bei Verhandlungen entsprechend von jeder Partei eingesetzt werden, um die eigenen Entscheidungen, etwa über Angebote und Zugeständnisse, zu verbessern.

22 **E-Negotiation Systems (ENS)** gehen über NSS hinaus, denn darunter versteht man internetbasierte Software, die Aktivitäten von Verhandlern und/oder „dritten Parteien" wie Mediatoren (→ *Alternative Streitbeilegung (ADR), allgemein* Rn. 9 ff.) vereinfacht, organisiert, unterstützt oder automatisiert.[44] Während NSS insbesondere auf nicht miteinander verbundenen Computern eingesetzt werden, wird ein ENS immer über das Internet eingesetzt.[45] Hier steht also die Vernetzung mehrerer Computer im Vordergrund. ENS können auch insofern als Oberbegriff für alle Arten von Verhandlungssoftware verstanden werden, als ein ENS

---

37 Fisher/Ury/Patton Getting to Yes S. 101–103.
38 Fisher/Ury/Patton Getting to Yes S. 102.
39 Fisher/Ury/Patton Getting to Yes S. 102.
40 Heetkamp Online Dispute Resolution S. 42–44.
41 Gupta/Forgionne/Mora Intelligent Decision-Making Support Systems/Braun et al. S. 2; Kersten/Lai Group Decision and Negotiation 2007, 553 (555).
42 Vgl. Gupta/Forgionne/Mora Intelligent Decision-Making Support Systems/Braun et al. S. 2; Kersten/Lai Group Decision and Negotiation 2007, 553.
43 Gupta/Forgionne/Mora Intelligent Decision-Making Support Systems/Braun et al. S. 1.
44 Kersten/Lai Group Decision and Negotiation 2007, 553 (556); siehe auch Gupta/Forgionne/Mora Intelligent Decision-Making Support Systems/Braun et al. S. 2.
45 Gupta/Forgionne/Mora Intelligent Decision-Making Support Systems/Braun et al. S. 3; Kersten/Lai Group Decision and Negotiation 2007, 553 (582).

auch Software der anderen hier beschriebenen Typen beinhalten kann, solange die Netzwerkfunktion zum Tragen kommt.[46]

ENS erfüllen **verschiedene Aufgaben**:[47] Sie unterstützen zB bei Entscheidungen und Zugeständnissen oder schlagen Angebote und Vereinbarungen vor. Ebenso können ENS den Verhandlungsprozess strukturieren und organisieren oder auch Informationen und Expertise bereitstellen. Manche bieten auch einen Zugang zu Verhandlungswissen an oder vermitteln Experten oder Mediatoren. Vom Begriff ENS umfasst sein können daher Programme, die eine integrierte E-Mail- oder Chat-Funktion für die Kommunikation aufweisen als auch Software für automatisierte Verhandlungen oder Auktionen.[48]

Neben den NSS und ENS gibt es sog. **e-Negotiation Tables (ENT)**.[49] Das ist Software, die Verhandlern einen virtuellen Raum bzw. Verhandlungstisch bietet, in dem verschiedene Tools für die Durchführung von Verhandlungen bereitstehen.[50] Die einfachste Form eines ENT ist ein Chatprogramm.

Darüber hinaus gibt es sog. **Softwareagenten**, also Software, die im Namen einer anderen Stelle autonom reaktiv oder proaktiv Entscheidungen trifft und zu einem gewissen Grad fähig ist, zu lernen, zu kooperieren und sich zu bewegen.[51] Im Verhandlungsbereich finden sich einerseits **Negotiation Software Agents (NSA)**, dh Software, die selbst Entscheidungen trifft (→ Rn. 34), andererseits **Negotiation Agent-Assistants (NAA)**, dh Software, die (teils in Echtzeit) menschliche Verhandler mit kontextspezifischem Rat und Kritik unterstützt, nicht aber selbst entscheidet.[52] NSA können zB Informationen sammeln oder auch Angebote erstellen oder je nach Struktur der Verhandlung auch die Verhandlung insgesamt führen (→ Rn. 34).[53] Einem NAA würde zB die Aufgabe zukommen, einem menschlichen Verhandler in Echtzeit Feedback zum eigenen Verhalten zu geben (→ Rn. 41) oder auch das Gegenüber zu bewerten.[54]

Ein Softwareagent muss dabei **nicht alle Aufgaben** bei einer Verhandlung wahrnehmen, sondern kann auf **bestimmte Aktivitäten beschränkt** sein.[55] So kann dem Softwareagenten zB die Aufgabe zufallen, Angebote nach objektiven Kriterien zu bewerten, während es dem menschlichen Prinzipal überlassen bleibt, die Beziehungsebene (→ Rn. 6) mit der Gegenseite im Blick zu behalten.[56]

2. Differenzierung nach Aktivität und Einfluss

Neben der oben vorgenommenen Einteilung (→ Rn. 20 ff.) lässt sich Verhandlungssoftware für die theoretische Betrachtung auch danach einteilen, wie aktiv sie selbst wird (→ Rn. 28) oder welchen Einfluss sie auf die Verhandlungen nimmt (→ Rn. 29).

Verhandlungssoftware kann **passiv, aktiv** oder **pro-aktiv** arbeiten.[57] **Passive Software** betrifft Werkzeuge für bestimmte Zwecke, die die volle Kontrolle des Nutzers erfordern.[58] Sie ermöglichen insbesondere Kommunikation, stellen Berechnungen an oder visualisieren Daten.[59] Gemeint sind also zB E-Mail, Excel

---

46 Vgl. Kersten/Lai Group Decision and Negotiation 2007, 553 (557).
47 Gupta/Forgionne/Mora Intelligent Decision-Making Support Systems/Braun et al. S. 6.
48 Kersten/Lai Group Decision and Negotiation 2007, 553 (556).
49 Kersten/Lai Group Decision and Negotiation 2007, 553 (556).
50 Kersten/Lai Group Decision and Negotiation 2007, 553 (556).
51 Gupta/Forgionne/Mora Intelligent Decision-Making Support Systems/Braun et al. S. 3; Kersten/Lai Group Decision and Negotiation 2007, 553 (556 f.).
52 Kersten/Lai Group Decision and Negotiation 2007, 553 (557).
53 Gupta/Forgionne/Mora Intelligent Decision-Making Support Systems/Braun et al. S. 9 f.
54 Vgl. Gupta/Forgionne/Mora Intelligent Decision-Making Support Systems/Braun et al. S. 9 f., die zwar einheitlich von „NSAs" sprechen, damit allerdings Softwareagenten im Verhandlungskontext insgesamt meinen, ohne zwischen NSA und NAA zu unterscheiden.
55 Gupta/Forgionne/Mora Intelligent Decision-Making Support Systems/Braun et al. S. 8.
56 Gupta/Forgionne/Mora Intelligent Decision-Making Support Systems/Braun et al. S. 8.
57 Kersten/Lai Group Decision and Negotiation 2007, 553 (559).
58 Kersten/Lai Group Decision and Negotiation 2007, 553 (559).
59 Kersten/Lai Group Decision and Negotiation 2007, 553 (559).

oder PowerPoint. Zum Teil werden der passiven Software aber auch pauschal die ENS (→ Rn. 22) zugeschlagen.[60] Das erscheint aber jedenfalls fragwürdig, wenn man ENS auch als Integration verschiedener Softwarekonzepte versteht (→ Rn. 22). **Aktive Software** – auch als „Active Facilitation-Mediation Systems" bezeichnet – unterstützt die Nutzer darin, schwierige Probleme, Zugeständnisse und Angebote zu formulieren, zu bewerten oder zu lösen, oder sie wertet den Verhandlungsprozess oder eine Vereinbarung aus.[61] **Proaktive Software** – auch als „Proactive Intervention-Mediation Systems" bezeichnet – geht noch über die aktive Software hinaus, denn sie kann die Handlungen der Verhandler koordinieren und kritisieren oder schlägt Angebote vor oder rät zum Abschluss von Vereinbarungen.[62] Zur aktiven bzw. proaktiven Software zählen je nach Design die Softwareagenten (→ Rn. 25).[63]

29 Verhandlungssoftware kann zudem danach differenziert werden, wie sehr sie in den Verhandlungsprozess eingreift. Am geringsten ist der Eingriff bei **Computer Facilitated Negotiations**, denn hier ermöglicht die Software lediglich die Kommunikation sowie das Speichern und Abrufen von Daten.[64] Mehr Einfluss auf die Verhandlung nimmt Software bei **Computer Supported Negotiation** – welche sich mit **Assisted Negotiation** überschneidet (→ Rn. 31 f.): Hier werden die Verhandler kognitiv entlastet, indem die Software hilft, die Probleme und Alternativlösungen besser zu verstehen.[65] Direkten Einfluss auf die Verhandlungen nimmt die Software bei **Computer Mediated Negotiations**, denn hier hilft die Software ähnlich einem Mediator (→ *Alternative Streitbeilegung (ADR), allgemein* Rn. 9 ff.), Probleme zu identifizieren und Konflikte zu lösen.[66]

3. Unterstützte und automatisierte Verhandlungen – Assisted and Automated Negotiation

30 In der Literatur tauchen im Zusammenhang mit den Begriffen „ODR" (→ *Alternative Streitbeilegung (ADR), Online Dispute Resolution (ODR)* Rn. 3 ff.) und „Verhandlung" immer wieder die Begriffe „Assisted Negotiation" und „Automated Negotiation" auf, wobei nicht immer trennscharf zwischen beidem unterschieden wird.[67]

a) Assisted Negotiation

31 Assisted Negotiation – zT auch „Computer Supported Negotiation" (→ Rn. 29) – fasst alle Verfahren zusammen, bei denen ein Softwaretool, das über E-Mail und Telefonie hinausgeht, die Parteien bei einer Einigung unterstützt.[68] Die Software soll die Verhandler kognitiv entlasten und dadurch das Verständnis für die verhandelten Probleme bzw. Interessen (→ Rn. 7) und mögliche Alternativlösungen (→ Rn. 9) verbessern.[69] Assisted negotiation ist nicht zwangsläufig ODR (→ *Alternative Streitbeilegung (ADR), Online Dispute Resolution (ODR)* Rn. 3 ff.), weil sich die Parteien auch persönlich treffen können.[70] Als ein erstes, aber eindrückliches Beispiel für eine computerunterstützte Verhandlung wird der Bosnien-Konflikt in den 1990er Jahren genannt.[71] Die USA hatten für die Verhandlungen mit den Streitparteien eine potente digitale Karte erstellt, die tatsächliche und verhandelte Grenzverläufe so genau darstellte, dass die Verhandler ihre eigenen Häuser erkennen konnten.[72]

---

60 Gupta/Forgionne/Mora Intelligent Decision-Making Support Systems/Braun et al. S. 7 f.
61 Kersten/Lai Group Decision and Negotiation 2007, 553 (559).
62 Kersten/Lai Group Decision and Negotiation 2007, 553 (559).
63 Gupta/Forgionne/Mora Intelligent Decision-Making Support Systems/Braun et al. S. 7 f.
64 Kersten/Lai Group Decision and Negotiation 2007, 553 (559).
65 Kersten/Lai Group Decision and Negotiation 2007, 553 (560).
66 Kersten/Lai Group Decision and Negotiation 2007, 553 (560).
67 Vgl. zB Heetkamp Online Dispute Resolution S. 45, 48.
68 Kaufmann-Kohler/Schultz Online Dispute Resolution S. 11–14.
69 Kersten/Lai Group Decision and Negotiation 2007, 553 (560), die allerdings von „computer-supported negotiations" sprechen.
70 Vgl. Kaufmann-Kohler/Schultz Online Dispute Resolution S. 11 f.
71 Kaufmann-Kohler/Schultz Online Dispute Resolution S. 11 f.
72 Kaufmann-Kohler/Schultz Online Dispute Resolution S. 11 f.

Assisted Negotiation weist eine **Nähe zur Mediation** (→ *Alternative Streitbeilegung (ADR), allgemein* Rn. 9 ff.) auf, denn auch bei der Mediation unterstützt ein Dritter die Parteien bei der Verhandlung. Allerdings tritt bei Assisted Negotiation keine menschliche „dritte Partei" auf, sondern es kommt lediglich Software zum Einsatz.[73] Gleichwohl kann der Übergang von Assisted Negotiation zu automatisierter Mediation fließend sein, denn es ist denkbar – und wurde schon Anfang der 2000er angenommen –, dass eine Software die Rolle eines Mediators übernimmt, indem die Software die (Streit-)Parteien etwa immer wieder auffordert, ihre Ziele und Interessen zu formulieren und dadurch zu überdenken.[74] Zum Teil wird dann von „Computer Mediated Negotiation" gesprochen (→ Rn. 29).[75]

b) Automated Negotiation

Neben der Assisted Negotiation (→ Rn. 31 f.) gibt es Automated Negotiation.[76] Darunter wird zum Teil das blind bidding-Verfahren verstanden, bei dem eine Software aufgrund der verdeckten Gebote der Parteien eine Vergleichssumme berechnet (→ *Alternative Streitbeilegung (ADR), Online Dispute Resolution (ODR)* Rn. 31 f.).[77]

Automated Negotiation kann aber auch als **Automated e-Negotiation** verstanden werden, bei der ausschließlich Softwareagenten (→ Rn. 25) miteinander kommunizieren, also ein Mensch gar nicht mehr involviert ist.[78] Unter einem **Negotiation Software Agent** (→ Rn. 25) versteht man Software, die aktiv in einen bedeutenden Teil von Verhandlungen einbezogen ist und eigene Entscheidungen im Namen eines menschlichen oder künstlichen Prinzipals trifft.[79] Automated e-Negotiation kann beispielsweise verwendet werden, um ein Netzwerk zu koordinieren[80] oder den täglichen Strompreis oder die Kosten eines Kabelanschlusses zu verhandeln.[81] Denkbar ist auch der Einsatz von Softwareagenten in elektronischen Märkten.[82]

Daneben gibt es **semi-automated e-negotiation**, bei der menschliche Nutzer auf der einen Seite mit Softwareagenten auf der anderen Seite verhandeln.[83] Beispielsweise soll Google einen digitalen Assistenten eingesetzt haben, um einen Friseurtermin zu vereinbaren.[84] Ein anderes Beispiel ist die Software von Pactum, die völlig automatisiert für große Unternehmen die Bedingungen von „low-value, high-volume deals" verhandeln können soll (→ Rn. 43).[85]

Die Softwareagenten werden dabei immer besser. Mittlerweile können sie **menschliche Fähigkeiten** teilweise nachbilden oder übertreffen.[86] So können Softwareagenten aus dem Zusammenhang von gesprochenem Wort und einem Muster an Zugeständnissen die Interessen (→ Rn. 7) des Gegenübers abschätzen.[87] Softwareagenten können dabei auch **verschiedene Taktiken** anwenden, um das Gegenüber zu überzeugen.[88] So können sie ärgerlich erscheinen, um größere Zugeständnisse zu erhalten, oder sie geben vor, ein unwichtiger Aspekt sei wichtig, um ein Zugeständnis bei dem unwichtigen Aspekt gegen ein Zugeständnis

---

73 Kaufmann-Kohler/Schultz Online Dispute Resolution S. 14.
74 Kaufmann-Kohler/Schultz Online Dispute Resolution S. 14.
75 Kersten/Lai Group Decision and Negotiation 2007, 553 (560).
76 Kaufmann-Kohler/Schultz Online Dispute Resolution S. 17; vgl. auch Shirazi/Barfouroush Negotiation Journal 24(1) (2008), 45.
77 Kaufmann-Kohler/Schultz Online Dispute Resolution S. 17.
78 Shirazi/Barfouroush Negotiation Journal 24(1) (2008), 45 (46).
79 Kersten/Lai Group Decision and Negotiation 2007, 553 (557).
80 Shirazi/Barfouroush Negotiation Journal 24(1) (2008), 45 (46).
81 Gratch Negotiation Journal 37(1) (2021), 13 (14).
82 Vetter, Ein Multiagentensystem zur Verhandlungsautomatisierung in elektronischen Märkten, 2006.
83 Shirazi/Barfouroush Negotiation Journal 24(1) (2008), 45 (47 f.); Gratch Negotiation Journal 37(1) (2021), 13 (14).
84 Gratch Negotiation Journal 37(1) (2021), 13 (14).
85 Siehe https://pactum.com/.
86 Vgl. Gratch Negotiation Journal 37(1) (2021), 13 (16–19), der auch einen Überblick über die Fähigkeiten von Softwareagenten bietet.
87 Gratch Negotiation Journal 37(1) (2021), 13 (16–19).
88 Gratch Negotiation Journal 37(1) (2021), 13 (18).

bei einem wichtigen Aspekt zu tauschen.[89] Durch die Anwendung solcher Taktiken soll es Softwareagenten sogar gelingen, Menschen zu übervorteilen ohne dabei als unfair wahrgenommen zu werden.[90]

37 Neben den praktischen Erwägungen stellen sich im Zusammenhang mit (Semi-)Automated Negotiation auch rechtliche Fragestellungen. In dogmatischer Hinsicht stellt sich die Frage, ob – nach deutscher Terminologie – der (menschliche) Rechtsbindungswille noch ein zeitgemäßes Kriterium für die Feststellung des Vertragsschlusses (bzw. die Abgabe einer Willenserklärung) ist.[91] Verdeutlichen muss man sich dabei immer wieder, dass dem Einsatz auch „autonom" handelnder Softwareagenten zunächst ein menschlicher Wille zugrunde liegt, weil ein Mensch den Agenten willentlich einsetzt.[92] Es stellt sich aber die Frage, ob nicht künftig eine andere Rechtsgeschäftsdogmatik zu entwickeln ist, weil beim eigentlichen Vertragsschluss jedenfalls auf einer Seite keine natürliche Person mehr mitwirkt.[93] Dagegen wird zT eingewandt, dass der Einsatz Künstlicher Intelligenz bei der Vertragsverhandlung nichts grundlegend Neues ist, weil sich Menschen schon immer Technologien bedient haben, um die Entscheidungsfindung zu unterstützen.[94]

38 Der Einsatz von Softwareagenten muss **kritisch begleitet** werden, denn wer einen Softwareagenten für sich verhandeln lässt, ist eher geneigt, diese **unethisch auftreten** zu lassen, bis hin zur Täuschung des Gegenübers.[95] Ein KI-basierter Softwareagent von Facebook hat sich zudem selbst das Lügen beigebracht.[96]

39 Softwareagenten, die mit Menschen verhandeln, können zB über die spezialisierte Plattform „**Interactive Arbitration Guide Online (IAGO)**" designt und getestet werden.[97] Auf der Plattform wird auch jährlich der „**Automated Negotiation Agents Competition (ANAC)**" ausgetragen, ein Verhandlungswettbewerb für Softwareagenten.[98]

IV. Verhandlungssoftware – Anwendungsbeispiele
1. Verhandlungssoftware für Vertragsverhandlungen

40 Ein praktischer Anwendungsfall von Verhandlungssoftware kann **Vertriebssoftware** sein, die hilft, Verträge zu schließen und im Rahmen des Vertragsmanagements zu verwalten. So gibt es beispielsweise Software, die hilft, Angebotspreise zu ermitteln.[99] Das ist im weitesten Sinne Verhandlungssoftware, denn die Analyse der eigenen Position ist als Teil der Vorbereitung Teil der Verhandlung (→ Rn. 14). Nach obiger Definition (→ Rn. 21) dürfte allerdings erst dann von einem Negotiation Support System zu sprechen sein, wenn auch Möglichkeiten für Kommunikation und Kooperation mit dem potenziellen Vertragspartner vorgesehen sind. Unterstützt die Software lediglich intern, dürfte lediglich von einem Decision Support System zu sprechen sein.

41 Zum Bereich der Verhandlungssoftware kann man auch **Feedbacksysteme** zB für Call Center-Mitarbeiter zählen.[100] Hierbei können den Mitarbeitern nicht nur Informationen zu harten Fakten, wie Preisen oder Features, mitgeteilt werden, sondern es gibt auch Systeme, die das Telefonat in Echtzeit überwachen und dem Mitarbeiter unmittelbar Anweisungen zum eigenen Verhalten geben, zB empathischer zu sein.[101] Solche Software entspricht im Wesentlichen der Definition eines **Negotiation Agent-Assistants** (→ Rn. 25). Ein

---

89 Gratch Negotiation Journal 37(1) (2021), 13 (18).
90 Gratch Negotiation Journal 37(1) (2021), 13 (18 f.).
91 Umfassend Hennemann, Interaktion und Patizipation, 2020, S. 231 ff.; DiMatteo, AI & Private Law/Mik.
92 Dies wird deutlich betont von DiMatteo AI & Private Law/Mik.
93 Siehe etwa Hennemann, Interaktion und Patizipation, 2020, S. 237 ff.
94 DiMatteo AI & Private Law/Mik, S. 12.
95 Ausführlich Gratch Negotiation Journal 37(1) (2021), 13 (24 ff.).
96 Clark, Facebook teaches bots how to negotiate. They learn to lie instead, Wired, 15.6.2017, abrufbar unter www.wired.co.uk/article/facebook-teaches-bots-how-to-negotiate-and-lie; Wheeler Negotiation Journal 37(1) (2021), 5 (7).
97 Siehe https://jtmell.com/iago/.
98 Vgl. Gratch Negotiation Journal 37(1) (2021), 13 (19).
99 ZB https://www.pricefx.com/.
100 Vgl. Dinnar et al. Negotiation Journal 37(1) (2021), 65 (70).
101 Dinnar et al. Negotiation Journal 37(1) (2021), 65 (70).

Beispiel hierfür ist das am Massachusetts Institute of Technology (MIT) entstandene Cogito, welches ein auf KI basierendes Coaching-System für Mitarbeiter anbietet.[102]

Einen etwas anderen Ansatz verfolgte das Unternehmen **enpatech**, eine Ausgründung aus einer deutschen Universität.[103] Die Software sollte es Unternehmen ermöglichen, Verhandlungen mittels eines Webtools zu verbessern. Dazu konnten Lizenznehmer einen Weblink an potenzielle Vertragspartner verschicken. In dem Webtool konnte jede Seite auf einfache Weise eigene Interessen und Präferenzen angeben sowie Gewichtungen vornehmen. Anhand der Eingaben berechnete die Software, inwiefern eingehende Angebote dem eigenen Idealziel entsprechen. Hier dürfte bereits ein **e-Negotiation System** vorgelegen haben (→ Rn. 22), da die Software alle Aspekte der Verhandlung abbildete. Offenbar konnte sich die Software in der Praxis aber nicht durchsetzen und wird nicht mehr vertrieben. Nach Darstellung der Gründer sei dies nicht unbedingt auf die Software, sondern auf die fehlende Offenheit von Unternehmen für neue Lösungen zurückzuführen.[104] 42

Verhandlungssoftware kann aber auch **vollständig autonom** agieren. So soll der auf Künstlicher Intelligenz basierende Chatbot von Pactum in der Lage sein, völlig autonom Verhandlungen über die rechtlichen und wirtschaftlichen Klauseln eines Vertrages zu führen.[105] Das soll sich jedenfalls für „low-value, high-volume deals" eignen, bei denen es keine Rolle spielt, dass die Software nur mit begrenzter Komplexität umgehen und nur per Textnachricht kommunizieren kann.[106] Die Software soll dabei sogar helfen, einen Mehrwert für beide Seiten zu schaffen.[107] Eine Auswertung soll ergeben haben, dass die Mehrzahl der menschlichen Verhandlungspartner im Anschluss lieber wieder mit einem Chatbot verhandeln als mit einem Menschen, insbesondere weil der Bot klar, schnell und höflich kommunizierte.[108] Pactum ist ein Beispiel für einen Negotiation Software Agent (→ Rn. 25). 43

Verhandlungssoftware ist aber nicht nur für Unternehmen denkbar, sondern auch für Privatpersonen, die als Verbraucher, Mieter oder Arbeitnehmer auftreten. So könnten etwa Arbeitnehmer auf einen Softwareagenten (→ Rn. 25) zurückgreifen, der an ihrer Stelle Gehaltsverhandlungen führt.[109] 44

2. Verhandlungssoftware im Konfliktfall

Softwarelösungen gibt es zudem für Verhandlungen nach Auftreten eines Konflikts für die außergerichtliche Streitbeilegung (→ *Alternative Streitbeilegung (ADR), allgemein* Rn. 1 ff.). 45

Ein Beispiel ist **Smartsettle**,[110] das damit wirbt, Konflikte friedlicher, durch mehr Zusammenarbeit und intelligenter zu lösen. Die Software soll nach Angaben des Unternehmens für eine beliebige Anzahl an Parteien mit konträren Interessen die jeweiligen Präferenzen herausfinden und verwalten und darauf basierend mögliche Vereinbarungen generieren.[111] Dazu soll insbesondere eine „multivariate visual blind bidding"-Methode eingesetzt werden (zu blind bidding → *Alternative Streitbeilegung (ADR), Online Dispute Resolution (ODR)* Rn. 31 f.). Smartsettle hilft damit den Parteien, einige der Prinzipien der Principled Negotiation (→ Rn. 3 ff.) auch im Konfliktfall umzusetzen. Beim Einsatz von Smartsettle soll für die Anwender ein 16 % höherer Nutzen erzielt werden, als wenn sie ohne die Software verhandeln würden.[112] Aufgrund des Funktionsumfangs ist auch Smartsettle als e-Negotiation System einzustufen (→ Rn. 22). 46

---

102 Siehe https://cogitocorp.com/.
103 Verhandlungssoftware. Einigung programmiert, managerSeminare.de, September 2013, abrufbar unter www.managerseminare.de/ms_Artikel/Verhandlungssoftware-Einigung-programmiert,230003.
104 Siehe https://omm-solutions.de/2015/12/08/omm-solutions-von-der-it-innovation-zur-beratung/.
105 Siehe https://pactum.com/.
106 Dinnar et al. Negotiation Journal 37(1) (2021), 65 (75).
107 Dinnar et al. Negotiation Journal 37(1) (2021), 65 (75 f.).
108 Dinnar et al. Negotiation Journal 37(1) (2021), 65 (75 f.).
109 Gratch Negotiation Journal 37(1) (2021), 13 (24).
110 Siehe https://www.smartsettle.com/.
111 Siehe https://www.smartsettle.com/about-us.
112 Heetkamp Online Dispute Resolution S. 46 f.

47 Ein anderes Beispiel ist **Cybersettle**, das die Beilegung von finanziellen Streitigkeiten automatisiert, insbesondere durch den Einsatz eines blind bidding-Konzepts (→ *Alternative Streitbeilegung (ADR), Online Dispute Resolution (ODR)* Rn. 31 f.).[113] Cybersettle bietet dabei nicht selbst eine für jeden zugängliche Plattform an, sondern Organisationen wie zB Versicherungsunternehmen können die Software einkaufen, um diese in ihre eigene Kundenmanagement-Umgebung zu integrieren.

3. Software für Forschung und Lehre

48 Verhandlungssoftware kann auch für Forschung und Lehre im Feld der Verhandlung eingesetzt werden.[114] Dabei sollen vor allem Daten über echte und simulierte Verhandlungen gewonnen und mit dem Ziel besserer Verhandlungsergebnisse in der Zukunft ausgewertet werden.[115]

49 Mittels **voll-automatisierter Softwareagenten** (→ Rn. 25) lassen sich Verhandlungen zB vollständig simulieren, um große Datenmengen über das Verhalten „echter" Verhandler zu gewinnen.[116] **Interaktive Softwareagenten** können zudem eingesetzt werden, um bestimmte Forschungsfragen zu adressieren.[117] So kann zB die Frage, ob Frauen bei Gehältern schlechter verhandeln als Männer oder schlicht vom Gegenüber schlechter behandelt werden, beim Einsatz von menschlichen Verhandlern nicht sicher untersucht werden, weil die Versuchspersonen immer auch unterbewusst voreingenommen sind (implicit bias).[118] Ein Softwareagent kann demgegenüber „blind" gemacht werden für Geschlecht oder Verhalten des Gegenübers.[119]

50 Mithilfe von **Simulationen** können zudem die Verhandlungsfähigkeiten verbessert werden, insbesondere durch den Einsatz sogenannter Avatare.[120] Beispielsweise bietet **Trenario** Verhandlungsszenarien an, die es ermöglichen sollen, mit virtuellen Verhandlungspartnern wie Mandanten, Partnern, Unternehmern oder Investoren in „real world"-Szenarien zu interagieren.[121] Dabei wird eine Künstliche Intelligenz eingesetzt, die wie ein Abbild eines Menschen aussieht und interagiert. Zudem soll eine virtuelle Mentorin personalisiertes Feedback geben. Nachdem es die Technologie erlaubt, den computergenerierten virtuellen Verhandlungspartnern jede beliebige Eigenschaft zu verleihen, etwa Geschlecht, Alter, Stimme oder Sprache, kann auch leichter zu Voreingenommenheit (bias) geforscht und können Verhandler darauf geschult werden, mit Personen verschiedener (kultureller) Hintergründe zu interagieren.[122]

51 Zwischenmenschliche Fähigkeiten können zudem mithilfe der Plattform Mursion[123] trainiert werden, die eine als **„digital puppeteering"** bezeichnete Technologie einsetzt, mit deren Hilfe ein Avatar erzeugt werden kann, der es einem Simulationsspezialisten erlaubt, in einer digitalen Umgebung verschiedene Gestalten anzunehmen.[124]

52 Daneben kann Software auch eingesetzt werden, um eigene **Verhandlungen** und das eigene **Verhalten** zu **evaluieren** und dadurch mittel- bis langfristig ein besserer Verhandler zu werden.[125] Ein Angebot hierfür bietet zB die App „Negotiation 360", die es erlauben soll, sich selbst zu evaluieren und passgenauen Input zB zu best practices zu erhalten.[126]

---

113 Siehe http://cybersettle.com/.
114 Vgl. zB Dinnar et al. Negotiation Journal 37(1) (2021), 65; Gratch Negotiation Journal 37(1) (2021), 13 (20–23); Shirazi/Barfouroush Negotiation Journal 24(1) (2008), 45 (46).
115 Dinnar et al. Negotiation Journal 37(1) (2021), 65 (66).
116 Vgl. Shirazi/Barfouroush Negotiation Journal 24(1) (2008), 45 (46).
117 Gratch Negotiation Journal 37(1) (2021), 13 (20–23).
118 Gratch Negotiation Journal 37(1) (2021), 13 (21).
119 Gratch Negotiation Journal 37(1) (2021), 13 (20–23).
120 Dinnar et al. Negotiation Journal 37(1) (2021), 65 (68, 77–79).
121 Siehe https://www.trenario.com/negotiation.
122 Dinnar et al. Negotiation Journal 37(1) (2021), 65 (68 f.).
123 Siehe https://www.mursion.com/.
124 Dinnar et al. Negotiation Journal 37(1) (2021), 65 (77–79).
125 Dinnar et al. Negotiation Journal 37(1) (2021), 65 (69).
126 Siehe https://negotiation-360.com/; vgl. auch Dinnar et al. Negotiation Journal 37(1) (2021), 65 (69).

4. Sonstige Software

Neben den genannten Optionen spezieller Verhandlungssoftware lassen sich auch andere Softwarelösungen, die teils auf Künstlicher Intelligenz basieren, für Verhandlungen einsetzen.

So kann Software genutzt werden, um das Aussehen, die Erscheinung oder gar die Identität einer Person automatisiert und sofort zu verändern.[127] Mit „Deepfake" ist es zB ohne Weiteres möglich, die eigene Hautfarbe, den Sprachstil, das Alter oder andere Attribute zum Teil in Echtzeit auszutauschen.[128] Die Potenz dieser Technologie veranschaulicht ein Video von 2018, in dem ein Schauspieler eine Rede hält, es im Video aber so scheint, als spreche Barack Obama.[129] 2022 sollen zudem mehrere europäische Bürgermeister mit einem unechten Vitali Klitschko, seinerseits Bürgermeister von Kyjiw, Videotelefonie betrieben haben, wobei der „unechte" Klitschko die Deepfake-Technologie eingesetzt haben könnte.[130] Mit „Deepfake" können non-verbale Hinweise und Effekte – als zwischenmenschliche Kommunikation Teil jeder Verhandlung – entscheidend zum eigenen Vorteil verändert werden.[131] Eine – ethisch und ggf. rechtlich allerdings hoch fragwürdige – Überlegung ist es, schlecht laufende Online-Verhandlungen abzubrechen und unter neuer Identität noch einmal „frisch" zu beginnen.[132] Das könnte jedenfalls dann klappen, wenn es auf die Identität des Vertragspartners nicht entscheidend ankommt.

---

127 Baten/Hoque Negotiation Journal 37(1) (2021), 35.
128 Baten/Hoque Negotiation Journal 37(1) (2021), 35 (37).
129 Siehe https://www.youtube.com/watch?v=cQ54GDm1eL0; Beispiel übernommen von Baten/Hoque Negotiation Journal 37(1) (2021), 35 (41).
130 Hanfeld, Klitschko kontert Deepfake – „Ich brauche nie einen Übersetzer", faz.net, 25.6.2022, https://www.faz.net/aktuell/feuilleton/medien/klitschko-kontert-deepfake-gespraech-mit-franziska-giffey-18128739.html.
131 Baten/Hoque Negotiation Journal 37(1) (2021), 35.
132 Baten/Hoque Negotiation Journal 37(1) (2021), 35 (39).

90. Vertragsmanagement

Schuhmann

I. Überblick und Hintergründe	1	**III. Das VM in der Praxis**	31
1. Gegenstand und Abgrenzung des Stichworts	1	1. Best Practices, Reifegrad und Implementierung	31
2. Terminologie und Definitionen	4	2. Digitalisierung und Automatisierung	33
3. Quellen- und Informationslage	5	3. Entwicklungsprobleme und -perspektiven	35
4. Die Bedeutung des VM	6	**IV. Legal Tech-Lösungen für das VM**	37
a) Die Relevanz der Verträge	7	1. Komplettlösungen	38
b) Die Erforderlichkeit eines VM	9	2. Lösungen für spezifische VM-Aufgaben	42
c) Rechtliche Pflicht zum VM	11	a) Technologische Treiber	42
5. Der Nutzen von Legal Tech für das VM	13	b) Digitalisierung der VM-Schritte	45
II. Konzepte und Ausprägungen des VM	17	**V. Fazit und Ausblick**	54
1. Aktuelle Konzepte des VM	18	1. Größere und kleinere Organisationen	55
2. Der CLM-Zyklus	22	2. Massen- und Individualgeschäft	56
3. Funktionale Ausrichtungen des CLM	24	3. Die erste und die zweite Zukunft des VM	57
4. Ausprägungen des VM	27	4. Juristische und wirtschaftliche Prämissen	59

Literatur: *Aberdeen Group*, Contract lifecycle management and the CFO, 2007, abrufbar unter http://media.treasuryandrisk.com/treasuryandrisk/historical/SiteCollectionDocuments/aberdeen-contract-lifecycle.pdf (zit.: Aberdeen Group Contract lifecycle management and the CFO); *Aberdeen Group*, The Contract Management Solution Selection Report, 2005, abrufbar unter https://cdn2.hubspot.net/hubfs/553582/Downloadable%20Assets/aberdeen_2005_contract_mgmt.pdf (zit.: Aberdeen Group The Contract Management Solution Selection Report); *Athanassiou*, Impact of digital innovation on the processing of electronic payments and contracting: an overview of legal risks, ECB Legal Working Paper Series No. 16, Oktober 2017, abrufbar unter https://www.ecb.europa.eu/pub/pdf/scplps/ecb.lwp16.en.pdf (zit.: Athanassiou Impact of digital innovation); *Baarslag/Kaisers/Gerding/Jonker/Gratch*, When Will Negotiation Agents Be Able to Represent Us? The Challenges and Opportunities for Autonomous Negotiators, Proceedings of the Twenty-Sixth International Joint Conference on Artificial Intelligence, 2017, S. 4684, abrufbar unter https://www.ijcai.org/proceedings/2017/0653.pdf (zit.: Baarslag u.a. IJCAI 2017); *Bartels*, The Forrester Wave: Contract Lifecycle Management For All Contracts, Q1 2019, abrufbar unter https://cdn.brandfolder.io/GSYIHDPR/as/gthjp3jcvvmn2h8r4vbz5pqj/Forrester_-_Contract_Lifecycle_Management_Wave_Q1_2019.pdf (zit.: Bartels Forrester Wave Contract Lifecycle Management); *Betts/Jaep*, The dawn of fully automated contract drafting: machine learning breathes new life into a decades-old promise, Duke Law & Technology Review 15 (2017), 216; *Blycha/Horrigan/García-Perrote*, Smart contracts versus smart (and) legal contracts: Understanding the distinction and the impact of smart legal contracts on dispute resolution, Inside Arbitration 9 (2020), 3; *Bogaschewsky/Müller*, Digitalisierung, Vernetzung, Industrie 4.0 in Einkauf & SCM – heute und morgen, März 2017, abrufbar unter http://downloads.cfsm.de/Studien/2017/Studie_Digitalisierung_2017.pdf (zit.: Bogaschewsky/Müller Digitalisierung); *Budde*, Contract- und Claims-Management/Vertragsmanagement im Projektgeschäft – Basiswissen bei Verträgen, 2. Aufl. 2020 (zit.: Budde Vertragsmangement im Projektgeschäft); *Büttner*, Automatisierte Verhandlungen in Multi-Agenten-Systemen, 2011 (zit.: Büttner Automatisierte Verhandlungen in Multi-Agenten-Systemen); *Capgemini*, Contract management: in tech we trust?, 2017, abrufbar unter https://www.capgemini.com/wp-content/uploads/2017/07/contract_management_in_tech_we_trust.pdf (zit.: Capgemini Contract management: in tech we trust?); *Carter/Kirby/Oxenbury*, Practical Contract Management, 2012 (zit.: Carter/Kirby/Oxenbury Practical Contract Management); *Casey/Niblett*, Self-Driving Contracts, Journal of Corporation Law 43(1) (2017), 100; *CMx*, #9 Stages of Contract Lifecycle Management, oJ, abrufbar unter https://www.contractexperience.com/resources/resources-main.html (zit.: CMx #9 Stages of Contract Lifecycle Management); *Cohen/Eimicke*, The Responsible Contract Manager: Protecting the Public Interest in an Outsourced World, 2008 (zit.: Cohen/Eimicke The Responsible Contract Manager); *Contract Logix*, Aligning Contract Management with Sales Processes, 2021, abrufbar unter https://www.contractlogix.com/contract-management/aligning-contract-management-with-sales-processes/ (zit.: Contract Logix Aligning Contract Management); *ContractPod Technologies*, Why Corporate Counsels Need to Digitally Change. Contract Management Usages and Practices: 2020 Research Report, oJ, anforderbar bei ContractPod Technologies (zit.: ContractPod Technologies 2020 Research Report); *ContractPod Technologies*, How to Choose a Contract Management Solution, 2020, anforderbar bei ContractPod Technologies (zit.: ContractPod Technologies How to Choose a Contract Management Solution); *Cooper*, Governing by Contract: Challenges and Opportunities for Public Managers, 2003 (zit.: Cooper Governing by Contract); *Corey*, Contract Management and Administration For Contract and Project Management Professionals: A Comprehensive Guide to Contracts, the Contracting Process, and to Managing and Administering Contracts, 2015 (zit.: Corey Contract Management and Administration); *Cummins*, Excellence in Contract Management, Commitment Matters Blog, 17.2.2016, abrufbar unter http://blog.iaccm.com/commitment-matters-tim-cummins-blog/excellence-in-contract-management (zit.: Cummins Commitment Matters Blog 17.2.2016); *Cummins/Clack*, Transforming Commercial Contracts through Computable Contracting, Journal of Strategic Negotiation and Contracting 6(1) (2022), 3; *DocuSign*, Vertragsanalytik: Der Schlüssel zur Erschließung des Geschäftswertes von Verträgen, Whitepaper, oJ, anforderbar bei DocuSign (zit.: DocuSign Vertragsanalytik); *DocuSign*, State of Contract Management 2019: Research Report, oJ, anforderbar bei DocuSign (zit.: DocuSign State of Contract Management 2019); *Donahue*, A Primer on Using Artificial Intelligence in the Legal Profession, JOLT Digest, 3.1.2018, abrufbar unter https://jolt.law.harvard.edu/digest/a-primer-on-using-artificial-intelligence-in-the-legal-profession (zit.: Donahue JOLT 2018); *Ernst & Young Law*, Legal Operations – was führende Rechtsabteilungen in Deutschland besser machen, 2021, abrufbar unter https://ey-law.de/de_de/rechtsberatung/studie-2020-2021-legal-operations-was-die-fuehrenden-rechtsabteilungen-in-deutschland-besser-machen (zit.: EY Legal Operations); *Ernst & Young Law*, Mit Recht zu mehr Effizienz, 2019, von der Ernst & Young Law GmbH freundlicherweise übersandt (zit.: EY Mit Recht zu mehr Effizienz); *Flitsch*, Verträge und Vertragsmanagement in Unternehmen, 2009 (zit.: Flitsch Verträge und Vertragsmanagement in Unternehmen); *Forrester Consulting*, Status Quo Vertragswesen 2020, April 2020, anforderbar bei DocuSign (zit.: Forrester Consulting Status Quo Vertragswesen 2020); *Frydlinger/Cummins/Vitasek/Bergman*, Unpacking Relational Contracts, 2016, abrufbar unter https://www.vestedway.com/wp-content/uploads/2016/10/Unpacking-Relational-Contracting_v19.pdf (zit.: Frydlinger u.a. Unpacking Relational Contracts); *Gartner*, Gartner Glossary: Contract Life Cycle Management (CLM), oJ, abrufbar unter https://www.gartner.com/en/information-technology/glossary/contract-life-cycle-management-clm (zit.: Gartner Glossary); *Haapio/Siedel*, A Short Guide to Contract Risk, 2013 (zit.: Haapio/Siedel A Short Guide to Contract Risk); *Henschel/Sorsa/Salmi-Tolonen*, Proactive Contract Management, in Sorsa (Hrsg.), Proactive Management and Proactive Business Law, 2011, S. 255, abrufbar unter http://julkaisut.turkuamk.fi/isbn9789522162458.pdf (zit.: Sorsa Proactive Management/Henschel/Sorsa/Salmi-Tolonen); *Hummingbird*, Contract Management Whitepaper: Contract Management – A Strategic Asset, 2004, abrufbar unter http://schradersworld.com/Work/Links_and_Definitions/CLM%20Data_files/Hummingbird.pdf (zit.: Hummingbird Contract Management Whitepaper); *IACCM*, Managing contracts under Covid-19, 2020, abrufbar für WorldCC-Mitglieder (zit.: IACCM Managing contracts under Covid-19); *IACCM*, IACCM Benchmark Report 2019, September 2019, abrufbar unter https://nsccm.dk/sites/default/files/2020-09/appendix_1_2019_iaccm_benchmarking_report.pdf (zit.: IACCM Benchmark Report 2019); *IACCM*, The Value of Contract Management. Return on Investment – Survey Results, 2012, abrufbar unter http://cmsd.nl/wp-content/uploads/2015/10/2012_iaccm_valueofcontractmanagement_roi_surveyresults.pdf (zit.: IACCM The Value of Contract Management); *Jacob*, Business first! Post-automation contract management goes mainstream, Contracting Excellence Journal, 24.7.2017, abrufbar unter https://journal.iaccm.com/contracting-excellence-journal/business-first-post-automation-contract-management-goes-mainstream (zit.: Jacob Business first); *Jeffrey*, Machine-learning algorithm beats 20 lawyers in NDA legal analysis, Techspot, 31. Oktober 2018, unpag., abrufbar unter https://www.techspot.com/news/77189-machine-learning-algorithm-beats-20-lawyers-nda-legal.html (zit.: Jeffrey Machine-learning algorithm beats 20 lawyers in NDA legal analysis); *Kähler*, Zum Vertragsmanagement in transnationalen Unternehmen, in Calliess (Hrsg.), Transnationales Recht. Stand und Perspektiven, 2014, S. 173 (zit.: Calliess Transnationales Recht/Kähler); *Kähler*, Contract-Management-Duties as a New Regulatory Device, Law and Contemporary Problems 76(2) (2013), 89; *Keskitalo*, Contracts + Risks + Management = Contractual Risk Management, Nordic Journal of Commercial Law, issue 2006 (2), 1, abrufbar unter file:///C:/Users/RS/AppData/Local/Temp/3040-Article%20Text-10385-1-10-20190311.pdf; *Klotz/Dorn*, Vertragsmanagement in der IT, 2. Aufl. 2016 (zit.: Klotz/Dorn Vertragsmanagement); *Krappé/Kallayil*, Contract Management Is More out of Control Than You Think, Journal of Contract Management 3 (April) (2003), 3; *Krokowski/Regula*, Internationales Vertragsmanagement: Risikominimierung durch optimale Vertragsgestaltung in Einkauf und Logistik, 2012 (zit.: Krokowski/Regula Internationales Vertragsmanagement); *Lasi/Fettke/Feld/Hoffmann*, Industry 4.0, Business & Information Systems Engineering 6(4) (2014), 239; *Lauritsen*, Current Frontiers in Legal Drafting Systems, 11th International Conference on AI and Law, 2007, abrufbar unter https://static1.squarespace.com/static/571acb59e707ebff3074f461/t/5946f1e39de4bb69d253380c/1497821669156/CurrentFrontiers.pdf (zit.: Lauritsen Current Frontiers in Legal Drafting Systems); *Leveau*, Du nouveau pour les contract managers français, Le Journal du Contract Management 7 (2020), 20; *Levy*, Book-Smart, Not Street-Smart: Blockchain-Based Smart Contracts and The Social Workings of Law, Engaging Science, Technology, and Society 3 (2017), 1; *Lexcheck*, Buyer's Guide to Contract Analytics and Review Solutions, 2021, unpag., abrufbar unter https://www.lexcheck.com/2021-buyers-guide-to-contract-analytics-and-review-solutions-lc (zit.: Lexcheck Buyer's Guide to Contract Analytics and Review Solutions); *Macherla*, Does Your Contracting Solution Have Real AI?, Inside

Supply Management Magazine 16.02.2021, unpag., Zugang über https://www.apporchid.com/does-your-contracting-solution-have-real-ai/; *Mik*, Smart Contracts: A Requiem, SSRN, 29.12.2019, abrufbar unter https://papers.ssrn.com/sol3/papers.cfm?abstract_id=3499998 (zit.: Mik Smart Contracts: A Requiem); *Müller*, Vertragsmanagement für Architekten und Ingenieure, 2012 (zit.: Müller Vertragsmanagement für Architekten und Ingenieure); *Norta/Vedeshin/Rand/Tobies/Rull/Poola/Rull*, Self-Aware Agent-Supported Contract Management on Blockchains for Legal Accountability, 2017, abrufbar unter https://c3.coinlore.com/pdf/agrello-delta-white-paper.pdf (zit.: Norta u.a. Self-Aware Agent-Supported Contract Management); *Parks*, What Is Contract Management Software?, 2021, unpag., abrufbar unter https://www.contractlogix.com/contract-management/what-is-contract-management-software/ (zit.: Parks What Is Contract Management Software?); *Ritter*, Vertragliche Nebenpflichten beim Vertragsmanagement, 2016 (zit.: Ritter Nebenpflichten beim Vertragsmanagement); *Saliba*, Vertragsmanagement: Grundlagen zum gesteuerten Umgang mit Verträgen in Unternehmen, 2019 (zit.: Saliba Vertragsmanagement: Grundlagen); *Sammons*, Contract Management: Core Business Competence, 2017 (zit.: Sammons Contract Management); *Saxena*, Enterprise Contract Management: A practical guide to successfully implementing an ECM solution, 2008 (zit.: Saxena Enterprise Contract Management); *Schuhmann*, Quo Vadis Contract Management? Conceptual Challenges Arising from Contract Automation, European Review of Contract Law 16(4) (2020), 489; *Schuhmann/Eichhorn*, Optimierungspotenziale für Projektverträge in der internationalen Diskussion, ZfBR 2020, 501; *Schuhmann/Eichhorn*, From Contract Management to Contractual Management, European Review of Contract Law 11(1) (2015), 1; *SironLabs/WorldCC*, Faster contracts. Better contracts: Eliminating the friction points in contracting, 2021, abrufbar unter https://www.worldcc.com/Portals/IACCM/Resources/10006_0_Faster-Better.pdf (zit.: SironLabs/WorldCC Faster contracts); *Sjoerdstra*, Why a contract manager?!, Master Thesis, University of Twente, 2017, abrufbar unter https://essay.utwente.nl/74067/1/Sjoerdstra_MA_BMS.pdf (zit.: Sjoerdstra Why a contract manager?!); *Surden*, Computable Contracts, University of California Davis Law Review 46 (2012), 629; *Teninbaum/Raguette*, Contract Lifecycle Management and Artificial Intelligence: The Future is Now, ACC Docket, 2017, abrufbar unter https://www.acc.com/docket/articles/contract-lifecycle-management-ai.cfm (zit.: Teninbaum/Raguette Contract Lifecycle Management); *Timmer*, Changing roles of legal: On the impact of innovations on the role of legal professionals and legal departments in contracting practice, Journal of Strategic Contracting and Negotiation 2(1-2) (2016), 34; *Von Waldegge*, Steigerung der Effizienz im Vertragsmanagement, in Khare/Kessler/Wirsam (Hrsg.), Marktorientiertes Produkt- und Produktionsmanagement in digitalen Umwelten, 2018, S. 85 (zit.: Khare/Kessler/Wirsam Produkt- und Produktionsmanagement/v. Waldegge); *Wallqvist*, Artificial Intelligence replacing manual processes – are you ready? Contracting Excellence Journal 18.12.2017, unpag., abrufbar unter https://www.worldcc.com/Resources/Blogs-and-Journals/Contracting-Excellence-Journal/View/ArticleID/10846; *Weissmüller*, Die Implementierung eines digitalen Vertragsmanagement-Systems in der öffentlichen Verwaltung, Masterarbeit Universität Kassel, 2017 (zit.: Weissmüller Die Implementierung eines digitalen VM-Systems); *Wilkinson/Giuffre*, Six Levels of Contract Automation: The Evolution of Smart Legal Contracts – Further Analysis, 2021, SSRN Paper, abrufbar unter file:///C:/Users/RS/AppData/Local/Temp/SSRN-id3815445.pdf (zit.: Wilkinson/Giuffre Six Levels of Contract Automation); *WorldCC*, Benchmark report 2021, 2021, abrufbar unter https://www.worldcc.com/Portals/IACCM/Resources/WorldCC-Benchmark-report-2021.pdf?ver=NPQMEljK4Q-meXZLABtd2w%3D%3D (zit.: WorldCC Benchmark report 2021); *WorldCC/KPMG Law*, Can the contracting process improve without an owner? Juni 2021, abrufbar unter https://www.worldcc.com/Portals/IACCM/KPMG-report-v5%20FINAL.pdf (zit.: WorldCC/KPMG Law Can the contracting process improve without an owner?).

I. Überblick und Hintergründe

1. Gegenstand und Abgrenzung des Stichworts

1 Das **Stichwort Vertragsmanagement** (VM) ist vorliegend auf die Organisation und digitale Umsetzung der vertragsrelevanten Prozesse in den Unternehmen ausgerichtet. Ob in diesem Zusammenhang von Legal Tech gesprochen werden kann, mag zweifelhaft sein, da der Begriff mitunter auf den Einsatz im Rahmen einer anwaltlichen Tätigkeit beschränkt wird (→ *Legal Tech, Begriff* Rn. 16 ff.). Gerade das VM, das für und durch einen Rechtsanwalt betrieben dieselben Zwecke verfolgt wie in einem Unternehmen, unterstreicht jedoch die Sinnhaftigkeit eines weiten Legal Tech-Begriffs.

2 Betrachtet wird im Folgenden primär das Contract Lifecycle Management (CLM), auf das sich die technologischen und konzeptionellen Entwicklungen für das VM zurzeit konzentrieren. Aufgrund des derart abgesteckten Rahmens finden die besonders gelagerten Bedürfnisse der Rechtsanwälte nur am Rande Berücksichtigung; auf sie wird teilweise unter → *Büroorganisationssoftware* Rn. 5 ff. und → *B2C und B2B*

(Geschäftsmodelle) Rn. 89 ff. eingegangen. Auch das öffentliche VM bleibt weitgehend außer Betracht, da ihm – wie dem öffentlichen Contracting generell – im deutschen Sprachraum eine vergleichsweise geringe Bedeutung zukommt.[1]

Für Legal Tech-Anwendungen bildet das VM eine **Querschnittsmaterie**, die Bezüge zu zahlreichen Konzepten und Technologien aufweist, die unter anderen Stichwörtern erläutert werden. Auf diese wird ggf. zur allgemeinen Information verwiesen und dann nur auf die Besonderheiten hinsichtlich des VM eingegangen.

2. Terminologie und Definitionen

Das VM ist eine Erscheinung der Praxis. Ein theoriebasierter Ansatz liegt ihm nicht zugrunde,[2] weswegen eine Systematik und eine allgemein anerkannte **Terminologie** fehlen. Geprägt durch die Software- und Beratungsindustrie, zeigt der Sprachgebrauch eine gewisse Freizügigkeit, zumal sich das Verständnis der Begriffe über die Zeit teilweise gewandelt hat. Es ist daher ratsam, die angetroffenen Termini stets inhaltlich zu hinterfragen.

- **Vertragsmanagement** und Contract Management: Für diese bedeutungsgleichen Bezeichnungen finden sich zahlreiche Definitionen,[3] die teils umfassend, teils auf bestimmte Aktivitäten verengt sind. Die deutsche Rechtsprechung verwendet den Begriff VM, konkretisiert ihn jedoch inhaltlich nicht.[4] Nach dem hierzulande häufig in Bezug genommenen Verständnis von Heussen[5] bezeichnet VM die Gesamtheit aller planerischen und organisatorischen Tätigkeiten, die dazu dienen, den Vertrag zu gestalten und umzusetzen. Demgegenüber verweist Keskitalo[6] auf verschiedene engere Konzepte, je nachdem, ob das VM auf die einzelne geschäftliche Transaktion oder die Organisation, die rechtlichen oder die wirtschaftlichen Risiken, die Vertragsumsetzung[7] oder den gesamten Lebenszyklus des Vertrages ausgerichtet ist. Das Verhältnis von VM, CLM und Vertragsverwaltung ist daher häufig unklar. Um diese Konzepte terminologisch besser unterscheiden zu können, wird vorliegend dem umfassenden Ansatz gefolgt, der sämtliche Formen eines VM umfasst.
- **Contract Lifecycle Management**: Gartner[8] definiert das CLM als eine Lösung und einen Prozess zum Management des Lebenszyklus von Verträgen, die von einem Unternehmen erstellt und/oder verwaltet werden oder sich auf das Unternehmen auswirken. Andere Werke[9] fügen ein funktionales Element hinzu, nämlich das Ziel, Kosten und Risiken zu minimieren und Einnahmen zu maximieren.
- **Enterprise Contract Management** (ECM): Die Bezeichnung stand ursprünglich für ein VM, das den gesamten Lebenszyklus des Vertrages und alle Contracting-Aktivitäten einer Organisation zum Gegenstand hat. Durch die Entwicklung von Softwarelösungen mit einem umfassenden Funktionsspektrum ist das ECM mittlerweile in dem CLM aufgegangen und soweit der Begriff noch verwendet wird, verweist er nicht mehr auf ein eigenes Konzept.
- **Vertragsverwaltung**: In der Wirtschaft wurde dieser Begriff lange bedeutungsgleich für VM verwendet. Heute steht er für die Aktivitäten einer Organisation, die sicherstellen sollen, dass die Verträge von beiden Partnern vereinbarungsgemäß realisiert werden. Terminologische Klarheit und Konsistenz fehlen jedoch. Teilweise wird die Vertragsverwaltung als eigenständiges Konzept des VM verstanden,

---

1 Vgl. Weissmüller Die Implementierung eines digitalen VM-Systems S. 2.
2 Theoretische Erörterungen finden sich allenfalls für periphere Aspekte, vgl. die Hinweise bei Sjoerdstra Why a contract manager?! S. 14 f. Ansonsten werden insbes. Bezüge zur Principal-Agent-Theorie hergestellt.
3 Für den deutschen Sprachraum vgl. die Nachweise in Ritter Nebenpflichten beim Vertragsmanagement S. 22 ff.; Saliba Vertragsmanagement: Grundlagen S. 4 f.; Weissmüller Die Implementierung eines digitalen VM-Systems S. 11. Für den englischen Sprachraum Carter/Kirby/Oxenbury Practical Contract Management S. 1 ff.
4 Vgl. die Nachw. der Rspr. in Ritter Nebenpflichten beim Vertragsmanagement S. 32 f.
5 Heussen Vertragsverhandlung-HdB/Heussen 3. Aufl. Rn. 47.
6 Keskitalo NJCL 2006, 1 (5 u. 21 f.).
7 So auch Breidenbach/Glatz Legal Tech-HdB/Wend/Gebhardt S. 158, die den Begriff VM auf die Nachvergabephase beschränken und mit den Inhalten der Vertragsverwaltung füllen.
8 Gartner Glossary.
9 Saxena Enterprise Contract Management S. 12; Hartung/Bues/Halbleib Legal Tech/Jacob S. 189 (190).

das auf die Umsetzungsphase des Vertrages beschränkt ist,[10] teilweise als Unterfunktion des VM, die die Implementierung und das Monitoring des Vertrages sowie das Reporting und Abhilfemaßnahmen bei Leistungsstörungen umfasst.[11]

- **Rechtliches Vertragsmanagement**: Damit wird ein auf die Bedürfnisse von Rechtsdienstleistern, dh Rechtsabteilungen und Rechtsanwälten, ausgerichtetes VM bezeichnet, das die Behandlung der Vertragsrisiken, die rechtssichere Gestaltung der Verträge sowie ihre sachgerechte Verwaltung zum Gegenstand hat. Der Begriff findet hin und wieder Verwendung, ist aber nicht etabliert. Sein Gebrauch erscheint sinnvoll, um die beiden vorherrschenden Ansätze des VM (→ Rn. 18 ff.) auch sprachlich unterscheiden zu können.

3. Quellen- und Informationslage

5   Das Schrifttum zum VM stammt meist von Unternehmens- oder anwaltlichen Praktikern und ist eher anwendungsorientiert als wissenschaftlich. Heussen[12] spricht daher von einer „Theorie der Praxis". Die nachfolgenden Ausführungen stützen sich folglich in größerem Umfang auf sog. „graue Literatur". Soweit empirische Erkenntnisse vorliegen, gehen sie überwiegend auf Berufsorganisationen sowie Software- und Beratungsunternehmen zurück[13] und sind methodologisch oft nicht verifizierbar. Zudem wurden sie zumeist in größeren Unternehmen[14] gewonnen, so dass sie nicht für die Wirtschaft insgesamt repräsentativ sind.

4. Die Bedeutung des VM

6   Der Nutzen eines VM für eine Organisation folgt aus der Relevanz der Verträge, den Anforderungen an ihre Handhabung sowie rechtlichen Vorgaben.

a) Die Relevanz der Verträge

7   Auch wenn die Wirksamkeit der Verträge in der Wissenschaft widersprüchlich beurteilt wird,[15] ist ihre **tatsächliche Bedeutung** für die Organisationen unstreitig. Formale Verträge
- kommen in 60–80 % der B2B-Geschäfte zum Einsatz,[16]
- sind das wichtigste Mittel zur Risikoallokation,
- bestimmen das Verhalten der Vertragspartner und der eigenen Mitarbeiter,
- stellen einen wesentlichen Erfolgsfaktor für die Unternehmen dar und
- enthalten eine Vielzahl an Daten, die für die Steuerung der Organisation und der geschäftlichen Transaktionen benötigt werden.

8   Entsprechend groß ist der für die Verträge **betriebene Aufwand**. Je nach Komplexität und Laufzeit verursachen ihre Erstellung, Verhandlung und Verwaltung im Durchschnitt Kosten zwischen 1,5 % und 16 % des Vertragswertes[17] und ein unzureichendes VM je nach Branche Einbußen zwischen 4,8 % und 14,5 % der Auftragssumme.[18] Vertragserstellung, -verhandlung und -freigabe benötigen 18 % der Zeit eines Verkaufs-

---

10 So Keskitalo NJCL 2006, 1 (5 u. 21); ebenso das Konzept der Vertragsverwaltung im öffentlichen Sektor.
11 Sammons Contract Management S. 2 f.; Saxena Enterprise Contract Management S. 14 f.; Corey Contract Management and Administration S. 2 f.
12 Heussen Vertragsverhandlung-HdB/Heussen 3. Aufl. Rn. 47.
13 Zu der damit verbundenen Problematik auch Jacob/Schindler/Strathausen Liquid Legal 2017/Timmer S. 341 (347).
14 Meist stellen Unternehmen mit 1.000+ Arbeitnehmern die deutliche Mehrzahl der Teilnehmer an den Studien.
15 Vgl. den Überblick über die Diskussion bei Schuhmann/Eichhorn ZfBR 2020, 501 f.
16 Saxena Enterprise Contract Management S. xxi.
17 WorldCC Benchmark report 2021 S. 20.
18 IACCM The Value of Contract Management (unpag.). Andere Erhebungen kommen zu ähnlichen Ergebnissen; vgl. zB Aberdeen Group Contract lifecycle management and the CFO S. 2 f.; Saxena Enterprise Contract Management S. 19 f.

zyklus[19] und ein Drittel der Unternehmensjuristen verwendet mehr als 40 %, ein weiteres Drittel 20–40 % seiner Zeit auf Verträge.[20]

b) Die Erforderlichkeit eines VM

Der moderne Geschäftsverkehr verändert die Funktionen, das Erscheinungsbild und die Handhabung der Verträge[21] und erfordert dafür ausgelegte Managementprozesse:

- Die Zahl der zu bewältigenden Verträge wächst immer stärker. Für ein Großunternehmen kann sie sich auf mehr als eine Million belaufen. Gleichzeitig werden die Verträge länger und komplexer.[22]
- Die Dynamisierung des Geschäftsumfeldes führt vermehrt zu unvollständigen Verträgen, die einen erhöhten Steuerungsbedarf aufweisen.[23]
- Die Internationalisierung der Wirtschaft erfordert Instrumente, um über eine Vielzahl von Märkten und Tochtergesellschaften hinweg den Überblick über die Verträge, Lieferanten, Konditionen und rechtlichen Anforderungen zu behalten.
- Die regulatorischen Vorgaben hinsichtlich der Organisation des Vertragswesens sowie der vertragsbezogenen Dokumentations- und Informationspflichten sind beträchtlich.
- Datengetriebene Geschäftsmodelle und Steuerungsprozesse weisen den Verträgen eine zentrale Rolle als Informationsträger zu.

Soweit Organisationen über einen großen Vertragsbestand verfügen oder regelmäßig komplexe Verträge einsetzen, lassen sich diese Anforderungen nur durch ein leistungsfähiges VM-System erfüllen.[24] Ansonsten ist dies eher nicht der Fall, doch bedürfen die Verträge auch dann einer mehr oder weniger ausgeprägten methodischen Handhabung.

c) Rechtliche Pflicht zum VM

Eine Pflicht zum VM ist im deutschen Recht nicht ausdrücklich geregelt, kann sich jedoch **mittelbar aus dem Gesetz** oder einem Vertrag ergeben.[25] Ersteres ist anzunehmen, wenn die Einrichtung eines Risikomanagements (RM) ausdrücklich normiert oder für ein vorgeschriebenes Überwachungssystem erforderlich ist, da sich ein solches RM meist nur mithilfe eines VM oder gar eines CLM-Systems realisieren lässt. Abgeschwächt gilt dies auch für die gesetzlichen Vorgaben, Kundenvereinbarungen aufzuzeichnen oder die Grundsätze einer ordnungsgemäßen Buchführung einzuhalten.[26] Näheres zum Einsatz von digitalen Lösungen zum RM, Compliance Management (CM) und zur Corporate Governance sowie den diesbezüglichen Rechtspflichten findet sich unter → *Compliance, Digital* Rn. 10 ff. Während eine Pflicht zum VM zurzeit idR nur für Großunternehmen in Betracht kommt, wird sie perspektivisch in dem Maße anzunehmen sein, in dem ein VM zu den Best Practices einer Branche zählt.[27]

Eine Pflicht zum VM lässt sich auch **durch Vertrag** begründen.[28] Ausdrücklich erfolgt dies zB im Rahmen von Dienstleistungen, wie sie Rechtsanwälte für Mandanten erbringen, oder von komplexen Geschäften,

---

19 Contract Logix Aligning Contract Management (unpag.) unter Verweis auf eine Untersuchung der Aberdeen Group.
20 ContractPod Technologies 2020 Research Report S. 8. Timmer JSCN 2016, 34 (40), geht von etwa 50 % aus.
21 Zum Folgenden Kähler LCP 2013, 89 (92 ff.).
22 Saxena Enterprise Contract Management S. 11.
23 Lag der Grad der Unvollständigkeit der Verträge in den 1960er Jahren noch bei 5 %, sind es heute 35–40 %; vgl. Frydlinger u.a. Unpacking Relational Contracts S. 5.
24 Kähler LCP 2013, 89 (101).
25 Calliess Transnationales Recht/Kähler S. 173 ff.; Ritter Nebenpflichten beim Vertragsmanagement; Saliba Vertragsmanagement: Grundlagen S. 10 f. Vgl. dies. zu den weiteren Ausführungen. Von dieser Pflicht zu trennen sind die Pflichten beim bzw. aus dem VM; hierzu Calliess Transnationales Recht/Kähler S. 173 (183); Ritter Nebenpflichten beim Vertragsmanagement S. 153.
26 Zu den einschlägigen Rechtsnormen Calliess Transnationales Recht/Kähler S. 173 (179 ff.); Ritter Nebenpflichten beim Vertragsmanagement S. 94 ff.
27 Kähler LCP 2013, 89 (94).
28 Hierzu und zum Folgenden Calliess Transnationales Recht/Kähler S. 173 (180 f.).

wenn ein Partner vertraglich Kontroll- und Informationspflichten übernimmt; sie kann sich aber auch konkludent oder als Nebenpflicht iSv § 241 Abs. 2 BGB ergeben.[29] In beiden Fällen wird es sich in der Regel um den konkreten Aufgabenkreis einer Partei handeln, den diese nur durch an das VM angelehnte Maßnahmen realisieren kann.

5. Der Nutzen von Legal Tech für das VM

13 Trotz neuer Risiken und möglicher unerwünschter Nebeneffekte[30] stehen die beträchtlichen positiven Auswirkungen eines Einsatzes von Legal Tech für das VM außer Frage. Die **empirischen Belege** hierfür sind zahlreich, auch wenn sie oft schon älter oder hinsichtlich ihrer Aussagekraft fraglich sind. Im Folgenden werden daher nur die anerkannten Effekte für das VM erläutert. Die quantitativen Einschätzungen in den Fußnoten geben allenfalls Anhaltspunkte und sind stets mit Blick auf die konkrete Erhebungssituation zu lesen.

14 Die heutigen Anforderungen an das VM lassen sich mit der erforderlichen **Effektivität** in vielen Fällen nur bei einer weitgehenden Digitalisierung und Automatisierung bewältigen. Dies gilt insbesondere für das zentrale Anliegen des VM, die in den Verträgen abgelegten Daten zugänglich zu machen. Leistungsfähige Such- und Reporting-Werkzeuge erlauben es, die Vertragsbestände informationell zu erschließen und die benötigten Informationen bedarfsgerecht und in Echtzeit bereitzustellen. Hiervon profitieren insbesondere das RM, das CM[31] und das Verpflichtungsmanagement (Obligation Management). Darüber hinaus ermöglichen auf Künstliche Intelligenz (KI) und Big Data-Technologien gestützte Such- und Analyse-Werkzeuge, in den Vertragsbeständen nach Mustern zu suchen, rechtliche Bewertungen vorzunehmen oder Analysen, etwa zu Marketingzwecken, durchzuführen.

15 Den stärksten Anreiz zur Implementierung eines digitalen VM entfalten zurzeit die **Effizienz- und Zeitgewinne**, die von einer Automatisierung der administrativen und juristischen Tätigkeiten erwartet werden. Erhebungen durch Beratungsunternehmen belegen, dass hierdurch der Großteil der manuellen vertragsbezogenen Tätigkeiten eingespart,[32] die Beschaffungs-[33] und Verwaltungskosten[34] gesenkt sowie die Zeit bis zum Vertragsschluss (Time-To-Contract) deutlich verkürzt[35] werden können.

16 Schließlich lässt sich durch eine Digitalisierung die **Qualität** der vertraglichen Aktivitäten optimieren. In der aktuellen Diskussion hat dieses Anliegen weniger Gewicht, ist für die operative Handhabung der Verträge aber beachtenswert. So ermöglicht der Einsatz von Legal Tech zum einen, für manuelle Prozesse typische Defizite zu vermeiden, wie zB Fehler bei der Übernahme von Daten in den Vertragsentwurf oder irrtümlich veranlasste Zahlungen.[36] Zum anderen kann er organisatorische und juristische Tätigkeiten wirksam unterstützen und so die Qualität der Verträge (zB durch Prüf- und Analyse-Werkzeuge) und der vertragsbezogenen Prozesse (etwa durch ein automatisiertes Workflow-Management) verbessern.

II. Konzepte und Ausprägungen des VM

17 Als systematischer und methodischer Ansatz entstand das VM in den 1950er Jahren in den USA in einer Form, die man heute als Vertragsverwaltung bezeichnen würde. Nach der Jahrtausendwende entwickelte sich das ECM, das bald in dem CLM aufging und heute nur noch als Begriff fortbesteht. Daneben gab es

---

29 Ritter Nebenpflichten beim Vertragsmanagement S. 22.
30 Hierzu Timmer JSCN 2016, 34 (45).
31 Aberdeen Group The Contract Management Solution Selection Report S. 4: Verbesserung um 55 %; Hummingbird Contract Management Whitepaper S. 20: 90–100 %.
32 Hummingbird Contract Management Whitepaper S. 20: um bis zu 80 %; Accenture laut Keskitalo NJCL 2006, 23: um 50–75 %.
33 Accenture laut Keskitalo NJCL 2006, 1 (23): um 3–5 %.
34 Aberdeen Group The Contract Management Solution Selection Report S. 4: um 25–30 %. Zur Kostenersparnis Hummingbird Contract Management Whitepaper S. 20.
35 Hummingbird Contract Management Whitepaper S. 20: Verkürzung der Verhandlungszyklen um 50 %.
36 Ebd.: um 75–90 %.

immer schon das Bemühen der Juristen, ihre vertragsbezogenen Aufgaben organisatorisch zu optimieren. Die unterschiedlichen Konzepte und Ausprägungen des VM werden nachfolgend systematisiert, um die diversen Legal Tech-Anwendungen besser zuordnen und in ihrem Nutzen einschätzen zu können.

1. Aktuelle Konzepte des VM

Das VM zeigt zurzeit einen managementorientierten und einen **juristischen Ansatz**. Soweit das Schrifttum Letzterem folgt, richtet es sich an Rechtsabteilungen und Rechtsanwälte sowie an nichtjuristische Vertragsanwender und behandelt die rechtlichen und organisatorischen Aspekte, die beim Einsatz von Verträgen zu beachten sind. Einige Werke[37] verstehen den Begriff Management dabei nicht iSd Managementtheorie, sondern umgangssprachlich als „Handhabung" und VM somit als den (rechtlichen) Umgang mit Verträgen. Entsprechend erörtern sie Vertragstypen und -inhalt, das Vertragsrecht sowie Leistungsstörung und Risikoallokation, nicht aber die Planung und Steuerung der vertragsbezogenen Prozesse. Von einem VM sollte bei dieser Ausprägung daher nicht gesprochen werden.

Andere, dem juristischen Ansatz zuzuordnende Werke[38] beziehen, mehr oder weniger stark, managementtheoretische Aspekte mit ein. Sie greifen das Konstrukt des Vertragslebenszyklus auf und erörtern neben rechtlichen Fragestellungen auch die Vertragsverhandlung, die Vertragsdurchführung, das Vertragscontrolling sowie das „elektronische" VM. Hier ist es gerechtfertigt, von einem VM und einem eigenständigen Konzept zu sprechen, das vorliegend als **Rechtliches Vertragsmanagement** (RVM) bezeichnet wird. Allerdings bleibt die juristische Perspektive prägend und Managementaspekte werden meist knapp gehalten und – wenn überhaupt – nur schwach in die rechtlich-organisatorischen Betrachtungen eingebunden. Anders als für Anwaltskanzleien ist das RVM neben dem CLM für Wirtschaftsinternehmen wenig zielführend und wird daher im Folgenden nicht weiter berücksichtigt.

Zu dem managementorientierten Ansatz zählen das CLM und die Vertragsverwaltung. Das **Konzept des CLM** greift auf im weitesten Sinne betriebswirtschaftliche Prinzipien zurück[39] und besagt, dass in einer Organisation alle Aktivitäten mit Bezug zu den Verträgen über deren gesamten Lebenszyklus hinweg zu planen, überwachen und kontinuierlich zu verbessern sind. Folglich liegt sein Schwerpunkt auf den Planungs-, Monitoring-, Reporting- und Revisionsaufgaben und es ist stark mit anderen Managementfeldern verwoben, allen voran dem RM, CM, Customer Relationship Management (CRM) und Supplier Relationship Management (SRM). Seine Aufgaben sind in erster Linie strategisch und analytisch, im Rahmen seiner Planungs-, Kontroll- und Steuerungsfunktionen aber auch operativ.

Das Konzept der **Vertragsverwaltung** ist vor allem für das öffentliche Contracting in den USA bedeutsam,[40] aber auch in der Privatwirtschaft und andernorts durchaus verbreitet.[41] Gegenüber dem umfassenderen Konzept des CLM lässt es für Unternehmen, abgesehen von seiner Beschränkung auf die Ausführungsphase des Vertrages, keine grundlegenden Besonderheiten erkennen und wird im Folgenden nicht weiter betrachtet.

2. Der CLM-Zyklus

Konzeptioneller Bezugspunkt des CLM ist der **Vertragslebenszyklus** (Contract Lifecycle), der alle vertragsbezogenen Aktivitäten in einer Organisation von der Initiierung der Verträge bis zu ihrer Archivierung

---

37 Budde Vertragsmanagement im Projektgeschäft; Müller Vertragsmanagement für Architekten und Ingenieure; Krokowski/Regula Internationales Vertragsmanagement.
38 Flitsch Verträge und Vertragsmanagement in Unternehmen; Heussen Vertragsverhandlung-HdB 3. Aufl.; Saliba Vertragsmanagement: Grundlagen; Khare/Kessler/Wirsam Produkt- und Produktionsmanagement/v. Waldegge S. 85 ff.
39 Sorsa Proactive Management/Henschel/Sorsa/Salmi-Tolonen S. 255 sehen die Wurzeln im Qualitätsmanagement, Calliess Transnationales Recht/Kähler S. 173 sieht sie in der Betriebswirtschaftslehre und Keskitalo NJCL 2006, 1 (5), in der Unternehmensführung.
40 Keskitalo NJCL 2006, 1 (5).
41 Gem. einer Studie für Frankreich der Ecole Européenne des Contract Management waren 25,7 % der teilnehmenden Vertragsmanager ausschließlich in der Nachvergabephase tätig; vgl. Leveau JCM 2020, 20 (21).

umfasst. Dargestellt wird das CLM demgemäß meist als zeitlich geordnete Abfolge von Managementaktivitäten: Der Lebenszyklus des Vertrages wird zunächst in Phasen untergliedert, wobei die Unterteilung in eine Vorvergabe- und eine Nachvergabephase am häufigsten anzutreffen ist.[42] Diesen Phasen werden dann die einzelnen Aktivitäten als sog. Schritte des VM in chronologischer Folge zugeordnet. Ein Beispiel für einen CLM-Zyklus gibt die nachfolgende **Abbildung**.

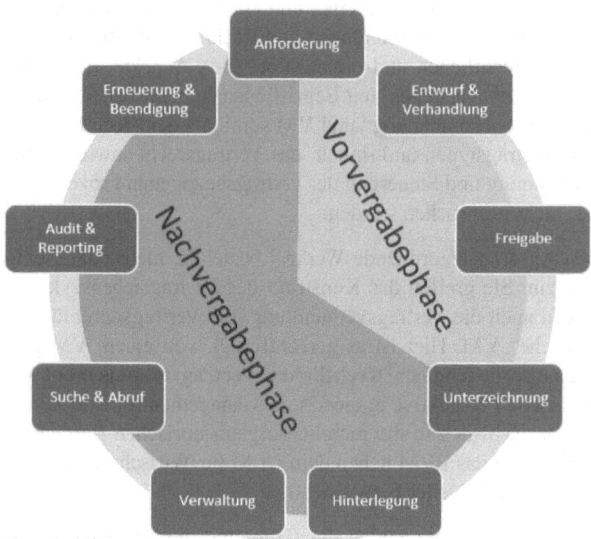

Abb.: Beispiel für einen CLM-Zyklus

23 Der dargestellte CLM-Zyklus[43] startet auf der Position 12 Uhr in der Vorvergabephase mit der „Anforderung" des Vertrages, die intern oder extern erfolgen kann und die Eruierung aller relevanten Daten sowie das Anlegen des Audit-Pfades umfasst. Hieran schließt der Schritt „Entwurf & Verhandlung" an, dh die abschlussfertige Erarbeitung des Vertrages. „Freigabe" bezeichnet den Prozess der internen Prüfung und Genehmigung, dem die „Unterzeichnung" des Vertrages durch beide Parteien folgt. Zu Beginn der Nachvergabephase wird der Vertrag in dem Schritt „Hinterlegung" in ein zentrales Repositorium überführt und über Programmierschnittstellen (APIs) zugänglich gemacht. Es folgt der Schritt „Verwaltung", also die Speicherung aller wichtigen Dokumente mit Backups gemäß den jeweiligen Aufbewahrungsrichtlinien. Der nächste Schritt beinhaltet die Such- und Abrufvorgänge für benötigte Dokumente und Daten, der daran anschließende Schritt „Audit & Reporting" die Protokollierung der Nutzeraktivitäten sowie die Extraktion von Dokumenten und Metadaten zu Berichts- und Analysezwecken. Der letzte Schritt des Kreislaufs („Erneuerung & Beendigung") erfasst außer den hiermit benannten Vorgängen auch die Änderung des Vertrages.

3. Funktionale Ausrichtungen des CLM

24 Ausgangsanliegen des CLM ist die **„Sichtbarkeit und Steuerung"**, wobei meist nur von „Sichtbarkeit" (Visibility)[44] gesprochen wird: Die Verträge sind informationell zu erschließen, um die zur Steuerung der Organisation und der geschäftlichen Transaktionen erforderlichen Daten zu gewinnen. Dies ist Voraussetzung für das RM, worin allgemein die bedeutsamste Aufgabe des VM gesehen wird, sowie insbesondere für das CM und das Verpflichtungsmanagement. Wie schwer sich die Praxis bis heute mit einer solchen

---

42 Die Bezeichnungen für diese Zweiteilung variieren. Im deutschen Sprachraum verbreitet ist die Einteilung in Vertragsentwicklung, Vertragsumsetzung und Vertragsbeendigung.
43 Abbildung und Beschreibung sind angelehnt an CMx #9 Stages of Contract Lifecycle Management.
44 Mitunter auch von „visibility and access" oder „visibility and insight".

Sichtbarkeit tut, ist vielfach belegt:[45] Die Unternehmen haben ua Probleme, Verträge zu finden und bestimmte vertragliche Regelungen zu identifizieren, legen die Dokumente und Daten an zahlreichen Stellen ab, haben keine Vorstellung von den Abhängigkeiten zwischen ihren Verträgen und wissen nicht für alle von ihnen, wann sie auslaufen.

Unter dem Eindruck der Digitalisierung haben sich – wie unter → Rn. 15 gesehen – **Effizienz und Schnelligkeit**, mit der die vertragsbezogenen Aktivitäten ausgeführt werden, zu dem zweiten zentralen Anliegen des CLM entwickelt. Der Wirtschaftlichkeitsdruck in den Unternehmen führt zunehmend dazu, dass die Verträge aus ihrer überökonomischen Sphäre von Recht und Sicherheit gelöst und anhand von Kriterien wie Kosten, Bearbeitungszeiten und -zahlen sowie Return on Investment (ROI) beurteilt werden. Legal Tech eröffnet hier neue Möglichkeiten durch die Automatisierung bisher manueller Tätigkeiten, die hierfür erforderliche Reorganisation der Prozesse sowie die Bereitstellung der Grundlagen für eine Leistungsmessung, zB der Time-To-Signature oder der Anzahl der bearbeiteten Verträge pro Mitarbeiter. 25

Mit der **ökonomischen Einbindung der Verträge** zeichnet sich das Entstehen einer weiteren Ausrichtung des CLM ab. Der traditionelle Einsatz der Verträge als Mittel zur Risikokontrolle und zur rechtlichen Absicherung wird in den Organisationen zunehmend als unzureichend angesehen und wirtschaftliche Zwecksetzungen treten gleichberechtigt neben die rechtlichen.[46] Als Wegbereiter des Geschäfts (Business Enabler)[47] sind die Verträge dann einer betriebswirtschaftlichen Logik zugänglich und Konzepte wie Umsatzsteigerung, Ergebnisbeitrag, KPI, Kundenerlebnis usw auf sie anwendbar. Auf dieser Linie liegt auch der Ansatz des Contractual Management,[48] der die Organisation der vertragsbezogenen Prozesse nicht mehr auf ein Management der Verträge, sondern ein Management von geschäftlicher Transaktion und Organisation mithilfe der Verträge ausrichtet. Für das VM bedeutet dies, dass die vertragsbezogenen mit den sonstigen betrieblichen Prozessen zu verschmelzen und an einheitlichen Kriterien auszurichten sind. 26

4. Ausprägungen des VM

Die Ausgestaltung des VM folgt den Anforderungen der jeweiligen Organisation und ihres Tätigkeitsfeldes, so dass es je nach Sektor, Branche, Geschäftstyp und Größe der Organisation unterschiedliche Ausprägungen zeigt. 27

Anders als in Deutschland ist das VM in vielen Ländern ein wichtiges **Instrument der öffentlichen Verwaltung**.[49] Ursprünglich war es für eine Überwachung der Vertragserfüllung mit Schwerpunkten im Vertragscontrolling und dem Beschaffungsmanagement konzipiert, doch ist es mittlerweile deutlich umfassender angelegt. Damit hat es sich dem VM in der Privatwirtschaft angenähert, unterscheidet sich von diesem jedoch nach wie vor erheblich, insbes. hinsichtlich der Merkmale Ethik, demokratische Repräsentation und öffentliche Rechenschaftspflicht.[50] 28

In verschiedenen Branchen werden unterschiedliche Anforderungen an das VM gestellt. Dies gilt bspw. für die hochgradig regulierten Sektoren der Banken, Versicherungen und Gesundheitsversorger, die ausgeprägten Berichts-, Dokumentations- und Compliance-Pflichten unterliegen. Für Rechtsanwälte wiederum stehen entsprechend dem Konzept des RVM die Abläufe der juristischen Vertragsbearbeitung und nicht die der Transaktions- und Unternehmenssteuerung im Mittelpunkt und meist wird nur die Vorvergabephase und nicht der komplette Vertragslebenszyklus abgedeckt. 29

---

45 Vgl. Krappé/Kallayil JCM 2003, 3, für das Jahr 2003 und EY Legal Operations S. 15 für das Jahr 2020.
46 Jacob Business first; Jacob/Schindler/Strathausen Liquid Legal 2017/Strathausen/Jacob/Schindler S. 1 (4 f.). Jacob/Schindler/Strathausen Liquid Legal 2017/Haapio/Barton S. 371 (390) weisen darauf hin, dass sich beide Ziele nicht gegenseitig ausschließen.
47 Haapio/Siedel A Short Guide to Contract Risk S. 103 ff.; Timmer JSCN 2016, 34 (35).
48 Schuhmann/Eichhorn ERCL 2015, 1 ff.
49 Cooper Governing by Contract S. 13: „so essential to all modern public management".
50 Cohen/Eimicke The Responsible Contract Manager S. 23 ff.

30 Eigene Ausprägungen ergeben sich zudem **je nach Geschäftstyp**:[51] Für einmalige, komplexe Transaktionen, zB Projekt-, M&A-, Investitions- und F&E-Vorhaben, dient das VM vorrangig operativen Zwecken und ist häufig Teil eines Projektmanagements. Für das Massengeschäft ist es hingegen strategisch und auf ein Vertragsportfolio ausgerichtet und weist Überschneidungen vor allem mit dem CRM auf.

III. Das VM in der Praxis

1. Best Practices, Reifegrad und Implementierung

31 In den letzten Jahren hat sich das Konzept des CLM **in der Wirtschaft durchgesetzt**. Das Berufsbild des Vertragsmanagers ist heute etabliert und entsprechende Hochschulstudiengänge existieren ebenso wie eine eigene Terminologie und eigene Berufsorganisationen.[52] Best Practices haben sich herausgebildet und zur Prozessoptimierung und -automatisierung sowie zur Auswahl von Softwareprodukten werden Benchmarkings entsprechend verschiedenen Reifegradmodellen angeboten. Auch findet das VM zunehmend Eingang in Normen und Standards,[53] ohne allerdings Gegenstand einer eigenen Norm zu sein.

32 Im Widerspruch hierzu steht eine insgesamt begrenzte **Implementierung des CLM**. Nach wie vor werden die Verträge meist manuell, dezentral und ad hoc gehandhabt,[54] und noch im Jahre 2019 gaben 71 % der Teilnehmer an einer unter Rechtsabteilungen deutscher Unternehmen durchgeführten Studie[55] an, sie hätten keinen Überblick über alle im Unternehmen geschlossenen Verträge. Zwei Jahre später ergab eine weitere Erhebung,[56] dass nur 60 % der Rechtsabteilungen auf ein zentrales VM zugreifen können und 22 % die rechtlichen Verpflichtungen systematisch verfolgen.

2. Digitalisierung und Automatisierung[57]

33 Der **technologische Stand des VM** in der Praxis lässt sich nur vage bestimmen, zum einen wegen der hohen Entwicklungsdynamik, zum anderen wegen der beschränkten Aussagekraft der vorliegenden Daten, die für unterschiedliche Parameter erhoben werden und meist nur die Situation in den größeren Unternehmen widerspiegeln. Immerhin kann für die Wirtschaft eine Dreiteilung festgestellt werden: In den meisten Unternehmen sind die VM-Prozesse vollständig manuell, dh die Ablage der Dokumente erfolgt zB in Dropbox oder Sharepoint, die Vertragsgenerierung und -freigabe wird mittels E-Mails koordiniert und die Vertragsabwicklung über Excel-Tabellen nachgehalten.[58] In einer weiteren großen Gruppe sind die Abläufe teilweise automatisiert, da die Digitalisierung des VM üblicherweise schrittweise erfolgt. Am Beginn stehen dann meist ein durchsuchbares Vertragsrepositorium, automatisierte Freigabe-Workflows, Management Reporting Dashboards und eine Lösung zur Vertragsgenerierung.[59] Eine dritte, kleine Gruppe verfügt über ein weitgehend automatisiertes VM.

34 Die **empirischen Befunde** werfen allenfalls Schlaglichter auf den Stand der Digitalisierung des VM, da sie überwiegend im Kundenkreis der Beratungs- und Softwareunternehmen erhoben werden und somit

---

51 Calliess Transnationales Recht/Kähler S. 173 (178).
52 So zB die World Commerce and Contracting Association (WorldCC) – bis 2020 International Association for Contract and Commercial Management (IACCM) – mit mehr als 75.000 Mitgliedern in 180 Ländern und die schon 1959 gegründete National Contract Management Association (NCMA) mit circa 20.000 Mitgliedern.
53 Vgl. den Überblick bei Klotz/Dorn Vertragsmanagement S. 39 ff.
54 Forrester Consulting Status Quo Vertragswesen 2020 S. 2; DocuSign State of Contract Management 2019; Capgemini Contract management: in tech we trust? S. 4.
55 EY Mit Recht zu mehr Effizienz S. 6.
56 EY Legal Operations S. 15.
57 In der Diskussion des VM werden die Termini Digitisierung, Digitalisierung, Automatisierung und digitale Transformation nicht immer gemäß ihrer eigentlichen Bedeutung gebraucht. Mit Blick auf diese Praxis wird im Folgenden Digitalisierung alleinstehend als Oberbegriff verwendet, gemeinsam mit einem der anderen Begriffe aber enger im Sinne einer digitalen Konzeption der VM-Prozesse.
58 Parks What is Contract Management Software?; DocuSign State of Contract Management 2019.
59 WorldCC Benchmark report 2021 S. 14; Bartels Forrester Wave Contract Lifecycle Management S. 5. Die konkrete Reihung differiert allerdings in den verschiedenen Studien.

in größeren und innovativeren Unternehmen. Sie alle belegen einen selbst für diese Zielgruppe begrenzten Digitalisierungs- und Automatisierungsgrad. Für deutsche Unternehmen geben in Rahmen zweier EY-Studien 84 % der Befragten an, keine VM-Software zu nutzen[60] und 7 % berichten, alle, weitere 40 %, die meisten Abläufe ihres VM seien manuell.[61] Eine Untersuchung[62] für die USA und Kanada zeigt, dass 83 % der Unternehmensjuristen über keine automatisierten Werkzeuge für die Vertragshandhabung verfügen, eine andere[63] für Frankreich, dass 79,2 % der Vertragsmanager schwerpunktmäßig mit einer klassischen Bürosoftware arbeiten. Ein vollständig digitalisiertes VM ist nur in wenigen Großunternehmen anzutreffen, eine Untersuchung von ContractPodAi[64] erbrachte einen Anteil von 8 %. Die KI befindet sich für das VM noch in einer frühen Entwicklungsphase[65] und entgegen dem häufig erweckten Eindruck (sog. AI Washing[66]) findet sie in den VM-Produkten nur selten Verwendung[67] und wird in der Praxis allenfalls in Nischen genutzt.[68]

3. Entwicklungsprobleme und -perspektiven

Die insgesamt begrenzte Verwendung von Legal Tech für das VM ist auf eine Vielzahl von Faktoren zurückzuführen, allem voran auf unzureichende Budgets, Arbeitsüberlastung, fehlende Kenntnisse sowie persönliche und institutionelle Beharrungstendenzen,[69] aber wohl auch auf eine insgesamt doch eher niedrige Priorisierung des VM. Hinzu treten operative Schwierigkeiten. So bieten moderne CLM-Systeme derart viele Funktionalitäten, dass die Nutzer häufig überfordert sind. Eine Mitgliederbefragung des IACCM[70] ergab, dass 62 % der Teilnehmer zwar über eine VM-Software verfügen, aber nur 20 % sie auch in größerem Umfang nutzen. Eine Erhebung von Bogaschewsky/Müller[71] bestätigt dieses Phänomen für die Beschaffung in Deutschland. Ein weiteres Problem besteht darin, dass die Organisationen häufig eine Vielzahl von Lösungen einsetzen, die nicht integriert, zT auch nicht integrierbar sind. Dokumente und Daten liegen dann in unterschiedlichen Systemen – den Back-End-Systemen, dem Intranet, auf Kommunikationsplattformen usw – und bilden sog. Vertragssilos, die es erschweren, benötigte Informationen zu finden oder auch nur Kenntnis davon zu erlangen, dass sie vorhanden sind. Auch wenn moderne CLM-Systeme heute über zahlreiche vorinstallierte Schnittstellen zu anderen Lösungen verfügen, unterhält die Mehrzahl der Unternehmen noch immer ein dezentrales VM. Bedeutsam für die geringe Implementierungsrate ist schließlich auch, dass die CLM-Lösungen auf große und mittelgroße Organisationen zugeschnitten sind und für kleinere und damit die Masse der Unternehmen keine adäquaten Standardlösungen existieren. Allerdings wendet sich der Markt diesem Segment nun verstärkt zu.

In größeren Unternehmen hat die Digitalisierung und Automatisierung des VM mittlerweile eine hohe Priorität[72] und zeigt eine **äußerst dynamische Entwicklung**.[73] In besonderem Maße gilt dies für die Einführung von KI und maschinellem Lernen (mL). Nach einer Erhebung des IACCM[74] von 2020 planen 81 % der Teilnehmer ein automatisiertes VM einzuführen oder es auszubauen. Eine Studie von SironLabs[75]

---

60 EY Legal Operations S. 19.
61 EY Mit Recht zu mehr Effizienz S. 8. Nach Forrester Consulting Status Quo Vertragswesen 2020 S. 2 haben neun von zehn Unternehmen noch manuelle Vertragsprozesse.
62 ContractPod Technologies 2020 Research Report S. 10 f.
63 Leveau JCM 2020, 20 (21).
64 ContractPod Technologies 2020 Research Report S. 10 f.
65 Vgl. den Überblick bei Bartels Forrester Wave Contract Lifecycle Management S. 7 ff.
66 Macherla ISMM 16.2.2021 (unpag.).
67 Ebd.; Bartels Forrester Wave Contract Lifecycle Management S. 7 ff.
68 EY Mit Recht zu mehr Effizienz S. 22.
69 Timmer JSCN 2016, 34 (38 u. 41); EY Mit Recht zu mehr Effizienz S. 11.
70 Cummins Commitment Matters Blog 17.2.2016.
71 Bogaschewsky/Müller Digitalisierung S. 18.
72 Dies gaben 76 % der Teilnehmer an einer Online-Umfrage an; vgl. WorldCC/KPMG Law Can the contracting process improve without an owner? S. 5.
73 WorldCC Benchmark report 2021 S. 14; Forrester Consulting Status Quo Vertragswesen 2020 S. 10.
74 IACCM Managing contracts under Covid-19 S. 10.
75 SironLabs/WorldCC Faster contracts S. 7.

von Ende 2020 ergab, dass 43 % der befragten Organisationen eine KI-Lösung für das VM eingeführt oder mindestens ein entsprechendes Pilotprojekt initiiert haben, während 32 % dies planen. Allgemein wird davon ausgegangen, dass KI und mL schon kurzfristig, dh in den nächsten ein bis drei Jahren, den gesamten CLM-Zyklus überformen werden.

IV. Legal Tech-Lösungen für das VM

37 Zur Digitalisierung ihres VM beschreiten die Organisationen zwei Wege: Entweder setzen sie Komplettlösungen ein, die alle wesentlichen Anforderungen einer Organisation an das VM abdecken, oder sie kombinieren mehrere Anwendungen für spezifische VM-Aufgaben (Best-Of-Breed). Im Folgenden werden zunächst die Komplettlösungen und sodann Anwendungen für die wichtigsten Funktionen des VM betrachtet. Letztere finden zumeist auch in den Komplettlösungen Verwendung und vermitteln einen Eindruck von den gegenwärtigen Möglichkeiten und den zu erwartenden Entwicklungen auf diesem Feld. Nicht behandelt werden Back-End-Systeme, die im Rahmen anderer Primärzwecke – wie ERP, CRM oder SRM – dem VM zuordenbare Aufgaben auszuführen vermögen.

1. Komplettlösungen

38 Für die Komplettlösungen ist zwischen solchen zu unterscheiden, die das VM entsprechend dem managementtheoretischen Konzept realisieren (sie werden hier als CLM-Systeme bezeichnet) und solchen, die ein RVM umsetzen (vorliegend VM-Systeme genannt).

39 **CLM-Systeme** werden seit gut 15 Jahren eingesetzt, teils in Form interner, teils in Form externer Lösungen. Da das VM ein dokumentengetriebener Ansatz ist, bildet ein Dokumentenmanagementsystem mit Suchmaschinentechnologie ihr Rückgrat.[76] Es ermöglicht die Extraktion von Dokumenten und Regelungen, Analysen sowie Recherchen gemäß Reporting- und Audit-Anforderungen. CLM-Systeme verfügen über eine konfigurierbare Composerfunktion, so dass mehrere Nutzer rollenabhängig ein Vertragsdokument aus einer zentralen Vorlagen- oder Klauselbibliothek erstellen, es bearbeiten oder nur lesen können. Sie ermöglichen weiter, teilautomatisierte Arbeitsabläufe (Workflows) zu konfigurieren und ereignisabhängig zu steuern. Relevante Daten werden automatisch aus den Back-End-Systemen in die Verträge eingespeist und aus den geschlossenen Verträgen an sie rückgesendet. Ein Informationssystem erfasst die Daten zu Terminen, Mengen, Werten (als Plan- und Ist-Werte), Kontakten und Prozessen sowie die Vertragshistorie, führt den Änderungsnachweis und stellt benötigte Informationen in Echtzeit über individualisierte Management-Cockpits bereit. Die Fristenverwaltung erfolgt mittels konfigurierbarer automatischer Warnmeldungen und E-Mail-Benachrichtigungen. Mit Blick auf den verstärkten Einsatz von KI, mL und Big Data-Technologien wird mittlerweile von einer zweiten Generation der CLM-Systeme gesprochen.

40 Der **Markt für CLM-Systeme** wächst rasant[77] und bietet eine Vielzahl von Lösungen, für die regelmäßig anerkannte Benchmarkings durchgeführt werden.[78] Einige der Systeme sind umfassend, andere auf bestimmte Einsatzszenarien (seitens Käufer, Verkäufer oder Rechtsabteilungen) ausgerichtet. Forrester[79] unterscheidet insoweit Lösungen für alle Arten von Verträgen und solche für die Beschaffungsseite, die Teil eines Source-to-Contract-Softwarepakets sind. Kundenpräferenzen zeigen sich je nach Sektor (öffentlich oder privat), Branche, Größe der Organisation und Einsatzszenario. Die Preise berechnen sich meist nach Modulen und Nutzerzahl und bewegen sich zwischen 10.000 und 30.000 USD pro Jahr für kleinere bis hin zu sechsstelligen Beträgen für Großunternehmen.[80] Zu den Geschäftsmodellen → *B2C und B2B (Geschäftsmodelle)* Rn. 83 ff.

---

76 Aus der anwaltlichen Perspektive erfasst das Werk von Hartung/Bues/Halbleib Legal Tech das VM und das CLM unter dem Stichwort Dokumentenmanagement.
77 Bartels The Forrester Wave Contract Lifecycle Management S. 2. Cummins/Clack Transforming Commercial Contracts through Computable Contracting S. 3 (6) verweisen auf mehr als 200 Anbieter.
78 Am bekanntesten sind die von Gartner und von The Forrester Wave.
79 Bartels The Forrester Wave Contract Lifecycle Management S. 2.
80 Ebd., S. 22 f.; ContractPod Technologies How to Choose a Contract Management Solution S. 16.

Neben den CLM-Systemen gibt es ein unüberschaubares Angebot an **VM-Systemen**, die sich an Rechts- 41
anwälte und Rechtsabteilungen, vereinzelt auch an kleinere Organisationen, Vertrieb, Beschaffung oder
andere Anwendergruppen richten. Das Spektrum reicht von Lösungen für den gesamten Lebenszyklus des
Vertrages ähnlich einem CLM-System bis hin zu solchen, die sich weitgehend auf ein Dokumentenmanagement mit Suchfunktionen und einer Fristenverwaltung oder auf die Vorvergabephase des VM beschränken.
Für derartige VM-Software gibt es zahlreiche Bewertungsportale, jedoch keine allgemein anerkannten
Benchmarkings.

2. Lösungen für spezifische VM-Aufgaben

a) Technologische Treiber

Auch für das VM wird die Diskussion gegenwärtig durch Smart Contracts, Blockchain, Big Data und KI 42
beherrscht. Es ist jedoch im Blick zu behalten, dass diese Technologien noch selten für das VM eingesetzt
werden und für den Großteil der Produkte und Organisationen nur eine – wenn auch sehr konkrete –
Zukunftsvision darstellen.

Im Rahmen des VM werden KI und mL vor allem für die Analyse, das Verständnis, die Überprüfung und 43
das Abfassen von Verträgen eingesetzt. Ihr Potenzial verdeutlicht der aufsehenerregende Vergleich[81] der
Analyseleistung einer maschinell lernenden KI mit der von 20 erfahrenen US-Juristen aus dem Jahr 2018.
Während Letztere für den Review von fünf Geheimhaltungsvereinbarungen im Durchschnitt 92 Minuten
benötigten und eine Genauigkeit von 85 % erzielten, erledigte die KI diese Aufgabe in 26 Sekunden mit
einer Genauigkeit von 94 %.

Hinsichtlich der Smart Contracts sei auf das entsprechende Stichwort → *Smart Contracts* Rn. 1 ff. verwiesen. 44
Für das VM sind sie vor allem für die Vertragsumsetzung bedeutsam, finden aber auch für die
E-Signatur und die Überführung von Papierverträgen in eine digitisierte Version Verwendung. Bedeutsam
ist ihre Unterscheidung von den **Smart Legal Contracts** (SLC),[82] bei denen es sich um herkömmliche, in
natürlicher Sprache abgefasste Verträge handelt. Ihre Besonderheit besteht darin, dass ihre Bestimmungen
vollständig oder teilweise maschinell auszuführen sind, wozu sie in Softwarecode übertragen werden müssen.
Smart Contracts sind hingegen Computercodes, die Verträge generieren oder deren Verpflichtungen
ausführen. Per se sind sie keine Verträge im Rechtssinne – der Begriff „Contract" ist insoweit irreführend
–, auch wenn ihre Rechtsbeständigkeit unter bestimmten Voraussetzungen in Betracht kommt.[83] Die Erstellung
rechtlich verbindlicher Verträge unmittelbar in digital verarbeitbarer Form steht noch ganz am Anfang
und wird aktuell unter dem Schlagwort Computable Contracts diskutiert.[84]

b) Digitalisierung der VM-Schritte

Die **automatisierte Vertragsgenerierung** ist ein Schwerpunkt der aktuellen Digitalisierungsstrategien für 45
das VM. Erste Software-Lösungen hierfür wurden bereits in den 1970er Jahren entwickelt und mittlerweile
haben derartige Werkzeuge ihren Weg in die Praxis gefunden, auch wenn Uneinigkeit herrscht, in welchem
Umfang dies der Fall ist.[85] Gegenwärtig finden zwei Konzepte Anwendung, die einen unterschiedlichen
technologischen Entwicklungsstand markieren: die Erstellung des Vertrages auf Basis eines Mustervertrages
und seine Zusammenstellung aus einer Klauselbibliothek.[86] Die Meinungen über das aktuelle Leistungsvermögen
und das Entwicklungspotenzial solcher Lösungen gehen erheblich auseinander: Während

---

81 Jeffrey Machine-learning algorithm beats 20 lawyers in NDA legal analysis (unpag.).
82 Vgl. hierzu Breidenbach/Glatz Legal Tech-HdB/Glatz S. 137 (142 ff.); Blycha/Horrigan/García-Perrote IA 2020, 3 (4); Wilkinson/Giuffre Six Levels of Contract Automation.
83 Athanassiou Impact of digital innovation S. 37 ff.
84 Cummins/Clack JSCN 2022, 3 ff.; Surden UC Davis Law Review 2012, 629 ff.; Breidenbach/Glatz Legal Tech-HdB/Glatz S. 137 (139).
85 Nach Timmer JSCN 2016, 34 (41), ist die Nutzungsrate in den Niederlanden gering. Anders Betts/Jaep DL&TR 2017, 216 (227), für die USA. Für neuere Zahlen vgl. WorldCC Benchmark report 2021 S. 14.
86 Zur Nutzung im Jahr 2019 vgl. IACCM Benchmark Report 2019 S. 27.

einige Stimmen eine vollständige Automatisierung für ein realistisches Ziel halten,[87] weisen andere darauf hin, dass brauchbare Lösungen nur für das standardisierte Massengeschäft zu erwarten sind, nicht jedoch für komplexe Verträge.[88] Nach einem längeren Entwicklungsstillstand ruhen die Hoffnungen nun auf der KI, dem mL und Big Data, auch wenn die damit erzielten Ergebnisse bis vor Kurzem bestenfalls gemischt waren.[89] Näheres zu den technischen Ansätzen zur Vertragsgenerierung → *Dokumentenautomatisierung* Rn. 16 ff.; zu den Dokumentengeneratoren → *B2C und B2B (Geschäftsmodelle)* Rn. 89 ff.

46 Hingegen steht schon heute eine Anzahl mehr oder weniger ausgereifter Produkte für die **Unterstützung der Vertragserstellung** zur Verfügung. So können KI-basierte Lösungen Vertragsentwürfe auf Vollständigkeit, Konsistenz und Auffälligkeiten prüfen, abträgliche Klauseln identifizieren, Regelungen vorschlagen und Vertragsrisiken analysieren. Auch lassen sich durch Predictive Analytics für neue Verträge die zu erwartenden Ergebnisse voraussagen.[90]

47 Die durchgängige Digitalisierung des Vertragslebenszyklus steht vor allem vor der Herausforderung der vollständig oder zumindest überwiegend **automatisierten Verhandlung**. Trotz einer Fülle an wissenschaftlichen Konzepten und ersten Softwarelösungen (→ *Verhandlung* Rn. 35) werden autonome Verhandlungsführer in der Praxis noch selten genutzt.[91] Sie erzielen in mancherlei Hinsicht gute Ergebnisse, sind in ihren Leistungen jedoch stark von der Qualität der zugeführten Informationen abhängig. Die Prognosen für einen breiteren Einsatz reichen von der näheren Zukunft[92] bis zu einer bestenfalls langfristigen Perspektive[93] und nach letztgenannter Ansicht auch nur unter der Voraussetzung, dass weitere technologische Entwicklungen erfolgen und Antworten auf noch offene Fragen – insbes. zu den komplexen Verträgen, langfristigen Beziehungen, Ethik, Mensch-Maschine-Verhandlungen usw – gefunden werden.

48 Für die heutige Praxis wesentlich bedeutsamer sind Softwarelösungen zur **Unterstützung einer Verhandlung** zwischen Menschen, vor allem in Form KI-getriebener Such- und Analysewerkzeuge, die zB konflikträchtige Klauseln identifizieren oder optimierte Lösungsvorschläge unterbreiten. Sie entlasten den Verhandler kognitiv und helfen, bessere Entscheidungen zu treffen und effizienter vorzugehen. Zu den verschiedenen Verhandlungs- und Supportsystemen → *Verhandlung* Rn. 20 ff.

49 Die **Vertragsanalytik** (auch hierzulande meist Contract Analytics genannt) ermöglicht eine Extrahierung von relevanten Daten aus Verträgen und Vertragsportfolios und ihre Bewertung nach vorgegebenen Kriterien. Für das VM ist sie gegenwärtig das Haupteinsatzfeld von KI und mL[94] und erfordert dann eine aufwändige Eingabe zahlreicher und sorgfältig vorbereiteter Muster, um die KI zu trainieren. Sie erlaubt es, Vertragsportfolien vor allem für die Zwecke des RM, CM, von Audits sowie der Due Diligence schnell und effizient zu analysieren sowie die Vertragserstellung und -verhandlung wirkungsvoll zu unterstützen. Die Funktionalitäten der Lösungen reichen dabei von einer Auflösung der Vertragsklauseln nach vorgegebenen Kategorien (Feldern) bis hin zu einer eigenständigen Überarbeitung von Entwürfen, von weitgehend menschengestützten bis zu vollständig automatisierten Lösungen und von einem Erfassen einfacher Vertragsmetadaten (Parteien, Vertragstyp, Laufzeiten usw) bis zu qualifizierten rechtlichen Analysen.[95] Zwar verfügen auch fortgeschrittene CLM-Systeme über Analysefunktionen, diese basieren aber meist

---

[87] So zB in Breidenbach/Glatz Legal Tech-HdB/Glatz S. 237 (244): „In Zukunft werden ... alle Verträge, die ein Unternehmen abschließt, digital und voll automatisiert erstellt." Grds. auch Lauritsen Current Frontiers in Legal Drafting Systems S. 13.
[88] Betts/Jaep DL&TR 2017, 216 (220).
[89] Betts/Jaep DL&TR 2017, 216 (227).
[90] Wallqvist CEJ 18.12.2017 (unpag.).
[91] Baarslag u.a. IJCAI 2017, S. 4684.
[92] Baarslag u.a. IJCAI 2017, S. 4684 (4689).
[93] Büttner Automatisierte Verhandlungen in Multi-Agenten-Systemen S. 53.
[94] Für eine Studie des IACCM gaben 12 % der Befragten an, ihnen stehe eine unternehmensweite, KI-gestützte Contract Analytics zur Verfügung; vgl. IACCM Managing contracts under Covid-19 S. 6.
[95] Lexcheck Buyer's Guide to Contract Analytics and Review Solutions (unpag).

auf Vertragsmetadaten. Qualifizierte Analysen zu rechtlichen und kommerziellen Fragestellungen auf der Grundlage von eingebettetem Rechtswissen erfordern hingegen spezielle Werkzeuge.[96]

Ein zentrales Element der CLM-Systeme ist das automatisierte **Workflow-Management**. Durch individuell konfigurierte und überwachte Prozesse ermöglicht es über den gesamten Vertragslebenszyklus hinweg eine aktive Steuerung der vertragsbezogenen Aktivitäten,[97] wobei Dashboards, Reporting, automatisierte Kalendererinnerungen und E-Mail-Benachrichtigungen als Schnittstellen zu den Mitarbeitern fungieren. Damit gewährleistet es nicht nur ein effektives VM und die Einhaltung der Compliance, sondern liefert auch Daten zu den KPIs des VM, zB zur durchschnittlichen Dauer eines Prozessschrittes.

Nachdem die Wirtschaft wegen Bedenken hinsichtlich des Datenschutzes und der Datensicherheit mit dem Einsatz der **E-Signatur** lange Zeit zurückhaltend war, finden entsprechende Lösungen mittlerweile häufig Verwendung.[98] Sie basieren auf einer digitalen Signatur, die den nationalen Anforderungen an die Rechtskonformität sowie lokalen und branchenspezifischen Standards entspricht, und umfassen u.a. automatisierte Weiterleitungen und Benachrichtigungen. Neben Zeit- und Kostenersparnissen ermöglichen sie, den Bearbeitungsstand für ein Dokument festzustellen, die Unterschriftsberechtigung zu prüfen sowie die Einhaltung der Freigabe- und der Compliance-Erfordernisse sicherzustellen.

Eine zeitgemäße **Verwaltung der Verträge** (Contract Administration) erfordert automatisierte Prozesse insbesondere zur Verfolgung der vertraglichen Verpflichtungen, für das Reporting sowie zur Generierung von Vorwarnungen für die Vertragsbeendigung, -erneuerung oder -überprüfung. Eine „Revolution" wird für diesen Bereich durch die Smart Contracts erwartet. Auch wenn einzelne Stimmen[99] diese Einschätzung für überoptimistisch halten, zeichnen sich durch die Smart Contracts grundlegende Veränderungen für die Vertragshandhabung ab:

- Smart Contracts arbeiten nach definierten und unveränderlichen Bedingungen und können so die Compliance sowie eine vertragskonforme Abwicklung deutlich verbessern.
- Da die Leistungsarten mit den dazugehörigen Agentenrollen bereits in den Vertrags- und Klauselvorlagen definiert sind und in der Vorvergabephase festgeschrieben werden,[100] nimmt der Inhalt des Vertrages stärker als bisher dessen spätere Handhabung vorweg und die Trennung von Erstellung und Umsetzung eines Dokuments löst sich auf.[101]
- Die partielle Verschmelzung von Vertragsentwicklung und -umsetzung reduziert die notorischen Interessenskonflikte und Informationsverluste zwischen Vertrieb und Abwicklung.

Noch ausgeprägter sind diese positiven Effekte bei den sich-selbst-steuernden Verträgen (Self-Driving Contracts),[102] die sich allerdings noch in einem frühen Entwicklungsstadium befinden.[103] Hierzu regeln die Vertragsparteien nur die allgemeinen Ziele des Geschäfts, die dann entsprechend den aktuellen Erfordernissen mittels maschinengesteuerter Analysen und KI autonom durch konkrete Vertragsbestimmungen untersetzt werden. Damit erfolgt eine Integration von Vertragsgenerierung, -auslegung und -ausführung, ein großer Schritt hin zu einem „ganzheitlichen Lebenszyklus-Management".[104]

---

96 Zur Unterscheidung der Analyse-Funktionen von CLM- und Contract-Analytics-Lösungen vgl. DocuSign Vertragsanalytik S. 2.
97 Hierzu und zum Folgenden Parks What is Contract Management Software? (ungag).
98 In der Studie Forrester Consulting Status Quo Vertragswesen 2020 S. 3 gaben dies 68 % der Teilnehmer an.
99 Levy ESTS 2017, 1 ff.; Mik Smart Contracts: A Requiem S. 4 ff.
100 Norta u.a. Self-Aware Agent-Supported Contract Management S. 16.
101 Lauritsen Current Frontiers in Legal Drafting Systems S. 4.
102 Vgl. dazu Casey/Niblett JCL 2017, 100 ff.
103 Die erste Generation solcher self-driving contracs sehen Casey/Niblett JCL 2017, 100 (102), in den sich-selbst-verpreisenden Verträgen (Self-Pricing-Contracts).
104 Dazu Norta u.a. Self-Aware Agent-Supported Contract Management S. 5.

V. Fazit und Ausblick

54 Nachdem die konzeptionelle Entwicklung des VM seit gut 15 Jahren zur Ruhe gekommen ist, kreist die Diskussion nun um die Implementierung des CLM und die hierfür einzusetzenden Softwarelösungen. Dabei wird das Potenzial von Legal Tech für die Zwecke des VM deutlich unterschiedlich eingeschätzt, je nachdem, ob dies durch die Anbieterseite, die die öffentliche Diskussion beherrscht, oder die Kundenseite geschieht. Belastbar erscheint immerhin die Feststellung, dass sich die weitere Entwicklung des digitalen VM entlang der nachfolgend skizzierten vier Scheidelinien vollziehen wird.

1. Größere und kleinere Organisationen

55 Das zurzeit vermittelte Bild des CLM und seiner Legal Tech-Anwendungen ist insofern verzerrt, als es fast ausschließlich die Anforderungen und Möglichkeiten von Großunternehmen widerspiegelt. Kleine und damit die Masse der Organisationen mit ihren deutlich anders gelagerten Bedürfnissen finden darin keinen Platz. Für die Art und die technische Unterstützung ihres VM wird es künftig darauf ankommen, in welchem Umfang Softwarelösungen angeboten werden, die ihren Anforderungen entsprechen. Gegenwärtig werden diese ebenso wenig erörtert wie die Frage, welche Legal Tech-Anwendungen für KMUs Sinn machen.

2. Massen- und Individualgeschäft

56 Die Bedeutung von Legal Tech für das VM unterscheidet sich je nach Art des Geschäftstyps. Während für das Massengeschäft die technologische Machbarkeit und die wirtschaftliche Zweckmäßigkeit eines weitgehend automatisierten VM nicht in Frage stehen, herrscht für das Individualgeschäft diesbezüglich erhebliche Skepsis. Allerdings lassen bereits die heutigen Möglichkeiten zur Konfiguration von Leistungen und Konditionen sowie die als Industrie 4.0 bezeichneten Entwicklungen[105] erkennen, dass die Trennlinie zwischen beiden Geschäftstypen in der Zukunft anders verlaufen wird als heute. Dem Individualgeschäft werden dann nur noch solche Leistungen zuzurechnen sein, die sich wegen ihrer Besonderheit oder Neuheit nicht sinnvoll standardisieren lassen oder aufgrund der Bedeutung der Parteibeziehung der Handhabung durch Menschen vorbehalten bleiben sollen. Unterstützend wird Legal Tech aber auch hier eine zentrale Rolle spielen.

3. Die erste und die zweite Zukunft des VM

57 Die Fokussierung auf neuere technologische Entwicklungen und besonders innovative Unternehmen kann leicht verdecken, dass die Mehrzahl der größeren Organisationen bestenfalls inmitten des Prozesses einer Digitalisierung ihres VM steht. Stärker als eine echte, disruptive digitale Transformation, die sich selbst für Großunternehmen erst abzuzeichnen beginnt, wird die Reorganisation und Automatisierung der VM-Prozesse auf absehbare Zeit das primäre Anliegen der Praxis sein. Timmer[106] spricht insoweit von den „zwei Zukünften" des VM. Danach wird in einer „ersten Zukunft" das manuelle VM durch Legal Tech ersetzt und optimiert, während in einer „zweiten Zukunft" fortgeschrittene Technologien eine Innovation der juristischen Arbeitsweise und der angebotenen Rechtsdienstleistungen, also eine digitale Transformation, bewirken. Für die erste Zukunft des VM stehen zB CLM- und Vertragsgenerierungs-Systeme, für die zweite Smart Contracts, Big Data und KI. Beide „Zukünfte" entwickeln sich parallel, doch wird die erste Zukunft über kurz oder lang in der zweiten aufgehen.

58 Wie die zweite Zukunft des VM aussehen wird, liegt noch weitgehend im Dunkeln. Vieles spricht jedoch dafür, dass die Herausforderungen der Sichtbarkeit und Effizienz nur Phänomene des Übergangs von einem manuellen zu einem digitalen VM sind und in dem Maße an Bedeutung verlieren, wie sie in einem weitgehend digitalisierten Umfeld ohnehin geleistet und für Softwarelösungen Standard werden. Jacob[107] erkennt bereits eine Phase der Post-Automation, in der die Effektivität des Vertragsinhalts an die

---

105 Zur „Individualization on demand" Lasi/Fettke/Feld/Hoffmann B&ISE 2014, 239.
106 Timmer JSCN 2016, 34 f.
107 Jacob Business first (unpag).

Stelle der Effizienz der Prozesse tritt. Aus heutiger Sicht dürften die künftigen Aufgaben des VM vor allem intern in der Steuerung modularisierter Leistungen, Konditionen und Prozesse sowie extern in der Governance organisationsübergreifender Vertragsnetze wie Wertschöpfungsketten, virtuellen Unternehmen und Unternehmensökosystemen liegen.[108]

4. Juristische und wirtschaftliche Prämissen

Die weitere Entwicklung des VM wird auch davon abhängen, welche Rolle den Verträgen künftig in den Organisationen zugewiesen wird, dh ob sie primär zur Absicherung oder zur Ergebnisgenerierung eingesetzt werden. Diese Frage steht nicht für ein unmittelbares Anliegen des VM, bestimmt jedoch dessen Stellenwert in den Organisationen und die Funktionalitäten der benötigten Legal Tech-Produkte. Sie ist Teil eines umfassenderen Themenkomplexes, der das Verhältnis von juristischen und wirtschaftlichen Zielen zum Gegenstand hat und u.a. danach fragt, welche Rolle Rechtsabteilungen und Juristen künftig für die Verträge und das VM spielen werden,[109] und wie das auf Rechtsgeschäfte anwendbare normative System aus Vertragsrecht, Selbstregulierung und privatautonomer Vereinbarung austariert sein wird.

59

---

108 Hierzu näher Schuhmann ERCL 2020, 489 (496 f.).
109 Vgl. zB die Diskussion um den Eigentümer des Contracting-Prozesses, WorldCC/KPMG Law Can the contracting process improve without an owner?, und die künftige Rolle der Rechtsabteilungen, Timmer JSCN 2016, 34 (44).

91. Vertragsschluss

Christ/Stoppelmann

I. Einführung	1	1. Die bestehende Rechtsgeschäftslehre	14
II. Technische Grundlagen	4	2. Übertragbarkeit auf automatisierte Erklärungen	15
1. Automatisierte Erklärungen	4	3. Auslegung automatisierter Willenserklärungen	20
2. Autonome Erklärungen	9	4. Anfechtbarkeit	22
III. Automatisierte Erklärungen – Vereinbarkeit mit der bestehenden Rechtsgeschäftslehre	13	IV. Autonome Erklärungen – offene Fragen	23
		V. Weiterer Ausblick	26

Literatur: *Borges*, Rechtliche Rahmenbedingungen für autonome Systeme, NJW 2018, 977; *Foerster*, Automatisierung und Verantwortung im Zivilrecht, ZfPW 2019, 418; *Herberger*, „Künstliche Intelligenz" und Recht. Ein Orientierungsversuch, NJW 2018, 2825; *Kainer/Förster*, Autonome Systeme im Kontext des Vertragsrechts, ZfPW 2020, 275; *Paulus*, Die automatisierte Willenserklärung, JuS 2019, 960; *Paulus/Matze*, Smart Contracts und das BGB. Viel Lärm um nichts?, ZfTW 2018, 431; *Sester/Nitschke*, Software-Agent mit Lizenz zum ...?, CR 2004, 548; *Specht/Herold*, Roboter als Vertragspartner? Gedanken zu Vertragsabschlüssen unter Einbeziehung automatisiert und autonom agierender Systeme, MMR 2018, 40; *Susat/Stolzenburg*, Gedanken zur Automation, MDR 1957, 146.

I. Einführung

1 BGB AT trifft auf technischen Fortschritt: Die Systematik eines Vertragsschlusses gemäß §§ 130 ff. BGB gehört zu den Grundlagen der Juristenausbildung in den ersten Semestern des Studiums. Während dabei zumeist noch klassische Rechtsgeschäfte unter Anwesenden als Anschauungsbeispiele dienen (etwa der Brötchenkauf beim Bäcker), findet heute ein großer Teil des praktischen Geschäftsverkehrs im virtuellen Raum, verbunden mit einer Vermischung menschlicher Interaktion und technischer Prozesse, statt. Mit der stetigen technischen Entwicklung muss laufend hinterfragt werden, inwieweit die bisherigen gefestigten Grundsätze zum Vertragsschluss noch ausreichend sind, um die technischen Entwicklungen juristisch exakt einordnen zu können.

2 Wie bei allen Versuchen, den technischen Fortschritt juristisch zu bewerten, bedarf es eines Grundverständnisses der zu bewertenden Technik und möglichst eindeutiger begrifflicher Zuordnungen (→ *Algorithmus* Rn. 2 ff.). Stand heute lässt sich die Technik bezogen auf die hier relevanten Fragen grundlegend in **automatisierte** und **autonome Prozesse** unterteilen (→ Rn. 4-12). Die in der Praxis bereits etablierten automatisierten Erklärungen, die noch auf einen konkreten menschlichen Willen zurückgeführt werden können, sind mit den vorhandenen gesetzlichen Regelungen und Grundsätzen in den Griff zu bekommen (→ Rn. 4–8; → *Automatisierung und Autonomie* Rn. 56). Autonome Erklärungen hingegen, bei denen der die Technik einsetzende Mensch Entscheidungen nicht mehr vollständig vorhersehen kann, werfen eine Reihe rechtlicher Fragen auf, die die vorhandenen Regelungen und Grundsätze jedenfalls nicht mehr umfassend beantworten können (→ Rn. 12). Noch komplexer und dann wohl mit den bisherigen Grundsätzen bzw. ohne Gesetzesänderung gar nicht mehr handhabbar wird es, wenn im Zuge der fortschreitenden Verselbstständigung der Technik (zukünftig) Erklärungen nicht einmal mehr strukturell einem Menschen zugeordnet werden können (hierzu im Wege eines eher technisch geprägten Ausblickversuchs → Rn. 26–28).

3 Der Betrachtung liegt insgesamt das rechtspolitische Verständnis zugrunde, dass (sinnvoller) technologischer Fortschritt nicht durch statische gesetzliche Regelungen gehemmt werden sollte, das Recht sich vielmehr den sich verändernden Lebenswirklichkeiten anpassen muss (und nicht umgekehrt). Ergebnis der Betrachtung kann damit beispielsweise nicht sein, die Klassifizierung autonomer Erklärungen als zurechenbare Willenserklärungen mit Blick auf die bisherigen Grundsätze schlichtweg abzulehnen. Die hier dargestellten Grundsätze sind dann auch maßgeblich für **Legal Tech Anwendungen**, da sich hier immer

---

* Die Autoren danken Herrn Nils Pelster für die wertvolle Mitarbeit an diesem Beitrag – insbesondere an der Schnittstelle zwischen Recht und Technologie.

auch die Frage nach wirksamen Willenserklärungen stellt bzw. stellen wird. Dies gilt insbesondere für Legal Tech-Geschäftsmodelle, die auf künstlicher Intelligenz beruhen (→ *Künstliche Intelligenz (KI)* Rn. 31): Bei einer möglichst vollständigen Digitalisierung wird bereits der für die Nutzung der Anwendungen selbst erforderliche Vertragsschluss automatisiert erfolgen (sollen). Weitere Erklärungen werden dann ggf. auch autonom durch die Software oder jedenfalls automatisiert vorgenommen, zB ein außergerichtlicher Vergleichsschluss im Rahmen eines Masseklageverfahrens (→ *Künstliche Intelligenz (KI)* Rn. 43).

II. Technische Grundlagen

1. Automatisierte Erklärungen

Das zentrale Wesensmerkmal einer automatisierten Erklärung[1] ist eine klare, durch Menschen getroffene Vorgabe an digitale Abläufe, die einer einfachen **„Wenn-Dann-Logik"** entspricht.[2] Dies schließt komplexere Abläufe mit ein, solange abhängig von bestimmten Bedingungen, eine nach menschlichem Ermessen **vorhersehbare Entscheidung** durch die Technik getroffen wird.[3] Die Erklärung, die von der Technik ausgelöst wird, ist also von Menschen vorhergedacht und damit – unter Berücksichtigung der eintretenden Bedingungen – grundsätzlich uneingeschränkt vorhersehbar.

„Noch nicht automatisiert" ist eine Erklärung, bei der Technologie lediglich zur **Übermittlung** der menschlichen Erklärung eingesetzt wird, wie etwa bei einer herkömmlichen E-Mail. Solange elektronische Kommunikationsmittel als bloße **„Erklärungsinstrumente"** verwendet werden, können für den Abschluss eines Vertrages mit elektronischen Kommunikationsmitteln die gleichen Regeln gelten wie für die Willenserklärung unter Anwesenden.[4] Dasselbe gilt nach hier vertretener Auffassung, wenn eine Erklärung zwar nach den genannten Kriterien automatisiert erstellt, anschließend aber von einem Menschen kontrolliert und sich zu Eigen gemacht wird.[5] Eine automatisierte Erklärung setzt demnach voraus, dass Technologie sowohl zur Erstellung als auch zur Übermittlung der Erklärung genutzt wird, ohne dass der Prozess eine menschliche – in den Prozess eingreifende – **Genehmigung** vorsieht.

„Nicht mehr automatisiert" (sondern bereits autonom, → Rn 23 f.) ist demgegenüber ein Entscheidungsalgorithmus, der für den Menschen nicht mehr nachvollziehbar und vor allem **nicht vorhersehbar** ist, etwa weil er sich durch **maschinelles Lernen** selbst weiterentwickelt und auf dieser Grundlage Kriterien laufend anders gewichtet und verändert zueinander in Bezug setzt.[6] Auch in diesen Fällen werden zumeist durch menschliche Eingabe Parameter vorgegeben worden sein. Sobald die **selbstständige Weiterentwicklung** des Systems aber zu einer Veränderung dieser Parameter oder ihrer Bedeutung im Verhältnis zueinander führt, kann nicht mehr von einer automatisierten Willenserklärung ausgegangen werden.[7]

Automatisierte Willenserklärungen sind Bestandteil einer Vielzahl an Technologien, die bereits heute verwendet werden. **Computeragenten** erstellen und übermitteln für den Verwender nach bestimmten Voreinstellungen Willenserklärungen. Hierbei handelt es sich um automatisierte (und noch keine autonomen) Erklärungen, solange der Agent nicht einen bestimmten Grad an Unabhängigkeit und Unvorhersehbarkeit erreicht.[8] Im **Internet of Things** findet eine Vernetzung zahlloser technischer Geräte statt, die eigenständig miteinander kommunizieren und dabei mitunter ebenfalls Willenserklärungen abgeben. So etwa bei der vollautomatischen Produktionsstraße, die nicht mehr vorrätige Teile automatisch beim Zulieferer

---

1 Teilweise wird anstelle von automatisierten Erklärungen auch von „Computererklärungen" gesprochen, allerdings nicht in allen Fällen synonym, vgl. etwa Specht/Herold MMR 2018, 40 (41) oder Spindler/Schuster/Spindler BGB Vor §§ 116 ff. Rn. 6; insgesamt ist die Terminologie – wie bei technologie-bezogenen Themen üblich – stark im Wandel und wird sich wohl mit zunehmender Thematisierung in der juristischen Literatur stärker vereinheitlichen.
2 Foerster ZfPW 2019, 418 (421); Specht/Herold MMR 2018, 40 (41); Kainer/Förster ZfPW 2020, 275 (280).
3 MüKoBGB/Busche BGB Vor § 145 Rn. 38; Paulus JuS 2019, 960 (962); Specht/Herold MMR 2018, 40 (41).
4 Siehe etwa MüKoBGB/Busche BGB Vor § 145 Rn. 37 mwN.
5 So auch Paulus JuS 2019, 960 (962).
6 Vgl. Specht/Herold MMR 2018, 40 (41); Paulus JuS 2019, 960 (965).
7 Vgl. Specht/Herold MMR 2018, 40 (41); Kainer/Förster ZfPW 2020, 275 (281).
8 Vgl. Sassenberg/Faber Industrie 4.0 und Internet-HdB/Faber § 10 Rn. 30.

nachbestellt, indem Werkstücke mit Maschinen kommunizieren oder Verträge unmittelbar zwischen Computern durch **Maschine-zu-Maschine-Kommunikation** geschlossen werden.[9] Letztlich werden hierbei Überwachungs- und Bestätigungsaufgaben an Maschinen „delegiert" mit dem Ziel, die Liefergenauigkeit und Flexibilität der Liefer- und Produktionsprozesse zu erhöhen. Man könnte insoweit von **Mensch-zu-Maschine-Delegation** sprechen.[10] Unter den Begriff des Internet of Things fallen – aus dem alltäglicheren Verbraucherbereich – auch der Kühlschrank, der automatisch dafür sorgt, dass Milch, Eier oder sonstige Lebensmittel nachgeordert werden[11], sowie der Drucker, der eigenständig Tintenpatronen nachbestellt[12]. Inwieweit man den Begriff des Internet of Things auch im Bereich Legal Tech als relevant ansieht, hängt zunächst vom Verständnis von Legal Tech als solchem ab, sicher aber von der weiteren technischen Entwicklung (→ *Internet of Things* Rn. 7 f.). Weitere Beispiele sind die Vernetzung von Alltagsgegenständen (Smart Home), Städten (Smart Cities) und der Energieinfrastruktur (Smart Metering, Smart Grid) sowie der Hochfrequenzhandel an der Börse. Bei **Smart Contracts** (→ *Smart Contracts* Rn. 1 ff.) wird Software zur Erfüllung und ggf. auch Rückabwicklung eines Vertrages konfiguriert, um vorbestimmte Handlungen (zB den Versand von Waren oder auch den Zugang zu einer Mietwohnung) abhängig vom Eintreten bestimmter Bedingungen automatisch vorzunehmen.[13]

8 Ob eine automatisierte Erklärung vorliegt, hängt nicht von der technischen Komplexität der Prozesse ab und auch nicht vom Zeitpunkt bzw. Prozessschritt, in dem die Mensch-zu-Maschine-Delegation erfolgt. So kann sich die Automatisierung beispielsweise auch nur auf einen kleinen Teil des Prozesses beschränken. Bei der von Amazon entwickelten Technologie Amazon Echo und dem – inzwischen abgeschafften – Dash Button etwa ist bzw. war initialer Auslöser einer Bestellung ein Sprachbefehl bzw. ein physischer Knopfdruck und damit (anders als in den meisten oben genannten Beispielen) eine menschliche Handlung, die noch vergleichsweise unmittelbar im Zusammenhang mit dem sich anschließenden weiteren Bestellvorgang steht. So entscheidet der Verwender zB sehr konkret, Waschmittel nachzubestellen. Da wesentliche Bestandteile des folgenden Rechtsgeschäfts nach den Voreinstellungen der genannten Technologien aber zu diesem Zeitpunkt noch offen sind (etwa der Preis oder ggf. auch der konkrete Vertragspartner), ist nach hier vertretener Auffassung auch hierin kein bloßes elektronisches Mittel zur Abgabe einer menschlichen Erklärung zu sehen, sondern bereits eine automatisierte Erklärung.[14]

2. Autonome Erklärungen

9 Den oben zu Abgrenzungszwecken getroffenen Definitionsansatz aufgreifend, liegt einer autonomen Erklärung ein Entscheidungsalgorithmus zugrunde, der für den Menschen nicht mehr nachvollziehbar und vor allem **nicht vorhersehbar** ist.

10 Autonome Erklärungen unterscheiden sich von automatisierten Erklärungen darin, dass sie von Systemen abgegeben werden, die **lernfähig** sind und daher keinen starren Bedingungen folgen, die vorab von menschlicher Seite festgelegt wurden („Wenn-Dann"-Schema). Autonome Systeme arbeiten die Entscheidungskriterien anhand einer großen Menge an Daten mit vorgegebenem Ergebnis **eigenständig** heraus. Die hochgradig komplexen und stetig weiter optimierten Parameter, die auf diese Weise ermittelt werden, bestimmen die Entscheidungen, die das System ohne gesonderte menschliche Veranlassung unter Berücksichtigung seiner Umwelt trifft. Die Parameter entziehen sich dem menschlichen Verständnis, so dass die

---

9 Siehe etwa das detaillierte Beispiel bei Sassenberg/Faber Industrie 4.0 und Internet-HdB/Faber § 10 Rn. 4.
10 Angelehnt an die bestehenden Terminologien – neben den Genannten etwa auch Mensch-Maschine-Interaktion oder Mensch-Maschine-Kommunikation.
11 Vgl. Specht/Herold MMR 2018, 40 (41); der selbstbefüllende Kühlschrank ist gegenwärtig allerdings noch Utopie (vgl. https://t3n.de/news/amazon-dash-service-644943/), der Dienst Amazon Dash Replenishment bestellt aber zB Batterien für Rauchmelder oder Waschmittel nach (vgl. https://www.zdnet.de/88257410/erste-geraete-mit-amazon-dash-nachbestellservice-verfuegbar/ sowie https://developer.amazon.com/en-US/alexa/dash-services).
12 Siehe dazu https://www.hp.com/de-de/printers/instant-ink.html.
13 Vgl. Sassenberg/Faber Industrie 4.0 und Internet-HdB/Faber § 10 Rn. 11; Paulus/Matze ZfTW 2018, 431 (435, 439 ff.).
14 AA Specht/Herold MMR 2018, 40 (41); Kainer/Förster ZfPW 2020, 275 (280 ff.).

Handlungen eines solchen Systems von seinem Verwender nicht nachvollzogen oder vorhergesehen werden können.[15]

Autonome Systeme basieren oftmals auf **Künstlichen Neuronalen Netzen (KNN)**, die die Funktionsweise der Nervenzellen des menschlichen Gehirns durch eine komplexe mathematische Funktion imitieren.[16]   11

Nach dem derzeitigen Stand der Technik gibt es keine autonomen Systeme, die wie das menschliche Gehirn allgemein lernfähig und kreativ sind (sog. „**starke**" **KI**[17]). Alle gegenwärtigen KI-Anwendungen sind „schwach", d.h. auf die Lösung eines genau definierten Problems nach vorgegebenem Verfahren beschränkt. Beispiele sind Systeme zur Bilderkennung, Übersetzungssoftware, eine KI für das Spiel Go[18], aber auch digitale Assistenzsysteme wie Alexa oder Siri.[19]   12

III. Automatisierte Erklärungen – Vereinbarkeit mit der bestehenden Rechtsgeschäftslehre

Automatisierte Erklärungen sind mit den bestehenden Ansätzen der Rechtsgeschäftslehre gut in den Griff zu bekommen. Neben der grundsätzlichen Einordnung einer automatisierten Erklärung als Willenserklärung ergibt sich eine Reihe von Fragen, die vor allem die Auslegung im Fall von Unklarheiten sowie die Anfechtbarkeit betreffen – diese lassen sich aber jedenfalls bislang ebenso im vorhandenen Rechtsrahmen klären.   13

1. Die bestehende Rechtsgeschäftslehre

In der gebotenen Kürze[20]: Das Zustandekommen eines schuldrechtlichen Vertrags setzt gemäß §§ 145 ff. BGB zwei übereinstimmende, in Bezug aufeinander abgegebene Willenserklärungen voraus – Angebot und Annahme.[21] Eine Willenserklärung wird dabei verstanden als Äußerung des auf die Herbeiführung einer Rechtswirkung gerichteten Willens.[22] Hierfür ist aus objektiver Sicht eine **Erklärungshandlung** erforderlich, die nach außen in Erscheinung tritt und für einen objektiven Dritten auf einen Handlungs-,   14

---

15 Vgl. Kainer/Förster ZfPW 2020, 275 (277 ff.); Specht/Herold MMR 2018, 40 (41); Foerster ZfPW 2019, 418 (421); für weitergehende – auch für IT-Fachfremde eingängige – Einführungen siehe etwa „A Visual and Interactive Guide to the Basics of Neural Networks", http://jalammar.github.io/visual-interactive-guide-basics-neural-networks/; https://www.computerwoche.de/a/es-gibt-nicht-die-eine-kuenstliche-intelligenz,3545708.
16 Im menschlichen Gehirn sind Milliarden Nervenzellen (sogenannte Neuronen) netzwerkartig miteinander verbunden. Ein Neuron, das von anderen Neuronen elektrische Spannungsimpulse erhält, lädt sich auf und leitet, sobald ein gewisser Schwellenwert erreicht ist, den Spannungsimpuls an andere Neuronen weiter. Die Verbindungsstücke zwischen Neuronen, die Synapsen, können ihre elektrische Leitfähigkeit verbessern und bereits bei Erreichen eines geringeren Schwellenwertes den Impuls weitergeben. In der mathematischen Abbildung dieses Prozesses werden Eingangswerte mit wechselnden Gewichtungsfaktoren multipliziert und als Parameter in eine Funktion eingesetzt, die den Ausgabewert berechnet. Die Gewichtungsfaktoren, die die Synapsen imitieren, werden im Abgleich mit dem gewünschten Ergebnis von der Software während des „Lernens" fortwährend verändert. Ihre genaue Bedeutung ist nicht nachvollziehbar, lediglich die Eingabewerte sind bekannt. Werden mehrere mathematische Funktionen miteinander verkettet, so dass „Schichten" von künstlichen Neuronen entstehen, spricht man von „Deep Learning"; vgl. hierzu etwa Kainer/Förster ZfPW 2020, 275 (277 f.).
17 Zum recht unscharfen Begriff der Künstlichen Intelligenz grundlegend Herberger NJW 2018, 2825.
18 Siehe https://www.heise.de/newsticker/meldung/Kuenstliche-Intelligenz-AlphaGo-Zero-uebertrumpft-AlphaGo-ohne-menschliches-Vorwissen-3865120.html.
19 Siehe https://ki.fhws.de/thematik/starke-vs-schwache-ki-eine-definition/; https://www.computerwoche.de/a/es-gibt-nicht-die-eine-kuenstliche-intelligenz,3545708.
20 Die allgemeinen Grundlagen der Rechtsgeschäftslehre sind in einer Vielzahl von Kommentierungen und sonstiger Literatur umfassend dargestellt worden, so dass hier eine Beschränkung auf einen sehr kurzen Überblick zweckmäßig erscheint. Für umfangreiche Darstellungen sei etwa verwiesen auf MüKoBGB/Busche BGB Vor §§ 145; Jauernig/Mansel BGB Vor § 145; Brox/Walker BGB AT § 4, jeweils mit zahlreichen weiteren Nennungen.
21 Jauernig/Mansel BGB Vor § 145 Rn. 2; Brox/Walker BGB AT § 4 Rn. 14 f.
22 MüKoBGB/Armbrüster BGB Vor § 116 Rn. 3; Brox/Walker BGB AT § 4 Rn. 14.

Erklärungs- und Geschäftswillen schließen lässt.[23] Dabei besteht Einigkeit, dass keine ausdrückliche Erklärung erforderlich ist, vielmehr reicht ein schlüssiges Verhalten. Weiter wird ein **innerer Tatbestand** gefordert, also ein konkreter Handlungswille, der zB bei Schlaf, Hypnose oder ähnlichen Zuständen nicht gegeben ist. Das Bürgerliche Gesetzbuch geht damit von einem freien Willen des Rechtssubjekts aus.[24] Fehlt ein Mindestmaß an Einsichts- und Urteilsfähigkeit, sind Rechtsgeschäfte – wenn überhaupt – nur begrenzt wirksam. Grundlegend geht die Rechtsgeschäftslehre damit davon aus, dass Urheber einer Willenserklärung nur **natürliche Personen** sein können.[25]

2. Übertragbarkeit auf automatisierte Erklärungen

15 Die hergebrachten und gefestigten Grundlagen der Rechtsgeschäftslehre sind vergleichsweise unproblematisch auf automatisierte Erklärungen übertragbar. Entscheidend ist, dass diese auf einen konkreten menschlichen Willen zurückgeführt werden können.

16 Den **objektiven Tatbestand** kann eine automatisiert abgegebene Erklärung ohne Weiteres erfüllen. Ob einer elektronisch übermittelten Erklärung eine unmittelbare menschliche Entscheidung zugrunde liegt oder aber ein komplexerer digitaler Prozess, ist für den Empfänger oftmals gar nicht erkennbar (so kann beispielsweise eine E-Mail auch automatisiert versendet werden). Erklärungsbedürftiger ist die Erfüllung des **subjektiven Tatbestandes**. Hier geht es allerdings (noch) nicht um die Frage, inwieweit die Technologie selbst einen Willen bilden und den subjektiven Tatbestand insgesamt erfüllen kann. Es ist Wesensmerkmal automatisierter Erklärungen, dass diese einem Menschen zugerechnet werden können, so dass es auf den subjektiven Tatbestand des betroffenen Menschen ankommt.

17 **Rechtsfähig** sind nur Menschen als natürliche Personen gem. § 1 BGB sowie juristische Personen im vertragsrechtlichen Sinn (vgl. § 21 BGB).[26] Diesem Verständnis liegt die – bislang auch richtige – Annahme des Bürgerlichen Gesetzbuchs zugrunde, dass nur Menschen einen rechtsgeschäftlichen Willen bilden können, der ihnen bzw. der juristischen Person, die sie vertreten, zurechenbar ist. Automatisierte Systeme fügen sich in diese Systematik ein. Der subjektive Wille, der automatisierten Erklärungen zugrunde liegt, wird nicht von der Technologie gebildet, sondern von dem Menschen, der den Computeragenten oder die sonstige Technologie geschaffen, programmiert oder in Gang gesetzt hat und für sich nutzbar macht. Die Elemente des subjektiven Tatbestandes stellen bei der automatisierten Erklärung grundsätzlich uneingeschränkt auf diesen Menschen ab. Die einzige Besonderheit besteht insoweit darin, dass im Zeitpunkt der Erzeugung der Erklärung durch die Technik kein konkreter Handlungswille des die Technik einsetzenden Menschen besteht. Der Mensch weiß im Zweifel gar nicht, dass die Erklärung gerade in diesem Moment ausgelöst wird. Dennoch ist bei automatisierten Erklärungen von zurechenbaren Willenserklärungen auszugehen. Es handelt sich hier infolge der Mensch-zu-Maschine-Delegation um einen „gestreckten, arbeitsteiligen Erklärungsprozess"[27], bei dem der Mensch seinen Handlungswillen bereits mit Initiierung der Technik gleichsam vor die Klammer gezogen manifestiert.

18 Ein – angesichts der aktuellen Preisentwicklung eingängiges – Beispiel wäre die menschliche Voreinstellung „Bestelle automatisch Flüssiggas nach, sobald der Gastank einen Füllstand von 25 % unterschreitet".[28] Mit der Voreinstellung der Dateneingabe im System wird der generelle Geschäftswille dokumentiert, der auch dann zu beachten ist, wenn aufgrund ggf. nicht absehbarer oder nicht vorhergesehener Preissteigerungen bis zum konkreten Bestellzeitpunkt deutlich höhere Kosten anfallen.[29] Der Anwender handelt zum **Zeitpunkt der Dateneingabe** – im grundsätzlichen (Risiko-)Bewusstsein, dass es zu derartigen Änderun-

---

23 MüKoBGB/Armbrüster BGB Vor § 116 Rn. 3; Brox/Walker BGB AT § 4 Rn. 16 ff.; Kainer/Förster ZfPW 2020, 275 (282).
24 MüKoBGB/Armbrüster BGB § 116 Rn. 23; MüKoBGB/Busche BGB Vor § 145 Rn. 2, 11, § 145 Rn. 7.
25 So auch Borges NJW 2018, 977 (979).
26 MüKoBGB/Spickhoff BGB § 1 Rn. 1, 14; MüKoBGB/Leuschner BGB Vor § 21 Rn. 1.
27 Spindler/Schuster/Spindler BGB Vor §§ 116 ff. Rn. 6.
28 Vgl. OLG Frankfurt a.M. Urt. v. 22.10.2013 – 15 U 145/12, BeckRS 2013, 21407.
29 Vgl. Paulus JuS 2019, 960; Spindler/Schuster/Spindler BGB Vor §§ 116 ff. Rn. 6.

gen kommen kann[30] – mit Handlungswille und Erklärungsbewusstsein; die Willenserklärung kann ihm somit zugerechnet werden.[31]

Im Ergebnis dürfte daher heute Einigkeit bestehen, dass **automatisierte Willenserklärungen wirksam zu einem Vertragsschluss** führen.[32] Soweit im Rahmen der Automatisierung die mit der Voreinstellung verbundene Erklärung (unmittelbar durch den Menschen) und die nach außen sichtbare Erklärung (durch die Technologie) zeitlich auseinanderfallen, steht dies nicht der Zurechenbarkeit entgegen, sondern ist dies gerade Ausdruck der Mensch-Maschine-Delegation und der damit bezweckten Arbeitsteilung.[33] 19

3. Auslegung automatisierter Willenserklärungen

Die Auslegung einer Willenserklärung richtet sich nach dem **objektiven Empfängerhorizont** (§§ 133, 157 BGB). Für automatisierte Erklärungen gelten grundsätzlich keine Besonderheiten, es verbleibt im Wesentlichen bei den hergebrachten Kriterien, anhand derer die Frage zu beantworten ist, wie ein objektivierter Erklärungsinhalt für einen schutzbedürftigen Empfänger der Erklärung zu verstehen ist.[34] 20

Bei automatisierten Systemen kann sich aber die Frage ergeben, ob allein der **menschliche Horizont** maßgeblich ist. Der BGH hatte bereits 2012 bezogen auf ein automatisiertes Flugbuchungssystem hierüber zu entscheiden und hat die Auffassung vertreten, es komme allein auf das zu erwartende Verständnis eines vernunftbegabten menschlichen Beobachters an und nicht etwa darauf, wie das automatisierte System die Erklärung voraussichtlich deuten und verarbeiten wird.[35] Ob bzw. wie lange diese Auffassung mit der immer größeren Bedeutung automatisierter Systeme im Geschäftsverkehr so noch haltbar ist, lässt sich kontrovers diskutieren. Jedenfalls ist mit dieser Entwicklung auch eine zunehmende technische Kompetenz der Nutzer verbunden, die bei der Bestimmung des objektiven Empfängerhorizonts Berücksichtigung finden muss. Es dürfte daher zu erwarten sein, dass sich die Ergebnisse annähern bzw. zukünftig gleichen. 21

4. Anfechtbarkeit

Hinsichtlich der Anfechtbarkeit ist zwischen Erklärungsirrtümern einerseits und Motiv- bzw. Kalkulationsirrtümern andererseits zu differenzieren. Ein **Erklärungsirrtum** liegt zB vor, wenn im Rahmen der Voreinstellung grundsätzlich korrekte Daten versehentlich fehlerhaft eingegeben werden (etwa bei einem „Zahlendreher" bei der Füllstandsangabe beim genannten Beispiel der Flüssiggasnachbestellung, → Rn. 18). Nach hier vertretener Auffassung kann es für die rechtliche Bewertung keinen Unterschied machen, ob sich der Erklärende unmittelbar gegenüber dem Erklärungsempfänger verspricht oder aber bei der Nutzung eines automatisierten Systems bei der Eingabe der Voreinstellung vertippt. Auch im Übrigen gelten die hergebrachten Grundsätze. Bei **Motiv- bzw. Kalkulationsirrtümern**, also wenn fehlerhafte Daten korrekt eingegeben werden, ist bei automatisierten Erklärungen der Sonderfall zu bewerten, dass der Fehler durch die Technologie erzeugt wird. In diesem Fall scheidet – wie beim internen Kalkulationsirrtum – nach zutreffender herrschender Meinung eine Anfechtung aus, wenn die Technologie auf Grundlage korrekt eingegebener Daten fehlerhaft agiert. Ausnahmsweise soll eine Anfechtung laut BGH aber möglich sein, wenn die Technologie korrekt eingegebene Daten falsch übermittelt.[36] Ob der BGH mit dem heutigen Stand der Technik zum gleichen Ergebnis käme, erscheint aber durchaus fraglich. 22

---

30 Vgl. hierzu Sassenberg/Faber Industrie 4.0 und Internet-HdB/Faber § 10 Rn. 91.
31 Vgl. MüKoBGB/Busche BGB Vor § 145 Rn. 38; Paulus/Matzke ZfPW 2018, 431 (441).
32 In den 1950er-Jahren noch kritisch: Susat/Stolzenburg MDR 3/1957, 146.
33 Vgl. Specht/Herold MMR 2018, 43; Spindler/Schuster/Spindler BGB Vor §§ 116 ff. Rn. 6; Sassenberg/Faber Industrie 4.0 und Internet-HdB/Faber § 10 Rn. 11.
34 So auch Paulus JuS 2019, 960 (964).
35 BGH Urt. v. 16.10.2012 – X ZR 37/12, MMR 2013, 296 (297).
36 BGH Urt. v. 26.1.2005 – VIII ZR 79/04, NJW 2005, 976.

IV. Autonome Erklärungen – offene Fragen

23 Im Gegensatz zu automatisierten Erklärungen bestehen für autonome Erklärungen de lege lata keine ausreichenden Antworten auf die maßgeblichen rechtlichen Fragen. Aufgrund der **Unvorhersehbarkeit** der Handlungen eines autonom agierenden Systems können autonome Erklärungen nicht ohne Weiteres dem Verwender des Systems **zugerechnet** werden. Sie können aber – jedenfalls de lege lata – auch nicht der Technologie zugerechnet werden, da diese im Gegensatz zu natürlichen (§ 1 BGB) und juristischen Personen (§§ 21 ff. BGB) mangels Rechtsfähigkeit nicht Vertragspartei werden kann.[37]

24 Als Lösungsansätze werden neben vollständig neuen Rechtsinstituten[38] und der Rechtsfähigkeit autonomer Systeme[39] eine Rechtsfortbildung der Botenschaft[40], eine analoge Anwendung des Minderjährigen-Stellvertretungsrechts[41] sowie (wie bei der automatisierten Erklärung) eine generelle Zurechnung der Erklärung an den Verwender des autonom agierenden Systems[42] diskutiert.

25 Ebenfalls de lege ferenda denkbar – und aus Sicht der Autoren zweckmäßiger – wäre die Einführung einer **Gefährdungshaftung** für den Einsatz autonomer Systeme. Dies stünde im Einklang mit der bisherigen Praxis des Gesetzgebers, verschuldensfreie – und folglich sehr strenge – Haftungstatbestände für neue Technologien zu schaffen, die der Gesetzgeber als besonders risikobehaftet ansieht.[43] Beispiele finden sich etwa in Bezug auf Kraftfahrzeuge (§ 7 und § 18 StVG), Eisenbahnen (§ 1 HaftPflG) oder die Kernenergie (§§ 25 ff. AtomG). Ausschlaggebend ist dabei jeweils die Erwägung, dass die gesamtgesellschaftlichen Vorteile eines Einsatzes der Technologie die individuellen Risiken überwiegen, die Haftung im Falle der Realisierung solcher Risiken jedoch nicht dem einzelnen zufällig Geschädigten – sondern dem Initiator der Gefahrenquelle bzw. ihrem wirtschaftlichen Nutzer – zuzumuten ist.[44] Unter Berücksichtigung der Chancen und Risiken dürfte dieser Ansatz auf die Nutzung autonom agierender Systeme übertragbar sein. Das System der Gefährdungshaftung bietet dabei wohl vergleichsweise weitreichende Möglichkeiten, auch zukünftige – heute noch nicht absehbare – technologische Entwicklungen abzudecken.

V. Weiterer Ausblick

26 Den bisher behandelten Beispielen autonomer Erklärungen ist gemein, dass diese einem menschlichen Verwender in tatsächlicher bzw. wirtschaftlicher Hinsicht – jedenfalls mittelbar – klar zugeordnet werden können. Unabhängig davon, ob eine Zurechenbarkeit der Erklärungen (→ Rn. 23) oder (nur) eine (Gefährdungs-)Haftbarkeit (→ Rn. 25) präferiert wird, basieren letztlich alle rechtlichen Lösungsansätze auf dem Grundgedanken: Wer ein autonom agierendes System (zB einen intelligenten Computeragenten) für seine Zwecke einsetzt (und davon in der Regel wirtschaftlich profitiert), wird für dessen Aktivität auch in irgendeiner Weise rechtlich einstehen müssen.

27 In Anbetracht der aktuellen technischen Entwicklungen erscheinen künftig aber auch Erklärungen durch neue Techniken denkbar, die eine tatsächliche Zuordnung zu einem bestimmten menschlichen Individuum nicht mehr zulassen. Man denke etwa an **verselbstständigte intelligente Open Source Software**, die zB über **Kryptowährung** vollständig **eigenständig** am Geschäftsverkehr teilnehmen könnte. Was heute nach Science-Fiction klingt, wird von IT-Spezialisten – jedenfalls mittelfristig – für möglich gehalten.

---

37 Vgl. Sassenberg/Faber Industrie 4.0 und Internet-HdB/Faber § 10 Rn. 31 ff.
38 Borges NJW 2018, 977 (979); Kainer/Förster ZfPW 2020, 275 (294 f., 303).
39 Sester/Nitschke CR 2004, 548 (549).
40 Spindler/Schuster BGB Vor §§ 116 ff. Rn. 7 aE.
41 Specht/Herold MMR 2018, 40 (43); ausführlicher Herold, Vertragsschlüsse unter Einbeziehung automatisiert und autonom agierender Systeme, 2020, insbes. S. 239 f.
42 Paulus JuS 2019, 960 (965); MüKoBGB/Busche BGB Vor § 145 Rn. 38 aE.
43 Vgl. Looschelders, Schuldrecht Besonderer Teil, 17. Aufl. 2022, § 73 Rn. 2, § 74 Rn. 34.
44 Vgl. BGH Urt. v. 27.1.1981 – VI ZR 204/79, BGHZ 79, 259 (262 f.); Looschelders, Schuldrecht Besonderer Teil, 17. Aufl. 2022, § 73 Rn. 2 f.

Natürlich besteht für den Gesetzgeber die Möglichkeit, solchen Entwicklungen regulatorisch einen Riegel vorzuschieben. Innovationsfreundlicher[45] erscheint es indes, sie möglichst frühzeitig vorwegzudenken und einen sinnvollen rechtlichen Rahmen zu schaffen. Dabei wird letztlich wohl kein Weg daran vorbeiführen, technischen Systemen unter zu definierenden Voraussetzungen **Rechtsfähigkeit** oder einen vergleichbaren rechtlichen Status einzuräumen.[46] Die Einzelheiten werden – in Abhängigkeit der konkreten Entwicklungen – zu diskutieren sein. Wenn dieser Weg aber jedenfalls in der grundsätzlichen Richtung vorgezeichnet ist, dürfte davon abzuraten sein, für die bereits greifbareren autonomen Systeme (die sich noch menschlichen Nutzern zuordnen lassen) rechtliche Lösungen zu schaffen, die die weiteren zu erwartenden Entwicklungen nicht bereits mitdenken. 28

---

45 Und im Sinne des hier vertretenen rechtspolitischen Verständnisses.
46 In diesem Sinne wohl auch Borges NJW 2018, 977 (979), der u.a. unter Verweis auf eine Äußerung von Gunther Teubner auf der Tagung der Zivilrechtslehrervereinigung bereits im September 2017 (die tradierten Vorstellungen der Rechtsgeschäftslehre, die als Urheber einer Willenserklärung ausschließlich natürliche Personen erlaubt, werde der Realität moderner Techniken wie Industrie 4.0 und autonomer Systeme nicht mehr gerecht) die Schaffung einer „E-Person" ins Spiel bringt.

92. Wettbewerb, allgemein

Beurskens

I. Märkte für Legal Tech 1	1. Chancen und Risiken der Automatisierung 43
II. Endkundengerichtete (externe) Dienste: Inkassounternehmen und Anwaltschaft 16	2. Gestaltungen und Lizenzen 45
	IV. Vorgelagerte Märkte: Daten, Bibliotheken und Infrastruktur 48
1. Wettbewerbsvorteil für Inkassounternehmen? ... 18	1. Tragedy of the Anticommons? 51
2. Substituierbare Tätigkeiten 31	2. Informationszugangsrechte 54
III. Kanzlei- und unternehmensinterne Angebote: Software und Onlinedienste 41	3. Softwarebibliotheken und Infrastruktur 57

Literatur: *Abel*, Automatisierte Entscheidungen im Einzelfall gem. Art. 22 DS-GVO, ZD 2018, 304; *Akerlof*, Quarterly Journal of Economics 1970, 488; *Beyer-Katzenberger*, Rechtsfragen des "Open Government Data", DÖV 2014, 144; *Bock*, Online Gründung von GmbHs und veränderte Registerpublizität – der Entwurf eines Gesetzes zur Umsetzung der Digitalisierungsrichtlinie, RNotZ 2021, 326; *Brunotte*, Virtuelle Assistenten – Digitale Helfer in der Kundenkommunikation, CR 2017, 583; *Bull*, Digitalisierung als Politikziel – Teil II, CR 2019, 547; *Bürger*, Gewerbesteuerpflicht und Freiberuflichkeit, NJW 2019, 1407; *Deckenbrock*, Wann wird Legal Tech zur Rechtsdienstleistung? AnwBl Online 2020, 178; *Degen/Krahmer*, Legal Tech: Erbringt ein Generator für Vertragstexte eine Rechtsdienstleistung?, GRUR-Prax 2016, 363; *Dulle/Galetzka/Partheymüller*, Automatisierte Dokumentengeneratoren – Wer haftet?, DSRITB 2017, 625; *Ebers*, Künstliche Intelligenz und Verbraucherschutz: Das KI-Weißbuch der Europäischen Kommission, VuR 2020, 121; *Engelmann/Brunotte/Lütkens*, Regulierung von Legal Tech durch die KI-Verordnung, RDi 2021, 317; *Freitag/Lang*, Offene Fragen von Legal and Illegal Tech nach der „wenigermiete.de-Entscheidung" des BGH, ZIP 2020, 1201; *Fries*, Smart Contracts: Brauchen schlaue Verträge noch Anwälte?, AnwBl 2018, 89; *Fries*, Schadensersatz ex machina, NJW 2019, 901; *Fries*, De minimis curat mercator: Legal Tech wird Gesetz, NJW 2021, 2537; *Fries*, Staatsexamen für Roboteranwälte?, ZRP 2018, 161; *Galetzka/Garling/Partheymüller*, Legal Tech – „smart law" oder Teufelszeug?, MMR 2021, 20; *Greger*, Das „Rundum-sorglos-Modell": Innovative Rechtsdienstleistung oder Ausverkauf des Rechts?, MDR 2018, 897; *Günther*, Das neue „Legal-Tech"-Gesetz, MMR 2021, 764; *Heller*, The Tragedy of the Anticommons: Property in the Transition from Marx to Markets, Harvard Law Review, 111(3) (1998), 621; *Hähnchen/Bommel*, Legal Tech: Perspektiven der Digitalisierung des Rechtsdienstleistungsmarktes, AnwBl 2018, 600; *Hähnchen/Schrader/Weiler/Wischmeyer*, Legal Tech, JuS 2020, 625; *Hamann*, Der blinde Fleck der deutschen Rechtswissenschaft – Zur digitalen Verfügbarkeit instanzgerichtlicher Rechtsprechung, JZ 2021, 656; *Hartung*, Inkasso, Prozessfinanzierung und das RDG, AnwBl Online 2019, 353; *Hartung*, Legal Tech und das RDG – Raus aus der Beziehungskrise!, AnwBl Online 2020, 8; *Hartung*, Noch mal: Klagen ohne Risiko – Prozessfinanzierung und Inkassodienstleistung aus einer Hand als unzulässige Rechtsdienstleistung?, BB 2017, 2825; *Hartung*, Legal Tech Sandboxes – Perspektiven aus dem „Maschinenraum", RDi 2021, 421; *Heckelmann*, Zulässigkeit und Handhabung von Smart Contracts, NJW 2018, 504; *Heckschen/Knaier*, Das DiRUG in der Praxis, NZG 2021, 1093; *Heldt*, Transparenz bei algorithmischen Entscheidungen – Food for Thoughts, CR 2018, 494; *Hellwig/Ewer*, Keine Angst vor Legal Tech, NJW 2020, 1783; *Henssler*, Die Zukunft des Rechtsberatungsgesetzes, AnwBl 2001, 525; *Henssler*, Prozessfinanzierende Inkassodienstleister – Befreit von den Schranken des anwaltlichen Berufsrechts?, NJW 2019, 545; *Henssler/Kilian*, Rechtsinformationssysteme im Internet, CR 2001, 682; *Hötte/Bäumer/Biallaß/Sommerfeld*, Die Unterstützung der Arbeit auf der Rechtsantragstelle durch Chatbots, CR 2021, 770; *Kau*, Der Aufstieg von Artificial Intelligence (AI) und seine Auswirkungen auf die Rechtsanwaltschaft, CR 2021, 498; *Kilian*, Die Regulierung von Legal Tech, AnwBl 2019, 24; *Kilian*, Die Zukunft der Juristen, NJW 2017, 3043; *Kilian*, Trojanische Pferde im Rechtsdienstleistungsrecht?, NJW 2019, 1401; *Klar*, Künstliche Intelligenz und Big Data – algorithmenbasierte Systeme und Datenschutz im Geschäft mit Kunden, BB 2019, 2243; *Kluth*, Interessenkonflikte in Fällen neuer Modelle der Massenrechtsdienstleistung durch Inkassodienstleister, VuR 2018, 403; *Kuchenbauer*, Der gläserne Richter, JZ 2021, 647; *Leeb*, Digitalisierung, Legal Technology and Innovation, 2019; *v. Lewinski/Kerstges*, Nichtigkeit treuhänderischer Abtretungen an Inkassodienstleister bei Verstößen gegen das RDG, ZZP 2019, 177; *Lewke*, „...aber das kann ich nicht tun!": Künstliche Intelligenz und ihre Beteiligung am öffentlichen Diskurs, InTeR 2017, 207; *Melot de Beauregard*, Gastkommentar – Skylla und Charybdis, DB 2019, M4-M5; *Meul/Morschhäuser*, Legal Tech-Unternehmen im Fahrwasser der Inkassolizenz – wird die Ausnahme zur Regel?, CR 2020, 101; *Ory*, Lehrbeispiel zu Legal Tech, NJW-aktuell 19/2019, 21; *Prütting*, Legal Tech vor den Toren der Anwaltschaft – Die Digitalisierung der Rechtsdienstleistungen, ZIP 2020, 49; *Rehder/Aptizsch/Schillen/Vogel*, Legal Technology und der Zugang zum Recht, ZUM 2021, 376; *Remmertz*, Aktuelle Entwicklungen im RDG – In dubio pro libertate?, BRAK Mitt. 2018, 231; *Remmertz*, Legal Tech –

Rechtliche Beurteilung nach dem RDG, BRAK Mitt. 2017, 55; *Remmertz*, Automatisierte Rechtsdienstleistungen im RDG, ZRP 2019, 139; *Remmertz*, Legal-Tech-Anbieter als Inkassounternehmen?, AnwBl 2020, 186; *Singer*, Durchsetzung von Verbraucherrechten durch Inkassounternehmen, BRAK-Mitt. 2019, 211; *Skupin*, Vertragsstrafenmonitoring und -durchsetzung – ein Spielfeld für Legal-Tech-Dienstleister?, GRUR-Prax 2021, 622; *Skupin*, Legal Tech im Urheberrecht, LR 2019, 222; *Skupin*, Legal Tech im Urheber- und Medienrecht – Nichtanwaltliche Leistungsangebote im Kontext der Reform des Rechtsdienstleistungsrechts, ZUM 2021, 365; *Söbbing/Sauter*, Quo vadis Legal Tech?, ITRB 2019, 259; *Spindler*, Datenschutz- und Persönlichkeitsrechte im Internet – Der Rahmen für Forschungsaufgaben und Reformbedarf, GRUR-Beilage 2014, 101; *Tavakoli*, Automatische Fluggast-Entschädigung durch smart contracts, ZRP 2020, 46; *Tutt*, An FDA for Algorithms, Administrative Law Review 69 (2017), 83; *Valdini*, Klagen ohne Risiko – Prozessfinanzierung und Inkassodienstleistung aus einer Hand als zulässige Rechtsdienstleistung?, BB 2017, 1609; *Wagner*, Legal Tech und Legal Robots, 2018; *Wagner*, Legal Tech und Legal Robots in Unternehmen und den diese beratenden Kanzleien, BB 2017, 898; *Weberstaedt*, Online-Rechts-Generatoren als erlaubnispflichtige Rechtsdienstleistung?, AnwBl 2016, 535; *Weht*, Legal Tech in der Praxis, ZUM 2021, 373; *Wettlaufer*, Vertragsgestaltung, Legal Techs und das Anwaltsmonopol, MMR 2018, 55; *Wolf/Künnen*, Verbraucherschutz bleibt eine Aufgabe des RDG – trotz Legal Tech, BRAK Mitt. 2019, 274.

I. Märkte für Legal Tech

Die Beurteilung von „Wettbewerb" setzt denklogisch voraus, dass man überhaupt die (mögliche) Konkurrenz erfasst – also den Markt für Legal Tech von anderen Märkten abgrenzt. In sachlicher Hinsicht folgt eine solche Marktabgrenzung traditionell dem **Bedarfsmarktkonzept**[1] – es wird also gefragt, was die jeweilige *Gegenseite* benötigt. Schon hier zeigt sich aber die große Breite des Begriffs „Legal Tech" (→ *Legal Tech, Begriff* Rn. 10 ff., 51), der im Außenverhältnis neben der schlichten digitalen Kommunikation (über Onlinesprechstunden, Formulare etc) (→ Rn. 4),[2] Formen der Prozessfinanzierung[3] und standardisierter Bearbeitung typisierter Fallgestaltungen[4] auch die Nutzung Künstlicher Intelligenz, etwa bei Chatbots (→ Rn. 31 f.),[5] der Vertragsanalyse[6] oder des Entwurfs von Vertragsdokumenten[7] umfasst. Zieht man schlichte Rechtsdatenbanken (Auskunftssysteme) und Formularsammlungen sowie triviale Werkzeuge wie Zins-, Kosten- und Fristenberechnungsprogramme hinzu, sieht man, dass es schon keine einheitliche „Gegenseite" und damit erst recht keinen einheitlichen Markt für Legal Tech geben kann. Selbst bei der bloß internen Nutzung durch Kanzleien, Unternehmen, Verwaltung und Justiz (im Vergleich zur Selbsthilfe des Rechtssuchenden, → Rn. 41 f.) geht es um ganz verschiedene Waren und Dienstleistungen – ein Dokumentenanalysetool für Compliance-Fragen nützt bei der Gestaltung von Grundstückskaufverträgen (für welche man einen Textgenerator benötigt) nichts. 1

Das Buzzword „Legal Tech" wird also für eine Vielzahl verschiedener Dienstleistungen verwendet. Diese adressieren **grundlegend verschiedene Märkte**:[8] Zum einen geht es um explizit als solche offengelegte, idR (teil-)automatisierte Dienstleistungen unter Einsatz von Informationstechnologie, die *extern* unmittelbar gegenüber Endkunden erfolgen (und dort wiederum differenziert nach zahlreichen Zielgruppen, sub II). Zum anderen geht es um Anwendungen, die *intern* von Unternehmen oder Beratenden bzw. im Rahmen von Schiedsverfahren, in der Verwaltung oder der Justiz genutzt werden (sub III). Schließlich sind 2

---

1 Vgl. Loewenheim/Meessen/Riesenkampff/Kersting/Meyer-Lindemann/Kühnen § 18 Rn. 14 ff.; Immenga/Mestmäcker/Thomas § 36 Rn. 69 ff.
2 Vgl. jurisPK-ERV/Anton Band 1, Kapitel 5.1.1 Rn. 302 (digitale Terminvergabe).
3 Vgl. Günther MMR 2021, 764; Fries NJW 2021, 2537 (2539); Prütting ZIP 2020, 49; Henssler NJW 2019, 545; Greger MDR 2018, 897; Deckenbrock AnwBl 2020, 178 (184).
4 Vgl. Hähnchen/Schrader/Weiler/Wischmeyer JuS 2020, 625.
5 Vgl. jurisPK-ERV/Biallaß Band 1, Kapitel 8 Rn. 1 ff.; Hötte/Bäumer/Biallaß/Sommerfeld CR 2021, 770; Brunotte CR 2017, 583.
6 Vgl. Kau CR 2021, 498; Söbbing/Sauter ITRB 2019, 259; Wagner BB 2017, 898; Melot de Beauregard DB 2019, M4-M5.
7 Wettlaufer MMR 2018, 55; Kau CR 2021, 498 (504); Remmertz/Nitschke Legal Tech-Strategien, § 2 Rn. 475 ff.; Wagner BB 2017, 898 (900).
8 Vgl. bspw. https://legal-tech-verzeichnis.de/markt/; https://www.legal-tech.de/legal-tech-uebersicht-2020-der-legal-tech-markt-auf-einen-blick/.

Vorfeld-Dienstleistungen zu berücksichtigen, auf denen diese internen Anwendungen aufbauen – seien es Standardsoftwarebibliotheken (etwa zur Textanalyse) oder Datenbanken als Grundlage für entsprechende Analysen (sub IV). Wenig hilfreich ist die etablierte Differenzierung nach „Business-to-Consumer"(B2C)- und „Business-to-Business"(B2B)-Angeboten[9] (→ *B2C und B2B (Geschäftsmodelle)* Rn. 2 ff., 21 f.) – denn es gibt sowohl „interne" Tools für den Endverbraucher (und sei es nur ein Hilfsprogramm für die Abgabe der Steuererklärung) als auch „externe" Tools für Unternehmen (etwa die vielfach als „ausgelagerte Rechtsabteilung" angepriesenen Onlinekanzleien).

3   Die Märkte sind zudem – wie die betroffene Rechtsordnung – **naturgemäß national**. Selbst im weitgehend harmonisierten europarechtlichen Bereich (wiederum als Beispiel: die Fluggastrechteverordnung) ist die Marktdurchlässigkeit wegen der möglichen späteren gerichtlichen Durchsetzung und der verbleibenden Bedeutung des nationalen Rechts stark begrenzt (→ *Kollektiver Rechtsschutz* Rn. 13 ff.). Im Legal Tech-Bereich zeigen sich zudem die Unterschiede zwischen den Rechtssystemen in besonderer Weise: Viele für den US-Markt konzipierte Systeme gehen von einer hohen Dichte an verfügbaren Gerichtsentscheidungen und vor allem einem starken „Binding Precedent" aus. Darüber hinaus wird dort oftmals das Leitbild extrem umfangreicher Geschäftsbedingungen zum Maßstab erhoben, das jedenfalls im deutschen Massengeschäft bislang noch nicht zu beobachten ist. Aber selbst im Verhältnis zu unmittelbar benachbarten Staaten – sei es Polen, sei es Frankreich – ist ein einheitliches Legal Tech-Angebot derzeit nicht absehbar.

4   **Grundlegend grenzüberschreitend** ist demgegenüber die Nutzung von Legal Tech in der Außenkommunikation: Internetportale richten sich auch und gerade an im Ausland befindliche Personen, die bislang bei der Rechtsdurchsetzung mit erheblichen Schwierigkeiten konfrontiert wurden.[10] Dazu bedarf es allerdings (ggf. bis auf automatische Übersetzungsdienste) keiner Bearbeitung durch das IT-System, so dass es eher um die digitale *Kommunikation* als die *Automatisierung* geht (→ *Alternative Streitbeilegung (ADR), Online Dispute Resolution (ODR)* Rn. 19, 23 f.). In diesen Bereich gehören etwa die Maßnahmen der EU im Hinblick auf die Online-Gründung von Kapitalgesellschaften[11] oder im Bereich der außergerichtlichen Streitbeilegung (Online Dispute Resolution[12]). Grenzüberschreitend einsatzfähig sind zudem (vorbehaltlich von Vorgaben an Datenschutz, Datensicherheit und Vertraulichkeit der Kommunikation) Werkzeuge zur bloßen Tatsachenermittlung – etwa zum automatisierten Durchsuchen (Crawling) oder Beobachten (Monitoring) von Internetseiten auf unlizenzierte Zugänglichmachung urheberrechtlich geschützter Inhalte (etwa per Bilderkennung; zu geschützten Werken → *Intellectual Property Analytics* Rn. 6).[13] Dabei handelt es sich allerdings um eine schlichte Vorbereitung der späteren Rechtsberatung und -durchsetzung[14] und allenfalls mittelbar um „Legal Tech".

5   Auf den ersten Blick sind die entsprechenden Märkte **hochkompetitiv**: Es konkurrieren zahlreiche Anbieter um eine sehr breite Zahl von Kunden. Bei genauerer Betrachtung geht es freilich in aller Regel um ganz verschiedene Spezialanwendungen (→ *Konversion* Rn. 44 ff., 58 ff., → *Expertensystem, juristisches* Rn. 11.; etwa Fluggastrechteentschädigung oder Bußgeldzahlungen wegen geringer Überschreitungen der Mindestgeschwindigkeit)[15] oder Märkte mit recht hohen Einstiegskosten (→ Rn. 8; etwa automatisierte Chatbots, die eine sehr große themenspezifische Textbasis erfordern (→ Rn. 32))[16], so dass langfristig eine stärkere Konzentration absehbar ist. Zudem besteht ein erheblicher Netzwerk- und Skaleneffekt:

---

9   Vgl. BeckRA-HdB/Remmertz § 64 Rn. 22.
10 Bspw. Spindler GRUR-Beilage 2014, 101 (107 f.).
11 Vgl. MüKoGmbHG/Heinze § 2 Rn. 331 ff.; BeckOGK/Stelmaszczyk AktG § 36 Rn. 7 f.; Bock RNotZ 2021, 326; Heckschen/Knaier NZG 2021, 1093.
12 Vgl. Auer-Reinsdorff/Conrad/Lapp, IT- und DatenschutzR-HdB, § 44 Rn. 199 ff.; BeckRA-HdB/Remmertz § 64 Rn. 32 mwN.
13 Ory NJW-aktuell 19/2019, 21; Skupin LR 2019, 222 (227 f.); Skupin ZUM 2021, 365.
14 Hähnchen/Schrader/Weiler/Wischmeyer JuS 2020, 625 (628).
15 Vgl. jurisPK-ERV/Biallaß Band 1, Kapitel 8 Rn. 124; Lewke InTeR 2017, 207 (208); Hähnchen/Schrader/Weiler/Wischmeyer JuS 2020, 625 (627); zur Durchsetzung von Vertragsstrafen Skupin GRUR-Prax 2021, 622.
16 Vgl. jurisPK-ERV/Biallaß Band 1, Kapitel 8 Rn. 63 ff.

Die Nutzung Künstlicher Intelligenz wird umso effizienter, je größer die Datenbasis ist.[17] Wenn also nicht auf öffentlich zugängliche oder jedenfalls unter gleichen Bedingungen zugängliche[18] Datenbanken zurückgegriffen werden kann, läuft eine zu breite Streuung der Anbieter letztlich dem Verbraucherinteresse entgegen. So besteht jedenfalls langfristig eine Tendenz zu engen Kooperationen oder zur Konzentration, wenn nicht doch eine sehr umfangreiche manuelle Nacharbeit erfolgen soll. Je komplexer die Anwendungen werden, desto höher werden auch die Einstiegshürden für potenzielle Wettbewerber; umgekehrt steigt der Nutzen einer solchen Anwendung mit der Zahl der (gleichzeitigen und sukzessiven) Nutzer.

Tatsächlich können bestimmte Legal Tech Angebote den Wettbewerb unter den traditionellen Rechtsdienstleistern befördern: **Bewertungs- und Vergleichsportale oder Vermittler**[19] (→ *Plattformen, allgemein* Rn. 3 ff., 15) ermöglichen den Rechtssuchenden den Zugang zu Anbietern, die sie bislang ggf. gar nicht aufgefunden hätten und geben zusätzliche Informationen, die sonst erst nach erfolgter (ggf. vergeblicher) Tätigkeit bekannt geworden wären. Neben den durchaus wünschenswerten nachteiligen Folgen für schlechte Anbieter (die sich so nicht mehr hinter der fehlenden Transparenz verstecken bzw. allein durch Ortsnähe überzeugen können) können entsprechende Portale allerdings auch Anbieter zu Unrecht benachteiligen: Wer nicht auf marktstarken Portalen erfasst ist, verliert in erheblichem Umfang den Zugriff auf potenzielle Mandanten. Auch hier bestehen erhebliche Skalen- und Netzwerkeffekte: Je umfassender eine Plattform ist, desto weniger werden die Nutzer auf andere Recherchequellen zurückgreifen und umso größer sind die nachteiligen Folgen eines Ausschlusses (→ *Wettbewerb, Kartellrecht* Rn. 28). Die P2B-VO[20] schafft hier nur teilweise Abhilfe, indem sie Transparenzpflichten und grundlegende Rechtsbehelfe für die auf der Plattform vermittelten Anbieter begründet. Zugangsansprüche können ausnahmsweise auf Art. 102 S. 1 AEUV oder § 19 Abs. 1 GWB gestützt werden, soweit der Zugang insgesamt sachgrundlos verweigert oder an unzumutbare bzw. diskriminierende Bedingungen geknüpft wird (→ *Wettbewerb, Kartellrecht* Rn. 30 ff.). 6

Üblicherweise wird die **Kostenreduktion** durch die Automatisierung an die **Rechtssuchenden** jedenfalls teilweise weitergegeben oder es werden andere Vorteile (etwa Zeitersparnis durch leichtere formlose Kommunikation) vermittelt. Zwar kann man derzeit beim Rechtsrat über das Internet noch nicht die in zweiseitigen Märkten (etwa Suchmaschinen, soziale Netzwerke) übliche „Kostenlosmentalität" beobachten, dennoch dürfte die Zahlungsbereitschaft hier deutlich geringer ausfallen als bei klassischer Mandatierung.[21] Insoweit kann man (sofern keine Gebührenbindung besteht) bei einer (rein) digital erbrachten Rechtsdienstleistung häufig nicht den gleichen Preis wie für eine entsprechende traditionelle Aktivität verlangen. Allerdings wird die automatisierte Konkurrenz mittelfristig Preisdruck auf den Markt für traditionelle Rechtsdienstleistungen ausüben – denn je größer die Unterschiede an monetärem (Honorar, zu ersetzende Aufwendungen) und nichtmonetärem (Zeit, Komfort, Übersicht, Transparenz) Aufwand bei ähnlichen Resultaten werden, desto unattraktiver werden die etablierten Angebote. 7

Die erhofften **Vorteile** von Legal Tech-Diensten liegen primär in den damit verbundenen Skaleneffekten: Zwar ist in der Regel ein nicht unerheblicher einmaliger Entwicklungsaufwand (also hohe einmalige Fixkosten) erforderlich, langfristig werden dadurch aber die Grenzkosten der Erbringung der Leistung (also die Steigerung der variablen Zusatzkosten je Einzelfall) minimiert (® *Automatisierung und Automation* Rn. 47):[22] Die Übernahme zusätzlicher Fälle verursacht in einem einmal etablierten, funktionierenden 8

---

17 Vgl. Klar BB 2019, 2243.
18 Vgl. RL (EU) 2019/1024 des Europäischen Parlaments und des Rates vom 20.6.2019 über offene Daten und die Weiterverwendung von Informationen des öffentlichen Sektors (PSI-Richtlinie), ABl. 2019 L 172, 56 sowie das Gesetz für die Nutzung von Daten des öffentlichen Sektors (Datennutzungsgesetz – DNG) vom 16 Juli 2021, BGBl. 2021 I 2941, 2942, ber. S. 4114.
19 Vgl. BeckRA-HdB/Remmertz § 64 Rn. 25.
20 Verordnung (EU) Nr. 2019/1150 des Europäischen Parlaments und des Rates vom 20.6.2019 zur Förderung von Fairness und Transparenz für gewerbliche Nutzer von Online-Vermittlungsdiensten, ABl. 2019 L 186, 57 ff.
21 Vgl. Leeb, Digitalisierung, Legal Technology and Innovation, S. 26 f.
22 Vgl. Wagner, Legal Tech and Legal Robots, 2018, S. 3; Hähnchen/Schrader/Weiler/Wischmeyer JuS 2020, 625 (632).

System so gut wie keinen Mehraufwand mehr. Dies führt zu einer erheblichen Umstellung der Geschäftsmodelle für die klassischen Anbieter von Beratungsdiensten – zusätzliche Mandate bedürfen weder zusätzlichen Personals[23] noch des Outsourcings an andere Kanzleien, sondern können ohne Zusatzausgaben sofort in beliebiger Zahl übernommen werden (® *Automatisierung und Autonomie* Rn. 42 f.). Soweit eine Honorarvereinbarung möglich ist, können die Kosten für die Entwicklung langfristig gestreut werden, während Personal (auch aufgrund etwaiger Kündigungsfristen) permanenten Zusatzaufwand verursacht und damit nicht nur eine faktische Kapazitätsdeckelung bewirkt, sondern auch Mehraufwand, welcher den einzelnen Mandanten auferlegt werden muss. Selbst feste Honorarvorgaben (etwa im Rahmen der ersatzfähigen Aufwendungen im Bereich der Abmahnung[24] oder der erstattungsfähigen Kosten bei gerichtlicher Vertretung[25]) begünstigen die Anbieter, die effizient arbeiten: Werden gesetzlich hohe Beträge festgelegt, machen effiziente Anbieter auf Kosten der jeweiligen Zahlungspflichtigen einen übermäßigen Gewinn (und können so besonders qualifizierte Personen akquirieren, so dass die anderen Anbieter entweder rein idealistisch tätig oder nicht in der Lage sind, die erforderliche Qualität zu liefern). Sind die Beträge hingegen am Durchschnitts- oder gar Mindestaufwand ausgerichtet, werden die ineffizienten Anbieter vom Markt verdrängt.

9 Auch das besondere **Risiko** des Legal Tech-Marktes liegt freilich im **Skaleneffekt**: Wenn sich ein Anwalt bei einer Frist verrechnet oder eine Rechtsnorm übersieht, wirkt sich dies nur auf einen konkreten Fall aus. Soweit ein vergleichbarer Fehler in einer automatisierten Anwendung *systematisch* auftritt, droht ein erheblich höherer Schaden: Betroffen sind alle Nutzer des jeweiligen Dienstes (wobei es keine Rolle spielt, ob dieser unmittelbar gegenüber der Marktgegenseite als automatisiert angeboten wird (→ *Wettbewerb, allgemein* Rn. 16 ff.) oder die Automatisierung nur intern genutzt wird (→ *Wettbewerb, allgemein* Rn. 41 ff.), um die Arbeitsresultate dann durch einen Menschen zu kommunizieren). Gerade bei Massengeschäften können so Schäden in Millionenhöhe entstehen.[26] Diese Problematik ist freilich noch stärker im Bereich der (Berufs-)Haftpflichtversicherung, wo bisher noch nicht entschieden ist, ob der Einsatz von Legal Tech-Anwendungen vom Versicherungsschutz erfasst ist (→ *Haftung des Legal Tech-Unternehmers ggü. Kunden* Rn. 63, → *Haftung des Rechtsanwalts ggü. seinem Mandanten* Rn. 61 f.).[27] Nicht schutzbedürftig ist hingegen die Justiz[28] vor einer vermeintlichen Überlastung durch zu viele Klagen[29] oder ein Unternehmen vor einer Geltendmachung einer übermäßigen Zahl von Ansprüchen. Ersterem steht der Justizgewährungsanspruch entgegen, letzterem der Grundsatz, dass die Abwehr (auch unberechtigter) Ansprüche zum allgemeinen Lebensrisiko[30] (bzw. unternehmerischen Risiko[31]) gehört.

10 Auch ist der **Rechtsuchende**, der eine (teil- oder voll-)automatisierte Rechtsdienstleistung in Anspruch nimmt, nicht in besonderer Weise schutzbedürftig: Ebenso wie ein schlechter Anwalt den Sachverhalt oder die einschlägigen Rechtsfragen nicht bzw. nicht vollständig erfasst, kann natürlich auch ein automatisiertes Verfahren bestimmte Aspekte nicht angemessen abfragen oder verwerten.[32] Sicher gilt auch, dass dies mit der Komplexität der zu beurteilenden Lebenssachverhalte häufiger auftreten wird – was aber auch bei menschlicher Rechtsberatung im Massenbetrieb (etwa bei Verkehrsordnungswidrigkeiten) der Fall ist. Der Schutz der Rechtsuchenden wird insoweit hinreichend durch Haftungsregelungen gewährleistet (→ *Haftung des Rechtsanwalts ggü. seinem Mandanten* Rn. 1 ff.), *de lege ferenda* ggf. untermauert durch eine Versicherungspflicht. Dies entfaltet auch angemessene verhaltenssteuernde Wirkungen, zumindest wenn der Entwicklungsaufwand der Anwendung über Minimalbeträge hinausgeht – denn die bei großen

---

23 Vgl. Hähnchen/Schrader/Weiler/Wischmeyer JuS 2020, 625 (628); Hähnchen/Bommel AnwBl 2018, 600.
24 Vgl. Gloy/Loschelder/Danckwerts/Loschelders UWG-HdB, § 92 Rn. 2 ff.; MüKoBGB/Schäfer § 683 Rn. 31.
25 Vgl. HK-ZPO/Gierl § 100 Rn. 23 ff.; MüKoZPO/Schulz § 91 Rn. 57 ff.
26 Vgl. Hartung RDi 2021, 421 (423).
27 Vgl. jurisPK-ERV/Biallaß Band 1, Kapitel 8 Rn. 90.
28 Ausblick zu Chancen und Risiken bei Nutzung von Legal Tech durch die Justiz bei Hoeren/Sieber/Holznagel/Steinrötter/Warmuth MMR-HdB, Teil 30 Rn. 60 ff.
29 Bspw. Kaul jurisPR-StrafR 12/2011 Anm. 1.
30 Vgl. Erman/Ebert Vorb. § 249 Rn. 69; MüKoBGB/Oetker § 249 Rn. 194 ff.
31 Vgl. BeckOK GmbHG/Pöschke § 43 Rn. 243 ff.; Michalski/Heidinger/Leible/Schmidt/Ziemons § 43 Rn. 363 ff.
32 Vgl. Hähnchen/Schrader/Weiler/Wischmeyer JuS 2020, 625 (628).

Haftsummen drohende Insolvenz würde diese Investitionen (selbst wenn eine Haftungsbeschränkung, zB durch Einschaltung einer Kapitalgesellschaft eingreift) vernichten. Diesen Totalverlust wird ein rationaler Unternehmer tunlichst vermeiden.

Große Bedeutung für die Wettbewerbssituation haben **staatliche Vorgaben**. Diese können durch den Gesetzgeber (etwa durch datenschutzrechtliche Pflichten,[33] Kostenvorteile oder -nachteile[34], Erlaubnispflichten und Tätigkeitsbeschränkungen[35]) aber auch durch einzelne Urteile (etwa zu den Anforderungen an E-Mail-Kommunikation[36] oder elektronische Fristenkalender[37]) oder allgemeine administrative Maßnahmen erfolgen. So ist eine breite, offen für alle Wettbewerber in gleicher Form verfügbare, automatisiert auswertbare Datenbasis (durch Rechtstexte einschließlich Satzungen und Verordnungen sowie publizierte Urteile respektive Verwaltungsentscheidungen) sicherlich wettbewerbsfördernd (→ *Datenzugang* Rn. 1 ff., 34 f.); müssen diese Daten hingegen selbst (ggf. sogar entgeltlich) acquiriert werden bzw. liegen diese Daten bei bestimmten Wettbewerbern (etwa weil diese in einer Vielzahl von Streitigkeiten als Parteivertreter auftreten) vor, sind Wettbewerbsverzerrungen unabwendbar. So wird eine Kanzlei, die einen Automobilhersteller im Dieselabgasskandal deutschlandweit vertritt, eine große Menge an Schriftsätzen haben, die automatisiert ausgewertet werden können; ein Dienstleister zur Durchsetzung von Ansprüchen aus der EU-Fluggastrechteverordnung, der sich Ansprüche abtreten lässt, erhält als Partei eine Vielzahl sonst unveröffentlichter Entscheidungen (→ Rn. 52, → *Big Data* Rn. 23). Und eine Kanzlei, die regelmäßig vor dem Bundeskartellamt oder der BaFin auftritt, hat einen besseren Einblick in deren Entscheidungspraxis als ein Außenstehender (→ *Dokumentenanalyse* Rn. 41). Umgekehrt wird man Daten, welche Unternehmen selbst generiert haben, auch als Dienstleister regelmäßig nicht gegen deren Willen der Allgemeinheit zugänglich machen können. Genau diese Informationen sind als Geschäftsgeheimnisse vielmehr der wesentliche Vermögenswert der entsprechenden Anbieter (→ *Gewerblicher Rechtsschutz* Rn. 34 f., → *Expertensystem, juristisches* Rn. 16). Selbst wenn dadurch besonders effiziente Algorithmen nicht entwickelt werden können, ist dies hinzunehmen, um nicht jeglichen Innovationsanreiz zu nehmen.

Hingewiesen sei schließlich noch auf die besondere Problematik der **Transparenz des Marktes**: Die Erbringung von Rechtsdienstleistungen stellt regelmäßig einen Markt dar, der in besonderer Weise durch das Vertrauen der Marktgegenseite geprägt wird (→ *Rechtsanwalt, Monopol* Rn. 47). Zumindest für den Laien lässt sich vielfach nicht sicher feststellen, ob ein Beratungsfehler vorlag. Dies gilt in besonderer Weise bei der außergerichtlichen Beratung, soweit diese zu der Empfehlung führt, nichts zu unternehmen. Es handelt sich um ein klassisches Marktversagensproblem aufgrund einer Informationsasymmetrie. Nach den allgemein anerkannten Grundsätzen droht sogar ein sog. „***Market for Lemons***":[38] Da es aus Sicht der Kunden keine durchsetzbaren Qualitätsversprechen gibt, wird der Preis zum zentralen Entscheidungskriterium und der Anreiz für besonders hochwertige Angebote entfällt (mangels Möglichkeit, hierfür auch einen höheren Preis zu nehmen bzw. eine größere Kundenmenge anzusprechen). Nun mag man einwenden, dass selbstverständlich Haftungsklagen möglich sind. Allein die externe Prüfung, ob ein solcher Anspruch besteht, setzt aber Zweifel an der Richtigkeit der Beratung voraus – und würde ihrerseits Kosten verursachen. Gerade bei Fällen geringer persönlicher Betroffenheit (Streuschäden) oder geringem Durchsetzungsinteresse (Sorge um Aufwand für zusätzliche Beratung; generelle Klageunwilligkeit) fehlt hierzu der Anreiz.

---

33 Beispielhaft sei etwa das grundsätzliche Verbot der Verarbeitung personenbezogener Daten nach Art. 6 DS-GVO, die Pflicht zur Einhaltung technisch-organisatorische Maßnahmen nach Art. 25, 32 DS-GVO (zur Pflicht zur Einhaltung datenschutzrechtlicher Vorgaben in der Lieferkette jüngst VGH München Beschl. v. 7.3.2022 – 4 CS 21.2254 – Rn. 30 (juris)) oder Vorgaben zur Übermittlung personenbezogener Daten in Drittstaaten (Art. 44 ff. DS-GVO) genannt; vgl. auch Remmertz/Offermann-Burckart Legal Tech-Strategien, § 2 Rn. 162 ff.
34 Bspw. Tavakoli ZRP 2020, 46 (49); Freitag/Lang ZIP 2020, 1201 (1204 ff.).
35 S. § 3 RDG; umstr. jurisPK-ERV/Biallaß Kapitel 8 Rn. 136 ff.; vgl. ferner bspw. BGH – VIII ZR 285/18, ITRB 2020, 54; Galetzka/Garling/Partheymüller MMR 2021, 20.
36 Vgl. bspw. VG Mainz Urt. v. 17.12.2020 – 1 K 778/19.MZ, DStRE 2021, 1403.
37 Vgl. bspw. BGH Beschl. v. 23.6.2020 – VI ZB 63/19, NJW 2020, 2641.
38 Beschrieben von Akerlof Quarterly Journal of Economics 1970, 488 ff.

13 Die Transparenzproblematik kann sowohl zugunsten als auch zulasten von automatisierten Legal Tech-Angeboten wirken: Ein **technikaffiner Mandant** mag eher einem automatisierten System vertrauen, ein **technikaverser Mandant** wird hingegen vorwiegend, wenn nicht gar ausschließlich, einem Menschen entsprechende Erwartungen entgegenbringen (→ Rn. 20). Auch in der Wahrnehmung kommt allerdings Marktmacht in Form des Skaleneffekts zum Tragen: Ein bereits etablierter, als groß wahrgenommener Anbieter automatisierter Dienstleistungen wird eher als vertrauenswürdig gelten – denn würde dieser schlechte Arbeit leisten, wäre dies wegen der Größe auch auf dem Markt sichtbar geworden (sei es durch schlechte Bewertungen, Presseberichte oder Rechtsstreitigkeiten mit einzelnen Kunden). Ein entsprechender Erfahrungssatz ist bei Einzelanwälten nicht aufzustellen; schon weil deren Bedeutung weder die Presse mobilisiert noch öffentlich wirksame Rechtsstreitigkeiten provoziert. Mund-zu-Mund-Bewertungen dürften schon zahlenmäßig keinen relevanten Schluss zulassen.

14 **Zusammenfassend** lässt sich also feststellen: (1) Legal Tech-Angebote bedienen verschiedene sachliche Märkte; (2) die Märkte für solche Angebote sind allerdings regelmäßig örtlich auf einen bestimmten Staat begrenzt; (3) der Staat kann den Wettbewerb einschränken (durch Erlaubnispflichten, Überwachungsanforderungen etc) oder fördern (durch Datenzugriff, Festlegung von Mindest- und Höchsthonoraren); (4) die Märkte neigen aufgrund von Skaleneffekten unabhängig von staatlichen Eingriffen zu einer Konzentration; (5) es besteht eine erhebliche Informationsasymmetrie über die Qualität von Legal Tech-Dienstleistungen, die langfristig etablierte Anbieter begünstigt.

15 An dieser Stelle nur darauf hingewiesen werden kann, dass Legal Tech naturgemäß auch Auswirkungen auf zahlreiche **Folgemärkte** hat. Dies beginnt mit der juristischen Ausbildung, welche praktisch darauf ausgerichtet werden muss, dass die Absolventen nicht nur die entsprechenden Hilfsmittel einsetzen können, sondern auch in der Lage sind, Automatisierungspotenziale zu erkennen und auszuschöpfen (→ *Ausbildung* Rn. 3 ff.). Dem kommen die Juristischen Fakultäten (nicht nur in Deutschland) zunehmend durch die Schaffung neuer Veranstaltungen und Studiengänge nach (→ *Ausbildung* Rn. 30 ff.); auch die Bundesländer ergänzen die (offen formulierte) Digitalisierungskompetenz zunehmend in ihre Ausbildungsregelungen. Der Wettbewerb um qualifizierte Personen zeigt sich nicht nur auf Messen, bei Hackathons oder großformatigen Stellenausschreibungen, sondern zunehmend auch in der Selbstdarstellung der Unternehmen und Kanzleien (→ *Ausbildung* Rn. 36 ff.). Schließlich ist auch an den weitgehenden Wegfall jeglicher Durchsetzungstätigkeit bei Smart Contracts zu denken[39] sowie an technische Funktionalitäts- und Zugangsbegrenzungssysteme.

II. Endkundengerichtete (externe) Dienste: Inkassounternehmen und Anwaltschaft

16 Der Markt für **endkundengerichtete Legal Tech-Dienstleistungen**[40] wird derzeit primär durch die **Anwaltschaft** (§ 3 Abs. 1, Abs. 2 BRAO) (→ *Rechtsanwalt, Monopol* Rn. 2) sowie **Inkassounternehmen** (§§ 2 Abs. 2, 11 Abs. 1 RDG) (→ *Inkassodienstleistungen* Rn. 4 ff.) bedient. Daneben fallen in diesen Kontext aber auch Dokumentgeneratoren, die durch Kombination von Textbausteinen rechtliche Dokumente (seien es Verträge, Schreiben an potenzielle Anspruchsgegner oder Reaktionen gegenüber Behörden) für den Endnutzer (also nicht Notare, Anwälte etc) erstellen (→ *Dokumentenautomatisierung* Rn. 4 ff., 39). Diese stellen mangels Einzelfallbezug keine Rechtsdienstleistung im Sinne des RDG dar[41] und unterfallen deshalb gerade nicht dessen präventivem Verbot mit Erlaubnisvorbehalt. Der Wettbewerb auf diesem Markt (→ *Rechtsanwalt, Berufsrecht* Rn. 56 f.) wurde vor allem durch die Bemühung der Anwaltschaft geprägt, jegliche rechtlich unterstützende Tätigkeit qualifizierten Personen vorzubehalten, welche die in einem Rechtsstaat unverzichtbaren organisatorischen und strukturellen Anforderungen erfüllen. Dieser mit

---

39 Vgl. Fries NJW 2019, 901 (902); Fries AnwBl 2018, 89; Remmertz BRAK Mitt. 2018, 231 (233); Heckelmann NJW 2018, 504.
40 Überblick in Solmecke/Arends-Paltzer/Schmitt, Legal Tech, Kap. 1.3; Breidenbach/Glatz/Tobschall/Kempe Legal Tech-HdB,1. Aufl. 2018, Kap. 1.4; Timmermann, Legal Tech-Anwendungen, 1. Aufl. 2020, § 3, S. 97 ff.
41 BGH Urt. v. 9.9.2021 – I ZR 113/20, NJW 2021, 3125; Überblick bei BeckRA-HdB/Remmertz § 64 Rn. 60.

Verweis auf die Ziele des RDG durchaus gewichtig geführten Diskussion setzten private Anbieter eine bislang unerfüllte Nachfrage sowie potenzielle Effizienzgewinne entgegen.

Inhaltlich soll im Folgenden zum einen das Bestehen eines effizienzgefährdenden **Wettbewerbsvorteils** für Inkassounternehmen (sub 1) und zum anderen die tatsächliche **Substituierbarkeit** traditioneller juristischer Aktivitäten durch (automatisierte) Onlineangebote (sub 2) erörtert werden. 17

1. Wettbewerbsvorteil für Inkassounternehmen?

Im Zentrum der Diskussion um den Wettbewerb auf dem Legal Tech-Markt stand lange die Frage, inwieweit „alternative Rechtsdienstleister" durch die geringere Regulierung gegenüber der Anwaltschaft einen (**illegitimen**) **Wettbewerbsvorteil** hatten (→ *Inkassodienstleistungen* Rn. 2, 4 ff., → *B2C und B2B (Geschäftsmodelle)* Rn. 36). Der BGH hat in der prägenden Entscheidung LexFox[42] einerseits den Begriff der „Rechtsdienstleistung" (und damit die Anwendbarkeit des präventiven Verbots mit Erlaubnisvorbehalt aus § 3 Abs. 1 RDG) weit verstanden, andererseits aber auch die Befugnisse aufgrund einer Inkassobefugnis (§ 10 Abs. 1 S. 1 Nr. 1 RDG) extensiv ausgelegt. In der Folge trieb die Anwaltschaft zu Recht die Sorge um unliebsame Konkurrenz um.[43] Die Entscheidung des BGH ließ generell – etwa in der Air-Berlin-Insolvenz[44] – die Anspruchsbündelung durch Inkassodienstleister zu und führte nur in wenigen Einzelfällen – etwa beim LKW-Kartell[45] – zu einem Verbot (→ *Inkassodienstleistungen* Rn. 1). Erst recht führte die Entscheidung, dass der Vertragsdokumentengenerator von „smartlaw" noch nicht einmal eine konkrete Angelegenheit im Sinne des RDG sei,[46] zu neuen Sorgenfalten in der Anwaltschaft. 18

Der Gesetzgeber hat darauf mit dem „**Legal Tech-Gesetz**"[47] (→ *Rechtsanwalt, Monopol* Rn. 43) reagiert und versucht, einen **goldenen Kompromiss** zu finden: Neben einer erweiterten Zulassung von Erfolgshonoraren einschließlich der Übernahme der Prozessfinanzierung (§ 4a RDG, § 49b Abs. 2 S. 2 BRAO) gilt nun auch für die Anwaltschaft, soweit sie „nur" Inkassodienstleistungen erbringt (§ 4 RDG),[48] eine erleichterte Möglichkeit zur Vereinbarung von Honoraren unterhalb der RVG-Sätze (→ *Rechtsanwalt, Berufsrecht* Rn. 28 ff.). Zudem wurden die Anforderungen an Inkassodienstleister erhöht, etwa im Hinblick auf Transparenzpflichten (§ 13b RDG) und treuhänderische Verwaltung von Mandantengeldern (§ 13g RDG) sowie der Begrenzung der Erstattungsfähigkeit ggü. Dritten auf die RVG-Sätze (§ 13e RDG; → *Haftung des Legal Tech Unternehmens ggü. Kunden* Rn. 1, 34).[49] Damit wurden einzelne (freilich nicht alle) Wettbewerbsnachteile der Anwaltschaft beseitigt. 19

Die Bundesrechtsanwaltskammer hatte schon zum Referentenentwurf des Gesetzes[50] diese **Erosion von „Core Values"** der traditionellen Anwaltschaft kritisiert: Die Legal Tech-Anbieter würden versuchen, die berufs- und haftungspflichtigen Verpflichtungen von Rechtsanwälten zu umgehen[51] – dies könne aber nicht zum Anlass genommen werden, nun die Verpflichtungen allseits herabzusetzen (*Rechtsanwalt, Berufsrecht* 20

---

42 BGH Urt. v. 27.11.2019 – VIII ZR 285/18, NJW 2020, 208.
43 Vgl. Meul/Morschhäuser CR 2020, 101 (102, 107); Kilian NJW 2019, 1401 ff.; Remmertz AnwBl 2020, 186 ff.; Überblick bei Deckenbrock/Henssler/Henssler Einführung RDG Rn. 33a, 45a; BeckRA-HdB/Remmertz § 64 Rn. 67 mwN.
44 BGH Urt. v. 13.7.2021 – II ZR 84/20, NJW 2021, 3046.
45 LG München I Endurt. v. 7.2.2020 – 37 O 18934/17, EuZW 2020, 279.
46 BGH Urt. v. 15.10.2020 – I ZR 13/19, NJW 2021, 3125; aA noch LG Köln BRAK-Mitt. 2019, 311; Überblick bei Deckenbrock/Henssler/Henssler RDG Einführung Rn. 47c.
47 Gesetz zur Förderung verbrauchergerechter Angebote im Rechtsdienstleistungsmarkt vom 10.8.2021, BGBl. 2021 I 3415.
48 Kritisch zur Prozessfinanzierung Valdini BB 2017, 1609 (1610); Greger MDR 2018, 897 (900); Henssler NJW 2019, 545 (548 ff.); v. Lewinski/Kerstges ZZP 2019, 177 (179 ff.); Kluth VuR 2018, 403 (409).
49 Übersicht zum „Legal Tech Gesetz" in Günther MMR 2021, 764; Fries NJW 2021, 2537.
50 Stellungnahme Nr. 81 vom Dezember 2020, https://www.brak.de/fileadmin/05_zur_rechtspolitik/stellungnahmen-pdf/stellungnahmen-deutschland/2020/dezember/stellungnahme-der-brak-2020-81.pdf.
51 Vgl. schon Remmertz ZRP 2019, 139.

Rn. 56). Im Gegenteil würden die Inkassounternehmen der Anwaltschaft die leichten Fälle entziehen[52] und somit eine Mischkalkulation (Querfinanzierung schwierigerer durch leichtere Fälle) unmöglich machen (→ Rn. 27); zudem würden kleine lokale Kanzleien überdurchschnittlich hart durch den Wettbewerb getroffen. Hinzu kamen Argumente im Hinblick auf die Marktgegenseite (die Leistungen würden für technikaverse Kunden schwieriger erreichbar; es würde eine Zweiklassengesellschaft im Hinblick auf den Zugang zum Recht geschaffen).

21 Auch der DAV[53] verwies darauf, dass das Legal Tech-Gesetz allenfalls punktuell eine Angleichung der Wettbewerbsbedingungen bewirke, aber die **grundlegenden Unterschiede** zwischen Anwälten und Inkassounternehmen gerade nicht beseitigen könne (→ *Rechtsanwalt, Berufsrecht* Rn. 59) – seien es Normen zu Interessenkollisionen (§ 43a Abs. 3 BRAO), zur Führung von Handakten (§ 50 BRAO) und erst recht bei Einschränkungen in der Werbung (§ 43b BRAO, → Rn. 24). Hinzu kommen organisatorische Anforderungen, etwa bezüglich der Kanzleiinfrastruktur oder besonderer Versicherungs- und Kapitalausstattungspflichten.

22 Die Diskussion wird auch mit der Frage verbunden, ob es zu einer **Enforcementlücke** aufgrund (rationaler) Apathie der Anspruchsinhaber (in der Regel: der betroffenen Verbraucher) kommt.[54] Die insoweit auch vom Gesetzgeber herangezogene Studie der Roland Rechtsschutzversicherung[55] kommt zum Ergebnis, dass der durchschnittliche Streitwert, ab dem ein Deutscher vor Gericht zieht, 2020 bei 1.840 EUR lag (freilich 43 % der Befragten hierzu gar keine Angaben machten).[56] Andererseits lag in 34,5 % der 2020 vor deutschen Amtsgerichten erledigten Verfahren der Streitwert unter 600 EUR.[57]

23 Bemerkenswert an der Debatte ist zunächst die **Fixierung auf Erfolgshonorare** (→ *Rechtsanwalt, Monopol* Rn. 40 f., 43) **und Prozessfinanzierung** (→ *Inkassodienstleistungen* Rn. 22, → *Prozessfinanzierung* Rn. 9 ff.). Dabei handelt es sich sicherlich um wesentliche Kostenfaktoren bei bestimmten Angeboten, die allerdings auch durch Verbandsklagen und andere Instrumente langfristig entschärft werden dürften. Der eigentlich für Legal Tech begriffsbildende Technologieeinsatz im rechtlichen Bereich spielt bislang in der Diskussion keine Rolle. Der Grund scheint offensichtlich: Auch Anwälte können entsprechende Technologie als Hilfsmittel einsetzen – hier ist kein Wettbewerbsvorteil der Inkassounternehmer erkennbar. Dies bestätigt der Blick auf den Markt: Auch Anwälte bieten die Möglichkeit zur Durchsetzung von Fluggastrechten oder Ansprüchen gegen vermeintlich unzulässige Mieterhöhungen über das Internet an.[58] Einen im Vergleich zur herkömmlichen anwaltlichen Tätigkeit finanziellen Nachteil stellt möglicherweise das Anfallen der Gewerbesteuer entgegen § 18 Abs. 1 Nr. 1 EStG dar (→ *B2C und B2B (Geschäftsmodelle)* Rn. 77), soweit eine Kanzlei nunmehr Legal Tech-Anwendungen anbietet, um im Wettbewerb mit Inkassounternehmen Schritt zu halten.[59]

24 Dennoch darf keineswegs außer Acht gelassen werden, dass die Tätigkeit als Anwalt mit **erhöhtem Aufwand** einhergeht, der auf die jeweiligen Nachfrager umgelegt werden muss. Soweit für Anwälte etwa

---

52 Vgl. BeckRA-HdB/Remmertz § 64 Rn. 24; Valdini BB 2017, 1609 (1610); Greger MDR 2018, 897 (900); Singer BRAK-Mitt. 2019, 211 (214); aA Hartung BB 2017, 2825 (2827); Fries ZRP 2018, 161 (168).
53 Stellungnahme Nr. 88/20 vom 8.12.2020, https://anwaltverein.de/de/newsroom/sn-88-20-refe-angebote-im-rechtsdienstleistungsmarkt?file=files/anwaltverein.de/downloads/newsroom/stellungnahmen/2020/dav-sn-88-2020-rechtsdienstleistungsmarkt.pdf.
54 Vgl. Singer BRAK-Mitt. 2019, 211; Hartung AnwBl 2020, 8 ff.; Hartung AnwBl 2019, 353.
55 https://www.roland-rechtsschutz.de/media/roland-rechtsschutz/pdf-rr/042-presse-pressemitteilungen/roland-rechtsreport/roland_rechtsreport_2020.pdf.
56 Vgl. Kilian NJW 2017, 3043 (3049); Kilian AnwBl 2019, 24 (25).
57 https://www.destatis.de/DE/Themen/Staat/Justiz-Rechtspflege/Publikationen/Downloads-Gerichte/zivilgerichte-2100210207004.pdf?__blob=publicationFile.
58 Bspw. https://kanzlei-sachse.de/Fluggastrechte-Flugversp%C3%A4tung-Flugannullierung; https://www.jbb.de/rechtsthemen/fluggastrecht; https://www.kanzlei-torhaus.de/blog/die-mieterhoehung-ihre-rechte-im-falle-einer-mieterhoehung/.
59 Vgl. Hartung RDi 2021, 421 (423); Bürger NJW 2019, 1407 (1408 f.); Kilian AnwBl 2019, 24 (26 f.); Remmertz/Greve Legal Tech-Strategien, § 7 Rn. 7 ff.

ein strengeres Werberecht (§ 43b BRAO)[60] als für Inkassounternehmer gilt (→ *Rechtsanwalt, Berufsrecht* Rn. 40), mögen bestimmte Kunden zwangsläufig nur durch das Inkassounternehmen angesprochen werden. Soweit für Gesellschaften besondere Anforderungen nach dem PartGG oder nach §§ 59c ff. BRAO aufgestellt werden oder auch den Anwalt selbst besondere Organisationspflichten[61] treffen, müssen die dabei entstehenden Kosten auf die Kunden umgelegt oder auf Gewinne verzichtet werden. Dies macht es für den Kunden unattraktiv, einen Anwalt statt eines Inkassounternehmens zu beauftragen (→ Rn. 7) bzw. unattraktiv für einen Anwalt, Ressourcen in Tätigkeiten zu investieren, die ein Inkassounternehmen in gleicher Weise wahrnehmen kann. Naheliegend wäre es, Inkassounternehmen umfassend den anwaltlichen Anforderungen zu unterwerfen, soweit sie bei der Durchsetzung von Verbraucheransprüchen tätig werden – was aber genau die Effizienzgewinne zunichtemachen würde, auf denen die Kostenersparnis für die Verbraucher beruht.

Soweit die Durchsetzung von Ansprüchen durch ein Inkassounternehmen ausschließlich an die Stelle persönlicher Bemühungen der Anspruchsinhaber bzw. der Nichtgeltendmachung tritt (also ohnehin kein Anwalt beauftragt worden wäre), fehlt es schon an einem **Wettbewerbsverhältnis** (→ *Rechtsanwalt, Monopol* Rn. 49 f.) – denn für die betroffenen Nachfrager stellt ein Anwalt keine gleichwertige Alternative dar[62]. Soweit die Rechtsuchenden sich bewusst zwischen Anwaltschaft und Inkassounternehmen entscheiden, müssten gewichtige, für die Nachfrager nicht erkennbare Qualitätsvorteile für die Anwaltschaft geltend gemacht werden, um die Inkassoanbieter vom Markt auszuschließen. Nun mag man sämtliche berufsständischen Regelungen (→ Rn. 20 ff., → *Rechtsanwalt, Berufsrecht* Rn. 8 ff., → *Inkassodienstleistungen* Rn. 20 ff.) auf den Prüfstand der Unabdingbarkeit (bzw. spiegelbildlich deren Entbehrlichkeit) stellen und so zu einer umfassenden Deregulierung jedenfalls im Bereich geringer Streitwerte kommen (für die gerichtliche Tätigkeit kennen wir dies mit § 495a ZPO bereits). Eine derartige Deregulierung strebten aber weder der Gesetzgeber noch die Anwaltschaft an – mit der Qualifikation als Anwalt sollen gleichbleibende hohe Qualitätsmerkmale verbunden werden.

Der oben als entscheidend herausgearbeitete **Skaleneffekt** (→ Rn. 8 f.) funktioniert nur in Fällen, die weitgehend gleich gelagert sind. Dementsprechend wird in jedem Fall ein Bedarf für individuelle Überprüfung von Fällen durch qualifizierte Anwälte bleiben. Freilich sind genau dies die Fälle, welche besonderen Aufwand verursachen. Der naheliegende Lösungsweg, die Rechtsanwaltsgebühren für die individuelle Beratung generell zu erhöhen, würde aber den unerwünschten Effekt haben, die Durchsetzung schwieriger Ansprüche noch unattraktiver zu machen. Auch eine Mindestgebühr für Inkassounternehmen, die bei verbleibendem Wettbewerb praktisch zu einem Einheitspreis führen würde, bedeutet eine künstliche Verteuerung einer eigentlich günstiger verfügbaren Leistung – was einen Wohlfahrtsverlust impliziert.

Insgesamt dürften allerdings die Vorteile der Inkassounternehmen langfristig ebenso überschätzt werden wie die **drohenden Nachteile für die Anwaltschaft**: Die Einschränkungen der Anwaltschaft und die zusätzlichen organisatorischen Pflichten verursachen zwar Kosten, die aber als einmalige Fixkosten bei entsprechender Skalierung in den Hintergrund treten. Die Grenzkosten[63] laufen insoweit auch bei Nutzung von Legal Tech durch Anwälte gegen Null – so dass auch diese Legal Tech-Lösungen anbieten können,[64] sollten[65] und werden. Die dem Einzelanwalt entgehende Möglichkeit einer Mischfinanzierung mag zwar bedrohlich klingen – ist aber praktisch ohnehin nicht zu gewährleisten, da keineswegs gewährleistet wird, dass jeder einzelne Anwalt eine gleichmäßige Mischung komplexer und trivialer Fälle erhält. Im Gegenteil riskieren Inkassounternehmen, die keine interne Prüfung vornehmen, eine hohe Quote von Fällen, in denen die Durchsetzung scheitert oder eine Geltendmachung sogar in betrügerischer Absicht erfolgt. Solange es

---

60 Als zusätzliche Vorgabe neben den allgemein gültigen Wettbewerbsvorschriften.
61 Vgl. bspw. Remmertz/Offermann-Burckart Legal Tech-Strategien, § 2 Rn. 64 ff.
62 Vgl. Hellwig/Ewer NJW 2020, 1783 (1784); Hähnchen/Schrader/Weiler/Wischmeyer JuS 2020, 625 (633); Rehder/Aptizsch/Schillen/Vogel ZUM 2021, 376; kritisch Tavakoli ZRP 2020, 46, (47).
63 Vgl. FK-KartellR/Klein/Stühmeier B. Ökonomische Grundlagen Rn. 6 ff.
64 Vgl. Gaier/Wolf/Göcken/Johnigk § 2 RDG Rn. 27; Remmertz BRAK Mitt. 2017, 55 (57 f.); Wolf/Künnen BRAK Mitt. 2019, 274 (275); Degen/Krahmer GRUR-Prax 2016, 363 ff.; Fries ZRP 2018, 161 (162).
65 Hähnchen/Schrader/Weiler/Wischmeyer JuS 2020, 625 (627); Weht ZUM 2021, 373.

keine eindeutige und automatisierte Möglichkeit gibt, zwischen „einfachen" und „komplexen" Mandaten zu unterscheiden, bedarf daher auch das Inkassounternehmen geschulten Personals.

28 In jedem Fall sind Anwälte unverzichtbar, wenn Ansprüche **gerichtlich durchgesetzt** werden sollen: Die Inkassozession begründet nach § 79 Abs. 1 S. 2 ZPO gerade keine eigene Postulationsfähigkeit. Nach § 79 Abs. 2 Nr. 4 ZPO sind Inkassounternehmen nur „im Mahnverfahren bis zur Abgabe an das Streitgericht und im Verfahren der Zwangsvollstreckung wegen Geldforderungen in das bewegliche Vermögen mit Ausnahme von Handlungen, die ein streitiges Verfahren einleiten oder innerhalb eines streitigen Verfahrens vorzunehmen sind" als Bevollmächtigte vertretungsbefugt (→ *Prozessfinanzierung* Rn. 38, → *Rechtsanwalt, Berufsrecht* Rn. 32). Und selbst wenn das Inkassounternehmen im eigenen Namen klagen darf (bei amtsgerichtlichen Verfahren nach uneingeschränkter Abtretung im Rahmen echten Factorings), wird es vielfach hierzu einen Anwalt zu Rate ziehen, wie die Prozesse im Rahmen der Fluggastrechteverordnung zeigen.

29 Legal Tech ist nicht die einzige Reaktion auf das **Marktversagen der klassischen Rechtsdurchsetzung bei Massenstreitigkeiten** (→ *Kollektiver Rechtsschutz* Rn. 6 ff.) – auch die aktuell wieder durch die EU propagierten Verbandsklagen sind letztlich eine Folge der hohen Hürden individueller Rechtsdurchsetzung. Dies gilt insbesondere vor dem Hintergrund des weiten Verständnisses der (Folgen-)Beseitigung bei Verstößen gegen das Lauterkeitsrecht (→ *Wettbewerb, unlauterer* Rn. 10, → *Kollektiver Rechtsschutz* Rn. 18), die vielfach individuelle Schadensersatzklagen entbehrlich macht.

30 Zusammenfassend ist festzustellen, dass Legal Tech nicht der entscheidende Treiber für einen neu entstandenen Wettbewerb zwischen Inkassounternehmen und Anwaltschaft ist. Vielmehr war im Bereich der Durchsetzung gleichartiger Verbraucheransprüche die Anwaltschaft schlicht **zu langsam bzw. zu unflexibel**, was nur teilweise durch die Einschränkungen bei Erfolgshonoraren und Prozessfinanzierung zu erklären ist. Jedenfalls durch Wegfall dieser Hürden sollte hier weitgehende Chancengleichheit gewährleistet sein. Die verbleibenden Nachteile der Anwaltschaft durch strengere Standesregeln werden auch durch eine positivere Wahrnehmung der Marktgegenseite kompensiert.

2. Substituierbare Tätigkeiten

31 Die wissenschaftliche Debatte um Legal Tech erfolgt vielfach mit Blick auf einen potenziellen vollautomatischen Rechtsberatungsautomaten, einen „**virtuellen Cyber-Anwalt**" (→ *Robo Advice* Rn. 1 ff.).[66] Eine praktische Untersuchung kann sich freilich nicht ernsthaft mit solchen Visionen befassen, sondern muss sich mit dem aktuellen Stand der Automatisierung auseinandersetzen. Dabei sind zwei wesentliche Einsatzfelder für Legal Tech im unmittelbaren Außenverhältnis zu beobachten:
- Im **ersten Bereich** geht es aktuell in einem sehr breiten Feld um die **Bündelung und formularmäßige Bearbeitung gleichartiger Rechtsfragen** – seien es Anträge gegenüber Behörden oder die Geltendmachung von Ansprüchen gegen Privatunternehmen. Oftmals sind solche Angebote auch mit einem Erfolgshonorar verbunden, so dass das Angebot für die Nutzer kostenlos ist. Im weitesten Sinne gehört hierhin sogar Software zur Erstellung der Steuererklärung oder zur Erstellung teilindividualisierter Vertragsmuster. Die Automatisierung besteht in diesem Kontext vor allem in einer automatisierten Vorfilterung evident unberechtigter Ansprüche und der mehr oder minder geschickten Abfrage der Informationen durch entsprechend gestaltete Formulare.
- Der **zweite Bereich** nähert sich stärker der traditionellen **individuellen Rechtsberatung** an. Dabei geht es einerseits um Onlineberatungsangebote, bei denen Rechtsberatung ohne persönliches Aufsuchen einer Kanzlei als Fernabsatzgeschäft (dh über Fernkommunikationsmittel und im Rahmen eines für den Fernabsatz organisierten Vertriebs- oder Dienstleistungssystems, § 312c BGB) erfolgt. Im weitesten Sinne gehören hierzu andererseits auch Plattformen, die primär auf die bloße Vermittlung von

---

66 Überblick zur Nutzung von KI bei Breidenbach/Glatz/v. Brünau Legal Tech-HdB Kap. 3; Hartung/Bues/Halbleib/Bues Legal Tech Kap. 7 Rn. 1178 ff.; Dulle/Galetzka/Partheymüller DSRITB 2017, 625 (632).

Anwälten (auch wenn die Beratung letztlich in Präsenz erfolgt) ausgelegt sind (→ Rn. 6).[67] All dies wäre wenig spannend, wenn entsprechende Plattformen nicht langfristig eine derart große Datenbasis aufbauen würden, dass sich die Auswertung durch KI lohnt[68] und dadurch etwa vollautomatisierte Chatbots angeboten werden können (→ *Legal Chatbot* Rn. 26 f.; was dem virtuellen Cyber-Anwalt schon recht nahekommt).

Selbstverständlich ist diese Fallgruppenbildung **weder lückenlos noch vollständig**; so würde man wohl teilautomatisierte Konfliktbeilegungssysteme dem zweiten Bereich zuschlagen oder eine Plattform zur Sammlung von Kartellgeschädigten der ersten Gruppe. Dennoch zeigt sie, dass selbst im Bereich der unmittelbar endnutzergerichteten Legal Tech-Dienste eine Vielzahl denkbarer Dienstleistungen und Anbieter in Betracht kommt. Die jeweiligen Anbieter agieren grundsätzlich nicht auf demselben Markt – sie können ihre Dienstleistungen nicht problemlos umstellen (wer bislang auf die Geltendmachung von Entschädigungen nach der Fluggastrechteverordnung spezialisiert ist, wird nicht morgen einen Chatbot für Mietrecht anbieten können). Die Anbieter befriedigen ganz verschiedene Bedürfnisse. 32

Gleichzeitig zeigt sich, dass der Umfang der Automatisierung **für den Endnutzer weitgehend irrelevant** ist – ihn interessieren primär die Erfolgsquote und der Aufwand der Durchsetzung. Dabei ist der Aufwand nicht notwendig nur monetär zu verstehen: Soweit ein Medienbruch (Besuch eines Anwalts, Versand von unterschriebenen Papierdokumenten, telefonisches Gespräch) erforderlich wird, sinkt das Interesse an der Dienstleistung. Je schneller, billiger und zugänglicher die Problemlösung erreichbar ist, desto eher wird sie auch in Anspruch genommen. Selbst wenn für den einfachen Weg auf einen Teil des Anspruchs verzichtet werden muss, mag das attraktiver sein als zusätzlicher eigener Zeitaufwand. Ob aber am Ende der Internetverbindung ein Mensch oder eine Maschine sitzt, ist vor diesem Hintergrund ohne Bedeutung. Dies zeigt auch die Abgrenzung zur Nutzung von technischen Hilfsmitteln durch die menschlichen Berater – kein Mandant wird ernsthaft darauf bestehen, dass sein Anwalt auf Papierzeitschriften und -kommentare zurückgreift und auf Onlinedatenbanken verzichtet; auch bei der Berechnung von Fristen oder Kosten ist die Nutzung von IT selbstverständlich und für die Gerichtskommunikation sogar vorgeschrieben. Je stärker aber der Einsatz von maschinellen Hilfsmitteln wird (→ *Büroorganisationssoftware* Rn. 2 ff.), desto geringer wird auch die Bedeutung des Menschen, der diese benutzt – im schlimmsten Fall nickt dieser nur die automatisch gefundenen Ergebnisse ab (was bei größeren Mengen und entsprechendem Grundvertrauen des konkreten Nutzers praktisch ins Leere läuft). 33

Rein rechtlich gibt es zumindest für die schlichte Nutzung digitaler Kommunikationsformen grundsätzlich **keine Hindernisse** – ein persönliches Gespräch kann auch telefonisch erfolgen (wie zahlreiche „Anwaltshotlines" zeigen) und nach Wunsch des Beratenen auch per Videokonferenz oder sogar per Textchat oder Onlineforum (→ *Rechtsanwalt, Berufsrecht* Rn. 15). Gewisse Anforderungen mag hier im Einzelfall die Verschwiegenheit begründen (vgl. § 2 Abs. 2 S. 5 BORA: „Rechtsanwalt und Mandant ist die Nutzung eines elektronischen oder sonstigen Kommunikationsweges, der mit Risiken für die Vertraulichkeit dieser Kommunikation verbunden ist, jedenfalls dann erlaubt, wenn der Mandant ihr zustimmt"). Wird nun eine KI der Anwaltskommunikation vorgeschaltet (etwa ein Chatbot, → Rn. 31), ändert dies praktisch nichts. 34

Vor dem Hintergrund der oben angedeuteten Risiken von Legal Tech-Anwendungen (Skaleneffekt bei Fehlern; Missbrauchspotenzial durch gezielte Ausnutzung von Lücken in der Programmierung) stellt sich die Frage, ob bestimmte Bereiche **generell einer menschlichen Beratung oder zumindest Überprüfung vorzubehalten** sein könnten (→ *Rechtsanwalt, Monopol* Rn. 2). Ein liberaler Ansatz scheint hier zunächst den Markt entscheiden zu lassen – wenn etwa ein Inkassounternehmen bei der Durchsetzung von Verbraucheransprüchen erfolglos ist (weil entsprechende Schreiben wegen hoher Missbräuche und unzureichender Filterung von den Anspruchsgegnern nicht akzeptiert werden und/oder die Geltendmachung vor Gericht scheitert), müssen die dadurch entstehenden Kosten refinanziert werden – der Anbieter wird also teurer und damit unattraktiv. Dieser Selbstheilung des Marktes sind aber nach den obigen Ausführungen Grenzen 35

---

67 Vgl. BeckRA-HdB/Remmertz § 64 Rn. 25, 35 f.
68 https://www.soldan.de/insights/watson-stellt-sich-vor/.

gesetzt – die meisten Verbraucher können und werden sich nicht hinreichend informieren, so dass eine Informationsasymmetrie zugunsten der Anbieter besteht. Klassisches Mittel zur Behebung derartiger Informationsasymmetrien ist die staatliche Regulierung.

36 Die staatliche Regulierung droht freilich zu versagen, wenn man die **Anwendbarkeit des Rechtsdienstleistungsgesetzes** wegen des Fehlens einer „Tätigkeit" im Sinne des § 2 Abs. 1 RDG (→ *Rechtsanwalt, Monopol* Rn. 15 ff.) verneint[69] – denn dies führt genau umgekehrt zu einem Vorteil des (weitgehend unregulierten) Softwaremarktes gegenüber dem streng regulierten Markt für Rechtsdienstleistungen. Die Regulierung von komplexeren KI-Systemen wird auch bei Anwendung der SmartLaw-Kriterien des BGH scheitern, soweit man eine „konkrete fremde Angelegenheit" bei der ex ante stets an hypothetischen Fällen ausgerichteten Entwicklung und Bereitstellung von Systemen verneint.[70] Der KI-VO-E[71] qualifiziert immerhin „KI-Systeme, die bestimmungsgemäß Justizbehörden bei der Ermittlung und Auslegung von Sachverhalten und Rechtsvorschriften und bei der Anwendung des Rechts auf konkrete Sachverhalte unterstützen sollen" (→ *RegTech* Rn. 1 ff.) als Hochrisiko-Systeme und unterwirft sie strengeren technischen Anforderungen, woran auch der durch den Rat weiter verschärfte Entwurf nichts ändert. Soweit die Systeme aber umgekehrt nur das Verhalten der Bürger gegenüber den Justizbehörden oder untereinander betreffen, geht es nach dem aktuellen Entwurfstext um ein System, bei dem allein Transparenzpflichten vorgesehen sind. Insoweit bleibt abzuwarten, inwieweit künftig eigene Qualitätsanforderungen an endnutzergerichtete automatisierte Systeme vorgesehen werden, um das Ziel des § 1 Abs. 1 S. 2 RDG („die Rechtsuchenden, den Rechtsverkehr und die Rechtsordnung vor unqualifizierten Rechtsdienstleistungen zu schützen") zu gewährleisten.

37 Schnell wird man umgekehrt zum Vorwurf der Überregulierung kommen: Der bis 1896 gültige britische **„Locomotives Act 1865"** schrieb allen straßengebundenen, selbstfahrenden Fahrzeugen eine Höchstgeschwindigkeit von 3,2 km/h innerhalb und von 6,4 km/h außerhalb von Städten vor und verlangte mindestens drei Personen zum Betrieb eines solchen Fahrzeugs sowie, dass vor jedem Fahrzeug mit Anhänger ein Mensch mit einer roten Flagge zur Warnung lief.[72] Erklärtes Ziel des Gesetzes war der Schutz anderer Verkehrsteilnehmer und Anlieger vor Schäden – dennoch wird vermutet, dass diese Regelungen vor allem auf Drängen der Droschkenkutscher und der (nicht straßengebundenen) Eisenbahnindustrie erlassen wurden. Das **„Red Flag Law"** wird daher (ob berechtigt oder unberechtigt kann hier offenbleiben) bis heute als Beispiel für eine (interessengruppengeleitete) innovationsfeindliche Überregulierung herangezogen.

38 Inwieweit droht im 21. Jahrhundert auf dem endkundengerichteten Legal Tech-Markt eine vergleichbare **Überregulierung**? Jedenfalls die Interessenlage scheint durchaus vergleichbar – die Gefahren der massenhaften Automatisierung von Rechtsberatungstätigkeiten sind genauso unkalkulierbar wie die Risiken von Kraftfahrzeugen im frühen 19. Jahrhundert; die Lobby der Rechtsanwälte dürfte sogar stärker sein als diejenige der Droschkenkutscher. Auf den ersten Blick ist die Lage dennoch entspannt – zwar bestehen selbstverständlich Pflichten nach der DS-GVO[73] (® *Wettbewerb, unlauterer* Rn. 47) und eine Haftung für die ordentliche Erbringung der Dienstleistung aus §§ 675 I, 611, 280 I BGB (bzw. aus §§ 675 I, 631, 634 Nr. 4, 280 I BGB) – aber eine Spezialregulierung ist bislang ausgeblieben. Politische Rufe nach

---

69 OLG Köln NJW 2020, 2734 (2738) (Rn. 31 ff.); Henssler/Kilian CR 2001, 682 (687); Wagner, Legal Tech und Legal Robots, 2018, S. 29; Henssler AnwBl 2001, 525 (528); Deckenbrock AnwBl 2020, 178 (179); Weberstaedt AnwBl 2016, 535 (536).
70 BGH Urt. v. 9.9.2021 – I ZR 113/20, NJW 2021, 3125 – Vertragsdokumentengenerator.
71 Vorschlag für eine Verordnung des Europäischen Parlaments und des Rates zur Festlegung Harmonisierter Vorschriften für Künstliche Intelligenz (Gesetz über Künstliche Intelligenz) und zur Änderung bestimmter Rechtsakte der Union vom 21.4.2021, COM 2021, 206 final; rechtl. Bewertung Engelmann/Brunotte/Lütkens RDi 2021, 317.
72 An Act for farther regulating the use of Locomotives on Turnpike and other roads for Agricultural and other purposes, https://archive.org/details/statutesunitedk30britgoog?view=theater#page/n246/mode/2up.
73 Bspw. Art. 13 DS-GVO, Art. 22 f. DS-GVO (s. hierzu § 37 BDSG); Erläuterungen in Abel ZD 2018, 304 sowie Remmertz/Auer-Reinsdorff Legal Tech-Strategien § 4 Rn. 1 ff.

einem „Algorithmen-TÜV"[74] beschränken sich ebenso wie der Digital Markets Act[75] und der Digital Services Act[76] ohnehin nur auf **Gatekeeper** (® *Wettbewerb, Kartellrecht* Rn. 39). Schließlich wird man auch den Vorgaben des Lauterkeitsrechts an entsprechende Dienstleistungen, nicht zuletzt aufgrund der Erheblichkeitsschwellen, kaum erdrosselnde Wirkung vorwerfen können. Soweit für Anwälte besondere Organisationspflichten greifen bzw. die Ausübung des Mandats bestimmten Anforderungen genügen muss, stehen diese soweit ersichtlich bislang einer Automatisierung bzw. digitalen Abbildung nicht entgegen. Da selbst der Staat Künstliche Intelligenz zur Durchsicht der Steuererklärungen nutzt,[77] wird man die Anforderungen nicht überspannen können.

Die Gefahren für den Markt können jedenfalls aus derzeitiger Sicht noch **durch die Marktteilnehmer selbst** aufgefangen werden: Wer blind auf die Forderungen eines Legal Tech-Inkassounternehmens vertraut und deshalb unberechtigte Ansprüche erfüllt, handelt genauso unklug wie derjenige, der auf einen bestimmten, besonders namhaften Anwalt ohne jegliche Überprüfung vertraut. Tatsächlich ist hier durchaus ein Kampf der Algorithmen vorstellbar, bei dem nur ein Bruchteil der Ansprüche manuell kontrolliert werden muss. Auch der Staat (Justiz und Verwaltung) ist hier nicht schutzbedürftig (→ *Wettbewerb, allgemein* Rn. 9) – denn die Gefahr der unberechtigten Geltendmachung von Rechten ist diesen immanent und darf nicht zu einer Verkürzung des Schutzes zulasten der Berechtigten bzw. zur übermäßigen Belastung von deren Hilfspersonen führen. Schließlich mag hier auch das Vertrauenselement Bedeutung entfalten – soweit ein Anbieter bei Mandanten oder Gegnern kein Vertrauen erweckt, wird er auf dem Markt nicht lange Bestand haben. 39

Trotz dieser scheinbar beruhigenden Ausgangslage sollte man allerdings **Regulierungsaktivitäten und -bedarf** weiterhin im Blick behalten. Das zentrale Problem für die Entwicklung von Legal Tech-Anwendungen liegt derzeit im Zugriff auf die erforderlichen Quelldaten – denn unterinstanzliche Urteile (insbes. im Rahmen von § 495a ZPO) werden nur punktuell veröffentlicht; erst recht können Hinweisbeschlüsse oder anwaltliche Schriftsätze nur von den jeweiligen Adressaten (bzw. deren Prozessvertreter) ausgewertet werden. Dies kann zu Wettbewerbsverzerrungen und langfristig auch zu einer Monopolisierung führen. Anhaltspunkte für eine erdrosselnde Überregulierung sind derzeit in jedem Fall nicht zu beobachten. 40

III. Kanzlei- und unternehmensinterne Angebote: Software und Onlinedienste

Neben dem endkundengerichteten Markt, der vollautomatisierte Dienstleistungen (etwa Vertragsgeneratoren), teilautomatisierte Werkzeuge (etwa zur bloßen Sachverhaltserfassung), aber auch reine Kommunikations- und Vermittlungsdienste umfasst, existiert ein teilweise **vorgelagerter Markt,** der ausschließlich Produkte oder Dienstleistungen erfasst, die im Innenverhältnis der Kanzleien oder Unternehmen zur Vorbereitung, Durchführung oder Unterstützung der Beratung eingesetzt werden (→ *Büroorganisationssoftware* Rn. 1 ff.). Dies umfasst neben Kanzlei- und Dokumentenverwaltungsprogrammen sowie kleineren Werkzeugen, etwa zur Kosten- oder Fristenberechnung, auch Systeme, die durch Anpassungen und Training mit eigenen Daten als eigene Legal Tech-Lösung eingesetzt werden können (etwa als Chatbot für die Kanzleiseite oder als Werkzeug zur internen Dokumentenanalyse). Nicht auf diesem Markt liegt hingegen die entgeltliche Nutzung fremder Serverkapazitäten (→ *Cloud Computing, allgemein* Rn. 1 ff.), 41

---

74 So bspw. ehem. Bundesjustizminister Maas: http://www.zeit.de/2015/50/internet-charta-grundrechte-datensicherheit /komplettansicht; Ebers VuR 2020, 121 (122); Bull CR 2019, 547 (550 f.); Heldt CR 2018, 494 (497); so ähnlich Tutt Administrative Law Review 69 (2017), 83.

75 Vorschlag für eine Verordnung des Europäischen Parlaments und des Rates über bestreitbare und faire Märkte im digitalen Sektor (Gesetz über digitale Märkte), 2020/0374 (COD).

76 Vorschlag für eine Verordnung des Europäischen Parlaments und des Rates über einen Binnenmarkt für digitale Dienste (Gesetz über digitale Dienste) und zur Änderung der Richtlinie 2000/31/EG, 2020/0361 (COD).

77 https://www.manager-magazin.de/finanzen/geldanlage/steuern-wie-finanzaemter-mit-kuenstlicher-intelligenz-jagen -a-00000000-0002-0001-0000-000165527082; https://www.handelsblatt.com/unternehmen/innovationweek/75-idee n/kriminalitaetsbekaempfung-dieses-finanzamt-jagt-steuerbetrueger-mithilfe-von-kuenstlicher-intelligenz/27131046. html?ticket=ST-4369815-YltiPgkEzZFbHT9y5Eny-ap6.

etwa für Berechnungen (zB durch Amazon Web Services), zum Hosting nach außen gerichteter Internetseiten oder zur Speicherung bzw. Archivierung von Datenbeständen – diesen fehlt der spezifische „Legal Tech"-Bezug und man wird sie eher wie Daten und Bibliotheken (sub IV) als allgemeine Grundlage einstufen können.

42 Wie bereits ausgeführt lassen sich Angebote aus dem Ausland nur bedingt in Deutschland nutzen, da die maßgebliche Rechtsordnung auch die diese umsetzende Software prägt. Dennoch sind **internationale Anbieter** derzeit auf dem Softwaremarkt sehr stark – da viele Tools eben nicht spezifisch auf die Bearbeitung konkreter Rechtsfragen ausgerichtet sind, sondern eher allgemeine Aufgaben (Workflow-Abbildung, Dokumentenanalyse und -übersetzung, Endnutzerschnittstellengestaltung etc) betreffen. Im Folgenden soll der Fokus vor allem auf Automatisierungssysteme gerichtet werden, die sich dadurch auszeichnen, dass eine typischerweise anwaltliche Tätigkeit nunmehr ohne unmittelbare menschliche Mitwirkung maschinell abgewickelt wird. Damit sind primär Systeme erfasst, die nur Vorarbeiten zur eigentlichen Rechtsdienstleistung erbringen, aber auch solche, die im Innenverhältnis die wesentliche Arbeit erbringen (die dann durch einen Anwalt bzw. ein Inkassounternehmen dem Rechtsuchenden kundgetan werden).

1. Chancen und Risiken der Automatisierung

43 Grundsätzlich lassen sich rechtliche Entscheidungen durch statistische Modelle annähern. Mit entsprechender Datenbasis können Algorithmen daher in erheblichem Umfang Personaleinsatz ersparen – so dass man in vielen Fällen die mit Personal verbundenen variablen Kosten durch einmalige fixe Kosten (für den Erwerb einer Software oÄ) substituieren kann. Zudem skalieren entsprechende Algorithmen deutlich besser, da sie mehr Fälle als ein Mensch in vergleichbarer Situation bewältigen können. Dementsprechend ist der **Nachfragemarkt** für Software zum internen Einsatz in Kanzleien (aber auch in Rechtsabteilungen von Unternehmen, in der Verwaltung oder der Justiz) durchaus attraktiv (und tendenziell wachsend; → *Automatisierung und Autonomie* Rn. 42 ff., 46 f.).

44 Neben einer Entlastung der Kanzleien besteht zumindest eine Hoffnung für die **Entlastung der Justiz**: Wenn einem potenziellen Kläger seine Erfolgschancen bereits bekannt sind, wird er ggf. auf die Einleitung gerichtlicher Verfahren verzichten. Ob die damit verbundene „Privatjustiz" bzw. „Statistikjustiz" freilich mit der verfassungsrechtlich garantierten Gewaltenteilung vereinbar ist, ist fraglich – praktisch wird hierdurch der staatliche Einfluss auf die zwischenmenschliche Konfliktbeilegung reduziert und stattdessen ein vollautomatisiertes System (mit all seinen Fehlern) etabliert. Aus ökonomischer Sicht spricht aber viel dafür, dass der Markt sich in diese Richtung entwickelt, da die Kosten der staatlichen Justiz den Aufwand einer statischen Vorhersage um ein Vielfaches überschreiten. Insoweit wird sich der Staat mittelfristig gezwungen sehen, einschränkende Regelungen zu treffen – jedenfalls soweit es die Prognose des Verhaltens individueller Richter betrifft (siehe bereits heute Art. L111–13 Code de l'organisation judiciaire in Frankreich:[78] „*Les données d'identité des magistrats et des membres du greffe ne peuvent faire l'objet d'une réutilisation ayant pour objet ou pour effet d'évaluer, d'analyser, de comparer ou de prédire leurs pratiques professionnelles réelles ou supposées*"). Solche Regelungen führen zwar wiederum zu einer Marktverzerrung – diese ist dann aber durch höhere Zwecke gerechtfertigt.

2. Gestaltungen und Lizenzen

45 Soweit **Standardsoftware** genutzt wird – die also nicht für eine spezifische Kanzlei bzw. ein Unternehmen maßgeschneidert ist – kann eine Kostenstreuung erreicht werden, welche die mit der Erbringung der konkreten Leistung verbundenen Kosten weiter reduziert. In ähnlicher Weise gilt dies für Standardsysteme wie das „Besondere elektronische Anwaltspostfach" oder die Systeme der Länder zur digitalen Aktenführung in der jeweiligen Justiz. Bislang haben sich aber weder einheitliche Dateiformate noch Austauschprotokolle etabliert – insoweit droht ein starker Lock-In-Effekt, wenn ein entsprechendes Produkt in einem Unternehmen etabliert ist. Derartigen Effekten kann ex post mithilfe des **kartellrechtlichen Missbrauchsverbots** (Art. 102 AEUV, §§ 19, 20 GWB) entgegengewirkt werden (→ *Wettbewerb, Kartellrecht* Rn. 26 ff.), wie

---

78 Vgl. Kuchenbauer JZ 2021, 647.

namentlich das Verfahren gegen Microsoft gezeigt hat. In einem noch funktionierenden Markt wird man hingegen die Anbieter nicht zu einer Standardisierung oder auch nur zur Datenportabilität zwingen können.

Im Hinblick auf die **Lizenzen** für Software geht der Trend zunehmend zu Abonnement-Modellen mit monatlichen oder jährlichen, in der Regel volumenabhängigen Zahlungen. Die früheren Kauflizenzen werden zunehmend zur Ausnahme. Während dies normalerweise den Markteintritt neuer Wettbewerber bzw. den Wechsel unter den Anbietern erleichtern sollte, ist die Realität eine andere: Wegen der Lock-In-Effekte (bedingt durch fehlende Datenportabilität und Schulungsaufwand) bleiben die Nutzer aufgrund der Wechselkosten im Zweifel langfristig bei einem bestimmten Anbieter. 46

Auch kanzlei- bzw. unternehmensintern genutzte Anwendungen müssen heutzutage nicht mehr notwendig im Unternehmen selbst ausgeführt und zur Installation auf lokalen Geräten ausgeliefert werden. Vielmehr können auch derartige „interne" Softwaretools auf Servern des Anbieters oder auch bei Drittanbietern, ggf. sogar verteilt auf mehrere Drittanbieter, ausgeführt werden (**als ASP-Lösung, als Cloud-Angebot** etc) (→ *Cloud Computing, allgemein* Rn. 1 ff.). Derartige Konstruktionen werfen freilich nicht nur datenschutzrechtliche, sondern auch haftungsrechtliche Folgefragen auf – insbesondere, weil in diesen Fällen zahlreiche Zwischenebenen (TK-Dienstleister, Speicherdienstleister etc) involviert sind. Jedenfalls bei der Archivierung von Daten bietet sich jedoch ein externer Anbieter geradezu an; auch wird man bei kleineren und mittleren Kanzleien kaum intern die notwendige technische Infrastruktur, geschweige denn deren Wartung und Betreuung gewährleisten können. 47

IV. Vorgelagerte Märkte: Daten, Bibliotheken und Infrastruktur

Die meisten Legal Tech-Anwendungen (außerhalb trivialer Fristenrechner etc) sind **datenbasiert**. Praktisch gilt dabei wegen der Berücksichtigung von Wahrscheinlichkeiten und Statistiken, dass die Anwendungen umso präziser arbeiten, je repräsentativer ihre Datenbasis wird – und lückenhafte oder falsch ausgewählte Daten auch unzutreffende Ergebnisse produzieren. Damit geht es beim Wettbewerb im Bereich „Legal Tech" aber nicht nur um **endkundenorientierte Anwendungen** (oben II) (→ *Automatisierung und Autonomie* Rn. 48) und **interne Hilfsmittel** (oben III), sondern vielmehr als **Vorstufe** auch um die für die Anwendungen erforderliche Datenbasis. Regelmäßig vermittelt die Lizenz zur Nutzung einer Software keine Rechte an derartigen Basisdaten, welche dem Algorithmus zugrunde liegen. Diese werden im Gegenteil oftmals von den Anbietern als Geschäftsgeheimnis gezielt zurückgehalten. Zudem gibt es sowohl einen Markt für „nackte" Algorithmen, die erst noch durch interne Daten angelernt werden müssen, als auch einen Markt für Inhalte, welche von Algorithmen als Lerndaten herangezogen werden können. Daher bildet der Markt für Legal Tech-relevante „Daten" einen eigenen, vielleicht sogar sehr viel **bedeutsameren Markt** als die darauf aufbauenden Software und Dienstleistungen. Denn letztere lassen sich replizieren und sind durchaus austauschbar – die erforderlichen Daten sind aber oft dieselben (und damit für mehrere Dienste und Angebote das notwendig zu passierende Nadelöhr). 48

Ausgeklammert im Rahmen dieser Darstellung bleibt die **Nutzung von Datenbanken unmittelbar durch Menschen** – also von Rechtsinformationssystemen wie Beck-Online, Juris oder Wolters Kluwer Online, Lexis Nexis oÄ (→ *B2C und B2B (Geschäftsmodelle)* Rn. 23, → *Cloud Computing, allgemein* Rn. 62). Insoweit gilt selbstverständlich, je lückenhafter eine Datenbank ist, desto weniger nutzbringend ist sie für Anwender. Diese Datenbanken als solche unterscheiden sich aber kaum von klassischen Bibliotheken und haben zunächst keine eigene „Legal Tech"- Bedeutung. Relevant werden sie erst, soweit sie zur Grundlage von eigenen IT-Anwendungen gemacht werden, welche die Datenbanken entweder anreichern (durch eine intelligente Abfrage oÄ) oder umgekehrt auf Grundlage der Datenbanken Prognosen über Verfahren etc ermöglichen. Dabei handelt es sich derzeit noch um eine atypische Nutzung der entsprechenden Datenbanken, vgl. § 44b UrhG. 49

Die hier betroffenen **Daten** sind in der Regel **nicht personenbezogen** im Sinne der DS-GVO oder können jedenfalls weitgehend pseudonymisiert oder sogar anonymisiert werden (→ *Cloud Computing, IT-Risiken* Rn. 50). Es geht oftmals um amtliche Daten (Gesetzestexte, Behörden- und Gerichtsentscheidungen), aber auch um „nur" urheberrechtlich geschützte Texte, neben Fachbeiträgen (Aufsätze, Kommentierungen, 50

Handbuchbeiträge etc) insbesondere Schreiben von betroffenen Naturalparteien und Anwälten. Insoweit ist die Zulässigkeit der Lizenzierung regelmäßig rechtlich unproblematisch. Ein Dateninhaber darf seine Daten grundsätzlich an beliebig viele Anbieter von Software oder Dienstleistungen lizenzieren; selbstverständlich sind aber auch Exklusivitätsbindungen möglich. Grenzen bilden hier vertragliche Vereinbarungen (insbes. wenn es um Mandantendaten geht), aber auch Geschäftsgeheimnisse.

1. Tragedy of the Anticommons?

51 Die für Legal Tech-Anwendungen relevanten Daten liegen in Deutschland überwiegend in privater Hand – in der Regel bei **Fachverlagen** (etwa dem Beck-Verlag oder Juris). Selbst der Bundesanzeiger-Verlag beruft sich beim Bundesgesetzblatt auf ein Datenbankrecht im Sinne von §§ 87a ff. UrhG. Amtliche Veröffentlichungen von Gerichtsentscheidungen – und erst recht von Behördenentscheidungen – sind nicht nur lückenhaft, sondern weisen auch kein einheitliches Dateiformat, geschweige denn leicht auswertbare Strukturen auf.

52 Andere relevante Daten sind naturgemäß nur **bei bestimmten Unternehmen** vorhanden – so werden Fluggesellschaften Schriftsätze und (auch unveröffentlichte) Urteile zu Verfahren haben, die sie selbst betreffen; ebenso hat ein Automobilunternehmen im Dieselskandal naturgemäß eine große Menge an Schriftsätzen und außergerichtlicher Kommunikation mit Klägern. Andere Personen haben diese (gefilterte) Informationsmenge nicht. Spezialkanzleien für Kapitalanlagerecht oder Prüfungsrecht haben schon aus der eigenen Praxis eine gewisse Grundmenge an Daten – die deutlich über die öffentlich zugänglichen Quellen hinausgeht (→ Rn. 11).

53 Damit besteht eine Zersplitterung der Informationen auf verschiedene Inhaber, die nicht notwendig alle bereit sind, den Zugang zu eröffnen. Eine perfekte Datenbasis ist vor diesem Hintergrund nicht zu erreichen – und selbst eine Annäherung an dieses Ideal dürfte schwierig werden. Praktisch handelt es sich dabei um einen Fall der „**Tragedy of the Anticommons**"[79]: Die Aufteilung eines zentralen Guts auf eine Vielzahl von nicht verhandlungsbereiten Inhabern führt dazu, dass die Gesamtwohlfahrt (auch zum Nachteil der jetzigen Inhaber) leidet. Traditionelle Mittel zur Eingrenzung des Phänomens sind insbesondere Enteignung, Verwirkung oder eine Bündelung der betroffenen Güter durch gemeinsame Dachorganisationen. Jedenfalls im Bereich der nicht personenbezogenen Daten versucht die EU, diesen Weg durch den geplanten Data Act und den Data Governance Act zu fördern. Ferner ist deutsche Gesetzgeber dabei das Verkündungs- und Bekanntmachungsrecht durch eine ausschließliche elektronische Bekanntmachung von Gesetzen zur Modernisierung und Vereinfachung des Zugangs zu Gesetzestexten (digitales Bundesgesetzblatt)[80] einzuführen.

2. Informationszugangsrechte

54 Selbst diejenigen **Informationen, die der Staat selbst beherrscht**, sind grundsätzlich nicht oder nur eingeschränkt für die Entwicklung von Legal Tech-Angeboten verfügbar. Eine Ursache hierfür ist, dass die Mehrzahl der Gerichtsentscheidungen nicht veröffentlicht ist, was wiederum am derzeit noch aufwendigen manuellen Anonymisierungsprozess liegt (→ *Expertensystem, juristisches* Rn. 16) (der derzeit aber durch bessere, automatische Werkzeuge erheblich erleichtert wird) (→ *Algorithmus* Rn. 22 f., → *Privacy Tech* Rn. 48). Insoweit profitieren die Legal Tech-Anbieter bislang kaum davon, dass Gerichtsentscheidungen und amtlich verfasste Leitsätze nach § 5 Abs. 1 UrhG keinen urheberrechtlichen Schutz genießen.[81] Die Folge ist aktuell ein von der Primärquelle losgelöster Schattenmarkt, man spricht von einem „regelrechten Tauschhandel mit Präjudizien".[82] Dieser Markt überrascht vor dem Hintergrund, dass ein Zugang zu gerichtlichen Entscheidungen in den Worten einer Kammerentscheidung des BVerfG „weithin anerkannt"

---

79 Heller Harvard Law Review, 111(3) (1998), 621.
80 Vgl. Regierungsentwurf: https://www.bmj.de/SharedDocs/Gesetzgebungsverfahren/Dokumente/RegE_Modernisierung_Verkuendungs_und_Bekanntmachungswesens.pdf?__blob=publicationFile&v=4.
81 Hamann JZ 2021, 656 (658).
82 Hamann JZ 2021, 656 (660).

bzw. „allgemein anerkannt" ist.[83] Allerdings scheitert der direkte Zugriff vielfach daran, dass vom konkreten Verfahren gar keine Kenntnis besteht, zudem ist der Zugang gebührenpflichtig. Anzumerken ist freilich, dass viele einfache Entscheidungen kaum Nutzen für eine automatisierte Analyse bieten (etwa kurze Urteile im Sinne von § 495a ZPO oder Versäumnisurteile ohne Gründe) und andere Dokumente (Hinweisbeschlüsse, Verfügungen, Schriftsätze) gar nicht erst veröffentlicht werden.

Auch wenn die Entscheidungen und die amtlich verfassten Leitsätze gemeinfrei sind, kann zugunsten des Datenbankherstellers ein Leistungsschutzrecht (§§ 87a ff. UrhG) entstehen, so dass durch Dritte nur begrenzt Teile aus ihr genutzt werden dürfen (§§ 87b, 87c UrhG) (→ *Gewerblicher Rechtsschutz* Rn. 29 ff.). Insoweit ist auch die **gleichberechtigte Versorgung mit Informationen** von wesentlicher Bedeutung, um ein Level Playing Field für Legal Tech-Anbieter zu schaffen. An dieser Stelle sind die Vorgaben aus dem Datennutzungsgesetz[84] (vormals IWG) und die zugrunde liegende PSI-Richtlinie[85] zu beachten.[86] 55

De lege ferenda ist zu fragen, ob es nicht im Sinne der Informationsweiterverwendung sinnvoll wäre, die zentralen Informationen (neben Urteilen auch Gesetze und Verordnungen) von Anfang an möglichst weitgehend zugänglich zu machen (**Open Data**) und damit einen Wettbewerb um die sinnvollsten Nutzungsmöglichkeiten dieser Daten zu befeuern. Erforderlich dazu wären standardisierte, offene Dateiformate und zentrale Schnittstellen für den Abruf. Ansätze zum Ausbau von Open Data gibt es bereits etwa mit dem deutschen Portal GovData[87] oder dem European Union Open Data Portal[88]. 56

3. Softwarebibliotheken und Infrastruktur

Neben Daten finden regelmäßig auch lizenzierte **Softwarebibliotheken** (→ *Produkt- und Softwareentwicklung* Rn. 65 f.) Einsatz in Legal Tech- Produkten, die über Legal Tech hinaus auch andere Einsatzzwecke haben und insoweit weiterentwickelt werden. Hier gibt es nicht nur Open Source Angebote (etwa zur Textanalyse, dh zum Natural Language Processing), sondern auch kommerzielle Softwarebibliotheken. Namentlich die als Gesamtpaket angebotenen Endnutzer- bzw. Kanzleiprodukte nutzen in der Regel solche Standardbibliotheken – die entsprechend auch laufend (zur Vermeidung von Sicherheitslücken) durch den Anbieter des Produkts zu aktualisieren sind. Die Sicherheitsschwächen des Besonderen elektronischen Anwaltspostfachs in der Anfangsphase beruhten zum Teil auch auf deutlich veralteten Softwarebibliotheken im Client. Gleichzeitig sind hier Haftungsausschlüsse und andere Lizenzbedingungen zu beachten, die mittelbar auch die Endkunden betreffen. 57

Daneben erfordern Legal Tech Angebote vielfach **Infrastruktur**, die ebenfalls für andere Zwecke eingesetzt werden kann. Hier bestehen die üblichen Schwierigkeiten bei IT-Outsourcing, einschließlich Vertraulichkeitspflichten, Zuverlässigkeitszusagen und Regelungen für den Insolvenzfall. 58

Der **Markt** für derartige Softwarebibliotheken und Infrastrukturdienstleistungen, die (auch oder nur) für Legal Tech-Anwendungen genutzt werden können, ist im Hinblick auf die Zahl möglicher Kunden deutlich größer als der kleine Spezialmarkt der spezifischen Rechtsanwendungen: Ein Textanalysealgorithmus mag auch im Management, in der Politik etc gute Dienste leisten, indem lange Dokumente zusammengefasst, visualisiert oder übersetzt werden; eine Bibliothek für Entscheidungsbäume oder Chatbots kann zB auch im Endnutzersupport eingesetzt werden. Dementsprechend gibt es hier auch größere Möglichkeiten zur Kostenstreuung. 59

---

83 BVerfG Beschl. v. 14.9.2015 – 1 BvR 857/15, NJW 2015, 3708 Rn. 16 und 20 mwN; vgl. Hamann JZ 2021, 656 (656 f.).
84 Gesetz für die Nutzung von Daten des öffentlichen Sektors (Datennutzungsgesetz – DNG) vom 16.7.2021 (BGBl. 2021 I 2941, 2942 ber. S. 4114).
85 RL 2003/98/EG des Europäischen Parlaments und des Rates vom 17.11.2003 über die Weiterverwendung von Informationen des öffentlichen Sektors, ABl. 2003 L 345, 90–96.
86 VGH Mannheim Urt. v. 7.5.2013 – 10 S 281/12, GRUR 2013, 821; vgl. aber auch VG Köln Urt. v. 26.5.2011 – 13 K 5747/07, BeckRS 2011, 53241; hierzu Beyer-Katzenberger DÖV 2014, 144 (147 f.).
87 https://www.govdata.de.
88 https://data.europa.eu/de.

93. Wettbewerb, Kartellrecht

Beurskens

I. Überblick 1	a) Konditionen- und Preismissbrauch (Art. 102 S. 1 AEUV, §§ 19, 20 GWB) 26
II. Legal Tech in Kartellaufdeckung, Compliance und Fusionskontrolle 2	b) Zugangsansprüche auf Legal Tech-Plattformen (Art. 102 S. 1 AEUV, §§ 19–20 GWB) 28
III. Kartellrecht als Schranke für Legal Tech-Anbieter 6	IV. Kartellrechtliche Zugangsansprüche (Art. 102 AEUV, §§ 19, 20 GWB) 30
1. Kartellverbot (Art. 101 AEUV, § 1 GWB) 7	1. Europarecht (Art. 102 S. 1 AEUV) 32
a) (Horizontale) Koordination unter Legal Tech-Anbietern 7	2. Nationales Recht (§ 19 Abs. 1, Abs. 2 Nr. 4 GWB; § 19a GWB; § 20 GWB) 36
b) Grenzen zulässigen Parallelverhaltens? 16	3. Ausblick: Digital Markets Act und Digital Service Act 39
c) Legal Tech-Anbieter als „Hub" in einem Hub-and-Spoke-Kartell 20	
2. Missbrauchsverbot 26	

Literatur: *Beneke/Mackenrodt*, Artificial Intelligence and Collusion, IIC 2019, 109; *Bernhardt*, Algorithmen, Künstliche Intelligenz und Wettbewerb, NZKart 2019, 314; *Blanckenburg/Pyrcek/Rücker*, Antitrust-Compliance: datenbasierte Kartellfrüherkennung als Detektionswerkzeug zur Schärfung des Compliance-Management-Systems, CCZ 2021, 184; *Dück/Mäusezahl/Symnick*, Kartell der Algorithmen – das Verbot wettbewerbsbeschränkenden Zusammenwirkens im Lichte fortschreitender Digitalisierung bei der Preissetzung, ZWeR 2019, 94; *Ebers*, Dynamic Algorithmic Pricing: Abgestimmte Verhaltensweise oder rechtmäßiges Parallelverhalten?, NZKart 2016, 554; *Esteva-Mosso*, The More Economic Approach Paradigm – An Effects-based Approach to EU-Competition Policy, in: Basedow/Wurmnest (Hrsg.), Structure and Effects in EU Competition Law, 2011, S. 11; *Ezrachi/Stucke*, Artificial Intelligence & Collusion: When Computers Inhibit Competition, Illinois Law Review 2017, 1775; *Gal*, Algorithms as Illegal Agreements, Berkeley Technology Law Journal 34 (2019), 67; *Hainz/Benditz*, Indirekter Informationsaustausch in Hub and Spoke-Konstellationen – Der Teufel steckt im Detail, EuZW 2012, 686; *Hennemann*, Künstliche Intelligenz und Wettbewerb, ZWeR 2018, S. 161–184; *Hennemann*, Artificial Intelligence and Competition Law, in: Wischmeyer, Thomas; Rademacher, Timo (Hrsg.) Regulating Artificial Intelligence, 2020, 361; *Käseberg/Kalben*, Herausforderungen der Künstlichen Intelligenz für die Wettbewerbspolitik - Preisbildung durch Algorithmen, WuW 2018, 2; *Körber*, Digitalisierung der Missbrauchsaufsicht durch die10. GWB Novelle, Macht im Netz IV: Maßvolle Antwort oder übertriebene Regulierung der Digitalwirtschaft? MMR 2020, 20; *Künstner*, Preissetzung durch Algorithmen als Herausforderung des Kartellrechts, GRUR 2019, 36; *Krüger/Seegers*, Kartellrechtliche Abtretungsmodelle, Legal-Tech und die Reform des Rechtsdienstleistungsgesetzes: Wer wird geschützt und wovor?, BB 2021, 1031; *Louven*, Braucht es mehr materielles Kartellrecht für digitale Plattformen?, ZWeR 2019, 154; *Lübke*, Preisabstimmung durch Algorithmen, ZHR 185 (2021), 723; *Marx/Ritz/Weller*, Liability for outsourced algorithmic collusion – A practical approximation, Concurrences 2019, 1; *Rath/Klug*, e-Discovery in Germany?, K&R 2008, 596; *Schweitzer*, Datenzugang in der Datenökonomie: Eckpfeiler einer neuen Informationsordnung, GRUR 2019, 569; *Schweitzer/Haucap/Kerber/Welker*, Modernisierung der Missbrauchsaufsicht für marktmächtige Unternehmen, 2018; *Wolf*, Algorithmengestützte Preissetzung im Online-Einzelhandel als abgestimmte Verhaltensweise – Ein Beitrag zur Bewältigung des „Predictable Agent" über Art. 101 Abs. 1 AEUV, NZKart 2019, 2; *Ylinen*, Digital Pricing und Kartellrecht, NZKart 2018, 19.

I. Überblick

1 Das Kartellrecht (bzw. „Wettbewerbsrecht" im europarechtlichen Verständnis) dient dem **Schutz des Wettbewerbs** als Institution und mittelbar auch dem **Schutz der Marktteilnehmer**, insbes. der Endverbraucher.[1] Legal Tech nimmt im Kartellrecht (ähnlich wie im Lauterkeitsrecht) eine praktische Rolle sowie eine inhaltlich regulierende Funktion ein: Einerseits erleichtern technische Werkzeuge die Durchsetzung der Verhaltenspflichten, die interne Compliance-Prüfung und die Vorbereitung von Anträgen zur Zusammenschluss- bzw. Fusionskontrolle (sub II), zum anderen wirkt das Kartellrecht als Beschränkung der Tätigkeiten von Legal Tech-Anbietern (sub III) bzw. als Grundlage für die Eröffnung des Zugangs zu erforderlichen Daten, Dienstleistungen und Bibliotheken (sub IV).

---

1 Wiedemann, Kartellrecht, § 1 Rn. 1.

II. Legal Tech in Kartellaufdeckung, Compliance und Fusionskontrolle

Kartellrechtliche Beurteilungen werden regelmäßig durch **volkswirtschaftliche Methoden und Modelle** geprägt (insbes. vor dem Hintergrund des neueren „More Economic Approach"[2] im Europäischen Kartellrecht). Für derartige Modelle wird dabei regelmäßig auf (ökonomische) IT-Werkzeuge zurückgegriffen werden. Freilich erschöpft sich das Potenzial von Legal Tech im Kartellrecht nicht in ökonomischen Simulationen, Hochrechnungen oder Vergleichskalkulationen. Stattdessen gibt es eine ganze Reihe bereits in der Praxis etablierter Szenarien, in denen Computersoftware eine echte Unterstützung bieten können:

- In Bezug auf **Kartellschadensersatzklagen** geht es (ähnlich wie bei den Klagen nach § 9 Abs. 2 UWG) regelmäßig um Streuschäden, dh um Massenverfahren. Zur Bündelung, Finanzierung und zentralen Verarbeitung bieten sich daher Legal Tech-Werkzeuge naturgemäß an. Tatsächlich ist dies schon ein sehr frühes Einsatzfeld für Prozessfinanzierer gewesen.[3] Praktisch bestanden insoweit Bedenken im Hinblick auf die Reichweite der Zulässigkeit der Bearbeitung derart komplexer Gestaltungen, ob diese als schlichte „Inkassotätigkeit" im Sinne des RDG qualifiziert werden konnte.[4] Regelmäßig geht es dabei aber nicht um die Kleinstansprüche privater Endverbraucher, sondern vielmehr um die Bündelung der Ansprüche der durch den Wettbewerbsverstoß benachteiligten (ggf. sogar durchaus finanzstarken) Unternehmen.[5] Nur für Verbraucher ist hier eine Alternative in Form der Verbandsklage absehbar, so dass dieser Anwendungsbereich in jedem Fall erhalten bleibt.

- Ebenfalls werden IT-Werkzeuge wie bereits angedeutet für die **Modellierung der ökonomischen Folgen** benötigt, die nicht nur für die Beurteilung der Folgen eines Zusammenschlusses oder der Marktbeherrschung, sondern auch für die Einstufung als Bagatellfall, eine Freistellung oder sogar die Wettbewerbsbeschränkung als solche relevant wird. Derartige wettbewerbsrechtliche Vor- und Folgefragen gewinnen gerade zudem im Kartellschadensersatzrecht und bei der Bemessung der Bußgelder an Bedeutung. Allerdings dürfte man dies nur mühsam als „Legal Tech" einordnen können, da es gerade um das ureigenste Feld der Ökonomie geht.

- Schließlich ist Legal Tech im Kartellrecht (auch im Rahmen von eDiscovery,[6] Audits im Rahmen einer [Konzern-]Compliance,[7] einer Due Diligence-Prüfung bei M&A sowie bei der Anmeldung eines Zusammenschlusses) hilfreich, um einen **Überblick über größere Unterlagen-Konglomerate** zu erhalten: Durch die Möglichkeit, Dokumente automatisiert auszuwerten (im Wege des „Natural Language Processing") können komplexe Sachverhalte zusammengefasst, gefiltert, visualisiert, geordnet und in Zusammenhänge gestellt werden. Dabei geht es vor allem um die Identifikation der relevanten Daten, etwa durch Bildung von Clustern sowie (manuellem oder zumindest teilautomatisiertem) Tagging. Dadurch kann jedenfalls über die unternehmensinternen Abläufe und Verflechtungen ein aktueller Überblick ohne intensiven Personalaufwand gewonnen werden. Während die Datenerhebung bei einem (potenziellen) Wettbewerbsverstoß durch Kartellbehörden (und erst recht durch Kartellbetroffene) im Einzelnen viele Fragen aufwirft, wird die automatisierte Analyse legal erworbener Daten auch durch Dritte bislang nicht in Frage gestellt (vgl. → *Compliance, Digitale* Rn. 38).

III. Kartellrecht als Schranke für Legal Tech-Anbieter

Wie auch das Lauterkeitsrecht (→ *Plattformen, Pflichten* Rn. 31 ff.) kann das Kartellrecht bestimmte Gestaltungen von Legal Tech- Diensten **verhindern** bzw. besondere Anforderungen an Plattformen, Dienst-

---

2 Esteva-Mosso, The More Economic Approach Paradigm – An Effects-based Approach to EU-Competition Policy in Basedow/Wurmnest (Hrsg.), Structure and Effects in EU Competition Law, 2011, S. 11 ff.
3 Siehe nur Krüger/Seegers BB 2021, 1031.
4 LG Hannover Urt. v. 1.2.2021 – 18 O 34/17, BeckRS 2021, 1433.
5 Krüger/Seegers BB 2021, 1031 (1033).
6 Rath/Klug K&R 2008, 596.
7 Siehe nur von Blanckenburg/Pyrcek/Rücker CCZ 2021, 184; https://www.storage-insider.de/illegale-preisabsprachen-mit-praeventiven-audits-verhindern-a-486933/-.

leistungen und Softwareangebote begründen. Dabei ist zwischen dem Kartellverbot (Art. 101 AEUV, § 1 GWB) einerseits und dem Missbrauchsverbot (Art. 102 AEUV, §§ 19, 20 GWB) zu unterscheiden.

1. Kartellverbot (Art. 101 AEUV, § 1 GWB)

a) (Horizontale) Koordination unter Legal Tech-Anbietern

7   Art. 101 Abs. 1 AEUV und wortgleich § 1 GWB verbieten primär „**Vereinbarungen**".[8] Diese können selbstverständlich nicht nur ausdrücklich, sondern auch konkludent erfolgen. Erforderlich ist über bloße Kenntnis des Verhaltens der Konkurrenz hinaus eine echte Willensübereinstimmung. Wenn also mehrere Anbieter etwa einheitliche Preise verabreden („10 EUR pro Anfrage"), ihre Tätigkeitsfelder örtlich („hier nur Beratung für Niederbayern") oder sachlich („Ich mache nur Mietrecht, wenn Du nur Arbeitsrecht übernimmst") fix abgrenzen oder auch nur sonstige Konditionen harmonisieren (etwa die Nutzungszeiten beschränken), ist dieses Verhalten selbstverständlich unzulässig.

8   Auch als potenzielle **Abnehmer** von Daten, Dienstleistungen (Netzwerkanbindung, Serverkapazitäten, lizenzierte Daten etc) können Legal Tech-Unternehmen sich durch eine Vereinbarung – entweder als offene Einkaufskooperation oder aber als geheimes Kartell – zusammenschließen. Dies mag insbs. dann attraktiv wirken, wenn auf der Gegenseite marktmächtige Unternehmen (etwa die Betreiber juristischer Datenbanken oder Verlage) agieren. In aller Regel dürfte aber in diesen Fällen eine Rechtfertigung ausscheiden – § 3 GWB hilft schon dann nicht, wenn (wie im Regelfall) zwischenstaatliche Bedeutung vorliegt und auch Art. 101 AEUV eingreift; regelmäßig dürften weder Gruppenfreistellungsverordnungen noch Art. 101 Abs. 3 AEUV bzw. § 2 Abs. 1 GWB eingreifen.

9   Praktisch sehr viel bedeutsamer ist der ebenfalls für einen Verstoß genügende (weite) Auffangtatbestand der „**abgestimmten Verhaltensweise**". Eine verbotene abgestimmte Verhaltensweise liegt nach st. Rspr. des EuGH bei einer Koordinierung vor, die „**bewusst** eine praktische Zusammenarbeit an die Stelle des mit Risiken verbundenen Wettbewerbs treten lässt".[9] Hinzutreten muss jedoch noch ein auf dieser „Fühlungnahme" beruhendes Marktverhalten.[10] Hierbei wird jedoch widerleglich vermutet, dass das empfangende Unternehmen die ihm zugänglich gemachten Informationen zur Grundlage seines Marktverhaltens macht.[11]

10   Aufgrund der an diese anknüpfenden Kausalitätsvermutung für das künftige Verhalten kommt der „**Abstimmung**" entscheidende Bedeutung zu. Dabei muss es sich denklogisch um ein Weniger zur Vereinbarung handeln, wenngleich der Begriff eine Koordinierung unter mindestens zwei Personen impliziert. Diese Koordinierung kann durch einen beidseitigen Informationsaustausch erfolgen. Jedenfalls bei zentralen strategischen Informationen,[12] insbs. künftigen Preisentwicklungen,[13] wird jeder vernünftige Wettbewerber erwarten, dass diese vom Adressaten bei dessen Planung berücksichtigt werden.

11   Bei einer überschaubaren Zahl von Wettbewerbern (in einem Oligopol) genügt insoweit sogar, dass nur *eines* der beteiligten Unternehmen seine künftige (Preis-)**Strategie** *unverbindlich* ankündigt: Entweder werden sich die unmittelbaren Mitbewerber dann an dieser Information ausrichten (so dass der gewünschte Koordinationserfolg eintritt) oder aber der Erklärende wird doch noch von der angekündigten Strategie abweichen (und beim bisherigen Stand bleiben). Praktisch könnte man also „austasten", welche Anpassung akzeptiert wird und so eine formlose Abstimmung erreichen (sog. „Signaling").[14] Demgegenüber ist eine öffentliche Bekanntgabe aktueller, aber auch künftiger bereits verbindlich festgesetzter Preise erlaubt: Insoweit scheidet gerade das unerwünschte Austasten aus – es überwiegt das berechtigte Interesse der

---

8   Immenga/Mestmäcker/Zimmer Art. 101 Abs. 1 AEUV, Rn. 68 ff.
9   EuGH Urt. v. 14.7.1972 – Rs. C-48/69, ECLI:EU:C: 1972:70, Rn. 64, 67 – Imperical Chemical Industries; Lübke ZHR 185 (2021), 723 (731).
10 EuGH Urt. v. 8.7.1999 – Rs. C-49/92P, ECLI:EU:C:1999:356Rn. 118ff – Anic Partecipazioni; EuGH Urt. v. 4.6.2009 – Rs. C-8/08, ECLI:EU:C:2009:343 Rn. 51 – T-Mobile Netherlands; Lübke ZHR 185 (2021), 723 (731).
11 Immenga/Mestmäcker/Zimmer Art. 101 Abs. 1 AEUV Rn. 89; Lübke ZHR 185 (2021), 723 (732).
12 Immenga/Mestmäcker/Zimmer Art. 101 Abs. 1 AEUV Rn. 90; Lübke ZHR 185 (2021), 723 (732).
13 Lübke ZHR 185 (2021), 723 (732).
14 Immenga/Mestmäcker/Zimmer Art. 101 Abs. 1 AEUV Rn. 90.

Abnehmer und Lieferanten an einem Vergleich der Wettbewerber.[15] Damit hat ein Legal Tech-Anbieter, der seine Konditionen, insbes. die Preise und die AGB, offen auf seiner Internetseite bekannt macht jedenfalls deshalb kein kartellrechtliches Problem.

Die Abstimmung ist erfolgt, sobald der Empfänger einer einseitigen Mitteilung aus Sicht eines objektiven Dritten seine **Zustimmung zum darin enthaltenen Abstimmungsangebot** signalisiert.[16] Da gerade keine Vereinbarung vorliegt, muss er dazu aber keine Erklärung abgeben – es genügt, dass die Informationen irgendwie zur „passiven Kartellbeteiligung" genutzt werden. Will man die Beteiligung am durch die Kenntnisnahme veranlassten Kartell vermeiden, ist ein ausdrücklicher, offener Widerspruch erforderlich.[17] Die Beteiligung in Form der „Billigung" ist daher (nur) ausgeschlossen, wenn sich der Adressat öffentlich von der Verhaltenskoordination distanziert oder sie bei den Behörden anzeigt.[18] Problematisch ist insoweit, dass es die Rechtsprechung genügen lässt, dass der Adressat die durch den Wettbewerber zur Abstimmung übermittelten Informationen nur *kennen musste* – dh seine (mögliche) Unkenntnis bei Anwendung der im Verkehr erforderlichen Sorgfalt hätte vermeiden können.[19] Damit wollen die Kartellbehörden und -gerichte ein mögliches Beweisproblem lösen (dass Wettbewerber sich damit verteidigen, offensichtliche Informationen angeblich gar nicht gekannt zu haben) – riskieren aber praktisch, dass tatsächlich Gutgläubige sich nicht effektiv verteidigen können. Wenn also (zB über Verbände) Informationen tatsächlich offengelegt bzw. ausgetauscht werden, genügt es nicht, untätig zu bleiben – vielmehr ist die explizite Distanzierung nach außen erforderlich, um kartellrechtlichen Sanktionen zu entgehen.

Werden Algorithmen als **bloßes Werkzeug** zum Abschluss einer Vereinbarung bzw. zur Abstimmung eingesetzt (etwa als schlichter „Bote"), bereitet dies kartellrechtlich keine Schwierigkeiten und es kann an denjenigen angeknüpft werden, der den Einsatz des Algorithmus veranlasst hat.[20] Selbst wenn solche Algorithmen die Verhaltenskoordination gegenüber menschlichem Kontakt beschleunigen oder vereinfachen, ändert dies nichts daran, dass es um die Zulässigkeit des zugrunde liegenden (menschlichen) Verhaltens geht.[21] Auch der in Zukunft vorstellbare Einsatz eines komplexen, potenziell vollständig autark lernenden und interagierenden Algorithmus geht selbstverständlich auf eine menschliche Entscheidung zurück: Irgendjemand hat die Ziele, die Informationsquellen und die Entscheidungsoptionen vorgegeben (ähnlich wie der Staat bei einer Ermessensentscheidung im Verwaltungsrecht).[22] Irrelevant ist, ob der Algorithmus durch die Unternehmensführung (oder Dritte) nachvollzogen werden kann – denn auch menschlichen Mitarbeitern kann man nicht ins Gehirn schauen. Genauso wie ein Unternehmen im Rahmen der Compliance seine Angestellten instruieren und überwachen muss und zur Betriebssicherheit Maschinen regelmäßig warten sollte, müssen Unternehmen auch den eingesetzten marktbezogenen Algorithmen Grenzen setzen und deren Einhaltung überwachen. Daher spielt der (bei Legal Tech-Unternehmen naheliegende) Einsatz von Algorithmen zur individualisierten Gestaltung der Konditionen gegenüber den Endkunden als solcher keine Rolle – maßgeblich ist vielmehr, inwieweit die Technologie richtig gestaltet und angemessen überwacht wurde.

Die Vereinbarungen oder abgestimmten Verhaltensweisen müssen zudem eine **Beschränkung des Wettbewerbs** „bezwecken" oder „bewirken". Dies setzt bei bloßem Informationsaustausch voraus, dass es um strategisch relevante Informationen geht, die als solche dem Konkurrenten nicht ohnehin bekannt sind

---

15 Lübke ZHR 185 (2021), 723 (733).
16 Immenga/Mestmäcker/Zimmer Art. 101 Abs. 1 AEUV Rn. 91.
17 EuGH 7.1.2004 – verb. Rs. C-204/00 P ua, ECLI:EU:C:2004:6 Rn. 82 – Aalborg Portland; Immenga/Mestmäcker/Zimmer Art. 101 Abs. 1 AEUV Rn. 91.
18 EuGH Urt. v. 21.1.2016 – Rs. C-74/14, ECLI:EU:C:2016:42, Rn. 46 – Eturas.
19 EuGH Urt. v. 21.1.2016 – Rs. C-74/14, ECLI:EU:C:2016:42, Rn. 26, 43 – Eturas; Lübke ZHR 185 (2021), 723 (737).
20 Ezrachi/Stucke Illinois Law Review 2017, 1775 (1782); Gal Berkeley Technology Law Journal 34 (2019), 67; Lübke ZHR 185 (2021), 723 (738).
21 Lübke ZHR 185 (2021), 723 (738); vgl. Käseberg/von Kalben WuW 2018, 2 (4).
22 Marx/Ritz/Weller Concurrences 2019, 1 (4).

und geeignet sind, Unsicherheiten über das künftige Marktverhalten des Mitteilenden zu vermindern.[23] Die Horizontalleitlinien der Kommission sehen daher den Austausch aggregierter Marktdaten wie zB aggregierte Verkaufsdaten, Daten über Mengen oder Kosten von Komponenten etc außerhalb von Oligopolen grundsätzlich als unproblematisch an, während der Austausch unternehmensspezifischer Daten als solcher gerade suspekt ist.[24] Der Austausch allgemeiner statistischer Daten genügt selbst dann nicht, um einen Kartellverstoß zu bejahen, wenn tatsächlich eine Koordination beobachtet werden kann.[25] Im Übrigen sind die konkret wettbewerbswidrigen Auswirkungen zu bestimmen.[26]

15 Schließlich kommt eine **Rechtfertigung** in Betracht, soweit die konkrete Absprache nach Art. 101 Abs. 3 AEUV bzw. § 2 GWB kraft Gesetzes freigestellt ist. In aller Regel erfassen Gruppenfreistellungsverordnungen die hier betroffenen Verhaltensweisen nicht. Auch § 3 GWB führt in aller Regel (selbst wenn die beteiligten Legal Tech-Anbieter KMUs im Sinne der Norm sind) nicht weiter, da zumeist auch Art. 101 Abs. 1 AEUV parallel Anwendung findet, der eine entsprechende Einschränkung nicht kennt. Insoweit ist regelmäßig auf die Generalklausel zurückzugreifen. Insoweit können größere, ggf. von mehreren Anbietern gemeinsam betriebene Legal Tech-Plattformen (etwa Vertragsgeneratoren, aber auch teilautomatisierte Rechtsberatung durch Chatbots oder auch Anwaltsvermittlungsdienste) durchaus erhebliche Effizienzgewinne für die Endverbraucher mit sich bringen. Insoweit ist das Szenario einem Beispiel aus den Horizontalleitlinien der Kommission[27] vergleichbar, bei dem Art. 101 Abs. 3 AEUV für eine gemeinsame Verkaufsplattform von Obst- und Gemüsehändlern bejaht wurde. Wie dort verbleibt auch bei derartigen Plattformen hinreichender Restwettbewerb außerhalb des Onlinebereichs.

b) Grenzen zulässigen Parallelverhaltens?

16 Wie jede digitale, voll- oder teilautomatisierte Dienstleistung sind die Angebote von endkundengerichteten Legal Tech-Anbietern anfällig für ein **Parallelverhalten im Hinblick auf Preise und sonstige Konditionen**: Der Onlinemarkt ist fast völlig transparent und die Leistungen im Rechtsdienstleistungsbereich (jedenfalls im automatisierbaren Trivialbereich wie bei Flight Right etc) vollständig austauschbar, so dass für jeden Anbieter eine Orientierung am Preis (und den Konditionen) der Konkurrenz naheliegt. Kartellrechtlich ist dabei zunächst die automatisierte Erfassung und Beobachtung öffentlicher Daten (etwa durch Web Crawler) völlig unbedenklich[28] – genauso wie der Tankstellenbetreiber mit einem Fernglas auf das große Preisschild der Konkurrenz blicken darf, kann der Legal Tech-Anbieter automatisiert die Seiten der Konkurrenz scannen. Auch die daran anknüpfende automatisierte Anpassung der eigenen Preise (ohne weitere Prüfung) hat keine Relevanz für Art. 101 AEUV oder § 1 GWB.[29] Unverzichtbar für den Verbotstatbestand nach § 1 GWB bzw. Art. 101 AEUV wäre wie oben dargestellt eine „Abstimmung" oder sogar eine „Vereinbarung", mithin ein Koordinationsakt. Beim reinen Beobachten erfolgt die Koordination aber eigenverantwortlich durch den Empfänger – wer seine Preise und Konditionen im Internet veröffentlicht, fordert damit gerade nicht unterschwellig zur Auswertung auf.

---

23 MüKoWettbR/Paschke AEUV Art. 101 Rn. 171; Mitteilung der Kommission vom 14.1.2011, Leitlinien zur Anwendbarkeit von Artikel 101 des Vertrags über die Arbeitsweise der Europäischen Union auf Vereinbarungen über horizontale Zusammenarbeit („Horizontalleitlinien"), ABl. C 11/14 Rn. 61.
24 Mitteilung der Kommission vom 14.1.2011, Leitlinien zur Anwendbarkeit von Artikel 101 des Vertrags über die Arbeitsweise der Europäischen Union auf Vereinbarungen über horizontale Zusammenarbeit („Horizontalleitlinien"), ABl. C 11/14 Rn. 89; Schweitzer GRUR 2019, 569 (572).
25 MüKoWettbR/Paschke AEUV Art. 101 Rn. 171.
26 EuG Urt. v. 14.5.1998 – T-354/94, ECLI:EU:T:1998:104, Rn. 112 – Koppabergs Bergslags.
27 Mitteilung der Kommission vom 14.1.2011, Leitlinien zur Anwendbarkeit von Artikel 101 des Vertrags über die Arbeitsweise der Europäischen Union auf Vereinbarungen über horizontale Zusammenarbeit („Horizontalleitlinien"), ABl. C 11/14 Rn. 254.
28 Lübke ZHR 185 (2021), 723 (738).
29 Vgl. zu Preissetzungsalgorithmen Beneke/Mackenrodt IIC 2019, 109; Bernhardt NZKart 2019, 314; Ebers NZKart 2016, 554; Herrmann/Mäusezahl/Symnick ZWeR 2019, 94; Künstner GRUR 2019, 36; Wolf NZKart 2019, 2; Ylinen NZKart 2018, 19.

Ein Fall unbedenklichen Parallelverhaltens liegt auch vor, wenn zwei Unternehmen **unabhängig voneinander Algorithmen entwickeln**, welche in jeder relevanten Situation identische Resultate (insbes. im Hinblick auf den Preis) liefern.[30] Allerdings dürfte es hier angesichts der zahllosen Gestaltungsmöglichkeiten und ggf. unterschiedlichen Datenquellen vielfach zu Beweisproblemen kommen: Die betreffenden Unternehmen müssten diese (wiederholte) Zufallsübereinstimmung in den Ergebnissen jedenfalls erklären, obgleich es natürlich keine Vermutung für eine Absprache gibt.

Aus ökonomischer Sicht wird durch ein Parallelverfahren allerdings **dasselbe Ergebnis wie bei einer Absprache** erreicht: Im Hinblick auf die durch die Algorithmen gesetzten Parameter (Preis, Leistungskonditionen etc) findet praktisch kein Wettbewerb mehr statt, die Unternehmen können vielmehr ihre Leistungen im Vertrauen auf das annähernd sichere Verhalten aller anderen wie in einem Monopol ausgestalten. Sobald also die Algorithmen der Konkurrenz „durchschaut" wurden, sind die betreffenden Mitbewerber genauso vorhersehbare und verlässliche Handelspartner wie solche, mit denen man explizit eine Absprache getroffen hat. Die nach *von Hayek* unverzichtbare Unvorhersehbarkeit des Marktes entfällt bei einer Echtzeitauswertung des Gesamtmarktes; praktisch tritt damit überall eine engen Oligopolen (wie im Tankstellenmarkt) vergleichbare Situation auf.[31]

Insoweit ist darauf zu achten, dass die Algorithmen nicht doch „**Signale**" im oben geschilderten Sinne aussenden. Dies ist etwa bei kurzen Preisspitzen im Mikrosekundenbereich der Fall, aber ebenso, wenn ein Algorithmus implizit zum Beispiel Freikapazitäten oder Ressourcenengpässe eines Anbieters mitteilt. Erst recht unproblematisch ist der Fall, dass sich mehrere Anbieter wechselseitig zur **Nutzung einheitlicher Algorithmen** verpflichten und so eine automatische Anpassung der Preise und ggf. Sanktionierung gewährleisten (wie im Fall des Posterkartells[32]). In diesen Fällen werden Algorithmen nur zur Umsetzung (und Absicherung) einer vorgelagerten Vereinbarung bzw. Abstimmung genutzt. Besondere Probleme (außerhalb des Nachweises) begründet dies nicht.

c) Legal Tech-Anbieter als „Hub" in einem Hub-and-Spoke-Kartell

Auch ein am Wettbewerb nicht beteiligter Dritter kann horizontale Absprachen unter Konkurrenten auf einem Drittmarkt erleichtern oder gar ermöglichen, indem er einen Rahmen schafft, der gleichartiges Verhalten erzwingt, per Vorgabe vorsieht oder zumindest nahelegt („**Hub-and-Spoke-Konstellation**").[33] Klar ist dies jedenfalls in dem Fall, dass der Dritte („Hub") als reiner Dienstleister mit Wissen und Wollen als Bote zwischen den beteiligten Unternehmen (Spokes) Informationen weiterleitet, die ihm gerade zu diesem Zweck mitgeteilt wurden.[34]

Eine solche „Hilfsfunktion", bei welcher der Hub allein als weisungsgebundener verlängerter Arm der beteiligten Unternehmen tätig wird, ist aber nicht unverzichtbar. Beispielhaft hierfür ist die vom EuGH entschiedene Rechtssache *Eturas*:[35] *Eturas* betrieb ein zentrales Onlinebuchungssystem für Reisebüros in Europa, bot selbst aber unmittelbar keine Reisebuchungsmöglichkeit für Endkunden. Über die von *Eturas* betriebene Plattform wurde den Reisebüros vorgeschlagen, ab einem gewissen Stichtag eine Rabattobergrenze von 3 % einzuhalten. In der Folge wurde diese Obergrenze dann auch als Vorgabewert eingestellt, so dass eine Anpassung gezielte Maßnahmen der Reisebüros erfordert hätte.[36] Der EuGH nahm hier einen

---

30 Lübke ZHR 185 (2021), 723 (741).
31 OECD, Algorithms and Collusion, 2017, abrufbar unter www.oecd.org/competition/algorithms-collusion-competition-policy-in-the-digital-age.htm, S. 24; Lübke ZHR 185 (2021), 723 (744).
32 U.S. v. Topkins, U.S. District Court, Northern District of California, No. CR 15–00201; Competition and Markets Authority (CMA), 12.8.2016, Case 50223 – Online sales of posters and frames www.gov.uk/cma-cases/online-sales-of-discretionary-consumer-products, N. 3.66.
33 Hennemann ZWeR 2018, 161 (174); Wolf NZKart 2019, 2 (3); EuGH 21.1.2016 – Rs. C-74/14, ECLI:EU:C:2016:42, Rn. 26 – Eturas.
34 Hainz/Benditz EuZW 2012, 686 (687).
35 EuGH 21.1.2016 – Rs. C-74/14, ECLI:EU:C:2016:42, Rn. 26 – Eturas.
36 Immenga/Mestmäcker/Zimmer Art. 101 Abs. 1 AEUV Rn. 93; BeckOK InfoMedienR/Paal/Kumkar AEUV Art. 101 Rn. 135b; Lübke ZHR 185 (2021), 723 (739).

Verstoß gegen Art. 101 AEUV mit der Begründung an, dass die Reisebüros durch ihr Verhalten konkludent der Begrenzung der Preisnachlässe zugestimmt hätten und sich somit untereinander koordiniert hätten.[37] Um dieser passiven Beteiligung zu entgehen, hätten die Reisebüros dem Systemadministrator gegenüber explizit widersprechen müssen.[38]

22 Legal Tech-Anbieter können durchaus in diese „Falle" tappen und als „Hub" eines Kartells agieren – indem sie etwa als „externe Rechtsabteilung" für mehrere in Wettbewerb stehende Unternehmen tätig werden und diesen (automatisiert) einheitliche Konditionen oder gar Preise vorschlagen. Beispielhaft sei auf den verwandten Fall der Unternehmensberatung Accenture verwiesen: Deren Software **Partneo** schlug Preise für Autoersatzteile durch Auswertung der Zahlungsbereitschaft der Kunden vor.[39]

23 Freilich ist der **bloße unverbindliche Ratschlag an einen Marktteilnehmer** allein noch keine Koordination, welche zur Anwendung des Kartellrechts führen könnte. Sonst wäre jeder Rückgriff auf ein Formularhandbuch und erst recht auf populäre Musterverträge wie für die Vermietung von Wohnungen schon ein Kartellverstoß, da man davon ausgehen kann, dass auch die Konkurrenz diese nutzt. Zwar werden hierdurch marktrelevante Konditionen (etwa die vom Gesetz abweichende Schönheitsreparaturpflicht oder die Umlegung von Betriebskosten bei der Wohnraummiete) vereinheitlicht – aber es fehlt der Koordinierungswille der Beteiligten.

24 Erforderlich ist vielmehr ein Verhalten, das wissentlich gerade auf die Angleichung des Wettbewerbsverhaltens abzielt.[40] Wenn Unternehmen eine **Onlineplattform** oder Software zur Bestimmung ihres Wettbewerbsverhaltens (etwa der Preise, aber sonstiger Konditionen) nutzen, von der sie wissen, dass diese auch alle oder die wesentlichen Wettbewerber nutzen, um gerade dem Wettbewerbsdruck zu entgehen, kann die damit bewirkte Vereinheitlichung zentraler Leistungskonditionen als Kartellverstoß geahndet werden.[41] Hierbei ist es irrelevant, ob der Algorithmus von einem Dritten betrieben wird oder von einem Mitbewerber den anderen Unternehmen zur Verfügung gestellt wird.[42]

25 Auch dies ist aber kein Sonderproblem von Algorithmen, geschweige denn von Legal Tech. Der Vorwurf ist hier nämlich eigentlich derselbe wie bei den oben dargestellten traditionellen Systemen der **abgestimmten Verhaltensweise**: Es wird nur statt der strategischen Information als solcher schlicht die daraus folgende Verhaltensempfehlung an die Wettbewerber weitergeleitet. Es geht also um ein internes Informationsaustauschsystem. Die Legal Tech-Anbieter müssen daher insbes. vorsichtig sein, wenn sie Daten eines Kunden nutzen, um ein System anzulernen, dass auch für andere Kunden genutzt wird. Vor allem sollte man es unterlassen, in der Werbung auf Aspekte wie die Vereinheitlichung hinzuweisen, wenn gleichzeitig die hervorgehobene Bedeutung der eigenen Dienste auf einem bestimmten Markt betont wird („Wir sind Marktführer bei der Strategieplanung für Bäckereien – nutzen auch Sie die gleichen professionellen Geschäftsbedingungen wie ihre Konkurrenz!"). Freilich dürfte ein Anbieter, der Informationen seiner Kunden (auch nur mittelbar) ohne deren Einverständnis an die Konkurrenz weiterleitet, auch langfristig wenig Erfolg auf dem Markt haben, so dass eine gewisse Selbstkontrolle ohnehin gewährleistet ist.

2. Missbrauchsverbot

a) Konditionen- und Preismissbrauch (Art. 102 S. 1 AEUV, §§ 19, 20 GWB)

26 Es liegt in der Natur der Digitalisierung, dass es möglich sein muss, im Rahmen gewisser Parameter **Leistungen zu individualisieren**. Je mehr Informationen über einen Nutzer vorhanden sind, desto eher können die angebotenen Leistungen, aber auch die geforderte Gegenleistung, angepasst werden. Wenn

---

37 EuGH 21.1.2016 – Rs. C-74/14, ECLI:EU:C:2016:42 Rn. 25 – Eturas.
38 Lübke ZHR 185 (2021), 723 (739).
39 Lübke ZHR 185 (2021), 723 (729).
40 Ylinen NZKart 2018, 19 (21).
41 Lübke ZHR 185 (2021), 723 (741); Hennemann in Wischmeyer/Rademacher, Regulating Artificial Intelligence, 2020, 361 (374).
42 Lübke ZHR 185 (2021), 723 (739).

ein Kunde wiederholt eine Plattform nutzt oder aber diese Plattform Informationen aus anderen Quellen bezieht, kann daher für die Vertragsgestaltung auf eine breite Informationsbasis zurückgegriffen werden – was ein erheblicher Vorteil digitaler Plattformen gegenüber traditionellen Vor-Ort-Anbietern sein dürfte. Dies gilt jedenfalls, soweit nicht ohnehin gesetzliche Schranken für die Preisgestaltung (etwa im Rahmen des RVG) eingreifen.

Eine Grenze für die damit einhergehende Flexibilität bildet (außerhalb der verbotenen Kriterien des § 19 AGG und des § 138 Abs. 1 BGB) allein das Missbrauchsverbot nach Art. 102 S. 1 AEUV, §§ 19, 20 GWB. Gerade bei individualisierten Preisen für einheitliche Leistungen (etwa: iPhone-Nutzer zahlen bei einem Anbieter 20 % mehr als Android-Nutzer) liegt ein solcher Missbrauch nahe. Voraussetzung hierfür ist allerdings, dass überhaupt die entsprechende **Marktmacht** besteht. Aufgrund der weitgehenden Austauschbarkeit der Anbieter untereinander einerseits und mit traditioneller Rechtsberatung andererseits ist dies für die aktuellen Angebote an Endverbraucher soweit ersichtlich nicht der Fall. Erst recht hat sich bislang bei den Anbietern von kanzleiinternen Systemen noch keine Konzentration gezeigt. Etwas anderes gilt allein beim vorgelagerten Markt für die erforderlichen Daten bzw. die Infrastruktur (dazu unten). 27

b) Zugangsansprüche auf Legal Tech-Plattformen (Art. 102 S. 1 AEUV, §§ 19–20 GWB)

Wie bereits ausgeführt begründen Plattformen für Legal Tech-Dienstleistungen, die sich mit der Bewertung und Vermittlung von Anwaltsdienstleistungen befassen, erhebliche **Netzwerk- und Skaleneffekte** (→ *Wettbewerb, allgemein* Rn. 7 f.). Dies ähnelt einem in Suchmaschinen weithin bekannten Phänomen, bei dem das „Auslisten" aus Google oder auch nur eine Platzierung auf einer späteren Ergebnisseite praktisch dazu führt, dass ein Angebot vollständig untergeht.[43] 28

Vor diesem Hintergrund kann im Einzelfall ein **Anspruch auf Zugang** von Anbietern zu einer Legal Tech-Plattform auf die Verbote des Art. 102 S. 1 AEUV bzw. der §§ 19, 20 GWB gestützt werden. Dies setzt freilich voraus, dass die entsprechende Plattform eine marktbeherrschende oder zumindest relativ marktstarke (§ 20 GWB) Position einnimmt. Für die aktuellen Rechtsmarktplätze, Anwaltssuchmaschinen, Anwaltsbewertungsportale etc gilt dies nicht. Darüber hinaus ist eine Zugangsverweigerung selbstverständlich möglich, soweit ein sachlicher Grund besteht. 29

IV. Kartellrechtliche Zugangsansprüche (Art. 102 AEUV, §§ 19, 20 GWB)

Wie bereits in den allgemeinen Ausführungen zum Wettbewerb dargestellt, sind Legal Tech- Anwendungen **vom Zugang zu Daten, Algorithmen und Dienstleistungen abhängig** (→ *Wettbewerb, allgemein* Rn. 48), die in aller Regel (nur) bei anderen Unternehmen (auch aus anderen Branchen, insbes. bei Datenbankanbietern, Verlagen, aber ggf. auch bei Verbraucherschutzverbänden etc) vorhanden sind. Dies betrifft zB den Zugang zu Rechtstexten und Urteilen sowie außergerichtlicher Kommunikation über Rechtsthemen, aber auch die erforderliche Infrastruktur (Anbindung an das Breitbandinternet, Serverkapazitäten für die Datenverarbeitung, ggf. Spezialsoftware oder -hardware). Ein Missbrauch einer marktbeherrschenden Stellung kommt allerdings erst dann in Betracht, wenn diese Daten, Algorithmen und Dienstleistungen nicht auch auf anderem Wege (wenn auch ggf. mit höherem Aufwand) substituiert werden können – also ein nicht zu umgehendes Nadelöhr für die Erbringung der entsprechenden Dienstleistung darstellen. 30

Sowohl das Unionskartellrecht als auch das nationale Kartellrecht gewähren Zugangsansprüche zu solchen „**essential facilities**" (wesentlichen Einrichtungen) gegenüber marktmächtigen Unternehmen (Art. 102 AEUV, §§ 19, 19a GWB) oder (nur im deutschen Recht) Unternehmen mit bloß relativer Marktmacht (§ 20 GWB). Diese soll verhindern, dass derjenige, der eine entscheidende Einrichtung beherrscht, damit entweder eine nachgefragte Leistung auf einem Folgemarkt ganz verhindert oder aber seine Machtposition auf diese eigentlich unabhängigen Folgemärkte erstreckt und so die Entstehung von (erwünschtem) Wett- 31

---

43 EuG Urt. v. 14.5.1998 – T-354/94, ECLI:EU:T:1998:104, Rn. 112 – Koppabergs Bergslags.

bewerb im Keim erstickt.[44] Im Bereich der physischen Infrastruktur (Schienen, Leitungen etc) wird die Essential-Facilities-Doktrin regelmäßig durch das speziellere Regulierungsrecht verdrängt.[45]

1. Europarecht (Art. 102 S. 1 AEUV)

32 Obwohl die sachgrundlose Zugangsverweigerung zu einer für die Teilnahme auf einem Folgemarkt notwendigen Einrichtung nicht explizit in den Regelbeispielen des Art. 102 S. 2 AEUV auftaucht, ist die „Essential-Facilities-Doktrin" spätestens seit der Rechtssache **Magill** (1995)[46] auch für unkörperliche Einrichtungen (insbes. Immaterialgüterrechte) durch den EuGH anerkannt. Dies dürfte auch für den Zugang zu sonst technisch oder ggf. auch rechtlich (durch ein Datenbankherstellergesetz, als Geschäftsgeheimnis etc) geschützten Daten gelten.[47] Der hierfür erforderliche (potenzielle) Markt für die betreffenden Einrichtungen bereitet dabei kaum Probleme – bereits eine einzelne Nachfrage nach der entsprechenden Infrastruktur genügt. So zeigt der Umstand, dass Datenbankanbieter Geld für den Zugang zu Rechtsprechungsdaten verlangen können oder Unternehmen ihre Daten als Geschäftsgeheimnis schützen (§ 2 Nr. 1 GeschGehG stellt zu Recht auf den „wirtschaftlichen Wert" des Geheimnisses ab), dass hier eine Nachfrage besteht. Generell stellt der EuGH für einen Missbrauch drei Voraussetzungen auf:[48]

33 1. Durch die Verweigerung des Zugangs zu einer Einrichtung (iwS) muss das Auftreten eines **neuen Erzeugnisses auf einem nachgelagerten Markt**, nach dem eine potenzielle Nachfrage besteht, tatsächlich verhindert werden.[49] Es geht also nicht darum, dass ein Unternehmen seine eigene Konkurrenz auf dem eigenen Markt fördern muss, sondern gerade um neue (abgeleitete) Märkte, die von den fremden Leistungen abhängig sind. Im Missbrauchsverfahren gegen Microsoft ließ der EuGH es allerdings ausreichen, dass die Verweigerung des Zugangs zu Schnittstelleninformationen die Konkurrenten *im selben Markt* an der Entwicklung von neuen, innovativen *Produktmerkmalen* hindere, welche diese Produkte von denen des Marktbeherrschers unterscheiden.[50] Inwieweit dies Allgemeingültigkeit beanspruchen kann, ist noch nicht geklärt. Jedenfalls bei den meisten Legal Tech-Angeboten dürfte diese Voraussetzung offensichtlich erfüllt sein: Dabei werden aus „Rohdaten" neue Beratungs-, Prognose- oder Analysetools entwickelt.

34 2. Die Zugangsverweigerung darf nicht durch einen **sachlichen Grund** gerechtfertigt sein. Das Interesse des marktmächtigen Unternehmens, Einrichtungen und Güter nur für die eigene Geschäftstätigkeit zu verwenden, schafft Investitionsanreize und sorgt langfristig für Innovation. Die Zugangsgewährung für Dritte (im schlimmsten Fall wie bei Microsoft die eigene Konkurrenz) zur aufwendig geschaffenen Infrastruktur bei eigenem Markterfolg ist insoweit geradezu abschreckend. Dies ist mit dem Interesse, Wettbewerb durch Datenzugang zu gewährleisten, in Einklang zu bringen. Soweit möglich ist daher der Zugang einzugrenzen (so viel wie nötig, so wenig wie möglich) – eine schlichte 1:1-Übertragung kommt nur dann in Betracht, wenn genau diese für den Marktzugang erforderlich ist.[51] Demgegenüber muss ein Unternehmen, das einigen Unternehmen Zugang verbietet, diesen aber anderen gewährt, (schon aufgrund des kartellrechtlichen Diskriminierungsverbots) dies besonders rechtfertigen – ihm

---

44 Schweitzer GRUR 2019, 569 (577).
45 Schweitzer/Haucap/Kerber/Welker, Modernisierung der Missbrauchsaufsicht für marktmächtige Unternehmen, 2018, S. 163; Generalanwalt Jacobs Schlussanträge v. 28.5.1998 – Rs. C-7/97, ECLI:EU:C:1998:264, Rn. 56–58 – Bronner.
46 EuGH Urt. v. 6.4.1995 – verb Rs. C-242/91 P ua, ECLI:EU:C:1995:98, Rn. 50 – Magill; EuGH Urt. v. 29.4.2004 – C-418/01, ECLI:EU:C:2004:257, Rn. 35 -IMS Health.
47 Schweitzer/Haucap/Kerber/Welker, Modernisierung der Missbrauchsaufsicht für marktmächtige Unternehmen, 2018, S. 164; Schweitzer GRUR 2019, 569 (578).
48 EuGH Urt. v. 29.4.2004 – C-418/01, ECLI:EU:C:2004:257, Rn. 38 -IMS Health.
49 Immenga/Mestmäcker/Fuchs Art. 102 Rn. 332; EuGH Urt. v. 26.11.1998 – Rs. C-7/97, ECLI:EU:C:1998:569, MMR 1999, 348 – Bronner.
50 EuG Urt. v. 17.9.2007 – T-201/04, ECLI:EU:T:2007:289, Rn. 643ff -Microsoft/Kommission; Schweitzer GRUR 2019, 569 (578).
51 Schweitzer/Haucap/Kerber/Welker, Modernisierung der Missbrauchsaufsicht für marktmächtige Unternehmen, 2018, S. 168.

kann daher auch ein umfangreicherer Zugriff auferlegt werden. Dies mag man etwa im Hinblick auf die Platzierung in den organischen Suchergebnissen bei Google, die Berücksichtigung in digitalen Werbesystemen oder den Konditionen für die Nutzung von Infrastruktur (wie Telekommunikationsnetzen, Hosting-Netzwerken oder Plattformen wie IBM Watson) berücksichtigen.

3. Schließlich muss die Zugangsverweigerung geeignet sein, **jeglichen Wettbewerb auf dem abgeleiteten Markt auszuschließen**. Daran fehlt es, wenn die vermeintlich erforderliche Infrastruktur auf anderem (ggf. auch deutlich aufwendigerem) Weg ersetzt werden kann. Erst dann, wenn es praktisch gar keine Alternative gibt, kann auf die Essential-Facilities-Doktrin zurückgegriffen werden. Gerade bei Daten ist dies nur ausnahmsweise der Fall: Eindeutig kann kein Zugriff auf Daten verlangt werden, die ohnehin frei verfügbar sind (etwa publizierte Urteile) oder selbst generierbar wären (etwa ein Suchindex über das gesamte Internet wie bei Google).[52] Selbst wenn die Kosten der Datengenerierung oder die Form der Erhebung (etwa störende erneute Abfrage von Daten bei den Nutzern, die man auch anderweitig abrufen könnte) das konkrete Produkt bzw. die konkrete Dienstleistung weniger attraktiv machen sollten, ist dies grundsätzlich hinzunehmen. Erst wenn die Daten nur an einer Stelle abrufbar sind oder gerade durch die konkrete Zusammenstellung einen eigenen Wert erhalten oder die erneute Erstellung einen praktisch nicht zu erbringenden Aufwand bedeuten würden, ist die „Nicht-Substituierbarkeit" zu bejahen. So wird man einem Legal Tech-Anbieter, der auf Google nicht angezeigt wird, nicht zumuten können, eine eigene Internetsuchmaschine zu entwickeln, ebenso wenig muss er ein den dortigen Angeboten entsprechendes Werbenetzwerk etablieren. Demgegenüber dürfte ein Anspruch auf Zugriff auf die unveröffentlichten Entscheidungen, Schriftsätze, gerichtlichen Verfügungen und sonstigen relevanten digitalen Dokumente etwa von Flightright kaum auf Art. 102 AEUV gestützt werden können.

2. Nationales Recht (§ 19 Abs. 1, Abs. 2 Nr. 4 GWB; § 19a GWB; § 20 GWB)

Im Rahmen der 10. GWB-Novelle, die vielsagend als „GWB-Digitalisierungsgesetz" betitelt wurde,[53] hat der Gesetzgeber den Zugang zu Daten als wesentliches Kriterium für Marktmacht in § 18 Abs. 3 Nr. 3 GWB ergänzt. Daran anknüpfend wurde die bereits im Gesetz vorhandene **Kodifikation der Essential-Facilities-Doktrin** (§ 19 Abs. 2 Nr. 4 GWB) sprachlich neu gefasst und es wurden ua Daten explizit in den Wortlaut aufgenommen. Die Kriterien sind dabei bewusst an die oben geschilderte EuGH-Rechtsprechung angelehnt.

Zudem kennt § 20 GWB über die Verhaltenspflichten marktbeherrschender Unternehmen hinaus besondere Pflichten von (nur) **relativ marktmächtigen Unternehmen**. Ein Unternehmen ist relativ marktmächtig, soweit von ihm andere Unternehmen als Anbieter oder Nachfrager einer bestimmten Art von Produkten insoweit abhängig sind, dass ausreichende und zumutbare Möglichkeiten auf dritte Unternehmen auszuweichen, nicht bestehen (vgl. § 20 Abs. 1 S. 1 GWB). Der mit der 10. GWB-Novelle neu eingeführte § 20 Abs. 1a GWB stellt klar, dass sich die Abhängigkeit daraus ergeben kann, dass ein Unternehmen für seine Tätigkeit auf den Zugang zu Daten angewiesen ist, welches das potenziell relativ marktmächtige Unternehmen kontrolliert (vgl. → *Datenzugang* Rn. 41). Allerdings verweist § 20 Abs. 1 GWB nicht auf § 19 Abs. 1 iVm Abs. 2 Nr. 4 (also die Kodifikation der Essential-Facilities- Doktrin), sondern nur auf § 19 Abs. 1 iVm Abs. 2 Nr. 1 (Behinderungsmissbrauch) und Nr. 5 (Aufforderung zur Vorteilsgewährung). Nach dem Willen des Gesetzgebers kann die Zugangsverweigerung aber eine Behinderung im Sinne des § 20 Abs. 1 iVm § 19 Abs. 2 Nr. 1 GWB darstellen (§ 20 Abs. 1a S. 2 GWB).[54] Entscheidender Anknüpfungspunkt ist hierbei das „angemessene Entgelt" – so dass hierüber eine Kontrolle der Gegenleistung erfolgen kann. Gerade für Datenzugang im Legal Tech-Bereich dürfte die Regelung künftig erhebliche Bedeutung entfalten.

---

52 Louven ZWeR 2019, 154 (170); Schweitzer/Haucap/Kerber/Welker, Modernisierung der Missbrauchsaufsicht für marktmächtige Unternehmen, 2018, S. 164.
53 BGBl. 2021 I Nr. 1, S. 2: Gesetz zur Änderung des Gesetzes gegen Wettbewerbsbeschränkungen für ein fokussiertes, proaktives und digitales Wettbewerbsrecht 4.0 und anderer Bestimmungen (GWB-Digitalisierungsgesetz) vom 18.1.2021.
54 BeckOK InfoMedienR/Paal GWB § 20 Rn. 12; siehe allgemein Körber MMR 2020, 290 (292).

38 § 19a Abs. 2 GWB enthält spezielle Pflichten für **Unternehmen mit überragender marktübergreifender Bedeutung für den Wettbewerb**. Dies umfasst primär die großen Digitalkonzerne,[55] die nach entsprechender Feststellung durch das Bundeskartellamt (vgl. § 19a Abs. 1 GWB) besonders strengen Pflichten unterworfen werden können (§ 19a Abs. 2 GWB).[56] Allerdings regelt das Gesetz insoweit keinen über § 19 Abs. 2 Nr. 4 GWB hinausgehenden Zugangsanspruch; im Vordergrund stehen vielmehr tatsächlich beobachtete, problematische Verhaltensweisen (etwa die Behinderung der Portabilität von Daten oder das Erzwingen der Bereitstellung von Daten).

3. Ausblick: Digital Markets Act und Digital Service Act

39 Das „**Gesetz über digitale Märkte**"[57] (Digital Markets Act, DMA) richtet sich an „Gatekeeper", dh Unternehmen, die zentrale Plattformdienste (→ *Plattform, allgemein* Rn. 11) betreiben, welche (1) für die Vermittlung zwischen Unternehmern und Endverbrauchern relevant sind *und* (2) erhebliche Bedeutung für den Binnenmarkt haben *sowie* (3) diese Position auf absehbare Zeit behalten. Praktisch geht es damit vor allem um Meta (Facebook), Alphabet (Google), Amazon und Apple. Die Rechtsdurchsetzung obliegt der Europäischen Kommission. Die Regularien sollen 2022 verabschiedet werden und nach Ablauf einer Übergangsfrist im Jahre 2023 in Kraft treten.

40 Die **neuen Pflichten für Gatekeeper** verhindern primär, dass sich die entsprechenden Unternehmen auch im Markt für Legal Tech-Dienste eine Marktposition erobern – was aufgrund der bei vielen der genannten Anbieter bereits vorhandenen breiten Datenbasis und der engen Anbindung zu den Endnutzern grundsätzlich leicht möglich wäre und, wie etwa die Entwicklung von „Google Shopping" oder „Google Maps" zeigt, nicht völlig abwegig ist.[58] Die zahlreichen Diskriminierungsverbote, Zugangsrechte, Neutralitätspflichten und Transparenzgebote begünstigen nicht nur die Endnutzer, sondern gerade auch die von den entsprechenden Diensten abhängigen Unternehmen. Weigert sich also Google, einen Legal Tech-Anbieter in seine organische Suchergebnisse aufzunehmen oder platziert diesen willkürlich an falscher Stelle, käme ein Verstoß gegen den DMA in Betracht. Gleichzeitig wird für die betroffenen Unternehmen eine deutlich dichtere staatliche Aufsichtsinfrastruktur geschaffen, so dass Missbräuche eingeschränkt werden.

41 Das Gesetz über digitale Dienste („**Digital Services Act**")[59] richtet sich an „Anbieter von Vermittlungsdiensten", dh das Durchleiten („Access"), Speichern („Hosting") und Zwischenspeichern („Caching") von fremden Informationen. Dies betrifft grundsätzlich alle Forenbetreiber, aber auch Blogs und andere Dienste, über welche Nutzer mit der Allgemeinheit kommunizieren können. Dabei werden (ähnlich dem deutschen NetzDG) für „sehr große" Plattformen (mit durchschnittlich mindestens 45 Millionen monatlichen Nutzern) besondere Pflichten geschaffen.

42 Anders als der Digital Markets Act kann der Digital Services Act **auch Legal Tech-Unternehmen verpflichten**. Die konkreten Pflichten finden sich aber auch schon – wenngleich mitunter etwas schwächer konturiert – im geltenden Recht: So werden etwa „Dark Patterns" (das Erschleichen oder Erzwingen von Entscheidungen insbes. über eine Einwilligung oder den Verzicht auf eine Kündigung) verboten oder besondere Maßnahmen für den Schutz Minderjähriger auf Plattformen verlangt, die sich (auch) an solche

---

55 RegE, BT-Drs. 19/23492; BeckOK InfoMedienR/Paal GWB § 19a Rn. 1.
56 BeckOK InfoMedienR/Paal GWB § 19a Rn. 1.
57 Vorschlag für eine Verordnung des Europäischen Parlaments und des Rates über bestreitbare und faire Märkte im digitalen Sektor (Gesetz über digitale Märkte) vom 15.12.2020 (COM(2020) 842 final) idF des Trilog-Kompromisses vom 11.5.2022, 2020/0374(COD), 8722/22, https://www.consilium.europa.eu/media/56086/st08722-xx22.pdf.
58 In den USA kann zB Google Scholar zur gezielten Suche nach Case Law verwendet werden (https://scholar.google.com/scholar_courts?hl=en&as_sdt=0,5), Patentschriften weltweit kann man etwa mit Google Patents finden (https://patents.google.com/). Der Weg zu einer Fachdatenbank wäre also nicht weit und auch nicht zu einem teilautomatischen Legal Tech Tool; erst Recht könnte Google eine Anwaltssuchmaschine oder einen Marktplatz einrichten.
59 Vorschlag für eine Verordnung des Europäischen Parlaments und des Rates über einen Binnenmarkt für digitale Dienste (Gesetz über digitale Dienste) und zur Änderung der Richtlinie 2000/31/EG vom 15.12.2020, COM(2020) 825 final idF des Trilog-Kompromisses vom 24.3.2022.

richten. Untersagt ist zudem die Nutzung bestimmter Kriterien für individualisierte Werbung. Die Pflichten für „sehr große" Plattformen dürften Legal Tech- Unternehmen hingegen nur äußerst selten betreffen: Selbst große Anbieter von Kommunikationsforen wie https://www.frag-einen-anwalt.de/ dürften diese kritische Masse nicht erreichen.

Umgekehrt **profitieren** die Anbieter von Legal Tech-Diensten – anders als beim Digital Markets Act – nicht von den Regelungen des Digital Services Act – bei diesen geht es gerade um den Schutz von Persönlichkeitsrechten oder des Geistigen Eigentums sowie die damit verbundenen Meldeverfahren. Allenfalls mag die Überwachung der Algorithmen der sehr großen Plattformen hier einen gewissen Schutz gewährleisten.

94. Wettbewerb, unlauterer

Beurskens

I. Überblick 1	a) Per-se-Verbote
II. Durchsetzung des Lauterkeitsrechts durch Legal Tech 3	(§ 3 Abs. 3 UWG iVm Anhang) 27
1. Probleme der Aktivlegitimation 4	b) Irreführende geschäftliche Handlungen (§§ 5, 5a, 5b UWG) 30
2. Legal Tech zur Überwachung 8	c) Aggressive geschäftliche Handlungen
3. Legal Tech und Abmahnungen 10	(§ 4a UWG) 38
4. Legal Tech-Potenziale bei Verbraucherschadensersatz 15	d) Mitbewerberschutz (§ 4 UWG) 40
	e) Vergleichende Werbung (§ 6 UWG) 41
III. Gestaltungsvorgaben an Legal Tech-Angebote durch das Lauterkeitsrecht 17	f) Rechtsbruchtatbestand (§ 3a UWG) 42
1. Die geschäftliche Handlung 20	g) Generalklauseln (§§ 3 Abs. 1, Abs. 2 UWG) 48
2. Unlauterkeitstatbestände 25	3. Unzumutbare Belästigung (§ 7 UWG) 50

Literatur: *Alexander*, Vertragsrecht und Lauterkeitsrecht unter dem Einfluss der Richtlinie 2005/29/EG über unlautere Geschäftspraktiken, WRP 2012, 515; *Alexander*, Verhältnis des UWG nF zu spezialgesetzlichen Regelungen und individueller Schadensersatz für Verbraucher, GRUR 2021, 1445; *Barth*, Wettbewerbsrechtliche Abmahnung von Verstößen gegen das neue Datenschutzrecht, WRP 2018, 790; *Bornkamm*, Das Wettbewerbsverhältnis und die Sachbefugnis des Mitbewerbers, GRUR 1996, 527; *Büscher*, Neue Unlauterkeitstatbestände und Sanktionen im Gesetz zur Stärkung des Verbraucherschutzes im Wettbewerbs- und Gewerberecht (Teil 2), WRP 2022, 132; *Diercks*, Verhältnis zwischen Datenschutzrecht und UWG aus europarechtlicher Sicht, CR 2019, 95; *Dreher/Ballmaier*, Die Werbung mit der Rechtsform durch Versicherungsvereine auf Gegenseitigkeit, VersR 2011, 1087; *Engert*, Digitale Plattformen, AcP 218 (2018), 304; *Frey*, Der Schadensersatzanspruch für Verbraucher im neuen UWG, VuR 2022, 174; *Galetzka/Garling/Partheymüller*, Legal Tech – „smart law" oder Teufelszeug?, MMR 2021, 20; *Glöckner*, Der gegenständliche Anwendungsbereich des Lauterkeitsrechts nach der UWG-Novelle 2008 – ein Paradigmenwechsel mit Folgen, WRP 2009, 1175; *Hacker*, Daten als Gegenleistung: Rechtsgeschäfte im Spannungsfeld von DS-GVO und allgemeinem Vertragsrecht, ZfPW 2019, 148; *Halder*, Private Enforcement und Datenschutzrecht, 2022; *Heßmann*, Die Bekämpfung von Datenschutzverstößen mit Mitteln des Unlauterkeitsrechts, 2022; *Henning-Bodewig*, Die Regelung der zivilrechtlichen Sanktionen im UWG – Ein Irrgarten, in: Straus (Hrsg.), Festschrift für Friedrich-Karl Beier, 1996, S. 521; *Hetmank*, „Wettbewerbsfunktionales Verständnis" im Lauterkeitsrecht, GRUR 2014, 437; *Günther/Gruppe*, Zulässigkeit der Blickfangwerbung von Legal-Tech-Unternehmen, MMR 2020, 145; *Hofmann*, Versteckte Haftungsfalle im neuen UWG bei der Durchsetzung des Unterlassungsanspruchs durch Mitbewerber?, WRP 2021, 1; *Kalbfus/Uhlenhut/Feilke*, Umwälzungen im Wettbewerbsrecht: Kommen jetzt Massenverfahren und Bußgelder?, CCZ 2022, 99; *Köbrich/Froitzheim*, Lass uns quatschen – Werbliche Kommunikation mit Chatbots, WRP 2017, 1188; *Köhler*, Die Verwendung unwirksamer Vertragsklauseln: ein Fall für das UWG, GRUR 2010, 1047; *Köhler*, Durchsetzung der DS-GVO mittels UWG und UKlaG?, WRP 2018, 1269; *Kraetzig/Krawietz*, Vertragsgeneratoren als Subsumtionsautomaten, RDi 2022, 145; *Laoutoumai/Hoppe*, Setzt die DS-GVO das UWG Schachmatt?, K&R 2018, 533; *Leeb*, Modernes Legal Tech trifft auf altbekanntes Wettbewerbsrecht: Irreführende Werbung eines Legal Tech-Unternehmens, jurisPR-ITR 2/2018 Anm. 3; *Lommatzsch/Albrecht*, Gesetz für faire Verbraucherverträge – Neue Herausforderung für Unternehmen und Vorteil für Verbraucher?, GWR 2021, 363; *Lorenz*, Chatbots im praktischen Einsatz: Grundbegriffe, Rechtsfragen und Anwendungsszenarien, K&R 2019, 1; *McColgan*, Die Inhaltskontrolle von Datenschutzerklärungen ist keine Inhaltskontrolle, AcP 221 (2021), 695; *Metzger*, Verbraucherschutz bei der Bereitstellung digitaler Produkte – Zur Durchsetzung der §§ 327-327u BGB, in: Tälle/Benedict/Koch/Klawitter/Paulus/Preetz (Hrsg.), Selbstbestimmung: Freiheit und Grenzen, Festschrift für Reinhard Singer zum 70. Geburtstag, S. 431; *Meul/Morschhäuser*, Legal Tech-Unternehmen im Fahrwasser der Inkassolizenz – wird die Ausnahme zur Regel?, CR 2020, 101; *Meurer*, Neue gesetzliche Pflichten bei Telefonwerbung, DSB 2021, 348; *Mörger*, Ausgewählte Probleme im neuen UWG: Fortfall der Wiederholungsgefahr ohne Vertragsstrafeversprechen?, WRP 2021, 885; *Obergfell*, Personalisierte Preise im Lebensmittelhandel – Vertragsfreiheit oder Kundenbetrug?, ZLR 2017, 29; *Ohly*, Vom abstrakten zum konkreten Verbraucherschutz im Rahmen des Rechtsbruchtatbestands, in: Alexander/Bornkamm/Buchner/Fritzsche/Lettl, Festschrift für Helmut Köhler zum 70. Geburtstag, 2014, S. 507; *Omsels/Zott*, Ausgewählte Probleme im neuen UWG, WRP 2021, 278; *Poelzig*, Normdurchsetzung durch Privatrecht, 2012; *Prütting*, Legal Tech vor den Toren der Anwaltschaft – Die Digitalisierung der Rechtsdienstleistungen, ZIP 2020, 49; *Rätze*, Gesetz zur Stärkung des (un)fairen Wettbewerbs, WRP 2020, 1519; *Rauer/Shchavelev*, Der neue Verbraucherschadensersatz, GRUR-Prax 2022, 35; *Römermann*, Rechtsdienstleistungsmarkt morgen

– Konsequenzen aus der Entschließung des Deutschen Bundestags vom 11 Juni 2021, in: Tölle/Benedict/Koch/Klawitter/Paulus/Preetz (Hrsg.), Selbstbestimmung: Freiheit und Grenzen, Festschrift für Reinhard Singer zum 70. Geburtstag, S. 561; *Rott*, Rechtsdurchsetzung durch Legal Tech-Inkasso am Beispiel der Mietpreisbremse – Nutzen oder Gefahr für Verbraucher?, VuR 2018, 443; *Schaub*, Verletzung von Datenschutzregeln als unlauterer Wettbewerb?, WRP 2019, 1391; *Scherer*, Marktverhaltensregeln im Interesse der Marktbeteiligten – Funktionsorientierte Ausrichtung des neuen Rechtsbruchtatbestandes in § 4 Nr. 11 UWG, WRP 2006, 401; *Scherer*, Die Neuregelung der aggressiven geschäftlichen Handlungen in § 4 a UWG, GRUR 2016, 233; *Scherer*, Lauterkeitsrechtliche Grenzen bei Zahlungsaufforderungen durch Mahnschreiben, NJW 2018, 3609; *Scherer*, Verbraucherschadensersatz durch § 9 Abs. 2 UWG-RegE als Umsetzung von Art. 3 Nr. 5 Omnibus-RL – eine Revolution im Lauterkeitsrecht, WRP 2021, 561; *Seichter*, Verträge durch Algorithmen? – Neues vom BGH in Sachen Legal Tech, jM 2022, 51; Schneider, Vereinbarkeit des Online-Reputations-Managements mit dem Rechtsdienstleistungsgesetz, ZAP 2022, 513; *Skupin*, Irreführende Blickfangwerbung von Legal-Tech-Dienstleister im Fluggastrecht, GRUR-Prax 2021, 67; *Skupin*, Vertragsstrafenmonitoring und -durchsetzung – ein Spielfeld für Legal-Tech-Dienstleister?, GRUR-Prax 2021, 622; *Skupin*, Die Entwicklung der Legal-Tech-Rechtsprechung im Jahr 2021, RDi 2022, 63; *Solmecke/Dierking*, Die Rechtsmissbräuchlichkeit von Abmahnungen, MMR 2009, 727; *Stadler*, Third Party Funding of Mass Litigation in Germany:Entrepreneurial Parties – Curse or Blessing?, in: Cadiet/Hess/Requejo Isidro (Hrsg.), Privatizing Dispute Resolution, 2019, S. 209; *Steinrötter*, Legal Tech im Reiserecht, RRa 2020, 259; *Tavakoli*, Legal Tech statt Fluggastklagen – Der effektive Weg zur Entlastung, DRiZ 2020, 212; *Tillmann/Vogt*, Personalisierte Preise im Big-Data-Zeitalter, VuR 2018, 447; Timmermann/Hundertmark, Smartlaw und der Rechtsdienstleistungsbegriff, RDi 2021, 269; *Wendt/Jung*, Rechtsrahmen für Legal Technology, ZIP 2020, 2201.

I. Überblick

Das **Lauterkeitsrecht** schafft **einheitliche Verhaltensregelungen** innerhalb eines tatsächlich vorgefundenen Marktes, an denen alle Marktteilnehmer ihr Verhalten ausrichten müssen. § 1 Abs. 1 S. 1 UWG stellt klar, dass dies neben den Verbrauchern (§ 2 Abs. 2 UWG) gleichberechtigt auch die Mitbewerber (§ 2 Abs. 1 Nr. 4 UWG) und sonstige Marktteilnehmer (§ 2 Abs. 1 Nr. 3 UWG) schützt (→ Rn. 25 f.); zudem wird nach § 1 Abs. 1 S. 2 UWG mittelbar das Interesse der Allgemeinheit an einem unverfälschten Wettbewerb als Institution gewährleistet. Auch Legal Tech-Anbieter müssen die Anforderungen des Lauterkeitsrechts beachten, möchten sie sich nicht einer Reihe von Ansprüchen, inklusive Kostenerstattungsansprüchen für die in der Praxis gefürchteten Abmahnungen, ausgesetzt sehen.

Das so verstandene Lauterkeitsrecht entfaltet in zweierlei Hinsicht Bedeutung für Legal Tech-Angebote: Zum einen werden vielfach **automatisierte Lösungen** zum Aufdecken von Rechtsverstößen im digitalen Bereich (→ Rn. 3 ff.) sowie zur massenhaften Durchsetzung („Serienabmahnungen") eingesetzt (→ Rn. 12 ff.). Zum anderen bildet das Lauterkeitsrecht eine **rechtliche Grenze** für die Gestaltung von an Endkunden gerichtete Legal Tech-Angebote bzw. die diesbezügliche Werbung (→ Rn. 17 ff.).

II. Durchsetzung des Lauterkeitsrechts durch Legal Tech

Das Lauterkeitsrecht wird in Deutschland – anders als in anderen EU-Mitgliedstaaten – im Wesentlichen[1] durch private Akteure durchgesetzt (§ 8 Abs. 3 UWG). Der Unterlassungsanspruch aus § 8 Abs. 1 UWG steht daher Mitbewerbern (§ 8 Abs. 3 Nr. 1 UWG) und privatrechtlichen Verbänden (§ 8 Abs. 3 Nr. 2, Nr. 3 UWG) zu. Zu beachten ist, dass diese in § 8 Abs. 3 Nr. 1 bis 3 UWG genannten privaten Akteure grundsätzlich nicht nur nach dem UWG gegen Rechtsverletzer vorgehen können, sondern auch für Ansprüche nach §§ 1 f. **UKlaG** aktivlegitimiert sind, § 3 Abs. 1 UKlaG. Im Rahmen dieses sog. **„private enforcement"** werden diese Akteure zur Bereinigung des Marktes von unerwünschten Verhaltensweisen instrumentalisiert.[2] Europarechtlich gibt die Verbandsklagen-RL[3] einen gewissen Rahmen vor.

---

[1] Teilweise erfolgt die Durchsetzung aber auch mit Mitteln des Straf- und Ordnungswidrigkeitenrechts, vgl. §§ 16, 20 UWG.
[2] Poelzig, Normdurchsetzung durch Privatrecht, 2012, S. 399 f.
[3] Richtlinie (EU) 2020/1828 des Europäischen Parlaments und des Rates vom 25.11.2020 über Verbandsklagen zum Schutz der Kollektivinteressen der Verbraucher und zur Aufhebung der Richtlinie 2009/22/EG, ABl. L 409 S. 1.

1. Probleme der Aktivlegitimation

4 Aktivlegitimiert ist nach Nr. 1 zunächst grundsätzlich jeder **Mitbewerber**, der Waren oder Dienstleistungen in nicht unerheblichem Maße und nicht nur gelegentlich vertreibt oder nachfragt. Das hierzu erforderliche konkrete Wettbewerbsverhältnis (§ 2 Abs. 1 Nr. 4 UWG) wird dabei mit Blick auf eine möglichst effektive Durchsetzung denkbar weit verstanden[4] und kann auch Unternehmen verschiedener Branchen[5] oder Wirtschaftsstufen[6] umfassen. Gerade für im Legal Tech-Bereich verbreitete Start-ups ist allerdings die Anforderung, dass Vertrieb und Nachfrage „nicht nur gelegentlich" erfolgen müssen, problematisch. Praktisch bedeutet dies, dass ein Unternehmen, das gerade erst in den Markt eintritt, zunächst nicht selbst gegen unlautere Praktiken der Konkurrenz vorgehen kann – und damit der Gefahr ausgesetzt ist, dass die etablierten Anbieter durch mitbewerberschädigende Handlungen den Marktzutritt erschweren oder sogar verhindern.[7]

5 Verbände und öffentlich-rechtlich verfasste Einrichtungen sind nicht aktivlegitimiert, wenn Verstöße **lediglich Interessen konkreter Mitbewerber** betreffen.[8] Hierbei wird es sich im Regelfall um Verstöße gegen § 4 UWG und § 6 UWG handeln – hier kann sich (nur) der konkret betroffene Mitbewerber selbst wehren, da die Verbände als solche kein eigenes Interesse an der Durchsetzung haben.[9] Dies führt aber bei Fehlen einer (vorherigen) „nicht nur gelegentlichen" Tätigkeit dazu, dass Start-ups praktisch keinerlei Rechtsschutzmöglichkeiten haben.

6 Im Übrigen müssen rechtsfähige Verbände zur Förderung gewerblicher oder selbstständiger beruflicher Interessen (**Fach- und Wirtschaftsverbände**) in die Liste der qualifizierten Wirtschaftsverbände nach § 8b UWG[10] eingetragen sein. Dies setzt voraus, dass ihnen eine erhebliche Zahl von Unternehmern angehören, die Waren oder Dienstleistungen gleicher oder verwandter Art auf demselben Markt vertreiben, und die Zuwiderhandlung Interessen ihrer Mitglieder berührt. Derartige Verbände (etwa die „Zentrale zur Bekämpfung unlauteren Wettbewerbs Frankfurt am Main eV") handeln weder zum Selbstzweck noch altruistisch zugunsten der Verbraucher, sondern nehmen kollektiv die Interessen ihrer Mitglieder wahr.[11] Ein besonderer Verband der Legal Tech-Anbieter existiert dabei bislang allerdings ebenso wenig wie eine Interessenvereinigung im Bereich der Rechtsdienstleistungen im Allgemeinen.[12] Angesichts des Umstands, dass es sich bei Rechtsdienstleistungen um einen besonderen Vertrauensmarkt handelt, liegt es aber im Interesse der Branche, hier Mindeststandards zu gewährleisten, so dass zu hoffen ist, dass diesbezügliche Aktivitäten entfaltet werden.

7 **Verbraucherschutzverbände** müssen in die Liste der qualifizierten Einrichtungen nach § 4 UKlaG oder in das Verzeichnis der Europäischen Kommission eingetragen sein (Nr. 3). Welche Anforderungen eine Einrichtung erfüllen muss, um in die Liste der qualifizierten Einrichtungen aufgenommen zu werden, regelt § 4 Abs. 2 UKlaG. Im Legal Tech-Bereich können auch die nach Nr. 4 aktivlegitimierten **öffentlich-rechtlich verfassten Einrichtungen** Bedeutung erlangen. So ging etwa die Hanseatische Rechtsanwaltskammer Hamburg gegen die Anbieterin eines Dokumentengenerators (vgl. → *Dokumentenautomatisierung* Rn. 11) aufgrund eines vermeintlichen Verstoßes gegen § 3 RDG vor.[13]

---

[4] BGH GRUR 2021, 497 Rn. 15.
[5] BGH GRUR 1972, 553.
[6] BGH GRUR 2012, 74 Rn. 20.
[7] Rätze WRP 2020, 1519 Rn. 27, 29; Omsels/Zott WRP 2021, 278 Rn. 10.
[8] BGH WRP 2016, 966 Rn. 21; BGH WRP 2011, 749 (750); aA Bornkamm GRUR 1996, 527 (530).
[9] Köhler/Bornkamm/Feddersen/Köhler/Feddersen UWG § 8 Rn. 3.5a.
[10] Abrufbar unter https://www.bundesjustizamt.de/DE/Themen/Buergerdienste/qualifizierte_Wirtschaftsverbaende/Liste_node.html.
[11] BGH GRUR 1997, 933 (934).
[12] Vgl. dazu https://www.bundesjustizamt.de/DE/SharedDocs/Publikationen/Verbraucherschutz/Liste_qualifizierter_Wirtschaftsverbaende_UWG.pdf.
[13] LG Köln MMR 2020, 56; OLG Köln MMR 2020, 618; BGH NJW 2021, 3125; vgl. Rott VuR 2018, 443 (445); Leeb jurisPR-ITR 2/2018 Anm. 3; Remmertz/Winkler Legal Tech-Strategien § 6 Rn. 76 ff.

2. Legal Tech zur Überwachung

Gerade im Internet können die privaten Anbieter **Automatisierung zur Marktbeobachtung** nutzen – so kann man über „Webcrawler" etwa unwirksame AGB, fehlerhafte oder fehlende Impressumsangaben, Widerrufsbelehrung oder unzulässig gestaltete Bestellformulare massenhaft entdecken. Nach der im Jahr 2022 geltenden Rechtslage ist eine solche (technisch recht unproblematische) Herangehensweise aber wenig attraktiv: Nach § 13 Abs. 4 UWG ist nämlich ein Anspruch auf Ersatz von Abmahnkosten (trotz Berechtigung im Übrigen) ausgeschlossen, wenn es um Informations- und Kennzeichnungspflichten im elektronischen Geschäftsverkehr (§ 5 TMG, § 312d BGB, Bestimmungen der PAngV[14]) sowie Verstöße gegen die DS-GVO und das BDSG geht (letzteres sofern die Unterlassungsgläubiger in der Regel weniger als 250 Mitarbeiter beschäftigen). Damit gibt es aber – selbst wenn ein Verstoß entdeckt wird – in den automatisiert erkennbaren Fällen keine Möglichkeit, die mit deren Aufdeckung verbundenen Kosten wieder einzutreiben. Konkret betroffenen Mitbewerbern bleibt es allerdings bei Datenschutzverstößen unbenommen, sich an die zuständige Aufsichtsbehörde zu wenden, die dann (ggf. auch durch Bußgelder) einschreiten kann.[15] Damit kann zwar eine „Bereicherungsabsicht" in ihre Grenzen gewiesen werden. Es verbleibt aber dennoch ein Behinderungs- oder sogar Erpressungspotenzial, da immerhin die Einschaltung der Aufsichtsbehörde angedroht werden kann, was die betroffenen Unternehmen vielleicht sogar noch stärker beeinträchtigen würde. Die damit verbleibende Belastung ist allerdings bei einer parallelen privatrechtlichen und staatlichen Durchsetzung unumgänglich.

Praktisch bleibt damit vor allem die Überwachung der **Einhaltung von Vertragsstrafeversprechen** (oder gerichtlichen Unterlassungstiteln).[16] So kann die erneute Verwendung einer bestimmten irreführenden oder aggressiven Aussage, eines unzulässigen Vergleichs oder einer herabsetzenden Äußerung ebenso beobachtet werden wie der erneute Versand belästigender E-Mails. Ob sich die Entwicklung und der Betrieb entsprechender Systeme bei derartigen konkret-individuellen Sachverhalten allerdings lohnt, ist eine Frage des Einzelfalls.

3. Legal Tech und Abmahnungen

Der in der Rechtspraxis zentrale[17] **Unterlassungsanspruch** (§ 8 Abs. 1 UWG) zielt dabei auf die Verhinderung einer zukünftigen Verletzungshandlung, während der **Beseitigungsanspruch** fortdauernde Störungsquellen entfernen soll.[18] Die Durchsetzung erfolgt freilich praktisch in aller Regel nicht durch einstweilige Verfügung oder Klage, sondern außergerichtlich im Wege der Abmahnung (mit anschließender strafbewehrter Unterlassungserklärung, § 13 Abs. 1 UWG). Aus Sicht des Anspruchstellers ist eine Abmahnung schon zur Vermeidung der Kostentragungspflicht bei einem möglichen sofortigen Anerkenntnis im Prozess (§ 93 ZPO) zweckmäßig.

§ 13 Abs. 3 UWG sieht einen Anspruch auf Ersatz der erforderlichen Aufwendungen gegen den Unterlassungsgläubiger vor.[19] Wesentliche Voraussetzung des Aufwendungsersatzanspruchs ist nach § 13 Abs. 2 UWG die **Berechtigung** der ausgesprochenen Abmahnung. Dies erfordert neben der Einhaltung gewisser formaler und inhaltlicher Vorgaben[20] (nur), dass der geltend gemachte Unterlassungsanspruch besteht, der Abmahnende zur Geltendmachung befugt war (§ 8 Abs. 3 UWG) und der Anspruch nicht missbräuchlich geltend gemacht wird (§ 8c UWG).[21]

---

14 BT-Drs. 19/12084, S. 32; vgl. GK-UWG/Feddersen, Bd. 3, 3. Auflage 2022, UWG § 13 Rn. 72b f.
15 Barth WRP 2018, 790 Rn. 18; Russlies Abmahnung GewRS Rn. 734.
16 Skupin GRUR-Prax 2021, 622.
17 Fezer/Büscher/Obergfell/Hohlweck UWG § 8 Rn. 5.
18 BGH WRP 2018, 434 Rn. 19.
19 Russlies Abmahnung GewRS Rn. 6.
20 BT-Drs. 19/12084, S. 31; MüKoUWG/Schlingloff § 13 Rn. 242.
21 Köhler/Bornkamm/Feddersen/Bornkamm/Feddersen UWG § 13 Rn. 83.

12 In den letzten Jahrzehnten stand wiederholt die Sorge um einen „**Abmahnmissbrauch**"[22] im Vordergrund der Diskussion. Diese wurden auch ganz wesentlich durch Fragen der Automatisierung geprägt: Da eine Vielzahl von Verstößen sehr ähnlich ist, kann der für eine einzelne Abmahnung erforderliche Aufwand durch Nutzung von Textbausteinen und Serienbriefen minimiert werden,[23] während durch die Anzahl und die (gegenstandswertabhängigen) Anwaltsgebühren größere Summen als „Aufwendungsersatz" eingefahren werden konnten.[24] Dies galt insbesondere bei automatisiert feststellbaren Massenverstößen, etwa unzureichenden Angaben im Impressum oder Nutzung unwirksamer Datenschutzerklärungen. Um hier eine Aktivlegitimation (→ Rn. 4 ff.) zu erreichen, wurden gezielt Unternehmen gegründet, die extrem kurzzeitig oder sogar nur zum Schein als Mitbewerber auftraten, oder sogar Verbände gegründet, die ausschließlich der Durchsetzung dieser leicht erkennbaren Verstöße dienten („Abmahnvereine").

13 Da ein Aufwendungsersatzanspruch aber nicht der Gewinnerzielung dienen soll, wurden diese Wege durch eine Vielzahl von **gesetzgeberischen Maßnahmen** im Laufe der Zeit versperrt. Ausnahmslos ist nach § 13 Abs. 4 UWG der Ersatz von Abmahnkosten ausgeschlossen, wenn der Verstoß (nur) in der Verletzung von Informations- und Kennzeichnungspflichten im elektronischen Geschäftsverkehr (§ 5 TMG, § 312d BGB, Bestimmungen der PAngV[25]) oder in einem Verstoß gegen die DS-GVO oder das BDSG liegt (letzteres sofern die Unterlassungsgläubiger in der Regel weniger als 250 Mitarbeiter beschäftigen). Daneben sind insbesondere § 8c Abs. 2 Nr. 1, Nr. 2 UWG zu beachten – danach ist „im Zweifel" von einem Missbrauch auszugehen, soweit es dem Abmahnenden „vorwiegend" darum geht, Ansprüche auf Aufwendungsersatz oder eine Vertragsstrafe zu erlangen oder sogar eine „erhebliche Anzahl von Verstößen gegen die gleiche Rechtsvorschrift" geltend gemacht wird, er aber entweder das wirtschaftliche Risiko nicht selbst trägt oder nicht selbst in einem zum Umfang der Geltendmachung angemessenen Verhältnis wirtschaftlich tätig ist. Damit sind „Massenabmahnungen" praktisch nicht mehr möglich. Im Gegenteil sieht das UWG inzwischen auch **Gegenansprüche** des (vermeintlichen) Unterlassungsschuldners im Falle missbräuchlicher Geltendmachung von Unterlassungs- und Beseitigungsansprüchen (§ 8c Abs. 3 UWG) sowie unberechtigten bzw. formal fehlerhaften Abmahnungen (§ 13 Abs. 5 UWG) vor. Diese Neuregelungen führen allerdings auch zu Schutzlücken – immerhin ging es um tatsächlich vorliegende Verstöße, die nun nicht mehr verfolgt werden. Daneben hat der Gesetzgeber besondere Wertvorschriften für die Bestimmung des Gebührenstreitwerts vorgenommen (§ 51 Abs. 3 S. 3 GKG iVm § 23 RVG), damit sich selbst im Falle einer Ersatzpflicht die vorgerichtlichen Anwaltsgebühren in Grenzen halten.[26]

14 Nach der aktuellen Rechtslage sind auch die zur Absicherung vertraglich übernommener Unterlassungsansprüche vereinbarten **Vertragsstrafen** begrenzt: In den Fällen des **§ 13 Abs. 4 UWG**, in denen auch bei berechtigten Abmahnungen kein Aufwendungsersatz geschuldet ist (Informations- und Kennzeichnungspflichten im elektronischen Geschäftsverkehr; Datenschutzverstöße) darf bei der erstmaligen Abmahnung eines Mitbewerbers keine Vertragsstrafe vereinbart werden, wenn der Abgemahnte in der Regel weniger als 100 Mitarbeiter beschäftigt. Noch nicht geklärt ist, ob dann die einmalige Abgabe einer „einfachen" Unterlassungserklärung auch die Wiederholungsgefahr (ggü. anderen möglichen Anspruchstellern) ausräumt.[27] Handelt es sich um weniger schwerwiegende Fälle und hat der Abgemahnte in der Regel weniger als 100 Mitarbeiter, darf die Vertragsstrafe für einen ersten Verstoß nach **§ 13a Abs. 2 UWG** den Betrag von 1.000 EUR nicht überschreiten. Verspricht der Abgemahnte auf Verlangen des Abmahnenden eine unangemessen hohe Vertragsstrafe, schuldet er kraft Gesetzes lediglich eine Vertragsstrafe in angemessener Höhe (§ 13a Abs. 4 UWG).[28]

---

22 BT-Drs. 19/12084, S. 1.
23 Vgl. nur BGH GRUR 2013, 945 zu urheberrechtlichen Abmahnungen: „ein auf Massengeschäft ausgerichtetes Verfahren zur Mandatsanbahnung und -bearbeitung".
24 Solmecke/Dierking MMR 2009, 727.
25 BT-Drs. 19/12084, S. 32; vgl. GK-UWG/Feddersen, Bd. 3, 3. Auflage 2022, UWG § 13 Rn. 72b f.
26 BT-Drs. 19/12084, S. 39.
27 Für ersteres Hofmann WRP 2021, 1 Rn. 15; Mörger WRP 2021, 885 Rn. 20 ff.; aA OLG Schleswig WRP 2021, 950 Rn. 19.
28 BT-Drs. 19/12084, S. 34.

4. Legal Tech-Potenziale bei Verbraucherschadensersatz

Der seit dem 28.5.2022 bestehende **unmittelbare Schadensersatzanspruch** der betroffenen Verbraucher (§ 9 UWG) scheint in besonderer Weise geeignet für Legal Tech-Lösungen:[29] Regelmäßig sind die Schäden privater Endverbraucher aufgrund von unlauteren geschäftlichen Handlungen individuell überschaubar, so dass eine effiziente Durchsetzung praktisch nur in gebündelter Weise erfolgen kann, andererseits wird aber vielfach eine so große Zahl von Personen betroffen sein, dass sich eine Bündelung lohnt. Entsprechend den Erfahrungen bei der Durchsetzung der Entschädigungsansprüche nach der Fluggastrechteverordnung[30] oder im Kapitalanlagerecht[31] bieten sich hier Legal Tech-Lösungen (und Prozessfinanzierer) geradezu an. Dies gilt hingegen nicht für den Schadensersatzanspruch der Mitbewerber (§ 9 Abs. 1 UWG), da sich ein kausaler Schadenseintritt und die Schadenshöhe, insbesondere bei einem entgangenen Gewinn (§ 252 BGB), vergleichsweise schwer nachweisen lässt[32] und schon deshalb eine gebündelte Durchsetzung kaum Vorteile bringt.

Ebenso wenig gibt es Raum für Legal Tech im Rahmen der bei vorsätzlichen Verstößen möglichen **Gewinnabschöpfung** durch Verbände (§ 10 UWG): Dort wurde sogar die Einschaltung von Prozessfinanzierern für unzulässig erklärt (→ *Prozessfinanzierung* Rn. 43).[33] Da auch die anspruchsberechtigten Verbände selbst nicht am abgeschöpften Gewinn partizipieren, ist insoweit nicht von einer Wiederbelebung auszugehen.[34]

III. Gestaltungsvorgaben an Legal Tech-Angebote durch das Lauterkeitsrecht

Soweit Legal Tech-Lösungen drohen, etablierte Strukturen zurückzudrängen, wird das Lauterkeitsrecht vielfach als **Abwehrmittel** eingesetzt.[35] Das bedeutet aber nicht, dass die gesetzlichen Regelungen insoweit allein als Fortschrittsbremse missbraucht werden – vielmehr sind im dynamischen Markt digitaler Rechtsdienstleistungen selbstverständlich auch „schwarze Schafe" unterwegs, vor denen die Rechtssuchenden zu schützen sind.

Einen abschließend, EU-weit vollharmonisierten Rahmen (Art. 3 Abs. 1 UGP-RL) bildet für Angebote an private Endverbraucher (vgl. § 2 Abs. 2 UWG iVm 13 BGB) die **Richtlinie über unlautere Geschäftspraktiken** (UGP-RL).[36] Die Mitgliedstaaten dürfen insoweit das Schutzniveau weder zugunsten noch zulasten der Verbraucher ändern.[37] Gegenüber Unternehmern gilt hingegen nur die Werbe-RL[38], die einen Mindestschutz vor Irreführung und eine Vollharmonisierung von vergleichender Werbung gewährleistet. Daneben enthält die ePrivacy-RL[39] Vorgaben, welche sowohl für Unternehmer als auch für Verbraucher

---

29 Scherer WRP 2021, 561 Rn. 5; Kalbfus/Uhlenhut/Feilke CCZ 2022, 99 (106); Rauer/Shchavelev GRUR-Prax 2022, 35 (37); Frey VuR 2022, 174 (175); vgl. BAG MDR 2021, 1115 (1116) mAnm Alexander GRUR 2021, 1445.
30 Steinrötter RRa 2020, 259 (262 ff.); Tavakoli DRiZ 2020, 212.
31 Vgl. Prütting ZIP 2020, 49 (49).
32 Henning-Bodewig in FS Beier, 1996, S. 521 (528); ausführlich Gloy/Loschelder/Danckwerts/Melullis UWG-HdB § 80 Rn. 85 ff.
33 BGH NJW 2018, 3581.
34 Vgl. MüKoUWG/Micklitz/Namysłowska § 10 Rn. 185 f.
35 Vgl. Cadiet/Hess/Isidro/Stadler, Privatizing Dispute Resolution, 2019, S. 209 (218); Beyer/Erler/Hartmann/Harten, Privatrecht 2050, S. 339 (348).
36 Richtlinie 2005/29/EG des Europäischen Parlaments und des Rates vom 11.5.2005 über unlautere Geschäftspraktiken von Unternehmen gegenüber Verbrauchern im Binnenmarkt und zur Änderung der Richtlinie 84/450/EWG des Rates, der Richtlinien 97/7/EG, 98/27/EG und 2002/65/EG des Europäischen Parlaments und des Rates sowie der Verordnung (EG) Nr. 2006/2004 des Europäischen Parlaments und des Rates, ABl. L 149 S. 22, ber. ABl. 2009 L 253 S. 18.
37 EuGH EuZW 2009, 370 Rn. 52.
38 Richtlinie 2006/114/EG des Europäischen Parlaments und des Rates vom 12.12.2006 über irreführende und vergleichende Werbung, ABl. L 376 S. 21.
39 Richtlinie 2002/58/EG des Europäischen Parlaments und des Rates vom 12.7.2002 über die Verarbeitung personenbezogener Daten und den Schutz der Privatsphäre in der elektronischen Kommunikation, (Datenschutzrichtlinie für elektronische Kommunikation), ABl. L 201 S. 37.

gelten. Durch die UGP-Richtlinie unberührt bleiben die allgemeinen Regelungen des Vertragsrechts (Art. 3 Abs. 2 UGP-RL), einschließlich der AGB-Kontrolle, sowie die Reglementierung von Berufen (Art. 3 Abs. 8 UGP-RL), wozu auch das anwaltliche Berufsrecht gehört, so dass der deutsche Gesetzgeber hier in seiner Rechtssetzung frei bleibt.

19 Über den Rechtsbruchtatbestand des § 3a UWG (→ Rn. 42 ff.) können Verstöße gegen „Marktverhaltensregelungen" auch über das Lauterkeitsrecht geltend gemacht werden. Diese Öffnungsklausel kann gerade beim Einsatz von Legal Tech-Werkzeugen das Tor zum Lauterkeitsrecht öffnen. Verstoßen Legal Tech-Anbieter etwa gegen spezialgesetzliche verbraucherrechtliche Bestimmungen, droht eine **Paralleldurchsetzung** durch Aufsichtsbehörden, Mitbewerber, Verbände und Geschädigte.[40] Exemplarisch zeigt dies das Vorgehen von Verbänden bei Datenschutzverstößen, welches der EuGH jüngst für grundsätzlich zulässig erachtet hat.[41]

1. Die geschäftliche Handlung

20 Anwendung findet das UWG nur auf geschäftliche Handlungen (§ 2 Abs. 1 Nr. 1 UWG). Die recht textlastige Legaldefinition verlangt insoweit (1) ein **Verhalten** (2) **zugunsten des eigenen oder eines fremden Unternehmens**, (3) **bei oder nach einem Geschäftsabschluss**, (4) das mit der **Förderung des Absatzes oder des Bezugs von Waren oder Dienstleistungen oder mit dem Abschluss oder der Durchführung eines Vertrags über Waren oder Dienstleistungen unmittelbar und objektiv zusammenhängt**. Die Definition im UWG ist durch die Erfassung auch sonstiger Marktteilnehmer und Mitbewerber sowie des Bezugs von Waren oder Dienstleistungen[42] (zulässigerweise) weiter als die „Geschäftspraktik" im Sinne der UGP-RL (Art. 2 Buchst. d UGP-RL). Bedeutsamstes Beispiel für eine geschäftliche Handlung ist **Werbung**. Allerdings werden explizit auch Maßnahmen „bei" und sogar „nach" Vertragsschluss erfasst – woran sich zeigt, dass das Lauterkeitsrecht weit mehr als ein Werberecht ist.

21 Für den Legal Tech-Markt sind einige Aspekte besonders hervorzuheben:

22 a) **Schriftsätze an Gerichte und Behörden** stellen in der Regel keine geschäftlichen Handlungen dar.[43] Diese sind gerade nicht an den Markt gerichtet (sofern es nicht um das Angebot gerade von Waren oder Dienstleistungen an die Gerichte oder Behörden geht, etwa bei Systemen zur digitalen Aktenführung oder Hilfsmitteln zur Aktenanalyse). Demgegenüber können Schreiben an Verbraucher und sonstige Marktteilnehmer (etwa Abmahnungen[44]), aber auch Schriftsätze im zivilrechtlichen Parteiprozess[45] (welche – ggf. vermittelt durch den Prozessvertreter – gerade an einen Verbraucher oder sonstigen Marktteilnehmer gehen) geschäftliche Handlungen darstellen: Diese können gerade zu einem Rechtsverzicht oder zur Inanspruchnahme einer Ware oder Dienstleistung veranlassen. Demgegenüber soll das formularmäßige Abstreiten jeglicher, in einer Abmahnung behaupteten Rechtsverletzungen im Rahmen der standardisierten Mandatsbearbeitung von potenziellen Geschäftspartnern eines Anwalts gar nicht wahrgenommen werden und deshalb nach Ansicht des BGH mangels Marktbezugs keine geschäftliche Handlung im Sinne von § 2 Abs. 1 Nr. 2 UWG darstellen.[46]

23 b) Die konkrete Ware oder Dienstleistung muss **nicht entgeltlich** vertrieben werden. Allerdings muss trotzdem ein „Unternehmen" begünstigt werden. Dies ist jedenfalls der Fall, wenn dieses sich auf anderem Wege finanziert, etwa durch Vermittlungsgebühren, Werbeeinnahmen oder Lizenzgebühren

---

40 BGH WRP 2010, 245 (247); Poelzig Normdurchsetzung durch Privatrecht, 2012, S. 128; anders Ohly in FS Köhler, 2014, S. 507 (515 f.).
41 EuGH GRUR-RS 2022, 8637.
42 Köhler/Bornkamm/Feddersen/Köhler UWG § 2 Rn. 8.
43 OLG Frankfurt WRP 2016, 1544.
44 OLG Hamburg GRUR-RR 2007, 365; MüKoUWG/Bähr § 2 Rn. 111.
45 Freilich sind hier besonders strenge Anforderungen zu stellen, vgl. OLG Frankfurt ZD 2020, 638 Rn. 20; Harte-Bavendamm/Henning-Bodewig/Keller UWG § 2 Rn. 78; zum quasinegatorischen Unterlassungsanspruch BGH GRUR 2018, 757 Rn. 16 mwN.
46 BGH GRUR 2013, 945 Rn. 21 ff.

Dritter.⁴⁷ Auch können unentgeltliche Angebote selbstverständlich eine Form der Werbung darstellen – sei es als Imagewerbung⁴⁸ (etwa für eine Rechtsschutzversicherung) oder als Probeangebot für eine spätere entgeltliche Leistung.

c) Ein Verhalten muss **nicht notwendig eine Vielzahl von Personen betreffen** – für eine geschäftliche Handlung genügt auch ein Verhalten gegenüber nur einem einzigen Verbraucher bzw. sonstigen Marktteilnehmer. Damit kann auch eine Irreführung in individuellen Vertragsverhandlungen (etwa in einem Ausschreibungsverfahren) nach den Regeln des Lauterkeitsrechts verfolgt werden.⁴⁹

2. Unlauterkeitstatbestände

So unterschiedlich die Angebote von Legal Tech-Anbietern sind, so unterschiedlich sind die Anforderungen, die sie nach dem UWG zu beachten haben. Zentrales Schutzgut für Verbraucher und sonstige Marktteilnehmer,⁵⁰ wie etwa Abnehmer oder Lieferanten, ist deren **geschäftliche Entscheidungsfreiheit** (vgl. 2 Abs. 1 Nr. 1 UWG). Jeglicher Wettbewerb hat freilich eine Beeinflussung der Entscheidung der Marktteilnehmer zur Folge; insbesondere soll Werbung auf konkrete Angebote oder zumindest auf die eigene Existenz (Imagewerbung) aufmerksam machen und damit Kundenströme umleiten. Maßstab ist daher der informierte und selbstbestimmte Marktteilnehmer,⁵¹ welcher zusätzliche Informationen unabhängig verarbeiten kann. Daher genügt es zum Schutz der Entscheidungsfreiheit, dass (1) die bereitgestellten Informationen zutreffend sind, (2) der Verbraucher diese richtig verarbeiten kann und (3) die auf diese Informationen gestützte Entscheidung frei bleibt.⁵² Weitergehend schützt insbesondere das Verbot unzumutbarer Belästigung (§ 7 UWG) (→ Rn. 49 f.) die Privatsphäre als Rechtsgut der Nutzer. Das Interesse am Erhalt eigener Rechtspositionen ist im Übrigen üblicherweise gerade nicht wie für das UWG erforderlich unmittelbar mit der Marktteilnahme als solcher verknüpft.⁵³ Rechte und Rechtsgüter werden durch das UWG daher nur geschützt, soweit ein hinreichender Wettbewerbsbezug vorhanden ist.⁵⁴

Mitbewerber sind primär in ihrer wettbewerblichen Entfaltung geschützt, dh dem Recht, ungehindert zu agieren, um ihre Waren oder Dienstleistungen am Markt zu vertreiben.⁵⁵ Das Lauterkeitsrecht schützt insoweit gerade nicht vor neuer Konkurrenz durch Erhalt vorhandener wirtschaftlicher Strukturen, sondern forciert gerade Aktion und Reaktion, also Wettbewerb als solchen.⁵⁶

a) Per-se-Verbote (§ 3 Abs. 3 UWG iVm Anhang)

„Per se" – dh unabhängig von der Frage der tatsächlichen Eignung zur Beeinflussung der geschäftlichen Entscheidung der Verbraucher⁵⁷ – unlauter sind die Verbotstatbestände nach § 3 Abs. 3 UWG iVm mit dem Anhang zum UWG. Der Anhang erfasst besonders eklatante und allgemein als inakzeptabel anerkannte Verhaltensweisen („**schwarze Liste**").⁵⁸

Das LG Berlin hat etwa die Aussage „Jetzt Abfindung **ohne Kosten** erhalten" eines Legal Tech-Inkassounternehmens, nach dessen AGB nur 60 bis 80 % des beigetriebenen Betrags ausgezahlt werden sollten, als Verstoß gegen Anhang Nr. 20 gewertet.⁵⁹ Nach Nr. 20 ist es stets unlauter, das Angebot einer

---

47 BGH WRP 2018, 1322 Rn. 21 – Werbeblocker II.
48 BGH WRP 2021, 1415 Rn. 49 – Influencer I.
49 Köhler/Bornkamm/Feddersen/Köhler UWG § 2 Rn. 35; aA Glöckner WRP 2009, 1175 (1181).
50 Harte-Bavendamm/Henning-Bodewig/Podszun UWG § 1 Rn. 70.
51 Vgl. EuGH WRP 2000, 289 Rn. 27.
52 JurisPK-UWG/Ernst § 1 Rn. 9; Köhler/Bornkamm/Feddersen/Köhler UWG § 1 Rn. 17 ff.
53 Scherer WRP 2006, 401 (404); Hetmank GRUR 2014, 437 (441).
54 MüKoUWG/Sosnitza § 1 Rn. 27; Harte-Bavendamm/Henning-Bodewig/Podszun UWG § 1 Rn. 67.
55 Köhler/Bornkamm/Feddersen/Köhler UWG § 1 Rn. 10.
56 Harte-Bavendamm/Henning-Bodewig/Podszun UWG § 1 Rn. 44.
57 Spindler/Schuster/Micklitz/Schirmbacher UWG § 3 Rn. 20.
58 Spindler/Schuster/Micklitz/Schirmbacher UWG § 3 Rn. 21.
59 LG Berlin Urt. v. 12.2.2019 – 15 O 534/18; vgl. hierzu die Pressemitteilung der Wettbewerbszentrale unter https://www.wettbewerbszentrale.de/de/aktuelles/_news/?id=3130.

Ware oder Dienstleistung als „gratis", „umsonst", „kostenfrei" oder dergleichen zu bezeichnen, wenn für die Ware oder Dienstleistung gleichwohl Kosten zu tragen sind, wenn nicht eine der genannten Ausnahmen einschlägig ist.

29 Weitere gerade im Legal Tech-Bereich naheliegende **Verstöße** sind etwa die Übermittlung oder Beauftragung gefälschter Verbraucherbewertungen[60] (Nr. 23c) oder das unzulässige hartnäckige Ansprechen über Fernabsatzmittel (Nr. 26). Relevant ist auch die Aufforderung zur Bezahlung nicht bestellter Waren oder Dienstleistungen (Nr. 29; s. auch → Rn. 31), den vor allem auch Legal Tech-Inkassodienste verwirklichen können; dabei ist für den Unterlassungsanspruch (anders als für die Verhängung von Ordnungsgeld nach § 890 ZPO oder die Verwirkung einer Vertragsstrafe nach § 339 BGB) irrelevant, dass der Verstoß nicht schuldhaft begangen wurde.[61] Demgegenüber passen die anderen Tatbestände nicht.

b) Irreführende geschäftliche Handlungen (§§ 5, 5a, 5b UWG)

30 Besonders hohe Praxisrelevanz weisen die Irreführungstatbestände auf. Eine geschäftliche Handlung ist nach § 5 Abs. 1 UWG **irreführend**, wenn sie **unwahre oder sonstige zur Täuschung geeignete Angaben** enthält. Mögliche Irreführungsgegenstände werden in § 5 Abs. 2 UWG aufgezählt, wobei streitig ist, ob die Aufzählung abschließend ist.[62]

31 Irregeführt werden kann nach § 5 Abs. 2 Nr. 1 UWG über wesentliche Merkmale der Ware oder Dienstleistung. Dazu gehören nicht nur **vermeintliche Erfolgschancen** („Auszahlung 100 % sicher!"), sondern auch etwaige **Grenzen automatischer Systeme** („Der Vertragsgenerator schafft ihren perfekten Mietvertrag!"). Wirbt etwa ein Inkassodienstleister mit Auszahlungen bis zu einer bestimmten Höhe, ist dies irreführend, wenn die Höchstsumme bisher nie ausgezahlt wurde.[63] Eine unberechtigte Zahlungsaufforderung ist im Bereich der Forderungseinziehung nicht nur für Nr. 29 des Anhangs zu § 3 Abs. 3 UWG von Belang (→ Rn. 28), sondern kann auch eine (konkludente) Falschbehauptung eines Vertragsschlusses darstellen.[64] Unschädlich ist es demgegenüber, wenn ein Inkassodienstleister damit wirbt, dass kein Risiko bei der Durchsetzung von Ansprüchen besteht, wenn eine Provision nur im Erfolgsfall geschuldet ist.[65]

32 Irregeführt werden kann zudem nach § 5 Abs. 2 Nr. 2 UWG über den **Anlass des Verkaufs** (insbes. **Preis** oder Art und Weise der Erbringung von Dienstleistungen). Vermittelt also etwa ein Legal Tech-Anbieter mit Werbeaussagen den Eindruck, dass die Abwehr von Bußgeldbescheiden in jedem Fall kostenfrei möglich ist, obwohl das tatsächlich nur in erfolgsversprechenden Fällen so ist, liegt eine unzulässige Irreführung vor.[66] Ebenso ist es irreführend, wenn ein Inkassounternehmen mit bestimmten Summen wirbt, aber nicht hinreichend ersichtlich ist, dass überhaupt eine Provision zu zahlen ist.[67] Auch wenn ein Unternehmen den Eindruck erweckt, dass es Abfindungsansprüche durch eigene Mitarbeiter prüft, dieser Vorgang dann aber an Partneranwälte ausgelagert wird, ist dies nach § 5 UWG unlauter.[68] Gleiches gilt für eine Vermittlungsplattform, die suggeriert, selbst eine Rechtsdienstleistung zu erbringen, tatsächlich aber Partnerkanzleien eingeschaltet werden.[69]

33 § 5 Abs. 2 Nr. 3 UWG betrifft die Person, Eigenschaften oder Rechte des Unternehmers. Hierhin gehören nicht nur Fälle der **Alleinstellungswerbung**, sondern auch die **Behauptung besonderer Qualifikationen**

---

60 Vgl. allg. hierzu Remmertz Legal Tech-Strategien § 2 Rn. 369.
61 BGH NJW-RR 2022, 214 Rn. 26 ff.; OLG Hamburg GRUR-RR 2021, 369 Rn. 26 ff.
62 Offenlassend BGH GRUR 2019, 1202 Rn. 20 mwN zum Streitstand.
63 LG Duisburg GRUR-RS 2018, 14940 Rn. 30.
64 BGH NJW-RR 2022, 214 Rn. 12 ff.; OLG Hamburg GRUR-RR 2021, 369 Rn. 25 ff.
65 Günther/Gruppe MMR 2020, 145 (148).
66 LG Hamburg GRUR-RR 2018, 81 Rn. 53 ff.; hierzu Leeb jurisPR-ITR 2/2018 Anm. 3; Günther/Gruppe MMR 2020, 145 (146 f.).
67 OLG Düsseldorf GRUR-RR 2020, 16408 Rn. 76; hierzu Skupin GRUR-Prax 2021, 67.
68 LG Bielefeld MMR 2018, 549 Rn. 68; hierzu Günther/Gruppe MMR 2020, 145 (147); Remmertz Legal Tech-Strategien § 3 Rn. 11.
69 Hamm/Remmertz BeckHdB RA § 64 Rn. 35.

(vgl. zum strengen anwaltlichen Werberecht → Rn. 44). Demgegenüber wird man die Behauptung einer Einschaltung von menschlichen (qualifizierten) Sachbearbeitern, wenn tatsächlich allein automatisiert gearbeitet wird (und der menschliche Einsatz sich auf Stichprobenkontrollen beschränkt), eher unter § 5 Abs. 2 Nr. 2 UWG fassen müssen. Unlauter ist auch bereits die Werbung für die selbstständige Erbringung von Dienstleistungen, wenn es sich um eine nach dem RDG nicht erlaubte Rechtsdienstleistungen handelt.[70]

Eine **Irreführung durch Unterlassen** (§ 5a UWG) kommt nur in Betracht, wenn wesentliche Informationen vorenthalten werden, welche die Marktgegenseite nach den jeweiligen Umständen benötigt, um eine informierte geschäftliche Entscheidung zu treffen, und deren Vorenthalten dazu geeignet ist, den Verbraucher oder den sonstigen Marktteilnehmer zu einer geschäftlichen Entscheidung zu veranlassen, die er andernfalls nicht getroffen hätte. 34

Eine Information ist nach der Rechtsprechung nicht allein schon deshalb „wesentlich" im Sinne des § 5a Abs. 2 UWG, weil sie für die geschäftliche Entscheidung hypothetisch in einzelnen Fällen von Bedeutung sein könnte, sondern nur dann, wenn ihre Angabe unter Berücksichtigung der beiderseitigen Interessen vom Unternehmer erwartet werden kann und ihr für die geschäftliche Entscheidung für Verbraucher zudem ein erhebliches Gewicht zukommt.[71] Eine **wesentliche Information** im Sinne von § 5a UWG ist etwa die Fundstelle bei der Werbung mit Testergebnissen.[72] Auch der Umstand, dass (überhaupt) eine personalisierte Preisfindung stattfindet, ist wesentlich.[73] Im Bereich der Inkassodienstleister wurde beispielsweise bei der Durchsetzung von Ansprüchen nach der Fluggastrechteverordnung mit einer Auszahlung von bis zu 400 EUR geworben; ist die Berechnung, wie dieser Betrag zustande kommt, aber wegen nicht offengelegter Berechnungsparameter nicht nachvollziehbar, so kann gegen § 5a Abs. 1 UWG verstoßen werden.[74] In jedem Fall sollten bei breiter aufgestellten Legal Tech-Angeboten die Unterschiede zur Mandatierung eines Anwalts oder Notars offengelegt werden, zB fehlendes Zeugnisverweigerungsrecht ggü. Gerichten und Behörden oder die fehlende Befugnis zum Erstellen ggf. erforderlicher notarieller Dokumente bei Gründung von Kapitalgesellschaften, letztwilligen Verfügungen oder Grundstücksgeschäften. 35

§ 5b UWG konkretisiert die Wesentlichkeit im Verhältnis zu Verbrauchern: Unionsrechtlich fundierte Informationspflichten im Bereich der kommerziellen Kommunikation einschließlich Werbung und Marketing gegenüber Verbrauchern sind nach § 5b Abs. 4 UWG stets wesentlich. Genannt werden können hier etwa Informationspflichten aus der Verbraucherrechte-RL oder der E-Commerce-RL (Impressumspflicht nach Art. 5 Abs. 1).[75] Zudem sind bei einer „Aufforderung zum Kauf" die in § 5b Abs. 1 UWG genannten Informationen erforderlich.[76] 36

Nach § 5a Abs. 4 S. 1 UWG ist es unlauter, den **kommerziellen Zweck** einer geschäftlichen Handlung nicht kenntlich zu machen, sofern jener sich nicht unmittelbar aus den Umständen ergibt, und das Nichtkenntlichmachen geeignet ist, den Verbraucher oder sonstigen Marktteilnehmer zu einer geschäftlichen Entscheidung zu veranlassen, die er andernfalls nicht getroffen hätte. Hierunter fallen alle Konstellationen, in denen Unternehmer versuchen, ihre eigenen kommerziellen Interessen zu verschleiern und sich als vermeintliche Privatleute ausgeben.[77] Als Beispiel für einen Verstoß kann die nicht hinreichende Information 37

---

70 BGH GRUR 2009, 1077 (1080); LG Köln BeckRS 2019, 23784 Rn. 32.
71 BGH WRP 2017, 1468 Rn. 19.
72 BGH NJW-RR 2021, 1050 Rn. 14.
73 Bekanntmachung der Kommission, Leitlinien zur Auslegung und Anwendung der Richtlinie 2005/29/EG des Europäischen Parlaments und des Rates über unlautere Geschäftspraktiken von Unternehmen gegenüber Verbrauchern im Binnenmarkt, 2021/C 526/01, Ziffer 4.2.8; Kaulartz/Braegelmann/Leeb/Schmidt-Kessel AI und Machine Learning-HdB Kap. 10 Rn. 50; Spindler/Schuster/Micklitz/Namysłowska UWG § 5a Rn. 6; Engert AcP 218 (2018), 304 (343); Tillmann/Vogt VuR 2018, 447 (452); Obergfell ZLR 2017, 290 (299).
74 LG Duisburg Urt. v. 28.6.2018 – 21 O 31/18, GRUR-RS 2018, 14940 Rn. 32 ff.
75 BeckOK UWG/Ritlewski UWG § 5a Rn. 93.
76 BeckOK UWG/Ritlewski UWG § 5a Rn. 23; Köhler/Bornkamm/Feddersen/Köhler UWG § 5a Rn. 4.10.
77 BeckOK UWG/Ritlewski UWG § 5a Rn. 236.

über den Umstand genannt werden, dass ein Gespräch in Wahrheit nicht mit einem Menschen, sondern mit einem Chatbot (zB für rechtliche Erstberatung[78]) geführt wird.[79]

c) Aggressive geschäftliche Handlungen (§ 4a UWG)

38 **Aggressive geschäftliche Handlungen** sind unlauter, soweit sie die Marktgegenseite zu einer geschäftlichen Entscheidung veranlassen, die diese andernfalls nicht getroffen hätte (§ 4a Abs. 1 S. 1 UWG). In Betracht kommt etwa der Einsatz drohender oder beleidigender Verhaltensweisen zur Durchsetzung eigener oder Abwehr fremder Ansprüche, wenn im Einzelfall die Schwelle der Nötigung nach § 4a Abs. 1 S. 2 Nr. 2, Abs. 2 S. 1 Nr. 2 UWG überschritten ist.[80]

39 Praktisch besonders relevant ist die Ausübung von **(unzulässigem) Druck auf Schuldner** durch Legal Tech-Anbieter, die sich auf die Rechtsdurchsetzung spezialisiert haben. So wurde etwa die an einen Schuldner gerichtete Drohung, im Falle weiter ausbleibender Zahlung die Rückstände ohne Rechtsgrundlage an Wirtschaftsauskunfteien zu übermitteln, als unlautere aggressive Handlung qualifiziert.[81] Aber auch die Drohung mit einer zulässigen Übermittlung an eine Auskunftei kann eine aggressive geschäftliche Handlung darstellen, wenn nicht auf die Möglichkeit hingewiesen wird, dass die Forderung (substantiiert) bestritten werden kann und die Übermittlung dadurch unzulässig wird.[82] Daneben kommt eine Haftung desjenigen in Betracht, der den unlauter handelnden Legal Tech-Anbieter mit der Rechtsdurchsetzung beauftragt hat (§ 8 Abs. 2 UWG).

d) Mitbewerberschutz (§ 4 UWG)

40 Unlauterkeit im Sinne von § 4 UWG kommt insbesondere in Betracht, wenn Mitbewerber herabgesetzt, verunglimpft, angeschwärzt oder gezielt behindert werden. Sachlich nicht gerechtfertigte Aussagen über konkurrierende Legal Tech-Anbieter (oder deren Dienstleistungen, Tätigkeiten oder persönliche oder geschäftliche Verhältnisse), die deren Ansehen abträglich sind, können nach § 4 Nr. 1 UWG unlauter sein – wobei es sich oftmals um **vergleichende Werbung** (§ 6 UWG) handeln dürfte. Dies betrifft etwa herabsetzende Bewertungen der Konkurrenz (Beratungs- oder Softwarefehler, Rechtsverstöße, schlechte Erfolgschancen, lange Bearbeitungsdauer etc) unter Nutzung von Fake-Accounts auf Bewertungsportalen.[83] In diesen Fällen werden vielfach gleichzeitig **unwahre Tatsachenbehauptungen** vorliegen, die meist ohne Weiteres unlauter sind.[84] Eine gezielte Behinderung nach § 4 Nr. 4 UWG ist naheliegend, wenn IT-Systeme von Mitbewerbern technisch gestört werden, etwa mittels DDoS-Attacken oder Schadsoftware. Ausnahmsweise kann auch das gezielte Abwerben von Mitarbeitern mit verwerflichen Zwecken (zB Behinderungsabsicht[85]) oder verwerflichen Mitteln sowie eine Abmahnung[86] (zB Mehrfachabmahnung durch Konzernunternehmen) als gezielte Behinderung unlauter sein.

e) Vergleichende Werbung (§ 6 UWG)

41 Die Regelung zur vergleichenden Werbung (§ 6 UWG) basiert auf dem europarechtlich vollharmonisierten Art. 4 Werbe-RL.[87] Erfasst ist jede Werbung, die unmittelbar oder mittelbar einen Mitbewerber oder die

---

78 Hamm/Remmertz BeckHdB RA § 64 Rn. 57.
79 Köbrich/Froitzheim WRP 2017, 1188 (1190); Lorenz K&R 2019, 1 (10); Kaulartz/Braegelmann/Leeb/Schmidt-Kessel AI und Machine Learning-HdB Kap. 10 Rn. 52.
80 Köhler/Bornkamm/Feddersen/Köhler UWG § 4a Rn. 1.52.
81 Spindler/Schuster/Micklitz/Schirmbacher UWG § 4a Rn. 44; Scherer GRUR 2016, 233 (241); Scherer NJW 2018, 3609 (3613).
82 BGH WRP 2018, 1193 Rn. 14 ff.; LG Düsseldorf BeckRS 2017, 132098 Rn. 35; Spindler/Schuster/Micklitz/Schirmbacher UWG § 4a Rn. 44.
83 Köhler/Bornkamm/Feddersen/Köhler UWG § 4 Rn. 1.14.
84 Köhler/Bornkamm/Feddersen/Köhler UWG § 4 Rn. 1.14.
85 BGH GRUR 1966, 263 (265); BeckOK UWG/Menebröcker/Blank/Smielick UWG § 4 Rn. 490.
86 MüKoUWG/Jänich § 4 Rn. 110.
87 BeckOK UWG/Weiler UWG § 6 Rn. 2.

von einem Mitbewerber angebotenen Waren oder Dienstleistungen erkennbar macht (§ 6 Abs. 1 UWG). Ist eine solche Werbung anzunehmen, muss sie den in § 6 Abs. 2 UWG genannten Anforderungen entsprechen, der insoweit § 4 UWG als *lex specialis* verdrängt. Kein Problem stellt etwa eine vergleichende Werbung dar, die Provisionen anderer Inkasso-Legal-Tech-Anbieter der eigenen Provision gegenüberstellt. Der Anbieter eines Vertragsgenerators darf auch damit werben, dass er für mehr Situationen Vertragsmuster bereitstellt als konkurrierende Anbieter (sofern dies der Wahrheit entspricht). Nicht mehr zulässig wäre es aber, in einer vergleichenden Werbung die Mitbewerber herabzusetzen oder zu verunglimpfen (insbesondere durch unwahre Tatsachenbehauptungen), wobei Humor und Ironie durchaus auch eingesetzt werden dürfen.[88] Eine gewisse Gefahr besteht auch bei § 6 Abs. 2 Nr. 1, Nr. 2 UWG – denn eine Inkassodienstleistung ist mit einer vollwertigen anwaltlichen Beratung nur bedingt vergleichbar. Dies betrifft etwa das Fehlen eines Zeugnisverweigerungsrechts. Andererseits dürfen für den Kunden irrelevante Fragen (etwa die technische Basis unter Nutzung bestimmter Serverplattformen oder Programmiersprachen, soweit diese auf das Ergebnis keine Auswirkung hat) in den Vergleich nicht einbezogen werden.

f) Rechtsbruchtatbestand (§ 3a UWG)

Unlauter handelt nach § 3a UWG, wer einer Marktverhaltensregelung zuwiderhandelt, sofern der Verstoß geeignet ist, die Interessen von Verbrauchern, sonstigen Marktteilnehmern oder Mitbewerbern „spürbar" zu beeinträchtigen. Marktverhaltensregelungen sind alle Ge- und Verbotsnormen, welche die nach außen dringende Markttätigkeit im Interesse der Mitbewerber, Verbraucher oder sonstigen Marktteilnehmer regeln.[89] Die Bandbreite an **Marktverhaltensregelungen** ist kaum überschaubar und hängt für Legal Tech-Anbieter häufig davon ab, in welchem (Rechts-)Gebiet ihr Angebot liegt. 42

■ Besonderer Zankapfel (→ *Haftung des Legal Tech-Unternehmens ggü. Kunden* Rn. 55) ist aufgrund der zugrunde liegenden wirtschaftlichen Interessen die Durchsetzung finanzieller Ansprüche von Verbrauchern, die berufsrechtlich am **Rechtsdienstleistungsgesetz** zu messen ist (→ *Inkassodienstleistungen* Rn. 4 ff.). Die unerlaubte Inkassotätigkeiten von Legal Tech-Anbietern und damit ein Verstoß gegen § 3 RDG ist mehrmals Gegenstand von Gerichtsentscheidungen gewesen.[90] Beispiele für Ansprüche, die von Inkassodienstleistern durchgesetzt werden, sind Ansprüche nach der Fluggastrechteverordnung, Ansprüche aus zu viel gezahlter Miete nach § 556g Abs. 1 S. 3 BGB und zukünftig womöglich auch Ansprüche nach den §§ 327 ff. BGB.[91] Dabei ist im Blick zu behalten, dass bereits eine Werbung mit dem Angebot einer unerlaubten Rechtsdienstleistung gegen § 3 RDG verstößt.[92] Daneben sind aber auch andere Dienstleistungen im rechtlichen Kontext gerichtlich angegriffen worden. So nahm etwa das LG Köln[93] (aber anders als die nachfolgenden Instanzen[94]) bei einem Verlag, der Endnutzern „Rechtsdokumente in Anwaltsqualität" (vgl. → *Dokumentenautomatisierung* Rn. 11 ff.) bereitstellte, einen Verstoß gegen die Marktverhaltensregelung des § 3 RDG an.[95] Das LG Köln sah darin nämlich eine Rechtsdienstleistung nach § 2 Abs. 1 RDG.[96] Der BGH lehnte diese Annahme ab, da es an der konkreten Angelegenheit im Sinne dieser Norm fehle; der Dokumentengenerator sei nicht auf einen 43

---

88 BGH WRP 2019, 736 Rn. 30.
89 Köhler/Bornkamm/Feddersen/Köhler UWG § 3a Rn. 1.62.
90 KG GRUR-RR 2022, 86; LG Berlin MMR 2019, 180; vgl. auch Skupin RDi 2022, 63; Seichter jM 2022, 51 (52); und allg. Meul/Morschhäuser CR 2020, 101; die Diskussionen über die Rechtsdurchsetzung sind nicht abgeschlossen, vgl. auch den Vorschlag für ein Rechtsdienstleistungsgesetzbuch von Römermann in FS Singer, 2021, S. 561 (571 ff.).
91 Metzger in FS Singer, 2021, S. 431 (441 f.); vgl. etwa jüngst zu Mietpreisbremse BGH BeckRS 2022, 11747 im Kontext der Wirksamkeit der Abtretung (§ 134 BGB).
92 LG Hamburg GRUR-RS 2020, 6044 Rn. 5; Schneider ZAP 2022, 513 (516).
93 LG Köln MMR 2020, 56.
94 OLG Köln MMR 2020, 618; BGH NJW 2021, 3125; hierzu Galetzka/Garling/Partheymüller MMR 2021, 20; Wendt/Jung ZIP 2020, 2201 (2207 f.); Kraetzig/Krawietz RDi 2022, 145 Rn. 5.
95 Kritisch hierzu Timmermann/Hundertmark RDi 2021, 269.
96 LG Köln MMR 2020, 56 Rn. 15 ff.

individuellen realen Fall zugeschnitten.[97] Folge eines Verstoßes gegen das RDG wäre gewesen, dass eine Erbringung dieser Dienstleistung nur noch an zugelassene Rechtsanwälte bzw. Rechtsanwaltsgesellschaft zulässig wäre.[98]

44 ▪ Daneben kann auch das **anwaltliche Berufsrecht** für anwaltliche Legal Tech-Angebote zu beachten sein, insbesondere die dort geregelten besonderen Werbeverbote (§ 43b BRAO, §§ 6 ff. BORA; → *Rechtsanwalt, Berufsrecht* Rn. 40, 57).[99] Auch diese Vorgaben sind Marktverhaltensregulierungen.[100] Der Einsatz von Werbung ist danach nicht grundsätzlich verboten, sondern nach den genannten Vorschriften immer noch grundsätzlich zulässig.[101] Nach § 43b BRAO ist dem Rechtsanwalt Werbung nur erlaubt, soweit sie über die berufliche Tätigkeit in Form und Inhalt sachlich unterrichtet und nicht auf die Erteilung eines Auftrags im Einzelfall gerichtet ist. Die Norm ist im Lichte des Art. 24 der Dienstleistungs-RL (kommerzielle Kommunikation für reglementierte Berufe) auszulegen.[102] Erforderlich ist deshalb stets eine umfassende Abwägung der Umstände des Einzelfalls.[103] Weitergehend sind die §§ 6 ff. BORA zu beachten, die Teilbereiche der anwaltlichen Werbetätigkeiten reglementieren. So werden Angaben über die Person des Anwalts adressiert (§ 6 Abs. 1 BORA), ebenso über Erfolgs- und Umsatzzahlen (§ 6 Abs. 2 S. 1 BORA) oder über Mandate und Mandanten (§ 6 Abs. 2 S. 2 BORA). Unbeschadet der Fachanwaltsbezeichnungen sind Angaben über Teilbereiche der eigenen Tätigkeit oder qualifizierende Zusätze nur zulässig, wenn Kenntnisse hierüber nachgewiesen werden können (§ 7 Abs. 1 BORA). Insoweit darf es auch zu keiner Verwechslungsgefahr mit Fachanwaltstiteln kommen (§ 7 Abs. 2 BORA). Daneben wird geregelt, wer sich als Mediator bezeichnen darf (§ 7a BORA), wann eine berufliche Zusammenarbeit kundgegeben werden darf (§ 8 BORA), dass Kurzbezeichnungen einheitlich geführt werden müssen (§ 9 BORA) und welche Angaben auf Briefbögen gehören (§ 10 BORA).

45 ▪ Klassische Marktverhaltensregulierungen sind darüber hinaus **verbraucherschützende Informationspflichten**, etwa die allgemeinen Informationspflichten bei Verbraucherverträgen (§ 312a BGB) oder Informationspflichten im Bereich des Fernabsatzverkehrs (§ 312d BGB iVm Art. 246a EGBGB) oder des elektronischen Geschäftsverkehrs (§ 312 i BGB iVm Art. 246c EGBGB).[104] Je nach Tätigkeitsbereich kommen diese Informationspflichten auch für Legal Tech-Anbieter in Betracht.[105]

46 ▪ **Unwirksame AGB** können ebenfalls ein Fall für § 3a UWG sein[106] und das sogar dann, wenn diese nur ins Internet gestellt werden.[107] Auch Verstöße gegen die **PAngV** sind regelmäßig für den Rechtsbruchatbestand relevant.[108]

47 Datenschutzverstöße können ebenfalls zu einem Verstoß gegen den Rechtsbruchtatbestand führen (→ *Haftung des Legal Tech-Unternehmens ggü. Kunden* Rn. 60, → *Haftung des Rechtsanwalts gegenüber seinem Mandanten* Rn. 57).[109] Datenschutzrechtliche Normen schützen insbesondere auch Verbraucher in ihrem Recht auf informationelle Selbstbestimmung im Rahmen ihrer Marktteilnahme und stellen daher insoweit

---

97 BGH NJW 2021, 3125 Rn. 31 ff.
98 Timmermann/Hundertmark RDi 2021, 269 Rn. 35.
99 Remmertz Legal Tech-Strategien § 2 Rn. 318.
100 JurisPK-UWG/Diekmann § 3a Rn. 229; Remmertz Legal Tech-Strategien § 2 Rn. 318.
101 Köhler/Bornkamm/Feddersen/Köhler UWG § 3a Rn. 1.155.
102 BGH GRUR-RR 2015, 108 Rn. 11.
103 BGH GRUR-RR 2015, 108 Rn. 11.
104 Köhler/Bornkamm/Feddersen/Köhler UWG § 3a Rn. 1.311 ff.
105 Hierzu etwa Kaulartz/Braegelmann/Leeb/Schmidt-Kessel AI und Machine Learning-HdB Kap. 10 Rn. 17 ff.
106 Hinsichtlich §§ 307, 308 Nr. 1, 309 Nr. 7a BGB BGH WRP 2012, 1086 Rn. 45 ff.; hinsichtlich § 307 BGB BGH NJW 2021, 2193 Rn. 57.
107 BGH WRP 2010, 1475 (1476); Köhler GRUR 2010, 1047 (1048).
108 LG Bielefeld MMR 2018, 549 Rn. 77 ff.
109 Ausführlich Halder, Private Enforcement und Datenschutzrecht, 2022, Rn. 435 ff.

Marktverhaltensregelungen dar.[110] Auch schützen vor allem die Informationspflichten der DS-GVO[111] die Entscheidungsfreiheit der Verbraucher, was für deren Qualifizierung als Marktverhaltensregelungen spricht.[112] Von einem (für § 3a UWG unbeachtlichen) bloßen Schutzreflex für Verbraucher kann jedenfalls keine Rede sein, da das Datenschutzrecht eine sekundäre Schutzfunktion zu ihren Gunsten aufweist; das unterstreicht letztlich auch die Verbandsklagen-RL (hierzu → *Kollektiver Rechtsschutz* Rn. 8 ff.),[113] die auch auf eine Durchsetzung des Datenschutzrechts zielt.[114] Dass Verbandsklagen nicht vollständig durch die DS-GVO ausgeschlossen (sondern lediglich durch Art. 80 DS-GVO eingeschränkt; hierzu → *Kollektiver Rechtsschutz* Rn. 12) sind, hatte jüngst der EuGH klargestellt.[115] Zu Mitbewerberklagen äußerte sich das Gericht nicht explizit, allerdings bildet die DS-GVO nicht die durch Datenschutzverstöße hervorgerufenen Wettbewerbsverzerrungen ab, sodass diese richtigerweise auch über das Lauterkeitsrecht auch ohne Beachtung des Art. 80 DS-GVO adressiert werden können.[116] Daneben bleibt zu beachten, dass vorformulierte Datenschutzerklärungen und teils auch datenschutzrechtliche Pflichtinformationen anhand der §§ 305 ff. BGB geprüft werden können, die ebenfalls Marktverhaltensregelungen darstellen (→ Rn. 46).[117] Unabhängig davon können Datenschutzverstöße auf vielfältige Weise den §§ 3, 4 ff. DS-GVO unterfallen.[118]

g) Generalklauseln (§§ 3 Abs. 1, Abs. 2 UWG)

§ 3 Abs. 1 UWG als Generalklausel im B2B-Bereich[119] hatte bislang im Legal Tech-Bereich keine Bedeutung. Angesichts der hier überwiegend betroffenen Irreführungskonstellationen ist auch künftig keine Relevanz absehbar. 48

Geschäftliche Handlungen, die sich an Verbraucher richten oder diese erreichen (B2C), sind nach **§ 3 Abs. 2 UWG** unlauter, wenn sie nicht der unternehmerischen Sorgfalt entsprechen und dazu geeignet sind, das wirtschaftliche Verhalten des Verbrauchers wesentlich zu beeinflussen. Die unternehmerische Sorgfalt ist dabei (§ 2 Abs. 1 Nr. 9 UWG) der Standard an Fachkenntnissen und Sorgfalt, von dem billigerweise angenommen werden kann, dass ein Unternehmer ihn in seinem Tätigkeitsbereich gegenüber Verbrauchern nach Treu und Glauben unter Berücksichtigung der anständigen Marktgepflogenheiten einhält. Verstöße gegen die unternehmerische Sorgfalt werden in der Regel bei Verstößen gegen verbraucherrechtliche Vorgaben anzunehmen sein.[120] Bestehen – im E-Commerce verbreitete und im Legal Tech-Bereich durchaus denkbare – Verhaltenskodizes, konkretisieren diese regelmäßig die berufliche Sorgfalt, so dass ein Verstoß gegen den Kodex unmittelbar einen Verstoß gegen die Generalklausel bedeutet.[121] Demgegenüber muss man bei Verstößen gegen AGB-Recht entgegen einer verbreiteten Auffassung[122] nicht auf § 3 Abs. 2 UWG 49

---

110 OLG Hamburg GRUR 2019, 86 Rn. 52.
111 Verordnung (EU) 2016/679 des Europäischen Parlaments und des Rates vom 27. April 2016 zum Schutz natürlicher Personen bei der Verarbeitung personenbezogener Daten, zum freien Datenverkehr und zur Aufhebung der Richtlinie 95/46/EG (Datenschutz-Grundverordnung), ABl. L 119 S. 1, ber. L 314 S. 72, 2018 L 127 S. 2 und 2021 L 74 S. 35.
112 OLG Hamburg GRUR-RR 2013, 482 (484).
113 Richtlinie (EU) 2020/1828 des Europäischen Parlaments und des Rates vom 25. November 2020 über Verbandsklagen zum Schutz der Kollektivinteressen der Verbraucher und zur Aufhebung der Richtlinie 2009/22/EG, ABl. L 409 S. 1.
114 Köhler WRP 2018, 1269 Rn. 60 f.
115 EuGH NJW 2022, 1740.
116 Diercks CR 2019, 95 Rn. 28 ff.; Laoutoumai/Hoppe K&R 2018, 533 (535).
117 BGH WRP 2020, 1182 Rn. 28; Hacker ZfPW 2019, 148 (184 ff.); die bisherige Rechtsprechung kritisierend und eine andere Differenzierung befürwortend McColgan AcP 221 (2021), 695; zum Ganzen Halder, Private Enforcement und Datenschutzrecht, 2022, Rn. 515 ff.
118 Schaub WRP 2019, 1391; Heßmann, Die Bekämpfung von Datenschutzverstößen mit Mitteln des Unlauterkeitsrechts, 2022, passim; Halder, Private Enforcement und Datenschutzrecht, 2022, Rn. 572 ff.
119 Diesen Begriff ablehnend Köhler/Bornkamm/Feddersen/Köhler UWG § 3 Rn. 2.27a.
120 GK-UWG/Fritzsche UWG § 2 Rn. 691.
121 GK-UWG/Fritzsche UWG § 2 Rn. 694; Dreher/Ballmaier VersR 2011, 1087 (1088 f.).
122 Graf von Westphalen in Busch, P2B-VO, 2022, Art. 3 VO (EU) 2019/1150 Rn. 90, 94; Alexander WRP 2012, 515 (520).

zurückgreifen, da das AGB-Recht auch Marktverhaltensregelungen enthält und so § 3a UWG anwendbar ist. Die „wesentliche Beeinflussung des wirtschaftlichen Verhaltens des Verbrauchers" setzt voraus, dass die Fähigkeit des Verbrauchers, eine informierte Entscheidung zu treffen, durch die geschäftliche Handlung „spürbar beeinträchtigt wird" und den Verbraucher zu einer geschäftlichen Entscheidung veranlasst, die er andernfalls nicht getroffen hätte (§ 2 Abs. 1 Nr. 11 UWG).

3. Unzumutbare Belästigung (§ 7 UWG)

50 § 7 UWG setzt Art. 13 ePrivacy-RL um und schützt die Privatsphäre der Nutzer.[123] § 7 Abs. 2 UWG verlangt für bestimmte Werbeformen (insbes. **Telefon- und E-Mail-Werbung**) eine **Einwilligung**. Nur für Bestandskunden sieht § 7 Abs. 3 UWG eine Ausnahme vor, die jedoch eng auszulegen ist.[124] In diesem Kontext bleibt auch § 7a UWG zu beachten, der **Dokumentationspflichten** hinsichtlich einer Einwilligung in Telefonwerbung vorsieht.[125] Zu beachten ist, dass ein Verstoß gegen § 7 UWG auch **datenschutzrechtliche Folgen** haben kann, denn eine Rechtfertigung der Datenverarbeitung nach Art. 6 Abs. 1 Buchst. f DS-GVO scheidet in diesem Fall aus.[126] Insoweit besteht ein beträchtliches Bußgeldrisiko (Art. 83 DS-GVO). Damit ist bei Direktwerbemaßnahmen, einschließlich solcher, die durch Benutzer eingeleitet werden („Weiterleiten", „Empfehlen" etc), besondere Vorsicht geboten.

51 Ferner ist eine geschäftliche Handlung nach dem **Grundtatbestand** des § 7 Abs. 1 UWG unzulässig, durch die ein Marktteilnehmer in unzumutbarer Weise belästigt wird. Das soll regelmäßig der Fall sein, wenn ein Nutzer gegen seinen erkennbaren Willen mit Werbung belästigt wird. Dieser mag Bedeutung entfalten, wenn ein verbraucherorientierter Legal Tech-Anbieter sich unmittelbar an vermeintliche Rechtsverstöße anhängt („Wir haben festgestellt, dass Sie bei Facebook beleidigt wurden – mandatieren Sie uns, um sich zu verteidigen") oder sogar Rechtsverstöße als Drohung nutzen („Wir haben beobachtet, dass Sie urheberrechtswidrig Inhalte verbreiten. Mandatieren Sie uns zu Ihrer Verteidigung!").

---

123 Köhler/Bornkamm/Feddersen/Köhler UWG § 7 Rn. 8.
124 MüKoUWG/Leible § 7 Rn. 176.
125 Hierzu Meurer DSB 2021, 348; Büscher WRP 2022, 132 Rn. 4; Lommatzsch/Albrecht GWR 2021, 363 (365 f.).
126 OVG Saarlouis BeckRS 2021, 2248 Rn. 25; VG Saarlouis WRP 2020, 128 Rn. 77; Kühling/Buchner/Buchner/Petri DS-GVO BDSG, 3. Auflage 2020, Art. 6 DS-GVO Rn. 176; LfDI Thüringen, 3. Tätigkeitsbereich zum Datenschutz nach der DS-GVO, S. 137 f.

95. Zugang zum Recht

Molavi Vasse'i

I. Einführung	1
II. Begriffsdefinition und Bedeutungsrahmen	2
III. Multidimensionalität des Begriffs	9
IV. Wellen der Forschung, Fokus und Reformen	12
V. Internationale Priorisierung des Konzepts	23
VI. Rechtliche Herleitung und Implementierung (Niederschlag) im Recht	27
1. Deutschland	28
2. Europäischer Raum	35
3. Vereinte Nationen	43
VII. Einordnung aktueller Entwicklungen und Forschungsfragen	51
1. Digitalisierung des Rechtsmarktes und der Justiz – Technologie als Problemlöser	58
2. Wirksamkeit und Entstehung von Recht	69
a) Steigender Einfluss des Völkerrechts	70
b) Harmonisierung und Top-down-Regulierung	71
c) Trend zur verstärkten Lobbytätigkeit als Gefährdung der Gesetzesqualität und Rechtssetzungsgleichheit	73
d) Strategische Rechtsdurchsetzung: Individualrechtsschutz vs. kollektive Rechtsdurchsetzung	79
3. Einsatz künstlicher Intelligenz zur Erhöhung der Rechtssetzungsqualität in der Justiz	84
4. Aufbereitung und Vermittlung juristischen Wissens	87

Literatur: *Agentur der Europäischen Union für Grundrechte und Europarat*, Handbuch zu den europarechtlichen Grundlagen des Zugangs zur Justiz, 2016; *Ammann*, Das freie Mandat (Art. 38 Abs. 1 S. 2 GG) – ein verfassungsrechtliches Fossil? Von der unzureichenden Berücksichtigung des parlamentarischen Lobbyismus in der zeitgenössischen deutschen Verfassungslehre in Huggins/Herrlein/Werpers et al. (Hrsg.), Zugang zu Recht, 2021, S. 371 ff.; *Bender*, Einige Aspekte zu den Erfolgsbarrieren in der Justiz, 1976; *Beqiraj/McNamara*, International access to justice: Barriers and solutions. Bingham Centre for the Rule of Law Report. 2014; Bernzen, Wenn die Richtlinie zur Verordnung wird, 22.7.2021, abrufbar unter https://rsw.beck.de/aktuell/daily/magazin/detail/wenn-die-richtlinie-zur-verordnung-wird; *Birkenkötter*, Zugang zur Völkerrechtssetzung: Demokratische Legitimationsdefizite in der transnationalen Rechtsordnung am Beispiel der 2030 Agenda für Nachhaltige Entwicklung in *Huggins/Herrlein/Werpers et al. (Hrsg.),* Zugang zu Recht, 2021, S. 236 ff.; *Blankenburg/Kaupen*, Rechtsbedürfnis und Rechtshilfe. Empirische Ansätze im internationalen Vergleich, 1978; *Blankenburg/Klausa/Rottleuthner*, Alternative Rechtsformen und Alternativen zum Recht, 1980; *Blankenburg/Lenk*, Organisation und Recht. Organisatorische Bedingungen des Gesetzesvollzugs, 1980; *Böschen/Grunwald/Krings/Rösch* (Hrsg.), Technikfolgenabschätzung – Handbuch für Wissenschaft und Praxis, 2021; *Buchheim*, Actio, Anspruch, subjektives Recht, 2017; *Bundesamt für Justiz*, Geschäftsentwicklung der Zivilsachen – Amts-, Land- und Oberlandesgerichte 1995–2020, 2022; *Burgi* in *Isensee/Kirchhof* (Hrsg.), Handbuch des Staatsrechts der Bundesrepublik Deutschland, IV, 3. Auflage, 2005, S. 205 ff.; *Calliess*, Repräsentanten unter Druck: Zwischen Vertrauensverlust und Ohnmacht in *Botha/Steiger/Schaks (Hrsg)* Das Ende des repräsentativen Staates? Demokratie am Scheideweg – The End of the Representative State? Democracy at the Crossroads: Eine Deutsch-Südafrikanische Perspektive – A German-South African Perspective, 2016, S. 51 ff.; *Cappelletti/Garth*, Access to Justice: The Newest Wave in the Worldwide Movement to Make Rights Effective in Buffalo Law Review 1978, 181 ff.; *Cappelletti/Garth/Trocker*, Access to Justice: Comparative General Report, 1979; *Civil Legal Needs Study Update Committee Washington State Supreme Court*, 2015, Civil Legal Needs Study Update; *Cruz/Salles*, Access to Justice, Revista Da Faculdade Mineira De Direito, 2020, S. 177 ff.; Dandurand/Jahn, Access to Justice Measurement Framework 2017; *Eberstaller*, Datafying the Law – Zugang zu juristischen Daten in *Huggins/Herrlein/Werpers et al. (Hrsg.),* Zugang zu Recht, 2021, S. 71 ff.; *Ellerbrok*, Class actions: Neuer Zugang zum Verwaltungsrecht? in *Huggins/Herrlein/Werpers et al. (Hrsg.),* Zugang zu Recht, 2021, S. 437 ff.; *EU Corporate Europe Observatory*, abrufbar unter https://corporateeurope.org/sites/default/files/attachments/financiallobbyreport.pdf; *Europäische Kommission für die Wirksamkeit der Justiz* (CEPJ), Aktionsplan 2022–2025 zur „Digitalisierung für eine bessere Justiz, 2021, abrufbar unter https://rm.coe.int/cepj-2021-12-en-cepej-action-plan-2022-2025-digitalisation-justice/1680a4cf2c; *Europäische Kommission für die Wirksamkeit der Justiz* (CEPJ), European ethical Charter on the use of Artificial Intelligence in judicial systems and their environment, 2018; *Fejös/Willett*, Consumer Access to Justice: The Role of the ADR Directive and the Member States, 2016; *Friedrich*, Politischer Druck durch Rechtsschutz – Auf dem Weg zur öffentlich-rechtlichen „Public Interest Litigation"? in *Huggins/Herrlein/Werpers et al. (Hrsg.),* Zugang zu Recht, 2021, S. 219 ff.; *Garner/Black*, Access to Justice in Black's Law Dictionary, 9. Auflage 2009; *Gesellschaft für Informatik gemeinsam mit 15 zivilgesellschaftlichen Akteuren*, Angemessene Fristen statt Scheinbeteiligung,18.12.2020, abrufbar unter https://gi.de/meldung/offener-brief-ausreichende-fristen-fuer-verbaendebeteiligung; *Gill/Allsopp/Burridge/Fisher/Griffiths/Paszkiewicz/Rotter*, The tribunal atmosphere: On qualitative barriers to access to justice, 2021; *Hamann*, Der blinde Fleck der deutschen Rechtswissenschaft

– Zur digitalen Verfügbarkeit instanzgerichtlicher Rechtsprechung, JZ 2021, 656; *Hidding*, Zugang zum Recht für Verbraucher, 2019; *Huggins/Herrlein/Werpers et al. (Hrsg.)*, Zugang zu Recht, 2021; Kappler, Shrinking Space Deutschland? Die Zivilgesellschaft als Akteurin beim Zugang zu Recht in *Huggins/Herrlein/Werpers et al. (Hrsg.)*, Zugang zu Recht, 2021, S. 393 ff.; *Karpen*, Krisendiskurse und Krisenphänomene *in Mehde/Seckelmann*, Zum Zustand der repräsentativen Demokratie, 2017; *Kunkel*, Rationing Justice in the 21st Century: Technocracy and Technology in the Access to Justice Movement, 2019; *Kilian*, Zugang zum Recht, Anwaltsblatt, 2008, S. 236 ff.; *Lima/Gomez, Access to Justice: Promoting the Legal System as a Human Right, in Leal Filho/Azul/ Brandli/Salvia/Özuvar, Wall (Hrsg.)*, Peace, Justice and Strong Institutions, Encyclopedia of the UN Sustainable Development Goals, 2020; *Metherell/Ghai/ McCormick/Ford, Amy Orben*, Digital exclusion predicts worse mental health among adolescents during COVID-19, 2021; *Molavi Vasse'i*, KI & Ethik – Der Mythos der neutralen Machine, Berliner Anwaltsblatt 2020, S. 207 ff.; *Molavi Vasse'i*, Erwartungen an den Rechtsstaat in der digitalen Transformation Journal für Rechtspolitik (JRP) 28 (2020), 38 ff.; *Mubarak, Suomi*, Elderly Forgotten? Digital Exclusion in the Information Age and the Rising Grey Digital Divide, 2022; *Pleasence*, Legal need and legal needs surveys, 2016; *Rhode*, Access to Justice, Fordham Law Review, 2001, 1785 ff.; Röhner, Demokratische Gleichheit als gerechte Staatlichkeit Eine antidiskriminierungsrechtliche Perspektive auf den Zugang zu Staatsämtern und Parität in in *Huggins/Herrlein/Werpers et al. (Hrsg.)*, Zugang zu Recht, 2021, S. 91 ff.; *Röhner*, Ungleichheit und Verfassung, 2019; *Rudolf*, Rechte haben – Rechte bekommen, 2014; *Ruschemeier*, Technischer Zugang zum Recht – Aktuelle Entwicklungen zu Legal Tech und kollektiver Rechtsdurchsetzung, Zeitschrift für die digitale Rechtsanwendungen, 2022, S. 76 ff; *Selita*, Improving Access to Justice: Community-based Solutions, Asian Journal of Legal Education 2019, S. 83 ff.; Statistisches Jahrbuch der Anwaltschaft 2019/2020, abrufbar unter https://soldani nstitut.de/statistisches-jahrbuch; Strobel, Strategische Prozessführung – Potentiale und Risiken transnationaler zivilgesellschaftlicher Zuflucht zum Recht in *Huggins/Herrlein/Werpers et al. (Hrsg.)*, Zugang zu Recht, 2021, S. 157 ff.; *Susskind*, Online Courts and the future of Justice 2019; *Terzidou*, The use of Artificial Intelligence in the judiciary and its compliance with the right to a fair trial in Journal of Judicial Administration, 2022 S. 154 ff.; *Towfigh/Chatziathanasiou*, Ökonomische Aspekte der Durchsetzung des Verbraucherschutzrechts in Schulte-Nölke et al., Neue Wege der Durchsetzung des Verbraucherrechts, 2017, S. 93 ff.; *Transparency International Deutschland*, Einigung beim Lobbyregister – Transparenz geht anders, 3.3.2021, abrufbar unter https://www.trans parency.de/aktuelles/detail/article/einigung-beim-lobbyregister-transparenz-geht-anders; *Wehrmann*, Lobbying in Deutschland – Begriff und Trends in *Willems/Zimmer/Kleinfeld* Lobbying, 2007, S. 36 ff.; Willian Ewart Gladstone 1868 in *Laurence*, Peter's Quotations, 1977, S. 276; *Wrase/Thies/Behr/ Stegemann*, Gleicher Zugang zum Recht. (Menschen-)Rechtlicher Anspruch und Wirklichkeit, Aus Politik und Zeitgeschichte, Bundeszentrale für politische Bildung, Vol. 71, 2017, S. 48 ff.; *Zorza*, Access to Justice: Emerging Consensus and Some Questions and Implications, 2011, Judicature, S. 156 ff.

I. Einführung

1 Der Zugang zum Recht wird regelmäßig im Zusammenhang mit Legal Tech erwähnt.
Mit dem Problemlösungspotential von Technologie, etwa der besseren Informationsvermittlung und der Vernetzung von Anwälten und Mandanten, der Ergänzung der kollektiven Rechtsdurchsetzung, dem Effizienzversprechen von Automatisierung und der damit verbundenen vorab-Standardisierung von wiederkehrenden Abläufen und Prozessen und der Nutzung von künstlicher Intelligenz als Subsumtionshilfe, wird die Verbesserung des Zugangs zum Recht als Grund für die Nutzung von Legal Tech-Anwendungen ins Feld geführt. Der Einsatz von Technologie kann sowohl eine zugangserleichternde als auch eine zugangserschwerende Rolle spielen. Die unterschiedlichen Dimensionen des Instituts des Zugangs zum Recht zu erkennen, spielt für die Beurteilung des Ob und Wie des Einsatzes von Technologie eine maßgebliche Rolle.

II. Begriffsdefinition und Bedeutungsrahmen

2 „Zugang zum Recht" ist eine Übersetzung der englischen Ausdrücke „Access to Justice" und „Access to Law". Eine Legaldefinition des Begriffs gibt es nicht, genauso wenig wie eine einheitliche Verwendung in der juristischen Literatur.[1] Die Bedeutung variiert je nach Verwendungszusammenhang.[2] Für die vormals

---

1 Hidding, Zugang zum Recht für Verbraucher, 2019, S. 52.
2 Rudolf, Rechte haben – Rechte bekommen, 2014, S. 9.

nur im angelsächsischen Raum genutzten Begriffe mit heute langer Tradition gibt es je nach Verwendungsziel enger gefasste Übersetzungen wie „Zugang zur Justiz" oder weiter gefasste wie „Zugang zu gerechter Staatlichkeit"[3],[4] wodurch auch eine Teilhabe am Rechtsentstehungsprozess adressiert wird.

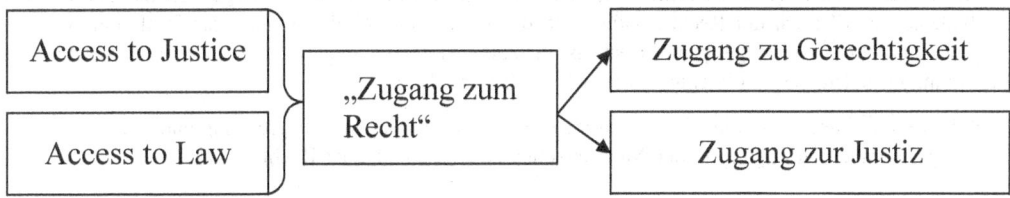

Abb.: Begriffsbedeutungen

Eindeutig ist jedoch, dass die Begriffe[5] „Access to Justice", „Access to Law" und „Zugang zum Recht" das Gleiche bedeuten.[6] So kommt es auch vor, dass im deutschsprachigen Raum neben der Übersetzung alternativ der englische Begriff verwendet wird.[7]

Der Zugang zum Recht kann als eng verknüpft mit dem Rechtsstaatsprinzip und als eine unabdingbare Bedingung für dessen Wirksamkeit begriffen werden. Ziel des Rechtsstaatsprinzips ist wiederum der Schutz der Freiheit des Menschen und die Begrenzung und Legitimierung der dazu erforderlichen Macht. Der Rechtsstaat bedarf – wie alle Elemente einer Demokratie, eine funktionierende Justiz und der Erhalt des Rechtsfriedens – permanenter Aufmerksamkeit und Organisation. Der Zugang zum Recht verleiht dem Bürger in einem Rechtsstaat die nötige Subjekteigenschaft, mit der er seine Rolle darin wirksam wahrnehmen kann.

Beate Rudolf, ehemalige Direktorin des Deutschen Instituts für Menschenrechte in Berlin, stellt fest:

> „Zugang zum Recht ist [...] Ausdruck und Verwirklichung der durch die Menschenrechte gesicherten Selbstbestimmung. Zugang zum Recht als Menschenrecht sichert und bekräftigt die menschenrechtliche Bindung des Staates; der Mensch steht im Mittelpunkt staatlichen Handelns, und dies als Rechtsträger, nicht nur als Begünstigter oder Objekt staatlichen Handelns."[8]

Die Komplexität und der Reichtum des breit angelegten Konzepts[9] des Zugangs zum Recht liegen eben in jener Tatsache, dass es sowohl selbst ein Recht als auch ein zentrales Werkzeug, ein Mittel zur Verwirklichung und Ausübung sowie zur Wiederherstellung von Rechten ist, die missachtet oder verletzt wurden.[10] Die Relevanz des Zugangs zum Recht und dessen wesentliche Funktion ist also darin begründet, dass es im Grunde die Wahrnehmung anderer Rechte erst ermöglicht.[11]

Der Besitz von Rechten ohne Mechanismen zu deren effektiver Durchsetzung ist bedeutungslos.[12] Neben dem Vorhandensein von Gesetzen ist also auch das Bestehen von Rechtsbehelfen notwendig für eine

---

3 Im Sinne von Staatlichkeit als Voraussetzung für diskriminierungsfreies Zustandekommen von Gesetzen und staatlichem Handeln, etwa Verwaltungsakten oder faire Urteile.
4 Röhner, Demokratische Gleichheit als gerechte Staatlichkeit, in Huggins et al. (Hrsg.), 2021, S. 91 ff. (98).
5 Für eine historische Herleitung des Begriffs siehe Cruz und Salles, die die Wurzeln des Zugangs zum Recht sogar aus dem Alten Testament herleiten. Cruz/Salles, Revista Da Faculdade Mineira De Direito, 2020, S. 177 ff. (178).
6 Fejös/Willett, Consumer Access to Justice: The Role of the ADR Directive and the Member States, 2016, S. 33.
7 Cappelletti/Garth/Trocker, Access to Justice: Comparative General Report, 1979, S. 1, 6.
8 Rudolf, Rechte haben – Rechte bekommen, 2014, S. 8.
9 Kilian, Zugang zum Recht, Anwaltsblatt, 2008, 236 ff. (236).
10 Lima/Gomez, Access to Justice: Promoting the Legal System as a Human Right, in Leal Filho et al. (Hrsg.) 2020, S. 3.
11 Siehe unter anderem Cruz/Salles, Revista Da Faculdade Mineira De Direito, 2020, S. 177 ff. (180); Lima/Gomez, Access to Justice: Promoting the Legal System as a Human Right, in Leal Filho et al. (Hrsg.) 2020, S. 3.
12 Cappelletti/Garth, Access to Justice: The Newest Wave in the Worldwide Movement to Make Rights Effective in Buffalo Law Review 1978, 181 ff. (185).

Befähigung zur Mobilisierung von Recht. Erst dadurch erhält der Einzelne[13] die Legitimation und Möglichkeit, innerhalb einer Gesellschaft Gerichte und andere rechtliche Institutionen effektiv zu nutzen, um die eigenen Rechte zu schützen und Ansprüche zu verfolgen,[14] sich gegen Rechtsverletzungen zu schützen, die Exekutive zur Verantwortung zu ziehen und sich selbst in Strafsachen zu verteidigen. Es handelt sich um ein bedeutendes Element der Rechtsstaatlichkeit, das sowohl das Zivil- als auch das Straf- und Verwaltungsrecht berührt.[15] Der Zugang zum Recht ist Prozess und Zielsetzung zugleich und von entscheidender Bedeutung für jeden, der von Rechten Gebrauch machen möchte.[16]

8 Nach Susskind[17] kommt es beim Zugang zum Recht auf Streitbeilegung, -begrenzung und -vermeidung an und ebenso darauf, den Zugang zu den Möglichkeiten zu erhalten, die das Recht schafft.[18]

III. Multidimensionalität des Begriffs

9 Nicht das bloße Vorhandensein von Recht, sondern erst der Zugang dazu ermöglicht Bürgern, sich rechtliches Gehör zu verschaffen, ihre Rechte wahrzunehmen, Diskriminierungen anzufechten und Entscheidungsträger zur Rechenschaft zu ziehen. Den Zugang und die Rechtsinfrastruktur selbst zeichnet ein substanzieller Mehrwert aus.

10 Rechtsnormen sind umso effektiver, je eher und je mehr ihre Verletzung vor Gericht geltend gemacht wird oder jedenfalls geltend gemacht werden kann.[19] Die Effektivierung wirkt entweder schon präventiv, weil Legislative und Exekutive aufgrund der Aussicht auf eine gerichtliche Auseinandersetzung den Weg des (objektiven) Rechts gar nicht erst verlassen, oder repressiv, weil die Judikative vermehrt zuständige Stellen in die Pflicht nimmt Rechtsverstöße zu beseitigen.[20]

11 Eine Dimension des Konzepts betrifft die **Faktizität des Zugangs zum Recht** – das „Ob"[21], also das Vorhandensein von Recht und die Abwesenheit von Hürden beim Versuch, es in Anspruch zu nehmen. Es kommt aber auch weiterhin darauf an, dass es für alle einen **gleichen** Zugang zum Recht geben muss. Dabei geht es um eine sachgerechte und faire Anwendung von Recht auf den Einzelfall und die Abwesenheit von Präjudiz. Letztlich stellt eine weitere Dimension die **Wirksamkeit** des Zugangs zum Recht in den Vordergrund und addiert sozusagen ein Qualitätsmerkmal zur systemischen Sicht hinzu – das „Wie"[22]: Der Einsatz emotionaler, finanzieller und zeitlicher Ressourcen zur Geltendmachung des Rechts soll in befriedigenden und effektiven Lösungen von Rechtsproblemen und Lösungsoptionen resultieren.[23]

---

13 Aus Gründen der besseren Lesbarkeit wird auf die gleichzeitige Verwendung der Sprachformen m/w/d verzichtet. Sämtliche Personenbezeichnungen gelten gleichermaßen für alle Geschlechter.
14 Garner/Black, Access to Justice in Black's Law Dictionary, 9. Aufl. 2009. Siehe auch Rhode Access to Justice, Fordham Law Review, 2001, 1785 ff. (1785).
15 Agentur der Europäischen Union für Grundrechte (FRA) et al., Handbuch zu den europarechtlichen Grundlagen des Zugangs zur Justiz, 2016, S. 16.
16 Agentur der Europäischen Union für Grundrechte (FRA) et al., Handbuch zu den europarechtlichen Grundlagen des Zugangs zur Justiz, 2016, S. 16.
17 Susskind Online Courts and the future of Justice 2019, S. 67.
18 Susskind Online Courts and the future of Justice 2019, S. 67.
19 Friedrich, Politischer Druck durch Rechtsschutz – Auf dem Weg zur öffentlich-rechtlichen „Public Interest Litigation"? in Huggins et al. (Hrsg.), 2021, S. 219 ff. (224); Buchheim, Actio, Anspruch, subjektives Recht, 2017, S. 97 ff.
20 Friedrich, Politischer Druck durch Rechtsschutz – Auf dem Weg zur öffentlich-rechtlichen „Public Interest Litigation"? in Huggins et al. (Hrsg.), 2021, S. 219 ff. (224).
21 Siehe u.a. Hidding, Zugang zum Recht für Verbraucher, 2019, S. 52.
22 Hidding, Zugang zum Recht für Verbraucher, 2019, S. 55, die sich wiederum auf Fejös bezieht.
23 Cappelletti/Garth/Trocker, Access to Justice: Comparative General Report, 1979, S. 1, 6.

IV. Wellen der Forschung, Fokus und Reformen

Seit Jahrzehnten wird an den Ursachen für Hindernisse und Barrieren des Rechts und an Verbesserungsmöglichkeiten hinsichtlich der drei Dimensionen des Zugangs zu ihm geforscht. Es gibt drei nennenswerte Forschungswellen,[24] die sich mit etwaigen Barrieren und ihrer Überwindung auseinandergesetzt haben.

Im Rahmen internationaler Forschung – in der Soziologie und den Rechtswissenschaften – wurden insbesondere seit den 60er Jahren systematisch zahlreiche **„Unmet-Legal-Needs"**[25]-Befragungen in der Bevölkerung durchgeführt, um Gründe für die Nichtdurchsetzung von Recht durch Individuen oder betroffene Gruppen sowie Hindernisse beim Zugang zum Recht zu erforschen, mit dem Ziel, diese zu beseitigen und die Rule of Law[26] zu stärken. Die global durchgeführten Studien zu Barrieren wiesen länderübergreifend Schnittmengen auf: Der zu erwartende emotionale und zeitliche Aufwand, die Prozessdauer[27] und die Kosten des Verfahrens und der Rechtsberatung sind wesentliche Hindernisse des Zugangs zum Recht.[28] Diese gehören zu den ältesten bekannten Gründen, die regelmäßig besondere Aufmerksamkeit erfahren.

Die Forschung belegt zudem deutlich, dass solche Hindernisse nicht von allen Personen, die von rechtlichen Problemen betroffen sind, einheitlich erlebt werden. Armut und soziale Ausgrenzung sind einige relevante Faktoren, die sich sowohl auf den gewählten Weg zur rechtlichen Lösung als auch auf die wahrgenommene Zufriedenheit mit den Ergebnissen der Mobilisierung von Recht auswirken.[29] Unterschiedliche Barrieren wirken gleichzeitig und beeinflussen sich gegenseitig.

Die auf den Barrieren beruhenden Unsicherheiten und Nachteile führten bei den Betroffenen zu einer **rationalen Apathie**[30] – einer Zurückhaltung gegenüber der Mobilisierung ihrer Rechte. Die Entwicklung eines umfassenden Verständnisses und Herangehens an den Zugang zum Recht setzt voraus, dass das **Zusammenwirken der Faktoren** und ihre Auswirkungen auf die justiziablen Erfahrungen und Ergebnisse der Menschen berücksichtigt werden.

Prozesskostenübernahmen, Zuschüsse und Rechtshilfe (etwa durch Pro-bono-Beratung) auch informeller Art gehören zu den ältesten zentralen Bestandteilen internationaler Strategien zur Verbesserung der Situation.[31] So mündete die erste rückblickend als solche identifizierbare Forschungswelle in die Einführung von Prozesskostenhilfen, um insbesondere den Armen in der Gesellschaft den Zugang zum Recht und zum Justizsystem zu erleichtern.

Bei einem zweiten Entwicklungs- und Forschungsschub wurde darauf abgezielt, die Vertretung kollektiver oder **diffuser Interessen**[32], wie zB Verbraucherinteressen, durch die Entwicklung einer kollektiven Vertretung sicherzustellen. Es ist wichtig, bei Rechtsproblemen solche zu erkennen, die nicht nur individueller Natur sind, bei denen es sich vielmehr um ein Verletzungsmuster handelt. Immer dann, wenn der Einzelne allein nichts ausrichten kann – etwa aufgrund erhöhter Beweisführungserschwernisse und Informationsasymmetrie –, aber ein öffentliches, gesellschaftliches Interesse daran besteht, eine Beseitigung zu veranlassen, so kommt eine kollektive Vertretung als Lösung in Betracht.

---

24 Der Wellenbegriff wurde maßgeblich von Cappelletti geprägt zur Beschreibung der Zeiten vermehrter Forschungsaufträge.
25 Übersetzbar mit „ungedeckte Rechtsbedürfnisse" oder „unbefriedigter Rechtsbedarf".
26 Pendant zur „Herrschaft des Rechts" im Deutschen aus Art. 20 Abs. 3 GG.
27 „Justice delayed is justice denied", ein Zitat von William Ewart Gladstone 1868 in Laurence, Peter's Quotations, 1977, S. 276.
28 Pleasence, ‚Legal need' and legal needs surveys, 2016, S. 17.
29 Beqiraj/McNamara, International access to justice: Barriers and solutions. 2014, S. 10.
30 Towfigh/Chatziathanasiou, Ökonomische Aspekte der Durchsetzung des Verbraucherschutzrechts in Schulte-Nölke et al., Neue Wege zur Durchsetzung des Verbraucherrechts, 2017, S. 93 ff. (93).
31 Cappelletti/Garth/Trocker, Access to Justice: Comparative General Report, 1976, S. 669 ff. (682).
32 Siehe zum Begriff der diffusen Interessen Cappelletti/Garth/Trocker, Access to Justice: Comparative General Report, 1976, S. 669 ff. (680).

18 Die dritte Welle erweiterte den Fokus noch über das in den zwei vorigen Wellen gesetzte Maß hinaus und ging von einem umfassenderen Konzept des Zugangs zum Recht aus: Die entwickelten Ansätze regten dazu an, eine Vielzahl von Reformen zu prüfen, darunter unter anderem Änderungen der Verfahrensformen, Änderungen der Gerichtsstrukturen oder die Schaffung neuer Gerichte, den Einsatz von Laien und Paraprofessionals sowohl in der Richterschaft als auch in der Anwaltschaft, Änderungen des materiellen Rechts zur Vermeidung von Streitigkeiten.[33] Sie brachten die Entwicklung von Verfahren für geringfügige Forderungen und die Popularisierung der alternativen – privaten oder informellen – Streitbeilegung[34] mit sich. Cappelletti et al. haben die Anfänge der Forschung, losgetreten durch das zweijährige Florentinische Access-to-Justice-Project im Jahre 1973, sowie die ersten drei Forschungswellen ausführlich dargestellt.[35] Wissenschaftler wie Rolf Bender und der Rechtssoziologe Erhard Blankenburg[36] haben maßgeblich dazu beigetragen, die Problematik in Deutschland ins Bewusstsein zu heben. Rolf Bender analysierte[37] etwa bereits im Jahre 1976, dass Zugangs- und Erfolgsbarrieren des Rechts insbesondere darauf zurückzuführen sind, dass es ein Informationsgefälle hinsichtlich des betroffenen Rechts und eine fehlende Kenntnis der für den Anspruchsinhaber positiven Urteile[38] gibt, und dass Vorschriften zum Schutz der Vulnerablen und Armen einen Mangel an Effektivität aufwiesen. Dies führe zwangsläufig zu Unsicherheiten des Bürgers hinsichtlich der Fragen: „Bin ich im Recht?", „Bekomme ich Recht?".
Die ökonomische Sinnhaftigkeit der Rechtsdurchsetzung und der dafür notwendige Zeiteinsatz sind für den Betroffenen schwer einschätzbar.

19 Die Rechtswissenschaftlerin Susanne Baer[39] führt aus, dass die Kosten einer Mobilisierung von Recht nicht nur finanzieller Art sein können, sondern auch emotionaler Natur, etwa wenn mit der Geltendmachung des Rechts Belastungen aufgrund der Gefährdung bestehender Sozialbeziehungen,[40] der Verlust des Arbeitsplatzes oder eine Form sozialer Ächtung und, daran gekoppelt, der Verlust des sozialen Status einhergehen. Auch die Angst vor dem Verlust einer engen Beziehung gerade in Abhängigkeitsverhältnissen oder die Angst vor Einsamkeit können die persönlichen Kosten einer Mobilisierung steigern. Belastungen durch die Verhandlung, etwa aufgrund von Reviktimisierung im Strafprozess, führen ebenfalls zu Vermeidungsmustern. Diese sind allesamt „Kosten", die bei der Entscheidung über die Mobilisierung von Recht eine wesentliche Rolle spielen und die rationale Apathie stärken.

20 Auch die Atmosphäre des Gerichtssaals („tribunal atmosphere"), die Körpersprache der Richter, sind ein wichtiger, jedoch bisher weitgehend übersehener Aspekt der Dynamik von Gerichtssälen, die eine qualitative Barriere darstellen können.[41] Ein Mangel an respektvollem Umgang und Verständlichkeit des Vorgangs wurden gerade in Asylverfahren als abschreckender und wenig vertrauensfördernder Faktor diagnostiziert.[42]

21 Die Diagnose der Erfolgsbarrieren hat sich seit den Anfängen der Forschung nicht wesentlich verändert; einiges hat sich gebessert, doch viele der Probleme sind immer noch ungelöst oder bedürfen dauernder

---

33 Cappelletti/Garth/Trocker, Access to Justice: Comparative General Report, 1976, S. 669 ff. (704).
34 Fejös/Willett, Consumer Access to Justice: The Role of the ADR Directive and the Member States, 2016, S. 38.
35 Siehe dazu ausführlich Cappelletti/Garth/Trocker, Access to Justice: Comparative General Report, 1976, S. 682 ff.
36 Blankenburg/Kaupen, Rechtsbedürfnis und Rechtshilfe. Empirische Ansätze im internationalen Vergleich, 1978; Blankenburg/Klausa/Rottleuthner, Alternative Rechtsformen und Alternativen zum Recht, 1980; Blankenburg/Lenk, Organisation und Recht. Organisatorische Bedingungen des Gesetzesvollzugs, 1980.
37 Bender, Einige Aspekte zu den Erfolgsbarrieren in der Justiz, 1976, S. 1 und 2 zusammengefasst.
38 Der Betroffene hat keinen Einfluss auf die Veröffentlichung positiver Urteile in Fachzeitschriften. Auch werden nur ein Viertel der Fälle durch Urteile beendet, Vergleiche werden nicht veröffentlicht. Eine Präzedenzwirkung positiver Urteile entfällt bei Vergleichen ebenfalls.
39 Susanne Baer ist zudem seit 2011 Richterin des Bundesverfassungsgerichts.
40 Wrase/Thies/Behr/Stegemann, Gleicher Zugang zum Recht. (Menschen-)Rechtlicher Anspruch und Wirklichkeit, 2017, S. 48 ff. (53).
41 Gill/Allsopp/Burridge/Fisher/Griffiths/Paszkiewicz/Rotter, The tribunal atmosphere: On qualitative barriers to access to justice, 2021 (63).
42 Gill/Allsopp/Burridge/Fisher/Griffiths/Paszkiewicz/Rotter, The tribunal atmosphere: On qualitative barriers to access to justice, 2021 (62).

Aufmerksamkeit und neuer Lösungsansätze. Die Komplexität und Multikausalität des Phänomens lassen einfache Schlussfolgerungen nicht zu.

Eine Analyse der maßgeblichen Elemente und Konditionen ergibt, dass drei übergeordnete Faktoren, nämlich das Vorhandensein maßgeblichen Rechts, der faktische Zugang dazu und die erfolgreiche Mobilisierung (Qualitätsebene), als Hauptbereiche dienen sollten. Auf diese Bereiche fokussieren sich die Untersuchungen zum Zugang zum Recht.

V. Internationale Priorisierung des Konzepts

Die hohe Bedeutung des Zugangs zum Recht wird regelmäßig durch die Erstellung neuer Strategien und Programme zumindest implizit anerkannt. Die Vereinten Nationen (UN) haben etwa im Jahre 2012 in einer entsprechenden Erklärung[43] das Recht auf gleichen Zugang zur Strafjustiz für alle – einschließlich der Mitglieder schutzbedürftiger Gruppen – hervorgehoben. Darin wurde die Verpflichtung der Mitgliedstaaten bekräftigt, alle notwendigen Schritte zu unternehmen, um faire, transparente, wirksame, nichtdiskriminierende und rechenschaftspflichtige Dienste bereitzustellen, die den Zugang zur Justiz für die Gesamtheit der Bevölkerung fördern.

In ihrer als völkerrechtliches Steuerungsinstrument geltenden Erklärung des Hochrangigen Treffens zur Rechtsstaatlichkeit der UN haben die Mitgliedstaaten die Unabhängigkeit der Justiz sowie ihre Unparteilichkeit und Integrität als eine wesentliche Voraussetzung für die Wahrung der Rechtsstaatlichkeit und die Gewährleistung einer diskriminierungsfreien Rechtspflege hervorgehoben. Zur Erreichung dieses Ziels arbeitet die UN mit den nationalen Teilnehmerstaaten zusammen, um jeweils strategische Pläne und Programme für etwaige Reformen der Justiz oder der Modernisierung und Verbesserung von Rechtsdienstleistungen zu entwickeln. Insbesondere soll armen und marginalisierten Menschen bei der Befähigung, auf Ungerechtigkeiten zu reagieren, geholfen werden. Dies soll durch eine verbesserte rechtliche Unterstützung erfolgen, was die rechtliche Bildung und den Zugang zu Informationen zum Recht, aber auch zu alternativen Streitbeilegungsmechanismen umfasst.[44] Die UN schreibt in der Erklärung den Einzelstaaten vor, für nichtanwaltliche Dienstleistungen Qualitätsnormen festzusetzen. Dazu gehören etwa eine angemessene Ausbildung und eine Ausübung der Tätigkeit unter Aufsicht qualifizierter Anwälte.[45] Die Verbindungen zwischen formellen und informellen Strukturen gehören zum Wirkungsfeld der UN, die deren Stärkung favorisiert. Zu einer Optimierung soll es darüber hinaus auch durch zivilgesellschaftliche und parlamentarische Kontrolle und die Anpassung und Verbesserung des Justizsektors[46] kommen.[47]

Im Jahre 2015 wurden die **Sustainable-Development-Goals** (SDGs) als Teil der UN-Resolution Agenda 2030[48] aufgestellt. 17 SDGs sollen bis zum Jahr 2030 erreicht werden.[49] Eines der Ziele lautet: „Frieden, Gerechtigkeit und starke Institutionen". Inhaltlich wird beabsichtigt, „friedliche und inklusive Gesellschaften für eine nachhaltige Entwicklung zu fördern, **Zugang zum Recht für alle** zu ermöglichen und effektive, rechenschaftspflichtige und inklusive Institutionen auf allen Ebenen aufzubauen".[50]

---

43 Grundsätze und Leitlinien der Vereinten Nationen für den Zugang zu rechtlicher Unterstützung in Strafjustizsystemen (UN-Resolution A/RES/67/187).
44 Nr. 8 (Einleitung) zu den Grundsätzen der UN-Resolution A/RES/67/187.
45 Leitlinie 14/Ziff. 68 lit. b der UN-Resolution A/RES/67/187.
46 Als Beispiele werden hierzu genannt: Verbesserungen in den Bereichen Polizeigewalt, unwürdige Haftbedingungen oder bei der Länge der Untersuchungshaft und von Justizverfahren allgemein.
47 Siehe UN, Resolution 67/187. Grundsätze und Leitlinien der Vereinten Nationen für den Zugang zu rechtlicher Unterstützung in Strafjustizsystemen 20.12.2012, abrufbar unter https://www.un.org/Depts/german/gv-67/band1/ar67 187.pdf.
48 UN Resolution 25.9.2015 Agenda 2030 für nachhaltige Entwicklung abrufbar unter https://www.un.org/depts/german/gv-70/band1/ar70001.pdf.
49 UN Resolution 25.9.2015 Agenda 2030 für nachhaltige Entwicklung S. 15 ff. abrufbar unter https://www.un.org/depts/german/gv-70/band1/ar70001.pdf.
50 Ziel 16 der Agenda 2030.

26 Die Relevanz des Zugangs zum Recht für die Demokratie wird regelmäßig auch von Gerichten – national wie international – bestätigt und betont. Der Supreme Court in Washington hat etwa im April 1994 den Zugang zum Recht als essenziellen **Bestandteil der Demokratie**[51] hervorgehoben.

VI. Rechtliche Herleitung und Implementierung (Niederschlag) im Recht

27 Nachfolgend wird eine umfassende Auswahl nationaler wie internationaler Normen dargestellt, aus denen das Recht und der Anspruch auf Zugang zum Recht abgeleitet werden können, und es werden Hinweise auf Bereiche gegeben, in denen das Konzept selbst andere Normen geprägt hat.

1. Deutschland

28 Im zivilrechtlichen Bereich wird der Zugang zum Recht häufig restriktiv im Sinne eines Zugangs zur Justiz (Justizgewährungsanspruch) aus Art. 20 Abs. 3 Grundgesetz (**GG**) begründet. Im demokratischen Rechtsstaat wird die „Herrschaft des Rechts", wie sie etwa in Art. 20 Abs. 3 des Grundgesetzes normiert ist, durch eine funktionsfähige, unabhängige und unparteilich arbeitende Justiz gesichert.

29 Laut Art. 101 S. 2 GG darf niemand seinem gesetzlichen Richter entzogen werden; der Bürger muss aus den Gesetzen erkennen können, welcher Richter für ihn zuständig ist. Art. 103 Abs. 1 GG regelt den Anspruch des Bürgers auf rechtliches Gehör vor Gericht. Das Gericht muss Einwendungen des Bürgers (1) zulassen, (2) hören und (3) sich damit auseinandersetzen. Diese zwei Artikel postulieren die Justizgrundrechte des Bürgers, in dessen Rechtsstellung die Justiz in besonders starkem Maße durch die „Letztentscheidung" eingreifen kann. Art. 97 Abs. 1 GG sichert die notwendige richterliche Unabhängigkeit.

30 Ebenso gilt die *anwaltliche* Unabhängigkeit als schützenswertes gesellschaftliches Gut. Doch auch die Freiheit der Advokatur und die privilegierte Stellung des Anwalts sind kein Selbstzweck, sondern dienen der Garantie des Zugangs zum Recht; sie sind sozusagen nur Mittel zum Zweck der Sicherung der Rechtsstaatlichkeit. In § 1 Abs. 2 BORA heißt es „Die Freiheitsrechte des Rechtsanwalts gewährleisten die Teilhabe des Bürgers am Recht. Seine Tätigkeit dient der Verwirklichung des Rechtsstaats". Rechtsanwälte als unabhängige Organe der Rechtspflege sind berufene Berater und Vertreter der Rechtsuchenden.

31 Die Grundpflichten des Rechtsanwalts sind in § 43a Bundesrechtsanwaltsordnung (**BRAO**) postuliert. Danach darf dieser keine Bindungen eingehen, die seine berufliche Unabhängigkeit gefährden, und ist zur Verschwiegenheit verpflichtet. Er darf keine widerstreitenden Interessen vertreten und muss sich stets fortbilden. Durch §§ 48, 49a BRAO wird dem Anwalt die Verpflichtung auferlegt, in bestimmten Fällen die Prozessvertretung oder die Strafverteidigung zu übernehmen (zur Sicherung des streitwertunabhängigen Zugangs zum Recht) und an der Beratungshilfe mitzuwirken. § 59a BRAO regelt, dass kein berufsfremdes Kapital die anwaltliche Berufsausübung beeinflussen darf (Fremdkapitalverbot).

32 Bei Bestehen einer Rechtsgemeinschaft oder Identität des Grundes bietet § 59 Zivilprozessordnung (**ZPO**) die Möglichkeit der Bildung einer Streitgenossenschaft. Auch die Zielsetzung des § 129a ZPO, wonach der Bürger Anträge und Erklärungen nicht unbedingt nur schriftlich, sondern auch mündlich vor einer Geschäftsstelle eines jeden Amtsgerichts zu Protokoll geben kann, ist der Abbau von Barrieren. Erleichterungen dieser Art sind den Bürgern oft schlicht unbekannt. Das entsprechende Wissen über das Vorhandensein solcher Möglichkeiten an die Bürger zu kommunizieren, wäre eine ergänzende staatliche Aufgabe.

33 Zur Gewährung von Rechtsschutzgleichheit ist das Prozesskostenhilferecht eingeführt worden, wonach unter bestimmten Voraussetzungen nicht nur im Zivilverfahren, sondern auch in Straf- und Verwaltungsverfahren Prozesskostenhilfe gewährt wird. Für den Zivilprozess ist die Prozesskostenhilfe in §§ 114–127 ZPO geregelt. Gemäß § 1076 ZPO erstreckt sich das Recht auch auf grenzüberschreitende Fälle innerhalb der

---

51 Civil Legal Needs Study Update Committee Washington State Supreme Court, 2015, Civil Legal Needs Study Update S. 164.

Europäischen Union (EU).⁵² Dem Abbau von Zugangsbarrieren dienen auch Gerichtsstandregeln wie § 29a und § 36 ZPO.

Weitere Gesetze sollen den Zugang zum Recht verbessern. Ziel des Beratungshilfegesetzes (**BerHG**) ist etwa die unterstützende Rechtsberatung und Vertretung für Bürger mit geringem Einkommen. Für einen vereinfachten und beschleunigten Zugang sollen mit dem Onlinezugangsgesetz (**OZG**) bis zum Jahre 2022 insgesamt 575 Verwaltungsleistungen auf allen staatlichen Ebenen den Bürgern und Unternehmen digital angeboten werden. Der Verbesserung des Zugangs zum Recht dient auch das Verbraucherstreitbeilegungsgesetz (**VSBG**). Es handelt sich dabei um die Umsetzung der Alternativ-Dispute-Resolution (ADR)-Richtlinie der EU-Kommission. Deutschland hat sich gegen ein Entscheidungsverfahren und nur für eine Umsetzung in Form von Schlichtung und Mediation entschieden. Formal ist diese Verfahrensart zwischen dem Gerichtsverfahren einerseits und dem Beschwerdeverfahren im Business-to-Consumer (B2C)-Bereich einzuordnen.

2. Europäischer Raum

Art. 6 der Europäischen Menschenrechtskonvention (**EMRK**) regelt das Recht der Bürger auf ein faires zivil- oder strafrechtliches Verfahren insbesondere vor einem unabhängigen und unparteiischen gesetzmäßigen Gericht. Den Anspruch der Bürger auf eine unparteiische, gerechte und zeitnahe Behandlung durch die Behörde sichert wiederum Art. 41 EMRK (das sogenannte „Recht auf eine gute Verwaltung").

Bei Verletzung von Rechten und Freiheiten aus der Menschenrechtskonvention steht der betroffenen Person ein Recht auf wirksame Beschwerde nach Art. 13 EMRK zu. Art. 6 EMRK nennt eine zeitnahe Beurteilung als Bestandteil eines fairen Verfahrens. Eine lange Verfahrensdauer entspricht daher nicht den gesetzlichen Anforderungen.

Seit 2016 gilt die Verordnung über Online-Streitbeilegung in Verbraucherangelegenheiten (**ODR-VO**⁵³). Zweck der ODR-VO ist das Erreichen eines hohen Verbraucherschutzniveaus im Sinne eines reibungslosen Funktionierens des Binnenmarktes durch die – inzwischen erfolgte – Einrichtung einer europäischen Onlinestreitbeilegungsplattform (OS-Plattform)⁵⁴ zur Ermöglichung einer unabhängigen, unparteiischen, transparenten, effektiven, schnellen und fairen außergerichtlichen Online-Beilegung von Streitigkeiten zwischen Verbrauchern und Unternehmern bei Onlinekäufen.⁵⁵ Die EU trägt durch die Verordnung dem Umstand Rechnung, dass immer mehr Rechtsangelegenheiten grenzübergreifenden Charakter haben. EU-Unternehmer sind verpflichtet, in ihren allgemeinen Geschäftsbedingungen die Verbraucher über das Bestehen dieser Plattform (durch Verlinkung) zu informieren; sie sind jedoch zugleich nicht verpflichtet, daran teilzunehmen, was Fragen der Effektivität⁵⁶ der Maßnahmen aufwerfen kann.

Art. 5 **ADR-RL**⁵⁷ schreibt einen erleichterten Zugang der Verbraucher zu alternativen Streitbeilegungsverfahren vor. Die genaue Ausgestaltung wird den Mitgliedstaaten überlassen. Mit dem Verbraucherstreitbeilegungsgesetz (**VSBG**) hat der deutsche Gesetzgeber diese Richtlinie 2016 ins nationale Recht umgesetzt. Das Bundesamt für Justiz stellt eine Liste der – zurzeit 27 – Schlichtungsstellen in Deutschland zur Verfügung.

---

52 Nach der Richtlinie 2003/8/EG des Rates v. 27.1.2003 zur Verbesserung des Zugangs zum Recht bei Streitsachen mit grenzüberschreitendem Bezug durch Festlegung gemeinsamer Mindestvorschriften für die Prozesskostenhilfe in derartigen Streitsachen (ABl. L 26, 41).
53 Verordnung (EU) Nr. 524/2013 des Europäischen Parlaments und des Rates v. 21.5.2013 über die Online-Beilegung verbraucherrechtlicher Streitigkeiten und zur Änderung der Verordnung (EG) Nr. 2006/2004 und der Richtlinie 2009/22/EG (Verordnung über Online-Streitbeilegung in Verbraucherangelegenheiten) (ABl. L 165, 1).
54 Zu finden unter http://ec.europa.eu/consumers/odr/.
55 Art. 1 ODR-VO.
56 Siehe „Wirksamkeit" des Zugangs zum Recht unter → Rn. 9 ff.
57 Richtlinie 2013/11/EU des Europäischen Parlaments und des Rates v. 21.5.2013 über die alternative Beilegung verbraucherrechtlicher Streitigkeiten und zur Änderung der Verordnung (EG) Nr. 2006/2004 und der Richtlinie 2009/22/EG (Richtlinie über alternative Streitbeilegung in Verbraucherangelegenheiten) (ABl. L 165, 63).

39 Aus den Erwägungsgründen der Geringfügige-Forderungen-Verordnung (**GeringFordVO**[58]) wiederum ergibt sich,[59] dass europäische zivilrechtliche Verfahren für Bagatellsachen zu vereinfachen sind; die Hemmschwelle zu deren Durchsetzung soll durch die Minimierung der Hindernisse wie des Zeit- und Kostenaufwandes gesenkt werden. Anders gesagt soll die Verfolgung grenzüberschreitender Streitigkeiten mit geringem Streitwert einfacher, schneller und kostengünstiger erfolgen.

40 Ferner sollen in einem EU-Land erlassene Urteile automatisch in einem anderen EU-Land vollstreckt werden können. Solche Vorschriften spiegeln sich auch in Gesetzen einzelner Bundesländer wider, wie in § 5 des Gesetzes über die Öffentliche Rechtsauskunft- und Vergleichsstelle des Stadtstaates Hamburg (ÖR-AuskStG HA), wonach Rechtsberatung auch bei Streitigkeiten im grenzüberschreitenden Rechtsverkehr gewährt werden soll.

41 Die Charta der Grundrechte der Europäischen Union (**GRCh**) postuliert das Recht auf einen wirksamen Rechtsbehelf und ein unparteiisches Gericht.

42 Zur Beseitigung von Mängeln bei der Durchsetzung des Justizgewährungsanspruches hat die Union einen Aktionsplan für die europäische E-Justiz 2019–2023 beschlossen.[60]

3. Vereinte Nationen

43 Art. 7 und 8 der Allgemeinen Erklärung der Menschenrechte (**AEMR**) sehen das Recht auf Gleichheit vor dem Gesetz ohne Diskriminierung, auf gleichen Schutz durch das Gesetz und das Recht auf einen wirksamen Rechtsbehelf vor den zuständigen nationalen Gerichten vor. Der Anspruch auf rechtliches Gehör wird in Art. 10 AEMR festgeschrieben.

44 Bei der **UN-Erklärung über Rechtsstaatlichkeit auf nationaler und internationaler Ebene**[61] handelt es sich nicht um Normen, jedoch um eine Erneuerung des Bekenntnisses zum Rechtsstaatsprinzip und zur aktiven Förderung und Sicherung des Zugangs zum Recht als einem Menschenrecht.

45 Der 1976 in Kraft getretene **UN-Zivilpakt**[62] garantiert gemeinsam mit dem **UN-Sozialpakt**[63] in völkerrechtlich verbindlicher Form die grundlegenden bürgerlichen Menschenrechte und priorisiert ihre Verwirklichbarkeit. In der Präambel des UN-Zivilpaktes heißt es, dass:

„[…] nach der Allgemeinen Erklärung der Menschenrechte das Ideal vom freien Menschen, der bürgerliche und politische Freiheit genießt und frei von Furcht und Not lebt, nur verwirklicht werden kann, wenn **Verhältnisse geschaffen werden, in denen jeder seine bürgerlichen und politischen Rechte ebenso wie seine wirtschaftlichen, sozialen und kulturellen Rechte genießen kann.**"[64]

46 Auch hieraus lässt sich ableiten, dass das Bestehen eines Rechts nicht ausreicht, sondern dass auch der Zugang dazu und die Möglichkeit einer effektiven Rechtsdurchsetzung unabdingbar sind.

47 Für den Bereich der Umweltangelegenheiten sieht die **Aarhus-Konvention**[65] zum Schutz des Rechts gegenwärtiger und künftiger Generationen auf ein Leben in einer der Gesundheit und Wohlbefinden zuträglichen Umwelt das Recht auf Zugang jeder Partei zu Information, auf Öffentlichkeitsbeteiligung an Entscheidungsverfahren und auf Zugang zu Gerichten in diesen Angelegenheiten vor.

---

58 Verordnung Nr. 861/2007 vom 11.7.2007 zu Einführung eines europäischen Verfahrens für geringfügige Forderungen (ABL. L 199/1).
59 Erwägungsgrund 7 der GeringFordVO.
60 Ziele: 1. Zugang zu Informationen, 2. elektronische Kommunikation im Bereich Justiz, 3. Interoperabilität.
61 Siehe https://www.un.org/ruleoflaw/files/A-RES-67-1.pdf.
62 Auch „Internationaler Pakt über bürgerliche und politische Rechte" genannt.
63 Auch „Internationaler Pakt über wirtschaftliche, soziale und kulturelle Rechte" genannt.
64 Hervorhebung nur hier.
65 Aarhus-Konvention über den Zugang zu Informationen, die Öffentlichkeitsbeteiligung an Entscheidungsverfahren und den Zugang zu Gerichten in Umweltangelegenheiten, 2005, S. l, siehe https://eur-lex.europa.eu/legal-content/DE/TXT/?uri=LEGISSUM%3Al28056.

Eine Reihe von Gesetzen setzen diesen Auftrag um. Die Verordnung über die gerichtliche Zuständigkeit und die Anerkennung und Vollstreckung von Entscheidungen in Zivil- und Handelssachen bietet etwa in ihrem Art. 7 einen erleichterten Zugang (Vollstreckungserleichterung) durch die Schaffung der Möglichkeit für eine Person, die ihren Wohnsitz in einem Mitgliedstaat hat, diesen – unter den im Artikel festgehaltenen Umständen – in einen anderen zu verlegen. Das bereits erwähnte **BerHG** sieht die Beratungshilfe für Bürger mit geringem Einkommen auch bei Streitsachen mit grenzüberschreitendem Bezug vor.[66]

Die UN-Frauenrechtskonvention (**CEDAW**), die UN-Rassendiskriminierungskonvention, die UN-Konvention für migrantische Arbeiter und das Übereinkommen über die Rechte von Menschen mit Behinderungen (**UN-BRK**) stärken die Rechte und den gleichen Zugang zu den Möglichkeiten von deren Durchsetzung für teilweise immer noch marginalisierte Gruppen oder Gruppen, deren Rechtewahrnehmung eines besonderen Fokus bedarf.

Das Entwicklungsprogramm der Vereinten Nationen (**UNDP**) fördert unter anderem die Bereitstellung von Betreuungskapazitäten und Trainings- sowie Zuschussmitteln, um den Zugang zur Justiz zu erleichtern, mit besonderem Fokus auf Entwicklungsländer.

VII. Einordnung aktueller Entwicklungen und Forschungsfragen

Unterschiedliche Institutionen setzen sich nach wie vor für die Beseitigung der Barrieren ein, sei es durch Aufklärungs- und Best-Practice-Publikationen oder durch Initiativen und den Ausbau entsprechender Unterstützungsmaßnahmen und durch Schaffung der notwendigen Infrastruktur zur Mobilisierung von Recht. Störungen des Zugangs zum Recht sind dennoch zahlreich, multikausal und komplex.

Dies lässt sich am Beispiel der Entwicklung anhängiger Gerichtsverfahren verdeutlichen. Die Zahl der Fälle, in denen Bürger bei Rechtsproblemen die Justiz anrufen, ist seit vielen Jahren stark rückläufig.[67] Gründe hierfür können unterschiedlichster Natur sein, so dass eine Vielzahl an Fragen aufgeworfen wird: Spielen dafür allein Prozesskosten und -dauer eine weiter zunehmende Rolle? Kennen die Betroffenen ihre Rechte nicht? Ist das betroffene Recht zur Befriedung des Streites nur unzureichend geeignet und wird daher auf ihre Geltendmachung verzichtet? Wird der Gang vor Gericht bewusst vermieden? Sind unüberbrückbare Beweislastregelungen in asymmetrischen Macht- und Informationsverhältnissen[68] ein Grund für die Zurückhaltung bei der Durchsetzung von Individualrechten? Sind die Erfolgsaussichten zu unberechenbar und somit eine Kosten-Nutzen-Rechnung kaum möglich? Sind die Rechtsfolgen unattraktiv, etwa weil die Höhe des Schadenersatzes keine wirkliche Kompensation darstellt? Sind neue außergerichtliche Streitbeilegungsmöglichkeiten oder Legal Tech-Dienstleistungen zur einfachen Rechtsdurchsetzung der Grund für den besagten Rückgang? Es kommen, wie gezeigt, zahlreiche Barrieren in Betracht; einige davon treten gemeinsam auf und bedingen einander – sie weisen eine Intersektionalität auf. Die Erforschung der Gründe und ihres Zusammenspiels erfordert gezielte Untersuchungen regelmäßiger Art.

Umfassende Unmet-Legal-Needs-Studien haben in Deutschland keine Tradition.[69] Regelmäßige lang angelegte Datenerhebungen gibt es nicht, genauso wenig einen zentralen Ort, um diese Daten abzurufen.[70] Hier besteht Entwicklungspotenzial, denn nur auf Grundlage repräsentativer Daten können nachhaltige Lösungswege jenseits aktueller Trends erarbeitet werden.

---

66 § 10 BerHG.
67 Rund 47 % seit 1995 an Amtsgerichten (Bundesamt für Justiz, Geschäftsentwicklung der Zivilsachen in der Eingangs- und Rechtsmittelinstanz, 2019, abrufbar unter https://www.bundesjustizamt.de/DE/SharedDocs/Publikationen/Justizstatistik/Geschaeftsentwicklung_Zivilsachen.html).
68 Etwa bei der Beweisführung im Rahmen von ärztlichen Behandlungsfehlern gegen eine Klinik.
69 Der Soldan-Verlag führt regelmäßig Erhebungen für den Rechtsmarkt durch. Siehe etwa Statistisches Jahrbuch der Anwaltschaft 2019/2020, abrufbar unter https://soldaninstitut.de/statistisches-jahrbuch/.
70 Einige Daten über Justiz und Rechtspflege sind abzurufen beim Statistischen Bundesamt (DeStatis) unter https://www.destatis.de/DE/Themen/Staat/Justiz-Rechtspflege/_inhalt.html.

54 Der Trend der rücklaufenden Eingangszahlen bei Zivilgerichten veranlasste das Bundesministerium der Justiz und für Verbraucherschutz, eine auf 30 Monate ausgelegte Unmet-Legal-Needs-Studie in Auftrag zu geben.[71] Diese wird – zumindest partiell – Befunde zur besseren Einschätzung liefern, doch anders als vergleichbare internationale Studien wird der Fokus allein auf die Justiz gelegt und ist somit eng gefasst: Außergerichtliche oder alternative Lösungswege sind nicht Teil der Forschung, obwohl sie Teil der Rechtsdurchsetzungslandschaft sind und mitursächlich für einen Rückgang sein können. Somit bleibt auch offen, ob der Rückgang von Gerichtsfällen als positiv oder negativ zu bewerten ist.

55 International gibt es auch Bemühungen, Rahmen für die Messung und Bewertung des Zugangs zum Recht zu konzipieren, etwa das „**Triple Aim Framework**".[72] Der Begriff „Triple Aim" (dreifaches Ziel) bezieht sich auf das gleichzeitige Bestreben, den Zugang der Bevölkerung zur Justiz zu verbessern, die Erfahrungen der Menschen mit dem Justizsystem bei dem Versuch rechtliche Probleme zu lösen und sicherzustellen, dass die Kosten für die Bereitstellung des Zugangs zur Justiz nachhaltig sind.[73] Dem Triple-Aim-Konzept liegt der Gedanke zugrunde, dass die drei Elemente **interdependent,** also voneinander abhängig sind, und dass alle Initiativen zur Verbesserung des Zugangs zur Justiz ein **angemessenes Gleichgewicht zwischen den drei Elementen** im Kontext verschiedener politischer, finanzieller und sonstiger praktischer Zwänge finden müssen und zugleich in allen drei Bereichen erforderlich sind.

56 Weitere Bewertungs- und Messrahmen haben einen noch viel feingliedrigen Ansatz, der diese Metaebenen auf viele einzelne Indikatoren herunterbricht, etwa „Häufigkeit der Probleme", „Rechtsbewusstsein (legal awareness), „abgeschlossene Bemühungen um ein Rechtsproblem" und andererseits auf der Versorgungs- und Angebotsebene „Vertrauen in die Justiz" „Gerichtliche Kapazität", „Spezialisierung der Gerichte", „geografische Zugänglichkeit" und vieler weiterer Faktoren.[74]

57 Insgesamt werden heute Fragestellungen und Lösungsansätze bezüglich des Zugangs zum Recht zunehmend wieder aufgegriffen und bilden so den Kern der aktuellen Forschungsbemühungen, die als „vierte Forschungswelle" bezeichnet werden können. Allgemeine gesellschaftliche Tendenzen wie Digitalisierung, Automatisierung, Kommodifizierung, der Einsatz algorithmischer Entscheidungsfindung (KI), Data Analytics, aber auch Liberalisierungstrends[75] prägen gegenwärtig den Fokus auch im Rechtsbereich. Parallel hierzu findet jedoch eine Erweiterung des Forschungsspektrums auf weitere relevante Aspekte, etwa die Frage nach der Rolle von Normgenese und demokratischer Legitimation statt, auf die im Kapitel *Wirksamkeit und Entstehung von Recht* eingegangen wird.

1. Digitalisierung des Rechtsmarktes und der Justiz – Technologie als Problemlöser

58 Technologie mit ihrem Vereinfachungs-, Unterstützungs- und Einsparpotenzial scheint prädestiniert zur Überwindung von Rechtsdurchsetzungs- oder Rechtsdienstleistungsdefiziten, also zur Verbesserung folgender Hauptelemente eines optimalen Zugangs zum Recht: dem **Zugang** selbst und der **Geltendmachung des Rechts**. Dabei kommt es jedoch wesentlich auf die genaue Ausgestaltung der Technologie (Aspekte der Usability, Datenschutz und Datensicherheit) und darauf an, wer Anbieter und Betreiber der Technologie ist und ob und in welches Geschäftsmodell die Technologie eingebunden ist. Eine von dieser Analyse losgelöste Beurteilung von Vorteilen und Nachteilen einer technologischen Lösung ist daher nicht möglich.

59 Bei Legal Tech-Lösungen zur Durchsetzung von Fluggastrechten gäbe es etwa mehrere Implementierungsoptionen, die unterschiedlich zu bewerten sind: Anbieter kann, wie momentan verbreitet, ein **Unternehmen** sein, aber auch die **Bundesverbraucherzentrale** könnte ein für die Verbraucher kostenloses Angebot

---

71 Siehe die Ankündigung des Bundesjustizministeriums (Stand 4.11.2021): https://www.bmj.de/DE/Ministerium/ForschungUndWissenschaft/Zivilgerichtliche_Verfahren/ZivilgerichtlicheVerfahren_node.html. Zum aktuellen Zeitpunkt steht ein Veröffentlichungsdatum noch aus.
72 Dandurand/Jahn, Access to Justice Measurement Framework, 2017.
73 Dandurand/Jahn, Access to Justice Measurement Framework, 2017, S. 4.
74 UN women and council of europe 2016 – Framework for measuring access.
75 Aufweichung des Rechtsdienstleistungsmonopols und Privatisierung von Rechtsdurchsetzung etwa durch Legal Tech-Anbieter.

(ohne die üblich abziehbare Provision) zur Verfügung stellen. Es wäre aber auch durchaus denkbar, die Airlines unmittelbar rechtlich zu verpflichten, selbst solche einfach bedienbaren Legal Tech-Lösungen anzubieten, mit denen etwa die Geltendmachung von Nicht- oder Schlechtleistungen so einfach funktioniert wie die Buchung selbst: mit wenigen Klicks. Doch dem Zugang zum Recht wäre genauso gedient, wenn Fluggesellschaften dazu verpflichtet würden, bei Verspätungen und Ausfällen klar definierte Schadenersatzansprüche **automatisch** (als Bringschuld) an betroffene Fluggäste zu überweisen. In diesem Fall wäre das Recht das gestaltende Werkzeug und nicht die Technologie; dies wäre zumindest aus Verbrauchersicht die wohl effektivste und einfachste Lösung, ganz ohne Legal Tech.

Technologie kann abseits der Durchsetzung von Verbraucherrechten auch zur Behebung der erheblichen Rechtsdurchsetzungsdefizite im digitalen Raum – etwa beim Datenschutz – genutzt werden. Nicht nur Content-Filter und IP-Blocking, sondern auch ein erweiterter Einsatz von Privacy Enhancing-Tools oder KI etwa zur massenhaften und automatisierten Überprüfung von Datenschutzbestimmungen und damit zur Unterstützung von chronisch unterbesetzten Datenschutzbehörden kommen hier in Betracht. Aber auch technische Schnittstellen (API) zur Überprüfung von KI-Anwendungen zur Erhöhung der Erklärbarkeit algorithmischer Entscheidungen und Prognosen sind ein Lösungsansatz. Sinnvoll eingesetzt kann Technologie den Staat befähigen Recht im Sinne ihrer Bürger besser durchzusetzen. Technologie kann aber auch dazu genutzt werden, gegen Freiheitsrechte der Bürger zu verstoßen, etwa durch einen ausufernden Einsatz staatlicher Überwachungstechnologie. Die Art und Weise des Einsatzes von Technologie ist maßgeblich, ihre bloße Problemlösungsgeeignetheit reicht nicht aus. Technologie wird durch ihre konkrete Umsetzung und ihren Betrieb sowie die Interaktionen mit Menschen und Infrastrukturen, in denen sie eingebettet ist, geprägt. Digitalisierung hat darüber hinaus einen sozio-ökonomischen Effekt, den es zu lenken gilt.

Damit sich der Einsatz von Technologie nicht negativ auf die Qualität von Leistungen und Produkten auswirkt und nicht zu nicht intendierten Folgen für Individuen oder die Gesellschaft führt, wurden bereits in der Vergangenheit Prinzipien der Technikfolgenabschätzung entwickelt, die ex ante während der Entwicklung und Transformation anzuwenden sind. Dazu gehören Szenarienbildung, Risikoabschätzungen, partizipative Beteiligungen von betroffenen Bürgern und Nutzern der Systeme.[76] Für den Einsatz im Rechtsbereich gibt es vereinzelte Untersuchungen dazu, etwa eine Vorstudie „Legal Tech – Potenziale und Wirkungen" des Büros für Technikfolgenabschätzung des Bundestages (TAB),[77] doch insgesamt bleibt der Bereich des Einsatzes von Technologie/Digitalisierung zur Verbesserung des Zugangs zum Recht (bei Rechtsdienstleistungen oder der Justiz) untererforscht.[78] Gerade bei der Digitalisierung und dem geplanten verstärkten Einsatz von KI in der Justiz in der EU[79] wird eine umfassende vorab- und begleitende Folgenabschätzung und stete Nachjustierung wesentlich sein, um nicht intendierte schwerwiegende Folgen auszuschließen, die zum Vertrauensverlust der Bürger in die Justiz[80] führen und somit neue Probleme des Zugangs zum Recht schaffen könnten. Das „Leave-no-one-behind"[81]-Prinzip der UN sieht für eine nachhaltige Transformation eine bürgerzentrische Entwicklung vor. Ältere oder von schnellem Internet

---

76 Siehe dazu umfassend: Böschen/Grunwald/Krings/Rösch (Hrsg.), Technikfolgenabschätzung – Handbuch für Wissenschaft und Praxis, 2021.
77 Bericht abrufbar im Volltext unter https://publikationen.bibliothek.kit.edu/1000131254.
78 Laufende Forschung im Rahmen einer Dissertationsarbeit an der Universität Potsdam, Molavi Vasse'i: „Verbesserung des Zugangs zum Recht durch nachhaltige und verantwortungsvolle Technologie" (Arbeitstitel).
79 Siehe dazu den Aktionsplan 2022–2025 zur „Digitalisierung für eine bessere Justiz" der Europäischen Kommission für die Wirksamkeit der Justiz (CEPJ), abrufbar unter https://rm.coe.int/cepej-2021-12-en-cepej-action-plan-2022-2025-digitalisation-justice/1680a4cf2c, der darauf abzielt, „die Effizienz neuer Technologien und die Achtung der Grundrechte in Einklang zu bringen."
80 Diese ist regelmäßig mit über 70 % eher hoch.
81 „Leave no one behind (LNOB) is the central, transformative promise of the 2030 Agenda for Sustainable Development and its Sustainable Development Goals (SDGs). It represents the unequivocal commitment of all UN Member States to eradicate poverty in all its forms, end discrimination and exclusion, and reduce the inequalities and vulnerabilities that leave people behind and undermine the potential of individuals and of humanity as a whole." (https://unsdg.un.org/2030-agenda/universal-values/leave-no-one-behind).

abgeschnittene Bürger sowie Menschen mit sprachlichen Barrieren dürfen bei Lösungen nicht exkludiert werden.

62 Neuere Untersuchungen zur digitalen Kluft, dem sogenannten **digital divide** belegen, dass nach dem Zugang zu grundlegender IKT-Ausrüstung, etwa einem funktionierenden WLAN, es nun die **mangelnden Fähigkeiten und die Qualität von Hard- und Software** sind, die zu einem anhaltenden digital divide führen. In vielen Ländern ist das (smarte) Handy der einzige Zugang ins Internet. Einen Rechner oder Laptop besitzen viele nicht.

63 Die negativen Folgen der digitalen Exklusion sind bei jungen Erwachsenen belegt[82] und bekannt. Die digitale Kluft, die sich speziell auf ältere Menschen bezieht, wird als **grey digital divide**[83] bezeichnet. Viele ältere Menschen haben Probleme bei grundlegenden Aufgaben wie der Buchung von Fahrkarten, der Erneuerung und Anpassung von Abonnements oder Aufträgen sowie bei der Beantragung staatlicher Leistungen aufgrund der fortschreitenden Digitalisierung der Systeme. Für sie stellt es eine große Herausforderung dar, an der digitalen Revolution teilzuhaben und von ihr zu profitieren. Eine weitere Herausforderung ist die soziale Ausgrenzung, mit der ältere Menschen konfrontiert sind,[84] weil sie aufgrund mangelnder digitaler Fähigkeiten nicht über digitale Netzwerke mit andere in Kontakt treten können. Diese Situation ist auch in Entwicklungsländern zu beobachten, obwohl ältere Menschen in Entwicklungsländern aufgrund des familiären Systems des Zusammenlebens sofortige Hilfe von Familienmitgliedern erhalten. Doch gerade in Industrienationen gibt es demgegenüber bei einer zunehmenden Alterung der Gesellschaft in Verbindung mit einer geringeren familiären Einbindung ein erhöhtes Potential für die Vertiefung der digitalen Kluft.

64 Bei Überlegungen zum Einsatz von Legal Tech zur Verbesserung des Zugangs zum Recht ist daher darauf zu achten, dass eine möglichst breite Bevölkerungsschicht davon profitieren kann. Viele Legal Tech Startups fokussieren sich bei ihren Angeboten auf eine Zielgruppe, die Ihnen selbst ähnlich ist. Bei der Digitalisierung oder dem Einsatz von Technologie insgesamt ist daher notwendig, auf geeignete Alternativen zu achten (dies spricht etwa **gegen die Einführung eines Online-Zwangs**) und entsprechende nicht automatisierte Kommunikationskanäle offen zu halten.

65 Aber auch abseits des digital divide ist in jedem Fall eine vorab gründlich durchgeführte Technikfolgenabschätzung notwendig, um **negative Externalitäten** von Legal Tech zu vermeiden. Bei der Digitalisierung, dem Einsatz von KI mit ihrer dynamischen, sich stets verändernden Natur, ist ein dauerhaftes **Monitoring zur Nachjustierung** oder Neuentscheidung über den Einsatz notwendig. Darüber hinaus können befähigende Maßnahmen wie Schulungen und Fachunterstützung wirkungsvolle Begleitmaßnahmen sein. Legal Tech trägt daher neben Ihrem **Potenzial zur Ermöglichung und Erleichterung des Zugangs** zum Recht ebenso die Gefahr, die bestehende Rechte der Bürger und Unternehmen und ihre Umsetzung zu **erschweren und auszuschließen**.

66 Beim Abbau der Erfolgsbarrieren zum Zugang zum Recht ist Technologie nur eines von vielen möglichen **Werkzeugen**. Organisatorische, ausbildungsbezogene, kommunikative und personelle Aufstockung (etwa durch die Schaffung und Förderung von Law Kliniken oder Bezirksbüros und unterstützender Community Projekte) oder die Anpassung von geltendem Recht zur Erhöhung ihrer Wirksamkeit können effektivere und ökonomischere Wege sein.

67 **Technosolutionism** ist selten erfolgversprechend. Meist sind es kombinierte, wohlbalancierte und zuvor analysierte Maßnahmen, begleitet von interdisziplinärer Expertise, die zu einer Verbesserung des Status

---

82 Etwa bei Metherell/Ghai/ McCormick/Ford, Amy Orben, Digital exclusion predicts worse mental health among adolescents during COVID-19, 2021.
83 Siehe Literaturübersicht bei Mubarak, Suomi, Elderly Forgotten? Digital Exclusion in the Information Age and the Rising Grey Digital Divide, 2022.
84 Mubarak, Suomi, Elderly Forgotten? Digital Exclusion in the Information Age and the Rising Grey Digital Divide, 2022, S. 1.

Quo beim Zugang zum Recht führen. Die Digitalisierung von nicht-funktionalen Prozesse führt nicht zur Verbesserung, sondern zu Perpetuierung und Verstärkung von Problemen.

Ein wesentlicher Teil des Erfolgs technischer Lösungen ist ihre Einbettung in eine neutrale, vertrauensvolle und funktionierende digitale Infrastruktur.[85] Dies gilt für alle sensiblen Leistungen im Rechtsbereich und der Justiz. Aber auch der sozio-kulturelle Kontext und die Dynamik ihrer Nutzung ist maßgeblich. Der Einsatz von Technologie wirkt sich verändernd auf das Umfeld aus und benötigt steter Prüfung und Adaptation, um nicht-intendierte Auswirkungen zu minimieren.

2. Wirksamkeit und Entstehung von Recht

Neben technischen Lösungen gibt es Bedarf an sozialen Innovationen, an Reformen personeller Art oder der juristischen Ausbildung. Neuere Forschung hinterfragt darüber hinaus die Rolle der Gesetzgebungsprozesse bei der Verwirklichung des Zugangs zum Recht; sie überprüft die demokratische Legitimation ihrer Genese und fokussiert somit auf das **Recht** selbst, sowie auf deren **Qualität**.

a) Steigender Einfluss des Völkerrechts

Ein Teil der Forschung beschäftigt sich mit der Entstehung und dem Zusammenspiel von nationaler und übernationaler Gesetzgebung sowie den Prozessen ihres Zustandekommens und wirft die Frage nach der demokratischen Legitimation auf, etwa beim steigenden Einfluss des Völkerrechts. Am Beispiel der Agenda 2030 für Nachhaltige Entwicklung wird etwa aufgezeigt,[86] wie an internationale Normen heute der Anspruch auf Einwirkung auf nationale Rechtsordnungen gebunden ist.

b) Harmonisierung und Top-down-Regulierung

Die Harmonisierung von Normen innerhalb der EU bringt gerade bei grenzüberschreitenden Sachverhalten den Vorteil der Rechtsklarheit und kann somit auch grundsätzlich dem Zugang zum Recht dienen. In den vergangenen Jahren lässt sich eine steigende Zahl von Top-down-Regulierungsbemühungen der EU-Kommission und somit ein Anwachsen der direkten Einwirkung auf nationales Recht beobachten.[87] Feststellbar ist ein Trend weg von Richtlinien hin zu Verordnungen, die nicht erst in nationales Recht umgesetzt werden müssen, um zu gelten, zwecks zügiger Harmonisierung von Normen innerhalb des EU-Raums. So löste die Datenschutzgrundverordnung die Datenschutzrichtlinie ab, auf die e-privacy-Richtlinie folgt die e-privacy-Verordnung. Die geplante spezielle Regulierung des Einsatzes von KI ist ebenfalls als Verordnung geplant (AI Act[88]). Aus demokratischer Sicht kann diese Entwicklung kritisch beurteilt werden und es kann indirekt zu Nachteilen insbesondere bei der Geeignetheit und Wirksamkeit des Rechts kommen. Die Entstehung solcher Normen entzieht sich noch weiter als üblich der nationalen Verfolgbarkeit und Kommunikation; eine etwaige Partizipation der Bürger und Parlamente im Gesetzgebungsprozess wird minimiert.

Kritisch und sogar als Scheinbeteiligung werden die kurzen Fristen für die Stellungnahme zu neuen Gesetzesentwürfen für zivilrechtliche Akteure von teilweise nur wenigen Tagen und die intransparente

---

85 Zur Relevanz neutraler digitaler Infrastrukturen, siehe Molavi Vasse'i, Erwartungen an den Rechtsstaat in der digitalen Transformation Journal für Rechtspolitik (JRP) 28 (2020), 38 ff. (45).
86 Birkenkötter, Zugang zur Völkerrechtssetzung: Demokratische Legitimationsdefizite in der transnationalen Rechtsordnung am Beispiel der 2030 Agenda für Nachhaltige Entwicklung in Huggins et al. (Hrsg.), 2021, S. 236 ff. (262).
87 Bernzen, Wenn die Richtlinie zur Verordnung wird, 22.7.2021, abrufbar unter https://rsw.beck.de/aktuell/daily/magazin/detail/wenn-die-richtlinie-zur-verordnung-wird.
88 Die Ausarbeitung des AI Acts unterliegt der Generaldirektion DG CNECT, deren vorrangiges Ziel die Entwicklung, Förderung und europäische Führung in Sachen neuer Technologien und der zugehörigen Wirtschaft ist und die nicht etwa prioritär die Belange der Verbraucher und Bürger im Blick hat. Die Gewichtung zeigt sich hier schon in der Auswahl des gesetzesentwerfenden Bereichs.

Auswahl derselben gesehen.[89] Ein Blick in andere Länder, beispielsweise in die Schweiz, zeigt, dass eine andere Art der Bürgerpartizipation möglich ist.

c) Trend zur verstärkten Lobbytätigkeit als Gefährdung der Gesetzesqualität und Rechtssetzungsgleichheit

73 Zeitgleich lässt sich eine weitere kritische Entwicklung beobachten: die Zunahme von Lobbyismus großer Wirtschaftsunternehmen.[90] Deren Lobbyausgaben haben sich zwischen 2013 und 2020 insgesamt vervierfacht[91] und sich zeitgleich von der nationalen Ebene nach Brüssel verlagert (siehe oben beschriebenen Trend der Top-down-Regulierung).[92]

74 Mehrere Umstände verstärken somit die Dominanz wirtschaftlicher Interessen in Gesetzgebungsverfahren der EU. Durch die Überrepräsentanz weniger großer Wirtschaftsakteure potenziert sich die Gefahr, dass durchsetzungsstarke Interessen auch verstärkt berücksichtigt werden und andere Interessen ausgeklammert werden könnten.[93] Aus diskriminierungskritischer Perspektive stellt sich die Frage nach dem Grad der Verwirklichung des demokratischen Versprechens auf Rechtssetzungsgleichheit und damit die nach dem Recht und seiner Qualität insgesamt. Das Repräsentationsprinzip erlebt bereits bei der Mehrheit der Bürger eine Krise,[94] bei marginalisierten Gruppen verstärkt sich die Unterrepräsentation noch weiter.[95]

75 Ähnlich verhält es sich bei den Interessen kleiner und mittlerer Unternehmen gegenüber denen großer Firmen und Plattformen in Gesetzgebungsverfahren. Aufgrund wiederholter, anhaltender und nachgewiesener unfairer Geschäftspraktiken digitaler Plattformen wie Amazon, Booking.com, Apple und Google gegenüber ihren Geschäftspartnern – in Form etwa einer nicht transparenten Priorisierung eigener Produkte und Dienstleistungen, des Fehlens eines reaktiven Kundenservices, der plötzlichen Schließung eines Geschäftsaccounts oder der Entfernung von Anwendungen aus dem je eigenen Store ohne jegliche Begründung oder vorheriger Ankündigung[96] – hat die EU Kommission für diesen Bereich eine Regulierung erlassen: die „EU Regulation on platform to business Regulation on promoting fairness and transparency for business users of online intermediation services" (P2B Regulation).[97] Aufgrund der Lobbyarbeit der digitalen Plattformen ist das Gesetz jedoch frei von jeglichen Sanktionen erlassen worden. Die komplexe Benamung des Gesetzes und die fehlende umfassende Kommunikation des neuen Rechts in Mitgliedstaaten verstärken die fehlende Schlagkraft und die noch anhaltenden sanktionslosen unfairen Praktiken sowie das wettbewerbsverzerrende Verhalten großer digitaler Plattformen. Das seit dem 12. Juli 2020 in der EU geltende Recht ist weitestgehend unbekannt und folgenlos.

76 Die Feststellung, dass Gesetzgebungsvorhaben von Sonderinteressen statt Gemeinwohlorientierung geprägt sind, ist nicht neu;[98] die negative Auswirkung dieses Sachverhalts auf den Zugang zum Recht erscheint jedoch umso problematischer aufgrund der Verschärfung in den vergangenen Jahren.

---

89 Siehe Aufruft der Gesellschaft für Informatik gemeinsam mit 15 zivilgesellschaftlichen Akteuren, Angemessene Fristen statt Scheinbeteiligung,18.12.2020, abrufbar unter https://gi.de/meldung/offener-brief-ausreichende-fristen-fuer-verbaendebeteiligung.
90 Erhebungen des EU Corporate Europe Observatory, abrufbar unter https://corporateeurope.org/sites/default/files/attachments/financiallobbyreport.pdf.
91 Siehe https://lobbyfacts.eu/representative/858e6b7516144022b04d807f0463393b/lobbycontrol.
92 Wehrmann, Lobbying in Deutschland – Begriff und Trends in Willems/Zimmer/Kleinfeld Lobbying, 2007, S. 36 ff. (S. 54).
93 Kappler, Shrinking Space Deutschland? Die Zivilgesellschaft als Akteurin beim Zugang zu Recht in Huggins et al. (Hrsg.), 2021, S. 393 ff. (404).
94 Calliess, Repräsentanten unter Druck: Zwischen Vertrauensverlust und Ohnmacht in Botha et al. (Hrsg), 2016, S. 51 ff.
95 Röhner, Ungleichheit und Verfassung, 2019, S. 334; Karpen, Krisendiskurse und Krisenphänomene in Mehde/Seckelmann, Zum Zustand der repräsentativen Demokratie, 2017, S. 28.
96 Während der Expert Hearings der EU-Kommission in Brüssel hervorgebrachte Beispiele aus der Praxis.
97 ABl. 2019 L 186, 57.
98 Burgi in Isensee/Kirchhof (Hrsg.), Handbuch des Staatsrechts der Bundesrepublik Deutschland, IV, 3. Aufl. 2005, S. 205 ff. (234–235).

Laut Art. 38 Abs. 1 S. 2 GG sind die Abgeordneten „Vertreter des ganzen Volkes" (sog. Repräsentationsprinzip). Der Einfluss von steigendem Lobbyismus auf Parlamentarier steht im Widerspruch zum freien Mandat und erfordert Begleitmaßnahmen, die der gewandelten politischen Realität Rechnung tragen, um die Unabhängigkeit der Abgeordneten und die Freiheit der parlamentarischen Deliberation zu schützen.[99]

Im März 2021 einigten sich die Abgeordneten des Bundestages in einem ersten Schritt auf ein verbindliches Lobbyregister, das jedoch von Transparency International Deutschland als unzureichend beurteilt wird.[100] Von Forschenden wird auch für den Bereich der Justiz gefordert, die Repräsentativität der Rechtsberufe für die Gesellschaft zu erhöhen. Diese fordern die juristischen Fakultäten und die Regulierungsbehörden auf, die hierfür erforderlichen Maßnahmen zu ergreifen.[101]

d) Strategische Rechtsdurchsetzung: Individualrechtsschutz vs. kollektive Rechtsdurchsetzung

Die kollektive Rechtsdurchsetzung wie etwa Verbandsklagen sind ein weiterer Trend zur Überwindung von Rechtsdurchsetzungsschwierigkeiten im Individualbereich. Class Actions als Sinnbild eines „kollektiven Individualrechtsschutzes" werden zudem Potenziale für die Verbesserung des Zugangs zum Verwaltungsrecht[102] und für eine effektive Rechtsdurchsetzung diffuser Interessen zugesprochen.

Insbesondere dort, wo strukturelle Machtasymmetrien zu überwinden sind, kann eine Kombination von kollektiver Rechtsdurchsetzung und Legal Tech eine **vereinfachte Geltendmachung von Ansprüchen** bewirken. Legal Tech kann hier zweifach wirken: zum einen zur Erleichterung des Zugangs zur rechtlichen Information, aber vor allem als Tool im Rechtsbehelfsverfahren.[103] Doch bei der Beurteilung, ob die Kombination von kollektivem Rechtsschutz und Technologie ein *match made in heaven*[104] ist, bleibt zu bedenken, dass die online-basierten Verbraucherportale auf eingegrenzte Lebenssachverhalte und ein bestimmtes Mandantenprofil zugeschnitten und begrenzt sind. Nur wenn sich das jeweilige wirtschaftliche Unternehmensziel der privaten Akteure und Rechtsschutzbestreben der Zielgruppe decken, bestehen wirklich Vorteile für Verbraucher[105]. Es ist auch darauf zu achten, ob die privaten Anbieter die sensiblen Daten der Nutzer nicht für weitere kommerzielle Zwecke und somit DS-GVO-widrig nutzen. Neben der Frage, **ob** Technologie zur Lösung eines Problems implementiert werden soll, muss eine zweite wichtige Frage geklärt werden: **Wer der Betreiber der technologischen Lösung sein soll.**

Als weiterer Trend ist heute erkennbar, dass Gerichte zunehmend bewusst dafür genutzt werden, Interessen, die sich parlamentarisch nicht durchsetzen lassen, zum Erfolg zu verhelfen oder ein Tätigwerden des Gesetzgebers einzufordern, etwa im Umgang mit dem Klimawandel oder der COVID-19-Pandemie. Diese Vorgehensweise kann dazu dienen, die Untätigkeit des Gesetzgebers sowie Rechtsdurchsetzungsdefizite zu adressieren.

Dieser Weg kann wirksam sein, er wird jedoch teilweise mit Skepsis betrachtet, da es um ein gerichtliches Verfahren zur Durchsetzung von Allgemeininteressen geht, die jedoch als Individualrecht geltend gemacht werden müssten, statt einer im Falle der Kollektivklage unvermeidlichen Politisierung ausgesetzt zu wer-

---

99 Ammann, Das freie Mandat (Art. 38 Abs. 1 S. 2 GG) – ein verfassungsrechtliches Fossil? in Huggins et al. (Hrsg.), 2021, S. 371 ff.
100 Transparency International Deutschland, Einigung beim Lobbyregister – Transparenz geht anders, 3.3.2021, abrufbar unter https://www.transparency.de/aktuelles/detail/article/einigung-beim-lobbyregister-transparenz-geht-anders/.
101 Selita, Improving Access to Justice: Community-based Solutions, 2019, S. 83 (83).
102 Ellerbrok, Class actions: Neuer Zugang zum Verwaltungsrecht? in Huggins et al. (Hrsg.), 2021, S. 437 ff. (457).
103 Siehe dazu ausführlich Hannah Ruschemeier 2022, S. 76 ff., Technischer Zugang zum Recht – Aktuelle Entwicklungen zu Legal Tech und kollektiver Rechtsdurchsetzung.
104 Von Ruschemeier gewählte Formulierung in Technischer Zugang zum Recht – Aktuelle Entwicklungen zu Legal Tech und kollektiver Rechtsdurchsetzung, Zeitschrift für die digitale Rechtsanwendungen, 2022, S. 76 ff. (80).
105 Ruschemeier, Technischer Zugang zum Recht – Aktuelle Entwicklungen zu Legal Tech und kollektiver Rechtsdurchsetzung, Zeitschrift für die digitale Rechtsanwendungen, 2022, S. 76 ff. (77).

den.¹⁰⁶ Insgesamt lassen sich natürliche Umgehungsreaktionen auf nicht effektive klassische Wege der Rechtsdurchsetzung beobachten.

83 Es ist zu beobachten, dass der politische Bezug der Frage des Zugangs zum Recht zunehmend anerkannt wird und man sich von einer rein solutionistischen Sichtweise des Problems entfernt, wonach die Lösung nur in der richtigen Ausgestaltung des Zugangs, also dem „Design" geht.¹⁰⁷ Zorza bezeichnet das Zusammentreffen solcher Ansätze – die er als „Vereinfachung der Gerichte und der Dienstleistungen, Flexibilität der Anwaltskammern, Effizienz und Verfügbarkeit von Prozesskostenhilfe sowie Systeme der Triage und Verteilung" zusammenfasste – als Teil eines „sich abzeichnenden Konsenses" darüber, wie man am besten mit der Justizlücke umgehen kann.¹⁰⁸

3. Einsatz künstlicher Intelligenz zur Erhöhung der Rechtssetzungsqualität in der Justiz

84 Im Zuge allgemeiner KI-Strategien und -Förderprogramme vieler Länder für die Entwicklung und den Einsatz künstlicher Intelligenz wird auch die Nutzung von KI und erweiterte Datenanalyse zur Verbesserung des Zugangs zum Recht in Betracht gezogen. Von der algorithmischen Auswertung von richterlichen Entscheidungen, über den ergänzenden Einsatz der Technologie zur Verbesserung interner Abläufe und Unterstützung im Gerichtsverfahren¹⁰⁹ bis zum vollständigen Ersatz menschlicher Richter durch eine vermeintlich objektivere KI¹¹⁰ werden Potenziale der KI diskutiert.

85 Durch eine frühe und klare gesetzliche Intervention ist seit 2019 in Frankreich die Veröffentlichung statistischer Informationen über richterliche Entscheidungen verboten und mit einer empfindlichen Sanktion belegt. Der neue Art. 33 des Justizreformgesetzes¹¹¹ soll verhindern, dass insbesondere Legal Tech-Anbieter sich auf die Vorhersage und Analyse von Rechtsstreitigkeiten spezialisieren, um Rückschlüsse über Verhaltensmuster von einzelnen Richtern in Bezug auf Gerichtsentscheidungen öffentlich bekannt zu machen

86 Insbesondere aufgrund der Opazität und der eingeschränkten Kontrollierbarkeit der Technologie ist die allgemeine Empfehlung der **Europäische Kommission für die Wirksamkeit der Justiz** (CEPEJ) eher die Nutzung der KI in einer rein unterstützenden Funktion. Für den Einsatz der KI hat der CEPEJ entsprechende Europäischen Ethik-Charta über den Einsatz von Künstlicher Intelligenz in Justizsystemen und ihrem Umfeld veröffentlicht¹¹² und arbeitet weiter an der Ausgestaltung der Operationalisierung dieser Grundsätze.

4. Aufbereitung und Vermittlung juristischen Wissens

87 Reformfragen in Sachen Zugang zum Recht umfassen auch solche nach der Ausgestaltung der juristischen Profession, deren Durchlässigkeit sowie der daran gebundenen gesellschaftlichen Verantwortung, rechtswissenschaftliche Wissensverarbeitung und Aufbereitung und Kommunikation von Recht in der

---

106 Strobel, Strategische Prozessführung – Potentiale und Risiken transnationaler zivilgesellschaftlicher Zuflucht zum Recht in Huggins/Herrlein/Werpers et al. (Hrsg.), Zugang zu Recht, 2021, S. 157 ff.
107 Kunkel, Rationing Justice in the 21st Century: Technocracy and Technology in the Access to Justice Movement, 2019, S. 378.
108 Zorza, Access to Justice: The Emerging Consensus and Some Questions and Implications, 2011, Judicature, S. 156. (156).
109 Terzidou, The use of Artificial Intelligence in the judiciary and its compliance with the right to a fair trial in Journal of Judicial Administration, 2022 S. 154 ff.
110 Siehe hierzu Molavi Vasse'i, KI & Ethik – Der Mythos der neutralen Maschine, Berliner Anwaltsblatt 2021, S. 207 ff.
111 Ein Passus des Gesetzes lautet: „Die Identitätsdaten von Richtern und Mitgliedern des Justizwesens dürfen nicht zu dem Zweck oder mit der Wirkung wiederverwendet werden, ihre tatsächlichen oder vermeintlichen beruflichen Praktiken zu bewerten, zu analysieren, zu vergleichen oder vorherzusagen. Abrufbar unter https://www.legifrance.gouv.fr/jorf/article_jo/JORFARTI000038261761.
112 Europäische Kommission für die Wirksamkeit der Justiz (CEPJ), European Ethical Charter on the use of Artificial Intelligence in judicial systems and their environment, 2018, abrufbar unter https://rm.coe.int/ethical-charter-en-for-publication-4-december-2018/16808f699c.

Öffentlichkeit (Zugänglichkeit von Wissen), Amtssprache Deutsch als exkludierend, Open Legal Data,[113] Rechtsausbildung an Schulen, Grundversorgung mit juristischem Wissen (etwa ein umfassender Zugang zu jeglicher Rechtsprechung[114]), in einfacher und leichter Sprache aufbereitetes Wissen über Recht und ergänzende Community Beratungsstellen. Es besteht ein Bedarf an einer verbesserten Transparenz hinsichtlich der Kosten von Rechtsberatung und Durchsetzung.

Fehlende oder unzureichende Partizipation von Bürgern, die Nichtkommunikation von Gesetzen, ihre schwierige Auffindbarkeit und die teilweise nicht intuitive Benamung sind kumulative Barrieren des Zugangs zum Recht und bedürfen ebenfalls einer erhöhten Aufmerksamkeit.

Der Zugang zum Recht als eines der nachhaltigen Entwicklungsziele ist es wert, sich regelmäßig mit Verbesserungstrends und Ideen offen, aber auch ethisch auseinanderzusetzen und insbesondere das „Wie" der Transformation in eine verstärkte Diskussion mit allen Betroffenen einzubetten: mit Bürgern, Anwaltschaft, Gesetzgeber, Justiz und Community-Institutionen, die eine wichtige „Übersetzungs-" und Vermittlungsfunktion wahrnehmen.

---

113 So auch Eberstaller, Datafying the Law – Zugang zu juristischen Daten in Huggins et al. (Hrsg.), 2021, S. 71 ff. (S. 86).
114 Siehe hierzu Hamann, Der blinde Fleck der deutschen Rechtswissenschaft – Zur digitalen Verfügbarkeit instanzgerichtlicher Rechtsprechung, JZ 2021, 656 ff. (656).

96. Zuständigkeit, gerichtliche

Piroutek

I. Legal Tech im verfahrensrechtlichen Kontext	1		aa) Gerichtsstand des Erfüllungsorts, Art. 7 Nr. 1 Brüssel Ia-VO	25
1. Legal Tech-Geschäftsmodelle mit verfahrensrechtlichem Bezug	4		bb) Gerichtsstand der unerlaubten Handlung, Art. 7 Nr. 2 Brüssel Ia-VO	31
a) Automatisierte Rechtsverfolgung im B2C-Bereich	4		cc) Gerichtsstand der Niederlassung, Art. 7 Nr. 5 Brüssel Ia-VO	42
b) Automatisierte Rechtsverfolgung im B2B-Bereich	6		dd) Versicherungssachen, Art. 10 ff. Brüssel Ia-VO	45
2. Ausgestaltung von Legal Tech-Geschäftsmodellen mit verfahrensrechtlichem Bezug	7		ee) Verbrauchersachen, Art. 17 ff. Brüssel Ia-VO	48
II. Bestimmung der gerichtlichen Zuständigkeit bei Streitigkeiten mit Legal Tech-Bezug	11		ff) Individuelle Arbeitsverträge, Art. 20 ff. Brüssel Ia-VO	56
1. Gerichtliche Zuständigkeit nach der Brüssel Ia-VO	15		e) Gerichtsstandsvereinbarungen, Art. 25 Brüssel Ia-VO	59
a) Anwendungsbereich	15		2. Gerichtliche Zuständigkeit nach der DS-GVO	61
b) Grundkonzeption	19		3. Gerichtliche Zuständigkeit nach der ZPO	65
c) Allgemeiner Gerichtsstand	20		4. Besondere nationale Zuständigkeitsregeln	74
d) Besondere Gerichtsstände	24			

Literatur: *Bach/Tippner*, Internationale Zuständigkeit am Gerichtsstand der virtuellen Zweigniederlassung, EuZW 2020, 481; *Bouwmann*, Besonderheiten bei der Regulierung von internationalen Verkehrsunfällen, NJW 2018, 1866; *Däubler*, Die internationale Zuständigkeit der deutschen Arbeitsgerichte – Neue Regeln durch die Verordnung (EG) Nr. 44/2001, NZA 2003, 1297; *Führich*, Basiswissen Reiserecht, 4. Aufl. 2018 (zit.: Führich ReiseR); *Geimer/Schütze*, Europäisches Zivilverfahrensrecht, 4. Aufl. 2020 (zit.: Geimer/Schütze EuZivilVerfR); *Günther*, Irreführende Werbung für „SmartLaw"-Angebot, GRUR-Prax 2020, 16; *Günther*, Das neue „Legal-Tech"-Gesetz, MMR 2021, 764; *Habersack*, Die Personengesellschaft und ihre Mitglieder in der Schiedsgerichtspraxis, SchiedsVZ 2003, 241; *Hartung*, Noch mal: Klagen ohne Risiko – Prozessfinanzierung und Inkassodienstleistung aus einer Hand als unzulässige Rechtsdienstleistung?, BB 2017, 1609; *Heckelmann*, Zulässigkeit und Handhabung von Smart Contracts, NJW 2018, 504; *von Hein*, Zuständigkeitskonzentration für Klagen wegen Kartellschäden gegen mehrere Kartellbeteiligte aus verschiedenen EU-Staaten, LMK 2015, 373398; *von Hein/Imm*, Grenzüberschreitende Durchsetzung von Forderungen in der EU, IWRZ 2019, 112; *Heinrichs*, Vorbild Europa/Mehr Wohnsitzgerichtsstände in der ZPO? Braucht der Verbraucher mehr Schutzgerichtsstände an seinem Wohnsitz?, DAR 2018, 127; *Hellgardt*, Die Schadensersatzhaftung für Datenschutzverstöße im System des unionalen Haftungsrechts, ZEuP 2022, 7; *Hoch/Hendricks*, Das RDG und die Legal Tech-Debatte: Und wo bleibt das Unionsrecht?, VuR 2020, 254; *Jenard*, Bericht zu dem Übereinkommen vom 27. September 1968 über die gerichtliche Zuständigkeit und die Vollstreckung gerichtlicher Entscheidungen in Zivil- und Handelssachen, ABl. 1979 C 59, 1 (zit.: Jenard-Bericht); *Klumpe/Weber*, Same, same, but different..., NZKart 2021, 492; *Lehmann*, Wo verklagt man Billigflieger wegen Annullierung, Überbuchung oder Verspätung von Flügen?, NJW 2007, 1500; *Magnus*, Der grenzüberschreitende Bezug als Anwendungsvoraussetzung im europäischen Zuständigkeits- und Kollisionsrecht, ZEuP 2018, 507; *Meller-Hannich/Krausbeck/Wittke*, Der Verbraucher in der Sharing Economy, VuR 2019, 403; *Piroutek/Reinhold*, Wrong Direction? – Causality between Commercial Activity and Conclusion of Contract in Art 15 Para 1 lit c Brussels I Regulation, euvr 2014, 41; *Rauscher*, Europäisches Zivilprozess- und Kollisionsrecht, 5. Aufl. 2021 (zit.: Rauscher EuZPR/EuIPR); *Rieländer*, Subjektive Reichweite von Gerichtsstandsvereinbarungen im Internationalen Versicherungsprozessrecht, EuZW 2020, 664; *Rieländer*, Der „Vertragsabschlussschaden" im europäischen Deliktskollisions- und Zuständigkeitsrecht, RabelsZ 85 (2021), 579; *Rieländer*, Missbrauchskontrolle und Drittwirkung von Gerichtsstandvereinbarungen bei der Rechtsnachfolge nach der EuGVVO, EuZW 2021, 391; *Ring*, Sammelklage eines österreichischen Verbraucherschutzvereins gegen die Kfz-Herstellerin im VW-Abgasskandal, SVR 2021, 161; *Römermann/Günther*, Legal Tech als berufsrechtliche Herausforderung, NJW 2019, 551; *Rott*, Rechtsdurchsetzung durch Legal Tech-Inkasso am Beispiel der Mietpreisbremse – Nutzen oder Gefahr für Verbraucher?, VuR 2018, 443; *Skupin*, Das Legal-Tech-Gesetz: Überblick über die Neuerungen, jM 2021, 404; *Spittka*, Die Kommerzialisierung des Schadensersatzes unter der DS-GVO, IPRB 2021, 24; *Stadler/Krüger*, Internationale Zuständigkeit und deliktischer Erfolgsort im VW-Dieselskandal, IPRax 2020, 512; *Staudinger*, Gewinnzusagen aus dem Ausland und die Frage der Zuständigkeitskonzentration im Europäischen Zivilprozessrecht, ZEuP 2004, 762; *Staudinger/Czaplinski*, Verkehrsopferschutz im Lichte der Rom I-, Rom II- sowie Brüssel I-Verordnung, NJW 2009, 2249; *Staudinger/*

Schröder, Die Entwicklung des Reiserechts im ersten Halbjahr 2020, NJW 2020, 3149; *Thomale*, Herstellerhaftungsklagen – Internationaler Deliktsgerichtsstand und anwendbares Recht bei reinen Vermögensschäden wegen versteckter Produktmängel, ZVglRWiss 119 (2020), 59; *Valdini*, Klagen ohne Risiko – Prozessfinanzierung und Inkassodienstleistung aus einer Hand als zulässige Rechtsdienstleistung?, BB 2017, 1609; *Wagner/Gess*, Der Gerichtsstand der unerlaubten Handlung nach der EuGVVO bei Kapitalanlagedelikten, NJW 2009, 3481.

I. Legal Tech im verfahrensrechtlichen Kontext

Ein **Kernbereich** der unter dem Sammelbegriff Legal Tech (→ *Legal Tech, Begriff* Rn. 1 ff.) versammelten vielfältigen Geschäftsmodelle[1] liegt in der außergerichtlichen und anschließend **gerichtlichen Geltendmachung von Ansprüchen**. 1

Der Fokus vieler Legal Tech-Anbieter liegt dabei auf **Ansprüchen von Verbraucherinnen und Verbrauchern**.[2] Als Beispiel sei auf die Legal Tech-Anbieter verwiesen, die Ansprüche von Fluggästen nach der VO (EG) Nr. 261/2004[3] (Fluggastrechte-VO) gegenüber Flugbeförderungsunternehmen geltend machen.[4] Weitere Handlungsfelder der Legal Tech-Anbieter, die häufig eine gerichtliche Auseinandersetzung nach sich ziehen, sind das Miet-, Arbeits- und Datenschutzrecht. 2

Der Markt für die (weitgehend) **automatisierte Geltendmachung von (Verbraucher-)Ansprüchen** ist durch die Gründung neuer Unternehmen nahezu unüberschaubar geworden. Zurückzuführen ist dies u.a. auf das „Lexfox"-Urteil des BGH aus dem Jahr 2019 zum Portal „wenigermiete.de"[5], mit dem der BGH den Weg für die Erbringung von Inkassodienstleistungen durch Legal Tech-Anbieter durch eine weite Auslegung des Inkassobegriffs im Rahmen des Rechtsdienstleistungsgesetzes (RDG) endgültig frei machte (→ *Rechtsanwalt, Monopol* Rn. 42). Auch der Gesetzgeber hat mit dem 2021 in Kraft getretenen Gesetz zur Förderung verbrauchergerechter Angebote im Rechtsdienstleistungsmarkt (sog. Legal Tech-Gesetz)[6] die Position der Legal Tech-Anbieter gestärkt (→ *Rechtsanwalt, Monopol* Rn. 43). 3

1. Legal Tech-Geschäftsmodelle mit verfahrensrechtlichem Bezug

a) Automatisierte Rechtsverfolgung im B2C-Bereich

Traditionell konzentriert sich ein großer Teil der Legal Tech-Anbieter auf die Durchsetzung von Verbraucheransprüchen im **B2C-Verkehr** (→ *B2C und B2B (Geschäftsmodelle)* Rn. 27 ff.). Hintergrund ist, dass Ansprüche wie zB diejenigen aus der Fluggastrechte-VO oder der Fahrgastrechte-VO vergleichsweise einfach strukturiert sind sowie auf der Rechtsfolgenseite pauschalierte und verschuldensunabhängige Ausgleichszahlungen vorsehen[7] und sich – insbesondere vor dem Hintergrund der weitgehenden Rechtsvereinheitlichung in den Mitgliedstaaten der EU – somit sehr gut für eine weitgehende Automatisierung eignen. Hinzu tritt bei diesen Ansprüchen das vielzitierte „rationale Desinteresse" der Verbraucherinnen und Verbraucher an der Durchsetzung der ihnen gegenüber einer Unternehmerin oder einem Unternehmer bestehenden Ansprüche, das oftmals durch ein (gefühltes) Missverhältnis von Aufwand und potenziellem Ertrag der gerichtlichen Anspruchsdurchsetzung begründet ist. So scheuen viele Verbraucher das mit einem gerichtlichen Verfahren verbundenen Kosten- und Prozessrisiko und die mit Hinblick auf die Gerichtskos- 4

---

1 Vgl. Breidenbach/Glatz Legal Tech-HdB/Tobschall/Kempe S. 27 ff.
2 Rott VuR 2018, 443 (443); Valdini BB 2017, 1609 (1609); Hartung BB 2017, 2825 (2826); Breidenbach/Glatz Legal Tech-HdB/Tobschall/Kempe S. 27 (27).
3 Verordnung (EG) Nr. 261/2004 des Europäischen Parlaments und des Rates vom 11.2.2004 über eine gemeinsame Regelung für Ausgleichs und Unterstützungsleistungen für Fluggäste im Fall der Nichtbeförderung und bei Annullierung oder großer Verspätung von Flügen und zur Aufhebung der Verordnung (EWG) Nr. 295/91, ABl. 2004 L 046, 1.
4 ZB flightright.de; siehe auch ErwGr. 1 der Fluggastrechte-VO.
5 BGH Urt. v. 27.11.2019 – VIII ZR 285/18, NJW 2020, 208, siehe hierzu auch Römermann/Günther NJW 2019, 551, und Günther GRUR-Prax 2020, 16; vgl. zudem jüngst BGH Urt. v. 30.3.2022 – VIII ZR 358/20, NJOZ 2022, 741 (743 ff.).
6 BGBl. 2021 I 3415; vgl. hierzu Günther MMR 2021, 764; Skupin jM 2021, 404.
7 Hoch/Hendricks VuR 2020, 254 (255).

ten bestehende Vorleistungspflicht.[8] Im Ergebnis schrecken viele Verbraucherinnen und Verbraucher vor der Geltendmachung von geringwertigen Ansprüchen zurück, so dass insoweit ein Rechtsdurchsetzungsdefizit besteht.

5 Dieser Effekt tritt verstärkt im **grenzüberscheitenden Rechtsverkehr** auf, obwohl die Rechtsposition der Verbraucherinnen und Verbraucher hier durch materiellrechtliche Regelungen zum Verbraucherschutz einerseits sowie durch verfahrensrechtliche Privilegierungen (→ Rn. 48 ff.; → *Alternative Streitbeilegung (ADR), in Verbrauchersachen* Rn. 2 ff.; → *Kollektiver Rechtsschutz* Rn. 7 ff.) andererseits vergleichsweise stark ist. Viele Legal Tech-Anbieter haben dieses fehlende Durchsetzungsinteresse der Verbraucherinnen und Verbraucher erkannt und zum Geschäftsmodell fortentwickelt. Durch die Bündelung einer Vielzahl weitgehend gleichgearteter Ansprüche, deren (weitgehend) automatisierter Prüfung, Geltendmachung und Durchsetzung können Legal Tech-Anbieter auch – bei einzelner Betrachtung – geringwertige Ansprüche profitabel eintreiben.

b) Automatisierte Rechtsverfolgung im B2B-Bereich

6 Dass Legal Tech-Anbieter inzwischen auch im **B2B-Verkehr** (→ *B2C und B2B (Geschäftsmodelle)* Rn. 75 ff.) etabliert sind, haben zuletzt die öffentlichkeitswirksamen Schadensersatzklagen im Zusammenhang mit dem LKW-[9] und Zuckerkartell[10] gezeigt. Auch im Rahmen der sog. Diesel- oder Abgasfälle treten Legal Tech-Anbieter als Inkassodienstleister für Unternehmen gegenüber den Autoherstellern auf.

2. Ausgestaltung von Legal Tech-Geschäftsmodellen mit verfahrensrechtlichem Bezug

7 Die Geschäftsmodelle jener Legal Tech-Anbieter, die sich mit der gerichtlichen Durchsetzung von Ansprüchen befassen, lassen sich im Kern **zwei Kategorien** zuordnen.

8 Nach dem sog. **Durchsetzungsmodell** bleibt der Kunde des Legal Tech-Anbieters Inhaber des Anspruchs und beauftragt Vertragsanwälte des Legal Tech-Anbieters mit der zunächst außergerichtlichen und sodann gerichtlichen Geltendmachung. Regelmäßig liegt der Vereinbarung eine erfolgsabhängige Vergütung des Legal Tech-Anbieters zugrunde, wonach dieser nach erfolgreicher Geltendmachung einen gewissen prozentualen Anteil am erstrittenen Forderungsbetrag einbehält.[11]

9 Demgegenüber sieht das weiter verbreitete **Abtretungs- oder Inkassomodell**[12] vor, dass der ursprüngliche Anspruchsinhaber dem Legal Tech-Anbieter seinen Anspruch zur weiteren Geltendmachung abtritt. Dies erfolgt regelmäßig in Form der Inkassozession. Anschließend macht der Legal Tech-Anbieter den Anspruch im eigenen Namen gegenüber dem Schuldner außergerichtlich und gegebenenfalls gerichtlich geltend. Im Erfolgsfall kehrt der Legal Tech-Anbieter den eingeklagten Forderungsbetrag abzüglich einer vereinbarten Erfolgsprovision an den Zedenten aus. Neben dieser erfolgsbasierten Vergütung wird der Zedent regelmäßig von sämtlichen etwaig entstehenden Kosten freigestellt (→ *Prozessfinanzierung* Rn. 20 ff.).

10 Da sich der Legal Tech-Anbieter so eine Vielzahl gleichgerichteter Forderungen abtreten lassen und anschließend gebündelt im Wege der objektiven Klagehäufung geltend machen kann, spricht man auch von einer **„unechten Sammelklage"**. Demgegenüber stehen die sog. „echten Sammelklagen", bei denen sich mehrere Kläger einer meist von einem Verbraucherverband initiierten Klage anschließen und gemeinsam Schadensersatzansprüche durchsetzen können. Diese echten Sammelklagen sind in Deutschland bislang nicht möglich. Insbesondere die im Zuge des sog. „Dieselskandals" Ende 2018 eingeführte **Musterfest-**

---

8 Hoch/Hendricks VuR 2020, 254 (255).
9 LG München I Urt. v. 7.2.2020 – 37 O 18934/17, EuZW 2020, 279.
10 LG Hannover Urt. v. 4.5.2020 – 18 O 50/16, NZKart 2020, 398.
11 Günther MMR 2021, 764 (765).
12 Günther MMR 2021, 764 (765).

stellungsklage[13] (→ *Kollektiver Rechtsschutz* Rn. 16 f.) stellt keine echte Sammelklage dar. Auch auf europäischer Ebene finden sich entsprechende Modelle bislang nur vereinzelt. Dieser Umstand wird sich jedoch in naher Zukunft durch die Umsetzung der RL (EU) 2020/1828 über **Verbandsklagen** zum Schutz der Kollektivinteressen der Verbraucher[14] ändern (→ *Kollektiver Rechtsschutz* Rn. 8 ff.).[15]

II. Bestimmung der gerichtlichen Zuständigkeit bei Streitigkeiten mit Legal Tech-Bezug

Neben der lange hoch umstrittenen und zuletzt vom BGH weitgehend zugunsten der Legal Tech-Anbieter entschiedenen Frage der Zulässigkeit der Geschäftsmodelle nach dem RDG[16] (→ *Rechtsanwalt, Monopol* Rn. 8 ff.) stellen sich insbesondere bei der massenhaften Geltendmachung von nach dem o.g. Abtretungsmodell „eingesammelten" und anschließend gebündelten Ansprüchen auch verfahrensrechtliche Fragen der **gerichtlichen Zuständigkeit**, insbesondere im grenzüberschreitenden Kontext. 11

Die Regelungen über die gerichtliche Zuständigkeit bestimmen, welches Gericht bzw. Rechtspflegeorgan im Einzelfall zur Ausübung gerichtlicher Tätigkeiten und Aufgaben befugt und verpflichtet ist.[17] Die Regelungen dienen funktionell in erster Linie der Abgrenzung der Geschäftskreise der Gerichte[18] und somit der Bestimmung des gesetzlichen Richters (vgl. Art. 101 Abs. 1 S. 2 GG)[19] sowie der **Wahrung des Rechtsstaatsprinzips** (Art. 20 GG).[20] 12

Die gerichtliche Zuständigkeit umfasst die internationale, örtliche, sachliche und funktionelle Zuständigkeit. Die **internationale Zuständigkeit** grenzt bei Fällen mit Auslandsbezug die Zuständigkeit der nationalen Gerichte von derjenigen der ausländischen Gerichte ab. Die **örtliche Zuständigkeit** regelt die Frage des Gerichtsstands und entscheidet darüber, welches von mehreren gleichartigen Gerichten unterschiedlicher Gerichtsbezirke tätig zu werden hat. Die Regelungen zur **sachlichen Zuständigkeit** entscheiden über die Frage, ob ein streitiges Verfahren in erster Instanz vor dem Amtsgericht, dem Landgericht oder in Sonderfällen vor dem Oberlandesgericht zu führen ist.[21] Die im Gesetz nicht ausdrücklich erwähnte **funktionelle Zuständigkeit** betrifft die Bestimmung des einzelnen zur Entscheidung berufenen Rechtspflegeorgans (Richter, Rechtspfleger, Urkundsbeamter der Geschäftsstelle, Gerichtsvollzieher) sowie die Frage, ob das Gericht als Prozess-, Vollstreckungs-, Insolvenz-, Arrest-, Mahn-, Aufgebots-, oder Rechtshilfegericht tätig wird und ob im einzelnen Spruchkörper das Kollegium, der Vorsitzende, der Einzelrichter oder der beauftragte Richter zuständig ist.[22] 13

Die **maßgeblichen Regelungen** zur internationalen (und teilweise örtlichen) Zuständigkeit finden sich in der VO (EU) Nr. 1215/2012 des Europäischen Parlaments und des Rates vom 12.12.2012 über die 14

---

13 Geregelt in den §§ 606 ff. ZPO idF des am 1.11.2018 in Kraft getretenen Gesetzes zur Einführung einer zivilprozessualen Musterfeststellungsklage (BGBl. 2018 I 1151).
14 Richtlinie (EU) 2020/1828 des Europäischen Parlaments und des Rates v. 25.11.2020 über Verbandsklagen zum Schutz der Kollektivinteressen der Verbraucher und zur Aufhebung der Richtlinie 2009/22/EG (ABl. L 409, 1) (Verbandsklagen-RL).
15 Die Verbandsklagen-RL schafft erstmals ein europaweit weitgehend einheitliches Kollektivinstrument zur Durchsetzung von Schadensersatzansprüchen. Sie ist von den Mitgliedstaaten bis zum 25.12.2022 in nationales Recht umzusetzen, ab dem 25.6.2023 anwendbar sein muss. Nach den Vorgaben der Verbandsklagen-RL müssen die hiernach zu schaffenden Verbandsklagen auf sog. „Abhilfeentscheidungen" zugunsten von Verbrauchern gerichtet werden können, was u.a. Schadensersatz, Reparatur, Ersatzleistung, Preisminderung, Vertragsauflösung oder Erstattung des gezahlten Preises umfasst.
16 Vgl. BGH Urt. v. 13.7.2021 – II ZR 84/20, BeckRS 2021, 20906.
17 MüKoZPO/Wöstmann ZPO § 1 Rn. 2; BeckOK ZPO/Wendtland ZPO § 1 Rn. 1.
18 MüKoZPO/Wöstmann ZPO § 1 Rn. 6.
19 Vgl. BVerfG NJW 2005, 3410 (3411); BVerfG NJW 1997, 1497 (1498); BGH NJW 1983, 671.
20 BeckOK ZPO/Wendtland ZPO § 1 Rn. 1.
21 Gemäß § 1 ZPO bestimmt sich die sachliche Zuständigkeit nach den Vorschriften des GVG. Hiernach erfolgt die Zuweisung teilweise in Abhängigkeit des Streitwerts und teilweise in Abhängigkeit vom Streitgegenstand des Verfahrens.
22 BGH NJW 2015, 2194 (2194 Rn. 5); BGH NJW 2012, 2588 (2591 Rn. 23); Stein/Jonas/Roth ZPO § 1 Rn. 58, 60; MüKoZPO/Wöstmann ZPO § 1 Rn. 9.

gerichtliche Zuständigkeit und die Anerkennung und Vollstreckung von Entscheidungen in Zivil- und Handelssachen (**Brüssel Ia-VO** oder EuGVVO)[23] und – außerhalb des Anwendungsbereichs der Brüssel Ia-VO – in den §§ 12 ff. der Zivilprozessordnung (**ZPO**). Darüber hinaus können im Einzelfall auch spezielle Rechtsetzungsakte, wie zB die VO (EU) 2016/679[24] (Datenschutz-Grundverordnung, DS-GVO), und internationale Übereinkommen, wie das Luganer Übereinkommen (LugÜ)[25], das Haager Übereinkommen über Gerichtsstandsvereinbarungen[26] oder das Montrealer Übereinkommen zur Vereinheitlichung bestimmter Vorschriften über die Beförderung im internationalen Luftverkehr (MÜ)[27], bei Zuständigkeitsfragen im Zusammenhang mit Legal Tech-Streitigkeiten zu berücksichtigen sein.

1. Gerichtliche Zuständigkeit nach der Brüssel Ia-VO
a) Anwendungsbereich

15   Die Brüssel Ia-VO findet Anwendung, wenn ein **Sachverhalt mit Auslandsberührung**[28] vorliegt und geht in ihrem Anwendungsbereich den nationalen Regelungen der Mitgliedstaaten vor.[29] Auf reine Inlandssachverhalte ist die Brüssel Ia-VO nicht anwendbar.

16   Der sachliche Anwendungsbereich ist nach Art. 1 Brüssel Ia-VO unabhängig von der Art der Gerichtsbarkeit eröffnet, wenn es sich um eine **Zivil- und Handelssache** handelt. Der Begriff der Zivil- und Handelssache ist im Sinne einer einheitlichen Auslegung autonom zu bestimmen.[30] Weitere Voraussetzung ist, dass die Angelegenheit nicht einem der gemäß Art. 1 Abs. 1 S. 2 und Art. 1 Abs. 2 Brüssel Ia-VO genannten ausgeschlossen Rechtsgebiete zuzuordnen ist. Nicht anwendbar ist die Brüssel Ia-VO insbesondere bei verwaltungsrechtlichen Streitigkeiten.

17   In persönlicher Hinsicht ist erforderlich, dass der Beklagte **seinen Wohnsitz in einem Mitgliedstaat der EU hat**.[31] Ist dies nicht der Fall, bestimmt sich die Zuständigkeit gemäß Art. 6 Brüssel Ia-VO grundsätzlich nach dem nationalen Zuständigkeitsrecht.

18   Abgrenzungsfragen bei der Anwendung der Brüssel Ia-VO stellen sich mitunter bei der Durchsetzung von **Ansprüchen von Fluggästen gegenüber (ausländischen) Fluggesellschaften**, die häufig von Legal Tech-Anbietern im Wege des Abtretungs- oder Inkassomodels geltend gemacht werden. Inhaltlich geht es zumeist um Ansprüche wegen Flugannullierung oder -verspätung, die materiellrechtlich in der VO (EG) Nr. 261/2004 geregelt sind. Ansprüche von Fluggästen kommen daneben grundsätzlich auch gemäß Art. 19 des Montrealer Übereinkommens (MÜ) in Betracht, das hinsichtlich des Gerichtsstands in Art. 33 Abs. 1 MÜ eine eigenständige Regelung enthält. Die Bestimmung der gerichtlichen Zuständigkeit für die Entscheidung über Ansprüche wegen Flugannullierung oder -verspätung nach der Fluggastrechte-VO

---

23   ABl. L 351, 1; die EuGVVO löste mit ihrem Inkrafttreten am 10.1.2015 nämlich die VO (EG) Nr. 44/2001 des Rates v. 22.12.2000 über die gerichtliche Zuständigkeit und die Anerkennung und Vollstreckung von Entscheidungen in Zivil- und Handelssachen (ABl. 2001 L 12, 1) ab.
24   Verordnung (EU) 2016/679 des Europäischen Parlaments und des Rates v. 27.4.2016 zum Schutz natürlicher Personen bei der Verarbeitung personenbezogener Daten, zum freien Datenverkehr und zur Aufhebung der Richtlinie 95/46/EG (ABl. L 119, 1).
25   Übereinkommen über die gerichtliche Zuständigkeit und die Anerkennung und Vollstreckung von Entscheidungen in Zivil- und Handelssachen v. 30.10.2007 (ABl. 2007 L 339, 3).
26   Haager Übereinkommen über Gerichtsstandsvereinbarungen v. 30.6.2005 (ABl. 2009 L 133, 3).
27   Übereinkommen zur Vereinheitlichung bestimmter Vorschriften über die Beförderung im internationalen Luftverkehr v. 28.5.1999 (BGBl. 2004 II 458).
28   Jenard-Bericht S. 8; EuGH Urt. v. 1.3.2005 – C-281/02, ECLI:EU:C:2005:120 – Owusu; MüKoZPO/Gottwald Brüssel Ia-VO Vor Art. 1 Rn. 32 f.; BeckOK ZPO/Antomo Brüssel Ia-VO Art. 1 Rn. 14; Musielak/Voit/Stadler EuGVVO Art. 4 Rn. 2; Ausführlich: Magnus ZEuP 2018, 507.
29   MüKoZPO/Wöstmann ZPO § 1 Rn. 7.
30   MüKoZPO/Gottwald Brüssel Ia-VO Art. 1 Rn. 1; Rauscher EuZPR/EuIPR/Leible Brüssel Ia-VO Art. 1 Rn. 5; jeweils mwN.
31   Rauscher EuZPR/EuIPR/Leible Brüssel Ia-VO Art. 4 Rn. 25.

bestimmt sich allein nach der Brüssel Ia-VO.³² Die gerichtliche Zuständigkeit gemäß Art. 33 Abs. 1 MÜ greift hingegen nur bei Ansprüchen aufgrund des MÜ ein.³³ Ansprüche aus der Fluggastrechte-VO und Ansprüche nach dem MÜ unterliegen hinsichtlich der Bestimmung der zuständigen Gerichte somit unterschiedlichen Regelungsrahmen.³⁴

b) Grundkonzeption

Das **Zuständigkeitsregime der Brüssel Ia-VO** unterteilt sich in ein allgemeines und ein besonderes Regime.³⁵ Das allgemeine Zuständigkeitsregime sieht neben dem allgemeinen Gerichtsstand des Beklagten gemäß Art. 4 Brüssel Ia-VO besondere Gerichtsstände (Art. 7 bis 9 Brüssel Ia-VO) und ausschließliche Gerichtsstände (Art. 24, 25 Brüssel Ia-VO) vor. Das besondere Zuständigkeitsregime, das in den Abschnitten 3 bis 5 der Brüssel Ia-VO geregelt ist, sieht besondere Gerichtsstände zugunsten von Versicherungsnehmern, Verbrauchern und Arbeitnehmern vor. Liegen die Voraussetzungen dieser besonderen Zuständigkeitsregeln vor, können diese Personen unter mehreren Gerichtsständen frei wählen, selbst aber in der Regel nur an ihrem Wohnsitzgericht verklagt werden. Besteht ein ausschließlicher Gerichtsstand gemäß Art. 24 bis 26 Brüssel Ia-VO kann eine Klage nur hier erhoben werden. 19

c) Allgemeiner Gerichtsstand

Art. 4 Abs. 1 Brüssel Ia-VO statuiert den allgemeinen Gerichtsstand. Klagen gegen Personen, die ihren Wohnsitz im Hoheitsgebiet eines Mitgliedstaats haben, sind ohne Rücksicht auf die Staatsangehörigkeit des Beklagten vor den Gerichten dieses Mitgliedstaats zu erheben. Bei der Bestimmung des „Wohnsitzes" differenziert die Brüssel Ia-VO zwischen natürlichen Personen und Gesellschaften sowie juristischen Personen. 20

Der Wohnsitz von **natürlichen Personen** bestimmt sich gemäß Art. 62 Brüssel Ia-VO nach dem Recht des Staats des angerufenen Gerichts. Bei Anrufung deutscher Gerichte also nach §§ 7 ff. BGB. 21

Demgegenüber ist der „Wohnsitz" im Sinne von Art. 4 Abs. 1 Brüssel Ia-VO bei Klagen gegen **Gesellschaften und juristische Personen** gemäß Art. 63 Brüssel Ia-VO autonom zu bestimmen. Hiernach können Gesellschaften und juristische Personen an ihrem satzungsmäßigen Sitz, am Sitz ihrer Hauptverwaltung oder am Sitz ihrer Hauptniederlassung verklagt werden. Für die Anwendbarkeit der Brüssel Ia-VO ist es insoweit ausreichend, dass einer dieser Sitze in einem Mitgliedstaat der EU liegt.³⁶ Die alternativen Anknüpfungspunkte für die Bestimmung des allgemeinen Gerichtsstands können dazu führen, dass juristische Personen und Gesellschaften in mehreren Mitgliedstaaten verklagt werden können. Dem Kläger steht insoweit ein Wahlrecht zu.³⁷ 22

Für die Bestimmung des allgemeinen Gerichtsstands bestehen bei **Streitigkeiten mit Legal Tech-Bezug** insoweit keine Besonderheiten. Da auf der Beklagtenseite zumeist Gesellschaften oder juristische Personen stehen werden, ist aus Sicht des Legal Tech-Anbieters zu prüfen, ob aufgrund der alternativen Anknüpfungsumstände in Art. 63 Brüssel Ia-VO ggf. mehrere „Wohnsitze" des Beklagten in Betracht kommen und, falls ja, welcher Gerichtsstand für die Anspruchsdurchsetzung am zweckmäßigsten ist. 23

d) Besondere Gerichtsstände

Das Zuständigkeitsregime der Brüssel Ia-VO stellt dem Kläger in Abschnitten 2 sowie 3 bis 5 besondere Gerichtsstände zur Verfügung, auf die er neben dem allgemeinen Gerichtsstand wahlweise zurückgreifen kann. Hintergrund für die damit verbundene Privilegierung des Klägers ist – je nach Gerichtsstand – eine 24

---

32 EuGH Urt. v. 9.7.2009 – C-204/08, ECLI:EU:C:2009:439 Rn. 28 – Rehder.
33 Lehmann NJW 2007, 1500 (1501); Führich ReiseR Rn. 288.
34 EuGH Urt. v. 9.7.2009 – C-204/08, ECLI:EU:C:2009:439 Rn. 27 – Rehder.
35 Siehe hierzu im Detail insbesondere Rauscher EuZPR/EuIPR/Leible Brüssel Ia-VO Art. 4 Rn. 1 ff.
36 MüKoZPO/Gottwald Brüssel Ia-VO Art. 63 Rn. 11.
37 MüKoZPO/Gottwald Brüssel Ia-VO Art. 63 Rn. 11; BeckOK ZPO/Thode Brüssel Ia-VO Art. 63 Rn. 5.

besondere Nähebeziehung zu dem zuständigen Gericht oder der Schutz eines im Verhältnis zum Beklagten als schwächer erachteten Klägers.[38]

aa) Gerichtsstand des Erfüllungsorts, Art. 7 Nr. 1 Brüssel Ia-VO

25 Nach Art. 7 Nr. 1 Brüssel Ia-VO kann der Beklagte auch vor dem Gericht des Ortes verklagt werden, an dem die Verpflichtung erfüllt worden ist oder zu erfüllen wäre, da insoweit von einer engen Verknüpfung zwischen diesem Gericht und dem Vertrag ausgegangen wird.[39] Abhängig vom Vertragsinhalt statuiert Art. 7 Nr. 1 Brüssel Ia-VO hiernach einen Gerichtsstand am Liefer- oder Dienstleistungs- bzw. an demjenigen Ort, an dem der Beklagte nach materiellem Recht (→ *Kollisionsrecht, allgemein*) die vertragsgegenständliche Leistung erbringen muss.[40]

26 Voraussetzung für das Eingreifen dieses in der Praxis sehr bedeutsamen besonderen Gerichtsstands[41] ist, dass ein Vertrag oder Ansprüche aus einem Vertrag den Gegenstand des Verfahrens bilden (zur Abgrenzung zur unerlaubten Handlung → Rn. 31 ff.) Die **Begriffe des Vertrags bzw. der Ansprüche aus einem Vertrag** werden vom EuGH im Sinne einer einheitlichen Rechtsanwendung autonom bestimmt,[42] so dass es auf das im Einzelfall anwendbare materielle Recht nicht ankommt. Ein „Vertrag" und die „Ansprüche aus einem Vertrag" setzen hiernach eine von einer Partei gegenüber einer anderen Partei **freiwillig eingegangene einseitige Verpflichtung** voraus.[43] Auf den Abschluss eines Vertrags kommt es hingegen nicht an.[44] So greift der Gerichtsstand des Art. 7 Nr. 1 Brüssel Ia-VO im Verhältnis zwischen einem Fluggast und dem ausführenden Luftfahrtunternehmen auch dann ein, wenn zwischen dem Fluggast und der Fluggesellschaft selbst keine vertragliche Verbindung besteht und die Flugreise (nur) eine Teilleistung des mit einem Dritten geschlossenen Pauschalreisevertrags bildet.[45]

27 Diese – sehr weite – Auslegung des EuGH von Art. 7 Nr. 1 Brüssel Ia-VO hat zur Folge, dass der Anwendungsbereich des Gerichtsstands für eine **Vielzahl von Ansprüchen** eröffnet ist.[46] So sind neben vertraglichen Primär- und Sekundäransprüchen auch Gewährleistungsansprüche, Hilfsansprüche (zB auf Auskunft) sowie Klagen erfasst, die die Nichtigkeit eines Vertrags und entsprechende Folgeansprüche (zB dingliche oder bereicherungsrechtliche Herausgabeansprüche) zum Gegenstand haben. Auf die Klageart (zB Leistungs- oder Feststellungsklage) kommt es nicht an.[47]

28 Auch für Ansprüche aus **Smart Contracts** kommt eine Anwendung von Art. 7 Nr. 1 Brüssel Ia-VO in Betracht. Insofern kommt es auf die Einzelheiten der vertraglichen Vereinbarung an, die Gegenstand des Smart Contract ist.[48] Gerade die Durchsetzung von standardisierten Ansprüchen könnte durch die Nutzung von Smart Contracts weiter vereinfacht werden.[49]

---

38 Vgl. Rauscher EuZPR/EuIPR/Leible Brüssel Ia-VO Art. 4 Rn. 4.
39 EuGH Urt. v. 3.5.2007 – C-386/05, ECLI:EU:C:2007:262 Rn. 23 – Color Drack; EuGH Urt. v. 7.11.2019 – C-213/18, ECLI:EU:C:2019:927 Rn. 40 – Guaitoli.
40 Geimer/Schütze EuZivilVerfR/Geimer EuGVVO Art. 7 Rn. 7.
41 Rauscher EuZPR/EuIPR/Leible Brüssel Ia-VO Art. 7 Rn. 7.
42 EuGH Urt. v. 26.3.2020 – C-215/18, ECLI:EU:C:2020:235 Rn. 41 – Primera Air Scandinavia; EuGH Urt. v. 7.3.2018 – C-274/16, C-447/16, C-448/16, ECLI:EU:C:2018:160 – flightright u.a.; MüKoZPO/Gottwald Brüssel Ia-VO Art. 7 Rn. 4 mwN; Rauscher EuZPR/EuIPR/Leible Brüssel Ia-VO Art. 7 Rn. 17.
43 EuGH Urt. v. 26.3.2020 – C-215/18, ECLI:EU:C:2020:235 Rn. 43 – Primera Air Scandinavia; EuGH Urt. v. 17.9.2002 – C-334/00, ECLI:EU:C:2002:499 Rn. 23 – Tacconi; EuGH Urt. v. 20.1.2005 – C-27/02, ECLI:EU:C:2005:33 Rn. 29 – Engler; EuGH Urt. v. 17.6.1992 – C-26/91, ECLI:EU:C:1992:268 Rn. 15 – Handte; EuGH Urt. v. 5.2.2004 – C-265/02, ECLI:EU:C:2004:77 Rn. 24 – Frahuil.
44 EuGH Urt. v. 26.3.2020 – C-215/18, ECLI:EU:C:2020:235 Rn. 42 – Primera Air Scandinavia; EuGH Urt. v. 21.4.2016 – C-572/14, ECLI:EU:C:2016:286 Rn. 34 – Austro-Mechana.
45 EuGH Urt. v. 26.3.2020 – C-215/18, ECLI:EU:C:2020:235 – Primera Air Scandinavia; Staudinger/Schröder NJW 2020, 3149 (3150 f.).
46 Siehe hierzu im Detail: MüKoZPO/Gottwald Brüssel Ia-VO Art. 7 Rn. 6.
47 MüKoZPO/Gottwald Brüssel Ia-VO Art. 7 Rn. 10; BeckOK ZPO/Thode Brüssel Ia-VO Art. 7 Rn. 18b.
48 Vgl. zu Smart Contracts allgemein Heckelmann NJW 2018, 504.
49 Vgl. v. Hein/Imm IWRZ 2019, 112 (118); Heckelmann NJW 2018, 504.

Der Gerichtsstand nach Art. 7 Nr. 1 Brüssel Ia-VO greift in personeller Hinsicht dabei sowohl im Verhältnis 29
der ursprünglichen Vertragsparteien als auch in **Abtretungskonstellationen** im Verhältnis zwischen dem
Zessionar und dem Anspruchsgegner.[50] Daher kann sich auch ein gewerblicher Legal Tech-Anbieter nach
erfolgter Abtretung auf den Gerichtsstand des Erfüllungsorts berufen. Dies wird für ihn unter Effizienzgesichtspunkten im Regelfall aber nur dann zweckmäßig sein, wenn er eine Vielzahl von Ansprüchen
gebündelt vor dem hiernach zuständigen Gericht geltend machen kann.

Mit Blick auf die im Legal Tech-Kontext häufig anzutreffende **Geltendmachung von Ansprüchen nach** 30
der Fluggastrechte-VO hat der EuGH entschieden, dass für eine Klage auf Ausgleichszahlungen nach der
Fluggastrechte-VO gemäß Art. 7 Nr. 1 Brüssel Ia-VO wahlweise das **Gericht am vertraglich vereinbarten**
Abflugort oder das Gericht am vertraglich vereinbarten Ankunftsort des Flugzeugs zuständig ist.[51]
Der EuGH begründet dies unter Verweis auf Art. 7 Nr. 1 lit. b zweiter Spiegelstrich Brüssel Ia-VO überzeugend damit, dass an diesen Orten die die engste Verknüpfung zwischen den nach dem Beförderungsvertrag
zu erbringenden Dienstleistungen (Check-In, Boarding, Start zur vorgesehenen Zeit, Beförderung der Fluggäste und ihres Gepäcks vom Abflug- zum Zielort, Verlassen des Flugzeugs) und dem zuständigen Gericht
besteht.[52] Diese Wahlmöglichkeit trägt auch den Maßstäben der Vorhersehbarkeit und Rechtssicherheit in
angemessener Weise Rechnung, da sowohl der Kläger als auch das beklagte Flugunternehmen leicht die
Gerichte ausmachen können, bei denen eine Klage gemäß Art. 7 Nr. 1 Brüssel Ia-VO erhoben werden
kann. Neben dem Gerichtsstand des Erfüllungsorts gemäß Art. 7 Nr. 1 Brüssel Ia-VO kann der Legal
Tech-Anbieter die Fluggesellschaft auch gemäß Art. 4 Abs. 1 Brüssel Ia-VO an ihrem Sitz und – im
Einzelfall – am Gerichtsstand der Zweigniederlassung gemäß Art. 7 Nr. 5 Brüssel Ia-VO (→ Rn. 42 ff.)
verklagen.

bb) Gerichtsstand der unerlaubten Handlung, Art. 7 Nr. 2 Brüssel Ia-VO

Art. 7 Nr. 2 Brüssel Ia-VO begründet im Fall einer **unerlaubten Handlung** oder einer unerlaubten 31
Handlung gleichgestellten Handlung einen Gerichtsstand an dem Ort, an dem das schädigende Ereignis
eingetreten ist oder einzutreten droht. Hintergrund ist die besondere Beweis- und Sachnähe desjenigen
Gerichts, in dessen Bezirk ein schädigendes Ereignis eingetreten ist oder einzutreten droht.[53] Mit Blick auf
den räumlichen Anwendungsbereich der Brüssel Ia-VO muss dieser Ort in einem EU-Mitgliedstaat belegen
sein[54] und der Beklagte zudem einen Wohnsitz in einem Mitgliedstaat haben.[55]

Wie beim Gerichtsstand des Erfüllungsorts nach Art. 7 Nr. 1 Brüssel Ia-VO ist es für die Anwendbarkeit 32
von Art. 7 Nr. 2 Brüssel Ia-VO unerheblich, ob Ansprüche aus einer unerlaubten oder einer solchen gleichgestellten Handlung durch den Geschädigten selbst oder durch einen Rechtsnachfolger geltend gemacht
werden.[56] Insbesondere wirkt sich eine **Abtretung oder Bündelung von Schadensersatzansprüchen** auf
die Bestimmung des Deliktsgerichtsstands nicht aus.[57] Somit können sich Legal Tech-Anbieter, die sich im
Rahmen ihres Geschäftsmodells Ansprüche von Geschädigten haben abtreten lassen, auf den Gerichtsstand
der unerlaubten Handlung berufen. Voraussetzung hierfür ist, dass sich der Ort des schädigenden Ereignis-

---

50 BGH Urt. v. 22.4.2009 – VIII ZR 156/07, NJW 2009, 2606 (2607 Rn. 15); Rauscher EuZPR/EuIPR/Leible Brüssel Ia-VO Art. 7 Rn. 11.
51 EuGH Urt. v. 9.7.2009 – C-204/08, ECLI:EU:C:2009:439 Rn. 43 – Rehder; EuGH Urt. v. 7.11.2019 – C-213/18, ECLI:EU:C:2019:927 Rn. 42 – Guaitoli.
52 EuGH Urt. v. 9.7.2009 – C-204/08, ECLI:EU:C:2009:439 Rn. 40 – Rehder.
53 EuGH Urt. v. 1.10.2002 – C-167/00, ECLI:EU:C:2002:555 Rn. 46 – Verein für Konsumenteninformation; BeckOK ZPO/Thode Brüssel Ia-VO Art. 7 Rn. 66.
54 Liegt der Ort, „an dem das schädigende Ereignis eingetreten ist oder einzutreten droht", hingegen in einem Drittstaat, ist die Brüssel Ia-VO nicht anwendbar, vgl. EuGH Urt. v. 15.2.1989 – C-32/88, ECLI:EU:C:1989:68 Rn. 19 – Humbert; BeckOK ZPO/Thode Brüssel Ia-VO Art. 7 Rn. 68.
55 Rauscher EuZPR/EuIPR/Leible Brüssel Ia-VO Art. 7 Rn. 5; in diesem Fall bestimmt sich die Zuständigkeit aufgrund des nationalen Verfahrensrechts, Art. 6 Abs. 1 Brüssel Ia-VO.
56 EuGH Urt. v. 18.7.2013 – C-147/12, ECLI:EU:C:2013:490 Rn. 56 ff. – ÖFAB; Geimer/Schütze EuZivilVerfR/Geimer EuGVVO Art. 7 Rn. 243.
57 EuGH Urt. v. 18.7.2013 – C-147/12, ECLI:EU:C:2013:490 Rn. 58 – ÖFAB; EuGH Urt. v. 21.5.2015 – C-352/13, ECLI:EU:C:2015:335 Rn. 35 f. – CDC; Rauscher EuZPR/EuIPR/Leible Brüssel Ia-VO Art. 7 Rn. 104.

ses im Sinne von Art. 7 Nr. 2 Brüssel Ia-VO für sämtliche abgetretene und gebündelte Ansprüche gleich bestimmen lässt.

33 Schwierigkeiten kann die **Abgrenzung zwischen vertraglichen und deliktischen Ansprüchen** bereiten. Nach der Rechtsprechung des EuGH ist der autonom auszulegende Begriff der „unerlaubten Handlung" in Art. 7 Nr. 2 Brüssel Ia-VO dahin gehend zu verstehen, dass er sich auf alle Klagen bezieht, mit denen eine Schadenshaftung geltend gemacht wird und die nicht an einen Vertrag im Sinne von Art. 7 Nr. 1 Brüssel Ia-VO anknüpfen.[58] Mit dieser negativen Abgrenzung der unerlaubten Handlung zum Vertrag, der eine von einer Partei gegenüber einer anderen Partei freiwillig eingegangene einseitige Verpflichtung[59] voraussetzt (→ Rn. 26), muss sich die Klage mit Blick auf den Gerichtsstand des Art. 7 Nr. 2 Brüssel Ia-VO demnach auf eine **unfreiwillig eingegangene rechtliche Verpflichtung aus einem schädigenden Ereignis** stützen.[60] Weitere Ansprüche, die mit Ansprüchen aus unerlaubter oder gleichgestellter Handlung in einem Konkurrenzverhältnis stehen, können nicht kraft Sachzusammenhangs am Gerichtsstand nach Art. 7 Nr. 2 Brüssel Ia-VO geltend gemacht werden.[61] Sollen sowohl vertragliche als auch deliktische Ansprüche mit einer Klage verfolgt werden, bleibt daher im Regelfall nur der Weg über den allgemeinen Gerichtsstand, Art. 4 Abs. 1, 2 Brüssel Ia-VO (→ Rn. 20 ff.).

34 Für die Anwendung von Art. 7 Nr. 2 Brüssel Ia-VO ist es grundsätzlich ausreichend, dass deliktische Ansprüche allgemein in Betracht kommen.[62] Die Prüfung, ob tatsächlich eine unerlaubte Handlung vorliegt, ist Gegenstand der Prüfung der Begründetheit des Anspruchs.

35 Für unerlaubte und diesen gleichgestellte Handlungen begründet Art. 7 Nr. 2 Brüssel Ia-VO die internationale und örtliche Zuständigkeit der Gerichte am „Ort, an dem das schädigende Ereignis eingetreten ist oder einzutreten droht". Der Begriff des Ortes des schädigenden Ereignisses ist dabei autonom und eng auszulegen.[63] Erfasst sind **sowohl der Handlungs- als auch der Erfolgsort**[64] der unerlaubten Handlung, aus denen der Kläger (zusätzlich zum allgemeinen Gerichtsstand) wählen kann.[65] Die Bestimmung des Ortes des schädigenden Ereignisses ist bereits Gegenstand zahlreicher Entscheidungen des EuGH gewesen. Dennoch (oder gerade deswegen) bereitet die Bestimmung oftmals Schwierigkeiten.[66]

---

58 EuGH Urt. v. 27.9.1988 – C-189/87, ECLI:EU:C:1988:459 Rn. 18 – Kalfelis; EuGH Urt. v. 27.10.1998 – C-51/97, ECLI:EU:C:1998:509 Rn. 22 – Réunion européenne u.a.; EuGH Urt. v. 11.7.2002 – C-96/00, ECLI:EU:C:2002:436 Rn. 33 – Gabriel; EuGH Urt. v. 1.10.2002 – C-167/00, ECLI:EU:C:2002:555 Rn. 36 – Henkel; EuGH Urt. v. 20.1.2005 – C-27/02, ECLI:EU:C:2005:33 Rn. 29 – Engler.
59 EuGH Urt. v. 26.3.2020 – C-215/18, ECLI:EU:C:2020:235 Rn. 43 – Primera Air Scandinavia; EuGH Urt. v. 17.9.2002 – C-334/00, ECLI:EU:C:2002:499 Rn. 23 – Tacconi; EuGH Urt. v. 20.1.2005 – C-27/02, ECLI:EU:C:2005:33 Rn. 29 – Engler; EuGH Urt. v. 17.6.1992 – C-26/91, ECLI:EU:C:1992:268 Rn. 15 – Handte; EuGH Urt. v. 5.2.2004 – C-265/02, ECLI:EU:C:2004:77 Rn. 24 – Frahuil.
60 BeckOK ZPO/Thode Brüssel Ia-VO Art. 7 Rn. 73b. Dass hiernach durchaus Unschärfen bei der Grenzziehung zwischen Vertrag und Delikt verbleiben, versteht sich von selbst. Zu den erfassten und nicht-erfassten Ansprüchen siehe Musielak/Voit/Stadler EuGVVO Art. 7 Rn. 17 f. und MüKoZPO/Gottwald Brüssel Ia-VO Art. 7 Rn. 49 ff.
61 MüKoZPO/Gottwald Brüssel Ia-VO Art. 7 Rn. 54; BeckOK ZPO/Thode Brüssel Ia-VO Art. 7 Rn. 105.
62 Vgl. EuGH Urt. v. 16.6.2016 – C-12/15, ECLI:EU:C:2016:449 Rn. 44 – Universal Music International; EuGH Urt. v. 28.1.2015 – C-375/13, ECLI:EU:C:2015:37 Rn. 62 – Kolassa.
63 EuGH Urt. v. 28.1.2015 – C-375/13, ECLI:EU:C:2015:37 Rn. 43 – Kolassa; EuGH Urt. v. 21.5.2015 – C-352/13, ECLI:EU:C:2015:335 Rn. 37 – CDC; Rauscher EuZPR/EuIPR/Leible Brüssel Ia-VO Art. 7 Rn. 109.
64 Der EuGH spricht vom „Ort des für den Schaden ursächlichen Geschehens" sowie vom „Ort der Verwirklichung des Schadenserfolgs"; vgl. EuGH Urt. v. 28.1.2015 – C-375/13, ECLI:EU:C:2015:37 Rn. 45 – Kolassa; EuGH Urt. v. 21.5.2015 – C-352/13, ECLI:EU:C:2015:335 Rn. 38 – CDC; Rauscher EuZPR/EuIPR/Leible Brüssel Ia-VO Art. 7 Rn. 117.
65 EuGH Urt. v. 16.5.2013 – C-228/11, ECLI:EU:C:2013:305 Rn. 25 – Melzer; EuGH Urt. v. 28.1.2015 – C-375/13, ECLI:EU:C:2015:37 Rn. 45 – Kolassa; EuGH Urt. v. 21.5.2015 – C-352/13, ECLI:EU:C:2015:335 Rn. 38 – CDC.
66 Vgl. Stadler/Krüger IPRax 2020, 512 (512 f.), und die ausführliche Darstellung von Rieländer RabelsZ 85 (2021), 579 (579 ff.).

Der **Handlungsort** ist der Ort, von dem aus das zum Schaden führende Ereignis ausgelöst wurde.[67] 36
Dies ist regelmäßig dort, wo die Handlung ganz oder teilweise ausgeführt wurde oder deren Ausführung unmittelbar bevorsteht.[68] Bei Unterlassungsdelikten liegt der Handlungsort dort, wo die Handlung hätte vorgenommen werden müssen.[69] Die Bestimmung des Handlungsorts ist insbesondere von der Art der im Einzelfall streitgegenständlichen unerlaubten Handlung abhängig.[70]

Im Legal Tech-Kontext spielt der Gerichtsstand des Art. 7 Nr. 2 Brüssel Ia-VO bislang insbesondere bei 37
Verfahren im Zusammenhang mit der sog. **Diesel- oder Abgasthematik** sowie in **Kapitalanlageverfahren** und **Kartellschadensersatzprozessen** eine Rolle. So soll nach dem EuGH der Handlungsort in den VW-Abgasfällen am Sitz der beklagten Volkswagen AG belegen sein, da dort die streitgegenständliche Motorsteuerungssoftware in die Fahrzeuge verbaut wurde.[71] Das Gleiche dürfte für auf deliktsrechtliche Ansprüche gestützte Klagen gegenüber anderen Fahrzeugherstellern gelten. Auch in Produkthaftungsfällen ist der zuständigkeitsbegründende Handlungsort der Herstellungsort des streitgegenständlichen Produkts.[72] Klagen wegen Kapitalanlagevergehen können am Handlungsort des Täters als Begehungsort des Anlagebetrugs angestrengt werden.[73] Bei Klagen wegen Kartellvergehen liegt der Handlungsort am Gründungsort des Kartells,[74] dh am Ort der ersten Kartellabsprache. Da Kartellabsprachen im Regelfall aber nicht im Wege einer einzigen Absprache an einem einheitlichen Ort getroffen werden, dürfte sich der Anwendungsbereich in Grenzen halten.[75]

Der **Erfolgsort** ist der Ort, an dem die durch das schädigende Ereignis verursachte Rechtsgutverletzung 38
zulasten des Betroffenen tatsächlich oder voraussichtlich eintritt.[76] Zum Begriff des Erfolgsorts hat der EuGH eine schwer überschaubare Kasuistik entwickelt,[77] die bislang eine vorhersehbare Bestimmung des Erfolgsorts erschwert hat.[78] Nach den Leitlinien des EuGH zur Bestimmung des Erfolgsorts ist auf den Ort abzustellen, an dem der Kläger den Primärschaden erlitten hat. Orte, an denen der Kläger Folgeschäden erlitten hat, begründen keine Zuständigkeit nach Art. 7 Nr. 2 Brüssel Ia-VO.[79] Dies gilt insbesondere bei Vermögensschäden als Folgeschäden.[80] Handelt es sich hingegen um reine Vermögensschäden, also Schäden, bei denen der Primärschaden in einer Vermögensschädigung liegt (zB in Fällen der vorsätzlichen sittenwidrigen Schädigung, § 826 BGB, oder im Rahmen der Prospekthaftung), hilft diese Abgrenzung nicht weiter, da sich das Vermögen nicht konkret lokalisieren lässt.[81] Es wird daher vorgeschlagen, in den Fällen reiner Vermögensschäden auf den Erfolgsort als Kriterium für die Begründung der Zuständigkeit

---

67 MüKoZPO/Gottwald Brüssel Ia-VO Art. 7 Rn. 57.
68 Geimer/Schütze EuZivilVerfR/Geimer EUGVVO Art. 7 Rn. 265; BeckOK ZPO/Thode Brüssel Ia-VO Art. 7 Rn. 84.
69 Musielak/Voit/Stadler EuGVVO Art. 7 Rn. 19a.
70 Siehe hierzu die Übersichten von Geimer/Schütze EuZivilVerfR/Geimer EUGVVO Art. 7 Rn. 265; Musielak/Voit/Stadler EuGVVO Art. 7 Rn. 19a und BeckOK ZPO/Thode Brüssel Ia-VO Art. 7 Rn. 84 ff.
71 EuGH Urt. v. 9.7.2020 – C-343/19, ECLI:EU:C:2020:534 Rn. 24 – Verein für Konsumenteninformation; Ring SVR 2021, 161 (162); Stadler/Krüger IPRax 2020, 512 (514 f.).
72 EuGH Urt. v. 16.1.2014 – C-45/13, ECLI:EU:C:2014:7 Rn. 33 – Kainz; MüKoZPO/Gottwald Brüssel Ia-VO Art. 7 Rn. 57; dies wird vielfach für nicht überzeugend gehalten, vielmehr sei auf den Ort des Inverkehrbringens abzustellen, vgl. Musielak/Voit/Stadler EuGVVO Art. 7 Rn. 19a mwN.
73 Wagner/Gess NJW 2009, 3481 (3483 ff.).
74 EuGH Urt. v. 21.5.2015 – C-352/13, ECLI:EU:C:2015:335 Rn. 44 – CDC.
75 v. Hein LMK 2015, 373398.
76 Vgl. EuGH Urt. v. 7.3.1995 – C-68/93, ECLI:EU:C:1995:61 Rn. 28 – Shevill u.a.; BeckOK ZPO/Thode Brüssel Ia-VO Art. 7 Rn. 92; MüKoZPO/Gottwald Brüssel Ia-VO Art. 7 Rn. 58.
77 Siehe hierzu die Übersichten: Geimer/Schütze EuZivilVerfR/Geimer EUGVVO Art. 7 Rn. 258 ff.; MüKoZPO/Gottwald Brüssel Ia-VO Art. 7 Rn. 58 ff.
78 BeckOK ZPO/Thode Brüssel Ia-VO Art. 7 Rn. 95a; Stadler/Krüger IPRax 2020, 512 (512 f.).
79 EuGH Urt. v. 5.7.2018 – C-27/17, ECLI:EU:C:2018:533 Rn. 32 – flyLAL-Lithuanian Airlines; EuGH Urt. v. 19.9.1995 – C-364/93, ECLI:EU:C:1995:289 Rn. 14 f. – Marinari.
80 EuGH Urt. v. 19.9.1995 – C-364/93, ECLI:EU:C:1995:289 Rn. 14 f. – Marinari; EuGH Urt. v. 10.6.2004 – C-168/02, ECLI:EU:C:2004:364 Rn. 19 f. – Kronhofer.
81 Musielak/Voit/Stadler EuGVVO Art. 7 Rn. 19b f.

zu verzichten.[82] Der EuGH hält bislang aber an einer einzelfallbezogenen Betrachtung fest.[83] Allerdings sei der Gerichtsstand am Wohnsitz des Klägers nicht schon deshalb begründet, weil dieser dort den Mittelpunkt seines Vermögens habe, dem Kläger aber durch Verlust von Vermögensbestandteilen in einem anderen Mitgliedstaat ein finanzieller Schaden entstanden sei.[84]

39 Der EuGH hat sich in jüngerer Zeit bereits mehrfach mit der Bestimmung des Erfolgsorts bei Streitgegenständen befasst, die häufig von Legal Tech-Anbietern klageweise geltend gemacht werden. So stellte der EuGH mit Blick auf Verfahren im Zusammenhang mit der **Diesel- bzw. Abgasthematik** hinsichtlich einer gegen die Volkswagen AG gerichteten Klage einer österreichischen Verbraucherorganisation, die sich Ansprüche von mehreren Hundert Verbrauchern abgetreten lassen hatte und diese im österreichischen Klagenfurt geltend machte, fest, dass der deliktische Gerichtsstand nach Art. 7 Nr. 2 Brüssel Ia-VO in Österreich begründet sei.[85] Der bei den Verbrauchern durch die Verwendung einer unzulässigen Motorsteuerungssoftware entstandene Schaden sei als ein nach Art. 7 Nr. 2 Brüssel Ia-VO relevanter Primärschaden und nicht als reiner Vermögensschaden[86] zu qualifizieren.[87] Der Schaden bestehe in den VW-Fällen in der Differenz des Wertes der mit der manipulierten Motorsteuerungssoftware ausgestatteten Fahrzeuge zum Kaufpreis.[88] Dieser Schaden verwirklicht sich – so der EuGH – im Zeitpunkt des Erwerbs von einem Dritten durch den Erwerb zu einem Preis, der über dem tatsächlichen Wert dieser Fahrzeuge lag.[89] Kurz: Der Erfolgsort iSd Art. 7 Nr. 2 Brüssel Ia-VO ist der **Erwerbsort** der mit der manipulierten Motorsteuerungssoftware ausgestatteten Fahrzeuge. Käufer dieser Fahrzeuge können also sowohl am Sitz des Fahrzeugherstellers als auch vor den Gerichten des Mitgliedstaats, in dem das Fahrzeug erworben wurde, Klage erheben.[90] Dieses Wahlrecht besteht ebenso für den Legal Tech-Anbieter als Zessionar der Forderung in den Abtretungskonstellationen.

40 Mit Blick auf **Kartellschadensersatzansprüche** hat der EuGH in der Rechtssache „CDC"[91], in der es um Schäden aufgrund von unzulässigen Preisabsprachen zwischen den beklagten Kartellanten ging, entschieden, dass sich der Schaden grundsätzlich am Sitz des Geschädigten verwirkliche und der Erfolgsort daher dort zu lokalisieren sei.[92] Diese Einordnung wird teilweise kritisch gesehen, da Kartelldelikte primär als sog. Marktdelikte qualifiziert werden und der Erfolgsort daher – auch im Sinne einer Kohärenz zur Rom II-VO – bislang am betroffenen Marktort gesehen wurde.[93] Für Legal Tech-Anbieter ist die Lokalisierung des Erfolgsorts am Sitz des Geschädigten uninteressant, da so eine Bündelung von Ansprüchen mehrerer Geschädigter und deren gemeinsame Geltendmachung am Erfolgsort nicht in Betracht kommt.[94]

41 In **Produkthaftungsfällen** liegt der Erfolgsort dort, wo der Schaden durch den bestimmungsgemäßen Gebrauch des Produkts eingetreten ist.[95]

---

82 Musielak/Voit/Stadler EuGVVO Art. 7 Rn. 19c.
83 Musielak/Voit/Stadler EuGVVO Art. 7 Rn. 19c.
84 EuGH Urt. v. 10.6.2004 – C-168/02, ECLI:EU:C:2004:364 Rn. 19 f. – Kronhofer; Musielak/Voit/Stadler EuGVVO Art. 7 Rn. 19c.
85 EuGH Urt. v. 9.7.2020 – C-343/19, ECLI:EU:C:2020:534 Rn. 31 – Verein für Konsumenteninformation.
86 Insoweit ablehnend: Stadler/Krüger IPRax 2020, 512 (517); Armbrüster EWiR 2020, 573 (574).
87 EuGH Urt. v. 9.7.2020 – C-343/19, ECLI:EU:C:2020:534 Rn. 31 ff. – Verein für Konsumenteninformation; Ring SVR 2021, 161 (163); siehe insbesondere zur Abgrenzung zum Folgeschaden nach der EuGH-Kasuistik: Stadler/Krüger IPRax 2020, 512 (515 ff.).
88 EuGH Urt. v. 9.7.2020 – C-343/19, ECLI:EU:C:2020:534 Rn. 30, 34 – Verein für Konsumenteninformation; Ring SVR 2021, 161 (163).
89 EuGH Urt. v. 9.7.2020 – C-343/19, ECLI:EU:C:2020:534 Rn. 30 – Verein für Konsumenteninformation.
90 Ring SVR 2021, 161 (164).
91 EuGH Urt. v. 21.5.2015 – C-352/13, ECLI:EU:C:2015:335 – CDC.
92 EuGH Urt. v. 21.5.2015 – C-352/13, ECLI:EU:C:2015:335 Rn. 52 – CDC.
93 Geimer/Schütze EuZivilVerfR/Geimer EUGVVO Art. 7Rn. 288 mwN.
94 Vgl. v. Hein LMK 2015, 373398.
95 Thomale ZVglRWiss 119 (2020), 59 (67 ff.); Geimer/Schütze EuZivilVerfR/Geimer EUGVVO Art. 7 Rn. 286.

cc) Gerichtsstand der Niederlassung, Art. 7 Nr. 5 Brüssel Ia-VO

Im Kontext der von Legal Tech-Anbietern im Rahmen der automatisierten Rechtsverfolgung angestrengten 42 Klagen kann uU auch der Gerichtsstand am Niederlassungsort des Beklagten nach Art. 7 Nr. 5 Brüssel Ia-VO eine Rolle spielen. Dieser ermöglicht es dem Kläger, den Beklagten (als Inhaber einer Zweigniederlassung, Agentur oder sonstigen Niederlassung) vor dem Gericht des Ortes, an dem sich dessen Niederlassung befindet, zu verklagen. Maßgeblicher Anknüpfungspunkt ist der autonom auszulegende Begriff der **Niederlassung**[96], der nach der Rechtsprechung des EuGH im Wesentlichen anhand zweier Kriterien zu bestimmen ist. Erstens setzt der Begriff voraus, dass es einen Mittelpunkt geschäftlicher Tätigkeit gibt, der auf Dauer als Außenstelle eines „Stammhauses" hervortritt, eine Geschäftsführung hat und so ausgestattet ist, dass er in der Weise Geschäfte mit Dritten betreiben kann, dass diese sich nicht unmittelbar an das Stammhaus zu wenden brauchen.[97] Zweitens muss der Rechtsstreit niederlassungsbezogen sein, dh entweder Handlungen betreffen, die sich auf den Betrieb einer Niederlassung beziehen, oder Verpflichtungen betreffen, die solche Niederlassungen bzw. sonstige Einheiten im Namen des Stammhauses eingegangen sind, wenn die Verpflichtungen in dem Staat zu erfüllen sind, in dem sich die Einheiten befinden.[98]

In den im Legal Tech-Kontext häufig anzutreffenden Verfahren, bei denen **Ansprüche nach der** 43 **Fluggastrechte-VO** streitig sind, ist die Begründung des Gerichtsstands nach Art. 7 Nr. 5 Brüssel Ia-VO denkbar, wenn die Fluggesellschaft eine Niederlassung im Inland betreibt und sich der Anspruch auf den Betrieb dieser Niederlassung bezieht. Dies ist zB der Fall, wenn der Fluggast sein Flugticket über diese Niederlassung erworben hat.[99] Im Regelfall wird die Inlandsniederlassung aber nur (intern) organisatorisch tätig und tritt mit dem Kunden nicht in direkten Kontakt. Dieser läuft regelmäßig über die Hauptniederlassung. Für eine Anwendung von Art. 7 Nr. 5 Brüssel Ia-VO ist dann kein Raum.

Die bloße Bereitstellung und Abrufbarkeit einer **Website** führt nicht zur Annahme einer (virtuellen) 44 Niederlassung und somit nicht zur Begründung des Gerichtsstands.[100] Dies würde den Anwendungsbereich des Gerichtsstands zu stark ausweiten, da ähnlich wie bei der Auslegung des Merkmals des „Ausrichtens" in Art. 17 Abs. 1 lit. c Brüssel Ia-VO[101] im Rahmen der Begründung des Verbrauchergerichtsstands bei Online-Geschäften regelmäßig eine virtuelle Niederlassung begründet wäre.[102] Eine derartige Ausweitung erscheint im Rahmen von Art. 7 Nr. 5 Brüssel Ia-VO, der ja auch im B2B-Verkehr Anwendung findet, jedoch nicht sachgerecht.[103]

dd) Versicherungssachen, Art. 10 ff. Brüssel Ia-VO

Auch bei der Regulierung von Verkehrsunfällen werden Legal Tech-Anbieter im Rahmen einer weitgehend 45 automatisierten Rechtsverfolgung tätig. Für Versicherungssachen sehen die Art. 11 ff. Brüssel Ia-VO besondere Gerichtsstände vor, die zugunsten des Klägers wahlweise neben den allgemeinen Gerichtsstand aus Art. 4 Brüssel Ia-VO und ggf. weitere besondere Gerichtsstände treten. Von besonderer Bedeutung ist insoweit der **Klägergerichtsstand in Art. 11 Abs. 1 lit. b, Art. 13 Brüssel Ia-VO**, der Versicherungsnehmern, Versicherten, Begünstigten oder – im Falle des Art. 13 Abs. 2 Brüssel Ia-VO – Geschädigten im Fall einer Klage gegen den (ausländischen) Versicherer eine Klageerhebung an ihrem Wohnsitzgericht

---

96 Rauscher EuZPR/EuIPR/Leible Brüssel Ia-VO Art. 7 Rn. 155; die Begriffe „Agentur" und „Zweigniederlassung" stellen lediglich Unterfälle der „Niederlassung" dar; siehe Geimer/Schütze EuZivilVerfR/Geimer EuGVVO Art. 7 Rn. 367; Musielak/Voit/Stadler EuGVVO Art. 7 Rn. 25.
97 EuGH Urt. v. 18.3.1981 – C-139/80, ECLI:EU:C:1981:70 Rn. 11 – Blanckaert & Willems; EuGH Urt. v. 19.7.2012 – C-154/11, ECLI:EU:C:2012:491 Rn. 48 – Mahamdia.
98 EuGH Urt. v. 22.11.1978 – C-33/78, ECLI:EU:C:1978:205 Rn. 13 – Somafer; EuGH Urt. v. 19.7.2012 – C-154/11, ECLI:EU:C:2012:491 Rn. 48 – Mahamdia; Musielak/Voit/Stadler EuGVVO Art. 7 Rn. 25.
99 Lehmann NJW 2007, 1500 (1501).
100 Musielak/Voit/Stadler EuGVVO Art. 7 Rn. 25; aA Bach/Tippner EuZW 2020, 481 (483 ff.), die auf die verwendete Sprache, Top Level Domain und die Möglichkeit abstellen, den Vertrag unmittelbar auf der Webseite schließen zu können.
101 Zum Begriff des „Ausrichtens": Musielak/Voit/Stadler EuGVVO Art. 17 Rn. 8; MüKoZPO/Gottwald Brüssel Ia-VO Art. 17 Rn. 9 ff.; Piroutek/Reinhold euvr 2014, 41 ff.
102 Musielak/Voit/Stadler EuGVVO Art. 7 Rn. 25.
103 Ebenso: Musielak/Voit/Stadler EuGVVO Art. 7 Rn. 25 („nicht erforderlich").

ermöglicht.[104] Hierdurch wird abschließend sowohl die internationale als auch die örtliche Zuständigkeit des Wohnsitzgerichts des Klägers begründet.

46 Insoweit stellt sich vor dem Hintergrund des Abtretungs- bzw. Inkassomodells die Frage, ob sich Legal Tech-Anbieter als Zessionare auf den Klägergerichtsstand gemäß Art. 11 Abs. 1 lit. b, Art. 13 Brüssel Ia-VO berufen können. Der EuGH hat diese Frage unter Verweis auf den Schutzwzeck dieser Vorschriften vereint. Die Möglichkeit der Klage am eigenen Wohnsitz gemäß Art. 11 Abs. 1 lit. b, Art. 13 Brüssel Ia-VO soll gesetzlichen oder gewillkürten Rechtsnachfolgern offenstehen, wenn sie – wie zuvor der Zedent – im Verhältnis zur Versicherung als „schwächer" und somit schutzbedürftig anzusehen sind.[105] Dies sei – so der EuGH – bei professionellen Zessionaren, die sich versicherungsrechtliche Schadensersatzforderungen von Geschädigten abtreten lassen, um diese im Rahmen ihrer gewerblichen Tätigkeit gegenüber Versicherern geltend zu machen, nicht der Fall.[106] Zwar ist es durchaus vorstellbar, dass auch ein Gewerbetreibender im Verhältnis zu einem Versicherungskonzern als „schwächere" und damit schutzbedürftige Partei anzusehen sein könnte. Aus Gründen der Rechtssicherheit und Vorhersehbarkeit ist die Frage, ob ein Gewerbetreibender im Einzelfall als „schwächere Partei" anzusehen ist, mit dem EuGH jedoch nicht einzelfallbezogen zu prüfen.[107] Neben den vom EuGH unter Verweis auf Erwägungsgrund 15 der Brüssel Ia-VO explizit genannten Gründen der Rechtssicherheit und Vorhersehbarkeit dürfte auch die **Sorge vor einem forum shopping** durch eine „taktische" Abtretung an einen günstig domizilierten Zessionar eine Rolle gespielt haben. Auch mit Blick auf die im Einzelfall schwierig zu treffende Feststellung, wann ein gewerblich tätiger Zessionar gegenüber einem Versicherungsunternehmen als „schwächere" Partei anzusehen ist, ist das Konzept des EuGH, gewerblich tätigen Zessionären den Klägergerichtsstand zu versagen, angemessen.[108]

47 **Gewerblich handelnde Legal Tech-Anbieter**, die sich Ansprüche von Versicherungsnehmern, Versicherten, Begünstigten oder – im Falle des Art. 13 Abs. 2 Brüssel Ia-VO – Geschädigten zum Zwecke der (automatisierten) Rechtsverfolgung abtreten lassen, können sich vor diesem Hintergrund **nicht auf den Klägergerichtsstand berufen**. Zuständig sind die Gerichte am Wohnsitz des Beklagten, Art. 4 Abs. 1 Brüssel Ia-VO. Darüber hinaus kommen – abhängig von den Umständen des jeweiligen Einzelfalls – auch die besonderen Gerichtsstände gemäß Art. 7 Nr. 2 oder Art. 7 Nr. 5 Brüssel Ia-VO in Betracht, die auch von gewerblich handelnden Zessionaren wahlweise geltend gemacht werden können.[109]

ee) Verbrauchersachen, Art. 17 ff. Brüssel Ia-VO

48 Art. 17 ff. Brüssel Ia-VO dienen dem **Schutz von Verbrauchern** und bestimmen bei Vorliegen einer Verbrauchersache die gerichtliche Zuständigkeit als lex specialis.[110] Sie ermöglichen es einem Verbraucher, seine Klage nach seiner Wahl entweder vor dem Gericht seines Wohnsitzes oder vor den Gerichten des Mitgliedstaats zu erheben, in dessen Hoheitsgebiet der andere Vertragspartner seinen Wohnsitz hat.[111]

---

104 Vgl. zur Brüssel I-VO noch EuGH Urt. v. 13.12.2007 – C-463/06, ECLI:EU:C:2007:792 – FBTO Schadeverzekeringen.
105 EuGH Urt. v. 31.1.2018 – C-106/17, ECLI:EU:C:2018:50 Rn. 39 – Hofsoe; EuGH Urt. v. 20.5.2021 – C-913/19, ECLI:EU:C:2021:399 Rn. 40 – CNP.
106 EuGH Urt. v. 31.1.2018 – C-106/17, ECLI:EU:C:2018:50 Rn. 41 ff. – Hofsoe; EuGH Urt. v. 20.5.2021 – C-913/19, ECLI:EU:C:2021:399 Rn. 40 – CNP; Bouwmann NJW 2018, 1866 (1867); Staudinger/Czaplinski NJW 2009, 2249 (2253). Demgegenüber bejahte der EuGH eine Ausdehnung des forum actoris auf die Erben eines Versicherten und auf einen Arbeitgeber, der das Entgelt eines Dienstnehmers während der Dauer des Krankenstands infolge eines Verkehrsunfalls seines Dienstnehmers fortgezahlt hat, siehe EuGH Urt. v. 17.9.2009 – C-347/08, ECLI:EU:C:2009:561 Rn. 44 – Vorarlberger Gebietskrankenkasse, und EuGH Urt. v. 20.7.2017 – C-340/16, ECLI:EU:C:2017:576 Rn. 35 – MMA IARD, insoweit ablehnend: Staudinger/Czaplinski NJW 2009, 2249 (2252).
107 EuGH Urt. v. 31.1.2018 – C-106/17, ECLI:EU:C:2018:50 Rn. 45 – Hofsoe; zweifelnd: BeckOK ZPO/Eichelberger Brüssel Ia-VO Art. 13 Rn. 17.
108 So im Ergebnis auch Staudinger/Czaplinski NJW 2009, 2249 (2252 f.); aA: BeckOK ZPO/Eichelberger Brüssel Ia-VO Art. 13 Rn. 19.
109 EuGH Urt. v. 20.5.2021 – C-913/19, ECLI:EU:C:2021:399 Rn. 47 – CNP.
110 EuGH Urt. v. 11.7.2002 – C-96/00, ECLI:EU:C:2002:436 Rn. 36 – Gabriel; Staudinger ZEuP 2004, 762 (768); HK-ZPO/Dörner EuGVVO Art. 17 Rn. 1; Musielak/Voit/Stadler EuGVVO Art. 17 Rn. 1.
111 Musielak/Voit/Stadler EuGVVO Art. 17 Rn. 1.

Die Anwendung der (autonom und restriktiv auszulegenden) Art. 17 ff. Brüssel Ia-VO setzt dabei das 49
kumulative Vorliegen der in Art. 17 Abs. 1 Brüssel Ia-VO genannten Voraussetzungen voraus: Erstens
muss ein Vertragspartner die **Eigenschaft eines Verbrauchers** haben, der in einem Rahmen handelt, der
nicht seiner beruflichen oder gewerblichen Tätigkeit zugerechnet werden kann; zweitens muss ein **Vertrag**
zwischen diesem Verbraucher und einem beruflich oder gewerblich Handelnden tatsächlich geschlossen
worden sein; und drittens muss dieser Vertrag zu einer der **Kategorien von Art. 17 Abs. 1 lit. a bis c
Brüssel Ia-VO** gehören.[112]

Verbraucher im Sinne der Art. 17 ff. Brüssel Ia-VO[113] ist nur der nicht berufs- oder gewerbebezogen 50
handelnde private Endverbraucher.[114] Die Verbrauchereigenschaft muss daher beim Kläger oder beim
Beklagten persönlich vorliegen.[115] Eine Zurechnung der Verbrauchereigenschaft findet grundsätzlich nicht
statt.[116]

Beförderungsverträge sind vom Anwendungsbereich der Art. 17 ff. Brüssel Ia-VO gemäß Art. 17 Abs. 3 51
Brüssel Ia-VO ausgenommen. Eine Rückausnahme besteht für Pauschalreiseverträge, die kombinierte
Beförderungs- und Unterbringungsleistungen vorsehen. Hier kann sich der Verbraucher auf die Art. 17 ff.
Brüssel Ia-VO berufen.

Im Anwendungsbereich des Art. 17 Brüssel Ia-VO hat der **Verbraucher** im Fall einer Klageerhebung 52
gegen die andere Vertragspartei die **Wahl zwischen den Gerichtsständen** am Wohnsitz der anderen
Vertragspartei, deren (Zweig-)Niederlassung (→ Rn. 42 ff.) oder an seinem eigenen Wohnsitz.[117] Der
Verbraucher selbst kann von seinem Vertragspartner gemäß Art. 18 Abs. 2 Brüssel Ia-VO nur vor den
Gerichten seines Wohnsitzstaates verklagt werden. Hat der Verbraucher seine Wahlmöglichkeit hinsichtlich
des Gerichtsstands wirksam ausgeübt, ist es der anderen Vertragspartei aber unbenommen, vor diesen
Gerichten eine Widerklage gegen den Verbraucher zu erheben, vgl. Art. 18 Abs. 3 Brüssel Ia-VO.

In **Abgrenzung zum Vertragsgerichtsstand** gemäß Art. 7 Nr. 1 Brüssel Ia-VO (→ Rn. 25 ff.) setzt die 53
Anwendung der Art. 17 ff. Brüssel Ia-VO voraus, dass die Parteien des Rechtsstreits auch die Vertragspartner sind.[118] Flugpassagiere, die **Ansprüche aus der Fluggastrechte-VO** gegenüber einer Fluggesellschaft
geltend machen wollen, zu der sie in keiner unmittelbaren vertraglichen Beziehung stehen (→ Rn. 26),
können sich daher nicht auf den Verbrauchergerichtsstand berufen,[119] sondern insoweit nur am allgemeinen
Gerichtsstand des Art. 4 Abs. 1 Brüssel Ia-VO sowie den besonderen Gerichtsständen aus Art. 7 Nr. 1
Brüssel Ia-VO und ggf. Art. 7 Nr. 5 Brüssel Ia-VO klagen.[120]

Bei der häufig auftretenden Konstellation der Geltendmachung von **abgetretenen Verbraucheransprü-** 54
chen durch Legal Tech-Anbieter ist fraglich, ob sich auch der Legal Tech-Anbieter als Zessionar
hierauf berufen kann. Dies ist unter Verweis auf die restriktive Linie des EuGH bei Klagen von Nicht-
Verbrauchern, die sich auf abgetretene Verbraucheransprüche stützen, zu verneinen. Weder Verbandsklagen

---

112 EuGH Urt. v. 28.1.2015 – C-375/13, ECLI:EU:C:2015:37 Rn. 23 mwN – Kolassa; EuGH Urt. v. 26.3.2020 –
C-215/18, ECLI:EU:C:2020:235 Rn. 56 – Primera Air Scandinavia.
113 Siehe eingehend zum Begriff der Verbrauchersache: Rauscher EuZPR/EuIPR/Leible Brüssel Ia-VO Art. 17 Rn. 1 ff.
114 EuGH Urt. v. 19.1.1993 – C-89/91, ECLI:EU:C:1993:15 Rn. 22 – Shearson Lehmann Hutton. Zum Verbraucherbegriff: Geimer/Schütze EuZivilVerfR/Geimer EuGVVO Art. 17 Rn. 39 ff.; MüKoZPO/Gottwald Brüssel Ia-VO
Art. 17 Rn. 2; Musielak/Voit/Stadler EuGVVO Art. 17 Rn. 1a.
115 EuGH Urt. v. 19.1.1993 – C-89/91, ECLI:EU:C:1993:15 Rn. 23 – Shearson Lehmann Hutton.
116 Musielak/Voit/Stadler EuGVVO Art. 17 Rn. 1a.
117 MüKoZPO/Gottwald Brüssel Ia-VO Art. 18 Rn. 1 ff.
118 EuGH Urt. v. 26.3.2020 – C-215/18, ECLI:EU:C:2020:235 Rn. 58 – Primera Air Scandinavia. Dies folgt aus
den Bezugnahmen der Art. 17 ff. Brüssel Ia-VO auf den „Vertrag, den [...] der Verbraucher [...] geschlossen
hat", auf den „Vertragspartner des Verbrauchers", auf den „anderen Vertragspartner" des mit dem Verbraucher
geschlossenen Vertrags oder auch auf Gerichtsstandsvereinbarungen „zwischen einem Verbraucher und seinem
Vertragspartner", siehe die Schlussanträge des Generalanwalts Saugmandsgaard Øe v. 7.11.2019 – C-215/18, ECLI:
EU:C:2019:931 Rn. 48 – Primera Air Scandinavia.
119 EuGH Urt. v. 26.3.2020 – C-215/18, ECLI:EU:C:2020:235 Rn. 65 – Primera Air Scandinavia.
120 Vgl. HK-ZPO/Dörner EuGVVO Art. 17 Rn. 1.

zum Verbraucherschutz[121] noch Klagen von Unternehmern aus abgetretenem Recht[122] sind von Art. 17 ff. Brüssel Ia-VO erfasst. Zuletzt sperrte der EuGH die Anwendung von Art. 17 ff. Brüssel Ia-VO auch für den Fall einer (massenhaften) Abtretung von Verbraucheransprüchen an einen einzelnen Verbraucher.[123]

55 Die Zulässigkeit von **Gerichtsstandsvereinbarungen mit Verbrauchern** unterliegen den strengen Voraussetzungen des Art. 19 Brüssel Ia-VO (zu Gerichtsstandsvereinbarungen allgemein → Rn. 59 ff.).

ff) Individuelle Arbeitsverträge, Art. 20 ff. Brüssel Ia-VO

56 Art. 20 ff. Brüssel Ia-VO enthalten Sondervorschriften für Klagen **aus individuellen Arbeitsverträgen**. Kollektive Arbeitsverträge sind ausweislich des klaren Wortlauts nicht erfasst.[124]

57 Art. 21 Brüssel Ia-VO bestimmt abschließend **den Ort, an dem der Arbeitgeber verklagt werden kann**. Die Vorschrift differenziert zwischen Arbeitgebern mit Wohnsitz in einem Mitgliedstaat (Art. 21 Abs. 1 Brüssel Ia-VO) und Arbeitgebern ohne Wohnsitz in einem Mitgliedstaat (Art. 21 Abs. 2 Brüssel Ia-VO). Arbeitgeber mit Wohnsitz in einem Mitgliedstaat können gemäß Art. 21 Abs. 1 lit. a Brüssel Ia-VO vor den Gerichten dieses Mitgliedstaats verklagt werden. Daneben kann der Arbeitnehmer gemäß Art. 21 Abs. 1 lit. a Brüssel Ia-VO auch am Ort der gewöhnlichen Arbeitsverrichtung[125] und am Ort der einstellenden Niederlassung[126] klagen. Hat der Arbeitgeber keinen Wohnsitz in einem Mitgliedstaat, kann er gemäß Art. 21 Abs. 2 Brüssel Ia-VO am Ort der gewöhnlichen Arbeitsverrichtung und am Ort der einstellenden Niederlassung verklagt werden. Für **Klagen gegen den Arbeitnehmer** sind gemäß Art. 22 Abs. 2 Brüssel Ia-VO die Gerichte dessen Wohnsitzstaates international zuständig.

58 Bei einer gewerblichen Geltendmachung von arbeitsrechtlichen Ansprüchen durch Legal Tech-Anbieter können sich diese nicht auf die Art. 20 ff. Brüssel Ia-VO berufen.[127]

e) Gerichtsstandsvereinbarungen, Art. 25 Brüssel Ia-VO

59 Die Vereinbarung eines Gerichtsstands begründet – sofern wirksam – die **ausschließliche Zuständigkeit eines Gerichts** und verdrängt somit die allgemeinen und besonderen Zuständigkeitsregeln.[128] Art. 25 Brüssel Ia-VO regelt die Wirksamkeit von Gerichtsstandsvereinbarungen im Anwendungsbereich der Brüssel Ia-VO (→ Rn. 15 ff.) abschließend und verdrängt somit insbesondere auch die Regelungen in §§ 38, 40 ZPO. Die Wirksamkeit der Gerichtsstandsvereinbarung beurteilt sich dabei nach dem im jeweiligen Einzelfall zu bestimmenden Sachrecht (→ *Kollisionsrecht, allgemein*).

60 Vereinbarungen über die gerichtliche Zuständigkeit gelten grundsätzlich nur für die Parteien der Gerichtsstandsvereinbarung, dh inter partes.[129] Für **Rechtsnachfolger**, wie zB den Legal Tech-Anbieter im Rahmen des Inkassomodels, entfalten sie im Ausgangspunkt zunächst keine Wirkung.[130] Zwar hat der EuGH in Einzelfällen[131] eine Wirkungserstreckung der Gerichtsstandsvereinbarung auf den Rechtsnachfolger bejaht,

---

121 EuGH Urt. v. 1.10.2002 – C-167/00, ECLI:EU:C:2002:555 Rn. 33 – Verein für Konsumenteninformation.
122 EuGH Urt. v. 19.1.1993 – C-89/91, ECLI:EU:C:1993:15 Rn. 23 – Shearson Lehmann Hutton.
123 EuGH Urt. v. 25.1.2018 – C-498/16, ECLI:EU:C:2018:37 – Schrems.
124 HK-ZPO/Dörner EuGVVO Art. 20 Rn. 6; Däubler NZA 2003, 1297 (1299).
125 Näher zum Begriff: BeckOK ZPO/Spohnheimer Brüssel Ia-VO Art. 21 Rn. 8 ff.
126 Näher zum Begriff: BeckOK ZPO/Spohnheimer Brüssel Ia-VO Art. 21 Rn. 12 f.
127 MüKoZPO/Gottwald Brüssel Ia-VO Art. 20 Rn. 8.
128 HK-ZPO/Dörner EuGVVO Art. 25 Rn. 27.
129 EuGH Urt. v. 7.2.2013 – C-543/10, ECLI:EU:C:2013:62 – Refcomp; EuGH Urt. v. 21.5.2015 – C-352/13, ECLI:EU:C:2015:335 Rn. 64 – CDC; EuGH Urt. v. 18.11.2020 – C-519/19, ECLI:EU:C:2020:933 Rn. 42 – Delayfix; Rauscher EuZPR/EuIPR/Leible Brüssel Ia-VO Art. 25 Rn. 383; Musielak/Voit/Stadler EuGVVO Art. 25 Rn. 4a; Rieländer EuZW 2021, 391 (391 f.).
130 Rieländer EuZW 2021, 391 (392); siehe auch Rieländer EuZW 2020, 664; aA wohl Rauscher EuZPR/EuIPR/Leible Brüssel Ia-VO Art. 25 Rn. 387.
131 So für in Konnossementen enthaltene Gerichtsstandsvereinbarungen: EuGH Urt. v. 19.6.1984 – C-71/83, ECLI:EU:C:1984:217 Rn. 24 – Russ; EuGH Urt. v. 16.3.1999 – C-159/97, ECLI:EU:C:1999:142 Rn. 41 – Castelletti; EuGH Urt. v. 9.11.2000 – C-387/98, ECLI:EU:C:2000:606 – Coreck; EuGH Urt. v. 7.2.2013 – C-543/10, ECLI:EU:C:2013:62 Rn. 34 ff.– Refcomp; vgl. Rieländer EuZW 2021, 391 (392).

ein allgemeines Prinzip der Wirkungserstreckung auf Dritte folgt hieraus jedoch nicht.[132] Eine Wirkung zugunsten oder zulasten einer nicht am Abschluss der Gerichtsstandsvereinbarung beteiligten Partei kommt nach dem EuGH nur dann in Betracht, wenn der Zedent „in alle Rechte und Pflichten der ursprünglichen Vertragspartei eingetreten ist",[133] was sich nach dem im Einzelfall anwendbaren materiellen Recht bestimmt.[134] Bei der professionellen Geltendmachung von Verbraucheransprüchen durch gewerbliche Legal Tech-Anbieter wird ein derartiger vollumfänglicher Eintritt in die Rechte und Pflichten des Verbrauchers (zB im Wege der Vertragsübernahme) indes nur selten vorkommen.[135] Werden wie im Regelfall des Legal Tech-Inkassomodels hingegen nur einzelne Ansprüche, zB nach der Fluggastrechte-VO, abgetreten, wird der Legal Tech-Anbieter zwar Forderungsinhaber, ist aber nicht an eine etwaig vereinbarte Gerichtsstandsvereinbarung gebunden, sofern er ihr nicht ausnahmsweise zustimmt.[136]

2. Gerichtliche Zuständigkeit nach der DS-GVO

Für die speziellen Ansprüche aus der **Datenschutz-Grundverordnung** (DS-GVO, → *Datenschutz, allgemein* Rn. 103), die zunehmend in den Fokus von Legal Tech-Anbietern rücken, sieht Art. 79 Abs. 2 DS-GVO eine **besondere Zuständigkeitsvorschrift** vor, die die Durchsetzung der Rechte nach der DS-GVO für betroffene Personen erleichtern soll.[137]

61

Die DS-GVO sieht in Art. 79 ein **Klagerecht für betroffene Personen** vor, wenn diese der Ansicht sind, dass die Verarbeitung der sie betreffenden personenbezogenen Daten gegen die Vorgaben der Datenschutz-Grundverordnung verstößt.[138]

62

Gemäß Art. 79 Abs. 2 DS-GVO sind für Klagen gegen einen Verantwortlichen oder gegen einen Auftragsverarbeiter iSd DS-GVO grundsätzlich die Gerichte des Mitgliedstaats zuständig, in dem der Verantwortliche oder der Auftragsverarbeiter eine Niederlassung[139] hat. Wahlweise können solche Klagen auch bei den Gerichten des Mitgliedstaats erhoben werden, in dem die betroffene Person ihren gewöhnlichen Aufenthaltsort hat. Dies gilt jedoch dann nicht, wenn es sich bei dem Verantwortlichen oder dem Auftragsverarbeiter um eine Behörde eines Mitgliedstaats handelt, die in Ausübung ihrer hoheitlichen Befugnisse tätig geworden ist.

63

Aufgrund des Verweises auf den Begriff der „betroffenen Person" gemäß Art. 4 Abs. 1 DS-GVO wird teilweise vertreten, dass die Rechte aus der DS-GVO nur natürlichen Personen zustehen und als höchstpersönliche Rechte nicht im Wege der **Abtretung auf Legal Tech-Anbieter** übertragen werden könnten.[140] Dem ist nicht zuzustimmen. Ein Abtretungsverbot würde nämlich im Ergebnis zu einer Schwächung der Durchsetzung der von der DS-GVO statuierten Rechte zulasten der betroffenen Personen führen und dem Zweck von Art. 82 DS-GVO, die Asymmetrie der ungerechtfertigten Datenverarbeitungen auszugleichen, entgegenlaufen.[141]

64

---

132 Rieländer EuZW 2021, 391 (392).
133 EuGH Urt. v. 18.11.2020 – C-519/19, ECLI:EU:C:2020:933 Rn. 47 – Delayfix; EuGH Urt. v. 21.5.2015 – C-352/13, ECLI:EU:C:2015:335 Rn. 65 – CDC.
134 EuGH Urt. v. 18.11.2020 – C-519/19, ECLI:EU:C:2020:933 Rn. 42 – Delayfix.
135 Selbst wenn im Einzelfall eine entsprechende vollständige Vertragsübernahme vorliegen sollte, muss die Gerichtsstandsvereinbarung zudem einer Wirksamkeitsprüfung nach Maßgabe der lex fori prorogati standhalten; EuGH Urt. v. 19.6.1984 – C-71/83, ECLI:EU:C:1984:217 Rn. 24 ff. – Russ; Rieländer EuZW 2021, 391 (392).
136 Kritisch zu dem restriktiven Ansatz des EuGH zur Drittwirkung von Gerichtsstandsvereinbarungen: Rieländer EuZW 2021, 391 (394 ff.); zustimmend hingegen Staudinger NZV 2021, 36 (41).
137 Vgl. auch Erwgr. 147 zur Verordnung (EU) 2016/679.
138 BeckOK DatenschutzR/Mundil DS-GVO Art. 79 Rn. 2.
139 Zum Begriff der Niederlassung: BeckOK DatenschutzR/Mundil DS-GVO Art. 79 Rn. 16.
140 AG Hannover Urt. v. 9.3.2020 – 531 C 10952/19, ZD 2021, 176; Spittka IPRB 2021, 24 (26); aA Hellgardt ZEuP 2022, 7 (33).
141 So auch Hellgardt ZEuP 2022, 7 (33).

3. Gerichtliche Zuständigkeit nach der ZPO

65 Die ZPO greift hinsichtlich der Zuständigkeitsbestimmung außerhalb des Anwendungsbereichs der Brüssel Ia-VO ein, dh insbesondere bei Fällen ohne Auslandsberührung oder wenn der Beklagte keinen Sitz in einem Mitgliedstaat der EU hat (→ Rn. 15 ff.).

66 Für die Geltendmachung von Ansprüchen nach der **Fluggastrechte-VO** kommt die Anwendung der gerichtlichen Zuständigkeitsregeln der ZPO daher insbesondere gegenüber **Nicht-EU-Airlines** in Betracht. Danach kann der Fluggast oder der Legal Tech-Anbieter, an den der Anspruch im Rahmen des Inkassomodels abgetreten wurde, gemäß §§ 17, 21 ZPO am Sitz der Fluggesellschaft bzw. deren Niederlassung[142] und gemäß § 29 ZPO am Ort der Leistungserbringung, was sowohl den vertraglich vorgesehenen Abflug- als auch den Ankunftsort erfasst, klagen.[143]

67 Die Rechtsprechung des BGH orientiert sich im Sinne eines Kohärenzgedankens hinsichtlich der Rechte aus der Fluggastrechte-VO insoweit an der Kasuistik[144] des EuGH.[145] Der **Gerichtsstand des Erfüllungsorts** gemäß § 29 Abs. 1 ZPO ist einschlägig, wenn es sich um eine „Streitigkeit aus einem Vertragsverhältnis" handelt, was weit auszulegen ist.[146] Ausreichend ist, dass die Streitigkeit im Zusammenhang mit einem Vertrag steht und aus dem Vertragsverhältnis herrührt.[147] Bei geltend gemachten Ansprüchen aus der Fluggastrechte-VO handelt es sich zwar grundsätzlich um Ansprüche, die unmittelbar aus der Fluggastrechte-VO und nicht aus dem Beförderungsvertrag folgen, der zudem nicht zwingend mit dem ausführenden Flugunternehmen als Anspruchsgegner abgeschlossen wurde.[148] Dennoch handelt es sich um einen Anspruch auf vertraglicher Grundlage, da die Anwendung der Fluggastrechte-VO regelmäßig das Bestehen eines Beförderungsvertrags voraussetzt – entweder unmittelbar mit dem ausführenden Luftfahrtunternehmen oder mit einem anderen Unternehmen, für das das ausführende Unternehmen die Beförderungsleistung erbringt.[149]

68 Bei der Geltendmachung von Schadensersatzansprüchen im Zusammenhang mit der **Dieselthematik** sowie in **Kartellschadensersatzverfahren** kommt zudem eine Zuständigkeit gemäß § 32 ZPO am Ort der unerlaubten Handlung in Betracht. Unter den Begriff der unerlaubten Handlung im Sinne von § 32 ZPO fallen zunächst unerlaubte Handlungen im Sinne der §§ 823 ff. BGB, darüber hinaus aber auch allgemein rechtswidrige Eingriffe in eine fremde Rechtssphäre sowie Ansprüche aus (verschuldensunabhängiger) Gefährdungshaftung.[150] Der persönliche Anwendungsbereich von § 32 ZPO ist für die Beteiligten an der unerlaubten Handlung sowie deren Rechtsnachfolger eröffnet.[151] Daher können auch **Legal Tech-Anbieter**, die sich Ansprüche aus einer unerlaubten Handlung haben abtreten lassen, am Gerichtsstand des § 32 ZPO klagen.

69 Zur Begründung des Gerichtsstands nach § 32 ZPO ist erforderlich, dass schlüssig Tatsachen vorgetragen werden, aus denen sich das Vorliegen einer im Gerichtsbezirk begangenen unerlaubten Handlung ergibt. Ob der geltend gemachte Anspruch tatsächlich besteht, ist für die Prüfung der Zuständigkeit irrelevant. Wie die Brüssel Ia-VO (→ Rn. 31 ff.) erfasst der Ort der unerlaubten Handlung gemäß § 32 ZPO sowohl den **Handlungsort** als auch den **Erfolgsort**. Der Handlungsort ist jeder Ort, an dem die unerlaubte Handlung

---

142 Hierfür müssen von der Niederlassung aus allerdings planmäßig Geschäftstätigkeiten entfaltet werden und die Klage muss einen Bezug zum Geschäftsbetrieb der Niederlassung haben, vgl. BGH Urt. v. 22.11.1994 – XI ZR 45/91, NJW 1995, 1225 (1226); BGH Urt. v. 18.1.2011 – X ZR 71/10, NJW 2011, 2056 (2057).
143 BGH Urt. v. 18.1.2011 – X ZR 71/10, NJW 2011, 2056 (2058); Führich ReiseR Rn. 288.
144 Vgl. EuGH Urt. v. 9.7.2009 – C-204/08, ECLI:EU:C:2009:439 – Rehder.
145 BGH Urt. v. 18.1.2011 – X ZR 71/10, NJW 2011, 2056 (2058).
146 BGH Urt. v. 18.1.2011 – X ZR 71/10, NJW 2011, 2056 (2057).
147 BGH Urt. v. 18.1.2011 – X ZR 71/10, NJW 2011, 2056 (2057).
148 BGH Urt. v. 18.1.2011 – X ZR 71/10, NJW 2011, 2056 (2057).
149 BGH Urt. v. 18.1.2011 – X ZR 71/10, NJW 2011, 2056 (2057).
150 BGH Urt. v. 5.5.2019 – IX ZR 176/10, NJW 2011, 2518 (2519 Rn. 4) mwN.
151 BeckOK ZPO/Toussaint ZPO § 32 Rn. 6; MüKoZPO/Patzina ZPO § 32 Rn. 14; HK-ZPO/Bendtsen ZPO § 32 Rn. 12.

ganz oder teilweise ausgeführt wurde. Der Erfolgsort ist der Ort, an dem die (behauptete) Verletzung des geschützten Rechtsguts eingetreten ist.[152] Bei mehreren Begehungsorten hat der Kläger insoweit eine Wahlmöglichkeit.[153]

Bei Gerichtsverfahren im Zusammenhang mit der **Abgas- oder Dieselthematik** ist hiernach der Gerichtsstand nach § 32 ZPO regelmäßig sowohl am Sitz des Herstellers als Handlungsort, am Sitz Händlers (sofern der Kaufvertrag dort geschlossen wurde) als Erfolgsort sowie am Wohnsitz des Käufers als weiterem Erfolgsort begründet, sofern dort der Schaden eingetreten ist.[154] Bei Klagen gegen den Hersteller und den Verkäufer des Fahrzeugs kommt zudem eine Zuständigkeitsbestimmung gemäß § 36 Abs. 1 Nr. 3 ZPO in Betracht.[155]

In den **Kartellfällen** können die durch die Kartellabsprache Geschädigten regelmäßig nur am Erfolgsort klagen. Dies ist regelmäßig der Sitz des Geschädigten. Der Nachweis eines Handlungsorts, an dem das Kartell mittels Absprachen und Treffen für den behaupteten Kartellschaden begründet wurde, wird regelmäßig nicht gelingen, so dass ein einheitlicher Gerichtsstand für die gebündelte Geltendmachung der einzelnen Schadensersatzansprüche der Geschädigten regelmäßig ausscheidet. Eine Bündelung der Verfahren an einem Gericht lässt sich dann nur über eine Zuständigkeitsbestimmung gemäß § 36 Abs. 1 Nr. 3 ZPO erreichen.[156]

Gerichtsstandsvereinbarungen gemäß §§ 38, 40 ZPO wirken nach Maßgabe des deutschen Rechts grundsätzlich auch für und gegen den Zedenten als Rechtsnachfolger. Es gilt daher im Grundsatz, dass die Zuständigkeit eines Gerichts, die durch eine Gerichtsstandsvereinbarung begründet ist, durch eine Abtretung nicht beeinflusst wird.[157] Anders als im Anwendungsbereich der Brüssel Ia-VO (→ Rn. 59 f.) ist ein **Legal Tech-Anbieter** bei der Geltendmachung von Ansprüchen im Rahmen des Abtretungs- bzw. Inkassomodels daher an eine zuvor zwischen Zedent und Anspruchsgegner wirksam geschlossene Gerichtsstandsvereinbarung gebunden. Bei der Geltendmachung von Verbraucheransprüchen wird im Regelfall allerdings keine wirksame Gerichtsstandsvereinbarung vorliegen, da diese gemäß § 38 Abs. 3 Nr. 1 ZPO erst nach dem Entstehen der Streitigkeit in zulässiger Weise vereinbart werden kann.

Das Gleiche gilt im Ergebnis für **Schiedsvereinbarungen**. Auch hier ist der Rechtsnachfolger an eine zuvor zwischen Zedent und Anspruchsgegner vereinbarte Schiedsklausel gebunden. Dies folgt nach den von der Rechtsprechung entwickelten Grundsätzen aus einer entsprechenden Anwendung von § 401 BGB.[158]

4. Besondere nationale Zuständigkeitsregeln

Bei den ebenfalls häufig von Legal Tech-Anbietern geltend gemachten Ansprüchen aus **Miet- oder Pachtverhältnissen** besteht gemäß § 29a ZPO eine ausschließliche **örtliche Zuständigkeit** des Gerichts, in dessen Bezirk sich die Räume befinden. Regelmäßig wird es sich um Streitigkeiten über Ansprüche aus einem Mietverhältnis über Wohnraum handeln, so dass gemäß § 23 Nr. 2 lit. a GVG das Amtsgericht sachlich zuständig ist. Bei Streitigkeiten aus gewerblichen Miet- oder Pachtverhältnissen richtet sich die sachliche Zuständigkeit gemäß § 23 Nr. 1, § 71 Abs. 1 GVG nach dem Streitwert. Das Amtsgericht ist bei Gewerberaumstreitigkeiten bei Streitwerten bis einschließlich 5.000 EUR, das Landgericht bei diesen Betrag übersteigenden Streitwerten sachlich zuständig.

---

152 BGH Urt. v. 28.6.2007 – I ZR 49/04, NJW-RR 2008, 57 (58 Rn. 23).
153 Zöller/Schultzky ZPO § 32 Rn. 21.
154 KG Beschl. v. 2.7.2020 – 2 AR 1013/20, NJW-RR 2020, 1193 (1194 Rn. 10); LG München Beschl. v. 13.8.2019 – 34 AR 111/19, NJW-RR 2019, 1396 (1397 Rn. 13) mwN.
155 BGH Beschl. v. 6.6.2018 – X ARZ 303/18, NJW 2018, 2200 (2201) (mAnm Vossler).
156 BGH Beschl. v. 23.10.2018 – X ARZ 252/18, NZKart 2018, 579; BGH Beschl. v. 27.11.2018 – X ARZ 321/18, NZKart 2019, 221; LG Dortmund Hinweisbeschl. v. 10.2.2021 – 8 O 15/18 (Kart), NZKart 2021, 249; vgl. Klumpe/Weber NZKart 2021, 492 (493 f.).
157 HK-BGB/Fries/Schulze BGB § 398 Rn. 12.
158 BGH Urt. v. 3.5.2000 – XII ZR 42/98, NJW 2000, 2346; vgl. auch Habersack SchiedsVZ 2003, 241 (243).

75 Für **arbeitsrechtliche Streitigkeiten** ist der Rechtsweg zu den Arbeitsgerichten eröffnet. Das ArbGG unterscheidet insoweit zwischen Urteilsverfahren und Beschlussverfahren, vgl. §§ 2, 2a ArbGG. Für bürgerlich-rechtliche Streitigkeiten zwischen Arbeitgebern und Arbeitnehmern ist grundsätzlich das Urteilsverfahren einschlägig, so dass hier im Regelfall eine instanzielle und sachliche Zuständigkeit des Arbeitsgerichts besteht. Die örtliche Zuständigkeit der Gerichte folgt aus § 48 ArbGG sowie über § 46 Abs. 2 S. 1 ArbGG aus den allgemeinen Regelungen in §§ 12 ff. ZPO. Gemäß § 48 Abs. 1a ArbGG sind insbesondere die Gerichte am **Arbeitsort** örtlich zuständig. Bestehen mehrere Gerichtsstände, hat der Kläger ein Wahlrecht.

76 Ob, wie vereinzelt gefordert,[159] auch im nationalen Recht ein **Verbrauchergerichtsstand** eingeführt werden wird, bleibt abzuwarten. Besondere Zuständigkeitsregeln könnten in der Zukunft im Zusammenhang mit der Einführung neuer Rechtsdurchsetzungstools, die dem fehlenden individuellen Interesse der Verbraucher an der Rechtsdurchsetzung begegnen sollen (zB einem **vereinfachten Online-Verfahren** für geringfügige Streitigkeiten[160]), geschaffen werden.

---

159 Heinrichs DAR 2018, 127 (133); Meller-Hannich/Krausbeck/Wittke VuR 2019, 403 (411).
160 Siehe zu einem entsprechenden Projekt des BMJV: https://www.bmj.de/SharedDocs/Artikel/DE/2021/0819_Online_Klagetool.html.

Stichwortverzeichnis

Die fetten Zahlen bezeichnen die Ordnungszahlen des jeweiligen Stichworts, die mageren Zahlen die Randnummern. Die fett gedruckten Wörter bezeichnen die kommentierten Hauptstichwörter des Werkes mit der jeweiligen Ordnungszahl, unter der sie zu finden sind.

A Fool with a Tool **17** 60
Aarhus-Konvention **95** 47
Abfangen von Daten **2** 79
Abgasskandal **48** 48 ff.
Abgestimmte Verhaltensweise **93** 9 f., 25
Ableitungsmaschine **31** 22 ff.
Abmahnmissbrauch **94** 12 ff.
Abmahnung **33** 54, **94** 10 ff.
Abschlussvermittlung
– Angemessenheitsprüfung **84** 34
– Auskunftspflicht **84** 22
– Merkmale **84** 21
Abschreckungseffekt
– anlasslose Datenerhebung **65** 31
Abstimmung **93** 10, 12
– Algorithmen als Werkzeug **93** 13
– Signaling **93** 11
Abtretung **41** 2, 8, **69** 24, **96** 29, 32, 60
Abtretungsmodell **46** 5
– Art. 14 Rom I-VO **47** 1 f.
– kollisionsrechtliche Fragen **47** 1 f.
Abwägung **30** 42 ff.
Access to Justice **95** 2 f.
Access to Law **95** 2 f.
Action Cost Function **52** 19
Adjudikation **3** 14 f.
ADM-Verfahren **30** 9 f., **88** 3 ff.
Adobe Sign **27** 28
Adressdatenbank **17** 44
Ads
– visuelle **17** 13
ADV **22** 24 ff.
Adwords **63** 41 ff.
AEMR **95** 43
Afterpattern **27** 15
AGB **63** 114 ff., 145, **82** 60 ff., **94** 46
– Gestaltung **63** 11 ff.
AGB-Kontrolle **82** 60 ff.
– Anwaltsvertrag **82** 61 f.
– Nicht-anwaltliche Legal Tech-Anbieter **82** 64
Aggressive geschäftliche Handlung **94** 38 ff.
Agile Produktentwicklung **67** 15
Agile Softwareentwicklung **67** 10 ff.
Agile Verwaltung **34** 15
Agilität **34** 13, 15
AI Act *siehe* KI-Verordnung

AI traders **1** 24
Airdeal-Urteil **37** 10, 41, **41** 16, 20, 22, 28, 31, 78 34 f.
Akquise **17** 6
– digitalbasierte **38** 11 f.
Akquise-Tools, Haftung **37** 12 f., 25 f.
Akte
– Aktenbestandteil **86** 27
– Akteneinsicht **29** 8
– Aktenführung **86** 26 f.
– Aktenvernichtung **29** 7
– elektronische **29** 2 ff., **75** 39 f.
Akteure
– aktive **34** 10
– öffentliche **34** 9
AktG **18** 14
Aktorik **58** 3
Algebra, boole'sche **2** 9
Algorithmischer Handel 1
– Erlaubnispflicht **1** 8
– Insiderhandel **1** 23
– Künstliche Intelligenz **1** 24
– Legaldefinition **1** 1
– Marktmanipulation **1** 23
– positive Markteffekte **1** 4
– verbotene Handelsstrategien **1** 23
Algorithmisches System
– Auskunftsrecht **88** 5
– Informationspflicht **88** 5
– Kennzeichnungspflicht **88** 5
Algorithmus 2
Algorithmus **55** 1, 6, 29, 31, 37, **61** 5, **83** 8, 12, 17 ff.
– Abgrenzung zum Computerprogramm **2** 15
– Algorithmic Bias **52** 54
– Algorithmic Decision-Making **30** 9 f.
– Algorithmic Experts **55** 25 ff., 30 f.
– Algorithmic Legal Prediction **55** 1, 6
– Algorithmic Outcome Predictors **55** 25, 30, 32 ff.
– Algorithmic Regulation **77** 2
– Algorithmische Kontrolle, Handelsaktivitäten **1** 15
– Algorithmisierung **2** 12 ff.
– Algorithmus-basiertes System **55** 44 ff., 50 f.
– als Werkzeug **93** 13

- Anleitung gem. RDG **40** 32
- Begriff **2** 2 ff.
- Definition **2** 2
- deterministischer **2** 5
- Diebstahl **2** 79
- Diskriminierung **2** 67 ff.
- Geschäftsgeheimnis **2** 57
- Geschichte **2** 6 ff.
- heuristischer **2** 10
- Mahnverfahren **57** 1 ff.
- nichtdeterministischer **2** 5
- patentrechtlicher Schutz **2** 51 f.
- selbstlernender **2** 4
- Systemfehler **55** 38
- Technizität **2** 51
- urheberrechtlicher Schutz **2** 44 f.
- Wortherkunft **2** 6

Alicebot **53** 3
Alipay **61** 28
ALKIS **60** 17
Alleinstellungswerbung **94** 33
Allgemeine Rechtslehre **6** 17
Allgemeines Gleichbehandlungsgesetz **9** 22
Alternative Dispute Resolution (ADR) **3** 1 ff.
- Rechtsgrundlagen **3** 27 ff.
- Richtlinie **4** 7 ff., **95** 38
- Verbrauchersachen **4** 1 ff.

Alternative Konfliktlösung **3** 4
Alternative Streitbeilegung (ADR)
- **allgemein 3**
- **in Verbrauchersachen 4**
- **Online Dispute Resolution (ODR) 5**

A-Mandate **17** 29
Amazon **4** 22
Amazon Pay **61** 58
Amtshaftungsanspruch **39** 5 ff.
Amtspflicht **39** 15
- Schaden **39** 8 ff.

Amtspflichtverletzung
- Systemoutput **39** 23

An einem anderen Ort **29** 19
Analytics Pipeline
- Bibliotheken **26** 7
- Preprocessing/Vorverarbeitung **26** 2 ff.
- Typensysteme und Datenstrukturen **26** 6 ff.

Anderkonten
- Verpflichtung zur Führung von **70** 39

Anfechtbarkeit **29** 25
Anfechtung **85** 12, **91** 22
Anforderungen **50** 26, 81
Angebotsgestaltung auf Marktplätzen **63** 26

Angemessenheitsbeschlüsse **22** 52
Angriffe, externe **14** 28 ff.
Ankereffekt **83** 25
Anlageberatung **84** 8
- Geeignetheitserklärung **84** 32
- Geeignetheitsprüfung **84** 30 f.
- Merkmale **84** 11
- unter Abwesenden **84** 33

Anlageempfehlung **84** 8
Anlagerichtlinien **84** 17
- Robo Advice **84** 65

Anlagevermittlung
- Angemessenheitsprüfung **84** 34
- Informationspflichten **84** 19
- Merkmale **84** 18

Anlasslose Datenerhebung **65** 31
Anonyme Daten **21** 13
Anonymisierung **2** 22, **13** 15, 17 f., **14** 50, **52** 45, **66** 48, 54
- automatische **26** 51

Anordnung des persönlichen Erscheinens **29** 30
Anspruch **94** 10 ff.
- Durchsetzung **96** 1 ff.
- Entschädigung **39** 4

Anspruch auf rechtliches Gehör **72** 47
Anticommons **92** 53
Antipattern **2** 15
Anwaltliche Berufsausübungsfreiheit **70** 1
Anwaltliche Berufspflichten **70** 2
Anwaltliche Inkassodienstleistung
- Darlegungs- und Informationspflichten **70** 41 ff.

Anwaltliche Pflichten
- AGB-Ausschluss **82** 61
- beim Einsatz von Legal Tech **38** 9 ff., **78** 22 ff.
- Sachlichkeitsgebot anwaltlicher Werbung **78** 27
- sorgfältiger Umgang mit anvertrauten Vermögenswerten **78** 27
- Unabhängigkeit **78** 25
- Verbot der Vertretung widerstreitender Interessen **78** 25
- Verschwiegenheitpflicht **78** 25

Anwaltliche Rechtsprüfung **38** 21
Anwaltliche Tätigkeit
- Alleinstellungsmerkmale **70** 10
- Kernwerte **70** 10

Anwaltliche Tätigkeitsverbote
- nicht anwaltliche Vorbefassung **70** 47
- widerstreitende Interessen **70** 48

– zweitberufliche Tätigkeit **70** 48
Anwaltliche Verschwiegenheit
– im digitalen Umfeld **70** 13, 15
– Kommunikation mit Mandanten **70** 15
– Mandatsgeheimnis **70** 12, 14
– Offenbarung, unbefugte **70** 12
– Organisatorische und technische Maßnahmen zum Schutz **70** 14
– Verpflichtung zur **70** 12
Anwaltliche Werbung
– Sachlichkeitsgebot **70** 40
– Verbot der irreführenden Werbung **70** 40
Anwaltlicher Berater
– Grundtypus **17** 3
Anwaltliches Berufsrecht **22** 2 ff., **45** 24, **69** 32 ff., **70** 6
– Berufsgeheimnis **22** 5
– Fremdkapitalverbot **70** 56
– Liberalisierung **70** 56
– Provisionsverbot **70** 56
– Reform **70** 56
– Reform der Werbevorschrift **70** 57
– Reform Fremdkapitalbeteiligung **70** 57
– Wettbewerb mit Inkassodienstleistern **70** 58
– Wettbewerb mit Legal Tech-Anbietern **70** 56
Anwaltsberuf, Leitbild **70** 10
Anwaltschaft **92** 16
Anwaltsmonopol **72** 2, **78** 4 ff.
– Anspruch auf rechtliches Gehör **72** 47
– Ausweitung der Inkassoerlaubnis, Gefahr durch **72** 50
– in Europa **79** 4
– Justizgewährleistungsanspruch **72** 47
– Legal Tech-Anwendungen, Gefahr durch **72** 49
– Rechtslehrer **40** 2
Anwaltswahl, freie **76** 16
Anwaltszwang **72** 48
Anwendung
– Low Code **50** 19
– No-Code **50** 20
Anwendungen zur Dokumentenautomatisierung **27** 9
Anwendungsbeispiele **28** 18
Anwendungsbereich, Exekutive **39** 6
Anwendungsbezogene Kategorisierung **76** 26 ff.
Anwendungsfelder **50** 59 ff.
Anwendungsvorrang, EU-Recht **79** 11
Apple Pay **61** 50
Application Programming Interface (API) **25** 21, **27** 25, **61** 17

Application Service Provisioning **92** 47
Appropriate Dispute Resolution **3** 4
Arbeitnehmererfindung **40** 22 ff.
– Diensterfindung **40** 22
– Dienstwerk **40** 23
Arbeitsabläufe, Analyse **11** 20 ff.
Arbeitsmedizin **21** 92 ff.
Arbeitsplatz im Wandel **73** 7
Arbeitsplatzbeschreibung **15** 41
Arbeitsrecht **52** 54
– DS-GVO **21** 81
Arbeitsvertrag **27** 5, **96** 56
Arbeitsweise, praxisAFFINe **17** 40
Arbeitsziele **17** 39 ff.
Arbeitszwecke **17** 39 ff.
Archivierung **15** 70
Argument **87** 7
Argument Mining **59** 54, **87** 18 ff.
Armut **95** 13
Artificial General Intelligence **52** 16
Artificial Lawyer **8** 25
Assekuradeur **42** 39 ff.
Assekuranzbezogene Start-ups **42** 2
Assistance-Leistungen **42** 28 ff.
Assisted Negotiation **89** 31 f.
Audio-visuelle Vernehmung **86** 48 f.
Audits **13** 38, **14** 11, 14, 64
Aufbauorganisation, Rollen und Verantwortlichkeiten **20** 20 ff.
Aufbaustudiengänge **6** 31
Aufbewahrungsfrist **60** 67
Auffindbarkeit **95** 88
Aufklärungspflichten, Robo Advice **84** 79
Aufsichtsbehörde, DS-GVO **21** 100
Aufsichtsrecht **61** 6 ff.
– Ausnahmen **61** 8
– Zahlungsdienstleister **61** 7
Auftrag **60** 13
Auftragsdatenverarbeitungsvertrag **22** 24 ff.
Auftragsverarbeitung **13** 33 ff., **21** 30 ff.
– Vertrag **13** 35
Aufwendungsersatz, Verzicht **8** 33 f.
Augenscheinbeweis **29** 27
AUREG **75** 29
AuRegis **75** 30
Ausbildung 6
Ausbildung **73** 2 ff., **75** 3 ff., 15 ff.
– Expertensysteme **6** 10
– Juristen **79** 2
Ausfallsicherheit **58** 37
Ausgründung **40** 35

Auskunftsanspruch 2 65
Auskunftspflicht 63 91 ff.
Auskunftsrecht 88 5
Auskunftsverlangen 23 37 ff.
Ausland 6 35
Auslegung 83 14, 87 13 ff.
Aussagekraft 9 10
Ausschreibungspflicht Ausnahmen 34 21 ff.
Außendarstellung 17 63
Außergerichtliche Streitbeilegung (ODR) 29 57 ff., 64 94
Außergerichtliches Mahnverfahren 57 26 ff.
Äußerungsrecht 83 28
Ausspähen von Daten 2 79
Ausstattungspflicht der Gerichte 29 24
Authentifizierung 14 11 f., 51
Authentisierung 14 9 ff.
– Karte 61 36
Automated Decision Making 2 28 ff., 30 9 f.
Automated Negotiation 89 33 ff.
– Rechtsfragen 89 37
Automated Order Routers 1 5
Automated Reasoning 52 13
Automation Bias 30 40, 39 15, 55 40, 44 f., 48
Automation, Workflow 7 9 f.
Automationsgestützter Rechtsvollzug 28 16
Automationshindernis 87 27 ff.
Automatische Anonymisierung 26 51
Automatische Dokumentzusammenfassung 26 35 f.
Automatische Suchwortergänzung 63 48 ff.
Automatisierbarkeit der Subsumtion 87 23 ff.
Automatisierte Auswertung 93 5
Automatisierte Datenanalyse
– Rechtsgrundlage 65 10
Automatisierte Dokumentenerstellung 76 28
Automatisierte Entscheidungsfindung 2 29, 30 1 ff., 75 46 ff., 88 1 ff.
– im Einzelfall 2 28 ff.
– im Einzelfall, Haftung 2 75
Automatisierte Erklärungen 91 4 ff., 13 ff.
Automatisierte Kosten- und Vergütungsfestsetzung 75 52 f.
Automatisierte Prozesse 91 2
Automatisierte Rechtsberatungsprodukte 46 1 ff.
Automatisierte Rechtsdurchsetzung 76 27
Automatisierte Verwaltungsakte 6 6
Automatisierter Entscheidungsvorschlag 83 31
Automatisiertes Durchsuchen
– Crawling 92 4
– Monitoring 92 4

Automatisiertes gerichtliches Mahnverfahren 11 9
Automatisierung 7 1 ff., 30 8 ff., 95 57
– Chancen und Risiken 92 43 f.
– Definition 27 2
– Dokumente 27 1 ff.
– im Recht 7 42 ff.; *siehe auch* Rechtsautomation
– im Verwaltungsverfahren 30 28 f.
– Staatsanwaltschaft 86 45
– von Dokumenten 7 26, 44; *siehe auch* Dokumentenautomatisierung
Automatisierung und Autonomie 7
Automobilbranche 19 27
Autonom 91 2
Autonome Erklärungen 91 9 ff.
Autonome Systeme 7 55 ff., 44 24
– Haftung 44 36
– Zurechnung 44 34
Autonomes Fahrzeug 52 29
Autonomie 7 1 ff., 19 12
– Begrifflichkeiten 7 55 ff.
– freier Wille 52 11
– im Recht 7 59 ff.
Autoresponder 84 83
Autorisierung 14 11 ff., 51
Average Precision 26 32
Axiomatische Theoriebildung 6 18
B2B 18 1, 52 38, 96 6
– Beispiele 8 75 ff.
B2B2C 52 37
B2C 18 1, 52 33, 96 4
– Dienstleistung 12 11
– Geschäftsmodelle 8 27 ff.
B2C und B2B 8
– Abgrenzung 8 8 f.
– Unklare Kategorien 8 2 ff.
Backups 14 14, 43, 62
BaFin 42 8
– Lizenz 61 7
Bahngastrechte-VO 48 6 ff.
Bankenaufsichtsrecht 9 22
Bankgeschäft 51 30, 33
BANT-Kriterien 17 54
– Bemessung 17 57
Barcamps, virtuelle 17 14
Basisdokument 29 39
Basisimplementierung 59 26
Basiskategorisierung 17 53
BATNA 5 30
BDSG 78 9

beA *siehe* Besonderes elektronisches Anwaltspostfach (beA)
beBPo **40** 48
Bedarfsmarktkonzept **92** 1
Beeinflussung der Entscheidung **83** 11
Befähigung zum Richteramt **40** 5
Beförderungsverträge **48** 25 ff.
Beglaubigung
– elektronisch beglaubigte Abschriften **60** 28 ff.
– elektronisch signierte Dokumente **60** 33
– elektronische Urkunden **60** 25
– Grundsatz **60** 23 ff.
– qualifizierte elektronische Signatur **60** 26 ff., 34
– Unterschriften **60** 24
Begründung **30** 46
Begründung, juristische **58** 58
Behördenantrag **27** 5
Beibringungsgrundsatz **58** 54
Beihilfenverbot **40** 34
Belästigung, unzumutbare **94** 50 f.
Beleihungsmodell **4** 13
Benachteiligungsverbot **2** 73
Benchmarking **59** 45
Benutzeroberfläche **27** 23
Beratung, kollegialgerichtliche **29** 31 ff.
Beratungspflicht von Rechtsanwälten beim Einsatz von Legal Tech **88** 43 ff.
Beratungsunternehmen **34** 38
Berechnungs-Tool **83** 39 f.
Berechtigte Interessen, DS-GVO **21** 70 ff.
BerHG **95** 34
Berichtigungsrecht **10** 51, **23** 48 f.
Berufsanerkennungs-RL 2005/36/EG **81** 6 ff.
Berufsausübung
– mithilfe von IT **70** 3
– mithilfe von Legal Tech **70** 3
Berufsausübungsfreiheit, anwaltliche **70** 1
Berufsausübungsgemeinschaft
– Hochschullehrer **40** 77 ff.
Berufsausübungsgesellschaften **71** 13
– Legal Tech als gewerbliche Tätigkeit **70** 52
– Recht der **70** 51
– sozietätsfähige Berufe im Legal Tech-Umfeld **70** 52
– Sozietätsfähigkeit **70** 52
– Unternehmensgegenstand **70** 52
Berufsbild **6** 3, **50** 89
– Wandel **17** 61
Berufsgeheimnis, anwaltliches **22** 5

Berufshaftpflichtversicherung **40** 59
– Inkassounternehmen **78** 32
Berufsordnung für Rechtsanwälte (BORA) **17** 61, **70** 2
Berufspflichten **57** 40
– anwaltliche **70** 2
– bei Bearbeitung von Massenverfahren **70** 7
– bei Legal Tech-Aktivitäten **70** 7
– bei Verwendung von Legal Tech-Tools **70** 7
– für Anwälte in Europa **79** 3
– im Legal Tech-Umfeld **70** 4 f.
Berufspflichtverletzung
– Aufsicht **70** 54
– Aufsichtsmaßnahmen **70** 54
– Rechtsschutz gegen Aufsichtsmaßnahmen **70** 55
– Sanktionen **70** 54
Berufspraktische Studienzeit **75** 6, 20
Berufsqualifikationen **81** 6
Berufsrecht **27** 36 ff.
– anwaltliches **17** 9, **22** 2 ff., **45** 24, **52** 55, **69** 32 ff., **70** 6
– Harmonisierung **79** 5 ff.
– Hochschullehrer **40** 53 ff.
– Marktverhaltensregelung **94** 44
– Rechtsanwalt **40** 12
Beschaffungsdienstleister, private **34** 33
Beschleunigtes Online-Verfahren **29** 46 f.
Beschränkung, vertragliche **38** 59 f.
Beschwerderecht **23** 25
Beschwerdesystem, plattforminternes **64** 76 ff.
Beschwerdeverfahren **63** 21, **64** 45 ff.
Beschwerdeverfahren, plattforminternes **64** 88 ff.
Beseitigungsanspruch, Gewerblicher Rechtsschutz **2** 61 f.
Besondere Kategorien personenbezogener Daten
– Rechtmäßigkeit der Verarbeitung **21** 78 ff.
Besonderes elektronisches Anwaltspostfach (beA) **11** 1, 7, **29** 12, **40** 48 f., **73** 13, **86** 16
– Gesellschaftspostfach (GePo) **70** 25
– Nutzungspflicht **70** 24
Besonderes elektronisches Behördenpostfach **86** 16
Besonderes elektronisches Bürger- und Organisationenpostfach **86** 16
Besonderes elektronisches Notarpostfach **86** 16
Besonders sensible Daten **30** 64 ff.
Best Alternative to a Negotiated Agreement (BATNA) **89** 18
Bestellung zum Notar **60** 9

Bestellungsverfahren 60 2 ff.
Bestellungsvoraussetzungen
– Anwaltsnotare 60 4
– hauptamtliche Notare 60 3
Beteiligungsverbote, Umgehung 71 35 ff.
Beteiligungsverhältnisse Anwaltskanzlei 71 1 ff., 78 29
Betroffenenrechte 23 1 ff.
– Recht auf Berichtigung 23 48 f.
– Recht auf Datenübertragbarkeit 23 75 ff.
– Recht auf Einschränkung 23 63 ff.
– Recht auf Informationen 23 39 f.
– Recht auf Kopie 23 41 ff.
– Recht auf Löschung 23 50 ff.
– Recht auf Widerspruch 23 71 ff.
Beurkundung 60 35 ff.
– Niederschrift 60 36
Beurteilungsspielraum 83 16
Beweis
– durch Augenschein 29 27
– durch Urkunde 29 27
Beweisaufnahme 29 26
Beweisbarkeit, Zurechnung 39 22
Beweismittel, digitale 86 43
Beweiswürdigung 58 54
Bewerbermanagement 11 18
Bewerbung 60 8
Bewertungsportale 92 6
Bezahlverfahren, Überweisung 61 14 ff.
BGB 63 3 ff., 78 14 ff.
– AGB-Kontrolle 82 60 ff.
– digitale Produkte 82 38 ff.
Bibliotheken 26 7
Bietergemeinschaften 8 78
Big Data 9
Big Data 15 69, 20 41, 25 2, 43 1, 65 21
Binäre Logik 30 22 ff.
Bindestrich-Informatiken 74 20
Biometrische Daten, DS-GVO 21 15
BIO-Tagging 59 36
Bitcoin 51 1 ff., 61 69
bk.text 86 32
BKA, Meldepflicht 63 89 f.
Blackbox 2 70, 83 10, 26, 88 2
– Problem 55 44
Blind Bidding 5 19, 31
Block Reward 10 14
Blockchain 10
Blockchain 5 33, 6 28, 42 56 ff., 44 2, 11, 16 ff., 50 68 ff., 51 1 ff., 4, 85 7
– Anwendungen 50 69 f.

– Bedeutung der Technologie 49 2 ff.
– Dispute Resolution 5 33
– öffentliche Verwaltung 50 71
– Potential 50 68
– Rechtsabteilung 50 72
Blockierung, einfache 64 62 ff.
Blog 17 13
B-Mandate 17 29
Boole'sche
– Algebra 2 9
– Logik 2 10
BORA 70 2
BOV 29 46 f.
Branche, strukturkonservative 17 3
BRAO 70 2, 95 31
– Reform 70 6, 51, 71 4
Brüssel Ia-VO 96 14 ff.
BRYTER 8 91, 27 15
Btx 61 15
Buchhaltung 11 10, 57 31 ff.
Building Information Modeling (BIM) 68 9, 18
Bundesgesetzblatt, digitales 92 53
Bundesministerium für Digitales und Verkehr 28 45
Bundesrechtsanwaltsordnung (BRAO) 70 2
– Restriktionen 17 4
Bundestag 56 33
Bürgerpartizipation 95 72
Büroklammer 40 19
Büroorganisation 17 12, 40 64
Büroorganisationssoftware 11
– Schnittstellen 11 10
Business Process Automation 7 8, 10
Business Process Outsourcing 12 26
Business Rule Management System 7 25
Bußgeld 24 41
– nach DSGVO 37 60
– nach RDG 36 24
Busylamp 8 102
Button-Lösung 84 78
BWL 6 19

CEDAW 95 49
Central Bank Digital Currency (CBDC) 51 21
CEPEJ 95 84
Chancen 50 88
Change Management 11 26 ff.
Chartsoftware 1 2
Chatbot 7 28, 17 35 f., 32 12, 37 5 ff., 42 50, 53 1 ff., 55 9, 84 6
– Haftung 37 15
– KI-Verordnung 80 13

Checkbox 27 15
Chief Data Officer 20 21
Church'sche These 2 3
circuit breakers 1 10
Civil Resolution Tribunal (CRT) 3 26, **5** 5, **31** 32
Class Action **45** 1, 5 ff.
CLM **8** 81
– funktionale Ausrichtung 90 24 ff.
– Konzept 90 20
CLM-Systeme
– Beschreibung 90 39
– Markt 90 40
Cloud **44** 14, **50** 41
– Angebot 92 47
– Anwendungen 27 38
– externe 12 71 ff.
– interne 12 71 ff.
– Legal Tech-Anwendungen 35 4 f.
Cloud Computing
– **allgemein 12**
– **Geheimnis- und Datenschutz 13**
– **IT-Risiken 14**
Cloud Computing 18 19
– Unternehmensumfeld 12 20
Clustering 26 39
C-Mandate 17 29
Code-basiert 50 18
CodeX 8 21
Collaborative CRM 17 30
Commoditisierung **12** 42, 46
Common Legal Platform 8 101
Community Cloud 12 74 f.
Compliance **20** 34, **24** 3, **50** 33, 84, **52** 41, **78** 11
– Abteilung **15** 13, **63** 152
– Datenschutz 22 1 ff.
– digitale **15** 16, **93** 5, 13
– Funktion 15 10
– Investigations **15** 14, 67 ff.
– Managementsystem 19 42
– Maßnahme 15 9
– Mitarbeiter 1 20
– Officer 15 13
– Programm 15 8 ff.
– Schulung 15 44
– Struktur 15 45
– Unternehmen 28 17
Compliance, Digital 15
Computational Models of Argument 87 19 f.
Computer 2 9
Computer Facilitated Negotiation 89 29
Computer- und Internetdelikte 86 42

Computer Vision **43** 8, **52** 1, 13
Computeragenten 91 7
Computererklärungen, Grundsätze über 85 11
Computerimplementierte Erfindung 2 53
Computerlinguistik 6 21
Computerprogramm 33 3 ff.
– Abgrenzung zum Algorithmus 2 15
– Kopierschutz 2 66
– patentrechtliche Schutzfähigkeit 2 53 ff.
– Schöpfungshöhe 2 47
– Urheberrecht 40 21
– urheberrechtlicher Schutz 2 46 f.
Conclusio 87 8
Consent-Management 22 23
Consumer Claim Purchasing **8** 42 f., **78** 38
Content ID, Youtube 43 10
Contract Administration 90 52
Contract Express 27 15
Contract Lifecycle Management (CLM) **8** 81, **27** 26
– Begriff 90 4
Controlling 17 48
Cookies, Consent 66 45
Copyleft 33 25
Coreference Resolution 26 13
Corona-Pandemie **6** 36, **18** 1, **60** 49 ff., **95** 81
Corpoorate Governance 15 1
Corporate Digital Responsibility **19** 17, 28 ff.
Corporate Governance **15** 18 ff., 42, 71
– Kodex 78 13
Corporate Social Responsibility **15** 18, 42, 71
Crawling 92 4
CreditTech 32 20; *siehe* Crowdfunding
Criminal Compliance 15 6
Cross Selling **17** 45, 49 f.
Crowddonation **16** 4, **32** 21
Crowdfunding 16
Crowdfunding **16** 4, **32** 20 ff., **84** 27
– equity-based 32 21
– Lizenz 84 27
Crowdinvesting **16** 4, **84** 27
Crowdlending **16** 2 ff., **32** 21, **84** 27
– Anlagebasisinformationsblatt 16 36 ff.
– Anlegerschutz 16 35 ff.
– Deutschland 16 9
– Entwicklung 16 3 f.
– EU-Recht 16 10 ff.
– europäische Regulierung 16 10 ff.
– Frankreich 16 7
– institutionelle Investoren 16 22 f.
– Interessenskonflikt 16 34

- Modelle **16** 5 f.
- Niederlande **16** 8
- Plattformbetreiber **16** 25 ff.
- private Anleger **16** 24 ff.
- Regulierung **16** 6 ff.
- Verordnung über Europäische Crowdfunding-Dienstleister für Unternehmen **16** 10 ff.

Crowdlendingplattform
- Vergütung **16** 31
- Zulassung **16** 39 f.

Crowdsourced Dispute Resolution **5** 38 ff.
Crystal **67** 21
CSA **18** 21 ff.
Culpa in contrahendo **38** 13
Currency Token **51** 5 f.
Customer Journey
- Lead **17** 51 ff.
- Opportunity **17** 51 ff.

Customer Relationship Management (CRM) 17
- Akzeptanz **17** 59 ff.
- analoger Bereich **17** 19 ff.
- Anbieter **17** 37 f.
- Anforderungsprofil **17** 46
- Anwendungsbereich **17** 48
- Aufgabenhinterlegung **17** 53
- Frameworks **17** 34
- Inbound-Angebote **17** 12
- kollaboratives **17** 30
- kommunikatives **17** 30
- Kompetenzfelder **17** 34
- Kontextfelder **17** 34
- Maßnahmen **17** 12 ff.
- Mindset **17** 59 ff.
- Outbound-Angebote **17** 12
- Plattformlösungen **17** 38
- Praxisbeispiel **17** 45
- Schnittstellen **17** 58
- Verantwortlichkeiten **17** 50
- Zeitschiene **17** 6

Cyber Resilience Act **18** 24 ff.
Cyberabwehr **18** 10
Cybercrime **2** 79 ff.
- Delikte **86** 42

Cyberjustice Laboratory **6** 35
Cyber-Physische-Systeme **44** 13
Cybersecurity 18
Cybersicherheit **18** 1 ff., 4
- Cybersecurity Act **18** 21 ff.
- horizontale **18** 24

Cybersicherheitsagenda
- nationale **18** 8 ff.

Cybersicherheitsstrategie
- deutsche **18** 8 ff.
- europäische **18** 12 f.

Cyber-Versicherung **37** 63, **38** 62
Cyberverteidigung **18** 10

dabag **75** 28
Dahrlehensverträge **48** 46
DAO **10** 2, 31
Darlegungs- und Beweislast **38** 50
Data Act **25** 26 ff.
Data Breach **21** 35 ff., **22** 82 ff.
Data Discovery **66** 21, 55
Data Governance **66** 44, **78** 11
- Act **25** 43
- Framework **20** 26 ff.
- Lenkungskreis **20** 23
- Manager **20** 22
- Organisation **20** 9 ff.
- Programm **20** 36

Data Mapping **66** 21, 44, 55
Data Protection
- by Default **2** 39
- by Design **2** 39

Data Science **52** 26
Data Science & Law **6** 28 f.
Data Steward **20** 24
Data Subject Requests **66** 36
Datamining, Eingriffsschwelle **65** 10 ff.
dataport **34** 28
Daten
- anonyme **2** 21, **21** 13
- besonders sensible **30** 64 ff.
- biometrische **21** 15
- Closed-Data **25** 8
- Datenminimierung **21** 44
- Datensätze **19** 5 ff.
- Daten-VO **25** 26 ff.
- dynamische **25** 21
- gelabelte **58** 14
- geschützte **25** 24
- hochwertige **25** 22
- Integrität und Vertraulichkeit **21** 53
- Mangel öffentlicher **92** 54
- öffentliche **21** 85
- Open-Data **25** 8 ff.
- personenbezogene **2** 20, **21** 8 ff.
- Personenbezug **92** 50
- Rechte an **33** 28 ff., **44** 38
- Rechtmäßigkeit der Verarbeitung **21** 55 ff.

- Richtigkeit 21 46
- Shared-Data 25 8
- Speicherdauer 21 47 ff.
- synthetische 2 23
- Verschlüsselung 21 21
- Verstorbener 2 24 f.
- Zugang 92 51 f.

Datenabhängigkeit 26 5
Datenanalyse 43 1 f., 3
Datenarchitektur 20 28 f.
Datenaufbereitung 43 2
Datenauswertung 43 2
Datenbank 15 34, 38, 27 31 ff., 43 25, 50 37, 86 13
Datenbankherstellerrecht 33 29, 31, 33 ff.
Datenbankwerk 33 29, 31 ff.
Datenbeschaffung 43 2
Dateneigentum 25 4 ff., 30
Datenethik 19
Datenethik 19 8 ff., 78 12 ff.
- Board 19 21
- Kommission 78 12, 88 5

Datenfusion 58 55
Datengetriebene Geschäftsmodelle 25 11 ff.
Datengovernance 20
- Data Governance Act 25 23, 43

Datengrundlage, Prognose 65 22
Datenhehlerei 2 79
Datenlizenz 33 41 f.
Datenlöschung 66 49, 56
- regelmäßige 13 35, 14 53 ff.

Datenmarkt 25 14
Datenmengen
- Verwaltung großer 20 41

Datenminimierung 14 48 f.
- DS-GVO 21 44
- Gebot 10 49

Datenmodell 31 25
Datennutzungsgesetz 25 32 f.
Datenpflege 17 48
Datenportabilität 25 44, 84 87
Datenqualität 20 30, 31 16, 55 44, 48
Datenschutz
- **allgemein 21**
- **Compliance 22**
- **Recht der betroffenen Personen 23**

Datenschutz 9 17 ff., 10 34 ff., 15 73, 18 4, 21 1 ff., 25 9, 28 29, 40 68 ff., 43 18, 44 40, 53 32, 58 39, 65 43, 78 9 ff., 83 30, 94 47
- Aufsichtsbehörde 40 70
- Auskunftsverlangen 23 37 ff.

- Bußgeld 2 82
- Cloud Computing 13 29 ff.
- Compliance 22 1 ff.
- Dashboard 22 22
- DS-GVO 52 53, 55 44 ff., 50
- durch Technikgestaltung 2 39, 22 19 ff.
- Erlaubnissatz 10 48
- Folgenabschätzung 2 33, 22 66 ff., 66 35
- Haushaltsausnahme 40 68
- Informationspflichten 2 37 f., 23 15
- Legal Tech 2 18 ff.
- Rechte der betroffenen Personen 23 1 ff.
- Rechtsdurchsetzung 40 69
- Verbraucherschutzverbände 45 12
- Verletzungen 66 37
- Verstoß 38 55 ff.
- Vorfall 21 35 ff., 22 82 ff., 66 37
- Zahlungsverkehr 61 49, 53

Datenschutzbeauftragter 22 9 ff., 24 31 ff.
Datenschutzerklärung 22 16 ff., 27 5
Datenschutzmanagement 24
Datenschutzmanagement 66 6, 28, 78 11
Datenschutzmanagementsystem 19 42, 24 10
- Mindestanforderungen 24 17 ff.
- Ziele 24 13

Datensicherheit 2 40, 14 41 ff., 18 4, 20 33
- Anforderungen 13 36

Datensouveränität 58 40
Datenstrategie 25 3
- europäische 56 24

Datenübermittlungen
- Angemessenheitsbeschlüsse 22 52
- Drittländer 22 47 ff.
- geeignete Garantien 22 53
- Standarddatenschutzklauseln 22 54

Datenübertragbarkeit 25 42
- Recht auf 23 75 ff.

Datenverantwortlicher 20 24
Datenverarbeitung, grenzüberschreitende 13 43 ff.
Datenverwaltung 20 31
Datenverwaltungstools 20 32
Datenverwendung, anonymisierte 25 24
Datenwirtschaft 25 6, 43 1
- Datenzugang 25 2

Datenzugang 25
Datenzugang 63 18, 92 40, 51, 93 30 f., 34, 37
- Finanzdienstleistung 25 46
- im öffentlichen Sektor 25 15 ff.
- Leistungsschutzrecht 92 55
- öffentlicher Sektor 25 3

Stichwortverzeichnis

- Open Data **92** 56
- Personenbeförderung **25** 47
- privater Sektor **25** 3
Datenzugangsanspruch
- allgemein **25** 40 ff.
- sektorspezifisch **25** 45 ff.
- wettbewerbsrechtlich **25** 41
DCGK **15** 20
Debitkarte **61** 41
Decision Support Systems (DSS) **89** 21, 40
Deckungsverhältnis **61** 75
Deduktion **87** 31
Deep Learning **43** 4, 8, **58** 20 ff., **59** 41 f.
- Generative Adversarial Networks **58** 22
- Transformer-Modelle **58** 22
- Transparenz und Erklärbarkeit **88** 15, 17
Deepfake-Technologie **89** 54
DeFi **10** 2
Dekompilierung **33** 9
Delegation **8** 82
Deliberative Demokratie **28** 15
Deliktsrecht **10** 57, **38** 45
Deliktsstatut **48** 57
De-Mail **86** 16
Demokratie **95** 4, 26
Demokratieprinzip **88** 7, 24
Deployment **67** 49
- Modelle **12** 65 ff.
Depotgeschäft **84** 13
Descriptive Analytics **43** 3
Designelemente **17** 26
Desinformation **18** 10
Developer Operations (DevOps) **67** 11, 28 ff.
Dezentralisiertes Grundmodell **24** 48 ff.
Dezentralisierung **32** 6
Diagnostic Analytics **43** 3
Dialogisches Subsumtionshilfeprogramm **31** 7
Dialogkomponente **31** 19
Dialogsystem **53** 5
- automatisiertes **17** 35
Diem **51** 23
Diensterfindung **40** 22
Dienstleister **17** 5 f.
Dienstleistungsfreiheit **81** 15 ff.
Dienstleistungs-Informationspflichten-Verordnung (DL-InfoV) **88** 41
Dienstleistungs-Richtlinie **81** 10 ff.
Dienstleistungsverkehr, freier **42** 18 f.
Dienstleistungsvertrag **48** 22 ff.
Dienstvertrag **38** 4 ff.

Dieselverfahren **96** 37, 39, 68, 70
- Dieselgate **45** 16
Diffuse Interessen **95** 17
Digital Asset Management **32** 17; *siehe* Robo Advice
Digital by Default **28** 6
Digital Compliance **15** 1 ff., 16
Digital Divide **95** 62
Digital Finance Strategy **77** 6
Digital Markets Act (DMA) **25** 44, **62** 10 ff., **78** 45, **93** 39 f.
Digital Native **53** 9
Digital Puppeteering **89** 51
Digital Rights Management (DRM) **2** 66
Digital Services Act (DSA) **2** 83, **55** 50, 53, **62** 10 ff., **63** 110 ff., **64** 81 ff., **78** 45, **93** 41 ff.
- allgemeine Verpflichtungen **63** 111 ff.
- European Board for Digital Services **63** 112
Digitalbasierte Akquise **38** 11 f.
Digitalcheck **34** 45
Digitale Authentifizierung **28** 25
Digitale Beweismittel **86** 43
Digitale Compliance **93** 5, 13
Digitale Disruption **16** 1, **25** 1
Digitale Dokumente **86** 28
Digitale Entscheidungssysteme, software-gesteuerte Verwaltungsvorgänge **39** 9
Digitale Ermittlungsmaßnahmen **86** 37 ff.
Digitale Gerichte **6** 14
Digitale Gesetze **6** 12
Digitale Grundrechte in Europa **19** 33
Digitale Identifizierung **28** 25
Digitale Identität **28** 26
Digitale Infrastrukturen, Effizienz **28** 2
Digitale Inhalte **82** 38 ff.
Digitale Souveränität **34** 6
Digitale Technologien
- Effektivität **39** 3
Digitale Transformation **19** 2, **39** 6
- automatisierter Gesetzesvollzug **39** 1 ff.
Digitale Verfahrensakte **86** 21 f.
Digitale-Inhalte-Richtlinie **82** 17
- Anwendbarkeit auf Legal Tech **82** 42 ff.
- Haftungsbeschränkung **82** 59
- objektive Konformitätskriterien **82** 53 ff.
- Rechtsdienstleistungen **37** 18, 35 ff.
- Umsetzung in Deutschland **82** 38 ff.
Digitaler Rechtsverkehr **86** 14
Digitaler Vertrieb **42** 5
Digitales Europa **56** 20, 27

Digitales Ökosystem
- Embedded insurance 42 27
- Enabler 42 26 ff.
- Orchestrator 42 26 ff.
- Realizer 42 26 ff.

Digitales Staatshandeln 39 4 ff.
Digitales Zentralbankgeld 51 21
Digitalethische
- Assessment 19 20
- Dilemmata 19 2
- Leitlinie 19 19

Digitalisierung 11 14 ff., 34 46, 50 27
- Verwaltung 34 35

Digitalisierung der Urkunden 60 64
Digitalisieurngs- und Innovationseinheiten 34 14
DigitalService4Germany 34 27
Digitalversicherer 42 7 ff.
Disclaimer, Robo Advice 84 23 ff.
Discovery Platforms 17 15
Disintermediation 32 6
Diskriminierung 2 67 ff., 30 34 ff., 55 37 ff., 83 19 f.
- algorithmische 88 3
- am Arbeitsplatz 2 68 ff.
- außerhalb des Arbeitsrechts 2 73
- Blackbox-Problem 2 70
- Kausalität 2 70
- Kompensation 39 13
- Kontrahierungszwang 2 74
- Rechtfertigung 2 72
- Schadensersatz 2 68 ff.
- Verschulden 2 71

Dispute Adjudication Board 3 15
Dispute Board 3 15
Dispute Resolution 50 56 f.
Dispute Review Board 3 15
Disruption 50 11 f.
- Workflow 50 82

Disruptive Lösungen 50 12
Disruptives Potential 5 9 f.
Distributed Ledger Technology 10 1, 42 56 ff., 44 18
Document Review 8 86
DocuSign 27 28
Do-It-Yourself-Software 78 37, 46 ff.
Dokumentation 15 70, 17 55, 24 15, 20
Dokumentationspflichten 1 19
Dokumentenanalyse 26
Dokumentenanalyse 40 40, 50 52, 52 40, 76 30, 83 37 f.
- Expertensystem 50 54

- juristische Kernarbeit 50 53
Dokumentenautomatisierung 27
Dokumentenautomatisierung 7 26, 44, 31 31, 50 55, 76 28
Dokumentenerstellung 15 46, 40 40
Dokumentengenerator 8 89, 50 46, 66 42, 78 46 ff.
- Vertragsgenerator 8 72

Dokumentenklassifizierung 55 21 ff.
Dokumentenlenkung 50 50
Dokumentenmanagement 50 34 f.
Dokumentenmanagementsystem 11 7
Dokumentenverwaltung 27 26 ff.
Dokumentenvorlage 27 7, 17 ff.
- Klausel-Datenbanken 27 33
- Verwaltung 27 27

Dokumentformate 26 3 f.
Dokumentiertheit 20 17
Dokumentklassifikation 26 8 ff.
Dokumentstrukturierung 26 3 f.
Dokumteneninformationssystem 15 31
Domain Specific Language 31 13
Domainname 33 50 f.
DoNotPay 53 27
Doppelte Aktenführung 29 3
DORA 18 20
Double Blind Bidding 5 31
DPMA
- DEPATIS 43 15
- DPMAconnectPlus 43 15
- DPMAregister 43 15

Dreifache Schadensberechnung 2 63
Drittdienstleister 32 16
Drittfinanzierung 45 10
Drittmittel 40 24
Drittwirkung
- Rationales Desinteresse 45 22 ff.

Drohende Gefahr 65 48
Druck, unzulässiger 94 39
DSFA 22 66 ff.
DS-GVO 17 16, 21 1 ff., 24 5 ff., 25 9, 28 20, 30 47 ff., 43 18, 45 12, 63 6 ff., 78 9 ff., 83 30, 96 61 ff.
- Aufsicht 21 100 ff.
- Berechtigte Interessen 21 70 ff.
- Bußgelder 37 60
- Compliance 66 19
- Datenminimierung 21 44
- Datenübertragbarkeit 25 42
- Einwilligung 21 56 ff.
- Integrität und Vertraulichkeit 21 53

- öffentliches Interesse **21** 69
- Rechenschaftspflicht **21** 54
- Recht auf Erklärung algorithmischer Entscheidungen **88** 32 ff.
- Rechtmäßigkeit der Verarbeitung **21** 55 ff.
- Richtigkeit **21** 46
- Speicherbegrenzung **21** 47 ff.
- Verarbeitungsprinzipien **21** 39 ff.
- Verstöße gegen **70** 50
- Vertrag **21** 65 f.
- Zweckbindung **21** 42

DSM-Richtlinie **43** 21 ff.
Due Diligence **52** 40, **55** 13
Durchsetzung **94** 3
- gerichtliche **92** 28

Durchsetzungsinteresse **96** 4 f.
Durchsetzungsmodell **46** 4, **48** 1 ff.
Durchsuchen, automatisiertes **92** 4
Dynamic Systems Development Method (DSDM) **67** 16 f.
Dynamische Daten **25** 21
Dynamische Datenerfassung **25** 47
Dynamische Systementwicklungsmethode (DSDM) **67** 9
DyRiAS, überschießende Risikoeinschätzung **65** 49

eBay **4** 22 ff.
- Dispute Resolution Center **4** 24, **5** 15
- Entscheidung **8** 53

Ebay Dispute Resolution Center **5** 9
E-Beglaubigungen **60** 57 f.
eBO **40** 47 f.
Echtzeitüberwachung **1** 15, **61** 22 f.
eCODEX **86** 54
E-Commerce-Recht **85** 12
E-Commerce-Richtlinie **81** 12 ff., **82** 16
E-Discovery **8** 86, **26** 41, **52** 43, **55** 21 ff., **31**, 41 ff.
- Brainspace Discovery **55** 23
- Everlaw **55** 22

E-Evidence-Verordnung **86** 54
Effektivität **24** 21 f., **83** 10
- von Maßnahmen **95** 59
- von Rechtsnormen **95** 10

Effizienz **24** 21 f.
Effizienzsteigerung **27** 1
EGeld **51** 38 f., **61** 53 ff.
- Aufsichtsrecht **61** 59
- Datenschutz **61** 53
- Geldkarte **61** 59 ff.
- Marktkonzentration **61** 54

- Rechtsrahmen **61** 55 f.
- Technik **61** 53 f.

E-Government 28
E-Government **34** 2, **76** 34
- Gesetz **25** 34
- Rechtsrahmen **28** 32
- Staat-Bürger-Interaktion **28** 12 ff.
- Unionsrechtlicher Rahmen **28** 33

EGVP **29** 9
eHealth, Gesundheitswesen **28** 20
eHealth-Gesetz, gematik **28** 21
eID **28** 25
- EUid **28** 26

eIDAS-Verordnung **79** 9
Eigengeschäft **51** 32
Eigenhandel **51** 32
Eigentum **10** 56
- an Daten **25** 4 ff.

Eigenverantwortlichkeit **24** 39, **70** 9
Eindringtiefe **24** 37 ff.
„Einer für Alle"-Prinzip **34** 29
Einfache Blockierung **64** 62 ff.
Einfrieren des Rechts **83** 11
Eingabefelder **29** 40
Eingriffsbefugnisse **65** 47
Eingriffsintensität **65** 30
Eingriffsschwelle
- Datamining **65** 10 ff.
- konkrete Gefahr **65** 29 ff., 45 ff.

Einheitspatent, europäisches **2** 83
Einsatzszenarien **31** 29
Einschränkung der Vertriebswege **63** 20
Einstellung, Digitalisierung **15** 62
Einstweiliger Rechtsschutz **33** 55
Einwilligung **30** 60
- DS-GVO **21** 56 ff.
- Kopplungsverbot **21** 63
- Management **22** 23
- Widerruf **21** 62

Einwilligungsmanagement **66** 45
Einzelfallentscheidung
- Automatisierte **2** 28 ff.
- Verbot der vollständig automatisierten **30** 49 ff.

Einziehungsklage, UKlaG **45** 19
E-Justice 29
E-Justice **40** 46 ff., **56** 18, 22, **76** 34
- eLegislation **28** 12

EKlausur **6** 45
Elastizität **12** 40
Electronic Agent **44** 23

Elektronisch beglaubigte Abschriften   60 28 ff.
Elektronische Akte   29 2 ff., 75 39 f.
- Staatsanwaltschaft   86 21 f.
- System   86 24 f.
Elektronische Kommunikation   86 15
Elektronische Niederschrift   60 55
Elektronische Patientenakte   28 21 f.
Elektronische Signatur   60 25, 56
- qualifizierte   60 26 ff.
Elektronische Übermittlung   57 10 ff.
Elektronische Urkundensammlung   60 62 f.
Elektronische Vermerkurkunden   60 32
Elektronische Vorlagen   86 29
Elektronischer Rechtsverkehr, besonderes elektronisches Notarpostfach   60 69 ff.
Elektronisches Dokument   29 3 ff.
Elektronisches Gerichts- und Verwaltungspostfach   86 16 f.
Elektronisches Urkundenarchiv
- Urkundenrolle   60 60 ff.
Elektronisches Urkundenverzeichnis   60 61
E-Mail
- Verschlüsselung   22 8
- Werbung   82 28
Embedded insurance   42 27
Embedded Law   52 64
Embedded Regulation   77 2
Emotionale Kosten   95 19
Empfangsbevollmächtigter, inländischer   63 79
Empfehlungsdienste   52 27
Empfehlungssystem   55 50, 53, 63 119, 131, 148
Empirische Rechtsforschung   6 15
EMRK   86 8, 95 35
- Recht auf faires Verfahren   86 4
Enablement   8 82, 42 26 ff.
Ende-zu-Ende-Verschlüsselung   14 46 f.
eNegotiation System (ENS)   89 22 f.
eNegotiation Tables (ENT)   89 24
Enforcementlücke   92 22
ENISA   18 21
Enterprise Contract Management, Begriff   90 4
Entitätenextraktion   86 46
Entpersonalisierung   65 52
Entrepreneurship   40 35
Entscheidung   30 7 ff.
Entscheidungsautomation   7 9, 16 ff.
Entscheidungsbaum   5 48
- Transparenz und Erklärbarkeit   88 15
Entscheidungsbegründung   64 86 f.
Entscheidungsermessen   55 5

Entscheidungsfindung   55 5, 31, 65 37, 86 4
- Aspkete der Automatisierung   5 22 ff.
- automatisierte   5 17 ff., 75 46 ff., 88 1 ff.
- Entwicklungsstufen   5 18 f.
- vollautomatische   55 6
- Wertungsfragen   5 25
- zur Unterstützung der Streitbeilegung   5 47
Entscheidungsfindung, automatisierte   30
Entscheidungsfindungsprozess   55 44 ff.
Entscheidungsfreiheit, geschäftliche   94 25
Entscheidungsmanagement, Digitalisierung   15 52
Entscheidungsparameter   55 37 f.
Entscheidungsphasen   30 7
Entscheidungsproblem   2 7
Entscheidungsprognose   55 1, 5 f., 8 f., 32 ff., 40, 50
Entscheidungsunterstützung   31 31
Entscheidungsvorbereitung   55 50
- Decision Support System   55 6
Entscheidungsvorschlag   83 3
- automatisierter   83 31
Entwurfserstellung
- Besprechungen per Telefon- oder Videokonferenz   60 22
- Entwurfstext   60 20 ff.
- Online-Datenbanken   60 21
EPA
- Espacenet   43 15
- Global Patent Index   43 15
- PATSTAT   43 15
ePrivacy-Richtlinie   82 28, 94 18
ePrivacy-Verordnung   17 16
EProcurement   28 24
E-Prüfung   60 5 ff.
- erste   60 6
- Verfahren   60 7
Equity-Token   51 8
Erfahrung   58 3
Erfindung, computerimplementierte   2 53
Erfolgsbarrieren   95 21
Erfolgshonorar   45 37, 57 42, 52 ff., 69 33, 78 26, 92 23
- angemessener Zuschlag   70 35
- anwaltliches   70 28
- Ausnahmen vom Verbot   70 30
- bei Inkasso   41 22 f., 31 ff.
- bei Inkassodienstleistungen   70 32
- bei pfändbaren Geldforderungen   70 31
- Hochschullehrer   40 56
- Verbot   70 29

– zulässige Vereinbarung mit Anwälten 70 31 ff.
Erfolgskriterien
– Nonverbale 17 26
– Verhaltensbereich 17 27 f.
Erfolgsort 48 58, 96 38
Erfüllungsgehilfen-Rechtsprechung 8 52
Erfüllungsort 96 25 ff.
Ergebnisbeteiligung 8 55
Erklärbare Textanalyse 59 46
Erklärbarkeit 58 41, 88 1 ff.
– Begriff 88 6 ff.
– bei staatlichem Handeln 88 21 ff.
– Post-hoc 88 8
– technische Möglichkeiten 88 16
– von Algorithmen durch kontrafaktische Erklärung 88 20
– von Algorithmen durch lokale Erklärung 88 19
– von Algorithmen durch Visualisierung 88 19
– von algorithmischen Entscheidungen und Prognosen 88 18 ff.
Erklärung
– algorithmischer Entscheidungen und DS-GVO 88 32 ff.
– automatisierte 91 4 ff., 13 ff.
– autonome 91 9 ff.
Erklärungsinstrumente 91 5
Erklärungskomponente 31 28
Erlaubnispflicht 1 8
– Hochfrequenzhandel 1 8
– Robo Advice 84 25 ff.
Erlaubnispflichtigkeit 42 39 ff.
Erlösbeteiligung 69 22
Ermächtigungsgrundlage 65 44
Ermessensentscheidung 29 28 ff., 30 42 ff.
Erscheinen, persönliches
– Anordnung 29 30
Escrow-Mechanismus 5 35
ESignatur 90 51
eSigning 27 28 ff.
Eskalationsklauseln 3 23
– Arb-Med 3 24
– Med-Arb 3 24
Essential-Facilities- Doktrin 93 31 f., 35 ff.
eSta 86 30
Ethereum 61 70
Ethik 55 50 ff., 78 12 ff.
– Charta 95 84
– der Algorithmen 19 9
– der Daten 19 9

– der Infrastrukturen 19 9
– wissenschaftliche 40 20
EU Cyber Shield 18 13
EU-CyCLONe 18 20
EU-Dienstleistungsrichtlinie 17 61
EUIPO 43 15
EU-Kompetenzzentrum für Cybersicherheit 18 13
EU-Recht
– Anwendungsvorrang 79 11
– Ausschlusswirkung 79 11
– Ersetzungswirkung 79 11
– Horizontale Wirkung 79 12
– Vertikale Wirkung 79 11
– Vollharmonisierung 79 13
– Vorabentscheidungsverfahren 79 13
– Vorlagepflicht 79 13
EUREKA 75 23, 31
– Test 75 23
– WINSOLVENZ 75 31
Europa, digitales 56 27
Europäische Datenstrategie 56 24
Europäische Grundrechte, Vorratsdatenspeicherung 65 38 ff.
Europäischer Zahlungsbefehl 57 25
Europäisches Einheitspatent 2 83
Europäisches Mahnverfahren 57 25
European Board for Digital Services 63 112
EU-US-Privacy Shield 12 18
Evaluation
– Accuracy 58 9 f.
– Fβ-Score 58 9 f.
– Precision 58 9 f.
– Recall 58 9 f.
Evaluierung 15 15
EVergabe
– Vergaberecht 28 23
Exklusion 95 62
Expertenportale 76 31
Expertensystem 6 8, 7 21 ff., 50 3, 52 22, 53 6
– in der Streitbeilegung 5 28
– regelbasiertes 30 21
Expertensystem, juristisches 31
Expertise, Maßnahmen 17 22
Explainable AI 59 46, 88 8
Exploit 18 10
Extreme Programming (XP) 67 9, 22

F1-Metrik 26 31
Fachanwender 27 14
Fachanwendungen
– justizinterne 75 35

Fachdatenbank **50** 37
Fachstudium **75** 6, 16 ff.
Fachverlag **92** 51
Facilitation **3** 11, **5** 5
Facility Management **68** 20
Factoring **57** 31
– echtes **69** 6
Fairness **30** 34 ff.
Faktenextraktion **58** 45
Faktizität des Zugangs zum Recht **95** 11
Fall-Akquise **8** 46
Fallausgangsklassifikation **59** 34
Fallorientierte Expertensysteme **31** 15
Fallprüfung **50** 48
FAQ **52** 37
FCPA **15** 5
Feature Engineering **59** 25
Feature Vector **59** 24 ff.
Feature-Repräsentation **59** 22 ff.
Feedback **58** 7
– System **89** 41
Fehlentscheidungen, Fehleranfälligkeit **39** 9
Fehlerkontrolle **83** 10
Fehlerkultur, Fail Fast **17** 26
Fehlerquellen **38** 6
Fehlerquote **65** 23
Fernabsatzgeschäft, Widerrufsrecht **82** 36
Fernsignaturzertifikat **60** 11
Finance **43** 12
Financialright-Urteil **78** 34
Finanzanalyse **43** 12
Finanzdienstleistung **51** 30, 33
Finanzinstrumente **10** 62, **51** 27
Finanzportfolioverwaltung
– Geeignetheitserklärung **84** 32
– Geeignetheitsprüfung **84** 30 f.
– Merkmale **84** 13
– standardisierte **84** 15
– Vetorecht **84** 17
Finanztransfergeschäft **84** 10, 27
Finanzverwaltung **30** 27
Fingerprinting **43** 8
FinTech 32
FinTech **32** 22, **61** 3 ff.
FinTS **61** 17
FinVermV, Verhaltenspflichten **84** 50
Flagging **1** 21
Flash Crash **1** 4, 6
Flexibilität **20** 12
Flightright **8** 4
Flipped Classroom **6** 38

Florentinische Access-to-Justice-Project **95** 18
FlugDaG **65** 13
Fluggastrechte **96** 18, 30, 43, 66 f.
Fluggastrechte-VO **48** 2 ff.
– myright **45** 3
– Schadensersatzansprüche **45** 23
Folgemärkte **92** 15
Folgenbeseitigungsanspruch **39** 21
FOLIA **75** 27 f.
Fördermittel **34** 42
– Formen der Förderung **34** 41
– GovTech **34** 40 ff.
Förderung
– staatliche **92** 11
Forderungsdurchsetzung **8** 29 ff., **94** 39
Forderungskauf **69** 6, **78** 38
Forderungsstatut **47** 4 ff.
Forderungsverjährung **36** 17, 22
Foren, virtuelle **17** 13
Formalisierbarkeit **87** 19 ff.
Formalisierung **87** 19 ff.
Formalismus **2** 7
Formelkompromisse **17** 67
Formulare **27** 8, **29** 40
Formularhandbuch **27** 7
Formularverwendungspflicht **57** 9
Forschung **63** 91 ff.
Forschungswellen **95** 12
Fortbildung **75** 40
Fortschritte, digitale Transformation **28** 42
ForumSTAR **52** 42, **75** 23 f., 31, **86** 31 f.
Fourth Party **5** 11
Frag-einen-Anwalt.de **8** 61 f.
Framework **54** 9 ff., **67** 63 f.
Frankreich **95** 84
Frauke **83** 42
Freedom to Operate **43** 6
Freiberuflichkeit **70** 9
Freie Anwaltswahl **76** 16
Freie Meinungsäußerung **43** 21 ff.
Freier Beruf **71** 18
– Hochschullehrer **40** 79
Freier Dienstleistungsverkehr **42** 18 f.
– Notifikationsverfahren **42** 20
Freier Markt **28** 41
Fremdbesitzverbot **40** 77 ff.
Fremdgeld **57** 55
– anvertraute Vermögenswerte **70** 39
Fremdmittelaufnahmeverbot **42** 14
Fristenberechnungs-Tool **83** 39 f.
Fristenkalender **40** 64

Full Nodes 10 10
Funktionelle Zuständigkeit 96 13
Fuzzy-Logik 2 10, 30 22 ff.

Gatekeeper 32 22, 92 38, 93 39 f.;
  siehe auch Plattformstrukturen
Geblitzt.de, Geschäftsmodell 8 45
Gebot der gewissenhaften Berufsausübung
– Auffang- bzw. Transportnorm 70 49
– Auffang- und Transportnorm 70 8
– bei Masseninkasso 70 49
– Verpflichtung zur persönlichen Leistungserbringung 70 9
Gebrauchsmuster 40 21 ff.
GeFa 75 25, 86 32
Gefährdungshaftung 91 25
Gefahrenabwehr
– digitale Technologien 28 30
– Prävention 65 1
– Staatshaftung 39 12 ff.
Gefahrerforschungseingriff 65 46
Gefahrindizierende Merkmale 65 5
Gefährlichkeitsprognose 86 52
Gefälligkeitsverhältnis, Rechtsbindungswille 82 15
Gegenseitige Anerkennung, Portalverbund 28 34 ff.
Gegenvorstellungsverfahren 64 49 ff.
Geheimhaltung 13 13, 14 41 ff.
Geheimnis- und Datenschutz 13 1 ff.
Geheimnisschutz, strafrechtlicher 13 3 ff.
Geistiges Eigentum 33 1 ff.
Gelabelte Daten 30 26
Geld 10 62
– Geldmonopol 51 20
Geldbegriff 51 11 f.
Geldkarte 61 59 ff.
Geldwäsche 15 58, 61
Gemeinsames Basisdokument 29 39
Gemeinwohlorientierung 95 76
Generalization 58 11 f.
Generalklausel 94 48 f.
Generative Adversial Network 2 23
Genesis-Block 10 4
Gerechte Staatlichkeit 95 2
Gericht 86 6
– digitales 6 14
Gerichtliche
– Durchsetzung 92 28
– Zuständigkeit 96 1
Gerichtliches elektronisches Dokument 29 6

Gerichts- und Verwaltungspostfach (EGVP) 29 9
Gerichtsakte 29 2 ff.
Gerichtsorganisation 83 4 ff.
Gerichtsstand 96 19
– allgemeiner 96 20 ff.
– besonderer 96 24 ff., 31 ff., 42 ff., 56 ff., 74 ff.
Gerichtsstandsvereinbarung 96 59 ff., 72
– Abtretung 96 60
Geringfügige Nutzung 64 70
Gesamtstrategie 17 31
– konsistente 17 11
Geschäftliche Entscheidungsfreiheit 94 25
Geschäftliche Handlung 94 20 ff.
Geschäftsausrichtung 17 68
Geschäftsgeheimnis 2 56 ff., 10 25, 15 57, 33 29, 37 ff., 43 26, 84 88
– Anforderungen 2 58
Geschäftsmodell 50 8, 61 5, 13 ff., 96 1 ff., 7 ff.
Geschäftsnutzen 20 38 f.
Geschäftspraktik
– aggressive 82 26
– irreführende 82 21 ff.
Geschäftswert 17 52
Geschwindigkeit 9 5
Gesellschaftliche Erwartungen 83 7
Gesellschaftsrecht 10 30
Gesellschaftsvertrag 36 8
Gesetz zur Förderung verbrauchergerechter Angebote im Rechtsdienstleistungsmarkt *siehe* Legal-Tech-Gesetz
Gesetz zur Modernisierung des Personenbeförderungsrechts 25 47
Gesetz zur Verbesserung der gesundheitsbezogenen Verbraucherinformation 25 37
Gesetze, digitale 6 12
Gesetzesbindung 28 8 ff., 65 24
– informationelle Selbstbestimmung 28 42
Gesetzgebung 43 13
Gesetzliche
– Grundlage 28 36
– Norm 87 5
Gesetzlicher Richter 52 56
Gesetzliches Zahlungsmittel 51 15 f.
Gestaltungsvorgaben durch Lauterkeitsrecht 94 17 ff.
Gestattung 29 17
Gesundheit, öffentliche 21 95 ff.
Gesundheitsvorsorge 21 92 ff.
Gesundheitswesen 19 25
Gewerbesteuerprivileg 27 41

Gewerblicher Rechtsschutz 33
- Ansprüche 2 60 ff.
- Beseitigungsanspruch 2 61 f.
- Nebenansprüche 2 65
- Patentrecht 52 52
- Schadensersatz 2 63
- Schmerzensgeld 2 64
- Unterlassungsanspruch 2 61 f.
- Urheberrecht 52 52
- Wiederholungsgefahr 2 61
Gewinnbeteiligung
- Dritter 8 55 f.
- Schutzzweck 8 57 f.
- Verbot 8 57 f.
Gewissenhafte Berufsausübung 78 23
Girocard 61 41
Giropay 61 27, 73
Glaubwürdigkeit 17 67
Gleichbehandlung 83 20
GmbHG 18 14
Google Analytics 17 16, 22 60
Google Pay 61 46 ff.
Governance 24 3
Governance, Risk & Compliance-Anwendung 77 4
GovTech 34
GovTech 56 24
- Absatzmarkt 28 16
- Campus 34 12, 37
GPT3 52 5, 53 21
GRC-Anwendung 77 4
Grenzüberschreitende Prozessfinanzierung 69 45 ff.
- Forderungsstatut 69 48
- Vertragsstatut 69 46
- Zessionsstatut 69 48
Grenzüberschreitende Videokonferenz 29 16
Grundbuch 60 16, 71 ff.
Grundfreiheiten 79 5
- Beeinträchtigung des Schutzbereichs 81 20
- diskriminierende Maßnahmen 81 20
- Kohärenzgebot 81 25 ff.
- Schutzbereich 81 15 ff.
- unterschiedslos anwendbare Maßnahmen 81 20
- Verhältnismäßigkeit von Beschränkungen 81 22
Grundgeschäft 61 75
Grundgesetz 95 28
Grundgesetzlicher Richter 83 21

Grundmodell
- dezentralisiertes 24 48 ff.
- zentralisiertes 24 44 ff.
Grundrecht auf Gewährleistung der Vertraulichkeit und Integrität informationstechnischer Systeme 39 8
Grundrechte 43 18
- digitale, in Europa 19 33
- europäische 65 38 ff.
Grundrechtecharta 95 41
Grundrechtseingriff, Informationelle Selbstbestimmung 28 35 ff.
Grundrechtsrelevanz, Grundrechtseingriff 65 25
Gründung von Unternehmen 40 34 f.
Gruppenfreistellungsverordnungen 93 8
Gruppenversicherung 42 49
Gutachterverfahren 76 17
Güterichter 3 6
Güteverhandlung 29 15
Gutscheinkarte 61 52
GWB-Digitalisierungsgesetz 25 41

Hackathon 6 43, 34 16
Hacktivism 18 1
Haftung
- **allgemein 35**
- **des Legal Tech-Unternehmens bei Inkassodienstleistungen 36**
- **des Legal Tech-Unternehmens ggü. Kunden 37**
- **des Rechtsanwalts ggü. Mandanten 38**
- **des Staates 39**
Haftung 53 36 ff., 64 10 ff.
- Akquise-Tools 37 12 f., 25 f.
- Art. 34 S. 1 GG 39 11
- automatisierte Entscheidung im Einzelfall 2 75
- autonome Systeme 44 36
- bei erlaubter Inkassotätigkeit 36 3 ff.
- bei Inkassodienstleistungen 36 1 ff.
- bei Legal Tech-Anwendungen 37 11 ff., 23 ff.
- bei Rechtsdienstleistungen 37 1 ff., 11 ff., 23 ff.
- bei unerlaubter Inkassotätigkeit 36 14 ff.
- bei unerlaubter Rechtsdienstleistung 37 38 ff.
- beim Einsatz von Legal Tech-Tools 38 1 ff., 78 18 ff.
- Berufshaftpflichtversicherung 40 59
- Beweislast 36 22, 37 11, 22, 25, 28 f., 37, 51 f.
- Bußgelder nach DSGVO 37 60
- Bußgelder nach RDG 36 24
- datenschutzrechtliche 37 60

- deliktische **37** 56 ff.
- DS-GVO **21** 100 ff.
- Haftungsbegrenzung **40** 58
- Haftungsbeschränkungen **37** 61 f.
- Hochschullehrer **40** 57 ff.
- Legal Chatbots **37** 15
- Nichtigkeit **36** 6 ff., 14 ff., **37** 38 ff.
- Produkthaftung **37** 59
- Rechtsanwalt **2** 76
- Schadensersatz **37** 55 ff., 60
- Schadensersatz bei Inkasso **36** 3 ff., 20 ff.
- Schadensersatz bei Legal Tech-Anwendungen **37** 11 ff., 23 ff.
- Schadensersatz bei Rechtsdienstleistungen **37** 11 ff., 23 ff., 46 ff.
- unlauterer Wettbewerb **37** 55
- Versicherung bei Inkasso **36** 27 f.
- Versicherung bei Rechtsdienstleistungen **37** 63
- Vertragsbeziehungen **37** 2 ff.
- Vertragsgeneratoren **37** 16 f.

Haftungsausschluss **82** 59
- durch AGB **82** 60, 64

Haftungsbeschränkung **38** 59 f., **82** 59
Haftungsdach **84** 26
Haftungskonstellationen **35** 1 ff.
Haftungsrisiken **39** 3
Haftungsvermeidung **24** 14, **35** 2, **38** 58 f.
Haftungsvorsorge **35** 2, **38** 58 ff.
Handakte
- elektronische **70** 26
- personenbezogene Daten **70** 26
- Sorgfaltsanforderungen **70** 26

Handels-, Genossenschafts- und Partnerschaftsregister **60** 70
Handelsaktivitäten **1** 15
Handelsregister **60** 15
Handelssystem, multilaterales **51** 33
Händler **18** 30
Handlungsfelder, nonverbale **17** 26
Hardwaresouveränität **18** 15
Harmonisierung **95** 71
Harvard-Konzept **89** 3 ff.
Hashing **43** 8
Hauptverhandlung, Aufzeichnung **86** 50
Hausrecht, virtuelles **64** 2 ff.
HBCI **61** 17
Headless **27** 24
Herkunftslandprinzip **81** 12 ff.
Hermeneutik, juristische Hermeneutik **83** 13 f.
Hermeneutik, Vorverständnis **83** 13 f.

HessenDATA. personenbezogenes Vorhersagesystem **65** 16
High Level Expert Group on Artificial Intelligence **78** 12
Hinweis, rechtlicher **83** 33
Hinweisgebersystem **15** 65
Hochfrequenzhandel
- Erlaubnispflicht **1** 8
- Legaldefinition **1** 3

Hochfrequenzhandelsgesetz **1** 6
Hochrangige Expertengruppe für KI **78** 12
Hochrisikosystem **80** 9 ff., **83** 41
Hochschule
- Ausgründung **40** 35
- Gründungsförderung **40** 33 f.
- Law Clinic **40** 31
- Legal Tech Clinic **40** 31
- Lehre **40** 6 ff.

Hochschullehrer 40
- Beamter **40** 61 f.
- Begriff **40** 4
- Berufsausübungsgemeinschaft **40** 77 ff.
- Berufsrecht **40** 53 ff.
- Diensterfindung **40** 22
- Drittmittel **40** 24
- Emeritus **40** 71
- Entwickler von Legal Tech **40** 18
- Fachhochschulprofessor **40** 5
- Freiberuflichkeit **40** 79
- Gutachten **40** 37
- Haftpflichtversicherung **40** 59
- Haftung **40** 57 ff.
- Honorarprofessor **40** 5
- im Angestelltenverhältnis **40** 25
- Interessenkollision **40** 65
- Internetauftritt **40** 52
- Lehrfreiheit **40** 6
- Lehrstuhl **40** 66
- Mäßigungsgebot **40** 61
- Nebentätigkeit **40** 67, 71 ff.
- Nicht-Jurist **40** 3
- Plattform **40** 52
- Praxissemester **40** 71
- Privatdozent **40** 5
- Prozessvertreter **40** 43
- Prüfung **40** 16 f.
- Rechtsberater **40** 39
- Rechtsdienstleistung **40** 36 ff.
- Rechtsvertreter **40** 43
- Streitentscheider **40** 50 f.
- Teilzeit **40** 71

- Verfassungstreuepflicht **40** 19
- Vergütung **40** 56
- Verschwiegenheit **40** 55
- Werbung **40** 52, 60 f.
- widerstreitende Interessen **40** 54

Homeoffice **18** 1

Honorar
- Erfolgshonorar **40** 56, 63, **69** 33
- Hochschullehrer **40** 56

Honorarordnung für Architekten und Ingenieure **68** 19

HotDocs **27** 15

Howey-Test **51** 29

Hub-and-Spoke-Konstellation **93** 20 ff.

Human in the loop **55** 20, 24

Human Rights by Design **2** 41

Hybridakte **29** 3

Hybride Ansätze **27** 22

Hybride Expertensysteme **31** 17

Hybridlösungen **73** 13

Hyperscaler **18** 13

IBAN **61** 16

ICO **10** 63, **51** 5

ID Wallet, digitaler Ausweis **28** 27

Identifizierbarkeit **21** 10

IDW PH 9.860.1 **24** 61 ff.

IDW PS 980 **24** 58 ff.

IHK **42** 40 f.

IKT **28** 10

Illegale Produkte **63** 142 f.

Image Recognition **52** 28

Immaterialgüterrecht **40** 21 ff.

Immobilienbranche **68** 2, 10

Implementierung **2** 15

Importeure **18** 29

Indienststellung, nutzungsabhängige und messbare **12** 41

Indikatoren **95** 54

Individualgerechtigkeit **30** 42 ff.

Individualgeschäft **90** 56

Individualrechtsschutz **95** 79

Industrie 4.0 **44** 1

Inferenzmaschine **31** 22 ff.

Inferenzverfahren **31** 4

Informatik **6** 28

Information Lifecycle Management **66** 49

Information, Recht auf **23** 39 f.

Information Retrieval **26** 19 ff.
- BM25 **26** 26
- Definition **26** 19
- Evaluation **26** 30 ff.
- Invertierter Index **26** 22
- Learning to Rank **26** 27
- Query/Suchanfrage **26** 19
- Scoring-basierte Verfahren **26** 23 ff.
- TFIDF **26** 24
- Vector-Space-Retrieval **26** 25

Informationelle Selbstbestimmung **43** 18, **65** 28
- Eingriff **65** 12 ff.
- Rechtsgrundlage **28** 3 ff.

Informationsaustausch **15** 50, **25** 10

Informationsextraktion **26** 11 ff.
- Coreference Resolution **26** 13
- Event Detection **26** 15
- Implementierung **26** 17
- Named Entity Recognition **26** 12
- Positionsinformationen **26** 18
- Relation Detection & Classification **26** 14
- Template Filling **26** 16
- Verweisauflösung **26** 13
- Zitaterkennung **26** 13

Informationsfreiheit **43** 21 ff.

Informationsfreiheitsgesetz **25** 37

Informationsmanagement **11** 18, **50** 50

Informationspflicht **30** 70, **88** 5, **94** 45
- gegenüber Verbrauchern **82** 31 ff.
- von Inkassounternehmen beim Einsatz von Legal Tech **88** 46
- von Rechtsanwälten beim Einsatz von Legal Tech **88** 40 ff.

Informationsrechte **23** 12 ff.

Informationssicherheit **18** 4, **20** 33, **66** 13

Informationssysteme **75** 36
- juristische **75** 18, 32, 36

Informationstechnologie **19** 24

Informationsverwendungsgesetz **25** 32

Informationszugangsrechte **92** 54 ff.

Infrastructure-as-a-Service (IaaS) **12** 53 ff.

Infrastruktur **92** 58

Inhaltskontrolle von AGB **82** 65

„In-House-Vergabe" **34** 26 ff.

Initial Coin Offering (ICO) **51** 25

Inkasso **8** 30 ff., **78** 30 ff.
- Arbeitsrecht **8** 50
- Begriff **57** 34 ff.
- gerichtliche Durchsetzung **8** 39, **57** 38
- Informationspflichten für Verbraucher **57** 40 ff.
- Inkassozession **8** 31, **78** 31
- Legal Tech-Inkasso **57** 26 ff.
- Legaldefinition **8** 15
- Prozessfinanzierer **8** 36

- Prozessfinanzierung 96 9 f.
- Rechtslehrer 40 2
- Reichweite der Inkassobefugnis 8 16 f.
- Sammelklage 8 39
- unbestrittene Forderung 57 38, 59
- Vergleichsabschluss 57 44
- Vollmachtsmodell 8 31, 78 31

Inkassobefugnis 72 5
Inkassobegriff, Rechtsdienstleistungsmarkt 45 28
Inkassodienstleister 45 11, 27
- Ablehnung eines Auftrags 57 45
- Berufspflichten 57 40
- Vergütung 57 56 ff.

Inkassodienstleistung 41
Inkassodienstleistung 52 33, 57 27, 72 5, 9, 38
- Abtretung 36 9 ff., 22, 41 2, 8
- Airdeal 41 16, 20, 22, 28, 31
- Aktivlegitimation 36 6 ff., 41 18
- anwaltliche 70 41
- Begriff 70 42
- Berufshaftpflichtversicherung 36 27 f.
- Bußgelder 36 24
- Definition 41 10 ff., 72 39, 44
- Erfolgshonorar 41 22 f., 31 ff.
- Forderungsverjährung 36 17, 22
- Gemeinsam mit Prozessfinanzierung 57 43
- Haftung 36 1 ff.
- Legal Tech-Gesetz 36 21, 41 2, 5 f., 11, 13 f., 16, 18, 24 ff., 32 f., 72 41
- Legal Tech-Inkasso 72 40 ff.
- Lexfox 36 11, 37 40 f., 41 1 f., 11 f., 20, 22, 31
- Nebenleistung 72 44
- Nebentätigkeit 41 6, 13 f.
- Nichtigkeit 36 6 ff., 14 ff.
- Pflichtenprogramm 36 4
- Prozessfinanzierung 41 22 ff.
- Prozessfinanzierung auf Erfolgshonorarbasis 72 40
- Registrierung 36 21, 23, 41 5, 17
- Sachkunde 41 5, 17 f.
- Sammelklage-Inkasso 72 40, 45
- Sammelklagen 36 28, 41 1, 28 ff., 34
- Schadensersatz 36 3 ff., 20 ff.
- Umfang 72 42
- unerlaubte 36 14 ff.
- Verbraucherschutz 37 34, 41 25 f., 29, 33, 78 17
- Vergleiche 41 28 ff., 31 ff.
- Zulässigkeit 41 35

Inkassoerlaubnis
- Rechtsprechung 57 35 ff.
- Reichweite 69 38, 78 33 ff.
- Umfang 57 34 ff.
- Wenigermiete.de 45 32 f.

Inkasso-Prozessfinanzierung 69 9 ff., 13
- gesellschaftliche Faktoren 69 14 ff.
- rechtliche Faktoren 69 11 ff.
- Rechtsnatur 69 19
- Sammelklage 69 39
- technische Faktoren 69 10
- Zulässigkeit 69 36 ff.

Inkassounternehmen
- Berufshaftpflichtversicherung 78 32
- BRAO 45 25
- gerichtliche Durchsetzung 92 28
- Informationspflichten beim Einsatz von Legal Tech 88 46 ff.
- Registrierung 78 32
- Sachkunde 78 32
- Wettbewerbsvorteil 92 18 ff.

Inkassoverhältnis 61 75
Inkubatoren 34 18
Inländerdiskriminierung 81 31
Inländischer
- Empfangsbevollmächtigter 63 79
- Zustellungsbevollmächtigter 63 88, 108 f.

Innovation 28 28 ff., 44, 34 11
- Innovationseinheiten im Staat 34 14
- Innovationskultur 54 31
- Innovationslabore 34 17
- Innovationsmanagement 43 11
- Innovationsstandort Deutschland 42 13
- private Initiativen 28 43 f.
- technologiegestützte 42 3 f.

Input 58 14
Insiderhandel 1 23
Instant-Überweisung 61 22 f.
Instanzenauthentisierung 61 8
InsurTech 42
- Definition 32 8
- Versicherungsvermittler 42 38 ff.

Integrationsthese 74 5 ff.
Integrität 21 53
Intellectual Property Analytics 43
Intellectual Property (IP) 33 1 ff.
Intelligent Process Automation 66 70
Intelligenz 52 10
Interaktion, Bürger 28 9
Interbankenverhältnis, Zahlungsverkehr 61 75
Interdependenz 95 54

Interdisziplinäre
- Studiengänge 6 30
- Zusammenarbeit 6 47

Interessenbasiertes Verhandeln (Interest Based Negotiation) 89 3 ff.

Interessenkollision 78 25
- Hochschullehrer 40 54, 65

Interessenskonflikte
- Offenlegung 84 39
- Robo Advice 84 74 f.

Interessenvertretung 17 23
Intermediäre 61 24 ff., 62 3, 9, 16
Intermediärsdienste 32 13
Internal Investigations 15 14, 67 ff.
Internationale Zuständigkeit 96 13
Internationales Privatrecht 69 45 ff.
Internet, Lastschriftzahlung 61 34
Internet of Things 44
Internet of Things (IoT) 10 21 ff., 42 63, 44 1 ff., 50 74, 91 7
- Anwendungen 44 8

Internet-Banking 61 15
Intransparenz 30 39, 83 10
Investitionsvolumen 68 11
Investment-Token 51 8
Investmentvermögen 51 34
IP-Adresse 21 12
Irreführung 94 30 ff.
- Irreführungsverbot 63 127

ISO 15 11, 25
- 27701 24 64 f.
- 29100 24 66 f.

IT-
- Forensik 15 69
- Haftpflichtversicherung 37 63
- Infrastruktur 34 43
- Outsourcing 12 23 ff.
- Sicherheit 18 4
- Sicherheitsgesetz 2.0 18 16 ff.
- Sicherheitskennzeichen 18 18
- SiG 2.0 18 16 ff.
- Verkehrssicherungspflicht 39 19
- ZVG 75 24

Iterative und inkrementelle
- Produktentwicklung 67 23 ff.
- Softwareentwicklung 67 23 ff.

JUDICA 75 23 f., 31, 52
- -InsO 75 24, 31

JUDITH 31 7
Jugendschutz 63 132
- JuSchG 63 77 ff., 64 55

Juristenausbildung 79 2
Juristische Informationssysteme 75 18, 21, 32
Juristische Kerntätigkeit 50 4 ff., 26
- Dokumentenanalyse 50 53

Juristische Mitwirkung 50 83 ff., 89
- Anwendungsfelder 50 87
- Low Code 50 88
- Smart Contracts 50 90

Juristische Schnittstellen 50 83
Juristischer Syllogismus 87 8 ff.
Juristisches
- Arbeiten 83 1 ff.
- Denken 87 16 ff.

Justiz 31 33, 54 51
- DS-GVO 21 88

Justizgewährungsanspruch 72 47, 83 21 ff.
Justizinterne Fachanwendungen 75 17, 21 ff., 35
Justizlücke 95 82
Justizportal 29 48 ff.
Justizsyllogismus 87 8 ff.

Kanzlei 27 13, 54 43
- Anforderungen 70 21
- Bearbeitung von Massenverfahren 70 23
- Ermittlung der Kanzleiziele 17 32
- Kanzleiidentität 17 32
- Kanzleimanagement 11 2 ff.
- Kanzleiprofil 17 32
- Kanzleisoftware 11 5 ff., 73 14
- Kanzleistrategie 17 33
- KanzleiTaskForce 17 45
- Kommunikationsmittel 70 21
- Pflicht zum Einsatz von Legal Tech 70 23
- Präsenzpflicht 70 21
- räumliche Ausstattung 70 21 f.
- Tochtergesellschaft 8 77
- virtuell 70 22

Kapitalanlageverfahren 96 37
Kapitalbeteiligung 71 33
- Fremdbeteiligung 71 2

KapMuG 45 20
Karte 61 35 ff.
Kartellabsprache
- abgestimmte Verhaltensweise 93 9
- Vereinbarungen 93 7
- Wettbewerbsbeschränkung 93 14

Kartellrecht 9 20 ff., 93 1 ff.
Kartellrechtliches Missbrauchsverbot 92 45
Kartellschadensersatz 96 37, 40, 68, 71
- Klagen 93 3

Kartenemittenten 32 16

Kategorisierung
- 1.0, 2.0 und 3.0 **27** 3
- anwendungsbezogene **76** 26 ff.
- Kategorisierungstools **20** 32

Kaufverträge **48** 44
Kausalität **30** 33, **38** 37 ff., **39** 26
Kennzeichnung
- als gesetzlich erlaubt **64** 71 ff.
- Kennzeichnungsmöglichkeiten **63** 130
- Pflicht **88** 5
- Pflichten für Werbung **63** 128 ff.
- Verstöße gegen Kennzeichnungs- und Informationspflichten **70** 50

Kernbereich privater Lebensgestaltung **86** 41
KI-Haftungs-RL **79** 10
Kill-Funktion **1** 11
Kira Systems **55** 14
KI-Verordnung **2** 83, **39** 28, **52** 6, **58** ff., **55** 44 ff., 49 ff., **58** 61, **78** 52, **80** 1 ff., **83** 41, **92** 36, **95** 71
- Anwendungsbereich **80** 4 ff.
- Aufsicht **52** 61
- Aufzeichnung **52** 61
- Chatbots **80** 13
- Dokumentation **52** 61
- Durchsetzung **80** 3
- Hochrisiko-KI-Systeme **52** 60
- Hochrisikosysteme **80** 9 ff.
- IT-Sicherheit **52** 61
- Konformitätsbewertung **52** 61
- Risiko- und Qualitätsmanagementsystem **52** 61
- risikobasierter Ansatz **80** 2
- Sanktionen **52** 62
- Transparenz **52** 61
- Transparenzanforderungen **80** 13 f.
- Transparenzpflichten **88** 55 ff.
- verbotene Einsatzformen **52** 59
- verbotene KI-Systeme **80** 7 f.

Klagebefugnis **45** 9
- Verwaltungsprozess **45** 22
- Klageberechtigung **45** 19
- Musterfeststellungsklage **45** 17

Klassifikation **58** 6, **87** 26
Klassische Prozessfinanzierung **69** 8
Klausel-Datenbanken **27** 33
Klauselgenerator, Patentfähigkeit **2** 52
Klausel-Richtlinie **82** 65
Klausur, elektronische **6** 45
Kleinbetragszahlungsinstrument **61** 60
Kleros **5** 41 f.

Klimawandel **95** 81
Klugo.de **8** 61 f.
Know-How-Schutz **33** 29, **37** ff.
Knowledge
- Engineering **59** 48
- Management **50** 39
- Representation **52** 13, **59** 48

Kohärenzgebot **8** 41
- Grundfreiheiten **81** 25 ff.
- im EU-Recht **79** 5
- Verhältnismäßigkeits-RL 2018/958/EU **81** 34 ff.

Kollaborative CRM **17** 30
Kollaboratives Schreiben **6** 39
Kollegialgerichtliche Beratung **29** 31 ff.
Kollektive Rechtsdurchsetzung **45** 4, **95** 79
Kollektiver Rechtsschutz **45**
Kollisionsrecht
- **allgemein** **46**
- **Abtretungsmodell** **47**
- **Durchsetzungsmodell** **48**
- **Smart Contracts** **49**

Kollisionsrechtlicher Verbraucherschutz **48** 16
Kommodifizierung **95** 57
Kommunikation **20** 37
- asynchrone **5** 8

Kompetenz **31** 23
- Kompetenzerweiterung, Grundrechtseingriff **28** 30
- Kompetenzziele **6** 1

Komplexität **52** 49
- teilweise **87** 10

Konditionalsatz **30** 16
Konditionalschema **87** 12
Konfliktprävention, Bewertungssystem **4** 26
Konformitätstests **1** 12 f.
Konfusionsmatrix **58** 9
Konkurrenzschutz, kein Schutzzweck des RDG **8** 100
Konsensbildung **20** 37
Konsultation, vorherige **22** 76 ff.
Kontext **30** 45
Kontoinformationsdienst **32** 16
Kontrahierungszwang **2** 74
Kontrolle **28** 41
- Digitalisierung **15** 63

Kontrollpflicht, IT-Verkehrssicherungspflicht **39** 19
Konversion **50**
- Chancen **50** 79
- No-Code **50** 20

– Workflow **50** 7
Konzernstruktur **15** 37, 56, 63
Kooperationsvertrag Partnerkanzlei **8** 51
Kopie, Recht auf **23** 41 ff.
Kopierschutz **2** 66
Kopplungsverbot, Einwilligung **21** 63
Ko-Regulierung **19** 39
Korrelation **30** 33, **55** 11 f., 32 ff.
Korrespondenzversicherung **42** 20
Korruption **15** 58, 61
Kosten **28** 7
Kostenerstattungsanspruch **57** 72
Kostenlose Legal Tech-Angebote **82** 15 ff.
Kostenübernahme **78** 26
– anwaltliche **70** 28, 36
– Gefahr für anwaltliche Unabhängigkeit **70** 37
Kreditkarte **61** 42 f.
– virtuelle **61** 46 ff.
Kreditwesen **15** 24
KRITIS **2** 40
Kritische Infrastruktur **2** 40
Kryptogeld **61** 62 ff.
Kryptographie **51** 4
Kryptoverwahrgeschäft **51** 31
Kryptowährung 51
Kryptowährung **91** 27
Kryptowerte **51** 28, **61** 62 ff.
– Aufsichtsrecht **61** 67 f.
– Bitcoin **61** 69
– Ethereum **61** 70
– Handel **61** 67
– Rechtsnatur **61** 68
– Technik **61** 65 f.
– Zivilrecht **61** 68
Kulturwandel, Paradigmenwechsel **28** 8
Kunden statt Mandanten **17** 61
Kundenakquise **52** 35
– E-Mail-Werbung **82** 28
Kundenauthentifizierung, SEPA-ELV **61** 33 f.
Kundenbeziehungen **17** 1 ff.
Kundenbindung **92** 46
Kundenexploration
– matching **84** 4
– Plausibilitätskontrolle **84** 3
– Robo Advice **84** 3
Kundenpflege **17** 10, 35
Kundenpostfach **84** 81
Kundenservice **17** 6
Künstliche Intelligenz (KI) 52

Künstliche Intelligenz (KI) **5** 17 ff., **6** 5, **8** 86, **15** 68, **18** 10, **25** 2, **28** 19, **38** 45, **40** 1, **42** 63, **43** 3 f., **44** 22, 32, **55** 4, 8, 37, **56** 21, 23, **65** 51, **66** 70, **72** 19, **76** 35 ff., **90** 43, **91** 3
– Anwendungen **50** 63 f., **55** 50, 52
– Anwendungen, Potential **50** 64 ff.
– Definition **52** 9 ff.
– Geistige Eigentumsrechte an **33** 10
– Grundlage für Automatisierung der Streitbeilegung **5** 18
– im Recht **7** 33 ff.
– Justiz **95** 84
– Kontrolle **39** 2
– Legal Singularity **7** 40 f.
– Module **53** 18
– neuronale **52** 23
– schwache (weak) **52** 16
– Staatsanwaltschaft **86** 45
– starke **52** 16, **91** 12
– symbolische **52** 21
– Systeme **55** 44 ff.
– Winter **52** 3
Künstliche Neuronale Netze **91** 11
– Activation Function **58** 21
– Bias **58** 21
– Deep Learning **58** 20 ff.
– Perzeptron **58** 21
– Weight **58** 21
Kwitt **61** 27, 73

Label **58** 9, 14
Language Models **59** 43 ff.
– Prompting **59** 53
– Risiken **59** 44
Lastenheft **17** 47, **67** 36 ff.
Lastschrift **61** 29 ff.
– Definition **61** 29
– ELV **61** 33 f.
– Entwicklung **61** 30
– Internet **61** 34
– SEPA-Verfahren **61** 30
– Technik **61** 31
– Verfahren **61** 31
– Vertragsverhältnisse **61** 32
Law Clinic **40** 28 ff., **95** 62
– Anleitung gem. RDG **40** 32
– Organisation **40** 30
– Rechtsdienstleistungsrecht **40** 29 f.
Lawlift **8** 91, **27** 15
Lead
– Check **17** 50
– Definition **8** 46

- Marketing Qualified **17** 52
- Provisionsverbot **8** 49
- Sales Generated **17** 52
- Scoring **17** 50
Legal Analytics **55** 3, 7, 11 ff., **40** ff.
- Claudette **55** 19
- eBrevia **55** 17
- Kira Systems **55** 14
- Legartis **55** 18
- MRI contract intelligence **55** 16
- Ross Intelligence **55** 15
Legal Chatbot 53
Legal Chatbot **37** 15
- Haftung **38** 15
Legal Clinic **40** 28 ff.
Legal Data Science **6** 15
Legal Data Scientist **6** 23
Legal Design 54
Legal Design **17** 26, **40** 18 ff., **53** 22
- Formate **54** 24
- Framework **54** 9 ff.
Legal Design Thinking **17** 26, **50** 10
Legal Engineer **6** 22
Legal Practice Management **50** 40 ff.
Legal Prediction 55
Legal Prediction **55** 25 ff., 31
- Lex Machina **55** 26
- LexPredict **55** 28
- Premonition **55** 27
Legal Process Outsourcing **8** 93, **76** 29
- an nichtanwaltliche Dienstleister **8** 99 f.
- Dienstleistungen **8** 95
- und Syndikusrechtsanwalt **8** 100
Legal Research **50** 36 f.
Legal Singularity **7** 40 f.
Legal Tech **19** 23, **25** 11 ff., **44** 6, **55** 6, 40, **66** 7
- Ausbildungsinhalte **6** 1 ff.
- Begriff **8** 1
- Berufsbild **40** 14
- Datenschutz **2** 18 ff., **40** 68 ff.
- Diebstahl **2** 79
- Diskriminierung **2** 67 ff.
- Geschäftsgeheimnis **2** 56 ff.
- Informatik **40** 15
- Kategorien **50** 28
- Kategorien nach Software **8** 21 f.
- Kategorisierung (1.0, 2.0 und 3.0) **27** 3
- Kategorisierung in Deutschland **8** 23 f.
- Kategorisierung nach Zielgruppen **8** 22
- Kompetenzkategorien **6** 1 ff.
- Kompetenzziele **6** 1 ff.

- Law Clinic **40** 28
- Marktübersicht **8** 25
- Mitwirkung **50** 14, 78 f.
- Patentierbarkeit **2** 48 ff.
- Plattformen **62** 13 ff.
- Potenzial **93** 1 ff.
- Produktkategorien **8** 11 f.
- Rechtsschutzversicherer **8** 68
- Schlüsselqualifikation **40** 11
- Skalierung **40** 2, 66
- Strafbarkeit **2** 81
- Studiengänge **6** 26
- Studieninhalte **40** 8 ff.
- Studium **40** 6 f., 8 ff.
- Subvention **40** 34
- Tobschall-Liste **8** 23
- Vermittlungsplattform, Verbraucherrecht **82** 12 ff.
- Verzeichnis **8** 25
- Wirtschaftswissenschaften **40** 15
Legal Tech 1.0 **50** 29
- Anwendungsfelder **50** 32
- Cloud **50** 41
- Compliance **50** 33
- Datenbank **50** 37
- Dokumentenmanagement **50** 34 f.
- Knowledge Management **50** 39
- Legal Practice Management **50** 40 ff.
- Legal Research **50** 36 f.
- Potential **50** 30 f.
- Workflow **50** 31
Legal Tech 2.0 **50** 44
- Automatisierung **50** 45 ff.
- Dispute Resolution **50** 56 f.
- Dokumentenanalyse **50** 52
- Dokumentenautomatisierung **50** 55
- Dokumentenlenkung **50** 50
- Fallprüfung **50** 48
- Informationsmanagement **50** 50
- No Code **50** 49
- Potential **50** 45
Legal Tech 3.0 **50** 58
- Anwendungsfelder **50** 59 ff.
- Blockchain **50** 68
- Juristische Kernarbeit **50** 60
- KI-Applikationen **50** 63 f.
- Potential **50** 60, 64 ff.
- Predictive Analysis **50** 61, 75 f.
- Smart Contracts **50** 73 f.
Legal Tech, Begriff 56

Legal Tech Clinic 40 28 ff.
– Anleitung gem. RDG 40 32
– Organisation 40 30
– Rechtsdienstleistungsrecht 40 29 f.
Legal Tech-Anwendungen 33 2 ff., 76 24 ff., 91 3
– B2B 37 3 ff.
– B2C 37 5 ff.
– cloudbasierte 35 4 f.
– datenbasiert 92 48
– Haftung 37 1 ff.
– Pflichtenprogramm 37 14 ff.
– Schutzrechte als Hindernisse 33 24
– Vertragsbeziehungen 37 2 ff.
Legal Tech-Dienstleister
– Digitale Rechtsberatung 45 2
Legal Tech-Endkunden 92 16
Legal Tech-Gesetz 36 21, 41 2, 5 f., 11, 13 f., 16, 18, 24 ff., 28 ff., 32 f., 70 28, 41, 72 5, 78 7 f., 88 48, 92 19 ff.
– Inkassoerlaubnis 72 1
– Legal Tech-Inkasso 72 43
– Zugang zum Recht 72 1
Legal Tech-Inkasso 57 26, 70 28, 78 30 ff.
Legal Tech-Tools 83 31
– Haftung beim Einsatz 38 1 ff.
– Risikoerhöhung 38 5
– Sachverhaltsaufbereitung 38 14 ff.
Legal-Tech-Gesetz 57 35 ff.
Legito 27 15
Lehrformate 6 37 ff.
Lehrfreiheit 40 6, 8 ff.
Leistungsmaß 58 8
Leistungspflichten, Erfüllung von 85 13
Leistungsschutzrecht 92 55
Leistungsstörungsrecht 85 15
Leitfragen 17 31
Leitmotivatoren 17 65
Leitungsverantwortung 15 47
Leitvorstellungen 17 32
Lemmatization 59 11
Lernen 58 3
Lernende Systeme 30 17 ff.
– Haftungsfragen 39 16
Level Playing Field 42 8, 92 55
LEX 31 8
Lexfox-Urteil 36 11, 37 10, 40 f., 41 1 f., 11 f., 20, 22, 31, 57 37, 78 35
Lieferkette 15 59, 18 27
– digitale 18 15
Litigation Analytics 40 38

Lizenz
– Daten 92 50
– Kundenbindung 92 46
Lizenzanalogie 2 63
Lizenzerwerb, Pflicht 63 99 ff.
Lizenzierung von Software 33 25
Lizenzpflicht 84 25; siehe Erlaubnispflicht
Lizenzrecht 27 35
Lobbyarbeit 17 23
Lobbyismus 95 77
Locomotives Act 92 37
Logik
– boole'sche 2 10
– -Fuzzy 2 10
– modus ponens 52 14
– Prämissen 52 14
– Schlussfolgern 52 14
– Syllogistik 52 14
– -zentrierter Ansatz 27 20 f.
Löschung 66 49
– Löschungsaufforderung 64 20 ff.
– Recht auf 10 52, 23 50 ff.
Low Code 50 17, 19, 87 f., 53 17, 67 8, 67, 70 ff.
– Plattform 31 14, 27
LPO 8 93
Luca-App 28 29

M2M-Kommunikation 44 6, 85 3, 91 7
Machine Learning siehe Maschinelles Lernen (ML)
Machine Translation 52 1, 59 51
Machine Vision 52 28
Machtasymetrie 95 52
Machtgefälle 45 4
MaComp 15 10
Mahnabteilung 57 31 ff.
Mahnantrag
– Anhörung vor Zurückweisung 57 16
– Anlagen 57 14 f.
– Beschwerde gegen Zurückweisung 57 21
– elektronische Übermittlung 57 10 ff.
– Individualisierung des Anspruchs 57 13
– Online-Mahnantrag 57 13
– Verjährungshemmung 57 12
– Zulässigkeit 57 17
– Zurückweisung 57 12, 17
Mahnung, Inkasso 57 26
Mahnverfahren 57 1 ff., 83 22
– Anrechnung verschiedener Gebühren 57 69
– Anwendungshilfe 57 7
– außergerichtliches 57 2 f., 26 ff.
– automatisierte gerichtliche 11 9

Stichwortverzeichnis

- EU-Recht **57** 20
- europäisches **57** 25
- Formulare **57** 6 ff.
- Formularverwendungspflicht **57** 9
- Gebühr **57** 68
- gerichtliches **57** 2 ff.
- Kosten **57** 49 ff.
- Kostenerstattungsanspruch **57** 72
- Monierungsschreiben **57** 16
- Rechtsdienstleistung **57** 8
- Rechtsmissbrauch **57** 19
- Schlüssigkeitsprüfung **57** 18
- Verfahrensablaufplan **57** 4
- Vergütung **57** 68
- Vollstreckungsbescheid **57** 23 f.
- Widerspruch **57** 22
- Zuständigkeit **57** 5
- Zuständigkeitskonzentration **57** 5

Mahnverfahren, automatisiertes 57
Mailing **17** 2
Managed Services **66** 41
Mandanten **27** 11
Mandantenansprache, Fokussierung **17** 10 ff.
Mandantenbetreuung
- analytische **17** 29
- operative **17** 29

Mandantenpflege **17** 1 ff.
Mandantensteuerung **17** 68
Mandat, Ablehnung **70** 27
Mandatsbearbeitung, standardisierte **70** 9
Mandatsgeheimnis beim Outsourcing **70** 46
Mandatshebelung **17** 50
Manuelle Codierung **55** 32, 36
MaRisk **15** 24, 27
Marke **10** 23
- als Suchwort **63** 47
- Markenbotschaft **17** 32
- MarkenG **63** 40
- Markenrecherche **43** 6

Markenrecht **33** 44 ff.
- Amt der Europäischen Union für Geistiges Eigentum **33** 45
- Deutsches Patent- und Markenamt **33** 45
- Nizza-Klassifikation **33** 46
- Unionsmarke **33** 45

Market for Lemons **92** 12
Marketing **17** 1 ff.
- analoge Marketingtools **17** 21
- Compliance **17** 25

Markt, vorgelagerter **92** 41, 48 ff.
Marktbeobachtung **94** 8

Märkte **92** 1 ff.
- Abgrenzung **92** 2
- für Algorithmen **92** 48
- für Daten **92** 48, 54
- internationale **92** 4, 42
- nationale **92** 3
- Spezialisierung **92** 5
- vorgelagerte **92** 48 ff.

Marktentwicklung **12** 21 f.
Marktfähige Lösungen **31** 10
Marktmanipulation **1** 23
Marktplatzangeboten, Gestaltung **63** 139 ff.
Marktplätze **63** 10 ff., **76** 31
- Angebotsgestaltung **63** 26

Markttransparenz **92** 12 f.
Marktverhaltensregelungen **94** 42 ff.
Marktversagen **92** 12
- Massenstreitigkeiten **92** 29

Maschinelles Lernen (ML) 58
Maschinelles Lernen (ML) **52** 13, 24, **55** 13, 16, 32 ff., 44 ff., 46, **91** 6
- Active Learning **26** 45
- Funktionsweise **7** 29 ff.
- im Recht **7** 33 ff.
- juristische Anwendungsbereiche **58** 42 ff.
- Korrelation **55** 35
- Labelling **58** 31
- maschinelles Lernen **43** 4
- Supervised Machine Learning **55** 8 f.
- Voraussetzungen **58** 24 ff.

Maschinenverordnung **18** 32
Maschine-zu-Maschine-Kommunikation
siehe M2M-Kommunikation
Massengeschäft **50** 74, **90** 56
Massenschäden **57** 1
Massenstreitigkeiten **92** 29
Massenverfahren **40** 44 f., **45** 6, **52** 43
Massive Open Online Course (MOOC) **6** 44
Mathematik **6** 28
Mean Average Precision **26** 32
Measured Service **12** 41
Mechanical Turk **53** 5
Mechanismen der Rechtsdurchsetzung **95** 7
Mediation **3** 9 ff., **4** 24, **40** 50 f., **63** 23 ff.
- Einsatzgebiete **3** 10
- gerichtliche **3** 9
- Mediationsgesetz **3** 30
- Mediations-Richtlinie **3** 29
- Verhaltenskodex **3** 36

Medien **17** 5 f.
Medienintermediäre **63** 65 ff.

Medienstaatsvertrag (MStV)   **63** 64 ff.
Medienumwandlung, Medientransfer   **29** 3 ff.
Mehrdeutigkeit   **55** 41 f.
Mehrmandantenfähigkeit   **12** 39, **14** 7
Mehrparteien-Verträge   **68** 19
Mehrsprachigkeit   **55** 43
Meldepflicht   **18** 28
- BKA   **63** 89 f.
Meldeverfahren, plattforminternes   **64** 82 ff.
Meldung von Straftaten   **63** 126
Menge   **9** 4
Mensch vs. Maschine   **30** 32
Menschenrechte   **95** 5
Menschenwürde   **88** 22
Menschliche Fehlerquellen, Organisationsverschulden   **39** 19
Mensch-zu-Maschine-Delegation   **91** 7
Merck AG, CLM-Software   **8** 85
Messbarkeit   **20** 15, **24** 28 f.
Methoden   **6** 2, **50** 4
- der Logik   **6** 9
- Methodenfrage   **74** 14
- Methodenlehre   **83** 12 ff.
- Methodologie   **1** 13
Mietvertrag   **27** 5
- Immobilien   **48** 45
Mikro-Finanzierungshilfen   **32** 21; *siehe* Crowdfunding
Mindestgarantien   **30** 61 ff.
Mindset   **17** 60
Miner   **10** 10
Mining   **61** 67
Mining Pools   **10** 14
Missbrauch der Melde- und Beschwerdeverfahren, Vorkehrungen   **64** 96 ff.
Missbrauchsverbot, kartellrechtliches   **92** 45
Missstandsaufsicht   **42** 36
Mistrades   **1** 14
Mitarbeitende   **17** 5 f.
Mitbewerber   **94** 4 f.
- Mitbewerberklage   **94** 4 f.
- Mitbewerberschutz   **94** 40
Mittel der Konversion   **50** 16
Mittelbare Schadensverursachung, Systemoutput   **39** 18 ff.
Mitverschulden   **38** 40 f.
Mitwirkung   **50** 14, 78 f.
- Anforderungen   **50** 81
ML-basiertes NLP   **59** 21 ff.
ML-Modell   **58** 7 ff.

Mobile Government, Staat-Bürger-Interaktion   **28** 14 ff.
Mobile-Banking   **61** 21
Mobile-Payment   **61** 21
Modalitäten   **23** 3 ff.
Modelle   **87** 16 ff.
Modellgetriebene
- Produktentwicklung   **67** 27
- Softwareentwicklung   **67** 27
Modellierung   **87** 16 ff.
- ökonomischer Folgen   **93** 4
Modria   **5** 6
Monierungsschreiben   **57** 16
Monitoring   **92** 4, **95** 62
Monopolbildung, Plattformmärkte   **32** 23
Moore's law   **19** 1
Multilaterales Handelssystem   **51** 33
Multilingualität   **59** 50 f.
Multiplikatoren   **17** 5 f.
Multi-Tenant-Modell   **12** 39
Mündliche Verhandlung   **29** 14 ff.
Musterabgleich   **65** 13
Musterbeschluss   **29** 35
Mustererkennung   **5** 30
- Staatsanwaltschaft   **86** 46
Musterfeststellungsklage   **38** 53 f., **45** 14 ff., **96** 10
- Dieselgate   **45** 16 ff.
Musterverfahren, KapMuG   **45** 20
Muter-Fragekataloge   **17** 18
Mutmaßlich erlaubte Nutzungen   **64** 65 ff.
my-Right   **45** 3, 29 f.

Nachfragemarkt   **92** 43
Nachhaltigkeit   **20** 18, **24** 27, **50** 22, **95** 89
- Interoperabilität   **50** 23 f.
Nachvollziehbarkeit   **58** 58
Named Entity Recognition   **26** 12, **59** 39
National Institute of Standards and Technology (NIST)   **9** 3 ff.
Natural Language Generation   **52** 13
Natural Language Processing (NLP)   59
Natural Language Processing (NLP)   **43** 4, **52** 13, 30, **55** 18, 41 f.
- Musterbeschreibungssprache   **59** 19
Natürlich-sprachliche Dialogkomponenten   **31** 20
Naturschutzrecht   **45** 21
NDA, Hochschullehrer   **40** 55
Near Repeat   **65** 52
- ortsbezogenes Predictive Policing   **65** 23 ff.
- -Phänomen   **58** 50
Nebentätigkeit   **41** 6, 13

Nebenwaren **63** 16
Negative Externalitäten **95** 62
Negotiation Agent Assistants (NAA) **89** 25
Negotiation Software Agents (NSA) **89** 25
Negotiation Support System (NSS) **89** 21, 40
Neota Logic **27** 15
Neo-Versicherer **42** 7 ff.
– aufsichtsrechtliche Eigenmittelanforderungen **42** 11 f.
– aufsichtsrechtlicher Rahmen **42** 8 ff.
– BaFin **42** 8 ff.
– Fremdmittelaufnahmeverbot **42** 14
– Geschäftsgebiet **42** 16 ff.
– Kapitalanforderungen **42** 11 ff.
– Lizenz **42** 16 f.
– Neuzulassung **42** 13 f.
– Organisationsfonds **42** 13
– Spartenerweiterung **42** 16 f.
– Venture Capital **42** 13 ff.
– versicherungsfremdes Geschäft **42** 24 ff.
NetzDG **30** 31, **63** 80 ff., **64** 44
Netzwerkanalyse **26** 40
Netzwerkeffekt **32** 22, **92** 6
– positiver **8** 62
Neuausdrucke **60** 45 ff.
Neuronale KI
– Bottom-up **52** 23
– Mustererkennung **52** 23
Neuronale Netzwerke **43** 4, **59** 41 f.
Neutrale digitale Infrastruktur **95** 68
Neutralität **83** 20
New Legislative Framework **18** 24
Newsletter **11** 5
– online **17** 13
NFC **61** 47
– -Technologie **61** 36
NFT **10** 24
N-Gram Repräsentation **59** 23 ff.
Nicht-intendierte Technikfolgen **95** 68
Niederlassung **42** 18 ff., **96** 42
– Niederlassungsfreiheit **81** 15 ff.
Niederschrift **60** 36
– elektronische **60** 55
NIS **18** 19 f.
NIS 2 **18** 20
Nizza-Klassifikation **33** 46
NLF **18** 24
NLP **53** 19 f.
– -Aufgaben **59** 2

No Code **27** 15, **50** 17, 20, 49, 87 f., **53** 16, **67** 8, 67, 70 ff.
– -Plattform **31** 27
Non Fungible Token **44** 27
– Token **44** 28
Non-Legal-Outsourcing **70** 16
Norm **87** 5
Notar 60
– Bestellung zum **60** 9
Notaranderkonten **60** 75 ff.
– Eröffnung **60** 77
– Kontenführung **60** 76
Notariatsbereich **73** 19
Notarvertreterbestellung
– Bestellungsurkunde in Papier **60** 10 ff.
– elektronische Bestellungsurkunde **60** 11
– Fernsignaturzertifikat **60** 11
– Vereidigung **60** 12
Notfallsicherungen **1** 10
Notice-and-Take-Down-Verfahren **64** 18 ff.
Notifikationsverfahren **42** 20
Nutzenfunktion **58** 8
Nutzerkenntnis **55** 39
Nutzervertrauen **55** 40 f.
Nutzerzentrierung **17** 26
Nutzung
– mutmaßlich erlaubte **64** 65 ff.
– unmittelbare **92** 49

Objekt der Konversion **50** 6
Objektivität **83** 8 f.
ODR-VO **4** 10, **95** 37
OECD **15** 20
Of Counsel, Rechtslehrer **40** 79
Öffentliche
– Akteure **34** 9
– Daten **21** 85 ff.
– Gesundheit, DS-GVO **21** 95 ff.
– Register **10** 26 ff.
Öffentliche-private Kooperation **34** 13
Öffentliches Interesse, DS-GVO **21** 69
Öffentlichkeit **29** 21
Öffentlich-rechtliche Gefährdungshaftung, digitales Staatshandeln **39** 27
Office Tech **76** 32 f.
Öffnungsklausel **30** 57 ff.
Ökonomie **45** 38
Ökonomische Selektivität, Vermittlungsprovisionen **45** 39
Ökosystem, digitales **42** 22 ff.
Ombudsstellen **45** 42
Onboarding **15** 62

On-Demand-Self-Service **12** 37
Online Arbitration **3** 20
Online Dispute Resolution (ODR) **29** 57 ff., **55** 3, **85** 23 ff.
– Anbieter **5** 16
– Begriff **5** 3 ff.
– Fourth Party **5** 11
– Grad der Innovation **5** 12 ff.
– Hochschullehrer **40** 51
– Konzepte **5** 11
– staatliches Gerichtsverfahren **5** 4
– Vorteile **5** 7
Online Mediation Arbitration **3** 25
Online-Angebote **6** 44
Online-Banking **61** 15
– Aufsichtsrecht **61** 18
– klassische Variante **61** 20
– PSD2-API **61** 17
– Schnittstelle **61** 17
– Zivilrecht **61** 19
Online-Datenbanken **60** 21
Online-Dienste **92** 41
Online-Gericht **29** 48 ff.
Online-Gerichtsverfahren **29** 44 ff.
Online-Gründung von Gesellschaften mit beschränkter Haftung **60** 52 ff.
Online-Mahnantrag **57** 13
Online-Marktplätze **18** 19
Online-Medien **17** 13
Online-Plattform **43** 10
– Verbraucherrecht **82** 12 ff.
Online-Prüfungsformate **6** 45
Online-Rechtsantragstelle **75** 54 ff.
Online-Streitbeilegung **10** 32, **29** 57 ff.
Online-Suchmaschinen **18** 19
Online-Verfahren **86** 47, **96** 76
– beschleunigtes **29** 46 f.
Online-Verhandlung **29** 14
Onlinezugangsgesetz (OZG) **40** 47
Opazität **83** 10, 26
Open Data **92** 56
– Erstes Gesetz **25** 34 ff.
– Kompetenzzentrum **25** 36
– Koordinator **25** 36
– Richtlinie **25** 17 ff.
– Zweites Gesetz **25** 35 ff.
Open Government, Transparenz **28** 15
Open Legal Data **95** 87
Open Source **18** 28
– Ökosystem **26** 49
– Software **33** 25, **91** 27

Operationalisierung **20** 36
– Operationalisierungsinstrument **19** 18
Operative Umsetzung **24** 30 ff.
Optical Character Recognition **58** 48
Oracle **85** 6
Oracle-Problem **49** 4
Orchestrator **42** 26 ff.
Orderparameter **1** 2
Organisation **20** 9 ff.
Organisationsfonds **42** 13
Organisationsverschulden **39** 19
Örtliche Zuständigkeit **96** 13
Ortsbezogenes Predictive Policing **65** 17 ff.
– Hotspot **65** 8 ff.
OSCI **29** 10
OS-Plattform **4** 10 f.
Output **58** 14
Outsourcing **40** 67, **70** 9
– im juristischen Bereich **12** 32 ff.
– Legal Process Outsourcing (LPO) **12** 33 f.
– Legal/Non-Legal Outsourcing **12** 32, 35
– Legal-Outsourcing **70** 45
– Non-Legal-Outsourcing **70** 45
Overfitting **58** 11 f.
OZG- **95** 34
– Umsetzung **34** 5

P2P **10** 1
Parallelverhalten **93** 16 ff.
Parametrische Versicherung **42** 60
Parasitismus **8** 48
Parlamentsvorbehalt, Grundrechtseingriffe **65** 27
Parsing **59** 12 ff.
– Constituency Parsing **59** 12
– Dependency Parsing **59** 13
Parteivortrag
– strukturierter **29** 36 ff., **83** 29
Partizipation **95** 88
Partizipative Ausbildungsformate **6** 41
Partnerkanzlei, Kooperationsvertrag **8** 51
Part-of-Speech-Tagging **59** 9 f.
Patent **10** 22, **33** 20 ff.
– computerimplementierte Erfindung **33** 21
– Patentanwalt **71** 10
– Patentierbarkeit **2** 48 ff.
– Patentrecherche **43** 6
– Patentrecht **2** 51 f.
Patent Landscape Report **43** 11
Pauschalreiseverträge **48** 27 f.
Pay-as-you-go **12** 6
Paydirekt **61** 27

PayPal 4 22 ff., **61** 57
– Käuferschutz 4 25
Pay-per-use 12 6
PayTech 61
PayTech 32 14
– Ausblick 61 77 ff.
– Geschäftsmodelle 61 13 ff.
PDCA-Zyklus 66 41
Peer-to-Peer
– Payments 32 14
– Versicherung 32 11
– Zahlung 61 71 ff.
Performance Measure 52 18
Per-se-Verbote 94 27 ff.
Personalebene 17 50
Personalmanagement 11 18
Personenbeförderungsverträge 48 47
Personenbezogene Daten 21 8 ff., 43 18
– besondere Kategorien 21 15 f., 78 ff.
– Verarbeitungsprinzipien 21 39
– Verletzung des Schutzes 21 35 ff.
Personenbezogenes
– Predictive Policing 65 7
– Vorhersagesystem 65 16
Persönliches Erscheinen, Anordnung 29 30
Persönlichkeitseingriffe 65 34
Persönlichkeitsrecht 29 18
– postmortales 2 24 f.
Pflichtendelegation 15 48
Pflichtenheft 17 46 ff., 67 39 ff.
Pflichtverletzung, anwaltliche
– beim Einsatz von Legal Tech Tools 38 9 ff.
Pilotprojekt 83 42
Pinciped Negotiation 89 3 ff.
Pipeline 17 56
Platform as a Service (PaaS) 12 56 ff., 67 68 ff.
Platform-to-Business-Verordnung 63 9 ff., 64 35 f.
Plattformen
– **allgemein 62**
– **Pflichten 63**
– **Sperrung von Inhalten 64**
Plattform 8 101, 67 61 f., 93 15, 24, 26, 28 f.
– AGB 64 2 ff.
– Begriff 62 2 ff.
– Hochschullehrer 40 52
– Informationsplattform, juristische 40 52
– Pflichten von 93 41 f.
– Zeiterfassung 8 102
Plattforminternes
– Beanstandungsverfahren 64 34 ff.

– Beschwerdesystem 64 76 ff.
– Beschwerdeverfahren 63 21, 64 88 ff.
– Meldeverfahren 64 82 ff.
Plattformlösungen, Bedeutungszuwachs 17 8 f.
Plattformregulierung 95 75
Plattformstrukturen 32 6, 11, 22
Platzhalter 27 18
Platzierungsgeschäft 51 32
PNR-RL 65 38 ff.
Podcasts
– Audioformat 17 13
– Videoformat 17 13
Policen-Portfolio 32 9
Politisierung der Gerichte 95 82
Polizei 86 6
Portalverbund 28 36
POS 61 28
– Lastschrift 61 33 f.
– SEPA-ELV 61 33 f.
Positionsbezogenes Verhandeln (positional bargaining) 89 4
Postmortales Persönlichkeitsrecht 2 24 f.
Postulationsfähigkeit, Rechtslehrer 40 5
POS-Zahlung 32 14
Potenzial 28 5
– von Legal Tech 93 1 ff.
Prädiktive Mustererkennung, FlugDaG 65 13
Präjudizienwirkung 87 22
Praktische Umsetzung 50 13
Prämienreduzierung 42 47 f.
Präsenzpflicht 29 20
Prävarikation 40 54
– Hochschullehrer 40 65
Prävention, Digitalisierung 15 60
Praxis 28 3
PraxisAFFIN 17 40
PraxisAFFINes Arbeiten 17 63
Praxistransfer 17 68
PR-Bereich 17 20
Precision 26 30
Precision@k 26 32
PRECOBS 65 19
Prediction Model 55 22
Predictive Analytics 43 3, 50 61, 75 f.
Predictive Justice 55 6
Predictive Policing 65
Predictive Policing 15 61, 30 71 f., 58 50, 86 52
– Analyse 65 46
– FlugDaG 28 31
– Prognosen 65 45
– Prognosen, Risikoscore 65 36 ff.

Predictive Technology **55** 2, 54
- Predictive Tools **55** 3 f.
Predictive Tools **55** 11 f., 50 ff.
- Richtlinien, Ethik, Transparenz **55** 51
Prediktive Systeme **55** 40
Preis, Kostenreduktion **92** 7
Preisangabenverordnung **94** 46
Prepaidkarte **61** 44
Prescriptive Analytics **43** 3
Pressespiegel online **17** 13
Privacy by Default **66** 10
Privacy by Design **34** 44, **66** 10
Privacy Enhancing Technologies **66** 11
Privacy Enhancing Tools **95** 60
Privacy Tech 66
Privacy Tech **24** 2
Privacy Tech 1.0 **66** 18
Privacy Tech 2.0 **66** 19
Privacy Tech 3.0 **66** 23
Privatdozent **40** 5
Private Akteure **34** 10
Private Apps, Luca-App **28** 29
Private Cloud **12** 68 ff.
Private Enforcement **94** 3
Private Key **10** 7 ff.
Private, Verwaltungsdigitalisierung **39** 11
Privatperson, Begriff **78** 17
Privatversicherungsrechtliche Vorgaben **76** 3 ff.
Produkt- und Softwareentwicklung 67
Produkte, illegale **63** 142 f.
Produktentwicklung **40** 18 ff.
Produkthaftung **37** 59, **38** 46 f., **52** 51, **96** 37, 41
- europäisches Produkthaftungsrecht **18** 31
- Produkthaftungsgesetz **38** 47 f.
- Produkthaftungs-RL **79** 10
- Produkthaftungsstatut **48** 52 ff.
Produktinformationsblatt **84** 33
Produzentenhaftung **52** 51
Professor **40** 1 ff.
Profiling **2** 28 ff., **30** 66 ff., **52** 54, **63** 148
- DS-GVO **65** 44
Prognose **15** 55, **65** 6
- Prognosetool **55** 40
- Staatsanwaltschaft **86** 52
- Strafvollzug **86** 57
Progos-Anwaltsstudie 2013 **17** 10
Programmablaufpläne **31** 13
Programmcode als Vertragssprache **85** 16
Programmdesign **55** 37, 39
Programmierschnittstelle (API) **12** 56, **14** 21, 27, **27** 25

Programmiersprache **67** 52 ff.
Programmiertechnik **6** 18
Programmierung **31** 14
- Interessenskonflikte **84** 35
- Robo Advice **84** 35
Projekt **54** 28 ff.
Projektkurse **6** 42
Promotionsangebote **6** 34
Proof of Stake **10** 17
Proof of Work **10** 16
Property Technology **68** 1
PropTech 68
Prospektpflicht **51** 37
Protokollierungsfunktion **50** 70
Prototyp **31** 7, **34** 16, **54** 17 ff.
Prototyping **17** 26, **67** 46
- Demo-Systeme **17** 47
Provision
- für die Vermittlung von Mandanten **70** 38
- Vermittlungsplattformen **70** 38
Provisionsabgabeverbot **42** 23 ff., 47
Provisionsverbot **8** 53, **78** 26
- anwaltliches **70** 38
Proxy Discrimination
- Korrelation **65** 33
Prozessablaufoptimierung **11** 26 ff.
Prozessakte **29** 2 ff.
Prozessanalyse **11** 14 ff.
Prozessautomatisierung **7** 8, **42** 61
Prozessfinanzierer **8** 36, **57** 43
Prozessfinanzierung 69
Prozessfinanzierung **45** 5 ff., 10, 27 ff., **57** 42 f., **78** 26, **92** 23, **96** 9
- aktive **41** 25 ff.
- anwaltliche **70** 36
- durch Anwälte **69** 35
- Erfolgshonorar **45** 37
- Inkasso **41** 22 f.
- passive **41** 24
- RDG **45** 26 f.
- Rechtslehrer **40** 2
- Zulässigkeit **69** 28 ff.
Prozessfinanzierungsvertrag
- Abtretung **69** 24
- Erlösbeteiligung **69** 22 f.
- Geheimhaltung **69** 27
- Informationspflichten **69** 27
- Inkasso-Prozessfinanzierung **69** 19
- Rechtsnatur **69** 18 f.
- Typische Regelungsinhalte **69** 20 ff.
- Vergleich **69** 25 f.

Prozessgestaltung (PDCA) 24 54 ff.
Prozesskostenhilferechner 83 39 f.
Prozessleitung 29 37
Prozessorientierung 24 15
Prozessrecht 27 40, 40 12
– Rechtslehrer 40 43
Prozessvergleich 3 6, 69 25 f.
Prozessvertretung, Rechtslehrer 40 2
Prüfpflicht
– Amtspflicht 39 15
– bei Auswahl eines Legal Tech Tools 38 7
Prüfung, elektronische 40 17
PSD2 25 46
– -API 61 17
Pseudonymisierung 2 22, 13 15, 17 f., 14 50, 21 20 f., 52 45, 66 48, 54
PSI-Richtlinie 25 17 ff.
Psychologie 6 20
Public Cloud 12 66 f.
Public Key 10 7 ff.
Publikationsforen, analoge 17 20
Push-Zahlung 61 14

Qualifizierte elektronische Signatur 27 28, 60 26 ff.
Qualität 83 10
– Qualitätssicherung 58 38
Quantitative Legal Prediction 55 1, 6
Quellcode als AGB 85 16
Quellenlage 68 7
Quelltext 63 52
Question Based Search 55 15
Question Focused Overviews 55 15
Question-Answering 26 33 f., 58 44
Quota Litis 8 33

Rabattkarte 61 52
RADAR-iTE 65 15
Rahmenbedingungen, Verfahrensrecht 28 37
Ranking 63 15
Rankingparameter 63 28 ff.
Rapid Application Development (RAD) 67 25
Rapid Elasticity 12 40
Rasterfahndung 65 29
Rationale Apathie *siehe* Rationales Interesse
Rationaler Agent 58 2
– Aktorik 52 18
– Datenverarbeitung 52 18
– Input 52 18
– Leistungsmaß 52 18
– Output 52 18
– Sensorik 52 18

Rationales Desinteresse 45 8 ff., 16 ff., 95 13
– Ombudsstellen 45 42
Rationalisierung 30 14
Rationalitätsschwächen 30 14
RDG 57 27 ff., 76 20 ff., 92 36, 94 43
– Berufshaftpflichtversicherung 36 27
– Bußgelder 36 24
– Erfolgshonorar 41 22 f., 31 ff.
– Erlaubnisnorm 72 2, 7
– Erlaubnisvorbehalt 37 8, 41 3
– Informationspflicht 2 38
– Inkassodienstleistungen 41 1 ff., 10 ff., 35
– Inkassoerlaubnis 72 1
– Interessenkollision 37 41, 41 21 ff.
– Legal Tech-Anbieter 72 1
– Legal Tech-Gesetz 72 1
– Mitteilungspflichten 36 24, 37 34, 41 5, 25 ff., 33
– Nebentätigkeit 37 8, 20, 41 6, 13 f.
– Prozessfinanzierung 41 24 ff.
– räumlicher Anwendungsbereich 69 50
– Rechtsdienstleistungen 37 9
– Reformbedarf 78 50
– Registrierung 41 5, 17
– Sachkunde 41 5, 17 f.
– Verbotsgesetz mit Erlaubnisvorbehalt 72 4
– Verbraucherschutz 36 24, 37 34, 41 5, 25 ff., 33
– Zugang zum Recht 72 1
Realizer 42 26 ff.
Reallabor 34 17
Reallocation 84 17
Rebalancing 84 17
Recall 26 30
Rechenschaftspflicht, DS-GVO 21 54
Recherche
– Haftung 38 20
– Staatsanwaltschaft 86 12
Rechnungseinheit 51 27
Recht an Daten 44 38
– Immaterialgüterrecht 44 39
Recht auf Berichtigung 23 48 f.
Recht auf Berücksichtigung 83 28
Recht auf Datenübertragbarkeit 23 75 ff.
Recht auf ein faires Verfahren, Unschuldsvermutung 65 35
Recht auf Einschränkung der Verarbeitung 23 63 ff.
Recht auf Erklärbarkeit 2 37
Recht auf faires Verfahren 86 4
Recht auf Informationen 23 39 f.

Recht auf Kopie 23 41 ff.
Recht auf Löschung 23 50 ff., 84 90
Recht auf Widerspruch 23 71 ff.
Rechte der betroffenen Personen, Recht auf Löschung 23 50 ff.
Rechtemanagement 14 13, 52
Rechtewahrnehmung 95 9
Rechtlicher Hinweis 83 33
Rechtliches Gehör 83 27 ff.
– Anspruch 72 47
Rechtliches Vertragsmanagement 90 19
– Begriff 90 4
Rechtmäßigkeit 21 40
Rechtmäßigkeit der Verarbeitung, DS-GVO 21 55 ff.
Rechtsabteilung 50 72, 54 33 ff.
Rechtsanwalt
– **Berufsrecht** 70
– **Beteiligungsverhältnisse** 71
– **Monopol** 72
Rechtsanwalt
– Alleinstellungsmerkmale 70 10
– Anwaltsmonopol 72 47
– berufliche Unabhängigkeit 70 11
– Berufsausübung in der EU 79 2
– Berufsbilder in der EU 79 2 ff.
– Haftung 2 76
– Leitbild 70 10
– Organ der Rechtspflege 70 11
– Rechtsdienstleistung 57 34 ff.
– Unabhängigkeit, berufliche 70 11
– Vergütung für Inkasso 57 56
– Zugang zum Beruf 72 46
– Zulassung 72 46
Rechtsanwalts- und Notarfachangestellte 73
Rechtsanwalts-Dienstleistungs-Richtlinie 81 3 ff.
Rechtsanwalts-Niederlassungs-Richtlinie 81 3 ff.
Rechtsanwendung 87 1
– Rechtsanwendungsgleichheit 65 34
Rechtsausbildung 95 87
Rechtsautomaten 31 35
Rechtsautomation 7 3, 42 ff.; *siehe auch* Rechtsautomation
– Markt für 7 46 ff.
Rechtsberatung 31 30
– Hochschullehrer 40 39
– softwarebasierte 8 92
Rechtsberatungsmonopol 78 4 ff.
– Grundfreiheiten 81 23
Rechtsberatungsprodukte, automatisierte 46 1 ff.
Rechtsbruchtatbestand 94 19, 42 ff.

Rechtsdienstleistung 45 32 ff., 57 8, 72 4
– Algorithmus 72 31
– außergerichtliche 72 2
– automatisierte 57 29 ff., 72 7
– Begriff 72 8, 10, 78 4
– Bewerbung 72 37
– Definition 37 9
– Digitale-Inhalte-Richtlinie 37 18, 35 ff.
– Erfordernis einer rechtlichen Prüfung 72 34
– Erlaubnis 37 8
– Erstattung wissenschaftlicher Gutachten 72 10
– fremde Angelegenheit 57 30 ff.
– Gefahr der Kommerzialisierung und Gewinnmaximierung 70 9
– Haftung 37 1 ff.
– Haftung bei Inkasso 36 1 ff.
– Hochschullehrer 40 36 ff.
– industrielle 70 9
– Inkasso 57 27 ff.
– Inkassounternehmen 92 16 ff.
– innerhalb verbundener Unternehmen 72 13
– Interessenkollision 37 41
– konkrete Angelegenheit 72 36
– konkrete fremde Angelegenheit 72 20 f.
– Künstliche Intelligenz 72 19
– Legal Outsourcing 72 11
– Legal Tech-Gesetz 72 43, 92 19
– menschliche Beratung 92 35
– Nebenleistung 72 6
– Nebentätigkeit 37 8, 20
– nicht endkundengerichtete 92 41
– Nichtigkeit 37 38 ff., 42 ff.
– rechtliche Prüfung im Einzelfall 72 28
– Rechtsberatung in den Medien 72 12
– Schadensersatz 37 11 ff., 23 ff., 46 ff.
– schematische Anwendung 72 29, 32
– Smartlaw-Entscheidung 37 10, 16 f., 92 36
– softwarebasierte 72 14
– standardisierte Vertragsklauseln 72 26
– Subsumtion 72 29, 31 f.
– Tätigkeit 72 14 ff.
– Textbausteine 72 26
– Unentgeltlichkeit 40 42
– unerlaubte 37 38 ff.
– vollautomatische 92 31 f.
– Zulässigkeit 37 8 f.
Rechtsdienstleistungsgesetz *siehe* RDG
Rechtsdienstleistungsmarkt
– Digitalisierung 72 51
– Liberalisierung 72 51
– RDG 45 25 ff.

- Reallabor **72** 51
- Rechtslehrer **40** 2 ff.
- Regulierung, künftige **72** 51
- Zugang in der EU **79** 2
Rechtsdienstleistungsrecht **27** 39, **81** 1 ff.
- Harmonisierung **79** 5 ff.
- in Europa **79** 3
Rechtsdogmatik **6** 18
Rechtsdurchsetzung
- automatisierte **76** 27
- durch (digitale) Technik **77** 2
- geringwertige Forderungen **69** 14 f.
- Kosten **69** 2 ff.
- strukturelles Gefälle **69** 17
Rechtsetzung **6** 7
Rechtsfindung **6** 7
Rechtsforschung, empirische **6** 15
Rechtsfortbildung **58** 56, **83** 18
Rechtsgeschäftslehre **91** 14
Rechtsgestaltung **31** 30
- durch Legal Tech Tools **38** 24 f.
Rechtsgutachten
- Hochschullehrer **40** 37
- Litigation Analytics **40** 38
Rechtshilfe **29** 16
Rechtsinformatik 74
Rechtsinformatik **6** 3, 27
Rechtsinfrastruktur **95** 9
Rechtslehrer **40** 1 ff.
- Begriff **40** 5
- Berufsrecht **40** 53 ff.
- Gutachten **40** 37
- Kanzlei **40** 71 ff.
- Of Counsel **40** 79
- Prozessvertreter **40** 43
- Rechtsberater **40** 39 ff.
- Rechtsdienstleistung **40** 36 ff.
- Rechtsvertreter **40** 43
Rechtsmarkt
- Konkurrenz **92** 7, 20 ff., 33
Rechtsmissbrauch **57** 19
Rechtsnorm
- Deskription **52** 48
- Präskription **52** 48
Rechtspfleger 75
Rechtspfleger **75** 12 f., 48
Rechtspflegerprüfung **75** 7
Rechtsphilosophie **6** 17
Rechtspolitik **43** 13
Rechtsprüfung, anwaltliche **38** 21
Rechtsreferendariat **6** 33

Rechtsschutz **39** 20 ff.
Rechtsschutzgarantie **88** 25 f.
Rechtsschutzversicherer
- Dienstleistungen im Ausland **8** 70
- Plattformen **8** 68
- Verbot der Rechtsdienstleistung **8** 70
Rechtsschutzversicherung 76
Rechtsstaatsprinzip **88** 7, 23, **95** 4
Rechtssuchender **92** 7, 10, 33
- Technikaffinität **92** 13
Rechtstheorie **6** 17
Rechtsvergleichung **15** 39
Rechtsverkehr, elektronischer **60** 69 ff.
Rechtsvorschriftenvorbehalt **39** 16
Rechtswahl **48** 13 ff.
Rechtswahlgrenzen **48** 16 f.
Rechtswidrige Inhalte **64** 9 ff.
Rechtszugang **95** 1 ff.
Recommender System **52** 1, 27
Redundanzenbildung **14** 14, 43, 62
Reformdiskussion **6** 2, 24
Reformvorschläge **29** 38
Regelbasierter Chatbot **53** 12
Regelbasiertes NLP **59** 15 ff.
Regelbasiertes System **30** 18
Regelentwicklung **31** 24
Regelorientierte Expertensysteme **31** 12
Regierung **28** 45
RegisSTAR **75** 29
Register, öffentliches **10** 26 ff.
Registrierung, Inkassodienstleistungen **36** 23
Regression **58** 6
RegTech 77
RegTech **34** 3, **56** 24
- digitaler Rechtsvollzug **28** 17
- Reguläre Ausdrücke **59** 16 ff.
- Regulatory Sandbox **42** 9 ff., **61** 8
- Regulatory Technology **77** 1
Regulierung
- Datenzugang **92** 40
- digitale Kommunikation **92** 34
- drohende Überregulierung **92** 38
- durch (digitale) Technik **77** 2
- Gatekeeper **92** 38
- Locomotives Act **92** 37
- Rechtsdienstleistungsgesetz **92** 36
- Regelungslücke **52** 47
- Selbstregulierung **92** 39
- staatliche **92** 11, 53
- Technologieneutralität **52** 47
Regulierung, Deutschland 78

Regulierung (EU)
- **allgemein** 79
- **KI-Verordnung** 80
- **Rechtsdienstleistungsrecht** 81
- **Verbraucherrecht** 82

Regulierungsbedarf 53 43
Rein regelbasiertes System 30 18
Reinforcement Learning 58 13 ff.
- Belohnung 58 18
- Bestrafung 58 18

Reiseverspätungsentschädigung
- Rechtslehrer 40 44

Rekurrente Neuronale Netze 59 42
Renaissance 31 10
ReNoPatAusbV 73 2 ff.
Repapering-Projekte 27 24
Reporting 17 48
Repräsentativität 95 78
Request Demo Files 17 18
Ressourcen, Outsourcing 28 6
Ressourcenallokation 65 4
Ressourcenmanagement 17 45
Ressourcenverteilung 24 33 ff.
Retrospektivität 55 37 ff., 39
Reviktimisierung 95 19
Rhubarb 5 43
Richter 83
Richter 95 84
Richterbild, grundgesetzlicher Richter 83 21
Richterliche Prozessleitung 29 37
Richterliche Unabhängigkeit 52 56, 83 24 ff.
Richtigkeit 9 9, 21 46
Right to Explanation 2 37
Riplsches Gesetz 61 78 ff.
Risiko 15 13 f.
Risikoabschätzung 95 61
Risikoanalyse 15 54, 60
Risikoeinschätzung 63 146
Risikoerhöhung durch den Einsatz von Legal Tech Tools 38 5
Risikomanagement 15 1, 22 ff., 66 35, 67
- Robo Advice 42 55
- System 19 42
Risikominderungsmaßnahmen 63 147
Risikoscore 65 7 ff., 36 ff.
Risikovorhersage 65 4 ff.
RL 2006/114/EG über irreführende und vergleichende Werbung 82 20
Robo Advice 84
Robo Advice 32 17, 42 50 ff., 55 6, 86 4
- Ablauf 84 2

- Abschlussvermittlung, Merkmale 84 21
- Anlageberatung 84 8
- Anlageberatung, Merkmale 84 11
- Anlagerichtlinien 84 17, 65
- Anlagevermittlung, Merkmale 84 18
- Aufklärung, Software 84 72
- Aufklärungspflichten 84 79
- Button-Lösung 84 78
- Datenportabilität 84 87
- Disclaimer 84 23 ff.
- Erlaubnispflicht 84 25 ff.
- Exploration, vertragsrechtliche 84 65
- Explorationspflicht, vertragliche 84 63
- Finanzportfolioverwaltung, Merkmale 84 13
- Finanzportfolioverwaltung, standardisierte 84 15
- Geschäftsbesorgungsvertrag 84 59, 65
- Geschäftsgeheimnisse 84 88
- Haftungsdach 84 26
- hybrides Modell 84 12
- Interessenskonflikte 84 35 ff., 74 f.
- Interessenskonflikte, Offenlegung 84 39
- Kundenexploration 84 3
- Künstliche Intelligenz 84 6
- maschinelle Beratung 42 51 ff.
- Produktinformationsblatt 84 33
- Reallocation 84 5
- Rebalancing 84 5
- Recht auf Löschung 84 90
- Risikomanagement 42 55
- Spekulationsverbot 84 65
- Verbraucherschutz 84 77
- Verhaltenspflichten, Algorithmus 84 51
- Verlustschwellenreporting 84 47
- Versicherungsaufsichtsrecht 42 55
- Vertragshaftung 84 60
- Vertragsschluss 84 55 ff.
- Warnpflichten 84 44 ff., 74 f.
- Widerrufsrecht 84 85
- Wohlverhaltenspflichten 84 29 ff.

Robo-Staatsanwalt 86 4, 36
Robot Lawyer 55 8
Roboter-Richter/Robojudge 5 19
Robotic Process Automation 7 8, 11 ff.
Robotik, autonomes Fahrzeug 52 29
Rolf Bender 95 18
Rom II-VO 48 50 ff.
Ross Intelligence 55 15
Route Optimization 52 1
Rückabwicklung 10 64
- von Verträgen 85 15

Rückkopplungsschleifen 17 26
Rückverfolgbarkeit 63 134 ff.
Rule of Law 95 13
Russland-Ukraine-Krieg 18 1

Saalöffentlichkeit 29 21
Sachleitungsbefugnis 86 58
Sachliche Zuständigkeit 96 13
Sachlichkeitsgebot anwaltlicher Werbung 78 27
Sachverhaltsermittlung 31 19, 52 35, 60 14 ff., 83 2
– ALKIS 60 17
– automatische 4 24 f.
– geldwäscherechtliche Verpflichtungen 60 18
– Grundbuch 60 16
– Handelsregister 60 15
– Sachverhaltsaufbereitung durch Legal Tech-Tools 38 14 ff.
– Sanktionsliste 60 19
– strukturierte 4 19, 26, 5 14, 23
Safe Harbour 12 18
Safety 18 6
Sammelklage 36 28, 41 1, 28, 34, 69 39, 96 10
– Inkasso 8 39, 72 45
– Verbandsklage-Richtlinie 45 7
Sanktionen, berufsrechtliche 70 6
Sanktionsliste 60 19
Sanktionslosigkeit 95 75
Satztrennung 59 6
Schaden 38 33 ff.
Schadenabwicklungsunternehmen 76 15
Schadensberechnung, dreifache 2 63
Schadensermittlung 38 34 ff.
Schadensersatzanspruch 39 25
– Fluggastrechte-VO 45 23
– Verbraucher 94 15
– weniger-miete.de 45 3 ff.
Schadensvermeidung 24 14
Schelling Point 5 42
Schematisierbarkeit 30 43
Schiedsbibliothek 5 35
Schiedsgutachten 3 21, 40 50
Schiedsrichter 40 50 f.
Schiedsvereinbarung 96 73
Schiedsverfahren 3 16 ff., 40 50 f.
– Begriff 3 16 f.
– Blockchain 5 38
– Digitalisierung 3 20
– in Verbrauchersachen 3 19 f., 25
– Vorteile 3 18
Schleichwerbung 94 37
Schlichtung 3 12 f.

Schlussfolgerung 87 8
Schlüssigkeitsprüfung 57 18
Schmerzensgeld 2 64
Schnittstelle 17 44, 31 21
– FinTS 61 17
– HBCI 61 17
– Onlinebanking 61 17
– PSD2-API 61 17, 24
– von Büroorganisationssoftware 11 10
Schranken, vergütungspflichtige 63 105 f.
Schrankenregelungen
– Urheberrecht 33 25 ff.
Schreiben einfacher Art 57 62
Schriftsatz 27 5, 40, 33 13 ff.
– Schriftsatzversand 29 11
Schulung, Staatsanwaltschaft 86 58
Schutz des Einzelnen 30 48
Schutzmöglichkeiten für Legal Tech-Algorithmen 2 42 ff.
Schutzpflicht, staatliche 39 8
Schwarmfinanzierung 16 1 ff., 32 20; siehe Crowdfunding
Schwarmfinanzierungsdienstleister 16 25 ff.
– Anlagebasisinformationsblatt 16 36 ff.
– Anlegerschutz 16 35 ff.
– Interessenskonflikt 16 34
– Vergütung 16 31
– Zulassung 16 39 f.
Scrum 67 9, 17 ff.
Search Engine Advertisement (SEA) 17 13
Security 18 6
Security by Design 18 10, 15
Security Union Strategy 18 13
Security-Token 51 5, 8
– aktienähnliche Anlagen 51 29
– Schuldtitel 51 29
Segregation 65 32
Selbstbestimmung 95 5
Selbsteintrittsmodell 4 13
Selbstlernende Expertensysteme 31 15
Selbstlernender Chatbot 53 13 f.
Selbstregulierung 19 39, 92 39
Selbstständige Tätigkeiten 81 10 ff.
Selbstverständnis 17 68
Self Service 8 72
Self-Driving Contracts 90 53
Self-Service-Angebote 20 40
Semantik 83 12, 87 7
Semantische Ähnlichkeit 26 28 f.
Semantische Analyse 59 47 f.
Semantische Suche 58 43

Seminar **6** 40
Sensible Daten, besonders **30** 64 ff.
Sensorik **44** 22, 26, **58** 3
SEPA
– Credit Transfer Rulebook **61** 14
– Direct Debit Rulebook **61** 31
– Echtzeit-Überweisung **61** 22 f.
– Lastschrift **61** 30 ff.
– SEPA-Rulebooks **61** 19
– Überweisungsverfahren **61** 14
Sequence Labeling **59** 3, 36 ff.
Service Level Agreement (SLA) **14** 59 ff.
Servicemodelle **12** 47 ff., **13** 16, **14** 15 ff.
Serviceprozesse **17** 1 ff.
Session Hijacking **14** 2
Session Riding **14** 2
Sicherer Übermittlungsweg **29** 12 f.
Sicherheit **28** 27 ff.
– Datenschutz **28** 29
– KRITIS **39** 7
Sicherheit der Verarbeitung **22** 79 ff.
Sicherheitsrisiken **65** 27
Sicherheitsupdates **18** 27
Sicherungsmaßnahmen **30** 61 ff.
Signaling **93** 11
Signatur, elektronische **60** 25, 56
Signifikanz **30** 46
Single Digital Gateway-Verordnung **28** 34, **79** 9
Single-Licence Prinzip **42** 18
Sinnermittlung **17** 65
Sitzungsniederschrift **29** 22
Sitzungsprotokoll **29** 22
Size-Cap-Rule **18** 20
Skaleneffekt **92** 8 f., 26
Skalierbarkeit **12** 40, **20** 13, **24** 23 ff., 34
Smart Agents **44** 22 ff., 26
Smart Contract 85
Smart Contract **6** 6, 13, **42** 58 ff., **44** 11, 19 ff., **46** 9, **49** 1 ff., **50** 73 f., 85, **51** 5, **61** 64, **91** 7, **96** 28
– Code is not law **49** 6 f.
– Datenschutzrecht **2** 31, 35
– EU-Passagierrechte **85** 17
– Juristische Mitwirkung **50** 90
– kollisionsrechtliche Qualifikation **49** 9 f.
– parametrische Versicherung **42** 60
– Prozessautomatisierung **42** 61
– Smart Legal Contracts **90** 44
– Verbotene Eigenmacht **85** 18 ff.
– Vertragsmanagement (VM) **90** 44, 52
– Vertragsstatut **49** 5, 11 f.

Smart Devices **44** 8 f.
Smart Dispute Resolution **5** 38
Smart Enforcement **85** 22
Smart Factories **44** 2
Smart Sentencing **58** 49
SMART, Vorteils-Nachteils-Prüfung **17** 43
Smartdevice **61** 11
SMART-Formel **17** 41 ff.
SmartHome **68** 20
Smartlaw **37** 10, 16 f., **45** 31, **56** 41, **72** 37
Smartlaw+A3834 **8** 74
Smartlaw-Entscheidung **27** 39, **78** 47
Smartlaw-Kriterien **92** 36
Smartsettle **5** 50
Social Analytics (SA) **17** 18
Social Community Management (SCM) **17** 18
Social CRM **17** 17 f.
Social Media Content Management (SMCM) **17** 18
Social Media Engagement (SME) **17** 18
Social Media Monitoring (SMM) **17** 18
Social Media-Maßnahmen **17** 2
Social Skills **17** 28
Sofortüberweisung **61** 24 ff.
Soft Skills
– methodische **17** 27
– persönliche **17** 27
– soziale **17** 27 f.
Software **17** 12, **33** 3 ff., **55** 11 f., **65** 20, **92** 41
– Application Service Provisioning **92** 47
– Cloud-Angebot **92** 47
– Standardsoftware **92** 45
Software Agent **89** 28, 43 f., 49
Software Development Life Cycle (SDLC) **67** 2, 43 ff.
Software-as-a-Service (SaaS) **12** 59 ff.
Softwarebasierte Rechtsberatung **8** 92
Softwarebibliothek **67** 65 f., **92** 57
Softwareentwicklung **67** 1 ff.
Softwareinstrumente **17** 35 ff.
Softwarelizenzierung **33** 25
Softwarelizenzvertrag und Beratungsvertrag **8** 83
SolumSTAR **75** 27 f.
Sonderinteressen **95** 76
Sondervergütungsverbot **42** 23 ff., 47
Sorgfaltspflichten **27** 37
Soziale Medien **17** 17
Soziale Netzwerke **63** 70, **64** 37 ff.
Soziale Sicherheit **21** 81

Sozialkompetenz
– Empathie 17 28
– Kommunikationsvermögen 17 28
– Kritikbereitschaft 17 28
– Menschenkenntnis 17 28
– Teamfähigkeit 17 28
Sozietät 71 9
Sozietätsfähigkeit 40 77 ff.
Sozio-ökonomischer Effekt der Technologie 95 60
Spaghetticode 2 15
Spam 94 50
Speech Recognition 52 1, 13
Speicherbegrenzung, DS-GVO 21 47 ff.
Speicherbegrenzungsgebot 10 49
Speicherdauer, DS-GVO 21 47 ff.
Spekulationsverbot, Robo Advice 84 65
Sperrung von Angeboten 64 30 ff.
Sperrung von Inhalten, Verpflichtung 63 107
Spiralentwicklung 67 24
Spoofing 1 23
Sprache 30 45
Spracherkennung 58 47, 86 28
– Spracherkennungssoftware 11 10
Sprint 54 26 f.
SquareTrade 5 2
SSL/TLS 14 3
Staat-Bürger-Interaktion, Modernisierung 28 46
Staatliche Infrastrukturen, Digitalisierung 39 10
Staatliche Schutzpflicht 39 8
– digitale Teilhabe 28 35
Staatliche Überwachung 65 42
Staatliche Vorgaben 92 11
Staatsanwalt 86
Staatsanwaltschaft
– Aktenführung 86 26 f.
– Elektonische Akte 86 21 f.
– Recherche 86 12
Staats-Apps
– Corona-Warn-App 28 28
Staatsexamen, juristisches 40 8 ff., 42
Staatshaftung 39 25
– unionsrechtliche 39 24
Staatshaftungsanspruch, verschuldensunabhängiger 39 21
Staatshaftungsrecht 39 1 ff., 40 45
Staatsunrechtshaftung, Systemoutput 39 27
Stable-Coin 51 23
Stakeholder, Beziehungspflege 17 5 f.
Stakeholder, Stakeholder Relationship Management (SRM) 17 5

Stammdatenverwaltung 11 5 f.
Standarddatenschutzklauseln 22 54
Standardisierung 12 46
– Bedeutungszuwachs 17 8
Standards 24 57
Standardsoftware 92 45
Standardvertragsklauseln 13 41
Stanford University
– CodeX 8 21
– Techindex 8 21
Starke Künstliche Intelligenz 52 16, 91 12
Startup 34 12, 36, 68 5, 14, 17, 22
– assekuranzbezogenes 42 2
– Inkubator 34 18
Statistik
– Litigation Analytics 40 38
Statistische Methoden 6 11, 18, 48
Statutenwechsel 47 5 ff.
– allgemeiner 47 9 ff.
Stemming 59 11
Steuerbarkeit 20 14, 24 28 f.
Steuerberater 71 10
– Hochschullehrer 40 78
Steuerrecht 27 41
Stigmatisierung 65 9
Stillstand des Rechts 83 11
Strafrecht 52 57
Straftaten
– Meldung 63 126
Straftaterkennung 65 6
Strafverfahren
– Entscheidungsfindung 86 4
– Hauptakteure 86 5 f.
Strafverfolgung
– Diskriminierung 39 12 f.
Strafvollzug 86 55 ff.
Strafzumessungsrichtlinien 15 4 f., 10
Strategie 17 33, 34 44, 54 31
Streitbeilegung 6 7, 31 32
– außergerichtliche 29 57 ff., 64 94
Streitgenossenschaft 45 14 ff.
– rationales Desinteresse 45 18 ff.
– Zivilprozessrecht 45 1
Streitverkündung gegenüber Legal Tech Anbieter 38 51 f.
Stresstest 1 18
Streuschäden 57 1
Strukturelle Machtasymetrien 95 79
Strukturierter Parteivortrag 29 36 ff., 31 20, 83 29
Strukturierung im Zivilprozess 29 36 ff.

Strukturierungsvorschlag 29 46
Studiengänge 6 26
– interdisziplinäre 6 30
Studienzeit, berufspraktische 75 6, 20
Studium, Legal Tech 40 6 ff.
Substituierbare Tätigkeiten 92 31 ff.
Subsumtion 87
Subsumtion 58 6, 83 15
– automatische 5 19
Subsumtionsautomat 58 51
Subsumtionshilfeprogramm, dialogisches 31 7
Subvention 40 34
Suche 52 19
Suchmaschinen 26 19, 63 27 ff.
Suchmaschinenoptimierung (SEO) 17 12
Suchwort, Marke 63 47
Suchwortergänzung, automatische 63 48 ff.
Summer School 6 32
Supervised Learning 58 13 ff.
Supply Chain 15 59
Supreme Court 95 26
SupTech (Supervisory Technology) 77 5
Surcharging 61 25
Sustainable-Development-Goals 95 25
Syllogismus 87 6 ff.
Symbolische Künstliche Intelligenz
– Top-down 52 21
– Wissensbasis 52 21
Syndikusrechtsanwalt 70 6
– Legal Process Outsourcing 8 100
Syntax 27 18
SyRI-Fall, Rechtbank Den Haag 88 39
Systemdesign 55 11 f., 37, 39 f.
Systementwicklungsmethode, dynamische 67 9
Systemfehler 55 32, 36
Systemische Gefahr 83 17
Systemoutput 39 23, 27
Systemtransparenz 55 40 f.

Taping 1 19
TARGET 61 16
Tartu 6 35
Tätigkeit, anwaltliche 70 10
Teambuilding 17 64
Techindex 8 21
Technikaffinität 92 13
Technikfolgenabschätzung 95 61
Technikgestaltung 22 19
Technische Ausstattung 29 24
Technische Ermittlungsmaßnahmen 86 37 ff.
Technischer Rückstand 28 5
Technisches Versagen, Anwendungsfälle 39 21

Technizität 2 51
Technologiegestützte Innovationen 42 3 f.
Technologiemanagement 43 11
Technology Assisted Review 26 41 ff.
– Anwendung von Deep Learning 26 48
– Evaluation 26 47
– Protokolle 26 45
– Review Set 26 44
– Seed Set 26 44
Technosolutionism 95 62, 67
Teilautomatisiertes Verwaltungshandeln 39 13
Teilhabe 95 62
Telefon-Banking 61 20
Telefonsoftware 11 10
Telematik-Tarife 32 10
Telemediengesetz (TMG) 63 53 ff., 64 53 f.
Testamentsregister, zentrales 60 73
Testung
– algorithmischer Handel 1 12
– Hochfrequenzhandel 1 12
Text Mining 87 17 f.
Text und Data Mining 33 27, 43 22a ff.
Textähnlichkeit 26 23 ff., 28 f.
Textbausteine 72 26, 86 29
Textklassifikation 59 3, 29 ff.
Textverarbeitung 40 11
Textverarbeitungsprogramm 27 8
Themenerkennung 58 46
Tobschall-Liste 8 23
Token 10 6, 51 2, 61 62 ff.
– Übertragung von 10 58
Tokenisierung 59 7 f.
– Byte-Pair-Encoding 59 8
TOM 18 2, 66 47
Tonband 60 42
Topic Modeling 26 38
Tracking 17 16
Träger von beruflichen Rechten und Pflichten
– Berufsausübungsgesellschaft 70 6
– Einzelanwalt 70 6
– Natürliche und juristische Person 70 6
Trainingsdaten 26 27, 30 37, 55 37 ff., 58 14 ff.
– Gefahrzusammenhänge 65 22
Tranparenzgebot, KI-Verordnung 88 55 ff.
Transaktion 51 3
Transfer Learning 59 43 ff.
Transfer, Universität 40 18
Transferzentren, Hochschule 40 33 f.
Transformer-Modelle 59 42
Transition Model 52 19
Transnationalität 32 6

1411

Transparency International 95 78
Transparenz 19 11, 28 2, 30 39, 70, 55 44, 49 f., 83 10, 88 1 ff.
- Akzeptanz 28 46
- algorithmischer Entscheidungen und DS-GVO 88 32 ff.
- Begriff 88 6 ff.
- DS-GVO 21 40
- Entscheidungsfindung 65 37
- Finanzierungsmodelle 45 28
- technische Möglichkeiten 88 16
- von Deep Learning 88 15, 17
- von Entscheidungsbäumen 88 15
Transparenz und Erklärbarkeit 88
Transparenzberichte 63 153 ff.
Transparenzgebot 88 7 ff.
- Adressaten 88 10
- Begründung von Verwaltungsentscheidungen 88 28 f.
- bei staatlichem Handeln 88 21 ff.
- Demokratieprinzip 88 24
- Menschenwürde 88 22
- rechtliche Grenzen 88 50 ff.
- Rechtsschutzgarantie 88 25 f.
- Rechtsstaatsprinzip 88 23
- Sinn und Zweck 88 9
Transparenzpflichten 63 22, 86 f., 121 ff.
Trend-Monitoring 65 50
Trennungsthese 74 11 ff.
Treuhandverwaltung, Robo Advice 84 14
Tribunal Atmosphere 95 19
Triple Aim Framework 95 54
Trivialentscheidungen 2 30
TSJ 75 23 f., 31
TTDSG 63 61 ff., 78 9
Turingmaschine 2 7
Turing-Test 2 8, 52 13
TV-StA 86 31

Übermittlungsweg, sicherer 29 12
Überregulierung 92 38
Übertragung von Token 10 58
Übertragungsnachweis 29 5
Überwachung
- staatliche 65 42
- Überwachungsmaßnahmen 15 74, 86 39
- von Aktivitäten 66 43
- von Rechtsverletzungen 43 7 f.
Überweisung 61 14 ff.
- Echtzeit-Überweisung 61 22 f.
- technischer Rahmen 61 16
- Zahlungsauslösedienst 61 24 ff.

UBI 18 17
UGP-RL 2005/29/EG 82 13, 18 ff., 94 18
UK Bribery Act 15 5
UKlaG 45 19
Umsetzung in den Mitgliedstaaten 45 9
Umsetzung, operative 24 30 ff.
Umweltinformationsgesetz 25 37
UmwRG 45 21
Unabhängigkeit 71 26, 75 9
- Anwalt 78 25
- richterliche 83 24 ff.
Unabhängigkeit, anwaltliche
- Gefahren 70 11
- Mandatsführung 70 11
- Mandatsinteressen 70 11
Unbeständigkeit 9 11
Unbestimmter Rechtsbegriff 83 16
UN-BRK 95 49
Underfitting 58 11 f.
UNDP 95 50
UN-Erklärung über Rechtsstaatlichkeit auf nationaler und internationaler Ebene 95 44
Unerlaubte Handlung 96 31
Unfairness 30 34 ff.
Unified Process (UP) 67 26
Unionsrecht 45 42
Unionsrechtliche Staatshaftung 39 24
United States Sentencing Guidelines 15 4 f.
Unlautere Geschäftspraktiken 82 18 ff.
Unlauterer Wettbewerb 37 7, 55, 60, 94 1 ff.
- Haftung 37 55
Unmet Legal Needs 95 13
Unmittelbare Nutzung 92 49
Unschuldsvermutung 65 35
UN-Sozialpakt 95 45
Unsupervised Learning 58 13 ff.
- Clustering 58 16
Unterauftragsverarbeiter 22 44 ff.
Unterlassungsanspruch
- Gewerblicher Rechtsschutz 2 61 f.
Unterlassungserklärung 33 54
Unternehmen 19 16 ff.
Unternehmen im besonderen öffentlichen Interesse 18 17
Unternehmensethik 15 21, 42
Unternehmensführung 11 2 ff.
Unternehmensidentität 17 32
Unternehmensklima 15 8
Unternehmensprofil 17 32
Unternehmensstrategie 17 33

Unternehmensziel **95** 79
– Ermittlung **17** 32
Unternehmer
– Begriff **78** 15
Unterschrift
– digitale **27** 28 ff.
Unterschwellenvergabeordnung **34** 21, 25
Unterstützungsplattform **24** 53
Unvoreingenommenheit **19** 13
Unwandelbares Forderungsstatut **47** 4 ff.
Unwandelbares Verbrauchervertragsstatut **47** 5 ff., 11 ff.
UN-Zivilpakt **95** 45
Unzulässiger Druck **94** 39
Unzumutbare Belästigung **94** 50 f.
Updates **67** 50
Upload-Filter **43** 10, 21 ff.
UrhDaG **63** 95 ff., **64** 56 ff.
Urheberpersönlichkeitsrechtsverletzungen **64** 75
Urheberrecht **2** 43, **9** 21, **33** 3 ff., **40** 21 ff., **53** 33 ff.
– öffentliche Wiedergabe **33** 8
– Schrankenregelungen **33** 25 ff.
– Schutzfähigkeit von AGB **33** 13 ff.
– Schutzfähigkeit von Schriftsätzen **33** 13 ff.
– Schutzfähigkeit von Vertragswerken **33** 13 ff.
– Schutzvoraussetzungen für Computerprogramme **33** 4
– Umarbeitung **33** 8
– Verbreitung **33** 8
– Vervielfältigung **33** 8
Urkunde, Digitalisierung **60** 64
Urkundenarchiv, elektronisches **60** 60 ff.
Urkundenbeweis **29** 27
Urkundenrolle **60** 60 ff.
Urkundensammlung, elektronische **60** 62 f.
Urkundenverzeichnis, elektronisches **60** 61
Urteil, Vor-Urteil **83** 31
Utility-Token **51** 5, 7
UWG **38** 57, **63** 31 ff., **78** 14 ff., **82** 18 ff.

Validierungsprozess **1** 18
Validity **9** 10
Value **9** 13
Valutaverhältnis **61** 75
Variability **9** 7
Variety **9** 6
Velocity **9** 5
Venture Capital **42** 13, **43** 12
– -Fonds **68** 14
Veracity **9** 9
Verantwortlicher **21** 22 ff.

Verantwortlichkeit **17** 41, **19** 14
– Amtspflichtverletzung **39** 5 ff.
Verantwortlichkeitsdiffusion **10** 43 ff.
Verarbeitung **21** 19
Verarbeitung nach Treu und Glauben
– DS-GVO **21** 40
Verarbeitungsprinzipien **21** 39
Verarbeitungstätigkeiten, Verzeichnis **22** 62 ff., **66** 34
Verbandsklage **69** 42 ff., **94** 6 f., **96** 10
– Klageberechtigung **45** 19
– Richtlinie **45** 40
– Richtlinie, Sperrwirkung **45** 39
Verbandsstrafe **15** 4
Verbot der Vertretung widerstreitender Interessen
– anwaltliche Pflichten **70** 18 f.
– anwaltliche Tätigkeit **70** 18, 20
– beim Einsatz von Legal Tech-Tools **70** 17
– Tätigkeitsverbot **70** 17, 20
– Vertrauensverhältnis zum Mandanten **70** 18
Verbot der vollständig automatisierten Einzelentscheidung **30** 49 ff.
Verbotene KI-Systeme **80** 7 f.
Verbraucher **27** 11, **96** 48, 76
– Begriff **78** 15
– Definition **82** 2
Verbraucherangebote **12** 19
Verbrauchergeneralanwalt, Verbraucherschutz **45** 43
Verbraucherkollisionsrecht **48** 18
Verbraucherkredit-Richtlinie **16** 17 ff.
– Anwendungsbereich **16** 18 ff.
– Crowdlending **16** 18 ff.
Verbraucherrecht
– Anwendung auf Legal Tech **82** 8 ff.
– Deutschland **78** 14 ff.
– EU **82** 1 ff.
– Informationspflichten **82** 31 ff.
– Online-Plattform **82** 12 ff.
– persönlicher Schutzbereich **82** 9 f.
– Schutzbedarf bei Legal Tech **82** 5
– Überblick **79** 6 ff.
– Widerrufsrecht **82** 35 ff.
Verbraucherrechte-Richtlinie **82** 13, 17
– Informationspflichten **82** 34
Verbraucherschadensersatzanspruch **94** 15
Verbraucherschlichtung **4** 2 ff., **5** 17
– Kritik **4** 15 ff.
Verbraucherschlichtungsstelle **4** 2 f., 13
Verbraucherschutz **45** 38, **53** 36 ff.
– bei Inkassodienstleistungen **78** 17

- Bußgelder **36** 24
- Deutschland **78** 14 ff.
- digitale Dienstleistung **37** 18, 35 ff.
- EU **82** 1 ff.
- Inkasso **37** 34, **41** 25 f., 29, 33
- kollektive Rechtsdurchsetzung **45** 2 ff.
- kollisionsrechtlicher **48** 16
- RDG **37** 34, **41** 25 ff., 29 f., 33
- Schrems-II **45** 7

Verbraucherschutzinstrumente **78** 16, **82** 3
Verbraucherschutzverbände **94** 7
Verbraucherstreitbeilegung **4** 2 ff.
- durch Handelsplattformen **4** 22 ff.

Verbrauchervertrag **84** 77
Verbrauchervertragsstatut, unwandelbares **47** 5 ff., 11 ff.
Vereidigung **60** 12
Vereinheitlichung **83** 11
Vereinte Nationen **95** 43
Verfahrensablaufplan **57** 4
Verfassungsrecht **19** 28 ff.
- Eingriffsschwelle **65** 51

Verfassungsrechtliche Anforderungen, automatisierter Verwaltungsvollzug **28** 9
Verfassungsrechtliche Bedenken **28** 31
Verfassungstreuepflicht, Hochschullehrer **40** 19
Vergaberecht
- Anwendungsbereich **34** 20
- Definition des Beschaffungsgegenstands **34** 32
- Einbindung Privater **34** 19 ff.
- Elektronische Vergabe **28** 24
- Erfassung der Gemeinden **34** 30
- EU-Schwellenwerte **34** 21
- Gefahr- und Dringlichkeitslagen **34** 24 f.
- Herausforderungen **34** 8
- Herausforderungen GovTech **34** 35 ff.
- „In-House-Vergabe" **34** 26 ff.
- interkommunale Zusammenarbeit **34** 22
- Konkretisierung des Beschaffungsgegenstandes **34** 31
- „make or buy" **34** 19
- Mitwirkung des Bieters **34** 31
- öffentlich-öffentliche Zusammenarbeit **34** 22 f.
- Rahmenbedingungen **34** 7
- Rahmenvereinbarung mit Beratungsunternehmen **34** 38 f.
- Vergabeverfahren **68** 19
- vorbefasstes Unternehmen **34** 34
- Zusammenarbeit mit Start-ups **34** 36

Vergleich **41** 28, 31 ff., **69** 25 f.
Vergleichende Werbung **94** 41
Vergleichsabschluss **57** 44
Vergleichsportale **42** 40, **92** 6
Vergleichsvorschlag, automatisierter **83** 34 f.
Vergütung, Hochschullehrer **40** 56
Vergütungspflicht **63** 103
- Vergütungspflichtige Schranken **63** 105 f.

Verhalten **58** 3
Verhältnismäßigkeitsgrundsatz **65** 48
Verhältnismäßigkeits-Richtlinie **81** 32 ff.
- Kohärenzgebot **81** 34 ff.

Verhandlung 89
Verhandlung **3** 8
- automatisierte **5** 17, **89** 33 ff.
- evaluieren **89** 52
- Interessen **89** 7 f.
- Phasenmodell **89** 13 f.
- Simulieren **89** 50
- unterstützte **89** 31

Verhandlungsmanagement **89** 12
Verhandlungssoftware
- Aktivität und Einfluss **89** 27 ff.
- Autonom agierende **89** 43
- Digital Puppeteering **89** 51
- Evaluation der Verhandlung **89** 52
- Feedbacksystem **89** 41
- für Konfliktbeilegung **89** 45 ff.
- in Forschung und Lehre **89** 48
- Simulation **89** 50
- Software Agent **89** 25, 28, 34 ff., 43 f., 49
- theoretischer Rahmen **89** 20 ff.
- Vertragsverhandlung **89** 40 ff.

Verhandlungsverfahren ohne Teilnahmewettbewerb **34** 24
Verifiable Credentials, Self-Sovereign-Identity **28** 26
Verjährung **3** 33, **36** 17, 22, **38** 43 f.
- Verjährungshemmung **57** 12

Verkaufsargumente **17** 62
Verkaufserfolg **17** 6
Verkündungstermin **29** 51
Verlage **27** 12
Verletzung des Schutzes personenbezogener Daten **22** 82 ff.
Verlustschwellenreporting **84** 47
Vermerkurkunden, elektronische **60** 32
Vermittler **92** 6
Vermittlerregister **42** 43
Vermittlung, Provisionsverbot **8** 64 ff.
Vermittlungsplattformen **8** 60, **78** 43 ff.

Vermögensanlagen **51** 36
Vernehmung **86** 50
Vernetztheit **20** 16
Vernetzung **24** 18 f., **44** 8 f.
Vernichtung **29** 7
Vernunft **52** 10
Verordnung über Europäische Crowdfunding-Dienstleister für Unternehmen
– Anforderungen **16** 30 f.
– Anwendungsbereich **16** 14 ff.
Versand **29** 11
Verschlagwortung **26** 36
Verschlüsselung **10** 7 ff., **13** 15, 17, **14** 8, 14, 17, 44 ff., **18** 10, **21** 21
– E-Mail **22** 8
Verschulden **39** 17 ff.
– Haftung **39** 23 ff.
– Haftungsausschluss **39** 20 ff.
Verschuldensunabhängiger Staatshaftungsanspruch, Folgenbeseitigungsanspruch **39** 21
Verschwiegenheitspflicht **78** 25
– berufsrechtliche **13** 18 ff., 30 ff.
– Hochschullehrer **40** 55
– Outsourcing **70** 46
Verschwörhaus Ulm **34** 17
Versicherung **38** 61 f., **96** 45
– Berufshaftpflichtversicherung **40** 59
– Berufshaftpflichtversicherung bei Inkasso **36** 27 f.
– Berufshaftpflichtversicherung bei Rechtsanwaltsgesellschaften **37** 63
– Cyber-Versicherung **37** 63
– IT-Haftpflichtversicherung **37** 63
– parametrische **42** 60
Versicherungsagenten **32** 13
Versicherungsaufsichtsrecht **76** 19
– Robo Advice **42** 55
Versicherungsfremdes Geschäft, Missstandsaufsicht **42** 36
Versicherungsleistungen
– automatisierte **2** 35
Versicherungsmakler **42** 40 ff.
Versicherungsvermittler **42** 38 ff.
– Assekuradeur **42** 44 ff.
– Erlaubnispflicht **42** 39 ff.
– Gruppenversicherungsnehmer **42** 49
– Vermittlerregister **42** 43
Versicherungsvertrag **76** 2
Versicherungsvertragsrecht **76** 6 ff.
Versicherungsvertreter **42** 40 ff., 45 ff.
Versicherungswesen **19** 26

Verstehen **87** 23
Versteinerung des Rechts **83** 11
Verteidigung **86** 6
Vertrag
– Aufwand **90** 8
– Bedeutung **90** 7
– DS-GVO **21** 65 f.
Vertragliche Haftungsbeschränkung **38** 59 f.
Vertragsanalyse **55** 10
Vertragsanalytik **90** 49
Vertragsanbahnung durch Legal Tech Tools **38** 11 f.
Vertragsbeendigung **63** 19
Vertragsfunktionen, Zukunft **90** 59
Vertragsgenerator **8** 72, **37** 3, **52** 35, **56** 41, **78** 46 ff., **92** 16
– Haftung **37** 16 f.
Vertragsgenerierung **90** 45 f.
– smartlaw **45** 31
Vertragsgestaltung **14** 59 ff., **52** 50
Vertragsgestaltungspflicht
– Videosharing-Anbieter **63** 94
Vertragsklauseln, standardisierte **72** 26
Vertragslebenszyklus **90** 22 f.
Vertragsmanagement 90
Vertragsmanagement **52** 40, **66** 38
– Ausprägungen **90** 27
– Geschichte **90** 17
– Großunternehmen/KMUs **90** 55
– Informationslage **90** 5
– juristischer Ansatz **90** 18
– Komplettlösungen **90** 38
– künftige Entwicklung **90** 54 ff.
– Künstliche Intelligenz **90** 43
– managementorientierter Ansatz **90** 20
– Massen-/Individualgeschäft **90** 56
– nach Branchen **90** 29
– nach Geschäftstyp **90** 30
– Nutzen von Legal Tech **90** 13 ff.
– öffentliche Verwaltung **90** 28
– Perspektive für Legal Tech **90** 36
– Pflicht zum **90** 11 f.
– praktische Erforderlichkeit **90** 9 f.
– Probleme mit Legal Tech **90** 35
– Sichtbarkeit **90** 24
– Stand Entwicklung **90** 31
– Stand Implementierung **90** 32
– Stand, technologischer **90** 33 f.
– technologische Treiber **90** 42 ff.
– Terminologie **90** 4 ff.
– Workflow-Management **90** 50

– zwei Zukünfte **90** 57
Vertragsmanager, digitaler **42** 39 ff.
Vertragsrecht **10** 57, **27** 35, **85** 11 ff.
Vertragsschluss 91
Vertragsschluss **44** 33
– bei kostenlosen Legal Tech-Angeboten **82** 15
Vertragsstatut **49** 11 f.
– Smart Contracts **49** 5
Vertragsstrafe **94** 14
Vertragsstrafenmonitoring **94** 9
Vertragsverhandlung **90** 47 f.
Vertragsverwaltung
– Begriff **90** 4
– Konzept **90** 21
Vertraulichkeit **21** 53
– Hochschullehrer **40** 55
Vertretenmüssen **38** 31 ff.
Vertrieb **17** 1 ff.
– analoger Bereich **17** 19 ff.
– Rechtsdienstleistungen **17** 10
Vertriebsmodelle, innovative **17** 9
Vertriebswege, Einschränkung der **63** 20
Vervielfältigung **43** 22a ff.
Verwahrungsverzeichnis **60** 68
Verwaltungsakt
– automatisierter **6** 6
– vollautomatisierter **2** 31, 36
Verwaltungsdigitalisierung **28** 1
– Innovation **28** 13 ff.
Verwaltungsinnovation **28** 40
Verwaltungsportal Bund, OZG **39** 7
Verwaltungsprozess **45** 22
Verwaltungsverfahren, Automatisierung **30** 28 f.
Verzeichnis der Verarbeitungstätigkeiten **22** 62 ff., **66** 34
Verzerrung **30** 34 ff.
Video-Beweisaufnahme **29** 26
Videokommunikationssystem der Bundesnotarkammer **60** 53 ff.
Videokonferenz **29** 14 ff.
– im Ausland **29** 16
Videokonferenztechnik **29** 24
Videosharing-Anbieter, Vertragsgestaltungspflicht **63** 94
Videosharing-Dienste **63** 54 ff., 71 ff., **64** 37 ff.
Videoübertragung **29** 14
Videoverhandlung **29** 14 ff., **86** 50 f.
Vielfalt **9** 6
Virtual Private Cloud (VPC) **12** 78
Virtualisierung **12** 44 f., **14** 4 ff.
Virtuelle Verfahren **86** 47

Virtuelles Hausrecht **64** 2 ff.
VIS-Justiz **86** 19, 30
Visualisierung **9** 12
VM-Systeme, Markt **90** 41
Voicebot **53** 21
Vokabular **59** 7 f.
Volatility **9** 11
Völkerrecht, Einfluss **95** 70
Vollautomatisierte
– Entscheidungen **28** 37
– Finanzverwaltung **28** 19
Vollautomatisierung **28** 4
Vollharmonisierung des EU-Rechts **79** 13
Vollmachtsmodell **78** 31
Vollmachtsverwaltung, Robo Advice **84** 14
Vollregulierung **18** 33
Vollständig automatisiert **30** 52 ff.
Vollstreckungsbescheid **57** 23 f.
Vollstreckungsklausel **57** 24
Volume **9** 4
Von-Neumann-Architektur **2** 7
Vorabentscheidungsverfahren, Vorlagepflicht **79** 13
Voranschreiten, iteratives **17** 26
Vorgaben, staatliche **92** 11
Vorgelagerter Markt **92** 41, 48 ff.
Vorhandelskontrollen **1** 15
Vorherige Konsultation **22** 76 ff.
Vorhersagesystem, personenbezogenes **65** 16
Vorlagenzentrierter Ansatz **27** 18 f.
Vorlesegeräte **60** 43 ff.
Vorlesen
– Begriff **60** 37 ff.
– Neuausdrucke **60** 45 ff.
– technische Unterstützung **60** 41 ff.
– Tonband **60** 42
– vom Computerbildschirm **60** 38 ff.
– Vorlesegeräte **60** 43 ff.
Vorlesung **6** 38
Vorratsdatenspeicherung **65** 26 ff., 38 ff.
– Speicherdauer **65** 30 ff.
Vorsorgemaßnahmen **63** 78
Vorsorgeregister, zentrales **60** 74
Vor-Urteil **83** 31
Vorverarbeitung **59** 5
VPS **29** 10
VSBG **4** 12, **95** 34

Wahl der Technologieanbieter **95** 59
Wahrscheinlichkeitsaussagen **31** 16
Währung, virtuelle **61** 63
Währungen **51** 19

Wallet 10 8
Warenverkehrsfreiheit 81 15 ff.
Warnmeldungen 1 16
Warnpflichten 84 44 ff.
– Robo Advice 84 74 f.
Wartbarkeit 58 36
Wartung 67 50
Wasserfall-Methode 67 14
Watermarking 43 8
WealthTech 32 17
web.sta 52 42, 86 30
Webinarangebote 17 11
Webseiten Compliance 66 46
Weiterbildung 6 31
weniger-miete.de 8 13 ff., 45 3 ff., 26 ff.
Wenn-dann-Schema 30 16, 87 9
Werbearchiv 63 149 ff.
Werberecht, anwaltliches 17 61
Werbe-Richtlinie 94 18
Werbung 40 79
– aggressive 82 26
– anwaltliche, Begriff 70 40
– Hochschullehrer 40 60 f.
– irreführende 82 21 ff.
– Kennzeichnungspflichten 63 128 ff.
– unlautere 82 18 ff.
– unzumutbare Belästigung 94 50 f.
– vergleichende 82 20, 94 41
Wert 9 13, 19 10 ff.
– Werteermittlung 17 32
Wertpapiere 10 61, 51 35 f.
– mittlere/kleine Wertpapierinstitute 84 7
– Wertpapierhandelsrecht 15 10
Wertung 30 42 ff., 83 16, 87 13 ff.
Werturteil 58 19 ff., 56 f.
– Werturteilsstreit 6 17
Wettbewerb
– **allgemein 92**
– **Kartellrecht 93**
– **unlauterer 94**
Wettbewerb
– unlauterer 37 7, 55, 60
– zwischen Anwaltschaft und Legal Tech-Unternehmen 78 7 ff.
Wettbewerbsbeschränkung 93 14
Wettbewerbsfähigkeit 17 1 ff.
Wettbewerbsrecht, Hochschullehrer 40 60
Wettbewerbsrechtlicher Leistungsschutz, ergänzender 33 23
Wettbewerbsstatut 48 51
Wettbewerbsverstoß 38 57

Wettbewerbsvorteil, illegitimer 92 18
Whistleblowing 15 14
– Whistleblowing-System 15 65, 77 4
– Whistlerblower 12 18
Widerruf, Einwilligung 21 62
Widerrufsrecht bei Verbraucherverträgen 82 35 ff.
Widerspruch
– Durchführung des streitigen Verfahrens 57 22 ff.
– Recht auf 23 71 ff.
Widerstreitende Interessen, Vertretungsverbot 40 54
Wiederholungsgefahr, Gewerblicher Rechtsschutz 2 61
Wiederholungstaten 65 8
Willenserklärung 85 14
– Zurechnung 44 31 ff.
Window-Dressing 15 12
Wirtschaftsinformatik 6 19
Wirtschaftsprüfer 71 10
– Hochschullehrer 40 78
Wirtschaftsstrafrecht 15 4
Wirtschaftswissenschaften 6 29
Wissen
– deklaratives 58 3
– prozedurales 58 3
Wissensbasis 31 25, 58 7
Wissenschaftsethik 40 20
Wissenschaftsfreiheit 40 6 ff.
Wissenserwerb 31 24
Wissenserwerbskomponente 31 26
Wissenskonservierung 24 35
Wissensmanagement 52 41 ff.
Wissensrepräsentation 59 48
Wissenstransfer 40 18, 26 ff., 33 f.
– Hochschule 40 26 ff.
Wohltätigkeit 19 15
Wohlverhaltenspflichten 1 19
– Algorithmus 84 51
– Robo Advice 84 29 ff.
Word Embeddings 59 27 f.
Workflow 50 31, 82
– Workflow-Management 90 50
Workshop 54 25
Wortkombinationen 55 32
WpIG 84 7

XAI 88 8
XNP 11 7

Zahlkarte, Geldkarte 61 59 ff.

Zahlungsauslösedienst 32 16, 61 24 ff.
- Kooperationszwang 61 26
Zahlungsdienst 32 14, 61 6 ff.; *siehe* Zahlungsverkehr
- BaFin-Lizenz 61 7
- Kartenzahlung 61 35
- Lastschrift 61 32
- Vertragsbeziehungen 61 75
- Zahlungsdiensterecht 61 74
- Zahlungsdiensterichtlinie 32 16
- Zivilrecht 61 74
- zweite Zahlungsdiensterichtlinie 25 46
Zahlungskarte 61 35 ff.
- Datenschutz 61 49
- Debitkarte 61 41
- Drittemittent 61 51
- geschlossenes System 61 52
- kontaktlos 61 47
- Kreditkarte 61 42 f.
- Prepaidkarte 61 44
- Rechtslage 61 39
- Technik 61 38
- Verbreitung 61 37
Zahlungskonto 61 16
Zahlungsmittel, gesetzliches 51 15 f.
Zahlungssystem 51 5
Zahlungsverkehr 32 14 ff.
- Anspruchsgrundlagen 61 76
Zahlverfahren
- Peer-To-Peer 61 71 ff.
Zahnärzteentscheidung des BVerfG 8 66
Zentrales Testamentsregister 60 73
Zentrales Vorsorgeregister 60 74

Zentralisiertes Grundmodell 24 44 ff.
Zertifizierung 13 38, 40, 14 56 ff., 18 21 ff.
- Zertifizierungsmodell 4 13
Zessionsstatut 47 3
Zeugenvernehmung 86 49
Ziele 28 7 ff.
- Praxisrealität 28 37
Zielfestlegung 17 41 ff., 66
Zielgerichtetheit 24 26
Zielgruppen 17 5 f.
Zitationsanalyse 26 40
ZITiS 18 10
Zivilprozess 54 52 ff.
- Strukturierung 29 36
Zone of possible agreement (ZOPA) 89 16 f.
ZPO 95 32, 96 65 ff.
Zugang zum Recht 95
Zugang zum Recht 45 6, 50 2, 69 15
Zugangskontrolle 15 64
Zurechnung 39 2 ff., 14 ff.
Zusammenarbeit, interdisziplinäre 6 47
Zusatzstudiengänge 6 31
Zuständigkeit, gerichtliche 96
Zuständigkeitskonzentration 57 5
Zustellungsbevollmächtigte, inländischer 63 108 f.
Zustellungsbevollmächtigter, inländischer 63 88
Zweckbindung, DS-GVO 21 42
Zweckfestlegung 17 41 ff.
Zweckgesellschaften 8 78
Zweckverband Digitalisierung 34 23
Zwei-Parteien-Prinzip 45 15